CALWER BIBELLEXIKON

CALWER BIBELLEXIKON

In fünfter Bearbeitung
herausgegeben
mit Karl Gutbrod und Reinhold Kücklich
von Theodor Schlatter

Vierte Auflage 1979

CALWER VERLAG STUTTGART

CIP - Kurztitelaufnahme der Deutschen Bibliothek

Calwer Bibellexikon / in 5. Bearb. hrsg. mit
Karl Gutbrod u. Reinhold Kücklich von Theodor
Schlatter. - 4. Aufl. - Stuttgart : Calwer Verlag,
1979.
ISBN 3-7668-0020-5

NE: Schlatter, Theodor [Hrsg.]

VORWORT ZUR ZWEITEN AUFLAGE

Die neue Auflage der fünften Bearbeitung des Calwer Bibellexikons unterscheidet sich von der bisherigen Ausgabe zunächst dadurch, daß sie auf den neuen Bibeltext (in der Revision der Lutherbibel von 1956/64) umgestellt ist. Zugleich wurden einige Lücken ergänzt, einige Erweiterungen vorgenommen; so wurden die Literaturangaben bei manchen Artikeln umfassender. Wesentlich erweitert ist vor allem der Bildteil, bei dem wir uns bisher — im Blick darauf, daß es so viele schöne Tafelwerke über Palästina gibt —, auf Zeichnungen beschränkt hatten; nun sind auch unserem Werk eine große Zahl von Tafeln mit photographischen Aufnahmen beigegeben — wir danken allen, die uns ihre Bilder überließen, in besonderer Weise den Herren Professoren D. Dr. Bardtke in Leipzig und D. Dr. Noth in Jerusalem. Eine Bereicherung stellt auch die Beigabe der Karten aus dem Kleinen Historischen Bibelatlas von Wright und Filson dar; der Blick auf die Karte läßt manchen Bericht der Bibel verständlicher werden.

Wir hoffen, das Calwer Bibellexikon dürfe auch in seiner neuen Auflage dazu helfen, die Aussagen der Bibel in ihrem geschichtlichen Werden und in ihrer bleibenden Bedeutung recht zu verstehen.

Stuttgart, Juli 1967 *D. Theodor Schlatter*

VORWORT ZUR FÜNFTEN BEARBEITUNG

Das Calwer Bibellexikon, das in den bisherigen vier Auflagen für viele Freunde der Bibel ein dankbar geschätztes Arbeitsmittel war, möchte auch in dieser durchgreifenden Neubearbeitung gute, alte Überlieferung weiterführen und zugleich für neue Ergebnisse der Arbeit an der Bibel offen sein. In knapper, allgemein verständlicher Form will es dem Bibelleser alles Nötige geben, das ihm zum Verständnis der Bibel hilft. In aufmerksamem Achten auf die Geschichte, aus der die Bibel erwachsen ist, will es in dieser Geschichte und im Wirken der von Gott berufenen Männer ein gnädiges Handeln Gottes wahrnehmen lassen. Beides ist an der Bibel bedeutsam: der Schatz unvergänglicher Wahrheit, den Gott in seiner Offenbarung schenkte, und das irdisch-menschliche Gefäß, in das Gott in einer langen und mannigfaltigen Geschichte seine Wahrheit hineingab.

Damit das Werk im praktischen Gebrauch leicht verwendbar sei und zugleich im Preis erschwinglich bleibe, wurde in der Wahl des aufzunehmenden Stoffes manche Begrenzung nötig. Unser Bestreben war, alle wichtigen Begriffe geschichtlicher oder biblisch-theologischer Art zu erläutern; auf die Aufführung selten vorkommender Namen wurde verzichtet. Dagegen schien es gut, eine Reihe zusammenfassender Fachausdrücke aufzunehmen, die in der Bibel selbst nicht vorkommen, aber in der Erforschung der Bibel und ihrer Geschichte üblich wurden. Auch in der Anführung von Bibelstellen mußten wir uns auf eine Auswahl beschränken; ein Bibellexikon kann nicht zugleich eine

Konkordanz ersetzen. Bewußt sparsam sind wir auch in der Anführung von Literatur; eine Ausnahme machen die Artikel zu den einzelnen Büchern der Bibel, bei denen regelmäßig Auslegungswerke genannt sind, in denen unsere Leser weitere Hilfe finden können; dagegen glaubten wir, im allgemeinen von der Aufzählung theologischer Fachliteratur absehen zu sollen. Endlich schien uns in der Beigabe von Abbildungen eine Beschränkung möglich und richtig; da es nicht wenige schöne Bilderwerke zur Bibel mit guten photographischen Wiedergaben gibt, darf auf diese verwiesen werden ... Wir begnügen uns mit einer Anzahl instruktiver Zeichnungen und Kartenskizzen.

Von den Mitarbeitern der vierten Auflage ist nur noch einer, Dekan i. R. Johannes Hermann, an der neuen Bearbeitung beteiligt. Allen, die sich zur Mitarbeit bereit fanden, sei dafür herzlich gedankt! Daß sich unter ihnen neben den älteren und jüngeren Vertretern des akademischen Lehramts auch Männer im pfarramtlichen Dienst finden, entspricht der Überlieferung unseres Lexikons. Es ist uns eine Freude, daß in dieser Bearbeitung neben Theologen aus verschiedenen Landeskirchen auch sechs Vertreter von Freikirchen stehen, aus der Methodistenkirche, der Evangelischen Gemeinschaft und dem Baptismus. Ebenso ist es dankbar zu begrüßen, daß der Kreis der Mitarbeiter nicht nur Theologen aus dem Westen und dem Osten des geteilten Deutschland umschließt, sondern durch Mitarbeiter aus Österreich, der Schweiz und Holland ökumenische Weite zeigt.

Die Beiträge der einzelnen Mitarbeiter sind mit den Anfangsbuchstaben ihres Namens gezeichnet; dieses Sigel ist in Klammern gesetzt, wenn im wesentlichen der Artikel der vierten Auflage wiederholt werden konnte.

Der Calwer Verlagsverein wagt es, dies sein Bibellexikon zum fünften Mal hinausgehen zu lassen, in der Hoffnung, es dürfe unter Gottes Segen aufs neue eine Hilfe zum fruchtbaren Gebrauch der Bibel werden.

Stuttgart, August 1961

Der Vorstand des Calwer Verlagsvereins

D. Theodor Schlatter

DIE MITARBEITER DER FÜNFTEN BEARBEITUNG

Ap	Lic. Helmut Appel, Rektor der Diakonenanstalt Moritzburg bei Dresden
Ba	D. Hans Bardtke, Professor der Theologie in Leipzig
Bie	Dr. Hans Bietenhard, Professor in Bern, Pfarrer in Thun
Bo	Dr. Rudolf Borchert, Dozent in Neuwied
Da	Dr. Hans Heinz Damm, Pfarrer in Berlin-Wittenau
Fo	D. Dr. Georg Fohrer, Professor der Theologie in Erlangen
Fro	D. Karl Frohnmeyer, Pfarrer i. R. in Reutlingen
Gü	Wilhelm Gümbel, Dekan i. R. in Nagold
Gu	Karl Gutbrod, Kirchenrat, Leiter des Katechetischen Amtes der Württ. Kirche, Bernhausen bei Stuttgart
He	Johannes Hermann, Dekan i. R. in Eßlingen a. N.
Kai	Dr. Otto Kaiser, Professor der Theologie in Marburg/L.
Kn	Dr. Rolf Knierim, Professor in Los Angeles, USA
Kü	Dr. Reinhold Kücklich, Direktor i. R. in Reutlingen
La	Dr. Friedrich Lang, Ephorus des Stifts und Professor der Theologie in Tübingen
Luck	Dr. Dr. Hans Luckey, Direktor am Predigerseminar in Hamburg-Horn
Me	Dr. Martin Metzger, Dozent in Hamburg
Mi	D. Otto Michel, Professor der Theologie in Tübingen
Nag	Dr. theol. habil. Walter Nagel, Pfarrer in Niederstrigis über Döbeln
Oßw	Dr. theol. habil. Eva Oßwald in Weimar, Dozentin in Jena
Peu	Dr. Herbert Peucker, Dozent am Missionsseminar in Leipzig
Pfei	Dr. Egon Pfeiffer, Pastor in Haselau Kr. Pinneberg, Holstein
Pfi	† Immanuel Pfizenmaier, Prälat i. R. in Stuttgart
Pl	Albert Plag, Pfarrer i. R. in Reutlingen
Rü	Dr. Hans Peter Rüger, theologischer Assistent in Tübingen
Schl	D. Theodor Schlatter, Prälat i. R. in Ludwigsburg
Schn	D. Dr. Johannes Schneider, Professor der Theologie in Berlin
Schw	Dr. Wolfgang Schwabe, Dozent am Missionsseminar in Leipzig
Ste	Karl Steckel, Direktor am Predigerseminar in Reutlingen
Wai	Dr. jur. Ernst Waidelich, Oberkirchenrat i. R. in Stuttgart
v. d. W.	Dr. A. S. van der Woude, Professor in Groningen

VERZEICHNIS DER ABKÜRZUNGEN

1. Die biblischen Bücher

1Mose	1Kö	Pred	Ob	Weish	Geb As	2Kor	Phm
2Mose	2Kö	HL	Jon	Tob	Gesg d Männer	Gal	1Petr
3Mose	1Chr	Jes	Mich	Sir	Geb Man	Eph	2Petr
4Mose	2Chr	Jer	Nah	Baruch	Mt	Phil	1Jo
5Mose	Esra	Klgl	Hab	1Makk	Mk	Kol	2Jo
Jos	Neh	Hes	Zeph	2Makk	Lk	1Thess	3Jo
Ri	Esth	Dan	Hagg	Stck zu Esth	Jo	2Thess	Hebr
Rt	Hiob	Hos	Sach	Sus u Dan	Apg	1Tim	Jak
1Sam	Ps	Joel	Mal	Bel zu B	Röm	2Tim	Jud
2Sam	Spr	Am	Judith	Drach zu B	1Kor	Tit	Offb

2. Quellenschriften und wissenschaftliche Werke

äth. Hen.	äthiopisches Henochbuch
ant.	→ Josephus
AOB	Greßmann, Bilder zum Alten Orient
Apk. Abraham	Abraham-Apokalypse
ATD	Das Alte Testament Deutsch, herausgegeben von V. Herntrich und A. Weiser
Dio Cass.	Dio Cassius
Euseb K.G. und hist. eccl.	Eusebs Kirchengeschichte
quaest. ad Marinum	quaestiones ad Marinum
Irenaeus adv. haer.	Irenaeus adversus haereses (gegen Ketzereien)
j. Taan. Sanh. Sukka	Traktate des jerusalemischen Talmud: Taanith, Sanhedrin, Sukka
Josephus ant. bell. jud.	Josephus über die Altertümer und über den jüd. Krieg
Jub.	Jubiläenbuch (ein Midrasch zu 1. 2. Mose)
Justin Apol. dial. c. Tryph.	Justins Apologie und sein Dialog mit dem Juden Tryphon
Latyschev, Inscr. Pont. Euxin.	Latyschevs Ausgabe der Inschriften v. Schwarzen Meer
NTD	Das Neue Testament Deutsch, herausgegeben von P. Althaus und J. Behm
Origenes c. Celsum	Die Schrift des Origenes gegen Celsus
Petrusakten Act. Verc.	Petrusakten „Actus Vercellenses“ (ein gnostischer Bericht über den Kampf des Petrus mit Simon Magus in Rom)
Philo leg. ad Gajum	Philos Schrift Legatio ad Gajum
Plin. nat. hist.	Die Naturgeschichte des Plinius
Barth, K. D.	Karl Barth, Kirchliche Dogmatik
bell. Jud.	→ Josephus
Cass. Dio	Dio Cassius
CIL	Corpus Inscriptionum Latinarum (latein. Inschriften)
Dam.	Damaskus-Schrift
Did.	Didache
1Q	Schriften aus der ersten Höhle bei chirbet Qumrān
1Q Apoc.	das Genesis-Apocryphon
1Q H	die Loblieder (hōdajōt)
1Q M	das Buch vom „Kampf (milḥāmā) der Söhne des Lichts gegen die Söhne der Finsternis“
1Q p Hab	der Habakuk-Kommentar (päschär ḥabaqūq)
1Q S	die Sektenregel (säräk hajjaḥad)
RGG	Die Religion in Geschichte und Gegenwart. Handwörterbuch für Theologie und Religionswissenschaft
Suet.	Suetons Darstellungen
Calig.	des Caligula
Claud.	des Claudius
Dom.	des Domitian
Tac. ann. hist.	Die Historien und die Annalen des Historikers Tacitus
Tertullian de praescr.	Tertullians Schrift de praescriptione
ThWBNT	Theologisches Wörterbuch zum Neuen Testament, begründet von G. Kittel
ZNW	Zeitschrift für die neutestamentliche Wissenschaft

3. Sonstige Abkürzungen

a. a. O.	am angeführten Ort
Abb.	Abbildung
Abk.	Abkürzung
allg.	allgemein
Art.	Artikel
AT	Altes Testament
ATlich	alttestamentlich
Aufl.	Auflage
Bd.	Band
bes.	besonders
betr.	betreffend
bibl.	biblisch
bzw.	beziehungsweise
christl.	christlich
dgl.	dergleichen
d. Gr.	der Große
d. h.	das heißt
d. i.	das ist
evang.	evangelisch
f	folgender Vers folgende Seite
ff	folgende Verse oder Seiten
geb.	geboren
ges.	gesammelt
griech.	griechisch
hebr.	hebräisch
hl.	heilig
hrsg.	herausgegeben
Hrsg.	Herausgeber
HS	Heilige Schrift
i.J.	im Jahr
Jh.	Jahrhundert
Jt.	Jahrtausend
isr.	israelitisch
jüd.	jüdisch
K.	Kapitel
Kol.	Kolumne
krit.	kritisch
Lit.	Literaturangabe:
LXX	Septuaginta
m. a.W.	mit anderen Worten
MT	masoretischer Text
nChr	nach Christus
NT	Neues Testament
NTlich	neutestamentlich
o.J.	ohne Jahr
par.	und Parallelstellen
resp.	respektive
→	siehe
s. o.	siehe oben
s. u.	siehe unten
sog.	sogenannt
Suppl.	Supplementum
syr.	syrisch
sZ	seiner Zeit
theol.	theologisch
u. a.	und andere unter anderem
u. ä.	und ähnlich
u. a. m.	und andere mehr
u. ö.	und öfters
usw	und so weiter
V.	Vers
vChr	vor Christus
vgl.	vergleiche
Z.	Zeile
zB	zum Beispiel
zT	zum Teil
zw.	zwischen
zZ	zur Zeit

Innerhalb eines Artikels wird das Stichwort mit seinem Anfangsbuchstaben abgekürzt.

VERZEICHNIS DER ABBILDUNGEN IM TEXT

Abb. 34 von H. Seidel, Leipzig; alle übrigen von I. Paret, Ludwigsburg

VERZEICHNIS DER BILDTAFELN UND IHRER AUTOREN

VERZEICHNIS DER KARTEN IM TEXT

Karte XII von H. Kirbach (nach Guthe); alle übrigen Karten von I. Paret, Ludwigsburg

VERZEICHNIS DER FARBIGEN KARTEN

 Kartographie der deutschen Ausgabe: Kartographisches Institut Helmut Fuchs, Leonberg-Eltingen. Druck: Chr. Belser, Stuttgart.

A

A und O (Alpha und Omega), der erste und letzte Buchstabe des griech. Alphabets, wird zum Namen Gottes Offb 1,8; 21,6, weil er als der Schöpfer am Anfang der Welt und Weltgeschichte steht, über allem Wechsel der Zeit waltet und einmal das Ende aller irdischen Geschichte setzt; vgl. Jes 41,4; 44,6; 48,12. Den gleichen Namen führt Christus Offb 22,13 (abgekürzt 1,17 u. 2,8), weil vom Anfang bis zum Ende Gott der Herr seinen Ratschluß durch ihn vollzieht. *Schl*

Aaron. *a)* Nach der Überlieferung Moses und Mirjams Bruder 2Mose 6,20 aus dem Stamm Levi, steht A. neben Mose als sein Helfer: er ist sein Sprecher („Mund" 2Mose 4,16, „Prophet" 2Mose 7,1), durch Zeichen ausgewiesen 2Mose 7,8 ff; er ist mit Hur Moses Stütze im Gebet während des Kampfes gegen die Amalekiter 2Mose 17, 12, darf mit Mose auf den Sinai 2Mose 19,24, wird gewürdigt, Gott zu schauen 2Mose 24, 9-11, und ist mit Hur Moses Stellvertreter im Lager 2Mose 24,14. Aber er vergeht sich in der Fertigung des Stierbildes 2Mose 32; Apg 7,40, lehnt sich mit Mirjam gegen Moses Führung auf 4Mose 12 und ist mit Mose beim Wasser aus dem Felsen ungläubig 4Mose 20,12, so daß beide das verheißene Land nicht betreten dürfen. — *b)* In der priesterlichen Überlieferung erscheint A. als der erste Hohepriester 2Mose 28 f. 39; 3Mose 8; seine Priesterwürde wird im Feuer bestätigt, das sein erstes Opfer verzehrt 3Mose 9,24, ebenso durch das Wunder des grünenden Stabes 4Mose 17,16 ff und durch das Strafgericht über die Auflehnung des Leviten Korah 4Mose 16. Auf ihn wird auch der aaronitische Segen zurückgeführt 4Mose 6,22-27. A. gilt als der Stammvater der Aaroniden 2Mose 28, bis auf Lk 1,5, in deren Haus sich die Priesterwürde vererbt Ps 115,10; 118,3; daher erscheint auch Hebr 5,7 A.s Priestertum als Typus des ATlichen Gottesdienstes. — *c)* Nach 5Mose 10,6 starb A. in Moser, dagegen nach priesterlicher Überlieferung 4Mose 20, 22-29; 33,38; 5Mose 32,50 auf dem Berg Hor, 123 Jahre alt, nachdem er das hohepriesterliche Gewand und Amt seinem Sohn → Eleasar übergeben hatte. *Schw*

Aas. Wie das Essen des Fleisches aller unreinen Tiere streng verboten war 3Mose 11, so durfte auch Fleisch von Tieren nicht gegessen werden, die nicht von Menschen getötet, sondern verendet oder von Tieren zerrissen waren 2Mose 22,30; 3Mose 22,8. Schon die Berührung von A. ließ bis zum Abend unrein werden und machte ein Reinigungsbad und Waschen der Kleider nötig 3Mose 11,40; 17,15. Auch alles, worauf ein A. fiel, wurde bis zum Abend unrein 3Mose 11,32; irdenes Gerät, in das ein A. fiel, mußte zerbrochen werden 11,33 ff. Darum verbot noch das →Apostelkonzil den Heidenchristen den Genuß von Ersticktem Apg 15,29. *Schl*

Abaddon. Das hebr. Wort bezeichnet in der Dichtung den Ort des Verderbens, das Totenreich Ps 88,12; Spr 15,11; Hiob 26,6; 28,22; 31,12. Daher wurde es bei den Rabbinen Name für einen Teil der Hölle. So heißt A. oder griech. Apollyon „der Verderber", Offb 9,11 der „Engel des Abgrunds", der König jener Heuschrecken aus der Tiefe 9,1-11. *Schl*

Abarim, nur Jer 22,20, sonst im Verzeichnis der Lagerstätten des isr. Wüstenzugs der am Toten Meer sich hinziehende Gebirgszug im Moabiterland 4Mose 33,47 f; 27,12, im nördlichen Teil der Pisga genannt 5Mose 34,1. *Schw*

Abba → Vater.

Abdon. Name *1)* einer Levitenstadt in Asser Jos 19,28 (statt Ebron); 21,30; 1Chr 6,59, heute chirbet ʿabde 19 km nordöstlich von Akko, — *2)* des letzten der „kleinen Richter" Ri 12, 13-15, — *3)-5)* anderer Männer 1Chr 8,23; 8,30 und 9,36; 2Chr 34,20. *Rü*

Abed-Nego, der babylonische Name (wohl = „Diener des Nebo", des babylonischen Gottes) für Daniels Gefährten Asarja Dan 1,7. *Schl*

Abel, zweiter Sohn Adams und Evas, Hirte, von seinem Bruder Kain aus Neid erschlagen, weil Gott sein Opfer annahm 1Mose 4. Im NT gilt er als Vorbild des Glaubens Hebr 11,4 und frühester Märtyrer Mt 23,35; 1Jo 3,12. Der Name ist mehrdeutig: syr. habbala = Hirte, sumer. ibilu = Sohn, akkad. aplu = Sohn; die hebr. Ableitung von hebel = Hauch, Nichtigkeit ist neuerdings umstritten.

Abel = Wasserlauf, Bach, mehrfach in Ortsnamen: *1) A.-Beth-Maacha,* auch A.-Majim, nördliche Grenzfestung bei Dan 2Sam 20,14 f; 1Kö 15,20; 2Chr 16,4, heute das christliche Dorf Abil. — *2) A.-Mehola,* Geburtsort Elisas südlich Beth-Schean 1Kö 19,16, auch Ri 7,22 u. 1Kö 4, 12, jetzt tell el-hamme. — *3) A.-Mizrajim* (Bach von Ägypten) 1Mo 50,11, Ort der Totenklage für Joseph, wohl irrtümlich übersetzt als „der Ägypter Klage"; Lage unbekannt. — *4) A.-Schittim* 4Mo 33,49 (Akazien-Bach), letzter isr. Lagerplatz vor dem Jordan-Übergang, = Schittim 4Mo 25,1; Jos 2,1, jetzt tell el-kefrēn. *Schw*

Abendmahl.

1) Die Einsetzungsberichte. 2) Der Sinn des A.s. 3) Das A. bei Paulus und Johannes. 4) In nachapostolischer Zeit.

Nach allen Berichten des NT ist das A. eine Stiftung des Herrn. Es geht zurück auf das letzte Mahl Jesu mit seinen Jüngern.

1) Die Einsetzungsberichte. Von der Einsetzung des A.s berichten vier Texte: Mk 14,22-25;

Mt 26,26-29; Lk 22,15-20; 1Kor 11,23-25. Sie stimmen sachlich im wesentlichen überein, zeigen aber einen verschiedenen Wortlaut. — *a)* Die Frage nach der ältesten Form der A.sworte wird in der Forschung verschieden beantwortet. Zuerst geschrieben ist der Bericht des Paulus. Der Apostel hat ihn aus einer Überlieferungskette übernommen, die er bis auf Jesus zurückführt 1Kor 11,23. Dem Alter nach folgt der Mk-Text, der wegen stärkerer semitischer Prägung häufig als der älteste angesehen wird. Mt bringt eine erweiterte Form des Mk. Bei Lk lassen etliche Handschriften V. 19 b. 20 aus. Aber dieser sog. Lk-Kurztext wird neuerdings meist als spätere Korrektur beurteilt.

Nun sind bei Mk-Mt Brot/Leib und Wein/Blut, bei Paulus-Lk dagegen Brot/Leib und Becher/Bund zusammengeordnet. Da es leichter verständlich ist, daß die Worte später aneinander angeglichen wurden, als daß die Gleichförmigkeit zerstört wurde, und da der Hinweis „nach dem Essen" (1Kor 11,25; Lk 22,20) die ursprüngliche Sitte bewahrt hat, in der zwischen den Deuteworten eine Mahlzeit stattfand, dürfte die ungleiche Form bei Paulus-Lk die ältere sein. — *b)* Die historische Frage, ob das letzte Mahl Jesu ein Passahmahl war oder nicht, läßt sich heute nicht mehr mit Sicherheit entscheiden. Nach den drei älteren Evangelien hat Jesus ein Passahmahl gehalten und ist am hohen Festtag gestorben; nach Jo ist er am Rüsttag zum Passah gekreuzigt worden Jo 18,28; 19,31; das Mahl fand also schon am Abend vorher statt. Da Jo auch sonst zur theol. Deutung neigt, will er wohl mit der Datierung des Todes Jesu auf die Stunde, in der im Tempel die Passahlämmer geschlachtet wurden 19,14, die Bedeutung dieses Todes ausdrücken: Jesus ist als das wahre Passah-Lamm gestorben (vgl. 1Kor 5,7). Das Passah war Jahresfest; das von Anfang an öfter gefeierte A. hat sich bald von ihm gelöst. Darum ist der ursprüngliche Zusammenhang von Passah und A. wohl wahrscheinlicher als eine spätere Herstellung dieser Beziehung. Der Termin allein entscheidet freilich noch nicht über den Sinn des Mahls; denn Passahgedanken waren auch schon am Tag vorher lebendig, und andrerseits konnte Jesus der Feier auch im Passahrahmen einen neuen Sinn geben. Auf alle Fälle nimmt das A. theol. Bezug auf die jüd. Vorstellungen von Stellvertretung und Sühnetod und den alten Bund Gottes mit Israel.

2) Der Sinn des Abendmahls. Der eigentlich Handelnde im A. ist Christus. Er verbürgt seinen Jüngern in dieser Feier seine persönliche Gegenwart für die Zeit zwischen seinem Tod und der Vollendung des Gottesreiches. Reden und Tun Jesu und das Essen und Trinken der Jünger sind aufs engste verbunden; es geht um wirkliche Anteilgabe und -habe. Das Wort zum Brot „Dies ist mein Leib" will besagen: ‚Dies bin ich selbst, in diesem Brot gebe ich euch mich selbst.' Die aramäische Entsprechung für Leib bezeichnet hier die ganze Person. Das Wort zum Kelch fügt nichts Neues hinzu, sondern gibt genauer an, wodurch diese Gemeinschaft Christi mit den Seinen begründet wird. „Dieser Becher (-inhalt) ist die neue Gottesordnung kraft meines Bluts", ‚der neue Bund, den mein Tod bewirkt'. Wie der alte Bund am Sinai durch Blut geschlossen wurde 2Mose 24,8, so wird der neue Bund durch Jesu am Kreuz vergossenes Blut gestiftet. Jesus eignet hier den Jüngern die Heilsfrucht seiner ganzen im Tod gipfelnden Sendung zu. Während der alte Bund auf Israel beschränkt war, gilt der neue allen Völkern. Das ist der Sinn des Zusatzes „vergossen für viele" (Mk 14,24). Der Ausdruck ‚viele' meint hier wie in Jes 53,12 alle (vgl. Röm 5,15. 19). Der Tod Jesu geschieht stellvertretend für die ganze Menschheit. Weil der alte Bund nicht zum Gehorsam führte, ist ein neuer nötig, und dieser hat endgültigen Charakter, weil er das endzeitliche Gottesvolk begründet. Mt hat also sachlich völlig richtig den Tod Jesu als Geschenk der Sündenvergebung erläutert (vgl. Jer 31,34). Der Wiederholungsbefehl erscheint nur bei Paulus (1Kor 11,24. 25) und Lk (22,19). Mag er ursprünglich nicht dazu gehört haben, so bringt er doch nur „die unausgesprochene Voraussetzung der Worte und Handlungen Jesu beim letzten Mahle" (Behm) zum Ausdruck. Der formale Anklang an hellenistische Totengedächtnismahle bedeutet sachlich keineswegs, daß hier nur Menschen die Erinnerung an einen Verstorbenen lebendig erhalten; vielmehr vergegenwärtigt sich Christus selbst in der Feier des A.s, durch die sein Sühnetod verkündigt wird.

In allen Berichten ist mit den Deuteworten ein Ausblick auf die bevorstehende Vollendung des Gottesreichs verbunden (Mk 14,25; Mt 26,29; Lk 22,16. 18; bei Paulus in dem kurzen Hinweis „bis daß er kommt" 1Kor 11,26). Somit geht der Blick beim A. auf Vergangenheit, Gegenwart und Zukunft. Es verkündigt den einmaligen und ein für allemal in der Vergangenheit vollbrachten Erlösungstod Jesu (vgl. Hebr. 9,12); es ist in der Gegenwart Gemeinschaftsmahl mit dem erhöhten Herrn, und es geschieht in ihm eine Vorwegnahme des messianischen Mahls der zukünftigen Herrlichkeit.

Die eigentliche Gabe des A.s ist Jesus Christus. Er selbst verheißt und verwirklicht seine persönliche Gegenwart im Vollzug dieses Mahls. Die Wirksamkeit des Sakraments hängt also nicht an der Gläubigkeit der Teilnehmer (der Glaube *empfängt*, aber *bewirkt* nicht die Gabe); sie geschieht auch nicht automatisch mit dem Gebrauch der rechten Formel und Spendeweise, und sie steckt nicht magisch-naturhaft in den Elementen, so wenig diese bloße Symbole sind, sondern sie lebt davon, daß Jesus Christus selbst im A. handelt.

3) Das Abendmahl bei Paulus und Johannes. a) Vom A. in der Urchristenheit vor Paulus haben wir wenig Kunde, zumal umstritten ist, ob sich das Brotbrechen der Apg auf das A. bezieht (so wohl Apg 2,42; 20,7. 11). Es weist einige gemeinsame Züge mit der kultischen Mahlzeit der → Qumrangemeinde auf, ohne von dort abgeleitet zu sein. — *b)* Paulus hat das Wesen der letzten Mahlzeit Jesu in neuer Auslegung treu bewahrt. Sein Verständnis des Herrenmahls (1Kor 11,20) wird am besten in 1Kor 10 f deutlich. Das A. schenkt wirkliche, von der Gemeinschaft mit den Dämonen ausschließende Anteilhabe am Leib und Blut Christi; aber gegen die magische Sakramentsauffassung der Korinther ist die Bewährung der Liebe in der Gemeinde zu betonen (1Kor 10,16-22). Die herkömmlichen Wendungen (V. 16) stellt Paulus in den Zusammenhang seiner Leib-Christi-Aussagen hinein: durch das A. erfolgt die (in der Taufe grundlegend vollzogene) Eingliederung in die Kirche als den Leib Christi (V. 17; vgl. 1Kor 12,13. 27). So bedingt die Anteilhabe an dem einen Herrn auch die Gemeinschaft der Glieder untereinander. Die Würdigkeit der Teilnahme besteht in dem bußfertigen Glauben, der Gericht und Gnade des Kreuzes Christi ergreift und so dem kommenden Zorngericht Gottes entgeht (1Kor 11,27-32). — *c)* Johannes hat keinen Einsetzungsbericht, sondern schildert den Dienst Jesu an den Seinen beim letzten Mahl in der Fußwaschung Jo 13. Trotzdem hat Jo die Feier des A.s in der Gemeinde vorausgesetzt und bejaht. Er spricht vom A. in K. 6 im Anschluß an das Speisungswunder und will damit betonen, daß das A. auf den irdischen Jesus zurückgeht. Die Ausdrucksweise in Jo 6,51-58 klingt noch hellenistischer als bei Paulus, sofern Jo vom ‚Kauen des Fleisches' und ‚Trinken des Blutes' spricht und damit die Elemente des Mahls noch enger mit den Bestandteilen der Person verbindet. Aber V. 63 zeigt deutlich, daß an die persönliche Gegenwart Christi durch sein Wort im Heiligen Geist gedacht ist. Das Reden vom Fleisch statt vom Leib betont im Kampf gegen einen bloßen Christusmythus das Ärgernis der wahren Fleischwerdung des Gottessohnes, zu der sich der Glaubende mit den Sakramenten bekennt (vgl. 1Jo 5,6-8).

4) In nachapostolischer Zeit geht der Name Eucharistie von den Dankgebeten für die Gaben Christi auf die ganze Feier über. Das A. wird in fortschreitender Hellenisierung als „Heilmittel zur Unsterblichkeit" (Ignatius an die Eph 20,2) verstanden. Damit ist eine Entwicklung angebahnt, die später zur katholischen Messe geführt hat.

Lit.: H. Lietzmann, Messe und Herrenmahl, 1926 — J. Behm, Theol. Wörterbuch III (1938) 726 ff — E. Gaugler, Das A. im NT, 1943 — J. Jeremias, Die A.sworte Jesu, 3. Aufl. 1960 — E. Schweizer, A. im NT, Rel. in Gesch. und Gegenw. 3. Aufl. (1957) Sp. 10—21 — W. Marxsen, Das A. als christolog. Problem, 1963.

La

Abendopfer → Opfer.

Abfall, abfallen. *1) Im eigentlichen Sinn:* Die Blume fällt ab, die Tünche von der Mauer, Hiob 14,2; Hes 13,11.

2) Im übertragenen Sinn: a) Im irdischen Verhältnis: Ein Volk fällt von seinem König ab, ein Herrscher vom anderen 1Kö 12,19; 1Mose 14,4, letzteres mit Recht, wenn es sich um die Lösung aus einer Zwangsherrschaft handelt (1Sam 13 f), zu Unrecht, wo ein Eid den unterworfenen Herrscher gebunden hat Hes 17,15. — *b) Im Verhältnis zu Gott:* Wo Mensch und Volk Götzendienst treiben 4Mose 14,9; 5Mose 13,6, stellen sie sich gegen Gott Jer 2,29, verlieren die Kindschaft 5Mose 32,5, geben den Toren Raum, die sprechen: „Es ist kein Gott" (Ps 14,1), werden untauglich zum Dienst Hos 4,15 und rufen Gottes Strafgericht heraus Jer 15,6. Dem Götzendienst gleich steht die soziale Ungerechtigkeit, die meist mit ihm Hand in Hand geht. Besonders schwer wiegt Israels A., weil es um Gottes Güte und Liebesmühen weiß Jes 1,2. — Vertieft versteht das NT den A. von Gott als ein Sichlösen aus dem Anspruch des Wortes Lk 8,13, ein Weglaufen aus der Verbindung mit Christus, sei es im Rückfall in die Gesetzlichkeit (Gal.brief), in das Heidentum 1Kor 10,7. 14, in die sittliche Zügellosigkeit 2Tim 4,10 oder in die Überhebung 2Tim 3,2. Je mehr ein Mensch erleuchtet war und am Hl. Geist und allen Gaben Gottes teilhatte, desto tödlicher ist sein A., bis zur Unmöglichkeit der Rückkehr in der Buße Hebr 6,4 ff. Zum vollen, weithin (wenigstens für die Glaubenden) sichtbaren A. kommt es in der der Wiederkunft Christi vorausgehenden Zeit, in der der Widersacher, der Antichrist, sich selbst an die Stelle Gottes setzt 2Thess 2,3 ff; Mt 24,15. *Gü*

Abgaben. Während in älterer Zeit Steuern in Naturalien oder abgewogenem Edelmetall entrichtet wurden, kam in persischer Zeit teilweise Zahlung in Münzen auf. Auch muß man mit einem starken Wechsel in Wert, Höhe und Art der A. rechnen, den wir bei den verhältnismäßig wenigen biblischen Nachrichten in solch einer langen Zeitspanne nicht mehr deutlich verfolgen können.

1) Kultische A.: Durchgängig ist neben Opferleistungen der Zehnte aus dem Ertrag des Bodens und in späterer Zeit die Kopfsteuer jedes Kriegsdienstpflichtigen in Höhe von $1/2$ Schekel gefordert worden 3Mose 27,30; 4Mose 18,26; 5Mose 26,12 ff und 2Mose 30,11 ff; 2Chr 24,6. Seit Nehemia erhob man eine Tempelsteuer von $1/3$ Schekel 10,33, in NTlicher Zeit eine Doppeldrachme ($1/2$ Schekel) Mt 17,24.

2) Staatliche A.: Nach 1Sam 8,15 erhob der König den Zehnten, worüber wir aber sonst keine Nachrichten haben. Salomo hat nach der Errichtung der Provinzen von jedem Provinzialpräsidenten Naturallieferungen an den Staat gefordert 1Kö 4,7 ff. Vielleicht gehörte der erste Grasschnitt des Jahres dem Fiskus Am 7,1; 1Kö 18,5. In Notzeiten legte der König die Staatsschulden auf die Grundbesitzer um 2Kö 15,20; 23,35. Verdiente Bürger konnten Steuerfreiheit genießen 1Sam 17,25. In persischer Zeit waren nur die Kultdiener in Jerusalem von Geld- und

Naturallieferungen an die Regierung befreit Esra 4, 13; 7, 24. Raffiniert war das Steuersystem der Seleukiden: Kopf- und Salzsteuer, der dritte Teil des Getreides und die Hälfte des Obstes mußte abgeliefert werden 1Makk 10, 29, abgesehen von dem erhöhten Tribut an Antiochus IV. 1Makk 15, 31. In römischer Zeit hatten die Juden die römische Kopf- und Grundsteuer zu entrichten Mt 22, 17. *Peu*

Abgötterei heißt die Verehrung eines anderen Gottes als des geoffenbarten. A. treibt die Heidenwelt ohne Ausnahme, und zwar nicht ohne Schuld, da sie bessere Erkenntnis haben könnte Röm 1, 19 ff. Schwerer jedoch wiegt die A. Israels, das besonderer Offenbarungen Gottes gewürdigt war und von ihm Weisungen für Leben und Gottesdienst empfangen hat. Vollends sollen die Christen sich davon rein halten.

1) Im AT: Das erste der zehn Grundgebote vom Sinai lautet: Du sollst keine anderen Götter vor mir (d. h. neben mir, Luther) haben 2Mose 20, 3; 5Mose 5, 7. Dies wird geschichtlich damit begründet, daß → Jahwe Israel aus Ägypten geführt und sich so ein besonderes Eigentumsrecht auf dieses Volk erworben habe. Die Verehrung anderer Götter in Israel ist daher — *a) Mißachtung des Ausschließlichkeitsanspruchs* Jahwes; — *b) Untreue* gegen Gott, wodurch ihm entzogen wird, was ihm gebührt; — *c) Hochverrat* an Israels König und Landesherrn Jahwe, daher mit dem Tode zu bestrafen 5Mo 17, 2-7. Unter diesem Gesichtspunkt will auch der Bericht über das strenge Verfahren des Elia 1Kö 18, 40 verstanden sein; — *d) Ehebruch,* da die Gemeinde als Gottes Braut oder Ehefrau verstanden wird. Daher der Ausdruck huren wider Gott Hos 9, 1 = A. treiben. Am ausführlichsten haben Hos 1-3 und Hes 16. 23 die lasterhafte Untreue Israels im Bild einer gebrochenen menschlichen Ehe dargestellt; — *e) Torheit,* da die anderen Götter Nichtse sind, die weder helfen noch schaden können 5 Mose 32, 6; Jes 44, 9 ff. Besonders der Götzendienst, d. h. die Anbetung von Bildern wird von den Propheten als Torheit verspottet (→ Bilderdienst). — Letztes Motiv der A. ist nicht verzeihlicher Irrtum, sondern Undank und Untreue gegenüber Gott, und es versinkt der Mensch, der sich ihr hingibt, immer mehr ins Niedrige und Gemeine. Das hängt damit zusammen, daß die kultische Prostitution ein Wesensmerkmal heidnischer Gottesverehrung war. Die religiöse Umwelt Israels war geradezu mit geschlechtlichen Vorstellungen gesättigt und das Heiligtum der Ort leidenschaftlicher Ausschweifungen. Gerade das ließ diesen heidnischen Kultus für Israel zu einer ständigen Versuchung werden. — *Geschichte der A. in Israel.* Die A. brach als akute Gefahr für Israel dort auf, wo sich der Jahweglaube nach der Landnahme zur Auseinandersetzung mit der kanaanäischen Kultur und Religion gefordert sah. So wird häufig vor dem verführerischen Einfluß fremdreligiöser Gottheiten und Einrichtungen gewarnt 2Mo 23, 23 ff; 5Mo 6, 14; 7, 1 ff; 12, 29 ff; Ri 2, 1 ff; ebensooft aber ist das Volk den Einwirkungen der Fremdkulte erlegen: etwa in der Weise, daß man neben der festgehaltenen Verehrung Jahwes doch den früheren Landesgottheiten etwas schuldig zu sein glaubte und darum heidnische Gebräuche mitmachte oder auch in den Dienst Jahwes einmischte, so daß im Grunde genommen ein baalisierter Jahwe verehrt wurde Ri 2, 11 ff; 2Kö 17, 7-12; 5Mose 16, 21 f, → Baal. Hinzu kam nach der Staatenbildung in wachsendem Maß ein bedenklicher religiöser Einfluß des Königshauses. Er ging zT von den ausländischen Frauen der isr. Könige aus. Nach 1Kö 11, 1 ff ließ Salomo auf dem Ölberg östlich von Jerusalem Heiligtümer für die Kulte seiner heidnischen Frauen errichten. Welche Versuchung damit für den Jahweglauben gegeben war, bekam der König selbst zu spüren 1Kö 11, 4. Ähnliche Folgen zog die Ehe des Omriden → Ahab mit Isebel, der Tochter des Ittobaal von Tyrus, nach sich. Ahab gestattete seiner Frau und ihrem Gefolge, in der Königsstadt Samaria ihren eigenen tyrischen Kult in einem für diesen Kult errichteten Heiligtum zu pflegen. Es handelte sich dabei freilich nicht um offizielle Staatskulte. Für den König und den Staat Israel blieb zweifellos Jahwe *der* Gott Israels. Indessen empfand der auf strenge Ausschließlichkeit bedachte Jahweglaube bereits die Existenz jener Fremdkulte in Jerusalem und Samaria als A., die starke Widerstände auf den Plan rief (→ Elia). Ein blutiges Ende bereitete Jehu, wie dem Hause Ahabs, so dem ganzen Baalsdienst in Samaria 2Kö 10, 18-28. Doch findet sich schon unter seinem Sohn Joahas wieder ein geduldetes Ascherabild in der Königsstadt 2Kö 13, 6. — Die Stierbilder, die → Jerobeam in den staatlichen Heiligtümern von Bethel und Dan 1Kö 12, 28 aufstellen ließ, sind nicht als A. zu verstehen, da sie nicht als Götterbilder (→ Bilderdienst) zu denken sind, sondern wohl als Gestelle, worauf man sich Jahwe unsichtbar thronend gegenwärtig vorstellte; doch war natürlich die Gefahr des Mißverständnisses Jahwes als Fruchtbarkeitsgott groß. — Im Reich Juda lagen die Verhältnisse ähnlich wie im Reich Israel 1Kö 14, 21 ff; 15, 12 f; 22, 47. Eine bes. schlimme Zeit brach mit der Regentschaft der Königswitwe Athalja herein, die in Jerusalem einen förmlichen Baalsdienst einrichtete; erst ihr Sturz machte diesem Treiben ein Ende 2Kö 11, 18. Waren es bis dahin überwiegend die kanaanäisch-phönizischen Gottheiten, die Eingang fanden, so kam unter Manasse im Zusammenhang mit den politischen Verhältnissen auch der babylonische Gestirndienst, namentlich der Dienst der → Himmelskönigin, auf. Der Tempel wurde durch ein Ascherabild und durch Altäre für „alles Heer des Himmels“ entweiht 2Kö 21, 2 ff, so daß Josia Anlaß zu einer gründlichen Reform hatte 2Kö 23. Daß die A., wie sie vom Fürstenhaus aus gepflegt wurde, im Volk einen fruchtbaren Boden fand, zeigen die

Schriften der Propheten Jes 2,8; 10,11; 30,22; Jer 2; 7,17f; Hes 8. Zudem haben die Ausgrabungen in Palästina viele Spuren von A. zutage gefördert und gezeigt, daß man häufig in Privathäusern kleine Götzenbilder aufbewahrte, um sie zu abergläubischen Zwecken zu gebrauchen (vgl. Jes 2,20). Es muß ganze Fabriken solcher Götzen gegeben haben. Überhaupt ging neben der öffentlich betriebenen A. viel heidnischer Aberglaube einher. — Während die Propheten im Exil noch mancherlei Anlaß hatten, über A. zu klagen Jes 57,5ff; 65,3f, zeigte sich das jüd. Volk nach der Heimkehr aus der Verbannung gründlich von diesem Hang geheilt. Die fremden Kulte hatten für das Judentum ihren Reiz verloren.

2) Im *NT* wird vor A. ernstlich gewarnt. Sie steht den durch Christus zur Wahrheit Geführten noch weniger an als dem Volk des Alten Bundes. Als A. wird — *a)* der eigentliche Götzendienst, d.h. Beteiligung an heidnischem Kultus verstanden 1Kor 10,14ff; Gal 5,20. Die Offb redet davon, daß in der Endzeit noch eine andere Art von A. den Gläubigen gefährlich werde, die Anbetung des „Tiers" 13,12, d.h. der widerchristlichen Weltmacht, und seines Bilds 13,15. — *b)* A. im übertragenen sittlichen Sinn des Worts ist etwa der Mammonsdienst, der nach Mt 6,24 den wahren Gottesdienst ausschließt, oder der Dienst des Bauches Röm 16,18; Phil 3,19 u.a. *Ste*

Abgrund → Urflut.

Abia. *1)* (auch Abiam), *Sohn → Rehabeams,* 910/09-908/07 König von Juda, setzte den Bruderkrieg mit Israel fort 1Kö 15,1-8. In 2Chr 13 wird der Sieg A.s mit übertriebenen Zahlen verherrlicht.

2) Der erkrankte *Sohn → Jerobeams I.* von Israel, dessen Tod der Prophet Ahia von Silo ankündigt 1Kö 14,1ff. *Peu*

Abib → Monate.

Abieser. *1)* Nachkomme Manasses 4Mose 26, 30; Jos 17,2, Vorfahr Gideons Ri 6,11. — *2)* Ein Held der Davidszeit 2Sam 23,27; 1Chr 11,28. *(Schw)*

Abigail. *1)* 1Sam 25,2ff, die kluge Frau eines reichen Herdenbesitzers im Süden Judas, die als Witwe David während seiner Flucht vor Saul heiratete und ihm als zweiten Sohn Kilab gebar (2Sam 3,3; dafür 1Chr 3,1 Daniel).

2) Eine Schwester Davids, die Mutter des → Amasa 1Chr 2,16f (anders 2Sam 17,25). *Peu*

Abilene. Herrschaftsgebiet (Tetrarchie) des Lysanias (Lk 3,1), am Ostabhang des Antilibanon gelegen; Hauptstadt Abila. Kaiser Caligula schenkte 37 das Gebiet an → Herodes Agrippa I., ebenso von 53 an Claudius u. Nero an → Agrippa II. *Bie*

Abimelech. *1) Stadtkönig von Gerar* zZ → Abrahams im Gebiet der späteren → Philister, die dem Land seit etwa 1280 vChr den Namen geben. A. nimmt Sara vorübergehend in seinen Harem, gewährt Abraham Gastrecht im südpalästinischen Weidegebiet und das Brunnenrecht in Beerseba 1Mose 20; 21,22ff. In ganz ähnlicher Weise hat → Isaak eine Auseinandersetzung mit A. wegen seiner Frau Rebekka und dem Brunnen 1Mose 26. Daher vermuten manche Forscher hier eine altisraelitische Doppelüberlieferung derselben Sache.

2) Sohn des Jerubbaal- → Gideon und seiner Nebenfrau aus Sichem Ri 8,30f; 9. A. versucht mit den Kanaanäern von Sichem dort zum ersten Mal in Israel ein Königtum aufzurichten, das Ephraimiten und Kanaanäer umfaßt. Zu diesem Zweck ermordet er in Ophra alle seine israelitischen Halbbrüder bis auf Jotham, der ihm dann flucht. Als A. seinen Königssitz von Sichem nach Aruma verlegt, fällt Sichem ab und wird von A. zerstört. Bei der Eroberung von Thebez stirbt A. durch eine Frau, und sein Kleinkönigtum zerfällt wieder. Theologisch urteilt die Bibel über A.s Geschick, daß Gott hier Sünde mit Sünde straft Ri 9,23f.

3) Ps 34,1 ist statt A. wohl Achis zu lesen.

Lit. zu 2): Noth, Geschichte Israels, 1950, Seite 131f. *Da*

Abiram → Korah.

Abisag aus Sunem, die Pflegerin des alten David 1Kö 1,3f, wurde später von dem in der Thronfolge übergangenen Prinzen → Adonia zu seinem Schaden zur Frau begehrt 1Kö 2,13ff. *Peu*

Abisai, Sohn der Zeruja, Bruder Joabs, Neffe Davids, zu dessen Umgebung er auf der Flucht vor Saul gehörte, bewährte sich als Offizier im Ammoniter-Edomiter-Krieg und bei der Niederwerfung der Aufstände Absaloms und Sebas. David war mit A.s gewaltsamem Wesen nicht einverstanden. 1Sam 26,6ff; 2Sam 3,30; 10,10; 16,9ff; 18,2; 20,6; 1Chr 18,12. *Peu*

Abjathar, Nachkomme Elis, konnte zu David vor Saul fliehen, der die Priesterschaft von Nob wegen angeblichen Hochverrats hinrichten ließ 1Sam 22,20. Dadurch hatte der Freischarführer David einen legitimen Priester um sich und kam in den Besitz des Orakelgeräts (→ Ephod mit Urim und Thummim) 1Sam 23,2ff. Später rückte A. in die Reihe der höchsten Beamten des Königs David ein und bekleidete gemeinsam mit Zadok das Amt der Oberpriester an dem in Jerusalem aufgestellten Heiligtum der Bundeslade 2Sam 20,25. Während des Aufstandes Absaloms hielt A. treu zu David 2Sam 15,24ff; 17,15ff; 19,12ff. Als Parteigänger des ältesten lebenden Prinzen Adonia für die Thronfolge 1Kö 1,7 wurde er im Unterschied von den anderen Parteigängern wegen seiner Verdienste um David lediglich in den Ruhestand auf seinen Familienbesitz nach Anathoth geschickt 1Kö 2,26f. In dem Bericht Mk 2,26 par ist A. an Stelle seines Vaters Ahimelech genannt. *Peu*

Abner 1Sam 14,50f; 17,55; 26,5; 2Sam 2,8 bis 3,1; 3,6ff, Sohn Ners, nahm als General und Vetter Sauls an der Verfolgung → Davids teil. Nach dem Tod des Königs auf dem → Gilboa-Gebirge machte er ohne eigentliche Rechtsgrundlage den Saulsohn → Eschbaal (Isch-Boscheth) zum König über Israel im ostjordanischen Mahanajim, während die Judäer ihrem Landsmann David die Krone Judas überreichten. In dem Bürgerkrieg Israel-Juda tötete A. den Asahel, den Bruder von Davids Feldherrn → Joab. Da A. sich mit Eschbaal wegen Rizpa, einer Nebenfrau Sauls, verfeindet hatte und wohl die Aussichtslosigkeit des von ihm gegründeten Schattenkönigtums erkannte, bot er David die Krone von Israel an. Nach erfolgreichen Verhandlungen in Hebron wurde er bei seiner Heimkehr durch Joab im Vollzug der → Blutrache ermordet. David trauerte tief um ihn und ließ ihn in Hebron ehrenvoll bestatten. A.s Sohn Jaasiël war unter David Stammesfürst von Benjamin 1Chr 27,21. *Peu*

Abraham, auch Abram, dieses gleichbedeutend mit dem hebr. und dem keilschriftlich bezeugten babylonischen abiram (mein Vater [= Gott] ist erhaben). Die Umnennung in Abraham 1Mose 17,5 wird auf die Segensverheißung an den „Stammvater vieler Völker" bezogen.

1) Die Gestalt A.s bildet die Brücke von der Urgeschichte zur Geschichte des isr. Volkes. In 1Mose 12 stehen wir im Dämmer der frühen Geschichte, die teilweise auf sagenhafter Überlieferung ruht. Hier wird Israels Erwählung zum Volk Gottes und sein Besitzrecht auf das Land Kanaan weit in die vormosaische Zeit zurückgeführt, für die uns die Einwanderung halbnomadischer Stämme aus Arabien seit 2000 vChr in Palästina auch außerbiblisch bezeugt ist. Von ihren durchaus nicht primitiven Lebensverhältnissen haben neuere Grabungen uns lebendige Anschauung gegeben. Aus dieser Zeit ragen in der Überlieferung Israels die *Erzväter* hervor als Gestalten von prophetischer Art. Sie zeigen in der Darstellung des → Jahwisten und des → Elohisten in ihrer Gottesverehrung und ihrem religiösen Besitz bereits Verwandtschaft mit dem charakteristischen Glaubensgut des späteren Israel. Wohl hat sich in der schriftlichen Aufzeichnung dieser Überlieferung in den verschiedenen Quellströmen des AT manches niedergeschlagen, was erst aus der Glaubenserfahrung späterer Geschlechter stammt und durch sie geformt wurde. Trotzdem reicht das vorausgegangene, reiche mündliche Erzählungsgut, das sich vielfach in den lokalen Traditionen einzelner Stammesheiligtümer sammelte, über die Zeit der Einwanderung in Ägypten zurück und bewahrt, wenigstens was Kultur und Lebensverhältnisse betrifft, durchaus getreue geschichtliche Erinnerungen. In heilsgeschichtlicher Deutung wob man die Einzelberichte später zum Ganzen einer Vätergeschichte zusammen: Gottes Weg mit seinem erwählten Volk, seine Heilsabsichten mit der Menschheit schon vor der eigentlichen Volkwerdung Israels. Über die Frömmigkeit des Alten Bundes hinaus bekommt A. als der „Vater aller Glaubenden" weltweite Bedeutung, wie im NT namentlich Paulus bezeugt Röm 4,9-12; 9,6-8; Gal 3,6-29.

2) Gottes Weg mit A. 1Mose 11,27-25,10: — *a)* Sein Ziel ist *Kanaan,* das Land der Verheißung, für das seinen Nachkommen das Besitzrecht zugesprochen wird. Dort läßt er sich nach dem Auszug aus seiner Heimat → Haran in Mesopotamien (→ Ur in Chaldäa ist im Urtext unsicher) nieder und führt ein unstetes Wanderleben. A.s Name haftet an verschiedenen Orten: Sichem, Bethel (K. 12), Hebron (Grab K. 23), Gerar (K. 20), Beerseba (K. 21). — *b)* Aus A.s *innerem Leben,* für das immer wieder die von ihm empfangenen göttlichen Offenbarungen richtungweisend sind (K. 12. 13. 15. 17. 18. 22), wird besonders der Gehorsam gegen Gottes Ruf hervorgehoben (K. 12. 22. 26,5) und sein Glaube an die für sein Geschlecht ihm geschenkten Zusagen Gottes (K. 15): ein großes Volk aus seinem Geschlecht und aus diesem Volke Segen für alle Völker. Diese Verheißung besiegelt Gott in seinem → Bund mit A., dessen Zeichen die Beschneidung ist. Damit wird Gottes Bund mit A. deutlich zu dem künftigen Gottesbund mit dem isr. Volk in Beziehung gesetzt, auch zu dem in ihm geübten sakramentalen Brauch der Beschneidung. Dagegen fand das 1Mose 15 berichtete eigenartige Bundesopfer keine Aufnahme im mosaischen Opfergesetz; nur Jer 34,18 wird es als volkstümlicher Brauch einmalig erwähnt. Doch hält die Erzählung von → Isaaks Opferung deutlich die Erinnerung an die Ablösung des auch in Palästina geübten Menschenopfers durch das Tieropfer fest. — *c)* Im *Charakterbild A.s* vermißt man den Zug ins Große, Heldische, womit sonst die dichtende Volkssage ihre Großen verherrlicht. Zwar fehlen nicht die gewinnenden Züge der väterlichen Liebe K. 22 und Fürsorge K. 24, der uneigennützigen Friedensliebe K. 13, der Gastfreundschaft K. 18 und der Großmut K. 14. Doch meiden die bibl. Erzähler jeden Versuch, das Bild des Erzvaters zu übermenschlicher Größe zu steigern. Streng sachlich lassen sie den Glauben A.s versagen und scheitern an den Hindernissen, die sich ihm in den Weg stellen: bei der Preisgabe seiner Frau in Ägypten und Gerar K. 12. 20 und in den Geschichten von → Hagar K. 16. 21. Spürbar geht es dem Erzähler darum, nicht Menschen die Ehre zu geben, sondern Gott, dessen Allmacht, Erbarmen und Weisheit auch über Schwäche und Kleinglauben der Seinen siegt. — *d)* Daß es sich bei der Erzvätergeschichte nicht um bloße Familiengeschichte ohne geschichtlichen Hintergrund handelt, läßt die Episode erkennen, die A. als mächtigen und tapferen Stammesfürsten in kriegerischer Verwicklung und im Verkehr mit den kanaanitischen Stadtkönigen zeigt K. 14.

3) Die bibl. Überlieferung, aus drei Quellenschriften schöpfend (→ Jahwist, → Elohist, → Priesterschrift), gibt — von vereinzelten Doppelerzählungen abgesehen (2 Bundesschließungen K. 15. 17; 2 Hagargeschichten K. 16. 21; Ägypten = Gerar K. 12. 20) — ein im wesentlichen übereinstimmendes Bild. Seine Zuverlässigkeit in der Schilderung der Zeit- und Lebensverhältnisse bestätigen die archäologischen Funde; auch den Verkehr zw. Kanaan und Ägypten und die Einwanderung östlicher Stämme nach Palästina. Die K. 14 erwähnten Königsnamen lassen möglicherweise eine vorsichtige Zeitbestimmung zu: → Kedor-Laomor ist als elamitischer Name außerbiblisch bezeugt; Thideal darf mit einem Hethiterkönig um 1730 identifiziert werden; die einstige Identifizierung Amraphel-Hammurabi wird neuerdings bestritten. Über den K. 14 berichteten Kriegszug ist freilich keilschriftlich nichts bekannt. Die frühere einseitige Auffassung A.s als einer bloßen Personifizierung eines Volksstammes oder eines Frömmigkeitsideals statt einer geschichtlichen Einzelpersönlichkeit ist heute im allgemeinen aufgegeben. Die christliche Gemeinde sieht seine Gestalt in ihrer rein religiösen Bedeutung: nach Mt 8, 10 f; Lk 16, 22; Röm 4, 11 ist er für sie der Vater der Gläubigen, die ihren Weg mit Gott auf seinen Ruf wagen und in ihm ihre Heimat haben. *Schw*

Absalom, 2Sam 13-18, der drittälteste in Hebron geborene Sohn → Davids 2Sam 3, 3, von anziehender Gestalt, tötete seinen älteren Halbbruder Amnon wegen Schändung seiner Vollschwester Thamar. Aus Furcht vor Strafe hielt er sich drei Jahre lang bei seinem Schwiegervater im nördlichen Ostjordanland auf. → Joab vermittelte die Rückkehr und nach weiteren zwei Jahren die Aussöhnung mit David. Als Kronprinz huldigte A. dem Pferdesport. Im Werben um die Gunst des Volkes brachte er die Rechtsprechung des Königs in Mißkredit und ließ sich dann in Hebron zum König ausrufen; er fand Anhang, und David floh in das Ostjordanland. NachAufbietung des Gesamtheerbanns durch A. fand in einem dichtbewachsenen Waldgelände beim Jabbok der Kampf statt, in dem A. unterlag. Entgegen dem Befehl Davids tötete ihn Joab, als er ihn mit seinem langen Haar in einer Eiche hängend fand. Das „Grab des A." im Kidrontal ist ein Bau aus hellenistischer Zeit. *Peu*

Abschiedsreden → Johannes.

Achaikus, einer der drei korinthischen Christen, die von der Gemeinde in Korinth zu Paulus nach Ephesus geschickt wurden 1Kor 16, 17 und ihm wohl den 7, 1 erwähnten Brief der Gemeinde brachten. *Schl*

Achaja. So hieß Griechenland als römische Provinz (seit 146 vChr) unter der Verwaltung eines Prokonsul mit dem Sitz in Korinth (im Jahr 51/52 → Gallio Apg 18, 12). Paulus arbeitete in A. bei der zweiten und der dritten Missionsreise Apg 17, 15-18, 18; 20, 2 f. „Erstling der A." war das Haus des Stephanas 1Kor 16, 15 (Röm 16, 5 ist statt A. Asien zu lesen). Paulus durfte sich der von ihm in A. gegründeten Gemeinden freuen 1Kor 3, 5 f. 10; 2Kor 3, 2 f; 9, 2, erlebte freilich gerade mit → Korinth auch schwere Sorge. → Karte Sp. 73/74. *Schl*

Achan Jos 7, 1 ff, auch Achar 1Chr 2, 7 im Urtext, vergreift sich bei der Eroberung Jerichos an der Gott geweihten Beute, von der er sich einen kostbaren babylonischen Mantel, 200 Silbermünzen und eine Stange Gold aneignet. Er wird durchs Los überführt und nach seinem Geständnis gesteinigt, seine ganze Familie ausgerottet. Seine Verschuldung liegt als → Bann auf dem ganzen Volk; der Fehlschlag des Kriegszugs gegen Ai bringt sie an den Tag. Später führte man den Namen des Tales → Achor (Unglückstal) auf A. zurück nach dem hebr. Wort achar = ins Unglück bringen Jos 7, 26. Nach altisr. Vorstellung muß das ganze Volk für die Schuld des einzelnen haften und büßen. *Schw*

Achat → Edelsteine.

Achikar. Ein A. wird in LXX Tobit 1, 21. 22; 2, 10; 11, 19; 14, 10, nicht aber in der Lutherbibel erwähnt, die den lateinischen Text wiedergibt; Achior Tob 11, 19 meint wohl A. Elf im Jahre 1906/07 in Elephantine gefundene Papyrusblätter bieten die Geschichte und eine größere Anzahl von Sprüchen des A. Danach wirkte A. unter den assyrischen Königen Sanherib und Asarhaddon als Priester und Ratgeber. Eine größere Anzahl seiner Sprüche ähneln bibl. Weisheitssprüchen (Spr 23, 13 f; 27, 7). *Peu*

Achis, Sohn des Maoch (wohl = Maacha 1Kö 2, 39), Philisterfürst von Gath und Ziklag. Bei ihm suchte David für kurze Zeit Zuflucht vor Saul 1Sam 21, 11-16; später erhielt er Ziklag zum Lehen 1Sam 27, 2-28, 2; 29. *Da*

Achmetha, griech. Ekbatana oder Agbatana, heute Hamadan, war die nach Herodot von Dejokes um 700 gegründete Hauptstadt Mediens. Später diente A. als Sommerresidenz der persischen Könige; im dortigen Archiv fand sich zZ Darius' I. das Cyrusedikt über den Wiederaufbau des Jerusalemer Tempels Esra 6, 2. *Peu*

Achor. Name eines Tales an der Grenze zw. Juda und Benjamin Jos 15, 7, heute vielleicht wādi daber und wādi mukelik. Dort wurde → Achan gesteinigt Jos 7, 24-26; daher gilt diese Gegend als verrufen. Aber in der Heilszeit soll „das Tal A. zum Tor der Hoffnung" werden Hos 2, 17, vgl. Jes 65, 10. *Rü*

Achschaph. Name einer ehemals kanaanitischen Königsstadt in Asser Jos 11, 1; 12, 20; 19, 25, heute vielleicht tell qīsān in der Ebene von Akko. *Rü*

Achsib. *1) Stadt in Juda* (tell el-beda), nordöstlich von Lachisch Jos 15, 44; Mich 1, 14. *2) Kanaanäische Küstenstadt* (ez-zib), 15 km nördlich von Akko, grenzte an das Stammesgebiet von Asser Jos 19, 29; Ri 1, 31. *Peu*

Acht → Bann.

Ackerbau, Ackerbaufeste. *1)* Das in Palästina seßhaft gewordene Israel war vor allem ein Bauernvolk. Der A. bildete die äußere Grundlage seiner natürlichen Existenz. Die Bodenbeschaffenheit erlaubte den A. vor allem auf den Westabhängen des Ostjordanlandes, in den Niederungen und an den regenreichen Westabhängen der palästinischen Gebirge. Die Verschiedenheit des Bodens und beträchtliche Klimaunterschiede bedingten die Verschiedenheit der anzupflanzenden Arten sowie ihrer Saat- und Erntezeiten. Die Einteilung des Jahres nach der Ordnung landwirtschaftlicher Praktiken zeigt uns der sog. „Bauernkalender von Geser" (1908 gefunden, →Abb. Tafel 40). Er lautet ungefähr: „Die beiden Monate des Einheimsens (Oliven); die beiden Monate der Aussaat (Getreide); die beiden Monate der Spätsaat; der Monat des Sichelns des Flachses; der Monat des Erntens und Feierns; zwei Monate des Schneitelns der Reben; der Monat der Sommer-Obst-Ernte". Demnach beginnt das alte hebr. Jahr etwa Mitte September

Ein Pflug

Nach alter ägyptischer Darstellung. Der Pflug in primitiver Gestalt: die Pflugschar ist nur ein kräftiges Holz, das den Boden aufschürft. Die beiden Tiere tragen das Joch hier nicht auf dem Nacken, sondern an den Hörnern.

mit der Olivenernte. Sie dauerte bis etwa Mitte November. Oliven, Getreide und Wein bildeten den Hauptreichtum des Landes 5Mose 7, 13; Neh 5, 11; Hos 2, 10. Das Öl fand vielseitige Verwendung 1Kö 17, 14; Jes 1, 6 u. a. In den beiden nächsten Monaten, nach dem Beginn der Regenzeit, ist die Zeit der Getreideaussaat. Die Vorbereitung eines Ackers oder Weinberges etwa in Form von Entsteinung, Terrassenbildung, Umwallung und seine harte Arbeit kostende Pflege zeigt uns das Weinberglied Jes 5, 1-7. Der Pflug kratzte die Oberfläche des Bodens bis zu etwa 10 cm Tiefe auf. Das Getreide wurde mit der Hand ausgestreut Mk 4, 3 ff. 26. Haupterzeugnisse sind → Weizen und → Gerste, daneben → Flachs und → Spelt (dem Weizen ähnlich). In der Spätsaat zwischen Januar und März wurden Hirse, Hülsenfrüchte, Gurken, Melonen und allerlei Gewürzpflanzen wie Kümmel, Minze, Dill, Koriander und Senf gepflanzt. In den drei folgenden Monaten fand die Ernte der hauptsächlichsten Feldfrüchte statt. Das Getreide wurde mit der Sichel geerntet. Es wurde im Freien, auf der → Tenne, gedroschen, indem Ochsen einen Dreschschlitten über die ausgebreiteten Garben zogen. Durch Worfeln (Hochwerfen mit der Gabel) trennte man das Stroh vom Korn. Das Stroh wurde vom Zugwind weggetragen und das zur Erde gefallene Korn noch einmal gesiebt, sodann in Tonkrügen oder Getreidesilos trocken aufbewahrt, je nachdem, ob es als Vorrat einer Sippe oder einer größeren Gemeinschaft, der Stadt oder für den König, diente. Im Juli bis September fand die Trauben- und Obsternte statt, besonders der Feigen, Granatäpfel und Maulbeerfeigen Neh 13, 15; 1Chr 27, 28; Jer 40, 10; Am 7, 14. Der → Wein war Volksgetränk. Der Pflege des Bodens diente neben dem steten Entsteinen vor allem die Brache im siebenten Jahr, kaum die Düngung und nur vereinzelt künstliche Bewässerung. Die vom Oktober bis April währende Regenzeit bildete die Voraussetzung für das Wachstum und die Arbeit im A. und damit für die Sicherstellung der überwiegend pflanzlichen Volksernährung.

2) Der A. spielte im Glauben Israels und in dessen Geschichte eine bedeutende Rolle. Zu den ältesten, den nomadischen Vätern Israels gegebenen Verheißungen gehörte die des Landbesitzes und damit der Seßhaftigkeit 1Mose 13, 14 f. 17; 15, 7. 18; 28, 3 f. 13 ff; 5Mose 6, 18. 23 u. a. m. Landbesitz war *der* Hauptinhalt des den Vätern von Gott verheißenen Segens. Seine erste Erfüllung erkannte Israel in dem Kauf von Ephrons Acker durch Abraham 1Mose 23, 17-20. In großem Stil ist die Verheißung für Gesamtisrael als erfüllt bezeugt in der Verteilung des ganzen Landes an die Stämme Jos 13-21, bes. 21, 43-45, von denen jeder durch priesterliches Los und damit durch Gottesentscheid sein Erbteil zugesprochen erhielt 4Mose 26, 55; Jos 14, 1 f. Diese Praktiken sind begründet in dem Satz, daß das Land Eigentum Gottes ist 3Mose 25, 23; darum wurde auch die Möglichkeit des A. als ein Gnadengeschenk Gottes angesehen Jos 24, 13 u. a. Aus jenem grundlegenden Satz folgen die mit dem A. zusammenhängenden sakralen Gesetze der Unverletzlichkeit der Grenzen 5Mose 19, 14; 27, 17, der Unverlierbarkeit des „Erbteils" 3Mose 25, 13 ff; 4Mose 36, 5 ff; 5Mose 15, 1 ff; 25, 5 ff; 1Kö 21, 3, des Brachjahres 3Mose 25, 1-7, des Anteils der Armen 3Mose 19, 9 f; 5Mose 24, 17 ff; Rt 2, der Erstlingsopfer 2Mose 23, 19; 5Mose 26, 1-11 (→ Erstlinge), des Zehnten 5Mose 14, 22-29; 26, 12 ff, schließlich auch die drei Hauptfeste in Israel, die als Erntedankfeste gefeiert und zugleich mit der Heilsgeschichte in Verbindung gebracht wurden 2Mose 23; 3Mose 23; 5Mose 16 u. 26. Das erste dieser drei Feste war das Mazzenfest (Fest der ungesäuerten Brote) oder → Passafest. Es wurde bei der Einbringung der Gerstenernte (April/Mai) gefeiert und bestand aus zwei ursprünglich getrennten Bräuchen: der Darbringung der Erstgeburt (aus der nomadischen Frühzeit Israels) und der Darbringung der Erstlingsgarben (von Kanaan übernommenes Erntefest). Das zweite war das → Wochenfest etwa sieben Wochen später. An ihm wurden Gott die Erstlingsbrote geweiht. Das dritte, das eigentliche Herbstfest, war das sog. → (Laub-)Hüttenfest oder einfach „das Fest". Es war das Fest der Wein- und Obstlese, der Höhepunkt der isr. Feste, wurde im Oktober gefeiert und fiel möglicherweise schon frühe mit dem Neujahrsfest zusammen. Seinen Namen hat es daher, daß das Volk während sieben Tagen in aus Laub gefertigten Hütten wohnte. An sämtlichen Festen wallfahrtete man zu den größeren Heiligtümern. In der Bibel haben sie ihren rein im A. wurzelnden Charakter verloren und eine heilsgeschichtliche Begründung erfahren. Das Leben des A. und seine Verankerung im Gottesdienst hat sich in einem reichen Schatz von Arbeits-, Ernte-, Trink- und geistlichen Liedern niedergeschlagen Jes 9,2; Ri 9,27; 21, 21; Jes 16,10; 5,11-13; Am 6,4-6; Ps 104 u. a. m. — Der A. ist über Israel hinaus bezeugt als die paradiesische Lebensform der ersten Men-

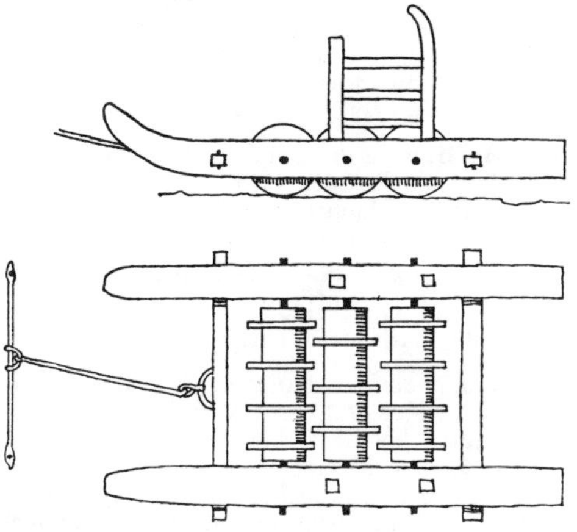

Ein Dresch-Schlitten

Ansicht von der Seite und von unten her. Zwischen einem Rahmen waren Walzen befestigt, mit Rädern oder radartigen Scheiben, darüber ein Gestell für den Fahrer, der auf dem Schlitten stand oder saß. Von Ochsen gezogen, zerrieb oder zerschnitt der Schlitten das auf dem Boden der Tenne ausgebreitete Getreide.

schen 1Mose 1,29; 2,15 und als die gnädig gewährte Grundordnung menschlichen Lebens nach der Sintflut 1Mose 8,21 f. Oft genug jedoch tritt in ihm die dem außerparadiesischen Menschen auferlegte Mühsal und Fruchtlosigkeit seines Daseins zutage 1Mose 3,17-19; 4,2 b. 5 a. 10-12. Für Israel selbst kam es nicht selten im Verlauf seiner Geschichte durch den A. zu einer Bedrohung seiner Existenz und seines Glaubens, sei es infolge der Einfälle räuberischer Nomaden zur Erntezeit Ri 6 oder von Dürre 1Kö 17,1, sei es durch die Vergötterung der Naturkräfte (Baalismus) — bes. in den Festen kanaanäischer Herkunft — und den Mißbrauch der Erntegaben 1Mose 9,20-27, die Anmaßung von sakralen Privilegien durch das Königtum 1Sam 8,10 f. 14-18 oder die rechtswidrige Unterdrückung der sozial Schwächeren durch das Großgrundbesitzertum Jes 5,8; Am 5,11; Mich 2,2; 1Kö 21. Im sog. „Volk des Landes" sind aber auch durch Jahrhunderte die Kreise zu suchen, die beharrlich am Glauben festhielten und ihn im Wandel der geschichtlichen Epochen bezeugten. → Feste. *Kn*

Adam d. h. „Mensch", nach 1Mose 1,26 f in Gottesebenbildlichkeit und unter besonderer Segensverheißung ein Herr der Schöpfung, nach 1Mose 2,4 ff durch göttlichen Odem zum Leben, durch Gottes Wort zum Gehorsam und durch die „Männin" als Gabe Gottes zur Gemeinschaft bestimmt. Nach 1Mose 3,19 f sind „Adam" und „Eva", Personen in Verantwortung, durch den einen Ungehorsam Stammeltern eines dem Tode verfallenen Menschengeschlechtes. Wie in diese Heils- und Unheilsgeschichte die Entstehungsgeschichte des Urmenschen eingefügt werden kann, die auf Grund von Knochenfunden in aller Welt nach Jahrmillionen zählen soll, ist noch unentschieden. Sind die Skelettreste Zeugen eines Aufstiegs vom Tierischen oder eines Abstiegs vom Menschlichen? Sollen wir mit gläubigen Naturforschern in 1Mose 2,7 u. 21 riesige Zeiträume hineindeuten? Dürfen wir sagen, Gott habe dem Leib eines „Vormenschen" seinen Odem, seiner Seele das Licht des Geistes gegeben? Für uns bleibt entscheidend, daß Paulus in Röm 5,12 ff u. 1Kor 15,45 ff Adam und Christus zueinander sieht: Die Todeswirkung durch die Untat des Adam reicht nicht heran an die Lebenswirkung der Heilstat des Christus. Ist Adam als „Erster" — lebende Seele und von Erde genommen — Typus und Gesetz zum Unheil, dann ist Christus als „Letzter" — Leben schaffender Geist und vom Himmel stammend — Typus und Ursache zum Heil der vielen. Ja, nach Kol 1,15 ist Christus eher als Adam, nicht nur früher als Adam Jo 8,58, und zwar als der Erstgeborene aller Schöpfung und als Haupt seines Leibes, also der Gemeinde. Darum in Christo eine Auferstehung nicht nur zu neuer Leiblichkeit, sondern auch zu seinem Bilde 1Kor 15,22 u. 49. — In 1Tim 2,12 ff entnimmt Paulus dem Verhältnis Adam/Eva Regeln für die Ordnung in der Gemeinde. Übrigens ist das hebr. adam etymologisch nicht sicher zu erklären; ob = „der Rote", da die Wurzeln des Verbs „röten", „rot färben" bedeuten, wie adamah, das hebr. Wort für Ackerboden, den roten, umgepflügten Boden meint? *Luck*

Adar → Monate.

Adern → Sehne.

Adler. Wo die Bibel vom A. spricht, kann eine der sieben A.arten gemeint sein, die in Palästina beobachtet sind, oder der Geier, der dort auch in mehreren Arten lebt. Manche Schilderungen passen für alle diese großen Raubvögel: so etwa die Schnelligkeit und Sicherheit, mit der sie auf ihre Beute herabstoßen 2Sam 1,23; Hiob 9,26; Hos 8,1; Hab 1,8, und die Höhe ihres Flugs Spr 23,5; 30,19, von dem sie mit wunderbar scharfem Auge Hiob 39,29 alles überblicken. Der Raubvogel, der seine Schwingen über seinem Opfer ausbreitet Jer 48,40; 49,22, ist eher der Geier. Auch das Horsten auf unzugänglichen Felszacken Hiob 39,27f; Jer 49,16; Ob 4 paßt für die Geier noch besser als für die A. Die Geier sind es, die sich in Massen über Leichen sammeln 1Mose 15,11; Hiob 39,30; Mt 24,28, und nur die Geier, nicht die A., sind kahlköpfig Mich 1,16. Gern denkt man an die A. bei der Schilderung ihrer Fürsorge für die Jungen bei ihren Flugversuchen 5Mose 32,11; 2Mose 19,4. Der Hinweis auf ihre Lebenskraft Jes 40,31 und Ps 103,5 denkt wohl an die Mauserung. Mit dem Fischaar in Luthers Übersetzung 3Mose 11,13; 5Mose 14,12 ist vielleicht der schwarze Geier gemeint; auch der an zweiter Stelle dort genannte Vogel (Luthers „Habicht") ist wohl ein Geier, vielleicht ein Lämmergeier; dann nennt 3Mose 11,14 wohl den roten Milan (Luther „Geier"). → Geier. *Schl*

Adma in der Nähe des Toten Meeres 1Mose 10,19; 14,2.8, mit Sodom und Gomorra ein Beispiel des Gerichts 5Mose 29,22; Hos 11,8. *Schl*

Adonai → Herr.

Adonia, der vierte Sohn Davids 2Sam 3,4, hielt sich nach dem Tod seiner älteren Brüder für den Thronfolger und fand Unterstützung durch den General Joab und Oberpriester Abjathar. Während eines Opferfestes, bei dem seine Anhänger ihn zum König ausriefen, konnten die Häupter der Gegenpartei bei David die Einsetzung Salomos zum König durchsetzen 1Kö 1,5-53. Nach dem Tode Davids wünschte er Abisag von Sunem, die letzte Pflegerin Davids, zur Frau. Salomo sah darin den Anspruch auf die Herrschaft und ließ ihn töten 1Kö 2,13-25. *Peu*

Adoni-Bezek → Adoni-Zedek.

Adoniram (auch Adoram) war Staatskommissar über Frondienstleistungen bei Staatsbauten unter David 2Sam 20,24 und Salomo 1Kö 4,6; 5,28. Beim Sturz des Davididen Rehabeam in Sichem (926/25) wurde er von der erregten Menge gesteinigt 1Kö 12,18; 2Chr 10,18. *Peu*

Adonis → Tammuz.

Adoni-Zedek, kanaanitischer Stadtkönig des hier erstmals erwähnten Jerusalem Jos 10,1 an der Spitze des Widerstandes der Kanaaniter gegen Gibeon, wurde mit vier verbündeten Königen besiegt, erhängt und in einer Höhle beigesetzt. LXX gibt Adoni-Besek, wohl in Gleichsetzung mit Ri 1,4-7. *Schw*

Adoption. Durch A., Annahme an Kindesstatt, wird zum Kind, wer es nicht ist. So im äußerlich-rechtlichen Sinn Esth 2,7. So adoptierte Jakob die Enkel Ephraim und Manasse 1Mose 48,5. In übertragener Bedeutung hat nach Ps 2,7 wohl der König Israels sich als Sohn Gottes gewußt; 2Sam 7,14. Die für das AT grundlegende Tatsache, daß Gott Israel zu seinem Volk erwählte 2Mose 6,7, kann Jer 31,9.20 darin beschrieben werden, daß Gott Ephraim seinen Sohn, sich den Vater seines Volkes nennt; ähnlich Hos 11,1 u.Jes 43,6. Im NT wird das durch Christus geschenkte Heil als Einsetzung in die Sohnschaft (Kindschaft) beschrieben Gal 4,5f; Röm 8,15. So gewiß wir durch den Glauben Söhne Gottes, Kinder Gottes sind Gal 3,26; Röm 8,16, so gewiß wird erst in der Vollendung sichtbar, was Gottes Kindern geschenkt ist Röm 8,23. → Erwählung. *Schl*

Adoram → Adoniram.

Adrammelech, absichtlich entstellter assyrischer Gottesname „Adadmilki = Adad ist mein Ratgeber", um das Wort Adad — ein in Syrien und dem nördlichen Mesopotamien weit verehrter Wettergott — nicht auszusprechen.

1) Der Gott der von den Assyrern nach Samaria deportierten Leute von Sepharwajim 2Kö 17,31.

2) Sohn und Mörder des assyrischen Königs Sanherib 2Kö 19,37; Jes 37,38. *Peu*

Adramyttium in der Landschaft → Mysien war der Heimathafen des Schiffes, mit dem der Transport des Paulus nach Rom begann, Apg 27,2, heute Adramyti. *Schl*

Adria-Meer Apg 27,27 zw. Italien im Westen, Illyrien und Griechenland im Osten, bei der Sturmfahrt nach Malta berührt. *Schl*

Adullam, eine alte kanaanäische Königsstadt 1Mose 38,1; Jos 12,15, am Westabhang des Gebirges Juda, lag im Gebiet des Stammes Juda Jos 15,35, von Rehabeam befestigt 2Chr 11,7 und noch in nachexilischer Zeit bewohnt Neh 11,30; wohl identisch mit dem Ruinenhügel schech madkur, eine Stunde südlich von Socho. Auch die aus der Davidsgeschichte bekannte Höhle A. 1Sam 22,1; 2Sam 23,13 ist wohl in der Nähe dieses Ortes zu suchen. *Me*

Adummim. Name eines Passes (Luther: Steige) an der Straße Jerusalem—Jericho, Nordgrenze Judas gegen Benjamin, Jos 15,7; 18,17, heute ṭalʿat ed-damm. *Rü*

Ägypten.

1) Lage. 2) Geschichte. 3) Religion. 4) Ägypten und Palästina.

1) Lage: Ä. gehört in die Reihe der großen Flußoasen der alten Welt. Seine über Jahrtausende währende Hochkultur verdankt es dem

Nil, der im Hochsommer fast das ganze Land überschwemmt, große Mengen von Schlamm absetzt und dem Tal besondere Fruchtbarkeit verleiht. Des Menschen Aufgabe zeigt sich in der richtigen Ausnützung der Gaben der Natur. Kehrt der Nil wieder in sein normales Bett zurück, erwartet den Anwohner harte Bodenarbeit. Die Felder sind teilweise neu zu vermessen; durch Kanäle muß die Wassermenge möglichst weithin verbreitet und durch Hebewerke auf höher gelegenes Gelände geleitet werden. Das eigentliche Ä. beginnt im Süden am ersten Nilkatarakt. Die Flußebene ist zunächst ganz schmal, verbreitert sich auf eine Weite von 15-30 km bis zu 50 km, um endlich am Mittelmeer im Deltagebiet zu einem ausgedehnten fruchtbaren Schwemmland zu werden. Der Nil mündete einst in sieben, heute nur noch zwei Armen. Schon auf Grund seiner geographischen Lage tritt uns Ä. in zwei Teilen entgegen, dem langgestreckten, von Wüstenbergen umgebenen Oberägypten und dem sich nach der Mittelmeerküste verbreiternden Unterägypten (Delta). Der Nil ist die einzige Verkehrsader; von ihm weiß sich jeder Ansässige abhängig. Der Segen der Nilschwemme kann nur in gemeinsamer Arbeit aller Bewohner der Oase ausgenutzt werden. So überrascht es nicht, daß der Mensch hier früh über die stammesmäßigen und dörflichen Siedlungsgrenzen hinausgewachsen und zur Großstaatenbildung fortgeschritten ist. Als in der älteren Steinzeit die Versandung der großen nordafrikanischen Fläche einsetzte, suchte der Mensch Zuflucht an den Rändern des Niltals. In der jüngeren Steinzeit finden wir ihn bereits im Tal wohnend. Man siedelte zunächst in Gruppen. Jeder der späteren 42 ägyptischen Gaue hat seine eigene Standarte mit dem Zeichen eines Tieres oder einer Pflanze. Die vielfach geübten Stier-, bes. Widderkulte weisen auf einstige Hirten-, der Kult der Sonne auf einstige Pflanzervölker hin. Selbst die ägyptische Sprache setzt sich aus semitischen und hamitischen Bestandteilen zusammen. So hat der Nil seine Bewohner, woher sie auch immer gekommen sein mögen, zum Volk und Staat der Ägypter verbunden und erzogen.

2) *Geschichte:* Die noch heute übliche Aufgliederung der ägyptischen Geschichte in 30 Dynastien ist das Werk des ägyptischen Priesters Manetho (um 280 vChr). Dagegen wird die Einteilung in das „Alte Reich" (AR), „Mittlere Reich" (MR), „Neue Reich" (NR) und die „Spätzeit" erst von der modernen Wissenschaft ver-

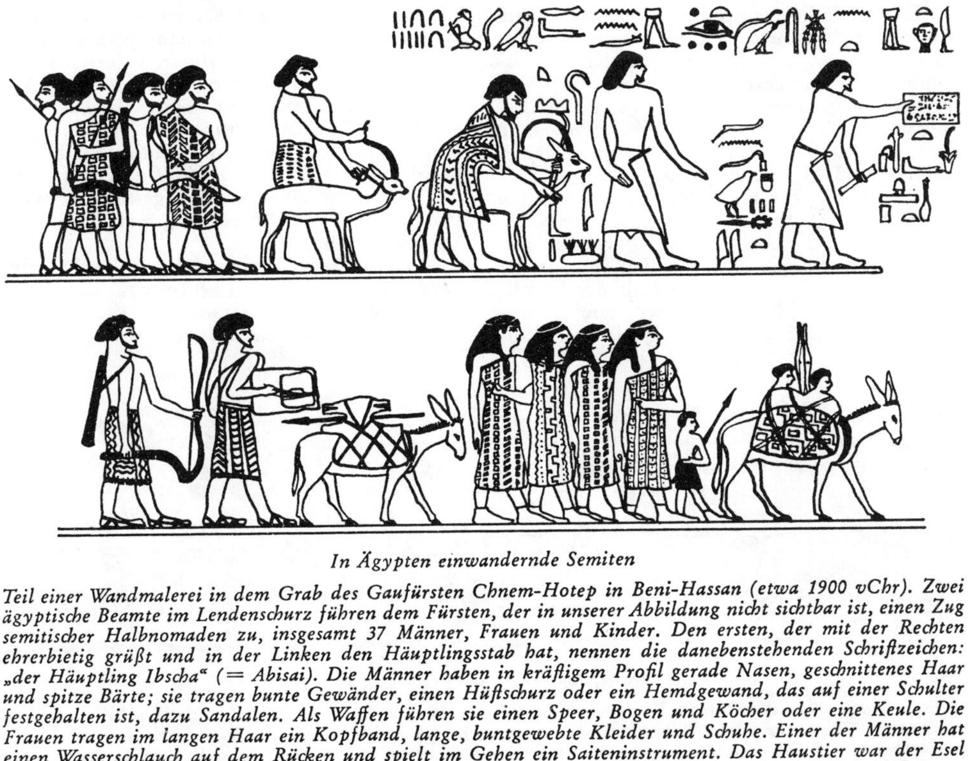

In Ägypten einwandernde Semiten

Teil einer Wandmalerei in dem Grab des Gaufürsten Chnem-Hotep in Beni-Hassan (etwa 1900 vChr). Zwei ägyptische Beamte im Lendenschurz führen dem Fürsten, der in unserer Abbildung nicht sichtbar ist, einen Zug semitischer Halbnomaden zu, insgesamt 37 Männer, Frauen und Kinder. Den ersten, der mit der Rechten ehrerbietig grüßt und in der Linken den Häuptlingsstab hat, nennen die danebenstehenden Schriftzeichen: „der Häuptling Ibscha" (= Abisai). Die Männer haben in kräftigem Profil gerade Nasen, geschnittenes Haar und spitze Bärte; sie tragen bunte Gewänder, einen Hüftschurz oder ein Hemdgewand, das auf einer Schulter festgehalten ist, dazu Sandalen. Als Waffen führen sie einen Speer, Bogen und Köcher oder eine Keule. Die Frauen tragen im langen Haar ein Kopfband, lange, buntgewebte Kleider und Schuhe. Einer der Männer hat einen Wasserschlauch auf dem Rücken und spielt im Gehen ein Saiteninstrument. Das Haustier war der Esel (nicht das Kamel oder das Pferd); kleine Kinder reiten zwischen den Satteltaschen. Als Gastgeschenk bringen sie einen Steinbock und eine Gazelle. Das untere Bild schließt an das obere an: einer der Männer schaut nach der Gruppe der Kinder und Frauen.

wendet. Bis zum Beginn des 19. Jahrhunderts war die Geschichte Ä. nur durch die Bibel und die griech.-röm. Schriftsteller spärlich bekannt. Erst mit der Expedition Napoleons 1798 erschloß sich die alte Kultur des Nillandes allmählich aufs neue der Menschheit.

a) Die Vereinigung von Unter- und Oberägypten ging um 2850 von dem oberägyptischen König Menes aus, der die gesamtägyptische Hauptstadt Memphis (= Mauer der weißen Krone) in der Nähe des heutigen Kairo auf dem westlichen Nilufer gründete. Doch blieben die beiden Länder als getrennte Größen bestehen. Der König trug die weiße oberägyptische und die rote unterägyptische, oder eine aus beiden zusammengesetzte Krone. Ebenso blieben Lilie und Geier bzw. Papyrus und Schlange als Symbole Ober- bzw. Unterägyptens erhalten. Der Falke Horus war als Verkörperung der Sonne der höchste Weltengott; der König wiederum galt als Verkörperung des Horus als der höchste Gott gegenüber seinen Untertanen. So hieß der König der beiden Länder selbst der Gott Horus, der Sonnengott, der Weltenschöpfer. Andererseits trat in Heliopolis (nordöstlich Kairo) der Sonnengott Re hervor, und der lebende König galt als Sohn des Re, ohne daß damit der Göttlichkeit des Herrschers Einhalt geboten wäre. Die göttliche und die menschliche Welt war durch den König verbunden. Darum zeigte sich das staatliche Leben unlösbar mit dem Kultus verbunden. Königsdienst war Gottesdienst. Von diesem Gesichtspunkt aus wird uns erst die Bereitschaft der Ägypter verständlich, besonders in der vierten Dynastie unter den Königen Cheops, Chefren und Mykerinos (2600-2480) die Last der gewaltigen Pyramidenbauten auf sich zu nehmen, die noch heute das Erstaunen der Nachwelt erregen. Die Anlage einer Pyramide war ursprünglich viergliedrig: Am Landeplatz der Lastschiffe (bei Hochwasser) wurde der Portalbau errichtet, es folgt der Aufweg zum Totentempel und ganz im Westen liegt die Pyramide als Königsgrab, umgeben von den Gräbern der königlichen Familie und der hohen Reichsbeamten. Offensichtlich haben diese für die Volkswirtschaft unergiebigen Bauten die Kraft des AR erschöpft. Forderten doch die Totenkulte auf den Königsfriedhöfen und der mannigfache Tempeldienst, der dem König als dem Mittler zw. der göttlichen und der menschlichen Sphäre oblag, für Unterhalt und Betreuung riesige Dotierungen an Land, das damit der Staatsschatulle verlorenging. Die königlichen Gauverwalter, die oft Generationen hindurch ihr Amt innehatten, wurden zu selbständigen Gaufürsten. Der zentral geleitete Staat des Gottkönigs verfiel der Dezentralisation; allmählich löste sich alle politische und soziale Ordnung auf. In der Zwischenzeit (2190-2052) zum MR, die gern als Herakleopolitenzeit bezeichnet wird (nach den Gaufürsten von Herakleopolis, die amtlich als 9. u. 10. Dynastie gezählt werden), verbreitete sich der aus Unterägypten stammende Osiriskult über das ganze Nilland. Osiris ist der Gott der Toten, der in der Unterwelt herrscht und beim Totengericht die Entscheidung fällt. Vor diesen Gott muß jeder einzelne treten. War bisher der König als der Gottkönig Ziel und Inhalt gesamtägyptischen Glaubens und hieß die sittliche Forderung Einordnung des Einzelnen in die bestehende soziale Ordnung, so stand jetzt das Individuum persönlich vor dem Totenrichter, der alle rechtfertigen und den Toten zu einem Osiris (d.h. einem im Totenreich Weiterlebenden) machen kann. Es erwachte die Verantwortung des Einzelnen für sein kommendes Leben, die freilich durch Zauberformeln und mancherlei Magie, um selbst den Totengott zu überlisten, geschwächt wird. Hauptort der Osirisverehrung war das mittelägyptische Abydos.

b) Die Wiedervereinigung des Reiches ging vom oberägyptischen Theben aus, das damit in das Blickfeld der Geschichte tritt. Die bisher selbständigen Gaufürsten wurden besei-

Die Herstellung von Ziegelsteinen in Ägypten

Rechmire, der Wesir des Pharao Thutmosis III., ließ um 1460 vChr an der Wand seiner Grabkammer darstellen, wie Gefangene Ziegel herstellen: Aus einem von Bäumen umstandenen Teich holen zwei in großen Krügen das nötige Wasser. Der Lehm wird gemischt und geknetet und in Körben dorthin gebracht, wo er in rechteckige hölzerne Formen gepreßt wird. Die so entstehenden Steine werden (rechts vom Teich) zum Trocknen in der Sonne aufgeschichtet. Dann werden die Ziegel an Jochstangen zur Baustelle getragen und aufgesetzt. Rechts sitzt ein Aufseher mit seinem Stock, der die Arbeit der Gefangenen überwacht.

Fünf Gefangene

Ramses III. (etwa 1175-1144 vChr) ließ an den Wänden seines gewaltigen Totentempels in Medinet Habu auch seine Siege darstellen. Ein Ausschnitt daraus sind diese fünf Gefangenen, mit gefesselten Armen aneinander gebunden, deutlich zu erkennen als ein Libyer, ein Semit, ein Hethiter, ein Philister, wieder ein Semit.

tigt und durch Anhänger der neuen Könige ersetzt. Das MR (2052-1778) deckt sich zeitlich mit der 12. Dynastie, als deren bedeutendste Herrscher Sesostris III. (1878-1841) und Amenemhet III. (1840-1792) gelten. Wie im AR sind keine größeren Kriege oder Eroberungen durchgeführt worden; lediglich Unternubien zw. dem 1. und 2. Katarakt trat unter ägyptische Herrschaft, und Sesostris III. führte einen Feldzug nach Syrien durch. Ä. bewahrte seinen bisherigen von der Außenwelt abgeschlossenen Charakter. Als technisches Meisterwerk ragt die Erschließung des Fajjums, einer südwestlich von Memphis gelegenen Oase, hervor. Durch Regulierung des Zuflusses vom Nil wurde in der Oase wertvolle landwirtschaftliche Nutzfläche gewonnen. Wenn auch die Könige nach dem Konservativismus der Ägypter offiziell ihre gottmenschliche Stellung bewahrten, so waren sie doch im Bewußtsein des Volkes Menschen, deren Herrschaft auf persönlichen Leistungen beruhte. Mit der Stadt Theben, die nicht Regierungsstadt blieb, trat der Gott Amon (= der Verborgene) hervor, der sich mit dem Sonnengott Re zum Reichsgott Amon-Re verband. Auf das MR folgte ein Jh. der Fremdherrschaft. Die → Hyksos (1670-1570), deren Könige semitische, ägyptische und andere Namen tragen, sind letzte Ausläufer einer großen Völkerbewegung und beherrschten zeitweise ganz Ä. und mindestens Palästina. Sie brachten das Pferd für den Streitwagen als wichtigstes Kriegsinstrument in diese Länder. Ä. ward jetzt in den Lebensraum Vorderasien einbezogen.

c) Die Vertreibung jener Fremdherrscher und die erneute Einigung Ä.s ging wiederum von den unter den Hyksos emporgekommenen Gaufürsten Thebens aus. Der König Kamose als Herr von Oberägypten befreite Unterägypten. Der Begründer der 18. Dynastie (1570-1345) Amosis drang bis Palästina vor; Thutmose I. zog durch Syrien bis zum Oberlauf des Euphrat. Das bisher auf sich selbst beschränkte Ä. war durch die Hyksos unfreiwillig auf die Bahn des Imperialismus gewiesen worden. Thutmose III. (1502 bis 1448), der jahrelang die Herrschaft seiner viel älteren Halbschwester und Gattin Hatschepsut ertragen mußte, die freilich durch Werke friedlichen Aufbaus die Wunden der Hyksosherrschaft beseitigte, zog in zahlreichen Kriegszügen nach dem Norden. 1480 siegte er in der Jesreelebene bei Megiddo über eine Koalition syrischer Fürsten unter der Führung des Königs von Kadesch am Orontes. Hinter dieser Koalition stand das mächtige nordsyrische Mitannireich, mit dem man sich aber bald über die beiderseitigen Interessengebiete einigte. Nach Süden erstreckte sich die ägyptische Herrschaft bis zum 2. Katarakt. In Palästina und im südlichen Syrien blieben die Hyksosherren, die dort über der einheimischen Bevölkerung als Fremdherrscher standen, im ägyptischen Dienst und bildeten einen ausgesprochenen Ritteradel mit Pferd und Streitwagen. Der Hohepriester des Karnaktempels (Theben) wurde immer mehr zum Oberpriester aller ägyptischen Heiligtümer. Der Karnaktempel selbst ist die Wohnung des Gottes Amon-Re, der in einer dunklen Cella (Amon = der Verborgene) in einer Figur verkörpert wird, die die Kultpriester mit Speise und Reinigung versehen. Unter freiem Himmel steht der Opferaltar mit Obelisk, um den gleichen Gott als Sonnengott zu verehren (Re). Die Gottesfigur selbst wird bei der Prozession auf einer

Gefangener Semit

Am Sockel der Riesen-Statuen, die sich Ramses II. im Tempel in Luxor errichtete, sind in langen Reihen Gefangene dargestellt, durch einen Strick am Hals aneinander gebunden, die Arme hinten gefesselt. Jeder Gefangene stellt eine unterworfene Stadt dar, deren Name in einem Schild vor den Beinen angegeben wurde. Zu beachten ist das lange Haar, das durch einen Kopfbund zusammengehalten wird, und der Spitzbart.

Barke getragen, und in mancherlei Kapellen in und um Theben hält der Gott Rast.

Kulturgeschichtlich bedeutsam ist die Zeit Amenophis IV. (1377-1358), dessen von ihm selbst veränderter Name Echnaton auf die unter seiner Herrschaft entfachte religiöse Revolution hinweist. Er ehrte die völlig entkörperlichte und vergeistigte Sonnenscheibe (Aton) als die einzige Gottheit und bemühte sich, diesen „Monotheismus", der in Theben in einen förmlichen Bildersturm und eine Verfolgung der Amon-Re-Anhänger ausartete, auch seinem Volk aufzuprägen. Von hoher poetischer und geistiger Schönheit ist der berühmte Sonnenhymnus, der diesem Reformer auf Ä.s Thron zugeschrieben wird. Echnaton erbaute sich in Amarna eine neue Residenz. Er trat aus der Hofetikette, die das Gottmensch- bzw. Gottessohnsein des Königs betonte, heraus und zeigte sich seinem Volke in seinem Menschsein mit seiner Mutter (Teje), seiner Gattin (Nofretete) und den Prinzessinnen. In der Kunst huldigte er einem ausgesprochenen Expressionismus. Nach den in der neuen Residenz gefundenen Amarnatafeln, die meist in babylonischer Keilschrift und Sprache als der damaligen Diplomatensprache gehalten sind, führte er eine unglückliche Außenpolitik. Die Kleinfürsten Syriens und Palästinas bekämpften sich untereinander in Kleinkriegen und schadeten der ägyptischen Sache, wo sie nur konnten. Als unruhiges Volkselement erscheinen dort die SA. GAZ bzw. Chabiri (→ Hebräer). Echnaton aber war mit seinen religiösen Reformen beschäftigt und griff nicht ein. Berühmt ist das im Jahre 1922 mit unermeßlichen Schätzen gefundene Grab seines in jungen Jahren verstorbenen Schwiegersohns Tutanchamon.

Nach dem Tode des Reformers übernahm der General Haremheb als Begründer der 19. Dynastie (1345-1200) die Herrschaft; er setzte die alte Ordnung mit grausamen Strafen gegenüber ihren Übertretern wieder durch und beseitigte den Atonkult restlos. Sethos I. konnte Palästina erneut unter ägyptische Botmäßigkeit zwingen und die dort eingedrungenen Wüstenstämme beruhigen; aber die Euphratgrenze war für ihn unerreichbar, da das von Kleinasien her sich erstreckende Großreich der Hethiter dem weiteren Vordringen Ä.s ein energisches Halt gebot. Die Lösung der hethitischen Frage war dem lang regierenden Ramses II. (1301-1234) vorbehalten. 1296 kam es zur Schlacht bei Kadesch am Orontes zwischen dem hethitischen König Muwatalli und Ramses, wobei die Ägypter mit ihren nach Göttern genannten (Amon-Re-Ptah und Sutech) vier Armeekorps durch geschicktes persönliches Eingreifen des Königs einer wirklichen Niederlage entgingen. Beide Parteien sprachen sich den Sieg zu; aber fest steht, daß Ramses abziehen mußte. Etwa 1280 schlossen beide Parteien unter dem Nachfolger Muwatallis Chattuschili III. einen Friedensvertrag, dessen Inhalt — wenn auch nicht völlig gleichlautend — in Ä. und in der hethitischen Hauptstadt Boghazköj gefunden worden ist. Ramses II. nahm sich eine hethitische Prinzessin als Hauptgemahlin. Vorderasien einschließlich Ä. zeigte sich jetzt als einheitlicher Kulturraum. Kein Staat lebte mehr für sich allein. Künstler, Kaufleute, Diplomaten und die Königstöchter wurden von Land zu Land ausgetauscht.

Ramses II. (1290-1224 vChr)
Nach einer überlebensgroßen Statue (jetzt in Turin). Vor seiner Krone die Uräus-Schlange, in der rechten Hand ein Krummstab.

Den fünfzigjährigen Friedenszustand beendete eine neue Völkerbewegung, die vom Balkan ausging. Mit dem Vordringen der indogermanischen Illyrer und der dorischen Griechen verschob sich das Bild der östlichen Mittelmeerwelt völlig. Im Zuge dieser „Seevölkerbewegung" ging in Kleinasien das Hethiterreich in Trümmer, und die → Philister setzten sich schließlich in Palästina fest. Andererseits traf dieser Vorstoß auch Nordafrika, da die Libyer und andere Völkerelemente das Nildelta bedrohten. Der König Mernepthah konnte sich ihrer erwehren. In der 20. Dynastie der Ramsesiden (Ramses III.-XI.) ging die ägyptische Herrschaft in Palästina restlos verloren. Ramses III. (1197-1165) kann die Seevölker von Ä. abhalten; aber damit ist die Kraft des NR erschöpft. Die Könige können keine Eroberungen mehr vornehmen; dagegen stieg die politische Macht der Hohenpriester des Amon in Theben.

d) Von 1085 bis etwa 950 bildete dieses Hohepriestertum geradezu einen Staat im Staate, während die Könige in Tanis im östlichen Delta regierten. Als 22. und 23. Dynastie herrschten Nachkommen libyscher Söldner. Scheschonk I. (935-913) unternahm einen erfolgreichen Beutezug nach Palästina (1Kö 14,25 ff), ohne die alte Vorherrschaft wieder herzustellen. Bald kann man von einem eigentlichen ägyptischen Reich nicht mehr reden, da das Land von vielen Teilherrschern regiert wurde. Der Fürst Tefnachte von Sais im westlichen Delta gewann noch einmal Unterägypten für sich, konnte aber nicht weiter nach Oberägypten vordringen. Um das Jahr 1000 hatten die Nubier (Äthiopier) mit ihrer Hauptstadt Napata (am 4. Katarakt) das ägyptische Joch abgeschüttelt. Jetzt um 750 zog der äthiopische König Pianchi nach Süden und besiegte Tefnachte. Damit wurde zu Beginn der sog. Spätzeit unter der 25. Dynastie (715-663) Theben noch einmal die Hauptstadt des Nillandes. Die Könige Schabaka, Schabataka, Taharka und Tanutamun machten sich zum Vortrupp aller antiassyrischen Kräfte in Palästina, ohne doch wirklich helfen zu können. 670 eroberten die →Assyrer unter →Asar-Haddon für 7 Jahre Ä., und unter → Assurbanipal fiel das berühmte Theben.

Die Wendung des ägyptischen Geschicks ging von den Deltafürsten Necho I. von Sais und dessen Sohn Psammetich I. aus, die beide von den Assyrern gegen die Äthiopier eingesetzt waren. Psammetich hat die Assyrerherrschaft, deren Tage gezählt waren, abgeschüttelt. Necho II. (609-593) versuchte nach dem Ende des assyrischen Reiches (612 Zerstörung Ninives) den neugegründeten assyrischen Puffer- und Reststaat in Haran gegenüber den vordringenden Babyloniern zu stützen und die Herrschaft in Palästina selbst anzutreten, wurde aber vom babylonischen König → Nebukadnezar bei Karkemisch am Euphrat gründlichst geschlagen. Der Necho entgegentretende → Josia von Juda fand bei Megiddo den Tod (2Kö 23,29 ff). Die folgenden ägyptischen Könige Psammetich II. und Apries (in der Bibel → Hophra) schürten alle antibabylonischen Bewegungen in Palästina, ohne helfen zu können, wie wir am Schicksal Jerusalems ersehen. Amasis gab alle palästinischen Pläne auf und Psammetich II. erlebte das Ende der selbständigen ägypt. Geschichte.

e) 525 eroberte der persische König Kambyses Ä., wodurch das Land zur persischen Satrapie wurde. Seit der Regierung des Xerxes (486-465) kam es zu vergeblichen Aufstandsversuchen. Erst im 4. Jh. erlangte das Nilland noch einmal für längere Zeit seine Freiheit, um schließlich nach wiederum zehnjähriger persischer Herrschaft Alexander d. Gr. 332 kampflos in die Hände zu fallen, dessen berühmteste Tat für Ä. die Gründung von → Alexandria war.

Nach dem Tode dieses Welteroberers, der in Alexandria bestattet wurde, nahm man eine Neuaufteilung der Satrapien vor, aus denen sich nach kurzer Zeit selbständige Territorialstaaten entwickelten. Ä. erhielt Ptolemaios, Sohn des Lagos, der 305 den Königstitel annahm; seine Nachfolger heißen neben einem Zunamen alle Ptolemaios (II-XIII). Für die nächsten 150 Jahre kam es in mehreren sog. syr. Kriegen zu Auseinandersetzungen mit den Seleukiden, die als Diadochen das zentrale Vorderasien beherrschten. Bis zu der für die Ptolemäer günstig ausgehenden Schlacht bei Raphia 217 behielt Ä. das südliche Syrien einschließlich Palästina fest in seiner Hand. Der Seleukide Antiochus IV. (175-163) erzwang bei Pelusium den Zutritt nach Ä. und setzte sich in Memphis die Doppelkrone der beiden Länder aufs Haupt. Da griff Rom ein. Durch ein erfolgreiches Ulti-

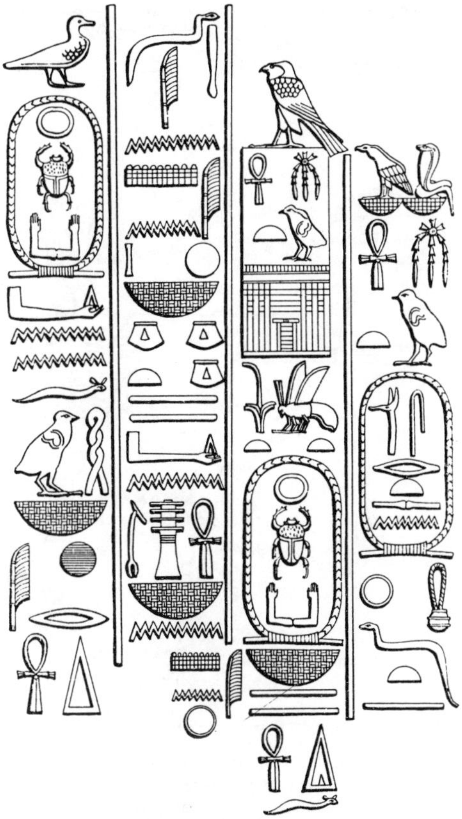

Ägyptische Hieroglyphen

Teil einer Relief-Inschrift auf den Kalkstein-Blöcken eines Tempels, den Sesostris I. um 1950 vChr in Karnak baute. In „Kartuschen“ (Königsringen) begegnet zweimal der Name des Sesostris I. (Cheper-ka-Re) mit der sorgfältigen Darstellung eines Käfers. Die beiden waagrechten Striche, die zweimal zu sehen sind, weisen auf die beiden Länder Ober- und Unter-Ägypten hin; auch der Lotosstengel und die Biene in der Mitte der zweiten Spalte rechts stellen die beiden Länder dar. Das fünfmal vorkommende Zeichen (eines links unten) bedeutet „Leben“. Eine Übersetzung des abgebildeten Textes gibt Grollenbergs Bildatlas zur Bibel.

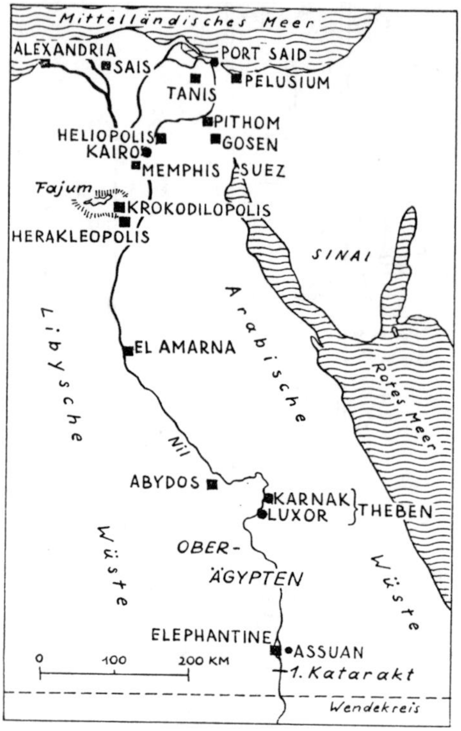

matum der Römer, den Krieg sofort einzustellen und Ä. zu verlassen, war die weitere Herrschaft der Ptolemäer gesichert, die aber durch dauernde Thronstreitigkeiten das erneute Eingreifen Roms erleichterten. Seit 55 befand sich eine römische Besatzung im Nilland. Kleopatra, die Schwester des letzten Ptolemäers (XIII.), verband sich mit Caesar. Nach dessen Ermordung gewann sie M. Antonius für sich, dessen Niederlage bei Actium (31) auch das Ende dieser die römische Welt bezaubernden Königin bedeutete. Ä. wurde unter Octavian (Augustus) kaiserlich römische Provinz.

Der Ptolemäerstaat hat nie sein griechisch-mazedonisches Gepräge verleugnet. Die beiden Nilländer mit ihren Gauen und Vorstädten waren rechtlich Landbezirke der Metropole Alexandria, die selbst durch einen Beauftragten des Königs kontrolliert wurde. Die Griechen und Mazedonier bildeten den Wehrstand. Mit Hilfe königlicher Monopole und eines raffinierten Steuersystems waren Wirtschaft und Finanzen fest in der Hand der Herrscher. Allerdings sickerte das ägyptische Volkselement allmählich in die Wehrmacht ein. Am wenigsten konnten sich die Griechen dem Einfluß der ägyptischen Religion und Kulte entziehen.

3) Religion: Die Religion der Ägypter, die bisher nur gelegentlich erwähnt wurde, ist ein vielseitiges Gebilde. Es tritt uns eine Fülle von Nil-, Sonnen-, Mond-, Himmels-, Erd-, Toten- und Grabgöttern entgegen. Das ägyptische Pantheon hatte Platz für neu hinzukommende Gottheiten. Die Priesterschulen bemühten sich, gewisse Götter in Götterkreise einzuordnen: so entstanden Dreiheiten (Vater, Mutter und Sohn), Acht- und Neunheiten. Andererseits gingen etwa die Falken- oder Totengötter der verschiedenen Gaue ineinander über und verminderten deren Zahl. Seit der 12. Dynastie galt Amon als Schutzherr des Reiches. Auf ihn übertrug man alle Prädikate, die über einen Gott zu sagen sind, so daß die Ägypter hier fast den Standpunkt des Monotheismus erreichten. Wieweit schon an der Wende vom 4. zum 3. Jt. im Nilland ein Hochgottglaube vertreten wurde (Hermann Junker), bedarf noch weiterer Forschung. Das Überhandnehmen der Tierkulte in der Spätzeit hat bereits den Spott der Griechen erweckt.

4) Ägypten und Palästina: Mannigfach sind die politischen und kulturellen Beziehungen zw. Ä. und Israel. Die Forscher sehen fast einmütig in Ramses II. den Pharao der Bedrückung, da nach dem Befund der Ausgräber unter ihm in den Städten Pithom und Ramses (2Mose 1,11) viel gebaut worden ist. Die Josephgeschichte wird gern in die Hyksoszeit verlegt, weil Ausländer gerade unter jenen Fremdherrschern leicht emporkommen konnten, ohne daß diese Vermutung bewiesen werden könnte. Inschriften vom Grenzübertritt beduinischer Asiaten illustrieren den Eintritt von Israeliten auf ägyptisches Gebiet; aber auch hier fehlen wie beim Auszug Israels nähere ägyptische Angaben. Mernepthah erwähnt auf einem Gedenkstein, daß er Israel in Palästina geschlagen habe. Über die Zustände im südlichen Syrien vor der isr. Einwanderung und Staatenbildung berichten ägyptische Texte: Die Ächtungstexte aus dem 20. und 19. Jh. verurteilen syr. Rebellen; der Roman des Flüchtlings Sinuhe um 1970 schildert palästinische Kleinfürsten, deren Barbarentum von der Zivilisation der Ägypter absticht; die Amarnakorrespondenz um 1370 zeigt die politischen Wirren im südlichen Syrien vor der eigentlichen Einwanderung der Israeliten und der Reiseroman des Wen-Amon um 1085 den völligen Prestigeverlust Ä.s in Kanaan. Während sich unter David Ä. von Palästina fernhielt und damit die isr.-judäische Großstaatenbildung begünstigte, Salomo sogar eine ägyptische Prinzessin heiratete (1Kö 3,1), fand Jerobeam, Salomos Gegner, ein Asyl am Nil (1Kö 11,40). Eine entscheidende Rolle spielte Ä. in der Prophetie von Jesaja (31,1ff) bis Jeremia (2,36); vor allem Hoffen auf die militärische Hilfe des Nillandes wird gewarnt. Auf der Nilinsel → Elephantine am unteren Ende des 1. Nilkatarakts befand sich seit der späten neubabylonischen Zeit bis zum Ausgang des 5. Jh. eine jüd. Militärkolonie, die die Südgrenze Ä.s bewachte und dort einen eigenen Jahwetempel besaß. Die dort gefundenen Papyri haben unsere Kenntnis des nachexilischen Judentums erweitert. Alexandrien mit seiner starken Judenschaft ist die Heimat der griech. Bibel (→ Septuaginta), wobei freilich die Einzelheiten des Übersetzungsvorgangs (vgl. Aristeasbrief) stark legendär gefärbt sind. Dan 11 wird auf die Auseinandersetzungen zwischen den Ptolemäern und Seleukiden hingewiesen. Im NT ist Ä. der Zufluchtsort für das Jesuskind Mt 2,13 ff. Apollos stammte aus Alexandrien Apg 18,24.

Die ägyptische Weisheitslehre hat zweifellos die isr. beeinflußt. Spr 22,17-23,12 ist von der Dichtung des Amenemope abhängig. Wieweit das ägyptische Hofzeremoniell von David und Salomo übernommen worden ist, läßt sich nicht mehr feststellen. Hier bot der Glaube Israels fremden Einflüssen Halt; dagegen dürfte die Einrichtung eines den König umgebenden, ihn in der Regierung unterstützenden und in feste Ämter gegliederten höheren Beamtentums auf ägyptisches Vorbild zurückzuführen sein. Die oft im AT angeführte Bezeichnung „Pharao" für den ägyptischen König stellt keinen Eigennamen dar, sondern bedeutet „großes Haus" als Hinweis auf den königlichen Palast.

Lit.: Alexander Scharff: Ägypten 1950. Rudolf Anthes: Ägypten 1953 in Historia Mundi Bd. II. *Peu*

Älteste. *1) In Israel.* Wie bei anderen Völkern, so würdigte man die durch ihr Alter und ihre Erfahrung Ä.n und räumte ihnen auf allen Gebieten Rechte der Leitung ein. Das geschah schon in Ägypten 2Mose 3,16.18; 12,21; 19,7 und blieb so während der Wüstenwanderung 2Mose 24,1.9; vgl. 4Mose 11,16 ff und nach der Ansiedlung in Kanaan. Auch in der Zeit des Königtums gab es die Ordnung der Ä.n (vgl. 1Kö 20,7), die dann im Exil und bes. in der Verfassung der nachexilischen Gemeinde sehr einflußreich wurde Hes 8,1; 14,1; 20,1.3; Esra 5,9 f; 6,7.14. Die Ä.n im Volk in Jesu Tagen, die neben den Hohenpriestern und Schriftgelehrten im Hohen Rat saßen Mk 11,27; 14,53, gingen aus bes. angesehenen Geschlechtern hervor.

2) In der Christengemeinde. In Anlehnung an die Ordnung im Judentum gab es in den ersten christlichen Gemeinden Ä., so in Jerusalem Apg 11,30; 15,2, aber bald auch in den heidenchristlichen Gemeinden Apg 14,23; 1Tim 5,17.19; Tit 1,5. Sie leiten Apg 20,17.28; 1Petr 5,1 ff, teilen das Wort aus 1Tim 5,17 und ordinieren die zum Dienst in den Gemeinden berufenen Männer 1Tim 4,14. Rangunterschiede zw. den Ä.n und den → Bischöfen kennt das NT nicht Apg 20,17.28; Tit 1,5.7; 1Tim 3,1-7. Würde und Ehre der Ä.n beruhen nicht auf ihrem Alter an sich, sondern ihre Autorität ist charismatisch bedingt. In den 24 Ä.n der Offb (4,4 u.a.) wollte man gern die Vertreter der erlösten Gemeinde sehen, 12 aus den Stämmen Israels und 12 aus den Heiden; doch könnten himmlische Mächte und Gewalten (Röm 8,38 f) gemeint sein. *Kü*

Aenon, Enon bei Salim Jo 3,23, den Ort, wo Johannes taufte, hat man in der Kreuzfahrerzeit in Bet enun bei Hebron gesucht. Da diese Gegend wasserarm ist, wird man Ae. eher mit der griech. Tradition in der wasserreichen Ebene von Beth-Schean zu suchen haben: Salim wäre mit dem Hügel tell er-redra, Ae. mit den fünf Quellen von ed-der und ihren Bächen südlich davon identisch. *Me*

Äon, das griech. Wort für hebr. olām, bezeichnet zunächst die unbegrenzte Zeit Ps 89,2; Hebr 1,8 und wird, vor allem von Gott ausgesagt, Bezeichnung für ein Dasein jenseits der Zeit, also für Zeitlosigkeit 1Kor 2,7; Kol 1,26. Dann ist Ä. auch Weltlauf Mt 13,22, Weltraum Hebr 11,3 und schließlich kommendes Zeitenende Jo 8,51; Eph 1,21. → Ende 5). *Luck*

Ärgernis oder Anstoß (vgl. Jes 8,14, wo auch von Fallstrick und Schlinge die Rede ist), bedeutet in der HS etwas für den Glauben und das sittliche Leben des Frommen Gefährliches oder sogar Verderbliches. Personen, Handlungsweisen und Sachen können in diesem Sinn zum A. werden 2Mose 34,12; Ps 106,36; vgl. Mt 13,41. Christen sollen keinen A. nehmen, vor allem nicht an Christus, an seiner verborgenen Herrlichkeit und an seinem Kreuz Mt 11,6; 13,57; 24,10; 26,31; Jo 16,1; Röm 9,33; 1Kor 1,23; 1Petr 2,8. Ebensowenig sollen sie unter Mißbrauch ihrer christlichen Freiheit dem sittlichen Urteil des schwachen Bruders A. geben 1Kor 8,13; Röm 14,20.13; vgl. Mt 17,27. *Kü*

Äthiopien → Mohrenland.

Affe. Wie andere Könige, so hatte auch Salomo Freude daran, an seinem Hof A.n zu halten 1Kö 10,22. *Schl*

Agabus, ein christlicher Prophet in Jerusalem, reiste nach Antiochien, kündigte dort eine Hungersnot an und bewog die Gemeinde, zur Erhaltung der Kirche Jerusalems während der Notzeit beizutragen Apg 11,27-30. Als Paulus zum letzten Mal nach Jerusalem reiste, ging ihm A. nach Cäsarea entgegen und weissagte ihm seine Gefangennahme Apg 21,10 f. *Kü*

Agag. *1)* König der → Amalekiter, mit denen Israel im Heiligen Krieg lebte. Darum sollte der von Saul gefangene A. sofort getötet werden, während Saul ihn wohl als Siegesbeute mit sich führte 1Sam 15,8 ff. A. stirbt dann ohne Todesfurcht von Samuels Hand.

2) 4Mose 24,7 liest LXX als Amalekiterkönig „Gog" statt A. *Da*

Agape → Liebesmahl.

Agrapha ist die wissenschaftliche Bezeichnung der außerhalb der kanonischen Evangelien überlieferten Jesusworte (wörtlich: das, was nicht geschrieben steht). Sie sind im NT selbst (Apg 20,35; 1Thess 4,15?; Röm 14,14?), in alten Bibelhandschriften (bei Lk 6,5; 10,16 zB), bei frühchristlichen Schriftstellern und in Papyri erhalten. Form- und theologiegeschichtliche Untersuchung ergibt etwa 21 A., die sich der Botschaft Jesu einfügen. Die im NT erhaltenen A. gehen auf mündliche Tradition, die anderen auf verlorene Evangelien (vgl. koptisches Thomasevangelium Nr 32) zurück.

Lit.: J. Jeremias, Unbekannte Jesusworte 1951². *Ba*

Agrippa I. und II. → Herodes Agrippa.

Agur → Sprüche 6).

Ahab. *1)* König von Israel (871/70-852/51), Sohn des Dynastiegründers → Omri 1Kö 16, 29 bis 22, 40, hat die von seinem Vater gegründete Hauptstadt Samaria weiter ausgebaut, Prunkgemächer mit Elfenbein getäfelt, Jericho neu errichtet und andere Orte befestigt 16, 34; 22, 39. Im Kampf mit dem aramäischen König Benhadad gelang es A., den Belagerungsring um Samaria zu durchbrechen und im nächsten Jahre den Feind in Aphek (östlich vom See Genezareth) vernichtend zu schlagen 20, 1-30. Nach drei Jahren fiel er im Kampf um Ramoth in Gilead, nachdem er schwer verwundet im Kampfwagen stehend bis zum Abend die Schlacht geleitet hatte 22, 29-38.

A. war ein kluger Politiker. Die Ehe mit der Prinzessin Isebel von Tyrus war die Krönung eines Wirtschaftsbündnisses mit den Handelsstaaten Phöniziens; mit Juda bestand wenigstens in späterer Zeit enge militärische und dynastische Verbindung 2Kö 8, 18. 26. Die traditionelle aramäische Freundschaft suchte er — auf die Dauer vergeblich — durch ein großzügiges Bündnisangebot an den gefangenen Benhadad zu beendigen; in Damaskus erwarb er Handelsniederlassungen 1Kö 20, 31-34. Er erkannte die von den → Assyrern drohende Gefahr. Nach assyrischen Nachrichten nahm er 853 (zeitlich zw. den Schlachten von Aphek und Ramoth) in einer Koalition mit Damaskus und anderen an der Schlacht bei Karkar teil, wobei er 10 000 Infanteristen und unter den Verbündeten das größte Kontingent an Kampfwagen (2000) stellte. Die Assyrer wurden zunächst am weiteren Vordringen gehindert. Die Propheten zeigen A. gegenüber eine verschiedene Haltung. In den Aramäerkriegen hat er Zedekia ben Kenaana und andere unbekannte Propheten auf seiner Seite 20, 13. 22. 28; 22, 11. 24. Feindschaft besteht gegen Micha ben Jimla 22, 8. 15 ff und einen Prophetenjünger, der ihn wegen Nichtdurchführung des hl. Bannes tadelt 20, 35 ff. Auf das Schelt- und Drohwort des → Elia hörte A. So ließ er die Versammlung des Volks und die Abschlachtung der Baalspropheten auf dem Karmel durch Elia zu, der dann vor des Königs Wagen her bis nach Jesreel lief; nach dem Justizmord an Naboth demütigte sich der König und empfing er den Trostspruch Elias 18; 21. Seinen uns bekannten Kindern gab er Namen, in denen Jahwe genannt ist: *J*oram, Ahas*ja,* Athal*ja.* Andererseits trat der Einfluß der Königin Isebel stark hervor. Bei dem von ihr geförderten → Baalskult handelt es sich nicht um einen der palästinischen Ortsbaalim, sondern sie vertrat den Stadtgott von Tyrus (Melkart) oder den Himmelsbaal als Universalgott und die Göttin Aschera 1Kö 16, 31 ff. A. ließ wohl dem religiösen Einfluß der Isebel freien Lauf, um das kanaanäische Volkselement fester an die Dynastie zu binden. Durch ihr Betreiben kam es zu Prophetenverfolgungen und zur Ermordung Naboths, um dessen Weinberg sich der König auf legale Weise bemüht hatte.

2) A., Sohn des Kolaja, ein falscher Prophet unter den Juden in Babylonien, von Jeremia verflucht 29, 1-23. *Peu*

Ahas, König von Juda (742/41-725), lehnte die Teilnahme an einer von → Pekach von Israel und → Rezin von Damaskus betriebenen Koalition gegen → Assur ab. Um ihn in dies Bündnis zu zwingen oder abzusetzen, kam es zum syrisch-ephraimitischen Krieg, in dessen Verlauf A. schwer bedrängt und Jerusalem belagert wurde, Hos 5, 8-6, 6; Jes 7, 1 ff; 2Kö 16, 5. Zu gleicher Zeite fielen die Philister in judäisches Gebiet ein, und in Edom ging für A. die Hafenstadt → Elath am Golf von Akaba verloren 2Chr 28, 17 f; 2Kö 16, 6. Auf die Mahnung des Propheten Jesaja, sich still zu verhalten und nicht zu fürchten, hörte A. nicht, sondern rief den assyrischen Großkönig → Tiglatpilesar III. durch schwere Tributzahlung zu Hilfe. Damit wurde A. — zwar seiner Feinde ledig — assyrischer Vasall. Er mußte im Tempel in Jerusalem den assyrischen Staatskult einführen 2Kö 16, 10-18. Selbst den Eingang vom Palast in den Tempel ließ er vermauern, wodurch deutlich wurde, daß das Heiligtum zur assyrischen Krone gehörte. Er brachte seinen Sohn als Opfer dar. So wird er sehr schlecht beurteilt 2Kö 16, 2 ff. A. wird auch in assyrischen Nachrichten genannt (Ia-u-ha-zi). *Peu*

Ahasja. *1)* Der Sohn und Nachfolger *Ahabs von Israel* (852/51-851/50, 1Kö 22, 52 ff), verunglückte im Palast in Samaria; weil er sich wegen seiner Genesung an → Baal-Sebub, den Gott von Ekron, wandte, kündigte ihm → Elia den Tod an 2Kö 1, 2-17. Während seiner Regierung fielen die Moabiter von Israel ab 2Kö 1, 1. Die Israeliten an den geplanten Überseefahrten nach Ophir zu beteiligen, lehnte der judäische König ab 1Kö 22, 50.

2) Der jüngste Sohn und Nachfolger *Jorams von Juda* und der Israelitin Athalja (845-44, 2Kö 8, 25 ff) — nach 2Chr 21, 17 waren seine Brüder alle in Gefangenschaft geraten — nahm als Verbündeter seines Oheims Joram von Israel am Aramäerkriege teil. Als er den verwundeten israelitischen König in Jesreel besuchte 2Kö 8, 29, wurde er in die Vorgänge bei der Revolution Jehus hineingezogen. A. starb an der auf der Flucht erlittenen Verwundung in Megiddo, fand aber sein Grab in Jerusalem 2Kö 9,27 f. *Peu*

Ahasveros. *1)* hebr. Achaschwerosch, verballhornt aus dem altpersischen Chschajarscha, der bekannte Perserkönig Xerxes I. (486-465), Nachfolger und Sohn des Darius I. aus der Ehe mit Atossa, Tochter des Cyrus; Esra 4,6 u. im Buch Esther erwähnt.

2) A., Vater des Darius, Dan 9,1 ist in der Geschichtswissenschaft unbekannt. *Peu*

Ahia. *1) Urenkel Elis,* sicherlich identisch mit → Ahimelech 1Sam 14,3.18.

2) Prophet in Silo, der die Erhebung des Fronchefs Jerobeam gegen Salomo unterstützte, sich später aber gegen den zum israelitischen König gewordenen Jerobeam wandte 1Kö 11, 29 ff; 14,1 ff.

3) Vater des Königs Baësa 1Kö 15,27. *Peu*

Ahikam, Sohn des Schaphan, ein Beamter des Königs Josia 2Kö 22,12, zur Zeit Jojakims ein Gönner → Jeremias Jer 26,24, der Vater des Gedalja, den die Babylonier als Statthalter einsetzten 2Kö 25,22 und der für Jeremia sorgte Jer 39,14; 40,6. *Schl*

Ahimaaz. *1)* Sohn des Oberpriesters *Zadok,* der auf abenteuerlichem Weg David die Meldung über das Ergebnis von → Absaloms Generalstabsverhandlungen in Jerusalem überbringt 2Sam 15,27; 17,17 ff und den König auf den Tod Absaloms vorbereitet 2Sam 18,19 ff. Bei dem gleichnamigen Schwiegersohn Salomos und Provinzialpräsidenten 1Kö 4,15 dürfte es sich um den gleichen Mann handeln.

2) Schwiegervater *Sauls* 1Sa 14,50. *Peu*

Ahimelech. *1) Priester in Nob,* Nachkomme Elis, unterstützte ohne Wissen um den wahren Sachverhalt den fliehenden David, weswegen ihn Saul mit der Priesterschaft töten ließ, 1Sam 21,2 ff; 22,9 ff.

2) Ein *hethitischer Soldat* Davids 1Sam 26,6. *Peu*

Ahitophel, 2Sam 15,12; 16,21 ff; 17,1 ff, aus dem judäischen Gilo, gehörte zu den Ratgebern Davids, d.h. zu den Weisen, die neben den Propheten und Priestern zur Umgebung eines Herrschers zählten. Er ließ sich vom aufständischen → Absalom nach Hebron rufen und stellte sich dem Kronprinzen zur Verfügung, den er mit Erfolg aufforderte, als übliches Zeichen der Machtübernahme in den Harem Davids zu gehen. Bei der Generalstabsbesprechung in der Hauptstadt forderte er die sofortige Verfolgung Davids. Da aber der Vorschlag des von David eingeschleusten → Husai durchdrang, erst den Heerbann einzuberufen, erkannte er die Aussichtslosigkeit des Aufstandes und nahm sich das Leben. *Peu*

Ai. Name *1)* einer kanaanitischen Königsstadt südöstlich von Bethel, heute et-tell bei dēr dubwān; nach Jos 7 f von Josua, nach dem Ausgrabungsbefund aber schon früher zerstört, als Ajjath Jes 10,28 oder Ajja Neh 11,31 im benachbarten chirbet ḥaijān wiederaufgebaut, zZ des Jesaja bewohnt, nach dem Exil von Benjaminiten besetzt, — *2)* einer unbekannten ammonitischen Stadt Jer 49,3. *Rü*

Ajalon. Name *1)* einer ehemals kanaanitischen Levitenstadt in Dan Jos 21,24, heute jālō, 22 km westnordwestlich von Jerusalem. A. wurde erst spät von den Danitern besetzt Ri 1,35; Jos 19, 42, gehörte zum zweiten Gau Salomos 1Kö 4,9 (statt Elon), wurde von Rehabeam befestigt 2Chr 11,10 und unter Ahas von den Philistern erobert 2Chr 28,18, — *2)* einer Stadt in Sebulon Ri 12,12. *Rü*

Ajin. *1)* Ort an der Nordgrenze Kanaans 4Mose 34,11, wahrscheinlich identisch mit Ijjon, vgl. 1Kö 15,20; 2Kö 15,29; 2Chr 16,4, — *2)* Stadt in Simeon, Jos 15,32; 19,7; 1Chr 4,32, stets neben Rimmon genannt, lies daher wohl En-Rimmon, vgl. Neh 11,29, heute chirbet umm er-ramāmīm 17 km nördlich Beerseba, — *3)* Jos 21,16 ist mit 1Chr 6,44 statt A. Asan zu lesen, heute chirbet ʿasan 2 km nördlich Beerseba. *Rü*

Ajja(th) → Ai.

Akazie. Die A. des AT ist nicht unsere „Akazie", sondern ein ihr verwandter, in Nordafrika verbreiteter Baum, der „ägyptische Schotendorn" (Acacia nilotica, bei Linné Mimosa nilotica) mit feinen gefiederten Blättern, kugelförmigen, stark riechenden Blütenständen, langen, schwärzlichen Schotenfrüchten und starken Dornen. Da diese A. der einzige Baum der Sinai-Halbinsel ist, dessen Holz verarbeitet werden kann, wurde es zur Bundeslade und den Geräten der Stiftshütte benützt 2Mose 25,10 ff; das Holz ist anfangs gelb und wird dunkler, ist leicht und doch sehr hart, darum für Schiffbau geschätzt. Am Toten Meer ist die Seyal-A. mit breiter Schirmkrone verbreitet; östlich vom Jordan lag ein „Akazienbach", Abel schittim 4Mose 33,49; vgl. Schittim 4Mose 25,1. *Schl*

Akkad. *1)* Name der von dem Ostsemiten *Sargon* (nach 2350) gegründeten, mit Palast, Tempeln und Hafenanlagen ausgestatteten *Hauptstadt* seines Reiches. A. lag in der Nähe von Kisch und Sippar, wurde aber noch nicht ausgegraben. Die nichtsemitischen Gutäer zerstörten um 2150 die Stadt gründlichst.

2) In den Keilinschriften wird das südliche und nördliche Babylonien Sumer und *Akkad* genannt; noch der Perser Cyrus bezeichnet sich nicht nur als König von Babel, sondern auch von Sumer und Akkad. Auch 1Mose 10,10 ist A. neben Babel, dem sumerischen Erech und dem nordsyrischen Kalne als Landesteil gedacht.

3) Heute wird Akkadisch als Oberbegriff für

die babylonische und 'assyrische Sprache gebraucht. *Peu*

Akko, Hafenstadt an der flachen Sandbucht nördlich des Karmel. Schon früh als Handelsplatz der Nord-Süd-Küstenstraße von Bedeutung, stand es um 1400 vChr unter ägyptischem Einfluß (s. Amarnabriefe). Bei der isr. Landnahme (um 1200) erhob Asser vergeblich auf das Gebiet Anspruch (vgl. Jos 19,24-31 mit Ri 1,31). →Sanherib (um 700) und →Assurbanipal erwähnen A. Um 260 (zZ der Seleukiden-Herrschaft) wurde A. vergrößert und Ptolemais genannt (vgl. 1Makk 11,22 ff u. 12,45 ff). Paulus besuchte dort eine Christengemeinde Apg 21,7. Heute 'akka. *Da*

Akrabbim → Skorpionensteig.
Akrostichon → Alphabetische Lieder.
Alabaster → Glas.

Alexander. *1) der Große, 357-323 vChr,* Schüler des Aristoteles, seit 336 König von Mazedonien, seit seinem Sieg bei Issus 333 über den Perser Darius III. Herr des Orients. Auf seinem Zug nach Ägypten, der sich Sach 9,1-8 (weniger wohl Hab 1.2) widerspiegelt, belagert er 7 Monate Tyrus und 2 Monate Gaza (1Makk 1,1-8 scheint legendär zu sein). Obwohl A. in Babylon früh starb und sein Reich in vier Einzelstaaten zerfiel, erschloß er doch den Orient für die griechische Sprache und Kultur. In der Welt des Hellenismus konnte sich das Diaspora-Judentum ausbreiten, das später der christlichen Mission den Weg bereitete. Das Buch Daniel ordnet A. heilsgeschichtlich in die Reihe der Weltreiche ein: 2,32 ff als eiserner Schenkel der Bildsäule; 7,6 als 3. Tier; 8,5 ff als Ziegenbock u. 11,3 f als Heldenkönig.

2) A. Balas, 150-146 vChr König von Syrien, Gegenspieler des syrischen Königs Demetrius I. 1Makk 10 f berichtet, wie beide Könige Jonathan aus Juda umwerben. Jonathan schließt sich A. an, von dem er Hohepriesterwürde und Herrschaftsrechte erhält. A. heiratet nach dem Sieg über Demetrius Kleopatra, die Tochter des Ptolemäus Philometor von Ägypten. Trotzdem verhilft Ptolemäus schon nach 4 Jahren Demetrius II. auf den syrischen Thron gegen A., den nur noch Jonathan militärisch unterstützt. A. muß fliehen und wird in Arabien ermordet.

3) A. Jannäus → Jannai.

4) A., *ein Sohn Simons von Kyrene* Mk 15,21 wie auch Rufus (vgl. Röm 16,13). Beide waren wohl geachtete Glieder der Gemeinde, deshalb von Markus genannt.

5) A., *ein Mitglied des hohepriesterlichen Adels,* nach Apg 4,6 an der Verhandlung des Hohen Rats gegen Petrus und Johannes beteiligt.

6) A., nach Apg 19,33 f *ein Jude aus Ephesus,* der beim Aufruhr der Silberschmiede gegen Paulus im Theater eine Rede zur Entlastung der Juden halten soll.

7) A., *ein ehemaliger Christ* wohl in Ephesus, den Paulus nach 1Tim 1,20 dem Satan übergab, damit A. das Lästern verlerne.

8) A., *ein Schmied,* der Paulus nach 2Tim 4,14 öffentlich entgegentrat und ihm viel Böses zufügte. Vielleicht ist er der unter 6) oder 7) genannte A. *Da*

Alexandria. Von Alexander d. Gr. 331 vChr am Nildelta gegründet. Dank der günstigen Lage blühte die Stadt schnell auf und wurde ein *Zentrum der antiken Welt,* im römischen Reich die zweitgrößte Stadt. Früh zog A. eine bedeutende Judenschaft an, die ein eigenes Quartier unter einem Ethnarchen bewohnte. In diesem Zentrum der hellenistischen Kultur (Gründung der berühmten Bibliothek durch die Ptolemäer) öffneten sich die Juden dem Hellenismus so stark, daß sie die heimische Sprache aufgaben. Die Folge war, daß für sie das AT ins Griechische übersetzt wurde: die Übersetzung der Siebzig (→ *Septuaginta);* ein legendärer Bericht darüber ist der sog. Aristeasbrief. Diese griech. Bibel erschloß den Juden große missionarische Möglichkeiten. Andererseits ergriff das *griech. Denken,* vor allem die platonische und stoische Philosophie, die gebildeten Juden; sie übernahmen von da her die allegorische Methode in der Deutung alter und hl. Texte: viele lasen das AT im Lichte dieser Denksysteme und fanden deren ewige Vernunftwahrheiten in der HS wieder. Auf diese Weise wurde die bibl. Botschaft zu einer philosophischen Weltanschauung umgestaltet, die in beständiger innerer Spannung sowohl zur Bibel wie auch zur Philosophie stand. Der bedeutendste Vertreter dieser Geistesrichtung war *Philo* von A. Philo hat seinen Landsleuten auch in hohen Ämtern gedient, vor allem bei Streitigkeiten mit den Griechen und während Judenverfolgungen. Daß Philo das NT beeinflußt habe (vor allem Jo 1,1 ff mit seiner Logoslehre oder den Hebr), läßt sich nicht erweisen. Immerhin werden die Männer des NT sich mit ähnlichen geistigen Strömungen auseinandergesetzt haben. — In Jerusalem gab es eine Synagoge der Alexandriner Apg 6,9, mit deren Mitgliedern → Stephanus disputierte. Das *Christentum* scheint früh nach A. gekommen zu sein; doch ist unbekannt, durch wen. → Apollos (Apg 18,24; 1Kor 1,12; 3,4 f; 16,12) war ein in der HS gebildeter, wohl auch rhetorisch und philosophisch versierter Judenchrist aus A. Die Judenschaft von A. ging unter bei dem großen Judenaufstand unter Trajan, 116/17 nChr. Später wurde A. ein Zentrum des Christentums, ebenso bedeutend für die Wissenschaft wie für die Kirchenpolitik. *Bie*

Alkimus (gräzisierter Name für Eljakim), ein Jude aus legitimem Priestergeschlecht, neigte zum Hellenismus und wurde mit Hilfe des Seleukiden Demetrius I. Soter in Jerusalem ins Hohepriesteramt eingesetzt. Während der von → Judas Makkabäus entfachten Aufstände rief A. die Syrer herbei, die unter Nikanor erfolglos, unter Bakchides aber siegreich kämpften; in dessen Gefolge kam A. wieder zur Macht, starb aber schon 159, als er die Mauer zw. dem inneren und äußeren Vorhof des Tempels beseitigen wollte, 1Makk 7,5 ff; 9,1.54 ff; 2Makk 14,3 ff. *Peu*

Allegorie → Gleichnis.

allein. Dieses dem evang. Christen bes. wichtige Wort in Luthers Übersetzung von Röm 3,28 hat schon zu seinen Lebzeiten Angriffe von kath. Seite erfahren. In seiner Schrift „Sendbrief vom Dolmetschen“, 1530, hat Luther sich gegen den Vorwurf der Fälschung des Urtextes durch sein hinzugesetztes „allein“ verteidigt. Der Zusammenhang von V. 27 u. 28 rechtfertigt Luthers Übersetzung. Auch auf Gal 2,16 konnte er sich berufen, wo es noch schärfer heißt, daß der Mensch durch des Gesetzes Werke nicht gerecht werde, sondern durch den Glauben an Jesus Christus. *Kü*

Allerheiligstes → Tempel.

Allgegenwart. Dieser in der theol. Gedankenarbeit der Kirche geformte Begriff ist als solcher nicht biblisch, hat aber reichen bibl. Gehalt. Dabei sind die Grenzlinien zu außerbiblisch religiösem Denken gerade hier scharf gezogen.

1) Die A. Gottes bezeugt sich uns in vollpersönlicher Begegnung. Sie ist wirkliche „Gegenwart“ konkreter Art, nicht „die Luft, die alles füllet“, sondern Ich und Du, wie sich das Erlebnis der A. in Ps 139 darstellt. Apg 17,27 ist von daher zu verstehen.

2) Dieser Glaube an die A. Gottes steht in einer doppelten Spannung. Einmal verfügt niemand über das Gegenwartserlebnis. Es muß hindurch durch Nähe und Ferne Jer 23,23, durch Fluchtversuche, die doch unmöglich sind Ps 139,7-12, durch alle Tiefen der Gottverlassenheit Ps 42,2; 22,2 vgl. Mk 15,34, und der Verborgenheit Jes 45,15, durch ein immer neues Suchen und Finden Jer 29,13.14. Es bleibt freie Güte Gottes, daß er zu seiner Zeit allen nahe ist, die ihn mit Ernst anrufen Ps 145,18, und sie sich überall von ihm geführt und gehalten wissen Jes 43,2; Ps 139,10.

3) Sodann will der kultisch festgelegte Ort der Begegnung, die „Wohnung“ Gottes sich für unser räumliches Denken nicht zusammenreimen mit Gottes Erhabenheit über alle begrenzenden Räume. Und doch hängt alles an dem Hier und Jetzt der A., z.B. 1Mose 24,12; in 1Kö 8 bes. V. 27 ist diese bleibende Spannung klar ausgesprochen. Jesus und die Apostel wie die Propheten widersetzen sich aller falschen Einschränkung der A. Jo 4; Apg 17,24. Gott behält seinen eigenen unzugänglichen Ort 1Tim 6,16 und bleibt von dorther allgegenwärtig Ps 103,19. In Christus und durch ihn in seinem Wort und Geist bleibt Gott allen nahe Röm 10,6-8. Das Geheimnis seiner A. ist seine Liebe. *He*

Allmacht. Das Credo der Kirche hat die HS richtig gedeutet, wenn es von A. als einer Näherbestimmung des Vaters spricht. Damit ist der A. der Zug unbeherrschter Willkür genommen, ohne daß das Unbegreifliche seiner Gerichte und Wege verschwiegen wird Röm 11,33. — *a)* Daß Gott kein Ding unmöglich sei Jer 32,17; Mk 10,27, gibt dem Vertrauen und der → Bitte ihre unbegrenzte Weite. Doch erinnert Jesu Gebet in → Gethsemane daran, daß der Wille Gottes bestimmt, was möglich ist Mk 14, 35.36. 2Tim 2,13 und Jak 1,13 deuten auf unverrückbare Grenzen der A. — *b)* Von daher ist die → Wunderfrage eine Frage unserer Gedankenwelt. Gott geht den Weg seiner A. im Begreiflichen und Unbegreiflichen in voller Freiheit und bezeugt sich in Wohltat und Gericht Jer 32,17 ff. Auf diesem Weg geht Jesus im Gehorsam, auch wo Gott zB in der Leidensgeschichte wie der Ohnmächtige erscheint. — *c)* In der Natur (Meer, Wolke und Wind, Flamme und Gewitter) wie in der → Geschichte (Pharao, Assur, Kores) muß Gott alles zu Willen sein nach letzten Notwendigkeiten, die wir bei aller Erkenntnis der Zusammenhänge nicht zu entschleiern vermögen. Kein übermächtiges Schicksal, kein hemmendes Gesetz bindet den zuletzt allein Mächtigen. — *d)* Das Ringen mit einem fremden Gottesbild, das dämonische Züge der A. zeigt und im AT gelegentlich zunächst das bibl. Bild zu verzerren droht, geschieht zB im Buch → Hiob mit unverhüllter Schärfe (zB K. 9. 10. 19. 33. 36-42). Hier schafft erst die Offenbarung im Sohn, ohne den niemand den Vater in seiner wahren A. erkennt, letzte Klarheit Mt 11,27. — *e)* Die Selbstentäußerung Gottes in Christus, die zwar die A. in ihm nirgends preisgibt Mt 28,18; 1Kor 15,27; Offb 4,8-11, aber auf Glauben angelegt ist, weist hin auf die endgültige Offenbarung der A. Gottes in der → Wiederkunft Christi und der Neuschöpfung der Welt Mt 25,31 ff; Offb 19,1-7. *He*

Allwissenheit. Wenn die HS von Gott sagt: Es ist alles bloß und aufgedeckt vor seinen Augen Hebr 4,13 — er erkennt alle Dinge 1Jo 3,20 — es ist kein Wort auf meiner Zunge, das du nicht alles wissest Ps 139,4, so ist ihr nicht so sehr das grenzenlose, sondern das durchdringende Wissen wesentlich. Es ist die lebendige A. seiner wachsamen Liebe, vor der sich nichts maskieren und verstecken kann. Sie verwandelt alle verhüllende Finsternis in taghelle Sicht Ps 139,11.12.

1) Der Mensch im Licht der A. Gottes. Die tiefe Furcht vor diesem einbrechenden Licht, die unselige Liebe zur Finsternis Jo 3,19 ist verständlich; wir hätten viel zu verbergen Ps 90,8. Diese Furcht zu überwinden, so daß Gottes A. Trost und Zuflucht des durchschauten Menschen wird, ist das Werk der versöhnenden Gnade. Nicht tiefenpsychologische Einsicht des sich selbst beobachtenden Menschen, sondern das Wissen, daß Gott, der größer ist als unser Herz, uns erforscht und kennt, stillt das Herz 1Jo 3,20; Jo 2,24.25.

2) Die Selbstoffenbarung des allwissenden Gottes. Gott gibt sich zu erkennen in seinem Sohn Mt 11,25-27; Jo 14,9. Durch sein Wort und seinen Geist hat die Gemeinde Zugang zu der verborgenen Weisheit 1Kor 2,6ff; 1Jo 2,20, ohne daß daraus eine Geheimlehre würde, über die wir verfügen. Das Unerforschliche bleibt; das trübt den Dank für die uns geschenkte → Erkenntnis nicht Röm 11,33ff. Wenn das stückweise Wissen zu Ende sein wird, werden wir erkennen, wie wir erkannt sind 1Kor 13,12. Dann wird im Gericht die A. ihr Werk vollenden nach ihrer Erkenntnis, die nicht die unsrige ist. *He*

Almosen. Armen wohlzutun wird in den jüngeren Schriften des AT sehr empfohlen Spr 3, 27f; 22,9; 28,27; Sir 4,1-5; Tob 1,3; 4,7-12; Dan 4,24. Dem A. wird der Lohn Gottes zugesagt Sir 12,2 und sündentilgende, lebenrettende Kraft zugeschrieben Sir 3,33; Tob 4,11; 12,9. Jesus warnt vor dem Mißbrauch der drei „frommen Werke" (A. geben, beten, fasten) zur Selbstbewunderung Mt 6,2-4, fordert aber — in Worten, die Lk berichtet — zum A. auf Lk 11,41; 12,33; dem entspricht in der Apg das Lob für Tabea 9,36 und Kornelius 10,2.4.31 wegen ihrer A. (das Wort begegnet noch Apg 3,2.3.10; 24,17). In der Fürsorge für Arme bewährt sich die Nächstenliebe Gal 2,10; 1Tim 6,18; Jak 2, 16; 1Jo 3,17. *Schl*

Aloe. Nicht die heute in Palästina verbreitete Aloe vera mit ihren dicken, stachligen Blättern, sondern das harzreiche, stark riechende Holz der Aquilaria Agallocha, das aus Indien bezogen wurde und dessen Harz als Wohlgeruch Ps 45,9; Spr 7,17; HL 4,14 und zum Einbalsamieren von Leichen Jo 19,39 verwendet wurde. Etwas anderes ist 4Mose 24,6 gemeint, vielleicht das üppige Rasen bildende Eiskraut (Mesembrianthemum nodiflorum). *Schl*

Alphabet → schreiben 1).

Alphabetische Lieder. Die a.L. des AT sind nach ihrer *Form* benannt. Diese ist dadurch bestimmt, daß die Anfangsbuchstaben der Verse oder Strophen der Reihe des hebr. Alphabets folgen. In einfacher Art beginnt jeder Vers mit einem neuen Buchstaben (Ps 25; 34; 111; 112; 145; Spr 31,10-31; unvollständig in Nah 1,2-9). Andere a.L. bringen unter jedem Buchstaben mehrere Verse, von denen nur der erste dem Alphabet folgt (2 in Ps 9-10; 37; Klgl 4; 3 in Klgl 1; 2). Wieder andere lassen jeweils mehrere Verse mit dem gleichen Buchstaben beginnen (3 in Klgl 3; 8 in Ps 119). Alphabetisierende Lieder weisen soviel Verse auf, wie das hebr. Alphabet Buchstaben besitzt (Ps 33; 103; Klgl 5). Der *Sinn* der Formgebung kann entweder in einer Gedächtnisstütze für den Lernenden oder im Erweis der Kunstfertigkeit des Verfassers (Ps 119) vermutet werden. Dadurch sind die a.L., obwohl es inzwischen ältere kanaanäische Funde gibt, wichtige Belege für die Reihenfolge des Alphabets (abweichende Folge zweier Buchstaben in Ps 9-10; Klgl 2-4). Als *Folge* des Formzwangs, der in der Übersetzung nicht nachgeahmt werden kann, ist die Gedankenführung der a.L. locker und die Darstellung sprunghaft, wodurch ihr Verständnis erschwert wird.

Lit.: E. Sellin — G. Fohrer, Einleitung in das AT[10], Heidelberg 1965, § 39,6; 44. *Fo*

Alphäus (aram. chilpai). Nach Mk 2,14 Name des Vaters des Zöllners Levi. — Nach Mt 10,3 (vgl. 27,56; Mk 15,40) hieß so der Vater des → Jakobus des Jüngeren und des Joses (= Joseph). Seine Frau hieß Maria. Wenn sie identisch ist mit „Maria (der Frau?) des → Kleopas" von Jo 19,25, hatte dieser A. neben seinem aram. Namen noch einen griech. *Bie*

Altar.

1) Der A. ist in fast allen Religionen als *Stätte der verschiedenen → Opfer* bekannt. Er diente als Tisch zur Darstellung der Opfergaben (Schaubrottisch), als Herd der Verbrennung des Opfers (Brandopfer-A.) oder dem Schutz des Verfolgten (1Kö 2,28f [→ Asylrecht] u. a.). Auch ein Grab konnte als A. benutzt werden (für Trankopfer). Das hebr. Wort für A. (mizbeah) bedeutet ursprünglich „Schlachtstätte"; doch wird es dann daneben auch in übertragenem Sinn verwendet, ohne daß an ein „Schlachten" gedacht werden müßte (vgl. 2Mose 30,1: A. „zum Verbrennen des Räucherwerks"). Der A. ist der Ort, an dem der Mensch mit Gott Gemeinschaft haben kann 2Mose 20,24.

2) Weder *Form* noch Material waren vorgeschrieben. Die einfachste Art war die Aufschüttung von Erde zu einer kleinen Erhöhung 2Mose 20,24. Daneben dienten Aufhäufungen von Natursteinen als A., in Israel entsprechend der Zahl der Stämme 12 Steine 1Kö 18,31f. Im Gebirge

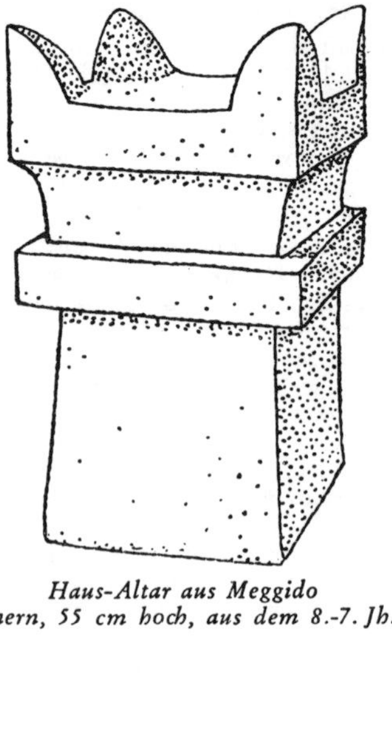

Haus-Altar aus Meggido
Mit Hörnern, 55 cm hoch, aus dem 8.-7. Jh. vChr.

Rekonstruktion des Altars nach Hes 43,13-17

Der Altar, der auf einem Sockel stand, erhob sich in drei Stufen, von denen die obere je um 50 cm zurücksprang; die oberste Stufe war der Brandopferherd, mit Hörnern an den vier Ecken. Die Grundfläche war etwa 8×8 m, die Fläche des Opferherds 6×6 m, die Gesamthöhe 5 m. An der Ostseite führte ein Treppenaufgang zum Altar empor.

war der Fels-A. gebräuchlich. Zum Opfern stieg man über natürliche oder bes. ausgehauene Stufen auf den A., dessen Oberfläche vielfach Napflöcher aufweist. Erst in späterer Zeit — die ältesten Beispiele stammen vielleicht noch aus vorrömischer Zeit, also vor 100 vChr; doch ist der A.-Typ wahrscheinlich älter — wurde der Fels zu einem würfelförmigen A. bearbeitet. Einen besonderen Typ stellte der mit einer Massebe (→ Malstein) verbundene A. dar. Hieher gehört der isr. Brandopfer-A., dessen vier „Hörner" ursprünglich wohl Masseben waren. Erst in hellenistisch-römischer Zeit dienten die „Hörner" lediglich der Dekoration. Die Räucher-A.e, die das AT als erlaubt erwähnt, zB 2Mose 30,27; 1Chr 6,34, oder als verboten voraussetzt, zB 1Kö 22,44; 2Kö 23,51; Jer 1,16, sind wohl als schlanke Kalkstein-A.e vorzustellen. Ebenfalls dem Räuchern dienten (auch in Privathäusern) kandelaberförmige Tonständer mit aufgesetzter Räucherschale.

3) a) Vor dem *salomonischen Tempel* stand ein „eherner" A. 1Kö 8,64. Es handelt sich vielleicht um einen etwa 10×10×5 m (so 2Chr 4,1) großen Stein-A. mit oben aufgesetztem ehernem Rost. Zum Opfern führte eine Treppe oder Rampe hinauf. Ahas ließ diesen A. durch einen neuen (nach assyrischem Muster) ersetzen 2Kö 16,10ff. Für das Innere des Tempels werden Schaubrottisch (Tisch-A.) und ein weiterer A. (wohl zum Räuchern; vgl. Jes 6,6) erwähnt 1Kö 7,48, beide aus Zedernholz mit Goldüberzug 1Kö 6,20.22.

b) Für die *Stiftshütte* nennt die → Priesterschrift einen Hörner-A. 2Mose 27,1ff vor dem Zelt. Er ist aus Akazienholz gefertigt, etwa 2,5×2,5×1,5 m groß, mit Bronze überzogen und mit Ringen für die Tragstangen versehen. Für das Innere werden ein Schaubrottisch (2Mose 25,23ff: 1 m lang, 0,5 m breit, 0,75 m hoch) und ein Räucher-A. mit Hörnern (2Mose 30,1ff: 0,5×0,5 bei 1 m Höhe) beschrieben. Beide waren aus Akazienholz, mit Gold überzogen und tragbar.

c) Der *Hes 43,13ff* genannte A. beschreibt vielleicht den Brandopfer-A. des nachexilischen Tempels. Es handelt sich um einen dreistufigen Bau ähnlich dem babylonischen Stufenturm. Die Basis (8×8×1 m) ruhte in einem vertieften Fundamentlager, darüber der 2.Absatz (7×7×2 m), darüber — mit vier Hörnern versehen — der Opferherd (6×6×2 m), → Ariel genannt. Von Osten führte eine Treppe hinauf. Für dasselbe Heiligtum wird Hes 41,22 ein hölzerner Schaubrottisch genannt (1×1×1,5 m).

d) Der „Greuel der Verwüstung" (1Makk 1,54; Mt 24,15 u.a.) ist als Räucher-A. (auf den Brandopfer-A. aufgesetzt) zu denken. Der dadurch entweihte A. wurde 164 vChr durch einen neuen aus unbehauenen Steinen ersetzt 1Makk 4,44ff. Herodes d.Gr. löste diesen im Zug des Tempelneubaus ab. Für seinen A. werden bei Josephus und in der Mischna verschiedene Maße angegeben.

4) Wie in jedem Tempel ein A. steht, so ist auch im himmlischen Heiligtum, das der Seher der Offb schaut, ein A. gedacht 6,9 u.a. und Räucherdienst vorausgesetzt 8,3; dagegen wird es in der neuen Schöpfung einen Tempel und darum auch einen A. nicht mehr geben 21,22. *Bo*

Alter. 1) *A. als Lebensdauer des Menschen.* Die durchschnittl. Lebensgrenze wird in Ps 90,10 mit 70 bzw. 80 Jahren angegeben. Das AT gibt für die → Urväter der Menschheit und die Stammväter Israels bis Abraham hohe, aber sinkende Alterszahlen zwischen 900 und 147; dieses Sinken beklagt Jakob vor Pharao 1Mose 47,9. Immer ist von 1Mose 3 an der Lebensraum befristet; des Menschen Kräfte erliegen an den „Grenzen der Menschheit" (Goethe) Das Erbe der paradiesischen Urkraft verzehrt sich nach der bibl. Darstellung.

2) Das A. der Menschheit. Der oft unternommene Versuch, aus den chronologischen Angaben 1Mose 5-11 das A. der Menschheit zu berechnen, hat in der Bibel selbst keinen Anlaß. Davon sollte auch die Tatsache abhalten, daß die Zahlen in der → LXX und im samaritanischen Text nicht mit dem → MT übereinstimmen. Dabei handelt es sich nicht um eine Glaubensfrage; wenn heutige Forschung für das A. der Menschheit von ihren ersten Anfängen an bis zu 100 000 Jahre annimmt, haben wir von der Bibel her keinen Grund, solche Schätzungszahlen abzulehnen.

3) Der altgewordene Mensch. — a) Das Lob eines langen Lebens im AT ist, bes. vom 4. Gebot her, in der Christenheit wach geblieben, wenn auch die Wendung zur Ewigkeitsgewißheit im NT (siehe *b)* darin eine Akzentverschiebung bedeutet. Diese Lebenslust vom Glauben her, als besondere Gabe an den gottverbundenen Menschen, bleibt unverlierbar 1Kö 3,14; Hiob 5,26; Ps 21,4 f; Spr 3,2. Die Alten gehören notwendig in das Bild des wieder lebenskräftig gewordenen Volks Sach 8,4. Freilich das Altwerden beweist noch nichts; auch der Gottlose wird alt bei guten Tagen Hiob 21,7 ff; Ps 73,3 f. — *b) Die Wendung in der Lebenshoffnung.* Ob das lange Leben oder das ewige Leben die Hoffnung maßgebend bestimmt, ist eine im AT und im NT in allmählichem Übergang verschieden beantwortete Frage, bis die Auferstehung Jesu Christi in die Mitte des Glaubenslebens rückt und damit das Verhältnis zur Lebensdauer sich wandelt. Der Übergang ist spürbar an der im Spätjudentum zB Weish 4,7-14 durchbrechenden Erkenntnis, daß ein früher Tod eine Gnade von Gott sein kann. Der Ausblick auf das Leben in Herrlichkeit 2Tim 4,7 f verdrängt die ATliche Formel „alt und lebenssatt". Phil 1,21-26 zeigt, wie unter diesem neuen Aspekt das Lebensgefühl in einer gewissen Schwebe sein kann: Sterben und Weiterleben kann in dem Herrn Gewinn und willkommen sein. — *c) Das A. als Lebensaufgabe.* Die Bibel sieht das A. im hellen Licht einer langen, das Leben krönenden Erfahrung Hiob 12,12. Der folgenschwere Neuanfang Abrahams im 75. Jahr 1Mose 12 ist charakteristisch für eine Lebensauffassung aus Glauben, die nicht im A. resigniert Ps 92,15; 103,5, so wenig wie gegenüber großen Anforderungen an die Jungen Jer 1,6; Hiob 32,6 ff; 1Tim 4,12. Die Schwächen und Nöte des A. sind nicht verschwiegen Pred 4,13. Die Altersbeschwerden sind in Pred 12,1-6 in einer einzigartig drastischen Gleichnissprache dargestellt. Wie dabei der Charakter Not leiden kann, zeigen die Beispiele Elis, Samuels und Salomos; vgl. Tit 2,3. Daher die Bitte Ps 71,9.18 auf Grund der großen Verheißung Jes 46,4. — Die Haltung der Gemeinde ihren alten Gliedern gegenüber ist → Ehrfurcht 3Mose 19,32 u. a. m. Wenn dabei der heutige Bibelleser oft in verlorene patriarchalische Lebensgestaltung hineinsieht, so treten doch auch ihm in der HS Grundordnungen entgegen, die keine Zeit aufgeben darf. Immer wird die im Wort gegründete Gemeinde ihre Alten in den Gestalten des Simeon und der Hanna in der Weihnachtsgeschichte Luk 2, 25 ff vorgebildet sehen. *He*

Altes Testament → Bibel.

Amalek, ein Verband von Nomadenstämmen an den Oasen der Sinaiwüste und in den Steppen Südpalästinas. Daher kennt sie die Bibel nicht nur als Herdenbesitzer 1Sam 15,3, sondern auch als schnelle räuberische Beduinen 1Sam 30,1 f. 1Mose 36,12 rechnet sie zu den Esaustämmen, deren südliche Nachbarn sie sind. Beim Wüstenzug der Israeliten kam es zum Kampf mit A. um die Nutzung der Oase Raphidim am Sinai 2Mose 17,8 ff. In dieser tödlichen Bedrohung Israels erklärte Mose im Namen Jahwes A. den Heiligen Krieg, wodurch A. das Lebensrecht vor Gott aberkannt wurde. Trotzdem gelang es A., der isr. Nachhut noch nördlich der Oase Kadesch schwere Verluste zuzufügen 4Mose 14,43-45; 5Mose 25,17 f. Auch in der Richterzeit beteiligten sie sich an den Angriffen der Moabiter (Ri 3,13 Eglon) und der Midianiter (Ri 6,3; 7,12) auf Israel. So befahl Samuel erneut ihre völlige Vernichtung, während Saul trotz seines Sieges über den A.-König → Agag diesem Befehl nur teilweise nachkam 1Sam 15. David setzte den Vernichtungskrieg gegen die A. erfolgreich fort, nachdem diese zunächst seine Lehensstadt Ziklag gebrandschatzt hatten 1Sam 30,1 ff. Bei der Eroberung Edoms dürfte David auch die A. vollends vertrieben haben (vgl. 1Chr 18,11-13). Reste von ihnen sind nach 1Chr 4,43 im Gebirge Seïr (Ostedom) aufgerieben worden. *Da*

Amana 2Kö 5,12 der Fluß, der die Oase von → Damaskus durchströmt, wegen seines klaren Wassers berühmt, heute der Barada (der „Kalte"). HL 4,8 heißt der Antilibanon die Höhe des A. *Schl*

Amarna (el-ʿamarna oder tell el-ʿamarna) ist nach dem Namen des Beduinenstammes Beni ʿAmrān die Bezeichnung für die Ruinen der Königsstadt Amenophis IV., die vorwiegend östlich vom Nil etwa in der Mitte der Strecke Kairo/Luksor zw. den Dörfern Hagg-Kandīl im Süden und et-Tell im Norden liegen. Amenophis IV. (1377-1358) Echnaton erbaute hier von seinem fünften Regierungsjahr an eine neue Residenzstadt. Anlaß zur Gründung war die von ihm betriebene Religionspolitik, die an die Stelle des

Gottes Amon von Theben die Verehrung der Sonnenscheibe (Aton) setzte. Dieser auf Naturbeobachtung beruhende, stark rationale und entmythisierende Religionswandel bewirkte neben der Trennung vom Kult und der Theologie der herkömmlichen ägyptischen Götterwelt eine Wandlung im Lebensgefühl, die sich in der künstlerischen Gestaltung der A.periode ausprägte (Kalksteinköpfe des Echnaton und der Nofretete). Freilich ist die A.kunst nicht nur realistisch, sondern zugleich naturalistisch und vorbehaltlos, so daß auch Abnormitäten (zB Hinterkopfdarstellungen) unbefangen gestaltet werden.

1842-1845 wurde die Ruinenstätte von einer preußischen Expedition besucht und durch eine Oberflächenforschung geklärt. 1887 fand man beim Düngergraben Holzkisten, die von Alabasterplatten mit den Namen Amenophis III. (1413-1377) und IV. bedeckt waren. Sie enthielten etwa 400 Tontafeln mit Keilschrifttexten, die durch den Altertumshandel in die Museen von Kairo, London, Berlin, Paris und Oxford gelangten. Systematische Ausgrabungen fanden 1890/91, 1907-1914, 1920-1937 statt. Während der letzten Grabungskampagne wurden 1933/34 noch 8 Tontafeln mit Keilschrifttexten gefunden.

Diese Texte sind Briefe der diplomatischen Korrespondenz des Amenophis III. und IV., auf Tontafeln in Keilschrift geschrieben, fast alle in der akkadischen Sprache, die offenbar damals in Vorderasien die Sprache des internationalen Verkehrs war. Zum größten Teil kommen sie aus den Kanzleien der Stadtkönige in Syrien und Palästina, die damals unter der politischen Oberhoheit Ägyptens standen. Verschiedene Stücke der Korrespondenz stammen von den größeren Staaten in Kleinasien und Mesopotamien. Für die ATliche Wissenschaft sind diese Briefe von höchstem Wert. In ihnen werden Jerusalem und Sichem erwähnt, ferner die auch anderwärts oft genannten ʻapiru-Scharen, die sehr wahrscheinlich mit den ab 1450 vChr von Norden und Süden kommenden isr. Einwanderungsschüben zusammenhängen. Für die Geschichte der Königssalbung liefert Brief 51 (Ausgabe Knudtzon) einen wichtigen Beitrag; danach ist die Salbung ein Hoheitsakt des Großkönigs von Ägypten gegenüber einem Vasallenkönig. Für die Geschichte der hebr. Sprache sind gelegentliche Glossen in kanaanäischer Sprache von Wichtigkeit. Bedeutsam für die spätere Staatenbildung Israels ist, daß die A.-Briefe für die palästinischen Ebenen ein Stadtstaatensystem bezeugen, während in den westjordanischen Gebirgen bereits der größere Territorialstaat (zB Labaja von Sichem) erscheint.

Lit.: J. A. Knudtzon, Die El-Amarna-Tafeln. I. II. 1915. — J. D. S. Pendlebury, Tell-el-Amarna, 1935.

Ba

Amasa, 2Sam 17,25; 19,14; 20,4ff; 1Chr 2,17, Sohn einer Schwester Davids und Vetter Joabs, wurde von → Absalom während des Aufstandes gegen David zum Befehlshaber seiner Streitkräfte erhoben. Nach dem Tod des Prinzen übertrug ihm David die Führung des Heerbanns an Joabs Stelle. Weil er beim Aufstand des Seba die Truppen aus uns unersichtlichen Gründen nicht rechtzeitig sammelte, griff Joab ein und tötete ihn. *Peu*

Amazja. *1) König von Juda* (800/799-785/84; 2Kö 14,1-20) ließ nur die Mörder seines Vaters, nicht deren Familienangehörige töten. Er kämpfte erfolgreich gegen die Edomiter, forderte aber den König von Israel leichtsinnig zum Krieg heraus, der dann mit einer völligen Niederlage Judas, der Eroberung Jerusalems und teilweisen Schleifung seiner Mauern, einer harten Kriegsentschädigung und der Stellung von Geiseln endete. Infolge seiner unglücklichen Politik entstand gegen ihn eine Verschwörung. Auf der Flucht wurde er in Lachisch ermordet.

2) Oberpriester am Reichsheiligtum in Bethel, der den Propheten → Amos wegen Aufruhrs beim König → Jerobeam II. anzeigte und des Landes verwies Am 7,10ff. Gegen ihn schleudert Amos ein Schelt- und Drohwort. *Peu*

Ameise. Die A. wird Spr 6,6-8; 30,25 wegen ihrer emsigen, vorsorgenden Arbeit dem Faulen als Vorbild hingestellt. Man kennt in Palästina 31 Arten der A., auch solche, die Körnervorräte für den Winter aufhäufen. *Schl*

Amen, hebr. = „das ist fest, zuverlässig"; unverändert übernommen in das griech. NT, die deutsche Bibel und die deutsche Sprache. In seiner ursprüngl. Bedeutung steht es im AT, wenn ein Einzelner oder das Volk Aussagen anderer mit A. als für sich gültig und bindend erklären. Auf die Fluchworte des Zwölfgebots von Sichem antwortet das Volk zwölfmal A. „ja mich treffe der Fluch, wenn ich das Gebot übertrete" 5Mose 27,15-26, vgl. 4Mose 5,22, ähnlich Neh 5,13; 8,6; Ps 106,48. In diesem Sinn wurde A. auch im gewöhnlichen Leben gebraucht 1Kö 1,36; Jer 28,6, wie später im Gottesdienst der ersten Christengemeinden (1Kor 14,16, auch Offb 22,20). Als Bekräftigung steht es am Ende eines Gebets, bes. bei kurzen Lobpreisungen (am Ende der drei ersten Psalmbücher Ps 41,14; 72,19; 89,53; sowie Röm 1,25; 9,5; 1Petr 4,11; Offb 1,6). Das A. im Vaterunser ist späterer Zusatz der Kirche. Offb 3,14 heißt Christus „A.", im Anschluß an Jes 65,16, wo Luther „der wahrhaftige Gott" übersetzt, aber der ursprüngl. Ausdruck „Gott des A." besagt, daß Gott fest zu dem, was er gesagt hat, steht. Die Stelle 2Kor 1,20 bedeutet, daß die Gottesverheißungen in Christus ihre Erfüllung und Bestätigung erfahren haben. Eigentümlich gebraucht Jesus A. (auch verdoppelt) zur Einleitung eines Satzes: „Wahrlich ...", um damit die Zuverlässigkeit seines Worts zu verbürgen. → Eid 2). *Pfei*

Amen-em-ope → Ägypten, → Sprüche.
Amenophis IV. (Echnaton) → Ägypten.
Amethyst → Edelsteine.

Amme. In der Regel haben die isr. Mütter ihre Kinder selbst gestillt, wie Sara 1Mose 21,7 und Hanna 1Sam 1,23. Eine A. wird erwähnt für den Königshof 2Kö 11,2 und bei Rebekka, die mit ihrer A. Debora lebenslang verbunden blieb 1Mose 24,59; 35,8; sonst nur noch Jes 49,23. *Schl*

Ammon, Ammoniter, ursprünglich ein Wüstenstamm, der ähnlich wie die Israeliten am Ende der Bronzezeit im Zuge der aramäischen Landnahme nach Kanaan drängte (vgl. 1Mose 19,30.38). Früher als die Israeliten gelangten die A. zu einem festen Königtum am oberen Jabbok (vgl. 5Mose 2,18 f. 37). Von hier aus griffen sie immer wieder auf das Gebiet des Stammes Gad über: so schon in der Richterzeit Ri 3,13 f; 10,7 ff; 11,4 ff. Doch gelang es zunächst → Jephta bei Gilead und später → Saul bei Jabesch 1Sam 11, sie wieder auf ihr Stammgebiet zurückzudrängen. Aber erst David gelang es mit Joabs Heerbann, ihre Hauptstadt → Rabba Ammon selbst zu erobern und sich zum König über A. zu machen 2Sam 10,1-14; 12,26-31. Obwohl Rehabeams Mutter aus A. stammte 1Kö 14,21, fiel A. bei der Reichstrennung ans Nordreich, machte sich aber bald von Israel mehr oder weniger unabhängig (vgl. 2Chr 20; 26,8; Am 1, 13; Jes 11,14). Dagegen sind die A.-Könige seit Salmanassars III. Sieg 845 von Assyrien abhängige Vasallen, wie Inschriften Tiglat-Pilesers III. (745-727), Asar-Haddons und Assurbanipals (668-626) bezeugen (→ Assur). Unter babylonischer (vgl. Jer 40,14) wie unter persischer Oberherrschaft (Neh 4) griffen sie störend nach Juda und Jerusalem hinüber. Noch Judas Makkabäus mußte sich ihrer erwehren. Entsprechend diesem geschichtlichen Gegensatz der A. zu Israel predigten mehrere Propheten wider sie: Zeph 2,8 ff; Jer 49,1 ff; Hes 25, vgl. 5Mose 23,4. Ihr Gott war Moloch („König"), dem Salomo bei Jerusalem eine Opferhöhe errichtete 1Kö 11,7. Heute besteht in Amman Ort und Name ihrer Hauptstadt fort. *Da*

Amnon, ältester Sohn Davids, wegen eines Familienskandals von seinem Halbbruder → Absalom ermordet, der selbst die Würde des Kronprinzen erlangen wollte 2Sam 13. *Peu*

Amon. *1)* König von Juda (641/40-640/39), der an der Abhängigkeit von Assur und dem assyrischen Staatskult im Jerusalemer Tempel festhielt, wurde von Verschwörern, sicherlich Vertretern der antiassyrischen Partei am Hof, ermordet 2Kö 21,19 ff.

2) (Amun = der Verborgene), eine in Hermopolis beheimatete, später nach Theben (Tempel Karnak und Luxor) übertragene ägyptische Gottheit Jer 46,25, durch Verschmelzung mit dem Sonnengott Re als Amon-Re der Schutzherr des Neuen Reiches. Seit 1085 waren die Hohenpriester des A.-Re, dessen Bild immer mehr zum Eingott vergeistigt wurde, zeitweise in Theben fast unabhängige Herrscher. Alexander d. Gr. holte sich im Winter 332/31 in der Oase Siwa sein berühmtes Zeus-Amon-Orakel. → Ägypten. *Peu*

Amoriter, altsemitische Nomadenstämme, die u. a. auch im Gebiet des heutigen Syrien zur Staatsbildung kamen. Die A. sind bezeugt in ägyptischen Darstellungen seit dem 3. Jt., in Keilschrifttexten als Amurru und auch in hettitischen Inschriften. Wohl durch den Bevölkerungsüberschuß in der nordsyrischen Steppe genötigt, suchten sie im Kulturland ost- und westwärts Fuß zu fassen. Um die Wende des 3. zum 2. Jt. drangen sie in Mesopotamien ein, eroberten → Mari, → Babylon und → Assur. Sumuabi stiftete 1832 die erste babylonische Dynastie, aus der → Hammurabi hervorging, der „König von Amurru". Nicht viel später kam es auch im Gebiet östlich des Libanon und beiderseits des Jordans zu a. Kleinfürstentümern (im AT werden zB genannt: Jerusalem, Hebron und Lachisch Jos 10,5; Jerusalem Hes 16,3). Die Altbabylonier hießen dieses Gebiet darum auch Mar-tu = Westland, ähnlich wie ein mittelsyrischer Staat sich Amurru = Westleute nannte. Um 1400 waren die A. nach dem Ausweis der Amarnatafeln ägyptische Vasallen. Um 1200 schädigte der Vormarsch der Philister die A. schwer, wie Ramses III. berichtet. Ihre Sprache unterschied sich vom Ostsemitisch des Zweistromlands; manche vermuten in ihr die Wurzel des hebr. und aramäischen Westsemitisch. *Im AT* kommt A. 88mal vor, davon 20mal in etwa gleichbleibender Aufzählung der Völker Palästinas neben Jebusitern, Amalekitern u. a.; zB Jos 11,3. A. finden sich nach 5Mose 3,9 im Norden Kanaans vom Hermon und von Basan an, weiter südlich im Gebiet Ephraims und Benjamins Ri 1,34 ff; Jos 7,7; in Gibeon 2Sam 21,2; in Sichem 1Mose 48,22. Auch im Gebirge Judas Jos 10,5 ff (vgl. 1Mose 14,13; 4Mose 13,29) wie am Arnon östlich des Toten Meeres kämpften die Israeliten mit den A.n (33 Stellen wie zB 4Mose 21,21 ff, beziehen A. auf König Sihon von Hesbon, der den isr. Stämmen bei ihrer Landnahme Widerstand leistete). Sogar tief im Südland Palästinas taucht 1Mose 14,7 der Name A. auf. Man darf annehmen, daß im Grundbestand der AT-Überlieferungen die A. ganz allgemein als die vorisr. Bevölkerung Kanaans angesehen wurden und dieser Sprachgebrauch dann auch auf Personen wie den König von Hesbon Anwendung fand, ohne daß dabei stets an echte Kult-, Rasse- oder Sprachmerkmale der A. gedacht ist (vgl. Noth, Z.A.W. 1940/41, S. 182-189). Daher kann auch 1Mose 15,16 mit den A.n einfach die Bevölkerung Kanaans meinen, während Jos 5,1 nur die Bergbewohner A. und die Küstenbewohner Kanaanäer genannt werden. Die Überlegenheit Israels über die A. erwies sich geschichtlich u. a. darin, daß die A. mit Israels Erstarken erlöschen. *Da*

Amos, Amosbuch. *1)* A. (Kurzform von

Amazja = Jahwe trägt) stammt aus *Thekoa in Juda* (16 km südlich von Jerusalem) und hat den Hirtenberuf ausgeübt (Schafzüchter 1, 1; er hütete Kleinvieh und pflegte Sykomorenpflanzungen 7, 14 f; daher ist „Rinderhirt" 7, 14 verschrieben). Aus dieser in Südjuda nicht seltenen halbnomadischen Lebensweise holte ihn die prophetische Berufung 7, 15. Sie wurde durch eigene Kenntnis der Verhältnisse im Nordreich Israel und die innere Beschäftigung damit vorbereitet, bis A. in vier visionären Erlebnissen des göttlichen Willens über Israel inne wurde. Glaubte er den drohenden Untergang zunächst durch seine Fürbitte abwenden zu können 7, 1-6, so schien er ihm bald unabwendbar, 7, 7-9; 8, 1-3. Da er die göttliche Stimme vernommen hatte, wußte er sich genötigt, sie als Bote weiterzuverkünden 3, 8. So begab er sich ins Nordreich, das unter → Jerobeam II. eine Zeit ungeahnter Blüte erlebte, nachdem die vordringenden → Assyrer die Macht des Israel bedrängenden Damaskus gebrochen hatten. Er trat (vielleicht nach kurzem Aufenthalt in Samaria) in Bethel auf, wo sich eins der beiden Staatsheiligtümer befand. Wahrscheinlich benutzte er zwischen 760-750 eins der großen Jahresfeste, um viele Menschen zu erreichen. Dies gelang ihm so sehr, daß der Oberpriester ihn des Landes verwies und beim König Anzeige erstattete 7, 10-17.

2) Nach Juda zurückgekehrt, hat A. seine mündlich verkündeten Worte einzeln aufschreiben lassen, so daß er der älteste der sog. Schriftpropheten ist. Die Einzeltexte wurden zu kleinen Sammlungen vereinigt, die den Grundstock für das A.b. bilden: a) das Völkergedicht, in dem A. wie ein Kultprophet, wie einer der vielen im Gottesdienst wirkenden Propheten, gegen die Völker auftritt, um sich plötzlich gegen Israel zu wenden 1, 3-2, 16; b) drei Spruchsammlungen, die mit „Hört dieses Wort" beginnen 3, 1-15; 4, 1-12; 5, 1-6; c) drei Spruchsammlungen, die mit „Wehe" beginnen 5, 7. 9-17; 5, 18-27; 6, 1-14; d) Berichte über visionäre Erlebnisse und die Ausweisung aus Bethel 7, 1-8, 3; e) eine mit „Hört dies" beginnende Spruchsammlung 8, 4-14; f) ein Bericht über ein visionäres Erlebnis als Abschluß 9, 1-4 mit einem versprengten Spruch 9, 7. Dieser Grundbestand wurde allmählich um folgende Zusätze erweitert: g) Hymnensätze nach einzelnen Spruchsammlungen als Zeichen liturgischer Verwendung 4, 13; 5, 8; 9, 5 f; h) Sprüche zur Anpassung und Aneignung in Juda 1, 2; 2, 4 f; 9, 8-15 (doch schreiben manche Ausleger 9, 8-15 A. selber zu); i) Sprüche zur Anpassung an die Lage späterer Zeiten 1, 9 f; 1, 11 f; 3, 7.

3) Grundlegend für die *Botschaft* des A. ist die Gewißheit der Majestät Gottes, vor der der sündige Mensch im Nichts versinkt. Die *Sünde* spiegelt sich für A. bes. im sozialen und religiösen Leben wider 2, 6-8. Er schilt den unverantwortlichen Luxus der führenden Schicht 6, 1-7; 4, 1-3, die Rechtsbeugung der Richter 5, 7-11; 5, 12; 6, 12 und die Unredlichkeit der Kaufleute 8, 4-7, nur einmal den politischen Machtdünkel 6, 13. 14. Nicht minder scharf lehnt er den Kultus mit den rauschenden Festen ab, die Gott haßt 4, 4 f; 5, 21-25, weil sie zu unbegründeter Heilssicherheit führen und das Gewissen einschläfern. Das Opferwesen hat nach A. in der Frühzeit für die Beziehung zw. Gott und Israel überhaupt keine Rolle gespielt 5, 25. Verwerflich ist auch die Verehrung ausländischer Götter 5, 26 f (Sakkut und Kewan als Beinamen des Gottes Ninurta) und palästinischer Lokalgötter (Altäre des Gottes Bethel 3, 14; 8, 14 außer dem Gott von Dan wohl die Aschera von Samaria und der Freund = Schutzgott von Beerseba). *Rettung* vor dem deswegen drohenden Verderben wäre nur durch radikale Umkehr möglich: Man soll Gott nicht im Kultus, sondern im Tun des Guten dienen 5, 4-6; 5, 14 f. Gemeint ist ein liebendes Erfüllen des göttlichen Willens, das sich praktisch bes. im Handeln des Alltags auswirkt. Doch A. erkennt, daß das Volk dazu nicht willens ist 4, 6-12. Daher ist das *Gericht* unausweichlich. A. schaut es teils als Naturkatastrophe 8, 9 f; 8, 11-14, teils als Krieg 2, 13-16 mit seinen Folgen 3, 12 b-15; 5, 16 f; 6, 8-10; 6, 11. Wie immer es sich aber ereignet, es ist das Gericht Gottes 3, 3-6 und der „Tag Jahwes", der kein Heil bringt 5, 18-20, sondern vernichtet 3, 12 a; 5, 1-3, ohne daß jemand entrinnen kann 9, 1-4. Beruft man sich darauf, daß Gott Israel erwählt („erkannt") habe, so antwortet A., daß Gott die Sünde dann erst recht heimsucht 3, 1 f. Tatsächlich hat Israel nichts voraus; Gott nimmt sich aller Völker in der gleichen Weise an 9, 7 und ahndet auch ihre Schuld 1, 3-2, 3, selbst wenn sie sich nur gegeneinander vergangen haben 2, 1. Eigentlich aber ist die Drohung des A. eine letzte Mahnung zur Umkehr, in der der Mensch sich der Majestät Gottes ausliefert und in der Ungesichertheit der Hingabe ausharrt. „Vielleicht" ist Gott einem umkehrenden Rest gnädig 5, 15.

Lit.: E. Balla, Die Botschaft der Propheten, Tübingen 1958. H. Frey, Das Buch des Werbens Gottes um seine Kirche, Die Botschaft des AT 23[2], Stuttgart 1957. A. Weiser, Das Buch der zwölf Kleinen Propheten I. Das Alte Testament 24[6], Göttingen 1963. E. Sellin - G. Fohrer, Einleitung in das AT[10], Heidelberg 1965, § 63. *Fo*

Amphipolis, die Hauptstadt des südöstlichen Mazedonien, von Paulus auf der Wanderung von Philippi nach Thessalonich berührt Apg 17, 1; Ruinen bei dem heutigen Neochori. *Schl*

Amraphel, König von Sinear (Babylonien) 1Mose 14, 1. 9, kann aus sprachlichen Gründen kaum mit Hammurabi von Babylonien identisch sein. *Peu*

Amt (weltliche Ämter). Wir unterscheiden im AT zw. *„charismatischen" Ämtern (1), Beauftragungs- (2)* und *Erbämtern (3). Zu (1)* zählen die sog. „Großen → Richter", die mit Gottes Geist begabt in einer notvollen Lage die militärische Führung einer Stämmegruppe an sich reißen und siegreich des Herrn Kriege führen wie Gideon Ri 6,34 ff, ferner die →Propheten, die für ihre Person von Gott berufen werden wie Amos 7,15. *Zu (2)* sind die in den Beamtenlisten Davids angeführten Personen zu rechnen 2Sam 8,16-18; 20,23-26 und die sog. „Kleinen Richter" Ri 10,1-5; 12,7-15. Es sind Männer, die vom König oder einem Stämmeverband im allgemeinen auf Lebenszeit in ein festes A. gesetzt wurden (→ Beamte). *Zu (3)* gehören die → Priester in Jerusalem, deren A. sich wenigstens nach den gesetzlichen Bestimmungen vererbt 2Mose 29,9. Das Königsamt → Sauls entstammt einer Verbindung von „charismatischem" und Beauftragungsamt (1Sam 10,1-16 bzw. 10, 17-23: 10,24 und 11,1-11: 11,15). In Juda ist unter den Davididen das Königsamt zum Erbamt geworden, ohne daß das Beauftragungsamt damit völlig außer Kraft getreten ist (2Kö 21,24!). In Israel andererseits tritt das charismatische Königsamt immer wieder hervor 2Kö 9,1-3, wobei Beauftragungs- und Erbamt ebenfalls erhalten geblieben ist 1Kö 16,16. Die Grenzen zw. sog. „geistlichen und weltlichen" Ämtern sind in Israel fließend! Die NTliche Gemeinde (→ geistliches A.) weiß von „charismatischen" (1Tim 1,12; Apg 13,1-3) und Beauftragungsämtern (Apg 6,1-9). In der judenchristlichen Gemeinde hat sich sogar das Erbamt der Führung unter den Blutsverwandten Jesu lange Zeit gehalten. Häufig steht in der HS für „Amt" ein Wort mit der Bedeutung „dienen". *Peu*

Amt (geistliche Ämter). *1)* Im AT übten in der Gemeinde die → Leviten, → Priester und → Hohenpriester das A. aus, das im wesentlichen Gebet, Opfer und Lehre einschloß. Die Priesterschaft stand „im A. des Herrn" 5Mose 17,12, das stets nur Dienst war und nie zur Herrschaft entarten sollte 1Chr 9,13; vgl. Jer 5,31. Der freie Dienst der Propheten, die Gott als seine Sprecher berief, ruhte einzig auf der Begabung und Berufung durch Gott.

2) Im NT ordnet sich alles Amtsdenken einzig von Christus her. Ein A. im gewöhnlichen Sinn hat Jesus nicht bekleidet; seine Lehrbefugnis leitete er unmittelbar von Gott her ab als letzter und höchster Prophet. In seinem Versöhnungstod ist das ATliche Priestertum vollendet worden; als Hoherpriester der zukünftigen Güter und Mittler eines besseren Testaments hat er eine ewige Erlösung gebracht Hebr 8,6; 9,11 f. Priesterlich-kultisches Handeln gibt es in der Gemeinde des NT nicht mehr; wohl aber stehen die Glaubenden im allgemeinen Priestertum 1Petr 2,9. Die Apostel wurden vom Herrn in kein äußerliches A. eingesetzt, empfingen aber die Geistesausrüstung Apg 2,4. Auch Paulus wußte sich in seinem A. nur dem Herrn verantwortlich. Die Entstehung der Ä. in den Gemeinden ergab sich aus den jeweiligen Bedürfnissen und beruhte auf charismatischer Begabung → Älteste, → Bischöfe, → Diener, 1Kor 12. Das A. empfing man vom Herrn und hatte es zum Besten der Gemeinde zu verwalten Rö 12,7. *Kü*

Amtmann, Amtleute, der ältere deutsche Ausdruck für Beamte, dient in der Lutherbibel als Wiedergabe verschiedener hebr. Worte.

1) In einer größeren Anzahl von Stellen steht dies Wort neben Dienstbezeichnungen wie Älteste, Richter, Häupter und Tausendschaftsführer 4Mose 11,16; 5Mose 1,15; 29,9; Jos 8,33; 24,1; 1Chr 23,4. Es dürften Amtsträger sein, die aus der *Stammesorganisation* hervorgegangen sind und in staatlicher Zeit unter veränderten Bedingungen weiter existiert haben. An einigen Stellen wird ihr Aufgabenbereich deutlicher umschrieben: In den Städten sollen sie zusammen mit den Richtern in den Toren zu Gericht sitzen 5Mose 16,18; bei der militärischen Aushebung stellen sie die „Unabkömmlichen" beiseite, dann erst übernehmen die Offiziere das Kommando über die Dienstpflichtigen 5Mose 20,5-9. Sie dürften Vertreter der einzelnen Gemeinden und Städte gewesen sein, die zu gleicher Zeit die Polizeigewalt hatten. Dem entspricht auch die Nachricht, daß die von ägyptischen Vögten eingesetzten isr. A. die Vertreter und Verantwortlichen für die Frondienstleistungen waren.

2) An verschiedenen Stellen wird ein anderer hebr. Ausdruck mit A. für „Beamte" wiedergegeben, die vom *König in bestimmte Dienste* eingesetzt sind: für die Provinzialpräsidenten Salomos 1Kö 4,7; für die gesamte höhere Beamtenschaft 2Chr 8,10; für königliche Kommissare auf dem Land und in den Städten 2Chr 17,2 und bei Bauarbeiten 1Kö 5,30; 9,23.

3) Der Ausdruck A. wird ebenfalls gebraucht für Beamte verschiedener Rangstufe bei *fremden Herrschern:* für den persischen Satrapen Esra 8,36; für untere Verwaltungsbeamte Nebukadnezars Dan 3,2 f; schlechthin für königliche Bedienstete Esth 3,9; 9,3; in Ägypten für den Vorsteher eines Gefängnisses 1Mose 39,21.23 und für die Hofämter der Obersten der Bäcker und der Mundschenken 1Mose 40,2.

4) In der *Makkabäerzeit* hatten die A., die aus den Einheimischen genommen wurden, die Abgaben unter den Juden einzutreiben 1Makk 9,25; 10,41 u.a. *Peu*

Amtsschild → Hoherpriester.

Amulett (von lat. amuletum) ist ein Gegenstand, mit dessen Hilfe der Mensch Macht über seine Umwelt gewinnen will. Das A. wirkt vorbeugend (Abwehr böser Mächte; deshalb sogar Toten mit ins Grab gegeben), heilend (A. = „Medizin") oder als Mittel zur Verleihung besonderer Kräfte. Die Form war verschieden: In Palästina wurde bei Ausgrabungen oft der Skarabäus (eine Darstellung des großen Mistkäfers) gefunden, der seit alters als glückbringend galt, aus Ägypten stammt und oft mit Hieroglyphen versehen ist. Auch die Bild-A.e aus Fayence (glasierter Ton), auf denen zB hl. ägyptische Tiere dargestellt sind, waren aus Ägypten eingeführt. Möndchen (Luther: Spangen; Ri 8,21 u. a.), halbmondförmige Umhänge-A.e wurden Tieren umgehängt und als Schmuck getragen 1Mose 35,4 (vgl. Jes 3,18-21). Das „Knochenstäbchen-A.", das aus isr. Zeit gefunden wurde, stellt vielleicht eine Keule als Waffe gegen böse Mächte dar. Vielleicht sind auch die kleinen Tonfiguren der Astarte als A.e benutzt worden, um die Fruchtbarkeit zu erhöhen. Möglicherweise hat Hosea 2,4 solche A.e vor Augen. *Bo*

Anammelech → Adrammelech.

Ananias (= hebr. Chananja). Ein nicht seltener Name: *1)* so Tob 5,19 in dem Namen, den Raphael sich gibt; — *2)* nach den Zusätzen zum Buch Daniel einer der drei Männer, die Nebukadnezar in den Feuerofen werfen ließ, Gesang d Mä 64; — *3)* ein Judenchrist in Damaskus, der als Bote Jesu zu Saul geschickt wurde Apg 9,10-19; 22,12-16; — *4)* ein Christ in Jerusalem, der eine zu völligem Opfer bereite Liebe vortäuschte und dafür Gottes Gericht erlitt Apg 5,1ff; — *5)* der Hohepriester der Jahre 47-59, der ungerechte Richter und Verkläger des Paulus Apg 23,2-5; 24,1-9, der bei Ausbruch des jüd. Kriegs 66 als Römerfreund von Zeloten ermordet wurde. *Schl*

Anathema. Eigentlich: das im Tempel aufgestellte Weihgeschenk (Lk 21,5). In der griech. Übersetzung des AT ist A. Wiedergabe für hebr. cherem = das der Gottheit Überantwortete; also: das Geweihte, das Verfluchte, Gegenstand des Fluches. Im NT nur in der negativen Bedeutung, Röm 9,3; 1Kor 12,3; formelhaft gebraucht in 1Kor 16,22; Gal 1,8 f. *Bie*

Anathoth. Name einer Levitenstadt in Benjamin Jos 21,18; 1Chr 6,45, Heimat des Jeremia Jer 1,1; 11,21.23; 32,7-9 (vgl. 2Sam 23,27; 1Chr 12,3), heute rās el-charrūbe bei 'anāta, 5 km nordöstlich von Jerusalem. *Rü*

anbeten → Gebet.

Andreas. Bruder des Simon → Petrus, einer der 12 Apostel. Sein Vater hieß Johannes (Jona) und wohnte in Bethsaida Mt 10,2; 16,17; Jo 1,40.44. Nach dem Bericht des Jo war A. mit Simon Petrus zuerst Jünger des Täufers, bei dem er Jesus kennenlernte. Später beruft Jesus ihn in seine Nachfolge: aus Fischern werden sie „Menschenfischer" Mt 4,18-20. Zusammen mit Simon Petrus, Jakobus und Johannes gehörte A. zum vertrauten engeren Kreis um Jesus Mk 13,3. Über sein weiteres Schicksal ist nichts Sicheres bekannt. *Bie*

Andronikus. *1)* Von → Antiochus Epiphanes während eines Feldzugs mit seiner Stellvertretung betraut ließ A. den Hohenpriester → Onias widerrechtlich ermorden und wurde selbst dafür hingerichtet 2Makk 4,30-38; — *2)* ein Judenchrist in Rom, von dem Paulus sagt, daß er vor ihm Christ wurde, einst zusammen mit ihm gefangen war und hervorragenden Dienst als → Apostel tat Röm 16,7. *Schl*

Anfang haben alte und neue Schöpfung 1Mose 1,1; 2Kor 5,17. Immer ist mit Gott auch Christus *vor* dem Anfang Jo 1,1; Offb 3,14. Gemäß bibl. Offenbarung müssen wir unterscheiden zw. dem Anfang, dem das Ende entspricht Hebr 7,3, und dem Anfang, der Ursprung, Ausgang d. h. eine nie versiegende Quelle ist. Was folgt, ist dann nicht Entwicklung, sondern Auswicklung, Entfaltung in die Zeit hinein. So ist Hebr 9 u. 10 das Opfer Jesu im Geist Ausgang des Heils im Alten wie im Neuen Bunde Röm 3,25. Auch für die Gemeinde ist Christus als der Erstgeborene der Anfang, das Haupt Kol 1,18. *Luck*

Anfänger d. h. Urheber, Gründer, Bahnbrecher des Lebens Apg 3,15, der Errettung Apg 5,31; Hebr 2,10 und des Glaubens Hebr 12,2 heißt Jesus vor jüd. Hörern oder judenchristlichen Lesern. Der am Fluchholz Getötete ist Fürst und Haupt des neuen Gottesvolks, zur Rechten Gottes, durch Leiden zur Herrlichkeit erhoben, um Israel Buße und Vergebung, den Glaubenden Geduld und Sieg zu geben. „Sein Beispiel führt und beschließt die Glaubensreihe" (Michel). *Luck*

Anfechtung → Versuchung

Angesicht. Das tiefe Interesse der HS am Personsein Gottes und des Menschen drückt sich darin aus, daß ihr im Glauben und im Schauen das A. wesentliches Spiegelbild des gegenwärtigen Gottes und des gegenwärtigen Menschen ist. Dabei muß Jo 1,18; 6,46; 1Jo 4,12 — „niemand hat Gott je gesehen" — im Auge behalten werden, auch wo im AT die Grenze vom Sichtbaren zum Unsichtbaren fließend zu sein scheint. Glaube bleibt für uns „ein Nichtzweifeln an dem, das man nicht sieht" Hebr 11,1.

1) Das A. des Menschen. Das Innenleben des Menschen tritt in der HS in Erscheinung in der vielfarbigen Bilderreihe des menschl. A.s. Ob es fröhlich Spr 15,13 oder jämmerlich Hes 7,18, voller Löwenmut 1Chr 12,8, bleich vor Schrekken Joel 2,6, rot vor Scham Jes 45,16 ist, von der Weisheit erleuchtet Pred 8,1 oder im Trotz wie starrer Fels Jer 5,3, ob des Stephanus A. klar ist wie eines Engels A. Apg 6,15, ob endlich Jesu A. in der Verklärung leuchtet wie die Sonne Mt 17,2 oder blutüberströmt geschändet erscheint in der Passion Mt 26,67 — was vermag das A. alles auszusagen! Dazu kommt die bewußte und unbewußte Gebärdensprache im Verhüllen, im Wegwenden, im Erheben und im Zurerdeneigen des A.s bis hin zum Niederfallen auf sein A.

2) Das A. Gottes. Es geht der Bibel überall um das „Auge in Auge" mit Gott in wirklicher Gegenwart, ohne die Distanz in mystischer Grenzüberschreitung aufheben zu wollen. Das Reden von Gottes A. ist bildhafte Rede, die nichts Menschliches auf Gott übertragen will, der unentbehrliche Ausdruck für unsere Lage vor Gott, so wie sie ist und wie er sie nach seinem Wort haben will. — *a) Von A. zu A.* Wenn in 2Mose 33,11 Gott mit Mose redet „von A. zu A." wie mit seinem Freunde, so ist gewiß vor allem die vertraute Nähe des Zwiegesprächs charakterisiert, vgl. 2Mose 33,20; Hes 20,35. Bei Jakobs Kampf mit „einem Mann", nachher von ihm ausgelegt als ein Schauen „Gottes von A." 1Mose 32,25 ff, ist doch wohl eine Gottesoffenbarung in Botengestalt gemeint wie 1Mose 18 und Ri 6,22 f. — *b) Vor sein A. kommen.* Im Gebet kommt man vor Gottes A., sucht sein A. Ps 100,2; 27,8. Das verbindet sich im AT mit der besonderen Gottesgegenwart im Tempel, vgl. den sehnsüchtigen Schrei Ps 42, 2 f. Dort ist Hilfe, dort kann man sein Herz ausschütten, dort erwacht das Gewissen. — *c) In Gnade und Ungnade.* So sehr die Freude, vor Gottes A. zu leben, die bibl. Frömmigkeit bestimmt Ps 21,7; 17,15, so klar ist von Jes 6 her das Erschrecken, der Widerwille des sündigen Menschen in dieses Leben von A. zu A. mit einbezogen. Er sagt Gott ins A. ab Hiob 2,9; Lk 15,13. Gott aber verbirgt sein A. vor ihm Ps 69,18. Es ist das A. des Richters Ps 34,17; 2Thess 1,9; Offb 6,16. Er verwirft von seinem A. Ps 51,13. Deshalb die uns so vertrauten Segensworte: Der Herr lasse sein A. leuchten, hebe sein A. über uns 4Mose 6,25 mit ihrem vielfältigen Widerhall im Psalter, zB dem Kehrreim in Ps 80. Denn Ps 104,29 a gilt der ganzen Kreatur! — *d) Von A. zu A. in der Vollendung.* „Dann aber von A. zu A." Das Wort der sehnsüchtigen Christenhoffnung 1Kor 13,12 zeigt, wie ungemein real und auf Verwirklichung angelegt dieses Reden vom A. Gottes gemeint ist. 2Kor 4,6 sagt dazu, wie der reine Widerschein der Klarheit Gottes in dem A. Jesu Christi diese Hoffnung in der christl. Gemeinde befestigt hat. *He*

Angst ist im Unterschied von Schmerz und Furcht oder Sorge ein den ganzen Menschen überwältigendes und bedrängendes Gefühl, das den Lebensmut und die Glaubensfreudigkeit lähmt und das Herz beklemmt. Als besondere Beispiele nennt die Bibel die A. einer Frau in Kindesnöten Ps 48,7; Jer 13,21, die Todes-A. Ps 116,3; Jes 53,8, die A. vor dem Tag des Gerichts Zeph 1,15 und vor der „Zornesoffenbarung" Röm 2,9. A. lehrt aber auch beten 2Sam 22,7; Ps 22,12; 118,5; Jes 26,16. Der Apostel Paulus schwebte oft in A., weniger um seinetwillen, als um das Heil der ihm anvertrauten Gemeinden Gal 4,19; 2Kor 2,4. Der Glaube kann das Gefühl der A., bes. der Todes-A., zwar nicht immer ganz beseitigen Jo 16,33; Röm 8,22, wie das Beispiel Jesu selbst zeigt Lk 12,50; aber der Glaube kann von der A. nicht völlig überwunden werden Röm 8,35 und bildet das kräftigste Gegengewicht dagegen Ps 4,2; 32,7; 138,7; Jes 8,23; 53,8; 2Kor 12,10. *Pfei*

Ani → Ägypten, → Sprüche.

anklopfen, pochen. Im eigentlichen Sinn Ri 19, 22; HL 5,2; Judith 14,9; Lk 12,36; Apg 12,13: man verschafft sich durch Klopfen Zugang zu einem verschlossenen Raum. Bildlich steht a. Mt 7,7 für das anhaltende Beten mit seinen beiden Merkmalen, dem getrosten Pochen und demütigen Warten, ferner Offb 3,20: Christus klopft bei seiner Gemeinde an, daß sie ihm Herz und Leben öffne, doch so, daß den Menschen die Freiheit bleibt, sich Christus zu erschließen oder zu versagen. *Gü*

ansehen. Gott sieht das Elend des Menschen erbarmend an 2Mose 4,31 u.a.m. oder er sieht strafend den ungehorsamen Menschen nicht an Am 5,22. Der Richter darf die Person nicht a., nicht in ungerechter Parteilichkeit urteilen 5Mo 1,17; Spr 24,23; denn er steht anstelle Gottes, der kein Ansehen der Person kennt 2Chr 19,7; Röm 2,11. Einzigartig und bedeutsam 4Mose 21,8: die tödlich Gebissenen werden gerettet durch A. der ehernen Schlange (vgl. Jo 3,14; Hebr 12,2). *Gü*

Anstoß → Ärgernis.

Anthropomorphismus. Unter A. versteht man die Vorstellung vom Wesen und Handeln Gottes nach dem Vorbild des Menschen, in der Gott als ein gesteigertes, der Gestalt des Menschen entsprechendes Wesen und sein lebendiges Handeln nach der Art menschlichen Wollens, Fühlens und Tuns beschrieben wird.

1) So ist zB in der *Bibel* von Gottes Augen, Am 9,4; 1Petr 3,12, Ohren Ps 130,2, Mund Jes 40,5; Mt 4,4, Händen Jes 49,16; Mk 14,62 und Füßen 2Mose 24,10; Mt 5,35 die Rede. Gott ruft Hos 11,1; Mt 2,15, hört Ps 4,4; Jo 9,31, sieht Ps 14,2, riecht 1Sam 26,19 und greift Am 9,2. Er naht und entfernt sich vom Menschen Jes 50,8; Ps 10,1. Er erwählt 2Sam 6,21; 1Kor 1,27, liebt Hos 11,1; Jo 3,16, zürnt Jes 57,16; Röm 1,18, haßt Ps 45,8, empfindet Reue 1Mose 6,6, erbarmt sich 2Mose 33,19; Mk 5,19 und vergibt Ps 103,3; Mt 6,14.

2) Trotz der bestehenden Verbindung zu dem A. der allgemeinen Religionsgeschichte haben die anthropomorphen Aussagen der Bibel *nicht den Sinn, Gottes Gestalt* zu beschreiben und ihn zu *vermenschlichen.* Auch Jo 4,24 darf nicht im Sinne einer zu den übrigen Gottesaussagen der Schrift in Spannung stehenden Wesensbestimmung Gottes verstanden werden, da dies Wort Gottes wunderbares Wirken, nicht aber sein in sich ruhendes Wesen bezeugt. Alle diese Aussagen suchen dem Menschen Gottes lebendiges Wesen und Wirken zu vergegenwärtigen und dadurch den Raum für die personale Begegnung zwischen Gott und Mensch offenzuhalten.

3) Das Wissen um die *letzte Andersartigkeit Gottes* wurde im AT durch das Bildverbot 2Mose 20,4 und im AT und NT durch die Betonung des unendlichen Abstandes zwischen Gott und Mensch gesichert; vgl. 1Mose 18,27; 5Mose 29, 28; Jes 40,12 ff; 55,8 u. 1Tim 6,16.

Lit.: L. Köhler, Theologie des AT, 1953³, S. 4 ff. W. Eichrodt, Theologie des AT, Bd I, 1957⁵, S. 134-141. v. d. Leeuw, Phänomenologie der Religion, 1956², S. 190-195.
Kai

Antichrist.
1) Die ATliche Wurzel der A.-Erwartung. Die Erwartung des A. geht zurück auf die Prophetie des AT, wie sie bes. deutlich Hes 38f zum Ausdruck kommt: Die Völker der Welt werden über Israel herfallen, dann aber durch Gottes Macht vernichtet werden (→ Gog). Wie das richtende und rettende Werk Gottes durch den König geschieht, den er seiner Gemeinde gibt, so werden auch die Völker in ihrem Kampf gegen das Gottesvolk durch einen Herrscher geführt, der sich gegen Gott erhebt. Die Gestalt des → Antiochus Epiphanes in seinem Kampf gegen Jerusalem und das Judentum steht hinter dem Bild, das Dan 7-12 von dem Herrscher zeichnen, der gegen die Heiligen Gottes streitet und schwere Not über sie bringt und dann dem Gericht Gottes verfällt. Darum hat die jüd. Auslegung auch bei dem Gottlosen, den der Messias nach Jes 11,4 mit seinem Wort tötet, und bei den Völkern, die sich Ps 2 gegen den Gesalbten erheben, an den A. gedacht.

2) Die Erwartung des A. Daß Jesus die Herrschaft in Gottes Reich durch scheinbares Unterliegen im Sterben am Kreuz gewann, setzt sich fort in dem an Leiden reichen Ringen der Gemeinde Jesu mit Israel und der Welt; in immer neuer Gestalt widerspricht die Selbstherrlichkeit des Menschen, der nicht glauben und Gott nicht gehorchen will, dem Zeugnis von Christus. Für dieses Ringen mit widerchristlichem Denken und Wollen ist der Christenheit nicht verheißen, daß sie mehr und mehr das Böse überwinde; der Kampf bleibt und wird sich gegen das Ende der Geschichte steigern und schließlich der Gemeinde schwerstes Leiden, ja das Unterliegen und Sterben bringen, da vor Jesu neuer Offenbarung → Satan als der Gegenspieler Gottes durch den A. den letzten Ansturm gegen Gott, den schwersten Angriff gegen die Gemeinde Jesu unternimmt. Den Sieg in diesem Kampf erringt nicht die Christenheit; sie wird gerettet durch das Erscheinen ihres Herrn, der in Gottes Macht an den Feinden das Gericht vollstreckt Offb 20,8-10.

3) Antichristentum von Israel her. Paulus scheint 2Thess 2,3-10 damit zu rechnen, daß aus dem Widerspruch Israels gegen den Christus, mit dem es seine eigene Gerechtigkeit und Größe gegen Gott verteidigte, in einer Steigerung der Bosheit, die sich schon regt, ein „Mensch der Sünde", ein „Sohn des Verderbens" herauswachsen wird, der sich selbst göttliche Ehre zuschreibt und schließlich durch Jesu Wort getötet wird. Die Macht, die den schlimmsten Ausbruch dieses eigenherrlichen Stolzes und Trotzes noch verhindert, sah Paulus wohl in der römischen Staatsgewalt.

4) Antichristentum vom römischen Staat her. In steigendem Maß hatten die jungen Gemeinden unter der Feindschaft des Staates zu leiden. Ihnen konnte der Kaiser, der der Herr der Welt sein wollte, sich als göttlich verehren ließ und mit dem Reichtum und Luxus Roms die Völker verderbte, zum Gegenbild Jesu werden. Offb 13 u. 17 schildern die Bedrohung von dieser Seite her, die dann zu letzter Enthüllung kommen wird, wenn es dem Satan gelingt, den von ihm geförderten Herrscher aus dem Tod wiederkehren zu lassen, so daß er auch darin zum Gegenbild des Christus wird. Vermutlich weisen die Einzelheiten der Weissagung, zB die Zahl 666 (→ apokalyptische Zahl), auf Nero hin, der sich als Gott darstellte, die römischen Christen verfolgte und dann plötzlich unterging.

5) Antichristentum aus der Christenheit heraus. In der Kirche selbst, im Kreis derer, die sich des Geistes und der Erkenntnis Gottes rühmten, zeigte sich früh eine Frömmigkeit, bei der der Mensch sich selbst groß machte und vom Weg Jesu in die Niedrigkeit hinein gering dachte; darin sah Johannes das Merkmal des A. 1Jo 2,18a; 4,3, wie er schon jetzt in vielen Widerchristen wirksam wird 1Jo 2,18b.22; 2Jo 7. Ein verdorbenes Christentum zeichnet Johannes in der Offb in dem Tier, das einem Lamm gleicht und wie ein Drache redet Offb 13,11-17, und meint damit verführende Prophetie, die durch ihr Wirken die Unterordnung unter den A. zu rechtfertigen scheint.

6) Die Bedeutung der Erwartung des A. Antichristliches Denken und Wollen läßt durch die ganze Geschichte der Kirche ihren Weg kampfreich und notvoll werden. Begreiflich, daß mannigfach bestimmte Männer oder Institutionen in Welt oder Kirche als Verkörperung des A. galten; so bei den Reformatoren der Papst und seine Hierarchie, so etwa Napoleon, Stalin, Hitler. Die Erwartung einer letzten schweren Zuspitzung des Kampfes gegen Gott und seinen Christus verwehrt der Christenheit alles träumende Hoffen auf den Sieg, auf eine allmähliche Überwindung der Gott widerstrebenden Kräfte und zeigt ihr die bleibende Aufgabe, zum Leiden für ihren Herrn bereit zu sein. Aber sie will sie auch stärken in der Gewißheit, daß nicht der A., sondern der Christus der Sieger ist; er ist der Retter seiner Gemeinde und der Richter über alle Gottlosigkeit. *Schl*

Antilope. Bei dem 5Mose 14,5 an letzter Stelle genannten, sonst nicht erwähnten Tier ist wohl an eine A. oder eine Gazelle zu denken. Nicht gemeint ist das Elen, der Elch, an den Luther dachte, dieser mächtige Hirsch mit dem großen Schaufelgeweih, auch nicht nach dem Vorschlag der LXX die Giraffe, da diese beiden Tiere nicht in Palästina lebten. Man dachte auch an das nordafrikanische Mähnenschaf, die wilde Bezoar-Ziege oder den Mufflon; auch der Steinbock könnte gemeint sein. *Schl*

Antiochia. *1) Hauptstadt von Syrien* am Orontes, gegründet um 300 vChr durch Seleukos

Nikator an der Kreuzung großer Handelsstraßen. Rasches Aufblühen, Zentrum von Handel und Kultur, im römischen Reich die drittgrößte Stadt. Die Bevölkerung war gemischt aus Syrern, Griechen und Juden. — Das Christentum kam sehr früh in die Stadt: nach Apg 11, 19 ff durch Jerusalemer, die wegen der Verfolgung, der Stephanus zum Opfer fiel, dorthin geflohen waren. In A. kam zuerst der Name → „Christen" auf Apg 11, 26. → Barnabas, von der Urgemeinde von Jerusalem nach A. gesandt, holte Paulus aus Tarsus dorthin in die Missionsarbeit. Von A. aus machte Paulus seine Missionsreisen: A. wurde durch ihn das Zentrum des Heidenchristentums und das zweite Zentrum des Urchristentums neben Jerusalem. In A. fand die Auseinandersetzung zwischen Paulus und Petrus statt, von der Gal 2, 11 ff berichtet. — Kurz nach der apostolischen Zeit war A. Sitz des streng monarchisch eingestellten Märtyrerbischofs Ignatius († um 110 nChr). In der alten Kirche wurde A. ein wissenschaftliches und kirchenpolitisches Zentrum.

2) A. in Phrygien (Kleinasien), nahe der Grenze von Pisidien (deshalb oft das „pisidische A." genannt); von Rom zur Provinz Galatien geschlagen. Paulus besucht die eine große Judenschaft beherbergende Stadt auf der 1. Missionsreise, Apg 13, 14-52; 14, 21. *Bie*

Antiochus. A. I.-XIII. zählen zu den Herrschern der Seleukiden, die das Erbe → Alexanders d. Gr. in Syrien und dem Land zw. Tigris und Indus antraten. A. I. kämpfte ohne größeren Erfolg gegen die → Ptolemäer Ägyptens um die Alleinherrschaft in Syrien. A. III. (223-187), d. Gr., erlitt bei Raphia eine Niederlage durch den gleichen Gegner, konnte aber im Osten das inzwischen hochgekommene gräkobaktrische, das parthische Reich und den indischen König Sophagasenos unter seine Oberhoheit bringen. In einem Geheimvertrag mit Philipp V. von Makedonien wurde die Aufteilung Ägyptens beschlossen. Durch den Sieg bei Paneion (an den Jordanquellen) kam Südsyrien in den Besitz der Seleukiden. Da griff Rom ein. Nach der Niederwerfung und Ausschaltung Philipps (197/96) siegten die Römer bei Magnesia über A. III. Der Friedensvertrag von Apameia forderte hohe Kriegsentschädigungen und beschränkte den Seleukiden auf das syrisch-mesopotamische und westiranische Gebiet. In seiner Geldnot nahm A. III. Zwangsanleihen bei Heiligtümern auf; bei der Plünderung des Beltempels bei Susa wurde er 187 erschlagen (Dan 11, 19). Seinem Sohn, A. IV. Epiphanes (175-163) fiel nach der Schlacht bei Pelusium Ägypten mit Ausnahme Alexandrias zu; er setzte sich als Vormund für Ptolemäus VI. die Doppelkrone dieses Landes aufs Haupt. In Alexandria dagegen erhob man Ptolemäus VIII. zum König. Nach Beendigung von Unruhen in Palästina (170-168) trat A. IV. als Eroberer auf. In der alexandrinischen Vorstadt Eleusis trat ihm der römische Konsular Popillius Laenas mit dem Ultimatum entgegen, den

Eine Münze des Antiochus IV. Epiphanes

Der Prägestempel hat das Silberstück nicht ganz richtig getroffen, so daß der Rand hereinrückte. Auf der Rückseite solcher Münzen die stolze Inschrift: Basileos Antiochou Theou Epiphanous Nikephorou, d. h. von König Antiochus, dem sichtbar gewordenen Gott, dem Siegbringer.

Krieg sofort zu beenden und Ägypten zu verlassen. Der Seleukide fügte sich! Auf der Rückkehr ließ A. IV. Jerusalem überfallen; in die „Akra" (eine befestigte Anlage) legte er eine Besatzung (1Makk 1, 11 ff). In einem Erlaß verbot er die Darbringung der üblichen Opfer, das Halten des Sabbats, die Beschneidung, ließ die hl. Schriften vernichten und einen Altar des Reichsgottes Zeus Olympios neben seinem eigenen Standbild im Tempel errichten („Greuel der Verwüstung"; Dan 11, 31; 2Makk 6, 1 ff). Er wollte damit in Jerusalem die Hellenisierung mit Gewalt durchsetzen. Gegen ihn erhoben sich die → Makkabäer. A. V. und A. VI. wurden in jungen Jahren ermordet. A. VII. Sidetes fiel im Kampfe gegen die Parther, und Jerusalem wurde frei (129). → Hellenismus. *Peu*

Antipater. *1) A., Sohn des Jason,* war einer der Gesandten, die der → Makkabäer Jonathan zur Erneuerung älterer Verträge nach Rom und nach Sparta sandte 1Makk 12, 1-4. 16 f.

2) A., Vater des Herodes d. Gr., ein Edomiter, urspr. Statthalter von Idumäa, hat im Streit des Hasmonäerhauses für → Hyrkanus II. gegen dessen Bruder Aristobul Partei ergriffen und erwarb sich dabei zunächst die Hilfe des Nabatäerkönigs. Schließlich verstand A., den Pompejus und später Caesar für sich zu gewinnen. Hyrkanus wurde das erbliche Hohepriestertum, A. das römische Bürgerrecht und die Prokuratur über Juda zugesprochen. A. brachte seine Söhne Phasael und Herodes in einflußreiche Stellungen. Selbst dem Caesarmörder C. Cassius Longinus stellte er sich zu Diensten, wurde aber im Jahr 43 ermordet. *Peu*

Antipatris, eine Station bei dem Transport des Paulus von Jerusalem nach Cäsarea Apg 23, 31. → Herodes d. Gr. hatte die Stadt in der → Schephela erbaut und nach seinem Vater Antipater benannt; vielleicht bei kal'at rās el 'ain zu suchen. *Schl*

Antonia. An Stelle älterer Bauten (Neh 2,7 f; 3,1), die den nördlichen Zugang (von Bezetha) zum Tempel schützten, errichtete → Herodes d. Gr. zu Beginn seiner Regierung eine von Mauern und Türmen bewehrte Burg von 160 auf 135 m Grundfläche (A. genannt nach dem römischen Feldherrn Marcus Antonius). Durch die in der A. kasernierten Truppen beherrschte er den Tempel und damit das Zentrum Jerusalems. Zur Zeit der Prokuratoren war die A. mit einer Kohorte belegt Apg 21,31. Dagegen diente sie wohl nicht als (Jerusalemer) Amtssitz (Praetorium) des Prokurators. Mithin ist Jesus nicht in der A. von → Pilatus verhört worden Mk 15,16. Im jüd. Aufstand von 66 vChr bemächtigten sich die Sicarier sofort der A. als der Zitadelle der Stadt. Nach harten Kämpfen wurde sie am 21.7.70 von Titus erobert und dann geschleift. *Bie*

Antwort, antworten. *a)* A. setzt nach unserem Sprachgebrauch eine vorangegangene Frage oder Anrede voraus, steht aber in der Bibel nach hebr. Sprachgebrauch oft ohne solche im Sinn von „anheben" oder „fortfahren" zu reden, 5Mose 21,7; 25,9; demgemäß auch oft bei Jesus, zB Mt 11,25; Mk 10,24. — *b)* Die richtige A. geben gehört zur ATlichen Lebensweisheit Spr 15,1; 26,5; 18,13; 24,26; Sir 4,8; ebenso im NT Kol 4,6. Jesus war Meister im A. als Knabe Lk 2,47 wie späterhin, bes. Mt 22,15-46; Lk 20,26. — *c)* Vor Gericht a. sowohl der Angeklagte Lk 12,11; Mt 27,12 als auch der Zeuge 2Mose 23,2. In Gottes Gericht wäre es vergeblich zu a., Hiob 9,3; da a. unsere Sünden wider uns Jes 59,12. Wenn Gott zum Gehorsam ruft, soll der Mensch a. mit Wort und Tat Jes 65,12; Jer 7,13. Gott a. auch auf das Rufen seiner Frommen um Hilfe Jes 58,9; Ps 34,5. Er a. oft, noch ehe sie rufen Jes 65,24. Gottes Zorn äußert sich darin, wenn er nicht mehr a., 1Sam 28,6; Spr 1,28; das widerfährt bisweilen als Anfechtung auch den Frommen Ps 22,3. — *d)* Weil Gottesmänner sich manchmal von Gott eine Weisung erbaten, so heißen diese auch „A." Gottes Lk 2,26. *Pfei*

anziehen meint ursprünglich das Bedecken des Körpers mit Kleidern 1Mose 3,21; 28,20; 38,19; 2Mose 40,13 u.a. Häufig ist a. bildlich gemeint für die Lebenshaltung, die den Menschen prägt und sein wahres Wesen erkennbar macht: Gerechtigkeit Hiob 29,14; Erbarmen Kol 3,12; Liebe Kol 3,14; aber auch Frevlertum Ps 109,18. Christen ziehen den neuen Menschen an Eph 4,24; Kol 3,10, ja Christus selbst Röm 13,14; Gal 3,27, so daß bei ihnen Scheinen und Sein wesensmäßig übereinstimmen. Das Ende der Wege Gottes mit der Schöpfung ist, daß sie Unverweslichkeit anzieht, mit Unsterblichkeit bekleidet wird 1Kor 15,53 f. Vom A. ist auch in den Bitten der Gemeinde die Rede, Gott möge seine Macht zeigen Jes 51,9; vgl. 52,1; 59,17. *Kü*

Apfel. Ob der Joel 1,12; HL 2,3; 8,5 genannte Baum der A.baum und die Frucht mit ihrem Wohlgeruch HL 7,9 und ihrer goldgelben Farbe Spr 25,11 unser A. ist, ist fraglich. Man dachte schon an die Aprikose, Zitrone, Quitte; dagegen kam die heute in der Küstenebene so wichtige Orange erst im 15. Jh. aus China. Der Baum gab mehreren Orten den Namen (Tappuach und Beth-Tappuach Jos 12,17; 15,53; 16,8). *Schl*

Apharsach, kein Eigenname, sondern ein persischer Beamtentitel Esra 4,9; 5,6; 6,6. *Peu*

Aphek. Name dreier Städte, *1)* in der Küstenebene Jos 12,18, Ausgangsstellung der Philister 1Sam 4,1; 29,1, identisch mit Antipatris, heute rās el-ʿēn 22 km von Socho, — *2)* östlich des Sees Genezareth, Ort des Sieges Ahabs über die Syrer 1Kö 20,26-30, vielleicht das heutige fīq, — *3)* unabhängige kanaanitische Stadt Ri 1,31, später von Asser erobert Jos 19,30, möglicherweise tell kerdāne bei Akko. *Rü*

Apokalypsen. Das Wort A. (von griech. apokalypsis = Enthüllung) stammt als Bezeichnung für eine bestimmte Literaturgattung aus Offb 1,1. Unter A. versteht man der Offb verwandte Schriften. Die jüd. A. lassen Beziehungen zur ATlichen Prophetie erkennen. Doch bestehen auch deutliche Unterschiede, inhaltlich-thematischer und formmäßiger Art; vor allem tritt der Apokalyptiker nicht mehr in eigener Vollmacht unter seinem Namen auf, sondern teilt Dinge mit, die einem Frommen der Vorzeit offenbart worden seien. Im sog. *äthiopischen Henoch*buch (um 150 vChr) werden zB Gesichte des Henoch (1Mose 5,21 ff) geschildert. Die *„Himmelfahrt Moses"* (um 4 vChr) bietet eine Ansprache des Mose über die kommende Geschichte Israels bis zum Anbruch der Endzeit. Die *Esra-A.* (= 4Esra: 96-100 nChr), 7 Gesichte Esras, gipfelt in der Ankündigung des Messias als des Welterlösers. Viele jüd. A. — neben den genannten u.a.: *Baruch-A.; Moses-A.; Sibyllinen* — wurden von christlichen Gesichtspunkten aus verändert, einige im NT zitiert (zB in Jud 9.14). Daneben entstehen um 100 bis 150 nChr christliche A.: *Petrus-A.; Hirt des Hermas* u.a. Sie haben Vorläufer im NT: Offb, Mt 24 par. u.a. Während das Judentum die A. verwirft, dienten sie den Christen bis ins 2. Jh. als Trostbücher in den Verfolgungen des römischen Staates. → Apokalyptik. *Bo*

Apokalyptik. Unter A. (von griech. apokalyptein = enthüllen) versteht man die Enthüllung von Geheimnissen über den Weltlauf und das Weltende.

1) Die *jüd. A.* ist veranlaßt durch das Zurücktreten der prophetischen Botschaft gerade in der Zeit schwerster Not des jüd. Volkes (vor allem unter → Antiochus IV. Epiphanes). Sie versucht, Antwort zu geben auf die Frage nach dem Sinn der Notlage. Sie weist — unter starkem Einfluß persischer Vorstellungen — auf den geheimen Plan Gottes mit der Welt hin, den es zu „offenbaren“ gilt. Diese Enthüllung geschieht vielfach mit Hilfe von Gesichten und Träumen. In ihnen werden oft geheimnisvolle und ungewöhnliche Bilder wahrgenommen, deren verborgenen Sinn ein Dolmetscher (zB ein Engel) deutet. Durch ihn erfährt der Apokalyptiker manchmal auch die Bedeutung der Zahlensymbolik (→ apokalyptische Zahl). So wird in meist bewußt unbestimmten und nicht ohne weiteres durchsichtigen Darstellungen ein gewaltiges Gemälde des geheimen Planes Gottes mit der Welt gezeichnet. Dieser beginnt bei den Anfängen, dem Aufbau der Welt; er gibt Auskunft über das Schicksal der gefallenen Engel oder über den Ursprung des Bösen. Nach dem genau festgelegten Plan Gottes durchläuft die Welt die einzelnen Äonen (Weltzeiten) bis hin zu ihrem Ende. Auf dieses nahe bevorstehende Weltende ist das Hauptaugenmerk der A. gerichtet. Es wird dargestellt als ein großartiges kosmisches Drama, das darin gipfelt, daß das Böse endgültig beseitigt und die ganze Schöpfung erneuert wird. Das Böse wird als eine personhafte Gestalt vorgestellt, Teufel, Satan, auch → Belial (so zB in den Schriften von → Qumran) genannt. Er hat seine Anhänger in den „Söhnen der Finsternis“. Seine Herrschaftszeit ist gekennzeichnet durch Katastrophen aller Art, vor allem durch Bedrückung der Frommen. Aber das sind zugleich Zeichen — vielfach als „messianische Wehen“ verstanden — der unmittelbar bevorstehenden Heilszeit. Diese bricht an mit der Erscheinung des Weltenrichters, der entweder als der von den Propheten verheißene Messias vorgestellt wird oder als der → Menschensohn (so bei Dan, im äth. Henoch und im 4Esra).

2) Fast alle Züge der jüd. A. finden sich in der *christlichen A.* wieder. In den apokalyptischen Stücken des NT ist nun alles an die Person Jesu Christi gebunden. Er ist der gekommene Menschensohn, in dessen Wort Gericht und Heil schon vorweggenommen sind (→ Endzeit). Demgegenüber knüpft die spätere christliche A. (zT schon die Offb) wieder unmittelbar an die jüd. A. an, nimmt sie fast ungebrochen auf und formt sie lediglich an einigen Punkten von spezifisch christlichen Vorstellungen aus um. *Bo*

apokalyptische Zahl. Die → Apokalyptik bedient sich gerne der Zahlenspekulationen. So haben die Zahlen 4, 7, 10, auch 12 und 70 und Kombinationen dieser Zahlen je eine bestimmte Bedeutung, die im einzelnen nicht mehr sicher zu ermitteln ist. Dazu gehört auch die sog. a. Z. 666, Offb 13, 18. Neben dem Verständnis als Dreieckszahl zu 36 (1+2+3+... 35+36 = 666) beruht die gewöhnliche Deutung auf der Tatsache, daß im Hebr. und Griech. die Buchstaben zugleich einen bestimmten Zahlenwert haben. Man umschrieb den Namen von Personen, indem man die Zahlenwerte der Buchstaben zusammenzählte; so ist zB Sibyllinen, Buch 1, der Name Jesus durch die Zahl 888 umschrieben. Bei der Deutung der a. Z. 666 hat man vor allem an Kaiser Nero gedacht (in hebr. Buchstaben q s r n r w n = 100+60+200+50+200 +6+50 = 666). Doch ist auch diese Deutung nicht gesichert. *Bo*

Apokryphen. *I. A. des AT.*

1) Als A. (von griech. apokryptein = verbergen) des AT werden nach ev. Sprachgebrauch die Schriften bezeichnet, die die LXX über den hebr. → Kanon hinaus bietet. Der abwertende Klang des Wortes A. (= vom gottesdienstlichen Gebrauch ausgeschlossene und als ketzerisch zu verwerfende Schriften) hat sich erst später herausgebildet. Die NTlichen Schriftsteller setzen die A. des AT voraus, zitieren sie auch gelegentlich (1Kor 2, 9 u. a.). In der römischen Kirche stehen sie gleichwertig neben den kanonischen Schriften.

2) Die A. haben besondere Bedeutung für die Kenntnis des Spätjudentums und bilden die Brücke zw. dem AT und NT. Sie zeigen den starken Einfluß persischer und griech. Vorstellungen auf das Judentum.

3) a) Zusätze zu kanonischen Büchern: *Stücke zu Esther,* die Einzelheiten weiter ausschmücken. *Zusätze zu Daniel* (Geschichte der Susanna, Gebet Asarjas, Lobgesang der drei Männer im Feuerofen, Bel und Drache zu Babel). Das *Gebet Manasses,* eine Ergänzung zu 2Chr 33, 12 f. 18 f, erscheint in vielen LXX-Handschriften unter einer Sammlung „Oden“ (= Lieder, dem Psalter angehängt). *3Esra* stimmt inhaltlich im wesentlichen mit dem kanonischen Esrabuch überein, bietet einige Erweiterungen. Der Name 3Esra stammt aus der lat. Bibel (1/2Esra = Esra/Neh), während die LXX es als 1Esra vor 2Esra (= Esra+Neh) stellt. — *b)* Selbständige Schriften: *1Makkabäer* (um 100 vChr) will über die bloße Darstellung der jüd. Geschichte von 175 bis 135 vChr hinaus in erster Linie Zeugnis für den starken, auch äußerste Bedrohungen überwindenden jüd. Glauben sein. *2Makkabäer* ist eine Geschichtslegende, die unter anderen Gesichtspunkten dieselbe Zeit wie 1Makk darstellt. Das sog. *3Makkabäer*buch handelt davon, wie Gott den Gesetzestreuen im Kampf gegen Ptolemäus Philopater (221-204 vChr) beisteht. *Tobit* (Tobias), eine fromme Lehrerzählung, soll zeigen, wie trotz allen Widerwärtigkeiten die Frömmigkeit immer unter dem Segen Gottes steht. *Judith* (um 150 vChr) ist eine Legende über die jüd. Witwe Judith, durch deren tapferes Verhalten zum Ausharren in der Bedrängniszeit aufgemuntert werden soll. Dem Buch *Baruch* ist in der lat. Bibel (auch bei Luther) als 6. K. ein — ursprünglich selbständiger — *Brief Jeremias* angehängt, in dem die Gefangenen in Babel vor Götzendienst gewarnt werden. *Jesus Sirach* enthält Weisheitslehren (vgl. Spr). Es ist um 190 vChr von Jesus ben Eleasar ben Sirach hebr. verfaßt und nach 117 vChr von seinem Enkel ins Griech. übersetzt worden. In der *Weisheit*

Salomos (1. Jh. vChr) werden jüd. Glaube und griech. Weisheit miteinander verbunden.

II. A. des NT.

1) Unter NTlichen A. sind Schriften zu verstehen, die den Schriften des NT nachgebildet sind. Sie kommen dem Verlangen der Volksfrömmigkeit nach, mehr über Jesu Leben, der Apostel Schicksale, der Frommen Seligkeit und der Verdammten Strafe zu erfahren.

2) a) Apokryphe Evangelien: An den Stellen, an denen die kanonischen Evangelien eine Lücke im Leben Jesu lassen, setzen die a. E. ein: bei der Kindheit und den Erlebnissen während der drei Tage im Grab (Protevangelium, das Armenische Evangelium der Kindheit, Thomas-, Nikodemus-, Bartholomäus-Evangelium). Vom Petrus-Evangelium ist ein längeres Stück mit Passions- und Ostergeschichten gefunden worden. Das Hebräer-Evangelium (2. Jh. nChr) berichtet von einer besonderen Erscheinung des Auferstandenen vor seinem Bruder Jakobus. Andere Evangelien begründen die häretischen Ansichten ihrer Verfasser: Ägypter-Evangelium (Mitte des 2. Jh.), Evangelium der Wahrheit (Mitte des 2. Jh., vielleicht von dem Gnostiker Valentin). — *b) Die apokryphen Apostelgeschichten* (Akten) schildern in Form von Legenden oder Romanen das Wirken und Leben vor allem der Apostel, über die die Apg nur wenig erzählt: zB Andreas-, Bartholomäus-, Philippus-, Barnabas-, Thomas-Akten (Missionierung Indiens durch Thomas). Aber auch die Nachrichten des NT über Petrus, Paulus und Johannes werden stark ausgesponnen (Petrus-, Paulus-, Johannes-Akten). — *c) Apokryphe Briefe:* Briefwechsel zw. Jesus und dem Fürsten Abgar von Edessa, der Jesus um Heilung bittet und ihm Asyl anbietet; Jesus lehnt diesen Schutz ab, verspricht aber, nach seiner Himmelfahrt einen Boten zu schikken. Briefwechsel zw. Paulus und dem römischen Philosophen Seneca (Ende des 4. Jh.). Laodicenerbrief und 3. Korintherbrief des Paulus (3. und 4. Jh.). Der Barnabasbrief (um 130 nChr) vertritt eine allegorische Auslegung des AT. — *d)* Über *apokryphe Apokalypsen* → Apokalypsen.

Lit.: I. E. Kautzsch, Die A. und Pseudepigraphen des AT, 1. Bd 1921. II. Hennecke-Schneemelcher, Neutestamentliche A., I. Bd³ 1959, II. Bd³ 1964. *Bo*

Apollos, ein wirksamer Lehrer der Urchristenheit, war ein Jude aus Alexandrien; er hatte an griech. Bildung, wohl auch an der Theologie der griech. Juden teil und trat für die prophetische Sendung Johannes des Täufers ein. Als Paulus im Osten weilte, kam A. nach Ephesus, wo er, nicht ohne gewisse Kenntnis Jesu, kräftig die Herrschaft Gottes verkündigte. Hier begegnete er → Aquila und Priscilla und empfing von ihnen den vollständigen Unterricht über Jesus. Mit Empfehlung der Brüder in Ephesus reiste A. nach Korinth, wo er der Gemeinde viel neue Glaubende zuführte Apg 18, 24-28. Unter den kor. Parteiungen gab es darum auch A.leute 1Kor 1, 12. Als Paulus in Ephesus wirkte, befand sich A. bei ihm. Paulus schätzte die Arbeit des A. 1Kor 3, 6. 22; 4, 6; 16, 12 und erkannte die Selbständigkeit des A. als eines Dieners Christi voll an. Die letzte Nachricht über A., daß er auf Kreta eintreffen werde, steht Tit 3, 13. *Kü*

Apollyon → Abaddon.

Apostel. *1)* Der Begriff A. (= Gesandter, Bote) wird durch das *Judentum* vorbereitet. Hier gab es die rechtsgültige Vertretung einer Person und Sache durch einen anderen (2Chr 17, 7-9). Man sandte auch ordinierte Rabbinen in die Diaspora, um zu sammeln und zu visitieren, vgl. Apg 9, 1 f. Darüber hinaus galten Mose, Elia, Elisa und Hesekiel als einzigartige Bevollmächtigte Gottes innerhalb der Heilsgeschichte.

2) Das Urchristentum denkt geistlich, auch wenn alte Rechtsformen zugrunde liegen. In den Jesusworten Mt 10, 40; Lk 10, 16; Jo 13, 16 liegt das alte Botenrecht noch vor: Der Beauftragte hat die Autorität, aber auch die begrenzende Weisung des Senders. Grundlegend ist das Jüngersein Gehorsam und Glaube. Aber schon während des geschichtlichen Wirkens Jesu in Galiläa empfing der Jünger die Würde des A.s, d. h. eine Autorisierung, im Auftrag Jesu zu sprechen und zu handeln Lk 6, 13. Doch war diese Sendung begrenzt Mk 6, 30; Lk 10, 17. Erst durch die Ereignisse nach Ostern erhält der Begriff des A.s seine klassische Ausprägung. Die Erneuerung der Jüngerschaft, die Proklamation der Messianität Jesu, die Verantwortung vor dem Synhedrium, Bußruf und Erneuerung der Taufbewegung wirken dabei mit. Der A. wird Träger eines neuen Auftrags, Zeuge der Auferstehung Jesu und Empfänger des Heiligen Geistes. Das Apostolat wird nunmehr zum grundlegenden Amt der entstehenden Kirche 1Kor 12, 28. Es gibt die Tradition weiter, verarbeitet aber das Ostereregnis als messianische Enthüllung und Anbruch der neuen Weltzeit selbständig. Es gab allerdings auch sonstige Aufträge und Aussendungen, die von Einzelgemeinden ausgingen und ein entsprechendes Apostolat voraussetzen 2Kor 8, 23; Phil 2, 25. Die Urgemeinde in Jerusalem dürfte auf ihre Aussendungen besonderes Gewicht gelegt haben 1Kor 15, 7; Röm 16, 7. Schon sehr früh mußte man sich gegen Amtsanmaßung, Schwärmerei und Eigensucht als Verfälschungen der Vollmacht Jesu zur Wehr setzen (Did. 11-13). Der Kampf um das recht verstandene Apostolat durchzieht das ganze NT, vor allem die Paulusbriefe. Auf die Schüler der Apostel wird das Apostolat nicht übertragen.

3) Nach Luk 6, 13 sammelte Jesus Jünger um sich, aus deren Kreis er die *Zwölfergruppe* auswählte. Ihre Namen werden mit einzelnen Abweichungen aufgezählt Mt 10, 2-4; Mk 3, 14-19; Lk 6, 13-16; Apg 1, 13. Diese Zwölfergruppe beansprucht zunächst die Würde des Apostolats. Ihre Wortführer sind die galiläischen Brüderpaare Simon und Andreas, Jakobus und Johannes. Die Zwölfergruppe soll Anfang und Grundlage des zukünftigen Israel sein Mt 10,3; 19,28. Nach Ostern wird anstelle des Judas Matthias ausgelost und die Zwölfergruppe in feierlicher Form wiederhergestellt Apg 1,26. Mit der Berufung Israels hängt auch die Gebundenheit der A. an Jerusalem aufs engste zusammen Apg 1,4; 8,1. Simon Petrus galt in judenchristlichen Kreisen als Bevollmächtigter, zu binden und zu lösen Mt 16,19; Jo 21,15 ff. Das wiederhergestellte Israel bedurfte einer einheitlichen und ständigen Leitung. Paulus empfängt von dem Auferstandenen ein neues Apostolat für die heidnische Welt Gal 1,16; 2,7. Der ehemalige Rabbine und Pharisäer denkt also an die ganze Menschheit, an Juden und Griechen. Auch der Herrenbruder Jakobus war Träger einer besonderen Berufung, eines eigenen Apostolats Gal 2,9. Trotz der Unterscheidungen und Spannungen im Verständnis des Apostolats verbindet der gemeinsame Dienst einander.

4) Wenn *Jesus* selbst in Hebr 3,1 „Apostel und Hoherpriester unseres Bekenntnisses" genannt wird, dann ist nach diesem Schriftzeugnis Jesus das eigentliche Urbild des Apostolats. Er bestätigt durch sein hohepriesterliches Werk seine Sendung vom Vater. ***Mi***

Apostelgeschichte.

1) Die A. im Werk des Lukas. 2) Die Quellen der Geschichtserzählung. 3) Die Reden der A. 4) Die Glaubwürdigkeit der A.

1) Die A. schließt sich als zweiter Teil an das Evangelium des → Lukas an, ist auch dem gleichen → Theophilus gewidmet Apg 1,1; Lk 1,3. Die Behandlung der geschichtlichen Quellen ist ähnlich, die theologische Grundhaltung in beiden Werken die gleiche. Lukas ist nicht nur Sammler historischer Stoffe, sondern Zeuge in einem bestimmten Sinn. Wichtig ist die Tatsache, daß der Bericht über Jesus von Nazareth durch eine Darstellung vom Weg des Evangeliums von Jerusalem nach Rom eine Fortsetzung erhalten kann, die sich als „Taten der Apostel" (Kanon Muratori: aller Apostel) des Arztes Lukas durchsetzen konnte. Der Auftrag an die Jünger, Zeugen des Evangeliums zu werden, und ihre Begabung mit dem Hl. Geist verbinden thematisch Evangelium und A. miteinander (Apg 1,8; Lk 24,48 f.) Es gibt daher für Lukas ein Fortschreiten der Heilsgeschichte nach dem Heilsplan Gottes. Damit ist der Nerv der lukanischen Berichterstattung getroffen, auch ihre Besonderheit gegenüber den anderen Synoptikern. Lukas setzt voraus, daß die Gabe des Geistes Gottes auch jetzt gegenwärtig ist und daß die Heidenmission ein Werk Gottes ist, dem die Menschen sich zu fügen haben. Trotz aller Betonung der Wichtigkeit Jerusalems und des Judenchristentums wahrt die A. das Eigenrecht der → hellenistischen Gemeinden und ihrer Freiheit vom Gesetz. Das ganze Werk des Lukas paßt gut in das syrisch-orientalische Christentum (→ Antiochien), das einerseits enge Beziehungen nach Palästina pflegt, andererseits sich der Welt des Hellenismus öffnet. Über die naheliegenden, der Geschichte des Judentums entsprechenden Handels- und Missionswege nach Ägypten, Arabien und Babylonien berichtet die A. wenig.

2) Mitten im Text der A. steht der *„Wir"-Bericht,* der unmittelbar aus der Begleitung des Paulus stammt: 11,28 (cod. D); 16,10-17; 20,5-15; 21,1-18; 27,1-28,16. Eine genaue Abgrenzung ist schwierig. Lukas mag auch andere Mitarbeiter des Apostels herangezogen haben. Von ganz anderer Art ist die Darstellung der *Urgemeinde* und der Frühzeit, in der vor allem der Zwölferkreis der Apostel und der Siebenerkreis der Diakone eine Rolle spielen. Hier liegen alte Traditionen mit aramäischem Einschlag vor. Die Urgemeinde steht als eigene Gruppe im Judentum, versteht sich wieder als Taufgemeinschaft und organisiert sich wirtschaftlich ähnlich wie die → Qumrangemeinschaft. Der Eigentumsverzicht ist aber keine Ordensregel, wie auch die Urgemeinde die Jüngergemeinschaft Jesu fortsetzt, nicht aber sich erneut von Jerusalem lossagt. Die beiden Sammelberichte Apg 2,43-47 u. 4,32-37 verarbeiten altes und zuverlässiges Material, sind vom Boden des zeitgenössischen Judentums aus zu verstehen und zeigen, wie die Armenversorgung im Vordergrund des Interesses steht. Die Schuld des Ananias und der Saphira ist nicht Übertretung einer Ordenssatzung, sondern Mißachtung der Heiligkeit Gottes und seines Geistes, hat daher schwerere Folgen als die entsprechende lügnerische Angabe in Qumran; dort sondert man den Schuldigen für die Dauer eines Jahres ab (1 QS 6,25). Ein besonderes Interesse hat die A. an dem → Diakonenamt, das zunächst ebenfalls der Armenversorgung, allerdings im Kreis des hellenistischen Teils der Gemeinde, dient. Die Verweigerung der synagogalen Armenunterstützung verlangte den Aufbau eines eigenen Armenwesens analog dem synagogalen. Erst viel später entsteht ein → Ältestenkreis in Jerusalem, der offenbar wieder dem aramäischen Teil der Gemeinde nähersteht (Jakobus). Obwohl die führenden Männer der Frühzeit wie auch der Heidenmission im Bericht der A. herausgestellt werden, ist er doch nicht biographisch interessiert, d. h. eine Lebensbeschreibung wird nicht gegeben. Der Geschichtsbericht der A. ist vielmehr *anekdotisch,* d. h. das einzelne Geschehnis wird als solches herausgearbeitet, ähnlich wie dies im AT geschieht. Seine Einordnung in das ganze Werk verlangt allerdings den Eingriff des Verfassers, der das *Ziel des Ganzen* bestimmt. Ein Erzähler wie Lukas kennt Stil und Form hellenistischer Geschichtserzählung und verwendet sie. Von den Geschichtswerken des Josephus ist er allerdings nicht abhängig, wenn auch einzelne äußere Berührungen vorhanden sein mögen. Die anekdotische Berichterstattung verhindert Ausgeglichenheit der Stoffe und Lückenlosigkeit des Materials, bewahrt aber Anschaulichkeit und Lebensnähe. Ein eigenes Problem stellt die Tatsache dar, daß die A. historisch die Briefe des Paulus nicht ausgeschöpft hat. Es ist aber möglich, daß ihr eigener Bericht eine fehlende paulinische Aussage ergänzt. Das Geschichtsbild der A. scheint eine Vereinfachung und Abschwächung des von Paulus gegebenen Tatbestandes zu sein. Doch darf man nicht verkennen, daß ihr missionarisches und gesamtkirchliches Interesse die entscheidenden Ergebnisse der Vergangenheit festhalten will.

3) Die *Reden* und Predigten sind nicht wörtliche Wiedergabe des Gesagten, sondern Versuche, mit überliefertem Material geschichtsgetreu und situationsgerecht zu verfahren. Lukas hat geformt, ergänzt und ausgebaut, aber weder frei erfunden, noch Altes imitiert. Berichterstattung und Predigtstoff wechseln miteinander ab und sind voneinander unablösbar. Die Geschichte ist die Voraussetzung für das Zeugnis, das Zeugnis durchzieht aber auch die Berichterstattung. Judenchristliche und heidenchristliche Motive sind als solche durchaus erkennbar. Die Predigt vor Juden unterscheidet sich deutlich von einer Verkündigung vor Heiden. Missionarische, apologetische und polemische Zielsetzungen wollen voneinander abgegrenzt werden. In diesem Sinn sollen zwei Predigtstoffe miteinander verglichen werden: In der grundlegenden → *Pfingstrede* des Petrus steht eine eschatologische Verkündigung in Form eines ausführlichen Schriftzeugnisses voran 2,17-21. Es folgt ein Abriß der Osterverkündigung mit angehängtem Schriftwort 2,22-28. Ihm schließt sich eine exegetische Darlegung mit erneutem Schriftwort an 2,29-36. Den Abschluß bildet der selbständige Bußruf 2,38 f. Jeder Teil dieser Predigt hat formgeschichtlich seine eigene Bedeutung, und jedes Schriftzitat hat seine eigene Überlieferung. Das Schwergewicht liegt auf der Beweisführung auf Grund des AT. Hat der Hörer den Glauben an ihre Gültigkeit und Legitimität, dann wird die Möglichkeit, den Bußruf ernst zu nehmen, gegeben sein. Ganz anders argumentiert Paulus vor den Griechen auf dem → *Areopag.* Er knüpft zunächst an eine konkrete heidnische Situation an 17,22ff und versteht sie in seinem missionarischen Sinn. Daher schildert er in ATlichen Wendungen, aber ohne ATliches Zitat den Gott des Himmels und der Erde sowie die Erschaffung der Menschheit. Das heidnische Dichterzitat (aus Aratus) wird als Bekenntnis zu diesem Schöpfergott verstanden 17,28. Den entscheidenden Abschluß bildet auch hier der Bußruf an die Menschheit und die Ver-

kündigung des bevorstehenden Gerichtes 17, 30 f. Eine derartige heidenchristliche Missionspredigt stellt den Schöpfergott und das Geschöpfsein des Menschen in den Mittelpunkt. Kann der Heide diesen Schöpfergott ernst nehmen, wie seine eigenen Zitate ermöglichen, dann ist der Bußruf vorbereitet. Auch in diesem Stoff sind jüd. Motive reichlich vertreten. Aber das Evangelium versteht den Heiden von Gott her, bestätigt also keineswegs seine Natürlichkeit als solche.

4) Die LXX-Frömmigkeit des Diasporajudentums ist eine bestimmte Voraussetzung dieses orientalischen Heidenchristentums. Sie ist auch nicht überwunden, sondern hat nunmehr eine neue Formung und Zielsetzung erhalten. Freiheit vom Gesetz bedeutet für Lukas Offensein für das Wirken Gottes an der Menschheit. Das AT ist das Buch der Erziehung Israels für seinen Beruf an die Völker. Die philosophischen und religiösen Denkformen des Hellenismus werden im Sinn der *„Kondeszendenz Gottes"* (Herablassung Gottes) ernst genommen und über sich selbst hinausgehoben. Die Anschauung, die A. sei Zeugnis hellenistischer Volksfrömmigkeit, mißversteht den theologischen Sinn dieses Buches. Umkämpft ist auch die historische *Glaubwürdigkeit* ihrer Berichte. Bekannt sind ihre Abweichungen von den Paulusbriefen. Der Apostel berichtet in Gal 1, 18 und 2, 1 von zwei Jerusalemreisen nach seiner Bekehrung, während Lukas in Apg 9, 26; 11, 30 u. 15, 2 ausdrücklich drei aufführt. Die Darstellung des Apostelkonzils in Apg 15, 6 ff unterscheidet sich von Gal 2, 1 ff. Der dreimal erzählte Bericht der Bekehrung des Paulus (9, 1-19; 22, 1-21; 26, 12-28) hat auffallende Eigenheiten und Widersprüche in einzelnen Punkten. Auch hier ist ein Vergleich mit den paulinischen Briefen lehrreich. In allen diesen Fällen empfiehlt es sich nicht, die lukanischen Traditionen als legendär und unhistorisch abzutun, sondern zu prüfen und geschichtlich zu verstehen. Lukas läßt zunächst seine Quellen reden, hat also das Vertrauen, daß sie historisches Gewicht haben. In neuester Zeit wird die Frage lebendig, ob die Abfassung der A. apologetisch mit dem Prozeß des Paulus zusammenhängt. Dazu paßt der Abschluß des Ganzen 28, 30 f. Der Grundstoff der A. ist offenbar vor der großen Katastrophe des Jahres 70 nChr fertiggestellt, wenn auch wohl erst später veröffentlicht. Ein eigenartiges Problem besteht in der Beobachtung *zweier durchgehender Textformen der A.* Ohne Zweifel gebührt cod. B grundsätzlich der Vorrang, doch bleibt die durch cod. D geführte westliche Textgruppe in vielen Fällen interessant. Umkämpft ist die Frage aramäischen Einflusses in der westlichen Textgruppe. Man sollte die westliche Lesart nicht überbewerten, wie es gelegentlich geschah, aber auch nicht zu skeptisch von ihr denken (vgl. 12, 10; 19, 9).

Lit.: H. H. Wendt bei Meyer [9]1913; A. Loisy, Les Actes des Apôtres 1920; Th. Zahn [3 4] 1922-1927; E. Jacquier, Les Actes des Apôtres 1926; F. J. F. Jackson, The Acts of the Apostles 1931 ([8]1951); The Beginnings of Christianity, ed. K. Lake and F. J. F. Jackson 1920-1933 (Kommentar in vol. 4 von K. Lake and H. J. Cadbury); H. W. Beyer NTD 5 (1933; 1945); J. A. Findley, The Acts of the Apostles 1934; [3]1946; A. Wikenhauser, Regensburger NT 5, 1938; [3]1956; O. Bauernfeind 1939; F. F. Bruce, The Acts of the Apostles 1951; L. Cerfaux und J. Dupont, Les Actes des Apôtres 1954; [2]1958; R. P. J. Renié, Les Actes des Apôtres 1954; E. Haenchen bei Meyer [10]1956; [13]1961; C. S. C. Williams, A Commentary on the Acts of the Apostles 1957; C. H. Rieu, The Acts of the Apostles 1957; H. Conzelmann, bei Lietzmann 1963; *Untersuchungen:* A. Harnack, Lukas der Arzt (Beiträge zur Einleitung ins NT) I 1906; Die Apg (Beiträge) III 1908; C. C. Torrey, The Composition and Date of Acts 1916; ders. Documents of the Primitive Church 1941; H. J. Cadbury, The Style and Literary Method of Luke 1920; ders. The Making of Luke-Acts 1927 (Neudruck 1958); ders. The Book of Acts in History 1955; Ed. Meyer, Ursprung und Anfänge des Christentums Bd I-III 1921-1923; A. Wikenhauser, Die Apg und ihr Geschichtswert 1921; J. Jeremias, Untersuchungen zum Quellenproblem der Apg, ZNW 36 (1937) 205 ff; Ph. Vielhauer, Zum Paulinismus der Apg, Evgl. Theol. 10 (1950-1951), 1 ff; M. Dibelius, Aufsätze zur Apg (herausg. von H. Greeven) 1951 (Neudrucke); R. Bultmann, Zur Frage nach den Quellen der Apg, NTEssays in Memory of T. Manson 1959, 68 ff; J. Dupont, Les sources du livre des Actes 1960; U. Wilckens, Die Missionsreden der Apg 1961.

Mi

Apostelkonzil.

1) Der Anlaß des A.s. 2) Verlauf und Ergebnis. 3) Der Bericht des Paulus.

1) Als A. werden Verhandlungen bezeichnet, die in Jerusalem im Jahr 48 nChr zwischen der jerusalemischen Gemeinde als dem Vorort der Christenheit (durch die Apostel und Ältesten) und Vertretern der antiochenischen Gemeinde, Paulus und Barnabas, geführt wurden Apg 15, 6; Gal 2, 1 ff. Der Bericht der Apostelgeschichte stellt die Interessen der Gemeinden, der des Galaterbriefs die des Apostolats stärker heraus. Anlaß dieser Verhandlungen war die Frage, ob Heiden in die christliche Gemeinde aufgenommen werden können, ohne beschnitten zu werden, d. h. ohne Übertritt zum Judentum. Gleichzeitig kam die Frage auf, welche Bindungen das Heidentum annehmen müsse, um als gottesfürchtig anerkannt zu werden Apg 15, 20 ff. Offenbar sind die Schwierigkeiten zw. Jerusalem und Antiochia von palästinischen Christen ausgelöst worden, die in Antiochia die Übernahme des mosaischen Gesetzes verlangten Apg 15, 1. Aber auch in Jerusalem treffen die antiochenischen Gesandten Christen pharisäischer Erziehung an, die ebenso denken Apg 15, 5; Gal 2, 3 (die Angelegenheit des Titus). Paulus selbst nennt sie „zu Unrecht eingedrungene falsche Brüder" Gal 2, 4, bestreitet ihnen also die Bruderschaft.

2) Die Forderung dieser Judenchristen setzte sich nicht durch, da die Apostel sich dem Tatbestand beugten, daß Heiden zum Glauben gekommen waren und den Hl. Geist empfangen hatten Apg 15, 8. Damit hatte Gott selbst entschieden, daß das messianische Heil die Heidenchristen nicht an die Übernahme des mosaischen Gesetzes band; sie brauchten also nicht Juden zu werden. Diese Grundentscheidung des A.s ist vor allem Simon Petrus zu verdanken Apg 15, 7 ff; Gal 2, 7 f. Jakobus, der Herrenbruder, stimmte ihr zu und verwies auf Am 9, 11 f: Gott selbst will wiederkommen und die verfallene Hütte Davids wieder aufrichten, damit sie in Besitz nehmen, was von Edom noch übrig ist, und alle Heidenvölker, die jemals zu seinem Herrschaftsgebiet gehört haben. Das Zitat wird in Dam. 7, 15 ff auf die Gründung der Qumrangemeinschaft bezogen, hat also seine besondere Geschichte. In Apg 15, 16 ff wird es nach der LXX zitiert. Die Menschen werden Gottsuchende werden und der davidischen Verheißung zugehören. Grundsätzlich sollen diese messiasgläubigen Heiden gesetzesfrei leben; nur sollen sie sich vor der Befleckung durch die Götzen, durch Unzucht, durch Genuß von Ersticktem und Blut hüten Apg 15, 20. Diese Reinheitsforderungen schließen sich an Satzungen des AT in Lev 17 u. 18 an: Verbot fremder Opfer, von Blutgenuß, des nicht rituell geschlachteten Fleisches, von Verwandtenehen. Es gibt allerdings noch eine zweite Textform, die diese rituellen Satzungen moralisch umdeutet und auf die Enthaltung vom heidnischen Götzendienst, von Hurerei und Mord bezieht, dann aber die „goldene Regel" (in ihrer negativen Fassung) hinzufügt. Diese zweite Textform denkt vor allem an die Todsünden der späteren Kirche. Die ursprünglich rituellen Reinheitsforderungen dagegen schließen sich an die synagogale Praxis an, die den gottesfürchtigen Heiden bestimmte Reinheitsgebote auferlegt, zumal Gott selbst den Urvätern der Menschheit Ähnliches geboten hat. Es ist daher anzunehmen, daß viele Heidenchristen derartige Reinheitssatzungen schon von früher gekannt und befolgt haben. Vielleicht hat Jakobus, der Herrenbruder, die Heidenchristen als eine Art Halbproselyten angesehen, die als solche durchaus gesetzesfrei leben konnten. Er nimmt an, daß durch die Verbundenheit mit der Synagoge auch später diese Reinheitsforderungen unterstützt werden Apg 15, 21. Die Absicht des Aposteldekrets, das durch Jerusalemer Sendboten nach Antiochia, Syrien und Zilizien verbreitet wird, ist einerseits, eine bestimmte „Reinheit" der Heidenchristen sicherzustellen, andererseits die Verbindung zur jüd. Diaspora nicht abreißen zu lassen. Abfalljudentum (1Makk 1, 15 f; 1Kor 7, 18) und Loslösung von dem Bund der Väter sollen auf jeden Fall verhindert werden (vgl. Apg 21, 21).

3) Der Bericht des Paulus Gal 2, 1 ff hebt die eigene Darstellung der Missionspredigt vor den Führern der jerusalemischen Gemeinde hervor, außerdem den Widerstand gegen jeden Versuch, die Freiheit der heidenchristlichen Gemeinden einzuschränken. Offenbar war schon der nichtbeschnittene Titus für bestimmte Judenchristen ein Anstoß Gal 2, 3; diesem Druck habe er sich nicht gefügt. Die führenden Apostel haben mit ihm und Barnabas eine Vereinbarung getroffen, nach der sie selbst unter den Juden, die antiochenischen Missionare unter den Heiden wirken wollten. Offenbar haben sich die beiden Missionsorganisationen voneinander getrennt, so daß sie grundsätzlich voneinander unabhängig wurden. Die Jerusalemer standen vor allem hinter der Mission des Petrus, während Paulus lediglich die Verpflichtung übernahm, die Armen der Jerusalemer Gemeinde zu unterstützen Gal 2, 10. Das Aposteldekret wird hier nicht erwähnt, so daß die Möglichkeit nicht von der Hand zu weisen ist, daß diese apostolische Verfügung erst später, nach dem A., erlassen wurde Apg 21, 25. Seine Spuren finden sich vielleicht in Offb 2, 2 f, während sie in den Paulusbriefen fehlen. Der Verkehr zw. Judenchristen, die unter dem Gesetz standen, und den nicht unter dem Gesetz stehenden Heidenchristen blieb auch weiter problematisch und verhinderte neue schwere Zusammenstöße nicht. Es entstand für Paulus die Aufgabe, die Freiheit vom Gesetz von Jesus Christus her neu zu füllen. Auch die vom Kreuz Christi gewonnene Reinheit war vollständig und grundsätzlich. *Mi*

Aquila und **Priscilla** (oder Prisca), das judenchristliche Ehepaar, das die Missionsarbeit des Paulus hingebend mitgetragen hat Röm 16, 4. Aus Pontus an der Südküste des Schwarzen Meers gebürtig hatte A. in Rom gelebt, war aber von dort durch ein judenfeindliches Edikt des Claudius vertrieben worden und nach Korinth gezogen Apg 18, 2. Dort kam es zu starker Verbundenheit mit Paulus, zunächst im Handwerk, da Paulus sich in der Zeltmacherwerkstatt des A. das tägliche Brot verdiente Apg 18, 3 und damit die für ihn so wichtige Unabhängigkeit von der Gemeinde sicherte, aber auch in der Gemeinschaft des Glaubens und im Missionsdienst. Darum schied das Ehepaar zusammen mit Paulus von Korinth Apg 18, 18 und blieb in Ephesus, dem nächsten Mittelpunkt seiner Arbeit 18, 19; dort führten sie → Apollos zum Glauben an Christus 18, 26. Zur Zeit des 1Kor waren A. u. P. noch in Ephesus 16, 19. Daß sie später nach Rom zurückkehrten Röm 16, 13, erklärt sich wohl daraus, daß Rom für Paulus das Ziel geworden war. Ihre letzte Erwähnung in einem Gruß des Apostels 2Tim 4, 19 setzt voraus, daß das Ehepaar wieder in Kleinasien war. *Schl*

Ar (— Moab = Stadt Moabs) 4Mose 21, 15. 28; 5Mose 2, 9. 18; Jes 15, 1: die alte Hauptstadt der → Moabiter, wohl am linken Arnonufer gelegen. *Da*

Arabien, Araber. *1)* Arabien ist der Name der zw. Afrika und Asien gelegenen, fast 3 Millionen qkm großen Halbinsel. Die wasserlose Wüste im Innern (Nedschd) läßt nur nach den Regenfällen des Winters eine extensive Weidewirtschaft zu und ist verkehrsfeindlich. Die südwestliche Küstenlandschaft (Hedschas) bot in den Oasen und den wenigen Stellen, wo fruchtbare Lavaerde den Boden bedeckt, Gelegenheit zu dauernden Siedlungen und wurde von einer alten Karawanenstraße durchzogen, die aus der fruchtbaren Südwestecke A.s, dem heutigen Jemen, der Arabia felix der Alten, nach den Mittelmeerländern führte. Im Jemen treten uns nach Inschriften, die 800 vChr einsetzen, zwei größere südarabische Staatswesen entgegen: die Minäer und Sabäer; letztere unterwerfen um 650 das minäische Gebiet und erweitern ihre Macht auf andere Landschaften Südarabiens.

2) Araber ist der Name der nach der Festsetzung der Aramäer in den Städten erneut aus der Wüste und Steppe hervorbrechenden semitischen Bevölkerung, die sich des Kulturlandes bemächtigt oder an dessen Rand zur Wüste hin sitzen bleibt oder es auch nach gelungenem Raubzug wieder verläßt. Der Weg zum Kulturland wurde ihnen von den Assyrern geöffnet, die die kleinen Staaten an den Grenzen zur Wüste ausgelöscht hatten.

3) An und für sich dürfte zw. Israeliten, Aramäern und A. völkisch und sprachlich ursprünglich kein sehr großer Unterschied bestanden haben, wie ja auch in den Genealogien und Vätererzählungen betont wird 1Mose 25, 1-6. 12-16; 21, 14-21. Das Aufkommen des A.tums ist mit der Domestizierung des Kamels verbunden. Solange dem Wüstenbewohner nur der Esel als Lasttier zur Verfügung stand, konnte er sich nur zw. nahegelegenen Wasserstellen frei bewegen. Mit dem anspruchslosen Kamel wurde die Bewältigung weiter Entfernungen möglich und vermochte man in Gegenden zu leben, wo für den Hirten bisher keine Existenzmöglichkeit bestand. Diese Kamelbeduinen fielen andererseits in das Kulturland ein, um es nach vollendetem Raubzug ebenso schnell wieder zu verlassen. Schon in vorstaatlicher Zeit hatte Israel mit solchen Kamelreitern zu kämpfen (Midianiter), und in der Königszeit mußte der Staat Juda unter ihren Überfällen leiden Ri 7; 2Chr 21, 16; 26, 7. Andererseits haben sich a. Stämme dem König Josaphat von Juda unterworfen 2Chr 17, 11. In der großen Koalition syrischer Fürsten gegen Assur, an der sich auch Israel beteiligte, nahm 853 ein A.-Scheich mit 1000 Kamelreitern teil. Beziehungen Israels zu dem kulturell hochstehenden Südarabien sind uns nur aus der Zeit Salomos bekannt 1Kö 10, 1 ff. Durch das Vordringen der a. Nabatäer in das edomitische Gebiet wurden die Edomiter vertrieben und setzten sie sich im Südland von Juda fest, das damit für Juda verlorenging und erst zZ der Hasmonäer zwangsweise rejudaisiert wurde. *Peu*

4) A. im NT meint vermutlich in erster Linie die römische Provinz A., das Grenzland gegen die arabische Wüste östl. von Palästina. Gal 4, 25 rechnet Paulus auch die Halbinsel des Sinai zu A. Die Araber am Pfingstfest Apg 2, 11 waren wohl Juden aus dem Reich der → Nabatäer. Als Paulus nach seiner Bekehrung aus Damaskus weichen mußte, ging er nach A. Gal 1, 17, wahrscheinlich in die als → Dekapolis zusammengeschlossenen Städte zwischen Damaskus und Amman, an deren Judenschaften er sich — wie in Damaskus — mit der Verkündigung von Christus wandte. Wie das staatsrechtliche Verhältnis zwischen Damaskus und dem Reich der Nabatäer 2Kor 11, 32 zu denken ist, ist fraglich; vielleicht war der Vertreter des Aretas das mit gewissen Vollmachten ausgestattete Haupt der Volksgruppe der Nabatäer. *Schl*

Aram → Syrien.

Aramäisch. Gehört zu den (nordwest-)semitischen Sprachen und war vielleicht die Sprache Israels vor der Landnahme. Die Aramäer drangen gegen Ende des 2. Jt. vChr ins Kulturland ein und bildeten Staaten in Syrien, die bald den Großreichen erlagen (vgl. Ahabs Kämpfe mit den Aramäern von Damaskus) → Syrien 2). A. wurde mit der Zeit die Sprache des Vorderen Orients (vgl. schon Jes. 36, 11), im Perserreich Amtssprache. In diesem „Reichsaramäisch" sind im AT verfaßt: 1Mose 31, 47; Jer 10, 11; Dan 2, 4 b-7, 28; Esra 4, 8-6, 18; 7, 11-26. Das A.e differenzierte sich in Dialekte: 1. Osta. (Syrisch, A. des babylonischen Talmuds, Mandäisch); 2. Westa. (Targumisch, Samaritanisch, galiläisches A., christlich-palästinisches A. usw.), das die Volkssprache der Juden zur Zeit Jesu war. Dialektisch bes. auffällig (nachlässige Aussprache der Kehllaute) war das A. von Galiläa (Mt 26, 73). Jesus lehrte in a.er Sprache, vgl. die im griech. Text stehen gebliebenen a.en Wörter (Mk 5, 41; 7, 34; 14, 36; 15, 34) und den Gebetsruf der Urgemeinde → „Maranatha" (= unser Herr, komm! 1Kor 16, 22). *Bie*

Ararat, assyrisch Urartu. *1)* Der Staat A., der mit wechselnder Ausdehnung das armenische Gebiet um Van- und Urmiasee, die oberen Tallandschaften des Euphrat und Araxes und das Quellgebiet des Tigris umfaßte und dessen Bewohner zu den Hurrivölkern gehörten, geriet im 8. Jh. in schwere Auseinandersetzungen mit den Assyrern und wurde von Sargon II. 714 gründlich geschlagen, stand andererseits im Abwehrkampf gegen die heranflutenden indogermanischen Kimmerer und Skythen. A. erlebte in der zweiten Hälfte des 7. Jh. eine neue Blütezeit, geriet aber später in persische Abhängigkeit. A. war mit seinen Kupferminen und Eisenbergwerken wichtiges Rohstoffgebiet. Vgl. 2Kö 19, 37; Jes 37, 38; Jer 51, 27.

2) An den Namen dieses Staates erinnern noch heute die Berge „Großer und Kleiner Ararat"; nach 1Mose 8, 4 lief dort Noahs Arche fest. *Peu*

Arawna. Name eines Jebusiters, von dem David eine Tenne kaufte 2Sam 24, 16 ff, die später von Salomo zum Platz für den Tempel bestimmt wurde 2Chr 3, 1. — 1Chr 21, 15 ff und 2Chr 3, 1 heißt A. Ornan. *Rü*

Arbe → Heuschrecke.

Arbeit. *1) Bibl. Arbeitsethos.* Der bibl. Grundriß des menschl. Lebens ist ein Leben der A., in das der Ruhetag als schützender Damm in verpflichtendem Rhythmus und Inhalt eingebaut ist, beides als einheitliche Ordnung Gottes verstanden; Gott selbst ist der A.geber 2Mose 20,9-11, in 1Mose 2,2 f mit Gottes eigenem Tun begründet. So ist es nach 1Mose 1,28 weltumspannende Segensordnung Gottes Jes 28,23-29. So soll der Mensch im Dienst seines Herrn mit seinen Gaben und Kräften verantwortlich umgehen Mt 25,14 ff. Jesu Jünger beruft er zur Arbeit in seinen Dienst Mt 9,37 f; 10,10, wie er selbst am Werk ist Jo 9,4. In seinen Gleichnissen sind der Bauer, der Hirte, der Fischer, der Weingärtner, der Kaufmann, die Frau am Backtrog, der Hausverwalter, der Knecht die Gestalten, an denen die Hausordnung Gottes veranschaulicht wird. Das wird in der HS selbst gegenüber der abgründigen Skepsis des Predigers, dem die Fragwürdigkeit jedes menschl. Werkes aufgegangen ist, in Pred 3,22 u. a. m. festgehalten. Dem Faulen wird in Spr 6,6-11 ein unerbittlicher Spiegel vorgehalten. Ps 104,23; 128,2 zeigt den Werktag des Menschen, wie ihn die HS sieht, in Spr 31,10 ff in satten Farben ausgemalt, im Gegensatz gegen das genießerische, die körperliche A. verachtende antike Herrenleben. So hat es Paulus in seiner Lebensführung 1Kor 4,12 u. a. m. und in seiner Verkündigung gegenüber schwärmerischer Verirrung in das Kernwort gefaßt: Wenn jemand nicht will arbeiten, der soll auch nicht essen 2Thess 3,6 ff. So allein kann mit dem ehrlich Erworbenen der eine dem anderen beispringen Eph 4,28.

2) Not und Versuchung menschl. A. Doch wird die A. als solche durchaus nicht idealisiert. „Mühe und A." sind Weggenossen Ps 90,10. Deshalb kann in einem tiefen Sinn Christi Leiden nach Jes 53,11 A. heißen, vgl. Jes 43,24. In 2Kor 11 ist des Apostels Lebenswerk A. und Leiden in einem. Vor allem aber steht des Menschen A. unter dem Vorzeichen seines gegen Gott rebellischen Lebens. Die Folgen sind in dem Strafwort 1Mose 3,17 ff für alle Zeiten unumstößlich umschrieben, vgl. 3Mose 26,20 ff. Unter den Händen des sündigen Menschen verliert die A. ihre ursprüngliche Würde und wird zum „bösen Werk" (Jo 3,19 und oft bei Jo), zur Sklaverei, ungesegnet, auch wenn sie noch so „erfolgreich" wäre. Hier haben die sozialen Ungerechtigkeiten ihre Wurzel. Das warnende Wort an Martha mit ihrer vielen Sorge und Mühe Lk 10,41 f und nahe dabei das Gleichnis vom Kornbauern Lk 12,16 ff unterstreichen den drohenden Ernst von Mt 6,33. Damit ist nirgends einer beschaulichen Frömmigkeit das Wort geredet, die in falsch verstandener Heiligkeit den nüchternen Anforderungen des Tages aus dem Wege geht. Nur daß der Dienstcharakter unseres Tuns und seine von Christus erworbene Freiheit nicht verlorengehen darf. Hier sind die großen Worte der Haustafeln an die Knechte Eph 6,5 ff; Kol 3, vor allem V. 23 und 17 maßgebend für alle A., die gesegnet bleiben soll. Nur so kann sich 1Kor 15,58 erfüllen, daß unsere A. nicht vergeblich ist in dem Herrn. „Daß sie ruhen von ihrer A." — in diesem Wort der Offb 14,13 klingt wohl alles noch einmal wieder, was die HS von der irdischen A. sagt. *He*

Archäologie → Ausgrabungen.

Arche (von lat. arca = Kasten, Lade, Sarg), das von Noah auf Gottes Geheiß erbaute Schiff zur Rettung aus der → Sintflut. Der Ausdruck „A." findet sich nur in NTlichen Stellen wie Mt 24,38. *Schw*

Archelaus. Sohn → Herodes' d. Gr. (Mt 2,22), der nach des Vaters Tod 4 vChr durch Verfügung des Augustus Judäa und Samaria mit dem Titel „Ethnarch" erhielt („König" bei Mt ist populärer Sprachgebrauch). Juden und Samaritaner beschwerten sich bei Augustus über seine Grausamkeit und Tyrannei, was 6 nChr zu seiner Absetzung, zur Verbannung nach Vienna (Gallien) und zum Einzug seines Vermögens führte. Sein Gebiet wurde bis 41 nChr von Rom direkt (durch Prokuratoren) verwaltet. *Bie*

Archippus, wahrscheinlich der Sohn des Philemon und der Appia Phm 2, hatte in der Gemeinde in Kolossä ein Amt übernommen, zu dessen treuer Erfüllung er gemahnt wird Kol 4,17. *Schl*

Archiv. An den Königshöfen bestanden A.e. So erzählt Esra 5,17-6,2, daß man in der Kanzlei im Schloß in Babel und in Achmetha die Urkunde suchte und fand, mit der → Cyrus den Neubau des Tempels in Jerusalem erlaubt hatte. Die Ausgrabung in Boghasköj brachte das hethitische Staatsarchiv mit über 20 000 Keilschrifttexten zutage; auch in El Amarna und Mari wurden A.e gefunden. *Schl*

Areopag (Hügel des Ares = des Mars) war zunächst der Name eines Hügels nordwestlich der Akropolis von Athen, dann auch der dort tagenden Behörde, die die Aufsicht über die Religion, die Schulen und die guten Sitten führte; vor sie wurde Paulus Apg 17,19 geführt, wohl damit sie prüfe, welcher Art seine Verkündigung sei. Zu der dort gehaltenen Rede → Apostelgeschichte. Nach 17,34 wurde Dionysius, einer der Ratsherren dieser Behörde, von Paulus gewonnen. *Schl*

Aretas. Name von Nabatäerkönigen (Nabatäer: arabisches Volk; Hauptstadt Petra 300 km südlich Amman). 2Makk 5,8 wird ein A. genannt. — A. IV. (9 vChr-40 nChr): Schwiegervater von → Herodes Antipas. Als dieser seine Frau verstieß (Mt 14,3 f), kam es mit A. zum Krieg, den Rom beendete. Von der Zeit Caligulas bis in die ersten Jahre Neros gehörte → Damaskus vielleicht zum Reich der Nabatäer, die es durch Ethnarchen regierten, vgl. 2Kor 11,32 f; Apg 9,24 f. → Arabien 4). *Bie*

Areus → Sparta.

Argob, der Israel nächstgelegene Teil des städtereichen Landes Basan nördlich der „Zeltdörfer Jairs" und Gileads am oberen Jarmuk 5Mose 3,3 f. Zur Zeit Salomos ist A. mit Basan einer der 3 ostjordanischen Steuerbezirke und wird von Ramoth (tell ramit) aus regiert 1Kö 4,13. *Da*

Ariel. *1)* als Eigenname Esra 8,16, als Name von Helden („Gotteslöwen") 2Sam 23,20; — *2)* der Opferherd des Altars Hes 43,15 f (Luther: Harel und Ariel); darum — *3)* Bezeichnung für Jerusalem als „Gottesherd" Jes 29, 1 f.7. *Schl*

Arimathia, Heimat des Joseph von A. Mt 27, 57 par. Wahrscheinlich gleich → Rama, der Heimat Samuels 1Sam 1,1; jetzt Rentis, östlich von Jaffa am Fuß des Hügellands. *Me*

Aristarchus, ein Mazedonier aus Thessalonich Apg 27, 2, Mitarbeiter des Paulus in Ephesus und für ihn in Gefahr 19,29, sein Begleiter auf der Fahrt nach Jerusalem 20,4 und nach Rom 27,2, der — wohl freiwillig — die Haft mit ihm teilte Kol 4,10; Phm 24. *Schl*

Aristeasbrief. Die Erzählung (kein „Brief"!), angeblich verfaßt von einem Hofbeamten des ägyptischen Königs Ptolemaios II. Philadelphos (284-247 vChr), will berichten, wie es zur Übersetzung der 5 Bücher Mose (Pentateuch, Gesetz) durch die 70 kam (→ Septuaginta): der König habe vom Hohenpriester Eleazar von Jerusalem 72 Gelehrte kommen lassen, die in 72 Tagen die Arbeit vollendeten. In diesen Bericht eingefügt sind Beschreibungen der Geschenke, die an Eleazar gingen, und des Tempels von Jerusalem, Gespräche mit dem König usw. Der A. muß gegen Ende des 2. Jh. vChr geschrieben worden sein. Sein Ziel ist die Verherrlichung des Judentums, vor allem der LXX-Übersetzung des Pentateuchs, deren Vortrefflichkeit gegenüber schon vorhandenen älteren Übersetzungen hervorgehoben werden soll. *Bie*

Arjoch. *1)* König von Ellasar, 1Mose 14,1.9, geschichtlich bis jetzt noch nicht sicher identifiziert; vielleicht Eri-aku (sumerisch) = Warad-Sin, König von Larsa (1770-1759), eine Generation vor Hammurabi oder eher Arriwuk, Sohn des Zimrilim von Mari, Zeitgenosse des Hammurabi; dann kann Ellasar nicht Larsa bedeuten.

2) Nach Dan 2,14 ff ein hoher Offizier Nebukadnezars. *Peu*

Armring. Armgeschmeide, für das die hebr. Sprache drei Worte kennt, wurde auch von Männern getragen 4Mose 31,40; 2Sam 1,10 (Saul); Sir 21,23; doch gewiß mehr von Frauen 1Mose 24,22.30.47 (Rebekka); Hes 16,11; 23,42; Jes 3,19. A.e, meist wohl zusammengebogene Spangen, konnten aus Gold, Silber und Bronze gefertigt sein und wurden bei Ausgrabungen mehrfach gefunden. *Schl*

Armut, arm. „Das Wort ‚arm' hat in der Bibel einen religiösen Klang; der Arme ist das Kind Gottes und der Mitmensch im eigentlichsten Sinne, der Mitmensch, an dem keiner vorüberschreiten darf" (L. Baeck). — *a)* Die Mosebücher suchen durch weise Gesetzgebung der Verarmung entgegenzutreten 5Mose 15,4. Sie sichern den Grundbesitz durch die Einrichtung des → Halljahrs. Die Vorschriften über den Feldertrag im → Sabbatjahr, über Schuld- und Pfandwesen, so das Verbot des Zinsnehmens (→ Wucher) und der Schulderlaß im Sabbatjahr, sowie Armenzehnten (→ Zehnten) suchten der A. zu wehren 5Mose 16,11; 23,25 f; 24,19-21, wurden aber nicht ernstlich verwirklicht, vgl. die Mahnungen zu Gerechtigkeit und Wohltätigkeit 2Mose 22,21 ff; 5Mose 15,4.7 ff. — *b)* Durch die wirtschaftliche Entwicklung während der Königszeit vertieft sich die Kluft zwischen reich und arm so sehr, daß der Kampf gegen die Unterdrückung der A. durch die Reichen ein Hauptthema prophetischer Predigt wird Am 8,4 ff; Mich 2,2; Jes 10,2; Jer 5,28; Hes 22,29. — *c)* In vielen Psalmen sind die A.en und Bedrückten die Frommen, die Reichen die Gottlosen Ps 22,25; 72,12 ff; 73,12; Jes 53,9. — *d)* In der Zeit zwischen AT und NT wird der soziale Gegensatz noch national und religiös verschärft. In der Makkabäerzeit halten die reichen Priester zu den Griechen, wie später die Sadduzäer zu den Römern, während das Volk des Landes am Gesetz festhält. Das einzige Mittel gegen die Verarmung war das → Almosengeben. Da es unwirksam ist, gab es viele Bettler an den Straßen Mk 10,46; Lk 14,21 ff; Jo 9,8, vor den Türen der Reichen Lk 16,20, am Tor des Tempels Apg 3,2. Jesus selbst erwählte die Armut 2Kor 8,9. Diese Lage stellte der jungen Christengemeinde schwere Aufgaben, die die Bruderliebe löste. Sie organisierte die freiwillige → Gütergemeinschaft in Jerusalem (→ auch Essener), das Amt der → Diakonen Apg 6, die Kollekte des Paulus für Jerusalem 1Kor 16,1 ff; 2Kor 8,9; Gal 2,10. *Pfei*

Arnon. Name des Grenzflusses zw. Moab und den Amoritern 4Mose 21,13, bzw. Israeliten 5Mose 2,24.36, heute sēl el-mōdschib, der in tief eingeschnittenem Tal von Osten in das Tote Meer strömt. *Rü*

Aroër. Name dreier Städte, *1)* am Nordufer des → Arnon, ursprünglich moabitisch 5Mose 2,36, dann Ruben gegeben 5Mose 3,12; Jos 13,9.16, unter → Mescha moabitisch, zZ Jehus syrisch 2Kö 10,33, später wieder moabitisch Jer 48,19, heute chirbet ʿarāʿir, — *2)* in Gad, östlich von Rabba, Jos 13,25; Ri 11,33, unbekannt, — *3)* in Juda 1Sam 30,28; Jos 15,22 (statt Adada), heute ʿarʿara, südöstlich von Beerseba. *Rü*

Arpachschad (hebr. Arpakschad) 1Mose 10,22; 1Chr 1,17 der dritte Sohn Sems. Nach Josephus sollen mit A. die Chaldäer (vgl. die Konsonanten ksd = kasdim = Chaldäer) gemeint sein.

Nach dem gegenwärtigen Stand der Forschung dürfte es sich um die Gegend des alten Arrapha (heutiges Kerkuk) am Zagrosgebirge oder die Landschaft zw. Urmia- und Vansee (vgl. Fluß Albak-su) handeln. *Peu*

Arpad (Jes 10,9; 2Kö 18,34; 19,13; Jes 36,19; 37,13; Jer 49,23, stets mit Hamath zusammen genannt): aramäischer Stadtstaat im Norden Syriens, 25 km nördlich von Aleppo, keilinschriftlich Arpadda, jetzt tell erfad. 740 von Tiglat-Pileser erobert und als Provinz zu Assyrien geschlagen, beteiligte es sich 720 mit Hamath, Samaria und Damaskus an dem letzten, vergeblichen Aufstand gegen Sargon. *Da*

Artaxerxes → Arthahsastha.

Artemis, mit dem lat. Namen Diana, eine in der hellenistischen Welt sehr verehrte Göttin; doch war ihr Kult vielfach mit orientalischen

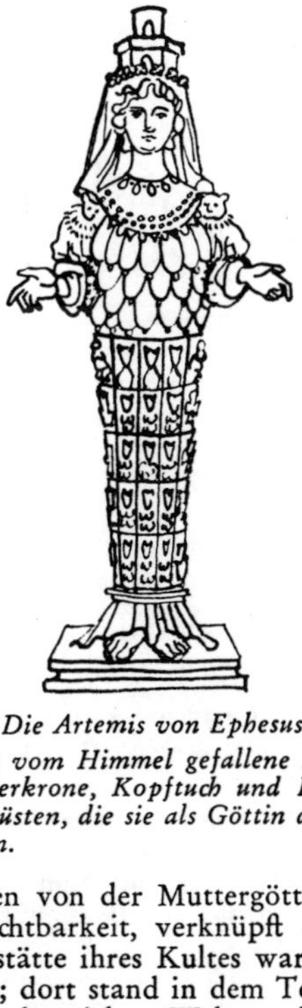

Die Artemis von Ephesus

Das angeblich vom Himmel gefallene Bild der Göttin, mit Mauerkrone, Kopftuch und Halskette und den vielen Brüsten, die sie als Göttin der Fruchtbarkeit darstellen.

Vorstellungen von der Muttergöttin, der Göttin der Fruchtbarkeit, verknüpft (→ Astarte). Eine Hauptstätte ihres Kultes war → Ephesus Apg 19,23 ff; dort stand in dem Tempel 19,27, der als eins der sieben Weltwunder galt, das angeblich vom Himmel gefallene Bild der Göttin 19,35, das sie mit vielen Brüsten darstellte. → Demetrius 3). *Schl*

Arthahsastha (hebr. Arthachschastha) ist der Perserkönig Artaxerxes I. (465-425), nach dessen Regierungsantritt das für die Getreideversorgung des Reiches wichtige Ägypten abfiel; es konnte erst 456 zurückerobert werden. Nach 449 empörte sich der Eroberer Ägyptens, der syr. Satrap Megabyzos, der sich aber nach Vermittlung durch die Königinmutter wieder mit A. versöhnte. Um den Weg nach Ägypten freizuhalten und in Palästina Freunde zu haben, ließ A. die Neugründung der jüd. Gemeinde vornehmen und sandte er → Esra (7,1 ff) um 458 und von 445-432 Nehemia (2,1 ff; 5,14; 13,6) nach Jerusalem. Einige Forscher lehnen die zeitliche Voranstellung des Esra vor Nehemia ab. Entweder sei die Zahl „7" in Esra 7,7 verschrieben und trat Esra frühestens im Jahre 433 auf, oder unter A. in Esra 7,7 sei Artaxerxes II. (404-359/58) zu verstehen, so daß Esras Wirksamkeit in das Jahr 398 fällt. Das Auftreten des Nehemia unter A. I. ist durch die Papyri von Elephantine gesichert. *Peu*

Arwad, schon im 14. Jh. vChr eine mächtige Handelsstadt nördl. von Tyrus, auf einer Insel 3 km vor der phönizischen Küste. Die Völkertafel 1Mose 10,18 zählt die Bewohner zu den Kanaanitern. Nach Hes 27,8.11 dienten Arwaditer auf den Schiffen und im Heer von Tyrus. Bei den Griechen hieß A. Arados, heute er ruad. *Schl*

Arzt, Arzneikunst. Als den A., der heilen kann, kennt das AT den Herrn 2Mose 15,26; 2Kö 20,8; Sir 38,9, wie er es auch ist, der → Krankheiten sendet. So wird auch die Aufgabe, den Aussatz festzustellen, den Priestern zugewiesen 3Mose 13 f; so hätte König Asa von Juda in seiner Krankheit den Herrn suchen sollen 2Chr 16,12. Aber das AT weiß auch vom A., zunächst in Ägypten 1Mose 50,2, dann auch in Juda 2Chr 16,12; Jes 3,7; Jer 8,22. Es weiß von natürlichen Heilmitteln 2Kö 20,7 und gibt Sir 38 ein beredtes Lob des A.es. Daß die Ä.e auch Honorare genommen haben, zeigt 2Mose 21,19. Die wichtigste Aufgabe des A.es war Wundbehandlung Jes 1,5 f. Er verbindet das verletzte Glied und behandelt es mit Öl (vgl. Lk 10,34: und Wein); ähnlich heilt er Knochenbrüche, vgl. Hes 30,21. Die innere Beschaffenheit des Körpers war weitgehend unbekannt. Ein Sonnenstich kann unter Kopfschmerzen zum Tode führen 2Kö 4,19 f; Ps 121,6; ebenso Brandwunden Jes 50,11 und Verletzungen durch ein Gerät 5Mose 19,5 oder Waffen Ri 3,21 f. Blätter von Heilpflanzen Hes 47,12, Salben 1Sam 8,13; Jer 8,22; 46,11 (Balsam), Feigenpflaster Jes 38,21 = 2Kö 20,7, Honig Spr 16,24 und Liebesäpfel gegen Unfruchtbarkeit 1Mose 30,14 werden als Heilmittel genannt. Heilquellen und Bäder waren nicht unbekannt 2Kö 5,12; Jo 5,2. Augenbehandlung mit Fischgalle nennt Tob 6,10. Die Ä.e Ägyptens verstanden sich auf die Einbalsamierung von Toten 1Mose 50,2. — Im NT hatte die Frau von Mk 5,26 par. alles an die Ä.e gewendet. Dem steht Jesus mit seinen Wunderheilungen gegenüber. Paulus nennt Kol 4,14 Lukas den „geliebten A.". Timotheus sollte um seines Magens willen ein wenig Wein trinken 1Tim 5,23. Zu den Gaben des Hl. Geistes gehörte auch die Gabe, gesund zu machen 1Kor 12,9. *Pfei*

Asa, Sohn des Abia, König von Juda (908/07 bis 872/71; 1Kö 15, 9-24), reinigte den Gottesdienst von kanaanäischen Bestandteilen und nahm aus gleichen Erwägungen seiner Mutter die Stellung der „Königin-Mutter". Als Baësa von Israel gegen Jerusalem die Festung Rama baute, erreichte A. durch ein Bündnis mit dem aramäischen König Benhadad, das er erkaufte, den Abzug der Israeliten. Mit dem zurückgelassenen Baumaterial befestigte er Geba und Mizpa und legte damit die isr.-judäische Grenze endgültig fest. *Peu*

Asahel, Bruder Joabs, fiel in dem leichtsinnig herausgeforderten Zweikampf mit Abner 2Sam 2, 18 ff, wodurch sich Joab zur Vollstreckung der Blutrache an Abner berechtigt sah 2Sam 3, 27 ff. *Peu*

Asaph, nach der Überlieferung der Chr-Bücher unter David der Leiter der Tempelmusik 1Chr 16, 5, aus levitischem Geschlecht 1Chr 6, 24 ff. Vier Söhne werden 1Chr 25, 2 unter den Vorstehern der 24 Sängerklassen genannt. Die Sängerfamilie gehörte zu den Heimkehrern aus dem Exil Esra 2, 41; Neh 7, 44. Dem A. sind die Psalmen 50 und 73-83 zugeschrieben, in denen der Gottesname Elohim (statt Jahwe) bevorzugt wird. 2Chr 29, 30 nennt A. einen Seher; 2Chr 20, 14 schildert seinen Nachkommen → Jahasiel als Propheten. *Schw*

Asar-Haddon, Sohn → Sanheribs 2Kö 19, 37 = Jes 37, 38, besiegte als König von Assyrien (680-669) seine aufständischen Brüder und baute das von seinem Vater zerstörte Babel völlig wieder auf. Nach dem vergeblichen Vorstoß i. J. 673 besiegte A. den Äthiopenkönig Tirhaka in Ägypten, dessen Sohn Usanahuru er, allerdings nur im Bilde, zusammen mit dem König Abdimilkutti (?) von Sidon an einer Leine hält. Memphis fiel, Ägypten wurde von 22 Gaufürsten unter Kontrolle je eines assyrischen Beauftragten regiert. Vielleicht hat → Manasse von Juda einen Aufstand gegen A. versucht 2Chr 33, 11. Nach Esra 4, 2 stellte A. (4, 10 Osnappar genannt) Kolonisten in Samarien an. Der indogermanischen Kimmerier, Skythen und Meder konnte er sich gerade noch erwehren. A. starb auf einem weiteren Ägyptenzug. *Peu*

Asarja → Usia.

Asarja, Gebet des A. Ein apokrypher Zusatz zu Dan 3, das Gebet des A. (= Abed-Nego) im glühenden Ofen mit bußfertiger Anerkennung von Gottes gerechtem Gericht und der Bitte um Errettung, die dann wunderbar gewährt wird. Daran schließt sich als weiterer Zusatz zu Dan „der Gesang der drei Männer im Feuerofen", ein Aufruf an die ganze Schöpfung zum Lob Gottes. *Schl*

Asasel → Versöhnungstag.

Asar-Haddon

Das in Sendschirli gefundene Siegesdenkmal (jetzt in Berlin), 3,22 m hoch, 1,35 m breit, zeigt die Riesengestalt des Königs (mit starkem, kunstvoll gepflegtem Haar und Bart) und vor ihm, an Stricken gehalten, die an einem Ring durch die Lippen gezogen sind (Jes 37, 29), zwei besiegte Könige, den knienden Usanahuru, Sohn des Tirhaka von Äthiopien, und wohl Abdimilkutti von Sidon. Unter den Göttersymbolen vor dem Kopf des Königs u. a. das Bild des Gottes Hadad auf seinem Stier, die Mondsichel, die Flügelsonne und der Ischtar-Stern.

Asche. Ein Bild des Nichtigen und Vergänglichen 1Mose 18, 27; Hiob 13, 12; Klgl 3, 16; darum im Trauerbrauch und zum Ausdruck der Buße: man streut sich A. aufs Haupt 2Sam 13, 19; Jes 61, 3, setzt sich in A. Hiob 2, 8; Jon 3, 6, wälzt sich in A. Hes 27, 30 (→ Staub). A. wurde zum Reinigungswasser verwendet 4Mose 19, 9; Hebr 9, 13. *Schl*

Aschera bedeutet an einigen Stellen eine Gottheit, an anderen einen kultischen Gegenstand.

1) Eine *Gottheit* ist A., wenn A. neben Baal erscheint Ri 3, 7 oder wenn von Propheten, von einem Bild, von Geräten der A. die Rede ist 1Kö 18, 19; 2Kö 21, 7; 23, 4. Die Göttin A. ist mit → Astarte verwandt, aber nicht mit ihr zu verwechseln, weil sprachlich von ihr verschieden. Durch babylonische Inschriften und die von

Taanach und Amarna wurde A. unter den Formen Aschratu(m), Aschirtu, Aschirat als besondere Göttin erwiesen. Sie ist vielleicht das weibliche Gegenstück zu einem Gott Ascher; in babylonischen Gebeten wird sie als Gemahlin des Gottes Amurru und als Herrin des Gefildes angerufen. Ursprünglich wohl eine Baumgöttin, wurde sie bald allgemeiner als Fruchtbarkeitsgöttin verehrt und konnte sich so mit Astarte vermischen, wie ihr Kult auch auf Zypern neben dem der griechischen Artemis erscheint.

2) Sinnbild der Baumgöttin A. war der hl. Baum oder ein *hölzerner Pfahl* neben dem Altar, ein Ersatz für den hl. Baum. Er gehört neben der Steinsäule (→ Massebe) zum ständigen Zubehör der kanaanäischen Kultstätten. Die Israeliten übernahmen häufig diese kultischen Sinnbilder; das deuteronomische Gesetz gebietet strengstens ihre Vernichtung 5Mose 7,5 u. a. m. → Artemis. *Ste*

Aschima, Eigenname einer Gottheit von → Hamath, die nach 722 vChr auch in Samaria durch die Umsiedler aus Hamath verehrt wurde 2Kö 17,30. In Syrien bezeugt ist eine Göttin Sima. *Da*

Aschkenas 1Mose 10,3 = 1Chr 1,6 als Nachkomme Japhets genannt, vermutlich ein kleinasiatisches Volk am „askanischen See" (Phrygien), vielleicht armenischer Herkunft, daher Jer 51,27 zusammen mit Ararat und Minni genannt. Heute bezeichnet „Aschkenasim" die deutschsprechenden Juden im Unterschied von den spanischen, weil A. spätjüd. Name für Deutschland war. *Schw*

Aschtaroth ist Name einer Ortschaft (der Göttin Asthoreth → Astarte) im Hauran (Ostjordanland), einst Residenz des Königs Og von Basan 5Mose 1,4; Jos 9,10; zum Stamm Manasse geschlagen Jos 13,31. Tiglat-Pileser III. läßt ihre Eroberung (733 vChr) darstellen. A. ist wahrscheinlich identisch mit dem tell ʿaschtara, 4 km südlich von Karnajim (= schēch saʿd), daher A.-Karnajim 1Mose 14,5 = „A. bei Karnajim", zur Unterscheidung von anderen Orten A. *Bo*

Asdod, stark befestigter Stadtstaat der → Philister an der Küstenstraße von Syrien nach Ägypten, aus dem 12. Jh., mit einem Tempel des → Dagon. Jos 15,46 (vgl. 11,22) wird A. zwar zu Judas Gebiet gerechnet; doch konnten die Philister die eroberte Bundeslade Israels dorthin bringen 1Sam 5; erst Usia gelang es, A. vorübergehend zu besetzen 2Chr 26,6 (vgl. aber Am 1,8). Nicht viel später wird A. von Tiglat-Pileser III. erobert, 711 nach dreijährigem Aufstand durch Sargon zerstört Jes 20,1 und als Asdudu neu erbaut. Jeremia spricht 25,20 vom „Überrest" A.s, weil Pharao Psammetich I. es 620 nach vieljähriger Belagerung bezwungen hat (vgl. Zeph 2,4). In nachexilischer Zeit zählte A. zu Nehemias Gegnern (4,1, vgl. 13,23 f), und Sach 9,6 sagte ihm (um 332!) das Gericht an. Judas, Jonathan und Johannes Hyrkanus zerstörten A. (= Asotus) 1Makk 5,68; 10,84; 16,10. Das von den Römern erneuerte und später Herodes zugesprochene A. besuchte Philippus Apg 8,40. Heute esdud, ein Dorf 25 km südlich von Tel Aviv. *Da*

Aseka, tell zakarije, eine Ortsanlage 27 km nordwestlich von Hebron, wurde unter Rehabeam als Festung ausgebaut 2Chr 11,9, sicherte den Zugang aus der Philisterebene nach Juda, hielt sich mit Jerusalem und Lachisch am längsten gegen → Nebukadnezar Jer 34,7, fiel aber nach den in Lachisch gefundenen Ostraka noch vor dieser Festung; in nachexilischer Zeit bewohnt Neh 11,30. *Peu*

Asien meint in der Bibel nirgends den Weltteil A., sondern *1)* in den *Makk-Büchern* das *Reich der Seleuziden,* das anfänglich Kleinasien und Vorderasien umfaßte und A. genannt wurde, auch nachdem Antiochus III. Kleinasien an die Römer verlor, 1Makk 8,6; 11,13; 12,39 u. a. m.;

2) im NT meist die *römische Provinz A.,* die 133 vChr gebildet wurde, das Reich des letzten Königs von Pergamon, die Landschaften an der Westküste Kleinasiens (Mysien, Lydien, Karien) und Phrygien umfaßte und von Prokonsuln verwaltet wurde, Röm 16,5; 1Kor 16,19; 1Petr 1,1; Offb 1,4;

3) in der Apg — mindestens an einzelnen Stellen, 2,9; 16,6 — die *Westküste Kleinasiens* ohne Phrygien.

Die „Obersten in der Landschaft Asien" *(Asiarchen)* Apg 19,31 waren wohl die jährlich wechselnden Vorsitzenden des Landtags der Provinz A., die die Feste des Kaiserkults zu leiten und Spiele zu veranstalten hatten (nach anderen die Abgeordneten des Landtags, der in Ephesus zusammentrat). *Schl*

Askalon, alte wichtige Küstenstadt in Philistäa, wird schon um 1800 vChr in Ächtungstexten Thutmoses III. genannt und blieb unter ägyptischem Einfluß bis auf Ramses III. A. gehörte zu den 5 Philisterstädten, mit denen Israel schon in der Frühzeit Kämpfe zu bestehen hatte Jos 13,3; Ri 1,18; 1Sam 6,17, ohne sie erobern zu können. Später erwähnt Tiglat-Pileser III. A. neben Ahas von Juda als tributpflichtig. → Sanherib eroberte A. 701 und führte den Stadtfürsten weg (vgl. Am 1,8). Zephanja (2,4 ff) und Jeremia (25,20; 47) predigten wider A. In persischer Zeit war A. von Tyrus abhängig (vgl. Sach 9,3 ff, um 332!). Die Makkabäer berührten mehrmals A.s Gebiet 1Makk 10,86; 11,60. Herodes baute A., seine Heimatstadt, aus. Heute ein großes Ruinenfeld bei chirbet askalan. *Da*

Askese bezeichnet im Griechischen die Übungen der Athleten vor dem Kampf im Stadion. Paulus erinnert an sie 1Kor 9,24-27, meint aber, wenn er dort von Enthaltsamkeit und Kasteiung spricht, nicht so sehr eine Regel für alle, sondern hat seinen Dienst als Apostel im Auge; dies „war auch dem Rabbinat nicht fremd" (Schlatter). 1Kor 7,27-35 zeigt, daß Paulus für seine Person in bezug auf geschlechtliche Enthaltung fast asketisch denkt und darin mit Therapeuten und Essenern verwandt ist. Man muß im Blick auf die Funde am Toten Meer fragen, ob wir nicht vielleicht hinter einem Orden wie den Rechabitern und hinter einer Gestalt wie Johannes dem Täufer Bewegungen und Genossenschaften mit asketischem Zug zu suchen haben (Jer 35; Mt 3,4; 4,1), die wohl das Gebet bes. pflegten und darum auch die Enthaltsamkeit. *Luck*

Asenath, Tochter des ägyptischen Priesters Potiphera, Frau des Joseph 1Mose 41,45, Mutter von Manasse und Ephraim 1Mose 41,50 ff; 46,20. → Joseph und Aseneth. *Peu*

Asphalt → Erdharz.

Asser, Jakobs Sohn von Leas Magd Silpa 1Mose 30,12 f, Halbblutstamm aus kanaanäischer Mischung, schon im 14. Jh. in ägyptischen Ortslisten bezeugt. Sein Jos 19,24-30 umschriebenes Gebiet im westgaliläischen Küstenland war sehr fruchtbar 1Mose 49,20; 5Mose 33,24, reich an Buchten Ri 5,17. Die festen Städte Akko, Sidon, Tyrus wurden niemals erobert. Für Gesamt-Israel hat A. nur geringe Bedeutung gehabt, wohl wegen seiner gemischten Bevölkerung, Ri 1,31; 7,23; 1Kö 4,16. *Schw*

Assos, Stadt der Provinz Asia südl. von Troas, heute behramköj; auf der letzten Reise nach Jerusalem wanderte Paulus zu Fuß von Troas nach A., um dort das Schiff zu besteigen Apg 20,13 f. *Schl*

Assur, Assyrien, Assyrer, assyrisch.
1) Das altassyrische Reich. 2) Das mittelassyrische Reich. 3) Das neuassyrische Reich. 4) Assyrische Art. 5) Israel und Assur.

1) Assur ist der Name des am oberen Tigris und Großen Zab gelegenen Landes, der Hauptstadt und des Hauptgottes. Diese zuerst Subartu genannte und seit frühgeschichtlicher Zeit von Semiten bewohnte Landschaft stand zunächst in politischer und kultureller Abhängigkeit von → Sumer; schließlich war A. Provinz des akkadischen Großreichs Sargons d. Gr. (um 2350). Um 1900 mit Beginn des sog. *altassyrischen Reiches* reicht dessen wirtschaftlicher Einfluß bis nach Kleinasien, wo in Kültepe das Archiv (mit über 3000 Keilschrifttafeln) einer altassyrischen Handelsniederlassung gefunden wurde, deren Bestehen dann durch den Hethitereinfall ihr Ende fand. Einer der damaligen Könige trägt den vielsagenden Namen Sargon I., der akkadische Weltreichspläne verkörpert. Den Höhepunkt seiner Macht und Ausdehnung erreichte Altassur unter dem Westsemiten Schamschi-Adad I. (1749-1717); doch wurde nach seinem Tode das ganze Land zur babylonischen Provinz unter → Hammurabi. Seit 1530, dem Ende der Hammurabizeit, wird A. von der hurritischen Völkerwelle überflutet, die westlich von A. im Mitannireich zur Groß-Staatenbildung gelangt und A. selbst von sich abhängig macht.

2) Erst Sieg und Herrschaft der Hethiter über die Mitanni ermöglicht das Aufkommen des *mittelassyrischen Reiches,* das unter Assuruballit I. im 14. Jh. wieder selbständig wird. Schon um 1300 hören wir von einem ersten Zusammenstoß mit den Aramäern (Achlame), mit denen A. im wechselvollen Kriegsglück während eines Jt. kämpfte, die bis zur spätbabylonischen Zeit nicht zur Groß-Staatenbildung gelangen und doch sprachlich und wirtschaftlich Vorderasien erobern sollten. Adadnirari I. (1305-1274) stößt bis Karkemisch am Euphrat, Salmanassar I. (1273-1244) bis in das armenische Urartu vor und wird Nachbar des Hethiterreiches. Tukultininurtas I. (1243-1204) Herrschaft reicht bis zur Insel Bahrein und den Randgebieten des Persischen Golfes. Er führt den König von Babel und die Statue des dortigen Hauptgottes Marduk fort, läßt die Mauern dieser Stadt schleifen und setzt einen a. Statthalter ein. Er rühmt sich, 28 000 Hethiter umgesiedelt zu haben. Tiglat-Pileser I. (1112-1074) überschreitet 28mal den Euphrat zum Kampfe gegen die das Land überflutenden Aramäer und erreicht das Mittelmeer. Babel aber hat er seinem Reiche nicht einverleibt. Die Söhne dieses Königs können die Herrschaft nicht mehr behaupten. Nur Assur und Babel ragen aus der Flut des Aramäertums hervor. Um 1050 bestieg sogar ein Aramäer den Thron Babels.

3) Im *neuassyrischen Reich* sind alle Eroberungspläne der Vergangenheit wieder aufgegriffen, ja sogar übertroffen worden. Jahr für Jahr zogen die Könige aus, die Idee der Weltherrschaft ihres Gottes A. zu verwirklichen. Ihr Kernland machen sie zu einem festen Beamtenstaat, umgeben von einem größeren Umkreis von Provinzen mit einem städtischen Mittelpunkt. Wo Könige sich unterwerfen oder deren Unterwerfung militärisch sich nicht oder noch nicht völlig schaffen läßt, entstehen Vasallenstaaten. Wer sich gegen A. erhebt, frevelt am Gotte A. und hat furchtbare Qualen zu erwarten. Die Verpflanzung ganzer Völkerschaften wird Prinzip. Jeder sollte sich nur noch als Untertan des a. Staates wissen. Erreichte die Macht A.s einen Höhepunkt, so waren die Straßen Vorderasiens für Handel und Wandel frei. Kam es aber zu Thronwirren am Tigris, dann erwachte spontan der Freiheitswille der Völker, die den verhaßten Zwingherrn abschütteln wollten. Für 300 Jahre sollten die Völker Vorderasiens, soweit sie nicht zugrunde gingen, in den dauernden Rhythmus von Unterwerfung und Erhebung eingespannt sein. Israel als Staat fand dabei sein Ende; Juda überlebte den Zwingherrn um wenige Jahrzehnte.

Adadnirari II. (909-889) kann einen Teil des Aramäertums zu Boden werfen, erweist aber der

Jehu vor Salmanassar

Auf dem schwarzen, etwa 2 m hohen Obelisken Salmanassars III. (859-824 vChr), der in seinem Palast in Kalah gefunden wurde (heute im Britischen Museum in London), sind in mehreren Bildfolgen übereinander die Taten und Erfolge des Königs dargestellt. Hier liegt „Jehu, der Sohn Omris", der König von Israel, bekleidet mit einer Zipfelmütze, vor dem Großkönig auf dem Boden, um ihm seinen Tribut anzubieten, während Salmanassar ein Trankopfer darbringt. In der Mitte oben die geflügelte Sonne und der Stern der Ischtar; rechts und links Diener mit Wedel, Zepter und Sonnenschirm.

Metropole Babel unter Hintansetzung eigener Vorteile Hochachtung. Er nennt sich „König der vier Weltteile" und „König der Gesamtheit". Assurnasirpal II. (883-859) geht gegen das Aramäertum zw. Euphrat und Tigris so grausam vor, daß von nun an in diesem Raum kein nennenswerter Aufstand mehr möglich war. Es blieb nur noch eine Frage der Zeit, bis auch das südliche Syrien und Palästina mit Israel und Juda die Faust A.s zu spüren bekamen. Assurnasirpal gründete eine neue Residenz Kalach-Nimrud, die er als a. Babylon errichtet. Bei der Palasteinweihung wurden 5000 Ehrengäste und 65 000 Werkleute und Palastbeamte gespeist. Unter → *Salmanassar III.* (858-824) wurde die Festung Salmanassarburg am Ostufer des Euphrat als Sprungbrett nach Kilikien und Syrien gegründet. In Syrien kam es 853 zur Schlacht bei Karkar gegen eine Koalition von 12 Fürsten, an der Ahab von Israel mit einem großen Aufgebot von Streitwagen führend beteiligt war. Tatsächlich wurde der A. am weiteren Vordringen nach Südwesten gehindert. Zwei weitere a. Vorstöße 848 und 845 führten nicht weiter; erst nach dem Dynastiewechsel in Israel und Damaskus (Jehu und Hasael) konnte der A. bis Damaskus vordringen, mußte sich aber mit dem Niederschlagen der Bäume und der Zerstörung der Gärten jener Stadt begnügen, sie selbst konnte er nicht erobern. Auf seinem Marsch zum Mittelmeer ließ Salmanassar am Nahr el Kelb sein Bildnis aus dem Felsen hauen und erhielt von Jehu von Israel Tributgeschenke. Auf dem in Nimrud gefundenen schwarzen Obelisken wird uns über diese Ereignisse berichtet. Für 80 Jahre hat Syrien und Palästina noch einmal Ruhe vor A., das mit den indogermanischen Medern in der Gegend des Urmiasees und dem starken armenischen Urartu beschäftigt ist. Lediglich Adadnirari III. unternimmt 804 einen Beutezug nach Syrien-Palästina, wobei Israel (bezeichnet als Omriland) und Mari von Damaskus mit anderen Tributären zusammen genannt werden.

763, im Jahr der im Orient gefürchteten Sonnenfinsternis, kam es in A. zu einem Aufstand, dessen Niederschlagung 5 Jahre dauerte. → *Tiglat-Pileser III.* (745-727) kann alles Verlorene wieder erobern und Neues hinzugewinnen. Er wurde König von Babylon mit dem Thronnamen Pulu (Phul 2Kö 15, 19). Den König Sardur II. von Urartu konnte er in dessen eigenem Land entscheidend schlagen; Sardur konnte nur seine Hauptstadt Tuschpa am Vansee erfolgreich verteidigen. Schließlich gerieten sämtliche Fürstentümer Syriens in Abhängigkeit. Nach a. Texten war die Seele des Widerstandes in diesen Gebieten ein Azriau von J-a-u-da-a-a, mit dem sicherlich Asarja von Juda gemeint ist. Da er aber nicht weiter genannt wird, scheint er sich, der ja aussätzig war, vom Kampfe zurückgezogen zu haben. Ra-hi-a-nu (Rezin) von Damaskus und Menahem von Israel zahlen Tribut (2Kö 15, 19 f). Dann bemühen sich Rezin und Pekach von Israel vergeblich, Juda in eine antiassyrische Koalition zu ziehen. Während des syrisch-ephraimitischen Krieges ruft Ahas von Juda Tiglat-Pileser gegen hohe Tributzahlung mit Erfolg zu Hilfe 2Kö 16, 7 ff. Von Israel bleibt nur noch das Gebiet von Samaria unter dem König Hosea als Vasallenstaat erhalten; die nördlichen und östlichen Gebiete werden a. Provinzen. 732 fällt Damaskus; dort muß Ahas seinem von ihm herbeigerufenen Herrn huldigen.

Gegen Salmanassar V. (726-722) erhob sich Hosea von Israel und wurde in Samaria belagert; die Eroberung Samarias war das Werk Sargons II. (721-705). 27 000 Israeliten wanderten ins Exil, und die Stadt mit dem mittelpalästinischen Gebirge wurde a. Provinz. 717 fiel der letzte Hethiterstaat. → *Sanherib* (704-681) baut Ninive aus, das er mit einer 25 m hohen Doppelmauer und 15 Toren ausstattet. In einem Kriegszug gegen Palästina, wo sich Hiskia von Juda erhoben hatte, mußte Sanherib die Belagerung Jerusalems nach reicher Tributzahlung des judäischen Königs abbrechen, da wahrscheinlich eine der öfters in A. wütenden Seuchen das Heer kampfunfähig machte (701) (vgl. 2Kö 19,35). Da Sanheribs Sohn als König von Babel ermordet wurde, vollzog A. ein furchtbares Strafgericht an dieser Stadt, die völlig zerstört und von Wasser überflutet wurde. → Asar-Haddon (680-669), der Babel wieder aufbaut, wird im Norden von den indogermanischen Kimmeriern und den hinter diesen nachrückenden

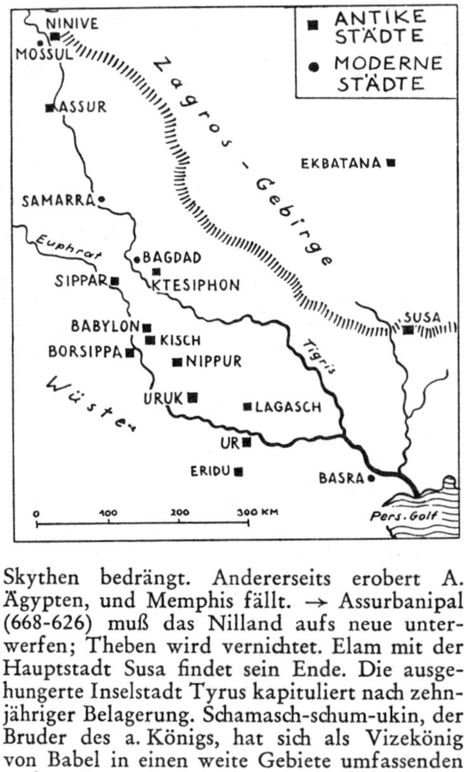

Skythen bedrängt. Andererseits erobert A. Ägypten, und Memphis fällt. → Assurbanipal (668-626) muß das Nilland aufs neue unterwerfen; Theben wird vernichtet. Elam mit der Hauptstadt Susa findet sein Ende. Die ausgehungerte Inselstadt Tyrus kapituliert nach zehnjähriger Belagerung. Schamasch-schum-ukin, der Bruder des a. Königs, hat sich als Vizekönig von Babel in einen weite Gebiete umfassenden Aufstand eingelassen, findet aber in seiner belagerten Hauptstadt den Tod. Ägypten erlangte 655 seine Freiheit wieder. Assuretililani kann den vordringenden Medern noch einmal Halt gebieten, aber Babylonien macht sich selbständig. Der Mederkönig erobert nach dem Sieg über die Skythen die Stadt Assur (614). Schließlich fiel auch Ninive durch die vereinigten Truppen der Meder und Babylonier (612). Das westliche Haran als letztes Bollwerk dieser einstigen Großmacht fand 606 sein Ende.

4) Der a. König war in erster Linie Feldherr, der im Auftrage seines Gottes A. Vorderasien erobert. Mit seinen adligen Streitwagenführern und den unermüdlichen Infanteristen tritt er alles zu Boden, was sich nicht von vornherein unterwirft. Durch grausame Bestrafung der Feinde verbreitet er unter den Völkern lähmende Furcht, die schon vor Beginn des Kampfes den Gegner schwächt. Ruht das Kriegsschwert einige Jahre, dann frönt der a. König der Jagdleidenschaft auf wilde Tiere und einer wahren Bauwut. Noch heute bewundern wir die Reste der großartigen a. Bauten. Das a. Recht mit seinen unmenschlichen Strafen ist in erster Linie auf die Zeit der Kriegführung ausgerichtet. Abgesehen von dem zahlenmäßig nicht zu vernichtenden Aramäertum ist dieses Großreich mit dem ihm geistig und religiös überlegenen Babyloniertum nie fertig geworden, so viele Maßnahmen von der Vernichtung bis zur gläubigen Verehrung auch angewandt worden sind. Wenn A. auch an seinen Hauptgottheiten Assur, Ischtar, Ninurta und Adad festhielt, konnte es sich doch des Einflusses des babylonischen Marduk als des Götterkönigs nicht erwehren. Babylonische Sprachidiome haben das verwandte Assyrische immer mehr durchsetzt; zT bevorzugte man überhaupt das Babylonische.

5) Das israelitische Volk stand seit der Mitte des 9. Jh. im immer größer werdenden Schatten A.s. Die Propheten von Jesaja bis Hesekiel haben sich mit dem Erscheinen dieser Weltmacht auseinandergesetzt. Jesaja betrachtet sie als Gottes Geißel. Aber dieses Volk hat in maßloser Überheblichkeit jenen Auftrag überboten und fällt selbst dem Gericht anheim (10,5ff). Das von A. herbeigeführte Ende des Staates Israel klingt in der Verkündigung dieses Propheten nach. Die Abhängigkeit Judas von den Herrschern am oberen Tigris zeigte sich in der Einführung des a. Staatskultes im Tempel von Jerusalem 2Kö 16,10ff; 21,4ff.21. Dazu tritt in jenen Tagen neben den herkömmlichen, von den Propheten verpönten Baalsdienst der Kultus der großen Gestirngötter aus dem Raume Mesopotamiens. Zeitweilig geht es bei den politischen und geistigen Auseinandersetzungen zw. A. und Juda geradezu um die Entscheidungsfrage: Assur oder Jahwe. Die wunderbare Befreiung Jerusalems vor Sanherib (701) ist der Sieg des Gottes Israels 2Kö 19,32ff. Die 80 Jahre später folgende Kultusreform → Josias und der damit verbundene Versuch, den reinen Jahweglauben im Leben des Volkes und des Staates wieder zur Geltung zu bringen, ist die

Tafel 1: Denkmäler am Hundsfluß *Am Hundsfluß (nahr el-kelb) an der Mittelmeer-Küste nördlich von Beirut ließen im 2. und 1. Jt. vChr assyrische, babylonische und ägyptische Könige Siegesberichte aus ihren Feldzügen nach Syrien und Palästina in die Felswand meißeln. Nr. XIII ist ein Bild → Salmanassars III. von Assyrien (858-824), Nr. XIV eine Inschrift des Pharao Ramses II. (1301-1234).*

Reaktion gläubiger judäischer Kreise auf das Sinken der Macht A.s. In den Jubelruf Vorderasiens über das Ende Ninives stimmen judäische Propheten mit ein Nah 3,1ff; Zeph 2,13ff. — In späterer Zeit wird A. Bezeichnung für die nördliche Hälfte Vorderasiens (Esra 6,22; Jes 27,13). *Peu*

Assurbanipal (668-626) wurde durch seinen Vater Asar-Haddon (vgl. 2Kö 19,37) als jüngerer Sohn bereits 672 auf einem Reichstag zum Kronprinzen bestimmt, während sein älterer Bruder die von Assur abhängige Krone von Babel erhielt. Der Feldzug nach Ägypten, auf dem Asar-Haddon starb, brachte einen vollen Sieg. Doch schon nach vier Jahren mußte das abgefallene Nilland aufs neue erobert werden; Theben sank in Schutt. A. vermochte Ägypten auf die Dauer nicht an Assur zu ketten. Bis zum Jahre 652 vereinigten sich alle Feinde Assyriens gegen A.: die aramäische Bevölkerung des flachen Landes, der Staat Elam und das im Süden gelegene Meerland, zu denen sich A.s Bruder in Babel gesellte. Aber der assyrische König erlebte den Untergang aller seiner Feinde. 648 fällt Babel; Elam mit der Hauptstadt Susa wird völlig niedergerungen.

A. hat, da ursprünglich nicht für die Königsherrschaft bestimmt, eine gründliche Priester- und Gelehrtenausbildung genossen. Er betont, daß er das Sumerische und Akkadische, sogar Steine aus der Zeit vor der Sintflut lesen könne. Sein berühmtestes Werk ist die Schaffung einer Bibliothek mit über 20000 erhaltenen Keilschrifttafeln, durch die uns die geistige Welt des Alten Orients enthüllt wurde. Er will nicht nur der erste Krieger seines Gottes Assur, sondern nach babylonischer Anschauung der von Gott bestimmte Völkerhirte sein. *Peu*

Astarte (hebr. aschteret, auch aschtoret; Mehrzahl: Astarten), weibliche Fruchtbarkeitsgottheit, phönizisches 1Kö 11,5.33; 2Kö 23,13, philistäisches 1Sam 31,10, kanaanäisch-isr. Gegenstück zur babylonisch-assyrischen Ischtar, der Göttin der geschlechtlichen Liebe, in deren Dienst die hl. Unzucht (→ Huren) getrieben wurde. Ischtar wurde auch als Muttergöttin verehrt, gewöhnlich nackt und mit weiblichen Geschlechtsmerkmalen oder mit einem Kind an der Brust dargestellt, Mutter der Götter und Menschen, die in der babylonischen Sintflutgeschichte über den Untergang der Menschen weint und in den Hymnen als barmherzige Helferin angerufen wird. Eine andere hervorstechende Eigenschaft dieser Göttin war ihre Wildheit. In ägyptischen Quellen tritt sie vor allem als Kriegsgöttin auf. Eine beliebte Darstellung zeigt die nackte Göttin rittlings auf einem galoppierenden Pferd, wie sie eine Keule oder ein Wurfholz in ihrer rechten Hand schwingt. Vornehmlich in Assyrien galt sie als Astralgottheit, als „Königin des Himmels und der Sterne". So scheinen im altorientalischen Ischtarkult mehrere Vorstellungen zusammengeflossen zu sein, wobei allerdings der sexuelle Aspekt dominierte. — In Israel war der Kult der A. zu Zeiten weit verbreitet und beliebt Ri 2,13; 10,6; 1Sam 7,3; 12,10. Dem gewöhnlichen Volk gefiel der sinnliche Naturkult der A. und des Baal besser als der streng an der Geschichte orientierte Jahweglaube. Die Propheten haben mehr als einmal ihr Volk zurechtzuweisen versucht und darauf hingewiesen, daß es durch diesen Abfall von Jahwe dem inneren und äußeren Untergang entgegentreibe Hos 4,12ff. *Ste*

Astrologie (A.), Gestirndienst (G.), Sterne.

1) Die *Astrologie* (griech. astrologia = Sterndeutung) geht aus von der Annahme eines Einflusses der Gestirne auf den Ablauf der Welt und das Leben der Menschen. Dabei sind wichtig die Planeten (einschließlich Sonne und Mond), die 12 Abschnitte des Tierkreises, die 12 sog. Häuser, und die Winkelentfernungen der Planeten. Die A. hält die Konstellation (gegenseitige Stellung) der Gestirne beim Zeitpunkt von Geburt oder Empfängnis (Horoskop = Stundenschau) für entscheidend wichtig für Wesen und Lebensablauf. Von da aus versucht sie, mit Hilfe von Deutungsregeln Entwicklungslinien und sogar einzelne Ereignisse vorauszubestimmen. So hüten sich zB die Beduinen Palästinas im Monat kānūn (Januar) vor Empfängnis, weil ihn el-belda (sternenlose Gegend im Schützen) bestimmt und el-belda als Zeichen für schlechte Söhne gilt. Zeichen für gute Kinder hingegen ist el-qalb (heller Stern im Skorpion). Der Gebrauch der Deuteregeln, der vor allem in den breiteren Volksschichten üblich ist, ist reiner Aberglaube. Daneben bemühen sich ernsthafte Astrologen, auf Grund von Beobachtungen und statistischen Erhebungen die A. zu einer Wissenschaft zu machen. Die A. war von Anfang an eng mit dem G. (Astralmythologie, Astralreligion) verbunden.

2) Der *Gestirndienst* ist nie eine selbständige Religion gewesen. Er kommt vielmehr in fast allen Religionen vor, da nahezu überall einzelne Gestirne als Gottheiten verehrt wurden, vor allem Sonne und Mond, Venus, Sirius, Orion. Selbst im Christentum finden sich noch Reste des heidnischen G. („Sonn"tag u.a.). Das klassische Land des G. war Babylonien. Der Sternhimmel galt dort geradezu als die Offenbarung göttlicher Mächte. Sin (Mond), Schamasch (Sonne) und Ischtar (Venus) waren zu einer Dreiheit verbunden und bestimmten den Ablauf der Welt und Natur. Der Stadtgott von Babel, Marduk (Jupiter), wurde zum Reichsgott des babylonischen Reiches. Ninurta (Saturn) war der Gott des Krieges und der Jagd, Nergal (Mars) der Gott der Unterwelt. Sie wurden in Hymnen

Tafel 2: Ein Ölbaum *Der → Ölbaum mit dem knorrigen Stamm und den schmalen graugrünen Blättern ist überall in Palästina zu finden. Das Bild zeigt einen Ölbaum im wadi el-haramije.*

besungen und in Gebeten angerufen. In der ältesten Keilschrift war das Zeichen für „Gott" ein Stern.

3) Israel kannte eine Reihe von Sternen und Sternbildern mit Namen: Orion (nach anderen Sirius) und die Plejaden Am 5,8 u.a., Löwe (Luther u.a.: Bär) Hiob 9,9; 38,32. Mit der Bezeichnung „Himmelskönigin" Jer 44,17ff u.a. ist die babylonische Ischtar (Venus) gemeint. Sonst ist einfach vom „Morgenstern" die Rede Jes 14,12 u.a. Auch der Tierkreis war bekannt 2Kö 23,5. Der seltsame Ausdruck „Kammern des Südens" (so Hiob 9,9 wörtlich für Luthers „Sterne gegen Mittag") soll vielleicht die Tierkreisbilder des Südens bezeichnen (siehe oben „Haus" im astrologischen Sinn, so heute noch bei den Arabern). Mit dem Stern in Mt 2,1ff ist wahrscheinlich die Konjunktion von Jupiter und Saturn im Sternbild der Fische (7 vChr) gemeint. Gerade diese besondere Stellung wurde im Judentum als Zeichen für das Kommen des Messias erwartet. Vgl. dazu einerseits 4Mose 24,17 und die Bezeichnung „Morgenstern" für Christus 2Petr 1,19; Offb 22,16; andererseits ist auch Mt 24,30 (Zeichen des Menschensohns am Himmel) als Vergleich interessant und die Veränderungen an Sonne, Mond und Sternen als Zeichen der kommenden Erlösung Mt 24,29 u.a. Das letztere zeigt die Bedeutung der Gestirne für den Weltablauf im Judentum (vgl. den Hiob 38,31ff angedeuteten Zusammenhang von Gestirnen und Wetter). Auch der G. hat auf Israel starken Eindruck gemacht, wie einerseits Hiob 31,26ff und das Eindringen des G.s in Israel im 8./7.Jh. vChr 2Kö 21,2ff u.a. zeigen, andererseits aber auch die betonte Abwehr deutlich macht 5Mose 4,19 u.a. Der Ausdruck „regieren" 1Mose 1,16.18 läßt den starken Einfluß des G.s erkennen, aber die Gestirne sind zu Himmelsleuchten erniedrigt. Gott hat ihnen Bahn und Gesetze angewiesen Jer 31,35; Hiob 38,31ff. Der isr. Glaube versteht die Gestirne nie als Gottheiten, sondern nur als Geschöpfe Gottes Ps 8,4; Am 5,8. Als solche preisen sie Gott Hiob 38,7 und führen seine Befehle aus (vgl. auch Offb 1,20 u.a.). *Bo*

Astyages → Perser.

Asylrecht. Asyl bedeutet Zufluchtsort, Freistatt für Verfolgte. Gemäß 2Mose 21,13; 4Mose 35,6.9-15; 5Mose 19,1ff waren 6 Städte als Freistädte bestimmt, in denen der Totschläger, nicht der Mörder, Zuflucht vor dem Bluträcher finden sollte; → Blutrache. Als Freistädte sind Jos 20,7f genannt: im Westen *Kedesch,* Gebirge Naphthali, *Sichem,* Geb. Ephraim, *Hebron,* Geb. Juda; im Osten *Bezer,* Stamm Ruben, *Ramoth* in Gilead, Stamm Gad, *Golan* in Basan, Ostmanasse. Sie hatten, da zugleich Levitenstädte, gesetzeskundige Männer und waren so über das Land verteilt, daß jeder Asylsuchende eine davon sollte erreichen können. Die Wege zu ihnen waren gut instandzuhalten 5Mose 19,3. Auch Tempel und Altar galten als Zufluchtstätten 1Kö 1,50-53; doch wurde das Asylrecht nicht selten gebrochen 1Kö 2,28-31; 2Chr 23,17; Mt 23,35. *Wai*

Athalja, Tochter Ahabs und Isebels, Gattin Jorams von Juda 2Kö 8,18, nahm während der Regierung ihres Sohnes → Ahasja 2Kö 8,25f die an orientalischen Höfen hervorragende Stellung der Königin-Mutter ein. Sie verstärkte den Einfluß des in Samaria herrschenden phönizischen Religionsbetriebs in Jerusalem, wo ein Tempel des Baal errichtet wurde. Nach der Ermordung ihres Sohnes tötete sie die Angehörigen der judäischen Königsfamilie 2Kö 11,1. Gerettet (oder entführt?) und im Tempel verborgen gehalten wurde ihr Enkel → Joas. A. übernahm als Königin die Alleinherrschaft in Juda (845/44-839/38). In einem Staatsstreich erhob der Oberpriester Jojada den jugendlichen Joas zum König, und A. fand den Tod durchs Schwert 2Kö 11,4-16. *Peu*

Athen, die Hauptstadt von Attika mit der herrlichen Akropolis, war seit der Eroberung durch die Römer 146 vChr politisch bedeutungslos, aber ein Mittelpunkt für Kunst und Bildung. Paulus kam in die durch ihre Vergangenheit berühmte Stadt auf der 2. Missionsreise Apg 17,15; er staunte über die Fülle der Tempel und Götterbilder V.16, sprach in der Synagoge mit Juden und Gottesfürchtigen und auf dem Markt mit Passanten V.17, kam in Diskussionen mit → Epikuräern und → Stoikern V.18 und hielt vor dem → Areopag die Rede, in der er an die Altaraufschrift „einem unbekannten Gott" anknüpfte und die Einzigkeit und Herrlichkeit des Schöpfers bezeugte, seinen Willen, sich von den Menschen finden zu lassen, durch ein Zitat aus der griech. Dichtung erläuterte und zur Buße rief, weil dem Auferstandenen das Gericht über den Erdkreis übertragen ist 17,22-31. Eine solche Altarwidmung ist bisher nicht nachgewiesen; doch berichten Schriftsteller und zeugt wohl auch ein Fund aus Pergamon von der Altaraufschrift „Unbekannten Göttern", wenn der Stifter des Altars nicht wußte, welchem Gott er zu danken oder die Bitte in einer Not zu bringen habe. Zum Gedankengang der Predigt → Apostelgeschichte. Die Bezeugung der Auferstehung weckte den Widerspruch der Athener; aber die Rede war nicht ohne Erfolg (→ Dionysius, → Damaris). Die Gemeinde in A. blieb offenbar klein; die Führung der Christenheit in Achaja lag bei Korinth. In A. hielt man an heidnischem Kultus fest, bis Theodosius d.Gr. 392 und schließlich Justinian I. im 6.Jh. gewaltsam dem Heidentum das Ende setzten. *Schl*

Attalia, von Attalus II. von Pergamon gegründet, die Hafenstadt in Pamphylien, in der sich Paulus am Ende der 1. Missionsreise nach Antiochien einschiffte, Apg 14,25f, heute Adalia. *Schl*

Audition → Propheten.

Auerochs. In dem 5Mose 14,5 und Jes 51, 20 genannten Tier (Luther „Auerochs" und

„Hirsch") sahen alte Übersetzer eine Antilopenart, die Oryx-Antilope, ein großes, schweres, aber gewandtes Tier mit langen, dünnen, schwach gebogenen Hörnern, das die Ägypter schon in alter Zeit züchteten und das heute noch in Arabien lebt; dort ist es ein fast weißes Tier, bei dem nur ein Teil der Füße, größere Flecken am Kopf und die Schwanzquaste braunschwarz sind. Das starke Tier wurde nach Jes 51,20 mit dem Netz gejagt. Vielleicht könnte auch das Wildschaf gemeint sein. Vom Auerochsen oder Ur ist an den Stellen die Rede, bei denen Luther → „Einhorn" übersetzte. *Schl*

Auferstehung.
1) Die A. der Toten im AT. 2) Die A. Jesu Christi. 3) Auferstanden mit Christus. 4) Die A. der Toten im NT.

Dieses Herzstück der bibl. Botschaft ist erst in einer Stufenfolge, die wir in ihren Übergängen nicht deutlich zu erkennen vermögen, zur Glaubensgewißheit geworden. Der entscheidende Wendepunkt ist die A. Jesu Christi von den Toten.

1) Die A. der Toten im AT. Der →Tod ist nach 1Mose 3,22ff verschuldetes Verhängnis und nicht ursprüngliche Schöpfungsordnung. Die Trennung von Gott ist denn auch im AT bei aller irdischen Daseinsfreude die tief empfundene Todesnot und bestimmt das düstere Bild der Totenwelt Ps 88,6; 6,6, so wie es das AT zumeist vor Augen hat Jes 38,10ff. Doch zeigen die Totenerweckungen 1Kö 17,17ff; 2Kö 4,18ff; 13,20f und die Entrückungen des AT 1Mose 5,24 (Henoch) u. 2Kö 2,11 (Elia) zusammen mit Stellen wie Ps 49,16; 116,8; 118,17, daß das Todeslos nicht schicksalhaft unentrinnbar verstanden ist. Von daher ringt der sonst so unbedingte Glaube an die Treue Gottes gegen seine Erwählten in Fragen wie Ps 88,11; 30,10; Hiob 14,14 mit dem Todesdunkel, bis hin zu vereinzelten Aufhellungen in äußerster Bedrängnis wie Hiob 19,25 (wo es sich übrigens nicht um leibliche A. handelt und wo die schweren Zweifelsfragen nicht zu Ende sind) und Ps 16,10f. Schließlich kommt es aber noch im AT zu klaren A.s-Aussagen Jes 26,19; Dan 12,2f, die in dem grandiosen Wiederbelebungskapitel der erstorbenen Totengebeine Hes 37, das zunächst sich auf das zu Boden geschlagene Volk bezieht, wohl schon mitschwingen. Auch Ps 73,23ff und Jes 53,10 ist die Todeslinie keine Grenze mehr. Das verdichtet sich in den spätjüdischen Schriften (Apokryphen) zB Weish 2 u. 3 zu einer nun zum Durchbruch gekommenen Zusammenschau von allgemeiner A. und vom kommenden Gericht.

2) Die A. Jesu Christi. Zunächst steht Jesus unter Beseitigung aller phantastischen, irdisch gefärbten Erwartungen auf dem Boden des A.sglaubens der jüdischen Gemeinde seiner Zeit. Das zeigt zB das Streitgespräch mit den Sadduzäern, die den Glauben an eine A. der Toten verwarfen Mk 12,18ff vgl. Apg 23,6ff. Totenerweckungen als Jesu Wundertat Mt 11,5; 9,18ff; Lk 7,1ff; Jo 11 und sogar als Auftrag an seine Jünger Mt 10,8 (vgl. Apg 9,40f) kündigen die schließliche Aufhebung des Todes an. — Dann aber rückt in Jesu noch unverstandener Voraussage Mt 12,40; 16,21; 17,23; 20,19; Jo 16,16 und in den Endkapiteln der vier Evangelien seine A. in die Mitte der ganzen NTlichen Botschaft. Die Ostergeschichten lassen erkennen, daß sie alle — im Gegensatz zB zu dem späteren Petrusevangelium (→ Apokryphen) — nicht meinen, die A. als Ereignis auf Grund von Zeugenaussagen erzählen zu können. Die Grabeswächter Mt 28,4 kommen dafür nicht in Betracht. Das Zeugnis der Evangelien und des Apostels Paulus (1Kor 15) von der A. Christi stützt sich bei aller unausgeglichenen Verschiedenheit der Erzählung einmal auf *Erscheinungen* des Auferstandenen, deren Zeugen genannt sind. Sie gehören alle zum Jüngerkreis. Diese Erscheinungen haben einen sehr bestimmten Inhalt: sie verknüpfen, wie es das NT überall tut, Tod und A. so miteinander, daß in beidem das „zu unserem Heil" im Zusammenhang jetzt vollends deutlich wird. Er selbst, so wie er sich diesseits der Todesgrenze als der Sohn des Vaters zu erkennen gab, gehört als der Auferstandene in neuer Machtfülle Mt 28,18 nun erst recht seiner Gemeinde und der Welt. Deshalb legen die Erzählungen Wert auf den leibhaftig Erkennbaren Lk 24,39 u. Jo 20,24ff, auf den fortgehenden Unterricht Lk 24,25ff u. Jo 21, auf die neue Beauftragung Mt 28,18ff u. Jo 21,15ff in der Linie des Seitherigen. Damit tritt alles Erlebte in ein neues, klares Licht. Überall scheint durch, daß in den Zeugen selbst Widerspruch und Mißtrauen zu überwinden war Mt 28,8; Mk 16,8.11.13; Lk 24,11.22.37; Jo 20,24ff. Daß in den örtlichen Angaben (Jerusalem oder Galiläa oder bei Jo beides) Differenzen bestehen, berührt den Kern des Zeugnisses nicht. Dieses Zeugnis ruht, wie noch zu zeigen sein wird, auf einer viel umfassenderen Grundlage als auf dem, was hier erzählt werden konnte. — Zum andern berufen sich die Ostererzählungen auf das *leere Grab* (ob auch Paulus in 1Kor 15,4, ist fraglich). Das lag nahe, weil der Vorwurf des Betrugs sich auf dieses leere Grab bezog und weil die zum Grab eilenden Jüngerinnen darauf aufmerksam wurden. — Im übrigen stützt sich die Osterbotschaft des NT nie auf etwas anderes als auf das Wort des Herrn und das einmütige Zeugnis der Boten, denen sich die Kraft seiner A. täglich an ihnen und an anderen bestätigt. Es kann nicht überraschen, daß dieses „Urwunder", das nirgends etwas Vergleichbares hat und deshalb auch nicht rational glaubhaft gemacht werden kann, den Rahmen der Ostergeschichten sprengt, ohne dadurch weniger glaubwürdig zu werden. — Daß die A. meist als Tat Gottes, bei Jo zB aber auch als Machttat Christi erscheint Jo 2, 19.21; 10,17f, entspricht dem gesamten Christuszeugnis des NT.

3) Auferstanden mit Christus. Nun ist vor allem von Paulus (aber auch zB 1Petr 1,3ff) die durch den Tod und die A. Christi entstandene neue Lebensmöglichkeit erkannt und durchgedacht worden. Nicht nur bestätigt die A. endgültig unsere Rechtfertigung Röm 4,25, sondern wir sind in dieses Sterben und Auferstehen so einbezogen, daß wir im Glauben an den Gekreuzigten und Auferstandenen ein altes, verlorenes Leben mitsterbend und mitauferstehend hinter uns lassen dürfen, als in einer durch die A. Christi verbürgten geretteten Situation Röm 6,4ff. Die Taufe, im Glauben ergriffen, ist die Gewähr dafür, daß dies eine Realität ist, auch wenn die volle Verwirklichung erst in der Vollendung offenkundig werden kann Röm 6,3ff; Kol 2,12; 3,1ff. Der Geist aber, wenn er in uns mächtig geworden ist, gibt Zeugnis unserem Geist, daß wir tatsächlich in einem neuen Leben Gottes Kinder sind Röm 8,16.23. Deshalb ist die Warnung Gal 3,2 von solchem Ernst; das kann verlorengehen! Hier liegt eine tägliche Aufgabe.

4) Die A. der Toten im NT. — *a)* Die A. Christi ist zugleich der Durchbruch zum ewigen Leben für die Seinigen. Er ist der Erstling 1Kor 15,20.23; Offb 1,5, der von den Toten ausgeführte große Hirte der Schafe Hebr 13,20, der letzte Adam, mit dessen A. eine neue, zum ewigen Leben berufene Menschheit ihren Anfang genommen hat 1Kor 15,20ff. Er ist der Fürst des Lebens Apg 3,15; 5,31, der Herzog unserer Seligkeit Hebr 2,10, der dem Teufel und damit dem Tod die Macht genommen hat Hebr 2,14; 1Kor 15,26.55, und in dessen Hand die Schlüssel der Hölle und des Todes sind Offb 1,18; Jo 5,21; 6,39. So kann er sagen: Ich bin die A. Jo 11,25. In diesem Zusammenhang hat das Bild vom Leib Christi, vom Haupt und seinen Gliedern seinen besonderen Sinn Kol 1,18. — *b)* Es wird im NT festgehalten an der allgemeinen A. aller Toten 1Kor 15,22 u.a.m. Sie steht im Zusammenhang mit der → Wiederkunft und dem → Gericht. Auch wer „vom Tode zum Leben hindurchgedrungen ist", geht der A. entgegen Jo 5,24.29. Dabei ist angedeutet, daß es sich um eine Reihenfolge der A. handelt 1Kor 15, 23 f, auch um eine erste A. Offb 20,1ff (→ Tausendj. Reich). 1Thess 4,17 rechnet mit einer Entrückung der Generation, die die Wiederkunft erlebt. — *c)* Die Frage von 1Kor 15,35: „mit welcherlei Leibe werden sie kommen?" kann und will die HS nur im Gleichnis und mit allgemeiner Kennzeichnung beantworten 1Kor 15, 35ff. „Unverweslich, in Herrlichkeit, in Kraft", oder auch: „daß wir ihm gleich sein werden" 1Jo 3,2 — das muß genug sein. Auch in den Ostergeschichten bleibt über dieser Frage eine in der Sache begründete Ungewißheit. Wer will die Möglichkeiten des Schöpfers umschreiben, wenn wir doch schon im Erkennbaren an kein Ende des Nachdenkens kommen, 1Kor 15,36ff. Bei dem Vergleich mit dem Samen und dem daraus erwachsenden Halm ist nicht an einen stofflichen Zusammenhang des A.leibs mit dem toten Leib gedacht. — *d)* Zur Frage des „Zwischenzustands" zw. Tod und A. ist wichtig, daß jedenfalls keine Trennung von Christus geschieht Jo 10,28; Phil 1,23; Jo 11,25 f. Ob das „Sofort" in Lk 16,22 f; 23,43 in unser Zeitdenken hineingehört, wird fraglich bleiben. Alle weiteren Spekulationen (Fegfeuer usw) gefährden die Heilsgewißheit in ihrem Kern. — 2Tim 2,18 richtet sich gegen die Irrlehre, die A. sei — vergeistigt — schon geschehen. — Die A. ist das Fundament der christlichen Botschaft überhaupt; das erweist das NT, wo wir es aufschlagen. Lk 24,26 liegt dem gesamten christlichen Bekenntnis zugrunde. Von daher muß die Losung des Christen heißen: „Ich möchte ihn erkennen und die Kraft seiner A. und die Gemeinschaft seiner Leiden und so seinem Tode gleichgestaltet werden, damit ich gelange zur A. von den Toten" Phil 3,10f. *He*

Auge. *1) Das A. des Menschen.* Das A. zeigt dem Menschen die Außenwelt. Es ist des Leibes Licht Mt 6,22. Durch das A. haben wir Anteil am Licht. Wenn das A. einfältig, gesund ist, versieht es den ganzen Leib mit Licht. Ins Innere dringt dies Licht freilich nicht. Ein Mensch sieht, was vor A. ist 1Sam 16,7. Die A. können auch gehalten sein, daß sie nicht sehen, bis Gott die A. auftut 1Mose 21,19, oder nur sehen, was vor A. ist, es aber nicht wirklich erkennen Lk 24,16. Das A. ist aber auch der Wahrnehmungssinn für das Himmlische und Göttliche. Ist das A. böse (Luther: ein Schalk), so bleiben wir in der Dunkelheit und können das Göttliche nicht sehen, Gottes Wort nicht fassen; das ganze Leben ist der Finsternis verfallen Mt 6,22f. So kann es geschehen, daß man mit sehenden A. nicht sieht Jer 5,21; Mt 13,13; vgl. 2Kor 4,4. Dann kann nur Gott die A. erhellen; er gibt erleuchtete A. des Verständnisses und des Herzens Eph 1,18. — Das A. ist auch ein Spiegel der Seele. Es gibt hohe, hoffärtige und stolze A., zB Spr 6,17; abgöttische A. Hes 6,9; ja A. voll Ehebruch 2Petr 2,14. Das A. ist die Einfallspforte der Sünde in das Herz. Zum Schutz gegen die Versuchung hat Hiob einen Bund mit den A. gemacht 31,1.7, hat ihnen Befehl gegeben, niemals begehrlich Ausschau zu halten. Im selben Sinn warnt Johannes vor der A.-Lust 1Jo 2,16 und denkt dabei nicht nur an Habsucht, sondern an das sinnliche Wohlgefallen an den bunten Bildern heidnischer Schaustellungen. Es gibt auch eine Zeichensprache der A. Winken mit den A. ist Ausdruck des Spottes oder der Schadenfreude (zB Spr 16,30), die A. abwenden Zeichen der Hartherzigkeit. Der Narr wirft seine A. hin und her Spr 17,24; er steckt sich Ziele, die er doch nie erreichen kann. Wer die A. demütig niederschlägt, dem hilft Gott auf — eine bibl. Grundwahrheit Spr 3,34; Mt 23,12; Lk 18,14; 1Petr 5,5. — A. um A. eine Bestimmung des Zivilrechts, durch die wohl die Rachgier gezügelt werden sollte 2Mose 21,24; vgl. Mt 5,38f.

2) Die A. Gottes sind einerseits Zeichen seiner Allwissenheit: der Mensch ist dem alles durchdringenden A. Gottes ausgeliefert, auch die letzte Heimlichkeit seiner Existenz Ps 139; vgl. Hebr 4,13. Gottes A. sind aber auch Ausdruck seiner treuen Fürsorge Ps 32,8. Sie stehen offen über allen Wegen der Menschenkinder Jer 32,19; Ps 33,18. Er kann seine A. aber auch über die Abtrünnigen halten zum Unglück und nicht zum Guten Am 9,4; vgl. Jer 44,11. — Die sieben A. des Lammes Offb 5,6 deutet Johannes auf die sieben Geister Gottes. Der Besitz der Fülle des Geistes verleiht dem Christus Allwissenheit. Die vier Tiere, vielmehr Lebewesen und Gestalten, in unmittelbarer Nähe des göttlichen Throns Offb 4,6 sind voll A. vorn und hinten, wieder ein Bild der Allwissenheit Gottes. *Fro*

Augenzeugen. Im alten Bund wird namentlich die Generation Moses immer wieder an die großen Taten Gottes erinnert, deren A. sie gewesen sind 5Mose 3,21; 4,3.35; 10,21; 11,7; 29,1; Jos 23,3; 24,7; Ri 2,7. Den aus der babylonischen Gefangenschaft Heimkehrenden wird in Aussicht gestellt, daß sie das Heil und die Herrlichkeit Gottes sehen werden Jes 35,2. Ja, selbst die Heiden und aller Welt Enden werden dann A. sein von der Herrlichkeit des Herrn Jes 52,10; 66,18. Im neuen Bund hat Jesus Christus selbst die Boten bestellt, die A. geworden sind von Jesu Wesen und Werk. Was sie gehört haben von Jesu Wort des Lebens, gesehen haben von Jesu Taten, geschaut haben von seinem Werk und Wesen (1Jo 1,1), ist ihnen zum Weitergeben anvertraut. Als A. sind sie Boten und als Apostel der Gemeinde gegeben. Auch den von Christus bestellten Propheten Eph 4,11 wurde in besonderer Weise Erleuchtung und Einblick in Gottes Wege gewährt. Die Apostel haben durch das Zusammenleben mit ihm in der Zeit seiner irdischen Wirksamkeit eine Gabe erhalten, die sonst niemand hat und haben wird. Ihnen hat auch der Auferstandene Gewißheit über seine Auferstehung dadurch gegeben, daß er sich ihnen zeigte 1Kor 15,5ff. Er zeigte sich dem Petrus, dann den bei verschlossenen Türen versammelten Jüngern; er bestätigte damit für immer seine Gemeinschaft mit ihnen und bestellte sie dadurch zu seinen Boten. Auch ein weit größerer Kreis (Paulus redet von 500 Brüdern) wurde durch das eigene Schauen bevollmächtigt, von Jesus und seinem neuen Leben Zeugnis abzulegen. Auch den Jakobus, den Bruder des Herrn, und, vielleicht bei der Himmelfahrt, alle Apostel bestellte er zu seinen Boten. Zu denen, die der A.-schaft gewürdigt wurden, gehört auch Paulus. Später als die anderen hat er, „der geringste unter den Aposteln“ 1Kor 15,8.9, auf dem Weg nach Damaskus den Herrn geschaut. Ob wir aus 2Kor 5,16 schließen dürfen, daß er auch von Jesu leiblicher Gestalt ein Bild hatte, ist ungewiß. Jedenfalls ist auch er, der Verfolger der Gemeinde, ein A. und als Bote Jesu ein auserwähltes Rüstzeug Apg 9,15 mit weltweitem Auftrag geworden. Von allen Aposteln gilt: Wir sahen seine Herrlichkeit Jo 1,14. *Fro*

Augustus. Caius Octavius (* 63 vChr † 14 nChr), von seinem Großonkel C. Julius Caesar erzogen und im Testament als Erbe adoptiert. Nach 44 nannte er sich C. Julius Caesar Octavianus. Zuerst Gegner, dann Verbündeter (Triumvirat!) des Marcus Antonius. Im Kampf um die Macht Ächtung der Gegner (Proskriptionen mit über 2000 Opfern). 42 Sieg der Triumvirn über die Caesarmörder bei Philippi. Teilung des Reiches, bei der Octavian den Westen erhielt. Die Rivalität mit Marc Anton führte zum Bruch: Sieg Octavians 31 bei Actium. — Als genialer Herrscher und Organisator ordnete Octavian das Reich neu und führte eine Periode des Friedens und wirtschaftlicher Blüte herauf. 27 erhielt er den Titel A. = der Erhabene. Er leitete das Reich als Princeps (nämlich Civitatis = Erster Mann des Staates), Proconsul und Tribun (als legaler Herrscher). A. sicherte das Reich durch Unterwerfung der Alpenvölker, durch Germanenkriege und durch Verständigung mit den Parthern. Im Innern suchte er das Reich durch Ehegesetze und Gesetze gegen den Luxus, durch Förderung von Kultur und Geistesleben und Erneuerung der altrömischen Religion zu stärken. Schwerstes Leid erlebte er in der Familie; er mußte den von ihm nicht geliebten 2. Stiefsohn Tiberius zum Nachfolger ernennen. Gönner und Förderer des → Herodes d. Gr. — Im NT erwähnt Lk 2,1. *Bie*

auserwählt → erwählen.
ausgießen → Geistausgießung.

Ausgrabungen in Palästina.
1) Geschichte. 2) Methode. 3) Schürfungen. 4) Zweck. 5) Neueste Grabungen.

1) Das Zeitalter des Spatens beginnt in Palästina im ersten Jahrzehnt unseres Jh. Vorher grub man nur an wenigen Orten oder begnügte sich mit der Feststellung und Untersuchung sichtbarer Bodenaltertümer. Nachdem zuerst wissenschaftliche Akademien Expeditionen für Grabungszwecke ausgerüstet hatten, wurden besondere Institute für Grabungen in Deutschland, England, Frankreich und Amerika gegründet. Auch die Orientstaaten wie Jordanien und Israel haben A. in ihren Gebieten unternommen, ohne damit die Tätigkeit ausländischer Gesellschaften auszuschließen. Der deutsche Anteil an der Ausgrabungstätigkeit ist durch die Weltkriege sehr stark zurückgegangen.

2) Eine bestimmte wissenschaftliche *Ausgrabungsmethode* ist erst auf Grund zahlreicher praktischer Erfahrungen entwickelt worden. Zum näheren Verständnis muß man sich das Aussehen einer auszugrabenden Ruinenstätte vergegenwärtigen. Sie bildet in der Regel einen zehn und mehr Meter hohen Hügel von kreisrundem Umfang und stumpfkegeliger Gestalt. Er wird arabisch tell, plur. tulūl genannt. Dazu tritt ein Ortsname, also tell kasīle, tell es-sultān. Gelegentlich enthält die arabische Ortsbezeichnung noch eine Erinnerung an den antiken Namen. Sind noch Trümmer sichtbar, wird die Ruinenstätte chirbe mit nachfolgendem Ortsnamen genannt, also zB chirbet sēlūn; hier ist noch der ehemalige Ortsname Silo erkennbar. Die runde Hügelform ist durch die Stadtmauer der bronzezeitlichen Siedlung entstanden, die den wachsenden Hügel wie ein Gürtel zusammenhielt. Kam eine Besiedlung durch Brand, Krieg, Seuchen zum Ende, behielten die Neuansiedler den Platz bei, ebneten ältere Baureste ein oder benutzten sie als Fundamente ihrer eigenen Bauten. So entstanden im Lauf der Zeiten die Ablagerungsschichten, bei denen die älteren Schichten unten liegen, während die jüngeren Schichten die oberen sind. Obwohl die Schichten übereinanderliegen, können sie auch stark ineinandergreifen, wenn zB der Erbauer eines Hauses in Schicht IV die Fundamente sehr tief gründete und dabei bis in die zehnte Schicht vorstieß. Der Ausgräber muß die einzelnen Ablagerungsschichten, lat. stratum, plur. strata genannt, sorgfältig zu erkennen trachten. Die Unterscheidung, Stratigraphie, erfolgt auf Grund der Keramik, die je nach dem Zeitalter in Form, Verzierung und Tonzusammensetzung wie auch Brand andersartig ist. Die Anwendung der stratigraphischen Methode auf Grund der Keramik geht auf den Engländer Flinders Petrie zurück, der sie erstmals bei der A. des tell el-hesi 1890 anwendete und an Hand ägyptischer Scherben die Möglichkeit zur Datierung der einzelnen Schichten gewann. Nach dem ersten Weltkrieg hat der Amerikaner W. F. Albright die stratigraphische Methode weiterentwickelt. Die Datierung kann naturgemäß nur zeiträumlich sein, wobei man nach der Verwendung der Metalle unterscheidet die frühe → Bronzezeit während des 3. Jt. vChr mit drei Unterteilungen, die Mittelbronzezeit von 2000-1600 vChr mit Unterteilungen, die Spätbronzezeit von 1600-1200 mit Unterteilungen, Eisen I von 1200-900, Eisen II von 900-600. Die späteren Zeiten gliedert man nach den Perioden der politischen Geschichte in neubabylonisch-persische, griechische, römische, byzantinische, arabische Zeit, letztere von 1099-1291 durch die Kreuzfahrerzeit unterbrochen, und schließlich von 1517-1917 die Türkenzeit.

Die stratigraphische Methode bedingt die Flächen- oder Schichtgrabung, die sich entweder über den gesamten tell oder nur auf einen einzelnen Bezirk je nach Größe und Wichtigkeit der Funde erstreckt. Bei sehr großen Ruinenstätten bevorzugt man neben einer Schichtgrabung auch den großen Schnittgraben, der den Hügel in einer Breite von etwa 5 Metern bis auf den Mutterboden durchschneidet. Bei dieser Gelegenheit bekommt der Ausgräber sofort auch die eventuellen vorgeschichtlichen Schichten vor Erfindung der Töpferkunst in sein Blickfeld. Freilich kann er auch Baureste von größeren Gebäuden, zB von Tempeln beschädigen, für deren Untersuchung in solchem Fall die Stollengrabung angewendet werden muß. Ein solcher Einschnittgraben kann auch dazu verhelfen, die verschiedenen Schichten leichter zu erkennen, als dies bei einer Schichtgrabung möglich ist. Die Zuweisung einzelner Bauanlagen oder verschiedener Waffen, Geräte, Schmuckstücke usw zu einer bestimmten Schicht kann oft nicht gleich beim Auffinden, sondern erst im Verlauf der Grabung oder nach deren Abschluß erfolgen, wenn die Schichtenabfolge, die Stratigraphie der Stätte, geklärt ist.

Für die Grabung — auch das gehört zur modernen Ausgrabungsmethodik — steht ein Ausgräberstab unter Leitung eines geschulten Archäologen zur Verfügung. Dazu gehören als Mitarbeiter Spezialisten der Keramik, ferner Architekt, Photograph, Chemiker, Vermessungsingenieur, im Bedarfsfall der Anthropologe für die Untersuchung der aufgefundenen Gebeinreste, ferner der Spezialist für antike Weberei und auch der Kunsthistoriker. Vor jeder A. werden der tell und das umgebende Gelände gründlich auf den Scherbenbelag geprüft. Dabei kann man schon annähernd die mutmaßliche Besiedlungszeit des tells feststellen. Auf dem tell kasīle fand man dabei zwei Ostraka mit althebräischer Schrift aus Eisen II.

3) Von den Grabungen müssen die weniger kostspieligen *Schürfungen* unterschieden werden. Unter ihnen versteht man die systematische Untersuchung des Scherbenbelags der einzelnen Ruinenhügel. Dabei kann gelegentlich am unteren Rand eines tells eine kleine Probegrabung durchgeführt werden, wenn der Scherbenbelag nicht charakteristisch genug ist. Der Amerikaner Nelson Glueck hat auf diese Weise die tulūl des Negeb (Südpalästina) und des Ostjordanlandes untersucht und dabei wertvolle Aufschlüsse über Besiedlungszeiten und -intervalle erzielt. In gleicher Weise untersuchte der deutsche Archäologe A. Kuschke die tulūl der biqāʿ zwischen Libanon und Antilibanon.

4) *Warum* werden A. veranstaltet? Der Laie mag zunächst an einen biblisch-apologetischen Zweck denken, als sollten bibl. Sachverhalte durch A. bestätigt werden. Zuweilen mag ein solcher Zweck eine A. bestimmt haben. In der Gegenwart sollen die A. die vorhandenen, verborgenen Bodenaltertümer der Geschichtsforschung zugänglich machen. Dieser Zweck gilt auch für die A. i. P. Die Geschichte der Besiedlung Palästinas wird durch die A. erhellt. Davon fällt auch Licht auf die Geschichte der isr. Einwanderung in Palästina. Die Ausgrabungsergebnisse gerade der Eisen-I und -II-Zeit lassen sich mit bestimmten literarischen Traditionen des AT in Verbindung bringen und können mit ihrer Hilfe gedeutet werden. Ferner lassen die A. einen vorzüglichen Einblick in die kulturgeschichtliche Entwicklung gewinnen. Häuser, Geräte, Waffen, Schmuckgegenstände, oft als Importware aus den umliegenden Kulturbereichen kenntlich, geben ein Bild von dem Hoch- oder Tiefstand einer Kulturepoche. Die Reli-

gionsgeschichte empfängt von aufgedeckten Tempelanlagen mit Götterbildern und Amuletten sowie von den verschiedenen Bestattungsarten mit Totenbeigaben eine wertvolle Förderung und Belebung, wie sie aus den literarischen Traditionen des AT nicht gewonnen werden kann. Besonders wichtig sind natürlich die schriftlichen Urkunden, die allerdings in Palästina außerordentlich selten sind und bisher nur Zufallsfunde darstellen. Es sei hier nur auf die Ostraka von → Lachisch und von → Samaria verwiesen. Aber schon Krughenkel mit dem Königsstempel können aufschlußreich sein. Wichtig sind die A. ferner für die Topographie, d. h. für die Bestimmung der Ortslage antiker ATlicher Stätten. Die wohl wichtigste Aufgabe des Ausgräbers besteht darin, die ausgegrabene Stätte mit einem antiken im AT genannten Ort zu identifizieren. Dazu stehen auch die Angaben bei Euseb und Hieronymus neben den ATlichen Nachrichten zur Verfügung. Bei nahe beieinanderliegenden tulūl ist es nicht immer sicher auszumachen, welcher tell der bibl. Ort gewesen sein mag, so zB die Lage von Aphek (1Sam 4, 1). Manche Identifizierungen von Flinders Petrie konnten durch neuere Grabungen berichtigt werden.

5) Die einzelnen A. werden unter den betreffenden Ortsnamen aufgeführt. Hier sollen nur einige der *neuesten Ausgrabungen* genannt werden. In den letzten Jahren wurde an der Nordwestecke des Toten Meeres die → essenische Klostersiedlung aus dem 2. Jh. vChr freigelegt. Nördlich davon wurde das alte → Jericho auf dem tell es-sultān weiter ausgegraben sowie das hellenistisch-römische Jericho. Im ephraimitischen Bergland legten A. die Königsstadt → Thirza nordöstlich von nāblus frei; von hier aus siedelte König Omri nach Samaria über, wie der Schichtenbefund eindeutig ausweist. Wichtige Aufschlüsse haben die amerikanischen A. auf dem tell → dothan erbracht. Besonders erfolgreich arbeiteten israelische Archäologen auf dem tell wakkās südwestlich vom hūle-See, wo in mehreren Kampagnen die kanaanäische Stadt → Hazor freigelegt wurde. Für die kanaanäische Religionsgeschichte sind Tempel und Götterbilder bedeutungsvoll. In isr. Zeit hatte die Stadt ähnlich wie Megiddo am Karmelpaß Militäranlagen aus der Zeit Salomos. Weitere Ausgrabungen betrafen Bētīn auf der Ortslage des antiken Bethel, den Zionshügel von Jerusalem, auf dem die Lage des von David eroberten Jerusalem geklärt werden konnte, tell ʿarad im südl. Palästina (Fund althebräischer Ostraka), tell ʿarāʿir, das antike Aroër, das einst der südlichste Punkt israelitischen Besitzstandes östlich des Toten Meeres war, Masada und das Herodeion (dschebel ferdēs); an diesen Stätten sind ebenfalls Handschriften und Ostraka entdeckt worden. Von künftigen A. kann nur erwartet werden, daß sie das Bild, das das AT von Israels Geschichte und Religionsgeschichte entwirft, weiter klären helfen. *Ba*

auslegen, Auslegung. — *1)* Von A., die den Sinn einer Aussage deutlich macht, spricht die HS bei Träumen 1Mose 40, 8; Ri 7, 15, Gesichten Dan 8, 16, den → Gleichnissen Jesu Mk 4, 34, dem → Zungenreden 1Kor 14, 13. Die A. entfaltet, was ein Wort meint, und zeigt verborgene Zusammenhänge, so Lk 24, 27; Apg 8, 30 ff; 18, 26; ein Ausleger tut guten Dienst Sir 14, 22; vgl. Mt 13, 52.

2) Die A. eines Wortes kann um so eher gelingen, je mehr der Auslegende von der — oft weit zurückliegenden — Zeit und der besonderen Lage, aus der das Wort stammt, von dem Sprecher und den ersten Hörern des Worts weiß. Darum wurde A. der HS schon zu Jesu Zeit die Aufgabe des besonderen Standes der Schriftgelehrten. Doch warf Jesus ihnen vor, daß sie trotz eifrigen Forschens Jo 5, 39 doch in ihrer oft buchstäbelnden und gesetzlichen Deutung den Sinn der Schrift vielfach verfehlten Mt 22, 29; 23, während er selbst, ohne geschult zu sein, aus innerster Gewißheit heraus den eigentlichen Sinn der Schrift herausstellte Mt 5, 17 ff. Auch Jesu Jünger waren nicht studierte Leute Apg 4, 13, sondern gaben ihr Zeugnis aus geistgeschenkter Gewißheit. Paulus war Theologe und stellte auch seine theol. Schulung in den Dienst Jesu; daß bei ihm gelegentlich Eigentümlichkeiten der damaligen Theologie sichtbar werden 1Kor 9, 9; 10, 4; Gal 3, 19; 4, 22 ff, kann nicht überraschen.

3) In der Geschichte der A. wurde vielfach eine allegorische Exegese mächtig, die in spielerischer Willkür hinter dem Wortsinn einen verborgenen geistlichen Sinn suchte. Die Reformation führte auf den Weg besonnener Bibel-A. zurück. Es gilt, alle wissenschaftliche Hilfe dankbar zu benützen, die durch die Sprachwissenschaft und die Geschichtsforschung, bes. die Literatur- und Religionsgeschichte, zur Erklärung der HS gegeben wird, und doch bleibt das Entscheidende die Versenkung in den Geist der HS und des einzelnen Abschnitts, in der Gewißheit, daß der lebendige Gott Menschen zu Trägern seiner Offenbarung machte. Die Kirche darf für eine Fülle hingebend fleißiger Arbeit der A. dankbar sein. *Schl*

Aussatz. Ob die Bibel mit ihrem Wort für A. die gleiche Krankheit gemeint hat wie wir heute, ist deshalb umstritten, weil die in 3Mose 13 genannten Krankheitssymptome des A.s nicht mit dem heutigen Krankheitsbild übereinstimmen. Trotzdem ist mit einem Fachgelehrten wie Prof. Olpp anzunehmen, daß es auch im alten Israel echten A. gab. In 3Mose 13 geht es freilich nicht zuerst um krank und gesund, sondern um rein und unrein, also darum, ob die Krankheit einen Menschen vom Bereich des Heiligen ausschließt oder nicht. So sind dort sieben verschiedene Fälle von Krankheitserscheinungen aufgezählt, bei denen der Priester zu entscheiden hat, welche verunreinigen und welche nicht. Den Ausschlag gab dabei offensichtlich, ob ein Geschwür, eine

Flechte, ein weißer Fleck virulent oder schon erloschen war. Unrein machte erst der virulente, „ausbrechende", „fressende" A. Nach dem AT haben alle Störungen unseres natürlichen Lebens ihre eigentliche Wurzel in dem gestörten Gottesverhältnis (von Rad). Aus diesem Grund ist der A. der „Erstgeborene des Todes" Hiob 18, 13; 4Mose 12,12 und der Aussätzige der „Geschlagene Gottes" 4Mose 12,9f; 2Sam 3,29; 2Kö 15,5; 5,27. Aber Gott heilt auch 2Kö 5,14, er ist Israels Arzt 2Mose 15,26, womit freilich nicht jede Therapie verneint war 2Mose 21,19; 2Kö 20,1-7. So sollten denn auch die umständlichen Reinigungsopfer das Verhältnis zu Gott wieder in Ordnung bringen. Im NT gehört die Heilung des A.s durch Jesus zu den Zeichen der angebrochenen Gottesherrschaft Mt 11,5. — Das AT spricht auch von A. an Kleidern, Lederstücken und Hauswänden 3Mose 13,47-59; 14,33-53. Gedacht ist dabei wohl an „fressenden" Schimmelpilz, Hausschwamm u.a. Davon befallene Kleider und Lederstücke mußten verbrannt, Hauswände eingerissen werden. Für „geheilte" Häuser war eine „Entsündigung" vorgeschrieben. *Pl*

Aussendung → Apostel.

Auszug aus Ägypten. *1)* Die Erinnerung an die wunderbare Herausführung aus Ägypten durch Jahwe gehört zum grundlegenden *Glaubenszeugnis* Israels in seinem erzählenden (Jos 2,10; Ri 6,13; 1Sam 4,8), prophetischen (Jes 11,16; Jer 31,32; Hes 20,5; Hos 11,1) und belehrenden (5Mose 6,21ff; Jos 24,6f) Schrifttum, oft in dichterisch fest geprägter Form 2Mose 15; Ps 114; 135; 136. Am *geschichtlichen Ereignis* dieser Errettung ist kein Zweifel trotz der Mischung von Erzählungselementen aus älterer und späterer Zeit (M. Noth, Überlieferungsgeschichte des Pentateuch). Als eindrucksvolle Geschehnisse stehen am Anfang der isr. Volksgeschichte die Bedrückung durch Fronarbeit am Bau der Deltastädte, die Vernichtung einer ägyptischen Heeresabteilung am „Meer", die Gottesbegegnung am Sinai.

2) Archäologische Funde (ägypt. Urkunden und Grabmalereien) bezeugen die von ägyptischen Grenzwachen kontrollierte Einwanderung östlicher Beduinen (Kleintierzüchter mit ihren Herden) und ihre Ansiedlung auf ägyptischem Staatsgrundbesitz. Wohl im Wadi tumelat lag das Land → Gosen, das israelitischen Sippen als Wohnsitz zugewiesen wurde. Ihr Name Hebräer bezeichnet sie vermutlich in ihrer sozialen Stellung als Leute minderen Rechts, die man als Lastträger bei Stadt- und Tempelbauten zu Staatsdiensten heranzog. Anlaß hiefür mochte die Befürchtung sein, die landfremden Siedler könnten mit den in Aufruhr geratenen palästinischen Beduinen und den von Asien her das Reich bedrohenden → Hethitern gegen Ägypten gemeinsame Sache machen 2Mose 1,9f. Abb. → Sp. 21f, Sp 25f, Tafel 44.

3) Aus diesen Zeitverhältnissen wird für den A. eine vorsichtige Bestimmung der *Zeit* möglich. Entgegen früheren Vermutungen, nach denen man die Pharaonen der 18. Dynastie Thutmosis III. 1491-1436 und Amenophis IV. 1361 bis 1340 (?) für die Regenten zZ der Bedrückung und des A.s hielt, wird die heute allg. angenommene Spätdatierung den bibl. bezeugten Tatbeständen besser gerecht: Bedrückung unter Ramses II. 1290-1224, A. unter Merenptah (?) Ende des 13. Jh. (19. Dynastie). Über den Tod des Merenptah im Kriege, auch über die Vernichtung der ägyptischen Streitmacht schweigen die ägyptischen Quellen. Doch ist in den ältesten Überlieferungsschichten (2Mose 15) vom Untergang des Pharao selbst nichts gesagt, und die Vernichtung einer den Flüchtenden nachjagenden Streitwagen-Abteilung hätte für das ägyptische Reich einen amtlichen Bericht kaum verlohnt.

4) Die *Zahl* der Auswandernden wird 2Mose 12,37 u.a.m. mit etwa 600000 Mann ohne Frauen und Kinder wohl viel zu hoch beziffert. Die Sinai-Halbinsel kann davon kaum den 100. Teil ernähren. Möglicherweise kam die Ziffer dadurch zustande, daß man nach dem auch sonst in der Bibel beobachteten Brauch (vgl. die 666 in Offb) für die hebr. Konsonanten für das Wort „die Söhne Israels" die entsprechenden Zahlwerte einsetzte. Oder man trug das Ergebnis einer Jh. späteren Schätzung Gesamt-Israels in den Bericht ein. Neuere Schätzung dürfte mit etwa 6000 Menschen das Richtige treffen. Das wären dann nicht die 12 Stämme gewesen, die — wie auch der Name „Israel" — ohnehin erst für Palästina bezeugt sind, sondern nur eine Stämmegruppe oder verschiedene Nomadensippen, die nach der Rückkehr sich wieder in die am Rande des palästinischen Kulturlandes wohnen gebliebenen verwandten Sippen eingliederten, mit ihnen die künftigen Stämme begründeten und den Bericht über Gottes Rettertat beim A. zum gemeinsamen isr. Überlieferungsgut machten.

5) Von dem *Weg* des A.s ist nur schwer ein anschauliches Bild zu gewinnen. Umstritten ist sowohl die Lage des → Sinai, falls man 2Mose 19,16 auf vulkanische Vorgänge deutet, als auch der Ort des Durchzugs durch das „Meer". Man wollte an den Golf von Akaba (oder Suez) denken. Die bibl. Überlieferung spricht stets vom „Schilfmeer". Dessen einstige Gleichsetzung mit dem „Roten Meer" hat sich als irrig erwiesen. Im übrigen erschwert uns die Veränderung der Landschaft seit dem Bau des Suezkanals die Ortsbestimmung. Die Deltastädte Pithom im heutigen wadi tumelat und Ramses, heute Tanis, sind archäologisch festgestellt, ebenso die Fundamente der südlich gelegenen Festung Sukkoth, heute tell el-maschuta im wadi tumelat. Von dort ging der Zug durch den Festungsgürtel an den Rand der Wüste nach Etham = ägyptisch „Festung", dann wieder nordostwärts gegen Pihachiroth zw. Migdol und dem Meer, angesichts von Baal-Zephon (durch einen Tempelfund bestimmbar). Vgl. hierzu 2Mose 12, 37; 13, 20; 14, 2. Der Durchzug müßte hier in nördlicher Richtung erfolgt sein, etwa am Südende des heutigen Mensale-Sees oder in dem heute nicht mehr vorhandenen Balah-See (so G. E. Wright, Bibl. Archäologie 1957). Über Jahwes Mitwirkung beim Meerwunder sind die Berichte nicht eindeutig: Trockenlegung durch einen starken Ostwind oder Spaltung und Aufstauung der Wasser. Längs des Ostufers geht der weitere Zug zum → Sinai. Das NT sieht in dem A. die Tat gläubigen Gehorsams Apg 7, 36; Hebr 11, 27 ff. *Schw*

Autorität → Bibel.

Awen → Beth-Awen.

Awwa (auch Iwwa), eine Stadt, die meist im Zusammenhang mit Hamath genannt wird 2Kö 17, 24; 18, 34; 19, 13; Jes 37, 13 und wohl im syrischen Teil des assyrischen Großreichs lag. Die Bewohner von Awwa wurden um 722 vChr durch → Assur nach → Samarien umgesiedelt 2Kö 17, 24 und verehrten dort ihre Götter Nibhas und Tartak 17, 31. Davon zu unterscheiden sind die Awwiter von 5Mose 2, 23; Jos 13, 3 im Gebiet Philistäas. *Da*

Axt → Handwerkszeug.

B

Baal (hebr. = Besitzer, Herr) ist im AT nicht der Name eines Gottes, sondern Bezeichnung der namenlosen Gottheiten, die an hl. Stätten (Quellen, Bäumen, Bergen usw) verehrt wurden. Sie sind die „Besitzer" dieser hl. Stellen, sie wohnen dort, man bringt ihnen Opfer zunächst als Gaben (zur Speisung) dar, später in Form von Brandopfern. Innerhalb ihres — meist kleinen — Besitzes spenden sie zB die Fruchtbarkeit des Landes, üben aber auch unheilvolle Wirkungen aus. Im AT werden B.-Gad, B.-Hamon, B.-Hazor, B.-Hermon, → B.-Peor u. a. erwähnt, der an dem betreffenden Ort verehrte B. Oft trägt der Ort selbst den Namen B.-... (→ B.-Zaphon). Andere B.e haben besondere Beinamen, zB → B.-Berith, → B.-Sebub. Einfach „der B." wurde der Stadtgott von Tyrus (Melkart oder B.-Schamem) genannt 1Kö 16, 31 f u. a. Aus zahlreichen Personennamen vor allem der isr. Königszeit (→ Eschbaal, Bealjada; auf den samarischen Ostraka finden sich 10 Namen mit B. gebildet) geht hervor, daß auch Jahwe mit B. gleichgesetzt wurde, am deutlichsten in dem Namen Bealja (= Jahwe ist B. = Jahwe ist Herr: 1Chr 12, 6; Luther u. a. 12, 5) und in der Bezeichnung Jahwes als „mein B." Hos 2, 18. Auch die Darstellung Jahwes im Stierbild 2Mose 32, 1 ff; 1Kö 12, 28 ff gehört hierhin; denn B. wurde zwar menschengestaltig, aber mit Stierhörnern an der Stirn dargestellt, und die B.-Priester trugen im Kult Stiermasken. Wie stark der B.-Kult seit dem Einzug in Kanaan eine Verführung für Israel war Ri 2, 11-13, zeigt auch der Kampf, den die Propheten von → Elia an gegen ihn führten, zB Jer 2, 23 f; 11, 13 f. Nördlich von Israel wurde in → Ugarit um 1500 vChr B. als Götterkönig verehrt. Ob er hier die Stelle des alten Wettergottes Hadad oder die des „Himmelsherrn" (B.-Schamem) eingenommen hat, ist nicht sicher. Er stürzt den Göttervater El, gerät in die Macht des Todesgottes Mot. Da B. als Gott des Regens und Sturms der Spender der Fruchtbarkeit ist, hört mit seinem Tod alles Leben auf. Erst als Anat (B.s Gattin und Schwester) Mot vernichtet, erwacht mit B. alles zu neuem Leben. Anat ergibt sich in Gestalt einer Kuh den Umarmungen B. und gebiert ihm einen wilden Stier. Wesensmerkmal der B.-Kulte sind von daher die Fruchtbarkeitsriten (hl. Hochzeit, sakrale Prostitution). Durch sie gewinnt der Mensch Anteil an der Segenskraft des B. Zu Hoseas Zeit erwartet offenbar jedes isr. Mädchen von B. die Gebärkraft, in seinem Heiligtum wird der Mutterschoß geöffnet. Dies nennt Hosea „Huren von Jahwe weg" Hos 1, 2 u. a. → Bel. *Bo*

Ein Baal von Ugarit
Die kleine Bronzefigur, die in Ras Schamra, dem alten Ugarit, gefunden wurde, stellt Baal, den „Herrn der Erde", den Gott des Gewitters dar; die erhobene rechte Hand schwang wahrscheinlich einst einen Donnerkeil, während die linke einen Blitz hielt. Vermutlich waren ursprünglich der Helm mit den Hörnern und das kurze Gewand mit Blattgold belegt.

Baal-Berith (Ri 9, 46 El-Berith) bedeutet Herr (Gott) des Bundes = der über den Bund wachende Herr. B.-B. ist der kanaanäische Stadtgott von Sichem Ri 9,4, zu dem Israel abfällt Ri 8,33, indem es ihn mit Jahwe gleichsetzt. *Bo*

Baal-Meon, Beth-Baal-M., Beth-M. oder Beon, Stadt in Ruben 4Mose 32,3.38; Jos 13,17; 1Chr 5,8, später moabitisch Jer 48,23; Hes 25,9, s. auch Mescha-Inschrift Z. 9.30, heute mā'īn 7 km südwestlich von Medeba. *Rü*

Baal-Peor → Peor.

Baal-Sebub hat überall den Beinamen „Gott von Ekron" und bedeutet „Herr der Fliegen". Woher die Bezeichnung kommt, ist nicht sicher zu erklären. B.-S. ist als Orakelgott bekannt 2Kö 1,2 ff. Nach anderen ist Baal-Sebul zu lesen, da in den Texten von Ugarit Baal mehrfach der Titel zbl (= Sabul = Fürst) beigelegt wird. Im NT geht wohl Beelzebul (lat. u. syr. → Beelzebub) als Name eines Dämonenfürsten Mt 12, 24 ff u. a. auf B.-S. zurück. *Bo*

Baal-Zaphon, Baal-Zephon

1) Name des Gottes auf dem Berg Zaphon (= dschebel el-aqra nördlich von Ugarit — darum „der Nördliche").

2) Name einer Örtlichkeit in der Nähe des Schilfmeers 2Mose 14,2.9; 4Mose 33,7; gemeint ist wahrscheinlich der „Berg Kasios" am Westende des Sirbonischen Sees. *Bo*

Babel war in sumerischer Zeit unter dem Namen Babilla eine unbedeutende Siedlung, deren Name von den sie in Besitz nehmenden Westsemiten (Amoritern) als Babili = Tor Gottes gedeutet wurde. Die unmittelbaren Vorgänger → Hammurabis (1728-1686) errichteten bereits die Mauern, die ersten Tempelbauten und das Mardukheiligtum Esagila. Aber erst dieser König konnte B. zur politischen Hauptstadt erheben; als Kultus- und Kulturmetropole hat sie über die Jh. ihren Glanz erhalten. Gewiß ist damals auch schon der Hochtempel (Zikkurat; Etemenanki = Haus der Plattform des Himmels und der Erde) erbaut worden. Koldewey konnte in seiner Ausgrabung 1899-1917 nur das allerdings seinerzeit großartig wiederaufgebaute B. → Nebukadnezars (604-562) ans Tageslicht bringen. Die Stadt war ja von → Sanherib gründlichst zerstört worden. Die Trümmerschicht aus der Hammurabizeit liegt unter dem heutigen Grundwasserstand, so daß sie für uns unzugänglich ist. Der Euphrat teilt B. in die östliche Altstadt und die westliche Neustadt. Innerhalb der ummauerten Altstadt liegt der heilige Bezirk, dessen Tempelturm eine Höhe von rund 90 m maß. Der ganze östliche Teil von B., der mit der Neustadt durch eine Brücke verbunden ist, war samt Vororten noch mit einer erweiterten Mauer umgeben, die eine Fläche von etwa 400 ha umschließt. B. hat noch dem Perser → Darius eine Zeitlang als Residenz gedient; aber Xerxes ließ 482 die Mauern schleifen, den Marduktempel abbrechen und die Mardukstatue einschmelzen. → Alexander d. Gr. wollte B. zu seiner Hauptstadt erheben und den Marduktempel wieder aufbauen; aber nach dem Tode dieses Welteroberers in B. verfiel die Stadt allmählich. Der hebr. Mensch hatte für die Größe und Pracht B.s kein Verständnis, da ja alle dort angewandte Kunst im Dienst der heidnischen Götter stand. Der „Turm" ist Zeichen menschlicher Vermessenheit (1Mose 11); im Exil sehnt man das Ende jener Stadt herbei Jes 47,1. Auch nach dem Absinken B.s in die Bedeutungslosigkeit bleibt sie Sinnbild der gottfeindlichen Macht Dan 4,27; Offb 17 u. 18. Wie in der Offb, so wird auch 1Petr 5,13 B. Deckname für Rom sein. *Peu*

Babylonien.

1) Das alte sumerische Reich. 2) Semitische Einwanderung. 3) Sargons Reich in Akkad. 4) Das sumerische Reich von Ur. 5) Das Reich Hammurabis. 6) Unter den Königen von Assur. 7) Nebukadnezar. 8) Das Ende des babylonischen Staates. 9) B. und Israel.

Die fruchtbaren Gebiete Mesopotamiens, besonders im Süden, sind ausgesprochene Fluß-Oasen, die durch den Euphrat und Tigris gespeist werden. Der Mensch hat durch Flußregelung und Kanalbau diese an und für sich unwirtlichen Steppen schon früh zu einem blühenden Garten gestaltet. Daher ist es verständlich, daß wir hier auf älteste Hochkulturen stoßen. Dieses vom Menschen geschaffene Fruchtland war aber immer wieder dem teils friedlichen, teils gewaltsamen Eindringen der in der syrisch-arabischen Wüste lebenden, an biologischer Stärke unverwüstlichen Hirtenstämme und der aus alten Jägerkulturen hervorgegangenen, durch die Unbilden der Witterung gehärteten Bergstämme des iranischen (Zagros-) Gebirges ausgesetzt. Diese Tatsache spiegelt sich im Unterschied zu Ägypten in einem dynamischen Wechsel der Herrenschichten und der Veränderung des Bevölkerungsbestandes, andererseits auch in einem statischen Beharren der ältesten Kulturgüter wider.

1) Die in der 2. Hälfte des 4. Jt. in Mesopotamien herrschende Bauernkultur wird verändert durch die um 3000 sicherlich aus dem Osten einwandernden → *Sumerer*, die sich zunächst im Mündungsgebiet von Euphrat und Tigris niederlassen, dann aber das ganze südliche Zweistromland völkisch, politisch und kulturell durchdringen. Von dem an der einstigen Küste gelegenen Eridu verlagert sich der Schwerpunkt der Kultur nach *Uruk* (bibl. Erech, heute Warka). Um die verschiedenen Heiligtümer entstehen die städtischen Siedlungen der Priester, Schreiber, Tempelarbeiter und Handwerker, während die Bauern, Fischer und Jäger auf dem Lande wohnen. Der Gott des Tempels ist der Stadtherr, dem alles gehört und dient, an den alle Abgaben zu entrichten sind. Ein priesterlicher König (Ensi bzw. Lugal) ist der Vertreter des Gottes. Aus den Bedürfnissen der Tempelwirtschaft hat sich die älteste uns bekannte Keilschrift entwickelt. Anstelle des älteren Gottes Enki von Eridu tritt bald Uruks Götterpaar in den Mittelpunkt: Anu als Himmelsherr und Inanna-Ischtar als Muttergöttin. Letztere finden wir in enger Verbindung mit dem sagenhaften König von Uruk, dem Gottmenschen Dumuzi (bibl. Tammuz), der als der gute Hirte gilt. Er ist der jugendliche Geliebte jener Göttin. Mit seinem Tode hört alles Tier- und Pflanzenleben auf. Doch holt die Göttin den Verstorbenen aus dem Totenreich wieder herauf und das Leben auf Erden erwacht erneut. Damit findet jenes „Stirb und Werde" in der Natur seine Erklärung. In Uruk tritt der Anu-Tempel auf einer Hochterrasse in Erscheinung, ein Vorläufer der späteren Zikkurat (Stufenturm mit Hochtempel), der aber an Größe vom Inanna-Heiligtum übertroffen wird.

2) Der Ausklang des altsumerischen Gottesstaates zeigt sich in der gleichen Stadt Uruk, die von einer Doppelmauer von rund 9,5 km Länge und zahlreichen Türmen umgeben wird, während die Tempelstadt besonders abgegrenzt ist. Tempel und Palast, Priester und König treten nebeneinander, wenn nicht gar gegeneinander. *Ostsemitische Einwanderer* erscheinen im Land und drängen, obwohl sie im Sumerertum aufgehen, dieses in die Verteidigung. Die bisher gleichberechtigten Tempelstaaten müssen sich einem Oberhaupt beugen. Über die Götter übt der Gott Ellil in Nippur die Oberherrschaft aus, der auch den Namen des jeweiligen Oberkönigs verkündet. Zeitweilig nahmen die Städte Lagasch und Kisch neben Uruk und Ur eine Vorrangstellung ein. Am Ende der eigentlich sumerischen Geschichte erobert Lugalzaggisi von Umma das ganze sumerische Gebiet, dringt bis zur syrischen Küste vor und nimmt den Titel eines Großkönigs an. → die Karte Sp. 95.

3) Um 2350 erobert der *Semit Sargon* die Stadt Uruk, läßt Lugalzaggisi wie ein wildes Tier in einem Käfig in Nippur öffentlich zur Schau stellen. Die semitische Bewaffnung mit Bogen und Speer hatte über die sumerische mit Lanze und Axt gesiegt. Sargon erobert ganz Sumer, Elam, das Osttigrisland, das spätere → Assyrien, → Syrien und das östliche Kleinasien. Er gründet die bis heute noch nicht identifizierte Hauptstadt → *Akkad* in der Nähe von Kisch und Sippar, die dem Lande nördlich von Sumer und der nunmehr herrschend werdenden semitischen Sprache den Namen geben sollte. In dieser Zeit paßt sich das Akkadische der für die völlig anders geartete sumerische Sprache geschaffenen Schrift an. Die semitischen Gestirngötter Schamasch = Sonnengott, Sin = Mondgott und Ischtar-Anunitu = Venusstern treten neben die alten sumerischen Gottheiten. Der König ist nicht mehr Gottes Stellvertreter, sondern Gott selbst. Er nennt sich König der vier Weltteile und regiert durch ein ihm allein verpflichtetes Beamtentum und 5400 Söldner. Während Naramsin seines Großvaters Sargon Erbe noch fest in seiner Hand behielt, fiel das akkadische Reich 2150 den vom Zagros herniederstürmenden barbarischen *Gutäern* zum Opfer, die von der Nachwelt als Plünderer und Tempelschänder gebrandmarkt wurden.

4) Da der sumerische Süden Mesopotamiens von der Invasion der Gutäer teilweise frei blieb, konnte das Sumerertum noch einmal aufleben. In der verschont gebliebenen Stadt Lagasch trat der Ensi Gudea als der große Tempelbauer für den Stadtgott Ningirsu hervor. Das sumerische Oberkönigtum von Ur konnte schließlich aller Fremdherrschaft der Gutäer ein Ende bereiten; die Länder *Sumer und Akkad* bildeten wieder einen Einheitsstaat, zu dem auch Susa und Assur gehörten und dessen Einfluß bis Nordsyrien reichte. Die Oberkönige Urnammu und Schulgi von Ur sind gewaltige Bauherren. Berühmt ist der dortige Hochtempel des Mondgottes Nanna; vier gewaltige Plattformen waren, nach oben kleiner werdend, sozusagen aufeinandergeschichtet; auf der 4. Stufe stand der eigentliche Hochtempel; so bildete die „Zikkurat" einen Berg im Flachlande. Zur ebenen Erde dagegen lag der Tempel von Nannas Gemahlin, der Göttin Ningal. Unterdessen waren die Amoriter oder Westsemiten in dichten Mengen aus der Wüste in das Kulturland eingebrochen; gegen ihr Vordringen nach dem Süden suchte man sich durch die Errichtung der Amoritermauer am mittleren Euphrat zu sichern.

5) In das Erbe jenes sumerischen Reiches von Ur teilten sich die *Elamiten*, die sich in Larsa, und die *Westsemiten*, die sich in Mari, Isin, → Babel und → Assur festsetzten. Lange Zeit bekämpften sich diese Stadtfürsten untereinander. Zunächst schien es, daß die elamitischen Könige von Larsa, Waradsin und Rimsin die Herren von Sumer und Akkad würden. Es gelang aber dem Westsemiten *Hammurabi* (1728 bis 1686), als Stadtfürst von Babel Rimsin zu schlagen und Sumer und Akkad nebst Mari und Assur unter seinem Zepter zu vereinigen. Er verschmilzt Sumerer und Akkader zu einem Volk; seit dieser Zeit kann man erst von einem eigentlichen *Babylonien* reden, dessen Name aus der Hauptstadt → Babel hervorgegangen ist. Für Jahrhunderte hat das Gesetzeswerk dieses Königs (CH = Codex Hammurabi) mit seinen mehr als 300 Paragraphen die Rechtsprechung der Völker beeinflußt. Es zeigt uns die Einteilung des babylon. Volkes in die drei Klassen der Freien, Hörigen und Sklaven, für die jeweils verschiedenes Recht gilt, und führt das Prinzip der Vergeltung durch (→Tafel 13). Nach den 200 wiedergefundenen Briefen Hammurabis kümmert sich der König um alles Geschehen des Staats. Er ordnet Tempel- und Kanalbauten an und weiß sich als Schützer der Schwachen und Entrechteten. Er vereint in seiner Person die Idee des akkadischen Weltherrschers und des aus den alten Hirtenkulturen hervorgegangenen Völkerhirten. Das Sumerische wird zur Kultsprache, alte sumerische Texte übersetzt man ins Akkadische (Babylonische): Das Weltschöpfungsepos „Enuma elisch" (= als droben) erklärt die Vormachtstellung Marduks, des Stadtgottes von Babel, unter den Göttern, der die Stelle Ellils von Nippur einnimmt. Das viel mehr weltliche Gilgameschepos behandelt die unvergänglichen Probleme nach der Gewinnung des ewigen Lebens und des Kampfes zwischen Gut und Böse, Licht und Finsternis. Das Ende der Hammurabizeit kam völlig unerwartet: Der hethitische König Murschili I. überfiel um 1530 die Kultur- und Kultusmetropole Babel, plünderte sie aus, und der letzte König von Babel verlor Herrschaft und Leben.

6) Nach dem Abzug der Hethiter übernahmen die teilweise von einer indogermanischen Führerschicht geleiteten *Kassiten,* die vom Zagros ins Kulturland herabgestiegen waren, die Herrschaft über B. In diesen 400 Jahren der Fremdherrschaft stand B. abseits der großen Ereignisse, die sich zw. Hethitern, Mitanni und Ägypten abspielten. Man betrachtete seine Unfreiheit als von den Göttern verhängte Strafe. Die Nachdenklichen suchten nach Sündenerkenntnis; in Bußgebeten und Einzelpsalmen wandte man sich an die Götter. Damals entstand die Dichtung „Gespräch eines Lebensmüden" (der babylonische Hiob), und in Sammlungen von Weisheitssprüchen sollte der beste Lebensweg in jener trostlosen Zeit gelehrt werden. Die breite Masse aber gefiel sich in Aberglauben, Magie und Hexerei.

Auf die Kassiten folgte die nationale Dynastie von Isin, deren bedeutendster Herrscher → *Nebukadnezar I.* (1146-1113) war. Doch konnte B. seinen chronischen Schwächezustand bis zum Ende des 7. Jh. nicht überwinden. Das Land stand im Schatten *Assurs,* das sich jedoch dem kulturellen und religiösen Einfluß Babels nicht entziehen konnte. Schon im mittelassyrischen Reich nahmen die Könige Assurs die verschiedenste Stellung zu B. ein: Assuruballit stützte durch Heiratspolitik und Waffengewalt assurfreundliche Könige. Unter Tukultininurta I. wurde B. assyrische Provinz. Der gewalttätige Tiglat-Pileser I. erzeigte der alten Metropole größte Hochachtung. Neuassyrische Könige lassen B. unberührt (Adadnirari II., Assurnasirpal II., Salmanassar III.), andere „ergriffen die Hände des Marduk" und übernahmen in Personalunion unter Annahme eines b. Thronnamens das Königtum in B. (Tiglat-Pileser III. = Pulu; Salmanassar V. = Ululai); Sargon II. setzte einen assyrischen Statthalter ein. Sanherib (704 bis 681) dagegen ließ sich nach der Ermordung eines seiner Söhne, den er zum Vizekönig von B. erhoben hatte, dazu hinreißen, die Stadt und die Tempel zu zerstören, die Mardukstatue zu verschleppen, die Bevölkerung niederzumetzeln und die Trümmerstätte unter Wasser zu setzen. Asar-Haddon baute alles wieder auf, ernannte seinen älteren Sohn zum König von B.; Assurbanipal, der jüngere Sohn Asar-Haddons, verschonte die Stadt nach dem Aufruhr seines Bruders. Das Bevölkerungsbild Mesopotamiens hatte sich freilich im Laufe der Jh. völlig verändert. Nur die alten Städte ragten aus der Flut des Aramäertums hervor, das trotz aller furchtbaren Heimsuchungen durch die Assyrer das flache Land in Besitz genommen hatte.

Zur Zeit Sargons II. trug der Aramäer Marduk-Apalidinna (Merodach-Baladan) von Bit Jakin zeitweilig die Krone von B. Diese Tradition nahm am Ende des assyrischen Großreiches Nabopolassar aus dem aramäischen Stamm der *Chaldäer* wieder auf. Er schloß ein Bündnis mit den Medern, die sich bei ihrem Vordringen mit dem eigentlichen assyrischen Gebiet begnügten, während Syrien-Palästina für Nabopolassar frei wurde.

7) An der Zerstörung Ninives und der Auslöschung des assyrischen Staatsgebildes beteiligte sich der Chaldäer (612). Der Kronprinz *Nebukadnezar* konnte bei Karkemisch 605 den ägyptischen König Necho, der Syrien-Palästina für sich beanspruchte und das Gebiet von Haran als assyrischen Reststaat gegen Medien und B. halten wollte, entscheidend schlagen. Nebukadnezar hat sich dann als König (604-562) Werken des Friedens gewidmet. Babel verlieh er einen letzten Glanz, andere Städte wie Sippar rettete er vor dem wirtschaftlichen Zusammenbruch. In seiner Person fand das alte Babyloniertum und Aramäertum eine Einheit. Er hat uns charakteristischerweise viele Inschriften über seine Kultbauten, aber, im Unterschied von den Assyrern, wenige über Kriegszüge hinterlassen. Vorsorglich wurde gegen medische Übergriffe nördlich von Babel eine Mauer vom Euphrat zum Tigris erbaut. 601 kam es zu einer weiteren schweren Schlacht gegen die unter Amasa vordringenden Ägypter. Auch damit war noch keine Ruhe in Palästina eingetreten, dessen Fürsten immer wieder auf ägyptische Einflüsterungen hörten. Tyrus ergab sich erst nach 13jähriger Belagerung. Das aufständische Jerusalem-Juda konnte Nebukadnezar zunächst 598 niederwerfen; König → *Jojachin* mußte mit 10 000 Männern in die Verbannung gehen. Der vom b. König eingesetzte → *Zedekia* ließ sich erneut in einen von dem Ägypter Apries-Hophra inspirierten Aufstand ein. Diesmal hielt der Chaldäer ein hartes Strafgericht, nachdem Jerusalem nach 1½jähriger Belagerung 587 gefallen war. Stadt und Tempel wurden restlos zerstört, Zedekia in Ketten nach Babel gebracht, große Teile der Bevölkerung nach B. in die Gegend von Nippur deportiert; der ehemalige Staat Juda war damit babylonische Provinz. → Tafel 7.

8) Mit dem Tode Nebukadnezars hatte das kurzlebige neubabylonische, chaldäische Reich schon seinen Höhepunkt überschritten. Unter Amelmarduk erhielt Jojachin von Juda Freiheit und Ehrenrente am b. Hofe. Neriglissar verband sich politisch und religiös mit den Mardukpriestern und zog sich dadurch die Feindschaft der aramäischen Priesterschaft des Sin (Mondgott) von Ur und Haran, des Schamasch (Sonnengott) von Larsa und Sippar zu. Deren Anhänger *Nabonid* errang die Herrschaft nach der Ermordung des unmündigen Labaschi-Mar-

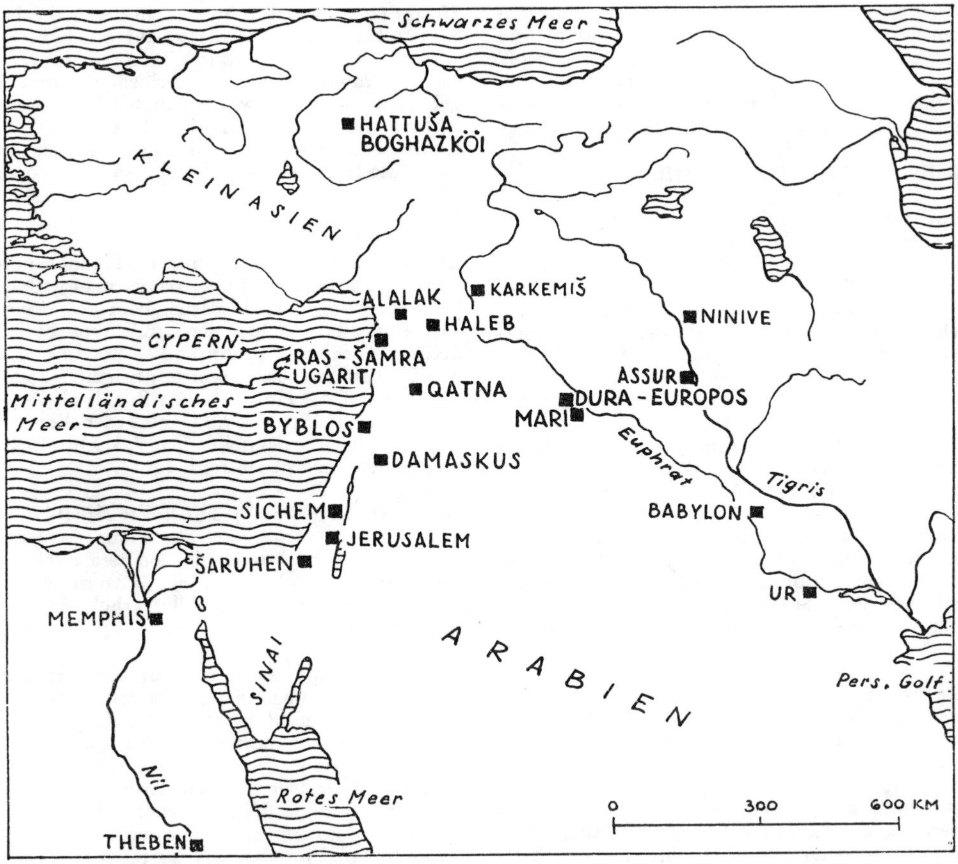

duk. Dieser merkwürdigste König auf B. Thron, der Sohn eines nordaramäischen Fürsten und der Oberpriesterin des Mondgottes in Haran, bemühte sich um Neubauten und Erneuerungen der Heiligtümer der großen Gestirngötter. Nabonid errichtete eine neue Residenz in der arabischen Karawanen- und Oasenstadt Teima tief in der Wüste, um gegen das B. bedrohende Iraniertum eine aramäisch-arabische Großfront zu schaffen. Der Kronprinz → *Belsazar* führte unterdessen die Regierungsgeschäfte; aber das traditionelle Neujahrsfest in Babel mußte ausfallen. Gegen Nabonid wandte sich die Mardukpriesterschaft, die dem Perserkönig → Cyrus ideologisch den Weg ebnete. Als der b. Statthalter im Osttigrisland Gobryas sich Cyrus anschloß, war es um die chaldäische Herrschaft geschehen. Im Oktober 539 zog der Perser *Cyrus* kampflos in Babel ein, begrüßt von der Mardukpriesterschaft. Der greise Nabonid wurde von Cyrus begnadigt. Damit hatte der selbständige b. Staat sein Ende gefunden, jedoch nicht b. Gesittung, Geisteswelt und Religion.

9) B. und Israel. Zweifellos ist Israel in seinem Denken von B. beeinflußt worden: Schöpfungs- und Sintfluterzählung tragen in sich manches b. Gedankengut. Auch die isr. Psalmen, bes. die Hymnen und Klagelieder bis hin zu deren rhythmischer Gestaltung und nicht zuletzt die ATlichen Gesetzessammlungen sind von B. her beeinflußt worden. Allerdings endete der „Babel-Bibelstreit" zugunsten der Bibel. Das b. Gedankengut in der Bibel ist viel geringer, als man vor Jahrzehnten annahm. B. Weltanschauung und Denkart ist ja in älterer Zeit nur indirekt über die Kanaanäer und Phönizier und schließlich über die Assyrer nach Israel gekommen, das von der Richterzeit bis zur Mitte des 9. Jh. keine unmittelbaren Beziehungen zu B. hatte.

Direkte Beziehungen können wir zZ des Propheten Jesaja (39, 1) und in der letzten Zeit des Staates Juda, also in chaldäischer Zeit, feststellen (2Kö 24. 25). Aber erst der Aufenthalt der Exulanten in B. brachte den Juden das eigentliche b. Wesen nahe. Dort stand man von vornherein in Opposition zum Religionswesen des Zweistromlandes. Es ging geradezu um die Frage Marduk oder Jahwe. Hesekiel und jener unbekannte Prophet (Jes 40-55) haben durch ihre Predigt den Glauben der angefochtenen Exulanten gestärkt. Diejenigen Juden, die nicht unter Cyrus oder später heimkehrten, haben wohl von den Babyloniern Geschäftstüchtigkeit gelernt, aber ihren Glauben an Jahwe haben sie nicht aufgegeben. *Peu*

Babylonische Gefangenschaft → Exil.

Bach. Viele Wasserläufe Palästinas liegen im Sommer trocken da Ps 107,33 und führen Wasser erst wieder zur Regenzeit (→ Regen) Ps 126, 4; Joel 4,18, können dann freilich mit verheerender Gewalt daherbrausen Ps 18,5; Mt 7,27. Darum wird der B. zum Bild der Unbeständigkeit: für den Besitz der Gottlosen Sir 40,13, für die Unzuverlässigkeit von Hiobs Freunden Hiob 6,15-21, in Jeremias bitterer Klage sogar für Gottes Handeln Jer 15,18. Im B. finden sich die geglätteten Steine, die zum Schleudern zu brauchen sind 1Sam 17,40. Am B. gedeiht der Pflanzenwuchs Ps 1,3; Jer 17,8. *Schl*

Bach Ägyptens. Der B.Ä., der aus dem Gebirge der Sinai-Halbinsel zum Mittelländischen Meer fließt, heute wadi el arisch (nicht zu verwechseln mit dem „Strom Ägptens", dem Nil), war die Grenze zw. Ägypten und Kanaan 4Mose 31,5; Jos 15,4; 1Kö 8,65; Jes 27,12. *Schl*

Backe. Ein Schlag auf die B. galt zu allen Zeiten, auch im alten Bund, als schimpflich; bes. ein Schlag auf die rechte B., weil die rechte Seite als bevorzugt galt. Zedekia, einer der patriotischen Propheten, schlug den Propheten Micha ben Jimla auf die B., weil er dem König Ahab den Ratschluß Gottes furchtlos mitteilte 1Kö 22,24. — Seine Jünger mahnte Jesus, daß sie dem Übel nicht widerstehen, dem, der ihnen einen Streich auf die rechte B. gibt, auch die andere darbieten und mit unermüdlicher, alles tragender Geduld bereit sein sollen, Unrecht zu leiden, statt auf Vergeltung bedacht zu sein Mt 5,39. Mit diesen Worten zieht Jesus nicht Unrecht groß. Was er von dem denkt, der Unrecht *tut,* hat er Mt 5,22 deutlich gesagt. Des Jüngers Aufgabe besteht auch nicht bloß im Dulden; er muß, wo Anlaß dazu besteht, furchtlos gegen das Unrecht Zeugnis ablegen (Jo 18,22f; vgl. Apg 16,37). Aber die Jünger sollen sich von aller Streitsucht und Gewalttat freihalten, auch wenn sie für ihre Person Bosheit leiden müssen. *Fro*

backen war die tägliche Aufgabe der Frau und ihrer Mägde 1Mose 18,6; 1Sam 8,13; Jer 7,18; Mt 13,33. Am Hof des Pharao gab es einen Hofbäcker 1Mose 40,1, im Jerusalem der Königszeit eine Bäckergasse Jer 37,21. Das → Mehl (von Weizen oder Gerste Hes 4,9, meist aber Gerste 2Kö 4,42; Jo 6,9) wird im Backtrog mit Wasser zu einem Teig geknetet 1Mose 18,6; Jer 7,18 und mit Sauerteig vermengt Mt 13,33, der Teig in runde Fladen geformt (Durchmesser 20 cm) und auf heißen Steinen, in der Asche Jes 44,19; Hes 4,12.15; Jo 21,9, auf einer Backplatte oder an der Wand des Backofens Hos 7,6 (die Ausgrabungen zeigten verschiedene Formen) gebacken; die Brote wurden in Körben aufbewahrt 1Mose 40,16 und beim Essen nicht geschnitten, sondern mit der Hand gebrochen Jes 58,7; Mt 26,26. → Schaubrote. *Schl*

baden → Reinigung.

Bär. Der B. ist höchstens noch im Libanon und Hermon zu finden, hat aber früher manche Not bereitet, wie Davids Hirtenabenteuer 1Sam 17,34 und das Unglück der Kinder von Bethel 2Kö 2,24 zeigt; vgl. Am 5,19. Bes. die der Jungen beraubte Bärin wurde gefürchtet 2Sam 17,8; Spr 17,12; Hos 13,8. Der B. galt als freßgierig Spr 28,15; Jes 59,11. Eine der Bestien, die die Weltreiche darstellen Dan 7,5; Offb 13,2; sehr anders im Friedensreich Jes 11,7. *Schl*

Baësa (906/05-883/82; 1Kö 15,16ff; 16,1ff), aus Isaschar, vernichtete das Haus → Jerobeams I., kämpfte als König von Israel erfolglos gegen Juda und die von den Judäern herbeigerufenen Aramäer; gegen ihn erhob sich der Prophet Jehu ben Hanani. *Peu*

Bahn, soviel als Weg, meist in übertragenem Sinn: die Richtung, die der Mensch glaubend und handelnd einschlägt Hiob 23,11; Spr 2,13. 20; 14,2. Um auf rechter B. zu bleiben, braucht er Gottes Hilfe Ps 27,11; 143,10; Spr 4,11. Wie mit dem Einzelnen handelt Gott mit seinem Volk Ps 80,10; Jes 11,16. Er zieht vor ihm her Ps 68,5; er kommt zu seinem nach Babel verbannten Volk Jes 40,3 und wartet darauf, daß es ihm mit äußerer und innerer Bereitschaft entgegenkommt 57,14. Letztes Ziel ist Gottes Friedensreich Jes 19,23; 35,8. *Gü*

Bahurim. Name einer Stadt in Benjamin 2Sam 3,16; 16,5; 17,18, an der Straße von Jerusalem nach Jericho, Heimat Simeïs, 2Sam 19,17, heute rās eṭ-ṭmīm nordöstlich des Ölbergs. *(Rü)*

Baladan → Merodach.

Balak, der moabitische König, der den Kampf mit Israel scheute und darum → Bileam berief, damit er dem Volk fluche, 4Mose 22 (vgl. Ri 11,25; Mich 6,5; anders Jos 24,9). An Bileams Rat an B. 4Mose 31,16 wird Offb 2,14 erinnert, um eine heidnisch verdorbene, zuchtlose Frömmigkeit zu kennzeichnen. *Schl*

Balsam. Der B. ist wohl das Harz des Mastixbaums, einer Terebinthenart (Pistacia mutica), das als Heilmittel geschätzt war; es war wertvoller Handelsartikel nach Ägypten 1Mose 37,25; 43,11 und nach Phönizien Hes 27,17; für seinen Anbau war die Landschaft Gilead berühmt

Jer 8,22; 46,11. Der Mastixbaum wächst noch heute im Küstenland Palästinas, und das Harz, das durch Ritzen der Rinde gewonnen wird und in erbsengroßen, weißlichen Körnern in den Handel kommt, wird wegen seiner aromatischen und medizinischen Wirkung geschätzt. Der echte B.strauch (Commiphora opobalsamum oder Balsamodendron gileadense) wurde zur Römerzeit im warmen Jordantal bei Jericho gezogen, kommt aber heute in Palästina nicht mehr vor. Luther übersetzte auch andere Worte mit B.; so das allg. Wort „Öl" Esth 2,12; Ps 141,5. Die B.zweige Neh 8,15 sind Zweige der Ölweide (→ Ölbaum). Das hebr. Wort, von dem das griech. B. abgeleitet ist, das aber wohl nicht den B.strauch und das B.öl meint, sondern im allgemeineren Sinn Wohlgeruch, Duft, gab Luther verschieden wieder: Spezerei 2Mose 25,6; 30, 23; 35,28; 2Chr 9,1; Gewürze HL 4,14.16; 5,1. Zu 2Mose 30,34 → Stakte. *Schl*

Bann. Der B. hängt im AT mit dem *hl. Krieg* zusammen. Das hebr. Wort cheräm (= B.) bezeichnet einen Raum, der für *menschlichen Gebrauch unzugänglich* ist (vgl. „Harem"). Alles Gebannte ist Jahwe geweiht Jos 6,19 u.a. Eine gebannte Stadt wird völlig zerstört, alles Vieh und alle Menschen werden getötet. Nichts darf als Beute behalten werden; nicht einmal als Opfer kann es Verwendung finden 1Sam 15 (ähnlich der B. in Moab: Mesa-Inschrift, Zeile 11 f. 16 ff). Daneben wird auch eine mildere Praxis geübt: Frauen, Kinder und Vieh dürfen als Beute betrachtet werden Ri 21,10 ff; 5Mose 20,14. Wer sich am B.gut vergreift, wird selbst ein Gebannter, d.h. er wird gesteinigt und verbrannt Jos 7, wenigstens aber von Jahwe verworfen 1Sam 15,23. Oft ist der B. verbunden mit *magischen Riten* (zB Ausstrecken des Speeres: Jos 8,18; Umkreisen einer Stadt: Jos 6). Der B. richtet sich gegen feindliche Städte und ihre Bewohner 5Mose 20,16 ff, gegen isr. Ortschaften (verschiedene Anlässe: Ri 21,10 f; 5Mose 13,16 ff) und einzelne Israeliten 5Mose 13,7 ff. Der B. kann *Gelübde* sein 4Mose 21,2. Während noch in Esra 10,8 Aussonderung aus der Gemeinde und B. auseinandergehalten sind, ist der B. im *Spätjudentum* ausschließlich Strafmaßnahme und wird als kleiner B. für begrenzten Ausschluß, als großer B. für endgültige Exkommunikation geübt. Das Los der Jünger Jesu ist es, von den Juden in den B. getan zu werden (Jo 16,2; vgl. 9,22 u.a.). Paulus schließt sich dem spätjüd. Brauch an („von euch tun", „dem Satan ausliefern": 1Kor 5,2.5; auch das → Anathema von 1Kor 16,22 gehört hierher). In Mt 18,15 ff ist eine B.regel der *christlichen Gemeinde* überliefert. *Bo*

Banner. Nach 4Mose 2,2 ff hatten die Israeliten beim Zug durch die Wüste größere Feldzeichen für je drei Stämme, kleinere für jeden einzelnen Stamm; wie sie aussahen, ist unbekannt. Die Kriegsrolle von Qumran erwähnt beschriftete B. Nach der Amalekiterschlacht errichtete Mose einen Altar, den er „Der Herr mein Feldzeichen" nannte 2Mose 17,15. B. heißt auch der auf einem hohen Punkt aufgesteckte Signalmast Jes 30,17, der den Sammelplatz der Kriegsleute bezeichnet Jer 51,27. So ist auch B. überhaupt Sammlungszeichen Jes 49,22 oder Fluchtzeichen Jer. 4,6. *v. d. W.*

Barabbas, als dessen vollen Namen einige Handschriften Mt 27,16 f Jesus Barabbas geben, war der politische Verbrecher, den die Römer bei einem Aufstandsversuch Mk 15,7; Lk 23,19 ergriffen hatten und den Pilatus an Jesu Stelle freiließ. *Schl*

Barak, Abinoams Sohn aus Naphthali, wurde von Gott erweckt, von Debora zum Heerführer berufen. Mit ihrer Hilfe besiegt er am Fuß des Tabor Sisera, den Feldhauptmann des Königs Jabin von Hazor Ri 4,4 ff. Im Triumphlied Ri 5 verherrlicht, 1Sam 12,11 (Urtext) als Richter erwähnt. Hebr 11,32 unter den Helden des Glaubens genannt. *Schw*

barfuß → Kleidung, → Schuh.

Bar-Jesus, „Sohn des Jesus", hieß nach seinem Vater der jüd. Magier im Hofstaat des römischen Statthalters → Sergius Paulus auf Zypern, der sich selbst Elymas nannte, d.h. wohl den Wissenden, den Besitzer geheimnisvoller Weisheit Apg 13,6 ff. Da er sich der Verkündigung der Apostel widersetzte, vollzog Paulus an ihm einen Strafakt 13,8 ff. Die Lesart Hetoimas im cod. D läßt an den zyprischen Magier Atomos denken, der nach Josephus (ant. 20,7,2) zur Umgebung des Prokurators Felix gehörte. *Schl*

Barkochba. Der Führer im jüd. Aufstand 132-135 nChr. Seit den Funden von 1952 (Höhle 2 von Murabba'at), unter denen sich ein Originalbrief B.s befindet, ist sein Name genau bekannt: Schimon ben Kos(e)ba. B. (= Sternensohn, der Sternartige) wird er genannt, weil Rabbi Akiba 4Mose 24,17 auf ihn bezog und ihn damit als Messias anerkannte. Der Aufstand der Juden war wohl eine Folge der Reise Kaiser Hadrians (130 nChr) durch Palästina; sein unmittelbarer Anlaß ist nicht bekannt. B. brachte ganz Palästina in seine Gewalt und begann vielleicht einen Tempelneubau. In schweren Kämpfen (Hadrian selbst auf dem Schauplatz!) warf Rom das Volk nieder. Als letzte Festung fiel Bitter (Beth-ther, 3 Stunden südw. v. Jerusalem), wobei B. den Tod fand. In jüd. und christlicher Tradition bemächtigte sich die Sage der Gestalt B.s. *Bie*

Barmherzigkeit, barmherzig. — *1) Von Gott:* Von dem Gott der → Gnade und → Treue wird in der HS vielfach auch gerühmt, daß er b. ist in einer gütigen, sich zur Not des Menschen herabbeugenden Liebe und sich der Seinen erbarmt mit einem Herzen, das von unserer Schuld und

Not bewegt wird. Eine Grundstelle ist 2Mose 34,6: gegenüber dem Bruch des Bundes handelt Gott in B., die vergibt; ähnlich oft, zB 4Mose 14,18; Ps 86,15; 103,8; Joel 2,13. Die B. läßt Gott mit seinem Volk schonend verfahren 5Mose 4,31; Neh 9,31; seine B. ist groß 2Sam 24,14; muß sie zuweilen zurücktreten Jer 13,14; Jes 63,15, so darf sie doch wieder dem Zorn eine Grenze setzen Jes 54,7. Gott erbarmt sich seines Volkes um der Väter willen 2Kö 13,23; Jes 14,1; Jer 31,20, Jerusalems Ps 102,14, seiner Frommen Ps 103,13, der Witwen und Waisen Jes 9,16. Vor falschem Vertrauen auf die B. warnt Sir 5,6; 16,12. Auch das NT spricht (außer in den johanneischen Schriften) vielfach von Gottes B.: er ist der „Vater der B." 2Kor 1,3 und handelt in B., wie in der Sendung Jesu Lk 1,78, so auch an den einzelnen Christen Röm 9,16; Eph 2,4; 1Petr 1,3; 1Tim 1,13. Mehrfach wird B. neben Gnade und Friede im Segenswunsch des Briefeingangs genannt 1Tim 1,2; 2Tim 1,2; 2Jo 3; Jud 2; vgl. Gal 6,16. Eigentümlich ist Hebr 2,17: Jesus mußte b. werden, in eigenem Leiden die Fähigkeit barmherzigen Mitempfindens gewinnen.

2) Vom Menschen: Gottes B. ist für barmherziges Handeln des Menschen das Vorbild Lk 6, 36, der Beweggrund Mt 18,33, der Lohn Mt 5,7. Wir Menschen können unbarmherzig sein, gefühllos an Not vorbeilaufen Lk 10,31f, hart auf eigenem Recht bestehen Mt 18,28ff, rachsüchtig strafen 1Kö 20,31. Der Jünger Jesu lernt b. handeln Mt 9,13; Kol 3,12; 1Petr 3,8. *Schl*

Barnabas. Joseph mit dem aramäischen Zunamen B. war Levit und stammte von der Insel Zypern Apg 4,36. Dieser Zuname war nach Lukas eine Ehrung durch die Apostel und wird von ihm als „Sohn des Trostes" gedeutet. War die Familie des B. unter Verzicht auf den Dienst an dem Tempel in die Diaspora ausgewandert, so blieb doch die Verbindung nach Jerusalem gewahrt, und B. selbst kehrte dorthin zurück. Hier schloß er sich der Urgemeinde an und gab ein Beispiel echten Opfersinns, indem er seinen Acker verkaufte und den Erlös den Aposteln zur Verfügung stellte. Ähnlich wie Paulus stammte also B. aus dem Diasporajudentum, ohne zum eigentlichen Hellenismus zu gehören. Nach der Bekehrung des Paulus und seiner Rückkehr nach Jerusalem stellte B. eine Verbindung zw. ihm und den Aposteln her Apg 9,27. Als in → Antiochien durch Männer aus Zypern und der Cyrenaica eine heidenchristliche Bewegung entstand, sandte die jerusalemische Urgemeinde B. als ihren Vertrauensmann dorthin Apg 11,22. Er bestätigte die dortige Entwicklung mit großer Freude, und es gelang ihm, sie weiterhin zu fördern. Geistbegabung und missionarische Fähigkeit des B. bewährten sich also in dieser Situation. In die gleiche Frühzeit der Gemeinde von Antiochien fiel die Reise des B. nach Tarsus, um Paulus zur gemeinsamen Arbeit zu gewinnen. Beide waren ein volles Jahr in Antiochien tätig Apg 11,26. Die Weissagung einer allgemeinen Hungersnot veranlaßte die Gemeinde, B. und Paulus mit dem Erlös einer Sammlung nach Jerusalem zu schicken Apg 11, 27-30. Eine neue Entwicklung bahnte sich dadurch an, daß auf Weisung eines Prophetenspruches B. und Paulus zum Missionswerk ausgesondert wurden Apg 13,1-3. Die nun folgenden Berichte lassen das Wort des Paulus stärker hervortreten Apg 13,9.13, stellen auch gelegentlich die beiden Namen um Apg 13,46. Offenbar hat das Missionswerk selbst, nicht nur der Bericht des Lukas, die Führung des Paulus bestätigt. Gemeinsam kehrten die beiden Missionare nach Antiochien zurück Apg 14,26-28. Im Kampf um die Gesetzesfreiheit der Heidenchristen erschienen Paulus und B. als Vertreter Antiochiens vor dem → Apostelkonzil Apg 15,2.12; Gal 2, 1.9. Eine gewisse Wandlung erfuhr das Verhältnis der beiden Missionare zueinander durch den Zwischenfall in Antiochien. Offenbar sollten die Gesandten des Jakobus den jüdischen Teil der Gemeinde in seiner Treue zum Gesetz stärken; so kam es dazu, daß die führenden Männer, darunter auch Petrus und B., sich von der Tischgemeinschaft mit den Heidenchristen zurückzogen Gal 2,12f. Für Paulus war dieser Rückzug ein Akt der „Heuchelei", weil man die Folgen der Tischgemeinschaft nicht auf sich nehmen wollte. Die entstehende Unsicherheit unter den Heidenchristen zwang Paulus zum öffentlichen Widerstand gegen → Petrus. Für ihn war die Gnade Gottes in Jesus Christus stark genug, über den grundsätzlichen Bruch mit dem Gesetz hinwegzutragen. Zur äußeren Trennung zw. Paulus und B. kam es, als B. Johannes Markus auf die zweite Missionsreise mitnehmen wollte Apg 15,36ff. Paulus widersprach, weil Markus in Perge die Missionare verlassen hatte Agp 13,13. So kam es zu einem erbitterten Streit, und B. zog mit Markus nach Cypern, Paulus mit Silas nach Syrien und Zilizien. Auch in diesem Einzelfall ist das Verhalten des Paulus grundsätzlicher und weitertragend. Trotz dieser äußeren Trennung ist die innere Verbundenheit der Missionare und das Interesse am gemeinsamen Werk nicht verlorengegangen 1Kor 9,6; Kol 4,10. → Barnabas-Brief (Apokryphen II,2). *Mi*

Barsabas, „Sohn des Sabas". *1)* Joseph B. mit dem römischen Namen Justus, ein Jünger Jesu, der als Ersatz für Judas zur Wahl gestellt wurde Apg 1,23ff.

2) Judas B., ein angesehenes Glied der Urgemeinde, der von ihr nach dem → Apostelkonzil zusammen mit Silas nach Antiochien entsandt wurde, um den wegen der Heidenchristen

Tafel 3: Ein Granatapfelbaum *Aus den leuchtendroten Blüten des → Granatapfelbaums sind Früchte geworden, die einen erquickenden Trank geben. Im Hintergrund die türkische Mauer von Jerusalem.*

gefaßten Beschluß zu übergeben und zu erläutern 15,22ff. Nach 15,32 war Judas ein Prophet; vielleicht ein Bruder des Joseph Justus. *Schl*

Barsillai, ein ostjordanischer Großgrundbesitzer, der Davids Truppen auf dessen Flucht vor Absalom wirtschaftlich versorgte 2Sam 17,27ff; 19,32ff. Noch in nachexilischer Zeit sind Angehörige von B.s Geschlecht bekannt Esra 2,61f. *Peu*

Bart. Der B. ist im AT eine Manneszierde, die Achtung und Ansehen verleiht. Er wurde sorgfältig mit Öl gepflegt Ps 133,2. Das Anfassen des B.s beim Küssen war ein Zeichen der Freundschaft 2Sam 20,9. Andererseits galt das Abschneiden 2Sam 10,4f; Jes 7,20; Jer 48,37 oder Ausraufen des B.s Jes 50,6 als äußerst schimpflich und entehrend. Sonst drückte das Scheren Jes 15,2, das Ausraufen Esra 9,3 oder die Vernachlässigung des B.s 2Sam 19,25 heftigen Schmerz und Trauer aus. Bestimmte Bräuche im Scheren von Haar und B. waren den Israeliten, bes. den Priestern als heidnisch verboten 3Mose 19,27; 21,5; 5Mose 14,1. Auch die Verhüllung des B.s war Trauerbrauch Mich 3,7; Hes 24,17.22. Darum sollte auch der Aussätzige den B. verhüllen 3Mose 13,45. Der geheilte Aussätzige mußte bei der Reinigung den B. wie alle übrigen Haare ganz scheren 3Mose 14,9. *Pfei*

Bartholomäus. Der Name B. bedeutet „Sohn des Talmai" (T. ist Abkürzung des griech. Ptolemaios). Talmai begegnet als Eigenname in 2Sam 3,3; 13,37. Im NT ist B., dessen Eigenname nicht bekannt ist, einer der 12 Jünger Mt 10,3; Mk 3,18; Lk 6,14; Apg 1,13. Über seine Herkunft und sein Schicksal ist nichts Sicheres bekannt. *Bie*

Bartimäus Mk 10,46. Name eines blinden Bettlers in Jericho. B. = „Sohn des Timai", wobei Timai aramaisiertes Timotheus sein dürfte. Der Eigenname des B. ist also nicht bekannt. *Bie*

Baruch. *1) B.* (= der Gesegnete), der Sohn Nerias aus vornehmem Geschlecht Jer 51,59, ist spätestens von 605 an der ständige Begleiter →Jeremias gewesen. Er hat damals dessen Worte zweimal nach Diktat aufgeschrieben (Jer 36) und tritt noch mehrfach bedeutsam in Erscheinung Jer 32,11-14; 43,3; 45. Höchstwahrscheinlich ist er der Verfasser der etwas umständlichen Erzählungen über Jeremia in der ursprünglichen Reihenfolge: Jer 26; 19,1-2a. 10-11a. 14f u. 20,1-6; 36; 45; 27-28; 29; 51,59-64; 34; 37-44. Sie wollen weder eine Biographie sein, noch die Leiden und Verfolgungen schildern, denen Jeremia als Prophet ausgesetzt war. Vielmehr will B. nachweisen, daß und warum sich die Ankündigungen Jeremias schließlich verwirklicht haben: Die Drohungen, die die Buchrolle (Jer 36) enthielt, haben sich im Zusammenhang mit den antibabylonischen Verhandlungen des Jahres 594 in Jerusalem (Jer 27) dank des Eingreifens Jeremias und des Einlenkens des Königs Zedekia noch nicht verwirklicht, wohl aber wenige Jahre später im Untergang Jerusalems und in der Flucht der nicht deportierten Judäer nach Ägypten, so daß die Zukunft bei den nach Babylonien Deportierten liegt, sofern sie den Brief Jeremias (Jer 29) beherzigen.

2) Später hat man B. *drei Bücher* zugeschrieben: das Buch B. unter den →Apokryphen (1.Jh. vChr), die syr. B.-Apokalypse (100-130 nChr) und die griech. B.-Apokalypse (nach 130 nChr, dann christlich überarbeitet). → Pseudepigraphen. *Fo*

Basan, der nördliche Teil des Ostjordanlands, heute Dscholan. Das Gebiet steigt vom Jarmuk im Süden und vom Jordan im Westen zunächst steil an und erreicht in den Eichenwäldern des Nordens eine Höhe von fast 1300 m, so daß die Israeliten seine Erhabenheit dem Karmel (ca. 550 m) oder dem Libanon (ca. 1800 m) gleichstellen konnten Ps 68,16; Nah 1,4; Jes 33,9; 2,13; Hes 27,6; Sach 11,2. Dagegen zieht sich weiter südlich eine fruchtbare Hochebene bis zum Hauran-Gebirge im Osten hin, die stets wegen ihres Wassers und ihrer Weideflächen für Rinder- und Schafzucht gerühmt wird (heute en-nuqra) 5Mose 32,14; Am 4,1; Mich 7,14; Jer 50,19; Hes 39,18; Ps 22,13. Die ersten geschichtlichen Zeugnisse B.s sind große Basalt-Dolmen der Megalith-Kultur aus dem 4. Jt. (vgl. dazu 5Mose 3,11). Bodenuntersuchungen sowie ägyptische Listen bekunden eine Städtebesiedelung B.s im 3. und 2. Jt. Ähnlich spricht das AT später von 60 befestigten Städten im Land B. und einem König →Og von Aschtaroth (heute tell 'aschtara), der bei Edrei von den Israeliten während ihrer Landnahme besiegt wurde 4Mose 21,33-35; 5Mose 3,1-7; Jos 9,10. Nach Jos 13,29ff wird B. dem Stamm Manasse zugesprochen. Durch David dem Reich einverleibt, gehört B. unter Salomo zu einer der 12 Vogteien 1Kö 4,13. Nach der Reichsteilung wurde es den Israeliten von den Syrern um 840 streitig gemacht 2Kö 10,32f. Nach dem Ende von Damaskus (733) wurden auch die Bewohner B.s von den Assyrern vertrieben. In römischer Zeit war das Gebiet in mehrere Bezirke geteilt: Gaulanitis, auch Gessur und Maacha genannt (= Dscholan), Batanäa (= die Basans-Ebene en-nuqra) und Auranitis, Trachonitis (am Haurangebirge). *Da*

Basilisk. Mit diesem Namen war im AT nicht jene drohend aussehende, aber harmlose Eidechse gemeint, die unsere Naturforscher B. nennen, sondern eine bes. giftige Schlange Jer 8,17. Im

Tafel 4: Eichen *Durch seine Eichenwälder war vor allem → Basan berühmt. Auch diese → Eichen stehen im Ostjordanland, bei 'en umm dschlud.*
Feigenbäume *Die → Feigenbäume erfreuen durch ihr schönes Laub und die geschätzten Früchte. Aufnahme aus dem wadi el-haramije.*

messianischen Reich des Friedens wird auch ein so gefährliches Tier nicht mehr schädlich sein Jes 11,8. Der Vergleich Jes 14,29 will die Philister warnen, über die Abschüttelung des Jochs des Ahas zu jubeln, weil ihnen von seinem Sohn Hiskia noch schlimmere Unterjochung droht. B.en-Eier werden Jes 59,5 die heillosen Anschläge genannt, die Verderben schaffen, ob man sie aufnimmt oder bekämpft. Die Revision 1964 ersetzte B. durch Natter. → Schlange. *Schl*

Bath → Masse.

Bath-Seba, Frau des Offiziers Uria, später eine der Frauen Davids 2Sam 11,2ff, setzte mit Hilfe des Propheten Nathan die Thronfolge ihres Sohnes Salomo durch 1Kö 1,11ff; wird im Stammbaum Jesu genannt Mt 1,6. *Peu*

Bau, bauen. *1)* Die *Baukunst* der Israeliten, im Vergleich mit den benachbarten Groß-Reichen bescheiden und von ihren Vorbildern abhängig, erlebte eine Entwicklung, die uns die Ausgrabungen zeigen, → Haus, → Kunst. Das Großseinwollen 1Mose 11; Jes 9,9 und ein selbstherrlicher Luxus Am 3,15; 6,11 weckten den Widerspruch der Sprecher Gottes.

2) Baumeister im eigentlichen Sinn ist Gott: *a)* Sein Werk ist der Menschenleib, ein Tempel, in dem er wohnen will 1Mose 2,7.22; 1Kor 6, 19, noch mehr der neue Leib Jo 2,21; 1Kor 15, 44; Phil 3,21; *b)* er baut die Gemeinde, das irdische und das himmlische Jerusalem Ps 147,2; Jer 33,7; Am 9,11; Mt 16,18; Hebr 11,10, auf dem von Gott erwählten Grund- und Eckstein Ps 118,22; Jes 28,16; Eph 2,20; *c)* durch Gottes Segen erhält der Mensch Haus und Heimat, Familie und Geschlecht 2Mose 1,21; 2Sam 7,11. 27; Ps 127,1.3. Das NT beschreibt die Gemeinde als den Bau Gottes, der auf Christus, dem Grundstein 1Kor 3,11, erwächst und in den die Glaubenden als Bausteine hineingebaut sind und sich hineinbauen lassen Eph 2,20-22; 1Petr 2,5. Darum kann auch der Gehorsam gegen das Wort Jesu dem Felsgrund verglichen werden Mt 7,24 oder der Glaube als Grundstein genannt werden Jud 20; ebenso sind die Glaubenden im wechselseitigen Dienst Mitarbeiter am Gottesbau 1Thess 5,11. → erbauen, Erbauung. → Handwerk. *Schl*

Bauern-Kalender von Geser. Der B.K., der auf einer Tonscherbe, etwa von 900 vChr, in Geser gefunden wurde, zeigt den Ablauf der landwirtschaftlichen Arbeiten in dem im Herbst beginnenden Jahr. → den Text Sp. 15. *Schl*

Baum. *1)* Palästina, das erschreckend waldarm wurde, war wohl schon in bibl. Zeit wenig bewaldet. Darum werden bestimmte *Wälder* immer wieder gerühmt: die Eichen → Basans Jes 2,13; Hes 27,6; Sach 11,2, die Zedern und Zypressen des → Libanon 2Kö 19,23; Jes 2,10; 10,34; Sach 11,1.2 und der Wald des → Karmel Jes 35,2; HL 7,6. Daß auch das Westjordanland einst mehr Wald hatte, zeigen Nachrichten von der Rodung des Walds im Gebiet von Ephraim Jos 17,15.18 und vom Auftreten von Bären bei Bethel 2Kö 2,24, zeigen auch Namen wie Kirjath-Jearim („Wälderstadt") westl. von Jerusalem und das „Terebinthental" (Luther „Eichgrund") 1Sam 17,2. Doch wird auch dieser „Wald" oft nur niedriger Buschwald gewesen sein; so haust der → Löwe im „Wald" Jer 5,6; 12,8; Am 3,4; Mich 5,7; so wird das Dickicht des Waldes mit Dornen und Gestrüpp zusammengestellt Jes 9,17. Die Abholzung der Berghänge, die vielfache Wiederholung des „Frevels am Libanon" Hab 2,17, führte zur Verödung des Landes, da der Boden das Wasser nicht mehr aufsaugen konnte und durch Regengüsse und Schneeschmelze immer mehr fruchtbare Erde in die Täler geschwemmt wurde.

2) Unter den B.en des Landes treten vor allem die B.e mit genießbarer *Frucht* hervor 1Mose 1,29. Sie gehören zum Reichtum eines Landes 4Mose 13,20; 2Kö 3,19.25, wie dies schon vom Garten Eden gerühmt wird 2Mose 2,9; Hes 31,8. Gott segnet durch Fruchtbarkeit der B.e 3Mose 26,4 und vollstreckt Gericht an den B.en 2Mose 9,25; 10,5.15; 5Mose 28,42; Joel 1,12.19; Offb 8,7. Sehr geschätzt ist der B. als Schattenspender 1Mose 18,4; Bar 5,8. Am → Laubhüttenfest werden dichtbelaubte und fruchttragende Zweige zum Bau der Laubhütten benützt 3Mose 23,40; Neh 8,15.

3) Daß der Orientale gern unter grünenden B.en

Eine Zeder vom Libanon

Die Zeder (Pinus cedrus), dieser schöne, breitästige Nadelbaum, der in langsamem Wachstum 30 m hoch werden kann, war einst der Schmuck des Libanon; das begehrte Holz wurde von Ägyptern (schon im 3.Jt. vChr), Kanaanitern und Israeliten vielfach verwendet. Heute steht am Libanon nur noch ein geringer Bestand.

die *Gottheit nahe* glaubte, ist verständlich. Der kanaanitische Brauch, unter B.en → Altäre, → Steinsäulen (Mazzeben) und → Ascheren zu errichten, wurde für Israel vielfach zu schwerer Versuchung 5Mose 12,2; 16,21; 1Kö 14,23; 2Kö 16,4; Jes 57,5; Jer 2,20; 3,6; 17,2; Hes 20,28. Irgendwie heilige B.e werden auch die Haine und einzelstehenden B.e gewesen sein, die im AT bes. erwähnt werden: der Hain Mamre 1Mose 13,18 und der Hain More 1Mose 12,6; 5Mose 11,30 (dies vielleicht auch die Eiche bei Sichem Jos 24,26 und Ri 9,6); die Palme Deboras Ri 4,5, die Eiche bei Ophra Ri 6,11.19, die Maulbeerbäume 2Sam 5,23 f, die Klage-Eiche 1Mose 35,8 (vgl. 1Kö 13,14), die Zauber-Eiche (Terebinthe) Ri 9,37, vielleicht auch der Granatbaum 1Sam 14,2 und die Tamarisken in Gibea 1Sam 22,6 und in Jabes 1Sam 31,13. So gibt es noch heute in Palästina viele heilige B.e. Im AT gelten die Zedern des Libanon als „Bäume des Herrn“, die er gepflanzt hat Ps 104,16, vgl. Jes 61,3, und werden gerne die B.e in bes. Weise zum Lob Gottes aufgerufen Jes 44,23; 55,12; Ps 96,12; 148,9. So wird der grünende B. auch zum Bild eines von Gott gesegneten Lebens 1Mose 49,22; Ps 1,3; Jer 17,8, wie umgekehrt der verdorrende B. zum Bild eines verfluchten Menschen wird Jes 56,3; Sir 6,3; Hiob 24,20; Jud 12; vgl. Mt 21,19. Gern sah man im mächtigen B. das Bild eines machtvollen Herrschers Hes 17,23; 31,3 ff; Dan 4,7 ff. Bedeutsam war den Propheten auch, daß an einem abgehauenen B. der Wurzelstock wieder ausschlägt und einen neuen Zweig treibt Jes 6, 13; 11, 1; Dan 4, 12; Hiob 14, 7.

4) Von der *Verwertung des Holzes* der B. ist im AT nicht oft die Rede. Vom Hausbau spricht 2Kö 6,2, von Belagerungsgeräten 5Mose 20,20; Jer 6,6. Bei der → Stiftshütte und ihren Geräten wurde → Akazienholz verwendet. Zum → Tempelbau Salomos lieferte der Libanon das hoch geschätzte Holz der → Zedern 1Kö 5,20 ff, neben dem auch das Holz der → Zypresse (bei Luther Tanne) und des → Ölbaums verwendet wurde. Als Kunsthölzer wurden von auswärts eingeführt das → Ebenholz, das → Sandelholz und das Holz des → Buchsbaums. Im Lande gab der → Maulbeerbaum, die Sykomore ein brauchbares Nutzholz, für einzelne Geräte auch der Weinstock Hes 19, 14. Mit überlegenem Spott wird die Fabrikation geschnitzter Götzenbilder beschrieben Jes 44, 14 ff; Jer 10, 3 ff; Weish 13, 11 ff.

5) Mannigfach wird ein *Bild vom Leben des B.s* genommen: wie er am Wasser gedeiht Ps 1,3; Jer 17, 8, durch sein Ausschlagen den Frühling ankündigt Lk 21,29, im Sturm schwankt Jes 7, 2, Blätter fallen läßt Sir 14,19, gepfropft wird Röm 11,17, alt werden kann Jes 65,22 und liegenbleibt, wo er fiel Pred 11,3. Die Art jedes B.s wird an seiner Frucht erkannt Sir 27,7; Mt 7,17.20; 12,33; Lk 6,43. Daß der unfruchtbare B. umgehauen und verbrannt wird, wird zum Bild des Gerichts Mt 3,10; 7,19; Lk 13,7. → die einzelnen Bäume: Akazie, Apfelb., Buche, Buchsb., Dattelpalme, Eiche, Feigenb., Granatb., Kastanie, Kiefer, Linde, Lorbeerb., Mandelb., Maulbeerb., Nußb., Ölb., Palme, Pappel, Platane, Tamariske, Weide, Zeder, Zypresse. → Obst. → Hain und Wald. *Schl*

Baum der Erkenntnis des Guten und Bösen 1Mose 2,9.17 → Sünde.

Baum des Lebens. Zu 1Mose 2,9; 3,22 → Tod. Im Anschluß an die Paradies-Erzählung wird im Buch der Spr dem Gerechten ein „B. d. L.“ gezeigt 11,30: er kann Leben gewinnen, wenn er die Weisheit ergreift 3,18, in der Erfüllung des Hoffens 13,12, durch heilsames Reden 15,4. Da die Vollendung dem Anfang entsprechen wird, ist der Gemeinde, die überwindet, verheißen, daß sie vom B. d. L. essen darf Offb 2,7; 22,2.14. *Schl*

Bausch. Der B. des Gewands, der durch den Gürtel gebildet wurde, diente als Tasche, in die die Hand gesteckt werden konnte 2Mose 4,6 f und in der irgend ein Besitz getragen wurde Neh 5,13, etwa Feldfrüchte 2Kö 4,39, Fleisch Hagg 2,12, ein Lamm Jes 40,11, aber natürlich nicht Feuer Spr 6,27. *Schl*

Beamte. Die älteste Form eines B.tums mit festumrissenen Befugnissen tritt uns in der HS während der Zeit vor der Staatenbildung Israels in den sog. „Kleinen Richtern“ entgegen Ri 10, 1-5; 12,7-15, die wohl als Berufungsinstanz über die Handhabung des Gottesrechtes wachten. *David* hat dann — sicherlich nach ägyptischem Vorbild — ein höchstes königliches B.tum geschaffen: den Befehlshaber des Volksheerbannes; den „Kanzler“, der das Amt des königlichen Herolds, des Verbindungsmanns zw. dem Herrscher, seinen B.n und dem Volk versah; die Oberpriester am königlichen Heiligtum; den Schreiber, der die Korrespondenz des Königs führte; den Kommandeur der Leibwache und in späterer Zeit den „Rentmeister“, dem die Aushebung zu und die Aufsicht bei den öffentlichen Bauten oblag, 2Sam 8,16-18; 20,23-25. Unter *Salomo* erweiterte sich der Regierungsapparat: Wir finden einen B.n über den Palast, d. h. einen Wesir oder Premierminister, einen B.n über die Provinzen und 12 Provinzialpräsidenten 1Kö 4,2-7. Zur Zeit der *Omriden* treten der Adjutant des Königs hervor (Luther „Ritter“), der dem König während des Kampfes im Streitwagen Hilfe leistet, sonst aber zu persönlichen Diensten zur Verfügung steht, und die „Landvögte“ d. h. Bezirksoberste, die bei der Neuorganisation des Staatsgebietes an die Stelle der salomonischen Provinzialpräsidenten traten 1Kö 20,14; 2Kö 7,2. *Josia* hat neben den üblichen B.n noch den Knecht (ʿäbäd) des Königs um sich 2Kö 22,12.

Andererseits hatte der König für seine eigenen Wirtschafts- und Industrieunternehmungen eine Fülle von Staatssklaven (ʿäbäd) unter sich 1Kö 9,27; 22,50. Da die höchsten B.n auf Gedeih und Verderb mit der Krone verwachsen waren und bei den Dynastiewechseln im Staat Israel weithin mit dem jeweiligen Königshaus ausgerottet wurden, waren sie im Ernstfall genauso unfrei wie die Sklaven. Daher ist es verständlich, daß zZ Josias jener „Knecht" des Königs als hoher B.r erscheint. Oft mögen Männer aus dem Sklavenstand zu höchsten Würden emporgestiegen sein, da sie ja völlig frei von Bindungen an Stämme und Sippen waren. *Peu*

Becher (Kelch). *1) Der archäologische Befund.* Das AT kennt kleinere und größere Trinkgefäße, B. und Schalen, aus Silber und Gold 1Mose 44,2; Ri 5,25; Esra 1,10; Jer 51,7. Der Trunk aus dem B. gehört zum festlichen Mahl Ps 23,5; Spr 23,31 (Luther hier: Glas); Jer 35,5, zum Mahl beim Dankopfer Ps 116,13 (Kelch des Heils), zum Trauermahl Jer 16,7 (Trostbecher). In den Nachbarländern wurde der B. auch zum Wahrsagen benützt 1Mose 44,5.

2) Ausdruck der Verbundenheit. Aus dem gleichen B. trinken zeigt enge Verbundenheit 2Sam 12,3 (vgl. Mt 26,23). So schloß Jesus in seinem Mahl seine Jünger durch das Trinken aus seinem Kelch zu einer Gemeinschaft zusammen, in der sie kraft seines Sterbens in einer neuen Gemeinschaft mit ihm und durch ihn mit Gott und darum auch untereinander stehen Mt 26,27; Lk 22,20; 1Kor 10,16; 11,25.26 (→ Abendmahl). So bringt auch die Teilnahme am heidnischen Opfermahl, am → „Kelch der Dämonen", in unheilvolle Verbindung mit Mächten der Finsternis 1Kor 10,21.

3) Bild des Schicksals und des Gerichts. Der B. wird, da der Hausvater den Seinen den B. füllt Ps 23,5, zum Bild für das dem Einzelnen zugeteilte Los Ps 16,5. So sah Jesus in dem ihm auferlegten Leiden einen B., den Gott ihm zu trinken gibt Mt 20,22f; 26,39.42; Jo 18,11. Ähnlich wird häufig in der Prophetie des AT und dann in der Offb Jo das Strafgericht, das Gott in seinem Zorn über die sündigen Völker der Welt oder auch Israel bringt, als ein B. beschrieben, den sie trinken müssen Ps 75,9; Jes 51,22f; Jer 25,15-17; 49,12; Klgl 4,21; Hes 23,31-34; Hab 2,16; Offb 14,10, ja bis zur Neige, bis auf die Hefe trinken müssen Ps 75,9; Hes 23,34 — als gerechte Strafe dafür, daß diese Völker selbst sich in sündiger Lust berauschten und anderen den B. reichten, der sie taumeln ließ Jer 51,7; Offb 17,4; 18,6. *Schl*

Becken aus Kupfer 2Mo 27,3 oder Gold 1Kö 7,50 gehörten zu den kultischen Geräten, etwa zum Auffangen des Bluts; vielfach gab es auch B. als Hausgeräte 2Sam 17,28; Jo 13,5. In der → Musik wurden neben Pauken, Triangeln und Schellen auch metallene B. (Luther: Zimbeln) verwendet, wohl um den Takt anzugeben; Ps 150,5 spricht von zwei offenbar verschiedenen Arten solcher B. *Schl*

Bedolachharz (Bedellion). Das B., das nach 1Mose 2,12 aus dem Land Hewila stammt und 4Mose 11,7 zur Beschreibung des Manna benützt wird, ist das wohlriechende, durchscheinende, gelbliche Harz eines in Südarabien heimischen Baums (Commiphora mukul). *Schl*

Beelzebub. Name eines Dämonenfürsten bei den Juden (Mk 3,22; Mt 10,25; 12,27; Lk 11,18), den Jesus Mt 10,25 mit dem Satan gleichsetzt. B. wird auch Beelzebul oder Beezebul geschrieben. Bedeutung des Namens unsicher: Beelzebub als Gott von Ekron (2Kö 1,2) = „Herr des Mistes", d.h. des Götzenopfers, oder aram. Beel debab = „Herr der Feindschaft", Feind; Beelzebul = „Herr der Wohnung" (weil er im besessenen Menschen wohnt?), d.h. der himmlischen Wohnung, also = Himmelsherr. Vielleicht ist urspr. ein hethitischer Hirschgott, Zaparwa, gemeint; Zaparwa könnte über Zebaba zum philistäischen Baal-Zebub geworden sein, → Philister, → Baal-Sebub. *Bie*

Beerseba (= Brunnen der Sieben 1Mose 21,30 oder Schwurbrunnen 21,31). Name der südlichsten Stadt des hl. Landes Jos 15,28; 2Sam 24,7, daher der Ausdruck „von Dan bis B." = ganz Israel vom äußersten Norden bis zum tiefsten Süden Ri 20,1; 1Sam 3,20; 2Sam 17,11 oder umgekehrt „von B. bis Dan" 1Chr 21,2; heute bīr es-sebaʿ. — In B. befand sich ein Heiligtum der Erzväter 1Mose 21,31-33; 26,23-25; 46,1-4. Der dort zZ des Amos ausgeübte Kult wurde von dem Propheten bekämpft Am 5,5; 8,14. Nach dem Exil wurde B. wieder besiedelt Neh 11,27. *(Rü)*

Befestigung → Festung.

beflecken. Nach der HS befleckt d.h. beschmutzt der Mensch sich durch seine Sünden, bes. die Glieder seines Leibes, die an der Sünde beteiligt sind, zB Hände, die mit Blut besudelt sind Jes 59,3; aber auch ein Land wird durch Blutschuld befleckt, d.h. wohl entweiht Ps 106,38. Ferner befleckt Unzucht Jud 8.23; Offb 14,4 und Heidentum Neh 13,29. Übertragen befleckt die Zunge den Leib Jak 3,6; aber auch der Geist 2Kor 7,1 und das Gewissen 1Kor 8,7 kann befleckt werden. *Pfei*

Begierde, begehren. Bei Luther selten; wo er so übersetzt, ist Verschiedenes gemeint: 1) Ps 38,10 meint das Begehren, das Verlangen, den Wunsch nach Gesundheit. 2) Ps 140,9 und Spr 10,3 meinen ein Begehren in üblem Sinn: die Wünsche der Gottlosen, dem Frommen zu schaden vgl. Ps 10,9, oder die schranken- und zügellosen Gelüste der Gottlosen Spr 10,3. 3) Gal 5,24 und Tit 3,3 reden von B. und Leidenschaften, die aus der natürlichen Art des Menschen erwachsen, nicht etwa nur vom geschlechtl. Verlangen. Sonst bei Luther meist → Lust. *Pfei*

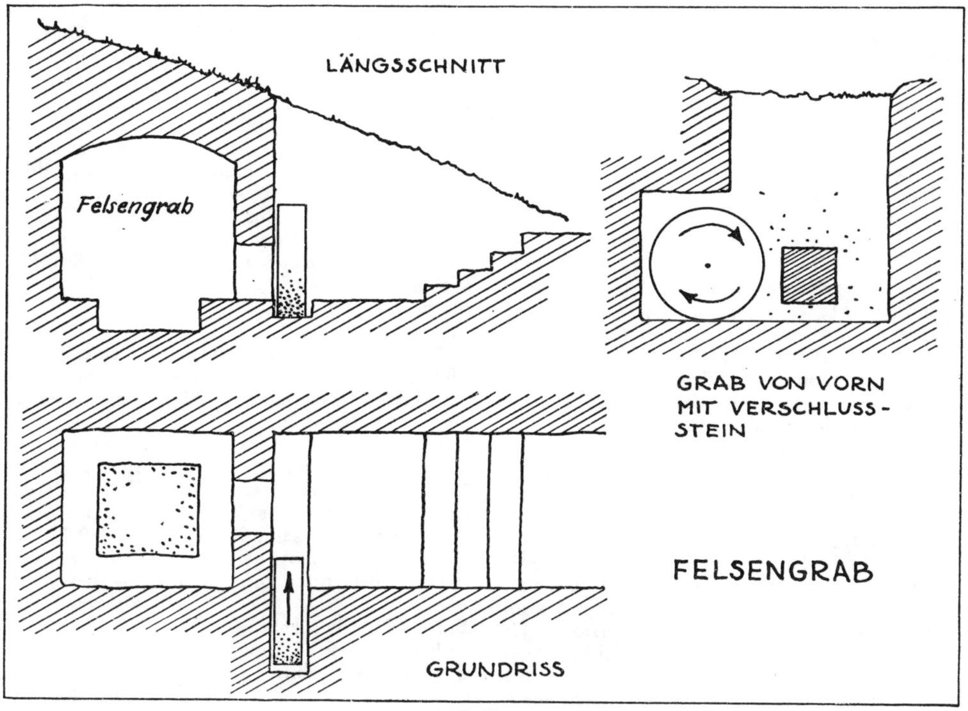

Eine Grabkammer

Für die Beisetzung der Toten wurde oft aus dem weichen Kalkgestein eine Grabkammer herausgehauen, mit niedrigem Eingang, durch den man nur gebückt, fast kriechend in das Innere des Grabes kam. Dort war der Fels ringsum in der Art einer Bank stehengeblieben, auf der die Toten niedergelegt wurden. Der Eingang, zu dem man etwa auf einigen Stufen hinunterkam, wurde durch einen runden Stein verschlossen, der in einer Vertiefung davorgerollt werden konnte. Die drei schematischen Zeichnungen geben einen Längsschnitt (der Verschluß-Stein vor dem Eingang), einen Grundriß (der Stein ist beiseite geschoben) und eine Sicht von vorn auf den Eingang, während der Stein beiseite gerollt ist. → Tafel 20.

Begräbnis. Das palästinische B.wesen ist uns durch zahlreiche bibl. Erwähnungen und über 1000 Funde von Grabanlagen bekannt.

1) Die isr.Grabanlagen sind von früher Zeit an denen der kanaanäischen Landesbewohner oder Nachbarvölker gleich, während die B.bräuche bei weitgehender Ähnlichkeit doch zT tiefe Unterschiede aufweisen. — Nicht üblich war die Leichenverbrennung, auch nicht — im Unterschied von Ägypten — der Sarg mit Deckel. Die B.-stätten lagen in der Regel außerhalb der Siedlungen und nach Möglichkeit als sog. Nekropolen (Totenstädte) geschlossen beieinander 2Kö 23, 16f. B.se innerhalb der Siedlungsgemeinschaft, zB solche verstorbener Kinder in Tonkrügen, das einer Frau in einer Erdgrube in Geser, bildeten Ausnahmen. Lediglich Fürstengeschlechter hatten in ihren Städten ihr Erbb. So wurden David und seine Nachkommen „in der Stadt Davids" begraben 1Kö 2,10; 15,24. Die Toten wurden meist unter der Erde bestattet, zuerst in Höhlen. Der älteste künstliche Grabtypus ist in der Bronzezeit die aus dem Felsen gehauene Höhle, in die man senkrecht von oben hinabsteigt. Daraus entwickelte sich das Bank- oder Diwangrab durch Vertiefung des Mittelteils. Die Toten wurden auf den dadurch seitlich stehengebliebenen „Bänken" niedergelegt. Da das Grab Familiengrab war 1Mose 23,6; 49, 29ff, wurden die Gebeine der Längstverstorbenen, wenn neue Tote hinzukamen, in früher Zeit in die Grube zu denen der Vorfahren gelegt. Der Tote wurde so wörtlich „zu den Vätern versammelt". Arme, die sich kein Grab kaufen konnten, kamen ohnehin sogleich in die Grube. Daraus geht wohl hervor, daß eine individuelle Auferstehungshoffnung noch nicht bestand. Dieser diente dann in der hellenistischen Zeit die B.anlage mit Schiebestollen, in der der einzelne Tote je seinen Stollen mit steinverschlossener Tür bekam. Die Gebeine der in Erbb. bestatteten Toten wurden nun nicht mehr in die Grube, sondern je einzeln in ein sog. → Ossuar (Knochenkasten) gelegt. — Der Tote wurde gewöhnlich in seinem Erbteil bestattet Jos 24,32; Ri 2,9. Über dem Grab wurde gelegentlich ein Malstein errichtet 1Mose 35,20. Ihm selbst wurden in alter Zeit allerlei Beigaben wie Tongefäße, Lampen, Schmuck, Waffen, Nahrung mitgegeben zur Weiterführung seines Lebens (Seele). Später hörte dies auf, da diese Art der Vorstellung des Lebens nach dem Tode mehr und mehr verblaßte. Das B. selbst setzte sich aus umfangreichen über achttägigen Riten zusammen (→ Trauer).

2) Nach ATlicher Auffassung war es eine Wohltat Gottes, wenn der Tote ein B. fand. Demnach erscheint der, der nicht begraben wird, als ein von Gott verworfener Gottloser Jes 14, 18f; 22,15ff; Jer 8,1ff; 16,4; 22,19 oder als ein von unbegreiflichem Gericht Gottes Betroffener Ps 79,2f, während der Gottwohlgefällige durch eine Grab- und Ruhestätte gesegnet wird 1Mose 15,15; 1Kö 14,13; 2Kö 22,20. In Spannung zu dieser positiven Wertung des B. stehen die Aussagen, nach denen die Berührung eines Toten, auch des Grabes 4Mose 19,16, unrein macht, aus dem Bereich Gottes ausschließt. Aus der Gleichheit mit den kanaanäischen B.bräuchen erwuchs offenbar die Gefahr einer Sakralisierung des B.wesens; dagegen wehrte sich Israel mit dem Satz, daß die Toten von Gott geschieden seien Ps 88,11-13 u.a. Zweifelt der Prediger die Wertung des B.ses als eines Segens von Gott an Pred 8,10, so weist das Zeugnis vom Grab des Gottesknechtes bei den Gottlosen Jes 53,9 in eine völlig neue, erst der NTlichen Aussage vorbehaltene Richtung. *Kn*

3) B. im NT: Die Toten wurden sehr rasch ins Grab gebracht, teils der Hitze wegen, teils um die Verunreinigung durch den Toten einzuschränken, oft noch am Tag des Todes Mk 15, 42.46; Apg 5,6.10. Die Toten wurden gewaschen Apg 9,37, gesalbt Mk 14,8, in Tücher gewickelt Mk 15,46; Jo 11,44; 20,5.6 und auf einer Bahre Lk 7,14 zum Grab gebracht. Starke Wohlgerüche sollten den Geruch des Todes verdrängen Mk 16,1. Das Grab Jesu war eine aus dem Felsen gehauene, noch nicht benützte, durch einen großen Stein verschlossene Kammer mit aus dem Stein stehengebliebenen „Bänken". Die Scheu vor der Verunreinigung durch ein Grab führte zu der Sitte, die Gräber durch Übertünchen kenntlich zu machen Mt 23,27; Lk 11,44. In den Gräbern zu hausen war nur einem Wahnsinnigen möglich Mk 5,3. Die Verehrung der Frommen der Vorzeit hatte einen Gräberkult entstehen lassen Mt 23,29, an dem Jesus sich nicht freute. *Schl*

begrüßen → Gruß.

behalten. Die Sünde b. meint: sie nicht → vergeben, so daß sie getilgt wäre Jo 20,23, sondern in Verwahrung nehmen und zum Gericht aufbehalten Hos 13,12; Sir 28,1; Apg 7,59. *Schl*

Behemoth. Hiob 40,15-24 schildert — offenbar aus eigener Kenntnis — das Nilpferd (Hippopotamus amphibius, im Ägyptischen besser „Wasserochse"), dieses mächtige, schwerfällige Tier, das einst auch im unteren und mittleren Nil, anscheinend auch im Jordan (V.23) vorkam und jetzt noch in den Strömen Zentralafrikas und am oberen Nil lebt. Gewöhnlich ein harmloser Pflanzenfresser, kann es, wenn gereizt, durch seine Kraft und seine Zähne (sein „Schwert" V.19) gefährlich werden. Es wird wegen des Fleisches, des Fetts, der Elfenbeinzähne und der dicken Haut gejagt (V.24); doch galt ein Angriff vom Boot aus als gewagt. Das große, schwere Tier, bis 4½ m lang, bis 3000 kg schwer, nach V.19 der Erstling von Gottes Geschöpfen, wird Ps 68,31 („das Tier im Schilf"), vielleicht auch Jes 30,6 zum Bild für die Großmacht Ägypten. *Schl*

Beichte. Die HS weiß, wie schwer eine B. dem Menschen fällt, wie aber verschwiegene Schuld zur Last werden kann Ps 32,3. Das Bekennen führt zur Befreiung Ps 32,5; Spr 28,13; 1Jo 1,9. Darum forderte der Täufer von den zur Taufe Kommenden eine B. Mt 3,6; ähnlich Apg 19,18. Der Betende kann auch die Schuld der ihm Verbundenen vor Gott bringen Dan 9,4.20; ebenso ist gemeinsame B. möglich Neh 9,2f. Zu brüderlichem Dienst gehört es, B. zu hören und darauf Fürbitte zu tun Jak 5,16. → bekennen. *Schl*

Beil → Handwerkszeug.
Beisasse → Fremdling.
Beispiel → Vorbild.

Bekehrung, bekehren. Die völlige, das ganze Leben erfassende Wandlung, die sich nach der HS im Menschen zum Glaubensleben in Gott hin vollziehen muß, wird im Deutschen in verschiedenen sinnverwandt zusammengehörigen Worten wiedergegeben (→ Buße, → Wiedergeburt). Unter ihnen meint B., daß Menschen auf einen Anruf hin auf ihrem eingeschlagenen Weg innehalten und umkehren.

1) B. als Gottes Werk. Der Anruf stammt von Gott. Er b. Jer 31,18; Jes 52,8. Er allein kann das Herz auftun Apg 16,14, das neue Herz, den neuen Geist geben Jer 24,7; Hes 36,26f, den Irrenden der gute Hirte sein 1Petr 2,25, vom Tod zum Leben erwecken Hes 37; Lk 15,24; Eph 2,5. Niemand b. sich, ohne berufen zu sein Jes 6,10; Mt 13,15.

2) B. als Tat des Glaubens. Dennoch ist die Umkehr uns zugemutet, Gottes entscheidendes Gebot an uns Jes 55,7; Jer 3,14; Apg 3,19 u.a.m. Der Mensch kehrt um Lk 15,18; 19,8. Der Mensch pflügt in neuen Furchen Jer 4,3 und zieht den neuen Menschen an Kol 3,9f. Die B. ist eine Frage an den Willen; gefragt sind der Einzelne und die Vielen Ps 7,13; Jer 4,1; 5,3.

3) Hinkehr und Abkehr. Die Hinwendung zu Gott auf den Anruf hin, den seine Boten als sein Wort in die Welt tragen, ist der Kern der B. Hos 12,7; 5Mose 4,30. Das bedeutet zugleich das Verlassen der erkannten Verderbenswege Jer 25,5; Hes 18,21. Hier hat Gott seine Handlanger 2Chr 24,19; Apg 11,21; Lk 1,16; Jak 5,19f.

4) B. als Ereignis. Die HS kennt plötzliche

durchgreifende Wendungen — Paulus Apg 9 u. a. m. — und B. in bestimmten Abschnitten — Petrus Lk 5,8 ff; 9,20; 22,32.62. Zweifellos verliert das „Heute" Ps 95,7 f; Hebr 4,7 nie seine eindringliche Kraft, auch wenn der erste Schritt getan ist, weil die Gefahr der Verirrung nie aufhört und B. Lebensaufgabe bleibt. *He*

Bekenntnis, bekennen. Der Wille, das Erkannte, im Glauben Ergriffene vor Gott, vor der Gemeinde, vor der Welt nicht zu verleugnen, sondern offen dazu zu stehen, ist durch die ganze HS hin der Grundcharakter ihrer Aussagen. In beiden Testamenten lebt die Gemeinde vom B. und im B.

1) B. als Akt des Glaubens. — a) Vor Gott. Zunächst ist das ganz persönliche betende Heraussagen dessen, was uns als Wahrheit in Herz und Gewissen aufgegangen ist, die Quelle alles B.s. Wie hellsichtig dieses Hineinschauen in Gottes Walten und in die eigenen Abgründe sein kann und soll, dafür sind der Psalter, aber ganz ebenso zB die Briefe des NT gewaltige Zeugnisse. — *b) Vor der Gemeinde.* Das B. wird sofort zum Zeugnis vor den Glaubensgenossen 2Kor 4,13. So will es Jesus Mt 5,14 f; 10,27; 12,35. Dazu legt Gott sein Wort den Propheten in den Mund Jer 1,5 ff. So tut Josua vor dem versammelten Volk Jos 24,15. Der Gottesdienst in der HS ist B. Röm 10,9 ff. Darin liegt die Gefahr, daß ein bloßes B. der Lippen daraus wird Mt 7,21; Tit 1,16. Ein abgerundetes, festgelegtes B. in der Art späterer kirchl. B.se ist dem NT noch fremd; alles ist noch in lebendigem Fluß. Doch bilden sich schon Kernsätze des B.s zu Christus dem Herrn, dem Sohn Gottes, dem Augenblick entsprungen wie Mt 16,13 ff, aber dann zB im Zusammenhang der Taufe Apg 8,37, des Abendmahls 1Kor 11,26, der Ordination 1Tim 6,12 (oder vor Gericht?) wohl auch schon bleibende, geprägte B.formen der NTlichen Gemeinde. Stücke wie Phil 2,5 ff; 1Kor 15,3 ff; 8,6; Eph 4,5 f mögen dazu gehören. Wie gegenüber Irrlehren und in der Verfolgung festgefügtes B. in einfachster Form nötig wurde, zeigen 1Jo (4,2.15) und Hebr (3,1; 4,14; 10,23). B. will zur Tat werden 2Kor 9,13. — *c) Vor der Welt.* Jesus selbst gab seiner Kirche als der treue Zeuge Offb 1,5; 1Tim 6,13 das Beispiel des furchtlosen B.s in aller Öffentlichkeit Jo 18,20, auch wo ihm der Haß antwortet. Er verlangt das B. vor den Menschen von denen, die an ihm ihren Fürsprecher haben möchten Mt 10,32 f. 16 ff. Mit dem B. zu seinem Namen schickt er seine Boten zu den Völkern Mt 28,19, bis alle Zungen sich zu ihm b. Phil 2,11.

2) B. als Akt der Umkehr. „Sie bekannten ihre Sünden" Mk 1,5 gilt im Umkreis der HS von allen, die am Umkehren sind. Es ist bezeichnend, daß das als ein Ineinander von innerlichster Aufgeschlossenheit für die Schuld vor Gott — unvergleichlich in Ps 51 u.32 — und zugleich als Zeugnispflicht verstanden ist. So zeigt zB die Davidsgeschichte den König 2Sam 12,13; 24,10.17. So schließen sich Esra (9,6) und Nehemia (1,6; 9,3) öffentlich in die Gesamtschuld ihres Volkes mit ein. So gehört das Sündenb. zur festen Ordnung des Gottesdienstes im AT 3Mose 5,5; 16,21. So weiß es die Gemeinde des NT 1Jo 1,9, auch von Mann zu Mann Jak 5,16. Das ist der Weg der werdenden Kirche von allem Anfang an Apg 2,37 ff u. a. m., wie ihn Jesus selbst zB Lk 15,21 vorgezeichnet hat. Wie das gemeint ist, zeigt die enge Verbindung solcher → Beichte mit dem Lobpreis Gottes, zB Ps 51,6 u. 17 und oft. Darin mündet dieses besondere B. ein in den Sinn des B.s überhaupt. *He*

Bel (babylonisch Belu) heißt wie hebr. „Baal" einfach Herr und kann als Name für jeden großen Gott dienen. In sumerischer Zeit sah man in B. den Gott Enlil (oder Ellil) von Nippur, der der Herr des Sturmes, der Sturmdämonen und der Sturmflut war. Der das „Stirb und Werde" in der Natur verkörpernde Inanna-Dumuzimythos von Uruk mit der damit verbundenen „Heiligen Hochzeit" (→ Babylonien) ist schon früh auf Enlil mit der Göttin Ninlil in → Nippur übertragen worden.

Mit Hammurabi rückte Babel mit seinem Stadtgott Marduk in den politischen Mittelpunkt Mesopotamiens; damit galt Marduk als B. Im Weltschöpfungsepos übertragen die von den Mächten des Chaos bedrohten Götter dem Marduk die Herrschaft; er besiegt Tiamat, den Urozean, und wird nun zum eigentlichen Weltschöpfer und Ordner. In spätbabylonischer Zeit sind die Götter geradezu nur noch Helfer des einzigen Gottes Marduk, der auf die Welt durch die Götter wirkt. Dieser allg. Verehrung erwartende Bel-Marduk ist in Jes 46,1; Jer 50,2; 51,44 gemeint. → Baal. *Peu*

Bel zu Babel → Daniel.
Belagerung → Festung.

Belial. Ein hebr. Wort = Nichtsnutzigkeit, Heillosigkeit, im AT bloß als Abstraktum belegt und so in Luthers Übersetzung öfters verwendet. Als Name des Teufels wird B. in der spätjüd. Literatur häufig benutzt, bes. in den Testamenten der 12 Patriarchen und in den Handschriften vom Toten Meer. In dieser Bedeutung findet sich B. auch 2Kor 6,15. Ob B. ursprünglich eine Unterweltgottheit war, läßt sich nicht sicher entscheiden. *v. d. W.*

Belsazer (hebr. Belschassar, babylonisch Belscharusur = Bel schütze den König) führte als Sohn des letzten babylonischen Königs Nabonid während dessen Aufenthalt in der Oasenstadt Teima die Regierungsgeschäfte in Babel; in seinen Händen lag die militärische Führung beim vergeblichen Kampf gegen → Cyrus. Er dürfte dabei ums Leben gekommen sein. In Dan 5,1; 7,1; 8,1; Bar 1,11.12 als König von Babel und Sohn Nebukadnezars bezeichnet. *Peu*

Beltschazar (hebr. Beltschassar, babylonisch balatsu-usur = sein Leben schütze) ist der dem Daniel in Babylonien beigelegte Name (Dan 1,7; 2,26; 4,5). Der aus der griech. Übersetzung des AT stammende Name Balthasar wurde von der Legende einem der Weisen (Magier) aus dem Morgenland gegeben. *Peu*

Benaja. *1)* Kommandant von → Davids Leibwache (Kreter und Plether), aus dem Südwesten Judas gebürtig, einer der 30 „Helden" 2Sam 8,18; 23,20 ff. Während der Thronfolgestreitigkeiten Parteigänger → Salomos, für ihn zu jeder Tat bereit, darum zum Befehlshaber des Heerbanns ernannt 1Kö 2,25 ff.

2) ein anderer Held Davids, ein Ephraimit 2Sam 23,30. *Peu*

Benhadad (= „Sohn des Hadad", des syrischen Hauptgottes), Name verschiedener Könige von Damaskus, die in die Geschichte Israels eingriffen.

1) B. I. um 900 vChr, wurde von Asa, dem König von Juda, gegen Baësa, den König von Israel, zu Hilfe gerufen und konnte das Gebiet nördlich der Jesreel-Ebene an sich reißen 1Kö 15,16 ff.

2) B. II., um 865, behandelte König → Ahab von Israel zunächst wie einen Vasallen, wurde dann aber in zwei Schlachten von Ahab geschlagen 1Kö 20 und mußte ihm neben Landrückgabe Handelsrechte in Damaskus gewähren. Von diesem B. II. muß wahrscheinlich ein in Keilschriften Adad-idri genannter König von Syrien unterschieden werden, obgleich dieser 2Kö 8,7 ff (und vielleicht 6,24) auch B. heißt (vgl. M. Noth, Gesch. Isr. S. 213, Anm. 1). Er nahm Ahab seinen ostjordanischen Besitz mit Ramoth ab und suchte als Führer der nahöstlichen Kleinstaaten Salmanassar III. von Assyrien 854 bei Karkar aufzuhalten. Ahab fiel später bei dem Versuch, Ramoth zurückzuerobern 1Kö 22. Adad-idri selbst wurde um 843 nach seinem dritten Einfall in Israel von Hasael ermordet.

3) B. III., Sohn Hasaels, wurde mehrmals durch König → Joas von Israel besiegt und verlor die früher eroberten Städte Israels wieder (vgl. 2Kö 13,17-19.25). Auch eine Inschrift aus Hamath erwähnt B. III. als „Bar-Hada, Sohn Hasaels, König von Aram" (vgl. Am 1,4; Jer 49,27). *Da*

Ben Hinnom → Hinnomtal.

Benjamin. *1)* Sohn Jakobs von der Rahel, von der sterbenden Mutter Ben-Oni (Unglückssohn), vom Vater Ben-Jamin (Glückssohn) genannt 1Mose 35,16 ff. In der *Erzväter-Geschichte* vom Vater zärtlich geliebt, bes. nach Josephs Verlust 1Mose 42; 44. Aber auch ihn muß er nach Ägypten ziehen lassen, wo Joseph an ihm die Treue der Brüder auf die Probe stellt. B.s Kinder 1Mose 46,21; 1Chr 8,1 ff; 4Mose 26,38 ff.

2) Der Stamm Benjamin, dessen vermutete Verwandtschaft mit dem in den Mari-Texten genannten kriegerischen Beduinenstamm bin jamina nicht mehr aufrechterhalten werden kann, gehört zu den kleinen Stämmen: 4Mose 1,37 35400; 26,41 45600 Mann, ist aber an der Geschichte Israels hervorragend beteiligt. Seine Wehrhaftigkeit bezeugt der Jakobssegen 1Mose 49,27 (reißender Wolf). Der Mosesegen 5Mose 33,12 spricht B. als Jahwes Liebling offenbar ein Heiligtum zu. Sein Gebiet Jos 18,11 ff ein schmaler, teilweise sehr fruchtbarer Streifen bergigen Landes vom Jordan gegen Westen, umschloß bedeutende Städte: Jericho, Bethel, auch das noch lange Zeit kanaanäische Jerusalem. Im Kampf stellte B. namhafte, vielfach linkshändig kämpfende Helden, Schleuderer und Bogenschützen Ri 3,15; 20,16; 1Chr 8,40; 12,2; 2Chr 14,7. Ri 19-21 beschreiben sagenhaft den Bruderkrieg, der B. nahezu aufreibt. Später schenkt B. dem Volk Israel seinen ersten König → Saul, stand auch nach dessen Tod zunächst zu seinem Sohn → Isch-Boscheth gegen David 2Sam 2,15.17 ff; 3,1.6, dem B. sich schließlich mit Widerwillen unterwarf (Simeïs Haß 2Sam 16, Aufstand des Scheba 2Sam 20). Nach der Spaltung des Reiches stand B. mit seinen Kriegsleuten überwiegend zum Haus Davids 1Kö 12,21; 2Chr 14,7; 17,17. Noch nach dem Exil bildete B. neben Juda und Levi einen Hauptbestandteil des heimkehrenden Volkes Esra 1,5; 4,1; 10,9. Im NT nennt Paulus sich einen Benjaminiten Phil 3,5.

Lit.: K.-D. Schlunck: Benjamin, Untersuchungen ... Berlin 1963 (BZAW 86). *Schw*

Benjamin-Tor → Tore Jerusalems.

Berenike (=Veronika) Tochter von → Herodes Agrippa I., geb. 28 nChr. In 1. Ehe verheiratet (2 Söhne) mit ihrem Onkel Herodes von Chalkis. Nach dessen Tod (48 nChr) lebte sie mit ihrem Bruder → Herodes Agrippa II. zusammen (Apg 25,13.23; 26,30). Kurze Ehe mit König Polemon von Cilicien. Bei Ausbruch des jüd. Krieges 66 nChr unterstützte sie Agrippa II. in seinen Friedensbemühungen. Wurde die Geliebte des → Titus, konnte ihn aber weder in Palästina noch 79 nChr zur Ehe bewegen. *Bie*

Berg. *1)* An verschiedenen Stellen des AT ist von einem B. als Wohnsitz eines Gottes die Rede; auf dessen Höhe oder in seiner unmittelbaren Nähe war gewöhnlich eine Kultstätte errichtet. So sind als hl. B. der Hermon (mit seinem Gott Baal-Hermon Ri 3,3; 1Chr 5,23), der Peor (mit seinem Gott Baal-Peor 4Mose 25), der Tabor Ps 89,13 und der vielleicht Jes 14,13 angedeutete B. des Baal-Zaphon in der Nähe von Ugarit im AT erwähnt. Von davidischer Zeit an war den Israeliten der → Zion der wichtigste hl. B. wegen des auf seiner Höhe errichteten Tempels Ps 3,5; 15,1; 48,2; 99,9; Jes 56,7; 65,11; Dan 9,20 u. a. m. Auch der → Sinai galt von alters her als hl. B. und heißt demgemäß öfters der B. Gottes 2Mose 3,1; 4,27; 4Mose 10,33; 1Kö 19,8 u. a. m. Jahwe wird daher in älteren Texten einige Male „der vom Sinai" genannt Ri 5,5; Ps 68,9. Weil B.e in besonderem Maße als Stätte göttlicher Offenbarung galten, wurden sie oft zum Götzendienst benutzt (→ Höhen). Jesus hat sich gern zum Gebet in das Gebirge am galiläischen Meer zurückgezogen Mt 14,23; Lk 6,12. Der B. der Verklärung Mt 17,1 ist ein bestimmter B.gipfel, doch schwerlich, wie die Überlieferung meint, der Tabor.

2) Die B.e sind Merkmale der Schöpfermacht Gottes. Er setzte sie fest Ps 65,7, so daß sie von seiner eigenen festen Gerechtigkeit zeugen Ps 36,7. Wenn Gott erscheint, zerfließen die B.e wie Wachs Ri 5,5; Mich 1,4 oder hüpfen sie wie die Lämmer Ps 114,4.6. Bei seinen Gerichten beben sie Ps 18,8; Hab 3,10. Stehen sie Gottes Einzug im Wege, so müssen sie erniedrigt werden Jes 40,4; aber sie freuen sich auch mit, wenn die große Erlösung naht Ps 98,8: die Natur ist Gottes Willen unterworfen und dient seinen Zwecken.

3) Bildlich ist der B. Sinnbild der Macht Ps 30,8; Hes 17,23. Der Dan 2,35 erwähnte B. ist Bild des Gottesreiches. Wenn Jesus dem Glauben die Macht verheißt, B.e zu versetzen Mt 17,20; 21,21; vgl. 1Kor 3,2, weist der B. auf Hindernisse hin, die sich den Aufgaben des Gottesvolkes entgegenstellen. *v. d. W.*

Berggötter 1Kö 20,23, vgl. V. 28. Die Syrer wollten den Sieg, den die Israeliten über sie im Gebirgsland erfochten hatten, daraus erklären, daß die Götter der Israeliten B. seien; sie hofften daher, wenn der Kampf in der Ebene stattfände, wo sie zugleich ihre Kriegswagen besser verwenden konnten, werde es anders gehen. Daß der Gott Israels, wenn er helfen will, ebenso im Tal wie auf den Bergen den Sieg geben kann, mußten die Syrer gleich nachher erfahren. *(v. d. W.)*

Bergpredigt. Diese mächtigste unter den großen Christusreden des MtEv — K. 5-7 neben K. 10. 13. 18. 23. 24 f, vgl. 7,28 f — weckte von jeher in besonderer Weise die Frage nach ihrer Gestalt und ihrer Deutung.

1) Ihre Gestalt. Sie hat in Lk 6,17-49 eine in ihrer Übereinstimmung und Verschiedenheit auffallende kürzere Zweitform. Gemeinsam ist beiden Formen eine Reihe von Seligpreisungen, das Wort von der Wiedervergeltung und Feindesliebe in verschiedener Anordnung, die „Goldene Regel" Mt 7,12 = Lk 6,31, das Wort wider den Richtgeist, vom Fruchtbringen und das Schlußgleichnis vom Hausbau. Außerdem finden sich im LkEv verstreut 11 weitere Stücke der B. bei Mt (zB Mt 5,13 = Lk 14,34 f; Mt 5,15 = Lk 11,33 usw). Umgekehrt erscheint Lk 6,39 f bei Mt 15,14 bzw. 10,24 f. Daraus wird deutlich, daß beide Evangelien aus einer gemeinsamen Quelle geschöpft haben (→ Evangelien), in der Verwendung und Anordnung aber entsprechend ihrem Gesamtplan eigene Wege gegangen sind. Wieweit die gemeinsame Quelle schon den Grundriß der B. bei Mt enthielt, wird unsicher bleiben. Jedenfalls ist sie in ihrer jetzigen Gestalt wie bei Lk aus der vorliegenden Überlieferung so geformt, wie es ein möglichst treues Gesamtbild der Christusbotschaft an dieser Stelle der beiden Evangelien verlangte. Dabei wird wohl in der Auswahl und Einfügung der Gedanke an den verschiedenen ursprünglichen — judenchristlichen oder heidenchristlichen — Leserkreis in seiner jeweiligen Lage eine Rolle gespielt haben. Die Leser scheinen zB schon in den Seligpreisungen bei Lk unter bes. hartem Druck zu stehen; daher die andere Färbung, die Hinzufügung der Weherufe, auch im Kontrast dazu das Wort von der Feindesliebe sofort an erster Stelle. Es bedeutet einen Reichtum der Christenheit, daß ihr Jesu Wort und Wille in der doppelten Ausprägung gegeben ist, so wie sie es in ihrer wechselvollen Geschichte nötig hat. Daß wir hier und dort *sein* Wort vor uns haben, auch wenn die einzelne Fassung (zB „wegen Ehebruchs" Mt 5,32 gegenüber Lk 16,18) fraglich bleibt, dafür sorgt die so unverkennbar und unerhört einprägsame, eindeutige, auch anstößig radikale Sprache, die hier und dort sehr genau sagt, was sie allein sagen kann und will. — Bei Mt ist doch wohl ein wesentlicher Blickpunkt der Rede das Wort von der „besseren Gerechtigkeit" 5,20 vgl. 6,1 (dasselbe Wort!); 6,33; 5,6.10 im Sinn eines auf die anbrechende Gottesherrschaft ausgerichteten, in ihr sich vollendenden neuen Lebens vor Gott und für Gott 5,20; 6,10.33; 7,13.21 ff. Bei Lk ist das Liebesgebot leitend.

2) Ihre Deutung. Vor dem gesetzlichen Mißverständnis der B., das hier eine Kette ethischer Regeln, ein uns zur Verwirklichung in die Hand gegebenes Programm zur Umgestaltung der Welt vor sich sieht und von daher nach ihrer Erfüllbarkeit fragt, schützt die B. selbst durch ihren Eingang, die Seligpreisungen und die Jüngergleichnisse Mt 5,3-16. Sie ist nicht weniger ein Christuszeugnis als etwa die folgenden K. 8 u. 9. Angesichts der kompromißlosen Forderungen kann das Wort vom sanften Joch und der leichten Last 11,30 sich doch nur darauf beziehen, daß Jesus aus der glaubensmäßigen Bindung des Jüngers an ihn heraus redet; er mutet den Seinen nichts zu, ohne ihnen in seinem Wort zugleich sich selbst zu geben. Deshalb öffnet dieser Eingang zuallererst einen ganz neuen Horizont einer durch die Gegenwart des Bergpredigers gänzlich veränderten Lage. Aus diesem Horizont heraus fordert die B. Damit ist diesen Forderungen nichts von ihrer Schärfe abgezogen, so als ob sie nur, in Rückbeziehung etwa auf 4,17, ein Beichtspiegel sein wollten, der unsere Erlösungsbedürftigkeit ins Licht stellt. Jesu eigener Gehorsam bis zum Tod bezeichnet diesen Weg. Die Beunruhigung, die von der B. weit über die kirchlichen Grenzen in alle menschlichen Verhältnisse ausgegangen ist und ausgeht, ist gewollt. Hier fällt ein unerbittliches Licht in unsere und der Welt Verwahrlosung. Aber die B. weist gebieterisch auf den hin, der hier spricht und der in ihr aus einer religiösen Scheinwelt herausführt in die Wirklichkeit Gottes und eines

Lebens, das ihm gehört. Alle Einschränkung auf einen bestimmten Kreis oder nur auf endzeitliche Verwirklichung greift fehl, so gewiß das ganze Evangelium dazu gehört werden muß. → Jesus Christus V 3 b. *He*

Bergwerk. Palästina ist an Bodenschätzen arm; Metalle mußten zumeist eingeführt werden. 5Mose 8, 9 denkt wohl an die Eisengruben im Ostjordanland (bei Radschib). Die Beute Davids 2Sam 8, 8 stammte vielleicht aus den Kupfergruben im Libanon. Die anschauliche Schilderung der Arbeit im B. (in Stollen, am Seil, mit Feuer) Hiob 28, 1—11 verrät vielleicht Kenntnis der Kupfer- und Eisengruben bei Fenan südl. vom Toten Meer, dem alten Punon 4Mose 33, 42, oder der großen B.e, die die Ägypter auf der Sinai-Halbinsel betrieben. Auf die Kunst der Verarbeitung verschiedener Metalle im → Schmelzofen weisen die Vergleiche Jes 1, 25; Hes 22, 18-22 hin. *Schl*

Berith → Baal-Berith.
Berodach Baladan → Merodach Baladan.

Beröa. *1)* Stadt in Mazedonien mit einer von Paulus gesammelten Gemeinde Apg 17, 10 ff; 20, 4, heute Werria in der Wardar-Ebene. — *2)* Stadt in Syrien 2Makk 13, 4 = Aleppo. *Schl*

Berufung, berufen. Der ursprüngliche, noch nicht formelhafte Wortsinn muß hier festgehalten werden: ein an einzelne oder viele ergangener Ruf, dem Folge geleistet wird und der so über das ganze Leben in Zeit und Ewigkeit entscheidet.

1) Der Berufer (so Rö 9, 12) ist Gott selbst in seiner Gnade 1Thess 5, 24. Der Ruf ist bei Israel Jes 48, 12; 50, 2; Röm 11, 7 und bei Einzelnen wie Mose 2Mose 3 und Jeremia 1, 4 ff auf Widerstand gestoßen. Er ist auf das Ja der Gerufenen angelegt, auch wenn der Ruf allein Gottes „Vorsatz" ist Röm 8, 28. So gehorcht Cyrus in seinem adlergleichen Aufstieg dem Ruf Gottes Jes 46, 11. Auch der Sohn ist nach Hebr 5, 4 f in sein priesterliches Amt b., um dann selbst der Ruf Gottes an die Welt zu werden Hebr 3, 1. Er ruft zur Umkehr Lk 5, 32, in seine Nachfolge Mt 9, 9; 11, 28 ff, in Gottes Reich Mt 22, 1 ff, ins Leiden ihm nach 1Petr 2, 21. Seine Boten tragen als Berufene Röm 1, 1 den Ruf weiter als frohe Botschaft 2Thess 2, 14.

2) Der Kreis der Berufenen. Im NT ist zwar zB in Röm 9-11 die Sonderb. Israels vom AT her nicht angefochten, aber der Christusruf Gottes gilt der Welt Röm 9, 24 u. a. m. Christsein ist „Beruf" Röm 1, 6; Hebr 9, 15; 2Petr 1,10. Das ist nicht mönchisch verstanden; die irdische Zuordnung in irgendeinen Sektor der völkischen Berufe bleibt, aber sie erhält einen neuen Sinn 1Kor 7, 18 ff; Kol 3, 23. Dabei kümmert sich Gottes Ruf um keine Privilegien 1Kor 1, 18 ff. Ihm ist das Verachtete gerade recht. Eine unverlierbare Garantie ist die B. nicht; so sind anders als zB Offb 17, 14 in Mt 22, 14 die wenigen Auserwählten den vielen Berufenen gegenübergestellt.

3) Die Tragweite der B. Sie ist durchgreifend und nicht nur zeitlich verstanden: Gott b. aus der Finsternis zum Licht 1Petr 2, 9, zur Herrlichkeit 1Petr 5, 10, zur Freiheit Gal 5, 13, zur Hoffnung Eph 4, 4, in die Gnade und Gemeinschaft Christi Gal 1, 6; 1Kor 1, 9. Vor allem ist sie „himmlische" B. Phil 3, 14 zur Seligkeit 2Thess 2, 14, zum Abendmahl des Lammes Offb 19, 9. Weil sie aber das ganze Leben heiligen will, wird die Gabe zur Aufgabe: die B. festzumachen 2Petr 1, 10 und sie als eine Würde zu verstehen, die durch das ganze Leben hin verwirklicht werden will 2Thess 1,11; 1Petr 1,15. *He*

Beryll → Edelsteine.
beschädigen → Schadenersatz.

beschließen. Hier sind die beiden Stellen Röm 11, 32 u. Gal 3, 22 zu erläutern, die das deutsche Wort in einem eigentümlichen Sinn gebrauchen. Es bezeichnet dort ein von Gott über alle verhängtes Gefangensein in der Sünde, im Unglauben, das niemand durchbrechen kann (vgl. Röm 7, 14 „unter die Sünde verkauft"). Diese von uns nicht zu beseitigende Solidarität der Schuld und ihrer Folgen wird, wieder allumfassend, von Gott aufgehoben durch die allerbarmende Erlösertat Jesu Christi „denen, die da glauben" Gal 3, 22. *He*

Beschneidung, beschneiden. Bei der B. handelt es sich um einen über die Erde verbreiteten Reife- und Weiheritus, der an Knaben wie an Mädchen vorgenommen werden kann. Die im AT bezeugte B. des Knaben besteht in einer Entfernung der Vorhaut am männlichen Glied. Bei ihrer Deutung als einer hygienischen Maßnahme handelt es sich um eine sekundäre Erklärung. Ursprünglich mag die B. als ein Opfer an den Herrn der Fruchtbarkeit verstanden worden sein, wobei dem bei ihr fließenden Blut sühnende und reinigende Kraft zugeschrieben wurde. Schon früh wurde die B. in Israel aus der Reifezeit in das früheste Kindesalter verlegt, wovon die älteste erhaltene Erzählung über ihre Einführung 2Mose 4, 24 ff Zeugnis ablegt. 1Mose 34, 14 ff zeigt, daß der Brauch der B. in vormosaische Zeit zurückgeht. Auf einer gewissen Stufe der ATlichen Überlieferungsbildung wurde er eng mit Josua verbunden Jos 5, 2-9. In der Umwelt Israels wurde die B. von den Ägyptern, Edomitern, Ammonitern, Moabitern, Arabern (Ismaeliten) und Phöniziern, Jer 9, 24 f; 1Mose 17, 23 ff; Hes 28, 10, aber nicht von den vorisr. Kanaanäern und den Philistern geübt, vgl. 1Mose 34, 14 ff; 1Sam 17, 26. Ihre eigentliche theol. Bedeutung erhielt die B. erst während der Exilszeit, als ein großer Teil der geistig führenden Schicht Judas in Babylonien wohnte, wo man die B. nicht kannte. Nachdem man sie wohl schon in vorexilischer Zeit als Zeichen der Zugehörigkeit zu → Jahwe erklärt hatte, wurde sie jetzt zusammen mit dem Sabbat zu dem entscheidenden Bekenntnisakt zB in den Makkabäerkämpfen 1Makk 1,16; 2Makk 6,10. Diese gesteigerte Bedeutung spiegelt sich in der Verbindung der B. mit dem Bund zw. Gott und Abraham 1Mose 17, wo auch der achte Lebenstag als ihr Zeitpunkt angegeben wird. Nach diesem Gesetz wurde auch Jesus beschnitten Lk 2,21 f. Die Aufforderung, Herz und Ohren zu b., 5Mose 10,16; Jer 4,4; 6,10; vgl. Hes 44,9, weist ebenso wie die Verheißung der Herzensb. 5Mose 30,6 auf den eigentlichen Sinn des Brauches hin, dessen Befolgung als solche keine besondere Würde vor Gott verleiht Röm 2,25 ff. Daher stellt Paulus die B. und den Glauben an Jesus Christus einander gegenüber und tut jene zusammen mit dem Gesetz als Heilsweg für die Christen ab Gal 5,1-6, vgl. auch Apg 15,5 ff. In Kol 2,11ff ist die Taufe mit der B. verglichen. *Kai*

Beschwörer besprachen Menschen und Tiere durch unverständliche Laute oder fremdartige Worte, auch durch Namen, die geisterbannende Macht besitzen sollten (→ Zauberei). Im AT von den B.n Babels, die dort einflußreich waren Jes 47,12. 5Mose 18,11 verworfen als ein „Greuel". Trotzdem für Jesajas Zeitgenossen „Stütze und Stab" Jes 3,1.3. Von Schlangenb.n reden Ps 58,6; Jer 8,17; Pred 10,11. Im NT nur Apg 19,13 von umherziehenden B.n, die mit Hilfe des Namens Jesu Dämonen austreiben wollten; Jesu Name ist aber kein Zaubermittel. *Pl*

Besessenheit, Besessene: Vieles scheint auf Geisteskrankheit hinzuweisen; aber: „Es gibt auf diesem Gebiet Tatsachen, die man nicht wegleugnen kann und doch nicht zu erklären vermag" (Ad. Harnack). Im AT wird nicht davon gesprochen. Im NT sind es Menschen, bei denen ihr wollendes und handelndes Ich von fremden Mächten lahmgelegt wird, so daß sie kein Eigenleben mehr haben. Merkmale dieser Verwandlung sind: Raserei, übermenschliche Kraft, das Nebeneinander von Verlangen nach Hilfe und Angst davor, ein Widerstreben gegen Christus, Hellsichtigkeit, Wechsel der Stimme Mk 5, 1-15. Diese Zustände wollen im NT ganz im Zusammenhang mit der Sendung Jesu verstanden sein Lk 11,20. Die Besessenen werden entweder als von → Dämonen Besessene bezeichnet Mt 4,24; 8,28 u. a. m. oder als Menschen mit „unreinem Geist" oder „unreinen Geistern" Mk 1,23; 3,11; 5,2; 9,25 usw. Jesus brach die Gebundenheit durch ein Befehlswort Mk 1,25. Auch seine Jünger bekamen Vollmacht hierzu Mt 10,1; Apg 8,7. u. a. *Pl*

Besitz → Eigentum.

Besprengung. Zur Opferhandlung gehörte vielfach eine B.: das in einer Schale aufgefangene Blut des Opfertiers wurde vom Priester an die Hörner oder an die Seiten des Brandopferaltars gesprengt 3Mose 1,5 als Zeichen dafür, daß das Blut Gott dargebracht und von ihm angenommen ist; so auch bei dem Opfer der Passalämmer 2Chr 35,11. Bei dem → Sündopfer wurde ein Teil des Bluts an den Vorhang des Allerheiligsten gesprengt und an die Hörner des Räucheraltars gestrichen 3Mose 4,6 f. 16 ff. Am großen → Versöhnungstag wurde die Bundeslade im Allerheiligsten besprengt 3Mose 16,14 f. Bei dem Opfer zur Bundschließung wurde auch das Volk besprengt 2Mose 24,8 zum Zeichen dafür, daß sie nun für Gott geweiht sind. So wurden auch die Priester bei ihrer Weihung mit Blut und zugleich mit Öl besprengt 2Mose 29, 21; 3Mose 8,30. Die B. mit Reinigungswasser gehörte zur Weihe der Leviten 4Mose 8,7 und zur Reinigung der Unrein-gewordenen 4Mose 19,13 und eines Aussätzigen 3Mose 14,7. Das NT beschreibt Jesu Sterben als das Opfer, bei dem wir durch B. mit seinem Blut entsündigt und Gott geweiht werden 1Petr 1,2; Hebr 12, 24. (In der Stelle Jes 52,15 ist die Übersetzung b. [= für Gott weihen] schwerlich richtig.) *Schl*

beten → Gebet.
Bethabara →Bethanien 2).

Bethanien. *1)* Mt 21,17 par., Mk 11,1 par. u. a., Wohnort Simons Mt 26,6 par. und der Geschwister Lazarus, Martha und Maria Jo 11,1; ein kleiner Flecken, nach Jo 11,18 15 Stadien, etwa 3 km, von Jerusalem am Weg nach Jericho gelegen, jetzt el azarije (Ort des Lazarus). Das von einer alten Tradition bezeichnete Grab des Lazarus wird noch gezeigt. — *2)* Der Ort der Taufe Jesu lag nach Jo 1,28; 3,26 und nach altkirchlicher Tradition am Ostufer des Jordan, nach Jo 10,40; 11,6 f. 17 drei Tagereisen weit von B. 1) entfernt. Die genaue Lage ist unbekannt. Erst seit arabischer Zeit (nach 638) zeigt man die Taufstelle am Westufer des Jordan, 6 km nördl. des Toten Meeres. Origenes und einige junge Handschriften lesen Bethabara statt B., wohl um das schon damals nicht mehr bekannte B. durch einen bekannten Ort zu ersetzen. *Me*

Beth-Awen, „Haus des Götzendienstes", heißt Bethel, „Haus Gottes", bei Hosea 4,15; 5,8; 10,5 und Amos 5,5, weil in dem dortigen Höhenheiligtum (heute burdsch bētīn) seit der Zeit → Jerobeams I. eins der „goldenen Kälber" (das andere stand in Dan) aufgestellt war, vgl. 1Kö 12,26 ff. — Jos 7,2; 18,12 ist B. von Bethel selbst unterschieden (doch siehe LXX); 1Sam 14,23 liest die LXX → Beth-Horon. *Rü*

Beth-Baal-Meon → Baal.

Bethel, ursprünglich Lus genannt, Stadt in Joseph Ri 1,22 bzw. Ephraim an der Grenze gegen Benjamin, Jos 16,1 f; 18,13, heute bētīn 18 km nördlich von Jerusalem. — Bei der Reichsteilung fiel B. an den Norden; von Abia(m) für

Juda zurückerobert 2Chr 13,19, wurde es wohl schon unter Baesa wieder von Israeliten besetzt, vgl. 1Kö 15,22. — In dem Heiligtum von B., das schon in der Erzväterzeit bestand 1Mose 12,8, hatte → Jerobeam I. eins der „goldenen Kälber“ aufgestellt (→ Beth-Awen). Diesem Bilderdienst setzte Josia ein Ende 2Kö 23,15. *Rü*

Bethesda, ein nur Jo 5,2ff genannter Teich in Jerusalem, umgeben von fünf Säulengängen zum Schutz der Kranken. Neben B. findet sich die Lesart Bethsaida und in den besten Handschriften Bethzatha. Dies ist wohl dasselbe wie die bei Josephus erwähnte nördlichste Vorstadt von Jerusalem und der Teich richtiger als Teich von Bethzatha zu bezeichnen. Der Name Bethzatha und das Schaftor weisen in die Gegend nördlich des Tempelplatzes, eine alte Tradition in die Nähe der St.-Annen-Kirche. Bei Ausgrabungen (seit 1888) fand man hier zwei trapezförmige Teiche, umgeben von 4 Säulenhallen, durch eine fünfte voneinander getrennt. Baureste aus altisraelitischer und römischer Zeit sind von einer byzantinischen und diese von einer Kreuzfahrerkirche überbaut. Die ununterbrochene Baufolge, die alte Tradition und Inschriften lassen die Gleichsetzung dieses Komplexes mit B. als gesichert erscheinen.

Lit.: J. Jeremias, Die Wiederentdeckung von Bethesda, 1949. *Me*

Beth-Horon. Name einer Levitenstadt in Ephraim Jos 21,22; 1Chr 6,53, an der Grenze gegen Benjamin Jos 16,5; 18,13. Man unterschied ein oberes Jos 16,5 und ein unteres B. Jos 16,3; heute entsprechen ihnen bēt ʿūr el-fōqa 16 km und bēt ʿūr et-taḥta 18 km nordwestlich von Jerusalem. Durch Unter- und Ober-B. führte eine militärisch wichtige Paßstraße von der Küstenebene ins Gebirge, die zZ Josuas Jos 10,10f, Sauls 1Sam 13,18 und der Makkabäer 1Makk 3,15ff; 7,39ff heftig umkämpft wurde. *Rü*

Bethlehem, jetzt beth lahm, 7 km südlich von Jerusalem auf einer felsigen, aber rings von Feldern, Baumpflanzungen und Weingärten umgebenen Anhöhe 777 m hoch gelegen, ist der Schauplatz des Büchleins Ruth und die Heimat Davids, Mich 5,1 als Geburtsstadt des Messias bezeichnet. Vielleicht hieß B., weil vom Geschlecht Ephrath besiedelt 1Chr 4,4, auch Ephratha Rt 4,11; Mich 5,1. Von Rehabeam befestigt 2Chr 11,6, nach dem Exil spärlich bewohnt Esra 2,21; Neh 7,26, Geburtsort Christi Mt 2,1; Lk 2,4. Über der von der Tradition früh in eine Höhle verlegten Stätte der Geburt erbaute Konstantin eine Kirche, die Justinian erweiterte. Die jetzige Marienkirche, auf dem östlichen Hügel zw. einem lateinischen, griechischen und armenischen Kloster gelegen, im gemeinsamen Besitz der drei Konfessionen, ist im Kern dieselbe Kirche. Sie ist die älteste erhaltene christliche Kirche; in ihrer Krypta die Geburtskapelle und nahe dabei, einige Stufen tiefer, die Kapelle der Krippe. Hier hat man schon in der Mitte des 2. Jh. nChr den Ort der Geburt zu haben geglaubt. Es ist nicht ausgeschlossen, daß die Tradition das Richtige trifft. Das Feld, wo der Engel den Hirten erschienen sei, wird 20 Minuten entfernt im Südosten gezeigt. Der eine Viertelstunde nordöstlich der Stadt gelegene „Davidsbrunnen“, eine Gruppe von drei ziemlich tiefen Zisternen, soll der Schauplatz der Begebenheit 2Sam 23,14ff sein. Das „Grab der Rahel“, das man in der Nähe auf dem Weg nach Jerusalem zeigt, ist wohl nicht hier, sondern nördlich von Jerusalem zu suchen (→ Ephrath). Das jetzige beth-lahm zählt etwa 1500 vorwiegend christliche Einwohner. — Ein anderes, weniger bekanntes B., Jos 19,15, das im Stamm Sebulon lag, ist wahrscheinlich beth-lahm westlich von Nazareth. Abb. → Tafel 5. *(Me)*

Beth-Maacha → Abel Beth-Maacha.
Beth-Meon → Baal-Meon.

Bethphage, Mt 21,2 par. beim Einzug Jesu in Jerusalem genannt, Lk 19,29 neben Bethanien; es wird von der Tradition zw. → Bethanien und Ölberg angesetzt und als Ort der Eselsbesteigung bezeichnet. Dalman dachte an das Beth Page der rabbinischen Literatur, das von pagus (Dorf) ableitbar sei und wohl einen Landbezirk Jerusalems bezeichne; dann wäre B. kein besonderer Ort, sondern ein Vorort von Jerusalem. *(Me)*

Bethsaida (= „Fischhausen“). Dorf am Nordufer des Sees Genezareth, östlich der Jordanmündung Mk 6,45; Lk 9,10. Der Tetrarch Philippus (Lk 3,1) erhob es zur Stadt und gab ihm nach Julia, der Tochter des Augustus, den Namen Julias. Im NT ist B. Heimat von Simon Petrus, Andreas und Philippus Jo 1,44; 12,21. Jesus hielt sich öfters in B. auf (Mk 8,22 eine Blindenheilung; auch bei Mt 8,14-17 haben wir wohl an B. zu denken), fand aber dort im Ganzen keinen Glauben Mt 11,21. *Bie*

Beth-Schean. Name einer Stadt, die Manasse zugeteilt wurde Jos 17,11-13, aber noch lange im Besitz der Kanaaniter blieb Ri 1,27. Unter Saul mit den Philistern verbündet 1Sam 31,10, gehörte B. zum 5. Gau Salomos 1Kö 4,12. — Zur Zeit Jesu war B. unter dem Namen Skythopolis 2Makk 12,29 ein hervorragendes Glied der → Dekapolis; heute tell el-ḥöṣn bei bēsān im Tal des nahr dschālūd. → Tafel 29. *Rü*

Beth-Schemesch, „Sonnenhaus“. *1)* Amoriterstadt unter dem Namen Har-Heres (Luther: Gebirge Heres) „Sonnenberg“ Ri 1,35, als Ir-Schemesch „Sonnenstadt“ Jos 19,41, teilweise von Dan besiedelt, später Levitenstadt in Juda auf der Grenze gegen Dan Jos 15,10; 21,16, in der Geschichte erwähnt 1Sam 6,9ff (Rückkehr der Lade) und 2Kö 14,11ff (Sieg des Joas von Israel über Amazja), heute tell er-rumēle bei ʿēn schems, „Sonnenquelle", 24 km westlich von Jerusalem; erfolgreiche Grabungen erwiesen Besiedlung vom Ende des 3Jt. vChr an; — *2)* Ort in Isaschar Jos 19,22, heute vielleicht el-ʿabēdīje bei Beth-Schean; — *3)* Stadt in Naphthali bei Beth-Anath Jos 19,38; Ri 1,33; — *4)* Jer 43,13 heißt so das ägyptische → On. *Rü*

Bethuel, Aramäer aus Mesopotamien 1Mose 24, 10; 25,20, Sohn von Abrahams Bruder Nahor und der Milka, Vater von Rebekka und Laban 1Mose 22,23; 24,15; 28,2. *Schl*

Beth-Zur, zum Stamm Juda gerechnet Jos 15,58, von Rehabeam befestigt 2Chr 11,7, nach dem Exil Hauptstadt eines Bezirks Neh 3,16, in der Makkabäerzeit stark umkämpft 1Makk 4,29.61; 6,50; 9,52; 11,66. Chirbet et-tubēka, nördl. von Hebron, von Amerikanern ausgegraben. *Schl*

Betrübnis. *1)* Die HS verharmlost die B. in ihrer Herz, Gemüt und Gewissen belastenden Schwere nicht. In ihrer so frei für das Menschlich-Natürliche aufgeschlossenen Art berichtet sie B. auch von Jesus Mk 3,5; Mt 26,38 (Jo 11,33; 12,27; 13,21 redet der griech. Wortlaut von tiefer Erschütterung, die mit B. nicht zureichend wiedergegeben ist). Andererseits wird durch die ganze Bibel hin der Kampf darum geführt, daß das „allezeit fröhlich" 1Thess 5,16 nicht verlorengeht 2Kor 4,8; 6,10; 7,4.

2) Die in der B. liegende Anfechtung wird in schwerster Lage des Volks Klgl 3,31-33 nicht geleugnet; Gott betrübt! Aber das ist nie seine letzte Absicht Hebr 12,4-11.

3) Das Ringen des Tiefbetrübten um den inneren Frieden mit Gott ist in Ps 42/43 ergreifend ausgesprochen; Ps 77,4.

4) Einander betrüben, während wir doch Gehilfen der Freude sein sollten 2Kor 1,24, wird in den Briefen des NT schwergenommen. Damit betrüben wir den Hl. Geist, in dem wir doch verbunden sein wollen Eph 4,30. Andererseits gibt es ein Betrübtwerden nach Gottes Sinn 2Kor 7,5ff, das als eine göttliche Traurigkeit heilsam und nicht zu umgehen ist. Nur setzt dies voraus, daß man so im Glauben und in der Liebe verbunden ist wie der Apostel mit seiner Gemeinde. *He*

Betrug. *1)* Die Mitte der HS bildet die Gestalt des Herrn, von der sie sagt: „Es ist kein B. in seinem Munde erfunden" 1Petr 2,22; Jes 53,9. Er kommt in eine Welt, die „mit ihren Zungen trüglich handelt" Röm 3,13; Jer 9,4f. Sie meint ohne trügerische Erschleichung (Jakob), ohne Judaskuß und nächtliche Verleugnung nicht auszukommen. Ihre vom B. lebende Habgier verfolgt sie bis in ihren Gottesdienst Am 8,5f. Und das, obwohl Israel klare Erkenntnis hatte von dem, „was gut ist und was der Herr von dir fordert" Mich 6,8; 5Mose 25,13; Spr 11,1; 6,12ff. Der Versuch, in solchem B. lediglich die Eigenart der „jüd. Rasse" zu sehen, hat sich als grauenvolle Selbsttäuschung erwiesen. Das AT zeigt die Welt, wie sie allenthalben ist.

2) An einzelnen Stellen, vor allem in der Vätergeschichte Israels 1Mose 12,17; 20,3; 27,1ff, kann es uns Not machen, daß Gott selbst zu bösem B. scheinbar schweigt, ja die Hand zu reichen scheint. Wer aber erfahren will, worauf Gott hinaus will, wird auch dort darüber nicht im Zweifel gelassen, daß B. auch nicht von ferne mit Gott etwas zu tun hat.

3) Der christlichen Gemeinde wird um der die Gemeinschaft zerstörenden Folgen willen der B. als das gekennzeichnet, was er ist, 1Kor 6,8; 1Thess 4,6; 1Petr 2,1. Sie hat an der Zachäusgeschichte Lk 19 vor sich, wie sich das unter Jesu Einfluß gründlich wandelt. Von daher kann das Gleichnis vom ungerechten Haushalter Lk 16,1ff nicht mißverstanden werden.

4) Der Mensch ist dauernd in Gefahr, sich selbst zu betrügen, auch wenn er es „der Schlange" in die Schuhe schieben möchte. Das ist immer B. der Sünde Röm 7,11; Hebr 3,13; Jer 49,16; Hiob 15,31. So rächt sich der Hochmut Gal 6,3; 1Kor 3,18. So kann der falsche Gottesdienst Jer 3,23, das bloße Hören Jak 1,22, so muß der Reichtum Mt 13,22 zum B. werden. *He*

Bett. Während 2Kö 4,10 ein B. zur notwendigen Ausstattung eines Zimmers gerechnet wird, schliefen Arme, wie noch heute, auf bloßer Erde, in den Mantel 2Mose 22,25f oder eine Decke Jes 28,20 gehüllt. Bei den B.en der Kranken, die Jesus heilte, ist an Matratzen zu denken Mt 9,2.6; Jo 5,8. Solche Decken und Matratzen konnten tagsüber aufgeschichtet als Sitz dienen 1Sam 28,23; im Schloß gab es eine B.enkammer 2Kö 11,2. Häufig diente als B. eine mit Decken belegte Erhöhung an der Wand, eine Art Bank. Mit steigender Kultur kamen B.gestelle auf, Divane, auf denen man zu Tisch saß oder lag Hes 23,41 und nachts oder in Krankheit lag 1Sam 19,13.15; Lk 8,16; sie konnten mit Elfenbein eingelegt sein Am 6,4. Von einem Vorhang am B. zum Schutz gegen Mücken hören wir schon Judith 10,21; 16,23. *Schl*

Bettler → Armut.

Beute. Was einem geschlagenen Feind abgenommen oder in einer eroberten Stadt gefunden wurde, galt, soweit es nicht durch → Bann zum Eigentum Gottes erklärt war, als Eigentum der Sieger. War gleichmäßige Verteilung der B. das Ziel, so fielen doch wertvolle Stücke dem Anführer zu Ri 8,24; 2Sam 12,30. Bei der Teilung der B. nach dem Sieg über die Midianiter 4Mose 31,26ff erhält das Kriegsvolk und das übrige Volk je die Hälfte, nachdem ein bestimmter Teil zum Opfer für den Herrn und als Abgabe an die Leviten bestimmt war. Nach 1Sam 30,24f war es Sitte, bei der Verteilung auch die beim Gerät Gebliebenen zu bedenken. An den Jubel des B.teilens erinnert Jes 9,2. Gewiß wurde oft ein Teil der B. an das Heiligtum gegeben: Abraham gibt 1Mose 14,20 den Zehnten aus der B. an den Priester Gottes; Goliaths Schwert war im Heiligtum in Nobe aufbewahrt 1Sam 21,10; ähnlich 2Sam 8,11; 2Kö 11,10. *Schl*

Beutel, wohl aus Leder, dienten der Aufbewahrung von Geld 1Mose 42,35; 2Kö 5,23; Spr 1,14; Lk 10,4; 12,33; Jo 12,6 oder wichtigen Dingen wie Gewichtsteinen Mich 6,11. B. mit größeren Summen wurden versiegelt Hiob 14,17; daher in übertragenem Sinn: hineingebunden ins Bündlein der Lebendigen 1Sam 25,29. *Schl*

Bezalel, nach 2Mose 31.35-38 der kunstfertige Werkmeister, der zusammen mit → Oholiab die → Stiftshütte mit ihren Geräten herstellte. *Schl*

Bibel.

1) Name. 2) Reihenfolge der Bücher. 3) Handschriften. 4) Gliederung des Textes. 5) Sprachen. 6) Antike Übersetzungen. 7) Entstehung des Kanons. 8) Einheit. 9) Historisch-kritische Forschung.

1) Der Name „Bibel“ stammt aus dem Griechischen und bedeutet richtig „die Bücher“. Erst im Spätlateinischen wird das Wort biblia als weiblicher Singular gebraucht. Der ursprüngliche Sinn des Wortes verrät noch ein Wissen um die in der Bibel enthaltene Sammlung von verschiedenen Schriften.

2) Das hebr. AT hat eine vom deutschen Kanon abweichende *Reihenfolge der Bücher.* Voran steht die Thora, die fünf Bücher Mose, griech. Pentateuchos genannt. Dann folgen die „früheren Propheten“, hebr. nebi'im rischonim, Jos bis 2Kö. Daran schließen sich die „späteren Propheten“, hebr. nebi'im acharonim, Jes, Jer, Hes, die zwölf Kleinen Propheten (griech. Dodekapropheton) an. Der dritte Teil des Kanons umfaßt die sog. „Schriften“, hebr. ketubim, Ps, Hiob, Spr, die fünf Rollenbücher (Rt, HL, Pred, Klgl, Esth, die an großen Festen der Juden verlesen werden), ferner Dan, Esra, Neh, 1. 2Chr. Der deutsche Kanon bevorzugt die sachliche Anordnung in Geschichtsbüchern, Lehrbüchern, prophetischen Büchern. Das bedingt die Anschließung von 1.2Chr, Esra, Neh, Esth an 2Kö. Als Lehrbücher werden Hiob, Ps, Spr, Pred, HL zusammengestellt, Rt wird an Ri, Klgl an Jer angeschlossen, Dan wird unter die großen Propheten hinter Hes eingestellt. Der deutsche ATliche Kanon umfaßt also 38 Schriften, wobei die Klgl zum Buch Jer gerechnet werden. 4Esra 14, 37-48 werden 24 Schriften, bei Josephus, contra Apionem 1,38 ff, nur 22 Bücher als zum AT-Kanon gehörig genannt. Die erste Zahl kommt dadurch zustande, daß das Dodekapropheton, die Samuel-, Königsbücher, Esra-Neh, 1. 2Chr als je ein Buch gezählt werden. Die Josephuszahl entsteht, indem Rt mit Ri und Klgl mit Jer als je ein Buch gerechnet werden. In der Reihenfolge des NTlichen griech. Kanons stehen die vier Evangelien, die Apg sowie das Korpus der Paulinischen Briefe einschließlich der Pastoralbriefe 1. 2Tim, Tit mit dem Phm.brief nacheinander. Dann folgt der Hebr.brief. Es folgt das Korpus der „Katholischen Briefe“, Jak, 1. 2Petr, 1. 2. 3Jo, Jud. Das letzte Buch des Kanons ist die Offb. Der deutsche Kanon schließt an den Phm.-brief 1. 2Petr, 1. 2. 3Jo, dann erst den Brief an die Hebr, Jak und Jud an. Offb ist wiederum letztes Buch im Kanon.

3) Die *handschriftliche Überlieferung* des AT muß im Verhältnis zum Alter der ATlichen Schriften und Traditionen (von 1Mose 14 u. Ri 5 bis zu Dan mehr als ein tausendjähriger Zeitraum) als ungünstig bezeichnet werden. Die älteste Gesamthandschrift des AT stammt aus dem Anfang des 10.Jh. nChr. Es ist ein Kodex im Besitz der Sephardimjuden zu Aleppo, der vor einigen Jahren, wie es hieß, einem Brand zum Opfer gefallen sein sollte. Diese Nachricht hat sich glücklicherweise nicht bewahrheitet. Die Handschrift befindet sich im Besitz des isr. Staates, ist aber leider nicht mehr vollständig. Die nächste, etwas jüngere Gesamthandschrift des AT ist der Codex Leningradensis aus dem Jahr 1008 nChr. Teilhandschriften bilden zwei Prophetencodices, von denen der eine aus dem Jahr 895 nChr stammt und in der Karäersynagoge zu Kairo aufbewahrt wird, während der andere vom Jahr 916 nChr in Leningrad liegt. Aus dem 6.-9. Jh. nChr liegen nur einzelne Fragmente von hebr. Handschriften vor, größtenteils gefunden in der Verbergungskammer der Synagoge von Altkairo. Seit 1947 sind an der Nordwestecke des Toten Meeres (→ Qumrān) zahlreiche Handschriftenfragmente ATlicher Bücher aus dem Zeitraum etwa 225 vChr bis ca. 60 nChr gefunden worden. Biblische hebr. Handschriftenfragmente sind ferner in den Höhlen des wādi murabba'āt oberhalb von Engedi in der Nähe des Toten Meeres entdeckt worden. Sie sind jünger als die Funde von Qumrān. Unter diesen befanden sich auch ganze Bücher wie zB das Buch Jes, 1.2Sam u. a. Paläographisch gehören diese Buchhandschriften in das 2. und an das Ende des 3.Jh. vChr. Der Text ist in Anordnung und Inhalt wesentlich der gleiche wie in den Gesamthandschriften des Mittelalters. Besonderheiten verschiedener Textrezensionen sind nur dem Fachgelehrten spürbar. Diese im wesentlichen gleichbleibende handschriftliche Tradition des ATlichen Textes stellt ein einzigartiges Phänomen in der handschriftlichen Überlieferung überhaupt dar. Es ist nur von der religiösen Inbrunst her zu verstehen, mit der die jüdische Gemeinde des Mittelalters ihre hl. Texte verehrte, sowie von den strengen religiös begründeten Regeln für das Abschreiben hl. Texte; letztere waren auf Grund wohl schon bestehender Schreibertraditionen von den Rabbinen im 2. Jh. nChr festgelegt worden. Etwa um 100 nChr war auch der Konsonantentext des hebr. AT festgelegt worden. Die bibl.Texte vom wādi murabba'āt weisen bereits diesen Standardtext auf. Daß sich aus dem Zeitraum von

100 nChr bis zum 10. Jh. nChr so wenig hebr. Handschriften erhalten haben, beruht auf dem Brauch der jüd. Gemeinden, unbrauchbar gewordene hl. Schriften nicht der Entweihung preiszugeben, sondern sie in einem sicheren Verbergungsort meist in der Nähe oder unter der Synagoge verfallen zu lassen. Dieser Verbergungsort, hebr. → genīza genannt, wurde von Zeit zu Zeit geräumt, sein Inhalt wurde auf dem jüd. Friedhof vergraben.

Bei dem NT sind die handschriftlichen Überlieferungen günstiger. Schon aus der Mitte des 4. Jh. nChr bezeugen zwei Gesamthandschriften den Text, der bis spätestens 120 nChr entstanden sein dürfte. Der nicht belegte Überlieferungszeitraum beträgt nur 250 Jahre. Zeugen der Überlieferung in diesem Zeitraum sind zahlreiche Kirchenväterzitate sowie eine Fülle von Papyri, die in einem Fall sogar bis in das erste Viertel des 2. Jh. nChr zurückreichen. Auf diese Weise ist das NT das bestüberlieferte Buch der Antike überhaupt.

4) Die *Teilung* der hl. Texte in *Kapitel* wird auf den Erzbischof von Canterbury, Stephan Langton († 1228), zurückgeführt. Zuerst am lat. B.text angewendet, drang die Kapiteleinteilung in die griech. Handschriften des NT ein. Die jüngere Teilung in *Verse* erscheint erstmalig 1551 in einer Genfer griech. und lat. Ausgabe des NT, besorgt durch den Pariser Buchdrucker Robert Etienne (Stephanus). Sinnabschnitte des NT lassen sich schon bei den Kirchenvätern sowie in den ältesten Gesamthandschriften des NT nachweisen. Im AT bezeugen die Handschriften von Qumrān eine Textgliederung in kleine Abschnitte, die sog. *Paraschen,* die durch Freilassen von Zeilenteilen markiert werden. Die Gliederung beruht auf inhaltlichen Gesichtspunkten und ist für das 200 vChr und früher vorhandene Verständnis der Texte von Wichtigkeit. Eine spätere Gliederung ist offenbar vom Inspirationsgedanken bestimmt, da ein Abschnitt regelmäßig dort gemacht wird, wo die Einführungsformel für ein Gotteswort „So spricht der Herr" erscheint. Noch kleinere Abschnitte als die Paraschen bilden die Verse, hebr. Pesuqim, deren Vorform schon gelegentlich in den Qumrāntexten in Gestalt winziger Freiräume auf der Zeile auftritt. Diese Pesuqim werden auch in der Mischna bezeugt. Später werden die Verse durch das masoretische Akzentsystem kenntlich gemacht. Die Kapiteleinteilung wurde in die hebr. Handschriften durch Rabbi Schelomo ben Ismael 1330 übernommen und ist seit 1517 auch in hebr. Druckausgaben nachweisbar. Die Versabteilung der Vulgata findet ebenfalls erst in den Druckausgaben des 16. Jh. Eingang.

5) Die *Sprachen der B.* sind Hebräisch und Griechisch. Im Hebräischen lassen sich drei sprachgeschichtliche Stufen erkennen, die angesichts des langen Entstehungszeitraums des AT verständlich sind. Das klassische Hebräisch ist vor allem in den prophetischen Texten des 8. Jh. sowie in älteren Stücken vorhanden. Starken aramäischen Spracheinfluß zeigt schon die Sprache der Jeremiazeit. Das Esrabuch enthält in 4, 8-6, 18 und 7, 12-26 staatliche Urkunden des Perserreiches im sog. Reichsaramäisch, ferner ist Dan 2, 4 b-7, 28 aramäisch geschrieben. In diesen Kapiteln sind offenbar ältere Traditionen verwendet worden, da auch in den Danielhandschriften aus Qumrān (ca. um 100 vChr) die Übergänge vom Hebräischen ins Aramäische und umgekehrt vorhanden sind. Die Sprache der Chronikbücher sowie die hebr. K. des Danielbuches stellen die späteste Stufe der sprachgeschichtlichen Entwicklung des ATlichen Hebräisch dar mit typischen Veränderungen der Sprachstruktur der vorexilischen Periode. → Hebräisch und Aramäisch.

Die Sprache des NT ist die seit Alexander d. Gr. in der antiken Welt sich ausbreitende griech. Gemeinsprache (→ Koine), die sich am meisten an den alten attischen Dialekt anschließt. Diese Gemeinsprache entwickelte sich zu einer Verkehrssprache und zu einer Literatursprache. Ein Beispiel der ersteren Art liegt etwa in der Offenbarung des Johannes vor, die zweite tritt uns im Hebräerbrief und in den lukanischen Schriften entgegen. Über diesen Beispielen darf nicht vergessen werden, daß in anderen NTlichen Schriften ebenfalls eine Literatursprache, die für nicht literarisch gebildete Kreise bestimmt ist, vorliegt.

6) Die *antiken Übersetzungen* der Bibel sind für die Textgeschichte wertvoll, da sie oft auf Handschriften beruhen, die älter als die erhaltenen ältesten Textzeugen sind. Deshalb ist für die Textgeschichte des AT der samaritanische Pentateuch wertvoll, obwohl er keine Übersetzung, sondern nur eine Überlieferungsform der 5 Bücher Mose darstellt, wie sie in den Kreisen der Samaritaner tradiert worden ist (ca. ab 400 vChr). In den letzten Jh. vChr waren die Juden, deren Umgangssprache das Aramäische war, gezwungen, in ihren Gottesdiensten die Schriftlesung aus Thora oder Propheten in das Aramäische zu übertragen. Daraus entstanden die sogenannten Targume, die nicht nur Übersetzung, sondern zugleich Interpretationen sachlicher und theol. Art waren. Diese Targume sind unter Verwendung sicher älterer Traditionen in christlicher Zeit aufgezeichnet worden. Die Übertragung des AT ins Griechische (→ Septuaginta, LXX) ergab sich gleichfalls aus den gottesdienstlichen Notwendigkeiten des ägyptischen, inmitten einer griech. sprechenden Umwelt lebenden Diasporajudentums. Diese griech. Übersetzungen mögen in der Mitte des 3. Jh. vChr begonnen haben. Die Legende des Aristeasbriefs über die Entstehung der LXX-Übersetzung dürfte sich auf eine neue Übertragung der Thora ins Griechische im letzten Viertel des 2. Jh. vChr beziehen. Da die LXX-Übersetzung sehr bald von den christlichen Gemeinden benutzt wurde, ergab sich die Notwendigkeit für die Juden, neue Übersetzungen von Juden für Juden anzufertigen. Das sind die Übersetzungen des Aquila, Symmachus und Theodotion aus dem 2. u. 3. Jh. nChr. In der Wüste Juda ist eine bisher unbekannte griech. Übersetzung des AT, die ebenfalls für Juden bestimmt war, aufgetaucht. Weitere Übersetzungen des AT erfolgten ins Lateinische in Gestalt der altlateinischen Übersetzung (Itala) und der Vulgata des Hieronymus, der aus dem hebr. Urtext übertrug, eine glänzende philologische Leistung. Die syr. Übersetzung (→ Peschitto) entstand im 2. Jh. nChr, vielleicht unter Verwendung vorchristlicher Übersetzungen aus dem Hebräischen. Von der Peschitto unterschieden ist die Syrohexapla des Bischofs Paulus von Tella, die auf der 5. Kolumne der Hexapla des Origenes beruht, also auf einen griech. Übersetzungstext zurückgeht. Weitere Übersetzungen erfolgten ins Äthiopische, Persische und Arabische.

Das NT ist ins Syrische, Lateinische und Koptische übertragen worden. Das ergab sich aus den Ausbreitungsgebieten des Christentums. Um 200 nChr sind die beiden ersten Übersetzungen entstanden, also in einer Zeit rund 150 Jahre vor den ältesten Gesamthandschriften des NT. Die koptischen Übersetzungen stammen in der sahidischen d. h. oberägyptischen Form aus dem 3. Jh. nChr, in der bohairischen d. h. unterägyptischen Form aus dem 7. Jh. nChr.

7) Gottesdienstliche Verlesung und Übersetzung in andere Sprachen setzen voraus, daß die Bücher der B. bereits über ihre literarische Geltung hinaus *kanonische Geltung* als Regel und Richtschnur für den Gemeindeglauben gewonnen hatten. Der Prozeß der Kanonwerdung mag im AT sich zuerst auf einige Stücke wie Dekalog, Bundesbuch (2Mose 20-23), Landnahmebekenntnisse erstreckt haben. Als schriftliche Urkunde erlangte die Thora (die 5 Bücher Mose) zZ Esras (458 vChr) kanonische Geltung. Die prophetischen Bücher von Josua bis Maleachi müssen vor 200 vChr kanonische Geltung gehabt haben; denn sie werden im Lobpreis der Väter im Jesus Sirach 44-49 erwähnt. Die Kommentierung einiger dieser Bücher im Schrifttum von Qumrān dürfte ihre kanonische Geltung ebenfalls für das 2. Jh. vChr erweisen. Die sog. „Schriften“ als dritte Gruppe des Kanons erlangen kanonische Geltung, sofern sie im Zeitraum zw. Mose und Artaxerxes II. (465-425) entstanden sind bzw. entstanden zu sein behaupten wie etwa Daniel. Der genannte Zeitabschnitt galt als Periode der Inspiration. Um einzelne Schriften wie Hes, HL, Esth scheint noch im rabbinischen Zeitalter gestritten worden zu sein. Auf dem Konzil zu Jamnia (um 100 nChr) ist der Kanon nur revidiert worden. Der umfangreichere LXX-Kanon sowie die Schriften von Qumrān lassen erkennen, wie viele Schriften dieser Revision des Kanons zum Opfer gefallen sein mögen.

Ein ähnlicher Ausleseprozeß hat auch in der Kanonbildung des NT stattgefunden. Da viele Schriften zwar unter den Namen der Apostel umliefen, aber gnostisches Gedankengut enthielten, mußte die christliche Kirche einen Ausleseprozeß durchführen. Gegen Ende des 2. Jh. nChr ist dieser abgeschlossen. Zwei Kanonteile heben sich klar heraus, Evangelium und Apostelschriften. Jenes umschließt die vier Evangelien, letztere umfassen die paulinischen Briefe als ein geschlossenes Korpus nebst den anderen Briefen, von denen Jud, 2Jo, Jak, 2Petr, 3Jo und Hebr angezweifelt werden. Noch die Gesamthandschriften des NT aus dem 4. Jh. enthalten Schriften der apostolischen Väter wie Clemens- und Barnabasbriefe. Kanonverzeichnisse finden sich im sog. Muratorianum, bei Irenäus, Tertullian, Clemens von Alexandrien.

8) Die B. des AT und NT hat ihren *Mittelpunkt* in Jesus Christus als der Mitte der Zeiten. Christus bezieht Worte des AT auf sich, die durch sein Erscheinen erfüllt worden sind. Das AT darf in seinem Verhältnis zum NT unter dem Bild der Parabel (Otto Procksch) angesehen werden. Die Bögen der Parabel umschließen das ATliche Gottesvolk, der Scheitelpunkt der Parabel ist Christus selbst. Bei jedem ATlichen Text muß die Frage gestellt werden, ob und wie klar Christus von ihm aus gesehen werden kann. Die Begrenztheit und Vorläufigkeit der einzelnen ATlichen Aussage, auch die Erlösungsbedürftigkeit des ATlichen Menschen tritt damit in das richtige Licht. Dabei darf nicht übersehen werden, daß das AT eine *eigenständige Gottesoffenbarung* enthält, die durch Christus anerkannt und aufgenommen und bestätigt worden ist. Der Schöpferglaube, die göttliche Geschichtslenkung, die Überlegenheit Gottes gegenüber Schöpfung und Geschichte gehören in diesen Kreis eigenständiger Gottesoffenbarung hinein.

9) Ein besonderes Anliegen, auf das nicht verzichtet werden darf, ist die *historisch-kritische Erforschung* der B. Diese ist seit dem 17. Jh. systematisch betrieben worden. Sie schließt sich an den Namen von Hugo Grotius an, nachdem schon in der Reformationszeit durch Luther und Karlstadt freimütige Kanonkritik geübt worden war. Im 18., 19. und 20. Jh. hat diese historische Kritik einen ungeahnten Aufschwung genommen durch die Wiederentdeckung von Literatur- und Kulturwerken der orientalischen Antike. Im Bibel-Babel-Streit im ersten Jahrzehnt unseres Jahrhunderts versuchte man das gesamte AT als Plagiat altorientalischer Literaturwerke aufzufassen. Seitdem hat man gelernt, die religiöse und theol. Eigenart des AT besser zu erfassen. Da die Schriften des AT und NT antike Kulturwerke darstellen, ist die historische Kritik geboten; aber sie erfolgt unter dem Gesichtspunkt, daß Offenbarung, die einst durch diese Schriften erging, erhoben werden soll, nicht aber unter Zuhilfenahme wissenschaftlicher Methodik geleugnet werden soll. Alle historische und literarische Kritik an der B. dient nur der klareren Herausarbeitung dessen, was einst der antike Erzähler, Prophet oder Psalmendichter als sein innerstes und eigenstes Offenbarungs- und Verkündigungsanliegen empfand. Darum muß der wissenschaftliche Kritiker sich stets dessen bewußt bleiben, daß seine Arbeit als theol. Disziplin dadurch gerechtfertigt ist, daß eine Gemeinde vorhanden ist, die des Glaubens lebt, in diesen antiken literarischen Urkunden die göttliche Offenbarung vor Christus und durch Christus zu empfangen.

Lit.: E. Würthwein, Der Text des Alten Testaments, 1963. — M. Noth, Die Welt des Alten Testaments, [4]1962. — B. Balscheit, Der Gottesbund. Einführung in das Alte Testament, o. J. — R. Rendtorff, Das Werden des Alten Testaments, 1964. *Ba*

Biene. Daß es in Palästina wilde B.n gab, zeigen manche Angaben: Simson findet einen Schwarm im Gerippe eines Löwen Ri 14, 8; Jonathan stärkt sich im Kampf mit wildem Honig 1Sam 14, 25-27; in Zeiten der Verödung Jes 7, 15. 22 und für den Täufer Mt 3, 4 geben wilde B.n einen Teil der Nahrung; B.n hausen in Felsspalten 5Mose 32, 13; Ps 81, 17. Vielleicht ist Sir 11, 3 oder Jer 41, 8 (Vorräte von Honig) ein Hinweis auf B.zucht; hethitische Rechtssätze setzen B.-zucht in Kleinasien schon im 14. Jh. vChr voraus. Im AT ist die B. nur Bild für feindlichen Angriff 5Mose 1, 44; Ps 118, 12, vgl. Jes 7, 18. Die B.zucht der Araber im heutigen Palästina ist wenig gepflegt. Bei dem Honig, dessen Süßigkeit das AT rühmt Ps 119, 103 u. a. m. ist an manchen Stellen nicht an B.honig, sondern an Traubenhonig zu denken; → Honig. *Schl*

Bild, Bildnis. *1)* Bild = griech. eikōn, → Ebenbild. *2)* Bild = griech. typos, Typ, Vorbild. Röm 5, 14 heißt Adam ein B. des Zukünftigen, nämlich Christi, der 1Kor 15, 45 umgekehrt der letzte Adam heißt. Die Entsprechung zw. Adam und Christus ist darin begründet, daß die Wirkung beider gleich umfassend und allgemein ist: von Adam geht ein Strom der Sünde und des Todes auf alle seine leiblichen Nachkommen, von Christus ein Strom der Gnade und der Gerechtigkeit auf alle seine geistlichen Brüder aus. Die Ungleichheit besteht darin, daß die Wirkung der Gnade die der Sünde überbietet. → Bilderdienst. *v. d. W.*

Bilderdienst. Das zweite Verbot im Dekalog betrifft die Bilderanbetung. Nicht allein die kultische Verehrung fremder Gottheiten, deren Dienst meist an Bilder geknüpft war, wird untersagt, sondern auch die Anfertigung von Jahwebildern 5Mose 27, 15. Nichts von Menschenhand Geschaffenes kann zum Offenbarungsmittler werden und darum Anbetung beanspruchen. Gott bleibt in der Verborgenheit jenseits aller kultischen Darstellungen und ist nicht im Bilde gegenwärtig. Vollends widersprach die altorientalische Vorstellung, daß der Mensch mittels eines Bildes Macht über die Gottheit gewinnen könne, dem Wesen der Jahweoffenbarung, die die Freiheit Jahwes gegenüber allen kultischen Manipulationen bezeugte. — Daß diese bildlose Jahweverehrung bis in die älteste geschichtliche Zeit Israels zurückreicht und im offiziellen Kult streng befolgt worden ist, kann kaum bestritten werden. Ebenso unbestreitbar ist jedoch, daß das Bilderverbot im privaten Bereich bisweilen umgangen wurde Ri 8, 24-27; 17, 1-18, 31. Die heidnischen Kulte der isr. Umwelt boten ja auch Beispiele genug für alle Arten des B.s: Gebrauch von Malsteinen (→ Mal), → Ascheren, Kultbildern 5Mose 7, 5. Die Ausgrabungen in Palästina haben namentlich kleine Astartebilder zutage gefördert (→ Abgötterei). Gegen diese Bilder fremder Gottheiten, die sich nicht nur in den isr. Häusern fanden, sondern mitunter auch im Jerusalemer Tempel aufgestellt wurden 1Kö 15, 13; 2Kö 21, 7; 23, 6, eifern häufig die Propheten. Sie sind vor allem während des Exils nicht müde geworden, mit beißendem Spott die Anbetung solcher von Menschenhand gefertigten Bilder als Torheit zu geißeln Jes 44, 9-20; Jer 10, 1-16; Hes 20, 32; vgl. Ps 115, 4 f. — In der nachexilischen Zeit hat sich der bewußte Gegensatz gegen alles Heidnische in der strengsten Auslegung des 2. Gebots geäußert. Man hat jede Abbildung von Menschen und Tieren darunter einbegriffen und verboten. Daher erscheinen auf jüdischen Münzen zwar Pflanzen, aber nie Menschen oder Tiere. Daß dies nicht der Sinn des Gebots war, zeigt die Ausstattung des salomonischen Tempels nach 1Kö 6. — Das NT hat an der Verwerflichkeit alles B.s festgehalten. Jesus hatte innerhalb Israels keinen Anlaß, das 2. Gebot hervorzuheben; er hat aber auch an dem Bild des Kaisers auf der Zinsmünze keinen Anstoß genommen. Paulus hat den Christen in Rom am heidnischen B. das Selbstgericht des hochmütigen menschlichen Denkens gezeigt Röm 1, 22 f; vgl. auch 1Joh 5, 21. Daß auch die höchstgesteigerte Selbstverherrlichung des Menschengeistes vor der Unvernunft des B.s nicht sicher ist, läßt die Erwartung der Offb erkennen 13, 14 f.

Lit.: K.-H. Bernhardt, Gott und Bild, Berlin 1956. *Stc*

Bildersprache.

1) Weit mehr als wir Abendländer denkt und spricht der Morgenländer in Bildern; darum ist auch die Sprache der Bibel, zumal da das Hebräische an abstrakten Begriffen arm ist, gesättigt mit Bildern aus der Natur und dem alltäglichen Leben. Diese Bilder spiegeln die Kulturgeschichte Israels wider, von frühester Zeit (→ Deboralied) über die Bilder der Königszeit zu den Bildern in den prophetischen Reden (zB bei Amos aus dem bäuerlichen Leben, bei Jesaja auch aus städtischer Kultur). Jesu Reden verwenden in plastisch erzählten kleinen Geschichten manches Bild aus dem Leben des Landmanns (etwas anders die Vergleiche bei Jo); Paulus benützt gern Bilder vom Sport und Soldatenleben. Vollends die Botschaft der → Offb ist in einer Fülle von Bildern voller Handlung dargestellt.

2) Doch wurzelt die B. der HS nicht nur in der Freude des Morgenländers an anschaulichen Vergleichen, sondern auch in dem Wissen, daß wir von der Welt Gottes gar nicht anders reden können als in Bildern, die — aus dem irdischen Leben genommen — in menschlichen Worten und irdischen Vorstellungen darzustellen versuchen, was doch mit keinem Menschenwort sachgemäß ausgedrückt werden kann. So kann von Gott nur gesprochen werden, als wäre er ein Mensch mit menschlichem Körper und menschlichen Empfindungen und Tätigkeiten (→ Anthropomorphismus); so kann die neue Lebendigkeit des Auferstandenen nur als ein Wiedererstehen irdischer Leiblichkeit beschrieben werden, ohne daß eine zutreffende Aussage über das neue Leben auch nur versucht werden könnte; so kann die Freude der Seligen wie die Qual der Verdammten nur in Bildern angedeutet werden, die Schönstes oder Schrecklichstes in Bildern aus dem Erdenleben malen (königliches Hochzeitsmahl, Abrahams Schoß, goldene Gassen und Perlentore oder Pein in der Flamme, Zähneklappern in kalter Nacht); bei all diesen Bildern kann der bildhafte Charakter der Aussage nie vergessen werden. Von einem Leben, das in Gottes Nähe an Gottes Art teilhaben darf, können wir nur stammelnd und bruchstückweise reden 1Kor 13,12; was Paulus in der Ekstase sah und hörte, konnte er in Worten nicht sagen 2Kor 12,4. Ein Erkennen und Schauen, das kein Bild mehr braucht Jo 16,25; 2Kor 5,7; 1Jo 3,2, wird erst in der Vollendung geschenkt sein. *Schl*

Bild Gottes → Gott.

Bileam, Sohn Beors, heidnischer Seher aus Pethor = assyr. Petur am Euphrat, wird nach Israels Sieg über die Amoriter vom Moabiterkönig Balak herbeigerufen, um Israel zu verfluchen 4Mose 22-24; 5Mose 23,5; auch 4Mose 31,8.16; Jos 13,22. Der Bericht über B.s Person und Sehergabe zeigt eine gewisse Zwiespältigkeit. Er übt als Gewerbe heidnische Hellseherei, steht damit als Helfer des heidnischen Königs gegen Jahwe und sein Volk, empfängt aber auch als Prophet echte Offenbarungen Gottes und steht trotz Balaks Zorn unter Gottes Gewalt 4Mose 22,29ff; 23,12.26; 24,12f. Als Verführer bringt B. mit arglistigem Rat Gottes Volk zu Fall, indem er Israel durch seine Frauen zu dem unzüchtigen Baalsdienst der Moabiter und Midianiter verlockt 4Mose 25,1ff; 31,16, wird daher bei Israels Rachefeldzug 4Mose 31,8; Jos 13,22 mit ihren Königen erschlagen. Im Rahmen der durch die archäologischen Funde uns wieder lebendig gewordenen religiösen Welt des Orients mit ihrer eigenartigen Mischung von Glauben, Magie und Aberglauben trägt B.s Gestalt durchaus geschichtliche Züge. Er ist der Typ des mesopotamischen Wahrsagers. In der bibl. Erzählung wird er wider Willen Jahwes Werkzeug. Er kam, zu fluchen; aber im Augenblick, da das Geheimnis des Geistes ihn ergreift, muß er segnen. Ja, je öfter sein heidnischer Auftraggeber mit ihm experimentiert, um so reicher fließt aus seinem Mund der Strom der Segnungen und Verheißungen über Israel.

Die *B.-Sprüche,* wohl in der Davidszeit geformt, sind von dichterischer Schönheit und von der Glut echten Jahweglaubens erfüllt: 4Mose 23,7-10 hebt Israels Sonderstellung und Glauben in seiner kanaanäischen Umwelt hervor. 23,18-24 verherrlicht sein Königtum, seine Führung unter Gottes Schutz, die Reinheit seines Kults und seine kriegerische Kraft. 24,4-9 preist die Fruchtbarkeit seines Landes und die sieghafte Macht von Israels Königtum. 24,15-19, wahrscheinlich vom Tatenruhm des jungen Königtums in der Davidszeit begeistert, verherrlicht den Herrscher der Zukunft, der als Stern aus Jakob aufgeht und Israels Feinde vernichtet (später messianisch gedeutet). Beachtlich ist in der volkstümlichen Erzählung von der redenden Eselin B.s 22,22-35 als religiöses Element die Witterung des Tieres für das Jenseitige und das Mitgefühl für die seufzende Kreatur. Im NT wird B. zum Typ des Irrlehrers und Verführers zu religiöser Zuchtlosigkeit Offb 2,14; 2Petr 2,15; Jud 11. *Schw*

Bilha, von Laban der Rahel zur Magd 1Mose 29,29, von ihr Jakob zur Nebenfrau gegeben 30,3, die Mutter Dans und Naphthalis 30, 6.8. *Schl*

Bischof („Aufseher") heißen im NT vom Apostel eingesetzte oder von der Gemeinde gewählte Älteste (vgl. Apg 20,17 u. 20,28), die neben den Diakonen stehen Phil 1,1 und einzeln oder gemeinsam Dienst als *Gemeindeleiter* tun 1Tim 3,2; Tit 1,7. — 1Petr 2,25 heißt Jesus „Hirte und Bischof" der Seinen. → geistliches Amt. *Ap*

Bithynien, Landschaft, dann auch römische Provinz im Nordwesten Kleinasiens, an der Küste des Schwarzen und des Marmara-Meers. Als Paulus dorthin strebte Apg 16,7, wurde es ihm vom Geist verwehrt. 1Petr 1,1 setzt Christen auch in B. voraus. *Schl*

Bitte → Gebet.

Blachfeld. Bald mit B., bald mit Gefilde übersetzte Luther das hebr. Wort ʿarabā (Steppe, Wüste), womit im AT das Jordantal vom See Genezareth bis zum Golf von ʿaqaba bezeichnet wird; es war Steppe, weil der tief eingesunkene Fluß das Tal nicht fruchtbar machte. In dieses Tal floh Abner vor Joab 2Sam 2,29, Zedekia vor Nebukadnezar 2Kö 25,4. *(Rü)*

blasen → Horn, → Posaune, → Neumond.

Blattern, die sechste der ägyptischen Plagen, wohl = schwarze B., Pocken. Andere denken an die zZ der Nilanschwellung auftretende „Nilhitze", eine Hautkrankheit mit Bläschen, die am ganzen Leib heftigen Juckreiz verursachen (2Mose 9,9ff). *(Pl)*

Blei. Das B. mußte in das metallarme Land von Tyrus her eingeführt werden, vielleicht aus Spanien Hes 27,12. Vom Prozeß des Schmelzens, bei dem Silber und Blei geschieden werden sollen, spricht Jer 6,29; Jes 1,25; Hes 22,18. Wegen seiner Schwere 2Mose 15,10; Sir 22,17 dient es als Bleilot beim Bau Am 7,7 und als Senkblei Apg 27,28. Sach 5,7 f läßt an einen schweren Bleideckel denken, Hiob 19,24 an eine in den Felsen gehauene, mit Blei ausgegossene Inschrift. → Zinn. *Schl*

bleiben. Vor allem bei Johannes ist b. eine eigentümlich umfassende Bezeichnung für den ganzen Christenstand. Das hat besonderes Gewicht für den heutigen Menschen, der gewohnt ist, wählerisch seinen Standort zu wechseln.

1) Der endgültige Standort. An sich ist b. keine Möglichkeit für den Gast und Wandersmann auf Erden Hebr 13,14 in einer vergehenden Welt 1Jo 2,17. Gott allein b. Ps 9,8. Sein Wort b. Jes 40,8; 1Petr 1,23.25. Sein Rat b. Ps 33,11. Deshalb ist bei ihm zu b., wie der Baum am Bach gewurzelt, die Gewähr für ein wahrhaft fruchtbares Leben Jer 17,8; Ps 73,23.

2) Er b. bei uns. Dieses B. kann noch erscheinen wie unser eigenmächtiger Entschluß, uns bei Gott anzusiedeln. Doch steht dies nicht in unserer Macht. Immer ist die Voraussetzung, daß Gott bei uns wohnen, b. will, wie es in der Sendung seines Sohnes zur Gewißheit geworden ist Jo 1,14. Er ist im Vater und der Vater in ihm Joh 14,11. In ihm — so wird das paulinische „in Christus" entfaltet — haben vergehende Menschen als Reben am Weinstock die Möglichkeit, zu b. Jo 15,4-7. Dabei ist das Wort als Bindemittel die Vergewisserung, daß er b. Jo 5, 38; 15,7; 1Jo 2,14. Darin haben wir das ewige Leben gegenwärtig 1Jo 2,17; sonst b. wir in der Finsternis Jo 12,46, im Tode Jo 15,6; 1Jo 3,14. Doch ist dieses B. in Christus nie Verschmelzung; die Rebe ist nicht der Weinstock.

3) Und wir? Ob wir b., ist eine ernste Frage an uns. Unser gefährlicher Wandertrieb wird nicht naturhaft aufgehoben; der Gabe entspricht eine Aufgabe Jo 15,4. Das bedeutet: in der Liebe b. Joh 15,9; 1Joh 4,16, den Willen Gottes tun 1Jo 2,17; 3,24, an Jesu Rede b. Jo 8, 31; 2Tim 3,14, Gast b. an seinem Tisch Apg 2,42. *He*

Blenden, das Ausstechen der Augen, im Altertum Strafe bei gewissen schweren Verbrechen (zB in Griechenland bei Ehebruch und Tempelraub), an Zedekia zur Strafe für seinen Abfall von Nebukadnezar vollzogen Jer 39,7. Um „Schmach über Israel zu bringen", wurde den Männern von Jabesch das Ausstechen des rechten Auges angedroht, 1Sam 11,2. Auch die Blendung Simsons Ri 16,21 hatte wohl denselben Zweck. — Bildlich im Sinn von „bestechen" 1Sam 12,3, von „verblenden" Jes 6,10. *Pl*

Blindheit, Blinder. *1)* im eigentlichen Sinn. Zwar dürfen B. nicht Priester werden 3Mose 21,18, wie auch blinde Opfertiere nicht opferbar sind 3Mose 22,22; Mal 1,8; denn nur Fehlloses darf an den Altar treten und auf den Altar kommen. Aber der B. ist nicht von der Gemeinde geschieden, weil Gott die Sehenden und die B. macht 2Mose 4,11; vgl. dazu Jo 9,3. Der B. steht sogar unter Gottes besonderem Schutz 3Mose 19,14; 5Mose 27,18, und es gehört zur echten Gottesfurcht, „das Auge des B." zu sein Hiob 29,15. Nur wenn Israel die Bundestreue verleugnet, wird es mit B. und anderen Nöten geschlagen 5Mose 28,28 f wie die Sodomiter 1Mose 19,11 und die Feinde Elisas 2Kö 6,18; so auch Apg 13,11. Im NT wird von zahlreichen B.-heilungen berichtet Mt 11,5, sogar von der eines Blindgeborenen Jo 9,1, manchmal unter Anwendung äußerer Mittel Mt 9,29; 20,34 u.ö. Wie alle Heilungen sind auch sie „Zeichen".

2) Im übertragenen Sinn = innere B., Unfähigkeit, Gottes Werke zu erkennen. So schon sehr häufig im AT. Ist die Verbindung mit Gott gestört oder gar abgerissen, so geht damit auch die Sehfähigkeit verloren Ps 40,13; das ist Gottes Gericht Jes 6,10 u. oft. Gott verheißt aber, daß er die B.n sehend machen wird Jes 29,18 usw. Jesus bringt die Erfüllung Mt 11,5. Aber Jesu Werk ist, daß Sehende blind und B. sehend werden Jo 9,39 ff. *Pl*

Blindschleiche. Das Tier unter den unreinen, nicht genießbaren Tieren 3Mose 11,30, dessen Namen Luther mit B. wiedergab, ist vermutlich eine Eidechsenart, die Wühlechse, der Skink, der in der Wüste unseren Maulwurf vertritt; sein Fleisch ist als Arznei geschätzt und wird von den Arabern gern gegessen. *Schl*

Blitz, Strahl, Donnerstrahl, Wetterstrahl. Alle Naturerscheinungen sind Wirkungen Gottes; daher auch der bibl. Ausdruck „seine Blitze" Hiob 36,32; Ps 97,4; 144,6. Donner und B. sind Gottes Begleiter bei seiner Erscheinung 2Mose 20,18; Hes 1,13; Offb 4,5; 8,5 und seine Strafwerkzeuge Ps 11,6; 140,11. Der B. dient als Bild des Glanzes und der Schnelligkeit 5Mose 32,41; Hes 1,14; Dan 10,6; Sach 9,14; Mt 28,3. An seine alles in einem Augenblick erleuchtende Wirkung denkt Mt 24,27. B. steht im Sinn von Lichtstrahl Lk 11,36. → Donner und Feuer. *Pfei*

Blumen. Obwohl der Boden des hl. Landes in jedem Frühling mit prächtigen B. geschmückt ist, ist in der HS von B. nicht oft die Rede. Die Naturdichtungen wie Ps 104 erwähnen sie nicht; nur wenige B. werden mit Namen genannt, meist im HL, bei Sir und im Buch Weish; → Lilie, Rose, Safran. Die Salben und wohlriechenden Harze bedeuteten mehr als der zartere B.duft. Nicht das Blühen der B., sondern ihr Welken unter der Hitze des Sommers wurde zum gern benützten Bild Hiob 14,2; Ps 103,5; Jes 40,6; 1Petr 1,24; Jak 1,10 f. Von der Freude Jesu an B. zeugt sein Wort Mt 6,28; Lk 12,27. Doch wird Sinn für die Schönheit der B. sichtbar in den Verzierungen am siebenarmigen

Leuchter 2Mose 25, 31; 1Kö 7, 49, am ehernen Meer 1Kö 7, 26, an den Säulen des Tempels 1Kö 7, 19. 22, im Heiligtum 1Kö 6, 18. Freude an B. verraten auch die Namen Susanna (Lilie) und Rhode (Rose). *Schl*

Blut galt den Alten als der eigentliche *Träger des Lebens.* So heißt es 3Mose 17, 11, daß die → Seele (als belebendes Prinzip) des Fleisches im B. ist.

1) Da Gott der *Herr alles Lebens* ist, darf der Mensch kein Menschenblut vergießen 1Mose 4, 10 f; 9, 5 f; 2Mose 20, 13; daher ist ihm auch jeglicher B.genuß untersagt 3Mose 17, 10-14. So mußte der Israelit das B. bei der Schlachtung auslaufen lassen, um es Gott zurückzugeben. Der Abscheu vor dem B.genuß war im Judentum so tief verwurzelt, daß er sich auch noch heidenchristlichen Kreisen der jungen Kirche mitgeteilt hat, vgl. Apg 15, 20. 29; Euseb, Kirchengesch. V, 1, 26. Nach priesterlicher Ansicht war dem Menschen eigentlich nur vegetarische Kost zugedacht, vgl. 1Mose 1, 29; 9, 2 f.

2) Eine Folge der obengenannten Anschauung vom B. als dem Sitz des Lebens war seine Verwendung als → *Sühnemittel im Gottesdienst.* Der Mensch, der sein Leben durch seine Versündigung gegen die göttliche Lebensordnung verwirkt hatte, durfte kraft göttlicher Einsetzung ein anderes Leben an seiner Statt hingeben 3Mose 17, 11; Hebr 9, 22. Von den verschiedenen Verwendungen des in einer Schale aufgefangenen Opferblutes seien die folgenden erwähnt: — *a) die* → *Besprengung des Altars* 3Mo 3, 2 als Zeichen der Überantwortung des geopferten Lebens an Gott, — *b)* die (in der Lutherübersetzung davon sprachlich nicht zu unterscheidende) *Besprühung des Vorhanges* des Allerheiligsten 3Mose 4, 6 oder der Sühn-Platte der Bundeslade 16, 11 ff, durch die das B. Gott geweiht und für — *c)* die *Bestreichung der Hörner des Altars* zur eigentlichen Bewirkung der → Versöhnung 3Mose 4, 7. 18. 25. 30. 34; 16, 18 f den Charakter eines Gnadenmittels erhielt. — Die *Bestreichung der Türpfosten* und der Oberschwelle des Hauses beim Passa 2Mose 12, 7. 22 geht auf einen vorisraelitischen Hirtenbrauch zur Abwehr dämonischer Einflüsse auf die Herde zurück.

3) Bei der im NT weitverbreiteten Wendung vom *„Blut Christi"* handelt es sich nicht um eine an das Gefühl appellierende Ausmalung des Sterbens des Herrn, sondern entsprechend ihrer Herkunft aus der jüd. Opfer- und Märtyrerüberlieferung um eine Weise, die Heilsbedeutung seines Todes zu beschreiben. So wie der → Bund vom Sinai durch das B. des Opfers in Kraft gesetzt wurde, 2Mose 24, 6 ff, ist auch der Neue Bund durch das B. Christi begründet 1Kor 11, 25; 1Petr 1, 18 f; Hebr 9, 18 ff. „Christi gewaltsamer Tod begründet und sichert die Geltung der Jer 31, 31 ff verheißenen neuen Gottesordnung, nach der Gott dem Menschen seinen Willen ins Herz schreibt und die Sünde vergibt" (Behm). Die Rede vom B. Christi ist also Ausdruck für den Glauben an die sühnende Kraft seines Todes. In diesem Sinne heißt es, sein B. erwirke uns Erlösung Eph 1, 7; Offb 5, 9; mache uns rein 1Jo 1, 7; Hebr 9, 14; gerecht Röm 5, 9; heilig Hebr 13, 12 usw. Weil die glaubende Gemeinde im → Abendmahl an der Sühnkraft des Todes Christi Anteil erhält, kann es Paulus 1Kor 10, 16 als „die Gemeinschaft mit dem B. Christi" bezeichnen.

Lit.: Th. C. Vriezen, Theologie des Alten Testaments in Grundzügen (1957), S. 245-250; Theol. Wörterbuch zum NT, I, S. 171 ff.; E. Lohse, Märtyrer und Gottesknecht, 1955, S. 138 ff. *Kai*

Blutacker (aram. chaqel dema). Nach Mt 27, 3-8 so genannt, weil der „Töpferacker" von den jüd. Oberen um den zurückerstatteten Judaslohn (Blutgeld!) gekauft und zu einem Begräbnisplatz für Fremde (wohl Pilger) gestaltet wurde. Nach Apg 1, 18 f kaufte → Judas selbst den Acker, auf dem er durch tödlichen Sturz sein Blut vergoß; daher der Name B. — Die Tradition suchte den B. auf der Südseite des Hinnomtales, wo seit alters Töpferei betrieben wurde Jer 19, 2. 11. *Bie*

Blutbräutigam → Beschneidung.

Blutfluß. Die monatliche Regel machte die Frau für sieben Tage unrein und trennte sie damit vorübergehend vom Bereich des Heiligen 3Mose 15, 19 ff. Ein chronischer B. (meist Gebärmutterblutung) machte für die ganze Zeit unrein. Das Reinigungsopfer am achten Tage nach der Heilung stellte die volle Kultfähigkeit wieder her. Für Jesus war der langjährige B. kein Hindernis, die Kranke zu heilen und ihr seine Gnade zu schenken Mt 9, 20. *(Pl)*

Blutrache hat das ursprüngliche Zusammengehörigkeitsgefühl der Glieder einer blutsverwandten Gruppe zur Voraussetzung, die durch die Schädigung eines der Ihren in ihrem gemeinsamen Lebensbestand und ihrer Ehre getroffen ist. Die B. findet ihre Begrenzung und mögliche Aufhebung erst in dem Augenblick, in dem die staatliche Ordnung eine den Verfeindeten übergeordnete Autorität bildet, vgl. 2Sam 14, 6 ff. Im AT ist Gott der eigentliche Herr des im Blute wohnenden Lebens. Die daraus abgeleitete grundsätzliche Unverletzlichkeit des Menschen fordert im Falle einer Verletzung die Vergeltung von Gleichem mit Gleichem 2Mose 21, 12. 24; 3Mose 24, 17. 20. Die Durchführung der B. lag bei dem nach dem Erbrecht nächsten Verwandten, dem Bluträcher 4Mose 35, 19. Sie wird 5Mose 24, 16 vgl. 2Kö 14, 6 ausdrücklich auf den Täter beschränkt. Die Ablehnung ihrer Ablösung durch ein Bußgeld 4Mose 35, 31 f läßt den Rückschluß auf ihre Üblichkeit zu. Dem unabsichtlich zum Totschläger Gewordenen standen Asylstädte offen 2Mose 21, 13; 4Mose 35, 10 ff; 5Mose 19; Jos 20. Während die B. noch 1Makk 9, 28-42 bezeugt ist, wird sie durch Jesu jede Rache verbietendes Wort Mt 5, 38 f grundsätzlich aufgehoben.

Lit.: J. Pedersen, Israel, its Life and Culture, I-II, London u. Kopenhagen 1926, S. 378-400 RGG[3] I, Sp. 1331 f.
Kai

Blutzeuge → Märtyrer.

Boanerges. Nach Mk 3, 17 ein von Jesus den Zebedäussöhnen (Jakobus u. Johannes) gegebener Beiname, der „Donnersöhne" bedeuten soll. Die Schreibung des Worts, das zugrundeliegende semitische Aequivalent, darum auch die Bedeutung sind ungeklärt. Am nächsten kommt dem griech. Wort das hebr. „bene regesch", was „Söhne der Unruhe" bedeutet. *Bie*

Boas. *1)* Angesehener bethlehemitischer Bauer, Sohn des Salma (und der Rahab Mt 1, 5) aus Elimelechs Geschlecht, Verwandter der Naemi; er ehelicht deren verwitwete Schwiegertochter Ruth Rt 2, 1-4, 13 und wird Stammvater Davids Rt 4, 21 f; 1Chr 2, 11 f; darum auch im Stammbaum Jesu Mt 1 u. Lk 3 genannt.

2) Eine der beiden ehernen Säulen vor dem salomonischen Tempel 1Kö 7, 21. *Schw*

Bock. In den Herden Palästinas weiden häufig → Schafe und → Ziegen miteinander 1Mose 30, 32; Spr 27, 23-27, während der Hirte sie mit Sicherheit scheidet Hes 34, 17; Mt 25, 32. Auch im hebr. Wort für Kleinvieh sind Schafe und Ziegen zusammengefaßt; das Passahopfer konnte ein Schaf oder eine Ziege sein 2Mose 12, 5. Alte ägyptische Bilder zeigen, daß auch äußerlich die Schafe den Ziegen ähnlicher waren, lange Hörner hatten und keinen dicken Wollpelz trugen. So kann mit B. der Ziegenb. oder der → Widder gemeint sein. Der B. ist das Leittier der Herde Jer 50, 8; Sach 10, 3; darum dient er als Bild für die Großen der Erde Hes 39, 18; Dan 8, 3. 4, auch die Führenden im Volk Israel mit ihrer gewalttätigen, selbstsüchtigen Herrschaft Hes 34, 17-22. Ein Ziegenböcklein wird gern zum Geschenk gegeben Ri 15, 1; 1Sam 10, 3 und ist ein Festessen 1Mose 27, 9; Ri 6, 19; Lk 15, 28. *Schl*

Bodenrecht. Israel, das im Nomadenstand nur Eigentum an Begräbnisplätzen und Besitzrecht an Brunnen kannte 1Mose 23, 4 ff; 21, 25; 26, 15-22, bedurfte, im Kulturland mit Acker- und Weinbau seßhaft geworden, näherer Regelung des B.s. Diese erging im Gesetz, bes. 3Mose 25. Das eroberte Land galt als dem Herrn gehörend; es wurde den Familienhäuptern zu einem → *Eigentum* zugeteilt, das auf die Söhne, mangels solcher auf Töchter *vererblich* (→ Erbrecht), aber auf die Dauer *unveräußerlich* war. Es konnte nach dem priesterlichen Recht vom → Halljahr 3Mose 25, 8 ff, von dem allerdings fraglich ist, wie weit es vor dem Exil durchgeführt wurde, nur mit Wirkung bis zum nächsten Halljahr verkauft, also nur einem zeitlich begrenzten Nutzungsrecht des Käufers unterstellt werden. Schon vor dem Halljahr konnte der Verkäufer sein Eigentum wieder → *„lösen"* 3Mose 25, 24-27. Das erste Recht zum Kauf (gesetzl. *Vorkaufsrecht)* hatte der nächste Verwandte Rt 4, 3 f; Jer 32, 7. Nur Häuser in ummauerten Nicht-Levitenstädten waren endgültig verkäuflich, wenn sie nicht binnen eines Jahres gelöst wurden. — *Form* für den → Kauf war öffentliches Darwägen des vereinbarten Kaufgelds 1Mose 23, 16; später kam noch Ausfertigung eines Kaufbriefs hinzu Jer 32, 10. — *Enteignung* gab es, weil der Unveräußerlichkeit des Familieneigentums zuwider, nicht (vgl. 1Kö 21), auch nicht Verpfändung eines Grundstücks. Zeitweilige Verpachtung, gegen Ablieferung eines Teils der Früchte, war wohl zulässig; vgl. Mt 21, 41. — Verrücken der *Grenzsteine* war unter Fluchandrohung verboten 5Mose 19, 14; 27, 17. — Aus dem Grundbesitz waren als *öffentliche Abgaben* zu entrichten die → Erstlinge der Boden- und Baumfrüchte für die Priester und der → Zehnte für die Leviten. Im → Sabbatjahr gehörten die Acker- und Feldfrüchte den Armen und den Tieren des Feldes. *Wai*

Bogen, Bogenschütze. Der Holzb. wurde durch eine Hornschicht verstärkt und mit einer Schnur umwickelt, um eine Erschlaffung des B.holzes zu vermeiden. Für die Sehnen benützte man Därme oder gedrehte Leinenschnur. Die Holz- oder Rohrpfeile waren am unteren Ende gefedert, am oberen mit einer Spitze aus hartem Material, manchmal mit Widerhaken zur Verstärkung der Verwundung des Feindes, versehen. Den B. bog man mit der Hand oder trat ihn mit dem Fuß (Ps 7, 13 hebr. treten). Zunächst gehörte der B. zur Bewaffnung des ritterlichen Wagenkämpfers. Unter assyrischem Einfluß wurden in Palästina Formationen von B.schützen zu Fuß aufgestellt 1Kö 22, 34; 2Chr 26, 11 ff. *Peu*

Bogenlied → Lieder.

Bohne. Die B., unter dem Proviant für Davids Mannschaft genannt 2Sam 17, 28, in Notzeiten zur Streckung des Brots verwendet Hes 4, 9, ist nicht unsere Gartenbohne, sondern die Acker- oder Saubohne (Vicia faba), in Palästina heute noch viel angebaut. *Schl*

Bollwerk → Festung.

Bosheit. Es ist einheitliche Aussage der HS, daß Gott gut ist und nicht versucht werden kann zum Bösen Mk 10, 18; Ps 25, 8; Jak 1, 13 und daß seine Schöpfung, auch der gottgeschaffene Mensch gut ist 1Mose 1, 31. Aber ebenso einheitlich kennt die HS vom Fall her nur den Menschen, der arg ist, böse in all seinem Dichten und Trachten 1Mose 6, 5. So ist er von Natur ein „fauler Baum", der keine gute Frucht bringen kann Mt 7, 11; 12, 33; Röm 7, 7 ff. Daß er weiß, was gut ist Mich 6, 8, daß er das Gute suchen und das Böse hassen soll Am 5, 14, löst den Zwiespalt in ihm nicht. Der gute Baum, die Neugeburt ist die einzige Möglichkeit, gut zu sein Mt 12, 33; Jo 3; Jer 31, 31; Hes 36, 26 f. Nicht ein besseres Wissen, nicht tiefere Einsicht in menschliche Abgründigkeit, feinere, reinere Normen und Maßstäbe, sondern die neue Kreatur in Christus 2Kor 5, 17, die aus dem guten Geist Gottes lebt Gal 5, 22, überwindet das Böse. → Sünde, → Teufel (Das Böse oder der Böse?). *He*

Bosor → Bozra.

Bote. Die HS weiß von mancherlei Botendienst Spr 13, 17; bes. begrüßt werden die B.n, die Frieden verkündigen Jes 52, 7; 33, 7. Aber auch Gott sendet seine B.n, seine → Engel und seine Propheten 1Kö 14, 6; 2Chr 36, 15 f; Jes 6, 8; 42, 19. So macht Jesus seine Jünger zu seinen B.n Lk 9, 52 und weiß sich Paulus als Botschafter für Christus 2Kor 5, 20; Eph 6, 20. → Apostel. *Schl*

Bozra. *1)* Eine wichtige Stadt der *Edomiter*, Heimat des Königs Jobab 1Mose 36, 33, mehrfach von Prophetensprüchen bedroht Am 1, 12; Jes 34, 6 (63, 1); Jer 49, 13. 22, die „feste Stadt" Ps 108, 11, heute vielleicht das Dorf busera. — *2)* Eine Stadt in *Moab* Jer 48, 24. — *3)* Die Hauptstadt der römischen Provinz *Arabien* 1Makk 5, 26, heute busra eski scham mit beachtlichen Ruinen. *Schl*

Brand. *1)* Als Zeichen des göttlichen Gerichts über Nadab und Abihu 3Mose 10, 2. 6, über die Weltstadt Rom Offb 18, 9. 18. Gott kann auch im Feuer bewahren Dan 3, 27 und aus Not erretten, wie ein Brandscheit aus dem Feuer gerissen wird Am 4, 11; Sach 3, 2. *2)* Einem Toten zu Ehren wurde ein B. veranstaltet, bei dem mit dem Holz Spezerei und Räucherwerk verbrannt wurde 2Chr 16, 14; 21, 19; Jer 34, 5. *3)* Getreidebrand als eine durch einen Kleinpilz bewirkte Erkrankung des Korns 5Mose 28, 22; 1Kö 8, 37; Am 4, 9; Hagg 2, 17. *Schl*

Brandmal. *1)* Brandwunde 3Mose 13, 24-28, bei der man befürchtete, sie könnte ein Aussatzmal sein, weil beide am Anfang ganz ähnlich aussahen.

2) B. im Gewissen 1Tim 4, 2. Verbrechern wurde ein Zeichen in die Haut eingebrannt; so tragen die Verführer der Gemeinde das Bewußtsein ihrer Schuld unaustilgbar im Gewissen. *(Pl)*

Brandopfer → Opfer.
Brandopferaltar → Altar.

braten. Fleisch zu b. scheint — gegenüber dem Kochen — jüngere Sitte zu sein; die Opfer mußten gekocht werden 1Sam 2, 13; Hes 46, 20; nur für das Passalamm war vorgeschrieben, es am offenen Feuer zu b. 2Mose 12, 9. Später schätzte man gebratenes Fleisch 1Sam 2, 15; Jes 44, 16. Am See Genezareth briet man Fische als Zukost zum Brot Lk 24, 42; Jo 21, 9. *Schl*

Brauchtum. Wie bei allen Völkern, so war auch in Israel das Leben der Einzelnen und der Sippen weithin durch festes, von den Vorfahren ererbtes B. geordnet. — *a)* So vollzog sich der Verkehr in einer würdevollen, wortreichen Höflichkeit. „Friede sei mit dir!", „Heil dir!" war der Gruß von alter Zeit Ri 19, 20 bis in die Zeit des NT Lk 10, 5; 24, 36, wie noch in der Gegenwart. Der Begrüßte antwortet wieder mit einem Segenswunsch Rt 2, 4. Zum Gruß traten lebhafte Gebärden: man umarmt sich und fällt sich um den Hals, küßt sich, weint vor Freude 1Mose 29, 11; 33, 4; 46, 29, faßt dabei auch den Bart 2Sam 20, 9; noch in den Christengemeinden war der Bruderkuß üblich Röm 16, 16. Höherstehenden begegnet man in großer Unterwürfigkeit, mit tiefer Verneigung, vielleicht bis die Stirn den Boden berührt 1Mose 18, 2; 19, 1; Mt 2, 11; 8, 2, vielleicht dreimal 1Sam 20, 41 oder siebenmal 1Mose 33, 3. Eine dringende Bitte wird auf den Knien vorgebracht 2Kö 1, 13; Mt 27, 29. Bestimmte Gesetze der Höflichkeit gelten auch für das Gespräch: der andere wird als Herr geehrt 1Mose 24, 18; 1Sam 26, 18 f; von sich selbst redet der Sprechende in dritter Person, nennt sich den Knecht des anderen 1Sam 26, 18 f; 1Mose 18, 3; 33, 5 oder gar verächtlich einen Hund 2Kö 8, 13. — *b)* Für Kaufverhandlungen schrieb die Sitte Formen vor, bei denen Käufer und Verkäufer sich scheinbar im Edelmut übertreffen wollten 1Mose 23, 11 ff; 2Sam 24, 22 ff. — *c)* Ein wichtiges Stück des B.s war die Gastfreundschaft 1Mose 19, 3; Hiob 31, 32; die Erzählung 1Mose 18, 1-8. 16 schildert das anschaulich. Für die urchristliche Mission war solche Gastfreundschaft geradezu eine Voraussetzung Mt 10, 11; 3Jo 5. 8. — *d)* Von mancherlei B. gestaltet waren die Feiern wie die Hochzeit, an der das ganze Dorf teilnahm, und die religiösen → Feste, bei denen auch frohe Geselligkeit mit Musik und Reigentanz gepflegt wurde 2Mose 32, 6. — *e)* Stark bestimmte die Sitte die Äußerungen der → Trauer, des Schmerzes, des Erschreckens. Wir hören oft, daß Männer weinen; der Trauernde trug einen rauhen Sack, trug keinen Kopfbund Hes 24, 17 und keine Sandalen 2Sam 15, 30, setzte sich in Staub und Asche, streute Asche auf das Haupt, unterließ alle Pflege des Körpers. Ein Zeichen des Entsetzens war das Zerreißen des Gewandes. Feste Sitte ordnete die Wehklage um die Toten; die Klagelieder hatten einen besonderen Rhythmus Am 5, 1; → Begräbnis. — *f)* War solches B. weithin Hilfe, so konnte es auch zur Gefahr werden. Jesus hat von seinen Jüngern nicht selten ein Verhalten gefordert, das allem Brauch schroff widersprach Mt 6, 3. 6. 17; Lk 9, 59 ff; Mt 10, 37; 7, 13. *Schl*

Braut, Bräutigam, Brautführer → Ehe.

Brautpreis ist das vom Bräutigam an den Vater der Braut zu zahlende, feststehende oder auch auszuhandelnde Heiratsgut oder Heiratsgeld 1Mose 34, 12; 2Mose 22, 15; 1Sam 18, 25. → Ehe. *Kn*

Brief. Schon die ältesten B.e, die wir aus dem Raum Palästinas kennen, die in akkadischer Sprache geschriebenen B.e kanaanäischer Fürsten, die zu der in → Amarna gefundenen B.-Sammlung gehören, zeigen als feste Form des B.-Eingangs die Nennung des Absenders, die Nennung des Empfängers und einen Segenswunsch.

1) Im *AT* schreiben auswärtige Herrscher an isr. Könige: Merodach-Baladan einen Glückwunsch an den genesenen Hiskia Jes 39, 1, Sanherib einen Drohbrief an Hiskia 2Kö 19, 14, Benhadad eine Empfehlung für Naeman 2Kö 5, 6. Wir hören von dem Uria-B. Davids an Joab 2Sam 11, 14 f, den B.en der Isebel nach Jesreel 1Kö 21, 8 ff und Jehus nach Samaria 2Kö 10, 1 ff. Auch Propheten schrieben: Elia an Joram 2Chr 21, 12 ff, Jeremia an die Gefangenen in Babel Jer 29 u. Bar 6; dazu ein Antwort-B. gegen Jeremia Jer 29, 26. Eine Reihe von B.en und Akten sind in den Urkunden der nachexilischen Zeit gegeben, bes. in Esra und 1. 2Makk.

2) Das *NT* gibt (nun auch mit einem Wunsch am Schluß) den B. des Claudius Lysias an Felix Apg 23, 26 ff und das Schreiben der Apostel nach Antiochien Apg 15, 23ff. Für die Apostel, bes. Paulus, wurden B.e ein wichtiges Mittel ihres seelsorgerlichen Dienstes in der Leitung der christlichen Gemeinden. Gewiß sind die erhaltenen B.e des Paulus nur ein Bruchteil der einst von ihm geschriebenen B.e (4 B.e nach Korinth rasch nacheinander, 1Kor 5, 9. 11; 2Kor 2, 4; B.e nach Thessalonich nur aus den ersten Monaten, ein B. nach Philippi erst spät). Als einziger Privat-B. blieb Phm wegen seiner Verbindung mit Kol erhalten; ähnlich 2. 3Jo. Manche der B.e sind Rundschreiben an einen weiteren Kreis von Gemeinden. Der B.-Eingang wurde bedeutsam erweitert. Größere B.e wurden diktiert Röm 16, 22, etwa mit einem eigenhändigen Schlußwort 1Kor 16, 21; Gal 6, 11; Kol 4, 18; 2Thess 3, 17; kleinere B.e wurden persönlich geschrieben Phm 19; 2Jo 12; 3Jo 13. Die B.e mußten durch Boten verschickt werden, wie 1Thess durch Timotheus 3, 2, der „Tränen-B." durch Titus 2Kor 2, 4. 13, der Röm wohl durch Phöbe 16, 1. → die einzelnen B.e des NT.

Zum Scheidebrief 5Mose 24, 1 → Ehe 1 b), zum Kaufbrief Jer 32, 10 → Handel, zum Schuldbrief Lk 16, 6 → Schuld. *Schl*

Bronzezeit, für die palästinische Archäologie bedeutsame Kulturperiode zw. der vorausgehenden Kupfersteinzeit (Chalcolithicum) und der nachfolgenden Eisenzeit. Man unterscheidet: frühe B. um 3200-2100 vChr, Mittel-B. I 2100-1800, Mittel-B. II 1800-1600, Spät-B. I 1600-1400, Spät-B. II 1400-1200. Israel übernahm wohl von den Ägyptern den Bronzeguß (Legierung von Kupfer und Blei, später Zinn). Den Kupfermarkt beherrschte im 2. Jt. Zypern. In Israel stellte man einfache Gebrauchsgegenstände her. Schwierigere Arbeiten kamen aus Phönizien, zB lange nach der eigentlichen B. die Arbeiten des tyrischen Künstlers Hiram 1Kö 7, 13-46. *Schw*

Brot. *1)* → backen. — *2)* Als das wichtigste Lebensmittel steht B. für Nahrung überhaupt 5Mose 8, 9; Mt 6, 11. B. und Wasser bezeichnet das unbedingt Notwendige 4Mose 21, 5; 1Kö 22, 27; Hes 12, 18. Mit der Selbstaussage des johanneischen Christus, er sei das B. des Lebens, das B. vom Himmel her Jo 6, 48. 50 f, ist bezeugt, daß er den Seinen das Leben, ein neues Leben von Gott her bringt — dadurch bringt, daß er sein Leben, sein Fleisch, in den Tod gibt; die gleiche Gewißheit, daß die Seinen durch sein Sterben das Leben empfangen und es im „Essen" in sich aufnehmen, bezeugt die Gabe des B.s im → Abendmahl. — Die Mahnung Pred 11, 1 zielt auf ein freigebiges Wohltun, ohne auf rasche Vergeltung zu rechnen. *Schl*

Brotbrechen → Abendmahl.

Bruder im AT bezeichnet den leiblichen B. 1Mose 4, 2, einen anderen männlichen Verwandten 1Mose 13, 8. 11, sowie den Stammes- und Volksgenossen 3Mose 25, 25; vgl. Röm 9, 3. Im NT empfängt die Bezeichnung B. einen ganz neuen Sinn von Jesu Menschsein her Hebr 2, 17; Röm 8, 29. B. ist Ausdruck für die neue geistliche Gemeinschaft, die Jesus herstellt Mt 12, 49 f; 28, 10, in weitestem Umfang Mt 25, 40. Jesu Jünger heißen B. Mt 5, 22 f; 18, 15 ff; 23, 8; Mk 10, 30. In den urchristlichen Gemeinden werden die Glieder durchgehend als B. bezeichnet 1Kor 5, 11; 7, 12; Apg 9, 30; 1Tim 6, 2; bes. 1Jo. Gegensätze sind dann einerseits die Welt, andererseits die falschen B. 2Kor 11, 26; Gal 2, 4. → Brüder des Herrn. *Kü*

Bruderliebe oder brüderliche Liebe 1Petr 1, 22; 1Thess 4, 9; Hebr 13, 1 u. a. ist die Liebe der → Christen zueinander. B. verbindet die Wiedergeborenen 1Petr 1, 22. 23 in Herzlichkeit Röm 12, 10 zu gegenseitiger Hilfsbereitschaft Röm 12, 13; Gal 6, 10; vgl. → Bruder. B. überragt irdische Standesunterschiede Jak 2, 1 ff, achtet sie aber 1Tim 6, 1 f; Röm 13, 7, ebenso die durch den Dienst in der Gemeinde gegebenen Unterschiede 1Tim 5, 17. Sie unterscheidet sich von der allgemeinen Menschenliebe und schließt diese doch ein 2Petr 1, 7. *Kü*

Brüder des Herrn. Als solche werden Mt 13, 55 genannt: Jakobus, Joseph (oder Joses), Judas und Simon. Nach Jo 7, 5 glaubten die B. d. H. nicht an ihn (vgl. Mk 3, 21). Nach Ostern finden wir sie und Maria als Glieder der Urgemeinde (Apg 1, 14). Aus älterer Tradition ist 1Kor 15, 7 eine Erscheinung des Auferstandenen vor Jakobus erwähnt. Dieser wurde mit der Zeit zum Leiter der Urgemeinde von Jerusalem (Gal 1, 19; 2, 9; Apg 12, 17; 15, 13); dort starb er 62 nChr den Märtyrertod. Er war das Haupt des gesetzesstrengen Judenchristentums, anerkannte aber die gesetzesfreie paulinische Heidenmission. Nach kirchlicher Tradition ist er der Verfasser des Jak. — Nach 1Kor 9,5 haben B.d.H. in der Mission gewirkt. — Jud wird dem Herrenbruder Judas zugeschrieben. — Spätere kirchliche Tradition hat aus dogmatischen Motiven (dauernde Jungfräulichkeit Marias) aus den B.d.H. Stiefbrüder Jesu (aus einer früheren Ehe Josephs) gemacht. Das NT gibt dafür keinen Anhaltspunkt, auch nicht für den Versuch, Jakobus, den B. d. H., mit Jakobus, Sohn des Alphäus, Mt 10,3, gleichzusetzen und dann, weil → Alphäus = Kleophas sei, in den vier B. d. H. Söhne der Maria, einer Schwester der Mutter Jesu und Frau des Kleophas, also Vettern Jesu zu sehen. *Bie*

Brunnen. *1)* Quellen, bei denen Wasser aus dem Boden sprudelt, sind in Palästina selten und darum besonders geschätzt; für bestimmte Akte im Kultus war fließendes Wasser gefordert 3Mose 14,5; 15,13. Wo Quellen fehlten, trieb man B. bis zum Grundwasser, das auch →„lebendiges Wasser" genannt wurde 1Mose 26,19; Jo 4,11 f, oder sammelte man das Regenwasser in → Zisternen, die man in die Erde hineinmauerte oder aus dem Felsboden heraushieb 5Mose 6,11. Diese oft geräumig angelegten B. wurden mit einem großen Stein verschlossen 1Mose 29,2 f; 2Mose 21,33; das Wasser wurde von Frauen und Mädchen mit Krügen geschöpft oder in Eimern heraufgezogen 1Mose 24,16; 1Sam 9,11; Jo 4,7. B. anzulegen war ein wichtiger Dienst 4Mose 21,17 f, ihr Besitz ein sorgsam gehütetes Recht, um das es leicht Streit gab 1Mose 21,15; 26,18-22; 4Mose 20,17. Besonders wichtig war die Wasserversorgung in Kriegszeiten (Anlage neuer Zisternen Jer 41,9; Zuleitung von Wasser in die Stadt Jes 7,3; Unkenntlichmachen der B. vor dem Feind 2Chr 32,3 f). Ein B. konnte als Versteck dienen 2Sam 17,18 f oder als Gefängnis 1Mose 37,24; Jer 38,6, vgl. 41,7. Daß jeder einen eigenen B. habe, ist Zeichen für Frieden und Wohlstand Jes 36,16. Eine gute Zisterne hält das Wasser frisch Jer 6,7; aber es kommt vor, daß ein B. Risse bekommt und das Wasser nicht mehr hält Jer 2,13.

2) Ein bildlicher Gebrauch von B. ist nicht selten: Gottes Brünnlein Ps 65,10 sind der Quell des Segens; der B. Israels Ps 68,27 weist auf den Ursprung des Volks; Klugheit als Lebensquell Spr 16,22. *Schl*

Brunnenlied → Lieder.
Brunnentor → Tore Jerusalems.

Brust. *1)* An die B. schlagen Nah 2,8; Lk 18,13; 23,48 ist Gebärde und Ausdruck der Trauer, des Schmerzes und der Zerknirschung. — *2)* In älterer Zeit *saß* man am Tisch 1Sam 20,25; später scheint es allgemein üblich gewesen zu sein, zu Tisch zu *liegen;* der Freund lag an der B., am Busen des andern Jo 13,23.25; 21,20. *Fro*

Bubastis, eine Stadt am östlichsten Arm im Nildelta, westl. vom wadi tumilat, die Stadt der katzenköpfigen Göttin Bast, vom Prophetenwort Hes 30,17 bedroht, heute tell basta. *Schl*

Buch → schreiben, Schrift.

Buch des Lebens. Nach Ps 139,16 sind die Tage unseres Lebens in Gottes B. geschrieben, so daß die Streichung aus diesem B. das Sterben bedeutet 2Mose 32,32. In leiser Wandlung des Gedankens wird daraus Ps 69,29 eine Liste der Gerechten, die zum Leben berufen sind; so auch Dan 12,1; so Lk 10,20; Phil 4,3; Hebr 12,23. Das Bild wird gern benützt in der Offb; es drückt sowohl Gottes Vorbestimmung aus 17,8, wie die Freiheit des Menschen, die zu einer Streichung führen kann 3,5. Wie die Nennung des Namens im B.d.L. die Rettung bedeutet 3,5, so das Fehlen das Gericht 20,15. Weil Christus das Leben erworben hat und schenkt, ist er der, dem das B.d.L. gehört 13,8; 21,27.

Verwandt, aber zu unterscheiden ist der Gedanke von den Büchern, in denen die guten und die bösen Taten der Menschen aufgezeichnet sind, so daß aus diesen Büchern Gericht gehalten wird Dan 7,10; Mal 3,16; Jes 65,6; Offb 20,12. *Schl*

Buche, in Palästina unbekannt. Bei dem Jes 41, 19; 60,13 genannten Baum denkt die Revision 1964 an den Buchsbaum (für Luthers → Buchsbaum an die Kiefer). Ein anderer Baum ist Jes 44,14 genannt, vielleicht die Eiche (Steineiche). Hos 4,13 spricht im hebr. Text von der Terebinthe. *Schl*

Buchrolle. Vor der Erfindung des Buchkodex, dessen Blätter aufeinandergelegt und geheftet wurden (1. Jh. nChr), war die B. aus Papyrus oder Leder, seit etwa 200 vChr auch aus Pergament, die Form des Buches, die bes. das AT für göttlichen und menschlichen Gebrauch oft erwähnt. Die aus dem Stengel der Papyrusstaude hergestellten Blätter wurden zusammengeklebt, aber bald brüchig und von Feuchtigkeit angegriffen. Die B. aus gleich großen, aneinandergenähten Stücken bearbeiteten Leders war viel dauerhafter. Zum Schreiben wurde gewöhnlich nur die Innenseite benutzt und in Spalten (Kolumnen) geteilt. Als Zeichen verwendete man beim Papyrus die waagerechten Streifen, in das Leder konnte man Linien einpressen. Zum Lesen der B. benötigt man beide Hände. Die eine hält die Rolle, die andere zieht die Spalten nach Bedarf am Auge vorüber und rollt sie nach der Gegenseite wieder auf. Zur Aufbewahrung dienten verschließbare Tonkrüge (Jer 32,14 u. Funde in Qumran); man konnte die B. zudem versiegeln Jes 29,11; Dan 12,4; Offb 5,1. Die Länge der B. betrug 6-10 m; die Jesajarolle aus Qumran (17 Lederblätter) ist 7,3 m lang und 26 cm hoch. Aus dem Normalmaß erklärt sich die Zusammenfassung der verschiedenen Teile des Buches Jesaja und der Kleinen Propheten, die auf einer Rolle Platz fanden, während umgekehrt 1-5Mose nachträglich geteilt werden mußten. *Fo*

Buchsbaum. Wo Luther B. übersetzte Jes 41, 19, ist vielleicht die Zypresse (Cupressus sempervirens) gemeint: ein Baum des Libanon Jes 60, 13 und auf Zypern, dessen Holz auf dem Verdeck des Prachtschiffs der Tyrer verwendet war Hes 27, 6. Andere dachten an die Fichte oder die Tanne, die Revision 1964 an die Kiefer. *Schl*

Buchstabe → schreiben, Schrift.

Büffel. Das Tier, das Luther 5Mose 14, 5. B. und 1Kö 5, 3 Gemse nannte, das als Wildbret auf Salomos Tafel kam, wird eine Antilopenart sein, vielleicht die Kuhantilope, die auf ägyptischen Denkmälern oft dargestellt ist. Andere dachten an den Damhirsch. Die Revision 1964 setzt 5Mo 14, 5 Damhirsch, 1Kö 5, 3 Rehe. *Schl*

Bürgerrecht. Glieder des Volkes Gottes waren nur die von Israeliten Abstammenden. Als Vollbürger durften sie erblichen Grundbesitz haben und konnten nicht für immer Leibeigene werden. → Fremde wurden bei Beschneidung zum Passahmahl zugelassen 2Mose 12, 48; voll in die Gemeinde aufgenommen wurden dann erst ihre Nachkommen (bei Edomitern und Ägyptern die Urenkel). Ausgeschlossen waren Verschnittene, Hurenkinder, Ammoniter und Moabiter mit allen Nachkommen. Vgl 5Mose 23, 2-9. — Nach der Gefangenschaft erwarben Juden oft fremdes B., bes. in Ägypten, Syrien, Kleinasien. — Das *römische* B., das Paulus besaß, schützte vor Fesselung ohne Untersuchung, Geißelung und schimpflicher Todesstrafe; es berechtigte zur Berufung auf den Kaiser, Apg 16, 37; 22, 25 ff; 25, 10 f. Phil 3, 20 steht im Grundtext „B." statt Wandel. *(Wai)*

Bürgschaft, Bürge. Über B. (vgl. 1Mose 43, 9) bestimmte das Gesetz nichts. Spr 6, 1 ff; 11, 15; 17, 18; 20, 16; 22, 26; 27, 13 warnen davor, wohl wegen der möglichen Folgen (Schuldhaft!). Sirach (8, 16; 29, 18 ff) widerrät nur unüberlegte B. Die Schrift fordert Nächstenhilfe, aber nicht mit einer Bindung aufs Ungewisse. Die B. wurde übernommen durch Geloben mit Handschlag Spr 17, 18. *Wai*

buhlen, mit den Ableitungen Buhle und buhlerisch zu Luthers Zeit noch stark gebraucht (sogar noch für Gottes Liebeswerben Hos 3, 1), wurde bei der Revision 1964 fast ganz ausgeschieden und meint nur noch die unreine, ehebrecherische Lust der → Hurerei. b. blieb Hes 23, 7 und Hos 8, 9, buhlerisch Hos 3, 1. Buhle wurde durch Liebhaber ersetzt. *Schl*

Bul → Monate.

Bund, Bündnis. Im allgemein üblichen Sinn bedeutet das Wort einen Vertrag, den zwei gleichberechtigte Partner zur Übernahme von bestimmten Rechten und Pflichten schließen 1Mose 26, 28. Im theol. Gebrauch meint es die Herstellung einer bestimmten Beziehung zw. Gott und Menschen (Einzelnen, seinem Volk oder seiner Gemeinde). Dabei setzt der Begriff „B." ursprünglich im Hebräischen nicht notwendig ein Verhältnis zwischen zwei ebenbürtigen Parteien voraus, sondern bezeichnet auch eine feierliche Abmachung, in der ein Mächtiger sich gegenüber einem weniger Mächtigen zu einem bestimmten Verhalten verpflichtet, wenn er bei dem anderen gewisse Voraussetzungen erfüllt sieht. So geht auch, wenn Gott mit Menschen einen B. schließt, die Initiative zu diesem B. stets von ihm allein aus, während die Einwilligung von seiten der Menschen in der Regel gar nicht betont wird (dagegen 2Mose 19, 8; 24, 3. 7). Wo im AT von einem göttlichen Bundesschluß die Rede ist, geschieht das fast immer im Zusammenhang mit besonderen Bundesverheißungen, -ordnungen und -zeichen. Nur wer diesen Ordnungen nachkommt und diese Zeichen übernimmt (etwa: die → Beschneidung 1Mose 17; 2Mose 4, 24 f oder den → Sabbat 2Mose 31, 12 ff), hält den B. und stellt sich so unter die in ihm beschlossenen Verheißungen. Auch das Bundesopfer ist von Bedeutung. Es bezeugt den sakramentalen Charakter des B.es und drückt u. a. die Sühne aus, die sich vollziehen muß, ehe der Mensch mit Gott in Gemeinschaft treten kann.

1) Die bedeutsamsten im AT bezeugten göttlichen Bundesschlüsse sind: — *a)* der *Noahbund* 1Mose 6, 18; 9, 9 ff, der dem Noah die Errettung vor der Flut und Einsetzung zum Stammvater der neuen Menschheit verheißt. Bundesordnung 9, 4-6; Bundeszeichen Regenbogen. — *b)* Der *Abrahambund* 1Mose 15, 18; 17, 2. 7. 9 f; Bundespflicht und -zeichen Beschneidung; Bundesverheißung Land und Erben. — *c)* Der *Sinaibund,* der sich nicht mehr auf Einzelne, sondern auf das Volk Israel als Ganzes bezieht 2Mose 19, 5. Israel ist nun Jahwes erwähltes Eigentum und Jahwe allein Israels Gott, d. h.: Jahwe wird sein Volk gegen alle Feinde schützen und bewahren, er wird ihm „Frieden" (schalom) gewähren, wenn es den B. hält und die Gehorsamspflicht gegenüber der göttlichen Willenskundgebung, 2Mose 20, 1 ff, ernst nimmt. Bundesschlußakt 2Mose 24, 5 ff. Die ganze weitere Geschichte Israels ist die des B.s, in dem das Volk mit Gott steht. Seine Aktualisierung erfährt der Sinai-B. in regelmäßigen kultischen Begehungen (→ Feste 7), die die zentrale Bedeutung dieses B.es verdeutlichen. — *d) Davidsbund* 2Sam 7. — *e)* Da jedoch der von Gott mit Israel geschlossene B. durch des Volkes Treulosigkeit hinfällig geworden ist, läßt Gott durch die Propheten statt des am Sinai geoffenbarten einen *neuen B.* verkündigen Jer 31, 31 ff; Hes 16, 62 f; 37, 26; Jes 55, 3; vgl. Hos 2, 21 f, der ganz sein Gnadenwerk und zudem ein ewiger B. sein und auf beiderseitiger Liebe und innerer Übereinstimmung der Menschen mit Gott beruhen wird.

2) Im NT ist dieser neue B. offenbar geworden. Wenn hier der B. öfter *Testament* genannt wird, Gal 3,15.17 u. Hebr 9,15 ff sogar notwendig so übersetzt werden muß, so ist zu bedenken, daß nach dem oben Gesagten das bibl. Wort für „B." diesem Begriff von vornherein nähersteht als das deutsche, indem es noch im AT eine feierliche Willenserklärung über jemand bezeichnen kann; das NTliche griech. Wort, das von Haus aus eine Erbverfügung bedeutet, entspricht also dem ATlichen „B.". Bundesmittler ist nunmehr Christus Hebr 7,22, und zwar hat er durch sein Blut den neuen B. ins Leben gerufen Mt 26,28 par.; 1Kor 11,25, welcher Vergebung der Sünden gewährt. Zugehörigkeit zu diesem B. erwirkt nicht mehr der Gehorsam gegen das Gesetz, sondern die Annahme der freien Gnade Gal 3,17 ff. Der den Bundesgliedern mitgeteilte göttliche Geist bewirkt und gestaltet das neue Bundesverhältnis 2Kor 3,6. Daher ist dieser neue B. im Unterschied zum alten ein B. der Freiheit Gal 4,22 ff. Bundeszeichen ist hier die Taufe.

Lit.: J. Begrich, Berit, Ges. Studien zum AT, München 1964; K. Baltzer, Das Bundesformular, Neukirchen [2]1964.

Ste

Bundesbuch. Das B. ist eine der ältesten Gesetzessammlungen Israels. Sein Name entstammt seinem jetzigen literarischen Zusammenhang mit der Bundschließung am Sinai 2Mose 24,7.

1) Inhalt. Das B. umfaßt die K. 2Mose 20, 22-23,33. Kultische Vorschriften über Gottesbilder und Altarbau 20,22-26, die deutlich machen, daß Jahwe nicht Gegenstand, sondern Herr des Kultus sein will, leiten über zu einem zweiten, größeren Stück 21,1-22,16, das sich vor allem durch seine im objektiven Wenn-Stil (= kasuistisch) gefaßten Rechtsformulierungen als Einheit ausweist, zB: „Wenn jemand seinen Knecht oder seine Magd in ein Auge schlägt und verderbt es, der soll sie frei loslassen um das Auge" 21,26. Es befaßt sich mit dem Schuld- und Blutrecht, mit der Schadenersatz- und Haftpflicht, mit Depot-, Pfand- und Asylrecht, kurzum mit allem, was in der isr. Rechtsgemeinde verhandelt werden mußte. Der 3.Teil 22,17 bis 23,19 bietet ein buntes Ineinander von kultischen und sittlichen Forderungen, die meist im Stil unbedingter (= apodiktischer) Rechtssätze formuliert sind, zB: „Die Zauberinnen sollst du nicht leben lassen" 22,17. Es geht hier um die Heilighaltung des religiösen Lebens 22,17-19, um das Gebot der Feindesliebe 23,4 f, um die Durchsetzung der sozialen Gerechtigkeit 22,21: 23,6 ff, um das Sabbatjahr (= Brachjahr) 23,10-12 u.a.m. Den Abschluß 23,20-33 bilden Mahnungen und Verheißungen für den Fall des Gehorsams Israels. — Bei aller Vielfalt der Einzelforderungen hat das B. seine großartige innere Einheit in dem einen Herrn, der hier mit der Autorität seines Willens verpflichtend vor seinem Volk steht.

2) Herkunft und Entstehungszeit. Man hat schon lange erkannt (A. Alt), daß die Rechtsmaterie und ihre Verarbeitung im B. nicht nur aus den alten patriarchalischen Ordnungen Israels stammen können, sondern beide das Kulturland voraussetzen und vor allem auch fremde Rechtseinflüsse zur Geltung bringen. 2Mose 18, 13 ff ist ein Hinweis auf die Tatsache, daß Israel in der Formulierung und Handhabung seines Rechts vieles von seiner Umwelt gelernt hat. Der Ort, wo dies in besonderer Weise geschah, war das Land Kanaan, die Zeit die Periode nach der Landnahme, in der die altisr. halbnomadischen Geschlechterverbände in ganz neue Verhältnisse des öffentlichen Lebens hineinwuchsen. Damals übernahmen sie vieles aus der den Kulturlandverhältnissen angepaßten kanaanäischen Rechtssprache und -praxis. Da sich in der kanaanäischen Rechtskultur wesentlich das gemeinsemitische Recht widerspiegelt, wie wir es etwa in den vor einem Menschenalter aufgefundenen Rechtsbüchern der Babylonier, Assyrer und Hethiter vor uns haben, darf es nicht wundernehmen, wenn in manchen Rechtssätzen des B.s nähere Berührungen mit Formulierungen des → Codex Hammurabi oder anderer semitischer Rechtssammlungen sichtbar werden. So kehrt der Vergeltungsgrundsatz des Codex Hammurabi: „Wenn jemand das Auge eines Freien zerstört, soll man ihm sein Auge zerstören" ähnlich im B. 21,24 f wieder. Menschenraub wird dort wie hier mit dem Tod bestraft 21,16. Einbruchsdiebstahl ist im Codex Hammurabi todeswürdig („Wenn ein Mensch in ein Haus eindringt, so soll man ihn vor jener Stelle töten und verscharren"), während das B. milder urteilt 22,1 ff. Das letzte Beispiel zeigt indessen, daß Israel das Fremde nicht einfach nur übernommen, sondern verarbeitet und dem eigenen alten Jahwerecht ein- und untergeordnet hat. Die daraus sich ergebende starke Gottesbezogenheit aller seiner Rechtssatzungen bewirkt im Vergleich mit dem gemeinsemitischen Rechtsverständnis eine größere Rechtsgleichheit aller vor dem Gesetz (keine Bevorzugung des Vornehmen gegenüber dem sozial niedriger Gestellten), eine stärkere Humanisierung des Sklavenrechts 21,2 f. 26, auf jeden Fall eine höhere Wertung des Menschen als jeder Sache (keine Todesstrafe bei Eigentumsvergehen) und überhaupt eine lebendige religiöse Verankerung auch des menschlichen Rechtsalltags. — So hat nach der Landnahme Israels ein erregender Verschmelzungsprozeß zweier herkunftsmäßig verschiedener Rechtsordnungen stattgefunden. Diesen Vorgang spiegelt das B. wider. Dabei entsprechen die kasuistisch formulierten Sätze denjenigen, die Israel aus seiner kanaanäischen Umwelt übernommen und sich angepaßt hat, während das apodiktische Recht die altisr. Rechtsbildung erkennen läßt. Da dieser Verschmelzungsprozeß Zeit in Anspruch genommen hat, wird die Entstehung des B.s kaum vor Ende der Richterzeit angesetzt werden können.

Lit.: A. Alt, Die Ursprünge des isr. Rechts, Kleine Schriften zur Geschichte des Volkes Israel I, München [3]1963; E. Gerstenberger, Wesen und Herkunft des ‚apodiktischen Rechts', Neukirchen 1965.

Ste

Bundeslade.
B. ist *eine* — nicht einmal häufige — Bezeichnung des wichtigsten isr. Kultgerätes der vorexilischen Zeit. Sie wird auch „Lade Gottes" 1Sam 3,3 u. a., „Lade Jahwes" Jos 4,5 u. a., „Lade des Zeugnisses" Jos 4,16 u. a. genannt. Das hebr. Wort (arōn) kommt auch für profane Gegenstände vor 2Kö 12,10f u. a. und bedeutet eigentlich Kasten.

1) Die Gestalt der Lade. Die Form der B. wird erst aus der Darstellung der → Priesterschrift 2Mose 25,10ff bekannt. Danach war sie aus Akazienholz gearbeitet, 1,25 m lang und 0,75 m breit und hoch, innen und außen mit Gold überzogen und mit einer goldenen Zierleiste versehen. An den vier Ecken waren Ringe angebracht für die goldüberzogenen Tragstangen. Als Deckel wurde der B. die kappōret (= Deckplatte, Aufsatz; LXX hilasterion = Sühnemittel; daher Luther: Gnadenstuhl) aufgesetzt. Nach 2Mose 25,17ff handelte es sich um eine Goldplatte (1,25×0,75 m), an deren beiden Enden je ein Cherub (in Flachreliefarbeit?) angebracht war. Die Cheruben hatten die Flügel ausgebreitet und die Gesichter einander zugekehrt, während der Blick auf die kappōret gerichtet war. Es ist kaum zweifelhaft, daß die B. in älterer Zeit ähnlich ausgesehen hat. Im salomonischen Tempel standen die Cheruben offenbar für sich neben der B. 1Kö 8,6f.

2) Zur Geschichte der Lade. Die B. war seit der Landnahme der Israeliten in Palästina das zentrale Heiligtum des Zwölfstämmeverbandes. Woher sie ursprünglich stammte, ist unbekannt, wahrscheinlich aus dem kanaanäischen Kultbereich. Sie begegnet vor allem in Silo 1Sam 3 und kam nach langer, wechselvoller Irrfahrt 1Sam 4-6 durch David nach Jerusalem 2Sam 6, wo sie zunächst in das Zeltheiligtum 2Sam 7,2, dann durch Salomo in den Tempel (Allerheiligstes) eingestellt wurde. Mit der Zerstörung des Tempels (587) ging sie vermutlich verloren. Einer Neuanfertigung trat Jeremia entgegen 3,16.

3) Die Bedeutung der Lade. Von Anfang an bestand eine enge Verbindung zw. Jahwe und der B. 4Mose 10,35; 1Sam 4,6f. Jahwe wurde als auf den Cheruben thronend vorgestellt 1Sam 4,4 u. a., die B. also als (leerer) Thron gedacht, wenngleich sie nirgends Thron genannt wird (doch vgl. Jer 3,16 mit V. 17). Leere Götterthrone sind auch sonst aus dem alten Kanaan bekannt. Später diente die B. ausschließlich der Aufbewahrung der Gesetzestafeln 5Mose 10,1ff; 1Kö 8,9: Gott ist nicht mehr selbst, sondern durch seine „Zeugnisse" gegenwärtig. Während an der B. ursprünglich die Vorstellung von der ständigen Gegenwart Jahwes haftete (Wohnvorstellung), bekommt sie in der Priesterschrift dadurch eine besondere Bedeutung, daß sie im Zelt (→ Stiftshütte) ihren Platz erhält. Mit dem hl. Zelt verbunden ist aber seit Israels Frühzeit die Vorstellung von dem je und dann sich ereignenden Kommen Jahwes von weither 2Mose 33, 7ff u. a. (Erscheinungsvorstellung). Im Zelt aufgestellt galt die B. als der Ort der Begegnung 2Mose 25,22; 3Mose 16,2. Nach einer Bemerkung Hebr 9,4 wurden in der B. auch der Krug mit Manna (vgl. 2Mose 16,32ff) und der grünende Stab Aarons (vgl. 4Mose 17,25f) aufbewahrt. Einige Stellen des AT lassen noch erkennen, daß die B. in jährlich wiederkehrenden Festen in feierlicher Prozession ins Heiligtum eingebracht wurde. In diesen Zusammenhang gehören Psalmen wie Ps 24 u. a. Aber auch an Jos 3f kann man hier denken. → Lade, Ladeerzählung.
Bo

Buße. Das deutsche Wort B. stammt aus der Rechtssphäre und meint dort eine Leistung zur Wiedergutmachung eines Unrechts (zB „Geldb."). Es ist oft beklagt worden, daß von daher und dann auch von der Ausgestaltung einer kirchlichen B.disziplin her B. in der HS den ursprünglichen Sinn der bibl. Worte nicht klar erkennen lasse. Das vor allem zugrunde liegende Wort im AT bedeutet „zurückkehren, umkehren", nämlich zu Gott, deshalb oft mit „bekehren" übersetzt. Im NT wörtlich = „seinen Sinn ändern"; auch hier ist eine durchgreifende Lebensänderung wie im AT gemeint.

1) Der Anstoß zur B. Nicht menschliche Erschütterung über ein verlorenes Leben ist in der HS der Anlaß zur B. Eine solche Reue kann bloße „Traurigkeit der Welt" sein 2Kor 7,10, die den Tod wirkt (vgl. das Ende des Judas Mt 27,3ff). Hier gibt es ein Aufhören der B.-möglichkeit Hebr 12,17; 6,4ff. Erst das Erwachen zu Gott hin, zum Glauben an seine Gnade macht frei zur B. Das ist in den 7 B.psalmen unverkennbar (6. 32. 38. 51. 102. 130. 143). „Da ich bekehrt ward, tat ich B." Jer 31,19. Der B.weg ist kein gesetzlicher Weg, den wir von uns aus beschreiten könnten. Die Erkenntnis der Sünde hat im NT zur Voraussetzung die Begegnung mit dem, der mit den Sündern ißt und sie so zur B. ruft Lk 5,32 (Zachäus Lk 19; Sünderin Lk 7). Gottes Güte, die sich auch in seinem Zorn kundtut, leitet zur B. Röm 2,4; Hes 36,29ff. Das nahe Gottesreich öffnet das Tor der B. Mk 1,15. Daß er zu seinem Vater gehen kann, ist der Anstoß zur Umkehr des Sohnes Lk 15,18f.

2) Das Ziel der B. ist das neue Leben in der neuen Gerechtigkeit Ps 51,12. Das ist nach Röm 6,3ff ein Gekreuzigtwerden mit Christus, vgl. Gal 6,14; 5,24. B. ist der Weg vom Tod zum Leben Apg 11,18; die Welt hat keinen anderen Apg 17,30. Daraus erwächst Frucht, die nicht anders reifen kann Mt 3,8. Nur im Widerstand gegen den Teufel und in der Hinkehr zu Gott geschieht B. Jak 4,7.

3) Der Weg der B. Die B. ist nicht eine Durchgangsstation, die einmal durchschritten wird, sondern der ganze neue Weg selber bis zum Ziel Phil 3,13f. Gewiß hat das geängstete, zerschlagene Herz Ps 51,19 seine besonderen Zeiten und Stunden, wenn der Hahn kräht Mt 26,74f, wenn es heißt: „Du bist der Mann" 2Sam 12,7, wenn die Gebeine verschmachten Ps 32,3 f; Apg 9,9, wenn ein Volk in verschuldetem Unglück in Sack und Asche B. tut Neh 9,1 ff oder ein Einzelner in innerer Not an seine Brust schlägt Lk 18,13. Aber zB die Sendschreiben der Offb an Ephesus, Pergamus, Thyatira, Sardes und Laodizea K. 2 u. 3 zeigen, wie der Weg der Gemeinde ein Weg der B. bleiben muß. Die immer neuen Einbrüche sündiger Verirrung, aber auch die alltäglichen Standessünden Lk 3,10 ff werden nicht anders überwunden. Daß das „Umkehren in die offenen Arme Gottes" in der B. der Weg in die Freiheit und Freude ist, sagen gerade die B.psalmen 32,7.11; 51,14.17; 102,22; Lk 15,10.20. *He*

Buße (Geldbuße). Schon die älteste isr. Rechtsgesetzgebung kannte die Forderung der Ersatzleistung in Form von Geld neben derjenigen von Naturalien. Sie war für bestimmte, einem Volksangehörigen zugefügte Arten von Schäden in angemessener Höhe zu leisten und stellte das gestörte Gemeinschaftsverhältnis wieder her 2Mose 22,9-16 u. a. *Kn*

Bußpsalmen → Psalmen.

Butter. Nach Spr 30,33 wurde B. dadurch hergestellt, daß die Milch, meist wohl von Schafen und Ziegen, in einem Ziegenschlauch so lange hin und her geschwenkt wurde, bis sie dick wurde, wie es die Beduinen Palästinas heute noch tun. B. von Kühen wird 5Mose 32,14 gerühmt; doch ist, wo Luthers Übersetzung B. gibt, meist an saure, dicke Milch zu denken; so jedenfalls Ri 5,25; Hiob 20,17; 29,6; wohl auch 1 Mose18,8. In Jes 7,15.22 weist das Essen von B. und Honig auf die Verwüstung des Landes durch Feinde: nur noch Viehwirtschaft ist möglich, während Acker- und Weinbau aufhörten. *Schl*

Byblos, griech. Name der Hafenstadt Gebal (heute dschebēl) am Fuß des Libanon. Schon im Neolithicum (5.Jt.) besiedelt, wurde es im 3.Jt. phönikischer Handelsplatz. Die Israeliten eroberten B. nicht Jos 13,5, schätzten aber seine Handwerkskunst 1Kö 5,32; Hes 27,9. Im 8.Jh. assyrisch, seit 525 persisch, bietet es heute noch Reste hellenist. Kultur. → Karten Sp. 119/120, 200. *Da*

C

Caesarea. *1)* C. wird Apg 8,40; 9,30; 10,1.24; 11,11; 12,19; 18,22; 21,8.16; 23,23.33; 25, 1.4.6.13 in Verbindung mit Philippus, Kornelius, Petrus, Paulus sowie als Sitz der römischen Prokuratoren → Felix und → Festus genannt. Die antike Stadt lag etwa in der Mitte der Strecke von Jaffa nach Akko. Seit Alexander → Jannäus unter dem Namen Stratonsturm im jüdischen Besitz (Josephus, Jüdischer Krieg I, 3, 5), wurde es von Pompejus zur selbständigen Stadt erklärt und → Coelesyrien zugeteilt. Dadurch kam C. später unter die Herrschaft Herodes d. Gr. und wurde durch ihn von 24 vChr ab großartig ausgebaut mit Hafen, Theater, Rennbahn, Statthalterpalast. Zu Ehren des Caesar Augustus erhielt die Stadt den Namen C. Der scharfe Gegensatz zw. griech. und jüd. Bevölkerung gab mit den Anlaß zum ersten jüd. Aufstand gegen die Römer (Josephus, Jüd. Krieg II, 14,4 ff; 18,1 ff). Archäologische Untersuchungen sind im Gange; dabei wurde eine Pilatus-Inschrift gefunden. Heute kaisarije. Abb. → Tafel 35.

2) C. Philippi, Gründung des Tetrarchen Philippus († 34 nChr), im NT Mt 16,13; Mk 8,27 erwähnt als Stätte des Petrusbekenntnisses. Der Ort liegt auf einer vom Südfuß des Hermongebirges umschlossenen Terrasse, heute bānjās. Dieser Name enthält noch den Namen des Gottes Pan, der einst dort ein Heiligtum hatte. Säulentrommeln und -kapitäle sind noch an der Oberfläche zu sehen. Unterhalb der Pan-Grotte entspringt ein Quellfluß des Jordan, der nahr bānjās. *Ba*

Cantica (lat. cantus = Lied) sind bibl. Lieder in Psalmform außerhalb des Psalters. Im christlichen Gottesdienst (seit dem 4.-5.Jh.) singt man sie überwiegend nach den gleichen Regeln wie die Psalmen und hat sie oft als Gemeindelieder bearbeitet. In Liedform wurden die NTlichen C. in den reformierten Gemeindegesang übernommen.

1) Zu den C. des AT, die verschieden angegeben werden, gehören vor allem: 2Mose 15, 1-19; 5Mose 32; Ri 5; 1Sam 2,1-10; Jes 12; 26; 38,10-20; 61,10 f; 63,7-64,11; Jer 31; Jon 2; Hab 3, dazu Abschnitte aus Apokryphen. In der lutherischen Überlieferung sind sie liturgisch nicht festgelegte Lobgesänge, in der kath. Kirche vertreten sie im Morgengebet des Breviers einen Psalm.

2) Die C. des NT sind Lk 1,46-65 das „Magnifikat"; 1,68-79 das „Benedictus"; 2,29-32 das „Nunc dimittis", so genannt nach den Anfangsworten der lat. Bibelübersetzung. Im liturgischen Gebrauch bilden sie die Schlußgesänge von Laudes, Vesper und Complet, des Mittags-, des Abend- und des Nachtgebets. Dabei sieht die lutherische Kirche Austauschmöglichkeiten vor. *Fo*

Chaldäa, Chaldäer: das hebr. Wort Kasdim (vgl. Kesed 1Mose 22,22) bezeichnet das Land oder die Bewohner dieses Landes (Jer 50,10; 21,9). Die Ch. gehören zu jener großen semitischen Gruppe der → Aramäer, die am Ende des 2. Jt. aus der syrisch-arabischen Wüste an den Rändern des Kulturlandes erschienen. Wir finden die Ch. am Persischen Golf im sog. „Meerland" seßhaft, wo sie sich gegenüber dem Ansturm der Assyrer immer wieder behaupten konnten. Allmählich hatte die aramäisch-ch. Bevölkerung das ganze südliche Zweistromland überflutet, so daß nur noch die alten Städte mit ihrer Bevölkerung ihren alten Charakter bewahrten. Babel selbst war wiederholt in die Hände aramäischer Fürsten gefallen. Weil man in Israel von der weit zurückliegenden altbabylonischen Zeit keine Ahnung hatte, wurde dieses Land nach der damals vorherrschenden Bevölkerungsgruppe meist Ch. genannt (1Mose 11,28.31). Andererseits hatten die Ch. keinerlei Änderung der babylonischen Zivilisation und Geisteskultur herbeigeführt; sie fühlten sich als Babylonier und dienten Babyloniens Göttern. Am Ende des assyrischen Reiches konnte der Ch. Nabopolassar die Herrschaft in Babel übernehmen und gründete das kurzlebige neubabylonisch-chaldäische Reich, das unter Nebukadnezar II. seinen Höhepunkt erreichte und mit dem Staat Juda zusammenstieß (2Kö 24 u. 25; Jer 20,4; 25,9). Als nach dem Ende Jerusalems die Exulanten in Babylonien weilten, brachten die Ch. die alte babylonische Kultur zu einer nochmaligen Hochblüte. Tempel, Straßen, Tore und Festungen wurden renoviert und neugebaut, die Wirtschaft blühte. Hesekiel spricht vom Krämerland 16,29; 17,4. Vielen unter den verbannten Jerusalemern gingen die Augen auf über die Furchtbarkeit und Sinnlosigkeit alles Götzendienstes und Aberglaubens (Jes 44,9 ff); jetzt erst kam man zur wirklichen Erkenntnis des Monotheismus (Jes 45,5). Nach dem Ende des ch. Reiches galten die babylonischen Weisen, Wahrsager und Astrologen als Ch., die unter diesem Namen in die griech. Literatur eingegangen sind. *Peu*

Chalzedonier → Edelsteine.
Charismen → Geistesgaben.

Chasidäer (von aram. chasidajja = die Frommen), vgl. 1Makk 2,42; 7,12; 2Makk 14,6. Gemeinschaft (später ein Bund) gesetzestreuer Juden. Entstanden um 200 vChr in Gegenwehr gegen das Überhandnehmen des Hellenismus und der religiösen Gleichgültigkeit im Volk. Kennzeichen: Hinwendung zum ATlichen Gesetz, das von ihnen neu verstanden und streng gehalten wurde. Sie machten „einen Zaun um das Gesetz", d. h. eine große Zahl von zusätzlichen Bestimmungen zu den Geboten der Schrift: wer die Zusätze übertrat, hatte das Gesetz selbst noch nicht übertreten (vgl. Mk 7,13). Im ganzen handelt es sich um eine Buß- und Erneuerungsbewegung, das geistig-religiöse Gegenstück zur → makkabäischen Freiheitsbewegung. Die Ch. sind die Vorläufer der → Pharisäer und wohl auch der Sektenleute von → Qumran. *Bie*

Cherub, Mehrzahl Cherubim, ein sprachlich schwer zu entziffernder Name für Engelwesen, die wir im ersten wie im letzten Buch der Bibel vorfinden 1Mose 3,24; Offb 15,7. Skulpturen und Ornamente in Tempeln und Palästen im Zweistromland, Syrien (Sendschirli) und im Niltal zeigen, daß beflügelte Wesen, teils Tier, teils Mensch, vornehmlich als Wächter bei den großen Torbauten standen, als Ausdruck für die Unnahbarkeit der Majestät, ob eines Gottes oder eines gottähnlichen Herrschers. Nie fehlen die Flügel! Das bedeutet, daß die von ihnen dargestellte Macht nie als rein irdisch, sondern eher als himmlisch gedacht war. — In Israel finden wir K.en als Wächter bei der „Lade Gottes" (→ Bundeslade), d. h. an dem Ort, wo die „Herrlichkeit" Gottes unter seinem erwählten Volk thronte 1Sam 4,4; 2Sam 6,2. Im salomonischen Tempel standen zwei große, aus Ölbaumholz gefertigte und mit Gold überzogene Gestalten im Allerheiligsten, von denen jede vier Flügel hatte, so daß sie mit zweien die Mitte des Raumes, also den „Sühnedeckel" überschatteten 1Kö 6,23 ff; 8,6 f. Diese Anordnung: nicht *vor* der Pforte, sondern *im* Heiligtum, gestattet uns den Schluß, daß für den Glauben der ATlichen Gemeinde diese Ch. von vornherein nicht mit dem irdischen Bau, vielmehr mit dem himmlischen Sitz Gottes zusammen gesehen wurden. Darum die immer wieder auftauchende Gottesbezeichnung: „Der über den Ch.im Thronende" 2Kö 19,15; Jes 37,16; Ps 80,2; 99,1; 1Chr 13,6. Das Irdische soll also stets Abbild des Himmlischen sein, nicht umgekehrt, vgl. Hebr 9,23 ff. Ferner fällt auf, daß die Ch.im in Hes 1 und die „Lebewesen" in Offb 4 genauso wie die Seraphe in Jes 6 in ständiger Bewegung sind. Sie rufen: „Heilig, heilig, heilig ist der Herr..." Offb 4,8, vgl. Jes 6,3, sie werfen sich mit den Ältesten der himmlischen Gemeinde vor dem Lamm nieder Offb 5,8 oder sie sprechen das „Amen!" zum Hymnus der Geschöpfe Offb 5,10. Gewiß, wie bei Hesekiel, so erscheinen auch bei Johannes die Ch.im in der apokalyptischen Gleichnissprache als Zwittergestalten, sicher, um den übermenschlichen Kräften bildhaft Ausdruck zu verleihen. Deshalb: Löwe, Stier, Adler Hes 1, 10; Offb 4,7. Aber im Letzten, Entscheidenden sind sie wohl Geister Hes 1,12.21; Offb 1,4. Der Ausdruck „Lebensgeist" (Luther: „lebendiger Wind"!) findet sich nicht nur Hes 1,20; 37,5.10, sondern auch Offb 11,11, vgl. 4,5; 5,6. Wo Gott ist, da ist Geist, aber da sind auch Geister. Offb 16,13 f ist sogar von unreinen Geistern die Rede, die zur Erde hin wirken. Bei der Verdeutlichung dessen, was die Ch.im darstellen, darf man eben nicht an Naturerscheinungen hängenbleiben, etwa an Gewittern mit Wolke und Blitz Hes 1,4; 1,13; Ps 18,11; 1Mose 3,24, auch nicht an Tiersymbolen orientalischer Herkunft und erst recht nicht an Stilisierungen isr. Kunst, vgl. 2Mose 26,1.31; 1Kö 6,29.32.35. (Eine Abbildung eines Ch. → bei Elfenbein.) *Luck*

Chesib → Achsib.

Chiliasmus heißt nach dem griech. Wort chilioi (= tausend) die auf Offb 20,1-10 gestützte Form der Hoffnung, daß am Ende der Geschichte ein → tausendjähriges Reich des Friedens stehen werde. Zu dessen Beginn wird Satan gebunden, so daß er nicht mehr stören kann, und werden die Treuen, die sich dem antichristlichen Geist nicht beugten oder sogar Märtyrer wurden, in einer ersten Auferstehung auferweckt, um dann durch tausend Jahre hindurch mit Christus zu leben und zu regieren. Nach Ablauf der tausend Jahre wird Satan wieder frei werden und die Völker der Welt zu einem letzten schweren Streit gegen die Gemeinde Jesu sammeln; doch endet dieser Kampf durch Gottes machtvolles Eingreifen mit der endgültigen Besiegung des Satans und dem Gericht über ihn. Dann folgt in einer zweiten Auferstehung die Erweckung aller Menschen aus dem Tod und das Weltgericht.

Diese Erwartung eines tausendjährigen Friedensreiches, die schon in der jüd. → Apokalyptik auftaucht, geht zurück auf den Vergleich der Weltgeschichte mit einer Welt-Woche, deren Tage nach Ps 90,4 u. 2Petr 3,8 ein Jahrtausend umspannen und deren letzter Tag, dem Sabbat entsprechend, eine Zeit der Ruhe und der Feier ist. Ähnlich dachte wohl auch Paulus 1Kor 15, 23 f; → Endzeit. Freilich weckt die Vorstellung, daß Christus mit den Seinen auf Erden sichtbar in einem Reich des Friedens herrsche, während es im Ganzen noch die alte Welt ist und daneben die Völker der Erde leben, und weckt die Vorstellung, daß dieses tausendjährige Reich als eine Vorstufe dem Gottesreich in der Vollendung vorausgeht, die Frage, ob die bildhaft anschauliche Darstellung des Sehers in dieser Weise als ein zeitliches Nacheinander verstanden werden darf. *Schl*

Chios, Insel im Ägäischen Meer, vor der Westküste Kleinasiens, an der Paulus vorbeifuhr Apg 20,15. *(Schl)*

Chittim → Hethiter.
Chiun → Kiun.

Chloe, die uns unbekannte wohlhabende Frau in Korinth, durch deren Sklaven (oder Freigelassene) Paulus von der Gruppenbildung in der korinth. Gemeinde hörte, 1Kor 1,11. *Schl*

Chonja → Jojachin.

Chor. Luther deutete eine in der Überschrift zu Ps 120-134 gegebene Kennzeichnung dieser Psalmen als „Lieder im höhern Ch."; der Ausdruck meint wohl „Wallfahrtslieder", die beim Zug der Festkarawanen „hinauf" nach Jerusalem gesungen wurden. Schwer zu deuten ist die Bemerkung Ps 53,1; die Revision 1964 denkt wohl mit Recht an ein Lied „zum Reigentanz". → Wallfahrtslieder. *Schl*

Chorazin, galiläisches Städtchen, 3 km (Luftlinie) nördlich von Kapernaum (heute: keraze). Nach Mt 11,21 hat Jesus in Ch. viel gewirkt, aber keinen Glauben gefunden; doch ist kein Wunder Jesu in Ch. lokalisiert. — Eindrucksvoll sind heute die Ruinen einer Synagoge aus dem 3./4. Jh. nChr: schwarzer Basalt mit reichen Ornamenten und Skulpturen. *Bie*

Christen, wörtlich Christianer, in gewissen griech. Handschriften auch Chrestianer geschrieben, ist die zuerst in Antiochien aufgekommene Bezeichnung der Bekenner Jesu Apg 11,28, die noch Apg 26,28 und 1Petr 4,16 vorkommt. Ch. war wahrscheinlich ein Spottname der Heiden, während die Juden sie verächtlich Nazarener (Nazoräer) nannten Apg 24,5. Auch bei römischen Schriftstellern nach 50 nChr taucht der Name Ch. auf. Die Gemeindeglieder selbst nannten sich im NT noch → Jünger oder → Brüder oder → Heilige. *Kü*

christisch → Korinth.
Christus → Jesus Christus.

Chronik (Hofannalen, Tempelchronik). Eine Ch. ist eine schriftliche Sammlung von Mitteilungen über Ereignisse eines Zeitabschnitts (Jahre, Jahrzehnte). Solche Ch.en sind im alten Orient an den Königshöfen und an den Tempeln geführt worden. Die Schreiber wurden an den Tempeln ausgebildet, zB in Ugarit. Da die Ch.en in der Regel die Ereignisse nach den einzelnen Jahren aufzählen, bei kriegerischen Unternehmungen oft jede einzelne Lagerstation nennen, wirken sie sehr eintönig im Gegensatz zu einer lebensvollen, farbenreichen Geschichtsschreibung. Sie dienten zur Erinnerung an bestimmte Ereignisse und wurden zu diesem Zweck hervorgeholt und vorgelesen. Im Reisebericht des Ägypters Un-Amun heißt es: Der Fürst von Byblos „ließ die Tagebücher seiner Väter hereinbringen und ließ sie mir vorlesen". Ähnliches wird Esth 6,1 (vgl. auch Esth 2,23; 10,2; Esr 4,15) berichtet. Solche chronikartige Berichterstattung hat sich in zahlreichen Resten auch im AT erhalten. An mehreren Stellen werden die Bücher der Ereignisse der Könige von Israel bzw. Juda oder Salomos erwähnt 1Kö 11,41; 14,19.29; 15,7. 23.31 u. ö. Auch 2Sam 8 wird auf eine Ch. zurückgehen. Der Berichterstattung in den Königsbüchern dürfte außerdem eine synchronistische Ch. über die gleichzeitig regierenden Könige von Israel und Juda zugrunde liegen. Eine Tempelchronik hat sich im AT unter einer solchen Bezeichnung nicht erhalten. Bei der Ausgrabung alter kanaanäisch-isr. Heiligtümer wurden solche Ch.en nicht gefunden. Auf eine Jerusalemer Tempelchronik könnten der Baubericht 1Kö 6-8 sowie der Bericht über die Reform Josias 2Kö 22,23 zurückgehen. Auch Neh 12,23 läßt auf eine Tempelchronik schließen. Der Wert der Ch.en und Annalen ist für den Historiker sehr groß. In außerbiblischen Ch.en des Zweistromlands blieben wesentliche Nachrichten für die Geschichte Israels erhalten. So erwähnen die neuen Bruchstücke einer babylonischen Ch. nicht nur die Eroberung Jerusalems, sondern auch das Datum Mitte März 597. → Tafel 7. *Ba*

Chronikbücher, Chronist, chronistisches Geschichtswerk.

1) Name. 2) Inhalt. 3) Sprachlich-literarische Besonderheit. 4) Theol. Eigenart. 5) Chronistisches Geschichtswerk. 6) Zeitliche Entstehung.

1) Der hebr. *Name* der beiden Ch. lautet dibre hajjamim, von Hieronymus wörtlich übersetzt mit verba dierum = Worte der Tage oder Ereignisse der Zeiten. LXX übersetzt Paraleipomena, lat. praetermissa d. h. Übergangenes, Mitteilungen, die in den anderen Geschichtsbüchern des AT nicht enthalten waren. Die Bezeichnung als „Chronik" geht auf die Umschreibung des Werkes als chronicon totius divinae historiae „Zeitabfolge der gesamten göttlichen Geschichte" im Prologus Galeatus des Hieronymus zurück.

2) K. 1-9 enthalten Geschlechtsregister von Adam bis Saul. Die Geschichtserzählung beginnt mit der Gilboaschlacht Sauls gegen die Philister und dem Bericht seines Todes, der als Strafe gedeutet wird (I 10, 1-14). I 11-II 9, 31 erzählen den großen Komplex der David-Salomo-Geschichte, in deren Mittelpunkt der Tempelbaubericht steht, während Erzählungen über politische Taten relativ stark zurücktreten. II 10, 1-36, 23 erzählen die Geschichte der Reichsteilung unter Rehabeam und die Geschichte des Südreichs, wobei nur gelegentlich Gestalten und Ereignisse des Nordreichs gestreift werden. Die Darstellung der Ereignisse wird bis auf den Anfang des Cyrusediktes (ca. 538 vChr) geführt; das Exil in Babel wird nur erwähnt.

3) Sprachlich haben die Ch. ihr eigenes Gepräge im sog. Späthebräisch, das deutlich eine starke Beeinflussung durch das Aramäische zeigt. Ihr literarischer Charakter ist zT schon aus der Inhaltsübersicht deutlich geworden. Erst mit der David-Ära beginnt das erzählende Werk und zeigt in seinem weiteren Verlauf, daß es nur an dem Südreich interessiert ist. Der Tempel wiederum hebt sich aus der Geschichte des Südreichs wirkungsvoll heraus. Trotzdem darf nicht übersehen werden, daß der Chronist seine Geschichtsbetrachtung so weit wie kein anderes Geschichtswerk im AT spannt, nämlich von Anbeginn der Welt bis auf das Ende der Nehemiazeit! Diese Andeutungen mögen genügen, um zu zeigen, daß das Werk eine bestimmte literarische Abzweckung hat. Es sollen theol. Grundgedanken verkündigt und dem Leser eindrücklich gemacht werden. Man kann darum mit Recht von einer lehrhaften und erbaulichen Tendenz sprechen. Eine besondere literarische Eigenschaft ist die Nennung von Quellen, die weit über das Maß von Quellenangaben beim deuteronomistischen Geschichtswerk hinausgeht. Zitiert dieses nur die Chroniken der Könige von Israel und Juda, so nennt der Chronist insgesamt 18 verschiedene Quellen, die Könige und Propheten betreffen, ein Geschlechtsregister der Gaditen, eine Schrift von der Hand Jahwes über den Tempelplan sowie Klagelieder (I 5, 17; 9, 1; 27, 24; 28, 19; 29, 29; II 9, 29; 16, 11; 20, 34; 24, 27; 25, 26; 27, 7; 28, 26; 32, 32; 33, 18; 35, 25. 27; 36, 8). Gewiß muß damit gerechnet werden, daß dem Verfasser noch mehr Quellen zur Verfügung standen, als sie das AT erhalten hat. Nachweisen läßt sich, daß er den Pentateuch, das deuteronomistische Geschichtswerk, die großen und kleinen Propheten von Jesaja bis Maleachi gekannt hat. Das beweist, abgesehen von wörtlichen Zitaten (II 6, 9; 20, 20), der sprachlich-literarische Vergleich dort, wo seine Erzählungen mit dem deuteronomistischen Werk parallel gehen. Abweichungen werden zT vielleicht auch dadurch erklärt werden müssen, daß er mehr der LXX-Vorlage entsprechende Handschriften benutzt hat (zB die Samuelhandschrift aus Höhle 4 von Qumrān). Neu aufgetauchte Bruchstücke der neubabylonischen Chronik haben die Ausdrucksweise II 36, 9 f bestätigt. Die geschichtlichen Nachrichten, die Chr über 5Mose hinaus hat, betreffen ebenfalls die Kriegsgeschichte. Man wird also den unbekannten Quellen der Ch. nicht von vornherein jeglichen Geschichtswert absprechen dürfen. — Eine literarische Eigentümlichkeit liegt in der Freude an den hohen Zahlenangaben, sei es nun die Zahl der Kämpfer im judäischen Heer oder die Zahl der vernichteten Feinde oder Zahlen, die den Tempel und seinen Kult betreffen.

4) Die *theol. Grundgedanken* der Ch. stellen Jahwe als den geschichtsmächtigen Gott heraus. Sein Handeln bestimmt die Geschichte. In der Geschichte leben, heißt Jahwes Gnade entgegennehmen. Jahwe wirkt unmittelbar in die Geschichte hinein durch seine Vergeltung bewirkende Gerechtigkeit. Jede Generation wird infolge ihrer Sünden heimgesucht (II 36). Die menschliche Tat kann also nur in einem unbedingten Sichverlassen auf Jahwe und seine Hilfe bestehen, fernab von allen menschlichen Möglichkeiten und Stützen. Von da aus ergibt sich als kultische Konsequenz ein Beten, Loben und Danken, also ein freudiger Grundzug chronistischer Kulttheologie, die in der Vordergrundsstellung der Leviten als Tempelsänger deutlich wird, während der Priesterstand und die Sühnopfertheologie demgegenüber zurücktritt. Freilich bedingt diese theol. Grundrichtung auch die Notwendigkeit von Korrekturen am Persönlichkeitsbild der hervorragenden Gestalten. Alles geschichtlich Belastende, wie es im deuteronomistischen Geschichtswerk von David und Salomo berichtet wird, ist in Ch. fortgelassen. So hat die Nathanverheißung (2Sam 7, 14) in I 17, 13 die Bemerkung über die Sünde der Davididen eingebüßt. Geblieben ist die Bemerkung, daß Jahwe nie den Davididen seine Gnade entziehen wolle. Hier zeigt sich Chr als Bewahrer einer messianischen Tradition. Damit war noch stärker als bisher die Hoffnung auf die David gegebene Verheißung an Jahwe selbst gebunden.

5) Die beiden Bücher Chr haben ursprünglich ihre *Fortsetzung in* den Büchern *Esra und Nehemia* gehabt. Neben dem formalen (der Heimkehrerlaß des Cyrus in II 36,22f und Esra 1,1-3) und sprachlichen Zusammenhang sind die vier Bücher verwandt in ihrer Neigung zu Tempel, Altar und Kult, Festen und Kultusdienern sowie in dem Aufführen von Namenlisten. Zitierung von Quellen fehlt im Esrabuch völlig, in Neh werden dreimal solche erwähnt 1,1; 7,5; 12,23. Derartige Zitierungen mochten überflüssig sein, weil die Quellen für diese Zeit bei der Abfassung des Werkes noch genügend bekannt sein mochten. Daraus ergibt sich der Schluß, daß der Chronist sein Geschichtswerk bis auf die Konsolidierung der Jerusalemer Tempelgemeinde unter Neh weiterführte. Dieses Ereignis mag den Anlaß gebildet haben, erneut mit einer Geschichtsschreibung zu beginnen, die von den Uranfängen die Geschichte bis zur Theokratie der Tempelgemeinde in der 2. Hälfte des 5. Jh. vChr darstellte. Ähnlich führt ja das deuteronomistische Geschichtswerk seine Darstellung bis zur Erhöhung Jojachins unter Amel-Marduk in Babel 2Kö 25,27-30.

6) Die *Zeit der Entstehung* muß bald nach den in Neh 13 geschilderten Vorgängen angesetzt werden. Etwa um 400 vChr dürfte das Gesamtwerk entstanden sein. In dieser Zeit wird auch die Auseinandersetzung mit den Samaritanern begonnen haben, die zum Bau eines eigenen Heiligtums auf dem Garizim führte. Das chronistische Geschichtswerk dürfte dann auch diesen Zweck verfolgt haben, die Einzigartigkeit und heilsgeschichtliche Bedeutsamkeit des Jerusalemer Heiligtums theol. unter Beweis zu stellen. Spätere Erweiterungen und Zufügungen insbesondere in den Listenkapiteln müssen angenommen werden. Die heutige Voranstellung von Esra-Neh vor 1. 2Chr mag durch den verschiedenen Zeitpunkt der Kanonisierung der vier Bücher bestimmt sein. In Qumrān sind Fragmente der vier Bücher aufgetaucht.

Lit.: M. Haller, Das Judentum, Göttingen 1914, 1925² (Göttinger Bibelwerk). M. Rehm, Die Bücher der Chronik, Würzburg 1949 (Echterbibel). H. Bückers, Die Bücher der Chronik, Freiburg/Br. 1952 (Herders Bibelkommentar). K. Galling, Die Bücher der Chronik, Esra, Nehemia, Göttingen 1954 (Das Alte Testament Deutsch 12). W. Rudolph, Chronikbücher, Tübingen 1955 (Handbuch zum Alten Testament).

Ba

Chronologie → Zeitrechnung.
Chrysolith → Edelsteine.
Chrysopras → Edelsteine.

Chusa, ein Beamter des Herodes Antipas, Lk 8,3 genannt, weil seine Frau → Johanna zu den Frauen gehörte, die Jesus mit ihrem Vermögen dienten, und dann auch unter Jesu Kreuz stand Lk 24,10. *Schl*

Chusi, bei Luther Eigenname jenes Dieners des Joab, der David die Nachricht vom Tod Absaloms überbrachte 2Sam 18,21ff, bezeichnet die völkische Zugehörigkeit: „Kuschit", Nubier, in der Revision 1964 Mohr. *Schl*

Claudius → Klaudius.

Coelesyrien (= „Hohles Syrien") 2Makk 3,5. 8 usw. Das Tal des Litani zw. Libanon und Antilibanon (heute bik'a). Später (vielleicht ursprünglich!) wurde C. der Name für das ganze südliche Syrien; dann auch das Tal des Orontes bis Emesa (Homs) und das Gebiet von Damaskus umfassend; sogar das Ostjordanland wurde zu C. gerechnet, vor allem die → Dekapolis einschließlich der Stadt Skythopolis (Bethschean) westlich des Jordan. *Bie*

Crescens, ein Mitarbeiter des Paulus, dessen Abreise nach Galatien (vielleicht: Gallien) dem Timotheus mitgeteilt wird 2Tim 4,10. *Kü*

Cypern → Zypern.

Cyrenius und die Schätzung Lk 2,1.2.

1) Der lukanische Bericht setzt voraus, daß im Zuge der Neuordnung des Steuerrechts durch den Kaiser Augustus Syrien und das angrenzende Palästina, das zu dieser Zeit unter der Herrschaft des Herodes stand, mitbetroffen sind, und daß zur Zeit der Geburt Jesu (7 vChr?) die „erste Bestandsaufnahme" (= descriptio prima) sich vollzieht. Als verantwortlicher Beamter des Kaisers, vielleicht als außerordentlicher Legat, wird P. Sulpicius Quirinius genannt, dessen steuerliche Maßnahmen in der syr. Stadt Apamea und dessen vielleicht damit zusammenhängender Kriegszug gegen die Ituräer im Libanongebiet inschriftlich einwandfrei bezeugt sind. Am 1. Januar des Jahres 12 vChr wurde P. Sulpicius Quirinius Konsul, wurde aber nach dem Tode des Vipsanius Agrippa bald darauf als Mann besonderen kaiserlichen Vertrauens in den Orient gesandt. In Syrien regierte er entweder allein oder aber mit einem Provinzialstatthalter zusammen. Sein dortiges Ansehen wird durch weitere Ehreninschriften bezeugt. Es waren Männer besonderen kaiserlichen Vertrauens, die die neuen schwerwiegenden Steuermaßnahmen in den Provinzen durchzuführen hatten. So hat die Nennung des Quirinius in Lk 2,2 einen besonderen Sinn.

2) Die einzelnen Züge des bibl. Berichts werden durch das römische Recht, ägyptische Urkunden, gelegentliche Notizen bei Josephus und

Tafel 5: In Bethlehem *Im Streit der Religionen und Bekenntnisse wurden die Kirchen zu Festungen ausgebaut. Die kleine Pforte links im Hintergrund ist der einzige Eingang in die Geburtskirche in → Bethlehem, diese alte, wohl schon ins 4. Jh. zurückreichende Kirche, in deren Besitz sich die Griechen, die Lateiner und die Armenier teilen.*

eine spätere Schilderung einer syrischen Schätzung (um 300 nChr) bei Lactanz durchaus bestätigt. Nach römischem Recht muß man die Steuererklärung in derjenigen Gemeinde abgeben, in deren Gebiet der eigene Grundbesitz liegt (Ulpian Digest. L 15, 4 § 2). Doch ist die Durchführung dieser Bestimmung in den Provinzen keineswegs so erleichtert wie beim Bürgercensus in Italien selbst. Es kommt in den Provinzen zu harten Maßnahmen der Censoren, auch zu Bedrückungen und Aufständen der Bevölkerung. Dazu kommt als Besonderes in Israel hinzu, daß Volkszählungen grundsätzlich unbeliebt sind (2Sam 24, 1 ff; 1Chr 21, 1 ff). Die Besitzverhältnisse sind besonders verwickelt, da der Sippenbesitz der „Vaterhäuser" erhalten geblieben ist. Bethlehem hat als Ursprung des Geschlechtes Davids erbrechtlich seine Bedeutung behalten, und die Glieder des Davidshauses haben vermutlich ihr Heimatrecht in Bethlehem mit Eifer gewahrt.

3) Wir haben es in Lk 2, 2 mit einer orientalischen Provinzialschätzung zu tun, bei der persönliches Erscheinen, Unterschriften und Versicherungen notwendig sind. Auch die Anwesenheit der Frauen ist keineswegs überflüssig. Nach dem späteren Bericht bei Lactanz (de mortibus persecutorum) erscheinen ganze Familien mit Kindern und Sklaven, Kranken und Gebrechlichen. Josephus legt besonderes Gewicht auf den Abschluß der Schätzung, die eigentliche Steuerveranlagung, die in die Zeit 6-7 nChr fällt. Nach der Absetzung des Archelaus 6 nChr wird die Neuordnung des römischen Steuerwesens zu einer Schicksalsfrage für das ganze Volk. Apg 5, 37 berichtet von dem Aufstand des Galiläers Judas, der sich gegen die Steuerpflicht erhebt und zugrunde geht.

4) Die geschichtlichen Nachrichten über den Beginn der Schätzung bei Lukas begegnen oft deshalb der Anzweiflung, weil die Stellung des Herodes zur Zeit der Geburt Jesu eine derartige römische Verwaltungsmaßnahme scheinbar nicht erlaubt. Es ist aber zu bedenken, daß die syrischen und nabatäischen Staaten ebenfalls dem Census unterworfen waren und daß das Münzrecht des Herodes sehr begrenzt war. Andererseits ergeben sich zw. Lukas und den Papyri und Inschriften mancherlei neue Berührungspunkte. Ägyptische Nachrichten über das dort gültige Steuerwesen stehen Lukas am nächsten. Dort ist die frühere Besteuerung unter Augustus durch eine neue ersetzt worden. In einem Census, der alle 14 Jahre zu wiederholen war, muß die ganze Bevölkerung nach Herkunft und Vermögen aufgeschrieben werden. Auswärts Weilende hatten sich nach ihrem Heimatort zu begeben. Auch aus anderen Teilen des Reiches, zB aus Gallien, wissen wir, daß die Ausführung eines derartigen Census viele Jahre in Anspruch nehmen konnte. Nicht unwichtig ist, daß Tertullian den palästinischen Census in die Zeit des syrischen Statthalters Sentius Saturninus (9-6 vChr) legt (adv. Marc. 4, 19). Lukas hat seine Nachrichten offenbar aus bethlehemitischen Kreisen, die der Familie Jesu nahestanden, bezogen. Für ihn ist es entscheidend, daß Jesus in einer Zeit schwerster Bedrückung seines Volkes zur Welt kommt und die Not Israels als Sohn Davids mitträgt. Allem zelotischen Eifer steht die Geburtsgeschichte Jesu fern. Hellenistischer Einfluß ist sehr begrenzt. → Jesus Christus III.

Mi

Cyrus II. (AT Kores, hebr. Koresch, persisch Kurasch), Begründer des persischen Weltreichs (559-530), war der Sohn Kambyses I. und der medischen Prinzessin Mandane. Er folgte seinem Vater zunächst in der von Medien abhängigen Herrschaft Parsumas und Persis. Auf Einflüsterungen des babylonischen Königs Nabonid erhob sich C. gegen seinen Lehensherrn Astyages. Der gegen ihn entsandte Heerführer Harpagos trat zu ihm über; die Hauptstadt Ekbatana öffnete ihm ihre Pforten (553). Als Herr des medischen Reiches eroberte C. Kilikien, Kappadokien, Armenien; ein Bündnis zw. Lydien, Ägypten, Sparta und Babylonien hinderte ihn nicht am weiteren Vordringen. Der König Krösus von Lydien erlebte in seiner Hauptstadt Sardes das Ende seines Reiches (547). Schließlich schloß sich C. das von → Babylonien abhängige Susa an. Im Oktober 539 kam es zur Entscheidungsschlacht mit Nabonid bei Opis, und → Babel ergab sich kampflos. 537-530 nahm C. Eroberungen im Ostiran und in Zentralasien vor. Er fiel 530 im Kampf mit dem Reiter- und Steppenvolk der Massageten jenseits des Jaxartes (Sir-Darja).

Die judäischen Exulanten setzten in Babylonien die größten Hoffnungen auf C. Er wird von jenem unbekannten Propheten Jes 40-55 in der Gottesrede als „mein Hirte" 44, 28, „sein Gesalbter" 45, 1 bezeichnet. Nach dem Sieg über Babylonien gab C. den Exulanten die Erlaubnis zur Heimkehr und zum Wiederaufbau der Gemeinde und des Tempels, Esra 1, 1; 6, 3 ff; 2Chr 36, 22 f. Nach einer Inschrift hat C. ebenso der babylonischen Religion gegenüber alle Hochachtung erwiesen. „Als ich friedlich in Babel eingezogen war, ..., machte mir Marduk, der große Herr, das weite Herz der Babylonier geneigt, während ich täglich auf seine Verehrung bedacht war." C. behandelte die unterworfenen Völker nicht als Feinde und achtete deren Götter, was bisher im Orient nicht Brauch war. Wir wissen nicht, ob C. Zarathustra-Anhänger war; aber die Bezeichnung Ahuramazdas als Himmelsgott konnte auch auf Jahwe angewandt werden. So nannten die Judäer jedenfalls ihren Gott amtlich gegenüber den Persern. *Peu*

Tafel 6: Caesarea am Meer *Das von Herodes in → Caesarea erbaute Theater mit den Sitzreihen, dazwischen Treppenaufgänge, während das Bühnenhaus zerstört ist.*

D

Dach. Das palästinische Haus hatte ein flaches D.; über Balken oder Hölzern eine Lage Reisig, darauf ein Belag von Lehm (daher Mk 2,4). Gefordert war, um einen Sturz zu verhüten, ein Geländer 5Mose 22,8. Ein großer Teil des Lebens spielte sich auf dem D. ab 2Sam 11,2; Jes 15,3; Jer 48,38. Was dort geschieht, wird öffentlich bekannt Mt 10,27. Auf dem D. übernachtet man gern 1Sam 9,25 f, wird allerlei Arbeit getan Jos 2,6 und Opferdienst und Gebet geübt Jer 19,13; Zeph 1,5; Apg 10,9. Auf dem D. kann ein Zelt aufgestellt werden 2Sam 16,22, die Hütte für das Laubhüttenfest Neh 8,16 oder ein Obergemach 1Kö 17,19; Dan 6,11; Mk 14, 13; Apg 1,13. → Haus. *Schl*

Dachs. Bei den Fellen, aus denen die obere Decke der Stiftshütte gefertigt war 2Mose 25,5; 4Mose 4,6 ff, dachte Luther an den Dachs, doch schwerlich mit Recht. Vorgeschlagen wurde auch ein dem Marder ähnliches Tier oder der Hammel. Vielleicht handelt es sich um die Haut eines Delphins, des großen Tümmlers, Tursiops tursis. Nach Hes 16,10 konnten daraus auch Luxus-Schuhe gearbeitet werden (Zürcher Bibel: Sandalen von Seehundsfell). *Schl*

Dämonen, Dämonenglaube. D. sind im üblichen Sprachgebrauch übermenschliche Wesen, die nicht als Gottheit gelten und deren außergewöhnliche und unberechenbare Wirkung meist als verhängnisvoll, mysteriös und schreckenerregend betrachtet wird. Der Mensch sucht die D. durch magische Mittel zu besänftigen und fernzuhalten (vgl. bes. die babylon. Religion).

Im Gegensatz zur Umwelt Israels erscheinen D. *im AT* nur am Rande. Wichtig ist in dieser Hinsicht 5Mose 18,10 f, wonach unter den Israeliten kein Weissager oder Tagewähler oder der auf Vogelgeschrei achtet oder ein Zauberer gefunden werden darf. Demgemäß wurden zZ Sauls Wahrsager und Zeichendeuter aus dem Lande ausgerottet 1Sam 28,9. Von D. lesen wir Jes 13,21, wo mit den → Feldgeistern (wörtlich „die Behaarten") bocksgestaltige, in der Wüste hausende Satyre gemeint sind, und Jes 34,14, wo von dem in der babylonischen Literatur oft genannten weiblichen Sturm- und Wüstendämon Lilith die Rede ist. Als D. ist wohl auch die 3Mose 16,8 ff erwähnte Gestalt des Azazel anzusehen, dem ein Bock gesandt wird, damit er keinen Schaden anrichte. Hinter der Seuche, die am Mittag verderbt Ps 91,6 (wahrscheinlich der Sonnenstich), steckt ursprünglich wohl der Gedanke einer Wirkung dämonischer Mächte. Einige Male werden auch die Götter der Kanaaniter D. (hebr. schēdīm) genannt 5Mose 32,17; Ps 96,5; 106,37. Grundsätzlich läßt sich jedoch der ATliche Glaube mit D. und D.verehrung nicht ein: alles Übel kommt für ihn nicht von D. her, sondern hat seine Ursache in Gott, der seine Engel zum Guten oder zur Strafe den Menschen sendet.

Im pseudepigraphischen und rabbinischen *Judentum* finden wir einen ausgedehnten Glauben an D. (vgl. Asmodi, der in der Hochzeitsnacht Männer tötet Tob 3,8). Besonders in den Testamenten der 12 Patriarchen bahnt sich der in den Handschriften vom Toten Meer und im NT durchgeführte Gedanke an, daß die bösen und unreinen Geister dem Satan als ihrem Herrn (→ Belial, Mastema und Drache Offb 12,7) untertan sind.

Im NT ist, abgesehen von den Stellen, an denen von → Besessenen erzählt wird, verhältnismäßig wenig von D. oder bösen Geistern die Rede. An vereinzelten Stellen (1Kor 10,20 f; 2Kor 6,15 f; Offb 9,20) wird der heidnische Kultus im Zusammenhang mit D. gesehen. Weil die D. dem Satan untertan sind, heißen sie öfters Satansengel (vgl 2Kor 12,7). Daß im NT alle Krankheiten mit D. in Verbindung gebracht werden, kann man nicht sagen. Wohl spielt ihr Fürst, der Satan, immer eine Rolle Lk 13,16. Meist offenbart sich bei den Besessenen eine derartige Unterdrückung des eigenen Ichs, daß die Geister mittels der von ihnen besessenen Person reden, vgl. Mk 5,7 ff.

Weil Christus durch sein Machtwort die Gewalt Satans und seiner dämonischen Helfer grundsätzlich vernichtet hat, spricht das NT häufig von Austreibung der D. (Lk 8,2; 9,38 ff; Mk 9,25). Wie im AT verbannt der NTliche Glaube die Furcht vor den D. Ihre Existenz wird zwar nicht geleugnet; doch läßt man sich nicht durch Beschwörungen oder magische Mittel mit ihnen ein.

Lit.: TWNT II, 1-21; Strack-Billerbeck IV, 501-535; H. Kaupel, Die D. im AT, 1930; M. Dibelius, Die Geisterwelt im Glauben des Paulus, 1909; K. Fenner, Die Krankheit im NT, 1930. *v. d. W.*

Dagon. Altorientalische Gottheit, die schon in der sumerischen Zeit (um 2000 vChr) verehrt wurde und in Babylon sowie Phönikien, Syrien, Palästina bis nach Kappadokien verbreitet war (vgl. Amarnabriefe). Die → Philister übernahmen den D. bei ihrem Einmarsch nach Kanaan um 1200 und errichteten ihm in → Asdod einen Tempel (vgl. Ri 16,23). Nach 1Sam 5,1-7 kam dahin auch die erbeutete Bundeslade Jahwes, erwies sich aber als stärker als der D.-Kult. D. wird oft als menschenähnliches Götterbild mit einem Fischrumpf beschrieben. Auch in Beth-Schean im Jordantal wird ein D. verehrt, dem die Philister nach der Besiegung Sauls ihre Beute weihen (vgl. 1Sam 31,10 mit 1Chr 10,10). Noch in persischer Zeit ist der D.-Kult bezeugt. 1Makk 10,83 f (vgl. 11,4) berichtet von der

Niederbrennung des D.-Tempels in Asdod durch Jonathan. Noch heute tragen 3 Dörfer Palästinas den Namen Beth-Dedschan (= Dagons-Haus, vgl. Jos 15,41; 19,27). *Da*

Dalmanutha. Nur Mk 8,10 wird die Gegend von D. erwähnt (vgl. Mt 15,39: Magadan). Die Angabe ist unklar, der Ort weder literarisch erwähnt noch archäologisch nachgewiesen. Ist tatsächlich → Magdala gemeint (am Nordwestufer des Sees Genezareth)? D. ginge dann auf ein „Magdal Nuna" = „Fischturm" zurück. *Bie*

Dalmatien, das Reiseziel des Titus 2Tim 4,10, ein Teil der Provinz Illyrien, am Ostufer des Adriatischen Meeres. *Schl*

Damaris, die Athenerin, die durch die Predigt des Paulus auf dem → Areopag gewonnen wurde Apg 17,34, von Lk vielleicht genannt, weil sie in der Christenheit bekannt wurde. *Schl*

Damaskus, Hauptstadt Aram-Syriens, war durch seine Lage an der Nahtstelle des Nord-Süd-Handels nach Assur oder Ägypten und des Ost-West-Verkehrs über Palmyra nach Babel schon früh wirtschaftlich und politisch von Bedeutung Hes 27,18. In Ägypten wird es seit Thutmose III. (um 1500 vChr) als Timasku oder zZ der Amarnabriefe als Dumaska bezeugt; ähnlich nennen es seit dem 9.Jh. die Assyrer Dimaska. — In einer Höhe von 691 m gelegen, hat D. ein kühleres Klima und einen ungewöhnlichen Reichtum an frischem Wasser. Vom Antilibanon herab versorgt der Barada (= Amana 2Kö 5,12; der Parpar = nahr el awasch, ist weiter südlich) die Stadt und die Gartenhaine mit Wasser. — Im AT wird D. erstmals 1Mose 14,15; 15,2 erwähnt. Im Zug der Festigung des Reiches Israels eroberte David die Stadt (2Sam 8,5 f; 1Chr 18,1 f), während schon zu Salomos Regierungszeit sich D. unter seinem König Reson wieder selbständig machte. In den weiteren Beziehungen zw. dem Reich von D. und Israel (→ Syrien und Benhadad) ging es vor allem um die gegenseitigen Handelsrechte in den Bazaren vgl. 1Kö 20,34). 733 eroberte Tiglat-Pileser von Assyrien D. und veranlaßte die Wegführung vieler seiner Bewohner (vgl. 2Kö 16, 9 ff). König Ahas ließ daraufhin als Zeichen der Unterwerfung den Hauptaltar von D. in Jerusalem nachbilden. Mehrere Propheten sprachen wider D.: Am 1,3 ff; Jes 7,8; 8,4; 17,1 ff; Jer 49,23 ff (vgl. auch 1Makk 11,62; 12,32). Zur Zeit des NT gehörte D. zur → Dekapolis und war dort eine starke Judenschaft ansässig; auf dem Weg zu ihr erlebte Paulus seine Bekehrung Apg 9,1 ff; 2Kor 11,32 f. Die „gerade" Straße, in der er wohnte, zieht sich jetzt noch fast geradlinig von West nach Ost durch D. Später in arabischem und türkischem Besitz ist heute D. wieder Hauptstadt Syriens und ein wichtiger Handelsplatz, so zB in Seidenstoffen (Damast). → Karten Sp. 119/120, Sp. 200, Sp. 205. *Da*

Damaskusschrift → Qumran.

Dan. *1)* Sohn des Jakob und der Sklavin Rahels, Bilha 1Mose 30,3 ff; 35,25.

2) Der *Stamm D.* wird im Jakobssegen 1Mose 49,16 f und Mosesegen 5Mose 33,22 charakterisiert als Schlange, die am Wege liegt, und Jungleu, der aus Basan vorstürmt. Ursprünglich am Meer wohnhaft, westlich Juda Jos 19,40-46 (mit Joppe, Ekron u. a.); so noch im Debora-Lied Ri 5,17. Trotz seiner Stärke (4Mose 1,39 62 700 26,43 64 400 Mann, aber Ri 18,11 600!) vermochte der Stamm D. sich gegenüber den kulturell überlegenen Bewohnern der Küstenebene mit ihren befestigten Städten nicht durchzusetzen, siedelte daher nach Norden in den obersten Jordangraben um, wo er die Stadt Lais besetzte Ri 18. Aus den im Südwesten verbliebenen Daniten ging → Simson als ihr berühmtester Sproß hervor Ri 13 ff.

3) Die Stadt D. = Lais am Fuß des Hermon, auf dem heutigen Hügel tell el-kadi nahe Banijas, oft als nördlichster Punkt isr. Wohngebietes bezeichnet: ganz Israel „von Dan bis Beerseba" 2Sam 17,11 u. ö. Das alte Heiligtum aus der Richterzeit Ri 18,30 f wurde durch Jerobeam I. neben Bethel als Reichsheiligtum (mit einem Stierbild d. h. einem Gottesthron in Stierform) anerkannt 1Kö 12,29; Am 8,14. *Schw*

Daniel. *1)* Den nicht seltenen Namen D. (= Gott [El] ist Richter, Gott richtet) trägt im → ugaritischen Aqht-Epos der König Dn'l, der als gerechter Richter den Witwen und Waisen beisteht. Diese *Gestalt* der kanaanäischen Überlieferung wird Hes 14,14.20; 28,3 als Beispiel eines Frommen und Weisen der grauen Vorzeit (neben Noah und Hiob) erwähnt. Der Verfasser des D.buches versetzte D. in die Zeit Hesekiels selbst und ließ ihn als Seher im babylonischen Exil leben. Er mußte auf eine Gestalt dieser Zeit zurückgreifen, weil er Offenbarung zu vermitteln beanspruchte, die Prophetie nach der Überzeugung des Judentums aber bald nach dem Exil erloschen war.

2) Das *Buch* D. steht im dritten Teil „Schriften" des hebr. Kanons, galt aber im 1.Jh. vChr noch nicht als kanonisch, wie die in nichtkanonischer Art gehaltenen Bruchstücke von Qumran zeigen. Es gliedert sich in zwei Teile: sechs Erzählungen von D. und seinen Freunden (1-6) und vier Gesichte D.s (7-12). — *a)* Die *Erzählungen* haben eine längere Vorgeschichte. K. 2-6 sind einzeln entstanden und spiegeln die Lage der Perserzeit wider. Die Einführung D.s und die Durchdringung mit ATlichem Glaubensgut hat sie nachhaltig umgestaltet. Sie zeichnen das Bild des Frommen, der versucht und gefährdet wird, sich aber bewährt und daher gerettet und belohnt wird. Durch das als Einleitung geschaffene K. 1 wurden sie zu einem Erzählungskranz zusammengefaßt (3.Jh. vChr), zu dem das Gesicht K. 7 hinzutrat. Der Verfasser des D.buches hat diesen Teil in aramäischer Sprache vorgefunden und außer 1,1-2,4a, die er hebr. übersetzte, darin belassen. — *b)* Das ältere *Gesicht* K.7 hat der Verfasser des D.buches für seine Zwecke überarbeitet; in ihm begegnet der → „Menschensohn", der in V. 27 auf Israel gedeutet wird, aber auf eine ältere Erwartung eines über- und anderweltlichen Messias zurückgeht. Auch die übrigen drei Gesichte verwenden altes, zT mythisches Überlieferungsgut, sind jedoch erst vom Verfasser gestaltet worden. Sie zeigen alle die gleiche geschichtliche Lage: die Verfolgung der Juden unter → Antiochus IV. Epiphanes, dem König des aus den Diadochenkämpfen nach dem Tode Alexanders d. Gr. hervorgegangenen Seleukidenreichs. Am schlimmsten ist der „Greuel der Verwüstung": die Entweihung des Jerusalemer Tempels durch einen Zeusaltar im Dezember 167 (11,31). Statt der angeblichen Weissagung liegt im D.buch hauptsächlich eine bis zu dieser Zeit reichende theol. Geschichtsbetrachtung vor. Erst mit 11,40 beginnt die Weissagung; was aber über den Tod des Königs (164 vChr) gesagt wird 11,40-45, stimmt mit den Tatsachen nicht überein. Da dem Verfasser ferner das Edikt der seleukidischen Regierung vom April 164 (2Makk 11,30) unbekannt ist, hat er das Buch zw. 166-164 vChr verfaßt. — *c)* In → LXX (in der Übersetzung des Theodotion zT an anderer Stelle) finden sich folgende *Zusätze* zu D.: nach 3,23 das Gebet Asarjas und der Gesang der drei Männer im Feuerofen, durch ein kurzes Prosastück verbunden; hinter dem kanonischen Buch zunächst die Erzählung von Susanna und danach die Doppelerzählung von Bel und dem Drachen.

3) a) Das Buch ist die einzige *Apokalypse* im AT. Sie will die Geheimnisse der Endzeit entschleiern und bietet Enthüllungen über Werden und Vergehen der Weltzeitalter. Von da aus sucht sie sowohl den Zeitpunkt des Endes der Geschichte als auch den Standort der eigenen Gegenwart zu bestimmen. Wenn in D. das Ende in weiter Ferne zu liegen scheint 8,26, beruht dies auf der rückblickenden Darstellung der Geschichte als „Weissagung" bis zur Gegenwart des Verfassers. Was dem D. des Exils fern schien, ist inzwischen (um 165) nahe herangerückt. Bezeichnend sind ferner die ausgebildete Lehre von den → Engeln, die erstmalig im AT Namen tragen, die geheimnisvolle Ausdrucksweise und die zahlenmäßige Ordnung des Weltalls. — *b)* Wichtig ist ferner das *Geschichtsverständnis,* das die Weltgeschichte als ganze und das Gottesreich einander gegenüberstellt. Es sieht das Weltgeschehen als eine einheitliche Geschichte, die ihr Ende in einem von Gott gesetzten Ziel findet: im Endgericht, dem für die Glaubenden eine neue geschichtslose Zeit folgen wird. Bis zu diesem Ende gliedert sich die Geschichte in die Epochen der sich ablösenden Weltreiche. Die Statue aus vielerlei Metall, die ein Stein zu Fall bringt (K. 2), bildet die einheitlich geschaute, zugleich in Epochen gegliederte Weltgeschichte ab. Dieses Schema hat die Geschichtswissenschaft bis in die Neuzeit beherrscht. Wesentlicher ist, daß die Geschichte als das eigentliche Lebensgebiet des Menschen verstanden wird, belastet mit dem Erbe der Vergangenheit, entscheidungsreich in der Gegenwart, verantwortungsvoll gegenüber der Zukunft. — *c)* Im Zusammenhang mit den Kämpfen gegen die Seleukiden erhob sich die Frage, ob die im Krieg Gefallenen am Heil der Endzeit teilhaben können. Sie wurde durch die Erwartung des künftigen Endgerichts dahin erweitert, ob sich alle Menschen vor dem Richterstuhl Gottes verantworten müssen. Wie andere spätjüdische Schriften antwortet Dan 12,2 mit der Verkündigung der → *Auferstehung* — der einen zu ewigem Leben, der anderen zu ewiger Schmach. Diese doppelte Aussage findet sich im AT nicht mehr, da die einzige andere Auferstehungsstelle Jes 26,19 nur von derjenigen zum Heil spricht.

4) Das Buch D. hat eine ungewöhnliche *Wirkung* entfaltet. Den unter der Verfolgung leidenden Frommen hat es Geduld und Mut gestärkt und neue Hoffnung geschenkt. Zugleich hat es sie ermahnt, wie D. dem Glauben bis zum Martyrium treu zu bleiben. Außerdem hat es das apokalyptische Schrifttum des Judentums und Christentums stark beeinflußt, bes. das NTliche Buch der Offenbarung. Zusammen mit diesem galt es den apokalyptisch-chiliastischen Sekten stets als Mittelpunkt der Bibel, u. a. den Adventisten und Ernsten Bibelforschern; doch beruht dies auf der mangelhaften Erforschung eben dieser Bibel und ist nicht zu rechtfertigen. Die bleibende Bedeutung liegt in der Mahnung zu unerschütterlicher Glaubenstreue und in dem zu Entscheidung und Verantwortung aufrufenden Geschichtsverständnis.

Lit.: W. Keßler, Zwischen Gott und Weltmacht. Der Prophet Daniel. Die Botschaft des Alten Testaments 22. Stuttgart 1950. N. W. Porteous, Das Danielbuch, ATD 23, Göttingen 1962. E. Sellin - G. Fohrer, Einleitung in das AT[10], Heidelberg 1965, § 74.

Fo

Dankbarkeit. *1)* Es ist ein Grundzug der auf bibl. Boden erwachsenen Frömmigkeit, daß sie Gott von Herzensgrund danken kann. Dankbar ist der für Gott freigewordene Mensch, dem die Augen aufgegangen sind für die unverdiente große Güte, der wir alles verdanken 1Kor 4,7; Jak 1,5.17. Daher die tiefgreifenden Danklieder, zB Ps 95; 103; 106; 107; 118; 138. Das ist der ersten Gemeinde an Jesus selbst unvergeßlich geblieben Mt 14,19; Jo 11,41; Mk 14,22 f; Lk 24,30. Daran hat Paulus in Lebensgefahr Apg 27,35 und in seinen Briefen mit unerschütterlicher Beharrlichkeit festgehalten Röm 1,8 u. a. m. Dazu wird auch die Gemeinde mit Worten aufgerufen, die das ganze Leben in jeder Lage zum Dank verpflichten 1Thess 5,18; Eph 5,20; Phil 4,6.

2) Nach Röm 1,21 ist die Undankbarkeit gegen Gott das Kennzeichen einer in heidnischen Wahn und seine Folgen verfallenen Welt. Die Gestalt des älteren Sohnes Lk 15,25 ff und des Pharisäers Lk 18,11 lassen erkennen, daß auch eine auf sich selbst zurückgebogene gesetzliche Frömmigkeit, die sich ihrer Verdienste rühmt, nicht mehr wirklich danken kann. Dann zerfließen Wunder der Gnade Gottes in nichts Lk 17, 11 ff. Dagegen ist der Dank auch im Leiden und unter Demütigungen der Weg in die Freiheit und in den Frieden Gottes Ps 118, 21; Jes 12, 1; Phil 4, 6; 2Kor 2, 14; Kol 3, 15.

3) Die D. äußert sich „mit Herzen, Mund und Händen". Sie ist eine Schlagader des Gebets Kol 4, 2; 1Tim 2, 1 und die auch für andere bes. zeugniskräftige Lebensäußerung des Glaubens Kol 2, 7; Ps 9, 2; 92, 2; 100, 4, der daraus neue Gewißheit gewinnt Ps 50, 23. Die D. vergißt die Wohltaten Gottes nicht Ps 103, 2; dort ist der sprachliche Zusammenhang von Danken und Denken sachlich begründet.

4) D. gegen Gott macht dankbar gegen den Nächsten; dafür sind die apostolischen Briefe lebendiges Zeugnis. — Nicht umsonst ist die große „Eucharistie" (Danksagung) des Abendmahls ein Herzstück des Gemeindelebens. *He*

Danklied. *1)* Ursprünglich bilden Klage, Gottesspruch und D. einen kultischen Zusammenhang (vgl. das Gelübde des Dankes in Klageliedern, zB Ps 22, 23-25; 26, 12; 79, 13, und den nach der Klage verkündeten Gottesspruch, zB 2Chr 20, 14-17; Ps 60, 8-10; Jes 38, 4-6; Jer 11, 21-23; Hab 1, 5-11; 2, 2-4). Dann erklang das D. unmittelbar nach dem zusagenden Gottesspruch, den ein im Gottesdienst amtierender Prophet (oder Levit) dem Beter nach seiner Klage vermittelte (so Ps 6, 9-11). Ferner kann der Dank eine Gewißheit der Erhörung voraussetzen, die der Beter ohne Prophetenspruch erlangt hat Ps 13, 6. Schließlich ist das D. erst nach erfolgter Erhörung gesungen worden Ps 22, 26-32 (mit der Klage überliefert) oder hat umgekehrt als Dank für erfahrene Hilfe die neue Bitte begründet Ps 40.

2) Manchmal ist das *D. des Einzelnen* allein überliefert worden, zB Ps 30; 34; 73; 92. Es trägt denselben Namen wie das Dankopfer und spielt öfters auf kultische Handlungen an Ps 66, 13-15; 116, 13, die vor einer Gemeinde ausgeführt werden. Ein solches D. wird nach Abwendung der Not, bes. nach Genesung von Krankheit, angestimmt, vgl. Jes 38, 9 ff. Der Aufbau ist ziemlich gleichmäßig. Der nicht unbedingt erforderlichen Einführung Ps 30, 2 folgt als Hauptteil die Erzählung vom Ergehen des Beters: der furchtbaren Not, dem an Gott gerichteten Gebet und der erfahrenen Rettung Jon 2, 3-8. Den Schluß können Dank Jon 2, 10, Bekenntnis Ps 34, 23; 138, 8 a, Bitte Ps 40, 12; 138, 8 b u. a. m. bilden. Wie fest die Stilform geprägt war, zeigen die D.er von Qumran (um 100 vChr), die im wesentlichen genau so aufgebaut sind wie die des Psalters.

3) Die *D.er des Volkes* sind als Gemeindelieder Ps 124; 129 oder im Wechselgesang von Chören Ps 67; 136 (vgl. die Dankchöre Neh 12, 31. 38. 40) gesungen zu denken. Sie sind weniger zahlreich als das D. des Einzelnen, weil die Gemeinschaft ihren Dank vornehmlich im Hymnus geäußert hat. *Fo*

Dankopfer → Opfer.

Daphne, bei dem syr. Antiochien, dem Apollo geweiht, mit berühmten Tempeln und Hainen, mit einer Asylstätte, aus der → Andronikus den Hohenpriester → Onias III. herauslockte 2Makk 4, 33 f, heute bet el ma. *Schl*

Darius, hebr.-aramäisch Darjawesch, altpersisch Darajawahusch.

1) Der persische König D. I. (522-486), Sohn des Hystaspes, aus einer Seitenlinie der Achämeniden stammend, konnte alle nach dem Tode des Kambyses abgefallenen Provinzen innerhalb eines Jahres zurückerobern, wie die dreisprachige Behistuninschrift meldet. In Jerusalem hatte man sich nicht an den Aufständen beteiligt; aber 520/19 traten bereits nach der Niederschlagung der Unruhen die Propheten Haggai (1, 1) und Sacharja (1, 1. 7) mit der Forderung nach Wiederaufnahme des Tempelbaus auf; alte messianische Hoffnungen traten in neuem Lichte hervor. D. wollte vor seinem geplanten Ägyptenfeldzug die Verhältnisse in Syrien und Palästina ordnen. Der unterbrochene Tempelbau in Jerusalem wurde staatlicherseits gefördert und vollendet (Esra 6, 15); doch hören wir von dem Davididen Serubabel, mit dem man große Hoffnungen verbunden hatte, nichts mehr (Hagg 2, 21 ff; Sach 4, 9 f).

2) Der persische König D. II. (424-404) in Neh 12, 22.

3) Ein D. der Meder in Dan 6, 1 ist der Geschichtswissenschaft unbekannt. *Peu*

Darstellung Jesu. Nach 3Mose 12, 6-8 soll die Mutter eines Kindleins, wenn die Zeit der Unreinheit vorüber ist (bei einem Sohn nach 33 Tagen), ein Lamm und eine junge Taube oder, wenn sie arm ist, zwei Tauben zum Brandopfer bringen. 4Mose 18, 16 schrieb die Auslösung des Erstgeborenen 30 Tage nach der Geburt gegen 5 Silberlinge vor. So ließen Jesu Eltern das Opfer der Armen darbringen und ihr Kind dem Herrn „darstellen" Lk 2, 22. *Schl*

Dathan → Korah.

Dattel. *1)* Die Frucht der Dattelpalme → Palme.

2) Die Früchte, die die Söhne Jakobs neben Mandeln als Geschenk nach Ägypten brachten 1Mose 43, 11, waren nicht Datteln, die es in Ägypten so reichlich gab, sondern Pistazien, die wohlschmeckenden, eiförmigen Nüsse des Pistazienbaums, Pistacia vera, eines Verwandten der → Terebinthe und des Mastixbaums (→ Balsam). *Schl*

Daumen. *1)* Die Grausamkeit des Abhauens des D. an Händen und Füßen Ri 1,6f sollte das Waffentragen und das Entfliehen unmöglich machen. Dabei spielte das Gesetz der Wiedervergeltung eine Rolle.

2) Wenn der Priester am rechten Ohrläppchen, am D. der rechten Hand und an der großen Zehe am rechten Fuß mit dem Blut des „Einsetzungswidders" bestrichen wurde, so bedeutete das die Beschlagnahme des Gehörs, des Handelns und des Wandels für Gott; der Priester wird durch das Blut in den Stand gesetzt, Gottes Stimme zu hören, seinen Dienst zu vollziehen und in seinen Geboten zu wandeln 2Mose 29,20; 3Mose 8,23f; 14,14.17.25.28. *(Fro)*

David. Über ihn berichten uns drei große Überlieferungskomplexe: Davids Aufstieg 1Sam 16 bis 27; 29f; 2Sam 1; Regierungshandlungen 2Sam 2-12; 20,23-24,25; 1Kö 2,10f; der Streit um die Nachfolge 2Sam 13,1-20,22; 1Kö 1-2,9. („David" ist sicherlich kein Eigenname, sondern bedeutet nach den mittelbabylonischen Maritexten „Freischarführer".)

1) Als jüngster Sohn des Isai in Bethlehem kam er schon früh an den Hof Sauls. Nach der einen Überlieferung wird D. dem Saul vorgestellt als „des Saitenspiels kundig, ein rüstiger Mann, heerbannfähig, redegewandt, von schöner Gestalt und Gott ist mit ihm" 1Sam 16,14ff, nach der anderen bringt ihn Abner nach der Heldentat an dem philistäischen Recken Goliath als einen völlig Unbekannten vor den König 17,55ff. Steil ist der Aufstieg des vorher von Samuel gesalbten Judäers am Hofe Sauls: Durch sein Saitenspiel erhellt er das umdüsterte Gemüt Sauls, er wird des Königs Waffenträger, heiratet die Saultochter Michal, erwirbt die Freundschaft des Kronprinzen Jonathan, nimmt einen hohen militärischen Rang ein und ist der beliebteste Mann im Staate, bes. bei den Frauen (18,6). Saul beginnt um den Bestand seiner Dynastie zu fürchten und versucht wiederholt, D. in Zornesausbrüchen zu töten, so daß dem Bedrohten mit Hilfe Michals und Jonathans nur die Flucht bleibt 18-19,17; 20. Nach kurzem Aufenthalt bei Samuel gibt ihm der Priester → Ahimelech in Nob, ohne Wissen um den wahren Sachverhalt der Flucht, Wegzehrung und das Schwert Goliaths, wofür die dortige Priesterschaft durch den König bitter büßen mußte 19,18ff; 21; 22,6ff.

Um den Flüchtling, der vorübergehend auf philistäischem Gebiet weilte, scharen sich 400, bald 600 verfolgte und in Schulden geratene Leute. Wir finden ihn in der Gegend von Hebron und am Westrand des Toten Meeres 22,1-5; 23 u. 24. Durch die Ehe mit Frauen reicher Herdenbesitzer konnte D. eine Zeitlang seine Freischar ernähren 25. In seiner Umgebung fand sich der aus Nob mit dem Orakelgerät (Ephod) entkommene Priester Abjathar und zeitweise der Prophet Gad 23,6; 22,5.

Vor dem ständig nachrückenden Saul, dessen Leben D. zweimal schonte, trat er schließlich mit seiner Freischar auf philistäisches Gebiet über und erhielt vom König Achis von Gath das südlich gelegene Ziklag als Lehensbesitz 24; 26f. An dem Endkampf der Philister gegen Saul auf dem Gebirge Gilboa durfte er trotz seines Erscheinens bei der Heerschau und der bekundeten Bereitwilligkeit zum Kriege gegen Israel nicht teilnehmen 29. Bei der Rückkehr fand D. Ziklag ausgeplündert und niedergebrannt, die Angehörigen seiner Leute und seine Frauen von den beduinischen Amalekitern verschleppt. Aber es gelang ihm, den Feinden nachzusetzen und die Verschleppten zurückzuholen. Beutestücke aus diesem Kampfe wurden an die südlichen Anwohner Judas gesandt 30. In Ziklag erreichte D. die Nachricht von Israels Niederlage und dem Tod Sauls und Jonathans, denen er in einem Leichenklagelied ein ergreifendes Denkmal setzte 2Sam 1.

Um das Jahr 1000 erhielt D. in einem ersten staatsrechtlichen Akt durch die Ältesten Judas in Hebron die Königskrone von Juda, während Abner ohne Rechtsgrundlage den Saulsohn → Eschbaal (Ischboscheth) im Ostjordanland zum König von Israel erhob. Unter dem Beifall der Philister kam es zum Bürgerkrieg der beiden Bruderstaaten Israel-Juda. Bald aber erhoben die Ältesten Israels in einem zweiten staatsrechtlichen Akt nach erfolgreichen Vorverhandlungen Abners den Judäer D. in Hebron zum König über Israel. Die Schuldlosigkeit an der Ermordung Abners und Eschbaals konnte D. öffentlich kundtun. Um die Gebiete Israels und Judas territorial zu vereinigen, eroberte der neue König mit seiner einstigen Freischar und nunmehrigen Leibgarde den kanaanäischen Stadtstaat und Festung Jerusalem, die er zur königseigenen Stadt (Stadt D.s) machte, ohne sie in das Gebiet eines Stammes einzugliedern 2Sam 2-5,10. Nachdem die Philister vergeblich gegen ihren einstigen Lehensmann von Ziklag zu Felde gezogen waren und dabei mehrfach gründlich geschlagen wurden, ja sogar in judäisch-isr. Abhängigkeit gerieten, eroberte D. allmählich das ganze kulturfähige Gebiet von Südsyrien und Palästina, ohne daß ihn eine der Großmächte am Nil oder Euphrat-Tigris daran gehindert hätte. Er unterwarf sich die ostjordanischen Völker der Moabiter und Ammoniter. Durch das einverleibte edomitische Gebiet war der Zugang zum Roten Meer und den Kupferminen der Araba gesichert. Ebenfalls standen die aramäischen Stämme in nördlicher Richtung bis etwa südlich der Breite von Cypern unter seiner Oberhoheit. In Damaskus residierte ein isr. Statthalter 8; 10. Mit den phönizischen Städten, bes. Tyrus, und dem damals noch hethitischen Hamath am Orontes bestanden enge Freundschaftsbande 5,11; 8,9ff. Nach ägyptischem Vorbild hatte D. im Unterschied von Saul eine in feste Ämter gegliederte Beamtenschaft um sich 8,15ff; 20,23ff. Über die Unterwerfung der zw. den Israelstämmen wohnenden Kanaanäer wird uns nichts berichtet; nur einmal mußte der König den kanaanäischen Einwohnern von Gibeon Zugeständnisse machen 21.

Durch eine Volkszählung wurde der Grund gelegt für eine politische und militärische Neugliederung des Staates Israel, die aber erst Salomo durchführte 24.

D. hatte die Regelung der Thronfolge bis in die Zeit kurz vor seinem Tod hinausgeschoben und erscheint als ein Vater, der sich gegen seine Söhne nicht recht durchsetzen kann. Doch fehlte jegliche Tradition der Thronfolge! Ihn selbst hatten die Stämme in getrennten Akten zum König erhoben. Seine Herrschaft über die unterworfenen Völker ruhte nur auf der Person des Königs. Da Michal keinen Sohn hatte, kam die nächstliegende Lösung einer Nachfolge aus der Ehe der Saultochter mit D. nicht in Frage. Galt als Kronprinz der erstgeborene Sohn ohne Rücksicht auf die Mutter? Waren die schon in Hebron oder die erst in Jerusalem geborenen Prinzen als nachfolgeberechtigt anzusehen? In den durch seinen ältesten Sohn inszenierten Hofskandal griff der König nicht ein (→ Amnon), weshalb → Absalom für seine Rache- und Herrschaftsgelüste freie Bahn hatte; allerdings mußte er nach dem Mord an seinem Bruder fliehen. Aber

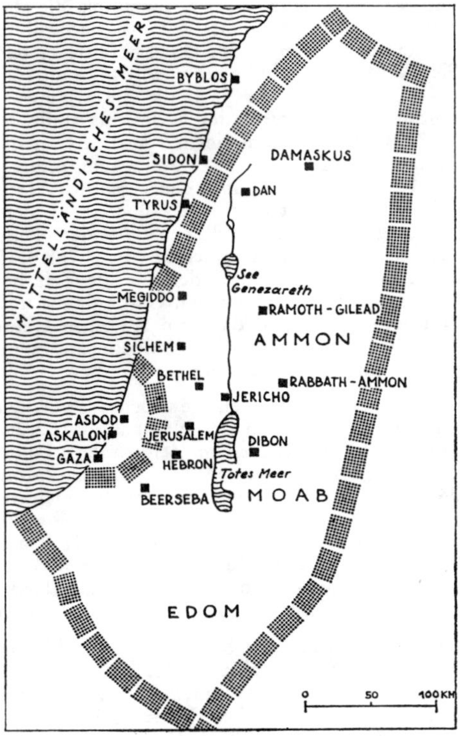

nach 3 Jahren wurde er begnadigt, um schließlich jenen Aufstand zu entfachen, der D. beinahe den Thron kostete. Daß der Aufrührer sogleich Beifall fand, zeigt, daß der König unter dem Volk an Beliebtheit eingebüßt hatte und auch Hofkreise mit dem Prinzen sympathisierten. Aber nun bewies D. noch einmal seine politische und militärische Klugheit. Nach Preisgabe der Hauptstadt, um nicht eingeschlossen zu werden, zog der alte König mit seinen ihm treugebliebenen Leibgarden in das ostjordanische Mahanaim, wo er bei der isr. Bevölkerung Unterstützung fand. Die Oberpriester mußten aus Spionagegründen in Jerusalem zurückbleiben und sein alter Rat Husai tat das Seine, um den Prinzen von der sofortigen Verfolgung D.s abzuhalten. Nach Einberufung des Gesamtheerbanns durch Absalom kam es in einem Wald in der Jabbokgegend zur Schlacht zw. den Truppen des Vaters und des Sohnes. Da D. in der Defensive lag, konnte er unter Dreiteilung seiner Streitkräfte das Kampfgelände bestimmen und errang einen vollen Sieg. Über den Tod seines Sohnes Absalom, dessen Schonung er ausdrücklich befohlen hatte, war der Vater tief betrübt. Erst auf → Joabs, des Heerführers, kräftigen Einspruch hin zeigte er sich den siegreichen Soldaten 15-19,9.

D. wünschte mit Erfolg seine Zurückführung nach Jerusalem durch die Judäer. Da die Stämme Israels das gleiche von sich aus betrieben, aber wegen der weiteren Entfernung zu spät kamen, gab es heftige Auseinandersetzungen zw. den Vertretern beider Gruppen 19,10ff. Diese Maßnahmen des Königs entfachten einen neuen Aufstand des Benjaminiten Scheba, der durch den zwar abgesetzten, aber wieder eigenmächtig handelnden Joab bis in den hohen Norden gejagt wurde, wo der Anführer den Tod durch die einheimische Bevölkerung fand 20. Da die Thronfolgefrage immer noch nicht gelöst war, bildeten sich zwei Parteien am Hofe. Die eine, zu der der Oberpriester und der Heerführer Joab gehörte, hielt zu dem nächstältesten Prinzen Adonia, der wie sein gefallener Bruder dem Pferdesport huldigte und sich für den Thronfolger hielt. Die andere, deren Hauptvertreter der Oberpriester Zadok, der Gardepräfekt Benaja und der Prophet Nathan waren, sah in dem in Jerusalem geborenen Bath-Seba-Sohn Salomo den kommenden Herrscher. Adonia feierte in der Nähe Jerusalems mit den Anhängern seiner Partei ein Opferfest. Die Partei Salomos befürchtete einen Umsturz. Durch Vorsprache der Bath-Seba bei dem längst pflegebedürftigen König, den sie an ein ihr früher gegebenes Versprechen erinnerte, und durch das äußerst geschickte Eingreifen Nathans fielen endlich die Würfel: Salomo wurde zum König gesalbt 1Kö 1.

2) D. hielt sein Leben lang am altisraelitischen Glauben und Denken fest. Er überführte die → Bundeslade, die Saul offenbar nicht wichtig war, nach Jerusalem und machte damit diese Stadt allmählich zum religiösen und geistigen Mittelpunkt des Gottesvolkes. Dort konzentrierten sich die alten Überlieferungen von der Wüstenzeit bis in die Tage der Staatenbildung. In hl. Begeisterung tanzt der König vor der Lade her 2Sam 6. In den schwierigsten Situationen seines

Lebens befragt D. Gott durch das Orakelgerät (Ephod) 1Sam 23,2.9; 30,8; 2Sam 2,1; 5,19.23. Das Leben Sauls als des Gesalbten Gottes ist für ihn unantastbar 1Sam 24,7; 26,9; 2Sam 1,14. D. ist Träger des Geistes Gottes 1Sam 16,13. Als Kind seiner Zeit ist er von der Wirksamkeit eines Fluches überzeugt, der nur durch den Tod des Fluchsprechers beseitigt werden kann 2Sam 16,10ff; 1Kö 2,8. Die altisr. Blutrache läßt der König widerwillig in Geltung 2Sam 3,22ff; 21,1ff. Die fremdländischen Rosse stellte D. nicht in die Kriegsmacht ein 2Sam 8,4; 5Mose 17,16, sondern hielt am traditionellen Maultier fest 1Kö 1,38, während seine Söhne hierin andere Wege gingen.

D. stellte sein Leben völlig unter Gott 1Sam 30,23; 2Sam 15,25; 16,12; 24,14, und hörte auf die Stimme der Propheten 2Sam 24,11ff. Nach dem Ehebruch mit → Bath-Seba und dem durch ihn verursachten Heldentod des Uria bekannte er seine Sünde 2Sam 12,13. Die Weissagung Nathans über den Bestand seines Hauses 2Sam 7 empfing er in Demut und wußte sich völlig abhängig vom Segen Gottes. Trotz des Glanzes seiner Königsherrschaft gehorchte er der Stimme Nathans, seinem Gott kein festes Haus zu bauen 2Sam 7.

3) Es ist verständlich, daß das Bild D.s im Laufe der isr.-jüd. Geschichte verschieden gesehen wurde. Im → Chronikbuch 1Chr 11-29, das bald nach 400 entstanden sein dürfte, sieht die jüd. Gemeinde D. als den Vorbereiter des Tempelbaus — er übergibt Salomo ein Modell des kommenden Gotteshauses 28,11 — und als den Begründer der kultischen Ordnungen.

4) Im hebr. Text des AT werden dem König 73 Psalmen zugesprochen. Während LXX in einigen dieser Lieder die Überschrift wegläßt, werden in LXX und Vulgata 14 im Hebr. anonyme Psalmen dem D. zugeschrieben. Die isr. Überlieferung war sich also in vielen Fällen über die Urheberschaft von Davidpsalmen im unklaren. Es dürfte kein Zweifel darüber bestehen, daß D. in der Geschichte des isr. Gottesdienstes und damit auch in der Psalmendichtung eine bedeutsame Rolle spielte; aber es ist ihm viel allmählich Gewachsenes später zugesprochen worden. Über dem, was auf diesen Gebieten von ihm geschaffen wurde und sich weiter entwickelt hat, verblaßte das realistische Davidbild → Dichtkunst 3.

Zu der Hoffnung auf einen Davidssohn → Messias; → Endzeit 1. *Peu*

Debir. *1)* König von Eglon Jos 10,3, — *2)* Levitenstadt in Juda Jos 21,15; 1Chr 6,43, früher Kirjath-Sepher Jos 15,15 oder Kirjath-Sanna Jos 15,49 genannt, heute vielleicht tell bēt mirsim 20 km südwestlich von Hebron, — *3)* Grenzort zw. Juda und Benjamin Jos 15,7, möglicherweise das heutige toghret ed-debr. *Rü*

Debora, Deboralied. *1)* D. (= Biene) ist 1Mose 35,8 der Name der Amme der Rebekka, die ihr aus Mesopotamien folgte 1Mose 24,59, begraben an der Klageeiche bei Bethel (Ri 4,5 mit der anderen D. verbunden).

2) In Ri 4-5 ist D. eine mit göttlichem Geist begabte Frau (4,4 „Prophetin"), die zur Eingliederung in das Richterbuch auch als Richterin geschildert wird 4,5. Sie inspiriert Barak (= Blitz) zu seiner Tat: einem Sieg über die Kanaanäer in der Jesreel-Ebene, der wahrscheinlich die galiläischen Stämme Sebulon, Naphthali und Isaschar von deren Oberhoheit befreit hat. Nach 5,14 wurden sie von den mittelpalästinischen Stämmen unterstützt. Die jüngere Erzählung 4,4-24 vermischt mit der Erinnerung an den Sieg eine andere Überlieferung über den König Jabin von Hazor (vgl. Jos 11, 1-9) und weist allerlei Unterschiede gegenüber dem eindrucksvollen Siegeslied 5,2-31a auf. Dieses ist auf Grund des unmittelbaren Erlebens des Sieges entstanden und eins der ältesten Lieder des AT (12. Jh. vChr), sein Dichter allerdings unbekannt. Nach hymnischer Einleitung V. 2f schildert es das Erscheinen Gottes zum Kampf V. 4f und die frühere Not V. 6-8. Nach erneuter Aufforderung zum Lobpreis V. 9-11 spricht es vom Werbegesang der D. V. 12 und seinem Erfolg. V. 13f verspottet die daheimgebliebenen Stämme V. 15-17 und rühmt die kampfwilligen V. 18. Danach feiert es den Sieg V. 19-22, verflucht die unwillige Stadt Meros V. 23, segnet die Jaël, die die Glaubenspflicht über die Sitte des Gastrechts stellt V. 24-27, und endet nach einem Spottlied über die Frauen des Feindes V. 28-30 bekenntnisartig V. 31a. Darin, daß Gott der eigentlich Handelnde ist, stimmt es mit K. 4 überein, in dem der Sieg im Licht des Rettungswunders beim Auszug aus Ägypten gesehen wird; vgl. 4,15 mit 2Mose 14,24. Hinter der für die Zeit bezeichnenden Verbindung von Gottesglaube und Nationalgefühl steht das dem ATlichen Glauben eigene Wissen um das Handeln Gottes im Völker- und Menschenleben. *Fo*

Decke, ein Fell oder ein gewobenes Tuch, der notwendige Schutz in der Nacht 2Mose 22,26; Hiob 31,19, bei Reichen ein Zeichen ihres Luxus Hes 27,7. Die Verhüllung durch eine D. 2Mose 34,33ff wird übertragen auf ein beschwichtigendes Geschenk als „D. der Augen" 1Mose 20, 16, auf den Unglauben der Heiden Jes 25,7, auf die Verblendung der Judenschaft 2Kor 3,13-16. 1Petr 2,16 warnt davor, die Freiheit als „Deckmantel" der Bosheit zu mißbrauchen. *Schl*

Dedan bezeichnet die Stämme, die südlich der Edomiter auf der arabischen Halbinsel ansässig waren und von dort aus durch Karawanen einen lebhaften Handel trieben Jer 49,8; Hes 25,13; Jes 21,13; Hes 27,20; 38,13. Die Israeliten wußten sich mit ihnen über Abraham und Ketura verwandt 1Mose 25,3; 1Chr 1,32; andererseits rechnet die Völkertafel 1Mose 10,7; 1Chr 1,8f die ferneren (wohl in Südarabien wohnenden) Dedaniter zu der südlichen Völkerfamilie der Hamiten. *Da*

Dekalog. *1) Der Ursprung* des D. Um die Jahrhundertwende waren die meisten ATlichen Forscher unter der Führung von Julius Wellhausen überzeugt, daß der D. (2Mose 20,2-17 u. 5Mose 5,6-18) nicht von Mose stamme, sondern erst unter dem Einfluß der Predigt der Propheten seine Gestalt gewonnen habe. Seitdem trat ein bedeutsamer Wandel ein; heute halten viele Forscher den D. für alt, manche für ein Werk Moses. Die Wendung wurde herbeigeführt durch den Norweger Mowinckel, der 1927 die These aufstellte, daß der D. regelmäßig am Neujahrs- und Thronbesteigungsfest zur Bekräftigung des Bundes mit Gott im Gottesdienst verlesen worden sei, und durch die Abhandlung von Albrecht Alt über „die Ursprünge des isr. Rechts" 1934, in der er zwei Formen der Rechtssätze unterschied: einerseits die kasuistische Fassung, kenntlich an dem Wenn-Satz, der — wie in anderen altorientalischen Rechtsordnungen — einer bestimmten Verfehlung die entsprechende Strafe androht, andererseits das apodiktische Recht mit kurzen gebietenden und verbietenden Sätzen. Das kasuistische Recht zeigen zB die Wenn-Sätze des → Bundesbuchs 2Mose 20,22-23.19, die apodiktische Form neben dem D. die zwölf Fluchworte 5Mose 27. Als den „Sitz im Leben" erschloß Alt den Vortrag dieser Gebote und Verbote am Laubhütten-Bundesfest.

2) Der Sinn des D.: Die Einleitung mit der Erinnerung an die Befreiung aus Ägypten begründet aus Gottes geschichtlichem Handeln sein Recht, so zu gebieten. Das 1. Gebot hatte noch nicht streng monotheistischen Charakter, schloß aber für Israel als das Bundesvolk die Verehrung jedes anderen Gottes aus (Monolatrie). Das 2. Gebot (in der bibl. Zählung) verbietet Herstellung und Verehrung eines Gottesbilds; Israels Glaube war von der Wüstenzeit her bildlos; das einzige legitime Zeichen göttlicher Gegenwart war die → Bundeslade. Das 3. Gebot, das den Namen Gottes schützt, schließt Magie und Zauber aus, alle heidnischen Versuche, über die Gottheit Macht zu gewinnen. Ursprung und Geschichte des → Sabbats, des wöchentlichen Festtags, geben der Forschung noch Fragen auf. Das 5. Gebot dachte wohl an die freundliche Behandlung der alternden Eltern in der zusammenlebenden Großfamilie. Meint das 6. Gebot mit dem dort gebrauchten, nicht ganz gewöhnlichen Wort (morden) wohl im Unterschied von der Todestrafe und vom Töten im Krieg den unrechtmäßigen, eigenmächtigen Angriff auf das Leben des anderen? Und ist für das 7. Gebot die These anzuerkennen, daß hier dem Mann die Störung der fremden Ehe, der Frau die Untreue in der eigenen Ehe verboten war? Das Zeitwort „begehren" im 8. und im 10. Gebot meinte wahrscheinlich nicht nur die begehrliche Regung des Herzens, sondern auch das Tun, das dieses Begehren durchsetzen will. Dann mag es richtig sein, daß das 8. Gebot ursprünglich den Menschenraub, den Raub des freien isr. Mannes meinte, während Frauen, Kinder und Sklaven in den Bereich des 10. Gebots gehören; als man das 8. Gebot allgemeiner faßte, deutete man das 10. Gebot zum Unterschied davon auf das innerliche Begehren. Das 9. Gebot führt in die Sphäre des Rechtslebens und verbietet das falsche Zeugnis (nicht die Lüge im allgemeinen). Der D. hat in den Religionen des alten Orients keine wirkliche Parallele; dankbar durfte Israel in dieser Ordnung, wie sie ihm wohl am Neujahrsfest in feierlichem Gottesdienst vorgehalten wurde, ein Geschenk seines Gottes sehen.

Die jüngste zusammenfassende Darstellung: J. J. Stamm. Der D. im Lichte der neueren Forschung. Bern, 1958. *Schl*

Dekapolis, „Zehn Städte", Mt 4,25; Mk 5,20; 7,31 — so hießen eine Reihe von Städten mit überwiegend → hellenistischer Bevölkerung, die sich in römischer Zeit zu einem freien Bund zusammengeschlossen hatten, Mittelpunkte hellenistischer Kultur waren und einen Schutzwall gegen die Steppenbewohner bildeten. Alexander → Jannäus suchte sie dem jüd. Gesetz zu unterwerfen, Pompejus unterstellte sie jedoch 64/63

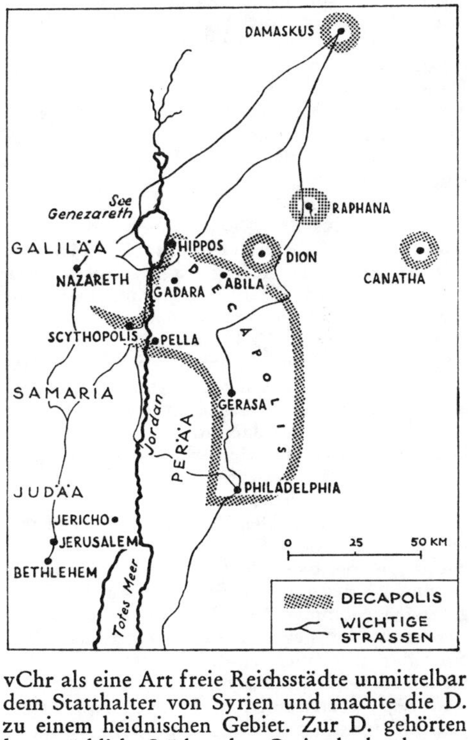

vChr als eine Art freie Reichsstädte unmittelbar dem Statthalter von Syrien und machte die D. zu einem heidnischen Gebiet. Zur D. gehörten hauptsächlich Städte des Ostjordanlandes, so u. a. Hippos (kal'at el hösn), Gadara (mukes), Pella (tabkat fahil), Gerasa (dscherasch), Philadelphia (Rabbath Ammon, jetzt 'ammān), Kanatha. Nur im Norden griff sie mit Skythopolis (Beth-Schean) keilförmig in das Westjordanland über. Damaskus kam wohl erst in Neros Zeit zur D. Ihre Glanzzeit, von der prachtvolle Ruinen zeugen, hatten die Städte der D. im 2.Jh. nChr. → Abb. Tafel 9. *Me*

Delila, die Philisterin, die → Simson liebgewann, die ihm dann aber das Geheimnis seiner Kraft entlockte und ihn an die Philister verriet Ri 16,4-22. *(Schl)*

Demas, möglicherweise Abkürzung von Demetrius oder Demaratus, ein Gehilfe des Paulus bei Abfassung des Kolosserbriefs, 4,14; Phm 24. Er hatte den Apostel verlassen, als dieser 2Tim 4,10 schrieb: D. „hat die jetzige Welt hochgeschätzt und vorgezogen" (A. Schlatter, Die Kirche der Griechen); sein Weggang nach Thessalonich war ein Ausweichen vor der Gefahr. *Kü*

Demetrius. *1)* Demetrius I. Soter, 162-150, Sohn des Seleukus IV. Philometor 1Makk 7,1, durch Ermordung des Antiochus V. Eupator und seines Feldherrn Lysias zum König in Syrien geworden, griff in Palästina zugunsten der Griechenfreunde ein, machte → Alkimus wieder zum Hohenpriester, sandte Heere unter Bacchides und Nikanor, doch ohne Erfolg, schließlich — wieder unter Bacchides — mit Erfolg 1Makk 9. Dann aber erhob sich in Syrien Alexander Balas, angeblich ein Sohn des → Antiochus Epiphanes, gegen D.; beide umwarben den Makkabäer → Jonathan; im Kampf gegen Alexander, zu dem sich Jonathan hielt, verlor D. Thron und Leben 1Makk 10,1-50.

2) Demetrius II. Nikator, Sohn des D. I., konnte gegen Alexander Balas (150-146) mit ägyptischer Hilfe König in Syrien werden (145-138 und wieder 129-125). Zum Dank für die Gewährung von Steuerfreiheit und Gebietszuwachs 1Makk 11,20-38 unterstützte Jonathan den D., als Tryphon, einer der Feldherrn Alexanders, sich für dessen Sohn Antiochus VI. gegen D. II. empörte. Doch dankte ihm D. nicht 1Makk 11,39-53, so daß sich Jonathan auf die Seite des jungen Antiochus schlug und in Galiläa ein Heer des D. besiegte 11,63ff, freilich danach durch Verräterei des Tryphon selbst umkam 12,48; 13,23. Dem Nachfolger Jonathans, → Simon, gewährte D. 143 volle Steuerfreiheit, damit die politische Selbständigkeit 13,34-42. In einem Krieg mit den Parthern wurde D. 138 gefangengenommen 14,1-3; nach der Befreiung 129 mußte er gegen Alexander Sabinas, den Sohn des Alexander Balas, kämpfen und wurde schließlich von ihm besiegt und ermordet.

3) D., Silberschmied in Ephesus Apg 19,24, stellte kleine silberne Nachbildungen des berühmten Tempels der Diana (→ Artemis) her und erregte, weil er eine Schädigung seines Gewerbes durch die Verkündigung des Paulus fürchtete, einen Aufruhr, der dann zur Abreise des Paulus führte Apg 19,23-20,1.

4) Ein unbekannter Christ, der 3Jo 12 gelobt wird (vielleicht für Gastfreundschaft gegen wandernde Brüder). *Schl*

Demut. Diese Grundhaltung des Glaubens in der Selbsteinschätzung vor Gott und vor den Menschen, wie sie die ganze HS zeichnet, greift dem Geltungsbedürfnis des ichbezogenen Menschen an die Wurzel. Das deutsche Wort hat gegenüber dem griech. und latein. eine bibl. begründete Eigenart, sofern es den dienstwilligen Sinn der D. ausdrückt.

1) D. vor Gott. Vor dem großen, heiligen und gütigen Gott kann sich der Mensch nur klein, arm und schwach fühlen Ps 8,5; 103,14, zu gering aller Barmherzigkeit und Treue 1Mose 32,11. Da erscheint er in der Gestalt des betenden Zöllners Lk 18,13; ähnlich Lk 5,8. Maria in der Geburtsgeschichte Jesu Lk 1,38.46ff oder viele Selbstzeugnisse in den Paulusbriefen zB 1Kor 3,5ff geben dem Wort klare Konturen. Es wird deutlich, daß D. den Menschen von allem Wahn eingebildeter Größe befreit.

2) In der Schule der D. Gott demütigt den stolzen Menschen Ps 102,24; 5Mose 8,3; Rt 1,21. Aber wer dabei D. lernt, hat Großes gewonnen Ps 18,36; 118,21; 119,67.71. Denn nicht Erniedrigung, sondern Erhöhung ist Gottes Erziehungsziel 1Petr 5,5f.

3) D. in der Nachfolge Christi. „Von Herzen demütig" sagt Jesus von sich selbst Mt 11,29 (vgl. V. 27!). Paulus ist in Phil 2 dieser Christuslinie der Selbsterniedrigung nachgegangen, um daran den Christenweg aufzuzeigen. Worte wie Jo 5,19; Mt 20,28, die Fußwaschung Jo 13 sind Markierungen auf diesem Weg, den Gott selber in seinem Sohn gegangen ist.

4) In der Gemeinde der Demütigen. Die D. ist eine der stärksten Kräfte des Zusammenhaltens in der Gemeinde des NT; deshalb die vielseitigen Mahnungen in dieser für die mitmenschlichen Beziehungen so unerläßlichen Richtung Röm 12,3ff.10; 15,1; 1Kor 10,24; Gal 5,26; Eph 4,2; Phil 2,1ff; Kol 3,12. Daß die D. eine bloße Maske sein kann, wird nicht verschwiegen Mt 6,16; Kol 2,18.23. *He*

Denkmal, Denkstein im Sinn von Erinnerungszeichen 2Mose 13,9 von der Passafeier, 5Mose 6,8; 11,18 von den Geboten (→ Gebetsriemen). — Denkmäler zur Erinnerung an eine Begebenheit oder eine Person kommen im AT mehrfach vor, zB 1Mose 31,45ff; Jos 22; 1Sam 7,12; 2Sam 18,18; Jes 56,5 u.a.m. *Ste*

Denkzettel → Gebetsriemen.
Deportation → Exil.

Derbe, eine Stadt in Kleinasien, südöstlich von Ikonium, von Paulus auf der ersten und zweiten Missionsreise besucht Apg 14,6f; 16,1, die Heimat seines Mitarbeiters Gajus Apg 20,4. Trümmer bei dem heutigen Zosta. *(Schl)*

Deuterojesaja → Jesaja.

Deuteronomium, Deuteronomist.
1) Name. 2) Inhalt. 3) Theol. Grundgedanken.

4) Entstehungszeit und -ort. 5) Das deuteronomistische Geschichtswerk.

1) Im hebr. Kanon wird das Buch 5Mose debarim genannt nach der Einleitung 1, 1 „Dies sind die Worte". Der griech. Name Deuteronomium (zweites Gesetz oder Gesetzwiederholung) beruht auf einer jüd. Bezeichnung mischneh haththorah nach 17, 18, wo eine „Abschrift dieses Gesetzes", die der König sich anfertigen soll, gemeint ist. Da man den Begriff thorah im jüd. Sinn von den 5 Büchern Mose verstand, kam das Buch zu dem heute in der Wissenschaft üblichen griech. Namen.

2) Den Kern des Buches bilden die gesetzlichen Vorschriften in 12, 1 bis 26, 15, umgeben von großen Redekomplexen (1, 1-4, 40 und 4, 44-30, 20). Zwischen beiden Teilen steht in 4, 41-43 eine kleine erzählende Bemerkung über die Aussonderung von drei Asylstädten im Ostjordanland. In der zweiten großen Rede ist der deuteronomische Dekalog in 5, 1-18 eingeschaltet, dem Mahnreden folgen. In 10, 6 f steht wiederum ein kleines Erzählstück. Der abschließende Redekomplex enthält in 27 u. 28 die Fluch- und Segensworte. In 31, 9 wird ausdrücklich erwähnt, daß Mose dieses Gesetz niederschrieb. Der zweite Teil des Buches bietet in K. 32 das Lied des Mose, in K. 33 den Segen des Mose und in 34 den kurzen Bericht über das Ende des Mose.

3) Auch bei Lektüre des deutschen Textes ist eine Vorliebe für formelhafte Wendungen, für Wiederholungen und Ermahnungen erkennbar. Bestimmte *theol. Grundgedanken* kehren immer wieder, zB daß Jahwe der einzige Gott Israels ist 6, 4; 10, 17. Die Realität anderer Götter wird nicht bestritten; an ihrer Verehrung soll Israel sich nicht beteiligen, da Jahwe sie anderen Völkern zugeteilt hat 4, 19 f. Neben den Gottesgedanken tritt die Erwählung (10, 15) aus Ägypten, die Behütung im Wüstenzug und in der Führung nach Kanaan. Motiv der Erwählung ist die Liebe Jahwes zu Israel, die umgekehrt die Gegenliebe Israels erfordert 6, 5; 10, 12. Diese Grundgedanken bestimmen auch das Gesetzeskorpus, das den Götzendienst mit dem Tode bedroht und für die kultische Verehrung Jahwes eine besondere Stätte und zwar eine einzige anordnet (Kultuszentralisation).

4) Schon längst hat die Schriftforschung dieses Gesetzkorpus mit der unter König Josia 622/21 durchgeführten Kultreform in Verbindung gebracht (2Kö 22 f). Diesem Bericht zufolge soll das Gesetzbuch im Tempel bei Bauarbeiten gefunden worden sein. Man nimmt an, daß es dort niedergelegt worden ist von jener Gruppe, die entweder an ihm interessiert war oder es sogar hervorgebracht hat; dann wird es im Lauf des 7. Jh. vChr entstanden sein auf Grund von Traditionen, die von Priestern und Propheten aus dem Nordreich nach dem Fall von Samaria ins Südreich verpflanzt worden sind. Das gesamte D. ist als eine Abschiedsrede des Mose an sein Volk formuliert. Die Ungeteiltheit des Stämmebundes ist vorausgesetzt. Auch das Königsgesetz K. 17 weist in die gleiche nordisr. Richtung und verrät nichts von den Traditionen judäischen Königtums. Gerade diese Gedanken über das Königtum zeigen, daß der Deuteronomiker älteres Material verarbeitet hat. Unter der häufig erwähnten Heiligtumsstätte, an der Jahwe allein verehrt werden darf (Kultuszentralisation), wird ursprünglich ein Kultort des Zwölfstämmebundes verstanden worden sein.

5) Das *deuteronomistische Geschichtswerk* ist in den heutigen Büchern 5Mose bis 2Kö enthalten, kenntlich an der im Geist des D.s gehaltenen theol. Überarbeitung. Der Gedanke des geschichtsschöpferischen Wortes, das Jahwe in die Volksgeschichte hineingegeben hat, wirkt sich aus in einer Beurteilung der Volksgeschichte, ob Jahwe die Treue gehalten wurde oder nicht. Nationales Unglück zeigt den Ungehorsam an, der seine Bestrafung gefunden hat. Die Könige von Israel und Juda werden nicht nach ihrem politischen, sondern nach ihrem kultischen Verhalten beurteilt. Weitere Beobachtungen zeigen, daß geschichtliche Rückblicke sowie Ausblicke in die Zukunft an entscheidenden Stellen der Geschichtsdarstellung gemacht werden, so Jos 12; 22; Ri 2, 11 ff; 1Sam 12; 1Kö 8, 14 ff; 2Kö 17, 7 ff. Diese Reden sind ein Charakteristikum des deuteronomistischen Geschichtswerkes. Die *Entstehung* ist während des Exils ca. 561 in Babel oder Palästina anzunehmen, da die Betrachtung mit 2Kö 25, 27-30, der Erhöhung des Königs Jojachin in Babel durch Amel-Marduk, schließt. Theologisch paßt dieser Schluß insofern bes. gut, weil das geschichtsschöpferische Jahwewort auch eine Verheißung einschließt, deren mögliche Erfüllung in dieser Erhöhung sich zeichenhaft kundtut. Aus der Exilssituation wird auch der Abfassungszweck des Werkes deutlich; es wollte zeigen, warum es zu diesem harten Schicksal kommen mußte. Es ist Jahwe, der auf den Ungehorsam in der Geschichte reagiert. Zugleich ist der schon im D. anklingende Gedanke, daß Jahwe seinen Namen im Tempel wohnen läßt, im Geschichtswerk weiter ausgeführt. Darum kann von da aus der Tempel die Stätte werden, zu der man sich im Gebet wendet. Diese Gebetsrichtung auf Jerusalem muß sich allmählich in der exilischen Situation und in der wachsenden Diaspora des Judentums ausgebildet haben.

Lit.: C. Steuernagel, Das Deuteronomium (Göttinger Handkommentar zum Alten Testament), 1923². H. Junker, Das Deuteronomium, Würzburg 1952 (Echterbibel). G. von Rad, Das fünfte Buch Mose Deuteronomium (Das Alte Testament Deutsch 8) 1965. *Ba*

Diakon (= Diener). Zugrunde liegt die Vorstellung von dem, der zu Tisch dient Jo 2, 5. 9 oder im Dienst eines weltlichen Großen steht Mt 22, 13. Aber auch einer geistigen Macht kann ich als Diener angehören: dem Satan oder der Gerechtigkeit 2Kor 11, 15, dem Evangelium Eph 3, 6 f, dem Neuen Bund 2Kor 3, 6. Diener des Evangeliums sind damit zugleich Diener Christi Jo 12, 26; 2Kor 11, 23; 1Tim 4, 6, Diener Gottes 2Kor 6,3ff; 1Thess 3,2, Diener „in dem Herrn" Eph 6,21; Kol 4,7. Sogar die staatliche Macht kann „Gottes Dienerin" heißen Röm 13,4, sofern sie — als heidnische Macht! — doch von Gott eingesetzt ist und an Gottes Statt ihr Amt ausübt. Wer in der Gemeinde Gott dient, dient zugleich der Gemeinde selbst, ist ihr „Diener" 1Kor 3,5; Kol 1,25. Von da aus erklärt sich dann, daß dieses Wort zur kirchlichen *Amtsbezeichnung* wurde. In dieser Bedeutung begegnet es Phil 1,1 und 1Tim 3,8.12. Die Diakone stehen hier neben den „Bischöfen" und unterliegen weitgehend denselben Bedingungen (vgl. 1Tim 3,1-13). Der in der Diakonie oft genannte Bericht von der Wahl der „Sieben" Apg 6,1-7 gebraucht die Bezeichnung „D." nicht, trifft aber wohl ihren gewöhnlichen Dienst: „zu Tische dienen" und zwar in dem doppelten Sinn der Armenfürsorge wie der Handreichung beim hl. Mahl. Deshalb wird sowohl auf Uneigennützigkeit 1Tim 3,8 als auch auf geistliche Würde und Vollmacht Apg 6,3; 1Tim 3,9 Wert gelegt. In der altchristlichen Kirche wurde der D. der Bischofshelfer in der Armenpflege (Laurentius in Rom!). — „Diakonin" heißt Röm 16,1 die Christin Phöbe. Ob sie ein festes Amt hatte, ist fraglich, ebenso, wie weit „die Frauen" in 1Tim 3,11 eine amtliche Funktion haben („ihre" steht im Urtext nicht da!). → geistliches Amt. *Ap*

Diamant → Edelsteine.
Diana → Artemis.

Diaspora. *1) Die Entstehung der D.* Mit D. bezeichnet die LXX und die hellenistisch-jüd. Literatur des NTlichen Zeitalters die „Zerstreuung" jüd. Gemeinden außerhalb des hl. Landes. Entstanden war die D. einerseits durch Handelsniederlassungen isr.-jüd. Kaufleute (1Kö 10,28; 20,34) und Kolonien jüd. Söldner (zB in Syene) im Ausland; andererseits dadurch, daß die in den Jahren 722 und 597/86 v Chr nach Assyrien, Mesopotamien und Medien, sowie Babylonien (2Kö 15,29; 17,6; 24,14-16; 25,11) verschleppte Oberschicht Israels und Judas nach dem Edikt des Cyrus i. J. 538 vChr nur teilweise wieder nach Palästina zurückkehrte. Zu diesen beiden Hauptgruppen kamen in den politischen Wirren der Folgezeit immer neue Scharen freiwillig oder unfreiwillig außer Landes gehender Juden. Sie breiteten sich im ganzen Mittelmeerraum und den daran angrenzenden Gebieten aus, so daß Strabo im 1. Jh. vChr — wenn auch mit leichter Übertreibung — sagen konnte, das jüd. Volk sei in jede Stadt gekommen (vgl. 1Petr 1,1).

2) Die Bedeutung der D. Die einzelnen D.-gemeinden waren, um die Synagoge (Luther: Schule) als Zentrum, weitgehend selbständig organisiert. Die Verbindung mit dem Mutterland wurde durch die Zahlung einer Didrachme (Tempelgroschen Mt 17,24 → Münzen) für die Unterhaltung des Tempeldienstes in Jerusalem und durch Wallfahrten zu den hohen Festen dorthin (vgl. Mt 26,5) aufrechterhalten. In politischer Hinsicht genossen die D.gemeinden, vor allem im römischen Kaiserreich, große Freiheiten. So hatten sie das Recht auf eigene Gerichtsbarkeit in allen Fällen, in die keine Nichtjuden verwickelt waren, und waren vom Militärdienst befreit, um nicht am Kaiserkult teilnehmen zu müssen. Durch ihre Frömmigkeit und hochstehende Moral übten die D.juden eine starke Anziehungskraft auf ihre heidnische Umwelt aus. Die um Aufnahme in die Gemeinden Nachsuchenden wurden zunächst als sog. Gottesfürchtige (Apg 10,2.22) zu den Versammlungen zugelassen, um nach einiger Zeit Proselyten (Luther: Judengenossen Mt 23,15) zu werden. Trotz dieser verhältnismäßig großen Selbständigkeit der D.-gemeinden, und obwohl es die D.juden durch Handel und Gewerbe zu teilweise recht erheblichem Wohlstand brachten, betrachteten es die Juden stets als nationales und religiöses Unglück, fern von Jerusalem und dem Land der Väter leben zu müssen. Noch heute spricht jeder fromme Jude am Ende der Passahfeier den Wunsch aus: „Im kommenden Jahr in Jerusalem!"

3) D. im griech. NT: Jo 7,35 äußern die Juden, die Jesu Worte mißverstehen, die Vermutung, Jesus wolle jetzt eine Lehrtätigkeit in der hellenistischen D. (Luther: Zerstreuung unter den Griechen) aufnehmen. Diese Vermutung lag nahe; denn die Apostel, allen voran Paulus auf seinen Missionsreisen, haben in der Tat später immer wieder versucht, unter den D.juden Menschen für den Glauben an Christus zu gewinnen, ehe sie sich mit ihrer Predigt an Heiden wandten (vgl. Apg 13). 1Petr 1,1 und Jak 1,1 bezeichnet D. zunächst die „Zerstreuung" (Luther: hin und her) christlicher Gemeinden außerhalb des hl. Landes (mit der Urgemeinde in Jerusalem), darüber hinaus aber zugleich in übertragenem Sinne das Dasein der Christen, die fern vom himmlischen Jerusalem (Hebr 12,22, vgl. Gal 4,26; Offb 21,2) in der „Zerstreuung" der Welt leben. *Rü*

Diatribe (= philosophische Unterweisung) als Literaturgattung.

1) Nach dem Zusammenbruch des griech. Stadtstaates entstand eine weltanschauliche und religiöse Krise, in der man nach einem neuen Maßstab für das Denken und Handeln suchte. In dieser Situation traten Gruppen von Philosophen auf, die dem griech. Menschen ein neues Lebensziel zu zeigen versuchten, vor allem Kyniker und → Stoiker. Die Form, in der sie zu den Menschen sprachen, nennt man D. (= Volksunterweisung). Dieser nun weitverbreitete Lehrvortrag zeichnete sich durch ansprechende, ja propagandistische Lebendigkeit aus (rhetorische Kunstmittel, Einführung eines fingierten Zwischenredners, Personifikationen von Begriffen, Vergleiche aus Natur und Kultur, Anekdoten und Zitate). Die Sprache war bewußt volkstümlich, der Stil rhetorisch (kurze, leicht überschaubare Sätze). Themen der D. sind Armut, Verbannung, Alter, Tod, also Probleme des

Menschseins überhaupt. Ziel des Lebens war der Friede der Seele bzw. die Freiheit von Affekten und Leidenschaften (bes. in der Stoa). Es galt für gewiß, daß ein derartiges Ziel dank der Willensfreiheit des Menschen erreichbar war. Aberglaube verschiedener Art und herkömmliche Werturteile wurden ausdrücklich bekämpft. Auf Bion von Borysthenes (um 280 vChr) wird vielfach die D. zurückgeführt; doch sind vor allem Teles von Megara (250 vChr) und aus der römischen Kaiserzeit C. Musonius Rufus, Epiktet, Plutarch, Horaz, Seneca, Philo, Maximus von Tyrus zu nennen. In der jüngeren Form der D. tritt der rhetorische Charakter der Unterweisung zurück. Man legte besonderen Wert auf klare Disposition, systematische Gedankenführung, durchdachten Periodenbau, betonte also im ganzen mehr den didaktischen Charakter. Die Wechselrede verlor an Bedeutung und machte dem Vortrag und der Abhandlung Platz.

2) In der Zeit des NT muß der Lehrstil des Paulus mit seinen jüd., aber auch mit seinen hellenistischen Voraussetzungen verglichen werden. Rhetorische Formen in Frage und Antwort (Röm 2, 1; 9, 19; 11, 19; 2Kor 10, 10), personifizierte Abstrakta (Röm 10, 6-8), bestimmte Gleichnisse und Bilder (1Kor 9, 7. 24-27) legen Berührungen mit der D. nahe. Doch sind solche Berührungen begrenzt. Man hat auch an Sprache, Stil, Bilder und Motive des → Jakobusbriefs gedacht, vor allem in 2, 14-26 u. 3, 1-12. Tatsächlich verrät dieser Brief Kenntnis hellenistischer Rhetorik und Schultraditionen. Vielleicht ist dieser Einfluß sogar noch stärker als in einem paulinischen Gemeindebrief. Immerhin wurzelt der Jakobusbrief letztlich in der isr.-spätjüd. Spruchweisheit und Paränese, wie schon sein Aufbau und seine Gedankenführung zeigen (Stichwortverfahren). Einzelne diatribische Elemente findet man vielleicht auch in Mt 6, 26 f; 11, 16 f. Man darf wohl annehmen, daß der Einfluß der D. in der Zeit des NT weit verbreitet war. Sachlich ist aber ihr Einfluß begrenzt gewesen, da das Evangelium inhaltlich von ganz anderen Voraussetzungen bestimmt war. Jüdischerseits stehen neben dem Synagogenvortrag die Thoradiskussion und die Disputation mit Andersgläubigen zum Vergleich mit dem NT und der hellenistischen D. zur Verfügung. Sie sollten aber nicht mit den Ausdrucksmitteln der hellenistischen D. verwechselt werden. Stärker hat die D. die nachapostolische Zeit beeinflußt (zB 1Clem). Bestimmte rhetorische Formen und Motive wachsen in die Überlieferung hinein und gewinnen ein besonderes Eigengewicht (1Clem 55, 1). Aber erst zZ der Apologeten und bei den Vätern der nachkonstantinischen Zeit werden die Themen und Argumente der D. einfach als heidnische Wahrheit übernommen, wenn auch im Sinn der christlichen Ethik korrigiert (zB Clemens von Alexandrien). *Mi*

Dibon. 1) Stadt nördlich des Arnon (heute diban). Um 1400 vChr gegründet, zeitweise Grenzstadt Gads (vgl. 4Mose 21, 30; 32, 34; 33, 45 f; Jos 13, 9), seit dem 9. Jh. moabitisch, wie der 1868 in D. gefundene Siegesstein des → Mescha zeigt (vgl. 2Kö 3, 4 ff; Jer 48, 22).

2) D. in Juda, Neh 11, 25 und ägyptisch bezeugt. *Da*

Dichtkunst.
1) Dichtkunst der Umwelt. 2) Deboralied. 3) David. 4) Propheten. 5) NT.

1) Israel hat in einer Umwelt gelebt, in der Lieder weltlichen und religiösen Inhalts gedichtet wurden. Auch Weisheitssprüche hat der alte Orient in großer Zahl hervorgebracht. Man wird daher in der D. Israels kaum nach neuen Formen und Gattungen suchen dürfen. Fast für alle gibt die immer reichlicher aus der Vergessenheit aufsteigende altorientalische D. eine Parallele formaler und sachlicher Art. Die Frage wird vielmehr lauten müssen, was Israel aus dem übernommenen Schatz gemacht hat. Freilich wird diese Frage allgemein dahin zu beantworten sein, daß Israel in die herkömmlichen Formen einen neuen Inhalt ergossen hat, der von seinem Gottesglauben geprägt war (→ Formen und Gattungen, → Hofstil, → Chronik etc.). Die Frage muß lauten, an welchen Stellen es spürbar ist, daß Israel über eine eigene dichterische Gestaltungskraft verfügte.

2) Im sog. Lied der Debora Ri 5 hat Israel den Beweis eigener dichterischer Begabung erbracht. Zwar sind bekannte Gattungen des Hymnus, des Spottliedes etc. angewendet, aber in ihrem Gebrauch und in ihrer wechselnden Anwendung zeigt sich die dichterische Begabung. Das Lied beginnt mit einem Preisgesang und einer Schilderung der Erscheinung Jahwes, der aus der Richtung Seir-Edom herkommt. Dann wird ein kurzer Rückblick eingeschaltet auf die jüngst vergangene Zeit der Bedrückung durch die Feinde und der Waffenlosigkeit. Dann wechselt die Szene, die Führer Israels beraten, es folgen die Aufforderung an Debora, ein Lied anzustimmen, und der Befehl an Baraq, die Initiative zu ergreifen. Wieder wechselt die Szene, die einzelnen Stämme strömen herbei zum Kampf. Es folgt in Form eines Spottliedes die Nennung der Stämme, die nicht zum Kampf erschienen waren. Sie werden anschaulich an ihren Aufenthaltsorten, Ruben bei den Herden, Gilead im Ostjordanland, Dan auf den Schiffen, Asser am Meeresufer vorgeführt. Plötzlich setzt die Schlachtschilderung ein. Die Könige Kanaans erscheinen in der Szene. Der Schlachtort Thaanach bei Megiddo taucht auf. Die Gestirne des Himmels nehmen am Kampf teil, man sieht den Hochwasser führenden Kischonbach, man hört die Rosse der Kampfwagen stampfen und jagen. Wirkungsvoll wird eine Verfluchung über Meros ausgesprochen. Wieder wechselt die Szene. Die Ermordung des kanaanäischen Feldhauptmanns Sisera wird geschildert. Jael, die Frau des

Keniters Heber, hat ihn in ihrem Zelt getötet. Abermals wechselt die Szene. Der Hörer wird vom Dichter in die Burg Siseras geführt. Dort steht hinter dem Fenstergitter die Mutter Siseras und wartet auf die Heimkehr des Sohnes. Die Frauen Siseras reden ihr die Sorge um den Sohn aus, er verziehe beim Beuteteilen, wobei sie sich ausmalen, was er ihnen von der Beute mitbringen wird. Die Ahnungslosigkeit und verhaltene Freude der Wartenden, die nie mit einer Niederlage gerechnet hatten, kommt wirkungsvoll zum Ausdruck. Abrupt schließt das Lied: „Also mögen zugrunde gehen alle deine Feinde, Jahwe. Aber die dich lieben, mögen sein wie der Aufgang der Sonne in ihrer Kraft."

An der Echtheit und Ursprünglichkeit des Liedes kann nicht gezweifelt werden. Es zeigt eine geradezu jugendlich kraftvolle Gestaltungskraft, unbekümmert um ethische Prinzipien. Der Sieg ist der Sieg Jahwes, die Feinde waren Jahwes Feinde, weil er seinem Volk dieses Land verheißen hatte.

3) Eine ähnlich hohe dichterische Gestaltungskraft zeigen die Leichenlieder Davids um Saul und Jonathan 2Sam 1,19-27 und Abner 2Sam 3,33 f. Erst wird der Klageruf erhoben, daß die Helden Saul und Jonathan gefallen sind. Dann erfolgt die Aufforderung, diese schlimme Tatsache nicht bei den Philistern zu verkündigen, um keine Freude bei den Töchtern der Unbeschnittenen zu erwecken. Die Szene wechselt. Die Berge Gilboas als die Stätte des Schlachtentodes werden angeredet und verwünscht, daß weder Tau noch Regen mehr auf sie fallen möge. Dann werden die tapferen Schlachttaten der beiden königlichen Gefallenen in aller Kürze dargestellt. Sehr innig wird beider Verbundenheit erwähnt, die auch im gemeinsamen Schlachttod sich bewährt hat. Dann erhebt sich das Lied zur erneuten Klage. Erst werden die Töchter Israels zur Klage aufgefordert unter Hinweis auf die Guttaten Sauls. Dann wendet sich das Lied allein zur Klage um Jonathan und erreicht seine Höhe in der Bezeugung persönlichen Leids um Jonathan (V. 26). Mit dem Ruf: „Wie sind die Helden gefallen" klingt das Lied aus.

Das Klagelied auf Abner ist wesentlich kürzer, aber ebenfalls echt wirkend. Mit ungefesselten Händen und Füßen mußte Abner fallen, wie man vor Ruchlosen fällt. Das Lied enthält zugleich die Anklage gegen den Mörder Joab.

4) In den Propheten begegnet uns gleichfalls eigenständige dichterische Leistung. Abgesehen vom Verkündigungsgehalt ist als dichterische Tat das Weinberglied des Jesaja 5,1-7 anzusehen, das erst die Geschichte des Freundes mit seinem Weinberg erzählt, so daß die Zuhörer das Urteil völlig sicher fällen können, bis die Parabel jäh ihre Deutung enthüllt: „Denn der Weinberg Jahwes der Heere ist das Haus Israel, und der Mann von Juda ist die Pflanzung seiner Lust, und er hoffte auf gut Regiment, und siehe da: ein Blutregiment, auf Rechtsprechung, und siehe da: Rechtsbrechung!" (Duhm).

In ähnlicher Weise weiß Jesaja 1,2-26 im Jahre 701 nach dem Abzug Sanheribs von Jerusalem in einer Predigt in gebundener Form das Volk anzureden. In der Form, wie der Weisheitslehrer seine Schüler aufrief, beginnt die Predigt; dann redet Jahwe selbst im anklagenden Ruf gegen sein Volk, das ihn nicht als Herren erkannt hat. Es schließt sich die Schelt- und Mahnrede an sein Volk an, von dem er einen Zustandsbericht gibt mit Bildern aus der Medizin. Zion gleicht nur noch einer Weinbergshütte, einer Nachthütte im Gurkenfeld. Dann erhebt sich die Rede abermals zu einer Scheltrede an die Führer des Volkes wegen der übertriebenen kultischen Gebarung. Daran schließt sich im raschen Wechsel die prophetische Forderung an, seit der Anrede an die Führer als Jahwewort formuliert. Danach ruft Jahwe zum Rechtsstreit auf mit seinem Volk. Daran schließt sich die Klage des Propheten über die untreue Stadt Jerusalem in Form eines Klageliedes an. Die Predigt schließt mit einem Wort Jahwes, das eine Reinigung und Wiederherstellung der Stadt wie einst verheißt.

Unter den Propheten verdient auch Jeremia als eigenständiger Dichter Erwähnung. Seine Leistung ist bes. von Bernhard Duhm herausgearbeitet worden. Bei Deuterojesaja muß auf das anschauliche Spottlied auf die Jungfrau Tochter Babel Jes 47 hingewiesen werden.

Die umfänglichste und gewaltigste Dichtung hat aber Israel hervorgebracht im Buch → Hiob.

5) Die Dichtung des NT (Lk 1; Offb) teilt das Los der spätjüd. Psalmendichtung überhaupt. Das lehrhaft erbauliche Element überwiegt bei weitem die eigene dichterische Leistung Phil 2; Röm 8; 2Tim 3,16. → Hymnen. *Ba*

Didymus → Zwilling.

Diebstahl. Das Verbot des D. stellt einen elementaren Rechtsgrundsatz im altisr. Recht dar, der für die bibl. Menschen aller Zeit gültig ist (Propheten, NT). Im Verbot des D. sind zwei Gruppen zu unterscheiden: das Blutrecht (apodiktischer Stil: wer stiehlt, stirbt — oder: du sollst nicht ...) und das Sachrecht (kasuistischer Stil: wenn einer stiehlt ...). Im letzteren Fall ist das Gut zurückzuerstatten oder je nach Höhe und Art des D. (Geld, Gut, Vieh: 2Mose 21, 37; 22,1 ff) und seiner Aufdeckung (Meineid: 3Mose 5,21) eine entsprechende Ersatzleistung geboten. Der D. eines freien Volksbruders dagegen (2Mose 21,16), der im Unterschied von 2Mose 20,17 ursprünglich 2Mose 20,15 gemeint ist, ist ein Verbrechen gegen die von Gott garantierten Grundrechte (2Mose 20,13-16) und mit dem Tode zu bestrafen. *Kn*

Diener → Beamter, → Diakon.

Dienst, dienen. Das Wort verliert in der HS zunehmend den Sinn eines geknechteten, unfreien Daseins und Tuns vor Gott und unter den Menschen. In der Gemeinde Gottes sind alle ohne

Unterschied zum D. aufgerufen in freier Bereitschaft der Liebe, für Gott und für den Nächsten da zu sein. Gerade dort liegt ihre Ehre und Größe Mk 10, 43 f.

1) Der D. Gottes an der Welt. Dafür ist entscheidend, daß sich Gott selbst zu erkennen gab in der Knechtsgestalt seines Sohnes, der sein ganzes Werk bis zur Hingabe seines Lebens unter das Leitwort des D.es stellt Mt 20, 28; Lk 22, 27; 12, 37. Der Gegensatz von Herrschen und D., der in der unerlösten Welt für unversöhnlich gehalten wird, ist hier aufgehoben; vom Herrschaftsanspruch Gottes ist dabei nichts aufgegeben Jo 18, 36 f. So und nicht anders ist Jesus Christus der Herr geworden zur Ehre Gottes des Vaters Phil 2, 5 ff.

2) Der Mensch im D. Gottes. Als der Herr stellt Jesus seine Gemeinde mit all ihrem Sein und Tun unter dasselbe Leitwort. In der Linie seines eigenen Gehorsams schildert er im Gleichnis Lk 17, 7 ff die umfassende Dienstpflicht gegen Gott; vgl. Röm 12, 1. Damit bestätigt er ausdrücklich die Botschaft des AT Mt 4, 10 = 5Mose 6, 13; Jos 22, 5; Ps 2, 11; Mal 3, 18. „Knecht Gottes" („Magd des Herrn" Lk 1, 38. 48) ist der Ehrenname der großen Gestalten der HS Apg 3, 13 (von Jes 42 ff her); Offb 15, 3; 10, 7; Jak 1, 1; Tit 1, 1; im gleichen Sinn als in seiner Nachfolge „Knecht Jesu Christi" Röm 1, 1 u. a. m. Das überträgt sich dann auf alle, die ihm d. Offb 1, 1. Sie d. nicht knechtisch Jo 15, 15; Röm 8, 15, sondern im neuen Wesen des Geistes Röm 7, 6, befreit vom D. der Sünde Röm 6, 6 ff, des Gesetzes Röm 7, 1, der Menschen Eph 6, 7. Selbst einem Leben unter hartem Druck zB der antiken Sklaverei wird durch die Bindung des D.es an den Herrn seine Freiheit und Würde verliehen Kol 3, 22.

3) Der Gottesdienst im engeren Sinn. Durch die ganze Bibel hin hat die D.pflicht des ganzen Lebens ihre Knotenpunkte, Quellorte und Kraftstationen im geordneten Gottesdienst in wechselnder geprägter Form bis hin zu dem aus der Feier der Synagoge entwickelten Gottesdienst der NTlichen Gemeinde. Daß hier Gott uns dient und wir ihm, daß sich Gott nicht von Menschenhänden d. läßt Apg 17, 25; Ps 50, 7 ff und daß es sich nicht um Verdienst handelt, wird festgehalten. Über die Wandlungen vom AT zum NT und die Gefahr, daß gerade hier aus echter Lebensäußerung des Glaubens äußerliche Korrektheit und eitler Gottesdienst werden kann, → Gottesdienst. In der gottesdienstlich zusammengefaßten Gemeinde entfalten sich besondere Dienste (→ Amt).

4) Dienet einander. Es ist der Gemeinde unvergeßlich geblieben, wie ihr Jesus in der Fußwaschung Jo 13 Unterricht und Beispiel des D.es im Hinblick auf die kommende Passion gegeben hat. D. ist das Kennzeichen des Jüngers Jo 13, 35. Als Gottes gute Haushalter 1Petr 4, 10 durch die Liebe Gal 5, 13 d. einer dem andern mit seinen Gaben, als Glieder an einem Leibe Röm 12, 5. So d. die Gemeinde zugleich ihrem Herrn Jo 12, 26; Mt 25, 40 und das mit Freuden Ps 100, 2. *He*

Dill. Die Gewürzpflanze, deren Verzehntung das Rabbinat forderte Mt 23, 23, Anethum graveolens mit großen gelben Dolden, deren Körner als Gewürz und Arznei verwendet wurden, wächst in der Saronebene wild. *Schl*

Dina. Die Erzählung von D., der Tochter → Jakobs und der Lea 1Mose 30, 21, die durch Sichem, den Sohn des Fürsten von → Sichem, entehrt und durch die Lea-Söhne → Simeon und → Levi, nach späterer Überlieferung durch alle Söhne Jakobs blutig gerächt wurde, spiegelt wohl eine Epoche aus der Besetzung des Landes. In Judith 9, 2 wird die Tat als Gotteshilfe gerühmt. *Schl*

Dionysius, das Mitglied des → Areopags in Athen, das sich Paulus anschloß Apg 17, 34. Die Überlieferung machte ihn zum ersten Bischof von Athen. Die im Mittelalter hochgeschätzten Werke einer christlichen Mystik unter dem Namen des D. Areopagita sind eine späte Fälschung. *Schl*

Dioskuren → Zwillinge.

Diotrephes, ein führendes Glied der Gemeinde, an die 3Jo geschrieben ist, vielleicht ihr Bischof, ein herrschsüchtiger Mann, der das Ansehen des „Ältesten", des Johannes, herabsetzt, einen Brief von ihm und die von ihm kommenden Brüder nicht anerkennt und darum von Johannes gerügt wird 3Jo 9 f. *Schl*

Distel → Dornen.

Doeg, ein Edomiter im Dienst Sauls als „Aufseher der Hirten" (nach LXX der „Oberste über die Maultiere") 1Sam 21, 8. Als der flüchtige David von dem Priester Ahimelech in Nob die Schaubrote und Goliaths Schwert erhielt, war D. wegen eines Gelübdes o. ä. in dem Heiligtum anwesend (Luther: „versperrt vor dem Herrn"). Er verriet den Vorgang an Saul und vollzog den Mordbefehl Sauls an den unschuldigen Priestern 1Sam 22, 9-23. *Da*

Doketismus ist eine Irrlehre, die schon Johannes in seinen Schriften bekämpft, nämlich Christus habe aus zwei Naturen oder Substanzen bestanden, indem bei der Taufe im Jordan der himmlische Christus auf Jesus, den Sohn des Joseph und der Maria, herabgekommen sei, um vor der Passion wieder zum Allerhöchsten zurückzukehren; denn nur der irdische Jesus habe leiden können, nicht der himmlische Christus; sein Tod sei also nur „Schein" gewesen (griech. dokein). Jo 19, 34 f nimmt deutlich darauf Bezug, ebenso 1Jo 4, 2 f. *Luck*

Dolmetscher, der Übersetzer, der bei Verschiedenheit der Sprache den mündlichen Verkehr vermittelt, so 1Mose 42,23, als Joseph sich vor seinen Brüdern als Ägypter gab. Im NT werden manche hebr. und aramäischen Namen und Worte „verdolmetscht", d.h. übersetzt Mt 1,23; Jo 1,38 u.a.m. *(Schl)*

Donner gilt im AT als die Stimme des Herrn Hiob 37,2 ff; 40,9; Ps 18,14; 29,3 ff; Am 1,2. Sie äußert seine Macht Ps 29,3 f, seinen Zorn Hiob 36,33, Rache und Strafe 1Sam 2,10; 2Sam 22,14. Im Sommer sind Gewitter außergewöhnlich 1Sam 12,17. Die Offb spricht an vielen Stellen vom D. als der mächtigen Stimme Gottes; zum Vergleich wird an den Hall der Posaune erinnert 2Mose 19,16; Sach 9,14; Offb 1,10. → Blitz. *Pfei*

Donnerskinder → Boanerges.
Doppeldrachme → Münzen.

Dor. Name einer kanaanitischen Küstenstadt Jos 11,2; 12,23; von den Israeliten zunächst nicht eingenommen Ri 1,27, gehörte sie zum 4. Gau Salomos 1Kö 4,11; von den Syrern belagert 1Makk 15,11 ff, heute el-burdsch bei eṭ-ṭantūra südl. des Karmel. — Die Hügel von D. Jos 11,2; 12,23 sind vielleicht Ausläufer dieses Gebirges. *(Rü)*

Dornen und Disteln. *1)* Der Fluch von 1Mose 3,8 wird auf dem Boden Palästinas ungemein anschaulich, da überall eine große Zahl kleiner und großer Stachelpflanzen zu finden ist. Für sie gibt das hebr. AT 19 verschiedene Bezeichnungen; doch gelingt es nicht, einzelne auf bestimmte Arten festzulegen (Luther: Dornen, Disteln, Hecken, Nesseln). Stark verbreitet ist die distelartige Flockenblume Cardamus glaucus mit ihren violetten Blüten. Im Jordantal ist der Bocksdorn Lycium europäum häufig, eine Nachtschattenart mit rötlichen Blüten. Auf den Bergen wächst überall der dornige Ginster Calycotome villosa und das stachlige Becherkraut, das ganze Flächen bedeckt und vielfach zur Feuerung dient. Ein niederes Stachelgebüsch der Steppe, als Kamelfutter verwendet, ist der Mannastrauch mit seinen roten Schmetterlingsblüten. Manche wachsen zu stattlichen Bäumen heran, so die Kreuzdornarten, zu denen der Stechdorn Paliurus, der Judendorn Zizyphus vulgaris und der Christdorn Zizyphus spina Christi gehören. Bei dem brennenden Busch 2Mose 3,2.4; 5Mose 33,16 denkt man heute an den Brombeerstrauch Rubus discolor.

2) Do. u. Di. mitten im Acker Jer 4,3; Mt 13,7; Hebr 6,8 sind in Palästina häufig, manchmal in dichtem Gestrüpp, um das der Bauer den Pflug herumführt. Zu den Gerichtsreden der Propheten gehört oft die Drohung, daß Dorngestrüpp wachsen soll, wo Weinberge und Felder waren oder Städte und Paläste standen Jes 7,23 ff; 34,13; Hos 9,6. Solches Dickicht war der Schlupfwinkel für allerlei Getier, nach Jer 4,7 sogar für Löwen. Dürre Do.zweige waren in dem holzarmen Land geschätzter Brennstoff Pred 7,6; Nah 1,10. Den Kampf gegen das Gestrüpp führte man am wirksamsten mit Feuer, 2Sam 23,7; Jes 9,17. Von daher wird das Feuer, in dem D.sträucher in rasch aufflammender, aber auch rasch erlöschender Glut verbrannt werden Jes 33,12; Ps 118,12, zum Bild des Gerichts.

3) Da die Do.u.Di. gefürchtet waren Hes 2,6; Spr 26,9, wurden sie als Einfriedigung benützt Sir 28,28 (so war auch der Zaun Jes 5,5 eine Do.hecke). Doch kamen die heute so häufigen Kaktushecken erst im 16.Jh. aus Amerika.

4) Der Do.strauch wurde zum Bild des Verachteten und Gehaßten 2Kö 14,9; Mich 7,4; Mt 7,16; daher Jotams Fabel Ri 9,8-15 mit ihrem Hohn.

5) Welches der vielen D.gewächse für Jesus zur D.krone geflochten wurde Jo 19,2, kann nur vermutet werden. Jene Kreuzdornart, die den Namen Christdorn bekam, läßt sich nur schlecht zu einem Kranz flechten, kommt auch heute bei Jerusalem nicht vor. Sehr viel leichter läßt sich der biegsame Stengel des so häufigen Bocksdorns flechten; man kann auch an die überall wuchernde distelartige Flockenblume denken oder an das Becherkraut, das den Soldaten als Brennmaterial zur Hand sein mochte. *Schl*

Dothan 1Mose 37,17; 2Kö 6,13; Judith 4,5; alte Kanaaniterstadt nördlich Sichem an der syr.-ägyptischen Karawanenstraße gelegen, bekannt aus der Josephs-, Elisa- und Judithgeschichte. Heute tell dōthān. *(Schw)*

Doxologie → Lob, loben.

Drache. *1)* Im AT: Mit dem Wort, das 1Mo 1,21; Ps 148,7 große Seetiere bezeichnet (Luther: Walfische) und 2Mo 7,9.12 offenbar Schlangen meint, wird auch ein gefährliches Untier bezeichnet: ein gefräßiger D. Jer 51,34, eine Bestie neben dem Löwen Ps 91,13; Sir 25,22; Weish 16,10; darum ein Bild für die Großmacht Ägypten Hes 29,3; 32,2. Wie die assyrisch-babylonische und die phönizische Mythologie von einem Kampf der Götter mit einem Chaos-Ungeheuer sprach,

Tafel 7: Eine babylonische Chronik *Diese → Chronik ist in babylonischer Sprache und in Keilschrift geschrieben (die keilförmigen Zeichen wurden mit einem Stift in den Lehm eingedrückt). Sie berichtet u.a. von der Schlacht bei → Karkemisch und von der Thronbesteigung → Nebukadnezars (605 vChr). Über die Einnahme Jerusalems i.J. 597 durch Nebukadnezar erzählt sie: „Im 5. Jahr im Monat Kislev bot der König von Akkad (= Nebukadnezar) seine Truppen auf und zog in das Hattu-Land (= Palästina/Syrien). Gegen die Stadt von Juda (= Jerusalem) schlug er sein Lager auf, und im Monat Adar am 2. Tag nahm er die Stadt ein. Er nahm den König (= Jojachin) gefangen. Einen König nach seinem Herzen (= Zedekia) setzte er in ihr ein. Ihren schweren Tribut nahm er entgegen und ließ ihn nach Babylon bringen" (vgl. 2Kö 24,10-17; 2Chr 36,10).*

so konnte auch in Israel zum Ruhm von Gottes Schöpfermacht gesagt werden, daß er in der Urzeit D.n getötet habe Jes 51,9; Ps 74,13, den Meerdrachen bändige Hiob 7,12 und darum auch einst den D.n im Meer töten werde Jes 27,1. Dagegen wird Jes 14,29; 30,6 für den „feurigen fliegenden D.n" ein anderes hebr. Wort verwendet; ob dabei an ein Fabelwesen zu denken ist, wie die assyrisch-babylonische und die ägyptische Kunst sie mannigfach dargestellt haben? Undeutlich bleibt, welcher Art das Tier ist, das Daniel in dem apokryphen Stück „vom D.n zu Babel" tötet; ob vielleicht eine als hl. verehrte Schlange? Fabelhafte Ungeheuer sind in Mardochais Traum in den Stck z Esth 6,3 gemeint. Ein gutes Bild solcher Mischgestalten gibt der berühmte „rote D." oder „Schlangengreif" vom Ischtartor in Babel: mit einem gehörnten Schlangenkopf und einer Schlange als Schwanz, mit einem geschuppten Löwenleib, mit Vorderbeinen vom Löwen und Hinterbeinen vom Adler. → Leviathan, → Rahab.

2) Im NT: In der Offb. erscheint der D. als Bild Satans 12,9; 20,2, der als ein roter D. mit 7 gekrönten Häuptern und 10 Hörnern dargestellt ist 12,3 und im Kampf mit der Gemeinde Jesu steht 12,4. 13 ff (zu dem Kampf gegen das Kindlein und seine Mutter gibt die griech. Mythologie eine merkwürdige Parallele: der D. Python verfolgt die Leto, weil ihr Sohn Apollo nach einer Weissagung ihn töten soll; der Neugeborene wird durch Zeus vor dem D.n verborgen und tötet ihn später); nach einem Streit im Himmel 12,7 wird Satan, der Verkläger, auf die Erde geworfen 12,9; hier gibt er dem Tier, dem Bild des Antichristen, seine Macht 13,2, läßt sich anbeten 13,4, wird aber für 1000 Jahre im Abgrund eingeschlossen 20,2.3; danach wieder frei 20,7 sammelt er die Völker zum letzten Kampf 20,8, wird aber dann endgültig in den Feuerpfuhl geworfen 20,10. In dieser Bilderreihe findet die Gewißheit von Jesu Sieg über den Satan Lk 10,18; 22,31; Mt 12,29 anschaulichen Ausdruck. → Antichrist, → Tausendjähriges Reich. *Schl*

Drache zu Babel → Daniel.

Drachengift 5Mose 32,33: Das abtrünnige Volk erfährt, wie der Wein sich in Drachengeifer und Otterngift wandelt, das Beste schädlich wird. *(Schl)*

Drachenkampf Gottes → Mythische Motive.

Drachenquell (Luther: Drachenbrunnen), nach Neh 2,13 eine Quelle bei Jerusalem, häufig der → Rogelquelle (Hiobsbrunnen) gleichgesetzt, vielleicht aber eine verschwundene Quelle in dem Tal westlich vom Tempel. *Schl*

Drachme → Münzen.
dreschen → Ackerbau.

Drusilla. Jüngste Tochter von → Herodes Agrippa I. Schon als Kind verlobt mit dem Prinzen Epiphanes von Kommagene. Heiratete 14jährig König Azizus von Emesa. Sie brach diese Ehe, als sie → Felix, den Prokurator Judäas (Apg 24, 24 f), kennenlernte. Beider Sohn Agrippa wurde beim Vesuvausbruch 79 nChr getötet. *Bie*

dürftig → Armut.

Dürre, dürr. *1)* Vom *Erdboden:* Trockenheit infolge ausbleibender Niederschläge 1Kö 17,1; Hiob 12,15. In der Wüste herrscht ständig D. 5Mose 32,10; Ps 63,2; Jer 2,6; Mt 12,43. Sonst ist D. zeitweise Folge von Hitze und Ostwind Jon 4,8; Jes 25,5; Ps 107,33. D. kann Folge göttlicher Gerichte sein Zeph 2,13; Hagg 1,11. Am 4,9 meint D. eine Getreidekrankheit. Andererseits ist es ein Gnadenerweis Gottes und Bild der verheißenen Heilsvollendung, wenn Gott das dürre in fruchtbares Land verwandelt Jes 35,6 f; 41,18; 44,3.

2) Von *Pflanzen* = ausgetrocknet Lk 23,31, Bäume Hes 21,3, Stroh Nah 1,10. Daher D. ein Bild des hoffnungslosen Dahinschwindens Jes 1,30; 56,3; ein d.es Blatt Jes 34,4, ein d.er Halm Hiob 13,25 sind etwas völlig Hinfälliges, wie Jes 27,11. Ist die Ernte d. geworden Offb 14,15, so ist sie reif. 1Mose 41,23 meint vor der Reife d. gewordene Ähren. Dürre Weinbeeren sind getrocknete Trauben 4Mose 6,3. Bildlich gesprochen meint D. das Sehnen des Menschen nach Erquickung Ps 32,4; 68,10; 143,6; Jes 58,11.

3) Von *Menschen* und Tieren: abgemagert, verhungert 1Mose 41,19; Klgl 4,8. Die d. Hand Lk 6,6.8 par. kennzeichnet eine Krankheit.

4) „dürr heraussagen" 2Makk 6,23: ohne Umschweife reden. *Pfei*

Dunkel, dunkel = Zustand, wenn die Sonne untergegangen ist Spr 7,9.

1) D. der Nacht schützt den Flüchtling Hes 12,7, verbirgt den Verbrecher Hiob 24,15 f, flößt dem Menschen Schrecken ein; daher Bild der Angst und Not Ps 107,10.14; Spr 4,19;

Tafel 8: Dscherasch *Dscherasch, eine der Städte der → Dekapolis. Im Vordergrund die nordöstliche Ecke des großen Theaters mit dem Anfang des mächtigen Halbrunds der Sitzreihen und einem Rest der Bühnenwand. Dahinter das ovale Forum, von dem 55 Säulen (mit einfachen jonischen Kapitellen) noch stehen; in der Mitte Reste eines Altars. Am Forum beginnt die Säulenstraße (mit reichen korinthischen Kapitellen des 2. Jh.), die die ganze Stadt durchzog. Im Hintergrund die heutige Stadt, in der die Türken Tscherkessen ansiedelten.*
Der Abhang des Ölbergs *Im Vordergrund sind links Olivengärten zu sehen, rechts zerstörte jüdische Gräber. Die Kirche mit den Zwiebelkuppeln ist die Gethsemane-Kirche der Russen; auf der Höhe des Ölbergs das Karmeliter-Kloster. → Gethsemane.*

Jes 58, 10; 59, 9. D. und Finsternis gehört zu den Schrecken der göttlichen Gerichte Hes 32, 8 und des → Tages des Herrn Jes 13, 10; Joel 2, 2; Am 5, 20; Zeph 1, 15. Jes 60, 2 ist das D., das die Völker deckt, Bild der Gottentfremdung und des Unglücks. In dieses D. des menschlichen Meinens und Hoffens scheint das prophetische Wort 2Petr 1, 19.

2) D. der Wolken Jes 50, 3. Im Wolkendunkel erschien Gott auf dem Sinai 2Mose 20, 21 u. a. m.; Hebr 12, 18 und naht er sich beim Gewitter Ps 18, 12; 97, 2; dem entspricht das D. in seiner Wohnung im Allerheiligsten 1Kö 8, 12.

3) D. der Totenwelt Hiob 10, 21; 2Petr 2, 17; → Totenwelt.

4) D. der Augen, die altersbedingte Sehschwäche 1Mose 27, 1; 48, 10; 5Mose 34, 7; 1Sam 3, 2; 4, 15 oder bei Traurigkeit Hiob 17, 7; auch gänzliche Blindheit Sach 11, 17; Apg 13, 11. D. der Gestalt vor Kummer und Hunger Klgl 4, 8.

5) D. = schwerverständliche, *geheimnisvolle Worte* 4Mose 12, 8; Dan 5, 12; 1Kor 13, 12. — Das D. = das Verborgene, wie die Tiefen des Meeres Hiob 38, 9; das, was Gott ans Licht bringt Hiob 12, 22 und richtet Hiob 22, 13; 1Kor 4, 5. *Pfei*

Durchbrecher. Ein D. heißt Gott in der Weissagung Mich 2, 13. In den Bildern isr. Zukunftshoffnung wird dort geschildert, wie Jahwe dem Rest seines verbannten Volkes unter seiner Führung die Freiheit wiedergibt. *Ste*

Durst, dürsten, durstig. Es ist im Morgenland bes. begreiflich, daß man unter dem D. leidet, ja, daß er sich zu höchster Qual steigern kann 1Kor 4, 11; 2Kor 11, 27. D. preßt dem gekreuzigten Herrn den einzigen Schmerzenslaut aus Jo 19, 28. Aber es gibt nicht nur einen D. nach Wasser, sondern nach Gott, dem lebendigen Gott, Ps 42, 3; 63, 2; 143, 6 und nach seiner Gerechtigkeit, seinem Wohlgefallen Mt 5, 6. Es ist wohl die schrecklichste Form des Gerichts, wenn Gott einen D. nach seinem Wort über sein Volk verhängt, der nicht gestillt wird Am 8, 11 f. Jesus vergleicht, was des Menschen tiefstes Verlangen stillt und was er selbst dem Menschen schenkt, mit Wasser, das allen D. für ewig stillt Jo 4, 14. An ein Prophetenwort anknüpfend (Jes 55, 1), verheißt er dauernde Befriedigung der tiefsten Bedürfnisse des Menschenherzens und ruft er die Durstigen zu sich Jo 6, 35; 7, 37; Offb 22, 17. — Den Feind, wenn er dürstet, zu tränken, mahnt schon Spr 25, 21. Paulus nimmt die Mahnung auf Röm 12, 20; vgl. das Wort Jesu Mt 25, 44. Wer einen Durstigen tränkt, tut damit Jesus einen Liebesdienst Mt 25, 35. *Fro*

E

Ebal, der Berg nördlich von Sichem, 940 m hoch, heute dschebel islāmīje. Nach 5Mose 27, 4 f; Jos 8, 30 ff baute Josua auf ihm einen Altar und ließ dort aus dem Gesetz die Worte des Fluchs verlesen 5Mose 11, 29; 27, 11 ff, wie von dem gegenüberliegenden → Garizim die Worte des Segens. *Schl*

Ebed Jahwe → Gottesknecht.

Ebed-Melech, der Äthiope, Kämmerer des Königs Zedekia, der → Jeremia das Leben rettete Jer 38, 7 ff und darum die Verheißung der Rettung erhielt 39, 16 ff. *(Schl)*

Ebenbild. Der Mensch ist zum Bild Gottes geschaffen 1 Mose1, 26 f; der Grundtext hat dafür V. 26 zwei Ausdrücke: Gestalt und Ähnlichkeit, die sich nicht wesentlich unterscheiden. Dabei ist ATlich zunächst sowohl an die Leiblichkeit wie an die Geistigkeit des Menschen gedacht Hes 28, 12; Sir 17, 3 ff. Die Vorstellung vom E. wird bedeutsam erläutert durch Ps 8, der 1Mose 1, 26 ff gleichsam auslegt. Danach hat E. den Sinn, daß Gott den Menschen zu seinem Gegenüber, zu seinem Du macht und zu sich in seine Gemeinschaft emporhebt. Beinahe stärker als an dem Wie ist das AT an dem Wozu der Gottesbildlichkeit des Menschen interessiert. 1Mose 1, 28 weist ihm als dem E. Gottes die Aufgabe zu, Gottes Herrschaftsanspruch auf Erden durchzusetzen und zu behaupten. Der Mensch soll nicht Herr der Schöpfung, aber Herr *in* ihr sein. — Durch das Eindringen der Sünde ist die Ebenbildlichkeit nicht verlorengegangen; aber sie wird in einer Gott verneinenden Haltung ausgelebt; darum bedarf sie auf Grund des Erlösungsratschlusses Gottes der Erneuerung. Nur so wird der Mensch dem E. seines Sohnes gleich Röm 8, 29; Kol 3, 10. Dieser Sohn heißt im besonderen Sinn das E. Gottes 2Kor 4, 4 u. a. (→ Jesus Christus). *Stc*

Ebene → Blachfeld.

Eben-Ezer. *1)* Name des Ortes, an dem die Israeliten den in → Aphek lagernden Philistern gegenüberstanden, ehe sie Schlacht und Bundeslade verloren, 1Sam 4, 1; 5, 1; heute medschdel jāba gegenüber rās el-ʿēn, — *2)* 1Sam 7,12 errichtet Samuel nach dem Sieg über die Philister zw. Mizpa und Jeschana (statt Schen, vgl. 2Chr 13,19) einen Stein als Denkmal göttlicher Hilfe und nennt ihn E. Die genaue Lage dieses Gedenksteins ist unbekannt. *(Rü)*

Ebenholz. Das schwarze Luxusholz, für eingelegte Arbeiten gern verwendet, wurde aus Afrika bezogen Hes 27,15. Wahrscheinlich war vom E. auch bei der Beschreibung von Salomos Tragsessel HL 3,10 die Rede. *Schl*

Eber wird 1Mose 10 in der Liste der semitischen Völkerschaften unter den Vorfahren Abrahams genannt 10,24f; 11,14.16. Der Name bezeichnete ursprünglich wohl das Land und Volk „jenseits" des Stroms, des Euphrat; abgeleitet Ebräer oder → Hebräer. In dem Bileamspruch 4Mose 24,24 meint E. neben Assur wohl Mesopotamien. *Schl*

Ebjoniten (von hebr. ebjonim = die Armen). Ursprünglich vielleicht Selbstbezeichnung der Urgemeinde von Jerusalem (vgl. Röm 15,26; Gal 2,10). In der altchristlichen Literatur ist E. der Name für einzelne (ketzerische) Richtungen der Judenchristen im Ostjordanland oder für die Judenchristen überhaupt (Ebjon als Name für den Stifter ist frei erfunden!). Die E. hatten eine besondere Stellung zum Gesetz des AT (Ablehnung der Opfer und Priester; ein Text des Pentateuch, der von „falschen Perikopen" gereinigt war), lehnten Johannes den Täufer und Paulus ab, betrachteten Jesus als Sohn Josephs (Ablehnung der Jungfrauengeburt, Jesus bei der Taufe zum Sohn Gottes adoptiert). Aus den Kreisen der E. sind Bruchstücke eines E.-Evangeliums bekannt (umgearbeiteter Mt!), die → gnostisch-judenchristlichen Charakter haben: Zusammenhang der E. mit der gnostischen Taufbewegung in Syrien und mit den Qumranleuten. Das christliche Gut im Islam dürfte auf die E. zurückgehen. *Bie*

Ecce Homo. Nach Jo 19,5 führt Pilatus Jesus den Juden vor mit den Worten: „Da seht den Menschen" = E. H. in der lateinischen Bibel. Der Ausdruck ist durch die Kunst bekannt geworden: Bild des Dorngekrönten mit der Inschrift E.H. Der E.H.-Bogen in Jerusalem ist der Überrest eines Stadttores von Aelia Capitolina, d. h. der Stadt, die Hadrian nach 135 nChr an der Stelle Jerusalems erbauen ließ. *Bie*

Eckstein ist der einem Bau Halt gewährende Stein, wo zwei Wände zusammenstoßen. Bei E. kann auch an den Abschlußstein gedacht werden, der wahrscheinlich über dem Portal des Baues eingesetzt wurde (J. Jeremias). In der HS ist E. bildhaft gebraucht von Personen, die ein Gemeinwesen stützen Sach 10,4. Die Stellen Jes 28,16 und Ps 118,22 sind messianisch und erfüllt in Jesus Christus. Er ist der tragende und das Ganze krönende Abschlußstein im geistlichen Bau seiner Gemeinde, die aus lebendigen Steinen besteht 1Petr 2,6f; Eph 2,20f. Zugleich ist er denen, die ihn ablehnen, ein Stein des Anstoßes Röm 9,33; 1Petr 2,8. *Kü*

Ecktor → Tore Jerusalems.

Edelsteine. *1)* Nach Palästina kamen E. nur als Kriegsbeute 2Sam 12,30, als Geschenk (wie von der Königin von Saba) 1Kö 10,2.10, durch Einfuhr aus Ophir 1Kö 10,11; vom Handel mit E.n berichten Hes 27,16.22; Offb 18,12. Auch in Israel lernte man E. gravieren und einfassen 2Mose 28,11; 35,33.

2) Listen von E.n gibt die HS für das Brustschild des Hohenpriesters 2Mose 28,17-20; 39,10-13, für den Schmuck des Königs von Tyrus Hes 28,13 und für die Mauer des himmlischen Jerusalem Offb 21,19f (manche E. werden auch sonst erwähnt); doch bleibt vielfach unsicher, welche E. mit den hebr. und griech. Namen gemeint sind. In der Reihenfolge von 2Mose 28 mögen es etwa sein: 1. der *Karneol* (Luther Sarder), ein roter Stein, 2. der *Topas,* in gelber Farbe, nach Hiob 28,19 aus Äthiopien bezogen; 3. der *Smaragd,* ein sehr wertvoller grüner Stein (eine Art des Beryll), 4. der *Rubin,* prächtig rot, neben dem Diamanten der härteste und kostbarste Stein; vielleicht entspricht ihm der *Chalzedonier* Offb 21,19; 5. der *Saphir,* ein blauer, auch bes. kostbarer und harter E., mehrfach mit dem Blau des Himmels verglichen 2Mose 24,10; Hes 1,26; 10,1; auf den Fund von Saphir im Bergbau weist Hiob 28,6; 6. nicht der von Luther genannte Demant, der nicht graviert werden kann, sondern vielleicht der *Beryll,* hellblau oder meergrün; 7. der gelbrot gefärbte *Hyazinth* — so Offb 21,20, während Luther 2Mose vom Lynkurer sprach; 8. der *Achat* in manchen Farben, dafür Offb 21,20 der grünliche Chrysopras; 9. der *Amethyst,* ein violetter oder blauer Bergkristall; 10. der *Chrysolith,* ein gelbgrüner Stein (Luther im AT Türkis); 11. der *Onyx* (dafür Offb 21,20 Sardonyx) — zwei solche Steine waren auf den Schultern des Leibrocks des Hohenpriesters angebracht 2Mose 28,9; 39,6; 12. der *Jaspis,* ein farbenreicher Quarz. Als Bild des Härtesten erwähnen Hes 3,9; Sach 7,12 den *Diamanten;* darum als Spitze eines Griffels gut Jer 17,1. An den hellglänzenden *Bergkristall* mag Hes 1,22 gedacht sein, auch Offb 4,6 u. 22,1. Bei den „bunten Steinen" 1Chr 29,2 könnten Nephrit und Jadeit gemeint sein, aus denen in der Steinzeit die besten Beile gefertigt wurden, oder Alabaster und Basalt. *Schl*

Eden. *1)* hebr. = Wonne, neuerdings abgeleitet von akkad. edinu, sum. edin = Steppe, im älteren Schöpfungsbericht 1Mose 2,8.10, auch 4,16; 13,10 und Hes 28,13 u.ö. für den Garten, den Jahwe für den Menschen pflanzt. Da der Bericht die wasserlose Wüste als Urzustand voraussetzt, ist E. als Oase vorgestellt, die ihre Fruchtbarkeit einem Strome verdankt 1Mose 2, 10. Auf diese Fruchtbarkeit deutet auch die Mannigfaltigkeit der Bäume 1Mose 2, 9; Hes 31, 7 ff. Die *Lage* von E. will 1Mose 2, 10-14 andeuten; doch läßt sie sich geographisch nicht bestimmen, da diesem Abschnitt sehr unklare archaische Vorstellungen von der Erdkarte zugrunde liegen. Das Goldland Hevila meint offenbar Arabien mit dem die Halbinsel umgebenden, als Strom vorgestellten Meer. Kusch ist Äthiopien mit dem nubischen Nil, den auch die Ägypter noch lange Zeit von ihrem Nil getrennt haben. Noch in später Zeit haben die antiken Schriftsteller (Strabo, Pausanias) von den Strömen der alten Welt phantastische Vorstellungen gehabt. Doch macht die Erwähnung von Euphrat und Tigris deutlich, daß der Erzähler nicht von einem Fabelland berichten will. Sein Bericht steht auf geschichtlichem Boden. Er sucht die paradiesische Landschaft wohl im armenischen Bergland, in dem die großen Ströme entspringen. Ihre Herleitung von einem einzigen Urstrom ist eine theol. Aussage. Die Vierzahl bedeutet das Weltganze. Das Ursprungsland der Menschheit ist die Mitte der Erde, der Abfall von Gott 1Mose 3 hat schicksalhaft weltweite Bedeutung: das außerparadiesische Wasser, das alle Kulturen speist, steht noch im Zusammenhang mit dem Wassersegen des Paradieses. Verwandte Vorstellungen finden sich im babylonischen → Gilgamesch-Epos; doch sind die mythischen Züge im bibl. Bericht abgestreift.

2) Name einer Landschaft ist E. 2Kö 19, 12; Jes 37, 12; Hes 27, 23 am mittleren Euphrat, keilinschriftlich Bit Adini, von Salmanassar III. 855 zerstört und dem assyrischen Reich einverleibt. *Schw*

Edom *1)* (= „der Rote"), zweiter *Name Esaus* (= „der Rauhe"), des Zwillingsbruders Jakobs 1Mose 25, 19 ff. Im Segen Isaaks wird ihm ein schlechtes Land und Fron oder Krieg gegenüber Jakob-Israel zugesprochen 1Mose 27, 39 f. Damit soll gleichzeitig die zwiespältige Geschichte der feindlichen Brudervölker gedeutet werden (vgl. 4Mose 24, 18; 5Mose 2, 4; 23, 7; Ob 10; Am 1, 11; Mal 1, 2 f). Esau-Edom wird somit als Stammvater der Edomiter angesehen.

2) Edomiter, in griech. Zeit auch *Idumäer* genannt, sind Semiten aus der syrisch-arabischen Wüste, die um das 14./13. Jh. vChr in das Kulturland südöstlich und südlich des Toten Meeres eindringen. Das Gebiet östlich des wadi el araba ist zwar unfruchtbar, nicht so aber die sich daran anschließende Hochfläche. Die araba selbst zeigt geringe Steppenvegetation. Das Bergland westlich davon ist etwas fruchtbarer. Nach 1Mose 14, 6; 36, 21; 5Mose 2, 12 haben die E. hier die → Horiter vertrieben und ähnlich wie später die Israeliten einen Zwölfstämmebund mit einem Wahlkönigtum begründet; vgl. 1Mose 36, 10-14. 31 ff. Die im 13. Jh. nach Kanaan wandernden Stämme Israels mußten E. umgehen 4Mose 20, 14 ff. Saul bekämpfte die E. 1Sam 14, 47; aber erst David unterwarf sie mit blutiger Strenge und verwaltete E. durch isr. Statthalter 2Sam 8, 13 f. Nur der E.-Prinz Hadad entkam dem Blutbad, machte sich zZ Salomos insgeheim zum König E.s und gefährdete vom östlichen Bergland aus den Warenverkehr nach Ezeon-Geber 1Kö 11, 14 ff; 9, 26. Trotzdem blieb E. Juda unterworfen (vgl. 1Kö 22, 48), bis es in der Mitte des 9. Jh. sich wider Joram von Juda siegreich behaupten konnte 2Kö 8, 20. Im 8. Jh. wurden die E. noch einmal von Amazja und Usia besiegt 2Kö 14, 7. 22. Seit 800 erwähnen die assyrischen Könige die E. inschriftlich als Udumu; so zahlte etwa Qausmalaka von Udumu Tribut an Tiglat-Pileser III. (745-727), ähnlich später Airammu an Sargon II. Ahas von Juda, der sich Tiglat-Pileser unterwarf, verlor auch die Herrschaft über E. 2Kö 16, 6. Wie Hiskia, so entrichtete auch E. dem Sanherib 701 Tribut. Neben Ackerbau und Seehandel war E. auch durch geistige Bildung bekannt (vgl. Jer 49, 7; Hiob 2, 11 „Eliphas von Theman" aus E.). 598 und 587 beteiligten sich die E. mit wilder Schadenfreude an der Eroberung Jerusalems Ps 137, 7; Ob 10-14; Klgl 4, 21. Der alte Gegensatz der feindlichen Brudervölker brach hier durch, von dem auch die Drohungen der Propheten zeugen: Joel 4, 19; Am 1, 11; Ob; vgl. Jer 49, 7-22; Jes 34; Hes 25, 13; 32, 29; 35. E. erscheint vielfach als Typus der gottfeindlichen Weltmacht. — In der Folgezeit hielten die E. das judäische Gebiet von Hebron an südwärts besetzt (vgl. 1Makk 5, 65). Ein persischer Statthalter regierte diese Provinz von Lachisch aus. Am Ende des 4. Jh. setzten sich die → Nabatäer im östlichen Bergland E.s fest. Johannes I. Hyrkanus (135-104 vChr) unterwarf die Idumäer (= E.) und zwang ihnen Beschneidung und das jüd. Kultgesetz auf. Aus diesen Idumäern gingen dann → Antipater und → Herodes hervor. Mit der Zerstörung Jerusalems verschwinden auch diese judaisierten Idumäer aus der Geschichte. *Da*

Edreï. *1)* Wichtige Stadt → *Basans* mit Resten aus dem 3. Jt. 4Mose 21, 33; 5Mose 1, 4; 3, 1. 10; Jos 12, 4 als Ort der Schlacht erwähnt, in der Og\erlag, Jos 13, 31 zu Manasse gerechnet; jetzt der'a, der größte Ort des Hauran.

2) Eine Stadt in *Naphthali* Jos 19, 37. *Da*

Egge → Ackerbau.

Eglon. *1)* Eine *Stadt* südlich von Jerusalem (vielleicht = tell etūn, während der Name in chirbet 'adschlān weiterlebt), die Josua eroberte und Juda zuwies Jos 10, 3. 34 ff; 12, 12: 15, 39.

2) Der *Moabiterkönig,* den → Ehud bei einer Tributleistung tötete Ri 3, 12 ff. *Da*

Ehe.

1) Im AT: Geschichte der Eheformen — rechtliche Bestimmungen — die Sitte — Geschlechtlichkeit, Ehe, Familie. 2) Im NT.

1) Im AT. Das AT kennt einen unserem Begriff E. entsprechenden Begriff nicht. Auch hat es keine Lehre von der E. entwickelt. Doch wird die Sache der E. in ihrer geschichtlichen Erscheinungsweise, in der Schilderung von Sitte, Form und Recht — und oft auch des Gegenteils davon! — und schließlich in ihrer Qualität sehr häufig bezeugt. Das AT zeigt uns das stete Bemühen, dem Verhältnis des Mannes zur Frau, beider zur Familie und mitmenschlichen Gemeinschaft, dem Verhältnis der Geschlechter zueinander und zum privaten und öffentlichen Lebensraum sowie zur Nachkommenschaft Form und Ordnung zu verleihen und es vom Glauben her zu gestalten. Die Antworten waren geschichtlich, vom Hintergrund bestimmter soziologischer Gegebenheiten her bedingt. Und doch hat sich Israel darin grundsätzlich geäußert.

a) Zur Geschichte der Eheformen: Die isr. Frühzeit scheint das Matriarchat — Führung der Familie durch die Mutter — gekannt zu haben Ri 8,19; 9,1 ff; Rt 1,8; 1Mose 24,28. Durchweg jedoch ist in Israel der Mann der Eheherr, so daß — im rechtlichen Sinn — die Frau durch ihre Heirat der Familie des Mannes und dessen E.-gewalt unterstellt wird (s. unter b). Als selbstverständliche und legitime Formen gehen die Ein- und die Mehrehe nebeneinander her, ohne daß es zu einer grundsätzlichen Entscheidung zw. beiden gekommen wäre. Die nächstliegende und allgemein übliche Form war die der Einehe Hos 1,2 f; 3,1 ff u. a. Wo jedoch wirtschaftliche Verhältnisse es erlaubten, politische Notwendigkeiten oder die Unfruchtbarkeit der Ehefrau es erforderten, wurden eine zweite oder weitere Frauen hinzugenommen 1Sam 25,42 f; 2Sam 3, 2-5; 1Kö 11,3; 1Mose 4,19; 25,6; 29,15-30 u. a., was den häuslichen Frieden nicht gerade gefördert hat 1Mose 16,4 ff; 30,1 ff; 1Sam 1,5 f; 5Mose 21,15-17; 1Chr 14,3; Jer 38,22. Wie bei der Mehrehe, so gab es in bestimmten Fällen Formen befristeter Ehegemeinschaft, zB die sog. Vasallenehe, die mit dem Erlöschen des Vasallenverhältnisses ebenfalls erlosch 1Sam 18,20 ff; 25,44, die E. mit einer im Krieg erbeuteten und später wieder freigegebenen Frau 5Mose 21, 10 ff. Daneben konnte ein Mann durch Heirat in die Familie der Frau gelangen und sich u. U. später, ohne daß die Frau ihm folgte, wieder daraus lösen 2Mose 2,21 f; 1Chr 2,34 f; Esra 2,61; Neh 7,63. Hatte ein Herr seinem Sklaven eine Frau gegeben, so verblieb diese bei seiner Entlassung mit den Kindern dem Herrn 2Mose 21,4.

b) Rechtliche Bestimmungen: Die E. kommt durch einen Vertrag zustande, in dem der Brautwerber nach Zahlung des Kaufpreises (50 Silberschekel 5Mose 22,29) 1Mose 34,11 f; 2Mose 22, 15 f; 5Mose 22,29 u. a., nach Dienst- oder kriegerischer Leistung 1Mose 29; Jos 15,16; Ri 1,12; 1Sam 18,25 oder nach Darlehensgabe 2Mose 21,7 ff das Besitzrecht auf die zukünftige Gattin erwirbt 2Mose 20,17, wobei Geschenke den Brautpreis unterstützen können 1Mose 34,12. So wird er ihr Eheherr (baal: 1Mose 20,3; 2Mose 21,3; 3Mose 21,4; 5Mose 22,22; Hos 2,18; Jos 11,8 u. a.). Der schriftliche Ehevertrag ist erst Tob 7,16 bezeugt. Das Deuteronomium befreit den Jungverheirateten für die Dauer eines Jahres vom Kriegsdienst 5Mose 24,5 und den Verlobten zum Zwecke der Heirat 20,7. Die Jungfräulichkeit der Erworbenen wurde vorausgesetzt 5Mose 22,14. Ist diese nicht mehr vorhanden und führt der Eheherr Klage darüber, so soll die Beklagte gesteinigt werden 22,20 f. Andererseits aber genießt sie gegen Verleumdung den Rechtsschutz 22,17-19. Dieser besteht auch bei der Vergewaltigung einer wehrlosen Verlobten 22,25-27 und der Jungfrau. Im ersten Fall verfällt der Übeltäter der Steinigung; im zweiten muß er den Kaufpreis für das Mädchen zahlen und es — ohne das Recht, die E. je wieder aufzulösen — zur Frau nehmen 22,28 f. Die rechtlich konstituierte E. ist vor dem Zugriff von Dritten oder dem Ausbruch der Frau streng geschützt: Bricht ein Mann mit einer verheirateten Frau die E., so werden beide mit dem Tode bestraft 5Mose 22,22; 3Mose 20,10. Dies gilt bes. für den Einbruch in die E. von nächsten Familienangehörigen 3Mose 20,11 f. 14. 20 f; 18,8. 14 ff; gegen V. 18 vgl. 1Mose 29. Dabei wird der Frevel im allg. öffentlich geahndet Hes 16,38-40. Ausnahmen 1Mose 38,24; Hos 2,5; Spr 6,35. Das „Eifersuchtsgesetz“ 4Mose 5,11-31 schreibt für die des Ehebruchs verdächtige Frau die Unterwerfung unter ein Gottesurteil vor, durch das ihre Schuld oder Unschuld offenbar wird. Im Schuldfall wird sie unfruchtbar, bei Schuldlosigkeit ist sie rehabilitiert. Gilt demnach das Verbot des Ehebruchs dem verheirateten und unverheirateten Mann in der Weise, daß ihm der Einbruch in die fremde E. verwehrt ist, so ist der Frau der Ausbruch aus der eigenen E. und schließlich beiden die voreheliche Beziehung ohne gleichzeitige Übernahme der ehelichen und rechtlichen Konsequenzen verwehrt 1Mose 34; 2Sam 13; 5Mose 22,28 f; vgl. auch Spr 2,16-19; 5,2-14; 6,23-7,27. Die E. konnte geschieden werden. Das Recht dazu stand allein dem Eheherrn zu, der seiner Frau in späterer Zeit eine Scheidungsurkunde ausstellte 5Mose 24,1 ff; Jer 3,8; Jes 50,1, jedoch die inzwischen anders Verheiratete nicht erneut ehelichen durfte 5Mose 24,3 f. Die Scheidungsformel, etwa nach Hos 2,4, war einfach. Scheidungsgrund konnte geschlechtlicher Widerwille sein. Der Kaufpreis wurde jedoch nicht zurückerstattet, was ebenfalls — neben anderen zT schon genannten Erschwerungen, vgl. auch 2Mose 21,7 ff; 5Mose 21,14 — einen Rechtsschutz der Frau gegen zu leichte Scheidung darstellte. Die Geschiedene kehrte wie die kinderlos Verwitwete zu den Eltern zurück 1Mose 38,11; 3Mose 22,13; Rt 1,8, falls nicht der Bruder des Verstorbenen sie in die Leviratsehe nahm 5Mose 25,5-10; 1Mose 38,6 ff; Rt.

c) Die Sitte: Der Mann war mit etwa 15, das Mädchen mit 12 Jahren ehefähig. Obgleich die persönliche Wahl eine gewichtige Rolle spielte, wurden in der Regel die Heiratskandidaten von den Familien füreinander bestimmt, und zwar zunächst aus dem Kreis der weiteren Verwandtschaft 1Mose 20,12; 24,48; 29,15f; 2Sam 13,13. zur→Hochzeit haben allerlei Zeremonien gehört: Aushändigung der Mitgift an die Braut durch den Vater — zT aus dem Brautpreis — 1Mose 24,59f; Jos 15,18f; die Heimholung der Braut 1Mose 24,67 im festlichen Schmuck Jes 61,10. Jubel und Essen haben nicht gefehlt Ps 19,6; 45,16; 1Mose 29,22; Ri 14,10ff u.a.m. Die Eheschließung war eine öffentliche und weltliche Angelegenheit; von kultischen Zeremonien ist nichts bekannt.

d) Geschlechtlichkeit — Ehe — Familie: Zentraler Anlaß zur Bildung ehelicher Ordnungen ist die Geschlechtlichkeit, das Zueinanderstreben der Geschlechter, dessen Vollzug, beglückende und verderbliche Macht im AT in einer Fülle von Erzählungen, Bildern, Liedern sowie hinter allen Ehe- und Sexualgesetzen zutage tritt. Und so begrenzt die ATlichen Formen der E. sein mögen, so durchgehend ist doch in ihnen das Bemühen erkennbar, der Macht der Geschlechtlichkeit ihre das Leben, die persönliche Ehre und die Gemeinschaft gefährdende Seite zu nehmen und sie in die Ordnungen zu lenken, in denen dem Menschen ihr Segen zuteil werden kann. Im Kinderreichtum und damit in der Erhaltung der Nachkommenschaft wurde dieser Segen am elementarsten erfahren, weshalb denn auch der Hauptsinn der E. in der Erzeugung von männlichen Nachkommen gesehen wurde 1Mose 1,28; 24,60; 5Mose 7,14; 25,6; Jer 29,6; Ps 127,3ff u.a. und ihre Hauptverheißung in deren Empfang bestand 1Mose 12,1f; 13,16; 15,4f; Ps 72,17 u.a. Wird in dem schönen Gedicht Spr 31,10ff die Gestaltung des Ehe- und Familienlebens durch die gottesfürchtige Ehefrau sichtbar Spr 12,4 u.a. und prägt sich der Einfluß des Glaubens auf die E. in den sakralrechtlichen Bestimmungen aus (s. oben), so bezeugt 1Mose 1f, daß die erste und ursprüngliche Form menschlicher Partnerschaft die des ehelichen Gegenübers von Mann und Frau ist 2,18ff. Sie ist schon in der gottebenbildlichen Erschaffung des männlichen und weiblichen Menschen begründet 1,26ff, geht jeder anderen Gemeinschaftsform voran 2,24a und vollzieht sich in der Geschlechtsgemeinschaft. 1Mose 3 zeigt jedoch auch, wie dieses Vorrecht durch den Abfall von Gott in eine den Menschen entwürdigende Last verkehrt wird 3,7.16ff. In der prophetischen Botschaft wird die — gebrochene — E. Bild für das — gebrochene — Verhältnis des Volkes zu Gott Hos 1-3; Jer 2,2; 3,1ff; Hes 16.23; Jes 50,1.

2) Im NT. Jesus sieht die E. im Licht der Gottesherrschaft, und damit sowohl in ihrer Gültigkeit als auch in ihrer Grenze. Ihre Gültigkeit ist begründet in der ursprünglichen schöpfungsmäßigen Partnerschaft von Mann und Frau und der sich daraus ergebenden leiblichen Vereinigung beider Mk 10,6-12 par. Diese von Gott verfügte und geschaffene Einheit ist darum für Menschen grundsätzlich unauflösbar Mt 5,32; 19,7ff. Im Blick auf Gottes Herrschaft und Ordnung ist somit die „Erlaubnis Moses" zur Auflösung der E. im Gegensatz zum AT und zeitgenössischen Judentum nur noch eine aus der Sünde des Ehebruchs erzwungene Ausnahme, jedoch nicht mehr eine rechtlich-legitime Möglichkeit des Mannes zu einer willkürlichen Scheidungspraxis Mt 19,7f. Letztere erscheint nun als Ehebruch Mt 5,32; 19,9 par; Lk 16,18, von dem weg zur Buße gerufen wird. Dadurch ist nun auch die Frau endgültig geschützt. Ihre Grenze empfängt die E. im Blick auf Gottes Herrschaft dadurch, daß sie keine Daseinsform des neuen Äons ist Mk 12,25 par, der in dem Verschnittensein einiger um des Himmelreichs willen Mt 19,12 und in dem Verzicht mancher Jünger auf die E. um der Nachfolge Jesu willen Mt 19,29 schon in diesem Leben zeichenhaft sichtbar wird. — Auch für Paulus ist die E. zunächst eine Ordnung Gottes für den alten Äon und als solche nicht einmal aus asketischen, geschweige denn sonstigen Gründen auflösbar 1Kor 7,2-6.10f. Im Blick auf die kommende Herrschaft Christi 1Kor 7,31b ist sie aber ein Vorletztes. Daraus folgen für die einzelnen Gruppen ganz bestimmte Gesichtspunkte, deren Befolgung jedoch mehr Sache der persönlichen Gnadengabe als eines alle in gleicher Weise verpflichtenden Gebotes ist 1Kor 7,7.9.17.28b: Unverheiratete und Verwitwete sollen am besten so bleiben 1Kor 7,1.7a.8.26.28a.32ff; Verheiratete sollen sich nicht trennen 7,10f, da zudem der ungläubige Teil durch den gläubigen geheiligt ist 7,12-14. Will sich der ungläubige Gatte scheiden lassen, so lasse man ihn gewähren 7,15f. So geht es für jeden Stand 7,20ff vor allem um die Besorgung der Dinge des Herrn, in der er den irdischen Dingen gegenüber letztlich nicht mehr verhaftet ist 7,29-34. — Nach Eph 5,21-31 besteht die E. in der ebenbildlichen Darstellung des Verhältnisses Christi zur Gemeinde durch die Gatten: Die Frau unterstelle sich — zu ihrem Wohl — dem Manne, wie die Gemeinde sich von Christus führen läßt; der Mann liebe die Frau, wie Christus die Gemeinde liebt (1Petr 3,7), und: das Verhältnis beider zueinander ist ein ausschließliches, wie das Christi zur Gemeinde ausschließlich ist (vgl. Kol 3,18 bis 4,1). Damit wird die E. über die nur erotische Gemeinschaft hinweg in den Raum der Heiligung gestellt 1Thess 4,3-5. Nach 1Tim 4,3 sind Ehegegner Irrlehrer; nach 1Tim 3,2.12; 5,9; Tit 1,6 ist die Wiederverheiratung von Amtsträgern verworfen. *Kn*

Ehern → Erz.

Eherne Schlange. Die Schlange spielte im Glauben und Kult der Völker des alten Orients eine Rolle. Davon zeugt ein altsumerischer Schlangenstab, auf dem sich zwei Schlangen um einen

Stab winden, und der bekannte Asklepios-Stab, heute noch das Zeichen der Ärzte. Nach 2Kö 18,4 zerstörte Hiskia im Tempel in Jerusalem ein ehernes Bild einer Schlange, das von Mose stammen sollte und mit Rauchopfern verehrt wurde. Das Bild wollte wohl daran erinnern, wie Mose nach 4Mose 21,4b-9 das von Schlangen bedrohte Volk anwies, gläubig zum Bild einer an einem Pfahl hängenden Schlange aufzublicken. Zur Deutung dieser Geschichte sagt Weish 16,7, nicht das Bild als solches, sondern Gottes Heilen habe die zur Schlange Aufblickenden gesund gemacht. Jesus sah in der Erzählung einen Hinweis auf sein Sterben am Kreuz, weil gläubiges Verbundensein mit ihm zum Leben hilft Jo 3,14f. *Schl*

Ehernes Meer → Tempel, → Handfaß.
Eheschließung → Hochzeit.

Ehre bedeutet die einer Person um ihrer selbst willen entgegengebrachte oder gebührende Achtung. In erster Linie ist der E. würdig:

1) Gott. So 5Mose 32,3 „Gebt unserm Gott allein die E." oder Ps 115,1 „Nicht uns, Herr, nicht uns, sondern deinem Namen gib E.!" Häufig steht das deutsche Wort „E." für ein anderes des Grundtextes, im AT zB für „Schmuck". „Größe", „Macht", im NT für „Herrlichkeit", „Ruhm". Während der Götzendienst Gott die E. raubt Jes 42,8; Röm 1,25 und ein bloßes Ehren mit den Lippen Gott mißfällt Jes 29,13, vgl. Mt 15,8, ist es schon Wunsch des ATlichen Frommen, daß Gottes Ehre und Macht in der ganzen Welt anerkannt werde Ps 57,6 u.a.m.; die Erfüllung dieses Wunsches weissagt die Prophetie Hab 2,14 u.a. Dazu dient einerseits Gottes Offenbarung in der Natur Ps 19,1; 29,3; vgl. Jes 6,3; andererseits die geschichtliche Offenbarung unter Israel 2Mose 14,4; Jes 40,5, bes. in ihrer Vollendung in Christus Lk 2,14 und seinem Reich Offb 19,6f. Weil demnach Gott unter Israel bekannt ist, wird von einem Glied dieses Volkes unter allen Umständen erwartet, daß es Gott die Ehre gebe, und es wird mit dem Fluch bedroht, wenn es seinem Namen die E. versagt Mal 2,2. Vollends die Glieder des Neuen Bundes sollen ihr ganzes Tun zu Gottes E. einrichten 1Kor 10,31, auch zu Gottes E. leiden 1Petr 4,16. An jedermann wird die Forderung gestellt, Gott für empfangene Wohltat durch Dankbarkeit die E. zu geben Lk 17,18. Fein ist die Beziehung der Wohltätigkeit auf die E. Gottes Spr 14,31 herausgestellt, wo Mildtätigkeit gegen die Armen als eine mittelbare Anerkennung des Schöpfers bezeichnet wird.

2) ist der E. würdig der Sohn Gottes *Jesus Christus,* in welchem des unsichtbaren Vaters Herrlichkeit der Welt offenbar wird Jo 14,9. Allerdings gereicht das Kommen des Erlösers *Gott* zur E. Lk 2,14; der *Vater* wird geehrt in dem Sohn und durch die Erhörung der Gebete im Namen Jesu Jo 14,13, und wenn einmal alle Zungen bekennen werden, daß Jesus Christus der Herr sei, so geschieht auch das „zur E. Gottes, des Vaters" Phil 2,11. Aber der Sohn empfängt doch auch seine besondere E., der Vater selbst ehrt ihn Jo 8,50.54, gerade deshalb, weil er nicht seine eigene, sondern nur des Vaters E. sucht Jo 7,18; wird Gott geehrt durch eine Machtwirkung der Wunderkraft Gottes, so wird auch der Sohn Gottes geehrt Jo 11,4. Die Gläubigen sollen den Sohn ehren wie den Vater Jo 5,23. In seiner Erhöhung ist er nun mit E. gekrönt Hebr 2,7, ist auch größerer E. wert als Mose Hebr 3,3; Gott selbst hat ihm die E. eines ewigen Hohenpriesters verliehen Hebr. 5,5.

3) Endlich kommt auch *Menschen* E. zu. Im AT bringt Jahwe seine Gläubigen zu Ehren. Von David, Josaphat und Hiskia wird es ausdrücklich bezeugt 1Chr 29,28; 2Chr 17,5; 32, 27. Für das AT ist bezeichnend, daß stets irdisches Gut bei solcher E. ist. Jedoch kennt auch schon das AT ein Leiden in Gottesfurcht, das E. bringt Spr 22,4 u. Hiob; dementsprechend verweist es Spr 29,23 auf die *Demut* als den Weg zur E. Unter Christen gilt vor allem: man soll nicht „eitler E. geizig sein" Gal 5,26; Phil 2,3. Auch die wahre E. kann kein Mensch sich selbst nehmen Hebr 5,4, vgl. Jo 3,27; vielmehr ist es Gott, der den nach seinem Bild geschaffenen Menschen der ganzen übrigen Schöpfung gegenüber mit E. und Schmuck krönt Ps 8,6 und einzelnen Menschen je nach ihrer *Stellung* zu ihren Mitmenschen besondere E. verleiht, die ihnen zu versagen Versündigung gegen Gottes Ordnung ist Rö 13,7. In erster Linie gilt das von den unter dem vierten Gebot begriffenen Personen: „Eltern und Herren", Vater und Mutter 2Mose 20,12, die Alten 3Mose 19,32, die Könige Ps 21,6; 1Petr 2,17, überhaupt die Obrigkeit Röm 13,1ff; Mt 22,21. Auch schlechte Regenten wie Nebukadnezar nehmen an solcher E. teil Dan 2,37, weiter Dienstherren 1Tim 6,1; 1Petr 2,18 (hier auch die schlimmen!) und ehrbare Witwen der Christengemeinde 1Tim 5,3. Einzelne Tugenden wie Friedfertigkeit Spr 20,3, Wohltätigkeit Spr 21,21, Gottesfurcht im Leiden Spr 22,4, Demut Spr 29,23 u.a. tragen im besonderen Sinn E. ein. Ebenso das Glück, würdige Eltern zu haben Spr 17,6. Die höchste E. aber und die einzige, nach welcher der Mensch streben soll, ist die E. = Anerkennung (vgl. Mt 25,21) und „Ruhm" oder „Herrlichkeit" bei Gott Röm 3,23; 5,2, die Krone der E., welche dereinst dem Diener Christi, wenn er seinen Lauf im Glauben und Trachten nach dem ewigen Leben vollendet hat, zuteil werden wird 1Petr 5,4. *Ste*

Ehud, der Benjaminit, der durch die Ermordung des Moabiterkönigs Eglon und den Sieg über die Moabiter seinem Volk half, darum zu den „Richtern" gerechnet Ri 3,15ff. *Schl*

Ei. Im AT, das den Hahn und das Huhn nicht

erwähnt, ist auch von Eiern selten die Rede. Hiob 6,6 wird das Weiße um den Dotter her, weil es ungesalzen nicht gut schmeckt, zum Bild für das Geschick Hiobs. Im Wort Jesu Lk 11,12 gilt das Ei, doch wohl ein Hühnerei, als gewöhnliche Nahrung. Nach der Vorschrift 5Mose 22,6f durfte beim Ausnehmen eines Nestes mit Eiern oder Jungen die Vogelmutter nicht gefangen werden. Die Eier der Strauße Hiob 39,14, eines unreinen Vogels, durften nicht gegessen werden. Jes 59,5 erinnert daran, daß einzelne Schlangenarten Eier legen, aus denen das Junge rasch nach dem Legen des Eis ausschlüpft. *Schl*

Eiche. Es will nicht gelingen, die verschiedenen im AT verwendeten und miteinander verwandten Worte für große Bäume deutlich voneinander zu scheiden und auf bestimmte Bäume zu verteilen.

1) Die E. Wie sie heute noch in mehreren Arten in Palästina zu finden ist — die immergrüne Steineiche mit eßbaren Eicheln; die gleichfalls immergrüne Kermeseiche, so benannt nach der Schildlaus, die an ihr lebt und deren Saft die Scharlachfarbe gibt; die Ziegenbart- oder Knoppereiche, deren dicke Eichelbecher einen schwarzen Farbstoff liefern, und die lusitanische Eiche mit großen, unten filzigen Blättern —, so gab es in alter Zeit Eichenwälder. Berühmt waren die E. von Basan im Ostjordanland Jes 2,13; Sach 11,2; aus ihrem Holz wurden die Ruder der Tyrer gemacht Hes 27,6. Eine als hl. verehrte E. war die Klageeiche bei Bethlehem 1Mose 35,8; wohl auch die E. bei Sichem 1Mose 35,4; Jos 24,26. Ob wir bei dem Hain Mamre 1Mose 18,1 und dem Hain More 1Mose 12,6 an E.n oder Terebinthen zu denken haben, wird fraglich bleiben. Jes 6,13 (Luther: E. und Linde) sind wohl die Terebinthe und die E. gemeint. → Tafel 4.

2) Die Terebinthe, der Terebinthenbaum, Pistacia terebinthus, aus dessen Zweigen durch Ritzen das Terpentinharz gewonnen wird, war offenbar häufig, alleinstehend oder in kleinen Gruppen. So war eine Terebinthe der Baum in Ophra Ri 6,11, der Baum, unter dem Saul begraben wurde 1Chr 10,12, wohl auch der Baum, an dem Absalom hängen blieb 2Sam 18,9. Auch der „Eichgrund" 1Sam 17,2 war wohl ein Terebinthental. Vielfach standen solche Bäume an den Stätten des Götzendienstes; so nennt Hos 4,13 Eichen, Pappeln, Terebinthen (Luther: Eichen, Linden, Buchen). *Schl*

Eichgrund (eigentlich Terebinthental 1Sam 17, 2.19; 21,10, die Stelle, an der David Goliath besiegte, das jetzige wādi es-sanṭ 30 km südwestlich von Jerusalem. *(Rü)*

Eid, Schwur, schwören.
1) Im AT. a) Der Gebrauch des Eides. b) Der Eid Gottes. c) Die Bedeutung des menschlichen Eides. d) Die Eideszeremonie. — 2) Das Zeugnis des NT.

Es ist das Wesen des E.es, daß er dem menschlichen Wort ein Höchstmaß an Glaubwürdigkeit verleiht. Diese Verstärkung der Glaubwürdigkeit kann durch bekräftigende Worte oder symbolische Handlungen zum Ausdruck kommen; immer aber ist die Anrufung einer höheren Macht, zT auch die Selbstverfluchung damit verbunden. Denn erst die Bindung an eine übergeordnete bürgende und rächende Instanz, der sich der Schwörende ausliefert, gibt seinem Wort vollen Nachdruck. In der Rechtssprache wird unterschieden zw. *assertorischem E.,* wodurch die *Tatsächlichkeit* einer Aussage gegen etwaige Zweifel und falschen Schein beschworen wird, und *promissorischem E.,* der der Zuverlässigkeit eines *Versprechens* letzte Gültigkeit geben soll.

1) ATlicher Befund. Für das AT ist die Eidpraxis so selbstverständlich wie für die gesamte altorientalische Welt. Sie ist demnach ein *Stück völkischen Lebens* und entstammt nicht dem eigentlichen Bereich der Offenbarung, wenn auch das ATliche Gesetz sich im Lauf der Zeit immer stärker ihrer Regulierung angenommen hat.

a) Der Gebrauch des E.es. Im AT ist der *promissorische E. am häufigsten* bezeugt. Man bekräftigt mit einem Sch., das Leben des andern zu schonen 1Sam 19,6 oder ihn dessen Feind nicht auszuliefern 1Sam 30,15. Mit einem königlichen E.wort wird die Thronfolge garantiert 1Kö 1,13ff, aber auch der Tod angedroht 1Kö 2,23ff. Bisweilen verstärkt der Sch. ein → Gelübde oder ersetzt es sogar 1Sam 14,24ff; 2Sam 3,35. Er vermag, einen Kaufvertrag gegen nachträgliche unrechtmäßige Ansprüche abzusichern 1Mose 25,31ff, und spielt vor allem beim Abschluß eines → Bundes eine Rolle, wobei er die Rechtssicherheit der Partner garantiert, die gewöhnlich mit dem Wort „schalom" (= Geordnetheit, Rechtheit) bezeichnet wird Jos 9,15.

Gegenüber dem Versprechenseid im öffentlichen Leben spielt der E. *in der isr. Rechtsordnung* eine *geringere Rolle.* Er begegnet hier im assertorischen Sinn als sog. *Reinigungseid.* Durch ihn kann sich ein Beklagter, etwa ein Hirte, in Schadensfällen von dem Verdacht der Veruntreuung befreien und braucht dann nicht zu haften 2Mose 22,9f. Mit der Ablegung dieses E.es ist der Prozeß grundsätzlich zugunsten des Beklagten beendet. Ein *falscher E.* ist im Dekalog verboten 2Mose 20,7, wird aber *nicht gerichtlich verfolgt.* Gott ist Richter des Meineidigen 1Kö 8,32. Für den, der einen Reinigungseid falsch geschworen hat und dies bekennt, besteht die Möglichkeit, sein Vergehen durch ein Schuldopfer zu sühnen 3Mose 5,21ff. Ein ausgesprochener Beklagteneid ist ferner der *Ordaleid,* durch den auf Grund eines *Gottesentscheids* ermittelt wird, ob einer Täter ist oder nicht. Nach 4Mose 5,12-28 hat eine des Ehebruchs bezichtigte Frau einen Fluchschwur abzulegen und im Anschluß daran ein Fluchwasser zu trinken, das nur dann schädigt, wenn sie schuldig ist (→ Ehe). In der isr. Gerichtsverfassung ist zwar der *Zeugeneid* nicht ausdrücklich erwähnt; er wird aber 3Mose 5, 1 in der Form vorausgesetzt, daß der Zeuge beschworen wird und dann zu sagen hat, was er weiß. Aus Jer 42, 5 darf ferner geschlossen werden, daß es innerhalb der isr. Prozeßordnung *Brauch* war, bei Beantragung eines richterlichen Urteils eidlich den ergehenden *Entscheid als verbindlich anerkennen zu lassen.*

Auch im *religiösen Bereich* findet der E. Verwendung. Hier wird er in der Form des *Bekenntniseides* u. a. zum Zeichen der Zugehörigkeit zum Jahwevolk Jos 24, 16 ff. Im Sinn einer solchen Bekenntnisbindung (→ Bekenntnis) begegnet er vor allem im 5. Mosebuch und bei den Propheten, zB Jes 19, 18 u. ö. Von daher begreift es sich, daß jeder E. in Israel im Namen Jahwes abgelegt wird. Das Sch. beim Namen anderer Götter ist Glaubensverrat 5Mose 6, 13 f. Neuerdings ist darauf aufmerksam gemacht worden (F. Horst), daß der Sch. beim Namen Jahwes auch als Bestandteil der Kultfeier Geltung gehabt haben muß (vgl. Jes 48, 1; Zeph 1, 5). Durch einen *Kulteid* bezeugt der Kultteilnehmer seine intensive Bindung an Gott Jer 4, 2.

Während im alten Israel der E. besonders heilig gehalten wird, führt seine häufige Verwendung gegen Ende der Königszeit zu raschem *Verfall* Hos 4, 2 (Grundtext: „sch. und lügen") u. ö. Besonders die nachexilische Prophetie führt ernsthafte Klage gegen den Eidmißbrauch Sach 5, 4; Mal 3, 5. Pred 9, 2 weiß von Leuten, die allzu schnell einen E. auf sich nehmen, aber auch von anderen, die ihn möglichst meiden, weil sie kein Vertrauen mehr zu seiner Wirkungsmacht haben. In diesen vom Prediger angedeuteten zwei Linien verläuft die weitere Entwicklung im Judentum. Die eine führt in die *pharisäische Kasuistik* mit ihrer Unterscheidung von verbindlichen und weniger verbindlichen E.en Mt 23, 16-22, wodurch dem Meineid die Tür geöffnet wird; die andere Linie geht hinüber zur *essenischen Bewegung,* die den E. grundsätzlich verbietet und ihn nur als Eintrittseid bei der Aufnahme in die Ordensgemeinschaft verwendet.

b) Der Eid Gottes. Auch Jahwe schwört. Sein Ziel ist dabei einerseits die Aufrichtung des Gottesvolkes aus Glaubensanfechtung und -verdunklung (vgl. Hebr 6, 17 f), zum andern die Manifestierung unabwendbarer Gottesgerichte für Glaubensungehorsam und Gottesfeindschaft. Dementsprechend besteht der *Eidinhalt* einmal in der *göttlichen Zusage heilsgeschichtlichen Handelns:* Landverheißung 5Mose 1,35, Erwählung Israels, Bund, Bundestreue 5Mose 7, 7-9 usw; zum andern in der *Androhung von Strafen Jahwes:* gegen Israel Hes 20, 33 ff, gegen Einzelne 1Sam 3, 14; Am 4, 2, gegen Fremdvölker Jes 14, 24 ff u. ö. Mit seinem E. bekräftigt Jahwe die Unabdingbarkeit seines Wortes.

c) Die Bedeutung des menschlichen E.es besteht darin, daß sich der Schwörende bedingungslos der Macht ausliefert, die er zum Zeugen anruft. Diese Macht soll Unheil bringend über ihn kommen, wenn sein Wort nicht wahr ist. Der Vorstellung entspricht der im AT häufig vorkommende *Schwur beim König,* der damit als *Garant* und *Rächer* des gegebenen Wortes eingesetzt ist 1Sam 17, 55, ähnlich 1Mose 42, 15. Nie erfolgt eine Eidesleistung beim eigenen Leben. *Nur Jahwe schwört bei sich selbst* 1Mose 22, 16, vgl. auch Am 4, 2 u. Jer 44, 26, weil er bei keinem Größeren sch. kann. — Auch wo die Beteuerung sich zum *Sch. im religiösen Sinn* erhebt und der Mensch das Heilige als das Höchste, das er kennt, anruft, ist diese Instanz zum Bürgen und Rächer bestellt. Daher die im AT ebenfalls oft bezeugte Schwurformel: *„So wahr Jahwe lebt"* 1Sam 14, 39. Mitunter treten zu dem Jahwenamen noch Zusätze, die sagen, was Jahwe dem Schwörenden ist, zB Jahwe, der Israel aus Ägypten geführt hat Jer 16, 14, Gott des Himmels und Gott der Erde 1Mose 24, 3. Diese Zusätze bringen Gottes Kraft und Leben zum Ausdruck, zu denen das Schwurwort in engen Kontakt gebracht werden will. Dieselbe Schwurvorstellung liegt auch der *Anrufung Gottes* zugrunde, er möge *Zeuge* zw. zwei Parteien sein 1Mose 31, 50; Jer 42, 5. Das heißt nicht, daß Gott nur neutraler Schiedsmann sein, sondern daß er als strenger *Richter* über die Heiligkeit des E.es wachen soll. Dasselbe gilt auch von der oft gebrauchten Wendung: „So wolle mir Gott tun und nochmals tun" 1Sam 14, 44, d. h. was er nur will, — wenn ich meinen E. breche. Wird diese Herausforderung der Rache Gottes noch stärker ausgedrückt, so wird der Sch. geradezu zur *Selbstverfluchung* Mt 26, 74. Neben dem Sch., den man selbst freiwillig leistet, kam in Israel auch häufig die Form der *Beschwörung* vor, bei der ein Mensch Gott als Zeugen und Rächer über den anrief, der die Wahrheit sagen oder etwas versprechen sollte. Hiezu dienten dieselben Formeln wie beim einfachen Sch. 1Sam 3, 17, bes. auch die Fluchformel Jos 6, 26 zB; dies zeigt, *wie nahe Sch. und Fluch einander zugeordnet* sind.

d) Die Eidzeremonie. Als äußere Schwurgeste wird das *Aufheben der Hände zum Himmel* erwähnt 1Mose 14, 22 zB. Auch Gott oder der Engel in Dan 12, 7 schwören auf diese Weise. Nur zweimal wird im AT von dem Brauch berichtet, daß der Schwörende das *Zeugungsglied des Eidfordernden berühren muß,* ein Vorgang, der sicherlich den Sch. mit dem „Sitz von Lebenskraft" in Verbindung bringen soll 1Mose 24, 2 ff; 47, 29. Dieselbe Vorstellung von der Kraftsteigerung eines Eidwortes begegnet uns auch dort, wo ein Sch. von einer *Opferhandlung* begleitet wird 1Mose 15, 7 ff; 4Mose 5, 18 f. Alle diese Momente machen deutlich, daß der E. ein lebendiges, *kraftgeladenes Wort* ist, das *niemand,* der es gegeben hat, aus seinem Geltungsbereich *entläßt,* vgl. aber 4Mose 30, 6 ff.

2) Das Zeugnis des NT. Jesus hat in der Bergpredigt Mt 5,33-37 an der ATlichen Eidpraxis *radikale Kritik* geübt. Er verbietet nicht nur den E. im Namen Gottes oder hl. Dinge, *er verbietet den E. schlechthin.* Damit ist alle pharisäische Eideskasuistik abgetan Mt 23, 16-22; denn der Mensch hat in *keiner* Weise ein Recht, über Gottes Zeugnis gleichsam *eigenmächtig* zu verfügen. Dieser Tatbestand wird auch dadurch nicht abgeschwächt, daß man darauf hinweist, Jesus habe ja selbst bei dem Verhör vor dem Hohen Rat geschworen Mt 26,63 f. Die Evangelien-Überlieferung weiß lediglich etwas von einer Beschwörung Jesu durch den Hohenpriester, nichts aber von seinem „Amen", das jedenfalls formaljuristisch bei seinem Schw. erwartet werden müßte. Trotz des einleitenden „Ich beschwöre dich" ist die Antwort Jesu nur als ein „heiliges Ja" zum Zeugnis von dem kommenden Menschensohn zu verstehen. Demnach sind in der Frage nach der Einstellung des Christen zu einem von der *Obrigkeit geforderten E.* aus Mt 26,63 f keine positiven Gesichtspunkte zu gewinnen. Dem fügt sich ein, daß auch Jak 5,12 das Eidverbot Jesu ohne Abstriche aufnimmt und an die Stelle des E.es die *unbedingte Wahrhaftigkeitsforderung* setzt. Die strenge Verwerfung des E.es hat nun allerdings nicht notwendig zur Folge, daß jede durch Wort und Ton markierte Bekräftigung einer Aussage sofort in den Bereich dessen zurückversetzt, was „zu den Alten gesagt ist". Jesus selbst beginnt viele seiner Worte mit der besonderes Gehör fordernden Wendung: *„Wahrlich, ich sage euch"*. In demselben Sinn haben wir auch die *häufigen paulinischen Anrufungen* der göttlichen Zeugenschaft zu verstehen. O. Bauernfeind (Eid und Friede, 1956) hat darauf aufmerksam gemacht, daß in der paulinischen Briefliteratur auf je etwa 4000 Worte eine solche Anrufung kommt. Die gebrauchten Formulierungen könnten dabei eine Eidverwendung im Sinne der „Alten" vermuten lassen. *Entscheidend* ist jedoch der *Inhalt* der durch solche Formeln vor Gott und Menschen bestätigten Aussagen: Es handelt sich durchweg um *Kundgabe göttlicher Offenbarung und Weisung.* Nur sie bekräftigt der Apostel mit einem doppelten Ja 2Kor 1,17 oder durchaus entsprechend mit „Ich rufe Gott zum Zeugen an" 2Kor 1,23, vgl. 1Thess 2,5; Gal 1,20; Röm 1,9, nicht aber private Meinungen und persönliche Pläne. Paulus geht es bei solchen Beteuerungen also nicht um die Bestätigung seiner selbst, sondern um die Herausstellung der *Ehre Gottes* 2Kor 1,20. Da aber befindet er sich ganz in der Nähe seines Herrn.

Lit.: F. Horst, Der Eid im AT, in: Gottes Recht, Studien zum Recht im AT, München 1961. *Ste*

Eidechse. E.n gibt es in Palästina in großer Zahl und in vielen Arten. Sie sind 3Mose 11, 29 f gemeint, wo Luther → Kröte, → Igel, → Molch, E., → Blindschleiche und → Maulwurf übersetzte; es könnten dort der Dornschwanz, der Waran, die Dornechse, der → Gecko, der Skink und das Chamäleon gemeint sein. Auch Spr 30,28 (Luther: Spinne) spricht von der E. *Schl*

Eifer, eifern. *1) In der menschlichen Sphäre* spricht die HS vom E. im Sinn einer leidenschaftlichen, leicht parteiischen und fanatischen Einsatzbereitschaft, die im Umkreis der Gemeinde Gottes unentbehrlich und gefährlich ist. Das kann fleischlicher E. sein, der die Gemeinde spaltet 1Kor 3,3 und verwirrt Gal 4,18. Das hat Israel daran gehindert, den Ruf Gottes zu hören Röm 10,2; vgl. das Selbstzeugnis des Paulus Gal 1,14; Phil 3,6; Apg 22,3. Das hat Israel in eine wilde Opposition gegen die junge Gemeinde getrieben Apg 17,5 u. a. m. Das kann aber auch reiner E. sein wie bei Elia, bei dem es freilich in völlige Niedergeschlagenheit umschlägt 1Kö 19,10; wie in der Tempelreinigung Jesu Jo 2,17 oder im apostolischen Werben um den Gehorsam der Gemeinde 2Kor 11,2. Der Zelot (d. h. Eiferer) unter den Zwölfen Lk 6,15, auch die „Donnersöhne" und Saulus lassen erkennen, daß Jesus auch nach den heißen Herzen greift. 1Petr 3,13, wo der griech. Text dieses Wort hat, u. ä. ist wirkliches E. gemeint.

2) Von daher ist *die Rede von Gottes E.* auf der einen Seite ein Zeichen, wie durch und durch lebendig-feurig sein Gebieten und Herrschen verstanden ist (Feuer seines E.s Zeph 1,18; 3,8; Jes 26,11), in einer hl. Eifersucht für das von ihm Ergriffene und Gewollte brennend Hos 1-3; Hes 23. Andererseits muß davon alle menschliche Analogie ferngehalten werden, die in das Wesen Gottes launische Züge einträgt. 2Mose 20,5; Jos 24,19 u. a. m. reden nicht von gelegentlich hervorbrechendem Affekt, sondern von der unantastbaren „E.heiligkeit" dessen, der die Welt lenkt und ordnet. Das muß sein Volk wissen 5Mose 32,16; Hes 16,38. Das erfährt die Welt im kommenden Reich in der Geburt des Sohnes Jes 9,6. *He*

Eigentum. Persönliches E. an Menschen, Tieren, beweglicher und unbeweglicher Habe war in Israel seit alters begehrt und ein Zeichen des göttlichen Segens 1Mose 12,5; 13,6; 26,14; 47,11; Hiob 1,3; 42,10.12; Mich 4,4; Sach 3,10 u. a. Der Wert des E.s hing von seiner Beschaffenheit und der wirtschaftlichen Struktur der Umwelt ab. Für Nomaden war Viehbesitz am wertvollsten (Erzväter), für Bauern gutes Ackerland. Der Eigentumserwerb geschah vor allem durch Kauf 1Mose 23 unter bestimmten rechtlichen Gepflogenheiten Jer 32,6 ff, wie der Beachtung des Vorkaufsrechtes, Kaufbrieferstellung usf., aber auch durch Tausch, Schenkung, Fund, durch die Erträge der Arbeit oder Geschicklichkeit (1Mose 30,25 ff) und schließlich durch → Erbschaft. Das E. war vor willkürlichem Zugriff rechtlich geschützt, wenn auch gewaltsame Enteignung oft genug vorkam 2Mose 20, 15.17; 22,1-14.24 ff; 5Mose 19,14; 25,13 f;

1Kö 21,19; Am 8,4 ff; Hes 46,18. Dies galt vor allem hinsichtlich des Zwangsverkaufs der persönlichen Freiheit oder des väterlichen Erbteils 3Mose 25,23 ff; 5Mose 15,1 f. 12 ff. Der Zentralsatz des isr. Denkens vom E. war, daß das Land E. des Gottes Israels und seinem Volk zu Lehen gegeben sei 3Mose 25,23; 5Mose 32, 49, was in den → Halljahr-, Brache- und Abgabegesetzen bes. zum Ausdruck kam und wodurch die Gemeinschaftsordnung garantiert blieb. — Im NT erscheint das E. in einer neuen Qualität: Es birgt die Gefahr des Weltverhaftetseins in sich, dient jedoch als Mittel zum Liebesdienst der zeichenhaften Darstellung der neuen Welt Lk 16,9 ff; Apg 2,44 f; 1Kor 7,30 ff u. a. *Kn*

Eilebeute → Symbolische Namen.
Eimer → Maße.
einbalsamieren → Begräbnis.

Einfalt, einfältig haben bei uns eine abwertende Bedeutung bekommen im Sinn von: bescheiden an Verstand. Diese Bedeutung liegt dem bibl. Sprachgebrauch völlig fern. Wohl ist von solchen die Rede, deren Verstandeskräfte noch nicht ausgebildet sind Röm 2,20. Aber meist ist eine ungespaltene, auf *Eines* gerichtete Denkweise ohne Nebenabsichten und Hintergedanken gemeint, also Lauterkeit Christus gegenüber 2Kor 11,3 und Aufrichtigkeit Menschen gegenüber 1Mose 20,5; Eph 6,5. (In der Revision 1956/64 wurde E. mehrfach durch Lauterkeit ersetzt). *Pfi*

eingeben, Eingebung (Inspiration). Das selten gebrauchte Wort rührt vor allem in der Briefstelle von der „von Gott eingegebenen Schrift“ 2Tim 3,16 an die Grundfrage, wie die göttliche Leitung, Erleuchtung, Offenbarung als E. Gottes zu denken sei. Darüber spricht die HS umfassend in ihrer Botschaft vom Hl. Geist (→ Geist). Für uns handelt es sich hier um das inspirierte Leben, das inspirierte Wort und die inspirierte HS.

1) Das inspirierte Leben. Die HS erzählt gelegentlich von E. von Mensch zu Mensch und hat dabei zB das gesprochene Wort im Auge 2Sam 14,3; Esra 8,17. So führt sie denn auch ein einzelnes Tun auf göttliche E. zurück Esra 7,27; Neh 2,12. Das kann im Widerstreit mit eigener Meinung geschehen sein 2Sam 7,3 ff. Weil der Mensch aber auch unter satanischer E. stehen und handeln kann 1Chr 21,1; Jo 13,2; Mt 4,1 ff, ist göttliche E., auch wo sie in einzelnen Erfahrungen und Aufträgen sich kundtut zB Jes 8,1, als eine das ganze Leben ergreifende Geistesleitung zu verstehen. Es handelt sich um den ganzen, „vom Hl. Geist getriebenen“ Menschen 2Petr 1,21; Röm 8,14; Ps 25,12. Das kann in heftigem innerem Konflikt geschehen Jer 20,7 ff; Ps 32,8 f. Das äußert sich zB in der Arbeit des Apostels Paulus nahe beieinander als Hemmung und als Förderung Apg 16,6.7.9; Gal 2,2. Daß hier der Irrweg eines auf E., auf das „innere Licht“ eingestellten Lebens drohen kann, das sich von der wirklichen Leitung Gottes löst, hat die Kirche von alters her erkennen müssen. Eben darum ist sie auch im Zusammenhang göttlicher E. eine auf Gottes Wort gegründete Kirche.

2) Das inspirierte Wort. Das bezieht sich zunächst noch einmal auf die göttliche Zusage, daß er selbst zur rechten Stunde das rechte Wort geben wolle 2Mose 4,12; Mt 10,19 f; Jo 16,13; 1Kor 2,13. Dann aber gilt E. auch für das für die Kirche maßgebende Wort, das uns in der HS überliefert ist. Es ist in ihr selbst erkennbar, daß der Vorgang der E., vom Menschen her gesehen, kein passiver Vorgang ist. Wenn der Apostel auch das durch E. empfangene Wort scharf unterscheidet von „vernünftigen Reden menschlicher Weisheit“ 1Kor 2,4 und den dabei eröffneten Gesichtskreis als einen sonst verschlossenen erkennt 1Kor 2,9, und wenn andererseits die Propheten sagen: „Des Herrn Wort *geschah* zu mir“ Jer 1,4; 2,1; Joel 1,1; Mich 1,1, so ist doch entfernt nicht an willenlose Werkzeuge zu denken. Ihr Wort erweist sich auch in ihrer Wiedergabe als höchste Aktivität, durchdrungen von eigenster persönlicher Erkenntnis und Sprechweise, in schwerem Sendungsauftrag verantwortlich gesprochen. Ihr Suchen und Forschen, auch die ihnen gezogenen Schranken sind daran beteiligt 1Petr 1,10 ff. Es geht auch so von Stufe zu Stufe, es trägt auch so die Züge der jeweiligen Zeitgeschichte. Aber sie reden „durch den Hl. Geist“, es ist ihnen „offenbart“ (→ Offenbarung). Das Eigene, auch wenn es dabei vollpersönlich in Anspruch genommen ist, so daß Jesaja nun wirklich ein anderer ist als Jeremia und Johannes ein anderer als Paulus, ist doch bei allen in einen Gehorsam hineingenommen, der es verbietet, sie auch nur vergleichsweise in die Reihe menschlicher Genialität des auf sich selbst gestellten Forschers oder Künstlers einordnen zu wollen (Kierkegaard, Über den Unterschied zwischen einem Apostel und einem Genie, 1847). Nicht ihre eigene Autorität trägt ihr Wort, auch wenn sie sich einmal auf ihr inspiriertes Leben berufen 1Kor 7,40. Ihr Wort will Gottes Wort sein und bleiben.

3) Die inspirierte Schrift. Durch die Niederschrift der Zeugnisse erleuchteter Menschen, deren Sammlung im Kanon des AT und NT abgeschlossen wurde, ist die HS das Fundament der Kirche geworden, vgl. Eph 2,19 ff. Das konnte sie nur werden, seit das Wort in Christus Fleisch geworden ist und er sich im ganzen Umfang der bibl. Schriften als die Mitte, als den lebendigen, gekreuzigten, auferstandenen und erhöhten Herrn erweist. Das war zugleich der Schutz dagegen, daß aus dem Christusglauben, der sich auf die HS gründet, eine „Buchreligion“ werden konnte. Das schriftlich niedergelegte Wort will seine Wirkung nur in einem unaufhörlichen Lebendigwerden tun, vom Geist aus dem bloßen Buchstaben gebieterisch herausgeholt in ein heutiges Wort Gottes an die heutige

Welt durch lebendige Menschen, die von der Schrift her bestimmt sind. Von daher ist das Wort von der von Gott eingegebenen Schrift 2Tim 3,16 zu verstehen. Wo sich eine unbiblische Inspirationslehre des unfehlbaren Buchstabens darauf berief, wurde sie von der HS selbst widerlegt, wenn sie ihre menschliche Herkunft, was ihre literarische Gestalt angeht, nirgends verleugnet. Das hindert die Kirche nicht, im Wort der HS als in ihrem Lebenselement in der Gewißheit zu leben, daß in ihr im Menschenwort Gott selbst zu uns spricht. → Wort. *He*

Eingeborener d. h. einziger Sohn ist Isaak, der auf Morija geopfert werden sollte Hebr 11,17. „Alleingeborener" ist, freilich in unvergleichlichem Sinn, auch der Sohn Gottes, dessen Herrlichkeit die Jünger geschaut Jo 1,14 und der seinerseits allein Gott gesehen hat Jo 1,18. Er gab sich auf Golgatha selbst zum Opfer, weil Gott uns liebte und vor dem Gericht erretten wollte Jo 3,16.18; 1Jo 4,9. An den genannten Stellen fehlt immer die Namensnennung, so daß wir vermuten dürfen, daß in der Urgemeinde „Der Eingeborene" ein fester Begriff war. *Luck*

Eingeweide. Bei einem Brandopfer wurden die E. mitverbrannt 2Mose 29,17 f, bei einem Sündopfer nur bestimmte Teile 3Mose 4,8-12. Vom Passalamm werden auch die inneren Teile gegessen 2Mose 12,9. Von den E.n des Menschen ist bei der Krankheit des Königs Joram die Rede 2Chr 21,15.18 f, bei der Tötung Amasas 2Sam 20,10, bei dem Tode des Verräters Judas Apg 1,18. In alter Zeit wurden auch Empfindungen und innere Bewegungen in den E.n lokalisiert (zB Hiob 30,27; Klgl 1,20); doch umschreibt hier unsere Übersetzung, meist mit Herz. *Schl*

Einhorn. Das unzähmbare Tier Hiob 39,9 ff, mit starken Hörnern Ps 92,11, mehrfach neben dem Stier genannt 5Mose 33,17; Jes 34,7, heißt bei Luther (nach der LXX und Vulg.) E., da die alte Naturwissenschaft an die Existenz des E.s glaubte. Wahrscheinlich ist der Wildochse (Bos primigenius) gemeint, der auf assyrischen Denkmälern mehrfach abgebildet ist (jeweils so, daß das eine Horn das andere verdeckt, so daß persische Nachbildungen irrig daraus ein E. machten). Obwohl die Araber mit dem gleichen Namen die Oryx-Antilope benennen, wird doch mit dem E. eher der Wildochse (Auerochse) gemeint sein. Die Revision 64 gibt Wildstier. *Schl*

Einigkeit als Aufgabe ist die von den → Christen erwartete Bereitschaft, einander in Geduld, Demut, Sanftmut und vergebender Liebe zu ertragen, als Glieder des → Leibes Christi sich gegenseitig zu achten und zu unterstützen Eph 4,2 f; Röm 12,3 ff; 1Kor 12,4 ff; Phil 2,1 ff. Die E. hat ihr Abbild im Einssein zw. Vater und Sohn Jo 17,21; 10,30. Als Gabe ist die E. verbürgt im Heilswerk Gottes Eph 4,4 ff; Gal 3,28; Röm 12,5 und steht unter Christi endzeitlicher Verheißung Jo 10,16. *Kü*

Einkünfte, Einkommen. Abgesehen von den dem einzelnen aus dem Ertrag seiner Arbeit zufallenden E.n Spr 14,4; 15,6; 16,8 hatten regelmäßige E. vor allem die beamteten → Priester und der → König.

1) Die *Priester* bezogen ihre E. nach genauen Vorschriften aus den Anteilen an verschiedenen Opferarten, den Speis-, Schuld-, Heilsopfern 3Mose 2,3.10; 6,16.19; 7,6.9 f.14.31 ff; 5Mose 18,3, den Gelübdeopfern und freien Gaben 3Mose 7,16, dem unblutigen Teil des Sündopfers 5,13 und dem Fell des Brandopfers 7,8. Ihr Empfang sowie Zeit und Art des Essens waren durchweg Bestandteil des Opferrituals und gehörten zur mittlerischen Amtsfunktion des ATlichen Priestertums. Demnach sind sie auch nicht als persönlich erworbenes → Eigentum anzusehen, da die Priester mit dem Opfer streng genommen Eigentum Gottes waren. Weitere E. hatten die Priester an den Erstlingsgaben der verschiedenen Erntearten 4Mose 18,11 ff, an Öl, Wein, Korn, Früchten, einem Teil der Schafschur 5Mose 18,3 f, am Gebannten 4Mose 18,14 und an der Erstgeburt. Menschen und unreine Tiere mußten ausgelöst werden, während das Fleisch reiner Tiere dem Priester zufiel 18,15-18. Den Leviten und ihren Familien standen der → Zehnte, von dem sie ihrerseits einen Zehnten abgeben mußten 4Mose 18,21 ff, sowie die 48 Levitenstädte mit entsprechendem Weideland zu 4Mose 35,1-8; Jos 21. Wie die Gefahr des Mißbrauchs der E. durch das Priestertum immer nahelag 1Sam 2,12 f; Hos 4,8, so auch die Gefahr, daß es infolge der Vernachlässigung der Abgaben durch das Volk in Not geriet 5Mose 12,19; 14,27.29 u. a.

2) Der *König* hatte, wie aus dem alten Königsrecht 1Sam 8,1 ff hervorgeht, die Möglichkeit von besonderen E.n auf Grund seiner Stellung. Er bezog Geschenke 1Sam 10,27; 1Kö 10,25, erntete die Erträge großer — staatlicher — Ländereien 1Sam 8,12; 1Chr 27,25 ff, erhob Steuern 1Sam 8,14-17 und den Tribut unterworfener Völker 2Sam 8,2. Besonders Salomo muß aus seinen Handelsunternehmungen 1Kö 10,22 ff und aus seinem zum Zweck der Versorgung des Hofs in 12 Gaue eingeteilten Großreich (1Kö 4,7) große Natural-E. bezogen haben. Ein Heer von nordisr. Fronarbeitern stand ihm zur Verfügung 1Kö 5,27 ff. Diese Belastung des Volks durch die staatliche Institution für den Unterhalt des königlichen Hofs führte denn auch bald zu dem Abfall des Nordreichs und dem Zerbruch der Reichseinheit 1Kö 12,1-20. *Kn*

einmütig. Das Wort bezeichnet eine gesinnungsmäßige Übereinstimmung, die zum Bösen oder zum Guten tätig machen kann Apg 7,56; 18,12; aber 15,25. E.keit in der Gemeinde ist das Werk des Hl. Geistes und befähigt zu allem guten Werk Apg 1,14; 2,1.46; 4,24; 5,12; vgl. 4,32. → Einigkeit. *Kü*

Eins, einer, einig = einzig. *1)* Die Mitte der

HS bildet die *große Eins:* Gott der Vater, der Sohn und der Hl. Geist. Von dorther geht eine Linie des Einmaligen, Einheitlichen, Alleingültigen und Ausschließlichen durch die ganze Botschaft der Bibel. Gegenüber aller Vielgötterei, Kreatur- und Menschenvergötterung und jeglichem Götzendienst steht der Glaube an den einen Gott 5Mose 6,4; 2Sam 7,22; Jes 44,6; Mk 12,29.32; Röm 3,30. Ihm allein sollst du dienen Mt 4,10 (→ Gott, Götze). Niemand kann zwei Herren dienen Mt 6,24. — *2)* Gott gibt der Welt den einen Herrn 1Kor 8,6. Wie der Tod durch einen Menschen zu allen durchgedrungen ist, so herrscht die Gerechtigkeit zum Leben durch die Gnade des einen Röm 5,12ff, der für alle gestorben ist 2Kor 5,14. — *3)* Nun wird in Eph 4,4ff im Anschluß daran eine ganze Kette des Einmaligen entfaltet (ein Leib, ein Geist usw), auf dem die Einigkeit der Gemeinde beruht und das alle festzuhalten haben. — *4)* So will das vielfältige Gebot Gottes im Grunde immer eines Gal 5,14; Jak 2,10; Ps 86,11. Eins ist not Lk 10,42; Mk 10,21. Es geht immer wieder um die eine Stunde Lk 22,53. — *5)* Endlich ist die Welt, die Gott liebt und sucht, in der HS kein Kollektiv; es geht um den einen Sünder Lk 15,7. Es leidet in der Nachfolge Christi wieder einer für die anderen Kol 1,24; Röm 9,3; 2Kor 1,4ff. *He*

Einweihung. Ein Heiligtum wurde durch Salbung, durch Bestreichung mit Öl für Gott geweiht; so schon Jakobs Stein 1Mose 28,18; 35,14. Bei der E. der → Stiftshütte und ihrer Geräte 2Mose 30,26ff wurde nach 2Mose 29, 36f der Altar an 7 Tagen mit Salbe bestrichen und nach 4Mose 7,10ff ein 12tägiges Fest gefeiert. Salomo hielt nach 1Kö 8; 2Chr 5-7 zur E. seines Tempels 7 (oder 14) Tage lang ein großes Opferfest, dessen Höhepunkt das Weihegebet war. Von der E. des zweiten Tempels berichtet Esra 6,16f. Aus der Wiedereinweihung des Tempels durch → Judas den Makkabäer 1Makk 4,52ff erwuchs das jährlich wiederholte Tempelweihfest Jo 10,22 (→ Feste). Auch mit der E. eines neuerbauten Hauses 5Mose 20,5 war wohl ein Fest verbunden; so wurde auch der Bau neuer Mauern für Jerusalem festlich gefeiert Neh 12,27ff. *Schl*

Einwohner. Älteste E.spuren in Kanaan reichen in die Steinzeit zurück. Strittig ist, ob die in der Bibel erwähnten vorkanaanitischen Stämme (→ Enakiter, Horiter, Rephaim) Semiten oder Indogermanen waren und ob die nach ägyptischen Denkmalen von der Mitte des 4.Jt. an im Land nachweisbaren semitischen E. schon die Vorfahren der → Amoriter und → Kanaaniter waren oder ob diese eine spätere hamitische Einwanderung darstellen. Die Kanaaniter hatten zZ der Erzväter schon manche Städte im Land. Dieses war bei der Eroberung durch Israel bereits stark bevölkert und städtereich 5Mose 6,10; 7,1; 9,1. Nach den Angaben über die Zahl der waffenfähigen Männer 4Mose 1,46; 26,51 (je rd. 600000) müßte auf eine Volkszahl von etwa 2,5 Mill. geschlossen werden, unter David nach 2Sam 24,9 entsprechend auf etwa 5 Mill.; doch sind diese Zahlen wohl überhöht. Auch zu Jesu Zeit war das Land wieder dicht bevölkert. *(Wai)*

Einzigartigkeit Gottes → Monotheismus.
Einzug → Landnahme.

Eisen. Daß Palästina 5Mose 8,9 als ein Land geschildert wird, dessen Steine E. sind und wo Erzbergbau möglich ist, überrascht, da sich im Land wenig E. findet (eine alte E.grube in der Nähe des Jabbok); größere E.erzlager finden sich im Libanon und auf edomitischem Gebiet. Vielleicht ist 5Mose 8 an den Basalt zu denken, den harten, dunklen Stein, wie auch das „eiserne Bett" des Königs → Og 5Mose 3,11 ein Basaltsarkophag war. So mußte E. eingeführt werden, nach Jer 15,12 aus dem Norden (im 14. u. 13.Jh. vChr hatten die Hethiter in Kleinasien ein Monopol in der E.gewinnung), nach Hes 27,12 über Tyrus aus Spanien. Für Südpalästina hatten zeitweise die → Philister ein Monopol in der Verarbeitung von E. 1Sam 13,19f; vgl. die eiserne Speerspitze Goliaths 1Sam 17,7 und die Kriegswagen der Kanaaniter Ri 1,19; 4,13. In der Eisenzeit Kanaans unterscheidet man die Früheisenzeit 1200-900 und die Späteisenzeit 900-600 vChr. Vom Schmelzen des E. durch Holzkohlenfeuer spricht Hes 22,20, vom Schmieden in der Kohlenglut Jes 44,12. In alter Zeit waren eherne und eiserne Geräte in der Beute wie Silber und Gold dem Herrn heilig Jos 6,19; später wird E. zum allg. Lebensbedarf gerechnet Sir 39,31, etwa in mancherlei Arbeitsgeräten. In bildlicher Verwendung galt das E. als Bild der Härte 5Mose 28,23; Jes 48,4; Mich 4,13; Dan 2,40; Offb 2,27. Im Vergleich mit den Edelmetallen ist E. minderwertig Jer 6,28; Hes 22,8; Dan 2,33. *Schl*

Eitelkeit, eitel. Das von Luther gern gebrauchte Wort mit der Bedeutung nichtig, wertlos, vergänglich wurde durch die Revisionen stark zurückgedrängt. Es ist noch das Stichwort im Buch des → Predigers, das eben daran sein großes Thema hat, daß alles Irdische doch sinnlos ist; sonst begegnet uns das Wort noch Ps 4,3 zur Kennzeichnung der Menschen, die das Irdische und Nichtige lieben, und Jes 40,17 in dem Urteil Gottes über die Völker, die vor ihm nichts gelten; dazu im NT für eine so wertlose Haltung wie Ehrgeiz und Ehrsucht Gal 5,26; Phil 2,3 oder das wertlose Disputieren Tit 3,9 und für die Nichtigkeit überlieferter heidnischer Lebensordnungen 1Petr 1,18. *Schl*

Eiterfluß. Eitriger Ausfluß infolge Harnröhrenentzündung im Zusammenhang mit Krankheiten der Harn- und Geschlechtsorgane machte nach 3Mose 15,2; 4Mose 5,2 unrein und trennte deshalb vorübergehend vom Bereich des Heiligen. Daher war nach der Heilung Waschung und Reinigungsopfer nötig. Davids Fluch über Joabs Nachkommen 2Sam 3,29 betraf auch den E. *Pl*

Ekbatana → Ahmeta.
Ekklesia → Gemeinde.

Ekron (heute wohl = chirbet el-muqanna'), Philisterstadt im Südosten Palästinas Jos 13,3. E. wird Jos 15,45 dem Stamm Juda, Jos 19,43 Dan zugesprochen, ohne daß diese Stämme E. erobern konnten; hierher kam sogar die erbeutete Bundeslade 1Sam 5,10; 6,16. Nur vorübergehend zZ Samuels war E. isr. (vgl. 1Sam 7,14 mit 17,52). In E. wurde nach 2Kö 1,2 ff ein → Baal-Sebub, „der Fliegen-Baal", verehrt. Am 1,8; Zeph 2,4; Jer 25,20 u. Sach 9,5.7 schließen E. in ihre Philisterdrohungen mit ein. Nach 1Makk 10,89 erhielt → Jonathan E. von Alexander Balas zum Geschenk. *Da*

Ekstase (griech. ekstasis = Verzückung) bezeichnet einen Zustand gesteigerter Gefühlserregung, bei der der Mensch entsprechend dem griech. Wortsinn gleichsam außer sich selbst ist, sich aus dem natürlichen in einen höheren seelischen Zustand versetzt fühlt bei gleichzeitiger Ausschaltung des Persönlichkeitsbewußtseins. Obwohl es auch nichtreligiöse E. gibt, ist in der Bibel nur ihre religiöse Erscheinungsform bezeugt.

1) Sie begegnet uns hier einmal als *Visions-E.* Ihr wesentliches Merkmal ist die Entrückung des Bewußtseins in die Ferne des Raumes und der Zeit, wobei der Entrückte eines Blickes in höhere Welten teilhaftig wird. So etwa, wenn von dem aramäischen Seher Bileam 4Mose 24,3 ff überliefert wird, daß er im Geist, „hingesunken und enthüllten Auges, Gesichte des Allmächtigen schaut"; vgl. bes. auch Apg 7,55. Eine besondere Form solcher Visionen gleichsam als Medien göttlichen Führungswillens begegnet uns Apg 9,10; 11,5; 16,9.

2) In einer anderen Gestalt findet sich die E. als *Auditions-E.*, bei der an die Stelle von Gesichten das Hören von Worten tritt, wie es von der Berufung und dem Wortempfang der ATlichen Propheten bezeugt ist. Im prophetischen Erlebnis gehen gewöhnlich Visionen und Auditionen ineinander über Jes 6,1 ff; Hes 1,4 ff; 2,1 ff usw, vgl. Offb 1,10 ff.

3) Paulus kennzeichnet 2Kor 12,1-7 noch eine dritte Art ekstatischer Erscheinungen, die *Verzückungs-E.*, bei der er von einer Entrückung in den dritten Himmel bzw. das Paradies spricht.

4) In der HS ist indessen nicht nur die Individual-, sondern auch die *Gruppen-E.* bezeugt. Sie begegnet uns in der Geschichte Israels zum erstenmal bei den Prophetenscharen der Zeit Samuels 1Sam 10,5 f. 10 f; 19,19 ff. An einem gottesdienstlichen Ort versammelt, haben sich diese Gruppen offenbar durch gemeinsam vollzogene rhythmische Exerzitien (vgl. 2Sam 6,5), durch öfters wiederholte kurze Kultlieder und Musik 1Sam 10,5 (vgl. 2Kö 3,15) in einen Verzückungszustand gesteigert, der etwas Ansteckendes an sich hatte und Außenstehende mitriß 1Sam 10,10; 19,20 ff. Ähnliche Praktiken werden von außerisraelitischen Propheten berichtet 1Kö 18, 26.28. Trotz der Verwendung solcher „Reizmittel" verstehen sich die isr. Gruppenekstatiker ganz als Werkzeuge Jahwes, die sich gerade in ihrem außergewöhnlichen seelischen Zustand durch Gottes Geist mit höheren Kräften und besonderen Weisungen für ihr Volk ausgerüstet wissen; wie denn alle in der Bibel erwähnten Formen der E. immer als göttliche Begnadung zum Zweck besonderer Offenbarungen und Dienste im Reich Gottes verstanden werden. Mit dem egoistisch-frommen Streben der Mystik nach Gotteinung haben sie nichts zu tun. *Ste*

El, hebr. = Gott. Die Herkunft und Bedeutung dieser in allen semitischen Sprachen (außer im Äthiopischen) vorkommenden Wurzel (akkadisch *ilu*, arabisch *ilah*, mit Artikel *allah*) ist nicht klar (von 'wl, stark sein?). Schon in den ältesten Belegstellen findet sich E. in zweifacher Bedeutung, als Appellativum und als Eigenname eines bestimmten Gottes. Es läßt sich mit den uns augenblicklich zur Verfügung stehenden Texten nicht entscheiden, ob E. zunächst bloß als Appellativum für jede beliebige Gottheit und nachher erst als Eigenname benutzt wurde. Auch im AT finden sich beide Bedeutungen, zB Eliel, „mein Gott ist El" 1Chr 11,46 (vgl. Elia „mein Gott ist Jahwe"). Als Eigenname kommt E. zB Jes 40,18 u. Ps 10,11 vor zur Bezeichnung Jahwes, so bes. häufig in den Handschriften vom Toten Meer. Doch wird E. in der Bezeichnung für den Gott Israels meist durch Elohim ersetzt.

In den Patriarchenerzählungen begegnet E. öfters, einmal in Namen wie *el ro'i* (Gott des Sehens, allsehender Gott 1Mose 16,13), *el 'olam* (Gott der Urzeit, in Beerseba 1Mose 21,33), *el bethel* (Gott, der sich in Bethel offenbarte 1Mose 31,13; 35,7), *el eljon* (Gott, der Höchste 1Mose 14,18 ff) und *el schaddaj* (Bedeutung unsicher: Gott des Berges? 1Mose 17,1; 2Mose 6,3). Als an bestimmte Orte gebundene kanaanitische Lokalgötter, die ihre Existenz einer Personifizierung von Naturkräften oder Naturobjekten zu verdanken hätten, sind diese El-Gestalten nicht anzusehen, sondern als Erscheinungsformen eines bestimmten Gottes, dessen Gestalt uns die Texte von Ugarit erkennen lassen: Er steht als weiser König an der Spitze des Pantheons, ist Vater der Götter und Schöpfer der Geschöpfe. Das ihm öfters beigelegte Epitheton „Stier" kennzeichnet seine Kraft und Herrschaft. Der auf einem Throne sitzende, als Greis dargestellte E. erscheint jedoch nirgends als Fruchtbarkeitsgott und ist demnach grundsätzlich von Baal zu unterscheiden.

Zum anderen findet sich in den Patriarchenerzählungen die Gestalt des Vätergottes („der Gott deines Vaters" 1Mose 46,3; „der Gott deines Vaters Abraham" 1Mose 26,24 usw.). Der Gott ist weder durch einen besonderen Namen noch durch einen Ort oder ein Attribut, sondern durch sein Verhältnis zu dem von ihm gerufenen und geschützten Menschen bestimmt. Der Verehrerkreis setzt sich aus dem Ahn und seinen Nachkommen zusammen. So stehen 1Mose 31,53 der Gott Nahors und der Gott Abrahams bei der Abmachung zw. Laban und Jakob einander gegenüber. Die Verehrung solcher Vätergötter läßt sich bei den nomadischen Nabatäern inschriftlich belegen, die zwar 1000 Jahre später, aber in ganz ähnlichen Verhältnissen lebten. Ob man, wie zZ meist angenommen wird, streng zwischen einem Gott Abrahams, einem Gott Isaaks und einem Gott Jakobs zu unterscheiden hat und ob demgemäß ursprünglich getrennte Kultkreise des Gottes Abrahams, des Schreckens Isaaks 1Mose 31,42.54 und des Starken Jakobs 1Mose 49,24 vorauszusetzen sind, muß noch näher untersucht werden. Jedenfalls in den bibl. Traditionen weisen der Vätergott und die sonstigen El-Gestalten auf den gleichen, nachher mit Jahwe verschmolzenen Gott hin. Durch die Anwendung des Namens E. oder Elohim vor der Erzählung der Offenbarung Gottes an Mose 2Mose 3 und durch die Bemerkung 2Mose 6,2 f, der Herr sei Abraham, Isaak und Jakob noch nicht mit dem Namen Jahwe offenbart worden, werden bestimmte in den Büchern Mose niedergelegte Traditionen der unverkennbaren Tatsache gerecht, daß die Israeliten nicht immer Jahweverehrer gewesen sind.

Lit.: A. Alt, Der Gott der Väter, Stuttgart 1929; O. Eissfeldt, El im ugaritischen Pantheon, Berlin 1951; B. Gemser, God in Genesis, Oudtestamentische Studiën XII, 1-21; J. Hehn, Die biblische und die babylonische Gottesidee, Leipzig 1913; M. Pope, El in the ugaritic texts, Leiden 1955; TWNT III, 79-90. *v. d. W.*

Elam. *1)* E., in akkadischer und assyrischer Bezeichnung Elamtu (= griech. Elymais), bedeutet *„das Hochland"* zw. Mesopotamien und Persien östlich des Persischen Golfs. Schon seit 2500 vChr setzte sich neben sumerischen Einflüssen bei der Bevölkerung E.s die semitische Kultur durch. Entsprechend wird E. 1Mose 10,22 = 1Chr 1, 17 als erster Sohn → Sems vor → Assur eingeordnet. Zunächst in viele Stadt- und Feudalstaaten zerfallen, erlebte E. am Ende des 3.Jt. seine erste Blütezeit (Tempelbau in Susa, Bilderkeilschrift, Großkönigtum). Während der → Hammurabi-Dynastie in Babylon hielt sich E. selbständig. Mit Kedor-Laomer (1Mose 14, 1 ff) könnte ein „Diener" der elamitischen Königin Lagamar gemeint sein. Im 12. Jh. unterwirft E. Mesopotamien bis nach → Assur und → Ninive (die Gesetzessäule → Hammurabis wurde nach → Susa gebracht). Nach weiteren wechselvollen Kämpfen mit Assur um → Babel und den Seehandel konnte E. dem → Sargon 721 widerstehen und 691 →Sanherib schlagen, der jedoch 689 u. a. auch mit elamitischen Söldnern (Jes 22,6) Babel eroberte. Assurbanipal unterwarf schließlich um 650 E.; ein Teil der Bevölkerung wurde verschleppt; auch → Samaria erhielt Kolonisten aus E. Esra 4,9. Vom Untergang E.s reden Jer 49,34 ff; Hes 32,24. Zu persischer Zeit wurde Susa Reichshauptstadt (vgl. Jes 21,2; Dan 8,2; auch Esth handelt dort). Die als Gefangene oder Händler nach E. gekommenen Juden pilgern noch in NTlicher Zeit nach Jerusalem Apg 2,9.

2) Name eines Benjaminiten 1Chr 8,24; eines Korahiten 1Chr 26,3; eines Priesters im Dankchor Neh 12,42.

3) Sippenname einer aus Babel heimkehrenden *jüd. Familie* Esra 2,7; 8,7; 10,2.26; Neh 10,15; 7,12. Der Zahl und wohl auch der Sache nach sind die Esra 2,7 und Neh 7,12 genannten 1254 Männer E.s dieselben wie die Esra 2,21 und Neh 7,34 erwähnten Heimkehrer. *Da*

Elath oder Eloth, Name einer Hafenstadt am Nordende des nach ihr benannten älanitischen Meerbusens, des Golfs von ʿaqaba. Das den Edomitern wohl durch David, 2Sam 8,14, entrissene E. war unter Salomo ein bedeutender Stapelplatz für die Ophir-Schiffahrt 1Kö 9,26; 2Chr 8,17. Nachdem es wahrscheinlich in den vierziger Jahren des 9.Jh. wieder an die Edomiter verlorengegangen war, eroberte Usia es noch einmal zurück 2Kö 14,22; 2Chr 26,2. Doch schon um 735, unter Ahas, geriet es wieder in die Hände der Edomiter (so statt Aramäer) 2Kö 16,6. Das Verhältnis zwischen E. und → Ezjon-Geber ist bis heute ungeklärt; nach manchen ist E. nur ein jüngerer Name für dieses. *Rü*

Eldad und Medad 4Mose 11,24-29, zwei von den 70 zu Moses Unterstützung berufenen Ältesten. Über beide kommt (während der Versammlung um die Stiftshütte) Gottes Geist, die prophetische Entzückung, auch im Lager; Mose wünscht, sie möge über das ganze Volk kommen. *(Schw)*

Eleasar, häufiger Name im AT. *1)* Am berühmtesten der Sohn und Gehilfe Aarons 2Mose 6,23; 3Mose 10,6 u. a., Priester und Vorsteher der Leviten 4Mose 3,32, nach Aarons Tod sein Nachfolger als Hoherpriester 4Mose 20,26 ff, von Mose zur Aufteilung des Landes bestimmt 4Mose 34,17; Jos 14,1; 17,4, in Gibea begraben Jos 24,33, mit seinem jüngeren Bruder Jthamar Stammvater des hohenpriesterlichen Geschlechts und der 24 Priesterordnungen 1Chr 24. — *2)* Ein Held Davids im Philisterkampf 2Sam 23,9 ff; 1Chr 11,12. — *3)* Sohn Abinadabs, Hüter der hl. Lade in Kirjath-Jearim 1Sam 7,1. — *4)* Ein Bruder des Judas Makkabäus 1Makk 2,5, der den vermeintlichen Kriegselefanten des Königs Antiochus V. tötete und unter ihm den Tod fand 6,43 ff. — *5)* Ein berühmter Schriftgelehrter zZ des Antiochus Epiphanes, der 90jährig als Märtyrer für die isr. Speisegebote starb 2Makk 6,18-31. — *6)* Im NT in Jesu Stammbaum Mt 1,15 Josephs Urgroßvater. *(Schw)*

Elefant. Der indische E. wurde dem Abendland

dadurch bekannt, daß im persischen Heer als schwerste Waffe Kriegselefanten eingesetzt waren, die in einem hölzernen Turm Bewaffnete trugen. So stießen die Makkabäer in den syr. Heeren auf Kriegselefanten mit indischen Lenkern, zB 1Makk 6, 34ff; von der opfermutigen Tötung eines E. erzählt 6, 43ff. → Elfenbein. *Schl*

Elemente (Weish 7, 17; 19, 17; 2Petr 3, 10. 12), die Grundstoffe der irdischen Welt: Erde, Feuer, Wasser, Luft, durch Gottes Hand geschaffen, nach Gottes Willen vergehend, — im Unterschied von den außerbiblischen Religionen, in denen die Weltelemente weithin selbständige Kräfte oder Gottheiten sind. Nach Gal 4, 3 u. Kol 2, 8. 20 umfassen die „E. der Welt" (Luther: Satzungen) alles, was an geistigen Mächten und Strebungen in der Welt vorhanden ist und mit Christus in Konkurrenz treten möchte. *Gü*

Elen → Antilope.
Elend → Armut.

Elephantine.
1) Lage, Name. 2) Entdeckung der Papyri. 3) Inhalt der Papyri. 4) Die jüdische Gemeinde.

1) E. ist eine ca. 1½ km lange Nilinsel mit lang vorspringender unbewohnter Nordspitze (daher auch Längenangabe bis zu 3 km) etwas nördlich des ersten Kataraktes (Staudamm von Assuan) westlich der heutigen Stadt Assuan auf dem Ostufer, durch einen 150 m breiten Flußarm getrennt. Heute von drei kleinen Berberdörfern bedeckt, war sie im Altertum ein wichtiger Militär- und Handelsplatz, offenbar für den Elfenbeinhandel, der der Insel den Namen gab. Die antike Stadt lag an ihrer Südspitze, noch heute durch hohe Schutthügel kenntlich. An der Südostseite befindet sich der schon im Altertum berühmte, durch Strabo beschriebene Nilmesser, an dem der Wasserstand abgelesen werden konnte. Er besteht in einem schrägen, mit einer Treppe versehenen Schacht, an dem die Wasserstandsmarken aus antiker Zeit, mit Inschriften versehen, erkennbar sind. Um 450 hat der griech. Geschichtsschreiber Herodot die Insel besucht. Unter dem Kaiser Trajan war hier Kommandant der römischen Kohorte der lateinische Dichter Juvenal.

2) Für die bibl. Geschichte ist die Insel bedeutsam durch eine *jüdische Militärkolonie* in persischen Diensten während des 5. Jh. vChr. Diese jüd. Gemeinde ist durch die Entdeckung aramäischer Papyri bekannt geworden. Nachdem schon 1893 der amerikanische Ägyptologe Wilbour die ersten dieser gut erhaltenen Papyri von Frauen, die in den Ruinenstätten nach Dünger gruben und dabei die Papyri in den Kellern der antiken Häuser fanden, gekauft hatte, durch seinen Tod aber an der Veröffentlichung gehindert worden war (erst 1953 veröffentlicht!), wurden im Anfang dieses Jh. weitere Funde gemacht, die der Anlaß zu systematischen Ausgrabungen wurden.

3) Inhaltlich stellen die jüd., in aramäischer Sprache geschriebenen Papyri Kauf- und Ehekontrakte sowie Sklavenurkunden dar, die samt und sonders aus den Hausarchiven der verschiedenen jüd. Familien stammen. Sie enthalten kulturgeschichtlich interessantes Material auch für die freiere Stellung der Frau und für die Bedingung der Sklavenentlassung. Besonders bedeutsam und religionsgeschichtlich wichtig sind die Nachrichten über den in E. entstandenen *jüdischen Jahwetempel,* in dem, wie es scheint, neben Jahwe noch andere Gottheiten Eschimbethel, Anathbethel und Cherembethel verehrt wurden. Über die Beschaffenheit des Tempels erfahren wir, daß er Steinsäulen, fünf Steintore mit hölzernen Türflügeln und ein Dach aus Zedernholz hatte. Er war mit goldenen und silbernen Sprengschalen des Opferrituals ausgestattet. Auch blutige Opfer sind dargebracht worden. Über die Lage des Tempels haben die Ausgrabungen keine Klarheit gegeben. Er scheint 399 vChr mit dem Aufkommen der 29. Dynastie unter König Nepherites gründlich zerstört worden zu sein, nachdem er schon 411 eine Zerstörung erlitten hatte. Die neuen Papyri von Wilbour haben gezeigt, daß er nach 408 wieder aufgebaut wurde und sein Kult abermals in vollem Gang war, doch ohne Tieropfer. Von hl. Schriften oder Spuren eines neben dem Tempeldienst ausgeübten synagogalen Kultus ist nichts aufgefunden worden. Auch aramäische Ostraka haben keinen weiteren Aufschluß gegeben.

4) Die Frage, wann die jüd. Gemeinde dort entstanden sein kann, wird durch einen Papyrus dahin beantwortet, daß der Tempel schon vor der Zeit des Kambyses (522 vChr) bestanden hat. Das würde etwa auf die Mitte des 6. Jh. vChr führen. Dann könnten Juden des 587/86 zum Ende gekommenen Südreiches dorthin abgewandert sein; vgl. Jer 43, 1-7. Andere Meinungen wollen in noch frühere Zeit hinaufgehen. Schwer erklärlich bleibt, wenn man die esranische Reform um 458 vChr ansetzt, die Existenz eines jüd. Tempels neben dem Jerusalemer Tempel. Die Ersterbauer des E.-Tempels müßten der Meinung gewesen sein, daß Jahwe sein Land und seinen Tempel verlassen habe. Sie wenden sich nach der Zerstörung 411 auch unbefangen nach Jerusalem und Samaria um Hilfe für den Wiederaufbau. Offenbar bestanden hier theol. Gegensätze zw. palästinischer und ägyptischer Judenschaft, wie ja auch in späterer Zeit das griech. sprechende Judentum des Delta freier eingestellt gewesen ist als das strenge palästinische Judentum. Esra braucht darum jedenfalls nicht später angesetzt zu werden. Die weiteren Textfunde auf E. in griech. und demotischer Sprache geben keine Nachrichten über den E.-Tempel. Die Auffindung von neuen Nachrichten über das Schicksal der jüd. Gemeinde liegt im Bereich der Möglichkeit, wie die seit 1933 bekannt gewordenen Briefe des persischen Satrapen Arsames beweisen. *Ba*

Elfenbein wurde in die Länder Vorderasiens aus Afrika eingeführt 1Kö 10,22, zT durch Vermittlung der Phönizier Hes 27, 15, und wurde gern zu mancherlei Schmuck verarbeitet: an Luxusmöbeln wie an Salomos Thron 1Kö 10,18, an Ruhebetten Am 6,4, an Gerät Offb 18, 12, an Prunkschiffen Hes 27,6 oder als Verkleidung von Wänden in „E.-Palästen" 1Kö 22, 39; Am 3,15; Ps 45, 9. Das schöne Weiß des E. wird zum Vergleich für den menschlichen Körper benützt HL 5,14; 7,5. Die → Ausgrabungen in Palästina brachten überaschend viele Funde aus E., allerlei Schnitzwerk, Figuren und Geräte, zT offenbar in einheimischer Arbeit nach fremden Motiven. → Tafeln 31, 32. *Schl*

Eine Zierleiste aus Ahabs Palast
Die schöne Leiste mit Palmen-Motiven, 18 cm hoch, ist ein Beispiel für das Kunstgewerbe des 9.Jh. vChr.

Ein Cherub aus Samaria
In Ahabs Palast in Samaria wurden Reste der Elfenbein-Schnitzereien gefunden, mit denen einst die Zedernholz-Wände eines Prunkraums und einzelne Luxusmöbel eingelegt waren. In der Darstellung eines Cherubs im Lotos-Dickicht, die wohl zu einer Einfassenden Leiste gehörte, sind ägyptische Einflüsse unverkennbar; die sagenhafte Mischgestalt zeigt einen Menschenkopf, einen Löwenleib und starke Flügel. Die durchbrochene Arbeit ist nur 7,8 cm hoch.

Elhanan. *1)* 2Sam 23,24 Sohn des Dodo, einer der Helden Davids.

2) 2Sam 21,19 Sohn des Jaïr, der den Goliath erschlug.

3) 1Chr 20,5 Sohn Jaïrs, der den Bruder Goliaths erschlug. 2Sam 21,19 u. 1Chr 20,5 meinen wohl den gleichen Sohn des Jaïr (nicht Jaere!); vielleicht wurde die Tötung Goliaths durch E. erst später auf David übertragen (vgl. 1Sam 17 u. 19,5), oder E. tötete nur den Bruder Goliaths; auch wird vermutet, daß der Eigenname → Davids E. gelautet habe. *Peu*

Eli. *1)* Nach 1Sam 4,18 der letzte Richter, aus dem Geschlecht Ithamars, als Priester am Heiligtum in Silo. Der junge Samuel, der bei ihm aufwächst 1Sam 1,24ff; 3,1ff, kündigt ihm Gottes Strafgericht an wegen seiner Schwäche gegenüber den entarteten Söhnen 1Sam 3,11-18. Die Schreckensnachricht von der verlorenen Philisterschlacht, dem Verlust der hl. Lade und dem Tod seiner Söhne bringt dem 98jährigen E. den Tod 1Sam 4,13-18. → Ahimelech und → Abjathar, seine Nachkommen. — *2)* Vater Josephs im lukanischen Stammbaum Jesu Lk 3,23. *(Schw)*

Elia.

1) Name, Herkunft. 2) Quellen. 3) Legende und Geschichte. 4) Bedeutung. 5) Nachwirkung.

1) E. tritt als Prophet im Nordreich Israel auf während der Regierung der Könige Ahab und Ahasja aus der Omridendynastie um die Mitte des 9.Jh. vChr. Sein Name (hebr. elijjahu) bedeutet „Mein Gott ist Jahwe". Er kommt aus Thisbe im Ostjordanland, also einem Bezirk isr. Lebens, in dem sich die Traditionen der nomadischen Zeit Israels stärker erhalten haben.

2) Die Erzählungen des AT über ihn sind 1Kö 17-19.21; 2Kö 1.2 enthalten. Sie gruppieren sich um verschiedene Ereignisse: eine mehrjährige Dürre im Land, die Wiederinbesitznahme eines ursprünglich Jahwe geweihten Heiligtums auf dem Karmel, eine Verfolgung des Propheten durch die Königin Isebel, ein Rechtsverbrechen des Königs Ahab in Jesreel, die Befragung einer kanaanäisch-philistäischen Gottheit durch den König Ahasja. Eingestreut in diesen Erzählungskranz ist der Bericht über die Berufung Elisas zum Propheten 1Kö 19,19-21. Der Erzählungskranz ist 2Kö 2 abgeschlossen durch die Geschichte seiner wunderbaren Entrückung.

3) Die Erzählung von der wunderbaren Speisung und der Totenerweckung 1Kö 17, von der Wallfahrt zum Horeb 1Kö 19, von der Vernichtung der abgesandten königlichen Häscher 2Kö 1 tragen deutlich legendäre Züge, ohne daß ein geschichtlicher Kern angezweifelt werden kann. So kann der Erzählung von der Dürre ein geschichtliches Ereignis zugrunde liegen, das sich in einer Notiz des Josephus (Jüd. Altertümer VIII, 13, 2) widerspiegelt.

Das sog. Gottesurteil auf dem Karmel beruht ebenfalls auf einem geschichtlich nachzuweisenden Tatbestand. In der Gauliste Salomos erscheint das Karmelgebiet nicht 1Kö 4,7ff. Es scheint an Tyrus abgetreten worden zu sein 1Kö 9,10ff. Unter Ahab ist das Karmelgebiet wieder im isr. Besitz vorausgesetzt. Es handelt sich offenbar in der 1Kö 18 erzählten Geschichte um die Durchsetzung der alleinigen Verehrung Jahwes in diesem Gebiet. Auch die Nabothgeschichte 1Kö 21 muß trotz mancher schriftstellerischen Ausgestaltung als geschichtlich angesehen werden. Auch einer tyrischen Prinzessin, die isr. Königin geworden war, muß ein ausreichendes Maß von Kenntnissen isr. Rechtsgepflogenheiten zugetraut werden. Wenn Obadja 1Kö 18,3 als Jahwegläubiger geschildert wird, kann durch ihn Kenntnis von höfischen Vorgängen in die jahwetreuen Kreise gedrungen sein. Außerdem bestätigt der Geschichtsbericht in 2Kö 9,25f die wesentlich geschichtlichen Züge der Nabothgeschichte. Auch daß das Jahwewort, das E. verkündigt 1Kö 21,20ff, so nicht eingetroffen ist, kann die Geschichtlichkeit nur unterstreichen.

In der Geschichte der Befragung des Gottes →Baal-Sebub von Ekron durch den König Ahasja 2Kö 1 ist das Auftreten des E. nicht zu bezweifeln; denn hier geht es um offenkundige Verletzung des Hoheitsanspruches Jahwes an sein Volk. Ist nach ugaritischen Texten dieser Baal der bl zbl = Fürst Baal, eine Form des sterbenden und wiederauferstandenen Gottes der Fruchtbarkeit (NT Beelzebul!), so hat es schon seinen Sinn, daß Ahasja ihn um ein Orakel über Wiedergesundung befragen läßt. Auch daß der Prophet den Elisa beruft, gehört in das Reich der Geschichte, spiegelt aber ein Stadium der Prophetie, in der die Berufung durch einen Meisterpropheten erfolgte.

Schwieriger ist die Geschichte von der Wallfahrt zum Horeb. Die Unsicherheit über die Lage des Berges würde an sich nichts besagen, da E. seine Wallfahrt auf einen Berg gerichtet haben könnte, der für seine Traditionsbindung der geweihte Berg war. Auch die Erscheinung Jahwes dort kann, da es sich um ein prophetisches Erleben handelt, nicht angezweifelt werden. Möglich allerdings ist, daß in den verschiedenen Erscheinungen — die letzte ist die Jahweerscheinung — sich eine spätere Kritik an dem Prophetentum jener Tage ankündigt.

4) E.s Bedeutung in seiner Zeit ist vor allem darin zu sehen, daß er ungestüm für Jahwe vor König und Volk eintritt, den Rechtsanspruch Jahwes vor diesen Größen entschlossen wahrt und als Prophet überall da öffentlich und ungefragt Stellung nimmt, wo sein Gott es ihm befiehlt. Der Öffentlichkeitsanspruch der Prophetie kommt bei ihm zum vollendeten Ausdruck und drängt den stärker werdenden kanaanäischen Einfluß zurück. Der Jahweglaube erweist sich nicht nur als lebensfähig, sondern er ist überhaupt der einzige, der Anspruch in Israel erheben kann. Durch die Deutung der Dürre als Strafgericht Jahwes leitet er zu ihrem theol. Verständnis an. Dazu war die kanaanäische Götterlehre unfähig. E. muß als ein Erwecker des Jahweglaubens angesehen werden, der durch ihn in dem isr. Volksteil zu neuer Wirksamkeit gebracht wurde.

5) Er muß eine außergewöhnliche Volkstümlichkeit gehabt haben. Davon zeugen die legendären Züge, die eine Liebe der Nachfahren zu dieser gewaltigen Prophetengestalt bekunden. Noch im 5.Jh. vChr hat man sich mit ihm beschäftigt. Dafür ist 2Chr 21,12-15 ein Beweis und vor allem Mal 3,23f, wo seine Gestalt bereits eine Art messianischen Charakters hat.

Auch das Spätjudentum hat sich stark mit ihm befaßt. Das zeigen die drei Eliasapokalypsen sowie die Auffassung E.s als Vorläufer des Messias (Sir 48,10f und in rabbinischer Tradition). Im NT wird er neben Mose, Abraham und David am meisten erwähnt. Daneben steht die Erwartung seines Vorläufertums (Jo d.T. Mt 11,10. 14; 17,12). Auch Jesus gegenüber wird die Gleichsetzung mit E. erwogen Mk 6,14f; 8,28; Lk 9,19. In der Verklärungsgeschichte wird er mit Mose zusammengestellt Mt 17,3, *Ba*

Elieser. *1)* Hausvogt (Adoptivsohn?) Abrahams aus Damaskus 1Mose 15,2 (Text verstümmelt), wirbt in Abrahams Auftrag für Isaak um → Rebekka 1Mose 24. — *2)* Zweiter Sohn des Mose und der Zippora 2Mose 18,4, Ahnherr eines Priestergeschlechtes 1Chr 23,15ff. — *3)* Prophet gegen König Josaphat 2Chr 20,37. In Jesu Stammbaum Luk 3,29. *(Schw)*

Elihu. E. (= Er ist [mein] Gott) hält im Buch → Hiob, von Einleitung und Schluß umrahmt (32,6-22; 37,14-24), drei gleichmäßig aufgebaute Reden (33,1-30; 34,1-37; 33,31-33 u. 35,1-36,26), die durch einen Hymnus erweitert sind (36,27-37,13). Das Leid des Menschen gilt ihm zunächst als Erziehungsmaßnahme zur Besserung und als Prüfung des Hartnäckigen zur Umkehr, erst danach als vergeltende Strafe.

Lit.: G. Fohrer, Die Weisheit des Elihu, Studien zum Buche Hiob, Gütersloh 1963, S. 87-107. *Fo*

Elisa. In einer früheren Forschungsperiode hielt man E. nur für eine literarische Spiegelung der Eliagestalt. Dieses schroffe Urteil wird man angesichts der Quellen nicht aufrechterhalten können. Daß er in der bibl. Tradition als der Jünger des Elia erscheint, wird man mit guten Gründen nicht bestreiten, da seine Berufungsgeschichte zu den Eliaerzählungen gehört. Sein prophetischer Weg ist anders als der des Elia. Einmal scheint er stärker mit den Prophetenscharen verbunden gewesen zu sein. Sie waren an den Jahweheiligtümern in Bethel, Gilgal, Jericho ansässig. Nach 2Kö 6,1ff scheint er sich auch mit ihrer Belehrung abgegeben zu haben. In einer anderen Periode seines Lebens ist er allein mit nur einem Gehilfen Gehasi gewesen. In der Geschichte der Totenerweckung sucht ihn die Mutter des Toten 2Kö 4,25 auf dem Karmel auf. Ein ganzer Legendenkranz hat sich um seine Gestalt gewunden. Allerhand Wunder und außergewöhnliche Taten werden von ihm berichtet. Er macht Wasser genießbar, läßt spottende Kinder durch zwei Bären vernichten, vermehrt Öl, erweckt den toten Sohn der Sunamitin, macht ein Koloquintengericht genießbar, vermehrt Speise, heilt vom Aussatz, bringt Eisen zum Schwimmen, verrät Verstecke der Aramäer, läßt ein feindliches Heer kraft seiner Fürbitte mit Blindheit geschlagen werden; selbst nach seinem Tode wird ein zu ihm in das Grab geworfener Leichnam wieder lebendig 2Kö 2,19-25; 4,1-8,15; 13,14-21. Andererseits ist E. ein aufmerksamer Beobachter der Zeitgeschichte gewesen. Auf verschiedenen Kriegszügen hat er die Könige begleitet und mit Rat und Tat unterstützt. Auch in Damaskus soll er anläßlich eines Thronwechsels seine Hände im Spiel gehabt haben 2Kö 7,7-15. In Israel selbst ist er das Haupt des jahwistischen Widerstandes gegen die Omridendynastie gewesen. Er gibt das Signal zur Erhebung, indem er durch einen ausgesandten Prophetenjünger Jehu im Feldlager zu Ramoth in Gilead zum König salben läßt. Im Geschichtsbericht 2Kö 9.10 taucht E. allerdings nach 9,1-3 nicht mehr auf. Offenbar hat die prophetische Bewegung im Nordreich das von Jehu veranstaltete Blutbad aufs schärfste mißbilligt (vgl. Hos 1,4).

Der theol. Ertrag seines prophetischen Wirkens erscheint gering. Doch darf man bei diesem Urteil nicht vergessen, daß wir über ihn nur auf die mit späterer Legendenbildung ausgestattete Überlieferung des AT angewiesen sind. Nur an Spuren können wir feststellen, daß er insofern echter Prophet gewesen ist, als er in der Öffentlichkeit gewirkt hat bis hin in die internationale Welt hinein. Er muß als ein Ausläufer der großen Erweckungsbewegung des Elia angesehen werden, ein Mann der zweiten Generation, dem neben der Begeisterung der ersten Generation wohl auch das Empfinden für die Grenze zwischen Jahweglauben und polit. Tat fehlte. *Ba*

Elisabeth. Frau des Zacharias und Mutter von Johannes dem Täufer. Stammt aus Aarons Geschlecht Lk 1,5 und war verwandt mit Maria Lk 1,36. Sie wird noch im Alter, nach langer kinderloser Ehe Mutter Lk 1,7.18.57 ff. Sie begrüßt Maria als „die Mutter meines Herrn" Lk 1,42 ff. Nach einigen Textzeugen wäre der Lobgesang der Maria („Magnificat") von E. gesprochen worden. *Bie*

Eljakim → Jojakim.
Elle → Maße.

Elohist.
1) Name. 2) Literarische und theol. Eigenart. 3) Entstehungszeit.

1) E. ist die Bezeichnung einer der vier Quellenschriften des Pentateuch nach der hebr. Gottesbezeichnung elohim; jedoch ist der Gebrauch dieser Bezeichnung für die Quelle keineswegs allein charakteristisch, da etwa auch die Priesterschrift sie anwendet. E. ist also eine aus der Wissenschaftsgeschichte übernommene, üblich gewordene Benennung.

2) Die Quellenchrift E. reicht in stärkeren und schwächeren Spuren, oft eng verflochten mit der jahwistischen Schrift (J) von 1Mose 15 bis 5Mose 34. Der Sprachbestand ist reich an charakteristischen Wendungen und erleichtert daher die Aussonderung des zum E. gehörenden literarischen Gutes. Die Erzählung ist lebendig, oft mit psychologischer Profilierung der Beteiligten (1Mose 22); Anthropomorphismen werden vermieden, die Wunder mit Freude an der Steigerung des wunderbaren Vorgangs erzählt. Offenbarungen werden durch Träume und Engel vermittelt. Allgemein schätzt der E. die Propheten hoch. Abraham und Mose erscheinen als Propheten. 4Mose 11,25 ff u. 12,6 verraten Kenntnis des altisr. geistgewirkten Prophetentums. Die prophetische Geschichtsbetrachtung mit den Blickpunkten der menschlichen Sünde und des göttlichen Gerichts ist bereits vorhanden, zB 2Mose 32,34. Überwiegend gilt, obwohl der E. den gleichen Traditionsstoff wie der Jahwist verarbeitet, das Interesse Nordisrael. Eingearbeitet sind in die Schrift ältere Materialien, zB Mirjams Hymnus 2Mose 15,21, die Sprüche an die Lade 4Mose 10,35 f, ferner das Zitat aus dem Buch der Kriege Jahwes 4Mose 21,14 f.17 f.27-30 u. a. Nicht die nationale, sondern die religiöse Ausnahmestellung Israels ist ein Grundgedanke des E.

3) Als *Abfassungszeit* wird in der Regel das Jh. der Schriftprophetie angenommen, also etwa die Mitte des 8.Jh. vChr. Das Nordreich muß jedenfalls bei Abfassung noch bestanden haben. Möglicherweise könnten aber auch die Betonung des religiösen gegenüber dem politisch-nationalen Element sowie die Hochschätzung der Prophetie darauf hinweisen, daß die Schrift bzw. die ihr zugrundeliegenden Traditionen wesentlich älter sind und vielleicht noch in die vorstaatliche Zeit zurückreichen, als die prophetische Bewegung in der Samuelzeit die Wiedererstarkung des Jahwismus während der Philisterzeit bewirkte. Die Heimat des Verfassers wird Nordisrael gewesen sein.

Einige Forscher haben das Vorhandensein einer selbständigen E.schrift bestritten. Überwiegend wird mit E. als einer selbständigen Schrift gerechnet. *Ba*

Elteke. Name einer Levitenstadt in Dan Jos 19,44; 21,23, heute möglicherweise tell el-melat in der Nähe von Ekron. Nach dem sog. Taylor-Zylinder war E. (Altaqu) die Stätte von Sanheribs Sieg über die südpalästinischen und ägyptischen Streitkräfte i. J. 701 vChr. *Rü*

Eltern. Von der natürlichen Vater- und Mutterschaft — den Begriff „E." kennt nur das NT — spricht die Bibel sehr häufig. E.schaft bedeutet Segen 1Mose 15,5; 22,17; 24,60, Kinderlosigkeit dagegen Unglück 1Mose 16,2; 30,2; 1Sam 1,5. Den E. fiel die gesamte Erziehung der Kinder zu, woraus sich für diese die sehr oft ausgesprochene Pflicht zur Achtung vor der elterlichen Würde ergab 2Mose 20,12; 21,15.17; 3Mose 18,7; 19,3; 5Mose 5,16; 27,16; Spr 1,8; 6,20; 10,1; 15,20; 19,26; 23,22.25; 28,24; 30,11.17. Die elterliche Erziehungspflicht bestand vor allem in der Überlieferung von den den Vätern durch Gott erwiesenen Heilstaten und damit in der Einweisung der Kinder in den Glauben Israels 2Mose 12,26f; 13,14; 5Mose 6,20ff; 32,7; Jos 4,6f. Wer darum die Eltern verachtet, verachtet damit zugleich Gott und die Glaubensgemeinschaft Israels. Segen oder Fluch der E. werden als grundlegend für die Zukunft des Kindes angesehen 1Mose 27,4ff; 49, 1ff; Sir 3,11. Daß Gottes Liebe zu den Seinen mit der elterlichen Liebe zum Kind verglichen wird, gibt der E.schaft ihren tiefsten Sinn Jes 66,13; 49,15. *Das NT* bestätigt die ATliche Auffassung von der Würde der E.schaft Mt 15,4; 19,19; Röm 1,30; Eph 6,1-3; Kol 3,20; 1Tim 5,4.8; 2Tim 3,2. Es zeigt jedoch auch ihre Grenze auf, die weniger darin liegt, daß die E. versagen können Ps 27,10; Jes 49,15 oder daß ein Sohn Vater und Mutter verläßt, um der Frau anzuhangen 1Mose 2,24, sondern darin, daß der Ruf Jesu in die Gemeinschaft mit Gott allen irdischen Bindungen vorangeht Mk 3,31ff; 10, 29; Mt 10,21.34-37; Lk 9,59; 14,26; Jo 2,4. Wo E. die eigene Autorität an die Stelle der göttlichen setzen wollen, kann dieser Grenzfall eintreten. Doch ist die NTliche Auflösung der elterlichen Autorität durch die göttliche nur eine scheinbare, weil allein durch die Bindung an Gott die von Gott den E. verliehene Würde gewahrt bleibt. *Kn*

Elul → Monate.
Elymas → Bar-Jesus.

Emmaus, ein in der Ostergeschichte Lk 24,13ff genannter, nach Lukas 60 Stadien = 11½ km von Jerusalem entfernter Flecken. Die Lage ist unsicher. In der Kreuzfahrerzeit zeigte man, wie die Franziskaner noch heute, E. in dem 11½ km von Jerusalem gelegenen el kubebe. Aber der Name E., der warme Quellen voraussetzt, paßt nicht zu dem quellenlosen Ort, für den auch keine alte Tradition spricht. Andere empfehlen das 34 Stadien = 6½ km von Jerusalem gelegene Dorf Kalonije, das mit der von Vespasian angelegten Kolonie namens E., nach Josephus 30 Stadien von Jerusalem entfernt, gleichzusetzen wäre. Diese Gleichung ist jedoch unsicher. Die älteste Tradition spricht für das 1Makk 3,40ff genannte E., heute mit dem alten Namen amwās, am Übergang des Gebirges zur Ebene, 120 Stadien = 23 km von Jerusalem entfernt, um 200 nChr Nikopolis benannt. Die 60 Stadien bei Lukas (einige Handschriften geben 160) beruhen dann nicht auf wirklicher Kunde. *(Me)*

En → Ain.

Enak, Enakiter. Die „Kinder Enaks" saßen im Westjordanland um Hebron 4Mose 13,22; 5Mose 1,28; 9,2; Ri 1,20; Jos 11,21. Sie werden Jos 15,13 auf E., den Sohn des Arba, zurückgeführt und von den Israeliten als ein hochgewachsenes Riesengeschlecht gefürchtet. Hebrons alter Name war Kirjath-Arba. Ein Volk unbekannter Herkunft, vermutlich älter als die schon in Abrahams Zeit in Hebron ansässigen Kanaaniter. Die enakitischen Personennamen Ahiman, Sesai, Thalmai sind aramäisch. Durch Josua vertrieben erhalten sich die E. nur vereinzelt in Gaza, Gath und Asdod Jos 11,22, möglicherweise bis in Davids Zeit 1Sam 17,4; 2Sam 21,16. *Schw*

Ende. *1)* Das E. gegenüber dem Anfang Ps 119, 96; Jes 60,20; Hebr 3,14; → A und O. — *2)* Zeitlich = Tod, Untergang 1Mose 6,13; Ps 73,17.19; Klgl 4,18. — *3)* Räumlich der Welt E., die äußerste Ferne Ps 19,5.7; 98,3. — *4)* E. = Frucht, Ergebnis, im Guten Jer 29,11; 1Petr 1,9 und im Schlimmen Röm 6,21f; Phil 3,19; darum auch Röm 10,4 Christus das Ziel des Gesetzes. — *5)* Das E. der Welt und Zeit, die E.zeit vor dem Kommen des Messias Dan 8,17; 12,13. Wie nach der Erwartung des Judentums auf „diese Welt, die gegenwärtige Welt" mit dem Erscheinen des Messias „jene Welt, die künftige Welt" folgen sollte, so sieht Jesus durch sein Kommen das E. der Welt nahe Mt 24,3ff; 13, 39f und war die Gemeinde Jesu gewiß, in letzter Zeit zu leben 1Kor 10,11; 1Petr 4,7; 1Jo 2,18; Hebr 9,26. Das E. der Welt ist erreicht, wenn der im Fleisch Gekommene in Herrlichkeit wiederkommt und Gott in allem herrschen wird 1Kor 15,24. → Endzeit. *Schl*

Endor. Name eines Ortes in Manasse Jos 17,11, heute einer der Ruinenhügel in der Nähe von ʿendūr am nördlichen Fuß des nebi daḥī südöstlich von Nazareth. E. ist bekannt durch den Besuch, den Saul am Vorabend der Schlacht von Gilboa der dortigen Totenbeschwörerin machte 1Sam 28,7f. Nach Ps 83,11 gehörte E. zum Schauplatz des Sieges über Sisera Ri 4f. *(Rü)*

Endzeit.

1) Die Verheißung im AT. 2) Das neue Kommen Jesu. 3) Auferstehung und Leben. 4) Weltgericht und Weltvollendung.

Schon im AT, noch deutlicher im NT ist Gottes Handeln auf ein Ziel ausgerichtet und erwächst daraus eine → Hoffnung.

1) Die Verheißung im AT. Schon die Erzählung vom Sündenfall blickt auf eine Überwindung der durch die Sünde verursachten Störung hinaus 1Mose 3,15. Die Verheißung leuchtet jedesmal auf, wenn Gott den Menschen einen → Bund schenkte, schon in der Abrahamsgeschichte mit weitester Wirkung 1Mose 12,3. Zum Träger einer großen Hoffnung wurde das

Davidshaus 1Mose 49,10; 2Sam 7,16; 23,3. Wohl wird das Heil nach der Erkenntnis der großen Propheten im 9. u. 8.Jh. vChr nur durch Gericht hindurch kommen und wird darum der ersehnte → „Tag des Herrn" nicht Licht, sondern Finsternis bringen Am 5,18. Aber mannigfach schildern die Propheten in leuchtenden Farben die Zeit des Heils, in der Gott das Volk Israel in dem reich gesegneten Land aufs neue sein Volk sein läßt. Jesaja sieht das Heil mit einem Herrscher aus Davids Geschlecht verknüpft, der in der Kraft des Geistes der König in einem umfassenden Reich des Friedens wird Jes 9,5f; 11,1ff. Für Jeremia ist die Erwartung des neuen Bundes kennzeichnend 31,31ff. Der große Trostprophet im Exil, der zweite → Jesaja, wußte um den weltweiten Beruf und den leidensvollen Weg des → Gottesknechtes 49,6; 52,13-53,12 und schilderte die Heimführung aus dem Exil als Anbruch der Heilszeit 40,3ff. Der Verfasser des Danielbuches erwartete von Gott her das kommende, das ewige Reich 7,13f.27. So war zZ Jesu die messianische Erwartung lebendig.

Auch *die Hoffnung für den Einzelnen,* für sein Weiterleben nach dem Tode, wurde allmählich bestimmter. Wußte man in alter Zeit die Toten in einem schattenhaften Dasein im →Totenreich, so wuchs die Zuversicht, daß der Gerechte auf Gottes Lohn rechnen dürfe. Schon in der Totenwelt sammeln sich die Gerechten und die Sünder an verschiedenen Orten (vgl. Lk 16,22f). Die Gerechten sind in Gottes Hand Weish 3,1, im Frieden 3,3, in der Ruhe 4,7. Zugleich erwachte die Erwartung der →*Auferstehung,* zum ersten Mal deutlich Dan 12,2f, noch ausdrücklicher im Sinn der Belohnung für die Gerechten 2Makk 7,9.11.14.23; 12,44f. Zur Zeit Jesu lehrte der → Pharisäismus die Auferstehung der Toten.

2) Das neue Kommen Jesu. Wie Jesus sich im Dienst der rettenden Gnade von Gott gesandt wußte, so hat er angesichts des Todes die Gewißheit festgehalten, daß Gott durch ihn sein Werk an der Welt vollenden wird Mt 16,27; 26,64. Er hat darum den Seinen, die in der Zeit seiner Verborgenheit für ihn arbeiten, kämpfen und leiden, verheißen, er komme wieder zu ihnen in der Herrlichkeit Gottes Mt 24,30. Wie er den Glauben seiner Jünger an sich band, so hieß er sie auch auf ihn hoffen. Er kommt zunächst für seine Gemeinde, um ihr an seinem Leben teilzugeben Jo 14,3; aber seine neue Sendung bringt Gnade und Leben für viele aus allen Völkern Mt 25,31ff; 1Kor 15,23ff; Röm 8,19.21. Zum Werk des Wiederkommenden gehört auch das Gericht Mt 25,31ff; 2Kor 5,10, ja die Wandlung der Welt zu einer neuen Schöpfung 2Petr 2,12f. Jesus hat diese letzte Offenbarung göttlicher Macht und Gnade in naher Zukunft erwartet Mk 9,1; 13,30, aber auch in seiner Verheißung die Unterordnung unter Gottes Willen festgehalten Mk 13,32 und jede Berechnung des Endes verwehrt Mk 13,33ff. Es war für die Kirche, die mit baldigem Kommen Jesu rechnete 1Thess 4,15; 2Thess 2,2; 1Petr 4,7; 1Jo 2,18, nicht leicht, die Hoffnung auf Jesu neues Kommen festzuhalten, auch als Gottes Regierung die Zeiten dehnte 2Petr 3,9; Jak 5,7f.

3) Auferstehung und Leben. Die Gewißheit, daß Gott uns in Jesus Christus seine vergebende und rettende Gnade geschenkt hat, schließt ein, daß wir mit ihm in einer Lebendigkeit verbunden sein dürfen, der kein Sterben droht Jo 11,25f; Röm 14,8f. Denn dem an Jesus Glaubenden gilt Gottes Liebe Jo 16,27; mit Gott verbunden sein heißt Leben haben Mt 22,32. Das Sterben, das von Gott geordnete Ende des irdischen Lebens Röm 5,12; Hebr 9,27, führt den Glaubenden in eine neue Verbundenheit mit seinem Herrn Phil 1,21.23; 2Kor 5,8; Offb 14,13, so wenig wir dieses Leben in Christus beschreiben können.

Weil aber Christus der König seiner Gemeinde ist, wird er nicht nur den Einzelnen Leben schenken, sondern seine Gemeinde sammeln und durch Auferstehung zu neuer Verbundenheit mit ihm und untereinander erwecken. Der Zeitpunkt der Auferstehung, die als eine Tat Gottes oder seines Christus beschrieben werden kann Röm 8,11; Jo 5,28f, ist das neue Kommen Jesu in der Herrlichkeit Gottes 1Thess 4,16. Das Wie der Auferstehung kann nur in Bildern beschrieben werden, die die ungleich größere Herrlichkeit des neu geschenkten Leibes andeuten 1Kor 15,35ff; die neue Leiblichkeit wird der Herrlichkeit des Sohnes ähnlich gedacht 1Kor 15,49; Phil 3,21. Nach 1Kor 15,23 und Offb 20,4-6 werden in einer „ersten Auferstehung" auferweckt, die Christus gehören, damit sie →„tausend Jahre" mit ihm leben und regieren Offb 20,4. Dann bildet die Auferstehung aller zum Gericht den Abschluß Offb 20,12f. In der Zeit zw. Tod und Auferstehung, in der wir die Gläubigen beim Herrn wissen dürfen (zZ Jesu wurde der Ort, an dem die Gerechten auf die Auferstehung warten, → Paradies genannt Lk 23,43), sind alle Toten, auch die ihm Ferngebliebenen, von seiner Hand umfaßt Offb 1,18; er hat den Zugang auch zur Welt der Toten 1Petr 3,19f; 4,6, die uns verschlossen ist. Die Lehre, daß der Mensch nach dem Sterben in einem vorläufigen Gericht die Schuld dieses Lebens zu büßen habe und allmählich durch Leiden gereinigt werde, wurde von den Reformatoren mit Recht als unbiblisch abgelehnt.

4) Weltgericht und Weltvollendung. Für den Abschluß der irdischen Geschichte zeigt die HS in ihren weissagenden Worten, die freilich von künftigem Geschehen eine genaue Beschreibung nicht geben können und nicht geben wollen, eine Stufenfolge von Ereignissen Mt 24 par.; 1Kor 15,23-28; Offb 20ff. Paulus und Johannes erwarteten, daß Christus seiner Gemeinde ein neues Verbundensein mit ihm schenke, durch das er ihr an seiner Herrlichkeit teilgibt 1Kor

15,23; Offb 20,4f; vgl. Mt 24,31. Wenn Johannes von „tausend Jahren" spricht, liegt der Gedanke zugrunde, die Weltgeschichte gleiche einer Woche, die mit einem großen Sabbat, einem Tag der Feier und Ruhe schließe, der nach der Regel Ps 90,4; 2Petr 3,8 einem Jahrtausend gleichgesetzt wurde (→ Chiliasmus). Auf der anderen Seite erwartet die HS nicht einen zunehmenden Erfolg der Mission, nicht eine allmähliche Verchristlichung der Welt, vielmehr eine Steigerung des Ringens, einen letzten Ansturm satanischer Mächte unter der Führung des → Antichrist, darum auch schwerstes Leiden für die Gemeinde Jesu. Dennoch darf sie mit freudiger Hoffnung auf das Ende schauen: durch Leiden und Sterben wird Christus sie zum Sieg führen und alle Feinde vernichten Offb 20,7ff.

Der Abschluß aller Weltgeschichte wird das Weltgericht sein, in dem Christus im Namen Gottes über alle das Urteil spricht Jo 5,27-29; Offb 20,11f. Auch dann werden Gerechtigkeit und Gnade wundersam geeint sein: die Gerechtigkeit, die den bösen Willen erleiden läßt, was er sich bereitete, und die Gnade, die über alles Erwarten hinaus ein Heil schenkt, an das der Mensch kein Recht hat Mt 25,31 ff. Wie schon im AT Gott nicht nur der Richter Israels ist, sondern auch der Völker Jer 25,30-38, so beschreibt das NT das Richten Christi in universaler Weite Mt 25,32; Apg 17,31. Als Maßstab für das Urteil wird mannigfach das Tun des Menschen genannt Mt 16,27; Röm 2,6; 2Kor 5,10. Auch ein Wort wie Jo 5,24, das dem an Christus Glaubenden zusagt, daß die große Entscheidung seines Lebens schon gefallen ist, wird nicht ausschließen, daß der gehorsame und seinem Auftrag treugebliebene Jünger Jesu am → Jüngsten Tag vom Herrn das Lob empfängt, das ihn überreich beschenkt Mt 25,21; 2Tim 4,8. Eine große Zahl klarer Aussagen rechnet mit zwiespältigem Ausgang der Weltgeschichte, mit Heil für die einen und Verdammnis der anderen Mt 7,13f; 25,46; 1Kor 1,18, wenn uns auch eine zutreffende Beschreibung des Künftigen und Überirdischen versagt ist (→ Bildersprache). Demgegenüber mag sich die Hoffnung, daß Gottes Gnade und Weisheit es schließlich doch dahin führt, daß alle Geschöpfe Gottes ohne Ausnahme in einer → Wiederbringung, einer Allbeseligung das Heil gewinnen, auf 1Kor 15,28; Phil 2,10; 1Tim 2,4 stützen.

In der neuen Sendung des Christus soll nicht nur die irdische Geschichte zum Abschluß geführt, sondern auch das Werk der Schöpfung vollendet werden in einem neuen Himmel und einer neuen Erde 2Petr 3,13; Offb 21,1 (überraschenderweise ohne Meere, die den Alten als feindlich galten). Die Seligkeit der Gotteskinder wird sein, dem Herrn gleich zu sein 1Jo 3,2, in einer Verbundenheit, die von Sünde, Leid und Tod nicht mehr getrübt wird Offb 21,3f, in einer neuen Welt, in der alles Gott untertan und Gott alles in allen ist 1Kor 15,28. *Schl*

En-Gedi. Name einer Oase mit ausgedehnten Weinbergen HL 1,14, in der Wüste Juda Jos 15,62, am Westufer des Toten Meeres Hes 47, 10; heute tell ed-dschurn bei ʿēn dschidī. In einer der Höhlen in den Klippen westlich des Toten Meeres oberhalb von E. suchte David Zuflucht vor den Nachstellungen Sauls 1Sam 24,1. — Nach 2Chr 20,2 ist E. identisch mit Hazezon-Thamar. → Tafel 48. *Rü*

Engel. Die E. Gottes gehören in der HS zu der eigensten Welt Gottes, die sich als die unsichtbare uns nur erschließen will, soweit sie auf uns gerichtet ist und dadurch zu uns gehört. In diesem begrenzten Rahmen hat die HS sehr bestimmte Aussagen über die E. Gottes.

1) Ihr biblischer Ort. Die E. sind wie wir Gottes Kreaturen Kol 1,16, zu der Himmelswelt Gottes gehörig, an die wir uns mit der 3. Bitte des Vaterunsers erinnern. Dort geschieht der Wille Gottes durch seine E. in vollkommenem Gehorsam, in dem sie ihm jeden Augenblick zu Gebot stehen Jes 6,6. Sie sind ausschließlich Träger und Zeugen der Ehre und Herrlichkeit Gottes; ihre Verehrung wird ausdrücklich abgewehrt Offb 19,10; 22,8f; Kol 2,18. Was sie reden und tun, ist nur Ausdruck dessen, was Gott redet und tut, so sehr, daß Gottes und des E. Tun und Wort in der Erzählung oder im Psalm ineinander übergehen kann 1Mose 21, 17ff; 22,15f; Ps 34,7f u.ä. So kann Lk 12,8 neben Mt 10,32 stehen. So ist Gott immer auch Herr der Heerscharen 1Kö 22,19; Jes 6,2; 1Tim 5,21. Wem sich der Himmel öffnet, der sieht es so Jo 1,51. Die beiden letztgenannten Stellen zeigen zugleich, daß die E. in die Heilsgeschichte der HS vor allem an ihren zentralen Wendepunkten gehören, ob das die Berufung Moses 2Mose 3,2ff, Gideons Ri 5,20, Jesajas Jes 6 oder die Gesetzgebung am Sinai Apg 7,53; Gal 3,19; Hebr 2,2 oder die Geburt Jesu und seine Auferstehung oder Wiederkunft ist. Es ist eine geheimnisvolle intensive Teilnahme an diesem Geschehen berichtet: nicht nur daß sie in bes. spannungsreichen Stunden Jesus zur Seite sind Mt 4,11; Lk 22,43 und vor ihm die Knie beugen Phil 2,10, sondern auch der Sünder, der Buße tut, ist der E. Freude Lk 15,10; vgl. 1Petr 1,12; 1Kor 4,9, so sehr ihr Sein anders ist als das unsrige Hebr 2,16.

2) Ihre Erscheinung. Der Versuch, aus den mannigfachen Bezeichnungen der E. in der HS eine gegliederte Rangordnung herauszulesen, greift fehl. Neben dem häufigsten Wort E., das ursprünglich den Boten, den Gesandten in menschlichen Verhältnissen meint (mal'ak, angelos, nuntius/angelus), heißen sie die Gewaltigen Ps 29,1, die Heiligen 5Mose 33,2; Ps 89,6.8, die starken Helden und Gottes Diener Ps 103,20f. Auch die Ältesten und „Tiere" (Wesen) in Offb 5,6 u.a.m. werden E.gestalten sein. Als Gottes himmlische Familie heißen sie Kinder (Söhne) Gottes Hiob 1,6; 38,7; Ps 89,7;

vgl. „Vater der Geister" Hebr 12,9 (→ Geist). Wenn oft ihre zahllose Menge staunen macht Ps 68,18; Hebr 12,22, so heben sich auch wieder einzelne Gruppen und Gestalten heraus: die Cherubim 1Mose 3,24, die Seraphim Jes 6,2 (→ Cherub, Seraph), der Erzengel 1Thess 4,16, ein Fürst über dem Heer des Herrn Jos 5,14. Am häufigsten aber einfach *der* E. des Herrn. Bei Daniel und in den Apokryphen tauchen dann einzelne sinnvolle Namen auf: Michael Dan 10,13; Offb 12,7; Jud 9; Gabriel Dan 8,16; Lk 1,19; Raphael Tob 12,15 (→ die betr. Art.). Während es sich hier immer um Gottes dienstbare E. handelt, wird die zusammenfassende Bezeichnung „Throne, Herrschaften, Reiche, Gewalten" bei Paulus Kol 1,16; 2,15; Röm 8,38 alle die E.mächte und -kräfte des Weltalls einschließlich der aufrührerischen im Auge haben, die nach 1Kor 15,24 schließlich aufgehoben werden. — In der Erscheinung der E. spiegelt sich die herrliche Klarheit des Herrn Lk 2,9; Mt 28,3; Offb 18,1 u.ä., der ein Vater des Lichts ist. Daher der Vergleich, wo vom engelgleichen Menschen die Rede ist Apg 6,15 mit besonderer Betonung des hellsichtigen Blicks 2Sam 14,17.20. Sie erscheinen in der Erzählung wie Mannsgestalten, zunächst unerkannt 1Mose 18; Hebr 13,2; vgl. Apg 12,15. Sie erscheinen im Traum 1Mose 28,12; 31,11; Mt 1,20, der dadurch bestimmende Bedeutung bekommt. Sie rufen „vom Himmel" 1Mose 22,11f; 21,17. Sie gehen in Gefahr voran 2Mose 23,20. „Geflügelt" — selten wie Jes 6,2, doch wohl Kennzeichnung ihrer steten wachsamen Bereitschaft; in der Kunst zusammen mit den amorettenhaften „Engelein" eine gefährliche, irreführende Tradition!

3) Ihr Dienst. Nach Hebr 1,14 geschieht der Dienst der E. zu unserem Heil. Sie sind mit ihrem Tun und Wort die Zeugen des barmherzigen Gottes. Hilfe ist ihr Amt Jes 63,9. Sie behüten Ps 34,8; 91,11. Sie warnen, sie weisen den Weg Mt 2,13.19f; Apg 12,7ff; 5,19. Sie greifen im entscheidenden Augenblick ein 1Mose 22,11f; 4Mose 22,22; Ri 2,1f; Apg 27,23f, auch im Kampf 2Mose 14,19; 1Mose 32,2ff; Ri 5,20. Sie tun dem Armen den letzten Liebesdienst Lk 16,22. Dieses Eingreifen kann sich auch gegen Israel kehren 2Sam 24,16f. Denn auch Gottes Gericht kann Dienst der E. sein Apg 12,23; Mt 13,41; 24,31; 2Thess 1,7f und in der ganzen Offb Johannis. — Man sieht, wie im Hinweis auf diesen wichtigen Dienst das erste Gebot auf dem Spiel steht, wenn für das Bewußtsein der Hilfesuchenden der Dienst der E. als nächste Instanz der Hilfe sich in die Mitte drängt. Ganz selten, etwa Hiob 5,1; 33,23 oder auch Sach 1,12 und Tob 12,12 kann ein Wort der HS dazu Anlaß geben. Auch das wichtige Wort Jesu Mt 18,10 ist dahin mißdeutet worden. Wo aber vielleicht am meisten Anlaß gewesen wäre — in den Sendschreiben der Offb, die doch am wahrscheinlichsten wirklich die E. der Gemeinden im Auge haben —, ist davon keine Rede. Das AT wie das NT hat aufs Ganze gesehen die Linie streng eingehalten, daß der dreieinige Gott allein seines Volkes und der Welt Hort, Heil und Hilfe ist. In dem zweiten großen, überall durchscheinenden Dienst der E., ihrem Lobgesang ohne Aufhören (zur Diakonie die Liturgie), weiß sich die irdische Gemeinde mit der himmlischen eng zusammengeschlossen, und Gottes Güte ist ihr dort bes. nahe, wo sie dann doch Geheimnis bleibt: im Tun der E. uns zugut.

Lit.: C. Westermann, Gottes Engel brauchen keine Flügel, 1957. *He*

Engelzungen. Mit E. reden 1Kor 13,1 besagt, sich, sofern dies möglich wäre, der → Sprache und → Zunge der Engel bedienen, um Gott zu loben Offb 14,2ff (K. Heim, Die Gemeinde des Auferstandenen, 1949, S. 184). *Kü*

Enon → Aenon.

entblößen, Blöße (= bloßlegen).

1) Das Haupt e., das Haar frei flattern lassen, ist ein Trauerbrauch, dem Hohenpriester und den Priestern verboten 3Mose 10,6; 21,10. Der Aussätzige soll das Haupt e. 3Mose 13,45; ebenso die ehebruchverdächtige Frau 4Mose 5,18.

2) E. der Scham ist ein Zeichen der Schamlosigkeit 2Sam 6,20, der Trunkenheit 1Mose 9,21; gewaltsames E. bes. für Frauen die höchste Schmach Hes 16,37. Oft bildlich in den prophetischen Drohreden gegen die als Frauen angeredeten Völker Jes 47,2; vgl. Jer 13,22.

3) Der Ausdruck „die B. aufdecken" bedeutet unerlaubten ehelichen Umgang pflegen 3Mose 18,6; Hes 22,10, schänden 3Mose 20,11.21; Hes 16,37.

4) Bildlich: ein Land e. = es der Verwüstung preisgeben, es e. von allem Schutz, e. von allen Kulturpflanzen Hos 2,11ff; Jer 49,10.

5) Den Grund eines Hauses e. heißt, es bis auf das Fundament zerstören Hab 3,13; Hes 13,14; Mich 1,6; die Wälder e. = sie kahlreißen Ps 29,9. *Pfei*

Enthaltsamkeit → Askese.

Entmannung (Kastration) war in Israel für Mensch und Tier verboten; kein Entmannter durfte Glied des Gottesvolkes werden 5Mose 23,2, ein kastriertes Tier nicht als Opfer dargebracht werden 3Mose 22,24. E. wurde vorgenommen bei Priestern orientalischer Kulte und an den Höfen, bes. für die Beamten des Harems. Doch wird das Wort, das den Eunuchen (den Verschnittenen) bezeichnet, zB den Äthiopen Ebed-Melech am Hof Zedekias Jer 38,7, an manchen Stellen des AT wohl für Hofbeamte in allgemeinerem Sinn verwendet. Die Verheißung Jes 56,3-5 sichert frommen Verschnittenen den Anteil am Heil zu. So wird der Kämmerer aus Äthiopien Apg 8,27 durch die Taufe in die Gemeinde Jesu aufgenommen. Das Wort Mt 19,12 spricht im dritten Satz von freiwilligem Verzicht auf die Ehe, um dem Himmelreich zu dienen. → Kämmerer. *Schl*

Entmythologisierung. Der von R. Bultmann gehaltene Vortrag „Neues Testament und Mythologie" (1941) geht davon aus, daß das Weltbild des NT ein mythisches sei; die Welt sei hier in drei Stockwerke gegliedert: Erde, Himmel und Unterwelt, und die Erde erscheine als Schauplatz übernatürlicher Mächte (Gott, Engel, Satan, Dämonen). Dem mythischen Weltbild entspreche dann das antike Menschenbild, das den Zugriff supranaturaler Mächte jederzeit erlaubt. Dem mythischen Weltbild ist auch die Darstellung des Heilsgeschehens ausgesetzt, das den Inhalt der christl. Verkündigung bildet. Die mythische Redeweise ist nach R. Bultmann für den heutigen Menschen unglaubwürdig; die christl. Verkündigung könne dem Menschen nicht zumuten, das mythische Weltbild als wahr anzuerkennen. Gegenüber früheren Versuchen, die NTliche Botschaft von zeitgebundenen Schranken zu befreien (zB Unterscheidung von Schale und Kern) forderte R. Bultmann die existentiale Interpretation als die eigentliche Aufgabe der gegenwärtigen Generation. Die E. wurde zum Schlagwort für eine lebhaft geführte Diskussion. Ausgangspunkt ist das moderne Existenzverständnis und der Versuch, die bibl. Botschaft von den Denkvoraussetzungen und Kategorien eines neuen Seinsverständnisses aus zu erfassen. Die Reformation mit ihrer Überwindung der scholastischen Metaphysik und ihrer existential ausgerichteten Auslegung wird zu einem analogen Vorgang in der Geschichte der Theologie. Die Hermeneutik als Versuch, das Verstehen des bibl. Textes erneut zu überprüfen, gewinnt in der Gegenwart unerhörtes Gewicht. Die Versuche, die durch R. Bultmann heraufgeführte Krise des theol. Denkens zu überwinden, setzen notwendig beim bibl. Verständnis der → Offenbarung selbst ein. Allerdings ist die → historisch-kritische Auslegung der Schrift keineswegs überholt oder ersetzbar; sie leistet auch heute noch einen notwendigen Knechtsdienst, der vor allem Doketismus schützt. Aber das Zentrum der urchristl. Verkündigung: Gott selbst handelt in Jesus Christus; das Wort ward Fleisch (Jo 1, 14), muß Maßstab alles theol. Denkens bleiben. Dies Zentrum christl. Verkündigung ist niemals Mythos im antiken Sinn gewesen, d. h. man hat nicht das Geheimnis Gottes in der Gestalt des Menschen darstellen (= objektivieren) wollen. Die Unanschaulichkeit Gottes bleibt auch im Bild seines Sohnes wirklich Gott, d. h. sie ruft den Menschen zum Glauben. So sehr auch die Darstellung der HS mit den Mitteln der Ausdrucksmöglichkeiten der jeweiligen Zeit an den Menschen herantritt, so bleibt doch die Frage immer offen und die Aufgabe gestellt, wie sich eine legitime Interpretation, d. h. eine sachgemäße Übertragung in eine moderne Vorstellung und Denkform zu vollziehen hat. Die Gefahr, daß sich die christliche Verkündigung von vorgegebenen fremden Voraussetzungen binden läßt, darf nicht übersehen werden. Letztlich ist alle mythische Rede Rätsel, Bild, Anstoß im Sinn eines geschichtlichen Hinweises: hier geht es nicht um profane Historie, sondern um ein Ereignis, das vor Gott einmalige Geltung hat. Die Naivität des heidnischen Denkens, das Himmlisches und Irdisches vermischt, ist der bibl. Botschaft völlig fremd und stößt den Glaubenden ab. Es geht um konkrete Begegnung des Wortes Gottes mit dem Menschen, ohne daß die Vorstellung als solche das Entscheidende ist. Allerdings ist sie auch nicht vom geschichtlichen Vorgang ablösbar. Eine Interpretation, die sich vom Wortlaut des Textes entfernt, kann leicht zu einer modernen „Gnosis" werden, die der Härte und Schärfe des Evangeliums ausweicht. So ist die von R. Bultmann gestellte Fragestellung in der Gegenwart keineswegs erledigt.

Lit.: H. W. Bartsch, Kerygma und Mythos, 5 Bände, 1954/55. *Mi*

Entrückung → Ekstase.

Entsündigung. Was zum Dienst Gottes bestimmt ist, bedarf der E., der Reinigung, so der Altar 2Mose 29,36; Hes 43,22 und der Tempel Hes 45,18, so die Leviten 4Mose 8,21, so das ganze Israel 2Chr 29,24; darum in bes. Weise der Verunreinigte 4Mose 19,12f; 31,19f; so auch ein durch → Aussatz unrein gewordenes Haus 3Mose 14,52. Die E. wurde durch → Besprengung mit Blut oder Reinigungswasser vollzogen. In übertragenem Sinn ist Ps 51,9 die Vergebung der Sünde als eine E. durch Besprengen mit dem Ysop dargestellt. *Schl*

Entwöhnung des Säuglings von der Mutterbrust geschah nach 2Makk 7,28 erst im dritten Jahr; auch bei Samuel ist ein ähnlich später Zeitpunkt anzunehmen 1Sam 1,22f. 1Mose 21,8 läßt vermuten, daß mit der E. ein Festmahl verbunden war (Dankesmahl statt heidnischer Riten). *(Pl)*

Epänetus, von Paulus Röm 16,5 gegrüßt, der Erstling der Landschaft Asien (nicht, wie manche Handschriften irrig lesen und Luther übersetzte, von Achaja), wohl in Ephesus durch → Aquila bekehrt und vielleicht mit ihm nach Rom gezogen, um die Arbeit des Paulus in Rom vorzubereiten. *Schl*

Epaphras, der Mitarbeiter des Paulus, der die Gemeinde in seiner Heimat → Kolossä gründete Kol 1,7; 4,12 und auch den Nachbargemeinden Laodizea und Hierapolis diente 4,13, später auch die Haft des Paulus teilte Phm 23. *(Schl)*

Epaphroditus, der Christ aus Philippi, den die Gemeinde mit ihrer Liebesgabe zu Paulus nach Rom sandte, der dann gefährlich erkrankte, aber genas und nun von Paulus mit Worten dankbarer Wertschätzung heimgesandt wird Phil 2,25-30; 4,18. *Schl*

Epha → Maße.

Epheserbrief.

1) Inhalt. 2) Eigenart. 3) Verhältnis zum Kolosserbrief. 4) Empfänger und Verfasser.

1) Inhalt. Der klar gegliederte Brief besteht aus zwei annähernd gleich großen Teilen, die beide dasselbe Thema behandeln: die Offenbarung des Geheimnisses Christi in der Kirche aus Juden und Heiden. Dabei wird den heidenchristlichen Lesern zuerst die Größe ihrer Berufung in die Kirche als den Leib Christi gezeigt, während sie dann zur Bewährung dieser Berufung im Leben ermahnt werden.

Der erste, lehrhafte Teil 1,3-3,21 beginnt mit einem Lobpreis Gottes für den Segen, mit dem er die Glieder der Kirche in Christus beschenkt hat 1,3-14. Dann folgt nach üblichem Schema eine Danksagung für den Glauben und die Bitte zu Gott, daß er den Lesern Erkenntnis der Herrlichkeit ihrer Hoffnung verleihe 1,15-23. K.2 zeigt den Reichtum der Gnade Gottes im Blick auf die Wende vom Einst zum Jetzt der Heidenchristen: die in Sünden Toten sind in Christus lebendig gemacht und in die himmlische Welt versetzt worden 2,1-10; die „Fernen" sind „nahe" gekommen und gleichberechtigt in die Kirche als den auf dem Grund der Apostel und Propheten erbauten Tempel Gottes eingefügt worden 2,11-22. In K.3 wird der Dienst des Apostels geschildert bei der Durchführung des geoffenbarten Geheimnisses Christi, das auf die Annahme der Heiden zielt 3,1-13. Feierlich schließt der 1. Teil nach einer Fürbitte für die Leser mit einem anbetenden Lobpreis Gottes 3,14-21 ab.

Der zweite, ermahnende Teil 4,1-6,20 leitet zu einer der Berufung entsprechenden Lebensführung an. Es gilt vor allem, die in Christus begründete Einheit der Kirche mit Hilfe der mannigfaltigen Gnadengaben, unter denen den Funktionen der Verkündigung besondere Bedeutung zukommt, ständig neu zu bewähren 4,1-16. Zur Grundhaltung des christlichen Lebens gehört der Bruch mit dem heidnischen Wandel durch Ablegen des alten und Anziehen des neuen Menschen, was grundlegend in der Taufe geschah 4,17-24. Das wird in einer Reihe von allgemeinen Mahnungen zur Bewährung der Liebe und zu einem des Lichtes würdigen, geisterfüllten Wandel 4,25-5,21 und in der sog. „Haustafel" für das Zusammenleben von Frauen und Männern, Kindern und Eltern, Sklaven und Herren 5,22-6,9 entfaltet. Das Leben in der Gliedschaft des Leibes Christi bedeutet letztlich einen Kampf mit dem Teufel, der nur in der Waffenrüstung Gottes bestanden werden kann 6,10-20. Der Briefschluß bringt eine Notiz über den Boten Tychikus und einen zweifachen Segensgruß des Apostels 6,21-24.

2) Eigenart. Der Brief ist auffallend unpersönlich gehalten. Anspielungen auf die besonderen Verhältnisse der Gemeinde von Ephesus, in der Paulus fast 3 Jahre gewirkt hat, fehlen. Verfasser und Leser kennen sich nur vom Hörensagen 1,15; 3,2. Auch Wortschatz und Stil zeigen Besonderheiten gegenüber den älteren Paulusbriefen, ohne freilich den Ausschlag in der Echtheitsfrage geben zu können. Zahlreiche Wortverbindungen und lange Satzgebilde erwecken den Eindruck schwerfälliger Breite und geben dem E. ein feierliches, „liturgisches" Gepräge. Dies hängt zT mit der Verwendung älteren, im Gottesdienst und in der Erbauungssprache geformten Überlieferungsgutes zusammen. Theologisch steht im Mittelpunkt die eine, aus Juden und Heiden bestehende Gesamtkirche, die den Leib Christi bildet 1,23; 4,12.16; 5,30, dessen Haupt der erhöhte Herr ist 1,22; 4,15; 5,23. Die Anschauungen vom Gottesvolk aus Juden und Heiden (Röm 11) und vom Leib Christi (Röm 12; 1Kor 12) begegnen zwar schon früher bei Paulus, aber ihre Durchführung im E. weist deutliche Unterschiede auf. Dabei sind wahrscheinlich Überlieferungen der Qumransekte (die Gemeinde als hl. Haus; Gegensatz von Licht und Finsternis; die göttliche Waffenrüstung) und wohl auch gnostische Vorstellungen (Christus der neue, das All erfüllende Mensch, der Himmlisches und Irdisches eint; die Ehe als Abbild der himmlischen Liebe zw. Christus und Kirche) aufgegriffen und der christlichen Lehre dienstbar gemacht.

3) Verhältnis zum Kolosserbrief. Der E. ist nach Form und Inhalt eng mit Kol verwandt. Dies wird bei Annahme paulinischer Abfassung meist so erklärt, daß der Apostel den E. bald nach Kol schrieb. Aber die Haustafel im E. ist viel stärker mit christlichen Motiven ausgestaltet und der Apostel- und Amtsbegriff kirchlich weitergebildet. Deshalb wird heute vielfach angenommen, daß der E. aus späterer Zeit stammt. Das Verhältnis zum Kol ist verwickelt und hat zu den verschiedensten Vermutungen geführt. Der Verfasser des E.s wird den Kol gekannt und dessen ganz auf die Abwehr der Irrlehrer ausgerichtete Gedanken für eine Belehrung über das Wesen der Gesamtkirche verwendet haben. Dabei hat er wohl beiden Briefen gemeinsame Überlieferungen im E. dem Thema entsprechend anders geordnet.

4) Empfänger und Verfasser. In der Sammlung der Paulusbriefe hat unser Brief immer die Überschrift „an die Epheser" getragen. In den ältesten Handschriften fehlen jedoch die Worte „in Ephesus" 1,1. Deshalb wird der E. von den Vertretern der Echtheit meist als ein Rundschreiben des Apostels aus der Gefangenschaft in Rom (bzw. Caesarea oder Ephesus) an heidenchristliche Gemeinden Kleinasiens, bes. an die durch Epaphras missionierten Gemeinden des Lykostales, zB Laodicea und Hierapolis, angesehen. Daraus erklärt sich der unpersönliche Charakter. Die Angabe „in Ephesus" wäre dann durch den Aufbewahrungsort veranlaßt worden.

Die theol. Aussagen ließen sich zwar als Weiterentwicklung bei Paulus verstehen. Aber der Kampf um die Freiheit vom jüd. Gesetz ist abgeschlossen, und es scheint, daß auf die Zeit der

„heiligen Apostel und Propheten" 3,5 bereits zurückgeblickt wird. So sprechen starke Gründe für nachpaulinische Abfassung (vgl. auch Röm 6,4f mit Eph 2,5f). Dann hätte ein Paulusschüler den Brief in den letzten Jahrzehnten des 1.Jh. im Geist und unter der Autorität des Apostels an Heidenchristen im Gebiet von Ephesus geschrieben. Eine völlige Klärung der Entstehungsverhältnisse ist bis jetzt nicht möglich.

Lit.: M. Dibelius, An die Kol, Eph, an Phm, 3. Aufl. v. H. Greeven, 1953 — H. Schlier, Der Brief an die Eph, 5. Aufl. 1963 — H. Conzelmann, NT-Deutsch 8, 10. Aufl., 1965 — K. Mittring, Das Christusgeheimnis, Urchr. Botsch. 10, 1936 — P. Le Seur, Bibelhilfe 10, 1936 — H. Asmussen, Der E., 1949 — K. Gutbrod, Der E. (Christus heute), 1955 — E. Gaugler, Der E., 1966 — E. Percy, Die Probleme der Kolosser- und Epheserbriefe, 1946 — F. Mussner, Christus, das All und die Kirche, 1955 — E. Käsemann, Art. E. in RGG³ II (1958) 517 ff — P. Pokorny, Der E. und die Gnosis, 1965. *La*

Ephesus, eine alte griech. Siedlung an der Westküste Kleinasiens, hat sich durch günstige Lage an der Mündung des Kaystros zum bedeutenden Handels- und Verkehrszentrum entwickelt. In römischer Zeit war E., das auch eine jüd. Gemeinde besaß, Hauptstadt der senatorischen Provinz Asia und eine der größten Städte des Reichs, von deren kultureller Blüte noch die Ausgrabungen zeugen. Besonders berühmt war E. durch den Tempel der → Artemis (Diana), der von 350 vChr bis zur Zerstörung durch die Goten 262 nChr am Fuß des hl. Berges von Ajassoluk gestanden hat. Mit seiner gewaltigen Pracht (48 m breit und 103 m lang, 100 über 16 m hohe Säulen) und dem angeblich vom Himmel gefallenen, vielleicht aus einem Meteorstein gehauenen Bild der „großen", mit der Muttergöttin Kybele verwandten Göttin (Apg 19,35) → Sp. 84 galt dieser Tempel als das herrlichste der 7 Weltwunder. Kleine Nachbildungen hiervon wurden als Weihgeschenke aufgestellt oder von Besuchern mitgenommen. Daraus entwickelte sich ein einträgliches Geschäft für zahlreiche Kunsthandwerker, deren Interessen der Silberschmied Demetrius im Aufstand gegen Paulus vertrat Apg 19,24ff. Der Name „e. Schriftzeichen" (Ephesia grammata) für Zettel mit magischen Formeln zeigt, daß auch das Zauberwesen stark verbreitet war (Apg 19,19). Paulus hat die Gemeinde in E. gegründet und auf der 3. Missionsreise über 2 Jahre dort gewirkt (Apg 19). In den Sendschreiben der Offb 2,1ff steht E. an der Spitze der 7 Gemeinden. Nach späterer Überlieferung war Timotheus der erste Bischof von E., und Johannes soll hier als Haupt der kleinasiatischen Kirche um 100 nChr gestorben sein. In den christologischen Streitigkeiten war E. Sitz mehrerer Synoden (431 Maria „Gottesgebärerin", 433, 449). Im Mittelalter verlor E. seine kirchliche Bedeutung, und die Stadt verödete völlig nach kurzer Blüte unter türkischer Herrschaft.

Lit.: P. Bamm, Frühe Stätten der Christenheit, 1955, 124ff; G. E. Wright, Bibl. Archäologie, 1958, 257ff; F. Miltner, Ephesos, Stadt der Artemis und des Johannes, 1958. *La*

Ephod ist zunächst ein Überwurf der Priester 1Sam 2,18; 22,18, also ein über die Schultern gezogenes Kleidungsstück aus Leinen, später beim Hohenpriester aus blauem und rotem Purpur 2Mose 28,6ff. Eine Binde war nötig, das E. am Obergewand zu befestigen; denn am vorderen Teil hing eine viereckige Brusttasche, auf deren Außenseite je drei Edelsteine in vier Reihen übereinander saßen mit den Namen der zwölf Stämme. Ebenso war auf jeder Schulter ein in Gold gefaßter Stein mit je sechs Namen der Stämme befestigt. Der höchste Priester Israels trug also die Namen auf Herz und Schultern ins Heiligtum vor Gott. Irgendwie hatte das E. mit der Einrichtung des Orakels zu tun; denn die Brusttasche enthielt die Stimmsteine „Urim" und „Tummim". Micha verfertigte für sein Privatheiligtum die Tasche selbst Ri 17,5; Gideon „stellte es auf" im Ortsheiligtum zu Ophra Ri 8,27; zZ Davids „hing" ein E. im Heiligtum zu Nob 1Sam 21,10; man trug es auch in einer Prozession „vor Jahwe her" 1Sam 2,28, als wäre es ein hl. Symbol, das Sieg verheißt. Die ATlichen Stellen geben uns also kein klares Bild. Vielleicht handelte es sich ursprünglich um ein mit Gold überzogenes Prunkstück zur Bekleidung eines Gottesbildes Ri 8, aus einer Zeit, als die bildlose Verehrung des Allerhöchsten noch nicht Gemeingut war. Sicher ist, daß König → David sich immer wieder der Orakeltasche bediente, wenn er Gottes Entscheidung suchte 1Sam 23,9; 30,7; vgl. Hos 3,4. *Luck*

Ephraim. *1)* Der jüngere *Sohn Josephs,* der wie sein erstgeborener Bruder Manasse 1Mose 41, 50-52 von seinem Großvater Jakob adoptiert wurde, damit ihre Nachkommen als je ein Stamm in Israel zählten, und zwar sollte E. Manasse überflügeln 1Mose 48,4f.19. Diese Geschichte enthält die Erinnerung daran, daß E. und Manasse einmal eine Einheit, den Stamm Joseph, bildeten und erst später in zwei Stämme zerfielen, vgl. 1Mose 49,22ff mit 5Mose 33,13ff.

2) Der *Stamm E.* war nach 4Mose 1,33; 26,37 mit 40500 oder 32500 Mann während des Wüstenzuges nicht bes. zahlreich. Trotzdem stellte er in Josua den Führer ganz Israels. Bei der Landverteilung erhielt E. ein Gebiet in der Mitte Palästinas, das vom Jordan im Osten bis zum Mittelmeer im Westen reichte und im Süden an Benjamin und Dan, im Norden an Manasse angrenzte (vgl. Jos 16,5ff). Nur Gezer weit im Südwesten blieb noch lange in der Hand der Kanaaniter Jos 16,10; Ri 1,29. Unter dem Richter Gideon begann E.s Eifersucht auf Manasse (Ri 7,24-8,3). Jephtha wies E. noch einmal durch einen furchtbaren Bruderkrieg in seine Schranken Ri 12; aber seit den Tagen Elis und Samuels war die Vorherrschaft E.s im Norden entschieden. Von ihm ging noch zu Lebzeiten Salomos der Widerstand Jerobeams I. gegen die Vorherrschaft Judas aus. E. blieb dann der wichtigste Stamm des Nordreichs, weshalb man dieses oft einfach E. nannte, vgl. Hos 4,17; Jes 7,2; Jer 31,18; Hes 37,16ff.

3) Stadt bei Baal-Hazor 2Sam 13,23, wohl identisch mit Ephron und → Ophra; hierhin zog sich Jesus nach der Auferweckung des Lazarus zurück Joh 11,45, heute eṭ-ṭaijibe 20 km nördlich von Jerusalem. *Rü*

Ephraim-Tor → Tore Jerusalems.

Ephrath, Ephratha. *1)* Name → Bethlehems Rt 1,2; 4,11; Mich 5,1; Ps 132,6. — *2)* Der Ort, an dem Benjamin geboren wurde und Rahel starb 1Mose 35,16-20. Nach 1Sam 10,2; Jer 31,15 ist Rahels Grab im Gebiet Benjamin, in der Gegend von Rama zu suchen. Doch legte eine jüngere Überlieferung Rahels Grab in die Nähe Bethlehems; darum wurde in den Text 1Mose 35,19; 48,7 die Bemerkung eingefügt: E., das nun Bethlehem heißt. Auch die Anwendung von Jer 31,15 in Mt 2,17f geht von dieser Überlieferung aus. *Schl*

Epikuräer. An den griech. Philosophen Epikur (341-271 vChr) schloß sich eine zZ der Apostel in der griech.-römischen Welt weit verbreitete Schule an. Die E. lehrten in der Ethik die Pflege eines ungestörten Lebensgenusses, bei dem auch geistige Freuden geschätzt, die Triebe und Begierden beherrscht und Schmerz und Unruhe möglichst ferngehalten wurden. Auch die Götter dachten sie als in seliger Freiheit lebend; scharfe Kritik übten sie am Volksglauben; sie bestritten die Regierung der Welt durch die Götter, die Auferstehung und Strafen im Jenseits. Darum weckte Paulus, als er mit ihnen in Athen in einen Disput kam Apg 17,18, mit seiner Verkündigung von Gott als dem Schöpfer und Lenker der Welt, von Gericht und Auferstehung ihren Spott (→ Stoiker, die Gegner der E.). *Schl*

Epilepsie, Fallsucht, teils vererbte, teils unfallbedingte Gehirnkrankheit, bei den alten Griechen „die heilige Krankheit" genannt, weil der Kranke von der Gottheit „ergriffen" sei. Auch im NT gilt die E. in besonderem Maße als dämonisch (Mk 9,17ff). In Mt 17,15 wird dieselbe Krankheit als Mondsüchtigkeit gedeutet, weil der Mond auf sie Einfluß habe. Jesus erweist sich durch ihre Heilung als Herr auch über die → Dämonen. Im AT nirgends genannt. *Pl*

Epistel → Brief.

Erastus, einer der Mitarbeiter des Paulus, am Ende der Arbeit in Ephesus mit Timotheus nach Mazedonien vorausgesandt Apg 19,22, später in Korinth tätig 2Tim 4,20. Ob der Stadtkämmerer von Korinth, der Röm 16,23 die Christen in Rom grüßt, eben dieser E. ist — ein Jahr nach Apg 19 —, ist fraglich. *Schl*

Erbarmen → Barmherzigkeit.

erbauen, Erbauung (→ bauen, Bau). In der HS ist e. nicht im modernen Sinn seelischer Anregungen oder frommer Rührungen gebraucht, wie man etwa von erbaulichen Predigten oder Schriften redet. Wohl kommt e. auch in gewöhnlicher Verwendung vor Dan 4,27; Lk 7,5; 12,18; Jo 2,20 (vgl. 1Mose 2,5; 11,4; Lk 14,28), ist aber viel mehr der bildhafte bibl. Ausdruck dafür, daß Menschen auf den göttlichen Lebens- und Heilsgrund zu stehen kommen. Im NT hat e. geradezu einen kirchlichen Klang (O. Michel). Es steht bes. häufig bei Paulus, von Luther öfters mit „bessern", „Besserung" wiedergegeben.

1) E. ist ein Gemeinschaftsbegriff, bezogen auf Israel Jer 24,6; Am 9,11 oder die Gemeinde, bzw. die werdende Gemeinde, auch den Einzelnen in ihr Apg 9,31; 20,32; Röm 14,19; 1Kor 14,3.5; vgl. 1Petr 2,5, weil das Ganze wächst und e. wird.

2) Wesensmäßig ist e. die Einfügung durch Glaube und Liebe in die Gottes- und Christusgemeinschaft. E. ist der Wachstumsprozeß der Gemeinde, innerlich und äußerlich 1Kor 3,10.12; 10,23; 14,26; 2Kor 12,19; Eph 2,20; 4,16; „gewurzelt" und e. Kol 2,7.

3) Das E. ist Werk Gottes Jes 66,1; Apg 20,32, Christi Kol 2,6.7, des Hl. Geistes Eph 2,20-22; 1Petr 2,7; ferner ist e. Aufgabe der Apostel und Propheten Jer 1,10; Eph 2,20; 2Kor 10,8; 13,10; selbst die Gläubigen e. einer den andern 1Thess 5,11 (zusammen mit → „ermahnen"); Jud 20.

4) Das E. ist kein mechanischer Vorgang, sondern verlangt vom Hörer des Wortes auch das entsprechende Tun, wie der Schluß der → Bergpredigt Mt 7,24-27 zeigt.

5) Letztes Ziel und Ergebnis des E.s ist die vollendete, alle Anstürme der höllischen Mächte überdauernde Gemeinde Jesu (vgl. Mt 16,18). *Kü*

Erbbegräbnis → Begräbnis.

Erbe, Erbrecht. Das isr. Erbrecht kannte die Praxis des schriftlichen Testaments nicht. Ging es ans Sterben, dann regelte man seine Sachen durch mündliche Verfügung 2Sam 17,23; 2Kö 20,1. Natürliche E.n waren die legitimen Söhne, unter ihnen vor allem der Erstgeborene. Das E.r. des Erstgeborenen war durch feste Gesetze und Traditionen gesichert: Es durfte ihm zB nicht durch eine größere Neigung des Vaters zu dem zweitgeborenen Sohn von der Lieblingsfrau bestritten werden 5Mose 21,15ff. Er hatte ein doppeltes Maß zu erhalten. Außerdem galt er vor den Söhnen der Konkubine als der rechtmäßige Alleinerbe, es sei denn, daß diese durch Adoption ebenfalls in das E.r. aufgenommen worden waren 1Mose 30,3-13; 49,1-28. Dies galt zB für Ismael 1Mose 16,1-4, so daß seine Verstoßung ein Unrecht bedeutet 21,10f; vgl. auch 1Kö 1,17; 2,15. Gemeinhin wurden die Söhne der Konkubine mit Geschenken bedacht 1Mose 25,5f. E.r. hatten sie nicht Ri 11,1ff. Daß Töchter in das Erbteil der Söhne hereinkamen, war möglich, jedoch die Ausnahme Hiob 42,13 ff. Waren jedoch keine männlichen Nachkommen vorhanden, so mußten die Töchter das E. antreten 4Mose 27,1-8; 36,1-9 mit der Verpflichtung, sich nicht außerhalb ihres Stammes zu verheiraten; denn Stammesbesitz darf auch durch das E.r. nicht aufgelöst werden. Für den Fall des Fehlens der Erst-E.n gilt folgendes E.r.: Nach dem Sohn die Tochter, die Brüder des Verstorbenen, sein Onkel, die nächsten Blutsverwandten 4Mose 27,9-11. Die Witwe ging zu ihren Eltern zurück oder wartete auf die Leviratsehe 1Mose 38,11; 3Mose 22,13; Rt 1,8. Mitunter konnte ein Diener seinen Herrn — unnormalerweise — beerben 1Mose 15,3; Spr 30, 23 oder der Vater zu Lebzeiten seinem Sohn das Besitz- und Verfügungsrecht über sein Erbteil einräumen Lk 15,12. *Kn*

Erdbeben. Palästina ist ein klassisches Land des tektonischen E.s, d. h. mechanischer Störungen und Veränderungen des Erdaufbaus. Bei dem letzten größeren E. am 11. Juli 1927 fanden etwa 500 Menschen den Tod; über 700 Menschen wurden schwer verletzt; in Jerusalem wurden 175 Häuser zerstört. Ein E. wird Jes 24,18 ff beschrieben; wie es empfunden wird, zeigt Jes 13, 7 f. An E. erinnern Am 1,1; 1Sam 14,15; Sach 14,5. Die Bibel sieht im E. wie im Gewitter Äußerungen der Macht und Herrlichkeit Gottes Hiob 9,5 f. Das Schwanken des Sichersten, des Erdbodens, erzeugt das bleibende Gefühl der Lebensunsicherheit, während Gott fest und unverrückbar ist Ps 46. In dichterischen Texten wird das E. Begleiterscheinung beim Erscheinen Gottes in seiner Herrlichkeit Ri 5,4 f; 2Sam 22,8; 1Kö 19,11; Ps 68,9; 114,7, ebenso im NT beim Nahen göttlicher Kräfte und Boten Mt 28,2; Apg 4,31; 16,26. Daher ist auch verständlich, wenn E. als Wirkung des Zornes Gottes geschildert und mit den Gerichten Gottes in Verbindung gebracht werden. Dabei geht es nicht so sehr um die Folgen als um das E. selbst als Gericht Jes 24,20; Ps 75,4; 104,32; Jes 5,25; 13,13; Jer 10,10; Nah 1,5. E. gehören auch zum Endgericht Mt 24,7; Offb 6,12; 8,5; 11,19; 16,18. *Pfei*

Erde. *1) Die E. als Schöpfung Gottes* (→ Schöpfung). Vom ersten Satz der HS an ist die E. „des Herrn" Ps 24,1; 50,12; 1Kor 10,26, mit allem, was darinnen ist. Das ist sie nicht nur als Kreatur, durch das schöpferische Wort aus dem Nichts geschaffen 1Mose 1; Hebr 11,3, ins zeitliche Dasein gerufen mit einem Anfang und einem Ende Hebr 1,10; Ps 90,2; Mk 13,31. Auch was in ihrem vielgestaltigen Erdreich geschieht, erscheint unmittelbar von Gott geschehen (vgl. das durchgängige Du in Ps 104 oder das Ineinander der Naturvorgänge und der göttlichen Hilfe in Ps 18,7 ff), ohne daß durch die erkennbaren Ordnungen im irdischen Geschehen 1Mose 8,22; Jer 33,25 die völlig freie Verfügung Gottes über seine E. in Frage gestellt oder Gott und Natur in eins gesehen wäre. Die E. ist seiner Füße Schemel Jes 66,1; Mt 5,35; ihre Winzigkeit vor Gott wird in der gewaltigen Predigt Jes 40,12 ff (V. 22) herausgestellt. Was irdisch schön ist, hat seine Schönheit von Gott Mt 6,28 ff.

2) Die E. im Weltbild der Bibel. So entschlossen die Bibel mit Vorstellungen des nahöstlichen Kulturkreises über die Weltentstehung gebrochen hat, die mit ganz anderen Gottes- und Götterbildern zusammenhingen, so unbefangen hat sie teil am Weltbild ihrer Zeit, soweit es *ihre* Offenbarung nicht berührt. Auf Pfeilern ruht die E. mit ihren vier Ecken über dem sie umgebenden Urmeer 1Sam 2,8; Hiob 9,6; Ps 104,5; 75,4; Offb 7,1; über ihr wölbt sich festgefügt das „Firmament" des Himmels, von dem ihr Sonne, Mond und Sterne leuchten 1Mose 1. Dabei lassen die mächtigen Fragen Hiob 38,4 ff zusammen mit Spr 8,23 ff erkennen, daß diese bibl. Anschauungen offenblieben für das unerkannte Geheimnis der sichtbaren Welt (vgl. die merkwürdige, andersartige Aussage in Hiob 26,7). Vor allem ist die E. Mittelpunkt dieses Weltbildes, so wie sie das für die unmittelbare Anschauung des irdischen Menschen geblieben ist. Die Erschütterungen, die in vergangener Zeit von ganz anderer Welterkenntnis her bibl. gegründete Geschlechter angefochten haben, liegen doch wohl hinter uns. Die Linie des bibl. Unaufgebbaren verläuft nicht hier.

3) Die E. als menschlicher Lebensraum. Das Verfügungsrecht des Menschen über die E. 1Mose 1,28; Ps 8,7; 115,16 ist in der HS als verantwortliches Haushalten verstanden, darum von der sündigen Rebellion gegen den Herrn der E. aufs tiefste berührt und bedroht 1Mose 3,17 f und seinem Gericht unterworfen Ps 96,13. Wohl ist die E. voll der Gaben und Güter Ps 104,24, das Leben auf ihr verläuft in beglückender Fülle Ps 36,9. Aber sie ist zugleich des Menschen Totenacker 1Mose 3,19; er ist Gast Ps 119,19 und Fremdling auf E. und hat hier keine bleibende Stadt Hebr 13,14. Daher hat „irdisch" als das Nichtige, Verwelkliche in der Bibel einen warnenden Ton Kol 3,2.5. Allein es ist über diese im Schatten des Unerlösten liegende E. der Christus Gottes gegangen, auf ihr geboren, gestorben und auferstanden Jo 1,14, der nicht von der E. war Jo 3,31; 1Kor 15,47, und hat der E. den Frieden gebracht Lk 2,14. Nun ist Himmel und E. nicht mehr unerreichbar geschieden, sondern in den Einen gnädigen Gotteswillen eingeschlossen Mt 6,10; 16,19.

4) Die neue E. Die E. ist selbst nicht ewig (Pred 1,4; Ps 104,5 reden aus dem Gegensatz zum rasch dahinschwindenden Menschen); sie steht unter dem Zeichen der Vergänglichkeit Ps 102,26 f; Hebr 1,10 f; Jes 51,6; 2Kor 4,18, und alle Kreatur in ihr ängstet und sehnt sich nach Erlösung Röm 8,19 ff. Eine neue E. wird werden, wenn die alte vergeht 2Petr 3,10.13; Jes 65 17; 66,22; Offb 20,11; 21,1 f. → ewig, Ewigkeit. *He*

Erdharz, Asphalt, findet sich in der Gegend um das Tote Meer her, das bei Plinius deswegen der Asphaltsee heißt, als ein Zersetzungsprodukt aus vorweltlichen Pflanzen und Tieren. 1Mose 14, 10 spricht von alten E.gruben. In Babylonien diente E. als Mörtel 1Mose 11, 3, ähnlich 2Mose 2, 3 neben Pech zum Abdichten des Schilfkörbchens. Im Gebet As 22 soll E. neben Pech und Werg das Feuer schüren. *Schl*

Erech (1Mose 10, 10; keilinschriftlich Uruk, heute Warka, griech. Orchoe), am einstigen Euphratufer gelegen, war der politische Mittelpunkt des frühen Sumerertums; Stadt des Himmelsgottes Anu und der Muttergottheit Inanna-Ischtar, die die „Heilige Hochzeit" mit dem König und Gottmenschen Dumuzi feierte. Die angeblich vom König → Gilgamesch erbaute Stadtmauer hatte eine Länge von 9,5 km und war mit etwa 800 Halbkreistürmen versehen. E. bestand bis in seleukidisch-parthische Zeit. Nach Esra 4, 9 wurden Bewohner von E. durch den Bevölkerungstausch der Assyrer in die Gegend von Samaria umgesiedelt (vgl. 2Kö 17, 24). → Karte III, Sp. 94. *Peu*

Erfahrung, erfahren. Das Zeitwort e. ist vielfach im äußeren Sinn gemeint = in E. bringen, hören 1Mose 9, 24, von anderen e. oder selber merken, wahrnehmen, beobachten 1Mose 8, 8. Wenn es sich dann um geistige Wahrheiten handelt, = erkennen, inne werden, auch erleben, also Lebenserfahrung sammeln Pred 1, 16, durchmachen Ps 71, 20. Besonders wichtig ist die E. d. h. das Überwältigtwerden von Gottes Wirklichkeit in seiner Herrlichkeit, Macht, Gericht, Treue 2Mose 6, 7 u. a. m. Die innere E. Gottes wird im Leiden durch Geduld zur Bewährung oder Bewährtheit Röm 5, 4, die durch Gottes Treue zur Vollendung geführt wird und darum die Hoffnung als Frucht hat. Im Verkehr mit den Menschen zeigt sich die E. als Wahrnehmung, Feingefühl, Verständnis, Takt, womit man das findet, was dem andern not tut und ihm wirklich helfen kann, im Unterschied zu gefühligem Überschwang Phil 1, 9. *Pfi*

erforschen — keine Mühe scheuen, um bei etwas auf den Grund zu kommen, die Wahrheit zu ergründen.

1) Vom Menschen: a) äußere Dinge erkunden, zB das Land Ri 18, 2, Zeit und Stunde Jo 4, 52; — *b)* beim Richten und Regieren 5Mose 19, 18; Spr 25, 2; — *c)* die Absicht eines Menschen 1Sam 20, 12; — *d)* das nachdenkliche Ergründenwollen des Lebens Hiob 5, 27, das sich auf dem aufbaut, was schon die Väter vor uns erforschten Hiob 8, 8; es geschieht aus Wissensdurst und Weisheitshunger Pred 1, 13; 7, 25, der doch nie befriedigt werden kann und vor dem Geheimnis haltmachen muß Jer 31, 37; Röm 11, 33; — *e)* fruchtbarer ist das E. der Schrift als der Quelle der Offenbarung Gottes vgl. Jo 5, 39; Apg 17, 11; — f) wichtig ist auch das E. des eigenen Wesens als Weg zur Bekehrung zum Herrn Klgl 3, 40.

2) Von Gott, Christus und dem Hl. Geist: — *a)* er muß nicht erst forschen, weil er jeden kennt Hiob 34, 24; — *b)* er dringt ins Innere des Menschen und durch ihn hindurch Ps 139, 1; Röm 8, 27; Offb 2, 23; — *c)* er als der Hl. Geist tut dem forschenden Menschengeist tiefere Erkenntnis auf, die der Mensch durch die Kraft seines Denkens nicht ergründen kann 1Kor 2, 10; — *d)* der Prophet empfängt nicht nur sein weissagendes Wort durch den Hl. Geist, sondern er hält nun auch Ausschau, auf welche und welcherlei Zeit der Hl. Geist die Erfüllung andeutet; das ist die Regel für alles E. der Zukunft 1Petr 1, 10 f. *Pfi*

Erfüllung, erfüllen. *1)* Einen *Raum* ausfüllen 1Mose 1, 22; so erfüllt die Wolke oder die Herrlichkeit des Herrn den Tempel 1Kö 8, 10 f, das Volk Gottes das Land Ps 80, 10, das Brausen vom Himmel das Haus Apg 2, 2, e. die Apostel Jerusalem mit der neuen Lehre Apg 5, 28.

2) Eine *Zeit* vollmachen: die Lebenszeit Jes 65, 20, die Geschichte der Erlösung Mk 1, 15; Gal 4, 4, die Zeit Jesu Jo 7, 8, der Heiden Lk 21, 24, den Tag der Pfingsten Apg 2, 1.

3) Die Verheißung wird e., wenn Gottes Zeit voll ist: Gottes Worte 1Kö 2, 27; Lk 1, 20, die Gedanken des Herrn Jer 51, 29; Hab 2, 3, die Verheißung, die in der Auferstehung Jesu ihre E. gefunden hat Apg 13, 32 f. Auf die Absicht Gottes, in seinem Heilswirken alles in Jesus zur E. zu bringen, weisen die Evangelien bes. hin Mt 1, 22 u. a. m. Und der, in dem alles e. ist, ist Jesus Christus Apg 3, 18.

4) Durch Jesus wird e., was der *Wille Gottes* ist Mt 3, 15; 5, 17. In ihm und seinem königlichen Gebot wird nun getan, was Gott im Gesetz will Röm 13, 8. 10; Gal 5, 14; 6, 2; Jak 2, 8.

5) Nun kann durch Jesus der Mensch *mit seinem Geist* e. werden. Wenn im AT einzelne mit bestimmten Kräften e. werden 2Mose 28, 3; 5Mose 34, 9; Ri 6, 34, so gilt dies im NT für alle im Namen des gekreuzigten und auferstandenen Jesus Apg 9, 17; nun wird Herz und Leben des Menschen mit neuem Inhalt e.: mit Freude und Frieden im Glauben Röm 15, 13, mit Erkenntnis Röm 15, 14, mit Trost 2Kor 7, 4, mit Erkenntnis des Willens Gottes Kol 1, 9; 4, 12. Im Menschen selbst wird die Gerechtigkeit und der Gehorsam vollendet Röm 8, 4; 2Kor 10, 6; Phil 1, 11, alles zusammen die Gottesfülle Eph 3, 19; 1, 23. Wer Christus widerstrebt, kann vom Satan e. werden und muß das Maß seiner Sünden voll machen Apg 5, 3; 1Thess 2, 16.

6) Die Beziehung von *Verheißung und E.* bestimmt das Verhältnis von AT und NT. Dabei steht nicht im Vordergrund der Nachweis des äußeren Eintreffens einzelner Weissagungen, sondern die E. der durch die Propheten gegebenen Verheißung in der Geschichte Jesu. Die Verheißung deutet sich von der E. her 1Petr 1, 10-12.

Gegenüber der Vollendung in der Wiederkunft Jesu ist das NT selbst wieder Verheißung, die e. werden soll Lk 22,16; Apg 3,21; 1Kor 1,7; Offb 1,1. *Pfi*

ergrimmen → Zorn.

erheben, erhöhen

1) einen andern aufrichten 1Mose 40,13; das Haupt oder die Stimme e. Lk 21,28; 11,27; sich e. = aufbrechen Mt 19,1 oder entstehen Mt 13,21; sich gegen den andern e. Lk 21,10.

2) Gott ist über alles erhöht; seine Rechte und Hand Ps 118,16. Darum ist es des Menschen Ehre, Gott zu e. 2Mose 15,2; Ps 99,9.

3) Gottes Freiheit ist es, den Menschen zu e. aus der Tiefe Ps 27,5f, ihn groß zu machen 2Chr 32,23. Durch die Offenbarung des Sohnes Gottes wird der Mensch am höchsten e. Mt 11,23. Darum kann der Mensch nur bitten Ps 4,7. Erhöht er sich selbst gegen Gott 5Mose 8,14; 2Kor 10,5, dann erfährt er die Regel der Gerechtigkeit Gottes Lk 18,14. Darum die Mahnung 1Petr 5,6; Jak 4,10.

4) Von der Erhöhung Christi: der Knecht Gottes Jes 52,13; die E. ans Kreuz Jo 3,14; 8,28, durch die Auferstehung Apg 2,33; Phil 2,9. So hat er die Macht gewonnen, Menschen zu sich zu ziehen Jo 12,32 und in seine Herrlichkeit zu e. Röm 8,17. *Pfi*

erhören → Gebet.

Erkenntnis, erkennen. Die HS ist auf die E. der vollen wahren Wirklichkeit angelegt, die sich allen um ihres Heils willen erschließen soll 1Tim 2,4. Es fragt sich, welche Wege sie dabei einschlägt, da sie doch fortwährend die Grenzen menschlicher Wahrnehmung überschreitet.

1) Im Vorfeld natürlicher E. Die Bibel enthält eine Fülle trefflicher Beobachtungen, in großer dichterischer Kraft der Darstellung, meisterhafter Erzählkunst, scharf geprägter Lebensweisheit, mit viel gesundem Menschenverstand geschaut und geordnet. Es kann, etwa im Buch des Predigers oder der Sprüche, auf weite Strekken hin so scheinen, als ob hier der Mensch mit seiner Vernunft begreifend und gestaltend an der Arbeit wäre. So wie nach einer anderen Seite hin die liebende Vereinigung des Mannes und der Frau ein „Erkennen" heißen kann 1Mose 4,1.17 u.a.m. Aber es fällt auf, daß selbst bei allerlei ausgesprochen menschlicher Fähigkeit wie 2Mose 31,3ff; 1Kö 5,9; Spr 20,27 alles schon immer auf eine Mitte hinzielt: auf das Wissen um Gott. „Des Herrn Furcht ist Anfang der E." Spr 1,7; 9,10; Ps 111,10. Diese E. ist von da her kein erworbenes Wissensgebiet des Menschen in Konkurrenz mit anderen Forschungsergebnissen. Die natürliche E. wird von dieser Mitte her in ihre Schranken verwiesen 1Sam 16,7; Mt 16,17; 1Kor 2,14; vgl. 1Mose 2,9. Sie versagt vor Aufgaben, für die sie von sich aus kein Organ hat Mt 16,2f; Lk 19,42. Sie ist oft genug im AT und NT ein Hindernis für die bibl. Botschaft und ihre das Leben umgestaltende E., in der der Wille, der Gehorsam angesprochen ist. Es ist der in Sünde verstrickte Mensch, der hier nicht sehen, nicht hören, nicht verstehen will Jes 1,3; Jo 1,10 u.a.m.

2) Die E. Gottes. In dieser Mitte der bibl. E. steht zB Röm 11,33 dicht nebeneinander der staunende Dank für den Reichtum dieser E. und die Einsicht in das bleibend Unbegreifliche und Unerforschliche. Dieses Innehalten vor dem Geheimnis ist charakteristisch für die bibl. E. Gottes Jes 45,15; 55,8f. Der Reichtum der E. 1Kor 1,5; Kol 1,27; 2,2f ist lauter Geschenk; Gott hat sich zu e. gegeben. → *Offenbarung* ist die Quelle dieser E. Und zwar geht darin Gottes Reden und Tun Hand in Hand zu immer neuer Klarheit, bis diese Glaubens-E. ihre bleibende Verankerung in dem „Ebenbild seines Wesens" Hebr 1,3 gefunden hat Mt 11,27. So hat es die Verheißung des AT gesehen Jes 11,2.9; Jer 31,34. — Diese E. Gottes hat zwei Voraussetzungen. Sie kann nur Wurzel schlagen in einem nach ihr ausgerichteten Leben Jer 22,16; Tit 1,16; 2Petr 2,21; Hebr 10,26; Jak 2,20. E. heißt anerkennen, sich bekennen. Zum andern entspricht der E. Gottes das Bewußtsein, von ihm erkannt zu sein Ps 31,8; 139,1ff; Nah 1,7; 1Kor 13,12; Gal 4,9; 1Jo 3,19f. Dabei kann e. den Sinn von erwählen haben Am 3,2. — Von dieser Mitte der bibl. E. her eröffnet sich schon in der Bibel selbst ein weites Feld der theol. Arbeit, die den ihr geschenkten Reichtum auszumünzen sucht, durchaus angewiesen auf die Leitung des Hl. Geistes 1Kor 12,8 und zu treuer Haushalterschaft über Gottes Geheimnisse verpflichtet 1Kor 4,1. Lk 11,52 zeigt die verheerenden Folgen eines eigenmächtigen Umgangs mit der E. — Diese E. ist kein Besitz; sie ist ohne lebendigen Umgang mit dem Erkannten nicht lebensfähig und bedarf der wachstümlichen Entfaltung 2Petr 3,18. Sie wird auch bei treuer Verwaltung Stückwerk bleiben und harrt ihrer Vollendung 1Kor 13,10.

3) Im Kampf um die rechte E. Wie im AT die Israel geschenkte E. immer im Kampf steht mit eindringendem Heidentum und sich dabei klärt, so steht die Gemeinde des NT vor allem in den Briefen des Apostels Paulus und im Evangelium und ersten Brief des Johannes in Abwehr u.a. gegen Irrlehren aus einer mächtigen Zeitströmung heraus, die die E. (griech. → Gnosis) auf ihre Fahne geschrieben hatte und die bis in die Gegenwart herein in wechselnden Formen aufgetreten ist. Auch in ihr handelt es sich um E. einer höheren göttlichen Welt. Aber hier ist E. menschliches Eindringen in das Geheimnis mit menschlichen Methoden eines angeblich höheren Wissens, das göttliche Natur verleihen soll. Bei diesem Pochen auf eine E., die den Menschen auf eine höhere Stufe hebt, ihn unsterblich machen und vergotten will, tritt Christi Erlösung am Kreuz, ein Leben in seiner

Nachfolge im Hl. Geist, ein Achten auf Gottes Reden und Tun in der bibl. Heilsgeschichte notwendig in den Hintergrund. 1Kor 13, 1-3. 8; 1, 18 ff; 3, 16 ff oder 2Kor 4, 5 f; 10, 4 f lassen erkennen, was zB in der korinthischen Gemeinde dabei auf dem Spiel stand. „Und hätte der Liebe nicht" — das traf diesen gnostischen Übermut an einer entscheidenden Stelle (neben E. in den Korintherbriefen die Stichworte „Weisheit", „Wissen"). Vor allem ist sodann der Kolosser- und Epheserbrief (auch Phil 3, 8 ff, 2Petr u. Jud) aus dieser Front heraus zu verstehen Kol 1, 9 ff; 2, 2 f; 3, 10; Eph 1, 17; 3, 19; 4, 13. „In Christus liegen verborgen alle Schätze der E."; dabei geht dem, der sich nach tiefer E. sehnt, nichts verloren 1Kor 2, 10-16.

Mehr als sonst im NT wird bei Johannes e. zum beherrschenden Ausdruck für die innersten gegenseitigen Verbundenheiten des Vaters und des Sohnes und der Seinen, zu ihm und untereinander Jo 10, 14 f. Diese E. ist ein umfassendes durchdringendes Lieben und Geliebtsein 1Jo 4, 7 ff; Jo 13, 35; 10, 17; 17, 23; 16, 27. Diese Liebe lebt in der Gemeinde, ihrem Herrn nach, im Gehorsam, der sich ans Wort, ans Gebot hält Jo 14, 31; 1Jo 2, 3 ff und darin eine Neugeburt empfängt 1Jo 4, 7. In dieser E. öffnet sich der Weg in die Freiheit Jo 8, 32, ins ewige Leben Jo 17, 3. Aber das hängt völlig daran, ob die Rebe am Weinstock bleibt 15, 1 ff. Das bedeutet aber zugleich: das Angebot des Gnostikers kann für den nicht mehr zur Versuchung werden, der in Christus alles fand, was er bedarf Jo 6, 68 f. *He*

erlassen. Im nächstliegenden Sinn werden Schulden e.; das forderte die Ordnung für das Erlaßjahr (→ Halljahr) 5Mose 15, 2. 3 dem Volksgenossen gegenüber. In übertragenem Sinn wird Sündenschuld e.; so im Gleichnis vom Schalksknecht Mt 18, 27. 32. Schuld zu e., Sünde zu vergeben ist Gottes Hoheitsrecht Mich 7, 18, weil an ihm der Mensch schuldig wurde. Daß Jesus in Vollmacht von oben Sünde vergab, erschien den Gegnern als gotteslästerliche Anmaßung Mt 9, 3. 6. Aus dieser Vollmacht ermächtigte er seine Jünger, in der Kraft Hl. Geistes Sünde zu e., davon loszusprechen, oder auch „Sünde zu behalten", Vergebung zu versagen Jo 20, 23. → Schuld, → Vergebung, → Schlüssel. *Schl*

Erlaßjahr → Halljahr.

Erleuchtung, erleuchten. Der Mensch erscheint in der HS einbezogen in die Finsternis der gottlosen Welt, die ohne E. eine Welt des Todes bleibt. Eine zusammenhängende Schöpfungstat Gottes verbindet das „Es werde Licht" 1Mose 1, 3 mit der E. des Menschen, ohne daß diese nur gleichnishaft verstanden sein will 2Kor 4, 6.

1) Die Quelle der E. Gott ist Licht, wie er die Quelle des Lebens ist 1Jo 1, 5; Jak 1, 17; Ps 36, 10. So ist die Sendung seines Sohnes der ersehnte Sonnenaufgang Jo 8, 12; 9, 5, im Prophetenwort angekündigt Jes 9, 1; 60, 1 f; Lk 1, 78 f. Ohne Christus gibt es keine wirkliche Aufhellung der Dunkelheiten um uns und in uns; die E. ist keine menschliche Möglichkeit Eph 5, 14; 1Jo 2, 8. Im Licht leben die von neuem Geborenen Jo 12, 36, bis in der Vollendung Gott der Herr selbst die allbelebende Sonne seiner neuen Welt sein wird Offb 21, 23; 22, 5.

2) Das Dasein in der Finsternis. Der Welt ohne die E. Gottes fehlt das Leben und das Licht; sie sitzt in Finsternis, im Schatten des Todes Lk 1, 79, in einer tiefen Verblendung Eph 4, 18, die als ein satanischer Zwang auf ihr liegt Kol 1, 13; 2Kor 4, 4, unter dem die Verblendeten das Licht hassen wie ihren Feind Jo 3, 19 ff; 1, 5. Denn die Finsternis ist das Element des Bösen 1Jo 2, 11.

3) Das Leben in der E. Der Zwang löst sich im Glauben und in der Nachfolge Christi in E. Jo 12, 46; 8, 12. Wie aus wirren Träumen erwacht Eph 5, 14 fängt der ins Licht Versetzte an zu sehen Eph 1, 17 ff, empfängt Licht aus dem Wort Ps 119, 105; 19, 9, greift nach Waffen des Lichts Röm 13, 11 ff, wandelt im Licht 1Jo 1, 7 als ein Kind des Tages 1Thess 5, 5. So erlebt es die Völkerwelt Lk 2, 32; Apg 26, 18; so werden die Erleuchteten Lichtträger für viele Mt 5, 14 ff; 2Kor 4, 6; Phil 2, 15; Dan 12, 3. Doch umdroht die Finsternis noch immer jeden Jo 9, 39; 12, 35; Hebr 6, 4 ff, bis das Erbteil der Heiligen im Licht ewige Heimat geworden ist Kol 1, 12. *He*

Erlösung, erlösen. Es ist hilfreich, die beiden umfassenden, in sich zusammenhängenden Bezeichnungen des bibl. Heilsgeschehens „E. und Versöhnung" zusammenzusehen, vgl. Ps 49, 8; Kol 1, 14. 20. Beide erläutern im NT die Heilsbedeutung des Kreuzes Christi, wobei E. mehr die geknechtete Gesamtlage des Menschen, Versöhnung mehr sein Zerwürfnis mit Gott im Auge hat.

1) E. im AT. Sprachlich und dann auch dem Sinn nach liegt hier zugrunde ein zB 3Mose 25, 47 ff anschaulich geschilderter Rechtsvorgang, in dem ein in Leibeigenschaft Geratener durch ein Lösegeld freigekauft, „erlöst" werden konnte. Das war zunächst Sache des Nächststehenden, des „Lösers" 3Mose 25, 26. — *a)* Der Ausdruck übertrug sich zB Ri 3, 31 auf den, der Israel aus Feindesnot „erlöste". Entscheidend aber für die bibl. Wortbedeutung ist die E. Gottes, der Israel aus Ägypten erlöste 5Mose 7, 8; 9, 26; 2Sam 7, 23; Ps 77, 16; Mich 6, 4. Daß Israel Gottes erwähltes Eigentum ist, in seine Bundestreue und Liebe eingeschlossen, das sagt ihm diese E. — *b)* Darin erkennt des weiteren das AT einen Grundzug der göttlichen Barmherzigkeit; er e. aus Not und Trübsal: das Volk Ps 44, 27, den einzelnen Frommen Jer 15, 21; Ps 31, 6, die Gefangenen Ps 126, 1; 146, 7, die vom Tod Bedrohten Hiob 5, 20; Ps 102, 21; 103, 4; Hos 13, 14. Dabei tritt die ursprüngliche, von einem Anrecht auf E. ausgehende Bedeutung zunehmend zurück. Dafür ist ausschlaggebend, ob sich E. auch auf die Sündennot bezieht. Es fällt auf, daß davon seltener die Rede ist; hier gehen die Gedanken im AT vom Kultischen her eher in der Linie der Versöhnung. Doch fehlt die andere Linie nicht Ps 25,7.22; 107,2.17 und vor allem Ps 130,8. — *c)* Im 2.Teil des Jesajabuches wird „Erlöser" wie in Ps 19,15; 78,35 ein häufig gebrauchter Gottesname 41,14; 43,14; 44,24; 63,16 u.a.m. Dort wird eine an der Zukunft orientierte neue, durchgreifende E. Israels und der Völker verkündigt, ohne die alte Verankerung des E.glaubens aus dem Auge zu verlieren Jes 63,9. Dabei wird das „umsonst" (ohne Lösegeld) der unergründlichen göttlichen Liebe betont 45,13; 52,3 (gegen 43,3). E. ist danach reiner Gnadenakt. Eine wichtige Ausweitung der E.hoffnung bedeutet Hiob 19,25 über Tod und Grab hinaus, wo im Nachklang „Erlöser" noch einmal den Sinn des Rechtsbeistands in letzter Instanz hat. — *d)* Für das NT ist endlich bes. wichtig geworden die stellvertretende E. des Gottesknechts in Jes 53, zB V. 6.12.

2) E. im NT. a) Noch in der Linie des AT und seiner messianischen Weissagung geht Lk 1,74.68; 2,38; 24,21. — *b)* Dann aber verwächst die E.botschaft des NT unauflöslich mit dem Tod Jesu am Kreuz. Darin ist Jesus selbst vorangegangen mit dem Wort vom Lösegeld (so wörtlich statt E.) Mk 10,45; Mt 20,28. Das Wort sagt in seiner nur andeutenden Kürze, daß hier das Größte und alles Umfassende geschieht; weder über die Reichweite noch über die Begründung muß in diesem Augenblick mehr gesagt werden, wo nur fast beiläufig davon die Rede ist. Hier ist das Wort das wenigste — es folgt die Tat! Der Mensch, auch wenn er die ganze Welt gewönne, kann seine Seele nicht lösen Mt 16,26. Und doch muß sie e. werden. Hier ist das Lösegeld für die heillos Verschuldeten. Jo 10,11.15.17, auch Mt 16,23 werfen ihr Licht auf das Geheimnis dieser E. Das bleibende Geheimnis selbst — der Weg Gottes im Gehorsam seines Sohnes bis zum Tod am Kreuz — wird und soll niemand auf eine erschöpfende Formel bringen. — *c)* Die Briefe des NT kennen auch die E. aus allerlei Trübsal und Gefahr 2Kor 1,10; 2Tim 3,11. Aber dann kreist ihr Zeugnis um jene Mitte alles Geschehens. Ob es dabei heißt „von Gott dahingegeben" Röm 8,32, vgl. Jo 3,16, oder „Christus hat sich selbst gegeben" 1Tim 2,6; Tit 2,14, macht keinen Unterschied; beides ist auch Jo 10,17f in Eins geschlungen. Auch „für viele" Mk 10,45 und „für alle" 1Tim 2,6 sagt dasselbe. Mannigfach ist die Ausdeutung des stellvertretenden Opfers am Kreuz Eph 5,2: wir sind „teuer erkauft" 1Kor 6,20; 7,23; 2Petr 2,1; Offb 5,9; 14,3f, nicht „mit Silber und Gold", sondern mit dem teuren Blut des Lammes 1Petr 1,18f. Hier wird Jes 53 wirksam wie Jo 1,29; vgl. Eph 1,7; Offb 5,9. Auch der getilgte Schuldbrief Kol 2,14 gehört in diesen vom ursprünglichen Wortsinn herrührenden Gedankenkreis wie Jesu Wort vom Lösegeld. — *d)* In diese E. am Kreuz sind alle Mächte und Gewalten mit einbezogen, unter deren Tyrannei und Bann Menschen nicht für Gott und sein Reich frei werden können Hebr 2,14f; Kol 1,13f. Das führt der Galaterbrief bes. im Blick auf das Gesetz aus, das dem auf Selbsterlösung ausgehenden Menschen zum Fluch werden mußte 3,13; 4,5.

3) Die geschehene und die kommende E. Vom Kreuz Christi her ist der tatsächliche Vollzug der E. das Evangelium, das die HS verkündigt. Christus ist uns gemacht zur E. 1Kor 1,30; Röm 3,24 u.a.m. Aber schon die 7.Bitte des Vaterunsers oder das auf seine Wiederkunft vorausblickende Wort Jesu Lk 21,28 lassen erkennen, daß die E. auch im NT in ihrer Vollendung noch erhofft wird 2Tim 4,18; Eph 4,30; Hebr 9,12. Wie in den Worten von der Kindschaft Röm 8,23; 1Jo 3,2 ist die heutige Gewißheit im Glauben zugleich das Ziel des Wegs, der noch vor uns und vor der Welt liegt. *He*

ermahnen. Das Wort kommt nicht vor im Sinn einer bloß äußerlichen moralischen Aufforderung, sondern steht jeweils in irgendeinem Zusammenhang mit dem Heilsgeschehen.

1) Im gewöhnlichen Sprachgebrauch meint e. ein bittendes Ersuchen, dringendes Auffordern Jo 4,31; Apg 8,31; 1Kor 16,12; 2Kor 2,8; 1Tim 1,3.

2) e. umfaßt bei den Aposteln und anderen Dienern des Worts das werbende Heilsangebot (so schon vom Täufer Johannes Lk 3,18) Apg 2,40; 2Kor 5,20; 6,1.

3) Besonders ist ein E. die im Liebesgeist Jesu (Röm 12,1; Phil 2,1) ganzen Gemeinden und einzelnen Gläubigen gegebene Anweisung zu einem des Evangeliums würdigen Christenwandel Eph 4,1; Apg 14,22; Röm 15,30; 16,17; 1Tim 2,1; Hebr 13,19; 2Thess 3,12; 1Kor 1,10; Phil 4,2.

4) In der Bedeutung trösten meint e. die schon im AT (zB Jes 40,1ff) bezeugte Hilfe Gottes als Enderrettung der Gemeinde aus aller Not 1Thess 2,11f; vgl. 2Kor 1,4f; Mt 5,4. *Kü*

Erneuerung, erneuern. Zunächst im äußerlichen Sinn wiederherstellen: Altar und Haus des Herrn 2Chr 15,8; 24,12. Dann von menschlichen Vorgängen: das Königreich 1Sam 11,14. Wichtig die E. des Menschen, die der Hl.Geist schafft Tit 3,5 → Wiedergeburt. Im Blick auf Jesus ist der neue Mensch da, im Blick auf uns wird er von Christus her immer erneuert Röm 12,2; 2Kor 4,16; Kol 3,10. Nach Hebr 6,6 ist E. unmöglich, wo man vom Kreuz und der Gemeinschaft des Hl.Geistes weicht. *Pfi*

erniedrigen. *1)* Es steht allein Gott zu, zu e.; denn er ist der Höchste Jes 2,11-18; 1Sam 2,7. Er kann es, weil er der Richter ist Ps 75,8. Er e. das, was in Selbstvermessenheit und im Vertrauen auf die eigene Macht sich erhöht und damit die Ehre Gottes, der allein hoch ist, antastet Ps 18,28; Jes 10,33; 26,5; Hes 17,24; Sach 10,11; Mt 23,12.

2) Dem Menschen steht es an, in Buße und Verlangen nach Gnade sich selbst zu e. vor Gott 2Sam 6,22; Lk 3,5, vgl. der Zöllner Lk 18,13, klein zu sein wie ein Kind Mt 18,4; er wird dann auch andere höher achten als sich selbst Phil 2,3 und anderen in Demut dienen 2Kor 11,7.

3) Jesus Christus, der Sohn des Allerhöchsten, ging in solcher Selbsterniedrigung seinen Weg Phil 2,5-8; Hebr 2,17. Aber gerade das war der Weg, auf dem ihn Gott → erhöht hat Phil 2,9. Und auf diesem Weg liegt die Verheißung, vorausgesetzt, daß es eine echte Selbsterniedrigung vor Gott ist Hes 21,31. *Pfi*

Ernte (→ Ackerbau). Gute E. und ihre Einbringung war für Israel lebenswichtig 1Mose 26,12; Spr 10,5; Jer 48,32. Die E.zeit war darum *die* Freudenzeit und die E. Zeichen der erfüllten Verheißungen Gottes 1Mose 8,22; Jer 5,24; vgl. Jes 9,2. Das NT spricht von der E., wenn Gott über die reifgewordene Welt das Gericht kommen läßt. Die E. ist in Jesus Christus angebrochen und wird vollendet im „Ende der Welt" Mt 13,30.39; Offb 14,14ff. Dann wird der Mensch die Frucht seines Glaubens oder Unglaubens ernten Gal 6,7ff. *Kn*

Erquickung, erquicken. Von der Erholung und Stärkung des Leibes, durch den Feiertag 2Mose 23,12, in Müdigkeit und Krankheit 2Sam 16,14; Ps 41,4. Von der E. der Seele, wenn sie müde ist Jer 31,25, daß sie aufatmet, weil ihr die Sorge abgenommen wird Rt 4,15 und der Herr zu ihr kommt Jes 57,15. Das will der Herr selber tun Ps 23,3; darum werden die e., die auf ihn schauen Ps 34,6. Der ganze Mensch in seiner Person darf E., Erhaltung des Lebens und Wiederaufleben erfahren durch Gott nach seinem Wort, mit seiner Gerechtigkeit, gemäß seiner Gnade, durch sein Gesetz, um seines Namens willen Ps 119,25.37 u.a.; 138,7. In allem bringt die E. des Herrn zur Ruhe Röm 15,32; Mt 11,28. Ewige E. bei Jesu Kommen Apg 3,20. *Pfi*

Erscheinung, erscheinen, gelegentlich von Menschen gebraucht 2Mose 23,15ff, bes. aber vom Hervortreten Gottes 1Mose 12,7, des Engels Mt 1,20; daher auch die Bitte um Gottes E. Ps 80,2. Ein Gesicht e. Apg 16,9; Mose und Elia e. Mt 17,3. Besondere Bedeutung für die Gemeinde haben die E.n des Auferstandenen Lk 24,34; Apg 9,17; 13,31, wobei Offenbarung durch Sichtbarwerden berichtet wird. In der Wiederkunft wird Jesus wieder e. 1Jo 3,2; Hebr 9,28; 1Petr 5,4; 2Thess 1,10; Mt 24,30. In der Person Jesu ist uns die Liebe, Freundlichkeit, Gnade Gottes erschienen 1Jo 4,9; Tit 2,11; 3,4, ist das Leben e. 1Jo 1,2. Die Sünde aber e. als das, was sie ist, daran, wie der Mensch auf das Gesetz Gottes antwortet Röm 7,13; sie wird dadurch enthüllt. *Pfi*

Erscheinung Gottes → Theophanie.

Erstgeburt. *1)* Von der Vielehe her muß man im *AT* zw. der E. des Vaters und der Mutter unterscheiden. Dem Erstgeborenen des Mannes kam nach der Anschauung, daß er in der ersten Kraft des Vaters gezeugt worden ist 1Mose 49,3 und daher auch mehr väterliche Kraft besitzt als seine Brüder, eine besondere Vorzugsstellung zu, die sich auch in der Bezeichnung Israels nach seiner Sonderstellung unter den Völkern als des Erstgeborenen Gottes widerspiegelt 2Mose 4,22; vgl. Jer 31,9. Kraft seiner Geburt besaß er größere Autorität, aber auch größere Verantwortung 1Mose 27,29.37. Er hatte Anspruch auf den Segen des Vaters 1Mose 25,29ff; 27 und unbeschadet seines Ursprungs von der Haupt- oder einer Nebenfrau auf den größten Teil des Erbes 5Mose 21,17.

Als Herr alles Lebens hatte Gott grundsätzlich Anspruch auf den Erstgeborenen jeder Mutter in Israel, wie auf die Erstlinge von Getier und Feld 2Mose 13,2.12; 22,28f. Trotz der Anerkennung dieser Forderung, vgl. 1Mose 22, wurde die Auslösung des Erstgeborenen, bedingt auch des Erstlingsesels geboten 2Mose 13,13; 34,20; 4Mose 18,13ff. Doch zeigt die prophetische Polemik, daß es bis in die späte Königszeit immer wieder zu Kindesopfern kam, Jer 7,31; Hes 20,24ff; vgl. 2Kö 16,3; 21,6.

Lit.: J. Pedersen, Israel, its Life and Culture, I-IV, London u. Kopenhagen (1926-1940) 1954. *Kai*

2) Im *NT* wird das Bild von der E. dazu benützt, um die unvergleichliche Einzigkeit des Christus herauszustellen: Er gleicht einem Erstgeborenen Rö 8,29; Hebr. 1,6, ist der Erstgeborene der gesamten Schöpfung, allem Gewordenen vorgeordnet Kol 1,15, ist ebenso ein Erstgeborener durch seine Auferstehung Kol 1,18; Offb 1,5 (vgl. 1Kor 15,23), gewinnt aber durch seinen Dienst die vielen Brüder Röm 8,29, die ihrerseits, weil sie an seinem Leben teilempfangen, Erstgeborene genannt werden können Hebr 12,23. *Schl*

Ersticktes → Aas, → Apostelkonzil.

Erstling (→ Ackerbaufeste). Die E.e spielten bei allen Völkern, so auch in Israel seit Urzeiten als regelmäßige Abgaben in den Gott dargebrachten Erstlingsopfern eine große Rolle. Es handelt sich dabei um die Darbringung der Erstgeburten des Viehs, der E.e der verschiedenen Erntearten 5Mose 18,4; 2Mose 23,19, sowie des von der neuen Ernte erstgebackenen Brotes 3Mose 23,20. Bei Tieren waren schon früh Ersatzopfer gestattet, zB ein Lamm statt des Esels 2Mose 34,20. Auszulösen war in Israel grundsätzlich auch die menschliche Erstgeburt, da Menschenopfer abgelehnt wurden 2Mose 34,20. Nach einer jüngeren Deutung 4Mose 3,11ff dienten nicht Tiere, sondern die Leviten als Auslösung für die menschliche Erstgeburt. Die Darbringung der E.e geschah vor allem an den drei jährlichen Ackerbaufesten in Verbindung mit allerlei kultischen Bräuchen 3Mose 23,10 f. Ihren Sinn hatte sie neben der Weihung des gesamten Besitzes, den die E.e repräsentierten, an die Gottheit in der Anerkennung des göttlichen Besitzrechtes 2Mose 34,19; 4Mose 3,11 ff, in dem Wissen, daß man nicht mit leeren Händen vor Gott erscheint 2Mose 34,20, und, sich allg. durchsetzend, in der Abstattung des Dankes für die Errettung aus Ägypten und die Gabe des Landes 5Mose 26,1 ff. Dadurch bezeugte Israel, daß Gott sich wesensgemäß als Gott des Heils durch geschichtliche Taten offenbart. *Kn*

Erwählung, erwählen. Dieses bibl. Wort vermittelt einen tiefen Einblick in die „Weltpolitik Gottes": wie er zu seiner Zeit heranholt, wen er nach seinem unerforschlichen Plan sich für sein Ziel nahe verbinden will — ein ganzes Volk oder einzelne Gestalten.

1) Der Erwähler ist der dreieinige Gott selbst. So weiß es Israel 5Mose 7,6; 14,2; Ps 100,3. Daran hält sich die Gemeinde Jesu Christi 1Petr 2,9. So e. Gott Abraham Neh 9,7, Mose 2Mose 3; Ps 106,23, Jeremia Jer 1,5. Das bleibt so, wenn Christus als der einzigartig Auserwählte Gottes 1Petr 2,4; Lk 23,35 sich seine Zwölf e., nicht sie ihn Lk 6,13; Jo 15,16. In diesem Sinn weiß sich Paulus „ausgesondert" Röm 1,1; Gal 1,15. Gegenüber dem isr. Königtum als solchem bleibt im AT aus begreiflichen Gründen die Frage offen, ob nach 5Mose 17,14 ff hier immer von E. gesprochen werden kann wie zB 1Sam 10,24; 16,8 ff; 2Sam 6,21 u.a.m. Jedenfalls kann der E. Verwerfung folgen. Unsere eigene Wahl hat die E. Gottes zur Voraussetzung 5Mose 30,19; Jos 24,22.

2) Grund und Ziel der E. Das Motiv der E. ist eine unergründliche Liebe von Ewigkeit her Hos 11,1.4; Jer 31,3, die im NT von Christus her („geliebt in dem Geliebten") verstanden wird Eph 1,4. Gott e. zu seinem Eigentum 2Mose 19,5 u.a.m.; 1Petr 2,9. Das Ziel, dem alle E. gilt, ist die Welt Jo 3,16; Röm 11,32; 1Tim 2,4, ohne Rücksicht auf vermeintliche Vorzüge und Leistungen 5Mose 7,7; 9,6; Röm 9,16. Sie greift nach den Geringgeschätzten 1Kor 1,27; Jak 2,5. Gott e. zu seinem Dienst Jer 1,5; Jes 49,6 f; 60,3; Apg 9,15. Das Heil, die Rettung der verlorenen Welt ist der Blickpunkt aller E. Eph 1,4.

3) Die E. und unsere Wirklichkeit. Im AT ringt in Israel ein E.glaube, der die E. als völkisches Vorrecht versteht, mit der prophetischen Botschaft der E. von Amos an Am 9,7 u.a.m., die das Gericht auch über die Erwählten nicht aufhebt, sondern verschärft. Israels Weg ist in dieser Hinsicht für alle aufschlußreich, so wie ihm Paulus in Röm 9-11 nachgegangen ist. Die zeitweilige Verwerfung 11,15 verneint die bleibende E. nicht. Sie war schon immer der Welt zulieb geschehen; die Hinwendung zu Christus bleibt auch für Israel offen; durch sie wird die E. Israels sich erst voll auswirken. Im NT wirft der Einzelweg des zum Apostel erwählten Judas ein aufhellendes Licht auf den Sinn der E. Jo 6,64 f.70; 13,18 f. Sie schließt Entscheidung und Verantwortung in sich und ist keine unverlierbare Garantie.

4) Biblischer E.glaube. Die vor allem an Röm 9,22 immer aufs neue aufgebrochene Frage, ob es sich bei der E. auch um eine unwiderrufliche, ewige Bestimmung zur Verdammnis handle, ist zu verneinen. „Gefäße des Zorns" sind dort nicht von vornherein zum Zerschlagen geschaffene Gebilde — das gibt es nicht! Aber zeitliche Verwerfung droht allen. Die Heilsgewißheit des Christen gründet sich zutiefst auf den vor allem zeitlichen Geschehen liegenden E.willen Gottes, der nicht in grüblerischer Selbstbetrachtung ergründet werden kann und soll. Der Glaube an Gottes gnädigen Willen ist und bleibt für uns verankert in Christus; erst nachdem er dort im hellen Licht der Geschichte festen Fuß gefaßt hat, vermag Paulus im Römerbrief 8,28 ff uns den anbetenden Blick in die ewige Wahl Gottes zu öffnen, die niemand im Begreifen nachvollziehen kann, die aber eben so letzte Gewißheit verleiht Röm 11,33 ff. *He*

erwecken, Erweckung. → Bekehrung. Der aus einem schlafgebundenen, traumbefangenen, seiner Lage und Aufgabe nicht bewußten Dasein Wachgerufene ist das gleichnishafte Abbild dessen, was in der HS nach zwei Seiten E. heißt.

1) Schöpferische E. Im wechselvollen Lauf der Geschichte Israels, der Völkerwelt wie der Einzelnen schafft sich Gott seine Werkzeuge, indem er sich aus der Mitte der Vielen seine Willensträger, seine Knechte erweckt Ri 2,18; 3,9; 1Sam 2,35; 1Kö 14,14; Ps 89,20. Es kann sein, daß diese Erweckten ihre eigenen Ziele im Sinn haben und doch Figuren in der „Weltpolitik Gottes" sind. Das kann aber auch eine bewußt übernommene, vom →Geist des Herrn erfüllte Berufung sein (Beispiel: Gideon Ri 6). Das ist vor allem bei den Propheten des AT (Jesaja!) in einer weltweiten Perspektive gesehen: auch der Aufbruch der Völker entspringt solcher E. Jes 13,17; Jer 50,9; 1Chr 5,26; 2Chr 21,16; Röm 9,17. So deutet das AT zB das Auftreten des Perserkönigs →Cyrus II. Jes 45,13; 2Chr 36,22. Diese mit immer neuen Glaubensanfechtungen schwerer Schicksale ringende Sicht mündet schließlich in der Verheißung des endgültigen Retters und Erlösers, den Gott e. wird, des → Messias 2Sam 7,12 f; Jer 23,5 f; Hes 34,23. Es konnte sich dabei nie um eine die Rätsel der geschichtlichen Vorgänge lösende Gesamterkenntnis handeln. Auch der Glaube steht vor dem Unbegreiflichen, Unerforschlichen Jes 55,8 f; Röm 11,33. Wie souverän diese E. Gottes gemeint ist, sagt das kühne Wort des Täufers: „Gott vermag dem Abraham aus diesen Steinen Kinder zu e." Mt 3,9.

2) Erlösende E. Das durch Christus in alle irdischen Verhältnisse einbrechende → Licht begründet im NT, wie sehr unsere ganze menschliche Existenz einer E. bedarf. Die E. Jesu Christi von den Toten will im Glauben an ihn zur E. aus dem Schattendasein eines von Gott losgerissenen, dem Tod verfallenen Lebens werden. Das erscheint vor allem bei Paulus als ein Mitsterben und Miterwecktwerden mit Christus in ein neues Leben hinein Röm 6,4 ff; Eph 2,1 ff. Von daher durchzieht ein Wachrufen und Wachwerden dieses neue Leben immer aufs neue Eph 5,14; Röm 13,11 ff und wird zur Aufgabe der Christen untereinander 2Petr 1,13. E. ist demnach nicht nur eine vorübergehende Vorstufe dieses neuen Lebens. Auch eine von Gott wirklich verliehene Gabe seines Geistes kann verglimmen; man muß sie e., zur Flamme entfachen 2Tim 1,6. *He*

Erz, ehern, bezeichnet in der Sprache der Bibel, was in der Technik und Kulturgeschichte *Bronze* heißt. Nach Ablauf der Steinzeit lernte man Metall zu verarbeiten, zuerst das Kupfer, doch meist nicht in reiner Form, sondern mit Beimischung anderer Metalle, etwa Zinn, wie es die im Altertum bekannten Kupferminen lieferten. Vom Schmelzen der E.e spricht Hiob 28,2, von der Mischung verschiedener Metalle Hes 22,20; die Bronze war härter, darum gebrauchsfähiger als das reine Kupfer. Das E. wurde lange von Cypern bezogen, dann durch die Phönizier in Spanien geholt; eine alte Kupfermine in der Nähe gab es auf der Sinai-Halbinsel. → Bronzezeit.

Die ersten Erzeugnisse aus E. kamen nach Palästina wohl von Ägypten her. Aus E. waren die Rüstung des Goliath 1Sam 17,5, die Ketten Simsons Ri 16,21, ein Spiegel Hiob 37,18 und Schrifttafeln 1Makk 8,22. Als das → Eisen aufkam, wurde das E. mehr das Metall des Kunstgewerbes. Nach 2Mo 38,29 wurden an der Stiftshütte 70 Zentner Kupfer verwendet (neben 100 Zentnern Silber). Im Tempel Salomos waren die bewunderten Bronzearbeiten — die zwei Säulen am Eingang, das eherne Meer, die Kesselwagen — von → Hiram aus Tyrus gefertigt 1Kö 7,13 ff; sie waren in der Jordanebene gegossen, da sich dort der nötige Ton fand 1Kö 7,46, und wurden dann von den Babyloniern zerschlagen und nach Babylon gebracht 2Kö 25,13. → Eherne Schlange. Bei den Ausgrabungen fanden sich manche Bronzestatuetten, bes. von Göttinnen. In bildlicher Rede weist E. (wie das Eisen) auf Festigkeit und Härte hin Sir 13,3; Hiob 6,12, auf unbeugsame, unwiderstehliche Kraft Jer 1,18; Mich 4,13 und auf harten Trotz Jes 48,4, aber auch auf strahlenden Glanz Hes 1,7; Dan 10,6. *Schl*

Erz — als Vorsilbe, vom griech. „archi" (zB Archi-tekt d. h. Baumeister), bezeichnet den höheren Rang. *Luck*

Erzengel sind in ATlicher und spätjüd. Erwartung Dan 10; Henoch 20; Tob 12 die 4 oder 6 oder 7 höchsten Engel vor Gottes Thron: Uriel, Raphael, Raguel, Michael, Saraqiel, Gabriel, Jeremiel. Im NT hören wir von Gabriel bei der Verkündigung des Messias Lk 1,19.26, von Michael beim Streit um den Leib des Mose Jud 9 und beim Kampf mit dem Drachen Offb 12,7, von einem Ungenannten bei der Auferstehung 1Thess 4,16. Wahrscheinlich sind die 7 Engel Offb 8,2.6 die Erzengel. Für die heilsgeschichtliche Deutung ist Hebr 1 wichtig: wie die → Engel, so sind in bes. Weise die E. Diener und Werkzeuge Gottes, um von ihm und seinem Walten in Gericht und Gnade Kunde zu geben. *Luck*

Erzkämmerer → Rabsaris.
Erzväter → Patriarchen.

Esau. *1)* Sohn → Isaaks und der → Rebekka, älterer Zwillingsbruder → Jakobs, Stammvater der → Edomiter 5Mose 2,4 f, „Haus E." Ob 18; Jer 49,8-10. Der Name E. = rauh, behaart, struppig, ähnlich wie Edom = der Rote, auf das Aussehen bei der Geburt bezogen 1Mose 25,25, paßt auch auf das unwirtliche Land Seir, das seine Nachkommen im Süden Judas bewohnen.

2) Hinter den Berichten über die Nebenbuhlerschaft zw. dem „frommen" Jakob und dem „wilden" E. stehen zunächst die kultur- und wirtschaftsgeschichtlichen Vorgänge: die Verdrängung des „älteren" Jägers durch den „jüngeren" Kleinviehzüchter. Vom Standpunkt des Späteren, Fortschrittlicheren bedient sich die volkstümliche Erzählungskunst dabei des Motivs der Überlistung des Gleichgültigen, Dummen durch den Listigen. Spürbar gehört die Sympathie des Erzählers dem an sich sittlich fragwürdigen Betrüger.

3) Erst die Tiefenschau des *Glaubens* macht deutlich, worum es den Schreibern der Bibel zu tun ist, die dies uralte Erzählungsgut sammelten und zur Gesamtheit einer göttlichen Heilsgeschichte verwoben. Es geht bei der Rivalität der beiden streitenden Brüder um den *Segen,* das Geheimnis gottgeschenkten Wachstums, das den von Gott Bevorzugten auf seinen Wegen erfolgreich sein läßt. Der Handel um das Linsengericht 1Mose 25,29 ff zw. Bauer und Jäger kennzeichnet den einen in seiner Gier als den Menschen des Augenblicks, gutmütig, aber sinnlich und materiell, den anderen als den, der das Künftige bedenkt, und in diesen Blick ins Künftige ist der Glaube, das Wissen um Gottes Führung eingeschlossen. Ihm wendet sich der Segen zu, unabhängig von menschlichen Vorzügen oder Rechten. In der Überlistung des blinden Vaters, zu der selbst die Mutter Rebekka Beihilfe leistet, und der abermaligen Übertölpelung E.s 1Mose 27,1-29 wird anschaulich, wie Gottes Segensmacht mit erzieherischer Weisheit selbst durch die Ränke menschlicher Skrupellosigkeit und Verlogenheit ihren Weg mit Menschen und Völkern geht. Daß der Ältere dem Jüngeren dienen muß, ist beiden vor der Geburt schon in Gottes Vorsehung bestimmt 1Mose 25,23; Röm 9,10 ff. Der Gesegnete aber geht von der Flucht aus der Heimat bis ans Lebensende den Weg schmerzlicher Läuterungen. Der Betrogene wird schuldig mit seinem Rachedurst 1Mose 27,41 ff und durch den Kummer, den seine Vermählung mit heidnischen Frauen den Eltern bereitet 1Mose 26,34 f. Mit seinem für Gott unempfänglichen Herzen verliert er, was von Natur und Rechts wegen ihm zukäme. Er muß, wiewohl der Stärkere, dem gotterkorenen Erben das Feld räumen.

4) Die heilsgeschichtliche Deutung im NT nimmt den Konflikt zw. Jakob und E. als Machterweis der freien Erbarmung Gottes Röm 9,13. Hebr 12,16 f wird E. zum warnenden Beispiel der Weltlust, mit der sich der Mensch Gottes Heil verscherzt. Die ganze E.geschichte ist Erweis des Glaubens als der Erfahrung vom Übergewicht des Unsichtbaren über das Sichtbare. *Schw*

Eschatologie → Endzeit.

Eschbaal 2Sam 2-4; der 4. Sohn Sauls, dessen Name 1Chr 8,33; 9,39 (= Mann des Herrn, d. h. Jahwes) von der Überlieferung in 2Sam zu Isch-Boscheth („Mann der Schande") entstellt wurde, da man in „Baal" die kanaanäische Gottesbezeichnung hörte. Nach dem Tod Sauls durch den Feldherrn →Abner ohne Rechtsgrundlage zum König von Israel im ostjordanischen Mahanaim erhoben, entzweite sich E. bald mit Abner, der daraufhin David die Herrschaft über Israel anbot. Nach dem Tod Abners wurde E. durch zwei seiner Offiziere ermordet, die Davids Gunst suchten, aber von ihm gerichtet wurden. *Peu*

Eschkol. *1)* amoritischer Verbündeter Abrahams aus der Gegend um Hebron 1Mose 14,13.24. — *2) Tal* ebenda im Kundschafterbericht 4Mose 13, 23 f. Der Name („Traube") lebt noch heute im wādi bit-iskahil nordwestlich Hebron. *Schw*

Esel. *1)* Der *zahme Esel.* Das bei uns oft verachtete Tier ist im Morgenland ein von jeher sehr geschätztes Haustier Jes 1,3 (daher der E. an der Krippe Jesu!) und Lk 13,15, ist auch mit dem glatten, fast rotbraunen Fell stattlicher, munterer und schöner als unser E. Zu den Herden der Erzväterzeit gehörten immer auch E. 1Mose 12,16; 24,35; 30,43; auch Hiob 1,3; 42,12; daher bei David ein Aufseher über die E. 1Chr 27,30. Der E. diente als Lasttier, so 1Mose 42,26; 1Sam 25,18; Neh 13,15; daher Mahnungen wie 2Mose 23,5 und Sir 33,25; so wird Isaschar 1Mose 49,14 f einem E. mit starken Knochen verglichen, der sich zum Lasttragen hergibt. → das Bild Sp. 21/22. Der E. diente als Zugtier beim Ackern Jes 30,24; 32,20 (und sollte dabei nicht mit dem stärkeren, aber langsameren Rind zusammengespannt werden 5Mose 22,10) und beim Ziehen der schweren Getreidemühle (Mt 18,6 „Eselsmühlstein"). Vor allem war der E. das eigentliche Reittier, so für Abraham 1Mose 22,3, für Bileam 4Mose 22,31, für die Söhne der Richter Ri 10,4; 12,14; auch im Heer 2Kö 7,7; Jes 21,7; auch für Frauen wie Abigail 1Sam 25, 20 und die Sunamitin 2Kö 4,24, hinter der ihr Eseltreiber dreinlief. So war gewiß auch für Maria bei der Flucht nach Ägypten und für den barmherzigen Samariter Lk 10,34 ein E. das Reittier. Beim „Satteln" 1Mose 22,3; 4Mose 22, 21 wurde (neben dem Zäumen des Tiers) wohl nur eine Decke auf den E. gelegt, wie ein Kleid bei Jesu Einzug Mt 21,7. Daß der Friedenskönig auf einem E. reitet Sach 9,9; Mt 21,1 ff, wird betont, weil Könige gern das stolzere Roß benutzten Ps 33,17. — Als Einhufer war der E. unrein 3Mose 11,26, so daß sein Fleisch nicht geopfert und nicht gegessen werden durfte; darum zeugt der Bericht 2Kö 6,25 von schrecklicher Hungersnot. Die Erstgeburt eines E.s mußte ausgelöst oder getötet werden 2Mose 13,13. Wie ein toter E. irgendwo hingeworfen oder verscharrt zu werden, war schwerste Drohung Jer 22,19.

2) Der *Wildesel* (equus onager; Luther meist einfach: Wild). Das schnelle und kräftige Tier schweift in großen Rudeln ungezähmt in den an Palästina angrenzenden Steppen umher Hiob 24,5; 39,5-8; Jer 2,24; Ps 104,11 u. ö. Die auf ihre Freiheit stolzen Nachkommen Ismaels werden 1Mose 16,12 dem Wildesel verglichen. *Schl*

Esra und Esra-Nehemia-Buch.
1) Der Mann und sein Werk. 2) Die Bücher.

1) Über *Esra,* dessen geschichtliche Ansetzung in der gegenwärtigen Forschung umstritten ist — er fehlt auch im Lobpreis der Väter Jes Sir 49, 10-15 —, liegt eine wichtige Originalquelle in Esra 7,12-26 in dem Beauftragungsschreiben des persischen Königs Artaxerxes I. (464-424) vor. Der Auftrag lautete, Spenden des Königs und der Judenschaft der Provinz Babel nach Jerusalem zu bringen und sie dort für den Tempel, den Kult und das Kultpersonal sowie für soziale Zwecke zu verwenden. Außerdem wird Steuerfreiheit für das Tempelpersonal und Lieferungen an Weizen, Wein, Öl und Salz für den Kult gewährt. Ferner soll Esra ein Gesetz, das in seiner Hand ist, nach Jerusalem bringen, es dort einführen und über seine Durchsetzung mit jeder Art von Strafen wachen.

Esra selbst wird in diesem Schreiben als Priester und Schreiber des Gesetzes des Himmelsgottes bezeichnet. Die zweite Bezeichnung ist eine persische Beamtenbezeichnung. Das Ressort dieses Beamten sind die Belange des jüd. Gottes und seiner Gemeinde. In 7,14 wird eine Wendung gebraucht, die man mit „Revision" wiedergeben kann. Esra hat also den Auftrag, auf Grund eines Religionsgesetzes die religiösen und kultischen Verhältnisse der nachexilischen Tempelgemeinde in Jerusalem zu revidieren. Daß diese seit Wiedereinweihung des zweiten Tempels 515 in argem Verfall begriffen waren, lehrt das Buch des Propheten Maleachi (um 475 vChr). Die Entsendung des Esra wird vermutlich durch die Abteilung für jüd. Angelegenheiten bei der persischen Staatskanzlei in Susa veranlaßt worden sein, vielleicht auf Grund alarmierender Nachrichten aus Jerusalem im Sinn des Maleachibuches.

Welcher Art und welchen Umfangs das mitgebrachte Gesetz war, läßt sich nicht eindeutig sagen. Sicher enthielt es starke Teile des heutigen Pentateuch und wird zur Verlesung mehrere Tage gebraucht haben. Nach Neh 10 erfolgte die Verpflichtung des gesamten Volkes auf das Gesetz. Nach einer Laubhüttenfeier versuchte Esra das Mischehenproblem zu lösen und zwang über 100 Familien, die nichtjüd. Frauen zu verstoßen. Durch diese Maßnahme wurde offenbar ein scharfer Gegensatz in Juda erzeugt, der dann Esra zur Überschreitung seiner Kompetenzen geführt hat, indem er nach Esra 4, 12-16 u. 4, 17-23, ebenfalls aramäischen Originalurkunden, die Stadt Jerusalem durch Wiederherstellung der Stadtmauern in Verteidigungszustand zu setzen versuchte. Darauf erfolgte Anzeige bei der persischen Staatsregierung in Susa, die dem Statthalter von Samaria befahl, den Mauerbau zu untersagen. Esra scheint in diesen Zusammenhängen als Beauftragter der Regierung (Staatskommissar) abberufen worden zu sein. Sein weiteres Schicksal ist unbekannt. Neuere Forschungen wollen insbesondere auf Grund der neuen Papyri aus Elephantine Esra erst nach Nehemia ansetzen, etwa um 398 oder noch später.

2) Die Bücher Esra und Nehemia sind im hebr. Text nur durch eine offene Parasche voneinander getrennt sowie durch Neh 1,1 a „Worte des Nehemia ben Chakalja". In LXX zunächst als ein Buch gezählt, bürgert sich seit Origenes die Zweiteilung ein, die auch in die lateinischen Übersetzungen übergeht. Über die Zugehörigkeit beider Bücher zu einem größeren literarischen Zusammenhang → Chronistisches Geschichtswerk; dort ebenfalls zur Umstellung vor 1. 2Chr.

In beiden Büchern sind vier verschiedene Quellen anzunehmen. Einmal eine Denkschrift Esras, in der er über seine Mission berichtet. Zu ihr müssen die Kapitel Esra 7-10 u. Neh 8-10 gerechnet werden. Sie enthalten die wesentlichen Aussagen, die wir oben verwertet haben. Als zweite Originalquelle muß die Memoirenschrift des Nehemia angesehen werden, die die Kapitel Neh 1-7; 11,1.2; 12,27-43; 13,4-31 umfaßte. Diese Quelle ist durch für sie typische schriftstellerische und theol. Gesichtspunkte gekennzeichnet. Als dritte Quelle muß der Bericht über die nachexilische Geschichte von 538-515 angesehen werden in Esra 1-6, wobei in K. 4 des Esrabuches Stücke ausgesondert werden müssen, die in Esras Zeit hineingehören. Als vierte Quelle sind selbständige Erzählungen des Chronisten, die die vorgefundenen Quellen im Sinn seiner theol. Grundposition umgestalteten, anzusehen. Auf seine Hand mag auch die Anfügung mancher Listen zurückgehen.

Lit.: W. Rudolph, Esra und Nehemia samt 3. Esra, Hb. z. AT, Tübingen 1949. K. Galling, Die Bücher der Chronik, Esra, Nehemia, Das AT Deutsch, Bd. 12, Göttingen 1954. M. Rehm, Die Bücher Esra/Nehemia, Echterbibel, 1950. M. Haller, Das Judentum, Schriften des AT, Göttingen ²1925. *Ba*

Esra-Apokalypse (4. Esra) → Apokalypsen.

Essen. *1)* E. und Trinken sind *elementare Lebensäußerungen.* Wer ißt, lebt Mk 5,43; Lk 24, 41 ff. Und wer lebt, ißt. Diese Schöpfungsordnung erhält Gott fortwährend 1Mose 1,29 f; 2,9.16; Ps 104,27 f; Mt 6,25 ff. Sie macht das Leben festlich Pred 3,12 f; 8,15; Lk 15,23; Mt 11,19, während nicht e. ein Zeichen gestörter Lebensordnung ist 1Sam 1,7; 1Kö 21,4; Hiob 33,20; Ps 102,5. Dem Hungrigen Mt 25,35 f, dem Arbeiter Brot geben Mt 10,10; 1Kor 9,4, und Gott für die Nahrung danken 5Mose 8,10; 1Kor 10,30, aber auch selbst für die Ernährung arbeiten 2Thess 3,10 ist darum sittliche Pflicht. Wird Gott jedoch vergessen, dann wird der Bauch zum Gott Spr 13,25; Jes 22,13; Phil 3,19.

2) Die Erfahrung des E.s erhält einen vertieften Sinn durch seine Rolle in der *Heilsgeschichte:* Gott erhielt Israel in der Wüste, indem er ihm täglich zu e. gab 2Mose 16,2 ff. Eine der zentralen Heilsgaben im verheißenen Land ist das E. seiner Früchte 4Mose 15,17 ff; 5Mose 6,11; 11,15; 31,20; Jos 5,10-12. Die Propheten sagen Hunger als Folge des Gerichts Jes 7,22; Hos 4,10, Überfluß als Segen der Heilszeit an Jes 61,6; Sach 8,12. Weil Heilszeit ist, brauchen die Jünger nicht zu fasten Mt 9,14 f, und die Überwindergemeinde wird vom paradiesischen Lebensholz e. Offb 2,7.

3) Gemeinsames E. hat gemeinschaftstiftenden Charakter. Gilt dies unter Mahlgenossen 1Mose 19,3 ff, so erst recht für das kultische E. vor Gott 2Mose 24,9-11 und für das Abendmahl Mt 26, 26 ff; Jo 6,53-58, das zugleich Pfand für das Mahl mit Jesus in der Vollendung ist Lk 22,30; Offb 19,9. Die Mahlgemeinschaft mit Christus bestimmt denn auch die Tischformen und das Gemeinschaftsleben der Gemeinde 1Kor 11,20 ff.

4) Ein weiterer Kreis von Aussagen beginnt damit, daß von Gott gegebene Speise übernatürliche Kraft verleiht 1Kö 19,8, daß demzufolge der Mensch nicht eigentlich vom Brot lebt, sondern durch den Befehl Gottes 5Mose 8,3. Ein Schritt weiter, und die Begegnung mit Gott macht das E. überflüssig 2Mose 34,28; Mt 4,2: Der Mensch lebt nicht mehr vom Brot, sondern vom Wort Gottes Jer 15,16; Mt 4,4. Das trifft besonders für den Jünger Röm 8,35, für den Christuszeugen Phil 4,12 zu. Für ihn gelten die Maßstäbe des Reiches Gottes, in dem es nicht mehr um E. und Trinken geht ... Röm 14,17 f. → Mahlzeit, → Speisegebote. *Kn*

Essener, Essäer. *1)* Unter den jüd. *Gruppen* schon der vorchristl. Zeit werden neben den Pharisäern und Sadduzäern vor allem die Essener oder Essäer von Josephus, Philo und Plinius sowie von den späteren Kirchenvätern u. Schriftstellern beschrieben. Der Name kommt vom aramäischen „chassaja" (= „die Frommen"); Außenstehende haben ihn auf diese Bruderschaft angewandt. Geschichtlich sind sie von der Bewegung der Chassidim (→ Chasidäer) 1Makk 2, 29f. 42f abzuleiten, die sich während der syr. Verfolgung in die Wüste Juda zurückzog und später in Opposition zum hasmonäischen Herrscherhaus trat. In diesen Kreisen der Chassidim war die apokalyptische und messianische Erwartung bes. zu Hause (Daniel). Man litt unter der Gewalt der Gottlosen, bekannte sich zur Buße und wartete auf die göttliche Hilfe in der Endzeit. Die Pharisäer, die von Gesetzeslehrern geführt wurden, die E., die auf priesterlichen Ursprung zurückgingen, aber auch die Zeloten, die den aktiven Widerstand gegen die Fremdherrschaft aufnahmen, vertraten die Treue zum Gesetz und sind trotz erheblicher Unterschiede in der Opposition gegen die hellenistische Assimilisation miteinander verbunden. Das Besondere des Essenismus lag in der Absage an den Priesterstand in Jerusalem, an das dort dargebrachte Opfer, an das dort gepflegte Reinheitsideal; aber auch der Pharisäismus erschien ihm als abtrünnig und als Erweichung des Gesetzes. Da der Essenismus priesterlich und kultisch interessiert blieb, erwartete er von der Zukunft Gottes eine Erneuerung des Heiligtums und des priesterlichen Dienstes. Obwohl die friedliebende Gesinnung der E. ausdrücklich hervorgehoben wird (Philo), beteiligten sich die E. am jüd. Befreiungskrieg, den man offenbar im Licht der endgeschichtlichen Entscheidung sah (vgl. die Kriegsrolle von → Qumran). Der E. Johannes war Feldherr im Gebiet von Thamna (Ephraim). Die Zerstörung der Siedlung von Qumran im Jahre 68 nChr spricht ebenfalls für eine Teilnahme an diesem Krieg. Die Ordensgemeinschaft von Qumran ist dem Essenismus zuzuzählen; doch dürfte der Essenismus über diese Gruppe hinausgehen. Die früher entstandene → Apokalyptik gewann in essenischen Kreisen eine besondere Bedeutung; doch ist zu beachten, daß in den bisher gefundenen aramäischen Texten des Henochbuches von 4 Q die sog. Bilderreden (K. 37-71) fehlen.

2) Nach *Josephus* sind die E. Juden, die untereinander in Liebe eng verbunden sind. Sie leben bis auf eine zweite Gruppe ehelos, weil sie sinnlichen Begierden und Leidenschaften absagen und die Begehrlichkeit der Frauen scheuen. Reichtum und Besitz übergeben sie beim Eintritt in den Orden der Gemeinschaft. Man wohnt nicht in einer einzelnen Stadt, sondern in einzelnen Verbänden in vielen Städten. Nach anderen Quellen (Philo, Hippolyt) meiden sie allerdings die Städte. Den Tag beginnen sie vor Sonnenaufgang mit festgesetzten Gebeten; dann werden die einzelnen zur Arbeit als Bauern und Handwerker entlassen. Nach fünf Stunden reinigt man sich und setzt sich zum hl. Mahl, das von Priestern bereitet und geleitet wird. Grundsätzlich untersteht man in allen Angelegenheiten den Aufsehern, deren Anordnungen man Folge zu leisten hat. Nur Hilfeleistung und Erbarmen sind die Pflichten, die dem Ermessen jedes einzelnen anheimgestellt sind. Das Studium der überlieferten Schriften ist ihnen bes. wichtig; man erforscht aus ihnen auch die besondere Heilkraft von Pflanzen und Steinen. Der Novize bleibt ein Jahr außerhalb der Gemeinschaft, ist aber zur gleichen Lebensweise verpflichtet wie die übrigen Ordensmitglieder. Nach zwei Jahren der Bewährung, in denen der Novize an weiteren Waschungen teilnimmt, wird er in den Orden als vollberechtigtes Mitglied aufgenommen. Er verpflichtet sich durch hl. Eide, die Satzungen der Bruderschaft zu halten. Eschatologisch vertritt man die Überzeugung von der ewigen Dauer der Seele: die Guten dürfen ein Leben der Seligkeit, die Bösen müssen unablässige Strafen erwarten. Auf Grund ihres Studiums gelingt es den E.n, die Zukunft prophetisch vorherzusagen, und Josephus kannte mehrere Fälle in der jüd. Geschichte, in denen führende E. die Zukunft vorausgesehen haben (Judas, Manahem, Simon). Der Ausgestoßene darf von Außenstehenden keine Nahrung annehmen, um seine Reinheit nicht zu verlieren. In dringenden Notfällen nimmt die Rechtsversammlung des Ordens sterbende Exkommunizierte wieder auf. Im Krieg mit den Römern wurden E. gemartert und gefoltert, ohne daß sie ihre besonderen Überzeugungen preisgaben. Sie waren also den Märtyrern der syr. Verfolgung gleich, die ihr Leben hingaben, ohne der Schmerzen zu achten.

3) Eine derartige Schilderung der E. muß aus ihrer hellenisierten Umprägung in ihren *jüdischen Ursinn* zurückübersetzt werden. Durch den Vergleich mit den neu gefundenen Qumrantexten zeigt sich, daß Josephus, aber auch die anderen Berichte auf gute historische Quellen zurückgehen. Allerdings werden typisch jüd. Überzeugungen und gefährliche Streitpunkte übergangen. Die hochgespannte eschatologische und messianische Erwartung, das Erbe aus der Zeit der Chassidim, ist nicht mehr erkennbar. Berührungen mit griech. Überzeugungen werden hervorgehoben, philosophische Beziehungen aufgedeckt. Die Gebete beim Sonnenaufgang, die für das jüd. Denken allgemein, aber erst recht für die E. besonders wichtig sind, werden so dargestellt, als richteten sie sich an die Sonne selbst. Damit folgt Josephus einer verbreiteten schriftstellerischen Praxis, die auch sonst erkennbar ist (Herodot, Strabo, Hesychius). Pythagoräischen Einfluß auf die essenische Sonnenverehrung festzustellen, wie es vielfach geschieht, ist verfehlt. Die Ablehnung der Ehe hängt mit eschatologischen Überzeugungen und radikalisierten Reinheitsforderungen zusammen. Die Gütergemeinschaft führt alte priesterliche Traditionen weiter: Gott selbst soll Erbe und Besitz sein (Hes 44, 28; Test. Levi 2, 12). Einzelne Differenzen mit den Qumrantexten bedürfen noch der Aufklärung (zB zur Ordnung des Noviziats 1QS 6,13-23; zum Eid beim Eintritt in die Sekte 1QS 5,7-10).

4) Nach Josephus betrug die Zahl der E. 4000, nach Philo mehr als 4000 Mitglieder. Auffallend ist, daß das *Neue Testament* sie nicht ausdrücklich nennt. Jedenfalls gehörten sie zu denen, die die Herrschaft Gottes erwarteten. Man darf Johannes den Täufer und Jesus von Nazareth in den Zusammenhang der Buß- und Taufbewegung im Jordangebiet einordnen; doch sollte man es vermeiden, sie als E. anzusehen. Allerdings sind essenische Motive sowohl im Judentum (jüd. Mystik, Karäertum) wie auch im palästinischen Christentum lebendig geblieben. *Mi*

Essenertor. Das von Josephus erwähnte E., lag wahrscheinlich an der Südwestecke der hellenistisch-römischen Stadtmauer Jerusalems. → Jerusalem III, 2. → Tore Jerusalems 3. *Me*

Essig. Bei dem E. der Bibel ist zunächst an geringeren sauren Wein zu denken, wie er Erntearbeitern Rt 2,14 und Soldaten Mk 15,36 gegeben wurde. Auch der E., der dem Gekreuzigten auf einem Schwamm hinaufgereicht wurde Mk 15,36 par., wird ein saurer, darum erfrischender Wein gewesen sein, wenn auch die Überlieferung darin Ps 69,22 erfüllt sah. Bei stärkerer Gärung wandelte sich der Alkohol in Essigsäure und entstand der E., der für die Zähne unangenehm ist Spr 10,26 und eine Lauge neutralisiert Spr 25,20. *Schl*

Eschtaol, Jos 15,33; 19,41; Ri 13,25; 18,2.8.11, Stadt in Dan, heute eschwaʿ, 4 km östlich des stets mit ihm zusammen genannten Zora. Zwischen beiden Orten ist nach Ri 16,31 Simson begraben. *Rü*

Esther und **Esther-Buch.**
1) Inhalt. 2) Literarische Charakteristika. 3) Entstehungszeit.

1) Die spannungsreich aufgebaute Erzählung läßt nach Verstoßung der persischen Königin Wašti die junge Jüdin Esther (Hadassa) zur Hauptfrau des Königs Ahasveros (Xerxes) aufsteigen, in dieser Stellung klug beraten von ihrem Pflegevater Mardochai, der bereits in der Burg von Susa weilt. Dessen unbeugsames Verhalten gegenüber den Herausforderungen des Günstlings → Haman bewirkt einen Vernichtungsbeschluß des Haman gegen die Juden im persischen Reich. E. beschließt auf Aufforderung Mardochais, bei dem König zugunsten der Juden zu intervenieren. Zwei Einladungen des Königs und seines Günstlings zu einem Gastmahl der Königin E. geben die günstige Gelegenheit zur Fürbitte für die Juden und zur Entlarvung Hamans als deren Verfolger. Ein mißdeuteter Kniefall Hamans vor der Königin gibt den Anlaß zur Hinrichtung des Günstlings, während E. und Mardochai, der vorher einen Anschlag auf das Leben des Königs entdeckt hatte, belohnt werden, jene mit dem Haus Hamans, dieser mit Beamtenstellung und dem Siegelring des Königs. Außerdem werden ihnen ein bzw. zwei Vergeltungstage der Juden an ihren Feinden gewährt. K. 9,20-32 u. 10,1-3 berichten von der Einsetzung des Purimfestes als Tag der Erinnerung an den Sieg der Juden über ihre Feinde.

2) Die Erzählung will absichtlich historisches Gepräge tragen; doch sind die geschichtlichen Angaben trotz aller historischen und kulturellen Einzelheiten bei dem Mangel an außerbiblischen Zeugnissen nicht einzuordnen und führen überdies zu überhöhten Lebensaltern der beteiligten Personen. Die literarischen Anlehnungen an die Josephgeschichte, an die Saul- und Nehemiageschichte, der leicht erotische Akzent (Hauptgestalt der Erzählung eine schöne Frau), der stark völkische Akzent, der die jüd. Gestalten ins beste Licht stellt, erweisen deutlich eine spätere Erzählung, die bewußt kunstvoll gestaltet ist. Dagegen fehlt jeder theol. Akzent, selbst der Gottesname (vgl. 4,13 f). Die Zusätze zum griech. E.-Buch wollen diesem Mangel abhelfen.

3) Für die Entstehungszeit ergibt der Sprachbestand einen Ansatz auf die Zeit nicht vor 300 vChr. Das Kolophon (die Schlußnotiz) der griech. Übersetzung weist auf 78/77 vChr hin, desgleichen die Bezeugung des Mardochaitages (Purimfest!) in 2Makk 15,36 auf ca. 50 vChr. Da nach Esth 9,31 dem Purimfest ein Fasten vorangehen soll, dieses aber mit dem nach 2Makk 15,36 unmittelbar zuvorliegenden Nikanortag (161 vChr) unvereinbar ist, muß das Purimfest und darum auch die „Festlegende" (nämlich das E.-Buch) älter sein als 161 vChr. Da es auch von den Religionsverfolgungen unter Antiochus IV. Epiphanes noch nichts weiß, dürfte seine Entstehung zweckmäßig ins 3. Jh. vChr gesetzt werden. Das schließt nicht aus, daß darin gelehrte ältere Traditionen sowie möglicherweise historische Materialien verarbeitet wurden.

Lit.: M. Haller, Das Judentum, Göttingen ²1925. M. Haller, Esther, 1940, Handb. z. AT. F. Stummer, Esther, 1950 (Echterbibel). H. Bardtke, Das Buch Esther (Komm. z. AT XVII 4-5), 1963. *Ba*

Etam. *1)* Felskluft, in der Simson sich aufhielt Ri 15,8.11. — *2)* Festung in Juda 2Chr 11,6, heute chirbet wādi el-chōch südlich von Bethlehem; der alte Name in ʿēn ʿaṭān bei den sog. salomonischen Teichen. *Rü*

Ethan wird 1Kö 5,11 als „Weiser", d. h. in diesem Fall als Künstler, und „Esrachit", d. h. wahrscheinlich als (kanaanäischer) Einheimischer, eingeführt und Ps 89,1 als Dichter des Liedes bezeichnet. Letztere Angabe ist sicher insofern geschichtlich, als Ps 89 zur späteren Tempelsängerschaft E. 1Chr 15,17 ff in Beziehung steht, die wie andere nicht nur Psalmen vorgetragen, sondern auch gedichtet haben dürfte. Sie hat aber dabei, wie die Angabe 1Kö 5,11 zeigt, wenigstens zT alte Traditionen bewahrt, die auf kanaanäischen Ursprung hinweisen. In dieser alten Zeit weiß man wie in der ATlichen Überlieferung über E. von der Verbindung göttlicher Geistesgaben im Menschen, so daß ein kunstfertiger („weiser") Dichter und Musiker zugleich als Seher (vgl. 1Chr 25,5; 2Chr 29,30; 35,15) oder Prophet (vgl. 1Chr 25,2f) gelten konnte. Ähnlich ist es in der nachexilischen Zeit, als die dem Gottesdienst verbundenen Propheten (Kultpropheten) meist in den Tempelsängerschaften aufgegangen sind. Infolgedessen sind die verschiedenen Angaben über E. jederzeit verständlich und nicht widersprüchlich. Die spätere Überlieferung hat entweder die Bezeichnung Esrachit umgedeutet und E. zum Nachkommen Serachs und Ahnherrn des Stammes Juda gemacht 1Chr 2,6 oder ihn als Tempelsänger Davids (an Stelle von Jeduthun) von den Leviten hergeleitet 1Chr 6,29. Ein anderer E. wird 1Chr 6,27 als Vorfahr Asaphs genannt. *Fo*

Ethanim → Monate.

Ethbaal, nach Menanders Überlieferung wohl richtig Ittobaal, herrschte als König der Phöniker (AT: Sidonier) in Tyrus zZ Ahabs von Israel, der E.s Tochter Isebel zur Frau nahm 1Kö 16,31. *Da*

Ethnarch. Im NT nur 2Kor 11,32: Kaiser Caligula hatte wahrscheinlich Damaskus dem Nabatäerkönig Harith (= Aretas) IV. übergeben, der die Stadt durch einen Statthalter oder E. verwalten ließ. Dieser stellte — wohl auf Anstiften der Juden — dem Paulus nach, vgl. Apg 9,24f. In den Großreichen des Ostens standen oft bestimmte Volksgruppen unter einem E., der diese bei der Regierung vertrat (E. wörtlich = Volksherrscher, Führer der Volksgruppe). *Bie*

Eule. Unter den unreinen Tieren werden 3Mose 11,16-18 und 5Mose 14,15f (Luther: Nachteule, Käuzchen, Uhu, Fledermaus) vier Vögel genannt, die zu dem in Palästina weit verbreiteten Geschlecht der Eulen gehören werden; ein fünfter Name begegnet Jes 13,21 (Luther: Eule). Nach Jes 34,11; Zeph 2,14; Ps 102,7 handelt es sich um Vögel, die in Trümmerstätten hausen und klagende Töne hören lassen. Doch bleibt es unsicher, welche Vögel mit den hebr. Namen (tachmas, kos, janschuph, tinschemet und oach) gemeint sein mögen; ob vielleicht mit dem zweiten das Käuzchen, mit dem dritten der Uhu oder die Ohren-Eule, während die Übersetzer der LXX — wohl nicht mit Recht — an den Ibis dachten; meint der vierte Name, bei dem die Griechen an den Flamingo dachten, etwa die Weiße Eule, der fünfte die Adler-Eule? *Schl*

Eumenes II., König von Pergamon (197-159 vChr), erhielt nach der Besiegung Antiochus III. d. Gr. durch die Römer 189 vChr Teile von dessen Reich, woran 1Makk 8,8 mit entstelltem Text erinnert. *Pfei*

Eunike, Mutter des Timotheus, an deren ungeheuchelten Glauben Paulus sich erinnerte im Gedanken an die von Tim zu erwartende Glaubensfestigkeit 2Tim 1,5. *Kü*

Eunuch → Kämmerer.

Euphrat. Die Flüsse E. und Tigris (→ die Kartenskizze Sp. 121/122) entspringen nicht weit voneinander entfernt im armenischen Gebirge und mündeten im Altertum getrennt — jetzt vereint in einem gemeinsamen Unterlauf — im Persischen Golf. Im unteren Teil von der Gegend von Bagdad an liegen die beiden Flüsse ziemlich nahe beieinander, während sie in ihren Oberläufen sich weit voneinander entfernen. In den E., dessen Länge 2760 km beträgt, münden die beiden bedeutenden Nebenflüsse Belich und Chabur. Durch die Schneeschmelze in den Gebirgen führen die Flüsse vom März bis Juni Hochwasser und setzen im April und Mai weite Landflächen unter Wasser. Durch Kanalisation kann aber auch zu anderen Zeiten das Wasser für die Landwirtschaft nutzbar gemacht werden, so daß ähnlich wie beim Nil in Ägypten diese Flußoasen einer Fülle von Menschen die Lebensgrundlage bieten können. Der E., hebr. Perath, wird gelegentlich auch nur als „der Strom" bezeichnet 2Sam 10,16; 1Kö 5,4 u. a. und gilt als die ideale Nordgrenze Israels 5Mose 1,7 u. a., die unter David und Salomo auch erreicht wurde 1Kö 5,1. Die große Verkehrsstraße Palästina/Syrien—Zweistromland führt über das westliche obere Euphratknie, da die direkte Durchquerung der syrisch-arabischen Wüste für größere Transporte unmöglich ist. Über jene Euphratübergänge kam Abraham von Haran am Belich 1Mose 12,4ff, und dort vollzog sich die Einwanderung der Aramäer nach Syrien und der Einbruch der assyrischen, neubabylonischen und persischen Heere. Bei Karkemisch am E. fand die Entscheidungsschlacht zw. Necho von Ägypten und Nebukadnezar von Babylonien i.J. 605 statt, die die weiteren Geschicke Judas bestimmte Jer 46,2. Der E. gilt als einer der Paradiesströme 1Mose 2,14 → Eden. *Peu*

Eutychus, ein Jüngling, der während der nächtlichen Predigt des Paulus in Troas vom Fenster herabfiel, tot aufgehoben, vom Apostel aber wiederbelebt wurde Apg 20,7-12. *(Kü)*

Eva ist in einem einzigartigen Schöpfungsakt Gottes von Adam „genommen" 1Mose 2,21-23, damit der Mann nicht allein sei, sondern eine Hilfe und ein „Gegenüber" habe 1Mose 2,18. E. ist dem Adam als „Abglanz" (griech. doxa) seines eigenen Wesens gegeben; sie ist ihm Erfüllung, Entsprechung 1Kor 11,7. Darum geht der Zug des Mannes zum Weibe 1Mose 2,24. Beide aber sind „nur wenig niedriger gestellt als die Engel" Ps 8, dazu bestimmt, im Adel ihres Geistes die körperliche Welt zu ordnen, zu erfüllen und zu beherrschen 1Mose 1,28; Eph 5,28. Nur so wird der Vergleich Mann — Weib, Haupt — Leib, Christus — Gemeinde verständlich 1Kor 11,3 ff. — E., die Mutter aller Lebendigen 1Mose 3, 20, ist aber auch Verführte und Verführerin und bleibt als solche das Warnzeichen in der Stunde der Versuchung 2Kor 11, 3. Die Strafe für ihre Sünde reicht an den Quellgrund des Lebens: Sie empfängt in Schwachheit, gebiert in Schmerz 1Mose 3, 16; 1Tim. 2, 15. — Es wird jedoch von E. her auch eine Heilslinie sichtbar: Das Weib gebiert in Not den Sohn, der alle Völker mit eisernem Stab weidet. In ihrem Zeichen wird die „alte Schlange“ überwunden 1Mose 3, 15; Gal 4, 4; Offb 12, 1 ff. *Luck*

Evangelien.

1) Das Evangelium als Buch. 2) Die Bedeutung der vier E. 3) Eigenart, Verwandtschaft und Verschiedenheit der E.

1) Das Evangelium als Buch. Es war für den Ausbau und Fortbestand der jungen christlichen Kirche ein ausschlaggebender Vorgang, als das →Evangelium, die von Mund zu Mund weitergetragene Frohbotschaft von Jesus Christus, zum Buch wurde, das bezeichnenderweise später auch einfach „Evangelium“ hieß Mt 1, 1 (so für uns erstmals 150 nChr in Justins Apologie). Das Buch wollte nichts anderes sein als die Predigt, die in ihrer Weise zunächst das Vermächtnis des Herrn aus seinen Erdentagen gehütet und ausgewertet hatte: „... geschrieben, daß ihr glaubet, Jesus sei der Christus, der Sohn Gottes, und daß ihr durch den Glauben das Leben habet in seinem Namen“ Jo 20, 31. Hier und dort handelt es sich um das Zeugnis des Glaubens. Die Gemeinde wußte sich auch im Buch ihm selbst, dem Lebendigen, unmittelbar gegenübergestellt und nährte und stärkte sich am Erzählten und Berichteten als für sie gesagt und geschehen.

An sich lag es vom Buchgebrauch des AT im Gottesdienst und sonst Lk 4, 17; 2Tim 4, 13 her nahe, nun auch diese letzte, entscheidende Offenbarung Gottes in seinem Sohn in einem hl. Buch niederzuschreiben. Jesus hat das weder selbst getan noch angeordnet. Es käme doch wohl ein fremder Zug in ein so ganz ursprüngliches Reden und Tun, wenn wir ihn darum bemüht sehen würden. In seinem Umkreis will von ihm her nichts bloße Urkunde, Historie, Literatur werden; der Strom, der dieses Einstige in sich aufgenommen hat, geht mitten durch jede Zeit und will auch im E.buch Zustrom heute wirksamen Lebens sein und bleiben. Das Buch aber sicherte dann doch notwendigerweise jenes Vermächtnis davor, daß es nicht entstellt und vergessen wurde.

2) Die Bedeutung der vier E. Im NT sind von vielen ähnlichen Versuchen und Schriften, von denen Lk 1, 1 spricht, schließlich im 2 Jh. nChr in einem längeren Ausleseprozeß unsere vier E. des Mt, Mk, Lk und Jo als maßgebende — kanonische — aufgenommen worden. Soweit uns apokryphische E. (→ Apokryphen) einen Einblick geben in andersgeartete E.schriften, war diese Wahl richtig. Abgefaßt sind die ersten drei in ihrer jetzigen Gestalt allem nach bald vor und nach dem Jahr 70, dem Jahr der Zerstörung Jerusalems durch die Römer, das vierte wohl gegen Ende des 1. Jh. nChr; also alle wenige Jahrzehnte nach der→Himmelfahrt. Mt schreibt für judenchristliche Leser, Mk und Lk für heidenchristliche wohl von Rom aus. Zum vierten Evangelium → Johannes. Da an außerbiblischen zeitgenössischen Nachrichten fast nichts vorliegt (vgl. G. Bornkamm, Jesus von Nazareth. Urbanbücher 1959[3], Stuttgart, S. 24 f) — dieses unscheinbare, fernabliegende Geschehen lag für die damalige Weltöffentlichkeit außerhalb des Beachtenswerten —, sind diese vier Bücher die Hauptquelle für das Vertrautsein der Christenheit mit der Gestalt Jesu, wie sie in den irdischen Gesichtskreis trat. Diese Bücher fassen die vielen überlieferten einzelnen Nachrichten in einen engeren (Mk, in anderer Weise auch Jo) oder weiteren Rahmen (Vorgeschichten bei Mt und Lk) nach einem Gesamtplan, der bei allen die Passions- und Ostergeschichten als den Kern des Ganzen breit erzählt, auf den Schriftbeweis aus dem AT Wert legt und den jeweiligen Leserkreis und seine Lage deutlich im Auge hat. Ein früher Versuch, die vierfache Darstellung in eine E.harmonie zu verwandeln (Tatian um 170 nChr), hat sich mit Recht nicht durchgesetzt. Auch der andere oft unternommene Versuch, eine Lebensgeschichte Jesu auf Grund dieses vierfachen Berichts historisch nach allen Seiten gesichert und vervollständigt oder auch dichterisch ausgemalt darzustellen, hieß mehr geben wollen, als uns vorgegeben ist, und mußte mißlingen. Was die Gemeinde Jesu bedarf, um Jesus Christus, seine Gestalt, sein Wort, seinen Willen, seine Tat in ihrer in unsere Welt und Geschichte hereingeborenen Mächtigkeit, als ihren Herrn zu erkennen, das geben ihr die E. in einer Fülle, die noch keiner auszuschöpfen vermocht hat.

Der an diese Bücher gerichteten Frage, ob sie uns glaubhaft sagen, wie es denn wirklich war, ob alles wortgetreu wiedergegeben sei, konnte und wollte die Kirche nicht ausweichen. Als Gesamtfrage macht sie ihr auf Grund langer, gewissenhafter Prüfung keine Not. Im einzelnen wird sie an einer mühsamen und weitschichtigen Arbeit bleiben müssen und verschieden urteilen, weil auch hier unser Erkennen Stückwerk bleibt. Doch hat die Gemeinde von solcher um den Glauben bemühten Arbeit viel Segen gehabt. Daß in den E. menschliche Unzulänglichkeiten beim Erzählen und Niederschreiben einer dauernd vom Geheimnis des Unaussprechlichen umwitterten Geschichte mit im Spiele sind, ist zu erwarten; „der hl. Geist nimmt an unserer Schwachheit teil“ Röm 8, 26. So erstaunlich unbefangen aber diese vier Zeugen und ihre Quellen sich in ihrer Erzählweise und bei der Wiedergabe oder Einordnung der Worte Jesu bewegen, so unverkennbar ist ihre Treue, mit der sie Wucherungen und Entstellungen des Anvertrauten fernhalten.

3) Eigenart, Verwandtschaft und Verschiedenheit der E. Es ist seit langem erkannt, daß die drei ersten E. eine zusammengehörige Gruppe bilden, stark unterschieden vom vierten. Die Bezeichnung „Synoptiker = Zusammenschauer" für diese Gruppe will sagen, daß sie durch eine einheitliche Gesamtschau verbunden sind. In der Aufeinanderfolge ihrer Erzählung, auch in vielen Einzelheiten bis in den Wortlaut hinein ist ein gemeinsamer Plan erkennbar (vgl. zB die Synopt. Tabelle in „Einleitung in das NT" von W. Michaelis, BEG-Verlag Bern, S. 84). Der dabei eingehaltene Grundriß entspricht weithin dem Mk-Evangelium, das als das kürzeste ganz selten die Kette der Ereignisse durch Redestücke unterbricht. In diese Kette fügen Mt und Lk, jeder auf seine Weise, das Wort Jesu ein, Mt vor allem in zusammengefaßten Reden (5-7. 10. 13. 18. 23. 24/25), Lk mehr bei einzelnen Anlässen (Bergpredigt — Gleichnisse). — Diesen auffallenden Tatbestand erklärt man sich heute fast durchweg so, daß Mk oder eine frühere Fassung seines Berichts für Mt und Lk die eine Quelle war, aus der sie schöpften; daß sie außerdem eine zweite Quelle gemeinsam benützten, die man nach ihrem wesentlichen Inhalt die Reden- oder Spruchquelle genannt hat (→ Logiensammlung). Allem nach haben Mt und Lk ihre E. gegenseitig nicht gekannt. Ihr gemeinsames, nicht aus Mk stammendes Gut muß also wohl aus dieser Quelle entnommen sein, die uns als solche nicht erhalten ist, von der aber alte Nachrichten noch wußten. Übrigens haben alle E. auch sog. Sondergut: zB Mt 13,24 ff; 13,36 ff; 18,21 ff — Mk 4,26 ff; 8,22 ff — Lk 10,29 ff; 15,8 ff; 16,1 ff. Jedes Evangelium hat überdies seine unverkennbare Eigenart; als Glaubenszeugnis behalten sie auch dort ihre Selbständigkeit, wo sie einer Quelle folgen. — Einen gewissen Einblick in den Weg, der zu diesen drei E. geführt hat, gewinnt der Bibelleser aus dem Vorwort Lk 1, 1-4. „Die es selbst gesehen haben" 1 Jo 1, 1 stehen am Anfang. Sie haben die „Geschichten, die unter uns ergangen sind", als „Diener des Wortes" weitergegeben, vor einem bestimmten Hörerkreis, in einer bestimmten Situation. Man ist der eigentümlichen Form nachgegangen, die die einzelnen, immer wieder gebrauchten Stücke in der Verkündigung angenommen haben, und hat daher Einblick in diese vor den E. liegende Weitergabe gewonnen. Dann haben „es viele unternommen, davon Bericht zu geben", wohl auch schon im Zusammentragen wie Mk, bis Lk „alles von Anbeginn mit Fleiß erkundet" hat, um es „in guter Ordnung" in seinem Buch weitergeben zu können. — Einen ganz eigenen Weg geht → Johannes. Zwar ist auch bei ihm Passion und Ostern das Herzstück seines Berichts, auf das noch mehr als bei den anderen seine Darstellung hinzielt und von dem sie von Anfang an beherrscht ist. „Wir sahen seine Herrlichkeit" 1,14: das entfaltet er in großen Erzähl- und Redestücken aus einer tiefen, ganz eigenen Gesamterkenntnis seines Herrn, die es ihm erlaubt, sich vom Weg der anderen zu lösen, wobei ihn deutlich Worte wie 16,14.25; 14,26; 6,68 f leiten. Ohne die geschichtliche Treue aus dem Auge zu verlieren, folgt er einer ihm bes. geschenkten Erkenntnis in seiner Sprache. So ist er das „zarte rechte Hauptevangelium" (Luther) geworden, ohne die anderen zu verdrängen oder zu ersetzen. Auch sie sind in ihrer anderen Art Bekenntnisschriften, denen eine Gesamtschau zugrunde liegt, der sie auf ihre Weise Ausdruck verleihen. — Der Zugang zu diesen E. wird denen immer verschlossen bleiben, denen sie ein Stück Religionsgeschichte oder sonstwie ein Dokument der Vergangenheit sind, mit dem sie keine innere Bindung an die Gestalt verbindet, die hier als der Sohn des Vaters zu uns spricht. Der Glaube aber schöpft aus diesem vierfachen Brunnen die Fülle des Wassers, das in das ewige Leben quillt Jo 4, 13 f. → Matthäus, Markus, Lukas, Johannes. *He*

Evangelist. → Evangelium. Der ursprüngliche Wortsinn des Freudenboten findet sich in Ps 68, 12; dort ist vom großen Heer der Frauen die Rede, die den Sieg Gottes in der Schlacht verkünden und besingen (Luther denkt an Weissagung auf die E.en im NTlichen Sinn). Dann ist von Jes 40,3 her Johannes der Täufer als Freudenbote der anbrechenden Gottesherrschaft der verheißene E. Lk 3,4.18 (griech.: euangelizein). Im Kreis der berufenen Mitarbeiter in der Kirche des NT erscheinen in Eph 4,11 die E.en an dritter Stelle nach den Aposteln und Propheten. In Apg 21,8 heißt der Almosenpfleger Philippus „der E.". 2Tim 4,5 ist dasselbe Wort mit „Prediger des Evangeliums" wiedergegeben. Man kann aus diesen und verwandten Stellen schließen, daß die Tätigkeit des E.en — wohl noch kein eigentliches Amt — sowohl missionarische als gemeindemäßige Wortverkündigung umfaßte in Unterordnung unter die apostolische Vollmacht. — Die Verfasser der Evangelien heißen erst vom 4. Jh. nChr an E.en. *He*

Evangelium. Dieser Ausdruck (griech. euangelion), der die ganze Botschaft des NT in ein vielsagendes Kennwort zusammenfaßt, meint ursprünglich jede frohe Nachricht, die ihren Freudenboten hat 2Sam 18,26; Jer 20,15. Im AT rückt dann das Prophetenwort in Jes 40-66 seine Verkündigung der Königsherrschaft Gottes und der anbrechenden Heilszeit unter diese Losung der Freudenbotschaft 40,3.9; 52,7; 61,1 f; vgl. im Psalter zB 96-99, auch wenn in der deutschen Bibel das Wort noch nicht erscheint. Von daher heißt der Inhalt des NT, unter mehrfacher Bezugnahme auf Jes 52 und 61, kurzgefaßt „das E.".

1) Sein Inhalt. Es ist das E. von Jesus Christus in dem doppelten Sinn, daß er selbst der Kern der Frohbotschaft ist, die er verkündigt und die ihn verkündigt Röm 15,19; Mk 1,1; Apg 8,35; Röm 1,16; Lk 2,10. Es ist zugleich das E. Gottes Mk 1,14 von seinem Sohn Röm 1,1-3, in dem das Reich Gottes angebrochen ist Mt 4,23; Lk 16,16, und von des Sohnes Herrlichkeit 2Kor 4,4. Es ist das E. von der Gnade Gottes Apg 20,24 und vom Frieden durch Jesus Christus Apg 10,36; Eph 2,17. Der Sache nach, wenn auch nicht als Formel, ist bei Paulus vor allem in Röm und Gal E. und Gesetz einander gegenübergestellt, zB Röm 4,13 ff. Es handelt sich dabei um eine so fest umrissene Größe, daß es auch einfach „das E." heißen kann Lk 20,1, mit keinem andern zu vertauschen 2Kor 11,4. Es ist das E. von unserer Seligkeit Eph 1,13.

2) Seine Verkündigung (→ Evangelist). Das E. gilt der ganzen Welt Mt 24,14; Kol 1,6, den Heiden Gal 1,16 wie den Christen Röm 1, 15, auch den Toten 1Petr 4,6. Der Dienst des Freudenboten am E. ist ein priesterliches Amt Röm 15,16, das den Einsatz des Lebens Mk 8, 35, Verzicht auf Heimat, Familie, Besitz und Auskommen Mk 10,29; 1Kor 9,12, Kampf Phil 1,27, Leiden und Verlust der Freiheit 2Tim 1,8; Phil 1,16 fordern kann. Wie sollte man sich dieses E.s schämen Röm 1,16; 2Tim 1,8! Wie kann der schweigen, dem es aufgetragen ist 1Kor 9,16! — Wenn Paulus von „meinem — unserem — E." spricht, meint er seine Verkündigung und zwar des gemeinsamen E.s Röm 2,16 u. ö.

3) Seine Wirkung. Das E. ist kein bloßes Wort, sondern im Wort schöpferische Kraft Gottes 1Thess 1,5. Was hier verkündigt wird, geschieht; der Retter ist die Rettung Röm 1,16. Mit dem E. ist Leben und unvergängliches Wesen ans Licht getreten 2Tim 1,10. Es schafft den neuen Menschen 1Kor 4,15; 1Petr 1,23, der glauben, gehorchen, im E. leben kann Apg 8, 35 ff; 2Kor 9,13; Phil 1,27. Es gehen ihm Zeichen und Wunder zur Seite Mt 4,23; Röm 15, 19. Es schafft wirklichen Frieden Apg 10,36; Eph 6,15. Allerdings erregt dasselbe E. Ärgernis Mt 11,6. Es kann verdeckt, verhüllt bleiben 2Kor 4,3. Die es annehmen, verbindet es zu einer unvergleichlichen Liebesgemeinschaft Phil 1,5, weil Christus selbst in seiner Herrlichkeit das E. ist 2Kor 4,4. *He*

Evil-Merodach (babylonisch Amel-Marduk), Sohn Nebukadnezars, König von Babylonien 561/60, begnadigte den judäischen König Jojachin, der nunmehr als Ex-König am babylonischen Hofe lebte 2Kö 25,27; Jer 52,31. E. wurde von seinem Schwager und Nachfolger Neriglissar ermordet. *(Peu)*

Evodia und die Phil 4,2 mitgenannte Syntyche, beide eifrige Christinnen in Philippi, aber uneins, wurden von Paulus zur Eintracht ermahnt. *Kü*

ewig, Ewigkeit ist ein im AT und NT häufiger und zugleich vielschichtiger Begriff, der in seinem Inhalt da am klarsten wird, wo sein Gegensatz sichtbar ist. Von Gott ausgesagt, bezeichnet er die Tatsache, daß Gott jenseits aller Zeit ist, auch wenn wir Menschen von unabsehbarer Zeit Ps 90,2; 139,16-18; 1Kö 2,45, von unendlicher Zeit 2Mose 15,18; Ps 45,7; Hebr 1,8-11 oder von endloser Folge der Zeiten 1Kor 10,11; Hebr 9,26 sprechen. Wir sind eben an die Vorstellung „Zeit" gebunden. In Wirklichkeit aber ist E., von Gott ausgesagt, „Zeitlosigkeit", wie sie auch „Unsichtbarkeit" bedeutet 2Kor 4,18. Darum gehört der Begriff der „Einmaligkeit" hierher. Was e. ist, kann sich nicht wiederholen, denn es ist immer da Röm 6,10; Hebr 9,12.28; 1Petr 3,18. So ist das Einmal der E. auch ein „Ein für allemal", d. h. sie ist immer für uns da, immer an uns, immer „gegenwärtig" Hebr 10, 1 ff. Deshalb liegt im Begriff E. auch das Moment des göttlichen Wirkens zu uns hin Dan 6,26 f; Röm 1,20; Offb 1,18, seines Offenbarwerdens 1Jo 5,20, seines „Wirklichseins" Jes 40, 28; Hebr 10,12. Gott ist mithin „allgegenwärtig" Ps 139,8. So kommt zum Nichtzeitlichen das Nichträumliche im Begriff E.: Gott ist unvergänglich Jes 60,19; Ps 102,28, denn „Vergehen" setzt Raum und Zeit voraus 1Tim 1,17. Von hier aus will verstanden sein, was „ewige Erlösung" bedeutet Jes 45,17; Hebr 9,12. Sie ist am Kreuz durch Jesu Opfer ein für allemal geschehen, also vollkommen, immer gegenwärtig Hebr 10,14. Die Errettung ist e. Hebr 5,9, die Heiligung ist vollkommen Hebr 10,10. Wir empfangen ewiges Leben Dan 12,2; 1Jo 5,13, haben ein unvergängliches Erbe Hes 36,2; 1Petr 1,4; Hebr 9,15, wissen von einem geistlichen Leib und ewigen Haus Lk 16,9; 2Kor 5,1. Das alles unterliegt nicht mehr dem Gesetz von Raum und Zeit! Es ist e. Freilich gibt es eine Ewigkeitsperspektive, die einzuschränken scheint: Das NT spricht von e.em Gericht Mk 3,29, e.em Verderben 2Thess 1, 9, e.er Finsternis 2Petr 2, 17, e.em Feuer Mt 3,12; 18,8; 25,41, ohne daß wir diese „harte" Lehre (vgl. Jo 6,60) durch „äonische" Begrenzung des Gerichts mildern dürfen (→ Endzeit 4). Nehmen wir hinzu, daß nach Hebr 9,11 ff in das nicht dieser erschaffenen Welt angehörende Heiligtum der Christus mittels eigenen Bluts eingegangen ist, damit er am Ende der Weltzeiten die Sünde aufhebe, dann darf die E. vor unserem Glaubensauge nicht als reine Lichtwelt stehen, bis wir im Schauen erfahren, was „Versöhnung des Alls" Kol 1,20 und → „Wiederbringung alles dessen, was Gott verkündet hat" Apg 3,21 in sich schließen. Da tut also Zurückhaltung not im Sinne von 5Mose 29,28! *Luck*

ewiges Leben → Leben.
Exegese → Auslegung, → Bibel 9).

Exil. Zu verschiedenen Zeiten sind Israeliten und Judäer in Gefangenschaft und in Sklaverei geraten Am 1,6.9. Größere Umsiedlungen unterworfener Bevölkerung unternahmen aber erst die Assyrer, die um der zahlenmäßigen Schwäche ihrer Stammbevölkerung willen durch Deportationen den Außenprovinzen ihre führenden einheimischen Bevölkerungsschichten nahmen und dafür fremdstämmige ansetzten, um die nunmehr zusammengewürfelten Menschen zu großassyrischen Untertanen zu machen. So wurden während der isr.-assyrischen Auseinandersetzungen 734/33 durch Tiglatpileser III. 2Kö 15, 29 und 722 durch Salmanassar V. und Sargon II. 2Kö 17, 3-6 zahlreiche Bewohner des Nordreichs in das medische Bergland und nach Nordmesopotamien verschleppt, wovon auch assyrische Denkmäler berichten. Sargon will 27 290 Leute deportiert haben. Außerdem führten die Assyrer während der Aufstände 705-701 bei der Verwüstung des judäischen Landes viele Bewohner fort 2Kö 18, 13-19. Sanherib nennt als Beute 200 150 Leute, von denen natürlich nur ein kleiner Teil umgesiedelt wurde. Obgleich Jer 31, 2-22 und Hes 37, 16 ff auch von einer Heimkehr Israels reden, ist die deportierte Bewohnerschaft des einstigen Nordreichs allmählich im Völkergemisch Assyriens und seiner Nachfolgestaaten untergetaucht.

Die Neubabylonier haben die Praxis der Deportation den Judäern gegenüber angewandt. Die Zahlenangaben über die Exilierten sind nicht vollständig überliefert. Bei der Strafexpedition Nebukadnezars i.J. 598 wurden neben der königlichen Familie → Jojachin nach 2Kö 24, 14 10 000 Leute, nach 24, 16 7000 vermögende Leute und 1000 Handwerker — sicherlich sind diese 8000 in den 10 000 enthalten — fortgeführt. Für das Jahr 587 fehlt in 25, 21 die Zahlenangabe, während Jer 52, 15. 28-30 4600 Exulanten nennt. In Esra 2, 64 und Neh 7, 66 werden für eine spätere Zeit 42 360 Rückwanderer erwähnt. Wenn etwa die Hälfte der Deportierten heimkehrte, dann kann mit einem Gesamtbestande von 80 000 Exulanten gerechnet werden. Die Judäer wurden im babylonischen Raum am Kanal Kebar, der bei Babel den Euphrat verläßt, angesiedelt Hes 1, 1. Die Lage von Tel-Abib 3, 15 und anderen später erwähnten Ortschaften ist unbekannt Esra 2, 59; 8, 17. Die Deportierten lebten nicht als Sklaven, sondern als in ihrer Freiheit beschränkte Untertanenbevölkerung. Sie besaßen Häuser und Gärten, wohnten gemeinsam in Ortschaften und konnten ihr Volkstum wahren Jer 29, 5 f. Gewiß hat es bes. in der ersten Zeit Drangsalierungen 29, 22, Demütigungen Ps 137 und harte Fronarbeit Jes 47, 6 gegeben, aber allmählich konnten die Judäer sich wirtschaftlich festigen, so daß einige sich sogar Sklaven hielten Neh 7, 67. Ein Teil der Leute widmete sich später dem Handel; denn im Archiv des Handelshauses Muraschu und Söhne in Nippur aus dem 5. Jh. finden sich jüd. Namen. Die Gründe für das Festhalten der Deportierten an der väterlichen Religion sind verschiedene. Einmal haben die Propheten Jeremia bis nach 587 und Hesekiel, der 598 nach Babel ziehen mußte, bis in viel spätere Zeit durch Mahn- und Verheißungsworte die Exulanten gestärkt. Dann hat die Inkraftsetzung des Deuteronomiums (5Mose) unter Josia 2Kö 23, 3 ff dazu geführt, daß kein Kultus außerhalb des hl. Landes verrichtet werden konnte, vielmehr die Idee „Jerusalem und sein Tempel" im Denken der Verbannten verankert war. Die ihres Opferdienstes beraubte Priesterschaft hat das heimatlose Volk belehrt. So wurde jetzt im „unreinen Lande" der Sabbat und die bei den Babyloniern ungebräuchliche Beschneidung zum Zeichen des rechten Israeliten. Und nicht zuletzt haben die Verbannten in dem namenlosen Propheten Jes 40-55 einen Mann bekommen, der in einzigartiger Predigt die Zeichen der Zeit beim Ausgang der neubabylonischen Zeit und während des Siegeszuges des Persers Cyrus deutete. Der Cyrus-Erlaß des Jahres 538 Esra 6, 3-5 verordnete den Wiederaufbau des Jerusalemer Tempels. Doch sollte sich dessen Neuerrichtung und die Heimkehr der großen Menge der Exulanten noch auf Jahre hinziehen.

Daneben gab es eine stattliche Exulantenschaft in Ägypten, die 587 viel Zuzug erhielt 2Kö 25, 26. Über das weitere Ergehen des dorthin verschleppten Jeremia hören wir abgesehen von Jer 44 nichts. Auf der Nilinsel → Elephantine am 1. Katarakt, wo eine Anzahl aramäischer Papyrusdokumente zum Vorschein kam, haben die Exulanten im Gegensatz zum Verhalten der babylonischen Exulantenschaft sogar einen Tempel errichtet. *Peu*

Exodus → Auszug aus Ägypten.
Exodus (Buch) → Mosebücher.
Exorzist → Beschwörer.
Ezechiel → Hesekiel.

Ezjon-Geber. Edomitische Hafenstadt in der Nähe von Elath, Station auf dem Wüstenzug 4Mose 33, 35 f; 5Mose 2, 8. Salomo 1Kö 9, 26; 2Chr 8, 17 und Josaphat 1Kö 22, 49; 2Chr 20, 36 ließen hier Schiffe für die Fahrt nach Ophir bauen. Heute tell el-chlēfi am Golf von ʿaqaba, wo bei Ausgrabungen umfangreiche Anlagen zur Kupferverhüttung aus dem 10. Jh. entdeckt wurden. *Rü*

F

Fabel. *1)* F. heißen in den Pastoralbriefen (1Tim 1, 4; 4, 7; 2Tim 4, 4; Tit 1, 14) die „Mythen", jene wertlosen Spekulationen gnostischer Art; 2Petr 1, 16 meint unwahre Dichtung.

2) F. bezeichnet jene Gattung in der Dichtung, in der eine Wahrheit in einer Erzählung von Tieren oder Pflanzen dargestellt wird. Sie wurde gern verwendet, um einen Gegner in verhüllter

Form anzugreifen. Wie die Völker des alten Orients, so kannte auch Israel F.n. Das AT gibt zwei Beispiele: die F. Jotams Ri 9,8-15 von der Suche nach einem König über die Bäume, bis schließlich der Dornbusch sich dazu hergibt, was dann 9,16-20 gegen Abimelech gedeutet wird, und die F. des Königs Joas 2Kö 14,9 von dem Dornstrauch im Libanon, der für seinen Sohn die Tochter der Zeder begehrte, womit die Überheblichkeit des jüd. Königs Amazja getroffen werden sollte. Einer F. nähert sich die Schilderung des Leibes 1Kor 12,15.16.21, wenn dort die einzelnen Glieder miteinander reden. *Schl*

Fackel im natürlichen Sinn Ri 7,16; Jo 18,3. Mannigfach als Bild verwendet: für den Wasserstrahl aus dem Rachen des Krokodils Hiob 41, 11, das Heil, das Zion im Dunkel aufgeht Jes 62,1, die zündende Rede Elias Sir 48,1, die glänzenden Kriegswagen Nah 2,5, die Fürsten Judas Sach 12,6, das alles durchdringende Auge Gottes in seiner hl. Erscheinung Dan 10,6; Hes 1,13 und den Geist Gottes Offb 4,5. *Pfi*

Fall. Das Wort F. (zT auch für Falle, → Fallstrick verwendet) bezeichnet in der HS teils den Sturz in Unglück und Not Ps 62,3.7; Spr 16,18, teils den F. in Sünde und Schuld. So spricht Paulus vom F. Israels in den Unglauben Röm 11, 11f, vom F. aus der Gnade Gal 5,4. So ist Christus für viele zum F. gesetzt Lk 2,34, weil sie an ihm zu F. kommen 1Petr 2,8. → Anstoß. *Schl*

Fallstrick, auch Fall, Falle, Strick, ein Jagdgerät (Am 3,5 vielleicht Wurfholz); bildlich heimtückische, überraschende oder verderbenbringende Handlungen und Ereignisse; bes. von den Nachstellungen der Frevler Ps 140,6; 141,9; von den Kanaanäern und ihren Göttern als Anlaß des Verderbens 2Mose 34,12; von Gott, der das Unheil über Jerusalem herauf führt Jes 8,14; von dem plötzlich hereinbrechenden letzten Tag Lk 21,34; von der Gewalt des Teufels 1Tim 3,7; 2Tim 2,26. *Oßw*

Falschheit, falsch. Die Verkehrtheit des Menschenherzens läßt es auf allen Gebieten zu Unwahrhaftigkeit, Heuchelei und Trug kommen. So im Geschäftsleben: falsche Gewichte Hos 12,8; Mich 6,11; Spr 11,1. So im Rechtsleben: falsches Zeugnis 2Mose 20,16; Ps 27,12; Mt 26, 59; falsche Eide 3Mose 19,12; Jer 5,2; Mt 5,33. So auch in Frömmigkeit und Gottesdienst: falsche Götter Jer 16,19; Apg 14,15; falscher Gottesdienst Hos 12,1; falscher Geist 1Kö 22, 22 und falsche Prophetie Jes 9,14; Jer 5,31, auch in der Gemeinde Jesu Mt 7,15; 1Jo 4,1; sogar falsche Messiasse Mt 24,24; in der Endzeit Offb 16,13; falsche Apostel 2Kor 11,13 und falsche Brüder 2Kor 11,26; Gal 2,4. Dagegen ist es Gottes Wille und Geschenk, daß wir ohne F. sind, Ps 32,2; Mt 10,16; Jo 1,47; Röm 12,9. *Schl*

Familie. *1)* Die F. ist als „Haus" oder als „Haus des Vaters" als die kleinste soziologische Gemeinschaftsform Jos 7,14, wenn auch nicht immer und kaum streng, so doch einigermaßen deutlich gegenüber den größeren Einheiten der „Sippe" 5Mose 29,17; Jos 7,14, des „Stammes" Jos 7,14.16 und des „Volkes" abgegrenzt. Zur F. gehörten Vater, Mutter und Kinder mit ihrer Habe Jos 7,24, das Gesinde 2Mose 20,17 und der Gast 1Mose 19,8. Das Haus unterstand, wenn es sich nicht um altes Mutterrecht oder um eine Bruderschaft (Prophetengilden 1Sam 19, 20; 2Kö 2,7) handelt, der Befehlsgewalt des Vaters, der seinen heilvollen Bestand zu garantieren hatte. Da der Vater die Rechtsgewalt 1Mose 16,5; 21,10; 42,37 auszuüben hatte und zugleich Kultherr war Jos 24,15; Ri 17; Hiob 1,5 u. a., stellte die F. somit auch die kleinste Zelle der Rechtsausübung und kultischer Gemeinschaft dar. Darum bedeutet Auflehnung gegen die elterliche, bes. väterliche Autorität einen Zerbruch der durch Gottes Gebot sanktionierten F.ngemeinschaft und stand unter schwerer Strafandrohung 2Mose 20,12; 21,15; 5Mose 27,16; Spr 19,26; 30,17; Mi 7,1-7. Solidarität zur F. war erstes und wichtigstes Gebot. Sie wirkt sich aus in ehelicher, elterlicher, kindlicher und geschwisterlicher Liebe und Treue, in Nothilfe, in der Ausübung der Blutrache 2Sam 3,27; 13,32, im gemeinsamen F.ngrab (→ Begräbnis) 2Sam 19,38 (jedoch ohne Ahnenkult 5Mose 26, 14). Der Verführer zu Fremdkulten allerdings verfiel der Acht und Tötung, zuerst durch die eigene F. 5Mose 13,7ff. Nach und nach gingen die rechtlichen und kultischen Befugnisse — letztere besonders seit der Kultuszentralisation unter Josia — an die öffentlichen Organe der Rechts- und Kultusgemeinde über. Doch blieb die F. nach wie vor ein unerläßlicher Träger und Überlieferer kultischer Tradition und religiöser Belehrung 2Mose 12,26f; 5Mose 6,20f u. a.

2) Für die christl. Gemeinde werden die F.n zu frühesten Stätten christl. Gottesdienstes und christl. Gemeinschaftslebens Apg 11,14; 16,15. 31-34; 18,8; 20,20; 1Kor 1,16; Phm 2; 2Tim 1,3-5.16 u. a. Tit 1,11 zeigt zugleich, wie dieses gefährdet war, wenn die F., seine kleinste organische Zelle, durch Irrlehre u. dgl. mehr zerrüttet wurde. Durch den Glauben an Christus wird der Mensch Glied der Familie Gottes Jo 19, 25ff; Eph 2,19; Hebr 3,6. In dieser neuen Gemeinschaft erfährt die irdische F. ihre Heiligung und ihren Auftrag, gerade dadurch aber auch ihre Grenze Mk 6,4; 10,29f; Mt 10,37; Lk 9, 59ff; 14,26; 18,29f. *Kn*

Farben. Als F. begegnen in der HS Weiß (zB für Stoffe, die Zähne, den Schnee), Schwarz (zB Schafe, Raben, Wolken, das Sacktuch), Rot (zB Stoffe, Wein, Blut) und Grün (bei Pflanzen). Liturgische F. bei den Geweben im Heiligtum und den Gewändern der Priester sind Weiß, Scharlachrot und Violett (für violett gab Luther blau). Überraschen mag, daß der Mond dichterisch die strahlend „Weiße" hieß. Für das Denken der antiken Völker hatten die F. symbolische Bedeutung. Das Weiß, das die Grundfarbe in der Kleidung der Priester war, kennzeichnet die Unschuld Jes 1, 18, die festliche Freude Pred 9, 8 und den Glanz der himmlischen Welt Mt 17, 2; 28, 3; Offb 1, 14; 3, 5; 19, 14. Rot, die F. des Blutes, ist Jes 1, 18 die F. der Sünde. In den Gesichten Sacharjas werden rote, schwarze, weiße und scheckige Rosse erwähnt 1, 8; 6, 2 f; vielleicht meint Rot den Osten, Schwarz den Norden, Weiß den Süden und Scheckig den Westen. Auch die F. der Pferde in Offb 6, 1 ff sind bedeutsam: das weiße Pferd trägt den Sieger; das rote bringt Krieg, das schwarze die Teuerung, das fahle den Tod. *Schl*

Farre. Diese Bezeichnung für den jungen Stier wurde bei der Revision 1964 ausgeschieden und durch Stier ersetzt. *Schl*

fasten. Unter f. (ursprünglich „festhalten", „beobachten") versteht man die teilweise oder gänzliche Enthaltung von Nahrung, wie sie in vielen Religionen bis zum heutigen Tag fester religiöser Brauch ist.

1) Der *Anlaß zum F.* konnte in Israel sehr verschiedener Art sein: So wurde bei Unglücksfällen Joel 2, 12, einem verlorenen Krieg Ri 20, 26 u. ö. oder bei Todesfällen 2Sam 1, 12 „ein F. ausgerufen", und zwar zum *Zeichen der Trauer.* Auch sonst gingen → Trauer- und F.bräuche oft ineinander über: Der Fastende riß sein Gewand ein 2Sam 1, 11 f, legte den Trauersack an Ps 69, 11 f, lag auf der Erde, wusch und salbte sich nicht 2Sam 12, 16. 20; Mt 6, 17, oder er streute Erde oder Asche auf seinen Kopf Neh 9, 1. Daneben spielte das F. eine wichtige Rolle als *Vorbereitung auf den Empfang einer Offenbarung:* Mose verweilte nach 2Mose 34, 28, ehe er die Gebotstafeln empfing, 40 Tage und 40 Nächte auf dem Berg Sinai, ohne zu essen und zu trinken. Ähnlich ist 1Kö 19, 8 zu verstehen, vgl. auch Mt 4, 2. Daniel fastete und kasteite sich, ehe er die Gesichte empfing Dan 9, 3; 10, 2 f. 12. Dem AT eigentümlich ist das F. als *Zeichen der Selbsterniedrigung* vor Gott. Das wird in dem hebr. Ausdruck für „fasten" deutlich, den Luther oft mit „(den Leib) kasteien" wiedergegeben hat und der wörtlich bedeutet „die Seele (beugen = demütigen)". Von daher war F. oft der Ausdruck der Buße über private oder öffentliche Verfehlungen Jona 3, 5. 7 f u. ö.

2) Besondere feste *Fastenzeiten* kamen erst später in Israel auf: neben dem F. am Versöhnungstag 3Mose 16, 29 ff u. ö. vor allem das F. an nationalen Unglückstagen (eine Art Buß- und Bettage), die mit dem Untergang Jerusalems zusammenhingen, vgl. Sach 8, 19 mit 2Kö 25, 1. 8; Jer 41, 1 ff; 52, 6 f. Auf Nichtbefolgen des F.gebotes stand Todesstrafe 3Mose 23, 29 f. Im Spätjudentum hielten bes. strenge Kreise, zB die → Pharisäer, den Montag und Donnerstag jeder Woche als F.tage Lk 18, 12, und zwar jeweils vom Vorabend bis zum Abend des F.tages. Ähnlich hat man sich das F. der Johannesjünger vorzustellen Mt 9, 14.

3) Die *Bedeutung des Fastens* ist ursprünglich nicht von irgendwelcher Verdienstlichkeit her bestimmt, sondern wirkliche „Demütigung der Seele". Freilich wurde es mehr und mehr als fromme Leistung verstanden, ähnlich wie → Opfer und → Gebet, denen es als kultische Handlung zur Seite gestellt wurde Jer 14, 12 u. ö. Der Protest der Propheten gegen solch veräußerlichtes F. Jes 58, 1 ff u. ö. verhallte ungehört.

4) Im NT wird die Sitte des F.s sowohl für Jesus selbst Mt 4, 2 als auch für die christl. Gemeinden Apg 13, 2 f; 14, 23 bezeugt; allerdings ist in den Briefen des NT nie vom F. die Rede. Jesus gab keine F.anweisung. Grundsätzlich ist durch sein Kommen das F. etwas Überwundenes (so ist Mt 9, 15 zu verstehen). Wenn er die Sitte trotzdem beibehielt, so füllte er sie doch mit einem neuen Inhalt: F. ist ein Zeichen der Umkehr zu Gott, und zwar im Verborgenen Mt 6, 16 ff. Sehr bald jedoch bekam das F. auch in der christl. Gemeinde eine Bedeutung, die erkennen läßt, daß das Anliegen Jesu nicht verstanden war. *Bo*

Faulheit, faul. *1)* Von verwesenden Stoffen 2Mose 16, 20. 24; Jes 40, 20; Mt 7, 17 = krank bildlich vom Untergang derer, die das Recht beugen Jes 5, 24; auf Sittliches übertragen = faulig, schlecht Eph 4, 29. — *2)* Von arbeitsunwilligen Menschen. In der ATlichen Weisheitsliteratur wird über den Trägen, der sich nicht zur Arbeit entschließen kann, gespottet und vor den Folgen der F. gewarnt Spr 6, 6 ff; 24, 30 ff. Der fleißigen Hausfrau dagegen gebührt Lob Spr 31, 27. In der christlichen Gemeinde soll es keine Müßiggänger geben 2Thess 3, 6 ff. Als Charakterzug junger Witwen begegnet F. 1Tim 5, 13; die Kreter werden „faule Bäuche" = träge Schlemmer genannt, Tit 1, 12. — Im religiösen Sinn Röm 12, 11; 2Petr 1, 8. Der faule Knecht Mt 25, 26 ist ein Bild für den von Gott begnadeten Menschen, der die ihm verliehenen Gaben nicht nutzt. *Oßw*

Faust. Die F. packt zu 2Mose 9, 8; Pred 4, 6. Sie schlägt zu 2Mose 21, 18; Ps 144, 1; Mt 26, 67; daher vergleicht Paulus sein Leiden mit Faustschlägen einer dunklen Macht 2Kor 12, 7. In die F. lachen, ein Ausdruck für Schadenfreude Sir 12, 19. *Schl*

fechten. Paulus benützt 1Kor 9, 24 ff die den Griechen vertraute Sitte der Kampfspiele, um zu entschlossener, auch Anstrengung und Entsagung nicht fürchtender Anspannung des Willens zu mahnen; es gilt beim Faustkampf nicht Streiche in die Luft zu tun, sondern den Gegner zu treffen. Die Aussage 1Kor 15, 32 meint wohl nicht einen Tierkampf in der Arena, sondern schwerste Gefährdung in seinem Dienst, zu der er im Glauben an die Auferstehung bereit ist. *Schl*

fehlen, Fehler. *1)* Fehlen als Ausdruck des *Mangels.* Es fehlt einer Quelle nicht am Wasser Jes 58,11, fehlt nicht an dem verheißenen Segen Gottes Jos 21,45; 23,14; Ps 23,4; Jes 34,16, soll nicht fehlen am Gehorsam Jos 11,15. Die Wendung „es fehlt nicht viel" = fast wäre... 2Mose 17,4; Apg 26,28.

2) Fehlen als *Verfehlung.* Im natürlichen Sinn: ein Pfeil erreicht das Ziel nicht Ri 20,16; 2Sam 1,22; Jer 50,9. Den Weg verfehlen Klgl 3,11; Weish 5,6; Spr 14,22. Von da aus: fehlgehen im Urteil und Wort Spr 16,10; Jak 3,2; überhaupt: sich verfehlen, schuldig werden, versagen Ps 19, 13; 62,10; Sir 4,30 f. Das Hauptwort „Fehl" oder F. bezeichnet zunächst einen äußerlich sichtbaren Makel: das Passalamm 2Mose 12,5 und die Opfertiere müssen fehlerlos sein 2Mose 29,1 par.; 3Mose 22,20. Dann übertragen auf das sittliche Handeln: so ist Gottes Handeln ohne F. Sir 42,25 und war das Opfer Christi ohne F. Hebr 9,14, während der Mensch immer wieder F. begeht und der Vergebung bedarf Mt 6,14 f; 18,35, leicht von einem F. übereilt wird Gal 6,1 und manchen F. gar nicht wahrnimmt Ps 19,13. Die Treue Gottes will die Seinen vor dem Straucheln bewahren und „unsträflich", makellos zum Ziel bringen 1Kor 1,8; 1Thess 5,23; Jud 24, als eine Gemeinde ohne Flecken Eph 5,27. *Schl*

Feiertag → Sabbat.

Feige, Feigenbaum. Neben dem Ölbaum und dem Weinstock war der F. für Palästina wichtig, darum schon in Jotams Fabel Ri 9,10 gepriesen. Er wuchs wild 1Kö 10,27 und in Gärten und Weinbergen Lk 13,6; der stattliche Baum bildet mit seinen großen Blättern 1Mose 3,7 ein prächtiges Laubdach Jo 1,48. Die glatte Rinde ist so saftig, daß auch sie von den Heuschrecken abgenagt wird Joel 1,7. Als Zeichen für den Reichtum des Landes brachten die Kundschafter auch F.n 4Mose 13,23. Daß „jeder von seinem Weinstock und seinem F. esse", gehört zum Bild des Glücks 1Kö 5,5; Mich 4,4; Sach 3,10; 2Kö 18,31, wie umgekehrt zum Gerichtsbild der Propheten der Verlust der F.bäume Jer 5,17; 8,13; Hos 2,14; Joel 1,7.12. Der F. wirft im Nov./Dez. seine Blätter ab (im tropischen Klima des Toten Meers behält er sie) und treibt schon im Januar Augen zu neuem Fruchtansatz; ihr Anschwellen im Februar und die Entfaltung der Blätter im März wird als Zeichen des Frühlings begrüßt HL 2,13; Mt 24,32. Diese Frühfeigen werden auch unreif gern gegessen Jes 28,4. So durfte Jesus in der Nähe von Bethphage (Feigenhausen) an jenem F. neben den Blättern Frühfeigen erwarten und wird ihm der Baum zum Bild seines Volks. Kommen im Mai die Ansätze der Sommer- oder Spätfeigen hervor, fällt ein großer Teil der Frühfeigen ab Offb 6,13. Reife Frühfeigen sind bes. geschätzt Jer 24,2; Hos 9,10. Die Ernte der Sommerfeigen währt vom August bis in den Dezember hinein; es ist unerhört, wenn ein F. im Sommer keine Früchte hat Lk 13,6. Die F.n werden frisch gegessen oder getrocknet und zu runden Kuchen gepreßt 1Sam 25,18; 2Sam 16,1; 1Chr 12,40. Solche Kuchen dienten und dienen noch heute als Heilmittel bei Geschwüren Jes 38,21. → Tafel 4. *Schl*

Feind. Innerhalb Israels ist es nach der Landnahme und als Folge des Zusammenschlusses der Stämme zum Bundesvolk Gottes zu einem Zurückdrängen der alten Fehdelust gekommen, vgl. 1Mose 4,23 f. Dem Bundesgedanken entsprechend mußte Feindschaft innerhalb des Volkes als Verstoß gegen Gottes Gebot angesehen werden 3Mose 19,18. Da Gott der Geber des Landes und der Herr seines erwählten Volkes war, galten alle Feinde Israels zugleich als seine Feinde 2Mose 23,22. Bedrohung Israels und Bedrohung seiner Frommen durch äußere (vgl. Ri 5,31; Ps 2; 44,6.23; 74,3; 83,3 f; 89,11.23; 106,10) oder innere Feinde (vgl. Ps 7,2; 27,11 f; Jer 12,7) war demnach zugleich Auflehnung gegen Gott, sofern sie dieser nicht selbst als Werkzeuge seines Gerichtes gerufen hatte (vgl. Ri 2,14 f; Jes 7,18 ff; Jer 25,8 ff). Für Jahwes Feinde gibt es als Rettung nur die Unterwerfung unter seinen sich in der Offenbarungsgeschichte zeigenden Willen, vgl. Am 5,4.14; Ps 2,12; Jer 12,14-17. Von diesen Voraussetzungen aus erklären sich die Rachepsalmen (vgl. Ps 94) als Ausdruck des Glaubens an Gottes gerechtes richtendes Walten. Die Hoffnung Israels erwartete von Gottes Eingreifen die Vollendung der Geschichte in einem alle Völker und Tiere umfassenden Friedenszustand, vgl. Jes 66,10 ff; 11,5 ff; 2,1-4.

Im Licht der Christusoffenbarung, die allen Völkern gilt, wird aller Hader als Folge der Feindschaft der Menschen gegen Gott enthüllt, vgl. Röm 1,18 ff; 8,7; Gal 5,19 f. Sie hebt die Beschränkung des Liebesgebots auf die Volks- u. Glaubensgenossen auf und verpflichtet den Christen ausdrücklich zur Feindesliebe Mt 5,43 f (vgl. 5,16); Lk 10,25-37; Röm 12,17-21; Gal 6,10. Innerhalb der Gemeinde soll alle Feindschaft durch vergebende, der Wahrheit zugewandte Liebe überwunden werden Mt 18,15 ff; 1Kor 6,1ff; 1Thess 5,15; Eph 4,32; 1Petr 3,9. Diese ist in der in dem Heilshandeln Gottes in Jesus Christus zutage getretenen vergebenden Liebe Gottes begründet, vgl. Röm 5,10; Eph 2,14.16, und hat in dem Handeln Christi ihr Urbild, vgl. Lk 22,51; 23,34; 1Petr 2,20 ff. Alle jetzt noch währende Feindschaft gegen Gott, Christus und sein Evangelium wird beim Anbruch der neuen Welt überwunden, vgl. Mt 13,25.28.39; Offb 20,2 f; Röm 11,28 ff; Phil 3,18; 1Kor 15,25 f.

Lit.: J. Pedersen, Israel I-II, S. 317 ff; 446 ff; III-IV, S. 24 ff; H.-J. Kraus, Psalmen, BK XV, 1, 1958, S. 40 ff; W. Foerster in ThWBNT II, S. 810 ff. *Kai*

Feldgeister, Feldteufel (hebr. seʿîrîm; wörtlich Haarige) sind in Gestalt eines Ziegenbocks gedachte Wesen, ursprünglich selbständige Dämonen, in Israel aber dem Jahweglauben untergeordnet, wenn ihnen auch gelegentlich (verbotene) Opfer gebracht wurden 3Mose 17,7; 2Chr 11,15. Sie hatten in wüsten Gegenden mit unheimlichen Tieren ihr Wesen und wurden in prophetischen Gerichtsworten zum Sinnbild völliger Verödung Jes 13,21; 34,14. *Bo*

Feldhauptmann heißt in Luthers Übersetzung der Führer des Heers, obwohl seine Macht gewiß oft über das militärische Gebiet hinausgriff 2Kö 4,13; 1Chr 25,1. Mit Namen werden genannt Pichol der F. Abimelechs 1Mose 21,22, Sisera der F. Jabins Ri 4,2, Abner der F. Sauls 1Sam 14,50, Schobach der F. Hadad-Esers 2Sam 10,16, Joab der F. Davids 2Sam 24,2, neben ihm Amasa 2Sam 19,14; 1Kö 2,5.32, Benaja der F. Salomos 1Kö 4,4, Naëman der F. des syr. Königs 2Kö 5,1 und Holofernes der F. Nebukadnezars Judith 2,4. So war Omri F., ehe er König wurde 1Kö 16,16, und nannte sich der Makkabäer Simon „Hoherpriester, F. und Fürst der Juden" 1Makk 13,42; 14,47. *Schl*

Feld Wegs → Maße.

Felix. Antonius F., ein Freigelassener des Kaisers Claudius, hatte nach Tacitus (hist. V, 9) „die Macht eines Königs, aber die Gesinnung eines Sklaven". F. stieg zu großer Macht und Reichtum auf, vor allem durch die Hilfe seines Bruders Pallas. Er heiratete Drusilla, die Tochter von → Herodes Agrippa I., wurde 49 nChr Prokurator von Judäa, von Samaria seit 52/53 nChr, ging gegen das Räuberunwesen vor, überwarf sich bald mit dem Hohenpriester, den er beseitigen ließ, und wurde so selbst Förderer des Terrors. Unter F. trat der Apg 21,38 erwähnte Ägypter auf. Paulus wurde als Gefangener zu F. geschickt Apg 23,26, der den Fall zwei Jahre verschleppte in der Hoffnung, von Paulus Bestechungsgelder zu bekommen, gegen die er den Apostel losgegeben hätte Apg 24, 24ff. 60 nChr wurde F. nach Rom zurückgerufen. Eine Klage der Juden gegen ihn hatte bei Nero keinen Erfolg, da Pallas dessen Günstling war. *Bie*

Fell. Das F. der Opfertiere wurde bei Sündopfern verbrannt 2Mose 29,14; bei Brandopfern fiel es dem Priester zu 3Mose 7,8. In 3Mose 21, 20 meinte F. (bis 1964) einen Flecken im Auge, Jes 40,22 einen dünnen Schleier. F. als Kleidung → Kleidung. *Schl*

Fels — Klippe — Kluft. F.en begegneten den Israeliten nicht nur in der Sinaiwüste, sondern vielfach auch in Kanaan, bes. westlich und östlich vom Toten Meer. F.brocken waren oft mitten im Weg (Steine des Anstoßes Jes 8,14). Der Bodengrund ist oft der nackte F. Hes 24,7, worauf ein Haus fest ruhte Mt 7,24ff, oder ein nur mit einer dünnen Erdschicht überzogener F.grund Lk 8,6. Gerne wurden aus den F.en Gräber herausgehauen Mt 27,60. Wegen ihrer Spalten und Klüfte Jes 2,21; Jer 4,29 und steilen Gipfel 1Sam 24,3; Ps 27,5 waren F.en beliebte Zufluchtsstätten. Bildlich wird F. daher auch in dieser Bedeutung verwendet. Gott heißt öfters ein F. Ps 18,3; 42,10; Jes 17,10, auch in Eigennamen, zB Elizur („Mein Gott ist ein F.") 4Mose 1,5. Abraham wird Jes 51,1 der F. genannt, aus dem die Israeliten gehauen sind (vgl. Mt 3,9 und zum Bild 5Mose 32,18). Weiter ist ein F. Bild für die Härte des menschlichen Sinnes Jer 5,3; Hes 3,9.

Bei dem *nachfolgenden F.en* 1Kor 10,4 verwendet Paulus eine rabbinische Überlieferung, nach der jener F., aus dem Mose Wasser schlug 2Mose 17,6, den Israeliten in der Wüste folgte. Als Vermittler des göttlichen Heils konnte Paulus ihn mit dem präexistenten Christus gleichsetzen. Der F., auf den die Gemeinde Christi gebaut wird, ist nach Mt 16,18 Petrus, nicht bloß dessen Bekenntnis oder Glaube; mit Petrus ist der Aufbau der Gemeinde begonnen. *v. d. W.*

Fenster als mit Glasscheiben versehene Lichtöffnungen kannte man im Altertum nicht; dafür war → Glas zu kostbar. Wenn nicht die Türe die einzige Öffnung ist, gehen die kleinen rechteckigen, meist in Stein eingefaßten F. teils gegen die Straße, teils gegen einen Hof. Sie dienen hauptsächlich dem Abzug des Rauchs und können gegen Regen und Kälte mit einer Holzlade verschlossen werden. Neben ihnen gab es das speziell als Haremsf. verwendete Gitterf. An die übliche Form ist gedacht, wenn bildlich von den F.n des Himmels die Rede ist 1Mose 7, 11; Mal 3,10. Durch F., die hoch an der Außenmauer einer Stadt angebracht waren, konnte man am Seil herabgelassen werden Jos 2,15; 2Kor 11,33. Das F. am Königspalast in Jesreel 2Kö 9,30 war vielleicht ein balkonartiger Vorbau, der für offizielle Ansprachen benutzt wurde. Pred 12,3 werden die Augen mit F.n verglichen. *v. d. W.*

Ferse. Im natürlichen Sinn 1Mose 25,26 (Hos 12,4): Jakob hielt Esaus F., um ihn zurückzuhalten. Der Stich in die F. ist die Waffe der Schlange 1Mose 3,15; 49,17. Der Feind wird auf der F. verfolgt 1Mose 49,19 (Ps 56,7). *Schl*

Feste.

1) Sabbat. 2) Neumondtag. 3) Passah. 4) Die drei Wallfahrtsfeste. 5) Neujahrstag und Versöhnungstag. 6) Spätere Feste. 7) Vermutete Feste. 8) Im NT.

Feste sind hl. Tage, die sich durch gottesdienstliche Begehung und ganze oder teilweise

Tafel 9: Im Jabboktal *Von der Straße, die von Amman nach Dscherasch führt, blicken wir in das Tal des Jabbok (des nahr ez-zerqa', des „blauen Flusses"); durch das kahle Bergland des Ostjordanlands bricht er zum Jordan durch, in den er bei ed-damije, 40 km nördlich von Jericho, mündet.*
Die Höhe von ed-dschib *Ed-dschib, etwa halbwegs zwischen Jerusalem und Ramallah, ist wahrscheinlich das alte → Gibeon; der moderne Ort liegt am rechten Bildrand.*

Freihaltung von der irdischen Berufsarbeit als „hohe Zeiten“ aus dem menschlichen Alltag herausheben. Sie hängen mit geschichtlichen Begebenheiten, Höhepunkten menschlichen Lebens oder Ereignissen des Naturjahres zusammen und sind nach dem Glauben Israels von Gott selbst gesetzt, geheiligt, ja sogar in der Schöpfungsordnung vorgesehen 1Mose 1,14 ff; 2,1 ff; Ps 104,19. Während die Propheten häufig gegen eine veräußerlichte Festfrömmigkeit ankämpfen, zeigt das Psalmbuch, wie die isr. F. Ausdruck eines vielstimmigen Lobpreises Gottes sein können. Über ihren äußeren Verlauf wissen wir wenig. Um so deutlicher weist die Verschiedenheit der überlieferten Kultgesetze auf die Tatsache hin, daß der isr. Festkalender sich erst allmählich unter mannigfachen Wandlungen zu der Spätform der priesterlichen Gesetze ausgebildet hat. Innerhalb dieses Kalenders haben folgende F. Bedeutung gewonnen:

1) Der → *Sabbat* 2Mose 20,8 ff; 23,12; 3Mose 23,3; 24,8; 4Mose 28,9 f. Er ist für Israel ein Jahwe geweihter *Ruhetag*, den schon seine nomadischen Ahnen gehalten haben.

2) Ebenfalls vorkanaanäischer Zeit entstammt die Begehung des *Neumondtages* (→ Neumond), der wie der Sabbat ein *Tag der Ruhe* ist Am 8,5, auch im AT öfter im Zusammenhang mit ihm genannt 2Kö 4,23; Jes 1,13; Hos 2,13, aber weder im → Bundesbuch noch im Deuteronomium (5Mose) erwähnt wird. Erst das priesterliche Gesetz regelt den Gottesdienst dieses Tages 4Mose 28,11 ff; 29,1 ff.

3) Das → *Passa.* Ihm liegt ein uralter Hirtenritus zugrunde, der dem Schutz der Herden vor Unheilseinflüssen diente. Dieser ist schon bald nach dem Auszug aus Ägypten mit dem *Erlebnis des Exodus* verbunden worden. In dieser *historisierenden Deutung* haben die Israeliten die Passahfeier in das Kulturland mitgebracht. Von nun an ist sie Erinnerungsfeier an das grundlegende heilsgeschichtliche Ereignis des Auszugs 2Mose 12. In diesem Sinn ist sie im deuteronomischen Kultgesetz verankert 5Mose 16,1 ff. Genaue *Datierung* im exilisch-nachexilischen Heiligkeitsgesetz 3Mose 23,5 : 14. I. = 14. Abib/Nisan; März/April.

4) Neben das Passa treten im isr. Festkalender drei *Wallfahrtsfeste* 2Mose 23,14; 34,23; 5Mose 16,16, die im → Bundesbuch, der ältesten isr. Gesetzessammlung, *„Fest der ungesäuerten Brote“ (massot)*, *„Fest der Ernte“* und *„Fest der Lese“* heißen 2Mose 23,14 ff. Sie sind Ackerbaufeste wahrscheinlich kanaanäischer Herkunft, erfahren aber durch Verbindung mit der *Auszug-*, *Wüstenzug-* und *Sinaitradition* eine *heilsgeschichtliche Motivierung* 2Mose 23,15; 34,18; 3Mose 23,42 f. — *a)* Das *Massotfest* feiert man zu *Beginn* der *Ernte*, beim Anschnitt der Gerste. Es dauert 7 Tage, an denen nur ungesäuertes Brot gegessen wird. Ursprünglich *selbständig* und als Erntefest in seinem Termin beweglich 2Mose 23,15, ist es im *Deuteronomium* 5Mose 16,1 ff und den späteren priesterlichen Festgesetzen 3Mose 23,5 f; 4Mose 28,16 ff mit dem → *Passa* eng verbunden. *Datierung* im Heiligkeitsgesetz: 15.-21. Abib/Nisan. — *b)* Sieben Wochen später begeht Israel das *Erntefest* 2Mose 23,16, nach 2Mose 34,22 und 5Mose 16, 9 f auch *Wochenfest* (→ Pfingsten) genannt. Es ist der isr. *Erntedanktag*, der mit der Darbringung der Erstlinge vom Weizen 2Mose 34,22 die Getreideernte beendet. Erst im 2. Jh. *nChr* erhält dieser Tag seine heilsgeschichtliche Begründung, indem er zum *Fest der Gesetzgebung* vom Sinai wird. — *c)* Das isr. Hauptfest (3Mose 23,39 = *das* Fest Jahwes) ist das *Lesefest* 2Mose 23,16; 34,22; 3Mose 23,15 ff; 4Mose 29,12 ff; 5Mose 16,13-15, das im Herbst mit der Wein- und Obstlese das gesamte *Erntejahr abschließt.* Nach Angaben der älteren Festkalender wird es *„am Ausgang des Jahres“* 2Mose 23,16 oder *„an der Wende des Jahres“* 2Mose 34,22 gefeiert, was andeutet, daß das Herbstfest seit alters zugleich das *Neujahrsfest* gewesen ist. Das Heiligkeitsgesetz *datiert* den Beginn des Festes auf den 15. VII. und *erweitert* es gegenüber dem Deuteronomium 5Mose 16,13 von 7 auf 8 Tage 3Mose 23,36. 39. Entsprechend der an der *Wüstenzugtradition* orientierten Festsitte, 7 Tage lang in → Laubhütten zu wohnen 3Mose 23, 42 f, nennen das Deuteronomium und spätere Gesetze das Fest *Laubhüttenfest* 5Mose 16,13.

5) Zwei weitere, erst in den *exilisch-nachexilischen Kultgesetzen* genannte F.e sind: *a)* der jetzt vom Laubhüttenfest abgetrennte besondere *Neujahrstag* am 1. VII., der als *„Sabbat des Blasens“* charakterisiert ist 3Mose 23,24; 4Mose 29,1; — *b)* der am 10. VII. stattfindende → *Versöhnungstag* 3Mose 23,27 ff; 16,1 ff; 4Mose 29, 7 ff, der eindrücklich die immerwährende Bundesgnade Gottes kundtut. Sein kultisches Zeremoniell geht auf alte Rituale zurück. In welcher Weise dieser Sühntag allerdings in vorexilischer Zeit begangen worden ist, läßt sich mangels direkter ATlicher Zeugnisse nicht sicher ausmachen.

6) In *nachexilischer* Zeit sind außerdem folgende F.e eingeführt worden: *a)* das → *Purimfest*, dessen Veranlassung das Buch Esther erzählt. Datierung: 14.-15. Adar (Februar/März) Esth 9,21; — *b)* das auf Judas Makkabäus zurückgehende achttägige → *Tempelweihfest* 1Makk 4,36 ff, das vom 25. Chislev (November/Dezember) an festlich begangen wird; — *c)* der *Nikanortag* am 13. Adar 1Makk 7,43 ff; 2Makk 15,36; — *d)* das Fest der *Einnahme der Burg* in Jerusalem am 23. Ijar (April/Mai) 1Makk 13,51 ff.

7) Durch die *gattungsgeschichtliche* Forschung

Tafel 10: Der Berg der Versuchung *Der dschebel qarantal am Abfall des → Gebirges Juda zum Jordantal, nach der Überlieferung die Stätte der Versuchung Jesu, vom Ruinenhügel von → Jericho, dem tell es-sultan, aus gesehen.*

angeregt, hat die ATliche Wissenschaft neuerdings weitere F.e zu erschließen versucht: *a)* das *Bundeserneuerungsfest* als Hauptfest des altisr. Stämmeverbandes, in dem die Sinaiüberlieferung kultisch vergegenwärtigt wird (Mowinckel, Alt, v. Rad); — *b)* Das *Thronbesteigungsfest*, das als eine Weiterbildung des Laubhüttenfestes in der Königszeit aufkam und aus der kultischen Deutung der Psalmen 47; 93; 96-99 gefolgert wird (Volz, Mowinckel, H. Schmidt); — *c)* das vorexilische *königliche Zionsfest*, das nach dem Exil zum Thronbesteigungsfest Jahwes wird (H.-J. Kraus). — Die Existenz dieser und anderer F.e ist jedoch noch *nicht* eindeutig *gesichert* und allgemein anerkannt.

8) Die *im NT* erwähnten F.e entsprechen der jüd. Tradition: Sabbat Mk 1,21, Passa Lk 2, 41, Wochenfest Apg 2,1, Laubhüttenfest Jo 7,2 Tempelweihfest Jo 10,22. Dabei weiß sich *Jesus*, wo immer es die Sache des Reiches Gottes erfordert, als *Herr des jüd. Kultgesetzes* Mk 2,27 f. Während die *judenchristliche Gemeinde* sich zunächst an die Regeln der Überlieferung hält Apg 2,46 f usw, vertritt *Paulus* in der Auseinandersetzung mit dem gesetzlichen Mißverständnis die Freiheit von den jüd. Festgesetzen Gal 4,10; Kol 2,16 f, ohne seinerseits in Unduldsamkeit zu verfallen. — Von *neuen* christlichen Festtraditionen ist auf dem Boden des NT noch *nichts* zu finden; doch kündet sich in der Wahl des *Sonntags* zu regelmäßigen gottesdienstlichen Versammlungen eine *Feier der Auferstehung Jesu Christi* an Apg 20,7; 1Kor 16,2; Offb 1,10.

Lit.: H.-J. Kraus, Gottesdienst in Israel, München ²1962; G. v. Rad, Ges. Studien zum AT, München ³1965; A. Schlatter, Die Geschichte der ersten Christenheit, Gütersloh 1927; G. Delling, Der Gottesdienst im NT, Berlin 1952.

Ste

Feste. *1)* = Firmament 1Mose 1,6; Ps 19,2; 150,1 → Himmel. — *2)* = → Festung. *(Schl)*

Festrollen (hebr. Megilloth „Buchrollen") heißen die fünf kleinen ATlichen Bücher, die an den Hauptfesten des jüd. Kirchenjahres ganz verlesen werden. Seit dem 6. Jh. nChr stehen sie regelmäßig im Kanon des AT beisammen, seit dem 12. Jh. in gleicher Reihenfolge: HL für das Passafest (wegen der allegorischen Deutung auf das Verhältnis Gottes zu Israel), Rt für das Wochen- oder Erntefest (wegen des Ernteidylls K. 2), Klgl für das Fasten zum Gedächtnis an die Zerstörung Jerusalems, Pred für das Laubhüttenfest und Esth für das Purimfest. Die Bezeichnung F. ist entstanden, weil man Esth (das umfangreichste der Bücher) außer 1-5Mose als einziges stets in Rollenform zu schreiben pflegte, und ist geblieben, obwohl diese Form für die vier anderen Bücher nicht mehr üblich ist. *Fo*

Festung.

1) Die Festungsbauten. 2) Der Kampf um die F. 3) Bildliche Redeweise.

1) Wie früher bei uns, waren auch im hl. Land die Städte befestigt. Über den altkanaanäischen und den isr. Festungsbau geben uns die Ausgrabungen Aufschluß. Die starken *Mauern*, von denen die F.en umgeben waren, weisen verschiedene Bauarten auf. Die mit Lehmziegeln gebaute und an der Außenseite von einer Schicht glattgestrichenen Lehms bedeckte Mauer war etwa auf einer tiefgelagerten und hochansteigenden Böschungsmauer errichtet. Oder es waren zwei Ziegelmauern errichtet und der dazwischenliegende Raum teils mit Steinschutt aufgefüllt, teils als Warenlager verwendet. So zB in Gibea, der Zitadelle Sauls, nördlich von Jerusalem. In der Königszeit traten an die Stelle der Lehmziegelmauern steinerne Mauern. Während früher nur wenig bearbeitete Steine benutzt wurden, werden jetzt behauene Quadern zunächst als Ecksteine, später ausschließlich für den Bau der Mauern benutzt: so in Jerusalem und in Samaria. Die Maueranlage wurde durch rechteckige vorspringende Strebepfeiler und meist auch durch vorspringende Türme befestigt. Dort standen die Schützen, um die anstürmenden Feinde von der Seite beschießen zu können. In verschiedenen Städten war der gepflasterte Umgang oben auf der Mauer so breit, daß Wagen darauf fahren konnten. Eine Brustwehr deckte die Verteidiger gegen feindlichen Angriff.

Besonders wehrhaft waren die mit erzbeschlagenen Türen und starken Riegeln versehenen *Torbauten*, die durch nach außen vorspringende Türme flankiert wurden. Zuweilen gab es zwei im rechten Winkel zueinander stehende Tore 2Sam 18,24. Bei Städten mit einer Vormauer, wie Megiddo und Lachisch, bildeten die Torbauten einen befestigten Korridor zw. den Mauern. Auf dem höchsten Punkt der F. lag die *Burg* (Turm), die selbst wieder durch eine starke Innenmauer geschützt war und nach Eroberung der Stadt oft noch energischen Widerstand leistete (Sichem, vgl. Ri 9,45 ff; Lachisch). Es kann daher nicht überraschen, daß sich die Israeliten vor den starkbefestigten Städten der Kanaaniter fürchteten 5Mose 1,28. Die Wachmannschaft Jes 62,6 saß im Raum zw. den zwei Toren 2Kö 7, 10 f; von den Mauern und dem Torturm aus schauten die Späher ins Feld hinaus 2Sam 18, 24; 2Kö 9,17. → Tafel 41.

2) Laut 5Mose 20,10 f mußte eine Stadt, ehe sie von den Israeliten angegriffen wurde, zur Übergabe aufgefordert werden; ging sie darauf ein, wurden die Einwohner geschont. Schien die Einnahme nicht schwierig, ging man alsbald auf die Tore los, um sie zu sprengen, und fing an, die Mauern mit Leitern zu ersteigen. Wenn aber eine eigentliche Belagerung als notwendig galt, warf man zunächst einen Wall rings um die F. auf, der die Belagerten umschloß und die Angreifer schützte (Luther: Bollwerk). 5Mose 20,19 f verbietet zur Herstellung des Walles Fruchtbäume zu fällen. Von diesem Ringwall aus wurde dann in gerader Richtung auf die Stadtmauer ein Damm (Luther: Wall) angelegt, auf dem man mit Kriegsmaschinen gegen die Mauer vorrückte. Durch Sturmböcke versuchte man die Mauern

Die Festung Lachisch

Die Zeichnung zeigt die Stadt auf ihrem Hügel, mit dem dicht gedrängten Gewirr der flach gedeckten Häuser und dem großen Königspalast in der Mitte, mit der doppelten, von Türmen verstärkten Mauer und dem stark geschützten Aufgang, der durch zwei Doppeltore führt.

einzustoßen Hes 26,8 f; 21,27. In einem Turm oder Wagen befand sich ein starker, vorn mit einem metallenen „Widderkopf" versehener Balken, der gegen die Mauer gestoßen wurde. Die Assyrer kannten schon Wurfmaschinen, deren sich auch die Verteidiger bedienten, vgl. 2Chr 26,15; 1Makk 11,20. Auch suchte der Feind die zur Stadt führende Wasserleitung zu unterbrechen. Man versuchte die Mauern mit Leitern zu ersteigen oder mit Seilen niederzureißen 2Sam 17,13 und die starken Tore mit Feuerbränden oder Brandpfeilen zu zerstören Jer 51,58. Häufig gelang die Eroberung einer Stadt nur durch Aushungerung. Hatte man in der Stadt genügend Lebensmittel, konnte die Belagerung jahrelang dauern. Die Verteidiger versuchten beim feindlichen Angriff die Mauern zu erhöhen und nötigenfalls neue zu bauen. Sie schossen auf die Angreifer mit Pfeilen, warfen Steine auf sie hinunter, begossen sie mit siedendem Wasser oder Öl, machten Ausfälle und suchten auch wohl die Belagerungswerkzeuge in Brand zu stecken 1Makk 6,31. Auch Frauen beteiligten sich oft an der Verteidigung Ri 9,53.

War eine Stadt erobert, so wurden die Männer alle erschlagen, Frauen, Kinder, Vieh und Habe zur Beute gemacht, wenn nicht beim → Bann alles der Gottheit gewidmet wurde. Die Stadt wurde völlig zerstört. Ri 9,45 erwähnt das Bestreuen der Stadt mit Salz: die Stätte sollte fortan unfruchtbar sein.

3) Bildlich findet sich der Begriff F. für Gott Spr 14,26; Sach 9,12 und den Glauben 2Petr 3,17. *v. d. W.*

Festus. Porcius F., Nachfolger des Felix als Prokurator von Judäa Apg 24,27, starb 62 nChr im Amt. F. verständigte sich mit Agrippa II. über die jüd. Angelegenheiten. Er schlug Paulus vor, seinen Prozeß vor ihm in Jerusalem zu führen. Paulus lehnte ab und legte als römischer Bürger Berufung an den Kaiser ein Apg 25,1-12. F. gab Paulus Gelegenheit, seine Sache vor Agrippa II. und Berenike darzulegen Apg 25, 13-26,32; darauf schickte er ihn nach Rom. *Bie*

Fett. Wie beim Blut, so war auch beim F. der Genuß dem Menschen ganz verboten 3Mose 7, 23 ff; alles F. der Opfertiere mußte auf dem Altar verbrannt werden 3Mose 3,3 ff. 14 ff; 1Sam 2,15 f; 15,22; Jes 43,24. Vielleicht galt das F. als Gott gehörend, weil im F. der Sitz der Gefühle vermutet wurde, wie im Blut die Seele. *Schl*

Feuer.
1) Im AT. 2) Bei der Gotteserscheinung. 3) Im NT.

1) Wie überall auf der Welt wurde das F. auch in Israel zum Braten, Backen, Kochen und Heizen verwendet, vgl. 2Mose 12,8; Jer 7,18; 2Chr 35,13; Jes 44,15 f. Handwerklich wurde es der Metallverarbeitung dienstbar gemacht, vgl. Jer 6,29; Sir 2,5; Jes 44,12 ff. Im Kult diente das Opferfeuer zum Verbrennen der Gaben auf dem Altar wie zum Räuchern auf der Räucherpfanne, vgl. 3Mose 1,7 ff; 3,5; 2,9; 6,7 ff; 16,13, ferner als Reinigungsmittel, vgl. 3Mose 13,52; 4Mose 31,23; 5Mose 7,5.25; 2Kö 23,11; 5Mose 13,17; Jes 6,6. Eine Leichenverbrennung wurde nur bei Verbrechern, vermutlich nach vorausgegangener Steinigung, geübt, wohl um der Seele die Wohnung im Grabe zu rauben, vgl. 1Mose 38,24; 3Mose 20,14; 21,9; Jos 7,15.

2) Das F. gehört im ganzen AT zu den Begleiterscheinungen der Theophanie, wie sie in der Erzählung von der Gotteserscheinung am Sinai 2Mose 19 ihre klassische Schilderung gefunden hat, vgl. 1Mose 15,17; 2Mose 3,2 f; Ri

6,21; 13,20; 2Mose 13,21; 14,24; 4Mose 14,14; Jes 4,5; Hes 1. Mögen auch Naturerscheinungen wie zumal heftige Gewitter die reale Wurzel dieser Vorstellung bilden, vgl. Ps 18,8 ff; Ri 5, 4 f; Hiob 1,16; 2Kö 2,11, so kennzeichnete sie doch Jahwe weder als einen Gewitter-, noch als einen Vulkangott, vgl. 1Kö 19,11 f. Israel unterschied sehr wohl zw. Gott selbst und den Begleiterscheinungen seines Kommens, seinen Dienern, vgl. Ps 50,3; 104,4; 1Kö 19,11 f. Das F. versinnbildlichte die Heiligkeit des die Welt richtenden Gottes wie seine innergöttliche Macht und Herrlichkeit, vgl. 2Mose 24,17; Jes 6,1-4; Hes 1,28. Die Beständigkeit der Theophanievorstellung erklärt sich aus ihrer Verwurzelung im Bundeskult, ebenso ihre Verbindung mit dem Gerichtsgedanken, vgl. Ps 50. So, wie Gott in der kultischen Feier als der Heil und Unheil schaffende Richter gegenwärtig geglaubt wurde, diente das F. zur Beschreibung seines Gerichtes 1Mose 19,24; 2Mose 9,24; 3Mose 10,2; 4Mose 11,1; 16,35; 2Kö 1,10.12.14; Am 1,4.7 u. ö.; 2,2.5; Hos 8,14; Jes 10,17; 29,5 f; Jer 17,27; 43,12; Hes 15,7; 16,41; Jes 50,11 wie auch seiner Gnade 3Mose 9,23 f; Ri 6,21; 13,19 f; 1Kö 18,38; 1Chr 21,26. Israel erwartete zumal in nachexilischer Zeit eine Gotteserscheinung, durch die die Geschichte vollendet würde. Bei ihr sollten die Gottesfeinde mit F. (und Schwert) vernichtet werden, vgl. Jes 66,15 ff; Hes 38,22; 39,6; Mal 3,19.

3) Im NT wird der ATliche Sprachgebrauch übernommen und im Zusammenhang mit der Vorstellung vom kommenden Weltende fortgebildet. Das F. wird jetzt zum F. des letzten, eschatologischen Gerichtes, vgl. Mt 3,10.12; 7,19; 13,40; Lk 17,29 f; 1Kor 3,13-15; 2Thess 1,8; Hebr 10,27; 12,27-29; 2Petr 3,7; Offb 20,9. Jesus tauft als der Bringer des Gerichts mit F. Mt 3,11; Lk 12,49. Wer sich nicht durch sein Wort reinigen läßt Mk 9,49, verfällt dem Gericht, wird in das F. der Hölle geworfen, das ewig brennt Mk 9,43 ff (vgl. Jes 66,24); Mt 3, 12; 5,22; 18,8; 25,41; Jud 7; Offb 21,8. Ein „Fegefeuer" im katholischen Sinn kennt das NT nicht. 1Kor 3,13-15 denkt Paulus an das F. des Endgerichts, in dem die Werke des Menschen geprüft werden und der schlechte Bote Jesu nur mit knapper Not der Verurteilung entgeht.

Lit.: F. Lang, Artikel Pyr, ThWBNT VI, S. 927-948. *Kai*

Fieber. In den Niederungen Palästinas tritt F. nicht selten auf. Das AT nennt mit drei verschiedenen Worten F. als eine von Gott drohende Strafe 3Mose 26,16; 5Mose 28,22; 32,24, vgl. Jes Sir 40,32. Im NT wird F. berichtet von der Schwiegermutter des Petrus Mt 8,14, dem Sohn des Königlichen Jo 4,52 und dem ruhrkranken Vater des Publius Apg 28,8. Daß Lukas 4,38 von hohem F. und Apg 28,8 von F.stößen spricht, verrät vielleicht Sachkunde des Arztes. *Schl*

Finger. *1)* Gott schafft, wie durch seinen Arm und seine Hand, so auch durch seinen F. 2Mose 8,15; Ps 8,4. So treibt auch Jesus die Dämonen durch Gottes F. aus Lk 11,20. Von Schrift durch Gottes F. ist bei den Gesetzestafeln 2Mose 31,18 und bei „mene tekel" Dan 5,5 die Rede. — *2)* Der lebhafte Morgenländer zeigt gern mit den F.n Spr 6,13; Jes 58,9; der Faule legt die F. zusammen Pred 4,5; durch die F. sehen meint einen Fehler nicht sehen wollen 3Mose 20,4. *Schl*

Fingerreif. Ringe an den Fingern, etwa aus Gold, wurden gern getragen 2Mose 35,22, von Männern 1Mose 38,18; Lk 15,22; Jak 2,2 wie von Frauen Jes 3,21. Würdenträger hatten am Finger den Siegelring Dan 6,18, der bes. wertgehalten wurde Jer 22,24; Hagg 2,23. Der Empfang des Siegelrings bedeutet dann Einsetzung in ein hohes Amt 1Mose 41,42; Esth 3,10; 8,2. So zeigt dem verlorenen Sohn Lk 15,22 der Empfang des Rings die Einsetzung in das Sohnesrecht. → Geschmeide. *Schl*

Finsternis ist in der HS nie bloß Abwesenheit des Lichts, sondern immer Gegensatz und Gegenmacht zum Licht 1Mose 15,12, von der uns nicht gesagt wird, woher sie kommt, sondern nur, daß Gott sie vom Licht „schied" 1Mose 1,4. Allerdings ist im AT öfters davon die Rede, daß Gott F. „schafft" Jes 45,7; Am 4,13; Ps 104,20, aus Tag Nacht macht Am 8,9; Mich 3,6, ja, daß er den großen Tag Jahwes zum dunklen Tag des Gerichts werden läßt Am 5,20; Joel 2,2; Mich 3,6, wobei wir dem AT nicht gerecht würden, wenn wir dieses Finsterwerden nur im übertragenen Sinn verständen; Mt 27,45 muß uns daran hindern: 2Mose 20,21 läßt sogar erkennen, daß da, wo Gott ist, auch Dunkel sein kann. Dies gehört zum „verborgenen Gott", der sonst da, wo er sich offenbart, im Licht, in Herrlichkeit erscheint Jes 6,3; Hes 43,2; Apg 9,3; 22,11. Im NT ist klar ausgesprochen: Gott ist Licht 1Jo 1,5, ohne F., ohne Verschattung Jak 1, 17. Nähe zu Gott bedeutet „Erleuchtung" 2Kor 4,6, Ferne von Gott „Verfinsterung" Röm 1,21. Gottes Offenbarung ist Lichtwerdung d. h. Überwindung aller F. Jo 1,5; 2Kor 4,6; Eph 5,8; 6,12; Kol 1,13; 1Petr 2,9. Auch die Erscheinung Jesu Christi bedeutet, daß das Licht in die Welt gekommen ist, freilich ohne daß die F. es begriffen hätte Jo 1,4 f. Alle diese Aussagen sind so zu verstehen, daß es sich nie bloß um Aufhellung der Gewissen oder um Aufklärung des Verstandes handelt, sondern um Erneuerung und Wandlung des ganzen Menschen, im Geist beginnend und leiblich sich vollendend Röm 8. Dabei bedient sich Gott seines Worts und des Evangeliums als einer schöpferischen Macht Apg 26, 18; 2Kor 4,4. Dem entspricht die Verfinsterung derer, die dem Evangelium feind sind: Nie handelt es sich bloß um Unwissenheit oder Gewissenstrübung, sondern um Totsein, Gerichtetsein Eph 4,18; 6,12; Jud 6. Wie Licht und Leben, so erscheinen F. und Tod in festem Zusammenhang Hiob 38,17; Ps 23,4; Jo 1,4; 8,12. Wichtig ist auch die Beziehung der F. zur Sünde, der

Nacht zur Heimlichkeit: Alles, was offenbar wird, kommt ans Licht Mt 10,26f; Eph 5,13. Umgekehrt ist alle Heimlichkeit ein Sichverbergen in der Nacht, im Dunkeln Röm 13,12f; 1Kor 4,5; 1Thess 5,5. Darum heißen die Gläubigen „Kinder des Tages und nicht der Nacht". Einen bes. reichen Beitrag zu diesem Thema bieten die K. 2Kor 3 u. 4: Aller Dienst am Wort Gottes, ob im AT oder im NT, hat zum Menschen hin öffnende und verschließende, erhellende und verfinsternde Wirkung. Dabei ist entscheidend, ob unser Antlitz verdeckt ist oder nicht, ob wir unser Herz verhüllen oder nicht. Da ist Vordergrund und Hintergrund! Der Strahl der Herrlichkeit Gottes, der im Angesicht Jesu Christi aufleuchtet, muß durch das unverdeckte Angesicht (im Vordergrund) bis in das geöffnete Herz (im Hintergrund) dringen, wenn eine Verwandlung wirklich geschehen soll. Und dieser Vorgang geschieht im hl. Geist. Geist aber bedeutet „Freiheit", „Wahrheit" im Sinn der Unverborgenheit (griech.!). Der Gegensatz ist Verdecktheit, Verstecktheit, Heimlichkeit 2Kor 4,2, vgl. 1Petr 2,1f. Damit hat das Wort Jesu in Mt 6,22f eine besondere Auslegung aus Apostelmund gefunden. *Luck*

Firmament, Feste → Himmel.

Fisch, Fischfang. Der F.fang war im Altertum, wo er möglich war, weit verbreitet. Der F. gehörte mit zur täglichen Nahrung Mt 7,10; 14,17; 15,36; Lk 24,42. F.gründe waren und sind das Meer 4Mose 11,22 u.a., die Seen (von Genezareth Lk 5,2ff; Jo 21,3ff; Mt 17,27; Mk 1,16ff), die Wasserläufe (Jordan, Nil Hes 29,4) mit ihren Nebenflüssen. Im Toten Meer können sich F.e fast nur im Gebiet der Jordanmündung halten Hes 47,8-10. Als Hilfsmittel bediente man sich der mit einem Köder versehenen Angel mit oder ohne Stab Hiob 40,25ff; Mt 17,27; Hab 1,14f, mitunter sogar der bloßen Hand, des Fischerspießes Hiob 41,18, der Harpune 2Chr 33,11, der F.reuse (Weidengeflecht), des Netzbeutels, des Wurf-, Schlepp- oder Auslegenetzes Pred 9,12; Mt 13,47 u.a. Gefischt wurde vom Boot oder vom Land aus, vornehmlich bei Nacht Lk 5,5. Es gab den Beruf des Fischers Jes 19,8; Jer 16,16; Lk 5,6 (vgl. den Namen Bethsaida = „Jagdhaus" Mt 11,21 u.a.) und offensichtlich auch den des Fischhändlers Neh 13,16. Jedenfalls war der F. Handelsware Hiob 40,30, wofür auch das „Fischtor" in Jerusalem durch seinen Namen Zeugnis ablegt Zeph 1,10; Neh 3,3; 12,39; 2Chr 33,14. An die Fülle der F.sorten erinnern neben Einzelbelegen Hes 29,4; Jo 6,9 die summarischen Erwähnungen 1Mose 1,20-22. 26; Ps 104; 25; Mt 13,47 u.a. Auch zeigt 3Mose 11,9ff eine gewisse Unterscheidung von Sorten; auch war der F. Gegenstand der „Weisheit", d.h. eines die Arten unterscheidenden und in Gruppen ordnenden Denkens 1Kö 5,13. Das Kultgesetz gestattete den Israeliten das Essen nur von F.en mit Flossen und Schuppen 3Mose 11,9ff. Wenn bei all dem in der ganzen Bibel kein einziger Name für einen bestimmten F. festzustellen ist (vgl. zB 1Kor 15,39), so ist dies ein Zeugnis dafür, daß die Bibel vom F. und vom F.fang nicht aus kulturgeschichtlichem, schon gar nicht aus naturwissenschaftlichem Interesse spricht, sondern im Zusammenhang mit seiner schöpfungsmäßigen Bestimmung und seiner Bildhaftigkeit für heilsgeschichtliches Geschehen. Für den Menschen ist der F. — vor allem neben den Lufttieren — als Jagdziel Zeichen, daß durch Gottes Schöpfungsordnung auch die fernen Lebensräume seiner Botmäßigkeit unterstellt und für ihn da sind 1Mose 1,26.28; 9,2; 4Mose 11,22; Ps 8,9. Mehr noch: Den Seetieren wird eine direkte Abhängigkeit von Gott und ein Wissen um ihn zugesprochen Hiob 12,8; Ps 104,25f. Darin sieht der Mensch nicht nur eine Welt, die unmittelbar aus Gottes Güte lebt, sondern zugleich, wie auch den fernsten Lebensräumen alles Chaotische, Furchterregende genommen ist. Dem entspricht, daß der F. nie Gegenstand göttlicher Verehrung sein kann 5Mose 4,18; 2Mose 20,4, daß er vielmehr mit aller Kreatur den Auswirkungen des Gerichtes Gottes unterworfen ist Hes 29,5; 38,20; Hos 4,3; Zeph 1,3; Ps 105,29. F.sterben ist Zeichen des Gerichtes 2Mose 7,18.21; Jes 50,2; Hes 29,5, wie F.leben und F.fang Zeichen für heilvolle Zeit, ja für die Endzeit ist Hes 47,8-10. Mit Gottes Endgericht verhält es sich wie mit einem großen F.zug: niemand entrinnt ihm Mt 13,47. Der „Menschenfischer" aber Luk 5,10 arbeitet nicht um zu fangen, sondern um zu retten! Hier wird das Bild des F.fangs durch die Sache des Evangeliums durchbrochen und erhält eine der ursprünglichen genau entgegengesetzte Bedeutung. *Kn*

Fischaar → Adler.
Fischtor → Tore Jerusalems.
Fittich → Flügel.

Flachs. Der Anbau von F. war, wie in Ägypten 2Mose 9,31; Jes 19,9, auch in Palästina schon vor der Einwanderung Israels verbreitet (Rahab versteckt die Kundschafter unter F.bündeln, die zum Dörren auf dem Dach liegen Jos 2,6; der in Geser gefundene alte Bauernkalender nennt einen Monat der F.ernte). Es war Aufgabe der Frau, den F. zu verarbeiten Spr 31,13, etwa zu → Leinwand Hos 2,7.11, zu Schnüren Ri 16,9, zu Dochten für Lampen Jes 42,3; 43,17; bei Stoffen war verboten, Wolle und Leinen zu mischen 5Mose 22,11. Heute hat der Anbau von Baumwolle den des F.es zurückgedrängt. → spinnen, → Weber. *Schl*

Fledermaus. In der Liste der unreinen Vögel wird da, wo Luther an die F. dachte, eine Art der → Eulen gemeint sein 3Mose 11,18; 5Mose 14,16. Doch ist die F. am Schluß dieser Liste auch genannt 3Mose 11,19; 5Mose 14,18 (Luther dafür: Schwalbe; hebr. ʿatalleph). Auch Baruch

6,22 meint nicht die Schwalbe, sondern die F. Mit Recht sagt Jes 2,20 von der F., daß sie in Löchern hause. Noch heute ist die F. in Palästina stark verbreitet; man kennt etwa 17 kleinere oder größere Arten dieser Flugsäugetiere. *Schl*

Flehen → Gebet.

Fleisch, fleischlich.
1) Das Leben im F. 2) Der fleischliche Mensch. 3) F. und Geist.

Diese auch in der HS zunächst im Naturhaften verwurzelten Worte sind in ihrer letzten, schärfsten Ausprägung im NT — bes. in Jo, Röm und Gal — bezeichnend für das eigentümliche bibl. Gesamtbild des Menschen und seiner Geschichte.

1) Das Leben im F. a) Den körperlichen Aufbau Hiob 10,11 — manchmal in der Formel „F. und Bein" zusammengefaßt 1Mose 29,14 — teilt der Mensch mit dem Tier 1Mose 7,21, dessen F. ihm zur Nahrung dient 1Kö 17,6 (vgl. die F.-töpfe Ägyptens 2Mose 16,3), mit gewissen, vor allem kultisch-gemeindlich begründeten Einschränkungen 1Mose 9,4; Apg 15,20; Röm 14, 21. „Ein Geist hat — im Gegensatz zum leibhaftigen Menschen — nicht F. und Bein" Lk 24, 39. — *b)* F. bedeutet dann auch den ganzen Menschen, vom Leiblichen her gesehen Hiob 2,5; 14,22; Ps 102,6; Spr 11,17. Er lebt „im F." Phil 1,22; Gal 2,20; 1Petr 4,2. Der Pfahl im F. hemmt ihn als Person 2Kor 12,7 ff. „Ein F. werden" meint durchaus nicht nur die geschlechtliche Vereinigung 1Mose 2,24; Mt 19, 5 f; Eph 5,31, auch 1Kor 6,16. Vom F. her, in Familie und Volk, gehören Menschen verantwortlich zusammen 1Mose 2,23; Jes 58,7; Röm 9,3. So kann F. die ganze Substanz eines Volkes ausdrücken Mich 3,3; 1Kor 10,18, wobei gerade bei → Israel „nach dem F." nicht auch „nach der → Verheißung" bedeutet Röm 9,6 ff; Gal 4,23; Mt 3,9. Schließlich ist „alles F." ein kurzer Ausdruck für jedermann, für die Menschheit in ihrer Gesamtheit 1Mose 6,12; Ps 136,25; Lk 3,6, die in ihrer Gesamtheit Gott zum Herrn hat Jer 32,27; 25,31; 4Mose 16,22. — *c)* F. hat, so wie die Bibel den Menschen versteht, nicht selten den Ton der Selbstüberschätzung 2Chr 32,8; Jer 17,5; Phil 3,4; 1Kor 1,29; 2Kor 11, 18 oder der Unzulänglichkeit; hierher gehört der aus dem Spätjudentum Sir 17,30; 28,5 ins NT übergegangene Ausdruck „F. und Blut" Mt 16,17; Gal 1,16.

2) Der fleischliche Mensch. a) In der Richtung der zuletzt bedachten Stellen entfaltet sich nun der betont bibl. Sinn unserer Worte. F. wird zum Kennwort alles dessen, was das menschliche Dasein belastet. Es bezeichnet „des Menschen Elend" (K. Barth). Seine Anstrengungen, sein Leben von sich aus in Einklang zu bringen mit dem Gesetz Gottes, zerrinnen ihm unter den Händen. In seinem F. wohnt nichts Gutes Röm 7,18 f. Und er ist F., vom F. geboren Jo 3,6. Das F. ist schwach und lähmt den willigen Geist Mt 26,41. Der fleischliche Mensch sieht mit fleischlichen Augen Hiob 10,4; Jo 8, 15. Er ist „weise nach dem F." 1Kor 1,26. Er ist „ein Wind, der daherfährt und nicht wiederkommt" Ps 78,39; 90,5 f; Jes 40,6; 1Petr 1,24, sterblich 2Kor 4,11, verweslich 1Kor 15,42. So wie er ist, bleibt ihm das Reich Gottes verschlossen 1Kor 15,50. Das Verderben ist die Ernte seines Lebens Gal 6,8. — *b)* Das alles aber hat eine durchgreifende Ursache: fleischlich gesinnt sein ist Feindschaft wider Gott Röm 8,7, dem Gesetz der Sünde untertan Röm 7,18. Dabei meint Paulus des Menschen ganzes Ich, seine ganze Lust, auf eigene Faust zu leben und seinem fleischlichen Wesen die Zügel schießen zu lassen. „In mir, das ist in meinem F." kann er sagen Röm 7,18. Gewiß hat das NT auch die aus dem Leiblichen stammenden Verführungen, die sinnliche Versuchung als die bes. deutlichen Anzeichen des fleischlichen Wesens im Auge; das Wort F. behält zB im Katalog der Werke des F.es Gal 5,19 ff eine ursprüngliche Beziehung zum Leiblichen im engeren Sinn. Aber „fleischlich gesinnt sein", „nach dem F. leben" Röm 8, 4 ff ist umfassend gemeint. Das NT kennt die griech. Zweiteilung des Menschen in die grundverschiedenen Wesenseinheiten des Leibes und der Seele nicht. Der von selbstherrlicher Verblendung inspirierte Mensch, das ist der fleischliche Mensch. Von dorther erwartet er seinen Lebenserfolg; dort erwächst ihm denn auch seine Lebensernte Gal 6,8.

3) F. und Geist. a) Von daher muß die zunächst fast erschreckende Botschaft des NT gehört werden: das Wort — und Gott war das Wort — ward F.! Offenbart im F. 1Tim 3,16; 1Jo 4,2, im F. geboren Röm 1,3, in der Gestalt des sündlichen F.es Röm 8,3. So hat der Christus Gottes Tage seines F.es Hebr 5,7 als Tage des Leidens 1Petr 4,1, getötet nach dem F. 1Petr 3,18. Dieses ganze vom sündigen Naturzusammenhang bestimmte Leben nimmt er für uns in den Tod Röm 6, um in seiner Auferstehung Bahn zu brechen für ein neues Leben im → Geist, für ein Leben, das wohl im F. geführt wird und doch von Christus im Geist inspiriert ist. Das Wort F. hat seinen hoffnungslosen Sinn durch ihn verloren; → Erlösung, → Versöhnung. — *b)* Dieser im Geist lebende Mensch darf nicht, wie so oft in der Geschichte der Kirche, idealistisch verstanden werden als Geistmensch, der seiner Sinnlichkeit Herr geworden ist. Er ist durch eine Neugeburt hindurchgegangen Jo 3,3 ff. Ihm ist ein fleischernes — nicht fleischliches —, für Gott empfängliches Herz gegeben Hes 36,26 f; 2Kor 3,3. So sind die nach fleischlichen Begriffen weit Entfernten im F. Brüder geworden Phm 16. So gewinnt das Leiden im F. einen tiefen fruchtbaren Sinn. Kol 2,12 f läßt erkennen, daß die → Taufe in diesen Zusammenhang hereingehört, wie das in Erfüllung von Joel 3,1 in der Pfingstgeschichte anschaulich wird. — *c)* Das NT sieht nun aber dieses Leben im Geist in dauerndem Kampf mit dem Leben im F., das ja selber Auswirkung überlegener Mächte ist Eph 6,12; Gal 5,17. Die Freiheit in Christus kann schnell genug in neue fleischliche Abhängigkeit umschlagen Gal 5,13; 3,3. „Im F." und doch nicht „fleischlich" bleibt eine dauernde Aufgabe 2Kor 10,3. Dieser Kampf kann schärfste Formen annehmen Röm 8,13; Gal 5,24. Doch geschieht er im Geist, nicht mit fleischlichen Waffen und nicht in der Furcht 2Tim 1,7. — *d)* Damit ist das der Vergänglichkeit ausgelieferte Leben im F. ein Leben in Hoffnung auch für das F. geworden, → Auferstehung, angedeutet in Ps 16,9; Apg 2,26; Hiob 19,26, durch Christi Auferstehung zur Gewißheit geworden 1Kor 15,53 ff, bis in letzter Erfüllung „alles F." die Herrlichkeit des Herrn sehen wird Jes 40,5. *He*

Fleiß, fleißig, sich befleißigen.
Die Spruchweisheit des AT rühmt den Wert des Fleißes mehrfach Spr 10,4; 12,24.27; 13,4; Sir 7,22. Im NT richtet sich die Ermahnung, fleißig zu sein, auf die Berufung durch Gott 2Petr 1,10, die sich bewähren muß in der Lebensführung nach seinem Gebot Röm 12,17; Tit 2,14; Hebr 13,18, bes. in der Einigkeit im Geist Eph 4,3. Ziel solchen „Fleißes" ist es, zur erquickenden Gottesruhe zu gelangen, die Gott den Seinen bereithält Hebr 4,11. *Ap*

Fliegen und Mücken. Im Orient gibt es viele Insekten, die Menschen und Tiere quälen. Bei den ägyptischen Plagen, an die auch Ps 78,45; 105,31; Weish 16,9; 19,10 erinnert wird, mag 2Mose 8,12-14 an Stechmücken (Schnaken, Moskitos) zu denken sein, 2Mose 8,17.20 (Luther: Ungeziefer) an die Hundsfliege, eine schlimme Art von Bremsen. So werden Jes 7,18 die Heere Ägyptens mit Schwärmen von F. oder M. verglichen. Zum Schutz gegen die Stechmücken, von denen eine Art die böse Malaria überträgt, schlief schon Holofernes unter einem Moskitonetz Judith 13,9.19. Vielleicht ist bei der Schwiegermutter des Petrus Mk 1,30 f und dem Sohn des königlichen Beamten Jo 4,47 ff an Malaria zu denken. Ein totes Insekt, das in den Topf des Salbenmischers fällt, kann alles verderben Pred 10,1. So kann es auch sehr wohl nötig sein, die M. aus dem Getränk zu seihen Mt 23,24. An die Vernichtung von M. ist Jes 51,6 gedacht (Luther: sie werden im Nu dahinsterben). *Schl*

Flöte → Musikinstrumente.

Floh. Einem einzigen F. nachzujagen, lohnt sich nach dem Vergleich 1Sam 24,15; 26,20 nicht; erst wenn diese Quälgeister in Massen auftreten, scheint dem Orientalen Abwehr notwendig. *Schl*

Fluch, verfluchen. Der F. ist Ausdruck einer *Verwünschung* oder *Androhung* und geht auf die Behinderung, Gefährdung oder Vernichtung menschlicher Existenz aus. Er ist gewöhnlich ans *Wort* gebunden, kann sich aber auch in *symbolischen Handlungen* äußern und in Verbindung mit kultischen Begehungen bekräftigt und *verstärkt* werden 4Mose 5,11 ff; Ri 9,27. Wieweit im außerbiblischen Bereich die Fluchvorstellungen im Magischen verwurzelt sind, zeigen die Bileamgeschichten 4Mose 22-24; vgl. 1Mose 27, 37. Verfluchen und segnen ruhen hier auf der Voraussetzung, daß die Worte des Sehers kraftgeladen sind und als bloße Worte *unwiderruflich* Unheil oder Heil *bewirken.* Solche Macht steht jedoch nach bibl. Auffassung *nur dem Wort* des allmächtigen *Gottes* zu, von dessen richterlicher Vollmacht im Grunde genommen F. und Segen allein ihren Ausgang nehmen können.

1) So kündigt *Gott* seine Strafen in der Form eines F.s an 1Mose 3,14.17 und begleitet mit bedingten Fluchaussagen seine Drohungen gegen Menschen, die ihr Vertrauen statt auf Ewiges auf Vergängliches setzen Jer 17,5, Gottes Werk lässig treiben Jer 48,10, ihre Gelübde nicht einlösen Mal 1,14 usw. Ein solcher F. Gottes trifft *unfehlbar* 5Mose 28,15 ff und kann nicht bloß einen einzelnen, sondern eine ganze Familie, ja ein ganzes Land verderben Spr 3,33; Jes 24,6. Die Betroffenen können dann selber als ein F. bezeichnet werden, so daß sie und ihr Schicksal anderen als Sprichwort und Fluchformel dienen Jer 24,9.

2) Hat ein *Mensch* von sich aus weder Macht noch Recht zu verfluchen, so kann ihn doch Gott beauftragen, gleich anderen Worten auch einen F. in seinem Namen auszusprechen. Als solche *göttlichen Sachwalter* haben die charismatischen Männer Israels zu gelten, Könige, Propheten, ebenso Priester, in deren Beauftragung zu solchem Tun 5Mose 27,14-26 Einblick gibt. In diesem Sinn hat auch *Jesus* einen F. über die verstockten galiläischen Städte ausgesprochen Mt 11,20 ff; vgl. Mk 11,13 f.20 ff. *Paulus* verflucht seinerseits die, die Jesus nicht liebhaben 1Kor 16,22 oder sein Evangelium verfälschen Gal 1,8 f.

3) Aber auch *ohne* die Vollmacht eines besonderen *Amtes* kann der *Fromme überall* im Leben eine böse Tat mit einem F. quittieren, in der festen Gewißheit, daß Gott seine Worte bestätigen werde 1Mose 9,25; 49,7; Jos 9,23; Spr 11,26. Es ist dabei freilich Wachsamkeit nötig, daß sich nicht unlautere Motive einschleichen. Auf diesem Weg der Prüfung kann der Fromme schließlich dahin gelangen, daß er das Verfluchen als *Sünde* empfindet und läßt Hiob 31,30 oder im *Gebet* seinem Gott die Strafe des Frevlers anheimstellt Jer 11,18 ff. Daß *unverdienter* F. nicht trifft Spr 26,2, ja auf den zurückfallen kann, der ihn ausspricht 1Mose 12,3, oder daß Gott bei dem unter seinen Willen Gebeugten einen F. in *Segen wandeln* kann 2Sam 16,12, sind Hinweise auf das starke religiössittliche Element in der bibl. Fluchvorstellung. *Verboten* ist in der HS der F. wider Eltern, Obrigkeiten, taube Menschen, wider Gott selbst und Jesus 2Mose 21,17; 22,27; 3Mose 19,14;

24,15f; 1Kor 12,3. *Selbstverfluchung* ist einem Christen ebenfalls untersagt.

4) Die NTliche Ethik zielt mit starker Betonung darauf ab, an die Stelle des F.s den Segen und das Wohltun zu setzen Mt 5,44; Röm 12,14. Leben und Sterben Jesu Christi sind dabei für uns sowohl Urbild einer solchen Haltung als auch Kraft dazu; denn Christus hat den auf uns allen liegenden F. des Gesetzes von uns genommen, indem er durch seinen Kreuzestod für uns zum F. geworden ist Gal 3,13.

Lit.: S. Mowinckel, Psalmenstudien V, Segen und Fluch in Israels Kult und Psalmendichtung, 1924; F. Horst, Gottes Recht, Studien zum Recht im AT, München 1961. *Ste*

Fluch- und Segenssprüche stellen sich

1) im AT als kurze literarische Einheiten dar, vielfach formelhaft geprägt 1Mose 24,60; Rt 4,11 und meist rhythmisch gegliedert, vor allem wo sie im Kult Verwendung finden 4Mose 6,24ff; aber auch die spontane und freie Gestaltung in Prosa findet sich Jer 11,22f. Dabei unterstreicht die äußere, vielfach feierliche Form die inhaltliche *Absicht* der Sprüche, nämlich Heil oder Unheil der Betroffenen zu bewirken. Freilich geschieht das nicht auf magische Weise, sondern allein von Gott her, dem nach bibl. Verständnis die Segens- und Fluchmacht ausschließlich vorbehalten ist. Die starke *Gottesbezogenheit* dieser Sprüche führt vom Fluch hinüber zum *Rachegebet* Jer 17,18 und vom Segen zur *Fürbitte* 2Sam 7,29. Damit ist zugleich eine *Verinnerlichung* des erbetenen Segensgutes (schalom) verbunden Ps 85,9ff, während die Verwendung des Fluches mehr und mehr zurücktritt Hiob 31,30. Eine ähnliche Wandlung begegnet uns bei der Formel „gesegnet sei Jahwe", die zur isr. *Hymnendichtung* überleitet; → Hymnus.

2) Wieweit das NT Formeln für F. u. S. kennt und verwendet, zeigt sich an den *Seligpreisungen,* den *Weherufen Jesu* Mt 23,13ff, der Mt 10,12ff geschilderten *Grußpraxis* der Jünger, den *Schlußwünschen* der paulinischen Briefe und einer Fluchformel wie 1Kor 16,22.

3) Die Frage nach dem „Sitz im Leben" beantwortet sich bei den meisten dieser Sprüche von selbst. So segnen im Kultus an hl. Stätte der *König* 1Kö 8,14ff, vor allem aber der *Priester* 4Mose 6,24ff die vor Jahwe versammelte Gemeinde. Auch die Fluchformeln 5Mose 27, 14ff haben ihren liturgischen Haftpunkt in kultischer Begehung. Der das *Elternhaus* verlassenden Braut geben die Eltern einen Segenswunsch mit 1Mose 24,60. Der *sterbende Vater* tadelt 1Mose 49,7 oder segnet 1Mose 49,8ff seine Söhne. Wahrscheinlich ist 1Kor 16,22 eine *„liturgisch* fest verankerte Fluchformel" (Käsemann), während die liturgische Art der Schlußwünsche in den Paulusbriefen umstritten ist. *Ste*

Flügel (Fittich). Von den Tieren in der Natur 1Mose 7,14, von geflügelten Wesen in prophetischen Gesichten Hes 1,6; Dan 7,4; Sach 5,9; Offb 9,9; 12,14. → Cherub, → Seraph. Häufig ein Bild für Schnelligkeit: etwa des Windes Ps 104,3, einer Flucht Ps 139,9, eines Gerüchts Pred 10,20, des Begehrens Spr 23,5, eines feindlichen Heeres Jes 8,8. Ebenso ein Bild für Gottes dekkenden Schutz Ps 91,4; Mal 3,20; Mt 23,37 und seine tragende Treue 2Mose 19,4; 5Mose 32,11; Jes 40,31. *Pfi*

Flut → Sintflut.
folgen → Nachfolge.

Formen und Gattungen.
1) Echovers. 2) Metren. 3) Prosagattungen. 4) Poetische Gattungen. 5) Bedeutung.

1) Poesie und Prosa waren im AT schon in der handschriftlichen Überlieferung durch Länge und Anordnung der Zeilen unterschieden. Außerdem hatten die → Masoreten für die drei poetischen Bücher Psalmen, Hiob, Sprüche Salomos ein besonderes Akzentsystem eingeführt. Durch die Forschungsarbeit des englischen Bischofs Lowth (1710-1787) wurde eine Eigenart der hebr. Poesie systematisch untersucht, der sog. *Echovers (Parallelismus membrorum).* Dieser Echovers wiederholt die Gedanken einer Verszeile in der nächsten durch ähnliche Wörter (synonymer Parallelismus) oder formuliert scharf gegensätzlich (antithetischer Parallelismus) oder führt den Gedanken weiter (synthetischer Parallelismus). Möglich ist auch eine Steigerung des Gedankens, so daß ein klimaktischer Parallelismus entsteht. Dieser Echovers läßt sich auch in den deutschen Übersetzungen beobachten.

2) Da die antike Aussprache des Hebräischen uns nur mangelhaft bekannt ist, können Versuche, ein *Metrum* in den hebr. Dichtungen zu entdecken, nur mit Vorbehalt gelten. Das System von Sievers zählt die Tonsilben als Hebungen und nimmt zw. ihnen eine verschiedene Zahl von unbetonten d. h. Senkungssilben an; das System von Hölscher rechnet mit dem Wechsel von betonter und unbetonter Silbe (alternierendes Metrum). Schließlich hat Segert die Wortmetrik — d. h. das Grundelement des Versfußes ist der natürliche Wortdruck — für die älteren Psalmen glaubhaft gemacht.

3) Stamm, Staat, Priesterschaft, Prophetie und Volk haben für den Ausdruck ihres geistigen Lebens und Wirkens Formen geschaffen, die in der Wissenschaft *Gattungen* benannt und nach ihrem damaligen „Sitz im Leben" unterschieden werden. Der Stamm oder die Sippe war an den sagenhaften Erzählungen interessiert, die über die Vergangenheit des Stammes, seine Existenz- und Arbeitsweise berichten 1Mose 4,1ff.16ff. Der Staat führt Korrespondenzen, erstattet Berichte Ri 9; 2Kö 9f, legt Listen und Verzeichnisse an. Die Priesterschaft überliefert die im Gottesglauben verankerten Gesetze, insbesondere das apodiktische, negativ formulierte Recht (Dekalog), aber auch das kasuistische Recht, die kultische Thora, zB Hagg 2,10-14. Die Propheten verwenden den Prosabericht für Offenbarungserlebnisse.

4) Allgemeine *Anlässe zum Dichten* und Singen sind Geburt, Hochzeit, Arbeit, Sieg und Tod. Daneben gab es die Klagelieder des Einzelnen und des Volkes, ebenso Danklieder. Für den Tempelbesucher gab es den Beichtspiegel zur Selbstprüfung sowie die Einzugsthora (Ps 15. 24). Ps 118 spiegelt eine Liturgie wider, ähnlich auch Jer 14,1-15,4. In der *Verkündigung der Propheten* unterscheidet man die Gattungen des Scheltwortes, des Drohwortes, des Heilswortes für das Volk oder Einzelne (Jer 45), des Botenspruchs. Daneben haben sie reichlich andere Gattungen angewendet, um ihre Verkündigung auszusprechen, zB das Klagelied, das Spottlied, auch den Weisheitsspruch, d. h. die Gattung, in der der Weisheitslehrer seine Lehre vortrug (→ Weisheitsdichtung).

5) Die Gattungen geben ein gutes Bild der isr. Geisteskultur. Für die Exegese läßt die strenge Form der Gattung oft die richtige Abgrenzung einer literarischen Einheit zu. Die Gattungen sind nicht isr. geistiges Gut, wohl aber Formen, in denen sich dieses ausprägen konnte. Das apodiktische Gesetz dürfte spezifisch isr. sein.

Lit.: K. Koch, Was ist Formgeschichte? Neue Wege zur Bibelexegese, 1964. *Ba*

Fortunatus, ein sonst unbekannter Christ, der von Korinth zusammen mit Stephanas und Achaikus zu Paulus nach Ephesus gesandt wurde 1Kor 16,17. *Kü*

Forum Appii (auch Appifor) war eine Ortschaft 60 km südlich Rom, wohin Brüder der römischen Gemeinde dem gefangenen Paulus entgegengingen Apg 28,15. *Kü*

Frau. *1)* Die F. unterstand in *Israel* rechtlich dem Familienoberhaupt, also entweder ihrem Vater oder ihrem Mann, sofern dieser selbständig war. In der Rechtsgemeinde hatte sie keinen Platz. Doch war sie für sich persönlich in → Ehe, → Erb- und → Eigentumsfragen nicht rechtlos 2Mose 21,22ff; 4Mose 27,1ff; Rt 4,3ff; Spr 31, 16 u.a., vor allem nicht hinsichtlich der Ausübung elterlicher Autorität 2Mose 20,12; 21,15. 17; 3Mose 20,9; 5Mose 27,16; Spr 30,17. Die aktive Teilnahme am Gottesdienst war ihr seit alters in vielerlei Form erlaubt: Opfermahl, Gebet, Gelübde 1Sam 1; 2,19; 2Sam 6,19. Sie unterliegt den kultischen Vorschriften 3Mose 12; 15,19ff; 18; 20 u.a., muß die Gesetzesverlesung mit anhören 5Mose 31,12; Neh 8,3, nimmt teil am Bußzeremoniell Esra 10,1. Sonst vgl. 2Mose 15,20; Sach 12,11ff; Ri 4,4ff, dagegen 1Sam 28; 3Mose 19,29; 5Mose 23; Hos 4,13 u.a. In der Spätzeit wird sie allerdings mehr und mehr aus dem Kultus verdrängt 3Mose 6,11.22; 4Mose 3,40ff; 2Chr 8,11. Die eigentliche Aufgabe der F. war jedoch das Heiraten und Gebären von Kindern (→ Geburt), ihr Hauptwirkungsbereich — von Aristokratinnen abgesehen Jes 3,16ff — die häusliche Arbeit 1Mose 18, 6.9; 1Sam 2,19; 8,13; 9,11; Rt 2,2ff; Spr 31, 10ff u.a. Dort kamen ihr Einfluß und ihre Fähigkeiten zur Geltung 1Mose 12,14; Spr 11, 22; 2Sam 14; 1Kö 3,26, aber auch Pred 7,26ff; Spr 19,13. Von der Liebe des Mannes zu seiner F. reden 1Mose 24,67; 29,20; 1Sam 1,5 u.a. Berühmte F.en waren Sara, Debora, Jael, Ruth, Isebel u.a. Nach 1Mose 1 ist die F. zusammen mit dem Mann das ebenbildliche Gegenüber zu Gott, nach 1Mose 2,4bff das personale Gegenüber zum Mann.

2) Jesus verschafft der F. — vom Hintergrund ihrer Stellung im Judentum gesehen — eine neue Würde. Das kommt einmal in der Verwerfung der Ehescheidung Mt 5,27ff.31f; 19,3-9 zum Ausdruck, dann darin, daß viele Jüngerinnen ihm folgten, denen seine Botschaft gilt und die seine Zeugen sind Mt 8,14f; 9,18ff; bes. Lk 7,12ff.36ff; 8,2f; 13,10ff; 24,10. F.en sind mit den Jüngern Empfänger des hl. Geistes Apg 1,14 und seiner besonderen Gaben Apg 2,17; 21,9; Röm 16,3; 1Kor 11,5, ohne jedoch — ihrer allgemeinen Stellung entsprechend — leitend in Erscheinung zu treten. Von einer solchen Begrenzung sprechen Eph 5,22-24; 1Kor 11,3-6; 14,34; 1Tim 2,11ff. Durch sie erhält die F. bei der Auferbauung der Gemeinde den ihr organisch zustehenden Platz, was auch durch die Einordnung der Witwen 1Tim 5,3-16 zutage tritt. Die letzte und maßgebende Aussage über Wesen und Stellung der F. heißt: „Hier ist nicht Mann noch Weib; denn ihr seid alle einer in Christus Jesus" Gal 3,28. *Kn*

Freigelassener des Herrn 1Kor 7,22. Die Bekehrung eines Sklaven änderte seinen Stand äußerlich nicht. Aber innerlich macht die Berufung zu Gott aus Sklaven Freie und aus Freien Sklaven, weil beide nun Gott untertan sind. *(Wai)*

Freiheit, frei.

1) Die äußere F. 2) Die F. des Geistes und Willens. 3) Die geistliche F. des Christen.

1) Die äußere F.: a) räumlich freies Feld 3Mose 17,5; das Haar frei wachsen lassen 4Mose 6,5; — *b)* Unabhängigkeit Menschen gegenüber 2Mose 5,4; 21,2; Eph 6,8; Ri 5,2; 1Kor 7,21f; — *c)* frei heraus reden Spr 12,17; Mk 8,32; Jo 7,26; 10,24; 16,25; Apg 2,29; 14,3, → Freudigkeit.

2) Von der *F. des Geistes und Willens* gebraucht die HS das Wort F. nicht; der Sache nach sagt die HS, ohne ein System darüber aufstellen zu wollen: *a)* der Mensch ist Geschöpf und als solches äußerlich und innerlich von Gott abhängig Hiob 42,2; Phil 2,13; — *b)* der Mensch ist von Gott abgefallenes Geschöpf und trägt die Folgen davon in seinem Wesen 1Mose 6,5; 8,21; Ps 51,7; Röm 7,18ff; Eph 2,5; — *c)* wenn der Mensch gerettet wird, so ist das ganz Gottes Gnade und Werk Eph 2,8-10, was auch mit „Wiedergeburt" ausgedrückt ist Jo 3,3; der Mensch hätte sich diese Rettung nicht einmal ausdenken können, geschweige denn sie ausführen Eph 1,4-6; — *d)* der Mensch kann etwas → freiwillig tun, für sich und für Gott 1Kor 7,37; 3Mose 22,18; 2Kö 12,5; 1Kor 9,18; — *e)* die Verkündigung wendet sich an die Entscheidung des Menschen: mit dem Bußruf Mt 3,2; 4,17, mit der Antwort auf die Frage: Was sollen wir tun? Apg 2,37ff; 16,30f; Mt 19,16f, mit der Aufforderung zum Glauben und entsprechenden Leben Apg 14,15; Mk 5,36; Kol 2,6f, mit dem Hinweis auf das Gericht Röm 2,5-10; 2Kor 5,10; — *f)* die HS rechnet also mit irgendeiner Verantwortlichkeit des Menschen und stellt ihn in eine gewisse F. der Wahl und Entscheidung Mt 23,37. Damit entfällt er keineswegs aus der Macht Gottes, weil er unter dem → Zorn Gottes steht Jo 3,36; Röm 1,18 und die Entscheidung für die ihm angebotene Rettung nur zu der Zeit Apg 26,28f; Hebr 3, 7.15; 4,7 und aus der Kraft, die Gott schenkt, treffen kann 1Kor 12,3. Das „denn" in Phil 2,13 verbindet die Wahlfreiheit des Menschen und die Allwirksamkeit Gottes in seinem Wohlgefallen. Es ist nicht Aufgabe des Menschen, das Verhältnis des Menschen zu Gott denkend zu erfassen, sondern der Wahrheit zu gehorchen Jo 3,21; Phil 3,12; das ist nicht eine Frage menschlicher, sondern göttlicher Erkenntnis 1Kor 13,12.

3) Die geistliche F. des Christen: darunter versteht die HS, daß der Mensch frei wird von der Macht des Bösen für den Dienst Gottes. Dies ist Gottes Erlösungswerk in Christus Jesus Jo 8,31-36. Die Stufen desselben sind: *a)* F. vom → Gesetz. Damit ist nicht gemeint F. vom Willen des Gesetzgebers. Jesus hat als Zweck seines Kommens bezeichnet, das Gesetz zu dem Zweck und Ziel zu führen, zu dem es von Gott gegeben wurde Mt 5,17-19, und will sich auch durch seine Jünger nicht davon abbringen lassen Mt 7,21-23. Auch Paulus hebt das Gesetz nicht auf Röm 3,31. Er gibt, wenn es den Menschen nicht zum Dienst für Gott bringt, nicht dem Gesetz die Schuld, sondern dem Fleisch Röm 8,3. So kann durch das Gesetz zwar Erkenntnis der Sünde kommen Röm 3,20 und die Sünde recht als Sünde erscheinen Röm 7,7-13. Weil aber der Mensch durch das Gesetz nicht zur Erfüllung des Willens Gottes kommt, hat Gott ihn vom Gesetz frei gemacht und ihm einen anderen Weg zum Ziel des Gehorsams eröffnet Gal 4,4. — *b)* Jesus macht uns auf rechtmäßigem Weg vom Gesetz frei, nicht durch Empörung gegen dasselbe, wie wir es versuchen, sondern durch den Gehorsam des Sohnes gegen den Vater. In solchem Gehorsam führt er über das Gesetz hinaus Mt 12,8.11ff; 15,3.6; Lk 6,6-11. Darum ist die christl. F. die, zu welcher uns Christus befreit hat Röm 7,3-6; Gal 5,1.13; 1Kor 7,39. Deshalb ist es Abfall von Christus, wenn man sich wieder unter das Gesetz stellt Gal 4,9-11; 5,4; Kol 2,16f. So ist die christliche F. ein Leben in dem Gesetz des Christus 1Kor 7,22; 9,21. — *c)* Während seiner Erdenzeit war Jesus selber für seine Jünger die F. Mt 12,7; 17,26. Nachdem er erhöht und durch den Geist bei ihnen ist, ist die F. des Christen eine solche im hl. Geist Röm 8,2; 2Kor 3,17. Während das Gesetz von außen an uns herantritt, fordert und verurteilt, treibt uns der Geist von innen her, freiwillig Gottes Willen zu tun Röm 8,14; 2Kor 3,6ff; 1Jo 5,3; und während das Gesetz den Willen Gottes in einzelnen Vorschriften beschreibt, lehrt der Geist bei allem, was Gott wohlgefällig ist Jo 16,13; Röm 12,2; Eph 5,10. Der an Christus Glaubende wandelt durch den Geist Gal 5,16.25. Der ganze Wille Gottes ist zusammengefaßt in dem *einen* Gebot der Liebe Mt 22,37ff; Röm 13,8-10, dem königlichen Gesetz Jak 2,8. Und weil dieses Gebot in Christus und dem Geist gegeben ist, ist es das Gesetz der F. Jak 1,25; 2,12. Wer im Geist wandelt, ist befreit von der Plage unter dem Gesetz Mt 11, 28-30; Röm 7,24f; Gal 4,6f. — *d)* Wie sieht das im praktischen Leben aus? *aa)* Die F. ist im Glauben unser Gal 3,2; so gewiß aber Christus und der hl. Geist da ist, ist auch die F. vom Gesetz und der Dienst der Gerechtigkeit im Leben des Glaubenden da Röm 6,15-18. *bb)* Der Glaubende lebt aber noch im Fleisch; darum beginnt nun der Kampf zw. Fleisch und Geist Gal 5, 17ff. Das ist aber kein aussichtsloser Kampf, weil wir Christus angehören Gal 5,24; in ihm sind wir dem Dienst der Sünde verschlossen Röm 6,11; 1Jo 3,6. Auf dieser Tatsache ruhen alle Ermahnungen im NT Kol 3,3.5 und sind Evangelium, nicht Gesetz Röm 12,1. *cc)* Die Gefahr des Mißbrauchs der F. ist durch den Tod Christi ausgeschlossen, in den wir getauft sind Röm 6,1-14. Deshalb kann sie nicht zum Deckmantel für die böse Lust gemacht werden Gal 5,13; 1Petr 2,16; sie ist F., sich Gott zum Dienst zu ergeben Röm 6,19-23. *dd)* Der F. des einzelnen ist ein Spielraum gegeben, weil die Gnade jedem seine eigene Stellung zu Gott gibt Röm 14,4. In Christus ist uns eine neue Stellung zur Welt gegeben 1Kor 3,21ff, deshalb ein Gebiet des Erlaubten 1Kor 6,12. Ängstliches Fragen führt in Gesetzlichkeit; aber was ich tue, muß aus dem Glauben kommen Röm 14,22f. Es hat seine Grenze an dem, was mir heilsam ist 1Kor 6,12 und an der Rücksicht auf den anderen, nicht seinen Anspruch, aber sein Gewissen Röm 14; 1Kor 8,9-13; 9,19-23; 10,23-33. Christus erlaubt uns aber auch, ihm etwas Besonderes zulieb zu tun 1Kor 9,1-6.15-18. *ee)* Die Vollendung der F. ist Sache der Hoffnung Röm 8, 18-25; sie erscheint, wenn Christus kommt 1Jo 3,2; Kol 3,4. Im Leben des Glaubenden zeigt sie sich schon jetzt 2Kor 6,4-10; Phil 4,13. Die Gewißheit der F. von aller Macht des Bösen beruht auf der F. von der Schuld Röm 8,1; Gal 3,13. Zu der Versöhnung ja sagen zu können, das ist der Anfang der F., zu der uns Christus befreit hat 2Kor 5,20. *Pfi*

Freistadt. *1)* Zuflucht für Totschläger, → Asylrecht. *2)* Luther hatte Apg 16,12 Philippi eine F. genannt; dafür jetzt „eine römische Kolonie".

Augustus hatte die Stadt in eine Militärsiedlung verwandelt, in der zur Festigung der römischen Herrschaft ausgediente Soldaten mit Landbesitz, einer Pension und dem römischen Bürgerrecht angesiedelt wurden. *Schl*

Freiwilligkeit, freiwillig. → frei 2) d). Außer dem im Gesetz Vorgeschriebenen gibt Gottes Liebe dem Frommen Raum zu f.en Opfern und Gelübden 3Mose 7,16 (vgl. Phm 14), zB für den Tempelbau 1Chr 29,9 ff; 2Chr 29,31, nach der Gefangenschaft Esra 1,6, im künftigen Tempel Hes 46,12. Es gilt, im rechten Sinn f. zu geloben Am 4,5 und dann auch zu halten 5Mose 23,24. Nach 2Chr 17,16 hatte sich Amasja f. dem Herrn gelobt. *Pfi*

Fremdling, fremd. Das Wort fremd bezeichnet den Gegensatz zum Eigenen, zB Spr 7,5; 1Petr 4,15, zu Bekanntem und Vertrautem 1Mose 42,7; 1Kö 14,5 f; Hiob 19,13.15, zum Rechten, Wahren, Heiligen (fremdes Feuer 3Mose 10,1; fremde Lehren Hebr 13,9; fremde Götter, Altäre 5Mose 31,16; 2Chr 14,2), zum Einheimischen oder Stammes- (4Mose 1,51; 17,5) oder Volksgenossen (oft im Sinn von feindlich, Jes 25,5; Hes 7,21). Während die zins- und fronpflichtigen Reste der kanaanitischen Bevölkerung (Jos 9,27; 16,10; 1Kö 9,20) nur 1Chr 22,2; 2Chr 2,16 F.e genannt sind, heißen F.e im besonderen Sinn, hebr. gerim, die Nichtisraeliten, die unter Israel Wohnung nahmen. Ihnen waren Pflichten, aber auch Rechte, wie sonst in keinem Volk im Altertum, zugeteilt. Sie mußten meiden, was den Grundordnungen des Gesetzes zuwider war: Sabbatarbeit 2Mose 20,10; 23,12, Essen von gesäuertem Brot in der Passawoche 12,19 und von Blut 3Mose 17,10 (anders bei Aas 5Mose 14,21), Götzendienst 3Mose 20,2; Hes 14,7, Gotteslästerung 3Mose 24,16, Greuel der Unzucht 3Mose 18,26 usw. Dafür durften sie dem Herrn opfern 3Mose 17,8; 4Mose 15,14 (gemeinsame Opfer kamen auch ihnen zugut, V. 26. 29), im Tempel beten 1Kö 8,41 f, Asyl in den Freistädten finden 4Mose 35,15, bei Beschneidung am Passa teilnehmen 2Mose 12,48 f und zugleich, falls es sich nicht um Ammoniter oder Moabiter handelte, ihren späteren Nachkommen (bei Ägyptern oder Edomitern von der 3. Generation an) volle Aufnahme in die Gemeinde sichern 5Mose 23,4-9. Erblichen Grundbesitz konnte der F. wegen des Halljahrs, 3Mose 25, nicht erwerben; er wurde, einem Israeliten leibeigen geworden, im Halljahr nicht frei, V. 45 f, während umgekehrt der F. einen isr. Leibeigenen da freigeben und schon vorher seinen Loskauf zulassen und ihn mild behandeln mußte V. 47-54. Wenn sich auch das „einerlei Gesetz dem Einheimischen und F.“ (2Mose 12,49 u. a.) zunächst auf religiöse und sittliche Pflichten bezog, kamen ihm doch zahlreiche Gebote zugut, die ihn als den auch von Gott Geliebten (5Mose 10,18) der Güte und Freundlichkeit der Israeliten im Blick auf deren eigene frühere Fremdlingschaft in Ägypten empfahlen 3Mose 19,33 f, vor Schinderei schützten 2Mose 22,20; 23,9; 5Mose 27,19 und ihm Anteil an der Nachlese, am Ertrag des Sabbatjahrs, am dreijährigen Zehnten und an Festmahlzeiten gaben 3Mose 19,10; 25,6; 5Mose 26,11 f; 16,10 ff. — In 5Mose 15,3; 23,21; Neh 9,2; 13,3 sind keine ansässigen F.e gemeint, sondern vorübergehend im Land weilende Angehörige fremder Völker, hebr. nokri. Sie genossen, sonst rechtlos, den Schutz der Gastfreundschaft. — Im NT heißen F.e teils Nichtisraeliten Lk 17,18; Apg 10,28, teils auswärtige Juden, die zum Fest nach Jerusalem kamen Lk 24,18. Bildlich werden 1Petr 1,1; 2,11 die Christen F.e (und Pilgrime) genannt, weil ihre wahre Heimat nicht auf Erden ist, vgl. 1Chr 29,15; Hebr 11,13. In Eph 2,19 stehen Gäste und F.e den vollberechtigten Bürgern im Reich Gottes gegenüber. *(Wai)*

Fremdvölkersprüche heißen die ATlichen Prophetenworte über nichtisr. Völker, die gewöhnlich Unheilsdrohungen enthalten. Einerseits gehören sie in unmittelbarer Weiterführung des Spottlieds (zB Jes 37; 47) zur Verkündigung der dem Gottesdienst zugeordneten Heilspropheten (Kultpropheten), die damit eine Verheißung für Israel verbinden, so daß dessen Heil das Unheil der Völker als Hintergrund und Voraussetzung einschließt; dies gilt bes. für Nah, Hab und Ob. Andererseits haben von den großen Einzelpropheten bes. Jes, Jer, Hes und Am solche F. mit der Unheilsdrohung gegen Israel selbst verbunden; in Am 1,3 ff und Hes 25 ist als formales Vorbild (bes. für die geographische Folge der Völker) das ägyptische Ritual der Ächtung feindlicher Fürsten und Völker zu erkennen. Durch die Einbeziehung Israels erhalten diese F. eine andere Bedeutung: Sie bezeugen die weltumfassende und -erschütternde Majestät Gottes. *Fo*

Fressen. F. wird von Tieren und unmäßigen Menschen gesagt Lk 21,34; Röm 13,13; Gal 5,21; 1Petr 4,3. — F. ist darüber hinaus bildhafter Ausdruck für maßloses, zerstörendes Wüten des Feuers 1Kö 18,38, von Krankheit 3Mose 13,7, von Krieg und Schwert 4Mose 13,32; 5Mose 32,42, von Feinden und Eroberern Jes 9,11; 1Mose 49,27; 4Mose 14,9, von Streitereien und Irrlehren Gal 5,15; 2Tim 2,17. Es wird Bild für gewaltsame Aneignung: Leid wird geschluckt Ps 39,3, fremdes Eigentum angeeignet Mt 23,14; der Eifer um Gottes Haus packt den Frommen Ps 69,10; Jo 2,17. *Kn*

Freude, sich freuen. „Vor dir ist F. die Fülle“ Ps 16,11, davon gibt die HS Zeugnis in immer neuen Durchbrüchen der F. in eine durch Schuld und Not an F. arm gewordene Welt.

1) Ihr Quell. Gott selbst in seiner schenkenden Güte ist für die ganze Schöpfung der Ursprung der F. Ps 65,9; 97,1; Lk 1,47, wie er sich seines Volkes freut wie ein Bräutigam über seine Braut Jes 62,5. Die entscheidende Wendung zur großen F. ist der Sohn Jes 9,2; Lk 2,10. Der Hirte in seiner F. über das wiedergefundene Tier auf seiner Achsel, die Frau in ihrer F. über den wiedergefundenen Groschen sagen in gleichnishaften Selbstbildnissen, warum man Jesus die Freudensonne genannt hat Lk 15, 6.9. Sein Weg zum Kreuz gilt der vollkommenen F. Jo 15,11; 16,22.24; 17,13. Unter vielen Beispielen im NT sagt der Philipperbrief des gefangenen Apostels unvergeßlich, was es ist um diese Freude in dem Herrn 1,4.18; 2,2. 17f; 4,1.4. Das in Christus angebrochene Reich Gottes ist F. in dem hl. Geist Röm 14,17; Apg 13,52; Gal 5,22.

2) Ihr Reich. Schon die alltäglichen menschlichen Bezirke sind durchzogen von dieser Fröhlichkeit der Beschenkten 5Mose 12,7; 1Kö 4,20; Pred 11,9; Spr 5,18. Vor allem steht die Begegnung mit Gott im Gottesdienst im Zeichen der F. Ps 43,4; 84,3; 118,24; 122,1. Gottes Wort ist des Herzens F. und Trost Jer 15,16; Jes 12,3; Ps 19,9; 1Thess 1,6; 1Jo 1,4. Diese F. ist selbst immer neues, überraschendes Ereignis Ps 30,6; 126,5f; 13,6; Jer 31,13; Jo 16,21.

3) Ihre Kraft. Es geht in ihr vor allem um den Willen; sie ist Stärke Neh 8,10; in ihr ist ein Müssen Ps 68,4, das den Kampf aufnimmt mit allem, was lähmen will Ps 73,28; 4,8; 70,5f; Apg 5,41; 2Kor 6,10; 7,4; Kol 1,24. Deshalb der häufige Aufruf zur F. Lk 6,23; Röm 12,15; 2Kor 13,11; Phil 4,4; Jak 1,2. Sie ist der Antrieb, Gott zu loben Ps 63,6; 92,5; 103,5, ihm zu dienen 5Mose 28,47; Ps 100,2 im Dienst am Nächsten und in der Gemeinde Phil 1,25; 2Kor 1,24; 1Thess 2,19f. Die F. holt ihre Kraft aus der Vergebung Gottes Ps 51,10; Apg 8,39. Ihr ist Vollendung und ewiger Bestand verheißen Jes 35,10; 51,11; 1Petr 4,13; Offb 19,7; 21,4.

4) Ihr Widerspiel ist die Lust am Bösen Ps 35,26, vgl. 1Kor 13,6; Spr 24,17; 2,14; Hiob 20,5, die schnell verrauschte, sinnlos gewordene F. Pred 2,2; Jona 4,6.8; Lk 16,19.23; 1Jo 2, 17; Mt 13,20f. Gott selbst macht ihr ein Ende in seinen Gerichten Jes 16,10; Jer 7,34; Joel 1,12.16; Jak 4,9. Das mahnt zur Nüchternheit 1Kor 7,30, kann aber zuletzt keinen Schatten werfen auf die F., die bleiben will und soll. *He*

Freudigkeit, freudig. Luthers „freidig" kommt nicht von Freude her, sondern bedeutet Freimut, mutig. — *1)* Vom Heerführer Jos 1,7.9, vom Volk 2Sam 2,7. — *2)* Der aus der Gewißheit des Glaubens an den lebendigen Herrn stammende Freimut, das Evangelium zu verkündigen und zu bezeugen Apg 26,26; 28,31; Eph 6,19f; 1Thess 2,2, auch für das Evangelium zu leiden und das Leben zu wagen Apg 4,13.29.31; Phil 1,20. — *3)* Die Freiheit, in der Gemeinde zu handeln und zu gebieten 2Kor 3,12; Phm 8. — *4)* Die Zuversicht zu Gott um Christi willen Eph 3,12; 1Tim 3,13; Hebr 4,16; 10,19, auch zum Gebet im Namen Jesu 1Jo 3,21ff; 5,14; sie bewährt sich am Tag des Gerichts 1Jo 2,28; 4,17. — *5)* Der „freudige Geist", um den der Bußfertige bittet, gibt den Mut, nach tiefem Fall sich Gott wieder zu nahen Ps 51,14. *Pfi*

Freund, Freundschaft.
a) Wie in der Sprachgeschichte des deutschen Wortes kann F. in der Bibel zunächst die Blutsverwandtschaft meinen (so im rev.Text Lk 1,61; Apg 7,14) 1Mose 12,1; 24,40; 43,7, etwa mit Vaterland und Vaterhaus zusammengeordnet. Schon hier wird deutlich, daß es sich dabei nicht um letzte Bindungen handeln darf, vgl. Mt 10, 36. — *b)* Dann aber tritt das, was im heutigen Sprachgebrauch F. heißt — das freie Sichfinden zweier zueinander gezogener Menschen, in 1Sam 18,1 ergreifend beschrieben — in das Gesichtsfeld des AT, im Fortgang der F. zwischen Jonathan und David 1Sam K. 18-20; K. 23; 2Sam K. 1 veranschaulicht. Die Weisheitsliteratur Israels ist der besonderen Gabe solcher menschlicher Beziehungen vielfältig nachgegangen Spr 18,24; 17,17; 27,9, vor allem Sir 27,17ff; 6,14ff. Dabei ist wie in 1Sam 20,12 die gegenseitige Verantwortung vor Gott wesentlich. Es ist übrigens die Fragwürdigkeit dessen, was sich in der Welt F. nennt, mit scharfem Auge gesehen Spr 14,20; 19,4.7; Sir 6,7; 37,4, vgl. Ps 38,12; 41,10 und Hiobs F.e. Wie heillos sich solche angebliche F. in ihr Gegenteil verkehren kann, schildert Jer 9,3ff, vgl. Mt 26,50. — *c)* Im NT ist die Verbundenheit in der werdenden Gemeinde nur ganz selten mit F. ausgedrückt, zB 3Jo 15. → Bruder. Daß sich die Gemeinde nicht einfach auf natürlichen Zusammenhängen aufbauen kann, sagt Lk 21,16; Jak 4,4. Dagegen hat Jesus, der sich selbst der Zöllner und der Sünder F. nennt, in Jo 15,13ff dem Wort einen eigenen Sinn gegeben. Was im Eingang des Kapitels im Gleichnis vom Weinstock und den Reben gesagt und in V. 10 gedeutet ist, das faßt Jesus nun in den Freundesnamen. Daß dieser Name wie im AT, wenn Abraham „der F. Gottes" heißt 2Mose 33,11; Jak 2,23 oder auch sonst von Gottes F.en die Rede ist Ps 108,7; 127,2, den Gehorsam einschließt, ist klar gesagt. Aber der Liebe, die zum Gang ans Kreuz entschlossen ist, ist der die bleibende Grundordnung kennzeichnende Name „Knecht" für die Jünger nicht genug, wie das schon in Jo 8, 31ff angedeutet war; vgl. Röm 1,1 mit 8,15. *He*

Freundlichkeit, freundlich.
a) Die großen Lobgesänge der *F. Gottes* Ps 106; 107; 118; 136, vgl. 1Chr 16,34; Ps 100,5 lassen erkennen, wie weit dabei der Blick reicht in alle seine Guttat gegen uns, die sein über uns leuchtendes Angesicht sehen läßt 4Mose 6,25; Röm 2,4 (dasselbe Wort). Diese Freundlichkeit ist eine Sonne, die allen scheint Mt 5,45, man schmeckt ihre Süßigkeit Ps 34,9, sie hat nichts Vorübergehendes, Gelegentliches an sich; der Herr *ist* freundlich. Sein Wort ist freundlich

auch gegen die Niedergeschlagenen Jes 40,2 und Abtrünnigen Hos 2,16; es ist die F. der Vergebung Zeph 3,17. Voll ans Licht getreten ist sie in der Sendung des Sohnes Tit 3,4. — *b)* Wie die F. Gottes sein Wesen ist, so ist die echte *F. des Menschen,* die eine Frucht des hl. Geistes ist Gal 5,22, sein Wesen geworden. Sie hat alles Gekünstelte abgestreift als ein Zeichen, daß durch die F. Gottes die Seinen füreinander freigeworden sind 2Kor 6,6; 2Tim 2,24. Die Liebe ist freundlich 1Kor 13,4. Auch ihre Kraft ist die Vergebung, das Erbarmen Kol 3,12. Auch sie hat das tröstliche, erquickende Wort Spr 16,24. Sie steht in der Gemeinde im Kampf mit unserer verschlossenen, abweisenden Natur; sie muß immer aufs neue wachgerufen werden Eph 4,32. Ihr Zerrbild ist die parteiische Mt 5,47, die falsche F. Jer 9,7; 12,6; Ps 28,3. *He*

Freundrecht. Wenn einer verarmte und sein Grundstück verkaufte, sollte und durfte nach 3Mose 25,25 sein nächster „Freund“, d. h. Verwandter, es → „lösen“, damit das Eigentum in der Familie bleibe. Vgl. Jer 32,7f u. Rt 4,3f; → Erbrecht. *(Wai)*

Frevel. Der Wortstamm F., freveln, Frevler bezeichnet schuldhaftes Handeln mit dem Nebenton frecher, trotziger, heilloser Auflehnung gegen Gott und mutwilliger, gewalttätiger Mißhandlung des Menschen. 4Mose 15,30 bezeichnete „aus F. etwas tun“ im Unterschied von versehentlicher Verfehlung die absichtliche, boshafte Versündigung, die mit dem Tode bestraft wird. *Schl*

Friede. Aus einem die landläufige Umgangssprache zB im alltäglichen Gruß beherrschenden Sehnsuchtswort, das der zerrissenen, zerklüfteten, heillosen Welt der Völker und Menschen das gesicherte, ungefährdete, heilgewordene, geordnete Dasein entgegenstellt, wird in der HS ein Wort, in dem das ganze → Heil Gottes sich in zunehmender Gewißheit und Bestimmtheit ausdrückt. Gott ist der Gott des F.ns.

1) Das Leben im F.n. Der gewohnte Gruß Ri 19,20; Dan 10,19, auch im Brief Esra 5,7; Dan 6,26 oder als Abschiedswort 2Mose 4,18; Apg 16,36; 1Kor 16,11 kann zur inhaltlosen, auch heuchlerischen Phrase 2Sam 18,28; Ri 8,9; 2Sam 20,9 und zur furchtsamen Frage werden 1Sam 16,4; 2Kö 9,22. Auch in der HS hat F. oft den uns naheliegenden politischen Sinn Jes 33,7; Lk 14,32; 1Sam 7,14; 5Mose 23,7. Doch meint es darüber hinaus überhaupt die Geborgenheit in jeder Beziehung 1Sam 25,6; 2Mose 18,23; Hiob 5,24; Jes 32,18, das Schlafenkönnen im F.n Ps 4,9; 3Mose 26,6 und schließlich das Abscheiden im F.n 1Mose 15,15; Jes 57,2; Lk 2,29; vgl. 1Kö 2,6. Der F. entschwindet so leicht; man muß nach ihm trachten, ihm nachjagen Ps 34,15; Sach 8,16; 2Tim 2,22; Hebr 12,14.

2) Der F. Gottes. Kein Mensch verfügt über den F.n. Einer allein gibt ihn 1Kö 2,33; 4Mose 6,26; Ps 147,14 und nimmt ihn Jes 45,7; Offb 6,4. Gott selbst ist der F. Ri 6,24; Mich 5,4. Von ihm kommt der Bund des F.ns 4Mose 25, 12. Wer ohne Gott leben will, bringt sich selbst um den F.n Jes 48,22; 59,8. Weil in der äußersten Gefahr von einer betrügerischen Prophetie mit diesem Wort ein schwerer Volksbetrug getrieben wurde, wird es zum Kampfwort vor allem bei Jer 6,14; 14,13; 12,12; 28,9; vgl. 38,4, und Hes 13,10.16; 16,49. Beide empfangen dann in der Not des Zusammenbruchs unvergeßliche Trostworte des wahren F.ns, die ins NT hinüberweisen Jer 29,11; 33,9; Hes 34,25; 37,26. F. ist das Ziel der Wege Gottes Jes 52,7; 54,10; Lk 1,79.

3) Das Evangelium des F.ns. Als den Friedefürsten Jes 9,5, vgl. Hebr 7,2f, der die Strafe auf sich nahm, auf daß wir F.n hätten Jes 53,5, verkündigt das AT den kommenden Heiland der Welt. Dabei ist der Blick auch darauf gerichtet, daß dann die waffenstarrende Welt endlich Ruhe haben soll Jes 2,4; 9,4. Aber die Weihnachtsbotschaft der Engel Lk 2,14 und das aus ihr in Christus entfaltete Evangelium des F.ns greift viel weiter und tiefer Apg 10,36; Eph 6,15. Daß der Riß zwischen den Menschen und Gott geheilt wird Eph 2,14ff, daß wir mit Gott F.n haben Röm 5,1, damit rückt das Wort in die Mitte der Aussage des NT. Gott ist nun erst recht der Gott des F.ns Röm 15,33; Phil 4,9; 2Kor 13,11. Er versöhnt die Welt mit sich selber am Kreuz seines Sohnes Kol 1,20 und in seiner Auferstehung Hebr 13,20. Dieser F. ist Ereignis geworden; das Wort ist aus seiner verschwommenen Vieldeutigkeit herausgeholt und hat den bestimmten Sinn des neuen Lebens in Christus auch in den Anfangs- und Schlußgrüßen der Briefe des NT Röm 1,7 u.a.m.; Gal 6,16; 2Thess 3,16; Eph 6,23, wobei die Zusammenstellung mit Liebe, Gnade, Barmherzigkeit usw bezeichnend ist. Dafür ist der Rückhalt zB Jesu eigener Friedensgruß, mit dem er die Geheilten entläßt Mk 5,34; Lk 7,50; 8,48 und mit dem er in der Auferstehung die Seinen grüßt Lk 24,36; Jo 20,19.26. Das ist *sein* F., den er allein hat und geben kann Jo 14,27; 16,33 als ganz realen Schutz gegen alle Bedrängnis. Wie wirksam dieser F. verstanden ist, sagt Lk 10,6. Christus ist selbst der F. Eph 2,14.

4) Das Band des F.ns. So allein, in Christus, finden Menschen untereinander den dauerhaften F.n als Frucht des Geistes Gal 5,22, den festzuhalten ihre bleibende Aufgabe ist Mk 9,50; Röm 14,19; 1Kor 7,15; Eph 4,3; Jak 3,18. F.n zu schaffen, zu stiften — so ist das „friedfertig“ in Mt 5,9 zu verstehen — ist die Seligkeit der Kinder Gottes. Die Grenze bezeichnet Mt 10,34. Dieser F. ist kein fauler F.

5) Der F. des Herzens. Viel seltener, als wir wohl meinen, ist F. in der HS eingeschränkt auf das Innenleben des einzelnen Menschen bezogen. Auch dann ist wie sonst der ganze Mensch, Leib und Seele, in all seinen Lebensbezirken gemeint 1Thess 5,23; Röm 8,6; Ps 38,4, der unter der heiligenden Wirkung dieser Friedenszone Gottes steht Röm 14, 17, in der F. und Freude unzertrennlich beisammen sind Röm 15, 13. Dort bewahrt und regiert der F. Gottes Herz und Sinne Phil 4,7; Kol 3, 15, bis in der ausgeheilten neuen Welt Gottes der F. überallhin durchgedrungen ist 2Petr 3, 14. *He*

Fröhlichkeit, fröhlich. *1)* Ausdruck der Freude: in dem Angesicht Spr 15, 13, den Gebeinen Ps 51, 10, dem Mund Ps 63, 6; 103, 5, dem Gesang Ps 81, 2, dem Reigen Jer 31, 13, mit Herz und Seele 1Sam 2, 1; Jes 61, 10. — *2)* Auch die Natur wird in ihrer Weise in das Fröhlichsein in Gott einbezogen 1Chr 16, 31; Ps 96, 11; Jes 35, 1; Ps 98, 8; 97, 1. — *3)* Der Grund der F.: *a)* natürliche Dinge wie Wein, Ehe, Kinder, Güter, auch der König und die Amtsleute Ri 9, 13; 5Mose 24, 5; Ps 113, 9; 5Mose 26, 11; 1Kö 1, 40; 4, 20; *b)* was zum Gottesdienst gehört wie Tempel, Feste, Gesetz 1Chr 29, 9; 3Mose 23, 40; 5Mose 27, 7; 1Chr 16, 27; *c)* zutiefst Gott selber Ps 5, 12; Sach 10, 7, sein Name Ps 89, 17, Herrlichkeit Jes 13, 3, Heil 25, 9, Gnade Ps 90, 14, Hilfe 9, 15, Werke 92, 5, Güte 31, 8, Hoffnung Röm 12, 12. — *4)* F. ist Gottes Wille; schon im AT wird häufig zur F. aufgefordert Ps 32, 11, im NT Lk 15, 23f; 1Thess 5, 16; deshalb ist diese F. auch unabhängig von der äußeren Lage Apg 5, 41; 2Kor 6, 10. Gott selber ist f. über Jerusalem Jes 65, 19. *Pfi*

Frömmigkeit, fromm.

1) Das Wort fromm steht in der deutschen Bibel für verschiedene Grundworte: es bedeutet „gerecht" Ps 33, 1; Lk 18, 9. Es meint den guten, redlichen Menschen, der pflichtgemäß handelt 1Mose 4, 7; Hes 33, 12; Mt 25, 21. Der Fromme ist treu Jes 1, 21. 26, er ist ohne Tadel 1Mose 6, 9 (Luther verdeutscht dasselbe Wort in Hiob 1, 1 mit „schlecht und recht"). Andererseits ist zB Apg 10, 7 dasselbe Wort mit „gottesfürchtig" wiedergegeben, das V. 2 „fromm" heißt; vgl. 1Tim 6, 5 mit V. 6 (F., Gottesfurcht, Gottseligkeit sind in den Pastoralbriefen deutsche Wechselbegriffe für dasselbe Wort).

2) F. vor Gott. Immer drückt fromm ein wirkliches oder vermeintliches Treueverhältnis zu Gott aus von solchen, die ihn rühmen Ps 32, 11, an denen er Wohlgefallen hat Spr 11, 20, die vor ihm wandeln 1Mose 17, 1 und sein Gebot halten Hes 18, 9. F. ist nicht „eigene Vernunft noch Kraft" Apg 3, 12. Sie kann Heuchelei Hiob 34, 9; Mt 23, 28; Lk 18, 9 oder frommes „Gewerbe" sein 1Tim 6, 5.

3) Das Schicksal der Frommen. Der Fromme steht unter dem Segen Gottes Ps 84, 12; 37, 18; 112, 2ff; Spr 15, 19. Aber sein Weg führt durch Dunkelheiten Ps 97, 11; 2Petr 2, 9. Ihm begegnet der Haß der Welt Ps 11, 2; 37, 14; Spr 29, 10; Hab 1, 13. Das kann zur schweren Anfechtung werden Hiob 9, 22 (und das ganze Buch).

4) Der fromme Gott: der revidierte Text des AT von 1964 hat der ganz ins menschliche Verhalten abgewandelten Bedeutung von f. im heutigen Sprachgebrauch dort Rechnung getragen, wo das Wort (wie auch in Kirchenliedern des 16. u. 17. Jh.) von Gott gebraucht war. 5Mose 32, 4; 2Sam 22, 26 hat dafür „treu", Ps 25, 8 „gerecht", Ps 92, 16 „er macht es recht" (vgl. Friso Melzer, Der christl. Wortschatz der deutschen Sprache, 1951, S. 230). *He*

Fron, Frondienst. F. (abgeleitet von dem altdeutschen Wort fro, Herr; vgl. frouwe, Frau) meint Arbeit für den König. So mußten die Israeliten in Ägypten fronen, von Fronvögten 2Mose 1, 11 zu schwerer Arbeit an Bauten oder auf dem Feld getrieben 1, 14; 5, 16ff. So wurden die Nachkommen der Kanaanäer, die im Lande blieben, fronpflichtig Jos 9, 27; 16, 10; Ri 1, 28; 1Kö 9, 21. Unter den hohen Beamten Davids war ein Fronvogt 2Sam 20, 24 (Luther: Rentmeister; etwa der Kommissar für die öffentlichen Arbeiten). Nach 1Kö 5, 27ff hob Salomo auch Tausende von Israeliten zum F. aus, wobei Jerobeam der verantwortliche Beamte wurde 1Kö 11, 28; auf diesen F., bei dem keine Vergütung gewährt wurde, weist auch Jer 22, 13 hin. Eben dieser F. wurde der Grund der Reichsteilung 1Kö 12, 4ff. *Schl*

Frosch. Frösche sind im Bericht über die zweite ägyptische Plage genannt 2Mose 7, 26-8, 11 und in der Rückschau darauf Ps 78, 45; 105, 30; Weish 19, 10. Durch die Überschwemmung des Nils kommt es in Ägypten nicht selten zu einer F.plage; allerdings ist es mehr die Art der Kröte als des F.es, in Gärten und Häuser zu kommen und in Kellern und Mauerlöchern Schlupfwinkel zu suchen. Durch die Bestimmung 3Mose 11, 10 zählen alle Lurchtiere zu den unreinen Tieren; daher nennt auch Offb 16, 13 Frösche als Symbol unreiner Geister. *Schl*

Frucht = Ertrag des Landes, Nachwuchs der Tiere und Menschen 5Mose 7, 13, das Werk der Allmacht und Güte Gottes 1Mose 1, 11; Ps 104, 13; 127, 3. Unfruchtbarkeit ist Heimsuchung 1Mose 11, 30; 30, 2; Jer 17, 5f. Häufig bildlich gebraucht: F. = Wirkung der Gerechtigkeit Jes 32, 17; Phil 1, 11; Jak 3, 18, des Hochmuts Jes 10, 12, des Wesens und Tuns des Menschen im guten und schlimmen Sinn Jer 17, 10; Mt 7, 16ff; 12, 33; Röm 6, 21f, des Hörens Mt 13, 8; Lk 8, 15, der Buße Mt 3, 8, des Lebens Phil 1, 22, des Glaubens an Jesus Jo 15, 2ff; Röm 7, 4f, des Geistes Gal 5, 22, des Mundes Jes 57, 19; Hebr 13, 15. *Pfi*

Frühfeige → Feige.
Frühling → Jahreszeiten.
Frühregen → Regen.

Fuchs. Bei manchen Aussagen der HS haben wir eher an den verwandten → Schakal zu denken, so sicher bei den 300 Füchsen Simsons Ri 15, 4, da der F. einzeln lebt, der Schakal in großen Rudeln, und Ps 63,11, da der Schakal gerne Leichen anfrißt, wohl auch Neh 3,35, da der Schakal frech in Wohnstätten eindringt. Die Schädigung der Weinberge (schon zur Blütezeit, also durch Wühlen) HL 2,15 und das Herumstreifen in Ruinen Hes 13,4; Klgl 5,18 passen für beide Tiere. Jesus sprach von den Löchern, in denen der F. wohnt Mt 8,20, und verglich den verschlagenen → Herodes Antipas mit einem F. Lk 13,32. *Schl*

füllen. Man „füllte seine Hand dem Herrn" 2Mose 32,29; 1Chr 29,5; 2Chr 29,31, auch die Hand des Priesters 2Chr 13,9, um zu opfern. Da solch ein „Füllopfer" zur „Einweihung" des Priesters gehörte 3Mose 8,22ff, bedeutete „Füllen der Hände" auch „zum Priester machen" 2Mose 28,41; Ri 17,5. Im NT hat Paulus wohl Phil 4,18 diesen ATlichen Sprachgebrauch im Sinn: „Mir sind die Hände gefüllt ... als wohlgefälliges Opfer". *Luck*

Fürbitte → Gebet.

Fürsprecher.

1) Das Wort kommt in der Lutherbibel nur 1Jo 2,1 vor. Die Sache hat Jesus ausgeübt auf Erden für Petrus Lk 22,32, für seine Jünger und Gemeinde Jo 17, für seine Feinde Lk 23,34. Er übt sie jetzt auf Grund seines vollbrachten Gehorsams als der Erhöhte aus Hebr 7,25; 9,24; Röm 8,34. Darauf gründet sich die Zuversicht der an Jesus Glaubenden 1Jo 2,1.28; 3,21; 4,17; 5,14f.

2) Das griech. Wort für Fürsprecher „Paraklet" ist Jo 14,16.26; 15,26; 16,7 vom Hl. Geist gebraucht: Luther übersetzt: „Tröster". Während Jesus beim Vater für uns eintritt, ist der Hl. Geist auf Erden an Stelle Jesu der Helfer und Beistand der Gemeinde Jo 14,16; nur der Jünger, nicht die Welt kann ihn empfangen 14,17; er lehrt die Jünger in allem in Bindung an Jesus und sein Wort 14,26; er ist der Geist der Wahrheit und leitet sie in alle Wahrheit 16,13; er ist der Zeuge für Jesus durch das Zeugnis der Jünger Mt 10,20; Jo 15,26; 16,14; er tut der Welt die Augen auf über Sünde, Gerechtigkeit, Gericht 16,8-11. Paulus beschreibt, ohne das Wort zu nennen, das Werk des Parakleten so: er lehrt uns das Abba beten Röm 8,15; Gal 4,6; er hilft unserer Schwachheit im Beten auf und vertritt uns Röm 8,26.27. *Pfi*

Fürst, Fürstentum. Abraham wird „F. Gottes" genannt 1Mose 23,6. Israel hat zwölf F.en 4Mose 1,44. Josua begegnet der „F. im Heer des Herrn", also ein Engelfürst Jos 5,14; vgl. Jud 6. Auch das Haus Gottes hat seine F.en 1Chr 9,11; Neh 11,11, also Oberpriester. Im NT heißt Christus als der Erhöhte F. und Heiland, weil er herrscht und rettet Apg 5,31, F. des Lebens, der in das Leben führt Apg 3,15, mit dem gleichen griech. Wort Anfänger des Heils Hebr 2,10 (Luther: Herzog der Seligkeit) und Anfänger, Begründer des Glaubens Hebr 12,2; auch Herr über die Könige auf Erden Offb 1,5. Die „Welt" hat ihren F.en Jo 12,31, ebenso das Geisterreich Eph 2,2; Kol 2,15. Ja, Christus ist das Haupt aller Reiche und Gewalten Kol 2,10. → Engel, → Herrschaft. *Luck*

Furcht, fürchten.

1) Die Ursache der F. 2) Die Befreiung von der F. 3) Die Gottesfurcht.

Als Gottesfurcht trägt die F. in der HS das Leben, das für Gott frei wurde. Um dieser F. die Bahn zu brechen, steht die HS im Kampf mit der den Menschen von Natur verfolgenden und knechtenden falschen F. in ihren mannigfaltigen Formen und Auswirkungen. In der bibl. Botschaft gehört beides unzertrennlich zusammen: „Fürchte dich nicht!" und „Wir sollen Gott f. und lieben."

1) Die Ursache der F. Zunächst scheint auch in der Bibel das ungesicherte, übermächtigen Gewalten preisgegebene Leben für sich allein die Ursache der F. zu sein: die wilden Elemente Jon 1,5; Apg 27,17; Mt 8,26, die unheimlichen Erlebnisse Hiob 4,13f; Mt 14,26, die Vorahnung kommender Schicksalsschläge in einer so katastrophenreichen Geschichte, oft genug die so verständliche Menschenfurcht 2Mose 14,10; Jer 1,8; Jo 7,13; 19,38; Mt 10,28; 25,25; Apg 16,38; Gal 2,12, das Leiden Mk 10,32 und der Tod Ps 55,5; Hebr 2,15. Allein die Ursache liegt tiefer. Der in ein sündiges, eigenmächtiges Leben ausgebrochene Mensch verfällt notwendig der F.; 1Mose 3,10 ist eine Ausflucht. Damit aber, daß nun im AT die großen Schrecken der Natur 1Mose 7f; Ps 29 usw und der Geschichte 2Mose 15,16, wie überhaupt alles Furchterregende von Gott hergeleitet wird, verstärkt sich die F. und droht das Leben vor Gott in seinem Kern zu gefährden.

2) Die Befreiung von der F. Deshalb geht das „Fürchte dich nicht!" von den ältesten Erzählungen des AT durch die ganze Bibel hindurch 1Mose 15,1; 21,17; 26,24; Ri 6,23; Lk 1,12f; 1,30; 2,10; 5,10. Wie in 2Mose 20,20 steht die heilsame F. mit der falschen in unerbittlichem Widerstreit. Es bleibt so, daß Erlebnisse der Wundermacht Christi Mk 5,33; Mt 9,8, seiner Verklärung Mt 17,6f und seiner Auferstehung Mt 28,5.8; Mk 16,8 F. erwecken. Aber Jesus selbst fordert gebieterisch durch seine Gegenwart und sein Wort den Glauben zum Widerstand auf gegen die F. Mt 14,27; Mk 5,36; Jo 14,27; Offb 1,17. Kein knechtischer Geist Röm 8,15, kein Geist der F. 2Tim 1,7 darf der Gemeinde Christi ihre von ihm erworbene Freiheit rauben. Keine Menschenfurcht kann den lähmen, der Gott fürchtet Mt 10,26ff; 5Mose 1,29; Ps 118,6; 1Petr 3,14, auch wenn die eigene Unterlegenheit klar vor Augen steht Lk 12,32; Mt 10,31; Jes 41,14; 1Kor 2,3. Darin erfüllt sich der von der F. befreite Glaubensweg des AT Hebr 11,23.27; Ps 23,4; 46,3; Jes 43,1.

3) Die Gottesfurcht. Der Ausdruck „mit F.

und Zittern" Phil 2,12; Eph 6,5 läßt u. a. erkennen, daß die Gottesfurcht wirklich als F. verstanden sein will, vgl. Mt 10,28; 2Kor 5,11; Apg 5,5; 1Petr 1,17; Offb 14,7, Warnungen wie Hebr 10,26ff, kommende Not der Endzeit Lk 21,26 bleiben in ihr unvergessen. Aber sie ist von der falschen, glaubenslosen F. befreit; dafür läßt die Liebe keinen Raum 1Jo 4,18. Diese Gottesfurcht weiß sich seiner vergebenden Gnade anvertraut Ps 130,4; 103,13, sie hofft auf seine Güte Ps 33,18; 67,8; 115,11; 118,4; 147,11; Jer 5,24; Lk 1,50, sie steht unter seinem Schutz Ps 34,8, sie ist eine fröhliche F. Ps 119,74; Sir 1,12 und lebt im Lobe Gottes Ps 135,20. Sie hat tiefen Einfluß auf die Erkenntnis Ps 111,10; Spr 1,7; 2,5; Hiob 28,28. Sie heiligt das Leben 2Kor 7,1; Hebr 4,1. Im Gehorsam verbindet sich die F. mit der Liebe zu einem Wandel in der F. Apg 9,31; 10,35. So schützt gerade die Gottesfurcht vor einer gesetzlichen Frömmigkeit, weil sie sich in der Liebe, im Vertrauen fürchtet und in Gottes Gebot und Ordnung fügt 3Mose 19,14; 5Mose 6,2; Jes 66, 2.5, vgl. Jes 29,13. Von daher ist auch die große Scheu vor dem Ort der Gottesbegegnung 1Mose 28,17; 3Mose 26,2; 1Sam 6 u. a. m. im AT schließlich nicht in einer falschen F. steckengeblieben. Es liegt ein Segen auf der Gottesfurcht Ps 115,13; 128,4. Auch das Leben der Gemeinde im Haus, im Staat und untereinander hat von dorther seine Haltung und Ordnung Röm 13, 3.7; 1Petr 2,17f; Eph 5,21; 6,5; Kol 3,22. *He*

Furt. Eine F., die seichte Stelle im Fluß, die durchwatet oder durchritten werden kann, wurde in Kriegszeiten bes. wichtig, so die F. am Jordan Ri 3,28; 12,5f oder am Euphrat Jer 51,32. In Erzählungen sind erwähnt die F.en bei Jericho Jos 2,7, durch den Jabbok 1Mose 32,23 und den Arnon Jes 16,2. *Schl*

Fuß. *1)* Das Wandern auf staubigen Wegen macht Waschung der Füße nötig, so zur Begrüßung des Gastes 1Mose 18,4; 19,2; 24,32; Lk 7,44. → Fußwaschung. — *2)* Nicht selten werden in anchaulicher Rede die Füße, das Werkzeug des Gehens, zur Beschreibung der Bewegung genannt, so bei den Friedensboten Jes 52,7; Nah 2,1; so Röm 3,15; Apg 5,9; Lk 1,79. — *3)* Das Gehen wird Bild für den Lebensweg, das Wandeln Ps 119,59.101.105; dann wird das Gleiten, Straucheln, Anstoßen des F.es zum Bild für Unfälle Ps 121,3; 94,18; 91,12 oder für sittlichen Fall Ps 73,2. — *4)* Der Sieger setzt den besiegten Feinden den F. auf den Nacken Jos 10,24, so daß sie zum Schemel seiner Füße werden Ps 110,1; Mt 22,44 par.; Apg 2,35; 1Kor 15,25; Hebr 1,13; 10,13. Jemandem etwas unter die Füße tun heißt es seiner Gewalt unterwerfen Ps 8,7; 1Kor 15,27; Eph 1,22; Hebr 2,8; Röm 16,20. Ähnlich ist von den Füßen Gottes die Rede bei der Beschreibung seines Thronens Jes 60,13; 66,1; Hes 43,7; Ps 99,5; 132,7. So ist es das Zeichen der Unterwerfung, sich vor den Füßen des Höheren niederzuwerfen Mt 18,26.29; Mk 5,22; 7,25; Lk 17,16; Jo 11, 32; Apg 10,25; Offb 1,17; 3,9; 19,10; 22,8, dabei etwa die Füße zu umfassen 2Kö 4,27 und zu küssen Ps 2,12; Jes 49,23; Lk 7,38.45. Zu den Füßen des Lehrers saß der Schüler Apg 22,3; darum auch Lk 8,35; 10,39; Jak 2,3. — *5)* Den Staub von den Füßen schütteln, nicht das geringste mitnehmen bedeutet Aufhebung aller Gemeinschaft Mt 10,14; Apg 13,51. Mit Füßen treten = roh und verächtlich behandeln Ps 41, 10; Jo 13,18. — *6)* Die Füße decken 1Sam 24,4 meint Verrichtung der Notdurft. 2Mose 4,25 stehen die Füße für das Glied des Knaben; ähnlich Jes 7,20. → Schuh, → Kleidung. *Schl*

Fußschemel. *1)* Im eigentlichen Sinn an Salomos Thron 2Chr 9,18. — *2)* In übertragenem Sinn gilt als F. an Gottes Thron die Bundeslade 1Chr 28,2 im Heiligtum in Jerusalem Ps 99,5; 132,7; Klgl 2,1 oder die Erde Jes 66,1; Mt 5, 35; Apg 7,49, weil der Himmel sein Thron ist. Daß die Feinde zum F. des Siegers werden Ps 110,1, ist das Zeichen völliger Unterwerfung, → Fuß, 4). *Schl*

Fußtapfen bezeichnen den Weg, der gegangen wurde: vom Tun des Menschen Hiob 13,27; 2Kor 12,18, vom Handeln Gottes Ps 65,12, vom Weg Christi 1Petr 2,21, vom Weg des Glaubens Röm 4,12. *Schl*

Fußwaschung. Dem Gast die Füße zu waschen ist Pflicht jedes Gastgebers im Orient Lk 7,44, wird bei Reichen jedoch gewöhnlich durch Sklaven besorgt. Daher war die F., die Jesus an seinen Jüngern übte Jo 13,1—17, Zeichen tiefer Demütigung. Er wies damit auf seine am Kreuz vollzogene Vergebung hin, die die Seinen reinigt V. 10, sie aber auch zu demütigem Dienst ruft V. 14, wie es später in der Gemeinde an seinen Boten eifrig geübt wurde 1Tim 5,10. *Ap*

Tafel 11: Im Ausgrabungsfeld von Hazor → *Hazor war eine mächtige Burgstadt in Galiläa, in der Nähe des einstigen Hule-Sees. Am deutlichsten erkennbar ist die Pfeilerhalle aus der Zeit des Königs → Ahab (9. Jh. vChr); die Mauer mit Tor-Anlage links davon stammt aus der Zeit → Salomos, das Wohnviertel dahinter aus der Zeit → Jerobeams II. (8. Jh. vChr).*

G

Gaasch. Berg Jos 24,30; Ri 2,9 und Bäche 2Sam 23,30; 1Chr 11,32 im Südwesten des Gebirges Ephraim, südlich von Timnath-Serach, wo Josua begraben wurde. *Rü*

Gabbatha → Hochpflaster.

Gabe, geben. Geben ist seliger als Nehmen Apg 20,35, weil im Geben der von Natur selbst- und habsüchtige Mensch in einem verwandelten Leben den Gottesweg seiner schenkenden Güte einschlägt, der er alles verdankt.

1) Der Geber aller Güter Jak 1,17. Gott gibt die Fülle alles dessen, was Luther im Katechismus „täglich Brot" heißt Mt 6,11; Ps 104,28; Sir 26,3; Ps 127,3; Pred 5,18; Hiob 1,21, und zwar ohne Ansehen der Person Jak 1,5; Mt 5,45. Doch gibt er dem Einzelnen auch seine bes. Gabe 1Kor 7,7; 1Petr 4,10 → Geistesgaben. Seinem Geben entspricht unser Bitten Mt 7,7.8. Gottes unaussprechliche G. 2Kor 9,15 ist, daß er sich uns selbst gibt in seinem Sohn Jo 3,16; Röm 8,32 und in ihm Leben und Seligkeit Apg 4,12; Röm 6,23; Eph 2,8. Es ist dem Johannes-Evangelium eigentümlich, wie oft sich dort Jesus auf das ihm Gegebene beruft 3,35 (vgl. Mt 28, 18); 17,11; 5,36; 6,37.39; 18,11. So kann er uns sich selbst geben Gal 1,4 u. a. m., seinen Leib Lk 22,19. sein Leben Mk 10,45, seinen Frieden Jo 14,27.

2) Die fröhlichen Geber. Die Gebefreudigkeit ist im NT keine Werkgerechtigkeit, die auf Verdienst ausgeht Mt 6,1-4; 1Kor 13,3. Der lautere Sinn Röm 12,8, der freie, an Gott hingegebene Wille des Herzens 2Kor 9,7; Spr 23, 26; Mt 22,21 ist ihr eigen; sie ist eine Gnade, auch dem Ärmsten verliehen 2Kor 8,1 f. Durch sie beweist die Liebe ihre Echtheit 1Jo 3,17; Jak 2,16, die sich der Not des Nächsten nicht versagt Mt 5,42. *He*

Gabel, zum Essen erst seit dem 16.Jh. nChr bekannt; man aß mit den Fingern. Gebräuchlich waren G.n beim Kochen, zB des Opferfleisches 1Sam 2,13 (dreizinkig); 2Mose 27,3; 1Chr 28, 17 und der Dreizack bei der Feldarbeit 1Sam 13,21. *Kn*

Gabriel (= Mann Gottes). G. und Michael sind die einzigen in den kanonischen Büchern der Bibel mit Namen genannten → (Erz-)Engel (vgl. Dan 8,16; 9,21; Lk 1,19.26). In Dan erklärt G. dem Seher Gesichte, in Lk verkündigt er die Geburt des Täufers und Jesu. Nach jüd. Überlieferung steht er zur Linken Gottes (vgl. Lk 1,19!). *Bie*

Gad. *1)* Sohn Jakobs und der Magd Silpa 1Mose 30,9ff. — *2)* Der Stamm G. im Ostjordanland zählte 45 650 Männer 4Mose 1,25, später noch 40 500 26,18; er wehrte sich mit Löwenmut 5Mose 33,20 f gegen räuberische Beduinen 1Mose 49,19. Grenzen und Städte seines Wohngebietes zw. Jabbok und Arnon nennt Jos 13,24-28; 4Mose 32,34-36; als Nachbarn der Moabiter in der → Mesa-Inschrift erwähnt. — *3)* Prophet und Ratgeber Davids 1Sam 22,5; 2Sam 24,11; 2Chr 29,25, an der Ordnung des Kultus beteiligt; Verfasser einer Geschichte Davids 1Chr 29, 29. — *4)* Als semitische Glücksgottheit zusammen mit der Göttin Meni Jes 65,11 erwähnt, auch in Israel verehrt; davon die Ortsnamen Baal-Gad Jos 11,17 und Migdal-Gad Jos 15,37. *Schw*

Gadara. *1)* In der Erzählung von der Heilung eines Besessenen Mk 5,1 par. wird die Gegend der Gadarener erwähnt. Die Lesarten schwanken an allen Stellen zwischen Gadarener, Gerasener und Gergesener. Da die Gegend nach Mk 5,1 par. am Galiläischen Meer, gegenüber Galiläa, lag, scheidet das vom Galiläischen Meer weit entfernte → *Gerasa,* heute dscherasch, aus. Auch gegen *Gadara,* heute umkēs, erheben sich Bedenken, da es vom Galiläischen Meer zwei Stunden entfernt und durch den Jarmuk getrennt ist. Die Lesart *Gergesa* bevorzugte schon Origenes, der eine alte Stadt dieses Namens am Seeufer kannte. Dalman wollte Gergesa mit der heutigen Ortslage kurse am Ostufer des Sees, südlich der Mündung des wadi es-samak, gleichsetzen. Die Begebenheit mit der Schweineherde müßte sich dann 2 km weiter südlich, wo sich ein Steilabfall befindet, zugetragen haben. — *2)* G., besser Gadōra, die Hauptstadt Peräas, von Josephus im jüd. Krieg erwähnt, wurde von Ad. Schlatter in eṣ-ṣalt mit der Quelle ʿēn gedur nachgewiesen. *Me*

Gajus (so griech., lat. Cajus geschrieben) war Eigenname mehrerer nicht näher bekannter Christen: *1)* aus Mazedonien, Leidensgenosse des Paulus beim Aufruhr in Ephesus Apg 19,29; — *2)* aus Derbe, Gefährte des Paulus am Ende der sog. dritten Missionsreise Apg 20,4; — *3)* aus Korinth, von Paulus getauft 1Kor 1,14, bei dem der Apostel wohnte, als er Röm 16,23 schrieb; — *4)* Empfänger des 3Jo, dem Johannes für die Gastfreundschaft dankte, die er reisenden Christen erwies 3Jo 1.5. *Kü*

Galaterbrief.

1) Adressaten. 2) Anlaß des Briefs. 3) Inhalt des Briefs. 4) Letzte Motive.

Tafel 12: Ein kanaanäisches Heiligtum *In dem alten → Hazor, auf dem tell el-qedach, wurde diese sitzende Figur, die vielleicht eine Gottheit darstellt, und die Reihe von → Stelen (Masseben) gefunden — einst wohl das Allerheiligste eines Tempels.*

1) Die Frage nach den *Adressaten* dieses Rundschreibens wird neuerdings meist so entschieden, daß man an Bewohner verschiedener Gemeinden der keltischen Landschaft Galatien denkt (nordgalatische Hypothese). Nach 4,13 ff hat der Apostel sie früher zweimal besucht Apg 16,6; 18,23. Der Brief ist dann während der dritten Missionsreise von Ephesus aus im Sommer 52 nChr geschrieben. Sollte er dagegen an Gemeinden der römischen Provinz Galatien gerichtet sein (südgalatische Hypothese), dann käme das Gebiet von Pisidien und Lykaonien in Betracht und fiele die Abfassung des Briefes in die zweite Missionsreise (50 nChr). Man darf aber annehmen, daß die Anrede 3,1 „ihr unverständigen Galater" und der feste Sprachgebrauch des Lukas „galatisches Gebiet" in dieser Frage Gewicht haben. Jüdische Besiedlung dieser keltischen Landschaft ist nicht ganz ausgeschlossen (Jos. ant. 16,165; Inschrift aus Germa bei Pessinus). Paulus kam nach 4,13 als kranker Mann in diese galatischen Gemeinden.

2) Anlaß dieses Rundschreibens war die Gefahr, daß die von Paulus gegründeten heidenchristl. Gemeinden auf Grund einer judaistischen Visitation von Jerusalem aus (1,7; 5,10) die Ordnungen des mosaischen Gesetzes als heilsnotwendig übernahmen und sich damit dem paulinischen Einfluß entzogen. Die Verkündigung des Paulus erschien dann als unvollständig, seine Autorität als zweitrangig und fragwürdig. Gelegentlich denkt man auch an eine judaistische Gnosis 4,1-10 oder an eine judaistisch gesinnte Bewegung von Heidenchristen, die von Antiochien aus die Forderung der Beschneidung weitergaben 6,12-16. Tatsache ist, daß Mischformen orientalischer Frömmigkeit, an denen auch das Judentum Anteil hatte, auf den Widerstand des Paulus stießen und daß der Begriff der „Elemente" 4,3.9 auf sie hinweist. Der Aufbau des Briefes ist aber nur dann sinnvoll, wenn der Apostel sich mit andersartigen Berichten und Ansprüchen, die von Jerusalem selbst ausgingen, auseinandersetzt und wenn sich hinter den verhüllenden Andeutungen 1,7; 5,10 bestimmte Autoritäten verbergen. Jedenfalls begann man in galatischen Gemeinden, den jüd. Festkalender einzuführen 4,10, die Beschneidung als notwendig anzuerkennen 5,2; 6,12 und die Verbindung mit dem Apostel abzubrechen 4,12-20. Reaktionen antijüdischer Art, Unruhen, die die Gemeinden zerrütten, werden angedeutet 5,15. Es ist anzunehmen, daß der leidenschaftlich bewegte Brief des Apostels die Gemeinden zurückgewonnen hat 1Kor 16,1.

3) Inhaltlich fällt auf, daß der Brief nicht mit einer Danksagung beginnt, die doch sonst üblich ist, und daß statt dessen den Gemeinden in aller Schärfe Abfall vom Evangelium vorgeworfen wird 1,6. Mit 1,11 f ist das eigentliche Thema des Briefes erreicht: der Apostel hat sein Evangelium unmittelbar vom Herrn selbst empfangen. Er ist Empfänger der Offenbarung, nicht Glied einer Traditionskette. Daran schließt sich der historische Bericht an, der bis zum Schluß von K. 2 führt. Sein Weg in der Vergangenheit vollzog sich unabhängig vom Einfluß anderer Autoritäten. Er hat die Botschaft Jesu Christi in ihrer Klarheit und Wahrheit bewahrt. Ein zweiter, grundsätzlicher Teil 3,1-5,12 behandelt das Verhältnis von Gesetz und Verheißung, Gesetz und Messianität, Gesetz und Freiheit. Er ist ebenfalls stark polemisch und stellt die Ausschließlichkeit der in Jesus Christus geschenkten Gerechtigkeit gegenüber dem Gesetz heraus. Dieser grundsätzliche Abschnitt ist reich an Schriftzeugnissen, die die Rechtfertigungslehre tragen, und an anschaulichen Gleichnissen. Hier wird der grundsätzliche Unterschied zw. Gesetz und Evangelium zum erstenmal klar herausgearbeitet. Der Schlußabschnitt 5,13-6,20 spricht vom rechten Gebrauch der errungenen Freiheit vom Gesetz. Die neue Freiheit Jesu Christi ist nur durch den Geist Gottes gewonnen und kann nur durch ihn bewahrt werden. Allerdings schützt sie sich gegen Mißbrauch allein durch die Erfüllung des Liebesgebotes. Wir haben es hier mit apostolischer Unterweisung zu tun, die der Zersetzung des Lebens und der Ordnungen in Galatien Einhalt gebietet.

4) Paulus spricht wie sonst, so auch im G. als *Bevollmächtigter* Jesu Christi, nicht als Träger einer orientalischen Geheimoffenbarung. Seine Unabhängigkeit im Apostolat ist nicht Ausdruck frommer Eigenwilligkeit, sondern Gehorsam gegen die Führung, die in der göttlichen Gnade beschlossen ist. Der Apostel leugnet nicht die Sonderstellung Israels und des mosaischen Gesetzes; wohl aber bekämpft er jeden Versuch, die Herrlichkeit Jesu Christi zu beeinträchtigen. Paulus vergißt in seiner Polemik sein Judentum nicht 1,13 ff; 2,15 ff; ja, er verrät auch hier seine rabbinische Bildung 3,6 ff. Aber er kann die schwersten Angriffe gegen den führen, der den Reichtum des Kreuzes Jesu Christi mißachtet 2,21.

Lit.: A. Oepke, Der Brief des Paulus an die Galater, 1957²; H. Schlier, Der Brief an die Galater, 1949 (1952); P. Bonnard, L'Epitre de St. Paul aux Galates, 1953; H. Asmussen, Theologisch-kirchliche Erwägungen zum Galaterbrief, 1937³; G. Dehn, Gesetz oder Evangelium? 1938³; H. W. Beyer im NT Deutsch, 1935². *Mi*

Galatien ist der Name einer kleinasiatischen Landschaft, deren Bewohner auch Galater (Gallier, Kelten) genannt wurden (Pausanias I 4,1). Sie lag am mittleren Sangarios und am Halys. Die Verwandtschaft dieser Galater mit den Kelten des Westens war allgemein bekannt. Gruppen dieser Galater wandten sich nach der Niederlage von Delphi nach Byzanz und Kleinasien; König Nikomedes von Bithynien rief sie als Hilfstruppen gegen seinen Bruder in das Land (278/77 vChr). Nach der Überlieferung handelt es sich um das nunmehr entscheidende Auftreten dreier Stämme unter eigenen Stammesfürsten (regulus). Sie ließen sich im Umkreis von Pessinus, Ankyra und Tavium nieder. Allerdings beunruhigten sie durch Raubzüge und als Söldner in der Folgezeit die kleinasiatischen Länder, und die ihnen entgegentretenden Könige wie Antiochus I. von Syrien, Attalus von Pergamon und später Eumenes von Pergamon galten als Retter und Heilande, als Sieger über die Barbaren. Auf Inschriften, in Literatur und Kunst spielt dieser Sieg des Hellenismus eine große Rolle. Seit einem römischen Senatsbeschluß 166 vChr galten die Galater als autonom. Eine Zeitlang wurde Galatien dem pontischen Reich des Mithradates V. eingegliedert, aber diese Herrschaft endete 86 vChr durch die Ermordung des galatischen Tetrarchen unglücklich. Als Alleinherrscher setzte sich Dejotarus in den drei Stämmen durch. Nach dem Tode des Königs Amyntas, der das innere Kleinasien im Auftrag Roms zum Frieden bringen wollte (25 vChr), wurde sein Reich mit Einschluß von Paphlagonien (6 vChr) römische Provinz. Weitere Gebiete wurden eingegliedert: Pisidien, Phrygien (südöstlicher Teil), Lykaonien, Isaurien, Pontus Galaticus, Pontus Polemianus, Armenia minor (CIL III 6818). Das NT schließt sich im Sprachgebrauch den *Landschaftsnamen* an. Paulus durchzieht nacheinander G. und das phrygische Land (Apg 16,1; 18,23). Er spricht betont von galatischen Gemeinden (Gal 1,2; 1Kor 16,1) und redet die Galater ausdrücklich an (Gal 3,1). Auch in 1Petr 1,1 ist in der Überschrift der Landschaftsname G. gemeint. Die Statthalter-Inschriften, die Koinon-Inschriften, das Monumentum Ancyranum bestätigen, daß in römischer Zeit die verschiedenen Landschaften nie zu einer wirklichen Einheit verschmolzen sind und daß der Name die Landschaft bedeutete (Pauly-Wissowa 7, 1912, 557). Josephus nennt die Gallier „Galater"; die Leibwache des Herodes besteht aus 400 Galliern, die vorher zur Leibwache der Kleopatra gehört hatten (bell. 1, 397). *Mi*

Galbanum, ein in Syrien gewonnenes Harz, das zum → Räucherwerk verwendet wurde 2Mose 30,34, darum ein Bild für den Wohlgeruch der Weisheit Sir 24,21. *(Schl)*

Galgen. Todesstrafe durch Erhängen kannten die Ägypter 1Mose 40,19 und die Perser Esth 7,9 f; Stck zu Esth 5,12, dagegen die Juden nicht. Wohl aber wurde in bes. schweren Fällen als Zeichen der Schande der Leichnam des Hingerichteten aufgehängt 4Mose 25,4 f; 5Mose 21, 22 f; Jos 8,29; 10,26; 2Sam 21,12; doch mußte der Leichnam vor Sonnenuntergang wieder abgenommen und begraben werden, damit das Land nicht verunreinigt werde 5Mose 21,23; Jos 8,29. Dieses Verfluchtsein des Gehängten deutet Paulus Gal 3,13 auf das vom Fluch erlösende Sterben des Christus. → Kreuzigung. *Schl*

Galiläa. Über die natürlichen Verhältnisse → Palästina. Das hebr. galil, wovon der Name G. abgeleitet ist, gewöhnlich als „Kreis, Bezirk" gedeutet, was jedoch unsicher ist, diente *in ATlicher Zeit* zur Bezeichnung des Nordteils des westjordanischen Gebirges, wo die Stämme Naphthali, Sebulon, Asser, Dan und Isaschar saßen, sich jedoch anfangs gegen die kanaanäischen Bewohner nicht völlig durchsetzen konnten Ri 1, 30-33 und harte Kämpfe zu bestehen hatten Ri 4 f. Wiederholte Aramäereinfälle bedrohten G. 1Kö 15,20. 733 eroberten die Assyrer G. 2Kö 15,29 und machten G. mit der Jesreelebene zur Provinz Megiddo. — *In hellenistischer Zeit* überwog wohl das heidnische Element. Simon Makkabäus unternahm 164 vChr erfolgreiche Kriegszüge nach G., konnte aber das Gebiet nicht auf die Dauer behaupten und nahm daher die jüd. Bevölkerung mit nach Judäa 1Makk 5, 14-23. Aristobul I. unterwarf G. teilweise seiner Herrschaft und zwang die Ituräer im Norden G.s zur Annahme der Beschneidung und des Gesetzes. — *In römischer Zeit* war das Land dicht bevölkert; Josephus sprach von 204 Ort-

schaften in G. Mit der Menge seiner Ölbäume im Norden, den fruchtbaren Ebenen im Süden und der blühenden Uferlandschaft am See Genezareth war G. der fruchtbarste Teil des Landes. Da Pompejus 63 vChr nur Judäa, Peräa und G. der Herrschaft des Hohenpriesters unterstellte, war G. von Judäa durch Samaria getrennt; daraus ergab sich eine gewisse Eigenständigkeit in der Entwicklung G.s (auch in der Sprache Mt 26,73). Die Galiläer galten als Juden minderen Ranges. Nach dem Tode des Herodes machte Augustus G. und Peräa zu einem eigenen Staatswesen und setzte → Herodes Antipas (4-39 nChr) unter dem Titel Tetrarch („Vierfürst") als Herrscher ein. Antipas machte zunächst Sepphoris und später (20 nChr) Tiberias zur Hauptstadt. — G. war der Schauplatz der Hauptwirksamkeit Jesu. Jesus hielt dabei die Gewißheit fest, daß die Entscheidung, vor die er Israel stellte, nicht in G., sondern in Jerusalem fallen müsse. Als „Galiläer" wurde Jesus in Jerusalem verachtet und verworfen Jo 7,41.52. Nach Pfingsten war G. eins der Ursprungsgebiete des Urchristentums. — In G. war die Hochburg der → Zeloten, die mit dem Schwert in der Hand für das Gesetz eintraten und nicht selten mit der römischen Behörde in Konflikt gerieten Lk 13,1; Apg 5,37. Den Aufstand in G. leitete Josephus, dem wir zum größten Teil unsere Kunde von G. verdanken; hier wurde der Aufstand schon 67 nChr von Vespasian niedergeschlagen. Nach der zweiten Katastrophe 132-135 bildeten sich in G., vor allem in Sepphoris und Tiberias, Mittelpunkte rabbinischer Gelehrsamkeit. — Heute gehört G. zum Staat Israel. *Me*

galiläisches Meer. Im AT Meer Kinneret 4Mose 34,11, wahrscheinlich nach der Siedlung kinneret, heute tell el-'orēme, genannt, im NT G.M. Mt 4,18, See Genezareth Lk 5,1 und Meer bei Tiberias Jo 6,1, heute bahr et tabarije. Die größte Länge des Sees beträgt 21 km, die größte Breite 12 km, die Fläche 170 qkm, die Tiefe in der Mitte 42-48 m. Der See, der vom Jordan durchflossen wird und 208 m unter dem Spiegel des Mittelmeers liegt, hat klares, süßes und fischreiches Wasser. Die den See im Osten und Westen umgebenden Hochebenen fallen etwa 500 m steil zum Strand ab; im Norden steigen die Berge noch höher auf. Das Klima ist heiß, die Vegetation subtropisch. Nicht selten wird der See plötzlich von heftigen, von den Bergen herabkommenden Winden erregt Mt 8,24ff. Den See umgeben nur schmale Streifen kulturfähigen Landes, mit Ausnahme der Westecke, wo das Schwemmland der hier mündenden drei Bäche eine ehemalige Bucht des Sees ausgefüllt und so eine größere Uferebene geschaffen hat, das „Land Genezareth" Mt 14,34, etwa 5 km lang und 1,5 km breit. Diese fruchtbare Ebene, heute el-ghuwēr, war zZ des NT reich bevölkert. Am g.M. spielte sich ein großer Teil der galiläischen Wirksamkeit Jesu ab. — Die Nordostecke des g.M.s gehört heute zu Syrien, der ganze übrige Teil zum Staat Israel, der sich sehr um die Wiederkultivierung des ghuwer müht. → Tafel 46. *Me*

Galle. Nach Tob 6,6.10; 11,4ff diente die G. eines Fisches als Heilmittel gegen den Star. Der Bericht Mt 27,34, daß dem Wein, der Jesus gereicht wurde, G. beigemischt war, während Mk 15,23 von → Myrrhe spricht (die beiden Worte sind im Semitischen sehr ähnlich), mag auf Ps 69,22 zurückgehen. Die bittere G. wird zum Bild für Bosheit Apg 8,23; Gift und G. (die Alten vermuteten das Schlangengift in ihrer Gallenblase) und G. und Wermut werden gern zusammengestellt; so 5Mose 29,17; 32,32f; Am 6,12. Ebenso wird die G. zum Bild für Gottes Gerichte Jer 9,14; 23,15; Klgl 3,5.19. → Gift, → Wermut. *Schl*

Gallio, ein Bruder des Philosophen Seneka, war Statthalter der römischen Provinz Achaja mit Korinth als Wohnsitz. Auf Anklage der Juden wurde Paulus dem G. vorgeführt, von diesem aber geschützt. G.s judengegnerische Haltung kam der Entfaltung der Gemeinde in Korinth zugute Apg 18,12ff. In einer in Delphi gefundenen und 1905 entzifferten Inschrift, die einen Brief des Kaisers Claudius wiedergibt, wird G. als Statthalter von Achaja für die Zeit 51/52 erwähnt. Diese G.-Inschrift macht es möglich, für die Wirksamkeit des Apostels Paulus, von Korinth im Sommer 51 an gerechnet, rückwärts und vorwärts feste Jahreszahlen anzusetzen. *Kü*

Gamaliel (= G. der Alte), Enkel Hillels und Haupt der von diesem begründeten Schriftgelehrtenschule, in der jüd. Überlieferung hoch gepriesen wegen seiner Frömmigkeit und Gelehrsamkeit; doch sind von ihm nur wenige Aussprüche und Lehrsätze überliefert. Als Anhänger Hillels vertrat er die mildere Richtung des Pharisäismus gegenüber der strengeren der Schule des Schammai. Apg 5,34-39 rettete er durch sein Eingreifen (was keine Parteinahme oder gar Billigung war) Petrus und Johannes, indem er die Angeklagten und ihre Sache dem Walten und Richten Gottes überließ. Nach Apg 22,3 war Paulus Schüler G.s. *Bie*

Gang. Das Wort G. bezeichnet in der HS meist das Gehen, den Wandel im natürlichen oder übertragenen Sinn. Bei der Einholung der Bundeslade 2Sam 6,13 wurde wohl nach sechs „Schritten" ein Opfer dargebracht. Der G. oder Umgang am Tempel Salomos 1Kö 6,5-10 war ein Anbau an den Langseiten und der Rückseite mit drei Stockwerken, von denen das zweite und dritte breiter wurden. Ähnlich beschreibt Hes 41,5-11 einen dreistockigen Anbau am Tempel mit 30 Gemächern in jedem Stockwerk. Die Gänge des Silbers Hiob 28,1 sind sein Fundort. Der G. Mt 15,17; Mk 7,19 ist der natürliche Weg für die Entleerung des Körpers. *Schl*

Garbe, lose Jer 9,21 oder gebunden 1Mose 37,7; Ps 129,7. Oft bildhaft. → Ackerbau. *Kn*

Garizim, heute dschebel eṭ-ṭōr, Berg im Süden von Sichem (heute nāblus), 881 m hoch. Von hier aus sollte der Segen über das Volk Israel gesprochen werden 5Mose 11,29; 27,12; von hier aus erzählte Jotham seine Parabel von den Bäumen Ri 9,7ff. — Um 300 vChr erbauten die → Samarit(an)er auf dem G. einen Tempel, der 128 vChr von Johannes Hyrkan zerstört wurde. Auch zZ Jesu erscheint der G. als hl. Stätte dieses Volkes Jo 4,20, und noch heute wird hier das Passafest der samaritanischen Gemeinde gefeiert. *Rü*

Garn begegnet Hes 12, 13; 17, 20; 19, 8 f als Jagdgarn, Hes 26, 5. 14; 32, 3; Hab 1, 15. 17; Pred 7, 26 als Schleppnetz, 5Mose 22, 11; Ri 15, 14; Jes 19, 9 als gehechelter Flachs, Leinen. *Kn*

Garten. Voraussetzung zu dem im alten Orient seit je gepflegten G.bau ist die Möglichkeit künstlicher Bewässerung Jes 1, 30; 51, 3; 58, 11; Jer 17, 8; 31, 12, entweder aus nahen Flüssen 4Mose 24, 6 oder aus Quellen HL 4, 15 oder Teichen Pred 2, 6. Er stellt also eine ausgesprochene Kulturleistung dar 5Mose 11, 10. Gärten hatten vor allem begüterte Leute, voran die Könige 2Kö 25, 4; Esth 1, 5; Jer 39, 4; 52, 7. Zumeist dienten sie dem Anbau von Nutzpflanzen wie Gemüse 1Kö 21, 2, Öl 1Chr 27, 28, Weinreben, Feigen u. a. HL 6, 11. Darüber hinaus wurden sie zu Schmuck und Repräsentation angelegt. Nicht selten enthielten sie die Gräber ihrer Herren 2Kö 21, 18. 26; Jo 19, 41 oder dienten anderen Zwecken Sus u Dan 15; Jo 18, 1; Jes 65, 3; 66, 17. Berühmte G.kulturen gab es bei Jericho und in der Gegend von Sodom 1Mose 13, 10. So sehr war der Garten das Ideal irdischen Daseins, daß der paradiesische Zustand der Menschen 1Mose 2, 8-3, 24; Offb 22, 1 f als Leben in einem Garten vorgestellt wird. *Kn*

Gasse. Die dicht gedrängten Ortschaften des Altertums hatten nur enge G.n. Darum sprach Luther mit Recht meist von G.n, zB Mt 6, 2; Lk 10, 10, auch bei Jerusalem Jer 5, 1, bei Askalon 2Sam 1, 20, bei Damaskus Apg 9, 11, sogar bei den goldenen G.n des neuen Jerusalem Offb 21, 21. Mit Recht ersetzte die Revision 1964 Luthers „breite G." 2Chr 29, 4; Neh 8, 1 durch „Platz" und setzte sie 1Kö 20, 34 und Hiob 29, 7 „Markt" ein; ähnlich 1Mose 19, 2 „im Freien". Verständlich ist der übertragene Gebrauch: der Kehricht auf der G. Jes 5, 25, der Dreck auf der G. Sach 9, 3 ist das Bild des Wertlosen; auf die G. werfen Hes 7, 19 meint als geringwertig wegwerfen; daß der Rücken zur G. wird, über die man läuft, malt das Preisgegebensein Jes 51, 23. *Schl*

Gast, gastfrei, Gastfreiheit. Das AT kennt den Begriff „Gast" nicht. Es kennt den „Fremden" und fragt, wie er zu behandeln sei. Ursprünglich ist er ein Feind, den man tötet. Dann versucht man, ihn durch Aufnahme in den eigenen Gemeinschaftsverband unschädlich zu machen. Er wird rechtloser Sklave 1Mose 15, 13; 2Chr 2, 16, bedingt rechtsfähiger Beisasse 1Mose 23, 4 und G. als Wanderer, der Schutz und Bewirtung genießt 2Mose 2, 20 ff; 1Mose 18, 2 ff; Ri 13, 15; Hiob 31, 32. So entsteht das Gastfreisein und das G.recht. Beide wurden durch Sitte und Gesetz laufend geformt und reguliert, wofür das AT eine Fülle von Belegen gibt. Des Beisassen nimmt sich bes. das Gottesrecht an und gewährt ihm Schutz vor Bedrückung und Ausbeutung 2Mose 23, 9. 12; 3Mose 19, 33; 5Mose 1, 16; 10, 18; 27, 19; 24, 17, Hilfe 3Mose 25, 35, Asylrecht Jos 20, 9, gewisse Sonderrechte 3Mose 19, 10; 23, 22; 5Mose 14, 29, Gemeinschaft 5Mose 16, 11. 14, Liebe 5Mose 10, 19, Landanteil Hes 47, 22, vor allem bedingte Kultfähigkeit 2Mose 12, 48; 5Mose 29, 10; 14, 21; 23, 8 u. a. m. Dem entspricht andererseits die Verpflichtung des Fremdlings zur Solidarität mit den Gesetzen des ihm G.recht gewährenden Verbandes 2Mose 12, 19. 49; 20, 10; 3Mose 16, 29; 17, 8 ff; 18, 26 u. a.; 4Mose 9, 14; 15, 14 ff; 5Mose 29, 10 u. a. m. — Ihre tiefste Begründung erfuhr die Pflicht zur G.freiheit in den Sätzen, daß Israel selbst G. in Ägypten gewesen sei 3Mose 19, 34, daß es auch im verheißenen Lande nur ein Beisasse Gottes ist 3Mose 25, 23 und daß dem Menschen auf Erden überhaupt das Schicksal eines G.es zuteil wird Ps 119, 19. — Den Geschichten erwiesener G.freundschaft (Abraham — Lot — Rebekka — Gideon — Manoah — Hiob) stehen die abschreckenden von ihrem Bruch gegenüber: Sodom, die Benjaminiten Ri 19 f, Ägypter 1Mose 12, Jael Ri 4. Im NT spricht bes. Lukas von Gastfreiheit, sei es von ihrer Gewährung an Jesus 10, 38 ff, ihrem Mißbrauch 7, 36 ff; 14, 1 ff und ihrer Verweigerung 9, 51 ff, sei es im Zusammenhang mit der Reichsgottesbotschaft Jesu 14, 8 ff. 12 ff. 16 ff; 12, 37; 13, 29; 15, 23 ff. Nach Mt 25, 35. 38. 43 f hängt das Teilhaben am Reich Gottes ab von der den Armen gewährten G.-freundschaft. Das Gebot, gastfrei zu sein, gilt für alle Christen allen gegenüber: Röm 12, 13 f; 1Petr 4, 9; Hebr 13, 2; 1Tim 3, 2; 5, 10; Tit 1, 8; 3Jo 8. Es ist eine der wesentlichsten Formen, in denen die Liebe ihren Ausdruck findet. *Kn*

Gath, eine der fünf Philisterstädte Jos 13, 3, war ursprünglich von Enakitern bewohnt Jos 11, 22 (vgl. 1Sam 17, 4 G. als Heimat Goliaths). Sie lag bergwärts von bēt dschibrin am militärisch wichtigen Zugang zum jüd. Hochland und war daher stark umkämpft. Ihr unterstanden Ziklag 1Sam 27, 6 und Morescheth-Gath Mich 1, 14. David suchte bei Achis von G. Schutz vor Saul 1Sam 21, 11; 27, 2 ff und eroberte später die Stadt 1Chr 18, 1. Salomo gliederte sie Juda an, und Rehabeam ließ sie befestigen 2Chr 11, 5 ff. Hasaël von Syrien entriß sie Joas und übereignete sie Asdod, vgl. 2Kö 12, 18, so daß Amos 1, 6-8 G. nicht mehr unter den Philisterstädten aufzählt. Usia ließ ihre Mauern schleifen 2Chr 26, 6. Im J. 711 eroberte Sargon II. G. (= gimtu) bei seinem Zug gegen Asdod. Seitdem tritt es geschichtlich nicht mehr hervor. *Da*

Gath-Hepher = chirbet ez-zera' im Gebiet Sebulon Jos 19, 13 mit seinem „Grab des Propheten Jona", der nach 2Kö 14, 25 aus G.-H. stammte. *Da*

Gath-Rimmon, Stadt im Stammesgebiet Dan Jos 19, 45, die nach Jos 21, 24 auch von Leviten bewohnt war. Ihre Lage vermutet man nach der Städteliste Thutmosis in der Nähe von Jafa bzw. Tel-Aviv (Jos 21, 25 fehlt G.-R. in LXX). *Da*

Gattungen → Formen.

Gaza, heute ghazze, die südlichste der fünf Philisterstädte Jos 13,3, an der ägyptisch-syr. Handelsstraße 4 km von der Küste entfernt gelegen. Nach Jos 11,21 f war es in der Frühzeit von Enakitern, nach 5Mose 2,23 von Awwitern bewohnt. Unter Thutmosis III. wurde es im 16.Jh. vChr ägyptisch und von Ramses III. im 12.Jh. den Philistern überlassen. Ri 16 nennt G. als Schauplatz der letzten Taten Simsons. Obwohl Jos 15,47 G. zu Juda rechnet, konnten es die Judäer doch nicht erobern Ri 1,18 LXX. Im Reich Salomos war G. Grenzstadt 1Kö 5,4, in der Folgezeit selbständig Am 1,6. Durch Tiglatpileser III. 734 und Sargon II. 720 wurde es Assur unterworfen. Trotz seiner Tributpflicht behielt G. aber eine gewisse Eigenstaatlichkeit, die auch Hiskia achten mußte 2Kö 18,8. Sanherib übereignete G. bei seinem Sieg über Hiskia 701 sogar noch Gebietsteile Judas. Ein knappes Jh. später eroberte Pharao Necho die Stadt Jer 47,1.5, vgl. Zeph 2,4. Kambyses schlug sie 529 zum persischen Großreich, Alexander d. Gr. eroberte sie i.J. 332 nach fünfmonatiger Belagerung, vgl. Sach 9,5. 198 vChr nahm sie Antiochus IV. in Besitz; i.J. 144 wurde sie von Jonathan 1Makk 11,61, i.J. 95 durch Jannäus erobert, bis endlich Pompejus ihr ihre Selbständigkeit als Freie Stadt zuerkannte. Apg 8,26 wird die Straße von Jerusalem nach G. als Reiseweg nach Ägypten erwähnt. *Da*

Geba. Levitenstadt in Benjamin Jos 18,24; 21, 17, berühmt durch die Heldentat Jonathans 1Sam 14. Von Asa befestigt 1Kö 15,22; 2Chr 16,6, war es neben Mizpa der nördlichste Vorposten Judas gegen Israel. G. ist das heutige dscheba‘ gegenüber Michmas, von dem es durch das wādi eṣ-ṣuwēnīt getrennt ist. *Rü*

gebären, Geburt. Der Mensch ist durch seine G. blutsmäßig gebunden 4Mose 1,20; Hiob 14,1; Apg 2,8; 22,28; Röm 1,3; Phil 3,5. Aufgabe der Frau ist es, durch G. vor allem von männlicher Nachkommenschaft die Lebenskraft der Familie zu mehren. Kann sie dies nicht, so hat sie Kummer und Schande 1Sam 1; Jes 37,3. Vertieft wird die Bedeutung des G.s dadurch, daß es Mittel der Verwirklichung göttlicher Verheißungen ist 1Mose 17,19; Lk 1,13.31. Sein Segen endet jedoch in Zeiten äußerster Not Hiob 5,7; Pred 6,3; 7,1; Lk 23,29 und am Unglauben Hiob 3,3; Jer 15,10; 20,14. Der mit der G. verbundene Schmerz ist eine Folge der Sünde 1Mose 3,16. Die Empfängnis selbst geschieht in Sünde Ps 51,7. In der Heilszeit jedoch sind Schmerz Jes 66,7, Geburtenlosigkeit Jes 54,1 und Kindersterblichkeit Jes 65,23 aufgehoben. — G.n begegnet in bildhafter Verwendung für das Leben aus der Sünde Jes 33,11; 2Tim 2,23; Jak 1,15 oder aus Gott Jo 1,13; 3,3 ff; 1Jo 2,29; 3,9; 4,7; 5,1.4.18. *Kn*

Gebäude → Haus, → Kunst.
Gebal → Byblos.
geben → Gabe.

Gebenedeit, d. i. gesegnet Lk 1,42, von Maria, der Mutter Jesu. Der Sinn des Wortes ist: von Gott gesegnet, darum auch von Menschen gepriesen. Sah jede Mutter in ihrem Kinde einen Segen Gottes, so erst recht Maria, weil Gott sie zur Mutter des Christus machte. Ebenso ist ihr Sohn gesegnet als Empfänger der Fülle der Gottheit Kol 2,9. *Pfi*

Gebet, beten.
1) Begründung des G.s. 2) Das G. im Namen Jesu. 3) Das G. zu Gott und zu Jesus. 4) Die Formen des G.s. 5) Das Äußere beim B. 6) Der Inhalt des G.s. 7) Die innere Haltung des Beters. 8) Die Verheißung für das G.

Das G. ist die persönliche Verbindung des Menschen mit Gott. Glaube und G. gehören zusammen; wer nicht glaubt, betet nicht. Die Art des B.s entspricht der des Glaubens. So reicht das G. vom Anrufen des Götzen bei den Heiden 1Kö 18,24 bis hin zur Anbetung des Vaters im Geist und in der Wahrheit Jo 4,24. Weil uns in der Bibel der persönliche Gott begegnet, wird aus dem G. ein Gespräch mit Gott Ps 19,15. Was kennzeichnet das bibl. G.?

1) Begründung des G.s: Gott will von uns gebeten sein. Das G. ist Antwort auf Gottes Wort. Darauf gründet der Beter sein G. Ps 27,8. Gottes Größe zeigt sich darin, daß alles Fleisch zu ihm kommt, weil er G. erhört Ps 65,3, seine königliche Großmut darin, daß ihn anrufen darf, wer in Not ist Ps 50,15; hört doch Gott im Schrei der Raben eine Anrufung seiner Allmacht Ps 147,9. Jesus gibt uns die umfassende Anweisung und Verheißung Mt 7,7-11.

2) Das G. im Namen Jesu ist die NTliche Vollendung des Grundes für das G. Jo 16,24. Jesu Name, Person, Leben, Werk, Gemeinschaft darf für das G. des Jüngers wirksam werden; er darf im Namen Jesu beides, bitten und empfangen Jo 16,23. Davon spricht Jesus erst angesichts seines Todes Jo 16,25. Das G. im Namen Jesu geschieht also mit Berufung auf die Versöhnung in seinem Sterben und den damit geschaffenen Zugang zu Gott Hebr 4,16, in der Gewißheit, daß er für uns eintritt Röm 8,34; 1Jo 2,1; Hebr 7,25. Das schließt aber das Fragen nach seinem Willen und die Verherrlichung des Vaters im Sohn ein Jo 14,13. Im Namen Jesu heißt im Glauben bitten Mk 9,23; 11,23. Man kann nicht für die eigene Lust gegen den Willen Gottes mit Berufung auf den Sohn bitten Jak 4,3. Jesus will uns den Weg zum unmittelbaren G. zum Vater öffnen; dieses hat aber immer seine Begründung im Glauben und in der Liebe zum Sohn Jo 16,26 f.

3) Das G. zu Gott und zu Jesus. Vom G. im Namen Jesu ist ein kleiner Schritt zum Gebet zu Jesus Jo 14,13 f. Innere Voraussetzung ist das Bekenntnis zu ihm als dem Sohn Gottes, dem Herrn, dem Sohn Davids Mt 8,2; 16,16; Lk 18,38 f und die Mittlerstellung, die er von sich bezeugt Mt 11,27; 28,18. Auferstehung und Himmelfahrt Jesu sind die Vorstufen zur Anbetung Jesu; von daher ist sie in der Gemeinde des NT eingewurzelt Jo 20,28; 1Kor 1,2; 2Kor 12,8; Offb 1,6; 22,20 Es ist keine Rede davon, daß das G. zu Jesus das G. zu Gott in den Schatten stellen könnte; soll ja doch der Vater im Sohn verherrlicht werden Jo 14, 13; Phil 2,11. Es gibt kein G. zu Jesus, das übersieht, daß Jesus für den Vater da ist und seinen Willen tut, und kein G. zum Vater, das übersieht, daß wir nur Jesu wegen ihn zum Vater haben, ohne daß beides immer ausgesprochen werden müßte. Das G. zum heiligen, allmächtigen Gott bewahrt das G. zu Jesus vor falscher Vertraulichkeit und das G. zu Jesus dasjenige zu dem heiligen Gott vor ungläubiger Angst. Klar ist, daß es kein G. zu Engeln oder Menschen gibt, auch nicht als Vermittler Kol 2,18; Offb 19,10; Apg 10,25 f; 1Tim 2,5.

4) Die Formen des G.s: 1Tim 2,1 nennt Bitte, Gebet, Fürbitte, Danksagung. — *a)* Wenn hier an erster Stelle die *Bitte* genannt ist, so deshalb, weil sie innerhalb des menschlichen B.s einen besonderen Raum einnimmt und oft die erste Gebetserfahrung ist. Die Abhängigkeit von Gott treibt zum Bitten. Darum kann der Mensch nicht fordern und ist das G. nicht dazu da, um über Gott die eigenen Wünsche durchzusetzen 1Kö 3,5; Mt 7,7. Die Frage, ob das Bitten nicht im Widerspruch zur Allmacht Gottes stehe, ist verstandesmäßig nicht zu lösen. Das Leben zeigt uns, daß Gott dem Menschen einen Willen gegeben und ihn zum Handeln berufen hat. Darin zeigt sich Gottes Liebe, die nicht allein bleiben wollte 1Mose 1,26 f. Die Bitte ist der Weg, auf dem der Mensch sein Wollen und Handeln vor Gott und in Übereinstimmung mit Gottes Willen bringen kann 1Sam 1,10; 8,6; 15,11; 1Chr 17,25 und Gott den Willen des Menschen in seinen Plan aufnimmt 2Kö 19,15.20; 2Chr 32, 20; Apg 12,5.12. Gott wartet auf unser Bitten Hos 7,7; Phil 4,6; Jo 15,16; 16,24. — *b)* Gott erlaubt uns auch, in der *Fürbitte* für andere einzutreten. Das ist darin begründet, daß Gott uns mit ihnen durch natürliche oder geschichtliche, vor allem geistliche Beziehungen verbindet und diese auch vor ihm gelten. So bleibt Abraham vor Gott stehen, um für Sodom, wo Lot wohnt, einzutreten 1Mose 18,22-33. Die großen Fürbitter Israels sind Mose und Samuel Jer 15,1; 2Mose 17,9-12; 32,32; Ps 106,23; 4Mose 14, 13-19; 1Sam 7,9; Phil 4,19. Das Gebetsleben der Bibel ist voll von Fürbitte: Dan 9; Esra 9; 1Kö 8; Jesus Lk 22,32; 23,34; Jo 17, als der Erhöhte Röm 8,34; 1Jo 2,1; Hebr 7,25, die Gemeinde Apg 4,24-30; 12,5, die Apostel Apg 20,32; Röm 10,1; Eph 1,16 ff; 3,14 ff. Gott sucht solche, die für andere eintreten Hiob 42, 8.10; Hes 13,5; 22,30; wir dürfen andere um ihre Fürbitte bitten 1Mose 20,7; 2Mose 8,4; 1Kö 13,6; Röm 15,30; 2Kor 1,11. Daß die Fürbitte ihre Grenze im Rat und Willen Gottes hat, erfährt Jer 7,16; 11,14 und bezeugt 1Jo 5,16. Die Fürbitte ist ein wichtiger Teil der politischen Verantwortung der Gemeinde Jer 29,7; 1Tim 2,2. — *c)* Großen Nachdruck legten AT und NT auf das *Dankgebet,* in dem Gott für empfangene Gaben der Dank dargebracht wird. „Danket dem Herrn" Ps 105; 106; 107. Leviten werden bestellt, um das Dankgebet zu verrichten 1Chr 16,4. Jesus steht in beständigem Danken dem Vater gegenüber Jo 11,41 f; Mt 26,26; er wartet auf unseren Dank gegen Gott Lk 17,17 f. Paulus sieht die Schuld des Heiden in der Undankbarkeit Röm 1,21; er übt in seinen Briefen das Danken unaufhörlich Röm 1,8; 1Kor 1,4 u. a. m., er mahnt seine Gemeinden dazu Phil 4,6; Kol 4,2. Die Unentbehrlichkeit des Dankens im Gebetsleben beruht darauf, daß durch den Dank für die Gaben der Geber anerkannt und die Verbindung mit ihm hergestellt und erhalten und damit der Weg zum Heil bereitet wird Ps 50,23. Und alles, was mit Dank vom Schöpfer empfangen wird, ist dadurch geheiligt 1Tim 4,4 f. — *d)* Der Dank geht über in *Lob und Anbetung,* von den Gaben zum Geber; das Lob gilt Gott selber, daß er uns nicht nur Gaben, sondern sich selber gibt und wir ihn anrufen dürfen Apg 16,25. Besonders in den Psalmen wird das Lob Gottes verkündigt Ps 22,4; 65,2; 144-150. Gott wird gelobt über seinen großen Taten 2Mose 15; Ri 5; 1Petr 1,3. Im Himmel wird Gott die Ehre gegeben Lk 2,14 und die ewige Liturgie dargebracht Offb 4,8 ff; 11,15 f; 15,2 f; 19,5. Die Anbetung kommt allein Gott zu Mt 4,10; 1Tim 1,17. Die Bibel kennt gerade auf dem Höhepunkt des G.s in der Anbetung nicht das schweigende G., sondern ruft alles auf und stellt alle Mittel in den Dienst der Anbetung Ps 148; 150; 33,3; Offb 7,10. Denn die Anbetung ist Bekenntnis Röm 14,11; 1Kor 14,25; Phil 2,11.

5) Das Äußere beim B.: Das AT und NT stellen darüber keine Gesetze auf; Ordnungen und Hinweise sind Hilfen für unsere Schwäche. — *a) Die Gebärden* als sinnbildlicher Ausdruck der Haltung des Betenden Gott gegenüber: vor Gott stehen und warten 1Mose 18,22; 1Sam 1,26; Lk 18,11.13, knien in Ernst und Demut 1Kö 8,54; Dan 6,11; Apg 9,40; 20,36; Eph 3,14, niederfallen in Ehrfurcht und Beugung Ps 95,6; Mt 26,39; Offb 4,10; 5,14; 19,4, die Hände ausbreiten zum Empfang des Erbetenen 2Mose 9,29; 1Kö 8,22; Jes 1,15; 1Tim 2,8, die Augen erheben, um Gott zu suchen Mk 6, 41; 7,34; Jo 11,41; 17,1, die Augen niederschlagen in Scham und Reue Lk 18,13, die Hand auflegen als Zeichen der Mitteilung des Segens Gottes durch die Gemeinde Apg 6,6; 13,3. Das Falten der Hände ist erst seit der Bekehrung der germanischen Stämme in der christl. Kirche Sitte geworden; es ist Sinnbild der Ergebung und Huldigung vor dem Sieger. — *b) Ort des G.s:* Für das AT hat der Zion und Tempel Bedeutung als der Ort, da Gott in gnädiger Herablassung sich finden lassen will 1Kö 8,29; deshalb beten in der Richtung zum Haus des Herrn 1Kö 8,38.44.48; Ps 5,8, zum Allerheiligsten Ps 28,2, zu den Bergen (Zion) Ps 121,1; Daniel hat offene Fenster nach Jerusalem 6,11, von dorther wird die Erhörung empfangen Ps 3,5, Hiskia geht zum Haus des Herrn Jes 37,14; Sehnsucht nach dem Haus des Herrn Ps 42,5. Im NT offenbart sich Gott im Sohn. Zwar nehmen die Jünger am G. im Tempel teil, solange sie nicht ausgeschlossen sind Apg 2,46; 3,1. Doch macht Jesus seine Gemeinde von Ort und Richtung frei Jo 4,21. Er besucht die Feste im Tempel und den Gottesdienst in der Synagoge Jo 2,23; 5,1; 7,10; Lk 4,16, sucht aber auch die Einsamkeit Mk 1,35; Mt 14,23. Den Beter weist er in die Vorratskammer zum Schutz vor Heuchelei Mt 6,6, ohne daß damit das gemeinsame G. im Gottesdienst und in Gebetsgemeinschaft ausgeschlossen wäre Mt 18,19f. Die Apostel kommen in einem Obergemach zusammen Apg 1,13f, im Haus der Maria 12,12; Petrus betet im stillen Obergemach 10,9. Paulus weist die Männer an, an allen Orten zu beten 1Tim 2,8. — *c) Zeit des B.s:* Im AT wird dreimaliges B. am Tag erwähnt Ps 55,18; Dan 6,11, am Morgen Ps 5,4, am Abend Esra 9,5, am Nachmittag Apg 3,1. Der Sohn ist zu jeder Stunde in Gebetsverbindung mit dem Vater: über Nacht Lk 6,12, vor Tage Mk 1,35, allezeit Jo 11,42. Jesus mahnt, im G. nicht nachzulassen Lk 18,1; Paulus redet vom B. ohne Unterlaß 1Thess 5,17, vom Anhalten am B. Röm 12,12; Kol 4,2, vom B. der rechten Witwe 1Tim 5,5.

6) Der Inhalt des G.s. Weil das ganze Leben unter die Herrschaft Gottes gehört, sind auch alle Bereiche ins G. hineingenommen, aber so, daß alles auf die Gemeinschaft mit Gott bezogen ist. Darum ist die Berufung zu Gott das Wichtigste und ihre Begründung, Befestigung und Erhaltung wichtigster Inhalt des G.s für sich und andere Mt 6,33; Lk 11,13; Eph 1,16ff; 3,14-21. Weil zu einem Leben für Gott Leib, Leben, Lebensmittel nötig sind, darf man ihm alles befehlen Ps 62,9; 55,23; 1Sam 1,15; 1Petr 5,7; man kann kurz darum beten, weil Gott weiß, was wir bedürfen Mt 6,8; 10,29-31; Phil 4,6. Weil Gott dem Menschen Zeit zur Umkehr läßt, erhält er auch dem Gottlosen die Lebensbedingungen Mt 5,45; 2Petr 3,9. Vor allem soll das G. auf Gottes Reich und alles, was ihm dient, gerichtet sein Mt 6,9f; Eph 6,18-20; Röm 15, 30-33, auch für die Regierenden 1Tim 2,2. Oft wissen wir nicht, was wir nach Gottes Willen beten sollen Röm 8,26. Endlich die Bitte um seligen Heimgang Lk 23,46; Apg 7,58.

7) Die innere Haltung des Beters: sein Verlangen Ps 141,2, vor dem allmächtigen Gott demütig 1Mose 18,27; Eph 3,14, vor dem hl. Gott bußfertig Lk 18,13f, nicht in eigener Gerechtigkeit Dan 9,18, in Furcht Jer 26,19, im Glauben Mt 21,22; Mk 11,24; Jak 1,6-8, in Aufrichtigkeit Mt 6,5; 23,14. Das G. erfordert Versöhnlichkeit Mt 6,14f; 18,35; Mk 11,25, Scheidung von Unrecht Jes 59,1-3; 1Petr 3,12; 1Tim 2,8; Jak 5,16, Zucht 1Kor 7,5; 1Petr 3,7, Wachsamkeit und Nüchternheit Mt 26,41; 1Petr 4,8. Die Sammlung kommt zum Ausdruck durch Fasten Neh 1,4; Apg 13,2f; 14,23, der Ernst im Flehen 1Kö 8,33; Dan 9,3; Phil 4,6, im Ringen Kol 4,12, im Schreien 2Chr 32,20, in der Heftigkeit Lk 22,44, im Anhalten ohne Drängen 1Mose 32,27; Lk 18,1; 21,36; Apg 12,5; Röm 12,12; Mt 7,7.

8) Die Verheißung für das G. ist uneingeschränkt Jer 29,12; Mt 7,7; Jak 1,5, nicht von Erfüllung von Bedingungen abhängig Jes 65, 24; sonst könnten wir Gott zwingen oder müßten verzagen; man darf nicht sagen: Du hast nicht recht geglaubt, sonst wäre deine Bitte erfüllt Mk 9,24. Jede Erhörung ist freie Gnade Ps 65,6; Lk 1,13; Apg 10,31. Die Bibel ist voll Gebetserhörungen von 2Mose 2,23ff bis Offb 8,3f. Wir sollen aber den durch die Verheißung uns angebotenen Glauben annehmen Mt 17,20; Mk 11,22-24; Jo 14,1; Jak 5,16. Verweigern wir ihn, dann kann um unseres Unglaubens willen die Erhörung versagt werden Mt 17,20; 13,58; Ungehorsam und Verbergen der Sünden kann Erhörung verhindern Spr 15,8.29; 21,13; 28,9; Klgl 3,8.44; Ps 66,18f; 80,5; Jak 4,3. Weil Gottes Gedanken höher sind, ist oft auch die Erhörung anders da, als wir dachten 2Kor 12,8f; Hebr 5,7. Es gibt kein vergebliches Bitten 1Jo 5,14; die Begegnung mit Gott im G. stärkt auf alle Fälle den Beter Lk 22,42f; Ps 34,6 dadurch, daß es ihn mit dem lebendigen Herrn verbindet. *Pfi*

Gebet des Herrn. Daß das Vaterunser in Mt 6,9-13 u. Lk 11,2-4 nicht wörtlich gleich überliefert ist, ist ein Zeichen dafür, daß die Jünger sich nicht eine Gebetsformel übergeben wußten, sondern eine Hilfe für ihr Beten. Bei Matthäus steht es im Anschluß an die Warnung Jesu vor der Häufung der Worte beim Gebet, um erhört zu werden Mt 6,7; demgegenüber ist das G.d.H. kurz und einfach, auf das Wesentliche ausgerichtet; denn es kommt aus dem Glauben an den Vater, der weiß, was wir bedürfen Mt 6,8. Bei Lukas steht es im Zusammenhang mit dem Beten Jesu und der Bitte um ein die Jünger untereinander verbindendes Gebet Lk 11,1. Jesus gab es ihnen, nicht von sich aus als ein Gesetz, sondern auf ihre Bitte. Aber nun hat der Jüngerkreis ein Gebet, das ihn eint. Die ökumenische Bedeutung des Vaterunser ist erwiesen.

Die Anrufung des Vaters ist im AT dem Volk Gottes gegeben 5Mose 32,6; Jes 63,16; Jer 31,9, im NT dem Einzelnen im Namen des Sohnes Röm 8,15; Gal 4,6. „In den Himmeln" erinnert an die Hoheit Gottes; kindliches Vertrauen ist mit tiefster Ehrfurcht verbunden. Der Sohn macht zu unseren *ersten* Bitten, was Gottes ist Mt 16,23. Gottes *Name* ist seine Offenbarung an uns 2Mose 3,13-15; Jo 17,6; Mt 11,27; er soll von den Menschen erkannt, angenommen, festgehalten, bekannt werden. Das

Kommen des *Reiches* deutet auf ein Geschehen, auf die Herrschaft Gottes, die mit Jesu Kommen beginnt Mt 12,28; Lk 17,21 und in seinem Wiederkommen vollendet wird Mt 24,30 f; Offb 22,17.20; 1Kor 15,24-28. Wo Gott Herr ist, geschieht sein *Wille,* nicht nur im Erleiden, sondern Erfüllen Mk 14,36; so völlig wie im Himmel Ps 103,20 f soll er auf Erden geschehen. Die *„Unser“*-Bitten meinen nicht, was der Jünger für sich „privat“ bedarf, sondern zum Dienst im Reich Gottes: das *Brot* zum Lebensunterhalt (für morgen oder ausreichend, heute bei Matthäus, Tag um Tag bei Lukas; vgl. 1Tim 6,8), die Vergebung der *Schuld,* die durch Mangel an Liebe entsteht Lk 10,25-27 (die Bitte um Vergebung wird unmöglich, wenn dem Nächsten seine Schuld an uns angerechnet wird Mt 18, 21-35), die *Versuchung,* deren Gefahr der Begnadigte eingedenk sein soll Mt 26,41; 1Kor 10,12, die Rettung vor dem *Übel,* das der Böse dem Jünger zufügen kann, um ihn zu Fall zu bringen Röm 16,20; Eph 6,16; 2Thess 3,3; 1Petr 5,8; 2Tim 4,18. Das G.d.H. wurde wohl von Anfang an mit einem Lobpreis, der in den ältesten Handschriften fehlt, als „Siegel“ abgeschlossen. *Pfi*

Gebetsriemen. 2Mose 13,9; 5Mose 6,8; 11,18 war gesagt, man solle Gottes Gebote zum Zeichen auf die Hand binden und sie sollten ein Denkmal vor den Augen sein. Das war sinnbildlich gedacht, als Mahnung, Gottes Gebote nicht zu vergessen, sondern sich und seine Kinder immer neu an sie zu erinnern. Daraus entstand die Sitte, die Gebote auf Zettel zu schreiben, sie in Kapseln zu verschließen und in Riemen an Stirn und Hand zu tragen. Der fromme Jude legte sie beim Morgengebet an, wenn er das „Höre, Israel“ aus 5Mose 6,4-9 sprach. Zur Zeit Jesu trugen die Rabbinen und Fromme wie die Pharisäer die Riemen nicht nur beim Gebet, sondern den ganzen Tag, sommers und winters. Jesus machte ihnen nicht diese Sitte zum Vorwurf, sondern daß sie die G. breit machen, damit sie auffallen. So verlieren diese Äußerlichkeiten den Zweck, zu dem sie gedacht waren, nämlich sich an Gott, seine Taten und Gebote erinnern zu lassen, und dienen nun dazu, sich selber vor den Menschen großzumachen. Damit tritt die tiefe Verderbnis der Frömmigkeit ein, die Jesus mit dem Wort Mt 23,5 angreift. Gegen diese Verkehrung hat Jesus einen unerbittlichen Kampf geführt, seine Gemeinde davor ernstlich gewarnt und ihr zum wahrhaftigen Beten geholfen Mt 6,5 ff. *Pfi*

Jude mit dem Gebetsriemen an der Stirn
Das Bild zeigt einen Juden mit dem über das Haupt gelegten Gebetsmantel und der mit einem Riemen vor der Stirn befestigten Lederkapsel. In den vier Fächern der Kapsel sind die Pergamentstreifen verwahrt, auf denen die Worte 2Mose 13,3—10; 13, 11—16; 5Mose 6,4—9 und 11,13—21 geschrieben sind. Eine ähnliche Kapsel mit den gleichen Worten wurde um den linken Arm gebunden.

Gebirge Ephraim. Mit G. E. bezeichnet das AT den mittleren Teil des westjordanischen Berglandes, der sich etwa von der Ebene Jesreel im Norden bis in die Gegend von Bethel im Süden erstreckt. Das G. E. läuft im Nordwesten in den → Karmel (552 m) aus, der bei Haifa an das Mittelmeer stößt, im Nordosten in das Gebirge → Gilboa, dschebel fuqūʿa (518 m), das den Süden der Jesreel-Ebene von der Bucht von Beth-Schean trennt. Im Südwesten bei der Heimatstadt Josuas Timnath-Serach ist der Berg → Gaasch Jos 24,30; Ri 2,9 zu suchen, im Südosten der Berg Zemarajim 2Chr 13,4 in der Nähe des gleichnamigen Ortes. Die höchsten Erhebungen des G.s E. sind der vielleicht mit dem Baal-Hazor von 2Sam 13,23 gleichzusetzende el-ʿaṣūr (1016 m) nordwestlich von Ephraim, ferner der Garizim, dschebel eṭ-ṭōr (881 m), und der Ebal, dschebel el-islāmīje (940 m), bei Sichem. *Rü*

Gebirge Gilead. Mit diesem Namen wird im AT zunächst der südlich des Jabbok, nahr ez-zerqa, gelegene dschebel dschelʿad mit dem dschebel nebi ōschaʿ (= Berg des Propheten Hosea, 1096 m) als höchster Erhebung bezeichnet 1Mose 31,21.23.25. Hier finden sich noch heute die Ortsnamen ʿēn dschelʿad und chirbet dschelʿad. — Mit der Ausdehnung der isr. Besiedlung wird diese Bezeichnung später auch auf die sich nördlich daran anschließende Landschaft ʿadschlūn zw. Jarmuk, scherīʿat el-menāḍire, und Jabbok übertragen 5Mose 3,12; Ri 7,3. — In welchem Sinne G. G. in HL 4,1 gebraucht ist, bleibt unklar. *Rü*

Gebirge Juda Jos 11,21; 20,7; 21,11; 2Chr 27,4; Lk 1,65 oder „das Gebirge“ Jos 10,40; 11,16; Lk 1,39 heißt im AT und NT der südliche Teil des westjordanischen Berglandes. Das

G. J. erstreckt sich in einer Länge von rund 70 km und einer Breite von rund 20 km zw. Jerusalem im Norden und Beerseba im Süden und erreicht 5 km nördlich von Hebron mit 1027 m seine höchste Erhebung. Nach Osten zu fällt es in mehreren, durch eine große Zahl von Tälern zerschnittenen Stufen zur Wüste Juda und zum Toten Meer hin ab. Auf der Westseite ist es durch die sog. ʿartūf-Verwerfung vom judäischen Hügelland getrennt, das seinerseits durch eine etwa nordsüdlich verlaufende Verwerfung von der Küstenebene abgegrenzt wird. → Tafel 10, 16, 39. *Rü*

Gebote, Zehn → Dekalog.

Gebrechen, gebrechen. *1)* Das Opfertier mußte ohne G. sein 3Mose 22, 21, ebenso der Priester 3Mose 21, 17. Das Wort, das zunächst den Leibesfehler meint Dan 1, 4; Sir 3, 12, umfaßt dann auch inneren Schaden Ps 103, 3. — *2)* Das Zeitwort drückt aus, daß etwas fehlt Ri 18, 10; 5, 7; 1Kö 2, 4; Jo 2, 3 oder zur Neige geht 1Mose 47, 15. *Schl*

Gebunden. *1)* Im eigentlichen Sinn g. sind neben Sachen (wie eingewickelte Leichname Jo 11, 44; 20, 7) vor allem Menschen, die ihre Freiheit verloren haben 1Mose 42, 19; Hiob 36, 8; ohne Schuld, wie Jeremia 40, 4, bes. Jesus Jo 18, 24, Paulus Kol 4, 3; Phm 1, 9; 2Tim 1, 8; Märtyrerchristen Apg 9, 2; Hebr 10, 34; 13, 3; — *2)* im übernatürlichen Sinn g. sind Kranke in Satans Gewalt Lk 13, 16; vom Geist Gottes Geleitete Apg 20, 22; — *3)* g. im übertragenen Sinn ist der Sünder von seinen Sünden Jes 61, 1 (vgl. Mt 16, 19; 18, 18), sind durch Gesetz und Pflicht die Frau an den Mann Röm 7, 2 und Eheleute aneinander 1Kor 7, 27. 29. — 4) Nicht g. ist das Wort, weil es unantastbar ist wie Gott selbst 2Tim 2, 9. *Kü*

Gecko, eine Eidechsen-Art, 3Mose 11, 30 unter den unreinen Tieren genannt. *Schl*

Gedächtnis, gedenken. Erinnerung, um eine Person oder Sache zu überdenken und die entsprechende Folgerung zu ziehen.

1) Von Gott, a) der für uns ein G. seines Namens stiftet 2Mose 20, 24; Jos 4, 7; Ps 102, 13; 111, 4, — *b)* der uns nicht vergißt, aber warten kann 1Mose 8, 1; Offb 16, 19; daher die Bitte Ps 106, 4; Jer 14, 21; 15, 15; Neh 5, 19; Lk 23, 42, aber auch Ps 25, 7; Jer 31, 34, dann das Opfer und Gebet zum G. vor Gott 2Mose 30, 16; 3Mose 2, 2; Apg 10, 4.

2) Vom Menschen. a) G. an Menschen Spr 10, 7; Mt 26, 13; dagegen Ps 34, 17; 109, 15; Hiob 18, 17, an die Sünde 1Mose 41, 9; Hebr 10, 3, die Lehrer Hebr 13, 7, eigene und fremde Not 5Mose 24, 18; Hebr 13, 3. — *b)* G. an Jesus im Herrnmahl Lk 22, 19, an Gottes große Taten Ps 77, 12, an Gott Pred 12, 1; Ps 42, 7; Jes 26, 13. *Pfi*

Gedalja, hebr. auch Gedaljahu, entstammte einer judäischen Beamtenfamilie. Sein Vater Ahikam hatte Jeremia das Leben gerettet Jer 26, 24 und sein Großvater Schaphan war Staatssekretär unter → Josia 2Kö 22, 3. Nach einem in Lachisch gefundenen Siegelabdruck „Gedalja, der über dem Haus ist" dürfte G. der letzte Ministerpräsident Judas gewesen sein, der sich aber von Zedekia gelöst und der Partei → Jeremias angeschlossen hatte. Er wurde von Nebukadnezar zum Statthalter mit dem Amtssitz in Mizpa eingesetzt und von fanatisierten versprengten judäischen Offizieren ermordet 2Kö 25, 22 ff; Jer 40 f. Durch diese Untat und die Verschleppung Jeremias nach Ägypten waren die Zurückgebliebenen ihrer Führer beraubt. *Peu*

Geduld, geduldig. In den Grundsprachen der Bibel sagt G. mehr, als das deutsche Wort zeigt. Es ist zw. der Eigenschaft Gottes und der der Menschen zu unterscheiden, ferner zw. der G. gegenüber einem anderen, etwa im Sinn von Langmut, und der G. als Verhalten in Gefahr und Not.

1) Die Gottesvorstellung Israels sieht neben dem Eifer und Grimm Gottes gegen die Übertretungen seines Bundes auch seine G. und Langmut. Die Propheten und Psalmen sagen oft, daß Gott „barmherzig und gnädig, g. und von großer Güte" ist 2Mose 34, 6; 4Mose 14, 18; Joel 2, 13; Ps 103, 8. Bis auf Jon 4, 2 zeigt Gott G. nur gegen Israel. Die Frage, wie die Propheten die kommende Not Israels mit der G. Gottes vereinbaren, ist nur lösbar, wenn die Grundbedeutung von G. im AT nicht in der unendlich vergebenden Vatergüte Gottes Lk 15, 20, sondern in der zeitlich und räumlich begrenzten Langmut oder Nachsicht erkannt ist. Das zeigt sich deutlich Hes 18, 23 f. Eine spätere Prophetie ist genötigt, der zu Ende gegangenen G. Gottes, deren Aufhören sich für Israel furchtbar auswirkte, die Verheißungen an die Väter gegenüberzustellen. Die Lösung heißt, daß Gott um seines Namens willen zur G. zurückfindet Jes 48, 9. Das ist schon 4Mose 14, 13 ff als Motiv Gottes erzählt. Die griechischen Übersetzer des AT (LXX) nahmen Jes 48, 9 ein Wort für geduldig, das Anlaß wurde, im NT die Geduld Gottes als die wirklich vergebende Vatergüte zu beschreiben. Diese G. Gottes ist in ihrer alle menschlichen Maße überschreitenden Vergebung in der Gleichniserzählung vom Schalksknecht zu finden Mt 18, 21 ff, auch Röm 2, 4; 2Petr 3, 9. 15; von Jesus unmittelbar 1Tim 1, 16. Die Mt 17, 17 erzählte Ungeduld Jesu will als werbende Sorge verstanden sein. Am wichtigsten für NTliches Denken ist die Frage, warum Gott bis zu Jesu Tod weder seinem strafenden Zorn vollen Raum gab, noch eine volle, am Jüngsten Tag gültige Vergebung aussprach, sondern anscheinend einfach gute und böse Dinge laufen ließ. Das von Paulus als Grund erkannte göttliche Verhalten heißt nicht G., sondern genau das als Kern der ATlichen G. erkannte Warten oder Ansichhalten Gottes Röm 3,25. Da der ATliche Fromme bei seinem Gott die vergebende Liebe in der G. Gottes nicht findet, weiß er damit nichts anzufangen, wenn sie diese Richtung nimmt Jon 4,1ff. Der Christ weiß vom Schalksknecht, daß die ihm widerfahrene Vergebung von ihm das Gleiche fordert. Hiefür wendet dann das NT dasselbe Wort an wie bei der vergebenden Liebe Gottes Gal 5,22; Eph 4,2; Kol 1,11. Eine so verstandene G. ist freilich bloß in der Haltung der in Jesus sichtbaren Liebe vollziehbar, so 1Kor 13,4; 1Jo 2,3-11. Der zornige Eifer der Zebedäussöhne ist nicht nach Jesu Art Lk 9,55 f.

2) Das AT kennt — ebensowenig wie die vergebende Liebe — das stille und getröstete „Ausharren“ im Leid als Beispiel der G. nicht. Nur wenige späte Weisheitslehren des AT, die vielleicht altorientalischer oder griech. Lehre entstammen, deuten darauf hin Spr 15,18; Tob 5,14; Sir 2,4; Klgl 3,26. Man sollte hier auf die Bedeutung „abwarten“ zukommen; G. in NTlichem Sinn ist hier nicht gemeint. Das NT aber weist auf das Ausharren Jesu unter dem Kreuz hin 2Thess 3,5; Hebr 12,2 f und ermahnt zu gleichem Tragen in G. Hebr 12,1; Röm 5,3; Offb 13,10. Sie ist Geschenk Röm 15,4; 2Thess 3,5. Eine Überlegung, daß G. sinnlos sein könnte, wird im NT mit dem Hinweis auf Jesus beantwortet Hebr 12,1-3. *Nag*

gefällig, gefallen. Die HS verwendet die Wortgruppe *1)* zur Feststellung von Tatsachen: fleischlich Gesinnte Röm 8,8, ebenso die verstockte, jesusfeindliche Judenschaft 1Thess 2,15 g. Gott nicht; Ledige sorgen, wie sie dem Herrn 1Kor 7,32, Ehemänner, wie sie der Gattin g. 1Kor 7,33; vgl. 34; es gibt den Menschen g.e Boten des Evangeliums Gal 1,10; Soldaten g. dem Kriegsherrn 2Tim 2,4; die tanzende Tochter der Herodias gefiel dem Herodes Mt 14,6 par.; die Ausrufung der Passafeier gefiel König und

Verschiedene Gefäße
Eine langhalsige Flasche aus hellenistischer Zeit, liegend dargestellt — eine Feldflasche, wie sie vom 9. bis zum 5. Jh. üblich war — eine Schale mit hohem Fuß, häufig in der Eisenzeit (seit dem 10. Jh.) — eine Kanne der Eisenzeit.

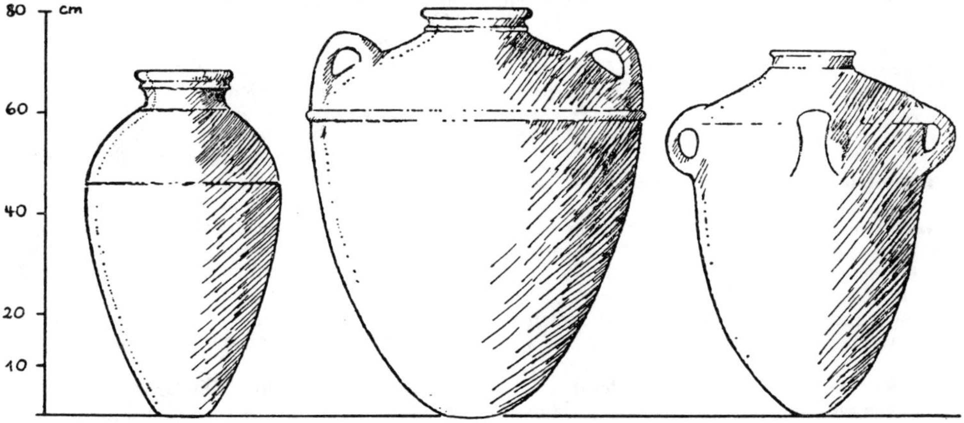

Krüge

Links ein schöner Krug der späteren Bronzezeit mit profiliertem Rand und schmalem Boden, so daß der Krug, um sicher zu stehen, wohl in eine Vertiefung des Fußbodens gestellt wurde. In der Mitte ein Vorratskrug (Amphora) der mittleren Bronzezeit mit zwei oben angebrachten Henkeln, wie er für das Palästina jener Zeit typisch ist. Rechts ein Vierhenkelkrug mit tiefer sitzenden Henkeln aus der gleichen Zeit.

Volk 2Chr 30,4; die Rede der Apostel in Jerusalem gefiel der ganzen Menge Apg 6,5; — *2)* zur Beschreibung der Pflicht gegenüber Gott und Christus: äußerlicher Gottesdienst des ATlichen Frommen kann Gott nicht g. Ps 51,18; Jer 6,20, sondern ein geängstetes und zerschlagenes Herz Ps 51,19; Dankbarkeit und Gottesfurcht g. Gott wohl Ps 69,32; 147,11. Erst recht sollen Christen durch Glauben Hebr 11,6 und durch einen Gottes würdigen Wandel dem Herrn g. Kol 1,10; 1Thess 4,1, sollen vor allem Christi Knechte nicht Menschen g. sein Gal 1,10; alle aber sollen dem Nächsten zur Besserung g. Röm 15,2; vgl. 1Kor 10,33. *Kü*

Gefängnis. G.wesen setzt staatliche oder städtische Strukturen voraus. Es war bekannt in Ägypten 1Mose 39,20-40,5; 2Mose 12,29, für Assur 2Kö 17,4; 25,27, bei den Philistern Ri 16,21 und von der mittleren Königszeit ab in Israel 1Kö 22,27; Jer 37,15.18. Sicher gab es eigens zu diesem Zweck verwendete Gebäude, auch wenn als G. oft ein Haus, etwa eines königlichen Beamten, eine Zisterne u. dgl. m. gedient hat 1Mose 39,20ff; Jer 38,6; 37,15.20; 20,2; 1Kö 22,26f. Im Unterschied zu dem — meist königlichen — Strafg. Esra 7,26 handelt es sich in 1Mose 41,10; 42,17.19.30; 3Mose 24,12; 4Mose 15,34 um eine Art Untersuchungsg. Üblich waren verschärfte Haft Jes 24,22; 2Sam 3,34; Ri 16,21; Jer 52,11, verkürzte Kost 1Kö 22,27, Gefangenenkleider 2Kö 25,29; Jer 52,33 und natürlich Wächter. — Die genannten Verhältnisse gelten auch für die NTliche Zeit Mt 5,25f; 11,2; 18,30 (Schuldhaft). Meist handelt es sich um Untersuchungshaft Apg 5,21.23; 8,3; 12,6. 19; 16,23ff; 23,29ff (Prozeß des Paulus), Phil 1,7; Kol 4,18; 2Tim 2,9; Phm 10.13 u.a. Das Empfangen von Besuchen und sogar eine gewisse Bewegungsfreiheit konnten u.U. gestattet sein Apg 28,16.30; Phil 1,12f. Wie Paulus in seinem Gefangensein ein Mittel zur Förderung des Evangeliums sah Kol 1,24; 2Kor 6,5; 11,23, so gilt die Verheißung gerade den Gefangenen Jes 42,7.22; Mt 25,36.39.43f; Lk 4,18f; 21,12 u.a. *Kn*

Gefängnistor → Tore Jerusalems.

Gefäß. Die G.e des täglichen Gebrauchs waren aus Holz oder Ton 3Mose 11,32f. Bronzene G.e, eiserne Geräte, Gegenstände aus Silber und Gold waren seltener und kostbarer Jos 6,19. Die silbernen und goldenen G.e, die die Israeliten beim Auszug erbaten 2Mose 11,2; 12,35, waren, wie die Revision 1964 verbessert hat, Schmuckstücke (wie 1Mose 24,53). Bei den Ausgrabungen werden Reste von Krügen, Flaschen, Schalen, Schüsseln, Töpfen in großer Menge gefunden; → Keramik. Salben wurden gern auch in kostbaren G.n aufbewahrt Mk 14,3 (G. aus Alabaster). Bei dem Gesicht des Petrus Apg 10, 11 ist an ein Tuch zu denken. In vergleichender Rede wird auf den verschiedenen Wert und Zweck der G.e hingewiesen Röm 9,22f; 2Tim 2,20f; vgl. 2Kor 4,7, sowie auf die Zerbrechlichkeit der G.e Jer 19,11; 48,38; Ps 31,13. *Schl*

Gefangenschaft → Exil.

Gefilde. Das (jetzt aufgegebene) Wort konnte allgemein eine wasserlose, öde Gegend bezeichnen Jes 41,19, meinte aber vielfach bestimmte Gegenden: So das Jordantal und die Verlängerung des Grabens bis Ezjon-Geber 5Mose 1,1; 2,8; Jos 12,1.3, → Jordan. So das G. Moab, das Land östlich von Jericho 4Mose 22,1; 26,3; 33,49; 5Mose 34,1, → Moab. In noch engerer Begrenzung das G. Jerichos, auf dem westl. Ufer des Jordans Jos 4,13; 5,10; 2Kö 25,5. *Schl*

Gegenwart Gottes → Allgegenwart.

Gehasi. Diener und Jünger des Elisa, in dessen Auftrag er helfende Handlungen ausüben darf 2Kö 4,29-31, von dessen Taten er dem König berichtet 2Kö 8,4f. Die Legende läßt ihn die Uneigennützigkeit des Propheten mißbrauchen 2Kö 5,20-27. Der Name kann eine Ortsbezeichnung enthalten; aber die Vokale legen nahe, an eine Körpereigenschaft zu denken, etwa glotzäugig. *Ba*

Geheimnis. Im gewöhnlichen Sinn (etwas für das Wissen anderer Verborgenes) kommt G. in der HS nicht vor, sondern es steht immer in Beziehung zur Offenbarung Gottes dem Menschen gegenüber. *1)* Im *AT* wurde das von Luther gelegentlich verwendete Wort G. 1964 anders übersetzt. — *2)* In Jesu Botschaft bezeichnet G. die nur den Jüngern gegebene Kunde von Gottes Willen mit der Welt (→Reich Gottes) Mk 4,11 par. — *3)* Paulus verwendet G.: *a)* im allgem. Sinn als Heilsoffenbarung Gottes in Christus Kol 2,2; 1Tim 3,9.16, die den Heiligen anvertraut ist Kol 1,26 (vgl. 1Kor 13,2), die Christi Diener verwalten 1Kor 4,1 (vgl. Röm 16,25); *b)* im besonderen Sinn im Gedanken an Israels Verstockung Röm 11,25, an die Annahme der Heiden als Miterben des Heils Eph 3,4.6.9; Kol 1,27, an die Verwandlung der überlebenden Christen bei Jesu Wiederkunft 1Kor 15,51 sowie an die Deutung von 1Mose 2,24 auf Christus und die Gemeinde Eph 5,32. — *4)* In der Offb bezeichnet G. ihren Gesamtinhalt 10,7 oder einzelne bes. zu enthüllende Erscheinungen 1,20; 17,7. *Kü*

Gehenna → Hinnomtal.

Gehorsam, gehorchen. Die Grundsprachen der Bibel verwenden meist für G. und g. ein Wort, das „hören" heißt. Gott oder seine Sprecher, so Mose oder Jeremia, fordern das Volk auf, die Gebote als die Satzung des zw. Gott und dem Volk bestehenden Bundes zu „hören" und zu „halten" 5Mose 11,27; Jer 3,13; 7,23, sehr deutlich 2Mose 19,5. Der Israelit hört, lernt, behält und tut 5Mose 5,1. In NTlicher Zeit erklärt er sich zweimal täglich im vorgeschriebenen Gebet aus 4Mose 15,37-41; 5Mose 6,4-9 und 11,13-21 zu solchem G. bereit. Die Zugehörigkeit zu Israel schließt diesen G. ein. Die Überlegungen der modernen Ethik, die aus den Kollisionen der Pflichten erwachsen, sind den Frommen Israels kaum bekannt. Solcher G. eignet allen alten Gesetzeswerken; aber nur Israel vermochte die Lehre vom G. auf Grund seines Gottes- und Menschenbildes für immer gültig zu prägen. Im NT ist der Gedanke noch entschiedener auf den einigen Gott und seinen Willen bezogen. Vor den „Aufsätzen" der Ältesten wird gewarnt Mt 15,1 ff. Das Maß des G.s ist in Jesu G. vorgezeichnet Phil 2,5-8. Er ist das Gegenstück zum Ungehorsam Adams Röm 5,19. Die für den Christen schweren Folgen solchen G.s sind gesehen, werden aber durch die Verheißungen weit aufgewogen Mt 11,29; 16,24 ff; 2Kor 10,6; vgl. auch Jo 15,19 ff. Dieser G. setzt den Glauben und das Vertrauen zu Gott voraus. Das NTliche Wort für g. ist dasselbe wie glauben und vertrauen. Im Zweifelsfall ist Gott mehr zu g. als den Menschen Apg 5,29. Aller irdische G. ist in den G. Gott gegenüber eingebettet: Eltern Spr 1,8; Eph 6,1 ff; Lehrer Hebr 13,17; Obrigkeit Röm 13,1 ff. *Nag*

Geier. Luther sprach an drei Stellen vom G., für drei verschiedene hebr. Worte, die wahrscheinlich kleinere Raubvögel bezeichnen: 3Mose 11,14; 5Mose 14,13; Hiob 28,7. Vielleicht ist an der ersten Stelle der rote Milan gemeint, an der zweiten ein Weih (so übersetzte Luther das gleiche Wort Jes 34,15), an der dritten etwa der Königsweih, wie Luther das gleiche Wort 3Mose 11,14 und 5Mose 14,13 mit Weih wiedergab. An manchen Stellen sprach Luther vom →Adler, während an einen G. zu denken ist, so Hiob 39, 30; Spr 30,17; Mt 24,28, da die G. sich in großer Menge über Aas versammeln, und Mich 1, 16, da die G., nicht die Adler, kahlköpfig sind; mit Recht spricht die Revision Mich 1,16 und Mt 24,28 von G.n. Auch der Angriff mit den ausgebreiteten Schwingen Jer 48,40; 49,22 und das Horsten auf hohen Felsen Hiob 39,27 f; Jer 49, 16; Ob 4 kennzeichnet die G. noch mehr als die Adler. In der Liste der unreinen Vögel ist 3Mose 11,13 für den Habicht vielleicht der Lämmergeier, für den Fischaar der schwarze G., 11,19 für den Storch etwa der Aasgeier zu setzen. *Schl*

Geige → Musikinstrumente.

Geißel, Geißelung.

1) Während 5Mose 25,2 f; Spr 10,13 an Stockschläge gedacht sein wird, sprechen Spr 26, 3; Sir 33,25; 38,26 von der Peitsche für das Roß, den Esel und den Ochsen; das Pferd des Kriegswagens wird mit der knallenden Peitsche angetrieben Nah 3,2. Von der G.ung, der Auspeitschung eines Menschen sprechen vielleicht 1Kö 12,11.14; Sir 28,21 und erzählt 2Makk 7,1.13.15. Neben die jüd. Bestrafung mit Stockschlägen trat die römische G.ung mit Lederriemen oder Stricken; dabei wurde die Mißhandlung dadurch gesteigert, daß in die Riemen der G. Knochenstücke oder Metallkugeln hineingeflochten waren. Jesus bedrohte Jo 2,15 die Händler im Tempel mit einer G. aus Stricken. Die Bestrafung des Paulus durch römische Behörden 2Kor 11,25; Apg 16,22 erfolgte wohl durch Stockschläge. Ob die Mißhandlung nach einem Verfahren in der Synagoge, die Paulus fünfmal erlitt 2Kor 11,24 und die jedesmal das Leben gefährdete, mit dem Stock oder einer G. erfolgte, muß offenbleiben; dabei hatte die Scheu, das Gesetz, das die Zahl der Stockschläge auf 40 begrenzte 5Mose 25,3, durch irrige Zählung zu übertreten, darin „einen Zaun um das Gesetz" gebaut, daß nur 39 Schläge gegeben werden durften. An Jesus wurde, wie er es vorausgesagt hatte Mt 20,19, durch die Soldaten die G.ung vollzogen, die der Hinrichtung voranzugehen pflegte Mt 27,16. Seine Jünger bereitete er darauf vor, daß sie in den Synagogen ausgepeitscht werden Mt 10,17; 23,34; vgl. Hebr 11,36. Paulus konnte als römischer Bürger auf Grund der lex Porcia dagegen Einspruch erheben, daß er beim Verhör, um sein Geständnis zu erzwingen, gegeißelt werde Apg 22,25-29; 16,37.

2) In bildlicher Verwendung spricht Hiob 5, 21 von der G. der Zunge. Gottes Gericht läßt für Israel die Heiden im Land zur G. werden Jos 23,13 und erweckt eine G. über Assur Jes 10,26; vgl. 30,31 f. *Schl*

Geist.

1) Der ursprüngliche Wortsinn. 2) Der G. Gottes im AT. 3) Jesus Christus im heiligen G. 4) Der G. in der Gemeinde des NT. 5) Der G. des Menschen.

1) Der ursprüngliche Wortsinn (hebr. rûach; griech. pneuma) ist hier aufschlußreich geblieben, auch wo dieses Ursprüngliche in der HS nur noch gleichnishaft durchscheint. Der Lebenshauch durch alles hin, die geheimnisvoll lebenspendende Luft im Wind und im Atem des Menschen ist zunächst gemeint. Darüber verfügt niemand als Gott allein. Weder die Natur noch in ihr der Mensch hat von daher das Göttliche wesenhaft in sich. Dieses Leben gibt und nimmt Gott so, wie 1Mose 2,7 in unvergleichlich drastischer Weise das Einhauchen der im Atem spürbaren Lebendigkeit des Menschen durch Gott geschildert ist (Weish 15,11), oder wie in Ps 104,29 f der Rhythmus von Leben und Tod mit diesem Wort veranschaulicht ist (Pred 12,7; Ps 146,4). Daher das häufige Nebeneinander von G. und Odem 1Mose 6,17 u. 7,15; Jes 42,5; Hiob 34,14, daher dasselbe Wort für „Wind" und „G." in Hes 37,5.9 f.14 oder Jo 3,8 oder das Anhauchen in Jo 20,22 oder das Wehen des Geistes in Jes 40,7; 57,16; 59,19.21; Apg 2,2. Auch wo dann doch durch die ganze Bibel hin vom G. des Menschen die Rede ist wie von einer Eigenschaft seines Wesens, mit der er eigenmächtig umgehen kann als mit „seinem G.", muß dieser ursprüngliche Zug des Unverfügbaren im Auge behalten werden. Gefährliche hellenistische und gnostische Einflüsse sind von daher abgewehrt worden.

2) Der G. Gottes im AT. — a) Die Geschichtschreibung des AT sieht das Eingreifen des Geistes des Herrn in der Ausrüstung führender Gestalten zu entscheidender Aufgabe und Tat: bei Mose 4Mose 11,25; Jes 63,11 — Josua 5Mose 34,9 — im Richterbuch zB Simson 13,25; 14,6; 15,19 — in 1Sam bei Saul 10,6.10; 11,6 und David 16,13. Das bricht dann in der späteren Königsgeschichte bezeichnenderweise ab; dagegen „ruht" der G. Gottes auf Elia und Elisa 2Kö 2,9.15 (vgl. Lk 1,17), wie 4Mose 11,25 auch von einem Geistträger auf den andern übertragen. Die Saulsgeschichte läßt in ihrer Wendung erkennen, daß daraus kein Besitz wird 1Sam 16,14; 18,10. — Der G. Gottes erweckt die Einzelnen Esra 1,5; er gehört nicht zum Glaubensstand der ganzen ATlichen Gemeinde, wenn auch der Mangel empfunden wird 4Mose 11,29. Zur Wirksamkeit des Geistes zählen die Entrückungen 1Kö 18,12; 2Kö 2,16, vgl. Apg 8,39 und — was Anstoß erregen kann — Verblendung, Verstockung und Verführung 1Kö 22,20ff; 2Kö 19,7; Jes 29,10; 19,14. Das geschichtliche Geschehen bis in seine unheimlichsten Hintergründe hinein wird dabei unmittelbar von Gott her verstanden; das ist die Stärke dieser unerhört konzentrierten Gottesanschauung. Das weckt aber auch notwendig die Fragen, mit denen zB das Buch Hiob ringt. — *b)* Daß Gottes G. heiliger G. ist Jes 63,10f; Ps 51,13, der G. des Rechts Jes 28,6; 4,4; 34,16, ist die Erkenntnis der Propheten. Ihre Botschaft ist selbst→Eingebung des Geistes Neh 9,20.30; Hes 11,5; Mich 3,8; Jes 48,16; 59,21 vgl. Mk 12,36; 2Petr 1,21; Offb 22,6; 2Tim 3,16. Gottes guter G. führt den Bedrängten Ps 143,10; es muß ihn niemand unterrichten Jes 40,13. Das Entscheidende geschieht durch Gottes G., nicht durch Heer oder Kraft Sach 4,6. Ihm entgeht nichts und niemand Ps 139,7. — *c)* Von der schuldhaft geistarmen Gegenwart richtet sich der Blick der Propheten zunehmend einer kommenden Heilszeit zu, in der in einer Neuschöpfung Gott seinen G. ausgießen wird auf alles Fleisch Joel 3,1f, vgl. Apg 2,16ff, einen neuen G. Hes 18,31; 36,27; 37,1; 39,29; Ps 51,12. In einer umfassenden Fülle wird der kommende Christus Gottes Träger des Geistes sein Jes 11,2. Hier wie in Jes 42,1ff, vgl. Mt 12,18, und Jes 61,1f, vgl. Lk 4,18, sind wir in der Verheißung des AT dem NT und seiner Offenbarung des hl. Geistes ganz nahe gerückt.

3) Jesus Christus im hl. G. — a) Die Evangelien erzählen von Jesus zunächst wie im AT, daß ihn „der G. in die Wüste trieb" Mk 1,12, daß er in des Geistes Kraft ans Werk geht Lk 4,14, daß Gott seinen G. auf ihn legt Mt 12,18, so wie Jesus selbst in Nazareth Jes 61 auf sich bezieht. Aber sowohl seine Geburt Mt 1,18.20; Lk 1,35 als seine Taufe Mk 1,9ff par. verknüpfen den G. Gottes in einzigartiger Weise mit ihm als dem Sohn. Dabei wird die Taufe in dem begleitenden Wort des Täufers sofort auch zu einer Verheißung für seine Gemeinde, die er mit dem hl. G. taufen wird. Im Ansatz bei den Synoptikern — Lukas geht darin am weitesten —, voll durchgeführt bei Johannes wird deutlich, daß mit Jesus bahnbrechend die Zeit des Geistes angebrochen ist, in der Gottes Nahesein im Sohn und im G. in unauflöslichem Zusammenhang steht und bleibt. — *b)* Das bezeugt die Verkündigung Jesu an hervorragenden Stellen. Sein Wort ist G. im Vollmaß Jo 3,34, Lebenshauch dem Tod zum Trotz Jo 6,63. Denn Gott ist G. — so, in seiner lebenschaffenden, in keine religiösen Schablonen und Festlegungen einzuschränkenden Hoheit, will er angebetet sein Jo 4,24. Und der G. ist als die unersetzliche Gabe allen zugedacht Lk 11,13 gerade dann, wenn sie sich in diesem bibl. Sinn geistarm fühlen Mt 5,3. Der G. selbst will in gefährlichen Grenzsituationen ihre Sache in die Hand nehmen Mk 13,11; Mt 10,19f. Aber das setzt eine Neugeburt aus dem G. voraus Jo 3. — *c)* Der Kampf Jesu mit den „bösen, unsauberen" Geistern wird Mk 3,22ff par. seinen lästernden Feinden gegenüber zum Anlaß, vor der frevelhaften, bewußten Zurückstoßung dieser erlösenden, heilenden Güte Gottes im hl. G. als vor der nicht mehr zu vergebenden Sünde zu warnen. Daß Jesus hier am wenigsten die im Glauben an ihn gebundenen Gewissen verwirren will, ist sonnenklar. — *d)* In den Abschiedsreden Jo 14-16 tritt der G. als der verheißene „Tröster", Fürsprecher, Beistand und Anwalt der zw. Himmelfahrt und Wiederkunft verwaisten Gemeinde in ihren Gesichtskreis. Ausdrücklich handelt es sich dabei um die unveränderte Weiterführung von Christi Werk in streng trinitarischem Sinn. „Ich in euch" oder „der G. wird in euch sein" sagt Jo 14,17.20 dasselbe. Aber die Gemeinde soll nicht fürchten, daß in dieser Zwischenzeit die unmittelbare Quelle der „Erinnerung" Jo 14,26; Lk 12,12 versiegt. G. ist Leben und schafft Leben.

4) Der G. in der Gemeinde des NT. — a) Christus und der G. Der trinitarische Grundzug der bibl. Botschaft tritt immer wieder hervor, auch wenn die im späteren Bekenntnis vorliegende Formel im NT selten ist Mt 28,19 oder abgewandelt 2Kor 13,13, vgl. zB Röm 5,1-5; Gal 4,4-6; Eph 3,14-17. So kann vor allem der G. auch einfach der G. Christi heißen selbst im Rückblick auf das AT 1Petr 1,11, vgl. Röm 8,9; Gal 4,6; Phil 1,19. In den Sendschreiben der Offenbarung wechselt fortgehend wie in 2,1 und 7 der Sprecher, ohne daß damit unterschieden werden will. Das stammt hier und dort aus derselben Lebenssphäre des sich offenbarenden Gottes (Hebr 9,14) bis hin zu der Gleichsetzung „Der Herr ist der Geist" 2Kor 3,17. Ein gewisser Unterschied besteht in der Frage, wo der zeitliche Einschnitt anzusetzen sei für diesen Durchbruch des Geistes Apg 2,33; anders Röm 1,4. Die Erinnerung an Pfingsten wird der Anlaß sein, daß die Antwort hier so lautet, ohne die Wirksamkeit des Geistes bei allem Vorhergehenden verneinen zu wollen. So wird auch 1Tim 3,16 zu verstehen sein. So kann in 1Kor 15,45 Christus der letzte Adam heißen, der als der lebenschaffende G. den Toten das Leben gibt im neuen Wesen des Geistes Röm 7,6. — *b) Die Gemeinde des Geistes.* Zwar sind immer noch einzelne Glieder der NTlichen Gemeinde als „Männer voll hl. Geistes" hervorgehoben Apg 6,3; 13,9. Aber Christen ohne den hl. G. — das ist ausgeschlossen Röm 8,9; 1Kor 12,2 f. Darin bilden bei aller Mannigfaltigkeit der → Geistesgaben die Glieder eine Einheit Eph 4,3; 1Kor 12,4; Eph 2,18; Phil 1,27; 2,1. Der G. wohnt in den Christen Röm 8,11; Jak 4,5; 1Kor 6, 17.19; 2Tim 1,14, auch wenn es unter ihnen nach wie vor zu besonderen Weisungen des Geistes kommt Apg 8,29; 10,19; 11,12; 16,6.7. Die Gewißheit der Kindschaft ist im Zeugnis des Geistes verankert Röm 8,14 ff; Gal 4,6 f. Daran wird noch einmal der trinitarische Sinn des neuen Lebens im G. deutlich. Öfters wird der Zusammenhang von Geistempfang und → Taufe hervorgehoben Apg 2,38; 19,2; Tit 3,5, vgl. Jo 3,5 — in 1Kor 12,12 vielleicht auch von G. und Abendmahl. — *c) Das Leben im G.* (→ Geistesgaben). Es ist ein entscheidendes Kennzeichen der Glaubenserkenntnis und der Verkündigung in den Briefen des NT, daß beide immer geistgebunden bleiben. So weit und tief *diese Erkenntnis* reicht — es ist und bleibt der G., der alle Dinge erforscht, auch die Tiefen der Gottheit 1Kor 2,6-16. Der wissensstolze Mensch steht hier vor verschlossenen Türen. Der G. verhindert, daß die Botschaft zum bloßen Buchstaben erstarrt; durch ihn bleibt sie lebendig 2Kor 3,7-18. Der G. der Weisheit und der Offenbarung Eph 1,17 ist Zustrom vom Ursprung her, über den niemand verfügt. Dadurch wird das Wort Tat und Kraft 1Thess 1,5 f; 1Kor 2,4; Röm 15,18 f; Gal 3,5; es wird zur Waffe Eph 6,17. Es bezeugt sich immer aufs neue als die Wahrheit; denn der G. ist die Wahrheit 1Jo 5,6 ff und weckt Glauben. Das Verhältnis von G. und Glauben ist so eng wie möglich, ohne daß zB in den Erzählungen der Apg schematisch in einer zeitlichen Folge dargestellt wäre, wie es vom G. zum Glauben kommt. Im G. vollendet sich die Gewißheit der Rechtfertigung Röm 8,4.10. Der G. schafft als „Gesetz des Geistes" Röm 8,2 einen geheiligten Lebensraum Röm 15,16; 1Kor 6,11; 2Thess 2,13; 1Petr. 1,2. Er wird freilich zum umkämpften Raum: das → Fleisch gelüstet wider den G. Gal 5,16 ff; Röm 8,5 ff. Das Leben im G. bleibt ein Leben in Hoffnung; noch immer ist der G. erst das Unterpfand der Vollendung 2Kor 1,22; 5,5; Röm 8,23; Gal 5,5. Aber die Hoffnung holt ihre Kraft aus dem gegenwärtigen Leben im G. Röm 8,11. Das „apostolische Glaubensbekenntnis" folgt dem NT, wenn es die Auferstehung des Leibes und das ewige Leben mit dem Glauben an den hl. G. verbindet.

5) Der G. des Menschen. — a) Im Innenleben des Menschen ist G. neben → Seele und → Herz in der HS nicht als Prinzip einer psychologischen Teilung zu verstehen. Gewiß hat jeder Ausdruck seinen eigentümlichen Sinn. Aber der Blick ist immer, den Leib eingeschlossen, auf den ganzen Menschen gerichtet. Im Lobgesang der Maria ist Seele und G. Lk 1,46 f Variation derselben Aussage (vgl. Herz und G. in Ps 78,8). Vom ursprünglichen Wortsinn her kann in 1Mose 6, 17; 7,15; Pred 3,19.21 G. auch das Tier meinen. — *b)* Beim Menschen ist bezeichnend, daß zB künstlerische Fähigkeit 2Mose 28,3; 31,3 noch unmittelbar als Geistmitteilung Gottes verstanden wird. Es ist denn auch oft der von Gott berührte G. im Menschen „sein G.": das tiefe Aufgewühltsein in Freude und Angst Ps 51,14; Hiob 6,4; Ps 51,19; 142,4; Jes 57,15, bei Jesus selbst Mk 8,12; Jo 11,33; 13,21, aber auch das tiefe Nachsinnen und Erkennen Ps 77,7; 1Kor 2,11; Spr 20,27; Dan 4,5; 6,4 oder der Mensch als Charakter im Guten und Bösen Ps 32,2; Hiob 32,8; Ps 78,8. Auch schon im AT ist → Fleisch als Bezeichnung des selbstherrlichen und doch so schwachen vergänglichen Menschen dem G. gegenübergestellt 1Mose 6,3; Ps 78,39; Jes 31,3, vgl. Mt 26,41. — Wenn Jesus im Sterben Lk 23,46 mit Ps 31,6 „seinen G." in des Vaters Hände befiehlt (vgl. Apg 7,58), dann ist noch einmal deutlich, wie G. das Leben göttlichen Ursprungs meint, das Jesus im Aushauchen zurückgibt. *He*

Geistesgaben. → Geist. Die Gemeinde des NT weiß sich in ihren einzelnen Gliedern und in ihrem Gesamtleben beschenkt und ausgestattet mit einer Fülle von G., in denen das an sich verborgene Wirken des Geistes sich als gestaltreiche Wirklichkeit kundtut.

1) Gabe und Frucht. Der von Gottes Gnade (charis) herrührenden Gabe (charisma) als Erweis von Person zu Person geht Röm 5,15 ff zunächst in ihrer Gesamtheit nach, um dann in 12,6 ff ihre Mannigfaltigkeit vor uns auszubreiten. Während hier die ineinandergreifenden Dienstleistungen (nicht → Ämter im späteren Sinn) in einer gesund entwickelten Gemeinde als G., nicht als Organisation verstanden sind, schildert mit dem der Natur entnommenen, verwandten Bild der Frucht Gal 5,22 die innere Ausgestaltung des vom Geist „mit seinen Gaben erleuchteten" neuen Lebens Röm 6,23.

2) Die Einheit der G. Dem einheitlichen Ursprung 1Kor 12,11 entspricht im NT die einheitliche Zielsetzung der G. Der „gemeine Nutzen" V.7, im Bild gesprochen das Zusammenwirken der Glieder im Leibe Christi V.7.25; Eph 4,16 verbindet sie alle und macht auch die unscheinbare Gabe unentbehrlich 1Kor 12,22. Immer handelt es sich um Haushalterschaft in einem straff zusammengehaltenen Haushalt

1Petr 4,10. Die G. können verglimmen und müssen wieder zur Flamme entfacht werden 2Tim 1,6; 1Tim 4,14.

3) Die Mannigfaltigkeit der G. Die Aufzählung der G. in 1Kor 12,8ff. 28ff; Röm 12,6ff; Eph 4,11 will nicht vollständig und für jede Gemeinde und Zeit verbindlich sein. 1Kor 12 oder Röm 12 ist deutlich in verschiedene Situation hineingesprochen; das Zuteilen, wie der Geist will, bleibt maßgebend 1Kor 12,11b. Gewiß ist die Reihenfolge der Aufzählung, ohne ein Werturteil, nicht zufällig 1Kor 12,28. Aber dort will gegenüber der das neue Leben überhaupt bedingenden Urgabe der Liebe K. 13 die Mannigfaltigkeit der zugeteilten G. herausgestellt werden. Wichtig ist, daß zB die Leitung Röm 12,8; 1Kor 12,28 oder die Diakonie (so statt „Amt" Röm 12,7) oder das Ermahnen, das Lehren, die Gebefreudigkeit und Übung der Barmherzigkeit nicht als allgemeine menschliche Fähigkeit, sondern als zugeteilte G. verstanden sind. Von den vielbesprochenen G. des → Zungenredens, des Wundertuns, des Gesundmachens gilt jedenfalls, daß sie in einer Reihe mit anderen und zwar nicht etwa an erster Stelle stehen, daß sie in Röm 12 u. Eph 4 fehlen und daß für sie bes. die Gabe, Geister zu unterscheiden, unentbehrlich ist 1Kor 12,10, vgl. 1Kor 13,1. Daß das Betenkönnen Geistesgabe ist, sagt Röm 8, 15.26; Gal 4,6. → Apostel, Ermahnen, Lehrer, Prophet, Weissagung, Wunder. *He*

Geistlich. → Geist, → Geistesgaben. Bestimmter als in dem oft anfechtbaren Sprachgebrauch der Kirche ist g. in der HS immer von Gottes Geist her zu verstehen. — *a)* G. heißen — meist im Gegensatz zu → fleischlich — die Christen, sofern sie in der Lebenssphäre des Geistes leben Gal 6,1; Röm 8,5ff; 1Kor 14,37. Dorther strömt g. Segen Eph 1,3, stammt g. Saat 1Kor 9,11. Dort hat in dem aus lebendigen Steinen erbauten g. Haus das Opfer g. Wirkung 1Petr 2,5. Dort vermag man g. zu erkennen 1Kor 2,13; Kol 1,9, dort lebt das g. Lied Eph 5,19. G. Güter und Gaben fallen der Gemeinde zu Röm 15,27; 1,11. — *b)* Als von Gott gegeben ist das Gesetz g., wenn es auch dem fleischlichen und darum unter die Sünde verkauften Menschen kein Heil bringen kann Röm 7,14. G. heißt die Speise und der Trank aus dem Felsen in der Wüste, sofern sie als Hinweis auf das in Christus erfüllte Heil verstanden werden 1Kor 10,3f. So wird Gott in der → Auferstehung den g. Leib schaffen, der dem Zwiespalt des gegenwärtigen, nicht nur durch Gottes Geist bestimmten Lebens entnommen ist 1Kor 15, 44ff. — In Offb 11,8 g. = in prophetischer Sprache. Zu Mt 5,3 „g. arm" → Geist 3) b). *He*

Geiz, geizig. Das von Luther am häufigsten mit G. übersetzte hebr. Wort bedeutet durch Bestechung, Übervorteilung oder Erpressung erworbenen ungerechten Gewinn 2Mose 18,21; Jer 6, 13; 22,17; Spr 15,27; vgl. 1Sam 8,3. Es handelt sich also um ein sozialethisches Vergehen, durch das die von Gott gegebene Rechtsordnung verletzt wird. — Von den im NT mit G. wiedergegebenen griech. Wörtern bezeichnet das eine die Liebe zum Geld, das andere das Mehrhabenwollen. Geldgier und Habsucht sind Kennzeichen der Pharisäer Lk 16,14, der Irrlehrer 2Petr 2,3 und der von Gott preisgegebenen Heiden Röm 1,29. Jesus verurteilt den G. als eine den Menschen verunreinigende Gesinnung Mk 7,22, vor der er die Seinen nachdrücklich warnt, weil der Habgierige Gott nicht voll vertraut und sein Leben selbst sichern will Lk 12,15ff; → Mammon. In den Briefen des NT wird den Christen oft im Zusammenhang mit anderen Lastern die Gefahr des gierigen Trachtens nach irdischem Besitz vor Augen gehalten. G. macht untüchtig für das Reich Gottes 1Kor 6,10; Kol 3,5, schließt aus der christl. Gemeinde aus 1Kor 5,10ff, ja ist eine Wurzel alles Übels 1Tim 6,10. Apostel und Bischöfe meiden ihn 1Thess 2,5; 1Tim 3,3. Die Verurteilung des G.es erfolgt unter individual- und sozialethischem Aspekt. *Oßw*

Geld.

1) Das Aufkommen der Geldwirtschaft. 2) G. in alter Zeit. 3) Gewicht und Wert des G.es. 4) Geprägte Münzen.

1) Ursprünglich wird im Gütertausch die Zahlung für eine empfangene Ware durch Naturalgaben geleistet. So lesen wir 1Kö 5,25 von hohen Sachleistungen Salomos an Hiram, 2Kö 3,4 von dem Tribut des Mescha in großen Mengen Wolle. So empfängt der König Abgaben in Sachwerten 1Sam 8,15; 1Kö 4,7ff, ebenso das Heiligtum nach Hes 45,13ff. Aber frühe wurde es daneben üblich, mit G., d.h. mit Metall, vor allem Silber, in bestimmtem Gewicht zu bezahlen: der Kaufpreis wurde auf der Waage dargewogen; so 1Mose 23,16; 2Sam 18,12; Jes 46, 6; Jer 32,10. Daher gewann das Wort „wägen" (hebr. schaqal) geradezu die Bedeutung „bezahlen" und wurde das Wort Schekel, ursprünglich ein bestimmtes Gewicht, die übliche Bezeichnung für den meistgebrauchten Geldwert. Zur Beute Achans Jos 7,21 gehörten 200 Silberstücke (Schekel) und eine 50 Schekel schwere „Goldzunge". Zahlung mit G. wurde vor allem im Verkehr mit Fremden üblich: Joseph wurde um 20 Silberlinge an die Händler verkauft 1Mose 37,28;

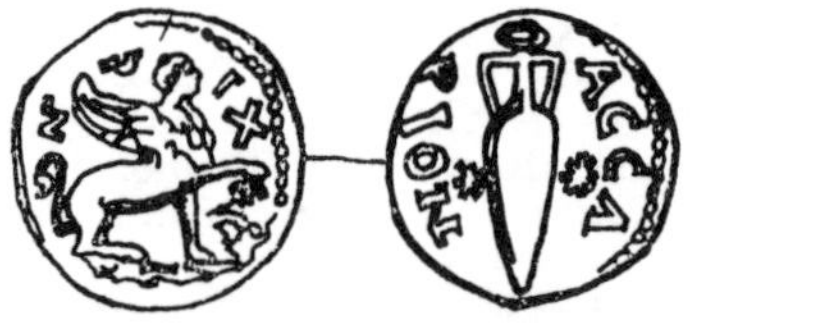

Ein römisches Assarion

Die Vorderseite zeigt ein Fabelwesen mit einem Frauenkopf, einem Löwenleib und Flügeln, die Rückseite einen zweihenkeligen Krug mit spitzem Fuß, daneben zwei Sterne und die Aufschrift Assarion.

die Philister zahlten Delila eine Menge von Silberstücken Ri 16, 5. 18; Tribut wurde in Gold und Silber entrichtet 1Kö 20, 5; 2Kö 14, 14; 15, 20; 16, 8; 18, 14; Import machte Zahlung in G. nötig 1Mose 42, 25 ff; 1Kö 10, 29. Begreiflich ist, daß der Söldner mit G. entlohnt wurde Ri 9, 4 und Grundstücke mit Silberstücken bezahlt wurden 1Mose 23, 17; 2Sam 24, 24; 1Kö 16, 24 (auch 21,2). Daß nach Ri 17, 10 G. zur Vergütung eines Priesters gehörte, ist eine überraschende Nachricht, ein Zeugnis dafür, wie neben der Naturalwirtschaft Geldwirtschaft aufkam. In der persischen Zeit war G. stärker verbreitet, wurde darum auch eine Steuer in G. gefordert Neh 5, 15.

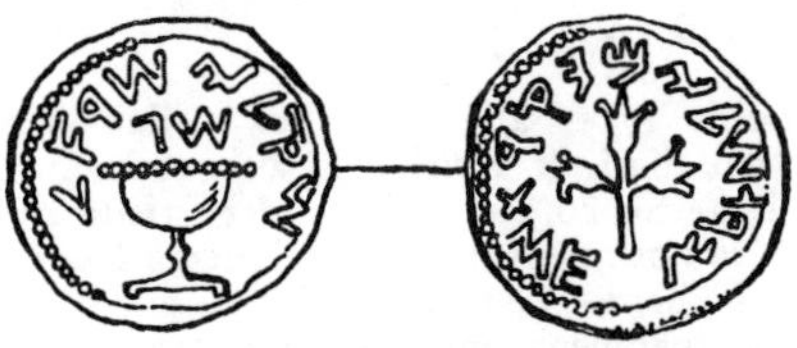

Ein jüdischer Schekel von 67 nChr

Die Vorderseite zeigt einen Kelch, darüber in zwei Buchstaben die Zahlangabe Jahr 2; die Umschrift in althebräischen Buchstaben, von rechts nach links zu lesen, sch q l j s r ' l = schekel jisrael, ein Schekel von Israel. Die Rückseite zeigt drei Granatäpfel und gibt die Umschrift j r u sch l j m h q d o sch h = jeruschalajim haqqedoschah, das heilige Jerusalem.

2) Die Metallstücke, die als G. dienten, hatten die Form von Barren, Ringen oder Zungen (so Jos 7, 21); geprägtes G., also Münzen mit einem vom Staat verbürgten Wert gab es erst seit der persischen Zeit. Der Israelit trug seine G.stücke in einem Beutel Jes 46, 6; 2Kö 5, 23; Spr 1, 14, der dann etwa im Gürtel seinen Platz fand Mt 10, 9. Zur Ansammlung von G. und Geldeswert kam es — trotz der Warnung 5Mose 17, 17 — vor allem am Hof der Könige, so daß zum Palast eine Schatzkammer oder ein Schatzhaus gehörte; so in Jerusalem 2Kö 14, 14; 2Chr 32, 27; Jer 38, 11 wie in Babel Esra 5, 17; 6, 1. Aber auch die Heiligtümer wurden reich und brauchten Schatzkammern, in Jerusalem 2Kö 12, 19; Neh 10, 39; Mal 3, 10 wie in Babel Dan 1, 2.

3) Das gebräuchliche Metall war im Verkehr das Silber, so daß das Wort für Silber geradezu die Bedeutung G. gewann. Das Verhältnis des Silbers zum Gold war in ganz Vorderasien ursprünglich 1 : 13$^{1}/_{3}$, vielleicht errechnet aus der Umlaufzeit des Mondes und der Sonne; später schwankte das Wertverhältnis. Das Kupfer stand zu Silber 1 : 60. Das gewöhnliche Gewicht war der Schekel; 50, später 60 Schekel ergaben eine Mine, 60 Minen ein Talent. Für die babylonische Währung ergibt sich zu einer bestimmten Zeit etwa folgendes Bild: ein Goldschekel, etwa 16, 4 g, etwa 45 DM; eine Goldmine, etwa 820 g, etwa 2250 DM; ein Goldtalent, etwa 49 kg, etwa 135 000 DM; ein Silberschekel, etwa 14,5 g, etwa 2,50 DM; eine Silbermine, etwa 725 g, etwa 125 DM; ein Silbertalent, etwa 43,5 kg, etwa 7500 DM. Der Geldwert war hoch; für zwei Silberschekel konnte man einen Widder kaufen 3Mose 5, 15; nach 2Kö 7, 16 kosteten (allerdings wohl bei gedrückten Preisen) 13 kg Weizen und 26 kg Gerste je einen Silberschekel.

4) Geprägtes G., so daß ein Wägen nicht mehr nötig war, gab es im persischen Reich. Goldmünzen vom Großkönig her, Silbermünzen in den Provinzen: die Darike (Luther: Goldgulden) Esra 8, 27 u. 1Chr 29, 7, etwa = 23 DM, und eine Golddrachme Neh 7, 70 ff u. Esra 2, 69, vielleicht = 12 DM; daneben der Silberschekel Neh 5, 15 u. 10, 33, vielleicht im Wert einer DM. Unter ptolemäischer und seleukidischer Herrschaft liefen ägyptische und syr. Münzen im Lande um. Dann verlieh nach 1Makk 15, 6 Antiochus VII. Sidetes um 140 vChr dem Makkabäer Simon das Recht, Münzen zu schlagen. Doch sind jüd. Münzen erst seit Johannes → Hyrkan bekannt. Die Münzen der Herodier tragen griech. Gepräge. Während des Aufstands 66-70 wurden jüd. Münzen mit der Aufschrift „Schekel von Israel, Jahr 1 (-5)" geschlagen; die Münzen des zweiten Aufstands 132-135 tragen die Jahreszahl „der Befreiung Israels" 1-4 und die Namen „Simon Fürst Israels" oder „Eleasar der Priester". Zur Zeit Jesu war in Palästina griech. und röm. G. im Umlauf. Die übliche Silbermünze waren die griech. Drachme Lk 15, 8 (Luther „Groschen") und der röm. Denar Mt 18, 28; Lk 10, 35 („Silbergroschen"), beide etwa im Wert einer DM. Eine Doppeldrachme Mt 17, 24 („Tempelgroschen") war der Betrag der Tempelsteuer. Ein Vierdrachmenstück war der Stater Mt 17, 27 („Zweigroschenstück"). Als hohe Werte nennt das Gleichnis Lk 19, 12-27 die Mine („Pfund"),

Münze des Vespasian

Die Münze, die der Kaiser zur Feier des Sieges über die aufständischen Juden im Jahr 70 schlagen ließ, zeigt auf der Vorderseite seinen charakteristischen Kopf mit dem Lorbeerkranz und der Umschrift JMP(erator) CAES(ar) VESPASIAN(us) AUG(ustus) P(ontifex) M(aximus) TR(ibunicia) P(otestate) P(ater) P(atriae) COS(ul) III, d. h. Herrscher Kaiser Vespasian, der Erhabene, der höchste Priester, im Amt des Tribunen, Vater des Vaterlands, zum dritten Mal Consul. Die Rückseite zeigt neben einem Palmbaum, dem Symbol des jüdischen Volkes, eine im Jammer dasitzende Frau und einen stolz dastehenden römischen Offizier, dazu die Umschrift JUDAEA CAPTA, d. h. Judaea (ist) erobert, SC = Senatus consultu, auf Beschluß des Senats.

im Wert von etwa 150 DM, das Gleichnis Mt 25,14-30 das griech. Talent („Zentner"), vielleicht = 4700 DM. Als Kupfermünzen werden genannt das griech. Lepton Mk 12,42 („Scherflein"); Lk 12,59 („Heller") im Wert eines halben Pfennigs, als doppelter Wert der röm. Quadrans Mt 5,26; Mk 12,42 („Heller"), als vierfacher Wert das Assarion Mt 10,29 („Heller"); Lk 12,6 („Pfennig"). Gold- und Silbermünzen zeigten den Kopf eines Kaisers Mt 21,21, die von den Prokuratoren geprägten Kupfermünzen eine Palme. Zum Geldwert bekommen wir nur wenige Angaben: Nach Mt 10,29 waren zwei Sperlinge für ein Assarion, zwei Pfennige, zu haben, nach Lk 12,6 fünf Sperlinge für zwei Assarion. Ein Denar war der übliche Taglohn Mt 20,2 („Silbergroschen", vgl. Lk 15,8 ff). Offb 6,6 nennt für eine Zeit der Hungersnot den Preis von einem Denar („Silberstück") für ein Pfund Weizen oder drei Pfund Gerste. → Abbildungen von Münzen auch Sp. 65, 510, 512, 708, 758. *Schl*

Gelenk. In der Erzählung von Jakobs Ringen 1Mose 32,26.33 ist der Muskelstrang über der Hüfte gemeint (Luther: „Spannader"). Dan 10, 16 will sagen: Krämpfe sind über mich gekommen. Paulus spricht Eph 4,16; Kol 2,19 von den G.en des Leibes, um die Verbundenheit der Glieder am Leib Christi darzustellen. *Schl*

Geltung, gelten. Zur Ermittlung des Gegenwertes bei Verkauf oder Tausch 1Kö 21,2, auch als Kaufpreis, Entgelt und Gewicht Sach 11,12. — Bestand haben, andauern beim Bund Gottes, bei einem Gelübde 4Mose 30,5-12, beim Opfer Christi Hebr 10,12. — Besonders von Gottes Wort, weil es etwas bedeutet 4Mose 11,23; Hiob 15,11. — Spöttisch vom Menschen Ps 73,9 — vom Propheten im Vaterland Mt 13,57; Jo 4,44 — von der Hoffnung des Frommen vor Gott Hiob 34,9. Vor Gott gilt kein Ansehen der Person Gal 5,6; Kol 3,25. Daneben auch als einfache Redewendung Hiob 1,11; Jes 22,14 „was gilt's?". *Nag*

Gelübde, d. h. das Geloben einer *Gabe* oder *Leistung an Gott* zur Unterstützung einer *Bitte*, aber auch als Ausdruck besonderer *Dankbarkeit*. Liegt beim ersteren Verständnis die Gefahr nahe, das Gelobte als religiöses Tauschobjekt mißzuverstehen, so drückt sich im zweiten Fall die enge persönliche Bindung an Gott aus, wobei der Gelobende weiß, wie schwach und veränderlich das menschliche Herz ist, das des wohltätigen Haltes einer solchen Bindung bedarf.

Das G. ist der *Freiwilligkeit* anheimgestellt; doch fordert der deuteronomische Prediger strenge Erfüllung des einmal Übernommenen 5Mose 23,22.24, während die Weisheitslehrer vor *unüberlegtem* G. warnen Spr 20,25. G. weiblicher Personen werden erst nach Einwilligung des Muntwalts (des Vaters oder Mannes) rechtsgültig. Die Verweigerung ihrer Legitimation muß allerdings binnen 24 Stunden erfolgen, wenn sie auflösenden Charakter haben soll 4Mose 30,4 ff. Jahwegehöriges (Erstgeburt) oder Fluchbeladenes (Hurenlohn) dürfen *nicht* gelobt werden, sonst aber alles Eigentum, selbst Personen. Abgesehen von opferbaren Tieren ist jedoch → *Lösung* möglich 3Mose 27. Dem Wesen des G.s verwandt ist das → *Nasiräat.* Mal 1,14, noch mehr Mt 15,5 zeigen den *Verfall* der Gelübdepraxis im Judentum. *Ste*

Gemarja. 1) Sondergesandter Zedekias an Nebukadnezar und Überbringer eines Briefs des Jeremia an die Exulanten des Jahres 598 nach Babylonien Jer 29,3. — *2)* Sohn des Staatssekretärs Schaphan, der Jeremia gut gesinnt war Jer 36,10 ff. 25. *Peu*

gemein. *1)* = allgemein; etwa allen gemeinsam wie die Luft Weish 7,3; weit verbreitet wie die Lüge Sir 20,26; umfassender Friede 2Makk 9,21; so noch der gemeinsame Nutzen 1Kor 12,7.

2) früher = gewöhnlich, im Unterschied von den Vornehmen: einfache Leute und Herren Ps 49,3; das niedere Volk Jer 26,23.

3) = gewöhnlich, nicht geheiligt, profan: g.es Brot im Unterschied von den Schaubroten 1Sam 21,5; g.es Land neben dem Heiligtum Hes 48,15.

4) = unrein; so im Gesicht des Petrus „g. oder unrein" Apg 10,14 f. 28; 11,8 f. (Mk 7,2 ff wurde schon 1956 mit Recht „unrein" gesetzt; ebenso Röm 14,14; Offb 21,27). *Schl*

Gemeinde ist Bezeichnung für das *Gottesvolk* in seiner *Versammlung*.

1) Im AT ist die Zugehörigkeit zu ihm zunächst durch die natürliche Abstammung gegeben. Doch liegt der Schwerpunkt schon hier auf dem gottesdienstlichen Zusammenkommen 3Mose 8,4; 9,5; 1Kö 8,5.55; Ps 22,23; 111,1; 149,1.

2) Im NT geht es um die von Gott erwählte Schar aus Juden und Heiden, die sich in einer bestimmten Landschaft 1Kor 16,19; 2Kor 8,1, an einem bestimmten Ort 1Kor 1,2; Kol 4,16, in bestimmten Häusern Kol 4,15; Röm 16,5 versammelt. Als solche heißt sie oft präzise „G. Gottes" 1Kor 1,2; Apg 20,28 (nach Ps 74,2) oder noch genauer „G. Gottes in Christus Jesus" 1Thess 2,14, auch „G. der Heiligen" 1Kor 14, 34. Die Verwendung der Einzahl „G." zur Bezeichnung der ganzen Christenheit (= Kirche) wechselt mit dem Gebrauch des Wortes in der Mehrzahl, wobei der Blick auf den örtlichen Gemeindeversammlungen ruht. Da aber das Wort „Kirche" im NT fehlt, ist die örtliche und die umfassende Bedeutung ungetrennt an das Wort „Gemeinde" geknüpft. Dabei wird kein Unterschied zw. judenchristlichen und heidenchristlichen G.n gemacht, wohl aber die G. scharf von „Volk" abgesetzt Apg 2,47, obwohl hier Israel, das alte Gottesvolk, gemeint ist.

3) Besonders *Kol* und *Eph* entwickeln eine ausgeführte Lehre von der G., die in Apg und in den älteren Paulusbriefen noch fehlt, obwohl sich in der Ämterlehre von 1Kor 12 u. 14 und Röm 12 schon Ansätze finden. Über die Bilder von Gottes Acker und Haus 1Kor 3,9, Gottes Herde Apg 20,28 und Gottes Weinberg 1Kor 9,7, vgl. Mt 21,28.33 führt weit hinaus das Bild vom menschlichen Körper, das Paulus schon 1Kor 12 verwendet und das in Kol 1,18; Eph 1,22; 5,23 seine Ausformung erfährt („Er das Haupt, wir seine Glieder").

4) Lange umstritten waren die beiden einzigen Stellen, die in den Evangelien, und zwar nur bei *Mt,* das Wort G. verwenden. Mt 18,17 spricht von der Gemeindezucht, die sowohl in der jüd. wie der frühchristlichen G. geübt wurde und deshalb als Weisung im Munde Jesu nichts Ungewöhnliches zu sein braucht. Mt 16,18 führt einfach die Linie durch, die von der alten Gottesgemeinde Israel zur neuen Gottesgemeinde führt: sie ist gebunden an das Bekenntnis zu Jesus als dem Messias, konstituiert sich um Petrus als den Repräsentanten des Zwölfapostelkreises und empfängt als solche von Jesus die Zusage, daß sie bleiben wird.

5) Dem Weg von dieser ersten Ausformung der G. des NT in der von Petrus geführten „Urgemeinde" in Jerusalem Apg 2,42-47 über die erste heidenchristliche G. in Antiochien Apg 11, 19-26 zu den G.n des Paulus in Kleinasien, Mazedonien und Griechenland entspricht die Entfaltung der Lehre von der G. (= Kirche) in Mt, Apg und den Paulusbriefen bis hin zu Eph.

6) Eine organisatorische Zusammenfassung der einzelnen Ortsgemeinden gibt es in der Zeit des NT nicht. Lediglich die Reisen der Apostel und die für Jerusalem bei den heidenchristlichen G.n von Paulus gesammelte Kollekte 2Kor 8 u. 9 stellen solche Verbindungen dar. Die G. weiß sich aber als „Leib Christi" dennoch als geschlossene Einheit in der Zerstreuung. → Kirche. *Ap*

Gemeinschaft.

1) Im AT. 1Mose 11,1-9 zeigt die Bedeutung der Sprache für die menschliche G. Die ATliche Volksgemeinschaft ist an die Gemeinsamkeit der Religion gebunden, vgl. Jo 4,9; vom Volksgenossen wird der → Fremdling unterschieden, sie haben keine Tischgemeinschaft 2Mose 12,43 (vgl. 1Mose 43,32). Die Verwendung des Begriffs G. zur Bezeichnung der Verbundenheit mit Gott kennt das AT nicht.

2) Im NT bezeichnet G. die religiöse Lebensverbindung, in der die Christen stehen. Sie haben nicht teil an der Sünde Eph 5,11, keine G. mit der Finsternis 2Kor 6,14 (vgl. 1Jo 1,6), sondern haben G. mit dem Vater und mit seinem Sohn Jesus Christus 1Jo 1,3, mit Gott, der Licht ist 1Jo 1,6. Christen sind zur G. Jesu Christi des Herrn berufen 1Kor 1,9, stehen in gemeinsamer Verantwortung für die Verkündigung des Evangeliums Phil 1,5, in der G. des Blutes und Leibes Christi, d. h. in einer im Abendmahl erfahrenen G. mit dem Herrn und untereinander 1Kor 10,16 und in der G. des hl. Geistes 2Kor 13,13; Phil 2,1. Sie sind in die Leidensgemeinschaft mit Christus hineingezogen Phil 3,10. Die durch Gottes Ruf entstandene G. verbindet die Glieder der → Gemeinde in einzigartiger Weise zum brüderlichen Zusammenhalten Apg 2,42; vgl. Apg 4,32; Röm 15,26; Gal 2,9. *Kü*

Gemse. Luther hat drei verschiedene Namen mit G. übersetzt: 1Kö 5,3 könnte eine Gazelle gemeint sein, vielleicht auch der Rehbock (das gleiche Wort ist 5Mose 14,5 mit → Büffel wiedergegeben). An den drei Stellen 1Sam 24,3; Hiob 39,1-4; Ps 104,18 ist es gewiß der → Steinbock, der in den Gebirgen Palästinas häufig war und noch heute vorkommt. Bei dem unbekannten Namen 5Mose 14,5 könnte auch eine Art der Antilopen gemeint sein. Die G. gab es in Palästina nicht. *Schl*

Gemüse. Von vielen im Alten Orient vorkommenden G.n sind in der HS genannt an Hülsenfrüchten: Linse und Bohne 1Mose 25,29 f. 34; 2Sam 17,28; Hes 4,9, an Knollengemüse: Zwiebeln, Lauch, Knoblauch 4Mose 11,5, an Fruchtgemüse: Wassermelone und Gurke 4Mose 11,5; Jes 1,8 und an Blattgemüse: Lattichsalat (Bitterkräuter) 2Mose 12,8 und „Kohl" Mt 13,32. → die einzelnen G. *Kn*

Gemüt. *1)* Dem heutigen Sprachgebrauch des Wortes, der sich gegenüber Luther und dem klassischen Kirchenlied ins einseitig Gefühlvolle verengt und gewandelt hat, am nächsten stehen Stellen, die das beständige G. Sir 26,23, das zerschlagene G. Ps 34,19, den zornmütigen Menschen 2Sam 17,8; Pred 7,9 im Sinn haben.

2) Im NT weisen die zugrunde liegenden griechischen Worte in die Richtung des ganzen geistig-sittlichen Innenlebens. Im vornehmsten Gebot Mt 22,37 par. wird G. gegenüber Herz und Seele, ohne genaue Abgrenzung, eine Steigerung bedeuten. G. ist 1Petr 1,13 die innere Bereitschaft, in Röm 7,23.25 das sittliche Bewußtsein, die praktische Vernunft, die sich doch gegenüber der fleischlichen Bestimmtheit des natürlichen Menschen nicht durchsetzen kann, wenn sie nicht nach Eph 4,23 eine völlige Erneuerung erfahren hat. *He*

Genesis → Mosebücher.
Genezareth → Galiläa.

Geniza (= Schatzkammer, Rumpelkammer). Die jüd. Bibelhandschriften durften nicht vernichtet werden, wenn man sie außer Gebrauch zog; denn sie waren wegen der in ihnen enthaltenen Gottesnamen (Jahwe-Name) heilig und unverletzlich. Man deponierte sie deshalb in den Synagogen in einem besonderen, schwer zugänglichen Gemach, in der G. Auch andere Schriften, über deren Verwendung oder Bedeutung oder über deren Zugehörigkeit zum Kanon man sich nicht klar war, wurden in der G. deponiert (gelegentlich vergrub man sie) und sich selbst überlassen. Berühmt wurde 1896 die G. der alten Synagoge von Kairo, in der u. a. der hebr. Sir und Fragmente von Pseudepigraphen sowie die Dam. gefunden wurden. *Bie*

Genüge, genügen, genug. Die HS verwendet diese Ausdrücke: *a)* zur einfachen Feststellung, daß etwas reicht, ausreicht oder auch nicht; so: der Ertrag der Arbeit Spr 14,23; 20,13; 28,19 (vgl. Jo 6,7); das Wasser in den Augen zum Weinen Jer 8,23; die einem jeglichen Tag eigene Plage Mt 6,34; nur siebenmal vergeben? Mt 18,21; — *b)* als Forderung an den Menschen, sich zu bescheiden; so: „Besser ein trockener Bissen mit Frieden als ein Haus voll Geschlachtetem mit Streit" Spr 17,1; Kriegsleute sollen mit ihrem Sold zufrieden sein Lk 3,14; Christen sollen nicht mehr wollen, als vorhanden ist Hebr 13,5; — *c)* als Norm einer geistlichen Lebenshaltung, die sich begnadet weiß von Gott Jes 40,29; 2Kor 12,9, sich in allen Lagen zurechtfindet Phil 4,11; 1Tim 6,6 und durch Christus geradezu Überfluß hat Jo 10,10; 2Kor 9,8. *Kü*

Gera → Maße.

Gerät. Luther brauchte das Wort G. vor allem für die Ausstattung der Stiftshütte und des Tempels 2Mose 25,9; 40,9; 1Kö 7,48; Hebr 9,21. Auch der von den Ägyptern beim Auszug geforderte Schmuck wurde 2Mose 12,35 so genannt; ebenso der Troß des Heeres 1Sam 10,22; Jes 10,28. *Schl*

Gerar. Philisterstadt im äußersten Süden des kanaanitischen Gebietes 1Mose 10,19, Aufenthaltsort von Abraham 1Mose 20,1 und Isaak 1Mose 26,1, heute wahrscheinlich tell eschscherī'a, 23 km südöstlich von Gaza. *Rü*

Gerasa, heute dscherasch, eine hellenistische Gründung, wurde von Alexander → Jannäus erobert, von Pompejus befreit und zur → Dekapolis geschlagen. Die gut erhaltenen, zumeist aus dem 2. Jh. nChr stammenden Ruinen von G. — u. a. zwei Prachttore, eine die ganze Stadt durchlaufende gepflasterte Säulenstraße, das Forum mit 55 erhaltenen Säulen, zwei Theater, Zeus- und Artemistempel — vermitteln eine selten eindrückliche Anschauung von einer römischen Stadtanlage. — In Mk 5,1 par. ist G. in sicher nicht ursprünglicher Lesart erwähnt, um das unbekannte → Gadara durch einen bekannteren, ähnlich klingenden Namen zu ersetzen. Abb. → Tafel 40. *Me*

Gerber. Im AT ist von G.n nie die Rede. Das Gerben selbst muß jedoch bekannt gewesen sein, wie die Verwendung von bearbeitetem Leder beweist 2Mose 26,14; 3Mose 13,48-59; 4Mose 31, 20; 2Kö 1,8; Hes 16,10 u. a. — Im NT begegnet uns der Beruf selbst in der Person des G.s Simon, eines Judenchristen in Joppe Apg 9,43; 10,6.32. *Kn*

Gerechtigkeit, gerecht.

1) Die G. Gottes im AT. 2) Die G. des Menschen im AT. 3) Jesus Christus unsere G. 4) Die G. aus Glauben.

Um die G. Gottes und die G. des Menschen vor Gott kreist die HS in beiden Testamenten. Ihre Botschaft ist an dieser Stelle bes. schwer angefochten; es scheint auf der Hand zu liegen, daß sich die Wirklichkeit in keiner Weise in diesen Rahmen fügt. Die Bibel sagt es auch selbst, daß sie sich dafür nicht auf anderswo gültige Maßstäbe, auf menschliche Urteile und Rechtsvorstellungen, auf landläufige Erfahrung und Einsicht berufen kann und will. Und doch ruht in ihr alles auf der Gewißheit, daß Gott recht tut und uns zurechthilft in das rechte, richtige Leben. Denn „er hat uns wissen lassen sein herrlich Recht und sein Gericht, dazu sein Güt ohn Maßen".

1) Die G. Gottes im AT.

a) Gottes Treue ist seine G. Mit dem Bild des Felsen 5Mose 32,4; Jes 26,4ff ist anschaulich gesagt, in welchem Sinn Israel die G. Gottes rühmt. Wie das Urgestein bleibt er sich selbst treu und dem, der auf ihn baut. Daran hat die ganze Schöpfung teil Ps 36,7. Diese G. Gottes ist ihr Lebensrecht Ps 97,1ff. Naturrecht, Menschenrecht — wer soll das garantieren? Daß Gott für uns ist, darauf kann man trauen. Das allein ändert sich nicht Ps 111,3; 119,142.

So hat Israel zunächst glückliche Wendungen in seiner gefahrvollen Geschichte als Rechtshilfe Gottes verstanden. Er läßt sein erwähltes Volk nicht im Stich, mit dem er einen Bund eingegangen ist 2Mose 9,27; 5Mose 9,4; 33,21; Ri 5,11; Ps 118,15f. Wenn das aus einem engen Horizont heraus parteiisch gedeutet wurde — und das ist geschehen —, verlor das Wort seinen Sinn. Aber die harte Schule der göttlichen Führungen und das prophetische Wort an Israel ließ das auf die Dauer nicht zu. Gottes G. hat die Welt, die Völker alle unter seinen Augen Ps 96, 13; 98,2.9. Hier ist nichts willkürlich, hier regiert kein blindes Schicksal. Alles entspringt dem an kein Gesetz gebundenen, keiner zwingenden Kausalität unterworfenen, seiner Welt in der Erwählung Israels persönlich aus freien Stücken verpflichteten Willen Gottes. Sein Wort ist unverbrüchlich Neh 9,8; Ps 119,137. Daran darf sich wie das Volk auch der Einzelne halten Ps 71,15f.

b) Die G. des Richters. G. ist Gericht durch die ganze Bibel hin. Der Mensch ist nicht Gottes Spielzeug, sondern für sein Tun und Lassen verantwortlich. Seine Schuld steht ihm vor Augen, wenn er sich zur G. Gottes bekennt. Das AT ist diesen belastenden, das Vertrauen gefährdenden Zusammenhängen nicht ausgewichen. Israel muß es wissen, daß sich die G. Gottes in seinem Unglück auswirkt Jes 33,5; 2Chr 12,5f. Er ist „aller Welt Richter" 1Mose 18,25; Ps 50,6. Sein → Zorn, seine → Züchtigung beweisen seine wachsame G. Hier hilft keine Berufung auf vermeintliche Vorzüge Jes 43,26. Will der Glaube an Gottes

G. festgehalten werden, darf hier nichts verschleiert werden Esra 9,15; Neh 9,33. Daß die Gerichte Gottes unbegreiflich bleiben Röm 11, 33; Hiob 15,8; 42,3 ff, daß niemand das Geschehen anders als im Glauben entwirren kann Jes 40,13 f, führt zu schweren Anfechtungen, ob es recht zugehe Pred 8,14; 9,2. Aber Gott gerade in der Anfechtung recht geben, ist die Kraft dieses Glaubens Ps 37; 49; 73; Hiob 8,3; Zeph 3,5; Jer 12,1 ff; Dan 9,7.14. In diesem Zusammenhang ist es zu verstehen, wenn sich der Schrei nach Rache so unverhüllt an Gott wendet Jer 11,20; 20,12; Ps 94 u. a. m. Das steht dicht neben der Fürbitte in 1Mose 18; 1Kö 8,32; so persönlich nahe weiß sich diese Frömmigkeit des AT der G., auf der die ganze Existenz ruht, daß sie sich selbst in solcher inneren Zerrissenheit in Gottes Arm wirft. Das Wissen um die Heiligkeit, um seine unantastbare G. bleibt davon unberührt Ps 145,17.

c) Das Ziel der G. Es fällt an vielen Stellen auf, wie eng verknüpft die Gerechtigkeit erscheint mit der Gnade Ps 103,17, mit der Barmherzigkeit Ps 116,5, mit der innigsten Liebe Hos 2,21. Daraus wird deutlich, was diese G. zuletzt will. Sie hat das Heil der Welt im Sinn. Der Richter der Welt ist der Welt Heiland Ps 51,16; Jes 45,21, vgl. Jes 46,13; 51,6; 56,1. Deshalb kann sich der Blick mitten im totalen Zusammenbruch unter dem Vorzeichen der G. so zuversichtlich in eine heilvolle Zukunft richten. Trotz aller niederdrückenden Erlebnisse hallt der Psalter wider von Lob und Dank für Gottes G. 7,18; 48,10 f; 89,17; 119,62.164; 145,7. Von Jesaja an, vollends im zweiten Jesajabuch ist klar, daß es sich um eine Neuschöpfung, um einen neuen Bund, um Erlösung und um einen Erlöser handeln muß Jes 9,6; 11,4; 32,1 ff; Jer 23,6; 33,15 f; Jes 41,10; 42,1.6; 53,11; 62,2. Diese gnadenvolle G. ist die Zuflucht der Elenden, die Zuversicht des Gebets überhaupt Ps 4,2; 65,6; 103,6 ff; 143,11 u. a. m. Das Rückgrat der ATlichen Verkündigung auf ihrem Höhepunkt ist das Zeugnis und Bekenntnis der G. Gottes Jes 45,19; Ps 22,32; 71,15 f; 119,123. Daß die Gemeinde des AT von daher ihr Dasein als ein ihr aus Gnaden verliehenes Recht, als Maßnahme des Richters verstehen darf, hält alles Schwärmerisch-Weichliche von ihrer Gottesanschauung fern. Sie weiß sich in einer festen, guten Hand, die unbeirrt, auch auf rauhesten Wegen, auf das Rechte ausgeht.

2) Die G. des Menschen im AT.

a) Die Gerechten. Luther hat das hier zugrundeliegende Wort oft mit „fromm" wiedergegeben. Der Gegensatz zu g. ist ja auch nicht irgendein ethisch bestimmtes Wort, sondern „gottlos" Ps 1 u. a. m. Im außerbiblischen griech. Sprachgebrauch ist g. eine der gerühmten menschlichen Tugenden. Nun ist auch im AT das Rechttun etwa in der Linie der Zehn Gebote und überhaupt des Gesetzes die G. des Menschen 5Mose 24,10 ff; Spr 16,8; 21,15; 12,10; Ps 37, 21, zusammengefaßt in den mächtigen Worten Spr 14,34; Ps 85,14. Das wird bes. den Reichen und Mächtigen oder den Richtern vorgehalten Am 2,6; 5,11; 2Mose 23,1 ff; Jes 5,23; Spr 17, 15; 18,5. „Ein rechter Mann" — das kennt die Bibel auch 1Kö 3,6. Und doch weist jener Gegensatz in eine ganz andere Richtung als ein griech. Tugendkatalog. Die Zusammenstellung mit sinngleichen Worten in Ps 32,11; 33,1; 64,11 u. a. m., auch die Schilderung des Gerechten zB in Ps 1 zeigt, daß g. ganz von der Beziehung zu Gott her zu verstehen ist. Die G. Gottes und des Menschen sind zwei Seiten derselben Ordnung. Es liegt gewiß auch so die Versuchung nahe, daraus ein Sonderrecht, eine sektenhafte Überlegenheit zu machen, als ob das „meine" G., mein Besitz wäre, von dem der andere — der Heide, der Sünder — ausgeschlossen ist, so wie uns das aus dem NT und dem spätjüd. Schrifttum vertraut ist. Es ist aber sicher falsch, diesen Unterton nun überall herauszuhören, wo von „den Gerechten" die Rede ist. Dazu war die G. Gottes doch viel zu stark im Bewußtsein. Diese G. des Menschen steht im AT in einer anderen Ordnung als der einer menschlichen Rechtschaffenheit, die sich selbst genug ist. Hiob 27,6; 29,14 ist nicht das Letzte, was Hiob zu sagen hat. In Ps 18,21 ff muß der ganze Psalter mitgehört werden. Zu Spr 11,19; 11,30; 12,28; 21,21 gehört notwendig 1,7; 3,5 f. Anders wäre es ja auch nicht zu verstehen, warum das NT, auch Jesus selbst, nicht selten vom Gerechten ohne jenen Unterton spricht Mt 10,41; 13,17.43.49 u. a. m.

b) Die G. des sündigen Menschen. Daß keiner aus dem Eigenen heraus g. ist, weiß das AT Ps 143,2; Hiob 4,17; 15,14; Pred 7,20. Auch das „geschenkweise" Röm 3,24 ist in der Linie von Jes 64,5 ff; Ps 51,6; Klgl 1,18, vgl. 3,22 f; Jes 45,23 f. Vergebung, Erneuerung kann allein dem Sünder ein Tor der G. auftun Ps 51,16; 143,1 f; Hes 18,21 ff; 36,26. Es mußte die ganze prophetische Botschaft vergessen sein, wenn das späte Judentum, so wie es dann Jesus um sich hatte, 5Mose 6,25 so verstand, als ob es auf eine Leistungsgerechtigkeit des erfüllten Gesetzes hinauslaufen sollte und könnte, die auf ihre G. wie auf einen verdienten Lohn im Hochmut pocht.

3) Jesus Christus unsere G.

a) Das Reich Gottes und seine G. Jesus scheint nun aber auf den ersten Blick zB in der → Bergpredigt bei Mt selbst die G. seiner Gemeinde auf das radikal ausgelegte Gebot und seine Erfüllung auszurichten 5,20 ff. Aber das Sattwerden der nach der Gerechtigkeit Hungernden 5,6, die doch auch die geistlich Armen sind, und das Wort von der G. des Reiches Gottes 6,33 geht in anderer Richtung. Gewiß bleibt durch das ganze NT G. das in Gottes Gebot und Ordnung im Gehorsam zurechtgekommene Leben. Aber zB das Gleichnis Lk 15,11 ff läßt erkennen, daß die G. des Evangeliums keine erworbene, sondern eine dem gewohnten Rechtsempfinden zuwiderlaufende, eine geschenkte ist. Das Gebot ist nicht die Bedingung, sondern die Auswirkung dieser G. Was hier in gesetzlichen Linien verschärft zu verlaufen scheint, ist in Wirklichkeit Erfüllung der prophetischen Verheißung. Die Heilszeit ist angebrochen, Jesus Christus, der Heilige und Gerechte Apg 3,14; 7,52, ist uns gemacht zur G. 1Kor 1,30. Die Tragweite dieser neuen G. läßt sich allein von den Evangelien her noch nicht übersehen. Aber zB Mk 3,15 oder Jo 17,25 deuten an, daß es nun erst recht um die G. Gottes und des Menschen geht.

b) G. durch das Blut Jesu Christi. Im Tod Jesu am Kreuz leuchtet das Ziel der G. Gottes hell auf. Die Welt in ihrer Verlorenheit wird nicht verstoßen; Gottes G. ist und bleibt Gnade. Aber die Gnade bleibt G.; es geht mit rechten Dingen zu. Der hl. Gott greift in einer unerhörten Stellvertretung dem selbstmörderischen Menschen zutiefst in Herz und Gewissen und spricht ihm, dessen Verworfenheit hier vollends offenkundig wurde, in einem neuen Bund in Christus Jesus die G. zu. Paulus hat dieses Verpflanztwerden auf eine ganz neue Existenzgrundlage selbst durchlitten und hat es in seinen Briefen, vor allem in Röm und Gal, in scharfer Auseinandersetzung mit falscher G. durchgedacht. Die entscheidenden Stellen sind zunächst Röm 3,21ff; 5,12ff; 6,1ff → Rechtfertigung. Die G. Gottes handelt, sie legt Fundamente und schafft Zitadellen des Glaubens.

c) Der Endsieg der G. Ihr letztes Ziel liegt immer noch in der Zukunft. Ihr abschließendes Werk tut die G. Gottes nach dem Zeugnis Jesu und seiner Apostel in seiner Wiederkunft, in der Auferstehung, im Endgericht und in seiner neuen Welt, in der G. wohnt 2Petr 3,13; Mt 25,31ff, vgl. V. 37; Jo 16,8; Apg 17,31; 2Tim 4,8. Auch Röm 8,33 wird auf dieses Letzte hinblicken, das in der Offenbarung unter dem Vorzeichen der G. in geheimnisvoll verschlüsselter Sprache sich vor uns ausbreitet 1,7; 15,3; 19,2.8.11. Dabei wird nichts nachträglich in Frage gestellt; der Richter ist der Vollstrecker der G. Gottes, wie sie sich uns kundgetan hat.

4) Die G. aus Glauben.

a) Der Zugang zu der neuen G. Jeder, der auf diese Glaubensg. eingeht, verzichtet mit einem radikalen Verzicht auf alle Versuche, eine eigene G. vor Gott zu erzwingen Röm 10,3; Phil 3,9; Tit 3,5. Es ist und bleibt die G. Gottes, die dem Glauben hier zugesprochen wird („die vor Gott gilt" in Luthers Übersetzung Röm 1,17 u.a.m. unterstreicht ihre Gültigkeit für uns; wörtlich „G. Gottes"). „Aus Glauben" steht im Gegensatz zu „aus Werken des Gesetzes" Röm 3,28; 4,5. → Glaube. Das richtet sich nicht gegen das Gebot Gottes als solches Röm 7,12; 2,13. Aber in der Hand des Menschen, der an sich selber glaubt, bleibt es Buchstabe, der tötet 2Kor 3,7ff; Gal 3,21. Glaube ist das reine, vorbehaltlose Eingehen auf Gottes Tun und Angebot Röm 3,24, das sich so der Führung Gottes überläßt wie Abraham Röm 4; Gal 3; Hebr 11,8. Immer von neuem wollte man das bibl. Zeugnis nach juristischen Analogien verstehen und abwerten. Aber die HS spricht von der G. Gottes weder hier noch sonstwo in menschlichen Rechtsvorstellungen.

b) Das neue Leben in G. Es wäre aber nun doch ein Spiel mit Worten, wenn es bei der bloßen Erklärung einer G. bliebe, die doch im Grunde nichts ändert. Das NT meint durchaus eine verwirklichte G., auch wenn die Tat Jesu Christi und nicht unser Tun die G. aus dem Glauben sicherstellt. Von dieser Begründung her, die keine Zutaten duldet, hat der Glaube das Vollzogene, Vollbrachte vor Augen Röm 6,3ff. Das ist die G., die als Gottes Wille und Tat durch nichts mehr in Frage gestellt werden kann. Aber ihr entspricht ein Leben, das sich auf Grund dieses Unumstößlichen gegen alle Widerstände von außen und von innen durchsetzen will und muß. Das vollzieht sich auf der Linie des Gehorsams, ohne den der Glaube kein Glaube ist, als Waffendienst mit dem Panzer der G. Röm 6,12ff; Eph 6,14. Die G. trägt Frucht Phil 1,11; Eph 5,9. Als ein Leben in Christus Röm 8,10, im Geist ist die G. gestaltende, heiligende Macht in einem Reich der G. Röm 14,17. Nur ohne Aufhören „aus Glauben in Glauben"; der Blick darf sich nicht beirren lassen durch die bleibende sündige Wirklichkeit.

Auch hier wird die Vollendung erst gehofft. Stellt aber nicht doch das Endgericht nach den Werken, an dem das NT festhält, noch einmal alles in Frage Röm 2,5ff; Mt 16,27; 1Petr 1,17? Die Antwort im Heidelberger Katechismus Frage 52 sagt aus dem gesamtbibl. Zeugnis heraus: „daß ich mit aufgerichtetem Haupt eben des Richters, der sich zuvor dem Gerichte Gottes für mich dargestellt und alle Vermaledeiung von mir hinweggenommen hat, aus dem Himmel gewärtig bin". Denn Gottes G. ist *Gottes G.* *He*

gereuen → Reue.

Gericht.

I. Gottes G. 1) Der Bürge des Rechts. 2) Gottes G. im Sohn. 3) Das Endgericht. II. Menschliches G.

I. Gottes G. Man muß das von einer staunenden Ehrfurcht und Geborgenheit erfüllte Wort von den „unbegreiflichen G.en Gottes" Röm 11,33ff im Sinn haben, wenn anderwärts die scheinbar zwiespältigen Aussagen der HS, die von uns nie ganz aufzulösende Spannung zw. G. und Gnade, auch die hier bes. unzulängliche Bildersprache das Verständnis erschweren.

1) Der Bürge des Rechts. a) Israel rühmt Gottes G., wo er sein Nothelfer ist und G. übt an seinen Bedrängern 2Mose 6,6; 7,4; Ri 11,27; Ps 9; 105,5ff; Mi 4,3 u.a.m. Er löst die Konflikte der Menschen untereinander 1Mose 16,5; 1Sam 24,13; 2Sam 18,31, auch wo er zu schweigen scheint Ps 10. Er ist unser Richter Jes 33,22; 5Mose 1,17. — *b)* Aber Gottes G.e treffen auch und vor allem Israel Jes 3,14; Mi 1,2ff; Zeph 3,8. „Des Herrn Tag" gilt seinem Volk zum G. Am 5,18ff; Hos 4,1ff; Mal 3,2. Gott richtet die Welt 1Mose 18,25; 1Sam 2,10; Jer 25,31; Röm 3,6, wenn auch die Weltgeschichte für unser Erkenntnisvermögen nicht einfach das Weltgericht ist Jes 40,13 f. Nicht umsonst stehen G. und Gerechtigkeit oft dicht beisammen Ps 33,5; 89,15; 97,2; 99,4. Sein G. ist der Schutz der Schutzlosen 5Mose 10,18; Ps 76,10; 103,6. — *c)* Niemand kann vor Gottes G. auf sein Recht pochen Ps 143,2; Hiob 9. Wenn hier nicht die Gnade das letzte Wort hätte, wären wir verloren 1Kö 8,46 ff; Hos 2,21; Jes 30,18. Nur daß Gottes Gnade wirklich richtet!

2) Gottes G. im Sohn. a) Schon die Verheißung des AT erkannte, daß der Christus Gottes die Welt richten werde Jes 9,6; 11,4; 42,1 ff, vgl. Mt 12,18 ff; Jes 51,4, um Frieden zu bringen. G. ist denn vor allem im 4. Evangelium ein Leitwort 5,22.27; 9,39. — *b)* Dieses G. Gottes vollzieht sich in allem, was Jesus redet und tut, wie das Licht einbricht in die Finsternis Jo 3,19, vgl. Hos 6,5; Jo 5,30; 8,16. Der große Hintergrund wird in 12,31 ff andeutend sichtbar; zweifellos ist hier wie sonst im NT der Blickpunkt das Kreuz als das G. Gottes über die Welt, das den Gekreuzigten an unserer Statt trifft und zugleich das G. über uns ist. Was dieses G. will, sagt Jo 3,17, vgl. Mk 2,10. — *c)* Nach der einen Seite ist dieses G. schon immer im Gang 1Petr 4,17. Wir rufen es selber herbei Mt 27,25; Jo 3,18; 1Kor 11,29. Sich dem G. Gottes anvertrauen 1Kor 4,4, sich im rechten Sinn selber richten 1Kor 11,31, wäre unser Weg. Von der neuen Situation des Glaubens an ihn kann Jesus deshalb sagen: „der kommt nicht ins G." Jo 5,24, weil das entscheidende Urteil — vom Tod zum Leben — schon gesprochen ist.

3) Das Endgericht. Dennoch ist die in den späten Teilen des AT auftretende Botschaft vom „Jüngsten G." durch das ganze NT, auch bei Johannes, festgehalten. Jesus selbst spricht oft davon Mt 5,22; 10,15; 12,36, vgl. 3,7 ff u. a. m. Er selbst ist der Richter Mt 7,22; 10,33; 25,31 ff; Jo 12,48; 1Kor 4,5. Überall ist der Tag des G.s unsere Zukunft Apg 17,31; Röm 2,16; 2Petr 2,9; Offb 14,7. Er ist der „dies irae", der Tag der Schrecken, unter dem Vorzeichen der letzten Furcht Hebr 10,27; 12,29; dieser Furcht begegnet der Glaube mit einer letzten Zuversicht und Entschlossenheit 1Jo 4,17; Röm 8,33 ff; 2Tim 4,8.

II. Menschliches G. → richten, → Gerechtigkeit, → Recht. *a)* Da das Recht nach der HS göttlichen Ursprungs ist und nicht rational begründet werden kann und soll, sondern an Gottes Willen und Tun sich orientieren will, ist in ihr das menschliche Amt des Richters göttliches Mandat 2Chr 19,6 f; Jes 28,6. Es gehört zum priesterlichen Amt 5Mose 17,8 ff, es ist die besondere Herrschergabe 1Kö 3,9 ff. 16 ff; 10,9; 1Sam 8,20; 2Sam 15,4; Ps 72,1 f; Spr 16,10; Jer 22,15, vgl. Mi 3,1 ff. Andererseits ist das G. „am → Tor" Sache des Volks, der Gemeinde Jos 20,6; 1Kö 21,11 ff, in seinem Hergang bei einer Privatsache in Rt 4 anschaulich geschildert. Zur Urteilsfindung gehören neben den → Zeugen vereinzelt auch ein Gottesurteil 4Mose 5,11 ff oder das Los Jos 7,14 ff; Spr 18,18. Die Strafen sind hart zB 5Mose 21,18 ff. — *b)* Wie zu allen Zeiten ist die mit dem menschlichen G. gegebene Macht die besondere Versuchung, die „Person anzusehen" 5Mose 1,17; 16,18 f; Spr 18,5; 24,23, der Bestechung 2Mose 23,8; Jes 1,23; 5,23, der Vernachlässigung der Verlassenen und Geringen Jes 1,17.23; Am 5,11 f u. a. m. Der Kampf der Propheten dagegen läßt erkennen, wie auch in solchen Dingen die Heiligkeit Gottes und nicht eine bürgerliche Moral den Blick schärfte. — *c)* „Richtet nicht" Mt 7,1; Röm 2,1; 14,4.10; 1Kor 4,5; Jak 2,4; 4,11 f geht gegen den unverantwortlichen Richtgeist, der das Gemeindeleben verwüstet; die Begründung weist darauf hin, daß wir ja alle unter Gottes G. stehen. Darum steht es einer Gemeinde Jesu Christi auch schlecht an, wenn sie zur Schlichtung ihrer persönlichen strittigen Dinge das heidnische G. nötig hat 1Kor 6,1 ff. → Richter, → richten. *He*

Gerschom, Sohn des Mose und der Zippora 2Mose 2,22. Er ist wohl auch Ri 18,30 gemeint; die griech. Übersetzung korrigierte in „Manasses Sohn" wegen der anstößigen Errichtung des Götzenbildes. *Schw*

Gerson, ältester Sohn Levis 1Mose 46,11; 2Mose 6,16; 4Mose 3,17 ff; 1Chr 5,27; 6,1 ff, Ahnherr eines Levitengeschlechtes; deren Zahl (7500), Lagerordnung und gottesdienstliche Obliegenheiten zeigt 4Mose 3,21-26, ausführlicher 4Mose 4,21-28. Die ihnen zugewiesenen Levitenstädte nennt Jos 21,27-33; 1Chr 6,56 ff. *Schw*

Gerste hat 35-50 cm lange Halme, dazu 10 cm lange Ähren, ist sehr ergiebig. Die Ähre enthält bis 60 Körner. Wegen ihrer Genügsamkeit kann sie auch auf sandigem oder Dünenboden und nahe der Wüste angepflanzt werden. Die G. entwickelt sich rasch und wird von allen Getreidearten zuerst geschnitten Rt 1,22; 2,23; 2Sam 21,9. Verwendung findet sie vor allem als Viehfutter 1Kö 5,8. Daß Menschen G. zur Nahrung verwenden, ist bezeugt 3Mose 27,16; 2Chr 2,14, ist jedoch fast durchweg Zeichen einer Notlage oder von Armut 2Sam 17,28; 2Kö 7,18; Hes 4,9; 13,19. In Rt 3,15; 2Kö 4,42; Jo 6,9 wird die G. wegen der frühen Jahreszeit erwähnt. Im Heiligtum findet sie nur begrenzt Verwendung 3Mose 2,14; 4Mose 5,15. Sie gehört zu den Grundgütern des verheißenen Landes 5Mose 8,8. In Ri 7,13 ist das Gerstenbrot Sinnbild für Israel. *Kn*

Geruch. *1)* Daß der Herr den lieblichen G. des Opfers roch 1Mose 8,21 und das Brandopfer dem Herrn ein süßer G. ist 2Mose 29,18 par., ist fester Sprachgebrauch, dessen ursprünglich realistisches Verständnis (wie in den babylonischen Mythen) im Gottesglauben Israels vergeistigt war. So beschreibt noch das NT die Selbsthingabe Christi Eph 5,2 und die Gabe der Gemeinde Phil 4,18 als Gott wohlgefälliges Opfer. — *2)* Wie es angenehme und unwillkommene Gerüche gibt 1Mose 27,27, so kann in übertragenem Sinn auch ein Mensch in gutem oder schlimmem G. stehen 2Mose 5,21; Jer 48,11. Paulus beschrieb es als seinen Beruf, den Wohlgeruch der Erkenntnis Gottes zu verbreiten und ein Duft Christi zu sein, so daß alle bei ihm etwas von Christus riechen konnten, sich zum Heil oder Unheil 2Kor 2,14-16. — *3)* Hiob 14,9 will sagen, daß der Baum von der Frische des Wassers her immer neue Kraft gewinne. *Schl*

Gesalbter (hebr. maschiach; griech. christos; als Lehnwort Messias in Jo 1,41; 4,25) ein uralter, fester Begriff im Bereich der Tempel und Paläste des Vorderen Orients (Amarnabriefe Nr. 51; Jes 45,1; vgl. 1Mose 31,13). Ob Israel den Brauch der Salbung bei Inthronisierungen aus Ägypten und der Hochkultur dieses Priesterstaates überkommen hat, wissen wir nicht, vgl. 2Mose 30, 22 ff; 1Mose 50,2. Lange aber, bevor in Jerusalem die Weihe unter Salbung geschah, finden wir bereits die Deutung dieses Vorgangs: Prophetische Frömmigkeit sieht einen Zusammenhang zw. hl. Salbung und göttlicher Begnadung (griech. chrisma, charisma!). → Samuel, Oberpriester zu Silo und Ordensmeister der Prophetenschule zu Rama, salbt den Bauernsohn → Saul zum Fürsten 1Sam 9,16, worauf ihm Gott sein Herz verwandelt und ihn mit Geist erfüllt 10,9; 11,6, vgl. Apg 4,27; 2Kor 1,21. Und gleichzeitig beobachten wir, wie David die Person des gesalbten Königs für unantastbar erklärt, obschon der gute Geist von Saul gewichen ist 1Sam 24,7. Noch 1Kö 1,34, bei der Inthronisierung Salomos, steht bei der Salbung neben dem Hohenpriester auch der Prophet. Ein Beweis, wie stark der G. im Licht göttlicher Erwählung gesehen wurde, ist Ps 105,15. Später steht der G. im Brennpunkt der endgeschichtlichen Erwartung Mich 5,1; Ps 2,2; Dan 9,25, bis dann in der Heilswende *der* Christus gesucht Mt 2,4 und in Jesus von Nazareth gefunden wird Jo 1,41. Der Name „Jesus Christus" wird schließlich zum festen Bekenntnis der Urgemeinde 1Kor 1,2; Phil 2,10. Ja, Jesus ist nicht nur der Christus Gottes, sondern auch der Sohn 1Jo 3, 23. Freilich, seine Messiasweihe ging ohne Salbung vor sich; er empfing Mt 3,13 ff die Taufe! Es war einer Sünderin vorbehalten, seinen Leib im voraus zur Bestattung salben zu dürfen Mk 14,8; Jo 19,39 f. So fügt das NT ins Bild vom G. den Leidenszug. *Luck*

Gesandter → Bote.
Gesang der drei Männer → Daniel 2 c).
Gesang → Musik.

Geschenk. → Gabe. G. kann wie 1Sam 18,4 Ausdruck herzlicher menschlicher Beziehungen sein, vgl. Phil 4,17, oder entspricht es rechtlichen Verpflichtungen (Abfindung 1Mose 25,6; Ehe 1Mose 34,12; Tribut 2Kö 16,8). Der legitime Versuch, durch G. günstig zu stimmen, zu versöhnen 1Mose 32,14; 43,11, ist als Bestechung zu einem Grundzug sittlicher Verwirrung geworden, vor der das AT überall warnt 2Mose 23,8 u.a.m. Auch die Opfergabe als G. 4Mose 31,50 kann so gemeint sein, vgl. 5Mose 10,17. Die schenkende Güte Gottes rühmt Ps 127,3. *He*

Geschichte, Geschichtschreibung im AT. Durch den Glauben an Jahwe als den Schöpfer der Welt und durch die geschichtlichen Erfahrungen, die Israel in seinem Leben mit Jahwe machte, bekannte Israel Jahwe als den in der Geschichte nicht nur des Volkes, sondern der ganzen Welt wirkenden Gott. Eine reiche mündliche Tradition bestand über die geschichtlichen Taten Jahwes. Diese umschlossen den Auszug aus Ägypten, der für die Propheten die Geschichte Jahwes mit seinem Volk überhaupt begründete, das rettende Ereignis am Schilfmeer, die Bundschließung am Sinai, die Wüstenwanderung, die Kämpfe im Ostjordanland, die Landnahme. Der Rückblick auf die Ereignisse und ihre Vergegenwärtigung im gesungenen Hymnus bildeten in Israel die Grundlagen einer theol. Geschichtschreibung, die mit den Anfängen der Welt (→ Jahwist, → Priesterschrift) bzw. der Volksgeschichte (→ Elohist ab 1Mose 15) beginnt und Jahwe als den die Geschichte schaffenden und gestaltenden Gott glaubt und bekennt. Darum bedarf es einer historischen Kritik, wenn diese Werke als Quellen für die Geschichte Israels im Sinn exakter Geschichtsforschung herangezogen werden müssen. Die Geschichtschreiber der Bibel (Jahwist, Elohist, Priesterschrift, → deuteronomistisches Geschichtswerk) verarbeiteten ältere Quellen und geben oft ältere, sehr wertvolle Erzählstücke, die ihrerseits eine hohe Darstellungskraft zeigen, wie etwa der Bericht über Abimelechs Königtum Ri 9 oder über die Revolution Jehus 2Kö 9 f. Darüber hinaus entwickeln die Erzähler selbst eine erstaunliche Darstellungskraft (zB 1Mose 22).

Auch für eine chronologische Anordnung der Ereignisse trugen die Erzähler Sorge. Die Priesterschrift gibt schon in der Urgeschichte 1Mose 1-11 sorgfältige Zeitangaben; ähnlich ist das deuteronomistische Geschichtswerk orientiert. Freilich gibt es hier Unstimmigkeiten. Die AT-liche Geschichtschreibung ist von einem großen Realismus getragen. Ohne Scheu werden die Ursprünge des Volkes in den Erzvätern aufgezeigt, die landlos gewesen sind. Die Israeliten werden in Ägypten freimütig als Sklaven und Zwangsarbeiter geschildert. Ebenso freimütig werden nachteilige Züge aus dem Leben der handelnden Menschen erwähnt; lediglich die Chronik bildet hier eine Ausnahme.

In den letzten Jahrzehnten sind zahlreiche außerbiblische Quellen aufgetaucht, die viele Angaben dieser Geschichtswerke bestätigen. Manche der Namen, die 1Mose 14 enthält, sind jetzt in den altorientalischen Texten aufgetaucht und können mit großer Wahrscheinlichkeit mit jenem Bericht in Verbindung gebracht werden. Assyrische und neubabylonische Nachrichten haben gleichfalls die Nachrichten der Königszeit in zahlreichen Punkten bestätigt. Auch die Ausgrabungen haben manche literarischen Traditionen des AT bestätigt. Freilich bleiben auch offene Fragen. Das Geschichtsbild von der einheitlichen Eroberung des Gelobten Landes unter Führung Josuas hat sich nicht bestätigt. Die Eroberung von Jericho Jos 2-6 läßt sich mit dem Ausgrabungsbefund nicht in Einklang bringen. Das gleiche muß von der Eroberung von Ha-Aj Jos 8 gesagt werden. Hier sind offenbar Traditionen nachträglich auf Stätten bezogen, die ihnen ursprünglich nicht entsprachen.

Geschichtschreibung kann nur da geübt werden, wo etwas erlebt und erfahren worden ist. Bald nach dem deuteronomistischen Geschichtswerk (ca. 560 vChr) hörte die eigentliche Geschichtschreibung in Israel auf, abgesehen von dem bes. gearteten chronistischen Geschichtswerk, um erst in der Makkabäerzeit wieder aufzuleben, als Israel noch einmal für kurze Zeit in die Geschichte aktiv wiedereintrat. Israelitische Geschichtschreibung diente nicht der Menschenverherrlichung, sondern der Ehre Gottes. Die Geschichtschreibung geschah unter dem Gesichtspunkt, daß die Geschichte ihren Anfang genommen hat durch die göttliche Schöpfung; mit dieser wird die menschliche Geschichte auch ihr Ende finden nach dem Willen Gottes. *Ba*

Geschlecht, Geschlechtsregister. Im soziologischen Aufbau Israels hatten die Familien- und Sippenverbände (bēth āb, mischpāchāh) ausschlaggebende Wichtigkeit für den einzelnen Israeliten. Sie gewährten ihm Schutz 2Kö 4,13 und verpflichteten ihn zu Gehorsam in Arbeit, Sitte, gemeinsamen schutzgewährenden Unternehmungen, zur Blutrache, auch zu religiösen Handlungen (Jahresopfer des Geschlechts 1Sam 20,6). Die enge Bindung schloß Sippenhaftung im Vollzug des Strafrechts (Jos 7) und des zivilen Rechts (Leviratsehe Rt 4; 1Mose 38,8 ff; Ackerkauf Jer 32) ein. Starkes Gedächtnis und ausgeprägtes Familien- und Sippenbewußtsein bewahrte und überlieferte mündlich die Erinnerung an die Abstammung. Daraus entwickelten sich die Geschlechtsregister oft in umfassender Weise, so daß versucht wurde, die gesamte Geschichte des Volkes Israel in Form von Familiengeschichte und Geschlechtsregistern darzustellen (Tradition über das Zwölf-Stämme-Schema). In der Völkerstammtafel des Jahwisten und der Priesterschrift weitet sich dieser Versuch auf die Völkerwelt aus 1Mose 10 f. Hier ist auch hinzuweisen auf die „genealogische Vorhalle" des chronistischen Geschichtswerkes 1Chr 1-9. Die Wichtigkeit der Geschlechterabkunft trat nach dem Exil unter Esra und Nehemia erneut ins Bewußtsein Neh 7,64 f. Der Stammbaum Jesu Mt 1; Lk 3 steht im Dienst des theol. wichtigen Gedankens der Davidsabkunft. 1Tim 1,4; Tit 3,9 warnt vor dem Achthaben auf Geschlechtsregister. *Ba*

Geschmeide. Schmuck aus Edelmetall, mit Perlen und Edelsteinen zu tragen, war nicht nur die Freude der Frauen, etwa einer Braut Jes 61,10, sondern auch der Männer 2Sam 1,10. Da wurden → Armringe getragen und → Halsketten (wie die Kette eines Würdenträgers 1Mose 41,42) und mancherlei → Ringe an den Fingern, in den Ohren, in der Nase und Fußkettchen Jes 3,18, die die Fußspangen an den Knöcheln verbanden und zu einem zierlich trippelnden Schritt zwangen. Jes 3,16-24 zeigt, wie vielerlei eine Dame in Jerusalem zu ihrem Schmuck brauchte. Oft war das G. zugleich → Amulett. → auch Halsband. *Schl*

Geschöpf → Schöpfung.

Geschur. *1)* G. und Maacha waren wohl zwei benachbarte, von Israel unabhängige Aramäerstaaten südwestlich von Damaskus, wobei G. am Nordende des Dscholan östlich des Hulesees lag 5Mose 3,14, vgl. Jos 13,13; 2Sam 15,8. Zu Davids Zeit regierte in G. ein König Talmai, Großvater des Absalom, der bei ihm für drei Jahre Zuflucht fand 2Sam 3,3; 13,37 f.

2) Geschuriter, Stamm wohl im Süden Kanaans, Jos 13,2 neben Philistern, 1Sam 27,8 neben Amalekitern genannt (Text unsicher). *Da*

Geschwätz. Ps 90,9 verglich das Leben nicht mit einem G., sondern mit einem flüchtigen Seufzer, einem kurzen, schnell vergessenen Gedanken. Vor wertlosem G. warnt schon Jes 58,13, dann mit dem Blick auf das fruchtlose Disputieren der Irrlehrer 1Tim 1,6; 4,7; 5,13; 6,20; 2Tim 2,16; Tit 1,10. Fauliges G., schlüpfriges Reden ist dem Christen unmöglich Eph 4,29; 5,4; Kol 3,8. Schlechte Gespräche untergraben gute Sitte 1Kor 15,33. *Schl*

Geschwür → Krankheit.

Geser, kanaanäische Stadt aus dem 3. Jt. am Rande des Hügellandes zw. Jerusalem und dem Mittelmeer. Unter Thutmosis III. und Merenptha vorübergehend in ägyptischem Besitz, wurde G. von Pharao Schoschenk erneut erobert und Salomo überlassen 1Kö 9,15-17, der es gegen Ekron befestigte. Vorher hatten die Israeliten zwar schon Kämpfe mit G. geführt Jos 10,33; 12,12, doch ihr Gebiet vergeblich für Ephraim und Levi beansprucht Jos 16,3; 21,21; Ri 1,29. Nach Salomo hatte sich wohl Jerobeam G. von Ägypten zusprechen lassen (vgl. 1Chr 7,28; 6,52), und die Israeliten verteidigten es wiederholt bei Gibbethon (tell el melāt) gegen die Philister 1Kö 15,27; 16,15. Mit Tiglat-Pilesers Zug kam es 734 in assyrische, im 6. Jh. in neubabylonische Gewalt. Auch in der Makkabäerzeit wechselte es (= Gasera) mehrmals den Besitzer (Bakchides: 1Makk 9,52, Simon: 13,43 ff und Johannes I. Hyrkanus: 13,54). Ausgrabungen in tell dschezer durch Macalister (und seit 1934 Rowe) erwiesen Kultstätten, Festungsanlagen und Wassertunnel aus der Bronzezeit. Abb. des Bauernkalenders von G. → Tafel 40. *Da*

Gesetz.

1) Der Sinn des Wortes. 2) Apodiktisches, kasuistisches und kultisches Recht. 3) Israels Abgrenzung von der Umwelt. 4) Nach dem Exil. 5) Pharisäisches Judentum. 6) Jesus und seine Gemeinde.

1) Das bibl. Wort *Thora* heißt eigentlich Weisung, Einholung des Rechtes durch priesterliches Orakel, dann auch autoritatives Gesetz. Ursprünglich gab der Priester in kultischen, rechtlichen und sittlichen Fragen derartige Weisungen 5Mose 33, 10; 17, 9-11; Jer 18, 18. Für das → Deuteronomium ist die ganze Gesetzgebung des Mose, alle Vorschriften dieses Gesetzes, eine einheitliche Thora 5Mose 17, 19; 27, 3; 28, 61. Bezeichnend ist, daß schon in vorchristl. Zeit die 5 Bücher Mose, die doch aus sehr verschiedenen Stoffen bestehen, als „Thora" bezeichnet werden, daß sich auf ihnen der dreiteilige Kanon des AT aufbaut und daß für das Judentum die „Thora" der grundlegende Teil des AT bleibt (Prolog des Sirach). So kann das AT als Ganzes als „Thora" verstanden werden, was mit dem Sprachgebrauch des NT übereinstimmt Jo 10, 34; 12, 34; 15, 25; Röm 3, 19; 1Kor 14, 21.

2) Ursprünglich waren die verschiedenen Rechtsformen Israels durchaus voneinander geschieden. Zum *apodiktischen* Recht, das an seinem kategorischen Stil erkennbar ist („du sollst" und „du sollst nicht") gehört der → Dekalog 2Mose 20, 2 ff; 5Mose 5, 6 ff, die Reihe der sichemitischen Fluchworte 5Mose 27, 15-26, die Zusammenfügung sozialer Schutz- und Rechtsbestimmungen 3Mose 19, 13-18 und die Aufzählung der todeswürdigen Verbrechen 2Mose 21, 12-17. Ohne nachweisbare orientalische Parallelen, sind diese apodiktischen Gesetze typisch isr. und sicher alten Ursprungs; teilweise gehen sie sogar auf die Wüstenzeit zurück. Wir haben es hier mit hl. Gottesrecht zu tun, das den Bund zw. Gott und Volk bestätigt und im kultischen Vortrag verkündigt wird Jos 24, 27; 5Mose 31, 10-13. Solches Bundesrecht hat in Israel offenbar eine Tendenz zur Zehnerreihe entwickelt. Grundlage dieses Bundesrechtes war der Zusammenschluß des Volkes zu einem Stämmebund, der sich dem Willen Gottes unterordnet und sich in bestimmten geschichtlichen Lagen gegenseitig vor Gefährdung schützt. Derartige hl. Satzungen waren ursprünglich Grenzbestimmungen, die den Abfall von Jahwe verhindern sollten. Altisraelitisch ist aber das Drängen auf soziale Gerechtigkeit und den Schutz der Schwachen 3Mose 19, 13-18. In den *kasuistischen* G.en, die konditional gefaßt sind („Wenn"-Stil), werden Bestimmungen gesammelt, die für die Rechtsprechung im Tor maßgebend sind, zB 2Mose 21, 1-22, 16. Form und Inhalt dieser G.e weisen auf außerisr. Ursprung, auf den Zusammenhang mit kanaanäischer und altorientalischer Rechtskultur hin. Und doch zeigt der Inhalt dieser Rechtsbestimmungen, zB im Vergleich mit dem Kodex → Hammurabi (→ Babylonien), daß sich auch hier die Eigenart Israels durchsetzt. Die Besonderheit des Gottesbundes, die Betonung der Rechtsgleichheit vor dem G., die stärkere Rücksicht auf das Sklavenrecht, die Beschränkung der Todesstrafe sind unverkennbar. Israel sah auch in diesen Rechtsbestimmungen Forderungen Jahwes, die zwar mehr profanen Charakter hatten, deren Gültigkeit aber unbestritten feststand. Die *kultischen Gesetze* vor allem in 3 u. 4Mose, zB 3Mose 1-5, sind als Rituale und Dienstanweisung für Priester und als Belehrung der Laien gedacht: sie handeln von Opfer und Opferhandlung, von der Unterscheidung von reinen und unreinen Tieren, vom Verhalten bei Aussatz, Krankheit und Unreinheit. Ursprünglich liegen hier Bestimmungen der vorexilischen Tempelpraxis vor, die teilweise nichtisr. Herkunft sind. Sie weisen in uralte religionsgeschichtliche Zusammenhänge zurück, deren Gültigkeit bes. betont wird.

3) Alle diese Gesetze sind auf einen schon geschlossenen Gottesbund bezogen, dessen Wirklichkeit anerkannt und bestätigt wird. Auch der Zusammenschluß der Stämme wird nicht durch G.e hergestellt; wohl aber wird die Existenz des Volkes bis ins letzte bedroht, wenn Gottes G.e vernachlässigt werden. Die prophetische Botschaft setzt voraus, daß Israel die Satzungen Gottes bricht und Gott daher nicht anders kann, als im Gericht sein Volk heimzusuchen. Die Geschichte Israels wird also zu einem *ständigen Ringen Gottes mit seinem Volk um Gerechtigkeit,* d. h. um das Recht Gottes, das Israel mit der Bundschließung anvertraut ist. „Euch allein habe ich aus allen Geschlechtern der Erde erwählt; darum will ich euch auch für alle Verschuldungen büßen lassen" Am 3, 2. Jedes G. bestätigt auch die Besonderheit Israels gegenüber seiner Umwelt; vor allem das Deuteronomium und das Heiligkeitsgesetz 3Mose 17-26 betonen die Abgrenzung des Gottesvolkes von seiner Umwelt. Nach der Weise Ägyptens und der Bewohner Kanaans darf in Israel nicht verfahren werden 3Mose 18, 3.

4) Seit Esra und der Neugründung der Gemeinde erhält das G. des Mose eine neue, entscheidende Bedeutung. Es erscheint jetzt als *abgeschlossene Einheit,* die als solche göttliche Autorität beanspruchen kann. Neben den Priester, der zunächst Hüter des G.es war, tritt mit der Zeit der selbständige Stand des „Schriftgelehrten", neben den Tempel die Synagoge, in der die Thora nicht nur gelesen, sondern auch erklärt wurde. Der Gehorsam gegen das G. wird zum Maßstab für die Frömmigkeit des Einzelnen, aber auch zur Quelle der Freude und des Segens; er hat die Kraft, sich vom Frevler zu trennen, dessen Kreise gemieden werden Ps 1; 119. Schwere Anfechtungen und Gefahren treiben ins Gebet, lassen aber die Treue zum Gott der Väter nicht wanken Ps 44. Aus den an sich spärlich fließenden Quellen ist deutlich zu erkennen, daß eine sehr lebendige Kultfrömmigkeit sich dem Gottesdienst, der Tempelmusik, dem Lobgesang, dem Tempel und dem Hohenpriestertum zuwandte und ein echtes Gottvertrauen aufkommen ließ (Psalter, Jesus Sirach, Tobit). Die Vermeidung der Mischehen mit nichtjüd. Frauen (doch vgl. das Buch Ruth), die Beschneidung und die Sabbatheiligung werden in dieser nachexilischen Zeit zu ausdrücklichen Bekenntnishandlungen. In der Auseinandersetzung mit dem syr. Hellenismus wird die *Gesetzestreue* des jüd. Volkes vor eine schwere Aufgabe gestellt: Es gilt, ohne die führende priesterliche Schicht den Widerstand des Glaubens wachzurufen. So stellen sich die *Chassidim* (→ Chasidäer) in den Dienst des G.es und greifen die „Gottlosen" und „Sünder", d. h. hellenistisch gesinnte Juden, an. Mattathias und seine Gruppe werden zu Vorbildern hl. „Eifers" um das G. nach dem Vorbild des Pinehas 1Makk 2,26.54. Der harte, wechselvolle Kampf zw. den Gesetzestreuen und den Männern des rücksichtslosen Übermuts wird zu einer entscheidenden Periode des jüd. Volkes. Nachfahren dieser chassidischen Gruppen sind die → Pharisäer, die das G. durch die mündliche Überlieferung zu schützen versuchten, die → Essener, die es im eschatologischen Sinn verschärften und in ihrer Gemeinschaft erfüllten, die → Zeloten, die den politischen und militärischen Kampf gegen den römischen Feind aufnahmen, aber auch die Christen, die als neue messianische Bewegung sowohl die Freiheit vom G. wie auch die Treue gegen das G. verkündigten.

5) Während die → Sadduzäer nur das schriftliche G. für maßgebend hielten, daneben allerdings auch das Gewohnheitsrecht anerkannten, erklärten die Pharisäer auch die mündliche Tradition für verbindlich und galten als genaue Kenner des G.es (Josephus). In ihren juristischen Ansichten waren die Sadduzäer strenger als die Pharisäer, in der exegetischen Auslegung dagegen die Pharisäer systematischer, erziehlicher und genauer. Die Pharisäer bestimmten daher weithin die Ausgestaltung des Kultus, des Synagogengottesdienstes und der öffentlichen Rechtsprechung. Trotz aller Mißstände auch in pharisäischen Kreisen wird man sie grundsätzlich nicht als Heuchler, Formalisten und Kasuisten abtun dürfen; ihr Eifer um das Gesetz war echt und unbestreitbar, ihr Wirklichkeitssinn übertraf vielfach ihre Kritiker. Sie sonderten sich allerdings grundsätzlich ab von der Unheiligkeit der Unfrommen und Gesetzlosen. Erst *nach der Katastrophe des Jahres 70* nChr werden ihre Vorschriften durch die Mischnalehrer ausgebaut und zur allgemeinen Pflicht gemacht. Gelehrte pharisäischer Schulung übernehmen die Führung der Gemeinden; in Jabne und im Küstengebiet sammelt Jochanan ben Zakkai seine Schüler. Die hier entstehende Tradition übernimmt die Rechtspflege, soweit die römische Herrschaft dies zuläßt. Die neue Stärkung des Pharisäismus nach 70 nChr ist dem Evangelisten Matthäus wohl bekannt. Gleichzeitig kommt allerdings auch im Judentum die apokalyptische Strömung zu einer neuen Blüte (4. Esra, syr. Baruchapokalypse). Die alte Spannung zw. Gesetzestradition und apokalyptischer Geheimlehre kommt noch einmal zum Austrag. Prädestination und Willensfreiheit, Gnade und Werke, Heilsplan Gottes und kosmisches Ende sind Fragen, mit denen sich die → Apokalyptik des Judentums ebenso beschäftigt wie die Theologie des Paulus. Auch ein vertieftes Sündengefühl und Kritik am Gesetz melden sich hier ebenso zu Wort wie im NT. Die Fixierung des Gewohnheitsrechtes in der späteren Entwicklung des Judentums (Mischna, Talmud) entspricht einerseits dem äußeren Schicksalsweg des Volkes, ist aber andererseits auch eine bestimmte Konsequenz der nachexilischen Entwicklung.

6) Grundsätzlich ist das ganze *Urchristentum* von einer messianischen Heilsauffassung bestimmt, die nicht aus der Beobachtung des G.es abgeleitet werden kann. Die Erleuchtung durch die Taufe, die Sündenvergebung, der Empfang des Geistes Gottes, das gute Wort Gottes und die Kräfte der zukünftigen Weltzeit sind freie Gaben Gottes in der eschatologischen Gegenwart, nicht aber an das G. gebundene Segnungen Hebr 6,4f. Selbstverständlich entwickelt eine derartige Gemeinschaft (chabura) von Anfang an eigenes Recht mit bestimmten Satzungen und Abgrenzungen, zumal da auf palästinischem Boden Geist und Recht eng miteinander verknüpft sind. Problematisch bleibt aber das Verhältnis dieser eschatologischen Gemeinschaft zum G. des Mose. Die Gerechtigkeit, Heiligkeit, Reinheit Jesu sind vollkommener, radikaler als das gesetzliche Ziel, das die Pharisäer und ihre Anhänger verfolgen; sie unterscheiden sich auch von dem der Essener und ihrer Wüstengemeinschaft. Aber Jesus hat auch die Vollmacht, entgegengesetzte mosaische Satzungen zu überbieten und aufzuheben Mt 5,17-48; Mk 10,4-12. Rituelle Bestimmungen werden in Frage gestellt, weil sie von einer falschen Voraussetzung ausgehen Mk 7,1-23. Die Gesetzesfrömmigkeit des Pharisäismus enthüllt sich im Licht dieser vollkommenen, radikalen Gerechtigkeit Jesu als Fluchtweg, Unwahrheit, Lieblosigkeit, Kasuistik und Formalismus Lk 10,25-37; 11,37-54. Alle diese Grundsätze Jesu wollen aber weder eine gesteigerte Gesetzlichkeit, noch eine Auflösung des G.es nach sich ziehen. Jesus faßt das ganze G. im Doppelgebot der Liebe zusammen und bezeugt, daß in ihm die vollkommene Liebe des ganzen Herzens, der ganzen Seele, des ganzen Denkens, der ganzen Kraft erschienen ist Mk 12,28-34. In der durch ihn erfüllten Verheißung des Geistes Gottes ist der eigentliche Sinn des mosaischen G.es offenbar geworden. Es kann nur von der in ihm geschenkten Wahrheit und Wirklichkeit her verstanden und bezeugt werden. Der Kampf gegen das Böse, den die Menschen, aber auch Israel vergeblich führen, muß von der Wurzel her, von der Neuschöpfung Gottes her, aufgenommen werden; das G. erreicht nicht den Ursprung des Bösen, das Dichten und Trachten des menschl. Herzens. Auch die Urgemeinde lebt von diesen Anweisungen Jesu, hat also den Heilsweg des G.es, die Ritualbestimmungen und die Kasuistik der Pharisäer restlos überwunden Apg 2,42-47; 4,32-37; 5,1-11. Die zur Urgemeinde übertretenden „Eiferer" um das G. sind bestrebt, die Auflösung des mosaischen G.es in der Diaspora zu verhindern Apg 21,20. Man wird also annehmen dürfen, daß sie den Zusammenhang des Weges Jesu mit der mosaischen Tradition und dem Judentum betonen, vielleicht auch den Vorrang des Judenchristentums schützen wollen. Dies christl. „Eifern", das keineswegs notwendig zur Gefahr eines Judaismus führen muß, wird von Lukas in seinem Bericht durchaus anerkannt. Paulus hat die vollkommene Gerechtigkeit, Heiligkeit, Reinheit Jesu unter Juden und Heiden offen bekannt 1Kor 1,30, ihren Sinn theol. klar entfaltet und gegen Judentum und Gnosis geschützt Gal 3,15-29; Kol 2,16-23, aber auch die Kritik an der mosaischen Tradition bewußt erneuert Gal 3,19f; Röm 10,1-5. Grundsätzlich ist auch hier der Heilsweg des G.es, des Buchstabens, des Rechtes und der Kasuistik überwunden; er gehört der alten Weltzeit an, aus deren Voraussetzungen heraus er zu verstehen ist. Die neue Gabe des Heils ist an das Evangelium, an die Person Jesu, an den Geist und die Neuschöpfung des Menschen in Taufe und Glaubensgehorsam gebunden. Aber auch Paulus vereinigt, wenn auch in besonderer Schärfe, beides: Gesetzesfreiheit und Gesetzestreue. *Mi*

Gesetzgebung.

1) Die Sinai-Tradition. 2) Spätere Bundeserneuerung. 3) Unter Josia. 4) Nach dem Exil. 5) In der Makkabäerzeit. 6) In Qumran. 7) und 8) Im Urchristentum.

Die G. bedeutet im bibl. Sprachgebrauch: Erlaß und Verkündigung von Gesetzen Gottes, Verpflichtung des Volkes auf sie, Bundschließung, Bundeserneuerung zw. Gott und Volk, Aufstellung eines Denkzeichens (zB Errichtung eines Altars), Feststellung des Zeugentums und schriftliche Fixierung der Gesetze. In diesem Sinn und in der Herausstellung dieser Motive ist die G. Mittelpunkt der ATlichen Offenbarung und Grund für die Erwählung Israels, aber auch bleibende Voraussetzung für das Verständnis des NT. Daß die bibl. Offenbarung an Geschichte gebunden und nur in der Form der Geschichte gegeben ist, hängt ebenfalls mit diesem Prozeß der G. und der damit verbundenen Bundschließung zusammen.

1) Zur alten *Kadesch-Überlieferung* gehört der Bericht 2Mose 15,25f: Mose gibt in Mara, wo er bitteres Wasser süß gemacht hat, dem Volk Gesetze und Verordnungen. Für Geschichte und Theologie entscheidend ist die mit einer Gotteserscheinung verbundene *Sinai-Tradition* 2Mose 19,1-9 sowie die mit ihr verknüpfte Verkündigung des Dekalogs 2Mose 20,1-21. Der priesterliche Grundcharakter dieser Bundschließungen tritt überall heraus (vgl. 2Mose 24,1-8). Mose wird der eigentliche Gesetzgeber und Mittler dieses Bundes zw. Gott und Volk: ihm wird deshalb eine Ausnahmestellung zugebilligt 2Mose 24,2; 3Mose 19,4-10. Die auf ihn zurückgeführten Gesetzessammlungen haben einen historischen Kern, sind aber weithin erst in der Folgezeit entstanden und auf seinen Namen zurückgeführt. Aber auch in der späteren Zeit gab es Erinnerungen an die Urzeit, zB die Bundeslade mit den steinernen Tafeln, die Mose hineingelegt hatte 1Kö 8,9.

2) Die spätere Überlieferung berichtet von einer Bundeserneuerung im Gebiet der Moabiter 5Mose 28,69 und in Palästina selbst, auf den Bergen Ebal und Garizim Jos 8,30-35; 5Mose 27,1-8. Eindrücklich ist der Bericht über den *Landtag in Sichem,* der alle Merkmale der Bundeserneuerung herausstellt Jos 24,1-28. Gott erinnert selbst an seine Wohltaten in der Vergangenheit; anschließend wird das Volk zur Entscheidung aufgerufen, wem es dienen will. Das Volk gibt daraufhin eine feierliche Erklärung ab, und Josua verpflichtet das Volk durch Aufstellung eines großen Steines. Auch in dieser Erzählung findet sich der eigentümliche Zug der schriftlichen Fixierung Jos 24,26.

3) Nach der *deuteronomischen Gesetzgebung* soll das Gesetz des Mose in regelmäßigem Abstand, alle sieben Jahre, anläßlich des Laubhüttenfestes, dem ganzen Volk vorgelesen werden, damit man hört und lernt, Jahwe zu fürchten und alle Worte des Gesetzes wohl zu befolgen 5Mose 31,9-13. Nach der Auffindung des →„Bundesbuches" (vielleicht = Deuteronomium) unter →*Josia* wird ein entsprechender Bund vor Gott im Tempel geschlossen. Das Buch wird in Gegenwart des ganzen Volkes verlesen, der König schließt den Bund, und das Volk tritt dem Bunde bei 2Kö 23,1-3.

4) In der nachexilischen Zeit, am Neujahrstag des Jahres 443 (?) findet eine Volksversammlung statt, in der Esra, der Schriftgelehrte, das Gesetz des Mose vorliest und erklärt, wobei er von Leviten unterstützt wird Neh 8,1-8. Am 24. Tage desselben Monats findet eine zweite Volksversammlung statt, in der das Gesetzbuch verlesen und liturgische Bußgebete gesprochen werden; anschließend wird der Bund mit Jahwe erneuert und eine schriftliche Urkunde ausgestellt, die von den Ältesten des Volkes, den Priestern und Leviten unterzeichnet wird Neh 9,1-5; 10,1ff. Vor allem schwur man, die Mischehen aufzugeben und den Sabbat strenger zu halten. In der nachexilischen Zeit, in der die G. vor allem unter kultischem Gesichtspunkt betrachtet wird, fragt man vor allem nach der Ordnung des Tempelkults und des Priesterdienstes. Hekatäus, ein griech. Schriftsteller (Anfang des 3.Jh.), sagt daher von Mose: „Er erwählte die ansehnlichsten und fähigsten Männer aus dem ganzen Volk und machte sie zu Priestern und überwies ihnen die Sorge für das Heiligtum, die Verehrung Gottes und die Opfer" (Diodor 40, 3).

5) Züge älterer Bundeserneuerung finden sich auch in der Darstellung 1Makk 3, 42-60: Gruppen des Widerstands gegen die Syrer, denen Judas und seine Brüder angehören, versammeln sich in Mizpa, der Gebetsstätte aus früheren Zeiten. Man fastet, breitet das gefährdete Gesetzbuch aus, bringt die Priestergewänder herbei und stimmt den Klageruf an. Alle diese Züge spielen auf die besondere zeitgeschichtliche Not an, erinnern aber an die nachexilische Entwicklung der Bundeserneuerung. Anschließend organisiert Judas diese Gruppen des Widerstands militärisch, bestätigt aber ausdrücklich die gesetzlichen Ausnahmebestimmungen 5Mose 20, 5 ff = 1Makk 3, 56 ff. Damit setzt eine neue Entwicklung ein: die frommen Widerstandsgruppen vertreten rechtlich das bisherige Volksganze.

6) Auch die Bruderschaft von → *Qumran* wußte sich wie die früheren Chassidim als erneuerter Bund (1QpHab 2, 3; Dam. 20, 12). Im Hintergrund stand die Erfüllung der Verheißung Jer 31, 31-34 und das Bewußtsein, in der Endzeit zu leben. Das offizielle Israel galt ihr als abgefallen, und nur die eigene Bruderschaft in ihrem Verständnis des Gesetzes erscheint als bundestreu. Dieser erneuerte Bund ist ein ewiger, und wer ihm angehört, weiß, daß Gott ihn dazu erwählt hat. Alljährlich werden die Bundesverpflichtungen im Rahmen einer feierlichen Handlung erneuert und den Mitgliedern ins Gedächtnis gerufen (1QS 2, 19). Die G. von Qumran ist auf die Ordensgemeinschaft selbst beschränkt, erhebt aber den Anspruch, die einzig legitime Auslegung des Gesetzes zu sein.

7) Das *Urchristentum* versteht sich seit der Einsetzung des Abendmahls und dem Tode Jesu als erneuerter Bund in heilsgeschichtlicher Erfüllung von Jer 31, 31-34. Der Tod Jesu erscheint als Gegenbild zum mosaischen Bundesopfer der Urzeit 1Kor 11, 25. Ganz entsprechend kennt man eine Verschärfung des mosaischen Gebotes durch das Wort Jesu und spricht von einer Belehrung vom Berg und einer Verklärung auf einem Berg, so daß Geschehnisse und Motive der mosaischen Tradition aufs neue lebendig werden. Paulus stellt die Herrlichkeit des Mose, der mit den Gesetzestafeln vom Sinai herabsteigt, ausdrücklich der Herrlichkeit des Neuen Bundes gegenüber 2Kor 3. Nur von hier aus wird es verständlich, daß Johannes von Geboten Jesu, die gehalten werden sollen 14, 15; 15, 10, und Paulus vom Gesetz Christi Gal 6, 2 reden können. Es handelt sich jedesmal um Konsequenzen aus der endzeitlichen Bundschließung: Nun werden die Satzungen Jesu in ganz besonderer Weise autoritativ. Er ist mehr als Mose, weil sein Sterben das Gesetz des Mose überwindet.

8) War es jüd. Sitte, die Gesetzgebung des Mose als ganze und in ihren Einzelzügen auszumalen und zu verherrlichen, begann man zudem das Gesetz selbst zu einem himmlischen Wesen auszugestalten und mit der göttlichen Weisheit gleichzusetzen, so antwortet die NTliche Verkündigung bewußt zurückhaltend und polemisch. Einerseits wird die Beteiligung der Engel an der Gesetzgebung des Mose zugestanden Apg 7, 30. 38. 53; Hebr 2, 2; andererseits betont Paulus im Kampf mit dem Judaismus, daß das Gesetz um der Übertretungen willen nur von Engeln, nicht aber von Gott unmittelbar, verordnet worden sei Gal 3, 19 f. Die Heiligkeit der Sinai-Szene wird ausgemalt, aber sie bleibt für den Menschen schwer ertragbar; die Nähe des Berges Zion und des himmlischen Jerusalem verheißt dagegen die ganze Seligkeit des Menschen Hebr 12, 18-23. Das Gesetz des Mose wird also nicht allg. jüd. verstanden, sondern als Forderung und Herrschaft, die kein Heil schenken können. Das Evangelium von Jesus Christus erfüllt dagegen, was im Gesetz des Mose eigentlich von Gott gemeint war. *Mi*

Gesicht → Vision.

Gesinde. Das AT kennt für G. nur zwei Ausdrücke: „Dienerschaft" und „die Leute des Hauses". Das hat seinen Grund einmal darin, daß die sehr häufig begegnende Sache begrifflich vor allem in den Ausdrücken → Knecht (Sklave) und → Magd (Sklavin) gefaßt ist, zum anderen darin, daß das G. als Bestandteil der → Familie im weiteren Sinn häufig unausgesprochen in den Ausdrücken „Haus", „Haus des Vaters" mitgemeint ist; im letzteren Fall steht dann gewöhnlich das Haus als Ganzes und nicht nur dessen Dienerschaft im Blickfeld. Die Verfügungsgewalt über G., also eine größere Anzahl von männlichen und weiblichen Untergebenen 1Mose 20, 8; 26, 14; 30, 43; 1Kö 10, 8 u. a., ist Zeichen für Macht und Reichtum und setzt diese voraus. Dagegen ist in dem Begriff nicht ohne weiteres auch das rechtliche Verhältnis zw. dem Herrn und den Untergebenen enthalten. In 1Mose 17, 23. 27 und Pred 2, 7 wird zw. den „Hausgeborenen" und den „Gekauften", die beide zum Haus und damit in die Verfügung des Hausherrn gehören, unterschieden. Darin wird sich die Unterscheidung von schlechthin leibeigenem G. und solchem mit rechtlicher Vorzugsstellung niedergeschlagen. Um ersteres handelt es sich sicher 1Mose 26, 14; Hiob 1, 3; 2Mose 20, 17, während Stellen wie 1Mose 15, 3; 39, 11. 14; 45, 2; 50, 4. 8; 5Mose 11, 6; 1Kö 5, 23. 25 zwar das Untergeordnetsein unter den Herrn des Hauses, nicht aber dessen rechtlichen Charakter aussagen. In einigen Fällen, zB Mich 7, 6, ist sogar wahrscheinlich, daß der sonst mit G. übersetzte Ausdruck „Hausleute" nicht nur das G., sondern auch die Familienglieder im engeren Sinne meint. — Im NT liegt der Sachverhalt ähnlich. Um Dienerschaft handelt es sich Mt 24, 45; Lk 12, 42. Dagegen können die Mk 5, 35; Lk 8, 49; Röm 16, 10 f; 1Kor 1, 11. 16 Genannten sowohl Sklaven als auch Freigelassene oder Hausgenossen sein. *Kn*

Gespenst, Übersetzung des griech. phantasma (wörtlich Erscheinung) Mk 6,49; Mt 14,26, meint die Erscheinung eines Geistwesens. Die Vorstellung stammt von dem spätjüd. Glauben an böse Geister, die gelegentlich dem Menschen erscheinen. So berichtet Weish 17 von schrecklichen Erscheinungen (Luther V. 3. 6. 15: Gespenst) bei der ägyptischen Finsternis. Tob 6,9 wird die Herstellung eines Zaubermittels zur Abwehr böser Geister (Luther: Gespenster) erwähnt. *Bo*

Gesundheit, gesund. Die G. wird als kostbares Geschenk gerühmt Sir 30,14-16, von den Kranken ersehnt Mt 9,21, von Jesus in seinem → Heilen geschenkt. Ein Wasser heißt g., wenn es trinkbar ist 2Kö 2,21; Hes 47,8 f. 11. Das innere Leben wird g. durch Glauben und Liebe Tit 1,13; 2,2; dazu ist auch g. Lehre nötig 1Tim 1,10; Tit 1,9. *Schl*

Gethsemane, „Ölkelter", der am Ölberg gelegene Ort der Gefangennnahme Jesu Mt 26,36 par., nach Jo 18,1 ein Garten jenseits des Kidron. Vielen gilt das 1681 von den Franziskanern erworbene Grundstück südlich vom Weg nach Bethanien, ein ummauerter Garten mit acht alten Ölbäumen, als das eigentliche G. Mit mehr Recht sucht eine ältere Tradition den Ort, wo sich Jesus oft mit seinen Jüngern versammelte Jo 18,2 und wo der Verrat stattfand, nördlich von den drei Wegen auf den Ölberg in einer 17 m langen und 9 m breiten Höhle, die möglicherweise einst als Ölkelter diente. Auch die Gebetsstätte wäre dann nicht im G. der Franziskaner, sondern am Abhang in der Nähe der Grotte zu suchen. Vielleicht gibt das sog. „armenische G." mit seinen Ölbäumen am ehesten den Eindruck der ursprünglichen Stätte wieder. Vom Stephanstor aus ist G. in wenigen Minuten zu erreichen. → Tafel 19. *(Me)*

Getränke. Neben Wasser 1Mose 21,14 f und Milch Ri 4,19 war der Wein Hauptgetränk Joel 4,18, und zwar als frischgepreßter, süßer, noch unvergorener Saft von Trauben oder anderen Früchten (Most, Fruchtsaft) Am 9,13; HL 8,2 wie auch in vergorenem Zustand (Rauschtrank, „starkes Getränk") 1Mose 14,18; Ps 104,15; Spr 31,6; Lk 5,39; 7,34; Jo 2,9 f. Der Sorten gab es viele. Stellen wie 4Mose 6,3; Ri 13,4.7 unterscheiden offenbar zw. neuem oder mit Wasser vermischtem, was üblich war, und zw. altem oder unvermischtem Wein. Enthaltsamkeit war etwas Ungewöhnliches. Gegen den Mißbrauch wurde gepredigt (Propheten). *Kn*

Getreide → Ackerbau.
getünchte Wand → Tünche.
Gewand → Kleid.

Gewalt, gewaltig. G. heißt Vollmacht, Verfügung, Fähigkeit, sich durchzusetzen. Solche G. hat Jesus nach der Auferstehung „im Himmel und auf Erden" Mt 28,18. Er hat diese G. inne, bis er sie am Ende der Tage Gott zurückgeben wird 1Kor 15,24. Er hat sie von Ewigkeit her inne Jo 1,3.10; Kol 1,15 ff. Es ist umstritten, ob er sie nach der Fleischwerdung nur verbarg, obwohl er sie völlig hatte, oder ob er sie nicht hatte und von Fall zu Fall erbitten mußte Mk 7,34. Gott und der Sohn sind als Inhaber aller Gewalt jetzt zu preisen 1Tim 6,15; Offb 11,17; 12,10. Die Psalmen lobten Gott um seine G. 145,4 ff, auch Hiob 12,13; Dan 4,14. Das NT fordert zu demütiger Beugung unter Gottes G. auf 1Petr 5,6. Jesus gab den Aposteln an seiner durch Demut starken G. Anteil Mt 20,26 ff; Lk 9,1; 2Kor 10,8. Alle irdische und höllische G. steht unter Gottes G. 1Sam 12,9; Ps 49,16; Dan 7,27 und wird mit einem Wort wiedergegeben, das „zufassende Hand", auch „Untat" heißt Jes 10,14; Ps 146,7; Lk 1,52. Sie ist bloß einstweilig Jo 19,11. Für „Obrigkeit" steht im NT dasselbe Wort wie G.; sie hat Anspruch auf Gehorsam, soweit sie die Röm 13,3 ff beschriebenen Pflichten erfüllt. Mannigfach ist im NT von jenseitigen G.en die Rede, die in diese Welt hereinwirken, aber dem Glaubenden nicht schaden können, weil Christus Herr über sie ist Röm 8,38; 1Kor 15,24; Eph 1,21; 1Petr 3,22. Zu Mt 11,12 „Das Himmelreich leidet G." vgl. die Kommentare. *Nag*

Gewappneter. Der bewaffnete Kriegsmann ist Spr 6,11; 24,34 das Bild des Mangels, der den Faulen überfällt, und Lk 11,21 das Bild Satans, der seine Gefangenen bewachen kann, bis Jesus als der Stärkere über ihn kommt. *Schl*

Gewebe → Weber.
Gewerbe → Handwerk.

Gewichte. Gewogen wurde mit G.n aus Stein, in hellenistischer Zeit auch aus Blei. Die übliche Gewichtseinheit war der Schekel (Luther: Lot). Als große G. werden im AT genannt das Talent 2Sam 12,30; 1Kö 10,10 (Luther: Zentner) und die Mine 1Kö 10,17 (Luther: Pfund). Kleine G. sind der Halbschekel 1Mose 24,22, der Viertelschekel 1Sam 9,8 und das Gera (das „Korn"), der 20. Teil eines Schekel 2Mose 30,13 u. a. m. Nach 2Mose 38,25 f war das Talent = 3000 Schekeln; die Mine wurde zu 50 oder zu 60 Schekeln gerechnet (die Deutung von Hes 45,12 ist umstritten). Nach der babylonischen Norm wog ein Talent etwa 60 kg, eine Mine nicht ganz 1 kg, der Schekel etwas mehr als 16 g. Doch lassen sich die G., die bei Ausgrabungen gefunden wurden (darunter G. mit der Aufschrift pim, vielleicht = zwei Drittel, und mit der Aufschrift nesep, vielleicht = die Hälfte), nicht in eine klare Reihe ordnen; die Norm der G. war offenbar nicht einheitlich. Neben dem gewöhnlichen Gewichtssystem gab es ein schwereres „königliches Gewicht" 2Sam 14,26. → Geld. *Schl*

Gewinn, gewinnen. *1)* g. ist sprachlich manchmal = bekommen, nehmen Apg 28, 15; 1Kor 10, 13. — *2)* G. bezeichnet einen Vermögensvorteil, den wir durch redliche Arbeit oder Handel erwerben 1Mose 12, 5; Mt 25, 16 ff; Jak 4, 13 oder auf unrechte Weise Apg 16, 16 oder wie es einem zufällt Sir 42, 4; es gibt auch vergeblichen G. Pred 1, 3; Jak 4, 2. — *3)* Das Höchste, was ein Mensch g. kann, ist der Anteil an Gottes Reich durch Jesus Christus; das ist mehr wert als die ganze Welt Mt 16, 26; Lk 9, 25; was uns daran hindert, ist Schade Phil 3, 7. 8, was dazu dient, ist großer G. Mt 19, 21; selbst das Sterben wird G., wenn Christus unser Leben ist Phil 1, 21. Gegen alles Widerstreben in uns gewinnt es Gott in unserem Leben Jer 20, 7. — *4)* Darum ist es für den, der Christus gewonnen hat, der höchste Inhalt seines Lebens, andere für Christus zu g. durch Hingabe an jedermann 1Kor 9, 19 ff, seelsorgerliche Bemühung Mt 18, 15, den Wandel 1Petr 3, 1. Andere für Christus zu g. ist für einen selbst der höchste G. 1Kor 9, 23. — *5)* Den Dienst am Evangelium und in der Gemeinde mit äußerem G. zu verbinden und zur Erwerbsquelle zu machen, nennen die Apostel etwas Schändliches Tit 1, 11; 1Petr 5, 2; 2Petr 2, 3; sie sehen darin ein Zeichen der Zerrüttung 1Tim 6, 5; Jud 11, geben das Beispiel eines reinen Dienstes 1Kor 9, 18 und weisen auf den wahren G. hin 1Tim 6, 6. *Pfi*

Gewissen.

1) Die Tatsache des G.s. 2) Der Weg zum guten G. 3) Gewissensvorgänge in der HS.

Das G. ist nirgends in der HS ein wesentliches Element der bibl. Botschaft in dem Sinn, daß der gewissensmäßig umgetriebene und in sich zerspaltene Mensch hier angewiesen werden soll, diesen Zwiespalt in sich zu überwinden und zur Einheit mit sich selbst zurückzufinden. Dieser Grundgedanke einer autonomen Ethik, auch wenn er religiös verbrämt wird (G.sreligion), ist beiden Testamenten fremd, weil er am Menschen und seinen Strebungen und nicht an Gott orientiert ist. Es ist deshalb nicht zufällig, daß der Begriff selbst, vom griech. Denken her, erst in den Apokryphen des AT — Weish und Sir — auftaucht und dann allerdings in den Briefen des NT, vor allem bei Paulus, wenn auch nur am Rande, Verwendung findet.

1) Die Tatsache des G.s. Paulus beruft sich für die natürliche Fähigkeit des Menschen, Gottes Willen zu erkennen und zu tun, obwohl er seine Offenbarung in Geboten nicht kennt, auch auf das Zeugnis ihres G.s Röm 2, 15, das mit einer psychologisch nie ganz aufzuhellenden gebieterischen Macht bestätigt und verwirft, was wir tun oder tun wollen. Das kann niemals ein Ersatz sein für das klare Wort und die Erleuchtung durch den hl. Geist (vgl. „in dem hl. Geist" Röm 9, 1). Dazu ist es viel zu abhängig von Einflüssen von außen und von innen. Wer auf Grund von Gewissenserlebnissen meint, eigenmächtig über Gut und Böse urteilen und verfügen zu können, ist auf dem Wege von 1Mose 3, 5.

Wohl aber ist ein vorläufiges Urteilsvermögen des G.s allen Menschen eigen 2Kor 4, 2; 5, 11. Eben weil es nicht einfach der Bewußtseinsinhalt des Menschen ist, sondern seine hartnäckige eigene Sprache hat („Zeuge"), fordert es Gehör 2Kor 1, 12 und behält seine regulierende Kraft auch in der christl. Gemeinde Röm 13, 5. Daß es eine gehemmte, „schwache" Gewissenhaftigkeit geben kann 1Kor 8, 7 ff; 10, 25 ff, ist Paulus ein Anlaß, auf das G. des Bruders Rücksicht zu nehmen und sich im rechten Sinn seine Freiheit des G.s zu wahren.

2) Der Weg zum guten G. Das gute, reine, unverletzte G. ist dem NT so wichtig wie einer idealistischen Ethik Apg 23, 1; 24, 16; 1Petr 3, 16; Hebr 13, 18. Nur ist der Weg dazu nicht irgendeine Beschwichtigung, irgendein Versuch eines Ausgleichs, einer Selbsthilfe. Hebr 9, 9; 10, 2 redet in diesem Zusammenhang von der Unzulänglichkeit des Opferdienstes im AT. Heilende, reinigende Kraft hat das Blut Christi Hebr 9, 14; 10, 22; 1Jo 2, 1 f, der Bund eines guten G.s mit Gott in der Taufe 1 Petr 3, 21. Das gute G. stammt aus glaubendem Anschluß an Jesus und lebt sich aus in der Liebe, im Dienst 1Tim 1, 19; 1, 5; 2Tim 1, 3. In 1Kor 4, 3 ff ist die Grenze deutlich, die dem guten G. immer gezogen ist; es könnte sich selbst belügen! Aber in einem guten G. zu Gott steckt die Kraft, zu leiden 1Petr 2, 19.

3) Gewissensvorgänge in der HS. Wenn auch der Begriff des G.s im AT fehlt — wo Luther ihn verwendet, steht er für andere Worte der Grundsprache —, so sind doch G.s-Erlebnisse ihm gar nicht fremd. Es sei an 1Mose 3, 8 (Adam), 4, 13 (Kain), 42, 21 (Josephs Brüder), 2Sam 24, 10 (Davids Volkszählung), im NT an Mt 14, 2 (Wahn des Herodes), Jo 8, 9 (Ankläger der Ehe-

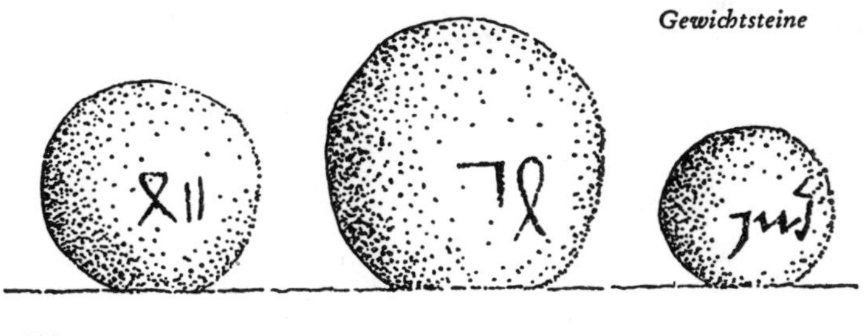

Gewichtsteine

Als Gewichte dienten vielfach kleine Steinkugeln, die unten abgeplattet und mit Zeichen gekennzeichnet waren. Bei der Kugel links, im Durchmesser etwa 2,5 cm, bedeuten die beiden Striche: doppeltes Maß, bei der größeren Kugel der Winkel: vierfaches Maß. Kugeln mit der Aufschrift neschep (so der Stein rechts) scheinen eine geringere Norm zu haben.

brecherin), Mt 26,75 (Petrus), 27,3f (Judas), Lk 15,17 (verlorener Sohn), Apg 5,5 (Ananias) u.a.m. erinnert. In dieselbe Richtung weist im Psalter 32,3; 38,5; 51,5; 90,8. Was hilft Hiob 27,6 in der Verzweiflung? Von daher ist Weish 4,20; 17,11; Sir 14,1f; 19,8 nur im Wort eine Neuerung, wenn auch erst das NT dem in den Zwiespalt der Gewissensvorgänge geworfenen Menschen in Christus den Weg zur Heilung aufschließt. *He*

Gewohnheit, Gewöhnung. → Brauchtum. *1)* Der Wert und Unwert der G. im persönlichen Leben, auch in der Erziehung Spr 22,6, wird in der HS danach beurteilt, ob es sich um ein „Wohnen", ein Sichansiedeln in der Hausordnung Gottes handelt oder anderswo 1Mose 26,5; Hebr 5,14; Jer 13,23; Hes 23,43; Sir 7,14; 18,32. G. wird nach beiden Seiten zur Macht, weil sie das Leben formt und festlegt.

2) Diese formende Macht hat in Israel große Bedeutung gewonnen vor allem im rechtlich und kultisch geordneten Leben des Volkes Gottes, von Gott selbst sanktioniert 5Mose 4,7f; 2Mose 12,43; 27,21, in Abwehr heidnischer G. 3Mose 18,30; 2Kö 17,8; Ps 81,5. Andererseits konnte manche G. auch Pietätsgründe haben Ri 11,39; 2Chr 35,25. Man spürt die Kraft dieser Gewöhnung an ihren Nachwirkungen im NT Lk 1,9; 2,27.42; 4,16; Jo 19,40; Apg 15,1; 17,2; 28,17. Doch hängt die ganze Erstarrung des in gesetzlichen Bahnen festgefahrenen Judentums mit der gefährlichen Schattenseite der G. gerade in der Frömmigkeit zusammen. Wenn auch das Leben der NTlichen Gemeinde wieder G. entwickeln mußte, um Bestand zu haben 1Kor 11, 2.16, vgl. Hebr 10,25, so widersteht Jesus und sein Evangelium doch durchaus solcher bloßen Formung, die das bewußt persönliche, verantwortliche Leben vor Gott gefährdet. Lk 22,39 zeigt an einem unvergeßlichen Einzelzug, wie auch Jesus G. kannte. *He*

Gewürm. Als G. faßt die HS neben dem Vieh, den Tieren des Feldes und den Vögeln 1Mose 1, 24f; 6,7.20; Ps 148,10; Hos 2,20; Apg 10,12 alles zusammen, was auf Erden kriecht, etwa Molche und Frösche, Schildkröten, Eidechsen und Schlangen, Vierfüßler und Spinnen, Schnecken und Würmer, aber auch kleine Säugetiere wie die Maus; alle diese Tiere waren unrein 3Mose 11,29f. 41f. Wo von Anbetung von G. gesprochen wird Hes 8,10; Weish 11,15, haben wir etwa an Schlangen zu denken. Das G. hat keinen Herrn Hab 1,14, ist ein schutzloser Haufe. → Wurm. *Schl*

Gewürze. In der HS sind genannt: Dill, Minze, Schwarz- und Pfefferkümmel Jes 28,25; Mt 23, 23, Koriander 2Mose 16,31; 4Mose 11,7, Senf Lk 13,19; 17,6, Raute Lk 11,42, Dost (Ysop) 2Mose 12,22; 3Mose 14,4 und der Balsamstrauch HL 5,13; 6,2. → die einzelnen Gewürzpflanzen. *Kn*

Gibbethon. Levitenstadt in Dan Jos 19,44; 21,23, später im Besitz der Philister 1Kö 15,27; 16,15, wohl ʿāqir, 4 km westlich von Elteke. *Rü*

Gibea. *1)* G. oder G. in Benjamin 1Sam 13,2. 15; 2Sam 23,29; 1Chr 11,31 heißt die nach Ri 19,12-16; Jes 10,29 zw. Jerusalem und Rama gelegene Residenz Sauls 1Sam 10,26; 22,6; 23,19; 26,1, die daher auch G. Sauls genannt wird 1Sam 11,4; 15,34; Jes 10,29; heute tell el-fûl, 6 km nördlich von Jerusalem, wo eine wohl von Philistern errichtete, vgl. 1Sam 13,3, durch Brand zerstörte und von Saul wiederaufgebaute Festung ausgegraben worden ist. — *2)* Das 1Sam 10,5 erwähnte G. Gottes ist wahrscheinlich das bisher nicht sicher identifizierte Heiligtum von G. 1) — *3)* Stadt in Juda Jos 15,57. — *4)* G. Pinehas auf dem Gebirge Ephraim, der Ort, wo Eleasar begraben wurde Jos 24,33, vielleicht das jetzige dschibija nordwestlich von Bethel. *Rü*

Gibeon. Ehemals kanaanitische Stadt in Benjamin Jos 18,25, die zusammen mit Kephira, Beeroth und Kirjath-Jearim Jos 9,17 (vgl. Esra 2,25; Neh 7,29) durch List in den Bund mit Israel gelangte und deren Einwohner dann Holzhauer und Wasserschöpfer am Heiligtum wurden Jos 9,27. Hier schlug Josua die fünf Könige der Amoriter Jos 10, trugen die Knechte des Abner und Joab ihr blutiges Kampfspiel aus 2Sam 2,12ff und ermordete Joab den Amasa 2Sam 20,8ff. Nach 2Chr 1,3 stand auf der Höhe von G. die Stiftshütte, bei der Salomo opferte 1Kö 3,4ff; 2Chr 1,3ff. — Die Lage von G. ist unbestimmt; häufig wird jedoch die Gleichsetzung mit ed-dschīb oder tell en-naṣbe vorgeschlagen. → Tafel 9. *Rü*

Gicht → Krankheit.

Gideon. Die bedeutendste Heldengestalt der Richterzeit Ri 6-8, Sohn des Joas aus dem Haus Abiëser in Ophra. Der andere Name Jerub-Baal (Streiter wider Baal?) ist 2Sam 11,21 verächtlich in Jerubbescheth entstellt. G. wird seinem Volk zum Retter aus der Bedrängnis durch die jahrelangen Raubzüge der nomadischen Midianiter aus der Wüste ins Westjordanland, mit denen Jahwe Israels Abfall von ihm strafte Ri 6,1-6. Der Getreidedrusch statt auf offener Tenne in der verborgenen Kelter 6,11 zeigt die ständige Angst des Volkes vor seinen Bedrückern. Die Berufung des Bauernsohnes durch einen Engel, beglaubigt durch ein Wunderzeichen, das die dem zunächst unerkannten Gast gebotene Bewirtung zur Opferhandlung weiht 6,19-21,

Tafel 13: Aus dem Gesetz Hammurabis *Das Bild zeigt einen Ausschnitt aus dem → Gesetz Hammurabis, wie es auf einer in Susa gefundenen Diorit-Säule in Keilschrift aufgezeichnet war.*

macht den zunächst zagenden 6,13 und erschrockenen G. 6,22 f (vgl. Jes 6,5) seiner Sendung gewiß, in der er über den eigenen bedrohten Stamm hinaus zum Retter des ganzen Israel wird 6,14. Der in Ophra von ihm errichtete Altar wird die Stätte der späteren G.-Überlieferung 6,24. Ein zweiter Altar auf der Berghöhe daselbst 6,26 hält die Erinnerung an eine Glaubenstat G.s fest: die Umwandlung des altheidnischen Heiligtums in ein Jahwe-Heiligtum, das G. aus den Steinen des in Gottes Auftrag gestürzten Baal-Altars errichtet, wobei er das Holz des umgehauenen Götzenbaumes im Feuer eines Brandopfers verbrennt 6,25-32. Durch ein doppeltes Gotteszeichen zum Kampf ermutigt 6,36-40, rüstet G. ein Heer gegen die Midianiter 6,33 f. Doch gebietet ihm Gott, durch eine zweifache Sichtung seine Schar auf 300 Mann zu vermindern 7,2-8. Mit seinem Knappen Pura belauscht G. das Gespräch zweier feindlicher Wachtposten über einen Angsttraum 7,9-15 und nimmt das als glückverheißendes Zeichen zum Angriff, der in kühnem Handstreich die Midianiter in panischem Schrecken in die Flucht jagt 7,16-22. Dabei finden ihre Fürsten Seeb („Wolf") und Oreb („Rabe") den Tod 7,23-25. In einem zweiten Überraschungssieg zerschlägt G. die Reste des midianitischen Heeres, vollzieht die Blutrache an seinen beiden Königen Sebach und Zalmunna und übt ein Strafgericht an zwei isr. Städten, die ihm die Waffenhilfe versagt hatten 8,4-21. Klug beschwichtigt er die auf seinen Waffenruhm eifersüchtigen Ephraimiten 8,1-3. Die vom Volk ihm angetragene erbliche Königswürde schlägt G. aus, um Jahwes Königtum über Israel nicht anzutasten 8,22 f. Als er jedoch aus dem Beutegut einen dem Orakelwesen dienenden Kultgegenstand (→ Ephod) herstellen läßt 8,24-27, macht er sich schuldig und führt damit den Ri 9 berichteten Untergang seines Hauses herauf. Das eigentliche Glaubensmotiv der G.-Geschichten ist das Zeugnis, daß Gott das Geringe erwählt, um Großes zu wirken und jeden menschlichen Selbstruhm auszuschließen 1Kor 1, 29; Ri 6,15 f; 7,2.4.7. Nachhaltig lebt die Erinnerung an G.s Rettertat fort Jes 9,3; 10,26; Ps 83,10 ff; Hebr 11,32. *Schw*

Gießen. Der Metallreichtum der → Sinai-Halbinsel ließ schon früh Werkstätten zum Guß von Metall entstehen; es ist bezeichnend, daß 1Mose 4,22 den Keniter Tubal-Kain als den Erfinder der Erz- und Eisenarbeit nennt. Metallguß wird für die Geräte der Stiftshütte vorausgesetzt 2Mose 25,12 u. a. m., ein Eisenschmelzofen 5Mose 4,20 erwähnt. Nach 1Kö 7,46 lag die Gießerei, in der Salomo die Bronzegeräte für den Tempel herstellen ließ, im Jordantal. Gußformen werden gelegentlich bei Ausgrabungen gefunden. → Eisen. → Erz. *Schl*

Gift. Das AT kennt G. von Pflanzen und von Tieren. Von Pflanzengift spricht 5Mose 29,17; 32,32; Hos 10,4, von Schlangengift 5Mose 32, 24.33; Ps 58,5; 140,4; Hiob 20,16; Weish 16, 10. Luther unterschied nicht scharf zw. G. und → Galle. Von vergiftetem Trank spricht Jer 8,14; 2Makk 10,13; Mk 16,18, von vergifteten Pfeilen Hiob 6,4. Daß unsere Worte giftig sein können, weiß Jak 3,8; Röm 3,13. (Die „giftige Luft" 5Mose 28,22 meinte das Vertrocknen des Getreides.) *Schl*

Gihon. *1)* Die einzige Quelle Jerusalems am Ostabhang des Tempelberges, die heutige Marienquelle; bei der Krönung Salomos 1Kö 1,33. 38.45 erwähnt. Vom Eingang steigt man auf 30 Stufen zu einem 3,5 m langen und 1,6 m breiten Becken hinab. Die Quelle fließt in regelmäßigen Zwischenräumen, offenbar weil sich das Wasser zunächst im Inneren des Berges in einer natürlichen Höhle sammelt, die mit der Quellöffnung durch einen heberartigen Kanal verbunden ist. Schon in vorisr. Zeit machte man die Quelle von der Stadt aus durch einen Schacht zugänglich, der wahrscheinlich bei der Einnahme der Stadt durch David eine Rolle spielte 2Sam 5,8. Um die Quelle besser für die Stadt zu verwerten, führte man später zunächst eine offene Leitung von der Quelle zum unteren Siloahteich. Hiskia schließlich verschloß die Marienquelle (die „obere Quelle" des G. nach 2Chr 32,30) und leitete das Wasser durch den unterirdischen Siloahkanal in den Siloahteich 2Kö 20,20 → Siloah. — *2)* Name eines der Paradiesesströme → Eden. *Me*

Gilboa. Gebirge G. 1Sam 28,4; 31,1.8; 2Sam 1,6; 1Chr 10,1.8, Berge von G. 2Sam 1,21 oder Berg G. 2Sam 21,12 heißt im AT der 518 m hohe dschebel fuqūʿa, der den Südteil der Ebene Jesreel von der Bucht von Beth-Schean trennt. Auf dem Gebirge G. fiel Saul mit drei Söhnen nach tapferem Kampf gegen die Philister. *Rü*

Gilead. *1)* 1Mose 31,47 f als galʿēd (Luther: Gilead) = „Steinhaufen des Zeugen" erklärt. Wie der Name → Gebirge G. hat auch G. selbst im Lauf der Geschichte mannigfache Bedeutungserweiterungen erfahren. Zunächst bezeichnete es den südlich des Jabbok gelegenen dschebel dschelʿad Jos 13,25. Später wurde die Bezeichnung G. auch auf die sich nördlich daran anschließende Landschaft ʿadschlūn zwischen Jarmuk und Jabbok übertragen, so daß das Ostjordanland von Norden nach Süden in die drei Teile Basan, Gilead und Mischor (Luther: die Ebene, jetzt Hochebene) zerfiel 5Mose 3,10; Jos 20,8; 2Kö 10,33. In dieses Stadium der Entwicklung gehören zB die mit G. zusammengesetzten Ortsnamen wie Jabesch, Jaser, Mizpe

Tafel 14: Im wadi qelt bei Jericho *Das Bild zeigt im Vordergrund Reste der Wasserleitung, in der → Herodes Wasser aus dem tief eingeschnittenen Felsental zu der Winterresidenz leitete, die er sich in Jericho erbaut hatte.*

und Ramoth. Schließlich diente G. sogar als Name für das ganze Ostjordanland und konnte so dem Lande Kanaan gegenübergestellt werden Jos 22,9.32 u. ö. — Bei der Landverteilung fiel die nördliche Hälfte G.s an Manasse, die südliche an Ruben und Gad 5Mose 3,12 f; Jos 12, 2.5. Nach der Reichsteilung gehörte G. zu Israel und wurde 733 vChr als Gal'aza assyrische Provinz, vgl. 2Kö 15,29. Zur Zeit Jesu hieß der von Juden besiedelte Teil des Ostjordanlandes Peräa. Im AT wird G. wegen seiner Wälder Jer 22,6 f und seiner Heilkräuter 1Mose 37,25; Jer 8,22; 46,11 gerühmt; auch galt es neben Basan als gutes Weideland 4Mose 32,1; Mich 7,14; das HL weiß von großen Ziegenherden 4,1; 6,5.

2) Stadt mit ungesetzlichem Opferdienst Hos 6,8; 12,12, vielleicht identisch mit Mizpe-G.

3) Sohn des Machir 4Mose 26,29 f; Jos 17,1.3.

4) Vater von Jephthah Ri 11,1 f. *Rü*

Gilgal. *1)* Lagerplatz Jos 4,19 und Hauptquartier Josuas nach dem Übergang über den Jordan Jos 9,6; 10,6.7.9.15.43; 14,6, durch die Gotteserscheinung von Jos 5,13ff ausgewiesenes Heiligtum, wo man die zwölf Steine zeigte Jos 4,20. Dieses Heiligtum spielte bes. in der Samuel-Saul-Geschichte 1Sam 7,16; 10,8; 11,14 f (Ausrufung Sauls zum König); 13,4; 15,12 u. ö., dann vor allem wieder in der Polemik der Propheten Hos 4,15; 9,15; 12,12; Am 4,4; 5,5; Mich 6,5 eine Rolle. Heute chirbet el-mefdschir. — *2)* Ein weiteres G. scheint nach 5Mose 11,30 bei Sichem gelegen zu haben. — *3)* Jos 12,23 liest LXX statt G. Galil (→Galiläa). — *4)* Jos 15,7 ist mit Jos 18,17 Geliloth statt G. zu lesen. *Rü*

Ginster → Wacholder.

Girgasiter, Volksstamm, der 1Mose 10,16 von Kanaan hergeleitet wird und in Texten aus rās esch-schamra als grgs bezeugt ist. Vermutlich kam er mit der hethitischen Einwanderung schon vor den Israeliten nach Kanaan 5Mose 7,1; Jos 24,11. *Da*

Gitter. Beim G., durch das Ahasja fiel 2Kö 1,2, handelt es sich wohl um das G. des Dachzaunes. Das aus Ägypten stammende, wahrscheinlich hölzerne G.-fenster wurde in Palästina speziell als Haremsfenster verwendet Ri 5,28; Spr 7,6; HL 2,9. *v. d. W.*

Gittith → Psalmen.

Glanz. In der HS wird das Wort G. verwendet, wenn man den *optischen Eindruck* von der Lichtfülle der Gestirne beschreiben will Apg 26,13. Seine bibl. Tiefe erhält es indessen erst dort, wo es im *Zusammenhang mit Gott* gebraucht wird. Da kann es zum Bild der von Gott ausgehenden inneren Erleuchtung werden Jes 60,3. In den meisten Fällen bedeutet es jedoch die *Ausstrahlung des Wesens Gottes* und wird dann zum Hinweis auf die Geschichtsmächtigkeit Jahwes Ps 50,2; Hes 10,4; Hab 3,4. In ähnlicher heilsgeschichtlicher Bedeutung verwendet Hebr 1,3 das Wort im Blick auf Christus. → Herrlichkeit. *Ste*

Glas war im Altertum ein sehr wertvoller Artikel und steht daher Hiob 28,17 neben Gold. Es wurde nur für Schalen, Becher u. dgl. verwendet. Bis in die griech. Zeit sind sämtliche palästinischen G.funde ägyptischer Herkunft. Erst in römischer Zeit wurde statt des G.gießens G. geblasen. Das gläserne Meer Offb 4,6; 15,2 bezeichnet die reine und klare Pracht des himmlischen Thronsaals.

Vielleicht ist Mt 26,7 mit Alabaster (Luther: G.), an sich ein in Ägypten und im Antilibanon gefundener und zur Herstellung von Gefäßen benutzter Kalksinter, tatsächlich ein Salbgefäß aus G. gemeint, das man beim Öffnen am Halse abbrach. *v. d. W.*

Glatze → Platte.

Glaube, glauben.
I. G. im AT. 1) Auf der Suche nach dem Zuverlässigen. 2) Gott und Mensch im G. verbunden. 3) G. als Vertrauen. 4) G. als Gehorsam. 5) G. als Hoffnung. 6) Der G. als Gottes Werk. II. G. im NT. 1) G. in der Linie des AT. 2) Der neue Inhalt des G.ns. 3) Der christl. Heilsglaube. 4) Der gute Kampf des G.ns.

Die ganze HS handelt, auch wenn sich das Wort im AT erst allmählich durchsetzt, vom G.n, von seinem Ursprung, seinem Inhalt, seiner Form und seiner Begründung. Sie kennt keine andere Verbindung des Menschen mit Gott als durch G.n. Nun ist aber das Wort G. unter uns einer solchen Verflachung und unbestimmten Vieldeutigkeit anheimgefallen, daß die Reinerhaltung des bibl. Sinns, wie einst in der Reformation, eine immer neue Aufgabe ist. Der innere Zusammenhang der beiden Testamente ist gerade hier unverkennbar.

I. G. im AT.

1) Auf der Suche nach dem Zuverlässigen. G.n schenken können, vertrauen, auf „Treu und G.n" leben und handeln können ist auch im AT, im Leben des einen mit dem anderen, des Menschen Verlangen. Wo das gelingt, liegt darauf helles Licht Spr 31,11; 1Sam 27,12; 1Kö 12,16; 1Chr 9,22; 2Chr 31,15. Aber das Mißtrauen gegenüber dem anderen und seinem Wort hat Anlaß genug 1Mose 45,26; Spr 26,25; Mich 7,5; 2Mose 4,1. Wie oft ist die Fabel vom Dornstrauch Ri 9,15 eine nötige Lehre für den Leichtgläubigen Spr 14,15. 1Mose 3 deckt auf, wie sich das Vertrauensverhältnis selbst der Allernächsten verwirrt. Sich auf Menschen und Menschenmacht verlassen ist ein Weg der Enttäuschungen Jer 17,5; 46,25. Im Buch des Predigers bewegt sich deshalb das ernüchterte Nachdenken nahe genug dem Weg des Skeptikers, der an nichts mehr g. mag.

2) Gott und Mensch im G. verbunden. Allein in seiner an Fehlschlägen und Zusammenbrüchen so reichen Geschichte hat Israel den Zuverlässigen gefunden, an den zu g. das Anliegen der Bibel ist. Dieser G. an Gott ist in ausschließendem Sinn verstanden; er bedeutet ein entschlossenes Fahrenlassen der Sicherungen, die sich sonst anbieten und die doch unzuverlässig sind Ps 118, 8 f. Die Treue Gottes, der „G.n hält ewiglich" Ps 146, 6, ist der Kern der Glaubensgewißheit 5Mose 7, 9; 32, 4; Jes 49, 7. An ihn kann man g. 4Mose 14, 11; 5Mose 1, 32. Der eigentliche Prophet des G.ns im AT ist Jesaja; „glaubt ihr nicht, so bleibt ihr nicht" 7, 9; „wer glaubt, der flieht nicht" 28, 16, und sinngleich: „durch Stillesein und Hoffen würdet ihr stark sein" 30, 15 f. Das Wort G. hat bei ihm keinen Zusatz mehr nötig, es ist für sich allein scharf geprägt genug. Dieser Treue Gottes in allen Lebenslagen und -äußerungen mit Treue antworten, das heißt g. Hier begegnet der Liebe die Liebe, ohne die der G. kein G. ist Hos 2, 21 f; 5Mose 6, 5. So hat Israel seine Geschichte unter dem Vorzeichen des G.ns erleben und betrachten gelernt. So wird ihm das Erlebte zeichenhaft und erscheint die Untreue als die eigentliche Sünde, weil in ihr der Mensch sein im G.n zuverlässig verankertes Leben preisgibt und sich dem Ungewissen überläßt.

3) G. als Vertrauen. Der G. Israels vertraut seinem Gott Ps 25, 20; 7, 2; Jer 39, 18. Wie der Adler seine Jungen mit seinen Fittichen deckt, so weiß sich der G. bei Gott geborgen Rt 2, 12; Ps 36, 8; 91, 4 u. a. m. Dieses Gottvertrauen ist mit der Gottesfurcht so eng verwachsen, daß beide Worte im Wechsel stehen können Ps 31, 20, vgl. 1Mose 22, 12; Jes 8, 13. Das Vertrauen gründet sich auf die Wundertat Gottes in der Geschichte, für die die Errettung aus dem Schilfmeer beispielhaft geblieben ist 2Mose 15, 1 ff; Ps 136, 11 ff, vgl. Ps 78, 32. Den, der seine Selbstsicherheit fahren ließ, führt Gott sicher mitten durch die Finsternis Jes 50, 10. In diesem Vertrauen hält sich der G. an Gottes Wort und Verheißung Ps 106, 12 gegen V. 24.

4) G. als Gehorsam. G. als Vertrauen kann oberflächlicher Vorsehungsglaube sein, der der Wirklichkeit noch nie standgehalten hat. Nach dieser Seite standen die Propheten von Amos an in einem harten Abwehrkampf gegen einen G., der die → Erwählung Israels wie ein Vorrecht festhalten wollte, ohne die Konsequenzen zu bedenken. G. ist durch die ganze Bibel hin Glaubensgehorsam. Dafür ist Abraham als „der Vater des G.ns" das Vorbild 1Mose 15, 6. Er gehorcht aufs Wort und löst im G.n die engsten Bindungen, die ihn zurückhalten könnten. Auf solche tatbereite Treue sehen die Augen des Herrn Jer 5, 3. In diesem Sinn glaubt der Fromme den Geboten Ps 119, 66. Mit diesem Glaubensgehorsam, der auf der Gewißheit der Vergebung ruht, hängt die → Gerechtigkeit des sündigen Menschen zusammen, die nach allerlei Schwankungen im NT ihre endgültige Begründung erfährt, u. a. erläutert an Abrahams Beispiel Röm 4; Gal 3. Von daher versteht Paulus Hab 2, 4 in Röm 1, 17; Gal 3, 11, vgl. Hebr 10, 38. Ungehorsam ist Unglaube 5Mose 9, 23; 4Mose 20, 12. Das ist im AT der Schlüssel zum Verständnis der Geschichte Israels 1Sam 26, 23; Ps 78, 37; so deutet der Prophet dem Volk sein Unglück Jer 7, 28.

5) G. als Hoffnung. Vor allem die katastrophale Wendung der Geschichte Israels hat dem G.n in der Botschaft der Propheten und Psalmen vollends die Form der Hoffnung gegeben, so sehr, daß Hoffen und Harren den Sinn von G.n haben kann Ps 78, 22; 130, 5. Auch darin ist Jesaja vorangegangen 8, 17; 30, 18; 33, 2. „Auf den Herrn harren" hat dann in Jes 40, 31, vgl. V. 27, seinen klassischen Ausdruck gefunden. In der Spannung zw. Furcht und Hoffnung, ganz auf Gott geworfen, gewinnt der G. die Kraft, auch der aussichtslosesten Wirklichkeit zum Trotz zu g. Ps 42, 6. 12; 43, 5. Als messianische Hoffnung auf das kommende Heil faßt sich der G. Israels auf seinem Höhepunkt zusammen Jes 11; Jer 31; Jes 53.

6) Der G. als Gottes Werk. Das späte Judentum hat den Grundgedanken des AT, daß der G. geschenkweise Gottes Werk sei, in Frage gestellt damit, daß in einem sich selbst falsch einschätzenden Vergeltungsglauben die Leistung des Menschen ins Spiel gebracht wurde, der sich etwas verdienen und dadurch vor Gott sichern will. Dann ist der G. nicht mehr G. im Sinn jener Schlußverse des 73. Psalms, in denen das entschlossene Dennoch ganz und allein ruht auf Gottes Treue und Werk. Daß dieser G. ein neues Fundament nötig hat in einer neuen Heilsoffenbarung Gottes, hat u. a. vor allem der Evangelist des AT, der Zweite Jesaja, noch klar gesehen.

II. G. im NT.

1) G. in der Linie des AT. Zunächst hat G. im NT keinen anderen Sinn, als ihn die Aussagen des AT erkennen ließen. Es ist hier derselbe zum G.n von sich aus unfähige, unwillige Mensch Jo 9, 18, mißtrauisch Apg 9, 26 und auch wieder unkritisch Mk 13, 21, der am Kreuz den G.n verhöhnen kann Mt 27, 42. Das hat → Johannes der Täufer erfahren Mk 11, 31; Mt 21, 32; Jo 1, 7. Damit ringt der Sohn bis in den Tod auf dem Leidensweg der Propheten des AT Mt 21, 34 f. 39. Unglaube begegnet ihm selbst in der frommen Führerschicht Mt 23, 23 wie im Volk Mk 5, 36 u. a. m. Auch im Jüngerkreis ist viel Kleinglaube Mt 6, 30; 8, 26; 14, 31; 16, 8. Und die verbreitete Wundersucht ist, was den G.n angeht, kein gutes Zeichen! Jesus gibt ihr keinen Raum.

Dagegen weckt und bestätigt er den echten G.n an die Wunderhilfe Gottes mit Wort und Tat Mk 2, 5; Mt 9, 29; Mk 10, 52; Mt 8, 10 u. a. m. Solchem G.n wird grenzenlose Verheißung zuteil Mk 9, 23; Lk 17, 6. Auch jetzt steht das Wort des AT als Glaubensgrund neben dem Wort Jesu und der Apostel Lk 24, 25; Jo 2, 22; 5, 46; Apg 24, 14 und in den Briefen. Auch im NT geht dem G.n die Furcht zur Seite Röm 11, 20; Phil 2, 12 und ist der G. Gehorsam Röm 1, 5. 8; 15, 18; 16, 19; Apg 6, 7. Abraham bleibt Vater des G.ns Hebr 11, 8 ff. 17 ff. Treue um Treue ist auch im NT der Sinn eines Lebens im G.n Röm 3, 3; Gal 5, 22 — hier G. im Sinn von Treue; Tit 2, 10. Und G. bleibt auch in der neuen Lage Hoffnung Röm 4, 18; 1Kor 13, 13; Kol 1, 4 f und deshalb Geduld 1Thess 1, 3; 2Thess 1, 4; Offb 13, 10. Und nun erst recht ist der G. Gottes Werk Phil 2, 13.

2) Der neue Inhalt des G.s. Aber der G. steht dann doch im NT vor einer ganz neuen Lage, so daß gesagt werden kann, der G. sei erst jetzt gekommen Gal 3, 23 ff. Jesus Christus der Herr und seine Auferstehung — darauf gründet sich nun aller G., auch wo er in den Bahnen des AT weiterschreitet Apg 9, 42; Jo 20, 31; Röm 10, 9 u. a. m. Das ist das Wort des Evangeliums, dem geglaubt wird Mk 1, 15; Apg 15, 7. Das ist das Zeugnis der Apostel, auf dem der G. der werdenden Kirche ruht 1Kor 15, 1 ff; 1Tim 3, 16. Wenn dieses „Wort vom G." Röm 10, 8; Gal 1, 23 in 1Kor 1, 18 das Wort vom Kreuz heißt, hat das denselben Sinn. Damit ist einmal der G. aufs Unsichtbare, Unverfügbare verwiesen Jo 20, 29; Hebr 11, 1; 2Kor 4, 18. Zum anderen gehört Verkündigung, Predigt und G. zusammen wie der Baum und seine Frucht Röm 10, 17. Es ist immer noch die Geschichte der Ackerboden des G.ns, nur daß mit Christus Gott in einzigartiger Weise in die Geschichte eingetreten ist und von daher alle Offenbarung Gottes ihr Licht empfängt und glaubhaft wird.

3) Der christl. Heilsglaube.

a) Das neue Leben im G.n. Dieser neue Inhalt des G.ns wird nun vor allem von Paulus und Johannes als neue Existenz entfaltet. Schon das programmatische Wort Mk 1, 15 bindet den G.n an die → Buße, vgl. 6, 12. Ebenso ist G. und →Taufe Mk 16, 16 und in den Erzählungen der Apg verknüpft. Auch wenn der G. dabei als die Tat des Menschen erscheint — er nimmt das Wort auf mit Freuden 1Thess 1, 6, er gehorcht der Aufforderung zum G.n Apg 16, 31, der Apostel richtet den Gehorsam des G.ns auf Röm 1, 5 u. a. m. —, so ist dieses Vordergründige doch nie der Vorgang selbst. Der Herr ist der Anfänger und Vollender des G.ns Hebr 12, 2. Der G. ist und bleibt Gottes Werk Phil 1, 6; Kol 2, 12. Er rettet die Verlorenen Apg 15,11; 16,31; Eph 2,8. → Seligkeit, → Geist.

Das neue Leben ist in sich vollendet neu Röm 5, 1 ff; 2Kor 5, 17. Das *„nicht mehr"* Eph 2, 19 ist durchgreifend gemeint für alle Zeiten. Aber es ist ein Leben im G.n 2Kor 5, 7; das *„noch nicht"* ist gegenüber alter und neuer Schwärmerei unsere Lage 1Jo 3, 2, vgl. Röm 8,14. 23. Deshalb ist der G. im NT, auch wenn das Heil anders als im AT gegenwärtig ist, immer noch der Zukunft zugewandt 1Petr 1, 3 ff, vgl. G. und Hoffnung V. 21. Das ewige Leben „haben" Jo 3, 15 f. 36; 5, 24; 6, 40; 20, 31; 1Jo 5, 13 meint immer noch es „im G.n haben", vgl. Jo 11, 25 f.

b) Gerecht durch den G. → Gerechtigkeit, → Rechtfertigung. Für Paulus heißt g. vor allem „durch den G.n gerecht sein vor Gott" Röm 1-8; Gal 3-6. Es geht ihm dabei um den reinen G.n, dem nichts Fremdes beigemischt ist. Es soll die Rechtfertigung des Menschen durch Gott im Sterben und Auferstehen Jesu Christi als reines Wunder seiner Gnade stehenbleiben. In dieses Wunder eintreten dürfen ohne irgendeinen Anspruch, der doch in Wirklichkeit nur alles wieder in Frage stellen würde: das heißt g. Um dieses reinen G.ns willen wird dem sündigen Menschen, er mag sein, wer er will, alle eigene Gerechtigkeit radikal zerschlagen. Seine „Werke" vermögen an seiner aussichtslosen Lage nichts zu ändern. Dagegen entbindet der G. auch bei Paulus alle Kraft zum guten Werk. Zweifellos ist in 1Kor 13, 13, gegen V. 2, G. und Liebe wie auch sonst deshalb in einem Atemzug genannt, weil der G. in der Liebe mächtig sein muß und will Gal 5, 6; 1Jo 3, 23 u. a. m. → Jakobusbrief.

c) Christus in uns im G. Im Johannes-Evangelium ist G. zumeist wie in Gal 2, 20 das „Ihr in mir und ich in euch" 15, 4. Zwar wird der G. um der Werke Jesu willen nicht einfach verworfen, wie ja auch die „Zeichen" von K. 2 an G.n wecken wollen 14, 11. Aber auch das ist G. an ihn, immer so, daß der Vater in ihm sichtbar wird. 14, 1 ist kein zwiespältiger G. gemeint, vgl. 12, 44. Der Vater sendet 5, 38, gibt 6, 37, zieht 6, 44. Aber der G. hat im Sohn das Leben, das Gott durch ihn der Welt wiedergeben will. Daß es sich dabei um ein anderes Sehen und Hören und Erkennen handelt, als der verblendete, sich selbst überlassene Mensch es in sich hat, daß „aus der Wahrheit sein" 18, 37, „von Gott sein" 8, 47; 1Jo 5, 1 im Sinn einer Neugeburt soviel ist wie zum G.n kommen, zeigt noch einmal, was G. im NT heißt.

4) Der gute Kampf des G.s. Das NT kennt den G.n weder als ein natürliches Vermögen noch als einen Besitz dessen, der zum G.n gekommen ist. Wer den G.n hat Röm 14, 22, kann immer noch am G.n Schiffbruch leiden 1Tim 1, 19; 6, 21. Der G. bleibt von außen und innen angefochtener G. Er kann aufhören Lk 22, 32. Man kann ihn verleugnen Offb 2, 13. Verführung droht ihm bis zuletzt 1Tim 4, 1.

G. ist auf Wachstum angelegt Hebr 6, 1; 2Kor 10, 15; 2Thess 1, 3. Er will gestärkt 1Thess 3, 2, geprüft 2Kor 13,5, bewahrt 2Tim 1, 12, bewährt werden wie das Gold im Feuer 1Petr 1, 7. In Kampf und Leiden Phil 1, 27. 29 heißt es G.n halten 2Tim 4, 7, im G.n stehen 1Kor 16, 13; Phil 4, 1; 2Kor 1, 24 (bei Jo: bei ihm bleiben). Der G. ist eine Waffe Eph 6, 16; ihm ist im Gefolge des Siegers der Sieg gewiß 1Jo 5, 4.

Die Gemeinde hat am G.n das Einheitsband der Genossen im G.n Eph 4, 13; Gal 6, 10; Eph 4, 3; 2Petr 1, 1. Sie hat „Schwache im G.n" in ihrer Mitte; der Bruder soll dem Bruder keinen

Anstoß geben Röm 14; 1Kor 8. Das Maß des G.ns ist verschieden verteilt Röm 12,3; es gibt Reichtum und Mangel an G. 2Kor 8,7; Jak 2,5; 1Thess 3,10. In dem scheinbar so widerspruchsvollen Wort Phil 2,12f ist beides gesagt, was der G. nach dem Zeugnis der HS nötig hat: er ist die eine große Sorge des um sein Leben ringenden Menschen, und er ist die getroste Sorglosigkeit dessen, der sich im G.n ganz Gott anheimgeben darf. *He*

Gleichnis.

1) Die Gleichnissprache der HS. 2) Die Formen der bibl. Gleichnisse. 3) Das G. in der Verkündigung Jesu. 4) Das unverstandene G.

1) Die Gleichnissprache der HS. Ihrer bildhaften, anschaulich vergleichenden Rede- und Darstellungsweise verdankt die Bibel ein gut Teil ihrer Volkstümlichkeit. So, in Bildern und Vergleichen, redet nicht nur in dem dafür bes. begabten Morgenland der Mann aus dem Volk. Natur und Menschenleben bieten eine Fülle von schlagkräftigem Vergleichsmaterial auch dann, wenn von dem die Rede ist, was jenseits des Anschaulichen liegt. Alles bekommt im Vergleich Linie und Farbe; deshalb ist er auch in der dichterischen Sprache, etwa im Psalter oder im Buch Hiob, wichtiges Ausdrucksmittel.

Das G, in der Bibel setzt voraus, daß tatsächlich Vergleichsmöglichkeiten zw. der geglaubten und der jedem vertrauten Welt bestehen und die geglaubte Welt so durchscheinend geworden ist, daß von ihr im G. durchsichtig gesprochen werden kann. Dann ist das G., wie wir es bei Jesus sehen, im Dienst der Offenbarung, die sich so am raschesten und nachhaltigsten einprägt.

Der Umkreis dessen, was im G. in der HS erscheint, kann hier nur angedeutet werden. Die Blume, wie sie blüht und welkt Ps 103,15f; Hiob 14, 2, das Schilfrohr, vom Wind bewegt 1Kö 14,15; Mt 11,7, der erste blühende Zweig Jer 1,11, das Unkraut, der Lolch Mt 13,25, das Senfkorn und sein erstaunl. Wachstum Mt 13,31f, der Weinstock, das wertlose Rebholz Jer 2,21; Hes 15,1ff u.a.m., die Bäume im Wald, wie sie im Sturm beben Jes 7,2, die Sonne Ri 5,31; Mt 13,43, das Licht Mt 5,14; Jo 8,12, das Wasser Jo 4,10, der Weg Jo 14,6, die vertrockneten Bäche, auf die sich die Karawanen verließen Hiob 6, 15ff — das ganze Landschaftsbild der Heimat Israels spiegelt sich im G. So ist es wieder mit der Tierwelt: der Löwe 1Mose 49,9, der Adler 2Sam 1,23; Hos 8,1, der Ochs und Esel Jes 1,3, der Hirsch Ps 42,2, die Schlange Mt 10,16, die Henne mit ihren Küchlein Mt 23,37, die Heuschrecke Am 7,1, die Fische im Meer Hab 1,14, im Spottwort das Rebhuhn und der Floh 1Sam 26,20. Vor allem aber ist der Mensch, seine Art, sein Leben, seine Hantierung im G. abgezeichnet: im Lieblingsbild der Braut und des Bräutigams Jes 62,5; Jer 2,2, der Hochzeit Mt 22,2ff; Jo 3,29; Mt 9,15; 25,1ff; Offb 19,7, Väter und Söhne Mt 21,28ff; Lk 15,11ff, die Söhne untereinander 2Sam 14,5ff, das Dasein der Witwe Lk 18, 3ff, von arm und reich 2Sam 12,1ff; Lk 12, 16ff; 16,19ff, der Herr und sein Knecht Lk 17, 7ff, der Arbeitgeber und Arbeitnehmer Mt 20, 1ff, der Haushalter und Lehensträger Mt 24, 45ff; 25,14ff; 21,33ff, der König und seine Untertanen Mt 18,23ff; 22,2ff. Wir sehen hinein in den mitternächtlichen Freundesdienst Lk 11,5ff, ins Spiel der launischen Kinder Mt 11, 16f, erleben, wie zwei ihr Haus bauen Mt 7, 24ff oder wie andere einen Turm bauen wollen Lk 14,28ff, wie man im Haus den verlorenen Groschen sucht Lk 15,8ff, wie das Licht auf dem Leuchter allen leuchtet Mt 5,15, wie der Mann seine Axt gebraucht Jes 10,15, die Frau ihr Brot bäckt Mt 13,33 — Brot Jo 6,48 und Sauerteig Mt 16,6; 1Kor 5,6ff wird auch sonst zum G. — und mit ihrem Kochtopf umgeht Hes 24,3ff. Unter den Berufen erscheinen der Bauer, der Hirt, der Weingärtner in immer neuen Werkbildern Mt 13,3ff. 31f; Mk 4,26ff; Lk 12, 16ff; 1Kor 3,6ff; Ps 23; Lk 15,3ff; Jo 10; Jes 5,1ff; Mt 21,33ff; Jo 15,1ff. Daneben wird der Arzt Mt 9,12, der Richter Lk 18,1ff, der Kaufmann Mt 13,45f, der Zöllner Lk 18,9ff, der Fischer Mt 13,47ff zum G. Diesen typischen Bildern gehen besondere Begebenheiten zur Seite: der König, der Krieg führen will Lk 14,31f, der Dieb, der ins Haus bricht Mt 24,43, der Mensch, der unter die Mörder fiel Lk 10,30ff, der Wettkämpfer im Stadion 1Kor 9,24ff, der Blinde, der einen Blinden leiten will Mt 15,14. Endlich ist der Körper mit seinen Gliedern mannigfaches Modell der gleichnishaften Rede Mt 6, 22f; 15,11. 17f; 1Kor 12 u.a.m. In den Briefen des Paulus ist abgesehen davon, daß er mehr in begrifflicher Gedankenfolge denkt und schreibt, die das G. bestimmende Umwelt eine andere als in den Evangelien (zB der römische Soldat mit seinen Waffen, der Sportsmann usw).

2) Die Formen der bibl. Gleichnisse. Das G. kann zunächst ein einfaches Bildwort sein („da du, Israel, eine liebliche Braut warst“ Jer 2,2) oder ein einfacher Vergleich („er hat mich angezogen ... *wie* eine Braut, die in ihrem Geschmeide prangt“ Jes 61,10). Solche Vergleiche in sprichwörtlicher Form füllen zB das Buch der Sprüche auf weite Strecken, vgl. 26,14. 17. 18f. 21-23. Hier wird der Vergleich schon meist zum G., in dem zwei Vorgänge aus verschiedenen Gebieten verglichen werden (26,22: der handgreifliche Vorgang — der Schlag, der den Körper trifft — verdeutlicht den verborgenen — die Verleumdung, die das Herz trifft). Der Vergleichspunkt ist wesentlich, auch wenn das G. weiter ausgeführt wäre. — Das AT hat darüber hinaus nur wenige Beispiele ausführlicher G.-erzählungen (Jothams Fabel Ri 9,8ff, die Erzählungen Nathans 2Sam 12,1ff und des Weibes von Thekoa 2Sam 14,5ff als Warnung und gewissenweckende Seelsorge). Im NT ist Jesus selbst der Meister der kurzen und der ausführlichen G.rede. Einfachste Form haben Worte wie Mt 10,16; 16,19; 19,24. Oft zwingen sie durch ihre paradoxe Form zum Nachdenken. In Mt 5, 14 kann man sehen, wie sich der einfache Vergleich zum G. entfaltet: 14a bleibt Vergleich, 14b wird zum G. Meist haben Jesu G.se einen bestimmenden Vergleichspunkt, dem sich allerlei Nebenzüge unterordnen (zB Mk 4,26ff das ausschlaggebende Tun Gottes, dazu das Tun des Menschen). Anders als im G. ist in der sog. Allegorie jeder einzelne Zug einer Deutung bedürftig, weil auch alles Einzelne seine eigene symbolische Bedeutung hat. Die G.se des NT sind, aufs Ganze gesehen, keine Allegorien, wenn sie auch schon frühe und über lange Zeit hin so gedeutet wurden. Zwar sind die beiden G.se vom vierfachen Ackerfeld und vom Unkraut unter dem Weizen in der Art einer Allegorie ins einzelne erklärt Mt 13,18ff. 36ff. Aber die beiden G.se sind wie ihre fünf Nachbarn in K. 13 auch so verständlich und sollen ihren einheitlichen Sinn durch die beigegebene Deutung gewiß nicht einbüßen. Andererseits hat man mit Recht von einer „konstruktiven" Erklärung der G.se gesprochen, bei der die dem beherrschenden Vergleichspunkt zur Seite gehenden Figuren und Vorgänge ihr Eigenrecht behalten in der Unterordnung unter den Zielgedanken. Das wird bes. dort nötig sein, wo wie beim verlorenen Sohn und beim reichen Mann das G. ohnehin zwei Schwerpunkte hat. Daß ein G. auch einmal den Versuch, den Vergleich auf die Einzelheiten auszudehnen, gar nicht erträgt, weil das ein Zerrbild ergäbe, dafür ist der ungerechte Haushalter Lk 16,1ff das schlagende Beispiel.

Neben den eigentlichen G.sen stehen im NT eine Reihe von Beispielerzählungen, die nicht im Vergleich, sondern unmittelbar mahnend und warnend in die Wirklichkeit ihres Grundgedankens einführen (Samariter, Kornbauer, reicher Mann und armer Lazarus, Pharisäer und Zöllner). Endlich gehören in den weiteren Umkreis der G.se in der Bibel Gesichte wie Am 7 u. 8 und G.-Handlungen wie Jer 13,1ff oder Hes 12,2ff.

3) Das G. in der Verkündigung Jesu. Die ersten drei Evangelien weisen an zahlreichen Stellen ausdrücklich darauf hin, daß das G. in hervorragendem Maß die Verkündigungsform Jesu war Mt 13,3.34; 22,1; Mk 3,23; 4,2; 12,1; Lk 5,36; 6,39 u.a.m. Die G.se Jesu sind denn auch in ihrem Formenreichtum und in der Mannigfaltigkeit ihrer Beobachtungs- und Erzählweise einzigartige Zeugnisse seiner geistesmächtigen Rede. Sie sind in ihrer Treffsicherheit, in der Kraft ihrer lebensvollen Schilderung, in der Weltweite ihrer Verständlichkeit wichtigste Träger seiner Botschaft in der Völkerwelt geblieben. Inhaltlich lassen sich wohl fast alle G.se Jesu irgendwie seiner Verkündigung des Reiches Gottes, der Gottesherrschaft einordnen, auf die sie oft ausdrücklich bezogen sind. Insofern sind sie auch auf ihn selbst und bes. oft auf seine Wiederkunft ausgerichtet. Wenn im vierten Evangelium geschlossene G.se in der Art der Synoptiker ganz fehlen und in einer mehr allegorischen Art die G.reden vom guten Hirten und vom Weinstock und seinen Reben K. 10 u. 15 sein Selbstzeugnis beziehungsreich ausbreiten, so erklärt sich das aus der Eigenart des ganzen Evangeliums und setzt auf seine Weise die Linie der synoptischen G.se fort.

In der folgenden Übersicht wird der Versuch gemacht, die synoptischen G.se in ihrer Zusammengehörigkeit nach ihrem besonderen Akzent zu gliedern.

I. Vom Kommen und von der Art des Gottesreichs

Der knospende Feigenbaum Mk 13,28 f par: Seht doch, das Reich kommt!

Die Zeichen der Zeit Lk 12,54ff: Blind für das entscheidende Geschehen.

Die Hochzeitsleute Mk 2,18ff: Sein Kommen ist der Seinen Fröhlichkeit.

Die Jungfrauen um Mitternacht Mt 25,1ff: Wartende Gemeinde — sieh dich vor!

Der Dieb Mt 24,43f: Niemand kennt die Stunde — bleibt wach!

Auf dem Gang zum Richter Mt 5,25f: Noch unterwegs — versöhne dich jetzt!

Die selbstwachsende Saat Mk 4,26ff: Das Reich wächst, weil Gott es wachsen läßt.

Das Senfkorn Mk 4,30ff par: Das winzige Ding umwächst die Welt.

Der Sauerteig Mt 13,33 par.: Das bißchen Zutat durchdringt die Erde.

Das vierfache Ackerfeld Mk 4, 3ff par.: Viel verlorene Arbeit — überreiche Ernte.

Die bösen Weingärtner Mk 12,1ff par.: Auf den verworfenen Stein baut Gott sein Reich.

Das große Mahl Lk 14,16ff: Berufen, geladen — aber andere füllen den Saal.

Das Unkraut Mt 13,24ff, das Fischnetz Mt 13, 47ff: Miteinander wachsen lassen, miteinander ins Netz nehmen — die Sichtung kommt.

Der Arzt und die Kranken Mk 2,17 par.: Der Ruf geht an die Sünder.

Neues Tuch, neuer Wein Mk 2,21f par.: Bedenkt die Sprengkraft des Reiches!

Das anvertraute Gut Mt 25,14ff par.: All euer Gut ist Gottes Lehen — er fragt nach dem Ertrag.

Treue und untreue Haushalter Mt 24,45ff par.: Verantwortlich — denk daran!

II. Von Gottes Art und Tun

Der bittende Sohn Mt 7,7ff par.: Kein Kind bittet diesen Vater umsonst.

Der bittende Freund Lk 11,5ff: Klopf beharrlich — er tut dir auf!

Der ungerechte Richter Lk 18,2ff: Du suchst dein Recht — hier findest du.

Die zwei Söhne Mt 21,28ff: Umkehr — vom Nein zum Ja — führt zu Gott.

Verlorenes Schaf, verlorener Groschen Lk 15, 1ff: Wiedergefunden — das ist Gottes Freude.

Der verlorene Sohn Lk 15,11ff: Heimkehr in Gottes grenzenloses Erbarmen.
Der unfruchtbare Feigenbaum Lk 13,6ff: Gottes unverdiente Geduld und ihre Grenze.

Pharisäer und Zöllner Lk 18,9ff: Gerechtfertigt — aber aus Gnaden.
Die Arbeiter im Weinberg Mt 20,1ff: Gottes Lohnordnung ist seine gleiche Güte gegen alle, die ihm dienen.

III. Von des Menschen Art und Pflicht

Der Baum und seine Frucht Mt 7,16ff; 12,33ff: Des Menschen Auswirkung verrät sein Wesen.
Die beiden Schuldner Lk 7,41ff: Wie kann der Gott lieben, der sein Vergeben geringschätzt!
Der Schalksknecht Mt 18,23ff: Gottes grenzenloses Vergeben endet an unserer Unbarmherzigkeit.
Die wahre Verunreinigung Mk 7,15ff par.: Das unreine Herz und seine argen Gedanken trennen von Gott.
Die launischen Kinder Mt 11,16ff: So verspielt man jede Segenszeit.
Die blinden Blindenführer Mt 15,14: Der Blinde muß sich von Sehenden führen lassen.

Schatz im Acker — köstliche Perle Mt 13,44ff: Ganzer Einsatz — unvergleichlicher Gewinn.
Der Hausbau Mt 7,24ff par.: Jesu Wort hören und tun — so steht das Haus krisensicher.

Salz und Licht Mt 5,13ff: Unersetzlicher Dienst an der Welt.
Turmbau, Kriegführung Lk 14,28ff: Unbedachte Nachfolge hat keine Verheißung.
Der ungerechte Haushalter Lk 16,1ff: Kinder des Lichts — aber auf ihre Weise klug.
Der unmögliche Doppeldienst Mt 6,24: Diesem Herrn gehört man ganz oder gar nicht.
Der unnütze Knecht Lk 17,7ff: Wer tut im Dienst dieses Herrn alles und genug?
Der reiche Kornbauer Lk 12,16ff: Vorrat auf viele Jahre — du Narr!
Der reiche Mann Lk 16,19ff: Vergeudete Möglichkeiten und ihr schreckliches Ende.
Der arme Lazarus Lk 16,19ff: Von Menschen vergessen — bei Gott in Gnaden.
Der barmherzige Samariter Lk 10,30ff: Solch vorbehaltloses Beispringen heißt allein: den Nächsten lieben.

4) Das unverstandene G. Zweifellos will das G. durch seinen anschaulichen Vergleich aus bekannten Gebieten auf dem nächsten Weg verdeutlichen, was sonst um seiner Entlegenheit willen erst auf Umwegen zugänglich wäre. Deshalb greift es nach dem, was alle sollten begreifen können. Nun aber beurteilt Jesus selbst Mk 4,11f; Mt 13,10ff sein Reden im G. ganz anders. Den Jüngern ist es gegeben, das Geheimnis des Reiches Gottes auch im G. zu begreifen. Denen draußen aber muß und soll es gerade als G. unverständlich bleiben. Zwar liegt etwa das G. vom Senfkorn auf der Hand; es gehört keine besondere Vorbildung von Eingeweihten dazu, um seine Bildseite zu begreifen. Aber es geht ja im G. nicht um das, was darin rational einleuchtend ist. Ähnlich wie bei den Wundern entsteht gerade an dem, was im G. dem Hörer so unmittelbar auf den Leib rückt, sein heftigster Widerspruch. Er will und kann das nicht wahrhaben, was sein seitheriges Leben aus den Angeln hebt. Denn der Schritt von der Bildhälfte ins Einverständnis mit dem, was das G. sagt, ist der entscheidende Schritt in den Glauben an den, der hier spricht. Daß hier alle mit sehenden Augen sehen, ist Mk 4,12 nicht bestritten, so wie sie in Kapernaum Mt 11,23 wohl gesehen haben, was da geschah. Aber kein noch so überzeugendes Wunder oder G. kann den Schritt leichter machen, der immer gefordert ist, wo von Gottes Reich die Rede ist. Kein noch so meisterhaft gestaltetes Bilderbuch kann dem Betrachter den Schritt ersparen in die Wirklichkeit, von der die Bilder sagen. Es ist ein Stück der Passionsgeschichte Jesu Christi in der Welt bis auf diesen Tag, daß sein G. als solches den Unglauben nicht brechen kann. Das macht den Dank der Gemeinde gerade für die G.se Jesu, dieses „Bilderbuch" Gottes, nicht geringer. *He*

Glied. *1)* Die G.er unseres Leibes sind das Werkzeug unseres Handelns, im Guten oder im Bösen Röm 6,13.19, darum, solange wir Christus fern und ohne Geist sind, bösem Wollen unterworfen Röm 7,5.23; Jak 3,5f; 4,1. Verführung von den G.ern her muß mit größter Entschlossenheit bekämpft werden Mt 5,29f; Kol 3,5. — *2)* Gesundheit aller G.er war Voraussetzung für Priesterdienst 3Mose 21,18-20. — *3)* Der Leib hat sein Leben im Dienst seiner vielen G.er 1Kor 12, 12ff, → Leib. Die Verbundenheit mit Christus läßt uns seine G.er sein 1Kor 6,15; Eph 5,30. — *4)* G. = Geschlecht in der Reihe der Generationen 1Mose 50,23; 2Mose 20,5; 34,7 u.ö. *Schl*

Glossolalie → Zungenreden.

Glück, glücklich, (verstärkt) **glückselig.** *1)* Im AT meint G. die Erlangung irdischer Güter; sie kann uns zufallen Pred 9,11 oder durch Klugheit zuteil werden Spr 16,20. Der Fromme des AT sieht aber im G. Gottes Segen 1Mose 39, 2f.23; 5Mose 28; 30,9 u.a.m., umgekehrt den Fluch 5Mose 28,15.29. — *2)* Die Befriedigung über das Erlangte Hiob 3,26; Ps 73,12. — *3)* Einem anderen G. wünschen und G. zurufen, vor allem bei der Thronbesteigung 1Sam 10,24, Jerusalem Ps 122,6f, beim Tempelbau Sach 4,7. — *4)* Das G. des Gottlosen ist ein Rätsel Ps 73,12. Zum Ertragen dieses Rätsels gehört sich bescheiden gegenüber Gottes Weisheit Hiob 28, 12ff; 40,3f, ein Warten und Merken auf das Ende Ps 73,17ff, Schätzung des Leidens als Läuterung Spr 17,3, Gottesliebe Ps 73,25f, die

Mahnung Ps 37,7. — *5)* Im NT kommt das Wort G. nicht vor, weil hier Jesus die Seligkeit verheißt Mt 5,3 ff. Die Lösung der Lebensrätsel ist in der Offenbarung Christi geborgen 1Tim 6,14 ff. *Pfi*

Glücksgott → Gad, → Meni.

Gnade, gnädig.
1) Die G. Gottes. 2) Die Wirksamkeit der G. 3) Die Gabe der G. 4) Der Empfang und der Verlust der G. 5) G. des Menschen.

Im Zusammenklang mit anderen Wesensbezeichnungen Gottes ist G. das beherrschende Wort, wenn in der HS von Gott die Rede ist. Er ist „der Gott aller G." 1Petr 5,10, „der Brunn der G. und ewge Quelle" (P. Gerhardt). Die antiken Grundworte — hebr. chesed, griech. charis, latein. gratia — wie das deutsche Wort G. sprechen vom huldvollen, hilfs- und vergebungsbereiten Sichneigen des Großen, Hohen, Erhabenen zum Kleinen, Geringen, Hilflosen und Verschuldeten mit dem Unterton des freudigen Staunens über ein solch unverhofftes Eintreten und Eingreifen aus der Höhe in die Tiefe (vgl. „er hat die Niedrigkeit seiner Magd angesehen" im Lobgesang der Maria Lk 1,48). Im Griechischen kommen charis und chara — Freude — vom gleichen Wortstamm.

1) Die G. Gottes. Das Grundwort 2Mose 33, 19, vgl. Röm 9,15, muß insofern überall mitgehört werden, als hier die Souveränität dieser völlig freien, an nichts außerhalb gebundenen, durch nichts gehinderten und begrenzten G. klaren Ausdruck findet. So ist der Urwille Gottes zu verstehen, auch wo sein Zorn daran irremachen konnte Jes 54,8.10; 60,10; Ps 103,8 ff. Auf diese G. darf man sich für immer verlassen 2Mose 34,7; Ps 103,17; 100,5. Sie reicht, so weit der Himmel ist Ps 108,5. Sie ist Gottes Macht Röm 5,20 und Ehre Ps 115,1.

Das Ineinander von G. und Erbarmen 2Mose 34,6; Jon 4,2; Ps 103,8; 145,8 u.a.m. schützt das bibl. Wort vor dem entwürdigenden Beigeschmack, den das Wort in der Umgangssprache haben kann. Gottes G. läßt sich das Elend der Welt zu Herzen gehen Spr 3,34; Ps 6,3. Mag die Gottesferne des schuldbeladenen Menschen noch so heillos sein — die G. erreicht ihn Ps 51,3; 103,3 f; 4Mose 14,19; Lk 18,13 f. Und Gottes G. ist Wahrheit: sie täuscht nicht, sie ist keine bloße Geste oder Ideologie — sie ist reale, ausschlaggebende Gegebenheit Ps 89,34; 92,3; 100,5; 115,1; Jo 1,14.17; Kol 1,6. Im leuchtenden Angesicht 4Mose 6,25; Ps 67,2, in strahlender Herrlichkeit Eph 1,6 erscheint dem Glaubenden die G. Gottes.

2) Die Wirksamkeit der G. Zunächst ist die ganze Schöpfung, der Gott das Dasein und Leben verleiht, ein Werk des g.en Gottes, der nicht einsam bleiben will. Dann aber ist die → Erwählung Israels 5Mose 7,7 ff; Röm 9,11 f; 11,5 und alles, was ihr letztes Ziel ist, lauter G. Kein sonderlicher Wert auf seiten des Menschen begründet diesen Gnadenbund 2Kö 13,23; Hos 2, 20 f; Jes 55,3; Ps 89,50. Mag uns das Tun Gottes wie eine Wirrnis von Gericht und G. erscheinen Ps 89,15; 77,8 f, — beidem liegt nach dem Zeugnis der Schrift ein einheitlicher Wille zugrunde. In jeglicher Not ist die G. hilfsbereit Ps 56,2; 57,2; 109,21,26 f. Daß die G. zu ihrer Zeit ihr durchgreifendes Werk der Erlösung tun wird Ps 130,7, hat das prophetische Wort verheißen 1Petr 1,10. — Die Sendung des Sohnes ist der endgültige Durchbruch der göttlichen G. in unsere Verlorenheit. In der „Erlösung, die durch Christus Jesus geschehen ist", „in seinem Blut" verbündet sich über die ungeheure Kluft hinweg der heilige Gott mit der sündigen Welt Röm 3, 24, f; Gal 2,21; Eph 1,7; Hebr 2,9; 4,16. Das ist, in eine vielsagende Formel gefaßt, „die G. unseres Herrn Jesu Christi" 2Kor 13,13 (vorangestellt!); 8,9; Röm 5,15; Gal 1,6; 2Thess 1, 12; Apg 15,11, die heilsame, rettende G. Tit 2, 11; Eph 2,5.8. Für den ursprünglichen Wortsinn ist dabei bezeichnend zB „begnadet in dem Geliebten" Eph 1,6, „berufen zu seiner ewigen Herrlichkeit" 1Petr 5,10. Gottes G. krönt Ps 103,4, erquickt Ps 119,88, füllt Ps 90,14, hält Ps 94,18; so läßt er sie walten Ps 103,11.

3) Die Gabe der G. → Geistesgaben. In seiner G. gibt Gott sich selbst in einem Überfließen seiner schenkenden Güte Jo 1,14.16; Röm 5, 15.17; 2Kor 4,15; 9,14; Eph 1,7 f; 1Tim 1,14. Wenn die Kirche im Lauf ihrer Geschichte diese strömende Fülle in eine Gnadensubstanz umgedacht hat, die ihr im Sakrament zur Weitergabe, zum „Eingießen" in den Menschen überlassen sei, so verdarb sie damit den bibl. Sinn in seinem Kern. Auf diese bleibend persönliche Gabe aller Gaben hat niemand einen Anspruch. Wohl schafft die G. selber Recht und bringt zurecht Ps 101,1; 103,17; 89,15; 62,13. Wohl ist unsere Gerechtigkeit ihre große entscheidende Gabe Röm 4,16; Tit 3,7. Aber gerade hier bleibt G. reine G. Röm 11,6. Von daher ist sie weder eine billige, noch eine teure G. Sie ist nur als Geschenk — sola gratia — zugänglich, nicht als „Verdienst der Werke" Röm 3,24; 4,4; 2Tim 1,9. Was diese Gabe gekostet hat — nicht uns! —, muß sich freilich dem tief einprägen, der von ihr leben will 1Petr 3,7 und aus ihr ewigen Trost und Hoffnung holen will 2Thess 2,16; 1Petr 1,13.

Sie ist allen zugedacht Phil 1,7; Tit 2,11; Hebr 2,9 („vielen" Röm 5,15 hat denselben Sinn). Dann aber ist die G. in besonderem Sinn der Rückhalt der apostolischen Arbeit in Kampf und Leiden 1Kor 15,10; 3,10; Röm 1,5; 12,3; Gal 2,9, vgl. Apg 6,8. Dort ist die Quelle der Kraft 2Kor 12,9; 2Tim 2,1; 1Petr 2,19 f; Hebr 13,9. Deshalb ist das „Wort seiner G." Apg 14,3 die eigentliche Frohbotschaft Apg 20,24.32.

4) Der Empfang und der Verlust der G. Unser hoffärtiges Unvermögen, uns so, auf reine Dankbarkeit hin, beschenken zu lassen, macht uns unempfänglich für die G. Gottes. Nur dem Demütigen gibt Gott G. 1Petr 5,5; Jak 4,6.

Wer aber G. fand bei Gott — 1Mose 6,8 (Noah), 18,3 (Abraham), 2Mose 33,12 (Mose), Ri 6,17 (Gideon), Apg 7,46 (David), Jer 31,2 (das Volk), Lk 1,30 (Maria) —, der singt und rühmt von ihr Ps 89,2.15f; 90,14; 101,1; 103,4f; 2Kor 4,15; Eph 1,6 und gedenkt ihrer mit Loben und Danken Jes 63,7ff. Von einem „Winseln um G." weiß die HS nichts. Wenn die apostolischen Briefe im Eingangs- und Schlußgruß die Gemeinde der G. des Herrn befehlen Röm 1,7; 16,24 u. a. m., vgl. Apg 15,40, so haben sie den Gnadenstand vor Augen, in dem Menschen unter dem Gnadenschutz Gottes stehen in „Heilichkeit und göttlicher Lauterkeit" 2Kor 1,12; 1Petr 2,10; 5,12; 1Kor 1,4; Apg 11,23, in der Furcht Gottes Ps 103,11, im Glauben Eph 2,8; 1Tim 1,14, in der Liebe Ps 119,132.

Dieses Begnadet- und Begnadigtsein ist verschieden zugeteilt 1Petr 4,10 und ist in seiner Auswirkung auf Wachstum angelegt 2Petr 3,18. Aber alle nimmt die G. in ihren Dienst 1Petr 2, 9f. So sieht der Apostel in der Gebefreudigkeit seiner Gemeinden 2Kor 8,1f Gottes G.

Der Gnadenstand kann durch unsere Schuld verlorengehen. Gott entzieht seine G. Jer 16, 5.13. Sie kann vergeblich sein Jes 26,10. Man fällt aus der G. Gal 5,4; 1,6, vgl. Jona 2,9. Man versäumt sie Hebr 12,15, man zieht sie auf Mutwillen Jud 4, man wirft sie weg Gal 2,21, man schmäht den Geist der G. Hebr 10,29. Dabei wird noch einmal deutlich, daß es sich um kein Vorrecht handelt, auf das die Kirche oder der einzelne pochen könnte; niemand verfügt darüber. G. bleibt G.

5) G. des Menschen. In übertragenem Sinn redet die HS von G. auch von Mensch zu Mensch; auch dort findet man G. und erzeigt Gunst: Joseph 1Mose 39,4, David 1Sam 16,22; 20,3, Daniel Dan 1,9, die Urgemeinde beim Volk Apg 2,47; 4,33, vgl. Apg 24,27; 25,9. Zur Welt gehören die „gnädigen Herren" Lk 22,25. *He*

Gnadengaben → Geistesgaben.

Gnadenthron (hebr. kappōret) ist die Bezeichnung für die goldene *Deckplatte* der → Bundeslade. Nach priesterlicher Überlieferung ist sie genau so lang und so breit wie die Lade selbst und wird von zwei an ihren Enden angebrachten goldenen Cheruben schirmend bedeckt 2Mose 25,17-22; Hebr 9,5. Das ältere Israel stellte sich diese Platte als den *leeren Thronsitz* des unsichtbaren Jahwe vor. In der nachexilischen Zeit wird die Thronvorstellung zugunsten der Offenbarungs- und *Entsühnungsvorstellung* zurückgedrängt. Die LXX übersetzt kappōret in diesem Sinn mit hilasterion = Sühnemittel (vgl. das hebräische kipper = zudecken, sühnen). Auch bei dieser mit der Kapporet verbundenen Sühntheologie wird die Anwesenheit Gottes über der Deckplatte angenommen. Vor den hier gegenwärtigen Gott wird in der Opferhandlung des Hohenpriesters am Versöhnungstag das Blut zur Sühne, zur Erlangung der Vergebung gebracht 3Mose 16,14, da der Blutritus der von Gott geordnete Weg ist, auf dem das verunreinigte Volk versöhnt wird. So ist die Bezeichnung G. durchaus passend für die Bedeutung dieses hl. Geräts. — Röm 3,25 bezeichnet Paulus in übertragener Weise *Christus* als G., der besprengt mit dem eigenen Blut allg. und ein für allemal die Sühne leistet, die das AT nur vorgebildet hat. → Versöhnung. *Ste*

Gnosis.

1) Echte Erkenntnis. 2) Die Abwehr falscher G. 3) Grundlinien der G. 4) G. in Samarien. 5) G. im Kolosserbrief. 6) G. in den Pastoralbriefen 7) G. in der Offb Jo. 8) G. in Jud und 2Petr.

G. ist ein bibl., altkirchlicher, in der modernen Wissenschaft aber auch religionswissenschaftlich verwendeter Grundbegriff, der verschiedene Bedeutung haben kann. Gemeint ist eine synkretistisch gefärbte Frömmigkeit, die mythologische und philosophische Züge hat; sie findet sich im Umkreis sowohl des Judentums wie auch des Christentums, ist in ihren Wurzeln und Anfängen schon vorchristlich, hat aber durch den Offenbarungsanspruch des Judentums wie auch des Urchristentums starken Auftrieb bekommen.

1) Ausgangspunkt bleibt in der HS die aus der Offenbarung Gottes stammende geistliche Erkenntnis und Vollmacht des Amtsträgers und der ganzen Gemeinde, die sich von Jesus Christus selbst ableiten. Sie sind weder ekstatisch noch spekulativ bestimmt, sondern unmittelbare Gaben Gottes. Das grundlegende Verständnis der Offenbarung ist auf das Wirken Gottes selbst, auf das von Jesus Christus her auf uns zukommende Heil und auf die der Gemeinde erwachsende Aufgabe bezogen. Paulus spricht daher von den Wegen und richterlichen Entscheidungen Gottes, denen unsere Erkenntnis nachzugehen hat und die doch nicht ausgeschöpft werden können Röm 11,33-36. Jesus Christus ist das endzeitliche Geheimnis Gottes, in dem alle Schätze der Weisheit und Erkenntnis verborgen sind Kol 2,3. Die Erkenntnis der Messiaswürde Jesu ist der eigentliche Schatz, um dessen willen Paulus alle Vorzüge der Vergangenheit preisgegeben hat Phil 3,8. Derartige Aussagen des Apostels sind dazu bestimmt, das Augenmerk der Gemeinde auf Jesus Christus als einzige Grundlage des Heils zu konzentrieren; denn alle falsche Erkenntnis ist daran erkennbar, daß sie auf Welt und Mensch, nicht aber auf Jesus Christus blickt.

2) Diese urchristliche Erkenntnis Gottes hat ihre ausschließlichen Wurzeln im AT, dessen eigenes prophetisches und priesterliches Wort heilsgeschichtliche Erkenntnis Gottes weitergibt. Auch diese ATliche Erkenntnis Gottes ist weder ekstatisch noch spekulativ bestimmt; wohl aber weissagt sie auf eine zukünftige Heilszeit neuer und völliger Offenbarung hin Jes 11,2.9; Jer 31, 31-34. Sowohl die Bruderschaft von Qumran wie auch das Urchristentum wissen sich, wenn auch in verschiedener Weise, im Besitz der ganzen endzeitlichen Fülle der Erkenntnis Gottes 1Kor 1,5; Röm 15,14. Diese Fülle der Erkenntnis darf aber nicht mehr verfälscht oder umgedeutet werden, sondern bedarf lediglich ihrer Entfaltung und Weitergabe. Alle falsche Erkenntnis ist daran erkennbar, daß sie die von der Gemeinde Jesu bestätigte Fülle der Erkenntnis verfälscht und umdeutet, daher letzten Endes verneint. Das ganze NT, sowohl Evangelien wie auch Briefliteratur und Offenbarung, steht im Kampf gegen eine falsche Erkenntnis, die verfälscht und umdeutet. In diesem Sinn faßt 1Tim 6,20f das Erbe des Paulus in dem Gebot zusammen: „Bewahre das anvertraute Gut, fliehe die unheiligen Redensarten und die Sätze der falschen Erkenntnis; die sich zu ihr bekannten, sind vom Glauben abgefallen." Die falsche Erkenntnis wird „gnostisch" im häretischen Sinne.

3) Im ganzen NT findet sich eine lehrmäßige, geschichtsdeutende, aber auch seelsorgerliche Art, die in die christl. Gemeinde eingedrungene gnostische Bewegung zu bekämpfen. Diese apostolische Antithese zur G. hat bestimmte Grundzüge, ist aber keineswegs zu allen Zeiten und an allen Orten gleich. Man gewinnt folgendes Bild der G. aus der Art der apostolischen Bekämpfung: Gnostiker haben ein unbegrenztes Selbstvertrauen auf Grund ihres Verständnisses des Geistes und der Freiheit vom Gesetz, daher auch ein starkes Mißtrauen, das dem gilt, der im Namen Jesu und der Liebe zur Gemeinde Grenzen und Schranken aufrichtet 1Kor 8,1-3. Gnostiker wissen sich durch Offenbarungen und Gesichte über weltliche und menschliche Existenz hinausgehoben, sind daher über die Sphäre des „Fleisches" erhaben, sind auch bereit, auf eine Auferstehung des irdischen Leibes zu verzichten 1Kor 15,12; 2Tim 2,18. Das Verständnis der Geschichte und des Heilsweges Gottes im AT sowie in Israel, aber auch das Heilsgeschehen im Kreuz und in der Auferweckung Jesu wird letztlich unwichtig, weil der Gnostiker selbst an ihm unbeteiligt ist. Er ersetzt den Geschichtsbericht durch einen spekulativen Mythus, den er in die Bibel hineindeutet. Der himmlische Christus, der mit dem Urmenschen gleichgesetzt werden kann, ist nach gnostischer Auffassung durch die Äonen (= Himmelssphären) herabgestiegen, um die im Irdischen verhaftete Menschenseele durch göttliche „Gnosis" (= Offenbarungsmitteilung) zu befreien. Der durch diesen Vorgang befreite Mensch hat nun seinerseits die Möglichkeit des Aufstiegs durch die Äonen in die eigentliche Heimat des Geistes. Der Mensch versteht sich in der G. selbst mythisch. Die Offenbarung konzentriert sich daher auf das Schicksal des Einzelmenschen, und das Geschichtsbild der Bibel geht verloren.

4) Ein wichtiges Gebiet der G. war zunächst Samarien. Dort tritt nach Apg 8,9 der „Zauberer" und Offenbarer Simon auf und gewinnt das ganze samaritanische Volk; es stimmt akklamierend zu, daß in ihm die „große Kraft" Gottes erschienen sei. Die spätere Überlieferung bestätigt und ergänzt den vorsichtigen, aber historisch zuverlässigen Bericht des Lukas. Nach Justin (Apol. I 26,1-3) stammt Simon aus dem samaritanischen Dorf Gittai. Fast alle Samaritaner verehren ihn als Erscheinung Gottes. Eine Frau namens Helena mit übler Vergangenheit zieht mit ihm und gilt als die von ihm ausgehende erste Ennoia (= Einsicht). Simon habe zZ des Kaisers Claudius in Rom magische Machttaten vollbracht; man habe ihn dort als Gott verehrt und ihm eine Statue errichtet. Irenäus („Gegen die Häresien" I 23) und Hippolyt („Elenchos" 10,12; 6,9-20) beschreiben das bei Simon vorausgesetzte mythische Drama: die oberste Gottheit hat aus sich die Ennoia hervorgehen lassen, die von sich aus die Engelwelt schafft, aber von ihr in menschliche Körper hineingestaltet wird und Schmach auf Schmach duldet. So muß der himmlische Vater selbst herabsteigen, um die Ennoia zu befreien; er durchschreitet die himmlischen Herrschaftsbereiche der Kräfte und Mächte und erscheint schließlich den Menschen als Mensch in der Gestalt des Simon. Simon versteht sich offenbar als Erlöser, Ennoia ist eine Form der G. selbst. Wir haben eine orientalisch-hellenistische Gestalt des Urmensch-Mythus vor uns, die sich außerhalb des Christentums entwickelte. Simon Magus versuchte, sich dem Christentum anzuschließen, traf aber auf den Widerstand des Petrus. Für Lukas ist es wichtig, daß die apostolische Tradition von Anfang an den gefährlichen Einfluß der G. erkannt hat Apg 8,18-24; 20,17-38.

5) In Kleinasien tritt nach der Darstellung des Kolosserbriefes eine gnostische Irrlehre auf, die von „Weltelementen", „Herrschaften und Gewalten" und „Engelmächten" redet, die man zu verehren und deren Satzungen man in Demut zu gehorchen habe. Sicherlich bestritt man nicht die Bedeutung Jesu Christi, hob vielmehr hervor, daß der Erhöhte die ganze Fülle der Gottheit in sich zusammenfasse, aber diese Fülle der Gottheit war wohl zuerst eine Fülle der kosmischen Elemente. Dahinter steht eine uralte iranische Vorstellung von einer Gottheit, deren Leib aus den Elementen des Weltalls zusammengesetzt ist. War Jesus Christus der Urmensch, dann verwandelte er den Gläubigen in sein himmlisches Urbild und vermittelte ihm die Kräfte der Lichtwelt. Wir haben hier Vorstellungen des synkretistischen Judentums, die ähnlich in den Fragmenten des Buches Elchasai und in den Pseudoclementinen wiederkehren. Paulus bildet die einzelnen Motive und Vorstellungen dieser G. so um, daß das geschichtliche Heilswerk Jesu Christi in den Mittelpunkt tritt und der kosmische Hintergrund seine eigentliche Kraft verliert. Diese Umbildungskraft fremder Motive ist so alt wie der bibl. Glaube selbst, ist aber niemals ein Versuch, das eigentliche Anliegen des Gegners aufzunehmen.

6) In späterer Zeit klagt 1Tim 1,4, daß Mythen und Geschlechtsregister der Gnostiker in Ephesus den ursprünglichen Sinn des AT verfälschen und die Treue einer von Gott gewollten Haushaltung unmöglich machen. Offenbar gab man sich Spekulationen über Äonen- und Archontenreihen hin und verlor dabei den eigentlichen Sinn des bibl. Textes aus den Augen. Alle G. ist eine Mythisierung der bibl. Botschaft, die der Bedeutung der Heilsgeschichte widerspricht. Der autoritative Ton von 1Tim 1,4 zeigt deutlich, daß die Auseinandersetzung mit der G. noch härter und ausschließender geworden ist. Man weiß um die Grenze der Geduld und des Ertragens.

7) Schroff antignostisch, mit den Waffen des AT ausgerüstet, kämpft die Offb Jo im gleichen kleinasiatischen Raum gegen eine Gruppe von Nikolaiten (vielleicht Anhänger des Diakons Nikolaos Apg 6,6) in Pergamon und eine ähnliche Gesinnungsgemeinschaft in Thyatira, die sich um eine christl. Prophetin schart 2,14.20f. Sprache und Stil sowie die Denkvoraussetzungen dieser Gottessprüche sind altertümlich und spätjüdisch. Weil die christl. Gemeinde identisch ist mit dem Gottesvolk der Urzeit, weil ferner die Situation ähnlich ist wie einst in der Geschichte, kann der Gottesspruch die Nikolaiten mit den Anhängern Bileams, die christl. Prophetin mit der Heidin Isebel identifizieren. Vor dem Recht Gottes stehen daher beide Gruppen außerhalb der Gemeinde und fordern das Gericht heraus. Beide gnostische Gruppen vertreten in ihrer Lehre eine schwärmerische Freiheit, sind bereit, Götzenopferfleisch zu essen und die durch das Gesetz gegebene geschlechtliche Erziehung aufzugeben. Man beansprucht, die „Tiefen Gottes" zu erkennen, fällt aber dabei in die Macht des Satans 2,24. Schroff antignostisch ist auch die Lehrtradition des ersten Johannesbriefes, der das Sündenbekenntnis in der Gemeinde sichert, aber die Überwindung der Sünde und den Wandel im Licht verlangt (1,9; 2,1). Wer das Bekenntnis zur Messianität Jesu verweigert 2,22 oder die Fleischwerdung Jesu Christi nicht anerkennt 4,2f, ist nicht wirklich von Gott gezeugt. Wer den Bruder nicht liebt, in dem ist nicht die Liebe, die vom Vater kommt 4,20. Alle diese theol. Thesen sind bekenntnisartig und antignostisch; sie sind dazu bestimmt, die Irrlehre auszuscheiden. Auch das vierte Evangelium, das aus spätjüd. Priestertradition stammt (vgl. Johannes der Apostel 5), will die Fleischwerdung bezeugen 1,14.

8) Gegen gnostische Irrlehrer, die in die Gemeinde eindringen, richtet sich auch das Kampfschreiben des Judas, das später durch den 2. Petrusbrief aufgenommen und bestätigt wird. Scheltrede und Gerichtsdrohung beschränken sich nicht auf einzelne Punkte der Auseinandersetzung, sondern beschreiben die ganze Verworfenheit des Gegners; das Empfinden des Abscheus vor dem Unreinen wird in der Gemeinde wachgerufen. Die Leidenschaft beider Mahnschreiben zeigt, daß der Kampf gegen die G. noch nicht abgeschlossen ist. Altbiblische Motive und Traditionen kommen bes. stark zum Ausdruck und erweisen die Nichtigkeit aller Spekulation. *Mi*

Gnostische Texte von Nag Hammadi (Chenoboskion).

1) Der trockene Sand Ägyptens, der bes. geeignet ist, wichtige Urkunden des Altertums aufzubewahren, brachte 1945/46 eine besondere Überraschung für die Wissenschaft. In einem Krug fanden Bauern 13 Handschriften (codices) mit zusammen 48 Schriften, teilweise im Ledereinband. Fundort ist Nag Hammadi, das alte Chenoboskion nördlich von Luxor, wo sich früher eine Mönchssiedlung des Pachomius befand. Da die Handschriften auf einem Friedhof verborgen waren, ist anzunehmen, daß sie entweder einem Toten ins Grab gelegt wurden, oder daß man sie dort verstecken mußte. Es handelt sich um christlich-gnostische Texte verschiedener Art aus dem 3. bzw. 4. Jh. nChr in koptischer Sprache als Übersetzung aus dem Griechischen und um wichtige hermetische Schriften. 12 Handschriften gelangten in das koptische Museum in Kairo, die 13. Handschrift dagegen kam an das C. G. Jung-Institut in Zürich. Eine Teilausgabe des codex Jung (1956) enthält das „Evangelium der Wahrheit", eine Bezeichnung, die auf den entsprechenden Anfang des Textes zurückgeht. Ob es sich hier um das „Evangelium der Wahrheit" handelt, das bei den Valentinianern gebraucht wurde (Irenäus), ist wissenschaftlich umstritten. Unser Text will von der erlösenden Gnosis reden, die Jesus bringt; „Wahrheit" ist das Kennzeichen der Offenbarung. Zunächst schien dies „Evangelium" in den Umkreis der valentinianischen Gnosis zu gehören; doch finden sich deren charakteristische Züge im neu gefundenen Evangelium so nicht. Dagegen spricht manches dafür, daß die Oden Salomos in Sprache und Vorstellung unserem Text verwandt sind.

2) Der Züricher Kodex stellt folgende Texte zusammen: einen Brief des Jakobus, das Evangelium der Wahrheit, den Brief an Rheginos, den Traktat über die drei Naturen und ein Gebet des Petrus (?). Der Brief des Jakobus will auf eine hebr. Urschrift zurückgehen und berichtet geheime Offenbarungen Jesu aus der Zeit vor der Himmelfahrt. Das „Evangelium der Wahrheit" stellt die Erlösung des Menschen in ein großes kosmisches Drama. Nach ihm besteht das Universum aus drei Teilen: 1. dem Vater und dem von ihm ausgehenden Logos, 2. der oberen Welt, die aus Äonen besteht, die sich dem Vater entfremdet haben, und 3. der irdischen Welt, in welcher der Irrtum herrscht. Der Logos steigt in die Welt der Äonen herab und übermittelt ihnen die Erkenntnis des Vaters; dann betritt er die untere Welt, in welcher der Irrtum die Materie erschaffen hat, und nimmt nun einen Fleischesleib an, wird aber vom Irrtum ans Kreuz geheftet. Darauf zieht der Logos Unsterblichkeit an und kehrt in die himmlische Welt zurück. Nur diejenigen Menschen, in denen sich ein gefallener Äon befindet, nehmen die dargebotene

Erkenntnis an und gehen in die Ruhe des Vaters ein. Interessant ist im Brief an Rheginos die Vorstellung einer geistigen Auferstehung: „Wir werden zum Himmel emporgezogen wie Strahlen von der Sonne." „Das ist die geistige Auferstehung, die die psychische und fleischliche Auferstehung verschlingt." In dem Traktat über die drei Naturen findet sich eine Einteilung der Geschichte: ihre griech. Form gilt als hylisch, die jüd. als psychisch, die christl. als pneumatisch.

3) In einem vom koptischen Museum in Kairo veröffentlichten Band befinden sich vier weitere wichtige Schriften: Apokryphon des Johannes, Thomasevangelium, Philippusevangelium und „das Wesen der Archonten". Der Text des zuerst genannten Apokryphon ist in vier verschiedenen Handschriften bezeugt, darunter in drei codices von Nag Hammadi an erster Stelle, ein Zeichen der hohen Wertschätzung dieser Offenbarung in gnostischen Kreisen. Wahrscheinlich ist dies Apokryphon in der ersten Hälfte des 2. Jh. verfaßt und hat später die Entwicklung der Gnosis weitgehend bestimmt. Am Anfang steht ein himmlisches Gesicht mit einer anschließenden Enthüllung, die später in eine dialogartige Belehrung übergeht. Das Thomasevangelium steht der synoptischen Überlieferung nahe; es enthält Jesussprüche und -gleichnisse, die ganz ähnlich aufgebaut sind und bibl. Gut weiterverarbeiten. So heißt es zB: „Jesus sprach: Kein Prophet ist angenehm in seiner Stadt. Kein Arzt heilt die, die ihn kennen." Schwieriger ist das Philippusevangelium zu beurteilen, das ebenfalls aus einer Spruchsammlung besteht, die bestimmte Themata der valentinianischen Gnosis behandelt. Besonders das Mysterium des Brautgemachs, die Vorstellung des Paargenossen und die bildhafte Rede vom Schaffen und Erzeugen lenken die Aufmerksamkeit auf sich. Die letzte Schrift „Das Wesen der Archonten" ist eine lehrmäßige Abhandlung, die aus älteren Quellen zusammengesetzt ist. Eine solche Quelle ist die angefügte Offenbarung der Norea, der Frau des Seth, in der sie mitteilt, was ein Engel ihr enthüllt hat.

Das gnostische Christentum will offenbar eine zeitgemäße Interpretation der Offenbarung sein. Der ganze Orient hat an seiner Entstehung mitgeschaffen, nicht zuletzt auch das synkretistische Judentum.

Lit.: Evangelium veritatis, ed. Michel Malinine, Henri-Charles Puech, Gilles Quispel, Studien aus dem C. G. Jung-Institut VI, 1956; Pahor Labib, Coptic Gnostic Papyri in the Coptic Museum at Old Cairo Bd. I, 1956; Hans-Martin Schenke, Die Herkunft des sogenannten Evangelium veritatis, 1959; Willem Cornelis van Unnik, Evangelien aus dem Nilsand, Frankfurt M., 1960; R. M. Grant, Gnosticism. An Anthology, 1961; ders. Gnosticism and Early Christianity, 1959; H. Jonas, The Gnostic Religion, 1958; R. McL. Wilson, The Gnostic Problem, 1958; Studies in the Gospel of Thomas, 1960; The Gospel of Philip, 1962; H. Ch. Puech, Gnostische Evangelien und verwandte Dokumente bei W. Schneemelcher, Neutestamentliche Apokroyphen Bd. 1, 158-271. *Mi*

Götze, Götzendienst.

1) Allgemein. Unter einem G.n versteht das AT ein aus Stein, Ton, Holz oder Metall gefertigtes *Gottesbild,* im übertragenen Sinn auch einen nur *gedachten,* nicht bildlich dargestellten *Abgott* (→Abgötterei). Von da aus gesehen sind für den frommen Israeliten alle *Fremdgötter* G.n Jer 51, 47. 52; Hes 20, 7; 30, 13, deren Verehrung wie der → Bilderdienst unter Verbot steht 2Mose 20, 3 f.

2) Die Theraphim. Die 1Mose 31, 19. 34. 35 genannten Theraphim Labans (Luther: G.n) sind Hausgötzen, die in Gestalt von *Kultmasken* mit Menschenangesicht 1Sam 19, 13 ff bes. bei der Einholung von *Orakeln* benutzt wurden Hes 21, 26 (Luther: Abgott, jetzt: Götze). Diese Tatsache wird noch dadurch unterstrichen, daß nach Ri 17, 5 ff (Luther: Leibrock und Hausgötze, jetzt: Ephod) und Hos 3, 4 (Luther: Leibrock und Heiligtum, jetzt: Ephod und Hausgott) der Theraphim unmittelbar mit → *Ephod* zusammengehört, einem Gegenstand, dessen sich Israel ursprünglich speziell zur Orakeltechnik bedient hat. Obwohl in der vorprophetischen Zeit weithin (auch als Jahwebilder) im Gebrauch, zB bei Gideon, Saul und David, dürften sich diese Privatkulte kaum der Anerkennung durch die offizielle Jahwereligion erfreut haben. Daher hat Josias Reform rigoros mit ihnen aufgeräumt 2Kö 23, 24 (Luther: Bilder, jetzt: Abgötter). *Ste*

Götzenopfer = Götzenopferfleisch. Darunter ist alles Fleisch zu verstehen, das griech. Sitte gemäß erst, nachdem es den Göttern geweiht war, zum Verkauf auf den *Markt* kam oder aber bei festlichem *Mahl* in heidnischen Häusern verzehrt wurde. Den *Juden* war der Genuß solchen Fleisches streng untersagt. Die Überwindung der jüd. Gesetzlichkeit gab dem *Christen* die Möglichkeit, hier *freier* zu denken. Sofern der Genuß des Götzenopferfleisches nicht im Opferakt selbst erfolgte, war er freigegeben 1Kor 10, 14 ff. Paulus anerkennt an dieser Stelle die Gewissensentscheidung des Einzelnen, die davon abhängig ist, ob einer in den heidnischen Göttern Nichtse sieht oder Dämonen, mit denen man durch den Genuß von Opferfleisch wieder Kontakt gewinnt, der zum früheren Götzendienst verführen kann 1Kor 8, 4 ff. Es ist freilich eine Frage, ob die persönliche Entscheidung in jedem Fall verwirklicht werden darf. Unter Umständen gebietet die christliche Liebe dem „Starken", aus Rücksicht auf den „Schwachen" das Götzenopferfleisch zu meiden. In jedem Fall ist die Einheit der Gemeinde wichtiger als die lieblose Verwirklichung einer noch so berechtigten Einzelentscheidung 1Kor 8, 13. *Ste*

Götzenpfaffen (hebr. kemarim = die Erregten) wird in der HS nur für die *Priester* fremder Gottheiten 2Kö 23, 5, für die zu Bethel Hos 10, 5 und die Baalspriester verwendet Zeph 1, 4. *(Ste)*

Gog wird Hes 38, 2 „Großfürst im Lande Magog" genannt. Magog (= Gebiet des G.) ist nach Hes 38 f und 1Mose 10, 2 (vgl. 1Chr 1, 5) Bezeichnung eines Landes südöstlich des Schwarzen Meeres. Josephus (Ant. I, 6, 1) sah in Magog die Skythen, die um 630 vChr in Vorderasien einfielen. Die wichtigsten *Deutungen: 1)* G. entspricht einer zeitgenössischen Gestalt oder Größe, zB dem Lyderkönig Gugu (griech. Gyges, um 607 vChr) oder einem Stadtfürsten Gagi. — *2)* G. ist eine mythische Gestalt oder von dem babylonischen Gott Gaga herzuleiten. — *3)* G. hat symbolische Bedeutung, etwa vom sumerischen gug (= Finsternis) her. Im rabbinischen *Judentum* wird Hes 38 f, das rein geschichtliche (wenn auch zukünftige) Ereignisse meint, zu einer festen mythischen Vorstellung der → Apokalyptik. Dem entspricht die Erwähnung in Offb 20, 8 f: G. und Magog sind zusammengefaßt zu einem (nach seiner eigentlichen Bedeutung und Herkunft nicht mehr verstandenen) mythischen Doppelnamen für das Völkerheer, das gegen das Gottesvolk anstürmt.

Lit.: Vgl. W. Zimmerli, Ezechiel, Bibl. Kommentar, S. 921-975. *Bo*

Golan. Freistadt 5Mose 4, 43; Jos 20, 8 und Levitenstadt in Basan Jos 21, 27; 1Chr 6, 56, zum Erbteil Manasses gehörig, heute vielleicht saḥem ed-dschōlān. — Von G. abgeleitet ist der Name der Gaulanitis, eines Teiles der Tetrarchie des Philippus, des Sohnes Herodes d. Gr. — Der jetzige dschōlān östlich des Sees Genezareth und des oberen Jordan mit Höhen um 700 m entspricht zusammen mit der Landschaft en-nuqra dem ATlichen → Basan. *Rü*

Gold, Goldschmied. In bibl. Zeit gilt das G. als seltenes Metall Jes 13, 12 von bes. hohem Wert. Vornehmlich im AT wird es oft erwähnt. Seinem Verwendungszweck entsprach die Art der Verarbeitung durch den Feinschmied (G.- und Silberschmied), den es seit alter Zeit gab Ri 17, 4; Neh 3, 8. 31 f; Jes 40, 19; 41, 7; 46, 6; Jer 10, 9. 14; 51, 17; Mal 3, 2 f; Apg 19, 24. Zur Bearbeitung gehörten u. a. das Schmelzen Spr 17, 3; 27, 21, das Hämmern zu Blattgold 1Kö 6, 20 f; 7, 49 f; 2Chr 4, 20; 9, 20 und das Granulieren (Aufschmelzen auf eine Platte). Verwendung fand es auf vielseitige Weise, bes. als Schmuck für Personen (Ringe, Spangen, Ketten) 1Mose 24, 22. 53; 41, 42; Jer 4, 30; Hes 16, 13. 17, als Belag für sakrale und staatliche Gebäude 2Mose 25-30; 35-40 (hl. Zelt, Lade, Priesterkleider); 1Kö 6, 20 ff (Tempel und Palastbauten), was deren ungeheures Ansehen und Gewicht augenfällig macht, für kultische Symbole 1Sam 6, 4 ff, für den „Schatz des Herrn" Jos 6, 19; 1Kö 15, 19. Vgl. auch das Bild vom neuen Jerusalem Offb 21, 18 f. Mit Blattgold überzog man die — vom Glauben Israels verbotenen — Götterbilder 2Mose 20, 23; 32; Ri 8, 26 f; 1Kö 12, 28; 2Kö 10, 29; Jer 10, 9; Jes 40, 19. G. wurde in Israel eingeführt 1Kö 10, 14. 22 und war demnach Handelsware Hes 27, 22. Es galt als begehrtes Beuteobjekt Ri 8, 24; 2Sam 8, 7; 12, 30; 1Kö 14, 26; 2Kö 24, 13; 25, 15; Jos 7, 21; 2Mose 3, 22; 11, 2; 12, 35 oder wurde dem Unterlegenen als Buße abgefordert 2Kö 18, 14; 23, 33 u. a. Andererseits machte man sich damit repräsentative Geschenke 2Sam 8, 10; 1Kö 9, 14; 10, 10; 2Kö 5, 5; Mt 2, 11. Wer G. und goldene Geräte besaß, war außerordentlich reich 1Mose 13, 2; Ri 8, 26 f; 1Kö 10, 16 ff. Es werden jedoch auch — bes. bei den Propheten — die Gefahren des G.besitzes scharf gezeichnet: Verführung zum Götzendienst Jes 2, 7. 20; 30, 22; 31, 7; 40, 19; Jer 10, 4. 9; Hos 2, 10; 8, 4 und zum Vertrauen auf Irdisches Hiob 31, 24. Beidem gilt Gottes Gericht Jak 5, 3; Offb 18, 11 ff. Den Jüngern Christi ist nicht G., sondern die Vollmacht des Evangeliums anvertraut Mt 10, 9; Apg 3, 6. 45 f. *Kn*

Das goldene Kalb → Kalb.
Goldgulden → Münzen.

Golgatha (so Luther nach einer in lateinischen Texten spät auftauchenden Form des Namens, der eigentlich Golgotha heißt), die Stätte, wo Jesus gekreuzigt wurde. Der Name G. = „Schädel" weist auf eine kahle Felsenkuppe (nicht Schädelstätte = Richtstätte). Eine sehr alte Tradition sucht G. im Bereich der Grabeskirche. Dieser lag zZ Konstantins mitten in der Stadt, war durch Schuttauffüllung völlig eingeebnet und mit einem Aphroditetempel überbaut. Nur auf Grund einer alten Tradition konnte daher Konstantin an dieser dem Augenschein nach so ungünstigen Stelle das Grab Jesu suchen lassen. Nach Abbruch des Aphroditetempels und nach beträchtlichen Grabungen fand man zur eigenen Überraschung eine Grabeshöhle. G. mußte in der Nähe liegen Jo 19, 41. Holzteile, die man in einer Zisterne fand, hielt man für Überreste des Kreuzes Christi. Das hl. Grab, das hier gefunden schien, ließ Konstantin 336 mit einem Rundbau, der „Anastasis", ebenso die Stätte der Kreuzfindung mit einer prächtigen Basilika, dem „Martyrium", überbauen. Im Hof dazwischen lag G. Das Heiligtum, das mehrfach zerstört und wieder neu gebaut wurde, erhielt 1810 nach dem Brand von 1808 seine heutige Form. Das G. der Zeit Jesu lag außerhalb der Stadtmauern Jo 19, 20, im Bereich von Gärten und Grabanlagen Jo 19, 41 und wahrscheinlich in der Nähe eines Tores Hebr 13, 12. Diese Merkmale treffen für die Grabeskirche zu. Sie liegt außerhalb der zZ Jesu bestehenden Stadtmauern; noch heute befinden sich jüd. Gräber aus römischer Zeit im Bereich der Grabeskirche; das damals in der Nähe befindliche „Gartentor" weist auf Gärten hin. Die meisten Forscher kamen daher zu dem Ergebnis, daß vieles für und nichts entscheidend gegen die Tradition der Grabeskirche spreche, wenn auch ein letzter Beweis für die Richtigkeit nicht möglich ist. Sicher ist hingegen, daß es sich bei dem Gordon-Grab und Gordon- Calvary (ez-zahira, nördlich vom Damaskustor), wofür einige eintraten, nicht um die ursprünglichen Stätten handelt.

Lit.: A. Parrot, Golgatha und das heilige Grab (Bibel und Archäologie II) 1956. *Me*

Goliath, ein philistäischer Recke aus Gath, dessen Rüstung der homerischer Helden entspricht, wurde von David im Zweikampf getötet 1Sam 17,4 ff; → Elhanan. Das Schwert G.s fand sich später bei den Priestern in → Nob, wo es David wieder an sich nahm 21,10. *Peu*

Gomer.

1) Sohn Japheths 1Mose 10,2 verkörpert die Kimmerier, deren einer Teil von Armenien aus vom 9.—7. Jh. in Kleinasien, ja bis in die europäischen Donaugebiete vordrang, deren anderer Teil allmählich im Medertum aufging, dessen Volkskraft er stärkte. Die Kimmerier gehören zu den mit Pfeil und Bogen bewaffneten Reitervölkern; ob sie Indogermanen waren, ist nicht sicher. Hesekiel nennt sie als nördliche Scharen im Heere Gogs 38,6.

2) Die zur Hurerei neigende Frau des Hosea, an deren Untreue der Prophet die Untreue Israels an seinem Gott gleichnishaft erlebte Hos 1,3 ff. *Peu*

Gomer → Maße.
Gomorra → Sodom.

Gorgias, neben → Nikanor Feldherr des → Antiochus IV. Epiphanes, von Judas Makkabäus bei Emmaus geschlagen1 Makk 3,38; 4,1-25; 2Makk 8,8-29, schlug den Angriff der jüd. Heerführer Joseph und Asarja bei Jamnia zurück 1Makk 5,55-62, vgl. ferner 2Makk 10,14; 12,32-37. *Pfei*

Gosan, akkadisch Guzana, das obere Chaburtal (→ Habor), wo deportierte Bewohner des Nordreichs Israel von den Assyrern angesiedelt wurden 2Kö 17,6; 18,11; 19,12; Jes 37,12. Außerdem Name einer am Chabur gelegenen Stadt auf dem alten tell-halaf, dessen unterste Ausgrabungsschicht bis ins 5. Jt. zurückreicht. *Peu*

Gosen. 1) Dieses fruchtbare Landstück östlich vom Nildelta, durch das sich das wadi ṭumelat vom östlichen Nilarm nach dem timsah-See (ungefähr Mitte des heutigen Suezkanals) erstreckt, diente Jakobs Familie in Ägypten als Wohngebiet 1Mose 45,10. Mit G. dürfte die Bezeichnung „Land Ramses“ und „Gefilde von Zoan“ identisch sein 47,11; Ps 78,12. Dort lagen die Städte Ramses (früher Avaris bzw. Tanis) und Pithom 2Mose 1,11. — *2)* Landschaft in Südpalästina Jos 10,41; 11,16. — *3)* Unbekannter Ort Jos 15,51. *Peu*

Gott.

1) Der Begriff. 2) Die Offenbarung G.es im AT. 3) Die Offenbarung G.es in Jesus Christus. 4) Götzendienst.

1) Das Wort „Gott“ gibt keine klare Vorstellung von dem, was damit gemeint ist. Das hebr. El, Elohim betont die Macht und Stärke des göttlichen Wesens; das griech. Theos ist schwer deutbar, weil seine sprachliche Herleitung nicht sicher ist; das gleiche gilt von der deutschen Bezeichnung, deren Herkunft von dem Adjektiv „gut“ möglich, aber nicht allgemein anerkannt ist. In jedem Fall, und das gilt für alle Religionen, ist Gott der „ganz Andere“, der der Welt Überlegene, der in einem Lichte wohnt, da niemand hinzukommen kann. Er ist der Unendliche, Unbegreifliche, Unbedingte, der unerforschliche Grund alles Seins, der Schöpfer und Erhalter aller Dinge. Als der Ewige steht er über Raum und Zeit und wirkt doch gestaltend und bestimmend auf den Ablauf alles kosmischen und irdischen Geschehens ein. Zu seinem Wesen gehört die Verborgenheit, die sich keiner menschlichen Erkenntnis erschließt, es sei denn, daß er sich selber offenbart. Nur soweit er sich kundtut, kann der Mensch eine Aussage über ihn machen. Das gilt jedenfalls im Bereich der isr.-jüd. und der christl. Religion.

2) Es gibt eine stufenweise *Offenbarung Gottes.* Sein an sich unsichtbares Wesen ist seit der Erschaffung der Welt an den Werken der Schöpfung zu erkennen Röm 1,20, so daß jeder denkende Mensch die ewige Macht und „Göttlichkeit“ G.es feststellen kann. Auch der fordernde Wille G.es ist allen Menschen durch das in ihr Herz geschriebene Gesetz zugänglich Röm 2,14 f. In besonderer Weise hat G. sich seinem erwählten Volk offenbart. Israel ist das Volk des Eigentums 2Mose 19,5 f. Der Jahweglaube hat von Anfang an ein besonderes Verhältnis zur *Geschichte* gehabt. Der G. Israels ist der G. Abrahams, Isaaks und Jakobs 2Mose 3,6; 1Kö 18,36. Wie G. an den Vätern gehandelt hat, so erweist er sich durch die ganze Geschichte Israels hindurch als der Machtvolle, nicht nur in wunderbaren Einzeltaten, sondern auch im fortdauernden Wirken nach dem von ihm gefaßten Plan. Er hat mit Israel einen → Bund gemacht und ihm das → Gesetz und die Verheißungen gegeben Röm 9,4 f. In diesem Bund hat er zwischen sich und dem Volk eine Gemeinschaft gestiftet, die unverbrüchlich ist. Wie er selber Israel die Treue hält, so hat das Volk ihm die Treue zu wahren; denn der Bund hat verpflichtende Kraft. Die Verehrung fremder Götter und die Mißachtung seiner Gebote ist ein Treubruch, den G. durch die Gerichte straft, die er über das ungehorsame Volk verhängt. Die Propheten sehen die Gerichte G.es im Zusammenhang mit den großen weltgeschichtlichen Ereignissen ihrer Zeit, aus der Erkenntnis heraus, daß G. sich nicht nur in der Geschichte seines Volkes offenbart, sondern daß er auch der Herr der Weltgeschichte ist, der die Weltherrschaft überträgt, wem er will, Jer 27,5; sie führen den Gottesglauben zum Universalismus. — Das erwählte Volk steht unter dem Schutz und der Fürsorge G.es, aber auch unter seinem Anspruch; es hat ihm zu dienen, im Kultus und in dem nach seinen Geboten gestalteten Leben.

Dem heidnischen Götterglauben gegenüber stellt das AT fest, daß in Wahrheit nur *Einer* G. ist. Er ist es, der die Erde, den Himmel und die Menschen geschaffen hat 1Mose 2,4. Als der eine G. ist er größer als alle Götter 2Chr 2,4; Dan 2,47. Er ist ein ewiger König Jes 52,7; als solcher ist er der Herr über alle Königreiche Jes 37,16. Der aller Welt Überlegene ist der Heilige 3Mose 19,2 u.ö. Die Heiligkeit ist im Alten Bund das Grundwesen G.es. Darum ist er zu fürchten 3Mose 19,14 u.ö. Um seiner Heiligkeit willen heißt er der „schreckliche“ und „eifrige“ G. 5Mose 10,17; 2Mose 20,5, der in seinem Zorn jeden straft, der seine göttliche Majestät verletzt. Dann ist er wie ein verzehrendes Feuer 5Mose 4,24. Der heilige und allmächtige G. ist in allem, was er tut, gerecht Ps 7,10 u.ö. Er ist der Richter, der jede Ungerechtigkeit straft und vor dem sich jeder Mensch zu verantworten hat. Aber das AT bezeugt auch seine Gnade und Barmherzigkeit 2Mose 34,6; 5Mose 4,31. Er schenkt den Frommen seine Tröstungen Hiob 15,11, segnet sie und hilft ihnen in der Not; er ist ihre Zuversicht und Stärke Ps 45,8; 90,1; 94,22. Die Erweisungen seiner Liebe treten im AT in einzelnen besonderen Gnadenoffenbarungen hervor. Zwar heißt G. auch im AT der Vater; er ist der Vater des Volkes Israel 2Mose 4,22f; 5Mose 32,6; Jes 63,16; Jer 31,9; Hos 11,1; aber die volle Erkenntnis der göttlichen Gnade und Liebe gehört erst der Offenbarung des Neuen Bundes an. Doch bezeugt schon das AT, daß G. in seiner Barmherzigkeit die Übertretungen und Sünden vergibt 2Mose 34,6f. So kommt der ferne G. denen nahe, die ihm vertrauen. Er erbarmt sich der Seinen mit ewiger Gnade Jes 54,8, nimmt sich ihrer an, wie das ein Vater seinen Kindern gegenüber tut Ps 103,13, und wendet seine Güte bes. den Armen und Elenden, den Witwen und Waisen zu Jes 49,13; Ps 146,9. Darum ist G. nicht nur zu fürchten, sondern auch zu lieben 5Mose 6,5, wie er selber sein erwähltes Volk liebt Jer 31,3.

3) Die vollendete Offenbarung G.es ist *Jesus Christus.* Da er von G. ausgegangen ist, hat er als einziger das volle Wissen über G. Jo 1,18. Er ist aber als der fleischgewordene Logos nicht nur der Offenbarer, sondern stellt auch in seiner Person G. selber dar. Denn er und der Vater sind eins Jo 10,30. Wer ihn sieht, sieht G., und wer ihn hört, vernimmt die Worte G.es. Als Sohn G.es tut er in vollkommener Weise den Willen G.es. In dem erhöhten Christus wohnt die ganze Fülle der Gottheit Kol 1,19; 2,9. Denn er ist der Abglanz der Herrlichkeit G.es und die Ausprägung seines Wesens Hebr 1,3. So ist er das Ebenbild des unsichtbaren G.es 2Kor 4,4; Kol 1,15. Darum kommt ihm sogar die Bezeichnung „Gott“ zu Jo 1,1; 20,28; Tit 2,13; (Röm 9,5). — G. ist im NT in erster Linie der G. und Vater Jesu Christi 2Kor 1,3; Eph 1,3; 1Petr 1,3. Nur durch Christus sind die Gläubigen Kinder G.es Gal 3,26 1Jo 3,1. Der Vatername ist der Ausdruck der vollen neutestamentlichen Gotteserkenntnis. An Christus, seinem Sein und Wirken wird erkannt, daß G. im tiefsten Grunde seines Wesens Liebe ist; er ist der Inbegriff der Liebe 1Jo 4,8. Die Liebe bestimmt sein Handeln, das seinen Höhepunkt in der Hingabe des Sohnes zur Rettung der Welt gefunden hat Jo 3,16.

G. ist Geist Jo 4,24. Als vollkommener Geist ist er der „Vater der Geister“ Hebr 12,9. G. ist Licht 1Jo 1,5. Bei ihm gibt es keine Finsternis. Er ist der G. des Friedens Röm 15,33; 1Thess 5,23; Phil 4,9, der G. der Geduld Röm 15,5, der G. der Hoffnung Röm 15,13, der Vater der Barmherzigkeit und G. alles Trostes 2Kor 1,3, der G. aller Gnade 1Petr 5,10. Zu seinem Wesen gehört die Treue Röm 11,29 und die Wahrhaftigkeit Jo 3,33; Röm 3,4. Er ist der allein weise G. Röm 16,27, der „König der Weltzeiten“, der unvergängliche, alleinige G. 1Tim 1,17. Als der Lebendige gibt er allen Wesen das Leben Apg 17,25; er wirkt aber auch das neue Leben der Christusgläubigen durch die Wiedergeburt Jo 1,13; 1Petr 1,3. Wie er am Anfang die Welt geschaffen hat, so wird er am Ende der Zeiten die neue Schöpfung hervorbringen, in der er alles in allem sein wird Röm 11,36. Wie seine Allmacht, so ist auch seine Güte vollkommen. Er gibt denen, die ihn bitten, nur gute Gaben Mt 7,11; Jak 1,17; ja, G. vermag unendlich mehr zu tun, als wir erbitten und verstehen Eph 3,20. — Auch das Urchristentum bekennt den einen G. 1Kor 8,4.6; Eph 4,6; 1Tim 2,5, der ewig, allmächtig, allgegenwärtig, allwissend und allweise, treu, gerecht und wahrhaftig ist. Er ist der Herr, der große König Mt 5,35, der Höchste Lk 1,32 u.ö. Obwohl er der in Christus offenbare Gott ist, gibt es in seinem Wesen doch noch verborgene Tiefen 1Kor 2,11. Unbegreiflich sind seine Gerichte und unerforschlich seine Wege Röm 11,33. — Ihm gebührt Ehre, Lobpreis und Anbetung. Vor allem aber sollen die Gläubigen, die seine große Liebe erfahren haben, ihn wieder lieben 1Jo 4,19.

4) Dem Dienst G.es steht der Götzendienst gegenüber, der dadurch zustande gekommen ist, daß die Menschen die Herrlichkeit des unvergänglichen G.es mit dem Abbild der vergänglichen Geschöpfe vertauscht haben Röm 1,23. Der Satan heißt 2Kor 4,4; vgl. Eph 2,2 der „Gott dieser Weltzeit“, weil die gottfeindliche Welt ihm die Ehre und den Gehorsam erweist, der eigentlich G. gebührt.

Lit.: H. Gollwitzer, Die Existenz Gottes im Bekenntnis des Glaubens, 1963; ders., Gottes Offenbarung und unsere Vorstellung von Gott, 1964; W. Knevels, Die Wirklichkeit Gottes, 1964; W. Wiesner, Die Entpersönlichung Gottes und das Zeugnis der Bibel von der Person Gottes, in: Kirche in der Zeit, 1965, H. 1, S. 3-9; M. Honecker, Weisen von Gott zu reden, in: Kirche in der Zeit, 1966, H. 3, S. 97-105; Artikel „Gott“ in RGG[3] II Sp. 1701-1745; Artikel „Theos“ in ThWB III S. 65-120.

Schn

Gottesberg. Während die anderen Völker des Vorderen Orients viele Gottesberge als Wohnsitze der Götter kannten, weiß das AT nur von zwei Stätten, die diesen Namen legitim verdienen. In der Sinaiwüste ist der mit dem Horeb gleichgesetzte G. zu suchen, wo Gott sich seinem

Volk zZ des Mose offenbart hatte 2Mose 3,2; 18,5 und wohin noch Elia pilgerte 1Kö 19,8. Durch besondere göttliche Erwählung wurde der Berg Zion zum G. Ps 24,3. Auf einen im fernsten Norden liegenden mythologischen G. wird im Triumphlied über den Sturz des Königs von Babel Jes 14,14 angespielt, vgl. Hes 28,14.

v. d. W.

Gottesdienst.

1) Der Begriff. 2) G. in der Väterzeit. 3) G. des Kultus. 4) G. an bestimmtem Ort. 5) Geräte im Heiligtum. 6) Heilige Zeiten. 7) Ablauf eines G.es 8) Jesu Haltung. 9) G. der Synagoge. 10) G. der Gemeinde. 11) Einzelfragen zum G. 12) G. bei Johannes.

1) Unter G. wird hier die dem bibl. Gottesglauben entsprechende, in bestimmten Formen verlaufende, an Orte und Zeiten gebundene, durch legitimierte Vertreter zu vollziehende, ausschließlich Gott geltende, die Gemeinde kennzeichnende, meist öffentliche Weise der Gottesverehrung verstanden. Das Gebet einzelner Personen (Hanna 1Sam 1,11) und der Gehorsam einer Person (Dan 6,6) sind nicht G. Auch ist „Gott dienen" nicht G., meint vielmehr Gehorsam allein gegen Gott im Gegensatz zu Götzendienst Jos 24,15; Mt 4,10. Eher ist die Erbauung der Stiftshütte als „Dienst" zu bezeichnen 2Mose 39,32. Luther hat oft die Übersetzung G. frei gewählt, so Ps 27,4; Hos 12,1; Dan 6,6, vgl. andere Übersetzungen. Desgleichen Apg 17,23; Phil 2,17 u.a.

2) Das AT kennt bereits 1Mose 1-11 die Opferdienste von Hirten und Bauern 4,3ff und die Altäre am Orte wichtiger Ereignisse 8,20. Schon wird der Name des Herrn „angerufen" (nicht „gepredigt") 4,26 (oder „ausgerufen"?). Melchisedek gilt als der erste Priester zu Salem (Zion) 1Mose 14,18f; Wichtig ist die hier gebrauchte Bezeichnung Gottes, „des Höchsten". In den Vätergeschichten und später sind die Stätten der G.e genannt, die häufig bis in die Königszeit hinein erscheinen: Sichem, Hebron, Beerseba, Bethel, Mahanaim, Mizpa und Pniel 1Mose 12,7; 13,18; 26,23ff; 28,18ff; 31,49; 32,2f. 22ff, Gilgal Jos 5,13ff, Ophra Ri 6,24. Das Opferfest in der Wüste 2Mose 3,18; 5,17 ist Beispiel für die zufälligen und unvollständigen Berichte des AT über G.e jener Zeit.

3) Seit dem Bundesschluß ist der G. in den Kultus gehörig als die dem Bunde Gottes gemäße, nunmehr genau geregelte Form der Anbetung Gottes. Die Vorschriften sind 2-5Mose aufgezeichnet. Gott spricht den einzelnen nur in der Gemeinschaft an. Der Bund beansprucht den ganzen Volkskörper. Der G. gewinnt daher seinen Ausdruck nicht nur im geistig-innerlichen Bereich, sondern auch und noch mehr im leiblichen. Am gesamten Verhalten, wie dem Sichniederwerfen, dem → Reigentanz und Wechselgesang, der → Kleidung, der Stille oder dem →Jauchzen im hl. Raum, am genau zu befolgenden Opferzeremoniell hängt Gottes Segen. Irrwege des G.es sind als fatale Möglichkeit häufig beschrieben Jer 17,2; Am 5,23; 1Kö 22,10 und rufen Gottes Strafe und Fluch heraus. Die Stellung der Propheten zum Kultus und G. muß trotz Hos 6,6; Am 5,21ff; Jes 1,10ff positiv gesehen werden, da sie einen G. verurteilen, der den Ungehorsam in der Lebensführung aufwiegen soll. Hesekiel war als Priester Prophet Hes 1,3.

4) Die Abhaltung der G.e nur an bestimmten Orten zeigt, daß Israel Gottes Gegenwart nicht herbeizwingen kann. Gott hat solche Orte wie den Sinai und den Quell Kadesch 1Mose 14,7; 2Mose 19,16ff ausersehen. Nach der Landnahme sind die G.e an den durch Gotteserscheinungen in der Väterzeit ausgezeichneten Orten und an alten Heiligtümern Kanaans, wahrscheinlich zT den „Höhen", dann an den königlichen Heiligtümern, wie Samaria 1Kö 13,32, schließlich allein im Tempel auf dem Zion abgehalten worden. Die Verwechslung Jahwes mit kanaanäischen Gottesbildern und das Abgleiten in nackten Götzendienst, dem Israel immer wieder erlag, forderte das Eingreifen der Propheten und führte zur Zentralisierung des G.es auf dem Zion, wo Gott wohnen wollte.

5) Heilige Geräte, so → Altar, → Schaubrottisch, → Leuchter, Räucheraltar, ehernes Becken (→ Handfaß) 2Mose 30; 37ff gehörten zum G. Seine Gegenwart band Gott an Lade, Zelt, Gottesstab und Losorakel. Die → Lade ist nach 4Mose 10,35f als Thron Gottes anzusehen. Zu seinen Füßen liegt in der Lade sein Bundesgesetz in steinernen Tafeln, wie es im Orient verbreiteter Brauch war. Die Lade, durch David nach Jerusalem gebracht 2Sam 7,15.17; 1Kö 3,15, fand ihren Platz im Allerheiligsten des Tempels 1Kö 8,3-9. Jeremia erwähnt sie 3,16. Dann verschwindet sie bei der Zerstörung Jerusalems. Das → Zelt hat mehrere Bezeichnungen 2Mose 38,21; 4Mose 9,15; die meistgebrauchte ist „Zelt der Begegnung", nämlich zw. Gott und Mose 2Mose 27,21. Gott erscheint hier, wann er will. Der Tempel auf dem Zion ist bewußt in Beziehung zum Zelt gesetzt 2Sam 7,6ff, aber die G.e im Tempel haben einen stärker geformten Charakter. Der Gottesstab Moses, der mit der → ehernen Schlange gleichgesetzt werden darf, wurde ein Teil des Tempelinventars; er erhielt Rauchopfer und wurde von Hiskia zerbrochen 2Mose 4,17; 2Kö 18,4. Oft wird das Losorakel (Urim und Thummim) genannt (→ Ephod, → Licht und Recht). In ihm gibt sich Gott kund, oft zu entscheidenden Stunden der Geschichte Israels 5Mose 33,8; 1Sam 14,41ff; die Orakeltasche ist später Teil des Priestergewandes. Andere Gegenstände, wie Stierbilder, Ascherabilder, Säulen, vor allem aber Bilder Gottes selbst sind verboten, waren aber anscheinend häufig

Tafel 15: Jericho *Das Bild zeigt den Ruinen-Hügel des alten Jericho (tell es-sultan), in dem Ausgrabungen 20 Siedlungs-Schichten — bis in die Steinzeit zurück — freigelegt haben.*

genug im Gebrauch Ri 17,4; 1Kö 14,23; 2Mose 20,4.

6) Heilige Zeiten sind zunächst mit dem Erntejahr gegeben, so 2Mose 23,15 das Fest der ungesäuerten Brote, die Weihe der Erstlingsgarbe 3Mose 23,10f, das Erntefest 5Mose 16,9, das Herbstfest 2Mose 23,16. Diese → Feste sind mit Jahwe-Festen verschmolzen, so mit dem Passa, dem Laubhüttenfest, und sind Anlaß zu großen G.en, an denen auch das Landvolk nach Jerusalem zieht, als der G. dort zentralisiert ist. Vgl. 3Mose 23; 5Mose 16. In manchen Psalmen scheint das Thronbesteigungsfest Gottes mit der Belehnung des Königs, seines „Stellvertreters" in Jerusalem, verstanden zu sein, so Ps 24; 47; 93 u. a. Hohe G.e waren am Versöhnungsfest, später am Tempelweihfest usw. Die Sabbatruhe unterbrach nicht die Verrichtungen des G.es Mt 12,5.

7) Der eigentliche Ablauf eines G.es ist trotz der Aufzählung vieler Einzelverrichtungen im AT nicht berichtet. Auch ist nicht deutlich, ob Priester und Volk immer wußten, was sich im G. mit Beziehung auf Gott zutrug. Doch nahm Israel den G. ernst. Den größten Raum beanspruchte das → Opfer in seiner Vielfalt; wichtige Stücke waren auch → Lieder und Gebete. Zum Dienst des Priesters gehörte wahrscheinlich auch die Verlesung der Thora und der Berichte von Gottes Taten, vgl. Neh 8,2ff. Einen G. im Tempel zZ des NT zeigt Lk 1,5ff. Teile des jüd. Volkes, wie die Gemeinde von → Qumran, mieden damals den G. im Tempel und lehnten den herrschenden Priesteradel ab. Nach der Zerstörung des Tempels i.J. 70 hörte der G. im Tempel mit seinen Opfern auf; nun war der in der jüd. Diaspora seit langem geübte Brauch, in den → Synagogen zusammenzukommen Apg 13, 14; 14,1, auch für Palästina die allein noch mögliche Form eines jüd. G.es.

8) Jesus hat am G. im Tempel teilgenommen. Seine gesetzestreue Familie nahm ihn zwölfjährig zum Passa nach Jerusalem Lk 2,41ff. Er ist später oft zu den Festen dorthin gepilgert, zuletzt zum Todespassa Jo 5,1ff; 7,1ff; Mk 14,12. Die Tempelreinigung will kein Eingriff in den G. sein, sondern Schutz des G.es Mk 11, 17; Jes 56,7; Jer 7,11. Jesus weist den Geheilten an den Priester, preist das zum Vollzug des G.es gegebene Scherflein der Witwe, zahlt die Tempelsteuer Mk 1,44; 12,41ff; Mt 17,24ff. Aber er hält die Versöhnung für vorrangig vor dem Opfer Mt 5,23f. Eine Schenkung an den Tempel ist sinnlos, wenn das 4. Gebot dadurch verletzt wird Mk 7,10ff. Nie wird eigenes Opfern Jesu berichtet. Er rechnet mit der Zerstörung des Tempels und mit dem Aufhören des dort geübten G.es Mk 13,2; Jo 4,21-24. Zu seinem Urteil über die Priesterschaft vgl. Lk 10, 31f und alle Worte gegen die Sadduzäer. Die Deutung von Jesu Dienst als eines hohenpriesterlichen Dienstes gibt erst Hebr (4,14). Der wahre Tempel und das wahre Opfer ist *er* selbst Jo 2, 19ff; Mk 10,45; 14,22ff.

9) Die Unterweisung Jesu knüpft meist an Ort und Brauch der Synagoge an. Dort wird nur Wortg. ohne jedes Opfer gehalten Mk 1,21ff; 6,2; Jo 6,59; 18,20. Aber Jesus geht über das Vorbild der Synagoge hinaus. Das Vaterunser ist keine Formel, sondern ein Muster zum freien Gebet Mt 6,5ff. Der Jude rechnet mit der Gegenwart Gottes beim Lesen des Gesetzes. Jesus ist selbst mitten unter den Seinen, die sich zum G. sammeln Mt 18,19f; 28,20. Er führt zu einer Anbetung Gottes, die Gottes Ehre und Wahrheit entspricht Jo 4,20ff. Er ermahnt weder zum Besuch des Tempels noch der Synagoge, vgl. Mt 10,17. Für die Predigten Jesu auf dem Berge und am See ist die Bezeichnung G. kaum anwendbar.

10) Viele Einzelheiten vom G. der Gemeinde sind im NT enthalten, bes. in Apg, 1Kor, JoEv und Offb. Bekenntnisformeln, Hymnen und Responsorien lassen sich erkennen Rö 11,33ff; Phil 2,5ff; Kol 3,16; Offb 11,15. Die Ämter sind auf den G. hin ausgerichtet Ag 6,2ff; 1Kor 12 u. 14. Manche Teile des NT zB 1Petr, sind vermutlich Predigten für den G. gewesen. Gebet, Brotbrechen und Apostellehre sind Kennzeichen für den G. der Gemeinde Jesu Apg 2,42. Aber wie in der Deutung des Abendmahls gibt es auch hier offene Fragen. Wortg. neben Abendmahlsg.? Oder beides untrennbar verbunden? Unterschiede zw. dem Brauch der Juden- und dem der Heidenchristen? Stufenweise Entwicklung?

11) Wichtige Einzelheiten: G. abends oder nachts Apg 12,12; 20,7. Das Zungenreden ist weit verbreitet Apg 2,4; 1Kor 14; 1Thess 5,19. Die Grenze zw. Zungenrede und Predigt ist oft fließend. Grundsatz für jeden G. ist die „Erbauung" 1Kor 14,26. Zurufe machen die innere Beteiligung aller Gemeindeglieder sichtbar Röm 10,9; 1Kor 12,3. Auch der Beschluß des Vaterunsers Mt 6,13 ist ursprünglich ein Zuruf der Gemeinde nach 1Chr 29,11ff gewesen. Der hl. Kuß ist schon 1Thess 5,26 erwähnt, das Fasten für den G. vielleicht 2Kor 11,27. Die Frau schweigt im G. 1Kor 14,34; 1Tim 2,12. Bei Ablehnung des jüd. Kalenders Gal 4,9f; Kol 2,16 ist allmählich der „Tag des Herrn" für den G. bestimmend geworden Offb 1,10. 12.

12) Das JoEv enthält die abschl. Stellungnahme Jesu und damit der Gemeinde zu allem bisherigen G.: es geht um Anbetung Gottes im Geist und in der Wahrheit 4,20-24. Sehr ausführlich wird über den Abend berichtet 13,1-30, an dem Jesus nach den Synoptikern das Passamahl mit den Jüngern hielt. Ob Jo 3 u. 6 auf Taufe u. Abendmahl hinweisen, ist seit den Tagen der alten Kirche immer neu erörtert worden. Augustin

Tafel 16: Ein Turm des alten Jericho *Das Bild aus den Ausgrabungen im tell es-sultan, dem Ruinenhügel von → Jericho, zeigt einen großen runden Turm aus der Steinzeit. Das Loch in der Decke ist der Eingang zu einer nach unten führenden Treppe.*

wollte 19,34 als Zeugnis für die kirchengründenden Sakramente verstehen. 6,51 ff wird vielfach als Abendmahlsrede ausgelegt. Das JoEv setzt den historischen Jesus dem beim G. der Gemeinde gegenwärtigen Herrn ausdrücklich gleich. In den Gesichten der Offb, in denen die Szenerie Himmel und Erde untrennbar verbindet, erscheint der G. der Gemeinde als Vorwegnahme endzeitlicher Geschehnisse und Abbild des himmlischen G.es. In der Offb begegnen uns manche liturgischen Formeln, vgl. 1,4; 22,17.20.

Lit.: Walther Eichrodt, Theologie des AT[8] (Teil I, S. 47); Joh. Leipoldt, Der Gottesdienst der ältesten Kirche, 1937; Oskar Cullmann, Urchristentum und Gottesdienst, Zürich 1956; Gerhard Delling, Der Gottesdienst im NT, Berlin 1952. *Nag*

Gottesfürchtige. Der Begriff der „G.n" bezieht sich auf Nichtjuden, die grundsätzlich für den Monotheismus gewonnen werden und die gottesdienstlichen Bräuche des Judentums halten, aber nicht durch die Beschneidung rechtsgültig zum Judentum übertreten. Damit stehen wir vor einer Erscheinung der Diaspora vor allem in der hellenistischen Periode, die wir durch Schriftsteller, Inschriften, urchristliche Überlieferung und Kirchenväter kennen — die rabbinische Tradition weiß ebenfalls von der damit für das Judentum erwachsenen Problematik. Josephus c. Ap. II 282 spricht von einer Menge Menschen, die seit langem und überall die jüdische Gottesverehrung angenommen haben und die Feier des Sabbats, das Fasten, das Anzünden der Lichter (vor dem Sabbat) und manche Speisegebote übernommen haben (ähnlich Tertullian ad nationes I 13). Kamen solche Beziehungen zum Glauben zustande, dann war in der nächsten Generation, also beim Sohn, ein voller Übertritt mit Beschneidung um so leichter möglich (Juvenal Sat. 14,96-106). Die Propaganda begnügte sich oft mit einem ethisch gefärbten Monotheismus, der Predigt vom Schöpfer und Richter und mit dem Hinweis auf das Reinigungsbad (zB Sibyll. Or. 4, 164). Diese „G.n" waren also keineswegs „Proselyten" im Vollsinn und Glieder der Synagoge, sondern Menschen, die von der Mission und vom Ansehen des jüd. Glaubens erfaßt waren. Interessant ist die Tatsache, daß in den italischen Katakomben die Proselyten mitten unter den übrigen Juden bestattet wurden, während die „G.n" in heidnischer Umgebung ihr Grab fanden. Vgl. dazu J. B. Frey, C. I. Jud. I. Auf Inschriften werden hellenistische und lateinische Namen von „G.n" ausführlich genannt; es scheint sogar, daß sie weithin aus gehobenen Ständen stammen, während zB viele Proselyten gerade aus einfachen Kreisen, auch aus dem Sklaventum kommen. Wie weit griechische Kultvereine, die den „höchsten Gott" verehren, und „Hypsistarier" in Kleinasien, von denen die Kirchenväter sprechen, mit alten, vom Judentum beeinflußten heidnischen Gruppen zusammenhängen, ist seit E. Schürer (Geschichte Bd. III 174) immer wieder erwogen.

Die apostolische Zeit hat sich zunächst an die jüdischen Rechte und Sitten gehalten: im Vollsinn gehörten zunächst nur Juden und Proselyten zur christlichen Gemeinde. Problematisch wurde dagegen die Aufnahme der „G.n". Deutlich wird das Problem an der Haltung des Petrus, der den Hauptmann Cornelius, einen „G.n", ohne einen Übertritt zum Judentum zur urchristlichen Taufe zuläßt (Apg 10-11). Zwischen den in den hellenistischen Raum verschlagenen Judenchristen, die nur den Juden predigen, und den im Raum Antiochiens auftretenden Männern aus Zypern und Kyrene, die sich an die „Griechen" (auch hellenistische G.) wenden, ist deutlich zu unterscheiden (Apg 11,19.20). Paulus redet in seinen Synagogenansprachen grundsätzlich die Juden und die „G.n" nebeneinander an (Apg 13,26; vgl. 14,1; 16,14; 17,17; 18,7). Nach der Darstellung der Apg findet Paulus gerade bei den „Griechen", vor allem bei den „G.n" große Zustimmung. Das vierte Evangelium blickt ebenfalls auf die besondere Möglichkeit, die „Griechen" (= G.n) im Diasporagebiet zu belehren; an dieser Aufgabe Jesu ist es ganz besonders interessiert (7,35; 12,20).

Die Grundforderung des palästinisch bestimmten Rabbinats an die „G.n", die dem „unbeschnittenen Beisassen" gleichgestellt werden, heißt, keinen Götzendienst zu treiben (R. Meir nach Aboda zara 64 b). Aus dieser Grundforderung werden immer wieder die „noachitischen Gebote" abgeleitet, die auch den „G.n" auferlegt werden müssen (Str. B. II 722). Die Tatsache, daß mit der Katastrophe auch die weite Ausbreitung der Mission in Frage gestellt wird, und die Notwendigkeit, sich selbst zu konzentrieren, lassen auch das innere Verständnis für die Bewegung der „G.n" zurücktreten. Grundsätzlich gilt, daß ein Übertretender, der 12 Monate lang im Lande gewohnt hat, ohne die Beschneidung anzunehmen und damit Vollproselyt zu werden, einfach als Heide, als Nichtjude angesehen werden soll. Der Begriff des „G.n" verschwindet und wird sogar unverständlich. Die Scheidung wird also schärfer gesehen und durchgeführt. *Mi*

Gottesfurcht → Furcht.
Gottes Herrschaft → Reich Gottes.

Gotteskasten. So hat Luther das Mk 12,41.43; Lk 21,1; Jo 8,20 vorkommende griech. Wort verdeutscht, das aber auch mit „Schatzkammer" wiedergegeben werden kann. An den genannten Stellen handelt es sich um die 13 posaunenförmigen Opferbecken, die nach den Quellen für unsere Kenntnis des jerusalemischen Tempels im inneren Vorhof, dem sog. Frauenvorhof, aufgestellt und mit Aufschriften versehen waren, welcher Art Geldgaben in sie eingelegt werden sollten. Hier hat Jesus das Wort Jo 8,12 gesprochen und unter dem Säulengang sitzend beobachtet, wie die Witwe ihr Scherflein einwarf. *Kü*

Gotteskindschaft → Kind Gottes.

Gottesknecht. Das hebr. Wort Knecht bezeichnet jeden Arbeiter und Untergebenen als einen, der zu seinem Herrn in einem personhaften Verhältnis steht. Wie er Eigentum seines Herrn und ihm zum Gehorsam verpflichtet ist, so übt der Herr über seinen Knecht Schutz und Fürsorge aus. Gleiches gilt für die Anwendung des Begriffs G. im Verhältnis zw. Gott und Mensch: Gott ist der Herr schlechthin und der ganze Mensch völlig für seinen Dienst beansprucht. In diesem Sinn findet sich G. von Menschen verwendet als demütige Selbstbezeichnung des Frommen oder als Ausdruck für die Frommen überhaupt, von Gott verwendet als Bezeichnung hervorragender Gestalten (Patriarchen, Hiob, König, bes. David, und Prophet) und Israels.

Vor allem sind die in *Jes 40-55* verstreuten Worte über den G. viel beachtet und untersucht worden. Freilich ist schon ihre Zahl und Abgrenzung schwer zu bestimmen. Häufig beschränkt man sie auf vier Worte: 42,1-4; 49, 1-6; 50,4-9; 52,13-53,12; doch gehören wohl noch 42,5-7 und 50,10f hinzu. Ferner gliedern sie sich in zwei Gruppen: a) 42,1-4. 5-7 enthalten an den G. gerichtete Gottesworte und 49, 1-6; 50,4-9 Worte des G.s selbst. b) 50,10f; 52,13-53,12 dagegen sind Worte über den G. von mehr betrachtender Art und aus einem gewissen Abstand heraus gesprochen. Die Hauptfrage, die schon vor Apg 8,34 lebendig war und bis heute verschieden beantwortet wird, liegt darin, wer unter dem G. dieser Worte zu verstehen ist. Die eine Deutung denkt an eine Gemeinschaft: das wirkliche oder ideale Israel; die Textzusätze „Israel" in 49,3 und „Jakob-Israel" der LXX in 42,1 zeigen, daß sie sehr alt ist. Die andere Deutung denkt an eine Einzelperson, entweder im königlich-messianischen oder im prophetischen Sinn. Davon dürfte die Deutung auf einen Einzelnen im prophetischen Sinn am ehesten zutreffen. Dafür sprechen 42,6; 49,5f sowie weitere Einzelheiten, die älteste Verwendung in Jes 61 und die Verwandtschaft mit den Klagen Jeremias. Dann aber ist der G. der Zweite Jesaja selbst. In der ersten Wortgruppe, die von ihm herrührt, ist von seiner prophetischen Beauftragung durch Gott, seiner Aufgabe an Israel und den Völkern und der Ausübung seiner Tätigkeit die Rede. Die zweite Wortgruppe, die von anderen Verfassern stammt, setzt seinen Tod als Folge seiner prophetischen Wirksamkeit voraus (vgl. schon die Hinweise in 50,4-9). Auf die Frage nach Grund und Sinn seines Leidens bis zum Tod gibt 50,10f eine erste Antwort: Für die Glaubenden ist es eine Mahnung, auf seine Worte zu hören und Gott zu vertrauen, für die an seinem Tode Schuldigen eine sich gegen sie wendende Drohung, weil sie im Propheten Gott selbst angegriffen haben. Tiefer führt die zweite Antwort 52,13-53,12: Es waren ein stellvertretendes Leiden und ein Opfertod, die der Prophet an Stelle der sündhaft-schuldigen Menschheit freiwillig ertragen hat; dadurch ist die Erlösung vollzogen und braucht durch die Menschen nur angeeignet zu werden. Von da aus legte sich später die messianisch-christologische Deutung auf das Leiden und Sterben Jesu nahe. Ob sie auf diesen selbst zurückgeht, ist umstritten, deutlich aber, daß sie nur im Judenchristentum lebendig war.

Lit.: E. Sellin - G. Fohrer, Einleitung in das AT[10], Heidelberg 1965, § 57, 4. *Fo*

Gotteslästerung ist der Inbegriff aller *Entehrung* Gottes, d. h. der Antastung seiner Majestät und Einzigartigkeit, darum auch das eindeutigste Kennzeichen des in erklärter Feindschaft gegen Gott befindlichen Menschen.

1) Im AT kann sie sich *a)* darin äußern, daß die *Heiden* das Herrentum Gottes in Schöpfung und Geschichte leugnen Ps 74,18; Jes 36,15, seinen Namen schmähen Jes 52,5 oder sein Heiligtum entweihen 1Makk 7,34f. — *b)* Für *Israel* ist streng genommen jede Form von Mißachtung des Heiligen Israels G. Jes 1,4. Sie zeigt sich in *mangelndem Vertrauen* zur Führungstreue Jahwes 4Mose 14,11, in *Bundesbruch* 5Mose 31,20, in *Gesetzesübertretung* Neh 9,26, in *Götzendienst,* aber auch in menschlicher *Überheblichkeit* Spr 1,30. Das Gesetz sieht für bewußte und öffentliche Lästerung des Namens Jahwes die *Todesstrafe* vor 3Mose 24,11.16 (Steinigung); 4Mose 16,30; 1Makk 7,47. Dabei wird rechtlich kein Unterschied zw. einem Fremdling und einem Israeliten gemacht 3Mose 24,16.

2) Wo *im NT* von G. die Rede ist, ist das AT-liche Verständnis bestimmend 1Tim 6,1; Tit 2,5; Offb 13,6. Von hier aus wird erklärlich, daß *a)* die *Judenschaft* auch *gegen Jesus* den Vorwurf der G. erhebt. Wer nicht wie die Jünger einen Blick für das göttliche Geheimnis Jesu Christi hat, muß in Jesu Anspruch, Sünden vergeben zu können und sowohl → Messias wie Weltenrichter zu sein, eine Antastung der göttlichen Hoheitsrechte und damit G. sehen Mt 9,3; 26,65. — *b)* Für die ersten *christl. Zeugen* ist es andererseits G., wenn Gottessohnschaft und Heilsbedeutung Jesu von den Gegnern verneint und verhöhnt werden Mt 27,39ff; Lk 23,39; Apg 13,45. — *c)* Indessen stehen auch die *Christen selbst* in Gefahr, der G. schuldig zu werden, wenn ihr *Wandel* nicht im Gehorsam gegenüber Gottes Willen geschieht Röm 2,24; Tit 2,5, oder sie durch *Irrlehren* „den Weg der Wahrheit verkehren" 2Petr 2,2. — *d)* Nach Jesu Wort Mt 12,31 kann jede Lästerung *vergeben* werden, nur *nicht* die des *Heiligen Geistes.* Damit ist nicht eine wörtliche Verwünschung des Geistes gemeint, sondern eine Gesamthaltung des Menschen. Wer durch Jesus als den Geistgesalbten vor die unmittelbare Gegenwart Gottes gestellt ist Mt 12,28 und doch bewußt das ihm so dargebotene Heil zurückstößt, wer das Wirken des hl. Geistes an sich erfahren hat, dann sich aber wissentlich und willentlich gegen das Werk von Gottes Geist zur Wehr setzt, der hat damit eine Entscheidung vollzogen, bei der er behaftet wird. Leidenschaftliches Widerstreben gegen Gottes Werk in uns muß, weil Gott seine Gnade nicht aufzwingt, von Heil und Vergebung ausschließen. *Ste*

Gottes Reich → Reich Gottes

Gottesurteil. *1)* Im *AT* ist zunächst an das G. auf dem Karmel zu denken 1Kö 18; es beschränkt sich dem Text nach auf Erhörung des Gebetes des Elia, schließt aber nach damaligem Brauch die Tötung der beim G. unterlegenen Baalspriester mit ein. Ebenso greift Gott strafend und rettend ein, um die Gebete seiner Frommen zu erhören 2Kö 1,9ff; 19,35ff. Er bedient sich schon bei Kain und Abel äußerer Zeichen, sein G. kundzutun 1Mose 4,4.15; zugleich schützt das Zeichen den Sünder 4,15. → Gericht; → Zorn Gottes.

2) Das *NT* erwartet das G. über Israel infolge der Verwerfung Jesu Mt 21,38; 22,7; 23,38. Die Gemeinde erlebt das G. über Ananias und Saphira Apg 5,1ff. Paulus warnt davor, in Gottes Urteil hineinzureden Röm 9, 14-24, stellt sich selbst dem G. 1Kor 4,5; 9,27. Ob 1Kor 5,1ff die Gemeinde das Gericht in Form eines G.s vollziehen soll, ist fraglich. *Nag*

Gottlosigkeit, gottlos. Mit diesen Ausdrücken benennt die HS nicht den philosophischen Atheismus, sondern meint damit den tätigen Widerstreit des Menschen gegen den Gott, den er kennt und dessen hl. Gesetz er frevlerisch verachtet (s. im AT bes. Hiob, Ps, Spr). Röm 1,19ff wirft auch der heidnischen Welt nicht Unbekanntschaft mit dem wahren Gott, sondern schuldhaftes Loseinwollen von Gott vor. Zwar betont die HS die Friedlosigkeit Jes 48,22; 57,21 und Lebensangst des Gottlosen Spr 28,1 und redet vom Zorn Gottes über alles gottlose Wesen Röm 1,18ff; sie verheißt aber dem Gottlosen Leben, wenn er sich bekehrt Hes 18,21-23. Das NT vollends verkündet Christus, der „für uns Gottlose" gestorben ist Röm 5,6, und ruft zum Glauben „an den, der die Gottlosen gerecht macht" Röm 4,5. *Kü*

Gottseligkeit, gottselig. Diese deutschen Wörter kommen nur im NT vor und sind im außerbiblischen Sprachgebrauch völlig veraltet. G. und g. sind im Text des NT von 1956 in der Regel durch → „fromm" (Frömmigkeit) oder → „gottesfürchtig" (Gottesfurcht) ersetzt. Mit G. und g. ist religiös die Innigkeit des Gottvertrauens und ethisch die dem Glauben gemäße Lebensführung gemeint Tit 2,12, die sich infolge ihrer Befriedigung in Gott in stiller Genügsamkeit auswirkt 1Tim 6,6. Der Hymnus 1Tim 3,16 preist das „Geheimnis der Frömmigkeit". *Kü*

Grab → Begräbnis.

Gräber der Könige Judas. Bei Grabungen auf dem Südosthügel von → Jerusalem (II,4) fand Weill 1913/14 im südlichen, durch römische Steinbrucharbeiten stark gestörten Drittel zwei parallel zur Stadtmauer verlaufende Stollen. Der besser erhaltene westliche ist 14 m tief, 2 m breit und war ursprünglich 1,80 m hoch. Bei diesen Stollen kann es sich kaum um etwas anderes als um Grabanlagen, und zwar um die G.d.K.J. handeln; denn 1) wird von jedem König Judas (mit Ausnahme des aussätzigen Usia und der im Exil verstorbenen Könige) ausdrücklich gesagt: „Und er wurde begraben bei seinen Vätern in der Davidsstadt" (zB 1Kö 14,31), und 2) wäre es völlig undenkbar, daß eine andere Familie als die des Königs innerhalb der Stadtmauer, wo der äußerst beschränkte Raum voll zur Bebauung genutzt werden mußte, Gräber hätte anlegen können. Das allgemeine Gräberfeld lag außerhalb der Mauern im Kidrontal. Bei beiden Grabstollen der Könige Judas wurde in einer zweiten Benutzungsphase die Sohle gesenkt und eine gemauerte Zwischendecke decke eingezogen, um zusätzlichen Bestattungsraum zu gewinnen. → Tafel 20. *Me*

Granatbaum, Granatapfel. Der G. wird mehrfach neben dem Feigenbaum, der Olive und dem Weinstock unter den wichtigsten Gewächsen des Landes genannt 4Mose 13,23; 5Mose 8,8; Joel 1,12; Hagg 2,19; auf einstige starke Verbreitung weisen auch die Ortsnamen mit -rimmon hin. Ein einzeln stehender, vielleicht verehrter G. wird 1Sam 14,2 genannt. Das HL rühmt die Gärten von G.bäumen 4,13, die prächtigen scharlachroten Blüten 6,11; 7,13, die dunkelroten Kerne, die sich beim Aufspringen der Fruchtkapsel zeigen 4,3; 6,7, und den Trank, der aus der Frucht bereitet wird 8,2. Wenn G.-äpfel als Schmuck am Saum des hohepriesterlichen Gewandes nachgebildet waren 2Mose 28, 33, ähnlich in Erz an den Kapitälen der beiden ehernen Säulen des Tempels 1Kö 7,18.20.42; 2Kö 25,17; Jer 52,22f, so war dies wohl nicht nur Verzierung, sondern, da der G. mit den vielen Kernen als Sinnbild der Fruchtbarkeit galt, zugleich ein Hinweis auf den Segen Gottes. → Tafel 3. *Schl*

Gras. G. kann in der HS — neben Sträuchern und Bäumen — alle niederen, nicht holzigen Pflanzen bezeichnen 1Mose 1,11f; Offb 8,7. Das Hebräische kennt drei Worte, die auch nebeneinander stehen können: G., Kraut, Grünes Jes 15,6; Spr 27,25; an G. ist auch zu denken, wo Luther Heu übersetzte 1Kö 18,5; 1Kor 3,12. In dem Wort Jesu Mt 6,30 sind deutlich die Blumen gemeint. Anbau von G. und Gewinnung von Heu waren in Palästina unbekannt. Nach dem ersten Regen im Herbst sproßt überall üppiges Grün 5Mose 32,2; 2Sam 23,4; Hiob 38, 27; Jes 44,4, als Futter für das Vieh 5Mose 11, 15; Hiob 40,15; Ps 104,14; Dan 4,12 und für das Wild Hiob 6,5. Sogar auf den Lehmdächern der Häuser sproßt G. 2Kö 19,26; Jes 37,27; Ps 129,6. Aber es verdorrt in der regenlosen Zeit, besonders unter der Glut des Schirokko, und wird darum zum Bild für die Vergänglichkeit des Menschenlebens Ps 90,5f; 103,15f; Jes 40, 6-8; 1Petr 1,24, der menschlichen Kraft Ps 102, 5.12, des Reichtums Jak 1,10f, des Glücks der Gottlosen Ps 37,2 und der Macht der Feinde Jes 37,27. Dürres G. dient als Brennstoff Mt 6,30. Auch das Abhauen des G.es Ps 37,2; 90,6, vgl. Hiob 8,12; Sir 40,16 dient der Gewinnung von Brennmaterial. *Schl*

grausam, Grausamkeiten. Grausam bedeutet bei Luther teils unbarmherzig Jer 6,23; Hiob 30,21, teils grauenerregend 2Mose 9,24; Hab 1,7. Verrufene G., wie bei den Assyrern, kommen bei den Israeliten nicht vor (zB scheußliche Verstümmelung, lebendiges Abhäuten); Ri 1,6f bildet eine Vergeltungsmaßnahme, und die Tat Menahems 2Kö 15,16 wird mit Abscheu erwähnt, vgl. Am 1,13. Die schonungslose und doch auch manchmal g.e Ausrottung von Feinden 5Mose 7,2ff; 20,16f hängt mit dem→Bann zusammen und zeigt andererseits, wie im AT die Forderung der Nächstenliebe 3Mose 19,18 noch auf das eigene Volkstum eingeschränkt war. Im NT gebietet Jesus jedoch auch die Liebe zum Feind Mt 5,44.

Grausame Härte gegen Arme, insbesondere Schuldner, verbietet das AT 5Mose 24,10ff. Von freundlichem Verhalten gegen Tiere ist 2Mose 23,5; 5Mose 22,6f; 25,4 die Rede. *v. d. W.*

Grenze. Die HS sieht die G. unter Gottes Anordnung und Schutz. Als der Herr der Schöpfung setzt er die G. zw. Licht und Finsternis Hiob 38,20; 26,10 und gibt er den Wassern eine G. Ps 104,9; Spr 8,29. Als der Herr der Geschichte setzt er jedem Land und Volk die G. Ps 74,17; Apg 17,26. Mitten unter den Völkern gab er seinem Volk den Wohnsitz 5Mose 32,8f; Hes 5,5, für sich bes. 4Mose 32,9 und doch als Quell des Segens für alle Völker 1Mose 12,3. Die G.n des Israel zugedachten Landes werden weit gespannt 2Mose 23,31; 5Mose 11,24 und im einzelnen beschrieben 4Mose 34,2ff; Jos 13 bis 19. Die Verheißung, diese G.n zu erweitern 2Mose 34,24; 5Mose 12,20, ging in Erfüllung unter Salomo 1Kö 5,1; 8,65 und →Jerobeam II. 2Kö 14,25; Am 6,14. Auch die Weissagung des Hes gibt eine Beschreibung der G.n Israels 47, 15-20. Innerhalb des Volkstums steht die G. des Familienbesitzes unter Gottes Schutz 5Mose 19, 14; Spr 22,28; Verrückung der G. wird unter den Fluch gestellt 5Mose 27,17; vgl. Jes 5,8; Hos 5,10. Insbesondere steht das Eigentum der Schwachen unter Gottes Schutz, der Waisen Spr 23,10 und der Witwen 15,25. *Schl*

Greuel bezeichnet sowohl das *Gefühl des Abscheus,* das kultisch und sittlich Unreines im religiösen Menschen hervorruft, als auch den *Gegenstand,* die *Tat* oder *Person* selbst, die dieses Gefühl erregt. Vom natürlichen Ekel ist diese Empfindung dadurch unterschieden, daß sie von religiös-sittlichen Gesichtspunkten bestimmt ist. In diesem Sinn ist für den Frommen Israels alles ein G., was in den *Augen des hl. Gottes* verwerflich ist: der Genuß *unreiner Speisen* 5Mose 14,3, jede Art von → *Götzendienst* 5Mose 32,16; 2Chr 33,2ff, alles, was mit *heidnischer Kultpraxis* zusammenhängt wie Menschenopfer, Zauberei, Totenbefragung, sexuelle Ausschweifungen usw 5Mose 18,9-12, *falsches sittliches Verhalten* wie Übervorteilung im Handel Spr 11,1, heuchlerisches Opfer Spr 15,8, stolzer Sinn Spr 16,5 usw.

Der *Greuel der Verwüstung* Dan 9,27; 11,31; 12,11; Mt 24,15, d. h. die grauenvolle Entweihung des Heiligtums Gottes, ist (nach einer ersten Erfüllung 1Makk 1,57) Hinweis auf das hereinbrechende göttliche Strafgericht der → Endzeit. *Ste*

Griechen. *a)* G. ist der Mann von griech. Sprache und Bildung im Gegensatz zum Barbaren (Luther: „Ungrieche" Röm 1,14; Kol 3,11) Röm 1,14. — *b)* Im weiteren Sinn meint G. die Menschen, die unter der Einwirkung der griech. und d.h. heidnischen Kultur stehen, so ist G.= Heide, vgl. bereits 2Makk 4,36. In Palästina sind G. meistens die griech. Ansiedler im Gebiet des einstigen Seleuzidenreichs, vgl. Jo 7,35; eigentliche G. finden wir in Apg 11,20; 16,1.3; 21, 28; 1Kor 1,22; Gal 2,3. Diesen gegenüber wahrt der die ganze Menschheit umfassende Ausdruck „Juden und G." Apg 14,1; 18,4 u.a.; 1Kor 1,24; 10,32; 12,13; Gal 3,28; Kol 3,11 eine gewisse Vorrangstellung Israels. — *c)* Es kann G. auch die heidnische Herkunft zum jüd. Glauben Übergetretener (Proselyten) bezeichnen Jo 12,20; Apg 17,4. — *d)* Die G. werden unterschieden von den griech. statt palästinensisch-aramäisch sprechenden Juden (Hellenisten) Apg 6,1; 9,29, wo Luther auch G. übersetzt. — *e)* Zu G. im AT → Jawan. *Pfei*

Griechenland.

1) Im AT: Das hebr. Wort Jawan hat Luther teils so übernommen, teils mit Griechen und G. übersetzt. Es bezeichnet Ionien oder die ionischen Einwanderer Kleinasiens, so 1Mose 10, 2.4; 1Chr 1,5.7; Jes 66,19; Hes 27,13.19 (Luther überall: Jawan). Dann bezeichnet G. das eigentliche G. und die Griechen überhaupt, so Sach 9,13 und Dan 10,20, wo näher das Reich der Seleuziden gemeint ist. Der Fürst von G. in Dan 10,20 ist Antiochus III. d. Gr. (223-187). Dan 8,21 u. 11,2 ist Alexander d. Gr., gest. 323 vChr, gemeint. Joel 4,6 übersetzt Luther „Griechen"; dabei ist an einen Sklavenhandel nach G. oder aber an die Unterdrückung durch die Seleuziden (= G.) gedacht.

2) In 1Makk 1,1 u. 8,9 sind die Bewohner G.s selbst, in 1Makk 1,11 u. 8,18 das syr. Reich der Seleuziden gemeint. Die griech. Jahresrechnung in 1Makk 1,11 ist die sog. Seleuzidenära, die im Herbst 312 vChr begann.

3) Im NT ist G. volkstümliche Bezeichnung

der amtlich als → Achaja bezeichneten, seit 146 vChr bestehenden römischen Provinz, die Attika, Böotien und den Peloponnes umfaßte, Apg 20, 2. *Pfei*

griechisch. Das G. des NT ist eine volkstümliche Mundart des G.en mit mehr oder weniger starkem hebräisch-aramäischen Einschlag. Es gehört in den großen Zusammenhang der griech. Sprache. Die Vormachtstellung Athens im östlichen Mittelmeer im 4. und 5. Jh. vChr verbreitete das G. als Sprache des Staatslebens und des Handels. Verstärkt wurde diese Verbreitung, als Alexander d. Gr. die Griechen einigte und mit seinen Eroberungen griech. Sprache und Lebensgewohnheiten in die östlichen Barbarenländer, auch nach Syrien und Palästina, trug. Jetzt entstand eine griech. Gemeinsprache, auch „hellenistische" Sprache oder „Koine" genannt, die die Eigenheiten der ursprünglichen griech. Dialekte verschmolz. Sie wurde eine Weltsprache, die in der ganzen Mittelmeerwelt verstanden wurde, und ebnete so der urchristlichen Mission den Weg. Obwohl Jesus und die Urgemeinde → aramäisch sprachen (Teile der drei ersten Evangelien und die Offb lassen auf teilweise aramäische Vorlagen zurückschließen), ist das NT in griech. Sprache geschrieben und überliefert. Als Paulus und Barnabas von Antiochien aus in Kleinasien missionierten, mußten sie die griech. Sprache verwenden, die Paulus bereits als Kind in seiner Heimatstadt Tarsus gelernt hatte; in ihr schrieb er auch seine Briefe, die eine gewisse Vertrautheit mit dem G.en zeigen. Besser noch als er gebrauchten der Verfasser des Hebr.briefes und Lukas das G., am unbeholfensten die Offb. → Hellenismus, → Koine, → Septuaginta. *Pfei*

Griffel → schreiben.
Grimm → Zorn.

Grind. Luther gab mit G. verschiedene hebr. Worte wieder, die einen Ausschlag, etwa eine Form der Krätze, bezeichnen 5Mose 28, 27. Der Priester hat solche Ausschläge zu untersuchen 3Mose 13, 6-8. 30-39; 14, 54. Ein daran leidender Priester durfte nicht opfern 3Mose 21, 20. *Schl*

Groschen → Münzen.

Großgrundbesitz. Das altisr. Bodenrecht, demzufolge die Aufteilung wie auch die Vererbung des Landes ganz bestimmten sakralen Gesetzen unterlag 3Mose 25; 5Mose 19, 14; 27, 17; Jos 13-21; Hos 5, 10, machte zunächst das Aufkommen von G. unmöglich 1Kö 5, 5; Mi 4, 4. Der Ausbau des monarchischen Staatswesens jedoch ließ — wie in den benachbarten Ländern — aus den patriarchalischen Verhältnissen eine feudalistische Ordnung entstehen. Der König selbst war bald der erste G.er neben anderen 1Sam 8, 12. 15; 2Sam 9, 10 ff; 1Kö 21, 2; 2Kö 8, 1-6; 1Chr 27, 25-31 u. a. Gegen die dadurch eintretende Entwertung der alten sakralen Ordnungen und gegen das unvermeidliche soziale Unrecht wandte sich der Protest der Propheten Jes 5, 8; Mi 2, 2; Am 5, 11; 1Kö 21, 19. *Kn*

Grube. Häufig bezeichnet G. das Grab, → Begräbnis, häufig eine → Zisterne. An einigen Stellen ist ein Abgrund des Verderbens gemeint Jes 14, 15; Spr 22, 14. Sprichwörtlich: wer andern eine G. gräbt . . . Ps 9, 16; Spr 28, 10; früher auch Hiob 6, 27. *Schl*

Grummet Am 7, 1 meint wohl den durch den Spätregen gezeitigten Graswuchs, das Gras des zweiten Schnitts, das Öhmd. *Schl*

Grund bedeutet in der Lutherbibel im eigentl. Sinn entweder Tiefe, Tal, Niederung 1Kö 20, 28 oder Grundlage, Fundament Lk 6, 48. Bildlich findet sich G. als Bezeichnung für das Innere Ps 36, 2 und Verborgene Ps 44, 22 des Herzens, das Gott bekannt ist Jer 17, 9 ff, und im Sinne von geistiger Grundlage, worauf man sich stützen oder bauen kann: so G. der Hoffnung 1Petr 3, 15, G. der Wahrheit Spr 22, 21 usw. Der G., auf den die Gemeinde gebaut ist, ist das Fundament der Apostel und Propheten, dessen → Eckstein Christus ist Eph 2, 20; 1Petr 2, 7, vgl. 1Kor 3, 11. Der feste G. Gottes 2Tim 2, 19 ist die Gemeinde als Bau Gottes. Schließlich kann G. auch den Anfang, von dem aus fortgefahren werden kann, bedeuten Röm 15, 20; Hebr 6, 1; 1Tim 6, 19. *v. d. W.*

Grundstein. Ein sorgfältig ausgewählter G. hatte beim Haus in erster Linie die Last des Baues zu tragen (→ Eckstein) Jes 28, 16. Demgemäß wird Christus 1Petr 2, 4-6 als der tragende G. seiner Gemeinde bezeichnet. Eph 2, 20 sind Apostel und Propheten die G.e, auf denen die Kirche gebaut wird, während Jesus Christus der Eckstein des Fundaments ist. Die Mauergrundsteine des neuen Jerusalem tragen die Namen der zwölf Apostel Offb 21, 14. *v. d. W.*

Grundtor → Tore Jerusalems.

Gruß, grüßen. *a)* Vom G. als von einem orientalischen Brauch ist vornehmlich im AT die Rede, aber nicht im Sinn einer formellen Höflichkeit, sondern als von einem aufrichtigen Wohlwünschen. Luther hat den üblichen hebr. Friedensgruß Ri 18, 15; 1Sam 10, 4; 17, 22; 25, 5; 30, 21, aber auch das als G. entbotene hebr. „segnen" 1Sam 13, 10; 25, 14; 2Sam 6, 20; 8, 10; 2Kö 4, 29; 10, 15 mit g. verdeutscht. Der G. war eine bedeutsame Zeremonie. Bekannte und Vertraute umarmten und küßten sich beim G. 1Mose 29, 11. 13. Vor Höherstehenden neigte man sich bis zur Erde 1Mose 18, 2; 2Sam 9, 6. — *b)* Jesu Grußregeln erkannten die zeitgenössischen Bräuche an, bezogen den G. sogar dem Feinde gegenüber mit ein Mt 5, 47. Wenn Jesu Jünger beim

Eintritt in ein fremdes Haus g. Mt 10,12; Lk 10,5, kam die „Kraft des Heilgrüßens" (H.Windisch in Kittel WB, I/497) über die Bewohner. Das Verbot Lk 10,4 (vgl. 2Kö 4,29) ermahnt den Jünger, sich nicht mit zeitraubenden Grußzeremonien aufzuhalten, sondern an den Ort des Dienstes für seinen Herrn zu eilen. — *c)* In den Erzählungen der Vorgeschichte Jesu ist der Engelgruß eine Anspielung auf die Gnadenbotschaft, die Maria empfängt Lk 1,28.29 (vgl. die Analogie des G.s, den Maria der Elisabeth entbietet Lk 1,40-44). — *d)* Apg erwähnt etliche Male das G. der Gemeinden durch Apostel bei der Ankunft 18,22; 21,7.19 wie beim Abschied 20,1; 21,6. Hier kann g. einfach heißen: besuchen. Aber 21,7 meint wohl eine feierliche Szene während der Gemeindeversammlung, ähnlich 21,19. — *e)* Am häufigsten (47mal) findet sich grüßen im NT als Formel in den meisten Paulus- sowie in einigen anderen Briefen. Das G. und das Grüßenlassen war Ausdruck der besonderen Zuneigung und Glaubensverbundenheit zw. Schreiber und Adressaten. *Kü*

Gürtel. So Luther *1)* für den buntgewirkten G. (hebr. 'abnēṭ), der den Ärmelrock des *Priesters* an der Hüfte zusammenfaßte 2Mose 28,4.39 (→ Priester) und *2)* für den zur *Männerkleidung* gehörenden G. (hebr. chagōr) 1Sam 18,4 (→ Kleidung), durch den das vom Manne getragene Hemdkleid (→ Kleidung) geschürzt wurde, wenn er sich zur Arbeit, zum Marsch oder Kampf anschickte Jer 1,17; Spr 31,17. Sonst diente der G. als Tasche für das Geld und kleinere Utensilien. In ihm steckte das Schwert. Im *übertragenen* Sinn wird der G. zum Symbol der Stärke Jes 11,5 oder der Zierde Jer 13,11 und das Gegürtetsein zum Bild für Gerüstetsein Lk 12,35; 1Petr 1,13. *Ste*

Güte, gut.

1) Im natürlichen Sinn: a) Gut ist, was ohne Fehler ist wie die ganze Schöpfung 1Mose 1,31; 1Tim 4,4; — *b)* für g. halten wir, was unseren Wünschen entspricht Hiob 2,10; Lk 16,25, zB Ruhe 1Mose 49,15, hohes Alter 1Mose 15,15, gute Worte 1Kö 12,7; 1Mose 40,16; dann sind wir guter Dinge Ri 16,25, guten Muts 1Kö 8,66; dem entspricht, was nicht g. ist 1Mose 2,18; 2Mose 18,17. Dabei sollen wir nicht vergessen, daß nur Gott weiß, was uns wirklich g. ist 1Mose 50,20; Pred 2,3; Jo 16,7; — *c)* ein Gut ist, was wir für erstrebenswert halten Lk 12,15; Güter sind zwar Gottes Gaben Ps 104,28; Jak 1,17; aber sie gehören zu dem, was uns „zufällt" Mt 6,33; deshalb müssen wir ihnen frei gegenüberstehen 1Kor 7,29-31. — *d)* Gott hat dem Menschen Größeres zu seinem wahrhaften Gut gegeben Ps 27,13; Lk 10,42; Eph 1,3; Röm 15,27; dazu gehört sein Wort Mt 13,24, sein Geist Ps 143,10; Neh 9,20, sein Name Jak 2,7, alles zusammen der gute Schatz Gottes 5Mose 28,12; ja Gott selbst will unser Gut sein Ps 16,2.5; dies gilt es zu bewahren 2Tim 1,14.

2) Im sittlichen Sinn: a) Nur von Gott gilt, daß er von sich aus g. ist 2Mose 33,19; Mt 19,17; Jesus ist der gute Hirte Jo 10,12.14. Was von Gott kommt, ist g., zB sein Gebot Röm 7,12. — *b)* Menschen werden g., wenn sie auf Gott gerichtet seinem Willen in sich Raum geben Mt 12,35; Lk 8,15; 3Jo 11. — *c)* Die Erkenntnis des Guten und Bösen erlangt der Mensch in heilsamer Weise nur von Gott her 1Mose 2,9; Neh 2,18; Röm 12,2; Hebr 5,14 im Unterschied von 1Mose 3,5; Jes 5,20, wo der Mensch von sich aus erklären will, was g. und böse sei, statt aus dem, was ihm gesagt ist Mich 6,8. — *d)* Gott will, daß das Gute getan wird Am 5,14; Röm 13,3; 1Petr 3,11, im Kämpfen 1Tim 1,18; 6,12, als Diener, Streiter, Haushalter 1Tim 4,6; 2Tim 2,3; 1Petr 4,10, in Wandel und Werk Mt 5,16; Tit 3,8; 1Petr 2,12; Jak 3,13, in Treue Tit 2,10.

3) Das Wort *Güte* wird meist von Gott gebraucht Ps 106,1, verbunden mit Treue Ps 40,12, Barmherzigkeit Ps 25,6, Wahrheit Ps 25,10, Geduld Röm 2,4, Ernst Röm 11,22; durch sie soll der Mensch zur Buße geleitet werden Röm 2,4. *Pfi*

Gütergemeinschaft. Als G. wird oft das Apg 2,42ff; 4,32ff geschilderte Verhalten der ersten Gemeinde in Jerusalem bezeichnet. Dieses war aber (s. 5,4; 12,12) nicht durch Zwang oder gesetzliche Ordnung (Sozialismus, Kommunismus) veranlaßt, sondern durch den freien Drang brennender Bruderliebe gegenüber den vielen armen Gemeindegliedern, deren Bedürftigkeit durch die ausgedehnte Pflege des Gottesdienstes (2,46: „täglich und stets") wohl noch vermehrt wurde. Es zeigt sich deutlich die Besonderheit der Anfangszeit, ihre Stärke und ihre Schwäche. Die später notwendig gewordene Kollekte des Paulus für Jerusalem (Röm 15,26; 1Kor 16,1; 2Kor 8 u. 9) erwies die Unzweckmäßigkeit solcher G., und der Grundsatz des Paulus 1Thess 4,11; 2Thess 3,8-12 bedeutet entschieden einen Fortschritt. — G. mit Spitzbuben s. Spr 1,14. *(Wai)*

Gurke. Der Orientale schätzt die G. sehr. So denken die Israeliten 4Mose 11,5 sehnsüchtig an die schönen G.n in Ägypten zurück (Luther: Kürbisse). Jes vergleicht 1,8 das einsam gewordene Jerusalem mit einer Hütte im G.nfeld, wie sie zum Schutz der reifenden Ernte für einen Wächter errichtet wurde. *Schl*

Gutfurt („Schönhafen") hieß eine Anlegestelle auf Kreta; Paulus riet während der Schiffsreise nach Rom den Seeleuten vergeblich, dort zu überwintern Apg 27,8 (vgl. 21). *Kü*

H

Haar. Die Israeliten trugen ihr H., das meist dunkelfarbig und bisweilen gelockt war HL 4,1; 5,2.11, lang Hes 16,7, wie auch später die Griechinnen 1Kor 11,15. Die Männer schnitten es, wenn es zu lang wurde 2Sam 14,26, was den → Nasiräern verboten war, die Frauen nicht. Das H. wurde als menschliche Zierde bes. von den Frauen sorgfältig gepflegt 2Kö 9,30; HL 7,6; Jes 3,24 und gesalbt. Es wurde geordnet getragen. Der Krieger zog mit freiwallendem H. in den Kampf. Abscheren oder Hängenlassen der H.e war Trauerbrauch, Kahlscheren der Frauen größte Schmach Jes 3,24. Lösen der H.e bedeutet Demütigung 4Mose 5,18 oder Selbsterniedrigung Lk 7,38.44. — Die Simsongeschichte zeigt das H. als Sitz der Kraft. 3Mose 19,27; 21,5 wird das kreisförmige Abscheren wohl als heidnischer Brauch verboten.

Lit.: L. Köhler, Der hebr. Mensch, 1953, S. 14 f. *Pfei*

Haarband, so bei Luther Spr 11,22; Jes 3,21 und Hes 16,12, wo der Nasenring gemeint und jetzt eingesetzt ist. *(Pfei)*

Habakuk. *1)* H. wird Berufsprophet (Nabi) genannt 1,1 und scheint dem Jerusalemer Tempel zugeordnet gewesen zu sein. Dort trat er im Gottesdienst hervor, bemühte sich um den Empfang göttlicher Eingebungen 2,1, verkündigte die dabei erhaltene Weisung 2,4 und schrieb sie leicht lesbar auf eine Tafel 2,2. Außerhalb seines Buches wird H. in der Legende von Bel und dem Drachen, einem Zusatz zu Daniel, erwähnt. Der Habakuk-Kommentar der Handschriften vom Toten Meer enthält eine fortlaufende Erklärung von K. 1-2, nach der die Endzeit, von der die Propheten nach der Überzeugung des Auslegers geredet haben, in dessen eigenen Tagen angebrochen ist.

2) Im *Buch* H. sind K. 1. 2 nach Psalmenvorbild in der (zT zweifachen) Aufeinanderfolge Klagelied–Heilsspruch–Gewißheit der Erhörung aufgebaut. Das Ganze stellt die prophetische *Nachbildung* einer *Liturgie* dar, da H. der alleinige Sprecher ist. In der ersten Klage 1,2-4 bringt er die Not seines Volkes vor Gott. Ihr Urheber ist nach 1,17; 2,5.8 eine fremde Großmacht; wegen der ihr zugeschriebenen Verbrechen und der Unterscheidung von den → Chaldäern wird es sich um → Assyrien handeln. Der antwortende Gottesspruch kündigt eine große Umwälzung an: Die Chaldäer, das Staatsvolk des neubabylonischen Reiches, werden als Gottes Werkzeug das Strafgericht an der frevlerischen Großmacht vollstrecken. Doch da dies erst bevorsteht und dem H. die letzte Glaubensgewißheit fehlt, erhebt er eine zweite Klage 1,12-17: Was nützt die Hoffnung auf die Zukunft, wenn Gott in der Gegenwart den Frevler gewähren und Juda leiden läßt? Die Antwort erfolgt in 2,1-4, vor allem in dem Gottesspruch V. 4, der im vermutlich ursprünglichen Wortlaut besagt: Der Frevler bleibt nicht am Leben, wohl aber der Gerechte, wenn er treu ist! Während das Urteil über die frevlerische Großmacht gesprochen ist, bleibt das gerechte Juda bestehen, wenn es unbeirrt an Gott festhält. Der Wille zu solcher Treue wird in den Weherufen 2,5-20 ausgedrückt (2,5 begann ursprünglich mit „Wehe"), die der Gewißheit der Erhörung in manchen Psalmen entsprechen und sich scheltend wie drohend gegen den Frevler wenden. Dem allem ist in K. 3 die Beschreibung einer *Gottesschau* angefügt (V. 2-16), das Gottes Nahen und Kampf gegen die frevlerische Macht schildert. Es scheint sich um das 2,1 berichtete Erlebnis H.s zu handeln, das ihm zusammen mit dem Gottesspruch 2,4 Gewißheit verliehen hat.

3) Ist mit dem Frevler das Assyrerreich gemeint, so ist die Prophetie H.s nach den ersten Erfolgen der Chaldäer 626 vChr und vor dem Abwerfen des assyrischen Jochs durch den König Josia 622 entstanden. Mit ihr bestätigt H. den schon von Nahum (der von den Chaldäern nichts weiß) verkündeten Untergang Assyriens, der sich zu verzögern schien. Besonders gegenüber den gleichzeitigen Worten Jer 1-6 ist bei H. ein gewisses Maß nationaler Heilsverkündigung und kultischer Gebundenheit zu bemerken, das ihn als dem Gottesdienst zugeordneten Propheten (Kultpropheten) ausweist. Obwohl ihm aber die Glaubensgewißheit zunächst fehlt, teilt er doch die echt prophetische Erkenntnis der erhabenen Majestät Gottes, der für die in ihrem Lebensrecht Vergewaltigten eintritt, über alle Völker Macht besitzt, sie erhöht oder stürzt und als Werkzeuge seines Willens benutzt. Diesen Einsichten entspricht das vertrauensvolle Ausharren des Glaubenden entgegen dem Augenschein; freilich hat Paulus dieses Wort 2,4 in Röm 1,17; Gal 3,11 wesentlich vertieft.

Lit.: K. Elliger, Studien zum Habakuk-Kommentar vom Toten Meer, Tübingen 1953. K. Elliger, Das Buch der zwölf Kleinen Propheten II, ATD 25⁵, Göttingen 1964. W. Vischer, Der Prophet Habakuk, Bibl. Studien 19, Neukirchen 1958. E. Sellin - G. Fohrer, Einleitung in das AT¹⁰, Heidelberg 1965, § 68. *Fo*

Habicht. An den H. dachte Luther bei dem zweiten der in der Liste der unreinen Vögel 3Mose 11,13; 5Mose 14,12 genannten Vogel, in dem man heute etwa den Lämmergeier vermutet, → Geier, und in der Stelle Hiob 39,26, wo (mit anderem Namen) ein Zugvogel erwähnt ist; doch ist der H. kein Zugvogel. Das gleiche Wort hat Luther 3Mose 11,16; 5Mose 14,15 mit Sperber übersetzt. Eine sichere Deutung der verschiedenen Namen ist nicht möglich. Hiob 39, 26 könnte der Falke gemeint sein, von dem sich mehrere Arten in Palästina finden. →Weih. *Schl*

Habor, hebr. Chabor, heute Chabur, ein östlicher Nebenfluß des Euphrat, der bei El-Busera (Circesium) mündet; der obere Teil des Tals wurde auch Gosan genannt. Dort siedelten die Assyrer die von ihnen deportierten Angehörigen des Nordreichs Israel an 2Kö 17,6; 18,11; 1Chr 5,26. *Peu*

Hachiroth → Pihachiroth.
Hacke → Handwerkszeug, → Ackerbau.

Hadad. Der Name des altsemitischen Sturmgottes H. erscheint öfters in aramäischen Namen (Benhadad, Hadad-Eser).

1) Einer der ersten Edomiterkönige, der gegen die Midianiter kämpfte 1Mose 36,35 f; 1Chr 1,46 f.

2) Ein weiterer Edomiterkönig 1Mose 36,39, dessen Name Hadar nach 1Chr 1,50 in Hadad umzuändern ist.

3) Ein vor David entkommener edomitischer Prinz, der Zuflucht in Ägypten fand, unter Salomo in seine Heimat zurückkehrte und das östliche Edom von der isr.-judäischen Abhängigkeit freimachte 1Kö 11,14 ff. *Peu*

Hadad-Eser hatte als König von Zoba die noch nicht voll seßhaften Aramäerstämme auf der Ostseite des Libanon unter seiner Herrschaft geeinigt, kam den Ammonitern gegen David zu Hilfe, wurde aber geschlagen und geriet in Abhängigkeit von David 2Sam 8,3 ff; 10,16.19; 1Kö 11,17 ff; 1Chr 18,3. *Peu*

Hadad-Rimmon. Sach 12,11 wird die Klage um einen Durchbohrten verglichen mit der Klage bei oder um H.-R. im Tal von Megiddo. Hieronymus hielt H.-R. für den hebr. Namen eines Ortes in der Nähe von Megiddo, wo Josia von Juda durch die Ägypter den Tod fand 2Kö 23, 29 f. Tatsächlich ist der Tod Josias noch lange durch sein Volk beklagt worden 2Chr 35,25. Neuere Ausleger erklären den Doppelnamen H.-R. aus einer Verschmelzung zweier Götter, die als Wetter- und Sturmgott bekannt sind. Da der Wettergott sowohl die Trockenheit zu Beginn des Sommers als auch den die Natur neu belebenden Regen des Spätherbstes bringt, wurde er schon früh als Vegetationsgott aufgefaßt, dessen Sterben zu Beginn des Sommers beklagt und dessen Auferstehen am Ende der Trockenheit gefeiert wurde. Dann dürfte sich Sach 12,11 auf jene heidnische Totenklage um den sterbenden H.-R. beziehen. *Peu*

Hadassa → Esther.
Haderwasser → Massa.
Hades → Totenwelt.

Hadid (1Makk 12,38: Adida) Esra 2,33; Neh 7,37; 11,34, heute el-ḥadīte, 5 km östlich von Lydda. *Rü*

Hadoram. Sohn des Königs Toï von Hamath 1Chr 18,10; in 2Sam 8,10 Joram genannt. *Peu*

Hadrach, hebr. Chadrak, in einer aramäischen Inschrift als Chazrak und in assyrischen Nachrichten als Hatarikka, beide 8.Jh., bezeichnet, war der Name der Hauptstadt des nordassyrischen Landes La'asch, südwestlich von Aleppo Sach 9,1. *Peu*

hängen → Todesstrafe, → Galgen.

Häresie. Mit diesem Lehnwort aus dem griech. NT (im Sinne etwa von „Schule" oder „Partei", Luther: „Sekte" oder „ketzerisch" Apg 24,14; Tit 3,10) werden von Christen die Gruppen der Sadduzäer Apg 5,17 und Pharisäer Apg 15,5; 26,5 bezeichnet, ebenso von den Juden die „Nazoräer", die Anhänger Jesu von Nazareth Apg 24,14; 28,22. Diese Verwendung des Begriffs H. entspricht ganz dem synagogalen Gebrauch. Früh aber taucht im Urchristentum das Wort H. auf bei Spaltungen in der Gemeinde oder Absplitterungen von ihr 1Kor 1,10 ff; 11,18 f. Die Urteile sind dann sofort hart: Die Spaltung wird Gal 5,20 zu den Werken des Fleisches gezählt; „falsche Propheten" vertreten „Lehrmeinungen, die zum Verderben führen" 2Petr 2,1. Paulus sieht genauso wie der 2. Petrusbrief den Grund der H. nie bloß in falscher Erkenntnis, sondern auch in sittlicher Entgleisung. Denn die „Gemeinde des lebendigen Gottes" ist Säule und Sitz der Wahrheit 1Tim 3,15. *Luck*

Hafen. Die kaum gegliederte palästinische Mittelmeerküste besitzt keine natürlichen Häfen. Weil sie ferner zum größten Teil in fremden Händen war, überrascht es nicht, daß im AT von Häfen überhaupt nicht gesprochen wird. Erst zZ Salomos nahmen die Israeliten mit Hilfe von phönizischen Seeleuten die Schiffahrt auf und gab es in → Ezeon-Geber einen Landungsplatz (→ Ophir).

In NTlicher Zeit sind als H.städte u. a. Akko-Ptolemaïs Apg 21,7, Cäsarea Apg 21,8 und Joppe (vgl. Jon 1,3 Japho) bekannt. *v. d. W.*

Hagab → Heuschrecke.

Hagar, ägyptische Magd der Sara. Ihr arabischer Name deutet auf ihre Verstoßung und Flucht, die im Doppelbericht 1Mose 16,1-16 und 21, 9-33 mit verschiedener Tendenz erzählt ist. Von ihrer Herrin dem Abraham als Nebenfrau gegeben, wird sie Mutter des *Ismael* und der von ihm abgeleiteten 12 Stämme 1Mose 25,12 ff. Im Schicksal ihrer Verstoßung, das 1Mose 16 als Demütigung ihres Stolzes, 1Mose 21 als ein durch Saras Eifersucht ihr schuldlos widerfahrenes Leiden dargestellt ist, erbarmt sich Gott ihrer. Der Irrenden wird durch eine Engelerscheinung das Leben gerettet, ihrem Sohn die Verheißung geschenkt, Ahnherr eines großen Volkes zu werden, auch wenn er nicht Erbe der dem legitimen Abrahamssamen zugesprochenen Heilsgüter sein kann. In allegorischer Auslegung stellt Paulus Gal 4 H. und ihre Herrin Sara als Typ der gesetzlichen und der gesetzesfreien Frömmigkeit im AT und im NT einander gegenüber. *Schw*

Hagariter, Beduinenstamm aus der syr. Wüste, den die Israeliten im Ostjordanland schlugen 1Chr 5,10.19ff; Ps 83,7. Vgl. 1Chr 27,31. *Da*

Hagel, in der HS häufig erwähnt, ist in Palästina nicht selten; er wird als Tat Gottes verstanden Hiob 38,22f; Jos 10,11, als Gericht gedeutet 2Mose 9,22ff; Hagg 2,17; Offb 16,21, darum auch als Zeichen der Erscheinung Gottes genannt Ps 18,13; Jes 30,30. *Schl*

Haggai scheint zu den Heimkehrern aus dem Exil gehört zu haben, ist wenigstens in der zweiten Hälfte des Jahres 520 vChr in Jerusalem als Prophet aufgetreten und hat zur Bildung der dortigen nachexilischen Gemeinde viel beigetragen. — Im *Buch* H. sind fünf datierte Worte des Propheten in berichtender Form überliefert: die Aufforderung zum Bau des Tempels (538 von Kyros angeordnet, aber wieder eingestellt) nebst einer Angabe über ihre Wirkung 1,1-14; eine Verheißung anläßlich der neuen Grundsteinlegung 1,15a u. 2,15-19; ein Mahnwort zur Weiterarbeit, unterstützt durch eine Verheißung über die glanzvolle Ausstattung des neuen Tempels 1,15b u. 2,1-9; die Einholung einer priesterlichen Weisung und ihre Anwendung im Ausschluß der Oberschicht von Samaria vom Tempelbau 2,10-14; endlich eine Verheißung über die künftige Stellung des Davididen Serubbabel (persischer Kommissar in Jerusalem) 2,20-23. — In der *Botschaft* dieser Worte vertritt H. eine endzeitliche Naherwartung. Während er die bisherige Not als Folge des unterlassenen Tempelbaus erklärt 1,6.9-11, setzt er den Baubeginn mit dem Anfang der Heilszeit gleich 2,18f, für die sich die Gemeinde als hl. Rest bewahren 2,2 und nicht durch Zulassung von Unreinen beflecken soll 2,14. Im Gefolge der endzeitlichen Erschütterung der Welt und der Völker werden diese ihre Schätze zur Ausschmükkung des Tempels herbeibringen und wird Serubbabel als „Siegelring" Gottes die messianische Königsstellung einnehmen 2,23. — Obwohl H. nachdrücklich für die Ehre Gottes eintritt, liegt seine eigentliche *Bedeutung* darin, daß er den Tempelbau in Gang gebracht, aber auch durch die Abweisung der Samaritaner die für das spätere Judentum bezeichnende Absonderung eingeleitet hat.

Lit.: H. Frey, Das Buch der Kirche in der Weltwende, Die Botschaft des AT 24, Stuttgart [5]1963. K. Elliger, Das Buch der zwölf Kleinen Propheten II, ATD 25[5], Göttingen 1964. E. Sellin - G. Fohrer, Einleitung in das AT[10], Heidelberg 1965, § 70. *Fo*

Hagiographen. Der griech. Name für die dritte Gruppe kanonischer Schriften des AT, hebr. Ketubim genannt; so zB bei Hieronymus im Prologus Galeatus. Im hebr. Kanon sind sie gegliedert in die „früheren Schriften" Psalmen, Sprüche, Hiob und „die späteren" wie Daniel, Esra-Nehemia, 1.2.Chr, und dazwischengestellt sind die sog. fünf „Rollen" Hoheslied, Ruth, Klagelieder, Prediger, Esther. In der griech. und lat. Überlieferung sowie in Luthers Übersetzung sind die H. je nach Gattung und Inhalt auf die geschichtlichen oder prophetischen Bücher verteilt. Der Rest ist in Luthers Übersetzung unter den Lehrschriften eingeordnet. *Ba*

Hahn und Henne. Während man lange meinte, die Zucht des Huhns sei erst in persischer Zeit von Indien her in den Vorderen Orient gekommen, waren H.u.H. schon sehr viel früher bekannt; das älteste urkundliche Zeugnis für Palästina ist ein Siegel aus dem 7.Jh. vChr, das im tell en-nasbe (Mizpa) gefunden wurde und deutlich einen Kampfhahn darstellt. Vielleicht ist Hiob 38,36 von dem H. die Rede. Zur Zeit des NT war es üblich, für die Bestimmung der Zeit den Hahnenschrei zu verwenden Mt 26,34.74f par.; Mk 13,35 läßt an eine Zeit etwa um drei Uhr denken. So konnte Jesus auch das Ei als Teil der gewohnten Nahrung voraussetzen Lk 11,12 und die Muttertreue der H. als Bild für sein Wirken verwenden Mt 23,37. *Schl*

Hain. Ehe es in Israel ein gesetzlich festgelegtes Heiligtum gab, opferte man gern unter freistehenden Bäumen. Solch eine Kultstätte war der H. More 1Mose 12,6 und der H. Mamre 1Mose 13,18; 18,1, → Baum 3). Später war das Opfern unter Bäumen als kanaanäischer Brauch streng verboten und die Zerstörung solcher Heiligtümer gefordert 2Mose 34,13; 5Mose 12,2f; 16,21; doch hielt die Volksfrömmigkeit daran fest 1Kö 14,23; 2Kö 16,4; Jer 2,20; 3,6. *Schl*

Hakeldama → Blutacker.

Halle kommt als ein von Säulen getragener Versammlungsraum in der Bibel zuerst bei den salomonischen Bauten vor. Die 1Kö 6,3 erwähnte H. ist das Vorportal des Tempelgebäudes. 1Kö 7 spricht von einer Säulen- und einer Gerichtsh., die zum Libanonwaldhaus, einem Teil des salomonischen Palastes, gehörten. Beim Teich Bethesda Jo 5,2 gab es fünf H.n, wohl als Räume, in denen Kranke sich aufhielten. Berühmt war die H. Salomos, einer der großen Räume, die den Tempelhof umschlossen Jo 10,23; Apg 3, 11; 5,12. *v. d. W.*

Hallel ist die zusammenfassende Bezeichnung für Ps 113-118, die im Judentum beim → Passafest und anderen hohen Festen vorgetragen wurden. Beim Passafest geschah dies mehrfach, darunter beim Passamahl am Abend des 14. Nisan; die erste Hälfte (Ps 113 oder 113f) wurde nach dem Füllen des zweiten Bechers und die zweite Hälfte (Ps 114-118 oder 115-118) beim Füllen des vierten Bechers rezitiert (Mt 26,30; Mk 14,26). Beim Gesang des H. am → Laubhüttenfest schwang die Gemeinde aus verschiedenen Zweigen bestehende Sträuße, die Priester umwandelten den Brandopferaltar (am siebten

Tag siebenmal) unter ständiger Wiederholung von Ps 118, 25 (→ Hosianna). Die Überlieferung über ein „großes" H. in der rabbinischen Literatur schwankt hinsichtlich des Umfangs (Ps 120-136 oder 135 f oder 136) und der Verwendung (am Ende des Passamahls?). *Fo*

Halleluja bedeutet „Preiset Jah" (d. h. Jahwe). Das Wort bildet ursprünglich die gottesdienstliche Keimzelle für das Loblied (Hymnus), stellt aber im späteren Psalmengesang nur mehr einen liturgischen Ruf der Gemeinde dar (vgl. 1Chr 16, 36; Tobit 13, 21; Offb 19, 1-6). Als solcher findet es sich im Psalter 22mal von Ps 104, 35 an. *Fo*

Halljahr (hebr. Jobeljahr, da sein Beginn mit dem Lärmhorn, jobel, verkündet wurde; deutsch ungenau: Jubeljahr); auch *Freijahr* genannt, 3Mose 25, 10; Jer 34, 8. 15; Hes 46, 17. Das Gesetz 3Mose 25, 8 ff bestimmte, daß nach je 7 Jahrwochen = 49 Jahren das 50. Jahr als H. dem Herrn bes. zu heiligen sei. In ihm sollte man Saat und Ernte wie im Sabbatjahr unterlassen und essen, was von selbst wuchs. Auch bei 2 Brachjahren (49. und 50. Jahr = Sabbatjahr und H.) gab das fruchtbare Land genug Nachwuchs; vgl. Jes 37, 30. Für das H. galt: „Ihr sollt *Freiheit* ausrufen im Land für alle Bewohner und sollt wiederkehren, jeder zu seinem Besitz und zu seinem Geschlecht" 3Mose 25, 10. Es sollten also

1) Israeliten, die wegen Verarmung sich als Knechte verkauft hatten, im H. unentgeltlich *los werden,* V. 39 ff. Daß nach 2Mose 21, 2 ff; 5Mose 15, 12 ff der isr. Knecht schon im 7. Jahr wieder frei sein soll, betraf wohl persönlich gegen jemand unfrei Gewordene, während 3Mose 25, 39 ff für bäuerliche Knechte galt, die samt ihrem Erbland erst im H. frei wurden. Übrigens stammt 3Mose 25 als zur → Priesterschrift gehörend aus späterer Zeit als das → Bundesbuch und das → Deuteronomium.

2) Der *Grundbesitz,* soweit er Erbeigentum der Familie und eigentlich unveräußerlich war, sollte, wenn er wegen Verarmung u. dgl. verkauft wurde, im H. an den früheren Eigentümer *zurückfallen,* V. 13. 28. Der Verkauf war also mehr eine Verpachtung, ein Verkauf des Ertrags bis zum H., nach dessen Nähe der Preis sich richtete, V. 15. Ohne Einfluß blieb das H. auf den Verkauf von Häusern in ummauerten Städten, V. 29 ff. Über Äcker, die dem Heiligtum geweiht wurden, s. 3Mose 27, 16-24; im allgemeinen blieben sie Eigentum ihrer Besitzer, und nur der Wert des Ertrages bis zum H. ging ans Heiligtum. — Das H. verwirklicht die Sabbatidee im weitesten Maßstab (7 Jahrwochen) und dient der Absicht, eingetretene soziale Mißverhältnisse in den gottgewollten Zustand zurückzuführen; eine großartige und wohltuende Idee! Der Prophet bezog sie Jes 61, 1 f auf die schließliche Erlösung, die freilich dem Evangelium, nicht dem Gesetz angehört und als deren Erfüller Christus sich selbst bezeichnet Lk 4, 21. — Das Gesetz vom H. wurde in der Praxis anscheinend sehr unvollkommen ausgeführt. Immerhin finden sich Spuren davon, daß seine Gedanken ins Volksleben eindrangen; vgl. Jer 34, 8 ff; Hes 7, 12 f; 46, 16 ff, → Sabbatjahr. *(Wai)*

Hals. Bei herzlicher Begrüßung oder zum Abschied fällt man sich um den H. 1Mose 33, 4; Lk 15, 20; Apg 20, 37. Besiegten Feinden wird der Fuß auf den H. gesetzt Jos 10, 24; Baruch 4, 25; sie werden am H. gepackt 1Mose 49, 8; Hiob 16, 12, mit einem H.eisen gefesselt Sir 6, 25. Bei der Tötung „kostet es den H." 1Chr 12, 19; den H. darbieten heißt das Leben wagen Röm 16, 4. Das → Joch auf dem H. der Zugtiere wird oft zum Bild für die Beschränkung der Freiheit, so für die Unterwerfung unter feindliche Gewalt 5Mose 28, 48; Jes 14, 25; Jer 27, 2. 8; 28, 10 f, für die Beugung unter erziehende Zucht Sir 6, 25; 7, 25; 30, 12, für die Knechtung durch willkürliche Satzungen Mt 23, 4; Apg 15, 10, für den Zwang durch ein Gebot 1Kor 7, 35. → Halskette. *Schl*

Halsband. Wo Luther an ein H. dachte, ist stets ein Ring in der Nase gemeint, so in der Schilderung weiblichen Schmuckes Jes 3, 21; Hes 16, 12 und in dem drastischen Vergleich vom goldenen Ring im Rüssel eines Schweins Spr 11, 22. *Schl*

Halskette. Mit Ketten und Bändern am Hals schmückten sich Frauen Hos 2, 15; Hes 16, 11; Spr 1, 9; HL 1, 10 (hier auch Ketten an der Wange); 4, 9 und wurden Würdenträger am Hof geschmückt 1Mose 41, 42; Dan 5, 7 (diese Stellen und Spr 25, 12 sprechen von goldenen H.n). Aber auch Kamele trugen wertvollen Halsschmuck Ri 8, 21. 26. Bei Ausgrabungen in Palästina wurden Ketten und Perlenschnüre, öfters mit Anhängern (Amuletten), gefunden. *Schl*

Ham. *1)* Zweiter Sohn Noahs 1Mose 5, 32; 6, 10; 9, 18; 1Chr 1, 4. Zugleich ist H. Gesamtbezeichnung der nordafrikanischen, arabischen und kanaanitischen Völker; Ägypten gilt als Land H.s Ps 78, 51; 105, 23; 106, 22. Der 1Mose 9, 24 wegen seiner Unkeuschheit verfluchte Sohn H.s, Kanaan, ist vermutlich in der ursprünglichen Überlieferung als Sohn Noahs mit H. identisch. Damit wäre erklärt, warum der Fluch des Vaters statt des schuldigen Sohnes den Enkel trifft. Die Verfluchung der Kanaanäer, deren sexuelle Verderbnis (bes. in der kultischen Prostitution) Israel erst bei der Landnahme kennenlernte, wird in der Erzählung 1Mose 9, 20 ff auf den angenommenen Stammvater H. zurückgeführt und damit zugleich Israels Herrschaft über Kanaan und die Knechtung oder Ausrottung seiner Bewohner begründet.

2) Ortsname 1Mose 14, 5, von den Susitern bewohnt, die vielleicht mit den 5Mose 2, 20 erwähnten Samsummitern identisch sind; dann hätte H. im Gebiet der Ammoniter gelegen; vgl. auch 1Chr 4, 40. *Schw*

Haman. Hebr., griech., lat. gleichlautender Name des königlichen Günstlings im → Estherbuch, Sohn des Hammedatha. Er führt in der Erzählung den Beinamen Agagiter, worin eine beabsichtigte Anspielung auf den von Samuel getöteten Amalekiterkönig Agag (1Sam 15,33) enthalten sein kann. Der Name ist elamitischen und nicht persischen Ursprungs und könnte Hinweis auf historisches Material im Estherbuch sein. Der Günstling wird psychologisch eingehend profiliert als ehrgeizig, skrupellos, eitel, der Vergänglichkeit seiner Stellung bewußt, jedes Mittel benutzend, um sich zu halten. *Ba*

Hamath, hebr. Chamath, bedeutende Stadt am Orontes in Mittelsyrien, heute Hama mit 71 400 Einwohnern. H., schon in früher Bronzezeit besiedelt, im 15.Jh. von Churrivölkern (Horitern) unterwandert, galt später als wichtige Provinzstadt des hethitischen Reiches. Obgleich durch die „Seevölkerbewegung“ in Mitleidenschaft gezogen, war die Stadt von 1200 ab in Syrien der Mittelpunkt eines späthethitischen Staatswesens, in das allerdings von der Jahrtausendwende an starke aramäische Bevölkerungsteile einströmten. Seit dieser Zeit treten neben die hieroglyphischen und keilschriftlichen hethitischen Urkunden zahlreiche aramäisch geschriebene Funde. Die politische Geschichte von H. entspricht weithin der des Nordreichs Israel. Der König von H. suchte die Freundschaft Davids 2Sam 8, 9ff. In der Schlacht bei Karkar 853 konnte der König von H. gemeinsam mit Damaskus und Ahab von Israel den assyrischen König → Salmanassar III. am weiteren Vordringen nach Syrien hindern. Während der Schwäche Assyriens in der ersten Hälfte des 8.Jh. erlebte H. wie das Israel Jerobeams II. einen letzten Höhepunkt seiner Macht 2Kö 14,28. Die Assyrer verwandelten 738 den Staat von H. in ein Kleinfürstentum; Israel mußte Tribut zahlen 15,19f. Nach dem Ende Samariens wurde der Reststaat H. eine assyrische Provinz 18,34; Jes 10,9. In das einstige Nordreich Israel deportierte man auch Bevölkerung von H. 2Kö 17,24. In Ribla im Lande H. hatte Nebukadnezar beim Ende des Staates Juda und Jerusalems sein Hauptquartier Jer 39,6. In der Wendung „wo man nach H. geht“ ist die Nordgrenze Israels im Ostjordanland gemeint Am 6,14; 4Mose 13,21; 34,8 u.a. *Peu*

Hamen, ein an einem Reifen hängender Netzbeutel zum → Fischfang. *Kn*

Hammath Jos 19,35, Stadt in Naphthali, heute ḥammām südlich von Tiberias am Westufer des Sees Genezareth; wohl identisch mit Hammoth-Dor Jos 21,32. *Rü*

Hammer. Das AT kennt vier Bezeichnungen für H., die zT vermischt für je spezifische Tätigkeiten gebraucht werden. Eindeutig als Kriegswaffe erklärt ist der H. in Jer 51,20, in Spr 25,18 zusammen mit Schwert und Pfeil genannt. Der nomadische Pflockhammer Ri 5,26, der zum Festmachen des Zeltes dient, ist jedoch nach Ri 4,21 mit dem Gerät identisch, mit dem man glühendes Eisen formt Jes 44,12, Nägel einschlägt Jer 10,4 und Steine bearbeitet 1Kö 6,7. Daneben begegnet der — offensichtlich spezielle — plattnasige Schmiede- oder Zuschlaghammer zum Glätten von Metall oder zum Zerschlagen von Steinen Jes 41,7; Jer 23,29. Übertragen wird der H. zum Bild für die Macht des persönlichen oder politischen Feindes Spr 25,18; Jer 50,23; 51,20 und für die Kraft des Gotteswortes Jer 23,29. *Kn*

Hammoth-Dor → Hammath.

Hammurabi, König von Babylonien 1728-1686. H. ist der Nachfolger westsemitischer (amoritischer) Herrscher, die sich in Babilla — sicherlich ein ursprünglicher Waldname — festsetzten und diese überkommene Bezeichnung nach ihrer Sprache bab-ili = Tor Gottes deuteten. In der ersten Zeit H.s vereinte der Elamiter Rimsin von Larsa aus das alte Sumer und Akkad unter seiner Herrschaft; altheilige Städte wie Uruk und Isin konnte er erobern. Andererseits versuchte der Westsemit Schamschi-Adad von Assur aus ebenfalls ein Großreich zu bilden, das sich auch auf das westsemitische Königtum von Mari erstreckte, so daß H. von vornherein den Bestand seines Kleinfürstentums Babel bedroht sehen mußte. Nach dem Tode Schamschi-Adads konnte sich der aus Mari vertriebene westsemitische König Zimrilim wieder behaupten und von Mari aus die Vorherrschaft über das mittlere und nördliche Zweistromland erringen. H. hat durch geschicktes politisches Verhalten sich zw. jenen großen Nachbarn halten können. Die in Mari gefundenen Keilschrifttafeln berichten uns über eine Fülle von Verträgen, Handels- und Garantieabkommen, die das politische Gleichgewicht wahren sollten. Außerdem verfügten die Fürsten über ein weitverzweigtes Spionagenetz. Nach ersten militärischen Erfolgen, die sich in der Einnahme Uruks und Isins und von Teilen des Ost-Tigrislandes zeigten, konnte H. in seinem 31. Jahr Rimsin und in seinem 33. Jahr Zimrilim schlagen. Damit hatte H. die Alleinherrschaft über Mesopotamien vom Persischen Golf bis zur syr. Wüste inne.

H. bemühte sich, in seinem Großreich ein geordnetes Rechtswesen und wirtschaftlichen Aufstieg herbeizuführen. Die Regulierung des Euphrat und Kanalbauten steigerten die landwirtschaftlichen Erträge. 200 aus der Kanzlei des Königs erhaltene Briefe auf Keilschrifttafeln zeigen einen Herrscher, der sich auch um die kleinsten Angelegenheiten des Staates kümmert. Berühmt ist die Dioritsäule mit dem H.-Gesetz, die i.J. 1901/02 in Susa gefunden wurde, wohin sie verschleppt worden war. H. will jenes Gesetz vom Sonnengott Schamasch erhalten haben. Die babylonische Gesellschaft ist in die drei Klassen der Freien, Hörigen und Sklaven aufgeteilt. Volles Vergeltungsrecht „Glied um Glied" gilt nur für die Freien. Die Stellung der schuldlosen Ehefrau wird gehoben, da der Ehemann sich grundlos nur noch unter Übernahme von eigenen Nachteilen scheiden lassen kann (→ Tafel 13). Durch die Reichsschöpfung H.s wurde die bis dahin unbedeutende Stadt Babel für mehr als ein Jt. die Kultus- und Kulturmetropole Vorderasiens. Marduk, der Stadtgott von Babel, nimmt in dem berühmten Weltschöpfungsepos „enuma elisch = als droben" die Götterherrschaft ein, indem der ältere Gott Ellil von Nippur ihm diese überträgt. H. wird in der Bibel nicht erwähnt. Die früher übliche Gleichsetzung mit Amraphel 1Mose 14, 1. 9 ist aus sprachlichen Gründen nicht haltbar. *Peu*

Hamona war Hes 39, 16 der Name einer unbekannten Stadt, der wohl etymologisch als Stadt der Heerhaufen gedeutet werden soll; vgl. V. 15: Tal der Heerhaufen, des Gog (Luther: Haufental, hebr. hāmōn). *Bo*

Hananel, ein Turm im Nordteil der vorexilisch-persischen Mauer von → Jerusalem (II, 6), an der Stelle der späteren Makkabäerburg Baris und der Burg → Antonia Neh 3, 1; 12, 39; Jer 31, 38. *Me*

Hanani. *1)* Ein Seher, Vater des Propheten Jehu. Er hatte das Bündnis Asas von Juda mit den Aramäern getadelt und geriet deshalb ins Gefängnis 2Chr 16, 7 ff; 19, 2; 1Kö 16, 1.

2) Ein von Esra gemaßregelter Priester Esra 10, 20.

3) Ein Freund Nehemias Neh 1, 2 u. a.

4) Ein levitischer Sänger Neh 12, 36; 1Chr 25, 4. *Peu*

Hananja. *1)* Ein Prophet, der unter Zedekia das Ende der neubabylonischen Herrschaft ankündigte und sich gegen Jeremia wandte. Zur Strafe für diese falsche Weissagung starb er nach Jeremias Wort noch im gleichen Jahr Jer 28.

2) Einer der Freunde Daniels, von den Babyloniern Sadrach genannt Dan 1, 6 ff; 2, 17. *(Peu)*

Hand. *1)* Die *H. Gottes* ist Bild seiner Kraft in Schöpfung und Geschichte 2Mose 13, 14; 5Mose 5, 15; Hiob 10, 8; 1Kö 18, 46, für sein richterliches Walten Hiob 1, 11; 19, 21; Jes 5, 25; Apg 13, 11; 1Petr 5, 6 wie für sein Helfen und Heilen Ps 89, 22; Hiob 5, 18; Apg 13, 21, auch für sein Wirken durch seine Boten 2Kö 3, 15; Jes 8, 11; Lk 1, 66. Alle Menschen, auch die Toten, sind in Gottes H. 5Mose 33, 3; Weish 3, 1; vgl. Ps 139, 5.

2) Die H., dieses wertvolle Glied des *Menschen,* bedarf immer wieder der Waschung, so beim Opfer 2Mose 30, 18-20, vor der Mahlzeit Mk 7, 2-5; Lk 11, 38, darum auch zur Bezeugung der Unschuld 5Mose 21, 6; Ps 26, 6; 73, 13; Mt 27, 24. Das Abhacken der H. wird als Strafe für eine zuchtlos handelnde Frau gefordert 5Mose 25, 12 und wurde an den Mördern Isch-Boscheths 2Sam 4, 12 und an Nikanor 2Makk 15, 30-33 vollzogen; Jesus wollte Mt 5, 30 zeigen, daß im Kampf gegen Versuchung kein Opfer zu groß ist.

3) Der lebhafte Orientale begleitet sein Reden und Tun gern mit *Gebärden der H.:* er legt die H. auf den Mund zum Zeichen des Schweigens Hiob 21, 5; Spr 30, 32, legt die H. auf das Haupt in der Trauer 2Sam 13, 19; Jer 2, 37, schlägt die Hände im Zorn zusammen 4Mose 24, 10, klatscht in die Hände in Freude Ps 47, 2 oder auch in Schadenfreude Nah 3, 19; Klgl 2, 15 und im Abscheu Hes 22, 13. Er streckt die H. aus als Zeichen des Wartens Jes 65, 2 und des Verlangens nach Hilfe Klgl 1, 17; Sir 33, 22. Er ergreift die H. eines anderen, dem er hilft Ps 73, 23; Apg 3, 7. Er gibt die H. zum H.schlag als Bürge Spr 6, 1, bei einer Vereinbarung Esra 10, 19; Gal 2, 9 und zur Bekräftigung einer Aussage 2Kö 10, 15. Die H. wird erhoben im → Gebet Ps 28, 2; 141, 2; 1Tim 2, 8 und beim → Eid 1Mose 14, 22; Offb 10, 5.

4) Einzelne *Redewendungen:* Das Leben in die H. setzen 1Sam 19, 5; 28, 21 meinte es aufs Spiel setzen. Die H. abziehen Jos 10, 6 heißt Hilfe verweigern. Die Hände zum Priestertum füllen 4Mose 3, 3; Ri 17, 5. 12; 1Kö 13, 33 bezeichnet die Bestellung zum Priesterdienst. Das Zeichen auf der H. zu beständiger Erinnerung 2Mose 13, 9. 16 kann ein Ring sein oder ein durch Tätowieren für immer eingegrabenes Zeichen der Verbundenheit Jes 44, 5; 49, 16. *Schl*

Handauflegung. Bei der → Weihe der Priester und Leviten wurden dem Opfertier die Hände aufgelegt 2Mose 29, 10. 15; 4Mose 8, 12, ebenso dem in die Wüste geschickten Bock am großen → Versöhnungstag 3Mose 16, 21 — in dem Gedanken, daß damit menschliche Schuld auf das Tier übertragen wird. Ähnlich hatten die Zeugen einer Gotteslästerung dem Verurteilten die Hand auf den Kopf zu stemmen und ihn so unter seiner Schuld zu behaften 3Mose 24, 14. Umgekehrt begleitet H. auch den Akt des → Segnens 1Mose 48, 14, vgl. 2Kö 3, 16, und die Übertragung von Moses Vollmacht auf Josua 4Mose 27, 18. 23; 5Mose 34, 9. Im NT ist die H. Zeichen und Mittel der → Heilung Mt 9, 18; Lk 4, 40; Mk 16, 18; Apg 28, 8, ebenso der Übertragung von hl. → Geist Apg 8, 17-19; 9, 12. 17; 19, 6 und vollmächtiger Einsetzung zu geistlichem Dienst Apg 6, 6; 13, 3; 1Tim 4, 14; 5, 22; 2Tim 1, 6; vgl. Hebr 6, 2. Wesentlich für die H. ist neben der Herstellung persönlicher Verbundenheit, die bei der Segnung einer größeren Schar durch Aufheben der Hände ersetzt wird Lk 24, 50, das Gebet, durch das Kraft und Segen der oberen Welt übertragen wird. *Schl*

Handel. Im Zuge des Ausbaus des davidischen Großreichs durch Salomo und auf Grund der Kontrolle der großen Karawanenstraßen im

Ostjordanland und am Meer geriet das bis dahin halbnomadisch und agrarisch lebende Israel in die (vor allem durch das Schiff und das Kamel getragene) H.sbewegung zw. den vorderorientalischen Völkern, deren Ausmaße etwa Hes 27 erkennen läßt, 1Mose 37,25; 1Kö 10,2.11.22. Der Außenhandel war eine Domäne des Königs 1Kö 9,26-28; 10,28; 22,49 f; 20,34; 5,15 f. Salomo unterhielt bedeutende Unternehmungen zur See und zu Lande. Er importierte hauptsächlich Holz, Pferde und Wagen, Gold, Silber, Elfenbein, Affen und Pfauen gegen Getreide, Öl und Wein 1Kö 5; 9; 10. Die Kapitel über Salomo stehen ganz unter dem Eindruck des Reichtums, der sich aus diesen Unternehmungen, aus Zöllen und Tributen 1Kö 10,15 sowie aus dem wahrscheinlich betriebenen Erzabbau 1Kö 7,46 (so nach Ausgrabungsbefunden) über das Königtum und seine Vasallen ergoß und zur Bildung einer neuen sozialen Schicht von städtischer Modernität führte 1Kö 5,1-8; Jes 3,16-24 u.a. Die Städte und auf Grund ihrer Lage einige Stämme hatten an der Konjunktur bevorzugt Anteil 1Mose 49,13-15.20 f; Hos 12,9. Israel hat das Ausmaß des H.s unter Salomo später nie mehr erreicht. Ahasja und Josaphat scheiterten im Ansatz 1Kö 22,49 f. Der Kleinhandel innerhalb des Landes unterlag den jeweiligen Umständen. Neben den ausländischen 1Mose 37,25.28; Jes 23,2.8; Hes 16,29; 17,4; Nah 3,16 und königlichen Kaufleuten 1Kö 10,28 waren bes. die Kanaaniter ihrer städtischen Herkunft wegen zum Handel geeignet Hos 12,8; Zeph 1,11. Daß aber auch die Israeliten H. trieben, zeigen neben 1Kö 20,34 die Gesetze zum Schutz gerechter Maße und Gewichte 3Mose 19,35 ff; 5Mose 25,13 ff und die prophetische Predigt gegen deren Fälschung Jes 1,22.25; Hes 45,10; Am 8,5; Spr 20,10; Hos 12,8; Mi 6,10 f und gegen das soziale Unrecht, zu dem der Wohlstand führte. Denn nicht der H. an sich stand unter dem prophetischen Verdikt Spr 11,1; 16,11 — das geschah erst später infolge kultischer Bedenken gegen den Handelsverkehr mit Nichtjuden am Sabbat Neh 10,32; 13,16 —, wohl aber sein Mißbrauch und die falsche Sicherheit Jak 4,13 ff (Lk 12,13 ff). Zahlungsmittel waren neben dem abzuwägenden Silber Naturalien. Geprägte Münzen gab es erst seit der Perserzeit.—Zu ausgesprochenen Händlern haben sich die Juden erst spät und nur dort entwickelt, wo ihnen der Landerwerb weithin verwehrt war: in der Diaspora. — Über den H. in Jerusalem vgl. J. Jeremias, Jerusalem zZ Jesu, [2]1958. *Kn*

Handfaß übersetzt Luther in 2Mose 30,18 u.ö. das hebr. kijjor (= Becken). Gemeint ist ein *ehernes Waschbecken*, das zwischen Brandopferaltar und Zelt stehen und kultischen Waschungen dienen sollte. Nach 2Mose 38,8 stammte das Metall von den Spiegeln der am Zelt angestellten Frauen (wie es an den kanaanäischen Heiligtümern Kultdirnen gab). In 1Kö 7,27 ff u.ö. gibt Luther das hebr. kijjor mit →*Kessel* wieder. Darunter sind bronzene Becken (40 Bat = 15,7 hl Fassungsvermögen) vorzustellen. Sie hingen in einem fahrbaren Gestell (etwa 2×2 m bei 1,5 m Höhe), mit Tierfiguren u.a. Ornamenten verziert. Je 5 solcher →*Kesselwagen* standen rechts und links vom Brandopferaltar. Nach 2Chr 4,6 dienten sie zum Waschen der Opfertiere. Sachlich gehört hierher auch das sog. → *eherne Meer* 1Kö 7,23 ff. Es handelt sich dabei um ein riesiges Bronzebassin von etwa 5 m Durchmesser und 2,5 m Höhe mit einem Fassungsvermögen von 2000 Bat (= 786 hl). Es ruhte auf 12 Bronze-Stieren. Nach 2Chr 4,6 sollten darin die Priester ihre kultischen Waschungen vornehmen. Wahrscheinlicher aber lag seine eigentliche Bedeutung darin, daß es als Abbild des Urmeeres zum Symbol für die Quelle alles Lebens wurde. Zur weiteren Geschichte der Kultgeräte siehe 2Kö 16,17; 25,13. *Bo*

Handschriftenfunde vom Toten Meer.
1) Fundorte. 2) Biblische Schriften. 3) Außerbiblische Schriften: a) Literaturwerke, b) Schriftdokumente des Alltags. 4) Besondere Textfunde.

1) Nicht alle Fundstätten der seit 1947 in Palästina aufgetauchten Handschriften sind bekannt. Im Interesse der Entdecker, die auf weitere Funde hoffen, bleiben sie oft sogar den Zwischenhändlern unbekannt, wie zB im Fall der 1931 entdeckten aramäischen Briefe des persischen Satrapen Arsames in Ägypten. Der Zustand der Handschriften gestattet gewisse Schlüsse auf den mutmaßlichen Fundort, zB trockene Beschaffenheit, Staub, tierische Nagespuren, Reste von Umhüllungen, Feuchtigkeitsschäden. Demzufolge müssen die Handschriften unbekannten Fundortes auch aus der Wüste Juda südöstlich von Jerusalem stammen. Dafür spricht auch die Lage der anderen Fundorte. Zuerst sind die Handschriftenhöhlen nördlich vom wādi → Qumrān an der Nordwestecke des Toten Meeres zu nennen. In der nicht weit davon entfernten Ruinenstätte eines essenischen Klosters aus vorchristlicher Zeit sind nur beschriebene Tonscherben, Krugaufschriften sowie zwei beschriftete Kalksteintäfelchen gefunden worden. An zweiter Stelle sind die großen Höhlen am wādi murabbaʿāt zu erwähnen, etwa 18 km südlich von Qumrān. Die dritte Stelle ist chirbet el-mird am Westrand der Ebene el-buqēʿa, die westlich von Qumrān liegt. Diese letzte Fundstätte wurde durch eine belgische Expedition ausgegraben. Die beiden anderen Fundstätten sind durch die Taʿāmira-Beduinen entdeckt und zuerst ausgewertet worden. Von den gegenwärtig elf Höhlen mit Handschriftenresten nördlich vom wādi Qumrān wurde die Mehrzahl bei einer planmäßigen Durchsuchung des Berggeländes westlich von Qumrān durch die Ecole Biblique der Dominikaner in Jerusalem, die American School for Oriental Research in Jerusalem und das Department of Antiquities des Jordanischen Staates unter Leitung von Lankester Harding entdeckt.

2) In Qumrān sind vollständige Handschriften einzelner Bücher des AT aufgetaucht, darunter jene vollständige, 1947 gefundene Jesajarolle. Die anderen Bücher des AT sind teils durch größere, teils durch sehr geringe Bruchstücke belegt. Von den kanonischen Schriften des AT fehlt bisher nur das Buch Esther; vielleicht wird auch dieses noch gefunden, da eine verwandte Literaturgattung sich in Qumrān fand. Die älteste dieser Handschriften kam aus Höhle 4 und enthält das 1. u. 2. Samuelbuch vom Ende des 3. Jh. vChr. Der Text aller aufgefundenen Handschriften bietet verschiedene Bearbeitungen dar, teils stärker der hebr. Textvorlage der → LXX, teils stärker dem MT (→ Masoreten) entsprechend. Daneben stehen andere Bearbeitungen, die diesen beiden Textformen selbständig gegenüberstehen, obwohl sie bald mit dieser, bald mit jener zusammentreffen. Wichtig ist, daß MT schon in dieser Zeit als eine Textrezension vorhanden ist. In den Handschriftenfunden am wādi murabba'āt herrscht der MT aber vor. Da diese Höhlen um 135 nChr in der letzten Phase des Bar-Kochba-Aufstandes gestürmt worden sind, beweisen diese Handschriften, daß tatsächlich in der Zeit zw. 70 und 135 nChr die Festlegung des MT erfolgt sein muß (Synedrion von Jamnia). Es fanden sich Fragmente aus 1., 2. und 5. Mose und Jesaja sowie die bibl. Texte 2Mose 13,1-10; 13,11-16 und 5Mose 11,13-21; 6,4-9 in einem vollständig erhaltenen Phylakterion (Kapsel auf jüd. → Gebetsriemen). Für die Geschichte der Entdeckung der Schrift sind diese Texte als Vergleichsmaterial zur Datierung der Qumrāntexte von hohem Wert. Auch eine fragmentarische Rolle mit dem hebr. Text der zwölf „Kleinen Propheten" wurde in einer Höhle des wādi murabba'āt gefunden.

Über die Funde von chirbet el-mird ist bisher wenig bekannt geworden. Biblische Texte in Griechisch und palästinischem Syrisch bieten Bruchstücke aus der Weisheit Salomos, Markus, Lukas, Johannes, Apostelgeschichte und Kolosserbrief aus dem 5. bis 8. Jh.

Aus unbekannten Fundstätten stammen eine griech. Übersetzung der zwölf Propheten sowie größere Fragmente von 1. u. 4. Mose, kleinere Stücke aus 4. u. 5. Mose und größere Teile einer Psalmenrolle.

3) a) Bei der Fülle des aufgefundenen Materials kann nur in gedrängter Kürze auf Wesentliches hingewiesen werden. Größere Schriften der Sekte von Qumrān sind die sog. Gesetzesrolle (1QS) mit Anhängen, die Rolle „Krieg der Söhne des Lichts gegen die Söhne der Finsternis" (1QM), die Loblieder (1QH), das Genesis-Apokryphon (1QApoc), versch. Kommentare zu Jesaja, Habakuk, Psalmen. Ferner wurden aus dem spätjüd. Schrifttum Teile von Henoch, der Jubiläen und zahlreiche bisher unbekannte Bücher, die zum größten Teil nur in Fragmenten erhalten blieben, entdeckt. In den Höhlen des wādi murabba'āt fanden sich geringe Reste eines theol. und eines historischen Werkes in griech. Sprache. — *b)* Unter den Texten des Alltagsgebrauchs ragen hervor hebr. Briefe des jüd. Aufstandsführers Bar-Kochba sowie solche, die an ihn geschrieben wurden oder in diese Periode gehören. Aramäisch sind Schuldurkunden, Eheschließungs- und Ehescheidungsurkunden sowie Kaufverträge. Solche Urkunden finden sich auch in griech. Sprache aus der Zeit nach dem Bar-Kochba-Aufstand (132-135).

4) In einer Höhle im wādi murabba'āt fand man ein sog. Papyruspalimpsest, d. h. einen zweimal beschriebenen Papyrus. Der untere Text ist ein kurzer hebr. Brief mit fünf Zeilen in althebr. Buchstaben; der obere Text enthält eine Liste mit vier Personen nebst den Geschlechternamen sowie Symbol- und Zahlzeichen. Beide Texte werden ins 8. Jh. vChr datiert.

Der zweite besondere Fund waren Kupferrollen in Höhle 3 von Qumrān: zwei Rollen aus Kupferblech mit eingravierter Schrift, deren Lesung nach Öffnung der Rollen ein Verzeichnis vergrabener Schätze ergab mit Angabe der örtlichen Kennzeichen zur Wiederauffindung. Der Text ist 1962 durch J. T. Milik veröffentlicht worden. Dieser wertet den Text als volkstümliche Sagenüberlieferung ohne geschichtlichen Wert. Allegro hält den Text für ein Verzeichnis des zw. 66-68 nChr verborgenen Tempelschatzes. B. Z. Lurie führt das von ihm für historisch gehaltene Verzeichnis auf den Bar-Kochba-Aufstand zurück (132-135 nChr), in dem die Schätze des von Bar Kochba wiedererbauten Tempels hauptsächlich im südlichen Jordangraben verborgen wurden.

5) 1960 und 1961 entdeckten israelische Forscher in Höhlen der Wüste Juda über 50 hebräische, aramäische und griechische Briefe und Familienurkunden aus der Zeit des Bar-Kochba-Aufstandes. Bei Ausgrabungen in Masada wurde 1964 eine hebräische Handschrift des Buches Jesus Sirach, enthaltend 39,27-43,30, gefunden; sie entstammt der Zeit 100-50 vChr.

Lit.: H. Bardtke, Die Handschriftenfunde vom Toten Meer 1953² (Übersetzung der Gesetzesrolle, des Hab-Kommentars und von Stücken der Loblieder). — H. Bardtke, Die Handschriftenfunde am Toten Meer. Die Sekte von Qumran 1958 (Übersetzung aller bisher veröffentlichten außerbiblischen Texte von Qumran sowie Übersicht über alle Handschriftenfunde von Qumran). — H. Bardtke, Die Handschriftenfunde in der Wüste Juda 1962. — M. Burrows, Mehr Klarheit über die Schriftrollen 1958 (Übersetzung der wichtigsten Texte und eingehendes Verzeichnis aller in Qumran entdeckten Texte). — J. M. Allegro, The Treasure of the Copper Scroll 1960. — Discoveries in the Judaean Desert III 1962.

Ba

Handwerk, Handwerkszeug. Für die Kenntnis des isr. H.s sind neben den bibl. Belegen die Ergebnisse archäologischer Ausgrabungen wichtig. An gewerblich betriebenem H. sind neben den weniger genannten H.en des Gerbers Apg 9,43, Walkers Jes 7,3; Mal 3,2; Jer 2,22; Mk 9,3, Bäckers Hos 7,4, Barbiers Hes 5,1 und Salbenbereiters 2Mose 30,25 die der Töpferei, Weberei, Metallverarbeitung, der Maurer- und Zimmermannsarbeit sowie des Ziegelbrennens bekannt. Die isr. → *Keramik* war Gebrauchskeramik. Für Wasser, Wein, Öl, Dokumente usf. wurden in verschiedensten Formen und Größen → Töpfe hergestellt, indem der in Wasser weichgetretene Ton auf der Töpferscheibe vorgeformt, dann getrocknet, abermals auf der Scheibe mit einem kantigen Gerät geschliffen, mit feinem Ton oder Farbe überstrichen und schließlich im Ofen gebrannt wurde Jes 41, 25; Jer 18, 2 ff; Sir 38, 34. Die Massenfabrikation und die Haltbarkeit der Töpfe ermöglichte reiche Funde, die für die Altersbestimmung der Fundstellen wichtig sind. — Das → *Weben* wurde hauptsächlich von Frauen betrieben, obwohl es eine schwere Arbeit war Spr 31, 24. Die Wolle (Schaf-, Ziegenwolle, Kamel- und Roßhaar, Flachs, Hanf, Baumwolle, Seide) wurde gesponnen, gespult, gefärbt, gewickelt und schließlich auf einem liegenden oder stehenden, einem Matten- oder Gestellwebstuhl zu Stoff gewoben 2Mose 26, 36; 28, 32; 1Chr 4, 21; Apg 18, 3; 2Mose 35, 25 f; 3Mose 13, 48; Mt 6, 28; Pred 4, 12; Hes 40, 3; Jos 2, 15; Ri 5, 30; Jes 22, 18 (dort ist das Zusammenwickeln eines Fadens zu einem Knäuel gemeint); Ri 16, 13 f; Hiob 7, 6; 2Kö 23, 7; 1Sam 17, 7; Jes 19, 9. Hochgeschätzt war vor allem der Purpur, d. h. mit dem Farbstoff der Purpurschnecke gefärbte Gewebe Ri 8, 26; Mk 15, 17.20; 2Mose 25, 4-39, 29 (häufig). Neben Kleidern wurden Zelte, Taschen, Säcke, Hirtenmäntel, Teppiche u. a. hergestellt. — Auch die *Metallverarbeitung* war in Israel bekannt, von der Bohrung Hiob 28, 1-11; 5Mose 8, 9, dem Schmelzen Jes 1, 25 und Gießen Hes 22, 17-22; Jes 44, 10, dem Schmieden 1Mose 4, 22; Jes 44, 12; 1Kö 7, 14.46; 2Kö 24, 14; Ri 1, 19; 1Sam 13, 19-21 bis zur Kunstarbeit von Spezialisten für Waffen, Gebrauchsgüter und bes. Schmuck Ri 17, 4; Jes 40, 19; 41, 7; 2Mose 37. Verarbeitet wurden Gold, Silber, Kupfer, Eisen, Blei, Bronze, Zinn. In Ezeon-Geber am Nordende des Roten Meeres hatte Israel für einige Zeit ein wichtiges Zentrum seiner Metallindustrie. — Königliche *Bauten* 2Sam 5, 11; 1Kö 5, 1-12.18 hatten ein Steinfundament und meistens einen Holzüberbau. So ist von Steinschneidern 2Mose 28, 11, Steinmetzen 2Kö 12, 13, Maurern Am 5, 11; 1Chr 14, 1, Tünchern Hes 13, 11 und Zimmerleuten 2Sam 5, 11; Jer 22, 14 die Rede. 1Mose 11, 3; 2Mose 5, 7.11 ff; 2Sam 12, 31; Jes 9, 9; Nah 3, 14 erwähnen die *Ziegelbrennerei*. Mit Wasser und zerhacktem Stroh vermengter Lehm wurde geknetet, in eine Holzform gepreßt, ausgelegt und gebrannt, woraus ein ungemein harter Ziegel entstand. — Bedingt als H.er anzusprechen sind der Schreiber Jer 36, 23; Hes 9, 2 und der Arzt. Es ist anzunehmen, daß die einzelnen Berufsgruppen in Innungen zusammengefaßt waren 1Chr 2, 55; 4, 14.21 ff; Neh 3, 8; Jer 37, 21. — Das *Handwerkszeug* war für die jeweiligen Berufsgruppen natürlich verschieden. Bekannt sind neben Spindel, Spulrad, Haspel und Webstuhl für die Weberei Werkzeuge für Stein- und Holzbearbeitung wie → Hammer, Spitzhacke, Äxte, Beile und Messer, für die Landarbeit Pflugscharen, Ochsen- und Ziegelstachel, daneben eine Menge sonstiger Geräte wie Meißel, Nadeln, Pinzetten, Schalen, Eimer usf.

Lit.: K. Galling, Biblisches Reallexikon, 1937 (Artikel Holzbearbeitung, Keramik, Maurer, Metall, Weberei); G. Dalman, Arbeit und Sitte in Palästina V, 1937; E. W. Heaton, Biblischer Alltag; J. Jeremias, Jerusalem zur Zeit Jesu, 1958²; E. Wright, Biblische Archäologie 1958. *Kn*

Hanes, Jes 30, 4, eine ägyptische Stadt, das spätere Herakleopolis parva, im östl. Delta. *Peu*

Hanna. *1)* Eine der beiden Frauen des Elkana 1Sam 1, 2 ff. Wegen ihrer Kinderlosigkeit bekümmert, erfleht sie von Gott einen Sohn, gelobt ihn dem lebenslänglichen Dienst des Herrn und wird Samuels Mutter. Ihr Loblied 1Sam 2, 1-10 ist ein prophetischer Hymnus, Vorbild des Magnifikat Lk 1, 46 ff. — *2)* Frau des älteren Tobias Tob 1, 9 ff. — *3)* Betagte Prophetin, die Christi Geburt begrüßt Lk 2, 36-38. *Schw*

Hannas (hebr. Chanan; bei Josephus Ananos), Hoherpriester, durch den Statthalter von Syrien Quirinius (Lk 2, 2) 6 nChr eingesetzt, 15 nChr durch den Prokurator Valerius Gratus seines Amtes enthoben. Auch nach der Absetzung stand er in hohem Ansehen und seine Stimme hatte großes Gewicht im Hohen Rat. Fünf seiner Söhne und sein Schwiegersohn Kaiphas wurden Hohepriester. Im NT erwähnt Lk 3, 2; Jo 18, 13.24; Apg 4, 6. — Sein Sohn H. II. war 62 nChr drei Monate Hoherpriester und ließ während dieser Zeit den Herrenbruder → Jakobus töten. Er selbst wurde während des jüd. Krieges vom Volk getötet. *Bie*

Hanun, König von Ammon, ließ die isr. Gesandten mißhandeln, die David zu H.s Thronbesteigung abgeordnet hatte; daraus entsprang ein heftiger Krieg zw. Israel und Ammon 2Sam 10, 1 ff. *Peu*

Haran, hebr. charan, akkadisch charannu, Stadt am Belich, einem Nebenfluß des Euphrat, neben Ur eine der berühmten Tempelstädte des Mondgottes Sin 1Mose 11, 31, im 19. und 18. Jh. Mittelpunkt des Staates Zalmaqum. Es ist mit der Möglichkeit zu rechnen, daß der Name des Bruders Abrahams „Haran" mit dem Namen dieser Stadt zusammenhängt, da andere in der Nähe liegende Orte Phaliga = Peleg, Sarugi = Serug, Nachur = Nahor, Till-schar-turachi = Tharah ebenfalls an Namen von 1Mose 11, 16 ff anklingen. Manche Forscher setzen deshalb das Auftreten Abrahams in das 19./18. Jh., in dem diese Städte in Blüte standen. Wir sind über diese Zeit durch die i. J. 1935 entdeckten Keilschrifttafeln von Mari in Mittelbabylonien gut unterrichtet. Die Gegend von H. wurde dann durch die Churri (Horiter) und später durch die Aramäer 1Mose 27, 43 unterwandert und geriet unter die Herrschaft des neuassyrischen Reiches 2Kö 19, 12. Die Stadt H. galt als eine der wichtigsten Städte dieses Staates Hes 27, 23. Bei H. will Asar-Haddon in einem Tempel durch den Gott Sin in einer Vision die Krone Ägyptens erhalten haben. Nach der Zerstörung Ninives konnte sich der assyrische Prinz Assuruballit noch bis 608 in H. behaupten. In der Schlacht bei H. wurde er aber durch die Babylonier und Meder völlig geschlagen. Auf diese Ereignisse bezieht sich 2Kö 23, 29. In römischer Zeit verlor der römische Konsul M. L. Crassus bei H. = Carrhae die Schlacht gegen die Parther. *Peu*

Harel → Ariel.
Harfe → Musikinstrumente.
Hargol → Heuschrecke.

Harmagedon ist der geheimnisvolle Name eines Ortes, an dem sich die Könige der Welt zum letzten Kampf gegen Gottes Herrschaft versammeln Offb 16, 16. Die Bedeutung von H. ist nicht klar. Man denkt an „Berg von Megiddo" (Erinnerung an Ri 4, 4 ff; 5, 19; 2Kö 23, 29; 2Chr 35, 20 ff). Aber der Ausdruck „Berg von Megiddo" kommt sonst nirgends vor, ebensowenig eine endzeitliche Bedeutung von Megiddo. Deshalb wurde H. als griech. Wiedergabe des hebr. har mo'ed (= Berg der Zusammenkunft; vgl. Jes 14, 13; Luther V. 14) vermutet. Diese Deutung paßt gut in den Zusammenhang von Offb 16, scheitert aber daran, daß sprachlich H. nicht von har mo'ed abgeleitet werden kann. *Bo*

Harnisch bezeichnet die volle Rüstung eines antiken Schwerbewaffneten Lk 11, 22. Bildhaft deutet Eph 6, 11. 13 die „Waffenrüstung" auf das Starksein „in dem Herrn und in der Macht seiner Stärke" (10). → Waffen. *Kü*

Harod. Name einer Quelle, in deren Nähe Gideon vor der Schlacht gegen die Midianiter lagerte Ri 7, 1; heute die Goliathquelle, 'ēn dschālūd, am Nordwestrand des Gebirges Gilboa, 3 km südöstlich von Jesreel. — Dieselbe Quelle ist wohl auch 1Sam 29, 1 gemeint (→Ain 4). *Rü*

Haroscheth der Heiden. Königssitz des Sisera Ri 4, 2. 13. 16, heute tell 'amr bei el-ḥāritīje am Nordwestausgang der Jesreel-Ebene. *Rü*

Harze. Der Morgenländer hatte und hat starken Bedarf an H.n, sowohl zum Räuchern im Gottesdienst wie auch zum Salben und Parfümieren im Haushalt. Einzelne der Bäume und Sträucher, die die hochgeschätzten H. lieferten, wuchsen auch in Palästina, vor allem dem waldreichen Gilead 1Mose 37, 25; Jer 8, 22; 46, 11, so daß sogar Ausfuhr möglich wurde 1Mose 43, 11; Hes 27, 17. Doch wurden die meisten dieser Spezereien, gerade die besten, eingeführt, aus Arabien oder durch Vermittlung arabischer Händler aus Indien oder von der Somaliküste in Afrika. Aus Stellen wie HL 4, 14; Sir 24, 20 f spricht die Freude an diesen Wohlgerüchen. → Räucherwerk; → die einzelnen H. Aloe, Balsam, Bedolach-Harz, Galbanum, Mastixharz, Myrrhe, Stakte, Weihrauch. *Schl*

Hasael, König von Aram etwa 844-804, hat nach 2Kö 8, 15 den schwer erkrankten aramäischen König Benhadad II. ermordet und wird in assyrischen Nachrichten als „Sohn eines Niemand", d. h. als nichtköniglicher Herkunft, bezeichnet. Elia sollte nach dem Horeberlebnis H. zum König von Aram salben 1Kö 19, 15, worüber uns aber nichts berichtet wird. Dagegen hat Elisa dem H. den Tod Benhadads und die Nachfolge in der Herrschaft und grausame Kriegszüge gegen Israel vorausgesagt 2Kö 8, 7 ff.

H. kämpfte gegen die verbündeten Könige Joram von Israel und Ahasja von Juda um die nordostjordanische Stadt Ramoth 2Kö 8, 29. Nach dem Sturze der Omriden in Israel und dem späteren Nachlassen des assyrischen Drucks auf Syrien konnte H. unter Jehu und Joahas von Israel das ganze Ostjordanland schwer heimsuchen 2Kö 10, 32 ff; 13, 3; Am 1, 3 ff. Joas von Juda mußte sich durch hohes Lösegeld von dem vor Jerusalem stehenden H. loskaufen 2Kö 12, 18 f. *Peu*

Hase. Bei den Speisegeboten wird der H. zu den unreinen, darum nicht eßbaren Tieren gezählt 3Mose 11, 6 u. 5Mose 14, 7, weil er zwar wiederkaue, aber keine gespaltenen Klauen habe, also von den Merkmalen der reinen Tiere das eine fehle; auch anderen Völkern im Orient galt der H. als unrein. Doch ist er in Wirklichkeit kein Wiederkäuer; daß er irrtümlich in alter Zeit dafür galt, wird dadurch verständlich, daß er mit seinen Kinnbacken die gleichen Bewegungen macht wie die Wiederkäuer. *Schl*

Hasmonäer, Priesterfamilie der Klasse Jojarib 1Chr 9, 10; 24, 7 aus Modeïn 1Makk 2, 1; 14, 29, dem heutigen medije. H. genannt nach Chaschmon (griech. Asamonaios), dem Urgroßvater des Mattathias, der während der syr. Religionsnot zusammen mit seinen fünf Söhnen (Johannes, Simon, Judas, Eleasar und Jonathan) die Fahne des Aufstands erhob. In den Befreiungskämpfen zeichnete sich vor allem Judas Makkabäus aus (165-161 vChr). Von 161-143 vChr übernahm Jonathan die Führung als Fürst und Hoherpriester, dem bis 135 vChr sein Bruder Simon folgte. Unter ihm wurden die Juden ganz vom syr. Joch frei. Auf Simon folgte sein dritter Sohn → Johannes Hyrkan (bis 104 vChr), der durch glückliche kriegerische Unternehmungen das jüd. Gebiet erweiterte. Sein Sohn Aristobul I. (104 bis 103 vChr) nahm den Königstitel an. Auf ihn folgte sein Sohn Alexander → Jannai (Jannäus), der viele Kriege führte und sich mit den Pharisäern verfeindete. Nach seinem Tode (76 vChr) übernahm seine Frau Salome Alexandra die Regierung (bis 67 vChr). Sie stellte sich mit den Pharisäern gut und brachte dem Volk eine Zeit des Friedens. Ihre Söhne Aristobul II. und Hyrkan II. kämpften um die Herrschaft. Die Streitigkeiten endeten 63 vChr damit, daß Pompejus das Land dem römischen Reich einverleibte und Hyrkan II. mit dem Titel Hoherpriester über das jüd. Gebiet setzte. Bald darauf wurde er seiner politischen Befugnisse entkleidet, von Caesar aber wieder, mit dem Titel → Ethnarch, in sie eingesetzt. Die tatsächliche Herrschaft übte aber Antipater, der Vater des Herodes d. Gr., aus. Die Parther nahmen 40 vChr Hyrkan II. gefangen und setzten Antigonus, den Sohn von Aristobul II., als König ein. Dieser unterlag in den Kämpfen gegen Herodes d. Gr., wurde gefangen und auf Befehl von Marcus Antonius in Alexandria enthauptet (37 vChr). Im selben Jahr heiratete Herodes d. Gr. Mariamme, die Enkelin Hyrkans II. Dieser wurde 30 vChr von Herodes hingerichtet, im folgenden Jahr Mariamme. Dasselbe Schicksal erlitten 7 vChr Alexander und Aristobul, die Söhne der Mariamme. — Der jüd. Schriftsteller Josephus rühmte sich, aus der Familie der H. zu stammen. *Bie*

Haß, hassen. Haß ist in der Bibel am häufigsten Bezeichnung für den höchsten Grad des Widerwillens, der in letzter Linie auf die Vernichtung des Gehaßten ausgeht, vgl. 1Jo 3, 15. So haßt Gott alles Gottwidrige, d. h. in erster Linie den fremden 5Mose 16, 22 und den falschen Gottesdienst, bei dem der Gehorsam des Herzens fehlt 1Sam 15, 22; Am 5, 21 ff; Jes 61, 8, ferner Falschheit Sach 8, 17, Hochmut, Lüge usw. Demgemäß h. auch die Frommen das Böse und Gottwidrige Am 5, 15, ja fordern zum H. auf Ps 97, 10. Dieser H. ist in erster Linie die Kehrseite der Liebe zu Gott und ein Eintreten für Gott, vgl. Ps 139, 21 f. Doch werden im Verhältnis zu den Feinden des Volkes aus dem Wissen um das Erwähltsein und durch den damaligen Kriegsbrauch Schranken sichtbar, die Christus aufgehoben hat Mt 5, 44. Auch wird im AT zwischen dem Gottlosen und seiner Gottlosigkeit noch nicht so scharf wie im NT geschieden. Doch darf man seinen Nächsten im Volk nicht h. 3Mose 19, 17 f, man soll ihm vielmehr bei Gefährdung seines wertvollen Eigentums helfen 2Mose 23, 4. Im NT verträgt sich in der Gemeinde der H. gar nicht mit der Kindschaft Gottes 1Jo 2, 9.

Da es keine Gegensätze in der Welt gibt, die sich so unbedingt abstoßen wie Gut und Böse, kann beim Bösen der H. gegen das Gute nicht ausbleiben. So haßt der Gottlose den Gerechten Ps 34, 22 und Frommen Spr 29, 10, ja das Gute selbst Mich 3, 2. Die vollendete Gottlosigkeit ist der H. gegen Gott, der tiefste Grund der Sünde 2Mose 20, 5; Ps 21, 9. Darum erlitt auch Christus den H. der Welt Jo 7, 7 und seine Jünger werden ihm darin nachfolgen Mt 10, 22; Jo 15, 18 f. Die johanneischen Schriften beschreiben den Gegensatz zw. Liebe und H. als Wesensmerkmale Gottes und der in der Finsternis lebenden Welt Jo 3, 20. Wenn Jesus forderte, die liebsten Angehörigen zu h. Lk 14, 26, ja auch das eigene Leben auf dieser Welt Jo 12, 25, so ist gemeint, daß vor der Forderung seiner Nachfolge auch die berechtigtsten und heiligsten Pflichten zurückstehen müssen. Das Wort: Esau habe ich gehaßt Mal 1, 3; Röm 9, 13, meint die Zurücksetzung Esaus hinter Jakob, die auf dem freien Willen der göttlichen Gnade beruht. → Liebe, → Kind. *v. d. W.*

Haupt. *1)* Mancherlei Brauch mit dem H.: Das H. mit Öl salben ist dem Morgenländer Freude und Ehre Ps 23, 5; 133, 2; Mt 6, 17. Umgekehrt: wer trauert, streut Erde auf das H. Hiob 2, 12 oder Staub Jos 7, 6; Hes 27, 30; Offb 18, 19 oder Asche Judith 4, 14; 9, 1. Ebenso ist Zeichen der Trauer und Scham die Verhüllung des H.es 2Sam 15, 30 und das Kahlscheren Jes 15, 2; Hes 7, 18; 27, 31, während Paulus — wohl in Erfüllung eines Gelübdes, mit dem er für seine Abreise von Korinth einen Termin gesetzt hatte — Apg 18, 18 das H. schor. Das Schütteln des H.es 2Kö 19, 21; Jes 37, 22; Mk 15, 29 drückt Verachtung aus. Feurige Kohlen auf das H. häufen Spr 25, 22; Röm 12, 20 ist anschaulicher Ausdruck für stärkste Verpflichtung. Als Sitte für das Gebet forderte Paulus in den griech. Gemeinden, daß die Männer mit unbedecktem H., die Frauen mit bedecktem H. beten 1Kor 11, 4 ff, während die Juden in der Synagoge heute noch das H. bedeckt lassen.

2) In übertragenem Sinn weist H. mannigfach auf Höhe und Vorrang hin. So schon in der Wendung das H. erheben = helfen, emporheben 1Mose 40, 13; Ps 3, 4; 27, 6. H. u. Schwanz 5Mose 28, 13. 44; Jes 9, 13 meint hoch und nieder, Erste und Letzte. So wird von einem H. am Stuhl gesprochen 1Kö 10, 19. So heißt Damaskus das H. in Syrien, Rezin das H. in Damaskus Jes 7, 8. So werden die Vorsteher und Führer Häupter genannt: in den Geschlechtern 2Mose 6, 14, in den Gliederungen des Volkes 2Mose 18, 25; Mi 3, 1, im Heer 1Chr 12, 14, unter den Priestern Neh 12, 7. So weist 1Kor 11, 3 auf die Überordnung Gottes über Christus, Christi über den Mann, des Mannes über die Frau hin. So ist Christus als der allein Maßgebende das H. der Gemeinde Eph 1, 22; 5, 23; Kol 1, 18 und das H. des Alls Kol 2, 10. *Schl*

Hauptmann, Hauptleute. Der von Luther mannigfach gebrauchte Titel bezeichnet meist Führer im Heer, zT auch Beamte der Verwaltung. — *1)* So in Israel die Führer der Mannschaft der einzelnen Stämme 4Mose 1, 4 ff, dann Offiziere 1Sam 17, 18; 2Kö 1, 9, die Anführer des Heers 1Kö 1, 25; 2Kö 9, 5; 25, 23; Jer 41, 11. — *2)* So am Hof Pharaos den H. der Leibwache 1Mose 37, 36, im Heer Nebukadnezars den Feld-H. 2Kö 25, 8, in 1Makk teils Gouverneure von Provinzen 1, 7. 53, teils syr. Heerführer 3, 38, teils jüd. Offiziere 3, 55. — *3)* Der H. von Kapernaum (im Dienst des Herodes Antipas) Mt 8, 5, der H. unter dem Kreuz Mt 27, 54 und der H. Kornelius Apg 10, 1 sind vielleicht, ebenso wie der Unterführer Apg 22, 25, Unteroffiziere gewesen (Centurio, Hekatontarch = Führer von

100). Dagegen ist der Ober-H. Apg 21,31 f als Chiliarch (Führer von 1000) Offizier. Ein Teil der Handschriften nennt Apg 28,16 den Kommandanten des Lagers. — *4)* Der H. des Tempels Lk 22,4.52; Apg 4,1; 5,24 führte im Auftrag des Hohenpriesters die levitische Tempelwache, die die Aufsicht im Tempel hatte. *Schl*

Hauran. Mit H. bezeichnet man heute in erster Linie das große, östlich des Jordan und nördlich des Jarmuk gelegene, dschebel ḥaurān oder (nach seiner Bevölkerung: Drusen) dschebel ed-drūz genannte Basaltgebirge mit dem dschebel ed-dschēna (1839 m) als höchster Erhebung; darüber hinaus aber auch die diesem vorgelagerte, äußerst fruchtbare Ebene en-nuqra. — Haurina hieß eine 733 vChr von Tiglatpileser III. gegründete assyrische Provinz, welche den H. im engeren Sinn umfaßte. — In der Vision des Hesekiel 47,16.18 dient der H. zur Festlegung der Nord- und Ostgrenze des hl. Landes. *Rü*

Haus. Häuser sind an Stelle der Zelte der Nomaden und Halbnomaden die Unterkünfte einer seßhaften Bevölkerung. So in Israel seit der Landnahme. Nur die kulturfeindlichen → Rechabiter Jer 35,7 verschmähten den Hausbau. An die ältere Zeit Israels erinnert noch der Ruf: Zu deinen Zelten (Luther: Hütten), Israel! 1Kö 12,16.

An ein H. stellte man zwei Anforderungen: daß es gegen Regen und Sonnenstrahlen schütze und als Schlafraum diene. Das tägliche Leben spielte sich ja zum größten Teil in offener Luft ab, und Handwerker und Kaufleute betrieben ihr Geschäft auf der Straße.

Die einfachsten Häuser, die in den Ortschaften eng aneinandergereiht wurden, waren kleine, viereckige Räume. Die Wände, meist aus ungebrannten Lehmziegeln auf einem Unterbau von drei bis fünf Lagen Steine gebaut, konnten leicht von Dieben durchgraben werden Mt 6,19. Als Mörtel und Tünche wurde Kalk benutzt. Der Bewurf des Hauses war Lehm 3Mose 14,41. Der Fußboden war von Lehm oder aus Stein. Die Last des Baus wird in erster Linie durch einen sorgfältig ausgewählten → Eckstein getragen. Die Türöffnung wurde durch zwei steinerne Türpfosten und eine Ober- 2Mose 12,7 und Unterschwelle umschlossen. Fenster, wenn überhaupt vorhanden, gab es wenige, → Glas. Das Dach war eine Lehmdecke über Balken oder Holzstämmen und Reisig, vgl. Mk 2,4. Es war durch eine meist an einer Außenwand liegende Treppe erreichbar. Man legte sich bei schönem Wetter dort gern zum Schlafen nieder und be-

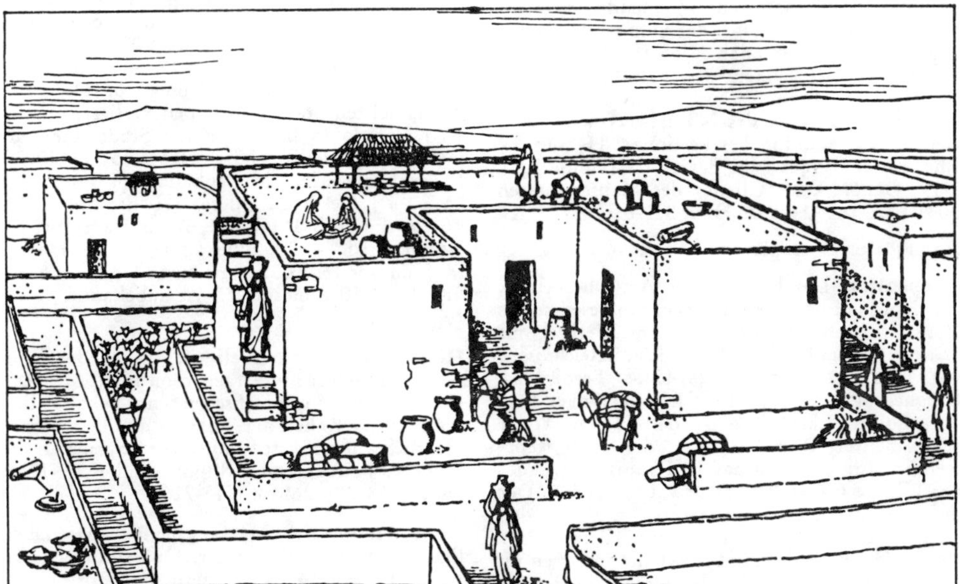

Ein großes Haus

Das palästinische Haus hatte neben der Türe, die bei Nacht geschlossen wird (Lk 11,7), nur Scharten zum Abzug des Rauchs, war darum im Inneren sehr dunkel (Lk 15,8); daher spielte sich das Leben des Tages großen Teils im Hof und auf dem Dach ab. Das flache Dach wird durch eine außen am Haus angebrachte Treppe erreicht; auf ihm kann eine Laube Schatten gewähren. Vielfach liegt auf den Dächern die Walze bereit, mit der nach dem Regen Risse, die in der Lehmdecke entstanden sind, zugewalzt werden. Das Bild zeigt zwei Frauen, die mit der Handmühle das Getreide mahlen, sowie kleines und großes Geschirr und in der Ecke des Hofes den Backofen.

nutzte es als Raum zum Trocknen Jos 2,6. Manchmal gab es bei Steinhäusern dort ein Obergemach (Söller), wohin man sich ungestört zurückziehen konnte.

Die vornehmeren Häuser waren um einen gepflasterten Hof gelagert und mehrräumig. Dort konnte man auch kostbare Getäfer und manchmal Elfenbeinverkleidung der Wände finden. Die Bauernhäuser waren recht einfach und nur einräumig; im gleichen Raum hausten Mensch und Tier, die Menschen auf etwas erhöhtem Boden. *v. d. W.*

Hausgemeinde. Wie beim Aufbau der Gemeinde das „Haus", d. i. die Familie, eine besondere Verheißung hat Apg 11,14; 16,15.31. 34; 1Kor 1,16; 7,14, so gehört im NT auch der H. der volle Segen der Heilsgegenwart Christi bei den in seinem Namen Versammelten. Ist sie auch als zahlenmäßig klein zu denken, so trägt sie doch den gleichen Namen wie die größeren Ortsgemeinden, ja wie die universale Kirche Röm 16,5; 1Kor 16,19. Die H. ist kein sektiererisches Konventikel, sondern ein organischer Bestandteil des Leibes Christi, wie Kol 4,15 und Phm 2 zeigen, wo die H.n bes. angesprochen sind. *Kü*

Hausgenossen.

1) Allgemein verstanden, sind damit die in einem Hause beisammen Wohnenden gemeint 2Mose 3,22, einschließlich der zum isr. Hausverband zählenden Fremden Hiob 19,15. H. kann geradezu soviel heißen wie Familie Jer 20,6; Mt 10,25.36; 1Tim 5,8.

2) In den Briefen des NT ist das Wort vom Gemeindeverständnis her bestimmt: H. sind die Christen als Angehörige der Gottesfamilie Eph. 2,19; Gal 6,10, als Glieder des Hauses, dessen Herr Christus Jesus ist Hebr 3,1-6. *Kü*

Hausgötter → Abgötterei.

Haushalter. Der H. war eine Art Obersklave, der dem Hausgesinde oder dem Anwesen seines Herrn vorstand 1Mose 43,16. Im Wechsel mit „Knecht" kommt der H. in Jesu Gleichnissen vor Lk 12,42f.45f; Mt 24,45ff; Treue und Klugheit sind als Vorbild für den Jünger hervorgehoben. Lk 16,1.8 ist der H. ein freier Schatzmeister; Röm 16,23 ist „der Stadt Rentmeister" Erastus so benannt. Paulus verwendet das Bild gern Gal 4,2; 1Kor 4,1f; Tit 1,7. Der christl. Amtsträger ist H. Gottes, weil mit den Schätzen des Evangeliums betraut. 1Petr 4,10.11 wendet die Bezeichnung H. auf die Christen im allgemeinen und auf die Amtsträger im besonderen an. *Kü*

Hausrat. In den gewöhnlichen Häusern Palästinas war der H. sehr einfach. Die Sunamitin stellte in das Zimmer Elisas ein Bett, einen Tisch, einen Stuhl und einen Leuchter 2Kö 4,10. Betten, Tische und Stühle fehlten jedoch bei den ärmeren Leuten. Dafür dienten Teppiche oder Strohmatten auf dem Boden. Unerläßlich waren aber Töpfe, Krüge, Schalen und Schläuche zum Aufbewahren der Nahrungsmittel, des weiteren Lampe, Backtrog, Feuertopf und Handmühle. → die einzelnen Geräte. *v. d. W.*

Haustafel ist die in der Bibelwissenschaft gebräuchliche Benennung für die Sammlungen von Anweisungen für eine christliche Lebensordnung der Familie aus dem Evangelium. Vgl. das konstitutive „in Christus" Eph 5,22ff; Kol 3,18ff; 1Tim 2,8ff; 6,1ff; Tit 2,1ff; 1Petr 2,18-3,7; 1Clem 1,3; Did 4,9ff. *Kn*

Hazarmaweth 1Mose 10,26 = 1Chr 1,20, durch Joktan und Eber von Sem abstammend, arabisch ḥaḍramaut, Name einer Landschaft in Südarabien, berühmt durch ihren Weihrauch und andere kostbare Erzeugnisse. H. heißen noch heute vier unter brit. Protektorat stehende Sultanate an der Südostküste Arabiens. *Rü*

Hazeroth, zweite Station der Israeliten nach dem Aufbruch vom Sinai, von wo sie nach längerem Verweilen in die Wüste Paran 4Mose 11, 35; 12,16 oder, nach dem Stationenverzeichnis 4Mose 33,17f, nach Rithma zogen; heute möglicherweise ʿēn ḥaḍra, nordöstlich des Sinai am Weg nach ʿaqaba. *Rü*

Hazor. *1)* Altkanaanäische, schon von Thutmosis III. bezwungene Burgstadt südwestlich des Hulesees am Gebirgsrand mit einem Heerlager der Hyksoszeit von 500×900 m, wie Ausgrabungen auf dem tell waqqas erweisen. Jos 11, 1ff zeigt, wie Jabin, der König von H., durch die Israeliten Stadt und Leben verliert; ähnlich Ri 4,2. Salomo befestigte die Stadt, die zum Gebiet Naphthalis gehörte 1Kö 9,15; Jos 19,36. Später bemächtigte sich Benhadad von Syrien 1Kö 15,20, i.J. 734 Tiglatpileser III. der Stadt 2Kö 15,29, die noch 1Makk 11,67 als Kampfort erwähnt wird. — *2)* Unbekannte Orte („Höfe") in Juda Jos 15,23.25, vgl. Neh 11,33. Auch das Jer 49,28.30 genannte H. ist unbekannt. → Tafel 11,12. *Da*

Hebamme. „Geburtshelferin" — so der hebr. Ausdruck — war in Israel schon in ältester Zeit eine Berufsart im spezifischen Sinn. Bekannt sind die H.n der Rahel, der Thamar und bes. die namentlich aufgeführten, gottesfürchtigen H.n der Hebräer in Ägypten, Schiphra und Pua 1Mose 35,17; 38,28; 2Mose 1,15-22. *Kn*

Hebe, Hebopfer. Für verschiedene Arten heiliger Abgaben in der isr. Opferthora (hebr. tᵉrūmā) brauchte Luther gern das Wort Hebe; die Revision 1964 setzte dafür meist Opfergabe oder Abgabe, gelegentlich Hebopfer. Ein bestimmter äußerer *kultischer Vollzug* wie etwa beim → Webopfer 3Mose 7,30 liegt dem Wort *nicht* zugrunde. Es besagt lediglich, daß aus einem gewissen Sachvorrat ein Stück *ab-gehoben* und *Jahwe*, dem *Kultpersonal* oder *Heiligtum geweiht* wird. In diesem Sinn dient H. zur Bezeichnung für Zehnten, Erstlinge, Erstgeburten

4Mose 18, 8ff; 15, 19ff, für die Jahwe gehörende Beute im hl. Krieg 4Mose 31, 41, für die Tempelsteuer 2Mose 30, 13, die freiwillige Beisteuer zum Heiligtum 2Mose 25, 2ff oder die Weihegaben zum Tempelbau Esra 8, 25, vgl. auch Hes 45, 1. 13. Besonders gern verwendet das Gesetz diesen kultischen Fachausdruck für den Opferanteil der Priester 4Mose 5, 9 u. a., vor allem auch für die rechte Keule von den Heilsopfern (→ Opfer) 3Mose 7, 34; 2Mose 29, 28. *Ste*

Hebräer (hebr. ʿibrī) dient im AT als Selbstbezeichnung von Israeliten gegenüber Fremden (1Mose 40, 15 Land der H., 2Mose 3, 18; 5, 3; 7, 16; 9, 1. 13 Gott der H.). Es könnte ebensogut von Israel, Gott Israels die Rede sein. Ferner dient H. zur Kennzeichnung von Israeliten durch Nichtisraeliten, zB in der Josephsgeschichte 1Mose 39, 14. 17; 41, 12, in der Geschichte der Bedrückung in Ägypten 2 Mose 1, 16; 2, 6, in der Geschichte der Kriege mit den Philistern 1Sam 4, 6. 9; 13, 19; 14, 11; 29, 3. Leuchtet hier schon stark der überwiegend völkische Gebrauch von H. hervor, ist das vollends der Fall in Jon 1, 9 (Jona bekennt sich vor Fremdstämmigen als H.). In 1Mose 14, 13 wird Abraham beim Empfang der Botschaft von der Gefangennahme Lots als H. bezeichnet, wobei nicht deutlich wird, ob die Volkszugehörigkeit oder die Sozialklasse gemeint ist. Auch in der Bestimmung des Bundesbuchs 2Mose 21, 2ff über den hebr. Sklaven kann H. die soziale Stellung als Sklave bedeuten, ähnlich Jer 34, 8-11. Da aber in der überwiegenden Mehrzahl der Fälle H. im völkischen Sinn gemeint ist, tut man gut, auch an diesen beiden Stellen die völkische Bedeutung anzunehmen. Die Betonung der nichtvölkischen Bedeutung von H. beruht auf der Gleichsetzung von H. mit den aus zahlreichen altorientalischen Texten bekannten ʿapīru, den staubbedeckten Wanderern, den Fremdlingen, Eingewanderten. Da nach der neuesten Forschung ʿapīru mit einem P-Laut und nicht B-Laut geschrieben werden muß, können ʿapīru und H. nicht in Verbindung gebracht werden.

Im NT (griech. hebraios Apg 6, 1; Phil 3, 5; 2Kor 11, 22) gebraucht Paulus die Bezeichnung zur ausdrücklichen Bezeugung der Zugehörigkeit zum Gottesvolk, während Apg 6, 1 an die in Palästina geborenen und ansässigen, nicht griechisch, sondern aramäisch redenden Juden denken läßt. Als Eigenschaftswort wird H. im NT nur zur Bezeichnung der Sprache gebraucht. *Ba*

Hebräerbrief.

1) Die *Überschrift* „An Hebräer" setzt offenbar voraus, daß dies geschriebene „Mahnwort" 13, 22 an bestimmte Judenchristen gerichtet ist, denen es schwer fällt, die Brücke zum überlieferten Glauben der Väter abzubrechen. In diesem Fall liegt es nahe, die Abfassung des Briefes noch vor der Katastrophe 70 nChr anzusetzen. Bezweifelt man eine derartige Möglichkeit, die Überschrift zu verwenden, und legt man Wert auf die Feststellung, daß es dem Verfasser mehr um die Auslegung des AT als um das Schicksal des Judentums geht, dann liegt es nahe, an einen Lehrvortrag zu denken, der nach der Zerstörung des Tempels an eine heidenchristliche Gemeinde, vielleicht in Italien (Rom?), gerichtet ist 13, 24. Der *Verfasser* nennt sich nicht, lebt aber, wenn die Nachricht in 13, 23 zum ursprünglichen Brief gehört, mit Timotheus in Arbeitsgemeinschaft. Die scheinbar theoretische Beweisführung des Briefes darf den Leser nicht irremachen: sie gehört zur Kunstform antiker Rhetorik. Ihr Ziel ist in Wirklichkeit seelsorgerlich: eine in der Spannkraft des Glaubens nachlassende Gemeinde soll durch Vertiefung in das ATliche Schriftwort in den Sinn und in die Bedeutung der Christusbotschaft eingeführt werden. Mit eindringlicher Schärfe warnt der Brief vor dem Abfall in der Zeit der Verfolgung: er ist eine so schwere Schuld, daß eine Umkehr unmöglich ist 6, 4-6; 10, 26f; 12, 17. Dieser Lehrsatz ist als Warnung vor einer Gefahr, nicht als Urteil über Abgefallene zu verstehen. Er entspricht dem Verständnis des verkündigten Heils: Gott hat jetzt durch Jesus Christus das endgültige und abschließende Heil angeboten; man würde es gering achten, wenn man es nach der Annahme preisgeben würde 10, 29-31. Gott würde durch einen Abfall herausgefordert werden. Verfasser und Leser glauben, am Ende der Zeit zu stehen.

2) Im einzelnen haben wir bestimmte *Themen* vor uns, die die Überlegenheit des Sohnes und Hohenpriesters Jesus Christus über die Engel 1, 5-2, 18, über Mose 3, 1-6 und das aaronitische Hohepriestertum 5, 1-10 aufweisen. Im Kernstück des Briefes, K. 7-10, 18, offenbart der Verfasser exegetisch sein eigentliches Wissen: Jesus Christus ist nach der priesterlichen Urordnung Melchisedek, nicht nach der Zwischenordnung Aaron, zum endgültigen und abschließenden Hohepriestertum von Gott berufen worden. Er hat durch sein Opfer auf Golgatha die Vergebung der Sünden ermöglicht und einen neuen Bund gestiftet 7, 18-24; 9, 11-14. Er ist als Vorläufer und Bringer des Heils in das himmlische Heiligtum eingegangen und trat als Fürsprecher der Gemeinde vor Gottes Antlitz 7, 25-28; 9, 24-28. So kann sie, gereinigt und geheiligt, Recht und Pflicht des Neuen Bundes zugleich ausüben: sie hat den Zugang zum Heiligtum erworben 10, 19-22 und muß doch ihre Gerechtigkeit gegen innere und äußere Gefahren schützen 10, 32-39. Sie erfüllt das alte Gesetz des Glaubens, nimmt das Zukünftige und das Unsichtbare ebenso ernst wie die Reihe der Zeugen in der Urzeit und versteht, daß Schöpfung und Geschichte im Geheimnis des Wortes Gottes und nicht in der Welt der Erscheinungen gründen. Jetzt steht der eigentliche Endkampf, die Vollendung der Geschichte, unmittelbar bevor 11, 1-40; 12, 1-4.

3) Der Brief würde mißverstanden, wenn man annähme, sein Interesse für das *Jenseits* und das *Unsichtbare* stamme aus einer philosophischen Bindung. Philonische und alexandrinische Voraussetzungen sollen allerdings nicht abgestritten werden. Die Welt des Jenseitigen und Unsichtbaren ist für den Brief keine Idee, sondern ein dem Glauben notwendig mitgegebenes Ziel. Sie ist aufs engste mit dem *Diesseits* und der konkreten *Geschichte* verflochten: jeder Glaubende muß hier auf Erden den Weg des Gehorsams und der Bewährung zu Ende gehen, ohne sich zu verfehlen. Nur das Diesseits und die Geschichte offenbaren (und verbergen zugleich) das Jenseits und das Unsichtbare. So muß unser Brief offenbarungsgeschichtlich verstanden werden. Es geht ihm um die Vollendung der Geschichte, um den Weg des Volkes Gottes, nicht um einen Aufstieg der einzelnen Seele im Sinn der Gnosis. Trotz aller Berührungen mit dem Denken des hellenistischen Diasporajudentums liegen die letzten Voraussetzungen des Briefs in der *Priestertradition* des AT. Die Apokalyptik, vor allem deren kultische Anliegen, aber auch die Umwandlung der Frömmigkeit nach der Katastrophe des Jahres 70 nChr werden aufgenommen. Das Judenchristentum des Verfassers verrät sich in jedem Satz. Vor allem berührt es sich mit der johanneischen Überlieferung Jo 14,1-4; 17,1-5. Die priesterlichen Motive des vierten Evangeliums sind allerdings älter.

Neuere Literatur zum Hebräerbrief: E. Riggenbach, Der Brief an die Hebräer, $1922^{2\,3}$; H. Windisch, Der Hebräerbrief, 1931^{2}; H. Strathmann, Der Brief an die Hebräer, 1953^{6}; W. Manson, The Epistle to the Hebrews, 1951; O. Michel, Der Brief an die Hebräer, 1957 (letzte Auflage); C. Spicq, L'épitre aux Hébreux, 2 Bände 1952-1953; E. Käsemann, Das wandernde Gottesvolk, 1957^{2}; E. Grässer, Der Glaube im Hebräerbrief (Marburger Theol. Studien 2), 1965.

Mi

Hebräisch wird im wissenschaftlichen Sprachgebrauch die Sprache des AT genannt, abgesehen von den aramäisch geschriebenen Teilen Esra 4,6-6,18; 7,12-26; Dan 2,4b-7,28; Jer 10, 11; 1Mose 31,47. Sie ist die Sprache des im Kulturland Palästina ansässig gewordenen Israel, als solche verwandt mit anderen Zweigen der kanaanäischen Sprache wie Ugaritisch, Phönikisch, Moabitisch und zum nordwestsemitischen Sprachzweig gehörig. Möglicherweise haben die nach Kanaan einwandernden Israelstämme ihre mitgebrachte Sprache mit dem in Palästina vorgefundenen Kanaanäisch zu einer Mischsprache, dem ATlichen H., verbunden. In Jes 19,18 wird die „Sprache Kanaans" genannt; in dieser Wendung kann dem Kontext nach nur das H.e gemeint sein. H. als Sprache ist auch außerhalb des AT bezeugt durch den Bauernkalender von Geser, die Ostraka von Samaria und Lachisch, die Siloahinschrift, geringe hebr. Inschriften und das Schrifttum von Qumrān. Das außerbiblische Schrifttum bezeugt uns, daß H. in dem sog. althebr. Duktus geschrieben worden ist. Die Quadratschrift ist etwa um 200 vChr bezeugt. Das H. des AT wird genauer Althebräisch genannt im Gegensatz zu dem H. in Mischna und Talmud, das Mittelhebräisch genannt wird, während unter Neuhebräisch, ʿiwrīth, das im modernen Staat Israel gesprochene H. verstanden wird.

Ba

Hebron, früher Kirjath-Arba, nach Jos 14,15 „die Stadt des Arba", von den Neueren meist als „Vierstadt" erklärt, von den Mohammedanern el chalil, „der Freund", nach Abraham, dem Freund Gottes Jes 41,8, genannt. — H. liegt 36,5 km südlich von Jerusalem, 927 m hoch, auf einem der höchsten Punkte des Gebirges Juda. Die Berge ringsum steigen bis 1000 m an. Die Gegend ist reich an Obst, bes. an Trauben. Die alte Stadt, deren genaue Lage im Verhältnis zu el chalil unbekannt ist, wurde nach 4Mose 13,22 7 Jahre vor dem ägyptischen Zoan-Tanis, also etwa 720 (Hyksoszeit) erbaut. In → Mamre bei H. weilte Abraham 1Mose 13,18 und erwarb hier ein Erbbegräbnis. H., das in der Kundschaftergeschichte eine Rolle spielt 4Mose 13,22, wurde Wohnsitz der Kalebiter Jos 14,13; 15,13f; Ri 1,20. Es wurde Priester- und Asylstadt Jos 21,11; 20,7. In H. residierte David 7½ Jahre als König von Juda 2Sam 2,1; 3,2 und wurde hier auch zum König von Israel gesalbt 2Sam 5,1. Rehabeam machte H. zur Festung 2Chr 11,10. Nach dem Exil zunächst von Juden bewohnt Neh 11,25, wurde H. später edomitisch und von Judas Makkabäus zerstört 1Makk 5,65. — Der „Haram" im heutigen H., ein angeblich über dem Abrahamsgrab errichtetes Heiligtum, das auf eine Kreuzfahrerkirche zurückgeht, enthält Mauerreste eines jüd. Heiligtums aus herodianischer Zeit.

Me

Hecke → Dornen.

Heer. In den frühesten Zeiten der Geschichte des Volkes gab es in Israel noch kein Berufsheer. Bei feindlichen Angriffen wurden die kriegsfähigen Männer mittels Boten, Posaunenschall oder symbolischer Akte Ri 6,34; 1Sam 11,7 zum Kampf aufgerufen. Beteiligung am Krieg war für sie eine religiöse Pflicht, von der nur bestimmte soziale und kultische Gründe befreiten 5Mose 20,5ff.

Saul hatte schon eine Leibwache 1Sam 14,52; 22,17 als Kern eines Berufsheeres, auch schon einen Feldhauptmann (Abner). David fügte zu seiner Leibwache fremde Söldner hinzu 2Sam 15,18. Ein großes Berufsheer besaß jedoch erst Salomo; er legte auch viele Wagen und Reiter in wichtige Städte wie Jerusalem und Megiddo 1Kö 10,26. → Krieg, Kriegführung.

Die Engel heißen öfters das H. Gottes Jos 5, 14; Offb 19,14. Mit des Himmels H. sind die Sterne gemeint Ps 33,6; Jes 40,26; Jer 33,22. → Zebaoth.

v. d. W.

Heerscharen → Zebaoth.

Heiden. Das AT bezeichnet die Menschheit außerhalb Israels, dem Volk des Eigentums 2Mose 19,5, als „die Völker" 5Mose 4,27; 18,9. Das hiefür gebrauchte Wort wird oft mit „Heiden" übersetzt, sachgemäß, weil damit Menschen nichtisr. Herkunft und Religion bezeichnet sind. Ein abwertendes Urteil liegt im Worte H. nicht.

Das AT beschreibt die H. als die Nachbarn Israels 1Sam 8,5; Jes 5,26. Sie verlocken es zum Abfall vom Bund mit Gott 1Kö 14,24. Die Geschichtsschreibung Israels sieht den Zerfall des Staates als Strafe für den Abfall zu den H. an 1Kö 11,1-3. Die H. selbst stehen unter Gottes Allmacht. Er läßt sie bleiben oder vertreibt sie 2Mose 34,24; Ri 2,21; er benutzt sie zur Züchtigung Israels Am 9,9; Lk 21,24, wie auch in der Gestalt des Perserkönigs → Cyrus zur Rettung Israels Jes 45,1. Sie sind hilflos vor ihm Jes 41,2. Die Endzeit sieht die H. auf dem Weg zum hl. Berg Jes 2; 60; wahrscheinlich wird damit nicht die Bekehrung der H., sondern nur ihre Unterwerfung erwartet. Die Zeit bis dahin ist zur Verherrlichung des Namens des Herrn unter den H. bestimmt Ps 18,50; 46,11. Die Bücher Daniel, Esther und der Makkabäer erzählen von der Not der Frommen unter den H. Jesus und seine Gemeinde wissen von gläubigen H. und ihrer künftigen Rettung zum Teilhaben an der kommenden Welt Mt 8,10 ff, so gewiß das Heidentum jetzt noch Armut und Blindheit ist Mt 6,7.32; 18,17. Trotz Mt 10,5 gilt Jesu Sorge allen H. Apg 9,15; 10,45. Die Ausstoßung der Boten Jesu aus Israel führt zur Heidenmission Apg 18,6 unter Leitung des hl. Geistes Apg 16,7. Aus ehemaligen Juden und H. entsteht die Kirche Eph 2,11-22. → Heidenchristen, → Mission. *Nag*

Heidenbekehrung. Das AT weiß von H. wenig zu erzählen. Die Völker, mit denen Israel zusammenkam, standen außerhalb des Gottesvolkes und der Abrahamskindschaft. Der Weg in das Judentum war ihnen versperrt; der Fremde blieb fremd 2Mose 22,20, auch wenn er in Israel wohnte. Nur einzelne Fremde kamen zur Erkenntnis der Größe Jahwes, des Gottes Israels, so Bileam 4Mose 23,26, Naeman 2Kö 5,17; ein Opfer besagte noch nichts. Nebukadnezars Bekehrung ist, als er Gott lobte Dan 4,31 f, nicht vorausgesetzt. Die Mt 1,3-6 genannten Frauen im Stammbaum Jesu sind nicht als Bekehrte beschrieben, wenn man die ATlichen Geschichten nachliest. In spätere Zeit gehört das Buch → Jona, dessen Inhalt eine sog. Prophetenlegende ist; das tatsächliche Schicksal Ninives verlief anders, als das Buch Jona sagt. Die Makkabäer (2. Jh. vChr) suchten unterjochte Völker mit Gewalt zum Glauben Israels zu bringen, ohne wirkliche Erfolge zu haben. In NTlicher Zeit setzte das Judentum zu erfolgreicher Mission an und gewann Judengenossen (→ Proselyten) und → Gottesfürchtige Mt 23,15; Apg 16,14. Die Bekehrten wurden aber in Israel nie Vollbürger. Jesus hat keine Heidenmission betrieben, aber unter Heiden Glauben gefunden, so Mt 8,8; 15,28. Die → Apg erzählt, wie es im Auftrag Jesu, unter der Leitung des hl. Geistes und unter Verfolgung zu evangelistischer Tätigkeit der Sieben, des Petrus und des Paulus und seiner Gefährten unter Heiden kam. *Nag*

Heidenchristen. Nach dem durch Philippus bekehrten äthiopischen Hofbeamten Apg 8,27 ff war der erste durch die Urgemeinde (Petrus) für das Evangelium gewonnene Heide der Centurio (Hauptmann) Kornelius in Cäsarea Apg 10,1 ff, dessen Taufe von der Gemeinde in Jerusalem ausdrücklich gebilligt wurde Apg 11,1 ff. Dann haben sich im palästinisch-phönizischen Küstenland da und dort gemischte Gemeinden gebildet. Die bedeutendste war → Antiochien in Syrien Apg 11,19 ff. Auf dem → Apostelkonzil wurde das Recht der Heidenmission anerkannt. Die von Paulus gegründeten Gemeinden bestanden überwiegend aus früheren Heiden. Das Verhältnis von Judenchristen und Heidenchristen wird besonders eingehend in Röm 11,11 ff und Eph 2,11 ff erörtert. *Schn*

Heil im religiösen Sinn meint immer die von Gott ausgehende Errettung. Das Wort meint im AT weithin das helfende Eingreifen Gottes, das seinem Volk (zB bei dem Sieg über die Feinde Ri 15,18; 1Sam 11,13; 14,45) oder den einzelnen Frommen (so Ps 18,47.51; 62,8; 70,5 u.ö.) zuteil wird. Bei Deuterojesaja steht der Gedanke an die kommende Erlösung in der messianischen Zeit im Vordergrund Jes 49,8; 62,11 u.ö. Im späteren Judentum ist „Heil" vollends ein eschatologischer Begriff. Im NT wird das Wort hauptsächlich von Paulus gebraucht. Doch enthält schon die Verkündigung des Petrus den grundlegenden Satz, daß in keinem andern das Heil zu finden ist als in dem Namen Jesu Apg 4,12. Paulus unterscheidet das gegenwärtige Heil in Christus und die zukünftige Errettung. Die Grundlage des Heils ist das Sühnopfer Christi für die Sünden der Welt. So ist die Errettung, die die Vergebung der Sünden, Rechtfertigung und ewiges Leben bringt, durch Christus verbürgt. Sie wird vermittelt durch das Evangelium, das im Glauben angenommen wird. Denn die Heilsbotschaft ist die Gotteskraft zur Errettung für jeden Glaubenden Röm 1,16. Die Christen sind die durch die Gnade Gottes Geretteten Eph 2,5.8. Durch den lebendigen Christus werden sie im Endgericht vor dem Zorn Gottes endgültig gerettet werden Röm 5,9 f; 1Kor 3,15; 5,5; Phil 3,20. *Schn*

Heiland. Der Begriff Heiland ist schon in sehr früher Zeit mit dem des Königtums verbunden worden. Am Herrscher haftet die Vorstellung vom Heilbringer. Die Antike kennt besondere Heilgötter. In der hellenistischen Zeit werden die Fürsten der Diadochenreiche Heilande genannt. Von dort dringt der Soter-(Heilands-)Titel in das Gebiet des römischen Reiches ein. Vor allem wird Augustus der Heiland der Welt genannt, weil er ein neues Weltalter begründet hat. Im AT wird der Ausdruck gelegentlich von gottgesandten Helden gebraucht Ri 3,9; 2Kö 13,5; Jes 19,20; meist aber von Gott, dem Helfer und Erretter aus der Not, Ps 88,2; Hos 13,4 u.ö. Das NT bezeichnet sowohl Gott als auch Christus als Heiland. Dem irdischen Weltherrscher wird Jo 4,42 der göttliche Weltheiland gegenübergestellt. → Jesus Christus. *Schn*

Heilen bedeutet gesund machen. Von Krankenheilungen ist schon im AT die Rede. Bei Jesus, dem großen Arzt des Leibes und der Seele, sind die Krankenheilungen Ausdruck seiner messianischen Vollmacht. Er lehrt, heilt, treibt Dämonen aus und weckt die Toten auf. Bildlich wird das Wort von der Beseitigung von allerlei Schäden einzelner oder ganzer Völker gebraucht. Gott heilt alle Gebrechen Ps 103,3, vor allem die zerstoßenen Herzen, die verwundeten Gewissen Ps 147,3; Hos 6,1. Manchmal bedeutet heilen geradezu „vergeben" 2Chr 30,20; Hos 7,1; 14,5; Jes 57,19. Durch die Wunden Christi sind wir geheilt worden 1Petr 2,24; vgl. Jes 53,5. Von Krankenheilungen durch gläubiges Gebet spricht Jak 5,13 ff. *Schn*

das Heilige → Tempel.

Heiligkeit, heilig.
1) Gottes H. 2) Die Heiligen. 3) Das Heilige. 4) Die Heiligung.

Der Zugang zu diesen Worten, die das Zeugnis der HS von Gott und seinen Weltzielen beherrschen, ist uns nicht nur durch das profane Denken der Gegenwart erschwert, das h.e, vom übrigen Leben abgetrennte Bezirke kaum mehr kennt, während die Scheidung von h. und profan dem Menschen des Altertums selbstverständlich war. In der Bibel selbst läßt sich eine Reifung und Vertiefung der Erkenntnis beobachten; die Reformation hat sich darum mit Recht den Rekonstruktionsversuchen der Kirche nach ATlichen Modellen (Weihen, Opfer, Priestertum usw) widersetzt. Andererseits liegt es im bibl. Zeugnis, daß die H. Gottes ihrem Wesen nach eigentlich nicht beschrieben werden will und kann und mehr im Spiegelbild ihres Tuns, ihrer Wirkungen greifbar wird (vgl. den Zusammenhang mit dem Bilderverbot 2Mose 20,4; Jes 40, 25). Und doch geht es gerade hier um etwas Unverlierbares, wenn der Glaube an Gott nicht tiefen Schaden leiden soll.

1) Gottes H. Der im Sanctus der christl. Liturgie festgehaltene Lobpreis der H. Gottes aus der Berufungsgeschichte des Propheten Jesaja 6,3 (vgl. Offb 4,8) ist zwar für uns nicht der geschichtl. Ausgangspunkt im AT. Aber wesentliche Züge, die schon immer wichtig waren und blieben, sind dort bes. anschaulich. Das jähe, verzehrende Erschrecken des Propheten V. 5, das ihm — dem Unnahbaren, unerträglich Hoheitsvollen gegenübergestellt — den tödlichen Gegensatz zu seinem eigenen Wesen zum Bewußtsein bringt, ist Erkenntnis der H. Das ist hier Erkenntnis der Unreinheit, der sündigen Geschiedenheit, die unter der reinen Strahlenglut dieser nahen Sonne meint vergehen zu müssen. Nun ist aber das Dasein Israels, soweit es sich zurückverfolgen läßt, mit dieser H. Gottes unauflöslich verbunden. Das Wissen um seine Erwählung ließ hier kein Ausweichen zu. Der die Frömmigkeit zunächst bestimmende Kult versucht den Umgang mit dem h.en Gott so zu gestalten, daß er für den Menschen möglich ist. Er erinnert in seiner Form in vielem an Religionen ganz anderer Art. Der grundlegende Unterschied ist schon früh die betont persönliche Gotteserkenntnis Israels, die Bindung an das offenbarende Wort, das auf Ich und Du zum Volke spricht 5Mose 6,4 f; 3Mose 19,2; 11,44 f; 20,26. Diese H. ist ausschließend verstanden 1Sam 2,2; 2Mose 15,11. In dieser letzten Stelle sagen die beigefügten Worte, in welchem Sinn die H. Gottes gerühmt wird. Hier wendet sich die Erkenntnis der unsäglichen, die Kreatur ins Nichts stürzenden Größe Gottes gegen die feindselige Welt, gegen alle Gewalten, die Israel bedrängen, vgl. Jes 10,17 ff. Von daher ist es zu verstehen, warum der Krieg in seiner grausamen Gestalt oft genug als h.er Krieg erscheint, den der Herr, der „rechte Kriegsmann" 2Mose 15,3, entfesselt und führt 4Mose 10,35 f; 5Mose 20; 23,15; Jos 6; Joel 4,9 ff; Jes 13,3 ff. Das war nie einseitig zugunsten Israels gemeint 1Sam 4 u. a. m. und von einer ATlichen Schwertreligion ist keine Rede. H. ist die Treue dessen, der sich nicht wandelt 2Mose 3,14; Hos 12,1; er ist Gott und kein Mensch Hos 11,9. Sein h.er Name, das ist er selber, so wie er sich zu erkennen gegeben hat 3Mose 20,3; 1Chr 16,10; Ps 33,21; 99,3; 103,1, vgl. Mt 6,9. Das Weltregiment Gottes unter dem Vorzeichen der H. entspringt zwar seinem Anderssein, für das wir keine Maßstäbe haben Jes 55,8 f; willkürlich ist es nicht. Seine Gerechtigkeit Jes 5,16; Ps 145,17, seine Barmherzigkeit Jes 57,15, sein reines Auge Hab 1,12 f, seine Liebe, die aus Liebe auch zürnt Hos 11,8 f, sind in seine H. eingeschlossen, so wie sie vor allem die Propheten im Widerstand gegen eine einseitig kultisch-gesetzlich verstandene H. verkündigt haben. Nur daß das keine Verharmlosung dessen bedeutet, was in seiner unfaßlichen Größe und Herrlichkeit stehenbleiben muß. — In besonderer Weise rückt die H. Gottes in den beiden Jesajabüchern in die Mitte. Die Berufungsgeschichte Jes 6 ist auch darin so aufschlußreich, daß das Gefürchtete aus diesem Erlebnis heraus der Rückhalt seiner ganzen Botschaft wird. „Der Heilige in Israel" 1,4; 5,19; 17,7; 37,23 wird — in eine kurze, Gericht und Heil in sich schließende Formel gefaßt — der Kern seiner Verkündigung, vgl. 2Kö 19,22; Jer 50,29; Hab 1, 12. Im zweiten Jesajabuch tritt hinzu der h.e Erlöser 41,14.16.20; 43,3.14 f; 45,11; 54,5. So heißt denn im NT der Sohn als Träger der H. Gottes der Heilige Jo 17,11 f; Mk 1,24; Lk 4,34; 1,35; Apg 3,14; 4,27; 1Petr 1,15 ff; 1Jo 2,20, wobei Lk 5,8 noch einmal an Jes 6 erinnert, vgl. Offb 1,17. In denselben Zusammenhang gehört der → Geist Gottes als h.er Geist: im AT Ps 51,13; 143,10; Jes 63,10, im NT Mt 1,18; 3,11; Lk 10,21 u. a. m. — Das Lob der H. Gottes Ps 22,4; 30,5; 97,12, die Fröhlichkeit in dem Heiligen Israels Jes 29,19, die Anbetung in Ps 99,5 lassen im Spiegelbild noch einmal erkennen, wie stark der Glaube in der HS verwurzelt ist in der H. Gottes.

2) Die Heiligen. Der h.e Gott hat um sich nicht nur die h.en Engel Hiob 5,1; 15,15; Ps 89,8; Mk 8,38; Mt 25,31; Jud 14; Offb 14,10. Sein Volk soll teilhaben an seiner H. 3Mose 19,2 (Kernsatz des sog. „Heiligkeitsgesetzes" 3Mose 17-26, das die H. neben dem Kultischen ins Ethisch-Soziale ausdeutet). Israel ist ein h.es Volk nicht um seiner Qualitäten willen, sondern weil es Gottes Eigentum ist 2Mose 19,6; 31,13; 5Mose 7,6; 26,19 u. a. m. In diesem Sinn, weil er sie in all ihrer Fragwürdigkeit erwählt hat, sind sie seine Heiligen 1Sam 2,9; Ps 34,10; 4,4; 97,10; 116,15. Wie sich das auswirken soll in ihrem Wandel, sagen u. a. Ps 15 u. 24. Sie bilden eine Gemeinde der Heiligen Ps 89,6. Diese Gemeinde wird freilich nicht mehr Volk und Kirche in einem sein, vgl. der h.e Rest Jes 4,3; 6,13; 10,20f.

In ihrer Mitte ist ein h.er Priesterstand 3Mose 21 in einer reichen Gliederung, mit besonderem Recht und Dienst ausgestattet. Vor allem ist der Stamm Levi als Geschenk Gottes an sein Volk zu h.em Dienst ausgesondert 5Mose 10,8; 4Mose 16,7ff; 8,16.

Im NT überträgt sich das „Ihr sollt mein Volk sein" auf die durch das Werk Christi begründete Gemeinde Jesu 1Petr 2,9; Eph 2,19. Auch dort ist zB in der Anrede der Briefe deutlich, daß ein Wort wie die „berufenen Heiligen in Korinth" nicht von einer besonderen Eignung Einzelner spricht, sondern alle mit einschließt, die Christus im Glauben angehören. Ihre Berufung, der sie gefolgt sind, ist ihre H. Röm 1,7; sie sind „h. in Christus Jesus" Phil 1,1, eine Gemeinde der Heiligen Eph 5,27. Auch hier handelt es sich um Erwählung Gottes, die niemand in ihre letzten Gründe verfolgen und als verdient ansprechen kann 2Tim 1,9; Röm 8, 28ff. Die Gemeinschaft des h.en Geistes verbindet sie 2Kor 13,13. In einem verinnerlichten, den Christenstand als solchen beschreibenden Sinn gehören die Mittelstücke der ATlichen Kultgenossenschaft: Priestertum, Tempel, Opfer zur H. der christl. Gemeinde Offb 1,6; 1Kor 3, 17; Röm 12,1. Wenn auch einzelne Gestalten h. genannt werden: Apostel und Propheten Eph 3,5; die Märtyrer Offb 17,6 usw, so handelt es sich um keine andere H.: es ist immer die auf alle, die im Glauben zu ihm gehören, ausstrahlende H. Gottes, die keine Kirche verleihen kann.

3) Das Heilige. Von den Anfängen her stößt der Bibelleser im AT auf einen Kreis von h.en Sachen, Dingen und Orten, die als in besonderem Sinn von Gott beschlagnahmt gelten und auf die Israel zu achten hat. Das sind die Stätten einer Gottesbegegnung 1Mose 28,17; 2Mose 3, 5; Jos 5,15, die h.e Stadt Jes 48,2; 52,1, der h.e Berg Jer 31,23; Jes 56,7. Das ist dann die Bundeslade, für die alte Zeit der Inbegriff der H. Gottes 1Sam 5-7 (6,20); 2Sam 6, die Stiftshütte 2Mose 25,8; 29,43f, der Tempel in seinen verschiedenen Baugestalten 1Kö 9,3; 2Chr 2,3, wobei hier und dort der Vorhof, das Heilige und das Allerheiligste in der Unterscheidung ihrer H. als zugängliche oder verbotene Räume noch einmal die Scheu vor der h.en Nähe Gottes eindrücklich machen. H. ist das Opfer mit genauer Kennzeichnung des Reinen und des Unreinen 3Mose 1-7 u. a. m., das h.e Brot 1Sam 21,5; 3Mose 24,9, der Zehnte als Gabe an Gott 3Mose 27,30, die Kleider der Priester, das Salböl zu ihrer Weihe, die Geräte im Tempel usw. Vor allem ist h. der → Sabbat 2Mose 20,8ff usw und die → Feste bis hin zum großen → Versöhnungstag. So fremd uns in dieser Reihe etwa die Erzählung von den Räucherpfannen 4Mose 16 u. 17 berühren mag oder die Peinlichkeit, mit der Heiliges und Unheiliges unterschieden werden soll — man versteht in Hes 22,26, wo davon die Rede ist, aus dem ganzen Zusammenhang heraus, wie eng die Zucht oder Verwilderung des ganzen Lebens mit dieser kultischen Genauigkeit zusammenhing. Andererseits wundert es uns nicht, daß das alles Fassade und Kulisse werden konnte und von Am 5,21ff an als Schein-H. an den Pranger gestellt wurde. Das Volk vergaß, daß das alles bis hin zum h.en Tempel und der h.en Stadt keine eigene H. hat und daß Gott wegnehmen kann, was bloßer Aushängeschild geworden ist Jes 48,1ff; Jer 7; Jes 64,9f; Hes 24,21. Nicht kultische Korrektheit, sondern Heiligung des ganzen Lebens im öffentlichen und privaten Bereich ist wahre H. Es standen sich im weiteren Verlauf der jüd. Geschichte diese prophetische Linie, auch in vielen Psalmen, und eine priesterlich-gesetzliche Linie gegenüber.

Im NT bleibt Jerusalem die h.e Stadt Mt 4,5; 5,35. Jesus selbst und die judenchristliche Gemeinde haben ein positives Verhältnis zum Tempel und zur Festordnung ihres Volkes. Auch ist gelegentlich vorausgesetzt, daß der Opferdienst und gewisse Reinigungsvorschriften u. dgl. eingehalten wurden Mt 5,23f; Mk 7,14ff; Lk 5, 14; Apg 21,24; 24,18. Aber die Tempelreinigung, die Konflikte mit der Sabbatheiligung, die Bergpredigt und vollends die Entlarvung der pharisäischen Frömmigkeit Mt 23 lassen erkennen, daß „das Heilige" im kultisch-priesterlichen Verständnis mindestens ganz zurücktritt. Wie die Propheten, kennt auch Jesus Mt 24,1f par. keine unantastbare H. des Tempels. In den Briefen hat vor allem der Hebräerbrief K.9, aber auch Gal 4,9f; Kol 2,16 von einer in Christus endgültig neu begründeten Heiligung her gegen die ganze unzulängliche, äußerliche H. den Kampf geführt. Das bedeutet nicht eine Entheiligung der kreatürlichen, natürlichen Welt; 1Tim 4,4 sagt kurz und bündig, wie das Heilige h. wird und bleibt.

4) Die Heiligung (= Hg.). Zwar erscheint im AT die Hg. da und dort als Aufgabe und Werk des Menschen Jos 3,5, das auch einer am anderen tut 2Mose 19,10; Jos 7,13; 1Sam 16,5. Aber es kann sich doch immer nur darum handeln, daß der h.e Gott selbst, wenn auch durch Handlangerschaft des Menschen, Anteil gibt an seiner H. Hes 20,12; 37,28.

So bittet Jesus Jo 17, 17, wobei „in deiner Wahrheit" wohl auch noch einmal wie 4, 23 f das ganze Gestrüpp von Schein-H. verneint. Dazu heiligt sich Jesus selbst für uns in seinem h.en Leiden und Sterben Jo 17, 19. Damit ist er uns zur Hg. gemacht 1Kor 1, 30. Dort, in seinem Blut, ist der objektive Grund aller Hg. der Gemeinde und des Einzelnen 1Petr 1, 2; Hebr 2, 11; 10, 10. 14. 29. Von dorther hat die Taufe ihre heiligende Wirkung Eph 5, 26 f; Tit 3, 5. Die Gemeinde ist geheiligt im h.en Geist Jo 20, 22; 14, 26; Apg 4, 31; Röm 1, 4; 5, 5; 2Thess 2, 13; davon kann gesprochen werden als vollzogen 1Kor 6, 11. Ergriffen wird — subjektiv — die Hg. im Glauben Apg 26,18; Jud 20. Damit aber bleibt sie eine Aufgabe, → Rechtfertigung. Leib, Seele und Geist bedürfen der Hg. 1Kor 7, 34; 1Thess 5, 23; 1Tim 2, 8. Wieder geht es um die Reinheit Mt 5, 8; „h. und unsträflich" ist wie ein Nachklang der kultischen Reinheit im AT auf ganz anderer Grundlage Kol 1, 22; Eph 1, 4. Der ganze Wandel soll h. sein 2Petr 3, 11, das geschieht in der Indienstnahme durch den h.en Gott, im h.en Priestertum 1Petr 2, 9; Röm 6, 19. 22. Das Leben der Gemeinde untereinander soll die H. Gottes widerspiegeln Röm 12,13; 15, 25; 16, 2; 2Kor 8, 4; 9, 12; diese Verbundenheit wird sichtbar in dem h.en Kuß 1Kor 16, 20; 2Kor 13, 12; 1Thess 5, 26. Weil das nun alles durch unser unheiliges Wesen, Denken und Tun in Frage gestellt wird, zielt die erste Bitte des Vaterunsers darauf, daß sich doch Gott selbst in uns heiligen wolle Mt 6, 9. *He*

Heilsbrunnen Jes 12, 3, wörtlich Quellen des Heils, aus denen die Gemeinde Gottes schöpfen darf. Das für den Morgenländer, der vielfach wasserarme Gegenden kannte, bes. sprechende Bild von der Quelle stellt dar, daß in Gott ein Reichtum des Heils ist, aus dem wir nehmen dürfen. Ähnlich Jes 35, 6 f; 41, 18; 43, 20; vgl. Jo 4, 14; 7, 38; Offb 21, 6. *Schl*

Heilszeit → Endzeit.

Heimsuchung, heimsuchen. In der bildhaften Sprache der HS veranschaulicht dieses Wort im Geschick der Menschen und Völker das unmittelbar persönliche Eintreten und Eingreifen Gottes, der heilbringend und richtend selbst nach allem sieht. — *1) H. zum Gericht.* Vom AT her hat der heutige Sprachgebrauch fast ausschließlich diesen Sinn der H. festgehalten. Vor allem die vorexilische Prophetie, zB Am 3, 14; Hos 4, 9; Jes 26, 21; Jer 6, 6, versteht so die hereinbrechende Katastrophe Israels und der anderen Völker und sichert dadurch in kritischer Zeit das Fundament des ATlichen Gottesglaubens 2Mose 20, 5. Auch das Endgericht wird H. sein Jes 24, 21. Dabei kann wie in Sach 10, 3 H. dicht daneben auch rettenden Sinn haben. — *2) H. zum Segen.* Ps 65, 10 besucht Gott die ausgedörrten Fluren zu neuem Gedeihen, gibt nach der Teuerung wieder Brot Rt 1, 6, schenkt der Kinderlosen den für den Fortgang der Heilsgeschichte so wichtigen Sohn 1Mose 21, 1 (vgl. 1Sam 2, 21), sieht wie ein guter Weingärtner nach dem Weinstock seines Volks Ps 80, 15 und schenkt dem verschleppten Volk die Heimkehr Jer 27, 22. Das NT faßt unter diesem Wort die Sendung des Sohnes zusammen Lk 7, 16; 1, 68 als die einzigartige Gnadenzeit für alle Welt Lk 19, 44; Apg 15, 14. *He*

Heirat → Ehe.

Helach (hebr. Chalach), Örtlichkeit in Nordmesopotamien, wohin ein Teil der Bewohner des Nordreichs Israel von den Assyrern deportiert wurde 2Kö 17, 6; 18, 11; 1Chr 5, 26. *Peu*

Held wird in der Bibel nicht nur der genannt, der kühne Taten tut Ri 11, 1, sondern auch ein vermögender Mann (der deshalb wehrpflichtig ist 1Sam 9, 1) und der Berufssoldat Neh 3, 16. Auch Gott wird einige Male H. genannt Jes 10, 21; Jer 20, 11, ebenso der künftige Erlöser Jes 9, 5 (Kraft-Held, starker Gott). 1Sam 15, 29 heißt es statt H. Israels (so Luther) besser Ruhm Israels. Auch die Engel werden als starke H.en bezeichnet Ps 103, 20. Die Bedeutung des von Luther mit H. übersetzten schilo 1Mose 49, 10 ist immer noch umstritten. *v. d. W.*

helfen, Helfer, Hilfe. Durchgängig wird im AT der menschlichen Hilfe, die begrenzt und im tiefsten Grund „nichts nütze" ist Ps 60, 13, die Hilfe Gottes gegenübergestellt, die in leiblicher und geistlicher Not wirklich zu helfen vermag Ps 68, 21; Jer 17, 14. Der Ruf, das Gebet zu Gott als dem Helfer durchzieht viele Psalmen, 3, 8; 69, 2; 119, 94 u. ö. Insbesondere ist Gott — wie auch sein Messias — ein Helfer der Schwachen Ps 10, 14; Sach 9, 9 ff. Im NT bezeichnet der Ausdruck, „daß allen Menschen geholfen werde" 1Tim 2, 4, Gottes Absicht zur Rettung für das ewige Leben (vgl. Hebr 4, 16). Gottes Hilfe ruft die, die sich zu ihm halten, auf, anderen in leiblicher und geistlicher Anfechtung beizustehen. → Diakon. *Ap*

Heliodorus, 2Makk 3, 7 ff; 5, 18, ein Minister (Luther: Kämmerer) des syr. Königs Seleukus IV. Philopator, der auf dessen Befehl den Tempelschatz in Jerusalem zu rauben versuchte, aber durch die Erscheinung eines mit den Vorderhufen auf ihn eindringenden Pferdes und zweier ihn geißelnder Jünglinge bewußtlos niedersank 2Makk 3, 25 ff und so erfolglos nach Syrien zurückkehrte. *Pfei*

Heliopolis (Sonnenstadt), griech. Name für die unterägyptische Stadt On, 9 km nordöstlich von Kairo 1Mose 41, 45. 50; 46, 20. Der dortige Sonnengott Re galt schon im altägyptischen Reich als Hauptgott und wurde durch die gelehrten Priester in H. an die Spitze einer „Götter-Neunheit" gestellt. Der König galt als Sohn des Re. *Peu*

Hellenismus.
1) Kennzeichen des H. 2) Unter den Seleukiden. 3) In Palästina. 4) In Ägypten. 5) H. und Christentum.

1) Die politische Entwicklung seit dem Auftreten Alexanders d. Gr., aber auch der kulturelle Einfluß des neuen Weltreichs auf den Orient und die aus ihm entstehende Vermischung des griech. und orientalischen Elements wird als „hellenistisch" bezeichnet. Die neugegründeten Städte und die Höfe der Nachfolger Alexanders werden Brennpunkte der Wissenschaft und Bildung. Man gibt den Städten eine demokratische Verfassung, verbreitet ein neues kosmopolitisches Weltgefühl und baut Foren, Theater, Gymnasien und Bäder im griech. Baustil. Handel und Militär, Literatur und Kunst beeinflussen den Wortschatz des Volkes; so dringen griech. und lat. Lehnworte in die alten orientalischen Sprachen ein. Allerdings wehren sich die alten Volkssprachen im Orient; auch werden Sitten und Bräuche Innerasiens keineswegs vom H. verdrängt.

2) Seitdem Antiochus III. Palästina unter syr. Herrschaft gebracht hatte (198 vChr), entstanden auch im Judentum politische Bestrebungen, die auf Hellenisierung drängten. Das Geschlecht der Tobiaden, das seit der Perserzeit bekannt ist und offenbar ammonitischer Herkunft war, spielte in diesem Reformjudentum eine unheilvolle Rolle. Zum offenen Konflikt kam es unter → Antiochus IV. (175-164 vChr). Der hellenistisch gesinnte Hohepriester Jason baute ein Gymnasium in Jerusalem und stellte die Stadt unter das antiochenische Stadtrecht. Während des Kriegs gegen Ägypten kam der syr. König nach Jerusalem und plünderte den Tempel. Nach seinem Rückzug kam es zum Blutbad in der Stadt, zur Niederreißung der Mauern und zur Errichtung der → Akra, der Burg als Mitte einer privilegierten hellenistischen Stadt. Im Hochsommer 168 vChr wurde der jüd. Kult verboten, der Tempel dem Zeus Olympios geweiht und die jüd. Bräuche und Sitten abgeschafft. Passiver Widerstand und Flucht der gläubigen Kreise, aber auch offene Empörung waren die Folge.

3) Jüdisches Siedlungsgebiet blieb in der römisch-herodianischen Zeit Judäa, Galiläa und Peräa; die Landschaften östlich des Sees Genezareth waren Mischgebiet, das von Juden und Syrern bewohnt war. Hellenistische Stadtgründungen waren Samaria und Skythopolis, heidnisch-hellenistisch war das Küstengebiet und der Osten (Dekapolis). Caesarea wurde durch Herodes d. Gr. zum Vorbild hellenistischen Städtebaus. Die alten einheimischen Kulte wurden durch griech. und römische ergänzt; Herodes errichtete auf heidnischem Gebiet Tempel des Augustus und der Roma, zB in Caesarea, Paneas, Samaria. Periodisch stattfindende Festspiele spielten in der Kaiserzeit eine große Rolle. Herodes d. Gr. baute auf heidnischem, aber auch auf jüd. Gebiet Theater, Amphitheater, Stadien, Hippodrome. Selbstverständlich verlangte das jüd. Empfinden eine gewisse Einschränkung. Aber auch in Jerusalem sind ein Theater und ein Amphitheater sowie Festspiele zu Ehren des Kaisers bezeugt (Josephus). Auch der hellenistische Baustil wurde überall herrschend (Basiliken, Säulenhallen, Paläste). Herodes d. Gr. wurde zum Wohltäter und Stifter im ganzen hellenistischen Orient.

4) Das alte Zentrum der Diaspora Ägypten (Alexandria, Cyrenaica) war vor allem Träger der hellenistischen Kultur. Hier war das Griechische zur selbtsverständlichen Umgangs- und Literatursprache des Judentums geworden. Selbst im Synagogengottesdienst wurde griech. gesprochen und die HS in einer Übersetzung, der → Septuaginta, vorgelesen und erklärt. Die Anfänge dieser Übersetzung reichen ins 3. vorchristl. Jh. zurück (Aristeasbrief). Auch in Ägypten legte man Wert auf das Ritualgesetz, das schon äußerlich vom Heidentum trennte, auf den Monotheismus, den Stolz der jüd. Diaspora, und auf die uralte jüd. Geschichte. Der schon immer vorhandene Einfluß der griech. Philosophie (Stoa, Plato) und Literatur (Historiker, Dichter) wuchs aber in der römisch-herodianischen Zeit, als das Judentum der Diaspora einen besonderen wirtschaftlichen Aufschwung nahm. Allerdings verbreitete sich gerade in dieser Zeit ein sich immer schärfer und radikaler gebärdender Antisemitismus, der jeden Zug der jüd. Geschichte diffamierte. Die Entwicklung ging von Poseidonius, Apollonius Molon, Manetho und Lysimachus zu Chairemon und Apion. Ganz entsprechend antwortete die jüd. Apologetik, die nunmehr das jüd. Volk und seine Geschichte verherrlicht, seine politischen Vorrechte sicherstellt und seine Ansprüche mit Hilfe der Philosophie, der Spruchdichtung und der Poesie bestätigt. Das hellenistische Judentum sah nun in der göttlichen Offenbarung einen Monotheismus, wie ihn die Weisen der Vorzeit und die Philosophen der Griechen letztlich gemeint haben. Auch Josephus und sein Schrifttum gehört in die Entwicklung dieses letztlich apologetisch gemeinten jüd. Schrifttums. Stärker philosophisch, allerdings eklektisch, wirkte das Schrifttum Philos, das in allegorischer Weise stoische, platonische und pythagoreische Anschauungen in den Bibeltext eintrug. Hier drohte das Bekenntnis zum Judentum im hellenistischen Synkretismus aufzugehen.

5) Der biblische Offenbarungsglaube ist durch manche Züge des jüd. H. bereichert worden, wie ja auch Schriften des NT in hellenistischem Gewand in den Gemeinden verbreitet wurden. Auch die christl. Mission hat die Vorteile dieses H. benutzt und sich an die Synagogen der Diaspora oft genug angeschlossen. Die eigentlichen Wurzeln des bibl. Offenbarungsglaubens liegen allerdings tiefer und reichen in geistliche Erfahrungen zurück, die für den H. nur schwer zu erreichen waren. *Mi*

Hellenisten. Der Ausdruck „H." begegnet Apg

6,1; 9,29; in einem Teil der Handschriften auch 11,20, und beschreibt griech. sprechende Juden, im Unterschied von aramäisch sprechenden. Sie bildeten innerhalb der Urgemeinde eine feste Gruppe, an deren Spitze später der Kreis der sieben Diakone gestellt wurde. Unter diesen befand sich auch ein Proselyt, Nikolaos aus Antiochia. Diese Diasporajuden waren nach Jerusalem eingewandert und behielten offenbar ihre besondere Organisation. In Jerusalem gab es ganze Synagogenverbände aus der Diaspora, die den Konflikt mit → Stephanus, einem der sieben Diakone, aufnahmen Apg 6,9. Diese Synagogenverbände vertraten offenbar nicht die Assimilation, sondern entschiedene Gesetzestreue. Bestimmte Aussagen des Stephanus erschienen ihnen als Lästerung und Provokation. In den gleichen Konflikt geriet später Paulus, der mit H. diskutierte und ermordet werden sollte Apg 9,29. Paulus, der selbst kein „Hellenist" ist, geriet in schwerste Lebensgefahr; die Lage erscheint also noch schwieriger als in dem Prozeß gegen Stephanus. Unbekannte H. Jerusalemer Herkunft wurden nach dem Tod des Stephanus zu Wanderpredigern im syr. Raum, verkündigten aber das Wort zunächst lediglich den Juden Apg 11,19. Dann wurden in Antiochia Missionare aus Cypern und Kyrene dazu gedrängt, den Griechen, also Heiden, die frohe Botschaft weiterzugeben 11,20. Dieser Übergang zur ausgesprochenen Heidenmission führte zur Gründung der Gemeinde → Antiochia, da er mit Erfolg gesegnet wurde. Lukas, der selbst aus Antiochia stammt und Heidenchrist ist Kol 4,14, war an den Vorgängen in Antiochia bes. interessiert. *Mi*

Heller → Münzen.
Helm → Waffen.

Heman wird 1Kö 5,11 mit Kalkol und Darda als „Weiser", d. h. als Künstler, und vielleicht als Angehöriger einer Musikergilde (machol) eingeführt und Ps 88,1 als Esrachit (Einheimischer) und Dichter des von der Tempelsängerschaft der Korachiten übernommenen Liedes erwähnt, so daß für ihn Gleiches wie für → Ethan gilt. Die spätere Überlieferung hat H. daraufhin wie diesen zu einem Nachkommen Serachs 1Chr 2,6 oder einem Leviten gemacht 1Chr 6,18 (16,41 f in Gibeon), nach dem sich eine nachexilische Tempelsängerschaft benennt 1Chr 25,4 ff. *Fo*

Hemd → Kleidung.

Hemor, hevitischer (oder churritischer? 1Mose 34,2 LXX) Herrscher von → Sichem, der auch als Stammvater der Sichemiten gilt Ri 9,28. Jakob kaufte von den „Söhnen Hemors" einen Lager- und Kultplatz 1Mose 33,19 f, auf dem später Josephs Gebeine beigesetzt wurden Jos 24,32 (Apg 7,16 nennt Abraham als Käufer). Vergeblich suchte H. den Frevel seines Sohnes Sichem an Dina auszugleichen 1Mose 34. *Da*

henken → Galgen.

Henoch. *1)* Der „siebente von Adam" (Jud 14) als Nachkomme Seths 1Mose 5,18-24 wird, weil er „mit Gott wandelte", in der Mitte des damaligen Lebensalters mit 365 Jahren ohne Tod entrückt Hebr 11,5. Ähnliches erzählt die babylonische Mythologie von einem ihrer zehn Ur-Könige. Die Jud 14 erwähnte H.-Weissagung stammt aus dem spätjüd. apokalyptischen H.-Buch aus dem 2.Jh. vChr; von ihm waren bisher nur griech. und äthiopische Handschriften bekannt und wurden nun in den Höhlen am Toten Meer auch hebr. Bruchstücke gefunden. — *2)* Sohn Kains, der nach ihm eine Stadt benennt 1Mose 4,17. *Schw*

Herberge. Besonders für wandernde Gruppen gab es in der Nähe von Durchgangsstraßen Karawansereien, die die Voraussetzung zu Rast und Übernachtung boten Jer 9,1; 41,17; 1Mose 42,27; 43,21; Mk 14,14; Lk 2,7 und zT von einem H.svater geleitet wurden Lk 10,34 f. Unter freiem Himmel liegen wohl die 2Mose 4,24; Jos 4,3.8; 2Kö 19,23 erwähnten H.n. Nach Jes 10,29 ist als Quartier für ein Heer eine Ortschaft vorgesehen. Einzelne Wanderer fanden H. meist in Privathäusern. Dies wird verschieden ausgedrückt: Einen „Ort zum Übernachten" bekommen, nach Möglichkeit mit Futter für seine Tiere 1Mose 24,23.25, jemand „in sein Haus sammeln" Ri 19,18; Jes 16,4, „herbergen" Apg 10,23; 21,16; 28,7, jemand „aufnehmen" Apg 17,7, „Quartier bereiten" Lk 9,5; Apg 28,23; Phm 22, „zu Gast sein" Apg 10,6.18 und ganz einfach „bleiben" Jo 1,38. Herbergen gehört zur Christenpflicht Röm 12,13; Hebr 13,2. → Gast, gastfrei. *Kn*

Herbst → Jahreszeiten.
Herbstfest → Feste.
Herde → Hirte.

Herkules (lat. Form für griech. Herakles) nannten die Griechen den Hauptgott von Tyrus (erwähnt 2Makk 4,19 f), Melkart, weil er viele Züge des H. der griech. Mythologie aufwies. H. war ursprünglich Gott der Unterwelt, zugleich aber Herr des Bodens und der Fruchtbarkeit. Ihm zu Ehren wurde bei Frühlingsbeginn das Auferstehungsfest des H. gefeiert. *Bo*

Herlinge. So nannte Luther in dem Weinberglied Jes 5,2.4 ungenießbare, faulende Trauben, dagegen (mit einem anderen hebr. Wort) in dem Sprichwort Jer 31,29; Hes 18,2 unreife, säuerlich schmeckende Beeren, die die Zähne angreifen, aber trotzdem im Orient gern gegessen werden, ein Bild für die Belastung der Kinder durch Schuld der Väter. *Schl*

Herrnworte. Jesu Worte waren in ihrer geprägten Form und ihrem oft so überraschenden Inhalt so einprägsam, daß sie ein wesentliches Stück der mündlichen Überlieferung von ihm wurden und schon früh schriftlich gesammelt wurden; → Logiensammlung, → Evangelien 3). Im besonderen nennt man H. die außerhalb der Evangelien überlieferten Jesusworte, → Agrapha. Vielfach ist deutlich zu erkennen, wie eine spätere Umgestaltung der Botschaft Jesu ihren Niederschlag in angeblichen Jesusworten fand; so etwa im → Thomasevangelium; → Gnostische Texte von Nag Hammadi 3). *Schl*

Hermas. *1)* Ein Christ in Rom, den Paulus grüßen läßt Röm 16, 14.

2) Verfasser einer aus dem 2. Jh. stammenden Schrift „Der Hirte". *Kü*

Hermes → Merkur.

Hermogenes und Phygelus 2Tim 1, 15 waren Christen in der röm. Provinz Asia, die sich von Paulus abwandten wegen seines Kampfes gegen ein gnostisch verdorbenes Christentum. *Kü*

Hermon. Mit H. bezeichnet das AT in erster Linie die während eines großen Teils des Jahres mit Schnee bedeckte, 2760 m hohe südlichste Erhebung des Antilibanon, heute dschebel et-teldsch (Schneeberg) oder dschebel esch-schēch (Berg des Greises) genannt, 1Chr 5, 23; darüber hinaus aber auch die ganze Kette des Antilibanon Jos 11, 17. Nach 5Mose 3, 9 nannten die Sidonier den H. Sirjon, die Amoriter Senir (5Mose 4, 48: Sion). In der Tat wird in einem der Epen aus Ugarit der Sirjon neben dem Libanon erwähnt und erscheint der Senir in den Annalen über das 18. Jahr Salmanassars III. als „Bergspitze gegenüber dem Libanon". HL 4, 8 ist mit Senir der Antilibanon, mit H. dessen Südspitze gemeint. — Der H. wird vom Libanon durch die vom nahr el-līṭāni entwässerte Libanonniederung (Luther: Ebene beim Berge Libanon) Jos 11, 17; 12, 7, heute el-beqāʿ, getrennt. Von seinem höchsten Gipfel hat man eine wunderbare Aussicht auf einen großen Teil von Syrien, Samaria und Galiläa, vom Mittelmeer bis zum Hauran. *Rü*

Herodeion. *1)* Eine von Herodes d. Gr. 4 km südöstlich von Bethlehem erbaute Festung, deren Ruinenstätte an ihrer besonderen Gipfelbildung von weitem erkennbar ist. Eine Bewässerung von Artas her versorgte die dortigen Anlagen. Hier wurde der König nach seiner eigenen Anordnung beigesetzt. Heute dschebel furēdīs. → Tafel 24.

2) Eine von Herodes d. Gr. erbaute Festung auf dem Gebirge gegen Arabien hin. Ihre Lage ist unbekannt, es sei denn, man nimmt an, die Festung → Machärus sei von Herodes d. Gr. ausgebaut worden und habe eine Zeitlang seinen Namen getragen (A. Schlatter). Die Lage von Machärus würde zu den geographischen Hinweisen bei Josephus gut passen. Doch ist diese archäologische Frage noch nicht endgültig geklärt. *Mi*

Herodes.
1) Das bibl. Zeugnis. 2) Die Geschichte des H. 3) Charakteristik des H. 4) Die Herodesliteratur und -münzen.

1) Nach Lk 1, 5 wurden Johannes der Täufer und Jesus in den Tagen des H., des Königs Judäas, geboren. Da H. 4 vChr starb, müssen die hier erzählten Ereignisse vor diesem Datum liegen. Die in Mt 2 berichteten Handlungen des H. sind zeitgenössisch nicht belegt, entsprechen aber genau dem Bild des Königs, das so im Gedächtnis der Frommen Palästinas weiterlebte.

2) Die seit Justin (dial. c. **Tryph.** 52) immer wieder auftretende Tradition, das Geschlecht des H. stamme aus Askalon, läßt sich historisch nicht sichern. Nach Josephus (ant. 14, 10; bell. 1, 123) stammen seine Vorfahren aus einem alten idumäischen Geschlecht. Es ist wahrscheinlich, daß schon sie Beziehungen zu Askalon gehabt haben. Seine Eltern waren → Antipater und Kypros; durch seine Mutter ist er mit den Arabern verwandt (bell. 1, 181). Um 73 vChr geboren, ist er blutsmäßig Nichtjude; doch sind die Idumäer durch → Johannes Hyrkan gewaltsam zum Judentum geführt worden, und Herodes will daher als Jude verstanden sein. Sein Vater stand im Dienst Hyrkans II. und verschaffte ihm die Hilfe der Römer. Gleichzeitig mit der Anerkennung der hohenpriesterlichen Würde Hyrkans empfing Antipater den Titel „Ethnarch der Juden" und damit das höchste Richteramt. Zur Stützung seiner politischen Macht ernannte er seinen Sohn Phasael zum Befehlshaber in Jerusalem und seinen Sohn H. zum Befehlshaber in Galiläa. In dieser Eigenschaft unterwarf H. mit harter Grausamkeit die Aufständischen seines Bezirks, kam aber dadurch in Konflikt mit dem Synedrium. In dieser Lage setzte der junge H. sein Schicksal auf die römische Karte, die den Konflikt entschied; er bändigte aber seinen Tatendrang, der schon jetzt nach Klärung der Machtverhältnisse verlangte. Das Jahr 43 vChr brachte die Ermordung Antipaters und im Zusammenhang mit diesem Ereignis den Ausbruch schwerer Unruhen in Jerusalem. Schwerer wog jedoch der Einfall der Parther 40 vChr, die infolge des römischen Bürgerkrieges Syrien besetzen konnten und Anstalten trafen, den → Hasmonäer Antigonos, Sohn Aristobuls II., auf den Thron zu setzen. Hyrkan und Phasael gerieten in Gefangenschaft, H. dagegen konnte fliehen. Er wandte sich über Ägypten nach Rom und gewann auch die Fürsprache des Antonius und Oktavian, trat mit seiner Klage gegen Antigonos und die Parther vor den römischen Senat und empfing Ende 40 vChr durch dessen feierlichen Beschluß die Königswürde. Dem neu errichteten jüd. Staat sollte Samarien angegliedert werden. In dieser entscheidenden Stunde wurde grundsätzlich der Kampf um die Macht in Palästina entschieden.

Die folgenden Jahre standen im Zeichen des Kampfes um die Herrschaft in Palästina. H. konnte zwar in Ptolemais ein Heer aus Söldnern und Idumäern aufstellen, war aber zunächst zu schwach, um sich und seine Ansprüche durchzusetzen. Erst die Hilfe des Antonius, der 38 vChr vor Samosata am Euphrat lag, brachte einen kräftigen römischen Einsatz von Syrien aus. H. siegte in der Entscheidungsschlacht bei Isana und erschien im Februar 37 vChr vor Jerusalem. Nach mehr als fünf Monaten Belagerung wurde die Stadt erstürmt und geplündert, Antigonos gefangen und später hingerichtet.

Ebenso schwierig wurde in der Folgezeit die innere Befriedung des jüd. Volkes. Noch während der Belagerung Jerusalems hatte H. Mariamme, die Enkelin Hyrkans II., geheiratet. Er hoffte durch diese Aussöhnung mit den Hasmonäern seine eigenen Ansprüche zu legitimieren. Er gab auch dem Drängen seiner Gattin Mariamme und der Königinmutter Alexandra nach und ernannte den jungen Bruder Mariammes Aristobul zum Hohenpriester. Aber das Mißtrauen gegen das Volk, das den jungen Hasmonäer liebte, und gegen die Königinmutter trieb ihn zu einem grausamen Schritt: Er ließ den jungen Schwager in Jericho während des Badens ertränken. Antonius forderte darauf den König auf, sich in Laodikeia zu verteidigen (35 oder 34 vChr); es gelang ihm, sich zu rechtfertigen und nach Jerusalem zurückzukehren. Trotzdem ist diese Zeit voller innerer Unruhen. Um die Festung Hyrkania mußte sogar gekämpft werden, weil sich hier Aufständische festgesetzt hatten. Man wird daher auch den Ausbau der alten Burg und ihre Umbenennung in →Antonia sowie die Errichtung der Festungstürme Mariamme, Phasael und Hippikos in diese schwere Zeit der Unruhen legen müssen. Erst 33 vChr scheint ein gewisser Friede im Volk hergestellt zu sein.

Eine schwere Krise entstand von außen her durch die Auseinandersetzung zwischen Antonius und Oktavian. H. lag in dieser Zeit in schweren Kämpfen mit den Arabern. Nach der Niederlage des Antonius bei Actium erkannte er, daß auch seine Herrschaft bedroht war, und wandte sich daher an Oktavian, um dessen Gnade zu erreichen. Im Frühjahr 30 vChr kam es zu einem Zusammentreffen auf Rhodos, das mit der vollen Anerkennung des H. endete. Dem Politiker H. war noch einmal ein großer Erfolg beschieden, und in aller Untreue konnte er doch darauf hinweisen, daß seine Freundschaft mit Rom niemals wankend geworden war. In der Folgezeit bewährte sich die Anerkennung Oktavians: die Küstenstädte Stratonsturm, Joppe und Anthedon sowie das hellenistische Gebiet der Städte Hippos und Gadara wurden der Herrschaft des H. unterstellt. Vor der schweren Reise nach Rhodos verschärfte sich allerdings die Beziehung zum hasmonäischen Geschlecht. H. ließ den alten Hyrkan wegen seiner Beziehungen zu den Arabern hinrichten. Nach seiner Rückkehr von Rhodos zerfiel seine Ehe mit Mariamme. Die Königin wurde vor ein Hofgericht gestellt und wegen Giftmischerei zum Tode verurteilt. Dieser Zerfall seiner Ehe schien auch die Gesundheit des H. zu vernichten; Alexandra glaubte daher, endlich gegen den König zuschlagen zu können. Der Versuch scheiterte und endete mit der Hinrichtung der Hasmonäerin.

Nach dieser schweren inneren Krise des Königs begann die eigentliche Blütezeit seiner Herrschaft. In das Jahr 28 vChr fällt die Einrichtung von Festspielen in Jerusalem. Im Jahr 27 vChr wird die Stadt Samaria in Sebaste umgenannt und ein Augustustempel dort errichtet. Im Jahr 22 vChr beginnt der Ausbau von Caesarea und seines großen Hafens (Abb. → Tafel 6). Verfallene Städte werden neu gegründet, Burgen und Paläste erstehen sowohl an den Grenzen wie auch mitten im Zentrum des Reiches, Militärkolonien und Kastelle sichern das Reich nach außen. Auf jüdischem Gebiet hat der König keinen Kaisertempel bauen lassen, sondern nur auf hellenistischem Boden. Das Judentum hoffte der König durch den Bau eines neuen → Tempels zu gewinnen, dessen Beginn in die Zeit 20/19 vChr fällt. Er sollte so durchgeführt werden, daß keine priesterliche Vorschrift verletzt wurde. Großartige Schenkungen und Stiftungen des Königs gingen ins Ausland, vor allem an die Seestädte der syrisch-phönizischen Küste: Laodikeia, Tripolis, Byblos, Berytos, Sidon, Tyrus, Ptolemais und Askalon. Mauern, Märkte, Kanalisationen, Bäder, Gymnasien, Tempel, Säulenhallen und Theater wurden auf seine Kosten erbaut. Die Hauptstraße → Antiochias wurde von ihm kostbar gepflastert und zu beiden Seiten mit Säulengängen geschmückt. Der abgebrannte Tempel in Rhodos wurde von ihm neu erbaut, und das Volk von Athen ehrte ihn durch Inschriften. Ausdehnung und Ausstattung des Reiches strahlten einmaligen Glanz aus. Bewässerung und Ausnutzung des Landes hoben den allgemeinen Wohlstand. Einerseits war die Strenge berüchtigt, mit der H. seine Steuern einzog; andererseits konnte er auch beim Ausbruch einer Volksnot alle Energie und Geldmittel anwenden, um den Armen, Kranken und Alten zu helfen (25/24 vChr). Trotzdem hat das jüd. Volk den Widerstand gegen H. nie aufgegeben.

In den beiden Söhnen der Mariamme sah H. zunächst seine legitimen Nachfolger. Da beide, sowohl Alexander als auch Aristobul, sich als Erben der hasmonäischen Tradition fühlten und den Tod ihrer Mutter Mariamme schwer ertrugen, der König aber durch neue Ehen und Kinder sich selbst zu sichern suchte, entstanden schwere Mißhelligkeiten in der königlichen Familie. Das Mißtrauen des Königs fand immer neue Nahrung, zumal die Wiederaufnahme des ältesten Sohnes Antipater die Lage noch mehr erschwerte. Gegen die Söhne der Mariamme begann ein regelrechtes Intrigenspiel, das um so gefährlicher wurde, je mehr Antipater die Gunst des Vaters zurückgewann. Eine erste Verhandlung vor dem Kaiser in Aquileja 12 vChr brachte nur eine vorübergehende Entspannung. Der Kampf um die Nachfolge lebte neu auf, geschürt von der Raffinesse Antipaters und dem gekränkten Stolz der Söhne der Mariamme. Das kluge Eingreifen des Archelaos, Königs von Kappadozien, brachte noch einmal eine Aussöhnung zustande. Eine letzte schwere Erbitterung aller Beteiligten führte dann zu einem Hochverratsprozeß gegen die Mariammesöhne und zu ihrer Erdrosselung in Sebaste (7 vChr). Damit war das Leid der Königsfamilie aber nicht zu Ende. Der Hauptschuldige, Antipater, gab sein Ränkespiel nicht auf. Er war es schließlich, der den Tod des Vaters und die Alleinherrschaft erstrebte. Unterstützung fand er im Harem des Königs. Da schlug der todkranke Fürst noch einmal zu, stellte den Sohn vors Gericht und befahl seine Hinrichtung. In Jericho hat H. seinen Todeskampf ausgelitten (4 nChr). → Tafeln 14, 15.

3) H., von Josephus „der Große" genannt, war geistig und körperlich hochbegabt. Soldatische und diplomatische Fähigkeiten zeichneten ihn vor allem aus und bestimmten seinen Lebensweg. Entscheidend war aber sein Sinn für Realität im politischen Raum, und dieser Sinn für Tatsachen gab ihm eine einzigartige Überlegenheit in seiner palästinischen Umgebung. Auch die Führer des römischen Reiches konnten sich seiner politischen Wichtigkeit nicht entziehen und gaben ihm daher den Weg weithin frei. Immerhin darf man sich nicht vorstellen, daß er als „Freund und Bundesgenosse Roms", wie er sich nennen konnte (ant. 17, 246), große und unbeschränkte Rechte für sich geltend machen durfte. Er war trotz aller Auszeichnungen ständig von dem Wohlwollen der führenden römischen Kreise abhängig und mußte dies Wohlwollen daher pflegen. In einem Schreiben des Kaisers nach dem Krieg des H. gegen die Araber 10 vChr kommt die Grenze dieses römischen Wohlwollens und der jüd. Souveränität deutlich zum Ausdruck (ant. 16, 290). Die Freigebigkeit und Prachtliebe des H. waren der Gesprächsstoff des ganzen Orients; doch blieb seine Finanzpolitik im ganzen gesund. Verschwendung im eigentlichen Sinn hat H. nicht getrieben. Ehrgeiz und Herrschsucht sind hervorstechende Triebkräfte, die den König oft maßlos werden ließen. Doch sind daneben ganz menschliche Züge wie Dankbarkeit und Freundschaft, Reue und tiefempfundenes Leid nicht zu verkennen. Den Hellenismus hat er bewundert und sich anzueignen versucht; doch ist H. letztlich doch Orientale geblieben. Seine Leidenschaften verzehrten ihn, ohne daß er immer die Kraft gehabt hätte, sich zu zügeln. Auch sein Mißtrauen gegen Menschen gleicht einem Feuer, das sich nicht eindämmen läßt. Ausschweifungen des Königs werden zwar berichtet (ant. 17, 309), dürften aber das an orientalischen Höfen Übliche nicht überschritten haben. Der Königspalast ist allerdings voller Intrigen und Machtkämpfe, bes. unter den Thronerben und ihrem Anhang im Harem. Der Haß Israels hat auch in dem König Haß gegen die Menschen hervorgerufen und entsprechende Maßnahmen hervorgelockt. Das Autokratische seiner Herrschaft ist nicht jüd., wie auch das Theokratische des Judentums dem König fremd bleibt. War schon das hasmonäische Regiment Schritt für Schritt einem autokratischen Anspruch verfallen, so bedeutet

Münze des Herodes d. Gr.
Die Vorderseite zeigt einen Helm mit Lorbeerzweigen und einem sechszackigen Stern, die Rückseite einen Dreifuß und die griech. Umschrift Basileos Herodou = von König Herodes.

das herodianische eine Steigerung über das Jüdische hinaus. H. wollte das Judentum in die damalige Welt einordnen und ihm eine neue Toleranz gegenüber der heidnischen Umwelt verleihen. Dabei sollte es durchaus messianischen Glanz im Sinn der herodianischen Stiftungen verbreiten können. Ein Angriff gewaltsamer Art auf das jüd. Gesetz lag ihm völlig fern. Allerdings sah er im Anschluß an Rom die einzige Möglichkeit, mit dem verwickelten Problem der orientalischen Machtverhältnisse fertig zu werden. Mit einem Niedergang Roms hat Herodes wohl nicht gerechnet.

4) H. selbst hat schriftlich Memoiren hinterlassen, die von der späteren Geschichtsschreibung gekannt und verwertet wurden. Vor allem ist die „Weltgeschichte" des Nikolaos von Damaskus, der als Augenzeuge am Hofe des H. gelebt hat, eine Quelle ersten Ranges. Nach dem Tode des H. wurde eine „Selbstbiographie" des Nikolaos geschrieben, die auch nur in Fragmenten erhalten ist. Von dem gleichen Verfasser erschien eine Biographie des Augustus, die auch nur in Fragmenten auf uns gekommen ist. Ptolemaios von Askalon muß ebenfalls eine Biographie des H. geschrieben haben. Objektiv zu sein bemüht sich Strabo in seinen „Historischen Erinnerungen". Da die reiche H.-Literatur verlorengegangen ist, sind wir auf Josephus und seine Quellen angewiesen. Auf den Münzen, die H. schlagen ließ, hat er im allgemeinen weder Menschen- noch Tierbilder anbringen lassen. Nur eine Münzgruppe zeigt das Bild eines Adlers. Dagegen hat er die hebr. Münzinschrift aufgegeben und nur die griech. angewandt. Griechisch war die amtliche Hof- und Beamtensprache. *Mi*

Herodes Agrippa I. *1)* Der Sohn des hingerichteten Aristobul und der Berenike, Enkel → Herodes d. Gr. und Neffe des Herodes Antipas, wird im NT ebenfalls „König Herodes" genannt Apg 12, 1. In der offiziellen Titulatur hat er diesen Dynastienamen allerdings nicht getragen. Er fehlt auf den Münzen und Inschriften, ebenso in den Berichten der hellenistischen Schriftsteller (Philo, Josephus, Cassius Dio). Im Sprachgebrauch des Volkes, dem sich Lukas anschloß, wurde Arippa offenbar „Herodes" genannt. Im Jahr 10 vChr geboren, kam der junge Prinz früh nach Rom und wurde dort zusammen mit Drusus, dem Sohn des Tiberius, erzogen. Er war jedoch verschwenderisch und vergeudete seinen Besitz. Auch nach seiner Rückkehr nach Idumäa 23 nChr war er in ständiger Geldnot, von seinen Gläubigern immer wieder umlagert. Sein Oheim Antipas machte ihn zum Marktaufseher in Tiberias; es kam aber zw. ihm und dem Neffen zu einem persönlichen Zwist. Auch der syr. Statthalter Pomponius Flaccus, der an sich gutwillig war, kam durch Agrippa in Schwierigkeiten und lehnte es ab, ihn bei sich zu behalten. So landete Agrippa nach mancherlei Abenteuern 36 nChr wieder in Rom. Hier schloß er sich G. Caligula an und äußerte gelegentlich den Wunsch, Tiberius möchte zurücktreten und die Herrschaft dem Caligula überlassen, der sie viel mehr verdiene. Diese Unvorsichtigkeit wurde Tiberius hinterbracht, und Agrippa fiel in Ungnade. Er wurde in Ketten gelegt und blieb bis zum Tode des Kaisers Gefangener.

2) Als G. Caligula Kaiser wurde, ließ er den befreundeten Gefangenen frei, beschenkte ihn mit einer goldenen Kette und machte ihn zum König über die Gebiete östlich des Sees Genezareth, die → Philippus gehört hatten, und über den syr. Raum von Abila. Später erhielt Agrippa auch Galiläa und Peräa, den Besitz des Antipas. Als Caligula ermordet wurde, befand sich Agrippa in Rom und verhalf dem Claudius zur Wahl und Bestätigung zum römischen Kaiser. Claudius belohnte ihn dafür reichlich: Agrippas Herrschaft über die nördlichen Gebiete wurde erneuert; er empfing aber außerdem das bisherige römische Protektorat über Judäa, Samaria und Idumäa. Außerdem verlieh der römische Senat ihm die Würde eines Konsuls. So wurde das Reich Herodes d. Gr. in der Hand seines Enkels wieder vereinigt.

3) Der König trat nun in Jerusalem als frommer Jude auf, brachte regelmäßig Opfer dar und ließ keine gesetzliche Vorschrift außer acht. Er residierte meist in Jerusalem, zog aber gelegentlich auch nach Caesarea hinab. Die Juden empfanden seine Regierung als eine besondere Glückszeit. Gegen die junge christl. Gemeinde schritt Agrippa allerdings ein und ließ einige Glieder verhaften. Jakobus, den Bruder des Johannes, ließ er mit dem Schwert hinrichten und auch den Petrus festnehmen Apg 12,1-3. Kurz nach Regierungsantritt begann Agrippa mit dem Bau einer neuen Mauer, die im Norden den neuen Stadtteil Bezetha einschließen sollte. Diese neue Umwallung, von der Josephus und Tacitus berichten, sollte eine bes. starke Sicherung der Stadt werden. Aber der Einspruch der Römer zwang zur Einstellung der Arbeiten. Außerhalb Judäas trat Agrippa als hellenistischer Herrscher auf. Er beschenkte die Stadt Beirut mit Theater, Amphitheater, Säulenhallen und Bädern, versuchte in Tiberias eine Zusammenkunft orientalischer Fürsten zu veranstalten und suchte vor allem in Caesarea die Anerkennung und Verehrung seiner hellenistischen Untertanen zu gewinnen. Hier in Caesarea ließ er in seinem Palast die Statuen

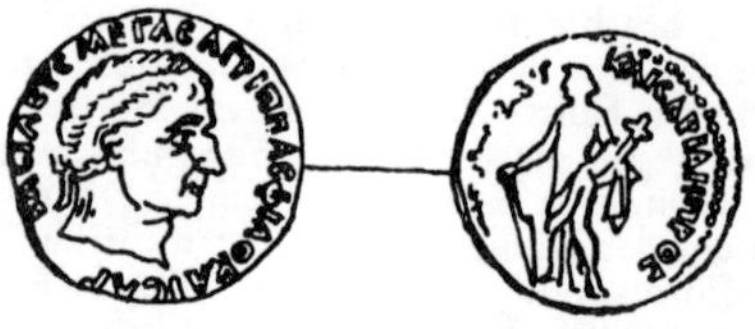

Münze des Herodes Agrippa I.

Die Vorderseite zeigt den Kopf des Königs und in griech. Buchstaben die Umschrift: Basileus megas Agrippas philokaisar = Der große König Agrippa, der Kaiserfreund. Die Rückseite zeigt die Göttin Tyche, die Schicksalsgöttin, und gibt die Umschrift: Kaisaria he pros . . . = Caesarea am . . .; die Fortsetzung ist leider nicht mehr lesbar, so daß offenbleibt, ob Caesarea am Meer (Caesarea Palaestinae) oder Caesarea an der Jordanquelle (Caesarea Philippi) gemeint war.

seiner Töchter aufstellen und besuchte auch selbst hellenistische Theater. Seine in Jerusalem geschlagenen Münzen weisen kein Bildnis auf, während die in den hellenistischen Städten geprägten das Bild des regierenden Kaisers oder sein eigenes trugen. Auf einer Münze nennt er sich ausdrücklich „Römerfreund". Das Bild des Fürsten auf der Münze zeigt lebhafte und aufgeschlossene Gesichtszüge, ist also sehr charakteristisch, → Abb.

4) Nach drei Jahren Regierungszeit (41-44 nChr) starb Agrippa in Caesarea einen plötzlichen und schmerzvollen Tod, über den Josephus und Lukas berichten. Anläßlich einer Audienz wurde er von heftigen Schmerzen überfallen. Der Bericht des Lukas sieht diesen Tod als Strafe dafür an, daß man dem König wie einem Gott zugejubelt hatte Apg 12,22 f. Er wurde vom jüd. Volk aufrichtig betrauert, während die Heiden über seinen Tod vielfach jubelten. Trotz vieler Schwächen war es Agrippa doch gelungen, Jerusalem noch einmal Frieden zu schenken. Der König hinterließ drei Töchter: Berenike, Mariamme und Drusilla, sowie einen Sohn, der ebenfalls → Agrippa hieß. *Mi*

Herodes Agrippa II. *1)* Dieser Sohn Agrippas I., 28 nChr geboren, befand sich zur Erziehung in Rom, als sein Vater starb. Nach dem Urteil des römischen Hofes war er noch nicht reif, die Herrschaft seines Vaters zu übernehmen; so wurde der erfahrene Prokurator Cuspius Fadus zur Verwaltung der Länder entsandt. Erst 50 nChr ernannte Kaiser Claudius den nunmehr volljährigen Agrippa zum Nachfolger seines Onkels Herodes im Gebiet von Chalkis (zw. Libanon und Antilibanon). Gleichzeitig übertrug er ihm die Oberaufsicht über den Tempel und das Recht, den Hohenpriester zu ernennen. Im Jahre 53 nChr tauschte A. das Gebiet von Chalkis gegen die früheren Tetrarchien des Philippus und des Lysanias ein; so erhielt er die Länder östlich des Sees Genezareth und den Raum von Abila in Syrien. Kurze Zeit darauf fügte Kaiser Nero Teile von Galiläa und Peräa diesem Länderkomplex Agrippas hinzu, darunter die Städte

Tiberias, Tarichea und Bethsaida-Julias (54 oder 55 nChr).

2) Während seiner Regierung betätigte sich Agrippa nach dem Vorbild seiner Vorfahren vor allem als Bauherr. So ließ er in Beirut ein neues Theater und viele Statuen errichten. Er erweiterte die Hauptstadt Caesarea Philippi und gab ihr den Namen Neronias. Dieser neue Name und entsprechende Bilder des Kaisers finden sich auch auf den Münzen des Königs. Er nannte sich auch: „der den Caesar liebt, der Fromme, der Rom liebt". In Jerusalem wehrte er nach Beendigung des Tempelbaus der drohenden Arbeitslosigkeit und ließ die Straßen mit weißen Steinen pflastern. Auch den alten Hasmonäerpalast suchte er dadurch wohnlicher zu gestalten, daß er auf seinem Dache einen Speiseraum aufsetzen ließ; doch führte diese Neuerung zu einem Konflikt mit den Priestern.

3) Allgemein bekannt war, daß die verwitwete Berenike mit ihrem Bruder Agrippa in Blutschande lebte. Auch ihre vorübergehende neue Ehe mit König Polemon von Cilicien hob dies enge Verhältnis der beiden Geschwister zueinander nicht auf. Beide reisten nach Caesarea, um den neuen Prokurator Porcius Festus zu begrüßen Apg 25,13 ff, und es kam vor ihnen und dem Prokurator zu einer wichtigen Verteidigungsrede des Paulus Apg 26. Der Bericht spricht mit großer Achtung von Agrippa, dem ausgezeichneten Kenner aller Gebräuche und Streitfragen der Juden 26,3. Er erzählt, daß der König mit Interesse den Worten des Apostels gefolgt sei und eine nüchterne rechtliche Feststellung getroffen habe 26,28.32. Eine Inschrift aus Beirut, die uns erhalten ist, spricht von dem königlichen Geschwisterpaar: „Königin Berenike, Tochter des großen Königs Agrippa, und ihr Bruder, König Agrippa, schmückten mit Marmor und Säulen den Bau, den ihr Vorfahre König Herodes (= d. Gr.) errichtet hatte, nachdem er lange verfallen gelegen hatte." Später trat Berenike auch zu Titus in ein Liebesverhältnis (68 nChr) und kam sogar in Begleitung Agrippas nach Rom (75 nChr). Ihr Einfluß auf Titus wurde zum Tagesgespräch in Rom.

4) Agrippa hielt seinem Volk die Treue, war aber Gegner der zelotischen Bewegung. Im Jahre 66 nChr warnte er in einer öffentlichen Rede in Jerusalem vor dem Aufruhr, konnte auch vorübergehend die Leidenschaften beschwichtigen. Die Rede des Agrippa auf der Terrasse seines Palastes bleibt ein wichtiges Ereignis der jüd. Geschichte. Dauernden Erfolg konnte sie nicht haben. Als er dem Volke zumutete, Gessius Florus weiter zu ertragen, brach der Sturm auch gegen den König los. Agrippa wurde beschimpft und mit Steinen beworfen. Nach Ausbruch des Krieges stand der König mit seinen Truppen auf römischer Seite. Er sandte Truppen nach Jerusalem, konnte aber die Stadt nicht halten. Vespasian verbrachte in Caesarea Philippi während des Krieges eine Ruhezeit, half aber dann energisch, den Abfall der dem Agrippa gehörenden Städte Tiberias, Tarichea und Gamala zu rächen. Nach Beendigung des Krieges wurde der König vom Kaiser belohnt; sein Gebiet wurde erweitert (Photius). Der König blieb auch an der Darstellung des jüd. Krieges, die Josephus schrieb, interessiert. Seine Verbindung mit dem flavischen Herrscherhaus blieb auch später erhalten und führte zu häufigen Reisen nach Rom. Die Nachricht, Agrippa sei um 100 nChr gestorben (Photius), ist nicht ohne Bedenken anzunehmen. *Mi*

Herodes Antipas.
1) Herkunft und Bedeutung. 2) Lebenslauf. 3) Charakteristik.

1) Der Sohn Herodes d. Gr. und der Samariterin Malthake wurde in Rom erzogen. Weil er nicht gewillt war, die Oberhoheit des älteren Bruders Archelaos anzuerkennen, kam es nach dem Tode seines Vaters zu Verhandlungen vor dem Kaiser. In ihnen wurden dem Antipas die beiden Landschaften Galiläa und Peräa sowie die Würde eines Tetrarchen zuerkannt. Von diesem Augenblick an nannte sich der Fürst nach hellenistischer Sitte nur noch „Herodes" im Sinn dynastischer Tradition. Als Archelaos 6 nChr nach Gallien verbannt wurde, konnten sich Antipas und Philippus rechtfertigen und wurden in ihrer Herrschaft bestätigt. Im Sinn seines Vaters bewährte Antipas sich als Städtebauer und Verbreiter hellenistischer Kultur. Betharamphtha in Peräa erstand neu als Livias und später als Julias, Sepphoris in Galiläa wurde die Hauptstadt des Landes, vor allem aber geht die Neugründung von Tiberias am See Genezareth auf die Initiative des Fürsten zurück. Der königliche Palast mit seinen Bildern, das Stadion, Verfassung und Ausbau der Stadt legten für den Hellenismus des Fürsten ein beredtes Zeugnis ab. Tiberias wurde auch die Münzstätte des Landes, und der Name der Stadt stand auf den Münzen des Fürsten. Zwei griech. Ehreninschriften von den Inseln Kos und Delos sprechen von den engen Beziehungen des Antipas zur Umwelt.

2) Antipas war zunächst mit einer Tochter → Aretas IV. verheiratet und befolgte eine araberfreundliche Politik. Als er aber von Liebe zu seiner Schwägerin und Nichte Herodias, der Frau seines Bruders Herodes, erfaßt wurde und deshalb die arabische Königstochter verstoßen wollte, verließ diese heimlich ihren Gatten und kehrte zu ihrem Vater zurück. Von diesem Augenblick an entstand erbitterte Feindschaft zw. dem Nabatäerreich und dem Fürsten, und i. J. 36 nChr kam es plötzlich zum Krieg. Die Nabatäer siegten, wagten aber aus Furcht vor einem römischen Eingreifen diesen Sieg nicht auszunutzen. Der syrische Statthalter Roms, Vitellius, brach nach dem Tode des Tiberius den begonnenen Feldzug ab. Unter dem neuen Kaiser G. Caligula, der Agrippa I. zum König ernannt hatte, machte auch Antipas auf Treiben seiner Frau Herodias den Versuch, diesen Titel zu erwerben. Er konnte auch in Bajä dem Kaiser sein

Anliegen vorbringen, traf aber dann auf die Anklage Agrippas I., der in einem Schreiben seinen Schwager des Hochverrats bezichtigte. Er wurde beschuldigt, früher mit Sejan gegen Tiberius und jetzt mit dem Partherkönig Artapanos einen Bund geschlossen zu haben. Er habe auch eine Unmasse Kriegsmaterial angesammelt. Da Antipas sich nicht zu rechtfertigen vermochte, wurde er seines Landes und Vermögens beraubt und nach Lugdunum Convenarum am Nordabhang der Pyrenäen verbannt. Seine Gattin begleitete ihn in die Verbannung. Hier ist er auch gestorben, ohne daß die Zeit seines Todes bekannt ist.

3) H. A. war ein echter Sproß des herodianischen Geschlechts, wenn er auch weder die Tatkraft noch das diplomatische Geschick seines Vaters besaß. Seine Leidenschaftlichkeit und seine Prachtliebe treten in seinem äußeren Lebenslauf bestimmend heraus. Wenn Josephus von dem altgewordenen Fürsten sagt, er habe die Ruhe geliebt, so bedeutet diese Charakteristik zunächst, daß er den hochfliegenden Plänen seiner Frau aus diesem Grunde Widerstand entgegengesetzt hat (ant. 18, 245). Seine Herrschaft war sicherlich sehr drückend, da er trotz seiner großen Bautätigkeit Reichtümer anhäufen konnte. Nach Josephus hat die Furcht des Herodes, Johannes der Täufer könne politische Unruhen heraufführen, die Gefangennahme des Predigers veranlaßt (ant. 18, 108). Doch hat die Bußpredigt des Täufers vor dem Ehebruch und der ungesetzlichen Heirat des Landesfürsten nicht Halt gemacht. Er konnte dabei auf die Zustimmung vieler Frommen rechnen. Die Niederlage des Fürsten im Araberkrieg galt als das göttliche Gericht für den Mord an dem Täufer (ant. 18, 116). Das im NT gezeichnete Bild von H. A. dürfte einer guten Beobachtung seines Charakters entsprechen. Vor allem auch sein Verhalten im Prozeß Jesu paßt sehr gut in die damalige geschichtliche Situation hinein Lk 23, 8-12. Trotz seiner hellenistischen Neigungen bekannte sich auch Antipas zum Judentum und erschien daher regelmäßig zu den großen Festen in Jerusalem. Auch jetzt findet sich auf seinen Münzen kein Bildnis; wohl aber sind aus seinem letzten Regierungsjahr Münzen, die den Namen des Kaisers Gajus tragen, erhalten (39/40 nChr). Offenbar hat er in dieser Zeit sich dem Kaiser besonders empfehlen wollen. *Mi*

Herodianer oder wie Luther übersetzt „des Herodes Diener" sind *1)* Behörden im Dienst des herodianischen Herrscherhauses, *2)* Juden, die auf seiten dieses Herrscherhauses stehen oder an der Wiederherstellung dieser Herrschaft interessiert sind. Es ist offensichtlich, daß eine derartige Gruppe im Volk schon zZ → H. d. Gr. aufkommt (Jos ant. 14, 450). Durch eine Inschrift scheint auch eine Synagoge der H. in Rom bezeugt zu sein; diese geht ebenfalls auf Herodes d. Gr. zurück. In Mk 3, 6 hören wir von einem Todesbeschluß der galiläischen Pharisäer, die sich mit den herodianischen Justizbehörden verbinden. In Mk 12, 13 wird von einer Behörde in Jerusalem berichtet, die Pharisäer und H. zu Jesus schickt, um ihn durch eine Streitfrage zu fangen. Hier kann es sich um Anhänger des herodianischen Herrscherhauses handeln, vielleicht aber auch nur um Römerfreunde. Man darf nicht verkennen, daß das herodianische Herrscherhaus nicht nur messianischen Glanz entfalten, sondern auch messianische Erwartungen an sich ziehen konnte (Jos. ant. 17, 45). Jesus steht auf jeden Fall im Gegensatz auch zu diesen H. Seine Antwort zeigt, daß er den Weg des Gehorsams gegen den Vater geht und sich nicht von den Intrigen seiner Gegner fangen läßt. *Mi*

Herodias, Tochter des Aristobul, des i. J. 7 vChr hingerichteten Sohnes Herodes d. Gr., und der Berenike. Es war seit → Herodes d. Gr. üblich geworden, im eigenen Familienkreis zu heiraten. So wurde H. schon früh mit Herodes, einem Sohn Herodes d. Gr., verlobt und später verheiratet. Aus dieser Ehe stammt ihre Tochter → Salome. Da ihr Mann nicht ehrgeizig war, sie selbst dagegen Glanz und Ehren liebte, war sie bereit, dem Werben des → Herodes Antipas, der auf der Reise nach Rom in ihr Haus einkehrte, nachzugeben. Sie verabredeten die Lösung der beiderseitigen Ehebindungen nach der Rückkehr des Antipas aus Rom. Auf ihren zweiten Mann hat H. bestimmenden Einfluß ausgeübt. Der Haß gegen den Täufer, von dem die Evangelien berichten, dürfte historische Tatsache sein. Um 30 nChr heiratete Salome, ihre Tochter, den Bruder ihres Mannes, den Tetrarchen → Philippus. Philippus starb aber schon 34 nChr, und seine Herrschaft wurde von Rom eingezogen. Nach der Ernennung Agrippas I. zum König trieb H. ihren Mann dazu, auch den Königstitel zu erwerben. Dieser Weg führte aber zu seinem Sturz. Als Kaiser Gajus erfuhr, daß H. die Schwester seines Freundes Agrippas I. sei, wollte er ihr Vermögen nicht angreifen und das Verbannungsurteil auf ihren Mann beschränken; aber die stolze H. lehnte die kaiserliche Gnade ab, erklärte, ihren Mann auch in unglücklichen Tagen nicht verlassen zu wollen, und ging mit ihm nach Lyon. *Mi*

Herodion, ein Judenchrist in Rom, den Paulus Röm 16, 11 grüßt, vielleicht ein Freigelassener eines Herodiers. *Schl*

Herr.

1) Im AT. 2) Im NT. 3) Das Herrentum Jesu. 4) Herr sein im menschlichen Leben.

Herr ist im Semitischen vor allem eine Königs- und Gottesbezeichnung, die mit der Vorstellung des Herrschens, Gebietens und Starkseins verknüpft ist.

1) Der Stamm adon, adoni (hebr. adonai, griech. Adonis) begegnet in akkadischen Eigennamen auf Keilschriften und den Amarnatafeln, im Phönizischen auch als Anrede für die Gottheit und den König. Der semitische Begriff baal bedeutet „Herr" als Besitzer und Herrscher; er wurde in Kanaan und auch im alten Israel vor allem auf die Gottheit angewandt, die an einem bestimmten Ort verehrt wurde (zB Baal des Libanon). In isr. Personennamen findet sich die Bezeichnung baal, ursprünglich auf Jahwe bezogen (zB Jerubbaal). Mit dem von den Propheten geführten Kampf gegen den kanaanäischen Kultus wurde die Bezeichnung baal verdächtig, so daß die baal-Namen abgeändert wurden. In der nachexilischen Zeit, in der man die alte Gottesbezeichnung Jahwe nicht mehr auszusprechen wagte, setzte man an seine Stelle vor allem adonai (= Kyrios). Kyrios war in Kleinasien und Ägypten die übliche Bezeichnung für Götter und Göttinnen. Die Hofsprache gewinnt zudem Einfluß auf die Formen der Gottesverehrung, so daß man vom Herrn der Herren, König der Könige spricht und Gott selbst meint. Man betrachtet Engel und Geister als eine Art himmlischen Hofstaat; die heidnischen Götter werden dann als Geister Gottes ihm selbst untergeordnet. In der LXX wird Jahwe (= adonai) mit Kyrios wiedergegeben. Auffallend ist, daß in den Qumranschriften (abgesehen von der Anrede Gottes in den Hodajoth) Gott als el, nicht als adonai bezeichnet wird, ebenso in spätjüd. Schriften, die Qumran nahestehen (zB Jubiläen). Das Aussprechen des Jahwenamens beschränkt sich auf den Tempelkultus.

2) Im NT wird grundsätzlich die Bezeichnung „Herr" semitisch verstanden. Besonders im Anschluß an den Sprachgebrauch der LXX ist Gott der „Herr" (= Kyrios). Semitisch ist auch die alte Verwandtschaft zwischen dem „Herrn" und dem „Vater", dem „Herrn" und dem „Herrscher" und „Gebieter". Sein Wille ist maßgebend im Himmel und auf Erden, seine Herrschaft Voraussetzung und Ziel des Heilsplanes. Weil Gott der Schöpfer ist, ist jeder Einspruch gegen sein Herrsein unberechtigt Röm 9, 19-21. Wenn Jesus Christus als der Erhöhte „Herr" genannt und im Gebet angerufen wird Phil 2, 11; 2Kor 12, 8, so wird vorausgesetzt, daß mit Auferstehung und Erhöhung ihm Herrscherwürde verliehen wurde. Sie ist eine Vollmacht unter Gott, ihm zur Rechten Ps 110, 1 = Mk 12, 36. Die Gemeinde ruft dies Herrsein aus und bekennt sich im Kampf gegen falsche Herrscheransprüche zu Jesus Christus als H.n. Zunächst wird die Anrede Jesu als eines himmlischen „Herrn" palästinisch und aramäisch sein, wie der Ruf „Marana tha" (= Unser H., komm) beweist 1Kor 16, 22; Offb 22, 20; Did. 10, 6. Wichtig ist auch das Bekenntnis des Thomas: „Mein H. und mein Gott" Jo 20, 28, das uns zeigt, wie schnell eine Verbindung zw. Kyriosbekenntnis und göttlicher Würde in der Anrufung zustande kommt. Da schon Engel im Spätjudentum elim und Gottessöhne genannt werden, ist ein derartiges Bekenntnis zu Jesus Christus als dem für Thomas verbindlichen H.n keineswegs verwunderlich. Es ist ein wichtiges Anliegen des NT, den Auferstandenen nicht analog irgendwelchen himmlischen Mächten zu denken, sondern seine Einzigartigkeit zu sichern; deshalb wird entschieden, daß den Engeln keine Huldigung zukommt Offb 19, 10. Es ist anzunehmen, daß das Kyriosbekenntnis aus apokalyptisch-urgemeindlichen Zusammenhängen stammt Apg 7, 56. 59. 60. Die Tatsache, daß im vorderasiatischen Raum das Kyriosbekenntnis allgemein auf die Gottheit angewandt wurde, hat die Verbreitung des neuen Glaubens begünstigt, aber seine eschatologische Eigenart nicht zerstört. Vor allem hat die Antithese zum Kaiserkult dem urchristl. Bekenntnis zum H.n Jesus Christus neue Kraft gegeben. Jetzt übernimmt die Johannesoffenbarung die uralte orientalische Königstitulatur: Jesus Christus ist König der Könige und H. der H.en 19, 16.

3) Nach Paulus gibt es im Bereich von Himmel und Erde viele Götter und H.en, deren Ansprüche aber für den Christen erloschen sind 1Kor 8, 5 f. Der Getaufte hält sich an den einen H.n, dem Welt und Mächte untertan werden sollen. Das Herrentum Jesu ist noch verhüllt, soll aber einst offenbar werden. Es trägt die Züge des Sieges und des Triumphes, an denen auch der Apostel teilnimmt; aber Sieg und Triumph stehen paradoxerweise noch im Zeichen des Kampfes und des Sterbens 2Kor 2, 14. In der Auseinandersetzung mit der Herrlichkeit des Mose wagt der Apostel den Satz, daß das Herrentum Jesu, von dem das AT berichtet, nun in dem Geist, der in der Gemeinde wirkt, sich offenbart 2Kor 3, 17.

4) Der Umgang von Mensch und Mensch kennt die allg. Höflichkeitsanrede: „mein H.", und in diesem allg. Sinn ist die Wendung in den Erzählungsstücken häufig. Auch die Jünger haben Jesus so angeredet und damit ihre menschliche Ehrerbietung zum Ausdruck gebracht Jo 13, 13. Zwischen dieser menschlichen Sitte, die im menschlichen Leben ihren Platz hat, und dem späteren Bekenntnis der Gemeinde zum Erhöhten muß ein klarer Unterschied gemacht werden. Im bibl. Denken werden Verhältnisse und Ordnungen anerkannt, die Unterordnung unter Menschen mit sich bringen, zB H. und Knecht, Mann und Frau, König und Untertan; auch hier ist die entsprechende Anrede „Herr" gesichert, zB 1Mose 24, 12; 18, 12 = 1Petr 3, 6; 1Sam 26, 17. Das NT hat diese Unterordnung nicht aufgehoben, sondern anerkannt und gelegentlich auf solche Anrede hingewiesen. Dagegen sind in der urchristl. Gemeinde von Anfang an alle menschlichen Herrschaftsansprüche unmöglich gemacht; hier gilt als geistliches Grundgesetz ausschließlich der Dienst im Namen Jesu Lk 22, 25. 26. *Mi*

Herrlichkeit, herrlich.

1) Die H. Gottes. 2) Die H. Jesu Christi. 3) Der Anteil der Gemeinde an der H. 4) Die H. des Menschen.

Die bibl. Aussagen über die H. Gottes sind insofern eigentümlich doppelseitig, als sie mit verschiedener Akzentuierung bald vor allem die Erscheinung, bald das Wesen Gottes im Auge haben. Sie reden das eine Mal von einem Schauen, ein anderes Mal vom hörenden Glauben und heben das eine Mal die Widerspiegelung der H. Gottes im Sichtbaren, das andere Mal ihre Verborgenheit vor den menschlichen Sinnen und Gedanken hervor. Der Verdeutlichung zulieb wird hier zunächst Wesen und Erscheinung der H. Gottes unterschieden.

1) Die H. Gottes. — a) Ihr Wesen. Die allem überlegene Mächtigkeit Gottes, seine grenzenlose Verfügungsgewalt in Natur und Geschichte ist seine H. Ps 8,2. Er teilt sein Regieren mit keinen Nebenregenten 2Mose 15, 1. 11; 1Chr 16,25. Was am Schilfmeer geschah, zeugt von seiner großen Herrlichkeit 2Mose 15,7; Ps 145,5f. Er führt es alles h. hinaus Jes 28,29. Diese H. will und soll in alle Welt hinausstrahlen 4Mose 14, 21; Jes 6,3 → Ehre; 12,5; Ps 72,19. Dazu ist über Israel sein h.er Name genannt Ps 76,2; Jes 43,7; 44,23; 46,13. Dort liegt denn auch die Missionsaufgabe Israels 1Chr 16,24; Hes 38,23; Mal 1,11. Es ist die H. seiner barmherzigen Liebe Ps 149,4. Sein ist das Reich, die Kraft und die H. Mt 6,13. Schon hier liegt auf diesem Wesenszeichen der H. auch vom Wort her das Strahlende, über alle Begriffe Leuchtende, das das Wort im Gassengebrauch weithin eingebüßt hat. — *b) Ihre Erscheinung.* Von daher ist das Verlangen, es möchte sich uns diese H. auch im Schauen enthüllen, begreiflich genug 2Mose 33, 18. Die Grenze ist in V. 20, vgl. 2Mose 40,34ff, deutlich gezogen. Das AT steht nun weithin auf einer Grenze zw. Verhüllung und Enthüllung der H. Gottes. Die Erscheinung in der Wolke 2Mose 24,15ff; 40,34ff; 1Kö 8,10f, vgl. 2Mose 13,21f; 16,10 ist zugleich Zeichen der Nähe und der Unnahbarkeit. Und nun ist das verzehrende Feuer in der Wolke 2Mose 24,15ff, vgl. Jes 30, 30; Ps 29,3ff; 97,1ff und alles, was zB im Gesicht Hesekiels (1,4ff) die Erscheinung der H. Gottes schildert, aus einem frommen Naturrealismus heraus geschaut und verstanden, der so nicht mehr der unsrige ist und der auch in der HS zurücktritt und sich wandelt. Doch war es sehr verkehrt, von dem Gott Israels als einem „Gewittergott" u. dgl. zu reden; das Wesen hat immer der Erscheinung ihren Sinn gegeben. Auch unter veränderten Anschauungen weiß sich der bibl. begründete Glaube immer noch an die Begegnung mit Gottes H. im Sichtbaren gewiesen. Die Pracht, das Strahlende, der Glanz, die Schönheit, in der sich die H. spiegelt, wie sie zB Ps 104,1ff; 93,1; Jes 24,23; 35,2 gepriesen wird, verbleicht keinem, der in der Gegenwart Gottes lebt. Dabei wird freilich die Grenze zum Unsichtbaren hin im Grunde immer überschritten Jer 14,21f; Jes 63,15. Alle Anschauung der H., die im übrigen im Gottesdienst und gottesdienstlichen Raum der Begegnung ihre Mitte hat 4Mose 14,10; Hes 44,4; Hagg 2,3.9, ist geleitet und beherrscht von der Erkenntnis ihres allem menschlichen Zugriff entzogenen Wesens.

2) Die H. Jesu Christi. Glauben und Schauen treten im NT in unserem Zusammenhang in eine neue, weithin endgültige Beziehung: die H. Gottes verherrlicht sich im Sohn Jo 12,28; 13,31; 14,13; 17,4, wobei gerade das JoEv selbst die Grenze zieht 20,29, vgl. 6,40 (sieht *und glaubt*); 11,40; 12,44ff. Von daher ist Jo 1,14; 17,24 zu verstehen. Gottes H. offenbart sich im NT wie im AT in der Geschichte, in seiner Wirkungsgewalt im Sohn; der Name „Herr der H." überträgt sich auf ihn 1Kor 2,8; Jak 2,1, vgl. Apg 7,2. Er ist der Abglanz der H. Gottes Hebr 1,3; 2Kor 4,4.6, und zwar von Ewigkeit her Jo 17,5, vgl. 1Kor 2,7, → Jesus Christus. Das leuchtet auf in der Geburtsgeschichte Lk 2,9 (→ Klarheit), im Wunder Lk 9,43 (doxa); Jo 2,11, in der Verklärung Lk 9,29ff; 2Petr 1,17, bei Damaskus Apg 22,11 und im Sterben des Stephanus Apg 7,55. Der Weg zur H. ist der Weg durch Leiden und Tod zur Auferstehung und Erhöhung Lk 24,26; Jo 12,23f; 7,39; 1Petr 1,11. Jo 12,16 ist in dieser Hinsicht ein Schlüssel zum Gesamtverständnis des JoEv. Das „Nun" 13,31 bezeichnet die Wende, vgl. Röm 6,4; 1Tim 3,16. Was hier immer noch vor der Welt verborgen geschehen ist, tritt voll ans Licht in der Wiederkunft Jesu. Mt 24,30; 25,31; Tit 2,13; 2Thess 1,10 u. a. m.

3) Der Anteil der Gemeinde an der H. Schon im AT spiegelt sich die H. Gottes in seinem Volk 5Mose 4,6ff; Jer 30,19; Jes 58,8, solange es seinen Bund nicht bricht Jer 2,11. Auch Jesus verherrlicht sich in seiner Gemeinde nach dem Ratschluß Gottes vor aller Zeit Jo 17,5; 2Thess 1,12. Er beruft sie in seine H. 1Thess 2,12; Röm 9,23f; 2Thess 2,14; 1Petr 5,10. Das bezieht sich schon auf die Gegenwart Röm 8,30, wenn auch die volle Verwirklichung zumeist noch Verheißung ist Mk 10,37; Jo 17,2; 1Petr 5,1. Der Zusammenhang des Heute und Dereinst ist in Jo 17,2; Eph 1,6.12.14; Kol 1,27 u. a. m. deutlich. Diese H. ist in der Gemeinde wirksam in ihrer Erkenntnis 2Kor 4,6, vgl. V. 4, im Zustrom der Kraft Eph 3,16, in ihrer Heiligung Eph 5,27, in der H. ihrer Freiheit Röm 8,21. Wie ganz anders sich die H. des Herrn in der Gemeinde auswirkt, die nicht mehr im Verhüllten, im Buchstaben leben muß, sondern durch den Geist in die ungebrochene Strahlung der rechtfertigenden Gnade versetzt ist, sagt 2Kor 3,7ff. — Auch die Gemeinde hat in der Nachfolge ihres Herrn keinen anderen Weg als durch Leiden zur H. Röm 8,17; Hebr 2,10. Aber das Leiden verliert vom Ziel her sein Gewicht Röm 8,18; 2Kor 4,17; 1Petr 1,6ff; 4,13, wenn der verwesliche Mensch auferstehen wird in H. 1Kor 15,43.

4) Die H. des Menschen. Die Übertragung des Prädikats „h." auf die Welt und den Menschen ist in der HS auch dort fragwürdig, wo sie nicht so gemeint ist 1Mose 45,13; Mt 6,29; Offb 21, 23f.26, vgl. Mt 4,8. Diese H. ist vergänglich Ps 79,17f; Jes 40,6f; 1Petr 1,24. Nur Trümmer bleiben von ihr übrig Jes 10,17ff; 17,4;

5,13; 28,1; Offb 18,7. Da hat das „h. und in Freuden“ ein jähes Ende Dan 5,1; Lk 16,19.23. Er aber, der Herr der H., „wird sein h. Werk vollenden“. *He*

Herrnmahl → Abendmahl.

Herrschaft, Herrschaften *auf himmlische Mächte bezogen.* In der hellenistischen Spätzeit des Judentums bildet sich die Engellehre weiter aus. Dieser Prozeß entspricht sowohl dem starken mythischen Empfinden der damaligen Zeit wie auch dem Versuch, den kosmischen Raum und seine Mächtigkeit neu zu verstehen. Der Mensch weiß nunmehr von seiner Abhängigkeit von kosmischen Kräften und Einflüssen, die guter und böser Art sein kann. Die Engellehre ist die jüd. Anschauung, die diesem orientalischen Weltgefühl entgegenkommt. Sie verbindet sich nun mit der Anschauung von den himmlischen Gestirnen und kosmischen Weltelementen, so daß der ganze Kosmos als belebt erscheint. Der Kosmos ist dann auch raummäßig gegliedert, und seine Aufteilung entspricht dem verschiedenen Anteil der Mächte und Kräfte an der Gottheit. Bekannt ist die Vorstellung himmlischer „Wächter“, die vom Himmel herabsteigen Dan 4,10.20. Auch die gefallenen Engel, die sich an besonderen himmlischen Straforten aufhalten, verlieren ihren Charakter als Wächter nicht (äth. Hen.). → Apokalyptik und → Gnosis kennen diese Gleichsetzung von Engelmächten und kosmischen Kräften und bilden sie weiter aus. Das NT spricht in diese Welt hinein und übernimmt diese Anschauung und das mit ihr gegebene Weltempfinden weithin. Paulus weiß von Mächten dieser Weltzeit, die sich an der Kreuzigung Jesu beteiligt haben 1Kor 2,8. Sie haben den Kampf verloren, denn Jesus Christus hat ihnen die Macht genommen und über sie triumphiert. Jesus Christus ist Erstling der Schöpfung und Versöhnung, hat also eine unvergleichliche Herrschaftsstellung inne Kol 1, 15-23; 2,9-15. Die Erhöhung Jesu Christi ist Entmächtigung und Unterwerfung aller himmlischen Mächte Eph 1,21. Das Evangelium ist eine Weisheit Gottes, die auch den himmlischen Mächten verkündigt werden muß Eph 3,10. Damit kommt ein ganz neues Weltgefühl in der Gemeinde auf: man steht auf der Seite des Siegers, der den Menschen vor Angst und Schwäche schützt. Jud und 2Petr wenden sich gegen eine falsche Freiheitsparole gnostischer Christen, die keine H. über sich anerkennen wollen und gefallene Engel sogar lästern Jud 8; 2Petr 2,10. Diese Überheblichkeit ist um so erstaunlicher, als Engel, die den Menschen weit überlegen sind, vor Gott keine Lästerung der Menschen aussprechen, um dem Urteil Gottes nicht vorzugreifen. Man sieht, daß in gnostischen Kreisen die Stimmung umschlagen kann: Man weiß sich als Richter und Herrscher anstelle gefallener Engel und vergißt die gebührende Ehrfurcht, die notwendige Einordnung in den göttlichen Heilsplan und vor allem die eigene Schuld. Noch einmal wehrt sich hier die apostolische Überlieferung gegen ein gefährliches falsches Weltgefühl. *Mi*

herrschen. *1) Im AT. 2) Im NT.*

1) Im AT ist h. das Vorrecht und die Pflicht des Königs. Ursprünglich weiß man, daß Gott der eigentliche Herrscher Israels ist Ri 8,23; 1Sam 8,7 und darum die Einführung eines menschlichen Königtums unrechtmäßige Ablösung des Gottesrechtes ist. Der Bericht läßt erkennen, daß das Königtum nicht aus Israel stammt und daß seine Einführung notwendig neues Recht setzt. Man erwartet vom König, daß er im Volk richtet und als Führer in den Krieg zieht. Erst durch David entsteht ein eigenes isr. Königtum, das in der Folgezeit zum Leitbild der messianischen Erwartung wird 2Sam 7,16. Das spätere Königsgesetz 5Mose 17, 14-20 schaltet fremden Einfluß bewußt aus und verlangt vom König Gehorsam gegen die aufgezählten Vorschriften, damit er sich nicht über seine Volksgenossen erhebe. Die mit 5Mose gegebene Geschichtschreibung wird nunmehr zum strengen Richter für die Könige Israels. Die messianische Weissagung Jesajas bindet die zukünftige Herrschaft ausdrücklich an Recht und Gerechtigkeit Jes 9,1-6. Damit wird für die Folgezeit ein gültiger Maßstab gegeben. Ausgangspunkt der späteren Entwicklung bleibt das feste Wissen Israels darum, daß Jahwe der eigentliche König ist und über sein Volk durch seine Gebote herrscht. An diesem uralten Bekenntnis entsteht die Überzeugung des Glaubens, daß er der zukünftige Herr der Welt ist, dessen Machttaten unter den Völkern verkündigt werden sollen. Kultus und Liturgie sprechen davon in überschwenglicher Sprache. Die sog. Thronbesteigungspsalmen 47; 93; 95-99 enthalten Weissagungen einer Erscheinung Gottes, die Himmel und Erde umfaßt. Sein Sieg bedeutet nicht nur Macht und Hoheit, sondern auch Gerechtigkeit und Heil. Gottes Herrschaft wird zur endzeitlichen Offenbarung, die Gemeinde hofft darauf. Von grundlegender Bedeutung ist für die Weltbetrachtung der Bibel das Gebot Gottes im Schöpfungsbericht, die Erde zu füllen und untertan zu machen, über die Tiere zu h. und die Pflanzen als Nahrung zu gebrauchen 1Mose 1,26-29. Es begründet die Herrscherstellung des Menschen über die Erde. Der Hymnus Ps 8 spricht deshalb von einer Krönung des Menschen mit Herrlichkeit. Alles Leben ist ihm untertan. Dies Bekenntnis zur Schöpfung geht nie ganz verloren, obwohl die Spätzeit von Not und Todverfallenheit, von Sünde und Irrwegen der Menschheit genug zu sagen weiß.

2) Mit der Verkündigung Johannes des Täufers und der Wirksamkeit Jesu von Nazareth ist die endzeitliche Gottesherrschaft in unmittelbare Nähe gerückt Mt 3,2; 4,17. Im Hinblick auf die ATliche und apokalyptische Weissagung einer Enthüllung der Gerechtigkeit Gottes und einer Niederwerfung aller bösen Mächte erwartet Jesus einen endgültigen Eingriff Gottes in die Geschicke der Menschen und Völker. In seinen Augen ist alles menschliche Herrschen und Ausüben von Gewalt Mißbrauch; und doch bleibt beides Auftrag und Notwendigkeit von Gott her. Den Irrweg des Zelotismus lehnt er ab. Er entscheidet, dem Kaiser zu geben, was des Kaisers ist, Gott aber zu geben, was Gottes ist Mk 12, 17. Für Paulus ist nach der Erhöhung Jesu ein letzter apokalyptischer Kampf mit den gottfeindlichen Mächten angebrochen, der mit der Übergabe der Herrschaft an den Vater enden wird 1Kor 15, 20-28. Die Herrschaft des Erhöhten ist also eine vorläufige. Letztes Ziel bleibt die Herrschaft Gottes, der alles in allen sein wird. Am Sieg Jesu Christi nimmt seine Gemeinde schicksalhaft Anteil: sein Sieg ist auch ihr Sieg. Und doch wäre es ein Irrtum, wollte man sich schon jetzt der Herrschaft rühmen. Der Leidensweg des Apostels bewahrt vor Schwärmerei 1Kor 4, 6-13. Die staatliche Gewalt hat auch nach Paulus das Recht auf den Gehorsam ihrer Bürger, ist sie doch Gottes Beauftragte, das Gute zu schützen und das Böse zu strafen. Wer sich ihr widersetzt, widersetzt sich einer Ordnung Gottes Röm 13, 1-6. Dieser Entscheid des Paulus bestätigt die Haltung Jesu selbst. Die Offenbarung des Johannes stellt den Herrschaftsanspruch Jesu Christi und seiner Gemeinde gegen den Mißbrauch der Gewalt durch irdische Herrscher kräftig heraus. Ihre Überheblichkeit ruft das göttliche Gericht herauf. Aber auch in dieser Situation kann der Zeuge Jesu nur leiden und die Treue halten. Der Sieg und die zukünftige Herrschaft sind dem Lamm zugesprochen Offb 1, 4-6. Das Ende dieses hl. Krieges, der die ganze Welt erfüllt, bringt den Herrschaftsantritt, die Thronbesteigung Gottes Offb 19, 1-10. Nur der Treue bis in den Tod kann jetzt noch die Krone zugesprochen werden. *Mi*

Herz. Des Menschen H. ist in der HS der Mensch selbst als Person nach seiner ganzen innerlichen, bewußten Lebendigkeit, wie → Seele und → Geist ein umfassender Ausdruck für das spezifisch Menschliche und deshalb bei aller Eigenart nicht scharf abgegrenzt gegen diese anderen Gesamtbezeichnungen Apg 4, 32; Hes 36, 26. Im besonderen ist die innere Geschichte des Menschen im biblischen Raum eine Geschichte seines H.ens mit Gott.

1) Das H. — der Quellort des inneren Lebens. — a) Der im Leibe lebende Mensch des H.ens. Das Menschenbild der Bibel sieht das leibliche und seelisch-geistige Leben des Menschen in dauernden Zusammenhängen. H. wird deshalb in Ps 104, 15; Apg 14, 17; 1Mose 18, 5 nach beiden Seiten zu verstehen sein, unverkennbar in Lk 21, 34, wo die Völlerei mit der Sorge zusammen das H. beschwert. So kann fast unmerklich Leibes- und Seelennot des H.ens ineinander übergehen Klgl 1, 20; Jer 4, 19; 20, 9; Hiob 37, 1; Ps 22, 15, vgl. das zerschlagene H. Ps 109, 22; 143, 4; 102, 5, das vom Gewissen aufgewühlte H. 1Sam 24, 6; 2Sam 24, 10. — *b) Das empfindsame H.* Die Gefühlsseite des Innenlebens, die uns vor allem herzmäßig zu sein scheint, tritt zwar in der auf Willensvorgänge ausgerichteten HS zurück, klingt aber überall stark mit: Freude Ps 16, 9; 33, 21; Apg 2, 26; Jo 16, 22, Schmerz, Angst und Leid Ps 55, 5; 51, 19; Jo 16, 6; 14, 1; Röm 9, 2; 2Kor 2, 4, Liebe und Haß Phil 1, 7; 2Kor 7, 3; Apg 7, 54; 3Mose 19, 17, Wunsch, Verlangen, leidenschaftliche Begierde Röm 10, 1; Ps 39, 4; 73, 21; Lk 24, 32; Röm 1, 24; Mt 5, 28 bewegen das H. — *c) Das verstehende H.* Es ist bezeichnend, in welch enger Beziehung in der HS H. und Verstand zueinander stehen. Die Torheit ist Herzensträgheit Lk 24, 25; Ps 14, 1; Jes 6, 10; 5Mose 28, 28. Aus dem H. kommen die argen Gedanken Mt 15, 19, dort hat die Tücke ihr Versteck Mt 9, 4; Apg 8, 22; Spr 6, 18, dort nagt der Zweifel Mk 11, 23, dort verliert der hoffärtige Mensch das Augenmaß für sich selbst Lk 1, 51; Jer 49, 16; 5Mose 8, 14. Das weise H. 1Kö 3, 12, das für Gottes Weisheit offen ist Hiob 12, 2 f; Lk 1, 66; 2, 19; 2, 51, denkt richtig. — *d) Das getriebene H.* Das H. will, es plant und führt aus, es verfolgt „Wege des H.ens“ Jes 57, 17; 10, 7. Sein Dichten und Trachten ist böse von Jugend auf 1Mose 6, 5; 1Kor 4, 5, es verfällt dem satanischen Zwang Apg 5, 3. Das gehorsam gewordene H. 1Kö 9, 4, das willige H. Jer 30, 21; 2Kor 9, 7, das festgewordene H. 1Kor 7, 37; Apg 11, 23; Hebr 13, 9 findet sich zurecht. — *e) Inwendig und auswendig.* Das H. und nicht das Außenbild des Menschen, das eine Maske sein kann, ist sein Wesen 1Sam 16, 7. Lippendienst Mk 7, 6; Jes 29, 13, Wertschätzung des Äußeren 2Kor 5, 12 wird zur Heuchelei. Von daher wird im AT wie im NT der äußerlichen Beschneidung die notwendige Beschneidung des H.ens entgegengestellt 5Mose 10, 16; Jer 9, 25; Apg 7, 51; Röm 2, 28 f. Der entscheidende Nachdruck fällt auf das „von Herzen“ Kol 3, 23; Mt 18, 35, von Herzensgrund Phil 1, 8, von ganzem H.en 5Mose 6, 5; Spr 3, 5; Jer 29, 13; Mt 22, 37.

2) Das alte und das neue H. Der von Gott losgelöste Mensch ist von H. ein anderer geworden 5Mose 29, 18: hart, verstockt Ps 95, 8; Hos 13, 8; Mk 3, 5; 10, 5; Röm 2, 5, verkehrt Ps 101, 4, verirrt Ps 95, 10, hin- und hergerissen vom Trotz zur Verzagtheit Jer 17, 9, mit sich selbst uneins Ps 12, 3. Als der Herzenskündiger durchschaut Gott dieses H. Ps 7, 10; Jer 17, 10; Lk 16, 15; Röm 8, 27. Die Verwandlung dieses H.ens ist Gottes große Wundertat. Nun ist das neue H. fleischern und nicht mehr steinern Hes 36, 26, für Gott und sein Wort aufgeschlossen Lk 8, 15; Apg 16, 14, in ihm wohnt Christus durch den Glauben Eph 3, 17, es ist zur Werkstatt des hl. Geistes geworden Gal 4, 6; 2Kor 1, 22, von ihm durchleuchtet 2Kor 4, 6 und gefüllt mit der Liebe Gottes Röm 5, 5. Damit hat Gottes Gesetz eine neue, ursprüngliche Wirkungsmöglichkeit Jer 31, 33; 2Kor 3, 3. Das H. ist fähig geworden zur

Reinheit Mt 5,8; 2Tim 2,22, zur reinen Liebe 1Tim 1,5, zur Einfalt Kol 3,22; Eph 6,5, zum Gehorsam Röm 6,17, bewahrt und regiert vom Frieden Gottes Phil 4,7; Kol 3,15.

3) Das H. Gottes. Wie durchdringend das verstanden sein will, macht die HS daran deutlich, daß sie auch von Gottes H.en spricht, von seiner Barmherzigkeit Hos 11,8; Jer 31,20; Klgl 3,33, von seinem Wohlgefallen 1Sam 2,35; 13,14, von seinem unveränderlichen Ratschluß, uns anschaulich geworden in seinem Sohn Jo 14,9. *He*

Herzog. David wird H. über Israel genannt, wenn von seiner Berufung zum Fürstentum gesprochen, der Königstitel aber noch vermieden wird 1Sam 25,30; 2Sam 5,2. H. heißt der Verheißene als der Führer seines Volkes Mt 2,6. H. der Seligkeit für viele heißt Jesus Hebr 2,10, weil er bahnbrechend in das Sterben hineingeht und durch eigenes Leiden und Sterben für die vielen der Führer zum Leben, zur Rettung wird. *Schl*

Hesbon, Stadt etwa 25 km östlich der Jordanmündung. Zur Zeit der isr. Landnahme war sie im Besitz des Königs Sihon, der auch Moab von H. aus beherrschte, bis ihm die Israeliten Stadt und Land entrissen 4Mose 21,21-30. Nun wurde sie als Grenzstadt teils Ruben 4Mose 32,37; Jos 13,17, teils Gad Jos 13,26, teils auch Levi Jos 21,39 zugerechnet, ging aber später wieder an Moab verloren Jes 15,4; 16,8; Jer 48,2.45. Im heutigen ḥesbān ist u.a. einer der HL 7,5 erwähnten Teiche zu finden. *Da*

Hesekiel.

1) Der Prophet. 2) Seine Wirksamkeit. 3) Sein Buch. 4) Seine Botschaft.

1) H. (oder Ezechiel = Gott ist stark; der Name ist geläufiger mit „Jahwe" in der Form Hiskia) stammt aus einem priesterlichen Geschlecht Jerusalems 1,3. Von dort ist er nach der Überlieferung seines Buches mit einem Teil der 597 vChr deportierten ersten Gruppe der Oberschicht nach Tel Abib am Kebar in der Nähe von Nippur gebracht und angesiedelt 3,15, im fünften Jahre (593) zum Propheten berufen worden 1,1-3,15 und nach dem jüngsten seiner öfters datierten Worte 29,17-20 wenigstens bis 571/70 als solcher tätig gewesen. In neuerer Zeit hat man diese Angaben mehrfach angezweifelt und die Wirksamkeit H.s in eine andere Zeit oder ganz oder teilweise nach Palästina verlegt. Doch müssen demgegenüber die überlieferten Angaben als zutreffend gelten: H. hat als Prophet der frühexilischen Zeit inmitten der judäischen Deportierten in Babylonien gewirkt, sie vor Verzweiflung und Zusammenbruch bewahrt und dadurch Volk und Glauben aus dem drohenden Untergang gerettet.

2) Die *Wirksamkeit* H.s gliedert sich in drei Zeitabschnitte. Der *erste,* dessen Worte bes. in K. 4-24 überliefert sind, reicht bis zum Untergang Jerusalems 586 vChr und ist durch eine unbedingte Unheilsverkündigung bestimmt. Durch sie suchte H. das leichtfertige und trügerische Vertrauen der Deportierten auf die Unantastbarkeit Jerusalems und seines Tempels und auf die baldige Wendung ihres Geschicks zu beseitigen, damit sie und ihr Glaube durch das unvermeidliche Gottesgericht über die Heimat nicht tödlich getroffen würden, sondern weiterbestehen könnten. Der *zweite,* kürzere Abschnitt, dessen Überlieferung bes. in K. 25-35 enthalten ist, liegt nach dem Eintreffen der Nachricht vom Fall Jerusalems und ist durch eine bedingte Heilsverkündigung gekennzeichnet. Unter dem Leitgedanken „Heil für die Frommen, Tod für die Frevler" fordert H. die rechte Glaubensentscheidung der Deportierten, damit sie in ihrer augenblicklichen Lage bestehen können und später ein neues Leben in Palästina möglich wird. Zugleich kündigt er das Gericht über die Völker an, die den Untergang Jerusalems begrüßt und ausgenutzt haben oder als Beispiele frevlerischen Verhaltens gelten müssen, das Israel verderben könnte. Schließlich hat H. in einem *dritten* Zeitabschnitt mit unbedingter Heilsverkündigung, die bes. in K. 36-48 überliefert ist, ein erlösendes Heilshandeln Gottes verheißen. Ein neues Israel der Glaubenden wird als geeintes Volk ungestört im aufblühenden Palästina leben, und Gott wird in den wiedererrichteten Tempel zurückkehren, von dem Ströme des Segens ausgehen.

3) Die von H. hinterlassenen Einzelworte und -berichte sind zu Sammlungen vereinigt worden, die den Grundstock für das *Buch* H. bilden: *a) Worte* in K. 6 mit Stichwort Götzen, K. 7 über die Nähe des Gerichts, 12,21-14,23 über Propheten und Prophetenworte, K. 15-20 über Sünde und Gericht, K. 21 mit Stichwort Schwert, 22 über Blutschuld und einzelne Sünden, 23 über Israel und Juda, 25 über die Nachbarvölker Judas, 26-28 über Tyrus, 29-32 über Ägypten, 33 zT über das Wächteramt des Propheten, 34 über Hirt und Herde, 35 über Edom. — *b) Berichte* in K. 4f; 12,1-20; K. 24 über Gleichnishandlungen, K. 8-11 über Entrückungserlebnisse. — *c) Worte und Berichte* in 36-39 über die Schaffung eines neuen Israel, 40-48 über dessen Neuaufbau in Palästina. Im Verlauf einer langwierigen Bearbeitung sind die Sammlungen in dieser Weise zusammengestellt und aneinandergereiht worden. Zugleich hat man allerlei Eingriffe vorgenommen (bes. durch Umstellung von 3,22-27; 4,4-8 vom Ende des ersten und von 3,16-21 aus dem Verlauf des zweiten Zeitabschnitts an die jetzige Stelle) und nicht von H. stammende Abschnitte hinzugefügt (bes. in K. 40-48).

4) Grundlegend für die *Botschaft* H.s ist die der herkömmlichen Anschauung, daß Gott und Land untrennbar zusammengehören 11,15, widersprechende Erfahrung, daß *Gottes Gegenwart* nicht an einen bestimmten Ort gebunden ist, sondern auch in Babylonien geschenkt werden kann 1,1-28. Demgemäß entscheidet über das Geschick des Menschen nicht seine äußere Lage, sondern sein Glaubensverhalten angesichts des überall gegenwärtigen Gottes 18,21-32. Leben oder Tod liegen in solchem Verhalten des Menschen beschlossen, wo und unter welchen Bedingungen er auch lebt; darüber muß er entscheiden, wenn ihn die prophetische Botschaft trifft 2,4f. Es ist in seine persönliche *Verantwortung* gestellt, die H. stark betont 3,16-21; 33,1-6. 12-20. Keine Gemeinschaft und kein Verwandter be- oder entlasten den Menschen: Niemand leidet für einen anderen, sondern jeder nur seiner selbst wegen; niemand kann einen anderen retten, sondern nur sich selbst 14,12-23; 18,1-20. Daher kann sich niemand auf eine vorgebliche eigene Würdigkeit berufen 15, bes. da der sündige Hang zu Untreue und Verderbtheit fast zur Art und Natur des Menschen gehört 20,4-31. Als die beiden großen *Sünden* seiner Zeit nennt H. die Greuel, d. h. alle Einrichtungen und Handlungen eines götzendienerischen Abfalls von Gott 6; 14,1-3; 16,16-21, und Blutschuld und Frevel, d. h. die sittlichen und sozialen Vergehen samt dem selbstmächtigen politischen Handeln 7,23f; 22,2f; 19,6f. Beide faßt er mit dem Wort Unzucht zusammen 16; 23. Werden solche Sünden trotz aller Warnungen und Züchtigungen weiter begangen, so werden die Schuldiggewordenen entsprechend ihrer eigenen Verantwortlichkeit zur Rechenschaft gezogen und durch das göttliche Zornes*gericht* vernichtet, wie H. es bes. für das treulose Jerusalem unermüdlich ankündigt. Daher gilt es, gegenüber Schuld und drohender Vernichtung eine völlige innere *Wandlung* zu vollziehen. Greift H. damit die alte prophetische Mahnung zur Umkehr auf, durch die der Mensch sich ein neues Herz und einen neuen Geist schaffen soll 18, 30f, so hat er die Wandlung häufiger als *Erlösungstat* Gottes verheißen: Vergebung der Schuld, Erneuerung der Lebensmitte (Herz) und Begabung mit dem göttlichen Geist 11,19; 36, 25-27. Die auf diese Weise Gewandelten bilden eine Gemeinde, die untereinander und mit Gott in engster Gemeinschaft lebt 34,11-16; 36,28; 43,6-9. Durch dessen Gegenwart im Leben der Glaubenden verwirklicht sich zugleich die Gottesherrschaft auf Erden; sie ist die Kraft, die Frieden und Segen spendet 34,25-30; 36,8-11. 29-38; 47,1-12 und dadurch die Welt erneuert.

Lit.: H. L. Ellison, Ezekiel, the man and his message, London 1956. W. Eichrodt, Der Prophet Hesekiel, ATD 22, Teilband 1, Göttingen 1959. E. Sellin - G. Fohrer, Einleitung in das AT[10], Heidelberg 1965, § 60.

Fo

Heth, Hethiter, hethitisch.

1) Wiederentdeckung. 2) Geschichte. 3) Kultur. 4) Die H. und das AT.

1) Wiederentdeckung. Im Jahr 1871 wurden in Hamath in Syrien Inschriften in einer bis dahin unbekannten Hieroglyphenschrift entdeckt, die man als „Hethitisch" bezeichnete in der Annahme, daß damit das in der Bibel oft erwähnte Volk der H. wieder ans Tageslicht getreten sei. 1906-1912 grub der Assyriologe Hugo Winckler in Boghazköj im Inneren Kleinasiens östlich von Ankara ein großes Archiv von Keilschrifttafeln aus, deren Zahl bis jetzt auf bald 20000 angewachsen ist, und entdeckte damit die h.e Hauptstadt Chattuscha. Das „Hethitische" und andere dort gesprochene Idiome gehören zur indogermanischen Sprachengruppe. Die H. haben für ihr völlig anderes Sprachsystem die akkadische Keilschrift übernommen, verwendeten aber daneben auch eine eigene Hieroglyphenschrift.

2) Geschichte. Man unterscheidet ein „Älteres und Jüngeres H.-Reich". Das erste hat um 1600 der Reichsgründer Labarna, dessen Name zum Königstitel wurde, nach Überwindung vieler Wirren aus kleineren Staaten vereinigt. Chattuschili I. erhob jenes Chattuscha zur Hauptstadt und stieß nach Nordsyrien vor. Murschili I. eroberte um 1530 Babel. Damit waren die H. in die Reihe der Großmächte eingetreten. Durch innere Wirren und den Vorstoß der Churrivölker, deren Führer ostindoeuropäische Namen tragen und die im Mitannireich am Chabur einen Großstaat bildeten, ging die Macht des H.-Reiches schnell zurück. Erst der König Schuppiluliuma (1380-1346) führte das Jüngere H.-Reich zur Großmachtstellung. Er eroberte die Mitanni-Hauptstadt Waschukanni, will bis Damaskus vorgedrungen sein und gewann Nordsyrien, das nunmehr h. wurde. Unter Muwatalli (1315-1290) kam es in der berühmten Schlacht bei Kadesch am Orontes zur großen Auseinandersetzung mit Ägypten. Der Pharao Ramses II. konnte sich mit einem Teil seiner Truppen erfolgreich zurückziehen, nachdem er bei der Festung Kadesch infolge Falschaufklärung in die Falle gegangen war. Unter Chattuschili III. um 1280 schlossen die H. und Ägypter einen Freundschaftsvertrag. „Schöne Bruderschaft und ewiger Friede" wurde festgelegt, Ramses II. nahm eine h. Prinzessin zur Hauptfrau, Vorderasien atmete auf. Das Ende des H.-Reiches trat unerwartet ein. Die „Seevölkerbewegung" mit dem Vordringen der indogermanischen Illyrer und dorischen Griechen veränderte völlig das Bild der östlichen Mittelmeerwelt. Das Archiv von Boghazköj hüllt sich seit ungefähr 1180 in Schweigen. Nur Ägypten konnte sich unter großen Mühen behaupten, und Assyrien hatte mit der Auslöschung des H.-Reiches seinen entscheidenden Gegner verloren. Die syr. Provinzen des H.-Reiches aber bestanden als selbständige Staatswesen noch Jh.e fort und erscheinen in assyrischen Nachrichten als „Chatti", u. a. Karkemisch, Aleppo und Hamath. Sie wurden durch die Aramäer allmählich unterwandert, aramäisiert und verloren durch die assyrische Eroberung in der zweiten Hälfte des 8. Jh. ihre Selbständigkeit.

3) Kultur. Der h. König war in der Zeit des Großreichs vom Adelsrat abhängig oder wurde wenigstens von ihm kontrolliert. Der Adel stand dem König gegenüber in Lehenspflicht. Die eroberten Provinzen verwalteten weithin Prinzen. Das h. Recht fällt im Gegensatz zum sonstigen altorientalischen Recht durch die Milde des Strafvollzugs auf, der mehr nach der Wiedergutmachung als nach der Vergeltung ausgerichtet ist. Die Königin trat politisch handelnd neben ihren Gatten. Da Kleinasien genügend Eisenerz bot, haben die H. schon früh eiserne Waffen hergestellt. Im Jüngeren Reich trieben sie Pferdezucht und entwickelten den Streitwagen mit drei Mann Besatzung, der gewiß den zweibemannten Typen anderer Staaten überlegen war. Die Kriegführung war weniger barbarisch als die der Assyrer. Die H. haben uns teilweise ausgezeichnete Geschichtsdarstellungen hinterlassen, in denen die einzelnen Ereignisse als Glieder eines größeren Zusammenhangs gesehen werden. Die H. mit ihren „Tausend Göttern" waren großzügig in der Aufnahme vieler Götter und Kulte.

4) Die H. und das AT. Da das ATliche Schrifttum erst nach dem Untergang des h.en Reiches entstand, treten uns in der isr. Überlieferung nur die Reste der h.en Bevölkerung in Syrien und versprengte Elemente in Palästina entgegen. So wird in Verkennung der rassischen Unterschiede Heth, der h. Stammvater, als zweiter Sohn Kanaans genannt 1Mose 10, 15. Dagegen heißt Syrien wie bei den Assyrern H.-Land Jos 1, 4; Ri 1, 26 und seine Herrscher gelten als H.-Könige. Außerdem werden einzelne Persönlichkeiten als H. bezeichnet: Ephron 1Mose 23, 10; Beeri und Elon 26, 34; Ahimelech 1Sam 26, 6; Uria 2Sam 11, 3; Hesekiel nennt die Mutter der Jerusalemer eine H.in, um dem Stolz der auserwählten Hauptstädter entgegenzutreten 16, 3. Wie weit h.es Recht und h.e Geschichtschreibung auf Israel eingewirkt haben, ist noch ungeklärt. *Peu*

Heuchelei. → Wahrheit. Das erst durch die Lutherbibel im deutschen Schrifttum verbreitete Wort hat ursprünglich wohl den Sinn des Kriecherisch-Schmeichlerischen; das zugrunde liegende griech. Wort der Bibel meint den Schauspieler, der mit allen Mitteln seiner Darstellungskunst vergessen lassen will, daß er sich nur zum Schein in seine Rolle hineingedacht, hineingelebt hat. Er ist nicht der, als den er sich auf der Bühne gibt.

H. heißt in der HS des Menschen Reden und Tun, das vor Gott und den anderen Schauspielerei treibt. Es geht ihm um den Schein. Das kann ausgesprochene Bosheit sein Spr 11, 9; 26, 28; Jes 9, 16; 10, 6. Das ist vor allem die „glatte Zunge" Ps 5, 10; 12, 3 f; 78, 36. Die H. legt Schlingen Mt 22, 18 par. Sie greift nach der Lüge Jes 28, 15. So viel Unheil sie anrichtet — sie verstrickt sich in ihr eigenes Netz Spr 29, 5 f. Sie scheitert Hiob 8, 13; 20, 5; 27, 8; Sir 33, 2. Sie ist ohne → Weisheit Sir 15, 8; Jak 3, 17. Die Wahrheit ist ihr überlegen Jer 4, 2; Spr 28, 23. Vor allem: sie kann Gott nicht täuschen Ps 139; Hiob 13, 16; Sir 15, 20.

Wie vor ihm die Propheten hat Jesus einen unerbittlichen Kampf gegen die H. geführt. Die Frömmigkeit hat, wo sie um ihre Schauseite besorgt ist und wo sie sich in einer so bestimmten Tradition wie damals und später kontrolliert weiß, immer die Versuchung zur H. bei sich 2Tim 3, 5. Gewiß oft unbewußt; es ist ihr zur zweiten Natur geworden. Dann geht es ihr um den Ruhm bei den Leuten Mt 6, 2. 5. 16; Sir 1, 35. Dann macht sie Menschen den übertünchten Gräbern gleich Mt 23, 27 f; 2Tim 3, 2-5. Dann wird ihre skrupulöse Genauigkeit zur Maske Lk 13, 15; Mt 7, 5 und ihre strenge Forderung zur Lüge Mt 23, 3 f. Selbst das Gebet wird zur H. Mt 15, 7. Welch tiefer Ernst liegt in der Bitte Jesu: Heilige sie in deiner Wahrheit Jo 17, 17! He

Heuschrecke. Im AT wird nicht selten von schwerer H.nplage gesprochen; doch gelingt es nicht, die zehn verschiedenen Worte, bei denen die Überlieferung an eine H. dachte (einige dieser Worte bezeichnen wahrscheinlich eine Raupe, die Schabe und die Grille), auf einzelne der etwa 40 in Palästina vorkommenden Arten zu verteilen oder auf die verschiedenen Stadien im Wachstum der H., deren Junge zunächst nur hüpfen können und erst nach der vierten Häutung flugfähig sind. Luther übernahm 3Mose 11, 22 die hebr. Namen Arbe, Hagab, Hargol und Solam als solche in seine Übersetzung und suchte sich Joel 1, 4 und 2, 25 mit den vier Worten Raupen, Heuschrecken, Käfer, Geschmeiß zu helfen. Das AT spricht davon, wie die H.n in geordneten Zügen anrücken Spr 30, 27; Joel 2, 7 f; ihre dichten Schwärme können die Sonne verfinstern 2Mose 10, 15; Joel 2, 10; wenn sie einfallen, mag es wie ein Schneegestöber aussehen Sir 43, 19. In kurzer Frist wird alles Grüne verzehrt, bis hin zur Rinde junger Bäume 2Mose 10, 15; dagegen ist es eine Übertreibung, wenn nach Weish 16, 9 Menschen am Biß der H.n gestorben seien. Gut, wenn dann ein Wind den Schwarm wieder fortführt Ps 109, 23 und ins Meer wirft 2Mose 10, 19. Die H.n werden zum Bild für eine Menge Ri 6, 5 und der Kleinheit 4Mose 13, 33; Jes 40, 22; undeutlich ist das Bild Pred 12, 5. Hatte schon Joel 2, 4 f eine Ähnlichkeit zw. einem Schwarm von H.n und einem Heer von Rossen gesehen, so liegt, noch gesteigert, dieser Vergleich auch der Schau Offb 9, 7 ff zugrunde. Die H. wurde und wird heute noch gegessen (3Mose 11, 22; Mt 3, 4), frisch (ohne Kopf, Flügel und Beine) oder gedörrt, geröstet, gekocht oder in Butter gebacken. *Schl*

Hewila (oder Chavila), Name eines Landes der Alten Geographie 1Mose 2, 10-14, das wegen seiner Kostbarkeiten berühmt war. Man denkt dabei meist an die arabische Halbinsel, deren angrenzende Meeresarme dann den Urstrom Pischon darstellen würden. Dazu paßt, daß H. in beiden Völkertafeln neben südarabischen Stämmen genannt wird 1Mose 10, 7. 29, wobei die priesterliche Tafel V. 7 die politische Verbindung H.s mit Kusch = Ägypten, Äthiopien betont, während die jahwistische Liste V. 29 die rassische Zugehörigkeit der Araber zu den Semiten im Auge hat. Auch die Streifgebiete der Ismaeliter 1Mose 25, 18 und der Amalekiter 1Sam 15,7 liegen hier in H. *Da*

Hewiter (oder Chiwwiter), vorisr. Volksstamm in Kanaan 1Mose 10, 17, der wohl aus dem Norden (Libanongebirge Ri 3, 3; Hermongebiet Jos 11, 3) kommend bis ins Gebirge Ephraim hinein seßhaft geworden war; so in Gibeon Jos 9, 7; 11, 19, in Sichem 1Mose 34, 2 (LXX las Horiter), vgl. 2Sam 24, 7. *Da*

Hexateuch. Griech. Name (wörtlich ein Buch in einem Behälter mit sechs Rollen) für die 5 Bücher Mose und Josua. *Ba*

Hiddekel, der Tigris, akkadisch Idiklat, der dritte Paradiesstrom 1Mose 2, 14; Daniel erlebte dort eine Vision 10, 4. *(Peu)*

Hiël befestigte zZ Ahabs von Israel die Stadt Jericho. Ob seine beiden Söhne dabei ums Leben kamen oder als Bauopfer dargebracht wurden, ist kaum zu entscheiden 1Kö 16, 34. Das Fluchwort Jos 6, 26 sollte sich damit erfüllen. *Peu*

Hierapolis, eine alte phrygische Stadt im Tal des Lykos, berühmt durch heiße Quellen, den Kult der phrygischen Göttermutter Kybele und Wollspinnereien, hatte eine jüd. Diasporagemeinde und frühe auch eine christl. Gemeinde Kol 4, 13. Ruinen bei Pambuk Kalessi. *Schl*

Hierodulen sind Tempeldienerinnen, die sich als der Gottheit Geweihte (Kedeschen) der kultischen Prostitution hingaben. Hinter dieser religiösen Erscheinung, die hauptsächlich für den semitischen Kultkreis charakteristisch ist, stehen Vorstellungen von der Vergottung des Geschlechtlichen. Durch Hingabe an die Geweihte kommt man in Kontakt mit dem Gott der Fruchtbarkeit und wird seiner Zeugungskraft teilhaftig. Vor allem sind die → Höhenheiligtümer des kanaanäischen Baal und seiner weiblichen Gefährtinnen Pflegestätten dieser hl. Unzucht gewesen. Mit wechselndem Erfolg hat sich der Jahweglaube dieser Sakralisierung des Geschlechtlichen widersetzt 1Kö 15,12; 22, 47; aber erst die josianische Reform hat mit ihrem Radikalismus dieses kultische Unwesen endgültig zu bannen vermocht. *Ste*

Hieroglyphen → Ägypten.

Hilkia. *1)* Oberpriester am Jerusalemer Heiligtum. Er fand bei Erneuerungsarbeiten im Tempel 622 das Gesetzbuch, in dem manche Forscher eine Urform des Deuteronomiums (5Mose) vermuten (→ Mosebücher), und war bei der Neuordnung des Gottesdienstes maßgebend beteiligt 2Kö 22 f. — *2)* Priester in Anathoth, Vater des Propheten Jeremia Jer 1, 1. *Peu*

Himmel, himmlisch.

1) Der H. als sichtbare Schöpfung. 2) Der H. Gottes. 3) Der Herr vom H. 4) Der offene H.

Die zB im Englischen verschieden ausgedrückten Bedeutungen des H.s als Naturerscheinung, als sichtbares Firmament, oder als Wohnung Gottes werden in der HS dadurch zusammengehalten, daß es sich hier und dort um die Welt Gottes, um den H. handelt, der auf allerlei Weise die Ehre Gottes erzählt Ps 19, 2.

1) Der H. als sichtbare Schöpfung. → Erde. Das antike Weltbild ist der Rahmen der bibl. Anschauungen von der „Feste", die als Gewölbe den irdischen Lebensraum abschließt und vor den Wassermassen über der Feste schützt 1Mose 1, 6; Ps 19, 2, als Firmament Sir 43, 1. 9, einem Metallspiegel gleich Hiob 37, 18 oder auch mit einem ausgespannten Zelttuch verglichen Ps 104, 2; Jes 40, 22 u. a. m. Es ist von den Grundfesten, den Säulen des H.s die Rede, die unter Gottes Zorn erzittern 2Sam 22, 8; Hiob 26, 11. Weh, wenn der H. verschlossen bleibt 1Kö 8, 35; Lk 4, 25, oder auch, wenn sich seine Fenster auftun 1Mose 7, 11! Dort sind die Vorratskammern des Windes Ps 135, 7; Jer 49, 36, von Schnee und Hagel Hiob 38, 22. Alle Kreatur lebt unter dem H. Kol 1, 23; Apg 2, 5; 1Mose 1, 26, er oben, sie unten 2Mose 20, 4. Sie sehen zu ihm auf Mk 6, 41, wenn sich nicht der reumütige Blick senkt Lk 18, 13 u. a. m. Er ist unermeßlich weit und hoch 5Mose 30, 12; Ps 36, 6; 103, 11; 108, 5; Jes 40, 12; 55, 9. Deshalb ist der Turmbau 1Mose 11, 4 ein Wahnsinn.

Diese ganze Betrachtungsweise, deren Lückenhaftigkeit erkannt ist Hiob 26, 14; 38, 33, ist auch dort, wo sie wie in 1Mose 1, 14 kosmischen Ordnungen nachsinnt, getragen von dem Grundgedanken der Schöpfung von H. und Erde (manchmal „und Meer"), der kurzen bibl. Formel für die gesamte geschaffene Welt 1Mose 1, 1; 2, 4; Jes 42, 5; Apg 4, 24; 17, 24 u. a. m. Sie greift als solche über das Sichtbare hinaus Kol 1,16, vgl. das nicänische Glaubensbekenntnis. Die konsequente Reihenfolge — H. und Erde — läßt die Überordnung des H.s erkennen. Die Erde ist auf den Segen des H.s angewiesen 5Mose 33, 13; Mal 3, 10. Aller H.s- und Gestirndienst wird verworfen 5Mose 4, 19, vgl. Jes 47, 13 f, wie ja überhaupt mythologische Vorstellungen ferngehalten werden (→ Mythen).

H. und Erde vergehen, veralten Jes 13, 13; Ps 102, 26 f; Mt 5, 18; 24, 29. 35; Hebr 12, 26; Offb 20, 11, werden zusammengerollt wie eine ausgebrauchte Buchrolle (mit Sternen beschrieben?) Jes 34, 4; Offb 6, 14, verschwinden zerfetzt wie der Rauch im Winde Jes 51, 6, aber nur, um einem neuen H. und einer neuen Erde — also einer neuen Welt — Platz zu machen Jes 65, 17; 66, 22; Offb 21, 1; 2Petr 3, 13.

2) Der H. Gottes. → Allgegenwart. Wenn räumliche Begriffe zur Veranschaulichung beibehalten werden, wo von Gottes Wohnung im H. 5Mose 26, 15; Ps 2, 4; 115, 3; Amos 9, 6; Jes 63, 15, von seinem Thron Ps 11, 4; 33, 14; 103,

19; Jes 66,1; Mt 5,34 gesprochen wird, so ist doch das Unzulängliche solcher Sprechweise erkannt 1Kö 8,27; Ps 57,6. Der Gott des H.s sieht herab Ps 14,2; 113,5f, fährt herab 1Mose 11, 5.7; „ach, daß er den H. zerrisse und führe herab!" Jes 64,1! Das kann dann auch 5Mose 4,36 gegenüber 2Mose 19,18 weniger drastisch dargestellt werden. Immer ist der enge Kontakt, das persönliche Eingreifen Gottes wesentlich. Dort im H. geschieht der Wille Gottes Mt 6,10. Von dorther gehen die Gerichte über die Erde 1Mose 19,24; Röm 1,18. Zum H. aufsehen Ps 123,1, von dort alle guten Gaben erwarten Jak 1,17 ist unser Teil und Trost. Des H.s Herrlichkeit ist Gott selbst und nicht ein erträumtes Paradies Ps 73,25.

3) Der Herr vom H. So ist denn auch das entscheidende Herniedersteigen Gottes, der Weg Jesu Christi von der Ankunft bis zur Wiederkunft eine Geschichte zw. H. und Erde 1Kor 15,47; Jo 3,13.31; 6,51. Vom H. her hat er seine Macht Mt 28,18. In seinem Namen beten wir: Unser Vater in dem H. Mt 6,9. Es ist in keinem anderen Namen unter dem H. Heil Apg 4,12. Das bezeugt die Stimme vom H. bei der Taufe und Verklärung Mk 1,11 par.; Mt 17,5 par., → Wolke. Christus ist bei seiner H.fahrt durch alle h.en Mächte hindurchgestoßen in den H. selbst, in die volle ungehemmte h.e Gegenwart Gottes Hebr 9,24; Eph 4,10; Hebr 4,14, vgl. 2Kor 12,2 (hier handelt es sich deutlich um das Unbeschreibliche, Unaussprechliche). Hier wollen die Andeutungen räumlicher Art — dritter H., vgl. H. in der Mehrzahl, Paradies — in der zeitgenössischen jüd. Sprechweise von der Berührung mit der h.en Machtfülle des Sohnes zur Rechten des Vaters sagen. Die Gemeinde aber steht in der Erwartung der Wiederkunft des Herrn, von ihm selbst verheißen Mk 14,62 — „mit des H.s Wolken" verknüpft sein Wort mit Dan 7,13 —; Mt 24,30; Apg 1,11; 1Thess 1,10; 4,16; 2Thess 1,7.

4) Der offene H. Stimmen wie in Schillers Pilgrim: „Ach! der H. über mir will die Erde nie berühren" sind der HS nicht fremd Pred 5,1. Von daher versteht man den Jubel in Kol 1,20; Eph 1,10 darüber, daß alle Dinge im H. und auf Erden zusammengefaßt sind in Christus. Der offene H. Mt 3,16; Jo 1,51; Apg 7,55; Offb 19,11 — wohl noch immer im Glauben und nicht im Schauen — ist das Zeichen des erfolgten Durchbruchs. „Der Weg ist g'macht". Nun kann, „was ihr auf Erden lösen werdet, auch im H. los sein" Mt 18,18. Nun hat die Gemeinde Christi teil am lebendigen Brot vom H. auf Erden Jo 6,50. Daher verlagert sich das Hoffen vom Vergänglichen, Irdischen auf das Unvergängliche, Himmlische. Die massiven Ausdrücke: der von Gott erbaute Bau, das ewige Haus im H., unsere Behausung im H. 2Kor 5,1f, vgl. Jo 14,2; Hebr 9,11, die Schätze im H. Mt 6,20, das unvergängliche Erbe 1Petr 1,4, zusammengefaßt in „unsere Heimat, unser Bürgerrecht im H." Phil 3,20 verdeutlichen die habhafte Zuversicht in einer unverzagt irdischen Sprache, die wohl um die Verborgenheit, um das Unbeschreibliche dessen weiß, von dem sie spricht. Das steht alles im Licht der lebendigen, irdische Tage erfüllenden Gewißheit, daß wir einen Herrn Kol 4,1, einen Fürsprecher 1Jo 2,1, einen Hohenpriester im H. haben Hebr 7,26; 8,1, der doch bei den Seinen ist alle Tage bis an der Welt Ende. *He*

Himmelfahrt.

1) Der Hergang: Nach Lk 24,50-53 führt Jesus die Jünger nach seiner Erscheinung nach Bethanien, segnet sie und scheidet von ihnen (in einigen Handschriften: „fuhr auf gen Himmel" — ward hinaufgetragen; jedoch 24,31 „er verschwand"). Nach Apg 1,9-11 versammelt der Herr die Jünger zum letztenmal, gibt ihnen seine Anweisung, wird, während sie es sahen, aufgehoben; sie wußten: er scheidet. Eine Schwierigkeit aus dem Weltbild entsteht nicht, weil der „Himmel" hier bedeutet bei Gott sein.

2) Bedeutung a) für die Jünger: die Erscheinungen des Auferstandenen haben ein Ende; ihr Herr ist beim Vater Kol 3,1; durch das Wort der Engel sind sie gewiß: er kommt wieder Mt 26,64; Offb 1,7; — *b) für Jesus:* die Daseinsweise des Erhöhten wird uns nicht beschrieben, aber seine Herrlichkeit und Macht Phil 2,9-11; Hebr 1,3; 12,2 („da sitzt er zur Rechten Gottes, seines allmächtigen Vaters"), sein Wirken in der Fürbitte für die Seinen und der Sendung des hl. Geistes Röm 8,34; Hebr 9,24; Jo 16,7 und sein Wiederkommen zur Vollendung des Reiches Gottes Apg 1,11; 1Kor 15,25; Offb 19,11ff bezeugt. *Pfi*

Himmelreich → Reich Gottes.
Himmelsbrot → Manna.

Himmelsheer, gewöhnlich Heer des Himmels, bezeichnet *1)* die *assyrischen Gestirngottheiten,* deren Verehrung im Zug der Unterwerfung Judas durch Assur im Südreich eindrang 2Kö 21, 3ff, aber vom Deuteronomium streng verboten wurde 5Mose 4,19 (→ Abgötterei);

2) die *Engel,* die nach altisraelitischer Vorstellung zum himmlischen Hofstaat Jahwes gehören 1Kö 22,19; Neh 9,6; Lk 2,13. → Zebaoth. *Ste*

Himmelskönigin, d. i. die babylonisch-assyrische *Ischtar* (→ Astarte), die Herrin des Himmels, Göttin des Venussterns. Ihre Verehrung fand bes. in der Zeit Manasses im Südreich Eingang und wurde trotz der Kultreform Josias nach dessen Tod sofort wieder populär. In der Vernachlässigung ihres Kultes sahen manche Kreise später geradezu den Grund für die Katastrophe von 587 Jer 44,15ff. Ihre *Verehrung,* in der auch Vorstellungen von der Muttergöttin, der Göttin der Fruchtbarkeit, lebendig waren, war in erster Linie Sache der *Frauen,* die in dem mehr männlich bestimmten Jahweglauben zu kurz zu kommen meinten. Man spendete ihr

Trankopfer und die *kawwanim*, das Ischtargebäck Jer 7,18, das nach Jer 44,19 die Göttin abbildete, also wohl Sternform hatte. *Ste*

Himmelsleiter. Bei der Erscheinung Jahwes vor Jakob auf seiner Flucht bei Bethel 1Mose 28, 10-22 schaut dieser eine von der Erde bis an den Himmel reichende Treppe. Die auf ihren Stufen unaufhörlich auf- und niedersteigenden Gottesboten, die Jahwes Befehle ausrichten Ps 103,20, vermitteln den Verkehr zw. der irdischen und der himmlischen Welt; vgl. Jo 1,51. Vermutlich schimmert im Traum von der H. die Erinnerung an die Tempeltürme (ziggurat) der Babylonier durch, bei denen das oberste Wohngemach als Sitz der Gottheit galt. *Schw*

Himmelsrichtungen. Die H. werden in der Bibel auf verschiedene Weise bezeichnet, wenn auch Luther die Bezeichnungen durchgängig mit Morgen (= Osten), Mittag (= Süden), Abend (= Westen) und Mitternacht (= Norden) übersetzte. In der Orientierung ist der Osten vorne, der Westen hinten, der Norden links und der Süden rechts Hiob 23,8.9. Der scheinbaren Bewegung der Sonne gemäß bezeichnet der Sonnenaufgang den Osten und der Sonnenuntergang den Westen Ps 113,3. Topographisch bedeutet „Meer" (das Mittelländische Meer) den Westen und Negeb (= dürres Land) den Süden. Das hebr. ṣafon für den Norden meint vielleicht den „verborgenen Weltteil", darom für den Süden den „leuchtenden Weltteil". *v. d. W.*

Hin → Maße.
Hinde → Hirschkuh.

Hinnomtal. Das stets wasserlose, steinige H., auch Tal des Sohnes oder der Kinder Hinnom, heute wadi er rababi, beginnt am Jaffator, umgibt → Jerusalem im Westen und Süden und vereinigt sich im Südosten der Stadt mit dem Kidrontal. Die Herkunft des Namens ist unbekannt. Durch das H. ging die Grenze der Stämme Juda und Benjamin Jos 18,16. Hier brachten die Israeliten in der Zeit ärgsten Götzendienstes Kinderopfer dar 2Chr 28,3; Jer 7, 31; 19,6.13 (Moloch). Der Ort, wo dies geschah, auch Topeth (Feuerstätte?) genannt, lag wohl an der Südseite des Tals und wurde von Josia „verunreinigt", d. h. für immer unbrauchbar für irgendwelchen Gottesdienst gemacht 2Kö 23,10. Das neutestamentliche Wort für Hölle, Geenna, ist aus Ge-Hinnom (Tal des Hinnom) entstanden. *(Me)*

Hiob.

1) Die Gliederung des Buches. 2) Der innere Aufbau. 3) Die Lösung.

1) Sowohl der Name H., der vom 20.-14.Jh. vChr außerhalb Israels belegt ist (Ajja-abu = Wo ist mein Vater?, d. h. Gott oder der verstorbene irdische Vater), als auch die Erwähnung in Hes 14,12-23 als eines frommen Mannes der fernen Vergangenheit zeigen das Alter der ersten Hiobüberlieferung. Sie hat sich zunächst in einer nichtisraelitischen *Erzählung* niedergeschlagen, die allmählich ganz in die ATliche Gedanken- und Glaubenswelt eingeschmolzen wurde. Sie erzählte vom frommen und gesegneten H., der sich in dem zur Prüfung der Echtheit seiner Frömmigkeit verhängten Leiden trotz aller Not und Versuchung bewährt (vgl. Jak 5,11) und daher in noch größerem Maße mit Glück gesegnet wird. In nachexilischer Zeit hat der Hiobdichter sie unter erneuter Bearbeitung als Rahmenerzählung (K. 1f; 42,7-17) für seine *Dichtung* benutzt. Diese läßt den H. nach vergeblichem Warten auf den Trost seiner Freunde gegen sein Geschick aufbegehren und in einem langdauernden, aufwühlenden Ringen mit den Freunden und Gott um sein Recht kämpfen, bis er schließlich eine neue Stufe seines Seins erlangt. Diese Dichtung gliedert sich in zwei Teile: *a)* Unmittelbare Auseinandersetzung zw. H. und den *Freunden* unter Bemühen um die Auseinandersetzung mit Gott in K. 3-28. Sie vollzieht sich in drei Redegängen, in denen auf die Reden H.s jeweils einer der Freunde in der (nach dem hebr. Alphabet geordneten) Reihenfolge von 2,11 antwortet. Der Form nach sind die Reden durch Weisheitslehre, Psalmen und Rechtssprache bestimmt. Während die beiden ersten Redegänge in K. 3-11 u. 12-20 fast ungestört überliefert sind, ist der dritte in K. 21ff durch spätere Eingriffe zT umgestaltet worden. Die achte Hiobrede 23,1-17, die dritte Bildadantwort 25,1-6 und die neunte Hiobrede 26,1-4; 27,1-6.11f sind gekürzt, die letztere zudem aufgeteilt worden; die dritte Zopharantwort fehlt ganz. Dafür sind vier Lieder eingefügt und dem H. in den Mund gelegt worden, obwohl sie weithin seinen und der Freunde Ansichten nicht entsprechen: K. 24; 26,5-14; 27,7-10.13-23; K. 28. — *b)* Unmittelbare Auseinandersetzung zw. H. und *Gott* in K. 29-31; 38,1-42,6. Sie beginnt mit den Herausforderungsreden H.s 29-31, die ihre Vorbilder im Bemühen um das Herbeiführen eines kultischen Gottesspruchs (Klagepsalmen) oder eines rechtskräftigen Gottesurteils haben. Darauf antwortet die Gottesrede, die (wie das folgende Bekenntnis H.s) durch die späteren Zusätze 40,15-24 (Nilpferd) und 40,25-41,26 (Krokodil) zweigeteilt worden ist und ursprünglich 38,1-40,2.8-14 umfaßt hat. Sie nimmt die Stelle eines Gottesspruchs oder -urteils ein, ist aber im Gegensatz zu diesen nicht eindeutig zusagend oder ablehnend-verurteilend gehalten, sondern *eine* große Frage an H. Die von ihm geforderte Entscheidung spricht er in 40,3-5; 42,2f.5f aus, ähnlich dem Danklied bzw. der Gewißheit der Erhörung des Beters oder der Aneignung des Gottesurteils durch den Rechtsuchenden. Dieser große Zusammenhang ist später durch den Einschub der Reden Elihus K. 32-37 zerrissen worden.

2) Entgegen manchen Zweifeln weist das Buch H., abgesehen von den späteren Zusätzen, einen klaren und folgerichtigen *inneren Aufbau* auf.

Der Prolog führt an das Problem heran K.1f; aus der Höhe des Glücks wird H. in unermeßliches Leid gestürzt, ohne zu wissen warum. Im *ersten* Redegang tut er drei Schritte: In K. 3 von der im Fluchwunsch enthaltenen Bitte nach dem Nichtlebenmüssen und der Klage wegen der versagten Ruhe und über Gott ausgehend, über den in K. 6 u. 7 ausdrücklich ausgesprochenen Todeswunsch und den anklagenden Vorwurf gegen Gott, der sein Geschick herbeigeführt hat, zu der in K. 9 u. 10 erreichten offenen Anklage gegen Gott, der sein Geschöpf vernichtet und seit jeher H.s Feind ist. Während H. in dieser Weise sein Schicksalsproblem *lebt*, wollen die Freunde ihn darüber *belehren*. Eliphas erklärt in K. 4 u. 5 H.s Leid aus der kreatürlichen Schwäche und sterblichen Art des Menschen und rät zum geduldigen Tragen und zur demütigen Bitte an Gott. Bei Bildad K. 8 und Zophar K. 11 verschärft sich der Ton wegen der ablehnenden Haltung H.s, obgleich ihn beide trotz etwaiger kleiner Verfehlungen im Grunde als frommen Mann ansehen, der nur Geduld und Demut üben muß. — Doch H. lehnt im *zweiten* Redegang diese Ratschläge ab und fordert Gott zur Anerkennung seiner Unschuld auf, wobei er immer drängender wird: In K. 12-14 wünscht er seine Lage mit Gott wie in einem Rechtsstreit zu behandeln und stellt die an Gott zu richtenden Fragen wie in einer Anklageschrift zusammen (13,23-28). In K. 16 u. 17 appelliert er an Gott als den Rächer von Bluttat und Unrecht (16,18-22), um Gott als solchen Rächer gegen Gott als seinen Feind auszuspielen. In K. 19 ersucht er Gott als Schutzzeugen und Anwalt um Hilfe (19,25-27) gegen die ihn verfolgenden Freunde und eine unwissende Nachwelt. Währenddessen beginnen die Freunde, H. zu verdächtigen und zu beschuldigen, selber ein Frevler zu sein, und warnen ihn vor dem deswegen drohenden schlimmen Ende. — Dies veranlaßt H., im *dritten* Redegang seine Unschuld zu erweisen und die Auseinandersetzung mit Gott vorzubereiten. Da nach K. 21 Dasein und Ende des Frevlers von Glück und Ehre bestimmt sind, ist H.s Unglück der Beweis dafür, daß er kein Frevler sein kann. Deswegen glaubt er nach K. 23, den Sieg erhoffen zu dürfen, sofern er Gott seine Sache darlegen und bei ihm Beachtung finden kann. Da er in 26,1-4; 27,1-6.11f niemals zu lügen schwört, ergibt sich, daß er auch in der Unschuldsbeteuerung nicht lügt. Demgegenüber tun die Freunde den letzten Schritt, beschuldigen H. in K. 22 offen schwerer Sünden, erklären seine Leiden als Strafe dafür und fordern seine grundlegende Umkehr zu Gott. — Nach dem ergebnislosen Ausgang dieser Unterredung sucht H. die unmittelbare *Auseinandersetzung mit Gott* in persönlicher Begegnung. Grundlegend ist der Wunsch nach einem Leben voll des früheren Segens (29,2). Durch die Gegenüberstellung des Einst und Jetzt (K. 29 u. 30) beleuchtet, soll der Reinigungseid 31,1-34.38-40 die Verwirklichung des Wunsches ermöglichen und die Herausforderung Gottes 31,35-37 sie herbeiführen. Doch Gott, der 42,7f auch die Theologie der Freunde verurteilt, führt H. das Unsinnige seines Verhaltens vor Augen, indem er ihm in der Gottesrede die Weltordnung, die menschliches Einsehen und Können übersteigt, aufzeigt und den scheinbaren Widerspruch von sinnvoller Ordnung und letzter Undurchschaubarkeit entgegenhält, der aber in Gott aufgehoben ist und eine Einheit bildet. Als äußerste Möglichkeit bietet er dem H. das gottlose Gottgleichsein an. Demgegenüber entscheidet dieser sich in 40,3-5; 42,2f.5f zu einem diesem Gott angemessenen Verhalten, in dem die Lösung des Hiobproblems liegt. Der Epilog stellt in 42,7-17 die Wirkungen und Folgen in einem kurzen Abgesang dar.

3) Das Buch H. bildet weder eine Handlung und ein Geschehen ab, das sich tatsächlich ereignete, noch behandelt es das Problem der sog. Theodizee als Zweifel an der Gerechtigkeit Gottes auf Grund schreckensvoller menschlicher Erfahrung oder infolge des Anstoßes am unverschuldeten Leiden des Frommen und unverdienten Glück des Frevlers. Vielmehr handelt es sich um eine *praktische Frage* des menschlichen Daseins: Wie soll sich der Mensch im Leide recht verhalten, und was bedeutet dieses Verhalten für ihn? Als ein Nebenthema klingt die Frage mit, wie der jeweils vom Leid getroffene Mensch es verstehen und deuten soll. Die alte *Hioberzählung* hat das Leid als Prüfung verstanden und das rechte Verhalten darin erblickt, daß der Fromme seine Treue und seinen Gehorsam bewährt. Doch dem *Hiobdichter* schien dies wohl durch ein andauerndes oder wachsendes Leid in Frage gestellt. Die *Freunde* H.s verstehen das Leid vorwiegend auf Grund des Vergeltungsglaubens als Strafe für die Sünde des Menschen, so daß sie als rechtes Verhalten das Entfernen des Bösen, die demütige Hinwendung zu Gott und notfalls eine völlige Umkehr empfehlen. Doch dieser Vergeltungsglaube scheitert daran, daß es in Wirklichkeit dem Frommen durchaus nicht immer gut und dem Frevler nicht schlecht ergeht, ganz abgesehen davon, daß die fast ausschließliche Betonung der vergeltenden Gerechtigkeit Gottes etwas „Nicht-Wahres" über ihn behauptet 42,7f. *Elihu* wandelt das Schema sachlich und zeitlich ab: Das Leid soll zunächst dazu dienen, daß der Mensch sich bessert und seine Pflicht tut K. 33. Geht er nicht darauf ein, so dient es zur fortdauernden Prüfung des schwer Erziehbaren K. 34. Dann mag er durch menschliche Mahnung oder göttliches Eingreifen endlich zur richtigen Einsicht gelangen oder der vernichtenden Strafe anheimfallen K. 35f. Auch H. selbst lebt zunächst im Banne des Vergeltungsglaubens; da er sich aber schuldlos und fromm weiß, kann er sein Leiden nur auf das unberechenbare Wüten eines grausamen Gottes zurückführen, der, wenn er jählings seine Geißel schwingt, über die Verzweiflung der Unschuldigen lacht 9,23. Demgegenüber umschreibt 40,3-5; 42,2f.5f die grundlegende *Wandlung*

H.s und den Weg, der zum eigentlichen Wesen des Menschen jenseits des bloßen Lebensvollzugs führt. Das rechte Verhalten des Menschen besteht im demütigen und hingebungsvollen Schweigen aus dem Ruhen in Gott — auf Grund der Einsicht, daß das Leid auf einem rätselvollen und undurchschaubaren, aber doch sinnvollen Handeln Gottes beruht, und auf Grund der Gewißheit der Gottesgemeinschaft, die alles andere nebensächlich werden läßt. Diese Lösung des Hiobproblems besagt, daß der Mensch — im Falle H.s durch das Leid — sein Eigentliches erst gewinnen muß und in der Gottesgemeinschaft finden kann.

Lit.: H. W. Hertzberg, Das Buch Hiob, Bibelhilfe für die Gemeinde, Stuttgart 1949. H. Lamparter, Das Buch der Anfechtung, Die Botschaft des AT 13², Stuttgart 1956. G. Fohrer, Studien zum Buche Hiob, Gütersloh 1963. A. Weiser, Das Buch Hiob, ATD 13⁴, Göttingen 1963. E. Sellin - G. Fohrer, Einleitung in das AT¹⁰, Heidelberg 1965, § 50. *Fo*

Hiram, auch Huram.

1) H. I., König der Sidonier mit der Residenz Tyrus 969-936, erscheint in phönizischen Nachrichten als Eroberer und Bauherr. Unter ihm dürfte die große phönizische Kolonisation im Mittelmeer begonnen haben. H. stand schon zu → David in einem guten Verhältnis. Die Nachricht 2Sam 5,11 dürfte sich allerdings der Zeitrechnung nach auf den Vater H.s I. beziehen. H. schloß mit → Salomo ein Handels- und Wirtschaftsabkommen. H. lieferte für den Tempelbau und sicherlich auch für andere Staatsbauten das nötige Holz und stellte tyrische Facharbeiter zur Verfügung, während sich Salomo zu Weizen- und Öllieferungen verpflichtete. Außerdem mußte Salomo die tyrischen Facharbeiter nach tyrischen Tarifsätzen entlohnen 1Kö 5,15-32. Salomo konnte seinen Verpflichtungen nicht voll nachkommen und nahm bei H. eine Goldanleihe auf, mußte aber dafür isr. Staatsgebiet abtreten 1Kö 9,12-14. In 2Chr 8,1 f scheint dieser Sachverhalt verkannt zu sein. Schließlich unternahm H. mit Salomo zusammen die viel Reichtum ins Land bringenden Ophirfahrten 1Kö 9,26-28.

2) H., Sohn eines tyrischen Vaters und einer isr. Mutter, hat als Ingenieur und Architekt entscheidend beim Tempelbau Salomos und sicherlich auch bei anderen Bauten mitgewirkt 1Kö 7,13 ff; 2Chr 2,12 f. *Peu*

Hirsch. Gemeint ist wohl der Damhirsch mit dem Schaufelgeweih und gefleckten Fell, der freilich heute in dem waldarmen Palästina nicht mehr zu finden ist. Sein Fleisch wurde gern gegessen 5Mose 12,15; 14,5; 1Kö 5,3. Die Dichter rühmten die Kraft seiner Beine Ps 18,34; Jes 35,6; Hab 3,19 und seine Schnelligkeit 1Mose 49,21; HL 8,14. Der Klageruf des dürstenden Tiers wird zum Bild der Sehnsucht nach Gott Ps 42,2. Zu Jes 51,20 → Auerochs. → Hinde. *Schl*

Hirschkuh, Hinde. Spr 5,19 rühmt die Anmut, HL 2,17 wohl die Schnelligkeit eines Tiers, bei dem Luther an die Hinde dachte, während die Revision 1964 die Gazelle einsetzte. Von der Mutterliebe der H. spricht Jer 14,5; vgl. auch HL 3,5; Hiob 39,1. Ob Ps 29,9 meint, der Donner bringe die verängsteten Hinden in Wehen, ist fraglich; es mag eher an die Schädigung des Waldes durch einen mächtigen Sturm gedacht sein, der „Eichen wirbeln läßt". Die Überschrift zu Ps 22 scheint auf die Melodie eines Liedes von der H. hinzuweisen. → Hirsch. *Schl*

Hirse ist nur Hes 4,9 genannt als Bestandteil eines gemischten Notbrots. Sonst dient sie als Viehfutter. Die Hauptart ist die bis zu 1 m hohe Rispenhirse mit übereinanderhängenden Rispen und 2-3 mm großen Körnern. *Kn*

Hirte. Der H. war zu keiner Zeit aus dem Leben Israels wegzudenken. Besonders lebendig war die Erinnerung an die Zeit, als die Stämme vor der Landnahme nomadisch lebten 1Mose 13,2. 5; 26,14; 30,43; 37,13.16; 41,2.18; 46,6.32 ff; 47, 4 ff u. a. Der H.nberuf wird als eine seit den Anfängen der Menschheit ausgeübte, grundlegende Arbeit angesehen 1Mose 4,2. Aber auch später ist der H. eine wichtige Person: David war H. 1Sam 16,11. Die ersten Zeugen der Weihnachtsgeschichte waren H.n Lk 2,8 ff. — Der H. ist

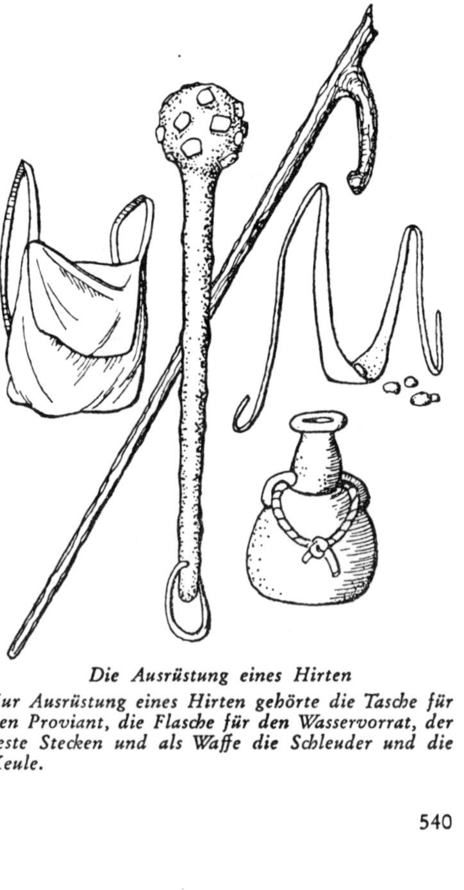

Die Ausrüstung eines Hirten

Zur Ausrüstung eines Hirten gehörte die Tasche für den Proviant, die Flasche für den Wasservorrat, der feste Stecken und als Waffe die Schleuder und die Keule.

für Bestand und Wachstum der Herde verantwortlich. Ihm obliegt die Zucht 1Mose 30,37ff, die Pflege Hes 34,4.12.16, die Zählung 3Mose 27,32; Jer 33,13, die Beschaffung von Weidegrund 1Mose 13,5ff und Wasser Jer 33,12, weswegen es oft zum Streit kam 1Mose 26,20ff; 2Mose 2,16ff, der Schutz vor Raub und wilden Tieren Hiob 24,2 — durch Hunde Hiob 30,1, Einfassungen 4Mose 32,16; Mi 2,12, einen Turm 1Mose 35,21, mitunter durch besondere Aufseher 1Mose 47,6 oder Hilfskräfte 1Sam 25,7.14ff —, die Schur 1Sam 25,4ff. Für Schaden war er haftbar 1Mose 31,39; 2Mose 22,9-13. Zu seiner Ausrüstung gehörten Stecken, Schleuder und Beutel 1Sam 17,40, Saiteninstrument 1Sam 16,18 und Flöte 1Mose 4,21. Auch Frauen waren oft H.n 1Mose 29,9; 2Mose 2,16. — Die Rechabiter (→Jonadab) verkörperten durch Jahrhunderte in reinster Form in Anknüpfung an alte, sakrale Traditionen das nomadische Dasein der „Fremdlinge" 1Chr 4,39ff; Jer 35,7-11. — Das Bild vom H.n (und der Herde) ist gebraucht in der Gerichts- und Heilsankündigung Jer 6,3; Jes 14,30; 49,9; Mt 25,32, vom König und den Führern des Volkes 2Sam 5,2; 7,7f; Jer 2,8; 3,15; 25,34-36; Hes 34,2-23, von Gott Ps 23,1; 28,9; Hos 4,16; 13,5 und bes. von Jesus Christus Jo 10; 1Petr 5,4; Hebr 13,20 sowie von den Führern der Gemeinde Jo 21,15ff; Eph 4,11. *Kn*

Hiskia, hebr. Chizkijja und Chizkijjahu, assyrisch Hazakijau, Sohn des Ahas, König von Juda 725/24-697/96. H.s Zeitgenosse Sargon II. von Assyrien fand in dem Chaldäerfürsten Marduk-apal-idinna = Merodach-Baladan einen Gegner, der in Babel die Herrschaft bis 709 behaupten konnte und Gesandte nach Jerusalem schickte 2Kö 20,12ff; Jes 39. In Palästina erhob sich die philistäische Stadt Asdod gegen die assyrische Herrschaft. In Jerusalem erschienen die Gesandten des äthiopischen Königs von Ägypten zur Schürung dieses Aufstandes Jes 18,1-6. Als sich schließlich in Asdod ein Grieche auf den Thron gesetzt hatte, griff die Empörung gegen Assur um sich und erfaßte auch Juda, Moab und Edom 2Kö 18,7. Sargon konnte aber i.J. 711 die alte Ordnung wieder herstellen; von einer Bestrafung Judas wissen wir nichts.

Nach dem Tode Sargons und der Regierungsübernahme Sanheribs kam es in Syrien erneut zu größeren Unruhen. Beim Anmarsch des assyr. Heeres zahlten Asdod, Moab, Ammon, Edom u.a. sofort Tribut, während Juda, Askalon und Ekron Widerstand leisteten. Der assurhörige König Padi von Ekron war von seinen Leuten sogar in Ketten nach Jerusalem gebracht worden. Sanherib konnte Askalon und Ekron unterwerfen. Die Assyrer schlugen ein den Aufständischen zu Hilfe gekommenes ägyptisches Heer bei Elteke und eroberten in Juda 46 Städte, erklärten 200150 Leute als Beute und belagerten i.J. 701 Jerusalem. Über H. sagt Sanherib: „Ich machte ihn zum Gefangenen in Jerusalem, seiner königlichen Residenz, wie einen Vogel im Käfig." H. zahlte nunmehr hohen Tribut, u.a. Sänger und Sängerinnen! Jerusalem aber blieb verschont. Diesen assyrischen Nachrichten entsprechen die Angaben 2Kö 18,13-16; 19,35f; Jes 36,1; 37,36 u. 1,6-9.

H. hat im Unterschied von seinem Vater Ahas auf die Worte des Propheten →Jesaja gehört, der ihm in vielen schweren Lagen zur Seite stand und ihm die Rettung vor dem überheblichen König von Assyrien in Aussicht stellte. Bei manchen Jesaja-Worten ist nicht deutlich, ob sie sich auf die Ereignisse unter Sargon II. oder Sanherib beziehen Jes 10,5-15.24-34. Einzelereignisse aus der 701 erfolgten Belagerung der Hauptstadt werden uns 2Kö 18,17-19,33 geschildert.

H. hat bei seiner Kultusreform zunächst die von den Kanaanäern übernommenen Religionsformen beseitigt. Er hat dabei auch vor solchen Kultgegenständen nicht haltgemacht, die mit dem Namen des Mose verbunden waren, aber mißbräuchlich verehrt wurden 2Kö 18,4. H. hat schließlich den von seinem Vater in den Tempel zu Jerusalem eingeführten assyrischen Staatskult beseitigt 2Chr 29,6f, vgl. 2Kö 16,10-18, und er nahm eine Neuordnung des ganzen Gottesdienstwesens in Juda vor 2Chr 29f. H. hat durch den Bau eines Tunnels die Wasserversorgung Jerusalems gesichert 2Kö 20,20; 2Chr 32,30. H. gehört zu den wenigen von der Überlieferung günstig beurteilten Königen von Juda 2Kö 18,3. *Peu*

Historisch-kritische Forschung.

1) Die Aufgabe, die HS neu zu verstehen, entstand 1. aus der Ablösung des mittelalterlichen Geschichtsbildes durch die neuen Auffassungen der Renaissance und des Humanismus, die den Menschen in die Mitte der Geschichte stellten, 2. durch das reformatorische Schriftprinzip, das die grammatische Bedeutung des Buchstabens und die historische Erkenntnis der bibl. Geschichte betonte, sich aber vom eigentlichen Wollen des Humanismus unterschied, und 3. durch die Ablösung des aristotelisch-ptolemäischen Weltbilds durch N. Kopernikus und die dadurch notwendige Freigabe der Natur- und Weltbetrachtung durch die Theologie. In dieser wissenschaftlichen und kirchlichen Krise wurden H. Grotius, B. Spinoza und R. Simon die eigentlichen Vorkämpfer der hist.-krit. Forschung, die es sich zur Aufgabe machte, den ursprünglichen Sinn des Textes und seine zeitgeschichtliche Entstehung freizulegen. Die rationale und natürliche Auffassung aller Offenbarungsvorgänge wurde aufgenommen und bestätigt vom englischen Deismus. Die protestantische Orthodoxie suchte die bibl. Offenbarung durch das Inspirationsdogma zu schützen, konnte aber nicht verhindern, daß die Aufklärung Schritt für Schritt sich in der Bibelforschung durchsetzte.

2) In der herrschend werdenden Aufklärung geht es um ein Geschichtsbild, das der Natur und der Vernunft entspricht, und um eine freie Untersuchung der kanonischen Schriften. Die Grundlagen und Methoden der Theologie sollen sich den Maßstäben allg. Kritik anpassen. Allerdings dringen gewisse psychologische und moralische Züge unter dem Einfluß des Pietismus in die bibl. Exegese ein. J. S. Semler, ein Wortführer der Aufklärung, beruft sich auf die Notwendigkeit des eigenen Nachdenkens in der Welt und auf die unüberwindliche Kraft des Gewissens. G. E. Lessing betont immer wieder: Zufällige Geschichtswahrheiten können nicht Beweis für notwendige Vernunftwahrheiten werden. Damit wird aber die Eigenart der bibl. Offenbarung und ihres Geschichtsverständnisses preisgegeben.

3) Ehrende Erwähnung verdient J. G. Hamann, der von der Herabneigung Gottes ins Fleisch und der Knechtsgestalt der HS zu reden verstand. Er wußte darum, daß die Bibel einen Leib, der Erde und Asche ist, und eine ganz bestimmte Menschlichkeit an sich trägt, die jedem Zugriff offensteht. Die Folgezeit hat diese Tiefe J. G. Hamanns nicht fruchtbar machen können. Sein „hebräischer Humanismus" kam zwar auf J. G. Herder; aber lediglich J. G. Herder verstand das Menschliche der HS aus dem Geheimnis der Natur, der Seele und der Schöpfung. Das Geheimnis der Inkarnation wurde entleert.

4) Die Folgezeit nahm das tiefe Verständnis der hebr. Poesie und Sprache J. G. Herders auf. Mit J. G. Eichhorns „Urgeschichte" (1792/93) wurde der Begriff des Mythos in die bibl. Wissenschaft eingeführt. Mythen sind nach ihm Sagen der alten Welt in der damaligen sinnlichen Denkart und Sprache. Sie wollen nicht eine historische Begebenheit so schildern, wie sie sich begeben hat, sondern wie sie sich in der bildhaften, dramatischen Sprache der damaligen Zeit darstellt.

5) Die Forschung des 19. Jh., vielfach mit Unrecht kritisiert, ist in Wirklichkeit eine ernsthafte Bemühung um den bibl. Text und die bibl. Geschichte gewesen. Vor allem die Erlanger Schule J. Chr. K. v. Hofmanns suchte das Wesen der bibl. Heilsgeschichte zu erhalten. Tief in die Geheimnisse der HS und der göttlichen Offenbarung drang J. T. Beck ein. Philologische und geistliche Erfassung des hebr. und jüd. Grundcharakters der HS wurde Fr. Delitzsch geschenkt. Um die Eigenart der göttlichen Offenbarung wurde hier ernsthaft gerungen und ihre Auflösung abgewehrt.

6) Führende Bedeutung errang aber der Alttestamentler J. Wellhausen mit seiner intuitiven Art, Historie zu erfassen und literarkritische Zusammenhänge zu durchschauen. Er schuf ein neues Geschichtsbild, mit dem sich die ganze Folgezeit auseinandersetzen mußte. In der NT-lichen Wissenschaft suchten F. Chr. Baur und die Tübinger Schule den Werdegang des apostolischen Zeitalters rein historisch, nicht dogmatisch zu erfassen. Die Schwierigkeiten der Leben-Jesu-Forschung stellten sich im Lauf einer langen Entwicklung immer mehr heraus (D. Fr. Strauß, A. Schweitzer). Eine neue Periode der bibl. Forschung wurde durch die gattungs- und formgeschichtliche Periode eingeleitet (H. Gunkel). Ihre Resultate konnten sich vielfach durchsetzen, bedürfen aber auch oft der Nachprüfung. Vom Offenbarungscharakter der Schrift ausgehend, versuchten A. Schlatter, M. Kähler und K. Barth von verschiedenen Ausgangspunkten aus die Krise der hist.-krit. Forschung zu überwinden. Der Kampf um die „Entmythologisierung" (R. Bultmann) zeigt aber, daß alle hermeneutischen und historischen Aufgaben des 19. Jh. wieder aufgenommen werden müssen.

Lit.: H. J. Kraus, Geschichte der historisch-kritischen Erforschung des AT, 1956; A. Schlatter, Die philosophische Arbeit seit Descartes, ihr ethischer und religiöser Ertrag, 1959[4]. *Mi*

Hobab (= Chobab). *1)* Sohn des Midianiters Reguel und damit Schwager Moses, der ihn seiner Ortskunde wegen als Führer der Israeliten für die Wüstenwanderung anwarb 4Mose 10, 29-32.

2) Söhne H.s wird Ri 4,11 eine Kenitergruppe genannt, die das AT auf H. 1) zurückführt; dadurch soll eine nähere Beziehung der Keniter zu Israel ausgedrückt werden. *Da*

Hochmut, hochmütig, auch Hoffart oder Stolz, wobei sich das Überschreiten des rechten Maßes durch überhebliche Gesinnung, äußeren Aufwand oder anmaßendes Wesen zeigt. — Im AT wird H. scharf verurteilt, weil sich der Mensch Hoheit und Erhabenheit, die nur Gott zukommen, nicht anmaßen darf. Schon in der jahwistischen Urgeschichte werden die Menschen deswegen bestraft 1Mose 3 u. 11. Die Propheten verkünden das Gericht über den H., der sich u. a. in eigenmächtigem Wollen und Planen, falschem Vertrauen auf die eigene Kraft, Prahlerei und Prunksucht äußert, und zwar sowohl bei Israel Am 6,8; Hos 5,5; Jes 2,12.17; 3,16; 5,15; 9,8; 28,1 ff, als auch bei den Fremdvölkern und ihren Herrschern Jes 10,12; Jer 49,16; Hes 30,6; Dan 5,20. In den Psalmen klagen die Frommen oft über Nachstellungen h.er Feinde Ps 31,19; 36,12; 140,6. Die Weisen warnen nachdrücklich vor dem H. Spr 8,13; 16,18; Sir 10,14 ff. — Im NT begegnet H. in Mk 7,22 neben anderen, den Menschen verunreinigenden bösen Regungen. Weder materielle noch geistliche Güter dürfen den Christen zur Überheblichkeit verführen 1Tim 6,17; Röm 11,20. Gottes Gnade wird den Hochmütigen nicht zuteil 1Petr 5,5. Prahlerisches Leben ist Kennzeichen

Tafel 17: Schädel aus Jericho *Bei den Ausgrabungen im tell es-sultan, dem Ruinenhügel des alten → Jericho, wurden mehrere Schädel aus neolithischer Zeit gefunden, deren Gesichter wohl zu kultischen Zwecken mit Ton ausmodelliert sind.*

derer, die zu dieser Welt gehören und nicht nach dem Willen des Vaters fragen 1Jo 2,16. Nach Röm 1,30 hat Gott die Heiden an den H. und andere Laster dahingegeben. *Oßw*

Hochpflaster, aramäisch Gabbatha, was „Erhöhung" bedeuten kann, ein mit Steinplatten belegter, erhöhter Platz in der Nähe des Prätoriums (Luther: „Richthaus"), wo Pilatus beim Prozeß Jesu das Urteil sprach Jo 19,13ff. Hier hatte er zuvor mit den Juden verhandelt Jo 18,29ff und den Dornengekrönten dem Volk vorgeführt Jo 19,5ff. Das Verhör Jesu fand im Inneren des Prätoriums statt. Einige nehmen an, daß das Prätorium in der Burg → Antonia gewesen sei, und halten den gut erhaltenen Fliesboden aus römischer Zeit im Keller des Klosters der Zionsschwestern in der Nähe der Antonia für Gabbatha. Nach Josephus pflegte der Statthalter jedoch seinen Sitz im Herodespalast zu haben. Dieser stand in der Nähe des heutigen Jaffators an der Stelle des „Davidsturms", dessen Unterbau aus herodianischer Zeit stammt. Da die Ostgrenze des Herodespalastes, wo Gabbatha gelegen haben muß, unbekannt ist, kann man Gabbatha nicht mehr genau lokalisieren. *Me*

Hochzeit. Zu allen Zeiten war die H. ein Fest großer Freude, mit festlichem Gelage und lautem Jubel, oft durch sieben Tage hindurch, ein Fest der Dorfgemeinschaft 1Mose 29,22.27; Ri 14,10.12.17; Jo 2,1ff. Festlich geschmückt, vor allem mit einem Kopfschmuck Jes 61,10; HL 3, 11, holte der Bräutigam mit seinen Freunden Ri 14,11; Jo 3,29 die Braut mit ihren Freundinnen Ps 45,15 im Zug in sein Haus, meist wohl das Haus seines Vaters 1Makk 9,37.39. Auch die Braut war geschmückt Jes 49,18; 61, 10; Jer 2,32; Offb 21,2, aber zunächst dicht verschleiert 1Mose 24,65; 29,23.25; nach Mt 25,1 zog dem Brautzug eine Schar von Jungfrauen entgegen. Die Freude des Brautpaars äußerte sich in lautem Jubel Jer 7,34; Jo 3,29. So konnte die Freude der H. für Jesus zum Gleichnis des Heils werden Mt 9,15; 22,2. → Ehe. *Schl*

Hochzeitslieder → Lieder.

Höhen (hebr. bamoth). *1) Die Heiligtümer.* Unter H. versteht man hl. Stätten, die schon von den Kanaanäern gern auf Bergspitzen angelegt wurden, um dort die Gottheit anzubeten und ihr zu opfern. Die meisten ländlichen Siedlungen in Kanaan hatten in ihrer Nähe solche Kultorte, deren Heiligkeit am Ort selbst, einem hl. Baum oder einer hl. Quelle haftete. Nach unserer heutigen archäologischen Kenntnis besaßen diese Heiligtümer *keine Tempelgebäude,* sondern waren nur mit einer *Mauer* umgrenzt und hatten ein *Minimum an Inventar.* Dazu gehörte vor allem ein → *Altar* für das Hinlegen oder Verbrennen der Opfergaben. Aber auch eine natürliche Felsbildung oder ein mehr oder weniger zugerichteter Felsblock mit einigen ausgehauenen Stufen zum Hinaufsteigen konnte diesen Dienst tun. Weiteres Inventar waren vielfach → *Ascheren* oder → *Masseben.* Häufig zierten *Baumanlagen* die H. 5Mose 12,2.

2) Der Höhenkult. Im Zuge der Landnahme und bei der jahrhundertelang währenden Freiheit in der Wahl der Opferstätten gliederte Israel diese H. weithin als Jahweheiligtümer seinem Kultus ein 1Sam 9,12ff. Damit drohte die Gefahr des *Mißbrauchs.* Da die kanaanäischen Höhenkulte dem Baal geweihte Fruchtbarkeitskulte waren, wie sie einer bäuerlichen Bevölkerung entsprachen, blieb es nicht aus, daß hier mit der Zeit an Stelle des wahren Jahwe ein *baalisierter Jahwe* verehrt wurde. Zügellosigkeit und Üppigkeit gewannen bei den Höhenfesten die Oberhand. Die Priesterschaft entartete. An gewissen Orten setzten sich sogar die früheren Lokalbaale wieder durch. Kein Wunder, wenn die Propheten über diesen tiefgreifenden Einfluß der kanaanäischen Kultwelt bittere Klage führten. Wiederholtes Einschreiten gegen ihn 2Chr 14,2; 17,6; 2Kö 18,4 führte zu keinem bleibenden Erfolg. Erst die strenge Durchführung der Forderung der *Zentralisation des Kultus* unter Josia, die den Tempel in Jerusalem zur allein rechtmäßigen Anbetungsstätte Jahwes machte, beseitigte endgültig die bis dahin *legitimen* H. und die mit ihnen zusammenhängenden Glaubenskrisen Israels 2Kö 23,8; 5Mose 12,2.3.13.14. *Ste*

Höhle. Die in den Kalk- und Kreideformationen Palästinas zahlreich vorhandenen H.n dienten als Versteck 1Sam 13,6; 22,1; 1Kö 18,4, zur Verschanzung Hes 33,27, als Schlupfwinkel von Tieren Hiob 37,8; 38,40, als Wohn- und Grabstätte 1Mose 19,30; 23,9ff. *Kn*

Hölle. → Totenreich. Hier ist nur die Rede von der H. als dem Ort der ewigen Verdammnis, von dem in der HS nur das NT spricht. Das dort meist verwendete Wort Gehenna ist ursprünglich ein Ortsname: eine kleine, vom früheren

Tafel 18: Die Zitadelle in Jerusalem *Der Turm mit den starken Quadern im unteren Teil, heute „Davidsturm", ist der Rest des Palastes des → Herodes, der erhalten blieb; dieser Turm trug einst den Namen seines Bruders Phasael. Wahrscheinlich war das Schloß des Herodes die Residenz des → Pilatus während seines Festbesuchs in Jerusalem, darum auch die Stätte der Verurteilung Jesu. Die Zitadelle lag an der alten Westmauer über dem → Hinnom-Tal, bei dem (jetzt geschlossenen) Jaffa-Tor. Aufnahme vom Turm der Erlöserkirche in südwestlicher Richtung.*
Die Grabeskirche in Jerusalem *Die Kreuzfahrer errichteten an der Stätte, die nach der Überlieferung der Ort der Hinrichtung Jesu und zugleich seiner Auferstehung war, im Übergang vom romanischen zum gotischen Baustil einen abendländischen Dom, der unvollendet blieb. Unter der großen dunklen Kuppel liegt in dem mächtigen Rundbau die Anastasis-Kapelle, in der die Griechisch-Orthodoxen das Heilige Grab verehren. Unter der kleinen Kuppel bei dem Spitzbogen-Fenster rechts im Vordergrund wird den Pilgern die Stätte von Jesu Kreuz gezeigt.*

Molochdienst her verrufene Ebene am südlichen Ende des Tempelbergs (→ Hinnomtal). Wie in der spätjüd. → Apokalyptik ist im NT daraus der jenseitige Strafort der ewig von Gott Getrennten geworden. Jesus verwendet die zeitgenössischen Anschauungen mit großer Zurückhaltung, ohne auszumalen, was doch nur gleichnishafte Redeweise ist, und ohne sich im einzelnen festzulegen. Der Ort der Qual wird mit einem starken Bild beschrieben als „das ewige Feuer, das bereitet ist dem Teufel und seinen Engeln" Mt 25,41 oder in Anlehnung an Jes 66, 24: „wo ihr Wurm nicht stirbt und ihr Feuer nicht verlöscht", die doch sonst ihre Zerstörungsarbeit in der Zeit zu Ende führen Mk 9,43 ff par. Es geht um ein ewiges Geschick. Der letzte Ernst des Wegs, den wir einschlagen, wird sichtbar Mt 7,13. Deshalb stehen diese warnenden Hinweise dort, wo sie das Gewissen wachrütteln sollen im Hinblick auf besondere Gefahren oder Entscheidungen oder Versäumnisse Mk 9,43 ff; Mt 25, 41 ff; 5,22; 10,28; 3,7. Man kann tatsächlich selbst unter frommen Vorzeichen „ein Kind der Hölle" werden Mt 23,15. Es muß so unter einem letzten Horizont deutlich werden, was die Erlösung durch Christus und was ein gottloses Leben in Wirklichkeit bedeutet. — Die → Offenbarung d. Johannes schildert dann in großen Gesichten, wie die ganze antichristl. Macht, und was sich ihr verschrieben hat, in der H. verworfen wird 19,20; 20,10.14 f. Dagegen haben die Stücke, die vom Abgrund reden 11,7; 9,1.11; 20,1.3 u.a.m. ähnlich wie das Wort von den Geistern im Gefängnis 1Petr 3,19 f wohl vor dem Endgericht liegende Schicksale in der Totenwelt im Auge. *He*

Hof → Haus.

Hoffnung, hoffen.

1) Die H. auf Gott. 2) Die große H. und die kleinen H.en. 3) Die lebendige H.

Für die Eigenart und Kraft des in der HS verankerten Glaubens ist es aufschlußreich, in welcher Weise und in welchem Maß in ihm die H. mächtig und bestimmend ist.

1) Die H. auf Gott. Das vom Menschen in seinen freudigen oder schlimmen Erwartungen, in seinen Berechnungen, Phantasien und Träumen entworfene Zukunftsbild, seine H., kennt die Bibel auch. „Bei allen Lebendigen ist, was man wünscht, H." Pred 9,4. Das zerreißt ihm wie eine Spinnwebe unter den Händen Hiob 8,14, er treibt ja doch dem Tod entgegen Hiob 18,14. Enttäuschungen begleiten seinen Weg Jer 8,15. Das Heidentum kann daran nichts ändern; eine tiefe Hoffnungslosigkeit ist ihm eigen Ps 115,8 f; Eph 2,12; 1Thess 4,13.

Daß die Zukunft ihren Herrn hat und sich die H. auf ihn richtet, gibt ihr eine völlige Wendung. Sie ist wohl zunächst so ungewiß, unbestimmt und unverfügbar wie anderswo. Aber eine Gewißheit macht die H. zuverlässig: Der Herr meine H. Ps 62,6; 71,5; 91,2; 55,24; 28,7. Das ist das Bekenntnis Israels Jes 25,9; Jer 14, 22; 17,13. Das ist die H. der Welt Jes 51,5. Das hat sich den Vätern bewährt Ps 22,5; Jer 50,7. Darauf kann man heute bauen und trauen Ps 9,11. — Diese H. ist → Glaube, dieser Glaube ist H. Röm 4,18; Ps 115,11; 78,22. Nur so hat der Ruf, in der Bedrängnis auf Gott zu h., herzbezwingende Macht Ps 37,3 ff; 4,6 f; 27,14; 130,7; Hos 12,7; Sach 9,12. Von daher ist auch eine verzweifelte Lage noch nicht hoffnungslos Ps 39,8; 42,6.12; 43,5; 73,26. „Nicht zuschanden werden" ist häufig das Stichwort dieser an Gott hingegebenen H. Ps 22,6; 25,3; Jes 49,23; Röm 5,5 u.a.m. Sie hofft selbst dann, wenn Gott sein Antlitz verbirgt Jes 8,17; Ps 13,2.6; 143,7 f.

2) Die große H. und die kleinen H.en (K. Barth). Das AT schließt auf seinem Höhepunkt mit einer umfassenden Erwartung auf die durchgreifende große Hilfe Gottes Jes 42,1 ff; Mt 12,17 ff; Lk 24,21. Die Erfüllung in Christus ist insofern H. geblieben und erst recht geworden, als sie die letzten Ziele Gottes enthüllte und damit der H. ihren eigentlichen Horizont entschleierte. Von dieser endgültigen Vergewisserung der Gnade Gottes her ist die auf Christus gegründete H. die große „bessere" H. geworden und geblieben Hebr 7,19; 1Tim 1,1; Eph 1,11 f; Kol 1,27.

Wie sich dabei dieser Horizont über die Todesgrenze und alle Anfechtung eines zuletzt scheinbar doch ins Dunkel ausmündenden Lebens hinüber erweitert, wächst auch der Inhalt der H., → Auferstehung. Nicht mehr nur auf die Güte Gottes in allerlei Not h. Ps 33,18 f, auch nicht „als die Elendesten unter allen Menschen" allein in diesem Leben auf Christus h. 1Kor 15,19, sondern um Christi willen auch im Tode nicht zuschanden werden Phil 1,20, in gewisser H. des ewigen Lebens Tit 1,2 als Erben Tit 3,7; Kol 1,4 f: das ist die große H., wie sie Röm 8,18 ff mitten in einer ausgesprochen realistischen Schau des kreatürlichen Daseins sich zur Gewißheit erhebt. Sie bleibt H., aber als solche „gewisse Zuversicht des, das man hofft" Hebr 11,1. Diese große H. trägt das kleine Hoffen von Tag zu Tag im Zeitlichen Apg 27,20 ff; 1Tim 3,14 f; Röm 15,24; 1Kor 16,7 („wenn es ...!"); Phil 2,19 („in dem Herrn"); vgl. 2Kor 1,13; 5,11; 10,15, so, wie Röm 5,2 ff aus der großen H. die Kraft erwächst, überhaupt in der H. zu leben.

3) Die lebendige H. (subjektive Seite). Diese Kraft, zu h., entspringt einem verwandelten Leben 1Petr 1,3 ff, das sich nicht mehr auf trügerische Spekulationen stützt Jes 31,1; Lk 6,34; Apg 24,26; Lk 23,8. Diese H. ist „H. eurer Berufung" Eph 1,18; 4,4; Phil 3,14. Auch dann noch ringt die H. mit dem Zweifel Hiob 6,8; 13,15; 17,15. Aber im Glauben überwindet sie, was sie lähmen will Jes 40,30 f; Ps 56,4; 112,7; Jes 50,10. Ihr Zeichen ist der schirmende Helm 1Thess 5,8; Eph 6,17. Sie ist der sichere, feste Anker unserer Seele Hebr 6,19, vgl. 3,6; 6,11; 10,23. Die → Geduld ist die ihr eigentümliche Widerstandskraft Jes 30,15; Klgl 3,26; Röm

5,4f; 8,25. Rühmende Fröhlichkeit ist ihr Wesen Röm 5,2; 12,12. Sie hält sich ans Wort Röm 15,4; Kol 1,23; Ps 119,74.81. Daß sie immer wieder mit der Liebe wie mit dem Glauben in einer sich gegenseitig bedingenden und stützenden einheitlichen Grundhaltung der christlichen Lebendigkeit erscheint 1Kor 13,13; Gal 5,5f; 1Thess 1,3; 5,8; Kol 1,4f; 1Petr 1,21f, läßt erkennen, wie stark die H. mit ihrem Hereinnehmen der verbürgten Zukunft in die Gegenwart das Denken und Tun der Gemeinde im NT prägt; → Endzeit. Davon geht eine reinigende Wirkung auf alles aus 1Jo 3,2f. Von daher kann die Liebe zum andern alles glauben, h., dulden 1Kor 13,7. Die H. ist denn auch bis heute für Andersgerichtete das besonders Anstößige am Christen; hier vor allem muß er Rede und Antwort stehen können 1Petr 3,15f. *He*

Hofmeister, wörtlich „der über dem Palast ist", übt unter den Beamten des Königs das Amt des Wesirs oder Premierministers aus 1Kö 4,6; 18,3 u. a. *Peu*

Hofstil. Das altorientalische Gottkönigtum hat in Liedern und Ritualien für Thronbesteigung, Siegesfeste usw einen bes. H. ausgeprägt, der nach Gründung des isr. Königtums im Lauf der Zeit übernommen und im Sinn des Jahweglaubens umgeprägt wurde. Er findet sich im AT in den sog. Königspsalmen 2; 18; 20; 21; 45; 72; 101; 110; 132; 144,1-11. Die Umprägung zeigt sich in dreifacher Weise, um einige Beispiele zu nennen. Für die dem König entgegengebrachten Wünsche tritt Gott als Gewährer und Erfüller ein, zB Ps 20,2-6; 21. Da das Königtum in Israel im Willen Jahwes begründet erscheint, ist der Wunsch nach gehorsamer Unterwerfung der Völker in der Welt kein unrealistischer, zB Ps 2,10-12, da es in dem geschichtlichen Königtum in Jerusalem nach dem Willen der Dichter zutiefst um das Urbild des Jahwereiches geht. Jahwes universalistischer Anspruch auf Weltherrschaft ist in Israel alt. Auch der Wunsch nach gerechter Regierung entspricht der sozialen Ausrichtung des Jahweglaubens. In dieser Umbildung des altorientalischen H.s kommt ein prophetisches Glaubenselement zur Auswirkung, das der Ausbildung der messianischen Weissagungen vorarbeitet. Auch diese haben Elemente des H.s verarbeitet, zB Jes 9,1-6. *Ba*

Hohepriesterliches Gebet. Diese Bezeichnung für das Abschiedsgebet Jesu Jo 17 hat erstmals der Theologe der Reformationszeit David Chyträus (1531-1600) verwendet. Seither ist sie in den theol. und kirchlichen Sprachgebrauch eingegangen und üblich. Weil Jesus nach Jo 17 fürbittend für die Seinen vor dem Vater eintritt (vgl. Hebr 7,25; Röm 8,34) und von seiner Selbstheiligung für sie redet V. 19, ist die Bezeichnung H.G. angebracht. Seine Geschichtlichkeit anzuzweifeln, haben wir keinen Anlaß, selbst wenn Jo den Ort dieses Gebets nicht nennt und den Wortlaut frei überliefert. Jo 17 steht in Übereinstimmung mit dem sonstigen Bild des Beters Jesus in Jo (vgl. 6,11; 9,31; 11,41.42; 12,28). Das H.G. läßt sich so gliedern: 1. Jesu Gebet für sich selbst 1-5; 2. Jesu Fürbitte für seine Jünger 6-19; 3. Jesu Bitte für seine künftigen Jünger 20-23; 4. Jesu Gebet um Wiedervereinigung mit den Seinen 24-26. „Eine tiefe Ruhe, ein wahrhaft überirdischer Friede liegt über dem Bitten und dem Beter. Deshalb vermag der Leser nur bei völliger Gesammeltheit auf das, was Gemeinschaft mit Gott durch Jesus ist, voll zu verstehen, was gesagt ist" (F. Büchsel, NTD, Jo, S. 159). *Kü*

Hoherpriester.
1) In älterer Zeit. 2) Das Hohepriestertum der Hasmonäer. 3) Zur Zeit des Herodes und der Römer. 4) Die Würde des H.s. 5) In der jüd. Apokalyptik. 6) Im Urchristentum.

1) Mit der Geschichtsdarstellung der Priesterschrift beginnt das Amt des H.s eine feste Form anzunehmen. Aaron erscheint hier als sein Urbild in der mosaischen Zeit; er vererbt das Amt an seine Nachkommen. Einen Oberpriester gab es schon am vorexilischen Tempel 2Kö 25,18; er war aber nur der Vorsitzende des Priesterkollegiums 3Mose 21,10; Neh 3,1. Anders ist die Stellung des H.s in der nachexilischen Zeit. Er ist das geistliche Oberhaupt des ganzen Judentums, das sich nunmehr vor allem als Konfession und Gemeinde versteht. Die Ausgestaltung des Opferdienstes und die Steigerung des Schuldbewußtseins wirken sich auf das Amt des H.s aus: Er allein betrat am großen Versöhnungstag das Allerheiligste und brachte für sich und das Volk ein Sühnopfer dar 3Mose 16; vgl. 23,26ff. Eine Liste der H. seit Alexander d. Gr. findet sich bei Josephus (ant. 11 u. 12); soweit sie legitim waren, konnten sie sich auf sadokitische Abkunft berufen; Eljakim (Alkimos) war nicht Sadokide. Josephus weiß, daß Onias IV., ein Sohn Onias III., nach Ägypten floh und in Leontopolis einen Tempel nach dem Vorbild des jerusalemischen baute (ant. 13,62-73).

2) Infolge der Wirren der seleukidischen Zeit und der Erhebung der Gesetzestreuen ging das hohepriesterliche Amt an die Familie der *Hasmonäer* aus dem Priestergeschlecht Jojarib über. Schon Jonathan übt es beim Laubhüttenfest 152 vChr aus, bleibt aber gleichzeitig militärischer Führer seines Volkes und wird von →Alexander Balas ausdrücklich zum „Freund des Königs" und Strategen ernannt. Da diese Zugeständnisse nur von der syr. Fremdmacht verliehen worden waren, suchte man im jüd. Volk diesen Anstoß zu beseitigen. Darum berief man 141 vChr eine Volksversammlung ein, die Simon und seinen Nachkommen die oberste Führung und das H.amt übertrug 1Makk 14,41. Der Text dieses Dekrets wurde auf Bronzetafeln auf dem Zionshügel veröffentlicht. Die feierliche Titulatur „Fürst" und „H. in Ewigkeit" reicht in ältere Vergangenheit zurück Hes 44,3; Ps

110,4 und knüpft an ein im Orient auch sonst bekanntes Priesterfürstentum (Sidon, Chalkis am Libanon) an. Der Volksbeschluß vermied eine Proklamation zum König, brachte zudem einen Vorbehalt an: „bis ein glaubhafter Prophet erstünde". Dadurch wurde ein Konflikt mit älteren Traditionen vermieden. → Johannes Hyrkan, Sohn Simons, war ebenfalls H., wie die Aufschriften der von ihm geprägten Münzen beweisen. Er war der erste Hasmonäer, der

Die Amtstracht des Hohenpriesters

Der Hohepriester trug (nach der freilich nicht ganz deutlichen Beschreibung 2Mose 28 und 39) über dem Priestergewand als Zeichen seiner Würde das Obergewand (Luther: Purpurrock), das aus purpurblauen Byssusfäden gewoben und am unteren Rand mit goldenen Glöckchen und mit Granatäpfeln aus Purpurfäden besetzt war, und das Schulterkleid (Luther: Leibrock), das von dem Gürtel zusammengehalten wurde; auf der Brust trug er den Brustschild (Amtsschild), der mit Schnüren aus Golddraht an zwei Schulterspangen und am Gürtel befestigt und — in Goldblech eingefaßt — mit 12 Edelsteinen besetzt war, in die die Namen der zwölf Stämme eingeschnitten waren. Auf dem Kopf trug er einen Kopfbund (Luther: Hut), vorn mit einem goldenen Stirnblatt, auf dem die Worte „Heilig dem Herrn" eingraviert waren. In der römischen Zeit wurde die Prachtkleidung des Hohenpriesters in der Burg Antonia verwahrt und nur an den hohen Festtagen herausgegeben. Am großen Versöhnungstag trug der Hohepriester ein einfaches linnenes Gewand.

fremde Truppen anwarb. Seine erfolgreichen Feldzüge und Eroberungen dienten zwar nationalen, aber auch dynastischen Interessen. Er eroberte Madaba, Sichem, zerstörte den Tempel auf dem Garizim und zwang die Idumäer, sich beschneiden zu lassen. Die Durchsetzung seiner weltlichen Pläne führte zu einem schweren Konflikt mit dem → Pharisäertum, und der Pharisäer Eleazar legte ihm nahe, auf die hohepriesterliche Würde zu verzichten und die Fürstenwürde allein beizubehalten (Josephus, Talmud). Erst Alexander → Jannai (= Jonathan) nahm den Königstitel an, wie doppelsprachige Münzen bezeugen; auch Strabo (16, 2, 40) meldet, daß Alexander Jannai als erster den Königstitel trug. Er war in erster Linie Politiker und Soldat, konnte auch im Ostjordanland und in der Philisterebene verschiedene Eroberungen machen, mußte aber gelegentlich schwere Niederlagen in Kauf nehmen. Es kam zu Unruhen zw. König und Volk und einer offenen Revolte mit Einmischung des syr. Königs Demetrius III. Die Rache des Königs an den Aufständischen führte zur Verfolgung, zur Einführung der Kreuzigung und zur Flucht der Gegner in die Wüste. Es ist möglich, daß sich damals „die Gemeinde des Neuen Bundes im Lande Damaskus" gebildet hat, vor allem, wenn Alexander Jannai der „gottlose Priester" der Qumranschriften ist. Erst unter der Herrschaft seiner Gattin Alexandra Salome wurde die Feindschaft gegen die Pharisäer beendet und deren Einfluß auf die Regierung und das Leben des Volkes gesichert. Die verhängnisvollen Streitigkeiten ihrer Söhne Hyrkanos und Aristobul zogen immer weitere Kreise und brachten schließlich die Einmischung der Römer und das Ende der hasmonäischen Herrschaft mit sich.

3) Das hohepriesterliche Amt verlor unter Herodes d. Gr. und in der nachfolgenden Zeit viel von seiner Macht und seinem Ansehen. Es war nunmehr weder lebenslänglich noch erblich und von der politischen Macht völlig abhängig; sie setzte ein und ab. Aber auch jetzt noch standen die H. an der Spitze des Synedriums, waren also die höchste jüd. Instanz vor allem in Rechtsentscheidungen und trugen nicht nur priesterliche, sondern auch politische Verantwortung. Das Amt wurde oft an Glieder ganz bestimmter Familien vergeben, zu denen das Haus Boethos, Phiabi, Ananos (= Hannas) und Kamith zählten. Josephus spricht von 28 H.n der herodianisch-römischen Zeit (ant. 20, 250). Auch die abgesetzten, nicht amtierenden H. besaßen hohe Autorität. Außerdem sind die „Söhne von H.n" zu erwähnen, deren Rechtsentscheidungen nach der Mischna gültig waren. Die wichtigsten Ämter des Tempeldienstes waren in den Händen der regierenden Häuser, so daß sich ihre Macht noch steigerte. Ananos (= → Hannas), Sohn des Sethi, und sein Schwiegersohn Joseph Kajaphas (→ Kaiphas) sind durch das NT bekannt geworden. Bekannt sind die Hallen des Hannas auf dem Tempelberg, die den Pilgern Wechselgeld und Opfertiere anboten. Jonathan, Sohn des Ananos, ist ein gutes Beispiel politischer Verantwortlichkeit in Zeiten der Verwirrung, denen er zum Opfer fällt (Jos. bell. 2, 240. 256). Ananias, Sohn des Nedebaios, auch durch das NT bekannt, wird zu Beginn des jüd. Krieges durch Zeloten getötet (Jos. bell. 2, 441). Sein Palast wird angezündet und er selbst, der sich im Wasserkanal des Königshofes verborgen hatte, erstochen. Offenbar gilt er als wichtigster Vertreter der alten Priesterordnung. Alle diese Männer stehen geistig den Anschauungen der → Sadduzäer nahe und bilden mit ihnen zusammen ein Priesterkollegium. Der Zelotismus setzt in einem revolutionären Akt die Wahl eines Landpriesters Pinehas durch und hebt die Rechte der hohepriesterlichen Familien auf, indem er auf das alte Losorakel zurückgreift (Jos. bell. 4, 147-157). Diese Rückkehr zur Urordnung ist offene Verwerfung der bisherigen Familienpolitik und Anrufung der Entscheidung Gottes. Auch sonst findet sich in der rabbinischen Überlieferung Kritik an dem damaligen H.tum wegen seiner Familienpolitik und der Art, wie man Rechtsentscheidungen durchführte. Echte historische Kritik wird aber vor allem danach fragen, ob sich die H. in der Verteidigung des jüd. Volkes gegen die Gewalt der Prokuratoren und die Rechtsaufhebung des Zelotismus bewährten. Auch diesmal bringt eine politische Katastrophe das Aufhören einer Priesterordnung mit sich.

4) Die Einzigartigkeit des hohepriesterlichen Amtes wird dadurch hervorgehoben, daß für seinen Träger die Gebote priesterlicher Reinheit und Heiligkeit in verschärftem Maße gelten 3Mose 21, 10-14. Waschung, Einkleidung, Salbung und Opfer gehören zur Weihe des H.s. Er ist schlechthin „der Gesalbte" Dan 9, 26. Es ist wahrscheinlich, daß auch in nachexilischer Zeit diese Salbung durchgeführt wurde, daß aber in der Spätzeit vor allem auf die öffentliche Einkleidung Gewicht gelegt wurde. Gelegentlich ist dann die Salbung unterblieben. Die hohepriesterliche Diensttracht (Obergewand, Schulterkleid, Brustschild, Kopfbund) wird in den bibl. und nachbibl. Quellen mit besonderer Liebe geschildert 2Mose 28, 39; Sir 45, 7 ff; 50, 5 ff und gilt als Zeichen der Herrlichkeit Gottes. Die Priesterüberlieferung berichtet darum von den Verherrlichten und Erhöhten. Am großen Versöhnungstag trug der H. weißes Leinen 3Mose 16, 4. In der römischen Zeit wurde die Diensttracht des H.s in der Burg → Antonia aufbewahrt und nur an den hohen Festtagen, auch am Versöhnungstag, ausgeliefert.

5) Nach der Erwartung der → Qumrantexte stehen zwei Gesalbte an der Spitze des endzeitlichen Israel, der Messias Aarons und der Messias Israels (1QS 9, 11). Es entspricht dem priesterlichen Grundcharakter dieser Bewegung, daß der priesterliche Messias dem politischen übergeordnet ist. Dieselbe Tradition findet sich in den „Testamenten der 12 Patriarchen". Am Anfang steht Levi, der hohepriesterliche Gesalbte, am Ende der H. der Zukunft, in dem Levi wiederkehrt (Test. Lev. 8, 4; 17, 2; 18, 2). Levi spricht mit Gott wie der Sohn mit dem Vater; daher wird auch der H. der Endzeit die Fülle der Offenbarung bringen. Neben ihn tritt der messianische König aus dem Hause Juda, der Stern aus Jakob, den Bileam verheißen hat (Test. Lev. 18, 3). Diese apokalyptisch-priesterliche Bewegung befindet sich in deutlicher Auseinandersetzung mit der hasmonäischen Verweltlichung des Priestertums und bewahrt älteres isr. Erbe, das Priestertum und Königtum grundsätzlich trennt. Die hasmonäische Hoftheologie versucht dagegen, älteres apokalyptisches Gut für das regierende Herrscherhaus zu verwenden. Das Nebeneinander beider Ämter begegnet noch einmal im zweiten jüd. Aufstand, in dem Simon, der Fürst Israels, und Eleazar, der Priester, nach den Aufschriften der Münzen die Verantwortung tragen.

6) Das *Urchristentum* weiß, daß alte apokalyptische Traditionen von der Fülle der Offenbarung in der Endzeit durch Jesus von Nazareth verwirklicht wurden. Es greift daher aufs neue auf die Priestertradition zurück und bestätigt Ps 110, 4 als Weissagung auf die Gegenwart Hebr 5, 1-10. Das H.tum Jesu Christi ist himmlischer Art und trägt die Zeichen seines Sieges über den Tod an sich. Es ist zudem Ausdruck einer Verbundenheit mit den Menschen, die vorher noch niemals gewesen war. Im Unterschied von Qumran und den Testamenten der 12 Patriarchen wird nicht zw. priesterlicher und politischer Messianität unterschieden, sondern die verschiedenen Traditionen laufen jetzt zusammen. Die priesterliche siegt; wo sie im NT auftritt, bestimmt sie alle andersartigen. Jesus ist zwar Anführer des Glaubens und Glied des Stammes Juda, aber diese Motive ordnen sich dem priesterlichen Denken unter. Man weiß freilich, daß Jesus nach seiner irdischen Herkunft völlig unpriesterlich war, so daß er nach menschlicher Ordnung niemals hätte berufen werden können. Sein H.tum muß anderer Art sein als das der vergangenen levitischen Ordnung. Lediglich das Priestertum der Urzeit, das in Melchisedek zum Zeichen Gottes geworden ist, kann mit dem Jesu Christi verglichen werden. Die Ordnungen der Geschichte Israels sind daher aufgehoben. Auch das Tieropfer war letztlich vergeblich: Nur das Selbstopfer Jesu Christi am Karfreitag ist von Gott angenommen worden und kann nun zum eigentlichen Grund des Glaubens werden. Was jetzt zum bleibenden Segen wird, ist die ständige Fürbitte Jesu im himmlischen Heiligtum. Das H.tum wird so zum bibl. Bild für das Werk Jesu und weist damit über sich selbst hinaus. *Mi*

Hoher Rat. In der persischen Zeit stand neben dem Statthalter von Jerusalem ein Rat der Ältesten, bestehend aus den Häuptern der führenden Familien. Mit dem Ende der persischen Herrschaft trat der Hohepriester auch in politischen

Belangen an die Spitze des Volkes; ihm zur Seite standen die Häupter der vornehmen Priesterfamilien. Sie bildeten einen aristokratischen Senat, dessen Befugnisse zZ der hellenistischen Könige groß waren. Dieser „Rat der Alten" hielt sich in der Makkabäerzeit. Wohl unter Salome Alexandra wurde er durch Zuziehung der führenden Gesetzeslehrer umgestaltet (vgl. im NT: „Hohepriester, Schriftgelehrte und Älteste"). Im 1. Jh. vChr taucht für den H.n R. der Name Synedrium auf. Er fungierte als oberste richterliche Behörde. Unter Herodes d. Gr. war seine Macht beschränkt, nahm aber unter den römischen Prokuratoren zu. In seine Kompetenz als oberste weltliche und religiöse Behörde der Juden fiel alles, was nicht von den Ortsgerichten erledigt werden konnte und nicht Sache des Prokurators war. Sein Machtbereich erstreckte sich über Judäa, griff aber auch in die Diaspora hinaus (vgl. Apg 9, 1 f; 28, 21). Die Zahl der Mitglieder betrug 71. Zur Zeit Jesu war der H. R. in → Pharisäer und → Sadduzäer gespalten. Von ihm gefällte Todesurteile bedurften der Bestätigung durch den Prokurator Jo 18, 31; vgl. Mt 26, 66; Jo 19, 7; Apg 4 f; 6, 13 ff; 23. Nach dem Jahre 70 nChr konstituierte sich das Synedrium neu in → Jabne: als Gerichtshof der Schriftgelehrten, die einen aus ihrer Mitte als Präsidenten (Fürsten, Patriarchen) wählten. Dieses Synedrium war oberste Instanz des Volkes in allen religionsgesetzlichen Fragen und wurde bald von Rom als Vertretung der Juden anerkannt. *Bie*

Hoheslied (hebr. mittels eines Steigerungsersatzes „das schönste Lied") ist Luthers treffende Übersetzung der Überschrift des Buches, das von der Überlieferung auf Salomo zurückgeführt, infolge allegorischer Deutung auf das Verhältnis Gottes zu Israel in den Kanon des AT aufgenommen und als Festrolle des Passahfestes verwendet wurde. Jedoch sind diese Herleitung und Deutung nicht ernstlich vertretbar. Ebensowenig liegt dem H. eine umgearbeitete Sammlung heidnischer Kultlieder für das Fest der sog. heiligen Hochzeit eines Götterpaares zugrunde. Vielmehr wird in ihm die Liebe zwischen Mann und Frau besungen. Doch bildet es weder ein Liebesdrama noch eine zusammenhängende Dichtung, sondern ist aus einer oder (wegen mancher Wiederholungen) aus zwei Sammlungen von selbständigen und in sich geschlossenen Liedern entstanden. Sie stellen kein Volksliedgut dörflich-bäuerlicher Art, sondern Kunstpoesie dar, die auf einen gleichgestimmten Verfasserkreis zurückgeht; das Hochzeitslied Ps 45 legt es nahe, ihn in Hofsängern oder aus einer Weisheitsschule hervorgegangenen Dichtern zu suchen. — Im H. lassen sich *Liebes-* und *Hochzeitslieder* unterscheiden, wenn sich auch nicht alle eindeutig zuordnen lassen. Die Liebeslieder besingen in bilderreicher Sprache, nicht selten sinnlich, aber oft tief und innig den Zauber der Liebe, die Sehnsucht der Liebenden zueinander, ihre Freude, Leidenschaft und Hingabe. Die Hochzeitslieder gehen vielfach von Bräuchen aus, die bei syr. Hochzeiten bis ins 19. Jh. nChr lebendig waren: zB dem Schwertertanz der Braut (vgl. 7, 1-6) und der auf die Vermählung folgenden Königswoche, in der das junge Paar als König und Königin gefeiert wurde (vgl. 1, 9-17; 3, 6-11; 6, 8 f). — Das H. als Buch der Bibel gewinnt seine *Bedeutung* gegenüber der in der Geschichte der Kirche nicht selten anzutreffenden Minderbewertung oder gar Verwerfung der geschlechtlichen Liebe; weist es doch auf deren natürliche Gegebenheit und gottgewollte Gewalt hin, die nur dem Tode oder dem Feuerbrand vergleichbar ist (8, 5-7), zugleich auf die Zweisamkeit und vertraute Personengemeinschaft, die in Liebe und Ehe entstehen.

Lit.: H. Ringgren, Das Hohe Lied, ATD 16/2², Göttingen 1962. E. Sellin - G. Fohrer, Einleitung in das AT¹⁰, Heidelberg 1965, § 45. *Fo*

Holofernes, nach der sagenhaften Erzählung des apokryphen Buches Judith ein Feldherr Nebukadnezars Judith 2; zZ Artaxerxes III. Ochus um 350 kennen wir einen persischen Feldherrn Orofernes. *Peu*

Holz. → Baum 4). *1)* In Palästina, das auch in alter Zeit nicht holzreich war, war als Nutzholz vor allem das H. des → Maulbeerbaums, der Sykomore, verwendbar, daneben etwa das der → Eiche und des → Ölbaums. Hochgeschätzt war das vom Libanon her eingeführte H. der → Zeder 1Kö 5, 20; Jes 9, 9, aber auch das H. der → Zypresse (Luther: Tanne) 1Kö 5, 22. 24; Jes 37, 24; Hes 27, 5. Fremde Luxushölzer aus Afrika oder Indien waren das harte, glänzend schwarze Ebenholz Hes 27, 15 und das rote Sandelholz 1Kö 10, 11 f. — *2)* Aus H. gefertigt war zB der Wagen 1Sam 6, 14, die Sänfte HL 3, 9, der Sarg 1Mose 50, 26, eine Art Kanzel Neh 8, 4, die Lade 5Mose 10, 1, der Altar Hes 41, 22, der Turm auf dem Reitelefanten 1Makk 6, 37, mancherlei Gefäße 3Mose 11, 32; 2Tim 2, 20; Offb 18, 12, das Joch 2Sam 24, 22; Jer 28, 13, die aus Eichen von Basan gearbeiteten Ruder der tyrischen Schiffe Hes 27, 6, der Block für die Gefangenen Apg 16, 24. Von Bauholz wird 3Mose 14, 45; 1Kor 3, 12 gesprochen, von Holztäferung und hölzernem Fußboden 1Kö 6, 15, von Torbalken Neh 2, 8. Vielfach werden holzgeschnitzte Götterbilder erwähnt 5Mose 4, 28; Jes 37, 19; 40, 20; Hos 4, 12. Ein Holzpfahl diente als → Galgen, an den der Hingerichtete gehängt wurde 5Mose 21, 22; so wurde es bedeutsam, daß Jesus am H. gestorben ist Apg 5, 30; Gal 3, 13; 1Petr 2, 24. — *3)* Die Redeweise vom grünen und vom dürren H. in dem Vergleich Jesu Lk 23, 31 denkt daran, daß dürres H. so viel leichter brennt als frisches H., darum Israel erst recht vom Gericht bedroht ist. → die einzelnen Bäume; zum H. des Lebens Offb 2, 7; 22, 2. 14 → Baum des Lebens. *Schl*

Holzfürst, wörtlich „Hüter des Pardes" (davon kommt das Wort Paradies), nannte Luther den Verwalter der königlich persischen Waldungen in den Provinzen Neh 2,8. *Peu*

Homer → Maße.

Honig wurde gern gegessen 1Sam 14,27; 2Sam 17,29; Lk 24,42 und in seiner Süßigkeit geschätzt Spr 24,13 (sprichwörtlich: „so süß wie H." Hes 3,3; Offb 10,9; „süßer als H." Ri 14,18; Ps 19,11; Sir 24,27). H. war ein willkommenes Geschenk 1Mose 43,11; 1Kö 14,3 (aber als Opfer nicht erlaubt 3Mose 2,11) und wird zum unentbehrlichen Lebensbedarf gerechnet Sir 39,31 (vgl. Jer 41,8). Vor Übermaß wird gewarnt Spr 25,27. Von Ausfuhr von H. berichtet Hes 27,17. Vermutlich handelt es sich, soweit nicht an Fruchthonig zu denken ist, um den H. wilder → Bienen, da es in Palästina Bienenzucht in alter Zeit wohl nicht gab. In einem verödeten Land nährt man sich weithin von H. Jes 7,15.22; so gehörte der H. wilder Bienen zur Nahrung des Täufers Mt 3,4. → Milch und Honig. *Schl*

Hophni und Pinehas, des Priesters Eli ungeratene Söhne in Silo 1Sam 1,3. Wegen ihres eigensüchtigen Mißbrauchs des Priesteramtes 2,12-17 fallen sie im Philisterkrieg 4,11. *Schw*

Hophra, griech. Apries, König von Ägypten 588-569, schürte in Palästina gegen die neubabylonische Herrschaft einen Aufstand, an dem sich Zedekia von Juda beteiligte. Während der folgenden Belagerung Jerusalems durch Nebukadnezar schickte H. ein ägyptisches Entsatzheer, so daß die Neubabylonier vorübergehend von der judäischen Hauptstadt abzogen Jer 37,5. Doch mußten die Ägypter bald weichen, und die erneute Belagerung Jerusalems endete mit der Katastrophe des Jahres 586. Ob Nebukadnezar später in Ägypten einfiel Jer 43 f, entzieht sich unserer Kenntnis. H. wurde bei einem Feldzug gegen Kyrene gelegentlich einer Militärrevolte von seinem Heerführer Amasis abgesetzt und in der Herrschaft abgelöst. *Peu*

Hor. *1)* Berg an der Grenze Edoms, auf dem Aaron nach Gottes Befehl den Tod erwartete 4Mose 20,22-29, Station auf dem Weg von Kades nach Kanaan 4Mose 20,23; 33,37; nach der Tradition der 1336 m hohe dschebel nebi harūn (Berg des Propheten Aaron) südwestlich von Petra, eher der dschebel maḏēra nordwestlich von ʿēn qadēs. — *2)* Berg an der Nordgrenze des isr. Gebietes 4Mose 34,7-9; Lage unbekannt. *Rü*

Horeb. So heißt der Berg der Gesetzgebung im elohistischen und deuteronomistischen Geschichtswerk. → Sinai. *Schl*

Horiter (= Churriter), ein Volk aus den Bergen Nordmesopotamiens, das auch in Texten von Boghazköj, rās esch-schamra und Ägypten bezeugt ist. Die H. drängten im Anfang des 2.Jt. als indo-iranische Herrenschicht in die Städte des oberen Euphrat-Tigris-Gebiets, so daß churritisches Recht zT in den Patriarchenerzählungen anklingt. Mit semitischen Gruppen vermischt, setzten sich die H. auch in den Städten Syrien-Palästinas fest, und churritische Personennamen erscheinen noch neben den Namen von Hyksos bis ins 14.Jh. als Bezeichnung der Machtträger. Im Gebiet des Berglandes → Seïr bildeten sie nach 1Mose 14,6; 36,20-30 ein Staatswesen, wurden hier aber von den Edomitern verdrängt 5Mose 2,12.22. Die H. hatten ihre besondere Sprache und gelten als Träger einer eigenartigen Kultur mit symbolreicher Bildhauerkunst, Burgenbau, Rennpferdezucht. Horitische Götter waren Teschub (Donner) und Chepit (Naturkraft). *Da*

Horma, nach Ri 1,17 früher Zephath genannt, kanaanitische Königsstadt im Süden des Landes, Ort einer Niederlage und eines späteren Sieges der Israeliten 4Mose 14,45; 21,3; 5Mose 1,44; heute wahrscheinlich tell el-mschāsch östlich von Beerseba. *Rü*

Horn. *1)* Hörner von Tieren, bes. Rindern, dienten als Gefäße 1Sam 16,1; 1Kö 1,39 und als Blasinstrumente Jos 6,5 (→ Musik). — *2)* Das H. des Widders und Stiers wurde zu einem oft gebrauchten Bild der Kraft und Macht, das freilich durch die Revision 1964 vielfach verändert wurde (etwa mit Haupt statt H.). So in der Zeichenhandlung des Propheten 1Kö 22,11, vgl. Mi 4,13. Das H. eines Menschen ragt hoch empor 1Sam 2,1; Ps 89,18.25 u.ö. bedeutet: er ist stark. Das H. erhöhen 1Sam 2,10; Ps 148,14; Klgl 2,17 oder ein H. wachsen lassen Hes 29,21 heißt: Macht und Ehre verleihen. Das H. abhauen oder zerbrechen Jer 48,25; Klgl 2,3; Sir 47,8 stellt die Vernichtung der Macht dar. Der Gedemütigte muß das H. in den Staub beugen Hiob 16,15. Daher bezeichnet „H. meines Heils" Ps 18,3; Lk 1,69 die Macht des rettenden Gottes. So sind die Hörner der Tiere in den Gesichten Dan 7 f, die sieben Hörner des Lammes Offb 5,16, die zehn Hörner des Drachen Offb 12,3 Sinnbild der Macht. — *3)* Zu den Hörnern des Altars → Altar. *Schl*

Hornisse. Die Auslegung fand lange in der Darstellung, wie Gott die Feinde Israels zur Flucht nötigt 2Mose 23,28; 5Mose 7,20; Jos 24,12; Weish 12,8, einen Hinweis auf die H., diese gefährliche Wespenart, deren Angriff Menschen und Tiere fliehen läßt. Doch wird das hebr. Wort (zirʿā) neuerdings mit „Angst, Entmutigung" übersetzt. *Schl*

Hosea.

1) Der Prophet. 2) Sein Buch. 3) Seine Botschaft.

1) H. (Kurzform = Gott hilft) ist ein recht häufiger Name gewesen (bes. 4Mose 13,8.16 für Josua, 2Kö 17,1-6 für den letzten nordisraelitischen König); sein wichtigster Träger war der Prophet H. Er stammt aus dem Nordreich Israel und ist dort von den letzten glücklichen Regierungsjahren Jerobeams II. (vor 753 vChr) bis nach der Thronbesteigung H.s (nach 731) als Prophet aufgetreten. So hat er den unaufhaltsamen Abstieg und Zerfall des Staates, aber wohl nicht mehr seinen Untergang erlebt. Seine Worte lassen darauf schließen, daß er zur Bildungsschicht gehört hat, ohne daß man ihn priesterlichen oder prophetischen Kreisen zuordnen kann. Daß seine Berufung tief in sein Leben eingegriffen hat, ist aus K. 1 und 3 seines Buches zu erschließen, die von seiner *Ehefrage* handeln. Zwar ist die Deutung umstritten, aber wenigstens nach dem überlieferten Wortlaut müssen die Annahmen ausscheiden, daß von einer einzigen Ehe H.s zweimal erzählt werde oder daß er die ihm nach längerer Ehe untreu gewordene Frau zu einem Besserungsversuch zurückgeholt habe. Vielmehr berichtet K. 1 (statt eines Berufungsberichts) über eine die prophetische Tätigkeit einleitende, von Gott ihm auferlegte erste Ehe H.s mit einer verderbten Frau; sie sollte ein Gleichnis für das Verhältnis zw. Gott und dem untreuen Israel sein, wie auch die aus ihr hervorgehenden Kinder gleichnishafte Namen erhielten, die das drohende Unheil ankündigen. Später ist H. eine zweite Ehe eingegangen, über die er in K. 3 berichtet; sie sollte gleichnishaft ein helfendes und erlösendes Handeln Gottes abbilden, das die innere Wandlung Israels ermöglicht.

2) Zusammen mit den in K. 2 gesammelten drohenden und verheißenden Worten bilden die beiden Berichte über H.s Gleichnishandlungen den ersten Teil des Buches H., der seine Verkündigung querschnittartig zusammenfaßt K. 1-3. Der zweite Teil K. 4-14 ist ursprünglich aus einzelnen Sammlungen von Worten H.s zusammengestellt worden; vor allem schelten und bedrohen sie das untreue Israel. Solche Sammlungen lassen sich in 5, 8-14 (über den sog. syr.-ephraimitischen Krieg) und K. 11 u. 12 (über die sündige Geschichte Israels) noch erkennen. Meist aber hat die spätere Bearbeitung und Überlieferung die Grenzen verwischt, wobei auch der Text oft stark beschädigt worden ist.

3) Die Botschaft H.s ist zunächst im Einklang mit der Gleichnishandlung seiner ersten Ehe und der Benennung seiner Kinder dadurch bestimmt, daß er Israel wegen seiner Sünde den Untergang androht K. 1. Obwohl schon Israels Ahnherr Jakob nicht als tadelfrei gilt 12, 3-7, betrachtet H. im wesentlichen die vorpalästinische Zeit, bes. die mosaische Wüstenzeit als diejenige der ersten Liebe zw. Gott und Israel. Mit der Landnahme in Palästina begann *die erste große Sünde:* Israel verfiel den üblen Vorstellungen und Bräuchen der kanaanäischen Religion, durch die sein eigener Glaube verfälscht wurde 9, 10; 10, 1 f; 11, 1-7; 13, 5-8. Seither vollzieht sich der Abfall von Gott (von H. als Ehebruch und Unzucht bezeichnet) bes. im verderbten Gottesdienst 2, 13-15; 4, 12-14. 16-19; 8, 11-13; 12, 11 f; 13, 1-3, nicht zuletzt durch die Schuld der Priester 4, 4-6. 7-10; 5, 1 f. *Die zweite große Sünde* sieht H. im politischen Handeln Israels in seiner Zeit. Daher verurteilt er den Bruderkrieg mit Juda 5, 8 f. 11, die Rüstungs- und Bündnispolitik 5, 12-14; 7, 8 f. 11 f; 8, 8-10; 12, 2 und das Königtum, das in den Händen der Parteien und Emporkömmlinge verdirbt 6, 7-11 a; 7, 3-6. 7; 8, 4 a; 10, 3 f; 13, 9-11. Dieses schuldige Dasein muß mit innerer Folgerichtigkeit dem *Untergang* zusteuern und vergehen — durch das Mittel des Kriegs 5, 6 f; 9, 11-13; 10, 9 f; 14, 1 und der Deportation 9, 1-6. 16 f. Demgegenüber aber sieht H. zugleich den unauslöschlichen *Liebeswillen* des Gottes, den er als Israels Freund 13, 5, Vater 11, 1-3 und Eheherrn 1, 2; 3 beschreibt; in 11, 8 f findet er dafür unvergängliche Worte. Von dieser Grundlage aus hat er die herkömmliche prophetische Forderung der Umkehr Israels erhoben 5, 15-6, 6; 10, 12. 13 a; 14, 2-9, ist jedoch bald zu der Einsicht gelangt, daß der Mensch sich aus dem Unheil, in das er sich verstrickt hat, selber nicht befreien kann 5, 3 f; 6, 11 b-7, 2; 13, 12 f. Dennoch ist das Gericht nicht das Letzte, weil die erlösende Gnade Gottes als erste am Werk sein und den Menschen umwandeln wird, so daß dessen Entscheidung und Tat auf sie folgt und antwortet. Dieser *Erlösungsglaube* H.s spricht sich in 12, 10; 3; 2, 16 f. 18 f u. 21 f. 20. 23-25 aus. Er findet sich bei ihm erstmalig in der geschichtlichen Entfaltung des ATlichen Glaubens und ist von anderen Propheten weitergeführt worden.

Lit.: G. Östborn, Yahweh and Baal, Lund 1956. N. H. Snaith, Amos, Hosea and Micah, London 1956. H. Frey, Das Buch des Werbens Gottes um seine Kirche, Die Botschaft des AT 23 II, Stuttgart 1957. A. Weiser, Das Buch der zwölf Kleinen Propheten I, ATD 24[6], Göttingen 1963. E. Sellin - G. Fohrer, Einleitung in das AT[10], Heidelberg 1965, § 61.

Fo

Hosianna bedeutet „Hilf doch!" und ist in Ps 118, 25 die Bitte, daß Gott weiterhin Heil schaffen und Gelingen geben möge (häufiger ohne den Zusatz —nna „doch" in der Form „hilf" oder „hilf mir" als Bitte um Rechtshilfe oder Schutz vor Feinden). Die Bitte wandelt sich allmählich zum freudigen Zuruf zu Ehren Gottes, besonders da Ps 118 zu dem an den hohen Festen rezitierten → Hallel gehört und beim Laubhüttenfest oft verwendet wird. In Mt 21, 9. 15; Mk 11, 9 f; Jo 12, 13 ist H. als solch freudiger Zuruf an Gott („in der Höhe") eines der Worte, mit denen nach der Evangelienüberlieferung das Volk Jesus beim Einzug in Jerusalem begrüßt. *Fo*

Hütte ist in der Lutherbibel meist Übersetzung für → Zelt. Mit H. im eigentlichen Sinne ist ein Zweig- und Laubdach auf Pfählen ohne Wand zum Schutz gegen die Sonne und den Regen gemeint Jes 4, 6. Ähnliche H.n baute sich Jakob für sein Vieh 1Mose 33, 17. Jona machte sich eine H., um das Los Ninives abzuwarten Jon 4, 5.

Zur Zeit der Weinlese weilte oft die ganze Familie in der auf einem Wachtturm im Weingarten aufgestellten Wartehütte (Luther: Häuslein Jes 1,8; Hiob 27,18), von der aus man die ganze Umgebung überschauen konnte. Die zerfallene H. Davids Am 9,11 meint die notvolle Gegenwart des Südreiches und der davidischen Dynastie. Schließlich kann H. auch im allg. Sinn für Obdach, Wohnung benutzt werden Ps 31,21. *v. d. W.*

Hufe → Maße.

Huhn → Hahn.

Hulda, Prophetin, Ehefrau des Sallum, des Aufsehers der königlichen Kleiderkammer. H. wurde nach Auffindung des Gesetzbuches (→ Deuteronomium) im Tempel im Auftrage des Königs durch den Priester Hilkia und seine Begleiter über die Gültigkeit der Gottesworte und die Abwendung des darin angekündigten Unheils befragt und bestätigte durch ihr Prophetenwort die Verbindlichkeit jenes Buches 2Kö 22,14ff; 2Chr 34,22ff. *Peu*

Hund. *1)* Die Aussagen der HS zeigen eine geringe Schätzung des H.es, da sie meist den herrenlos herumstreifenden H. meinen. Haushunde begegnen erst Tob 6,1; 11,9; Mt 15,26f; Hirtenhunde Hiob 30,1; Jes 56,10. Sonst ist an die wilden H.e gedacht, die in Trümmern hausen Jes 13,22; Jer 50,39, bei Nacht heulend durch die Straßen ziehen Ps 59,7.15 und gefährlich werden können Ps 22,17.21; Jer 15,3. Sie lekken an Leichen 1Kö 21,19; Ps 68,24, fressen sogar davon 1Kö 14,11 par.; 2Kö 9,35f; so kann auch Lazarus sich ihrer nicht erwehren Lk 16,21. Auch Spr 26,11; 2Petr 2,22 schildert ihr widerliches Treiben.

2) So wird der unreine, verachtete H. vielfach zum Bild für Verächtliches. Man nennt einen Gegner oder in demütiger Herabsetzung auch sich selbst einen (toten) H. 1Sam 17,43; 24,15; 2Sam 9,8; 16,9; 2Kö 8,13. Von da aus auch der Vergleich Mt 7,6 und die Kennzeichnung der Irrlehrer Phil 3,2. In bes. Weise hießen H.e die männlichen Prostituierten 5Mose 23,19; so wohl auch Offb 22,15. Der Vergleich Mt 15,26 mag gewählt sein, weil die Heiden von den Juden H.e genannt wurden, wie heute noch die Christen von den Moslem. *Schl*

Hungersnot. Ursachen von H. sind: Mißernte 1Mose 41,53ff, Fehldispositionen 2Mose 16,3, Gefangenschaft 5Mose 28,48, Armut 1Sam 2,5, Krieg und Belagerung 2Kö 25,3; Jer 5,12 u. a., Faulheit und Prasserei Spr 19,15; Lk 15,14ff. H. ist eine der vier Gottesstrafen Hes 14,21. Gott speist die Hungrigen Ps 146,7; darin sieht Jesus eine Pflicht auch des Menschen Mt 25,35. Der Diener Christi bewährt sich auch im Hunger Röm 8,35; 1Kor 4,11; 2Kor 11,27; Phil 4,12. In bildhafter Rede: Am 8,11; Mt 5,6; Jo 6,35. *Kn*

Hur. *1)* Der Freund Moses, der während der Amalekiterschlacht mit Aaron zusammen dem betenden Mose die Hände stützt 2Mose 17,10ff, als Aarons Helfer 24,14 genannt. — *2)* Der Großvater des Erbauers der Stiftshütte Bezaleel 2Mose 31,2. — *3)* Ein König der Midianiter 4Mose 31,8; Jos 13,21. *Schw*

Huram → Hiram.

Hurerei, huren. Mit H. bezeichnet die HS *1)* jede Art *außerehelicher Geschlechtshingabe,* sei es, daß sie wie bei der Dirne *gewerbsmäßig* Jos 2,1 oder sonst in Form *gelegentlicher* Exzesse erfolgt 1Mose 19,5; 3Mose 18,23; 5Mose 22,22ff; 1Kor 5,1. Immer geht es dabei um die ichsüchtige Durchbrechung göttlicher Ordnung. Deshalb erhebt die Prophetie scharfen Protest Am 2,7, während die spätere isr. Gesetzgebung H. streng verbietet 3Mose 19,29 und unter harte Strafen stellt 3Mose 20,10ff; 5Mose 23,3, vgl. auch 3Mose 21,7.9. — Die laxe Beurteilung der H. in der antiken Welt bedingt ihr ausdrückliches Verbot für Heidenchristen auf der → Apostelversammlung Apg 15,29; ähnlich Paulus 1Kor 6,15ff. — *2)* Eine besondere Form der H. ist die *kultische Prostitution* mit ihrer Sakralisierung des Geschlechtlichen, die durch die Berührung mit den Baalskulten zeitweilig in Israel eindrang, aber hier nie offizielle Anerkennung fand 5Mose 23,18f; 1Kö 14,23f usw. (→ Astarte, → Hierodulen). — *3)* In *übertragenem* Sinn wird der Begriff für alle Formen der *Untreue Israels* gegenüber seinem Gott (→ *Abgötterei)* 2Mose 34,15f; Jer 3,1ff; Hos 2,7 und in der → Offb als *Bildwort* für das Tun der *widerchristlichen* Weltmacht gebraucht Offb 17. *Ste*

Husai, 2Sam 15,32; 16,16ff; 17,5-16, ließ sich als Freund Davids von diesem in den Generalstab des aufständischen Prinzen → Absalom einschleusen und konnte dadurch den Plan Ahitophels vereiteln. *Peu*

Hut → Hoherpriester Sp. 551.

Hyäne. Das feige Raubtier mit dem unheimlichen Geheul war gewiß schon in alter Zeit in Palästina verbreitet; darauf weist 1Sam 13,18 der Name des „Hyänentals". Sir 13,22 macht die Feindschaft zw. H. und → Hund zum Bild für die Kluft zw. Reichen und Armen. Vielleicht sprach Jer 12,9 nicht von einem bunten Vogel, sondern von der H. *Schl*

Hyazinth → Edelsteine.

Hyksos. Diese Bezeichnung diente als ägyptischer Titel für Fremdherrscher, vielleicht in der näheren Bedeutung von „Beduinenscheich". Die H. beherrschten von 1670-1570 Unterägypten. Ihre Herrscher trugen teils ägyptische, teils sprachlich bis jetzt noch nicht erklärte, teils semitische Namen wie Jakob-her und Anat-her und residierten in Avaris-Tanis im Nordosten des Deltas. Durch Einbruch der Churrivölker ins obere Zweistromland waren die Völker Syriens in Bewegung geraten und Teile von ihnen machten unter Führung von Churrileuten dem Mittleren Reich der Ägypter ein Ende. Ein Weltreich haben die H. nicht geschaffen; aber sie beherrschten von Avaris aus Palästina, indem sie dort in den vielen Städten die bisherige Herrenschicht mit Angehörigen des eigenen Adels auswechselten. Diese Hyksosherrenschicht ließen die Ägypter über die palästinische Untertanenschicht bestehen — und sie blieb bis zur Landnahme der Israeliten —, nachdem die H. aus Ägypten vertrieben und Palästina und das südliche Syrien von Ägypten besetzt worden waren. Durch die H. kam das Pferd nach Ägypten. Einige Gelehrte wollen die Josepherzählungen in die Zeit der Hyksosherrschaft in Ägypten datieren. *Peu*

Hymenäus wird an zwei Stellen genannt.

1) 1Tim 1,20 besagt, daß H. mit Alexander wegen Abfalls vom Glauben von Paulus dem Satan überantwortet wurde (vgl. 1Kor 5,5). „Dies wurde deshalb unvermeidlich, weil sie lästerten" (Schlatter, Kirche d. Griechen, S. 69).

2) Nach 2Tim 2,17 sind H. und Philetus Irrlehrer, die behaupten, die Auferstehung sei bereits erfolgt. Paulus nennt das „ungeistliches, loses Geschwätz" (16); denn für sie war die Auferstehung „das Ergebnis der eigenen Leistung, die Vollendung der christl. Perfektion" (Schlatter, Kirche d. Griechen, S. 242). *Kü*

Hymnus.

1) Name. 2) Form und Inhalt. 3) Hymnen im AT. 4) Verwendung im religiösen Leben Israels. 5) Hymnen im NT.

1) H. bedeutet Lobgesang, Festlied. „Hymne" seit Homer als Lied zu Ehren der Gottheit aufgefaßt, in Ps 40,4 Übersetzung für hebr. tehillah. Das zugrundeliegende Verb hll bedeutet rühmen, preisen.

2) Der H. beginnt mit einer Aufforderung zum Lob Gottes in Form eines pluralischen Imperativs. Also: Lobet, spielet, preiset, singet, jauchzet, jubelt, laßt uns jubeln. Angesichts dieses Tatbestands wird man Gunkel zustimmen können, wenn er das „Halleluja — Lobet Jahwe" als die Urzelle des Hymnensingens ansieht. Neben die pluralische Form, die Chöre bzw. die Gemeinde voraussetzt, kann die singularische Form treten in der ersten Person als Selbstaufforderung oder Entschluß des Lobenden. Daneben tritt als dritte Möglichkeit die passive Formel: „Es sei gepriesen oder gelobt" mit dem Subjekt Gott. Eine weitere mögliche Form ist die imperativische singularische Aufforderung an die eigene Seele Ps 103,2. Diese verschiedenen Aufforderungsformen zum Lob können schon ein inhaltliches Element darstellen, indem wie in Ps 148 eine große Zahl von Menschen, Wesen und Erscheinungen zum Lob aufgerufen werden, oder wie in Ps 150 der Lobruf zugleich angibt, mit welchen Instrumenten Gott gelobt werden soll.

Als Hauptstück des H. müßte nach dieser Übersicht zu erwarten sein die Begründung des Lobes, die Angabe dessen, was gelobt werden soll, also die großen Taten Gottes. Tatsächlich hat das Hauptstück des H. in zahlreichen Fällen zur Einführung das begründende „Denn", dem nun entweder Partizipialsätze oder Relativsätze oder einfache Verbalsätze folgen. Inhaltlich gilt das Lob den Schöpfungs- oder den Geschichtstaten Gottes im beschreibenden Sinn und trägt daher auch bekennenden Charakter, während das berichtende Lob (Westermann) auf persönlicher Erfahrung beruht und seine Stelle in den Dankpsalmen des Volkes oder des Einzelnen hat.

Eine Art Abgesang oder Schluß des Psalms wiederholt die Aufforderung zum Lob oder kann, wie in Ps 113 u. ö., völlig fehlen.

3) Beschreibendes Lob enthalten vor allem die sog. Halleluja-Psalmen, also zB 145-150, aber auch Ps 134-136, ferner 111,113,117. Einer der ältesten Hymnen, der vermutlich sogar eine kanaanäisch-ugaritische Vorlage gehabt hat, ist Ps 29. Ältere Anschauungen birgt ebenfalls Ps 19 erste Hälfte. Beschreibend ist auch Ps 8. Ps 104 weist gewisse Ähnlichkeiten mit ägyptischen Dichtungen auf. Daneben stehen Beispiele dieser Hymnenart in den Lobpreisungen des Amosbuches, bei Deuterojesaja und im Hiobbuch. Auch im NT ist diese Gattung mehrfach in der Offenbarung des Johannes vorhanden.

4) 2Chr 29,26ff zeigt die Verwendung eines H. in einem Kultakt. Er konnte grundsätzlich zu allen Kultakten verwendet werden. Aber es ist einseitig, ihn nur im Kultus gebraucht zu denken; Ps 8 und 103, auch 104 sind auch außerhalb des Kultus denkbar. Das muß grundsätzlich von allen Hymnen gelten; denn das Lob Gottes ist in Israel nicht nur auf den Kultus beschränkt. Wo die Verteilung des H. auf einzelne Chöre sich nahelegt, ist selbstverständlich an kultische Verwendung zu denken.

5) Der Ausdruck Hymnos taucht im NT Eph 5,19 und Kol 3,16 auf. Neben Hymnos stehen an beiden Stellen parallel Psalmen und Oden. In Kol 3,16 ist das Wort „Oden" noch mit dem Attribut „geistlich" versehen. Hymnen und Lieder gelten also als geistgewirkt und haben, wie aus dem beigefügten Gott bzw. Herr zu erkennen ist, das Lob und die Anbetung Gottes wegen seines Heilshandelns in Christus zum Inhalt. Beispiele solcher Hymnen sind 1Tim 3,16 und Phil 2,6-11 sowie Röm 11,33-35. Christushymnen können Kol 1,15ff und manchen Formulierungen im Epheserbrief zugrunde liegen. Ähnliches darf von einigen Stellen im Johannesevangelium und in der Offb gelten. Die Hymnen wurden im Gottesdienst (1Kor 14,26) wie auch in persönlicher Anfechtung gebraucht (Apg 16,25). Die weitergehende Forschung sucht in größerem Umfang die Spuren solcher Hymnen im NT aufzudecken.

Lit.: C. Westermann, Das Loben Gottes in den Psalmen, 1954. — G. Delling, Der Gottesdienst im NT, 1952. — G. Schille, Frühchristliche Hymnen, 1962 (Geschichte der Forschung und reiche Literaturangaben). *Ba*

I

Ibzan, einer der sog. „kleinen Richter“ Ri 12, 8-10, in Bethlehem beheimatet und begraben, der sieben Jahre „Richter“ war. *Schw*

Ich-Berichte. I.-B. im AT sind Berichte über erfahrene Träume und Schauungen oder Erlebnisse des konkreten Alltagslebens, die von dem erlebenden Ich selbst erzählt werden unter Verwendung der ersten Person Singular, während in den →Wir-Berichten Apg 16,10-17; 20,5-16; 21,1-18; 27,1-28,16, vielleicht auch 11,28 die erlebende und handelnde Gemeinschaft zu Worte kommt. I.-B. sind die *Träume* in 1Mose 37,5-10; 40; 41; ferner der Traum des Midianiters Ri 7,13f; Salomos Traum 1Kö 3,6-9. Auch die *Schauungen* der Propheten werden von ihnen im I.-B. erzählt. Das tritt bes. in den Berichten über die empfangenen prophetischen Schauungen (Visionen) Am 7,1-9; 8,1-3; 9,1-4; Jes 6,1ff; Jer 1,11ff hervor. Selbst in den historischen Büchern finden sich solche Visionsberichte im Ichstil: Bileam 4Mose 23f; Micha ben Jimla 1Kö 22,17-22. Auch der Vollzug sinnbildlicher Handlungen wird häufig von den Propheten im Ichstil erzählt, so Jer 13; 24; 27; Hes 4. Auch bei Sacharja und Daniel (7ff) werden die Visionen im Ichstil erzählt. Die hier beobachtete Breite in der Darstellung von Einzelheiten erweist den Ichbericht als eine seinerzeit übliche Literaturform. In Jes 7f wird der Ichstil angewendet in dem Bericht über einzelne Worte und Aufträge Jahwes an den Propheten. Manche Forscher wollen darum den ganzen Abschnitt Jes 6,1-9,6 als einen Rechenschaftsbericht über sein Verhalten im syrisch-ephraimitischen Krieg ansehen. Auch Jes 30,8 weist in die gleiche Richtung. Die Rechenschaft bezieht sich vor allem auf den Zeitpunkt des ergangenen Gotteswortes, in dem bestimmte Zukunftserwartungen ausgesprochen worden waren. Der Ichstil ist also nicht autobiographisch am Ich des Menschen und dessen Taten, sondern an den Taten Gottes am Menschen interessiert. Autobiographisches Gepräge tragen die Esra- und die Nehemia-Memoiren. Gänzlich fehlt im AT der I.-B. des Königs, wie er im alten Orient üblich war. Er ist nicht einmal in der Bauinschrift des Siloahkanals (→ Siloah) aus der Zeit des Königs Hiskia von Juda vorhanden. Auch dieser Sachverhalt dürfte die vorhandenen I.-B.e in ihrer allein von Gott her gedachten Tendenz bestätigen. *Ba*

Ich-Worte.

1) Sakraler Ursprung. 2) Religionsgeschichtliche Umwelt. 3) Johanneische Bildworte. 4) Das Gottesgeheimnis Jesu. 5) Die Gottessprüche der Offenbarung Johannes.

1) Der Ursprung der Ich-Worte reicht weit zurück in die Sakralsprache des alten Orients (Babylonien, Ägypten). Ursprünglich stellt sich die Gottheit mit einem feierlichen „Ich-bin“-Wort vor und offenbart ihren Namen, ihre Bedeutung und die Art, wie sie verehrt werden will. Texte der Isisreligion verwenden häufig diesen liturgischen Stil (Inschriften von Ios, Kymae, Andros und Nysa). Außerdem finden wir ihn bis zur Kaiserzeit in Zauberpapyri. Das AT kennt diesen hl. Stil in Gottessprüchen ebenfalls, wobei die Heilstaten Gottes hervorgehoben werden 1Mose 17,1; 2Mose 3,14; Jes 44,6.24; 45, 5-7; 48,12. Auch die Offenbarungsrede der Weisheit Gottes kennt das hervorgehobene „Ich“ Spr 8,22ff; Sir 24,4ff und hat die folgende Entwicklung beeinflußt. Die Apokalyptik liebt den gleichen Stil (Jub 24,22; Apk. Abraham). Auch das NT hat an dem betonten Ich der Gottesrede Anteil Röm 12,19; 14,11. Vor allem hat die Offb Jo den feierlichen Stil der Gottessprüche weiterentwickelt. Ausgangspunkt ist hier der alte Gottesname aus 2Mose 3,14. Der Lebendige, sich Offenbarende ist auch der in die Geschichte Eingetretene und der Kommende 1,8. Wenn Gott sagt: „Ich bin das A und das O, der Anfang und das Ende“ 1,8; 21,6, dann schließt sich das Offenbarungswort an Jes 44,6 an. Dreierformeln und Zweierformeln treten hier dicht nebeneinander.

2) Aber auch Gottessöhne und himmlische Gesandte, Propheten und Gnostiker wenden diese Offenbarungssprache auf sich an. Schon Echnaton, Hammurabi, die Perserkönige sprechen in Gebeten und Proklamationen in dieser Form. Später begegnet er in der Hermetik und im Mandäismus, aber auch im Munde von Propheten und Predigern, über die Celsus spottet (Orig. Cels. 7,8). Man offenbart die eigene Würde, verspricht Heil und zukünftige Epiphanie. Das Judentum hat diese Sprache und Ansprüche im Munde von Menschen verabscheut und auch die Christologie der Evangelien nachdrücklich bestritten (j. Taan. 2,1). Simon Magus hat ähnlich große Worte gebraucht Apg 8,9; Theudas gehört nach Apg 5,36 ebenfalls hierher. Die synoptische Weissagung warnt vor Menschen, die mit dem „Ich bin“ die Gemeinden verwirren, und denkt an gnostische Offenbarer Mk 13,6. Der mandäische Gesandte spricht: „Der Gesandte des Lichts bin ich“ (r. Ginza 58,17.23).

3) Trotzdem findet sich eine gehobene „Ich“-Aussage auch am Rande des Judentums. Sowohl der Lehrer der Gerechtigkeit, von dem die Qumranschriften zeugen, wie auch Johannes der Täufer spricht betont von einem „Ich“, das autoritativen Anspruch erheben kann Mk 1,8. Aber dies betonte „Ich“ unterscheidet sich wesentlich von dem feierlich epiphanen „Ich bin", das sowohl in Qumran wie beim Täufer fehlt. Ein gehobenes „Ich" findet sich ausdrücklich in den Antithesen der Bergpredigt Mt 5,22 ff und steht auch hinter dem Jubelruf Jesu Lk 10,22. Anders spricht die johanneische Theologie, die sich mit den verschiedenen heidnischen Offenbarungsansprüchen auseinandersetzen muß und nun ihrerseits die Sakralsprache des Orients aufs neue benutzt. Zunächst verbindet das vierte Evangelium das „Ich bin" als Zeugnis Jesu mit einem bildhaften Begriff aus der ATlichen Tradition: nur er ist das Brot des Lebens; das Licht der Welt; der gute Hirte; die Auferstehung und das Leben; der Weg, die Wahrheit und das Leben; der wahre Weinstock. Gemeint ist damit, daß er als die endgültige Wahrheit in seiner Sendung das erfüllt, was im AT und in der spätjüd. Tradition empfangen und erhofft wurde. Das Wahre ist Geschichte geworden. An das Bildwort schließt sich eine Verheißung für den an, der den Anspruch Jesu ernst nimmt. Diese Offenbarungsworte sind ursprünglich sakral und liturgisch, jetzt aber proklamatorisch und didaktisch: sie gehen in die Öffentlichkeit. Die Geschichte ist nicht vergangen, sondern in diesen Proklamationen gegenwärtig, lebendig. Man darf sie nicht als Vergeistigung, sondern nur als Umsetzung der Eschatologie in ein Christuszeugnis ansehen. Nur Jesus ist der wahre Gesandte vom Himmel her; er schenkt messianische Gegenwart.

4) Schwierig ist es, wenn Jesus in der Auseinandersetzung mit Juden gelegentlich andeutet: „Ich bin es" Jo 8,24.28. Hier liegt vielleicht ursprünglich eine hebr. Umschreibung des Gottesnamens vor, die dem Judentum damals bekannt war 2Mose 3,14; Jes 43,10. Diese Umschreibung des Gottesnamens wird für das Evangelium zur Andeutung des Geheimnisses Jesu. Gemeint ist nicht eine metaphysische Spekulation, sondern die unmittelbare Gegenwart Gottes selbst im Wort und Wirken Jesu. Auch die Einheit von Vater und Sohn (Jo 10,30) ist nichts anderes als die bleibende Bindung des Vaters an den Sohn und der dem entsprechende Anteil des Sohnes an der Ewigkeit des Vaters. Der Widerspruch des Judentums hebt beides erst recht heraus.

5) Wie stark dies Geheimnis Jesu auch auf die liturgische Sprache eingewirkt hat, zeigt sowohl die Johannesoffenbarung, in der die Gottesformeln auch auf den Erhöhten angewandt werden 1,17; 22,13, wie auch der Hebräerbrief 13,8. Das „Ich bin" Gottes ist zum Ausdruck der Ewigkeit des Christus geworden. *Mi*

Iddo. *1)* Ein Prophet und Seher, der zZ der judäischen Könige Rehabeam und Abia auftrat 2Chr 12,15; 13,22 (in 9,29 Jedo).

2) Sach 1,1.7 der Großvater, Esra 5,1; 6,14 der Vater des Propheten Sacharja. Vielleicht wird Sacharja als Sohn des I. bezeichnet, weil der Großvater bekannter war als der Vater. *Peu*

Idumäa → Edom.

Igel. Der I. wird Jes 14,23; 34,11 als Bewohner von Trümmerstätten genannt. Luther dachte an den I. auch Zeph 2,14, wo eine Eule gemeint ist, und bei dem ersten Tier 3Mose 11,30, dem Gecko, einer Eidechsenart. *Schl*

Ijjon, im nördlichen Galiläa, im Quellgebiet des Jordan, von Benhadad von Damaskus erobert 1Kö 15,20, wieder von Tiglatpileser III., der die Bewohner wegführte 2Kö 15,29; vielleicht tell ed-dibbīn, während sich der Name wohl in dem Weidegebiet merdsch ʿajūn erhielt. *Schl*

Ikabod, Sohn des Pinehas in Silo, Enkel des Eli. Sein Name, volksetymologisch gedeutet als „Wo ist die Ehre?" oder „Keine Ehre", wird ihm nach 1Sam 4,21; 14,3 bei der Geburt von der Mutter gegeben unter dem Eindruck der Schrekkensbotschaft vom Verlust der Lade an die Philister und dem Tod seines Vaters und Großvaters. *Schw*

Ikonion. In der wichtigen Handelsstadt in der Landschaft Lykaonien, in der Provinz Galatien Apg 13,51 gründeten Paulus und Barnabas bei der ersten Missionsreise trotz heftigem Widerstand eine christl. Gemeinde Apg 14,1-5.21; 2Tim 3,11; aus ihr wuchs dann Timotheus in die Mitarbeit mit Paulus hinein Apg 16,2. Heute die Großstadt Konia. *Schl*

Illyrien bezeichnet Röm 15,19 die westliche Grenze der Länder, die Paulus bis dahin mit seiner Missionsarbeit erreicht hatte, also wohl die Ostküste des adriatischen Meers, wenn wir auch von Reisen des Paulus in die Landschaften westlich und nordwestlich von Mazedonien nichts hören. Der amtliche Sprachgebrauch wechselte und bezeichnete etwa Dalmatien als das obere I. und Pannonien (zur Donau hin) als das untere I. *Schl*

Immanuel = „Gott (ist oder sei) mit uns!" ist der Name des Kindes, von dem Jesaja in 7,14 redet, nachdem König Ahas das ihm angebotene Zeichen abgelehnt hat. Die Deutung der Stelle ist sehr umstritten. Meist erblickt man in der Geburt des Kindes das nach dem Versagen des Ahas von Jesaja angekündigte Gotteszeichen und versteht das Kind als Sohn des Königs oder des Propheten oder als messianische Gestalt. Teilweise sucht man das Prophetenwort auch mit Hilfe eines altorientalischen Fruchtbarkeitsmythus oder der Überlieferungen vom hl. Krieg zu erklären. Jedoch bilden Geburt und Namengebung vielleicht erst die Voraussetzung für das Zeichen, zumal ein Drohwort, wie Jesaja es spricht („darum"), nicht etwas Sichtbares erklären (die schwangere, demnächst gebärende und den Namen gebende Frau), sondern Unbekanntes androhen soll. Das Zeichen bestünde dann in der trotz des heilvollen Namens bevorstehenden Verwüstung Judas 7,16 f (in 7,18 ff näher erläutert; der Schluß von V. 16 ist Zusatz). — In jüngerer Zeit wird I. in 8,8 auf das Volk gedeutet und in 8,10 als allg. Ausdruck der Zuversicht verwendet. Noch später hat man die Stelle in Zusammenhang mit 9,5 messianisch verstanden, so daß Mt 1,22f sie (auf Grund der falschen LXX-Übersetzung „Jungfrau" statt: junge Frau) in der Geburt Jesu erfüllt sehen kann. *Fo*

Indien, hebr. hoddu, Sinskrit sindhu = Meer, großer Fluß, LXX Indike, nach dem gleichnamigen Fluß genannt, wird in Esth 1,1; 8,9 und Stck zu Esth 1,1; 5,1 als östlichstes Gebiet des persischen Reiches genannt. Unter Darius I. (521-486) wurde das Indusgebiet erforscht, und es entstand sehr bald eine Satrapie Hindu. Vor dieser Zeit hat Israel kaum nähere Vorstellungen von Indien gehabt. *Peu*

Inseln. Das hebr. Wort bedeutet zunächst einfach Land im Gegensatz zu Wasser Jes 42,15. Von daher wird es für die Meeresküste Palästinas gebraucht (Jes 20,6 für Asdod; 23,2ff für Tyrus), weiter für die Inseln des Mittelmeers (Jer 47,4 für Kaphtor-Kreta; Hes 27,6 für Zypern), für seine Küsten 1Mose 10,5 und für die Gestade des Mittleren Ostens Hes 27,15. In Jes 40-66 kann es auch ganz allg. für die (vom Weltmeer umgebene) Völkerwelt verwendet werden, zB Jes 49,1. *Da*

Inspiration → Eingebung.

Irden, irdisch. *1) Irden,* was von Erde gemacht ist, zB Gefäße von Ton (Scherben), Sinnbild des Zerbrechlichen und Schwachen Jes 45,9; Jer 19,1.10; Ps 12,7; Sir 13,3; Weish 15,13; ein Bild für das menschliche Wesen (nicht nur den Leib) 2Kor 4,7. Weil es zerbrochen werden kann, wird ein i.es Gefäß im Fall einer Unreinigkeit verwendet (Sündopfer, Aussatz, Ausflüsse, Aas, Ehebruch 3Mose 6,21; 14,5.50; 15,12; 11,33; 4Mose 5,17); daher gilt es dann als minderwertig, verachtet: so die Kinder Zions nach der Zerstörung Jerusalems Klgl 4,2, Unechtes in der Christenheit 2Tim 2,20. — *2) Irdisch,* was nicht nur aus dem Stoff der Erde ist, sondern die Art dieser Erde an sich trägt, zu ihr gehört, im Unterschied vom Himmlischen. Die Wiedergeburt geschieht am Menschen auf Erden gegenüber dem, was im Himmel geschieht Jo 3,12; das Gleichnis von himmlischen und i.en Körpern beschreibt den Unterschied des jetzigen Leibes vom Auferstehungsleib 1Kor 15,40; 2Kor 5,1; der erste Mensch ist i. („erdig"), der andere vom Himmel 1Kor 15,47. Wenn der Mensch sich vom I.en gefangennehmen läßt, tritt er in Gegensatz zum Himmlischen Phil 3,19; Kol 3,1f; Baruch 3,23; ja die i.e Weisheit wird dann dämonisch Jak 3,15. *Pfi*

Irrtum, irren. Das Sichverirren dessen, der räumlich oder in seinem Denken und seiner Lebensführung den Weg verloren hat Ps 107,4; Hebr 11,38; Spr 21,16, ist der HS eindrücklich als Veranschaulichung der inneren Lage und Gefahr des Menschen außerhalb und innerhalb der Gemeinde. Oft ist das umherirrende Herdentier das Gleichnis für den, der sich verloren hat und nicht mehr orientieren kann Ps 119,176; Hes 34, 4.6; Jes 53,6; Mt 18,12. So war die heidnische Vergangenheit 1Petr 2,25; Eph 4,18; Tit 3,3. So erging es dem abtrünnigen Israel Hos 9,17; Hes 44,10; Gott selbst verhängt über die Verblendeten solches Irren Ps 107,40; Hiob 12,24f; Jes 63,17, vgl. Jo 9,39; Röm 1,26f; 2Thess 2, 11f und ruft sie wieder zurück Hes 14,11; 34, 12. Hier ist immer Schuld im Spiel, auch Lk 23,34 (vergib!), vgl. Hebr 5,2 oder Mk 12,24. 27. Der gottlose Weg wird notwendig zum Irrweg Ps 58,4; Pred 7,25; Ps 95,10, vgl. Hebr 3, 10; 1Kor 6,9. Weil hier Glaube und Leben in sich unauflöslich zusammenhängt, deshalb die doppelte Warnung vor der falschen Lehre und vor dem zuchtlosen, zerfahrenen Leben Eph 4, 14; 1Tim 4,1; 6,10; 2Petr 2,15.18. Darum die Warnsignale Jak 1,16; Gal 6,7; 1Kor 15,33. Sich an die Wegweisung Gottes halten Jes 35,8; Ps 119,10, den Geist der Wahrheit und des I.s unterscheiden 1Jo 4,6; 1,8 und sich zurückrufen lassen vom Irrweg Jak 5,19 schützt vor → Verführung. *He*

Isaak. Über den geschichtlichen Kern der sagenhaft ausgestalteten I.-Erzählungen läßt sich schwer Sicheres sagen; → Abraham. Sie reichen von 1Mose 25,19 bis 35,29. Im Rahmen der Patriarchengeschichten tritt I. merkwürdig zurück. 1Mose 26, aus älterer Überlieferungsschicht, bringt 7 I.-Episoden, die seine Gestalt auf dem Hintergrund einer Übergangszeit vom nomadischen Leben zur Seßhaftigkeit (Getreidebau 26, 12-14) zeigen. Der Name I. („er lacht" oder „man lacht") wird volksetymologisch vom Lachen des Vaters 17,17, der Mutter 18,12ff; 21, 6a oder auch der spottenden Leute 21,6b gedeutet. I. gilt als der dem Abraham durch Gottes Wunder geschenkte Sohn der Verheißung, auf den im Unterschied von Ismael der Erbsegen übergeht, Stammvater des Gottesvolkes zu werden 1Mose 17 u. 22. Mit Ausnahme von Am 7, 9.16 begegnet sein Name stets in Verbindung mit Abraham und Jakob. Die bibl. Erzählung charakterisiert I. als den Dulder von der Geschichte seiner Opferung 1Mose 22, in der er sich willig in des Vaters Vorhaben ergibt, bis zu dem von Jakob ihm abgelisteten Segen 1Mose 27, wobei er seine natürliche Vorliebe für den älteren Sohn unwissend opfert. Das ihm mannigfach widerfahrene Leid 26,35, zumal aus der Berührung mit der heidnischen Umwelt der Kanaanäer, wird durch die zT von ihm selbst verschuldeten Mißhelligkeiten auf den Wegen seiner Fremdlingschaft anschaulich: die Gefährdung der Gattin Rebekka in Gerar 26,1-11 (älteste Variante der Erzählung vom „Verrat der Ahnfrau", vgl. 1Mose 12,10-20 u. 1Mose 20); die Brunnenstreitigkeiten 26,12-25. Als Wohnsitz gilt vornehmlich Hebron, wo der 180jährige sein Grab fand

35,27 ff; 49,31, auch Beerseba. Die Sprüche über seine Söhne 27,27 ff. 39 f (→ Isaaksprüche) bezeugen den Glauben des prophetischen Mannes, der zweimal Gottes Offenbarung empfing und sich auf seinen Wegen von Gottes Stimme leiten läßt 26,2-5.24.

Das NT kennt I. als Vater der Glaubenden Röm 9,10, Sohn der Verheißung Gal 4,28-31; Röm 9,7 ff und Helden des Glaubens Hebr 11,20. *Schw*

Isaaksprüche sind das Segenswort über Jakob 1Mose 27,27-29 und das Fluchwort über Esau 1Mose 27,39 f. Beide sind poetisch gestaltet und gehören zur Gattung der Segens- und Fluchsprüche, denen nach dem Glauben Israels Wirkungskraft und Unwiderruflichkeit eigneten. Diese Anschauung bildet im literarischen Aufbau der Erzählung die Voraussetzung der Handlungsweise Jakobs. Ein an Isaak gerichteter Gottesspruch, der nicht metrisch gestaltet ist, 1Mose 26,3 a (3 b-5 vermutlich redaktionelle Erweiterung) verheißt den Besitz des Kulturlandes. *Ba*

Isai, Vater → Davids, Vater von acht Söhnen, wohnte in Bethlehem in Judäa und war heerbannpflichtiger Grundbesitzer, der auch über Kleinviehherden verfügte. David brachte I. und seine Mutter während seiner Flucht vor Saul zum König von Moab in Sicherheit 1Sam 22,4. Obgleich das Wort „David" in der Bibel nur für den bekannten isr.-judäischen König gebraucht wird, steht die Bezeichnung „Sohn Isais" oft daneben. Saul scheint den David überhaupt nur „Sohn Isais" genannt zu haben 1Sam 20,27.30. 31; 22,7.8.9.13. Aus dem Reis oder der Wurzel I.s erwartet Jesaja den Heiland 11,1.10. *Peu*

Isaschar. Der fünfte Sohn der Lea mit Jakob 1Mose 30,17 f. Die Stärke des *Stammes* I. wird 4Mose 1,28 f mit 54 400, 26,25 mit 64 300, zZ Davids 1Chr 7,5 mit 87 000 waffenfähigen Männern berechnet. Der Jakobssegen 1Mose 49,14 f charakterisiert I. als „knochigen Esel, der zw. den Hürden lagert", und deutet auf den Verlust seiner Selbständigkeit im üppigen Land der Kanaanäer; dort wird für ihn das galiläische Siedlungsgebiet Jos 19,17 ff angegeben. Das Deboralied Ri 5,15 lobt I.s Anteil am Freiheitskampf gegen Sisera; in Davids Zeit 1Chr 12,32 wird seine Kenntnis der Zeitverhältnisse hervorgehoben. Ihm entstammen Barak, Debora, später die Könige Baesa und vielleicht Omri. *Schw*

Ischarioth → Judas 3).
Isch-Boscheth → Eschbaal.
Ischtar → Babylonien.

Isebel, Tochter des Ethbaal, Königs der Sidonier in Tyrus. Durch ihre Heirat mit dem König Ahab von Israel wurde das tyrisch-isr. Bündnis besiegelt. Sie förderte bewußt den kanaanäischen Baalismus in Samaria, wobei nicht deutlich ist, ob es sich für sie um den Stadtgott von Tyrus „Melkart" oder um den universal gedachten Himmelsbaal handelt. Sie scheint die in den Ebenen des isr. Staates sitzenden Kanaanäer in deren religiösen und politischen Forderungen unterstützt zu haben. Durch ihren Einfluß kam es zu Verfolgungen der Jahwepropheten. Elia war ihr tödlich gehaßter Gegner. Sie setzte sich über das in Israel geltende Gottesrecht hinweg und trat entgegen isr. Brauch als Königin in der Regierung des Landes hervor 1Kö 16,31; 18,13; 19,1 f; 21,1-24. Nicht ohne Würde ging sie beim Sturz der Omriden, des Mörders spottend, in den Tod 2Kö 9,30 ff. *Peu*

Ismael. *1)* Sohn Abrahams und der Ägypterin Hagar, die als Leibmagd Sarais den Fluch der Erbenlosigkeit vom Haus Abrams nehmen sollte 1Mose 16. Im 86. Jahr Abrams geboren, wurde I. 13 Jahre später beschnitten 1Mose 17,23-27. Als Sara selbst den gottverheißenen Erben gebar, wurde ihr die Fragwürdigkeit des Weges der Selbsthilfe bewußt und ließ sie I. samt seiner Mutter verstoßen 1Mose 21,9-21, vgl. Röm 9, 7.9; Gal 4,22-25. Von daher deutet Paulus den „in der Knechtschaft des Fleisches" erzeugten I. auf die an Gesetzesgerechtigkeit und Pochen auf die eigene Rechttat versklavten Juden, während er den auf Grund freier Verheißung empfangenen Isaak als Urbild der aus der freien Gnade lebenden Christen deutet. — Die Verstoßung I.s durch Sara bedeutet nach 1Mose 21,18; 17,20 nicht seine Verstoßung durch Gott, der ihn vielmehr vom Tod errettete und ihm ein großes Volk verhieß. So wird I., der eine Ägypterin heiratet, Stammvater der → Ismaeliter und stirbt 137jährig 1Mose 25,12-17.

2) I., ein Hauptmann zZ Josias 2Chr 23,1.

3) I., Sohn Nethanjas, ein judäischer Prinz, der nach 587 den von Nebukadnezar eingesetzten Statthalter Gedalja in Mizpa ermordete, sich aber nach mißglücktem Staatsstreich wieder zu den Ammonitern verzog 2Kö 25,22 ff; Jer 40 f. *Da*

Ismaeliter. Sie gehören wie die Amalekiter und Midianiter zu den reinen Nomadenstämmen der Sinaiwüste und Nordwestarabiens 1Mose 25,18, die als Karawanenhändler und wilde Kämpfer bekannt waren, vgl. 1Mose 37,25-28; 16,12; Ps 83,7. Trotz ihres unsteten Lebens als Steppennomaden bilden sie ähnlich wie die Israeliten einen Zwölfstämmeverband 1Mose 25,13-16, vielleicht mit einem gemeinsamen Kult als Mittelpunkt. *Da*

Isop → Ysop.

Israel.
1) Deutung, Vorkommen und Gebrauch des Namens I. 2) Die Religion I.s. 3) Die Geschichte I.s. a) Die Landnahme. b) Die Richterzeit. c) Die Staatenbildung. d) David und Salomo. e) Die getrennten Reiche. f) Das Ende Judas. g) Exil und Heimkehr. h) Die Makkabäer. i) Die römische Zeit.

1) Deutung, Vorkommen und Gebrauch des Namens I.: Nach 1Mose 32,29; Hos 12,4 heißt I., hebr. jisrael, „er kämpfte mit Gott". Sicherlich hat das Volk I. in dieser Jakoberzählung zugleich sich selbst gesehen in seinem Kampf mit dem allem menschlichen Wollen, Denken und Vorstellen gegenüber völlig andersartigen Gott. Die grammatisch genaue Wiedergabe des Wortes I. müßte allerdings lauten: „Gott kämpft"; denn in sonstigen mit „el = Gott" zusammengesetzten Eigennamen ist der Bestandteil „el" durchweg das Subjekt. Das Wort I. erscheint in der hebr. Bibel weit über 2000mal, fehlt aber völlig in den Büchern Jon, Hab, Hagg, Hiob u. Esth.

I. gilt als zweiter Name für den Erzvater Jakob 1Mose 50,2. Aber in der großen Mehrzahl der Fälle wird I. als Kollektivum gebraucht, wobei sich freilich das Wort auf Größen verschiedenen Umfangs bezieht. Es können damit alle die Stämme gemeint sein, die in den Bund mit dem Gott Jahwe gestellt waren und sich auf Grund ihres Glaubens von den kanaanäischen Landesbewohnern und den andersgläubigen Nachbarvölkern unterschieden 3Mose 20,2; Ri 2,7. Andererseits wird damit das Nordreich I. im Gegensatz zum Südreich Juda bezeichnet 1Kö 14,19; Hos 1,1. Ein und derselbe Prophet Jes wiederum gebraucht den Namen I. wechselnd für Juda und für das Nordreich mit der Hauptstadt Samaria 1,4-8; 8,18 u. 9,7f! In vielen Psalmen ist I. schließlich Ehrenname für das Gottesvolk schlechthin 53,7. Als solcher hat sich der Name I. vom Boden Palästinas gelöst und wurde für die Verbannten in Babylonien gebraucht Jes 40,27. Im NT erscheint neben der Volks- und Religionsgemeinschaft des traditionellen I. — „nach dem Fleisch" 1Kor 10,18 — die Christengemeinde als das „I. Gottes" Gal 6,16. Das Kollektivum I. mit wechselndem Umfang wird öfters „Haus I." genannt Jos 21,45; 1Kö 12,21; Ps 135,19. Die Glieder des Volkes I. erscheinen durchweg als „die Kinder I.", hebr. $b^{e}n\bar{e}$ jisrael = die Israeliten.

Die ältesten außerbiblischen Erwähnungen des Namens I. finden sich auf einem ägyptischen Gedenkstein des Pharao Merenptah um 1220, auf einer Monolithinschrift unter dem assyrischen König Salmanassar III. i. J. 853 und auf dem Gedenkstein des moabit. Königs Mescha um 830.

2) Die Religion I.s. Die vielschichtige Verwendung des Namens I. in der Bibel, sein Weiterleben in der christl. Kirche und in dem neu entstandenen Staat I. (seit 1949) zeigt, daß dieser Name das Charakteristikum des bibl. Gottesvolkes enthüllt. Er bedeutet mehr als nur den Namen des die Zeitenwende überlebenden Stammes Juda oder des verstreuten Volkes der Juden. I. will zwar in gradliniger Abstammung aus einem Manne hervorgegangen sein, aber entscheidend für sein Entstehen und seinen Bestand sind die religiösen Setzungen, in die es hineingestellt wurde. Schon mit den Erzvätern Abraham, Isaak und Jakob handelt Gott und setzt in der Führung dieser Menschen seinen Heilswillen durch 1Mose 12,1ff; 26,2ff; 28,13ff. Die Gottestat der Befreiung aus Ägypten und das Wunder am Schilfmeer sollten zum Grundbekenntnis I.s werden 2Mose 15,21. Neben diese Wesensoffenbarung Gottes, die seine Barmherzigkeit zeigte, trat die Willensoffenbarung Gottes 2Mose 20, neben das Evangelium das Gesetz. Wesens- und Willensoffenbarung Gottes wurden für I. verpflichtend in dem Bundesschluß, der einseitig von Gott ausging und in den das Volk aus freier Gnade Gottes hineingestellt wurde 2Mose 24. I. hatte das Amt des Glaubens und Gehorsams gegen Gott. Da dieser Gott von Anfang an Alleinverehrung forderte, war der Eingottglaube in I. eine Selbstverständlichkeit, so gewiß die konsequente Erkenntnis des → Monotheismus I. erst im Lauf seiner Geschichte geschenkt und errungen wurde.

Wer die Geschichte der isr. Religion verstehen will, muß diese als die einzig legitime Religion im dauernden Gegensatz und im Kampf mit andersartigen — illegitimen — religiösen Erscheinungen sehen. Dabei ist in manchen Zeiten die legitime isr. Religion durchaus nicht die der herrschenden Kreise gewesen; vielmehr hat zeitweise im Leben des Staates und des Volkes illegitime Religiosität die Übermacht besessen. Die legitime Religion I.s wurde im Lauf der Zeit in verschiedener Weise auf die Probe gestellt. Nach der → Landnahme der Israeliten in Palästina brach der Gegensatz zw. dem Gott Jahwe und den kanaanäischen Baalen auf, die als Besitzer des Landes und als Spender der Fruchtbarkeit galten. In der Spätzeit des Staates Juda drang das vielschichtige assyrisch-babylonische Religionswesen bis in höchste priesterliche Kreise ein. Daneben wurde die isr. Religion unterminiert von den verschiedensten Formen des über die ganze Welt verbreiteten Aberglaubens. Jedoch waren Kreise des isr. Volkes nur in gewissen Zeitabschnitten vor die Entscheidungsfrage gestellt, ob sie Jahwe, den Gott I.s, oder Baal 1Kö 18,21 bzw. den Zeus Olympios 2Makk 6,2 verehren wollten. Meist standen die fremden Götter nur vor oder auch neben Jahwe. Viel gefährlicher für den Glauben I.s war das Einsickern fremder heidnischer Gottesvorstellungen und Formen der Gottesverehrung in das Denken und in den Gottesdienst I.s, so daß man etwa Jahwe sagte und Baal meinte. Der Durchbruch des reinen Gottesglaubens geschah in ältester Zeit durch den Dienst von Männern, die mit dem Geist Jahwes begabt zum „Heiligen Krieg" aufriefen und mehr oder weniger große Teile des Volkes mitrissen; alle Beute des erfolgreichen Krieges gehörte dann Gott Ri 4f. Während dieses charismatische Führertum mit der isr. Staatenbildung verschwand, sorgten die Ämter der Priester, Propheten und Weisheitslehrer für die Reinerhaltung des isr. Glaubens, so sehr oft gerade hier neben die fördernden und erhaltenden Kräfte auch negative Elemente traten. Neben dem echten Propheten steht von Anfang an der falsche Prophet. Die Ämter des Priesters, Propheten und Lehrers fanden in Jesus von Nazareth ihre einzigartige Zusammenfassung Hebr 7, 11; Lk 7,16; Mt 8,19.

3) Die Geschichte I.s. a) Die Landnahme: Wie alle Völker hat auch I. über die Frühzeit seines Daseins nur unklare Vorstellungen gehabt. Man besaß jedoch eine deutliche Erinnerung daran, daß die eigentliche Gründung des Volkes I. mit der Berufung des → Mose 2Mose 3,13ff; 6,2ff und der Offenbarung am Gottesberg 19,16ff; 20,1-17 zusammenhängt. Erst damals hat der Gott I.s seinen Namen und Willen kundgetan. Dieser Zeit geht die Zeit der Erzväter voraus. Diese sind friedliche Kleinviehnomaden, die ohne feste Wohnsitze und damit als Leute minderen Rechts am Rand des Kulturlandes und im Kulturland selbst (auf Weideflächen, die die Eigentümer durch Verträge zur Verfügung stellten) ihr Vieh weiden lassen. Die Erzväter sind ins Kulturland gezogen um der Verheißung ihres Gottes willen, der ihren Nachkommen den Besitz des Landes Kanaan wiederholt zugesagt hatte 1Mose 12,1f; 13,15; 15,18; 17,8; 24,7f; 26,3. Der Name „Gott" steht dann in direkter Beziehung zum Namen eines Mannes: „Gott Abrahams" usw 26,24; 31,5; die Familienangehörigen des Erzvaters gelten dann als die Verehrer dieses Gottes und unterscheiden sich dadurch von den ansässigen Landesbewohnern. Die Erzväter selbst werden von der Überlieferung in Verbindung gebracht mit den alten Heiligtümern Kanaans und teilweise auch des Ostjordanlandes. An diesen Orten haben sie ihrem Gott Altäre errichtet und haben dort teilweise ihre besondere Gottesoffenbarung empfangen: Abraham in Sichem 1Mose 12,6f, in Bethel 12,8, in Hebron 13,18, Isaak in Beerseba 26,23-25, Jakob in Bethel 28, 16-19; 35,14f und in Pniel 32,31. Erst durch diese Erzählungen waren diese alten vorisr. Heiligtümer für den isr. Gottesdienst sanktioniert.

Joseph, einer der zwölf Söhne Jakobs, wird in ägyptische Sklaverei verkauft, rückt dann aber auf Grund seiner überall bewährten Weisheit in die Stellung des zweiten Mannes im Pharaonenreich ein. Die elf Brüder Josephs und schließlich auch Jakob treten auf ägyptisches Gebiet über und erhalten das Land Gosen als Weideplätze zugewiesen. Die Nachkommen der Söhne Jakobs geraten aber später als halbfreie Bevölkerung in immer größere Bedrückung durch die Ägypter, die sie zur Ziegelherstellung für die zu erbauenden Proviantstädte Pithom und Ramses ausnützen. Damit ist die Erzvätergeschichte in die Volksgeschichte übergegangen, die nun aufs engste mit dem Namen des Mose verknüpft ist. Er führte das Volk über das Schilfmeer zum Gottesberg Sinai/Horeb, von dort über Kadesch ins Ostjordanland. Die Stämme Ruben, Gad und der halbe Stamm Manasse siedelten bereits dort, wollten aber mit den übrigen Stämmen das Westjordanland erobern, um dann in ihre Wohnsitze zurückzukehren. Mose selber starb im Ostjordanland. Die Schilderung dieser Ereignisse 2-5Mose (4Mose 33,1-37 finden wir ein Stationsverzeichnis über die vierzigjährige Wüstenwanderung) wird fortgesetzt durch die Landnahmeerzählungen des Buches Josua. Unter Josuas Führung überschritt man den Jordan; Jericho, Ai, das südliche und nördliche Westjordanland wurde erobert Jos 10f. Die westjordanischen Stämme erhalten ihr Wohngebiet, und auf dem Landtag zu Sichem tritt das Volk in den Gottesbund ein. Josua legte das Gottesrecht dar, das in I. Geltung haben sollte.

Diese Darstellung des → Pentateuchs und des Buches Josua bedarf allerdings einer kritischen Prüfung. Es ist auffällig, daß im Mittelpunkt des Pentateuchs eine Fülle von Gesetzen zu finden ist, zu denen die Erzählungen geradezu nur als Einführung gelten. Dieses Sammelwerk will gar nicht als ein Buch über die Frühgeschichte I.s gelten; es will vielmehr von Anfang an der Verkündigung dienen: Es soll die Heils- und Willensoffenbarung Gottes dem Hörer und Leser vor Ohren und Augen gestellt werden. Es ist an und für sich unwahrscheinlich, daß sich ein ganzes Volk in gerader Linie von einem Manne ableiten läßt. Stämme und schließlich auch Völker wachsen aus den verschiedensten Sippen zusammen. I. ist erst in Kanaan zu einem eigentlichen Volk geworden. So sind auch die hohen Zahlen, die für die am Wüstenzug beteiligten Männer genannt werden 4Mose 1,45f; 26,51, sehr wahrscheinlich überhöht. Im Pentateuch haben wir vielmehr eine Fülle von Überlieferungen, die die einzelnen Sippen und Stämme aus ihrer eigenen Vergangenheit mitgebracht haben. Mit dem Zusammenwachsen der Sippen und Stämme ergab sich auch das Zusammenwachsen ihrer Überlieferungen. Die Ereignisse, die im Pentateuch hintereinander liegen, dürften oft nebeneinander zu sehen sein. Die Frühgeschichte I.s wird dadurch noch wunderbarer und großartiger. Die Leute, die etwa das Wunder der Befreiung aus der Knechtschaft in Ägypten und die Ereignisse am Sinai/Horeb erlebt hatten, konnten ihre Heils- und Gesetzesbotschaft bei anderen zu Gehör bringen, die sich schließlich zum Gott I.s bekehrten. Auch sie erkannten jene Ereignisse schließlich als ihre Frühgeschichte an,

Tafel 19: Blick auf den Tempelplatz vom Süden her *Im Vordergrund das Wäldchen bei der Marienquelle, rechts Häuser von kafr silwan, des alten Dorfes → Siloah. Auf der Höhe die Südmauer des Tempelplatzes mit ihrer gegen das Kidrontal vorspringenden Ecke; die Kuppel des Felsendoms schaut über die Moschee el-aqsa herüber.*

Jerusalem mit Tempelplatz und Ölberg *Das Bild zeigt vom Turm der Erlöserkirche aus den Blick auf den Tempelplatz (haram esch-scherif) und den Felsendom (kubbet es-sachra). Hinter der türkischen Stadtmauer mit ihren Zinnen verborgen liegt das Kidron-Tal. Am Hang des Ölbergs ist die russische Gethsemane-Kirche zu sehen, auf dem Kamm links die evangelische Luise-Viktoria-Stiftung, in der Mitte der Russenturm.*

während sie ihre eigenen Erlebnisse jenen einordneten oder, wenn sie dem neuen Glauben widersprachen, beiseite ließen. Die Landnahmeerzählungen des Buches Josua hat die Bibel selbst ergänzt. Über den Stamm Kaleb berichtet eine besondere Landnahmeerzählung 4Mose 14,24. Die Zwölfzahl der Stämme ist in Reihenfolge und einzelnen Namen nicht einheitlich überliefert 1Mose 29,32-30,24; 35,16ff; 4Mose 26; 1Mose 49; 5Mose 33. Ri 1 finden wir eine Liste mit den Namen der Städte, die die einzelnen Stämme in ihrem Wohngebiet nicht erobern konnten; im allg. sind die Ebenen des Landes mit ihren zahlreichen Städten in den Händen der Kanaanäer geblieben, während die Israeliten auf den wenig besiedelten Gebirgen festen Fuß fassen konnten. Der Landnahmevorgang selbst läßt sich in seinen Einzelheiten überhaupt nicht mehr rekonstruieren und dürfte sich auf einen Zeitraum von 200 Jahren erstreckt haben. Als erste ließen sich die Stämme Ruben, Simeon und Levi, die später überhaupt kein nennenswertes oder gar kein Stammesgebiet mehr hatten, und vielleicht auch der Stamm Juda, in Mittelpalästina auf dem Gebirge nieder, wo sie aber wieder abziehen mußten 1Mose 34; 49,3-7. In Jos 1-12 finden wir die Landnahmeerzählung der Rahelsöhne Joseph und Benjamin, die in einer zweiten größeren Zuwanderung Mittelpalästina in Besitz nahmen. Wie wechselvoll das Schicksal eines Stammes sein konnte, zeigt die Wanderung des Stammes Dan, der zunächst im Hügelland nordwestlich Jerusalems siedelte, dann aber nach dem Norden in die Gegend der Jordanquellen abwanderte Jos 19,40-48.

b) Die Richterzeit: Die Landnahme der Israeliten in Palästina fällt mit dem Beginn der Eisenzeit in Palästina zusammen. Die weltpolitische Lage in Vorderasien hatte sich gründlich geändert. Das hethitische Reich in Kleinasien war ausgelöscht, die Ägypter hatten in der Abwehr der hereinflutenden Seevölker ihre Kräfte erschöpft, die Reiche am Euphrat und Tigris erlebten die große Invasion der Aramäer, die sich überall auf dem flachen Land breitmachten. Syrien und Palästina waren damit ihrer bisherigen Oberherren ledig, und die kanaanäischen Einwohner erlebten den Zustrom neuer Völkerschaften. An der Küste zw. Joppe und Gaza setzten sich die Philister und in der Saronebene mit dem Mittelpunkt Dor andere Teile der „Seevölker" fest. Im Ostjordanland hatten sich schon vor den Israeliten die ihnen verwandten Königreiche von Edom, Moab und Ammon gebildet, und bis in die Gegend von Damaskus erstreckten sich die Vorstöße der Aramäer. Diese Lage muß man vor Augen haben, um die Richterzeit I.s verstehen zu können. Die Kanaanäer konnten gegen die auf dem Gebirge siedelnden Israeliten keinen geschlossenen Widerstand leisten, da sie in den verschiedenen Landschaften gleichmäßig in die Defensive gedrängt waren. Sie mußten trotz ihrer überlegenen Streitwagentaktik froh sein, wenn ihre Stadtstaaten in Ruhe gelassen wurden. Nur einmal hören wir von einer größeren Auseinandersetzung zw. isr. Stämmen und einem kanaanäischen Stadtstaatenverband: in der für I. siegreichen Deboraschlacht in der Jesreelebene Ri 4f. Gelegentlich traten Kanaanäer in isr. Abhängigkeit, gelegentlich auch umgekehrt, wie das Beispiel des Stammes Isaschar zeigt 1Mose 49,14f. Welche Gefahren für I.s Glauben und Sitte die Nähe der kanaanäischen Städte barg, zeigen uns Erzählungen wie Ri 2, 1-13 und 1Mose 34. Der kanaanäische Gott Baal galt als Spender der Fruchtbarkeit und der Güter des Kulturlandes und lockte die Israeliten, deren Glaube und Sitte von der Herbheit der Steppen- und Wüstenlandschaft geprägt war, durch orgiastischen und obszönen Kultus. Auseinandersetzungen gab es mit den Moabitern Ri 3,12ff und den Ammonitern 10,17-11,33, die ja an das Gebiet der im Ostjordanland siedelnden Israeliten grenzten. Wir hören auch von Einfällen der Kamelnomaden, der Midianiter, die durch die Beweglichkeit ihrer Reittiere das Kulturland plünderten und schnellstens wieder abzogen 6-8,21. Es waren immer nur kleinere Verbände isr. Stämme, die einen erfolgreichen Kampf führten. In dieser Zeit zeigte sich die Besonderheit altisr. Lebens und Glaubens. Die Stämme einte nur der Glaube an den gleichen Gott. Jeder Stamm handelte als solcher völlig selbständig. Es gab keine gemeinsame politische und militärische Organisation. In äußersten Notzeiten erhoben sich „Helden", die ohne eigentliches Amt einen Teil der Stämme sammelten und erfolgreich zum Sieg führten. Die sog. „Großen → Richter" Othniel, Ehud, Barak, Gideon, Jephthah werden mit dem Geist Gottes begabt Ri 3,10; 11,29 oder ein Engel Gottes redet mit ihnen 6,11 oder der Herr erweckt sie als Retter 3,15 oder eine Prophetin erinnert sie an den auszuführenden Willen Gottes 4,4ff. In diesen charismatischen Führern erkannte I. die helfende und eingreifende Hand seines Gottes. Wir kennen derartige Erscheinungen nicht aus der Umwelt I.s, und sie widerstehen jeder rationalen Geschichtsdeutung. Die Stämme hatten als einziges Gemeinsames einen gemeinsamen Kult für den gemeinsamen Gott. Wir finden am Ende der Richterzeit das zentrale Heiligtum I.s in Silo, in dessen Mittelpunkt die Lade Gottes stand 1Sam 1,8ff; 4,3ff. Sie stammte als Kriegs- und Wan-

Tafel 20: Eines der „Königsgräber" in Jerusalem *Im Südosthügel, der Stätte des davidischen Jerusalem, finden sich am Hang zum Kidrontal, aber noch innerhalb des einst bewohnten Bereiches Grabhöhlen, die wohl Gräber des königlichen Hauses waren. Von Johannes Hyrkan I. und von Herodes d. Gr. geplündert, dienten sie in römischer Zeit als Steinbruch.*

Ein Felsengrab bei Jerusalem *Aus der Felswand war eine geräumige Vorhalle herausgehauen, von der aus man in die eigentliche Grabkammer gelangte; diese konnte durch einen großen Stein verschlossen werden. → Begräbnis.*

derheiligtum aus der Wüstenzeit 4Mose 10,35 f. Man hat nach dem Beispiel anderer Kulturkreise den Verband der zwölf Stämme als eine „Amphiktyonie" bezeichnet, in der jeder der zwölf Teilnehmer einen Monat lang im Jahre das Heiligtum zu betreuen hat. Ein oberstes Richteramt über die Stämme übte jeweils einer der sog. „Kleinen Richter" aus, die über die Durchführung des Gottesrechts wachten Ri 10,1-5; 12, 8-15. Nur ein Fall ist uns bekannt, in dem die Stämme gemeinsam gegen einen Partner am Gottesbund einschritten, der das Gottesrecht gröblichst verletzt hatte Ri 19 f. Am Ende der Richterzeit wurde I.s Existenz aufs stärkste bedroht durch die Philister, die, an der Küste seßhaft geworden, nach der Vorherrschaft auf dem Gebirge und nach der Kontrolle der durch Palästina führenden Handelsstraßen trachteten. Das Kanaanäertum wurde in den nunmehr folgenden Kämpfen I.s gegen die Philister zum Teil aufgerieben. Da die Philister über eine feste militärische Organisation im Kriegsfall verfügten, für den Einzelkampf in schwerer Rüstung geübt waren und in Palästina das Monopol der Eisenbearbeitung besaßen Ri 3,3; 1Sam 13,19 ff; 17,4-7, hatte I. nur dann Aussicht auf seinen Fortbestand, wenn es zu einer festen militärischen und politischen Organisation gelangte.

c) Die Staatenbildung. Den ersten Versuch einer Staatenbildung auf dem mittelpalästinischen Gebirge unternahm der Halbisraelit Abimelech, der — kanaanäisch gedacht — vom alten Stadtkönigtum Sichem aus das Gebirge unter seine Herrschaft bringen wollte. Dieser Versuch war unzeitgemäß und mußte scheitern. Nach der Zerstörung des Zentralheiligtums in Silo durch die Philister kam es endlich zur Gründung des isr. Königtums und Staates, an der der Seher-Prophet und letzte Richter Samuel maßgebend beteiligt war. Der Bericht 1Sam 8-11 zeigt uns die verschiedensten Kräfte, die bei der Einsetzung des Königtums beteiligt waren. Das Volk forderte einen König, wie ihn alle Völker hatten, der als Richter und Heerführer tätig sein sollte. Einerseits wird eine Volksversammlung nach Mizpa einberufen und Saul durchs Los zum König proklamiert. Andererseits geht Saul aus, Eselinnen zu suchen, und findet eine Königskrone und wird von Samuel heimlich zum König gesalbt. Wie ein charismatischer Führer der Richterzeit ruft Saul die Israeliten zur Befreiung der ostjordanischen Stadt Jabesch auf und wird nach dem Sieg in Gilgal vom Volk zum König erhoben. Doch gab es von Anfang an auch bewußte Gegner des Königtums 10,27. So verschieden blieb das Urteil über das Königtum in I. bis zum Ende seiner staatlichen Existenz. Der König war einerseits der Gesalbte Gottes und damit unantastbar; andererseits sahen die Stämme die Ernennung des Königs als ihr ureigenstes Recht an. Einerseits vergaß man nicht, daß der König oberster Richter und Kriegsherr sein sollte; andererseits gab es demokratische Kräfte im Volk, die das Königtum grundsätzlich ablehnten. Saul selbst stand während seiner sicherlich nicht langen Regierungszeit im Kampf mit den Philistern; an ihrer Übermacht und an der politischen Unentwickeltheit I.s ist er auch mit seinem Hause gescheitert 1Sam 14,52; 31.

d) David und Salomo. Wenn der Judäer → David auch durch Samuel zum König gesalbt worden war 1Sam 16,1 ff, kam er zur Herrschaft doch erst durch seine Wahl in zwei zeitlich und staatsrechtlich verschiedenen Akten durch die Stämmevertreter Judas und I.s 2Sam 2,4; 5,1-3. Seit dieser Zeit bestand das Gottesvolk rechtlich aus zwei verschiedenen Staatsgebilden, nämlich I. und Juda. David erwarb für seine Dynastie das Stadtkönigtum von Jerusalem, das damit gleichzeitig zur Hauptstadt seines Reiches wurde. Auch hat er die noch vorhandenen selbständigen kanaanäischen Städte, soweit dies nicht schon unter Saul geschehen war, in das Gebiet der isr. Stämme bzw. Judas eingegliedert. Bis auf eine Ausnahme fehlen uns jegliche Nachrichten über diese Vorgänge 2Sam 21,1-9. Jedenfalls wurden damit das Bergland und die Ebenen politisch und wirtschaftlich vereinigt; doch blieb der religiöse und weltanschauliche Gegensatz bestehen. Schließlich hat David ein äußerst kompliziertes Staatsgebilde mit von der Krone abhängigen Herrschaften errichtet. Er war König von Ammon 12,30 und übte die Herrschaft über die Moabiter 8,2 und Edomiter 8,14 aus. Er hatte die aramäischen Stämme in und um Damaskus unter Kontrolle 8,6, und die Vorherrschaftsgelüste der Philister waren beseitigt 8,1. Damit besaß David alles kulturfähige Gebiet Palästinas, und die Straßen nach Damaskus und zum Golf von Akaba waren in seiner Hand. Der König schuf sich einen Staatsapparat mit festem Beamtentum für genau umrissene Aufgabenbereiche 8,15-18; 20,23-26. Charakteristisch ist die Trennung zw. dem Volksheer und der königlichen Leibgarde. Das gewaltige, aber komplexe Staatsgebilde und das Fehlen jeder Tradition über die Thronfolge in Israel-Juda veranlaßte den König, die Ernennung des Nachfolgers bis in die Zeit kurz vor seinem Tod aufzuschieben; dies führte zu Aufständen seiner Söhne, die die Gefolgschaft unzufriedener Elemente fanden.

Der von David auf den Thron erhobene, in Jerusalem geborene Prinz → Salomo (965/4 bis 926/5) konnte die Herrschaft seines Vaters trotz der langen Friedenszeit nicht aufrechterhalten; das Gebiet von Damaskus und das östliche Edom konnten die Selbständigkeit gewinnen 1Kö 11, 14-25. Salomo setzte die von seinem Vater in Jerusalem begonnenen — noch sehr bescheidenen — Palastbauten aufs großartigste fort und errichtete innerhalb des Palastkomplexes den Tempel als königliches Heiligtum, in das er allerdings die schon von David nach Jerusalem gebrachte Lade des Bundes Gottes stellte; dadurch machte er den Tempel zu einer allisr. Kultstätte. Noch zahlreicher und kostspieliger waren sicherlich die Festungsbauten und der Bau von

Proviantstädten überall im Lande. Soviel Gewinn die isr.-phönizische staatliche Schiffahrt, die von Ezjon-Geber am Golf von Akaba ausging, der Durchgangshandel mit Pferden und Streitwagen, der Handel mit innerarabischen Stämmen 1Kö 9,26-28; 10,28 f; 10,1-15 und die Ausbeutung der Kupfer- und Eisenerzvorkommen südlich des Toten Meeres bis nach Ezjon-Geber auch einbrachten, so verschlangen die zahlreichen Staatsbauten doch wieder die Einnahmen. Salomo teilte I. in zwölf Provinzen, wobei isr. und kanaanäische Gebiete teilweise verschmolzen wurden. Dadurch hat sich der König von dem Einfluß der Stämmeältesten frei gemacht. Jede der Provinzen mußte einen Monat im Jahr den königlichen Haushalt versorgen 4,7-19; 5,1-8. Dazu trat als militärische Neuerung die Schaffung großer Streitwagenkorps, deren Besatzung sich wegen Ausbildung und dauernder Übung nicht aus dem Volksaufgebot rekrutieren konnte. Hatte in Altisrael nur der landbesitzende Bauer politische Rechte, so trat jetzt der königliche Beamte, der königliche Händler und Großkaufmann und der Offizier der königlichen Streitwagenkorps hervor. Damit war die soziale Struktur des isr.-judäischen Staatswesens für die nächsten Jahrhunderte vorgezeichnet. Salomo geriet gegenüber dem kapitalkräftigen König Hiram von Tyrus, das damals seine große Handelstätigkeit in den Mittelmeerländern begann, in Schulden, so daß er isr. Gebiet an Tyrus abtrat 9,10ff. Dem Volke — nicht nur den Kanaanäern — hat man schwere Arbeitslasten auferlegt 9,15-23; 11,28, so daß es gelegentlich zu Aufständen kam 11,29 ff. Salomo wird vom Redaktor der Königsbücher nicht gut beurteilt 11,1-6. Man muß ihm jedoch zugute halten, daß I. und Juda im Lauf zweier Generationen aus einem noch unentwickelten Bauernvolk zur Großstaatenbildung gelangt waren, was ohne schwere Eingriffe in das Leben seiner einzelnen Bürger nicht abgehen konnte.

e) Die getrennten Reiche. Das Staatsgebilde I.-Juda fällt nach dem Tod Salomos 926/25 wieder in seine ursprünglichen Bestandteile auseinander. In Juda blieben die Davididen bis zum Ende seiner staatlichen Existenz an der Herrschaft; in I. kam es zu dauernden Revolutionen und häufigem Dynastiewechsel. Zunächst führten beide Staaten miteinander einen jahrzehntelangen Bürgerkrieg, in dem man von beiden Seiten sehr zum eigenen Schaden die Aramäer von Damaskus zu Hilfe holte. Bald nach der Staatentrennung unternahm der Ägypter Sisak = Scheschonk I. einen Raubzug nach Palästina, ohne daß er die alte ägyptische Vorherrschaft wieder herstellen konnte. Die Trennung zw. I. und Juda wurde dadurch noch vertieft, daß Jerobeam I. von I. die Heiligtümer in Bethel und Dan — gleich dem Tempel in Jerusalem — zu königlichen Heiligtümern erhob, um die Israeliten vom Besuch Jerusalems abzuhalten 1Kö 12-16,22.

Die Bruderkriege gingen mit der Machtübernahme der Omriden in I. zu Ende; nun trieben die beiden Staaten eine gemeinsame Außenpolitik. Omri gründete die Hauptstadt und Festung Samaria; er und seine Nachfolger Ahab, Ahasja und Joram führten wiederholt wechselvolle Kriege gegen die Aramäer von Damaskus, die die Grenzen I.s bedrohten. Juda erscheint durchweg als Verbündeter I.s. Während man sich der Aramäer wohl gerade erwehren konnte, ging die von Omri neu gewonnene Oberherrschaft über Moab unter Joram von I. wieder verloren, und Juda mußte auf die edomitische Provinz verzichten. Ahab nahm mit einer starken Streitwagenmacht an einer Schlacht gegen den assyrischen König → Salmanassar III. i. J. 853 bei Karkar teil. Durch das politische Bündnis mit Tyrus und den Einfluß der tyrischen Prinzessin → Isebel, der Gemahlin Ahabs, kam es zu heftigen Religionskämpfen zw. den Jahwepropheten und den Vertretern des Baalkults. Sicherlich forderten die in den Ebenen ansässigen Kanaanäer unter dem Einfluß der Königin ihr religiöses und politisches Recht, d. h. der bisher nicht überwundene Gegensatz Israel—Kanaan brach erneut auf. Durch das Eingreifen der Propheten → Elia und → Elisa siegte der altisr. Glaube, so daß es in Zukunft nicht mehr um die Frage Jahwe oder Baal ging, sondern um die Frage nach der echten Jahweverehrung gegenüber der durch den Baalismus verfälschten.

Nach dem Sturz der Omriden 845/44 durch den Heerführer Jehu stand Palästina für zwei Jahrhunderte im Schatten des assyrischen Großreiches. Das durch die Revolution isolierte I. litt bis zum Jahr 800 stärkstens unter den Angriffen der Aramäer, die dann ihrerseits durch die Assyrer ihre Machtstellung einbüßten. So konnte es im Nordreich I. unter Jerobeam II. (787/86 bis 747/46) zu einer nochmaligen jahrzehntelangen Blütezeit kommen, in der die Ausdehnung des Davidreiches wieder erreicht wurde. Der ins Land kommende Reichtum verschärfte aber die sozialen Gegensätze, und das Gottesrecht blieb unbeachtet, wie es uns der Prophet Amos in drastischen Bildern deutlich macht. In I. folgte nach Jerobeam II. bald Königsmord auf Königsmord. Gegen den Assyrer Tiglat-Pileser kommt es noch einmal zu einer Koalition zw. Damaskus und Pekach von I. Im syrisch-ephraimitischen Krieg will man Ahas von Juda zur Teilnahme am Bündnis zwingen Hos 5,8-11; Jes 7,1 ff. Da ruft Ahas den Assyrer herbei. Galiläa und das Ostjordanland werden 733 assyrische Provinz. Schließlich fällt 722/21 unter Sargon II. auch Samaria und wird ebenfalls dem Großreich eingegliedert. Große Teile der Bevölkerung des Nordreichs wurden in entfernte Provinzen deportiert, wo sie in der einheimischen Bevölkerung untergetaucht sind, 1Kö 16,24-2Kö 17.

f) Das Ende Judas. Juda war damit Nachbar des assyrischen Reiches geworden. Jesaja und Micha haben die Vorgänge im Nordreich genau beobachtet und den Untergang dieses Staates als Gottesgericht betrachtet. König → Ahas mußte im Jerusalemer Tempel dem assyrischen Staatskult Raum geben, indem er einen assyrischen Altar errichtete. → Hiskia, der durch den Bau des Siloatunnels die Wasserversorgung der Hauptstadt gesichert hatte, ließ sich 705 zum Beitritt in eine antiassyrische Koalition verleiten. Damals hatte sich in Babylon → Merodach-Baladan, dessen Gesandte in der judäischen Hauptstadt erschienen, gegen Assur erhoben. Aber der assyrische König → Sanherib eroberte ganz Palästina; vor Jerusalem zog er i.J. 701 ab, nachdem Hiskia hohen Tribut gezahlt hatte. Die Abhängigkeit von Assur blieb unter Manasse und Amon bestehen. Erst das herannahende Ende des Großreichs am Tigris bewog → Josia von Juda (639/38-609), den assyrischen Kult und andere heidnische Gegenstände aus dem Jerusalemer Tempel zu beseitigen. Auf Grund des im Heiligtum gefundenen Gesetzbuchs — vielleicht des Grundstocks des → Deuteronomiums (5Mose) — wurden die anderen Kultstätten im Lande beseitigt. Nur noch in Jerusalem war Opferdienst gestattet. Josia hat herrenloses, einst isr. Staatsgebiet annektiert. 612 fiel Ninive. Der Pharao Necho wollte Palästina nunmehr in seine Gewalt bringen und förderte das kleine assyrische Restkönigtum in Haran. Als Josia als konsequenter Assyrerfeind ihm entgegentrat, wurde er vom ägyptischen König in der Schlacht getötet. Doch geriet nach der von Necho verlorenen Schlacht bei Karkemisch Palästina unter die Herrschaft des neubabylonischen Reiches. Was Ägypten militärisch nicht gelungen war, versuchte es in den nächsten Jahren durch Aufstachelung der Völker des südlichen Syriens gegen Babylonien zu erreichen. Der noch von Necho eingesetzte Jojakim hatte sich zunächst dem neubabylonischen (chaldäischen) König unterstellt, empörte sich aber dann gegen seinen Oberherrn → Nebukadnezar. Nach dem Tod Jojakims übergab sein Sohn Jojachin das belagerte Jerusalem. Er wurde 598 mit ungefähr 10000 Judäern nach Babylon ins Exil geführt. Der daraufhin von Nebukadnezar eingesetzte → Zedekia wurde erneut das Opfer ägyptischer Einflüsterungen und fiel von seinem Oberherrn i.J. 587 ab. Diesmal kannte der Chaldäer keine Gnade. Zedekia mußte mit eigenen Augen die Tötung seiner Söhne ansehen, wurde geblendet und in Ketten nach Babel gebracht, wo er bald verstarb. Das eroberte Jerusalem wurde nachträglich mit seinem Tempel gründlich zerstört. Viele Judäer wanderten nach Babylonien ins Exil. Manche Einzelheiten über die letzten Jahre Jerusalems kennen wir aus dem Buch des Propheten Jeremia. Das unterworfene Juda erhielt in dem Judäer → Gedalja einen Verwaltungsbeamten, der in Mizpa residierte, aber von versprengten judäischen Offizieren ermordet wurde. Daraufhin flohen die Attentäter nach Ägypten und zwangen Jeremia mitzugehen 2Kö 18-25.

g) Exil und Heimkehr. Von nun an gab es ein I. in Palästina und in Babylonien. Die Zukunft lag bei der Exulantenschaft, die allmählich ihre wirtschaftliche und damit auch rechtliche Lage bessern konnte. Die Deportierten waren ja keinesfalls als Sklaven verkauft worden, sondern galten als in ihrer Freiheit beschränkte Untertanenbevölkerung. Durch Propheten wie Hesekiel und den sog. Zweiten Jesaja (Jes 40-55) gestärkt, hielt man fest am väterlichen Glauben. Da im fremden Land gemäß dem unter König Josia proklamierten Gesetz 5Mose 12 kein Opferkult möglich war, galten die Beschneidung und die Feier des Sabbats als die Zeichen des rechten Juden. Sicherlich hat man in jener Zeit auch die Geschichtsquellen der Vergangenheit gesammelt und herausgegeben. Mindestens die Königsbücher gewannen damals ihre Gestalt. Natürlich hat es im fremden Land auch mancherlei Drangsal gegeben, vgl. Ps 137. Der Sturz des babylonischen Reiches durch den Perser Cyrus 539 brachte für Palästina und die babylonische Exulantenschaft den Wechsel der Oberherrschaft, den man sehnlichst erwartet hatte. Der neue König gestattete die Heimkehr und den Wiederaufbau des Tempels. Von 538 bis 522 kehrte eine beträchtliche Schar der Exulanten nach Palästina zurück; der Tempel wurde zw. 520 und 515 neu errichtet, nachdem die Propheten Haggai und Sacharja dazu aufgerufen hatten. Während der Thronwirren nach dem Tod des persischen Königs Kambyses hoffte man auf die Thronbesteigung des Davididen Serubabel in Jerusalem; das wurde aber durch die erfolgreiche Machtergreifung des Persers Darius unmöglich. Jerusalem blieb Kultgemeinde und gehörte politisch zum Bereich des persischen Statthalters in Samaria.

Eine wirkliche Neuordnung der Verhältnisse in Jerusalem und Judäa konnten erst Esra und Nehemia vornehmen. Nehemia, ein Hofbeamter des Königs Artaxerxes I., kam als Statthalter in Juda i.J. 445 nach Jerusalem. Er umgab die bisher offene Stadt mit Mauern und sorgte für die zahlenmäßige Verstärkung der Einwohnerschaft; Jerusalem wurde wie Samaria Sitz eines Unterstatthalters. Dagegen bestehen über die Zeit des Auftretens des Priesters und Schreibers Esra Unklarheiten. Nach der bibl. Überlieferung hat er noch vor Nehemia unter Artaxerxes I. gewirkt. Aber die Vermutung liegt nahe, daß er erst unter Artaxerxes II. in Jerusalem erschien, um das Werk des Nehemia fortzusetzen und zu stärken. Man schwankt also bei Esra in der zeitlichen Ansetzung zw. 458 und 398. Er hatte jedenfalls die Belange der jüd. Gemeinde und des isr. Gottesdienstes zu regeln. Durch das Vorgehen der beiden Männer gewann die Gemeinde in Jerusalem innerhalb des großen persischen Reiches den Status eines halbautonomen priesterlichen Gemeinwesens. So blieben die Verhältnisse bis in die Zeiten der seleukidischen Ära.

h) Die Makkabäer. In den Jahren 333-331 fiel das persische Großreich in die Hände Alexanders d. Gr.; damit kam die Jerusalemer Kultgemeinde unter seine Oberhoheit. Nach dem Tode des Welteroberers wurde Palästina Grenzland zw. den Reichen der sog. Diadochen, die das Erbe

Alexanders antraten, der Seleukiden in Syrien und der Ptolemäer in Ägypten. Bald jedoch waren die Ptolemäer die Herren in Palästina und die Jerusalemer Gemeinde blieb bis 198 unter ägyptischer Oberhoheit. Durch starke Zuwanderung und Verschleppung von Juden bildete sich in Ägypten eine zahlreiche jüd. Diaspora. Für die Zwecke der Synagogenversammlung wurde für die des Aramäischen und erst recht des Hebräischen nicht mehr kundigen Diasporajuden zunächst der Pentateuch und dann das übrige AT ins Griechische übersetzt. In die Zeit bald nach Alexander fällt auch die Trennung der samaritischen Gemeinde von Jerusalem, die nur den Pentateuch als hl. Schrift übernahm und auf dem Garizim ihr eigenes Heiligtum errichtete. Mit der Schlacht bei Paneas 198 kam Palästina unter die Gewalt der Seleukiden, die in der Schlacht bei Raphia 217 von den Ägyptern noch einmal abgewiesen worden waren. Jetzt erst wurde Palästina völlig mit hellenistischen Kulturgütern überschwemmt; griech. Sprache, Literatur, Körperkultur und Kleidung verbreitete sich überall. In dieser Zeit bildeten sich die Parteien der → Sadduzäer und der → Pharisäer. Die Sadduzäer, vielfach Priester, lehnten den Glauben an ein Jüngstes Gericht, ein jenseitiges Leben, die Auferstehung des Leibes und die Engelhierarchie als nicht schriftgemäß ab, während diese Aussagen für die Pharisäer zum Glaubensgut geworden waren. Beide Parteien reagierten damit auf die Herausforderung durch die → hellenistische Denkweise. In älterer Zeit war man in I. bewußt der Frage nach einem Weiterleben nach dem Tod nicht nachgegangen. Der Mensch sollte prinzipiell nur das Verhältnis zw. Gott und dem lebenden Menschen durchdenken. Jetzt dagegen bejaht oder verneint man ganz bewußt die Aussicht auf ein Leben nach dem Tode. Das alte Gottesrecht war bisher immer wieder einmal den Zeiten angepaßt worden, aber jede neue Herausgabe des Gottesrechts galt als von Mose gegeben. Jetzt wird die im Pentateuch gegebene Norm einfach hingenommen, so daß es für die Zukunft keine weitere Willensoffenbarung Gottes gibt, oder man erweitert die alten Satzungen durch Verordnungen, paßt sie neuen Verhältnissen an oder biegt sie kasuistisch um. Neben den beiden Parteien tritt uns noch die Sekte der → Essener entgegen, deren Gedankengut und Lebensweise uns die Schriften von → Qumran enthüllen. Als Gründer der Sekte gilt der „Lehrer der Gerechtigkeit“. Man lebt in Abgeschlossenheit von der großen Welt und widmet sich dem Studium der Schrift.

Der Parteiengegensatz zw. Sadduzäern und Pharisäern wurde zunächst einmal beiseite geschoben durch das folgenschwere Vorgehen des Seleukiden → Antiochus IV. Epiphanes 175-163. Die Herrschaft dieses Königs stand an und für sich auf schwachen Füßen, da die aktiv in den Osten eingreifenden Römer die Ptolemäer unterstützten. Die Kriege der Seleukiden kosteten viel Geld. In Jerusalem kam es zu Streitigkeiten um die Besetzung des Hohenpriesteramtes. Diese Lage nützte Antiochus aus. Er setzte wiederholt Hohepriester ab und ein und nahm dafür von den Neueingesetzten hohe Geldzahlungen. Er ließ sogar i.J. 169 den Tempel berauben und betrat das Heiligtum. Diese Vorgänge führten begreiflicherweise zum Aufruhr. Als Antiochus auf römischen Druck hin 168 den Boden Ägyptens verlassen mußte, hat er auf dem Rückweg Jerusalem schwer heimgesucht. Er verbot den jüd. Kultus und die jüd. religiösen Sitten. Im Tempel wurde ein Altar für Zeus Olympios errichtet. Sicherlich ist der König durch liberale Juden, die die Vereinigung zw. Hellenismus und Judentum forderten, zu diesem Vorgehen ermuntert worden. Da der König von jedermann den heidnischen Kult forderte, erlitten viele Juden grausame Martyrien. Auf diese spannungsreichen Wochen weisen die Kapitel 7-12 des → Danielbuches hin.

Solch bisher noch nicht dagewesenes Vorgehen einer heidnischen Macht entfachte natürlich den Widerstand der dem Glauben der Väter treuen Bevölkerung. In Modeïn erschlug Mattatja (Mattathias), ein Angehöriger der Priesterfamilie des Hasmon, daher der Name „Hasmonäer“, einen Israeliten, der das von Antiochus IV. geforderte heidnische Opfer vollzog, und den zur Durchführung der Opferaktion beauftragten seleukidischen Beamten. Mattatja zog sich zunächst ins Gebirgsland zurück, um von dort aus einen Kleinkrieg gegen seleukidenhörige Judäer und königliche Truppen zu führen. Dem Sohn des Mattatja, → Judas mit dem Beinamen Makkabäus = Hammer (→ Makkabäer), gelang es nach dem Tode seines Vaters wiederholt, seleukidische Truppen, in einem vierten Waffengang sogar den Reichsverweser Lysias, zu schlagen. Damit hatte Judas die Provinz Juda von den Griechen befreit; nur noch in Jerusalem blieb eine eingeschlossene syrische Truppenabteilung. Im Jahr 164 konnte er sogar das Jerusalemer Heiligtum neu weihen und den legitimen Gottesdienst wieder einführen. Nach dem Tode Antiochus IV. kam es zu inneren Wirren in der Familie der Seleukiden. Man bot deshalb Judas den Frieden unter Zusicherung freier Religionsübung an. Damit war zwar der alte Zustand der Jerusalemer Religionsgemeinde wiederhergestellt, aber der Friede währte nicht lange. Kämpfte Judas Makkabäus bisher um die Religionsfreiheit, so ging es ihm nunmehr um die völlige politische Freiheit. Nach anfänglichen militärischen Erfolgen verlor Judas i.J. 160 im Kampf um die Unabhängigkeit seines Landes Schlacht und Leben. Doch bahnten seinem Bruder → Jonathan, der in weiteren Kleinkriegen gegen die Syrer kämpfte, innere Zwistigkeiten im Seleukidenhaus den Weg zur Macht. Er konnte nach erfolgreichen Friedensverhandlungen seit dem Jahr 157 von Michmas aus als „Richter“ fungieren und schließlich 157 die hohepriesterliche Würde erwerben. Auf Jonathan, der durch einen syr. Thronprätendenten ermordet wurde, folgte sein Bruder → Simon, unter dessen Regierung i.J. 141 die restliche seleukidische Besatzung aus Jerusalem abzog. Simon nannte sich: Großer Hoherpriester, Feldherr und Anführer der Judäer. Er wurde 134 von seinem Schwiegersohn ermordet, aber Simons Sohn Johannes mit dem Beinamen → Hyrkan I. konnte sich in der Herrschaft durchsetzen. Im Jahr 128 hörten alle Verwicklungen mit den Seleukiden auf. Die Regierung der weiteren Hasmonäer ist reich an Bluttaten und litt zunehmend unter dem Gegensatz zw. Sadduzäern und Pharisäern. Andererseits unterwarfen die Hasmonäer fast ganz Palästina ihrer Herrschaft und bekehrten unter Zwang die Bewohner zur Annahme der isr. Religion. Auf Johannes Hyrkanus folgten Aristobul, Alexander Jannäus, Salome Alexandra; deren beide Söhne Hyrkanus II. und Aristobul II. haben schließlich das Eingreifen der Römer i.J. 63 unter Pompejus herbeigeführt, der den Tempelbezirk eroberte.

i) Die römische Zeit. Juda bildete seit diesem Ereignis einen Teil des römischen Reiches. Von nun an waren alle Herrscher und führenden Männer I.s von der Gunst der Römer abhängig. Die Herrschaft der Hasmonäer währte mit wechselnder Bedeutung bis 37 vChr. Nach dem großen Parthereinfall in Syrien konnte sich → Herodes d. Gr., der Sohn des Edomiters Antipater, des Statthalters der Hasmonäer in Idumäa, in Rom die Krone Judas erwerben. Er regierte von 37-4 vChr. Freilich mußte er sich erst sein Reich erobern, was ihm auch gelang. Er verstand es hervorragend, die Gunst der wechselnden römischen Machthaber jeweils für sich zu gewinnen. Um als legitim zu erscheinen, hatte er die Hasmonäerin Mariamne geheiratet. Er begann mit dem Neubau des Jerusalemer Tempels, errichtete aber auch in den griech. Städten seines Gebietes Tempel zu Ehren der Götter und des Kaisers. Nach seinem Tode wurde sein Gebiet unter seine Söhne aufgeteilt. → Archelaus erhielt Judäa, Idumäa und Samaria, → Herodes Antipas Galiläa und Peräa, der Nordosten fiel an → Philippus. Die Schwester des Herodes → Salome bekam die Städte Asdod und Jamnia. Die Römer setzten den Archelaus i.J. 6 nChr ab; sein Gebiet wurde bis zum Jahr 41 durch Prokuratoren verwaltet, von denen Pontius Pilatus bes. bekannt wurde. Der Sitz dieser römischen Beamten war Cäsarea am Meer. Die eigene Gerichtsbarkeit des jüd. sog. Synhedrions in Jerusalem wurde von den Römern anerkannt, die sich nur das Fällen von Todesurteilen vorbehielten. Herodes Antipas regierte bis 39 nChr. Er erbaute sich eine glänzende Hauptstadt in Tiberias am See Genezareth. Philippus regierte bis 34 und errichtete sich als Residenz Cäsarea Philippi.

Von 41-44 führte noch einmal ein Enkel Herodes d. Gr., → Herodes Agrippa I., die Alleinherrschaft über die Gebiete seines Großvaters. Von 44-66 waren dann wieder Prokuratoren die Verwalter des Landes. Im Mai des Jahres 66 begann der große jüd. Aufstand. Der römische Feldherr Vespasian eroberte Galiläa, Idumäa und das westliche Judäa. Nachdem er von seinen Truppen zum Kaiser ausgerufen worden war, führte sein Sohn Titus den Krieg fort. Im September des Jahres 70 fiel Jerusalem, und Tempel und Stadt wurden gründlichst zerstört. *Peu*

Italien. Die Halbinsel I. mit Rom als der Hauptstadt Apg 18,2, das Ziel des Transports mit Paulus Apg 27,1.6, die Heimat der Gemeinden, bei denen der Hebräerbrief entstand 13,24. Ob die „italische Kohorte" Apg 10,1 aus römischen Bürgern aus I. bestand? Dan 11,30 ist der Name Chittim, der in der Völkertafel 1Mose 10,4 erscheint und Zypern gemeint haben wird, auf die Römer gedeutet, wie vielleicht auch die Kittim der Qumran-Literatur die Römer sind. *Schl*

Ithamar, Aarons jüngster Sohn 2Mose 6,23, mit seinen Brüdern Priester 2Mose 28,1, später mit Eleasar Aufseher über die Levitengeschlechter Gerson und Merari 4Mose 3,4; 4,28.33. Das Priestergeschlecht seiner Nachkommen ist an Zahl geringer als das seines Bruders Eleasar 1Chr 24,4. Ihm entstammte auch→Eli.→Hohepriester. *Schw*

Ittai, *1)* Führer einer Sondertruppe Davids, aus Gath stammend, der beim Aufstand Absaloms treu zu David hielt 2Sam 15,19-22; 18,2.5.12. — *2)* Ein Benjaminit, zu den „Helden" Davids gerechnet 2Sam 23,29. *Peu*

Ituräa. Die Ituräer sind ein arabisches Volk (vgl. 1Mose 25,15: Jetur, der Sohn Ismaels), das nach 1Chr 5,19 in der Nachbarschaft der ostjordanischen Stämme lebte. Später erscheinen die Ituräer als Bewohner des Libanon und Antilibanon, wo sie mit der Hauptstadt Chalkis das Reich I. bilden. Dieses zerfällt nach 40 vChr in Teilreiche (Tetrarchien). Ein Teil der Tetrarchie des Zenodorus ging nach 4 vChr auf Philippus über, den Sohn des Herodes d. Gr., vgl. Lk 3,1. — Die Ituräer waren im Altertum bekannt als wildes und kriegerisches Volk; ihre Männer dienten als Bogenschützen im römischen Heer. *Bie*

J

Jabal, 1Mose 4,20 Sohn Lamechs und der Ada, „Vater" der Nomaden und der Viehzüchter. *Schl*

Jabbok, jetzt nahr ez-zerqa, ein östlicher Nebenfluß des Jordan, der bei Rabbath Ammon, heute ʿammān, entspringt, zuerst nach Nordosten, dann nach Nordwesten, endlich nach Westen fließt und in einem von steilen, fast senkrechten Felswänden eingefaßten Tal zum Jordan durchbricht. Der J., über den einst Jakob ging 1Mose 32, 22 f, bildete im Oberlauf die Grenze zw. Ammonitern und Amoritern 4Mose 21, 24; im Unterlauf die zw. Sihon und Og Jos 12, 2, später die zw. Ruben und Gad auf der einen, Manasse auf der anderen Seite 5Mose 3, 16. → Tafel 9. *Rü*

Jabesch. Zur Richterzeit bedeutende Stadt in Gilead Ri 21, 8 ff, von den Ammonitern angegriffen, von Saul gerettet, wofür sich die Einwohner später dankbar erzeigten 1Sam 11, 1 ff; 31, 11 ff; heute wahrscheinlich tell el-maqlūb im wādi jābis, das den alten Namen bewahrt hat. *Rü*

Jabin, König der Stadt → Hazor in Nordgaliläa, deren großes, bronzezeitliches Streitwagenlager ausgegraben ist. Trotz kriegerischer Übermacht eines durch J. geführten, antiisraelitischen Königsbundes schlug ihn Josua am Wasser von Merom vernichtend Jos 11, 1 ff. In ähnlicher Lage schlägt Barak um die Mitte des 12. Jh. Siseras Streitwagenheer in der Ebene Jesreel; deshalb verband die Tradition Sisera mit J.s Untergang Ri 4, 2. 23 f. *Da*

Jabne 2Chr 26, 6; Jos 15, 11: Jabneel. In griech. Zeit Jamnia 1Makk 4, 15; 5, 58. Philisterstadt in der Küstenebene, von König Usia erobert. Nach 70 nChr Mittelpunkt der jüd. Schriftgelehrten, die ein Synedrium unter Jochanan ben Zakkai bildeten und die innere Erneuerung des Volkes in Angriff nahmen. *Bie*

Jachin und Boas heißen die beiden Bronze-Säulen vor dem salomonischen Tempel, J. rechts, B. links der Eingangstür. *Beschreibung* nach 1Kö 7, 15 ff; 2Kö 25, 13 ff; Jer 52, 21 ff; 2Chr 3, 15 ff: Gesamthöhe je Säule etwa 12-13 m (Schaft 9 m; reich verziertes Kapitell 2,5 m; Wulstbasis etwa 1 m), Durchmesser etwa 1,9 m, vielleicht innen hohl Jer 52, 21. Die *Bedeutung* ist nicht klar. Man hat sie mit den Standarten am Tor der assyrischen Tempel verglichen, als Eingangs-→ Masseben gedeutet oder vermutet, daß sie eine kosmische Deutung erhalten, also als Abbild der Weltpfeiler (vgl. Hiob 26, 11) gegolten hätten. Neuerdings hält man sie für große Leuchter oder Feueraltäre (Erinnerung an Wolken- und Feuersäule). Einer ägyptischen Parallele entsprechend könnten sie auch symbolische Bedeutung haben: „Bestand, Dauer". Dies wird dadurch erhärtet, daß man die Namen J. u. B. als Anfänge zweier Weissagungssprüche über das davidische Königshaus verstehen kann. J. etwa: „Begründen (jakin) wird Jahwe den Thron für immer"; B. etwa: „Der Kraft Jahwes soll der König sich erfreuen". *Bo*

Jährig. Während nach dem Heiligkeitsgesetz generell jedes Tier, das wenigstens sieben Tage alt ist, geopfert werden kann 3Mose 22, 27, schreibt der priesterliche Festopferkalender 4Mose 28 f für die von ihm genannten Opfer u. a. die Darbringung genau einjähriger Lämmer vor. Die j.en Tiere gelten als bes. *wertvoll.* Gott weiht man nur das Beste. Doch hat die spätere Gesetzesauslegung das Wort j. auf die im ersten Lebensjahr stehenden Tiere ausgedehnt. *Ste*

Jaël, die Frau eines Keniters, tötet nach der Deboraschlacht den geflüchteten kanaanäischen Heerführer Sisera in ihrem Zelt Ri 4, 17 ff; 5, 24 ff. → Debora. *Fo*

Jaffa → Joppe.

Jagd. Die J. ist im AT häufig erwähnt. Aber auch ohne direkte Erwähnung würde die sehr zahlreiche bildliche Verwendung von Praktiken und Geräten beweisen, daß die J. volkstümlich und bekannt war. Zweck des Jagens war die Beschaffung von Frischfleisch 1Kö 5, 3, vor allem bei Beduinen 1Mose 25, 28; 27, 3 — wobei man es zum Spezialisten bringen konnte 1Mose 21, 20; 25, 27 —, dann die Abwehr der recht zahlreichen schädlichen Tiere 1Sam 17, 34; HL 2, 15; Ri 15, 4; Am 3, 12; Jo 10, 12 f. Jedoch lebenbedrohend und furchterregend im typischen Sinne sind die Züge des Jägers, wenn der Mensch und Potentat in dessen Bild auftritt 1Mose 9, 2 f; 10, 9. Man bediente sich je nach den J.bedingungen des Bogens mit Köcher und Pfeil 1Mose 27, 3, der Schleuder 1Sam 17, 40, der Fanggrube Hes 19, 4. 8, des Netzes, Stellholzes und Fallstricks Hiob 18, 10; Ps 124, 7; Spr 22, 5; Jes 51, 20, der Schlinge und Leimrute Am 3, 5 (nach LXX), des als Lockmittel aufgestellten Vogelkäfigs Jer 5, 27. — Das Wild gehört zum Segen des Landes 5Mos 12, 15. Man jagt es, aber rottet es nicht aus, vgl. 2Mose 23, 11. Das Blut darf nicht mitgegessen werden 3Mose 17, 13. *Kn*

Jahasiël. *1)* Ein aus Benjamin stammender Anhänger Davids 1Chr 12, 4 ff;

2) ein Priester Davids 1Chr 16, 6;

3) ein Levit 1Chr 23, 19; 24, 23;

4) ein Levit, der vom Geist Gottes ergriffen dem König Josaphat von Juda den wunderbaren Sieg über Moabiter und Ammoniter voraussagt 2Chr 20, 13 ff;

5) ein mit Esra aus dem Exil heimkehrendes Familienoberhaupt Esra 8, 5. *Peu*

Jahr.

1) Die Berechnung des isr. Kalenders war wie bei den vorderorientalischen Völkern durch den Mondumlauf bestimmt. Demgemäß war das isr. J. ein *Mondjahr* mit 354 Tagen, das gegenüber dem Naturjahr (Sonnenjahr) um 11 Tage zurückblieb. Um ein dadurch bedingtes Wandern des Kalenders innerhalb der Jahreszeiten zu vermeiden, mußte man beide Berechnungssysteme zur Deckung bringen. Das geschah durch Einführung von *Schalttagen* bzw. *-zeiten.* Die Schaltmethoden wechselten. Möglicherweise diente zunächst ein zweiter Neumondtag zur Streckung gewisser Monate 1Sam 20,34; später schob man wahrscheinlich 10 bis 11 Tage am Jahresschluß ein; seit dem 6Jh. vChr schaffte man den Ausgleich dadurch, daß man in einem regelmäßigen 8-Jahr-Turnus drei ganze Schaltmonate einführte, wobei jeweils entweder der mittlere oder letzte Monat eines Jahres wiederholt wurde. Im Judentum hatte das Synedrium in Jerusalem die Entscheidung darüber, wann ein Schaltmonat angesetzt wurde.

2) Die Jahreseinteilung. a) Der Jahresanfang fiel in den *Herbst.* Die 2Mose 23,16 und 34,22 mit dem Lesefest verbundenen Kalenderangaben weisen darauf hin, daß man im alten Israel das im Herbst gefeierte Lesefest zugleich als Neujahrsfest verstand. Im Nordreich lag der Jahresanfang nach 1Kö 12,32 f einen Monat später als im Südreich, vgl. 3Mose 23,34. Daß das Herbstjahr auch sonst in Palästina üblich war, beweist der sog. Bauernkalender von Geser, dessen Monatsreihe mit Oktober, dem „Monat des Einheimsens", beginnt. Durch die assyrisch-babylonische Oberhoheit wurde Israel gezwungen, nach 722 etwa den *Frühlingskalender* zu übernehmen, d. h. Neujahr auf das Frühjahr zu verlegen. Doch machte man nun eine Scheidung: *weltlicher* Jahresanfang war zwar im *Frühjahr* (Nisan) 2Mose 12,2; der *Beginn des „Kirchenjahres"* aber blieb im *Herbst,* so daß Neujahr fortan in den siebten Monat des bürgerlichen Kalenders fiel. — *b) Jahreszeiten.* Palästina gehört in den Bereich des subtropischen Klimas, für das der Wechsel zw. einem regenlosen Sommer und einer winterlichen Regenzeit charakteristisch ist. Es hat also nur zwei Jahreszeiten: *Sommer* und *Winter* 1Mose 8,22; Ps 74,17. Die Winterhälfte setzt mit dem Frühregen gewöhnlich Ende Oktober ein und schließt mit dem Spätregen etwa Anfang Mai ab. Im Winter erfolgt die Aussaat, im Sommer ist Reife- und Erntezeit. — *c) Monats- und Wocheneinteilung:* → Monate, → Sabbat. — *d)* Die *Jahresfeste* richteten sich in alter Zeit nach dem Stand der Ernte (→ Feste). Ihr Beginn wurde durch Boten ausgerufen Jer 31,6. Erst in nachexilischer Zeit legte man sie amtlich nach Kalendertagen fest 3Mose 23,1-44, um Schwankungen zu vermeiden und die Begehung des jüd. Kultus in aller Welt einheitlich zu regeln. *Ste*

Jahwe.

1) Der Name des Gottes Israels wurde grundsätzlich nicht überliefert. Geschrieben wurden seine Konsonanten jhwh und die Vokale von adonaj (= der Herr), so daß die Mischform Jehowa entstand, die sich im Kirchenlied auch heute noch findet. Durch die Wissenschaft wurde im 19.Jh. der Sachverhalt aus der griech. Schreibung festgestellt, die sich bei Theodoret, in den Papyri von Elephantine und bei Diodorus Siculus (I 94,2) findet. Strittig sind bis heute sowohl die Herkunft wie auch die Bedeutung des Gottesnamens. Grundlegend bleibt 2Mose 3,14 f, wo er entweder „Er ist" oder „Er ruft ins Leben" bedeuten kann. Man sollte auf naturhafte oder philosophisch abstrakte Herleitung des Namens verzichten. Seine Einführung in Israel hängt mit Mose zusammen; wahrscheinlich ist er aber noch älter. Ob er von Kenitern stammt, ist nicht sicher; die bibl. Erzählung gibt für diese Hypothese keinen Anhaltspunkt. Nach 1Mose 4,26 begann man schon in der Urzeit den Namen Jahwes anzurufen, so daß seine Verehrung so alt ist wie die Menschheit. Schwierig ist die Frage des Namens Jochebed, der Mutter des Mose, der auf den Gottesnamen hinweist 2Mose 6,20; 4Mose 26,59. Daß der Name Gottes nicht ausgesprochen wurde, hängt mit einer bestimmten Auslegung des Dekalogs 2Mose 20,7; 3Mose 24,16 LXX zusammen.

2) Der Gottesspruch 2Mose 3,14 gehört in den großen Zusammenhang der orientalischen Ich-Proklamationen hinein (→ Ich-Worte); diese sind sowohl für Götter wie auch für Könige vielfach bezeugt (babyl. Liturgie, ägypt. Zauberpapyrus, Isishymnus von Andros). Die Gottheit stellt sich vor, offenbart ihre Eigenart und verheißt ihrem Verehrer Segen und Beistand. Unser Text ist Offenbarungswort im eigentlichen Sinn, und in seinem Stil reden viele ATlichen Worte der späteren Zeit. Vor allem die Gottesreden Deuterojesajas nehmen diesen Ich-Stil gern auf; doch ist er auch in der Apokalyptik nicht selten.

Nach der Einwanderung in Palästina wurde J. ebenfalls zum → Baal im Sinn der kanaanäischen Gottheit, wie die alten mit Baal zusammengesetzten Personennamen beweisen (Jerubbaal Ri 6,32; 7,1; Ischbaal 2Sam 2,8). Er wohnte an einzelnen Ortsheiligtümern, deren Traditionen auf ihn übergingen und nunmehr als seine Stiftungen erschienen. Die Propheten nahmen aber den Kampf gegen die baalitischen Einflüsse auf.

3) Mit dem Kultus verband sich schon früh die Vorstellung, daß der Name Gottes an einem Orte wohne 5Mose 12,11. Sein Name wurde von Betern angerufen und im Segen der Priester ausdrücklich genannt. Als allmählich im nachexilischen Judentum der Gottesname aus Scheu und Ehrfurcht vermieden wurde (vgl. Hiob, Daniel), blieb er im Tempelkultus erhalten. Der Hohepriester segnete mit dem Namen J. Sir 50,22, und am Laubhüttenfest zogen die Priester um den Altar und riefen den Namen J.s an, der mit ani-wehu umschrieben wurde (Sukk. 4,5). Es gab eine heilige Ani-Formel, die letztlich auf 2Mose 3,14 f zurückgeht und am Laubhüttenfest eine Rolle spielte. Es ist möglich, daß Jesus sie auf sich angewandt hat Jo 8,28; der Talmud (R. Abbahu) nimmt auf den Anspruch Jesu ausdrücklich Bezug (jTaanith 65 b). Allgemein glaubte man, daß Gott seinen verborgenen Namen bes. schütze und seinen Mißbrauch räche. Tatsache war, daß man ihn als mächtiges Zaubermittel verwandte, wie Papyri und Kirchenväter lehren.

4) Zahlreich sind die Ersatzbezeichnungen, die aus der eigenen Überlieferung, aber auch aus der

Umwelt stammen und später im NT und in der Liturgie des Judentums und Urchristentums wiederkehren. Dazu gehören: der Herr, der Höchste, Herr der Geister, der Himmel, die Höhe oder: der Lebendige, der Heilige, der Ewige, der Große, der Allmächtige. Die Auswahl dieser Worte vollzog sich nicht ohne Absicht und Sinn. Die veränderte Art, von Gott zu reden, ist bewußter Ausdruck der Frömmigkeit. Sie betont Gottes Erhabenheit über alles Menschliche und hat einen Zug zur Vergeistigung, der sich in der Auslegung auswirkt. Vor allem soll der Gottesname vor Unheiligem, Heidnischem geschützt werden; darum erschien die jüd. Gottesverehrung für das Heidentum als ein Geheimnis. In einem Kriminalprozeß der nachchristlichen Zeit konnte ein Todesurteil wegen Gotteslästerung nur dann gefällt werden, wenn der deutlich ausgesprochene J.name gelästert worden war (Sanh. 7, 5).

5) Wie in aller → Apokalyptik spielt in der urchristlichen der Gottesname mit der Gottesproklamation eine große Rolle. Die Gottesreden Deuterojesajas gelten dabei als seine rechte Auslegung. Gott ist der erste und letzte, der da ist, der da war und der da kommt Offb 1, 8. An diesem Zeit und Geschichte umspannenden Geheimnis nimmt auch Jesus als der Erhöhte teil Hebr 13, 8. Wir haben hier eine deutliche Umschreibung des Gottesnamens vor uns, deren Form durch ähnliche jüd. Auslegungen mitbestimmt ist. Gegenwart, Geschichte und Zukunft sind in diesem Geheimnis zusammengefaßt.

Das Urchristentum gewinnt damit eine neue Nähe und Unmittelbarkeit zur mosaischen Uroffenbarung und unterscheidet sich deutlich von den zeitgenössischen Spekulationen der Gnosis.

Lit.: O. Eissfeldt, Jahwe und Baal (Kl. Schr. Bd. I 1962, 1-12); Jahwename und Zauberwesen (Bd. I, 151-171); Götternamen und Gottesvorstellungen bei den Semiten (Bd. I, 194-205); Baalschamem und Jahwe (Kl. Schr. Bd. II 1963, 171-198); El und Jahwe (Bd. III 1966, 386-397). Weitere Literatur ders. RGG³ Art. Jahwe, S. 515-516. *Mi*

Jahwist.

1) Name. 2) Umfang. 3) Theologische Grundgedanken. 4) Entstehungszeit. 5) Quellen.

1) Der in 1Mose 2, 4b ff auftauchende Gottesname Jahwe ist schon frühzeitig von der ATlichen Wissenschaft zu Quellenscheidungen benützt worden, die zur Anerkennung einer selbständigen, von 1Mose 2, 4b bis 5Mose 34 durchlaufenden Grundschrift führten. Diese wird nach dem Gottesnamen J. genannt und J. abgekürzt.

2) Die Quelle hat sich am besten erhalten im 1Mose, in dem sie in der Urgeschichte sich ganz eindeutig von der Priesterschrift abheben läßt. Im 2Mose ist sie stärker mit der elohistischen Grundschrift verknüpft, im 3Mose gar nicht vorhanden, dagegen im 4Mose wieder stärker, während im 5Mose nur wenige Verse in 34, 1-10 auf sie entfallen. Die Grundsätze der kritischen Aussonderung beruhen nicht nur auf der Verwendung des Gottesnamens, sondern auf sorgfältigen Beobachtungen des typischen Wortgebrauchs und der erzählerischen Eigenart.

3) Theologische Grundgedanken sind folgende: Der von Gott in der Schöpfung reich begnadete und mit einem Befehl belegte Mensch hält den erwarteten Gehorsam nicht, sondern durchbricht ihn 1Mose 3, wird aus dem Gottesgarten verstoßen und gerät in ein zwiespältiges Verhältnis zu der guten Schöpfung Gottes. Arbeit, Ehe, Verhältnis zu Tieren u. a. haben an diesem Bruch mit Gott teil. Danach wächst die Sünde an im Brudermord Kains, im Prahllied des Lamech, in den Engelehen 1Mose 6, 1-4. Über die Sünde ergeht das Gericht in der Sintflut, nach deren Abschluß die Sünde sich wieder zeigt in der Vaterschändung des Kanaan und im Turmbau zu Babel. Die Völkerliste des J.en zeigt die Sonderung in Völker als eine Folge dieser Auflehnung gegen Gott. Die göttliche Gnade bricht in der Erwählung Abrahams 1Mose 12, 1-3 in Verbindung mit der Segnung der Völker durch, hat aber schon vorher ihre Spuren zB in der Verheißung des Kindes 3, 16, in der Bekleidung der sündigen Nacktheit durch Gott 3, 21, in der Fürsorge für den Brudermörder 4, 1-17, in der Errettung Noahs (vgl. auch 5, 29), in der Zusage 8, 21 f. Trotz der sehr realistischen, an → Anthropomorphismen reichen Erzählung ist eine hohe Vergeistigung deutlich, die zB nie konkrete Aussagen über die Erscheinung Gottes macht. In der Geschichte der Erzväter und der Mosezeit macht sich der Glaube an die göttliche Geschichtsführung stark geltend. Auch der Gedanke, wie Gott etwa die Sünde der Brüder Josephs benutzt, um sein Ziel zu erreichen, verrät ein kultiviertes geschichtstheologisches Denken.

4) Als Entstehungszeit wird man die ausgehende David- oder Salomozeit annehmen müssen. Von einer Reichsteilung ist noch nichts zu spüren. Der Verfasser denkt großisraelitisch. Das religiöse Kraftbewußtsein, das die Anbetung Jahwes bis in die dritte Menschheitsgeneration zurückführt, paßt gut in diese Zeit, in der sich die Jahweverehrung in Palästina dank Davids Erfolgen durchsetzte.

5) An älteren Stoffen ist diese Quelle sehr reich. In der Urgeschichte, aber auch in der Erzvätergeschichte sind zahlreiche mesopotamische und kanaanäische Mythen verarbeitet unter Abstreifung des mythischen Gepräges und Historisierung des Inhalts. Andere ältere Materialien sind das → Lamechslied 1Mose 4, 23 f, die → Noahsprüche 1Mose 9, 25-27, der → Jakobsegen 1Mose 49, die → Bileamsprüche 4Mose 24, 3-9. 16-19, der jahwistische Dekalog 2Mose 34, 10-26, das Schilfmeerlied 2Mose 15, 1-18. *Ba*

Jahza oder Jahaz, Ort des Sieges über den Amoriterkönig Sihon 4Mose 21, 23, später von Ruben besiedelt Jos 13, 18, um die Mitte des 9. Jh. vom Moabiterkönig Mescha erobert und seitdem als moabitisch geltend Jes 15, 4; Jer 48, 21. 34. — J. lag wohl auf einem der Tells südlich von Medeba. *Rü*

Jaïr. *1)* Zeltplätze (Luther: Dörfer) J.s 4Mose

32,41; 5Mose 3,14; Jos 13,30; Ri 10,4; 1Kö 4,13; 1Chr 2,23 heißt eine Gruppe von dreißig Ri 10,4 oder dreiundzwanzig 1Chr 2,22 Städten im Ostjordanland, die ihren Namen nach Ri 10 von dem Richter J., aber nach 4Mose 32, 41; 5Mose 3,14; 1Kö 4,13 von J., dem Sohn Manasses, erhalten haben. Ihre genaue Lage ist unbestimmt; man wird sie jedoch im Grenzgebiet zw. Basan und dem Bezirk Argob 5Mose 3,13f; Jos 13,30; 1Kö 4,13 auf der einen und Gilead Ri 10,4; 1Kö 4,13; 1Chr 2,22 auf der anderen Seite nördlich und südlich des Jarmuk zu suchen haben. In diese Gegend weist auch der Ri 10,5 genannte Begräbnisplatz J.s Kamon, der wahrscheinlich mit dem nordwestlich von irbid gelegenen qamm gleichzusetzen ist. — *2)* Einer der „kleinen" Richter, der 22 Jahre lang seines Amtes in Israel waltete und dem 30 Söhne und 30 Städte zugeschrieben werden Ri 10,3-5 (s. o. unter 1). — *3)* Vater des Mardochai Esth 2,5. *Rü*

Jaïrus. Verbreiteter jüd. Name (hebr. Jaïr). Im NT nur Mk 5,22ff; Lk 8,40ff als Name eines Synagogenvorstehers, dessen Tochter Jesus vom Tode auferweckt. Die Parallele in Mt 9,18ff ist wesentlich kürzer und hat den Namen J. nicht. *Bie*

Jakob. *1) Name* eines der drei Urväter des Volks Israel. Die Bedeutung des Namens ist umstritten. Volksetymologisch wird der Name J. 1Mose 25,26 als „Fersenhalter", 1Mose 27,36 als „Überlister" gedeutet, um die überlegene Gewandtheit und Schlauheit zu kennzeichnen, mit der sich J. den Vorsprung vor dem älteren Zwillingsbruder Esau sichert. Der Beiname Israel („Gotteskämpfer"), der ihm seit dem nächtlichen Kampf bei Pniel beigelegt wird 1Mose 32,29, ist außerbiblisch bereits um 1200 in Ägypten belegt auf der sog. Israel-Stele des Pharao Merenptah als Name des Volkes, das später in Jakob-Israel seinen Ahnherrn verehrt.

2) Nach dem genealogischen *Zwölfstämme-Schema* des AT 1Mose 29,31-30,24; 35,16f. 22-26 ist J. Vater der folgenden *zwölf Söhne:* Ruben, Simeon, Levi, Juda, Isaschar, Sebulon (Mutter: Lea); Gad, Asser (Mutter: Leas Sklavin Silpa); Joseph, Benjamin (Mutter: Rahel); Dan, Naphthali (Mutter: Rahels Sklavin Bilha). Nach neueren Forschungen ist dieses Schema als eine Konstruktion aus jüngerer Zeit nicht geschichtlich. Die nicht nur bei Israel, sondern auch anderwärts in der Alten Welt bekannte Vereinigung eines Zwölf-Stämme-Verbandes hat wohl erst später die vermuteten Ahnherrn dieser Stämme einem gemeinsamen Stammvater zugeschrieben, ähnlich wie auch die sehr verschiedenartigen Erzählungsstoffe im Kreis der J.-Geschichten 1Mose 25-49 ursprünglich wohl an verschiedenen Kultorten von verschiedenen „Vätern" erzählt wurden und erst in späterer Zeit zu einem einheitlichen Erzählungskreis zusammenwuchsen.

3) Erzählungskreise: a) In J.s *Jugend*geschichte steht im Vordergrund der Zwist der beiden Zwillingsbrüder. In ihm spiegelt sich die durch Jahrhunderte dauernde Rivalität zw. den späteren Israeliten und den benachbarten Edomitern wider. Dabei wird bereits vor der Geburt dem jüngeren J. die Segensverheißung Gottes zugesprochen 1Mose 25,21ff. Um diesen Erbsegen von Abraham, dem Großvater, und Isaak, dem Vater, her geht es in den beiden Erzählungen, die aus dem Leben der heranwachsenden Brüder die Überlistung des älteren Esau durch J. berichten 1Mose 25,29-34; 27,1-29. Die listige Mutter Rebekka tritt dabei auf die Seite des jüngeren Lieblingssohnes. Deutlich spielt in diese Geschichten ein kulturgeschichtliches Motiv mit hinein: der Gegensatz zw. dem mehr kriegerischen Jäger und dem klügeren Hirten; der eine lebt aus der Hand in den Mund, der andere denkt an die Zukunft, ringt darum auch mit Leidenschaft um den verheißenen Segen. — *b)* In den Jahren seiner *Fremdlingschaft* tritt dem J. als Gegenspieler sein Oheim, der Aramäer Laban, gegenüber, bei dem J. durch die Vermählung mit seinen Töchtern Lea und Rahel in die Rechte eines Adoptivsohnes tritt. Geschichtlicher Hintergrund dieser Erzählungen sind wohl uralte Vertragsverhältnisse zw. Kanaan und seinen östlichen Nachbarn im Zweistromland. Auch hier bringt sich J. durch verschlagene List zur Macht. — *c)* Die beiden bedeutendsten Erzählungen haben *Gottes Segensverheißung* über den Erzvater J. zum Inhalt: J.s *Traum bei Bethel* 1Mose 28,10-22 (→ Himmelsleiter) und der *Gotteskampf bei Pniel* 1Mose 32,10-27, bei dem altes heidnisches Wissen um die unheimliche, den Menschen bedrohende Gottheit, vielleicht eine uralte Ortssage von einem tückischen Flußgespenst am Jabbok im Hintergrund steht. Beidemal ist J. als Betrüger auf der Flucht; Gott aber nimmt ihn trotzdem in Schutz. Seine Segensverheißung wird durch den Fall des Sünders nicht unwirksam, wennschon er ihn unter seine züchtigende und läuternde Hand nimmt.

4) Die *Alters*geschichte J.s beschreibt in dem Kreis der Josephserzählungen das Verhältnis des Vaters J. zu seinen Kindern und endet mit der Auswanderung seiner Sippe nach Ägypten, die die dortige Volkwerdung Israels unter Mose vorbereitet.

5) Im Unterschied zu den vorausgehenden Patriarchengeschichten ist für die *Charakteristik* der ganzen J.s-Geschichte ihr *religiöses Thema* bezeichnend: das verborgene Handeln Gottes an den Vätern. Es geht in diesen Erzählungen sehr ungeistlich zu. Zwar geht es noch immer um Gottes Segen, aber der Leser „verliert kapitellang in dem Dickicht unerbaulicher Menschlichkeiten Gott und sein Walten überhaupt aus den Augen" (v. Rad). Dennoch ist in der Gesamtkomposition des reichen Erzählungsstoffes deutlich, wie Gottes Erzieherweisheit und Rettermacht auch über all diesem Dunkel von Schuld und Fall ihr heilsgeschichtliches Ziel nicht aus dem Auge läßt. In J.s Altersgeschichte läßt der Erzähler den Stammvater durch Leid und Prüfungen im Geschick seiner Kinder geläutert werden und reifen. Auch auf den verlorensten Wegen hat es J. mit Gott zu tun, der ihn zum Ahnherrn seines erwählten Volkes bestimmt und ihn darum nie aus seiner Führung entläßt.

6) Für den Ursprung der J.s-Geschichten sind die darin erwähnten *Örtlichkeiten* aufschlußreich, an denen das alte Erzählungsgut haftet. Bethel 1Mose 28,10ff; 31,13; 48,3ff Himmelsleitervision und Aufrichtung des Denksteins; 35,1-7 Altar. Haran 29,1-30,21 Verhältnis zum Aramäer Laban. Mahanajim 32,3-22 Auseinandersetzung mit Esau. Sukkoth 33,17. Pniel 32, 10-32 Gotteskampf. Sichem 33,18-34,31 Grundstückserwerb, Söhne Simeon und Levi, Altar. In den Altersgeschichten am Weg nach Ägypten Hebron 37,14, Beerseba 46,1-5, Gosen 46,28; 47,27. Als ursprünglich getrennte Überlieferungen lassen sich wohl west- und ostjordanische J.s-Erzählungen scheiden.

7) Im *NT* werden gewöhnlich in formelhafter Überlieferung Abraham, Isaak und J. zusammen genannt, von denen die Juden als „Söhne des Reiches" Mt 8,11; Lk 13,28 ihre Herkunft ableiten. Der Jo 4,5 genannte J.s-Brunnen bei Sichar wird im AT nirgend erwähnt. *Schw*

Jakobsbrunnen, die Stätte, wo Jesus der Samariterin begegnete Jo 4,6. Eine bis 333 nChr zurückgehende Tradition weist auf einen 32 m tiefen, gemauerten Brunnen an einer Kreuzung der Straße Jerusalem-Sichem, 1,5 km südwestlich von ʿaskar (→ Sychar) an der Nordostecke des Garizim. Der J. befindet sich jetzt in der Krypta einer unvollendeten Kreuzfahrerbasilika. *Me*

Jakobsleiter → Himmelsleiter.

Jakobssegen. Eine Sammlung alter Stammessprüche, die 1Mose 49 dem sterbenden Erzvater als Prophezeiung über seine Söhne in den Mund gelegt werden (ähnlich dem jüngeren Mosesegen 5Mose 33 und dem sehr alten Deboralied Ri 5). Art und Geschichte des Stammes werden gekennzeichnet durch den über den Ahn ausgesprochenen Fluch (Ruben 49,3f, Simeon und Levi 5-7 im Zusammenhang mit den Berichten 1Mose 34; 35,22; 38) oder Segen (Juda 8-12, Sebulon 13, Isaschar 14f, Dan 16f, Gad 19, Asser 20, Naphthali 21, Joseph 22-26, Benjamin 27).

Lit.: H.-J. Zobel, Stammessprüche und Geschichte, Berlin 1965 (BZAW). *Schw*

Jakobus. *1) Der Urvater. 2) Der Sohn des Zebedäus und der Sohn des Alphäus. 3) Der Bruder des Herrn.*

1) Der Name bleibt zunächst mit → Jakob dem Urvater Israels verbunden, dessen Erwählung durch Gott ein Zeichen ist Röm 9,6-13. Der Jakobsbrunnen bei Sichem und die Erinnerung an Bethel sind für das vierte Evangelium wichtig Jo 4,12; 1,51.

2) Unter den späteren Trägern des gleichen Namens verdient J., der *Sohn des Zebedäus,* genannt zu werden. Er wurde mit seinem Bruder Johannes am See Genezareth berufen Mk 1,19f. Jesus nannte das Brüderpaar, das ihm nahestand, „Donnersöhne" Mk 3,17. Beide bildeten zusammen mit Simon Petrus den engsten Kreis der Jünger und wurden Zeugen wichtiger Geschehnisse Mk 5,37; 9,2; 13,3; 14,33. Allerdings berichtet die Überlieferung, daß Jesus sie wegen ihres Eiferns zurechtgewiesen habe; ihr Anerbieten, die Strafgewalt des Elia anzuwenden, wird von ihm abgelehnt Lk 9,51-56. Ihr Wunsch, als Jüngerpaar den Ehrensitz in der messianischen Herrschaft neben Jesus selbst einzunehmen, trifft auf die Abwehr des Herrn Mk 10,40. Nach Ostern gehört das galiläische Jüngerpaar zur ältesten Gemeinde in Jerusalem Apg 1,13f. J. wird später das Opfer des Herodes Agrippa I., der ihn vor dem Passa 44 nChr hinrichten läßt. Der Bericht des Lukas über dies Ende des Apostels ist sehr knapp Apg 12,2. Ein weiterer J., *Sohn des Alphäus,* gehört zum ursprünglichen Jüngerkreis Jesu Mk 3,18. J. der Kleine wird in der Passionsgeschichte nur nebenbei erwähnt Mk 15,40. Man hat verschiedene Schriftstellen (zB Mk 15,40 u. Jo 19,25) verbunden, um mehr zu wissen; aber unser Text warnt vor zu raschen Schlüssen.

3) J., der *Bruder Jesu* Mk 6,3, ist erst durch eine Erscheinung des Erhöhten zum Anschluß an die Urgemeinde geführt worden 1Kor 15,7; Hebr. Evgl. Diese Erscheinung gilt als so wichtig, daß sie auch von Paulus als grundlegend anerkannt wird. Er wird jetzt ein besonderer Gesandter Jesu, dessen Einfluß man sich nur schwer entziehen konnte; jedenfalls hat die Eigenart seines Berufenseins und seiner Frömmigkeit sein späteres Ansehen in der Urgemeinde getragen. Die Verwandtschaft mit Jesus spielte nur eine zweite Rolle. Er war der große Fürbitter seines Volkes, dem er bis zuletzt die Treue hielt; asketische Neigungen, die man ihm zuschrieb, haben sein Geheiligtsein unterstrichen. Er war Freund des Gesetzes, urteilte aber nicht nach gesetzlichen Maßstäben. Hegesipp erzählt von ihm, er sei der Gerechte genannt worden. Wein und berauschendes Getränk habe er ebenso verschmäht wie Fleisch. Eine Schere berührte sein Haupt nicht, und mit Öl salbte er sich nicht. Ihm allein war es noch gestattet, in den Tempel zu gehen, und man fand ihn auf den Knien liegend und für sein Volk betend. Seine Knie wurden hart wie die eines Kamels, da er ständig auf den Knien lag, um zu Gott zu beten (Euseb K.G. 2,23). Trotz aller späteren Ausschmückung ist der Kern dieses Berichtes nicht zu verwerfen.

Paulus und J. haben nachweislich einen Zusammenstoß vermieden. J. wird als der Erste unter den „Säulen" genannt, die Paulus und Barnabas in ihrer Heidenmission anerkannten Gal 2,9. Er trat auch für die Gesetzesfreiheit der Heidenchristen ein, verlangte aber ausdrücklich das Halten der „noachitischen Gebote" Apg 15,

13-21; 21,25. Das Aposteldekret (→ Apostelkonzil) wird von ihm angeregt und unterstrichen. Das Heidenchristentum soll keine ungesetzliche Unreinheit sich zuschulden kommen lassen; offenbar wollte J. das Heidenchristentum nach dem alten Beisassenrecht behandelt wissen. Stand J. zunächst neben den Aposteln, so übernahm er später in Jerusalem die unangefochtene Führung der Gemeinde. Er vertritt nun, umgeben von einem Ältestenrat, die palästinische Christenheit Apg 21,18ff. Trotz aller Bedrückungen ist das gesetzestreue Christentum stärker geworden; man eifert wieder um das Gesetz Apg 21,20; Röm 15,31. J. sucht die Spannungen zw. diesen Gesetzeseiferern und Paulus dadurch zu beseitigen, daß er Paulus bestimmt, als Freund des Gesetzes im Tempel aufzutreten. Er soll als Schutzherr von vier frommen Wallfahrern die Kosten für ihre Opfer auf sich nehmen Apg 21,24. Aus dieser Szene erhellt die unbedingte Autorität des J. (vgl. auch Gal 2,12). Man wird ihr nicht gerecht, wenn man sie auf ein urchristliches Kalifat zurückführt. J. vertrat vielmehr eine Frömmigkeit und eine Haltung zu Israel, die überzeugen und überwinden konnten. Über sein Ende liegen mehrere Berichte vor. Josephus erzählt, der jüngere Ananos, ein sadduzäischer Hoherpriester, habe nach der Amtszeit des → Festus und vor dem Eintreffen des Albinus eine Versammlung des Hohenrates anberaumt und J. sowie einige andere der Gesetzesübertretung angeklagt (62 nChr). So sei er gesteinigt worden (ant. 20,200). Nach Clemens (Hypotyposen, Euseb KG. 2,1) soll J. von der Zinne des Tempels herabgestürzt und von einem Walker mit einem Stück Holz erschlagen worden sein. Hegesipp bringt a.a.O. eine ausführliche Schilderung seines Martyriums, die ältere Überlieferung verarbeitet. Am Osterfest seien alle Stämme versammelt gewesen, und J. sei aufgefordert worden, auf die Zinne des Tempels zu treten und ein offenes Wort über Jesus zu sagen. Er habe sich zum Menschensohn bekannt, der im Himmel throne und auf den Wolken des Himmels kommen werde. Tatsächlich spricht historisch viel dafür, daß J. der Gerechte diese Tradition vom erhöhten und kommenden Menschensohn vertreten hat. Sie entspricht der alten Apokalyptik galiläischer Kreise. Man suchte später sein Grab in der Nähe des Tempels.

4) J., den Herrenbruder, mit Jakobus, dem Sohn des Alphäus, zu identifizieren, liegt kein Grund vor. Das NT weiß, wie eng die Familie verbunden war Jo 2,12; Apg 1,14. *Mi*

Jakobusbrief. *1) Adresse und Verfasserfrage. 2) Formgeschichtliche Einordnung. 3) Theologische Zielsetzung. 4) Der Anschluß an die Jesusüberlieferung. 5) Auseinandersetzung mit modernen Grundkonstruktionen.*

1) Der so benannte Brief ist ein Mahnschreiben, das an die 12 Stämme Israels in der Diaspora gerichtet ist 1,1. Da es sich an Judenchristen außerhalb Palästinas richtet, meint die Überschrift das gesammelte und wiederhergestellte Gottesvolk der erfüllten Weissagung. Stammt er aus der Frühzeit, wie man mit Grund annimmt, kämen als Adressaten syr. Gemeinden in Betracht. Nach kirchlicher Überlieferung ist Jakobus, der Herrenbruder, der in Jerusalem lebte und 62 nChr eines gewaltsamen Todes starb, der Verfasser. Der Schreiber selbst nennt sich nur „Knecht Gottes und des Herrn Jesus Christus" 1,1, wobei der Begriff „Knecht" nach semitischer Tradition eine besondere Bedeutung hat und das Nebeneinander von Gott und erhöhtem Herrn an Ps 2,2; 110,1 erinnert. Das Wort des Verfassers stützt sich auf keine andere Autorität als auf das Knechtsein des Jakobus.

2) Daß der Brief alte palästinische Spruchweisheit, vor allem auch Jesusüberlieferung, weitergibt, in sehr lebendiger Naherwartung steht und an die Erwählung der Armen erinnert, macht seine Eigenart aus. Er paßt daher weder in ein nichtchristliches Judentum noch in eine christl. Spätzeit, wie man schon vermutet hat. Allerdings darf sein gutes hellenistisches Gewand nicht irremachen. Jüdisch ist das Stichwortverfahren, das die einzelnen Sätze unter einem bestimmten Begriff aneinanderreiht; AT-lich und jüd. sind auch die Motive seines Glaubens, aus denen er lebt. Griechisch sind dagegen Worte und Bilder sowie der Anschluß an die LXX. Der Brief nahm wohl die Diktion eines griech. Gehilfen an. Schwierig ist die Bestimmung der Abfassungszeit. Entweder denkt man an die christl. Frühzeit, ehe die Theologie des Paulus zur vollen Ausreifung kam, oder an die letzten Jahre vor dem Ende des Jakobus. Die Frömmigkeit des Jakobus paßt gut in die alte Zeit. Es geht ihr ausschließlich um die Ausführung des Willens Gottes. Dies Anliegen wird sogar mit Leidenschaftlichkeit vertreten. Die Autorität des Gebotes Gottes wird besonders hervorgehoben; doch ist diese Betonung keineswegs gesetzlich zu nennen. Zum Wesen der Spruchweisheit gehört, daß sie ihr theol. Denken verbirgt; doch spricht dies Verhülltsein für ein gutes prophetisches Erbe.

3) An einer Stelle lüftet sich der Schleier: bekannt ist seine Rechtfertigungslehre und sein Drängen auf die Notwendigkeit der Werke 2,14-26. Der Kampf gegen die fromme Illusion ist altbiblisch und prägt auch diese Sätze. Der Glaube ohne Werke ist nach Jakobus tot 2,17. 20.26. Der lebendige Zusammenhang im Verhältnis beider zueinander ist dann zerrissen 2,22. Der verdorbene Glaube scheint gnostischer Art zu sein; er ist verwandt mit der falschen Weisheit, die dem Werk Gottes entgegengesetzt ist 3,13-18. Beide Male berührt der Brief das Wesen des „Dämonischen" 2,19; 3,15. Das Verhältnis von Jak 2,14-26 zu Paulus ist schwer zu bestimmen, weil die Sätze des Jakobus von anderen Begriffen und Schlüssen ausgehen. Der Glaube ist ihm eine Art Wissen, Erkennen; das ergänzende Werk dagegen der Vollzug der Barmherzigkeit, der schlichte Gehorsam; die Rechtfertigung das abschließende Urteil Gottes über den Menschen. Der theol. Akzent liegt dann ganz auf der Erwählung und Berufung, von denen aus der Mensch die Richtung seines Weges empfängt. Entscheidend ist daher die Zeugung aus dem Wort der Wahrheit 1,18. Jakobus ist nicht untheologisch. Sicherlich will Jakobus polemisieren; aber sein Gegner ist nicht Paulus, sondern ein Christentum, das sich der Kraft des Liebesgebotes entzieht. Paulus und Jakobus gehen beide von rabbinischen Voraussetzungen aus, stehen aber begrifflich in verschiedener Entwicklung.

4) Entscheidend ist das Verhältnis des Briefes zum Judentum. Der Brief zitiert älteres Spruchgut, deutet es aber letztlich von Jesus Christus her, dessen Name an zwei wichtigen Stellen ausdrücklich genannt wird 1,1; 2,1. Er wählt zudem aus und übernimmt nicht wahllos. Überdies wirkt die urchristliche Verkündigung an manchen Punkten nach: Das Bekenntnis zur Zeugung aus dem Wort ist nicht allgemein jüd., sondern spezifisch urchristlich 1,18. Ihm entspricht der Hinweis auf den guten Namen, der in der Taufe über den Lesern ausgesprochen ist 2,7. Das „Gesetz der Freiheit" ist der im Liebesgebot gipfelnde gerechte und radikale Maßstab Gottes im zukünftigen Gericht 1,25; 2,12. Die Erwählung der Armen durch Gott läßt ihre Mißachtung in der synagogalen Versammlung nicht zu 2,1-5. Das Schwurverbot wird in einer Form wiedergegeben, die dem ursprünglichen Jesuswort nahesteht 5,12; Mt 5,34-36. An allen diesen Punkten wirkt uraltes Gut nach. Der Nachweis, daß hier Verhältnisse der nachapostolischen Zeit vorausgesetzt werden, wird nicht gelingen. Eher könnte man daran denken, daß kleine synagogale Gemeinschaften vorausgesetzt werden, die sich ihrer Umwelt gegenüber sehr zu behaupten haben. Der Vergleich mit Qumran liegt daher nicht fern. Die Frömmigkeit des Jakobus kennt die Wichtigkeit des Gesetzes, ist aber keineswegs vorchristlich. Sie weiß, daß das Christentum verwandeltes Judentum ist. Die Kritik Luthers an diesem Brief wird ihm nicht gerecht.

5) In der Gegenwart müssen zwei Konzeptionen, die wissenschaftliche Bedeutung haben, überdacht werden: *a)* Auf A. Meyer, Das Rätsel des J.es (1930), geht der Versuch zurück, hinter dem christl. Brief ein jüdisch-hellenistisches Pseudepigraphon zu suchen, das im Namen des Urvaters Jakob eine Allegorese an die Söhne und Verwandten im Stil der antiken Onomastik weitergegeben habe. Dieser jüdische Grundstoff aus der 1. Hälfte des 1. nachchristl. Jh. sei von nachapostolischer Bearbeitung (zw. 80 und 90 nChr) christianisiert worden, wobei der Name Jesu Christi an mehreren Stellen eingefügt wurde. Es ist also die Frage, ob die jüdisch-hellenistische Onomastik eine derartige Konzeption überhaupt tragen kann, was gegenwärtig mit Recht bestritten wird. *b)* Auf M. Gertner (Midrashim in the NT, Journal of Semitic Studies 7, 1962, 267-292) geht der interessante Versuch zurück, den Brief auf eine Midraschform (nach Hos 10,2; Ps 12,1-5) zurückzuführen. Allerdings sei die urspr. Midraschform in unserem Brief aufgegeben. Es bleibe aber die Beobachtung stehen, daß die Grundmotive des J.s aus der Thematik von Ps 12,1-5 entwickelt seien.

Lit.: Fr. Hauck im Zahnschen Kommentar 1926; H. Windisch - H. Preisker, Die kath. Briefe in Lietzmanns Handbch. [3]1951; M. Dibelius im Meyerschen Kommentar (mit Erg. von H. Greeven) [10]1959; F. W. Grosheide, De Brief aan de Hebreeen en de brief van Jakobus 1955; A. Schlatter, Der Brief des Jakobus [2]1956; Fr. Mussner, Der Jakobusbrief 1964; L. Simon, Une Ethique de la Sagesse 1961; J. Schneider, Die Briefe des Jakobus, Judas und Johannes (NTD) 1961; *Untersuchungen:* K. Aland, Der Herrenbruder Jakobus und der Jakobusbrief, ThLZ 69 (1944) 97-104; G. Kittel, Der geschichtliche Ort des Jakobusbriefes, ZNW 41 (1942) 71-105; Der Jakobusbrief und die apostolischen Väter, ZNW 43 (1950/51) 54-112; E. Lohse, Glaube und Werke — zur Theologie des Jakobusbriefes, ZNW 48 (1957) 1-22; M. Lackmann, Sola fide. Eine exegetische Studie über Jak. 2, BFchr. Th. 1949; A. Meyer, Das Rätsel des Jakobusbriefes 1930; M. Gertner, Midrashim in the New Testament, JSS 7 (1962) 267-292; G. Eichholz, Jakobus und Paulus, Theol. Ex. heute NF 39, 1953; Glaube und Werk bei Paulus und Jakobus, Theol. Ex. heute NF 88, 1961; H. Schammberger, Die Einheitlichkeit des Jakobusbriefes im antignostischen Kampf 1936; W. Schmithals, Paulus und Jakobus 1963; E. Stauffer, Zum Kalifat des Jakobus, ZRGg 4 (1952) 193-214. *Mi*

Jambres und Jannes wird in der spätjüd. → apokalyptischen Literatur ein ägyptisches Brüderpaar (Zauberer) genannt, das Mose widerstand 2Mose 7,11 ff. Als Begleiter Bileams sollen sie Israel in der Wüste zum Abfall bewegt haben. 2Tim 3,8 werden sie zum Urbild aller Irrlehrer. *Bo*

Jamnia → Jabne.

Jannai (Alexander J., wobei J. Abkürzung ist für Jonathan), Sohn von → Johannes Hyrkan, Nachfolger Aristobuls I.; er regierte von 103-76 vChr. In wechselvollen Kämpfen mit den Nachbarvölkern gelang es ihm, das jüd. Staatsgebiet beträchtlich auszuweiten: er gewann Nordgaliläa, die Küstenebene (ohne Askalon) bis Rhinokorura, Skythopolis, weite Gebiete des Ostjordanlandes (einige Städte der Dekapolis, die zT zerstört wurden) bis Rabbat Moab, Gebiete im Süden Judäas. Die Einwohner innerhalb der Grenzen des alten Israel wurden zwangsweise zum Judentum bekehrt. In der Innenpolitik verfeindete sich J. mit den Chasidäern (Pharisäern); es kam zu einem mehrjährigen Bürgerkrieg, den J. für sich entschied. Auf dem Sterbelager (unmäßige Lebensweise verkürzte sein Dasein) soll er seiner Frau, Salome Alexandra, empfohlen haben, sich mit den Pharisäern zu verbinden. *Bie*

Janoach *1)* 2Kö 15,29 ein durch Tiglat-Pileser III. eingenommener Ort östlich von Tyrus.

2) Janoha Jos 16,6 ein Ort 12 km südlich von Sichem. *Peu*

Japhet, wohl mittlerer der drei Noahsöhne 1Mose 10,1-5. Der Name wird aus der Segensverheißung 9,27 erklärt: „Gott mache ihm weiten Raum" (die Verknüpfung mit dem griech. Japetos, dem Vater des Prometheus, ist unsicher); mit Sem soll er sich in Kanaans Gebiet teilen. Dann könnte er mit den Philistern (und den ihnen nahestehenden Kretern, ägyptisch Kafti) gleichgesetzt werden. Die Völkertafel 1Mose 10 stellt unter J. vorwiegend indogermanische Völker zusammen, die sich in den kleinasiatischen Gebieten des einstigen Hethiterreiches ansiedelten. *Schw*

Japho → Joppe.

Jareb. Der Ausdruck „der König Jareb" steht par. zu Assur. Sicherlich entstammt diese Bezeichnung einer Verballhornung des akkadischen Ausdrucks „scharru rabbu" = Großkönig. Israelitische Ohren haben darin das Verbum „rib" = streiten gehört und aus J. einen Spottnamen gemacht, wie wir etwa vom „Streithengst" reden, Hos 5,13; 10,6. *Peu*

Jarmuth. *1)* Kanaanitische Königsstadt in der Niederung Judas Jos 10,3.5.23; 12,11; 15,35; Neh 11,29, heute chirbet jarmūq am wādi es-sanṭ. — *2)* Levitenstadt in Isaschar Jos 21,29, auch Remeth Jos 19,21 oder Ramoth 1Chr 6,58 genannt; Lage unbekannt. *Rü*

Jaser. Levitenstadt Gileads in Gad 4Mose 21, 32; 32,1.3.35; Jos 21,39; 1Chr 6,66, später moabitisch, daher in den Prophetensprüchen gegen Moab genannt Jes 16,8; Jer 48,32, von den Makkabäern den Ammonitern genommen 1Makk 5,8; Lage unbestimmt. *Rü*

Jason, ein bei den Juden wegen des Anklangs an Jesus oder Josua beliebter Name. — *1)* J., Sohn des Eleasar, war 161 vChr mit Eupolemus als Gesandter des Judas Makkabäus in Rom 1Makk 8,17-21; 12,16; 14,22. — *2)* J. von Kyrene 2Makk 2,23, Geschichtschreiber der Makkabäerkriege. — *3)* J., Hoherpriester, 174-171 vChr. Gegen ein hohes Geldangebot erwirkte er bei Antiochus IV. Epiphanes die Absetzung seines Bruders Onias III. vom Hohenpriesteramt und seine Einsetzung. Er führte während seiner Amtszeit griech. Gesetze und Lebensgewohnheiten ein und galt deshalb der gesetzestreuen Bevölkerung als „gottlos". J. wurde wiederum von → Menelaus verdrängt 2Makk 1,7; 4,7-24 und starb als Flüchtling in Sparta 2Makk 5,5-10. Vgl. Josephus, Altertümer XII, 5,1. — *4)* J., ein Thessalonicher, der Paulus und Silas aufnahm Apg 17,5-9. — *5)* J., ein jüd. Christ, der Röm 16,21 grüßt. *Pfei*

Jaspis → Edelsteine.

Jattir. Levitenstadt im Gebirge Juda Jos 15, 48; 21,14; 1Sam 30,27; 1Chr 6,42; heute chirbet ʿattīr, etwa 20 km südwestl. von Hebron. *Rü*

Jauchzen. Die Sprache des AT hat außer einem besonderen Wort mehrere Worte, die Luther mit J. übersetzt, ein Zeichen für die Äußerung bewegter Freude der ATlichen Gemeinde, bes. bei folgenden Anlässen: beim Segen in der Ernte Ps 65,14; Jes 16,10, im Krieg 1Sam 4,5.6; Ps 41,12, in der Siegesfreude Ri 15,14, der Huldigung für den menschlichen und göttlichen König 1Sam 10,24; Zeph 3,14; Sach 9,9, der Einholung der Bundeslade 2Sam 6,15, der Grundsteinlegung des neuen Tempels Esra 3,11-13, bei Erweisung der Herrlichkeit und Macht Gottes in Gnade und Gericht 5Mose 32,43; Ps 47,2; 81,2; 95,1f; Jes 65,14, wobei alles im Himmel, auf Erden und in der Natur mit einbezogen ist Hiob 28,7; Ps 100,1; 66,1; 89,13; 98,4; Jes 49,13; 14,7; 1Chr 16,33; Jer 51,48. Von Gottes J. ist die Rede Jes 42,13; Ps 47,6 in bildhafter Schilderung der sieghaften Kraft, mit der Gott seine Sache wider alle Feinde zum Ziel bringt. Weil es einen solchen Gott hat, kann sein Volk mit J. ihm dienen und ihn anbeten Jes 12,6; 35,10; Ps 100,1ff; 89,16. *Pfi*

Jawan. *1)* In der Völkertafel 1Mo 10,2-4; 1Chr 1,5-7 bezeichnet J. den Sohn des Japhet, den Stammvater von Elisa und Tarsis, von Kittitern und Dodanitern (besser mit LXX und 1Chr 1,7 Rodanitern), und meint wohl die jonische Bevölkerung, die die kleinasiatische Küste und die vorgelagerten Inseln beherrschte — für die alte Welt die Westgrenze menschlicher Kultur. Vgl. dazu Jes 66,19 u. Hes 27,13 (V. 19 nicht in LXX), wo das ferne J. wegen seines Sklavenhandels mit Tyrus erwähnt wird.

2) Im späteren prophetischen Schrifttum bedeutet J. vor allem Griechenland, das 1Mose 10,5 wohl unter die „Meeresländer" zu rechnen wäre; sowohl Dan 8,21; 10,20; 11,2 als auch Sach 9,13 ist die Zeit Alexanders d. Gr. vorausgesetzt, vgl. auch die Bezeichnung der Griechen als J. Joel 4,6 etwa im 5./4. Jh. *Da*

Jebus, Jebusiter. Die J., ein kanaanäischer Stamm 1Mose 10,16, waren auf dem Gebirge Juda 4Mose 13,29; Jos 11,3 in und um Jerusalem ansässig, das vor der Eroberung durch David eine Zeitlang Jebus hieß Ri 19,10f; 2Sam 5,6, wiewohl der Name Jerusalem älter ist. Die J. hatten jedoch nur den südlichen Teil des Osthügels Jerusalems zw. dem Stadttal (später Käsemachertal), dem Hinnom- und dem Kidrontal, die sog. „Jebusiterstadt", die spätere „Stadt Davids", besiedelt. Auch nach der Einnahme Jerusalems durch David blieben die J. in der Stadt wohnen 2Sam 24,18ff und wurden zu Hörigen gemacht 1Kö 9,20. Noch heute sind Mauerreste der jebusitischen Befestigung erhalten → Jerusalem. *Me*

Jechonja → Jojachin.
Jeddi → Iddo.

Jedidja 2Sam 12,25. Diesen Beinamen (= Geliebter des Herrn) erhielt Salomo durch seinen Erzieher Nathan, um damit zu zeigen, daß Davids Ehebruch mit Bathseba durch den Tod des ersten Kindes der beiden gesühnt und vergeben sei und Gottes Wahl unter den Söhnen Davids auf Salomo fiel. *Peu*

Jeduthun (hebr. selten Jedithun) verkörpert als

Einzelperson eine ähnliche Verbindung göttlicher Geistesgaben wie → Ethan und Heman: Er ist Dichter Ps 39,1; 62,1, Sänger Ps 77,1 und Seher 2Chr 35,15. Bevor er in der jüngsten Überlieferung durch Ethan ersetzt worden ist, gilt er als einer der levitischen Sänger Davids 1Chr 16, 41 f (in Gibeon). Unter seinem Namen werden mehrere der nachexilischen, aber auf David zurückgeführten Sängergruppen zusammengefaßt 1Chr 25,1 ff. *Fo*

Jegar-Sahadutha („Hügel des Zeugnisses") nennt Laban 1Mose 31,47 aramäisch den Steinhaufen, der zum Gedächtnis seines Vertrags mit → Jakob in Gilead (Gal-ed) errichtet wird. *Schw*

Jehovah → Jahwe.

Jehu

1) Sohn des Hanani, ein Prophet, der mit einem Schelt- und Drohwort dem König Baësa von Israel entgegentrat 1Kö 16,1 ff und Josaphat von Juda tadelte 2Chr 19,2 f.

2) König von Israel 845/44-818/17, Gründer der am längsten im Nordreich regierenden Dynastie der Nimschiden, war unter Ahabs Gefolge Zeuge eines durch Elia gegen den König geschleuderten Drohwortes 2Kö 9,25 f. J., sicherlich ohne sein Wissen durch einen Gottesspruch an Elia zum König designiert 1Kö 19,16, wurde als General im isr. Feldlager in Ramoth in Gilead durch einen Jünger des Elisa zum König gesalbt und entfachte die blutigste aller Revolutionen im Nordreich 2Kö 9 f. Durch Überraschungstaktik gelang ihm die Besetzung der zweiten Residenz Jesreel, nachdem er die ihm entgegenkommenden, nichts ahnenden Könige Joram von Israel und Ahasja von Juda töten und tödlich verwunden konnte. Die Königinmutter Isebel, die ihn mit stolzer Verachtung grüßte, ließ er vom Erscheinungserker des Burgturms herabstürzen. Die durch mehrdeutige Briefe verängsteten Oberen der Königsstadt Samaria schickten ihm die Köpfe der 70 königlichen Prinzen. Nach Beseitigung der Parteigänger der Omriden in Jesreel zog er in Begleitung des an altisraelitischer Frömmigkeit festhaltenden Jonadab ben Rechab nach Samaria. Unterwegs fielen judäische Prinzen in seine Hände. In Samaria gelang ihm nach Beseitigung aller Omriden, während eines Baalsgottesdienstes die Baalsdiener, die von seinem Eifer für den Gott Israels nichts wußten, heimtückisch auszurotten.

J. führte eine unglückliche Außenpolitik, da er durch sein Vorgehen die Verbindung mit Juda und Tyrus zerrissen hatte. Er zahlte Tribut an Salmanassar III. von Assyrien; später entrissen ihm die Aramäer nach dem Nachlassen des assyrischen Druckes auf Syrien das Ostjordanland 2Kö 10,32 f. J.s Vorgehen wird in der Überlieferung verschieden beurteilt: Während in der Notiz 10,31 nur J.s Festhalten an den Heiligtümern des Nordreichs getadelt und 2Chr 22,7 sein göttlicher Auftrag zur Vernichtung der Omriden betont wird, spricht der Prophet Hosea 1,4 von der auf dem Hause J.s lastenden Blutschuld von Jesreel. *Peu*

Jenseits → Leben nach dem Tod.

Jephthah. Einer der sog. „Großen Richter" Israels Ri 11,1-12,7; auch 1Sam 12,11; Hebr 11,32. Aus Gilead stammend, übt er sechs Jahre das Richteramt über Israel nach seinem glückhaften Befreiungskrieg gegen die seit 18 Jahren sein Volk bedrängenden Ammoniter aus. (Vermutlich hat ein anderer Bericht von einem Kampf gegen die Moabiter erzählt Ri 11,15-27, wobei auch Kemosch, der Moabitergott, genannt wird.) Seiner Berufung zum Heerführer geht die Vertreibung des unrechtmäßig Geborenen aus der Heimat und sein Freibeuterleben als Bandenführer im Lande Tob voraus 11,2 f. Die vor dem Kampf berichteten Verhandlungen mit den Ammonitern, in denen die Wirrungen in der Zeit der Landnahme nachklingen, zeigen J. als den seiner gerechten Sache gewissen Mann, der die Entscheidung gläubig in die Hand des Herrn legt 11,27 und durch Jahwes Geist zum Sachwalter seiner Sache legitimiert wird 11,29. In den Bericht über seinen kühnen Feldzug im Anschluß an die an seinem Wohnsitz beim Heiligtum zu Mizpa gehaltene Heerschau ist die in ihrer menschlichen Tragik ergreifende Episode von J.s Gelübde eingeflochten, die einmal als Kulterzählung bei einem viertägigen Fest der Töchter Israels ihren ursprünglichen Ort an einem ostjordanischen Heiligtum gehabt haben mag 11, 30-40. Entgegen der schon von Luther scharf bestrittenen Deutung, das „Opfer" der einzigen Tochter sei ihre Bestimmung zu lebenslänglicher Jungfrauschaft gewesen, lebt hier wohl die geschichtliche Erinnerung an echtes Menschenopfer fort, das in Kriegsnot auch im benachbarten Moab bezeugt ist 2Kö 3,27, das in Israel zwar verpönt 3Mose 18,21 u. a. war, aber in jenen kriegerischen Zeiten durchaus denkbar ist. Der weitere Bericht über den Zusammenstoß zw. Gilead und Ephraim bezeugt u. a. die noch heut feststellbare Eigentümlichkeit der ephraimitischen Mundart in Palästina Ri 12,1-6; → Schibboleth. *Schw*

Jeremia.

1) Der Prophet. 2) Seine Wirksamkeit. 3) Sein Buch. 4) Seine Botschaft.

1) J. (aus Jerimjahu = Jahwe erhöht) stammt aus einem Priestergeschlecht Jerusalems, das seinen Sitz im nahegelegenen Anathoth hatte 1,1. Im Jahre 627/26 vChr wurde er zum Propheten berufen und hat sich dem nach anfängl. Sträuben gefügt 1,4-10. Sein Dienst als Prophet legte ihm schwerste Lasten auf. So hatte er auf Gottes Geheiß gleichnishaft auf Ehe und Kinder zu verzichten 16,1-4 und fiel seine Wirksamkeit nach der letzten glücklichen Zeit Judas (bis zum Tod des Königs Josia 609) in die Jahre des fortschreitenden inneren und äußeren Zerfalls bis zum völligen Ende des Staates. Bald nach dem Regierungsantritt Jojakims und dem Angriff des Propheten auf den Tempel 7,1-15 (vgl. K. 26) begannen die ersten Verfolgungen, die ihn zu bitteren Klagen und Anklagen gegen Gott veranlaßten. Nach einer gewissen Besserung und Anerkennung in den ersten Regierungsjahren des (nach der ersten Deportation 597 von den Babyloniern eingesetzten) Zedekia verschärfte sich der Kampf gegen J. wieder und erreichte während des letzten Angriffs der Babylonier auf Juda und Jerusalem seinen Höhepunkt. Mehrfach entging J. knapp dem Tode; nach der Eroberung Jerusalems 586 wurde er zwar von den Babyloniern ehrenvoll behandelt, aber von den Judäern, die nach dem kurzlebigen Versuch eines Neuaufbaus in Palästina wegen der von Fanatikern angezettelten Ermordung des Kommissars Gedalja nach Ägypten flohen, mit dorthin verschleppt. In Ägypten ist er auch verschollen — nach der späteren Legende von seinen Landsleuten gesteinigt —, nachdem er noch erleben mußte, daß dieselbe Sünde, die er in jungen Jahren schelten mußte 7,16-20, nach wie vor lebendig war K. 44. An äußeren Maßstäben gemessen, war sein Wirken genauso erfolglos wie das seiner großen Vorgänger Amos, Hosea und Jesaja.

2) Die *Wirksamkeit* J.s erfolgte in vier Zeitabschnitten. Der *erste* reicht von der Berufung bis einige Zeit vor der Reform Josias 622 vChr; die aus ihm stammenden Worte sind in K. 1-6 überliefert. In diesen Jahren ist J. zunächst in seinem Heimatort mit der Verkündigung des drohenden Gerichts aufgetreten und dann nach Jerusalem gezogen, aber nur um festzustellen, daß die Verhältnisse dort noch schlimmer waren. Angesichts dessen und der Erfolglosigkeit seiner Verkündigung 5,1-3 sieht er seinen Auftrag als erfüllt an und legt ihn in die Hand Gottes zurück. Das vernichtende Schlußurteil 6,27-29 ist allein verständlich, wenn J. sich noch vor der Reform Josias enttäuscht zurückgezogen und nicht etwa, wie man schon meinte, aus Zustimmung zu ihren Zielen und anfänglichen Erfolgen geschwiegen hat. Der *zweite* Zeitabschnitt beginnt nach längerer Pause mit dem Regierungsantritt Jojakims 609/08 und dauert bis zur ersten Deportation 597; die aus ihm stammenden Worte sind in K. 7-20; 22; 25,1-14 überliefert. Erbitterte Gegner des J. sind der brutale und gewissenlose König und die durch seine Stellungnahme gegen den Tempel und Gottesdienst verärgerten Priester. Nachdem er einem Lynchversuch mühsam entrissen worden ist K. 26, wird er durch Spitzel, hinterhältige Anschläge und Mordversuche bedroht 11,19; 12,6; 18,18; 20,10, schließlich gegeißelt, in den Block gelegt 20,2 und vom Tempelbesuch ausgeschlossen 36,5. Aus dieser Zeit der Verfolgung rühren seine erschütternden Klagen her (vgl. 3 b). Als um 605 die Weltherrschaft auf die Babylonier übergeht, läßt J. seine bisherigen Worte durch Baruch aufschreiben und verlesen K. 36. Auf Volk und Hofbeamte machen sie ungeheuren Eindruck, der König aber vernichtet die Rolle; um der Verhaftung zu entgehen, muß J. sich lange verborgen halten. Der *dritte* Zeitabschnitt reicht vom Regierungsantritt Zedekias 597 bis zum Untergang Jerusalems 586; auf ihn bezieht sich der größte Teil der Erzählung Baruchs über die Verfolgungen und Leiden J.s. Obwohl der König auf ihn hören möchte, kann er sich gegenüber seinem Hof und anderen Kräften nicht durchsetzen. Daher wird J.s Rat, sich Babylonien nach Gottes Willen weiterhin zu unterwerfen, nicht befolgt; das Ergebnis ist der Untergang Jerusalems. Der *vierte* Abschnitt, über den gleichfalls Baruch berichtet, umfaßt die Zeit des versuchten Neuaufbaus in Palästina, der Flucht nach Ägypten und des dortigen Aufenthalts.

3) Das *Buch* J. ist vor allem aus drei Quellen entstanden: *a)* J. hat 604 vChr den Baruch seine bis dahin verkündeten Worte aufschreiben lassen, nach der Vernichtung dieser Rolle nochmals in der gleichen Form, zu der erst in späterer Zeit noch „viele Worte gleicher Art hinzugefügt wurden" (36,32). Die Rolle kann nicht allzu umfangreich gewesen sein, da sie an einem Tage dreimal verlesen worden ist K. 36. Immerhin dürfte sie den wesentlichen Teil der Worte J.s in den jetzigen K.n 2-9 und 11 sowie einige in den K.n 13-14; 18; 25 und 46 überlieferte Sprüche umfaßt haben. Anscheinend sind inhaltlich ähnliche Worte in ihr nach Art von Sammlungen aneinandergereiht worden: in K. 2 besonders Worte, die auf das ungetrübte Vertrauensverhältnis zw. Gott und Israel in der Wüstenzeit zurückblicken und ihm den nunmehrigen Abfall gegenüberstellen; in K. 4-6 bes. Worte, die den Einbruch eines vorerst ungenannten und unbekannten Feindes aus dem Norden als Vollstrecker des Gerichts ankündigen, den J. später auf die Babylonier gedeutet hat; in 7,1-23 Worte über Tempel und Kultus. — *b)* Andere Worte J.s, bes. aus der Zeit nach Entstehen der Urrolle, sind als einzelne *Sammlungen* überliefert: 21,1-23,8 über die Könige Judas (später erweitert), 23,9-40 über Propheten (ebenfalls erweitert); ferner der Grundstock von K. 30 f Heilsworte für Israel, 32 f für Palästina und 25,15-38; K. 46-51 Fremdvölkersprüche; endlich die jetzt verstreuten Klagen J.s 11,18-23; 12,1-6; 15,10; 17,14-18; 18,18-23; 20,7-13 und sachlich an letzter Stelle 15,15 bis 20. — *c) Baruch* hat die Erzählung über die schließliche Verwirklichung der Drohungen J.s verfaßt und in ihnen auch über den Inhalt sonstiger Worte berichtet, die J. verkündigt hat. Diese Erzählung ist in das Buch J. aufgenommen worden, → Baruch. — Schließlich sind außer dem geschichtlichen Anhang K. 52 (fast = 2Kö 24,18-25,30) in späterer Zeit an zahlreichen Stellen kleinere oder größere Zusätze eingefügt worden, überwiegend Worte von unbekannten jüngeren Propheten. Nachträglich sind im hebr. Text im Unterschied zu LXX die Fremdvölkersprüche von ihrer Einleitung 25,15ff getrennt und an ihren jetzigen Platz K.46-51 umgestellt worden.

4) Die *Botschaft* des um und durch sein Volk leidenden J. ist von der Erkenntnis der *Liebe* Gottes getragen, die zwar enttäuscht und verschmäht werden kann und dann zur zürnenden und strafenden Liebe wird, aber es sich doch gern „gereuen" läßt und sich als erlösende Gnade durchsetzt. Um so schlimmer ist die *Sünde* Israels: sein Abfall zu fremden Göttern 1,16; 7,17f; 44,7ff oder die Verehrung seines Gottes in kanaanäischer Art K.2f; sein Vertrauen auf die Bündnisse mit anderen Staaten 2,18 und die Uneinnehmbarkeit Jerusalems 21,13; 22,23; die Verachtung der sittlichen Gebote Gottes in Lüge und Verleumdung 6,28; 9,2.3f, Unrecht und Untreue 5,1f, Unsittlichkeit 5,7f; 9,1; 23,10.14, Gewinnsucht 6,13; 22,17, selbst mittels Bedrückung und Gewalt 7,6; 9,5; 22,3, und Unterdrückung des Rechts 7,5; 22,3. Es ist ein Irrtum zu glauben, daß man sich solcher Sünden im Tempel entledigen könne, der dadurch umgekehrt zur Räuberhöhle wird 7,10f, oder daß man sie durch gottesdienstlichen Eifer wettmachen könne, weil Gott überhaupt keine gottesdienstlichen Leistungen verlangt hat 6,20; 7,21-23; 14,12. Und es ist falsch, sich durch das Geschrei der nationalen Heilspropheten in Sicherheit wiegen zu lassen 6,14; 14,13; 23,17; K.27f. Daher muß Gott in enttäuschter Liebe seinem Zorn freien Lauf lassen 4,8; 15,5-9. Freilich ist dem Menschen damit der Weg zur *Umkehr* noch nicht versperrt. Gott ist bereit, sich das geplante Unheil gereuen zu lassen 18,7f; 42,10, wenn er Reue und Buße vorfindet 3,21-25; 36,3.7, obwohl es vom bloßen Rechtsstandpunkt aus unmöglich scheinen muß 3,1. Aber J. muß immer wieder feststellen, daß auf solche Umkehr nicht zu hoffen ist; das ist das erschütternde Ergebnis einer 23jährigen Wirksamkeit 25,1-14! Die Sünde ist eben zu tief eingegraben 17,1 und vom Menschen unabtrennbar geworden 13,23. Daher ist das Straf*gericht* unabwendbar 15,1f, das Gott selbst herbeiführt 15,6ff; 16,16f; 21,4ff und durch den Feind aus dem Norden, in dem J. später die Babylonier erblickt, vollstrecken läßt. Es ereilt auch andere Völker, sofern sie den gleichen Fehler wie Juda begehen und sich dem Willen Gottes widersetzen. Aber die erlösende göttliche Liebe ermöglicht *nach* der Katastrophe und durch das Gericht hindurch ein neues Heil — demnach zuerst für das schon längst untergegangene isr. Nordreich 3,12f; K.30f, dann für die in der ersten Deportation weggeführten Judäer 24,5-7; 29,12-14, zuletzt für den Rest Judas 32,1-15. Damit führt J. den zuerst von Hosea vertretenen *Erlösungsglauben* weiter, am eindrücklichsten im Wort vom neuen Bund 31,31-34. Der Inhalt dieses Bundes ist derselbe wie beim Mosebund: das Tun des göttlichen Willens im ganzen täglichen Leben. Neu aber ist, daß Gott die Sünde vergeben und seinen Willen ins Menschenherz schreiben wird, so daß er zum Dasein und Wesen des Menschen gehört und nicht aus unfreiem Gehorsam, sondern aus innerem Antrieb und wie von selbst erfüllt wird.

Lit.: I. P. Seierstad, Die Offenbarungserlebnisse der Propheten Amos, Jesaja und Jeremia², Oslo 1965. J. Kroeker, Jeremia², Gießen-Basel 1958. A. Weiser, Das Buch des Propheten Jeremia, ATD 20⁴-21³, Göttingen 1960. E. Sellin - G. Fohrer, Einleitung in das AT¹⁰, Heidelberg 1965, § 59.

Fo

Jericho, eine Quelloase inmitten der Jordanwüste (al ghor), liegt 250 m unter dem Meeresspiegel. Das ATliche J. lag auf dem heutigen tell es-sultan, 2,5 km nordwestlich des Dorfs ericha (14 km nordwestlich der Jordanmündung), das den alten Namen trägt. Die Bezeichnung Palmenstadt 5Mose 34,3 weist auf den auch von Plinius bezeugten einstigen Palmenreichtum der Stadt. J., nach Jos 6 von Josua zerstört und erobert, gehörte zum Gebiet des Stammes Benjamin, wurde von den Moabitern vorübergehend besetzt und tributpflichtig gemacht Ri 3,13ff, im 8.Jh. von Hiel aufgebaut und befestigt 1Kö 16,34, war Sitz einer Prophetengemeinschaft 2Kö 2,5. Bei J. wurde der flüchtige → Zedekia gefangen 2Kö 25,5. — Aristobul siegte bei J. über → Hyrkanus II. Unter dem Statthalter Gabinius wurde J. 57 vChr Bezirkshauptstadt. Das NTliche J. lag 1,5 km westlich von ericha beiderseits des wadi el kelt, wo sich → Herodes eine Sommerresidenz baute. Jesus kam auf seiner letzten Reise nach J., wo er einen Blinden heilte Mk 10,46ff par. und dem Oberzöllner Zachäus begegnete Lk 19,1ff. 68 nChr wurde J. von Vespasian erobert, später von den Persern oder Arabern zerstört. Zahlreiche *Ausgrabungen* (1907-1909 durch Sellin und Watzinger, 1929 bis 1936 durch Garstang, seit 1951 durch Kathleen Kenyon) ergaben, daß J. bereits in der frühkeramischen Epoche der jüngeren Steinzeit, aus der allein 19 Schichten stammen, besiedelt und in der frühesten Phase (7., vielleicht sogar 8.Jt.) mit starken Mauern und einem 10 m hohen, runden Turm befestigt war. Aus dieser Zeit fand man u.a. 7 mit Ton ausmodellierte Totenschädel, die wohl kultischen Zwecken dienten (Abb. → Tafel 17). In der Frühen Bronzezeit (3.Jt.) war J. von einer Lehmziegelmauer, die mehrfach zerstört und repariert wurde, in der Hyksoszeit (16.Jh.) von einer Böschungsmauer umgeben. Zahlreiche Gräber aus der frühen und mittleren Bronzezeit mit reichen Beigaben (Holzmöbel, Schmuck, Gebrauchsgegenstände, Reste von Kleidung und Nahrung) vermitteln ein anschauliches Bild vom Alltagsleben jener Zeit. Watzinger glaubte, in einer doppelten Ziegelmauer, die er ins 15. Jh. datierte, die Überreste der von Josua zerstörten Mauer gefunden zu haben. K. Kenyon wies jedoch nach, daß es sich nicht um eine Doppelmauer, sondern um zwei verschiedene Mauern aus verschiedenen Phasen der Frühen Bronzezeit (Ende des 3.Jt.!) handelt und daß J. zwischen dem 15. und 12. Jh. nur spärlich besiedelt war. Eine Ummauerung aus der Zeit der Einwanderung der Israeliten konnte nicht nachgewiesen werden. — Aus dem 10. und 9. Jh. hat sich ein massiv erbauter Getreidespeicher erhalten. — J. L. Kelso und J. B. Pritchard gruben 1950/51 auf den tulūl abu'l-'alā'iḳ am wadi el kelt eine Empfangshalle, ein Gymnasium und einen Terrassengarten der herodianischen Winterresidenz aus. Abb. → Tafel 15, 16, 17.

Lit.: K. Kenyon, Digging up Jericho, 1957. *Me*

Jerobeam.

1) Jerobeam I., Sohn des Nebat, aus Ephraim, König von Israel, 926/25-907/06. Er wurde 1Kö 11,26-40 als tüchtiger junger Mann von Salomo bei Bauarbeiten in Jerusalem entdeckt und zum „Staatskommissar für Zwangsarbeit" über das Haus Joseph, d. h. über die Bewohner des Gebirges Ephraim, ernannt. Infolge des die Rechte der Stämme immer mehr einschränkenden Zentralismus der Krone und der starken Steuer- und Lastenforderungen des Königs für seine Bauten und das anwachsende Hofpersonal erhob sich J. gegen seinen Herrn. Der Prophet Ahia von Silo designierte ihn zum Herrscher über die Zehnstämme Israels. Nach Mißlingen des Aufstands fand J. beim ägyptischen König Sisak (Schechonk) Zuflucht, wo er sich in der Gesellschaft anderer Gegner Salomos aufhielt 11,14 ff.

Nach dem Tod Salomos und dem Sturz Rehabeams in Sichem wurde J. durch die Zehnstämme zum König von Israel erhoben 12,20 bis 14,19 und residierte in Sichem, im ostjordanischen Pnuel und später in Thirza. Er mußte den Raubzug seines einstigen Gönners Sisak, der nach eigenen Nachrichten neben Juda 14,25 ff auch Israel heimsuchte, über sich ergehen lassen. Die Auseinandersetzungen zw. Israel und Juda kamen während der Regierungszeit J.s nicht zum Stillstand 14,30; 15,7; ein Sieg des Südreichs wird 2Chr 13,1 ff mit übertriebenen Zahlen gefeiert. Um die Bewohner Israels vom Tempel fernzuhalten, errichtete J. in Dan und Bethel Reichsheiligtümer mit Stierbildern, auf denen Gott unsichtbar stehend gedacht war. Er bestellte Leute nichtpriesterlicher Herkunft zu Priestern, während Angehörige der alten Priesterschaften nach Juda abwanderten 2Chr 11,13. Wegen seiner kultischen Neuerungen wandten sich Propheten, u. a. auch Ahia von Silo, gegen ihn. Eine Dynastiegründung ist J. nicht gelungen, da sein Sohn nach kurzer Regierungszeit beseitigt wurde 1Kö 15,25 ff.

2) Jerobeam II., Urenkel Jehus, 787/86 bis 747/46. Unter seiner Herrschaft 2Kö 14,23-29 erreichte das Nordreich seine letzte Glanzzeit, da Assyrien mit dem nördlichen Reich Urartu beschäftigt und die Macht des Aramäerstaates Damaskus seit 800 gebrochen war. J. konnte das Staatsgebiet Israels in der Größe der davidisch-salomonischen Zeit wieder herstellen: von Hamath bis zum Steppenmeer (=Totes Meer). Aus seiner Zeit stammen die in der Hauptstadt Samaria gefundenen Verwaltungs- und Wirtschaftsurkunden (Ostraka). Mit dem Aufblühen besonders des städtischen Handels und der Wirtschaft wuchsen die sozialen Gegensätze, und das kanaanäische Religionswesen absorbierte weithin die Religion Altisraels, so daß die Propheten Amos und Hosea mit aller Schärfe die vorhandenen Mißstände verurteilten. Bald nach dem Tode J.s folgte der Sturz der Dynastie. *Peu*

Jerubbaal, Jerubbescheth → Gideon.

Jerusalem.

I) Lage. II) Zeit des AT. 1) Vor der Landnahme. 2) Frühe Königszeit (David, Salomo). 3) Von der Staatentrennung bis zum Exil (925 bis 587). 4) Ausgrabungen auf dem Südosthügel. 5) Persische Zeit (6.-3. Jh.). 6) Territorialgeschichtliche Fragen. 7) Theologische Bedeutung J.s im AT. III) Die Zeit zwischen den Testamenten (3.-1. Jh. vChr). IV) Zeit des NT. 1) Das herodianische J. 2) Territorialgeschichtliche und topographische Fragen. 3) Der erste und zweite jüdische Aufstand (66-130 nChr). 4) Bedeutung J.s im NT. V) Überblick bis zur Gegenwart. 1) Byzantinische Zeit. 2) Arabische Zeit (637-1099). 3) Kreuzfahrerzeit (1099-1187). 4) Türkenzeit (1516-1918). 5) Das heutige J.

I) Lage. J. liegt auf der Höhe des judäischen Gebirges, 25 km westlich der Nordspitze des Toten Meeres. Unmittelbar nördlich von J. wird die von Ephraim nach Juda führende Nord-Süd-Straße von der vom Toten Meer zum Mittelmeer verlaufenden Ost-West-Straße gekreuzt. Das Stadtgebiet des alten J. liegt zw. 650 und 790 m hoch und ist auf allen Seiten von Bergen überragt, vgl. Ps 121,1; 125,2; im Norden vom Skopusberg (ras el-mescharif) 820 m hoch, im Osten vom Ölbergmassiv (dschebel et-tur) 815 m, das nach Süden zu in den Berg des Ärgernisses übergeht, im Süden vom Berg des bösen Rates (ras el-mekkaber) 800 m.

Die Wasserscheide des judäischen Gebirges, etwa 820 m hoch, umgibt J. im Westen bogenförmig. Das Gebiet des alten J., nur ein Bruchteil der heutigen Stadt, wird im Osten durch das tief eingeschnittene → Kidrontal (wadi sitti marjam), im Westen und Süden durch das Hinnomtal (wadi er-rababe) begrenzt. Das Stadttal (el-wad, bei Josephus Tyropointal, Käsemachertal genannt) teilt das Gebiet zw. Hinnom- und Kidrontal in einen größeren westlichen und einen östlichen Bezirk. Das Stadttal, jetzt durch Trümmerschutt stark aufgefüllt, lag früher im Durchschnitt 20 m tiefer als heute. Es verläuft vom heutigen Damaskustor nach Südsüdwesten und mündet südlich des birket el-ḥamra in das Kidrontal. Der zw. Hinnom- und Stadttal gelegene Teil wird durch das von Simons so genannte „Quertal" in einen Südwest- und einen Nordwesthügel geteilt. Das Quertal, früher ebenfalls etwa 20 m unter dem heutigen Niveau gelegen, verläuft vom Jaffator nach Osten, bis es beim Kettentor auf das Stadttal stößt. Der Südwesthügel ist an seiner höchsten Stelle 770 m hoch. Seine Nord-Süd-Achse mißt etwa 800 m, seine West-Ost-Achse etwa

280 m. Der Nordwesthügel, an seiner höchsten Stelle, dem qasr dschalud („Burg Goliaths“), 790 m hoch, sinkt nach Osten zu langsam ab, steigt dann aber wieder zu einem 755 m hohen Vorhügel, von der Tradition als Golgatha bezeichnet, an. Ein Einschnitt südlich der Haram-Fläche (ehemaliger Tempelbezirk), der früher weit tiefer war als heute, teilt das Gebiet zw. Stadt- und Kidrontal in einen Nordost- und einen Südosthügel. Der Nordosthügel umfaßt den ehemaligen Tempelberg, etwa 750 m, und nördlich davon den bei Josephus erwähnten, höher als der Tempelberg liegenden Stadtteil bezetha. Der Südosthügel, ein schmaler Sporn zw. Stadt- und Kidrontal, etwa 100 m breit und 500 m lang, sinkt von Norden nach Süden von 700 auf 650 m ab. Hier lag einst die Davidsstadt (s. unter II, 2).

Östlich des Ölberges, unmittelbar im Anschluß an das Dorf Bethanien, dehnt sich die judäische Wüste zur Jordansenke und zum Toten Meer hin. Die Täler in und um J. sind Trockentäler. Nur im Kidrontal bildet sich in der Regenzeit gelegentlich ein kleines Rinnsal.

Die *Wasserversorgung* des alten J. geschah durch Teiche und Zisternen und durch zwei Quellen im Kidrontal, die Gihonquelle (heute ‘ain sitti marjam, Marienquelle) auf der Ostseite des Südosthügels und die Rogelquelle (heute bir eijub, Hiobsquelle) südlich des birket el-ḥamra. Daß J. genügend Niederschläge hat (52 Regentage, durchschnittlich 580 mm Regenmenge im Jahr), obwohl es östlich der Wasserscheide gelegen ist, dankt es der Tatsache, daß die Ölbergkette als Feuchtigkeitsverdichter wirkt. Infolge der hohen Lage und erfrischender Westwinde ist das Klima erträglich.

II) J. zur Zeit des AT. 1) Vor der Landnahme. Um 1800 vChr wird J. in den ägyptischen Ächtungstexten (Tongefäße, die, mit Namen von Feinden beschrieben, zum Zerbrechen bestimmt waren, um auf den Feind einen Zauber auszuüben) zum ersten Mal erwähnt. In den → Amarnabriefen (Korrespondenz der Pharaonen des 14.Jh. vChr mit palästinischen Vasallenkönigen) bittet um 1360 der Stadtkönig Abdi-Chipa von J. den Pharao Amenophis IV. um Hilfe gegen palästinische Stadtkönige, von denen er sich bedroht fühlt. In der Zeit vor der Einwanderung der Israeliten war J. im Besitz der Jebusiter und trug damals den Namen Jebus. In den alten Traditionen Israels spielt J. keine Rolle. Möglicherweise ist → Salem 1Mose 14,18 mit J. gleichzusetzen. Die Gleichsetzung des Landes Morija 1Mose 22,2 mit J. erfolgt erst spät 2Chr 3,1.

2) Frühe Königszeit (David, Salomo 1000 bis 925). In vorstaatlicher Zeit gelang es den Israeliten nicht, J. einzunehmen, so daß der jebusitische Stadtstaat J. als Fremdkörper auf der Grenze zw. Benjamin und Juda bestehen blieb Ri 1,21. Durch einen Handstreich auf die Gihonquelle gelang *David* die Eroberung J.s. J. kam dadurch zu geschichtlicher Bedeutung, daß David die auf neutralem Gebiet zw. Nord- und Südstaat gelegene Stadt zum politischen Mittelpunkt der beiden vereinigten Staaten und durch Überführung der Bundeslade nach J. auch zum kultischen Mittelpunkt Israels machte 2Sam 5, 6ff; 6. Die von den Jebusitern befestigte Stadt umfaßte nur den 3 ha großen, südlich der heutigen Haramfläche gelegenen Sporn zw. Kidron- und Stadttal. Auf diesen Hügel bezog sich ursprünglich die Bezeichnung „Zion“ 2Sam 5,7; 1Kö 8,1, die später auch auf den nördlich davon gelegenen Tempelberg überging. David erbaute auf dem Südosthügel eine Burg, erweiterte aber nicht das Gebiet der Jebusiterstadt, die er Davidsstadt nannte. David erwarb auf dem die Davidsstadt überragenden Nordosthügel ein Stück Land und errichtete dort einen Altar 2Sam 24,18 ff. Dieses Gelände bezog *Salomo* in das Stadtgebiet ein und erbaute dort (im Bereich der heutigen Aksa-Moschee) den Palast und nördlich davon, an der Stelle des heutigen Felsendomes, den Tempel 1Kö 5-7. Der Tempel- und Palastbezirk wird 1Kö 11,27 als → „Millo“ bezeichnet. Das Verbindungsstück zw. Millo und Davidsstadt ist der bei Josephus genannte → Ophel.

3) Von der Staatentrennung bis zum Exil, 925 bis 587. Nach der Staatentrennung 925 war J. Hauptstadt des Südstaates (Juda) und blieb weitgehend kultischer Mittelpunkt für Gesamtisrael. Zur Zeit Rehabeams wurde J. von Pharao Sisak geplündert und mußte Tribut zahlen 1Kö 14,25 ff. Im Kampf gegen → Amazja von Juda eroberte → Joas von Israel J., ließ die Stadt plündern und eine 200 m lange Bresche in die Nordmauer, wo J. am meisten gefährdet war, schlagen 2Kö 14,8 ff. → Ussia und → Jotham ließen die Befestigung der Stadt ausbauen 2Chr 26,9; 27,3. Im syrisch-ephraimitischen Krieg kam es nicht zu der befürchteten Belagerung J.s 2Kö 16,5 ff; Jes 7. 701 belagerten die Assyrer unter → Sanherib, dessen Vorherrschaft sich → Hiskia entziehen wollte, nach der Einnahme von 46 judäischen Städten J. Die Eroberung von J. wurde durch schwere Tributzahlung Hiskias und durch eine Katastrophe des assyrischen Heeres abgewendet 2Kö 18 f. Nach kurzer Belagerung durch → Nebukadnezar von Babylon mußte sich J. 597 ergeben. Oberschicht und Facharbeiter wurden nach Babylonien deportiert. Nach dem Abfall → Zedekias erstürmte Nebukadnezar 587 J. nach anderthalbjähriger Belagerung. Tempel, Palast, größere Gebäude und sämtliche Befestigungsanlagen wurden zerstört, die Stadtbevölkerung deportiert 2Kö 24,f.

4) Bei *Ausgrabungen auf dem Südosthügel* legte Weill 1913/14 im südlichen Drittel der Ostseite am oberen Hang Teile einer Stadtmauer frei. Im Norden fanden Macalister und Duncan 1923-1925 weitere Teile dieser Mauer sowie einen eckigen Turm und eine halbrunde Bastion. Die Mauern hielt man für jebusitisch, den Turm für davidisch. Neuere Grabungen (1961-1963)

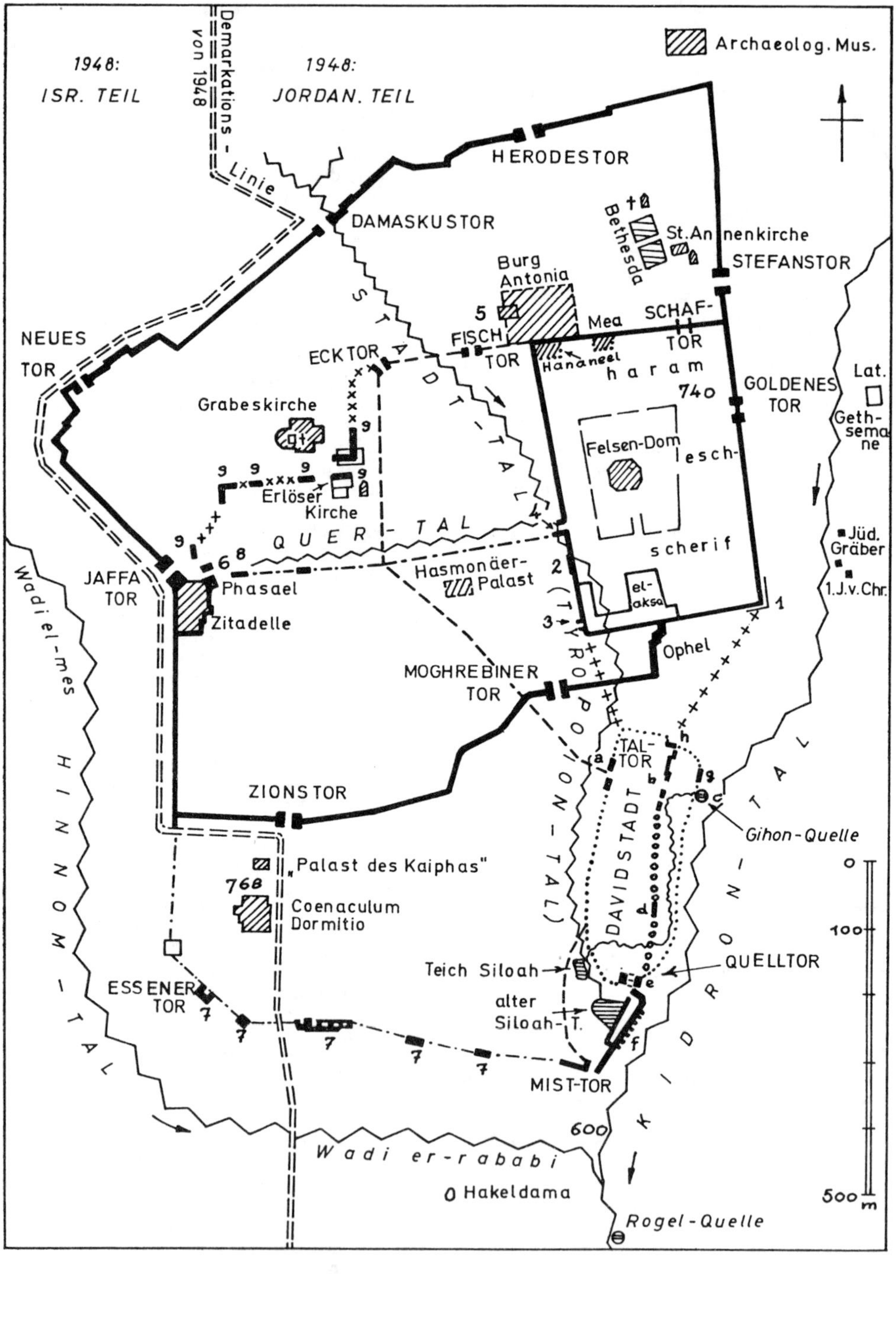

1948:
ISR. TEIL
Demarkations-Linie von 1948
1948:
JORDAN. TEIL
Archaeolog. Mus.
HERODESTOR
DAMASKUSTOR
St. Annenkirche
Bethesda
STEFANSTOR
Burg Antonia
NEUES TOR
STADT-TAL
5
FISCH TOR
Mea
SCHAF-TOR
Hananeel
ECKTOR
haram
GOLDENES TOR
740
Lat.
Gethsemane
Grabeskirche
Felsen-Dom
esch-
Erlöser Kirche
QUER-TAL
Jüd. Gräber
1. J. v. Chr.
JAFFA TOR
Hasmonäer-Palast
scherif
Phasael
Zitadelle
el-aksa
Wadi el-mes
Ophel
MOGHREBINER TOR
(TYROPOION-TAL)
TAL-TOR
HINNOM-TAL
ZIONSTOR
DAVIDSTADT
Gihon-Quelle
„Palast des Kaiphas"
768
Coenaculum Dormitio
Teich Siloah
QUELLTOR
ESSENER TOR
alter Siloah-T.
KIDRON-TAL
MIST-TOR
600
Wadi er-rababi
Hakeldama
Rogel-Quelle
0
100
500 m

Zeichenerklärung

....	*Jerusalem zZ Davids*
++++++	*Unter Salomo hinzugekommenes Gebiet (einschl. Tempelplatz)*
————	*Bis zum Exil hinzugekommenes Gebiet*
oooooooo	*Verlauf der Ostmauer der Davidsstadt zur Zeit Nehemias*
—·—·—·—	*Verlauf der 1. Mauer in römischer Zeit*
xxxxxxx	*Verlauf der 2. Mauer in römischer Zeit*
▬	*Überreste antiker Mauern*
▬▬▬	*Türkische Stadtmauer (Mauer der heutigen Altstadt)*
∧∧∧∧∧∧	*Verlauf der Täler*
====	*Verlauf der Demarkationslinie von 1948 zwischen Israel und Jordanien*

Ausgrabungen auf dem Südosthügel (Zeit des AT)

- *a* *Crowfoot 1927/28 Toranlage, hellenistisch, möglicherweise anstelle einer älteren Toranlage*
- *b* *Macalister-Duncan 1923-1925 Mauer, von den Ausgräbern für jebusitisch gehalten, eckiger Turm, von den Ausgräbern für davidisch gehalten. Zur Korrektur s. u. g!*
- *c* *Warren 1867-1870, Parker 1909-1911 Untersuchungen an der Gihonquelle*
- *d* *Weill 1913/14 Mauerteile, vom Ausgräber für jebusitisch gehalten (Korrektur s. u. g!), Grabanlage der Könige Judas, Massengrab aus dem Ende der Königszeit*
- *e* *Weill 1923/24 Mauerteile, Toranlage mit Turm, Stufen der Stadt Davids*
- *g* *Kenyon-de Vaux 1961-1963 Teil einer Mauer, die vom 18. Jh. vChr bis zum Exil in Gebrauch war. Terrassen für Gebäude am Osthang. Kleiner Kultraum außerhalb der Mauer. Diese Grabung ergab, daß die unter b und d genannten Mauern in die persische Zeit (Mauern Nehemias) und der unter b genannte Turm in hellenistische (makkabäische) Zeit gehören*
- *h* *Kenyon-de Vaux 1961/62 Teile einer Stadtmauer und einer Kasemattenmauer, wohl zur nördlichen Stadtmauer und zur Zitadelle des jebusitisch-davidischen Jerusalem gehörend*

Lage der Stadttore zur Zeit Nehemias

Schaftor (= Benjamintor) *Fischtor (= mittleres Tor = Ephraimstor)* *Jeschanator (= Ecktor)*	*Lage aus den biblischen Texten erschlossen, jedoch ohne archäologische Funde*
Taltor *Quelltor (= Brunnentor)* *Misttor (= Tor zwischen den beiden Mauern)*	*Kombination ATlicher Beschreibung mit archäologischen Funden*

Mauer- und Gebäudereste aus römischer Zeit

1 *Reste der Umfassungsmauer des herodianischen Tempels (Zinne des Tempels) Warren 1867-1870*
2 *„Klagemauer"*
3 *Robinsonbogen*
4 *Wilsonbogen Wilson 1867 und Warren 1867-1870*
5 *Fliesboden der Antonia im Kloster der Weißen Zionsschwestern. Ecce-homo-Bogen (zZ Hadrians)*
6 *Phasaelturm (herodianisch)*
7 *Überreste der ersten Mauer 1894-1897 Bliss-Dickie*
8 *Überreste der ersten Mauer (Nordteil)*
9 *Überreste der zweiten Mauer*

Gebäude aus biblischer Zeit (mutmaßliche Lage, zT ohne archäologische Funde) mit gestrichelter Umrandung: Antonia, Hananeel, Mea, Hasmonäer-Palast, Zitadelle
Überreste aus byzantinischer Zeit mit einem Kreuz: Grabeskirche, St. Annenkirche
Überreste aus der Kreuzfahrerzeit: St. Annenkirche, Muristan bei der Erlöserkirche
□ *Gebäude neuerer Zeit: Erlöserkirche, „Palast des Kaiphas", Dormitio, Archäologisches Museum*

⊣⊢ Tore der Türkenmauer

Jaffator — bab el-chalil	*Stephanstor — bab sitti marjam*
Neues Tor — bab ʿabdul hamid	*Goldenes Tor (vermauert) — bab ed-dahirije*
Damaskustor — bab el-ʿamud	*Moghrebinertor — bab el-mugharibeh*
Herodestor — bab es-saliri	*Zionstor — bab en-nebi daud*

Die Zahlen 740 auf dem Tempelplatz, 768 auf dem Südwesthügel bei der Dormitio, 600 beim Zusammentreffen des Kidron- und des Hinnom-Tals geben die Höhen über dem Meer an.

durch K. M. Kenyon und R. de Vaux ergaben indessen, daß diese Anlagen auf einer Schuttschicht des 7. Jh. vChr stehen. Die Mauern stammen aus persischer, der Turm aus hellenistischer (makkabäischer) Zeit. Überraschenderweise fand man am Fuß des Osthangs, nicht weit oberhalb der Gihonquelle, eine starke Mauer aus dem 18. Jh., die später mehrfach repariert wurde und bis zum 7. Jh. als Stadtmauer diente. Das jebusitisch-davidische J. war also nach Osten hin weiter ausgedehnt, als man bisher annahm, und stieg terrassenförmig am Osthang auf. Gemauerte Terrassen aus isr. Zeit wurden freigelegt. Außerhalb der Stadtmauer fand man einen kleinen Kultraum mit Mazzeben aus dem 8. Jh. Auf der Höhe des Hügels fanden Kenyon und de Vaux Teile einer Ost-West-Mauer und einer Kasemattenmauer, wahrscheinlich die Nordmauer des jebusitisch-davidischen J. und die Umfassung der Zitadelle. Das von Crowfoot 1927/28 an der Nordwestseite gefundene Tor steht wahrscheinlich an der Stelle des Taltores Neh 3, 13. An der Südspitze des Südosthügels entdeckte Weill 1923/24 eine Treppe, die eine durch einen Turm geschützte Toranlage durchquert, wahrscheinlich das Quelltor und die „Stufen der Stadt Davids" Neh 3, 15; 12, 37. Warren entdeckte 1867 einen Schacht aus jebusitischer Zeit, der von der Stadt direkt zur Gihonquelle führte, wahrscheinlich identisch mit dem „Sinnor" von 2Sam 5, 8. In der frühen Königszeit, wahrscheinlich schon unter Salomo, legte man einen überirdischen Kanal an, der das Wasser des Gihon in den (älteren) Siloah-Teich im Südwesten der Stadt leitete. Auf diesen Kanal, der von Schick, Parker und Weill teilweise gefunden wurde und nur geringes Gefälle aufweist, spielt wohl Jes 8, 6 an.

Das Wasserbecken, in Jes 22, 11 „alter Teich" genannt im Unterschied von dem später von Hiskia angelegten Teich, befand sich an der Stelle des heutigen birket el-ḥamra, jetzt ein tief gelegener Garten, dessen Ostseite von Überresten der Umfassungsmauer des alten Sammelbeckens begrenzt wird. 15 m östlich davon verlief, wie Bohrungen von Bliss und Dickie 1894 bis 1897 ergaben, eine starke Verteidigungsmauer, die das Stadttal abriegelte, um das genannte Wasserbecken in die Stadtbefestigung einzubeziehen. Am Südende dieser Mauer fand man ein Tor, wohl das Misttor Neh 3, 14. Wahrscheinlich führte von hier aus ein Mauerzug zur Südwestmauer der Davidsstadt zurück, um das Wasserbecken in die Stadtbefestigung einzubeziehen. Hiskia leitete das Wasser der Gihonquelle durch einen unterirdischen, etwa 500 m langen Kanal, der noch heute benutzt wird und dessen Bauinschrift gefunden worden ist, in den (jüngeren) Siloahteich, unmittelbar nordwestlich des alten Teiches (birket el-ḥamra), → Gihon, → Siloah. Im südlichen Drittel des Südosthügels fand Weill 1913/14 westlich der Stadtmauer zwei parallel zur Mauer verlaufende, 14 m waagrecht in den Felsen getriebene Schächte, wahrscheinlich die Gräber der Könige Judas, → Tafel 20. Östlich der Stadtmauer fand Weill ein großes Massengrab aus der späten Königszeit, das wohl auf die assyrische Belagerung 701 oder auf die babylonische Belagerung 587 zurückzuführen ist.

5) In persischer Zeit (6.-3. Jh.) trat eine Wende im Geschick J.s ein, als Kyros 538 den Wiederaufbau des Tempels gestattete Esra 6, 3-5. Nach der Grundsteinlegung Esra 3 und anfänglichem Eifer trat jedoch bald eine Stockung im Bau ein. Nach dem Aufruf der Propheten → Haggai (520) und → Sacharja (519) und nach Bestätigung des Erlasses durch Darius I. wurde der Bau wieder in Angriff genommen und der Tempel 515 neu eingeweiht Esra 5 u. 6. — Der Einspruch samarischer Beamter vereitelte den beabsichtigten Wiederaufbau der Stadtmauer zZ Artaxerxes I. Esra 4, 7 ff. Unter → Nehemia, der, mit persischen Vollmachten ausgerüstet, 445 nach J. kam, gelang es, trotz des Widerstandes des samarischen Statthalters → Sanballat, die Mauer in 52 Tagen wieder aufzubauen. Damit wurde J. zur festen Stadt und zur Hauptstadt der neugegründeten Provinz Juda unter der Statthalterschaft Nehemias Neh 1-6. Um die Bevölkerung der damals noch stark zerstörten und spärlich besiedelten Stadt aufzufüllen, ließ Nehemia jeden zehnten Bürger aus der Provinz in J. ansiedeln Neh 7, 4 f.

6) Territorialgeschichtliche Fragen. In der Zeit nach Salomo wurde das Stadtgebiet von J. vom Tempelplatz aus über das Stadttal hinüber nach Westen zu erweitert. Das neugewonnene Gebiet wird in 2Kö 22, 14; Zeph 1, 10 als „Neustadt" (Luther: „anderer Teil") bezeichnet. Neuere Grabungen auf dem Südosthügel (→ 4) ergaben, daß Mauerteile am oberen Rand des Osthanges, die man früher für jebusitisch hielt, aus persischer Zeit stammen und wohl auf den Mauerbau Nehemias zurückgehen. Da im übrigen die von Nehemia wieder aufgebaute Mauer wahrscheinlich weitgehend denselben Verlauf nahm wie in vorexilischer Zeit und da J. erst in hellenistischer Zeit eine weitere Ausdehnung erfuhr, sind die Berichte über Nehemias Ritt um die Stadt Neh 2, 11 ff, über den Bau Neh 3 und die Einweihung der Mauer Neh 12, 27ff trotz mancher Unklarheiten und Probleme von größter Wichtigkeit für unsere Kenntnis der Topographie und Siedlungsgeschichte J.s vom 9.-5. Jh. Nach Neh 3 u. 12 verlief die Nordmauer vom Schaftor (wohl gleichzusetzen mit dem Benjaminstor Jer 37, 13) über die Türme Mea und → Hananeel und das Fischtor (wohl identisch mit dem mittleren Tor Jer 39, 4 und dem Ephraimstor 2Kö 14, 13; Neh 12, 39) zum Jeschanator (Luther: „altes Tor" Neh 12, 39, wohl identisch mit dem Ecktor 2Kö 14, 13; Jer 31, 38). Turm Mea und Schaftor lagen demnach östlich, Fischtor und Jeschanator westlich vom Turm Hananeel, der an der Stelle der späteren Burg Antonia an der Nordwestecke des Tempelplatzes stand. Nach 2Kö 14, 13 lag zw. Ecktor (= Jeschanator) und Ephraimstor (= Fischtor = mittleres Tor) ein Mauerstück von mindestens 200 m. Nach Jer 31, 38 ff verlief die Mauer vom Ecktor aus zunächst gerade nach Süden und bog dann nach Südosten zum Taltor hin ab Neh 3, 6-13, das wohl mit dem von Crowfoot an der Nordwestseite des Südosthügels gefundenen Tor gleichzusetzen ist. Das Misttor Neh 3, 14; 12, 31, wohl identisch mit dem „Tor zw. den beiden Mauern" 2Kö 25, 4; Jer 39, 4, lag am Südende der Sperrmauer, die das Stadttal abriegelte (s. o. II, 4). Das Quelltor (Luther: Brunnentor) Neh 3, 15; 12, 37, das zur Drachenquelle (wohl identisch mit der Rogelquelle, dem heutigen Hiobsbrunnen) führte

Neh 2,13, lag am Südende der Davidsstadt bei den von Weill ausgegrabenen „Stufen, die von der Stadt Davids herabgehen" Neh 3,15. Roßtor Neh 3,28 und Wachtor (Luther: Kerkertor) Neh 12,39 waren wohl Tore innerhalb der Stadt, die zum Tempelbezirk führten.

7) Die theol. Bedeutung J.s im AT ist begründet in der Tatsache, daß David die Bundeslade nach J. bringen und daß Salomo sie im Allerheiligsten des Tempels aufstellen ließ. Dadurch wurde J. zum religiösen Mittelpunkt und der Tempel von J. zum Zentralheiligtum Gesamtisraels, was sich auch nach der Staatentrennung nicht grundlegend änderte 1Kö 12,27. Neben dem Tempel von J. bestanden zunächst noch die älteren Lokalheiligtümer im Lande. Durch die josianische Reform, die die Forderungen des deuteronomischen Gesetzes 5Mose 12-26, vor allem die der Zentralisation des Kults in J. 5Mose 12, zum Staatsgesetz erhob und durchzuführen trachtete, wurde Jerusalem zum alleinigen Kultort und gewann erheblich an Bedeutung, die auch durch das Exil nicht geschmälert wurde. Die Bedeutung J.s für das religiöse Leben und den Glauben Israels wird aus zahlreichen Wendungen bei den Propheten und in den Psalmen deutlich: J. ist die hl. Stadt Jes 48,2; 52,1, die Stadt Gottes Ps 46,5; 48,2; 87,3; Dan 9,16, in der Gott seinen Namen wohnen läßt 5Mose 12,5; 2Kö 21,4, der Thron Gottes Jer 3,17; Hes 43,7. Der Zion ist der (heilige) Berg Gottes Ps 2,6; 15,1; Jes 56,7, die Wohnung Gottes Ps 9,12; 43,3; Jer 10,25. Gott hat den Zion erwählt Ps 132,13, er herrscht und segnet vom Zion aus Ps 110,2; 128,5 und läßt von dorther Hilfe, Heil und Schutz ergehen Ps 14,7; 50,2; 53,7; Jes 14,32 und seine Stimme erschallen Am 1,2; Joel 4,16. Andererseits warnen die Propheten vor einem falschen Vertrauen auf J. Jer 7,4; Zeph 3,1, rügen die Hoffart und Sünde J.s Am 6,1; Jes 3,16; Hes 16,2; Mal 2,11, rufen J. zur Umkehr Jer 4,14; 6,8 und verkündigen J. Gericht Mich 3,12; Jes 10, 11; Jer 9,10; 13,9. Von der Sehnsucht nach J. im Lande der Verbannung spricht Ps 137. In nachexilischer Zeit geht die Heilsverkündigung der Propheten aus von einer Wiederannahme und Wiederaufrichtung J.s Jes 40,2; 52. Schon in vorexilischer, bes. aber in nachexilischer Zeit ist J. bei den Propheten Mittelpunkt endzeitlicher Hoffnungen Jes 2; Jer 31,38; 33,16 ff; Jes 46,13; 59,20; Hes 40-48; Hagg 2,6 ff; Sach 8,3; 9,9; 14,11. Die Wallfahrtslieder geben Zeugnis davon, daß J. auch in nachexilischer Zeit wieder zum Mittelpunkt religiösen Lebens in Israel wurde Ps 122; 125.

III) Die Zeit zw. den Testamenten (3.-1.Jh. vChr). Nach dem Tode Alexanders d. Gr. kam J. zunächst 312 durch Ptolemäus I. unter die Herrschaft der Ptolemäer und später, 198, durch → Antiochus III. unter die Herrschaft der Seleukiden, die der J.er Kultgemeinde zunächst gewisse Privilegien kultischer und steuerlicher Art erteilten. → Antiochus IV. entzog 168 den J.ern diese Privilegien, verbot den Jahwekult und erbaute auf dem Südosthügel an der Stelle der einstigen Davidsburg eine Festung, bei Josephus „Akra" genannt, und ließ sie mit Besatzung belegen 1Makk 1,33 ff. Im Verlauf der dadurch verursachten Makkabäerkämpfe besetzten und befestigten die Makkabäer den Tempelbezirk, wurde die Akra von → Simon Makkabäus belagert und 142 vChr eingenommen 1Makk 13,49 ff und schließlich, wahrscheinlich unter Johann → Hyrkan, dem Erdboden gleichgemacht. Im Nordwesten des Tempelbezirks errichteten die Makkabäer an der Stelle der späteren Antonia die Burg Baris und im Nordosten des Südwesthügels, nordwestlich des heutigen Moghrebinertores, den Hasmonäerpalast, von dem keine Überreste erhalten sind, dessen Lage aber Josephus beschreibt. Ein gut gebauter, eckiger Turm im Norden des Südosthügels, am oberen Rand des Osthangs, den man früher für davidisch hielt, stammt, neueren Grabungsergebnissen zufolge, aus der Makkabäerzeit. — 64/63 vChr ergab sich J. widerstandslos der Heeresmacht des Pompejus und kam damit unter *römische Herrschaft*. Nur eine Minderheit leistete im Tempelbezirk Widerstand, den Pompejus nach dreimonatiger Belagerung brach. Pompejus betrat das Allerheiligste des Tempels, befahl aber, den herkömmlichen Opferdienst am folgenden Tage wieder aufzunehmen. 47 vChr verlieh Caesar J. eigene Gerichtsbarkeit (ausgenommen Todesurteile) und erlaubte die Befestigung der Stadt.

IV) Zeit des NT. 1) Das herodianische J. Der von den Römern 40 vChr zum König von Juda ernannte → Herodes eroberte und plünderte 37 vChr nach fünfmonatiger Belagerung das von seinem Rivalen → Antigonos besetzte J. Nach Festigung seiner Macht entfaltete Herodes in J. eine umfangreiche Bautätigkeit, die das Stadtbild völlig veränderte und J. zu einer hellenistisch-römischen Metropole umgestaltete. An der Nordwestecke des Tempelplatzes erbaute Herodes vor 31 vChr an der Stelle der Hasmonäerfeste Baris die nach dem Triumvir Antonius benannte Burg → Antonia, von der aus der gesamte Tempelplatz überschaubar war und deren mit Fliesen belegter Boden und Zisternen in der Krypta des Klosters der weißen Zionsschwestern noch heute erhalten sind. An der Nordwestecke der damaligen Stadt, in der Nähe des heutigen Jaffatores, errichtete Herodes vor 23 vChr den Herodespalast mit den Türmen Hippikos, Mariamme und → Phasael, benannt nach dem Freund, der Gattin und dem Bruder. Der Unterbau des Phasaelturmes ist noch heute unter dem Namen „Davidsturm" erhalten (→ Tafel 18). Nach Josephus pflegten die römischen Statthalter diesen Palast zu bewohnen, so daß wohl hier und nicht in der Antonia die Verurteilung Jesu stattgefunden hat (→ Hochpflaster). Von den herodianischen Theaterbauten in J. ist nichts mehr erhalten. 20/19 vChr begann Herodes mit der Erweiterung und prachtvollen Neugestaltung des

Tempels nach Art eines griech.Tempels (→Tempel). Erst 63/64 nChr kamen die Arbeiten zum Abschluß. Die Fläche des heutigen ḥaram esch-scherif, dessen Umfassungsmauern auf den Fundamenten der herodianischen Umfassungsmauern ruhen, entspricht der Fläche des herodianischen Tempelplatzes. Die Südseite mißt 283 m, die Nordseite 317 m, die Ostseite 490 m und die Westseite 474 m. Die gewaltigen Quadersteine an der Südostecke der Haram-Mauer, wo sich wahrscheinlich die „Zinne des Tempels" Mt 4,5 par. befand, und am Südteil der Westmauer, der sog. „Klagemauer", sind Überreste der herodianischen Umfassungsmauern, die den äußeren Vorhof des Tempels umgaben. → Tafel 45.

2) Territorialgeschichtliche und topographische Fragen. In hellenistischer und römischer Zeit wurde das Gebiet von J. über den Südwesthügel hin erweitert. Die Stadt wuchs um 45 ha, hatte jetzt eine Gesamtfläche von 71 ha und etwa 25 000 Einwohner. Das neue Gebiet war mit der bei Josephus genannten *„ersten Mauer"* umgeben. Sie verlief an der Süd- und Westseite parallel zum Hinnomtal auf der Höhe des Südwesthügels; d. h. sie verlief vom Misttor südlich der Davidsstadt (s. o. II, 6) zunächst nach Westen bis zum Essenertor und bog von da nach Norden bis zum Herodespalast, von wo sie auf geradem Wege parallel zum Quertal nach Osten verlief, bis sie in der Nähe des heutigen bab el-silsileh (180 m nördlich der Südwestecke der Haram-Mauer) auf die Umfassungsmauer des Tempelplatzes stieß. Bliss und Dickie fanden 1894-1897 auf der Südseite des Südwesthügels Mauerreste, die aller Wahrscheinlichkeit nach der ersten Mauer zuzuschreiben sind. Unterhalb der Straße, die zum bab el-silsileh führt, liegt der Wilsonbogen (1867 von Wilson entdeckt, 1867-1870 von Warren untersucht), bei dem es sich um die gut erhaltenen Überreste einer Brücke über das Tyropoiontal handelt. Spärliche Reste einer zweiten Brücke über das Stadttal sind erhalten im Robinsonbogen, 12 m nördlich der Südwestecke der Haram-Mauer. — Im Norden war die Stadt doppelt geschützt durch die wahrscheinlich von Herodes erbaute *„zweite Mauer"*. Nach Josephus Jüd. Krieg V 4, 2, 146 verlief sie vom Gennath-Tor (Gartentor), das sich im Nordteil der ersten Mauer befand, zur Burg Antonia. Bei Bauarbeiten zufällig zutage getretene Mauerreste aus herodianischer Zeit, bes. unter dem Altarraum der deutschen Erlöserkirche und im östlich der Grabeskirche gelegenen russischen Alexanderhospiz, lassen erkennen, daß die zweite Mauer zunächst in west-östlicher Richtung verlief, bei der Erlöserkirche scharf nach Norden abbog und sich dann wieder auf die Antonia zu nach Osten gewendet haben muß. Demzufolge liegt die Grabeskirche außerhalb des Bereiches der zZ Jesu existierenden Stadtmauern, was für die Frage der Lokalisierung von → Golgatha wichtig ist. — → Herodes Agrippa (41-44 nChr) begann zum Schutz der sich ausdehnenden Nordstadt den Bau einer *„dritten Mauer"*, deren Vollendung aber durch die Römer untersagt und erst bei Ausbruch des ersten jüd. Aufstandes in aller Eile vollzogen wurde. Mit großer Wahrscheinlichkeit ist anzunehmen, daß Mauerreste, die Sukenik und Mayer 1925 bis 1941 bei Grabungen in der Nähe der Amerikanischen Schule für Orientforschung und des italienischen Hospizes fanden, dieser dritten Mauer zuzuweisen sind.

3) Der erste und zweite jüd. Aufstand (66 bis 130 nChr). 66 nChr brach in J. der *erste jüd. Aufstand* los, ausgelöst durch Übergriffe und Willkürhandlungen des Statthalters Florus. Die Aufständischen erzwangen die Einstellung des täglichen Opfers für den Kaiser, eroberten die von den Römern besetzte Antonia, ließen den Palast des Hohenpriesters und teilweise die Herodesburg, wohin sich die römische Besatzung geflüchtet hatte, in Flammen aufgehen, ermordeten den zur Besonnenheit mahnenden Hohenpriester und machten die römische Besatzung nieder. Ein erster Versuch der Römer, J. zurückzuerobern, scheiterte. Nach Niederwerfung des Aufstandes im Lande begann Titus im Frühjahr 70 nChr die Belagerung von J., die er vom Skopushügel nördlich der Stadt aus leitete. Nach erbitterten Kämpfen eroberten die Römer die Antonia, den Tempelbezirk und den Herodespalast. Sie richteten ein furchtbares Blutbad an, zerstörten die Stadt und schleiften die Befestigungen einschließlich der Antonia. Nur der Herodespalast, in dem die Besatzungstruppe stationiert wurde, blieb teilweise erhalten. Der Tempel war in Flammen aufgegangen, die Römer opferten an der heiligen Stätte vor ihren Standarten. Das Judentum hatte sein kultisches Zentrum verloren. Als Hadrian 130 nChr an der Stelle J.s eine heidnische Stadt gründen und an Stelle des Tempels ein Jupiterheiligtum errichten wollte, kam es zum *zweiten jüd. Aufstand* unter Führung von → Simon Bar-Kochba (richtiger: Bar-Koseba). Nach Rückeroberung der Trümmer J.s ließ Bar-Kochba Münzen schlagen, die dieses Ereignis feierten. 135 nChr war der Aufstand endgültig niedergeschlagen. J. wurde zu einer römischen Kolonie mit dem Namen Colonia Aelia Capitolina, deren Betreten den Juden bei Todesstrafe verboten war. An der Stätte des Tempels entstand ein Heiligtum des Jupiter Capitolinus mit einem Reiterstandbild Hadrians. An der Stelle der späteren Grabeskirche wurde ein Venustempel erbaut. Die Stadtmauer verlief zZ Hadrians im Norden wahrscheinlich an der Stelle der heutigen Stadtmauer. Reste eines dreiteiligen Tordurchlasses aus der Zeit Hadrians sind erhalten im sog. → „Ecce-homo-Bogen".

4) Bedeutung J.s im NT. Die Verlegung des Schauplatzes der öffentlichen Wirksamkeit Jesu von Galiläa über Judäa nach J. ist ein deutlicher Einschnitt im Aufbau der Synoptiker Mt 21 par.; Lk 9,51. Mit der Hinwendung Jesu nach J. tritt das Wirken Jesu in ein letztes, entscheidendes Stadium. In J., das repräsentativ für Israel steht, muß die Entscheidung fallen, ob Israel in Jesus den Christus anerkennt oder ablehnt. Wie J. von jeher die Propheten getötet und ihre Botschaft abgelehnt hat, so verwirft J. den Messias und verschließt sich seinem Heilswerben Mt 23,3 f; Lk 13,33 f. J. ist der Ort, wo das Erdenwirken Jesu in Kreuz und Auferstehung sein Ziel finden muß Lk 9,31; Mt 16,21 par.; 20,17 ff par. In den eschatologischen Reden Jesu ist die Zerstörung J.s der Beginn endzeitlichen Geschehens Mt 24 par. Das Jo-Evang. berichtet von einem dreimaligen Aufenthalt Jesu in J., wo sich ein großer Teil der von Johannes berichteten Ereignisse abspielt Jo 2,13-3,21; 5; 7-10; 12-20. Nach der Apg ist J. die Stätte des Pfingstereignisses Apg 2, der Entstehungsort und der Mittelpunkt des Urchristentums, der Ausgangspunkt der Mission Apg 1,8 (vgl. Lk 24,47), Schauplatz der ersten Christenverfolgung. In J., wo Jakobus, Petrus und Johannes „Säulen" der Gemeinde waren Gal 2,9, fand das Apostelkonzil statt Apg 15. Paulus führte in den Gemeinden Kleinasiens und Europas eine Sammlung für die J.er Muttergemeinde durch Röm 15,26; 1Kor 16,1 ff; 2Kor 8 f; Apg 24,17. Er war selbst verschiedentlich in J. Gal 1,18; 2,1; Apg 15,4; 18,22; 19,21, wo er schließlich gefangengenommen wurde Apg 21,30 ff. Das irdische J. als Bild der Knechtschaft wird in Gal 4,25 f gegenübergestellt dem → himmlischen J. (vgl. Hebr 12,22), dessen Vision Offb 21 schildert.

Zu den *Stätten der Evangelien* vgl. → Bethesda, → Blutacker, → Gethsemane, → Golgatha, → Siloah, → Tempel. Eine Tradition aus dem 4. Jh. lokalisiert die Stätte der Ausgießung des Hl. Geistes auf dem Südwesthügel, außerhalb der jetzigen Stadtmauer, wo bereits im 2. Jh. die älteste christl. Kirche gestanden haben soll. Erst späte und unzuverlässige Traditionen (6. Jh. und später) verlegen hierher auch den Abendmahlssaal (Coenaculum, jetzt eine Franziskanerkirche aus dem 14. Jh.), Wohnhaus und Sterbestätte der Maria (Dormitio Sanctae Mariae Virginis) und das Grab Davids, das in Wirklichkeit auf dem Südosthügel lag (s. o. II, 4). Unmittelbar nördlich davon zeigt man (sicher zu Unrecht) den Palast des Kajaphas.

V) Überblick bis zur Gegenwart. 1) Byzantinische Zeit 4.-6. Jh. Unter Konstantin (306-337) wurde J. zu einer christl. Stadt. Konstantin erbaute die Auferstehungskirche (→ Golgatha), seine Mutter Helena die Himmelfahrtskirche auf dem Ölberg, die sog. Eleona-Kirche, eine dreischiffige Basilika, deren Grundmauern noch heute erhalten sind (nicht zu verwechseln mit der oktogonalen Himmelfahrtskirche der Kreuzfahrerzeit, an deren Stelle man in frühbyzantinischer Zeit die Stätte der Verklärung Jesu zeigte). Der erste Pilgerbericht (Pilger von Bordeaux), wichtig für unsere Kenntnis der Topographie J.s, stammt aus dem Jahre 333. 451 wurde J. selbständiges Patriarchat. Justinian erbaute im 6. Jh. zahlreiche prächtige Kirchen, u. a. die Marienkirche, eine dreischiffige Basilika, an der Stelle der heutigen Aksa-Moschee. Die älteste Darstellung J.s mit seinen Kirchen und Arkadenstraßen ist erhalten in der Mosaikkarte von → Madeba (6. Jh.). 614 eroberten die Perser J. und zerstörten die Kirchen.

2) Arabische Zeit 637-1099. Durch die Eroberung des Kalifen Omar 637 kam J. unter islamische Herrschaft. Aus der *Omajjadenzeit* (7.-8. Jh.) stammen die Bauten auf dem ehemaligen Tempelplatz, dem jetzigen ḥaram esch-scherif (das „edle Heiligtum"), der nach Mekka und Medina heiligsten Stätte des Islam (→ Tafel 18). Etwa in der Mitte des Platzes führen Treppen zu einer 3 m hohen Plattform. Auf ihr erhebt sich der *Felsendom,* im 7. Jh. vom Kalifen Abd el-Melik nach byzantinischen Vorbildern erbaut. Der Felsendom ist ein achteckiger Bau, dessen Kuppel sich über dem hl. Felsen wölbt. Dieser 17,7 × 13,5 m messende und 2 m aus dem Boden ragende Felsen war wohl nicht, wie einige annehmen, der Brandopferaltar, sondern ragte einst wohl in das Allerheiligste des Tempels hinein. Nach islamischer Tradition stammt der Felsen aus dem Paradies, er schwebt ohne Stütze über dem Abgrund, Mohammed fuhr von hier aus gen Himmel, beim Jüngsten Gericht wird hier der Richterstuhl Gottes stehen. Die im Süden des Haram gelegene justinianische Marienkirche machte Omar zu einem islamischen Heiligtum und nannte es *el-aksa,* die Entfernteste, d. h. das (nach der Kaaba) älteste Heiligtum. Walid, der Sohn Abd el-Meliks, ließ sie im 8. Jh. erweitern und prächtig ausstatten.

3) Kreuzfahrerzeit 1099-1187. Als die Kreuzfahrer J. 1099 eroberten, machten sie den Felsendom zu einer christl. Kirche. Auf dem hl. Felsen errichteten sie einen dem hl. Nikolaus geweihten Altar und umgaben den Felsen 1162 mit einem noch heute vorhandenen schmiedeeisernen Gitter. Die wichtigsten Überreste der von den Kreuzfahrern (meist an der Stelle byzantinischer Kirchen) errichteten Bauwerke sind folgende: die St.-Annen-Kirche (besterhaltene, frühgotische Kreuzfahrerkirche in J.); die Bethesdakirche, erbaut auf den Substruktionen des nördlichen Seitenschiffes der byzantinischen Bethesda-Basilika; Reste einer überwölbten Begräbnisstätte für Pilger in der Nähe von Hakeldama (→ Blutacker) im Hinnomtal; die Himmelfahrtskirche mit der „Fußspur Jesu", wo man in frühbyzantinischer Zeit die Stätte der Verklärung Jesu zeigte; der Muristan, ein 1130-1140 erbautes Johanniterhospiz, dessen Hof mit zweistöckigem Spitzbogenumgang gut erhalten ist. Die Kreuzfahrer schlossen an den auf Konstantin zurückgehenden Rundbau der Grabeskirche nach Osten zu einen Längsbau, um → Golgatha in das Bauwerk einzubeziehen. Von diesem Kreuzfahrerbau sind im Norden noch Mauern und Pfeilerreste erhalten. 1187 eroberte Saladin J. für den Islam zurück. 1229 gelang es Kaiser Friedrich II., J. vorübergehend zurückzugewinnen. 1244 ging es wieder an die Chorawesmier verloren und geriet bald darauf unter die Herrschaft der ägyptischen Mamlukensultane.

4) Aus der *Türkenzeit* (1516-1918) stammt die von Soliman dem Prächtigen 1537 errichtete 12 m hohe Mauer, die noch heute die Altstadt trapezförmig umgibt. Sie hat 8 Tore: im Westen das Jaffator (bab el-chalil), im Norden das Neue Tor (bab ʿabdul ḥamid), das Damaskustor (bab el-amud) und das Herodestor (bab es-saliri), im Osten das Stephanstor (bab sitti marjam) und das zugemauerte Goldene Tor (bab ed-dahirije), im Süden das Moghrebinertor (bab el-mugharibe) und das Zionstor (bab en-nebi daud). Aus der Zeit Solimans stammen ebenfalls die farbigen Glasfenster des Felsendomes und die farbprächtigen Fayencen (Kachelarbeiten) an der Außenseite, die Soliman an Stelle der alten Mosaiken anbringen ließ. Im 16. Jh. erfolgte ferner die Ausbesserung der im 14. Jh. an Stelle des Herodespalastes erbauten Zitadelle. Die Türkenherrschaft, 1831-1840 vorübergehend durch Ägypten unterbrochen, fand ihr Ende nach dem ersten Weltkrieg. 1918-1948 war J. Hauptstadt des britischen Mandatsgebietes. Im 19. und 20. Jh. wuchs die Stadt beträchtlich nach Norden und Westen.

5) Das heutige J. war seit dem jüd.-arabischen Krieg 1948 eine zweigeteilte Stadt. Die Grenze zw. dem jordanischen und isr. Teil durchquerte östlich von Hakeldama (→ Blutacker) das Hinnomtal, lief über den Südwesthügel auf das Zionstor zu, folgte von da an der Türkenmauer nach Westen und Norden bis zum Damaskustor. Von hier aus verlief sie nach Norden und war durch eine 1955 errichtete Mauer gekennzeichnet. Die einzige Übergangsmöglichkeit bestand am sog. „Mandelbaumtor" in der Nähe des St. George's College. Das westlich dieser Grenze gelegene isr. J., seit 1948 Hauptstadt des Staates Israel, trägt durchaus modernes Gepräge (moderne Verkehrsstraßen, Geschäfts- und Hochhäuser, neue Universität, Regierungsbauten). Vom Gebiet des antiken J. gehörte nur der Südwestteil des Südwesthügels, von der christl. Tradition fälschlicherweise als Zion bezeichnet, mit Coenaculum, Dormitio und „Grab Davids" (s. o. IV, 4) zum isr. Gebiet. Zum jordanischen Gebiet gehörte die gesamte Altstadt, mit einem mohammedanischen, armenischen, christlichen und dem ehemals jüd. Viertel, das seit dem jüd.-arabischen Krieg von Arabern bewohnt war, ferner der Südosthügel, der Ölberg bis zum Auguste-Victoria-Hospiz und die nördliche Neustadt, wo sich u. a. die anglikanische St.-George's-Kathedrale, die Amerikanische Schule für Orient-Forschung, die Ecole Biblique der französischen Dominikaner und das archäologische Museum befinden. Der Nordteil des Ölbergs zw. Auguste-Victoria-Stiftung und Skopusberg mit der Hebräischen Universität von 1925, der jüd. Nationalbibliothek und dem jüd. Hadassa-Hospital war eine isr. Exclave unter dem Schutze der UN. Die 1910 als Hospiz erbaute deutsche Auguste-Victoria-Stiftung dient unter Treuhänderschaft des Lutherischen Weltbundes als Flüchtlingskrankenhaus. J. ist Bischofssitz der anglikanischen Kirche, es hat ein griech.-orthodoxes, ein armenisches und ein lateinisches (römisch-katholisches) Patriarchat. Der deutsche Propst an der 1898 von Kaiser Wilhelm II. eingeweihten Erlöserkirche betreut die durch die Kriege sehr zusammengeschmolzenen deutschen Gemeinden in Jordanien. — Das jordanische J. hat etwa 75 000, das isr. (1959) 156 000 Einwohner. Die Israeli eroberten in dem Blitzkrieg Juni 1967 das arabische Jerusalem; ob sie es behalten können, ist zur Zeit der Drucklegung noch ungeklärt. → Tafel 18—20 u. 45.

Lit.: G. Dalman, Jerusalem und sein Gelände, 1930; J. Simons, Jerusalem in the Old Testament, 1952; L.-H. Vincent, A.-M. Stève, Jérusalem de l'Ancien Testament, 1954-1956; J. Schreiner, Sion—Jerusalem, 1963; I. Lande-Nash, 3000 Jahre Jerusalem, 1964. — Berichte über die neueren Grabungen in J.: Palestine Exploration Quarterly 1962, S. 72-89; 1963, S. 7—21; The Biblical Archaeologist 1964, S. 34-52; Zeitschr. d. Dtsch. Pal.-Vereins 1963, S. 174-176; 1964, S. 166-168. *Me*

Jerusalem, das obere, das himmlische.

1) Der einer kommenden, schöpferisch verwandelten Welt und Zeit zugewandte Blick der spätjüd. Gemeinde schaute inmitten des messianischen Reiches ein wahres, ewiges, verklärtes Jerusalem, dessen schwaches Abbild die so hart mitgenommene, heiß geliebte irdische Stadt war Ps 137,5 f. Im AT wurde zB Jes 49,16; 54,10-13 daraufhin verstanden. — *2)* Im NT hat Paulus in Gal 4,26 diese Schau aufgegriffen, um daran die im knechtischen Geist gefangene und die durch Christus freigewordene Gemeinde zu veranschaulichen. Das Jerusalem, das droben ist, ist die Stadt und Mutter der Freien, wo sie Bürgerrecht haben Phil 3,20; Jes 54,1 gilt im Zitat diesem J. Ähnlich stellt Hebr. 12, 18 ff der Bergoffenbarung auf dem Sinai den Zug zum Berg Zion gegenüber, zur Stadt des lebendigen Gottes, zum himmlischen J., dem Versammlungsort der Engel und der vollendeten Gemeinde des neuen Bundes, vgl. 11,10; 13,14. — *3)* In der Offb sieht Johannes dieses neue J. in dem großen Gesicht K. 21 f in großem Zusammenhang: hier ist es im neuen Himmel und der neuen Erde die Heimstatt der mit ihrem Gott und Herrn vereinigten vollendeten Gemeinde. Deren Brautname geht auf die Stadt über, fast personifiziert, um die unsägliche Freude dieser einsgewordenen heiligen Welt auszudrücken, in der Himmel und Erde, Gott und Mensch in einer gewaltigen Heimkehr sich für immer gefunden haben. Die von Edelsteinen funkelnde Stadt mit ihren Mauern, Gassen und Toren ist nun, in irdischer Bildhaftigkeit geschildert, wirklich die heilige Stadt geworden, die Hütte Gottes bei den Menschen, die keines Tempels mehr bedarf. Ist auch dem heutigen abendländischen Christen die Symbolkraft der irdischen Stadt nicht mehr so gegenwärtig, so ist doch der Sinn dieses Gesichts unverlierbar geblieben, vgl. das Kirchenlied: „Jerusalem, du hochgebaute Stadt". *He*

Jesaja.
1) Jesaja. a) Der Prophet. b) Seine Tätigkeit. c) Seine Schrift. d) Seine Botschaft. 2) Erweiterungen seines Buches. 3) Der Zweite Jesaja. a) Der Prophet. b) Seine Schrift. c) Seine Botschaft. 4) Der Dritte Jesaja.

Das Buch J. gliedert sich in drei Teile 1-39; 40-55 u. 56-66. Von ihnen enthalten nur mehrere Kapitel des ersten Teils die Worte des Propheten J. Da er weithin als bedeutendster Prophet galt, wurde sein Buch zu einem Sammelbecken für die verschiedenartigsten Prophetenworte und -schriften vieler Jahrhunderte. Dem entspricht es, daß sich unter den Handschriften vom Toten Meer eine vollständige und eine unvollständige Jesajarolle nebst weiteren Bruchstücken gefunden haben.

1) a) J. (= Jahwe ist Hilfe, Heil) war ein Sohn des nicht mit dem Propheten Amos zu verwechselnden Amoz und stammt wahrscheinlich aus einem angesehenen Jerusalemer Geschlecht, da er Zugang zu König und Hofbeamten hat 7,1ff; 22,15ff. Im Todesjahr des Königs Asarja (Ussia) 740 vChr erfolgte seine Berufung zum Propheten K. 6; seitdem hat er seinen Auftrag in einer bewegten Zeit der Geschichte Judas gehorsam durchgeführt. Seine letzten Worte scheinen aus dem Jahre 701 herzurühren 1,4-9; 22,1-14. Seine Frau wird als Prophetin bezeichnet 8,3; J. sah sie mit seinem prophetischen Dienst verbunden, weil ihre beiden Söhne die gleichnishaften Namen „Der Rest, der umkehrt" 7,3 und „Eilebeute-Plünderschnell" 8,3 erhielten. — *b) Die Tätigkeit* J.s gliedert sich in vier Zeitabschnitte. Der *erste* reicht von der Berufung bis 736 vChr. In diesen Jahren, in denen J. das Unwetter sich über Juda zusammenziehen sieht, setzt er sich mit den inneren Zuständen des Landes nach einer Zeit politischen und wirtschaftlichen Aufschwungs auseinander. Der *zweite* Abschnitt fällt in die Jahre 735-733 um den sogenannten syrisch-ephraimitischen Krieg, in dem Damaskus und das Nordreich Israel den judäischen König zwingen wollten, ihrem Bündnis gegen Assyrien beizutreten, vgl. 2Kö 16,5ff. Nachdem J. sich in Glaubenszuversicht gegen die Absicht seines Königs gewandt hat, die Assyrer zu Hilfe zu rufen und sich ihnen als Vasall zu unterstellen, ihn aber von seinem Plan nicht hat abbringen können, scheint er sich eine Zeitlang zurückgezogen zu haben 8,16-18. Der *dritte* und *vierte* Zeitabschnitt fallen in die Jahre 716-701. Sie sind durch die beiden Versuche des judäischen Königs Hiskia gekennzeichnet, mit ägypt. Hilfe das Joch der assyr. Vasallenschaft abzuschütteln, deren zweiter (705-701) zur Verwüstung Judas, Abtrennung großer Teile des Landes und ernsten Bedrohung Jerusalems führt. So spiegeln sich in der Wirksamkeit J.s die Eingriffe der Assyrer in das palästinische Staatensystem und die Abwehrversuche dieser Staaten wider und ist sein ständig wiederkehrendes Thema das Verhältnis von *Religion und Politik.* Nachdem er im syrisch-ephraimitischen Krieg vergeblich vom Hinzuziehen Assyriens abgeraten und ausschließlich vertrauenden Glauben gefordert hatte 7,9, betrachtet er unter Hiskia den Assyrerkönig zunächst als von Gott beauftragten Knecht und mahnt zu Treue und Ergebenheit ihm gegenüber, indem er gleichzeitig die „weisen" Politiker Judas vor selbstherrlicher Machtpolitik und einem Bündnis mit Ägypten warnt. Statt dessen empfiehlt er wieder Stillesein und Vertrauen auf Gott 30,15, der im Unterschied zu Ägypten wirklich helfen kann 31,1-3. Als aber der Assyrerkönig in Palästina eingefallen ist, muß J. feststellen, daß er sich durchaus nicht als Werkzeug Gottes aufführt, sondern seine eigenen Machtpläne verwirklichen will. Daher kündigt er ihm nunmehr das Gericht an, während er Juda zum vertrauensvollen Ausharren auf den unsichtbaren Gott mahnt. Tatsächlich wird Jerusalem vor den Assyrern gerettet. Da hält J. der triumphierenden Stadt ihren Jubel als Vergehen vor; weil sie keinen Bußtag gehalten hat, werden alle es mit dem Tode büßen müssen 22,1-14. — *c)* Die ursprüngliche *Schrift* J.s setzte sich aus kleineren Sammlungen seiner Worte zusammen. Die Worte aus dem ersten Zeitabschnitt sind in K. 1 (außer 1,4-9); 2,6-4,1 und der aufgelösten Sammlung 5,1-24; 10,1-4 enthalten. In die letztere eingeschoben sind die um den Berufungsbericht K. 6 vermehrten Sammlungen aus dem zweiten Zeitabschnitt K. 7 u. 8; 9,7-20 mit 5,25-29 u. 10,5 bis 15. 27b-32. Den Kern von K. 12-23 bilden die fast nur andere Völker (bes. die Assyrer) betreffenden Worte aus dem dritten Zeitabschnitt 14,24-27. 28-32; 17,1-6; K. 18; K. 20 22,1-14. 15-25. Aus dem dritten Abschnitt stammen gleichfalls die in 28-31; 32,9-14 zusammengefaßten Worte. Dieser Grundstock ist allmählich durch kleine und große Erweiterungen zum jetzigen 1. Teil des Buches J. angewachsen. — *d) Die Botschaft* J.s ist stärker als bei anderen Propheten durch sein Berufungserlebnis geprägt worden. In ihm wird er Gottes als des *Heiligen* inne 6,3, der anders- und eigenartig gegenüber allem Irdischen ist, mit seiner Herrlichkeit die Welt durchdringt und beherrscht und als persönlich-sittliche Willensmacht dem Menschen gegenübertritt, so daß dieser sich seiner todeswürdigen Sündhaftigkeit bewußt wird 6,5. Dieser Gott setzt seine Absichten, die im einzelnen wie die Arbeiten des Bauern wechseln können 28,23-29 und die er durch seinen Propheten jeweils verkündigen läßt, unbeirrbar gegenüber dem ungehorsamen Israel und den selbstherrlichen Weltreichen durch 14,24-27. Sie bezwecken die Errichtung seiner alleinigen Herrschaft; wer ihr widerstrebt, verfällt dem Gericht am Tage Jahwes, an dem dieser sich als über alles andere erhaben erweisen wird 2,12-17. Darum schilt J. im Namen dieses absolut waltenden Herrn nicht nur das die eigene Herrschaft anstrebende Assyrerreich 10,5-15. 27-32, sondern auch die sozialen und politischen *Sünden* Judas, das sich gegen Gott auflehnt 1,2f: die Bedrückung der Armen 3,12-15, den Luxus 3,16-24 und das Prassen 5,11-13.22, die Ungerechtigkeit 5,1-7.23 und den Landraub 5,8-10, das Buhlen um die Gunst der Großmächte 8,5-8; 18; 20; 30,1-5. 6f; 31,1-3.4-9 und das Vertrauen auf die eigene Kraft 30,8-14.15-17. J. verurteilt die scheinbar klugen Politiker 5,21; 28,14-22; 29,15f und die ihn verspottenden Priester und Propheten 28,7-13. In alledem wendet er sich gegen die Selbstsicherheit und Überheblichkeit 2,6ff; 5,18f; 30,16 wie gegen die ungläubige Verzagtheit 7,1-9. Denn darin blickt man nur auf Mächte, die irdisch-vergänglich (Fleisch) und nicht göttlich (Geist) sind 31,3, hält sich selbst gegenüber dem allein weisen Gott für klug 31,2 und lehnt sich gegen ihn auf 10,15; 29,16. Zwar mag das Volk eine Zeitlang auf einen Erfolg dieser falschen Politik hoffen und dies durch den Namen „Immanuel — Gott mit uns!" ausdrükken, den man Kindern damals gerne gab 7,14; aber bald wird sich die Hoffnung als trügerisch erweisen und das Gericht hereinbrechen 7,17. Dieses *Gericht* als Untergang des dem hl. Gotteswillen widerstrebenden sündig-verstockten Volkes kündigt J. als notwendige Folge immer wieder an, zeitweilig als Läuterungsgericht (1,21-26 über die Oberschicht, 7,1-9 über die Angreifer), gewöhnlich aber als Vernichtungsgericht mittels Anarchie 3,1-9, Krieg 3,25-4,1 und Versklavung 3,24. Das furchtbare Drohen mit dem gottgewollten Ende durchzieht die Verkündigung J.s in erhabener und erschütternder Eintönigkeit von der Berufung 6,11 bis zu seinen letzten Worten 22,1-14; 32,9-14. Der Gottesdienst bildet kein Heilmittel dagegen; nur die völlige *Wandlung* und das Befolgen des göttlichen Willens im täglichen Leben könnte retten 1,10-17, nur Gehorsam 1,18-20 und die durch den Namen des Prophetenkindes geforderte und angebotene Umkehr 7,3. Umkehr aber bedeutet *Glauben* 7,9, d. h. unbedingtes Vertrauen auf die Zusagen des unsichtbar die Weltgeschichte leitenden Gottes, obwohl ihre Verwirklichung noch nicht zu sehen ist; Sichverlassen auf das Tun Gottes, das wie der Eckstein eines Hauses allen Belastungen standhält 28,16; Stillbleiben und vertrauensvolles Harren auf Gottes Eingreifen 30,15. Dann könnte sogar ganz Juda der Rest sein, der bleibt 7,1-9. Die bleibende Bedeutung dieser Botschaft J.s liegt in den beiden Grundzügen der Verkündigung von der Heiligkeit Gottes und vom Glauben des Menschen.

2) Eine erste Erweiterung des ersten Teils des Buches J. bilden die *Legenden,* die sich um die Gestalt J.s gerankt haben. Sie sind aus 2Kö 18, 13-20,19 übernommen und als K. 36-39 an den Schluß der Schrift J.s gestellt worden. Obwohl die äußeren Geschehnisse weithin zuverlässig erzählt werden, lassen sich die Prophetenworte nicht von J. herleiten, weil er nicht die unbedingte Rettung Jerusalems verheißen, sondern seinen Untergang angedroht oder seine Umkehr als Vorbedingung seiner Rettung gefordert hat. — Die übrigen Erweiterungen sollen die überwiegende Unheilsbotschaft J.s verheißend ergänzen, entweder unmittelbar als Verheißungen für Israel oder mittelbar als Unheilsverkündigung für andere Völker. Obwohl manche Ausleger die *unmittelbaren Verheißungen* von J. selbst herleiten möchten, sprechen Inhalt und Stil für spät- oder nachexilische Entstehung auf dem Boden einer endzeitlichen Prophetie; ihrer oft großen Bedeutung wird dadurch nichts genommen. Mit der endzeitlichen Heimkehr der Deportierten und dem neuen Leben in Palästina befassen sich 4,2-6; 11,10-16; 17,12-14; 29,17-24; 30,18-26; 32,1-8; dazu gehört das Dank- und Loblied 12. Ferner kündigen 2,2-5 (= Mich 4,1-3) die Völkerwallfahrt zum Zion als Heilsmittelpunkt und 9,1-6; 11,1-9 den messianischen Herrscher der Endzeit an. Zu den *mittelbaren Verheißungen* zählen außer 10,16-19.24-27.33f: K. 13 über Babylon, K. 14 über das schmähliche Ende des Weltherrschers, K. 15 und 16 über Moab, K. 19 über Ägypten, K. 21 drei Worte in Zusammenhang mit dem Untergang Babylons, K. 23 über Tyrus und Sidon, K. 24-27 als sog. Jesaja-Apokalypse, K. 33 über die Vernichtung der feindlichen Weltmacht, K. 34 u. 35 über das bevorstehende Endgericht über die Völker und die Verherrlichung Israels.

3) a) Der eigentliche Name des *Zweiter J. (Deutero*jesaja) genannten Propheten, dessen Worte in Jes 40-55 überliefert sind, ist unbekannt. Aus seiner Verkündigung läßt sich erschließen, daß er gegen Ende des Exils unter den Deportierten in Babylonien gewirkt hat, als das babylonische Reich allmählich zerfiel und schließlich vom Perserkönig Kyros erobert wurde; eine genaue zeitliche Aufgliederung der Worte läßt sich jedoch nicht erreichen. Der Zweite J. tritt zwar wie die älteren Propheten zum Dienst in der konkreten geschichtlichen Lage gerufen auf, verbindet damit aber Züge des gottesdienstlichen Prophetentums (der Kultpropheten). Anscheinend hat er seine Worte vornehmlich bei gottesdienstlichen Feiern in der Form von Gottessprüchen und Lobliedern vorgetragen und ist Einwänden dagegen in Streitgesprächen und Diskussionsworten entgegengetreten. Wahrscheinlich ist er nicht mehr nach Palästina heimgekehrt, sondern noch vor dem Ende des Exils auf Grund einer judäischen Anzeige von den Babyloniern hingerichtet worden (→Gottesknecht); wie seine verhüllende und oft rätselhafte Ausdrucksweise zeigt, war ihm bewußt, wie gefährlich die Ankündigung des Untergangs Babylons war. — *b)* Die *Schrift* des Zweiten J. ist wie üblich aus Sammlungen seiner Worte entstanden. Als Einleitung findet sich statt eines Berufungsberichts der dreiteilige Verkündigungsauftrag 40,1-8, auf den sich der Schluß 55,8-13 bezieht. Innerhalb dieses Rahmens sind in 40,9-44,23 grundlegende endzeitliche Verheißungen und Aussagen über die Einzigkeit Gottes, ferner nach einigen vorhergehenden Anspielungen in 44,24-48,22 die Worte über den gottgesandten Befreier Kyros und, von diesen umfaßt, die Worte über den bevorstehenden Fall Babylons vereinigt. In 49 ff sind bes. die Worte zusammengestellt, die sich programmatisch mit dem endzeitlichen Wiederaufbau des neuen Volkes in Palästina befassen. Über die ganze Schrift verteilt sind die Worte vom Gottesknecht. — *c)* Der die ganze *Botschaft* des Zweiten J. durchklingende Ton wird im Verkündigungsauftrag angeschlagen: Vergebung der Schuld Israels, die das Gericht herbeigeführt hat 40, 1 f, endzeitliche Erscheinung Gottes vor aller Welt, indem er Israel naht 40, 3-5, Ewigkeit seines Erlösungswillens („Wort") gegenüber der wie alles Irdische vergänglichen Pracht Babyloniens 40, 6-8. So verkündigt der Prophet nichts anderes als das neue *endzeitliche Heil,* das Gott zunächst Israel schenken will 42, 10-17; 44, 23; 49, 13, darüber hinaus aber aller Welt 45, 20-25; 51, 1-8. Er verbindet damit die Hoffnung auf den Sturz der babylonischen Weltmacht 46, 1 f; 47; 48, 20 f durch Kyros, den Gott berufen und gesalbt hat und dessen er sich als seines Knechtes bedient, um Israel zu helfen 44, 24-28; 45, 1-13. Es wird befreit werden 41, 8-13; 49, 24-26, nach Jerusalem heimkehren 41, 17-20; 44, 1-5; 55, 12 f und die Stadt mit dem Tempel wiederaufbauen 49, 14-21; 54, 1-3. 11-17. Damit ruft der Prophet das niedergeschlagene, verzweifelte und trostbedürftige Israel im Exil zur Hoffnung auf 51, 17-23. Denn *Gott,* der die Erlösung wirkt 43, 1-7, ist der Erste und Letzte 44, 6-8, der Schöpfer und Lenker der Natur und Geschichte. In umfassender Schau verbindet der Prophet auf der Grundlage des Glaubens an den einzigen und weltumspannenden Gott 40, 12-18; 43, 9-13 Weltschöpfung, -geschichte und -erlösung miteinander. Als Schöpfer 51, 9 f und Weltenlenker 40, 21-26 kann und wird Gott der Erlöser sein 55, 6 f. Wenn er in unbegreiflicher Liebe 54, 7 f. 9 f als solcher naht, bricht die endgültige endzeitliche Gottesherrschaft auf Erden an, in der Gott selbst ohne messianischen Statthalter regiert. Darauf unermüdlich zu hoffen und zu harren, ist die Aufgabe des Gottesvolkes; die Kraft dazu erhält es von Gott 40, 27-31. — Demnach ist der Zweite J. eine ganz eigene prophetische Gestalt. Ihm fehlt der tiefe Ernst der vorexilischen großen Einzelpropheten; statt dessen weist er einzelne Züge des nationalen Heilsglaubens auf 41, 14-16; 49, 22 f. In zweifacher Hinsicht hat er die ältere Prophetie weitergeführt: Er hat das Dasein anderer Götter, nicht nur ihre Macht bestritten und den Eingottglauben ausführlich begründet; und er verkündet einen ausschließlichen Erlösungsglauben, nach dem Gott das Heil allein wirkt und völlig schenkt. Schließlich hat er den Schöpfungsglauben ungleich stärker betont, als es vorher geschehen ist, und die Endzeiterwartung als neuen Glaubensgehalt in die Prophetie eingeführt.

4) Die in Jes 56-66 zusammengefaßten 14 Prophetenworte werden als *Dritter J. (Tritojesaja)* bezeichnet. Obwohl einige von ihnen Ähnlichkeiten mit dem Zweiten J. aufweisen, deuten sie dessen Gedanken neu und stammen nicht von ihm selber. Andere weisen solchen Einfluß nicht auf, sondern sind in ganz anderer Art gehalten, so daß mehrere unbekannte Propheten als Urheber von Jes 56-66 anzunehmen sind. Am ältesten ist wohl die Klage und Bitte 63, 7 bis 64, 11, die wegen ihrer Verwandtschaft mit Klgl 3 aus der exilischen Zeit stammen kann. Von einem frühnachexilischen Propheten können herrühren: die Ankündigung der endzeitlichen Wende K. 60, die Beschreibung der Wandlung durch das endzeitliche Heil K. 61, das Drängen auf den Beginn der Heilszeit K. 62 und die Wendung gegen Tempelbau und Kultus 66, 1-4. Die meisten Worte scheinen sich auf Gemeindeverhältnisse des 5. Jh. vChr zu beziehen und dürften auf mehrere Propheten zurückgehen: Aufnahme von Proselyten und Eunuchen 56, 1-8; Pflichtversäumnis und Abtrünnigkeit der Führer 56, 9-57, 13; Verwirklichung des Heils 57, 14-21; rechtes Fasten 58, 1-12; Sabbatheiligung 58, 13 f; Ausbleiben und Kommen des Heils K. 59; Rache Gottes an den Völkern 63, 1-6. Dagegen könnte K. 65 aus dem 4./3. Jh. vChr stammen, da unter den fremden Göttern, gegen deren Verehrer es sich wendet, die aus dieser Zeit bekannten Götter → Gad = Glück und → Meni = Zufall genannt werden; ebenso die Beschreibung der Heilszeit 66, 5-24. Die beiden Hauptthemen des Dritten J. sind demnach die sich aus den Gemeindeverhältnissen ergebenden Schwierigkeiten und die Sehnsucht nach der seit dem Ende des Exils erwarteten, aber ausbleibenden Endzeit.

Lit.: H. W. Hertzberg, Der Erste Jesaja, Bibelhilfe für die Gemeinde², Kassel 1952. H. Frey, Das Buch der Weltpolitik Gottes, Die Botschaft des AT 18⁴, Stuttgart 1954. E. Fascher, Jesaja 53 in christlicher und jüdischer Sicht, Berlin 1959. H. W. Wolff, Frieden ohne Ende, Bibl. Studien 35, Neukirchen 1962. W. Eichrodt, Der Heilige in Israel, Die Botschaft des AT 17 I, Stuttgart 1960. G. Fohrer, Das Buch Jesaja, Prophezei, Bd. I² II² III, Zürich 1966/67/64. W. Kessler, Gott geht es um das Ganze, Die Botschaft des AT 19, Stuttgart 1960. O. Kaiser, Der Prophet Jesaja, Kap. 1-12², ATD 17, Göttingen 1963. I. P. Seierstad, Die Offenbarungserlebnisse der Propheten Amos, Jesaja und Jeremia², Oslo 1965. E. Sellin - G. Fohrer, Einleitung in das AT¹⁰, Heidelberg 1965, § 56-58. *Fo*

Jeschana 1Sam 7, 12 (→ Eben-Ezer); 2Chr 13, 19, heute ʿēn sīnja, 5 km nördlich von Bethel. Zum „alten Tor" (Jeschana-Tor) Neh 3, 6; 12, 39 →Tore Jerusalems. *Rü*

Jeschua. Die Aussprache des Namens J. ist eine Nebenform für Josua (so Hagg 1. 2 u. Sach 3, 1 ff; 6, 11; griech. Sir 49, 14 Jesus). J. war ein Enkel des von Nebukadnezar 586 hingerichteten Oberpriesters Seraja 2Kö 25, 18. 21, als Sohn des ins Exil verschleppten Priesters Jozadak im Exil geboren Esra 3, 2; Hagg 1, 1; Sach 6, 11; vgl. 1Chr 5, 41. Mit dem Fürsten Serubabel führte er als Hoherpriester 536 den ersten Zug der Heimkehrer nach Jerusalem Esra 2, 2. Der Brandopferaltar wurde gebaut, Opferdienst und Festfeier wieder eingeführt Esra 3, 2-6 und der Grundstein zum Tempel gelegt 3, 8 ff. Nach der Störung durch die Samaritaner wurde der Tempelbau auf Weisung der Propheten Haggai und

Sacharja wieder aufgenommen 5,1f; i. J. 515 konnte der Tempel eingeweiht werden 6,14-16. Nach Sach 3 u. 6 knüpften sich an J. messianische Hoffnungen. *Schl*

Jeschurun (hebr. j^e^schūrūn) 5Mose 32,15; 33,5. 26; Jes 44,2 ist durch den Parallelismus sowie den Textzusammenhang ausgewiesen als ein Sondername für Israel, dem vermutlich eine Ableitung von der Wurzel jšr „gerade, recht sein" zugrunde liegt. Die griech. Übersetzung gibt es mit „Geliebter", Jes 44,2 mit „das geliebte Israel" wieder. Die lat. Übersetzung gibt in 5Mose 32,15 dafür dilectus, an den anderen Stellen rectissimus. Die griech. Übersetzungen von Aquila, Symmachus und Theodotion setzen dafür „das gerade Volk". Ob in der Bezeichnung J. eine Gegensatzbildung zu Jakob (Betrüger) oder eine sprachliche Parallelbildung zu Sebulon (hebr. z^e^būlūn) vorliegt, ist unsicher. *Ba*

Jesreel. *1) a)* Ehemals kanaanitische Königsstadt Jos 17,16 in Isaschar Jos 19,18; zum fünften Bezirk Salomos gehörig 1Kö 4,12; später Residenz des Ahab 1Kö 18,45f, der hier Naboths Weinberg gewann; hier traf aber auch das göttliche Strafgericht sein Haus 2Kö 8,29; 9,14-37; 10,6-11. Heute zer'īn auf einem der nordwestlichen Ausläufer des Gilboa-Gebirges, dschebel fuqū'a, auf der Wasserscheide zw. Jordangraben und Mittelmeer. — *b)* Nach dieser Stadt ist die Ebene J., merdsch ibn 'āmir, benannt. Sie bildet ein großes Dreieck, das im Norden vom Südabfall des untergaliläischen Gebirges, im Osten vom Thabor, dschebel eṭ-ṭōr, dem sog. kleinen Hermon, nebi daḥī, und dem Westrand des Gilboa-Gebirges, dschebel fuqū'a, und im Südwesten von der bilād er-rūḥa begrenzt wird. Die Ebene J. steht mit dem Jordangraben durch das Tal des Goliathflusses, nahr el-dschālūd (→ Harod), in Verbindung und wird durch den östlich von Haifa in das Mittelmeer mündenden Kison, nahr el-muqaṭṭa', entwässert. Einst war die Ebene J. das große Schlachtfeld des Landes: hier schlug Barak den Sisera Ri 4,7; Gideon die Midianiter Ri 6,33; 7,22; hier erlag Saul den Philistern 1Sam 29; hier besiegte Ahab die Syrer 1Kö 20,26; Pharao Necho den Josia 2Kö 23,29. Ebenso wurde hier in der Makkabäerzeit 1Makk 12,49 und im jüd. Kriege gekämpft. — *2)* Stadt im östlichen Teil des Gebirges Juda, Geburtsort der ersten Frau Davids Ahinoam Jos 15,56; 1Sam 25,43; 27,3. Lage ungewiß. *Rü*

Jesse, Wiedergabe des Namens → Isai im lat. NT Mt 1,5.6; Lk 3,32; Apg 13,22; Röm 15,12. Hebr. Jischai; LXX und griech. NT Jessai. *Peu*

Jesus. Der Name, griech. Wiedergabe für → Jeschua, kommt (außer für → Jesus Christus) mehrfach vor: für den Sohn des Sirach Sir 50,29, einen Vorfahr Jesu Lk 3,29, einen Judenchristen J. → Justus Kol 3,11. *Schl*

Jesus Christus.
I. Die Quellen der Geschichte J. II. Zeitrechnung. III. Geburt und Kindheit J. IV. Die Taufe J. V. Die Wirksamkeit J.: 1) Der Schauplatz. 2) Die Predigt J. 3) Die sittliche Forderung J. 4) Die Gottesanschauung J. 5) Die Wunder J. VI. Die Person J.: 1) Das Sendungsbewußtsein J. 2) Das Messiasbewußtsein J. 3) Der Menschensohn. 4) Der Gottessohn. VII. Leiden, Sterben und Auferstehen J.

I. Die Quellen der Geschichte Jesu. Die wichtigsten *Quellen,* die uns über J. Chr. unterrichten, sind die *Evangelien.* Sie sind in erster Linie Glaubenszeugnisse, die im Dienst der urchristl. Verkündigung stehen. Es ist nicht ihre Absicht, eine vollständige und umfassende Darstellung des Lebens J. zu geben; vielmehr haben die Berichte über die Worte und Taten J. den Zweck, das apostolische → Kerygma, daß J. der Christus und der Herr ist, als begründet zu erweisen. Sie wollen zeigen, daß der Glaube der Gemeinde und ihr Verständnis der Person J. auf diesen selbst zurückgehen. Da sie von der Offenbarung Gottes in der Geschichte handeln, sind sie historische Dokumente von einzigartiger Bedeutung. Hinter ihnen steht das Zeugnis der Jünger, die J. Worte gehört und seine Machttaten gesehen haben. Das → Joh.-Ev. berichtet in mancher Hinsicht anders als die Synoptiker. Das berechtigt uns aber nicht, den Geschichtswert der johanneischen Überlieferung in Zweifel zu ziehen. Die Wirksamkeit J. ist zweifellos umfassender gewesen, als die Synoptiker erkennen lassen, die in ihrer Darstellung einem bestimmten Schema folgen. Johannes kann die Ereignisse, über die er seine Leser unabhängig von den Synoptikern unterrichtet, nicht frei erfunden haben, sondern gibt auch damit Überlieferung wieder.

Außerhalb der Evangelien haben wir im NT nur verhältnismäßig wenige Hinweise auf den geschichtlichen J. Das gilt für die Apostelgeschichte, in der die „Petrusformeln" in aller Kürze den Weg J. von der Verhaftung des Täufers bis Ostern fixieren (Stauffer), ebenso wie für die Paulusbriefe, den Hebräerbrief und den 1. Petrusbrief. Die Apg zitiert 20,35 ein Wort des „Herrn Jesus" („Geben ist seliger als nehmen"), das die Evangelien nicht kennen.

Von zweifelhaftem Wert sind die → *Agrapha* (Herrnworte), zerstreute Worte J., die von den Kirchenvätern überliefert sind. Ihre Echtheit ist nicht mit Sicherheit zu erweisen; für die Botschaft und Lehre J. ergeben sie nichts Wesentliches. Auch die *Bruchstücke verlorengegangener Evangelienschriften* (das Petr.-Ev. u. a.) bereichern nicht in zuverlässiger Weise unsere Kenntnis des Lebens und der Worte J.

Das *außerbiblische Quellenmaterial* ist sehr gering. J. wird zwar bei antiken Historikern erwähnt; aber sie wissen wenig Konkretes über ihn zu sagen. Tacitus (Ann. XV, 44) erklärt in seinem Bericht über den Brand Roms, daß die Verfolgung der Christen unter Nero auf den „verheerenden Aberglauben" zurückgehe, dessen

Urheber „Christus“ war. Sueton (Claud. 25, 4) behauptet, daß der Kaiser Claudius die Juden aus Rom vertrieben habe, weil sie auf Anstiften eines gewissen „Chrestus“ Unruhen hervorgerufen hatten; wahrscheinlich ist diese Notiz auf den Christus J. zu beziehen. Wichtiger sind zwei Stellen bei Josephus. In dem sog. Testimonium Flavianum (Ant. XVIII, 63 f) stellt er fest, daß J. ein weiser Mann, ein Täter wunderbarer Werke, ein Lehrer der Menschen und der Messias war, der von Pilatus mit dem Kreuz bestraft wurde und nach drei Tagen seinen Jüngern wieder lebendig erschien. Aber diese Stelle dürfte nachträglich von Christen eingefügt, in jedem Fall christl. überarbeitet sein. Ant. XX, 200 erwähnt Josephus den i. J. 62 nChr hingerichteten Jakobus und bezeichnet ihn als Bruder J., des sog. Christus.

Auch der *Talmud* bezeugt die Existenz J.; aber alle seine Aussagen sind von einer gehässigen Polemik erfüllt. So wird u. a. gesagt, daß J. Zauberei trieb, Israel verführte, über die Worte der Weisen spottete und ein uneheliches Kind eines römischen Soldaten namens Panthera war.

II. Zeitrechnung. Es läßt sich weder mit Sicherheit sagen, wie lange J. gelebt, noch wie lange er öffentlich gewirkt hat. Die Synoptiker wissen nur von dem einen Todespassa; sonst geben sie keine Anhaltspunkte für die Berechnung des Zeitraums, der davor liegt. Man muß aber aus den Angaben des Mk.-Ev.s 1, 14; 2, 23; 14, 1 den Eindruck gewinnen, daß die Wirksamkeit J. etwa 1½ Jahre gedauert hat. Das Joh.-Ev. dagegen weiß von drei Passafesten, die J. besucht hat Jo 2, 13. 23; 6, 4; 11, 55; außerdem wird noch ein Laubhüttenfest 7, 2 und ein Tempelweihfest 10, 22 erwähnt. Johannes nimmt also einen Zeitraum von 3 Jahren an. Mehr als 3 Jahre wären es, wenn in Jo 5, 1 auch ein Passafest gemeint wäre, was sich aber nicht sicher entscheiden läßt. Man gibt heute im allg. der johanneischen Chronologie den Vorzug. Auch Mt 23, 37 u. Lk 13, 34 scheinen darauf hinzudeuten, daß J. mehrmals in Jerusalem weilte. Jedenfalls ist Johannes stärker als die Synoptiker an genauen Zeitangaben interessiert. — Nach Lk 3, 23 war J. bei seinem Auftreten etwa 30 Jahre alt. Jo 2, 20 wird erwähnt, daß 46 Jahre seit Beginn des herodianischen Tempelbaus verstrichen sind. Diese Angabe weist auf das Jahr 27/28 hin. Nach den Evangelien und allen anderen Quellen ist J. unter Pontius Pilatus gekreuzigt worden, der 26-36 nChr Statthalter war. J. starb an einem Freitag. Das war nach den Synoptikern der 15., nach Johannes der 14. Tag des Passamonats Nisan. Auch hier wird Johannes gegenüber den Synoptikern im Recht sein, denen an der Feststellung gelegen ist, daß das letzte Mahl Jesu ein Passamahl war. Die Frage, in welchem Jahr der 14. Nisan auf einen Freitag fiel, wird nach den Untersuchungen, die darüber angestellt worden sind (vgl. J. Jeremias, Die Abendmahlsworte Jesu, ³1959), dahin zu beantworten sein, daß es sich um das Jahr 30 n Chr handelt. Der Todestag J. war dann der 7. April dieses Jahres.

Die einzige direkte Jahresangabe in den *Evangelien* (das 15. Regierungsjahr des Kaisers Tiberius) steht Lk 3, 1 f. Sie bezieht sich zwar auf Johannes den Täufer, ist aber gewiß auch dazu bestimmt, einen Anhaltspunkt für das Auftreten J. zu geben. So wird man sagen dürfen, daß die öffentliche Wirksamkeit Jesu die Jahre 28 bis 30 umfaßt.

III. Geburt und Kindheit Jesu. J. wurde *geboren,* als Augustus römischer Kaiser und Herodes d. Gr. jüdischer König war Lk 2, 1; Mt 2, 1; Lk 1, 5. Da Herodes bereits i. J. 4 vChr gestorben ist, muß die Geburt J. vor diesem Zeitpunkt stattgefunden haben. Danach besteht die im 6. Jh. von dem Abt Dionysius Exiguus in Rom festgestellte Zeitrechnung, die das Jahr der Geburt Jesu als das Jahr 1 zählt, nicht zu Recht. Vielmehr ist aus der Erzählung von dem Stern zu Bethlehem Mt 2, 1 ff und dem Bericht über den in Palästina durchgeführten Census („Schätzung“) Lk 2, 1 ff zu erschließen, daß J. i. J. 7 vor unserer Zeitrechnung geboren worden ist. Auf Grund neuerer Funde (der „Berliner Planetentafel“ und des „Sternkalenders von Sippar“) wird der Stern von Bethlehem als die in dem genannten Jahr eingetretene Konjunktion von Juppiter und Saturn im Sternbild der Fische beurteilt. Die Astrologie der damaligen Zeit habe den Juppiter als Stern des Weltherrschers und das Sternbild der Fische als das Zeichen der Endzeit betrachtet; so sei es bei den Magiern Mt 2, 2 zu der Deutung gekommen, daß i. J. 7 in Palästina der Herrscher der Endzeit erscheinen werde (Stauffer). Der römische Census, von dem das Luk.-Ev. spricht und bei dem es sich um eine „planmäßige Erfassung aller Steuersubjekte und aller Steuerobjekte“ handelte, ist als der i. J. 7 vChr veranstaltete „Anfangsakt der Zensusaktion“ (Stauffer) zu verstehen. Daß der erste Zensus in Judäa stattfand, darauf weisen auch die Angaben bei Josephus (Ant. XVII, 13, 5; XVIII, 1, 2; XX, 5, 2; Bell. Jud. VII, 8, 1) hin. → Cyrenius.

J. gilt als Nazarener, aber er wurde in Bethlehem geboren. Das ist nicht „der von einer bestimmten Christologie postulierte“ (Conzelmann), sondern, wie sich aus Lk 2, 4 ff ergibt, der wirkliche Geburtsort J. Nach den Vorgeschichten bei Mt und Lk ist J. Davidssohn und Jungfrauensohn. Daß er „Sohn“ Davids ist, wird schon sehr früh in bekenntnisartigen Sätzen ausgesprochen Röm 1, 3; vgl. 2Tim 2, 8; Offb 5, 5. J. selbst hat die Anrede „Sohn Davids“ nicht abgelehnt Mk 10, 48; 11, 10, hat aber klar zum Ausdruck gebracht, daß er als der Messias mehr ist als nur ein Nachkomme Davids; als der „Herr“ steht er über David Mk 12, 35-37 (→ Messias). Den Nachweis, daß J. wirklich aus dem Geschlecht Davids herkommt, suchen die Stammbäume zu erbringen, die bei Mt bis zu Abraham, bei Lk bis zu Adam reichen Mt 1, 1 ff; Lk 3, 23 ff. Sie führen auf Joseph, der, „wie man meinte" Lk 3,23, der Vater J. war; sie werden aber mit der Jungfrauengeburt kombiniert Mt 1,18-25; vgl. Lk 1,30ff. Die Stammbäume bei Mt und Lk stimmen weithin nicht überein. Daß Lk den Stammbaum der Maria geben wollte, ist ganz unwahrscheinlich. Für isr. Begriffe genügte es, wenn Joseph, in dessen Familie J. trotz seiner übernatürlichen Erzeugung hineingeboren wurde, ein Nachkomme Davids war. Die Jungfrauengeburt bringt zum Ausdruck, daß der wahre Ursprung J. in Gott liegt. Durch die Verbindung der beiden an sich paradoxen Aussagen, daß J. Davidssohn und Jungfrauensohn war, wird das Geheimnis seiner Gottessohnschaft angedeutet, wenn es auch nicht dem Verstande einleuchtend gemacht werden kann. Aus dem Mk-Ev. kann man den Eindruck gewinnen, daß J. erst in der Taufe zum Gottessohn erklärt worden sei. Mt und Lk aber führen die Gottessohnschaft J. auf ein Handeln Gottes zurück, das die Existenz J. in einzigartiger Weise begründet hat. Sonst schweigt das NT über die wunderbare Erzeugung J. Während seines Lebens galt er als Sohn Josephs und der Maria Lk 3,23; 4,22; Jo 6,42. Der Name J. (Jeschua, abgekürzt aus Jehoschua = Jahwe ist Rettung) ist im Judentum nicht selten, ist aber in einzigartiger Weise sinnvolle Bezeichnung der Person und des Werkes J. von Nazareth.

Über die *Kindheit und Jugend J.* erfahren wir nur sehr wenig. J. wuchs in einem schlichten Elternhause auf, dessen Frömmigkeit durch das Gesetz und die eschatologische Erwartung Israels geprägt war. Pharisäischer Gesetzeseifer wird in Nazareth ebensowenig wirksam gewesen sein wie hellenistisches Gedankengut. Das wichtigste Bildungsmittel war das AT, mit dessen Grundwahrheiten J. gewiß schon von früher Jugend auf vertraut gemacht wurde; denn durch die Synagogen wurde eine bedeutende Schriftkenntnis in die Familien gebracht. Vom 5. Lebensjahr an hatte der jüd. Knabe selbst Zutritt zur Synagoge, wo er in jedem Gottesdienst die Thora- und Prophetenlektion hörte. Vermutlich hat J. auch die Schule seiner Vaterstadt besucht, wo die Unterweisung im Gesetz im Mittelpunkt stand. So ist mit Bestimmtheit anzunehmen, daß J. nicht nur die aramäische Umgangssprache beherrschte, sondern auch die hebr. Bibel lesen konnte. Ob und wieweit er Kenntnisse der griech. Sprache hatte, vermögen wir nicht zu sagen. Wie sehr J. in den hl. Schriften seines Volkes bewandert war, davon legt die Erzählung von dem Zwölfjährigen im Tempel Zeugnis ab, die zugleich einen Einblick in sein persönliches Verhältnis zu Gott gibt Lk 2,41-52. Über seine innere Entwicklung in den darauffolgenden Jahren gibt nur Lk mit einem Satz eine allg. Auskunft: „Er nahm zu an Weisheit und Gnade bei Gott und den Menschen" Lk 2,52. Was wirklich in ihm vorging, ist für uns ein Geheimnis. Aber die stillen Jahre in Nazareth sind für seine spätere Berufsaufgabe von großer Bedeutung gewesen. Die äußere Gestaltung seines Lebens vollzog sich ohne bemerkenswerte Ereignisse. Er nahm an der Arbeit Josephs teil und wurde wie dieser ein Zimmermann (Bauhandwerker). Die Nachrichten über seine Familie sind gering. Wir hören von → Brüdern und Schwestern, die er gehabt hat Mk 6,1ff; vgl. Mt 13,55f. Welche Rolle seine Mutter in diesem Abschnitt seines Lebens spielte, wissen wir nicht; wir können aber gewisse Rückschlüsse aus Lk 2,19 u. 2,51 ziehen (→ Maria).

IV. Die Taufe Jesu. Das entscheidende Ereignis im Leben J. ist seine Taufe. J. war schon ein reifer Mann, als die Kunde von der Wirksamkeit → Johannes des Täufers und der durch ihn entstandenen Bewegung nach Nazareth drang. Er ging daraufhin zum Jordan und empfing die Taufe, die Johannes als eine Bußtaufe zur Vergebung der Sünden verstand. Bedeutsamer als das Taufgeschehen selbst war der Vorgang, der ihm unmittelbar folgte: es wurde sichtbar, daß er Gottes Geist besaß, und eine Gottesstimme nannte ihn den Sohn Gottes. Das war die Messiasweihe, die J. mit der Kraft ausrüstete, deren er zur Durchführung seines Werkes bedurfte. Jetzt lag der Weg, den er zu gehen hatte, klar vor ihm. Er war der Messias, auf den Johannes in seiner Verkündigung hingewiesen hatte. Der Täufer selbst war sich der Stellung, die er in der Heilsgeschichte einnahm, voll bewußt; er war nur der Vorläufer des kommenden eschatologischen Heilbringers. In J. sah er die Erfüllung seiner prophetischen Verkündigung.

An die Taufe schließt sich die Versuchung J. an. Er wird vom Geist Gottes in die Wüste geführt und 40 Tage lang einer schweren Belastungsprobe ausgesetzt. Durch die Anfechtungen hindurch behauptet er sich gegenüber allen satanischen Einflüsterungen. Aus dem Wort Gottes gewinnt er vollkommene Klarheit über die Aufgabe, die er zu erfüllen hat; er hat nicht die Weltherrschaft an sich zu reißen, sondern die Königsherrschaft Gottes aufzurichten.

V. Die Wirksamkeit Jesu.

1) Der Schauplatz. Die Darstellung des Mk zeigt folgende Anordnung: 1. Aktion J. in Galiläa, 2. Passion in Jerusalem. Dazwischen liegt ein kurzer Bericht über die Reise J., die ihn in das Gebiet von Judäa (Ostjordanland) führt. Mt übernimmt diesen geographischen Rahmen. Das gleiche gilt von Lk, der aber darüber hinaus einen ausführlichen Reisebericht 9,51-19,27 gibt, in dem er vor allem den Überlieferungsstoff unterbringt, der zu seinem Sondergut gehört. Dieser Reisebericht ist dadurch gekennzeichnet, daß Lk immer wieder zum Ausdruck bringt: Jerusalem ist das Ziel der langen Wanderung J. 9,51; 13,22.32f; 17,11. Anders als Mk und Mt hebt Lk hervor, daß J. auch das Gebiet von Samaria berührt. Darüber weiß auch Jo zu berichten, der eine Szene in Samaria ausführlich schildert (die Begegnung J. mit der Samariterin am Jakobsbrunnen, K. 4). Lk und Jo bringen damit zum Ausdruck, daß die Samaritermission schon durch J. begründet worden ist. Mk allerdings sagt nichts davon, daß J. mit den Samaritern in Verbindung getreten ist, und Mt kennt sogar ein Wort J., mit dem er seinen Jüngern die Samaritermission ausdrücklich verboten hat Mt 10,5. — Anders als die Synoptiker berichtet Jo von wiederholten Festbesuchen J. in Jerusalem. Er weiß auch von einem Wirken J. in Judäa und Peräa vor der galiläischen Zeit 3,22-4,3; vgl. 10,40; 11,54. Dafür, daß J. schon vor seiner letzten Reise nach Jerusalem mehrfach in der Hauptstadt des Landes gewesen ist, gibt es auch bei den Synoptikern einige Hinweise Mt 21,17; vgl. Lk 10,38 ff; Mt 23,37, ohne daß im einzelnen genaue Angaben gemacht werden. — Die Synoptiker stellen fest, daß J. seine Wirksamkeit in Galiläa erst nach der Verhaftung des Täufers begonnen hat Mk 1,14; Mt 4,12; Lk 3,20; 4,14. Über die Zeit zw. der Taufe J. und dem Beginn seiner galiläischen Tätigkeit aber schweigen sie. Dagegen hebt Jo hervor, daß es schon vor der Gefangennahme des Täufers eine Wirksamkeit J. gegeben hat, bei der J. durch seine Jünger sogar die Taufe vollziehen ließ Jo 4,2. Danach haben J. und der Täufer eine Zeitlang nebeneinander gewirkt. Erst als der Täufer vom Schauplatz der Geschichte abgetreten war, verließ J. Judäa. Das scheint darauf hinzudeuten, daß er sich erst in diesem Zeitpunkt völlig von der Täuferbewegung gelöst hat. Für diese Auffassung spricht, daß J. nunmehr ganz auf die Taufe als eschatologisches „Heilssakrament" verzichtet. Die Sündenvergebung erfolgt fortan allein durch das Wort J. — Schwieriger ist die Frage zu beantworten, in welchen Zeitpunkt die „Tempelreinigung" gehört. Jo stellt sie an den Anfang, die Synoptiker an das Ende der öffentlichen Wirksamkeit J. Daß J. diese Handlung zweimal vorgenommen hat, ist ausgeschlossen. Man wird in ihr nicht die „zelotische Demonstration eines radikalen Täuferschülers" (Stauffer) zu sehen haben, sondern den letzten Protest J. gegen den entarteten jüd. Kultus. Daß die Synoptiker die Erzählung an der historisch richtigen Stelle haben, dafür dürfte auch sprechen, daß Jo seinem Bericht über die Tempelreinigung eine Diskussion J. mit den Juden hinzufügt, in deren Verlauf J. sagt: „Brecht den Tempel ab, so werde ich ihn in drei Tagen wieder erstehen lassen" Jo 2,19. Dieser Satz hat doch nur einen Sinn, wenn J. auf seinen unmittelbar bevorstehenden Tod und die ihm folgende Auferstehung hinweist. Davon aber hat er doch wohl erst am Ende seines Lebens sprechen können. — Jo und die Synoptiker stimmen darin überein, daß J. die längste Zeit in Galiläa wirkte; sie weichen jedoch in der Darstellung der einzelnen Ereignisse voneinander ab. Das hängt offenbar damit zusammen, daß sie verschiedene Überlieferungen verwerten. Man muß sich überhaupt vor Augen halten, daß sowohl Jo als auch die Synoptiker nur fragmentarische Ausschnitte aus der öffentlichen Wirksamkeit J. geben. In dem Nachtragskapitel des 4. Evangeliums wird das bes. hervorgehoben 21,25. Jo eigentümlich ist, daß er viele Berichte kerygmatisch auswertet, zB die Erzählung von der wunderbaren Speisung. — Daß das Wirken J. in Jerusalem umfassender war, als die Synoptiker erkennen lassen, wird man nicht in Zweifel ziehen können. Das Interesse der drei ersten Evangelien ist ausschließlich auf die Wirksamkeit J. in Galiläa und seine Passion in Jerusalem gerichtet. Jo dagegen gibt ein weit umfassenderes Bild, und damit wird er recht haben. Daß auch er einem bestimmten Plan folgt, der seiner Darstellung der Ereignisse zugrunde liegt, ist deutlich. Was er mit seinem Evangelium bezweckt, hat er am Schluß seines Werkes ausgesprochen: es soll durch seine Aufzeichnungen der Glaube an Christus J., den Sohn Gottes, entstehen 20,31. Jo weiß auch über den letzten Aufenthalt J. im Ostjordanland und in Judäa mehr zu berichten als die Synoptiker. Doch findet sich bereits bei Mk 10,1 und Mt 19,1 die Mitteilung, daß J. von Galiläa aufbrach und in das Gebiet von Judäa kam.

Während der galiläischen Zeit hat J. zunächst in der Nähe des Sees Genezareth die ihm von Gott gestellte Berufsaufgabe erfüllt. Der Ausgangspunkt ist offenbar Kapernaum gewesen, wo er, wie es scheint, zeitweise seinen Wohnsitz gehabt hat Mt 4,13. Später hat er auch entferntere Gegenden aufgesucht, so das Gebiet der Gadarener jenseits des Sees Mk 5,1 ff. Gelegentlich hat er die Grenzen Palästinas überschritten und ist in die Umgebung von Tyrus und Sidon gekommen Mk 7,24. Sein Weg führte ihn dann noch weiter in den Norden nach Cäsarea Philippi Mk 8,27. Wie er selbst das ganze Land durchwanderte, so kamen Menschen aus allen Teilen des Landes zu ihm.

2) Die Predigt Jesu. J. hat kein Lehrsystem entwickelt. Er war kein Schriftgelehrter in dem damals üblichen Sinn des Wortes. Die „Thorahochschule" in Jerusalem hat er nie besucht. Was er sagte, stammte aus unmittelbarer göttlicher Vollmacht. J. trat predigend und lehrend in den Synagogen auf, wo es jedem dazu befähigten Gemeindeglied freistand, nach Verlesung der Prophetenlektion eine Ansprache zu halten Mk 1,39, und in Privathäusern Mk 2,2; er redete unter freiem Himmel, wenn das Volk ihm nachfolgte; von einer Anhöhe Mt 5,1 oder am Seeufer von einem Fischerboot aus Mk 4,1. Von Johannes dem Täufer unterscheidet er sich dadurch, daß er die Menschen nicht zu sich hinausruft, sondern sie aufsucht, um ihnen seine Botschaft zu bringen und ihnen in den konkreten Nöten ihres Lebens zu helfen. Er lehrt und tut Wunder. Von dem Täufer dagegen werden keine Wundertaten berichtet. Aber J. verkündigt nicht nur die Heilsbotschaft, sondern bringt auch das Heil Gottes in Wort und Werk zu dem heillosen Volk; denn er ist der Träger göttlicher Heilskräfte. Mit seinen Jüngern führt er auf der Wanderung Gespräche, in denen er sie in besonderer Weise belehrt, ihnen die Geheimnisse des Reiches Gottes erschließt und ihnen Anweisungen für die Gestaltung ihres Lebens und ihres Dienstes gibt.

a) Die Verkündigung des Reiches Gottes. J. hat die Buß- und Reichsgottespredigt des Täufers aufgenommen und weitergeführt. Er hat sie aber dadurch vertieft, daß er in messianischer Vollmacht auftrat. Die Botschaft von dem nahe bevorstehenden Kommen des → Reiches Gottes bildet das Zentrum seiner Verkündigung und Lehre. Gott selber wird zu dem von ihm bestimmten Zeitpunkt seine Herrschaft aufrichten und allen Reichen der Welt ein Ende bereiten. Das Reich Gottes kommt ohne menschliches Zutun. Es ist nicht das Ergebnis menschlicher Bemühungen und Anstrengungen. Denn es bricht plötzlich herein, „wie der Blitz aufzuckt und von einem Ende des Himmels zum anderen leuchtet" Lk 17,24. Gleichwohl gibt es Anzeichen dafür, daß das Reich Gottes kommt, und es gilt, sie zu beachten. Aus den Zeichen der Zeit sollen die Menschen erkennen, „daß der Sommer nahe ist" Mk 13,28 f. Doch ist das Wissen um Zeit und Stunde der großen Weltenwende Gott allein vorbehalten. J. hat zunächst davon gesprochen, daß das Kommen des Reiches Gottes unmittelbar bevorsteht Mk 9,1; Mt 10,23; 24,34. Daraus erklärt sich der gewaltige Appell voll drängender Kraft am Anfang seiner Wirksamkeit. Daneben gibt es in den großen eschatologischen Reden Mk 13; Mt 24; Lk 21 Worte J., die an traditionelle apokalyptische Vorstellungen anknüpfen und von bestimmten Ereignissen sprechen, die dem Hereinbrechen des Reiches Gottes vorangehen. Das muß kein Widerspruch sein und nötigt nicht dazu, die zweite Reihe von Aussagen der Gemeindetheologie zuzuschreiben. J. hat wohl in zunehmendem Maß die Gewißheit gewonnen, daß sein Tod den von Gott verordneten Abschluß seines Werkes bedeutet. Es ist ja bezeichnend, daß die großen eschatologischen Reden nach den Leidensankündigungen stehen. Sie wurden nach dem Einzug Jesu in Jerusalem gehalten und waren dazu bestimmt, die Jünger mit dem Gedanken vertraut zu machen, daß die Herrschaft Gottes erst dann volle Wirklichkeit werden wird, wenn er selbst als der Menschensohn in Macht und Herrlichkeit wiederkommen wird. Auch hier hat er darauf hingewiesen, daß außer Gott niemand weiß, wann der Zeitpunkt des letzten Geschehens da sein wird Mk 13,32 f.

Neben den rein eschatologischen Aussagen stehen nun aber Sprüche J., die von dem Reich Gottes als einer gegenwärtigen Größe reden. Sie besagen, daß das Reich Gottes bereits im Anbruch da ist. Die Herrschaft Gottes ist eine wirkende Macht, die ihre Kraft schon in der Gegenwart entfaltet; sie ist in dem Wirken J. offenbar. Durch ihn richtet Gott seine Herrschaft mitten in der dem Verderben preisgegebenen Welt auf. J. weiß, daß mit ihm die Heilszeit ihren Anfang genommen hat, in der die prophetische Verheißung Jes 35,5 f sich zu erfüllen beginnt. Die Botschaft des Heils wird verkündigt, und es geschehen unerhörte Taten Mt 11,5 f. J. bekennt von sich selbst: „Wenn ich durch den Geist Gottes die Dämonen austreibe, dann ist ja die Herrschaft Gottes zu euch gelangt" Mt 12,28; vgl. Lk 11,20. In dem Maß, in dem die Macht des Satans zurückgedrängt wird, greift die Herrschaft Gottes um sich und gewinnt Raum. J. bricht als der Stärkere in das Reich des Widersachers Gottes ein. Daran, daß er dem Starken die Beute entreißt, erkennt man, daß er in der Kraft göttlicher Vollmacht der Überlegene ist Mk 3,27. So ist J. der Repräsentant des Reiches Gottes auf Erden. In seinem Namen wirken die von ihm ausgesandten Jünger. Nach der Rückkehr der 70 ist J. tief beglückt über ihre Erfolge, so daß er in jubelndes Frohlocken ausbricht: „Ich sah den Satan wie einen Blitz vom Himmel herabgestürzt" Lk 10,18. Wie stark J. die gewaltige Kraft empfunden hat, die durch ihn wirksam war, hat er in dem Satz zum Ausdruck gebracht: „Seit den Tagen Johannes des Täufers bis auf diese Stunde bricht sich das Himmelreich mit Gewalt Bahn" Mt 11,12. Von größter Bedeutung ist das Wort J. Lk 17,21. Auf die Frage der Pharisäer, wann die Herrschaft Gottes kommen wird, antwortet er: „Das Reich Gottes ist mitten unter euch." Die Übersetzung: „Es ist inwendig in euch" scheitert daran, daß das Wort J. an die Pharisäer gerichtet ist, die nichts mit der von ihm verkündigten und in seinem Handeln wirksam gewordenen Herrschaft Gottes zu tun haben wollen. Die Vertreter der „konsequenten Eschatologie", die der Meinung sind, daß alle Worte J. über das Reich Gottes sich auf die Zukunft beziehen, übersetzen Lk 17, 21: „Das Reich Gottes *wird* unter euch sein, und zwar plötzlich, mit einem Schlage." Das ist sprachlich möglich, entspricht aber nicht dem Zusammenhang, in dem der Ausspruch J. steht.

Endlich gibt es Worte J., die von der sich allmählich entfaltenden Macht der Gottesherrschaft sprechen. Dieser Gedanke kommt in einer Reihe von → Gleichnissen zum Ausdruck (vor allem in den Gleichnissen vom Säemann, vom Senfkorn und vom Sauerteig). Hier wird das Reich Gottes als „Heils- und Machtsphäre" (R. Otto) verstanden, die sich immer weiter erstreckt und immer mehr Menschen erfaßt. Die Kraft des Reiches Gottes hat eine extensive und eine intensive Wirkung. Durch das von J. verkündigte Wort vollzieht sich ein geheimnisvoller Prozeß in den Menschen, die empfänglich sind für seine Botschaft. In anderen Gleichnissen (von dem Schatz im Acker und der kostbaren Perle) erscheint das Reich Gottes als das Heilsgut, das die Menschen zu gewinnen trachten. Wenn sie es mit Ernst suchen, fällt es ihnen als Geschenk der göttlichen Gnade zu. „Wer da sucht, der findet, und wer da anklopft, dem wird aufgetan" Mt 7,8.

J. hat also in dreifacher Weise von dem Reich Gottes gesprochen: 1. von der kommenden Gottesherrschaft, die Gott an einem den Menschen verborgenen Zeitpunkt hereinbrechen lassen wird; 2. von dem Anbruch der Herrschaft Gottes, der in dem Wirken J. bereits gegenwärtige Wirklichkeit ist; 3. von der sich immer weiter verbreitenden, die Menschen erfassenden und ihr ganzes Sein gestaltenden Kraft der Gottesherrschaft.

J. zeigte auch die Bedingungen, die der erfüllen muß, der „in das Reich Gottes eingehen will". Er fordert eine klare Entscheidung. Der Ruf zur Entscheidung ist der Ruf zur → Buße. Eine Teilnahme am Reich Gottes ohne die radikale Umkehr ist unmöglich. Der Mensch muß einen vollkommenen Bruch mit seinem bisherigen Leben vollziehen; er muß sich ganz Gott zuwenden und sich in seinem Denken und Handeln allein von ihm bestimmen lassen. Die Buße darf sich aber nicht auf einen inneren Vorgang beschränken; sie erreicht ihr Ziel nur dann, wenn sie zu Früchten der Buße und zur Erfüllung des Willens Gottes führt. Denn die Herrschaft Gottes bejahen, heißt den Willen Gottes *tun*. Die Entscheidung für Gott schließt den radikalen Gehorsam in sich. „Es werden nicht alle, die zu mir Herr, Herr sagen, schon deshalb in das Himmelreich kommen, sondern nur, wer den Willen meines Vaters im Himmel tut" Mt 7,21. J. verlangt von seinen Jüngern, daß ihre Gerechtigkeit, d.h. ihre sittliche Lebenspraxis, besser sei als die der Schriftgelehrten und Pharisäer Mt 5,20. Die einmal getroffene Entscheidung muß richtunggebend für das ganze Leben sein; denn „wer einmal seine Hand an den Pflug gelegt hat, darf nicht zurückschauen; sonst ist er nicht geschickt zum Reich Gottes" Lk 9,62.

J. hat die Entscheidung für Gott auch mit der Entscheidung für seine Person verbunden. Der Glaube an das Evangelium von der Königsherrschaft Gottes schließt die → Nachfolge J. ein. Auch hier handelt es sich um ein Entweder-Oder. Wer den Entschluß gefaßt hat, J. nachzufolgen, darf sich durch keine Pflichten, und seien es die der Pietät, daran hindern lassen Mt 8,22. Ja, J. geht so weit, daß er unter Umständen den Bruch mit dem Elternhaus und der Familie fordert Lk 14,26. Er selber hat sich um seiner Aufgabe willen von seinen Verwandten losgesagt und die Glieder des wahren, der Herrschaft Gottes sich unterwerfenden Gottesvolkes als seine wahren Verwandten bezeichnet Mk 3,35. Das größte Hindernis der radikalen Entscheidung für Gott hat er in der Gebundenheit an die Güter dieser Welt gesehen. Es ist für das Schicksal des Menschen von höchster Bedeutung, woran er sein Herz hängt: an Gott oder an den Mammon. Darum verlangt J., daß die Menschen, die ihm nachfolgen, sich keine Schätze auf Erden sammeln, sondern reich sind in Gott. Denn niemand kann zwei Herren dienen. So gibt es nur eine Forderung: zuerst nach dem Reich Gottes und seiner Gerechtigkeit zu trachten Mt 6,33. Damit ist eine neue Wertordnung begründet. Wer sich nach ihr richtet, wird auch an den für das irdische Leben notwendigen Dingen keinen Mangel haben.

Der Mensch, der sich für die Gottesherrschaft und die Nachfolge J. entscheidet, muß sich freilich darüber klar sein, was er damit auf sich nimmt. Wie man, ehe man einen Turm baut oder einen Kriegszug unternimmt, zuvor die Kosten überschlägt, so muß der Mensch sich darüber ernsthaft Gedanken machen, was es bedeutet, wenn er sich ganz für Gott entscheidet Lk 14,28ff. Wer am Reich Gottes Anteil haben will, muß zu jedem Opfer bereit sein. In plastisch-bildhafter Ausdrucksweise erklärt J.: „Es ist besser, verstümmelt in das Leben (das Reich Gottes) einzugehen, als mit zwei Händen, zwei Füßen und zwei Augen in die Hölle geworfen zu werden" Mt 5,29ff. Der Weg in das Reich Gottes geht durch die enge Pforte, und es sind wenige, die sie finden Mt 7,13f; Lk 13,24. Nur eine Minderheit vermag die Bedingungen des bußfertig-gehorsamen Anschlusses an J. zu erfüllen, die den Zugang zum Reich Gottes erschließen. Es ist die kleine Herde, von der J. sagt: „Eurem Vater (Gott) hat es gefallen, euch das Reich zu geben" Lk 12,32.

Aber neben den strengen Forderungen, die auf eine radikale Entscheidung drängen, stehen in der Verkündigung J. Worte, die einen zarten, gütigen Klang haben. Sie sprechen von den inneren Voraussetzungen für den Eingang in das Reich Gottes. Dazu gehören vor allem die Sprüche vom Kindessinn: „Wer das Reich Gottes nicht annimmt wie ein Kind, der wird nicht hineinkommen" Mk 10,15. Die Heilsbotschaft will intuitiv erfaßt sein, „in schlichter, unreflektierter Unmittelbarkeit, in der Einfalt und ungeteilten Hingabe des Herzens" (R. Otto). Entscheidend ist das gläubige Vertrauen. Der Heilsweg, den J. aufzeigt, steht im Gegensatz zu dem der Pharisäer und Schriftgelehrten, die mit ihrer raffinierten Kasuistik und Gesetzestechnik den Menschen den Zugang zum Reich Gottes verbauen. J. erhebt gegen sie den schweren Vorwurf, daß sie das Reich Gottes vor den Menschen verschließen; sie selbst gehen nicht hinein und hindern die ihnen anvertrauten Menschen, es zu tun Mt 23,13; Lk 11,52. — In die gleiche Richtung weisen die Seligpreisungen der Bergpredigt mit ihren Verheißungen. Den Armen (nach Mt 5,3 den geistlich Armen), Sanftmütigen, Leidtragenden, Barmherzigen, Friedfertigen, denen, die nach der Gerechtigkeit hungern und dürsten und reinen Herzens sind, d.h. allen, die innerlich zugerüstet sind, gilt die Verheißung, daß sie an dem Reich Gottes Anteil haben werden. J. wendet sich an die bußfertigen Sünder *und* an die Mühseligen und Beladenen.

b) Reich Gottes, Israel und die Völkerwelt. Zum Reich Gottes gehört das eschatologische Gottesvolk. Das sind die Söhne Gottes, die das Reich „ererben" werden. J. hat sich zunächst an sein Volk gewandt, an die „verlorenen Schafe des Hauses Israel" Mt 15,24; vgl. 10,5f. Aber er hat von vornherein erklärt, daß das einst erwählte Volk nicht ohne weiteres einen Anspruch auf das Reich Gottes hat. Die Abrahamskindschaft, das Bundeszeichen der Beschneidung und das Bemühen um die Erfüllung des Gesetzes sichern noch nicht das ewige Heil. Wer sich dem Bußruf J. verschließt, wird keinen Anteil am Reich Gottes haben. Die Erwählung ist das Geschenk der göttlichen Gnade an diejenigen, die sich ganz und gar für Gott entscheiden und die Verkündigung der Heilsbotschaft im Glauben annehmen. Die Verkündigung J. hat Auswahlcharakter. Viele sind berufen, aber nur wenige sind auserwählt Mt 22,14.

In dem Gleichnis vom großen Abendmahl Lk 14,16 ff macht J. klar, daß die Angehörigen des jüd. Volkes wohl die zuerst geladenen Gäste sind; aber das ihnen zustehende Vorrecht geht verloren, wenn sie der Einladung des Königs keine Folge leisten. Dann wird der Ruf zur Teilnahme an der Herrlichkeit des Reiches Gottes an die ursprünglich nicht Geladenen ergehen. Die synoptische Überlieferung läßt erkennen, daß die Heiden erst in den Gesichtskreis J. traten, als die überwiegende Mehrzahl der Juden sich seiner Verkündigung gegenüber ablehnend oder feindlich verhielt. Waren es zunächst einzelne Erfahrungen, die J. zeigten, daß auch Heiden ein offenes Ohr für die Heilsbotschaft hatten, so gehörte doch schon zur prophetischen Schau der Heilsuniversalismus, die Gewißheit, daß Gott sein Volk aus *allen* Völkern sammeln werde: „Sie werden von Osten und Westen, von Norden und Süden kommen und sich im Reich Gottes zum Mahl niedersetzen“ Mt 8,11; Lk 13,29. Ja, die Erkenntnis, daß das jüd. Volk sich an ihm, dem Sohn Gottes, vergreifen und ihn töten wird, läßt ihn das harte Wort sprechen: „Das Reich Gottes wird euch genommen und einem Volk gegeben werden, das dessen Früchte bringt“ Mt 21,43.

J. verkündigt den Juden, die jede durch ihn ergangene Einladung zum Reich Gottes ablehnen, *das Gericht.* Die Gerichtspredigt ist die Kehrseite der Verkündigung des Evangeliums vom Reich. Für Lk hat die Verwerfung J. in Nazareth, gleich am Anfang seiner Wirksamkeit, symptomatische Bedeutung Lk 4,16 ff. Die Drohworte, die das Gericht in Aussicht stellen, richten sich gegen das ganze Volk oder gegen einzelne repräsentative Gruppen. J. wendet sich vor allem gegen die Führer des gesetzestreuen Volkes, die Pharisäer und Schriftgelehrten, die sich der Bußforderung J. entziehen und den von ihm geforderten Heilsweg ablehnen. Eine Reihe von Gerichtsworten gelten Jerusalem und seinen Bewohnern. Besonders streng werden im Endgericht die galiläischen Städte Chorazin, Bethsaida und Kapernaum gestraft werden Mt 11, 20 ff. Die Weherufe J. beziehen sich schließlich auf die Reichen, die in ihrem Reichtum satt sind und darum kein Verlangen nach den Gütern der kommenden Gottesherrschaft tragen. Sie gleichen dem Kornbauern, der sich auf seine gefüllten Scheunen verläßt und nicht reich ist in Gott Lk 12,16 ff.

Die Gerichtsworte J. zeigen, daß Gott nicht an Israel gebunden ist, wenn es sich der prophetisch-eschatologischen Verkündigung J. versagt und kein Verständnis für die neue heilsgeschichtliche Situation hat, die durch das Auftreten des von Gott gesandten Messias gegeben ist.

Aber das Gericht am Ende der Tage trifft nicht nur Israel. Wenn der Menschensohn in seiner Herrlichkeit kommen wird, werden alle Völker vor ihm versammelt werden, und er wird die Menschen voneinander scheiden, wie der Hirt die Schafe von den Böcken scheidet. Dann wird die ganze Menschheit den endgültigen Richterspruch empfangen. Auf der einen wie auf der anderen Seite werden Juden und Heiden stehen. An der Stellung, die sie ihren Mitmenschen gegenüber eingenommen haben, wird sich durch den Spruch des Menschensohnes, der jede Tat der Liebe als ihm erwiesen ansieht, ihr ewiges Schicksal entscheiden. Die einen werden „in die ewige Strafe“ eingehen, die anderen aber „in das ewige Leben“. Diese werden das Wort hören: „Empfanget als euer Erbe das Königtum, das für euch seit Grundlegung der Welt bereit gehalten ist“ Mt 25,31 ff; bes. V. 31. 34. 46.

Der Eingang in das kommende Reich Gottes setzt also das Gericht und die damit verbundene endgültige Scheidung der „Gerechten“ und „Ungerechten“, der „Bösen“ und „Guten“ voraus; vgl. die Gleichnisse vom Unkraut unter dem Weizen und vom Fischnetz Mt 13,24 ff. 47 ff. Am Ende der Weltzeit wird das „Unkraut“ gesammelt und verbrannt, der „Weizen“ dagegen in die Scheuer Gottes getan werden Mt 13,30.

Das wesentliche Kennzeichen des neuen Seins ist das *ewige Leben.* J. redet von dem *Heilszustand im Reich Gottes* fast nur in Bildern, vor allem in dem traditionellen Bild des messianischen Freudenmahls. Die Söhne des Reiches werden sich mit den Patriarchen zum Mahl niedersetzen Mt 8,11. Den Jüngern verheißt J.: „Ihr sollt in meinem Reich an meinem Tisch essen und trinken“ Lk 22,30; vgl. Mt 26,29. Oder es ist die Vorstellung vom Hochzeitsmahl, das der König für seinen Sohn ausrichtet Mt 22,2 ff. J. fordert die volle innere Bereitschaft für den Tag, an dem der „Bräutigam“ erscheinen wird Mt 25,1 ff. Im Reich Gottes wird es auch eine neue Lebensordnung geben. Die Unterschiede der Geschlechter werden aufhören, und die Menschen werden sein „wie die Engel des Himmels“ Mk 12,25. Der Heilszustand im Reich Gottes ist der Zustand der Vollendung, der ewigen Freude, des ewigen Lebens, der ungetrübten Gemeinschaft mit Gott. Es gibt keinen Widerspruch mehr gegen den Willen Gottes. Denn er hat seine Herrschaft aufgerichtet.

c) Reich Gottes und Jüngergemeinde. J. hat aus der Schar derer, die zum Glauben an die Heilsbotschaft von dem Reich Gottes gekommen waren, einen erwählten Kreis von zwölf Jüngern um sich gesammelt. Die Zwölfzahl hat zweifellos symbolische Bedeutung. Die Jünger sind die Vertreter des Zwölfstämmevolkes, zugleich aber auch die Repräsentanten des neuen Gottesvolkes, das durch die Verkündigung der Königsherrschaft Gottes gesammelt wird. Sie sind das Fundament, auf dem sich der Bau der eschatologischen Heilsgemeinde des Neuen Bundes erheben wird. Da sie J. bes. nahestehen, sind sie die „Freunde des Bräutigams", die „Auserwählten", die „Söhne des Reiches". Mit Worten, die der Würdestellung Israels entsprechen, hat J. sie „das Licht der Welt" und „das Salz der Erde" genannt Mt 5,13 f. Ja, er hat ihnen in Aussicht gestellt, daß sie einmal auf den zwölf Stühlen sitzen und das jüd. Volk zusammen mit dem Messias richten werden Mt 19,28. J. hat diesen Kreis seiner engeren Anhänger in feierlicher Weise konstituiert Mk 3,13 f, sie als seine Stellvertreter in die Städte und Dörfer Palästinas gesandt Mk 6,7 ff und ihnen die Vollmachten übertragen, die er selbst besaß: das Evangelium zu verkündigen, Kranke zu heilen und Dämonen auszutreiben. Am Ende seiner irdischen Wirksamkeit hat er ihnen das Reich vermacht Lk 22,29, ihnen die Binde- und Lösegewalt übertragen Mt 18,18 und damit die Entscheidung über den Eingang in das Reich Gottes in ihre Hand gelegt.

J. hat die Zwölf an seine Person gebunden. Als der Meister ist er ihr Lehrer und Gebieter, der sie zur unbedingten Nachfolge verpflichtete. Sie haben um seinetwillen alles verlassen und sich zu ihm bekannt, auch dann, wenn sie seinen Weg nicht immer verstanden. Aber J. hat auch ein Vertrauensverhältnis zu ihnen begründet, so daß er sie seine „Freunde" nennt Jo 15,14. Auf der anderen Seite hat J. sie nicht im unklaren darüber gelassen, daß sie nicht nur an seiner Arbeit und seiner Vollmacht, sondern auch an seinem Geschick Anteil haben werden: sie haben von seiten der Menschen, vor allem der Behörden, die gleichen Verfolgungen zu erwarten wie er. „Der Knecht ist nicht über seinem Herrn und der Schüler nicht über seinem Meister" Mt 10,24.

J. hat in dem Kreis der Zwölf den Kern der für das Reich Gottes bestimmten und zugerüsteten messianischen Heilsgemeinde gesehen; aber er hat ihr keine feste Organisation gegeben. Zur Entstehung der → „Kirche" kam es erst durch die Erscheinungen des Auferstandenen und das Pfingstereignis; sie setzt seinen Tod, seine Auferstehung und die Ausgießung des hl. Geistes voraus. Eine „Sondersynagoge" haben die Jünger J. nicht gebildet. Doch hat J. die *Grundlage* für den festen Bestand des Gottesvolkes gelegt, das durch sein Wirken und die Mitarbeit seiner Jünger entstand. Mt 16,17 ff hat er von der ekklesia gesprochen, die er bauen werde. Der Felsengrund, auf dem dieser Bau sich erheben wird, soll → Petrus sein. Das ist eine prophetische Aussage, die davon Zeugnis ablegt, wie J. sich die Fortsetzung seines Werkes auf Erden gedacht hat. Da kein Grund vorliegt, dies Wort J. für unecht zu erklären, ist es nicht als eine spätere „Gemeindebildung" zu beurteilen; vielmehr hat J. selbst gegen Ende seiner Wirksamkeit Sorge dafür getragen, daß sein irdisches Lebenswerk bis zu seiner Wiederkunft weitergeführt werde. Er bleibt als der Auferstandene und Erhöhte der „Baumeister" seiner Gemeinde. Aber der Bau, den er in der Zukunft errichten wird, soll auf einen Felsen gegründet sein, wie der Tempel des Alten Bundes in Jerusalem sich über einem Felsen erhob; allein mit dem Unterschied, daß das Fundament der messianischen Heilsgemeinde kein irdischer Stein, sondern der von ihm bestimmte Jünger, Simon Petrus, sein wird; ihm hat J. in besonderer Weise die Löse- und Bindegewalt („Lehr- und Disziplinargewalt") zugesprochen Mt 16,19 und damit eine Stellung verliehen, die der geistlichen und seelsorgerlichen Autorität der höchsten Behörde der jüd. Theokratie entsprach. — Das Verhältnis von Reich Gottes und eschatologischer Heilsgemeinde ist dahin zu bestimmen, daß in der Gemeinde des Christus diejenigen gesammelt werden, die sich zu J. bekennen, sich der Königsherrschaft Gottes unterwerfen und schließlich, wenn das Reich Gottes in Macht und Herrlichkeit kommt, an ihm Anteil haben werden.

3) Die sittliche Forderung Jesu.

a) Die Grundforderung. Die ethische Verkündigung J. steht in engstem Zusammenhang mit seiner eschatologischen Botschaft. Beide haben ihren Mittelpunkt in dem Begriff der Königsherrschaft Gottes. Wer den Ruf zur Buße gehört und ihm Folge geleistet hat, begegnet dem Anspruch Gottes, der sich auf die Gestaltung des praktischen Lebens bezieht. Die Forderungen, die an ihn herantreten, ergeben sich aus dem im Gebot geoffenbarten Gotteswillen. Ethisch handeln heißt also: in der konkreten Situation das tun, was Gott will. Aber Gott will nicht *etwas* von dem Menschen, sondern *den Menschen selbst* (G. Bornkamm); nicht nur sein Herz und seine Gesinnung, sondern auch seine Tat. J. fordert nicht einen formalen, sondern einen radikalen Gehorsam. Aber dazu ist der Mensch nur imstande, wenn er zuvor eine Umwandlung seines Wesens erfahren hat. Denn nur ein guter Baum kann gute Früchte bringen Mt 7,16 ff.

J. hat die Fülle der Gebote und der gesetzlich-kasuistischen Bestimmungen auf *eine* Forderung zurückgeführt, die der Gottes- und Nächstenliebe Mk 12,28 ff. Aus ihr ergeben sich alle Verpflichtungen, die der Mensch hat. Das ethische Handeln bedarf im Grunde keiner weiteren Weisungen. Wo solche doch gegeben werden, dienen sie nur der Entfaltung der grundlegenden Forderung. Indem J. das Liebesgebot in den Mittelpunkt stellt, befreit er die Menschen von der Last der kasuistischen Bestimmungen.

Das Gebot der → Liebe ist unbegrenzt. Es umfaßt auch die Feindesliebe; denn auch der Feind ist in dem Augenblick, in dem er meiner Hilfe bedarf, mein Nächster. J. hat das in bes. eindrucksvoller Weise an der Beispielserzählung vom barmherzigen Samariter klargemacht Lk 10,30-37. Die Liebe verlangt die Selbstüberwindung, die bereit ist, erlittenes Unrecht nicht zu vergelten. Sie muß die Kraft ständiger Vergebung in sich haben Mt 18,21 ff. Und Gott wird nur dem vergeben, der seinem Bruder von Herzen vergeben hat Mt 18,35; vgl. Mt 6,12. 14f. J. hat auch darauf hingewiesen, daß das vergebende Handeln den Vorrang vor dem kultischen hat Mt 5,23ff. Jedenfalls entspricht kultisches Handeln ohne ethisches Handeln nicht dem Willen Gottes. Der Mensch kann vor Gott nur bestehen, wenn er dem Anspruch der Liebe seinem Nächsten gegenüber gerecht geworden ist.

b) J. ist ein Lehrer seines Volkes, aber in besonderer Weise der *Lehrer seiner Jünger* gewesen. Die Evangelien enthalten eine Fülle von Belehrungen, die ausschließlich dem Kreis der Zwölf gelten. Dabei nimmt die Bergpredigt eine hervorragende Stellung ein.

Die → Bergpredigt enthält in knappster Form die wichtigsten sittlichen Forderungen J. Sie steht in engstem Zusammenhang mit seiner Reichgottes-Verkündigung. Man kommt zu ihrem Verständnis nur dann, wenn man erkennt, daß sie Jüngerlehre ist Mt 5,1f; Lk 6,20. Die Bergpredigt gibt Weisungen für das Verhalten der Jünger J., die sich mit dem Anschluß an ihn der Herrschaft Gottes unterworfen haben und durch ihn zu Tätern seines Willens werden. Sie enthält den Anspruch, im radikalen Gehorsam das Leben nach den Ordnungen des Reiches Gottes zu gestalten. Es geht um die ethische Lebenspraxis der Jünger J. in der Zeit zw. der Verkündigung des Reiches Gottes und seinem vollen Hereinbrechen. Die Bergpredigt fordert also von den Jüngern eine vom Reich Gottes her bestimmte Lebensgestaltung in dieser Weltzeit. Daraus ergibt sich, daß die Bergpredigt nicht als eine die Welt verpflichtende Lebensordnung gedacht ist. J. redet in der Bergpredigt als *der neue Gesetzeslehrer*. Das heißt nicht, daß er als ein neuer Gesetzgeber auftritt, wohl aber, daß er kraft seiner messianischen Würde das Recht in Anspruch nimmt, der rechte und einzig wahre Gesetzesausleger zu sein. Im Gegensatz zu den jüd. Gesetzeslehrern interpretiert er die Gebote so, daß die eigentlichen und tiefsten Absichten Gottes voll und unmißverständlich zum Ausdruck kommen. J. hat das Leben der Jünger nicht, wie die Schriftgelehrten, in kasuistischer Weise geordnet, sondern an einzelnen Beispielen klargemacht, wie der Wille Gottes in den verschiedenen Lebenslagen zu erfüllen ist. Die Bergpredigt ist von J. ganz ernst gemeint. Er hat sie nicht gegeben, damit der Mensch an ihrer Unerfüllbarkeit zerbricht; seine Absicht ist vielmehr, daß sie verwirklicht wird. Die Voraussetzung für das Tun des Willens Gottes ist das Jüngersein. Daraus ergibt sich die Verpflichtung zu einem bestimmten Handeln. Es heißt Mt 7,21 ausdrücklich: „Nur wer den Willen meines Vaters im Himmel *tut*, wird in das Himmelreich kommen." Die Bergpredigt ist also nicht nur „Gesinnungsethik", vielmehr soll aus dem rechten Verhältnis zu Gott das rechte Tun entstehen. So stellt J. in der Bergpredigt den neuen, durch Geist, Wesen und Ordnung des Reiches Gottes bestimmten Menschen dar, dessen Ziel die ethische Vollkommenheit ist Mt 5,48. Darum ist der Jünger J. kein Fanatiker des Rechts, sondern der opferbereiten Liebe.

c) Die sozialethischen Forderungen Jesu. J. hat keine Sozialethik umfassender Art entwickelt, wie sich ja überhaupt kein geschlossenes ethisches System bei ihm findet. Aber er hat für Ehe, Familie und Staat bestimmte Weisungen gegeben.

Die → Ehe ist für J., obwohl er selbst im Stand der Ehelosigkeit geblieben ist, göttliche Schöpfungsordnung. Er fordert die unbedingte Reinheit der Ehe und hat schon den begehrlichen Blick, der sich auf die Ehefrau eines anderen Mannes richtet, als Ehebruch gebrandmarkt. Die einmal geschlossene Ehe ist unauflöslich. Nach Mt 5,32 ist nur „Unzucht" ein berechtigter Grund für die Ehescheidung. J. hat aber nicht, wie das rabbinische Judentum, die Ehe in jedem Fall als Pflicht geboten, sondern vorausgesetzt, daß in einzelnen Fällen Menschen um des Reiches Gottes willen freiwillig auf das Geschlechtsleben und die Ehe verzichten Mt 19,12. Die Ehe ist eine Ordnung dieser Weltzeit. Im zukünftigen Äon hat sie keine Geltung mehr Mt 22,25ff.

Wie die Ehe, so ist auch *die → Familie* göttliche Schöpfungsordnung. J. hat die Kinder gesegnet und die Erfüllung des 4. Gebots gefordert. Die sittliche Pflicht der Kinder, die Eltern im Fall der Arbeitsunfähigkeit und der wirtschaftlichen Not zu unterstützen, hat gegenüber der kultischen Pflicht, ein Gott gegebenes Gelübde zu halten, den Vorrang Mk 7,10ff. Gleichwohl hat J. selbst sich um seiner Berufsaufgabe willen von seiner Familie getrennt. Die Familie darf kein Hindernis sein, den Willen Gottes zu tun. Neben und, wenn es sein muß, über der Familie steht die höhere Gemeinschaft der Kinder Gottes, der familia Dei. Im Konfliktsfall steht die Reichsgottesordnung über der Schöpfungsordnung.

Die Stellung J. zum → *Staat* läßt sich aus einigen Äußerungen erkennen. Eine umfassende Staatstheorie aber hat er nicht entwickelt. Wie J. über die Herrscher der Welt dachte, geht aus Mt 20,25 hervor: „Ihr wißt, daß die weltlichen Herrscher ihre Völker unterjochen und daß ihre Großen sie vergewaltigen." Eine völlig andere Wesensstruktur zeigt die der Herrschaft Gottes unterworfene Jüngergemeinde. Ihr charakteristisches Merkmal ist der Dienst. „Wer bei euch der Erste sein möchte, der muß euer Knecht sein" Mt 20,26. Staat und eschatologische Heilsgemeinde, Weltherrschaft und Gottesherrschaft unterscheiden sich von Grund auf voneinander. Auch J. Wirken auf Erden steht im Zeichen des Dienstes, der ihn nicht auf einen irdischen Herrscherthron führt, sondern ans Kreuz und schließlich nach seiner Erhöhung zum Thron Gottes. Sein Reich ist nicht von dieser Welt Jo 18,36. Er wird einst der König eines Reiches sein, in dem es keine Gewalt und keine Dämonie mehr geben wird. Im Gespräch über den Zinsgroschen Mk 12,13ff stellt J. sich über die Parteigegensätze der damaligen Zeit. Wie der Staat (in dem vorliegenden Fall der verhaßte römische Fremdstaat) sein Geld empfangen soll, so gilt es, Gott zu geben, was ihm gehört.

J. hat keine neue *Gesellschafts- und Besitzordnung* geschaffen; er hat nicht zur sozialen Revolution aufgerufen. Die gerechte soziale Ordnung wird das Reich Gottes sein. J. hat auch den Besitz nicht unbedingt verworfen, aber er hat auf die Gefährlichkeit des → Reichtums hingewiesen, weil er den Zugang zum Reich Gottes erschwert oder ganz verhindert. Auch in dem Gleichnis vom reichen Kornbauern hat er nicht den Reichtum an sich verurteilt, sondern das törichte Verhalten des Mannes, der sich auf seinen Besitz und nicht auf Gott verläßt Lk 12,16 ff. In einem Fall, bei dem reichen Jüngling Mk 10, 17 ff, hat er den vollständigen Verzicht auf den Besitz gefordert, weil er ihm den Eintritt in seine Jüngerschar anbietet. In einem an die Jünger gerichteten Wort hat er die Armen selig gepriesen und ihnen die Teilnahme an dem Reich Gottes in Aussicht gestellt Lk 6,20; Mt 5,3. Der Gedanke einer zukünftigen ausgleichenden Gerechtigkeit beherrscht die Seligpreisungen, die Gleichniserzählung vom reichen Mann und armen Lazarus Lk 16,19 ff, das Wort vom Lohn der Nachfolge J. Mk 10,29 ff.

d) Der Lohngedanke in der sittlichen Forderung Jesu. Grundsätzlich gilt für J. der Satz, daß der Mensch keinen Anspruch vor Gott auf → Lohn erheben kann; er kann nur seine Pflicht tun Lk 17,10. Es steht in Gottes freiem Ermessen, zu lohnen, wie er will. Das lehrt vor allem das Gleichnis von den Arbeitern im Weinberg Mt 20,1-16. Trotz der verschieden langen Arbeitszeit wird allen der gleiche Lohn ausbezahlt. Diese Regelung entspricht nicht der Idee des sozialen Rechts. Aber darum geht es J. nicht; er will zeigen, daß der Lohn Gottes ein Gnadenlohn ist. Damit hat er dem jüd. Lohngedanken, der auf Grund der sittlichen Leistung des Menschen einen fest errechneten Lohn von Gott fordert, die radikale Absage erteilt. J. hat auch den Lohn als treibendes Motiv für das ethische Handeln abgelehnt. Der Jünger J. ist bestrebt, den Willen Gottes zu tun, nicht weil er Lohn erwartet, sondern weil er aus der Liebe zu Gott und dem Nächsten so handeln muß. Gott lohnt, weil er reich und gütig ist und weil er jeden Dienst, der ihm geleistet wird, anerkennt. Für den Jünger J. ist der tiefste Beweggrund seines ethischen Handelns die aus dem sittlichen Wesen Gottes sich ergebende Verpflichtung Lk 6,36.

Gott lohnt *jede* gute Tat. Selbst die geringste Wohltat, die einem Armen, Geringen und Notleidenden erwiesen wird, wird von Gott nicht übersehen Mt 10,42; vgl. Lk 14,12 ff. Auch die Opfer, die in der Nachfolge J. um des Reiches Gottes willen von den Jüngern gebracht werden, werden reichlich vergolten werden Mk 10,29 f. Wer sich ganz Gott und dem Dienst am Nächsten weiht, gewinnt das wahre Sein und die Fülle des Lebens; denn „wer sein Leben gewinnen will, der wird es verlieren, und wer es verliert, dem wird es erhalten bleiben" Lk 17,33.

e) Jesus und die gesetzliche Frömmigkeit des Judentums. Die HS (das AT) ist für J. das Zeugnis der göttlichen Offenbarung an Israel, die Denken, Leben und Handeln bestimmende Autorität. Daraus ergibt sich auch die grundsätzliche Stellung J. zum → Gesetz: er bejaht es. So sieht er seine Sendung darin, das Gesetz und die Propheten zu erfüllen Mt 5,17. Aber er wendet sich gegen die kasuistische Auslegung des Gesetzes und die Fülle der schriftgelehrten Satzungen. Denn das Gesetz, in dem der Wille Gottes seinen Ausdruck findet, ist von sich aus verständlich. Wenn J. dennoch selber in messianischer Vollmacht als der neue Gesetzesausleger auftritt, dann tut er das, weil er den *ursprünglichen* Sinn der göttlichen Gebote zur Geltung bringt. Er fordert eine „Gerechtigkeit", die besser ist als die der Schriftgelehrten und Pharisäer Mt 5, 20. Die rechte sittliche Lebenspraxis ist aber nur da möglich, wo die ganze Tiefe des Willens Gottes erkannt wird Mt 5,21 ff. Diese Einsicht führt im gegebenen Fall dazu, die strenge Form eines Gebotes zu verletzen. So hat J. sich über das Sabbatgebot hinweggesetzt und die kasuistisch geregelte Heiligung des Sabbats mißachtet, wenn es sich um die Rettung eines Menschenlebens handelte. Denn „der Sabbat ist um des Menschen willen da, nicht der Mensch um des Sabbats willen" Mk 2,27. In den Streitgesprächen über die Sabbatheilungen vertritt J. den Grundsatz, daß die Pflicht, Gutes zu tun, über der mechanischen Erfüllung des Sabbatgebots steht.

Die stärkste Polemik J. aber richtet sich gegen den falsch verstandenen *gesetzlichen Ritualismus.* Die kultischen Reinheitsvorschriften sind sinnlos, wenn der Mensch nicht auf die Reinheit des Herzens bedacht ist. Denn „nichts geht von außen in den Menschen hinein, was ihn zu verunreinigen vermag, sondern was von dem Menschen ausgeht, das ist es, was ihn verunreinigt" Mk 7,15. Den Pharisäern und Schriftgelehrten wirft J. vor, daß sie die Außenseite der Becher und Schüsseln reinhalten, daß sie es aber an der inneren Reinheit fehlen lassen Mt 23,25 f. Es kommt auch nicht auf die korrekte Erfüllung des Zehntengebens an, sondern auf das Recht, die Barmherzigkeit und die Treue Mt 23,23. Das ist das entscheidend Wichtige im Gesetz.

J. hat auch die jüd. Übungen der Frömmigkeit, das Fasten, Almosengeben und Beten nicht abgeschafft. Aber sein Kampf gilt der → Heuchelei, die weithin damit verbunden ist Mt 6, 1 ff. Er hat seinen Jüngern gezeigt, wie sie in einer gottwohlgefälligen Weise fasten, beten und Gutes tun sollen. Im Vaterunser hat er sie die rechte Art des Betens gelehrt Mt 6,9-13; Lk 11, 2-4; vgl. Lk 18,9-14.

J. ist kraft der ihm eigenen Souveränität in einem Fall so weit gegangen, daß er eine gesetzliche Bestimmung aufgehoben hat Mk 10,3 ff. Das mosaische Gesetz gestattet die vom Mann ausgehende Ehescheidung. J. erklärt, daß diese Bestimmung nur mit Rücksicht auf die „Herzenshärtigkeit der Menschen" getroffen worden ist; sie entspricht nicht dem Urwillen des Schöpfers, der sich in der Schöpfungsordnung dokumentiert hat. Denn „vom Anfang der Schöpfung hat Gott die Menschen als Mann und Frau geschaffen". Darum ist die Ehe unauflöslich. „Was Gott zusammengefügt hat, das soll der Mensch nicht scheiden" Mk 10, 9.

4) Die Gottesgewißheit Jesu. Hinter allen Aussagen J. steht die Gewißheit Gottes, die ihm als dem Sohn gegeben ist. J. hat keine neue Gotteslehre gebracht, aber er hat die im Judentum lebendigen Gedanken über Gott vertieft. Daß → Gott für J. in erster Linie der Gott ist, der seine Königsherrschaft offenbart, ergibt sich aus dem eschatologischen Charakter seiner Verkündigung. Darum kommt es J. darauf an, daß die Menschen das rechte Verhältnis zu Gott gewinnen.

Aber J. ist sich auch des heilsgeschichtlichen Zusammenhangs der Offenbarung bewußt gewesen. Der Gott, den J. verkündigt, ist der Gott, der sich in Israel durch Mose und die Propheten bezeugt hat Mt 5, 17, der Gott Abrahams, Isaaks und Jakobs Mk 12, 26. Er ist der eine Gott, neben dem es keine anderen Götter gibt Mk 12, 32. Der strenge und ausschließliche → Monotheismus ist die Grundlage des Gottesglaubens J. Gott ist der Schöpfer des Himmels und der Erde. Er ist der in der Welt und in der Geschichte waltende Gott, der seine Fürsorge allen Geschöpfen angedeihen läßt Mt 6, 25 ff. Er ist voller Güte und weiß, wessen die Menschen bedürfen. Ihr Leben ist ganz in seine Hand gegeben. Darum müssen sie sich ständig der Abhängigkeit von ihm bewußt sein. J. hat vor allem den nahen Gott verkündet und in ihm den himmlischen → Vater gesehen, der sich seiner Kinder in allen Lagen des Lebens annimmt Mt 6, 34. Er selber redet von Gott als seinem Vater Mt 10, 32 u. ö., und er hat seine Jünger gelehrt, im Gebet zu ihm Vater zu sagen Mt 6, 9; Lk 11, 2. Gott versteht die Bitten, die zu ihm dringen, und er erhört die Gebete der Seinen Mt 7, 7; er gibt Gutes denen, die ihn darum bitten Mt 7, 11.

In seinem tiefsten Wesen ist Gott → Liebe; so offenbart er sich in allem Reden und Tun J. Aus seinem Erbarmen kommt seine Vergebung Mk 11, 25; Mt 6, 14. Wer sich vor Gott als bußfertiger Sünder bekennt, empfängt seine Gnade Lk 18, 14. Aber Gott schenkt seine Vergebung nicht nur denen, die sich von ihm abgewandt haben und nun zu ihm zurückgekehrt sind Lk 15, 11 ff, sondern auch den Jüngern, die immer wieder vor ihm schuldig werden Mt 6, 12.

Doch Gott ist für J. nicht nur der schenkende, sondern auch der fordernde Gott. In der Begegnung mit Gott vernimmt der Mensch den Anspruch Gottes, der ebenso in der Begegnung mit dem Nächsten an ihn herantritt.

Als der gebietende Herr wird er im letzten Gericht der Richter der Menschen sein. Dann wird ein jeder Rechenschaft ablegen müssen von allem, was er gesagt und getan hat. Darum ist Gott, auch in seiner Offenbarung in J., nicht nur zu lieben, sondern auch zu fürchten. Er kann Leib und Seele verderben in die Hölle Mt 10, 28.

5) Die Wunder Jesu. Die → Wunder werden nicht, im modernen Sinne, als Durchbrechung der Naturgesetze oder der „normalen Weltordnung" verstanden, sondern als göttliche Machttaten, die dem Erweis der Messianität J. dienen. Sie sind Offenbarungen seiner Herrlichkeit (doxa) und damit Zeichen dafür, daß das Reich Gottes im Anbruch da ist. Sie stehen also in engstem Zusammenhang mit der Verkündigung J. In den Wundern wird das Wort J. von der in ihm gegenwärtigen Herrschaft Gottes konkretes Ereignis. Was in der Zukunft sein wird, ist im Handeln J. bereits Wirklichkeit: die Kranken werden geheilt, die bösen Geister werden ausgetrieben, die Toten stehen auf Lk 7, 21 ff. Durch die Wunder, die von den Zeitgenossen J. als ungeheuerliche, paradoxe, jeder vernünftigen Erklärung widerstreitende Erscheinungen empfunden werden, bricht die Macht des kommenden Äons in die dem Verderben preisgegebene Welt ein. Sie sind eine Vorausdarstellung der messianischen Heilsordnung, die bei der Parusie Christi voll verwirklicht werden wird; zugleich sind sie auch die Wiederherstellung der ursprünglichen Schöpfungsordnung. Denn die Wunder J. befreien die Menschen von den Mächten, die ihnen Unheil und Verderben bringen. So erklärt J. Mt 12, 28: „Wenn ich die bösen Geister austreibe, so ist ja das Reich Gottes (schon) zu euch gekommen." J. wußte sich als Wundertäter im Dienst Gottes. Er handelte durch den „Geist Gottes" oder den „Finger Gottes" Lk 11, 20. Es ging eine wunderbare Heilungskraft von ihm aus Mk 5, 30. Nach Lk 5, 17 vollbrachte er Heilungen, weil „die Kraft des Herrn" durch ihn wirksam war. Oft geschah die Heilung dadurch, daß J. den Kranken die Hände auflegte Lk 4, 40. Das Entscheidende aber war immer das Wort J. Mk 1, 41 f u. ö. Die Macht dieses Wortes war so stark, daß es sogar Fernheilungen bewirkte Mt 8, 13. J. hat sich energisch gegen den Verdacht der Pharisäer gewehrt, daß er, wenn er die bösen Geister austrieb, im Bunde mit Beelzebub, dem Herrscher der dämonischen Mächte, sei Mt 12, 24. Er hat die unheimliche Gewalt dieser Mächte nicht unterschätzt; aber er hat gewußt, daß die ihm verliehene Vollmacht stärker war als die Dämonien der Welt. Bei den Heilungen setzte J. den Glauben an seine Wundermacht voraus. Er hat auch auf Grund seiner Wunder Glauben gefordert Mt 11, 20 ff; Jo 10, 38; 14, 11, den bloßen Wunderglauben jedoch gering bewertet Jo 4, 48. In keinem Fall hat er seine Wunder den Menschen aufgedrängt, sondern im Gegenteil oft den großen Andrang der Kranken abgewehrt und sich ihnen sogar entzogen Mk 1, 38 u. ö. Dem Verlangen nach Schauwundern zum Erweis seines Anspruchs, das meist aus unlauteren Motiven kam, ist er schroff entgegengetreten Mt 12, 38 ff; 16, 1 ff; Jo 2, 18; 6, 30. Denn seine Wundertätigkeit stand ganz im Dienst seiner Reichgottes-Verkündigung.

VI. Die Person Jesu.

Die Frage nach dem Selbstbewußtsein J. kann nicht, wie es in der kritischen Forschung weithin geschieht, so beantwortet werden, daß Jesus sich nur als Rabbi, Prophet und Wundertäter verstanden hat. Gewiß ist er als autoritativer Lehrer aufgetreten; er hat mit seinen Gegnern im Stil jüd. Gesetzesdebatten disputiert; es sind Worte der Weisheit von ihm überliefert. Als Prophet hat er den Anbruch des Reiches Gottes verkündigt und in apokalyptischer Schau den Ablauf des Endgeschehens geweissagt. An der Tatsache, daß er Wunder getan hat, ist nicht zu zweifeln. Man wird seinem Wesen aber nicht gerecht, wenn man ihn nur als den „letzten Rufer" kennzeichnet, dessen Stellung „einzigartig" ist, weil „nach ihm nichts mehr kommt als Gott selbst" (Conzelmann). Die Behauptung, daß die „christologische Titulatur" J. aus dem Glauben der Gemeinde stammt, nimmt J. die Hoheit und Würde, die er für sich in Anspruch genommen hat. M. a. W.: Person und Wirken J. sind nur dann verständlich, wenn er sich für den Messias gehalten und die jüd. Messiasbezeichnungen auf sich bezogen hat, so gewiß er sie in der Tiefe neu verstand.

1) Das Sendungsbewußtsein Jesu. J. weiß sich seit der Taufe als der von Gott Gesandte. Das hat er gleich bei seinem ersten öffentlichen Auftreten in der Synagoge von Nazareth mit Worten aus dem Propheten Jesaja, Jes 61,1 f; 58,6, zum Ausdruck gebracht Lk 4,18 ff. Als der in einzigartiger Weise von Gott Erwählte ist er der begnadete Charismatiker, der die Gabe der Heilung, der Dämonenaustreibung und der Sündenvergebung hat Mk 2,10; Lk 5,24; Mt 9,6. Er ist die eschatologische Heilsgestalt, der die Aufgabe hat, den Heilswillen Gottes mit seinem Volke zu vollziehen. Darum ist er mehr als Jona, der Bußprediger, und Salomo, der Weise der Urzeit Mt 12,41 f. Was J. unter der ihm zuteil gewordenen Sendung verstand, hat er in den Worten gesagt, die in der Ichform von seinem Kommen reden. Er ist gekommen, die Sünder zur Buße zu rufen Mk 2,17; Lk 5,32, zu suchen und zu retten, was verloren ist Lk 19,10, einen Feuerbrand auf die Erde zu werfen Lk 12,49, eine neue Lebensordnung für seine Jünger zu begründen Mt 5,17, zu dienen und sein Leben als Lösegeld hinzugeben für viele Mk 10, 45; Mt 20,28. Die Dämonen erkennen, daß der Zweck des Kommens J. ist, ihre Vernichtung herbeizuführen Mk 1,24; Lk 4,34. Die Worte, in denen J. von seinem Kommen spricht, weisen darauf hin, daß mit ihm die Zeit der Erfüllung aller messianisch-eschatologischen Verheißungen gekommen ist. Johannes dem Täufer, der ihm aus dem Gefängnis die besorgte Frage stellen läßt: „Bist du, der da kommen soll?", gibt er die Antwort, daß mit seinem Wirken die Heilszeit begonnen hat Mt 11,4 f; Lk 7,22. Als der Gottgesandte ruft J. die Menschen nicht nur in das Reich Gottes, sondern auch zu sich. Den Mühseligen und Beladenen wird er Erquickung schenken Mt 11,28 f; vgl. Sir 51,31 ff.

2) Das Messiasbewußtsein Jesu. Das Sendungsbewußtsein J. hat zur Voraussetzung die Messiasgewißheit J. Der Messiasglaube der Gemeinde ist nicht erst nach Ostern entstanden; er hat vielmehr seinen Grund in den Aussagen J. selbst. Die Christusprädikation kommt in den synoptischen Evangelien freilich nicht allzuoft vor. J. selbst hat von dem Würdenamen „der Christus" nur selten Gebrauch gemacht Mk 9, 41; 12,35 ff; 13,21. Mk 12,35 ff nimmt er zu der Behauptung der Schriftgelehrten, daß der Christus Davids Sohn sei, Stellung. J. hat offenbar seine Davidssohnschaft nicht herausgestellt und betont. Von Bedeutung ist allein die Tatsache, daß er als der Messias mehr ist als David, nämlich sein Herr.

Die Christusbezeichnung findet sich vor allem in den Bekenntnissen, die der Person J. und seinem Heilswerk gelten (Dämonen, Jünger). Von größter Bedeutung ist das Bekenntnis des Petrus vor Cäsarea Philippi Mk 8,29; Mt 16,16, das J. dazu führt, den Jüngern sein Leiden und seine Auferstehung anzukündigen.

J. hat sich zweifellos seit seiner Taufe als → Messias gewußt. Denn in der Taufe hat er die Salbung zum Heilskönig der Endzeit empfangen. Er hat diese Gewißheit bis zum Tage von Cäsarea Philippi als Geheimnis gehütet. Den von Dämonen Besessenen, die ihn als Messias erkennen, gebietet er nach der Heilung Stillschweigen Mk 3,11 f u.ö., und auch seinen Jüngern erteilt er nach dem Petrusbekenntnis und der Verklärung die strenge Weisung, das Geheimnis seiner Messianität nicht der Öffentlichkeit preiszugeben Mk 8,30; 9,9. Gleichwohl redet und handelt er vom Beginn seiner Wirksamkeit an als der Messias. Darum ist es wohl ganz im Sinne J., wenn Mk sein Evangelium unter den Gesichtspunkt des Messiasgeheimnisses stellt. So wird man nicht sagen können, daß es sich bei Mk um eine erst nachträglich entworfene Theorie handelt (Wrede, Conzelmann). Das Jo-Ev. gibt freilich eine andere Darstellung. Hier legen die Jünger gleich nach ihrer Berufung ein Christusbekenntnis ab, und J. selbst offenbart sich durch die „Ich-bin"-Worte als der von Gott gesandte Messias. Das hängt mit der ganz andersartigen Zielsetzung des 4. Evangeliums zusammen.

3) Der Menschensohn. „Der → Menschensohn" ist das Wort, in dem das messianische Selbstbewußtsein J. seinen stärksten Ausdruck findet. Das gilt insonderheit von den synoptischen Evangelien, nicht in dem gleichen Maße vom Jo-Ev. Es fällt auf, daß der Menschensohntitel niemals Anrede an J. ist; er ist vielmehr immer Selbstbezeichnung J., mit der J. seine heils- und endgeschichtliche Bedeutung zu erkennen gibt. Die Menschensohnworte gründen sich auf Dan 7,13 und die sich daran anschließenden apokalyptischen Traditionen (Henochbuch, 4. Esra u.a.). Die synoptischen Menschensohnworte zerfallen in drei Gruppen. Sie reden 1. von dem kommenden, 2. von dem gegenwärtig wirkenden, 3. von dem leidenden und auferstehenden Menschensohn. Auch da, wo J. in der dritten Person von dem Menschensohn spricht, meint er nicht einen anderen, mit ihm nicht identischen Messias (Bultmann), sondern sich selbst. Es kann auch keine Rede davon sein, daß erst die Urgemeinde eine „Menschensohndogmatik" geschaffen und daß erst sie den Menschensohnbegriff auf J. übertragen hat. Folgt man dieser Theorie, dann wird das Wesen und Wirken J. völlig unverständlich.

Die Worte, die von der *zukünftigen* Parusie des Menschensohns handeln, sind „verhüllende Offenbarungsworte", die von der Epiphanie (Erscheinung) Christi in Macht und Herrlichkeit sprechen Mk 8,38; 9,1; 13,26; 14,62. In seinem *irdischen* Dasein ist J. der Menschensohn in Niedrigkeit, die zugleich verborgene Herrlichkeit ist. Als der Gottgesandte führt er ein unstetes Wanderleben; er hat nicht, wo er sein Haupt hinlegen kann Mt 8,20, ist dazu bestimmt, den Menschen zu dienen Lk 19,10; und er ist doch als der Menschensohn der Herr über den Sabbat Mk 2,28, hat die Vollmacht, Sünden zu vergeben, und ist dazu berufen, eine neue Heilsordnung zu schaffen. An der Stellung der Menschen zu ihm entscheidet sich ihr Schicksal in Zeit und Ewigkeit Lk 12,8 f. Auch die Worte von dem *leidenden, sterbenden und auferstehenden* Menschensohn sind nicht erst von der Gemeinde auf Grund der bereits eingetretenen Ereignisse gebildet worden, sondern Weissagungen J. selbst, in denen er die Erfüllung der ATlichen Prophetie gesehen hat Mk 9,12; 14,21; Lk 18,31 ff; sie kommen aus der klaren Erkenntnis des ihm von Gott bestimmten Weges Mk 8,31; 9,31; 10,33 f. Die Leidensweissagungen sind Jüngerlehre Mk 9,31 f, die von den Zwölfen zunächst nicht voll verstanden worden ist.

Den Titel → *„Knecht Gottes"* aus den Ebed-Jahwe-(Gottesknechts-)Liedern, speziell aus Jes 53, scheint J. nur selten und mit einer gewissen Zurückhaltung auf sich angewendet zu haben Mk 10,45; Lk 22,37; vgl. Jo 10,11.17 f und vor allem die Abendmahlsworte J. Mk 14,24; Mt 26,28; Lk 22,20. Doch dürfte das Selbstverständnis J. gerade dadurch gekennzeichnet sein, daß er die in den Worten „Menschensohn" und „Gottesknecht" enthaltenen Vorstellungen auf sich und sein Heilswerk bezog, sie aufs engste miteinander verband und dadurch zur tiefsten Sinndeutung seines Leidens und Sterbens kam. — Mt zitiert 8,17 u. 12,18 ff Worte aus Jes 53,4 u. 42,1-4, um zu zeigen, daß in den Krankenheilungen J. die Prophezeiung des Jesaja über den Knecht Gottes erfüllt ist. Johannes der Täufer stellt in dem Zeugnis, das er vor seinen Jüngern über J. ablegt, diesen als das „Lamm Gottes" Jes 53,4.7 hin Jo 1,29.36.

4) Der Gottessohn. Der Titel → Sohn Gottes kommt im Judentum sehr selten als Bezeichnung des Messias vor (4. Esra 7,28; Ps. Sal. 17,23 f). Dagegen findet er sich in den Evangelien öfter: in den Berichten über die Taufe, die Versuchung und die Verklärung J., in den Rufen der Besessenen Mk 3,11; Lk 4,41, in dem Gleichnis von den bösen Weingärtnern Mk 12,6 und dem Verhör J. vor dem Hohenpriester Mk 14,61. J. selber hat von sich als dem „Sohn" gesprochen, der in einem einzigartigen Verhältnis zu Gott steht: er ist von seinem Vater mit unumschränkter Vollmacht ausgestattet worden, und er ist der Offenbarer Gottes; denn „niemand kennt den Vater als der Sohn und wem der Sohn ihn offenbaren will" Mt 11,27; Lk 10,22. In exklusiver Weise spricht er von Gott als *seinem* Vater Mt 7,21 und schließt sich nicht in die Aussage „unser Vater" ein Mt 6,9. Aber auch für ihn gibt es Dinge, die er nicht weiß, weil Gott sie sich vorbehalten hat. So kennt der Sohn nicht die Stunde der Parusie des Menschensohnes Mk 13,32. — Das Jo-Ev. hat einen stärkeren Gebrauch von dem Messiastitel „der Sohn Gottes" gemacht als die synoptischen Evangelien.

Die Vorgeschichten bei Mt und Lk geben eine Antwort auf die Frage nach dem Ursprung der Gottessohnschaft J. In der Erzählung von der Jungfrauengeburt liegt das Schwergewicht auf der Aussage, daß J. durch die Kraft des hl. Geistes gezeugt worden ist. „Darum", so heißt es Lk 1,35 in dem Wort des Engels an Maria, „wird das Heilige, das aus dir geboren werden wird, Sohn Gottes genannt werden." Von Anfang an steht ein göttliches Geheimnis über J.; er kommt unmittelbar von Gott her. Diese Erkenntnis ist dann in besonderer Weise von dem vierten Evangelisten ausgeprägt worden.

VII. Leiden, Sterben und Auferstehen Jesu. Nach einer längeren Wirksamkeit in Galiläa, die durch mehrfache Festreisen nach Jerusalem unterbrochen wird, führt der Weg J. durch Leiden zum Tod. Die gesetzestreuen Kreise, Pharisäer und Schriftgelehrte, lassen es nicht an Verdächtigungen, auch politischer Art, fehlen Mk 3,6; 8,15; 12,13. Jo berichtet von immer neuen, sich ständig steigernden Todesdrohungen und Anschlägen gegen J. 5,16.18; 7,1.25.30.32; 8,59; 10,31.39, hinter denen der Hohe Rat steht. Die höchste jüd. Behörde faßt kurz vor dem letzten Passa J. einen förmlichen Todesbeschluß Jo 11,47 ff. Zweimal wird ein Verhaftungsbefehl erlassen Jo 7,32; 11,57. Die Pläne, J. zu töten, führten zunächst nicht zum Ziel. Aber der feierliche Einzug J. in Jerusalem, verbunden mit dem Aufsehen, das die Auferwekkung des Lazarus hervorgerufen hatte Jo 11,45 f, dazu die immer schärferen Angriffe J. selbst Mk 12,12.38 ff trieben den Hohen Rat zu energischem Handeln. Der Verrat des Judas beseitigte die Bedenken, die einer Verhaftung J. am Fest entgegenstanden. Nachdem J. das Passamahl mit seinen Jüngern gefeiert und das Abendmahl eingesetzt hatte, wurde er im Garten Gethsemane gefangengenommen und zunächst zu dem nicht mehr amtierenden Hohenpriester Hannas gebracht, wo er einem ersten Verhör unterzogen wurde Jo 18,19 ff. Noch in der gleichen Nacht wurde J. zu dem Hohenpriester Kaiphas geführt, der den Hohen Rat versammelt hatte Jo 18,24; Mk 14,53. Das war die entscheidende gerichtliche Verhandlung, die auf Grund des als Gotteslästerung gewerteten Messiasbekenntnisses J. zu seiner Verurteilung führte. Da der Hohe Rat das Todesurteil nicht vollziehen konnte, wurde J. zu dem römischen Statthalter (Prokurator) Pilatus gebracht, der zunächst der Entscheidung auszuweichen suchte, dann aber doch dem Drängen der jüd. Ankläger nachgab und J. preisgab. Die gegen J. erhobene Beschuldigung, daß er politisch gefährlich sei, gab den Ausschlag Mk 15,2f; Lk 23,1f; Jo 18, 33, und so bestätigte Pilatus das Todesurteil der jüd. Obrigkeit, das dadurch rechtskräftig wurde. Die Kreuzigung war eine von den Römern oft angewandte Form der Todesstrafe. Jesus starb an einem Freitag. Das war nach der johanneischen Chronologie, der wohl der Vorzug vor der synoptischen Darstellung zu geben ist (vgl. II.), der 14. Tag des Passamonats Nisan. Die Worte J. am Kreuz (→ Kreuzesworte) zeigen noch einmal die ganze Tiefe seiner Leidenskraft und die ganze Größe seiner Gottessohnschaft. Der Leichnam J. wurde im Garten des Joseph von Arimathia beigesetzt Mt 27,60; Jo 19,41. Die → Auferstehung erfolgte am dritten Tage nach seiner Kreuzigung und Grablegung Mk 16, 1ff; Mt 27,62ff; 28,1ff; Lk 24,1ff; Jo 20,1ff. J. erschien während 40 Tagen in verklärter Gestalt seinen Jüngern. Die → Himmelfahrt schließt sein irdisches Wirken endgültig ab. Sie bringt seine Erhöhung zur Rechten Gottes, d. h. seine „Thronbesteigung", die ihn zum Herrn des Kosmos und seiner Gemeinde macht Phil. 2,9. —

Die *Christologie des Urchristentums* umfaßt Person und Werk Christi. Sie zeigt Unterschiede in der Terminologie; auch die Akzente werden verschieden gesetzt (zB bei Paulus und im Hebräerbrief), aber es findet sich überall im NT das gleiche Zeugnis über das Handeln Gottes in J. Chr. Von tiefgehenden Unterschieden in den entscheidenden Punkten kann keine Rede sein. Das Grundbekenntnis lautet: Jesus Christus der Herr. Von daher werden die einzelnen christologischen Aussagen entfaltet: Christus ist der Gottessohn, der seinen Ursprung in Gott hat und von ihm ausgegangen ist, der sein Heilswerk auf Erden vollbracht hat, der als der Erhöhte seine Herrschaft ausübt und der einst bei seiner Parusie in Macht und Herrlichkeit die Vollendung der Gemeinde und des Kosmos herbeiführen wird. → Gott 3).

Lit.: Aus der unübersehbaren Fülle seien nur folgende Schriften genannt: A. Schweitzer, Gesch. der Leben-Jesu-Forschung (1913) ^{7}1966. — M. Kähler, Der sogenannte historische Jesus und der geschichtliche biblische Christus. Neu hrsg. von E. Wolf ^{2}1956. — E. Lohmeyer, Kyrios Jesus 1928. — Ders., Gottesknecht u. Davidssohn ^{2}1953. — P. Feine, Jesus 1930. — R. Bultmann, Jesus (1926) ^{2}1951. — H. D. Wendland, Die Eschatologie des Reiches Gottes bei Jesus 1931. — R. Otto, Reich Gottes und Menschensohn (1934) ^{3}1954. — M. Dibelius, Jesus (1939) ^{3}1960. — F. Büchsel, Jesus 1947. — R. Guardini, Der Herr. Betrachtungen über die Person u. das Leben Jesu 1951. — Ders., Das Bild von Jesus Christus im NT ^{3}1953. — W. Manson, Bist du, der da kommen soll? 1952. — E. Percy, Die Botschaft Jesu 1953. — E. Käsemann, Das Problem des historischen Jesus ZThK 1954, S. 125 ff. — N. A. Dahl, Der historische Jesus als geschichtswissenschaftl. u. theol. Problem KuD I 1955, S. 104 ff. — H. Conzelmann, Die Mitte der Zeit (1954) ^{2}1957. — Ders., Art. Jesus RGG^{3} III (1959), Sp. 619 ff. — E. Fascher, Jesus als Lehrer ThLZ 1954, Sp. 325 ff. — E. Schweizer, Erniedrigung u. Erhöhung bei Jesus u. seinen Nachfolgern 1955. — G. Bornkamm, Jesus von Nazareth 1956. — E. Stauffer, Jesus. Gestalt und Geschichte 1957. — Ders., Die Botschaft Jesu damals und heute 1959. — W. Grundmann, Die Geschichte Jesu Christi 1957. — F. Mussner, Der historische Jesus und der Christus des Glaubens BZ NF 1 1957, S. 257 ff. — O. Cullmann, Die Christologie des NT (1957) ^{2}1958. — P. Althaus, Das sogenannte Kerygma und der historische Jesus 1958. — J. Schneider, Die Frage nach dem historischen Jesus in der NTlichen Forschung der Gegenwart 1958. — J. M. Robinson, A New Quest of the historical Jesus 1959. — Der historische Jesus und der kerygmatische Christus (hrsg. von H. Ristow u. K. Matthiae) ^{2}1961. — W. Marxsen, Anfangsprobleme der Christologie 1960. — Ders., Die Auferstehung Jesu als historisches und als theologisches Problem 1964. — H. Frey, Die Frage nach dem Zeugnis von Jesus Christus (Auseinandersetzung mit W. Marxsen) 1966.
Schn

Jether. Nach 1Chr 2,17 ismaelitischer Schwager Davids, der J.s Sohn → Amasa zum Feldhauptmann ernannte, vgl. 1Kö 2,5; 2Sam 17, 25; 19,14. *Da*

Jethro, Moses Schwiegervater, Scheich und Priester aus Midian 2Mose 3,1; 4,18, beim → Jahwisten Reguel genannt 2,18, Vater der Zippora 2,21 und des freilich als Keniter bezeichneten Hobab Ri 1,16; 4,11; 4Mose 10,29. Er preist 2Mose 18,10ff die Heilstaten des (vielleicht schon von den Midianitern verehrten?) Gottes → Jahwe an Israel, vollzieht für Mose das Dankopfer 18,12 und berät ihn in organisatorischen Fragen der Rechtspflege 18,13ff. Ob Hobab eine dritte Lesart des Namens von Moses Schwiegervater ist, worauf ein ähnlich klingender arabischer Name für diesen hindeutet, ist unsicher. Neuere Übersetzungen lösen das Problem, indem sie das hebr. choten (Schwiegervater) nur an diesen drei Stellen mit „Schwager" übersetzen, was allerdings philologisch nicht möglich ist. *Schw*

Jibleam, unabhängige Kanaaniterstadt in Isaschar und Asser, auf die Manasse Anspruch erhob Jos 17,11; Ri 1,27, später Levitenstadt in Manasse Jos 21,25 (statt Gath-Rimmon); 1Chr 6,55 (statt Bileam), heute chirbet bel'ame eineinhalb km südwestlich dschenīn. — Am Paß (Luther: Höhe) Gur bei J. wurde Ahasja durch Jehu tödlich verwundet 2Kö 9,27. *Rü*

Joab, neben Abisai und Asahel einer der drei Söhne der Zeruja, der Schwester Davids 1Chr 2,16. Er dürfte sich David mit seinen Brüdern schon während der Auseinandersetzungen mit Saul angeschlossen haben 1Sam 26,6. Jedenfalls nimmt er mit ihnen an den Kämpfen Davids als des Königs von Juda gegen den Sauliden Isch-Boscheth teil 2Sam 2,18. J. drang als erster in das von David belagerte Jerusalem ein und wurde daraufhin Oberbefehlshaber des isr.-judäischen Heerbanns 1Chr 11,6; 2Sam 8,16; 20,23. Den Krieg gegen die Ammoniter führte er allein,

David durfte nur zuletzt die ammonitische Hauptstadt stürmen und die dortige Königskrone in Empfang nehmen 2Sam 10-12. J., der für seinen königlichen Herrn durchaus zu Schandtaten bereit war 11,6 ff, nahm widerwillig auf Befehl Davids die große Volkszählung vor 24,3 ff. Andererseits konnte er sehr eigenwillig handeln. Er vollzog an dem isr. General Abner die Blutrache für seinen durch eigene Schuld gefallenen Bruder Asahel 3,27 und sorgte für die Rückkehr des in Ungnade gefallenen Prinzen Absalom 14,1 ff. Als dieser gegen seinen Vater den großen Aufstand entfachte, tötete ihn J. wider den Befehl des Königs 15,1 ff. Schließlich riß er im Kampf gegen den Aufrührer Scheba die militärische Führung an sich und tötete den von David eingesetzten Amasa 20. Am Lebensende Davids trat er am Hof für die Partei des ältesten Prinzen Adonia ein 1Kö 1,7. Salomo ließ ihn bald nach seinem Regierungsantritt töten 2,28 ff. Jedenfalls hat J. mehr als einmal die Herrschaft Davids gerettet! *Peu*

Joahas. *1)* Jüngster Sohn und Nachfolger des Königs Joram von Juda, sonst mit Nachstellung des Gottesnamens Jahwe (Jahwe — Jahu — Jeho — Jo) Ahasja genannt 2Chr 21,17; 22,1.

2) Sohn und Nachfolger des Königs Jehu von Israel 818/17-802/01. Unter ihm geriet der Staat Israel in völlige Abhängigkeit von den Aramäern in Damaskus. Die isr. Wehrmacht wurde stark reduziert und es blieben J. nur 10 Streitwagen 2Kö 13,1-9. Am Ende seiner Regierung ließ durch das Vorgehen des assyrischen Königs Adadnirari III., der in seinem fünften Regierungsjahr Damaskus einschloß und zur Tributzahlung zwang, der aramäische Druck auf Israel nach 13,5.

3) Sohn und Nachfolger des Königs Josia von Juda, auch Schallum genannt Jer 22,11. Er wurde nach einer Regierungszeit von drei Monaten von dem Palästina vorübergehend beherrschenden Pharao Necho i. J. 609 abgesetzt und verstarb in Ägypten 2Kö 23,30-34. *Peu*

Joas. *1)* König von Juda 839/38-800/799. Er wurde nach dem Tod seines Vaters Ahasja und der Machtübernahme seiner Großmutter Athalja in Jerusalem durch seine Tante Joseba, die Gattin des Oberpriesters →Jojada, noch im Kindesalter sechs Jahre lang im Tempel verborgen gehalten 2Chr 22,10 ff. Jojada führte schließlich den Sturz der Athalja und die Thronbesteigung des J. herbei 2Kö 11,1 ff. J. nahm eine Tempelrenovierung vor, mußte aber die dafür bestimmten Tempelkollekten vor den Zugriffen der Priester sichern 12,1 ff. Nach dem Tode Jojadas geriet er mit Kreisen der Priesterschaft in Konflikt und ließ Jojadas Sohn Sacharja töten. Die Jerusalem belagernden Aramäer bewog er durch Herausgabe des Tempel- und Palastschatzes zum Abzug 2Kö 12,18 f. Er fand den Tod durch Mörderhand 12,20 ff.

2) Sohn des → Joahas, König von Israel 802/01-787/86. Er konnte den Aramäer Benhadad III. besiegen und isr. Gebiet zurückerobern. Bei Beth-Schemesch schlug er den ihn leichtsinnig herausfordernden Amazja von Juda, nahm ihn gefangen, schleifte einen Teil der Festung Jerusalem und zog mit vielen Schätzen und Geiseln wieder ab. Zu seiner Zeit starb Elisa 2Kö 13,10 ff; 14,8 ff. *Peu*

Jobab. *1)* Als „Sohn Joktans" 1Mose 10,29; 1Chr 1,23 wohl ein arabischer Stamm. — *2)* Edomiterkönig 1Mose 36,33 f. — *3)* Kanaanäerkönig zu Madon (ägypt = mtn?) Jos 11,1. — *4)* Zwei Benjaminiten 1Chr 8,9; 8,18. *(Da)*

Jobeljahr → Halljahr.

Joch. Im eigentlichen Sinn ist vom J. nur selten geredet. Man unterscheidet das J. aus Holz Jer 28,10.13 vom eisernen J. 5Mose 28,48; Jer 28,13. Unter ein J. werden zwei Kühe gespannt. Ein „J. Ochsen" ist demnach ein Paar Ochsen Lk 14,19; vgl. 4Mose 19,2; 5Mose 21,3. — Meist ist das Wort als Bild verwendet, und zwar für politische Unfreiheit Jer 2,20; 5,5; 27,8.11 f; 28,2.4; 30,8; Jes 10,27; 14,25, für Sklavendienst 3Mose 26,13; Hes 34,27; 1Kö 12,4.9.11.14; 1Tim 6,1, für Sündenlast Klgl 1,14 und für die Unterwerfung unter ein religiöses Gesetz Apg 15,10; Gal 5,1. Vgl. demgegenüber das leicht zu tragende J. des Dienstes Jesu Mt 11,29 f. Das Wort 2Kor 6,14 warnt vor Gemeinschaft mit Ungläubigen. *Kn*

Jochebed, nach jüngerer Quelle Amrams Frau aus dem Stamm Levi, Mutter Aarons, Moses und Mirjams 2Mose 6,20; 4Mose 26,59. *Schw*

Joel. *1)* Unter dem Namen des J. (=Jahwe ist Gott), Sohn des Petuel, ist an zweiter Stelle im → Zwölfprophetenbuch eine vier Kapitel umfassende Schrift überliefert, deren Aufbau durch die liturgische Folge von Klage und Heilsorakel bestimmt zu sein scheint, ohne daß daraus sicher gefolgert werden kann, alle hier vereinigten Stücke seien in einem einzigen Bußgottesdienst vorgetragen worden. Auf die anläßlich einer furchtbaren, mit einer Dürre zusammenfallenden Heuschreckenplage vorgetragenen Klage- und Bußaufrufe 1,2-2,17 folgt nach einer kurzen prophetischen Heilsankündigung 2,18 eine Reihe von göttlichen Heilsorakeln 2,19-4,21. Obwohl man die ursprüngliche Zusammengehörigkeit von K. 1-2 u. 3-4 immer wieder bestritten hat, sind sie doch sachlich durch den Gedanken von dem kommenden Tag Jahwes unauflöslich miteinander verbunden, als dessen Vorzeichen die gegenwärtigen Nöte erscheinen, vgl. 1,15; 2,1 b. 2 a. 10 a. 11 b. Daher können sie auch mit den herkömmlichen Farben jenes Welt- und Völkergerichts gezeichnet werden.

2) Die *Entstehungszeit* des Büchleins läßt sich angesichts des Fehlens direkter Nachrichten über den Propheten und seine Epoche nur annähernd bestimmen. Die Nichterwähnung des Königs, die Existenz einer verbreiteten Diaspora 4,1 ff und die Erwähnung der Griechen 4,6 sprechen für nachexilische Entstehung. Da sowohl der 515 vollendete zweite Tempel als auch die um 440 errichtete Stadtmauer von Jerusalem vorausgesetzt werden 1,14; 2,9.17, dürfte das Buch nicht vor dem ausgehenden fünften, wahrscheinlich aber erst im vierten vorchristl. Jh. in Jerusalem entstanden sein. Inhaltlich tritt die relativ späte Entstehung in der offensichtlich mehr durch die gegenwärtige Not als durch die bestimmte Erkenntnis der Sünden der Gemeinde begründete Aufforderung zu Klagefeier 1,13 f; 2,15 f und Bekehrung 2,12 f ebenso zutage wie in der Schätzung des täglichen Speis- und Trankopfers als Ausdruck ungestörter Gottesbeziehung 1,9.13; 2,14. Andererseits unterscheidet sich das Buch in seiner Ausmalung des Gerichts doch noch von den seinen Eintritt berechnenden, geheimnisvollen Spekulationen der → Apokalyptik.

3) Das zentrale Thema der *Verkündigung* des Kultpropheten J. ist die Ankunft Gottes zu seinem großen Gerichtstag. Auf ihn sind die Aufrufe zu aufrichtiger Buße bezogen. Die Gemeinde soll sich angesichts seiner Vorzeichen selbst reinigen, damit sie des Segens der Ankunft ihres Gottes teilhaftig werden kann 1,5.8.13 f; 2,12 f.17 ff. Denn nur die Frommen werden aus dem Gericht errettet 3,5. Dem Kommen Gottes zum letzten Völkergericht werden als Zeichen prophetische Begeisterung des Volkes 3,1 f, vgl. Apg 2,16-21; Tit 3,6, und erschreckende Naturerscheinungen 3,3 f, vgl. Mk 13,24 f, vorausgehen. Dann werden die Feinde des erwählten Volkes vor den Toren Jerusalems im Tal Josaphat (= „Jahwe richtet") vernichtend geschlagen 4,2 ff. Die nationale Begrenztheit der eschatologischen Erwartungen tritt in der Racheankündigung 4,4-8 ebenso deutlich hervor wie in der Hoffnung, Ägypten und Edom würden zur Wüste, während Juda paradiesische Fruchtbarkeit auszeichnet 4,18 f. Letztes Ziel dieser Erwartungen ist freilich die ungestörte und sich in greifbarem Segen äußernde Gemeinschaft zw. Gott und seinem Volk 4,16.21.

Lit.: H. Frey, Das Buch der Kirche in der Weltwende, die Botschaft des AT[4], Stuttgart 1957; A. Weiser, Das Buch der zwölf Kleinen Propheten I, Das ATD 24[4], Göttingen 1963; H. W. Wolff, Dodekapropheton 2. Joel, Bibl. Kommentar XIV/5, Neukirchen 1963. *Kai*

Johanan, ein im AT und NT (→ Johannes) häufiger Name. Von den 16 im AT erwähnten Trägern des Namens seien herausgehoben J. der Sohn des Kareach, der als Hauptmann die Eroberung Jerusalems 586 überlebte und nach der Ermordung des Statthalters → Gedalja gegen den Rat des Jeremia den Rest der Juden nach Ägypten führte 2Kö 25,23; Jer 40-43, und der Priester J. der Sohn des Eljaschib Neh 12,22 f, der nach den in Elephantine gefundenen Handschriften um 410 vChr Hoherpriester war. *Schl*

Johanna, Ehefrau eines Hofbeamten des Herodes namens Chusa, war eine Nachfolgerin Jesu Lk 8,3 und Botin seiner Auferstehung Lk 24,10. *Kü*

Johannes (weniger bekannte Namensträger). *1)* Vater des Mattathias 1Makk 2,1. *2)* Sein ältester Sohn mit Zunamen Gaddis 1Makk 2,2. *3)* Sohn des Simon 1Makk 13,54; 16,1 ff. *4)* Vater des Eupolemus 1Makk 8,17; 2Makk 4,11. *5)* Ein Unterhändler der Juden 2Makk 11,17. *6)* Vater des Petrus Jo 1,42; 21,15-17. *7)* Ein Mitglied des Hohen Rats Apg 4,6. *8)* Erster Name des → Markus Apg 12,12.25. *Kü*

Johannes, der Apostel.

1) Der Bericht der Synoptiker. 2) Der Bericht des 4. Evangeliums. 3) Petrus und Johannes. 4) Der johanneische Kreis. 5) Die johanneische Botschaft.

1) Die beiden Söhne des Zebedäus, Jakobus und J., sind galiläische Fischer, die beide in die Nachfolge Jesu berufen werden und den Beinamen „Donnersöhne" erhalten Mk 1,19 f; 3,17. Die Zusammengehörigkeit der Brüder wird ständig betont: sie sind im Jüngerkreis erwählte Zeugen von Ereignissen und Weissagungen Mk 5,37; 9,2; 13,3. Angesichts der bevorstehenden messianischen Herrlichkeit beansprucht ihre Mutter für die Söhne den Ehrensitz in der zukünftigen Herrschaft Mt 20,21; Mk 10,35-37. Auf dem Zug nach Jerusalem wissen sich beide mit der Vollmacht des Elia begabt, der Feuer vom Himmel fallen lassen kann Lk 9,54, vgl. 2Kö 1,9 ff. Die sippenmäßige Zusammengehörigkeit wird noch stärker betont, wenn Salome als Mutter der Zebedäussöhne zu den galiläischen Frauen gehört, die Jesus nach Jerusalem und bis zum Kreuz begleiten Mk 15,40 f; Mt 27,56. Es ist beachtlich, daß die synoptische Überlieferung sowohl von der Bevorzugung wie von dem Abstand der Jünger von Jesus weiß.

2) Ganz anders klingt der Bericht des vierten Evangeliums. Er beginnt mit der Erzählung von dem Anschluß der beiden Täuferjünger an Jesus in der Jordansenke Jo 1,35-39. Der eine ist Andreas, der andere bleibt ungenannt. Dieser Anschluß erfolgt vor der galiläischen Wirksamkeit Jesu. Erst mit dem Beginn der Passionsgeschichte wird das Zeugnis des Jüngers, den Jesus liebhatte, bes. wichtig 13,23; 19,26.35; 21,7.20. Daß Jesus ihn liebte, bedeutet soviel wie, daß er ihn erwählte und im Jüngerkreis auszeichnete. Der Unterschied von der synoptischen Überlieferung darf nicht dazu führen, diese Züge des vierten Evangeliums als legendär zu verdächtigen. Schwieriger ist die Tatsache, daß die altkirchliche Überlieferung (Papias) einen Ältesten J. von dem Apostel J. unterscheidet (Euseb 3,39, 3 ff). Von „dem Ältesten" stammen auch zwei Briefe im NT 2.3Jo, und diese Bezeichnung wird wohl eine besondere Würde des Briefschreibers andeuten. Der Geschichtsbericht des vierten Evangeliums will von einem Augenzeugen berichten, der neben Simon Petrus gestellt werden muß und von diesem durch das Gesetz der „Rivalität" geschieden ist. Er setzt damit den ungenannten Jünger und den Zebedaiden letztlich gleich (1,41: „als erster"). Die Verhüllung in der Berichterstattung ist nicht zufällig, sondern gewollt. Man vergleiche den Hinweis der Qumranschriften auf den nicht genannten „Lehrer der Gerechtigkeit".

3) Die Sitzordnung beim letzten Mahl Jesu stellt bewußt den Vorzug des Lieblingsjüngers heraus. Er liegt nach der damaligen Sitte auf dem Polster rechts von dem Polster Jesu und fragt ihn nach dem Verräter 13,25. Das Wertlegen auf die Sitzordnung ist betont feierlich (Qumran). Der Lieblingsjünger ist dem Hohenpriester bekannt, und er gelangt nach der Verhaftung Jesu in den Palast des Hohenpriesters 18,16. Er steht als einziger Jünger unter dem Kreuz und erhält den Auftrag, für die Mutter Jesu zu sorgen 19,26. Damit wird die Mutter Jesu aus der Familie ausgegliedert und in den Schutz des Jüngers gestellt. Die Gewißheit des Todes Jesu wird ausdrücklich auf die Augenzeugenschaft des Jüngers zurückgeführt, dessen Wort beglaubigt wird 19,35. Alle diese Züge sind nicht symbolisch, sondern streng historisch gemeint. Am Ostermorgen eilt der Lieblingsjünger mit Simon Petrus zum Grab, sieht die Ordnung im Grab und glaubt als erster an den Auferstandenen 20,1-10. Der Bericht setzt die genaue Kenntnis der palästinischen Sitte der Einbindung (nicht der ägyptischen Mumifizierung) eines Toten voraus. Im Nachtrag des Evangeliums, K. 21, werden die beiden Söhne des Zebedäus unter den Jüngern aufgeführt 21,2. Der Lieblingsjünger erkennt den Auferstandenen zuerst 21,7. Auf ihn bezieht sich eine letzte Weissagung Jesu, die so verstanden wird, als werde dieser Jünger bis zu seiner Wiederkunft bleiben 21,22. Das Gesetz der „Rivalität", d. h. die Frage nach dem geistlichen Vorzug, bleibt bis zuletzt im Blick des Erzählers. Die Ehrfurcht vor Simon Petrus bleibt dabei gewahrt. Zweifellos sind diese anekdotischen Züge, die auf den Lieblingsjünger hinweisen, älteres Material, das in das Evangelium eingearbeitet wurde; sie sind zunächst historisch, dann aber auch theologisch gemeint.

4) Apostelgeschichte und Paulusbriefe heben die Autorität des J. auch nach Ostern hervor. Allerdings berichten sie nur von seinem Weg bis zum Apostelkonzil; Jakobus, der Herrenbruder, Kephas und J. sind die Säulen der Gemeinde, mit denen Paulus und Barnabas einen Bund schließen Gal 2,9. Ein gewaltsamer Tod vor dem Apostelkonzil ist also ausgeschlossen. Es ist nicht unwahrscheinlich, daß durch den jüd. Krieg eine Übersiedlung des Apostels nach Kleinasien (Ephesus) erfolgt. Er war offenbar von einem Kreis von Schülern umgeben, der in seinem Namen zu den Gemeinden Kleinasiens spricht. Der Kampf mit dem antichristlichen Judentum, der gnostischen Bewegung und dem heidnischen Kaiserkult war hier bes. heftig und spiegelt sich in den verschiedenen johanneischen Schriften wider. Dieser johanneische Kreis sondert sich keineswegs von der gesamtkirchlichen Entwicklung ab, bewahrt aber in Form und Inhalt die eigene Tradition. Aus diesem Schülerkreis stammen Evangelium, Offenbarung und 1 Jo. Nach einer Nachricht des Irenäus hat J. bis in die Zeit Trajans in Kleinasien gewirkt (adv. haer. 2,22,5). Zuletzt ist er von Juden bei einem Tumult nach einem Zeugnis des Papias erschlagen worden (Philippus von Side und Georgios Hamartolos).

5) Die altkirchliche Überlieferung bezeichnete J. als den „Priester mit dem Stirnblatt" und als „Theologen", d. h. als Liturgen. In diesen Nachrichten liegt die Erinnerung an die priesterliche Tradition und die liturgische Redeform, die den johanneischen Schriften zugrunde liegen. Sie weisen auf bestimmte Zweige der spätjüd. Apokalyptik zurück. Die Sprache der Schriften ist aramaisierend und verrät ihre palästinische Heimat. Mit Qumran ist J. durch die alten metaphysischen Gegensätze (Licht–Finsternis, Wahrheit–Lüge, Leben–Tod) verbunden. Daß sie von Jesus von Nazareth her verstanden werden müssen, ist das besondere Zeugnis der johanneischen Botschaft. Gegenüber Judentum und Gnosis betont sie die Fleischwerdung des Wortes Gottes in Jesus von Nazareth und das die ganze Menschheit umfassende Heil. Auch die johanneische Gedankenwelt und Frömmigkeit wurzelt im Judentum, nicht in der orientalischen Gnosis. *Mi*

Johannes der Täufer.

1) Dieser im NT und bei Josephus genannte Bußprediger trat in der Jordansenke (an bestimmten Orten an Verkehrsstraßen: Bethanien jenseits des Jordan Jo 1,28, Ainon bei Salim 3,23) im 15. Jahr des Tiberius (27-28 nChr) auf Lk 3,1. Nach der über seine Eltern berichtenden Geburtsgeschichte stammte er aus einer priesterlichen Familie der Ordnung Abija Lk 1,5; 1Chr 24,10. Während aber seine Eltern ganz in der priesterlichen Tempelfrömmigkeit ihrer Zeit leben, wird ihr Sohn Johannes mit dem Zunamen „der Täufer" (auch Jos. ant. 18,116) zu einem bekannten Führer der Opposition gegen Jerusalem und der apokalyptisch und messianisch ausgerichteten Taufbewegung; er wird zu den Behörden in Jerusalem und zu den jüd. Parteien in einem ausgesprochenen Konflikt gestanden haben Mk 11,30-33; Mt 3,7. Allerdings sind Elemente der spätjüd. Priestertradition auch bei J. d. T., wenn auch in veränderter Form, wiederzuerkennen. Schwierig ist die historische Bestimmung seines Verhältnisses zur Bruderschaft von → Qumran, die ebenfalls in der „Wüste" dem Herrn den Weg bereiten will Jes 40,3-5; man hat aus Lk 1,80 eine Erziehung durch Essener in der Wüste schließen wollen, was nicht unmöglich ist. In der Zeit, die für die Evangelisten wichtig ist, lebt J. von Qumran getrennt und außerhalb der Sektenordnung. Er will

„Stimme Gottes“ sein, die zum ganzen Volk Israel, nicht nur zu Gliedern einer abgeschlossenen Sekte, redet. Ihm kommt es nicht auf die Herstellung einer festen Organisation, sondern auf die eschatologische Umkehr und Reinigung des ganzen Volkes an. Ausdruck und Zeichen dieser Umkehr und Reinigung ist die einmalig vollzogene Taufe „zur Vergebung der Sünden“ Mk 1, 4. Man darf dabei an die prophetisch-priesterliche Erfüllung von Hes 36, 25-27 denken, die für die Folgezeit bedeutungsvoll wird. Die Proselytentaufe ist in ihrer Entwicklung mit dieser Taufbewegung zu vergleichen, ist aber nicht mehr als eine Analogie. Kleidung und Nahrung des Wüstenpredigers Mk 1, 6 entsprechen der asketischen Lebensführung und deuten zeichenhaft auf den Gegensatz zu den Erweichern der Thora in Jerusalem hin. Obwohl der Täufer grundsätzlich vom Gesetz her zu verstehen ist, fällt doch sein prophetisches Selbstbewußtsein („ich taufe“), seine Demut und Selbstbeschränkung sowie sein Warten auf den „Stärkeren“ und „Größeren“ auf. Eine zukünftige Geist- und Feuertaufe sollte die eigene Wassertaufe ablösen und vollenden Mk 1, 8. Eine derartige Weissagung läßt auf harten Widerstand und entsprechenden Kampf schließen. Josephus bekennt sich auffallenderweise zu ihm und bejaht seine Sendung, obwohl er die eschatologische Kraft der Verkündigung des Täufers nicht bewahrt. Er war nach ihm ein edler Mann, der die Juden anhielt, nach Vollkommenheit zu streben, indem er sie ermahnte, Gerechtigkeit gegeneinander und Frömmigkeit Gott gegenüber zu üben und so zur Taufe zu kommen. Sein Erfolg im Volk war so groß, daß Herodes Antipas einen gewaltsamen Umsturz fürchten muß und den Täufer auf die Festung Machärus bringen und dort hinrichten läßt. Nach Josephus war der Täufer eine politische Gefahr für das Haus des Herodes, und Gottes Gericht traf nach Ansicht des Volkes Antipas, als sein Heer durch die Araber aufgerieben wurde (ant. 18, 116-119). Die Evangelisten ergänzen diese Darstellung des Josephus durch den Bericht, daß der Täufer an dem Ehebruch des Herodes Antipas Anstoß genommen und ihm sein Unrecht vorgehalten habe Mk 6, 18. Die Erzählung vom Tanz der Salome, der Tochter der Herodias, vor dem Königshof und ihre Bitte um das Haupt des Täufers können durchaus historisch sein und auf Täufertradition zurückgehen Mk 6, 29. Prophetisches Wort und Märtyrertradition werden hier eine Einheit.

2) In den Evangelien finden wir nur einen begrenzten Ausschnitt aus der Verkündigung des Täufers (Bußruf, Weissagung, Mahnrede), der für die folgende Auseinandersetzung zw. Taufbewegung und Jüngerschaft Jesu von Wichtigkeit wird. Ursprünglich standen beide ganz dicht nebeneinander; dann aber vollzog sich eine Trennung, die Altes und Neues, Gesetz und Evangelium, Vorläufertum und eschatologische Freudenzeit streng voneinander schied. Jesus wollte nicht nur den Sündern die Umkehrpredigt bringen, sondern auch mit den Sündern leben; seine Lehre von der Reinheit und von der Heiligung unterschied sich von der des Täufers. Immerhin ging das Bewußtsein einer letzten Einheit zw. Taufbewegung und Jüngerschaft Jesu nicht ganz verloren. Tatsache ist, daß Jesus von Nazareth von J. getauft wurde und daß Jesus eine Zeitlang ebenfalls in der Jordansenke zur Taufbewegung neben J. gehörte Jo 3, 22 ff. Für das vierte Evangelium ist die mehrfache Aussage wichtig, daß der Täufer Jesus ausdrücklich anerkannt und legitimiert habe Jo 1, 15. 29. 34. Offenbar will es den Jüngern des Täufers den Übergang zur Jüngerschaft Jesu erleichtern. Es fehlt aber in den Evangelien auch nicht an Worten und Überlieferungen, die den Gegensatz und die Trennung zw. Jesus und dem Täufer hervorheben; Jesus und seine Jünger brechen selbst das Fasten, das die Pharisäer und die Johannesjünger gemeinsam halten Mk 2, 18-22; J. gehört nach dem Wort Jesu noch zur alten Weltzeit, wenn auch an ihre Grenze Mt 11, 7-19. Diese theol. Abgrenzungen, die von Jesus ausgehen, sind historisch wertvoll, zeugen sie doch von der inneren Überlegenheit über das ältere Täufertum. Es ist anzunehmen, daß manches Täufergut durch den Übertritt von Johannesjüngern in die urchristl. Gemeinde eindringt; dazu gehört vor allem die Tatsache, daß die Taufe wieder zum Allgemeingut der Urgemeinde wird. Die Konkurrenz zw. Taufbewegung und Jesusgemeinschaft hat sich vor allem im Mandäismus niedergeschlagen, wo J. d. T. hoch verehrt wird. Nach dem Tode des J. wurden seine Schüler in Palästina und in der Diaspora (Alexandria, Ephesus) in selbständigen Kreisen weiter gesammelt; Apollos gehörte zu ihnen Apg 18, 24-28. Auffallend ist, wie hoch der Täufer in Kreisen der Schüler später geschätzt wurde; das Urchristentum sah seine Aufgabe darin, seine eigentliche Bedeutung herauszustellen und das Zeugnis auf Jesus zu konzentrieren Jo 1, 6-8. *Mi*

Johannes Hyrkan, Sohn und Nachfolger des Makkabäers → Simon, regierte von 135-104 vChr. Anfänglich hatte er Mißerfolge im Kampf gegen den syr. König Antiochus VII. Sidetes. Nach dessen Tod nützte er die Schwäche seines Nachfolgers aus, machte sich von Syrien ganz unabhängig und überzog die Nachbargebiete mit Krieg (Anwerbung von Söldnertruppen!): Eroberungen im Ostjordanland; Unterwerfung der Samaritaner und Zerstörung ihres Tempels auf dem Garizim (128 vChr); Unterwerfung der Idumäer, die zur Annahme der Beschneidung gezwungen wurden; Zerstörung von Samaria; Erwerbung von Skythopolis (Bethschean). In der inneren Politik brach J. H. mit den → Pharisäern und stützte er sich auf die → Sadduzäer. Die jüd. Tradition rühmt J. H. die Gabe der Prophetie nach. *Bie*

Johannes Markus → Markus.

Johannesbriefe.

1) Der johanneische Traditionskreis. 2) Der erste Brief. 3) Sprache und Stil. 4) Der zweite und dritte Brief.

1) Die Gruppe der drei J. gehört in Sprache und Inhalt mit dem vierten Evangelium eng zusammen. Vor allem 1Jo berührt sich in seinen Anliegen mit denen des Evangeliums und will echte Jesusüberlieferung weitergeben 1,5. Die johanneische Tradition stammt zweifellos aus einer einzigen Wurzel, entfaltet sich aber dann in verschiedenen Schichten. 1Jo ist ein Lehrschreiben, das nicht wie ein sonstiger Brief mit einer Adresse am Anfang und einem Gruß am Schluß versehen ist. Vielleicht haben wir hier ein anderes Briefformular vor uns, das der mündlichen Botschaft nähersteht (O. Roller). 2 u. 3Jo sind dagegen Briefe im bekannten antiken Stil mit Adresse und Briefschluß; sie füllen zudem in ihrer Länge gerade je ein Papyrusblatt aus. Hier begegnet in der Überschrift als Absender der nicht namentlich genannte „Älteste", eine Bezeichnung, die auf Traditionsbildung und geistliche Autorität hinweist. Man hat vermutet, daß dieser „Älteste" entweder ein Schüler des Evangelisten oder ein gnostisierender Amtsträger sei, der im Konflikt mit der offiziellen Kirchenleitung stehe (3Jo). 2Jo ist an die „erwählte Herrin und ihre Kinder" gerichtet, wobei auch hier der Name fehlt. Gemeint ist nicht eine einzelne Person, sondern eine christliche Gemeinde, die mit einer Mutter und ihren Kindern verglichen wird. Die ehrende Bezeichnung „Herrin" (Kyria) ist auch für eine politische Gemeinde nachgewiesen. Dagegen spricht 3Jo zu einer Einzelperson namens Gajus und bittet ihn, sich bestimmter Wanderprediger anzunehmen, die vom Ältesten legitimiert werden. Die Leser der drei J. dürften in Kleinasien zu suchen sein. Abfassungszeit ist das Ende des 1.Jh.

2) Der Aufbau des 1Jo ist dadurch bestimmt, daß bestimmte grundlegende Thesen entfaltet und paränetisch auf die Situation der Gemeinde angewandt werden. Der Verfasser denkt in Antithesen und Assoziationen, was auf semitische Denkart schließen läßt. Der Brief beginnt mit einem Vorwort, das Inhalt und Ziel der Botschaft, vor allem aber das an die Geschichte gebundene Zeugnis des johanneischen Kreises betont 1,1-4. Die feierliche Aussage erinnert an den Prolog des vierten Evangeliums. Wichtig ist der auf Jesus selbst zurückgeführte Satz 1,5: „Gott ist Licht und Finsternis ist nicht in ihm", der nun den ersten Hauptteil exegetisch bestimmt. Der Satz arbeitet mit dem aus der jüd. Apokalyptik stammenden ethischen Dualismus Licht–Finsternis und kämpft gegen die gnostischen Versuche, auf anderem Wege zum göttlichen „Lichtreich" zu kommen. Der zweite tragende Satz 2,18: „Es ist letzte Stunde und jetzt sind viele Antichristen aufgetreten" bestimmt die Gegenwart als eschatologisch und auf die Parusie Jesu Christi ausgerichtet. Auch 1Jo steht in klarer Enderwartung und zeigt den Ernst der gegenwärtigen Situation auf. Das dringliche Mahnwort 4,1: „Glaubt nicht jedem Geist, sondern prüfet die Geister" leitet den dritten Hauptteil ein. Zur Prüfung der Geister dienen die christologischen Bekenntnissätze 2,22f; 4,2.15, die von den Glaubenden nachgesprochen werden, aber von den Irrlehrern bekämpft werden. Für Johannes ist das Moment der Fleischwerdung des Christus entscheidend 4,2. Die antignostische Auseinandersetzung geht durch den ganzen Brief; sie bekämpft die Entwertung der Geschichte, die Auflösung der Christologie, das Nichternstnehmen der Sünde und die Mißachtung des Bruders in der Gemeinde. Johannes schärft den Kampf gegen die Sünde ein, wehrt aber die Überheblichkeit, als sei der Gnostiker dem Bereich der Materie und der Sünde enthoben 1,8.10, ab. Berührungen mit der Irrlehre Kerinths liegen zweifellos vor, doch bleibt ihre Gleichsetzung mit der im 1Jo gemeinten Irrlehre unsicher.

3) Sprache und Stil, Satzbau und Gedankenführung zeigen deutlich ein semitisches Griechisch. Der Verfasser ist ein aramäisch sprechender Judenchrist, der sich das Koine-Griechisch angeeignet hat. Bestimmte Denkmotive werden antithetisch und assoziierend entfaltet und wiederholt. Eine Gliederung des 1Jo ist dann möglich, wenn man kleinere Abschnitte zusammenstellt. Man hat auch eine ältere Vorlage herausgestellt, die an ihrem lehrmäßigen und thetischen Stil erkennbar sei und nun von einem homiletischen und paränetischen Bearbeiter ergänzt werde (Bultmann). Wahrscheinlich handelt es sich aber um zwei verschiedene Traditionsschichten. Jedenfalls gibt der Stilwechsel im Brief Anlaß zu derartigen Analysen. Berühmt ist die Einfügung eines neuen Satzteils nach 1Jo 5,7 in einigen altlateinischen Handschriften und in der Sixto-Clementinischen Ausgabe der Vulgata (→„Komma Johanneum"). In diesem Zusatz wird eine himmlische Zeugen-Dreiheit neben die irdische gestellt. Die Heimat dieser berühmten Interpolation ist Spanien. Doch ist nicht Priscillian ihr Urheber, sondern eine orthodoxe Überlieferung schon vor ihm.

4) Im Gedankengang klar und zielstrebig, legt 2Jo starkes Gewicht auf das Gebot der Bruderliebe, das von Anfang an galt und in der Gemeinde weiterhin Gültigkeit haben soll. Es findet aber seine Grenze an den gnostischen Verführern, die als „fortschrittliche" Wanderpredi-

Tafel 21: Das Jordan-Tal *Wir blicken nördlich von Jericho über den Abfall der Berge östlich vom Jordan mit den Mergelhügeln auf die Steppenlandschaft des Jordan-Grabens (der Fluß selbst, in der erkennbaren Rinne eingesunken, ist nicht sichtbar) und hinüber zum Gebirge Juda, aus dem sich das Qarn Sartabe erhebt. Auf dieser Höhe stand einst das Alexandreion, eine der Burgen der → Hasmonäer und des → Herodes.*

ger in die Gemeinde einzudringen versuchen. Sie dürfen weder aufgenommen noch auch gegrüßt werden, um jede Gemeinschaft zu verhindern. Damit wird das Gebot der Absonderung, das wir aus dem jüd. Sektentum kennen, in Kraft gesetzt. Der 3 Jo-Brief setzt voraus, daß Gajus Freunde des „Ältesten" aufgenommen hat. Diotrephes, der in der Gemeinde der erste sein will, widersetzt sich dagegen den missionarischen Boten und stößt sie aus, gerät aber damit in Konflikt mit dem „Ältesten" selbst. Demetrius gehört zu den Vertrauensleuten des „Ältesten" und wird daher dem Gajus empfohlen. Diese kurzen Nachrichten zeigen etwas von den Schwierigkeiten, mit denen der johanneische Zeugenkreis zu tun hat. Man könnte annehmen, daß er sich gegen das Eigenrecht der Einzelgemeinde oder ihrer Gemeindeführung durchzusetzen versucht. Wahrscheinlicher ist aber, daß seine Frömmigkeit, seine Traditionsbildung und seine Missionstätigkeit auf starke Widerstände stoßen. Man hat angenommen, daß Johannes selbst „gnostisierend" sei und darum auf den Widerstand der Großkirche treffe. Nicht ausgeschlossen ist aber auch, daß in seiner Eigenart eine alte geistliche Strömung sich durchgehalten hat, die der kirchlichen Spätzeit fremd und anstößig war. Daß der Tradent des johanneischen Kreises allg. anerkanntes kirchliches Haupt gewesen sei, ist nicht zu beweisen. Die Texte zeigen vielmehr, daß er sich auf eine Bruderschaft, einen Zeugenkreis stützte, der die alten Ordnungen und Gebote gegen jede Auflösung zu schützen suchte.

Lit.: Fr. Büchsel, Die Joh.-Briefe, 1933; C. H. Dodd, The Johannine Epistles, 1946; H. Windisch — H. Preisker, Die katholischen Briefe, [3]1951; R. Schnackenburg, Die Johannesbriefe, [2]1963; E. Gaugler, Auslegung neutest. Schriften, I 1, 1964; J. Schneider, NTD [9]1961; W. Nauck, Die Tradition und der Charakter des 1. Johannesbriefes, 1957. Zur Analyse: R. Bultmann, Die kirchliche Redaktion des 1. Joh. (In memoriam E. Lohmeyer) 1951, S. 189-201; H. Braun, Literar-Analyse und theologische Schichtung im 1. Joh., ZThK 48 (1951), S. 262-292; E. Käsemann, Ketzer und Zeuge (Exegetische Versuche und Besinnungen Bd. 1) 1960, S. 168-187. *Mi*

Johannesevangelium.

1) Aufriß der Geschichte Jesu. 2) Eigenart der Redeüberlieferung. 3) Eschatologie und Geschichtsbild. 4) Traditionsgeschichte und Absicht des Evangeliums.

1) Das vierte Evangelium bringt einen eigenen *Aufriß der Geschichte Jesu,* aber auch ein von den anderen Evangelien abweichendes Jesusbild. Zwar ist der synoptische Stoff auch in ihm weithin verarbeitet, aber durch Ergänzungen und Umformungen in einen neuen Rahmen gestellt. Am Anfang steht programmatisch der Prolog 1, 1-18, der in der Geschichte der Theologie bes. nachgewirkt hat. Nach ihm ist Jesus von Nazareth das lebendige Wort Gottes, das Fleisch wurde. Damit ist ein Bekenntnis des Evangelisten gegenüber der Täufergruppe, dem kleinasiatischen Judentum, der orientalischen Gnosis und den philosophischen Strömungen des Heidentums ausgesprochen. In verschiedenen Anekdoten und Sprüchen wird Johannes der Täufer als Urbild der Demut und des Zeugentums herausgestellt. In den Berufungsgeschichten offenbart Jesus von Anfang an seine Würde als Messias und Menschensohn. Anschließend vollziehen sich sowohl in Galiläa wie in Jerusalem die „Zeichen" Jesu als Enthüllungen seiner Vollmacht vom Vater; sie steigern sich von Kapitel zu Kapitel und rufen schließlich den Todesbeschluß des Synedriums hervor 11, 47 ff. Diese „Zeichen" sind bes. ausgewählt und gelten als Legitimationen seiner Sendung und Erwählung vom Vater. Die Passionsgeschichte schildert auf Grund älteren Materials den Prozeß Jesu und seinen Weg zum Kreuz. Es wird mit Nachdruck betont, daß Jesus wahrhaft gelitten hat und gestorben ist 19, 28 ff. 34 ff. Die Ostererzählung ist ebenfalls neu geformt. Der Auferstandene bezeugt sich und verleiht seinen Jüngern die Gabe des hl. Geistes 20, 22 f. Ein Nachtragskapitel 21 berichtet von einer galiläischen Erscheinung des Auferstandenen und wendet sich dem Auftrag des Petrus und dem Schicksalsweg des Johannes zu. Diese beiden Zeugen, Simon Petrus und der Jünger, den Jesus liebte, stehen vor allem in der Passionsgeschichte im besonderen Interesse des Evangelisten. Der ganze Rahmen der Geschichte Jesu wird im Anschluß an den jüd. Festkalender auf mehrere Jahre verteilt (Passah: 2, 13; 6, 4; 11, 55). Jesus stirbt am Tag, an dem man das Passahlamm ißt 18, 28. Die Geschichte Jesu wird bildhaft und zeichenhaft.

2) Dieser eigene Aufriß der Geschichte Jesu wird durch *Einzelsprüche und Spruchgruppen* ergänzt, in denen Jesus den in ihm sich vollziehenden Heilsplan Gottes kundtut. Gelegentlich gehen diese Spruchgruppen auch in eine geschlossene Rede über, die ein bestimmtes Thema behandelt (zB „das Brot des Lebens", „das Licht der Welt", „der gute Hirte", die „Abschiedsreden"). Diese Sprüche und Spruchgruppen haben einen eigenen Stil und eine feierliche Sprache, sind aber der Geschichte Jesu zugeordnet und von ihr nicht ablösbar. Man kann sie als Erläuterung der Geschichte und als *Darstellung des johanneischen Christusbildes* ansehen. Typisch ist die Betonung, daß Jesus vom Vater kommt und zu ihm zurückgeht 8, 14; 13, 1. Offenbar wird ein feindliches, den Gekreuzigten angreifendes Verständnis überwunden. Das Judentum sah in ihm den Gerichteten, den Verführer ohne Legitimation. Das vierte Evangelium will vor allem die Diaspora mit der Vollmacht des Fleischgewordenen und Erhöhten bekannt machen. Für das Evangelium bezeichnend

Tafel 22: Am Jordan *Das Bild zeigt die Stelle, an der Jesus getauft worden sei. Unmittelbar am Wasser wächst üppiges, fast urwaldähnliches Gebüsch. Dahinter erheben sich die hellen Mergelhügel der Jordansteppe. Darüber zeigt sich der Abfall des westjordanischen Berglands.*

sind die „Ich-bin"-Aussagen (das Brot des Lebens; das Licht der Welt; der gute Hirte; die Auferstehung und das Leben; der Weg, die Wahrheit und das Leben; der Weinstock). Gemeint ist, daß die durch das AT, die spätjüd. Tradition und Liturgie bekannte Vorstellung und Begriffswelt durch Jesus von Nazareth allein und in Wahrheit erfüllt wird. So entsteht eine Bildsprache, die in einem eigenartigen Sinn vergeistigt und veranschaulicht. Jesus ist die ausschließliche Wahrheit und Wirklichkeit Gottes, auf die der bisherige Weg Israels ausgerichtet ist. Noch weiter geht das einfache „Ich bin es" in 8,24.28, das an eine hl. jüd. Gottesformel und an die unmittelbare Gegenwart Gottes erinnert (2Mose 3,14; Jes 43,10; Sukka). Es bezieht sich auf die Wasserspende am Laubhüttenfest. Jesus und der Vater sind eins 10,30, d.h. in dem Fleischgewordenen bietet sich Gott selbst dem Menschen an. Die Abschiedsreden verarbeiten verschiedene Traditionen, die unterbrochen und weitergeführt werden. Wichtig ist vor allem die Weissagung des hl. Geistes als des Fürsprechers 14,16f.26; 15,26; 16,13. Er tritt an die Stelle Jesu und führt sein Werk hier auf Erden fort. Diese Sprüche stammen aus einer älteren Überlieferung. Das Abschiedsgebet 17 ist als ein Vermächtnis gedacht, das nicht nur den Jüngern, sondern einem größeren Kreis von Glaubenden gilt. Für das vierte Evangelium ist Jesus als der von Gott kommende Gesandte (13,20) geschichtliches Ereignis, das Glauben und Unglauben weckt, aber über Israel hinaus zum Schicksal der ganzen Menschheit wird. Wahrscheinlich stammen die johanneischen Sprüche aus aramäischen Traditionen und tragen hymnischen, lobpreisenden Charakter. Ein eigenes Judenchristentum wird in ihnen erkennbar.

3) Entscheidend ist das Verständnis der *eschatologischen Gegenwart Jesu.* Das vierte Evangelium weist auf die Zukunft hin: „es kommt die Stunde" 4,21; 5,28 und erklärt daneben: „es kommt die Stunde und sie ist jetzt da" 4,23; 5,25. Es will damit andeuten, daß das Zukünftige im Zeichen und Wort Jesu schon vorweggenommen und Gegenwart geworden ist. Das Zeichen und das Wort, die zum Zeugnis werden, schenken das ganze Heil, stellen aber auch vor das letzte Gericht 3,17ff; 5,25ff. Diese Betonung des gegenwärtigen Heils führt nicht zur Gleichgültigkeit gegenüber dem Zukünftigen, auch nicht in eine Zeitlosigkeit der Mystik oder der gnostischen Spekulation, sondern zur Hervorhebung des konkreten geschichtlichen Augenblicks. Und doch ist alle eschatologische Gegenwart auch für das vierte Evangelium nur Hinweis auf das Zukünftige und Vollkommene, weist also über sich selbst hinaus 14,3. Schwierig bleibt das *Verhältnis zur synoptischen Überlieferung.* Hier und da ergänzt oder korrigiert es die bisherige Darstellung, und manche historische Nachricht hat ihren Wert und darf nicht mißachtet werden. Falsch wäre der Versuch, das vierte Evangelium ideengeschichtlich oder spekulativ zu verstehen. Wo es Fragen nach dem historischen Sachverhalt weckt, sind diese jeweils besonders zu prüfen. Archäologische Funde haben einzelne Nachrichten bestätigt (Jakobsbrunnen, Teich Bethesda); manche Probleme stehen noch offen (zB die jüd. Einbindung eines Toten 11,44; 19,40; 20,6f). Im Unterschied von aller Gnosis will das Evangelium echte, aber gedeutete Geschichte weitergeben. Und doch ist der didaktisch-lehrhafte Charakter des Ganzen nicht zu übersehen: auch dies Evangelium will Zeugnis sein, das Glauben weckt 20,31. Das Historische erscheint im Licht eines bestimmten Offenbarungsverständnisses und will das urchristl. Bekenntnis in diesem Sinn auslegen. Trotz vieler Berührungen mit Hellenismus und Gnosis ist das vierte Evangelium im tiefsten Sinn *unhellenistisch* und *ungnostisch;* auch die Beziehungen zu Qumran und dem Mandäismus, die näherliegen, reichen nicht aus, um Abhängigkeit zu behaupten. Iranisch-dualistische Züge sind feststellbar, sind aber durch eine lange jüd. Traditionskette umgeformt. Die Eigenart des johanneischen Christuszeugnisses ist unverkennbar. Es geht ihm um die Weltweite des göttlichen Heilshandelns, nicht um die Abgrenzung auf einen geistigen Raum einer Taufsekte.

4) Die einzelnen Schichten und *Traditionen,* aus denen das Evangelium entstanden ist, hängen oft so eng untereinander zusammen, daß der Versuch gemacht worden ist, sie auch äußerlich miteinander zu verbinden (vgl. 7,19-24 mit 5,1-18; 8,12 mit 12,35f). Ein derartiger Versuch ist gelegentlich notwendig, stößt aber auch auf bestimmte Grenzen. Die Perikope von der Ehebrecherin 7,53-8,11 hat einen hohen geschichtlichen Wert, gehört aber sicherlich nicht zum ursprünglichen Bestand des Evangeliums. Zwischen K. 14, das den Aufbruch der Jünger ankündigt (14,31 = Mk 14,42), und den tatsächlichen Aufbruch in 18,1 schieben sich heute verschiedene Kapitel ein, deren jetzige Anordnung schwerlich ursprünglich ist. Mit 20,30f schließt das Evangelium ab, hatte aber schon immer ein weiteres Kapitel 21 angefügt, das ein eigenes Schlußwort hat 21,24f. So liegt die Vermutung nahe, daß verschiedene Stadien im Prozeß der Abfassung noch erkennbar sind. Die Annahme, daß aramäische Traditionen dem Evangelium zugrunde liegen, wird von englischen Forschern befürwortet (Burney, Torrey); doch darf auch die Frage nach hebr. Anklängen nicht vernachlässigt werden (A. Schlatter). Sicherlich ist das Griechisch des Evangelisten stark semitisch gefärbt. Qumran, mandäische Quellen und Oden Salomos werden vor allem als Vergleichsmaterial heranzuziehen sein; doch ist die vielschichtige Welt der hellenistischen Diaspora, vor allem Kleinasiens, ebenfalls fruchtbar. Damit ergibt sich ein kompliziertes Forschungsbild, das aber keine blassen Konturen zeigen muß. Letztlich stammt das Evangelium aus jüd. Ursprüngen und Denkformen und bejaht die ATlichen Voraussetzungen, die es mehr umgestaltet als zitiert. Die beliebte Annahme, daß ein gnostischer Mythos zugrunde liege und vom Evangelisten vergeschichtlicht worden sei (R. Bultmann), trifft auf begründeten Widerstand. Gnostische Bewegungen mögen ihm zB in Samarien und Syrien bekannt gewesen sein, werden aber so scharf wie möglich bekämpft. Die dem Evangelium zugrunde liegenden verwandten Traditionen stammen aus der frühen Täuferbewegung, die aber zZ des Evangelisten andere Entwicklungen durchgemacht hat. Persönliche Kenntnis Palästinas und jüdischer Sitten und Bräuche ist nicht abzustreiten; Ortsangaben sind nicht nur Ausschmückung des Textes, sondern mehr. Viele Züge der Geschichtserzählung dürften alt und zuverlässig sein. Und doch hat die johanneische Tradition manche Umformung und Weiterbildung erfahren, die im Dienst einer autoritativen Lehrentwicklung steht. Die Zeit der letzten Redaktion ist nicht sicher. Die apostolische Zeit ist vergangen, das Markusevangelium schon bekannt. Eschatologie als Erfüllung und christologische Bestimmung steht im Thema fest, doch ist das Verhältnis zur apokalyptischen Denkform nicht eindeutig, vielleicht sogar kritisch. Die offizielle Trennung des Judentums vom Christentum (12. Bitte des Achtzehngebets) ist offenbar im Gange 9,22; 16,2. Das Evangelium will das Diasporajudentum zum Glauben an die Messianität und Sohnschaft Jesu erziehen. Da das Evangelium anfangs des 2. Jh. in Ägypten bekannt war, darf die zeitliche Abfassung nicht zu spät angesetzt werden. Die mit Johannes verbundene kleinasiatische Tradition läßt es wahrscheinlich erscheinen, daß das Evangelium in Ephesus zuerst bekannt wurde (Irenäus adv. hier. III, 1, 1).

Lit.: A. Schlatter, Der Evangelist Johannes, ^{3}1960; M. J. Lagrange, Evangile selon St. Jean, 1948; E. C. Hoskyns und F. N. Davey, The fourth gospel, 1940; W. Bauer, Das Johannesevangelium, ^{3}1933; R. Bultmann, Das Evangelium des Johannes, 1953; H. Odeberg, The fourth gospel, 1929; C. K. Barrett, The gospel according to St. John, 1956; G. P. Wetter, Der Sohn Gottes, 1916; H. Jonas, Gnosis und spätantiker Geist I, 1934; E. Percy, Untersuchung über den Ursprung der johanneischen Theologie, 1939; E. Schweizer, Ego eimi, 1939; C. H. Dodd, Interpretation of the fourth gospel, 1953; H. Becker, Die Reden des Johannesevangeliums und der Stil der gnostischen Offenbarungsrede, 1956; B. F. Westcott, The gospel according to St. John, 1955; W. F. Howard, The fourth gospel in recent criticism, 1954; B. Noack, Zur johanneischen Tradition, 1954; E. Ruckstuhl, Die literarische Einheit des Johannesevangeliums, 1951; H. Strathmann, Das Evangelium nach Johannes, NTD, 1955; R. H. Lightfoot, St. John's gospel, a commentary, 1956; M. E. Boismard, St. John's Prologue, 1957; A. Wikenhauser, Das Evangelium nach Johannes ^{3}1963; D. Daube, New Testament and Rabbinic Judaism, 1956; C. H. Dodd, Historical Tradition in the Fourth Gospel, 1963; R. Schnackenburg, Das Johannesevangelium 1. Teil (Kap. 1-4), 1965; ders., Logoshymnus und johanneischer Prolog, BZ NF 1 (1957), 69-109; ders., Das vierte Evangelium und die Johannesjünger, Hist. Jahrb. 77 (1958), 21-38; ders., Neuere englische Literatur zum Joh.Evgl., BZ NF 2 (1958), 144-154; ders., Die Sakramente im Joh.Evgl., in Sacra Pagina II (1959), 235-254; ders., Die Messiasfrage im Joh.Evgl., in Neutest. Aufsätze (Festschr. für J. Schmid) 1963, 240-264; S. Schulz, Studien zur Menschensohn-Christologie im Joh.-Evgl., 1957; ders., Komposition und Herkunft der Johanneischen Reden, 1960; A. Kragerud, Der Lieblingsjünger des Johannesevangeliums, 1959; E. Grundmann, Zeugnis und Gestalt des Johannes, 1960; K. G. Kuhn, Johannes und Qumrantexte (Festschrift für O. Cullmann), 1962, 111-122; van Unnik, The Purpose of St. John's Gospel (Studia Evangelica TU 73, 1959), 382-411; J. Blank, Krisis, Untersuchungen zur joh. Christologie u. Eschatologie, 1964; van Hartingsveld, Die Eschatologie des Johannesevangeliums, 1962; O. Betz, Der Paraklet, 1963; E. Käsemann, Der letzte Wille Jesu nach Johannes 17, 1966.
Mi

Johannisbrotbaum. Er ist in Palästina verbreitet, mit immergrünem Laub, und trägt im April und Mai Schoten, in denen die Kerne in einem süß schmeckenden Mark liegen; diese Schoten („Johannisbrot") dienten als Viehfutter Lk 15,16 (Luther: Treber) und als Nahrung der Armen. Auch wird das Mark ausgepreßt und eingekocht. *Schl*

Jojachin, auch Jechonja Jer 27,20 und Konja Jer 22,24 genannt, bestieg für seinen verstorbenen Vater Jojakim den Thron in dem schon belagerten oder kurz vor der Belagerung stehenden Jerusalem. Er kapitulierte nach dreimonatiger Regierungszeit i.J. 598/97 und wurde mit seiner Familie, den Beamten und 10 000 Judäern nach Babel deportiert und dort als gefangener König gehalten 2Kö 24,10-16. Die Deportierten zählten weiterhin nach dem Jahr seines Regierungsantritts Hes 1,2. Nach in Babel gefundenen Keilschrifturkunden, die über Öllieferungen an am Hofe verpflegte Ausländer berichten, wird er als König von Juda bezeichnet. Erst i.J. 561 begnadigte ihn der babylonische König Amel-Marduk, in der Bibel Evil-Merodach; J. lebte aber weiterhin am babylonischen Hof 2Kö 25,27ff. *Peu*

Jojada. *1)* Vater des Benaja, des Kommandeurs der Leibwache Davids 2Sam 8,18; 23,20; er stammte aus Kabzeel im Südwesten von Juda.

2) Oberpriester am Tempel in Jerusalem, Gatte der Joseba, der Tochter des Königs Joram von Juda. Diese hatte den Prinzen Joas vor der Königin Athalja, die die Macht an sich gerissen hatte, im Tempel verborgen gehalten. Nach sechs Jahren 839/38 bewirkte J. auf geschickte Weise den Sturz und den Tod der Athalja und erhob Joas auf den Thron 2Kö 11; 2Chr 22,11. J. hat weiterhin starken Einfluß auf den König ausgeübt und für die Erneuerung des Tempels gesorgt 2Chr 24,1-15. Nach seinem Tod gewannen seine Gegner Einfluß auf den König und bewirkten die Steinigung des Sacharja, eines Sohnes von J., 2Chr 24,17ff.

3) Ein Priester zZ Jeremias Jer 29,26.

4) Ein Zeitgenosse Nehemias, der beim Bau der Tore der Hauptstadt erwähnt wird Neh 3,6.

5) Hoherpriester zZ Nehemias Neh 12,10.22; 13,28. *Peu*

Jojakim. *1)* König von Juda 608/07-598/97, Sohn des Josia 2Kö 23,34—24,7. Er war durch Pharao Necho unter Änderung seines ursprünglichen Namens Eljakim in J. als Zeichen seiner Abhängigkeit von seinem Oberherrn anstelle seines Bruders Joahas zum König erhoben worden. Nach dem Sieg Nebukadnezars über Necho leistete J. seinem neuen Oberherrn den Treueid; sein geplanter Abtransport nach Babel unterblieb 2Chr 36,6. J. fiel i.J. 602 von Nebukadnezar ab, der dann zur Strafaktion schritt, vor deren Ende J. hinwegstarb. J. hat das Reform- und Gesetzeswerk Josias wieder außer Kraft gesetzt, indem er die Anhänger des damals erneuerten Jahwedienstes blutig verfolgte. Er gilt als Prophetenmörder und Verfolger Jer 26,20ff; die durch Baruch aufgeschriebene Buchrolle mit den Worten des Jeremia zerschnitt und verbrannte er vor den Augen seiner höchsten Beamten Jer 36. Jeremia tadelt seine kostspieligen Prachtbauten 22,13ff.

2) Sohn des Hohenpriesters Jeschua zZ Serubabels Neh 12,10.

3) Gatte der Susanna Sus 1. *Peu*

Jojarib. *1)* Priester zZ Davids in Jerusalem, Haupt der ersten Priesterklasse 1Chr 9,10; 24,7, Ahnherr der Makkabäer 1Makk 2,1; 14,29.

2) Ein mit Esra aus dem Exil heimgekehrter Priester und Lehrer Esra 8,16; Neh 11,5.10; 12,6.19. *Peu*

Joktan 1Mose 10,25ff; 1Chr 1,19ff, Sohn des Eber und Bruder des Peleg, Vater von 13 Söhnen, in denen arab. Stämme zu erkennen sind. J. galt demnach als Stammvater der im Süden, bes. auf der arab. Halbinsel lebenden Semiten. *(Da)*

Jona hieß nach der meistüberlieferten Textform der Vater des Simon Petrus Jo 1,42; 21,15-17. Dafür ist jetzt auf Grund besserer Bezeugung „Johannes" gesetzt. *Schl*

Jona. Im Unterschied von allen anderen Prophetenschriften ist das J.-Buch keine Sammlung prophetischer Aussprüche, sondern eine weisheitliche Lehrerzählung, scheinbar über einen 2Kö 14,25 erwähnten Propheten J., Sohn des Amittai, aus dem 8.Jh., in Wahrheit aber über Israels Stellung und Aufgabe im Heilsplan Gottes. Der Erzähler zeigt kein Interesse an geschichtlichen Ereignissen, er übergeht sogar die 2Kö 14,25 überlieferte Nachricht über die Heimat des Propheten und verschweigt den Namen des assyrischen Königs wie den seines Volkes. Seine Gestalten und Ereignisse sind auf das Typische zugeschnitten: Die Heiden werden durch die Seeleute, das Volk von Ninive und seinen König als trotz ihrem Götterglauben auf die Wahrheit Gottes und des Menschen hin ansprechbar gezeichnet, während der widerstrebende und auf seine eigene Ehre bedachte J. als rechter Heilsegoist erscheint. In dieser durchgehenden Typisierung gibt sich der dichterische Charakter der Erzählung ebenso zu erkennen wie in der Aufnahme der verbreiteten Motive von dem Tier, das einen Menschen verschlingt und später wohlbehalten ausspeit, und dem wunderbar schnell wachsenden Baum. Die lehrhafte Absicht des Büchleins deutet sich in der Gegenüberstellung der Heiden und des Propheten an. Es ist kein Zeichen von Glaubensstärke, die Augen vor diesem Befund zu verschließen. Gott kann sich jederzeit eines Dichters bedienen, um mit den Menschen zu reden.

Das J.-Buch ist bis auf geringfügige Zusätze eine Einheit. Der Dankpsalm 2,3-10 dürfte später eingesetzt sein, da er keinen Bezug auf die vorliegende Not des Propheten nimmt. Überdies wäre ein Bittgebet in dieser Lage eher am Platz gewesen. In 1,8aβ und 1,10 scheinen ebenfalls spätere Zusätze vorzuliegen, die sich durch die inhaltliche Spannung zu ihrer Umgebung zu erkennen geben. 4,5 ist bei der Bearbeitung aus seiner ursprünglichen Stellung hinter 3,4 entfernt worden.

Den Anlaß zu dieser Dichtung, die aus sprachlichen und sachlichen Gründen in nachexilische Zeit und entsprechend Sir 49,1; Tob 14,4.8 (LXX) vor das 2. vorchristliche Jh. anzusetzen ist, hat ein intoleranter und die eigene Erwählung mißverstehender Glaube der jüd. Gemeinde gegeben, dem Gottes Gericht über die Völker nicht schnell genug kam. In der Gestalt des J. wird Israel auf seine eigentliche Aufgabe hingewiesen. Es ist nicht um seiner selbst willen, sondern als Werkzeug Gottes zur Bekehrung und Rettung der Völkerwelt erwählt. Trotz seinem inneren Widerstreben kann Israel auf die Dauer seiner Rolle so wenig entfliehen wie der Prophet, weil Gott der Herr aller Kreatur ist, der sein Ziel über alle menschlichen Widerstände hinweg erreicht. Ein leicht ironischer Unterton ist in der Zeichnung des J. nicht zu verkennen. Der Unbekannte, dem wir dies Büchlein verdanken, war nicht allein ein frommer und weiser Mann, er besaß auch Humor.

Jesus hat seinen Zeitgenossen nach Mt 12,39; 16,4 das Jonazeichen verheißen und damit den Glauben, den seine Verkündigung findet, als einzige Legitimation seiner Vollmacht erklärt. In den bußfertigen Einwohnern von Ninive sah er nach Mt 12,41 Zeugen gegen die Glaubenslosigkeit seines Volkes. In der nachösterlichen Gemeinde sah man in dem Schicksal des J. eine Vorausdarstellung dessen, daß der Menschensohn nach drei Tagen in der Unterwelt zu dem großen Glaubens- und Umkehrzeichen wurde, Mt 12,40.

Lit.: J. Fichtner, Obadja, Jona, Micha, Stuttgarter Bibelhefte, Stuttgart 1957. A. Weiser, Das Buch der zwölf Kleinen Propheten I, Das Alte Testament Deutsch 24[4], Göttingen 1963. H. W. Wolff, Die Bibel — Gotteswort oder Menschenwort? Dargestellt am Buch Jona, Neukirchen 1959. R. v. Ungern-Sternberg und H. Lamparter, Der Tag des Gerichtes Gottes. Die Propheten Habakuk, Zephanja, Jona, Nahum, Die Botschaft des AT 23[4], Stuttgart 1960. *Kai*

Zeichen des Jona. Das Z.d.J. ist die in den synoptischen Evangelien mehrfach, freilich unterschiedlich berichtete Antwort Jesu auf die Zeichenforderung Mt 12,38ff; 16,1ff; Mk 8,11f; Lk 11,29ff. Das Z.d.J. wird aus zwei Vorgängen bestehen: *1)* aus einer Rettung Jesu, die der Wiederkehr des Jona gleichkommt Jona 2; *2)* aus einer Gegenüberstellung der Männer von Ninive, die Buße taten Jona 3, und der unbußfertigen Zeitgenossen Jesu im Endgericht. Herkömmlich wird das Wort vom Z.d.J. als ein verhüllter Hinweis auf die Auferstehung Jesu verstanden; freilich ist die Deutung der „drei Tage und drei Nächte" schwierig (vielleicht ist damit eine kurze Zeit gemeint). Neuere Ausleger sehen im Z. d. J. die Voraussage von Jesu Wiederkunft. *Nag*

Jonadab. *1)* Neffe Davids, mitbeteiligt an der Schandtat des Kronprinzen Amnon 2Sam 13, 3.

2) Sohn des Rechab, des Stifters einer Gemeinschaft strenger Jahweverehrer, die den Acker-, Haus- und Weinbau ablehnten, das nomadisierende Wohnen in Zelten und die Kleinviehzucht als allein gottgemäß ansahen und diese Lebensweise im Kulturland fortsetzten. Sie waren vermutlich mit den Kenitern verwandt, die ebenfalls als Jahweverehrer am nomadischen Leben festhielten 1Chr 2, 55. J. bot dem Usurpator Jehu moralische Unterstützung für dessen grausames Vorgehen in Samaria 2Kö 10, 15. Jer 35 lobt den Gehorsam der Rechabiter, obgleich diese in Abkehr von ihrem nomadischen Ideal — eine Ironie des Schicksals — vor den Truppen des Babyloniers hinter den Mauern der Hauptstadt Jerusalem Schutz suchten. *Peu*

Jonathan, ältester Sohn des Königs Saul 1Chr 9, 39; 1Sam 14, 49, nahm an den Philisterkämpfen seines Vaters teil 13, 2 ff. Eine Heldenerzählung berichtet vom erfolgreichen Überfall auf das philistäische Lager; aber beinahe wäre J. einem Gelübde Sauls zum Opfer gefallen K. 14. Mit David verband ihn ein Freundschaftsbund, an dem J. auch dann noch festhielt, als sein Vater den jungen David verfolgte 18, 1 ff; 20, 15. 35 ff. Sicherlich hat J. in seinem Freund den kommenden König gesehen. Es kam deshalb zu Auseinandersetzungen zw. Saul und J. 22, 8. J. fiel wie sein Vater in der Philisterschlacht am Gilboagebirge 31, 1 f. David übte Dankbarkeit an J.s Sohn Mephiboscheth 2Sam 4, 4; 9, 1 ff. *Peu*

Jonien → Jawan.

Joppe. Die Hafenstadt J., hebr. jāfō, arab. jāfa, erstmals in der Palästina-Liste Thutmosis III. und den Amarna-Briefen erwähnt, wurde nach Jos 19, 46 dem Stamm Dan zugeteilt, blieb aber in der Hand der Phönizier. — In J. wurden die Zedernstämme gelandet, die beim Bau des ersten und des zweiten Tempels benötigt wurden 2Chr 2, 15; Esra 3, 7; von dort aus floh Jona vor dem Geheiß Jahwes Jon 1, 3. 701 vChr wurde J. von Sanherib erobert, 400 vChr kam es unter persische Herrschaft, 332 vChr fiel es mit dem ganzen Land an Alexander d. Gr. und wurde erst in der Makkabäerzeit jüd. Besitz 1Makk 10, 74 ff; 14, 5. Unter Pompejus wurde J. 63 vChr autonom, aber bereits 47 vChr von Caesar den Juden zurückgegeben. Nach 70 nChr war es einer der Mittelpunkte der jüd. Gemeinde. — In der Apg wird Petrus nach J. gerufen zur Auferwekkung der Tabea und empfängt hier, wo er sich streng genommen bereits außerhalb der Grenzen des hl. Landes befindet, die Weisung, mit dem Evangelium auch zu den Heiden zu gehen Apg 9, 36-43; 10; 11. — Heute ist J. (Jāfō) mit etwa 5000 Einwohnern (1955) ein Vorort von Tel-Aviv, dessen 1936 eröffneter Hafen den von J. immer mehr ersetzt. → Tafel 23. *Rü*

Joram. *1)* Sohn des Königs Toï von Hamath am Orontes, begrüßt als Sondergesandter seines Vaters den siegreichen König David 2Sam 8, 9 ff (1Chr 18, 10 Hadoram genannt).

2) König von Israel 851/50-845/44, zweiter Sohn Ahabs, Nachfolger seines nur kurze Zeit regierenden Bruders Ahasja, führte gemeinsam mit Juda und Edom den zunächst erfolgreichen, dann aber in einer schmählichen Niederlage endenden Krieg gegen die Moabiter, die sich nunmehr völlig von der isr. Oberherrschaft freimachten 2Kö 3. Gegenüber den Aramäern von Damaskus konnte sich J. behaupten 6, 8 ff; 6, 24 bis 7, 16; doch zog er sich in diesem Kampfe Verwundungen zu, deren Ausheilung er in der Königsstadt Jesreel erhoffte. Dort aber wurde er durch seinen General Jehu, den Elisa hatte zum König salben lassen, ermordet 9, 14 ff. Mit J. endete die Dynastie Omris in Israel.

3) König von Juda 852/51-845/44, Sohn des Josaphat, hatte → Athalja, die Tochter Ahabs und Isebels zur Frau. Er konnte trotz heftiger Gegenwehr den Abfall des edomitischen Gebietes und der 25 km nordwestlich von Hebron gelegenen Stadt Libna von Juda nicht verhindern 2Kö 8, 16-24. Der von Athalja in Juda eingeführte samarische Baalsdienst führte zu schweren innenpolitischen Auseinandersetzungen, die J. grausam beendete 2Chr 21, 4 ff. *Peu*

Jordan, heute scherī'at el-kebīre, „der große Fluß", teilt Palästina in das Ost- und das Westjordanland, gehört zu dem durch einen geologischen Einbruch entstandenen syrisch-arabischen Graben, der das Orontes- und Litanital, die Jordansenke, das Tote Meer und das wadi el-'araba umfaßt und sich über den Golf von Akaba bis nach Afrika hin fortsetzt. Der J. entspringt im Hermongebiet in 520 m Höhe aus drei Quellen bei hesbaja, tell el-kadi (Dan) und banjās (Cäsarea Philippi). Er durchfließt zunächst eine sumpfige Ebene und dann das Kulturland des urbar gemachten Hulesees (2 m über dem Meeresspiegel, 5,8 km lang, 5,2 km breit). 16 km südlich davon mündet er, nach Überwindung einer Basaltsperre, in das → Galiläische Meer, 208 m unter dem Meeresspiegel. Die Jordansenke zwischen Galiläischem und Totem Meer, heute el-rōr (el-ghōr), „die Senke", ist 105 km lang, unmittelbar südlich des Galiläischen Meeres 3-4 km breit, springt dann nach 12 km nach

Westen vor zur Bucht von bēsān (Beth-schean), erreicht etwa in der Mitte die engste Stelle (3 km) und hat südlich der Jabbokmündung bis zum Toten Meer eine Breite von 20 km. Östlich und westlich des rōr steigen die nach Süden an Höhe zunehmenden Randgebirge des Ost- und Westjordanlandes steil auf. Der Boden des rōr ist eine diluviale Meeresablagerung, in die der J. sein etwa 1 km breites Bett gegraben hat, das er jedoch nur im April/Mai ganz ausfüllt. In der übrigen Zeit fließt er in einer 30 m breiten Rinne innerhalb des größeren Bettes. Die stark zerrissenen Mergelbänke zw. dem J.bett und der weiten Fläche des rōr verhindern es, daß das J.-wasser das Gebiet des rōr erreicht. Darum ist nur das unmittelbare Ufergebiet des J. von einem dichten, urwaldähnlichen Gestrüpp, ez-zōr genannt, umsäumt, während das übrige, niederschlagsarme Gebiet des rōr im AT zu Recht die Bezeichnung ha-ʿarābā, die Wüste, trägt. Die wichtigsten *Nebenflüsse* links des J.s sind der Jarmuk, scherīʿat el-menādire, der → Jabbok, wādi ez-zerka, und südlich davon wādi nimrin und wādi hesbān. Weniger Wasser führen die rechts des J.s mündenden Zuflüsse: nahr dschalūd bei bēsān, wādi fāra südlich der Jabbokmündung und wadi el-kelt bei Jericho. Südlich der Jabbokmündung schlängelt sich der J. in zahllosen Windungen träge dahin; sein Wasser ist von aufgewühltem Schlamm schmutziggelb. Bei der Mündung ins → Tote Meer erreicht der J. bei —392 m die niederste Stelle der Erdoberfläche. Der J. mit zahlreichen Stromschnellen und Sandbänken ist nicht schiffbar und ohne verkehrstechnische oder wirtschaftliche Bedeutung. Die J.wüste mit ihrem unerträglich feuchtheißen Klima (Temperaturen bis zu 43 Grad) ist von jeher arm an Besiedlung und Verkehrswegen. Ausnahmen bilden nur die Quelloasen mit ihrer üppigen Vegetation, wie Jericho, 20 km nördlich davon die des wādi fasā'il, ferner die Oasen der Bucht von bēsān. Neuere Brücken befinden sich südwestlich von Jericho und südlich der Jabbokmündung bei der Furt von ed-dāmje, dem Adam von Jos 3,16. An diese Furt ist wohl Ri 12,5 f gedacht, an die heute ungangbare Furt hadschle nördlich des Toten Meeres wohl 2Sam 19,18 f. →Tafel 21,22. *Me*

Josaphat, zunächst Regent für seinen gelähmten Vater Asa, dann König von Juda 872/71-852/51 1Kö 15,23 f. Er beendete den Dauerkriegszustand mit dem Nordreich Israel. Sein Sohn Joram heiratete die isr. Prinzessin → Athalja 2Kö 8,18.26. Als Israels Verbündeter nahm er am Aramäerkrieg 1Kö 22,1 ff und Moabiterkrieg 2Kö 3,7 ff teil. Die von ihm wieder aufgegriffenen Pläne der Ophirfahrten, die seinerzeit Salomo reichen Gewinn gebracht hatten, scheiterten, da ihm die geeigneten Schiffshandwerker und Seeleute fehlten und er die isr. Beteiligung an diesem Unternehmen abgelehnt hatte 1Kö 22,41-51. J. hat die judäische Wehrmacht erweitert und verstärkt. Festungen erbaut 2Chr 17,1 f. 12. 14 ff, die Rechtspflege im Lande neu geordnet, das Volk über das Gottesrecht belehren lassen und in Jerusalem ein Obergericht eröffnet 17,7 ff; 19,5 ff. 8 ff. Nach 2Chr 20 gilt J. als einer der Idealkönige in der Theokratie Israel, der das Heer sammelt, als erster Beter sich an Gott wendet, vor dem versammelten Heer eine Predigt hält, Gott aber den Sieg über das feindliche Heer mittels eines Wunders überläßt, schließlich Beute macht und unter Lobgesängen und geistlicher Musik an der Spitze des Heeres zum Tempel zieht. *Peu*

Joscheba 2Kö 11,2 — Joschabath nach 2Chr 22, 11 —, Tochter des judäischen Königs → Joram und Schwester Ahasjas, verbarg (oder entführte?) → Joas, den kleinen Sohn Ahasjas, vor der aus dem isr. Königshaus stammenden judäischen Königinmutter → Athalja. *Peu*

Joseph.

1) Der Erzvater. Den 1Mose 30,23 f doppelt gedeuteten Namen „Gott nahm hinweg (die Schmach)", „Gott füge noch einen (Sohn) hinzu" bezeugen auch ägyptische Texte als ja-su-pi-i-ra.

a) Die J.-Erzählung fließt aus zwei Quellen mit häufigen, nicht durchweg ausgeglichenen Varianten. Dem → Jakob (Israel) in Haran von Rahel geboren, kommt J. mit dem Vater nach Kanaan. Dessen Vorliebe für die jung verstorbene Mutter überträgt sich auf den seinen Brüdern vorgezogenen J. 1Mose 37,3. Mit Neid und Haß verfolgen sie ihn, auch wegen seiner überheblichen Träume 37,4 ff, und verkaufen ihn nach Ägypten in die Sklaverei. Im Dienst eines Hofbeamten gewinnt er Vertrauen und bevorzugte Stellung 39,1 ff, wird jedoch von der ehebrecherischen Frau seines Dienstherrn, weil er aus Gottesfurcht ihren Verführungskünsten widersteht 39,7 ff, verleumdet und auf Jahre ins Gefängnis gebracht. Dort wird das Mitgefühl mit Leidensgenossen, zwei vornehmen Hofbeamten, denen er mit der Gabe seiner Traumdeutung dient, Anlaß zu J.s Befreiung und Aufstieg K. 40. Als Traumdeuter tritt der 30jährige Jüngling vor den Pharao 41,46, macht sich als kluger Ratgeber um das in seiner wirtschaftlichen Versorgung gefährdete Land verdient 41,33 ff und kommt, mit höchster Vollmacht ausgestattet, zu Rang und Ehren 41,39 ff. Hungersnot in Kanaan führt J.s Brüder in das von seinen Nachbarvölkern damals häufig als Kornkammer aufgesuchte Ägypten (vgl. 12,10; 26,1 f), wo J. seine Brüder zwar erkennt, aber erst nach harter Prüfung sich ihnen bei einem zweiten Besuch in Ägypten zu erkennen gibt K. 42-45. Nach ihrer Aussöhnung läßt Pharao ihren Vater Israel mit seiner ganzen Sippe kommen und gibt ihnen in dem fruchtbaren Grenzgau Gosen Weideland. Dort wachsen sie rasch zu einem stattlichen Volke an 45,16-47,12. Als Retter der Seinen wird J. vom sterbenden Vater doppelt gesegnet K. 48, auch für seine von einer ägyptischen Priestertochter geborenen Söhne Ephraim und Manasse

41,50ff. Den Vater läßt er auf dessen Wunsch in der Heimat bestatten 47,30f; 50,1ff, ordnet auch für sich selbst die spätere Bestattung dort an 50,24ff, die nach dem Einzug in Kanaan 2Mose 13,19 in Sichem erfolgt Jos 24,32. Dort wird noch heute ein Grab J.s gezeigt.

b) Im Unterschied von den vorausgehenden, aus vielen meist ortsgebundenen, sagenhaften Überlieferungen wie zu einem Kranz zusammengewundenen Patriarchen-Geschichten ist die J.-Geschichte eine mit staunenswerter novellistischer Kunst gestaltete Ganzheit mit deutlicher didaktischer Tendenz, vermutlich aus der am Königshof der salomonischen Zeit gepflegten Weisheitsliteratur, deren humanistisches Bildungsideal sie in J.s Gestalt verkörpert (v. Rad). Der Stoff der Erzählung, die mit großer geschichtlicher Treue Zeit und Umwelt schildert, stammt wohl aus jahrhundertealter mündlicher Überlieferung, hat auch ägyptische Parallelen (Prinz Idrimi im 15. Jh. vChr u. a.). Ein geschichtlicher Kern ist neuerdings wieder sehr ernsthaft glaubhaft geworden (J. Vergote, Joseph en Égypte — Genèse chap. 37-50 à la lumière des études égyptologiques récentes. Louvain 1959. Besprochen v. Siegfr. Morenz Th. Lit.Ztg. 1959 Nr. 6). Es fehlen alle mythischen Züge. Die auch für uns noch ausgesprochen gegenwartsnahen religiösen Themen, das hohe Ethos der Darstellung, der hell aufstrahlende bibl. Offenbarungsglaube haben bis hin zu Th. Manns monumentaler Tetralogie das menschliche Denken und Schrifttum auf Jahrtausende befruchtet. Gottes bewahrende Güte, seine überlegene Führung über Menschenschuld und -leid, die Vergebung als Voraussetzung menschlicher Gemeinschaft, das Problem der Sühne sind mit hoher Meisterschaft dargestellt.

2) J.s *Nachkommen:* als Stamm J. Jos 16 erwähnt, im samaritanischen Bergland angesiedelt. 4Mose 26,28f auf die von J. abgeleiteten Stämme Ephraim-Manasse bezogen, später Am 5,6; 6,6 auf das ganze nördliche Zehnstämmereich oder Ps 80,2 auf das ganze Gottesvolk. *Schw*

Joseph und Aseneth, eine jüd. Missionsschrift vielleicht des 1. vorchristlichen Jh. aus dem ägyptischen Raum, die den Übertritt aus dem Heidentum zum Judentum an dem Beispiel der Aseneth, die dem Gotteshelden Joseph begegnet, zum Inhalt hat. Joseph, der Sohn Jakobs, erscheint im Glanz des Geistes und der Frömmigkeit, die eine bestimmte kultische Färbung hat; Aseneth wird durch ihre Bekehrung zu einem neuen geistlichen Leben erweckt, das einen Bruch mit dem Götzendienst darstellt. Gottes Geheimnisse nehmen an diesem Bekehrungsprozeß, der gleichzeitig zur Verlobung und Hochzeit führt, teil; wichtig sind vor allem die Elemente der hl. Speisung durch den Engel: „Jetzt hast du Lebensbrot gegessen, sowie den Becher der Unsterblichkeit getrunken, bist auch mit Öl der Unverweslichkeit gesalbt." Es entsteht die berechtigte Frage, inwieweit essenische Einflüsse in diesem hellenistisch-jüdischen Zeugnis erhalten sind. Auf jeden Fall sind Bekehrung zum Judentum und Empfang göttlicher Geheimnisse eng miteinander verbunden. Ein ausdrücklicher Hinweis auf die Proselytentaufe und die mit ihr gegebenen Vorstellungen fehlt, so daß eine Spätdatierung nicht möglich ist. *Mi*

Joseph, Ehemann der Maria, der Pflegevater Jesu, war ein Zimmermann Mt 13,55 in Nazareth, wo er sich mit Maria verlobt hatte Mt 1, 18ff; Lk 1,26ff. Beide entstammten der Davidsfamilie (→ Stammbaum Jesu). Wie Marias Aktivität bei dem irdischen Anfang Jesu darin bestand, sich dem zu ihr gekommenen Worte gläubig und gehorsam hinzugeben Lk 1,38.45, so nahm J. die göttliche Stimme, die zu ihm sprach Mt 1,20f, gläubig und gehorsam auf und trat in den ihm damit erteilten Auftrag ein. Die öffentliche Meinung hielt J. für den Vater Jesu Lk 3,23; 4,22; Jo 1,45; 6,42. Er ist als gerecht bezeichnet und hat die Gesetzesvorschriften erfüllt Lk 2,22ff. Nach Lk 2,41ff wird J., der im Bericht der Evangelien ganz hinter Maria zurücktritt, nicht mehr erwähnt, vielleicht weil er vor dem öffentlichen Auftreten Jesu starb. *Kü*

Joseph von → Arimathia, Mitglied des Hohen Rats, ein reicher und frommer Mann, der zu den verborgenen Jüngern zählte, trat erst nach Jesu Tod öffentlich hervor und bestattete zusammen mit → Nikodemus den Leichnam des Herrn in seiner eigenen Gruft Mt 27,57ff par. Nach dem apokryphen Petrusevangelium war J. ein Freund des Pilatus. *Kü*

Joseph (Joses). *1)* Bruder Jesu Mt 13,55; Mk 6,3 → Brüder des Herrn. *2)* Bruder von Jakobus dem Kleinen und Sohn einer Maria, die in Mt 27,56 par. genannt wird und vielleicht die Frau des Klopas Jo 19,25 war. *3)* Ein Levit aus Zypern, mit dem Beinamen → Barnabas Apg 4,36f. *Bie*

Joseph Barsabas → Barsabas.

Josephsprüche innerhalb des Jakobsegens 1Mose 49,22-26 (textlich schlecht erhalten) und innerhalb des Mosesegens 5Mose 33,13-17 sind Segensworte für den Josephstamm, in 1Mose im Anredestil, in 5Mose in der dritten Person verfaßt. In beiden Spruchsammlungen sind die J. mit dem Benjaminspruch unmittelbar verbunden. Auch inhaltliche Parallelen sind vorhanden, zB 1Mose 49,24b-26 und 5Mose 33,15f, insbesondere die Bezeichnung Josephs als nāzīr „Geweihter" unter seinen Brüdern. Beiden Sprüchen dürften alte Fruchtbarkeitssegen zugrunde liegen. Die zum Segnen aufgerufene Urflut (t^{e}hōm) ist noch stark mythologisch-personifiziert gedacht. Fruchtbarkeit und Hilfe im Kampf erscheinen als Segensgaben. Auf Grund dieser Beobachtungen stammen die Sprüche sicher aus der Zeit vor der Mitte des 8. Jh. vChr. *Ba*

Josia, König von Juda 639/38-609, wurde durch die wehrpflichtigen Grundbesitzer des Landes im Alter von 8 Jahren anstelle seines ermordeten Vaters → Amon auf den Thron erhoben. Er erlebte den Niedergang und schließlich das Ende des assyrischen Großreiches i. J. 612. Schritt für Schritt löste er Juda aus der assyrischen Abhängigkeit, beseitigte den assyrischen Staatskult im Tempel zu Jerusalem, ging aber auch gegen sonstigen Götzendienst vor und versuchte, Gebiete des ehemaligen Nordreichs und der nachmaligen assyrischen Provinz Samaria zu annektieren 2Chr 33,25-34,7. Auf Grund eines bei Bauarbeiten im Tempel gefundenen, vom Priester Hilkia dem Staatsschreiber Schaphan übergebenen, von diesem dem König vorgelesenen und von der Prophetin Hulda als verbindlich erklärten Gesetzes — aller Wahrscheinlichkeit nach in 5Mose 12-26 enthalten — veranstaltete J. als Gesalbter Jahwes, Vertreter des Volkes und Patron des Tempels einen Bundesschlußakt zw. Gott und dem Volk. Damit war jenes Gesetz zum Staatsgesetz erklärt worden. Es wurden sämtliche Heiligtümer des Landes zerstört und der Tempel in Jerusalem zur alleinigen Kultstätte für den Gott Israels erklärt; mit einem Schlag galten die alten Heiligtümer der Väterzeit wie Bethel, Gilgal, Beerseba für illegitim; das Passa konnte folgerichtig nur noch in Jerusalem gefeiert werden 2Kö 22 bis 23,28. Den Landpriestern wurde entgegen den Bestimmungen jenes Gesetzes 5Mose 18,6ff kein Opferrecht in der Hauptstadt zugestanden 2Kö 23,9. J. gilt neben David als der fromme König. Jer 22,15f lobt Recht und Gerechtigkeit dieses Mannes. Als der Pharao Necho zur Erhaltung des Reststaates Assyrien in Haran, wo sich ein entkommener assyrischer Prinz niedergelassen hatte, nach Syrien zog, um damit die Neubabylonier von Palästina fernzuhalten, trat ihm J. entgegen und fand dabei den Tod. Diese Ereignisse sind 2Kö 23,29 schon nicht mehr richtig gesehen worden, sind uns aber durch außerbiblische Nachrichten bekannt geworden. *Peu*

Josua, Josuabuch.

1) Inhalt des Buches. 2) Quellen. 3) Die Gestalt Josuas. 4) Entstehung.

1) Als Nachfolger des Mose erhält J. von Gott den Auftrag, das Volk Israel, dessen Stämme Ruben, Gad und halb Manasse bereits von Mose im Ostjordanland Wohnsitze erhalten haben, über den Jordan in das verheißene Land zu führen K. 1. Nach vollzogener Erkundung Jerichos K. 2 führt J. das Volk über den Jordan, dessen Wasser wunderbar gestaut werden, unter Anführung von Priestern, die die hl. Lade tragen K. 3f. Nach der Überschreitung wird die Beschneidung des Volkes vollzogen und das Passahfest gefeiert K. 5. Jericho wird erobert und gebannt K. 6. Nach Aufdeckung der Bannverletzung durch Achan K. 7 gelingt die Eroberung von Ai K. 8,1-29. Es folgt die Erzählung von einer Segens- und Fluchzeremonie auf den Bergen Ebal und Garizim K. 8,30-35. K. 9 berichtet von der Bundschließung mit den Gibeoniten, K. 10-12 von verschiedenen Kämpfen und Siegen unter Führung J.s. Der zweite Teil K. 13-21 stellt dar, wie das Land nach der Eroberung verteilt wird. In diese Ortslisten sind eingestreut kleine erzählende Abschnitte: 17,14-18 die Beschwerde des Hauses Joseph, 18,1-10 die schriftliche Aufnahme des noch unbewohnten Gebietes; den Abschluß des Listenkomplexes über die Landverteilung bildet die Liste der Levitenstädte K. 21. Dann wird 21,43-45 das Fazit gezogen: Alle Gottesverheißung war in Erfüllung gegangen. 22,1-9 berichtet von der Verabschiedung der ostjordanischen Stämme, die zurückkehren, aber 22,10-34 am Jordan einen Altar bauen, der nach Verhandlungen von den westjordanischen Stämmen gebilligt wird. K. 23 bringt eine vermahnende Rede J.s, und in K. 24 wird der sog. Landtag zu Sichem geschildert, in dem J. in einer Rede mit heilsgeschichtlichem Rückblick zur alleinigen Verehrung Gottes auffordert und den Gottesbund mit dem Volk schließt. 24,29-31 berichtet über Tod und Beisetzung des J. sowie 24,32f über Tod und Beisetzung Eleasars, des Sohnes Aarons.

2) Die *Quellen,* aus denen das J.buch zusammengesetzt ist, lassen sich einmal in den Ortslisten erkennen, die die Stammesgrenzen umschreiben, wie sie vor der Staatenbildung Israels bestanden. Auch eine Gauliste Judas, spätestens aus der Zeit des Königs Josia, läßt sich feststellen. Im ersten Teil K. 2-12 finden sich eine Anzahl sog. „ätiologischer Sagen" (Berichte, die einen bestimmten auffallenden Sachverhalt erklären wollen), die durch die Schlußformel „bis auf diesen Tag" zeigen, daß sie geraume Zeit nach der J.zeit aufgezeichnet sind, zB 4,9 Errichtung der 12 Steine im Jordan, 6,25 die Erhaltung der Rahabsippe in Jericho, 7,26 der Steinhaufen im Achortal, 8,28f der Schutthügel von Ai mit dem Steinhaufen am Stadttor. Diese ätiologischen Sagen weisen auf drei Orte Jericho, Achor, Gilgal und sind sehr wahrscheinlich im benjaminitischen Stammesgebiet überliefert worden. Neben den ätiologischen Ortssagen stehen die Heldensagen in K. 10f, die von J. und seinen Kämpfen berichten. Eine vierte Gruppe von Quellen liegt in dem Bericht K. 24 vor, der aus der Tradition des Bundesheiligtums zu Sichem stammt. Alles übrige muß auf Grund des Stils und des theologischen Tenors der Ausführungen, insbesondere in der Erwähnung der Heilsgeschichte und in dem Hinweis auf das Gesetz Gottes als deuteronomistische Bearbeitung gelten.

3) Geschichtlich glaubwürdige Nachrichten über *Josua* lassen sich aus 24,30 entnehmen. Danach war er Angehöriger des Stammes Ephraim, hat in ihm seinen Erbbesitz gehabt und ist dort auch in Timnath Serah gestorben. Diese Tradition darf als geschichtlich glaubwürdig beurteilt werden. Dann paßt die Erzählung 17,14-18 zu ihm, der zufolge er als Schlichter aufgerufen wird in einer Beschwerde über zu geringen Landbesitz. Nach der Heldensage in K. 10, 1-15 scheint er bei einem Zusammenstoß mit den Kanaanäern Waffenhilfe geleistet zu haben, indem er von Norden auf die von Süden angreifenden Kanaanäer stieß. Nach diesen Traditionen war J. also nur eine Gestalt hervorragenden Ausmaßes im Rahmen eines Stammes und nicht der große Nationalheld, als den ihn das heutige Buch darstellt.

4) Die *Entstehung des Buches* wird so zu denken sein, daß der Name Josuas auf die ätiologischen Sagen des benjaminitischen Traditionskreises übertragen wurde und dadurch die beiden Stammesüberlieferungen eine Verallgemeinerung und Nationalisierung erfuhren, indem die Sagen von den Stämmen auf das ganze Volk Israel übertragen wurden, als dessen Anführer J. jetzt erschien. In dieser Form hat sie der Bearbeiter (oder der Kreis der Bearbeiter) des deuteronomistischen Geschichtswerks in sein Werk einbezogen und entsprechend seiner theol. Grundhaltung bearbeitet. Eine andere Forschungsrichtung will in dem J.buch die Quellen des → Pentateuchs wiederfinden und das J.buch zu einem Bestandteil jenes größeren Werkes machen, so daß man von einem Hexateuch sprechen könnte. Indessen weisen diese Quellen keinesfalls jenes theol. Gepräge auf, das sie im Pentateuch haben. Gegen diese Auffassung steht auch die Tatsache, daß die → Samaritaner bei ihrer Trennung von der Judenschaft um 400 nChr nur den Pentateuch übernommen haben, nicht einen Hexateuch. Demnach muß das J.buch mindestens in dieser Zeit vom Pentateuch schon so getrennt gewesen sein, daß es nicht (mehr) als Bestandteil des „Gesetzes“ (Thorah) anerkannt wurde.

Lit.: K. Gutbrod, Das Buch vom Lande Gottes. Josua und Richter (Die Botschaft des AT 10) ²1957; H. W. Hertzberg, Die Bücher Josua, Richter, Ruth (Das AT Deutsch 9) 1953; M. Noth, Das Buch Josua (Handbuch zum AT 7) ²1953. *Ba*

Jota. Der neunte Buchstabe des griech. Alphabets. In Mt 5, 18 ist jedoch das *Jod* gemeint, der zehnte Buchstabe des hebr. Alphabets, wo es in der Quadratschrift der kleinste Buchstabe ist. *Bie*

Jotham. *1)* Sohn Gideons, entging als einziger unter 70 Brüdern der Ermordung durch seinen Bruder Abimelech, der sich die Königsherrschaft in Sichem und Umgebung angeeignet hatte. In einer ihm zugesprochenen → Fabel zeigt er sich als konsequenten Gegner jeglichen Königtums Ri 9, 1-21. 57.

2) Sohn und Nachfolger des judäischen Königs Usia (Asarja), der schon vor seiner Thronbesteigung für seinen aussätzigen Vater die Regentschaft führte 758/57-743/42. Am Ende seiner Regierung stand er einer aramäisch-isr. Koalition gegenüber 2Kö 15, 1. 5. 32-38. Erwähnt wird seine Bautätigkeit in Jerusalem und Juda und seine zeitweilige Herrschaft über die Ammoniter 2Chr 27, 3-5.

3) Ein Kalebiter 1Chr 2, 47. *Peu*

Jubal, Sohn Lamechs, galt als Erfinder der → Musik auf Saiten- und Blasinstrumenten 1Mose 4, 21. *(Schl)*

Juda, der vierte unter den vier älteren von Lea geborenen Söhnen Jakobs, gilt als Stammvater des Stammes J. 1Mose 29, 35; 35, 23; Jos 7, 16. Im Zusammenhang der „Josepherzählung“ rät er, den jungen Joseph nicht ums Leben kommen zu lassen, sondern an die Midianiter-Ismaeliter zu verkaufen; später tritt er für den des Diebstahls verdächtigten Benjamin ein 1Mose 37, 26 ff; 44, 18 ff. Andererseits mißachtet er das Recht seiner verwitweten Schwiegertochter Thamar auf die Ehe mit seinem dritten Sohn Schela und gerät dadurch in Schuld K. 38.

Weil politische Gebilde wie Stämme und Völker nach der überall zu machenden Erfahrung nicht von einem Mann herzuleiten sind, sondern aus vielen heterogenen Elementen zusammenwachsen, dürfte der Name J. seinem Ursprung nach ein Landschaftsname sein, nach dem sich die dort siedelnden Israeliten nannten. Als solcher erscheint die Bezeichnung „J.-Gebirge“, „Land J.“, „Wüste J.“, „Bethlehem in J.“ Jos 21, 11; Am 7, 12; Ps 63, 1; 1Sam 17, 12. Im Stamm J. sind in geschichtlicher Zeit außer den eigentlichen Judäern auch die Sippen von Simeon, der im Negeb wohnenden Kalebiter, Othnieliter u. a. aufgegangen, die wenigstens teilweise ihre Landnahme aus dem Süden ohne den Weg über das Ostjordanland direkt nach Norden vollzogen hatten Jos 15; Ri 1, 9-20. Unter David schließlich ist J. zu einem festumrissenen Staatsgebilde mit der Hauptstadt Hebron geworden und war mit Israel in der Zeit dieses Königs und seines Sohnes Salomo politisch nur durch die Person des Königs verbunden, um nach dem Tode Salomos wieder ein völlig eigenständiges politisches Gebilde unter der Herrschaft der Davididen darzustellen. Die teilweise unwirtliche Beschaffenheit des judäischen Gebirgslandes brachte es mit sich, daß große Teile der Bevölkerung der Weidewirtschaft nachgingen und der Ackerbau weniger ergiebig war. Die einst kanaanäische, den Davididen gehörige Königsstadt Jerusalem rückte erst allmählich in den Mittelpunkt des Staates J. Dank seiner Lage abseits der großen Küstenstraße am Ufer des östlichen Mittelmeeres konnte sich dieser lange Zeit aus den Verwicklungen der Großmächte am Nil und Euphrat-Tigris heraushalten. Nach dem Ende des Nordreichs Israel sammelte man in J. die Traditionen der gemeinsamen Vergangenheit aller isr. Stämme. Hier trat von Jes an die Reihe der Propheten auf — selbst Am war judäischer Herkunft —, und Priester und Weisheitslehrer fanden hier den Wirkungskreis für ihre Lehren. Der Bibelleser möge immer daran denken, daß im AT nichts überliefert ist, das nicht durch die Hände von Judäern gegangen und mit ihren Augen gesehen ist! Auch nach 586 blieb J. in neubabylonischer, persischer und griech. Zeit als zwar abhängiges, aber doch eigenständiges politisches Gebilde bestehen, wobei allerdings der Süden des Landes einschließlich Hebron an die Edomiter verlorengegangen war Jer 13, 18 f. Für das römische Zeitalter gebraucht man für J. die Bezeichnung Judäa. *Peu*

Judäa, das einst von den Stämmen Juda und Benjamin besiedelte Gebiet. *In persischer Zeit* gehörte J. zunächst zur Provinz Samaria, wurde aber unter → Nehemia selbständige Provinz, deren Finanzautonomie Münzen mit der Aufschrift jhd = Judäa bezeugen. *In seleukidischer Zeit* verlief die Grenze zur südlichen Nachbarprovinz Idumäa bei Beth-zur (chirbet eṭ-ṭubēḳa). Unter dem Makkabäer → Jonathan, der 153 von den Seleukiden zum Unterkönig von J. bestätigt worden war, kamen die Bezirke Aphairema (eṭ-ṭajibe), Ramathaim (rentis) und Lydda (ludd) (südliche Bezirke der Provinz Samaria, die sich auch nach dem samaritanischen Schisma zur Jerusalemer Kultgemeinde gehalten hatten) zur Provinz J., unter → Simon auch Gazara (Geser, tell dschezer) und die Hafenstadt Joppe (jafa). Unter den *Hasmonäern* verstand man unter J. im weiteren Sinne das von den Hasmonäern beherrschte Staatsgebilde, das etwa dem Großreich Davids samt dem Philistergebiet entsprach. *Die Römer* trennten die von den Hasmonäern eroberten Gebiete (Samaria, Küstenstädte, → Dekapolis) von J., gliederten es der Provinz Syrien ein und unterstellten es samt Idumäa, → Galiläa und → Peräa der Herrschaft des Hohenpriesters. → Herodes, der sich König von J. nannte, beherrschte wieder fast das ganze Gebiet des Hasmonäerstaates (mit Ausnahme der Dekapolis). Nachdem die Römer → Archelaos, der Ethnarch über J. mit Idumäa und Samaria war, 6 nChr abgesetzt hatten, gliederten sie sein Herrschaftsgebiet der Provinz Syrien ein und ließen es durch einen Prokurator (Luther: Landpfleger) verwalten. 41-44 nChr unterstand J. dem König → Agrippa. Nach dem jüd. Aufstand 70 nChr machte Vespasian J. zu einer kaiserlichen Provinz und unterstellte es einem eigenen Statthalter. Nach dem zweiten jüd. Aufstand 135 nChr wurde der Name Palästina, Philisterland, der bisher am Küstenstreifen haftete, auf die Provinz J. übertragen, um auch dadurch das Aufhören des jüd. Staates zu dokumentieren. — J. war, neben Jerusalem, Haupteinflußgebiet des Pharisäismus. Die Wirksamkeit Jesu in J. konzentrierte sich auf Jerusalem. Nach Pfingsten bildeten sich in J. judenchristliche Gemeinden Apg 1, 8; 2, 9; 9, 31; 1Thess 2, 14. *Me*

Judaisten sind nach Apg 15, 1. 5 pharisäisch gesinnte Judenchristen, die aus Judäa nach Antiochien kommen, auch auf dem → Apostelkonzil auftreten und die Einführung der Beschneidung in den heidenchristl. Gemeinden verlangen. Diese Forderung soll die Einordnung des Heidenchristentums in den mosaischen Bund sicherstellen, d. h. letztlich vom weiterbestehenden mosaischen Bund das Heil abhängig machen. Damit wäre gleichzeitig die Übernahme der übrigen jüd. Lebensformen gegeben gewesen. Die Beschneidung ist deshalb so ausschlaggebend, weil sie nach jüd. Überlieferung als „Siegel der Erwählung" gilt (R. Akiba) und durch sie die Aufnahme in den mosaischen Bund erfolgt. Diese pharisäisch gesinnten Judenchristen dringen allerdings auf dem Apostelkonzil mit ihrer Forderung nicht durch; vielmehr beschließt man, die Heidenchristen als „Gottesfürchtige" zu behandeln und ihnen lediglich das Aposteldekret aufzuerlegen. Mit dieser Ablehnung der Beschneidung entwickelt sich ein neues Freiheitsempfinden und die Loslösung der Gemeinden vom Mutterboden des Judentums. Paulus schildert in Gal 2, 1 ff diesen grundsätzlichen Kampf gegen die J. in Jerusalem; er nennt sie „unrechtmäßig zugelassene falsche Brüder", die sich eingeschlichen hätten, und betont, daß er auch nicht einen Augenblick ihnen nachgegeben habe. Auch der Heidenchrist Titus wurde nicht gezwungen, sich beschneiden zu lassen. Offenbar hat die Unbeschnittenheit des Titus unter diesen pharisäisch gesinnten Judenchristen einen besonderen Anstoß erregt. Später gelang es der gleichen judaistisch gesinnten Gruppe, die die völlige Einordnung des Christentums in den mosaischen Bund erstrebt, in die galatischen Gemeinden einzubrechen und ein „anderes" Evangelium zu verkündigen, als Paulus es hatte. Paulus wehrt sich mit allen Mitteln gegen einen derartigen Einbruch in sein Missionsgebiet um der „Freiheit des Evangeliums" willen. Da dieser Judaismus neben dem Gehorsam gegen die Thora vor allem ein gesteigertes Traditionsempfinden hat, betont Paulus im Gal.brief die Besonderheit der von Jesus Christus empfangenen Offenbarung und die Freiheit vom Gesetz. Gelegentlich sah man auf Grund von Gal 6, 13 in den galatischen Irrlehrern eine Bewegung aus galatischen bzw. syr. Heidenchristen oder Proselyten. Ein heidenchristl. Judaismus ist an sich nicht ausgeschlossen, allerdings auch nicht gerade historisch in dieser Situation wahrscheinlich; die Wendung in Gal 6, 13 „die die Beschneidung üben" sollte also nicht gepreßt werden. Es wäre auf jeden Fall falsch, die Gruppe um Jakobus oder gar die Judenchristen, die sich um Simon Petrus sammeln, mit dem Judaismus zu identifizieren, wie dies gelegentlich geschehen ist. Man sollte auch nicht als selbstverständlich voraussetzen, daß die strenge Gesetzlichkeit des Judaismus im Gegensatz zu einem lebendigen Zeugnis vom Geist Gottes gestanden hätte. Nach Apg 21, 20 f entsteht auf judenchristl. Boden in Palästina eine neue zelotische Bewegung, die sich unmittelbar gegen Paulus und seinen Abfall vom Gesetz richtet. Das spätere Judenchristentum bekennt sich ausdrücklich zu Petrus und Jakobus, lehnt aber in ebionitischen Kreisen nicht selten Paulus ab (Klementinen, Ebioniten des Epiphanius). Diese Ablehnung des Paulus hängt immer mit der entscheidenden These des Judenchristentums zusammen, daß Jesus das mosaische Gesetz keineswegs aufgehoben habe. *Mi*

Judas (= Juda) ist die aus dem hebr. Namen Juda entstandene griech. Form.

1) Man denkt bei dem Namen Juda zunächst an den *Sohn Jakobs* und der Lea 1Mose 29,35, der zum Stammvater Israels und durch den Segen Jakobs 1Mose 49 zum Träger der messianischen Hoffnung wurde. Nach dem → Jakobssegen wird der Stamm Juda „der gepriesene" sein, dem die Herrschaft gebührt. Das Zepter wird nicht von ihm weichen, bis der kommt, dem die Völker gehorchen werden (Silo-Weissagung). Diese grundlegende Erwartung spiegelt sich auch im NT wider. Der „Löwe aus dem Stamm Juda", der „Wurzelsproß Davids" hat den entscheidenden Sieg errungen Offb 5,5. Auf Grund der bethlehemitischen Tradition von der Geburt Jesu kann man bekennen: „Aus Juda ist unser Herr hervorgegangen" Hebr 7,14.

2) In der hellenistischen Zeit gewann *Judas Makkabäus,* Sohn des Mattathias, entscheidende geschichtliche Bedeutung. Er führte einen energischen Bandenkrieg gegen die Syrer, verjagte sie aus Jerusalem und reinigte den Tempel (165 vChr), verlor aber die Elefantenschlacht bei Beth-Sacharja und fiel selbst im Kampf bei Elasa (160 vChr). Auch als Staatsmann und Politiker (Vertrag mit Rom) war er für die Folgezeit von bestimmender Bedeutung. Zur Erinnerung an die Tempelreinigung durch J. findet das →„Tempelweihfest" (oder „Lichterfest") statt Jo 10,22.

3) Judas, der Essener, lebte zZ Aristobuls I. (104-103 vChr) und sammelte in Jerusalem seine Schüler, die er die Kunst der Weissagung lehrte. Die Ermordung des Antigonos, des Bruders des Königs, wurde von ihm vorausgesehen (Jos. bell. 1,78-80). Er stand offenbar im Gegensatz zur verweltlichten Priesterschaft der Hasmonäer. Man sieht in ihm gelegentlich den „Lehrer der Gerechtigkeit", von dem die Qumranschriften sprechen.

4) Judas, der Galiläer, stammte aus Gamala in der Gaulanitis und gilt als Gründer der zelotischen Partei, die für die Alleinherrschaft Gottes in Israel eintrat und jede Fremdherrschaft ablehnte, die zum Götzendienst verführt. Wichtiges Schlagwort war die „Freiheit", die analog dem makkabäischen Widerstand errungen werden soll. In den Tagen der Schätzung (7 vChr) begann der Aufstand; J. selbst kam um, seine Anhänger wurden zerstreut Apg 5,37. Die zelotische Bewegung blieb aber lebendig, und die Sippe des J. führte den Kampf fort. Seine Söhne Jakobus und Simon wurden durch Tiberius Alexander hingerichtet; sein Sohn Menahem gewann beim Beginn des jüd. Krieges 66 nChr das Waffenarsenal von Masada und zog nach Jerusalem. Ein Nachkomme des J. und Verwandter des Menahem, namens Eleasar, leitete die Verteidigung der Bergfestung Masada (73 nChr). Messianische Erwartungen sind in diesen zelotischen Kreisen immer wieder nachweisbar.

5) Im NT ist *Judas, der Sohn des Jakobus,* ein Jünger Jesu im Zwölferkreis, der in bestimmten Aufzählungen der Evangelien genannt wird Lk 6,16; Apg 1,13; Jo 14,22. In anderen fehlt sein Name; in Mk 3,18; Mt 10,3 wird Thaddäus statt seiner genannt.

6) Judas Ischariot, Sohn Simons, stammte aus einem Dorf Kerioth. Auch er gehörte zum Zwölferkreis und trug nach Jo 12,6 als Verwalter den Geldbeutel, verwendete aber die Einnahmen nicht so, wie es der Ordnung der Gemeinschaft entsprach. Er wird Dieb genannt, weil er Geld unterschlug. Dieser Zusammenhang setzt voraus, daß der Jüngerkreis Jesu ähnlich wie Qumran eine Lebensform hatte, die nach Gemeinschaftsinteressen geordnet war. Noch schwerwiegender war sein Abfall von Jesus und sein Verrat des Meisters an das Synedrium. J., der Nichtgaliläer, stand vielleicht schon frühzeitig in Unterhandlung mit den Gegnern Jesu Jo 6,71. Kurz vor dem letzten Passa Jesu suchte die jüd. Behörde Jesus in ihre Gewalt zu bekommen, und J. erklärte sich bereit, seinen Aufenthaltsort preiszugeben und bei seiner Verhaftung mitzuwirken. Man hat die Frage aufgeworfen, welche Gründe zu diesem historisch einwandfrei gesicherten Verrat des Jüngers geführt haben. Die uns überlieferten Texte lassen kein letztes Urteil zu. Da J. sich nicht von seinem Meister trennte, kann eine Enttäuschung über Lehre und Leben Jesu nicht entscheidend gewesen sein. Da er ihn sogar verriet und vom Synedrium Geld für seinen Dienst angeboten bekam Mk 14,10f, wird er im letzten Kampf um Jesus den Rechtsstandpunkt der Gegner geteilt haben. Da Jesus sich bewußt seinen Feinden entzog, wird seine Verhaftung keineswegs leicht gewesen sein. Nach dem Bericht Mk 14, 18-21 hat Jesus den Verräter noch am letzten Mahl mit den Jüngern teilnehmen lassen und dabei kenntlich gemacht. Über den Tod des J. stehen zwei Berichte nebeneinander: Nach Mt 27,3-10 bereute J. seinen Verrat und suchte das ihm gegebene Geld zurückzugeben; man nahm es aber nicht zurück und wies sein nachträgliches Zeugnis ab. So ging der Verräter hin und erhängte sich, ein Beispiel unvergebbarer Schuld und göttlichen Gerichtes. Nach Apg 1,18f kaufte J. einen Acker von dem erhaltenen Geld, stürzte ab und zerschellte. Der Name „Blutacker" hängt nach beiden Berichten mit diesen Geschehnissen zusammen und wird auf jerusalemische Lokaltraditionen zurückgeführt.

7) Judas, ein jüngerer *Bruder des Herrn* Mk 6,3; Mt 13,55, gehörte zu den judenchristl. Predigern, die das Kommen der Herrschaft Gottes verkündigten, und mag in 1Kor 9,5 mitgemeint sein. Der → Judasbrief mit seiner scharfen antignostischen Warnung wird auf ihn zurückgeführt. Gegen Ende der Regierung Domitians (um 95 nChr) sollen nach Hegesipp zwei Enkel des J. zum Verhör vor den Kaiser geladen, aber wegen ihrer politischen Harmlosigkeit wieder entlassen worden sein. Später nahmen sie bis in die Regierungszeit Trajans (98-117 nChr) eine führende Stellung in der Kirche Palästinas ein (Euseb hist. eccl. 3, 19 f; 32, 5 f).

8) Judas in Damaskus, der Gastgeber des Saulus Apg 9, 11, wohnte an der „geraden Straße“, die als Zentrum der hellenistisch-römischen Stadt vom Osten nach Westen führte. Säulenhallen und Stadttore sind das Kennzeichen dieser wichtigen Verkehrstraße, die auch heute noch erkennbar ist. Das Judenviertel hat bis ganz in die Nähe der „geraden Straße“ gereicht. *Mi*

Judasbrief. Ein kräftiger Kampfruf des palästinischen Judenchristentums gegen eine gnostische Irrlehre, die in die Gemeinden vielleicht des syr. Raumes einzudringen sucht, steht unter der Autorität des Judas, des Bruders des Jakobus 1, 1. Es liegt nahe, an den Herrenbruder Jakobus zu denken, der in judenchristl. Kreisen bes. angesehen war. Unser Verfasser beruft sich damit auf dies Haupt des Judenchristentums und stellt sich und die angeredeten Gemeinden unter die Weissagungen des Apostelkreises V. 18 f. Er selbst gehört nicht zu diesem Apostelkreis. Vielleicht ist der Brief nach dem Tode des Jakobus geschrieben und setzt voraus, daß die Brüder Jesu auch weiterhin geistliche Autorität und Verantwortung haben. Die Familie Jesu ist in dieser Zeit noch hoch geachtet. Entscheidend ist die Themastellung V. 3 f: Es haben sich „Menschen“ in die Gemeinden eingeschlichen, die Gottes Gnade in Ausschweifung verkehren und den „einzigen Gebieter“ (Gott) und den Herrn Jesus Christus verleugnen. Judas liebt die zweigliedrigen Bekenntnisformeln: „Gott der Vater“ und „der Herr Jesus Christus“ V. 1. 4. 21. 25. Die Irrlehrer sind Wanderprediger, die eine gefährliche Auffassung vom Geist Gottes und von der christl. Freiheit haben. Sie setzen sich über die konkreten Gebote Gottes hinweg, verachten die Engel, die Gottes Herrschaft ausüben, widersetzen sich der Gemeindeleitung, schmeicheln aber den Besitzenden und unterscheiden zw. den „nur psychisch“ und den „pneumatisch“ bestimmten Christen. Am Liebesmahl der Gemeinden nehmen sie gern teil, haben sogar ekstatische Gesichte, rühmen sich ihrer Überlegenheit über die Engel und deren Wächterdienst in der Schöpfung und überlassen sich ihrem geschlechtlichen Triebleben. Wir haben es hier mit einer gnostisch-schwärmerischen Bewegung zu tun, die von ekstatischen Lehrern geführt wird und vor allem im kleinasiatischen Raum gefährlich wurde. Verwandt sind die → „Nikolaiten“ in Offb 2, 6. 14 f. 20 f. Ihre Verführung bezog sich nicht so sehr auf eine philosophische Spekulation, als vielmehr auf ein gesetzesfeindliches Freiheitsgefühl. Man mißbrauchte tatsächlich den Reichtum der urchristl. Gnadenpredigt. Es ist wahrscheinlich, daß diese gesetzesfeindliche Schwärmerei aus dem Diasporajudentum selbst kommt und daß man diese Bewegung noch vor das Jahr 70 nChr ansetzen muß. Die theol. Eigenart unseres Briefes tritt in der ermahnenden Predigt V. 5-19 deutlich heraus: Gott hat Beispiele seines Gerichtes in den hl. Schriften bezeugt: 1) Er hat Israel nicht nur aus Ägypten errettet, sondern auch die Ungläubigen vernichtet V. 5. 2) Er hat die Engel, die ihre Herrschaft nicht bewahrten, mit Fesseln und Finsternis geschlagen und auf das kommende Gericht bewahrt V. 6. 3) Er hat Sodom, Gomorra und die Nachbarstädte wegen ihrer Unzucht mit Feuer vernichtet V. 7. Derartige Aufzählungen der Geschlechter und der Gerichte der Frevler entstammen alten jüd. Traditionen, die in der Predigt immer wieder verwendet wurden (Sir 16, 6-10; Weish 10, 4-6; 3Makk 2, 4 ff). Sprache und Bilder des Briefes sind orientalisch und jüd.; die Verwendung apokalyptischer Schriften (V. 9 Himmelfahrt des Mose, V. 14 äthiopischer Henoch) ist prophetisch und nicht spekulativ. Die eschatologische Erwartung ist lebendig und ungekünstelt V. 4. 9. 14 f. Die Verwendung apokalyptischer Überlieferung wird also in diesen Kreisen des Judenchristentums lebendig geblieben sein. Gnostische Schwärmerei ist pseudoapokalyptisch. Für viele anstößig ist die Wendung: „der ein für allemal den Heiligen überlieferte Glaube“ V. 3. Man hat in ihm „das regelrechte kathol. Traditionsprinzip gesehen, das jede dogmatische Entwicklung ausschließt“ (H. Windisch). Es ist aber schon altbibl. Denken, daß der Glaube von Geschlecht zu Geschlecht weitergegeben wird 1Mose 17, 7; 2Tim 1, 5. Familie, Volk und Geschlecht haben das einmalig Geschenkte weiterzugeben. Gerade das Judenchristentum hat dies Wissen gepflegt. Die apostolische Weissagung V. 18 wird in 2Petr 3, 3 wieder aufgenommen und erweitert. Der 2. Petrusbrief hat den J. als Teil seiner eigenen Predigt eingearbeitet, hat ihn also bestätigt. Um 200 hat der J. einen festen Platz im Kanon (Rom, Karthago, Alexandrien). Bedenken gegen seine Anerkennung erheben sich im Orient (antiochenische Kirche).

Lit.: R. Knopf, Die katholischen Briefe, Meyer, [7]1912; Windisch-Preisker, Die katholischen Briefe, [3]1951; K. H. Schelkle, Die Petrusbriefe — Judasbrief, HThK, 1961; J. Schneider, Die katholischen Briefe, NTD, [9]1961. *Mi*

Judassprüche. 1Mose 49, 8-12 (Jakobsegen) und 5Mose 33, 7 (Mosesegen) stellen Segenssprüche über den Stamm Juda dar. Im 5Mose wird dem Wunsch Judas Ausdruck gegeben, daß er zu seinem Volk zurückkehren möge, wobei nicht deutlich ist, ob auf die isolierte Lage Judas in vorstaatlicher Zeit oder auf die Zeit nach der Reichstrennung angespielt wird. 1Mose 49 ist die Vorrangstellung Judas stark betont gegenüber den Bruderstämmen und den Feinden. Zepter und Herrscherstab setzen wohl das davidische Königtum voraus und erweisen daher die von 10 b an für die Zukunft ergehende Verheißung als eine messianische (die sog. Schilohweissagung). Die Bilder von Weinstock und Wein deuten auf die paradiesische Fruchtbarkeit der messianischen

Zeit hin. Während für 5Mose 33,7 die unterste Grenze der Entstehungszeit in der Katastrophe des Nordreichs gegeben ist, ist für 1Mose 49,8 ff wohl die Reichsteilung als unterste Grenze anzunehmen. *Ba*

Juden, Judentum.
1) Der geschichtliche Name. 2) Die Eigenart des Judentums. 3) Die Geschichte des nachbiblischen Judentums. 4) Judentum und NT.

1) Die Entwicklung Israels aus aramäischen Uranfängen hin zum J.tum ist durch den Untergang des Nordreichs und auf Grund der nachexilischen Geschichte, in der sich die Wiederherstellung des Staates auf das Gebiet Juda beschränkte, bedingt. Ein Ansatzpunkt ist 2Kö 16,6; 18,26; 25,25; die nachexilischen Schriften (Esra, Nehemia, Esther) denken an die in der persischen Provinz Judäa lebenden J. wie auch an alle anderen, die sich abstammungsmäßig zu ihnen rechnen. Haben zunächst vor allem die Fremden von den „Juden" gesprochen, so dringt doch dieser Sprachgebrauch in der Folgezeit auch in die offizielle Sprache des J.tums selbst ein 1Makk 8,20.23; 13,42. Im NT wird das Nebeneinander der beiden Namen „Jude" und „Israelit" vorausgesetzt, wobei der erste bes. auf das Verhältnis zu Nichtjuden, der zweite auf die heilsgeschichtliche Eigenart bezogen ist Jo 1, 47.49; Röm 9,6; 11,1 ff. Ein eigenes Problem ist das Verständnis des Begriffes im vierten Evangelium: obwohl der Verfasser selbst aus jüd. Kreisen stammt, spricht er von den „Juden" so, als seien sie eine fremde, zeitlich fernstehende Gruppe, die Jesus gegenübersteht 2,6; 4,9.22; 6,4. Offenbar ist eine Abgrenzung zw. Synagoge und Gemeinde Jesu erfolgt, die diese Fremdheit und Zurückhaltung verständlich macht. Die ausdrückliche Polemik gegen den Anspruch, Kinder Abrahams zu sein, zeigt, daß seit dem Auftreten des Täufers das J.tum in seinem bisherigen Selbstverständnis getroffen wird 8,33 ff. 39 ff. 44 f. Versagt das J.tum Jesus den Glauben, versucht es, ihn zu töten, so stammt es vom Teufel ab und erfüllt dessen Absichten. Diese Verkehrung der Erwählung Israels in ein satanisches Geprägt- und Verhaftetsein ist schärfste, aber letzte gemeinsame Voraussetzungen nicht preisgebende Polemik. Die „Lästerung" macht die Synagoge zum Satansdienst Offb 2,9. Paulus unterscheidet zw. offenbarem und verborgenem J.tum und gibt damit Gott selbst die Entscheidung über Anspruch und Existenz des einzelnen Glaubenden Röm 2,28 f. Die Unterscheidung zw. den Kindern des Fleisches und des Geistes bzw. der Verheißung zeigt ebenfalls die Trennungslinie auf, die durch die apostolische Botschaft gezogen wird Röm 9,6 ff. Das Gericht über die J., die den Herrn Jesus getötet und die apostolischen Boten verfolgt haben, wird zum Merkmal der Geschichte bis zum Ende hin 1Thess 2,14-16. Die Nennung des offiziellen Namens „Jude" in der Anklage dient dem forensischen Stil; das polemische Schema ist älter und reicht in die Kämpfe der jüd.-essenischen Apokalyptik zurück. Paulus nennt sich selbst „Israelit", nicht „Jude" Röm 11,1; Phil 3,5.

2) Das J.tum war ein Volk, das eine gemeinsame Geschichte zusammengeschlossen hatte. Gott hat gerade dies Volk auserwählt 5Mose 7,6 und ihm das Ziel gesetzt, Heil für alle Völker zu werden 1Mose 12,3; Jo 4,22. Die Berufung Abrahams, die Errettung aus Ägypten durch Mose und der Bundesschluß am Sinai sind die grundlegenden Ereignisse der Geschichte, in denen die Erwählung des Volkes sich darstellt. Äußeres Kennzeichen der Zugehörigkeit zu diesem Volk ist die Beschneidung, die weithin als Trennung vom Heidentum verstanden wurde 1Makk 1,16. Durch Annahme der Beschneidung (dazu auch des Tauchbades und des Opfers) konnte auch ein Heide in das jüd. Volk eingegliedert werden. Er trat dann als „Proselyt" unter das jüd. Gesetz. Allerdings konnte man auch als „Gottesfürchtiger" am Gottesdienst der Synagoge teilnehmen und zum Halten bestimmter Gebote verpflichtet werden, wurde aber dann nicht im Vollsinn Jude. Das „Schma'" (hebr. Anfangswort von 5Mose 6,4) war das grundlegende Bekenntnis, das jeder Jude mehrmals täglich rezitieren mußte und das in jedem Gottesdienst seinen Platz hatte. Daneben war vor allem die Feier des Sabbats und die Beobachtung der Gebote über Rein und Unrein für die Abgrenzung vom Heidentum wichtig. Die Meidung des Genusses von Schweinefleisch und von Speisen, die mit dem heidnischen Götzendienst zu tun hatten, gehörte ebenfalls dazu. In Zeiten der Verfolgung hatte sich am Gehorsam gegen diese Gebote die Treue gegen Gott bewährt. Man legte sowohl in Palästina wie in der Diaspora auf eigene Gerichtsbarkeit nach dem Gesetz besonderes Gewicht und trug an deren Einschränkung schwer. Allerdings stellte der römische Staat keineswegs seine Machtmittel zur Verfügung, um das jüd. Recht durchzusetzen. Zuchtmittel der Synagoge waren die Geißelung und der Bann, durch den der Verkehr mit dem Bestraften unterbunden wurde. Die Trennung zw. Synagoge und christl. Gemeinde vollzog sich nur ganz allmählich. Erst nach 70 nChr scheint sie grundsätzlich und allgemein durchgeführt worden zu sein (Einfügung der „Ketzerbitte" in das Achtzehngebet).

3) Nach dem Ausgang des hadrianischen Krieges war das J.tum gezwungen, auf seine politischen Hoffnungen ganz zu verzichten und sich auf eine ganz neue Lage einzustellen. Der römische Staat kam dieser Haltung dadurch entgegen, daß Antoninus Pius nach einem letzten Aufstandsversuch der J. die Beschneidung der Kinder wieder gestattete (Modestinus, Digest. 48,8,11). Die äußere Werbekraft des jüd. Glaubens hatte jetzt aufgehört; die christl. Kirche war zudem vielfach zur Konkurrentin der Synagoge geworden. In dieser Zeit stieß das J.tum alle ihm fremdartig und bedenklich erscheinenden Elemente ab und bildete sich in der Abwehr gegen die Umwelt zu einer neuen Gelehrsamkeit um, die für die Folgezeit bedeutungsvoll wurde. Durch Fixierung des Gewohnheitsrechts und exegetische Ausgestaltung der bibl. Gesetze schufen die rabbinischen Gelehrten eine neue Möglichkeit, das Leben des Volkes zu regeln. Auf Grund älterer schriftlicher Vorlagen (Rabbi Akiba, Rabbi Meir) entstand so die Mischna. Das Hauptgewicht dieser Satzungen liegt auf der Zusammenfassung der Traditionen des 2. Jh.; doch ist die Erinnerung an die ältere Zeit vor 70 nChr nicht ganz erloschen. Als eine zweite, wenn auch kürzere Sammlung entstand die Tosefta, die noch vormischnische Quellen benutzen konnte. Die weitere Diskussion der Gelehrten auf Grund der Mischna schlug sich in den beiden Talmuden, dem „jerusalemischen" (4. Jh.) und dem „babylonischen" (6. Jh.), nieder. Der →Talmud ist eine Sammlung religiöser Gesetze wie auch rechtlicher, medizinischer, astronomischer und naturwissenschaftlicher Anschauungen der damaligen Zeit. Seine eigentliche Ausbildung vollzog sich in Babylonien, während in Palästina auch weiterhin die Schriftexegese und die Sammlung der Haggada zu Hause war. Nach dem Aufhören des vespasianischen Krieges wurde eine jüd. Zentralbehörde in Jabne geschaffen, deren Haupt Rabbi Jochanan ben Zakkai war. Er vertrat die Anschauung, daß ein vollkommener Ersatz für die Opfer im Tempel durch die Betätigung der Menschenliebe, wie sie Hosea gefordert habe (6,6), möglich sei. Nach seinem Tode konnte Gamaliel II. an seine Stelle treten, der den Zwist in der pharisäischen Partei zw. den Schülern Hillels und Schammais beenden konnte. Nach dem hadrianischen Krieg, als Judäa entvölkert war, wurde Galiläa zum Sammelpunkt des Rabbinats. Eine neue Zentralbehörde entstand zunächst in Sepphoris, dann in Tiberias. Der Patriarch von Tiberias war Ethnarch und Patriarch (nasi = Fürst), traf religiöse und rechtliche Entscheidungen selbständig, regelte die Kalenderfrage und war berechtigt, die Abgaben der Diaspora anzunehmen.

4) Das NT ist weithin aus judenchristl. Wurzeln entstanden, d. h. es stammt meist von J. her, die trotz ihres Bekenntnisses zur Messianität Jesu an ihrer Zugehörigkeit zu Israel und am Glauben an die Erwählung dieses Volkes bewußt festhalten. Seine Schriften sprechen von dem geistigen Erbe der Väter, das auch an die Heidenchristen weitergereicht wird, von den Verheißungen und Geboten, die erst im Neuen Bund im Vollsinn erfüllt werden, aber auch vom Konflikt zw. Gesetz und Evangelium, der durch Jesus Christus überwunden wird. Die meisten Richtungen und Gruppen des zeitgenössischen J.tums haben in irgendeiner Weise zur Entstehung urchristl. Theologie beigetragen. Es ist nicht richtig, das NT lediglich als Zeugnis von der Loslösung des Urchristentums aus dem Mutterboden der Synagoge anzusehen und dementsprechend das J.tum zu einer Vorstufe des Christentums zu erklären. Die innere Einheit zw. dem Alten und Neuen Bund ist von Anfang an in der Verkündigung der Apostel mitgegeben und läßt nicht zu, daß die abgrenzende und polemische Aussage das Werben des Evangeliums um Israel erstickt. Gott richtet Israel, hat es aber nicht verstoßen. So hat es auch in der Gegenwart eine noch unerledigte Aufgabe in der Heilsgeschichte Gottes. *Mi*

Judenchristen. Es gab auch in den paulinischen Gemeinden J., aber eine klare Ausprägung des J.tums finden wir nur auf palästinischem Boden. Vermutlich bestanden judenchristl. Gemeinden auch in Galiläa, doch haben wir Kenntnis nur von der judenchristl. Gemeinde in Jerusalem. Eine besondere Gruppe in ihr stellten die als → „Hellenisten" bezeichneten Diaspora-J. dar, die stärker als die → „Hebräer" der traditionellen jüd. Frömmigkeit kritisch gegenüberstanden (Stephanus). Während Petrus und Jakobus dem Paulus und Barnabas die gesetzesfreie Heidenmission zugestanden (→ Apostelkonzil), erwiesen sich die radikal gesetzlichen J. (→ „Judaisten") als Gegner der Mission des Paulus in Galatien und Korinth. Bei Ausbruch des röm.-jüd. Krieges wanderten die Jerusalemer J. nach Pella im Ostjordanland aus. Nach 70 entstanden wohl neu vereinzelte judenchristl. Gemeinden in Palästina, aber nach der Niederschlagung des hadrianischen Aufstandes (135) verschwanden sie endgültig aus der Geschichte. *Schn*

Judenedikt. Der römische Geschichtsschreiber Sueton schreibt (Klaudius 25) von Kaiser→Klaudius: „Die Juden vertrieb er aus Rom, weil sie, von Chrestus aufgehetzt, fortwährend Unruhe stifteten." Vielleicht ist mit dem hier erwähnten „Chrestus" tatsächlich Jesus Christus gemeint. Die Unruhen unter der Judenschaft von Rom wären dann entstanden, als christl. Juden (Missionare) in Rom auftauchten. Klaudius erließ sein Edikt i.J. 49 nChr. Von ihm wurden auch →Aquila und Priszilla betroffen Apg 18,2. *Bie*

Judengenossen (= Proselyten in Mt 23,15; Apg 2,11; 6,5; 13,43). Die alte Synagoge unterschied zw. Ganzproselyten und Halbproselyten. Die Ganzproselyten (= Proselyten der Gerechtigkeit) empfingen die Beschneidung und die Taufe und brachten das Opfer im Tempel dar, solange dieser bestand. Sie waren zur Beobachtung des ganzen Gesetzes verpflichtet wie die Juden selbst. Der griech. Begriff Proselyt, den das NT verwendet, findet sich so in der LXX noch nicht, wohl aber entsprechende aramäische bzw. gräzisierte Umschreibungen. Die Halbproselyten (= die → Gottesfürchtigen) übernahmen nur Teile des Gesetzes (zB Sabbat- und Speisegebote). Daß die jüd. Propaganda Erfolge unter der heidnischen Bevölkerung erzielte, ist deshalb erstaunlich, weil ein starker Widerwille gegen diesen „barbarischen Aberglauben" (Cicero) allgemein verbreitet war. Vor allem bemühte sich Alexandrien, die unglaublichsten Dinge über die Geschichte der Juden zu erfinden (Manetho, Chäremon, Lysimachus,

Apion), und die späteren Schriftsteller des römischen Reiches waren nur allzugern bereit, sie weiterzuerzählen. Anstößig an der jüd. Gottesverehrung waren die Enthaltung von Schweinefleisch, die strenge Sabbatfeier und die Bildlosigkeit. Befremdlich war auch die Trennung von den heidnischen Völkern, der Zaun des Gesetzes (Eph 2, 14), der dem Hellenismus und seinem die Völker verbindenden Einheitsstreben widersprach. Allerdings verfügte das Judentum auch über eine weitverbreitete und geschickte Propagandaliteratur, die an die Aufklärung der damaligen Zeit appellierte. Welch ein stolzes Selbstgefühl die Juden als Lehrer der Heiden hatten, beschreibt Paulus Röm 2, 19 f. Ein besonderer Triumph jüd. Mission war der Übertritt des Königshauses von Adiabene: der König Izates, seine Mutter Helena und sein Bruder Monobazus nahmen das Judentum an (Josephus). Ja, die Pharisäer werden mit großem Eifer gerade derartige hohe Persönlichkeiten durch Gesandte missioniert haben Mt 23, 15. In NTlicher Zeit waren die Diasporagemeinden von einem Kreis von „Gottesfürchtigen" umgeben, die an den jüd. Gottesdiensten teilnahmen und für Glaubensfragen bes. interessiert waren. Die im rabbinischen Schrifttum als „Proselyten des Tores" genannten Fremden sind mit den obengenannten Gruppen nicht zu verwechseln, sondern sind lediglich die in Israel wohnenden Fremden (nach 2Mose 20, 10; 5Mose 5, 14). Damit sind also Nichtjuden gemeint, die lediglich die für die nichtjüd. Menschheit geltenden noachitischen Gebote zu halten haben; allerdings blieb diese Forderung bloße Theorie (E. Schürer). *Mi*

Judith, Judithbuch.

Das J.buch gehört im luth. Bibelkanon zu den Apokryphen, im römisch-katholischen dagegen zu den kanonischen Schriften. Ursprünglich hebr. oder aramäisch geschrieben, ist es nur in griech. und latein. Übersetzungen erhalten.

In K. 1-3 wird von den kriegerischen Taten des in Ninive residierenden Königs Nabuchodonosor (Nebukadnezar), die er in Mesopotamien und Syrien verrichtet, erzählt. K. 4-7 schildern den Angriff des Feldherrn Holofernes auf Zentralpalästina. Die erst vor kurzem aus der babylonischen Gefangenschaft heimgekehrten Juden geraten in große Bestürzung. Ein jüd. König wird nicht erwähnt, wohl aber ein Hoherpriester Jojakim in Jerusalem, der zum Widerstand rät. Der Angriff des Holofernes konzentriert sich auf einen jüd. Ort Bethulia (griech. Betylua oder Baitylua), der in südöstlicher Richtung von Dothan im nördlichen Gebirge Ephraim auf einem Berg gelegen ist. Die Belagerung und die Wegnahme der Wasserquelle bringen die eingeschlossenen Juden in große Not. Aus dieser errettet sie J., eine sehr fromme, gesetzesstrenge Jüdin, die in das Lager des Holofernes geht, auch dort gesetzesstreng lebt und nach einem Gelage den betrunkenen Holofernes tötet und danach ungehindert das Lager verlassen kann, weil die Besatzung an ihr rituelles, das zeitweilige Verlassen des Lagers bedingendes Handeln gewöhnt ist K. 8-14. Das letzte Kapitel erzählt den Sieg der Juden über die mutlos gewordenen Belagerer. Das Buch schließt mit einem Lobpsalm und dem Bericht über das weitere, lange und gesegnete Leben der Judith und über ihren Tod.

Die unbedingte Gesetzestreue in allen Lebenslagen, die nationalistische Einstellung, die wirren geschichtlichen und geographischen Angaben zeigen, daß nicht eine Geschichtserzählung im strengen Sinn, sondern eine erbauliche Beispielgeschichte vorliegt, die manche Züge mit Esther, Daniel und der geistigen Einstellung der Makk-Bücher gemeinsam hat. Als Zeit der Entstehung des J.buchs wird daher vermutungsweise die erste Hälfte des 2. Jh. vChr angenommen werden können. Geschichtliche Erinnerungen an Feldzüge des persischen Königs Artaxerxes III. Ochus (359-338), in dessen Umgebung sich ein Orophernes und ein Bagoas wie im J.buch befanden, können im Buch enthalten sein. *Ba*

Jünger. Das griech. Wort für J. bezeichnet den Lernenden im Verhältnis zum Lehrer ohne Rücksicht auf das Alter. Im palästin. Judentum sammelten die Rabbinen Schüler um sich, die sie im Gesetz, vor allem in der Auslegung und kasuistischen Anwendung der einzelnen Gesetzesbestimmungen unterrichteten. Die Gesetzesschüler hatten ihre Lehrer ständig zu begleiten und ihnen zu dienen. Mt 22, 16 ist von „Jüngern" (Schülern) der Pharisäer die Rede; Jo 9, 28 nennen sich die Gegner Jesu „Jünger" des Mose. Auch Johannes der Täufer hat einen Kreis von J.n um sich gesammelt, von denen einige sich an Jesus anschlossen Jo 1, 35 ff. In besonderer Weise galten die Zwölf als J. Jesu. Sie sind von Jesus berufen worden, standen in seiner Nachfolge, erhielten von ihm Belehrung und Weisung und wurden an der Arbeit Jesu beteiligt. Jesus war aber nicht nur ihr Lehrer, sondern auch ihr Meister und Herr Mt 23, 8. Daneben steht ein Kreis von weiteren Anhängern, die auch als J. Jesu bezeichnet werden, zB Lk 6, 17; Jo 6, 66; 19, 38. In der Apostelgeschichte ist J. die übliche Bezeichnung der Gläubigen (bis 21, 16; von da an werden sie nur noch →„Brüder" genannt). In den Briefen des NT kommt der Ausdruck J. nicht mehr vor, da er das Verhältnis der Christusgläubigen zu dem erhöhten Herrn nicht vollgültig kennzeichnet. → Jesus Christus V 2 c. *Schn*

Jüngstes Gericht, Jüngster Tag, d. h. letztes Gericht, letzter Tag. Schon die Prophetie des AT weiß von einem → „Tag Jahwes", an dem er gerechtes Gericht hält und eine neue Ordnung setzt. So spricht im NT Jesus von einem Tag des Gerichts, an dem alle Menschen ihr Urteil empfangen werden Mt 10, 15; 12, 41 f. Dabei ist es in dem Wissen um seine Sendung durch Gott (→ Jesus Christus) begründet, daß Er es sein wird, der alle vor seinem Richterstuhl versammelt Mt 25, 31 f und jedem nach seinen Taten vergilt 16, 27. Nachdrücklich wird herausgehoben, daß auch wertloses Reden dem Urteil des Richters unterliegen wird Mt 12,36, während das Jo-Evgl. als Maßstab für die Beurteilung einerseits die gute Tat nennt 5,29, andererseits den Glauben an Christus 12,48. Als der Termin dieses letzten Tages erscheint teils das Ende der Welt Mt 13,40.49, weil er aller Geschichte dieser Welt und Zeit das Ende setzt, teils die Auferweckung der Toten Jo 6,39f; 11, 24, weil er einen neuen Anfang setzt, für den es dann kein Vergehen mehr gibt. Auch in den Briefen des NT wird deutlich, daß die Offenbarung des göttlichen Weltgerichts Röm 2,6 durch den Christus erfolgt 1Kor 4,5; 2Kor 5,10; 2Thess 1,5.7; 2Tim 4,1, vgl. Apg 10,42; 17,31. Als Maßstab des unfehlbar sicheren Gerichts 1Kor 4,5 können ebensowohl die Werke genannt werden Röm 2,6-10; 2Kor 5,10 wie der Glaube an Christus 2Thess 1,8ff. Bringt der Tag Gottes mit dem Gericht ein Ende und Vergehen 2Petr 3,7.10, so doch zugleich, weil Gott der Schöpfer des Lebens ist, die Offenbarung eines Schaffens in neuer Herrlichkeit 3,13. → Endzeit. *Schl*

Julia wird Röm 16,15 von Paulus gegrüßt; ihr Name war bes. beliebt bei Sklavinnen des kaiserlichen Hofes. *Kü*

Julius, Hauptmann der → Kaiserlichen Schar, Führer des Transports, mit dem Paulus nach Rom gebracht wurde Apg. 27,1.3. *Schl*

Jungfrau, Jungfrauschaft. Der Sprachgebrauch verwendet das Wort im Sinn einer in der Reife stehenden jungen weiblichen Person, eines unberührten jungen Mädchens. *1) Im AT. a)* Im gewöhnlichen Sinn von Unberührtheit Ri 19,24; Hiob 31,1 und in der Eheanweisung für Priester 3Mose 21,13f; Hes 44,22. *b)* J. ist Bildwort für das Unbezwungensein von Städten und Ländern 2Kö 19,21; Jes 47,1; Gegenstück: geschändete J. Jes 23,12. *c)* J. ist Sinnbild für Gottes Volk, dem Jahwes Liebe gehört, das seine Reinheit nicht im Götzendienst preisgeben darf Jer 18,13-15; Am 5,2. *d)* J. in Jes 7,14 sagt, daß die Mutter des Immanuel ein Mädchen oder eine junge Frau vor der Geburt des ersten Kindes war. — *2) Im NT.* a) Im Sinn des allg. Sprachverständnisses: die zehn J.en Mt 25,1ff; Hannas J.schaft vor ihrer Verheiratung Lk 2,36; die vier Töchter des Philippus, die weissagende J.en waren Apg 21,9. *b)* Die J.schaft der Maria vor Jesu Geburt Mt 1,23; Lk 1,27 überdauert die Empfängnis durch den hl. Geist und ist somit Hinweis auf den wunderbaren, neu setzenden Schöpfungsakt Gottes. *c)* J.schaft als Verwirklichung eines christlich-asketischen Lebensideals von Mädchen in der Gemeinde 1Kor 7, 25.28.34.36-38. *d)* Übertragen angewendet auf die Gemeinde 2Kor 11,2 betont J. deren ausschließliche Zugehörigkeit zu Christus. Ähnlich sind Offb 14,4 J.en die Erkauften Gottes. *Kü*

Junias wurde zusammen mit → Andronikus von Paulus Röm 16,7 gegrüßt. Beide Männer waren Glieder der Urgemeinde, standen später in enger Arbeitsgemeinschaft mit Paulus, wurden zusammen mit ihm verhaftet (wo? bleibt unbekannt), dann freigesprochen; jetzt waren sie auch in Rom wieder beisammen im Dienst der Frohbotschaft von Christus. *Kü*

Jupiter, der höchste italische Gott, den die Römer frühe dem griech. Hauptgott Zeus gleichsetzten, so daß Luther Apg 14,12f Zeus mit J. übersetzte (wie Hermes mit Merkur, Artemis mit Diana). Zeus oder J. galt als der „Vater der Götter und Menschen", der über dem sittlichen Leben, über König und Volk, Staat und Freiheit, Markt und Gericht waltet. Wenn die Leute von Lystra Barnabas für Zeus, Paulus für Hermes hielten, so vielleicht, weil → Barnabas älter war und mehr imponierte. Gerade dort in Phrygien lebte die Sage von dem frommen Paar Philemon und Baucis, bei denen Zeus und Hermes Gast gewesen seien. Der monotheistische Zug, der den Zeus über die Götterwelt emporhob, führte zu jenen Dichterworten, auf die sich Paulus Apg 17,28 berufen konnte. *Schl*

Justus war ein häufig von Juden und Proselyten geführter Name, der im NT als Beiname vorkommt: *1)* bei Joseph Barsabas, einem der beiden Kandidaten bei der Apostelersatzwahl Apg 1,23; *2)* bei Titius, einem Gottesfürchtigen in Korinth, der die Gemeinde aufnahm Apg 18,7; *3)* bei Jesus aus Kolossä, der den gefangenen Apostel bei seiner Arbeit unterstützte Kol 4,11. *Kü*

Jutta, heute jaṭṭa, Levitenstadt im Gebirge Juda, südwestlich von Ziph, im Wohngebiet der Keniter Jos 15,55; 21,16. Die Meinung, Lk 1,39 beziehe sich auf J., ist unbegründet. *Me*

K

Kabul. *1)* Ortschaft in Asser Jos 19,27, — *2)* danach benannte Landschaft mit 20 Städten in Galiläa 1Kö 9,13, die Salomo an König Hiram von Tyrus abtrat; heute kābūl 15 km südöstlich Akko. *Rü*

Kad → Maße.

Kadesch. *1)* K. 1Mose 16,14; 20,1; 4Mose 13,26; 20,1.14.16.22, 1Mose 14,7 auch En-Mischpat (Quelle des Gerichts) genannt, oder *K.-Barnea*

Tafel 23: Die Küstenebene bei Tel Aviv *Vom Flugzeug aus ein Blick auf die Ebene mit ihrer modernen Besiedlung und dem sandigen Küstenstreifen. Dort lag das alte → Joppe.*

4Mose 32,8; 34,4; 5Mose 1,2.19.46, die wichtigste Station auf dem Wüstenzug, lag nach Jos 15,3, vgl. auch Hes 47,19; 48,28, im äußersten Süden Judas. Wahrscheinlich entspricht es der etwa 80 km Luftlinie südwestlich von Beer-Seba gelegenen Oase ʿēn qdēs. — *2)* 2Sam 24,6 ist statt Hodsi vielleicht K. zu lesen. Gemeint ist dann K. am Orontes, heute tell nebi mend. *Rü*

Käfer → Heuschrecke.

Kämmerer ist nicht nur der Titel hoher Beamter an den Fürstenhöfen, sondern meint an manchen Stellen zugleich, daß sie verschnitten, entmannt waren (→ Entmannung). Besonders der Dienst in den Frauenhäusern des Hofs wurde gern verstümmelten Männern übertragen (Esth 2,14). Isebel hatte in ihrem Hofstaat Verschnittene 2Kö 9,32; auch Zedekia hatte nach dem Vorbild heidnischer Höfe den Äthiopen Ebed-Melech als K. Jer 38,7. So waren nach dem Bericht Apg 8,27 bei der äthiopischen Königin Verschnittene in hohen Ämtern. Darin, daß einer von ihnen durch seine Pilgerfahrt nach Jerusalem zum Glauben an Jesus kam, sah Lk ein bedeutsames Glied der Geschichte, durch die Christus seine Gemeinde in die Weite führte. *Schl*

Käse. An drei Stellen ist von K. die Rede, jedesmal in Übersetzung eines anderen hebr. Wortes. 1Sam 17,18 meint vielleicht Käseschnitten, 2Sam 17,29 Quark. Hiob 10,10 denkt wohl daran, wie abgerahmte Milch zu K. gerinnt. *Schl*

Käuzchen → Eule.

Kahath, auch Kehath, zweiter Sohn Levis 1Mose 46,11, geb. in Kanaan, 133jährig in Ägypten gestorben 2Mose 6,18, Großvater Moses und Aarons 4Mose 26,57ff. Seine Nachkommen, die *Kahathiter,* genossen vor den beiden anderen Levitengeschlechtern Gerson und Merari den Vorzug, die hl. Geräte des Offenbarungszeltes auf dem Wüstenzug tragen zu dürfen 4Mose 4. Ihre Unterabteilungen Amram, Jizhar (aus diesen die Korahiter 4Mose 16,1), Hebron und Ussiel 2Mose 6,18ff, ihre Lagerordnung, Zahl und Dienstleistung 4Mose 3,27-32. Die durch das Los ihnen zugewiesenen Levitenstädte Jos 21,4-7. Diese durchweg aus nachexilischer Zeit stammenden Notizen dürften Tatsachen und Zustände aus dem späteren Levitentum widerspiegeln, die in einem genealogischen Schema in eine frühe Vergangenheit zurückprojiziert sind. *Schw*

Kahlkopf. Das Ausfallen der Kopfhaare infolge Krankheit machte nicht unrein 3Mose 13,40. Die Glatze galt als Schimpf bei Frauen Jes 3,17.24 wie bei Männern, vgl. Elisas Verspottung 2Kö 2,23. Tragen eines K.s war allg. Trauerbrauch. Das Kahlscheren aus magischen Gründen wird 3Mose 19,27; 5Mose 14,1 verboten. Die Priester sollten weder K. noch langes Haar tragen Hes 44,20. *Pfei*

Kain steht als ältester Sohn des von Gott verstoßenen ersten Menschenpaares 1Mose 4 repräsentativ für das Zeugnis der Bibel vom gottfernen Menschen. Anläßlich seines von Jahwe verworfenen Opfers erschlägt K., der Ackerbauer, seinen Bruder Abel, dessen Hirtenopfer Gott wohlgefällig ist. Damit hat K. jedoch Land und Leben schuldhaft verwirkt, und nur die eingreifende Gnade Jahwes erhält ihm die Lebensmöglichkeit eines Flüchtigen. Ausdruck dieser schützenden Gnade ist das Kainsmal, das wohl auf die Ordnung der Blutrache weist. So wird K. noch zum Begründer einer Stadt und einer Sippe.

Die vielfältige Deutung dieser im Zusammenhang mit einer alten Stammtafel festgehaltenen Erzählung zeigt ihren prototypischen Gehalt: so u.a. als Selbstbesinnung des Menschen über seinen göttlichen und doch gottverfluchten Ursprung V. 1b. 11 (dazu finden sich sumerische Parallelen) oder auch als Beispiel für Gottes Erwählung und Verwerfung (K. Barth, K.D. II, 2,391), wobei in seltsamer Vertauschung die Erwählung Abels ihm den Tod und die Todesschuld Kains ihm die Gnade bringt.

Einen Zusammenhang zw. K. und den Kenitern setzt 4Mose 24,21f voraus. Im NT gilt K. als Sinnbild für zügellose Irrlehrer Jud 11; 1Jo 3,12. *Da*

Kaiphas, mit dem eigentlichen Namen Joseph, mit dem Beinamen Kajaphas, der Schwiegersohn des Hohenpriesters Hannas Jo 18,13, war Hoherpriester, als der Täufer auftrat Lk 3,2, führte den Prozeß gegen Jesus Mt 26,3.57; Jo 18,13.28 und war noch an der Verhandlung gegen Petrus und Johannes Apg 4,6 beteiligt. Er wurde 18 nChr von dem Prokonsul Valerius Gratus in das Amt gesetzt und von dem syr. Legaten Vitellius 36 nChr abgesetzt; während die Hohenpriester in jener Zeit in der schwierigen Zwischenstellung zw. der Besatzungsmacht und der mißtrauischen Überwachung durch das Volk oft rasch wechseln mußten, konnte sich K. lange behaupten. Nach Jo 11,49ff trat er entschlossen für die Tötung Jesu ein; darin sieht der Evangelist tiefe Wahrheit, unwissentliche Weissagung. In der Verhandlung gegen Jesus führte K., als der Versuch einer Überführung durch Belastungszeugen nicht gelang, die ent-

Tafel 24: Ein Zug von Kamelen *Die → Kamele sind eins an das andere gebunden, beidseitig mit großen Säcken beladen. Der Araber am linken Bildrand mit seinem → Esel ist der Führer einer zweiten Karawane von Kamelen. Der Hintergrund sind die Berge östlich des alten → Sichem.*
Das alte Mamre *In ramet el-chalil, der „Höhe des Freundes" (nämlich des „Freundes Gottes", → Abrahams), bei Hebron erbaute → Herodes ein großes rechteckiges Heiligtum (von ihm stammt die Umfassungsmauer mit ihren großen Blöcken) und erbaute Konstantin eine dreischiffige Basilika, deren Reste im Vordergrund sichtbar sind. → Mamre.*

scheidende Wendung durch die direkte eidliche Frage herbei, ob Jesus der Christus und Gottes Sohn sein wolle. Daß der Ohnmächtige dies klar bejahte, schien K., weil für ihn Macht das Merkmal Gottes war, todeswürdige Gotteslästerung zu sein. So wurde Jesus nicht wegen eines Nebenpunktes verurteilt, sondern wegen seines messianischen Anspruchs. *Schl*

Kaiser, Kaisertum.

1) Die NTliche Botschaft tritt in die Welt des römischen Kaisertums, worauf die lukanischen Schriften bes. hinweisen (Lk 2,1: Augustus; 3,1: Tiberius; Apg 25,21.25.26: die kaiserliche Titulatur). Mit Augustus (31 vChr bis 14 nChr) beginnt für die Mittelmeerwelt eine lange Periode inneren Friedens: das Festland ist ruhig, Griechen und Barbaren sprechen dieselbe Sprache, die Menschen glauben, das wahre Glück gefunden zu haben. Doch ist die politische Stellung dieses von Augustus geschaffenen Kaisertums problematisch: zwar gab er selbst dem Senat seine Vollmachten zurück (27 vChr); aber dieser Verzicht war nur formal, und praktisch blieb er doch der Diktator. Auch Tiberius (14-37 nChr) wollte zunächst nur princeps, der Erste unter Gleichen, sein und besonderen persönlichen Ehrungen aus dem Wege gehen; aber sein Verhältnis zum römischen Senat entwickelte sich aus beiderseitigem Verschulden immer unglücklicher, so daß der alte K. wegen seines Mißtrauens und seiner Grausamkeit weithin abgelehnt wurde. Gajus Caligula (37-41) unterschied sich völlig von seinem Vorgänger: er suchte durch Spiele und Geschenke die Gunst des Volkes zu gewinnen und war der erste, der sich als Gott verehren ließ. Darum erbaute er sich einen Tempel, in den er seine Statue aufstellen ließ. So wollte er auch in Jerusalem sein Bild im Tempel aufrichten lassen, was aber am Widerstand der jüd. Bevölkerung scheiterte (Josephus, Philo). Sein persönliches Leben wurde immer zügelloser und widersprach jeder römischen Ordnung. Nach dem Tode des Caligula wollte der Senat die Monarchie wieder abschaffen; aber die Anhänger der Monarchie setzten sich durch. Die kaiserliche Leibwache rief den körperlich schwachen, aber pflichttreuen Claudius zum K. aus. Claudius (41-54) hatte Sinn für römische Tradition und sah die Gefahr der kaiserlichen Despotie, wurde aber immer mehr zum Werkzeug gefährlicher Frauen (Messalina, Agrippina) und politisch mächtiger Freigelassener. Agrippina brachte ihren Sohn Nero mit in die Ehe und erreichte es, daß Claudius ihn adoptierte. Nero (54-68), der von dem Philosophen Seneca erzogen war, stand zunächst im Schatten seiner ehrgeizigen Mutter, später seiner zweiten Gattin Poppäa Sabina, die das Judentum begünstigte. Beide Frauen nahmen ein bitteres Ende. Unter ihm wird der orientalische Hofstil immer schwülstiger und unbedenklicher. Sein armenischer Schützling Tiridates begrüßt den K. in Rom mit der Versicherung: „Ich bin zu dir, mein Gott, gekommen, um dich anzubeten wie auch den Mithras, und werde das sein, was du mir als Geschick verhängst; denn du bist für mich Fatum und Schicksal" (Dio Cass. 63,1 ff). Griechenland dankt ihm für seine Geschenke durch eine Inschrift für den „Vater des Vaterlandes", den „jungen Sonnengott der Griechen", den „Zeusbefreier für ewig" (Ditt. Syll. 3. Aufl. 814). Nach dem großen Brand Roms 64 nChr wurden die Christen als Schuldige angeklagt und unter ausgesuchten Martern zu Tode gebracht. Diese Willkürherrschaft rief Aufstände gegen Nero selbst hervor, und der Senat erklärte ihn für abgesetzt. Nero floh und gab sich selbst den Tod. Die Sage entstand, er sei zu den Parthern entflohen und werde zur Rache an Rom wiederkommen. So wird er in der urchristl. Apokalyptik zum Bild des Antichristen. Ganz anders war die Regierung des Vespasian (69-79), der in Palästina den Krieg gegen die jüd. Aufständischen geführt hatte. Er brachte wieder Ordnung in das zerfallende Reich und versuchte, es auch nach innen zu festigen. Den Senat befreite er von allen unwürdigen Elementen; der Unsittlichkeit und dem Luxus in den einzelnen Ständen sagte er den Kampf an. Auch sein Sohn

Münze des Domitian

mit der Darstellung des thronenden Jupiter Victor (des sieghaften Jupiter), gestützt auf die Lanze, mit einer Statuette der Siegesgöttin in der rechten Hand, ein Ausdruck des römischen Herrscherwillens. SC = Senatus Consultu, auf Beschluß des Senats.

Titus (79-81), der nur kurze Zeit an der Regierung war, gewann allgemeine Achtung und Verehrung. In allen Unglücksfällen des Reiches, beim Ausbruch des Vesuv, einem neuen Brand Roms und einer furchtbaren Pest bewährte sich eine einzigartige „väterliche Liebe" des K.s. Sehr viel schwieriger ist ein eindeutiges Urteil über den Nachfolger Domitian (81-96), den Bruder des Titus. Anfangs legte er allerdings großes Gewicht auf Durchführung von Recht und Gerechtigkeit im Reich; auch war er als Soldat im Heer beliebt und in den Kriegen erfolgreich. Aber im Lauf seiner Regierung wurde er immer mehr das Opfer seiner Prachtliebe, großer Schaustellungen und Spiele, und es zeigten sich Züge unmenschlicher Grausamkeit. Auch er legte wie Caligula und Nero großes Gewicht auf göttliche Ehren, und seine Erlasse begannen mit einer eigenen Titulatur: „Unser Herr und Gott befiehlt, daß das und das geschehe" (Suet. Dom. 13). Er wurde 96 nChr ermordet. Auch er wurde durch die Gerichtspredigt der urchristl. Apokalyptik als Antichrist mit Leidenschaft bekämpft.

2) Der politische Anspruch und der innere Zerfall des römischen K.tums stellten den urchristl. Glauben vor eine schwere Entscheidung. Trotz des grundsätzlichen Gehorsams gegen die Vertreter der politischen Macht war man nicht in der Lage, der Auseinandersetzung mit der K.verehrung auszuweichen. Durch die prophetische Kraft der Apokalyptik, die in ihrer verhüllenden Rede die gefährdeten Gemeinden stärkte und dem Anspruch des K.tums den Kampf ansagte, wurde die NTliche Botschaft in unerhörtem Maß aktuell. Man wird zw. dem offiziellen K.kult des römischen Staates und seiner Bürger, dem ebenso offiziellen K.kult der Provinzen des Reiches und ihrer Bewohner und zuletzt den privaten Ehrungen religiöser Art, die dem K. dargebracht werden oder die er sich selbst zuschreibt, genau unterscheiden müssen. Der römische Staat verleiht göttliche Ehren, wenn der K. gestorben ist, durch die „consecratio" des Senates (Tac. ann. 15, 74). Octavian lehnte es noch ausdrücklich ab, sich „Herr" (dominus) nennen zu lassen, nahm aber den Namen „Augustus" (= Majestät, Sebastos) an, der ihn über andere Menschen erhob. Den Beinamen „Augustus" führten von nun an alle K. (Apg 25, 21. 25). Ein göttliches Element lag allerdings in dieser kaiserlichen „Majestät". Dem Genius (= dem guten Geist) des im K. erschienenen Göttlichen sollte in jedem Haus geopfert werden. Für den provinzialen K.kult fielen die römischen Unterscheidungen und Hemmungen fort; hier wurde der lebende K. wie ein Gott verehrt. So hat schon Augustus erlaubt, daß ihm in den Provinzen Tempel mit eigenem Kult errichtet wurden, allerdings nicht ihm allein, sondern zusammen mit der Göttin „Roma". Die Ausübung des K.kultes war Sache des Provinziallandtages (und des Amtes des „Asiarchen" Apg 19, 31) sowie der städtischen Behörden. Allerdings haben Caligula, Nero und Domitian (die alle der „damnatio memoriae" des Senates verfallen sind) auch die hier abgesteckten Grenzen mißachtet. Caesarenwahnsinn und Schmeichelei der Untertanen (vor allem der Hofdichter) überboten sich gegenseitig. Die ganze Schwere des Zusammenstoßes zeigt die → Offenbarung des Johannes, die im kleinasiatischen Raum — vielleicht zZ des Domitian, „des Gottes und Herrn des Imperiums" — Anspruch und Verführung des K.kultes mit altbibl. Kraft abwehrte. Hofdichtungen, Inschriften und Münzen verraten heute noch den ganzen Ernst dieser Auseinandersetzung zw. K.tum und Evangelium. *Mi*

Kaiserliche Schar ist die Übersetzung eines Ehrenprädikats für eine römische Kohorte Apg 27, 1. Zu einer solchen gehörte der Hauptmann → Julius, dem Paulus für die Überführung nach Rom übergeben wurde. *(Kü)*

Kalb meint das junge Rind bis zu drei Jahren, das sich zunächst in munterer Freiheit tummelt Ps 29, 6; Jer 50, 11, bis es an Arbeit gewöhnt wird Hos 10, 11. Es wurde vielfach geopfert 3Mose 9, 2 f; 1Sam 16, 2; Mich 6, 6; Hebr 9, 12. Vom Brauch bei dem Abschluß eines Vertrags spricht Jer 34, 18 f. Bei festlichen Anlässen, aber nur dann, kam ein (gemästetes) K. auf den Tisch 1Mose 18, 7 f; Lk 15, 23. 27; die Üppigkeit der Reichen, die Kälber verzehren, wird Am 6, 4 getadelt. Die bildliche Redeweise Ri 14, 18 „mit eines anderen K.e pflügen" meint: mit fremder Hilfe einen Erfolg erringen. → Rind. *Schl*

Das goldene Kalb ist nach *bibl. Überlieferung* das von → Aaron auf Drängen Israels während des Sinai-Aufenthalts hergestellte Gußbild eines Jungstiers. Auf diese Weise suchte sich das Volk in der Stunde seiner Verzweiflung über das Ausbleiben des Mose auf dem Berg der Offenbarung der Nähe und weiteren Führung seines Gottes zu vergewissern 2Mose 32. Dabei wurde das Gußbild kaum wirklich mit → Jahwe identifiziert, sondern wohl als Postament verstanden, auf dem man sich Jahwe unsichtbar thronend gegenwärtig vorstellte. Daß man jedoch für eine solche „Vergegenwärtigung" Jahwes das Kultsymbol einer Fremdgottheit verwendete, das die Gefahr des Mißverständnisses Jahwes als Fruchtbarkeitsgott einschloß, war eine erste große Störung des Bundesverhältnisses zw. Israel und seinem Gott, die schwer geahndet wurde.

Kultgeschichtlich gehört diese Erzählung in eine Zeit des beginnenden Synkretismus, in der sich der Unterschied zw. Jahwe und → Baal in Israel zu verwischen begann. Dem entspricht ihr enger *überlieferungsgeschichtlicher* Zusammenhang mit der Erzählung von der Aufstellung der „goldenen Kälber" an den beiden nordisr. Reichsheiligtümern von → Bethel und → Dan durch König Jerobeam I. 1Kö 12, 28 f. Die Sakralformel, mit der die beiden Stierbilder an diesen nordisr. Kultstätten der Kultgemeinde vorgestellt werden, lautet wie in der Sinaiperikope: „Siehe, da sind deine Götter, Israel, die dich aus Ägyptenland geführt haben" 1Kö 12, 28. Im allg. nimmt man heute an, die Erzählung von der Kultpolitik Jerobeams sei die ältere und die vom „goldenen Kalb" Aarons unter ihrem Einfluß entstanden, um die Maßnahmen Jerobeams zu verurteilen und sie „mit einem Hang zur Untreue, der Israel von Anfang an innewohnte", in Zusammenhang zu bringen.

Lit.: M. Noth, Das zweite Buch Mose, Göttingen 1959 (Das Alte Testament Deutsch 5). *Ste*

Kaleb. *1)* K. wird als Stammverwandter der Kenisiter Edom zugerechnet, vgl. Ri 1, 13 mit 1Mose 36, 11. Er galt als unverzagter Mitstreiter Josuas bei der Landnahme in Südkanaan 4Mose

14,24 und Stammvater der — *2)* Kalebiter, die in der Folgezeit im Gebiet Hebrons Siedlungsrechte besaßen Jos 14,6-14. Mit dem ebenfalls kenisitischen Stamm Othniel in Debir u. a. bildeten sie in der vorstaatlichen Zeit Israels unter der Führung Judas einen Sechsstämmebund, der sich in die Nutzung des Südlandes teilte (vgl. Ri 1,12-15; 1Sam 30,14) und im Kalebiter-Baumheiligtum von Mamre bei Hebron seinen Kultmittelpunkt hatte. Auch Nabal aus Maon war Kalebiter 1Sam 25,3. Mit Davids Krönung wurde die Kalebiter-Stadt Hebron Regierungsort des um K. usw erweiterten Landes „Juda" 2Sam 2,1-3, so daß in den Traditionen die Kalebiter auch als Judäer erscheinen können 4Mose 13,6. Von einer Vermischung zw. Kalebitern und Judäern spricht 1Chr 2,18 ff. Eine Trennung nach altkalebitischen und judäischen Siedlungsgebieten brachte die Landaufteilung durch Nebukadnezar II. 587 vChr, so daß von da an Bethzur wieder als südlichster Teil Judas galt, während Hebron zu Idumäa zählte Neh 3,16; 1Makk 4,29. *Da*

Kalender → Jahr.

Kalk. Vom K., der in Palästina aus den überall anstehenden Schichten von K.steinen leicht gewonnen wurde, spricht Luther bei dem Bau des Turms von Babel, bei dem Erdharz (Asphalt) als Mörtel diente 1Mose 11,3, bei den Denksteinen am Jordan, die mit K. bestrichen wurden 5Mose 27,2.4, bei dem Bewurf einer Wand Hes 13,10 ff; 22,28 (hier als Bild für eine beruhigende Predigt, die den inneren Schaden zudeckt), vgl. 3Mose 14,41 f; Dan 5,5; Sir 22,20; Apg 23,3. An einen Anstrich mit K. haben wir auch bei den Gräbern zu denken, die erkennbar sein sollten, damit sich niemand an ihnen verunreinige Mt 23,27. Daß Menschenknochen zu K. verbrannt werden Jes 33,12; Am 2,1, gilt als schrecklich. Ps 102,15 spricht wohl von dem Schutt der zerstörten Stadt. → Tünche. *Schl*

Kalmus war nach 2Mose 30,23 im hl. Salböl enthalten, wird Jes 43,24 und Jer 6,20 (hier übersetzte Luther: Zimtrinden) neben Opfer und Weihrauch, HL 4,14 neben anderen Wohlgerüchen genannt, wurde nach Hes 27,19 auf den phönizischen Markt gebracht; vielleicht ist eine aus Indien stammende Grasart, das Kahnbartgras (Cymbopogon) gemeint. *Schl*

Kalne Am 6,2, Kalno Jes 10,9, assyrisch Kullani, Hauptstadt eines nordsyr. Staates, wahrscheinlich am Meer gelegen, gehörte eine Zeitlang zum Reich von → Hamath, wurde 738 von den Assyrern unterworfen und zu einer assyrischen Provinzhauptstadt gemacht. *Peu*

Kambyses II., 529-522, ältester Sohn und Nachfolger des persischen Königs → Cyrus II. Mit Hilfe von Arabern, die sein Heer in der wasserlosen Wüste unterstützten, zog er von Palästina nach Ägypten, konnte dort bis Theben vordringen und die Charga-Oase erobern. Für die Eigenart der ägyptischen Religion, bes. des Tierkultes, zeigte er wenig Verständnis; doch ist ihm viel Unwahres nachgesagt worden. Mit dem Tode des K. brachen im ganzen persischen Reich große Unruhen aus. Ob K. seinen Bruder Bardija (Smerdis) wirklich ermordet hatte, so daß jetzt ein falscher Bardija auftrat, oder ob der richtige Bardija von K. Nachfolger → Darius als ein falscher ausgegeben, dem K. also der Mord nur angedichtet wurde, damit Darius, der aus einer Nebenlinie der Achämeniden stammte, seinen Machtantritt legalisieren konnte, entzieht sich unserer Kenntnis. *Peu*

Kamel. Das K. der Bibel ist das einhöckerige arabische K., das Dromedar, während im Zweistromland auch das zweihöckerige baktrische K., das Trampeltier, bekannt war. Große K.herden waren der Reichtum nomadischer Stämme, so der Midianiter Ri 6,5; Jes 60,6, der Amalekiter 1Sam 15,3; 30,17, auch Abrahams 1Mose 24,10, Jakobs 1Mose 30,43; 32,16, Davids 1Chr 27,30, der aus dem Exil heimkehrenden Gemeinde Esra 2,67. Die Drohung gegen das ammonitische Rabba Hes 25,5 meint ein Zurücksinken in nomadische Kultur. Das K. diente als Lasttier; in langen Reihen hintereinander gebunden trug es die Lasten, so in der Karawane der Ismaeliten, die die Schätze des Ostjordanlandes nach Ägypten brachten 1Mose 37,25, so bei der Heimkehr Jakobs, als seine Frauen und Kinder in korbartigen Sänften reisten, die rechts und links am K. hingen 1Mose 31,17, so in dem Troß, mit dem die Königin von Saba nach Jerusalem kam 1Kö 10,2. Für weite Reisen war das K. unentbehrlich 2Kö 8,9; Jes 30,6. Aber es gab auch schnelle Reitkamele Jes 66,20. In der Schilderung fremder Heere werden Abteilungen von Kamelreitern erwähnt Jes 21,7; Judith 2,8. Die K.e von Vornehmen wurden gern mit Schmuck behängt Ri 8,21. Das so geduldige K. kann in der Zeit der Brunst störrisch und boshaft sein; daher der Vergleich Jer 2,24. Die etwas plumpe Größe des K.s spiegelt sich in den drastischen Worten Jesu vom Nadelöhr Mt 19,24 und vom Verschlucken eines K.s 23,24. Da das K. zu den unreinen Tieren zählte 3Mose 11,4, durfte sein Fleisch nicht gegessen werden; dagegen wurden aus seinem Fell Zelttücher und rauhe Stoffe gefertigt, so auch das Gewand des Täufers Mt 3,4. → Tafel 24. *Schl*

Kammer, bei Luther Bezeichnung für Gemächer verschiedener Art. So sind 1Mose 6,14 mit K.n die Zellen der Arche Noahs gemeint. 2Kö 4,10 ist die Rede von einem gemauerten Obergemach (Luther: bretterne K.) auf dem flachen Dach des Hauses. Neben dem üblichen Wohnzimmer gab es in vornehmeren Häusern eine nur durch andere Zimmer erreichbare innerste K. Jes 26,20, wo man sich ungesehen 2Kö 9,2 und ungehört Mt 24,26; Lk 12,3 glaubte. Oft sind mit K. auch das Brautzimmer gemeint Ps 19,6 und die Vorratsräume des Hauses Ps 144, 13; Spr 24,4. Zu den K.n des Tempels → Kapelle. — Bildlich ist von den K.n des Leibes Spr 20,27, des Todes Spr 7,27 (entsprechend der Vorstellung von Gemächern der Unterwelt) und des Sturmes Hiob 37,9 (entsprechend der Vorstellung von Vorratsräumen des Windes) die Rede. — Statt K. ist Jes 57,2 Lager zu lesen (als Stätte der Ruhe); so vielleicht auch Röm 13,13 als euphemistische Bezeichnung für geschlechtliche Ausschweifungen. — Zu den K.n einer Wohnung → Haus. *vdW*

Kamos → Kemosch.

Kampf des Christen. → Ringen, → Waffen. Das doppelte Bild des Wettkämpfers — dorther stammen die griech. Worte — und des wehrhaften Soldaten veranschaulicht vor allem bei Paulus die Härte und Größe des Christenstandes. Einerseits fordert der Kampfpreis in der Arena dieses Lebens den höchsten Einsatz 1Kor 9,24ff; Phil 3,13f; andererseits ringt das recht verkündigte Evangelium mit einer zum Widerstand entschlossenen Welt, die im Unsichtbaren ihre Machthaber, ihre Zwingherren Eph 6,11f; Kol 2,1; 1,29; 1Thess 2,2; Lk 13,24 und die in uns selbst ihren Bundesgenossen hat Hebr 12,4. Das verbindet die Christenheit zur Kampfgenossenschaft Phil 1,27.30; 4,3. Dieser Kampf in seiner doppelten Gestalt will im Glauben 1Tim 6,12; 2Tim 4,7; Hebr 11,33; 1Jo 5,4, in der Geduld Hebr 12,1 und mit Gebet Röm 15,30 geführt werden, und zwar nach bestimmten Regeln 2Tim 2,5. Dazu gehört u. a. die Bereitschaft, zu leiden Hebr 10,32. Vom AT her enthüllt der nächtliche Kampf Jakobs am Flußufer letzte Hintergründe dieses Kampfes 1Mose 32, 29; Hos 12,4f; Weish 10,12. *He*

Kana. *1)* Ein Bach, heute wādi ḳāna, an der Südgrenze des Stammes Manasse Jos 16,8; 17,9. *2)* Grenzstadt im Stamm Asser Jos 19,28, vielleicht identisch mit kana, 12 km südöstlich von Tyrus, oder mit *3)* K. in Galiläa, Stätte des Weinwunders Jo 2, Heimat Nathanaels Jo 21,2; höchstwahrscheinlich chirbet ḳāna, 14 km nördlich von Nazareth, ein Ruinenhügel aus römischer Zeit, der den alten Namen hat und von Epiphanius (750-800), wahrscheinlich aber schon von Hieronymus und Theodosius (530) mit K. gleichgesetzt wird. Unwahrscheinlich, weil ohne alte Tradition und philologisch nicht möglich, ist die Gleichsetzung mit kefr kenna, wo die Franziskaner seit dem 17. Jh. die Stätte des Weinwunders verehren. *Me*

Kanaan. Land K. 1Mose 11,31; 13,12; 17,8; 23,2; 31,18; 33,18 u.ö. und *Kanaaniter* 1Mose 12,6; 38,2; 4Mose 21,1.3 u. ö. scheint in bestimmten Schichten der ATlichen Überlieferung Name für Gesamtpalästina und seine Bewohner vor der Landnahme der Israeliten zu sein. Allerdings bezieht sich nur 1Mose 50,11 sicher auf im Ostjordanland wohnende Kanaaniter und wird das Land K. an Stellen wie 4Mose 35,10. 14; Jos 22,10f eindeutig auf die Gebiete westlich des Jordan beschränkt. — Ursprünglich bezeichnet K. aber wohl nur die phönizische und palästinische Mittelmeerküste Jos 5,1; 2Sam 24,7; Jes 23,11; Zeph 2,5 und den kanaanitischen Siedlungsraum am oberen Jordan 4Mose 13,29; Ri 4,2.23f (Hazor). Derselbe Gebrauch des Namens K. findet sich auch in außer-ATlichen Texten. In den Amarna-Briefen zB meint kinachchi oder kinachna/i in erster Linie den Küstenstreifen des Mittelmeeres; daneben scheint aber auch chazura (Hazor) zu kinachna zu gehören. Das gleiche Bild zeigt die Verwendung von p.kn'n oder kn'n in ägyptischen Quellen oder das in phönizischer Schrift geschriebene kn'n auf Münzen der Stadt Laodicea-Berytus, heute bērūt. — Dem entspricht es, wenn im NT die griech. Frau aus Syrophönizien Mk 7,26 in der Parallelstelle Mt 15,22 kanaanitisches Weib genannt wird. — Die eigentliche Bedeutung des Namens K. ist erst durch die aus dem 15./14.Jh. vChr stammenden Nuzu-Texte geklärt worden. In ihnen heißt kinachchu „roter Purpur". K. ist demnach das „Land des roten Purpurs", womit bes. die phönizische Küste mit ihrer seit alters bekannten und berühmten Purpurverarbeitung gemeint sein muß. — Dieselbe Bedeutungsentwicklung zeigt vielleicht auch das Nebeneinander von griech. phoinix „rote Purpurwolle" und phoinikes „Phönizier". Wenn daher im AT K. Hes 17,4; Hos 12,8; Zeph 1,11 und Kanaaniter Hiob 40,30; Spr 31,24; Jes 23,8; Hes 16,29; Sach 14,21 im Sinne von „Krämer" vorkommen, so ist dabei vor allen Dingen an den Purpurhändler gedacht. — In der priesterschriftlichen Fassung der Völkertafel gehört K. neben Kusch, Mizraim und Put zu den Söhnen Hams 1Mose 10,6 = 1Chr 1,8; beim Jahwisten steht K. unmittelbar neben Kusch und Mizraim 1Mo 10,15 = 1Chr 1,13, vgl. 1Mose 9,18.22.25-27. Damit soll K. weder rassisch noch sprachlich einer bestimmten Völkerfamilie zugeordnet werden (Jes 19,18 wird das Hebräische, eine semitische Sprache, als Sprache K.s bezeichnet); vielmehr geht die Völkertafel auch hier von den historisch-politischen Gegebenheiten aus: K. stand seit frühester Zeit unter ägyptischem Einfluß, der in der ersten Hälfte des 2.Jt. vChr bes. stark war. *Rü*

kanaanäische Religion.

1) Quellen: Religiöse und mythologische Texte von → Ugarit, polemische Aussagen des AT, gelegentliche Nachrichten der griech. und röm. Zeit. Daneben gestatten archäologische Funde (Götterbilder, Plaketten, Tempelruinen u. a. m.) einen Einblick in die k.R.

2) Eigenart: Die k.R. ist eine typische Kulturlandreligion.

a) An der Spitze der *Götter* steht der „weise" und „gütige" El (Gott) als der „Vater der Götter und Menschen", der „König" und „Schöpfer". Er wohnt fernab von Kanaan in einem Paradies „an der Quelle der Ströme". Zu ihm kommen die Götter, ihn um Rat zu fragen. Vgl. dazu Ps 82, 1: „Jahwe steht in der Versammlung Els, inmitten der Götter übt er Gericht aus." El ist gewissermaßen als der Vorsitzende der Götterversammlung gedacht, Jahwe hat inmitten dieser Versammlung die Aufgabe, Gericht zu halten. Die wichtigste Rolle in der k.n Götterwelt spielen → Baal, der „Sohn des → Dagon", und seine Schwester und Gattin Anat, die eine ganz ähnliche Funktion ausübt wie die ihr verwandten Göttinnen Asthoreth (→ Astarte) und → Aschera. Sie sind einerseits die Göttinnen der sinnlichen Geschlechtlichkeit, daher werden sie auf Plaketten nackend — oft unter besonderer Betonung der weiblichen Organe — dargestellt und heißen „die großen Göttinnen, die empfangen, aber nicht gebären", d. h. die immer fruchtbar sind, ohne ihre Jungfräulichkeit zu verlieren. Auf der anderen Seite sind sie Göttinnen des Krieges. Im ugaritischen Baal-Epos wird eine sehr blutrünstige Metzelei der Anat geschildert, bei der die Göttin „bis an den Nacken im Blut" watete und sich mit umgehängten Schädeln schmückte, während „ihre Leber von Lachen schwoll und ihr Herz voll Lust" war.

Der Gegenspieler Baals ist neben Jam (Gott des Meeres) vor allem Mot (Gott des Todes, d. h. des Absterbens der Vegetation im Sommer). Der Gott der Pest und Herr der Unterwelt ist Rescheph, der im AT zwar nicht mehr als selbständiger Gott, wohl aber im Gefolge Gottes als eine Art Dämon erscheint (Hab 3, 5; Luther: Plage, jetzt Seuche). Der Hephaistos von Ugarit, der Künstler unter den Göttern, ist Koschar, „Meister des Handwerks", Erfinder von Waffen und Werkzeugen, von Künsten und Musik.

b) Im Mittelpunkt der *k.n Mythologie* (Baal-Epos von Ugarit) steht (neben anderen Themen) das Thema von Tod und Auferstehung des → Baal. Ob dabei an ein jährliches Sterben und Auferstehen im Zusammenhang mit dem „Sterben und Auferstehen" der Vegetation gedacht, Baal also als Vegetationsgottheit vorgestellt ist oder wahrscheinlicher an ein etwa alle sieben Jahre wiederkehrendes Geschehen, ist nicht ganz sicher.

c) Im *Kult* wird einerseits von Menschen, vor allem vom Priester, die Wiedervereinigung des auferstandenen Baal mit Anat nachvollzogen (hl. Hochzeit, sakrale Prostitution). Dabei wird die Göttin, in ihrer Funktion als geweihte Dirne auch die „Heilige" (ḳudschu = Heiligkeit) genannt, durch eine beamtete Kultdirne (Kedesche, hebr. ḳedēschā = Geweihte zB 5Mose 23, 18) repräsentiert. Daß auch Israel solche Kultpraktiken übernommen und geübt hat, zeigt die Anklagerede Hoseas gegen die isr. Priester Hos 4, 14. Vielleicht sind auch die Frauen, die am Zelt dienten 2Mose 38, 8; 1Sam 2, 22 als Kedeschen zu verstehen.

Andererseits kommt die Fruchtbarkeit spendende Segenskraft Baals durch eigenartige Brautriten den Frauen zugute. Im Baalsheiligtum, d. h. einem hl. Hain, kann sich jedes heiratsfähige Mädchen durch ein Geschenk (im AT „Hurenlohn" 5Mose 23, 19 u. ö.) von einem „Fremden" oder „Priester" (s. zu Hos 4, 14) anwerben lassen und vollzieht dann mit ihm den Verkehr außerhalb des hl. Bezirks. Dieser normalerweise einmalige Brautritus kann — vor allem auf Gelübde hin — wiederholt werden, um die Gebärkraft von der Gottheit zu empfangen. Hosea nennt die jungen isr. Frauen seiner Zeit, die sich offenbar alle diesem Brautritus unterwarfen und an Kultsymbolen (einem → Amulett ähnlich) kenntlich waren, „Hurenweiber" 1, 2. Daß auch er selbst ein Hurenweib nehmen soll, weil offenbar keine andere Frau zu haben ist, macht die weite Verbreitung dieser Sitte deutlich.

Neben diesen beiden bes. charakteristischen Religionsübungen ist eine ausgedehnte Opferpraxis der verschiedenartigsten Tiere und Opferarten überliefert, wie sie ähnlich die Opfergesetze des AT beschreiben. Auch ekstatisch veranlagte Propheten (1Sam 10, 5 ff; 19, 18 ff) sind aus der k.n R. bekannt (1Kö 18, 26 ff; aber auch außerbiblische Belege).

3) Jahweglaube und k. R.: Daß mit dem Eintritt der isr. nomadischen Stämme ins Kulturland eine gründliche Auseinandersetzung mit der k.n R. einsetzen mußte, geht schon aus der Tatsache hervor, daß Jahwe nicht der Gott eines (Kult-) Ortes, sondern der Gott einer Menschengruppe, der Gott Israels war. Diese Auseinandersetzung erfolgte nicht nur einseitig in der Abstoßung der k.n R., sondern im Anfang gerade in umgekehrter Richtung, nämlich in der Aufnahme und Assimilation vieler k.r religiöser Vorstellungen und Einrichtungen: zB in der Übernahme der Höhenheiligtümer, der → Malsteine, der Darbringung von Kulturlanderzeugnissen (Korn usw), der → Tempel (1Kö 5 ff werden ausdrücklich k. Bauleute erwähnt), wahrscheinlich auch der → Bundeslade (2 und 3), in der Vorstellung von Jahwe als dem König, dem „Wolkenreiter" Ps 68, 5, der „Hörner wie ein Wildstier" hat 4Mose 24, 8 (so statt Luthers „Freudigkeit wie eines Einhorns"), in der Bezeichnung Jahwe Zebaoth (Zebaoth = die von Jahwe entmächtigten k.n Naturmächte und Untergötter; s. o. zu Hab 3, 5), in der Vorstellung von der Götterversammlung (s. o. zu Ps 82, 1) u. a. m. Daß freilich zugleich von Anfang an ein Kampf auf Leben und Tod gegen die k. R. einsetzte, ergibt sich schon aus dem Ausschließlichkeitsanspruch Jahwes (1. Gebot). Zur Ruhe gekommen ist die Auseinandersetzung erst in der späten Königszeit Israels durch den letzten Sieg über Baal, wie ihn das → Deuteronomium ausführlich darlegt. *Bo*

Kandake Apg 8, 27 ist nicht ein Eigenname, sondern der Titel der äthiopischen Königinnen, wie Pharao der gemeinsame Name der ägyptischen Herrscher war. *(Schl)*

Kaninchen → Klippdachs.
Kanne → Krug.

Kanzler, Kanzlei. *1)* Herold, Sprecher des isr. bzw. judäischen Königs. Er ist nach ägyptischem Vorbild der Verbindungsmann zw. König, Beamten und Volk, fungiert als Quartiermacher des Königs, handhabt das Zeremoniell, vergibt Audienzen 2Sam 8, 16; 1Kö 4, 3; 2Kö 18, 18. 37.
2) Schreiber des Königs, der einen besonderen Raum im Königspalast innehat Jer 36, 10. 12.
3) Hoher Beamter der Stadt Ephesus Apg 19, 35.
4) Haus der Schreiber im Regierungsgebäude in Babel Esra 6, 1. *Peu*

Kapellen. So bezeichnete Luther Jer 35, 2. 4; 36, 10 die Zellen oder Gemache im inneren Hof des Tempels, die einzelnen Amtsträgern zugewiesen waren oder als Kammern zur Lagerung von Vorräten dienten (in der Revision 1964 „Hallen"). *Schl*

Kapernaum, „Dorf des Nahum", nicht nach dem Propheten, sondern wohl nach einem Großgrundbesitzer genannt, heute tell ḥūm, am Nordwestufer des → Galiläischen Meeres, 4 km südwestlich der Jordanmündung in der Ebene Gennesar, el-ruwēr, wo sich die Ruinen einer Synagoge vom Ende des 2. Jh. nChr befinden, in deren Nähe die Synagoge gelegen haben muß, in der Jesus predigte und einen Besessenen heilte Mk 1, 21 ff. Als bedeutender Ort in der Nähe der Grenze war K. zZ Jesu Zollstation Mt 9, 9 und hatte eine zum Heer des Herodes gehörende Besatzung, deren Hauptmann Mt 8, 5 ff erwähnt wird. K. war Heimat von Petrus und Andreas Mk 1, 29, vielleicht auch der Zebedäussöhne Mk 1, 19. Jesus machte K. zu „seiner Stadt" Mt 4, 13; 9, 1, in die er immer wieder zurückkehrte. Hier berief er den Zöllner Levi (Matthäus) Mt 9, 9 ff; hier heilte er die Schwiegermutter des Petrus Mt 8, 14 ff par., den Gichtbrüchigen Mt 9, 1 ff par., den Knecht des Hauptmanns Mt 8, 5 ff par., das blutflüssige Weib Mt 9, 20 ff und erweckte die Tochter des Synagogenvorstehers aus dem Tode Mt 9, 18 ff. Als Stätte besonderer Offenbarung der Vollmacht Jesu Lk 4, 23 ist K. vor besondere Verantwortung gestellt Mt 11, 23 f. → Tafel 25, 26. *Me*

Kaphtor, nach mesopotamischen Keilschriften als Gebiet jenseits des Meeres, nach Schriften aus Ugarit und Ägypten als Land des Handwerks und der Künste bezeichnet, das Ägypten Tribut leistet. Das AT nennt K. als Herkunftsland der Philister 5Mose 2, 23; Am 9, 7; Jer 47, 4, die an anderen Stellen auch Kreter genannt werden 1Sam 30, 14; Hes 25, 16; Zeph 2, 5, so daß K. wohl Kreta bedeutet. Da die Philister teils von Ägypten (Ramses III.), teils direkt von Kreta her sich in Philistäa ansiedelten, unterscheidet 1Mose 10, 14 Pelistim und Kaphtorim (Philister und Kaphtoriter). *Da*

Kappadozien, gebirgige Landschaft in Kleinasien, östlich von Lykaonien, südlich von Pontus, seit 17 nChr römische Provinz, ist als Heimat von Juden Apg 2, 9, als Heimat von Christen (Judenchristen?) 1Petr 1, 1 erwähnt. *Ap*

Karkemisch (Karchemis), heute Dscherablus, am Ostufer des Euphratknies, Hauptstadt eines alten syr. Fürstentums, geriet zuerst unter die Herrschaft der → Mitanni und fiel schließlich in die Hände des hethitischen Königs Schuppiluliuma (1380-1346). Damals wurde K. hethitisiert und blieb auch nach dem Ende jenes Großreiches als hethitischer Reststaat in Syrien erhalten (mit einer besonderen hethitischen Hieroglyphenschrift). Das Hethitertum von K. wurde in die allmähliche Aramaisierung Mesopotamiens einbezogen. Die Stadt fiel i. J. 712 in die Hände der Assyrer Jes 10, 9. Im Jahr 605 fand in der Nähe von K. die Entscheidungsschlacht zw. Nebukadnezar von Babylonien und Necho von Ägypten statt Jer 46, 2. *Peu*

Kapporeth → Lade.

Karmel (Baumgarten). *1)* Ein etwa 20 km langer Bergzug des samarischen Gebirges, der sich in nordwestlicher Richtung bis an das Mittelmeer erstreckt. Er erreicht im Südosten eine Höhe von 552 m, während das Vorgebirge sich nur 170 m über den Meeresspiegel erhebt. Der K. heißt heute noch dschebel el-karmel oder dschebel mār eljās (Berg des hl. Elia) in Erinnerung an das Gottesgericht zw. Elia und den Baalspriestern 1Kö 18, 32 ff. Die Stätte des Baal-Heiligtums und des diesem unmittelbar benachbarten Jahwe-Altars ist allerdings wohl nicht, wie die Lokaltradition es will, bei el-muḥraqa an der Südostspitze des K., sondern eher auf dem Vorgebirge südlich von Haifa im Bereich des Elias-Klosters zu suchen. Im Altertum war der K. stark bewaldet, wie Jes 33, 9; 35, 2; Jer 50, 19; Nah 1, 4; HL 7, 6 zeigen. → Tafel 27. — *2)* Ein Ort im Gebirge Juda Jos 15, 55, heute el-kirmil 12 km südöstlich von Hebron. Hier hatte Nabal seine Besitzungen 1Sam 25, 2 ff. *Rü*

Karpus, ein sonst unbekannter Christ in Troas, ist 2Tim 4, 13 erwähnt. Bei ihm liegen ein Mantel des Paulus, Bücher und bes. Pergamente, die Timotheus dem Apostel bringen soll. *Kü*

Kassia, nach 2Mose 30, 24 zum hl. Salböl verwendet, nach Hes 27, 19 auf phönizischen Märkten verkauft, scheint die Zimtblüte zu meinen. *Schl*

Kastanie → Platane.
kasteien → fasten.

Katholische Briefe. Außer den Paulusbriefen, denen man oft auch den Hebräerbrief zurechnete, stehen im NTlichen Kanon 7 apostolische Schreiben, deren Adressen nicht in allen Fällen ermittelt werden können und deren Leserkreis teilweise über einzelne Gemeinden hinausging. Vielleicht darf man auch darauf verweisen, daß sie Fragen behandeln, die für die ganze Kirche von besonderer Bedeutung sind, und Antworten geben, die von der Gesamtkirche bestätigt werden. Auf jeden Fall ist diese Sammlung, die aus Jak., 1. u. 2. Petr., 1.-3. Joh. und Judas besteht, nur ganz allmählich entstanden. Euseb ist der erste, der von sieben k.n B.n spricht (hist. eccl. II 23, 24 f). Die literarische Deutung des Begriffes, die an einen weiten Leserkreis denkt, kommt deshalb in Schwierigkeiten, weil 2. u.3. Joh. tatsächlich eine abgegrenzte Adresse haben. Die Bezeichnung „katholischer Brief" wurde vielleicht zuerst von Apollonius auf den 1.Joh. angewandt, weil er scheinbar an einen großen Leserkreis gerichtet ist (Euseb hist. eccl. V 18, 5). Das Abendland spricht lieber von „kanonischen Briefen", will also auf ihre autoritative Bedeutung hinweisen. Ihre Stellung im Kanon ist nicht einheitlich. Die lateinische Kirche ließ zunächst die Paulusbriefe aufnehmen und fügte erst dann die k.n B. an, während die griech. Kirche um der Autorität der Urapostel und der Urgemeinde willen die k.n B. vorordnete. Wir werden heute in dieser Gruppe zwar alte urchristl. Traditionen wiederfinden, aber die Frage der Verfasserschaft bei jedem einzelnen Brief sehr genau zu prüfen haben. *Mi*

Katze. Die K., die in Ägypten verehrt wurde, lebte in Palästina nur als Wildkatze, noch nicht als Hauskatze, und wird nur Bar 6, 22 erwähnt. *Schl*

Kauf. Von K.leuten Neh 3, 31; Jes 24, 2; Hes 7, 12 f; HL 3, 6; Mt 13, 45; 21, 12 par.; Offb 18, 3. 11. 15. 23 wurden Lebensmittel und Gebrauchsgüter zum K. feilgeboten 2Kö 7, 1; Mk 16, 1; 15, 46; Jer 13, 1; 19, 1; 2Sam 12, 3; 2Kö 12, 13; 22, 6; 4, 7; Spr 31, 24; 4Mose 20, 19; Lk 22, 36 (→ Handel). Auch Menschen gelangten, bes. auf dem Sklavenmarkt, zum Verkauf (→ Knecht) 1Mose 17, 27; 37, 27 f; 39, 1; 2Mose 21, 2. 7 f. 16; 3Mose 22, 11; 5Mose 21, 14; 24, 7; Pred 2, 7; Hos 3, 2; Hes 16, 31; Neh 5, 8. Gesetz und Propheten schreiten gegen betrügerische und rechtswidrige Geschäftspraktiken ein 2Mose 21, 37; Hos 12, 8; Am 2, 6; 8, 6; Mich 6, 10 f. — Bezahlt wird mit Geld 1Mose 23, 15 f, in Naturalien Spr 27, 26 oder mit Grund und Boden 1Mose 47, 19 f. 22 f. Der K. und Verkauf größerer Objekte, bes. von Menschen und Land, unterliegt besonderen handelsrechtlichen Praktiken (→ Kaufvertrag) und mitunter sakralrechtlich bedingten Grenzen. Nach dem K.bericht 1Mose 23, 7-20 geht der K. folgendermaßen vor sich: 1) Antrag des Käufers V. 7-9; der Geforderte erklärt (in der schönen Form: ich schenke dir . . .) seine Verkaufsbereitschaft V. 10 f. 2) Preisfrage V. 12 f; Preisnennung (recht beiläufig) V. 14 f. 3) Bezahlung V. 16. — Das Ganze vollzieht sich im Torbau der Ortschaft (Stätte der Gerichtsbarkeit) unter Zeugen und ist deshalb, so amüsant es sich liest, doch formvollendet und fast ein Zeremoniell. Ähnliche K.berichte liegen vor 1Mose 33, 19; Rt 4, 1 ff; 2Sam 24, 21-25; 1Kö 16, 24; Jer 32, 9 ff. Nach 3Mose 25, 8 ff ist das K.recht und -ethos an das isr. sakrale → Bodenrecht, wie es sich in den Halljahrsgesetzen äußert, gebunden und von ihm begrenzt. — K. ist schließlich Ausdruck für die Aneignung der aus der Gottesfurcht kommenden Lebensbewältigung Spr 17, 16; 23, 23 und von geistlichen Gütern Jes 55, 1 ff; Offb 3, 18, sowie für die Erlösungstaten Gottes 2Mose 15, 16; Jes 11, 11; 1Kor 6, 20; 2Petr 2, 1; Offb 5, 9; 14, 3 f, während Verkaufen Ausdruck für die Dahingabe durch Gott ins Gericht ist Ri 2, 14; 1Sam 12, 9; Jes 50, 1; Joël 4, 8; Röm 7, 14. *Kn*

Kaufhaus. Wie andere Völker unterhielt auch Israel mindestens Handelshallen in Bazarstraßen 1Kö 20, 34; Jer 37, 21; → Handel. Gegen die Verwandlung des Vorhofs der Heiden vom Gebetshaus in ein K. schritt Jesus drastisch ein Jo 2, 16; Mt 21, 12 f. → Kauf. *Kn*

Kaufvertrag. Die Form des K.s ist aus einigen Beispielen erkennbar. 1Mose 23, 17 f. 20 der mündliche Vertrag: Nennung des Verkäufers, des Verkaufsobjekts, seiner Lage und Größe, des Käufers, der Zeugen sowie des Ortes des Vertragsabschlusses: im Tor. Dadurch hat der K. öffentliche und rechtliche Gültigkeit. Nach Jer 32, 9 ff gehören zum K. der offene und versiegelte Kaufbrief V. 10 a. 11, die mitunterschreibenden Zeugen und die Bezahlung V. 10 b. 12. Vgl. Jer 32, 44; Rt 4, 1 ff. Der schriftliche K. wird, der längeren Haltbarkeit wegen, in einem Tongefäß aufbewahrt Jer 32, 14. → Kauf. *Kn*

Kebsweib → Ehe.

Kebar. Ein Fluß, genauer ein Euphratkanal in Babylonien, an dem jüd. Verbannte, darunter Hesekiel, angesiedelt wurden, darum die Stätte der Gesichte Hesekiels 1, 1. 3; 3, 15. Inschriften aus Nippur aus der Zeit des Artaxerxes I. geben nār kabari (großer Fluß) als Namen eines schiffbaren Kanals, der bei Babel vom Euphrat abgeht. *Schl*

Kedar wird 1Mose 25, 13-16 als Führer einer Nomadengruppe im Rahmen eines ismaelitischen Zwölfstämmeverbandes erwähnt. Die Kedarener begegnen den Israeliten als Karawanenhändler, die mit ihren Zelten und großen Herden von Kamelen und Kleinvieh die syrisch-arabische Wüste durchziehen Jer 2, 10; Hes 27, 21; HL 1, 5; Jes 42, 11; 60, 7, aber auch als kämpferische Bogenschützen gefürchtet sind Jes 21, 17; Ps 120, 5. Die Assyrer des 7. Jh. bekämpfen K., die „Könige von Aribi". *Da*

Kedemoth, nach 5Mose 2, 26 wohl am Wüstenrand des südl. Ostjordanlandes im Gebiet Rubens Jos 13, 18 gelegen, nach Jos 21, 37 Levi zugesprochen; die genaue Lage ist unbekannt. *Da*

Kedesch. Eine Stadt *1)* in Naphthali, ehemals kanaanitischer Königssitz Jos 12,22, Leviten- und Freistadt 19,37; 20,7; 21,32, Heimat Baraks Ri 4,6, 733 vChr von Tiglatpileser III. erobert 2Kö 15,29, heute tell qedes nordwestlich des ḫūle-Sees. — *2)* im Negeb Judas Jos 15,23, → Kadesch-Barnea. — *3)* in Isaschar 1Chr 6,57, doch steht dafür Jos 19,20; 21,28 Kischjon; genaue Lage unbekannt. *Rü*

Kedor-Laomer, elamitischer Eigenname = Knecht der Göttin Laqamar, König von Elam 1Mose 14,1 ff. Der Name ist aus der nur wenig bekannten Geschichte Elams bisher nicht belegt. *Peu*

Kegila. Stadt am Westabfall des Gebirges Juda Jos 15,44, vgl. 1Chr 4,19, hart an der philistäischen Grenze; Aufenthaltsort Davids auf der Flucht vor Saul 1Sam 23; Bezirkshauptstadt Neh 3,17; heute chirbet qīla. *Rü*

Keilschrift → Assyrien, → Babylonien.

Kelach 1Mo 10,11, akkadisch Kalchu, Stadt am linken Tigrisufer, oberhalb der Einmündung des Großen Zab bei dem heutigen Ort Nimrud gelegen. K. wurde im 9.Jh. bes. durch den assyrischen König Assurnasirpal mit großer Pracht als Residenzstadt ausgebaut. Am Ausgang des assyrischen Zeitalters wurde K. 612 zugleich mit Ninive gründlich zerstört. Schon 1849 veröffentlichte Layard Nachrichten über seine Ausgrabungen des alten K. Seit 1950 sind wichtige weitere Funde ans Tageslicht gebracht worden. *Peu*

Kelch → Becher.

Keller als unterirdische, zisternenartige Gruben, wie sie der Orient heute noch kennt, lassen sich in der HS nicht mit Sicherheit nachweisen. Wo Luther hebr. *asam* 5Mose 28,8 und griech. *tamieion* Lk 12,24 mit K. übersetzt, ist an einen überirdischen Vorratsraum zur Aufbewahrung des Getreides zu denken. *(vdW)*

Kelter. *1)* In der K. wurde durch das Pressen von Oliven und Trauben Öl und Wein gewonnen Mich 6,15; Joel 2,24 u. a. m. Die K., die zu einem Weinberg und Ölgarten gehörte Jes 5,2; Mt 21,33, bestand aus zwei in den Felsen gehauenen oder in den Boden gegrabenen und ausgemauerten Kufen Joel 4,13: in der oberen, die flacher und weiter war, wurden die Oliven oder Trauben gepreßt, ursprünglich mit den bloßen Füßen getreten Jes 63,3; Klgl 1,15; dann floß der Saft durch eine Rinne in eine tiefere und engere Kufe, aus der er nach der Klärung in Krüge oder Schläuche gefüllt wurde. Die Keltertreter taten ihre Arbeit gern mit Jauchzen und Singen Ri 9,27; Jes 16,10; Jer 48,33.

2) In der prophetischen Verkündigung wird das Keltertreten zum Bild für Gottes Gerichte über das zum Gericht reife Volk Klgl 1,15; Joel 4,13. In kühnem Bild sieht Jes 63,1 ff den Herrn vom Gericht über Edom mit blutbespritztem Gewand kommen, wie auf der K. der Traubensaft an die Gewänder spritzte. Diese bildhafte Übertragung wird aufgenommen Offb 19,13. 15, in apokalyptischer Steigerung 14,19 f. *Schl*

Kemosch, literarisch in akkadischen Namen, in der Mescha-Inschrift und im AT bezeugt, zum Teil dargestellt mit dem Symbol der Sonne (Baluʿa-Stele), wie seine Gemahlin Astar-K. mit dem der Mondsichel (Mescha-Stein). K. ist der Nationalgott der Moabiter, die 4Mose 21,29; Jer 48,7. 46 als „Volk des K." bezeichnet werden und ihn bei Dibon verehrten (nach Ri 11,24 auch Gott der Ammoniter). König Mescha errichtete in Kerak ein Höhenheiligtum für K., dessen siegreiche Rückkehr nach Moab „Israel zugrunde richtete", während sein früheres „Zürnen" es den Omriden erlaubt hatte, Moab zu „demütigen". 2Kö 3,27 ergänzt diese Angaben mit der Schilderung von Meschas Sohnesopfer an K. Außer in Moab hatte K. jedoch (wohl ähnlich wie der Milkom der Ammoniter als geduldete Fremdgottheit) schon zZ Salomos ein Höhenheiligtum bei Jerusalem 1Kö 11,7. 33, das erst Josias Reform beseitigte 2Kö 23,13. *Da*

Kemuël. *1)* Nach 1Mose 22,21 Sohn Nahors und Stammvater der Syrer. — *2)* Ein „Fürst" des Stammes Ephraim 4Mose 34,24. — *3)* Der Vater des Haschabja, eines levitischen Stammesfürsten 1Chr 27,17. *(Schl)*

Kenan. *1)* Nach 1Mose 5,9 Sohn des Enosch; vgl. Lk 3,37. Ob K. (Kainan), Sohn des Enosch (Mensch), irgendwie zusammenhängt mit Kain, Sohn des Adam (Mensch) 1Mose 4,17 ff? — *2)* Lk 3,36 erwähnt einen Kainam, Sohn des Arphachsad, Urenkel Noahs, der nur im griech. Text von 1Mose 10,24; 11,12, nicht im hebr., genannt ist. *Schl*

Kenath, 4Mose 32,42 von dem Manassiten Nobach erobert, 1Chr 2,23 aber in den Händen von Geschur und Aram; vielleicht das Canatha der Römerzeit, heute qanawāt im Hauran-gebirge. *Rü*

Kenchreä, ehem. Hafen südöstlich von Korinth, von dem aus Paulus nach der zweiten Missionsreise auf dem Seeweg nach Jerusalem zurückkehrt Apg 18,18; Heimat der Phöbe, der Überbringerin des Römerbriefs Röm 16,1. *Ap*

Kenisiter, eine Stammesgruppe im Süden Palästinas, die sich durch Kenas den Edomitern verwandt wußte 1Mose 36,10 f und schon vor den Israeliten im Gebiet von Debir Fuß gefaßt hatte 1Mose 15,19. Dort im Süden siedelten auch die K.-Stämme → Kaleb und Othniël Ri 1,11-15, deren Gebiet in der Folgezeit im judäischen Stammesverband aufging. Nach 1Chr 4,15 trägt noch ein Enkel Kalebs den Namen des Stammvaters Kenas. *Da*

Keniter, ursprünglich ein Nomadenstamm, dessen Wandergebiete südl. von Palästina bei den Midianitern lagen, so daß die Israeliten den K. Hobab, Moses „Schwager" Ri 1, 16; 4, 11, auch als Midianiter bezeichnen konnten 4Mose 10, 29. Wohl im Zusammenhang mit der isr. Landnahme siedelten sich die K. an den Bergabhängen des Landes Juda an (vgl. 4Mose 24, 21), das dann teilweise nach ihnen benannt wird 1Sam 15, 6; 27, 10. Nach Ri 5, 24 lebt auch in der Jesreel-Ebene eine den Israeliten wohlgesonnene K.-Familie. Kulturell dürften sie u. a. dem Schmiedehandwerk (vgl. 1Mose 4, 22), geistig-religiös ähnlich wie die Midianiter dem → Jahweglauben nahegestanden haben. Die Bileamsweissagung kündigt ihre Vernichtung durch die Assyrer an 4Mose 24, 22. *Da*

Kephas → Petrus.

Kephira, Ort in Benjamin Jos 9, 17 u. ö., jetzt chirbet el-kefīre 13 km nordwestlich Jerusalem. → Gibeon. *Rü*

kephisch → Korintherbriefe.

Keramik. Da die letzte Einwanderung der Israeliten um 1200 erfolgte, kann erst mit der beginnenden Eisenzeit (ab 1200) von isr. K. die Rede sein. Zu Beginn dieser Epoche läßt sich noch die Vermischung kanaanäischer Elemente mit mykenischen und zyprischen Stilformen feststellen. Abb. 1 gibt ein Beispiel davon in seiner zierlichen Form und seiner Bemalung in Rot bzw. Schwarz. Das Gefäß ist 22,6 cm hoch bei einer maximalen Breite von 8 cm. Insbesondere ist das geometrische Muster in der Bemalung auf ausländischen Einfluß zurückzuführen. Die dann einsetzende isr. K. ist in Form und Materialbehandlung noch dürftig und oft plump. Erst im davidisch-salomonischen Zeitalter erreicht sie ihren ersten Höhepunkt in polierter Ware; die Formen im Profil sind eckig und gewähren den Eindruck von Festigkeit, die Kelchschale auf hohem Fuß wird entwickelt. Einfallsreich und ausdrucksstark sind Weihrauchständer aus dieser Zeit. Diese Eckigkeit der Formen zeichnet sich in den Profilen des Napfes Abb. 3 ab. Der Napf ist 19 cm breit und 6 cm hoch, ein formschönes Gebrauchsgeschirr, während Abb. 4 eine große Platte mit 50 cm Durchmesser zeigt, deren Profil ebenfalls ebenmäßig erscheint. Die gleichen Ebenmaße weist der kleinere Krug Abb. 2 auf, der 31 cm hoch ist und eine Maximalbreite von 17 cm hat. Einen Krug dieser Gattung darf man sich mit einem Stempel auf dem Henkel denken. Eine große Variationsbreite hat die isr. K. in der Gattung der Vorratskrüge entwickelt, die Abb. 5 zeigt. In älterer Zeit haben diese Gefäße oft zylindrische Gestalt, unten spitz auslaufend, so daß für diese Krüge zur Aufbewahrung ein Gestell angenommen werden muß, oder sie wurden in den Boden eingegraben. In der persischen Zeit wird der Hals des Gefäßes verlängert und das Gefäß nach unten verbreitert. Das ist schon bei dem Vorratskrug der Abb. 5 der Fall, der 60 cm hoch ist und eine Maximalbreite von 31 cm hat. Er ist in die isr. Spätzeit, vielleicht schon in die persische Zeit ab 500 vChr zu setzen. Die Öllampe in Abb. 7 stammt aus der israelitischen Zeit, ca. 900-600 vChr, Eisen-II-Zeit. Die Ränder der Lampenschale sind an einer Stelle verbreitert und zurückgeklappt, so daß die Einlagestelle für den Docht entsteht, während der Öleinguß in die offene Lampenschale erfolgt. In der persischen Zeit nach dem Exil schließt sich dieser offene Schalenteil immer mehr, bis die Lampe geschlossen wird und zwei Löcher erhält, eins für den Docht, eins für den Öleinguß. In der hellenistischen Zeit wird das Dochtloch nach vorn außerhalb des Lampenkörpers gezogen, um den brennenden Docht stärker vom Einguß zu entfernen.

Ist schon die persische Zeit gekennzeichnet durch stärkeres Eindringen fremdländischer Einflüsse, so kommt das in der hellenistischen Zeit ab 300 vChr noch mehr zum Ausdruck. Abb. 6 zeigt einen Weinkrug für Importwein von der Insel Rhodos, etwa 80 cm hoch bei einer Maximalbreite von 40 cm. Auf den Henkeln war der für diese Krüge typische griech. Stempel angebracht.

Da unsere Abbildungen nur die Gebrauchsware zeigen, darf noch darauf hingewiesen werden, daß Luxusware sich vor allem nach der davidisch-salomonischen Ära entwickelt hat, in Samaria in der sog. samarischen Ware, die zuerst im königlichen Palast zu Samaria gefunden wurde und Ringbemalung aufweist mit edlen Gefäßformen und hochgradigem Brand, der zweite Höhepunkt isr. K. Nach den Schilderungen des Kleiderluxus in Jerusalem und des Aufwands bei Gastereien, wie sie Am 4, 1-3; 6, 4-6 und Jes 3, 16 ff; 5, 11 f. 22 geben, darf man auch einen Luxus im verwendeten Geschirr annehmen; doch ist das nicht typisch für den einfachen Israeliten, sondern bezeichnend für die kulturgeschichtliche Entwicklung Israels. → Gefäße. → Handwerk. → Topf.

Die neueste Darstellung der keramischen Entwicklung in Palästina hat Ruth B. K. Amiran, The Story of Pottery in Palestine (Antiquity and Survival II, 2. 3, 1957, 187-207) gegeben mit einer Übersichtstafel von 4000 vChr bis 640 nChr. Die sieben Abbildungen wurden maßstabgerecht nach den Abbildungen 169-173 des Werkes von A. G. Barrois, Manuel d'Archéologie Biblique I 1939 durch Pfarrer Hans Seidel, Leipzig, gezeichnet. *Ba*

Kerijoth. *1)* Moabitische Stadt, die Am 2, 2 und Jer 48, 24 erwähnt wird und meist mit Kir Moab gleichgesetzt wird. Jer 48, 41 bedeutet der Ausdruck wohl einfach „Städte" (Moabs). — *2)* K.-Hezron, nach Jos 15, 25 eine Stadt im südl. Juda, genaue Lage unbekannt, vielleicht die Heimat des Judas Iskarioth, des „Mannes aus K.". *Da*

Kerker heißt ein festes Gefängnis 1Mose 39, 20; Jer 37, 16; Mt 5, 25, oft eine ungerechte Gefangenschaft Jer 32, 2; Ps 142, 8. Die für K. verwendeten Worte können mit Gefängnis, Gewahrsam, Haft oder Block übersetzt werden.

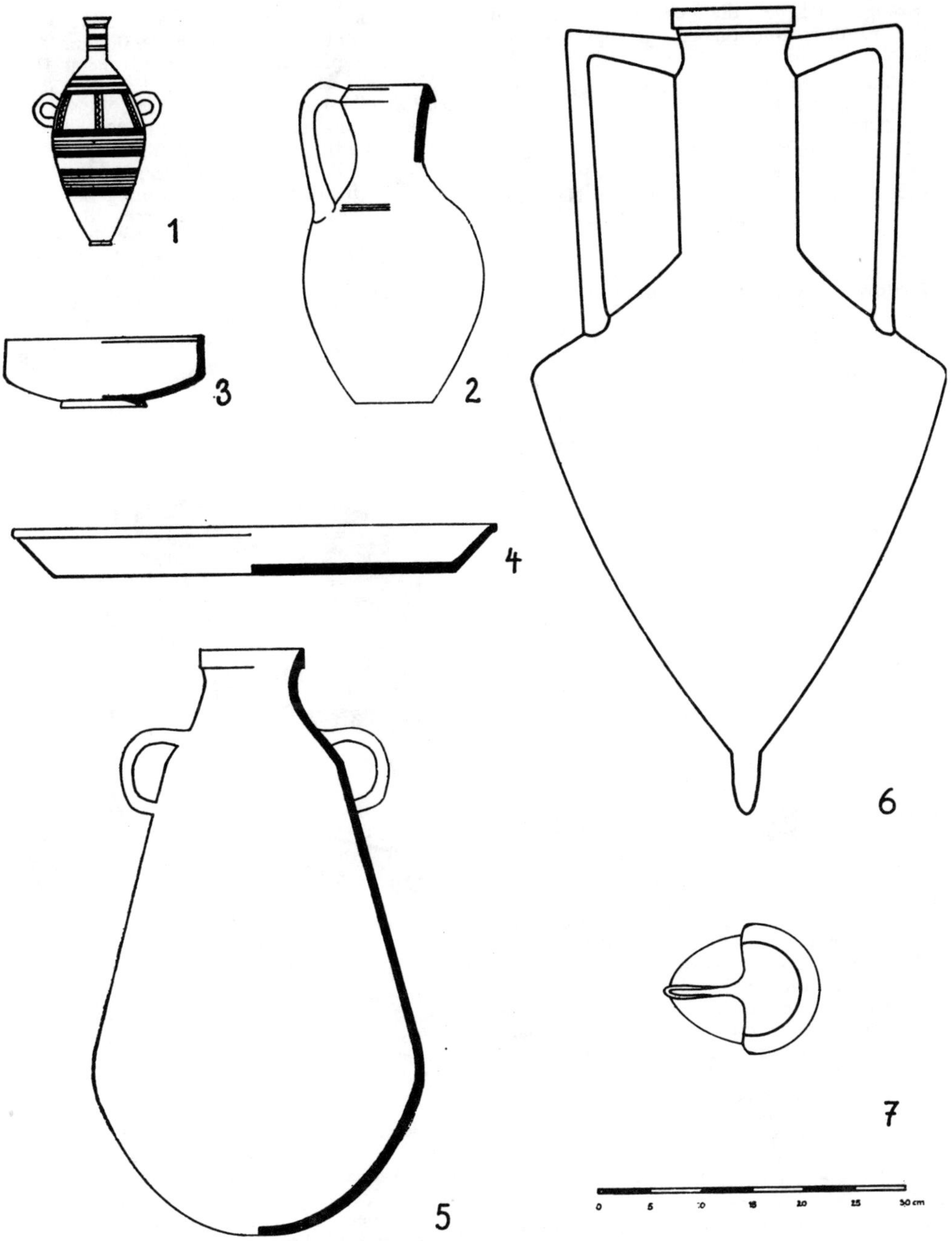

Krüge, Schalen und eine Lampe
Die Zeichnung ist maßstabgerecht. Die dicken Striche zeigen die Stärke des geformten Tones. Zum einzelnen vgl. die Erklärung im Artikel.

Häufig wird K. im bildlichen Sinne gebraucht, wie von der Notlage des Frommen Hiob 42,10 oder von der Verbannung der Bewohner Jerusalems in Babylon Jes 42,7; Jer 29,14. Ferner ist mit K. der Ort bezeichnet, an dem Gott bis zur Heimsuchung das „hohe Heer" und die

„Könige der Erde", die gefallenen Geister und die irdischen Machthaber, gefangenhält Jes 24,21 f. *Nag*

Kerkermeister. *1)* Jonathan heißt der anscheinend grausame K. des Propheten Jeremia Jer 37,15.20; 38,26.

2) Der K. in Philippi ist eine der einprägsamsten Gestalten des NT. Er wird von Paulus vor Selbstmord gerettet und in derselben Nacht mit seinen Angehörigen getauft Apg 16,23 ff. *Nag*

Kerub → Cherub.

Kerygma. Das Substantiv kommt im NT verhältnismäßig selten vor. Häufiger findet sich das Verbum kēryssein, das die Tätigkeit des Herolds (kēryx) bezeichnet: „ausrufen", „proklamieren", „verkündigen". Jesus nimmt die Verkündigung Johannes des Täufers auf. Sein öffentliches Wirken steht im Zeichen der Proklamation, daß das Reich Gottes nahe herbeigekommen ist. Auch seinen Jüngern gibt Jesus, als er sie aussendet, den Auftrag, diese Botschaft auszurichten Mt 10,7. Nach seiner Auferstehung wird er selbst Gegenstand der Verkündigung der Apostel. Nur in der Apostelgeschichte ist gelegentlich noch davon die Rede, daß das Reich Gottes verkündigt wird 20,25; 28,31. Apg 28,31 heißt es, daß Paulus das Reich Gottes verkündigte *und* Belehrung über den Herrn Jesus erteilte. Aber bereits Apg 8,5 findet sich der Satz, daß Philippus den Bewohnern Samarias Christus bezeugte. Für Paulus ist der gekreuzigte Christus das Zentrum der apostolischen Verkündigung 1Kor 1,23; vgl. Phil 1,15; 2Kor 11,4, ebenso der auferstandene 1Kor 15,12 ff und erhöhte Herr 2Kor 4,5; vgl. Röm 16,25. Wie Christus selbst, so ist der ganze Inhalt der Heilsbotschaft, die es mit einem einzigartigen Geschehen, der einmaligen Heilstat Gottes, zu tun hat, Gegenstand der Verkündigung. Das K. ist demgemäß die öffentliche Proklamation der „großen Taten Gottes" an die Welt. Es will die Menschen zum Glauben führen und ihre Rettung wirken 1Kor 1,21.

Das verkündigte Wort tritt mit einem autoritativen Anspruch auf. Es enthält nicht nur den Hinweis auf die entscheidende heilsgeschichtliche Wirklichkeit, es macht sie vielmehr zu einem gegenwärtigen Ereignis, das die Hörer in die unmittelbare und konkrete Situation der Entscheidung stellt. Im K. ergeht das Angebot der göttlichen Gnade. Darum ist es mit dem Bußruf verbunden. Von den Menschen, die sich im Glauben zu Christus bekennen, verlangt es, daß sie sich an der proklamierten Wahrheit neu orientieren und dem Willen Gottes gehorsam werden. Die rechte Predigt, die sich auf ein „kerygmatisches Schriftverständnis" gründet, hat somit drei Strukturelemente: „sie ist Aufweis der menschlichen Situation vor Gott (als Predigt der Sünde und des Gerichts), Proklamation (als Predigt der Heilstat Gottes) und Appell zum konkreten Lebensvollzug (als Predigt der Heiligung)" (H. Ott, RGG³, III Sp. 1254). *Schn*

Kessel. So übersetzt Luther das hebr. Wort kijjōr, wo es beim Tempel ein Gefäß zum Waschen der Opfertiere (→ Handfaß) meint 1Kö 7,30.38.43; 2Kö 16,17; 2Chr 4,6.14. Gelegentlich gibt Luther auch die hebr. Wörter sīr (Topf, Schale Jer 52,18 f; Sach 14,20 f), ḳallaḥat (Topf Mich 3,3) und dūd (Kochtopf 1Sam 2,14; 2Chr 35,13) mit K. wieder; in allen diesen Fällen handelt es sich um Bronzegefäße, die zum *Kochen* (vielleicht auch Braten) vor allem von Fleisch dienten. Dabei ist der Sprachgebrauch nicht auf kultische Benutzung beschränkt, wie bes. Sach 14,20 f zeigt: Mit der Erhebung aller profanen Gegenstände in den Zustand der Heiligkeit eignen sich „an jenem Tage" auch die K. in Juda sowohl zum alltäglichen profanen Kochen wie zum Opferdienst. *Bo*

Kesselwagen sind auf fahrbare bronzene Gestelle (Luther: Gestühle 1Kö 7,27 ff) aufgesetzte oder in sie eingehängte → Kessel (→ Handfaß). Sie sind verwandt mit bronzenen Dreifüßen, die

Kesselwagen aus Larnaka (Zypern)
Auf den Achsen der Räder steht auf hohen Füßen und Seitenstützen ein quadratischer Kasten (23×23 cm), auf dessen vier Ecken ein Vogel sitzt; die Seitenfelder zeigen wohl einen Baum zwischen zwei Sphinxen; in den runden, mit Spiralen verzierten Aufsatz wurde der Kessel eingesetzt. Gesamthöhe 39 cm.

aus dem kanaanäischen Kultbereich bekannt sind. Eine Vorstellung vom Aussehen der K. des salomonischen Tempels vermitteln kleine K. aus Bronze (einer zB 23 × 23 cm bei 39 cm Höhe), die in Gräbern auf Zypern gefunden wurden und der spätmykenischen Zeit (1400-1200 vChr) angehören (s. Abb.) *Bo*

Kette. *1)* K. als *Fessel:* Gefangene wurden meist an Händen oder Füßen gefesselt 2Sam 3,34; Jer 52,11. Die Fußfesseln waren eherne oder eiserne, durch einen Querstab oder eine K. verbundene Ringe Ri 16,21; Ps 105,18; 149,8, die, über den Knöcheln befestigt, nur kleine Schritte erlaubten. Paulus weist wiederholt auf die Fesselung während seiner Gefangenschaft hin Eph 6,20; 2Tim 1,16. — *2)* K. als *Schmuck:* Schmükkende K.n werden am Halse getragen (auch von Würdenträgern) → Halskette, am Arm Jes 3, 19, als Schrittkettchen an den Füßen Jes 3,20 (Luther: Gebräme); → Geschmeide. — *3)* Die K.n 2Chr 3,5.16 waren eine Verzierung am salomonischen Tempel und an den Säulen → Jachin und Boas. *Schl*

Ketura, Abrahams Gattin nach Saras Tod 1Mose 25,1 ff; nach 1Chr 1,32 nur seine Nebenfrau. Ihre Nachkommen werden nicht dem Isaak gleichgestellt 1Mose 25,6. Die kaum biographisch zu wertende Notiz von dieser Ehe will wohl auf den genealogischen Zusammenhang Israels mit den südpalästinischen und arabischen Stämmen hinweisen, als deren Stamm-Mutter K. gilt. *Schw*

Keuschheit, keusch. *1)* Die durch das Schamgefühl geleitete und bestimmte geschlechtliche → Reinheit, die K., ist in der HS vom Schöpfungsglauben her nicht mönchisch-asketisch, die Ehe ausschließend, verstanden 1Tim 4,3 ff; Tit 2,5 (auch nicht 2Kor 11,2; Offb 14,4). Das deutsche Wort k. ist übrigens seit der letzten Revision des NT selten mehr verwendet, weil die zugrunde liegenden griech. Worte allg. „rein" (so jetzt Phil 4,8; 1Tim 4,12; 5,22; 1Petr 1,22; 3,2; Jak 4,8) oder „enthaltsam" (so Apg 24,25; Tit 1,8) bedeuten.

2) Die Reinheit ist auch auf diesem speziellen Gebiet schon in der prophetischen Botschaft des AT — gegenüber 3Mose 15,18; 2Sam 11,4 — nicht mehr rituell, sondern auf den Menschen in seiner Ganzheit verinnerlicht bezogen Jes 1,16 f; Ps 51,4.12. Diese Linie ist im NT vollends durchgeführt Mt 15,19 f; 23,25 f; 5,8; Phil 4,8.

3) Die K. ist nicht einfach eine Naturgabe. 1Mose 2,25; 3,7.10 f deuten die Wandlung an, die darin mit dem sündigen Menschen vor sich gegangen ist. Das fleischliche Wesen des natüi lichen Menschen ist gerade auf diesem Gebiet tief einschneidender Verirrung ausgesetzt Röm 1,24 ff; Gal 5,19; Kol 3,5. K. ist Frucht des Geistes Gal 5,22 und bedarf dauernd der Reinigung Jer 33,8; 1Petr 1,22; Jak 4,8. Das Gemeindeleben muß darin wachsam bleiben 1Tim 5,2.22; Tit 1,8; 1Petr 3,2 und braucht Vorbilder, Christen, die bei sich selbst und bei anderen darauf achten 2Kor 6,6; 1Tim 4,12. *He*

Kidron, Name des wasserlosen Tales, das → Jerusalem nach Osten hin begrenzt, heute wadi sitti marjam, Marienta1. Es bildet im nördlichen Teil einen tiefen Einschnitt zw. dem Tempelberg und dem Ölberg, weiter südlich zw. der Davidsstadt und dem Berg des Ärgernisses. Der Tempelberg fiel einst steil zum K.tal hin ab, dessen Sohle jetzt mit einer bis 11,6 m hohen Schuttschicht angefüllt ist. Im K.tal entspringt die → Gihonquelle ('ain sitti marjam, Marienquelle) am Fuß der Davidsstadt und die → Rogelquelle (bir ejub, Hiobsquelle) unmittelbar südlich der Mündung des → Hinnomtales, von wo an sich das Tal unter dem Namen wadi ennār, Feuertal, zum Toten Meer hin fortsetzt. Dort, wo K.-, Hinnom- und Stadttal zusammenstoßen und wo noch heute Fruchtbäume angepflanzt sind, lagen einst die Königsgärten 2Kö 25,4. Bei Kultreformen verbrannte man Götterbilder im K.-tal 1Kö 15,13; 2Kö 23,4; 2Chr 29,16, das in ATlicher Zeit auch als Begräbnisplatz benutzt wurde 2Kö 23,6 und wo man noch heute, östlich der Südostecke des Tempelplatzes, ansehnliche jüd. Grabmäler aus dem 1.Jh. vChr findet (sog. Absaloms- und Zachariasgrab). → Jerusalem. *Me*

Kiefer bei Luther Jes 41,19 meint die Ölweide, den wilden → Ölbaum. *(Schl)*

Kind → Familie 1).
Kinder Israel → Israel 1).
Kinder der Propheten → Propheten.
Kinderopfer → Opfer.

Kindertaufe ist im NT nicht ausdrücklich bezeugt, kann aber da vorausgesetzt werden, wo, wie Apg 16,15, ein „Haus", d. h. eine geschlossene Familiengemeinschaft mit Kindern und Sklaven getauft wird. Apg 16,33 „die Seinen" meint wohl das gleiche. Die Verantwortung liegt bei dem gläubig gewordenen Familienhaupt (Hausvater, Hausmutter), das die geistig und sozial abhängigen Glieder der Hausgemeinschaft mit sich nimmt in den neuen Lebensbereich. Die Übung der K. setzt auch heute bewußt christl. Eltern voraus. *Ap*

Kindschaft. Vater und Kind (Söhne und Töchter 2Kor 6,18) ist durch die ganze Bibel hin eine beziehungsreiche Verdeutlichung der engen Zusammengehörigkeit Gottes und des Menschen, wie sie von Gott gesucht und gewollt ist. Dabei handelt es sich nach Eph 3,14 f um das Urbild solcher Zusammengehörigkeit, das in menschlichen Verhältnissen nie rein erscheint.

1) Im AT ist die Gotteskindschaft dem erwählten Volk zugesprochen 2Mose 4,22; 5Mose 14,1, aber nicht als unverlierbares Vorrecht. Die K. Israels ist im NT bestätigt Röm 9,4. Ihr muß ein Leben der Hingabe an die väterliche Güte Gottes entsprechen. Von daher gilt das prophetische Gerichtswort dieser gefährdeten K. Jes 1,4; 30,1 und verlagert sich die Verheißung einer erneuerten K. auf ein verwandeltes Gottesvolk Hos 2,1; Jes 43,6 f; 45,11 oder auch auf den kommenden Davidssohn 2Sam 7,14. Die K. ist auch im AT keine in der Schöpfung mit eingeschlossene Naturgabe, sondern ein Gottesgeschenk voller Verantwortung.

2) Im NT begründet die Sendung des Sohnes, des Erstgeborenen unter vielen Brüdern Röm 8,29, die im Glauben an ihn verwirklichte, allen zugedachte K. Gottes Söhne — Kinder des Reichs Mt 13,38, des Lichts Lk 16,8; Jo 12,36; 1Thess 5,5, des Friedens Lk 10,6 hat denselben Sinn — haben nach Jesu Wort Anteil an Gottes Wesen und Art Mt 5,9.45; Lk 9,55. Das erklärt Johannes als eine Macht, als ein Anrecht, das Jesus denen verleiht, die ihn aufnahmen 1,12. Jo 11,51 f deutet den Tod am Kreuz als den Willen, die Kinder Gottes zusammenzuholen.

3) In den Briefen des NT verwendet Paulus den aus der Rechtssphäre stammenden Ausdruck „K." = Adoption, Annahme an Kindesstatt Röm 8,23; Gal 4,5. Paulus bezieht sich 2Kor 6, 17f ausdrücklich auf die Verheißung des AT. K. ist ein charakteristischer Begriff für die von Christus erworbene Freiheit der Erlösten vom gesetzlichen, knechtischen Dasein Röm 8,15; Gal 4,4ff und für die Heilsgewißheit der Geliebten Eph 5,1; 1Jo 3,1. Der hl. Geist ist sowohl Vergewisserung Röm 8,16 als Auswirkung der K. Gal 4,6. Im Glauben an Christus, in der Taufe auf Christus wird die K. Wirklichkeit Gal 3, 26f; Eph 1,5f; Hebr 2,12ff. Sie verpflichtet zu einem geheiligten Wandel Phil 2,14f; Eph 5,1. Sie ist auf Wachstum angewiesen 1Kor 3,1; Eph 4,14; 1Petr 2,2. Sie erscheint in der Strenge der Erziehung des Vaters Hebr 12,5ff. Die eigentliche Lebensäußerung der ins Wesen durchgedrungenen K. ist das kindliche Gebet Röm 8,15; Gal 4,6.

4) Die Vollendung der K. K. ist nach 1Jo 3,9f; 4,7; 5,1ff ein durchgreifend erneuertes Leben. Insofern ist der Glaube schon jetzt der K. gewiß 1Jo 3,2. Aber sie ist noch verhüllt, verborgen 1Jo 3,1. Ihre Volloffenbarung ist noch immer Hoffnung 1Jo 3,2; Röm 8,19ff, von der Gemeinde und der ganzen Kreatur ersehnt Röm 8,22ff. Aber die Kinder sind als Kinder auch schon Erben Röm 8,17; Gal 4,7; Offb 21,7. *He*

Kinnereth oder Kinneroth, heute tell el-ʿorēme, Stadt in Naphthali Jos 19,35, am Nordwestufer des danach benannten Meeres von K. 4Mose 34,11, → Galiläisches Meer. Von Benhadad heimgesucht 1Kö 15,20. *Me*

Kir. *1)* Wohl eine Landschaft in Mesopotamien, vgl. Jes 22,6, aus der nach Am 9,7 die syr. Aramäer gekommen waren und in die sie nach dem Drohwort des Amos 1, 5 auch wieder als Verbannte zurückgebracht werden sollten, wie es dann Tiglatpileser anordnete 2Kö 16,9.

2) Stadt in Moab Jes 15,1, auch Kir-Heres Jes 16,11, meist Kir-Hareseth genannt Jes 16,7, heute el-kerak. Sie liegt 1026 m hoch im Bergland südl. des Arnon an der alten Königsstraße im Kernland Moabs und war zZ Meschas so gut befestigt, daß die Israeliten unter Joram und Josaphat sie auf ihrem Zug gegen Moab nicht erobern konnten 2Kö 3,25. Heute Distriktshauptstadt von Jordanien mit ca. 15000 Einwohnern und Festungsanlagen der Kreuzfahrerzeit. *Da*

Kirche. Das NT gebraucht, wenn es von Kirche oder Gemeinde spricht, das Wort ekklesia, das nicht aus dem profangriech. Sprachgebrauch, sondern aus dem der LXX zu erklären ist, wo es für das hebr. qahal steht. Im 5. Mose- und 1. 2. Chron.-Buch bezeichnet es in Verbindung mit dem Gottesnamen das „Aufgebot" Gottes. Die K. ist das Gottesvolk der eschatologischen Heilszeit. Sie ist nicht denkbar ohne den Messias. Jesus hat den Kreis der Zwölf, der mit ihm auf das engste verbunden war, noch nicht als K. betrachtet; die Berufung der Jünger geschah im Blick auf das messianische Wirken Jesu und das kommende Gottesreich. Die Zwölf bildeten wohl den Kern des wahren Gottesvolkes; aber Jesus hat die Menschen, die sich zu ihm und seiner Botschaft bekannten, nicht in einer gegen die Gesamtheit des jüd. Volkes abgegrenzten, fest organisierten Gemeinschaft gesammelt. Erst gegen Ende seines Lebens, als er mit seinem Tode rechnen mußte, hat er die Bildung einer ekklesia ins Auge gefaßt. Das Wort an Petrus Mt 16,18 bezieht sich auf die Zukunft; d. h. er selbst, der Christus Jesus, wird dafür Sorge tragen, daß in der Zeit, die zw. seinem Tode bzw. seiner Auferstehung und seiner Wiederkunft liegt, die Gemeinschaft der Menschen geschaffen wird, die sich zu ihm als dem Messias Gottes bekennen. Diese Zusage Jesu ist am Pfingsttag in Erfüllung gegangen. Die Ausgießung des hl. Geistes hat die K. begründet und sie mit der Kraft ausgestattet, die sie für ihre Existenz und die ihr gestellten Aufgaben brauchte. Sie lebt im Zeitalter des hl. Geistes Jo 14,17, und Christus ist ihr Herr, der seine Königsherrschaft in ihr wirksam werden läßt, der sie mit seinem Leben erfüllt und ihr die Ordnungen gibt, deren sie bedarf. Die K. ist im Verständnis des Urchristentums keine Institution, sondern die Gemeinschaft der Heiligen, Erwählten, Berufenen und Getauften, die sich konkret in den einzelnen Gemeinden darstellt. Durch die Mission des Paulus wurde deutlich, daß die K. eine ökumenische Größe ist, die aus den gläubigen Juden und Heiden besteht Röm 1,16; 3,29f; 10,11ff; Eph 2,13ff; 3,6. Die Einheit der K. ist darin begründet, daß sie K. „in Christus" ist. Dadurch unterscheidet sie sich von allen weltlichen Gebilden. Als K. in Christus ist sie die neue Schöpfung Gottes Eph 2,10. In ihr sind die in der Welt bestehenden Unterschiede aufgehoben Gal 3,26ff. Paulus hat das Wesen der K. durch das Bild vom → Leibe veranschaulicht. Es besteht eine Lebens- und Wesensgemeinschaft zw. Christus und den Gläubigen. Im 1Kor- und Röm-Brief faßt Paulus das Verhältnis des einen Leibes zu den vielen Gliedern und der vielen Glieder zueinander ins Auge 1Kor 10,17; 12,12ff; Röm 12,4f, wobei er die „Glieder" als Träger von Charismen (→ Geistesgaben) versteht; im Kol- und Eph-Brief wird das Verhältnis der K. zu Christus durch die Beziehung von Leib und Haupt gekennzeichnet Kol 1,18; Eph 1,22f u. ö. Daneben steht das Bild von dem hl., auf die Apostel und Propheten gegründeten Gottesbau Eph 2,19ff; vgl. 1Petr 2,5. Auch nach dem Jo-Ev. ist die Einheit der K. in Christus verankert 17,21ff. → Gemeinde. → Jesus Christus V 2c. *Schn*

Kirjath (Stadt), Bestandteil der Ortsnamen: *1)* K.-Arba 1Mose 23,2; 35,27; Jos 14,15 u.ö.; Ri 1,10; Neh 11,25 alter Name von → Hebron. — *2)* K.-Baal oder Baala Jos 15,9f. 60 u.ö. alter Name von K.-Jearim. — *3)* K.-Jearim, K.-Arim oder K., Mitglied des gibeonitischen Städtebundes Jos 9,17, vgl. Esra 2,25; Neh 7, 29, später zu Juda gehörig Jos 15,9.60; Ri 18, 12, an der Grenze gegen Benjamin gelegen Jos 18,14f.28, Aufenthaltsort der Lade 1Sam 6,21; 7,1f; 1Chr 13,5f; 2Chr 1,4, heute dēr el-azhar bei el-qerje. — *4)* K.-Sanna Jos 15,49 und *5)* K.-Sepher Jos 15,15f; Ri 1,11f alte Namen von → Debir. *Rü*

Kirjathajim. *1)* 1Mose 14,5, Stadt in Ruben 4Mose 32,37; Jos 13,19, später moabitisch Jer 48,1.23; Hes 25,9, s. auch Mescha-Inschrift, Z. 10, heute vielleicht chirbet el-qurējāt 10 km nordwestlich von Dibon. — *2)* Stadt in Naphthali 1Chr 6,61; statt dessen steht Jos 21,32 Karthan; heute vielleicht chirbet el-qurēje. *Rü*

Kis, Sauls Vater, Sohn des Abiël, aus dem Stamm Benjamin und der Sippe Matri, ein wehrpflichtiger Grundbesitzer 1Sam 9,1; 10,21. Das Erbbegräbnis der Familie befand sich in Zela 2Sam 21,14. Der in 1Chr 8,33; 9,39 genannte Ner dürfte wohl nicht der Vater, sondern der Bruder des K. und der Vater Abners sein, vgl. 1Sam 14,50f. *Peu*

Kislev → Monate.

Kison. Der K., nahr el-muqaṭṭaʿ, entsteht in der Ebene Jesreel (merdsch ibn ʿāmir) aus der Vereinigung einer großen Anzahl von Wadis, deren wichtigste von dschenīn, vom dschebel eṭ-ṭōr (Tabor) und von el-leddschūn kommen. Er bricht in einem engen Tal zw. dem Karmel und den Ausläufern des galiläischen Berglandes hindurch und mündet östlich von Haifa in die Bucht von Haifa-Akko. Nur der kurze Unterlauf des K. führt das ganze Jahr über Wasser, der Oberlauf trocknet im Sommer aus. — Am K. siegte Barak über Sisera Ri 4,7.13; 5,21; Ps 83,10; hier tötete Elia die Baalspriester 1Kö 18,40. *Rü*

Kissen. Das K. Mk 4,38 war wohl eines der Polster, wie sie durch die Sitte des Zu-Tische-Liegens im Haushalt mannigfach vorhanden waren. Dagegen ist Hes 13,18ff nicht von K. die Rede, sondern von Binden und Hüllen, die bei Beschwörungen gebraucht wurden. *Schl*

Kittim, Kittiter. Bei den Kittitern (hebräisch kittijim oder kittim, deutlich zu unterscheiden von den → Hethitern, hebr. chittim) ist wohl an die Bewohner der Insel Zypern zu denken, an deren Südküste Kition eine bedeutende Stadt war. Die K. werden in der Völkertafel 1Mose 10,4; 1Chr 1,7 zu den Söhnen → Jawans, den griechischen Völkern gezählt, trieben Handel mit Tyrus und Sidon Jes 23,1.12, lieferten zB kostbares Holz zum Schiffbau Hes 27,6. Ein merkwürdiger alter Spruch 4Mose 24,24 weiß von einem siegreichen Kampf der K. mit ihren Schiffen gegen Assur. In einem erweiterten Sinn meint Jer 2,10 wohl überhaupt die Inselwelt im Westen. Später scheint K. Deckname für die hellenistische Macht im Westen geworden zu sein: für Mazedonien 1Makk 1,1; 8,5, für Rom Dan 11,30; so werden auch im Habakuk-Kommentar aus den Höhlen bei Qumran die K. die Römer sein. *Schl*

Kiun (Luther: Chiun) ist in Am 5,26f durch Einsetzen der Vokale des Wortes schiqquz „abscheuliches (heidnisches) Kultbild" aus dem Namen Kewan (in LXX und Apg 7,43: Raiphan, Luther: Remphan, jetzt Romphan), Sikkuth aus dem Namen Sakkut gebildet worden. Beides sind Beinamen des mesopotamischen Gottes Ninurta, dessen Symbol der Saturn war (daher in einem späteren Zusatz als Sterngottheit gekennzeichnet). *Fo*

Klafter → Maße.

Klage, klagen (hebr. qīnā, hēlīl, nᵉhī) gilt dem Toten. Ursprünglich ist wohl die Aufgabe der Leichenklage die Vertreibung des Totengeistes gewesen, um den Toten in sein Totsein hinüberzuführen und seine gefahrvolle Nähe zu bannen durch lautes Geschrei. Von daher erklärt sich die Lautstärke des Klagegeschreis 2Sam 13,36; Mich 1,8; Mt 9,23; Mk 5,38, hinter dem vielleicht sogar eine Art von „Tränenopfer" für den Toten stehen könnte. Von dem unartikulierten, heulenden Schreien (hōj, hōj Jer 22,18; 34,5; hō hō Am 5,16) ist die Totenklage zu trennen, die der Eigenschaften des Abgeschiedenen, seiner Taten im Leben gedenkt und sie preist. Dazu gehört Davids Totenklage um Saul und Jonathan und um Abner 2Sam 1,19-27; 3,33f. Diese Totenklage, in der Regel über mehrere Tage ausgedehnt, zB 1Mose 50,10, und neben den Angehörigen 1Mose 23,2 auch von berufsmäßigen „Klageweibern" Jer 9,16ff; Am 5,16 ausgerichtet, wurde im Trauerhaus 1Mose 23,2; Mt 9,23, auf dem Begräbnisplatz 2Sam 3,32; Jo 11,31, auf der Straße und den Plätzen Am 5,16; Pred 12,5 durchgeführt. Ihre Unterlassung galt als eine Strafe Gottes Hes 24,15ff und konnte sogar als Gericht Gottes von den Propheten angedroht werden Jer 22,18. Nur in Spuren findet sich die Totenklage um Götter im AT, so Hes 8,14 die Totenklage um Tammuz, Sach 12,11 um Hadad-Rimmon. Ri 11,30ff mag sich ebenfalls auf einen kanaanäischen Vegetationskult beziehen, ebenso Jes 17,10 f. Diese Totenklage hat nichts mit dem Gott der Bibel zu tun, dessen Überlegenheit über Zeit und Tod so oft bezeugt wird. *Ba*

Klageeiche → Debora 1).

Klagelied ist der Form nach ein mit Metrum und Parallelismus ausgestattetes Lied, dem Inhalt nach ein Gebet. Je nach Verwendung des Ich- oder des Wirstils unterscheidet die Forschung das Klagelied des Einzelnen (Ps 3-7; 13; 17; 27,7-14; 35; 38 f; 42 f; 51; 54-57 u. ö.) und das Klagelied des Volkes (Ps 44; 60; 74; 79; 80; 125). In der babylonischen Literatur findet sich nur das Klagelied des Einzelnen, nicht des Volkes, da für das Volk der König eintritt, während in Israel auch im Tempel zu Jerusalem, der Residenz des Königs, das Volk Träger der Klage ist und sogar den König zum Gegenstand der Fürbitte machen kann.

Bei den *Volksklageliedern* dürfte es ohne weiteres deutlich sein, daß sie bei offiziellen Gelegenheiten verwendet wurden, also bei kultischen Anlässen. Diese kultischen Anlässe wird man in den besonderen Fasttagen sehen dürfen, zu denen das Volk zusammengerufen wurde. Sie wurden gehalten aus irgendeiner akuten Not heraus, konnten sich aber auch auf spezielle Trauertage beziehen (Sach 7,1 ff). Joel 1 f schildert den Verlauf einer solchen Volkstrauer. Nach der Zerstörung des jüd. Jahwetempels in Elephantine in Ägypten hielt die dortige jüd. Gemeinde eine Volksklage ab: „Als dies geschehen war, legten wir samt unseren Weibern und Kindern Säcke an, fasteten und beteten zu Jahu, dem Gott des Himmels." Drei wesentliche Stücke bilden das K. des Volkes, die Klage über das akute Unglück, die Bitte um Abwendung und Trostgedanken, die der Errettung durch Jahwe gewiß zu werden suchten. Die Anlässe zu diesen Volksklageliedern lassen sich nur aus den betreffenden Liedern selbst erschließen, insbesondere aus den Schilderungen der Not. Da diese sich nicht genau bestimmen lassen, hat man die Lieder bis in die makkabäische Zeit hinabrücken wollen. Die zeitliche Ansetzung ist in jedem Fall unsicher, da die Klagen sich nicht nur auf politische Anlässe, sondern auf Nöte, die durch Krankheiten (Pest?), Regenlosigkeit, Heuschrekkenplage verursacht wurden, beziehen.

Das *Klagelied des Einzelnen* enthält Klage, Bitte, Vertrauensäußerung sowie die von einem erkennbaren Stimmungsumschwung getragene Erhörungsgewißheit. Die beiden letzten Stücke überwiegen in ihrem Schwergewicht. Klage und Bitte sind in der Regel nur kurz; gegenüber den babylonischen Klagegebeten des Einzelnen ist das charakteristisch. Insbesondere fallen die Schmeicheleien gegenüber der Gottheit fort. Auffällig ist in diesen K.ern des Einzelnen die Allgemeinheit ihrer Ausdrucksweise. Auch hier ist die konkrete Not des Beters nur ganz unsicher zu erfassen. Doch wird man nicht den Begriff der Gebetsschablone anwenden dürfen. In den babylonischen Gebeten zB brauchte nur der Name des Beters eingesetzt zu werden. Man wird die Allgemeinheit erklären dürfen aus der Absicht heraus, die geistliche Erfahrung, die der Dichter selbst macht, zur Möglichkeit eines anderen werden zu lassen. Versuche, die Anlässe zu diesen Liedern konkret zu fassen, sind unternommen worden. So sollen einige K.er von Menschen gesungen worden sein, die zum Ordalvollzug (Gottesurteil) verurteilt worden waren. Nach anderer Meinung sollen einige dieser K.er vom König für sein Volk gebetet worden sein auf Grund der babylonischen Königsideologie. Ein kultischer Vollzug des K.s in Verbindung etwa mit einem Opfer kann nicht in Abrede gestellt werden. Doch ist auch bei einer Reihe der K.er die Verwendung ohne Kult denkbar.

Außerhalb des Psalters sind beide Gattungen des K.s nachweisbar. Salomo gedenkt des Volks-k.s im Tempelweihgebet 1Kö 8,33 ff; die Propheten verwenden oft das Klagelied als Form ihrer Verkündigung (Jer, Hos, Jes, Am). *Ba*

Klagelieder Jeremias. Nicht in der hebr. Bibel, in der diese 5 Klagelieder zu den „Rollenbüchern", den megillot, gezählt sind (→ Sp. 155), wohl aber in der LXX und in der Vulgata sind diese 5 Lieder, die den Untergang Jerusalems beklagen, als Anhang an das Buch Jer angeschlossen; die jüdische und die christliche Überlieferung sieht in Jer den Dichter. Die vier ersten Lieder sind im Metrum der Totenklage verfaßt und kunstvoll alphabetisch gestaltet; jeder einzelne Vers (beim 3. Lied je 3 Verse) beginnt der Reihe nach mit den Konsonanten des hebr. Alphabets (→ alphabetische Lieder). Im 1. Lied beschreibt der Dichter die Demütigung und Zerstörung, die über Jerusalem kam 1,1-11. 17; dann klagt 1,12-16. 18-22 die Stadt selbst über den Jammer, der sie traf, und bekennt sie ihre Schuld. Im 2. Lied geht die Klage über die Verwüstung der Stadt in die Mahnung zu bußfertigem Beten über 2,1-19; so fleht denn die Stadt 2,20-22 um Erbarmen nach dem Gericht. Das 3. Lied hat in der Darstellung des Schmerzes, in der Hoffnung auf neues Erbarmen, im Bußruf, in der Anrufung Gottes einen sehr persönlichen Klang. Das 4. Lied schildert wieder den Jammer und die Schmach Jerusalems und endet 4,21. 22 mit einer Drohung gegen Edom, über das Gottes Gericht auch kommen wird. Das 5. Lied bringt im Gebet die Not der Exilierten vor Gott und endet mit der Bitte um Heimführung. Ob diese Lieder wirklich von Jer stammen, wird trotz Verwandtschaft mancher Gedanken fraglich sein; vielleicht stammen das 2.-4. Lied von dem gleichen Dichter; alle sind Zeugnisse aus den Jahren oder Jahrzehnten nach der Katastrophe, ehe der Tempel wieder aufgebaut wurde. *Schl*

Klageweiber → Klage.

Klarheit. Das griech. Wort doxa ist im rev. NT auch an den Stellen, in denen Luther es mit K. übersetzt, fast überall mit → Herrlichkeit (so 2Kor 3,7.10.18; 4,4.6) oder mit → Glanz (so 1Kor 15,41; Offb 18,1) wiedergegeben. K. steht nach wie vor Lk 2,9 und Apg 22,11. Das strahlend Umleuchtende der Lichtwelt Gottes, das in der Verklärungsgeschichte Mt 17,1ff par. in die irdische Erscheinung Jesu durchbricht, und wohl auch der Ausdruck claritas in der latein. Bibel, von dem das deutsche Wort stammt, werden zur Wahl des Wortes K. geführt haben, das für unser Sprachempfinden das Sinnfällige der Herrlichkeit eher bewahrt hat. In Jo 17,5 erbittet Jesus nach der langen Verhüllung die vom irdischen Schleier befreite, ganz durchsichtig gewordene Göttlichkeit, die K., die in ihrer Erscheinung das Wesen klar widerspiegelt. →Verklärung. *He*

klatschen mit den Händen ist Ausdruck der Freude (so auf Bäume übertragen Jes 55,12) und der Schadenfreude Hiob 27,23; Nah 3,19; Hes 25,6 u.a.m. *(Schl)*

Klauda, auch Kauda, heute Gaudo, eine kleine Insel etwa 30 km südlich Kreta, bei der stürmischen Seereise des Paulus nach Rom Apg 27,16 erwähnt. *Ap*

Klaudia war eine Christin zu Rom, die wie andere Gemeindeglieder den Timotheus kannte und durch Paulus grüßen ließ 2Tim 4,21. *Kü*

Klaudius, mit vollem Namen Tiberius K. Drusus Nero Germanikus, römischer Kaiser 41-54 nChr, ist Apg 11,28 im Zusammenhang mit einer Hungersnot erwähnt, die der christl. Prophet → Agabus voraussagte. Apg 18,2 nennt sein gegen die römischen Juden gerichtetes Edikt, demzufolge → Aquila und Priszilla nach Korinth übersiedelten (→ Judenedikt). *Kü*

Klaudius Lysias war der Name des Befehlshabers der römischen Wachtruppe in der an den Tempel angrenzenden Burg in Jerusalem, der den bedrohten Paulus der Wut des Pöbels entreißen ließ und die Schutzhaft über ihn verhängte. Nach ergebnislosen Verhandlungen mit den jüd. Behörden schrieb er dem Prokurator Felix und veranlaßte die Überführung des gefangenen Apostels nach Cäsarea Apg 21,31; 23,26. *Kü*

Klaue oder Huf, der hornartige Teil des Fußes beim Rind- und Kleinvieh. Die Tiere mit durchgespaltenen Klauen, wie sie Rinder, Schafe, Ziegen, Hirsche haben, gelten als levitisch rein 3Mose 11,3, dürfen gegessen und als Opfer dargebracht werden Ps 69,32. Sach 11,16 stellt eigennützige Hirten dar, die noch die K.n zerreißen, um ja alles Eßbare zu erhaschen. Wie die Rinder auf der Tenne Körner mit den Hufen zermalmen, so soll Juda — im Bilde — eherne K.n bekommen, um die Feinde zu vernichten Mich 4,13; ähnlich Dan 7,19. *Schl*

Kleidung.
1) Männerkleidung. 2) Frauenkleidung. 3) Kopfbedeckung. 4) Kleidung zu besonderen Anlässen. 5) Symbolische Bräuche.

Nach bibl. Überlieferung wird die K. auf Gottes Sorge für den gefallenen Menschen zurückgeführt 1Mose 3,21. Damit soll gewiß nichts gegen die kulturgeschichtlichen Erklärungen zur Entstehung der K. gesagt werden. Die Argumente für ihre Notwendigkeit als Witterungsschutz, Kennzeichnung der sozialen Stellung, Zeichen des Anstands usw sind einleuchtend. All dem aber fügt die HS das eine hinzu, daß die letzten Gründe tiefer liegen, daß das Geheimnis der K. an dem Geheimnis des Menschen teilhat. Im übrigen gewährt die Bibel einen Blick in eine ziemlich reichhaltige Garderobe der alten Welt.

1) Zur *Männerkleidung* im alten Orient gehört — *a)* der aus ältester Zeit stammende *Schurz* (hebr. 'ēzōr), ein ursprünglich aus Fellen, bald aber aus Wolle, bes. Baumwolle gefertigtes, die Knie frei lassendes K.stück, das um die Lenden geschlungen und mit einem Gürtel (hebr. ḥagōr) befestigt wurde. Dieser Schurz blieb besonders in Ägypten lange das vorherrschende K.stück. Das AT kennt ihn als selbständiges ziviles Kleid kaum noch Jes 5,27; 11,5,

Wickelkleid

Ein ziemlich breiter Streifen Stoff mit wechselndem Muster wurde in Spiralen von unten nach oben, von den Waden aufwärts eng um den Körper gewickelt und mit seinem Ende als eine Art Umhang um die Schulter gelegt. An der Hüfte hielt ein Gürtel das Gewand zusammen; dabei konnte ein Bausch gebildet werden. Dieser vornehme Syrer um das Jahr 1500 vChr trug offenes, langes Haar, das durch ein Kopfband zusammengehalten wurde, und einen Spitzbart. Sein Schmuck waren zahlreiche Armringe. Auffallen mag, daß Sandalen oder Schuhe nicht angedeutet sind.

bezeugt ihn aber mehrfach als *Teil prophetischer Tracht* 2Kö 1,8; Jer 13,1 ff; vgl. auch Jo 13,4. — *b)* Bei den *semitischen* Völkern ist schon früh an seine Stelle das aus feinem Byssus oder Wolle hergestellte *Hemdkleid* (hebr. kuttōnet, griech. chitōn, Luther: Rock) getreten, das entweder nur bis unter die Knie oder unter dem Einfluß kanaanäischer Mode später bis auf die Knöchel reichte, meist halblange *Ärmel* besaß und gewöhnlich durch einen → Gürtel um die Lenden festgehalten wurde 2Sam 15, 32; Mt 5, 40; Jo 19, 23; 21, 7 u. ö. Ein unter altbabylonischem Einfluß aufgekommenes besonders modisches Hemdkleid, das nur die Vornehmen über Schurz oder eng anliegendem Linnenhemd (hebr. sādīn Ri 14,12 f; vgl. Mk 14,51) als *Obergewand* trugen, war die kuttōnet passīm, das *Wickelkleid* (K. Galling) 1Mose 37, 3; 2Sam 13, 18 f, das aus einem bunt gemusterten Tuchstreifen bestand, den man wahrscheinlich von der Hüfte aus auf die Waden herabfallen ließ und dann spiralförmig in mehreren Windungen um den Leib legte. Über der Schulter wurde das eine Ende zu einer Art Kragen gelegt, das andere Ende kunstreich geschlungen am Gürtel befestigt. — *c)* Zur vollen K. gehörte für den Israeliten neben dem Unterkleid das Obergewand, der *Mantel* (hebr. śimlā, griech. himation) 1Mose 37, 34; 39, 12; 44, 13; 2Mose 22, 8. 25 f; Jos 7, 6; Mt 5, 40 u. ö. Er bestand aus einem länglichen Stück schweren Tuchs, das so genäht war, daß die vordere Seite und zwei Öffnungen für die Arme offenblieben. Bei Tag war er Schutz gegen Regen und Kälte, bei Nacht wärmende Decke, in die man sich einhüllen konnte. Aus Zweckmäßigkeitsgründen wurde er während der Arbeit abgelegt Mt 24, 18. Seine vielen *Verwendungsmöglichkeiten* zeigen Rt 3, 15; 2Kö 4, 39; Hagg 2, 12; Lk 6, 38. Infolge seiner Wichtigkeit ist nach altem Bundesrecht ein *gepfändeter* Mantel noch vor Sonnenuntergang an den Besitzer zurückzugeben 2Mose 22, 25 f. Unter dem Einfluß syr. Mode kam bei Vornehmen statt der schweren Simla ein *Obergewand* aus *feinerem Stoff* in Gebrauch: der ärmellose und lang herabhängende me'īl 1Sam 2, 19; 18, 4; Hiob 1, 20 u. ö. Auch sonst hat sich der isr. Mann fremdländischer Mode Zeph 1, 8 und im Wechsel der Zeiten persischer, griech., römischer Sitte angepaßt Dan 3, 21; 2Makk 4, 13; 12, 35; Mt 27, 28; Lk 20, 46 (stolaartiges langes Untergewand). Der zunehmende *Luxus* zeigt sich bes. in der Verwendung feinerer Stoffe wie Byssus, Purpur und der Erzeugnisse babylonischer Buntweberei (vgl. Jos 7, 21). Ein großer Kleidervorrat gehört zum reichen Haus Hiob 27, 16 wie eine Kleiderkammer zum königlichen Hof 2Kö 10, 22. Feierkleider für festliche Anlässe Jes 3, 22 und als ehrende Gastgeschenke 2Kö 5, 5 sind Zeichen zunehmenden Wohlstands.

2) Die *Frauenkleidung* entspricht im wesentlichen der der Männer. Freilich bevorzugt die Frauenmode feinere und buntere Stoffe. Das *Wickelkleid* ist um 1300 vChr in Palästina vorherrschend, später als Tracht der Prinzessinnen am königlichen Hof bezeugt 2Sam 13, 18 f. Allgemein üblich war das bunt-wollene oder weißlinnene *Hemdkleid,* zu dem die Frauen der mittleren Königszeit ein bis auf die Waden fallendes Kopftuch trugen. Die Jes 3, 20 f aufgezählten K.stücke sind im einzelnen nicht mehr zu unterscheiden. Das prophetische Drohwort zeigt jedoch, wie die Überbetonung der Kleiderfrage zum Einfallstor des Unglaubens werden kann; vgl. Mt 6, 25 ff; 1Tim 2, 9; 1Petr 3, 3.

3) Als *Kopfbedeckung* der Männer und Frauen begegnen uns im *AT* das *turbanartig* gebundene *Kopftuch* (hebr. ṣānīp) Hiob 29, 14; Jes 3, 23 und das besonders von Vornehmen getragene *Stirnband* (hebr. pe'ēr) Jes 61, 3; Hes 24, 17.

Vornehme Kanaanäerin

Ein in Megiddo gefundenes Elfenbeintäfelchen (um 1200 vChr) zeigt eine vornehme Kanaanäerin zwischen zwei Lotosstengeln. Offenbar gehörte damals langes offenes Haar zur Tracht; die Kleidung besteht aus einem eng anliegenden Hemdgewand, wohl mit einem Gürtel, und einem weit herabhängenden, mit Bordüren geschmückten Mantel.

Allerdings waren in Israel auch *Kappen* mit Stirnbändern üblich. Die *Frauen* gingen allg. *unverschleiert;* vgl. zu besonderen Anlässen aber 1Mose 24, 65; 38, 14. Haartracht: → Haar, → Bart. Schmuck: → Geschmeide, → Schmuck. Fußbekleidung: → Schuh.

4) Zur K., die man aus *besonderem Anlaß* trug, ist vor allem das *Trauergewand* zu zählen, der śaḳ (Luther: → Sack), ein Stück grob gewobenen Tuchs, das man um die Lenden legte und mit einem Gürtel festband, wobei der Oberkörper entblößt wurde 1Mose 37, 34; Hiob 16, 15 u. ö. Auch die *Priesterkleidung* (→ Hoherpriester), die *Kriegerkleidung* (→ Waffen) und die ältere *Prophetentracht* mit dem Fellschurz 2Kö 1, 8 und dem Fellmantel 1Kö 19, 13 u. ö. (vgl. Mt 3, 4) gehören hierher.

5) Symbolische Bräuche. Die K. *auszuschütteln,* war eine leicht verständliche Gebärde des Abscheus Apg 18, 6, das *Zerreißen* der K. ein Zeichen des Entsetzens und der Trauer 1Mose 44, 13; Mt 26, 65 u. ö., *Austausch* der K. ein Ausdruck herzlicher Freundschaft 1Sam 18, 4. Dagegen bedeutete es eine Beschimpfung, jemand die K. *abzuschneiden* 1Chr 19, 4 oder vom Leib zu reißen, wie es den Verurteilten widerfuhr Apg 16, 22. *Ste*

Kleine Propheten werden nachweisbar seit Augustin (Gottesstaat 18, 29) wegen des geringen Umfangs der mit ihren Namen bezeichneten Bücher die von Hosea bis Maleachi aufeinander folgenden Propheten genannt. Dagegen nennt Sir 49, 12 sie nach ihrer Anzahl die „Zwölf Propheten" und setzt gemäß dem jüd. Kanon die Zusammenfassung ihrer Schriften zu einem großen Buch voraus (Zwölfprophetenbuch). Das hebr. AT hat die Bücher nach der tatsächlichen oder vermeintlichen zeitlichen Reihenfolge ihrer Entstehung geordnet: Hosea bis Micha aus dem 8. Jh. (in Wirklichkeit sind Joel, Obadja und Jona erheblich jünger), Nahum bis Zephanja aus dem letzten Drittel des 7. Jh. und Haggai bis Maleachi aus der nachexilischen Zeit. LXX reiht fünf der sechs ersten Bücher nach ihrem Umfang aneinander (Hosea, Amos, Micha, Joel, Obadja) und weist der Prophetenerzählung Jona die sechste Stelle zu. *Fo*

Kleinod. K. meint vor allem goldenen und silbernen Schmuck 1Mose 24, 53; 2Sam 1, 24; Jer 4, 30, → Geschmeide; dann Weihgeschenke an ein Heiligtum 1Sam 6, 8. 15; 2Sam 8, 10 f; 2Makk 4, 32; Lk 21, 5. In übertragenem Sinn sieht Spr 20, 15 in einem vernünftigen Mund ein edles K. und benützt Paulus den Siegeskranz der olympischen Spiele als Bild für das Geschenk des ewigen Lebens Phil. 3, 14; 1Kor 9, 24. Das Wort, das Luther in der Überschrift der Psalmen 16 und 56-60 mit „gülden K. Davids" übersetzte, kennzeichnet vermutlich die Art dieser Psalmen (ob als „Sühnepsalmen"?). *Schl*

Kleinvieh. Von den ältesten Zeiten an gleichbleibend war in den Steppengebieten des Vorderen Orients die von (halb)nomadischen Stämmen betriebene K.zucht, zu der im Kulturland der Ackerbau kam, mit die Existenzgrundlage. Abel 1Mose 4, 2, die Erzväter 1Mose 12, 16; 26, 14; 29, 2. 6. 9; 32, 15, David 1Sam 16, 11; 17, 28, der Scheich Nabal 1Sam 25, 2. 4. 16. 18, Amos Am 7, 15, Hiob Hiob 1, 3 u. a. besaßen K.herden (von Schafen und Ziegen), vgl. Lk 2, 8. Die Verwendung des K.s spielte eine bedeutende Rolle in der Opferpraxis 3Mose 1, 2. 10; 3, 6; 5Mose 12, 6 u. a., in der königlichen Hofhaltung 1Kö 5, 3 und bei den Gelagen begüterter Leute 2Sam 12, 2; Amos 6, 4. *Kn*

Klemens war ein von Paulus Phil 4, 3 mit dem Prädikat eines Mitarbeiters ausgezeichnetes Glied der Gemeinde in Philippi, nicht identisch mit dem römischen K., der gegen Ende des 1. Jh. einen Brief an die Gemeinde in Korinth schrieb. *Kü*

Kleopas (Abkürzung von Kleopatros) nach Lk 24, 18 einer der Emmausjünger (sein Sohn Simeon war später Haupt der Urgemeinde von Jerusalem bis in die Zeit Trajans). In Jo 19, 25 erscheint ein Kleopas, der wohl nicht mit dem K. gleichzusetzen ist. → Alphäus. *Bie*

Kleopatra (Thea), Tochter des Ptolemäus VI. Philometor von Ägypten (181-145 vChr), dreimal nacheinander mit seleuzidischen Herrschern verheiratet: mit Alexander I. Balas 153-145 vChr, 1Makk 10, 57 f, mit seinem Gegner Demetrius II. Nikator 145-138 vChr, 1Makk 11, 12, dem sie Seleukus V. und Antiochus VIII. Grypus gebar, und mit Antiochus VII. Sidetes, dem jüngeren Bruder des Demetrius II. Ehrgeizig und herrschsüchtig ließ sie ihren zweiten Mann und ihren Sohn Seleukus ermorden. Ihr Sohn Antiochus VIII. zwang sie, das für ihn bestimmte Gift selbst zu trinken. *Pfei*

Klippdachs. Wo Luther „Kaninchen" übersetzte, ist der K. gemeint, der in Steinklüften und Felsen haust Ps 104, 18; Spr 30, 26. Er ist kein Wiederkäuer, bewegt aber im Fressen seine Kinnladen so, daß die irrende Aussage 3Mose 11, 5; 5Mose 14, 7 entstehen konnte. *Schl*

Klugheit meint als Teilbedeutung des umfassenderen Begriffs „Weisheit" stets ein kluges Handeln zum Zweck praktischer Gestaltung. Dabei werden auch Ausdrücke, die ursprünglich die List oder Hinterlist bezeichnen (1Mose 3, 1; 2Mose 21, 14; Jos 9, 3; 1Sam 23, 22; Hiob 5, 12 f; 15, 5; Ps 83, 4), von der Weisheitslehre zur Bezeichnung der K. im Gegensatz zu Torheit oder Einfalt gebraucht Spr 1, 4; 8, 5. 12; 14, 15. 18; 19, 25 usw. K. ist *1)* ein sittlich nicht näher bestimmtes Klugsein, mittels dessen man sich im Leben durchsetzen kann 2Sam 14, 2; 20, 16 ff und das bis zur Schläue und List reicht 2Sam 13, 3; 1Kö 2, 6. 9; *2)* Lebensklugheit als die Kunst, das Leben in jeder Beziehung und in allen Lagen meisterlich zu führen, eine „Steuermannskunst" Spr 1, 5 usw, mit der man sich durch die Gefahren des Lebens hindurch- und zum angestrebten Ziel hinsteuern kann. Auch der Glaubende bedarf der K., um das Ziel des Glaubens nicht zu verfehlen, vgl. Mt 7, 24; 25, 4; Lk 16, 8. Während er sich klug in die von Gott gegebene Welt- und Lebensordnung eingliedert, macht Gott die menschliche K. zuschanden, wenn sie sich seinem Willen widersetzt Jes 19, 11 ff; 29, 14; 31, 2 f; 1Kor 3, 19. *Fo*

Knabe. *1)* Das Wort meint in der HS nicht nur den jungen K.n, wie den jungen Samuel 1Sam 1,22-3,8, Ismael 1Mose 21,10ff, Isaak 1Mose 22,12, sondern den männlichen Menschen, solange er ledig ist, so Benjamin 1Mose 42,22; 44,20ff, die Söhne Isais 1Sam 16,11, Eutychus Apg 20,9.12. — *2)* Die K.n sind voll jugendlicher Kraft Ps 127,4; Jes 40,30, bedürfen aber der Erziehung Spr 22,15; 23,13; 29,15. — *3)* In der Heilszeit, die mit irdischen Vorstellungen geschildert wird, wird ein mit 100 Jahren Sterbender noch als K. gelten Jes 65,20. Mit dem Knäblein Offb 12,5, das von der mit Sonne, Mond und Sternen geschmückten Frau geboren wird, d. h. aus der Gemeinde Gottes hervorgeht und dann, weil zur Herrschaft über die Völker berufen, vor dem Wüten des Drachen zum Thron Gottes entrückt wird, ist doch wohl der Christus gemeint. *Schl*

Knauf heißen die Kopfstücke von Säulen 1Kö 7,16; Am 9,1; Zeph 2,14. Außerdem sprach Luther von Knäufen bei dem Zierat am goldenen Leuchter in der Stiftshütte 2Mose 25,31ff, den wir wohl in der Form von Blumenkelchen zu denken haben. *(vdW)*

Knecht, Sklave, Knechtschaft.

I. Im AT. 1) Der Leibeigene. 2) Knechte des Königs. 3) Knechte Gottes. II. Sklaven im NT.

I. Das AT kennt für das Gemeinte nur zwei Ausdrücke: „na'ar", das gemeinhin „Knabe, junger Mann", daneben aber auch „Gefolgsmann, Knecht" bedeutet, und „'äbäd". Vor allem der letztere Begriff (weit über 700mal) gewährt Einblick in eine verzweigte Sachlage.

1) Der *Leibeigene.* Wie alle Völker führte auch Israel S.n, Leibeigene. Dabei wurde rechtlich streng zw. solchen aus dem eigenen Volk, die mit oder ohne Verschulden in die Schuldknechtschaft geraten waren, und ausländischen S.n unterschieden. Der ausländische S. konnte geschenkt 1Mose 12,16, geraubt 1Mose 43,18 oder im Krieg erbeutet 5Mose 28,68; Jos 9,11; Jer 17,4, vor allem aber gekauft werden 1Mose 17,12; 37,28.36; 3Mose 25,44; Pred 2,7; Hes 27,13. Er zählte zu den Sachwerten im Besitz seines Herrn 2Mose 20,17. War er in dessen Hause als Sohn geboren, so brachte ihm das eine gewisse Vorzugsstellung ein. Er gehörte so schon in engerem Sinne zum Hause 1Mose 17,12f; Pred 2,7. Standen die ausländischen S.n auf der niedrigsten Stufe, so waren sie doch schon sehr frühe nicht völlig rechtlos, sondern vor allzu grobem Mißbrauch wie Mißhandlung mit Todesfolge 2Mose 21,20 oder Körperverletzung V. 26 und vor der Auslieferung 5Mose 23,16 geschützt. Auch an der kultischen Gemeinschaft konnten sie in begrenztem Umfang teilhaben, so an der Sabbatruhe 2Mose 20,10, an Festmahlzeiten 5Mose 16,11f, an der Beschneidung 1Mose 17,12.23; 2Mose 12,44. Überhaupt wurde Israel unter Berufung auf seine Befreiung aus der ägyptischen K.schaft zu einer milden und menschlichen Behandlung seiner S.n angehalten 2Mose 22,20; 23,9; 5Mose 15,12-15. Auch ein Israelit konnte als Schuldknecht auf Zeit oder für immer in die K.schaft eines seiner Landsleute geraten. Die für diesen Fall geltenden besonderen rechtlichen Bestimmungen — niedergelegt in 2Mose 21,2ff; 3Mose 25,39-55; 5Mose 15,12ff — begrenzen seine Schuldknechtschaft auf Tagelöhner- statt auf S.narbeit und zunächst auf 6 Jahre, nach deren Ablauf er zwar ohne Entgelt, aber mit seiner mitgebrachten Frau und deren Kindern zu entlassen ist, vgl. Jer 34, 8-16. Verdingt er sich jedoch aus eigenem Willen auf Lebenszeit, so ist das rechtlich festzulegen. Der Weiterverkauf an Dritte ist untersagt 2Mose 21,8. Amos rügt als verbrecherisch, daß man wegen Kleinigkeiten einen Bruder zum S.n macht und ihn gar weiterverkauft Am 2,6; 8,6; vgl. auch Joseph und Ps 105,17. Ein bei einem im Lande wohnenden reichen Fremden dienender Hebräer soll von seinen Angehörigen losgekauft werden können 3Mose 25,47ff. Nicht selten begaben sich oder gerieten isr. Gruppen in ausländische Dienste als Söldner 1Sam 27,5 (David) und zur Fron 1Mose 49,14f; Ri 5,17. Das beste Beispiel für die Unwürdigkeit dieses Zustands bietet Israels Frondienst in Ägypten 2Mose 13,3; 5Mose 5,6; 6,12; 7,8; 8,14; Mich 6,4; Jer 34,13 u. a. Jedoch auch Israels Könige geboten über eine Art Staatssklaven 1Kö 9,27; 2Chr 8,18; 9,10; Esra 2,55-58; Neh 7,57-60; 11,3. Israeliten waren freilich davon ausgenommen 1Kö 9,22. Doch spiegelt sich in 1Kö 12,3ff etwas von dieser gefährlichen Möglichkeit wider.

2) K.e, zwar ebenfalls dem Herrscher auf Gedeih und Verderb verhaftet, doch durch besonderen Auftrag im Sinne einer Vertrauensstellung, waren die *„S.n des Königs"* 1Sam 16, 15f; 2Sam 10,2; 13,31; 15,18; 1Kö 10,8; 2Kö 12,21; 14,5; 22,12 als seine militärischen Untergebenen 2Sam 19,7; 1Kö 9,22 und politischen Beamten, seine Minister. Auch die tributpflichtig Unterworfenen wurden „K.e" genannt 2Sam 8, 2.6.14. Die offizielle Unterwerfungsformel lautete: „dein K. bin ich" Jos 9,8.11.24; 2Kö 16,7. Als Ausdruck der Achtung, Höflichkeit und Dienstbereitschaft war sie allgemein verbreitet 1Mose 44,32; 18,3.5, vor allem gegenüber Gott 2Mose 4,10; 1Kö 8,28; Ps 19,12 u. a.

3) In der unter 1) und 2) besprochenen Bedeutung wird nun außerordentlich häufig von *„K.n Gottes"* gesprochen, so von besonderen Boten Gottes wie Abraham Ps 105,6, Isaak/Jakob 5Mose 9,27, Mose 5Mose 34,5, Josua Jos 24,29, David Ps 18,1, Samuel 1Sam 3,9 u. a., von Engeln Ps 103,21; 104,4; Hiob 4,18, von Vollstreckern des göttlichen Willens wie Nebukadnezar Jer 25,9; 27,6; 43,10, von den Frommen Ps 34,23; 113,1; 134,1; Hiob 1,8 u.a. Bringt also das Wort „K." charakteristisch die Stellung der Genannten Gott gegenüber zum Ausdruck, so die Formel „mein K. bist du" in der Gottesrede die Erwählung des von Gott so Angeredeten Jes 41,9; 44,21; 49,3. Zum Ausdruck „der K. des Herrn" → Gottesknecht.

II. Nach dem NT stehen die S.n als Glieder der christl. Gemeinde neben ihren Herren und sind gemeinsam mit diesen Diener Christi. *des* Herrn. Dadurch wird die Sklaverei nicht aufgehoben oder verboten. Aber die daraus sich ergebende Form der Begegnung von S.n und Herren ist die Liebe, in der nun jeder dem anderen gegenüber als ein Christo Untertäniger aus innerer Freiheit dient 1Kor 7,21 ff; Eph 6,5 ff; Kol 3,22 ff; 4,1; 1Tim 6,1 f; Tit 2,9; 1Petr 2, 18 ff; Phm. — Zur Verwendung des Begriffes „K." für Christus → „Jesus Christus", für die Apostel → „Apostel", für die Christen → „Freiheit", → „Kindschaft" u. a. m. *Kn*

Knecht Gottes → Gottesknecht.

Knidus, eine Stadt an der Südwestküste Kleinasiens, in der Provinz Karien, 1Makk 15,23 und Apg 27,7 genannt; Ruinen beim Kap Krio. *Schl*

Knie. *1)* Ein Kind sitzt auf den K.en des Großvaters 1Mose 48,12 und empfängt Liebkosung auf den K.en der Mutter Jes 66,12. K.e wanken in Schwäche Ps 109,24; Hiob 4,4, in übertragenem Sinn Jes 35,3; Hebr 12,12, und in Angst und Schrecken Nah 2,11; Hes 7,17; 21,22.

2) Ein Hochstehender wird durch Niederfallen auf die K.e geehrt 2Kö 1,13; Mk 1,40; 10, 17; 15,19; Lk 5,8; Apg 10,25. Darum wird auch knieend gebetet 1Kö 8,54; Esra 9,5; Dan 6,11; Lk 22,41; Apg 7,59; 9,40; 20,36; dabei kann das Haupt zwischen die Knie gebeugt sein 1Kö 18,42. So erfolgt die Ehrung und Anbetung Gottes auf den K.en 1Kö 19,18; Ps 95,6; Jes 45,23; Eph 3,14; Phil 2,10. *Schl*

Knoblauch, in der HS nur 4Mose 11,5 erwähnt, war schon in alter Zeit eine von den Juden sehr geschätzte Speise, während die Römer die Juden eben wegen ihres K.essens verachteten. *Schl*

Kobold setzte Luther Jes 34,14 für Lilith ein, einen in der Öde hausenden weiblichen Dämon, der als Sturmdämon auch in babylonischen Beschwörungstexten genannt ist. Die volkstümliche Erklärung des Namens aus lajil „Nacht" sah in ihm ein Nachtgespenst. *Schl*

Koch, kochen. Das K. war in der Regel Sache der Frauen 1Mose 27,5 ff; aber auch Männer beschäftigten sich damit 1Mose 25,29; Ri 6,19. Ein K. wird 1Sam 9,23 f erwähnt. Am Königshof gab es Köchinnen 1Sam 8,13. Zum K. verwendete man → Töpfe und → Kessel aus Ton oder Metall. Man kochte Pflanzenkost 1Mose 25,29; 2Kö 4,38 ff und Fleisch. Dabei war nach 2Mose 34,26 verboten, das Böckchen in der Milch seiner Mutter zu k. Zum K. des → Manna vgl. 4Mose 11,8. Bei verschiedenen Arten von Opfern wurde Fleisch gekocht 2Mose 29,31; 3Mose 6,21; 8,31; 4Mose 6,19; 1Sam 2,13.15. Das Passalamm, das ursprünglich nach nomadischer Sitte am Feuer gebraten werden mußte 2Mose 12,8 f, wurde nach der Bestimmung 5Mose 16,7 anscheinend gekocht; vgl. 2Chr 35,13. — Hes 46, 20.24 ist von besonderen Küchen im Tempel für die Zubereitung des Opferfleisches die Rede. — Hes 24,3 ff stellt das K. eine symbolische Handlung dar. *Oßw*

Köcher → Waffen.

König. Während des ganzen Zeitabschnitts vom Ausgang der Landnahme um 1100 vChr bis zur Zerstörung Jerusalems i.J. 70 nChr hat das Gottesvolk der Bibel nur etwa die Hälfte dieser Jahre seine staatliche Existenz auf ein K.tum gegründet: von Saul um 1020 bis Zedekia 587, in der Makkabäer-Hasmonäerzeit 152 bis 63 und in den Tagen der Herodier, nämlich des → Herodes d. Gr. 37-4 vChr und des Herodes Agrippa 41-44 nChr. Die Herodier sind als K.e fremder Herkunft und von Roms Gnaden nie als isr. K.e anerkannt worden; die Hasmonäer hatten das Amt des Hohenpriesters inne und sich erst sekundär die K.swürde angeeignet. Seit dem Ende Samarias 722 waren die Davididen von ihren zuerst assyrischen und dann neubabylonischen Oberherren abhängig. Die K.e Israels und Judas waren also nur wenige Jahre freie Herren freier Völker. Die Israeliten haben den K.sgedanken von den zeitlich vor ihnen zur Staatenbildung gelangten ostjordanischen Völkern der Edomiter, Moabiter und Ammoniter übernommen. Dagegen lagen bei der Einigung der Israeliten die K.tümer der Großmächte am Nil und Euphrat-Tigris infolge ihrer damaligen Schwäche außerhalb des Blickfeldes von Palästina. Das kanaanäische K.tum in den Stadtstaaten war infolge seiner Vielfältigkeit und das der Philister, das auf der von ihnen aus der Ägäis mitgebrachten Heeresverfassung ruhte, auf die völlig andersartigen isr. Bedürfnisse nicht übertragbar. Den Anstoß zur Gründung des isr. K.tums bot die Herausforderung durch die Philister. In Israel zeigte sich das Königtum von Haus aus als Volkskönigtum. Der K. soll als Richter und oberster Heerführer wirken und wird von den Stammesältesten gewählt 1Sam 8,4 ff; 11,15. Ist die Nachfolge in der Herrschaft bedroht, greifen die wehrpflichtigen Grundbesitzer ein 1Kö 16,16. Selbst in Juda sorgen diese im entscheidenden Augenblick für die Weiterführung der davidischen Dynastie 2Kö 21,24. Seit David gibt es sowohl ein judäisches als auch ein isr. K.tum 2Sam 2,4 ff. 5,1 ff. Beide K.tümer können, müssen aber nicht durch Personalunion verbunden sein 1Kö 11,43; 12,1 ff. Weil das K.tum als Volkskönigtum in einer Zeit entstanden ist, als die Stämme längst das Gottesrecht angenommen hatten, wie es uns etwa im Dekalog und im sog. Bundesbuch 2Mose 20-23,19 entgegentritt, war der jeweilige K. an dieses Gottesrecht gebunden. Er trug die Verantwortung für dessen Durchführung, konnte aber selbst kein diesem irgendwie vergleichbares Recht schaffen. Als Wächter über die Durchführung des Gottesrechtes trat dem jeweiligen K. vom Anfang bis zum Ende der K.zeit der Prophet zur Seite. So zieht sich durch die ganze Geschichte Israels und Judas das Thema: der K. und sein Prophet. Am Ungehorsam gegenüber dem Propheten scheitert schließlich das K.tum Jer 38, 17 f. Es muß freilich beachtet werden, daß neben dem wahren Propheten eine Fülle falscher Propheten stand, die dem K. und den Großen des Staates nach dem Munde redeten 1Kö 22, 5-28; Jer 28. Der K. mußte also die Aussagen der Propheten kritisch prüfen, ob es Gottes- oder Menschenworte waren. Neben dem K. stand auch das Priestertum, das ja in Israel das K.tum an Alter übertrifft. Hier hören wir nur von gelegentlichen Auseinandersetzungen zw. beiden Institutionen 1Sam 13, 8 ff; 22, 6 ff; 2Chr 26, 16 ff. Doch scheint sich das Priestertum allzuoft dem Willen der K.e gefügt zu haben, selbst wenn es gelegentlich um die Einführung von Fremdkulten ging 2Kö 16, 10 ff. Der K. sollte im Gegenteil auf die Priester hören, sie in ihrem Amt unterstützen und für die Durchführung des rechten Gottesdienstes sorgen 2Kö 12, 3; 22, 8 ff; 23, 4 ff; 2Chr 19, 11. Waren doch die Priester keineswegs nur Kultdiener; sie hatten neben den Propheten, die über die Durchführung des Gottesrechts wachten, das Gottesrecht zu verkündigen und auszulegen, wie sie es etwa nach dem Beispiel der priesterlich-levitischen Predigten 5Mose 6-11; 3Mose 19 taten. In Zeiten allg. Abfalls von Jahwe konnte der K. als Staatsoberhaupt, aber auch als der Gesalbte des Herrn den Gottesbund wiederherstellen und die Forderungen der Priester und Propheten durchsetzen 2Kö 23, 3. Auch wird uns berichtet, daß der K. selbst als Weisheitslehrer auftrat oder wenigstens die Weisheitslehre unterstützte 1Kö 5, 9 ff; Spr 25 ff.

Neben dieser Sicht des K.s in erster Linie als des „Beauftragten des Volkes“ steht die des „Sakralkönigs“. Er ist der Gesalbte Jahwes, hebr. der Messias. Die Salbung erfolgt durch Priester oder Propheten 1Kö 1, 39; 2Kö 9, 6. Als „Gesalbter“ ist die Person des Herrschers unantastbar 1Sam 24, 7; 26, 11; 2Sam 1, 14. Die Propheten des Nordreichs designieren nach Gottes Willen einen Mann zum Herrscher 1Kö 11, 29 ff; 14, 14; 15, 27-30; 16, 1-4. 12; 2Kö 9, 1-3. Zeigt sich der Berufene später als unwürdig, geht seine Dynastie zugrunde. Über den Davididen in Jerusalem steht die Verheißung Nathans über den dauernden Bestand des K.sgeschlechtes. Der jeweilige Herrscher ist der Adoptivsohn Gottes 2Sam 7, 12-16. Die besondere Stellung des K.s zu Gott gegenüber anderen Menschen zeigt sich in den sog. K.spsalmen Ps 2; 21; 45; 72; 110. Der Tempel in Jerusalem ist Eigentum des K.s und wurde erst durch die Hinzuführung der Lade Gottes zu einem gesamtisr. Heiligtum 1Kö 5, 19; 8, 1-11. Folgerichtig ist es der K. und nicht der Oberpriester, der die Weihe des Hauses vollzieht 8, 12 ff. 62 ff. Die Priester sind Beamte des K.s 2Sam 8, 17; 20, 25 f; 1Kö 4, 4. Die Vorstellung des K.s als des „Sakralkönigs“ wird noch übertroffen durch die Aussagen der Chronikbücher. David ordnet den Gottesdienst Israels 1Chr 23-26. Salomo sitzt „auf dem Thron Jahwes“ 29, 23, „auf dem Thron der K.sherrschaft Jahwes über Israel“ 28, 5. In der Theokratie Israel wird der K. als der Stellvertreter Gottes in seinem Volk angesehen. Doch ist es offiziell nie zu einer Vergöttlichung des K.s gekommen wie in Ägypten oder auch sonst im Orient. Das Wissen um die Andersartigkeit Gottes gegenüber dem Geschöpf und der Schöpfung ließ keine Vergottung von Menschen, Tieren oder Dingen zu. In Volkskreisen dürften allerdings Schmeichler nur allzuoft den K. als Gott angesehen haben 2Sam 14, 17. 20. Der K. von Aram erwartet allen Ernstes vom K. von Israel, daß Heilungskräfte von ihm ausgehen 2Kö 5, 6.

Die Vorstellung, daß Gott selbst K. sei, scheint in Israel erst seit der Staatenbildung und dem Aufkommen des isr. und judäischen K.tums betont worden zu sein 1Sam 12, 12. In älterer Zeit hatte man genug andere Ehrennamen für Gott, als daß man diesen schillernden, kanaanäisch gefärbten und halbmythischen Begriff verwandte. Das älteste prophetische Zeugnis für die Anwendung des K.stitels auf Gott finden wir Jes 6, 5. Die Bezeichnung häuft sich bei Jeremia 46, 18; 48, 15; 51, 57 und in den Psalmen 5, 3; 44, 5; 84, 4; 98, 6; 145, 1. Der Königstitel für Gott dürfte demnach bes. im Jerusalemer Tempelkult gebraucht worden sein. Von der K.sherrschaft Jahwes redet, wie erwähnt, erst die nachexilische Chronik 1Chr 17, 14; 28, 5. Das Bild vom sakralen K. ist dann übertragen worden auf den kommenden K. der Heilszeit Jer 30, 9; Hes 37, 24; Sach 9, 9.

Wie im AT, so wird auch im NT Gott und nun Jesus Christus selten als K. bezeichnet 1Tim 1, 17; Jo 18, 37. Dagegen wird häufig auch die neue Gemeinschaft, die durch Jesus entsteht, als die K.sherrschaft Gottes bezeichnet. *Peu*

Königin. Der Titel K., hebr. malkah, wird im AT außer in dem späten HL 6, 8 *nie* für die Frau des Königs von Juda oder Israel gebraucht, da die K. an der sakralen Würde des Königs als des Gesalbten des Herrn keinen Anteil hatte. Für → Athalja wird das Tätigkeitswort „sie war die Königsherrschaft ausübend“ 2Kö 11, 3 angewandt und in Jer 13, 18 neben dem König die „Herrin“, hebr. gebirah, genannt. Letztere spielt als *Königin-Mutter,* d. h. als Mutter des regierenden Königs, eine entscheidende Rolle am Hofe. Natürlich konnte eine Königsfrau wie etwa → Isebel mit Hilfe ihres Mannes auch die Politik beeinflussen 1Kö 21. Der Titel K. gilt dagegen für auswärtige K.nen 1Kö 10, 1, die die Alleinherrschaft ausübten, bzw. für die Hauptfrau des Königs von Persien Esth 2, 17. Bildlich kann die Stadt Jerusalem Klgl 1, 1, Babel Jes 47, 7, das Babylon der Offenbarung Offb 18, 7, das hl. Volk und die hl. Stadt 1Makk 2,11 als K. bezeichnet werden. *Peu*

Königreich → Reich Gottes.

Königsbücher.
1) Name. 2) Inhalt. 3) Quellen. 4) Literarischer Werdegang.

1) Im hebr. Text des AT bilden die zwei Bücher der Könige eine Einheit unter der Überschrift m^elākhīm (Könige) entsprechend dem ersten Wort des 1. Buches hammēlek = der König. Die hebr. Überschrift muß auch vom Inhalt her verstanden werden, der ausschließlich der isr.-jüd. Königszeit gewidmet ist. Die Zweiteilung findet sich in den Septuagintahandschriften, die beide Bücher als 3. u. 4. Königsbuch zählen (1. u. 2. = 1. 2. Sam). Hieronymus erwähnt im Prologus Galeatus, daß diese Bücher bei den Hebräern 1. u. 2. Königsbuch genannt werden.

2) 1Kö 1. 2 berichten von den Intrigen um die Thronfolge Davids, der Einsetzung Salomos als König, von Davids Tod und Salomos Handeln an den ehemaligen Gegnern seines Vaters und an seinem Konkurrenten um den Thron Adonija. 3,1-11,43 wird die Geschichte der Regierung Salomos erzählt. K. 12-16 stellen den Geschichtsverlauf im Nord- und Südreich dar, nämlich die isr. Könige Jerobeam I, Nadab, Baesa, Ela, Simri, Omri, Ahab und die judäischen Könige Rehabeam, Abia, Asa, Josaphat. K. 17 bis 2Kö2 führen die Darstellung unter reicher Einflechtung der Eliageschichten weiter bis zum Tode Ahabs und seines Nachfolgers Ahasja und der Einsetzung Jorams zum König von Israel. 2Kö 3-13 berichten unter Einbeziehung der Elisageschichten von den isr. Königen Joram, Ahasja, Jehu, Joahas, Joas, Jerobeam II. sowie von den judäischen Königen Josaphat, Joram, Ahasja, der Usurpatorin Athalja, Joas, Amazja. 2Kö 14-17 zeichnen das Ende des isr. Königreiches durch die schnelle Folge der Könige nach dem Tod Jerobeams II., Sacharja, Schallum, Menahem, Pekachja, Pekach, Hosea, parallel dazu die judäischen Könige Amazja, Asarja = Usia, Jotham, Ahas. Von 2Kö 18 an wird die Geschichte des judäischen Königreiches allein dargestellt, da durch die Eroberung Samarias 722 das Nordreich eine assyrische Provinz geworden ist. K. 18-20 berichten über die Regierung des Königs Hiskia unter Einbeziehung der Jesajageschichten (Jes36-39). K.21 erzählt die langjährige Regierung Manasses und die seines Sohnes Amon, der nach kurzer Regierungszeit einer Palastrevolution zum Opfer fällt. K. 22-25 sind der Regierung der letzten Könige von Juda gewidmet, nämlich Josia, unter dessen Regierung die sog. deuteronomische Reform nach Auffindung des Gesetzbuches durchgeführt wird, Joahas, Jojakim, Jojachin und Zedekia. Nach der zweiten Eroberung Jerusalems 586 wird der von den Babyloniern eingesetzte Statthalter Gedalja ermordet, ein großer Teil der Judäer wandert nach Ägypten aus 2Kö 25,22-26. Das zweite Königsbuch schließt mit der Bemerkung, daß nach dem Tod des babylonischen Königs Nebukadnezar unter seinem Nachfolger Merodach-Baladan der in Babel internierte judäische König Jojachin aus der Haft befreit und an die königliche Tafel gezogen wurde 2Kö 25,27-30.

3) Schon dem Leser des deutschen Textes fällt auf, daß der Erzählungsstil der beiden Bücher nicht einheitlich ist. Neben prächtig anschaulich ausgeführten Erzählungen 1Kö 1. 2 u. 2Kö 9. 10, die auf Augenzeugenberichte schließen lassen, stehen kurze Ausführungen über einzelne Könige und ihr kultisches Verhalten, ihre Regierungszeit, ihr Alter usw. Eingeflochten sind zT ausführliche, erzählerisch ebenfalls hervorragende Prophetenerzählungen. Auch die anschauliche Schilderung 1Kö 12 über die Verhandlungen in Sichem vor der Trennung der beiden Reiche fällt auf. Die K. geben selbst Quellen an, die zur weiteren Orientierung dienen sollen. Das sind einmal das Buch der Taten Salomos 1Kö 11,41, das Buch der Taten der Könige von Israel 1Kö 14,19; 15,31 usf., sowie ein entsprechendes über die Taten der Könige von Juda 1Kö 14,29; 15,7 usf. Abgesehen von dem heute weithin aufgegebenen Versuch, die Pentateuchquellen Jahwist und Elohist in diesen Büchern wiederzufinden, ist die gegenwärtige Forschung zur Aufstellung folgender literarischer und mündlich tradierter Quellen gekommen: *a)* eine synchronistische Chronik von 1Kö 2,10 bis 2Kö 18,8 die die Regierungszeiten der Könige von Israel und Juda zueinander in Beziehung setzt mit verschiedenen Zählsystemen der Regierungsjahre. Sie läßt sich zB gut in einem länger erhaltenen Stück beobachten 1Kö 15,1 f. 7b. 8-10. 16. 23b-25. 27f. 33; 16, 6. 8-10. 15-18. 21-24. 28f. 34a. *b)* Ein Annalenwerk der Könige von Israel und Juda, dem hauptsächlich der Bericht über Tempel und Palast Salomos angehören sowie 1Kö 14,25-28; 15,15. 17-22; 2Kö 12,5-19; 14, 8-14; 16,5. 7-18; 18,14-16. Dieses Annalenwerk wird sehr zuverlässige Archivquellen benutzt haben und höchstwahrscheinlich mit den von den K. selbst genannten Quellenbüchern identisch sein. Der Verfasser dieses von Salomo bis Manasse reichenden Werkes mag ein Priester am Tempel zu Jerusalem in der Mitte des 7. Jh. vChr gewesen sein. *c)* Originalberichte in 1Kö 1. 2 stammen aus der Thronfolgegeschichte Davids und bilden die Fortsetzung zu 2Sam 20, ferner 1Kö 12, die Geschichte von den Verhandlungen mit Rehabeam in Sichem und 2Kö 9. 10, der Bericht über den Verlauf der Revolution Jehus. *d)* Die wahrscheinlich mündlich tradierten Prophetenlegenden, die mit Ausnahme der Jesajalegenden von isr. Propheten berichten: 1Kö 11, 29-39; 14,1-6. 12f. 17f; 17-22; 2Kö 1; 2,1-8.15; 13,14-21; 18,17-20,19.

4) Die beiden K. bilden einen festen Bestandteil des deuteronomistischen Geschichtswerkes, das zwischen 561 (Erhöhung Jojachins durch Merodach-Baladan 2Kö 25,27-30) und 550 (Auftreten des Kyros im Vorderen Orient, von dem dieses Geschichtswerk nichts berichtet) entstanden ist. Jene Quellen hat der Verfasser des Geschichtswerkes aber nicht in selbständiger Form vor sich gehabt. Die synchronistische Chronik und das Annalenwerk waren wahrscheinlich bereits von einem Priester zusammengearbeitet worden unter besonderer Berücksichtigung der Kultusgeschichte und ihrer kritischen Beleuchtung. Dieser Priester wird kurz nach 586, dem Jahr der Zerstörung des Tempels, gearbeitet haben. Seine verschiedenen Quellen hat der Verfasser des deuteronomistischen Geschichtswerks derart zusammengearbeitet, daß ein selbständiges Werk mit eigener theol. Zielsetzung entstand. Aus dem historischen Stoff und den aufgenommenen Prophetengeschichten formte er das Wechselverhältnis von Geschichte und Wort Gottes. Israels Geschichte mußte zur Katastrophe führen durch den Ungehorsam Jerobeams I., der den eigenen isr. Kult begründete 1Kö 12, 26-30; 14, 16; 2Kö 17, 7 ff. An seiner Sünde hatten alle anderen isr. Könige nach ihm Anteil. Die judäischen Könige kommen besser weg, da ihnen die legitime Opferstätte in Jerusalem verblieben war. Aber auch bei ihnen ist genug Ungehorsam festzustellen, so daß ihnen gegenüber das Gericht nicht abzuwenden war; denn der König — das geht aus 2Kö 22 f hervor — ist für den Gehorsam gegen das Gesetz Gottes verantwortlich. Daß trotzdem das einmal ergangene Verheißungswort 2Sam 7 nicht seine Gültigkeit verlor, zeigt der Hinweis auf die Erhöhung Jojachins 2Kö 25, 27 ff.

Einige Stellen der K. zeigen, daß später noch Einschübe im Sinn des chronistischen Geschichtswerkes erfolgt sind. Das sind u. a. zB: 1Kö 12, 21-24; 12, 31-13, 34; 21, 27-29; 2Kö 10, 32 f; 15, 37; 17, 24-33. 41; 22, 19 f; 23, 16-20.

Lit.: M. Noth, Überlieferungsgeschichtliche Studien I 1943; G. von Rad, Die deuteronomistische Geschichtstheologie in den Königsbüchern (Ges. Studien zum AT 1958, 189 ff); A. Jepsen, Die Quellen des Königsbuches 1953; O. Eißfeldt, Einleitung in das AT [3]1964; Sellin-Fohrer, Einleitung in das Alte Testament, [10]1965.

Königsgesetz. Ein eigentliches K. ist uns nur 5Mose 17, 14 ff aufgezeichnet, während in 1Sam 8, 10 ff die Forderungen, die der kommende König stellt, in durchaus ungünstiges Licht gerückt werden. Daß es zu einem dauerhaften, eigenständigen Königsrecht in Israel nicht kommen konnte, liegt darin, daß das Gottesrecht für ein besonderes Königsrecht keinen Raum ließ. *Peu*

Königsgräber → Gräber der Könige Judas.

Königsgrund, Königstal, nach 1Mose 14, 17 auch Tal Schawe, Ort der Begegnung zwischen → Abraham, dem König von Sodom und → Melchisedek. Falls die Gleichsetzung → Salem = Jerusalem zutrifft, wäre er in der Nähe der Stadt zu suchen. Nach 2Sam 18, 18 errichtete sich Absalom im K. ein Denkmal. *Me*

Königslieder. Der Begriff meint zuerst diejenigen Lieder, die von Hofdichtern verfaßt und von Palastchören zum Preis des Königs gesungen worden sind. Das Vorhandensein solcher Lieder in Israel ergibt sich einmal durch Analogieschluß aus den zahlreichen altorientalischen K.n, dann aus der Bezeichnung Davids als „Liebling der Lieder Israels“ 2Sam 23, 1. Als erhaltene Beispiele dieser Liedgattung können Ps 45 (ursprünglich profanes Hochzeitslied) und 1Makk 14, 6-15 (wohl ein Preislied auf den Makkabäer Simon) angesehen werden. Möglicherweise enthalten messianische Weissagungen Formen des königlichen Preisliedes, zB Jes 9, 1-6; 11, 1-9. Neben diesen Liedern, von denen nur Reste vorhanden sind, stehen die sog. Königspsalmen, die nach Meinung der Forschung kultischen Charakter tragen und etwa bei der Thronbesteigung (Ps 2; 101; 110) oder dem jährlichen Thronbesteigungsfest (Ps 132; 21; 72) bzw. bei einem Bittgottesdienst vor Beginn eines Feldzuges (Ps 20, vielleicht Ps 144, 1-11) oder nach siegreicher Beendigung eines solchen (Ps 18) gesungen worden sind. Im Gegensatz zu altorientalischen Mustern sind die Königspsalmen auf die Betonung der Unterstellung des irdischen Königs unter Gott ausgerichtet und weisen unmißverständlich auf das Königtum Gottes als das Urbild des irdischen Königtums hin (Ps 2). *Ba*

Kohl. Luther brauchte das Wort K. (K.garten, K.kraut) — ähnlich wie Kraut — für Gemüse überhaupt Mt 13, 32; Mk 4, 32; Lk 11, 42. Von künstlich bewässerten Gemüsegärten in Ägypten spricht 5Mose 11, 10. Ahab wollte in Naboths Grundstück einen Gemüsegarten anlegen 1Kö 21, 2. *Schl*

Kohle. Wo von K.n auf dem Altar die Rede ist Jes 6, 6 oder von einem Feuer Spr 26, 21; Jo 18, 18 etwa zum Backen Jes 44, 19 oder Braten Jo 21, 9 oder zur Arbeit des Schmieds Jes 54, 16, ist immer an Holzkohle zu denken. Wie man auf glühenden K.n nicht gehen kann Spr 6, 28, so sind feurige K.n auf dem Haupt nicht erträglich Spr 25, 22; Röm 12, 20, ein Bild wohl nicht so sehr für den brennenden Schmerz der Scham, als für die bewegende Kraft der vergebenden Liebe. *Schl*

Kohorte. Eine römische K. (Luther: Schar), der zehnte Teil einer → Legion, setzte sich aus drei manipuli und diese wieder aus je zwei centuriae zusammen. An der Spitze einer K. stand der Anführer der Tausendschaft (lat.: tribunus militum; Luther: Oberhauptmann), wie Claudius Lysias Apg 23, 17. 26. Haupt einer centuria war ein Centurio (Luther: Unterhauptmann, Hauptmann), wie Cornelius Apg 10, 1 ff und Julius Apg 27, 1. Die italischen K.n Apg 10, 1 umfaßten nur italische Freiwillige, während in anderen Legionen auch Einwohner der Provinzen dienten, die daher das römische Bürgerrecht erhielten. Die kaiserliche Garde, von der allem Anschein nach auch Phil 1, 13 (Luther: Richthaus) die Rede ist, bestand zZ des NT aus neun

K.n Apg 27,1. — Für die Gefangennahme Jesu stand den Juden eine K. der Burg Antonia in Jerusalem zur Verfügung Jo 18,3.12. Gewöhnlich waren in Jerusalem wahrscheinlich nur ganz wenige K.n gelagert, die jedoch in unruhigen Zeiten und an Festtagen erheblich verstärkt wurden. → Hauptmann, → kaiserliche Schar. *vdW*

Koine. Dieses griech. Eigenschaftswort, das „gemeinsam" bedeutet und als Hauptwort für „die gemeinsame Sprache (Dialekt)" benützt wird, bezeichnet die in der hellenistischen Zeit im östl. Mittelmeerraum herrschende griech. Gemeinsprache; sie wurde auch in der jüd. Diaspora gesprochen; in ihr sind auch die → Septuaginta und das NT geschrieben. → griechisch. *Pfei*

Kollekte. Unter K. wird eine im NT mehrfach genannte, über längere Zeit hin sich erstreckende Geldsammlung für die „Armen" oder „armen Heiligen" in Jerusalem verstanden Apg 11,27ff; Röm 15,26; 1Kor 16,1; 2Kor 8 u. 9; Gal 2,10. Die Apg 11,29f genannte Sammlung kann eine einmalige Nothilfe gewesen sein; die in den Briefen des Paulus genannte „Steuer" wird heute oft als kirchenrechtlich geordnete Abgabe der Heidenchristen an die Muttergemeinde angesehen. Da dabei wichtige Einzelheiten ungeklärt bleiben, ist unter Verweis auf den griech. Wortlaut von Röm 15,26; 1Kor 16,1 eher an eine freiwillig vereinbarte Hilfe für mittellose Glieder (Apg 6,1?) der Gemeinde in Jerusalem zu denken. *Nag*

Koloquinte. Die 2Kö 4,39 erwähnte Pflanze wird die K. sein, eine Kürbisart, die noch heute in der Steppe des Jordantals vorkommt; ihre äußerlich der Orange ähnlichen Früchte schmekken sehr bitter und wirken Brechreiz. Die Blätter einer wilden Gurke dienten als Vorbild bei der Verzierung der Tempelwände und des ehernen Meeres 1Kö 6,18; 7,24 (Luther: Knoten). *Schl*

Kolossä, Kolosserbrief.

Die *Stadt K.*, die zZ des Paulus schon viel von ihrer früheren Größe und Bedeutung verloren hatte, gehörte zur römischen Provinz Asia minor, im Süden der kleinasiatischen Landschaft → Phrygien, und lag an einer wichtigen Handels- und Heeresstraße in dem tief ins Gebirge eingeschnittenen Tal des oberen Lykos, eines Nebenflusses des Mäander, etwa 13 km flußaufwärts von → Laodicea, dem politischen und wirtschaftlichen Zentrum jener Gegend, und der Bäder- und Wallfahrerstadt → Hierapolis. Die drei Orte bildeten eine Art Städtebund; sie sind wohl alle drei unter Nero von einem schweren Erdbeben heimgesucht worden. Neben Weinbau blühte im Lykostal eine berühmte Woll- und Webeindustrie; kolossisch war Bezeichnung für eine bestimmte Purpurfarbe.

Die *christl. Gemeinden* im Lykostal sind nicht von Paulus selbst gegründet worden. Der Apostel hat bei seinen Reisen durch Phrygien Apg 16,6 u. 18,23 das Lykostal nicht berührt. Aber er ist indirekt der geistliche Vater dieser Gemeinden durch Vermittlung des Gemeindegründers Epaphras Kol 1,7; 4,12, der wohl während der dreijährigen Wirksamkeit des Paulus in Ephesus für das Evangelium gewonnen wurde. Laodicea erscheint später unter den sieben Gemeinden Kleinasiens Offb 3,14-22. In der heidnischen Hochburg Hierapolis hat der christl. Glaube offenbar am wenigsten Eingang gefunden.

Der *Kolosserbrief* richtet sich an eine dem Apostel persönlich unbekannte 2,1, vorwiegend heidenchristl. 1,21; 2,13, noch junge und ungefestigte Gemeinde. Sie geriet nach verheißungsvollem Anfang 1,6 in heftige Auseinandersetzung mit einer gefährlichen Irrlehre. Hierbei verband sich eine gnostische Spekulation über die Weltelemente mit einer gesetzlichen Regelung der Lebensführung. Die Irrlehrer verstanden die Weltelemente als Glieder des Christusleibes; wer also Anteil an der ganzen Fülle Gottes in Christus haben will, muß auch die Elementargeister und Engelmächte durch Befolgen der Satzungen über Festzeiten 2,16, Speise und Trank 2,21 verehren. Gegenüber dieser Synthese von Christusglauben und Engelkult 2,18 betont der K. die Vollgenügsamkeit des Christusgeschehens zur wahren Erlösung. Er wendet die in den alten Christushymnen bezeugte Botschaft vom eschatologischen Sieg Christi über alle Gewalten durch seine Erhöhung polemisch an gegen die Behauptung von der Ergänzungsbedürftigkeit der im Kreuz geschenkten Vergebung durch Verehrung der kosmischen Mächte. Gerade das so stark kosmologisch gehaltene Schreiben kämpft für die Alleingültigkeit der in ihrer ganzen Tiefe und Weite verstandenen Soteriologie (Lehre vom Heil). Diesem Gesamtziel dienen Aufbau und Durchführung des Briefs.

Der übliche Briefeingang 1,1-11 geht über in einen ersten *thetischen* Teil 1,12-2,5, in dem zunächst positiv das Christusbekenntnis und der Dienst des Apostels als die Grundlagen der Gemeinde dargelegt werden. In ein Taufbekenntnis 1,12-20 ist ein Hymnus über Christus als Weltschöpfer und -erlöser, als den Herrn des Kosmos und der Kirche 1,15-20 eingefügt und paränetisch für die Gemeinde ausgewertet 1,21-23. Anschließend wird der Apostel als Verwalter des Geheimnisses der universalen Christusherrschaft vorgestellt 1,24-2,5. Der zweite *polemische* Teil 2,6-23 bringt die unmittelbare Auseinandersetzung mit den Irrlehrern. Nach thematischer Einleitung 2,6.7 wird Christus als Garant der wahren Erfüllung 2,8-15 und der echten Freiheit 2,16-23 gepriesen. Dabei entfaltet ein Hymnus das Taufgeschenk des Christen: Anteil an Tod, Auferstehung und Erhöhung Jesu Christi 2,10-15. Der Glaubende ist mit einem Herrn verbunden, dem alle himmlischen Gewalten untertan sind; er hat also schon „in Christus", was die Irrlehrer durch ihren Engelkult noch zu erlangen suchen. Von hier aus wird die Praxis der Irrlehrer ironisch als Rückfall in gesetzliche Unfreiheit entlarvt 2,16-23. Der dritte *paränetische* Teil 3,1-4,6 zielt auf die Verwirklichung der universalen Herrschaft Christi im täglichen Leben. Die Mahnungen an die ganze Gemeinde 3,1-17, in denen wohl alte Taufparänese aufgenommen ist, rufen zum Ablegen des alten und Anziehen des neuen Menschen in Christus, wodurch die ursprüngliche Gottebenbildlichkeit des Menschen wiederhergestellt und der göttliche Sinn der Schöpfung erfüllt wird. Dann folgt eine gegenüber Eph noch wenig christianisierte Haustafel 3,18-4,1 und ein Hinweis auf die Verantwortung der Gemeinde für den Lauf des Evangeliums 4,2-6. Der Briefausgang erwähnt die Sendung des Tychikus und Onesimus 4,7-9 und bringt nach einer relativ langen Grußliste 4,10-17 den Schlußwunsch des Apostels 4,18.

Wortschatz, Stil und theol. Vorstellungen zeigen einerseits gewisse Unterschiede von den alten Paulusbriefen, andererseits starke Verwandtschaft mit dem → Eph. Der ganze Brief ist beherrscht von der Auseinandersetzung mit der Irrlehre und zeigt eine große Geschlossenheit, der die Versuche, eine paulinische Grundschrift aus dem Schreiben herauszulösen, nicht gerecht zu werden vermögen. Die kühne Art, in der die weltumfassende Bedeutung des Christusereignisses gegen die Gnostiker ins Feld geführt wird, und die enge Beziehung zum Philemonbrief sind starke Stützen für Herkunft von Paulus. Allerdings ist die Echtheit des Briefes stark umstritten. Als Abfassungsort werden Rom, Caesarea oder Ephesus angenommen. Caesarea paßt schlecht in die Situation; da eine längere Haft des Paulus in Ephesus nicht gesichert ist, hat die alte Annahme, der Brief stamme aus der römischen Gefangenschaft, noch immer große Wahrscheinlichkeit. Wenn der Brief von Paulus ist, dann dürfte er, gleichzeitig mit einem Schreiben nach Laodicea 4,16, noch vor dem Philipperbrief aus Rom geschrieben sein.

Lit.: E. Lohmeyer, in Meyers Komm. XI, 2^{12}, hrsg. v. W. Schmauch, 1964; M. Dibelius, Handb. z. NT 12^{3}, bearb. v. H. Greeven 1953; H. Conzelmann, NT Deutsch 8^{10}, 1965; W. Bieder, Prophezei, 1943; K. Gutbrod, Stuttgarter Bibelhefte 1954; P. Le Seur, Bibelhilfe 10, 1936; F. Pfeil, Christus heute 5, 1951; H. Bannach, Der Himmel ist nicht mehr oben, 1964; G. Bornkamm, Die Häresie d. Kol., in: Das Ende des Gesetzes, 1952, S. 139-156; E. Käsemann, Eine urchristliche Taufliturgie, in: Festschrift für R. Bultmann, 1949, S. 133-148; ders., Art. Kol. in RGG^{3} Bd. III, 1959, Sp. 1727 f; E. Percy, Die Probleme d. Kol. u. Eph., Lund 1946; H. Gabathuler, Jesus Christus, Haupt der Kirche — Haupt der Welt (z. 1, 15-20), 1965. *La*

Komma Johanneum, K. J., auch Comma J. (d. h. Satzteil bei Johannes), ist die in der NT-lichen Wissenschaft übliche Bezeichnung für einen im 4. Jh. erstmals nachweisbaren Zusatz zu dem Wortlaut von 1Jo 5,7.8: Hinter „zeugen" in V. 7 ist in der griech. Überlieferung eingeschoben: „im Himmel: der Vater, das Wort und der hl. Geist. Und drei bezeugen auf der Erde: der Geist, das Wasser und das Blut." In der latein. Überlieferung nennt der Zusatz in umgekehrter Folge zuerst die Zeugen auf der Erde, dann die im Himmel. Der Zusatz erfolgte vermutlich im sog. arianischen Streit, um die bestrittene Wesenseinheit des „Logos" (= Wort, das Fleisch wurde Jo 1,14) mit dem Vater in einer unmißverständlichen, vielleicht schon früher gelegentlich gebrauchten trinitarischen Formel herauszuheben. Die eingefügten Worte stammen sicher nicht von dem Verfasser des Briefes; gleichwohl will die kath. Kirche das K.J. als „authentisch" angesehen wissen. *Nag*

Kopf. „Den K. schütteln" ist Ausdruck des Spottes Jer 18,16; Klgl 2,15; Ps 22,8; Mt 27,39, „den K. hängen" Zeichen der Trauer Jes 58,5; Jer 48,39 in bildlicher Verwendung weist der Ausdruck, daß „ihr Tun, ihr Unrecht auf ihren K. kommen oder fallen" soll, 2Sam 3,29; Neh 3,36; Ps 7,17; Hes 9,10; 16,43; 22,31 auf gerechte Vergeltung hin. „Den K. zertreten" 1Mose 3,15 oder „zerschmettern" Ps 68,22 beschreibt Vernichtung. Mit den „harten Köpfen" Hes 2,4, „auf dem eigenen K. bestehen" Sir 10,29, „dem eigenen K. folgen" 21,12 wird der Eigensinn anschaulich gezeichnet. Die Köpfe der Säulen 2Mose 36,38; 38,28 sind ihre Kapitelle (Luther sonst: Knauf). *Schl*

Kopftuch. *1)* Während heute der Bauer und Beduine in Palästina stets sein K. trägt und ebenso der Städter das Haupt bedeckt, ging der Israelit in alter Zeit wohl barhäuptig. Es werden die Vornehmen damit begonnen haben, den Kopf mit einem Tuch zu umwickeln, also einen Turban zu tragen: der König Jes 62,3, der Hohepriester Sach 3,5, vornehme Männer Hiob 29,14, auch reiche Damen Jes 3,23. Von einer anderen Art der Kopfbedeckung hören wir in der Tracht der Priester Hes 44,18; 2Mose 39, 28, beim Schmuck des Bräutigams Jes 61,10 und wieder bei den Damen in Jerusalem Jes 3,20; zZ Hesekiels war es ein Zeichen der Trauer, sich keinen Kopfbund umzubinden Hes 24,17. 23. Vermutlich war das „Schweißtuch" Lk 19, 20; Jo 11,44; 20,7; Apg 19,12 ein Kopfbund.

2) Zur Tracht der Frau hat wohl immer ein K. gehört, das über den Rücken weit herabhing, so daß sich Rebekka in dieses Tuch einhüllen konnte 1Mose 24,65 (Luther: Mantel). Zum Schmuck der vornehmen Frauen gehörten auch → Schleier Jes 3,19.23, mit einem dritten Wort Jes 47,2 (Luther: Zöpfe). In der Gemeinde in Korinth waren manche Frauen geneigt, in der Ablegung des K.s einen Erweis ihrer Freiheit zu sehen; dem trat Paulus sehr bestimmt entgegen 1Kor 11,2-16; so gewiß er die Frau durch Christus befreit weiß Gal 3,28, sieht er doch nicht in äußerlicher Gleichstellung mit dem Mann, sondern in glaubender Erfüllung ihrer Frauenaufgabe Eph 5,22 f den rechten Gebrauch dieser Freiheit. *Schl*

Kor → Maße.

Korah. *1)* Edomitisches Geschlecht 1Mose 36,5 ff.

2) Judäisches Geschlecht, von Hebron abhängig 1Chr 2,43.

3) Enkel Levis, Sohn Kahaths 2Mose 6, 16-24. Der Bericht über seinen Aufruhr mit den Rubeniten Dathan und Abiram und 250 Israeliten gegen Moses Mittlerstellung und Aarons Priestertum unter der Parole eines allg. Priestertums 4Mose 16 kann schwerlich als Bericht von einem geschichtlichen Ereignis verstanden werden. Vermutlich sind hier Spannungen und Legitimitätsstreitigkeiten im levitischen Priestertum sehr später Zeit in die Mosezeit zurückverlegt.

4) Dem nachexilischen Sängergeschlecht der *Korahiten* werden die Psalmen 42-49, 84, 85, 87 u. 88 zugeschrieben. Ihre Ableitung von dem unter 2) und 3) aufgeführten K. ist unsicher. Als Anhänger Davids vor seiner Königswahl werden Vorfahren der K. 1Chr 12, 6 rühmend erwähnt. Zur Zeit seines Königtums sind von ihnen Heman 1Chr 6, 18 ff und dessen Söhne als Vorsteher der Tempelmusiker 1Chr 25 bezeugt. Als Türhüter am Heiligtum sind K.s Nachkommen 1Chr 9, 19 u. 26, 1-19 erwähnt, als Sänger unter Josaphats Königtum 2Chr 20, 19. Vermutlich soll der Bericht über K.s Rebellion ihre untergeordnete Stellung im Stamm Levi begründen. *Schw*

Korallen. In Luthers Übersetzung begegnen die K., diese aus Kalk bestehenden Wohnungen kleiner Polypen, die an den Küsten des Mittelmeers gefischt wurden, nur Klgl 4, 7 mit dem Hinweis auf die rötliche Farbe und Hiob 28, 18; dagegen sind Hes 27, 16 nicht K., sondern Perlen gemeint, wie Luther umgekehrt mehrfach „Perlen" übersetzte, wo die K. gemeint sind. Die K. waren als → Schmuck geschätzt und stehen doch an Wert zurück hinter der Weisheit Hiob 28, 18; Spr 3, 15; 8, 11, hinter vernünftigen Reden Spr 20, 15, hinter einer tüchtigen Hausfrau Spr 31, 10. *Schl*

Korb. In Israel waren mancherlei Körbe in Gebrauch, zum Aufbewahren etwa von Brot 1Mose 40, 16 ff; Mt 14, 20; 15, 37 par., von Fleisch Ri 6, 19, von Obst Jer 24, 2; Am 8, 1, wohl auch 5Mose 28, 5, von Opfergaben 2Mose 29, 3; 5Mose 26, 2. An die Arbeitskörbe der Bauarbeiter in Ägypten erinnert Ps 81, 7; vom K. für den bei der Vogeljagd gebrauchten Lockvogel spricht Sir 11, 31. In Körben wurden dem Ahab die Köpfe seiner ermordeten Söhne geschickt 2Kö 10, 7. In einem K., der sonst etwa zum Tragen von Fischen diente, wurde Paulus über die Mauer von Damaskus hinuntergelassen Apg 9, 25; 2Kor 11, 33. *Schl*

Korban. Der hebr. Ausdruck (= [Gott] Dargebrachtes) wird im AT oft gebraucht, um Opfer und Gaben zu bezeichnen; im NT nur Mk 7, 11 (vgl. Mt 15, 5). Der Sohn war nach jüd. Recht zum Unterhalt seiner Eltern verpflichtet. Er konnte aber in Form eines Gelöbnisses erklären, daß aller Genuß, den seine Eltern von seinem Besitz haben könnten, für sie wie eine Opfergabe sein solle. Dann hatten die Eltern von ihrem Sohn ebensowenig etwas zu fordern, wie jemand etwas von einer Opfer- oder Weihegabe an den Tempel fordern konnte. Der Sohn mußte dabei nichts an den Tempel abliefern, aber er entzog sich dadurch seinen Sohnespflichten. *Bie*

Kores → Cyrus II.

Koriander. Mit den weißen Samenkörnern in den Früchten des K., einer Doldenpflanze, wird das Aussehen des → Manna verglichen 2Mose 16, 31; 4Mose 11, 7. Wie einst, so wird auch heute Brot und Gebäck gern mit gemahlenem K.samen gewürzt. *Schl*

Korinth. Das alte K. war im Jahre 146 vChr von dem Konsul L. Mummius zerstört worden; C. Julius Caesar hatte die Stadt dann als römische Kolonie neu gegründet. Im Jahre 27 vChr wurde Griechenland von Mazedonien getrennt und zu einer eigenen, dem römischen Senat unterstellten Provinz Achaja erhoben. K. wurde Hauptstadt und Sitz eines Prokonsuls. Da der Platz an der Kreuzung wichtiger Verkehrsstraßen lag und mit zwei Häfen (im Osten → Kenchreä, im Westen Lechäum) ausgestattet war, wurde K. zu einer bedeutenden Handelsstadt, zur Vermittlerin zw. Abend- und Morgenland. Der Grundstock der Bevölkerung dieser neugegründeten Stadt war römisch; daher tragen die von Paulus gewonnenen Christen vielfach lateinische Namen. Dazu trat aber ein griech. und ein orientalisches Element; vor allem das letztere muß bedeutend gewesen sein, wie die orientalischen Heiligtümer bezeugen. Alle Kulte des Mittelmeerraumes waren hier vertreten: römische, griech. Gottheiten (Jupiter Capitolinus, Aphrodite, Artemis Ephesia) sowie orientalische (Isis, Serapis, Melkart, Kybele) wurden hier verehrt. Wie schon das alte

Bronze-Münze des Nero

mit einer Darstellung des Kranzes, mit dem bei den isthmischen Spielen in Korinth die Sieger geehrt wurden.

K. war auch das neue durch seine Üppigkeit und seine Sittenlosigkeit berüchtigt. Der berühmte Tempel der Aphrodite im alten K. besaß nach Strabo mehr als 1000 Geweihte, die sich zu Ehren der Göttin preisgaben. Sprichwörter und Wortbildungen („sich korinthisch verhalten", „korinthische Dirne") schildern die Lasterhaftigkeit der Hafenstadt. K. besaß auch eine starke Judenschaft (Philo leg. ad Gajum 36). Der Türsturz einer Synagoge („der Hebräer") ist noch erhalten. Die Entstehung der christl. Gemeinde durch das missionarische Wirken des Paulus wurde offenbar dadurch begünstigt, daß hier sowohl das jüd. wie auch das orientalische Erbe so stark vertreten war. Durch die bekannte delphische Inschrift läßt sich diese Bildung der Gemeinde unter das Prokonsulat des → Gallio festlegen. Unter der Regierung des Kaisers Gajus (37-41) wurden frühere Versuche, den Isthmus von K. zu durchstechen, wieder aufgenommen (Sueton, Calig. 21; Plin. nat. hist. 4,4, 10); erst Nero (54-68), der die berühmten isthmischen Spiele besuchte, schien den Durchstich endlich zu verwirklichen (Cass. Dio 63,16). Aber sie wurden auch diesmal abgebrochen; ihre Spuren sind auch heute noch zu erkennen (Curtius). Aus dem Altertum kennen wir eine Beschreibung der Stadt von Strabo (8,378 ff) und von Pausanias (2,2,6 ff). Strabo hat die Stadt kurz nach dem Wiederaufbau besucht; Pausanias meldet, daß zu seiner Zeit nur noch wenig von der Altstadt erhalten war. Diese Nachricht wird durch die wertvollen amerikanischen Ausgrabungen bestätigt. *Mi*

Korintherbriefe.

1) Die Gründung der Gemeinde. 2) Die Entwicklung der Gemeinde. 3) Der 1. Kor.brief. 4) Die Zeit zw. den Briefen. 5) Der 2. Kor.brief.

1) Paulus kam auf der zweiten Missionsreise über Athen nach Korinth, traf dort auf das jüd. Ehepaar → Aquila und Priscilla und arbeitete gemeinsam mit ihm als Zeltmacher. In der Synagoge entstanden zunächst Diskussionen mit dem Apostel. Später widmete er sich ganz der Lehrtätigkeit und bezeugte nachdrücklich die Messianität Jesu. Dann aber kam es zu einer klaren Trennung und Gründung einer eigenen christl. Gemeinde. Der Apostel blieb nun längere Zeit, eineinhalb Jahre, am Ort und lehrte; ein Gesicht gab ihm die Gewißheit, daß Gott ein großes Volk in dieser Stadt habe Apg 18, 1-11. Eine Anklage der Juden vor dem römischen Statthalter Gallio, dem Prokonsul von Achaja und Bruder des bekannten Philosophen Seneka, gegen Paulus war ergebnislos. Man warf ihm vor, er verleite die Menschen zu einer Gottesverehrung, die gegen das jüd. Gesetz verstoße; die Klage wurde von Gallio abgewiesen, und er ließ die Kläger von seinem Richterstuhl vertreiben. Der Pöbel machte sich diese Situation zunutze und verprügelte den Synagogenvorsteher Sosthenes, ohne daß der Prokonsul eingriff Apg 18,12-17. Der Bericht der Apg ist hier bes. sorgfältig.

2) Die urchristl. Gemeinde sammelte sich in dem Hause des „Gottesfürchtigen" Titius Justus; auch der Synagogenvorsteher Krispus trat, nach judenchristl. Sitte, mit seinem ganzen Hause über und wurde von Paulus selbst getauft Apg 18,8; 1Kor 1,14. Viele Korinther kamen zum Glauben und ließen sich taufen; vor allem aus sozial gedrückten Schichten fand die junge Gemeinde Anhänger 1Kor 1,26 ff. Nach der Abreise des Apostels trat in Korinth → Apollos auf, dessen Beredsamkeit und Schriftkenntnis hervorgehoben wird. Ursprünglich ein Täuferschüler, war er in Ephesus von Aquila und Priscilla gewonnen worden und hatte nun den Wunsch, sich in Korinth zu bewähren. Hier trat er öffentlich vor Juden auf und führte den Nachweis, daß Jesus der Messias sei Apg 18, 24-28. Die neue Belehrung durch Apollos machte großen Eindruck, schien sie doch die einfache paulinische Missionspredigt zu überbieten. Darüber hinaus scheinen aber in den folgenden Jahren sich noch andere Schwierigkeiten in der Gemeinde eingestellt zu haben. Während Paulus sich in Ephesus aufhielt, bildeten sich in Korinth Gruppen aus, die sich auf Paulus, Apollos, Kephas als Lehrer beriefen; darüber hinaus entstand aber eine schwärmerische Gruppe, die sich unmittelbar auf Christus berief 1Kor 1,12; 2Kor 10,7. Ihr Bekenntnis zu Christus ist bes. umstritten. Man dachte zunächst an leidenschaftliche Judaisten, später an schwärmerische Gnostiker. Es sind offenbar Judenchristen, die von ganz anderen Voraussetzungen ausgingen, als Paulus sie hatte. Tatsache ist, daß in der korinthischen Gemeinde Gnostiker die Herrschaft an sich gerissen haben und daß Paulus altbiblisches und palästinisches Gut gegen sie verteidigen muß. Allerdings steht er in beiden Briefen in einer ständigen, bewegten Diskussion, so daß man fragen muß, welcher Gegner oder welche Gruppe jetzt angesprochen wird. Es darf aber nicht vergessen werden, daß ausgesprochene Missionsverhältnisse geschildert werden, in denen Ordnung und Tradition erst gebildet werden und sich noch zu bewähren haben.

3) Zeitlich geht der uns erhaltenen paulinischen Korrespondenz ein Schreiben der korinthischen Gemeinde voraus, in dem der Apostel um Auskunft über verschiedene Fragen gebeten wurde, vgl. 7,1; 8,1; 12,1; 16,1-12. Darüber hinaus hatte Paulus mündliche Nachrichten von den Leuten der Chloe erhalten, die ihn aufs tiefste beunruhigten 1,11. Wenn sich die von ihm beanstandete Gruppenbildung so selbstverständlich durchsetzen konnte, dann hängt dies mit der Umbildung des Evangeliums in Weisheitslehre und der Gemeinde in hierarchische Zirkel zusammen. Derartige Zirkel, die sich um einen Priester sammelten, sind im jüd. Synkretismus der Krim bezeugt (Latyschev, Inscr. Pont. Euxin. II, 437-467). Der Apostel mahnt in 1,10 ff, die Spaltungen aufzugeben und sich auf die Einheit des Messias zu besinnen. Er fragt also nicht nach der Verschiedenheit der Programme und Zielsetzungen, sondern greift den Prozeß von der Wurzel her an. Vielleicht liegt ein gnostisches Motiv allen zugrunde; vielleicht wehren sich aber auch die zunächst genannten traditionellen Gruppen gegen die Gefahr der Christuspartei. Auf jeden Fall wehrt Paulus in dem programmatischen Satz 1,18 nicht die rhetorisch gebildete Verkündigung des Apollos ab, sondern eine sehr viel gefährlichere neue Front der → Gnosis. Apollos steht in dieser Auseinandersetzung durchaus auf seiten des Paulus 16,12. Mit Nachdruck nimmt Paulus den Fall der Blutschande auf: ein Glied der Gemeinde lebt mit der Frau seines Vaters zusammen, was nach jüd. und röm. Recht verboten war 5,1-5. Man prozessiert vor heidnischen Gerichten um Geld und Gut, ohne auf die Würde der Gemeinde Rücksicht zu nehmen 6,1-11. Man nimmt auch keinen Anstoß daran, zur Dirne zu gehen und den Leib der Unzucht preiszugeben 6,12-20. Die zugrundeliegende Gewißheit „Alles ist mir erlaubt" ist sicherlich nicht aus philosophischen Wurzeln ableitbar, sondern hat hier den religiösen Hintergrund, daß man über derartige leibliche Prozesse erhaben ist. Die Grenzen des Gesetzes sind endgültig gefallen und für den Gnostiker gegenstandslos geworden. Auf eine Anfrage der Korinther bezieht sich die Anweisung des Apostels über den Geschlechtsverkehr in der Ehe 7,1ff. Neben denen, die den geschlechtlichen Verkehr mit der Dirne freigaben, gab es andere, die auch in der Ehe eine Befleckung sahen. Beide Gruppen verraten die gleiche Unsicherheit gegenüber dem Leiblichen und dem Geschöpflichen. In 8,1ff tritt uns die korinthische Losung entgegen: „Wir haben alle die Erkenntnis" (= Gnosis). Der Apostel bildet dies Wort um und nimmt ihm die schwärmerische Zuspitzung. Man war in Konflikt mit der altbiblischen Sitte geraten, sich jeder Berührung mit dem heidnischen Opferkult zu enthalten; auch das Apostelkonzil hatte den Genuß von Opferfleisch verboten Apg 15,20.29. In Korinth hatte man aber unbedenklich sich herausgenommen, Opferfleisch zu essen. Aus dem neuen Freiheitsempfinden stammt auch der Bruch der Frauen mit der Sitte, öffentlich nur verschleiert aufzutreten 11,2-6. Zunächst macht der Apostel dem gottesdienstlichen Auftreten der Frauen ein Zugeständnis; später jedoch untersagt er ihnen grundsätzlich das Wort in der Versammlung 14,33b-36. Schwere Mißstände stellen sich in den Versammlungen und gottesdienstlichen Feiern der Gemeinde heraus: die Parteiungen machen sich übel geltend 11,18f. Beim gemeinsamen Mahl ist die profane Sättigung die Hauptsache, nicht die Erinnerung an das letzte Mahl Jesu 11,20-22. Das Bestreben der Geistbegabten, sich vor anderen auszuzeichnen und zu bewähren, löst in den Versammlungen Unordnung aus 14,23ff. Diese Geistbegabten haben offenbar das Zungenreden und ekstatische Zustände für einen wichtigen Ausweis ihrer Überlegenheit angesehen. Man wird diese gnostische Frömmigkeit als einen besonderen Einbruch in die paulinischen Gemeinden ansehen müssen. Daß korinthische Lehrer eine zukünftige Auferweckung der Toten ablehnen 15,12, wird nicht mit philosophischer Skepsis, sondern mit ihrer Verachtung alles Leiblichen und mit der entsprechenden Hochschätzung des ihnen geschenkten Geistes zusammenhängen. Eine Auffahrt der Seele und eine Vereinigung mit der göttlichen Fülle wird den Gegnern des Paulus wichtiger gewesen sein als eine Auferstehung des Leibes, auf die für den Apostel alles ankommt.

4) Zwischen dem 1. und 2. Korintherbrief liegt eine Zeit, in der das Verhältnis des Paulus zur Gemeinde schwer erschüttert ist. Er hat inzwischen die Gemeinde besucht; dabei kam es zu einem schmerzlichen Zwischenfall und einer persönlichen Kränkung des Apostels II, 2,1-11. Nach seiner Rückkehr schrieb er nun den „Zwischenbrief" oder „Tränenbrief" nach Korinth, in dem er die Bestrafung des Schuldigen und die Rückkehr der Gemeinde in den völligen Gehorsam verlangte. Titus wurde von ihm ebenfalls nach Korinth geschickt, um die Gemeinde zurückzugewinnen. Titus konnte diesen Auftrag ausführen und mit günstigen Nachrichten zurückkehren 7,6f. Jetzt soll er noch einmal zur Gemeinde reisen und dabei die begonnene Sammlung für Jerusalem wieder aufnehmen 8,6f. Er ist auch der Überbringer des 2. Korintherbriefes und wird der Gemeinde ausdrücklich empfohlen 8,16-24. Paulus selbst kündigt seinen dritten Besuch in Korinth an 12,14; 13,1 und sieht im 2. Korintherbrief eine schriftliche Vorbereitung seines Besuches.

5) Inhaltlich ist der 2. Korintherbrief ein Zeugnis der persönlichen Lebensführung, des Ringens um die Gemeinde und des apostolischen Leidens um Jesu willen. Es geht hier also nicht mehr um einzelne Gemeindefragen, sondern um die Wiederherstellung des erschütterten Vertrauens zw. Paulus und der Gemeinde. Das macht sich schon in der Gliederung geltend. Der 1. Hauptteil 1,12-7,16 spricht von den bestehenden Gegensätzen und den gegen den Apostel erhobenen Vorwürfen. Dabei geht es zunächst um Unaufrichtigkeit und Unzuverlässigkeit in bezug auf seine Lebensführung (vor allem Reisepläne) 1,12-2,17. Dann aber entfaltet Paulus die Herrlichkeit des apostolischen Amtes, das an Leiden und Schwachheit gebunden ist 3,1 bis 6,10. Eine eigenartige Sonderstellung nimmt die Warnung, mit den „Ungläubigen" Gemeinschaft zu haben, ein 6,11-7,1. Dieser Abschnitt hat manche Berührungen mit dem qumranitischen Schrifttum. Anschließend wirbt Paulus aufs neue um Vertrauen und Liebe der Gemeinde 7,2-16. Der 2. Hauptteil K. 8f behandelt ausführlich die Geldsammlung für die Gemeinde in Jerusalem, zu der Paulus sich verpflichtet hat. Der 3. Hauptteil K. 10-13 greift in leidenschaftlicher Kontroverse die Gegner an und entlarvt sie als „Lügenapostel". Die Einheitlichkeit des 2. Korintherbriefes ist diskutiert und in der Gegenwart keineswegs sichergestellt worden. Auffallend bleibt die Stellung von 6,14-7,1. Man fragt, ob dieser Abschnitt einem früheren Stadium des Verhältnisses zur Gemeinde angehört. Kap. 9 wurde als Dublette zu 8 angesehen, wobei 9 älter sein könnte als 8. Der Schlußteil wurde als der vermißte „Zwischenbrief" betrachtet, weil er scharf und wenig versöhnlich mit den Gegnern umspringt (A. Hausrath). Allerdings fragt es sich, ob durch Aufteilung des Briefes die literarischen Schwierigkeiten wirklich gelöst werden können. Die eigentlichen Sachfragen hängen eng mit ihnen zusammen und bleiben ebenfalls offen. Dazu gehört vor allem die Beschreibung der Gegner in den Schlußkapiteln. Zunächst erscheinen sie wie strenge Judenchristen, Hebräer, Israeliten, Nachkommen Abrahams 11,22; sie untergraben offenbar die apostolische Autorität des Paulus 10,1 ff, und dieser fühlt sich in die Verteidigung gedrängt: seine Gegner sind Lügenapostel, unredliche Arbeiter, die nur die Maske von Aposteln Christi tragen 11,13. Aber von einer Auseinandersetzung um Gesetz und Beschneidung ist hier keineswegs die Rede. Vielleicht handelt es sich sogar um die uns bekannte „Christuspartei", die mit gnostischen Ansprüchen aufgetreten war 10,7. In der Gegenwart ist daher die These vertreten worden, daß die Gegner des Paulus Gnostiker waren, die sich auf einen gnostischen Apostelbegriff berufen (W. Schmithals). Wichtig ist die Erkenntnis, wie ungnostisch letztlich das Denken des Paulus ist. Er scheint zwar gewisse Motive aus der Apokalyptik übernommen zu haben, die mit dieser häretischen Gnosis Berührungspunkte haben; aber man darf diese nicht mit der Gnosis verwechseln, wie es gelegentlich geschieht. In dem entscheidenden eschatologischen Zusammenhang 5,1-10 sehnt er sich nicht nach einer Befreiung vom Leib, sondern nach einem neuen „Haus von Gott" und weiß, daß alle Menschen vor dem Richterstuhl des Messias offenbar werden müssen. Diese Anliegen sind letztlich antignostisch. Die großen Aussagen über die apostolische Sendung 5,11-21 sprechen von der einmaligen geschichtlichen Heilstat Gottes, der Versöhnung, die den neuen Menschen schafft. Niemand darf nun mit fleischlichen Augen urteilen, sondern muß aus der Neuschöpfung Gottes denken und handeln. Diese Sätze treffen jede Form des Judaismus, der von den alten Maßstäben nicht loskommt. Daß Paulus in der „Schwachheit" und „Niedrigkeit" des apostolischen Amtes die Nachfolge Jesu unter den schwierigsten Verhältnissen bewährt hat, wird in den K.n deutlich. Während der 1. Korintherbrief aus Ephesus geschrieben ist 16,9, stammt der spätere aus Mazedonien 2,13; 7,5. Auch die Zeit der Abfassung läßt sich genauer bestimmen: es handelt sich wohl um Frühjahr und Spätherbst 55 nChr.

Lit.: A. Schlatter, Paulus, der Bote Jesu, [2]1956; H. Lietzmann und W. G. Kümmel im Handbuch zum NT, [3]1949; H. D. Wendland im NT Deutsch, [7]1956; W. Schmithals, Die Gnosis in Korinth, 1956; U. Wilckens, Weisheit und Torheit, 1959. *Mi*

Korn → Ackerbau.

Kornelius hieß ein römischer Hauptmann in Cäsarea, der eine dort befindliche italische Truppe befehligte. Apg 10 berichtet über die Aufnahme dieses Heiden, der dem jüd. Gottesglauben zugetan war und einen Kreis von Gottesfürchtigen gesammelt hatte, in die christl. Gemeinde. Durch ein Gesicht erhielt K. Weisung, den Apostel Petrus von Joppe nach Cäsarea kommen zu lassen, während dieser durch eine Vision darauf vorbereitet worden war, auf Gottes Geheiß in das Haus eines Heiden zu gehen. Unter der Christuspredigt des Petrus kam Gottes Geist auf K. und die mit ihm Versammelten; sie wurden auf den Namen des Herrn getauft. Auf Drängen der Urgemeinde in Jerusalem mußte Petrus über die Geschehnisse im Haus des K. Bericht geben, der zu der Überzeugung führte: „Gott hat auch den Heiden die Umkehr gegeben zum Leben" Apg 11,1-18. *Kü*

Kornhäuser, Kornstädte. Die staatliche und städtische Organisation zwingt zur planmäßigen Lagerung der geernteten Vorräte 1Chr 27,25 ff; Spr 27,24 und damit zur Anlage von Vorratsspeichern Ps 144,13. Bekannt sind je nach Zweck und Herkunft verschiedene Arten. Am verbreitetsten ist der runde Getreidesilo von 3 und mehr m Durchmesser Jer 50,26; Joel 1,17 mit einem über eine Treppe erreichbaren Schüttloch in der Kuppel und einer Ausflußtür am Boden. Die Anlage von Kornstädten diente einmal zum Schutz der Vorräte vor Plünderung, vor allem aber der wirtschaftlichen Sicherung der königlichen Heere und Festungen, also strategischen Zwecken 1Mose 41,35.48 f.56; 2Mose 1,11; 1Kö 9,19; 2Chr 8,4.6; 17,12; 32,28. Von (rechteckigen) Vorratsräumen im Tempel sprechen Neh 10,39; 13,12 f; Mal 3,10, von Gruben Jer 41,8; Hagg 2,19. *Kn*

Kornmaß → Maße.

Kos, eine Insel im Ägäischen Meer vor der Küste des südwestl. Kleinasien, 1Makk 15,23 genannt, von Paulus auf seiner letzten Fahrt nach Jerusalem berührt Apg 21,1. *Schl*

Kosmologie. → Schöpfung, Schöpfungsgeschichte. *1)* Die Bibel folgt den in großen Zügen gleichartigen, im einzelnen unterschiedlichen Vorstellungen ihrer Umgebung über das *Weltbild.* Das Weltgebäude gilt als ein in sich geschlossenes Ganzes, das man sich manchmal zweiteilig (Himmel und Erde), meist aber dreiteilig denkt (Himmel, Erde, Urflut). Der Himmel stellt eine riesige feste Glocke dar, über der sich die himmlischen Wasser sowie der Palast Gottes und unter der sich die Gestirne befinden. Die Erde hält man für eine runde oder viereckige Scheibe, die auf Säulen oder Pfeilern ruht. Sie wird vom Meer umgeben, das man auch mit den unterirdischen Wassern der Urflut verbindet, aus denen die Quellen und Wasserläufe gespeist werden. In oder unter den Urflutwassern liegt die Totenwelt, die gewöhnlich zum dritten Teil mitgerechnet wird. Das AT und zT das NT bezeichnen die Welt entweder durch einen oder mehrere ihrer Teile: „Himmel und Erde", „die Erde und was sie füllt" oder durch den blasseren Ausdruck „das Ganze". Das hellenistische Judentum hat den griech. Begriff „Kosmos" aufgenommen, den LXX und NT vorzugsweise verwenden.

2) Daß die Gottheit den Kosmos *geschaffen* hat, ist ein allg. altorientalischer Glaubenssatz: Sie hat ihn in einem mythischen Kampf den Chaosmächten entrungen (bildlich in späten ATlichen Texten verwendet), aus einem vorgegebenen Urstoff entwickelt oder aus sich selbst hervorgebracht (in Ägypten mit Hilfe des Worts). Während die ältere ATliche Schöpfungserzählung 1Mose 2,4b ff von der schon vorhandenen Erde ausgeht, steht hinter der jüngeren Erzählung 1Mose 1,1 ff unausgesprochen der Gedanke der Erschaffung aus dem Nichts mittels des wirkenden Befehlswortes Gottes. Jedoch besitzt der Schöpfungsgedanke im ATlichen Glauben infolge seines fremden Ursprungs keine selbständige Bedeutung, sondern wird dem geschichtlichen Handeln Gottes untergeordnet und soll die besondere Stellung des Menschen in der Welt umschreiben (vgl. Ps 8) oder sein Dasein trotz aller Unsicherheit und Gefährdung als von zuversichtlichem Loben Gottes erfüllt kennzeichnen (vgl. Ps 104).

3) Zweck des Kosmos ist es, die Größe und Majestät Gottes zu erweisen Ps 8,2 f; 19,2 f; Hiob 38 f. Daher kann er in seinen einzelnen Teilen oder Geschöpfen dazu aufgerufen werden, Gott zu preisen Ps 97,1; 103,22; 148, wie auch das Geschöpf aus dem Kosmos den Schöpfer erschließen kann Röm 1,20. Ebenso ist der Kosmos um des Menschen willen erschaffen worden, der auf der Erde im Auftrag Gottes herrschen soll 1Mose 1; Ps 8,6 ff. Das NT nennt schließlich Christus als Ursprung und Ziel der Schöpfung des Kosmos Jo 1,3.10; 1Kor 8,6; Kol 1,16; Hebr 1,2 f; 2,10. Daneben steht bes. bei Johannes und Paulus ein abwertendes *Urteil* über den Kosmos. Wie der Ausdruck zum Sammelbegriff für die heidnische Menschheit wird Jo 17,21.23; Röm 11,12.15; 1Kor 6,2, so bezeichnet er noch umfassender den Bereich, der durch Sünde und Tod gekennzeichnet ist, sich dadurch als gottfeindlich erweist und unter dem Gericht steht; vgl. Jo 1,10.29; 12,31; 16,11; 1Kor 2,12. Der Glaubende aber ist wie die Gottesherrschaft oder das Reich Christi Jo 18,36 nicht mehr von diesem Kosmos Jo 17,14.

4) Schon das AT rechnet mit der *Vergänglichkeit* des Kosmos als dem Ende von Himmel und Erde Jes 34,4; 51,6; Ps 72,5.7; 102,27 f, wie auch Jesus von diesem Ende spricht Mt 5,18; 24,35 par., das man im Unterschied von der Sintflut durch Feuer (vom ATlichen Bild für den göttlichen Gerichtszorn) erwartet 2Petr 3,7 ff. Dem entspricht die endzeitliche Hoffnung auf eine neue Welt, die unvergänglich ist Jes 65,17; 66,22; 2Petr 3,13; Offb 21,1. *Fo*

Kot, immer ein Bild des Wertlosen und Unreinen. *1)* Der schlammige Morast der Gasse 2Sam 22,43; Ps 18,43; Sach 9,3; 2Petr 2,22, der schlammige Grund einer Zisterne Hiob 9,31, der schmutzige Schaum der Meereswellen Jes 57,20, der Brei aus Erde und Speichel, mit dem Jesus das Auge des Blinden bestrich Jo 9,6, der menschliche Leib in seiner irdischen Art (als „Dreck") Sir 10,10. *2)* Der Unrat, den man hinauswirft Jes 5,25; Klgl 3,45; Phil 3,8, bes. die Exkremente 1Kö 14,10; Spr 30,12. *3)* Der Mist: ein Misthaufe wird das Lager des Elendesten 1Sam 2,8; Ps 113,7; Klgl 4,5; dem Mist auf dem Feld gleichen unbestattet bleibende Leichname 2Kö 9,37; Jer 8,2; Mal 2,3. *Schl*

Krähe → Rabe.

Krämer = Händler. Genannt sind Tyrer (Kanaanäer) Jes 23,8; Hes 27,3, Babylonier Hos 17,4 u. a.; Hes 27,13.15.17.20-24 und solche in Jerusalem Neh 3,31 f; 13,20; Sach 14,21 (im Tempelbezirk); Zeph 1,11; Mt 25,9. Vgl. auch 1Kö 10,15; Hiob 40,30; Spr 31,24. → Handel. *Kn*

Krätze → Krankheiten.

Kraft, kräftig → Stärke, → Macht. In der HS ist gelegentlich — und das ist bezeichnend für ihre Grundanschauung in beiden Testamenten — *„die Kraft"* (griech. dynamis) ohne jeden Zusatz ein Ausdruck für Gott selbst Mt 26,64, vgl. Lk 22,69. Das durchschlagend Wirksame in Natur und Geschichte, auch im Volk und im einzelnen Menschen ist nicht ein Etwas, unpersönliche K. mit geheimnisvoll magischen oder auch meßbaren Auswirkungen; „dein ist die K." Mt 6,13. Dieser einheitlichen K. ordnet sich alles unter.

1) Die Gotteskraft. Seine Pfahlwurzel hat dieser Glaube im AT in der *Geschichte* und in ihr bes. in Gottes Herausführen aus Ägypten „mit großer K." 2Mose 32,11; 2Kö 17,36 u. a. m. Es ist auch der Mächtigste in seiner Hand 2Mose 9,16; 1Chr 29,12; Neh 1,10; Ps 147,5. Über Heil und Unheil verfügt er 2Chr 25,8; Jes 50,2. Der Ort der Geschichte aber, die *Natur,* ist als Gottes Schöpfung das Machtgebiet seiner schöpferischen K. Jer 10,12; Nah 1,3 f; Ps 68,34; Röm 1,20. Das Heer der Gestirne Jes 40,26, die Berge Ps 65,7, das Meer Ps 74,13 sind Zeugen seiner K. Was an Kräften und Mächten sonst wirksam sein mag, muß ihm untertan sein Dan 4,32. Das *Volk* 5Mose 8,18; Ps 68,36 und der *Einzelne* 2Sam 22,33; Jer 16,19; Ps 27,1; 71,16; 86,16 haben ihre K. von ihm. Bis hin zu den großen Lobgesängen der Offenbarung rühmt die HS die K. Gottes 12,10; 19,1.

2) Der Sohn in der K. Gottes. So verheißt der Prophet Jes 9,5 den Messias. So erzählt Lk 1,35 von seiner Geburt; so versteht der Jünger seine Sendung Apg 10,38. Dabei ist, wie schon im AT Mich 3,8, vgl. Lk 1,17, der → Geist Gottes die K. im Sohn Lk 4,14, in der er den unsauberen Geistern gebietet Lk 4,36 und die Kranken heilt Lk 5,17; 6,19; 8,46 (diese Stelle ist im Gesamtzusammenhang nicht magisch zu verstehen). Der eigentliche Erweis der K. Gottes aber ist die Auferstehung Christi Röm 1,4; 2Kor 13,4, vgl. Mt 22,29 f.

3) Die K. Christi in seiner Gemeinde. Auch die Auswirkung der K. Christi auf die Seinen ist K. des hl. Geistes Lk 24,49; Apg 1,8; Eph 3, 14 ff. Dorther stammen die besonderen Kräfte der Gemeinde 1Kor 12,6.10; Röm 15,19. Der Geist ist ein Geist der K. 2Tim 1,7; der an seiner K. Verzagende, Schwache erfährt an sich die K. Christi 2Kor 12,9 ff; 4,7; 13,4. Vermittelt wird die K. an die Glaubenden durch die frohe Botschaft Röm 1,16; 1Kor 1,18.24; 2,4 f; 2Kor 6,7. Denn das Wort Gottes ist k. Hebr 4,12; 1,3. Daraus schöpft die Gemeinde ihren Glauben 1Kor 2,5 und ihre Hoffnung Röm 15,13. Allerdings kann das Wort auch kraftloses Menschenwort sein 1Kor 4,19; 1Thess 1,5. Insofern steht das Reich Gottes nicht in Worten, sondern in K. 1Kor 4,20, nicht im bloßen Schein, sondern in der K. der Gottesfurcht 2Tim 3,5. Diese K. macht das Prophetenwort Jes 40,19 ff an den Müden und Leidenden wahr 2Tim 1,8; sie wird sich vollends beweisen in der Auferstehung Phil 3,10 f.21, wie ja überhaupt die volle Auswirkung der K. Christi sich wohl ankündigt in Kräften der zukünftigen Welt Hebr 6,4 f; 7,16, aber erst im vollendeten Reich durchbrechen wird Offb 19,1.6. *He*

Kranich. Der Vogel, der Jer 8,7 als Zugvogel genannt, vielleicht auch Jes 38,14 erwähnt ist, ist wohl nicht der K., sondern die Drossel. *Schl*

Krankenheilungen, heilen.

1) K. gehören im AT zu den Gnadenerweisen Gottes, die bei der Rettung Israels zu erhoffen sind Jes 29,18; 35,5. Gott wird sich ebenso gegen die Krankheiten wie gegen die Sünden und den Unfrieden durchsetzen. Aber er läßt schon jetzt einzelne K. geschehen als Zeichen besonderen Erbarmens oder seines unergründlichen Ratschlusses Jes 38,1 ff; Hiob 42,10 ff. Gegen Gottes Willen gibt es keine K. 2Chr 21,18. Sonst vgl. 1Mose 20,17 f; 4Mose 12,13 ff; Hiob 5,18; 2Kö 5. Jesus erweist sich durch K. als Messias und Heiland Mt 11,4 f; er bezieht hierbei Jes 35,5 auf sich.

2) Heilen wird oft in übertragenem Sinn gebraucht, so bei denen, die „zerbrochenen Herzens“ sind, heimgesucht werden oder in Gefangenschaft weilen Ps 147,3; Jes 53,4 f; Jer 10, 19; 17,14; Hos 6,1; Lk 4,18. Auch Israels Erziehung zu geordnetem gottesdienstlichem Verhalten wird ein Heilen genannt 2Chr 30,20. Gott heißt „der Herr, dein Arzt“, der Heil schenkt 2Mose 15,26.

3) K. gehören in übertragenem Sinn zu Jesu Aufgaben; sein Name heißt „Heiler“ oder „Helfer“ Mt 1,21; 8,17; Offb 3,18. Aber im Vordergrund der NTlichen Berichte stehen die wirklichen K. Von der kritischen Wissenschaft wurden die K. Jesu vor dem Hintergrund der zahllosen heidnischen und jüd. Berichte von K. untersucht. Der Versuch, die K. wie alle Wunder Jesu als Legenden, Übertreibungen, Irrtümer, als Angleichungen an Prophetengeschichten des AT, als Feststellung eines ohne Jesu Eingreifen schon feststehenden Sachverhaltes zu erklären, wird dem Anliegen der NTlichen Berichte nicht gerecht. Die Auslegung kann sich der Gottesfrage, die hier zu stellen ist, nicht entziehen.

4) K. werden im NT zT summarisch erwähnt Mt 4,23; 15,30 f. Die eindringlichsten Berichte, die zugleich wichtig für das Jesusbild der Evangelien sind (→ Jesus Christus V, 5), zeigen Einzelschilderungen, wie die K. beim Gichtbrüchigen oder beim Kranken von Bethesda Mt 9,1 ff; Jo 5,2 ff. Gestalten wie der Hauptmann von Kapernaum, der dankbare Samariter und der Blinde von Jericho mögen hervorragende Glieder der Jesusgemeinde gewesen sein Mt 8,5 ff; 15,21 ff; Lk 17,11 ff; 18,35 ff.

5) Anlaß zu K. Jesu wurde die jüd. Überspitzung des Sabbatgebots Mt 12,9 ff; Jo 5,9, das Erbarmen Jesu Lk 18,38, der Wille, Gottes Werke offenbar zu machen Jo 9,1 ff. Der Vorgang des Heilens wird fast nie beschrieben; vgl. Mk 8,22 ff. Jesus heilt ohne Schema, so, wie es der Fall erfordert Mk 5,41; 7,33; Joh 4,47 ff; 9,6. Selbst das Gebet Jesu ist nicht überall erwähnt Mk 6,41; 7,34. Von dem Geheilten wird mindestens der Wille erwartet, geheilt zu werden Lk 18,41; Jo 4,47; 5,6; 9,7. Die Umwelt reagiert auf K. Jesu mit dem Vorwurf der Zauberei Mt 12,24, mit Verfolgung Jo 5,18, mit vermehrter Zeichenforderung Mt 12,38, mit Unglauben Mt 11,20 ff. Umstehende staunen auch und erzählen die K. weiter, ja sie loben und preisen Gott Mt 15,31; Mk 5,20; Lk 17,18.

6) Jesus hat den Aposteln Auftrag und Vollmacht zum Vollzug von K. gegeben Mt 10,1.8; Lk 10,17. Sie haben nicht immer mit Erfolg handeln können Mt 17,16. Doch erlebte die Gemeinde mannigfach die heilende Kraft des Herrn Apg 3,1 ff; 1Kor 12,9; Jak 5,14, wie sie sie auch heute da und dort erlebt. *Nag*

Krankheiten.

1) Gelegentlich heißen Sünde, Schuld oder Unglaube K. Hos 5,13; Mt 9,12; vgl. Jes 53,4. Unter den körperlichen K. ist zuerst *Aussatz* zu nennen. Eine umfangreiche, bis in die spätjüd. Zeit fortgesetzte Gesetzgebung isoliert den Kranken und schützt die Gesunden 3Mose 13; 14; Lk 17,12; die vom Aussatz befallene Mirjam wird außerhalb des Lagers gehalten 4Mose 12,10 ff. Die *Pest* in vielfältiger Form ist die andere Geißel der morgenländischen Völker. Im Gegensatz zum Aussatz, der Einzelne befällt und langsamem Siechtum aussetzt, tritt sie als Epidemie auf und rafft viele dahin. Die Pest, die Davids Zählung folgte, hat nach 2Sam 24,13 ff in drei Tagen 70 000 Opfer gekostet, die im Lager der Assyrer vor Jerusalem nach 2Kö 19,35; Jes 37,36 185 000 Krieger. Man denkt auch schon für den Wüstenzug an die

Pest, so 4Mose 17,9ff; 25,1ff. Allgemeine Angaben wie Plage, Seuche meinen vielleicht auch die Pest Jer 21,6ff; Ps 91,3. Im NT wird die Pest unter den Nöten der Endzeit genannt Lk 21,11; Offb 6,8; 9,18. Viele K. erfahren nur eine allg. Bezeichnung, so daß moderne medizinische Ausdrücke mit Vorsicht angewendet werden sollten, so Fieber, Auszehrung, Entzündung, Gelbsucht 3Mose 26,16; 5Mose 28,22; Jes 10,16, ferner Hautkrankheiten, Lähmungen, Blutungen und Wahnsinn 5Mose 28,27ff; Mk 2,3; Mt 9,20; 1Sam 16,14. Vgl. hierzu auch Ps 121,6; Lk 13,11; 14,2; 2Tim 2,17. Fraglich ist, was mit der „verdorrten Hand" (Lähmung, Muskelschwund?) und der Fallsucht (Epilepsie?) des Knaben gemeint ist Mt 12,10; 17,15.

2) Soweit man von K. weiß, kennt man Bemühungen, ihrer Herr zu werden. Religiöse Gesetze können auch die Absicht haben, K. vorzubeugen, so Speisegesetze, Scheidung von rein und unrein 3Mose 3,17; 11, während diese Bestimmungen in apostolischer Zeit rein kultischen Charakter haben Apg 10,9ff; 15,20. Die Christenheit konnte sich hiervon nicht sofort lösen Röm 14,1ff; Kol 2,16. Auch die Anordnungen über Wöchnerinnen 3Mose 12, Aussatz 3Mose 13f; körperliche Unreinigkeit 3Mose 15, vielleicht auch Beschneidung und Fasten 1Mose 17, 11f; Ri 20,26; Jes 58,3f sind mit zum Schutz der Gesundheit bestimmt und zugleich in den Rahmen der Frömmigkeit Israels eingefügt. Über die medizinische Behandlung der K. ist wenig gesagt. Wohlbekannt ist Jesu Wort: „Zeige dich dem Priester" Lk 5,14, weil der Priester die Genesung des Aussätzigen und damit seine Kultfähigkeit festzustellen hatte. Naeman spricht von heilkräftigen Wassern 2Kö 5,12. Jesaja verwendet ein Pflaster aus Feigen 2Kö 20,7. Vgl. auch Tob 6,6ff.

3) Die Berichte der Bibel lassen wenig davon sehen, welche Bedeutung die K. in der morgenländischen und antiken Welt gehabt haben. Die blutflüssige Frau hat „viel erlitten von den Ärzten" Mk 5,26; die Abschwächung dieses Wortes durch Lukas 8,43 wurde als Hinweis auf seinen Beruf als Arzt verstanden, den er nicht selbst schelten wollte. Das Urteil der Juden schwankte zw. Verehrung und Verachtung: die Rabbinen sagen, daß der beste Arzt der Hölle wert sei, vgl. dagegen das Lob des Arztes Sir 38,1ff. Tempel und Synagogen waren vielfach als Heilstätten angesehen, wie heute Fatima und Lourdes. Von der Fülle der Kranken gibt Jo 5,2f eine Andeutung. Die Heiden beteten zum Heilgott Asklepios; naive Frömmigkeit mag manchen Zug davon später auf Jesus übertragen haben. Jesus wurde vielfach zunächst nur als ein Helfer unter vielen angesehen. Nicht immer führte eine Krankenheilung zum Glauben Mt 9,3; Lk 17,11ff; Jo 11,45.46.

4) Der moderne Forscher sucht die K. der Bibel auf klimatische und geographische Umstände zurückzuführen. So soll die Pest unter den Assyrern als eine tödliche Influenza verstanden werden, die durch den Aufstieg aus der heißen Jordansenke in das kalte jüd. Hochland verursacht worden sei 2Kö 19,35ff; starke Temperaturschwankungen sind bis heute in Palästina gefürchtet. Aber die Frommen des AT sehen den Grund der K. in Gottes Zorn, Zulassung oder Fügung 4Mose 12,9ff; Hiob 2,4ff. Gottes Engel zerrte die Hüfte Jakobs und schlug das Assyrerheer 1Mose 32,26; 2Kö 19,35. Darum vertraut der Psalmist seine Schmerzen Gott an Ps 16,7; 73,21. Auch im NT sind K. als Strafe von Sünde aufgefaßt Jo 5,14, vielleicht auch Mt 9,1ff. Doch ist zumeist der dämonische Ursprung der K. vorausgesetzt, so daß die K. eindeutig religiös, nicht medizinisch gesehen sind Mk 9,20ff, bes. bei Besessenen Mk 1,21ff, ohne daß von Gottes Strafe oder Zulassung die Rede wäre. Ja, die Herkunft der K. bleibt unerörtert, oder Jesus verbietet es, danach zu fragen Jo 9,1ff.

5) Dagegen ist um so deutlicher, daß K. einst im Reich Gottes und schon heute in des Herrn Gegenwart keinen Platz mehr haben werden, ebensowenig wie Sünden, Begierden und Nöte noch den Glaubenden bedrängen werden. Die apokalyptischen Reiter, unter ihnen der vierte Reiter auf dem fahlen Pferd, haben im neuen Himmel und auf der neuen Erde keine Gewalt mehr Offb 6,7f; 21,4. *Nag*

Kranz. *1)* Bekränzt waren die Opfertiere Apg 14,13 und die Teilnehmer an der Bacchus-Prozession 2Makk 6,7, vielleicht auch die Götterbilder Bar 6,9. *2)* Kränze trugen die frohen Zecher beim Trinkgelage Weish 2,7f; Jes 28,3, während den aus dem Gericht Geretteten Jahwe selbst ein herrlicher Kranz sein will Jes 28,5. *3)* Mit Kränzen wurden die Sieger im Kampfspiel geehrt Weish 4,2; 1Kor 9,24f; 2Tim 4,8; 1Petr 5,4, ebenso der siegreiche Feldherr Judith 3,8. *4)* Der goldene K. um die Bundeslade, den Schaubrottisch und den Räucheraltar her war wohl eine kunstvoll gestaltete Leiste 2Mose 25, 11.24f; 30,3; 37,2ff. Am Fest der Tempelweihe wurden goldene Kränze außen am Tempel angebracht 1Makk 4,57. → Krone. → Abbildung Sp. 758 und Tafel 28 *Schl*

Kraut ist in der HS zusammenfassende Bezeichnung teils für die zur Nahrung dienenden Pflanzen 1Mose 1,30; 3,18, teils für die kleineren Gewächse gegenüber Bäumen und Sträuchern 1Mose 1,11; 2,5, bes. wohl Gemüsegewächse (Ps 104,14 dafür „Saat"); nicht selten setzt Luther dafür „Gras". Ein anderes hebr. Wort meint allg. das „Grüne", so 4Mose 9,11; Ps 37,2; Jes 15,6 (aber Spr 15,17 Gemüse). Wieder andere Worte bezeichnen das Wildgemüse auf dem Feld 2Kö 4,39 (vgl. 2Makk 5,27; Hiob 40,20), die Heilkräuter Weish 16,12 und die Giftkräuter Hos 10,4. Einen anderen Namen tragen dann auch die bitteren Kräuter, die beim Passa zu den ungesäuerten Broten gegessen wurden 2Mose 12,8; 4Mose 9,11. *Schl*

Kreta, von den Italienern Kandia genannt, im AT wohl → Kaphtor, die 260 km lange und in der Mitte 60 km breite Insel am Südrand des Ägäischen Meeres mit 3 Gebirgszügen über 2000 m Höhe. Im frühen 2.Jt. war Knossos auf K. Mittelpunkt eines großen Seereiches der Ägäis und Träger der hohen minoischen Kultur. Um 1400 von den Dorern, später von den Philistern besetzt. David nimmt → Krether und Plether, d.h. nichtisr. Philister, als Leibwache 2Sam 8,18. Auf Epimenides von Knossos, einen Seher und Sühnepriester des 7. Jh., geht der Tit 1,12 angeführte Ausspruch zurück, daß alle Kreter lügen. 69-67 vChr unterwarfen die Römer K., das sie der Seeräuberei bezichtigten. Apg 27,7ff sind einige Küstenstädte der Insel erwähnt. 1913 kam K. endgültig zu Griechenland und zählt heute fast eine halbe Million Einwohner. *Da*

Krether und Plether, der Name der von David geschaffenen königlichen Leibwache, mit der der König in entscheidenden Augenblicken, ohne das militärische Volksaufgebot einzuberufen oder die Stammesältesten zu fragen, seinen Willen durchsetzen konnte. Mit ihrem Kommandeur Benaja 2Sam 8,18 standen sie treu an der Seite Davids beim Aufruhr Absaloms 15,18, des Scheba 20,7 und bei den schwierigen Vorgängen der Ernennung Salomos zum Nachfolger Davids 1Kö 1,38.44. Die Truppe bestand weithin aus Ausländern. Der Name „Krethi" weist auf den ägäischen Raum als Heimat der Söldner. *Peu*

Kreuz Christi. *1)* Im Kreuzestod ist Jesu Erlösungswerk für uns vollendet Hebr 2,10; 12,2: vollendet ist der Gehorsam gegen den Vater Phil 2,8, das Gericht über die Welt Mt 27,22-25; Jo 12,31; 1Kor 2,8, unsere Versöhnung mit Gott und untereinander Eph 2,16; Kol 1,20; 2,14, die Erlösung von der Sünde Röm 6,6; Eph 1,7; Hebr 9,12.

2) So ist das K. Chr. ein Zeichen, das die Menschheit zur Entscheidung ruft: zu Seligkeit oder Verderben 1Kor 1,18; zu Verfolgung durch oder Anpassung an die Welt Gal 5,11; 6,12, zum Himmlisch- oder Irdischgesinntsein Phil 3, 18ff, zum Leben im Geist oder Fleisch Gal 5, 24f, zum Bleiben oder Abfall Hebr 6,6; 10,39, zu Niedrigkeit oder Macht Phil 2,5ff.

3) Darum fassen die Apostel ihre Verkündigung im K. Chr. zusammen: Leidensgeschichte, 1Kor 1,13.23; 2,2; Gal 3,1; Offb 7,14. *Pfi*

Kreuz tragen. 1) Entsprechend der Sitte mußte Jesus das Kreuzesholz für sich zur Richtstätte tragen Jo 19,17; als ihm die Kraft versagte, wurde Simon von Kyrene dazu gezwungen, dessen Söhne vermutlich später Christen wurden Mk 15,21 (Röm 16,13).

2) Bildlich verpflichtet Jesus jeden, der ihm nachfolgen will, das K. auf sich zu nehmen; wer dazu nicht bereit ist, ist seiner nicht wert Mt 10, 38; 16,24; Lk 14,27; 9,23 (täglich!). Wie der mit dem Leben abschließen muß, der mit dem K. zur Richtstätte geht, so muß der Jünger zur Hingabe des Lebens bereit sein Mt 23,34; überhaupt aber heißt, weil Jesus am K. von der Welt ausgestoßen wird, K. t. alles, was der Jünger um Jesu willen von der Welt erleidet Hebr 13,13. Deshalb ist nicht jedes Leiden schon K., sondern was um Jesu willen im Gehorsam gegen Gott getragen wird. Wer auf den Namen des Gekreuzigten getauft ist und ihm nachfolgt, ist mit in seinen Tod hineingenommen Röm 6,3ff; der alte Mensch ist mit ihm gekreuzigt 6,6; er ist damit dem Gesetz gestorben, um Gott zu leben Gal 2,19; sein Verhältnis zur Welt und der Welt zu ihm ist in Gericht und Gnade durch das K. Jesu bestimmt Gal 6,14. *Pfi*

Kreuzaufschrift. Den Verurteilten wurde eine Tafel mit der Angabe der Schuld vorangetragen und ans Kreuz geheftet Mt 27,37 par. Pilatus wollte mit dieser Überschrift zugleich den Messianismus der Juden treffen Jo 19,15; deshalb blieb er auch dem Verlangen der Hohenpriester gegenüber fest Jo 19,21f. Den Evangelisten ist der Vorgang als Zeugnis für das Christusamt Jesu in den damaligen Umgangssprachen Jo 19, 20 wichtig. *Pfi*

Kreuzesworte. Alle Evangelisten berichten, daß Jesus nicht bewußtlos starb, sondern mit lauter Stimme schrie Mt 27,50 und noch sprach.

1) Mt und *Mk* haben nur das Wort, in dem Jesus mit Ps 22,2 betet Mt 27,46; Mk 15,34. Jesus hat im Sterben die Gottverlassenheit in Wahrheit erfahren, auch wenn er weiß, daß er auferweckt wird, weil er mit dem Vater, dem Gott der Lebendigen Mt 22,32, eins und selber das Leben ist Jo 10,30; 14,6. Sie wird noch verschärft durch die Herausforderung mit dem Messiasspruch Mt 27,39-43 par.; 27,47-49; Mk 15, 35f, vgl. Mal 3,23; Mt 11,14; 17,10-13.

2) Lk 23,34 ist wohl bei der Kreuzigung gebetet im Blick auf das, was die Römer, aber auch sein Volk jetzt im Unverstand tun, vgl. Jo 16,2; Röm 10,2. In dem Wort an den Schächer 23,43 nimmt Jesus durch das „mit mir", in meiner Gemeinschaft, diesen in Gottes Gemeinschaft mit und zwar „heute", sofort, nämlich „im → Paradiese", dem Ort der verstorbenen Gerechten. Für sich selbst betet er Ps 31,6 und bleibt damit im Glauben; den Geist, durch den Gott den Menschen lebendig macht 1Mose 2,7, legt er in Gottes Hand Lk 23,46.

3) Mit *Jo* 19,26f hält Jesus, der ganz Gottes ist Jo 2,4; Mt 12,46ff, doch das natürliche Band zur Mutter in Ehren und stärkt den Jünger. Dieses und das Wort vom Durst nach Ps 69,22; 22,16 bekommt durch seine Natürlichkeit seine Tiefe 19,28. Mit V.30 bezeugt er den Frieden, in dem er stirbt: sein Dienst, den ihm der Vater gab, ist vollendet, er hat überwunden.

Mit den Berichten über Jesu Worte am Kreuz in ihrer charakteristischen Verschiedenheit helfen uns die Evangelisten — einander ergänzend —, die Tiefe des Geschehens in Jesu Heilstod von verschiedenen Seiten her zu sehen und zu fassen. *Pfi*

Kreuzigung. *1)* Die K.*sstrafe,* die grausamste und entehrendste Todesstrafe des Altertums, kam von den Phöniziern und Karthagern zu den Griechen und Römern; diese wandten sie nur bei Sklaven, Aufrührern u.ä., aber nicht bei römischen Bürgern an. Jesus hat seine Jünger auf diesen, durch Heiden ihm bereiteten Tod hingewiesen, durch den für Juden sein Messias-Anspruch für immer erledigt sein sollte Mt 20,18f.

2) Die Kreuzes*form* war drei- oder vierarmig, bei den Römern vierarmig, also auch bei der K. Jesu.

3) Der *Hergang* der K.: man reichte den Verurteilten Wein mit Myrrhe vermischt Mk 15,23 (nach Mt 27,34 Galle, vgl. Ps 69,22). Jesus nahm ihn nicht, weil er bei klarem Geist sterben wollte, vgl. sein Gebet Lk 23,34. Entweder wurde der Verurteilte an Stricken rückwärts an das aufgestellte Kreuz hinaufgezogen und im Hängen angenagelt oder auf das liegende Kreuz genagelt und dieses dann mit ihm aufgerichtet. Da Jesus sein Kreuz zur Richtstätte trug, ist letzteres wahrscheinlich. Die Gekreuzigten waren entkleidet schutzlos Sonne und Wind ausgesetzt; die Qualen konnten bis zu 24 Stunden und länger dauern. Jesus starb, ehe der Tag verging Mk 15,44f; Jo 19,33.36, vgl. 2Mose 12, 46; Jo achtet auch hier auf die Erfüllung der Schrift.

4) Der *Ort* der K.: alle Evangelisten nennen den Ort der K. Jesu „Schädelstätte", zT mit dem hebr. Wort Golgatha Mt 27,33 par. Da man in der ersten Gemeinde wußte, wo Jesus gestorben war, fehlt eine nähere Ortsangabe; deshalb ruht eine solche bis heute auf Vermutungen. Von „Schädel" auf einen Hügel zu schließen, ist in den Texten nicht begründet. Es könnte auch sein, daß der Ort damals als unrein galt (wenn ein Schädel im Boden lag) und deshalb zu Hinrichtungen benützt wurde. → Golgatha. *Pfi*

Krieg, Kriegführung.
1) Das Heereswesen. 2) Die Kriegführung. 3) Die sittliche Auffassung vom Krieg.

1) Zum Heereswesen im allg. → Heer. Das in älterer Zeit ausschließlich aus Fußvolk bestehende Heer zerfiel in leicht- und schwerbewaffnete Krieger. Die ersten waren teilweise mit dem → Bogen, teilweise mit der weittreffenden → Schleuder ausgerüstet, während ihnen ein kleiner → Schild als Schutzwaffe dienen konnte. Die Benjaminiter galten als bes. gewandte Bogenschützen und Schleuderer Ri 20,16; 1Chr 8, 40; 12,2. Die Schwerbewaffneten führten ein → Schwert und die zum Wurf oder zum Stoß geeignete → Lanze mit einem größeren Schild als Schutzwaffe. Sie trugen gewöhnlich, wenigstens in späterer Zeit, Helm und Panzer 2Chr 26,14. Reiterei und Kriegswagen, obgleich von den Nachbarvölkern längst zur Kriegführung benutzt Jos 17,16; 1Sam 13,5; 2Mose 14,6f usw, gab es bis auf Salomo im isr. Heer nicht. Erbeutete Kriegswagen wurden meist vernichtet Jos 11,6-9; 1Chr 18,4, während die Pferde durch Zerschneiden der Fußsehnen unbrauchbar gemacht wurden 2Sam 8,4. Doch waren es die Kriegswagen, die die israelitischen Stämme daran hinderten, die Niederungen zu besetzen Ri 1,19. Erst Salomo, der in mancher Hinsicht Neuerungen einführte, besaß Reiterei und Kriegswagen im großen Ausmaß 1Kö 5,6; 2Chr 1,14, die er in eigenen Garnisonstädten lagerte 1Kö 9,19; 10,26. Später sind sie dann im judäischen und isr. Heer übliche Truppenkörper 1Kö 16,9; 2Kö 8,21; 13,7; Jes 2,7; Mich 5,9. Nach assyrischen Angaben besaß noch Ahab 2000 Kriegswagen. Sie wurden in erster Linie wegen ihrer Schnelligkeit benutzt und waren nur im Flachland gut brauchbar Ri 1,19. Zum Kriegsmaterial bei einer Belagerung → Festung. → Tafel 47.

Das stehende Heer ist aus der Errichtung einer stehenden Leibwache zum persönlichen Schutz des Königs hervorgegangen. Vor allem wurden ausländische Söldner für diese Leibwache angeworben, → Kreter und Plether 1Sam 22,17f; 2Sam 15,18, wohl wegen ihrer größeren politischen Zuverlässigkeit 1Kö 1,38. Saul besaß schon eine Schar von 3000 Kriegern 1Sam 13,2, David eine in ständigen Kämpfen erprobte Kerntruppe von 600 Mann 1Sam 23,13; 25, 13. Ein förmliches stehendes Heer gab es jedenfalls seit Salomo.

Die Heerespflicht begann nach dem Gesetz mit dem 20. Jahr 4Mose 1,3; 26,2; 2Chr 25,5 und endete wahrscheinlich mit dem 50. Jahr. Die Fälle, die vom Kriegsdienst befreien, sind 5Mose 20,5ff; 24,5 genannt.

Oberbefehlshaber war in der Regel der König selbst; zog er aber nicht ins Feld, so fungierte in seinem Namen ein → Feldhauptmann 1Sam 14,50; 1Kö 11,15. Das Heer teilte sich in Abteilungen zu 1000, 100, 50 und 10 Mann, je mit eigenen Anführern 4Mose 31,14; 2Kö 1,9.

Sold erhielten nur die Mietstruppen. Die einheimischen Soldaten konnten jedoch nach einem Sieg auf Beute hoffen. *Proviant* erhielten die Soldaten durch Spezialtruppen Ri 20,10 oder durch ihre Angehörigen 1Sam 17,17. Weit vom Hause waren sie auf die Hilfe der dortigen Bewohner 2Sam 17,27ff oder auf Raub und Beute angewiesen.

In NTlicher Zeit hatten wohl Herodes d. Gr. Mt 2,16, Herodes Antipas Mt 8,5 und Herodes Agrippa Apg 12,4 noch eigene Soldaten. Mit dem Aufhören eigener Fürsten hörten auch jüd. Heere auf. Zu den militärischen Verhältnissen der röm. Besatzungsmacht zZ Jesu und der Apostel → Kohorte, → Legion.

2) Die Kriegführung. Ein vorher geplanter Feldzug wurde im Frühjahr begonnen 2Sam 11,1, nachdem man Gott befragt hatte, ob der Krieg unternommen werden könne Ri 1,1; 20, 18.27f; 1Sam 14,37; 23,2; 28,6; 30,8; 1Kö 22,5f, wie es in ähnlicher Weise die Chaldäer taten Hes 21,26. Das Heer scheint von Priestern begleitet gewesen zu sein, um vor der Schlacht noch ein Opfer darzubringen 1Sam 7,9; 4Mose 31,6; 2Chr 13,12 und die hl. Kriegstrompeten zu blasen. Nach 5Mose 20,2 ff soll ein Priester vor der Schlacht die Kämpfenden durch eine Ansprache anfeuern. Mit lautem Geschrei Jos 6,20; 1Sam 17,52; Jes 5,29 oder mit einem bestimmten Schlachtruf (→ Losung) Ri 7,18.20 wurde dann der Angriff eröffnet. Während die Bogenschützen von ferne in die Richtung der feindlichen Verbände schießen 1Kö 22,34, ist der Kampf doch vorwiegend ein Handgemenge von Mann gegen Mann 2Sam 2,16. Ein Zweikampf einzelner Vertreter beider Heere konnte von entscheidender Bedeutung sein (zB David und Goliath 1Sam 17).

Über die Belagerung der Städte und die dabei benutzten Waffen → Festung.

Die Besiegten traf im ganzen Orient ein hartes Los, obgleich die Israeliten verhältnismäßig mild waren (→ grausam).

Eroberte Städte werden schonungslos verbrannt und geplündert Ri 9,45; 2Kö 14,13 f; 24,13 und die Gefangenen ausgeplündert 1Sam 31,8; die Fürsten und Heerführer werden meist getötet Jos 10,24 ff; Ri 7,25, vgl. jedoch 1Kö 20,32 ff. Im übrigen werden die Gefangenen in der Regel zu Sklaven gemacht 4Mose 31,26 ff; 5Mose 20,14, wenn nicht beim →Bann die ganze Stadt Jahwe geweiht wird Jos 6,21. In dem Bericht 2Sam 12,31 handelt es sich wohl um Fronarbeit verschiedener Art, nicht um qualvolles Martern und Töten. Doch kommen auch in der isr. Kriegsgeschichte Beispiele schonungsloser Härte vor, bei denen das Volk Gottes sich nicht immer von heidnischen Sitten und Greueln freigehalten hat 2Sam 8,2; 2Chr 25,12; Ps 137,9.

3) Die sittliche Auffassung vom Krieg. Für die sittliche Beurteilung ist grundlegend, daß im hl. K. vom Gesichtspunkt der Theokratie her nationale und religiöse Motive miteinander verbunden wurden. Wenn auch später mit der Errichtung des Königtums der K. kaum mehr im Sinne eines hl. K.es erlebt wurde, entspricht diese in der Richterzeit übliche Form der K.führung doch am meisten dem Wesen Israels. Es war ja Gott selbst, der durch einen Charismatiker zum K. aufrief und sich selber kämpfend mitbeteiligte 2Mose 15,2 ff; Ri 4,14; 5. Ihm gebührt die Ehre des Sieges 2Mose 14,18.30. Auch die Beute gehört Gott und wird daher ihm geweiht, → Bann. Die Ursache, die zum hl. K. führte, war ein Angriff der Feinde oder eine aktuelle Bedrohung durch sie, die auch religiöser Art sein konnte (Abgötterei 5Mose 20,16 ff). Somit erscheint nur der auf Gottes Befehl unternommene Abwehrkrieg als religiös-sittlich berechtigt, nicht etwa eine Politik des willkürlichen, auf menschlicher Eigenmächtigkeit beruhenden Länderraubs. Weiterhin sind der K. und seine Folgen Mittel in Gottes Hand zur Bestrafung, nicht nur der heidnischen Völker 1Mose 15,16, sondern auch des eigenen Volkes 5Mose 28,15.25; Ri 2,13 f; 2Chr 36,15 ff. Selbstzweck darf der K. nie werden, und das alte Israel hat schon gewußt, daß K. und Kampf wider Gottes Willen der menschlichen Bosheit entspringt. Das beweisen auch die prophetischen Ausblicke auf eine Zeit dauernden Friedens, in der K. und Feindschaft ein Ende haben werden Jes 2,4; Mich 4,3. Sie zeigen, daß das Volk Israel und die Schriften des AT u. NT von einem tiefen Zug zum Frieden durchdrungen sind.

Man wird nicht sagen können, daß die HS den K. überhaupt und die Beteiligung am Kriegsdienst für verwerflich halte. Die K.e, weil für das Land und den Dienst des Herrn unternommen, sind geradezu K.e Jahwes 1Sam 18, 17; 25,28; 4Mose 21,14; Jahwe ist der Kriegsmann 2Mose 15,3; Ps 24,8, der an der Spitze seines Volkes selbst mit in den Kampf zieht Ri 5,13.23; 2Sam 5,24, vgl. Ps 44,10. Das NT kennt fromme Angehörige aus dem Stand der Soldaten Mt 8,5 ff; Apg 10. Aber die HS sieht in dem K. ein unumgängliches Geschehen in einer sündigen und bösen Menschenwelt. So gewiß der K. wider Gottes Willen und daher Sünde ist, wird doch die Geschichte der Welt bis zum Ende eine Geschichte der K.e sein Mt 24, 6 f. Erst auf der neuen Erde, in welcher Gerechtigkeit wohnt 2Petr 3,14, wird es auch keinen K. mehr geben Mich 4,3 ff; Offb 21,4.

Lit.: G. v. Rad, Der heilige Krieg im alten Israel, Zürich [3]1958; Y. Yadin, The art of warfare in biblical lands, London 1963.

v. d. W.

Kriegsgefangene → Bann.

Kriegslieder. 4Mose 21,14 wird ein „Buch der Kriege Jahwes" erwähnt, aus dem im gleichen Kapitel einige Reste erhalten sind. Der Titel des Buches weist auf den hl. Krieg hin, d. h. daß der Krieg auf Weisung Gottes und unter seinem Beistand zur Durchsetzung seiner Ziele und Absichten mit seinem Volk geführt wird. K. können daher Lieder mit Bitten um die göttliche Hilfe gewesen sein oder, nach errungenem Sieg, Hymnen, die Gottes Taten priesen. Ein solcher Hymnus auf Gott liegt im → Deboralied Ri 5 vor. Dieses Lied zeigt, wie im Rahmen göttlicher Lobpreisung zugleich menschliche Kriegstaten Erwähnung finden konnten. Von „Siegesliedern" wird man in diesem Zusammenhang nicht sprechen dürfen, da die hebr. Sprache kein Wort für Sieg kennt. Trotzdem haben sich bezeichnenderweise im AT einige weltliche Siegeslieder, mit denen die heimkehrenden Sieger begrüßt wurden, erhalten, zB Ri 11,34; 1Sam 18,6 f. Ein außerisraelitisches Siegeslied ist das der Philister nach der Besiegung Simsons Ri 16,24, in dem aber auch der Lobpreis auf den philistäischen Gott enthalten ist. *Ba*

Krippe bezeichnet den auf der Erde aufgestellten Trog, in dem Esel und Rind ihr Futter finden Jes 1,3; Hiob 39,9; Spr 14,4; Lk 13,15. — Ob die K. des Jesuskindes Lk 2,7.12.16 in einem Stall oder einem von Menschen und Vieh benutzten Herbergsraum (Karawanserei) stand, muß offenbleiben. *Ap*

Krispus, ein Synagogenvorsteher in Korinth, kam mit seinem ganzen Haus zum Glauben an Christus und wurde von Paulus selbst getauft Apg 18,8; 1Kor 1,14. *(Kü)*

Kristall. Welche Edelsteine auf dem Markt von Tyrus gehandelt wurden Hes 27,16 und im Bau des neuen Jerusalem verwendet werden sollen Jes 54,12 (Luther: Rubin und K.), ist nicht sicher zu entscheiden. Dagegen könnte Hes 1,22, dann auch Offb 4,6; 22,1 als Bild für einen reinen, hellen Glanz der Bergkristall, dieser helle Quarz, gemeint sein; auch für das andere Wort Hiob 28,18 wird an den Bergkristall gedacht. *Schl*

Krith, der nur 1Kö 17,3.5 genannte Name des Baches, an den Elia auf Geheiß Jahwes flüchtete. Über seine Lage ist lediglich bemerkt, daß er „zum Jordan" (Luther), „östlich vom Jordan" (Zürcher Bibel) fließe. Er muß also westlich oder, wahrscheinlicher, östlich des Jordan gesucht werden. Man wollte ihn zB im wādi jābis, im wādi el-kerād und im wādi el-qelṭ finden; doch kann Sicheres nicht gesagt werden. *Rü*

Kröte. Ob 3Mose 11,29 wirklich die K. gemeint ist, ist fraglich; vielleicht ist an die Schildkröte zu denken, deren es in Palästina manche Arten gibt, oder an den Dornschwanz mit seinem dikken, stachelbewehrten Schwanz, dessen Fleisch die Beduinen gerne essen. → Frosch. *Schl*

Krokodil. Der Dichter von Hiob 40,25-41,26 beschreibt sehr anschaulich in phantasievoller Schilderung das K., das in Ägypten, aber auch in den Flüssen der Mittelmeerküste Palästinas lebte, heute aber an den oberen Nil zurückgedrängt ist. Wie das Nilpferd 40,15-24, so zeigt auch das K., „der König über alle stolzen Tiere" 41,26, die Schöpfergröße Gottes und die Kleinheit und Ohnmacht des Menschen. Sein furchtbares Gebiß wird beschrieben 41,5 f, sein Panzerkleid 41,6 ff, an dem die Waffen abprallen 40,31; 41,18.21, seine straffe Muskulatur 41,15, sein funkelndes Auge 41,10; es wird ausgemalt, wie sein Mund Wasser in hellem Strahl ausspritzt V. 11, wie der Atem, den es schnaubend ausstößt, im Licht aufleuchtet V. 12 f, wie es das Wasser mit dem Schwanz peitscht V. 23 und eine helle Furche hinter sich drein zieht V. 24, wie der Sand seine scharfen Fährten zeigt V. 22. Ähnlich schildert Hes 32,2, wo Ägypten mit einem K. verglichen wird (allerdings mit einem anderen hebr. Wort), das Sprudeln seiner Nüstern und das Umherstampfen in den Fluten. Nach Hes 32,3 wurde das K. durch übergeworfene Netze gefangen, nach Hes 29,4 durch Sperrhölzer mit Haken, an denen es sich verbiß; vgl. Hiob 40,25 f. → Leviathan. *Schl*

Krone. *1)* Ein Diadem als Zeichen seiner Würde trug der König 2Sam 1,10; 2Kö 11,12; Ps 132,18 und der Hohepriester 2Mose 29,6; 3Mose 8,9, wohl ein Goldreif an der Stirn oder dem Rand des Turbans. Eine goldene K., die mit Edelsteinen besetzt sein konnte, ist mit einem anderen hebr. Wort Ps 21,4; HL 3,11; Hes 21, 31 f genannt. Ptolemäus trug 1Makk 11,13 zwei K.n, der Christus im Gesicht Offb 19,12 hat viele K.n, vielleicht mehrere Goldreifen übereinander. Der Kopfschmuck des persischen Königs und der Königin war vermutlich ein hoher, spitz zulaufender Turban Esth 1,11; 2,17; so wohl auch der königliche Schmuck des Mardochai Esth 6,8; 8,15. — *2)* In übertragenem Gebrauch wird K. zum Bild königlicher Macht Spr 27,24; Jer 13,18; Hes 21,31 f; Offb 4,4; 12,3; 13,1, überhaupt der Ehre und Freude Spr 4,9; 12,4; Phil 4,1 usf. Mit der Dornenkrone verhöhnten die Soldaten des Pilatus den Anspruch Jesu auf Königswürde Mk 15,17; Jo 19,2. — *3)* K. setzte Luther auch, wo der Kranz gemeint ist, mit dem in den griech. Kampfspielen der Sieger geehrt wurde und der zum Bild wird für den Siegespreis, den der Überwinder empfängt 1Kor 9,25, ein Kranz der Gerechtigkeit 2Tim 4,8, der Ehren 1Petr 5,4, des Lebens Jak 1,12; Offb 2,10. *Schl*

Krug. Je nach dem Verwendungszweck waren die Krüge verschieden geformt. *1)* Irdene Gefäße zum Wasserholen (hebr. kad) 1Mose 24,14 ff; Mk 14,13; Jo 4,28. *2)* Große Vorratskrüge ohne Henkel und Standfläche, die in den Boden eingelassen werden mußten, oder solche mit Henkeln zum Aufbewahren von Lebensmitteln (Mehl 1Kö 17,12). *3)* Krüge für Wein (nebel) 1Sam 1, 24; 10,3; 25,18; 2Sam 16,1; Jer 13,12. *4)* Bauchige Gefäße (zappachath) für Wasser 1Sam 26, 11 ff (Luther: Wasserbecher) oder Öl 1Kö 17,12. *5)* Krüge mit flaschenartig verengtem Hals (baqbuq), zB für Honig 1Kö 14,3. *6)* Steinerne Krüge als Behälter für das zu rituellen Waschungen benötigte Wasser Jo 2,6 f. *7)* Ein goldener K. mit → Manna wird Hebr 9,4 erwähnt; vgl. 2Mose 16,33. — Zur symbolischen Zerschmetterung eines K.s vgl. Jer 19,1 ff. Vgl. auch Jer 48, 12; Ps 2,9. — Bei den Ausgrabungen in Palästina sind zahlreiche Krüge aus verschiedenen Zeiten gefunden worden. → Gefäß, → Keramik, → Kunst. Abb. von Krügen Sp. 365, 366, 707. *Oßw*

Krugstempel. Unter den Oberflächen- und Ausgrabungsfunden haben sich in Palästina häufig Henkel größerer Tonkrüge mit dem Abdruck eines Stempels auf der Außenseite gefunden. Der Stempel ist oval oder rund und zeigt ein Symbol (zB die geflügelte Sonnenscheibe, einen Skarabäus-Käfer, einen Vogel oder eine fliegende Buchrolle, einen fünfzackigen Stern, einen einfachen oder durchstrichenen Kreis = pers. Königszeichen) und Inschrift in althebr. Buchstaben. Die verschiedenen Inschriften: *1)* lam-melek = Dem König und Ortsangabe. Die Orte sind Hebron, Siph, Socho und mmšt-kurnub oder Jerusalem. Paläographisch ist eine Gruppe dieser Inschriften älter als die Siloahinschrift (Ende des 8. Jh. vChr), zwei andere Gruppen jünger als diese. Die Inschriften sind entweder Angabe der königlichen Töpfermanufaktur oder Normangabe nebst Nennung des Sammelbezirkes für königliche Naturalsteuer. In letzterem Fall würde die paläographisch jüngere Gruppe nach 701 zT mit „lam-melek = Dem König" den assyrischen Großkönig meinen. *2)* j-r-š-l-m = Jerusalem; *3)* j-h-d = Jehud, Bezeichnung der nachexilischen Tempelprovinz der persischen Zeit; *4)* m-ss-h = vielleicht Mizpa, vor allem auf dem tell-en-nasbe gefunden; *5)* jh oder jhw = Abkürzung des Gottesnamens Jahwe oder besser Abkürzung für jehud, vorwiegend in Jericho gefunden. 2-5 sind nachexilischen Ursprungs.

Bei den Ausgrabungen des alten Gibeon (eddschib) tauchten beschriftete, nicht gestempelte Krughenkelinschriften auf, bestehend aus dem Ortsnamen Gibeon und dem Namen des Besitzers des Weinbergs, zB gb'n gdr ḥnnjhw nr' = Gibeon, Steinwall des Hananja nr'. Die Inschrift war vor dem Brennen in den noch weichen Ton geritzt worden. Die Krüge dürften für den Weinexport gedient und daher die „Herstellerfirma" genannt haben. *Ba*

Kuchen. Die verschiedenen hebr. Bezeichnungen deuten auf mehrere Arten von K., meist Brot-K. aus Weizen- oder Gerstenmehl, hin. In Asche oder auf glühenden Steinen wurden runde Fladen gebacken 1Mose 18,6; 1Kö 17,13; 19,6 (Luther: geröstetes Brot); K. aus → Manna 4Mose 11,8. Sie konnten leicht verbrennen, wenn man sie nicht rechtzeitig umwendete; Hos 7,8 wird Ephraim wegen seiner inneren und äußeren Schwierigkeiten mit einem solchen verdorbenen K. verglichen. In Notzeiten stellte man diese Fladen aus dem Mehl verschiedener Getreidearten und aus Hülsenfrüchten her Hes 4,9. In der Eile bereitete man ungesäuerte Brot-K. (Mazzen) 1Mose 19,3; 2Mose 12,39. Die K., die bei bestimmten Opfern Verwendung fanden, wurden aus einem ungesäuerten Teig aus Weizengrieß (Luther: Semmelmehl) und Öl hergestellt 3Mose 2,4; vgl. 7, 12; 8,26. Zu den Erstlings-K. vgl. 4Mose 15,20. Im Kult der → Himmelskönigin (Ischtar) spielten sternförmige (?) K. eine Rolle Jer 7,18; 44, 19. Besonderer Art waren K., die vielleicht als Krankenkost dienten 2Sam 13,6ff, und K., die mit irgend etwas bestreut wurden 1Kö 14,3. Bei den Öl-K. 4Mose 11,8 handelt es sich um eine feinere, mit Öl bereitete, 2Mose 16,31 um eine flache, mit Honig gesüßte Gebäckart. Rosinen- und Feigen-K., aus getrockneten Früchten gepreßt, werden 1Sam 25,18; 1Chr 12,40 erwähnt. → backen, → Brot. *Oßw*

Kuckuck. Der K., der bei Luther unter den unreinen Vögeln 3Mose 11,16; 5Mose 14,15 erscheint, ist vielleicht die Möwe, an die auch die alten Übersetzungen dachten. Dagegen könnte mit dem unmittelbar vorher genannten Vogel (Luther: Nachteule) der K. gemeint sein, der auch in Palästina zu Hause ist. *Schl*

Kümmel, eine Gewürzpflanze, die nach Jes 28, 25.27 und Mt 23,23 im Gemüsegarten angepflanzt wurde, wohl der Pfeffer- oder Kreuzkümmel, Cuminum cyminum, der heute noch im Orient angebaut wird, um die Körner ins Brot hineinzubacken. *Schl*

Kürbis. K.se oder vielleicht eher Gurken waren und sind für die Orientalen, roh oder gekocht, ein wichtiges Nahrungsmittel, darum 4Mose 11,5 sehnlich begehrt und vielfach angebaut; Jes 1,8 spricht von der Wächterhütte, die im Gurkenfeld zum Schutz der Ernte errichtet wird. *Schl*

Kuh → Rind.
Kultpropheten → Propheten.

Kultus. *1)* Unter K. versteht man ganz allg. die im Raum einer *Gemeinde* sich in *festgesetzten Formen* und regelmäßigen Begehungen ausdrückende *Verehrung* einer *Gottheit.*

2) Das *AT* faßt die Fülle solcher Ausdrucksweisen religiösen Erlebens mit dem Wort 'abōdā = *Dienst* zusammen. In dem Dienst *für Jahwe* sah Israel von Anfang an die Mitte seines K. Dieser Dienst war exklusiv, nur Sache des Jahwevolkes. Zu ihm gehörten die ***hl. Orte*** (→ **Sinai,** → Sichem, → Bethel, → Höhen, → Jerusalem), die *hl. Gegenstände* (→ Bundeslade, → Stiftshütte, das hl. Los, → Licht und Recht, u. a. m.), die Beobachtung der ***hl. Zeiten*** (→ Feste) und die genaue Ausführung des den → Priestern obliegenden, sich im Lauf der isr. K.geschichte immer reicher entfaltenden *Rituals:* der Reinigungsriten, →Opfer, →Gebete, →Musik, Doxologie, des → Segens, sowie der Rezitierung der Festlegenden (d. h. der Erzählungen von Gottes Führung mit Israel) und ihrer Darstellung in dramatisch-symbolischen Handlungen. Diese K.-formen waren weithin nicht isr. Neuschöpfung, sondern *übernommenes* gemeinsemitisches *Gut,* das Israel freilich im Sinne des Jahweglaubens *umprägte* und mit neuem Inhalt füllte, wobei es zugleich mit der Jahweoffenbarung nicht zu vereinbarende Elemente (Fruchtbarkeitsk.) abstieß. Eine ständige *Gefahr* des K. war die *Veräußerlichung des Ritualismus,* gegen die die Propheten in dauerndem Kampf standen Am 5,21ff; Jer 7,3 u. ö. Dennoch darf die große *Bedeutung* des K. für den isr. Glauben nicht übersehen werden. Hier konnte Israel seine Gemeinschaft mit Jahwe erneuern und stärken, hier vor allem war es dem Segens- und Vergebungswillen Jahwes spürbar nahe und wurde seinerseits durch Dank und Lob gegenüber der segenschaffenden Kraft seines Gottes als Gemeinde aufs stärkste zusammengehalten.

3) Besondere Formen entwickelte die →*Synagoge.*

4) *Christus* ist das Ende des ATlichen K. Hebr 10,14. Kultische *Neuansätze* zeigen sich im *NT* in den Feiern der → Taufe und des → Abendmahls. Der Mahlfeier werden schon früh aus dem → Judentum übernommene K.elemente eingefügt: → Predigt, → Gebet, → Bekenntnis, → Lobgesang, → Segen, worauf Apg 2,42; 20,7; 1Kor 14,26; Kol 3,16, sowie zahlreiche Hymnen und K.formeln des NT hinweisen Lk 1,46ff. 68ff; Röm 9,2 u. a. m. Nur werden diese Formen nun christologisch gefüllt und damit zu Zeugnisträgern des NTlichen Heilsgeschehens. Ziel des → Gottesdienstes ist die → Erbauung der Gemeinde im Sinn des Aufbaus des Leibes Christi. *Mitte* alles K. und der eigentlich *Handelnde* in ihm ist *Christus.* Auf seine persönliche Heilsgegenwart wie auf die Vollendung des Heils bei seiner → Wiederkunft zielt alles kultische Handeln der Gemeinde ab.

Lit.: S. Mowinckel, Religion und Kultus, Göttingen 1953; H.-J. Kraus, Gottesdienst in Israel, München [2]1962; G. Delling, Der Gottesdienst im NT, Berlin 1952; O. Cullmann, Urchristentum und Gottesdienst, Zürich [4]1962.

Ste

Kultusreform. Eine K. bezweckt die Neuordnung gottesdienstlicher Bräuche und Gepflogenheiten nach den Forderungen der Kultstifter. Weil Juda-Israel die alten kanaanäischen Heiligtümer Palästinas übernommen und in den Dienst seines Gottes gestellt hatte, waren manche heidnischen Kultelemente mit Hilfe einer Umdeutung übernommen worden. Bei einer K. werden meist solche Residuen beseitigt. Andererseits waren die Kultstifter und ihre Intentionen sowie die Vorgänge bei der Übernahme der alten Heiligtümer in den Gebrauch des isr. Gottesdienstes unbekannt, so daß die aus einer Notlage sich ergebenden Reformforderungen von Priesterkreisen dem sagenhaften Kultstifter in den Mund gelegt werden. Eine K. kann sich auf ein einziges Heiligtum oder auf alle Heiligtümer zu gleicher Zeit beziehen, kann aber auch zugunsten eines bestimmten Heiligtums alle anderen Heiligtümer als illegitim erklären, ja kann unter Umständen allen Opferkult abschaffen! Weil in Israel die Verkündigung des Gottesrechts, in Zweifelsfällen auch die Rechtsfindung am Heiligtum geschah, mußte eine jede K. sich zutiefst auf das gesamte Leben des Volkes auswirken und konnte ohne heftige Auseinandersetzungen unter den führenden Männern nicht vor sich gehen; in staatlicher Zeit konnte sie nur durch den König in Kraft treten. Dazu muß man beachten, daß in Israel in seinen Propheten Wächter über die Durchführung des wahren Gottesdienstes hervortraten, die ihren Reformwillen unerbittlich allen Volkskreisen vortrugen und auch vor den geheiligten Personen der Priester und der Könige nicht haltmachten!

Wir hören von gelegentlichen K.en, die sicherlich viel häufiger auftraten, als uns die Überlieferung berichtet. Elia stellte auf dem Karmel den Jahwedienst wieder her 1Kö 18,30ff, Josaphat beseitigte kanaanäische Kultelemente 2Chr 19,3. Hiskia von Juda entfernte im Tempel von Jerusalem nicht nur heidnische, sondern auch isr. gottesdienstliche Gegenstände wie die „Eherne Schlange", die aus der Zeit des Mose stammen sollte; weiterhin zerstörte er die Höhenheiligtümer 2Kö 18,4. Die berühmteste K. führte 621/20 König Josia von Juda durch, der nicht nur den Jerusalemer Tempel von allen kanaanitischen Gegenständen und vom assyrischen Staatskultus befreite, sondern grundsätzlich alle sonstigen Heiligtümer im Lande beseitigte und mit Hilfe eines Staatsaktes den Tempel in Jerusalem zur alleinigen Kultusstätte für den Gott Israels erhob 2Kö 22-23,28. Selbst ein durch die „Vätererzählung" anerkanntes Jahweheiligtum wie Bethel 1Mose 28,17 wurde damit seines kultischen Charakters entkleidet. Wenn die K. des Königs Josia nach dessen Tod auch hinfällig wurde, so hat das Gesetzbuch, nachdem sie vorgenommen wurde, wahrscheinlich 5Mose 12-26, auch nach dem Ende des Staates Juda bis in unsere Zeit entscheidende Wirkung gehabt. Opferkultus konnte noch in Jesu Tagen nur in Jerusalem ausgeübt werden. *Peu*

Kundschafter → Krieg.

Kunst.

1) Das Wesen der bildenden K. — 2) Die K. in Israel. a) Die Malerei. b) Die Bildhauerei. c) Das Kunstgewerbe. d) Die Baukunst. — 3) Die spätjüdische K. — 4) Die K. im NT. — 5) Frühchristliche K.

1) Die bildende K. sucht das Schöne in der *vollkommenen Gestaltung des Wirklichen.* Sie will dabei die Wirklichkeit nicht nur nachahmen, sondern vergegenwärtigen und zwar so, daß sie das innerste und eigentliche Wesen einer jeden Sache sinnlich-bildhaft zur Darstellung bringt.

2) Israel hat in diesem Sinn *keine* nennenswerten bildnerischen Fähigkeiten entwickelt. Die Vorbedingungen für die schöpferische Kraftentfaltung auf diesem Gebiet waren bei ihm nicht günstig. Phantasiereichtum fehlte ihm zwar nicht. Meister des Worts, Dichter und Erzähler, hat es zur Genüge gehabt (→ Dichtkunst). Aber seine *Anlage* drängte nicht zur festen, klaren Formensprache der bildenden Künste, so daß es unbefangen auf den Formenschatz fremdländischen K.schaffens zurückgriff, wenn es ihn benötigte. Vor allem war das *Bilderverbot* der offiziellen Jahwereligion 2Mose 20,4; 5Mose 27,15 mit seiner im Lauf der Geschichte immer kunstfeindlicher werdenden Auslegung ein Hindernis für die Bildung eigener K.gestaltung. — *a)* So *fehlt* von den bildenden Künsten die *Malerei* vollständig. Das „Malen" von Jer 22,14 ist nur Farbanstrich und die Hes 23,14 genannte Wandmalerei bezieht sich auf babylonische Arbeiten. — *b)* Auch auf dem Gebiet der *Holzschnitzerei* und *Bildhauerei* war Israel kaum produktiv. Bei den „schönen → Masseben", von denen Hos 10,1 die Rede ist, kann es sich nur um grob behauene Kultsteine gehandelt haben. —

Krieger auf einem Topf aus Megiddo

Auf den Scherben eines blaßroten Topfes aus der 4. Schicht in Megiddo, aus spätkanaanäischer Zeit, sind in dunkelroter Farbe Krieger aufgemalt. Sie haben um die Brust kurze dreieckige Panzer (aus Leder?) mit schwarzen (metallenen) Buckeln gebunden und tragen in der Linken einen kleinen runden Schild (?), in der Rechten wohl eine Streitaxt. Keramik mit Darstellung von Menschen wurde in Palästina sehr selten gefunden.

c) Wesentlich reicher ist dagegen das *kunstgewerbliche Material,* das die Ausgrabungen der letzten 60 Jahre auf dem Boden Palästinas zutage gefördert haben. Freilich ist auch hier oft schwer zu unterscheiden, was isr. Eigengut ist und was auf Nachahmung oder Import fremder Kulturen zurückgeht. Zahlreich sind die Erzeugnisse der *metallverarbeitenden Kleinkunst* in Vasen und Schalen aus Bronze, Silber und Gold, in → Geschmeide und namentlich kleinen Götzenbildern (→ Baal). Von der K. der *Steinschneiderei* zeugen die Funde von → Siegeln, wobei Form und Ornamentik starke babylonische und ägyptische Anregungen verraten. Weitaus am häufigsten fanden sich die *Scherben von Tongefäßen,* die auf eine Fülle keramischer Typen wie → Lampen, Näpfe, Schalen mit und ohne Standfuß, ein- und mehrhenklige Krüge, Vasen, Kannen usw schließen lassen (→ Keramik). Hierher gehören auch die vielen → Amulette und Götzenfigürchen, meist die → Astarte darstellend, die von Frauen an einer Halskette getragen wurden. Eine etwas unbeholfene Art der Verzierung durch Malerei zeigt die Scherbe eines Tonkrugs aus → Megiddo, auf der zwei Krieger dargestellt sind. Größeres Geschick verraten die Bemalungen mit Streifen, geometrischen oder bildlichen Motiven auf → Räuchergefäßen und Töpfen, die, wie auch sonst der keramische Ausgrabungsbefund beweist, kyprische, assyrische und ägyptische Einflüsse voraussetzen. Die einheimischen isr. Formen blieben plump und unschön, bis sich in griech-röm. Zeit das isr. K.gewerbe verfeinerte. — *d)* Bedeutendere Leistungen zeigt die *Baukunst.* Auch hier hat Israel keinen eigenen Stil entwickelt. Gerade bei den Großbauten der davidisch-salomonischen Ära ist die Nachahmung fremder Baustile überall greifbar. Und doch ist beachtlich, wie Israel mit Hilfe fremder Meister an die Bauaufgaben heranging, die ihm die Machtstellung des jungen

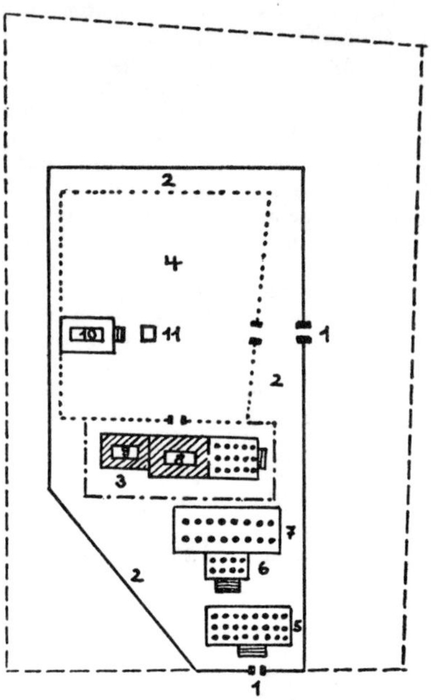

Grundriß von Salomos Palast und Tempel

1. Eingänge zum Palast und Tempel. 2. Der große Hof. 3. Der innere Hof. 4. Der Tempelhof. 5. Das Libanon-Waldhaus. 6. Die Säulenhalle. 7. Der Gerichtssaal. 8. Der Palast Salomos. 9. Das Haus der Frauen Salomos. 10. Der Tempel. 11. Der Brandopferaltar.

Reiches zuwies. Die *Palastanlage Salomos* in Jerusalem ist hierfür beispielhaft. Sie bestand aus drei Gebäudekomplexen, die südlich des dazugehörigen → Tempels lagen. Zur ersten Gruppe gehörte das → *„Libanonwaldhaus"* 1Kö 7, 2-5, 52,5 m lang, 26 m breit, das auf 45 Zedernsäulen ruhte und von ferne wohl einem Zedernwald glich. Die Bestimmung dieser dreischiffigen Anlage ist ungewiß. Das obere Stockwerk mit seinen drei Fensterbändern wird als Zeughaus gedient haben 1Kö 10, 16 f; Jes 22, 8. Die zweite Gruppe, zw. Libanonhaus und eigentlichem Palast, bildeten zwei Hallen, eine *Säulenhalle mit Vorhalle* und die unmittelbar anschließende *Audienzhalle,* in der Recht gesprochen wurde. In letzterer wird der 1Kö 10, 18 ff beschriebene *Thron Salomos* (→ Stuhl) aufgestellt gewesen sein. Im inneren Hof der Burg lag die dritte Gebäudegruppe, das *Privathaus Salomos* und seiner Familie sowie das der Pharaonentochter 1Kö 7, 8. Näheres über diese Bauten wissen wir nicht. Ein unmittelbarer Zugang führte zu dem nördlich angrenzenden, höher gelegenen Tempelareal. Die ganze Akropolis (einschließl. Tempel) war durch einen Mauertrakt von der Davidstadt abgeschlossen. In dieser einheitlichen Anlage mit ihren rechtwinkligen Linien und Umrissen, mit ihren flachgedeckten, einfachen Baublöcken ohne

Rundform, Wölbung und Steinsäulen, ja ohne viel hervortretenden Schmuck, hat die isr. Baukunst trotz des unverkennbaren Zusammenhangs mit der K. der Nachbarländer ihr eigenes Gesicht bewahrt. Ähnliche Einsichten vermittelt die durch Ausgrabungen in Samaria zT freigelegte Anlage des → *Omri-Ahab-Palastes.* Unmittelbar auf dem Felsen steht ein stattliches Bauwerk in musterhafter Quadertechnik. Es umfaßt etwa elf Räume, die nach syr.-phön. Sitte um mehrere Höfe herum angelegt sind. Auch das „Ostrakonhaus" in → Samaria und die der Ahabzeit zugehörende „Kommandantenwohnung" in → Megiddo sind Zeichen rühriger isr. Baukunst.

3) Die spätjüd. K. steht ganz im Bann *hellenistisch-alexandrinischer Stilformen.* Das bezeugen die ionischen oder dorischen Kapitelle der Halbsäulen und Eckpilaster, die Friese und dorischen Architrave der am Fuß des Ölbergs erhaltenen Monumentalgräber („Absalomgrab", „Pyramide des Sacharja" u. a.). Das Portal zur Vorhalle der sog. Richtergräber in Jerusalem zeigt griech. Linienornamente. Im Jerusalemer Grab der im 1. Jh. nChr zum Judentum übergetretenen Königsfamilie von Adiabene finden sich unterhalb des Frieses an Oberschwelle und Seitenwandung in Flachstil ausgebildete Gewinde von Weinblättern und Ölzweigen, während an den Außenseiten der Sarkophage im Helenagrab reiche Rosettenverzierungen auftreten. Solche neutralen Schmuckformen entsprachen der Zurückhaltung, die die Übernahme griech. K. im Judentum durch das strenge Bilderverbot er-

Spätägyptischer Löwenthron

Der Thronsitz wird getragen von zwei Löwen; auf den Thronlehnen stehen zwei geflügelte Genien; die Seiten des Thrones zeigen die geflügelte Sonnenscheibe, das Symbol des Horus von Edfu. Vor der Fußbank liegen als Wächter zwei Sphynxen.

Sinnbilder ältester christlicher Kunst

Im Orient galt der Fisch als Träger der Fruchtbarkeit, da er aus dem Wasser, dem Mutterschoß alles Lebens, stammt. Die Christen bezogen dieses Sinnbild des Heils auf Christus, der der wahre Fisch ist und in der Taufe das eigentliche Lebenswasser gibt. Zugleich war ihnen wichtig, daß die Buchstaben des griech. Wortes „ichthys" (= Fisch) die Anfangsbuchstaben der fünf Worte „Jesus Christus Gottes Sohn Heiland" sind. In der Darstellung aus den Katakomben in Rom mit den beiden Fischen und den sieben mit dem Kreuzeszeichen versehenen Broten ist zugleich an die Speise gedacht, die Christus im Abendmahl den Gläubigen reicht, wie er einst bei der Speisung sieben Brote und zwei Fische austeilte Mt 15,34. — Die Taube ist das Zeichen des Friedens.

fuhr. Ähnliche Ornamentierungen wird auch der → *Tempel des Herodes* aufgewiesen haben, der im übrigen seine Monumentalität gerade durch die Übernahme griech. Architekturelemente erreicht hat. Selbst im Bau der großen → *Synagogen* schloß man sich, wie die freigelegten Ruinen der Synagoge von → Kapernaum beweisen, mit der Zeit dem Stil griech.-röm. Tempel an.

4) Im NT treten die Fragen der K. *völlig zurück.* Der Blick auf die nahenden letzten Dinge ließ das Vorletzte gering erscheinen und vermittelte keine Antriebe zu aktiver K.gestaltung. Das heißt *nicht,* daß die Urchristenheit *kunstfeindlich* gewesen wäre. Das jüd. Bilderverbot besaß für sie keine Verbindlichkeit. Wem Gott in Jesus Christus begegnet war, dem erschloß sich eine Lebensfülle, aus der weder künstlerisches Schaffen noch künstlerischer Genuß grundsätzlich verbannt waren 1Kor 3,21ff; Phil 4,8. Eine K. allerdings, die sich in den Dienst gottfeindlicher Mächte stellte 2Kor 6,14f oder unter ästhetischen Gesichtspunkten der Sittenlosigkeit Vorschub leistete 1Jo 2,16, war dem Geist der jungen Christenheit fremd.

5) Unter diesen Gesichtspunkten wollen die *ersten christl. Bilder* beurteilt sein, die im 2. Jh. nChr im wesentlichen an unterirdischen *Grabstätten* der Christen entstanden sind (Katakomben in Rom, Frankreich, Griechenland; in Rom allein 70 Cömeterien mit einer Ganglänge von 150 km und Raum für etwa 750000 Gräber). Die schmückende Ausmalung der Decken und Wände dieser Grufträume bevorzugte helle Farben und leichte Formen. Wenn sich die Christen darin der zeitgenössischen heidnischen Malerei anschlossen, so bekannten sie sich doch aus inne-

Sarkophag aus den „Königsgräbern" bei Jerusalem Der Sarkophag, jetzt im Louvre in Paris, zeigt reichen Schmuck mit einfachen und doppelten Rosetten.

ren Gründen zu deren heiterer Grundstimmung. Ihnen war der Tod nicht Ende, sondern Übergang. Von der *christl.* Glaubenserwartung aus bekamen die beschwingten *heidnischen Symbolformen* einen *neuen* Sinn. Ölzweig, Pfau, Phönix und Taube, auch Amor und Psyche sowie Orpheus mit der Lyra wurden zu Hinweisen auf die Unsterblichkeit der Seele, die Auferstehung der Toten und die Erlösermacht Christi. Anderes *altchristliches Motivgut* wie Palme, Weinstock, Kranz, Krone, Kreuz, Lamm u. a. ging auf unmittelbaren bibl. Einfluß zurück. Beliebt war das *Monogramm Christi* (Anfangsbuchstaben seines Namens: Ch und R). 120mal ist Jesus in den römischen Gräbern in der Figur des *Guten Hirten,* noch häufiger unter dem Sinnbild des *Fisches* als Träger des Heils dargestellt. Das Bild des *Gekreuzigten* findet sich erstmals um 425 nChr auf einem Elfenbeinkästchen. Die Wiedergabe des Schmerzes und der Erniedrigung vertrug sich schlecht mit der von den Christen übernommenen heiteren antiken K.auffassung. Wo sich die Katakombenmalerei bibl. Personen und Vorgängen zuwandte, zielte sie nicht auf ein Historienbild, sondern blieb ihrer in den heidnischen Symbolen sich ausdrückenden Bildauffassung treu. Vgl. „Noah in der Arche". Sie will an geschichtlichen Beispielen die Gültigkeit des christl. Glaubens über Tod und Leben aufweisen und wird so zum schlichten, aber eindrucksvollen Zeichen heilsgeschichtlicher K.

Lit.: AOB; G. E. Wright, Biblische Archäologie, Göttingen 1958; L. H. Grollenberg, Bildatlas zur Bibel, Gütersloh 1959; H. Schmökel, Kulturgeschichte des Alten Orient, 1961. *Ste*

Kupfer → Erz, → Metalle.
Kupfergeld → Münzen.
Kusch, Kuschit → Mohrenland.

Kuschan, Rischathajim, ein uns unbekannter aramäischer König. Man kann aber auch an Ägypten als die Heimat jenes Königs denken (Kuschan = Nubien) Ri 3, 8. 10. *Peu*

Kuß, küssen ist zu aller, auch der bibl. Zeit zunächst Zeichen der Liebe, und zwar zw. Männern 2Mose 4, 27; 2Sam 20, 9 (indem einer den Bart des anderen faßte), zw. Brautleuten HL 1, 2; 8, 1, Eltern und Kindern 1Mose 27, 26 f; 32, 1; 48, 10; 50, 1; Tob 11, 7, Geschwistern 1Mose 45, 15 und Verwandten, bes. bei Begrüßung und Abschied 1Mose 29, 11. 13; 31, 28; Rt 1, 9. 14. Er gilt als Zeichen der Versöhnung 1Mose 33, 4; 45, 15; 2Sam 14, 33; Lk 15, 20, kann jedoch als Vorwand auch listigem Betrug dienen 2Sam 15, 5; 20, 9 f; Spr 27, 6; 7, 13; Mt 26, 48 f par. — Der K. ist ferner Zeichen der Verehrung und Huldigung, so gegenüber dem Götzenbild 1Kö 19, 18; Hos 13, 2 — Sonne und Mond warf man K.hände zu Hiob 31, 27 — und gegenüber dem König 1Sam 10, 1; Ps 2, 12, wie allgemein gegenüber höhergestellten Personen Lk 7, 38. Die Unterworfenen hatten dem Sieger die Füße zu k. (so die Formel: den Staub der Füße lecken) Jes 49, 23; Mich 7, 17; Ps 72, 9. — In den ersten Christengemeinden war als Ausdruck der Glaubens- und Liebesgemeinschaft (wahrscheinlich je unter Männern und unter Frauen) der sog. hl. K. Röm 16, 16; 1Kor 16, 20; 2Kor 13, 12; 1Thess 5, 26 oder der K. der Liebe 1Petr 5, 14 üblich. *Kn*

Kutha, akkadisch Kutu, altheilige Stadt nordöstlich von Babel, in der der Hauptgott des Totenreichs Nergal verehrt wurde. Aus dieser Gegend hat der assyrische König Sargon Bevölkerung in das von ihm i. J. 722 eroberte Israel deportiert 2Kö 17, 24. 30. Heute werden bei den Juden die Samariter Kutim genannt. *Peu*

Kyrene, auch Cyrene, Hauptstadt der Kyrenaika, Halbinsel westlich von Ägypten, östlich der großen Syrte, mit früher, griech. Besiedlung. Aus der dortigen jüd. Diaspora stammen Simon von K. Mt 27, 32, einige der Jerusalempilger am Pfingsttag Apg 2, 10, Hörer des Stephanus in der Synagoge der griech. sprechenden Juden Apg 6, 9. Die erste eigentliche Heidenmission im syr. → Antiochia wird von Leuten aus Zypern und K. begonnen Apg 11, 20 ff. Lucius von K., Prophet und Lehrer in Antiochien Apg 13, 1, gilt in altkirchl. Überlieferung als erster Bischof seiner Heimatstadt. *Ap*

Kyrios → Herr.

L

Laban, Sohn Bethuels 1Mose 28, 5, Bruder Rebekkas 24, 29, Vater Leas und Rahels in Haran 27, 43, ein Aramäer (Luther: „Syrer") 25, 20 mit einem von Jakobs Sprache verschiedenen Dialekt 31, 47. Schon bei Rebekkas Heirat 1Mose 24 steht er im Vordergrund und gilt bei Jakobs Aufenthalt in Haran K. 29 als Haupt der Familie. Beim Ehehandel um seine Töchter erweist er sich trotz äußerer Liebenswürdigkeit 24,31; 29,14ff als eigennützig und verschlagen 29,23ff; 30,27; 31,7ff. 15. 38ff, wird aber durch Jakobs Schlauheit überspielt 30,35ff; 31,1. 16. 20, wobei Gott dem Jakob beisteht 31,9ff. 42. Die ihm von Jakob bei der Flucht entwendeten Familiengötter (→ Teraphim) kann L. nicht entdecken 31,34. Der zw. L. und Jakob geschlossene Bund 31,43-54, der die Grenze zw. Israeliten und Aramäern festlegt, geht geschichtlich wohl auf die früheste Berührung zw. den beiden semitischen Stämmen zurück. Ihre Händel finden ihren Niederschlag in den L.-Geschichten *(Schw)*

lachen. Im Lachen äußert sich Freude oder Überlegenheit Pred 3,4; Spr 31,25; Hab 1,10, aber auch törichte Lebenshaltung Pred 7,3.6; Sir 19, 27; 21,29; 27,14, ungläubiger Zweifel an Gottes Verheißungen 1Mose 17,17; 18,12; 21,6 (Etymologie des Namens → Isaak); (vgl. 1Mose 19,14; Mt 9,24 par., auch die Schadenfreude und der Spott, worunter bes. Fromme und Propheten zu leiden haben Hiob 12,4; 30,1; Jer 20,7; Sir 12,19. Gelegentlich läßt die HS Gott l., um seine völlige Überlegenheit über seine Gegner auszudrücken Ps 2,4; 37,13; 59,9; so auch Spr 1,26 die göttliche Weisheit; so auch die Frommen, die die machtvollen, rettenden Taten Gottes schauen dürfen Hiob 5,22; 8,21; Ps 126,2; 52,8. Lk 6,21 denkt an die Freude der zukünftigen Welt. *Oßw*

Lachisch, in den Amarnaschriften lakisa, heute tell ed-duwēr, liegt im südwestl. Bergland Judas. Englische Ausgrabungen erwiesen eine Bergsiedlung von L., das ursprünglich eine nichtsemitische Stadt war, schon im 3. Jt. Im 14. Jh. ging L. den Ägyptern an die Habiru verloren. Später wurde es von den Israeliten erobert Jos 10,3ff. 31f und von Rehabeam um 920 zur Grenzfeste ausgebaut 2Chr 11,9, in der Amazja vergeblich Zuflucht vor den Aufständischen Jerusalems suchte 2Kö 14,19. Sanherib, der L. 701 belagerte und eroberte, ließ über den Abzug der Bewohner ein Relief anfertigen, das einen guten Stand ihres wirtschaftlichen und kulturellen Lebens verrät, vgl. Mich 1,13; 2Kö 18,14ff. Unter Josia stellt L. wohl wieder einen der 12 Untergaue Judas dar (vgl. zu Jos 15,37-41 Alt, Kl. Schriften II, 278). Aus der Zeit der Belagerung durch Nebukadnezar 588 wurden in L. Briefe (Ostraka) von Befehlshabern gefunden, die in erregter Form dem nahenden Untergang zu begegnen suchen. Ein persischer Palast, der über einer alten judäischen Königsburg freigelegt wurde, bezeugt wie Neh 11,30 die Existenz der Stadt in nachexilischer Zeit. In der Liste Neh 3 aus dem 5. Jh. wird sie jedoch nicht mehr erwähnt. Abb. der Festung L. → Sp. 317/318. *Da*

Lade, Ladeerzählung. Nach 4Mose 10,35f begleitete die *Lade* das Volk Israel auf seinem Wüstenzug. Die bei Aufbruch oder Rast an die Lade gerichteten Sprüche lassen erkennen, daß sie als Thron Gottes galt, der die Anwesenheit Gottes beim Volk verbürgte. Nach der Landnahmezeit stand die L. im Heiligtum des Zwölfstämmebundes in Silo 1Sam 3,3, fiel nach der Niederlage von Aphek den Philistern in die Hände 1Sam 4,1ff und wurde nach 2Sam 6 von David in feierlichem Aufzug nach Jerusalem überführt, wo sie zunächst in einem Zelt stand. Nach Erbauung des Tempels wurde sie in das Allerheiligste gestellt 1Kö 8,4-9 und hat offenbar wenig Beachtung gefunden. Bei der Eroberung Jerusalems 586 ist sie entweder zerstört oder geraubt worden. Die Beschreibung ihres Aussehens 2Mose 25,10ff kann auf eine vorexilische Tradition zurückgehen. Die gegebenen Maße würden einem tragbaren Wanderheiligtum durchaus entsprechen. Die *Ladeerzählung,* die im vorstehenden Bericht bereits benutzt wurde, umfaßt 1Sam 4-6 u. 2Sam 6. Sie schildert die Schicksale der Lade, seitdem sie aus dem Heiligtum von Silo in den Kampf gegen die Philister mitgenommen worden war, bis zu ihrer Überführung nach Jerusalem. Durch Sprache, Stil und Geschlossenheit der Darstellung auffallend, kann die Ladeerzählung aus priesterlichen Kreisen des Jerusalemer Tempels hergeleitet werden; doch werden ältere Überlieferungen der Ladepriesterschaft von Silo mit eingearbeitet worden sein.

Lit.: J. Maier, Das altisraelit. Ladeheiligtum (BZAW 93) 1965. *Ba*

Lästern (= jemandem Schandbares nachsagen, Gott durch unehrerbietige Aussagen die Ehre nehmen) ist ein Handeln, das nach der HS letztlich gegen Gott selbst gerichtet ist und daher als bes. schwere Sünde gebrandmarkt wird. Da aber der Mensch mit seinem Vorwurf, daß ein anderer lästert, lediglich an sein eigenes Verständnis einer Situation gebunden ist, muß er das Recht seiner Aussage Gott selbst anheimstellen und sich letztlich dem richtenden Gott unterordnen. Es besteht sogar die Möglichkeit, daß der falsche Vorwurf, ein anderer lästere, selbst wieder zur Sünde wird. Im einzelnen ergeben sich folgende Grundlinien:

1) Der Heide kann die Wahrheit oder Macht des Gottes Israels in Zweifel ziehen und fragen: Wie kann Gott Jerusalem aus der Hand des Königs von Assur retten? 2Kö 18,35; 19,3ff. Wenn Israel in seiner Geschichte immer wieder unterjocht und gefangengehalten wird, dann wird dadurch der Name Gottes unter den Heiden geschändet; Gottes Ehre ist also an Israel gebunden Jes 52,5 (anders Röm 2,24, wo dasselbe Zitat die Schuld Israels bestätigt). Wenn Edom sich an Israel vergeht und sich der eigenen Macht rühmt, dann lästert es damit Gott selbst Hes 35,12. Gott droht daher mit seinem starken Arm sich zur Wehr zu setzen, wenn solche Lästerung seine Ehre und die Ehre seines Volkes angreift 2Makk 15,24. Da die Heiden Gott im eigentlichen Sinn nicht kennen, sind sie „Lästerer“ und „Barbaren“ 2Makk 10,4. Heidnische Existenz ist nichts anderes als eine Lästerung Gottes, wenn auch vielleicht in Unwissenheit. Vor allem das hellenistische Judentum kennt die ganze Problematik der Lästerung Gottes durch Heiden, und man ist sich der Aufgabe bewußt, dafür Sorge tragen zu müssen, daß man selbst keinen Anstoß gibt. Daher soll der Jude sich hüten, heidnische Götzen zu lästern (LXX). Paulus behauptet, daß es dem Diasporajudentum nicht gelungen ist, die Ehre Gottes unter den Heiden zu wahren; es hat im Gegenteil die Lästerungen gegen Gott hervorgerufen Röm 2,24.

2) Eine große Bedeutung hat der Begriff der Lästerung auf dem Gebiet des ATlichen und jüd. Rechts. Derjenige, der seinem Gott flucht, soll aus Israel ausgerottet werden 3Mose 24, 10-16; 4Mose 15,30f. Dies Gesetz bedarf aber einer Auslegung, und man fragte sich, wann es anwendbar ist. Man wies darauf hin, daß die Ehre Gottes nicht angetastet werden darf, und das Rabbinat dachte später an den, der in frecher Weise von der Thora sprach oder den hl. Namen beschimpfte. Da es schwierig wurde, die rechtliche Bedeutung des Begriffes festzulegen, versuchte man später, den zu verfolgenden Tatbestand soweit wie möglich einzuschränken. Man verlangte, daß der Gottesname dabei ausdrücklich und vernehmlich ausgesprochen war. Der NTliche Bericht zeigt deutlich, daß man in der Zeit Jesu den Begriff der Lästerung weiter und vielschichtiger verwendete. Der Begriff hat vor allem in der Diskussion und in der Polemik eine besondere Rolle gespielt, und man hat dann jedesmal daran zu denken, daß Lästerung unrein macht und den Frevler von den Frommen trennen muß. Schon in der Diskussion zw. den Leuten von Qumran und ihren Gegnern gab es den Vorwurf, daß man den hl. Geist verunreinige, indem man gegen die Gesetze des Gottesbundes lästernd den Mund auftue (Dam.5,11ff).

3) Das NT setzt zunächst den alten jüd. Sprachgebrauch, daß das Heidentum Gott überheblich lästere, fort. Das Antichristentum in seiner gefährlichen und verführerischen Macht spricht lästerliche Worte 2Thess 2,4; Offb 13,6. Man weiß auch hier, daß die Überheblichkeit gegen Gott gleichzeitig Feindschaft gegen die Gemeinde Gottes ist und sich als solche auch auswirkt. Auch die Gerichte Gottes haben die Folge, daß die widergöttlichen Gewalten in ihren Lästerungen nur noch bestärkt werden Offb 16,11.21. Neu und bes. charakteristisch ist aber der starke Gebrauch der Wortgruppe in der Diskussion zw. Judentum und Urchristentum: Jeder wirft dem anderen an entscheidenden Punkten die Lästerung Gottes vor, und damit wird die endgültige Scheidung zw. Synagoge und Gemeinde Jesu vorbereitet. Die Vollmacht Jesu erscheint den Gegnern wie eine Lästerung Gottes und man antwortet entsprechend heftig Mk 2,6f; 14,63f; Jo 10,33-36. Es ist daher anzunehmen, daß ein älteres Verständnis der Lästerung im Prozeßverfahren Jesu eine große Rolle gespielt hat. Ähnliche Vorwürfe begegnen später im Gerichtsverfahren gegen Stephanus Apg 6,13. Man wird hier an das ältere Recht, nicht an spätere Auffüllungen des Textes zu denken haben. Paulus galt allen seinen Gegnern innerhalb und außerhalb der Gemeinde als „Lästerer“ (1Kor 4,13 v.l.).

4) Umgekehrt sah auch die apostolische Verkündigung in dem leidenschaftlichen Aufbegehren der Juden gegen die Messianität Jesu eine unerträgliche Lästerung Apg 13,45; 18,6. Besonders scharf wird das Gerichtswort, das den Juden überhaupt bestreitet, sich Juden und Synagoge Gottes zu nennen, weil man lästert und widerspricht Offb 2,9. Hier wirkt das altbibl. Recht nach, das den Lästerer überhaupt ausstößt. Grundsätzlich wird aber die Gemeinde dazu erzogen, die Lästerungen der Gegner zu ertragen 1Petr 4,4. In der innerchristl. Diskussion kann es ebenfalls vorkommen, daß Irrlehre das Gewicht der Lästerung bekommt und dann ebenfalls eigentlich ausgeschieden werden müßte Röm 3,8. Lästerungen wurden in Korinth in Einzelfragen ausgesprochen 1Kor 10,30; 12,3 „Verflucht ist Jesus“. Paulus hat auch in solchen Fällen zwar sein Befremden und ein entschiedenes Nein ausgesprochen, aber nicht immer mit der Scheidung gedroht. Grundsätzlich steht das Urchristentum unter der Bereitschaft Jesu, auch der Lästerung zu vergeben Mk 3,28f; Mt 12, 32. In diesem Fall gibt es nur eine Grenze, wenn man sich gegen den hl. Geist auflehnte und ihn lästerte. Gemeint ist, daß man die Vollmacht Jesu als Besessenheit durch einen unreinen Geist erklärt. Diese Sünde ist auch für Jesus ewig und ausscheidend.

5) In ein ganz andersartiges Licht tritt der Begriff, wenn man an die Auseinandersetzung mit der Gnosis denkt. Ihr schwärmerisches Freiheitsbewußtsein verführt sie dazu, Fluchworte oder Machtworte auszustoßen, um die eigene Überlegenheit zum Ausdruck zu bringen und eine kosmische oder kultische Ordnung zu brechen Jud 8ff; 2Petr 2,10ff. Die apostolische Überlieferung sieht in diesen gnostischen Handlungen Lästerungen, d.h. Angriffe, die sich letztlich wider Gott selbst richten. Man macht dagegen geltend, daß nach jüd. Überlieferung selbst der Engel Michael im Kampf mit dem Teufel kein derartiges Fluch- oder Machtwort auszusprechen wagte, sondern sich darauf beschränkte, die Macht Gottes anzurufen. Er ordnete sich also Gott unter. Der Begriff der „Lästerung“ führt also hier in die Auseinandersetzung mit der Schwärmerei: auch sie vergeht sich an der Majestät Gottes. *Mi*

Läufer 2Chr 30,6.10; Esth 3,13.15 die königlichen Eilboten (dafür 1Sam 22,17; 2Sam 15,1 und sonst Leibwache). Daher Hiob 9,25 das Bild für die Flucht unserer Tage. *(Schl)*

Lager, Lagerstätten (im allgemeinen). Zu den einzelnen L.stätten → Wüstenzug. *1)* Das Bild des aus Ägypten nach Kanaan ziehenden Gottesvolkes ist ein marschierendes Heerlager. Die aus späten Quellen fließende Schilderung gibt kaum geschichtlich zuverlässige Tatbestände wieder. Nach ihr verteilen sich die 603 550 waffenfähigen Männer 4Mose 1 im Viereck um die in der Mitte befindliche, vom Priesterstamm Levi umlagerte Stiftshütte derart, daß jeweils drei Stämme nach einer Seite des L.s zusammengeordnet sind: nach Osten Juda, Isaschar, Sebulon, nach Süden Ruben, Simeon, Gad, nach Westen Ephraim, Manasse, Benjamin, nach Norden Dan, Asser, Naphthali 4Mose 2. Nach der 4Mose 10 beschriebenen Zugordnung bricht auf Trompetensignal das L. auf, voran die hl. Lade, deren Geräte die Kahathiter tragen. Die Jahwes Gegenwart anzeigende Wolke bestimmt jeweils Rastplatz und Aufbruch. *2)* Die *Lagerstätten* 4Mose 33 sind 40 zumeist unbekannte Stationen — 40 vermutlich nach den Jahren des Wüstenzugs. Einen Teil ihrer Namen führt M. Noth auf ein Pilger-Itinerar von Palästina zum Sinai zurück.

Lit.: Noth, Der Wallfahrtsweg zum Sinai, Palästina-Jahrbuch, 36. Jahrg. 1940. *Schw*

lahm. Was l. ist, gilt im AT als *minderwertig.* Opferung lahmer Tiere gilt als Frevel gegen Gott, dem nur fehllose Tiere geopfert werden dürfen Mal 1, 8. Ein Lahmer taugt nicht zum Dienst des Priesters 3Mose 21, 17 f. Bei der Erzählung von der Eroberung Jerusalems durch David 2Sam 5 spielt eine sprichwörtliche Rede von den Blinden und Lahmen eine nicht mehr recht erklärbare Rolle V. 6 u. 8. Der Sinn ist wohl: Blinde und Lahme genügen zur Verteidigung der uneinnehmbaren Bergfeste. David beantwortet nach der Einnahme der Burg den Spott der Jebusiter mit Ironie: die ihm verhaßten Lahmen und Blinden haben ihn am Betreten der Burg nicht hindern können. Die Lahmen sind aber auch *bedauernswert.* Das gilt von dem fünfjährigen Sohn Jonathans, den die Wärterin auf der Flucht nach Jonathans Tod fallen läßt 2Sam 4, 4. Der Bettler an der „schönen Türe" des Tempels Apg 3, 2 ist l. von Mutterleibe; der Kranke am Teich Bethesda ist schon 38 Jahre krank. Je bedauernswerter aber die Lage, desto tröstlicher die Verheißung: Wenn Israel aus der Gefangenschaft heimkehrt, werden die Lahmen springen wie ein Hirsch Jes 35, 6; Gott will sie sammeln aus dem Land der Mitternacht Jer 31, 8. Und in der Zeit des Neuen Bundes erfahren sie wunderbare Hilfe von Jesus Mt 11, 5; 15, 30; 21, 14 und seinen Aposteln Apg 3, 2; 8, 7; 14, 8 ff. So bedauernswert aber die Lahmen sind Lk 14, 13: besser, l. oder ein Krüppel sein, als gesunde Glieder haben und das ewige Leben verscherzen Mt 18, 8.

In Hebr 12, 13 will der Apostel in Zeiten des Abfalls mahnen: Macht gerade Bahnen für eure Füße Spr 4, 26, geht geraden Wegs zum klaren Ziel, daß nicht die Lahmen, schon stärker Ermüdeten vom rechten Weg vollends ganz abkommen, sondern durch die anderen, die im Wettkampf ausdauernd sind, gerettet werden. *Fro*

Laie bezeichnet ganz allg. den Nichtfachmann im Gegensatz zum Fachmann. Es war in den älteren Ausgaben unserer Lutherbibel nur an zwei Stellen verwendet: Apg 4, 13 für den nicht rednerisch oder theol. gebildeten einfachen Menschen, 1Kor 14, 16 ff für den Christen, der die → Zungenrede nicht versteht. *Ap*

Lais → Dan.

Lamech, im hebr. Text Lemech, ist nach 1Mose 4, 18 f. 23 f (→ Jahwist) Sohn des Methuschaël aus der Kainitensippe, nach 1Mose 5, 25 f. 28. 30f (→ Priesterschrift) Sohn eines Methuschelach. Da die griech. Übersetzung an allen Stellen, auch 1Chr 1, 3, Mathousala überliefert, können die beiden Namensformen orthographische Varianten sein, zumal zw. 1Mose 5, 1 ff u. 4, 17 ff deutliche Parallelen bestehen. Nach den Angaben des Jahwisten hatte er zwei Frauen Ada und Zilla; von der ersten sind die Söhne Jabal und Jubal, von der zweiten der Sohn Tubal-Qain und die Tochter Na'ama. Nach 1Mose 5, 28 f war Lamech der Vater des Noah. *Ba*

Lamechlied, 1Mose 4, 23 f, ein metrisch geformtes, dreizeiliges, aus der vorliterarischen, mündlichen Überlieferung stammendes Prahllied zur Verherrlichung der maßlos vergeltenden Blutrache, die das von Gott 1Mose 4, 15 zum Schutz Kains festgesetzte siebenfache Vergeltungsmaß ins siebenundsiebzigfache übersteigert. Im jahwistischen Geschichtswerk dient das Lied dazu, das Anwachsen der Sünde zu zeigen. Mt 18, 22 scheint sich bewußt gegensätzlich auf dieses Lied zu beziehen. *Ba*

Lamm. *1)* Das L. dient in Israel als Brand-, Dank-, Schuld- und Reinigungsopfer 4Mose 7, 15. 17; 6, 12; 3Mose 12, 6; 14, 10 ff, vor allem aber als tägliches Morgen- und Abendopfer 2Mose 29, 38 f; 4Mose 28, 3 f und beim Passa 2Mose 12, 3.

2) Das L. wird zum Gleichnis für das Beben der Berge Ps 114, 4. 6, die Schwachheit und Hilfsbedürftigkeit Jes 40, 11, vgl. Hes 34, 16, die Gemeinde Jo 21, 15, ihre Wehrlosigkeit und Leidensbereitschaft Lk 10, 3, den leidenden Gottesknecht Jes 53, 7; Apg 8, 32.

3) Jesus wird vom Täufer das L. Gottes genannt Jo 1, 29. 36. Nach dem Kreuzestod Jesu faßt sich für die Gemeinde in der Bezeichnung L. die sühnende und erlösende Wirkung seines Todes zusammen: Christus das L. ohne Makel 1Petr 1, 19; Hebr 9, 14, das Osterlamm 1Kor 5, 7, auch Jo 19, 36 (vgl. 2Mose 12, 46). In der Offb ist das L. der Herrscher, aber eben als das für uns getötete Offb 5, 6. 12; 6, 16; 7, 14; 12, 11; 13, 8; 14, 10; 19, 9; 22, 1. 3. *Pfi*

Lampe, Leuchte. Die L. ist zunächst eine kleine *Tonlampe.* Die einfachste Art erhielt man durch Einkneifen einer flachen Tonschale. Der Einkniff, später zu einer kunstvollen Schnauze ausgeprägt und oft verziert, diente zur Auflage

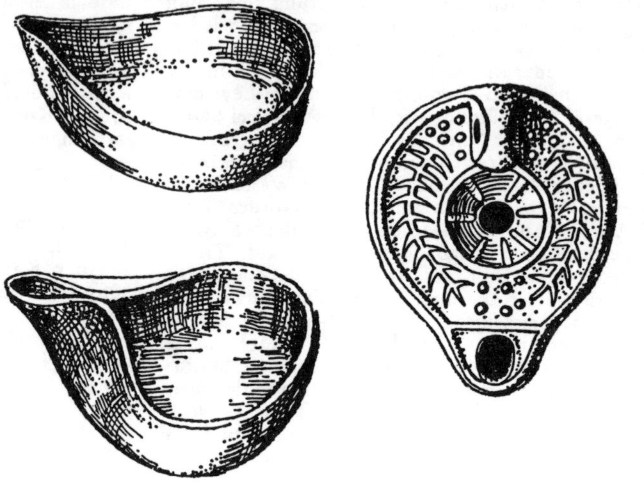

Drei Lampen
Die einfachste Form war eine offene Tonschale, in deren Spitze der Docht gelegt wurde, dessen Ende im Öl schwamm. Dann wurden die Ränder eingebogen, so daß der Docht in der so entstehenden Öffnung besseren Halt hatte. In der hellenistischen Zeit waren die Lampen oben geschlossen und mannigfach verziert, mit einem Loch für den Docht, einem vertieften Loch für den Einguß des Öls und einem Griff, um die Lampe bequem tragen zu können.

des Dochtes (→ Abb. Sp. 726). Solche L.n sollten sowohl die Wohnung Jer 25,10; Hiob 18,6 als auch den Kultraum (→ Leuchter) erhellen. Dort kann sie geradezu L. Gottes heißen 1Sam 3,3. Daneben wird das Wort L. auch *bildlich* gebraucht: für Jahwe 2Sam 22,29; Ps 18,29, für Gottes Wort Ps 119,105 oder das Gebot Spr 6,23, im NT für das Lamm Offb 21,23; vgl. 22,5. Durch das Bild soll der gnädige, Leben schenkende Schutz Gottes zum Ausdruck gebracht werden, vgl. Hiob 29,3. Eine *besondere Bedeutung* hat das Wort L. in der Geschichtstheologie der Königsbücher. Dort wird David von Jahwe eine L. zugesagt: 1Kö 11,36; 15,4; 2Kö 8,19; vgl. 2Chr 21,7; Ps 132,17; ähnlich wird 2Sam 21,17 David die L. Israels genannt. Gemeint ist mit dieser L. der Inhalt der Nathan-Verheißung 2Sam 7, die Bestätigung V. 12 f und das „ewige" Bestehen V. 16 der David-Dynastie. Daher bekommt das hebr. Wort für L. geradezu die Bedeutung „dauernder Bestand". *Bo*

Landnahme. *1)* Die Inbesitznahme Kanaans durch die Israeliten ist als *geschichtlicher Vorgang* kaum mehr klar zu erhellen, da die bibl. Erzählungen darüber im Zwielicht sehr gegensätzlicher Berichte in der Überlieferung der verschiedenen Quellen liegen. Seit je ist der Gegensatz zw. dem sehr alten Bericht Ri 1 und der deuteronomistischen Darstellung Jos 1-12 aufgefallen. Handelt es sich um eine kriegerische Eroberung durch Gesamtisrael auf einen Schlag oder um Einzelunternehmungen der verschiedenen Stämme? Wie weit für unsere Frage die archäologischen Forschungen, die sich an der Zerstörung der palästinischen Städte am Ende der Spätbronzezeit orientieren, verwertbar sind, ist stark umstritten. Immer mehr setzt sich die von A. Alt und M. Noth vertretene Auffassung durch, daß der bestimmt über viele Jahrzehnte andauernde, sehr komplizierte Vorgang der L. sich vornehmlich friedlich vollzog; zunächst auf dem Wege des normalen Weidewechsels und vereinzelter Vertragsverhältnisse, dann im allmählichen Übergang zum seßhaften Ackerbau bis in den Vorraum der heidnischen Stadtstaaten, endlich mit der teilweise kriegerischen Inbesitznahme der Städte. Die summarische, aus später Sicht ungemein vereinfachte Darstellung der L. Jos 10,42 wird durch die Ri 1 gegebene Aufzählung der noch lange Zeit kanaanäisch besiedelten Gebiete klar widerlegt. Führen die Jos 13-21 beschriebenen Stammesgrenzen in die frühe Zeit vor der isr. Staatenbildung hinauf, so geben die Ortslisten von Juda, Benjamin, Simeon, Dan die Verhältnisse der späten Zeit der judäischen Expansion unter Josia wieder.

2) Als *Heilstat Gottes* ist die L. in der Bekenntnisaussage 5Mose 26,9, die ihren festen Platz im Kultus hatte, als Erfüllung der uralten vorpalästinischen L.-Verheißungen an die Väter ein entscheidendes Dogma in Israels Glauben geworden. Israel sieht über der L. Jahwes Geschichtswalten und hat zu dessen Verherrlichung die alten Überlieferungen verarbeitet und zur Erzählung gestaltet. *Schw*

Landpfleger finden sich schon im AT, wenn Könige ihre Statthalter in unterworfenen Ländern einsetzen 1Kö 20,24. Vor allem die orientalischen Großreiche setzen derartige Statthalter oder Satrapen über ein größeres Gebiet ein. So wird berichtet, daß Darius 120 Statthalter über das Reich setzt, die ihrerseits wieder 3 Ministern Rechenschaft geben sollen Dan 6,2. Einzelne Länder hatten aber ihre Unterstatthalter, die den Statthaltern unterstellt waren Esra 5,3; 6,6; 8,36. Derartige Unterstatthalter hatten ihr eigenes Einkommen und wurden unter Umständen durch einen königlichen Kommissar wegen eines Vergehens bestraft. In der syr. Zeit wird Jonathan vom ägyptischen König zum „Freund", Feldherrn und Statthalter eines Kantons (Judäa) ernannt 1Makk 10, 65. Vorausgesetzt ist das hellenistische System, die Gebiete des Reiches in Toparchien aufzuteilen.

Das Gebiet des Herodes Archelaus wurde 6 nChr unmittelbar unter *römische Verwaltung* genommen, indem es als Annex der Provinz Syrien einen eigenen Statthalter aus dem Ritterstand erhielt (Josephus ant. 17,355; 18,1; bell. 2,117). Dadurch entstand deshalb eine Erschwerung der politischen Situation, weil die Römer den inneren Problemen des Judentums fremd gegenüberstanden. Die Juden dagegen sahen oft in den römischen Maßnahmen Eingriffe in die hl. Rechte des Volkes und erfuhren allmählich, daß auch diese Regierungsform sich schwer mit der Gesetzgebung des Mose vereinigen ließ. Die römische Verwaltung umfaßte 6-41 nChr Judäa, 44-66 nChr ganz Palästina. In die zweite Periode fiel eine wesentliche Verschärfung der Situation durch die Tätigkeit des Freigelassenen Antonius →*Felix* (52-60 nChr). Die Übertragung der Prokuratur an einen Freigelassenen war schon an sich eine unerhörte Tatsache; sie erklärt sich aus dem mächtigen Einfluß, den diese Freigelassenen am Hof des Kaisers Klaudius ausübten. Tacitus urteilt mit scharfen Worten über Felix: „In aller Grausamkeit und Lüsternheit hat er königliches Recht mit sklavischer Sinnesart gehandhabt" (hist. 5, 9). Seit dieser Zeit des Felix brachen die Unruhen in Palästina nicht ab.

Der herrschende Titel dieser Statthalter aus dem Ritterstand war *„Prokurator"*. Sie hatten die Aufgabe, in dem an sich schon unruhigen Gebiet auf die Besonderheit dieses Volkes Rücksicht zu nehmen. Sie unterstanden dem Legaten in Syrien, der im Notfall eingreifen konnte; sonst aber waren sie selbständig und verfügten über eigene richterliche Hoheit, militärisches Kommando und eigene Finanzverwaltung. Die *richterliche Vollmacht* des Prokurators erstreckte sich ausdrücklich über Leben und Tod. Allerdings konnte der römische Bürger zu Beginn des Prozesses an den Kaiser appellieren, d. h. verlangen, daß der Prozeß in Rom geführt und das Urteil vom Kaiser selbst gesprochen werde. Der Statthalter wurde von Beamten begleitet, die als Beirat seine Rechtsprechung unterstützten (Apg 25, 12: consilium). Unter dem Kommando des Prokurators in Judäa standen *Auxiliartruppen*, in denen Nichtjuden dienten. Juden waren von diesem Militärdienst befreit. Vor allem die Gebiete um Sebaste (in Samarien) stellten zuverlässige Soldaten, die sich auch in den Kämpfen bewährten; sie heißen auf den Inschriften „Sebasteni". Von einer in Caesarea stehenden Truppe aus Einwohnern von Caesarea und Sebaste ist in der NTlichen Zeit immer wieder die Rede (Apg 27, 1 kennt eine cohors Augusta). In Caesarea lag um 40 nChr auch eine cohors Italica, d. h. eine aus Italien stammende Truppe Apg 10, 1. Diese Nachricht ist bes. auffallend. Die militärische Besatzung des Landes verteilte sich auf bestimmte feste Punkte und Festungen, lag aber vor allem in den hellenistischen Gebieten. Die *Steuern* des Landes flossen unmittelbar in die kaiserliche Kasse (fiscus). Man gab also unmittelbar an den Kaiser, was man dem Kaiser geben mußte. Bei der Eintreibung der Steuern bedienten sich die Römer der jüd. Behörden. Ebenso wichtig waren die Zölle, die auf die eingeführten Waren gelegt wurden. Das eigentliche Muster des orientalischen Zollsystems ist allerdings in Ägypten zu finden.

Residenz des Prokurators war Caesarea, wo der Palast des Herodes als praetorium diente Apg 23, 35. Bei besonderen Veranlassungen reiste allerdings der Statthalter nach Jerusalem, wo er in dem Palast des Herodes an der Westgrenze der Stadt seine Residenz aufschlug, begleitet von einer militärischen Bewachung. Das praetorium, in dem die Verurteilung Jesu stattfand, ist also mit diesem Herodespalast identisch. → Statthalter. *Mi*

Landvogt → Vogt.

Langmut, langmütig. → Geduld. Das griech. Wort, dem das deutsche L. genau nachgebildet ist, wird von Luther meist mit Geduld wiedergegeben. Dadurch verwischt sich die Eigenart einer Geduld, die unter einer Last aushält, wörtlich „darunterbleibt" — nie von Gott ausgesagt —, und der L., die zunächst ein Verhalten Gottes umschreibt, der in der Spannung von Zorn und Gnade an sich hält.

1) Die L. Gottes. In der im AT mannigfach wiederholten Grundstelle 2Mose 34, 6 f ist diese Spannung, die sich nach beiden Seiten — Erbarmen oder Gericht — lösen kann, klar zu erkennen, vgl. Röm 9, 22 f. Die L. entspringt der Gnade Gottes, dem Propheten in seiner Erregung schier unerträglich Jon 4, 2; Jer 15, 15. So versteht der Apostel die Barmherzigkeit, die ihm widerfahren ist, als L. 1Tim 1, 16. So erscheint 1Petr 3, 19 f die Zeit vor der Sintflut als Zeit der L.; so deutet 2Petr 3, 9 f das Ausbleiben der Wiederkunft. Aber niemand kann auf diese L. spekulieren und weitersündigen Röm 2, 4; Sir 5, 4 ff. Wohl aber ist die L., die kein unschlüssiges Zögern bedeutet, ein Anlaß, in der Bitte um Hilfe nicht zu erlahmen Lk 18, 7 f.

2) Die L. des Menschen. Jesu Gleichnis vom Schalksknecht Mt 18, 23 ff schildert, daß der L. Gottes die L. des Menschen dem Nächsten gegenüber entsprechen muß, sonst verscherzt er Gottes L. Deshalb steht 1Kor 13, 4 unter den Kennzeichen der Liebe ihre L. voran und bezeichnet sie den apostolischen Weg 2Kor 6, 6; 2Tim 3, 10; 4, 2. Sie ist keine menschliche Tugend, sondern Gabe des hl. Geistes Gal 5, 22, durch die die Gemeinde beweisen soll, daß sie die L. Gottes richtig verstanden hat 1Thess 5, 14; Kol 1, 11; Eph 4, 2; Jak 1, 19; 5, 7 ff; 2Petr 1, 5 ff. *He*

Lanze. Zu unterscheiden sind der kürzere Wurfspeer (hebr. kidon, hanith, von Luther öfters mit Schild übersetzt) 1Sam 17,6.45; Hiob 39,23; 41,21 und die längere, etwa 1,80 m messende Stoßlanze (hebr. romach; Luther meist: Spieß) Hes 39,9; Neh 4,7.15 usw. Die lanzettförmige oder dreieckige Spitze war entweder ins Holz des Schaftes eingetrieben oder mit einer Tülle versehen, in die man den Schaft stecken konnte. *vdW*

Laodicea, Stadt in →Phrygien (Kleinasien) am Lykos, einem Nebenfluß des Mäander; Ruinen bei Eski-Hissar. Antiochus II. von Syrien (261 bis 247 vChr) gründete und benannte die Stadt zu Ehren seiner Gemahlin Laodike. L. gehört wie → Kolossä und → Hierapolis zu einem Bereich, den Paulus zwar nicht missioniert hat, aber in seine Sorge und Fürbitte nahm Kol 2,1; 4,13ff; Phm. Seinen Brief nach L. Kol 4,16 kennen wir nicht. Durch Herstellung von Textilien und Arzneimitteln war L. eine reiche Stadt geworden. Offb 3,14 wird die lau gewordene Gemeinde von L. gemahnt, das echte Gold, die weißen Kleider, die heilende Augensalbe Gottes zu „kaufen", damit sie geistlich gesunde. *Ap*

Lappen. Das Gleichnis Mt 9,16; Mk 2,21 nennt es töricht, ein altes Kleid mit einem Stück ungewalkten Tuches zu flicken, weil der Flicken, der noch schafft, das Kleid nur noch mehr zerreißen wird. Damit warnte Jesus die Täuferjünger davor, in ihre alte, dem Gesetz gehorsame Lebensweise ein einzelnes Stück aus Jesu neuer Lebensordnung, die Freiheit vom Fasten, zu übernehmen; der nur mit unfreiem Gewissen übernommene Zusatz würde alles verderben, was ihnen gegeben ist. In Lk 5,36 hat das Gleichnis eine durchsichtigere, aber nicht mehr so treffende Fassung: hier schneidet der Törichte aus einem neuen Gewand ein Stück heraus, um ein altes Kleid zu flicken, zerstört damit das neue und flickt das alte unschön. *Schl*

Lasäa, ein Ort auf Kreta Apg 27,8, in der Nähe des Hafens Gutfurt („Schönhafen"). *(Schl)*

Last. *1)* Im natürlichen Sinn: eine L., die der Esel 2Mose 23,5 oder das Kamel 2Kö 8,9 trägt, die die L.träger schleppen 1Kö 5,29 und die am Sabbat nicht getragen werden darf Jer 17,21.

2) In übertragenem Sinn: *a)* was bedrückt und belastet Gal 6,2, zB der Frondienst in Ägypten 2Mose 2,11; 6,6, Knechtung Jes 9,3; 10,27, Leiden Ps 68,20, Not und Schuld Hiob 7,20; Ps 38,5; *b)* was gefordert wird: so die Amtsaufgabe der Kahathiter 4Mose 4,15.19, die verantwortliche Fürsorge für das Volk 4Mose 11,11.17, die untragbare L. der rabbinischen Satzungen Lk 11,46, die leichte L. Jesu Mt 11,30; Offb 2,24. — *3)* Mit L. übersetzte Luther eine Bezeichnung für feierliche prophetische Aussprüche, meist drohender Art, Jes 13-23; Nah 1,1; Sach 9,1; 12,1; Mal 1,1, die heute weithin als „Erhebung der Stimme" (Gottes) verstanden wird. Nach Jer 23,33ff haben Spötter die Worte der Propheten als eine L. bezeichnet, so daß Worte des Herrn so nicht mehr genannt werden durften V.34.36.38 und jenen Spöttern gedroht wird, daß ihr Wort für sie eine L. wird V.36, ja der Herr sie selbst als eine L. abwerfen wird V.33.39. *Schl*

Lasterkatalog nennt man eine Aufzählung von Sünden. Solche L.e, die auch im Judentum, bes. in dem von der Stoa beeinflußten hellenistischen Judentum und in →Qumran, nachweisbar sind, finden sich in den NTlichen Briefen innerhalb verschiedener Gedankengänge: Gott gibt die Heiden an die Laster dahin Röm 1,29ff; bestimmte Laster schließen vom Reich Gottes 1Kor 6,9f; Eph 5,3ff und aus der christl. Gemeinde aus 1Kor 5,9ff; vgl. 2 Kor 12,20f und stehen als Werke des → Fleisches denen des → Geistes gegenüber Gal 5,19ff; vgl. Kol 3,5ff. Besonders schwere Vergehen werden 1Tim 1,9f unter teilweiser Anlehnung an den → Dekalog aufgezählt. Zur Verderbnis in der Endzeit vgl. 2Tim 3,2ff. Vgl. auch Mk 7,21f.

Lit.: S. Wibbing, Die Tugend- und Lasterkataloge im Neuen Testament und ihre Traditionsgeschichte unter besonderer Berücksichtigung der Qumran-Texte (BZAW 25), Berlin 1959. *Oßw*

Laubhütten, die man aus Palmzweigen und Ästen von dichtbelaubten Bäumen und Bachweiden errichtete, dienten den Israeliten während des siebentägigen Herbstfestes (→ Feste) als Wohnstätten. Diese Sitte ging auf das bei den Kanaanäern in den Obst- und Weingärten gefeierte Lesefest zurück. In Israel bekam der Brauch durch seine Zurückführung auf die Anordnungen Jahwes beim Auszug aus Ägypten eine geschichtliche Begründung 3Mose 23,42f. Die Erstellung solcher L. war nicht nur für die Festfeiern an den *ländlichen* Heiligtümern verbindlich, sondern galt auch für die *Stadt,* bes. später für Jerusalem. Dort errichtete man die L. auf den Dächern der Privathäuser, den Höfen und öffentlichen Plätzen der Stadt Neh 8,16. Entsprechend dieser Sitte bürgerte sich mit der Zeit für das Lesefest der Name → Laubhüttenfest ein 5Mose 16,13; 3Mose 23,34. *Ste*

Laubhüttenfest. Der isr. Festkalender kennt

Tafel 25: Aus der Synagoge von Kapernaum *Das Bild zeigt Einzelstücke von Trümmern der Synagoge, die in Kapernaum (heute tell hum) frühestens im 2. Jh. nChr an Stelle einer älteren Synagoge erbaut wurde: ein reich verziertes korinthisches Säulenkapitell und die plastische Darstellung eines fahrbaren Heiligtums mit großem Portal an der Stirnseite und fünf Halbsäulen mit jonischen Kapitellen an der Längsseite.*

drei große *Wallfahrtsfeste* (→ Feste), deren bedeutendstes das L. gewesen ist. Es war in alter Zeit ausschließlich ein → *Ackerbaufest*, das im *Herbst* mit der Wein- und Obsternte das gesamte *Erntejahr abschloß*, darum ursprünglich Lesefest genannt 2Mose 23, 16. Da seine Begehung sich nach dem Stand der Erntearbeit richtete, findet sich in der älteren Gesetzgebung keine feste Datierung. Nach der Angabe im → Bundesbuch wird es ausgangs des Jahres gefeiert 2Mose 23, 16, was andeutet, daß das Herbstfest seit alters zugleich die Bedeutung des *Neujahrsfestes* gehabt hat. Erst das nachexilische Heiligkeitsgesetz datiert den Beginn des L.s auf den 15. VII. (1Kö 8, 2 Ethanim, später Tischri genannt; September/Oktober) 3Mose 23, 34. Dem *Brauchtum* des Festes entsprach die Verwendung von Früchten, grünem Buschwerk und Palmzweigen 3Mose 23, 40, wobei letztere zur Anfertigung von *Hütten* dienten, in denen man sieben Tage lang wohnte Neh 8, 14 ff, was offenbar alter Sitte des von den Kanaanäern in den Obst- und Weingärten gefeierten Lesefestes entsprach. Eine vitale *Fröhlichkeit* zeichnete dieses Fest aus, das man in Israel ursprünglich an den großen Heiligtümern des Landes, später allein in Jerusalem beging. Durch Verbindung mit der *Auszugstradition* bekamen Festinhalt und -sitte eine *heilsgeschichtliche* Begründung, so daß allmählich ihre Naturgrundlagen verblaßten 3Mose 23, 42 f. Im Zuge dieser „Denaturierung" und der Zentralisierung des Jahwekultes in Jerusalem scheinen sich andere, in der Wissenschaft zT noch umstrittene *Festkulte mit dem L. verbunden* zu haben: das *„Bundeserneuerungsfest"*, das durch seine Festlegende 2Mose 19-24 die versammelte Gemeinde auf den Willen Jahwes verpflichtete und den Bundesschluß sakramental vergegenwärtigte, das *„königliche Zionsfest"*, das die Erwählung des Zion und der davidischen Dynastie kultisch beging, und das *„Thronbesteigungsfest Jahwes"* (→ Feste). So wurde das L. gleichsam das isr. *Hauptfest*, worauf auch die Bezeichnung *„das* Fest Jahwes" 3Mose 23, 39 hinweist. Vgl. auch 1Kö 8, 2 ff; Hes 45, 25; Sach 14, 16 ff; Jo 7, 2 ff.

Lit.: H.-J. Kraus, Gottesdienst in Israel, [2]1962; A. Alt, Zelte und Hütten, Kleine Schriften zur Geschichte des Volkes Israel III, München [2]1964; R. de Vaux, Das AT und seine Lebensordnungen II, Freiburg 1964. *Ste*

Lauch, nur 4Mose 11, 5 neben Knoblauch und Zwiebeln als geschätzte Nahrung genannt; noch heute werden die Blätter und die Zwiebeln in Ägypten und Palästina gerne roh gegessen. *(Schl)*

Lauf, laufen. *1)* Die rasche, zielstrebige Bewegung etwa eines eiligen Boten 2Sam 18, 19 ff (→ Läufer), beim L. um die Wette Jo 20, 4, im Kampfspiel des Wettlaufs 1Kor 9, 24; Hebr 12, 1 wird zum Bild für die Lebenshaltung im allgemeinen Jer 8, 6; Eph 2, 2; 1Petr 4, 4 und bes. zum Bild für das Christenleben mit seiner beharrlichen Anspannung im Blick auf den Siegespreis; so von Paulus 1Kor 9, 26; Gal 2, 2; Phil 2, 16; 2Tim 4, 7; Apg 20, 24 und vom Christen 1Kor 9, 24; Gal 5, 7; Hebr 12, 1; vgl. Apg 13, 25. Übertragen wird auch vom Wort Gottes gesagt, daß es läuft Ps 147, 15; 2Thess 3,1. → Krone. — *2)* Den L. der Gestirne, die so sicher ihre Bahn ziehen Ps 19, 6, hat Gottes Wille geordnet Ps 74, 16; Pred 1, 5; Jer 31, 35, wie den L. aller Naturerscheinungen Hiob 38, 25. Die Meister des Himmelslaufs Jes 47, 13 sind die Sterndeuter, die aus dem L. der Gestirne das Geschehen berechnen wollen. *Schl*

Lauge meint das Natron, das mineralische Laugensalz, das als Mittel zum Waschen diente Hiob 9, 30; Jer 2, 22, aber nach Spr 25, 20 (Luther: Kreide) seine ätzende Kraft verlor, wenn es mit Essig zusammenkam. *Schl*

Laute → Musikinstrumente.

Lazarus. *1)* Bruder der → Maria und Martha, durch Jesus von den Toten auferweckt Jo 11. L. war in Bethanien bei der Salbung Jesu anwesend und wurde in die Anschläge der Gegner Jesu einbezogen Jo 12, 1. 9-11. *2)* Der sicherlich sinnbildliche Name des armen Mannes (L. hebr. Eleazar = Gott hilft) im Gleichnis Jesu Lk 16, 20. *Kü*

Lazedämon → Sparta.

Lea, in der Darstellung der Geschichte → Jakobs die Tochter Labans, die hinter der jüngeren Rahel zurückstand 1Mose 29, 17, aber zunächst Jakob zur Frau gegeben 29, 23 ff und zunächst mit Kindern gesegnet wurde 29, 31 ff. Auf sie werden die Stämme Ruben, Simeon, Levi, Juda, Isaschar und Sebulon zurückgeführt, dazu durch die Magd Silpa die Stämme Gad und Asser. Von L. stammt auch Dina, die einzige Tochter Jakobs, die erwähnt wird 30, 21. Ihr Grab fand L. in dem Erbgrab bei Hebron 49, 31. *Schl*

Lebbäus. In einigen Handschriften erscheint in Mt 10, 3 der Name L. an Stelle von → Thaddäus; andere Handschriften erklären L. als Beinamen des Thaddäus oder diesen als Beinamen von L. *Bie*

Leben, lebendig.

1) Die Quelle des L.s. 2) Das erschienene L. 3) Die l.e Gemeinde. 4) Das ewige L.

„Das Leben" — das über alle lebengefährdenden, lebenzerstörenden Mächte dieser Todeswelt triumphierende, wahre, unverlierbare L. im Voll-

Tafel 26: Kapernaum *Reste der Synagoge von Kapernaum (tell hum), wohl aus dem 2. Jh. nChr, teilweise wieder aufgebaut. Das Bild zeigt einen Teil der Wände, an der Seite (mit Säulen-Basen) und höher aufgebaut an der Rückwand, davor — einst also im Inneren der Synagoge — einige Säulen mit Architrav-Steinen; davor mancherlei Schmucksteine (in der Mitte dunkel das Kapitell, das die Tafel 25 genauer zeigt).*

gehalt Jo 10,10b — erwächst als Ertrag der bibl. Offenbarung in allmählichem Durchbruch bis zur vollen Gewißheit. Dabei geht die HS nicht den Weg einer vitalistischen oder idealistischen Verklärung oder einer mystischen Verinnerlichung, sondern behält in einer ihr eigentümlichen Lebensbejahung das L. in seiner Ganzheit im Auge.

1) Die Quelle des L.s. Das AT begreift die Lebendigkeit des von Gott geschaffenen Menschen einerseits im Erkennungszeichen des → Blutes 3Mose 17,11ff und des Odems Hiob 10,12; Jes 42,5, andererseits als l.e → Seele 1Mose 2,7; 2Mose 21,23, vgl. 1Kor 15,45. Es ist im AT noch fast durchweg das diesseitig befristete L. das eigentliche Gut Ps 34,13; Hiob 2,4; Pred 9,4. Das lange L. ist das erwünschte Glück 2Mose 20,12; 1Kö 3,11; Ps 91,16; Spr 3,2.16, → Alter.

Darauf liegt dann notwendig der schwere Schatten des flüchtigen Dahinschwindens, in vielfältigen Bildern die L.slust bedrängend (einer Hand breit Ps 39,6; Hiob 4,20, wie ein Schatten Pred 8,13, Rauch Ps 102,4, Dampf Jak 4,14, wie ein Strom, Schlaf, Gras, Geschwätz Ps 90, wie die rasch verblühende Blume Ps 103,15), dazu von der Sünde belastet. So kann, vor allem in der späten Weisheitsliteratur, das L. das eitle L. Pred 2,1; 9,9, das elend jämmerliche Ding Sir 40,1f, das böse L. heißen und kann der Tod erwünscht sein Hiob 3,17ff; Sir 41,3.

Niemand verfügt über sein L.; Gott ist und bleibt allein Herr und Quelle des L.s 5Mose 32,39; Jer 2,13; Ps 36,10. Er ist „der Lebendige" 1Mose 16,14; 5Mose 32,40; Hos 2,1; Hebr 10,31. In ihm l., weben und sind wir Apg 17,28. Das L. ist seine Leihgabe; er gibt und nimmt Ps 104,29f. In seiner Hand ist das Buch des L.s 2Mose 32,32; Ps 69,29, vgl. Phil 4,3; Offb 20,15.

Von da her ist das L. nicht eine allen gleichermaßen zugeteilte Gegebenheit. Der Mensch hat die Wahl, er kann auch den Tod wählen 5Mose 30,15. Das hängt an seiner Verbundenheit mit Gott im Gehorsam 5Mose 16,20; Am 5,4, in der Gottesfurcht Spr 10,27, in seinem Wort 5Mose 32,47; 8,3, vgl. Mt 4,4; Ps 119,144, im Glauben Hab 2,4. Er muß auf den Weg achten Jer 21,8; Ps 16,11. Er muß umkehren können Hes 33,11 u.a.m.

Wie sich im Glauben an den l.en Gott allmählich im AT ein jenseitiges L. aufschließt, → Auferstehung.

2) Das erschienene L. Im NT schützt und erhält Jesus das diesseitige L. als Gottes große Gabe Lk 6,9 par.; Mk 5,23f u.a.m. bis hin zur Totenerweckung Lk 7,11ff. Doch ist Jo 11,25 wohl auch für den synopt. Bericht gesagt, wie diese zeitliche Hilfe zu verstehen ist. Das Nichtige und Flüchtige des nur zeitlichen L.s ist klar gesehen Lk 8,14; 12,20 u.a.m. Dieses L. ist nicht das höchste Gut Mk 8,35 par.; Jo 12,25. Jesu eigene Hingabe des L.s sagt das unmißverständlich auch für die Seinen Mk 10,45; Jo 10,15; 15,13.

Denn in ihm, dem Sohn des l.en Gottes Mt 16,16, ist das wahre, eigentliche L. erschienen, dem kein Tod etwas anhaben kann 1Jo 1,2; 5,20. Er ist das L. Jo 14,6; 11,25. Er hat es, wie es der Vater hat Jo 5,26.

Er hat das L., um es andern zu geben Jo 14,19; 10,11. Für die Welt ist er das Brot des L.s Jo 6,35, das Licht des L.s Jo 8,12. Er hat das L. ans Licht gebracht durch das Evangelium 2Tim 1,10, vgl. Jo 6,63.

3) Die l.e Gemeinde. So ist denn auch vor allem von Paulus das neue, im Kern verwandelte L. als ein L. in Christus verstanden Gal 2,20; Phil 1,21; 2Kor 5,17; Kol 3,4. Dafür ist der Durchbruch in unsere Welt die → Auferstehung Christi, der dem Tod die Macht genommen hat 2Kor 4,10. Sein Weg vom Tod ins L. ist unser Weg geworden Röm 6,8; 2Tim 2,11. Der Tod ist so wenig wie das L. eine Schranke für die Liebe Gottes Röm 8,38f.

Von da her erscheint das fern von Christus dahingelebte L. als ein trotz aller Lebendigkeit totes L. 1Tim 5,6; Kol 2,13; vgl. Mt 8,22; Lk 15,24; Offb 3,1.

Vermittelt ist das neue L. durch den → Geist 2Kor 3,6; 1Kor 15,45; Röm 8,2.10, der im Wort lebenschaffend wirkt Apg 5,20; Phil 2,16; 1Jo 1,1; Hebr 4,12. Dieses L. muß sich in der Lebensführung beweisen: in einem L. für den Herrn Röm 14,7f; 2Kor 5,15, als l.es Opfer Röm 12,1, so daß sich auf dem l.en Stein l.e Steine aufbauen können 1Petr 2,4f. Die Liebe zu den Brüdern ist das Merkzeichen des neuen L.s 1Jo 3,14. Daher stammt bei aller bleibenden L.s- und Todesnot die freudige Bereitschaft, das L. im Dienst hinzugeben Phil 2,17; 1,23, vgl. 2Kor 6,9; 1,8; 11,23.

4) Das ewige L. Die schon im AT schließlich gefallene zeitliche Begrenzung des L.s bleibt im NT, zunächst als Verheißung des ewigen L.s, bestimmend Mt 7,14; Mk 9,43 u.a.m.; 1Tim 4,8; 2Tim 1,1, als l.e Hoffnung 1Petr 1,3; Tit 1,2, wenn das Sterbliche verschlungen wird vom L. 2Kor 5,4.

Diese Hoffnung will als zugesagtes Erbe Mt 19,29; Lk 10,25, als in Aussicht gestellte Ernte Gal 6,8; Röm 6,22 richtungweisend für das zeitliche L. werden Röm 2,7; 1Tim 6,12.

So wissen es Paulus und Johannes, zB Jo 4,14; 5,29. Aber beide, am intensivsten Johannes, reden zugleich vom gegenwärtigen ewigen L. Wer glaubt Jo 3,15f.36; 6,47, wer hört 5,24, wer erkennt 17,3, der hat das ewige L. Jesus ist für die Lebenden die Auferstehung und das L., das unzerstörbar ist 11,25; 1Thess 5,10. Das Zukünftige und das Gegenwärtige greift völlig ineinander, zB Jo 6,54.57f. Doch bleibt das gegenwärtige ewige L. ein verborgenes L. im Glauben Kol 3,3.

Abgesehen von einzelnen Merkmalen wird das ewige L. in der Vollendung nicht beschrieben. Es ist unvergänglich, unbefleckt, unverwelklich 1Petr 1,4, es ist ein Leben in der Herrlichkeit Jo 17,22; 1Petr 5,10, in der Ruhe Hebr 4,9, von Angesicht zu Angesicht 1Kor 13,12 bei denen, die nach dem Kampf als Zeichen des Sieges das ewige L. empfangen haben Offb 2,10; Jak 1,12. Es ist ein Leben im verklärten Leibe; noch einmal geht die HS dabei aller bloßen Vergeistigung aus dem Weg Phil 3,21. *He*

Lebensbaum → Baum des Lebens.

lebenssatt. → Alter. So nur im AT, wie es dem Lebensgefühl des ATlichen Frommen entspricht (zB Abraham 1Mose 25,8, David 1Chr 23,1, Hiob 42,17). „Der Ausdruck ‚alt und lebenssatt' zeigt, daß man im alten Israel das Leben nicht mit dem faustischen Unendlichkeitsanspruch, sondern von vornherein in Ergebung als etwas Begrenztes nahm, als etwas dem Menschen Zugewiesenes, in dem denn auch der Zustand der Sättigung zu erreichen war" (v. Rad). *He*

Leber. Die L. galt als Sitz des Lebens und der Gefühle Spr 7,23; Klgl 2,11. Wahrscheinlich ist in manchen Stellen als Parallele zur Seele statt kabod (Ehre) kabēd (Leber) zu lesen, etwa Ps 7,6; 16,9; 1Mose 49,6. Die L. spielte im babylonischen Kult eine wichtige Rolle zur Erforschung des Willens der Götter Hes 21,27; in der Leberschau wurde aus der Lage und Faltung der L. im Opfertier die Zukunft gedeutet; daher wurden in → Mari viele Modelle der L. aus Ton und Bronze gefunden. Nach Tob 6,6.9.19; 8,2 sollte der Rauch einer über glühenden Kohlen verbrannten L. einen bösen Geist vertreiben. *Schl*

Leder. Von der Verarbeitung von Tierhäuten zu L. sagt die HS wenig. Luther sprach von L. nur bei dem Gürtel des Elia und des Täufers 2Kö 1,8; Mt 3,4; Mk 1,6ff und von Schuhen aus feinem L. Hes 16,10. Die Verarbeitung von Häuten zu Decken ist 2Mose 25,5; 26,14 erwähnt; ledern waren die → Sandalen, wohl auch Eimer, Köcher, Kappen; mit L. wurden Schilde bespannt. Tierhäute dienten als → Schlauch. Später wurde aus ihnen → Pergament hergestellt. Arbeiter an mancherlei L.werk waren der Walkmüller Jes 7,3 und der → Gerber Simon in Joppe Apg 9,43. *Schl*

Legende. Im Gegensatz zur Sage beschäftigt sich die L. mit Helden, Königen, Großen, ihren Taten, ihren Lebensgewohnheiten und ihrem Ende. Grundsätzlich ist kein Stand mit seinen einzelnen Vertretern von der Legendenbildung ausgeschlossen, wenn sie Taten verrichtet haben, die von besonderer Bedeutung für das Volk, die Gesamtheit oder eine größere Öffentlichkeit waren. In der L. tut sich nicht ein rationales Erklärungsbedürfnis, sondern die dankbare Liebe kund. L.n entstehen um die Lieblinge des Volks, um die Heiligen, die Märtyrer, auch die Propheten, die eine besondere Volkstümlichkeit erworben haben. L.n, die von Liebe und Anhänglichkeit zeugen, können sich bilden um Kultorte oder besondere Kultgegenstände, Götterbilder, die hl. Lade u.ä. Die Liebe zu einem Kultort kann sich auch ausbilden in der L. von der Gründung des Heiligtums, indem etwa von der persönlichen Erscheinung der Gottheit berichtet wird. Um eine priesterliche Persönlichkeit kann sich ebenfalls ein Kranz von L.n bilden, wenn dieser Priester volkstümlich war und nicht nur in der Abgesondertheit seines kultischen Dienstes lebte.

Im AT ist typisch die Prophetenlegende; so etwa die L. von Elia und Elisa; legendäre Züge weist auch der Bericht über Samuel 1Sam 1ff auf. Auch über unbekannte Propheten werden L.n erzählt 1Kö 13,1ff. Da die Propheten verfolgt wurden (Elia und die Prophetenverfolgung der Isebel 1Kö 19), konnte die L. von ihrem Sterben schon verhältnismäßig früh entstehen; doch haben sich im AT solche frühen Märtyrerl.n nicht erhalten. Wir treffen sie an, verbunden mit wunderbarer Errettung, im Danielbuch (Dan 3 u. 6) und dann in den Makk-Büchern (2Makk 6,18-7,42). Das AT überliefert uns L.n, die mit dem Leben des Königs Hiskia zusammenhängen; aber diese sind eigentlich Prophentenl.n, da der Prophet Jesaja im Mittelpunkt steht; Hiskia ist nur eine an der Handlung beteiligte Nebenfigur Jes 36-39; 2Kö 18-20. Abgesehen von legendären Zügen im Leben Davids (1Sam 16.17) und im Bericht von Salomos Reichtum und Weisheit (1Kö 10,14-27) kann der Mangel an Königsl.n auf dem Zufall der literarischen Tradition und Redaktion beruhen. Auch L.n über Priester finden sich kaum im AT, wohl aber solche, die von Priestern ausgegangen sein mochten, um etwa einen Kultgegenstand in seiner Bedeutung herauszuheben; so etwa die über die hl. Lade gebildeten L.n 1Sam 4-6, wie sie ihre Macht und Überlegenheit auch im heidnischen Land erweist.

Die L., in der eine Liebesverbundenheit sichtbar wird, enthält einen historischen Kern und spiegelt zugleich wider, wie die betreffende Persönlichkeit oder der Kultort oder der Kultgegenstand auf die Zeitgenossen und Nachfahren gewirkt hat. In der Überlieferung hat die L. die Tendenz, die einzelnen geheimnisvollen und wunderbaren Züge noch zu übersteigern und zu vergrößern, manchmal auch zu vergröbern. Manche Züge werden dann aus dem Märchen übernommen. Die L. ist daher als Geschichtsquelle nur mit großer Vorsicht zu gebrauchen. Aber sie bietet uns einen Einblick in das Herz Israels, in sein Lieben und seine Anteilnahme an hl. Menschen, hl. Orten und hl. Gegenständen. Gottes Tun und das von ihm ergriffene Herz werden beide auch von der L. widergespiegelt. *Ba*

Legion, eine größere Heeresabteilung, die in der römischen Kaiserzeit etwa 6000 Soldaten zu Fuß und 120 Reiter mit Hilfstruppen zählte. Im NT begegnet L. nur als Bezeichnung einer großen Menge und zwar von Dämonen Lk 8,30 par. und Engeln Mt 26,53. *vdW*

Lehi (Kinnbacken) Ri 15,9.14.19 oder Ramath-L. Ri 15,17 heißt der Ort, an dem Simson mit einem Eselskinnbacken die Philister schlug. Nach Ri 15, 9. 11 lag die Stätte in Juda, in der Nähe der Felskluft zu Etam. Die genaue Lage ist unbekannt. *Rü*

Lehm ist in der HS im Wechsel mit Staub und Erde gebraucht: der Mensch ist aus L. gemacht Hiob 10, 9; 33, 6 und wohnt in L.häusern 4, 19. Daher ist L. ein Bild der Nichtigkeit Jes 41, 25 und Wertlosigkeit Hiob 27, 16. Im natürlichen Sinn dient der L. zur Herstellung von Ziegeln Nah 3, 14, zum Bewurf der Hauswand 3Mose 14, 42, als der mit Bronze umkleidete L.kern eines Götterbildes Bel zu B 6. → Ziegel. *Schl*

Lehne. *1)* Die Seitenlehne am Thron Salomos 1Kö 10, 19. *2)* Ein Geländer auf dem flachen Dach des Hauses, um ein Herabstürzen zu verhüten 5Mose 22, 8. *Schl*

Lehre, lehren. Im AT wendet L. sich weniger an die verstandesmäßige Einsicht als vielmehr an den Willen des Menschen, der ganz beansprucht wird. Zu l. ist nicht die jeweils neu verkündete prophetische Botschaft, sondern etwas, was schon da ist, aber erst angeeignet oder ausgeführt werden soll: der Wille Gottes in seinen Äußerungen und Zielsetzungen 5Mose 4, 1. 10; 11, 18 f; Ps 51, 15. Nur in der Spätzeit des AT (2Chr 17, 7 ff) und im Judentum handelt es sich um Unterricht in der Auslegung des Gesetzes als der Zusammenfassung des göttlichen Willens, um zur gesetzlichen Ordnung des Lebens anzuleiten. Das NT gebraucht das Wort l. vornehmlich für die Umgebung Jesu und die palästinische Urgemeinde. L. gehört zu den wichtigsten Tätigkeiten Jesu Mt 4, 23 und geschieht in der Form und mit dem Stoff des jüd. Lehrers seiner Zeit Lk 4, 16 ff. Jedoch ist es keine Gesetzesauslegung, sondern beansprucht — wie ursprünglich im AT — den ganzen Menschen für Gott und fordert seine Entscheidung angesichts des göttlichen Willens. Auch die Jünger haben angefangen zu l. Mk 6, 30, wie es Mt 28, 20 zu ihrer Lebensaufgabe gemacht wird. Gewöhnlich handelt es sich nicht um eine feste, wörtlich niedergelegte L. (so nur Hebr 6, 2; 13, 9), sondern um die Verkündigung des göttlichen Willens durch Jesus Mt 7, 28; 22, 33; Mk 1, 22. 27; 11, 18; Jo 7, 16 f; 18, 19, die Jünger Apg 2, 42 und Paulus Röm 6, 17; 16, 17; 1Kor 14, 6. 26. Sie geht von der Schrift aus, in der Gottes Wille bezeugt ist Röm 15, 4, und bezieht sich auf seine geschichtliche Offenbarung, wie sie sich einstmals und in Jesus ereignet hat 1Tim 4, 13; 6, 3; 2Tim 3, 16. Diese L. ist ihrem Inhalt nach gut 1Tim 4, 6 und ihrer Wirkung nach als gesund zur Rettung führend 1Tim 1, 10; 2Tim 4, 3; Tit 1, 9; 2, 1. *Fo*

Lehrer. Im Unterschied von den Weisen (Weisheitslehrern) gilt im Judentum derjenige als L., der mittels der Auslegung des Gesetzes den Weg Gottes weist. Im NT wird der Begriff vor allem für Jesus und für die L. der urchristl. Gemeinden verwendet. Die Bezeichnung Jesu als L. schließt ein, daß er nach Form und Inhalt wie die jüd. Schriftgelehrten lehrt, Jünger nach Art der Rabbinenschüler hat und vom Volk entsprechend geehrt wird. Verkündet er in dieser Weise den Willen Gottes mit seiner verpflichtenden Kraft, so kann und will er darüber nicht diskutieren, um ein L. unter anderen zu sein; sonst hätte er den ausschließlichen Anspruch, der mit seinem Lehren verbunden ist, aufgegeben. Er ist L. im uneigentlichen Sinn und eigentlich ein Prophet, der den göttlichen Willen neu und unmittelbar verkündet, und mehr als ein Prophet, da er als Träger des Gotteswillens das „Ich aber sage euch“ spricht Mt 5, 21 ff. In den urchristl. Gemeinden haben die L., die bes. neben Aposteln und Propheten genannt werden Apg 13, 1; 1Kor 12, 28 f; Eph 4, 11, im Anschluß an deren Wirken, das den Grund für eine christl. Lebensanschauung und -führung legt, die Aufgabe, die Gemeinde aus klarer, selbständiger Einsicht über den Willen Gottes zu belehren und sie dadurch aufzubauen. *Fo*

Lehrerin. Bei der Unterweisung der verschiedenen Gruppen in der Gemeinde wünscht sich Tit 2, 3 f die älteren Frauen als L.nen im Guten, damit sie die jüngeren zum rechten Verhalten erziehen. *Fo*

Lehrgedicht ist ein Psalm oder Gedicht lehrhafter Art. Es drückt die Überlegungen, Mahnungen und Warnungen der Weisheitslehrer aus (in Ps 49, 5; 78, 2 geradezu Weisheitsspruch genannt), ist zT in der Form → alphabetischer Lieder gehalten Ps 37; 112; Spr 31, 10 ff oder beginnt mit dem in der Weisheitslehre beheimateten „Wohl dem“ Ps 1, 1. Es enthält Betrachtungen über die Weisheit Hiob 28; Spr 8; 9, über Gottes Allwissenheit und Allgegenwart Ps 139 oder die Lehren aus der Geschichte Israels Ps 78. Es befaßt sich mit der schweren Frage nach dem Glück der Frevler und dem Unglück der Frommen Ps 37; 49; 73 und erwartet die Rettung der Frommen durch Gott Ps 91 oder das schreckliche Ende der Frevler Hiob 18, 5-21; 20, 4-29. In späterer Zeit handelt es statt von der Weisheit auch von der Gesetzestreue und Gottesfurcht Ps 19, 8 ff; 119 und vom Glück derer, die darin leben Ps 1; 128; 133. *Fo*

Leib. *1)* Die HS sieht den Menschen als ganzheitliche leib-seelische Person; der L. gehört wie die → Seele zu seinem Wesen. L. und Seele sind im lebendigen Menschen unzertrennlich aufeinander bezogen. So ist er von Gott und für Gott geschaffen; auch als aus irdischem Stoff geformte Gestalt ist er „der Mensch“ 1Mose 2, 7. Wenn von seinem betont körperlichen Werden im Mutterleib die Rede ist Ps 139, 13 ff; Hiob 10, 8 ff, ist er, der zum Leben berufene Mensch, im Werden. L. und Seele sind unterschieden, aber zusammengefaßt; ohne Vereinerleiung oder Überbetonung des einen über das andere (weder materialistisch noch spiritualistisch) ist der Mensch in seiner Ganzheit beschrieben Ps 84,3; 73,26; Mt 10,28. So drücken häufig Organe des L.es auch seelische Vorgänge aus (→ Herz, Nieren Jer 11,20; Ps 73,21, Eingeweide Hiob 30,27, Leber Klgl 2,11 oder auch → Fleisch Ps 63,2; Hiob 14,22, vgl. Hab 3,16). Das Eindringen griech. Denkweise im Spätjudentum, die den L. gegensätzlich (dualistisch) als Belastung des lebendigen Menschen, als Kerker der Seele versteht, berührt die HS nur ganz am Rande Weish 9,15.

2) In den paulinischen Briefen ist der L. auf Grund derselben ganzheitlichen Anschauung entweder der „L. der Sünde" Röm 6,6 und als solcher der „L. des Todes" Röm 7,24; 8,10 oder der „Tempel des hl. Geistes" 1Kor 6,19, an dem Gott gepriesen und Christus verherrlicht werden kann Phil 1,20, gültiger Ausdruck für den im Gottesdienst sich selbst opfernden Menschen Röm 12,1. Dieselben Glieder des L.es können Waffen der Ungerechtigkeit oder der Gerechtigkeit sein Röm 6,19. Der L. als solcher ist nicht sündig; wie er sich betätigt und was ihn beherrscht, ist ausschlaggebend. Es können deshalb aus von Christus in Beschlag genommenen Gliedern Hurenglieder werden 1Kor 6,15! Eine leibfeindliche Askese ist ausdrücklich abgelehnt Kol 2,23; wohl aber ist es bei den klar geschauten Zusammenhängen körperlicher Versuchung mit einer Zerrüttung des gesamten Lebens ein wichtiges Anliegen der christl. Gemeinde, daß der L. in Zucht genommen werde Röm 13,14; 1Kor 9,27; → Fleisch.

3) Der L. als natürlicher „seelischer" L. ist sterblich, nichtig, verweslich 1Kor 15,44 ff; Phil 3,21, eine bloße Hütte, die abgebrochen wird Jes 38,12; Hiob 4,19; 2Kor 5,1; 2Petr 1,13. Des L.es Erlösung ist das Wirksamwerden des Todes und der Auferstehung Christi in der Auferstehung des L.es in einem verklärten L.e 2Kor 4,11.14; Phil 3,21; → Auferstehung. Darin wird endgültig festgehalten, daß die HS keine leiblose Seele und keinen seelenlosen L. des lebendigen Menschen kennt. 2Kor 12,2 — der Mensch außer dem L.e — ist ausdrücklich nicht als eine psychologisch aufschlußreiche Selbstbeobachtung erzählt.

4) Im Gleichnis ist der L. und seine → Glieder wie der Weinstock und seine Reben Jo 15 Veranschaulichung der innigen Lebensverbindung Christi mit seiner Gemeinde, in der er das Haupt ist und die vielgestaltige Gemeinde zusammenfaßt, regiert und mit Leben durchdringt Röm 12,5; 1Kor 12,12 ff; Eph 4,4.15 f; Kol 2, 19. Das ist nicht als Idee, sondern real-sichtbar zu verstehen, ohne daß sich eine irdisch verfaßte Kirche als solche mit dem L. Christi identifizieren kann. → Leib Christi. *He*

Leib Christi. *1)* Im eigentlichen Sinn war der L. für Jesus Christus das Mittel, um in einem wirklichen Menschenleben seinen Heilandsberuf auszuüben Hebr 10,5 und in der Selbsthingabe in den Tod zu vollenden Hebr 2,14; 1Petr 2,24; vgl. 1Kor 11,24; Röm 8,3; Kol 1,22.

2) In übertragener Bedeutung ist Jesu Gemeinde L.C. Paulus hat das Bild viel gebraucht. Verwandt sind ihm die Aussagen im Gleichnis vom Weinstock und den Reben Jo 15,1 ff. Schon durch Jesu Gleichsetzung seines L.es mit dem Tempel Mt 26,61; 27,40; Jo 2,19-21 bot sich das Bild zur Bezeichnung der Gemeinde Christi als eines Tempels und L.es an Eph 2,16.21; 4,16. Pfingsten machte das Vorhandensein des L.es C. auf Erden sichtbar. Den einen L. des einen Herrn bilden die durch den hl. Geist berufenen Gemeindeglieder Eph 4,4.5; 5,30; Röm 12,5; 1Kor 6,15; 12,27 ff. Als Gesamtperson betätigt sich der L.C. mit seinen verschiedenen Gliedern und ihren Gaben und Kräften, weil Christus als des L.es Haupt ihn regiert und kraft seiner Gegenwart im hl. Geiste ganz und wesenhaft durchdringt Eph 1,22; 4,15 f; Kol 1,18. In diesem Sinn ist der L.C. seine Fülle Eph 1,23. *Kü*

leibeigen → Gesinde.

Leibrock (hebr. ephod), als Stück der priesterlichen Ausrüstung im Lauf der Jh.e sicher Wandlungen unterworfen, war in Israel ähnlich wie in Ägypten und Babylon ursprünglich wohl nur ein einfacher Hüftschurz (ephod bad) 1Sam 2,18; 22,18; 2Sam 6,14; 1Chr 15,27. Später wurde daraus ein prachtvolles Mantelkleid (me'il ha-ephod) aus schneeweißem Byssus 2Mose 28,40 ff; 39, 27 ff, das aus zwei Teilen bestand, dem kurzen Unterbeinkleid und dem ungenähten Ärmelrock. Anscheinend ist dann die Bezeichnung ephod auf den Schulterkragen des Hohenpriesters 2Mose 25,7; 28,6 ff übergegangen, der aus blauem und rotem Purpur, Karmesin und gezwirntem Byssus verfertigt war. Auf jeden Fall gehörte der L. zum Priesterornat. Ohne ihn durfte er vor Jahwe nicht erscheinen. Der Stoff mußte reines Leinen, durfte nicht Wolle sein Hes 44,17 ff. *Luck*

Leichnam ist der leblose, im Gegensatz zu den „Gebeinen" Längstverstorbener jedoch noch erhaltene Körper eines Menschen 1Kö 13,24 f.29 f; 2Kö 19,35; Jes 37,36; Nah 3,3; Mk 15,43; Jo 20,12; Apg 9,40; Offb 11,8 f oder eines Tieres 1Mose 15,11; Ri 14,8 f. Ein L., zB der eines Hingerichteten, ist noch am Todestage zu begraben 5Mose 21,23; Jos 8,29; Jo 19,31, damit die an ihm haftende Unreinigkeit sich nicht auf das Land überträgt. Erhält er kein → Begräbnis, so hat der Betreffende weder unter den Toten einen Platz noch unter den Lebenden ein Gedächtnis 2Kö 9,37. Sein Name existiert nicht mehr: das Schicksal derer, die ins Massengrab fahren Jer 26,23; 41,9 f. Unbegraben zu sein ist darum Zeichen für äußerste Schändung und Gottverlassenheit 3Mose 26,30; 5Mose 28,26; 1Sam 17,46; 31,10.12; Ps 79,2; Jes 5,25; 14,19; 34,3; 66,24; Jer 7,33; 9,21; 16,4; 19,7; 34,20; 36,30; Hes 6,5. — Ein Tierl. durfte nicht gegessen 3Mose 7,24; 5Mose 14,21; Hes 4,14, das

Aas der als unrein bezeichneten Tiere nicht berührt werden 3Mose 5,2; 11,8.24f.27f.35ff; 5Mose 14,8; Jer 16,18 (Ausdruck der Abwehr von kanaanäischen Kultureinflüssen auf den Glauben Israels). *Kn*

Leid, Leiden, leiden.

1) „Leid tragen" ist das seelische Verhalten bei jeder Art von Kümmernis, zB bei der Trauer Jakobs um seinen Sohn 1Mose 37,34 und der Hochzeitsleute um den Bräutigam Mt 9,15 oder bei der Sorge Samuels um Saul 1Sam 15, 35. Ein tiefes L. ist die Buße, wenn sie echt ist Jak 4,9, ebenso das Mittragen an der Schuld anderer Esra 10,6; 1Kor 5,2; 2Kor 12,21. L. und Tröstung Mt 5,4 sollte nicht auf Sterbefälle beschränkt bleiben.

2) L. zufügen umschreibt üble menschliche Tat 1Chr 16,22. Hinter der Strafe des unerforschlichen Gottes, die als L. empfunden wird, soll die Barmherzigkeit als sein eigentliches Wollen erkannt werden Jer 29,11.

3) In eigentlicher Bedeutung heißt l. eine Not durchmachen, Verfolgung tragen, geschlagen werden, apostolische L. im Dienst des Evanliums auf sich nehmen Ps 34,20; Lk 12,47; 16,24; 2Kor 4,9; 2Tim 1,8. Der Fromme klagt Gott sein L. Ps 38,18; 40,13. In den Psalmen ist oft mit Worten wie Prüfung, Läuterung, Verlassensein, Züchtigung usw von L. die Rede Ps 22,69, ebenso bei Hiob. Einzelne Männer des AT gelten in bes. Weise als Träger von L., so Hiob, Jeremia, der Gottesknecht (Jes 53).

4) Jesus hat sein L. in L.sankündigungen Mt 16,21; 17,22f; 20,17ff angesagt und in der L.swoche auf sich genommen (→ Jesus Christus VII). Auch wird der Beginn der L. Jesu schon in seiner Menschwerdung gesehen. Nach Mt und Mk ist das L. für den Menschensohn unabdingbar notwendig „zur Erlösung für viele" Mt 20, 28. Bei Lk und Apg wird das L. für Jesus als dem Messias zugehörig beschrieben Lk 24,26; Apg 17,3. Jesus selbst wußte sich bei seinem L. in der Reihe der ATlichen Propheten Lk 13,33; Jo 4,44. Die Gemeinde weiß, daß Jesu L. zu seiner Vollendung und uns zugute geschah 1Petr 2,23f; Hebr 2,10.18; auch 1Petr 2,21 u. 3,18.

5) L. gehört zur Nachfolge der Christen. Sie sollen um Christi willen ungerechte L. auf sich nehmen und mit Christus l. 1Petr 2,19; 4,13-16. Solche L. heißen sogar Christi L. 2Kor 1,5; Kol 1,24. Die L. dieser Zeit stehen in keinem Verhältnis zur zukünftigen Herrlichkeit Röm 8,18. *Nag*

Leier → Musikinstrumente.

leihen. Im AT wird es dem Reichen zur Pflicht gemacht, dem armen Volksgenossen Geld oder auch andere geldwerte Güter zu l., zB Neh 5,10. Ein unerbittliches Gericht trifft den, der von dem armen Schuldner Wucherzinsen verlangt 2Mose 22,24. Verurteilt wird auch alles gewinnsüchtige Rechnen und Spekulieren beim L. Der Gottesfürchtige leiht gern Ps 37,26; 112,5. Er verzichtet darauf, daß ihm von dem Armen, der nicht zahlen kann, das Schuldige zurückgegeben wird; denn er leiht im Grund dem Herrn Spr 19,17, und Gott wird ihm seine Wohltätigkeit vergelten; der Gütige darf sich der schenkenden, reichen Güte Gottes getrösten, vgl. auch Sir 8,15; 29,1ff.

Das Wort Jes 24,2: Es geht dem Priester wie dem Volk, dem Herrn wie seinem Knecht, der Herrin wie ihrer Magd, dem Verkäufer wie dem Käufer, dem Verleiher wie dem Borger, dem Gläubiger wie dem Schuldner — geht auf das kommende Weltgericht, das alle ausnahmslos ereilt und alle sozialen Gegensätze im Menschenleben aufhebt.

Jesus geht Lk 6,34f wie im Dulden, so auch beim Geben und L. über das Recht hinaus. Das bestehende Recht kennt keine Verpflichtung zum Geben und denkt beim L. nur an das Interesse des Verleihers. Es kommt damit unserer berechnenden, selbstsüchtigen Art entgegen. Jesus nimmt von der Liebe seiner Jünger jede egoistische Schranke weg. Kommen wir mit unserem L. dem andern zu Hilfe, so darf für uns die Hauptsache nicht sein, daß wir ja gewiß nichts einbüßen. Von dem dunkeln Hintergrund einer egoistischen Wohltätigkeit hebt sich die neue Liebe ab, die Jesus fordert, die ganz selbstlos ist und von dem Armen, der bittet, nichts zurückerwartet. Solcher Liebe ist Lk 6,35 großer Lohn verheißen, nicht etwa Lohn für ein Verdienst, das Lohn beanspruchen darf, sondern die volle Teilnahme an Gottes Leben, an seiner Liebe und Herrlichkeit. *Fro*

Leinwand. Das hebr. Wort, das Luther mit L. übersetzt, bedeutet eigentlich *Byssus*, gezwirnten Byssus, ein fein gefädeltes, zartes Gewebe, das schon in alten Zeiten zur Einhüllung der ägyptischen Mumien benützt wurde. Dieser Byssus wird bei der Einrichtung der Stiftshütte mit ihren Vorhängen erwähnt 2Mose 25,4; 26,1. 36.37; 38,9.16.18, ebenso bei der Kleidung der vornehmen Frauen Hes 16,13. Besonders kostbar war das priesterliche Amtskleid der späteren Zeit 2Mose 28,4ff; 39,2ff.27ff; aus feinstem Byssus gewoben, bestand es aus dem kurzen Unterbeinkleid und dem langen, bis auf die Füße reichenden, ungenähten Ärmelrock, dazu ein buntgewirkter Gürtel und der hohe Turban (→ Sp. 551). In späterer Zeit erhielten auch die zu den niedrigen Klerikern gehörigen, in wachsendem Maß geschätzten Sänger das Recht, das priesterliche Byssuskleid zu tragen.

Das Spinnen, Zwirnen und Weben war vielfach Hausfrauenarbeit Spr 31,19. Doch gab es auch Handwerker, die das Weben der Teppiche und der Kleider berufsmäßig trieben 1Chr 4,21. Dabei ist deutlich, daß die hebr. Worte nicht nur aus Flachs hergestellte Leinenstoffe meinen, sondern auch Baumwollstoffe, die aus der Wolle der Baumwollstaude gewonnen werden.

Im NT berichtet Mt von Joseph von Arimathia, daß er Jesu Leichnam in reine L. wikkelte Mt 27,59. Mk erzählt von dem Jüngling, der die auf der bloßen Haut getragene L. fahren ließ und floh Mk 14,51 f. Im Gleichnis ist vom reichen Mann die Rede, der sich mit Purpur und köstlicher L. kleidet Lk 16,19. In Offb 15,6 sind die 7 Gerichtsengel, die die 7 Plagen tragen, mit reiner, heller L. angetan. So wird auch die Gerechtigkeit, die Gott der Gemeinde Jesu schenkt, mit dem Brautgewand aus reinem Byssus verglichen Offb 19,8 und trägt das himmlische Heer, das dem Christus folgt, Gewänder aus reiner, weißer L. Offb 19,14. *Fro*

Leiter → Himmelsleiter.
Leiter → Lehrer.

Lemuel, der unbekannte König Spr 31,1.4, an den seine Mutter die Mahnung 31,2-9 richtete, vielleicht ein König des arabischen, 1Mose 25,4 genannten Stammes → Massa (Luther übersetzte Massa mit „Lehre"). *Schl*

Lenz → Jahreszeiten.
Leopard → Pardel.
Lepton → Münzen.

Lernen ist im AT der Vorgang, in dem sich der Mensch dem Willen Gottes unterwirft — in Gottesfurcht 5Mose 4,10 und Gehorsam Ps 119,7 f, um Leben und Wandel nach diesem Willen zu führen Jer 12,16. L. bezieht sich auf Gott selbst in seinem Willen, wie auch Jesus diesen vorbehaltlos in den eigenen Willen aufnahm und leidend Gott die Ehre gab Hebr 5,8. Vom L. aus der Schrift sprechen zur Rechtfertigung des Anspruchs Jesu Mt 9,13; Jo 6,45; im Sinn schulmäßiger Beschäftigung Jo 7,15; Gal 3,2. Dagegen ist in Mt 11,29; 24,32; Eph 4,20 vom neuen L. an und durch Jesus, in Röm 16,17; 2Tim 3,14 vom L. der apostolischen Verkündigung die Rede, während anderwärts gegenüber einem die Frömmigkeit gefährdenden L. (1Tim 5,13; 2Tim 3,6 f) Grenzen gezogen werden 1Tim 2,11; 5,4; Tit 3,14. Jedoch besteht für das NT das Merkmal des Jüngers weniger im L. als vielmehr in der Nachfolge Jesu. *Fo*

Lesem → Dan.
lesen → schreiben, → Schule.

Leuchter.
1) Arten. 2) Belege im AT. 3) Bedeutung. 4) Metaphorischer (bildhaft übertragener) Gebrauch.

1) Für die erhöhte Aufstellung einer → Lampe (zur Erhöhung des Lichtwinkels) benutzte man einen Ständer aus Ton (etwa Kegelstumpfform) oder aus Metall (zB aus Bronze in der Form eines Dreifußes). Belegt ist daneben die Verwendung mehrerer Lampen, die mit einem Zapfen versehen waren und auf den breiten Rand eines großen Gefäßes (mit Fuß und Schaft) aufgesetzt wurden. Eine besondere Art stellte der mehrarmige L. dar (meist 7 Arme): Über dem Fuß (Basis) erhob sich der Schaft, der sich in Arme teilte. Am Ende jedes Armes befand sich ein blumenartiger Knauf, in dessen Vertiefung die Lampe aufgenommen wurde. Der L. konnte aus Holz, Ton oder Metall sein. Darstellungen des siebenarmigen L.s sind von vielen Grabplatten, Synagogen und Privathäusern bekannt.

2) Im *AT* wird in der → Priesterschrift für die Stiftshütte ein siebenarmiger L. aus Gold beschrieben 2Mose 25,31-39. Er dürfte dem L. auf dem Relief des Titusbogens ähnlich gewesen sein und erinnert in seiner Form an einen Lebensbaum. Der L. des Titusreliefs stellt den erbeuteten Tempel-L. dar, der in der Makkabäerzeit an Stelle des von → Antiochus Epiphanes geraubten L.s hergestellt wurde 1Makk 1,23; 4,49 (→ Tafel 28). Eine ganz andere Form hatte der in Sach 4,2 beschriebene L., der wahrscheinlich der Form (vielleicht auch der Größe) nach auf die 10 L. des salomonischen → Tempels 1Kö 7,49 zurückging.

3) Der L. hat seine *Bedeutung* in Israel in erster Linie als Beleuchtungskörper zur Erhellung des Heiligtums. Im Tempel brannte der L. nur des Nachts 2Chr 13,11, vgl. 1Sam 3,3; nach Josephus brannten am Tage 3 von den 7 Lampen. Vielleicht hatte der L. auch symbolische Bedeutung, etwa als kultische Darstellung des aus dem Urmeer hervorwachsenden Himmelsbaumes. Ob der L. auch apotropäische Bedeutung hatte, etwa Dämonen abzuwehren, ist nicht sicher; von Lampen, die unter Mauern oder Türeingängen beigesetzt wurden, ist diese Bedeutung bekannt. Wie die zahlreichen Belege von Darstellungen des siebenarmigen L.s in Synagogen und Privathäusern erkennen lassen, ist dieser L. Wahrzeichen des Judentums geworden. Gleichzeitig sollte das Haus damit unter Jahwes Schutz (→ Leuchte) gestellt werden. Der siebenarmige L. ist bis heute jüd. Symbol geblieben wie das Kreuz das christliche.

4) Wie die Bibel einen *übertragenen Gebrauch* für → Leuchte kennt, so auch für L. Der L. in Sach 4,2 ff ist im Grunde Jahwe selbst, vgl. V. 10.14. In der Offb 1,12 f.20; 2,1.5 sind unter dem Bild von 7 L.n die 7 kleinasiatischen Gemeinden dargestellt. Das Bild erklärt sich aus Mt 5,14-16. *Bo*

Leutseligkeit. Es handelt sich um das — zB in der Pädagogik der Aufklärung (Basedows Philanthropinum in Dessau) als deutsches Lehnwort vielgebrauchte — griech. Lieblingswort „Philanthropie" = Menschenfreundlichkeit. Weil es von Haus aus griech. Religiosität entsprach, ist es in der HS nur ganz selten verwendet. Die Bibel hat für dieselbe Sache tiefere, reichere Begriffe. In Tit 3,4 mag der Gegensatz zu unserer in V. 3 geschilderten gehässigen Art das Wort als Ausdruck für die Güte Gottes nahegelegt haben. In Apg 27,3 u. 28,2 gehört es zu der volkstümlichen Erzählung der Überfahrt nach Rom. Weish 1,6 u. 7,23 ist es ein Zeichen hellenistischer Einflüsse. *He*

Levi. *1)* Dritter Sohn Jakobs und der Lea 1Mose 29,34, wird im → Jakobssegen 49,5 ff getadelt und mit Zerstreuung seiner Nachkommen bestraft wegen des 34,25 ff berichteten gemeinsam mit Ruben unternommenen, heimtückischen Rachezugs gegen die Sichemiten, einer Begebenheit, die möglicherweise mit den Ri 9 erzählten wilden Geschehnissen zusammenhängt. Der → Mosesegen hingegen zeichnet L.s Nachkommen 5Mose 33,8 ff lobend aus wegen ihres während des Wüstenzugs in kritischer Stunde bewiesenen Eifers für Jahwes Ehre 2Mose 32,26ff und spricht ihnen das Vorrecht des Priestertums in Israel zu, so daß L. später zum Amtsbegriff wird, → Leviten. Von L.s Tod in Ägypten mit 137 Jahren und seinen drei Söhnen berichtet 1Mose 46,11; 2Mose 6,16 ff. — *2)* Im NT: L., Sohn des Alphäus, → Matthäus. *Schw*

Leviathan. Wenn Jes 27,1 Assur, das Land am reißenden Tigris, ein pfeilschneller L. heißt und Babylonien an dem sich schlängelnden Euphrat ein gewundener L. und Ägypten ein Ungetüm am Meer, so sind hier alte, mythologische Worte verwendet, die uns so auch in einem Text aus → Ugarit begegnen. Der alte Mythus erzählte von einem Meerungeheuer, das dann durchbohrt wird. So spricht auch Ps 74,14 von einem mehrköpfigen L. (Luther: Walfische), einem Ungeheuer, dessen Häupter Jahwe zerschlug, wie auch sonst alte Vorstellungen von der Überwindung von Meerdrachen nachklingen Ps 89,10; Hab 3,8. Dagegen scheint Hiob 3,8 an einen Himmelsdrachen zu denken, ein Wolkenungeheuer, das nach abergläubischer Vorstellung den Mond verschlingt und so die Nacht verfinstert. Ps 104,26 (Luther: Walfische, jetzt: große Fische) wagt der Dichter das kühne Bild, daß Jahwe mit dem L., dem Meerungeheuer, in souveräner Macht spiele. In der Schilderung Hiob 40,25 bis 41,26 meint L. deutlich das → Krokodil. → Drache. *Schl*

Leviratsehe → Schwagerehe.

Levispruch im Segen des Jakob 1Mose 49,5-7 (→ Jahwist) und in dem des Mose 5Mose 33, 8-11 (→ Elohist). Die erste Stelle setzt → Levi als einen noch bestehenden selbständigen Stamm voraus, über den das Urteil des Ausschlusses aus der übrigen Stämmegemeinschaft offenbar auf Grund seines Handelns an Sichem (1Mose 34) verhängt wird. Die zweite Stelle läßt Levi nicht mehr als weltlichen, sondern als priesterlichen Stamm erscheinen, dem Gott die Handhabung des Losorakels Urim und Thummim (→ Licht und Recht) sowie die Belehrung Jakobs und Israels überträgt. Levi erscheint hier als der Träger des göttlichen Segens. Beide Sprüche müssen alt sein und stammen vermutlich noch aus der vorstaatlichen Zeit Israels, da der erste Spruch in die älteste Stammesgeschichte hineinführt, während der zweite Levi wohl erst in den Anfängen seines noch nicht voll anerkannten Priestertums zeigt. Beide Quellenschriften haben hier offensichtlich ältestes Material bewahrt. *Ba*

Leviten. 1) Ursprünglich ist lewi (Levit) kein Eigenname, sondern *Bezeichnung* einer besonderen Gruppe des Kultpersonals und bedeutet: „der durch Gelübde oder Schuld verpflichtet ist". L. sind also eine Art „Gottgeweihter" wie etwa Samuel 1Sam 1,11.28. Im AT bezeichnet lewi zwei voneinander zu unterscheidende Gruppen, die möglicherweise dieselbe Herkunft, wahrscheinlich aber nur denselben Namen haben.

2) Daß es einen *Volksstamm* lewi gegeben hat, legen verschiedene Listen des Zwölfstämmebundes nahe: 1Mose 49; 35,23-26 u. a. im Vergleich mit 4Mose 2 u. a. Als Volksstamm schieden die L. schon in sehr früher Zeit aus dem Zwölfstämmeverband aus, wahrscheinlich im Verlauf kriegerischer Auseinandersetzungen mit Kanaanäern, vgl. 1Mose 34 und parallele Vorgänge bei den Stämmen Simeon und Ruben.

3) Vornehmlich werden im AT als L. Gruppen von *Priestern* und *Kultpersonal* bezeichnet.

a) Ihre *Herkunft* und ursprüngliche *Tätigkeit* liegen im Dunkeln. Gelegentlichen Andeutungen des AT läßt sich entnehmen, daß sie die Träger der Überlieferungen des Heiligtums von → Kadesch waren und eine ihrer Hauptaufgaben darin bestand, das Gottesrecht zu pflegen und Rechtsfälle zu entscheiden. Sie waren Hüter des Jahwebundes und der Jahweordnungen 2Mose 32,25-29; 5Mose 33,8 ff. Priesterliche Funktionen übten sie an den Landheiligtümern aus Ri 17 u. 18. Vom Kult an den Staatsheiligtümern waren sie ausgeschlossen 1Kö 12,31. Solche ausgeschalteten L. standen zZ Hoseas mit dem Propheten in der Opposition gegen Königtum und Priesterschaft. Sie beschäftigten sich mit den frühesten Überlieferungen Israels und forderten einen Gottesdienst, der zum offiziellen Kultbetrieb im schärfsten Gegensatz stand.

b) Das → Deuteronomium zeigt die L. als Träger einer über das ganze Land ausgedehnten Predigttätigkeit 5Mose 12,12.18 f u. ö., sowohl in priesterlich-kultischer 5Mose 27,14 ff u. ö. als auch in national-kriegerischer Richtung (Traditionen des hl. Krieges 5Mose 20,2 ff u. ö.). Das Programm des Deuteronomiums, L. und Priester gleichzuschalten 5Mose 18,6 ff u. ö., scheiterte an dem Widerstand der alteingesessenen Priester des jerusalemischen Staatsheiligtums 2Kö 23,8 f. Den L. wurden nur die niederen Priesterdienste zugebilligt, während der eigentliche Priester- (= Opfer-) dienst den Zadokiden vorbehalten blieb Hes 44,10 ff.

c) Die → *Priesterschrift* läßt eine besondere Stellung der L. innerhalb des Stämmebundes erkennen. So waren bei der Lagerordnung die L. in einem besonderen „inneren Ring" um das Begegnungszelt gruppiert 4Mose 3,14 ff. Jahwe waren sie in besonderer Weise heilig als Auslösung für die Erstgeborenen Israels 4Mose 3, 40 ff. Von den übrigen Stämmen wurden sie durch Erhebung des Zehnten versorgt 4Mose 18,20 ff und erhielten besondere → L.städte. Andererseits setzt die Priesterschrift die Degradierung der L. voraus, wenn sie den L. das Bewachen, Tragen, Auf- und Abbauen des hl. Zeltes zuordnet 4Mose 1,48 ff; 8,5ft; 3; 4; 8,24 ff und nur den Aaroniden den Opferdienst überträgt 2Mose 28,1 ff; 29,1 ff; 3Mose 8; 9. Allerdings erfolgte die Degradierung nicht reibungslos 4Mose 16; vgl. Esra 8,15.

d) Das *chronistische Geschichtswerk* (→ Chronik usw), das die L. als Tempeldiener, Sänger und Torhüter kennt, weiß wiederum von einer ausgedehnten Predigttätigkeit der L. 2Chr 17, 7-9; Neh 8,7-9, und zwar von einer Predigt über alte Schriftworte 2Chr 20,20; 32,7 ff u.ö. Den L. lag alles daran, die alten, zentralen Glaubensinhalte Israels dem Volk der nachexilischen Zeit zu verkünden.

4) Im *Spätjudentum* bekamen die L. ein starkes Übergewicht über die anderen Stämme, auch über den Stamm Juda. Levi sollte Priester, Fürst und Prophet in einem sein (Buch der Jubiläen), ja, ihm war als dem Vertreter des Priestertums auch das Königtum untergeordnet (Testamente der zwölf Patriarchen).

5) Demgegenüber kennt das *NT* keine übergeordnete Stellung Levis. Wohl waren die L. das gesetzlich privilegierte Priestergeschlecht Hebr. 7 und gehörten zu den vornehmen Klassen in Israel Lk 10,32, aber sie werden durch den Samariter beschämt Lk 10,30-35 und sind Christus untergeordnet Hebr 7,4-10.

Lit.: G. v. Rad, Theologie des AT I, 41962; ders., Die levitische Predigt in den Büchern der Chronik, Gesammelte Studien zum AT, 31965. *Bo*

Levitenstädte werden 48 über das ganze Land Israel verteilte Städte genannt, die die isr. Stämme den Leviten als Wohnort zur Verfügung stellen sollten 4Mose 35. Dreizehn L. fielen an die Priestergeschlechter, die übrigen an die Leviten Jos 21. Sechs der L. sollten als → Freistadt (→ Asylrecht) dienen. *Bo*

Leviticus → Mosebücher.

Libanon (der Weiße, vgl. Jer 18,14) heißt in erster Linie der mächtige, etwa 150 km lange Gebirgszug, der, in durchschnittlich 2 km Entfernung parallel zur Mittelmeerküste verlaufend, im Norden vom nahr el-kebīr, im Süden vom nahr el-līṭāni und im Osten von der L.niederung, heute el-beqā', begrenzt wird. An Stellen wie 5Mose 1,7; 11,24; Jos 1,4 usw schimmert jedoch noch ein älterer Sprachgebrauch durch, der hebr. hal-lebānōn zur Bezeichnung des L. *und* des Antilibanon verwendete. Dem entspricht es, wenn die LXX an den genannten Stellen hal-lebānōn mit antilibanos wiedergibt. Von daher erhält auch die Benennung der L.niederung mit Talebene des L. (Luther: Ebene am Berge L.) Jos 11,17; 12,7 ihre Erklärung. Die üblichen ATlichen Namen des Antilibanon sind aber → Hermon und Senir. — Die im AT vielgerühmte Herrlichkeit des L. Jes 35,2; 60,13 mit seinem Reichtum an Wäldern 2Chr 2,7; HL 3,9, in denen bes. die → Zeder Ri 9,15; Jes 2,13; 14,8; Ps 29,5; 104,16, daneben auch der → Wacholder 1Kö 5,22 ff; 2Kö 19,23; Jes 37,24; Sach 11,1 f und die → Zypresse Jes 60,13 wuchs, ist dahin. Heute ist nur noch ein geringer Teil der Oberfläche des Staates L. (die Angaben schwanken zw. 7 und 12 %) von Wäldern bedeckt, und von den Zedern sind lediglich einige 500 übriggeblieben, die vor allem im sog. hl. Tal gehegt und gepflegt werden. — Der L., der 1920 vom Völkerbund unter französische Mandatsregierung gestellt wurde, ist seit dem französisch-libanesischen Abkommen vom 23.12.1946, nach dem alle Macht den Libanesen übertragen wurde, ein völlig souveräner Staat. Rund die Hälfte seiner etwa 1,3 Millionen Einwohner, zu denen noch gegen 100 000 Palästina-Flüchtlinge kommen, sind Christen der verschiedenen Kirchen und Denominationen; der Rest gehört dem (sunnitischen) Islam an. Dementsprechend ist in der Regel der Staatspräsident Christ, der Premierminister Moslem. *Rü*

Libanon-Waldhaus. Salomo erbaute im Palastkomplex in Jerusalem das L. Das Gebäude ruhte auf drei Reihen von Zedernsäulen, so daß das unterste Stockwerk den Eindruck des Zedernwaldes auf dem Libanon machte. Für das obere Stockwerk mit seinen 45 Zellen wurden aber nur teilweise solche Säulen verwendet. Die Beschreibung in 1Kö 7,1-5 ist zu undeutlich, als daß man über die Anordnung der Fenster im Oberstock etwas Sicheres aussagen könnte. Das L. diente als Zeughaus für die Aufbewahrung des Staatsschatzes 10,17.21. → Sp. 784. *Peu*

Libertiner. In Apg 6,9 erscheint eine Synagoge der L. = Freigelassene. Pompejus hatte 63 vChr viele kriegsgefangene Juden nach Rom gebracht, die später zum großen Teil freigelassen wurden. Sie oder ihre Nachkommen schlossen sich in Jerusalem zu einer landsmannschaftlich organisierten, griech. sprechenden Synagogengemeinde zusammen. *Bie*

Libna. *1)* Die Stadt L., früher mit tell es-safi, nun mit tell bornat westlich von Askalon gleichgesetzt, liegt am Westabfall des Gebirges Juda. Ursprünglich eine kanaanäische Königsstadt Jos 12,15; 10,29, wurde sie später von Judäern besiedelt und erscheint Jos 21,13 in der Liste der isr. Priesterstädte. Ihr Abfall unter Joram zeigt jedoch die ihr verbliebene Eigenständigkeit gegenüber Juda 2Kö 8,22. Zu Hiskias Zeit stellte sie wieder eine judäische Grenzfestung dar, die Sanherib belagerte 2Kö 19,8.

2) Ein Lagerplatz der Israeliten auf dem Wüstenzug wohl nördlich von Hazeroth 4Mose 33,20. *Da*

Libyen heißt das Land westlich der unterägyptischen Küste, zuweilen einschließlich der Cyrenaika (→ Kyrene), die Apg 2,10 als ein Teil von L. erwähnt ist. Libyer (hebr. Lubim, ägypt. Lebu) waren im Heer des Pharao Sisak (Scheschonk) 2Chr 12,3, des Kuschitenkönigs Serach

2Chr 16,8, vgl. 14,8ff, des Syrerkönigs Antiochius IV. Dan 11,43; sie gehörten zu den Hilfsvölkern der Stadt No-Amon (Theben) in Ägypten, die den Assyrer (→ Assurbanipal) nicht abwehren konnten Nah 3,9. Auch die Lehabiter 1Mose 10,13 sind wohl Libyer. Das hebr. → Put ist Hes 27,10; 30,5; 38,5 von Luther ebenfalls mit Libyen, Libyer übersetzt, meint aber das Küstengebiet beiderseits der Südspitze des Roten Meeres und seine Bewohner (ägyptisch: Punt). *Ap*

Licht. → Erleuchtung. → Finsternis.

Das L. ist in der HS von seinem Ursprung her für die darauf angewiesene Kreatur erstes einzigartiges Anzeichen der sich offenbarenden Schöpfermacht und Güte Gottes 1Mose 1,3. Seine Welt lebt im L., wie er L. ist 1Jo 1,5, vgl. Offb 21,23. Dabei ist das natürliche Lebenselement des L.s immer schon in den bibl. Aussagen fast ohne Übergang zugleich das den Menschen in seiner Ganzheit erleuchtende L. 2Kor 4,6; Jo 11,9f. Das L. ist Gottes L. Ps 36,10; sein Kleid Ps 104,2; so sieht es der zu ihm erwachte Mensch. Gott ist der Vater der L.er (der Sterne) Jak 1,17, er wohnt im unwandelbaren, keinem menschlichen Geheimwissen (→ Gnosis) zugänglichen L. 1Tim 6,16. Ihm leuchtet die Nacht wie der Tag Ps 139,12.

Sich selbst überlassen, fern von Gott ist die Welt und in ihr der Mensch im Finstern Jes 9,1. Er kann so nicht wirklich sehen und leben; er ist in jeder Beziehung der Erleuchtung bedürftig. Das L. muß ihm aufgehen Ps 97,11. Nun aber ist in dem an die Finsternis gewöhnten Menschen eine unselige Liebe zu ihr, ein Haß gegen das L. Jo 3,19f, eine Scheu vor seiner enthüllenden Macht Ps 90,8, weil es die Sünde ans L. zieht und straft Eph 5,13. Das treibt zur Entscheidung; das L. verträgt sich nicht mit der Finsternis 2Kor 6,14. Dieser Gegensatz von L. und Finsternis, der dann im NT bei Johannes und Paulus so charakteristisch ist, ist in der Bibel nicht wie sonst im Vorderen Orient (Iran!) ein mythologisch durchgedachter Dualismus zweier miteinander ringender Mächte. Auch die Finsternis ist in der HS in der Verfügungsgewalt Gottes Jes 45,7.

„Der Herr ist mein L." Ps 27,1; Mich 7,8 — anders kommen wir nicht ins L. Sein Wort ist L. auf unserem Weg Ps 119,105; 2Petr 1,19. Niemand sieht, ohne daß ihm Gott das Auge auftut. Unter dieses Vorzeichen des L.s rückt die Heilstat Gottes in Jesus Christus. So sieht es der Prophet in den mehrfach im NT aufgenommenen Worten Jes 9,1; 42,6; 49,6; 60,1ff. So heißt Jesus schon Johannes den Täufer „ein brennend und scheinend L." Jo 5,35. Der Sohn selbst ist Leben und L. der Welt Jo 1,4f; 8,12; 9,5; 12,35; 1Jo 2,8.

Wenn nun in den → Qumrantexten Ausdrücke wie „Söhne des L.s", „wandeln in der Finsternis", „das L. des Lebens" usw. auf Abhängigkeit des NT hinzudeuten schienen, so ist der Sinn der gemeinsamen Worte ein sehr verschiedener: in der christl. Gemeinde ist Christus selbst, und nicht die Befolgung bestimmter Ordensregeln im Kampf mit den Söhnen der Finsternis, das L. der Seinigen; durch ihn und in ihm sind sie Söhne des L.s Lk 16,8; Jo 12,36; 1Thess 5,5; Eph 5,8f, ja sogar das L. der Welt Mt 5,14, als solche, die im L. wandeln 1Jo 1,7, an das L. glauben Jo 12,36, mit Waffen des L.s ausgerüstet Röm 13,12, wartend auf das Erbteil der Heiligen im L. Kol 1,12. Die Herkunft aus der Finsternis bleibt unvergessen 1Petr 2,9; Apg 26,18; die Zugehörigkeit zur Gemeinde im L. kann Selbsttäuschung sein 1Jo 2,9f, vgl. Röm 2,19. *He*

Licht und Recht, so übersetzt Luther — Licht und Wahrheit oder Lehre und Vollkommenheit, so gibt Allioli (katholisch) das hebr. urim und tummim wieder. Wir wissen nicht, was diesen Wörtern zugrunde liegt. Das AT hüllt sich in ein Geheimnis. Nach 2Mose 28,30; 3Mose 8,8 gehörten L. u. R. in die „Tasche des Rechts" (Luther: „Amtsschild"), die der Hohepriester über dem Ephod auf der Brust trug. Wahrscheinlich waren es Stimmsteine zur Befragung Gottes. Wir haben es hier mit dem jahrtausendealten Bemühen des frommen Menschen zu tun, den Willen Gottes durchs → Los zu erfahren, vgl. Apg 1,24-26, und mit dem Glauben, daß Gott sich so weit herabläßt, daß er mit Steinen, Losstäben oder Würfeln sein Zeichen gibt. Natürlich möchten wir wissen, wie diese Stimmsteine aussahen. Sicher darf man sie nicht mit den Edelsteinen verwechseln, die der Hohepriester nicht in, sondern auf der „Tasche des Rechts" trug, den Stämmen Israels gemäß zwölf an der Zahl (→ Abb. Sp. 551). In Ägypten trug der Oberpriester als höchster Richter an einer goldenen Kette einen ähnlichen Schmuck, so daß man schon vermutete, Mose habe ein ägyptisches Vorbild vor Augen gehabt. Leider geben sprachliche Untersuchungen keine Klärung: urim kommt von einem Zeitwort, das „leuchten" bedeutet; tummim hängt mit tam zusammen, das man mit „einfältig" in gutem, wie in schlechtem Sinn wiedergibt. Sollte urim etwa mit „Aufhellung der Schuld", tummim mit „Verneinung der Schuld" zu tun haben? Oder waren auf einem Steinwürfel der erste und der letzte Buchstabe des hebr. Alphabets zu sehen, nämlich alef und taw, die auch die Anfangsbuchstaben der beiden Wörter sind? Dann wären urim und tummim ohne tiefere Wortbedeutung. Und der Umstand, daß 4Mose 27,21; 1Sam 28,6 nur urim erwähnt wird, macht fraglich, ob es sich um zwei Stimmsteine oder um einen Stimmstein mit unterschiedlichen Flächen gehandelt hat. So bleibt der Inhalt der „Orakeltasche" tatsächlich ein Geheimnis. Etwas besser sind wir über ihre Verwendung unterrichtet. In 4Mose 27,21 wird Josua von Mose angehalten, sich an den Oberpriester Eleasar zu wenden, damit dieser das Urim-Orakel befrage, ob Israel zur Schlacht ausziehen oder im Lager bleiben solle. In 1Sam 14,41 ff haben LXX und Vulgata als Zusatz ein Gebet Sauls vor dem Gebrauch von L. u. R.: „Liegt die Schuld an mir oder an Jonathan, so laß urim, liegt sie aber an deinem Volk Israel, so laß tummim erscheinen." In beiden Fällen wird also Gott so gefragt, daß ja oder nein eine klare Entscheidung bringt. In 1Sam 28,8 wird diese Art der Gottesoffenbarung neben Träumen und Prophetien genannt. Diese kamen zu Sehern und Propheten, jene zum Priester, Esra 2,63; Neh 7,65; 5Mose 33,8. *Luck*

Liebe, lieben. („liebhaben" schöner Ausdruck Luthers für die Stetigkeit der L.)

1) Agape. 2) L. im AT. 3) L. im NT. 4) Die L., die bleibt.

Mit dem Wort L. sagt die HS das Letzte und Tiefste, was sie von Gott und vom Menschen sagen kann. „Gott ist L." 1Jo 4,8.16 — das faßt abschließend alles zusammen, was von Gott zu sagen ist. „...und hätte der L. nicht, so wäre ich nichts" 1Kor 13,2 — das ist ebenso ein letztes Wort über des Menschen Sein oder Nichtsein. Da nun aber das deutsche Wort L. im herkömmlichen Sprachgebrauch selbst zwiespältig ist und gerade diese abschließende Botschaft der Bibel als wirklichkeitsfremd hart angefochten ist, liegt an der deutlichen Erkenntnis ihrer Aussagen besonders viel.

1) Agape. Die griech. Übersetzung des AT (LXX) und ihr nach das NT haben, wo sie von L. reden, das ausgeprägteste, meistgebrauchte griech. Wort *eros* völlig ausgeschlossen und dafür meist das wenig gebräuchliche, blassere Wort *agape* (seltener und abgeschwächter *philia)* zu einem ihrer Kernworte umgebildet, auch dort, wo von der L. der Geschlechter die Rede ist HL 8,6, vgl. Eph 5,25. Agape in der Bibel meint, im Gegensatz zu eros, auch wenn der Grieche eros verstand als dem Schönen, Geistigen, Übersinnlichen zugewandt, die für Gott und den Nächsten freigewordene, von sich selbst weggewandte L. „von ganzem Herzen, von ganzer Seele, von allem Vermögen", die nicht begehren, für sich genießen, sich berauschen und bereichern will. Diese ursprünglich hingebende Freiheit der L. hat niemand aus sich selbst; die L. ist von Gott 1Jo 4,7 und holt ihre Kraft im Geliebtsein aus dem Glauben.

2) L. im AT.

a) Gottes L. Zunächst weiß sich Israel in der → Erwählung, im → Bund mit Gott als Volk von Gott geliebt Jer 31,3; Jes 43,4; Mal 1,2. So hat Gott die Väter erwählt und geliebt 5Mose 4,37; 10,15, vgl., Röm 9,13.25.

Das bezeugt vor allem → Hosea als vergebende, heilende L. 14,5, die sich in Gottes Führung „in Seilen der L." kundtut 11,4. Sein Gebot entspringt dieser L. und wartet auf die im Gehorsam antwortende L. 2Mose 20,6; Ps 33,5; 146,8. Seine → Gerechtigkeit, seine → Heiligkeit, auch sein → Zorn sind nicht als Schranke, sondern als Ausdruck seiner L. verstanden. Im Zug der Entfaltung der ATlichen Offenbarung sprengt sie das eng nur auf Israel bezogene Verständnis der L. Gottes (5Mose 33,3, vor allem der Zweite Jesaja).

b) Die L. zu Gott. Die rückhaltlose L. zu Gott kennt das AT wie das NT als vornehmstes Gebot 5Mose 6,5; 13,4; Jos 23,11; Mk 12,30 par. Das ist als spontane Rückstrahlung der erfahrenen L. keine „kommandierte" L. Ps 18,2 f; sie ist im Deboralied schon in ältester Zeit beschrieben „wie die Sonne aufgeht in ihrer Macht" Ri 5,31. Wer Gott liebt, liebt sein → Heil Ps 40, 17; 70,5. Diese L. will Gottes Gebot hören und tun; im gehorsamen Dienst und nicht im aufwallenden Gefühl beweist sie sich 5Mose 11,13; Ps 119,167. Im Wandel ist sie lebendig 5Mose 30,16; 1Kö 3,3. Das Arge hassen, das Gute l. heißt Gott l. Am 5,15.

c) Die L. zum Nächsten. Das Gebot der Nächstenliebe 3Mose 19,18, dem das AT in mannigfachen Anweisungen des rechten sozialen Verhaltens nachgeht, hat noch nicht die unbedingte Weite des NT. Die L. hat bestimmte Abstufungen ihres Verhaltens, die gesetzlich verhärtend wirken konnten. Erfahrungen wie Ps 109,4 ff; Hiob 19,19 blieben nicht aus. Noch immer ist L.n und Hassen in eins gesehen Pred 3,8. Die natürliche Zu- und Abneigung ringt mit der so ganz anders erfahrenen L. Gottes (1Sam 20,17; 2Sam 1,26 und die übrige Davidsgeschichte; dann vor allem Hosea und Jeremia).

3) Die L. im NT.

a) Gott ist L. Im NT wird Christus selbst der endgültige Zeuge der welterlösenden L. Gottes. „Also hat Gott die Welt geliebt...", das wird als das Hauptevangelium der Schlüssel zu allem, was mit Christus der Welt geschah Jo 3,16. Was L. sei, findet seine vollgültige Antwort in dieser Liebestat Gottes. In Christi Leben, Leiden, Sterben und Auferstehen Jo 13,1; 10,17; 15,13; 1Jo 3,16 wird angesichts unserer Verlorenheit durchscheinend die gewisse L. Gottes, wie sie Paulus auf dem Höhepunkt des Römerbriefs, von nirgends her gehemmt, frohlockend rühmt 8,31 ff. Nun hat die Botschaft von der L. Gottes unerschütterlichen Grund unter den Füßen 1Jo 4,9 f: *Gott ist L.* 1Jo 4,8.16. Hier verknüpft sich ein Liebesband vom Vater zum Sohn Jo 3,35; 15,9; Mk 1,11; 12,6 mit denen, die durch den Sohn zu Kindern Gottes geworden sind 1Jo 3,1. Das ist die grenzenlose L., von der die Bergpredigt spricht Mt 5,45.

b) Die L. zu Gott in Christus. Als Geliebte den wieder zu l., der durch L. ihr Herr geworden ist, das hält die Gemeinde zusammen Eph 6,24; 3,19; 1Kor 16,22; 1Petr 1,8, vgl. Mt 10, 37. Das ist denn auch die entscheidende Frage des Herrn an seinen Jünger Jo 21,15 ff. Denn hier liegt nach Jesu Urteil und Willen das vornehmste Gebot. Der Vater wird im Sohn geliebt von denen, die in der L. bleiben Jo 15,9, die sein Wort halten Jo 14,15.23; 1Jo 2,5; 5,3. Der Liebende allein erkennt Gott 1Kor 8,2 f. Ihm wird alles zum Segen Röm 8,28. Ihm öffnet sich der Blick in die verborgene Weisheit Gottes 1Kor 2,9.

Diese L. streitet mit der angeborenen L. zur → Welt 1Jo 2,15, zum Mammon Mt 6,24, zur → Finsternis Jo 3,19. Dieser Widerstreit löst sich nur in einem von Grund aus erneuerten, von Gott geborenen Leben 1Jo 4,7; 3,14. Wem vergeben ist, der kann l. Lk 7,47.

c) Bruderliebe und allg. L. Jesus setzt in jenem Wort vom vornehmsten Gebot die L. zum Nächsten in eins mit der L. zu Gott („wie dich selbst" ist keine Rechtfertigung oder gar ein Gebot der Selbstliebe, sondern verdeutlicht im Vergleich, jedem verständlich, wie ursprünglich ungezwungen diese L. gemeint ist). Das ist ein Kreislauf der L. vom Geliebtwerden ins L.n, der sich nicht nur ins Gedachte, Gefühlte verliert, sondern in die alltäglichen Aufgaben hineinführt. Dabei verwächst im 1. Johannesbrief die Liebe zum Bruder völlig mit der L. zu Gott 4,20f u.a.m.

Der Nächste kann jeder, auch der Feind sein, wenn er der helfenden L. bedürftig ist Lk 6, 27.35; 10,25ff. Es handelt sich um keine Allerweltsliebe, aber auch um keine Rangordnung mit abnehmenden Wärmegraden. Man hat diese L. im NT „organisch" genannt, weil sie die nächsten Aufgaben wirklich als die nächsten nimmt. „Brüderliche L." ist zunächst auf die bezogen, die im Aufbau der Gemeinde füreinander liebend verantwortlich geworden sind 1Thess 2,8; 3,12; Gal 6,10; 2Petr 1,7, ohne daß sich dabei Türen zu den andern schließen. Die Gemeinde hat das volle Recht, untereinander L. zu beweisen Jo 15,17 und so am Aufbauen zu bleiben 1Kor 8,1, ohne doch Jesu Warnung Mt 5,46 zu vergessen.

Die L. will die Geliebten Röm 1,7; Kol 3,12 durch alles hin bestimmend leiten 1Kor 16,14; 2Kor 5,14; Kol 3,14. Kein anderes Kennzeichen soll die Gemeinde Jesu ausweisen als dieses; so beweist sie ihren Glauben Gal 5,6, ihr neues Leben Jo 13,34f. Dazu ist ihr der → Geist gegeben Gal 5,22; Röm 15,30; 1Thess 4,9. L. ist des Gesetzes Erfüllung Röm 13,8ff. L. treibt die Furcht aus 1Jo 4,18; 2Tim 1,7. In einer Fülle, die niemand ausschöpfen kann, ist im Hohen Lied der L. 1Kor 13,4ff ihre durchdringende Macht über den ganzen Menschen geschildert, wobei das Bild des wahren Menschen Jesus Christus durchscheint, der zugleich die Garantie dafür ist, daß diese L. keine Illusion ist.

Sie ist wohl unter uns immer in Gefahr, zu erkalten Mt 24,12, verunreinigt, gefärbt zu werden 1Petr 1,22, nicht mehr wahr zu sein Eph 4,15, zu erlahmen Hebr 10,24, ihre Festigkeit zu verlieren Hebr 13,1, nur mit Worten zu l. 1Jo 3,18. Sie ist auf Wachstum angewiesen 1Thess 3,12; 2Thess 1,3; Phil 1,9, man muß nach ihr streben, ihr nachjagen 1Kor 14,1; 1Tim 6,11. Das Vorbild ist wichtig 1Tim 4,12; nur bleibt die L. „ein seltsam Kraut, welches nicht wächset in unserem Garten" (Luther).

4) Die L., die bleibt.

Der Schlußteil von 1Kor 13 sagt von der L., daß sie nicht aufhört, wenn die anderen geistgewirkten Gaben, „das Stückwerk", aufhören werden. Sie bleibt. Noch einmal wird daran deutlich, daß es sich bei ihr um das Letzte handelt. Paulus stellt sie dazu in eine gegenseitig aufeinander angewiesene, unzertrennliche Reihe mit dem Glauben und der Hoffnung, wobei die L. der bestimmende Grundton in diesem Zusammenklang bleibt, vgl. 1Thess 1,3; 5,8; Röm 5,1ff. Die Macht des Zukünftigen, Ewigen ist in der L. mächtig. Denn „darin ist die L. völlig bei uns, daß wir Zuversicht haben am Tage des Gerichtes" 1Jo 4,17. *He*

Liebesäpfel 1Mose 30,14-16 u. HL 7,14 (Luther hier: Lilien) sind die Früchte der Alraune (Atropa Mandragora), eines der Tollkirsche verwandten Krauts mit stark duftenden Blüten und gelben Äpfelchen, aus deren Saft im Orient einst und heute ein Liebestrank bereitet wurde und wird. *Schl*

Liebesgabe → Kollekte.
Liebeslieder → Lieder.

Liebesmahl bezeichnet die in der NTlichen Zeit übliche gemeinsame Sättigungsmahlzeit der Christen einer Ortsgemeinde, die eine Einleitung oder frühe Vorform des liturgischen → Abendmahls gewesen zu sein scheint 1Kor 11,21ff; Jud 12. Ob das „Brotbrechen" Apg 2,42; 20,7 ein solches L. oder das liturgische Abendmahl (Eucharistie) oder beides in einem bezeichnet, ist umstritten. Im L. wird der Charakter jeder Christengemeinde als „Familie Gottes" bes. deutlich. Zugleich erinnern Mahlzeiten dieser Art, wie sie auch in → Qumran üblich waren, an die Speisegemeinschaft der Opfernden in alter Zeit 2Mose 24,11. *Ap*

Lied. Israel ist durch alle Zeiten seiner Geschichte ein singendes Volk gewesen. An den Höhepunkten seiner Geschichte wird fast regelmäßig von Liedern berichtet, so nach dem Durchzug durch das Schilfmeer 2Mose 15, nach der siegreichen Deboraschlacht Ri 5, bei der Einweihung des Tempels 2Chr 5,12ff oder seiner Wiedereinweihung in der Makkabäerzeit 1Makk 4,54. Im Kult ist gesungen worden, ebenso am Königshof und hin und her in den Häusern. Wir können daher verschiedene Gattungen unterscheiden, so etwa das Kinder-L. Mt 11,16f und das Arbeits-L. 4Mose 21,17f; Sir 38,25, das L. des Wächters Jes 21,12 und das L. der fröhlich Feiernden und Zechenden Jes 22,13; 56,12; Am 6,3ff; Jes 5,12. Beim Einbringen der Ernte Jes 16,10; Jer 25,30; 48,33; Ps 65,14 hat Israel ebenso gesungen wie bei der Hochzeit Ps 45. Auch der Bereich der Liebe zw. Mann und Frau hat seinen Ausdruck im L. gefunden, → HL. Im weltlichen Bereich hat das L. auch dazu gedient, Spott über den Gegner auszugießen Jes 23,15f.

Insbesondere wurde der besiegte Feind verspottet und das ihm drohende Schicksal ausgemalt. So wurde das Spott-L. unter Umständen zum Instrument der politischen Propaganda gegen die feindlichen Staaten. Selbst in Babylon singt der zweite Jesaja sein Spott-L. auf die Jungfrau Babel Jes 47. Auch der Tod hatte sein L. in der Leichenklage, zB Am 5,1-3; 2Sam 1,19, die mit dem langgezogenen Ruf 'ēchā Jes 1,21; Jer 48, 17; Klgl 1,1; 2,1; 4,1f begann.

Unter den gottesdienstlichen Liedern ist an erster Stelle der → Hymnus zu nennen (Ps 150; 148; 105; 103; 104 und zahlreiche andere), dessen feste Form die Aufforderung zum Loben Gottes mit angefügter Begründung aus den Taten Gottes und abermaliger Aufforderung zum Lob bildete. Die Taten Gottes in Natur und Geschichte werden im Hymnus besungen im beschreibenden oder berichtenden Lob, das auf konkrete geschichtliche Erfahrungen zurückblickt. Dann boten die Thronbesteigung des Königs und die Feier seines Thronbesteigungsfestes Anlaß zum Singen im Rahmen der kultischen Feiern, zB Ps 2; 110; 132 (→ Königslieder). Anlaß zum kollektiven Dank nach erlebter Abwendung einer Not führte zur Darbringung des Dankliedes des Volkes bzw. der Gemeinde Ps 124; 129; 107; ebenso hatte auch der Einzelne Anlaß, seinem Gott für eine persönliche Errettung zu danken Ps 30; 32; 40; 41; 66; 92; 116. Aus dem → Klagelied entwickelte sich ein Bestandteil, nämlich die Vertrauensäußerung, zu einer eigenen Liedgattung, dem individuellen und dem kollektiven Vertrauenslied Ps 16; 23; 62; 131. Bei dieser Liedart, aber auch bei manchen Hymnen ist es deutlich, daß sie auch außerhalb des Kultes dem frommen Leben des Einzelnen dienen konnten.

Diese einzelnen Liedgattungen können in größeren Lieddichtungen miteinander verbunden sein und dadurch Ausdruckssteigerungen des Gedankens bewirken. Auch die Weisheitslehre hat in Israel zur Schaffung von Weisheitsliedern geführt, deren lehrhafter Zweck deutlich erkennbar ist Ps 37; 91; 112; 128. *Ba*

liegen bei Tisch → Mahlzeit.

Lilie. Welche der Blumen, die im Frühling den Boden Palästinas schmücken, mit der L. gemeint ist, die das Wort Jesu Mt 6,28 rühmt und die auch Hos 14,6 und an 7 Stellen des HL (Luther irrtümlich: Rose) genannt wird, ist schwer zu entscheiden; es ist wohl nicht unsere weiße L. gemeint, auch nicht eine Iris oder eine Gladiole, sondern vielleicht die kleine rote Anemone. Sir 39,17; 50,8 läßt an den Rhododendron-Strauch denken, der an den Wasserläufen Palästinas blüht. Andere Blumen-Namen gibt der hebr. Text Jes 35,1 und HL 7,14 (Luther: L.); an der ersten Stelle ist vielleicht die Narzisse gemeint, an der zweiten der Alraun. Begreiflich, daß die Blüte — etwa der Anemone — zum Vorbild für die bildende Kunst wurde: an den Kapitellen der Säulen Jachin und Boas 1Kö 7,19.22 und am Rand des großen Waschbeckens 1Kö 7,26. Die Nennung der L. in den schwer deutbaren Überschriften der Psalmen 45; 60; 69; 80 will vielleicht auf den Anfang eines damals bekannten Liedes hinweisen. *Schl*

Lilith → Kobold.

Linde. Die L. kommt in Palästina nicht vor. Jes 6,13 (Luther: Eiche und L.) nennt die Terebinthe und die Eiche; bei Hos 4,13 denkt man an den Storaxbaum oder die Weißpappel. *Schl*

Linke, links. Die landläufige Anschauung, daß die rechte Seite als die günstige, Glück und Heil bringende der linken als der unheilvollen entgegengesetzt sei, zeigt sich in der HS beiläufig an manchen Stellen, ohne daß dem irgendeine schicksalhaft-magische Bedeutung beigemessen ist 1Mose 48,13ff; Pred 10,2 (statt „Herz" besser „Verstand" — der Tor hat seinen Verstand zu seiner L.n); Jo 21,6 u.a.m. Links stehen im Gericht die Verfluchten Mt 25,41. Die rechte Hand tut alles Mt 6,3, der Linkshänder Ri 3, 15ff ist eine Ausnahme. Die Waffen zur Rechten sind die Angriffswaffen; zur L.n trägt der Kriegsmann den Schild zur Verteidigung 2Kor 6,7. „Rechts, dann l." ist die durchgehende Reihenfolge, zB Mt 20,21ff; 27,38. „Zur Rechten Gottes" hat kein „zur L.n" neben sich; Gott tut alles durch den, der zu seiner Rechten sitzt. *He*

Linsen wurden angebaut 2Sam 23,11, als Nahrungsmittel geschätzt 2Sam 17,28 — Esau gab für ein rotes (gelb-braunes) L.gericht sein Erstgeburtsrecht dran 1Mose 25,29ff —, in Notzeiten auch zum Strecken des Brotmehls benützt Hes 4,9. *Schl*

Linus war einer der Christen in Rom, die den Timotheus kannten und grüßen ließen 2Tim 4, 21. Nach Angaben des Irenäus soll L. von Paulus und Petrus zum ersten Bischof der Gemeinde in Rom eingesetzt worden sein. *Kü*

Lippe. Die im Sprechen oder auch in der Gebärdensprache (1Sam 1,12f; Spr 16,30) bewegte L. ist vor allem im AT zugleich Ausdruck für den inneren Vorgang, der sich darin äußert. Dafür sind bezeichnend die Hemmungen in der Berufungsgeschichte Moses 2Mose 6,12.30 und Jesajas Jes 6,5 um der „unbeschnittenen" oder „unreinen" L.n willen, auch das, was Jes 6,7, vgl. Dan 10,16, danach geschieht und was nach der messianischen Verheißung Zeph 3,9 geschehen soll.

Auf der einen Seite deswegen die Bitte: „Tue meine Lippen auf zu deinem Ruhm" Ps 51,17; 63,4. Auch das ist Erlösung Ps 71,23. Daher der Ausdruck „Frucht der L.n" Hos 14,3 (so wohl mit der LXX statt „Farren" im Sinn von Opfer); Hebr 13,15. Auf der anderen Seite ist die so leichthin bewegte L. eine Gefahrenzone ersten Rangs. Der Heuchler ehrt Gott nur mit den L.n Jes 29,13; Mt 15,8; Mk 7,6. Das Otterngift unter der L. vergiftet alle mitmenschlichen Beziehungen Ps 140,4; Röm 3,13; Ps 59, 13, vgl. Mt 15,11. Daher die Mahnung: „behüte deine L." Ps 34,14; Spr 10,19; 1Petr 3,10 und die Bitte: „bewahre sie" Ps 141,3.

Es entspricht dem so ganz persönlich verstandenen Tun Gottes, wenn auch sein Reden ein „Auftun der L.", „Wort und Gebot seiner L." heißt Hiob 11,5; 23,12; Ps 17,4. *He*

List ist der Mißbrauch der eigenen Klugheit zum Zweck der Übervorteilung eines anderen, sei es im Sinne von Betrügerei, Hinterlist, Täuschung oder Falschheit. Der Gebrauch der L. steht unter dem Vorzeichen des Unmoralischen, selbst wenn es dem Listigen gelingt, mit dem Gesetz nicht in Konflikt zu kommen 1Mose 27,35; Am 8,5. In seiner vollen bibl. Tiefe wird der Begriff dort erfaßt, wo er nicht nur moralisch, sondern religiös als Ausdruck des menschlichen Gottgelöstseins verstanden wird Mk 7,22; Röm 1,29. Die Listanwendung gehört bes. zum Geschäft des Teufels Eph 6,11 und seiner Handlanger Mt 26,4; Apg 13,10, deren Machenschaften zu zerstören Christus in die Welt gekommen ist 1Jo 3,8. *Ste*

Listen. Die Führung von L. für Verwaltungszwecke hat der Alte Orient ebenso wie das neuzeitliche Abendland gekannt. Beamte, Arbeiter, Krieger, aber auch Felder, anderweitige Besitztümer, Staatsgrenzen wurden listenmäßig erfaßt. Die Ausgrabungen etwa in Ugarit haben zahlreiche L. erbracht. Aus Elephantine war seit langem die L. der Tempelsteuerzahler bekannt. Wie stark Israel in der L.führung eine altorientalische Verwaltungspraxis übernommen hat, zeigt die sicher aus Salomos Zeit stammende L. seiner Gauvögte 1Kö 4,7-19a, in der fünf Personen aufgeführt werden als „Sohn des X", d. h. nur mit dem Vatersnamen. Das entspricht jetzt bekannt gewordenem L.material aus Ugarit. Weiterhin sind im AT zahlreiche L. vorhanden, die als echt und ursprünglich angesehen werden können, so die L. der am Mauerbau Beteiligten in Neh 3. Genealogische L. sind im AT ebenfalls zahlreich. Es genügt, auf 1Mose 10, die Völkerstammtafel, und etwa 1Chr 1-9 hinzuweisen. Manche Ortsl., zB Jos 15-19 stammen vielleicht aus jüngerer Zeit, 9.-6. Jh. vChr. In diesen L. kann zT wertvolles geschichtliches Material stekken, das sich anderwärts nicht erhalten hat, zB die L. der edomitischen Könige 1Mose 36,31-39, an der man sich deutlich machen kann, wie L. in dem Dienst der Geschichtschreibung des AT verwendet werden konnten. *Ba*

Liturgie. *1)* Das Wort L. ist gebildet aus dem griech. leitourgia und bedeutet im *außerbiblischen* Sprachgebrauch allg. die Verrichtung öffentlicher Dienstleistungen zum Wohl des politischen Gemeinwesens. — *2)* In der griech. Übersetzung des *AT* (LXX) wird leitourgia bei fast hundertmaliger Bezeugung ausschließlich *kultisch* gebraucht und zwar bis auf zwei Ausnahmen Hes 44,12; 2Chr 15,16 nur für die geordnete Ausübung des Priester- und Levitendienstes innerhalb des Jahwekultes 2Mose 28,35; 29,30 usw. — *3)* Im *NT* überwiegt die Bedeutung *„Dienst"* als Bezeichnung christl., bes. missionarischer Existenzform Röm 15,27; Phil 2,17. Im *ATlichen Kultsinn* kommt der Begriff Lk 1,23; Hebr 9,21; 10,11 vor, während durch den gleichnishaften Gebrauch der ATlichen Terminologie die Heilsbedeutung Christi verdeutlicht wird Hebr 8,2.6 u. ö. Ein Neuansatz zu einem *spezifisch christl.* Sprachgebrauch findet sich Apg 13,2, wo das Wort für eine christl. Gebetsgemeinschaft und damit für einen vergeistigten Priesterdienst verwendet wird. *Ste*

Lo-Ammi → Symbolische Namen.

Lob, loben (auch Lobgesang, Lobopfer). → Ehre, → Ruhm.

Gott l. — das Wort l. stammt durch Lautverschiebung aus derselben deutschen Sprachwurzel wie glauben und lieben — ist eine der eigentümlichsten Lebensäußerungen der bibl. Frömmigkeit, die nicht nur im Überschwang, sondern auch in großer Bedrängnis sich darin den Blick und das Herz freihält für die Größe, Macht und Güte Gottes Hiob 1,21; Ps 68,20; Apg 16,25.

1) Der Anstoß zum L. ist die geschaute Herrlichkeit und Schönheit Gottes in seiner Schöpfung Ps 104,1, die erfahrene Wunderhilfe 2Mose 15,2; Ps 103,2ff; Apg 3,8; 4,21, überhaupt alles, was sich an überwältigenden Erlebnissen seines Waltens im Namen des Herrn zusammenfaßt Ps 66,2ff. Von daher hat das L. Gottes im Kultus, in der Liturgie Israels seine feste Stätte gehabt, vgl. den Lobgesang bei der Passahmahlzeit Mt 26,30: zu Anfang Ps 113f, am Schluß Ps 115-118, → Hallel. — Im NT ist schon in der Geburtsgeschichte das Erscheinen des Herrn der Anlaß, Gott zu l. Lk 1,46ff (Maria), 1,68ff (Zacharias), 2,13f (die Engel), 2,20 (die Hirten), 2,28ff (Simeon). Das wiederholt sich unter dem frischen Eindruck seiner Liebestat Lk 18,43 oder beim Einzug in Jerusalem Lk 19,37 und hallt wieder in der irdischen und in der vollendeten Gemeinde Eph 1; Offb 5,12f; 7,12.

2) Das L. Gottes in Wort und Ton durchzieht den Psalter in reicher Fülle geprägter Formen, → Hymnus. Da muß aus der immer neuen Erfahrung das neue Lied werden Ps 40,4. Es holt seine Kraft aus dem Glauben Ps 106,12; 1Petr 1,7. Darin lebt die Gemeinde Apg 2,47; sie will selbst „etwas sein zum L. seiner Herrlichkeit" Eph 1,12; Phil 1,11. So hat im isr. Opferdienst das Lobopfer seine eigene Funktion 3Mose 7, 12ff, das dann in übertragenem Sinn das L. der Lippen kennzeichnet Hos 14,3; Hebr 13,15 in der Gemeinde, die dem Herrn singt und spielt Eph 5,19; Kol 3,16 und die selbst ihr gültiges

L. allein von ihm empfangen kann Röm 2,29; 1Kor 4,5.

3) Das Aufgebot der Lobenden umfaßt in der HS die ganze Schöpfung: Himmel, Erde und Meer Ps 69,35; Hab 3,3, Sonne, Mond und leuchtende Sterne Ps 148,3, die Berge Jes 49,13, die Menge der himmlischen Heerscharen Lk 2, 13; Ps 103,20 f; 148,2, dazu alles, was Odem hat Ps 150,6, die 4000 Lobsänger 1Chr 23,5, die doch wie *eine* Stimme sangen 2Chr 5,13, unterstützt vom Jubel der Instrumente Ps 98,5; 150,3, und vor allen Dingen die Gemeinde Hebr 2,12 und in ihr „meine Seele" Ps 103,1.22.

4) L. unter Menschen. Das L. der Obrigkeit ist der Gemeinde des NT wichtig Röm 13,3; 1Petr 2,14. Der Dienst an der Gemeinde, die Haltung der Gemeinde verdient L. 2Kor 8,18; 1Kor 11,2. Ausgeschlossen ist das Selbstlob 2Kor 10,12; Spr 27,2. Aber „ist etwa ein L., dem denket nach!" Phil 4,8. *He*

Lobebriefe (≘ Empfehlungsbriefe, beglaubigende Schreiben) haben in der Antike allgemein eine große Rolle gespielt und finden sich ganz entsprechend auch im Judentum und im Urchristentum (vgl. 2Kor 3,1; Phil 2,19 f; Kol 4, 7-9; Phm; Röm 16,1 f). Schon das AT kennt ein wichtiges, amtliches Empfehlungsschreiben des syr. Königs 2Kö 5,5. Daß der jüd. Hohe Rat einem Beauftragten Beglaubigungsschreiben mitgab, wird Apg 9,2; 22,5 vorausgesetzt. Entsprechend wird auch die Urgemeinde ihren Beauftragten oder den Missionaren Empfehlungsschreiben mitgegeben haben, um sie zu legitimieren und ihre Wirksamkeit zu unterstützen; später scheint man in besonderer Weise auf eine Beglaubigung durch Jakobus Gewicht gelegt zu haben (Ps. Clem. Rec. IV 35 f). Paulus setzt sich in 2Kor 3,1 mit Gegnern auseinander, die sich ihrer Empfehlungsschreiben rühmen. Er selbst hat eine derartige Beglaubigung nicht aufzuweisen und betont ausdrücklich, daß er eine solche nicht nötig hat. Ein Beispiel dafür, wie er selbst eine Empfehlung aussprach und freundliche Aufnahme erwirkte, ist Röm 16,1 f. Auf griech. Boden spielt das Empfehlungsschreiben auch sonst eine große Rolle. Sokrates wurde von Studenten ersucht, Empfehlungen an Philosophen auszustellen. Diogenes weigert sich, ein Gleiches zu tun. Daß ein Empfehlungsschreiben seine Grenze hat, ist manchmal gesehen. Ein Rabbi sagte sterbend zu seinem Sohn, er empfehle ihn nicht, sondern entscheidend sei dessen persönliches Betragen (Talmud). *Mi*

Lobetal → Josaphat.
Loblied → Hymnus.
Lobopfer → Opfer.
Lobpreis → Hymnus.
Lod → Lydda.

Lo-Dabar. Jos 13,26; 2Sam 9,4 f; 17,27; Am 6,13 Ortschaft in Gad nahe Mahanajim. *Rü*

Lösegeld, lösen. → Erlösung.

In Rechtsordnungen Israels, die sich vor allem in der Priesterschrift finden, ist in verschiedenen Fällen vorgesehen, daß man sich von Verbindlichkeiten unter kultischen oder sozialen Gesichtspunkten l. kann.

Das betrifft zunächst die an sich, wie alle → Erstlinge, Gott verfallenen erstgeborenen Söhne 2Mose 13,2, die — Opferung ist ausgeschlossen — durch eine Geldsumme ausgelöst werden 2Mose 13,13 ff; 34,20; 4Mose 18,15 f; sie sind außerdem von den → Leviten und ihrem Dienst vertreten 4Mose 8,15 ff. So können nicht opferfähige unreine Tiere durch Ersatz oder Geld abgelöst werden 2Mose 13,13. Ebenso kann der Zehnte an Früchten und Samen mit Geld abgegolten werden 3Mose 27,30 ff. Dasselbe gilt bei an sich verpflichtenden → Gelübden. Im → Halljahrgesetz 3Mose 25 bezieht sich solche Lösungsmöglichkeit auf Häuser und Grundstücke. Wo es sich ebendort um Loskauf von Sklaven oder in 2Mose 21,29 f um vereinzelte Lösung von der Todesstrafe handelt, wird erkennbar, wie das Wort in seiner Bedeutung auf eine Erlösung im umfassenden Sinn zustrebt. *He*

Löwe. Der L., für den die hebr. Sprache sieben Namen gibt, war in bibl. Zeit in Palästina stark verbreitet, wahrscheinlich sowohl der kleinere persische L. (labi') wie auch der afrikanische L. ('arjeh). Er hauste im Dickicht, bes. zahlreich offenbar im Jordantal Jer 49,19; 50,44; Sach 11,3. Nach der Zerstörung des Nordreichs wuchs die L.nplage 2Kö 17,25 f. Von der Gefährdung durch L.n ist oft die Rede, zB 1Sam 17,34; 1Kö 13,24; 20,36; Am 3,12; 5,19; Hes 19,3; Nah 2,12 f. Aus manchem Wort spricht treffende Beobachtung: wie er bei einbrechender Dunkelheit mit Gebrüll auf seinen Raub geht Ps 104,21, im Dickicht auf sein Opfer lauert Hiob 38,39 f, es dann im Sprung überfällt 5Mose 33,22; Ps 7,3, wie er aufbrüllt, wenn er ein Wild geschlagen hat Am 3,4; Jes 5,29, mit seinem Gebiß ihm die Halswirbel zerbricht Jes 38,13, sich knurrend auf seinen Raub legt Jes 31,4 und die Beute in sein Versteck schleppt 1Mose 49,9; Nah 2,13. Das Brüllen des L.n weckte Furcht Am 3,8, während er sich vor dem Schreien der Hirten nicht fürchtet Jes 31,4. Die Kraft und Tapferkeit des L.n wurde sprichwörtlich 2Sam 1,23; 17,10; Spr 30,30, ebenso die Fürsorge der Löwin für ihre Jungen Hes 19,2. Die Angst vor dem Löwen spiegelt sich in der Ausrede des Faulen Spr 22,13; 26,13. Einen L.n zu bezwingen war eine Heldentat Ri 14,5 ff; 1Sam 17,34 f; 2Sam 23, 20. Gefangen wurde der L. in Gruben Hes 19,4. In späterer Zeit gab es am Königshof einen L.ngraben Dan 6,17 ff. Der L. wird zum Bild der Kraft. Gott selbst wird in seinem strafenden Walten mit dem L.n verglichen Hiob 10,16; Jer 25,38; Hos 5,14; 13,7; der Löwenkopf der „Tiere" Hes 1,10; Offb 4,7 weist auf Gottes Macht hin; so heißt auch der erhöhte Herr ein L. Offb 5,5. Auf des Königs Macht wiesen die

L.n an seinem Thron 1Kö 10,19f (vgl. Abb. Sp. 785). Der Löwe in seiner Kraft ist ein Bild für den Stamm Juda 1Mose 49,9, für die Stämme Gad und Dan 5Mose 33,20.22, für Israel 4Mose 23,24; 24,9, für den Rest aus Jakob Mich 5,7, für die Großmächte Assyrien und Babylonien Jer 4,7; 50,17; Nah 2,12f, für den Makkabäer Judas 1Makk 3,4. Die Gefährdung durch den L.n spiegelt sich in manchen Vergleichen Ps 7,3; Spr 20,2; 28,15; 2Tim 4,17, in der Verheißung Ps 91,13, in der Warnung vor dem Teufel 1Petr 5,8. Zum Bild der Heilszeit gehört auch die Befreiung von dem L.n Jes 35,9, der dann ein friedliches Tier sein soll Jes 11,6; 65,25. → Tafel 29. *Schl*

Log → Maße.

Logiensammlung.
1) Matthäus und *Lukas* enthalten einen reichen Redestoff, der beim älteren Markus meist fehlt. Man wird diesem Tatbestand durch die Annahme gerecht, daß die synoptischen Evangelien eine schriftliche Quelle kennen, in der Worte (= Logien) und Gleichnisse Jesu gesammelt waren. Andere Lösungsversuche, die davon ausgehen, daß einer der beiden Evangelisten den anderen als Quelle benutzt hat oder daß beide aus der mündlichen Überlieferung schöpfen, führen kaum zum Ziel. Allerdings ist es die Gewohnheit der Schriftgelehrten, aus dem Gedächtnis und mündlicher Tradition zu zitieren, und das Stichwortverfahren sowie die Assoziation von Gedanken und Begriffen sind Zeugnisse dieser alten Lehrordnung. Nach diesem Gesetz mündlicher Lehrordnung sind auch die Worte und Gleichnisse Jesu gesammelt worden, wobei der beherrschende Gesichtspunkt wechseln kann (vgl. Mt 5,29f u. 18,8f). Es entsprach durchaus der geltenden Sitte, die Worte der Überlieferung auch aus einem praktischen Bedürfnis zu sammeln und weiterzugeben: gegenwärtige Fragen der Gemeinde erhielten durch sie eine Entscheidung. Man nimmt in der Gegenwart meist an, daß die Redequelle ursprünglich aramäisch verfaßt wurde, aber dann an verschiedenen Orten griech. bearbeitet wurde. Matthäus und Lukas haben dann verschiedene Formen dieser griech. Übersetzung verwendet. Das *Markusevangelium* hat die ältere Redequelle ebenfalls gekannt und benutzt. Auf jeden Fall hat diese Redequelle, die allerdings nicht sicher abzugrenzen ist, eine gewisse Sach- und Zeitordnung eingehalten. Am Anfang stand die Täuferpredigt, am Schluß eine eschatologische Verkündigung. Diese Sammlung von Worten und Gleichnissen Jesu am Anfang der Traditionsbildung ist von entscheidender Bedeutung geworden. Auf ihr beruht vor allem unser Wissen über die Verkündigung und Lehre Jesu.
2) Daß auch sonst die Worte Jesu gesammelt wurden, ist historisch nachweisbar. Auf jeden Fall sind ältere Jesusworte in der *johanneischen Tradition* weitergegeben, verarbeitet und umgestaltet worden. Ob eine eigene Logiensammlung dem vierten Evangelium bei der Abfassung als Quelle vorgelegen hat, wird in der Gegenwart diskutiert. Das vierte Evangelium steht jedenfalls in einer eigenen Traditionsbildung und Traditionsgeschichte, in der dem geprägten Wort und Lehrsatz eine ganz neue Bedeutung zuwächst. Das Einzelwort wird in größere Zusammenhänge gestellt, bleibt aber auch jetzt ein Stück älteren Materials. Auch die traditionsgeschichtliche Herleitung des johanneischen Logions sollte von der Auseinandersetzung mit dem apokalyptischen Denken des Spätjudentums ausgehen. Die Kraft des einzelnen Jesuswortes wird dann deutlich erkennbar, wenn es sich als einzelnes → „Agraphon" in ganz anderer Umgebung erhalten hat (Apg 20,35). Das jetzt in Nag Hammadi gefundene → *Thomasevangelium* ist in Wirklichkeit eine reiche Logiensammlung (114 Worte), die folgende Einleitung hat: „Dies sind die geheimen Worte, die Jesus, der Lebendige, gesprochen hat und die Didymus Judas Thomas aufgeschrieben hat, und er hat gesagt: Wer das Verständnis dieser Worte findet, der wird den Tod nicht schmecken" (vgl. Pap. Ox. 654). Die hier gesammelten Logien gehören verschiedenen Gattungen an (Sentenzen, Vorschriften, Ermahnungen). Auch hier erkennt man das Prinzip der Stichwortverbindung und der gedanklichen Assoziation. Ein orientalisches Christentum mit judenchristlichen Einschlägen spricht hier zu uns; es hat in einem bestimmten Zweig der Überlieferung eine gnostische Ausprägung erhalten, kann aber zum echten Jesusbild keinen Beitrag geben. *Mi*

Lohn. *1)* Im *AT* ist das Reden von L. ein kleiner Teil eines viel größeren Themas, das alle Lebensbereiche umfaßt und sich in zahllosen Begriffen (und demnach auch Bibelstellen) niederschlägt. Es handelt sich um die in der allg. Lebenserfahrung und bes. im Gottesglauben enthaltene Auffassung, daß alles Tun, vor allem durch Gottes wachsames Eingreifen, eine Entwicklung auslöst, durch die die Qualität dieses Tuns entsprechend und folgerichtig auf den Täter zurückfällt: der Täter „erntet, was er gesät hat", für Guttat das Heil, für Freveltat das Unheil. Auch in den hebr. Begriffen, die mit „L." übersetzt werden können, hat sich diese allg. Auffassung niedergeschlagen. Der L. ist demnach das — von Gott bewirkte — entsprechende Ergebnis, der Ausgleich, der Tausch, der Ersatz für ein bestimmtes Tun Spr 22,4; Ps 19,12; Spr 11,18; Jer 31,16; Sach 8,10; Pred 4,9; 9,5; 2Chr 15,7; 1Mose 15,1; Rt 2,12. Auf dem Hintergrund dieses allg. Daseinsverständnisses werden die Begriffe für L. jedoch fast ausschließlich

Tafel 27: Der Karmel *Vom Süden her gesehen, mit den sog. Elia-Höhlen. In Höhlen am Karmel wurden zwölf Skelette eines dem Neandertaler verwandten prähistorischen Menschen (aus der mittelpaläolithischen Zeit) gefunden. → Elia und Karmel.*

zur Bezeichnung rechtlich-geschäftlicher Vorgänge verwendet. In ihnen ist L. einmal der *Kaufpreis* für eine einzuhandelnde Ware 2Sam 24,24; 1Kö 21,2; Spr 17,16; 27,26; 5Mose 23, 19, wobei hin und wieder abnorme Forderungen gestellt werden Jes 5,23; Mich 3,11; Klgl 5,4 oder das Erstrebte als nicht käuflich Hiob 28,15 oder als widerrechtlich angeeignet erscheint Jer 15,13. Bild für das Gericht ist es, wenn Gott sein Volk ohne L. verkauft Ps 44,13, für das Heil, wenn die Gefangenen ohne Kaufpreis frei werden, Wein und Milch kaufen „ohne L." Jes 45, 13; 55,1. Dann ist L. die *Entlohnung eines Arbeiters* in Geld oder Sachwerten auf Grund eines Arbeits- oder Geschäftsvertrages 1Mose 29,15; 31,7f.41; 2Mose 2,9; 22,14; 3Mose 19,13; 4Mose 18,31; 5Mose 24,15; 1Kö 5,20; Hiob 7, 2; Jer 22,13; Hes 29,18-20; Jona 1,3; Sach 11, 12. Die Dirne bekommt — zweideutig — ein verdientes Geschenk Hes 16,33, während Dan 11,39 von der Landvergabe durch einen König an getreue Vasallen mehr im Sinn einer Belohnung als der Entlohnung spricht.

2) Im *NT* begegnet der Begriff und die Sache des L.es — von Ausnahmen abgesehen Apg 1, 18; 2Petr 2,15; Jud 11; Jak 5,4; Lk 10,7; 1Tim 5,18 — vornehmlich unter dem Gesichtspunkt des Gerichtes Gottes, dem der Mensch, der Jünger Christi, bedingungslos ausgeliefert ist. Jesus verheißt den Jüngern himmlischen L. Mt 5,12; 10,40ff; Lk 6,23.35 und spricht ihn denen ab, die schon hier den Erfolg ihrer religiösen Bemühungen ernten wollen und diese darüber hinaus Gott zur Verrechnung vorlegen Mt 5,46; 6,1.2.5.16; damit ist schon gesagt, daß L. nicht Verdienst, sondern Gnade, nicht *Ent*lohnung, sondern *Be*lohnung ist. Gott *ent*lohnt nicht, er *be*lohnt. Die Beispiele Lk 17,7-10; 18,9-14 lehnen ausdrücklich eine Verrechnung erworbener Verdienste gegenüber Gott durch den Menschen ab. Hat der Knecht auch alle Schuldigkeit erfüllt, so hat er doch keinen Anspruch auf Entlohnung; denn er hat als Knecht nur seine Pflicht getan. Will sein Herr ihn belohnen, so bleibt er doch der leibeigene Sklave Mt 25,20-23. Denen, die auf ihr Verdienst pochen, wird es werden; aber Gott läßt sich dadurch nicht seiner Freiheit berauben, aus Güte diejenigen in gleicher Höhe zu belohnen, die keinen nennenswerten Dienst aufzuweisen haben Mt 20,1-15; Röm 4,4f. Und darin gerade besteht Jesu Freudenbotschaft. In Mt 25,31-46 besteht der L. der von Gottes freier Entscheidung schlechthin Abhängigen darin, daß Menschen, die nicht einmal an Gott dachten, für eine kleine Wohltat überraschend belohnt werden, während andere, die sich der Zugehörigkeit zu Gott sicher wähnen, wegen einer scheinbar geringfügigen Unterlassung verworfen werden. Das übrige NT gebraucht den L.begriff selten, die Sache jedoch in demselben Sinn oft. Vgl. das Reden vom Lob Röm 2,27ff; 13,3; 1Kor 4,5, von Ehre Röm 2,7, von Kranz und Krone 1Kor 9,25 u.a.; 2Tim 4,8; Offb 3,11; Phil 3,14; 1Kor 9,24. Phil 2,12f sagt zugespitzt, daß Gott alles wirkt, daß damit alles menschliche Tun keinen Verdienstanspruch vor Gott bewirkt, und daß darum der Mensch mit Furcht und Zittern nun auch seinerseits alles tun soll, um den ihm geschenkten Gnadenlohn der Seligkeit nicht zu verlieren, sondern darin festzuwerden.

Lit.: Günther Bornkamm, Studien zu Antike und Christentum (Ges. Aufs. Bd II) 1959, S. 69-93. *Kn*

Lohnarbeiter. Im Unterschied zum leibeigenen Sklaven (→ Knecht) ist der L. ein zwar armer 5Mose 24,14f, aber freier Mann, der sich gegen Entgelt verdingt. Art und Dauer der Arbeit 3Mose 19,13;25,40.50; Mt 20,1ff — und damit auch des Feierabends Hiob 7,2; 14,6 — sowie die Höhe des Lohnes werden vertraglich festgelegt 5Mose 15,18; Mt 20,2. Ist der L. ein *Tagelöhner,* so ist ihm sein Lohn täglich auszuzahlen 3Mose 19,13; vgl. Mal 3,5. Vielen wirtschaftlich Unselbständigen gab das isr. Königtum die Möglichkeit, sich für längere Zeit als Söldner zu verdingen Hiob 7,1; Jes 16,14; 21,16; Jer 46,21. Der L. gehörte nicht zur Familie 2Mose 12,45; 3Mose 22,10. Ist sein Lohnanspruch rechtlich und moralisch geschützt Lk 10,7; 1Tim 5,18, so besagt gerade dies, daß das Verhältnis des Menschen zu Gott nicht im Bild des L. aufgeht, weil der Mensch über die Verrechnung von Ansprüchen hinweg dem Gericht Mt 25,31ff und der Güte Gottes Mt 20,8ff ausgeliefert ist. → Lohn. *Kn*

Lois, Großmutter des Timotheus, an deren und → Eunikes echten Glauben Paulus 2Tim 1,5 erinnert. *Kü*

Lorbeerbaum. Luther sprach Ps 37,35 vom L.; doch ist dort wohl an die Zeder zu denken. Die Kränze für die Sieger bei den Wettspielen 1Kor 9,24 waren Lorbeerkränze. *(Schl)*

Lo-Ruhama → Symbolische Namen.

Los.

1) Das L. ist zunächst ein *Mittel,* das Schicksal zu befragen oder eine Entscheidung zu finden.

a) Der Ausdruck „das L. werfen" 3Mose 16,8 u.ö. läßt die *Praxis* erkennen: Steinchen oder Stäbchen, nach Gestalt oder Farbe verschieden, wurden aus einem Gefäß oder aus den Falten des Obergewandes herausgeworfen. Urim und Tummim (Luther: →Licht und Recht), die der Priester in seiner Brusttasche (Luther: Amts-

Tafel 28: Der siebenarmige Leuchter *Relief vom Titusbogen auf dem Forum in Rom, eine Darstellung des goldenen → Leuchters, den die Römer im Jahr 70 bei der Eroberung des Tempels in Jerusalem erbeuteten. Er war von dem → Makkabäer Judas dem Tempel geschenkt (1Makk 4,49), nachdem Antiochus Epiphanes den älteren Leuchter geraubt hatte (1Makk 1,27). Sieben mit dem → Kranz des Siegers geschmückte Römer tragen den Leuchter im Triumphzug mit. Die mitgeführte Tafel ist ein Legionszeichen.*

schild) zur Orakelerteilung trug 2Mose 28,30, vgl. 4Mose 27,21, sind ähnlich vorzustellen. Von dem ursprünglich sehr verbreiteten Loswerfen blieb im isr. Kult vor allem die Auswahl der Böcke am Versöhnungstag 3Mose 16 erhalten. Nach rabbinischer Überlieferung wurden zwei L.e, eines mit der Aufschrift „für Jahwe", das andere mit „für Asasel", vom Hohenpriester in einer Holzbüchse geschüttelt und dann herausgezogen.

b) Das L. wurde zu den verschiedensten *Anlässen* geworfen: bei Verteilung des Landes Jos 14,2 u.ö., von Kriegsgefangenen Nah 3,10, von Kleidern Ps 22,19, vgl. Jo 19,24; bei Übertragung des Apostelamts Apg 1,26; bei Feststellung, wer Kultdienst hat 1Chr 24,5 ff; 25,8 ff, vgl. Lk 1,9, wer für das Opferholz sorgen soll Neh 10,35; bei Ermittlung von Schuldigen Jon 1,7, vgl. Jos 7,16 ff u. 1Sam 14,40 ff; bei einem Rechtsentscheid Spr 18,18.

2) Von der Auslosung des Landes her bekam L. die Bedeutung *Losanteil.* Ursprünglich war damit das durch L. den israelitischen Stämmen zugeteilte Erbland bezeichnet Jos 15,1 u.ö. In der Verkündigung der Propheten wurde L. dann aber auch im Sinne von „das jedem Menschen Zugeteilte" (= Geschick) gebraucht Jes 17,14 u.ö., wobei die Vorstellung noch ganz diesseitig ist. Erst in Dan 12,13 bezeichnet L. das dem Menschen nach der Auferstehung zufallende „Erbteil". Im gleichen Sinn wird L. auch in der jüd. Literatur und im NT Apg 26,18; Kol 1,12 (Luther: Erbe, Erbteil) verwendet. Nach den → Handschriften vom Toten Meer ist die Menschheit durch Gottes ewigen Ratschluß in zwei L.e, das Gotteslos und das Belialslos, eingeteilt. Dabei meint L. sowohl die Zugehörigkeit zum Gottes- oder Belial-Bund (= Anteil an Gott oder Belial) im Diesseits als auch das sich daraus ergebende jenseitige Geschick. Daß in diesen Zusammenhängen der Ausdruck L. gewählt wird, soll den Gnadencharakter des „Erbteils" herausstellen, allein begründet in dem Willen Gottes, nicht in einer Leistung des Menschen. *Bo*

Loskauf → Erlösung.

Losung. Die L. kam in der Kriegführung Israels mehrfach vor und zwar *1)* als verabredetes Zeichen zweier verbündeter, aber getrennt vorgehender Heeresteile zum gemeinsamen Handeln, zB das Erheben von Josuas Lanze bei Ai als Zeichen für den Hinterhalt Jos 8,18 f, *2)* als Erkennungswort, um Freund und Feind zu unterscheiden, zB das bekannte Schibboleth Ri 12,6, und *3)* als Schlachtruf, zB „hie Schwert des Herrn und Gideons" Ri 7,18.20. *vdW*

Lot. *1)* Luther übersetzte den hebr. Schekel mit L. 1Mose 23,15; 24,22 u. a. m. → Gewichte, → Maße. *2)* Mit dem L. messen Seeleute die Tiefe des Wassers Apg 27,28, → Senkblei. *3)* Mit dem Bleilot (Bleischnur, Meßschnur) messen Bauleute eine Mauer Am 7,7. *Schl*

Lot, Sohn Harans 1Mose 11,27, Neffe Abrahams, den er aus Chaldäa nach Kanaan 11,31; 12,4 und Ägypten 13,1 begleitet. Als beide wegen des für ihre Herden unzureichenden Weidelandes sich trennen, läßt L. sich in dem fruchtbaren, damals noch städtereichen Jordangau nieder 13,5 ff. Sein Leben in Sodom verwickelt ihn in Kriegswirren, in denen Abraham sein Retter wird 1Mose 14, und in schlimme Konflikte mit der sittenlosen heidnischen Bevölkerung, deren Haß er als ungern geduldeter Fremdling durch seinen gottesfürchtigen Wandel auf sich zieht 1Mose 19,9; 2Petr 2,7 f. Als Beschützer der bei ihm unerkannt eingekehrten Engel Gottes ist er in aufopfernder Gastlichkeit bereit, die eigenen Töchter dem schlimmen Begehren der Sodomiter preiszugeben 19,8 f, bis Gottes Eingreifen durch deren Blendung ihn und die Seinen der Gefahr entreißt 19,10 f. Von Gottes Zorngericht über die beiden lasterhaften Städte verschont 19,16 ff, flüchtet er, wennschon zaudernd, aus der Stadt, zunächst nach Zoar 19,22 f. Die Erinnerung an den Tod seiner Frau hält die an einem Salzkegel südwestlich des Toten Meeres (heute bahr Lut = Meer L.s) haftende Lokalsage fest 19,26; Weish 10,7; Lk 17,32. Als *Söhne L.s* bezeichnet die HS die → Moabiter und → Ammoniter 5Mose 2,9.19, die sie aus dem ihm unbewußten blutschänderischen Umgang seiner beiden Töchter mit dem trunken gemachten Vater ableitet 1Mose 19,31 ff. Die uralten L.-Geschichten zeichnen ein scharf umrissenes Charakterbild des Patriarchen, der wohl in seinem Glauben dem Abraham nicht ebenbürtig, dennoch als „Gerechter" Weish 10,6; Lk 17,28 f auf dem dunklen Hintergrund einer sittenlosen Zeit mit sympathischen Zügen dargestellt ist. *Schw*

Lucius. *1)* 1Makk 15,16 ist ein L., Konsul in Rom, erwähnt, der während der Regierung des Makkabäers Simon sich mit Briefen an kleinasiatische und griech. Machthaber und Gemeinwesen wandte und zum Frieden mit den Juden aufforderte. Über die Person des L. besteht historisch keine Klarheit. *2)* Unter den Apg 13,1 genannten antiochenischen Propheten und Lehrern war ein L. von Kyrene (vgl. Apg 11,20). *3)* Ein L. ist Röm 16,21 als ein jüd. Christ genannt, der grüßen läßt. *Kü*

Lud, Luditer. Mit diesem Namen sind die Lyder gemeint, → Lydien. Sie erscheinen 1Mose 10,13 f; Jer 46,9 als zu Ägypten, 1Mose 10,21 f als zu den Semiten gehörend. In den sich widersprechenden Überlieferungen spiegelt sich wider, daß die L. den Israeliten einerseits im Gefolge der seefahrenden Völker und als Söldner der Ägypter begegnen; andererseits weiß man um die Auseinandersetzungen der L. mit Assyrien. Dagegen weist Jes 66,19 auf das wirkliche Wohngebiet der L. in Kleinasien hin. *Peu*

Lüge, lügen, absichtlich die Unwahrheit sagen, um andere zu täuschen. — *1)* Den Israeliten wird häufig L. vorgeworfen Hos 4,2; 7,1; Mich 6,12; Jer 9,2, dgl. den Feinden des Beters Ps 4,3; 59,13; 62,5; 119,69. Der Weise meidet die L. wegen ihrer verderblichen Folgen Spr 15,4; 21, 6.28; 29,12; Weish 1,11, und weil Gott die L. haßt Spr 6,16ff. Besonders gefährlich sind → Propheten, die mit lügenhaften Weissagungen das Volk irreführen Mich 2,11; Jer 23,32; 28,15; Hes 13,6, dgl. Wahrsager Sach 10,2, → Priester Jer 6,13f und → Schriftgelehrte Jer 8,8. Am 2,4 sind falsche Götter gemeint.

2) Bei aller Hochschätzung der Wahrhaftigkeit wird die L. im AT nicht immer eindeutig verurteilt 1Mose 12,13; Jer 38,24ff; doch wird wenigstens ausdrücklich gefordert, daß die Aussage des Zeugen und der Schwur wahr seien 2Mose 20,16; 3Mose 19,12. In den späteren Schichten des AT und im Spätjudentum erstreckt sich die Verwerfung auf die groben und auf die feineren Formen der L.

3) Im *NT* wird die L. scharf verurteilt. Jesus verlangt von seinen Jüngern absolute Wahrhaftigkeit Mt 5,37. Die Christen sollen die L. ablegen, da sie untereinander Glieder sind Eph 4,25. Sie gehört zu den Werken des alten Menschen Kol 3,9. L. ist Kennzeichen der Verführer der letzten Zeit 1Tim 4,2 und des Antichrists 2Thess 2,9. Zu den falschen Propheten vgl. Mt 7,15; 24,24 u.ö. — Gott lügt nicht und steht zu seinen Verheißungen Tit 1,2; Hebr 6,18; Röm 3,4; vgl. 4Mose 23,19; Ps 89,36. Jesus ist selbst die → Wahrheit und zeugt für die Wahrheit Jo 14,6; 18,37. Darum können die, die zum Bereich des → Teufels, des Vaters der L., gehören, nicht an ihn glauben Jo 8,44; vgl. 1Jo 2,22. Zur Gefahr lügnerischer Frömmigkeit vgl. 1Jo 1,6; 2,4; 4,20; vgl. auch Apg 5,3. Im → Gericht werden die Lügner ausgestoßen Offb 21,8.27; 22,15.

Lit.: M. A. Klopfenstein, Die Lüge nach dem Alten Testament, Diss. theol. Bern, Zürich/Frankfurt a. M. 1964.

Oßw

Luhith. Ort bei Medeba, genaue Lage unbestimmt. Jes 15,5; Jer 48,5 wird die Steige von L. neben dem Weg nach Horonajim genannt. *Rü*

Lukas, Lukasevangelium.

1) Altchristliche Überlieferung. 2) Hellenistischer und heidenchristlicher Charakter des Evangeliums. 3) Historische Tendenz und Zuverlässigkeit. 4) Aufbau und Schwergewicht der Erzählung. 5) Theologie der Wege Gottes. 6) Die Eigenart der Darstellung des Evangelisten. 7) Die neue Humanität des Evangeliums. 8) Die soziale und politische Problematik.

1) Nach altkirchlicher Überlieferung ist L., der Arzt und Begleiter des Paulus (Kol 4,14; Phm 24; 2Tim 4,10), der Verfasser des dritten Evangeliums und der Apostelgeschichte. Dies Doppelwerk, das eine einheitliche Grundhaltung in bestimmten Glaubensfragen verrät, nennt den Verfasser nicht, macht aber wahrscheinlich, daß die Überlieferung recht hat. Nach einem alten Prolog, Euseb und Hieronymus, stammte L. aus Antiochien in Syrien, und es ist möglich, daß sein orientalisches Heidenchristentum syr. Gepräge hat. Er war wohl schon vor der Ankunft des Paulus Mitglied der antiochenischen Gemeinde, wurde also nicht von Paulus bekehrt (Th. Zahn). L. war mit der ganzen Welt des Hellenismus wohl vertraut und schrieb für heidenchristl. Gemeinden in ihrer nachapostolischen Situation. Als Herkunftsort des Evangeliums wird in griech. Minuskel-Handschriften zuweilen Rom, zuweilen aber auch das zu Böotien gehörige Attika genannt. Nach späterer Legende soll L. in hohem Alter in Böotien gestorben sein.

2) Man hat versucht, nachzuweisen, daß die beiden ihm zugeschriebenen Schriften notwendig von einem Arzt geschrieben sein müssen, weil sie medizinische Fachkenntnisse voraussetzen (W. K. Hobart); doch ist eine derartige Beweisführung nicht allseits angenommen worden. Tatsächlich sind die hier in Betracht kommenden Abweichungen von den anderen Evangelisten beachtlich; doch hat der gebildete Hellenismus die Fähigkeit besessen, sich jedem geistigen Gebiet aufzuschließen und dessen Sprache aufzunehmen. Die naheliegende Vermutung, daß L. paulinische Überzeugungen weitergeben wollte, wird dem Doppelwerk nicht gerecht. Zwar kennt er den Weg des Christentums von Jerusalem nach Rom und bestätigt seine innere Notwendigkeit; aber sein grundsätzlicher Entwurf ist nicht paulinisch, sondern aus anderen Wurzeln erwachsen. Die Entwicklung des Heidenchristentums nach der Katastrophe des Jahres 70 nChr wird ernst genommen und bejaht.

3) Man hat mit Recht auf die hebraisierende Sprache (Hebraismen!) und die Frömmigkeit der LXX aufmerksam gemacht, die nicht nur äußerlich sind, sondern tief in den lukanischen Stoffen verwurzelt sind. Eine enge Verbundenheit mit der palästinisch-judenchristl. Überlieferung und dem Kreis der Urgemeinde wird sichtbar; beide werden aber im Sinn der nachösterlichen Tradition und der Gesamtkirche, nicht aber als Norm für die Gegenwart verstanden. Der geschichtliche Abstand wird anerkannt. L. will Historiker sein und sich der historischen Methode der damaligen Zeit befleißigen Lk 1,1-4; Apg 1,1 (vgl. das Vorwort des Josephus, Jüd. Krieg). Auch dieser Zug gehört in den gebildeten Hellenismus seiner Zeit (vgl. auch die Widmung an Theophilus, der vielleicht Freund und Gönner, aber kaum Glied der christl. Gemeinde war). Zur hellenistischen Sitte gehört auch die Herausstellung der Beweggründe, weshalb L. schreibt, und die Charakterisierung seiner Quellen und Vorgänger. Er sucht sich auf Augenzeugen zu berufen, will eine sachgemäße Anordnung des Stoffes herstellen und sucht seinem Leser Zuverlässigkeit in der Berichterstattung zu übermitteln. Obwohl wir auch hier hellenistische Formung vor uns haben, geht es dem Evangelisten gleichzeitig um eine theol. wichtige Angelegenheit: um die Berichterstattung, die der Sache der Botschaft Jesu angemessen ist. Er selbst weiß sich in die Schlußredaktion berufen, da der geschichtliche Prozeß abgeschlossen ist.

4) Das Evangelium bringt zunächst eine Vorgeschichte, die auf das spätere geschichtliche Auftreten Johannes des Täufers und Jesu von Nazareth ausgerichtet ist 1,5-2,52. Die alte Täufertradition ist von der Gemeinde Jesu aufgenommen und verarbeitet. Ein entscheidender geschichtlicher Unterbau für das ganze Evangelium beschreibt die Ereignisse vom Auftreten des Täufers an bis zur Versuchung Jesu 3,1-4, 13. Der Erzähler wendet sich dann in einem 1. Hauptteil 4,14-9,50 dem Wirken Jesu in Galiläa zu. Messiasbekenntnis und Leidensweissagungen schließen ihn inhaltlich ab. Ein 2. Hauptteil 9,51-19,27 schildert Jesus auf der Reise nach Jerusalem. Dieser Reisebericht ist ein Rahmen, in den L. einen großen Teil des markusfremden Stoffes einordnet. Ein 3. Hauptteil 19,28-24,53 berichtet von dem letzten Wirken Jesu in Jerusalem, seinem Leiden und Sterben, seiner Auferweckung und Himmelfahrt. Auf diesen Schlußteil ist der Gang der Erzählung von Anfang an ausgerichtet. Hier in Jerusalem fallen die eigentlichen Entscheidungen, hier vollendet sich die Geschichte Jesu nach dem göttlichen Heilsplan. Daß Jesus in Jerusalem stirbt und auferweckt wird, ist der letzte Sinn der Heilsgeschichte und der Schlüssel zur lukanischen Geschichtsbetrachtung.

5) Der Evangelist sieht im historischen Ereignis einen Hinweis auf den sich Schritt für Schritt enthüllenden göttlichen Heilsplan. Die Geschichte wird zur Begegnung Gottes mit Menschen und Völkern; in ihr findet er seine Werkzeuge und Boten. Gottes Wege und Werkzeuge werden für L. zum eigentlichen Thema seiner Geschichtsbetrachtung: er kann durch sie Großes schaffen, sie müssen aber auch durch Tragik und Not zum Ziel kommen. L. ist als Historiker Zeuge; er verbindet mehr, als daß er vermittelt; er geht auf ein Ziel zu, schafft aber nicht Kompromisse. Diese Theologie der Wege Gottes ist kunstvoll durchkonstruiert und setzt eine ständige Wirksamkeit Gottes an seinen Geschöpfen voraus. Damit setzt L. ein altbibl. Erbe fort, stellt es aber ganz in die hellenistische Umwelt. L. ist der erste, der bereit ist, die Geschichte der Christenheit als neue Epoche an die Geschichte Jesu anzuschließen; dabei gibt er die Einzigartigkeit dieser eschatologischen Epoche, die Fülle der messianischen „Manifestationen" (H. Conzelmann) keineswegs preis. L. sah, daß durch Himmelfahrt und Geistausgießung neuer Raum zur Geschichte geschaffen war und daß die Kirche im Gehorsam gegen diese Offenbarung sich in diesem neuen geschichtlichen Raum zu bewähren hat. Die Eschatologie war in die Geschichte eingefügt, war aber in der Geschichte der Kirche als Wahrheit immer wieder erkennbar. Man durfte zum Ende nicht drängen, man durfte aber noch weniger das Ausgerichtetsein auf das Ende aufgeben. Die Entwicklung dieses syr. Christentums nimmt eine ähnliche Form an wie die des Judentums nach 70 nChr. Man kämpft aufs neue um die Existenz auf dieser Erde.

6) L. war nicht mehr in der Lage, die großen Komplexe der Redeüberlieferung und des palästinischen Sondergutes zeitlich und örtlich neu zu bestimmen; seine Einschaltungen sind also literarisch, nicht historisch zu verstehen. Der Rahmen des Markusevangeliums war auch für ihn bestimmend, aber es ging ihm nicht darum, ihn zu erweitern und neu zu füllen. Seine eigentliche Tendenz war, das alte palästinische Gut der Redeüberlieferung und des Sondergutes in die Weite des Heidenchristentums zu stellen. Er fand in diesen Stoffen das Wesentliche des Evangeliums wieder und wollte durch sie den Jesus der Geschichte neu zu Gehör bringen. Dies geschieht allerdings unter Abstreifung nicht notwendiger Einzelmotive, überflüssiger Problematik und unter Berücksichtigung der veränderten Situation, in der sich die Kirche befand. Die schriftstellerische und pädagogische Kunst des Evangelisten ist nicht zu verkennen. Er stellt seinen Stoff so anschaulich und konkret wie möglich dar; er hat einen Blick für das Einmalige und Besondere, für das Paradoxe und Groteske. Das Reale des göttlichen Handelns steht ihm eindeutig fest; auch das Leibliche und das Geschöpfliche bekommt seine besonderen Akzente. Abstraktionen und Theorien liegen ihm im allg. fern. Es geht ihm wirklich um die Armen und Hungernden, um Verfolgte und auf die Erlösung Wartende. Trotz aller messianischen Manifestationen sind die Nöte und Härten dieser Weltzeit schwer zu ertragen; L. will nicht vertrösten, sondern anleiten, in Beharrlichkeit auszuharren. Die Eschatologie der Kirche wird bei ihm nicht unlebendig und ist keineswegs leere Form. Heilsgeschichte gibt es bei ihm nur innerhalb der Eschatologie, nicht durch Abfall von ihr.

7) L. liebt es, das ausgesprochen „Menschliche" in der Formung seiner Personen herauszustellen. Mit besonderer Liebe werden die Väter und Mütter der Vorgeschichte geschildert. Das Jüdische weist auf das Judenchristliche, auf das in der Kirche Beispielhafte und Typische hin. Streitgespräche mit Pharisäern und Sadduzäern spielen nicht nur eine historische Rolle, sondern sie zeigen eine Frömmigkeit, die unter dem Gericht Gottes steht. Die universale Geltung des Evangeliums tritt Zug um Zug hervor und stellt die Heilsbedeutung Jesu für die ganze Menschheit heraus. Er ist ja nicht nur Sohn Davids und Abrahams, sondern Adams, des Menschen aus Gottes Hand (Lk 3,23-38). Dieser letzte Maßstab hebt nicht die vorletzten auf, sondern schließt sie ein. Das Judentum ist ein Stück des Menschseins schlechthin; die universale Geltung beschreibt die Reichweite der Erwählung. Jesus geht dem „Verlorenen" in Israel nach, aber damit wird er zum Menschensohn, der auch den verachteten Samariter und den rechtlosen Heiden zur Barmherzigkeit Gottes zurückführt. Die Antike wird in ihrer Verfallenheit gesehen und alle Humanität in das Geheimnis Gottes zurückgeführt.

8) Der Blick für die soziale Not und die Verschiedenheit der Stände und Bevölkerungsschichten bleibt bei L. scharf. Die Armen werden in ihrem Unterdrücktsein gesehen, die Ungerechtigkeit des Reichtums geradezu prophetisch gegeißelt. Jeder Rückzug in hellenistische Gesinnung und Geistigkeit wird abgeschnitten. Es geht um Gerechtigkeit und Erlösung auf dieser Erde. Das umkämpfte Recht der Frau wird in der Gemeinde anerkannt, wenn auch ihre Gefährdung und Schwäche gesehen wird. L. weiß um die Zuordnung des Evangeliums zu dieser nun gegebenen römischen Ordnung. Wenn er auf die Amtsführung und Chronologie der Kaiser und Statthalter achtet, ist dies keine leere Form. Er kennt ihre Aufgaben im weiten Reich und weiß, daß das werdende Christentum geschichtlich in ihre Hand gegeben ist. L. redet nicht ohne Vorsicht von dem Verhältnis zw. Evangelium und Imperium. Und doch fälscht er die tatsächlichen Schwierigkeiten nicht um. Daß mancherlei Zusammenstöße gefährlich werden können, wird im Evangelium angedeutet; die apokalyptische Weissagung wird zur Form der Auseinandersetzung und der Geschichtsdarstellung. Aber diese Andeutungen führen nicht zu einer schroffen Polemik, sondern zum Appell, den Lauf des Evangeliums nicht zu hindern. L. ist nicht von der Parusieverzögerung, sondern von erlebter Geschichte her zu verstehen, d. h. seine Darstellung lebt aus positiven, nicht aus negativen Wurzeln.

Lit.: M. J. Lagrange, Evangile selon St. Luc, [5]1941; E. Klostermann in Lietzmanns Handbuch zum NT, [2]1929; A. Schlatter, Das Evangelium des Lukas aus seinen Quellen erklärt, [2]1960; Fr. Hauck im Theol. Handkommentar, 1934; K. H. Rengstorf im NT Deutsch, [8]1958; R. Morgenthaler, Die lukanische Geschichtsschreibung als Zeugnis; Gestalt und Gehalt der Kunst des Lukas, 2 Bände, 1949; H. Conzelmann, Die Mitte der Zeit, [3]1959. *Mi*

Lus. *1)* Stadt im Norden Jerusalems, später mit Bethel gleichgesetzt 1Mose 28,19; 35,6; Jos 18,13; Ri 1,23, aber Jos 16,2, vgl. auch 1Mose 48,3, noch deutlich davon unterschieden. — *2)* Nach 1) benannte unbekannte Stadt „im Lande der Hethiter" Ri 1,26. *Rü*

Lust. *1)* Von Luther werden mehrere hebr. Wörter mit „L." übersetzt, deren verschiedene Bedeutung der revidierte Text wiederzugeben sucht: Gefallen haben 1Sam 18,22; 1Kö 21,6; Hiob 33,20, wünschen, begehren Ps 45,12; 5Mose 12,15 (lustig = verlockend 1Mose 2,9; 3,6), etwas gern tun 2Chr 26,10, mit Freude 2Sam 24,3 oder Genugtuung betrachten Ps 54,9; 59,11. — Seltener im *negativen Sinn:* (mit Schadenfreude) herabsehen Klgl 1,7; Ob 12 f, lüstern sein 4Mose 11,4.34, entbrannt sein Hes 23,9. In den → Apokryphen von bösen Begierden Weish 4,12; Sir 9,10; 23,5; Tob 3,17. — Von *Gottes Wohlgefallen* am Volk Israel Jes 5,7; 5Mose 10,15; Jer 32,41; Jes 62,4, an einzelnen Menschen 2Sam 22,20; 1Kö 10,9; Ps 22,9; vgl. Mt 27,43, an der Weisheit Spr 8,30. Gegenüber dem Opferkult wird auf Gottes Wohlgefallen an Liebe und Gotteserkenntnis Hos 6,6, Gerechtigkeit Jes 1,11ff und Gehorsam 1Sam 15,22 hingewiesen; vgl. Ps 51,18 f. — Der Mensch kann seine *L. an Gott* haben Ps 37,4; Hiob 22,26, an seiner Gnade Mich 7,9, an seinem Gesetz Ps 1,2; 119,24.47, an seinen Werken Ps 111,2, am Werk des Gottesknechtes Jes 52,15. Zur Forderung, Gott mit L., d. h. mit fröhlichem Herzen zu dienen, vgl. 5Mose 28,47.

2) Im *NT* bezeichnet L., von Stellen wie 2Kor 5,8; Phil 1,23; Röm 12,8 abgesehen, stets die bösen Begierden in ihren verschiedenen Formen, in denen sich im Grunde die Eigenmächtigkeit des Menschen auswirkt. Sie haben im → Fleisch ihren Sitz Gal 5,16 f.24. Röm 7,5 ff u. Jak 1,14 f zeigen eindrücklich den Zusammenhang von Begierden und → Sünde, die zum → Tode führt; vgl. 1 Mose 3. Einst beherrschten die bösen Begierden auch die Christen Eph 2,3; 1Petr 1,14; vgl. Röm 1,26 ff. Selbst in dem neuen Leben, das ihnen durch Christus geschenkt ist, regen sie sich noch. Sie werden zB durch Streben nach Reichtum geweckt 1Tim 6,9. Da sie mit der Zugehörigkeit zu Christus unvereinbar sind, müssen sie bekämpft werden Röm 6,12; Gal 5,24; Eph 4,22; Kol 3,5; 2Tim 2,22; Tit 2,12; 1Petr 2,11. Vgl. auch Mk 4,19. Ein Wandel im → Geist gewährt Schutz vor ihnen Gal 5,16. — Böse Begierden sind Kennzeichen der Irrlehrer 2Tim 3,6; 2Petr 2,10.18. — Nach 1Jo 2,16 f stammt die L. von der → Welt, die mitsamt ihrer L. vergeht; vgl. Jo 8,44. *Oßw*

Lustgarten war Hes 28,13 u. Joel 2,3 Bezeichnung für den Gottesgarten Eden. Pred 2,5 u. HL 4,13 sind Baumgärten gemeint. Dasselbe Wort (pardes = Paradies) begegnet Neh 2,8, wo Luthers „Holzfürst" wörtlich heißt: „Aufseher des Forstes." *(Oßw)*

Lustgräber, eine nicht sicher zu bestimmende Örtlichkeit in der südlich von Palästina gelegenen Wüste, mit der die Lokaltradition in 4Mose 11,4 ff verbunden ist. Nach 4Mose 11,34 hat man dort diejenigen begraben, die während des → Wüstenzugs nach Fleisch verlangten und wegen ihrer Lüsternheit von Gott mit dem Tode bestraft wurden. *Oßw*

Lydda, hebr. lōd, arabisch lidd, zuerst erwähnt in der Palästina-Liste Thutmosis III., wurde erst spät (unter Josia?) von Benjaminiten besetzt 1Chr 8,12 und bald nach dem Exil wieder besiedelt Esra 2,33; Neh 7,37; 11,35. 145 vChr wurde Jonathan von Demetrius II. Nikator der Besitz von L. bestätigt 1 Makk 11,34. In L. heilte Petrus den Äneas Apg 9,32 ff. Heute ist L. eine Stadt mit ca. 15 000 Einwohnern (1955) am Knotenpunkt der Bahnlinien Haifa—Gaza und Tel-Aviv—Jerusalem. *Rü*

Lydia, eine Purpurhändlerin aus Thyatira in Lydien, wohnhaft in Philippi, die sich als Heidin zur jüd. Gemeinde hielt, unter der Christusverkündigung des Paulus zum Heilsglauben kam und ihr Haus den Boten des Evangeliums öffnete Apg 16,14 f. 40. *Kü*

Lydien 1Makk 8,8. Die im westlichen Kleinasien gelegene Landschaft L. mit der Hauptstadt → Sardes tritt das erste Mal unter dem König Gugu = Gyges um 675 vChr in das Licht der Geschichte. Mit dem Niedergang des assyrischen Reiches gewinnt L. an Macht. Vielleicht spiegelt sich dieses Ereignis wider in den Weissagungen von Gog und Magog in Hes 38 f. Im Jahr 546 siegte der persische König → Cyrus über den König Krösus von L., das damit persischer Besitz wird. Sardes ergab sich 334 Alexander d. Gr., wurde schließlich seleukidisch und gehörte später zum Reich von Pergamon, das die Römer mit L. i. J. 133 erbten. Die Perser und die Griechen haben das Münzbild von den Lydern übernommen. → Lud, Luditer. *Peu*

Lykaonien, Landschaft in Kleinasien am Taurusgebirge, rauh und wenig fruchtbar, zZ des Paulus Teil der römischen Provinz Galatia, doch mit eigener Volkssprache, wie das Erlebnis des Paulus und Barnabas in → Lystra erkennen läßt Apg 14,8 ff. Auch → Derbe und → Ikonium sind lykaonische Städte. Ob Paulus den → Galaterbrief an diese Gemeinden in L. oder an die weiter nördlich wohnenden eigentlichen Galater (= Gallier, Kelten) gerichtet hat, ist umstritten. *Ap*

Lykien, gebirgige Halbinsel im Süden Kleinasiens, westlich von Pamphylien, als Lukki bereits in den Briefen von → Amarna erwähnt, war teils von arischen, teils von semitischen Stämmen bewohnt und wurde erst 43 nChr dem römischen Reich einverleibt. 1Makk 15,23 ist L. und die lykische Stadt Phaselis erwähnt; in Patara Apg 21,1 und Myra 27,5 berührte Paulus auf seinen Reisen die lykische Küste. *Ap*

Lysanias. Nach Lk 3,1 war L. zZ Jesu Vierfürst (Tetrarch) des Landes → Abilene. Er starb zw. 28 und 37 nChr. *Bie*

Lysias. *1)* Feldherr, „Hauptmann" 1Makk 3, 32, Reichsverweser des Antiochus IV. Epiphanes, später Vormund des Antiochus V. Eupator 1Makk 6, 17; von zwei Feldzügen gegen die makk. Erhebung 165 vChr endete der erste unter den Feldherren Ptolemäus, Nikanor und Gorgias mit der Niederlage bei Emmaus 1Makk 3,27-4,25, der zweite unter seiner persönlichen Führung mit der Niederlage bei Beth-zur 1Makk 4,26-35. Nach Antiochus IV. Tod 163 vChr versuchte er zusammen mit Antiochus V. die syr. Besatzung der Burg von Jerusalem zu entsetzen 1Makk 6,17-54. Weil ihm ein Rivale erstand, schloß er unter Zusicherung freier Religionsübung Frieden. Als Demetrius I. 162 vChr aus dem Exil zurückkehrte, wurde L. samt Antiochus V. vom Kriegsvolk ermordet 1Makk 7, 1 ff. Das 2. Makk-Buch verlegt die Kriegszüge des L. in die Zeit Antiochus V. — *2)* Klaudius Lysias → Klaudius 2). *Pfei*

Lysimachus, Bruder des → Menelaus, sein Stellvertreter im hohepriesterlichen Amt. Als er unter dessen Billigung Tempelgeräte veräußerte, wurde er vom empörten Volk erschlagen 2Makk 4,29. 30. 40-43. *(Pfei)*

Lystra, Stadt in → Lykaonien, in der Paulus nach der Heilung eines Lahmen zuerst göttliche Verehrung, dann durch jüd. Anstiftung eine Steinigung erlebte Apg 14,8 ff. Später, auf der zweiten Missionsreise, gewann er dort Timotheus als Mitarbeiter Apg 16,1 ff (vgl. 2Tim 3,10 f). Heute Ruinen bei Chatün Serai, südlich von Ikonium. L. war nach der Inschrift auf einem Denkmal des Kaisers Augustus römische Kolonie (Col. Lustra). *Ap*

M

Maacha und Maachath. *1)* Eine von Aramäern besiedelte Landschaft östlich vom Simchusee am Fuß des Hermon, meist mit dem südlicher gelegenen → Gesur zusammen genannt Jos 12,5. Obwohl das Gebiet Jos 13,11-13 Manasse zugesprochen wird, konnten es die Israeliten doch nicht erobern. Lediglich David gelang es, eine durch Ammon zustande gebrachte ostjordanisch-aramäische Koalition zu zerschlagen und damit auch das Königreich M. vorübergehend unter isr. Oberherrschaft zu bringen 2Sam 10,6. 19. Später erinnert noch Abel-Beth-M., eine isr. Stadt am Nordrand des oberen Jordangrabens, heute abil, an M. 1Kö 15,20.

2) Name einer Nebenfrau Kalebs 1Chr 2,48 und einer Königstochter aus Geschur, die Davids Frau und Absaloms Mutter wurde 2Sam 3,3. Auch eine Tochter Absaloms, die Lieblingsfrau Rehabeams und Mutter Abiams sowie Asas, hieß M. 1Kö 15,2. 10; 2Chr 11,20-22. Zu 1Kö 2,39 vgl. 1Sam 27,2: Achis von Gath war der Sohn eines Maoch. *Da*

Machir. *1)* Erstgeborener Jos 17,1 oder einziger Sohn Manasses 1Mose 50,23; 4Mose 26,29, mit Manasse gleichgesetzt Jos 13,31; Ri 5,14. Die Machiriten, ursprünglich im Westjordanland, siedelten nach Gilead ins ostjordanische Bergland nördlich des Jabbok über 4Mose 42,39; daher wird M. Gileads Vater genannt 4Mose 26, 29; 27,1. Die im Westjordanland bleibenden Machiriten Ri 5,14 behalten den Namen Manasse Jos 17,3 ff. *2)* Ammiëls Sohn aus Lodebar, der Sauls Enkel Mephiboscheth 2Sam 9,4 aufnahm und während Absaloms Aufruhr treu zu David hielt 17,27. *Schw*

Machpela (= „Doppelhöhle"), das Gelände, auf dem Abraham aus dem Besitz des Hethiters Ephron zu hohem Preis das Grab erwarb, in dem er selbst, Sara, Isaak, Jakob und dessen Frauen bestattet wurden. Ob es unter der Moschee von Hebron oder vielleicht in der Nähe von → Mamre zu suchen ist, ist ungewiß. *Schw*

Macht (Vollmacht = V.). → Gewalt. M. ist in der HS die allen Widerständen überlegene Möglichkeit, seinen Willen handelnd durchzusetzen. Diese Möglichkeit kann auch von einer höheren Instanz in einem bestimmten Rahmen verliehen sein, zB Saulus von den Hohenpriestern Apg 9,14 als V.

Die ursprüngliche, allumfassende M., die → Allmacht, gehört Gott allein, dem Schöpfer Ps 65, 7 ff; Hiob 9,4 ff, dem Herrn der Völker und ihrer Geschichte Jes 51,9 f; Ps 77,15, der wie der Töpfer mit seinem Ton die Geschicke gestaltet Röm 9,21 ff und allein Zeit und Stunde des Geschehens festsetzt Apg 1,7 und über unser ewiges Los verfügt Lk 12,5. Die Psalmen rühmen seine M. 21,14 u. a. m.; denn er herrscht barmherzig Hiob 36,5 und geduldig Röm 9,22 f.

Was sonst im Sichtbaren und Unsichtbaren M. hat, hat sie nur als Lehen Mk 13,34; Lk 19, 17: ob das Pilatus ist Jo 19,11 oder die Engel Offb 14,18, der Satan Eph 2,2, die apokalyptischen Reiter Offb 6,8, vgl. 16,9, die M. der Finsternis Lk 22,53; Kol 1,13 und der unsichtbaren Mächte Eph 1,21; Kol 2,15 u. a. m. — über sie alle verfügt der allein Mächtige. Das ist denn auch die Grenze aller politischen M. Ps 33,16 ff; Offb 17,12 f.

Einer hat als der Sohn, wenn auch zunächst noch verborgen, einzigartige V. von Gott über alles Fleisch Jo 17,2. Sein Wort Mk 1,22; Mt 7,28 f, seine heilende und vergebende V. Mt 9,8, seine Taten Lk 4,36; Mk 11,28 ließen diese M. erschütternd spüren. Er aber geht in dieser V. in den Tod Jo 10,18. Das ist sein Weg in seine ewige Herrlichkeit und M. Offb 12,10; Jo 5,27 ff.

Seine Boten Mk 3,15; 2Kor 10,8; 13,10 haben ihre V. von ihm. Seiner Gemeinde gab er die M., an ihn zu glauben, ihm zu leben und Gottes Kinder zu werden Jo 1,12. (In der Stelle 1Kor 11,10 von der Kleidung der Frau beim Gottesdienst bedeutet „M." wohl ihren Schleier). *He*

Made → Wurm.

Märchen, Märchen-Motive. M. sind unter allen Völkern der Welt vorhanden und setzen, darin in vielen Zügen dem Traumleben verwandt, ein Weltbild voraus, in dem zw. Gott und Mensch, Zeit und Raum, Mensch und Tier, Mensch und Pflanze, Leben und Tod noch keine unüberwindliche Grenze besteht. Ein hoffnungslos Gefangener kann erlöst, ein Verzauberter zurückverwandelt, ein Hungriger wunderbar gespeist werden. Von diesem Weltbild her ist das M. grundsätzlich unhistorisch und auch nicht auf einen bestimmten Raum fixiert. Es schwebt gewissermaßen über Raum und Zeit und besitzt daher nach unserem Weltbild eine gefährliche Unwirklichkeit, wenn es im Bereich von Religion und Offenbarung verwendet wird. Im AT sind M.*motive* verhältnismäßig reich vorhanden, zB das sprechende Tier 4Mose 22,28 ff, die sich untereinander streitenden Pflanzen Ri 9,8-15, die wunderbaren Gefäße, die nicht leer werden 1Kö 17,16, die seltsamen Vögel, die den Menschen versorgen 1Kö 17,6, die Hand, die an die Wand schreibt Dan 5,5, die Fähigkeit, die Träume eines Herrschers erraten zu können Dan 2,1 ff, der Fisch, der einen Menschen verschlingt und wieder an das Land speit Jon 2,1.11. Diese Reihe der Beispiele von M.gestalten und M.-geschehen könnte aus dem AT noch viel weiter ausgeführt werden. Aber es fällt gegenüber dieser Fülle von M.motiven auf, daß kein wirklich ausgeführtes M. im AT sich erhalten hat. Das dürfte kein Überlieferungszufall sein. Israel hatte kein Interesse an den M. als solchen. Die einzelnen M.motive, die fraglos aus der mündlichen Tradition stammen und wahrscheinlich uraltes Erbgut der isr. Nomadenstämme sind, werden im AT zum Erweis der Macht und Hoheit Gottes verwendet, indem sie auf eine bestimmte geschichtliche Situation fixiert werden. Israel wird den Unwirklichkeitscharakter einzelner M.-motive nicht so empfunden haben wie der moderne Mensch, der von seinem physikalischen Weltbild aus denkt und argumentiert. So vermochte Israel unbefangen einzelne M.motive der Gottesbotschaft, dem Kerygma des AT, dienstbar zu machen. Man wird angesichts dieser Unbefangenheit nicht außer acht lassen dürfen, daß das M. eine Weltsicht enthält, die zuweilen von den geheimnisvollen Erfahrungen der Naturvölker, wie sie von Ethnologen beobachtet und gesammelt worden sind, eine Bestätigung erfährt. *Ba*

Märtyrer. Das griech. Grundwort ist martys, „Zeuge". Es bezeichnet jeden, der etwas bezeugen soll oder kann, insbesondere die Augen- und Ohrenzeugen eines Geschehens. So sind die Apostel Zeugen des Lebens, Sterbens und Auferstehens Jesu Lk 24,48; Apg 1,8.22 u. ö. Als Verkünder setzen sie sich für die Wahrheit der Heilsbotschaft ein, die das Handeln Gottes in Jesus Christus zum Gegenstand hat. Der „M." ist in bes. ausgeprägtem Sinn der *Blutzeuge*, der das Zeugnis des Wortes mit seinem gewaltsamen Tod besiegelt. Schon früh ist der Tod Jesu in der Kirche als das erste Martyrium gewertet worden; doch wird dies Verständnis seines Todes der Heilsbedeutung des Sühnopfers Christi nicht gerecht. Jesus hat seinen Jüngern immer wieder Leiden und Verfolgungen vorausgesagt und sie auch darauf hingewiesen, daß sie unter Umständen um seinetwillen den Tod erleiden müßten Mt 5,10; 10,17f; 21,35f; 23,34f; Jo 15,18ff. Der erste M. der Urkirche war Stephanus Apg 7,54ff; 22,20. Ihm folgte Jakobus, der Bruder des Johannes, den Herodes Agrippa mit dem Schwert hinrichten ließ Apg 12,2. Märtyrer wurden auch Petrus, für den sich dies aus Jo 21,18 f erschließen läßt, und Paulus, der kurz vor seinem Tod erklärte, daß sein Blut als Trankopfer ausgegossen werden wird 2Tim 4,6; s. auch Phil 2,17; vgl. Apg 9,16. Die Offenbarung des Johannes enthält Worte des Trostes für die vom Martyrium bedrohten Gemeinden. Antipas in Pergamon ist bereits um seines Bekenntnisses willen den M.tod gestorben Offb 2,13. Die Seelen der „wegen des Wortes Gottes und um des Zeugnisses willen" ermordeten M. rufen das Gericht Gottes herbei Offb 6,10. In der Vision, die „Groß-Babylon" (das Rom des göttlich verehrten Kaisers) zum Gegenstand hat, erblickt der Seher von Patmos „das Weib" trunken vom Blut der Heiligen und vom Blut der Zeugen Jesu Offb 17,6. Am Ende der Zeiten, wenn die Heilsvollendung anbricht, werden die M. auferstehen (erste Auferstehung) und an der Herrschaft Christi teilhaben Offb 20,4. Endlich ist auf Hebr 11 hinzuweisen, wo unter den vielen Glaubenszeugen auch eine Reihe von M.n genannt werden 11,37f. *Schn*

Magd. Wenn man von den mit „Mägdlein" = Mädchen bezeichneten Personen absieht 1Mose 34,4; 3Mose 12,5; Mt 9,24; 14,11, gilt das für den → Knecht Gesagte auch für die M. 2Mose 20,10.17; 3Mose 25,44; 5Mose 12,12; 28,68; Jes 14,2; Jer 34,9; Pred 2,7; Neh 7,67; Esth 7,4. Zu ihrer Arbeit vgl. 2Mose 11,5; Mt 24,41. Die isr. M. war rechtlich vor äußerster Willkür geschützt 2Mose 21,7-11. Als Eigentum ihrer Herrin konnte sie, war jene unfruchtbar, deren Ehemann beigegeben werden. Wie sie selbst, so gehörten in diesem Fall auch ihre Kinder der Herrin und waren rechtlich untergeordnet 1Mose 16,2ff; 30,3.9; Gal 4,22f.31. — Zur demütig-unterwürfigen Selbstbezeichnung von Frauen gegenüber Fremden und Höhergestellten vgl. 1Sam 1,11; 25,28; 28,21; 2Sam 14,15; 1Kö 1,13.17; 2Kö 4,2.16; Lk 1,38. *Kn*

Magdala, nach Mt 15,39 Magadan, heute chirbet el-medschdel am Westufer des → Galiläischen Meeres, im Süden der fruchtbaren Ebene el-ruwer, vielleicht identisch mit Migdal-El im Stamme Naphthali Jos 19,38; Heimatort der →Maria Magdalena (=von M.) Mt 27,61. Nach Josephus, der es auch Tarichäa nennt, einst eine blühende Stadt, bedeutend durch Fischfang und Fischhandel. *Me*

Magdalena → Magdala, → Maria.

Magie, Magier. *1)* M. erwächst als praktische Wirksamkeit aus dem Willen, über die Mannigfaltigkeit unpersönlicher, namenloser Mächte und Kräfte numinoser Art zu herrschen und sie zum Wohl der Gemeinschaft auszunützen. Da diese Mächte ethisch indifferent sind, also helfen und schaden können, ist es Sache des M.s, möglichst viel von ihrem Wesen und den Mitteln ihrer Steuerung zu verstehen. Die meisten magischen Praktiken, ob es sich um kontagiöse, homöopathische oder sympathetische M. handelt, zeigen eine Art *„Bildsymbolismus"*. Man besprengt etwa die Erde mit Wasser in dem Glauben, damit den Himmel zum Regnen zu bringen. Mit bildlichen Handlungen und entsprechenden Worten wird die Wirkung dargestellt, die man erreichen will, und glaubt man, daß sie damit wie von selbst verwirklicht wird (ex opere operato).

2) Israel ist im Lauf seiner Geschichte vom magischen Denken und Handeln seiner *Umwelt* stark *beeinflußt* worden Jes 2,6; 3,1ff. Zwar zeigt die radikale Gesetzgebung 5Mose 18,10-12 u.ö., wie die offizielle Religion sich der Überwucherung des Glaubens durch die M. zu erwehren versuchte; dennoch finden sich gerade in der isr. Kultgesetzgebung viele *Restbestände magischer Denkweise:* besondere Reinigungsriten 3Mose 14,6f; 15,9ff; 4Mose 19,14ff, Segensvermittlung durch Handauflegen 1Mose 48,14, Verbot des Haarscherens beim → Nasiräer 4Mose 6,5, Trinken des Fluchwassers beim Eiferopfer 4Mose 5,27, Schwingen der Hand im Sinne von Heil-M. 2Kö 5,11 usw. Trotz dieser und anderer Beispiele spielt das Magische im AT *keine* Hauptrolle. Aufs Ganze gesehen erweist sich vielmehr die Geschichte der ATlichen Offenbarung mit ihrer Bezeugung der Allmacht Gottes als Geschichte der *Überwindung des magischen Weltbildes.*

3) Der Begriff *„Magier"* dient ursprünglich zur Bezeichnung für Angehörige einer medopersischen Priesterkaste. Erst in hellenistischer Zeit wird er zur Kennzeichnung von Leuten, die über geheimes übernatürliches Wissen und Können verfügen. Damit rückt er in die Nähe der Begriffe: Wahrsager, Sterndeuter, Zauberer. In diesem Sinn gebraucht LXX das Wort „magos" Dan 2,2. Die Mt 2,1ff genannten M. sind wahrscheinlich babylonische Astrologen, während die Apg 8,9f; 13,6.8 als Konkurrenten des Christentums auftretenden M. mehr den Zauberern zuzuordnen sind.

Lit.: S. Mowinckel, Religion und Kultus, 1953; C. H. Ratschow, M. und Religion, 1955. *Ste*

Magnifikat (nach dem Anfang der latein. Übersetzung) ist der Lobgesang der Maria Lk 1,46-55 (von einigen Textzeugen der Elisabeth zugeschrieben). Er ist größtenteils dem AT, bes. 1Sam 2,1-10 und den Psalmen, entnommen oder nachgebildet. *Fo*

Magog → Gog, → Völkertafel.

Mahanajim 1Mose 32,3, Levitenstadt in Gad Jos 21,39 auf der Grenze gegen Manasse Jos 13,26.30. Nachdem es Residenz des → Isch-Boscheth 2Sam 2,8 ff und Zufluchtsort Davids gewesen war 2Sam 17,24 ff; 19,33; 1Kö 2,8, gehörte M. unter Salomo zu dessen 7. Gau 1Kö 4,14. Heute tell ḥeddschādsch 3 km südlich von tulūl ed-dahab. *Rü*

Mahl, Mahlzeit. Gegessen wurde morgens 1Kö 17,6; Jo 21,4 f. 9-15, mittags 1Mose 43,16.25; Rt 2,14; Lk 11,37; Apg 10,9 f; 1Kö 20,16 und vor allem abends 1Kö 17,6 nach der Arbeit Rt 3,2-8; Lk 17,8 ff; vgl. auch Pred 10,16 f. Ein besonderes Mahl findet je nach dem Anlaß mittags oder abends Lk 14,12 statt, dauert einen oder mehrere Tage und erfährt entsprechenden Aufwand an allerlei Speisen, an Trank, Musik und Unterhaltung. *Anlässe* waren ein Besuch 1Mose 18,1-8; 19,3 f; 24,54; 26,30 f; 31,54; 1Sam 25,36 f, das Schafschurfest 2Sam 13,23 ff, die Entwöhnung 1Mose 21,8, die Hochzeit 1Mose 29,22; Mt 22,2 ff; Lk 14,8, ein Leichenbegängnis Jer 16,7, die Weinlese Ri 9,27, diplomatische Anlässe 2Sam 3,20, königliche Feste Esth 1,3-10; Dan 5,1; Mk 6,21, vgl. Hiob 1,4 f u. a.; vgl. zur Unterhaltung Jes 5,11 f; Sir 32,7; Ri 14,10.12 ff; Mt 14,6. Zur *Sitte* eines Gastmahls gehörte u. a. die Begrüßung des Gastes durch einen Kuß, das Fußwaschen, das Salben von Haupt und Füßen Lk 7,38.44 ff, das Tragen eines Feierkleides, von Kränzen Mt 22,12; Jes 28,1. Die Geladenen sind ausgewählt Lk 14,12.17 und haben ihrer Geltung entsprechende Ehrenplätze Lk 14,8-10, während bei — zT kultischen — Gemeinschaftsm.en alle zur betreffenden Gemeinschaft Gehörenden, auch das Gesinde und der Fremdling, teilnehmen konnten 5Mose 16,11.14; 1Kö 3,15; Esth 1,5, und Jesus die Einladung zum M. nicht an das Prinzip der Auswahl, sondern der Barmherzigkeit bindet Lk 14,12 ff. Zum großen Abendm. als Bild für die Botschaft vom Gottesreich vgl. Mt 22, 2-10 par. — Bei der M. saß man auf Matten (vor allem im Zelt) oder Polstern um eine Platte Hes 23,41 oder auf Stühlen 2Kö 4,10 um einen Tisch Ri 1,7; 1Sam 20,5.24.29; 2Sam 9,13; Mt 15,27; Apg 6,2; 16,34; vgl. auch Jes 21,5; Ps 23,5; 78,19; 128,3; Spr 9,2. Oder man lag — bes. bei Vornehmen und bei feierlichen Gelegenheiten — auf Polstern rings um einen niedrigen Tisch oder eine Eßschale. Beim Passam. war das Liegen Pflicht. Gegessen wurde mit der Hand aus der gemeinsamen Schüssel Sir 31,14-17; Mt 26, 23, ohne Löffel, Messer und Gabel. Die von Luther mit „sitzen" übersetzten Stellen Mt 9,10; 14,9; Mk 2,15; 6,22.26; Lk 7,49; 14,10.15 u. a. meinen alle die liegende Haltung. Zur M. gehört das Dankgebet Mt 14,19; 15,36; Apg 27,35; 5Mose 8,10; 1Tim 4,3. — Eine zentrale Rolle spielten in Israel die *Kultmahlzeiten* als Bestandteil von Bundschließungen. Ihre Teilnehmer wurden im Sinne des jeweiligen Bundesschlusses zu unverbrüchlichen Partnern 2Mose 12,1-28; 24, 11; 1Sam 1,2-9; 9,12.22 ff; 1Kö 3,15 u. a., vgl. das → Abendmahl.

Lit.: G. Dalman, Arbeit und Sitte in Palästina, Bd. VI, 1939, S. 64 ff; Bd. VII, 1942, S. 213 ff. *Kn*

mahlen → Mühle.

Maie nannte Luther in Erinnerung an die Maifeiern die Zweige, die zur Feier des → Laubhüttenfestes geholt wurden 3Mose 23,40; Neh 8,15; ähnlich Ps 118,27. Das gleiche Wort bezeichnet im Festzug bei der Tempelweihe 2Makk 10,7 mit Laub umwundene Stäbe, wie sie etwa bei dem Fest des Bacchus getragen wurden, und bei dem Einzug Jesu in Jerusalem Mk 11,8 die Laubbüschel, die sie von den Feldern holten und auf den Weg streuten. *Schl*

Majestät → Herrlichkeit 1).

Makkabäer.

1) In 1Makk 2,4 findet sich der Zuname des Judas „Makkabaeus" (von maqqaba „der Hammer" abzuleiten). Die Söhne des Priesters Mattathias aus Modëin, zu denen auch Judas gehörte, trugen charakteristische Beinamen (vgl. auch 2,66). Der eigentliche Familienname der Söhne des Mattathias war „Hasmonäer" (nach dem Ahnen Hasmonai Jos. ant. 12,265). Als im Prozeß der Hellenisierung des Volkes durch die Syrer ein Jude in Modëin auf dem heidnischen Altar ein Opfer darbringen wollte, geriet der Priester *Mattathias* in hl. Zorn und erschlug sowohl den Juden wie auch den königlichen Beamten und riß den Altar nieder 1Makk 2,15 ff. Nach dieser Tat hl. Eifers mußte er mit seinen Söhnen ins Gebirge fliehen; er wurde zum Anführer des Widerstandes gegen die Syrer. Gesetzestreue Kreise gingen deshalb zugrunde, weil sie sich am Sabbat nicht verteidigten; deshalb beschloß die Mattathias-Gruppe, auch am Sabbat den Kampf aufzunehmen 2,39-41. Nach dem Tode des Mattathias übernahm *Judas* die Führung dieser Aufständischen. In den Kämpfen gegen verschiedene syr. Führer bei Bethhoron, bei Emmaus und bei Bethzur konnte Judas Sieger werden. Entscheidend war aber, daß er nach Jerusalem zu ziehen und den Tempel zu reinigen vermochte 4,36 ff. Nach dem Tode des Antiochus Epiphanes (164 vChr) kam es zu neuen Kämpfen und Streifzügen, die bis nach Galiläa und ins Ostjordanland führten. Aber auch die Syrer machten erhebliche Anstrengungen, den Aufstand niederzuzwingen. Der neue König Antiochus V. und sein Verweser → Lysias vermochten verschiedene Erfolge zu erringen: in der Elefantenschlacht bei Bethsacharja wurde Judas geschlagen, die Festung Bethzur erobert und das befestigte Heiligtum in Jerusalem belagert 1Makk 6. Da kam es zu schweren Unruhen in Syrien selbst, und Lysias versuchte, mit den Aufständischen Frieden zu schließen.

Gesetz und Gottesdienst des jüd. Volkes wurden freigegeben, und die syr. Heeresmacht zog ab. In der Folgezeit kam es zur Spaltung zw. den Hasmonäern, die immer mehr eine völlige Beseitigung der syr. Herrschaft erstrebten, und den chassidischen Kreisen, denen es letztlich um die ungestörte Ausübung des Gesetzes ging. Judas suchte sich in die große Politik einzuschalten und schloß ein Bündnis mit Rom 1Makk 8. Streitigkeiten mit dem Hohenpriester Alkimos führten zu neuen Kämpfen mit den Syrern. Judas siegte bei Kephar-Salama und Adasa, verlor aber bei Elasa sein Leben (160 vChr). Die Freiheitskämpfer wurden zersprengt.

2) An die Stelle des Judas trat sein jüngster Bruder *Jonathan,* der sich allerdings zunächst auf den Bandenkrieg beschränken mußte. Auch der Versuch, mit den Nabatäern eine Verbindung anzuknüpfen, hatte keinen rechten Erfolg. Dagegen gelang es ihm in der Folgezeit, sich die syr. Kronstreitigkeiten und Wirren diplomatisch zunutze zu machen und so einen Erfolg nach dem anderen zu erringen. Bakchides suchte einen Ausgleich mit ihm und verzichtete auf die Fortsetzung des Kampfes. Jonathan konnte sich nun in Michmas ansiedeln und von hier aus das Volk regieren 1Makk 9,70-73. Der syr. Kronprätendent Alexander Balas machte weitere Zugeständnisse. Jonathan konnte nach Jerusalem übersiedeln, den Tempelbezirk befestigen und schließlich sogar Hoherpriester werden (152 vChr). Der Widersacher Alexanders, Demetrius II., war zwar nach seiner Thronbesteigung für Jonathan zunächst eine Gefahr, wurde aber dann durch Jonathan gewonnen und bestätigte den Hasmonäer in seinen Ämtern. Nach dem Versuch, aus den syr. Thronstreitigkeiten weiteren Gewinn zu ziehen, scheiterte Jonathan. Der Syrer Tryphon lockte Jonathan nach Ptolemais und ließ ihn dort gefangensetzen und später töten (143 vChr). Der nach Jonathan führende *Simon,* zweitältester Sohn des Mattathias, suchte nunmehr die Verbindung zu Demetrius II. wiederherzustellen und erhielt auch bedeutende Zugeständnisse. Der König gewährte Abgabefreiheit und Amnestie, genehmigte auch die von Simon schon aufgeführten Festungsbauten in der Provinz Juda. Simon machte sich daraufhin immer mehr selbständig und nahm mit Zustimmung des Volkes die Titel „großer Hoherpriester, Feldherr und Anführer der Juden" an 1Makk 13,41. Er ließ in den Urkunden nach Jahren seiner Regierung zählen (142/41 vChr). Außenpolitisch sicherte er sich dadurch, daß er die Beziehungen zu Rom und Sparta wieder aufnahm 1Makk 14,16-24. Vor allem aber gelang es ihm endlich, die Bewohner der „Akra" in Jerusalem zur Übergabe und zum Abzug zu zwingen und so die Bedrohung der Stadt zu beseitigen (141 vChr). Das Gebiet wurde neu besiedelt und in den Mauerring einbezogen. Auch nach außen wurde das jüd. Gebiet erweitert. Gazara (= Geser) und Joppe wurden angegliedert. Simon galt allg. als gerechter und wohlwollender Herrscher, der das Wohl seines Volkes förderte und ihm endlich Frieden schenkte 1Makk 14. Er konnte darum auch auf einer großen Volksversammlung beschließen lassen, daß seine Taten und Verdienste aufgezeichnet und auf ehernen Tafeln auf dem Jerusalemer Tempelberg bekanntgemacht wurden. Dabei bekannte er sich auch ausdrücklich zu den Erfolgen und Verdiensten seines Vaters und seiner Brüder 14,25-49. Auch Simon wurde noch einmal in die syr. Wirren hineingezogen. Nach der Niederringung Tryphons versuchte Antiochus VII. Sidetes, Simon zu zwingen, die eroberten Gebiete, vor allem Gazara, Joppe und die Akra, wieder herzugeben; aber dieser Versuch mißlang, und die Söhne Simons schlugen die Syrer in der Nähe von Modëin in die Flucht 16,1-10. Der letzte Sohn des Mattathias fiel einem Anschlag seines Schwiegersohnes Ptolemäus in Dok bei Jericho zum Opfer (134 vChr); aber er hatte die Regierung der hasmonäischen Familie so weit gefestigt, daß auch diese Krise überwunden werden konnte. Johannes Hyrkanus, der Sohn Simons, übernahm das Erbe des Vaters und führte die Auseinandersetzung mit den Syrern weiter.

3) Johannes Hyrkanus, der Sohn Simons, konnte sich zu Beginn seiner Herrschaft der Syrer erwehren. Antiochus VII. Sidetes schloß ihn in Jerusalem ein und belagerte die Stadt, mußte sich aber in einen Vergleich einlassen. Die eroberten Gebiete verblieben gegen eine Zahlung dem Hyrkanus; allerdings mußte er die Waffen abliefern und Geiseln stellen. In der Folgezeit ging die Ordnung des syr. Reiches immer mehr zugrunde, und in den nicht abreißenden Thronwirren gewann die Provinz Juda ihre umkämpfte Freiheit zurück. Johannes Hyrkanus führte nach verschiedenen Richtungen Kriegszüge und erweiterte den eigenen Machtbereich erheblich; dabei bediente er sich, wie schon früher David, einer angeworbenen Söldnertruppe. Er zog ins Ostjordanland (Medeba), nach Samarien (Sichem, Zerstörung des Tempels auf dem Garizim), nach Idumäa (Adora, Marissa) und wiederum gegen Samarien. Er hatte als Feldherr große Erfolge; aber die Pharisäer wurden seine Gegner, und es kam zu einem Zerwürfnis mit ihnen. Nach seinem Tode bemächtigte sich sein ältester Sohn *Aristobul* der Herrschaft und entledigte sich der ihm hinderlichen Verwandten. Im Norden legte er sich als erster den Königstitel bei und trug das königliche Diadem. Er führte in der Landschaft Ituräa Krieg und zwang ihre Bewohner, die Beschneidung anzunehmen. Nach kurzer Regierung starb Aristobul (103 vChr), und seine Gattin Salome Alexandra berief den bisher gefangenen Bruder des Königs namens Jonathan (= *Alexander Jannai)* auf den Thron. Dieser führte andauernd Kriege, geriet in die schwersten militärischen und politischen Bedrängnisse, konnte sich aber trotz allem doch behaupten. Sowohl der ägyptische König Ptolemäus Lathuros fiel vorübergehend ins Land, wie auch später der syr. König Demetrius III. Eukairos, der von den politischen Gegnern Jannais zu Hilfe gerufen war. Im Ostjordanland kam es zu schweren Zusammenstößen mit den Nabatäern, die sowohl nach Norden wie auch nach Westen vorzudringen suchten und dabei auf den Widerstand Jannais trafen. Im Ostjordanland hat der König bei der Belagerung von Ragaba sein Ende gefunden (76 vChr). Zeit seines Lebens standen die Chassidim dem verweltlichten König feindlich gegenüber. Nach dem Tode Jannais regierte *Salome Alexandra* 9 Jahre selbständig, gab aber ihrem ältesten Sohn Hyrkanus II. das hohepriesterliche Amt, das sie selbst ja nicht führen konnte. Sie machte Frieden mit der Partei der Pharisäer und erfüllte weithin deren Forderungen. Nach ihrem Tode (67 vChr) kam es zu schweren Thronstreitigkeiten zw. ihren beiden Söhnen *Hyrkanus II.* und *Aristobul;* sie wurden immer schwerwiegender und führten schließlich das Ende der hasmonäischen Herrschaft herauf. Es kam zur Einmischung der Nabatäer, die auf die Seite des Hyrkanus traten und in Judäa einfielen, aber auch der Römer, die seit 65 vChr den syr. Raum neu zu ordnen versuchten. Pompejus machte dem Seleuzidenstaat ein Ende und schickte sich an, auch den Bruderstreit in Palästina zu entscheiden. Es kam zw. ihm und Aristobul zum offenen Konflikt, und nun griff Pompejus mit harter Hand zu und belagerte Jerusalem. Die Eroberung der Stadt 63 vChr machte dem hasmonäischen Königtum ein Ende. Hyrkanus II. wurde als Hoherpriester wieder eingesetzt, Aristobul als Gefangener nach Rom gebracht. Die neue römische Ordnung bestimmte, daß die Eroberungen der Hasmonäer wieder rückgängig gemacht und nur die Gebiete dem jüd. Hohenpriester unterstellt wurden, die ein geschlossenes jüd. Siedlungsgebiet waren. Die Hasmonäerfamilie konnte sich allerdings noch eine Zeitlang halten. Versuche des Aristobul und seiner Söhne, die Regierung zurückzugewinnen, waren zwar nicht ganz erfolglos, hatten aber nur vorübergehende Bedeutung. Die Parther setzten Antigonos, den Sohn Aristobuls, zum König und Hohenpriester ein, und dieser regierte drei Jahre in Jerusalem (40-37 vChr). Das Königtum des → Herodes löste dann endgültig die hasmonäische Dynastie ab (37 vChr).

4) Der alte Freiheitskampf der Söhne des Mattathias und der mit der Zeit immer stärker erkennbare Versuch ihrer Familie, eine Dynastie im orientalisch-hellenistischen Sinn zu bilden, sind offenbar geschichtlich voneinander zu unterscheiden. Daß dieser Versuch, dem Volk Unabhängigkeit und Landbesitz zu sichern, eine Zeitlang Erfolg hatte, hängt vor allem mit dem Niedergang der hellenistischen Reiche zusammen. Die hasmonäische Herrschaft litt von Anfang an unter der Zerrissenheit der jüd. Parteien, die sich keineswegs mit diesem Versuch, die alte Regierungsform wiederherzustellen, abfinden konnten. Und doch ist es erstaunlich, welche kriegerische und politische Kraft in einzelnen Gliedern dieser Familie zum Ausdruck kommt. Die glaubensmäßige Substanz wird allerdings rasch erschöpft, und ihr Verlust führt einen schnellen Niedergang der Familie herbei. Die Hasmonäer haben in Jerusalem einen Königspalast errichtet, ebenso eine Burg mit Namen „Baris" (Josephus). Auch außerhalb der Stadt entstanden feste Plätze, die den Besitz des Landes garantierten; dazu gehören Jericho, Masada und Hyrkania in der Wüste Juda, Alexandreion im westjordanischen Bergland und Machärus im Ostjordanland. Alle diese Bauten waren aber von bescheidenem Ausmaß und wurden später durch die Bauten des Herodes weit in den Schatten gestellt. *Mi*

Makkabäerbücher. Die M. sind Schriften verschiedenen Inhalts aus der hellenistischen Epoche des Judentums. Die beiden ersten Bücher behandeln den Freiheitskampf der Makkabäer, sind also letztlich zum Ruhm der hasmonäischen Familie geschrieben, gehören aber doch nicht zusammen, sondern sind voneinander unabhängig. Das dritte M. berichtet von einer wunderbaren Errettung der Juden aus einer Verfolgung in Ägypten zZ des Ptolemäus IV. Philopator (221 bis 204 vChr) und gibt einen Einblick in die apologetische Literatur des dortigen Diasporajudentums. Das vierte M. enthält eine Predigt über die philosophische Frage, ob die Vernunft volle Herrschaft über die Triebe hat, und antwortet mit dem Hinweis auf den Heldenmut der für die Tugend Gestorbenen: Eleazar, die Mutter mit den sieben Söhnen aus der Makkabäerzeit (2Makk 6f). Auch diese Schrift gehört in die apologetische Literatur der jüd. Diaspora.

Das *erste Makkabäerbuch* behandelt die jüd. Not, aber auch die von Gott geschenkte Hilfe seit dem syr. König Antiochus IV. Epiphanes (175 vChr). Dieser Geschichtsbericht war ursprünglich hebr. abgefaßt und ist uns nur in der griech. Übersetzung erhalten. Vorbild war zunächst die ATliche Geschichtsschreibung; doch sind der späte hellenistische Einschlag und das bewußt politische Eintreten für die hasmonäische Familie nicht zu verkennen 5,62; 14,41. Abschluß des Berichtes ist die Ermordung des Hohenpriesters Simon (135 vChr) und der Regierungsantritt des Johannes Hyrkanus. Als Quelle diente dem Verfasser neben einer syr. Königschronik eine reiche jüd. Überlieferung: eine Geschichte des Judas, hohepriesterliche Jahrbücher für Jonathan und Simon, amtliche Urkunden, mündliche Nachrichten. Von großer Bedeutung sind die eingestreuten Klage- und Preislieder, die die Frömmigkeit des Verfassers widerspiegeln 2,8-13; 3,3-9; 14,6-15. Der Verfasser ist betont gesetzestreu, erkennt aber den Standpunkt der Hasmonäer in der Sabbatfrage an 2,39ff. Das Buch ist historisch nicht gleichmäßig, in vieler Hinsicht aber zuverlässig gearbeitet. Die Entstehung liegt vor 100 vChr.

Das *zweite Makkabäerbuch* behandelt ebenfalls den Stoff der Makkabäerzeit, verstärkt aber bewußt den erbaulichen, den Leser ansprechenden Zug der Geschichtsbetrachtung. Es ist nur ein Auszug aus dem größeren Geschichtswerk des Jason von Kyrene, dem ein guter Teil der Verantwortung zuzuschreiben ist 2,23ff. Der Bericht setzt mit dem Anschlag des Königs Seleukus IV. und seines Ministers Heliodor ein 3,1ff und endet mit dem Sieg des Judas über den syr. Feldherrn Nikanor 15,17-37. Judas, der Beter und Kämpfer, steht letztlich im Mittelpunkt des Interesses, an ihm hängt der Blick des Erzählers. Ebenso ausführlich werden die Anschläge und Frevel der heidnischen Könige geschildert, die das Volk bedrängen, den Tempel berauben und schänden, aber dem Strafgericht Gottes anheimfallen. Daß Gott immer wieder in der Geschichte Israels sich als Helfer und Richter bewährt, steht dem Verfasser, der in seiner Frömmigkeit strenggläubig ist und auf die Einhaltung des Sabbats selbst im Kampfe achtet 8,26; 12,38; 15,1ff, fest. Wunder Gottes werden mit besonderer Liebe geschildert 3,22-30; Martyrien gesetzestreuer Juden werden Vorbild für die spätere Zeit 6,31. Die Verehrung des Tempels tritt immer wieder heraus 10,1-9; 15,37. Verbunden mit der Leidensbereitschaft der Frommen tritt uns eine starke Auferstehungshoffnung entgegen 7,9ff; 14,46. Das Buch ist um 60 vChr abgefaßt. Es schlägt manche Brücke in die NTliche Zeit. Historisch bleibt es von Wert.

Das *dritte Makkabäerbuch* kennt ebenfalls den Typ des gottlosen Königs, der vom Gericht Gottes für seine Freveltat getroffen wird, aber nicht abläßt, Böses zu sinnen. Nach dem Sieg von Raphia kommt Ptolemäus IV. nach Jerusalem und will das Allerheiligste betreten. Auf die Bitte des frommen Hohenpriesters Simon greift Gott ein und lähmt den Eindringling. Nach Alexandrien zurückgekehrt, will der König die Juden zum Abfall bewegen und verfolgt sie, als er seinen Mißerfolg einsehen muß. Aus dieser Notlage werden sie aber von Gott immer wieder errettet. Aus Anlaß dieser Errettung wurde ein Freudenfest gefeiert, und der König bestätigt ausdrücklich in einem Schutzbrief die Tatsache des göttlichen Eingreifens. Der Stoff erinnert an das Purimfest. Das Buch gehört in das 1. vorchristl. Jh. und schildert ausdrücklich Leben und Frömmigkeit des damaligen Diasporajudentums.

Das *vierte Makkabäerbuch* hat nur äußerlich eine philosophische Form, und auch seine hellenistische Vorstellungswelt und Begriffsbildung darf nicht überschätzt werden. Sie sind zwar da und werden ausführlich entfaltet. Aber entscheidend ist doch das Anschauungsmaterial der jüd. Geschichte, in der es nicht um Philosophie, sondern um das jüd. Gesetz, nicht um Vernunft, sondern um Gesetzestreue geht. Das Märtyrerbild der vergangenen Zeit gewinnt neue Lebendigkeit. Der Tyrann, der die Gerechten tötet, wird nach göttlicher Gerechtigkeit bestraft. Die Gemordeten werden den Vätern zugesellt und empfangen unsterbliche Seelen vor Gott. Damit offenbart sich, daß diese Predigt letztlich die Gesetzestreue verherrlichen will. Sie entstammt wohl ebenfalls dem letzten vorchristl. Jh. *Mi*

Malchus, Sklave des Hohenpriesters, dem Petrus bei der Verhaftung Jesu das rechte Ohr abhieb Jo 18,10; alle Evangelisten berichten davon, aber nur Jo mit Nennung des Namens. *Kü*

Maleachi. *1)* Obwohl die Überschrift 1,1 nach dem Verständnis der späteren Zeit mit M. den *Namen* des Propheten angeben soll, handelt es sich um das Buch eines Unbekannten, das gleichlautend den mit Sach 9,1; 12,1 eingeleiteten Sammlungen die Überschrift „Ausspruch, Wort Jahwes ...“ trägt. Denn M. ist kein Eigenname, sondern bedeutet „mein Bote“ und ist 3,1 entnommen, da man den Boten Gottes, der diesem den Weg bereiten soll, mit dem Propheten, auf den das Buch M. zurückgeht, gleichgesetzt hat. Dieser Unbekannte ist anläßlich einer Dürre und Heuschreckenplage aufgetreten 3,10f. Die *Zeit* läßt sich genauer dadurch bestimmen, daß einerseits der Tempel steht, in dem Gottesdienst stattfindet, und ein (wie der hebr. Ausdruck zeigt) persischer Statthalter regiert, andererseits in Gottesdienst und Alltagsleben die Mißstände herrschen, die durch Nehemia und Esra behoben worden sind. Dies führt in die Zeit vor 450 vChr.

2) Das *Buch* M. enthält sechs Prophetenworte, die die Wechselrede mündlicher Diskussion nachahmen, indem sie zunächst Gott oder den Propheten sprechen, danach das Volk oder die Priester erwidern lassen und die Auseinandersetzung in solcher Weise mehrfach weiterführen. Drei dieser Worte enthalten Vorwürfe gegen das Volk: es glaubt nicht an Gottes Liebe, obwohl er das Gebiet des verhaßten Edom (durch die von Süden vordringenden Nabatäer) verwüstet 1,2-5; es betreibt die Ehescheidung von jüd. Frauen, um Ausländerinnen zu heiraten 2,10-16; es betrügt Gott durch die unzureichende Ablieferung des Zehnten 3,6-12. Ein weiteres Wort richtet sich gegen die Priester, die die Opfervorschriften nicht beachten 1,6-2,9. In den beiden übrigen Worten kündigt der Prophet das baldige Hereinbrechen des Gerichts an, das die daran zweifelnden Frevler treffen 2,17-3,5 und den gleichfalls zweifelnden Frommen die gerechte Vergeltung Gottes vor Augen führen wird 3,13-21. In 3,22.23f liegen zwei spätere Nachträge vor, deren letzter den „Boten“ 3,1 mit Elia gleichsetzt. → Elia 5).

3) Der M. genannte Prophet tritt in einer Umgebung auf, deren durch Haggai und Sacharja gesteigerte endzeitliche Naherwartungen nicht in Erfüllung gegangen sind und deren tiefe Enttäuschung darüber sich in Gleichgültigkeit und offenem Unglauben sowie in der Vernachlässigung des Gottesdienstes äußert, der den Mittelpunkt der sich auf lange Sicht bildenden Tempelgemeinde bildet. In dieser Lage vergewissert der Prophet die Zweifelnden der Unausweichlichkeit des kommenden Endgerichts in einer an Zephanja erinnernden Ausdrucksweise. Indem er im Unterschied von Haggai und Sacharja den Zeitpunkt des Anbruchs der Endzeit unbestimmt läßt, verkündigt er das Gericht als eine Möglichkeit, die an jedem Tage Wirklichkeit werden kann. Es gilt, sich dafür durch die Erfüllung der kultischen und sittlichen Pflichten vorzubereiten und die Gemeinde von Fremden (ausländischen Frauen) rein zu erhalten. Betritt der Prophet damit angesichts des Scheiterns der endzeitlichen Naherwartung und des Ungenügens am Kultus den bes. von Esra beschrittenen Weg zur Gesetzesfrömmigkeit, so erweist er sich in anderem als Nachfahre der großen Propheten. Er fordert zu demütiger Ehrerbietung vor dem Gott auf, der ein großer König ist und den die Völker fürchten 1, 14, dessen Name auf der ganzen Welt groß ist und dem überall reine Gabe dargebracht wird 1, 11, der alle Menschen geschaffen hat und allen ein Vater ist 2, 10. Es gilt, zu ihm aufrichtig umzukehren 3, 7 und sich die Befolgung seines Willens von Herzen angelegen sein zu lassen 2, 2, bes. hinsichtlich der Ehe 2, 14 ff. Jedoch sind diese Nachwirkungen nicht stark genug gewesen, um den Weg in die Gesetzesfrömmigkeit des Spätjudentums zu verhindern.

Lit.: H. Frey, Das Buch der Kirche in der Weltwende, Die Botschaft des AT 24, Stuttgart [4]1957; K. Elliger, Das Buch der zwölf Kleinen Propheten II, ATD 25[5], Göttingen 1964; E. Balla, Die Botschaft der Propheten, Tübingen 1958; E. Sellin - G. Fohrer, Einleitung in das AT[10], Heidelberg 1965, § 73. *Fo*

Malta, griech. Melite, die Insel, bei der das Schiff des Paulus Apg 28, 1 ff den Schiffbruch erlitt, wird das bekannte, einst von Phöniziern besiedelte (darum werden die Bewohner 28, 2. 4 „Barbaren“, „Nichtgriechen“ genannt), zuletzt von England beherrschte Malta südlich von Sizilien sein. Gegen die Gleichsetzung mit der Insel Meleda an der illyrischen Küste, unweit von Ragusa, sprechen die Angaben über den Reiseweg. Als der römische Beamte, der damals M. verwaltete, wird 28, 7 Publius genannt. Die Überlieferung hat eine Bucht im Nordwesten von M. „St.-Pauls-Bucht“ genannt. *Schl*

Malter → Maße.

Malzeichen. *1)* Bei heidnischen Völkern war es Sitte, zu religiösen Zwecken oder als Zeichen der Zugehörigkeit zu einer bestimmten Klasse von Menschen, zB Sklaven, Gefangenen, Soldaten, M. einzubrennen oder -stechen. Das war in Israel verboten 3Mose 19, 28 (2Mose 17, 16 ist zu übersetzen: „Hand ans Panier des Herrn“).

2) Die M. Jesu, die Paulus nach Gal 6, 17 an seinem Leibe trägt, sind die Spuren der Verfolgungen, die er um des Bekenntnisses zum Kreuz Christi willen erlitt Gal 6, 12. 14; 2Kor 4, 10; 11, 23 ff; Kol 1, 24, also etwas ganz anderes als „Stigmatisation“ alter und neuer Zeit; sie sind der Beweis, daß Paulus dem Herrn als sein Streiter oder Sklave gehört.

3) Der Gegensatz dazu ist in den Gesichten der Offb das M. („Eingegrabene“), das die, die dem → Antichrist angehören, in Form seines Namens oder dessen Zahl an Hand oder Stirn tragen, dessen Fehlen vom menschlichen Verkehr ausschließt, das aber von Christus scheidet Offb 13, 16 f; 14, 9. 11; 15, 2; 16, 2; 19, 20, vgl. auch 20, 4. *Pfi*

Mammon (Mamon), ein vielleicht aus dem Punischen stammendes Fremdwort, das Mt und Lk in seinem semitischen Laut in den griech. Text aufnahmen. Es bedeutet Vermögen, Besitz, Habe, vielleicht auch Gewinn, jedenfalls nicht nur Geld, sondern alles, was Geldwert hat. Ein ungerechter M., ein M. der Ungerechtigkeit Lk 16, 9 heißt der M., weil an allem Geld und Gut doch irgendwie Unredlichkeit hängt, auch, weil es den Menschen täuscht und betrügt, das in ihn gesetzte Vertrauen nicht erfüllt, Glück verspricht und doch zuletzt das Herz leer läßt.

Im AT findet sich das Wort nicht, wohl aber im Judentum, auch da schon mit der Vorstellung von etwas Mißfälligem, religiös-ethisch Tadelnswertem. Im NT kommt das Wort nur im Mund Jesu vor Mt 6, 24; Lk 16, 9. 11. 13. Er stellt dem Dienst Gottes den Dienst des M. gegenüber. Beide haben nicht nebeneinander Platz. Sind wir mit allem, was wir sind und haben, an Gott gebunden, so können wir nicht gleichzeitig an unseren irdischen Besitz gebunden sein. Sind wir Sklaven von unserem Hab und Gut, so können wir unmöglich zugleich Gott über alle Dinge lieben und auf ihn unser Vertrauen setzen.

Im Anschluß an das Gleichnis vom ungetreuen Verwalter mahnt Jesus Lk 16, 9 seine Jünger: Macht euch Freunde mit dem M. der Ungerechtigkeit! Der Verwalter im Gleichnis handelt zwar verwerflich, aber doch klug, weil er das ihm freilich nicht gehörende Gut in den Dienst seiner eigennützigen Zwecke stellt. So sollen die Jünger ihren doch immer mit Unrecht verbundenen irdischen Besitz, ob es sich um viel oder wenig handelt, in den Dienst ihrer Nächsten stellen. Mit solchem Verhalten bewährt der Jünger zugleich seine Treue in der Verwaltung des ihm von Gott anvertrauten irdischen Guts Lk 16, 11. *Fro*

Mamre. *1)* M. 1Mose 23, 17. 19; 25, 9; 35, 27; 49, 30; 50, 13 ist sicher mit der jetzigen rāmet el-chalīl (= Höhe des Freundes Gottes, nämlich Abrahams) identisch. Hier fand A. E. Mader 1926/27 bei Ausgrabungen an der Stelle des heutigen ḥaram ein rechteckiges Temenos aus herodianischer Zeit, in dessen Ostteil die Fundamente einer von Konstantin erbauten dreischiffigen Basilika aufgedeckt werden konnten. Bronze- und eisenzeitliche, d. h. kanaanitische und isr. Reste machen es sehr wahrscheinlich, daß in diesem hl. Bezirk die Terebinthen von M. (Luther: Hain M.) 1Mose 13, 18; 18, 1, vgl. auch 14, 13, gestanden haben, zumal auch die Kultlegende des Ortes 1Mose 18 voraussetzt, daß M. bereits ein vorisraelitisches Heiligtum war. — *2)* 1Mose 14,13.24 erscheint der Ort M. personifiziert als einer der amoritischen Verbündeten des Abraham. → Tafel 24. *Rü*

Man → Manna.

Manasse. *1)* Ältester *Sohn Josephs* 1Mose 46, 20, mit seinem Bruder Ephraim zusammen von Jakob adoptiert, jedoch dem jüngeren gegenüber benachteiligt 48,5ff. 14ff.

2) Der *Stamm M.*, für den 4Mose 1,35 nur 32200 Mann angibt, wächst rasch zu stattlicher Stärke heran (nach 26,29ff 52700 Mann). Sein Stammesgebiet hat er zu beiden Seiten des Jordans 32,39f; Jos 13,8; 17,1ff. Der in das waldreiche ostjordanische Gilead nördlich des Jabbok übersiedelnde Teil Jos 13,8ff. 29ff trägt den Namen von M.s Sohn → Machir. Ihm ist offenbar der im Westjordanland verbliebene Teil, der den Namen M. behielt, überlegen; aus ihm stammte Gideon Ri 1. Er besaß von Sichem an den Nordteil des samaritischen Berglands und ist im Westen, Norden und Osten von den kanaanäischen Stadtstaaten der Küstenebene, der Jesreelebene und des Jordangrabens umschlossen Jos 17,7ff.

3) König M. von Juda, Sohn des Hiskia, besteigt 12jährig den Thron und regiert 55 Jahre (696-642 vChr) 2Kö 20,21; 21,1ff. Durch seine politische Abhängigkeit von → Assyrien, dem er unter Asar-Haddon Tribut zahlt, dringt unter seiner außergewöhnlich langen Regierung der fremde Staatskult in Jerusalem ein, namentlich der babylonisch-assyrische Gestirndienst 21,3.5, daneben das Menschenopfer (Molochsdienst), Zauberei, Wahrsagerei und Mantik 21,6. Sogar ein Astartebild stellt er im Jahwetempel auf 21,3.7. Der von M.s Vater abgeschaffte Baalsdienst auf den „Höhen" lebt wieder auf 21,3. Die gegen sein Gewaltregiment aufbegehrenden Frommen sind dem Martyrium preisgegeben 21, 16 (auch Zeugentod des Jesaja?). Der 2Chr 33,11 berichtete assyrische Strafzug gegen M., dessen Wegführung und die Bekehrung des Königs zu Jahwe nach der Benadigung sind nicht historisch zu belegen. Die religiöse Restauration ist erst das Werk von M.s zweitem Nachfolger Josia 2Kö 23,4-20. Das zu den → Apokryphen gehörende, auch 2Chr 33,18 erwähnte Gebet des M. ist Dichtung aus späterer Zeit.

4) M. als Eigenname noch Esra 10,30.33; Judith 8,2. Ri 18,30 ist statt Mose in späterer Korrektur M. eingetragen, um den im Staatsheiligtum zu Dan eingeführten Kultus nicht durch die Autorität des Mose zu stützen. *Schw*

Mandel, Mandelbaum. Der M. heißt im Hebr. der „Erwachende", weil er am frühesten blüht; darum das Wortspiel in dem Gesicht Jer 1,11. Die weißen Blüten an den kahlen Ästen werden zum Bild für ein Greisenhaupt Pred 12,5. Die Früchte waren wegen ihrer Kerne geschätzt 1Mose 43,11. Wie heute noch, so schrieb man dem M.stab geheimnisvolle Kräfte zu 1Mose 30, 37 (Luther: Haselstäbe). Vielleicht hängt damit auch die Erzählung von dem blühenden und Früchte tragenden Stab Aarons 4Mose 17,23 zusammen. *Schl*

Mann. *1)* Die *Stellung* des M.es. Die Frömmigkeit des Alten Bundes und auch der Synagoge war im wesentlichen durch den M. bestimmt. Man denke an die Beschneidung. Patriarchat, Priestertum, Prophetenschaft, Rabbinat sind Erscheinungen der Männerwelt. Ja, auch Gott offenbart sich gelegentlich als M. 1Mose 32,25; Hes 40,3. Aber schon in der Umgebung Jesu gewinnt die Frau eine stärkere Bedeutung Mt 15,28; 27,55; Lk 1,28; 10,38ff; Jo 11,1ff. In der urchristl. Mission setzt sich diese Entwicklung fort Apg 16,14; 17,4; Röm 16,1.3.6. Paulus muß sich 1Kor 7 und 11 bereits mit Fragen der Über- und Unterordnung im Verhältnis des M.es zur Frau ernstlich befassen. In Korinth gehören auch Frauen zu den Pneumatikern. Sie sind genauso wie der M. am Gottesdienst beteiligt 1Kor 11,5. Der Judenchrist Paulus ruft daher die Frau zur Ordnung und sichert dem M. die Führung in der Gemeinde. Der M. ist wie Christus das „Haupt" 1Kor 11,3. Sicher ein starkes Wort!

2) In der → *Schöpfung* Gottes ist der M. zuerst aus der Hand des Schöpfers gekommen, dann das Weib. Sie heißt „Männin" 1Mose 2, 20ff; 1Kor 11,8f. Der M. ist offenbar der stärkere Teil Ps 18,33ff; Hiob 38,3, das Weib der schwächere 1Petr 3,7; 1Mose 29,10. Dem M. ist der Existenzkampf 1Mose 3,19; Ps 128,2, dem Weibe das Gebären und Aufziehen der Kinder 1Tim 2,15; Ps 128,3 als Hauptaufgabe zugewiesen. Die HS gestattet jedoch kein einseitiges Urteil: Der M. hat einen natürlichen Zug zum Weibe 1Mose 2,24f, das Weib wiederum hat ein natürliches Verlangen nach dem M. 1Mose 3,16.

3) Für die → *Ehe* bedeutet dies alles Überordordnung des M.es und Unterordnung der Frau, wobei die Verantwortung des M.es für seine Frau, und zwar vor Gott, klargestellt wird 1Kor 11,3. Auch hier meidet die HS die Einseitigkeit: Beide Teile sind fürs ganze Leben durch Gottes Gesetz aneinander gebunden Röm 7,2. Beide sind nicht ihrer selbst mächtig 1Kor 7,4. Die gläubige Schwester soll genauso wie der gläubige Bruder die Ehe aufrechterhalten, wenn der andere Teil ungläubig ist 1Kor 7,12f.

4) Allerdings, auf der höheren Ebene des *neuen Menschentums* gilt weder M. noch Weib Gal 3,28, obschon Paulus den Christus und seine Gemeinde im bräutlichen, ja ehelichen Verhältnis sieht 2Kor 11,2; Eph 5,32.

5) M. sein im Sinne des Gereiftseins finden wir 1Kor 13,11; Eph 4,13. *Luck*

Manna. *1)* Das *„Brot vom Himmel"* Ps 78,24f; 105,40, das Jahwe nach seiner Verheißung 2Mose 16,12 dem wandernden Volk auf dem Wüstenzug als Zeichen seiner Allmacht und väterlichen Fürsorge gibt 5Mose 8,3.16. Der ausführliche Bericht über das M.-Wunder 2Mose 16, 14-36 steigert aus späterer Sicht die erfahrene Hilfe Gottes zu dessen Verherrlichung ins Mirakelhafte. Vielschichtige Überlieferungen haben an der Erzählung gearbeitet.

2) Der *geschichtliche Vorgang* gründet in einer noch heute bekannten Naturerscheinung, die dem hungernden Volk in der Wüste zur Hilfe wurde. Man findet am Sinai, auch sonst in Arabien, das M.: nach Noth ATD 2. Buch Mose S.105 „ein tropfenartiges Gebilde an den Blättern des in der Wüste beheimateten Baumes bzw. Strauches der Tamariske, speziell der ‚Manna-Tamariske', das durch den Stich einer Schildlaus aus dem Sekret dieses Insekts entsteht und von den Blättern auf den Boden hinabfällt, von wo man es, wenn es in der Nachtkühle verhältnismäßig hart geworden ist, auflesen kann". Das M. liegt wie Reif auf der Erde 2Mose 16,14, gleicht Koriandersamen und Bedolachharz und schmeckt wie Honigkuchen 16,31; 4Mose 11,7 (die nur hier vorkommenden Worte machen eine nähere Bestimmung schwer). Das M. muß am Morgen gesammelt werden, da es in der Mittagsglut schmilzt. Die Araber nehmen es als Zukost zum Brot. Ob es verbacken werden kann 4Mose 11,8, ist nach seinen chemischen Eigenschaften fraglich. Den wohl arabischen Namen M. leitet die Bibel von dem Ausruf des Erstaunens ab, mit dem die Israeliten die ihnen bisher unbekannte Speise entdecken: „Man hu? Was ist das?" 2Mose 16,15. Es wird zum Gedächtnis der göttlichen Wunderhilfe in einem Krug bei der Lade Jahwes aufbewahrt 16,32ff, nach Hebr 9,4 in derselben in einem goldenen Gefäß.

3) Fragen: das durchaus nicht immer vom Volk geschätzte M. 4Mose 11,6; 21,5 soll ihm durch die ganze Zeit des Wüstenzugs als Speise gedient haben 2Mose 16,35; doch war es keineswegs seine einzige Nahrung: 3Mose 8,2.26.32; 10,12; 4Mose 7,31; 5Mose 2,6.28. Die 2Mose 16,16 angegebene Menge des gesammelten M. von 1 Gomer (etwa 2 Liter) täglich pro Kopf steht zu dem heutigen Ertrag der jährlichen Gesamternte am Sinai von 5-7 Zentnern im Widerspruch. Er ist weder durch die Annahme der Verschlechterung der dortigen Vegetationsverhältnisse noch durch die Kürzung der angegebenen Volkszahl auf etwa 6000 (→ Auszug) aufzulösen. Bestimmte Einzelzüge der Erzählung (Beschränkung auf das für jeden Tag notwendige Maß, Verderb des gesammelten Überschusses, Sammelverbot am Sabbat) machen das *Glaubensanliegen* des Berichtes erkennbar: eine sicherungslose Hingabe an Gott, ein Leben aus der Hand in den Mund, in dem sich Gott als der Alleinsorgende erweist. 5Mose 8,3 deutet in Abkehr von der eigentlich geschichtlichen Erinnerung die Gabe Gottes ins Geistliche um: der Mensch lebt nicht bloß vom irdischen Brot; vgl. 1Kor 10,3.

4) Im *NT* wird dem M. der Wüstenzeit die geistliche Speise gegenübergestellt, die in der Person des Christus und in seinem eschatologischen Mahl den Gläubigen gereicht wird Jo 6, 48-58. Das jetzt bei Gott verborgene M. wird die Gabe der künftigen Heilszeit sein Offb 2,17. *Schw*

Manoah, Vater Simsons Ri 13,2ff, aus danitischem Geschlecht, in dessen zunächst kinderloser Ehe Simson nach zwei Engelerscheinungen geboren wird. *Schw*

Mantel → Kleidung.

Maon. *1)* Ort westlich des Toten Meeres hoch auf einem Bergrücken gelegen, der den Übergang des Gebirges Juda zum Südland bildet, heute tell ma'in. Er stellte (nach Alt, Kl. Schriften II, 286) den Hauptort einer alten Kenitersiedlung und eines judäischen Verwaltungsbezirks zZ Josias dar Jos 15,55. Im Wüstengebiet von M. hielt sich David in seiner Fluchtzeit auf und hatte dabei die Begegnung mit dem Herdenbesitzer Nabal aus M. 1Sam 25,2. Wenn 1Chr 2,45 M. als Vater Beth-Zurs nennt, soll damit wohl eine Beziehung der beiden judäischen Orte ausgedrückt werden.

2) Maon oder *Mëuniter,* ein edomitischer Stamm, dessen Wohnsitz nach 2Chr 20,1.10.22f im Gebirge Seïr lag. Von dort aus beteiligten sich die Mëuniter zZ Josaphats an einem erfolglosen Kriegszug der Ostjordanier gegen Juda. Usia machte sie tributpflichtig 2Chr 26,7. 1Chr 4,41 empfiehlt es sich, „Mëunim" als „Behausungen" zu übersetzen. LXX liest „Minäer", den Namen eines südarabischen Stammes des 8. Jh. vChr, an den hier aber kaum zu denken ist. Esra 2,50 werden Mëuniter unter den Rückkehrern aus Babylon erwähnt. Heute erinnert wohl der Ort ma'an südöstlich von Petra an die Mëuniter. *Da*

Mara (= bitter). *1)* Ort in der Wüste Schur 2Mose 15,23, an dem die Israeliten nach dem Durchzug durchs Rote Meer rasten, in der Liste der Wüstenstationen 4Mose 33,8 an erster Stelle genannt. Das ungenießbar bittere Wasser der dortigen Quelle darf Mose durch Hineinlegen eines Holzes trinkbar machen 2Mose 15,25. Die Lage des drei Tagesmärsche von Ägypten entfernten Ortes ist wegen der Unsicherheit des Weges des → Auszugs aus Ägypten schwer bestimmbar. *2)* M. scheint Rt 1,20 der von bitterem Leid getroffenen Naemi (= lieblich) der rechte Name. *Schw*

Maranatha. Aramäischer Gebetsruf der palästinischen Urgemeinde, der auch in den griech. Gemeinden beibehalten wurde, 1Kor 16,22. Er kann bedeuten *1)* „Unser Herr, komm", Marana tha (vgl. Offb 22,20) oder *2)* „Unser Herr ist da", Maran atha (d. h. er ist gegenwärtig im Gottesdienst, bei der Feier des Herrenmahls). Beide Bedeutungen wurden wohl miteinander gehört, schließen sich also nicht aus. *Bie*

Mardochai, eine der Hauptpersonen im jüd. → Estherroman, will schon unter Jechonja (Jojachin) 598 deportiert worden sein und zZ des Königs Xerxes 486-465 als Pflegevater der Esther dem persischen König durch Aufdeckung einer Verschwörung das Leben retten! Mit Hilfe der zur Königin von Persien aufgerückten Esther verhindert M. drohende Judenverfolgungen, kann schließlich die Verfolger hart bestrafen und wird nach dem Großkönig der zweite Mann im Staate Persien. M. ist sicherlich eine ersonnene Heldenfigur, an der die jüd. Diaspora gerade in Verfolgungszeiten Trost und Hilfe fand. *Peu*

Marduk, Jer 50,2 Merodach, ursprünglich der Lokalgott von Babel, durch die Herrschaft Hammurabis und die Erhebung Babels zur Hauptstadt der Haupt- und Weltgott des großbabylonischen Raumes. Bei der Neujahrsfeier im M.-Tempel Esagila verlas man alljährlich das Weltschöpfungsepos als Festlegende, in dem erzählt wird, wie M. in notvoller Stunde in einer Götterversammlung zum Götterfürsten gewählt wird, wie er schließlich die Göttin Tiamat, die als Verkörperung des Salzwassers und des Meeres das Chaos über die Welt bringen will, besiegt und wie er die ersten Menschen schafft. So galt M. als der Sieger über die Mächte des Chaos und der Unterwelt. In M.s Gestalt vereinten sich allmählich die Aspekte der verschiedensten Hochgötter, indem M. zum Astralgott (Sonnengott) und zum Vegetationsgott (sterbender und auferstehender Gott) wurde und alle religiösen Gedanken Mesopotamiens in ihm zusammenkamen. Von → Hammurabi bis → Cyrus II. haben sich die Könige Babyloniens, Assyriens bis auf einige Ausnahmen, Neubabyloniens und Persiens dem M.-Kult nicht verschließen können. *Peu*

Marescha. *1)* Stadt in der Ebene Juda Jos 15,44; 2Chr 20,37; Mich 1,15, von Rehabeam befestigt 2Chr 11,8. Hier schlug Asa den Kuschiten Serach 2Chr 14,8f. Später edomitisch, wurde M., in den Makkabäerkämpfen umstritten 1Makk 5,66 (LXX: Samaria, aber s. Josephus, Altertümer 12, 353); 2Makk 12,35, von Johannes Hyrkanus erobert, durch Pompejus wieder selbständig, i. J. 40 vChr von den Parthern völlig zerstört. — Heute tell sandaḥanna 2 km südlich von bēt dschibrīn; das unmittelbar westlich gelegene chirbet mer'asch hat den alten Namen erhalten. — *2)* Die Söhne M.s erscheinen 1Chr 2,42 als eine angesehene Familie im Stamm Juda; s. auch 1Chr 4,21. *Rü*

Mari, heute tell hariri, antike Königsstadt, auf der rechten Seite des mittleren Euphrat 2,5 km vom Flußufer entfernt, nordnordwestlich des Städtchens Abu'l Kemal gelegen, war mächtiges Handelszentrum am Weg vom Persischen Golf zum Mittelmeer. Durch Parrot wurden 1935 dort 20000 Keilschrifttafeln, die sog. Maritexte, gefunden, die die Geschichte der Stadt enthüllen. M. hatte schon im frühen 3.Jt. große Bedeutung. Als Mittler zw. Ost und West hat die Stadt einst sumerische Kulturelemente nach Syrien weitergegeben und wurde zum Sprungbrett des westlichen Semitentums nach Syrien. In der 2. Hälfte des 18.Jh. vChr hat der Staat M. eine bedeutende Rolle gespielt, und seine Fäden reichten bis nach Babylonien, dem Osttigrisland und nach Elam. König Zimrilim von M., der erst nach dem Tode des M. beherrschenden Assyrerkönigs Schamschiadad die Herrschaft übernehmen konnte, wurde schließlich von Hammurabi von Babylonien geschlagen und sein Gebiet dem babylonischen Reich einverleibt. Ein großes Kunstwerk jener Zeit stellt der gewaltige Komplex des Palastes von M. dar, der nicht nur die Wohnung des Königs war, sondern zugleich als Burg, Stapelhaus, Regierungs- und Verwaltungszentrale diente. Die M.texte zeigen uns, daß es dort bei den Truppen Wahrsager gegeben hat, die Worte von diesem oder jenem Gott verkündeten – eine parallele Erscheinung zu einer gewissen Art späteren isr. Prophetentums. Einige Stämme tragen den Namen „Benjamin", ohne daß diese mit dem isr. Stamm Benjamin zusammenhängen, und deren Führer den Titel „dawidum". Der Name des isr. Königs David könnte also Berufsbezeichnung sein. Die M.texte bieten uns einen Einblick in das verschlagene politische Handeln eines Königshofes des 18.Jh. vChr. *Peu*

Maria, die Mutter Jesu.
1) M.s Herkunft. 2) M.s Jungfräulichkeit. 3) Sonstige Erwähnung M.s im NT. 4) Keine M.nverehrung.

1) Die Evangelien bringen über Herkunft, Abstammung und Jugend M.s keinerlei Angaben. Die Stammbäume Jesu bei Mt und Lk wollen die davidische Abstammung des → Joseph bezeugen. Von M. ist nur bekannt, daß sie als Jungfrau in Nazareth beheimatet und mit Joseph verlobt war Lk 1,26f, vgl. Mt 1,18. Daß dieser ebenfalls aus Nazareth stammte, ist nicht bezeugt; aber dort war später der Wohnsitz der Familie. Ungewiß ist, ob die Verwandtschaft mit → Elisabeth auf priesterliche Herkunft M.s schließen läßt Lk 1,36, vgl. 1,5.

2) Dieser verlobten Jungfrau wird im Zustand völliger Unberührtheit Lk 1,27.34 durch einen Engel die Verheißung zuteil, daß sie durch Gottes schöpferisches Tun mittelst des hl. Geistes einen Sohn empfangen wird Lk 1,31.35, vgl. Mt 1,18.20, dessen Name Jesus sein soll Lk 1,31; Mt 1,21. Die Erwähnung der Empfängnis Jesu durch den hl. Geist weist darauf hin, daß es sich um ein göttliches Schöpfungswunder handelte, das an 1Mose 1,2 erinnert. M.s Verlobter Joseph ehrt nach anfänglichem Widerstreben auf Grund einer ihm zuteil gewordenen Gottesoffenbarung gehorsam das hl. Geschehen und nimmt M. als Gemahlin zu sich, ohne sie bis zur Geburt Jesu zu berühren Mt 1, 19-25. Lk 2,1ff beschreibt den Vorgang der Geburt Jesu in völliger Natürlichkeit. Wo sonst im

NT von Jesu Kommen in diese Welt als Mensch die Rede ist (Jo 1,14.45; 6,42; Röm 1,3; Gal 4,4; Hebr 7,14), wird auf das „geboren von der Jungfrau M." nicht zurückgegriffen. So war „nach Mt und Lk dieses Geheimnis zwar bekannt, aber es wurde nicht zerredet zu einem verfügbaren Ereignis gemacht, das man durch menschliche Erinnerung und Bewahrung beherrschte" (G. Delling, Kittel WB, V, S. 834 f). Nach dem erstgeborenen Jesus gingen aus M.s Ehe mit Joseph Brüder Mt 12,46; Lk 8,19 f; Jo 2,12; 7,3.5; Apg 1,14 und Schwestern Jesu Mk 6,3; Mt 13,55 f hervor. → Brüder des Herrn.

3) Die spärlichen weiteren Angaben über M. im NT reden vor allem davon, wie Jesus von seiner Mutter Abstand nahm, wenn sie ihm am völligen Gehorsam Gott und Gottes Sendung gegenüber hinderlich wurde. Der Zwölfjährige versteht nicht, wie die Eltern ihn irgendwo anders suchen konnten als im Hause seines Vaters Lk 2,49-51. Auf der Hochzeit zu Kana weist Jesus mit fast hartem Ernst die Mutter in die Schranken, weil sie mit ihren Absichten seinen Gehorsam dem Willen Gottes gegenüber stört und in den Bereich einer ihr nötig scheinenden augenblicklichen Hilfe herabziehen will Jo 2, 3-5. Vielleicht schon Mk 3,21, jedenfalls nach dem Mk 3,31-35 Berichteten hat M. versucht, Jesus aus seinem Kampf mit Israel herauszuhalten, mußte sich aber den Vorwurf Jesu, daß nur die Täter des Willens Gottes seine wahren Verwandten seien, gefallen lassen. Ebenso hat Jesus Lk 11,27 f nicht seine Mutter M., sondern diejenigen selig gepriesen, die Gottes Wort hören und bewahren. M. hat den Sohn bis unter das Kreuz begleitet. Vom Kreuz her hat er als Sterbender für sie gesorgt und ihr den Jünger an die Seite gestellt Jo 19,25-27. Bei den Ostergeschehnissen tritt M. ganz zurück. Wir finden sie schließlich, an letzter Stelle aufgezählt, inmitten der Gemeinde in Jerusalem, die auf die Sendung des Geistes wartete Apg 1,14.

4) Die Verehrung, die die spätere Kirche der Mutter Jesu zuteil werden ließ, ist vom NT her nicht gerechtfertigt. Schon der Versuch einer Verehrung M.s ist abgewiesen Lk 11,27 f. Zwar war M. eine reichgesegnete Mutter, von Gott bes. begnadet Lk 1,28, aber ganz in die Welt der Menschlichkeit hineingestellt, in der sie sich glaubend Gott ganz ergeben und im Glauben lernen und reifen mußte. Daß M. das tat, ist das Vorbildliche an ihr. *Kü*

Maria Magdalena. Ihr Beiname weist auf ihren mutmaßlichen Heimatort Magdala (Mt 15,39) hin, das nahe bei Tiberias auf der Westseite des Sees Genezareth lag. Nach der evang. Überlieferung hatte Jesus sie von siebenfacher dämonischer Besessenheit geheilt Lk 8,2; Mk 16,9. Sie gehörte zu den treuesten Jüngerinnen, die in dankbarer Liebe zu Jesus ihm und den Zwölfen mit allerlei persönlichen Dienstleistungen behilflich waren Lk 8,1-3. Im Passionsbericht erscheint M.M. unter den Frauen, die beim Kreuz Jesu standen Jo 19,25; Mt 27,56, und ist sie eine der beiden Jüngerinnen, die nach der Grablegung Jesu dort verblieben Mt 27,61. Am Ostermorgen kam nach synoptischer Überlieferung M.M. in Begleitung anderer Frauen, das Grab zu besehen Mt 28,1 par. Das 4. Evangelium berichtet eine besondere Erscheinung des Auferstandenen vor der weinenden M.M., die er mit Namen anredet Jo 20,11-18. Auch Mk 16,9 kennt diese Einzelerscheinung. Die altkirchliche Überlieferung, die M.M. mit der „großen Sünderin" identifiziert, entbehrt NTlicher Begründung. *Kü*

Maria von Bethanien → Martha.

Mark. Das M., hebr. das Fett in den Knochen, gilt als das Beste, als die Ursache der Kraft. So wird der Familie Josephs in Gosen das Beste des Landes zugeteilt 1Mose 45,18. So malt fette, mit M. gewürzte Speise die Herrlichkeit der Heilszeit Jes 25,8. So erklärt Hiob 21,24 das Gedeihen des Gottlosen daraus, daß das M. seiner Knochen durchfeuchtet ist. Wenn nach Hebr 4,12 das Wort Gottes M. und Bein scheidet, so ist damit die Kraft des richterlichen Urteils beschrieben, das bis in das Innerste dringt und Festverbundenes trennen kann. *Schl*

Markt. Das M.wesen ist alt, auch wenn der Begriff jung ist Hes 27,12 ff; Jes 23,3. Der M. findet statt auf dem zentralen Platz einer Stadt oder eines Dorfes, der als solcher oft „M." genannt wird und auf dem sich alles öffentliche Leben abspielt, so ein Teil des → Handels, die Arbeitsvermittlung Mt 20,3, das Sich-zur-Schau-Stellen Mt 23,7, Unterhaltung und Kinderspiel Mt 11,16 f, die Rechtsverhandlung Apg 16,19 oder sonst ein Forum Apg 17,17. Ortschaften, die einen solchen Platz zu öffentlichem Verkehr und Auftreten bieten, werden darum auch kurz „M." genannt Mt 9,35; 10,11; 14,15; Mk 6,56. *Kn*

Markus, Markusevangelium.
1) Person des Evangelisten. 2) Herkunft und Absicht des Evangeliums. 3) Aufbau und Zielsetzung. 4) Inhalt und Art der Darstellung. 5) Sprache und Stil.

1) Johannes Markus entstammt einer judenchristl. Familie in Jerusalem; seine Mutter Maria besaß dort ein Haus, in dem sich die älteste Gemeinde versammelte Apg 12,12. Barnabas und Paulus nahmen ihn mit nach Antiochien, um ihn dort im missionarischen Dienst zu verwenden 12,25. Grundsätzlich gehört aber Johannes M. in den Kreis um Petrus; es liegt nahe, daß dieser ihn für das Evangelium gewonnen und getauft hat (1Petr 5,13: „mein Sohn"). Paulus erwähnt gelegentlich, daß Johannes M. ein Vetter des Barnabas war Kol 4,10. So ist es verständlich, daß er an der ersten Missionsreise des Barnabas und Paulus als Helfer teilnahm Apg 13,5. In Perge in Pamphylien trennt er sich aber von den Missionaren und kehrt nach Jerusalem zurück 13,13. Seinetwegen kommt es später zum Bruch zwischen Barnabas und Paulus, weil dieser sich weigert, Johannes M. als Begleiter auf die zweite Missionsreise mitzunehmen 15,37ff. In der Folgezeit bleibt Johannes M. in der Begleitung des Barnabas; beide brechen nach Cypern auf 15,39. Später wurde der Zwist zw. Johannes M. und Paulus offenbar beseitigt; denn der gefangene Paulus schickt ihn von Rom nach Kleinasien Kol 4,10; Phm 24. Nach Jahren bittet der in Haft befindliche Paulus den Timotheus, M. mit sich nach Rom zu bringen, da dieser ihm dort gute Dienste tun könne 2Tim 4,11. Der 1. Petrusbrief setzt ebenfalls voraus, daß M. in Rom ist und Petrus zur Seite steht 5,13. Die Nachricht, M. habe in Ägypten missioniert und sei Bischof in Alexandrien geworden (Euseb hist. eccl. II 16,1), ist schwer zu beurteilen.

2) Nach Johannes, dem Gewährsmann des Papias, hat M., der Dolmetscher des Petrus, das *zweite Evangelium* geschrieben. Er schrieb alles, woran er sich erinnerte, sorgfältig auf, freilich nicht der Reihe nach, sowohl Worte als Taten des Herrn. Der Vorwurf, der hier angedeutet ist (hist. eccl. III 39,14), wird von Papias näher erklärt: „M. hat weder den Herrn gehört noch hat er ihn begleitet; später hat er vielmehr den Petrus gehört und begleitet, welcher nach den Bedürfnissen die Lehrvorträge einrichtete, aber nicht wie einer, der eine schriftstellerische Darstellung der Reden des Herrn gibt. So hat denn Markus durchaus nicht gefehlt, indem er einiges so schrieb, wie er sich desselben erinnerte. Denn nur für eines trug er Sorge: nichts von dem, was er gehört, auszulassen oder dabei etwas zu lügen." Es liegt nahe, sich vorzustellen, daß M. die aramäischen Predigten des Petrus ins Griechische übersetzte. Irenäus betont, daß die Abfassung des Evangeliums nach dem Tode der Apostel (Petrus und Paulus) erfolgt ist (adv. haer. III 1,1). Grundsätzlich wird man den historischen Aufriß des M.evangeliums keineswegs tadelnswert finden, liegt er doch letztlich auch den anderen synoptischen Evangelien zugrunde; hat man ihn getadelt, dann wird man versucht haben, einen noch besseren (= johanneischen) Aufriß durchzusetzen, wie er andeutungsweise im vierten Evangelium vorliegt. Das bedeutet aber, daß man auf bestimmte historische Fragen in dieser Zeit Gewicht gelegt hat.

3) Der Evangelist ordnet den *Stoff* zunächst nach geographischen Gesichtspunkten: Galiläa, Wanderungen, Jerusalem, wobei diese geographische Darstellung auch zeitliche und sachliche Folgen hat. Ein grundlegender Vorbau berichtet von Johannes dem Täufer sowie der Taufe und Versuchung Jesu 1,1-13. Ein 1. Hauptteil schildert Jesu Wirksamkeit in Galiläa 1,14 bis 6,6a; es folgt ein 2. Hauptteil, der die verschiedenen Wanderungen Jesu aneinanderfügt 6,6b bis 10,52; ein 3. Hauptteil wendet sich dann dem eigentlichen Höhepunkt, Jesu Wirken, Leiden und Auferweckung in Jerusalem zu 11,1 bis 16,20. *Zweck* des Evangeliums ist also, den Verlauf der Geschichte Jesu darzustellen. Diese Aufgabe ist zunächst historisch, dann geschichtstheologisch zu verstehen. Der „Anfang des Evangeliums Jesu Christi" 1,1 sucht nach dem Ausgangspunkt der Verkündigung und findet ihn in der prophetischen Verkündigung des AT und seiner Weissagung auf den Boten Gottes. Die thematische Zielsetzung, die den Begriff „Evangelium Gottes" näher bestimmt 1,14, spricht von der heilsgeschichtlichen Vollendung der Zeit und der dringlichen Nähe der Gottesherrschaft. Diese Definition des Evangeliums will sowohl die Geschichte Jesu wie auch den Weg der Botschaft in die Völkerwelt begleiten. Die nun erzählten Geschichtsabläufe sind also nicht nur historisch, sondern auch eschatologisch zu verstehen. Der Blick des Evangeliums geht über das Geschehene hinaus auf eine Zukunft, die im Werden und Anbrechen ist. Das Evangelium ist zunächst Wort Jesu, schließt aber dann die Vorgeschichte dieses Zeugnisses ein und nimmt das apostolische Zeugnis vom Kreuz und von der Auferstehung in sich auf. Ja, die Passionsgeschichte wird zum eigentlichen Höhepunkt der Darstellung.

4) Eigentlich stehen die *Taten Jesu* im Vordergrund des Evangeliums, während sich die Worte Jesu dem Geschichtsverlauf einordnen; das gilt auch von den beiden großen Redestoffen K. 4, den Gleichnissen Jesu, und K. 13, der eschatologischen Weissagung. Die Taten Jesu sind der Erweis der heilsgeschichtlichen Vollendung, und in den Worten Jesu bereitet sich das zukünftige Geschehen vor. Sie laufen in ihrer Gültigkeit bis in die Gegenwart, ja bis zum Ende der Welt weiter. Auch die gegenwärtige Situation der Gemeinde wird in ihnen einbeschlossen; M. ist durchaus bereit, sie für die Gegenwart zu verdeutlichen. Die große Freiheit Jesu gegenüber dem Sabbatgebot, gegenüber der Überlieferung der Ältesten und gegenüber der Passahliturgie wird mit Betonung herausgestellt; der Abstand Jesu vom palästinischen Judentum wird also gesehen und anerkannt; aber dieser Abstand wird als Auseinandersetzung mit der Herzenshärtigkeit und Verstockung Israels prophetisch aufgefaßt (zwei Sammlungen von Streitgesprächen!). Das Heidenchristentum, das im Blickpunkt des Verfassers liegt, greift diesen Abstand vom Judentum wieder auf und nimmt die Scheidung zw. der Offenbarung und der Welt „draußen" aufs neue ernst 4,11f; 13,11—13. Das *„Messiasgeheimnis"* des Evangeliums ist viel diskutiert worden (W. Wrede, A. Schweitzer). Es besteht darin, daß einerseits die Taten Jesu von Anfang an messianischen Charakter haben und dieser messianische Charakter auch erkennbar ist (1,24.34; 3,11; 5,7), daß aber Jesus alles tut, um eine derartige Erkenntnis zum Schweigen zu bringen. Ein Höhepunkt einer derartigen Thematik ist das Petrusbekenntnis bei Caesarea Philippi 8,27-30. M. führt aber auf das Verhör vor dem Hohen Rat hin, wo Jesus selbst sich zur Messianität bekennt und diese in ihrer Vollmacht näher bestimmt 14,61 f. Dieser ganze Zusammenhang ist nur geschichtstheologisch zu verstehen: Gottes Offenbarung ist an eine bestimmte Geschichte gebunden und darf nicht aus ihr gelöst werden. Erst durch das Kreuz wird sie zur Proklamation für die Öffentlichkeit und die Welt. Diese Umwandlung des eschatologischen Geheimnisses in eine missionarische und forensische Proklamation darf nur durch Jesus selbst erfolgen, nicht durch einen nicht bevollmächtigten Menschen oder gar durch unreine Geister. Das ganze Evangelium ist also durch die Frage nach dem Geschichtsprozeß bestimmt. Auch der Begriff des Evangeliums selbst hängt an diesem Geschichtsprozeß. In der *Christologie* geht M. grundsätzlich von der Messianität Jesu aus, versteht sie aber als Gottessohnschaft, und legt diesem Würdenamen entscheidende Bedeutung bei 1,11; 9,7; 14,61. Die Vollmacht des „Sohnes Gottes“ wird zum eigentlichen Thema für die Heidenchristen, denen das Evangelium zugedacht ist. M. hat also großes Geschick, die judenchristliche Tradition in die Welt des Hellenismus hineinzustellen. Von besonderer Wichtigkeit ist die *eschatologische Verkündigung* in K. 13. Der Aufbau des ganzen Kapitels ist bewußt und gezielt; es handelt sich daher nicht um eine zufällige Aneinanderreihung vorgegebener Traditionen. Die Weissagung von der Zerstörung des Tempels 13,1 f ist betont an den Anfang gestellt, und man darf wohl annehmen, daß hier der Ausgangspunkt der eschatologischen Betrachtung liegt. Offenbar sind die geschichtlichen Ereignisse der Jahre 66-70 nChr im vollen Gang und sind auch teilweise schon geschehen. Die Zeloten entwickeln sich als eine auch die Gemeinde Jesu bedrängende Bewegung; messianische Bewegungen sind keineswegs selten. Für den Evangelisten ist wichtig, daß auch in dieser Situation das Evangelium sich als Verteidigung der Gemeinde und als Verkündigung für die Völker bewährt 13,10. Das ganze Kapitel ist eschatologisch, aber auch zeitgeschichtlich zu verstehen. Im *Prozeß Jesu* fällt auf, daß auf das Eingreifen des diensttuenden Hohenpriesters großes Gewicht gelegt wird 14,61-65, während Pontius Pilatus mit besonderer Vorsicht und Zurückhaltung dargestellt wird 15,1-15.42-47. M. will durchaus als *Geschichtswerk* im Sinn der jüdisch-hellenistischen Tradition verstanden werden; wie alle Evangelien hat es von Anfang an auch historische, ja biographische Interessen. Das Geschichtsbild muß sich also kontrollieren und kritisch prüfen lassen. Daß das Evangelium als Verkündigung immer im Blickpunkt des Evangelisten steht, darf nicht geleugnet werden, ist aber keineswegs vom historischen Gesichtspunkt zu isolieren.

5) M. erzählt anschaulich und konkret, steht auch in *Sprache und Stil* der hellenistischen Volkserzählung näher als die Seitenreferenten. Manche Erzählungen sind knapper, manche dagegen breit und ausführlich. Zahlreiche Semitismen verraten, daß die Muttersprache des Evangelisten aramäisch, nicht griech. ist 3,17; 5,41; 7,11.34. Das Evangelium hat aber auch eine Reihe lateinischer Wörter, hauptsächlich aus der Sprache des Militär- und Gerichtswesens 5,9; 15,15.16.39. Diese Latinismen passen zur Tradition, daß das Evangelium in Rom verfaßt ist. Daß das Evangelium letztlich Lehrvorträge des Petrus verarbeitet hat, ist historisch wahrscheinlich. Es lassen sich Beobachtungen aufzählen, die erkennen lassen, daß die Autorität des Petrus hinter dem Evangelisten steht 1,36; 3,16; 5,37. Das Evangelium schloß ursprünglich mit 16,1-8. Nach Euseb (quaest. ad Marinum I) schließen die „genauen“ Handschriften mit 16,8 und fehlen 16,9-20 „in fast allen Handschriften“. Der neue M.schluß führt die Erzählung von 16,1-8 nicht weiter, sondern gibt eine Aufzählung der Erscheinungen des Auferstandenen. Auch Sprache und Stil weichen von dem des M. ab. Dazu tritt dann noch ein weiterer Schluß aus zwei Sätzen, der ursprünglich allein stand. Warum der Text mit 16,8 abbricht, ist bis auf den heutigen Tag ungeklärt. Daß der Text aufgefüllt werden sollte, ist offenbar verbreitetes kirchliches Empfinden gewesen.

Lit.: E. Klostermann in Lietzmanns Handbuch zum NT, [4]1950; W. Grundmann, Das Evangelium nach Markus, ThHK [2]1962; A. Schlatter, Markus, der Evangelist für die Griechen, 1935; J. Schniewind im NT Deutsch, [8]1958; E. Lohmeyer bei Meyer, [14]1957, Ergänzungsheft von G. Sass, [2]1963; W. Marxsen, Der Evangelist Markus, 1956; J. Bowman, The Gospel of Mark, 1965; J. M. Robinson, Das Geschichtsverständnis des Markusevangeliums, 1956; H. Riesenfeld, Tradition und Redaktion im Markusevangelium, BZNW 21, 1954, S. 157-164; A. Kuby, Zur Konzeption des Markus, ZNW 49, 1958, S. 52-64; J. Schreiber, Die Christologie des Markus, ZThK 58, 1961, S. 154 bis 183; S. Schulz, Markus und das Alte Testament, ZThK 58, 1961, S. 184-197; E. Schweizer, Anmerkungen zur Theologie des Markus, Festschrift für O. Cullmann 1962, S. 35 bis 46; ders., Marks contribution to the quest of the historical Jesus, NTSt 10, 1963/64, S. 21-224; ders., Die theologische Leistung des Markus, EvTh 24, 1964, S. 337 bis 355; Ph. Vielhauer, Erwägungen zur Christologie des Markus, Festschrift für R. Bultmann „Zeit und Geschichte“ 1964, S. 155-169; G. Strecker, Zur Messiasgeheimnistheorie im Markusevangelium, TU 88, 1964. *Mi*

Martha (Herrin) ist nach Lk 10,38-42 Schwester der Maria, nach Jo 11 auch des → Lazarus von Bethanien, vgl. Jo 12,2. „Stärke und Innigkeit der Liebe verband das Haus in Bethanien mit Jesus“ (A. Schlatter, Der Evangelist Johannes, S. 246). Die eifrig besorgte M., nach Lk 10,38 offenbar die Hausherrin, muß lernen, daß Jesus von denen, in deren Haus er einkehrt, nicht Bedienung und Bewirtung, sondern ein offenes Ohr für sein Wort erwartet. Am Grabe ihres Bruders heißt Jesus sie glauben und ihn als Geber des Lebens und als Offenbarer der Herrlichkeit Gottes erkennen. *Kü*

Masada, ein vorspringender Felsrücken am Abfall des Gebirges Juda zum Toten Meer, heute es-sebbe, südlich von ʿēn-dschidi (→ Engedi), in den Makkabäerkämpfen befestigt, von Herodes stark ausgebaut, nach dem Aufstand gegen Rom (66-70 nChr) von einer todentschlossenen Schar unter El'asar als letzte Burg bis 73 nChr zäh verteidigt; als sich die Römer über einen künstlichen Wall herangearbeitet hatten, fanden sie in der Burg nur noch Tote vor. Israelische Archäologen (unter Yigael Yadin) machten in Masada bedeutsame Funde. Abb. → Tafel 30. *Schl*

Masora, Masoreten.

Masora (hebr.) bedeutet Überlieferung des ATlichen Textes. Die einst daran tätigen jüd. Gelehrten heißen im wissenschaftlichen Sprachgebrauch Masoreten.

1) Die Überlieferungsarbeit am handschriftlichen hebr. Text wird zunächst von den Schreibern geleistet, für die feste *Schreibregeln* bestanden wie bei allen antiken Schreibern. Da es sich um einen hl. inspirierten Text handelt, werden die Wörter und Buchstaben der einzelnen Bücher ausgezählt. Schon die vollständige Jesajarolle vom Toten Meer (1Q Jes^a^) zeigt das Wissen um die Mitte des Buches (etwa 2. Jh. vChr). Der nachtalmudische Traktat der Schreiber (Sōph^e^rīm) enthält eine Sammlung der einzelnen Regeln (→ Talmud).

2) Da der hebr. Text nur die Konsonanten schreibt, konnte die *Aussprache* lediglich mündlich tradiert werden. Vom 5. Jh. nChr an bemühten sich jüd. Gelehrte der östlichen Diaspora in *Babylonien* um eine Festlegung der Aussprache durch Angabe der zu sprechenden *Vokale* mit Hilfe bestimmter unterscheidender Zeichen über den Konsonanten. Ebenso fügten sie bestimmte Akzente hinzu.

3) In *Palästina* entwickelte sich ein weiteres Vokalisationssystem in Anlehnung an die Punktation syr. Texte. Es ist in einigen Resten von Handschriften des 6.-9. Jh. erhalten.

4) Die unter 2) u. 3) genannte masoretische Arbeit wurde abgelöst und systematisch verdrängt durch die Arbeit der *Masoreten in Tiberias* in Palästina, die ein großartig durchdachtes, systematisches Punktationssystem einführten mit gelegentlichen Inkonsequenzen, um die ihnen überlieferte Aussprache des Hebräischen zu erhalten. Auch hier treten neben die *Vokale* die *Akzentzeichen.* Geistesgeschichtlich mag diese Überlieferungsarbeit durch den genauen Koranvortrag der Mohammedaner sowie durch die Bewegung der jüd. Karäer, die allein die Bibel als Autorität gelten ließ, veranlaßt worden sein. Zwei Gelehrtenfamilien Ben Ascher und Ben Naphtali sind aus diesem Kreis bekannt. Sie und ihre Nachkommen haben hervorragenden Anteil an dieser bedeutungsvollen Arbeit. Da diese Masoretenfamilien in Einzelheiten der Punktation voneinander abweichen, lassen sich die von ihnen ausgehenden Handschriften klassifizieren. Die späteren Handschriften des Mittelalters zeigen eine Vermischung beider Textarten, den sog. Textus receptus, der in die Druckausgaben übergegangen ist. Der der masoretischen Arbeit zugrunde liegende Text ist etwa um 100 nChr wohl unter Benützung einer älteren Textform, die sich unter den Handschriftenfragmenten vom Toten Meer nachweisen läßt, von den jüd. Gelehrten zu Jamnia (Jabne) an der südpalästinischen Küste zum Standardtext erhoben worden. Seine einhellige Überlieferung, abgesehen von geringfügigen innermasoretischen Varianten, ist das Ergebnis dieser großen geistigen, am ATlichen Text geleisteten Arbeit. *Ba*

Massa. *1)* Ismaelitischer Araberstamm 1Mose 25,14; 1Chr 1,30; Spr 30,1; 31,1, von dem Tiglat-Pileser III. 732 vChr Tribut empfing. — *2)* („Versuchung") Neben → Meriba 2Mose 17,7; Ps 95,8 und den Wassern von Meriba 5Mose 33,8 genannter Ort in der Wüste, an dem die Israeliten Gott versuchten 5Mose 6,16; 9,22; vielleicht im Gebiet der Oase von → Kadesch 1) gelegen. *Rü*

Maße.

1) Längenmaße. 2) Flächenmaße. 3) Hohlmaße.

1) Als *Längenmaß* dienten im Altertum zunächst die Glieder des Körpers, vor allem die Elle, der Vorderarm vom Ellbogen bis zur Spitze des Mittelfingers; dabei unterschied man die gewöhnliche Elle, etwa 46 cm, und die eine Handbreit größere „alte" oder königliche Elle, etwa 52 cm, 2Chr 3,3; Hes 40,5. Die Elle teilte man in zwei Spannen (die Spannweite der Hand) 2Mose 28,16; 1Sam 17,4, die Spanne in drei Handbreiten 2Mose 25,25; 1Kö 7,26; Ps 39,6, die Handbreite in vier Fingerbreiten Jer 52,21. Nach Hes 40,5 waren sechs Ellen eine Rute, im größeren M. etwas über 3 m. Als Wegmaß dienten der Schritt 2Sam 6,13, der Steinwurf Lk 22, 41, der Bogenschuß 1Mose 21,16, die Tagereise 1Mose 30,36. Im NT sind genannt das griech. Stadion Lk 24,13, 185 m, die römische Meile Mt 5,1, = 8 Stadien, etwa 1½ km, und der jüd. Sabbatweg Apg 1,12, die für den Sabbat erlaubte Wegstrecke, etwa 1 km, wie sie auf Grund von 2Mose 16,29 aus der Entfernung der Stiftshütte vom Ende des Lagers errechnet war. Das Klafter Apg 27,28 maß 180 cm. → Meßschnur.

2) Flächenmaße sind im AT selten genannt. Die Breite des Grabens um Elias Altar wird 1Kö 18,32 nach zwei Kornmaß Aussaat berechnet, als eine Fläche, auf der zwei Sea Korn gesät werden können. Eine „Hufe" 1Sam 14,14 ist eine Ackerfläche, die ein Gespann in einem Arbeitstag bewältigt. Das gleiche Wort wäre Jes 5,10 (Luther: Acker, jetzt: Morgen), da es sich um einen Weinberg handelt, etwa mit Juchart wiederzugeben.

3) Für die *Hohlmaße* war in Israel das babylonische, auf die Zahl 6 aufgebaute System üblich. Das größte M. für *trockene Dinge,* etwa 393 kg, war der Homer (eine „Eselslast") 3Mose 27,16; 4Mose 11,32; Hes 45,13; Jes 5,10 (Luther: Malter), Hos 3,2 (Luther: Scheffel) oder mit jüngerer Bezeichnung das Kor 1Kö 5,2.25; 2Chr 2,9; Esra 7,22; Lk 16,7 (Luther: Scheffel); anscheinend wurden diese M. auch für Flüssigkeiten benützt 1Kö 5,25; Hes 45,11.14. Nach Hos 3,2 war der Letech ein halber Homer. Das am häufigsten genannte M. für trockene Dinge war das Epha, der 10.Teil des Homer, also etwa 39 kg, Ri 6,19; Hes 45,11; Jes 5,10 (Luther: Scheffel). Ein Drittel eines Epha war das Sea, etwa 13 kg, 1Mose 18,6 (Luther: Maß). Der 10.Teil des Epha war das Gomer 2Mose 16,16. 36, nicht ganz 4 kg. Eine andere Bezeichnung dafür scheint das „Zehntel“ (Issaron) zu sein, das in der priesterlichen Quellenschrift des Pentateuch genannt wird 2Mose 29,40 u.a.m. Der 6.Teil eines Sea war das Kab, etwas mehr als 2 kg, 2Kö 6,25. — Für *Flüssigkeiten* war das gewöhnliche M., dem Epha entsprechend, das Bat, etwa 39 l, 1Kö 7,26; Jes 5,10 (Luther: Eimer), Hes 45,11. Der 6.Teil des Bat war das Hin, etwa 6,6 l, 2Mose 29,40. Der 12.Teil des Hin war das Log, etwa 1/2 l, 3Mose 14,10. Übrigens ergeben sich aus rabbinischen Quellen für den Rauminhalt dieser Hohlmaße niedrigere Zahlen; danach hätten das Epha und das Bat etwa 20 l gehabt. Die Bibelrevision 1964 wollte auf die von Luther übernommenen hebr. Bezeichnungen verzichten und setzte dafür deutsche Ausdrücke, für den Homer und das Kor Sack, Faß, 10 Scheffel oder 10 Eimer, für das Epha Scheffel, für das Sea Maß, für Gomer und Issaron Krug; bei Flüssigkeiten für das Bat Eimer, für das Hin Kanne, für das Log Becher; der Letech wurde in Scheffel umgerechnet, ein viertel Kab durch „eine Handvoll“ umschrieben. — Im *NT* begegnen uns fünf Bezeichnungen für Hohlmaße: Dem Sea entspricht der römische Modius Mt 5,15 und das Saton (gräzisierte Form des Sea) Mt 13,33 (Luther beidemal: Scheffel). Dem größeren M., dem Bat, entsprechen die Tonne Lk 16,6 (griech. Batos) und der Eimer Jo 2,6 (griech. Metrētēs). Als größtes M. ist das Kor Lk 16,7 genannt (Luther: Scheffel). Außerdem nennt Offb 6,6 als M. den Choinix (Luther: Pfund). → Gewichte. *Schl*

	für Trockenes	für Flüssiges	im NT	kg oder l (ungefähr)
	Homer, Kor	Kor	Kor	393
1/2 Kor	Letech			196
1/10 Kor	Epha	Bat	Metretes, Batos	39
1/3 Epha	Sea		Modius, Saton	13
1/6 Bat		Hin		6,6
1/10 Epha	Gomer, Issaron			3,9
1/6 Sea		Kab		2,2
1/12 Hin		Log		1/2

Massebe.

1) Begriffsbestimmung. 2) Herkunft und Verwendung in Israel. 3) Archäologische Funde.

1) Im *AT* versteht man unter einer M. einen aufgerichteten, meist unbehauenen und im Unterschied von der gewöhnlich beschrifteten oder bebilderten Stele einen inschriften- und bildlosen Stein (Luther: Mal).

2) Durch solche Steine ländliche Heiligtümer zu kennzeichnen, ist aus ältester Zeit bes. für den kanaanäisch-phönizischen Kultkreis bezeugt.

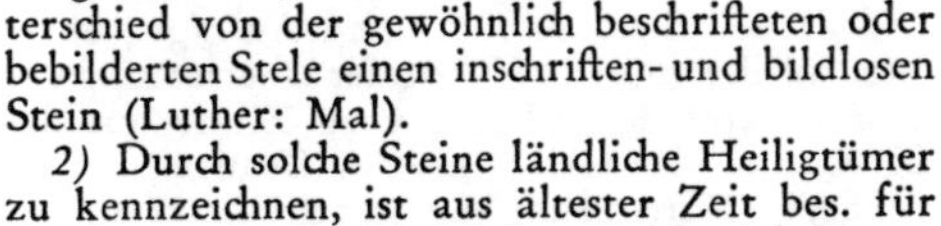

Die Masseben von Geser

Eine auffallende Pfeiler-Reihe auf einem etwa 30 m langen gepflasterten Platz. Nur acht von ihnen sind noch unversehrt; andere sind abgebrochen. Sie sind verschieden groß und dick; der erste ist so mächtig, daß drei Männer ihn kaum umspannen können. Zwischen dem 5. und 6. Pfeiler war in dem trogartigen Stein wohl eine große Steinsäule mit Falz eingesetzt. Ob es sich bei dieser Steinreihe um Grab-M. der Fürsten von Geser handelt (in der Nähe ist eine große Grabanlage) oder um Denksteine dieser Fürsten (wie bei einer ähnlichen Anlage in Assur), ist umstritten.

Dabei ist sowohl daran gedacht, daß der Stein *Sitz* der Lokalgottheit ist (vgl. 1Mose 28,22), als auch daran, daß das Numen seine Kraft auf den hl. Stein überträgt, wodurch er selbst zum *Kraftträger* wird. Die Riten der Trankspende und des Salbens der M.n 1Mose 28,18; 35,14 sind darum ursprünglich nicht nur unter dem Gedanken des Opfers, sondern auch der Vermehrung der Heiligkeitskraft zu sehen. Die M. kann auch als *Grenzstein* dienen 1Mose 31,45. 51; Jes 19,19. Dann repräsentiert sie die Gottheit, die als Hüterin der hl. Grenze gedacht ist. In den kultischen Bereich hinein gehört ebenfalls die *Grab-M.*, die man sich in alter Zeit als oberirdische Wohnstätte des Geistes eines Verstorbenen vorstellte 1Mose 35,20; 2Sam 18,18. Bei der Übernahme der M.n in den *Jahwekult* wurden all diese Vorstellungen aufgenommen, nun aber zu Jahwe in Beziehung gesetzt und dadurch ihres magisch-mystischen Verständnisses wesentlich beraubt. Die M. wurde zum Symbol der Nähe Jahwes. Ihre häufige Verwendung als Kultinventar bei den isr. → *Höhenheiligtümern* wird von daher verständlich 1Kö 14,23. Gleichzeitig setzt sich eine andere vergeistigte Vorstellung durch. Die M.n werden zu *Erinnerungssteinen* an besondere *Jahweoffenbarungen*

1Mose 28, 18; 35, 14; 2Mose 24, 4. Vgl. auch Jos 4, 1 ff und 1Sam 7, 12, wo der Stein nicht massēbā, sondern 'eben genannt wird. Dessen ungeachtet blieb für die Masse des isr. Volkes die *Gefahr* groß, die M.n im kanaanäischen Sinn und damit Jahwe als ortsgebundenen Naturgott mißzuverstehen. Die deuteronomische Kultreform hat darum die bis dahin als legitim geltenden M.n als heidnisch gebrandmarkt und unter Verdikt gestellt.

3) Die *Ausgrabungen* in Palästina haben zahlreiche M.n zutage gefördert. Neben einer niedrigen M. in der Tempelanlage Thutmoses III. zu Beth-schean, den M.n des Tempels zu Sichem und den Grab-M.n von Beth-schemesch und Petra sind die Steinpfeilerreihe von → Geser und die M.n von → Hazor (→ Tafel 11) bes. bekannt geworden. *Ste*

Massoth (= ungesäuerte Brote), Name des ersten der drei isr. *Wallfahrtsfeste* (→ Feste) 2Mose 23, 14. Ursprünglich ein *Naturfest*, das zu Beginn der *Gerstenernte* sieben Tage lang gefeiert wurde, wobei man, um jede Vermischung mit der alten Ernte fernzuhalten, nur ungesäuerte Mazzen essen durfte 2Mose 23, 15, wurde es im Lauf eines längeren Verschmelzungsprozesses mit dem → *Passa* verbunden und erhielt durch Verknüpfung mit dessen Festlegende (Auszug aus Ägypten) eine *heilsgeschichtliche Motivierung* 5Mose 16,3. Festbrauch: Weihung einer Erstlingsgarbe 3Mose 23,10. *Ste*

Mastixharz, das Harz des der Terebinthe verwandten Mastixbaums, wurde bes. in dem waldreichen Gilead gewonnen und von dort ausgeführt 1Mose 37, 25; 43, 11; Hes 27, 17 (hier auch Luther: Mastix) und war zur Heilung von Wunden geschätzt Jer 8, 22; 46, 11; 51, 8. *Schl*

Mattanja, der ursprüngliche Name → Zedekias 2Kö 24, 17. *(Schl)*

Mattathias → Makkabäer.

Matthäus, Matthäusevangelium.
1) Der Evangelist und sein Werk. 2) Der Wille des Evangelisten. 3) Das Sondergut. 4) Die Gestaltung der Tradition.

1) Matthäus, der Zöllner, wird im ersten Evangelium in 9, 9; 10, 3 genannt; der Name geht auf das aramäische Mattai bzw. das hebr. Mattanja (= Geschenk Gottes) zurück. Eigenartig ist, daß an der gleichen Stelle im Markusevangelium „Levi, der Sohn des Alphäus," auftaucht (2, 14). Vielleicht hat sich in der christl. Gemeinde der besondere Name „Matthäus" durchgesetzt; vielleicht war „Levi" nur ein Hinweis auf eine levitische Abstammung des Apostels. Über den späteren Lebensweg des Apostels haben sich nur wenige und unsichere Nachrichten erhalten. Nach einer Nachricht des Papias (Euseb hist. eccl. III 39, 16) hat M. in hebr. Sprache die Worte Jesu zusammengestellt, übersetzt hat sie dagegen jeder, so gut er konnte. Unser heutiges M.evangelium kann deshalb nicht gut gemeint sein, weil in ihm die Worte Jesu nicht zusammengestellt, sondern in einen Geschichtsbericht eingeordnet sind. Außerdem setzt es griech. Vorlagen der Reden- und Geschichtsquelle voraus, stammt also aus einem späteren Entwicklungsprozeß. Allerdings halten die späteren kirchengeschichtlichen Nachrichten mit Betonung fest, daß der Apostel den Hebräern in ihrer Sprache eine Evangelienschrift geschenkt habe (Irenäus, Origenes, Euseb). Vielfach nimmt man an, daß die Redequelle, die im ersten und dritten Evangelium verarbeitet wurde, auf M. zurückzuführen ist, daß aber unser Evangelium aus seiner Schule stammt. Überhaupt ist der Begriff der „Schule" zum Verständnis für die Herstellung des ersten Evangeliums lehrreich. Das Schwergewicht liegt in der katechetischen Unterweisung. Man könnte entsprechend der Fünfgliederung der Thora eine *Fünfgliederung der Reden Jesu* (= halachitischer Stoff) wiederfinden. Vorgeschichte: K. 1-2. Teil I: Erzählungsstoff 3, 1-4, 25; Bergpredigt 5, 1-7, 27. Teil II: Erzählungsstoff 8, 1-9, 34; Aussendungsrede und Leidensweissagung 9, 35-10, 42. Teil III: Erzählungsstoff 11, 2-12, 50; Gleichnisrede 13, 1-52. Teil IV: Erzählungsstoff 13, 53-17, 20; Gemeinderede 17, 22-18, 35. Teil V: Erzählungsstoff 19, 1-22, 46; eschatologische Rede 23, 1-25, 46. Abschluß: Leidensgeschichte und Auferweckung Jesu 26, 1-28, 20. Vor allem aber fällt die *Eigenart des Schriftbeweises* auf, der gerade im ersten Evangelium eine besondere Rolle spielt: er hat eine freiere Schriftbehandlung zur Voraussetzung, die mit der Pescher-Methode (eschatologische Erfüllung exegetischer Geheimnisse) des Judentums (vor allem der Qumranschriften) gewisse Berührung hat.

2) Die Leser des Evangeliums sind offenbar Diasporajuden, denen man jüd. Sitten und Bräuche nicht erklären muß, denen aber hebr. und aramäische Ausdrücke und Aussagen übersetzt werden müssen. Neben der Übersetzung des hebr. Textes des AT begegnen Zitate aus der LXX, und das Griechisch des Evangelisten ist gepflegt (Wortspiele). Man hat die Leser im syr. oder ägypt. Raum gesucht. Zweck des Evangeliums ist der Nachweis, daß Jesus der im AT verheißene Messias und Davidssohn ist, daß er aber von Anfang an verfolgt und von den Führern des Volkes verstoßen wurde, daß das Ärgernis, das man an ihm nahm, durch Kreuz und Auferweckung nicht geringer, sondern um so stärker wurde, daß aber das Evangelium sich trotz dieser Ablehnung durchgesetzt hat. Das Judentum, das seinen Messias verworfen hat, tritt unter das bleibende göttliche Gericht: die Gottesherrschaft wird von ihm genommen 21, 43; das Blut Jesu wird von ihm und seinen Kindern gefordert 27, 25. Das ganze Evangelium hat den Ton der *Anklage gegen das offizielle Judentum Palästinas:* die Pharisäer und Schriftgelehrten, die Hohenpriester und Ältesten stehen im Gegensatz zur messianischen Gerechtigkeit; sie werden zu Heuchlern und Verleumdern, zu Verfolgern und Mördern der Gerechten. Die alten polemischen Schemata, die von der Wüstenüberlieferung, Apokalyptik, Qumran gegen die führenden Schichten in Jerusalem angewandt wurden, werden aufs neue lebendig und im Namen Jesu weitergegeben. Der Evangelist kennt die nationale Katastrophe des Jahres 70 nChr 22,7, wohl auch die Scheidung der christl. Sondersynagoge vom Judentum und die Errichtung eines christl. „Rabbinats" neben dem jüd. 16, 17-20; 23,8-12. Und doch bleibt das Evangelium ein ständiger *Bußruf an das gesamte Judentum:* es will die Frömmigkeit reinigen, das Gesetz vollenden, die Gerechtigkeit vollständig machen. Die neue christl. Synagoge bewahrt also die Wahrheit und Wirklichkeit des Alten Bundes: der Evangelist kennt die „Gesetzlosen", die das AT auflösen, die Geistträger, die sich zur Messianität Jesu bekennen, aber nicht den Willen des Vaters tun, aber er trennt sich mit scharfen Worten von diesen in der christl. Gemeinde auftretenden Tendenzen 5,17-20; 7,21-23. Das neue Schriftgelehrtentum hat also die gleiche Aufgabe wie der alte Prophetismus, sich von falschen Geistesbewegungen zu trennen. Der Heilsweg des Evangeliums geht ebenfalls durch eine Wandlung hindurch: In der Aussendungsrede verlangt Jesus ausdrücklich die Beschränkung auf die verlorenen Schafe des Hauses Israel 10,6; 15,24; ausgeschlossen wird der Weg zu den Heiden und das Betreten einer samaritischen Stadt. Jesu Anweisungen, sich im Dienst zu beschränken, werden für die judenchristl. Tradition, die der Evangelist übernimmt, zum Beweis für das Werben Jesu ausschließlich um Israel, seiner Treue gegenüber dem Gesetz und der betonten Heiligkeit des Evangeliums. Mit der Auferweckung und Einsetzung Jesu zum Menschensohn beginnt ein neues Stadium in der Heilsgeschichte: jetzt setzt die Belehrung aller Völker, die Taufe auf den dreieinigen Gottesnamen und ein neuer Gehorsam gegen die Gebote Jesu ein 28,16-20. Der Erhöhte bleibt bei seinen Jüngern auf allen Wegen, geht also mit ihnen in die Fremde und verspricht seinen Beistand bis zum Ende der Tage. Mit diesem Höhepunkt und Abschluß entläßt der Evangelist seinen Leser: er weiß zwar, daß die Zukunft des Menschensohnes bevorsteht und die Gemeinde ebenso zum Warten und Hoffen bereit sein muß wie das alte Israel; aber er ist willens, jede Verzögerung hinzunehmen 25,5. Die Zeitlinie kann sich durchaus verlängern, ohne daß die Bereitschaft der Gemeinde erlahmen darf.

3) Ein eigenes Problem liegt in der Frage nach dem *Sondergut des Evangelisten.* Es ist durch das ganze Evangelium hindurch eingestreut, spielt aber vor allem in der Vorgeschichte und im Abschluß der Leidensgeschichte eine besondere Rolle. Es handelt sich offenbar um eine Schicht, die alle möglichen Stoffe umfaßte, vielleicht auch bisher nur eine mündliche Formung erfahren hatte. Obwohl durchweg altes Material verarbeitet ist, fällt die stark theol. Durcharbeitung, oft auch eine bewußt apologetische Zielsetzung auf. Das Sondergut dürfte typisch palästinisch sein, gelegentlich seine aramäischen Grundlagen verraten. In seiner jetzigen Fassung ist aber dieser Stoff überall angegliedert worden, also nicht älter als die anderen Schichten und Quellen. Immerhin hat unser Evangelist gerade dies Sondergut geliebt und als für das Evangelium wichtig angesehen. Gerade die durchreflektierte, apologetische Ausrichtung entspricht durchaus der eigentlichen Tendenz des Ganzen. Man könnte aus der Art dieses Sonderguts schließen, daß unser Evangelist den Abschluß der ganzen synoptischen Entwicklung darstellt. Die Seligpreisung des Simon Petrus 16,17-20 und die Anordnungen für die Gemeinde 18,15-20 gehören in diesen Zusammenhang. An beiden Stellen wird von der Gemeinde geredet, und zwar handelt es sich um eine Vorstellung und Ordnung, die typisch palästinisch und judenchristlich ist. Simon Petrus, der bes. im Interesse des Sonderguts steht, ist der Fels, auf den die Gemeinde Jesu gebaut werden soll. Er erscheint hier wie der eigentliche Nachfolger Jesu, wie ein bevollmächtigter Leiter einer Sondersynagoge. Auch die Anweisungen setzen eine Sondersynagoge voraus, die den Kampf gegen die Sünde zum besonderen Merkmal hat; dieser Zug stammt aus einer qumranähnlichen Zeit des Judenchristentums und darf nicht mit dem späteren Stand der Kirche verwechselt werden, in dem sich der Evangelist vorfindet. Der Prozeß der Scheidung zw. Urgemeinde und Synagoge ist zZ der Abfassung des Evangeliums weiter vorgeschritten, und der Evangelist schaut auf eine Entwicklung zurück, die zum Abschluß gekommen ist.

4) Der Evangelist hat eine reiche *Tradition* nicht nur gesammelt, sondern bewußt *durchgestaltet.* Ihm kam es darauf an, dem ausgesuchten Stoff eine gut ausgeglichene Form zu geben, ihn aber auch als Verkündigung und Lehre vor die gegenwärtige Gemeinde zu stellen. Man hat, um ihn besser zu verstehen, auf sein eigenes Zeugnis verwiesen, daß es die Aufgabe jedes Schriftgelehrten, der für das Himmelreich gelehrt sei, sein müsse, aus seinem Schatz Neues und Altes hervorzuholen 13,52. Der Begriff der „Himmelsherrschaft" ist für den Evangelisten zentral: um ihn geht es sowohl beim Täufer wie auch bei Jesus selbst 3,2; 4,17. Schließt der jüd. Schriftgelehrte die Himmelsherrschaft vor den Menschen zu 23,13, so ist es die Aufgabe des urchristlichen, zu öffnen und zu offenbaren. Beides gehört zusammen: das Neue und das Alte, aber der Evangelist weiß durchaus, daß beides zu unterscheiden ist. Der Evangelist hat die Tradition keineswegs unqualifiziert übernommen. Die Erwählung und Segnung des Armen, Niedrigen, Verfolgten durch Gott war ihm Anlaß, sich von der Überheblichkeit und Ehrsucht des jüd. Rabbinats zu trennen und ein christl. Schriftgelehrtentum aufzurichten. In der Botschaft Jesu sah er die vollkommene Gerechtigkeit, die Erfüllung des Gesetzes und der Propheten, den ungeteilten Gehorsam. Hier war das neue Israel zu finden, das Gott schuf. Der Weg zu den Heiden war für den Evangelisten selbstverständlich und kein Problem; er hat ihn bejaht und als Folge des Gerichtes an Israel zu begreifen versucht. Der Abschluß des Evangeliums in Mt 28, 16-20 ordnet den Stoff in die frühkatholische Kirche ein. Es erhebt sich die Frage, ob die Tauftradition in 28, 19b eingesprengt ist: in diesem Fall würde das missionarische „zum Jünger machen" durch das Weitergeben der Gebote Jesu aufgenommen werden (H. Kosmala). Die dreifach gegliederte Tauf formel hat eine bedeutsame Funktion: sie ordnet das Evangelium in die Entwicklung der nachapostolischen Zeit und der Völkerkirche ein. Damit sind die vergangenen Perioden der Heilsgeschichte abgeschlossen: die Sendung an die Völker ersetzt die frühere Berufung des Volkes Israel. Matthäus geht also von der theol. Ersatzlösung aus: statt Israel die Völker (21, 41; 22, 7). Aus dem Geschichtsbuch des Markus wird jetzt die Verkündigungs- und Lehrgeschichte des Matthäus.

Lit.: A. Schlatter, Der Evangelist Matthäus, [5]1959; A. Schlatter, Die Kirche des Matthäus, BFchrTh. 1929; E. Klostermann, Das Matthäusevangelium, [3]1938; B. W. Bacon, Studies in Matthew, 1930; G. D. Kilpatrick, The Origins of the gospel according, to St. Matthew, 1946; K. Stendahl, The school of St. Matthew, 1954; F. Lohmeyer, Das Evangelium des Matthäus, 1956; G. Bornkamm - G. Barth - H. J. Held, Überlieferung und Auslegung im Matthäus-Evangelium, 1960; P. Gaechter, Das Matthäus-Evangelium, 1963; — K. Thieme, Matthäus, der schriftgelehrte Evangelist, Judaica 5, 1949, S. 130-152; 161-182; E. Schweizer, Matth. 5, 17-20, Anmerkungen zum Gesetzesverständnis des Matthäus, ThLZ 1952, Sp. 479-484; E. K. Winter, Das Evangelium der jerusalemischen Mutterkirche, Aufgaben der Matthäusforschung, Judaica 9, 1953, S. 1-33; W. Trilling, Das wahre Israel, Studien zur Theologie des Matthäus-Evangeliums, 1959; G. Strecker, Der Weg der Gerechtigkeit. FRLANT 82, 1962; ders., Das Geschichtsverständnis des Matthäus, Ev. Th. 26, 1966, S. 57-74; R. Hummel, Die Auseinandersetzung zwischen Kirche u. Judentum im Matthäusevangelium, 1963. *Mi*

Matthias ist der als Ersatz für den Verräter Judas durch Loswerfen zugewählte Apostel; er gehörte zuvor zum weiteren Kreis der Jesusjünger Apg 1, 15-26. *Kü*

Mauer → Festung.

Maulbeerbaum. *1)* Von dem echten M. ist nur 1Makk 6, 34 die Rede (der Saft sollte die syr. Kriegselefanten erregen). Im Mittelalter wurde die Zucht des M.s auch in Palästina eingeführt.

2) Luthers M. ist der *Maulbeerfeigenbaum,* die Sykomore, ein Baum mit weit ausgebreiteten Ästen, daher leicht ersteigbar Lk 19, 4, und mit schönem Laub, der in warmem Klima gedeiht, in der Küstenebene 1Kö 10, 27; 1Chr 27, 28, bei Jericho Lk 19, 4, in Ägypten Ps 78, 47. Ob Am 7, 14 wirklich sagen will, daß Amos bei Thekoa Maulbeerfeigen zog und dabei die Früchte ritzte, um ihr Reifen zu fördern, ist fraglich. Wie der Baum nicht sehr geschätzt war 1Kö 10, 27; Jes 9, 9, so waren auch die Früchte eine Nahrung nur für die Armen. Doch ließ sich das Holz gut verarbeiten, zB in Ägypten für Mumiensärge.

3) Bei den 2Sam 5, 23 f; 1Chr 14, 14 f erwähnten Bäumen, deren Wipfel David rauschen hörte, ist vielleicht an den Bakastrauch, einen Verwandten des Balsamstrauchs, zu denken. *Schl*

Maultier. Das M., das durch Kreuzung eines Eselhengstes mit einer Pferdestute entsteht, war, weil es die Ausdauer und Schrittsicherheit des Esels mit der Kraft des Pferdes verbindet, schon früh geschätzt und wohl vor dem → Pferd in Israel eingeführt. Zu Davids Zeit war es das Reittier der Prinzen 2Sam 13, 29; 18, 9; 1Kö 1, 33. Ebenso brauchbar war es zum Tragen schwerer Lasten 2Kö 5, 17; 1Chr 12, 40, darum auch im Heer verwendet Sach 14, 15. Da durch 3Mose 19, 19 die Kreuzung von zwei Arten verboten war, wurden M.e wohl meist eingeführt. Salomo bekam M.e zum Geschenk 1Kö 10, 25; auch Ahab hatte M.e in seinen Ställen 1Kö 18, 5. Nach Hes 27, 14 kamen M.e von Thogarma in Armenien auf den Markt nach Tyrus. Die aus der Gefangenschaft Heimkehrenden brachten 245 M.e mit Esra 2, 66. Ob Esth 8, 10 M.e gemeint sind, ist fraglich. *Schl*

Maulwurf. Luther dachte an den M. Jes 2, 20 und 3Mose 11, 30. An der ersten Stelle ist vielleicht die Spitzmaus gemeint, die in Ägypten heilig gehalten wurde, oder der Blindmoll, der in Palästina etwa unserem M. entspricht; an der zweiten wahrscheinlich das Chamäleon, die seltsame Eidechsenart, die ihre Augen verschieden bewegen kann, mit der klebrigen Zunge Insekten fängt und die Farbe so merkwürdig wechselt. *Schl*

Maus. Feldmäuse konnten und können in Palästina großen Schaden anrichten 1Sam 6, 5. Nach Jes 66, 17 wurden Mäuse gegessen, obwohl dies verboten war 3Mose 11, 29. Dabei ist wohl weniger an die M. zu denken als an andere der vielen in Palästina lebenden Nagetiere; so werden heute noch von den Arabern die Wüstenspringmaus und der Hamster gern gegessen und galt der Siebenschläfer den Römern als Leckerbissen. *Schl*

Mazedonien, das Land an der Nordküste des Ägäischen Meeres, wird im AT als die Heimat Alexanders d. Gr. und des Haman genannt 1Makk 1, 1; Stck zu Esth 5, 8. An das mazedonische Weltreich ist in den Gesichten des Buches Daniel 2; 7f; 11 gedacht. Das Stammland M. wurde 148 vChr römische Provinz, seit 27 vChr senatorische Provinz unter einem Proprätor Apg 19, 21; Röm 15, 26; 2Kor 9, 2. Paulus, durch ein Gesicht nach M. berufen Apg 16, 9 f, gründete dort bei seiner zweiten Missionsreise

Gemeinden in Philippi, Thessalonich und Beröa Apg 16, 11-17, 14 und besuchte sie wieder 20, 1-6. Die Briefe an die → Thessalonicher aus der Anfangszeit und der → Philipperbrief aus der Gefangenschaft zeugen von der herzlichen Verbundenheit des Paulus mit der mazedonischen Kirche, die durch ihr williges Opfer für die Mutterkirche in Palästina 2Kor 8, 1 ff; 9, 1 ff; Röm 15, 26 f gesamtchristliche Verbundenheit bewährte. *Schl*

Mea. Ein Turm im Nordteil der altisraelitisch-persischen Stadtmauer von → Jerusalem (II, 6), Neh 3, 1; 12, 39, unweit der späteren Burg → Antonia gelegen. *Me*

Medad → Eldad.

Medeba, Stadt südlich von Hesbon im Ostjordanland, schon im Spottlied auf Moab zur Landnahmezeit erwähnt 4Mose 21, 30. Jos 13, 9 rechnet M. zum Stammesbesitz Gad-Rubens. David schlug hier die Ammoniter, wenn nicht 1Chr 19, 7 statt M. „am Wasser Rabbas" zu lesen ist. M. bildete mit Aroër die Ostgrenze von Davids Staat jenseits des Toten Meeres, vgl. 2Sam 24, 5. Wie der Moabiterkönig → Mescha auf seinem Siegesstein berichtet, konnte er den Omriden u. a. M. entreißen, vgl. 2Kö 3. Jes 15, 2 bezieht die Stadt darum in die Gerichtsklage über Moab ein. In der Makkabäerzeit eroberte Johannes Hyrkan I. M. nach sechsmonatiger Belagerung. Aus nachchristl. Zeit, in der M. griech.-orthodoxer Bistumssitz wurde, stammt die Madaba-Karte, die älteste Karte des Hl. Landes in Gestalt eines Fußbodenmosaiks der Kirche. Die meist mittelalterlichen Ruinen M.s sind noch auf dem 896 m hoch gelegenen Felshügel zu sehen. *Da*

Medien, Meder. Das Land Madai wird das erste Mal i.J. 836/35 als im oberen Zagrosgebiet liegend erwähnt. M. war zunächst mit seiner indogermanischen Bevölkerung politisch in Kleinfürstentümer geteilt, so daß die Assyrer die M. unterjochten und vertrieben. Sargon II. konnte ihrer nicht mehr Herr werden, und unter ihrem König Deiokes um 715 vereinigten sie sich. Später wurden sie durch die ihnen verwandten Skythen heimgesucht, die zwar die Herrschaft an sich rissen, aber dann in der medischen Bevölkerung aufgingen. 625 konnte der medische König Kyaxares wieder selbständig regieren; er übte auch die Oberhoheit über die mit den M.n verwandten Perser aus. Gemeinsam mit den Neubabyloniern machte er i.J. 612 dem assyrischen Reich ein Ende. Auf Kyaxares folgte sein Sohn Astyages, dessen Tochter den persischen Vasallenkönig Cyrus II. heiratete. Trotzdem eroberte Cyrus 552 M. Doch haben sich die persischen Könige hinfort als Könige von M. und Persien bezeichnet Esth 1, 14. 19. In 2Kö 17, 6; 18, 11 gehören noch große Teile M.s den Assyrern. Jer 25, 25; 51, 11. 28 handelt es sich um das Großreich M. Später hatte man nur unklare Vorstellungen über das richtige Verhältnis M.-Persien Dan 6, 1. *Peu*

Meer.
1) Das M. im Weltbild der Bibel. 2) Das M. als Schöpfung Gottes. 3) Das M. als geographischer Ort. 4) M. als kultisches Gerät. 5) Das gläserne M.

1) Nach *ATlicher* Auffassung, die dem babylonischen Weltbild entspricht, ist das M. das flüssige Element, das die Erde umgibt 1Mose 1, 9, auf dem die Erde aber auch „aufgestellt" und „gegründet" ist Ps 24, 2; 136, 6. Darum wird im → Jakobssegen daran erinnert, daß Gottes Segen sowohl aus der Urflut (tehōm) kommt, die „darunter lagert", wie vom Himmel droben 1Mose 49, 25.

2) Das M. ist *Schöpfung Gottes* Ps 104, 24 ff; 146, 6. Auf sein Geheiß sammeln sich die Wasser an dem von ihm bestimmten Ort 1Mose 1, 9 f. Doch ist zugleich eine Beziehung des M.s auch zum Element des Chaotischen bezeugt 1Mose 1, 2. Für das AT bekommt daher das M. geradezu die Bedeutung einer *Repräsentation der Unheilsmächte.* Die Bilder von Jahwes Kampf gegen die M.ungeheuer Ps 74, 13 f; Jes 27, 1, von seinem Grimm über das M. und vom Erzittern der Meerestiefen vor Jahwe Ps 77, 17; Hab 3, 8, wie auch die Schilderungen von der Wildheit und dem Ungestüm, der Tiefe und Gefährlichkeit des M.s sind so zu verstehen Hiob 38, 8; Ps 46, 4; 65, 8; Jer 51, 42; Sir 43, 26.

Doch richtet sich das bibl. Interesse nicht nur auf die Bedrohung, die vom M. ausgeht, sondern vor allem auf den *Herrn,* der diese Unheilsmacht *bändigt* und seinem wohltätigen Ordnungswillen untertan macht Ps 146, 6; Neh 9, 6; Apg 14, 15. Er gibt dem M. sein Ziel Spr 8, 29, er setzt ihm „Riegel und Türen" und bricht seine stolzen Wellen Hiob 38, 8 ff. Er schreitet einher auf den Höhen des M.s Hiob 9, 8, stillt sein Brausen Ps 65, 8, verwandelt es durch sein Schelten ins Trockene Jes 50, 2 und zwingt es, seine Toten wiederzugeben, wenn er es befiehlt Offb 20, 13. Er herrscht von einem M. bis ans andere Ps 72, 8, bis endlich auch das M. nicht mehr sein wird Offb 21, 1.

Indessen wollen diese Bilder nicht nur die Schöpfermacht Gottes darstellen, sondern auch Hinweis auf seine *Erhaltungsgnade* sein. Diese spiegelt sich deutlich wider in dem Verlauf der göttlichen *Heilsgeschichte,* in der *Israel* gleich zu Beginn am → Roten M. nicht nur die bedrängende Gefährlichkeit des M.s, sondern auch seine wunderbare Bändigung durch Jahwe erfährt Ps 114; 2Mose 14 f. Die *M.-Wunder Jesu* aber sind die Erfüllung aller ATlichen Weissagungen von Gottes Herrentum über das unheilvolle M. Mt 8, 26 f; Mk 6, 48 f; Jo 6, 19.

3) Neben den schöpfungsmäßigen sind auch rein *geographische* Vorstellungen mit diesem Begriff verbunden. — *a) Das Mittelländische M.* ist gemeint, wenn vom „großen M." die Rede ist Jos 1, 4; Hes 48, 28, oder auch, wo nur M. überhaupt genannt ist Jos 19, 26; Apg 10, 6. Es heißt 2Mose 23,31 das „Philistermeer" oder 5Mose 11,24 das „westliche M." (Luther: M. gegen Abend). An dieses M. ist gedacht, wenn im → Deboralied daran erinnert wird, daß Dan bei seinen Schiffen und Asser am Gestade des M.s blieb, als der isr. Stämmeverband von den Feinden bedroht wurde Ri 5,17. In NTlicher Zeit fuhr Paulus über dieses M. nach Kleinasien und Europa Apg 13; 27f. — *b) Rotes M.* → Schilfmeer. — *c)* M. heißen in der HS auch die *großen Seen Palästinas:* das Tote M. → Salzmeer 1Mose 14,3 und das → Galiläische M. Mt 4,18 = M. Kinnereth 4Mose 34,11 = M. Kinneroth Jos 12,3.

4) Ehernes M. (→ Handfaß) heißt im salomonischen → Tempel ein aus Erz gegossener riesiger Wasserbehälter 1Kö 7,23ff, der nach 2Chr 4,6 den → Priestern als Waschgerät gedient haben soll, vielleicht aber nach babylonischem Vorbild nur symbolische Bedeutung als Abbild des Himmelsozeans hatte.

5) Das *gläserne M.* schaut der Seher der Offb gleich einem Kristall Offb 4,6 mit Feuerglanz „untermischt" 15,2, vor dem Thron Gottes. An seinen Ufern stehen die Überwinder und bringen Gott ihre Loblieder dar. Die Deutung dieses himmlischen M.s ist verschieden. In Analogie zu Ps 104,3; 148,4 wird es als Himmelsfirmament (J. Behm), wegen der Erwähnung des Feuers Offb 15,2 als Symbol des anhebenden Gerichts (E. Lohmeyer) verstanden; doch legt die Bezugnahme auf die ATliche Heilsgeschichte (Lied des Mose 2Mose 15) den Gedanken nahe, daß es ein Bild der vollkommenen Herrschaft Gottes und seines Lebens ist, an dem er den Vollendeten Anteil gewährt.

Lit.: O. Kaiser, Die mythische Bedeutung des Meeres in Ägypten, Ugarit u. Israel, Berlin ²1962. *Ste*

Megiddo. Die zuerst von Thutmosis III. (Eroberung von mkt 1479 vChr) und dann in den Amarna-Briefen (makiddu) erwähnte kanaanitische Königsstadt Jos 12,21 wurde nach Jos 17,11 dem Stamm Manasse zugeteilt, blieb aber noch lange in den Händen der Kanaaniter Ri 1,27. Unter Salomo wurde die zum 5. Gau gehörige Stadt 1Kö 4,12 zu einer Festung ausgebaut 1Kö 9,15. In M. starben die judäischen Könige Ahasja 2Kö 9,27 und Josia 2Kö 23,29f, dieser, nachdem er von Pharao Necho 609 vChr in der *Ebene von Megiddo* 2Chr 35,22, vgl. Sach 12,11, d. h. in dem um M. gelegenen Teil der Jesreel-Ebene vernichtend geschlagen worden war. — Das *Wasser Megiddos* Ri 5,19 meint entweder den → Kison, jetzt nahr el-muqaṭṭaʿ, oder eines der ihm zuströmenden Wadis. — Die Ansetzung von M. auf dem tell el-mutesellim 30 km Luftlinie südöstlich von Haifa ist seit den dortigen Ausgrabungen durch den Deutschen Palästina-Verein (G. Schumacher, 1903 bis 1905) und das Orientalische Institut der Universität von Chicago (1925-1939 unter wechselnder Leitung) unbestritten. Die dabei aufgedeckten 20 Siedlungsschichten reichen von der Jungsteinzeit bis in die persische Epoche. — Von den Funden sind bes. die sog. Pferdeställe Salomos, vgl. 1Kö 5,6; 10,26; 2Chr 1,14; 9,25 für das Verständnis des AT wichtig. Es sind dies Hallen von beträchtlichen Ausmaßen (ca. 10×20 m) mit jeweils zwei Reihen Boxen, die durch einen von rechteckigen Pfeilern gesäumten gepflasterten Mittelgang getrennt werden. Zwischen den Pfeilern, die gleichzeitig zum Anbinden der Pferde und zum Tragen der Deckenkonstruktion dienten, stehen hier und da Futterkrippen aus Stein. Die ganze Anlage konnte etwa 450 Pferde aufnehmen (Abb. → Tafel 36). — Nicht weniger wichtig als diese Stallungen sind Schmuckstücke aus Gold und kunstvolle Elfenbein-Schnitzereien, die wohl aus dem 12. Jh. vChr stammen (→ Tafeln 31, 32). Ein mit einem brüllenden Löwen geschmücktes Siegel, das die Inschrift „dem Schᵉmaʿ, Minister des Jerobeam" trägt, gehört wahrscheinlich in die Zeit Jerobeams II. (787-747 vChr). Abb. → bei Siegel. *Rü*

Meerdrache → Leviathan.

Mehl. Das AT kennt zwei Arten M., das gewöhnliche (qämach) zB Ri 6,19; 1Kö 17,12ff und ein feineres (solät, vielleicht Weizenmehl, Weizengrieß; Luther meist: Semmelmehl), zB 1Kö 5,2; Hes 16,13. In älterer Zeit wurde das gewöhnliche M. geopfert 1Sam 1,24; später forderten die priesterlichen Gesetze das feinere M. 2Mose 29,2; 3Mose 2,1ff; nur für das Eiferopfer war 4Mose 5,15 das geringere Gerstenmehl vorgeschrieben. Das M. wurde durch Stoßen im → Mörser oder durch Mahlen in der → Mühle Jes 47,2 gewonnen. (1Sam 25,18 sind geröstete Getreidekörner gemeint.) → backen, → Kuchen. *Schl*

Megilloth → Festrollen.
Mehola → Abel 2).
Meile → Maße.

Meineid, eine bewußt falsche Schwuraussage, deren Glaubwürdigkeit durch Anrufung des Namens Jahwes bekräftigt werden soll. Nach dem Heiligkeitsgesetz ist eine solche Ausnützung des göttlichen Namens Entehrung Jahwes 3Mose 19,12 und zieht dessen Zorn herbei Jos 9,20. Der Meineidige steht damit unter der unmittelbaren Jurisdiktion Jahwes 2Mose 20,7; 4Mose 5,27; Mal 3,5. Das isr. Gesetz befaßt sich mit Meineidigen nur insofern, als diese ihr Vergehen bekennen. In solchem Fall ist Sühnung durch entsprechende Opferleistungen möglich 3Mose 5,1.4.6ff.21ff. Während das Israel der Frühzeit den → Eid bes. heilig gehalten und den M. gefürchtet hat Ri 21,7.18, wird die Eidpraxis später lax gehandhabt. Der M. ist häufig Jer 5,2; 7,9. Die pharisäische Kasuistik (→ Eid) öffnet dem M. vollends die Tür. Im Wort der Offb aber wird u. a. bes. dem Lügner das Verderben im endgültigen Gericht angedroht 21,8; 22,15. *Ste*

Meister. *1)* Vom Menschen im Verhältnis *a)* zu seinem Werk = Verfertiger Jes 29,16; Röm 9, 20; Weish 14,10; Sir 9,24, = Künstler 1Chr 22, 15; Jes 40,19 f; Jer 10,9. M. in Musik 1Chr 25,7, Metallbearbeitung 1Mose 4,22; 1Kö 7,14, Juwelierkunst, Weben, Sticken 2Mose 38,23, Sterndeutung Jes 47,13, — *b)* zum Schüler = Lehrer Mt 10,24 f ; Lk 6,40, vgl. die Empfänger des Hebr.briefs 5,12, die Irrlehrer 1Tim 1,7.

2) Von Gott: Gebieter, Herrscher Jes 33,22, Bildner, Schöpfer, Herr Jes 45,11, der Freund, Vertraute Jer 3,4, mächtig zu helfen Jes 63,1, der Streiter und Retter Jes 19,20.

3) Von Christus: Wo Luther M. übersetzt, ist der Lehrer, hebr. Rabbi, gemeint Jo 1,38; 3,2; 9,2; 11,8; 20,16. So bezeichnet Jesus sich selbst Mt 26,18; Jo 13,13, so wird er von den Jüngern angeredet Mk 4,38, den Obersten Mt 8,19; 9,11; 12,38; 22,16.24.36; Lk 11,45, dem Volk Mt 19,16; Mt 5,35; Lk 12,13. Bei Lk entspricht das Wort gelegentlich einem griech. Wort in der Bedeutung Aufseher Lk 5,5; 8,24. 45; 9,33; 17,13. *Pfi*

Melchisedek = König der Gerechtigkeit, nach bibl. Überlieferung ein vorisr. Stadtkönig von Jerusalem (Salem = Jerusalem), der gemäß der Sitte der Urzeit königliche und priesterliche Würde in sich vereinigte. In dieser Eigenschaft ehrte er Abraham nach dessen Sieg über die Könige des Jordangaues mit einem Mahl und segnete ihn im Namen des „höchsten Gottes" ('ēl 'eljōn), wogegen Abraham ihm zehntete, d. h. seine Hoheitsrechte anerkannte 1Mose 14,13 ff. Auf Grund der glaubensideologischen Nähe der M.-Erzählung zu Ps 110,4 (M. als Priesterkönig Urbild des davidischen Königtums) wird die endgültige literarische Gestaltung der sicherlich auf alte kanaanäische Tradition zurückgehenden Erzählung heute allg. der beginnenden Königszeit zugeordnet. Von da aus ergibt sich ihre Botschaftsspitze. Sie will der renitenten Landbevölkerung, der es schwer wurde, sich der Autorität des Königs im ehemals heidnischen Jerusalem zu unterstellen, Abraham als Vorbild der Unterordnung unter das von dort ausgehende Priesterkönigtum bezeugen. — Das *NT* sieht M. im Anschluß an Ps 110,4 ganz im messianischen Licht. Daß M. ohne Stammbaum ist, weder Geburt noch Tod kennt, läßt auf seine Ewigkeit und sein unvergängliches Priestertum schließen Hebr 7,3. Damit besitzt er eine höhere Würde als die aaronidischen → Priester und wird zum einzigartigen Hinweis auf Christus Hebr 5, 6.10; 6,20.

Lit.: G. v. Rad, ATD 3, [5]1964; M. Noth, Ges. Studien zum AT, München [2]1960. *Ste*

Melde (Hiob 30,4) → Nessel.
Melite → Malta.

Melone. Die große, grüne Wassermelone ist heute noch, wie 4Mose 11,5, im Orient ein geschätztes Nahrungsmittel. *Schl*

Memphis, Hauptstadt des Alten Reiches der Ägypter, nicht weit südlich vom heutigen Kairo auf dem westlichen Nilufer gelegen, will bereits durch den Reichseiner Menes um 2850 gegründet sein. Die Stadt bildete sich um einen Herrensitz, der mit einer „weißen Mauer" umgeben war. In M. befand sich das Heiligtum des Gottes Ptah, in dessen Tempel schon früh der Apisstier gehalten wurde. In der Nähe der Stadt liegen die großen Friedhöfe von Abu Rosch, Gise, Abusir und Sakkara, deren Gräber mit ihren Aufzeichnungen der modernen Welt weithin das alte Ägypten erst wieder erschlossen haben. M. (Hos 9,6) wird im AT als Noph Jes 19,13; Jer 2,16 genannt. Für das Verständnis der ägyptischen Religion bedeutsam ist das „Denkmal memphitischer Theologie", welches der Pharao Schabaka nach 715 von einer „von Würmern zerfressenen" Handschrift für den Tempel des Ptah von M. auf einem Denkstein kopieren ließ. Der aufgezeichnete Mythus dürfte aus dem Anfang des Alten Reiches stammen und schildert, wie die Welt samt Göttern von Ptah geschaffen und M. durch diesen Gott zur Hauptstadt des Reiches wurde. Wenn M. im Mittleren und Neuen Reich auch lange Zeit nicht als Residenzstadt diente, so blieb es doch fast immer Verwaltungszentrale. Die Stadt M. wurde durch den assyrischen König Asar-Haddon 673 f und durch den persischen König → Kambyses i.J. 525 erobert. Da der persische Eroberer ziemlich hart gegen die Priester und Tempel vorgegangen ist, wurde er bezichtigt, den hl. Apisstier i. J. 524 getötet zu haben, was aber nach den im Serapeion, der riesigen Grabanlage der hl. Stiere, beschrifteten Epitaphen mit den genauen Zeitangaben über die Lebenszeiten der Tiere nicht stimmen kann. *Peu*

Menahem, König von Israel 746/45-737/36, 2Kö 15,14-22, usurpierte während der Wirren nach dem Tod Jerobeams II. den Thron. Er konnte sich nur mit großer Grausamkeit gegen die entgegenstehenden Kräfte durchsetzen. Bei dem Feldzug gegen Tiphsach ist nach LXX das isr. Tappuach gemeint. M., in assyrischen Nachrichten „Menichimme von Semerina", mußte an den assyrischen König → Tiglat-Pileser III. — babylonisch Pulu = → Phul — hohen Tribut zahlen, den er auf die heerbannpflichtigen Grundbesitzer umlegte. *Peu*

Mene mene tekel u-parsin (Betonung stets auf der letzten Silbe) lauten Dan 5,25 die beim frevlerischen Gastmahl Belsazars von Geisterhand an die Wand geschriebenen Worte. Da die babylonischen Weisen sie trotz ihrer aramäischen Sprachkenntnisse nicht lesen und daher nicht deuten können, sind sie wohl abgekürzt oder nur mit den Anfangsbuchstaben geschrieben zu denken. Daniel vermag sie als Gewichts- oder Geldbezeichnungen zu lesen: „Gezählt: Mine, Schekel und Teilschekel" und deutet sie 5,26 ff auf das Geschick Belsazars und seines Reiches:

„Gezählt, gewogen und geteilt (oder: Zahl, Waage und Teil)". Das Zählen der Zeiten und das Wägen im Endgericht sind der → Apokalyptik (→ Daniel) geläufig; im Wort „geteilt" liegt ein Lautanklang an die „Perser" vor, die das babylonische Reich erobert haben. *Fo*

Menelaus wurde 172 vChr gegen ein hohes Geldangebot von Antiochus IV. an Stelle Jasons zum Hohenpriester eingesetzt 2Makk 4, 23 ff, ließ den früheren Hohenpriester Onias ermorden und verfolgte die Gesetzestreuen 4, 24-50. Von Jason vertrieben, ließ er bei seiner Wiedereinsetzung 169 vChr durch Antiochus diesen den Tempel plündern 1Makk 1, 17-29; 2Makk 5, 15. Durch Lysias, den Statthalter des Antiochus V., wurde er 162 vChr hingerichtet 2Makk 13, 1-8. *Pfei*

Menephtoach. Die Quelle M. (Luther: Wasserbrunnen M.) Jos 15, 9; 18, 15 ist der nördlich von Jerusalem gelegenen ʿēn lifta gleichzusetzen. Wahrscheinlich entspricht sie einem der im Tagebuch eines ägyptischen Grenzbeamten der Zeit Menephtas genannten „Brunnen des Menephta, die im Gebirge liegen". *Rü*

Meni, eine Schicksalsgottheit, mit Trankopfern verehrt Jes 65, 11, neben dem Glücksgott Gad (→ Gad 4) genannt. *(Schl)*

Mensch ist in der HS nie der M. an sich, sondern immer der M. vor Gott. Denn seine Existenz im Diesseits wie im Jenseits hat er von Gott. Geburt und Tod sind von Gott bewirkt Ps 90, 3. Diese Erkenntnis ist für den Frommen im AT wie im NT erhebend und zugleich demütigend: Er weiß sich im Mutterschoß von Gott wunderbar zubereitet Ps 22, 10; 71, 6; 139, 13-17, ja, vor seiner Geburt erwählt Jer 1, 5; Eph 1, 4; er fühlt aber auch seine Nichtigkeit Ps 8, 5; Hebr 2, 6; Ps 103, 15. — M. vor Gott heißt sicher auch M. sein nach dem *Bild* Gottes 1Mose 1, 27; 1Kor 15, 49 (→ Ebenbild). Paulus stellt dem ersten M.en, dem Adam, den letzten M.en, den Christus, gegenüber, um klarzumachen, daß die Menschheitsgeschichte auf beide angelegt ist. Da ist nicht nur ein Verhaftetsein an Sünde, Schuld und Tod durch die Untat des ersten, sondern auch Vergebung und Errettung für die Sünden der vielen durch die Heilstat des letzten, der zugleich der erste ist für das neue Menschengeschlecht, das aus dem Geist des Auferstandenen zum Leben kommt Röm 5, 12 ff; 1Kor 15, 45 ff. Wie der Mensch das Bild Adams trägt, so wird er auch das Bild des Christus tragen. Denn ein neuer Schöpfungsmorgen ist angebrochen. Der M., aus dem Geist des Christus neu geboren, wird auch umgestaltet Röm 8, 29; 2Kor 3, 18; 4, 6. Es soll das Bild Gottes wiederhergestellt werden, das durch den Sündenfall 1Mose 3, 4 f und eigene Sünde Röm 1, 23 verlorenging. — Diese „Bildwerdung" des neuen M.en geschieht im → *Geist!* Dies bedeutet: Das NT hat eine bestimmte Sicht vom M.en. Ob von Dreiteilung: Geist, Seele, Leib 1Thess 5, 23 oder von Zweiteilung: äußerer, innerer M. 2Kor 4, 16 eine Andeutung sich findet, stets bleibt ausschlaggebend, daß „unser Geist" Röm 8, 16; 1Kor 2, 11 oder der „verborgene M. des Herzens" 1Petr 3, 4 sowohl für unsere Existenz als M. als auch für unser menschliches Tun bestimmend ist. Wie beim Schiff der getragene Teil der sichtbare, der tragende jedoch der unsichtbare ist, so auch beim M.en. Da vollzieht sich die Neugeburt, da hebt das neue Sein an und gewinnt Gestalt. Denn in unserem Geist liegt die Quelle aller gedanklichen Vorgänge, aller willensmäßigen Entschlüsse und aller sittlichen Entscheidungen. Gewiß, das NT ist sparsam bei der Verwendung des Begriffes „Geist" innerhalb unseres natürlichen Bereichs. Wir hören etwa von der „Vernunft" und ihrem Gesetz Röm 7, 25, vom Herzen und seinem Sinn Hebr 4, 12, vom Gewissen und seiner Stimme Röm 2, 15. Doch stets ist dieser Seinsgrund und Quellgrund alles Persönlichen gemeint. Hierher gehört auch jenes Wort des Herrn, das denen Verheißung gibt, die „arm im Geist" sind Mt 5, 3. — Viel häufiger erscheint der Begriff „Geist" da, wo er im Gegensatz zu → *„Fleisch"* gebraucht wird. Unser Inneres, ja, auch der Leib können licht oder finster sein, je nachdem Gottes hl. Geist oder sündliches „Fleisch" den M.en regieren Mt 6, 22; 2Kor 4, 4; Röm 1, 21; Eph 4, 18. „Fleisch" ist dabei nicht identisch mit unserem Körper, obwohl der Ausdruck „Leib der Sünde" und „fleischlicher Leib" Röm 6, 6; Kol 2, 11 andeuten, wie eng die Beziehung des „Fleischlichen" zum Triebhaften, Sinnlichen ist. „Fleisch" ist eben beides: Lebensträger und Gesinnungsträger. „Fleisch" ist eine unsichtbare, den ganzen M.en erfüllende und bewegende Macht, Triebkraft der Sünde, Träger des von Gott verneinten, verwirkten Lebens, d. h. des Lebens zum Tode, zum Gericht. Ja, „Fleisch" ist die Einbruchstelle dämonischer Gewalten Röm 7, 20; 8, 6. Die Gegenmacht zu „Fleisch" ist im NT nun nicht „unser Geist" oder die „Vernunft" oder das „Herz", sondern der Heilige Geist! Nur er ist eindeutig die dem „Fleisch" entgegenwirkende Kraft in uns, und zwar als die vom Gesetz der Sünde uns befreiende und durch den Tod uns hindurchführende Macht des neuen Lebens aus Gott Gal 5, 17; Röm 8, 2. 11. Dabei steht fest: „Fleischlich gesinnt sein, ist der Tod; geistlich gesinnt sein, ist Leben und Friede" Röm 8, 6. Auch der hl. Geist ist also Lebens- und Gesinnungsträger. Nicht nur „unser Geist", auch der hl. Geist in uns ist nicht zu denken ohne das Gewissen. Vor allem aber ist klar: Die Gabe des hl. Geistes, sein „Wohnen in uns" Röm 8, 10 f ist die Auswirkung des Todes und der Auferweckung Jesu. Der Rechtsvorgang am Kreuz hat den Lebensvorgang der Neuschöpfung aus dem Geist zur Folge. — Mit Absicht haben wir das *Ich* des M.en noch außer acht gelassen, das uns in Röm 7, 20 und Gal 2, 20 am *„Nicht-Ich"* zum Problem wird. Was hat es zu bedeuten, daß Christus an die Stelle unseres eigenen Ichs treten soll? Kann Röm 6,11 die Antwort sein: „Haltet euch dafür, daß ihr (in Christo) der Sünde gestorben seid"? Müssen wir nicht das andere Wort dazustellen: „So tötet eure Glieder" Kol 3,5; Röm 6,13 ff? Das Ich des M.en soll sich offenbar einerseits lösen: „nicht ich, sondern die Sünde in mir" und andererseits sich binden: „nicht ich, sondern Christus in mir". — Die Gedanken des Paulus kreisen jedoch weniger um den Punkt „Ich". Er spricht mehr vom → *„Leib"*, und zwar im Sinn einer vom hl. Geist erfüllten und bewegten Leiblichkeit 1Kor 12. Gewiß, den „Leib des Fleisches" sollen wir ablegen Kol 2,11, der „äußerliche M." mag zugrunde gehen 2Kor 4,16, aber der „innere M." wird erneuert, gewinnt Gestalt, weil die „Glieder", ob Herz, ob Mund, ob Fuß, ob Hand, zu „Waffen der Gerechtigkeit", d. h. zu Organen des hl. Geistes im Gehorsam Christi werden. Heiligung ist also bei Paulus vor allem „Leibwerdung", „Organwerdung". *Luck*

Menschengebote heißen nach Jes 29,13 Regeln des Gottesdienstes und religiöse Bräuche, die ohne Gottes Weisung aufgestellt sind und das Gebot Gottes verdunkeln. Jesus nimmt die Kritik jenes prophetischen Gotteswortes neu auf, weil er in der pharisäischen und rabbinischen Tradition Gottes Gesetz entwertet sieht Mt 15, 1-14. Mit gleicher Waffe greift Paulus die phantastischen religiösen Spekulationen in Kolossä an Kol 2,22. *Ap*

Menschenkind oder Menschensohn (ben adam) ist ein dem Hebräischen eigentümlicher Ausdruck für „Mensch", der den Einzelmenschen in der Menschheit bezeichnet — oft im Gegensatz zur Engelwelt oder zur übrigen Schöpfung Ps 8,5; Hes 2,1 u.ö. (als Anrede des Engels an den Propheten), zuweilen im Gegensatz zu Gott selbst 1Mose 11,5; 4Mose 23,19; 1Sam 26,19; Ps 115, 16. — Auch mit dem „Menschensohn" in Dan 7,13 ist ursprünglich nichts anderes als dies gemeint — im Gegensatz zu den Tieren 7,3-8; doch gewinnt dies Wort dann eine neue Bedeutung (→ Menschensohn). *Ap*

Menschenopfer → Opfer.

Menschensohn. Das Wort M. (hebr. ben adam, aram. bar nascha) bedeutet zunächst einfach Menschenkind, der einzelne der Gattung Mensch, zB Ps 8,5; Hiob 25,6. Die ständige Anrede an den Propheten Hes 2,1 u.ö. betont den Gegensatz zw. der Hoheit Gottes und der Niedrigkeit des Menschen. Das AT kennt jedoch den M. auch als Hoheitsbezeichnung. In Dan 7,13 wird erzählt, wie ein „einem M. Ähnlicher" „mit den Wolken des Himmels" vor Gottes Thron gelangt und die Weltherrschaft empfängt. Dieser M. wird im Unterschied von den durch die vier Tiere symbolisierten Weltreichen V. 27 auf Israel, „das Volk der Heiligen des Höchsten", gedeutet. Aber dahinter steht wahrscheinlich eine Tradition vom M. als Einzelgestalt, nämlich die Vorstellung des Himmelsmenschen, des Urmenschen, der zugleich als Vollender der Schöpfung und Weltrichter erwartet wurde. Dieser himmlische M. ist in der äthiopischen Henochapokalypse mit dem Messias (48,10; 52,4) und wohl auch mit dem deuterojesajanischen Gottesknecht (vgl. Hen 46,3; 48,4; 49,2) verbunden; aber die vorchristl. Entstehung der Bilderreden Hen 37-71 ist fraglich, da sie in den Qumrantexten nicht erschienen. Im 4Esra 13 hat der M., aus dem Meer aufsteigend und mit den Wolken auffahrend, ebenfalls die Funktion des endzeitlichen Erlösers, und im Testament Levi K. 18 ist er als Paradieseskönig mit priesterlichen Zügen geschildert. Das Judentum vor Jesus hat also keinen eindeutigen M.begriff; die Verbindung des Messias mit dem M. ist, wenn überhaupt bekannt, jedenfalls nicht geläufig; der Gedanke des leidenden M.s fehlt völlig und ist geradezu anstößig.

Die Frage, ob Jesus den M.titel auf sich selbst angewendet hat, gehört zu den meistbehandelten und umstrittensten Problemen der NTlichen Forschung. Bemerkenswert ist der Überlieferungsbefund im NT. Der Name M. kommt 69mal in den Synoptikern und 12mal im Jo vor, im übrigen NT nur noch Apg 7,55 (im griech.Text 7,56); Offb 1,13; 14,14, und zwar durchgängig bezogen auf Jesus. Bei Paulus fehlt das Wort, obwohl er die Beziehung des M.-Gedankens auf Jesus gekannt haben wird. In den Evangelien erscheint der Begriff nur in Aussprüchen Jesu, nicht in der Anrede an ihn oder in der Aussage über ihn. Zweifellos haben ihn die Evangelisten als Selbstbezeichnung Jesu verstanden (vgl. Mk 8,27 mit Mt 16,13). Die synoptischen M.worte lassen sich in drei Gruppen aufteilen: *1)* Die Worte vom kommenden M., zB die Sprüche in der Wiederkunftsrede Mk 13,26 f par. und vor dem Hohen Rat Mk 14,62 par., die an Dan 7,13 anknüpfen, das Wort vom Bekennen und Verleugnen Lk 12,8 (Mk 8,38), die Vergleiche Mt 24,27.37-39 par.; Lk 17,28-30, das Drohwort Lk 11,30, die Mahnung Mt 24,44 par. und die Verheißungen Mt 10,23; 19,28. *2)* Die Worte vom gegenwärtig wirkenden M., zB die Aussagen von der Vollmacht des M.s zur Sündenvergebung Mk 2,10, als Herr des Sabbats Mk 2,28, vom Verhältnis zum Täufer Mt 11,19 par., von der Sendung des M.s Mk 10,45; Lk 19,10, aber auch von seiner Heimatlosigkeit Mt 8,20 par. Diese beiden Gruppen sind bereits in der alten, von Mt und Lk verarbeiteten Spruchquelle bezeugt. *3)* Die Worte vom leidenden und auferstehenden M., zB Mk 8,31; 9,9; 10,33 par.; vgl. Mk 14,41. Eine ähnliche Aufteilung erscheint im Jo wieder, wenn dort die M.worte auch eine fortgeschrittene theol. Ausprägung zeigen. Auf den kommenden M. bezieht sich Jo 5,27; vom gekreuzigten und verherrlichten handeln 3,13 f; 6,27.53.62; 8,28; 12,23 u.a. und vom gegenwärtigen Jo 1,51; 9,35.

Das eigentliche Problem liegt in dem Nebeneinander der drei Spruchgruppen und in ihrem Verhältnis zum irdischen Jesus. Angesichts dieser Frage werden in der Forschung verschiedene Auffassungen vertreten, von denen hier nur die wichtigsten angedeutet werden können. *1)* Alle M.worte gehen auf Jesus zurück. Er hat sich als Menschensohn bezeichnet, und das Neue und Charakteristische bei ihm ist, daß er die Vorstellung vom himmlischen M. mit der Aufgabe des auf Erden leidenden Gottesknechts verbunden hat. *2)* Alle M.worte stammen aus der nachösterlichen Situation. Die M.christologie ist die älteste Dogmatik der Urgemeinde. *3)* Jesus hat nur vom kommenden M. gesprochen, aber einen anderen damit gemeint; erst die Gemeinde hat aus ihrem Glauben an den erhöhten und wiederkommenden Herrn heraus Jesus mit dem M. gleichgesetzt. *4)* Die Worte vom gegenwärtigen M. gehen auf Jesus zurück; die Vorstellung vom kommenden M. ist sekundär.

Man wird damit rechnen müssen, daß ein Teil der M.worte aus der nachösterlichen Situation stammt. Die frühe Gemeinde mag Worte von Geistträgern, die im Geist und Namen Jesu sprachen, als Jesusworte überliefert haben. Aber die Annahme, daß alle M.worte Bildungen der Urgemeinde seien, stößt auf große Schwierigkeiten. Der Tatbestand, daß einerseits die M.worte nur im Munde Jesu begegnen (außer Apg 7,55) und andererseits der M.begriff nicht in die urchristl. Bekenntnisformeln eingegangen ist wie etwa der Messiastitel, erklärt sich am besten, wenn ein Teil der M.worte auf Jesus zurückgeht. Die M.-worte sind zwar nicht direkt mit der Verkündigung Jesu vom Gottesreich verbunden, aber die beiden schließen sich auch nicht gegenseitig aus; immerhin stehen sie bereits in der Spruchquelle nebeneinander. Jesus hat mit Hilfe der M.vorstellung seine göttliche Sendungsvollmacht ausgedrückt trotz seines Auftretens in der Niedrigkeit eines irdischen Wanderpredigers, und die nachösterliche Gemeinde sah diesen Vollmachtsanspruch durch die Auferweckung Jesu von Gott bestätigt und erwartete den erhöhten Jesus als wiederkommenden M. und Weltrichter.

Lit.: R. Otto, Reich Gottes und M., 1934; E. Schweizer, Erniedrigung und Erhöhung bei Jesus und seinen Nachfolgern, 1955; E. Sjöberg, Der verborgene M. in den Evangelien, 1955; O. Cullmann, Die Christologie d. NT, 1957, S. 138-198; Ph. Vielhauer, Gottesreich u. M. in der Verkündigung Jesu, in: Festschrift f. G. Dehn, 1957, S. 51 bis 79; S. Schulz, Untersuchungen z. M.-Christologie im Joh.-Ev., 1957; H. E. Tödt, Der M. in der synopt. Überlieferung, 1959; F. Hahn, Christolog. Hoheitstitel, 1963, S. 13-66.

La

menschlich kann im AT und NT bedeuten *a)* m. im Gegensatz zu „tierisch" Dan 4,13; 7,4. Ein wunderbares Bild findet sich in Hos 11,4: Gott erinnert sein Volk daran, daß er es nicht an einem Halfter für Tiere, sondern für Menschen, d. h. an „Seilen der Liebe" an sich gezogen habe. Ferner Jak 3,7.8, wo nicht wie bei Hosea das M.e über dem Tierischen liegt, sondern umgekehrt: Die m.e Zunge ist schwerer zu bändigen als das Tier. *b)* m. im Gegensatz zu „göttlich": das m.e Herz ist böse 1Mose 8,21; Petrus meint, was m. ist Mt 16,23; Gott läßt sich nicht von m.en Händen dienen Apg 17,25. In 1Kor 2,13; Röm 6,19 erscheinen die m.e Weisheit und das m.e Reden unterhalb von dem, was aus dem Geist Gottes stammt. Bei 1Kor 10,13 schwankt die Auslegung: In Anlehnung an V. 10 wäre die m.e Versuchung eine solche, die im M.en, nicht im Satanischen, ihren Ursprung hat, im Zusammenhang mit V. 13b eine für Menschen erträgliche, also nicht „unmenschliche". In Jak 3,15, wo von einer irdischen, psychischen, dämonischen Weisheit die Rede ist, deutete Luther „psychisch" als m. *c)* m. im allg. Sinn: In 1Petr 2,13 wird die Übersetzung „m.e Ordnung" angefochten, weil das griech. Wort (ktisis) nie „Ordnung", sondern immer „Geschöpf" bedeute; es müsse heißen: „Ordnet euch jedem m.en Geschöpf unter."

Luck

Mephaath, eine ostjordanische Stadt, Jos 13,18 zum Gebiet von Ruben gerechnet, nach Jos 21, 37 Levitenstadt, später moabitisch Jer 48,21, wohl chirbet nēfa'a südlich von Ammān. *Schl*

Mephiboscheth. *1)* Ein Sohn Sauls 2Sam 21,8. *2)* Ein durch Unglücksfall an beiden Füßen gelähmter Sohn Jonathans und Enkel Sauls 2Sam 4,4, auch Merib-Baal genannt 1Chr 8,34, dem David, während er ihn an den Hof in Jerusalem zog, die Nutznießung von Sauls Besitz überließ 2Sam 9. Beim Aufstand Absaloms scheint sich M. Hoffnung auf seine Einsetzung ins Königtum Israels gemacht zu haben. David aber schonte ihn abermals, entzog ihm nur die Hälfte von Sauls Besitz und gab diese an M.s Verwalter Ziba 2Sam 16,1-4; 19,25-31. Der Name M. ist entstellt aus dem eigentlichen Namen Merib-Baal 1Chr 8,34, um die kanaanäische Gottesbezeichnung Baal und damit sicher auch den Namensträger zu verhöhnen. *Peu*

Merab, die älteste Tochter Sauls 1Sam 14,49, wurde zuerst David als Frau versprochen, dann aber dem Adriël gegeben 18,17.19. Die fünf Söhne M.s überließ David im Vollzug einer Sühnehandlung den Gibeonitern zur Tötung 2Sam 21,8ff. *Peu*

Merari, nach den genealogischen Listen der dritte Sohn Levis 1Mose 46,11, durch seine Söhne 2Mose 6,19 Ahnherr der Merariter, deren Dienst am Heiligtum 4Mose 3,33-37 und deren Gebiet Jos 21,34-40; 1Chr 6,62-66 beschrieben ist. *Schl*

Meriba („Hader") oder Meribath-Kadesch 5Mose 33,2 ein neben → Massa 2) 2Mose 17,7; 5Mose 33,8; Ps 95,8 genannter Ort in der Wüste → Zin 4Mose 27,17; 5Mose 32,51, an dem die Israeliten mit Mose und mit Gott haderten und dessen Wasser (Luther: Haderwasser [von Kadesch]) auf ein Quellwunder des

Mose zurückgeführt wurden 2Mose 17, 2 ff; 4Mose 20, 2 ff; wahrscheinlich im Gebiet der Oase von → Kadesch 1) gelegen. *Rü*

Meribbaal → Mephiboscheth.

Merkur (Merkurius, griech. Hermes), in der griech.-röm. Göttersage der Bote der Götter. In Lystra wurde Paulus, weil er das Wort führte, von den Heiden für M. gehalten Apg 14, 11 f. → Jupiter. *(Schl)*

Merodach → Marduk.

Merodach-Baladan 2Kö 20, 12 ff (Berodach-B.); Jes 39, 1 ff, Fürst von Bit-Jakin, gehörte zu den aramäischen Stämmen (Chaldäern), die sich im babylonischen Gebiet überall auf dem flachen Land festgesetzt hatten. M. war zunächst den Assyrern tributpflichtig, hatte sich aber nach einem Aufstand unter Sargon II. von 721-711 als König in Babel halten können. Nach dem Regierungsantritt Sanheribs hat er dort i.J. 703 noch einmal die Herrschaft erringen können, wurde aber bald vertrieben. Während dieser letzten Zeit schickte er Gesandte an den judäischen König Hiskia, denen man in Jerusalem den Staatsschatz und das Waffenarsenal zeigte. *Peu*

Merom. Das Wasser von M., nur Jos 11, 5. 7 erwähnt als der Ort, wo Jabin von Hazor geschlagen wurde, ist vielfach, aber zu Unrecht, dem baḥr el-ḥūle, dem ersten vom Jordan durchflossenen See, gleichgesetzt worden. M. ist jedoch sicher das heutige mērōn in Obergaliläa 12 km nordwestlich von ṣafed, in dessen Umgebung demnach auch das Wasser M. zu suchen ist. *Rü*

Mescha (Meschastein). *1a)* „Ich bin Mescha', Sohn des Kemoschbonä, König von Moab, aus Dibon. Mein Vater war 30 Jahre König über Moab und ich wurde König nach meinem Vater." So stellt sich M. (um 850 vChr) selbst vor auf dem 113 cm hohen und 70 cm breiten Siegesstein, der 1868 in diban gefunden wurde und nun — zum größten Teil erhalten — in Paris aufgestellt ist. M. berichtet im weiteren Verlauf der Inschrift, wie er die Herrschaft Israels, die seit → Omri und → Ahab auf Moab lag, dank seines Gottes → Kemosch abgeschüttelt habe. Im einzelnen gelang ihm wohl von Osten her die Rückeroberung des Landes von → Medeba (medaba), vom Süden her die Einnahme von Atharoth (= chirbet 'atarus) und Nebo (= chirbet el-muchaijet), so daß sich der isr. König auch von Jahaz im Süden Medebas zurückziehen mußte. In Nebo und Atharoth wurde die gaditische Bevölkerung ausgerottet, doch nur in Atharoth durch moabitische Neusiedler ersetzt. Damit beherrschte M. das ganze Gebiet vom Arnon bis fast zur Breite der Jordanmündung. M. rühmt sich einer großen Bautätigkeit in dem erworbenen Land, so in Baal-Meon (= ma'in), Kirjathon, Aroer (= chirbet 'ara'ir) und anderen Städten. Einen Sieg über die Edomiter deuten die letzten bruchstückhaften Zeilen der Inschrift an.

b) Das AT spricht 2Kö 3 über einen — zeitlich wohl später anzusetzenden — Zug des Joram von Israel und Josaphat von Juda gegen M., der die jährlichen Tributleistungen eingestellt hatte. Sie griffen M. von Süden her unter Beteiligung Edoms an, verheerten das Land und schlossen M. in Kir-Hareseth ein. Das Sohnesopfer, das M. in dieser Lage auf der Stadtmauer vollziehen ließ, versetzte die Israeliten jedoch in solchen Schrecken, daß sie wieder abzogen. Erst → Jerobeam II. festigte die isr. Herrschaft im Ostjordanland wieder, vgl. 2Kö 14, 25.

2) 1Mose 10, 30 nennt M. als Grenzort der semitischen „Söhne Joktans". *Da*

Meschach ist der babylonische Name des mit Daniel für den Königsdienst erzogenen Judäers Misael Dan 1, 7; 2, 49; 3, 12. Der Name ist von der Überlieferung absichtlich entstellt und nicht mehr erklärbar. In Dan 1, 7 soll das Annehmen fremder Namen verurteilt werden. *Fo*

Meschech, keilinschriftlich Muschku, griech. Moschoi, ein Gebirgsvolk südöstlich des Schwarzen Meeres. M. gehört wohl zu den thrakisch-phrygischen Völkerschaften, die den Untergang des hethitischen Reiches verursachten. Der assyrische König Tiglat-Pileser I. muß um das Jahr 1100 die 20 000 schon vor seinem Regierungsantritt am oberen Tigris eingebrochenen Muschku bekämpfen. Sargon II. wird durch Mita, den König der Muschku, am weiteren Vordringen nach Kleinasien gehindert. Ein anderer Teil der Muschku betätigt sich als Seeräuber an den Küsten Palästinas. Im 7. Jh. setzen die Skythen der Ausbreitung der Muschku durch ihr Dazwischentreten nach Syrien und Mesopotamien ein Ende. Die Vorstellungen der Bibel über M. sind nicht einheitlich. Sie erscheinen als zu Japheth 1Mose 10, 2, dann wieder als zu Sem gehörig 1Chr 1, 17. Ps 120, 5 gilt M. als eine ferne Landschaft, Hes 27, 13 als Handelspartner von Tyrus im Sklaven- und Erzhandel. *Peu*

Mesopotamien, das Land zw. den Flüssen Euphrat und Tigris. Die Bezeichnung M. gebraucht die Lutherbibel nach dem Vorbild der LXX für die verschiedenen im AT genannten Gebiete von Aram Ri 3, 8, Aram Naharajim 1Mose 24, 10, Naharajim Ps 60, 2, Paddan 1Mose 28, 2, Paddan Aram 1Mose 25, 20, wobei in erster Linie an Landschaften in Nordsyrien gedacht ist. In Apg 2, 9 dürfte der Name M. sich mit unserer heutigen geographischen Bezeichnung decken. *Peu*

Messer. Im AT werden verschiedene Formen von Schneidwerkzeugen erwähnt: Altertümliche Steinm., die bei der → Beschneidung Verwendung fanden Jos 5, 2 f; vgl. 2Mose 4, 25, Schlachtm. 1Mose 22, 6. 10, Scherm. zum Scheren des

Haupt- und Barthaares 4Mose 6,5; 1Sam 1,11, Winzerm. Jes 2,4; Joel 4,10 (Luther: Sichel); Jes 18,5 (Luther: Hippe), Schreiberm. zum Anspitzen des Rohrgriffels Jer 36,23. 2Mose 20,25 ist an einen Meißel zu denken. Im Tempel gab es goldene M. 1Kö 7,50. — „Setze ein M. an deine Kehle" Spr 23,2 mahnt zur Vorsicht an der Tafel eines Großen. Die Schärfe des M.s dient zum Vergleich für das Tun derer, die die Armen unterdrücken Spr 30,14, und die Verderblichkeit der Lüge Ps 52,4. Das gemietete Scherm. in Jes 7,20 ist Bild für Assyrien, das Gott als Strafwerkzeug ausersehen hat, um an seinem Volk das Gericht zu vollstrecken. *Oßw*

Messias.

1) Bedeutung und Gebrauch des Wortes. 2) Der ideale Herrscher aus Davids Haus. 3) Der M. in der vorexilischen Prophetie. 4) Bei den exilischen Propheten. 5) Die spätjüdische M.-Erwartung außerhalb des AT-Schrifttums. 6) Der M. im NT.

Messias ist die griech. Form des hebr. māschiach (= gesalbt).

1) Im *AT* ist der M. der Gesalbte Gottes. Die Wurzel des M.gedankens liegt im isr. Königtum. So erhält *der regierende König* den Titel „M. Jahwes". Das gilt vor allem von David 1Sam 12,3.5; 2Sam 19,22; 23,1, aber auch von den in einem Teil der Psalmen genannten Königen Ps 2,2; 18,51; 20,7; 28,8; 84,10; 89,39.52; 132,10.17, wobei nicht immer erkennbar ist, welcher König gemeint ist; doch handelt es sich wohl stets um einen Angehörigen des Hauses David; vgl. auch Hab 3,13; Klgl 4,20 (Zedekia). Jes 45,1 wird sogar ein fremder (heidnischer) König, Cyrus, als „Gesalbter des Herrn" bezeichnet, weil er dazu berufen ist, an seinem Teil den Heilsplan Gottes durchzuführen. In Israel ist der König der Repräsentant Gottes auf Erden. 2Sam 7,14 wird er, da er in einer bes. engen Beziehung zu Gott steht, „Sohn Gottes" genannt. Er hat die Funktionen auszuüben, die Gott, dem eigentlichen und wahren König des erwählten Volkes, zustehen. — Doch ist der Titel „der Gesalbte Jahwes" nicht auf den König beschränkt; er kann jedem zuteil werden, der von Gott mit einer besonderen Aufgabe betraut ist. Darum wurde schon Saul so bezeichnet 1Sam 24,7.11 und in gleicher Weise der Hohepriester 3Mose 4,3.5.16; 6,15 u.a.

2) Die *messianischen Weissagungen* beziehen sich auf den *idealen Herrscher der Zukunft.* Diese „Verklärung" des M.bildes ist schon in der Zeit eingetreten, als es noch Könige in Israel oder doch in Juda gab; sie hat ihren Grund wohl weniger in der „Königsvergötterung" der Umwelt (Ägypten, Assur-Babel; so Eißfeldt), als vielmehr in der Tatsache, daß die herrschenden Könige weder in religiöser noch in sittlicher Beziehung den Vorstellungen entsprachen, die man von einem rechten König hatte. Dabei knüpfen die Erwartungen an die Gestalt Davids an; sie geben der Hoffnung Ausdruck, daß der eschatologische Heilskönig die Vollendung des davidischen Königtums bringt. An einigen Stellen des AT ist freilich nur ganz *allgemein* von einem *dauernden Bestand des Davidshauses* die Rede, ohne daß von einem *einzelnen* Davidssohn gesprochen wird 2Sam 7,16; Jer 33,17; Ps 89,4.29f; s. auch Ps 18,51.

Etwas konkreter sind zwei Hinweise im 1. u. 4. Buch Mose. Der → *„Jakobssegen"* 1Mose 49, 1-27 enthält Weissagungen über das zukünftige Schicksal der Söhne Jakobs. Der Spruch in V. 10, der freilich nicht sicher gedeutet werden kann, gilt Juda. Die Übersetzung Luthers ist sprachlich unmöglich; nach dem Wortlaut des Textes wäre zu übersetzen: „Das Zepter wird nicht von Juda weichen, bis er nach Schilo = Silo, dem späteren Heiligtum mit der Bundeslade) kommt." Aber das gibt keinen Sinn. Die beste Erklärung wird die sein, die zwar einen etwas anderen hebr. Wortlaut voraussetzt, sich aber auf eine ähnliche Aussage in Hes 21,32 stützen kann: „bis der kommt, dem der Herrscherstab gehört und dem die Völker gehorchen werden". Ist V. 10 so zu verstehen, dann liegt ein Hinweis auf den kommenden M. vor. In den → *Bileamsprüchen* heißt es 4Mose 24,17: „Es wird ein Stern aus Jakob aufgehen und ein Zepter aus Israel erstehen." Der Stern ist Sinnbild für einen Herrscher. Da im folgenden die Unterwerfung Moabs und Edoms angekündigt wird, liegt die Deutung auf David nahe, der diese Völker unterwarf; andere Ausleger denken wegen der geheimnisvoll andeutenden Sprache an den zukünftigen M.

3) Bei den *älteren vorexilischen Propheten* wird das Bild des in der Zukunft erwarteten M. deutlicher, ohne daß der Begriff M. selbst Verwendung findet; er kommt merkwürdigerweise im AT als eschatologische Bezeichnung überhaupt nicht vor. Ob die berühmte Immanuelstelle *Jes 7,14* messianisch zu deuten ist, läßt sich nicht mit Sicherheit sagen. Jesaja gibt dem durch die Syrer und das isr. Nordreich bedrohten König Ahas ein Zeichen: eine Jungfrau (oder eine junge Frau) wird einen Sohn bekommen und ihm den Namen → Immanuel (= Gott mit uns) geben. Das kann besagen, daß der Prophet dem König Mut machen und ihm die bald darauf erfolgende Errettung von den gegenwärtigen Feinden ankündigen will. Aber die nächsten Verse enthalten eine Unheilsprophetie. So wird V. 14 auf eine fernere Zukunft weisen. Jesaja sieht die endgültige Zerstörung des Reiches Juda voraus. Aber damit ist noch nicht alles verloren. Der Rest des Volkes wird sich um eine Persönlichkeit scharen, die Heil und Segen bringt. Bei dieser Erklärung ist eine messianische Deutung von Jes 7,14 gegeben. Zweifellos messianisch sind aber Jes 9,1-6 u. 11,1-9. In *Jes 9*

Tafel 29: Löwenplakette aus Beth-Schean *Die 92 cm hohe Steinplatte stellt, im Flachrelief herausgehauen, zweimal einen Kampf zwischen einem Löwen und einem Hund dar. → Beth-Schean.*

gibt der Prophet eine ausführliche Schilderung der kommenden Heilszeit. Das Volk, das bisher im Finstern wandelte, sieht ein helles Licht. Der Grund für die große Schicksalswende liegt in der Geburt eines Kindes. Das ist offenbar ein Königskind, das seine Herrschaft in einzigartiger Weise ausüben wird. Dafür zeugen die Namen, die ihm beigelegt werden. Er wird über eine wunderbare Klugheit verfügen, eine erstaunliche, gottgleiche Kraft besitzen, eine ewig dauernde Friedensherrschaft auf dem Thron Davids und in seinem Reich ausüben und mit Recht und Gerechtigkeit regieren. Das ist der vollkommene, mit überirdischen Eigenschaften ausgestattete Herrscher der Heilszeit. In seiner Gestalt sind „messianische Tiefen angedeutet, die nur in Jesus Christus geschichtlich geworden sind" (O. Procksch). In *Jes 11* wird das Bild des messianischen Heilskönigs ergänzt. Die Kraft des davidischen Königshauses ist fast erloschen; nur noch ein „Stumpf" des einst gewaltigen Stammes ist übriggeblieben. Aber aus dem „Stumpf" wird ein „Sproß" hervorgehen, der alle bisherigen Herrscher über Juda übertrifft. Der Geist des Herrn wird ständig auf ihm ruhen: der Geist der Weisheit und der Einsicht, des Rates und der Kraft, der Erkenntnis und der Furcht Gottes. Er wird ein König sein, der soziale Gerechtigkeit übt; unter seinem Regiment wird nicht nur unter den Menschen, sondern auch in der Natur und in der Tierwelt Frieden herrschen; er wird das zerstreute Gottesvolk sammeln; selbst die Heiden werden zu ihm kommen, und seine Wohnstätte wird voller Herrlichkeit sein. Der M.könig ist dazu berufen, den paradiesischen Urzustand wiederherzustellen. Das ist eine gewaltige Vision, die ihre volle Erfüllung erst dann finden wird, wenn Jesus Christus seine Herrschaft am Ende der Zeiten aufrichtet. — Bei *Micha* 5,1-3 ist die messianische Erwartung nicht so weitgespannt; sie ist mehr „national-partikularistischer Art". Aus Bethlehem in Juda soll der Herrscher der Zukunft als ein neuer David hervorgehen, der als Retter seines Volkes (im Kampf gegen die Assyrer) auftreten und in der Kraft Gottes eine Zeit des Friedens herbeiführen wird. — Auch *Jeremia* geht in seiner Zukunftsweissagung 23,1 ff, vgl. 33,14-17, nicht über die Linie des idealen Königs aus dem Geschlecht Davids hinaus. Im Gegensatz zu den schlechten „Hirten", den letzten Vertretern der davidischen Dynastie, die — abgesehen etwa von Hiskia und Josia — ihre Aufgabe nicht erfüllt haben, wird der von Gott erweckte Sproß aus Davids Haus, mit Weisheit ausgerüstet, ein gerechter Herrscher sein. Sein Name wird sein: „Der Herr unsere Gerechtigkeit" (wohl eine bewußte Anspielung auf Jeremias Zeitgenossen, den König Zedekia, dessen Name auch die beiden Bestandteile „Gerechtigkeit" und „Jahwe" enthielt, der aber diesem Namen nicht entsprach). In seinen Tagen, so lautet die Verheißung 23,6, „wird Juda gerettet werden und Israel in Sicherheit wohnen". Jer 30,12-22 enthält eine Weissagung über Zion. Die hl. Stadt, deren Zerstörung in V. 18 schon als geschehen vorausgesetzt scheint, soll wieder aufgebaut werden und aus ihrer Mitte wird ein Herrscher hervorgehen, der in V. 9 geradezu „David" heißt und der im Unterschied zu den oft recht unheiligen Königen der Vergangenheit den vollen Zugang zu Gott haben wird. — Wie Jeremia zunächst Prophet des göttlichen Gerichtes ist und erst seit 597, als das Gericht mit der ersten Wegführung des Volkes (nach Babel) begann, auch das kommende Heil ankündigte, so ist *Hesekiel* bis 586 (dem endgültigen Zusammenbruch) ausschließlich Verkündiger des Gerichts. Seine von da ab einsetzende Heilsweissagung läßt zwei Linien erkennen: eine mehr politische und eine mehr religiös-theokratische. Schon Hes 17,22-24 enthält die Verheißung eines gottgesandten Herrschers aus dem Haus Davids. In allegorischer Bildsprache wird der M. ein „Schößling vom Wipfel der hohen Zeder" genannt, der auf dem höchsten Berg Israels eingepflanzt werden soll, damit er dort Zweige treibe und sich zu einer herrlichen Zeder entwickle. In 21,32 wird er nur geheimnisvoll andeutend als der bezeichnet, „der das Anrecht darauf hat"; aber in 34,23 f; 37,24 f wird er geradezu ein zweiter David genannt, unter dessen Herrschaft Juda und Israel wieder zu einem Volk vereinigt werden sollen. Dann wird Gott auch einen Friedensbund mit ihnen schließen, der ein ewiger Bund sein soll 37,26.

4) In der *nachexilischen* Prophetie knüpft die messianische Erwartung eine Zeitlang an eine bestimmte zeitgeschichtliche Persönlichkeit an: an Serubabel, der als persischer Statthalter nach Jerusalem entsandt war (520 vChr). Nach dem Untergang der heidnischen Reiche wird der von Gott erwählte Davidide, der wie „ein Siegelring an der Hand Jahwes" sein wird, der Herrscher des neuen Reiches sein: so lautet das Wort des Herrn an *Haggai* 2,21 ff. Ähnlich schildert *Sacharja* in seinem fünften Nachtgesicht von dem goldenen Leuchter und den beiden Ölbäumen 4,1-14 die Heilszukunft. Hier ist aber nicht von einem, sondern von zwei Gesalbten des Herrn die Rede. Neben Serubabel, der den Bau des Tempels vollenden wird, tritt der Hohepriester

Tafel 30: Masada *Das Bild zeigt das Felsplateau am Ostabhang des → Gebirges Juda, mit dem Blick auf die Küstenebene und das Tote Meer. In den Makkabäerkämpfen wurde es befestigt, von → Herodes ausgebaut, im Aufstand gegen Rom bis 73 nChr mit zähester Tapferkeit verteidigt. Die künstliche Aufschüttung eines Dammes machte den Römern den Sturm auf das Plateau möglich.*
Das Plateau nach den Ausgrabungen (1963—1965) *von Norden nach Süden. Im Vordergrund die „Luxus-Villa" des → Herodes in drei Terrassen. Darüber die Vorratshäuser, das große Badehaus und das Verwaltungsgebäude. Rechts oben der westliche Palast des Herodes. Rund um das Plateau der Befestigungswall; links der „Schlangenpfad" zu den Vorratshäusern. Rechts das letzte Stück des aufgeschütteten Römerdammes.*

Josua. Die Vertreter der geistlichen und weltlichen Macht werden einträchtig zusammenwirken; der König (Serubabel) wird auf seinem Thron sitzen und herrschen, und der Priester wird an seiner Seite stehen 6, 10-15. In Sach 9-11 (einem Stück, das vielleicht aus späterer Zeit stammt) wird ein gewaltiges Bild von dem Sturz der Weltmächte und der Aufrichtung des messianischen Reiches entworfen. Zion soll jubeln, weil der König der Endzeit kommt, der gerecht und demütig ist. Er wird nicht wie die irdischen Machthaber mit militärischem Gepränge auftreten, sondern auf einem Esel reitend in die hl. Stadt einziehen, zum Zeichen dafür, daß er ein Friedensfürst ist. Seine Gewalt wird so groß sein, daß er den Völkern Frieden gebietet, „und seine Herrschaft wird von Meer zu Meer, vom Euphratstrom bis an die Enden der Erde reichen" 9, 10.

Der Gedanke der *Weltherrschaft des M.*, der schon in Jes 11, 10 und bei Haggai und Sacharja anklingt, kommt vollends deutlich bei *Deuterojesaja* zum Ausdruck Jes 55, 3-5. Er findet sich auch in einigen *Königspsalmen,* bes. in Ps 2, 72 u. 110: der kommende M. wird der Herr über die Völkerwelt sein und seine Herrschaft wird ewig währen. Ps 2 u. 110 sind im NT auf den Christus Jesus gedeutet worden Apg 13, 33; Hebr 1, 5; 5, 5; 1Kor 15, 25 f; Hebr 1, 13; 7, 17 ff. Matthäus und Johannes haben in dem Einzug Jesu in Jerusalem die Erfüllung von Sach 9, 9 gesehen Mt 21, 4 f; Jo 12, 14 f, vgl. Mk 11, 1 ff; Lk 19, 29 ff.

Das Buch *Maleachi,* das sonst in mancher Beziehung an Haggai und Sacharja erinnert, spricht nicht von einem persönlichen M., sondern von dem unmittelbaren Kommen Jahwes, dem aber nach 3, 1 ein Bote vorausgesandt wird (im NT auf Johannes den Täufer gedeutet). Ebenso fehlt der Messiasgedanke im *Danielbuch.* Das Wort „Menschensohn" Dan 7, 13 meint nicht eine einzelne Person; es ist vielmehr im Gegensatz zu den Weltreichen, die als Tiere dargestellt werden, symbolische Bezeichnung für das Volk Gottes. In der spätjüd. Apokalyptik ist es dann allerdings für den M. verwendet worden und von daher in den Sprachgebrauch Jesu übergegangen.

5) In der *spätjüdischen Messiaserwartung außerhalb des AT-Schrifttums* sind zwei Linien zu erkennen. Auf der einen Seite wird in den um die Mitte des 1. Jh. vChr entstandenen Psalmen Salomos daran festgehalten, daß der M. aus dem Haus Davids kommen wird. In überschwenglichen Worten wird das Bild eines glanzvollen irdisch-nationalen Königs ausgemalt, der die gottlosen Herrscher vernichten, Jerusalem von den Feinden reinigen, ein hl. Volk sammeln und mit Gerechtigkeit regieren wird Ps. Sal. 17, 21 ff; 18, 5 ff. Auf der anderen Seite vollzieht sich unter dem Einfluß einer Entwicklung, die die jüd. Religion immer mehr zu einer Jenseits-Religion werden läßt, eine bedeutsame Wandlung des M.bildes. Der M. wird zu einer übermenschlichen Gestalt, die ein präexistentes (vorgeschichtliches) Dasein im Himmel führt und von daher am Ende der jetzigen Weltzeit auf die Erde herabkommen wird, wenn die Nöte der letzten Zeit, die „messianischen Wehen" überwunden sind. Nachdem der M. das Gericht gehalten hat, wird die ewig währende Heilszeit anbrechen (so das um 100 vChr entstandene Buch Henoch und die späteren Apokalypsen; vor allem das 4. Esrabuch aus dem 1. christl. Jh.). Teilweise wird das Reich des M. als ein zeitlich begrenztes Reich verstanden, dessen Dauer verschieden angegeben wird: von vierzig bis zweitausend Jahren. Das ist eine Art „eschatologischer Zwischenzeit" (Cullmann). Erst wenn sie beendet ist, bricht der neue Äon an, in dem Gott seine Herrschaft unumschränkt ausüben wird. — Die *Damaskusschrift* und die *Qumrântexte* unterscheiden zw. einem politisch-königlichen und einem priesterlichen M., wobei der priesterliche dem königlichen übergeordnet ist.

6) Im *NT* findet sich das hebr. Wort „Messias" nur an zwei Stellen des Jo-Ev.: 1, 41 u. 4, 25; im übrigen steht dafür das griech. Wort „der Christus" oder „Christus", das schon in der LXX der dem „Messias" entsprechende Ausdruck ist. Die zeitgenössischen Vorstellungen der Schriftgelehrten und des Volkes vom M. spiegeln sich in zahlreichen Stellen des NT wider: der Vorläufer Elia muß ihm vorausgehen Mk 6, 15; 8, 28; Mt 11, 10. 14; Jo 1, 21; er ist ein Nachkomme Davids Mk 10, 47; 11, 10; Mt 12, 23; 15, 22; 21, 15 f; vgl. auch Röm 1, 3; 2Tim 2, 8; Offb 5, 5; 22, 16; er wird in Bethlehem geboren Mt 2, 5; vgl. Jo 7, 41 f. Bei der Übertragung des M.prädikats auf Jesus hat das Urchristentum die politischen, partikularistischen und nationalen Elemente der M.vorstellung völlig ausgeschieden. Bestimmend dafür war die Haltung Jesu selbst, der seine messianische Aufgabe so gefaßt und gelebt hat, wie sie keine frühere Form der Erwartung sehen konnte. Darum fehlte auch den Jüngern zunächst das Verständnis Mk 8, 27 ff; Mt 16, 13 ff; Lk 9, 18 ff; erst nach eingehender Belehrung durch Jesus erschloß sich ihnen das volle Geheimnis seiner Messianität. Bei den Hohenpriestern, Schriftgelehrten und Pharisäern dagegen führte der unüberbrückbare Gegensatz zw. dem M.anspruch Jesu und den jüd. M.vorstellungen zu den schärfsten Konflikten und schließlich zur Kreuzigung Jesu Mk 15, 1 ff; Mt 27, 11 ff; Lk 23, 1 ff; Jo 18, 28 ff; 19, 3.

Das Königtum Jesu ist nicht von dieser Welt Jo 18, 36. Jesus hat, wie die Versuchungsgeschichte zeigt, das politische M.ideal von vornherein abgelehnt Mt 4, 8 ff; er hat aber das durch Gott gewirkte M.bekenntnis des Petrus anerkannt Mk 8, 29 f und im Verhör vor dem Hohen Rat die Frage des Hohenpriesters, ob er der M. sei, mit ja beantwortet Mk 14, 61 f. Das gleiche hat er vor Pilatus getan Mk 15, 2; vgl. Jo 18, 37. Während seiner irdischen Wirksamkeit freilich hat er, um nicht falsche Vorstellungen von der ihm gestellten Aufgabe zu erwecken, dem M.titel gegenüber große Zurückhaltung geübt („M.-geheimnis"). Das gilt auch von dem Gebrauch der messianisch verstandenen Bezeichnung „Davidssohn". Für die Gemeinde Jesu stand die Davidssohnschaft Jesu und damit sein königlicher Beruf unbedingt fest Mt 1,1; Lk 3,31; Röm 1,3. Jesus selbst hat seine davidische Abstammung nicht verneint, hat aber Mk 12,35 ff im Anschluß an Ps 110,1 erklärt, daß er größer sei als David. Seine messianische Würde leitet er nicht von David, sondern unmittelbar von Gott her.

In Jesus haben alle messianischen Verheißungen ihre Erfüllung gefunden. Er ist der „Friedefürst" aus Davids Stamm, der wahre „Hirte", der ewige „Heilskönig", der Weltrichter, der Herr der Welt und der Vollender aller Dinge.

Die Idee des *leidenden M.* ist dem jüd. Denken fremd. Daß Jes 42,1 ff, 52,13 ff u. 53,2 ff schon vor der Zeit des NT auf den M. bezogen wurden und daß „von einem Leiden des M. vor der endgültigen Durchsetzung seiner Herrschaft gesprochen und dieses Leiden als zur Sühnung der Sünden Israels geschehend gedacht wurde" (W. Foerster), läßt sich nicht mit Sicherheit erweisen. Geschichtliche Wirklichkeit ist das sündentilgende Leiden des M. erst bei Jesus geworden.

Auf Grund seiner einzigartigen M.gewißheit hat Jesus vor falschen M.sen gewarnt Mk 13,22; Mt 24,11-24. Von Männern, die als politische M.se auftraten und die römische Fremdherrschaft mit allen ihnen zur Verfügung stehenden Mitteln bekämpften, berichtet Apg 5,36 (Theudas i.J. 44) u. 21,38 (ein Ägypter unter Felix). Noch in der Zeit Hadrians nannte sich ein falscher M. in Anlehnung an die Bileamsweissagung 4Mose 24,17 → Barkochba (= Sohn des Sternes).

Lit.: L. Dürr, Ursprung und Ausbau der isr.-jüd. Heilandserwartung. 1925. — O. Eißfeldt, Art. Christus I (Messias). Reallexikon f. Antike u. Christentum Bd. II (1954), 1250-1258. — H. Greßmann, Der Messias. 1929. — Ed. König, Die messianischen Weissagungen des AT. 1925. — H.J. Kraus, Die Königsherrschaft Gottes im AT. 1951. — P. Volz, Die Eschatologie der jüd. Gemeinde im NTlichen Zeitalter. 1934.
Schn

Messing → Metalle.

Meßschnur. Die M. (Luther dafür auch Richtschnur, Zimmerschnur) dient dem Ausmessen einer Länge Hes 47,3, bes. beim Bauen Hiob 38,5; Jer 31,39; Sach 1,16; 2,5, aber in Gottes Hand auch, wenn er Zerstörung sendet 2Kö 21,13; Jes 34,11; Klgl 2,8. → Maße. *(Schl)*

Metalle. Als M. werden 4Mose 31,22 — gewiß dem Werte nach geordnet — aufgezählt: Gold, Silber, Erz (Bronze, Kupfer), Eisen, Zinn und Blei (→ die einzelnen Artikel). Die M. mußten allermeist eingeführt werden, etwa aus Kleinasien; Kupferminen hatten die Ägypter auf der Sinaihalbinsel; von einheimischen → Bergwerken, wohl im Ostjordanland, spricht 5Mose 8,9. Die M. wurden in Schmelzöfen 1Mose 19,28; 5Mose 4,20; Jes 48,10 und Schmelztiegeln Spr 27,21 verarbeitet. Mehrfach kamen bei den Ausgrabungen alte Gußformen zutage. In der Beschreibung des erhöhten Herrn Offb 1,15; 2,18 wird eine Mischung von M.n erwähnt (Golderz, goldenes Erz), die nicht sicher zu deuten ist; vielleicht ist an den Glanz von Messing zu denken. → Handwerk. *Schl*

Methuschelach ist in der Liste der Nachkommen Seths als Sohn des → Henoch und Vater des → Lamech genannt 1Mose 5,21 ff; Lk 3,37. Nach dem hebr. und griech. Text erreichte er mit 969 Jahren das höchste Alter (der samaritanische Text gibt dafür 720). Auffallend ist, daß 1Mose 4,18 in der Liste der Kainiten einen Methuschaël als Vater des Lamech nennt. → Seth. *Schl*

Mëuniter → Maon.

Micha. Kurzform für Michaja(hu) = Wer ist wie Jahwe?

1) Judäischer Prophet. *a)* Unter dem Namen des M. ist eine sieben Kapitel umfassende Sammlung von Prophetenworten überliefert, die im Buch der zwölf Kleinen Propheten an sechster Stelle steht. Entgegen der sekundären Überschrift 1,1 wirkte er frühestens in der Spätzeit des → Ahas und sicher unter → Hiskia (vgl. Jer 26,18) und vielleicht noch unter → Manasse. M. war ein jüngerer Zeitgenosse Jesajas, gleich dem er in Jerusalem wirkte und dessen Schüler er möglicherweise war. Nach 1,1 und Jer 26,18 stammte er aus Morescheth, das wohl mit dem 1,14 erwähnten identisch ist, einem einst auf dem Tell ed-dschudēda 35 km südwestlich von Jerusalem gelegenen Landstädtchen. Da der Name seines Vaters fehlt, ist es wahrscheinlich, daß M. kleiner Leute Kind war und die von ihm gerügten Übergriffe der Oberschicht am eigenen Leibe erlebt hatte. Wegen seiner Verkündigung angegriffen (vgl. 2,6-11; 3,5), blieb er im Wissen um seine Sendung unerschüttert 3,8 und bekannte er bis zuletzt sein Vertrauen auf Jahwe 7,7.

b) Das M.buch bildet keine literarische Einheit. Weithin gelten 1,1.5 bβ.13 b; 5,14 und die wohl verschiedenen Zeiten und Traditionskreisen angehörenden Heilsweissagungen 2,12 f; 4,1-5 (= Jes 2,1-4); 4,6-8; 5,6-8 u. 7,8-20 als spätere Zusätze. Lassen sich 5,1-5.9-13; 6; 7,1-7 als Worte M.s verstehen, so bleibt die Herkunft von 4,14 und 4,9-13 zweifelhaft. Der sichere Anteil M.s wäre demnach auf 1,2-7.8-16; 2,1-5.6-11; 3,1-4.5-8.9-12; 5,1-5.9-13; 6,1-8.9-16 und 7,1-7 zu begrenzen.

c) Die Verkündigung M.s setzt das durch den Sinai- und den Davidsbund begründete Verhältnis zw. Jahwe und seinem Volk voraus. Während sich das Volk dadurch magisch gesichert glaubte 3,11; 6,6 f, wußte M., daß Gott den konkreten, sich sittlich bewährenden Gehorsam, daß er Recht, Liebe und Demut verlangt 6,8.

Angesichts des offensichtlichen Bundesbruches, der sich in gewissenloser Ausplünderung der Armen durch die Oberschicht 2,2.8 f; 3,3; 6,10 f und in der Käuflichkeit der Richter, Priester und Propheten 3, 11. 5 offenbarte, erwartete er für das Südreich ein ähnliches Schicksal wie für das Nordreich. Wie er Samaria wegen seines Abfalls zu der kanaanäischen Fruchtbarkeitsreligion den 721 erfolgten Untergang prophezeit hatte, verkündigte er auch Jerusalem totale Zerstörung und Vernichtung des Tempels 3, 12; vgl. Jer 26, 18. Aber wie Jesaja sah auch er hinter Gottes Nein sein heimliches Ja und erwartete er jenseits des Gerichts, das seinem Volk alle falschen Sicherungen nahm 5, 9-13, einen neuen Heilskönig aus Davids Geschlecht 5, 1-5.

2) M., Sohn des Jimla, nach 1Kö 22, 8 ff eine zZ des → Ahab im Nordreich wirkende Prophetengestalt, über die uns außer in der judäischen, wohl erst dem 7. Jh. angehörenden Legende nichts bekannt ist.

3) M., ein Ephraimit, der nach Ri 17 in der Richterzeit ein Gotteshaus mit einem Gußbild errichtet haben soll.

Lit. zu 1): J. Fichtner, Obadja, Jona, Micha, Stuttgarter Bibelhefte, Stuttgart 1957; R. v. Ungern-Sternberg, Der Rechtsstreit Gottes mit seiner Gemeinde, Der Prophet Micha, Botschaft des AT 23³, Stuttgart 1958; A. Weiser, Das Buch der zwölf Kleinen Propheten I, Das Alte Testament Deutsch 24⁴, Göttingen 1963; W. Beyerlin, Die Kulttraditionen Israels in der Verkündigung des Propheten Micha, Göttingen 1959. *Kai*

Michael. Der Name bedeutet: „Wer ist wie Gott?". M. ist nach rabbinischer Lehre einer der Thronengel. Wo er erscheint, ist Herrlichkeit Gottes (hebr. schechina). M. soll mit Gabriel und Raphael dem Abraham und im Dornbusch dem Mose erschienen sein 1Mose 18, 2 ff; 2Mose 3, 2 ff. Jud 9 aber, die Nachricht vom Kampf M.s mit Satan wegen des Leichnams des Mose, fußt wohl auf einer Darstellung, die wir am Schluß der Assumptio Mosis vermuten dürfen, einer um die Zeitwende verfaßten apokryphen jüd. Schrift. AT und NT sehen M.s Dienst vor allem bei endgeschichtlichem Geschehen: Als einer der „obersten Engelfürsten" hilft er dem Bundesvolk Dan 10, 13. 21; 12, 1. Nach Offb 12, 7 ff kämpft M. an der Spitze eines Engelheeres mit dem Drachen, der „Ankläger unserer Brüder" ist. Gegenüber aller Verhüllung von Gottes Macht vertritt er sieghaft die Wahrheit: Wer ist wie Gott? Keiner ist ihm gleich! *Luck*

Michal, zweite Tochter Sauls und Frau Davids 1Sam 14, 49; 18, 20 ff; 19, 11 ff, dem sie zur Flucht vor ihrem Vater verhalf. Nach ihrer anderweitigen Verheiratung forderte sie David später als König von Juda bei den Verhandlungen mit dem isr. General Abner von Isch-Boscheth, Sauls Sohn, mit Erfolg zurück, um durch diese Ehe und einen Sohn aus dieser Ehe die Nachfolge Sauls auch dynastisch in Israel zu legalisieren 2Sam 3, 13-16. Dafür, daß David nach altisr. Sitte vor der Lade Gottes den Kulttanz aufführte, zeigte sie kein Verständnis 6, 16. 20-23. *Peu*

Michmas. Ortschaft in Benjamin, heute muchmās 4 km nordöstlich Geba, von dem es durch das wādi eṣ-ṣuwēnīṭ getrennt ist. — Während Saul in dem 8 km südwestlich gelegenen Gibea weilte, bezogen die Philister ein Lager in M. Saul rückte daraufhin bis Geba vor, und von dort aus gelang es Jonathan, M. in kühnem Handstreich zu nehmen und die Philister bis nach Ajalon zu treiben 1Sam 13 f. — Bei der prophetischen Schilderung des feindlichen Vormarsches auf Jerusalem Jes 10, 28 f erscheint M. neben Ajjath, Migron und Geba. Ebenso stehen M. und Geba in der Liste der Heimkehrer Esra 2, 26 f = Neh 7, 30 f nebeneinander, vgl. auch Neh 11, 31. 157 vChr regierte Jonathan von M. aus wie einer der Richter 1Makk 9, 73. *Rü*

Midian, Midianiter. *a)* Ein weitverzweigter Nomadenverband, dessen Hauptgebiet sich von den Wüstengebieten beiderseits des Golfes von Akaba bis in die Steppen im Süden und Osten Palästinas hinzog, vgl. 1Mose 37, 28. 4Mose 22, 4-7 zeigt, daß eine M.gruppe am Kult des Baal-Peor beteiligt war und sich demnach im südl. Ostjordanland aufhielt. Auch 1Mose 36, 35 redet von einem nördlichen Vorstoß der M. ins Moabiterland, bei dem sie allerdings von den Edomitern geschlagen wurden. Unter den 4Mose 31, 8; Jos 13, 21 erwähnten M.königen erscheint Rekem; da dies der alte Name der Oase Petra ist, kann auf eine alte M.ansiedlung auch dort geschlossen werden.

b) Die Israeliten wußten sich den M.n halbverwandt, wie der Stammbaum der Keturalinie 1Mose 25, 2 zeigt. Auch die Begegnung Moses mit den M.n auf seiner Flucht aus Ägypten wird 2Mose 2, 15 ff als freundlich geschildert. Da Mose im Dienst seines Schwiegervaters → Jethro, des „Priesters der M.", seine erste Jahwebegegnung am „Gottesberg" hatte, nimmt man an, daß den M.n der Jahwekult bekannt war. 4Mose 25, 6 ff; 31 zufolge verleiteten sie das isr. Volk gleichwohl zur Abgötterei des Baal-Peor, so daß Mose sie zu Israels Feinden erklären und bekriegen mußte. Am gefährlichsten wurden sie den Israeliten in der Richterzeit, als sie mit Hilfe des um 1100 gezähmten Kamels Jahr für Jahr vor der Ernte in das kanaanäische Kulturland einbrachen, um hier zu rauben und zu plündern Ri 6, 1-6. 11. Am Fuß des Gebirges Gilboa bei der Harodquelle — heute ʿēn dschalud, südöstlich der Stadt Jesreel — gelang Gideon und seiner kleinen Schar der befreiende Gegenschlag: Durch einen nächtlichen Überfall jagte er die hier lagernden M. in die Flucht Ri 7 f. Noch zu Jesajas Zeit gedenkt man des Tages von M. Jes 9, 3; 10, 26. Die nachexilische Zeit kennt die M. als Händler aus dem Süden Jes 60, 6. Ptolemäus u. a. nennen noch in römischer Zeit einen Ort M. östlich des Golfes von Akaba. *Da*

Mietling. Ein → Lohnarbeiter, der leicht in erster Linie auf seinen Verdienst bedacht ist, ohne sich für seine Arbeit verantwortlich zu wissen Jo 10, 12 f. Zur Sache vgl. Hes 34; 13, 5; 22, 30; Sach 11, 16 f. *Kn*

Migdol, ägyptisch mktl. *1)* Stadt an der Nordgrenze Ägyptens Hes 29,10; 30,6, zZ des Jeremia von Judäern bewohnt Jer 44,1; 46,14, heute wahrscheinlich tell el-ḥēr nordöstlich von el-qanṭara. — *2)* Station beim Auszug aus Ägypten 2Mose 14,2; 4Mose 33,7. Die Lokalisierung dieses M. hängt von der Entscheidung der Frage ab, was mit dem „Meer" von 2Mose 14,2 gemeint ist. Ist es das Mittelmeer, sind M. 1) u. 2) identisch; handelt es sich aber um die Bitterseen, entspricht M. 2) vielleicht dem dschebel abū ḥasā südlich der Seen. *Rü*

Migron. Jes 10,28 Ort auf der Linie Ajjath—Geba; Michmas, wohin der von Norden auf Jerusalem vorrückende Feind seinen Troß beordert, liegt ein wenig nordöstlich davon. — Außerdem wird M. in der Geschichte von Jonathans Heldentat 1Sam 14,2 (MT) erwähnt. Die Stelle ist zu übersetzen: „Saul aber blieb an der Grenze von Geba unter dem Granatapfelbaum, der in M. ist." M. ist wahrscheinlich identisch mit tell mirjam 2 km nordöstlich von Geba. *Rü*

Milch. Die M. von Ziegen, Schafen, Kühen, auch Eselinnen wurde süß und sauer gern genossen 1Mose 18,18; 5Mose 32,14; Ri 5,25; Spr 27,27; 1Kor 9,7. Sie wurde im Schlauch aufbewahrt Ri 4,19 und zu → Butter und → Käse verarbeitet. Das Verbot, ein Böckchen in der M. seiner Mutter zu kochen 2Mose 23,19; 5Mose 14,21, wehrt einen heidnischen, aus Ugarit bezeugten Brauch ab. Überfluß an M. wird zum Bild für die Heilszeit Joel 4,18; Jes 55,1. In den Briefen des NT ist die M. ein Bild einerseits für die Anfangsgründe der christl. Wahrheit im Unterschied von tieferer Erkenntnis für die Geförderten 1Kor 3,2; Hebr 5,12f, andererseits für die Lauterkeit und Bekömmlichkeit des Wortes Gottes, das den Christen nährt 1Petr 2,2. → Milch und Honig. *Schl*

Milch und Honig. Das den Israeliten verheißene Kanaan wird oft als ein Land beschrieben, das von M.u.H. überfließt und in seinem natürlichen Reichtum die Bewohner reichlich nährt 2Mose 3,8 usw; Jos 5,6; Jer 11,5; Hes 20,6. Später konnte umgekehrt die Verödung des Landes dadurch beschrieben werden, daß M. (Dickmilch) u.H. die einzigen noch zur Verfügung stehenden Lebensmittel sind Jes 7,15f.22. *Schl*

Milet, die alte Hauptstadt von Jonien, einst eine berühmte Handelsstadt, an der Mündung des Mäander ins Ägäische Meer, jetzt wegen der Versandung des Flusses 9 km landeinwärts gelegen. Dort nahm Paulus von den Ältesten von Ephesus Abschied Apg 20,15.17-38. Ein späterer Besuch des Paulus ist 2Tim 4,20 vorausgesetzt. *Schl*

Milka, Tochter Harans, Nichte und Frau Nahors 1Mose 11,29; 22,20. *(Schw)*

Milkom → Moloch.

Millo (Aufschüttung, Akropolis). *1)* Bauwerk in Jerusalem. *a)* Zur Zeit Davids bezeichnet es wahrscheinlich das Gebiet der Davidsburg 2Sam 5,9. Da die Davidsstadt im Osten und Westen durch Talabhänge geschützt war, lag das M. Davids wahrscheinlich im Nordwesten, wo die Davidsstadt am meisten gefährdet war. Unter → Hiskia wurde das M. Davids verstärkt 2Chr 32,5. Hier wurde wohl auch → Joas ermordet 2Kö 12,21. *b)* Unter dem M. Salomos 1Kö 9, 15.24; 11,27 ist wohl der Tempel- und Palastbezirk nördlich der Davidsstadt auf dem Nordosthügel Jerusalems zu verstehen. Das Verbindungsstück, das nötig war, um den Riß zw. Davidsstadt und dem höher gelegenen M. zu schließen, 1Kö 11,27, ist wohl der bei Josephus genannte → Ophel. *2)* Auch die Akropolis von Sichem wird Ri 9,6.20 als M. bezeichnet. *Me*

Mine → Maße, → Gewichte.

Minnith wird Ri 11,33 im Bericht von Jephthahs Sieg über die Ammoniter genannt, vielleicht auch Hes 27,17 als ein Gebiet, das Weizen ausführte. Die Lage ist unbekannt. *Schl*

Minze, ein Gartengewächs, dessen Samenkörner als Gewürz und für medizinische Zwecke gebraucht wurden; pharisäischer Übereifer forderte über das Gesetz hinaus, auch davon den Zehnten zu geben Mt 23,23; Lk 11,42. *Schl*

Mirjam, Jochebeds Tochter, Schwester des Mose und Aaron, in Moses Jugendgeschichte ohne Namensnennung 2Mose 2,4ff erwähnt, führt in hohem Alter als Prophetin beim Untergang der Ägypter im Roten Meer den Triumphgesang der Frauen an 15,20f, wird, weil sie später gegen Moses Führerstellung sich auflehnt, von Gott gestraft 4Mose 12,1ff. Sie stirbt bei Kadesch 20,1. Noch in der Zeit der Propheten steht sie in hohem Ansehen Mich 6,4. *(Schw)*

Mirjamlied 2Mose 15,21. Es soll der ATlichen Tradition zufolge unmittelbar nach dem Schilfmeerwunder gesungen worden sein. Der Form nach ist es ein Hymnus, bestehend aus der Aufforderung „Singet" und der mit „denn" angeschlossenen Begründung, die Gottes Tat nennt, daß er Rosse und Streitwagenkämpfer ins Meer warf und sich darin als Hocherhabener erwies. Der Hymnus wird seinen Platz in einem dem Gedenken an die Herausführung aus Ägypten gewidmeten gottesdienstlichen Akt gehabt haben. *Ba*

Misael → Meschach.
Mischehe → Ehe.

Mischna (hebr. schana = wiederholen) meint sowohl das Lernen des mündlich überlieferten Gesetzes (durch häufiges Wiederholen), wie auch jede Sammlung von Rechtssätzen oder deren einzelne Lehrsätze — mit oder ohne ihre Rückführung auf das Wort der Bibel — in zahlreichen Kirchenväter-Belegen als „Deuterosis" im Sinn einer „zweiten Lehre" wiedergegeben.

Historisch konkret wird mit M. das corpus der in der rabbinischen Literatur nach jahrhundertelanger mündlicher Tradition schriftlich fixierten Halacha bezeichnet, das die Grundlage der gesamten talmudischen Literatur bildet. Die Vorläufer dieses Stadiums sind zahlreich. Mehrere Traktate lagen bei der Endbearbeitung schon vor, wie sich auch größere ursprünglich abgeschlossene Schichten feststellen lassen. Sie sind Hinweis darauf, daß es — bes. in der Blütezeit der jüd. Schriftgelehrsamkeit nach der Zerstörung des Tempels — viele Sammlungen dieser Art gab und wohl bald die Notwendigkeit entstanden sein mag, sich gegen zweifelhafte Halachot abzugrenzen. Hieraus dürfte sich das Entstehen der Gesetzessammlungen des Rabbi Akiba und seines Schülers Rabbi Meïr erklären, ehe die endgültige Kodifikation der M. durch Rabbi Jehuda hannasi (oder Rabbi genannt) gegen Ende des 2. Jh. erfolgte. Sie sollte vielleicht nicht mehr nur eine Sammlung von Halachot nur für den persönlichen Gebrauch und für Lehrzwecke sein, sondern ein Rechtscorpus für die Gesamtheit, die entscheidende Autorität in religiösen und gesetzlichen Fragen und zugleich die Grundlage des gesetzlichen Studiums für alle Lehrenden und Lernenden. — Etwas später wurde sie noch einmal erweitert (Anzeichen dafür sind: Namentliche Anführung Rabbis, Zitation seiner Söhne und späterer Rabbis). Sie ist so abschließende Vertreterin einer Lehrtradition, deren Entwicklung auf der Linie Hillels, Jochanan ben Zakkai, Rabbi Akiba, Rabbi Meïr zu verfolgen ist. Diese Tradition hatte sich unter anderen Richtungen der pharisäischen Schriftgelehrsamkeit durchgesetzt, vor allem aus dem anfänglichen Gegensatz gegen die Schule Schammais heraus, in dem die verständigungsbereite und nachgiebige Tendenz der Hilleliten strengerer Gesetzesauffassung bei den Schammaiten gegenüberstand.

Die Sprache der M. ist mit geringen Ausnahmen Hebräisch, in einem bisweilen bis zu Mißverständlichkeiten kompakten Stil. Nach Abot 1,1 ff wird das in ihr niedergeschriebene Gesetz entsprechend dem jüd. Traditionsdenken über die Kette der Väter auf Mose und die Sinaigesetzgebung zurückgeführt, dadurch als Offenbarung Gottes legitimiert und für die Gegenwart als Wille Gottes verbindlich gemacht. Wie ernst es dieser Gegenwart mit dem Willen Gottes war, zeigen beispielhaft die Traktate Tamid und Middot, die vom Tempeldienst und von der Einrichtung des Tempels handeln, obwohl beide erst nach der Tempelzerstörung niedergeschrieben sind. Wenn auch das spätere Judentum in ihnen angesichts seiner verzweifelten äußeren Lage keine Weisungen für seine Lebenspraxis finden konnte, so wollen beide Traktate doch halachisch verstanden sein: sie sind geschrieben, um die Erfüllung des Gesetzes zu lehren und zu sichern. Die Beschreibung des Tempels geschieht mit dem Blick auf die Zukunft, Israel muß dauernd bereit sein, „im Augenblick der Wiederaufrichtung seines Tempels durch Gott seine Pflichten an und in diesem Tempel zu erfüllen" (O. Holtzmann). Neben dieser Neuinterpretation der entsprechenden Toravorschriften auf die Zukunft wurde der neue geistige Raum ausgespart und legitimiert, der nicht mehr an die Mitte des Tempels gebunden war.

Die 6 Hauptabschnitte der M. (sedarim) sind unterteilt in 63 Traktate (massektot), diese wiederum in 523 (bzw. 525) Kapitel (perakim). Sie nehmen Stellung zu Fragen der Landwirtschaft, Festzeiten, Ehe- und Familienrecht, Zivil- und Strafrecht, Opferwesen und Reinigungsbestimmungen, deren Einzelerörterungen nach verschiedenen Aufbaugesichtspunkten erfolgen: nach der Stellung der entsprechenden Abschnitte im Pentateuch, nach Stichwortanschluß u. dergl.

Schon im Mittelalter und noch in neuerer Zeit bestanden Meinungsverschiedenheiten über die Abfassungszeit, da man aus anderen Quellen ein Verbot schriftlicher Fixierung der Halacha herauslesen zu können meinte. Jedoch ist die Interpretation dieser Stellen keineswegs gesichert; es ist sogar zu erwägen, ob diese Aussagen nicht nur zum Schutz der Autorität der M. Rabbis gemacht worden sind. Jedenfalls deutet die Art der subtilen Textinterpretation in der babylonischen Gemara darauf hin, daß zum mindesten in diesem Gebiet die M. geschrieben vorlag. Aus der Zeit der mittelalterlichen Pogrome sind nur wenige vollständige Handschriften erhalten geblieben. Der heutige textus receptus hat als Grundlage die drei aus dieser Zeit erhaltenen codices Cambridge, Kaufmann und Parma, die mit Hilfe von Vorlagen aus dem babylonischen Verbreitungsgebiet überarbeitet wurden. *Mi*

Missetat → Sünde

Mission. Das Wort M. (= Sendung) erscheint in der Bibel nur in Überschriften wie Missionsbefehl, M.reisen Mt 28; Apg 13. 15. Die moderne Begrenzung der M. auf Werke der Kirche wie Heiden-M., Innere M. ist der Bibel fremd. Sie verwendet Worte wie senden, aussenden, abordnen, aussondern, hingehen, Zeuge sein, um die gesamte Gemeinde oder ihre Glieder als „in die Welt gesendete" zu bezeichnen Jer 1,7; Mt 9,38; 28,19; Mk 3,14; Apg 13,2; 26,16; 1Kor 15,15. Jesus „sendet", wie ihn der Vater gesandt hat Jo 17,18; 20,21. M. in diesem Sinn gehört in den Ablauf von Gottes Heilshandeln Röm 11,11. Sein Wille ist erst erfüllt, wenn die „Fülle der Heiden eingegangen" und „Israels Blindheit" gewichen ist Röm 11, 25. M. ist in ihrem Vollzug eines der Anzeichen des dieser Weltzeit gesetzten Endes. *Nag*

Mist. Mit M. kann gemeint sein der Inhalt des Tiermagens 2Mose 29,14; 3Mose 4,11; 8,17; 16,27, der Därme — zum Düngen verwendet — Hes 4,15; Lk 13,8; 14,35 oder der Aschengrube außerhalb des „M."tores von Jerusalem Neh 2, 13; 3,13 f; 12,31. Er gehörte in jedem Fall zum kultisch Unreinen. Vgl. auch Mal 2,3. *Kn*

Misttor → Tore Jerusalems.

Mitanni. Als Reststaat der einstigen Hyksosherrschaft finden wir im 15. bis Mitte des 14. Jh. den M.staat in Mesopotamien mit dem Zentrum im Chaburgebiet. Die M.hauptstadt Waschukanni konnte noch nicht identifiziert werden. Die Masse der Bevölkerung gehörte zu den Churrivölkern, während die führende Klasse, die *Marianni*, die sich mit Pferdezucht beschäftigten und als Streitwagenlenker tätig waren, indo-iranischer Herkunft war. Der M.staat reichte zeitweise bis zum Zagrosgebirge, zum mittleren Euphrat und bis Syrien. Unter den Göttern erscheinen die indo-iranischen Gottheiten Indra und Varuna. Der M.staat geriet im 14. Jh. in Abhängigkeit von den → Hethitern. Von der Existenz dieses Großstaates wie des hethitischen erfuhr erst unser Jh. wieder etwas durch die Ausgrabungen. *Peu*

Mithrasliturgie → Mysterienkulte.

Mithredath, ein in Persien verbreiteter Name.
1) Finanzminister des persischen Königs → Cyrus Esra 1,8.
2) Persischer Beamter in Samaria unter Artaxerxes I. Esra 4,7. *Peu*

Mittag. *1)* Im Gegensatz zu der unheimlichen Finsternis wird das helle Licht des M.s dankbar geschätzt Hiob 5,14; Jes 59,10 und daher zum Bild des Glücks Hiob 11,17; Jes 58,10 und strahlender Gerechtigkeit Ps 37,6. Freilich braucht der Mensch auch Schutz vor der Hitze des M.s Ps 91,6; Sir 34,19. — *2)* Ebenso häufig bezeichnet M. die Himmelsgegend, den Süden, so Hab 3,3, und die im Süden liegenden Länder, so Arabien Mt 12,42, Ägypten Dan 11, 5.11. Vom Süden her kann ein Wettersturm kommen Hiob 37,9; Jes 21,1. → Mittagsland. *Schl*

Mittagsland, der hebr. Negeb (heute Negev), bezeichnet das Land im Süden des Westjordanlandes, südlich vom Gebirge Juda, etwa bis Kadesch und Ezjon-geber, 1Mose 12,9; 4Mose 13, 17.22; 5Mose 34,3; 1Sam 30,1 (in gleichem Sinn „Land gegen Mittag" 1Mose 20,1; 24,62; Jos 15,1 oder einfach „gegen Mittag" 4Mose 21,1; Jos 10,40). Im Süden wird das M. der Wüste ähnlich; im Osten ist es ein zerrissenes, von tiefen Tälern durchzogenes Hochland; nach Norden mehren sich die Spuren einstiger Kultur. Dämme und Kanäle sicherten die Wasserversorgung; Terrassen an den Berghängen schufen Kulturland. Auch lief ein reger Handelsverkehr von Arabien her durch das M. Heute sind die Israeli mit größtem Eifer bemüht, im Negev immer neue Gebiete für die Kultur zurückzugewinnen. — Als *Bewohner* des M.es werden 1Sam 27,10; 30,14 die → Jerachmeeliter, die → Keniter (die LXX gibt dafür Kenisiter) und die → Kalebiter genannt. Wenn auch von einem M. der → Krether die Rede ist 1Sam 30, 14, so ist daran zu denken, daß der Machtbereich der Philister in das M. hineingriff. Das M. Judas kann diese Gegend heißen, weil sie zum Stammgebiet Judas gehörte 1Sam 27,10. Die wichtigste Stadt war → Beerseba. In den Listen Jos 15, 21-32 (Juda) und 19,2-8 (Simeon) sind manche Ortschaften des M.es genannt. Im 7. und 6. Jh. vChr kam das M. unter die Herrschaft der Edomiter. Die römische Zeit brachte mit dem Bau von Städten und Straßen eine neue Blüte. Unter den Arabern verödete das Land, während jetzt die Israeli neue Möglichkeiten erschließen. *Schl*

Mittagstor → Tore Jerusalems.
Mitteltor → Tore Jerusalems.

Mitternacht. *1)* Als Zeitangabe, so Mt 25,6; Lk 11,5; Apg 16,25. Erlebnisse zur M. sind unerwartet und leicht schreckhaft Hiob 34,20; 2Mose 12,29. — *2)* Als Bezeichnung einer Himmelsrichtung, des Nordens, 1Mose 13,14. Brandopfer 3Mose 1,11 und Sündopfer 6,18; 7,2 waren „zur Seite des Altars gegen M." zu schlachten, also, da der Altar östlich vom Heiligtum steht, rechts vom Altar. Der Schaubrottisch stand vom Leuchter aus „gegen M.", d. h. rechts von ihm 2Mose 26,35. Der Nordwind bringt Kälte Hiob 37,9; Sir 43,22. Von Norden her erwarteten die Propheten das Strafgericht Jer 6,22 u.ö. → Norden. *Schl*

Mittler. *1)* Im AT kommt das Wort nur Hiob 33,23 vor = Unterhändler, Fürsprecher. Aber die Sache steht überall im Mittelpunkt, bes. in der Gestalt Moses; als der von Gott erwählte Gesandte vermittelt er dem Volk Freiheit, Bund und Gebote 2Mose 19; 20; 34; 3Mose 26,46; 5Mose 5,5. Da der Bund nicht ein Vertrag zw. Partnern, sondern Heilsverfügung Gottes ist, vertritt Mose Gott vor dem Volk. Aber das Volk bittet ihn, an seiner Stelle Gottes Weisungen entgegenzunehmen 2Mose 20,19; 5Mose 5,24. In der Fürbitte findet Moses Eintreten für das Volk den tiefsten Ausdruck 2Mose 32,11 ff. 30 ff; 4Mose 21,7, vgl. Jer 15,1. Mose nimmt als M. eine besondere Stellung ein 2Mose 33,11; 5Mose 34,10. Auch Jer 7,16 und Hes 13,5; 22,30 tritt der M.gedanke hervor. Seine letzte Vertiefung vor Christus findet er im Knecht des Herrn mit seinem stellvertretenden Leiden Jes 49,1-6; 50, 4-9; 52,13-53,12.

2) Im NT lebt Jesus ganz für den M.auftrag seines Vaters, vgl. Mt 20,28, und der Glaube der Gemeinde bekennt ihn als den *einen* M. für alle Menschen 1Tim 2,5. Nach Hebr 8,6; 9,15; 12,24 ist er der M. des Neuen Bundes und setzt ihn in Kraft, wobei er 7,22 zunächst der Bürge ist. Eine besondere Stellung nimmt Gal 3,19f ein: hier will Paulus die vorübergehende Bedeutung des Gesetzes dadurch beleuchten, daß es „verordnet von Engeln" sei, die „durch die Hand eines M.s", den sie zw. sich und dem Volk bedürfen, das Gesetz gebracht haben, während Gott, der Eine, wenn er seine Gnade an uns erweist, in Jesus Christus unmittelbar zu uns komme. In den Stellen, die Jesus als M. bezeichnen, ist an unsere Gottesferne und Sündhaftigkeit gedacht, die unseretwegen eine Vermittlung zw. dem sündigen Menschen und dem hl. Gott nötig macht; Gott macht diese dadurch wirklich, daß er seinen Sohn in die Mitte stellt und an unserer Statt dahingibt. *Pfi*

Mitylene, die einst reiche und glänzende Hauptstadt der Insel Lesbos, von Paulus bei der Rückkehr von der dritten Missionsreise berührt Apg 20,14. Heute heißt die ganze Insel Mytilini. *(Schl)*

Mizpa (M.a) und *Mizpe* (M.e), „Warte", Name mehrerer hochgelegener Ortschaften. *1)* M.e in der Schephelah nahe Lachisch Jos 15,38, genaue Lage unbestimmt. — *2)* M.a in Benjamin Ri 20, 1ff; 21,1ff; 1Sam 7,5ff; 10,17, von Asa befestigt 1Kö 15,22; 2Chr 16,6, Sitz des Statthalters Gedalja 2Kö 25,23.25; Jer 40,6-15; 41, 1-16, Bezirksvorort Neh 3,7.15.19, Zentrum des Makkabäeraufstandes 1Makk 3,46, vielleicht identisch mit M.e Jos 18,26. Die Lokalisierung dieses Ortes ist umstritten; viele halten M.a *2)* für den in 5 Kampagnen 1926-1935 von F.W. Badè ausgegrabenen tell en-naṣbe 12 km nördlich von Jerusalem. → Tafel 33. — *3)* Auf das Land M.a Jos 11,3 wird 11,8 mit Ebene von M.e Bezug genommen. Möglicherweise handelt es sich um die Umgebung von qal'at es-subēbe bei bānjās nördlich des ḥūle-Sees. — *4)* Ramath-M.e Jos 13,26 = M.e, das in Gilead liegt Ri 11,29 = M.a Ri 10,17; 11,11.34, das in der Geschichte Jephthahs eine Rolle spielt, vgl. auch Hos 5,1, ist wohl mit rēschūni nordwestlich chirbet dschel'ad gleichzusetzen. — *5)* M.e, im Land der Moabiter 1Sam 22,3, genaue Lage unbestimmt. *Rü*

Mnason, aus Cypern stammend, mit Rücksicht auf seinen langjährigen Christenstand ein alter Jünger genannt, beherbergte in Jerusalem Paulus und seine Gefährten Apg 21,16. *Kü*

Moab, Moabiter. *1)* Das *Land M.* stellt eine große, für Weide und Kulturland geeignete Hochfläche aus Kreidekalk dar, die im Osten in die syr.-arabische Wüste übergeht und im Westen über die etwa 1000 m hohen Abarimberge (mit Peor, Pisga, Nebo) zum Toten Meer abfällt. Im Süden steigt sie bis über 1200 m Höhe bei Kerak an, ist durch tiefe Schluchten zerrissen und vom wadi el-hesa (Weidenbach Jes 15,7) begrenzt. Im Norden bildete zeitweise das wadi el-modschib (Arnontal) die Grenze; zeitweise gehörte auch die südliche el-belka bis zum Ostufer des Jordan in der Breite von Jericho mit zu M. 4Mose 22,1; 26,3.

2) Das *Volk der Moabiter. a)* Eine Besiedlung des Landes M. ist schon für das 23.-20. Jh. vChr durch keramische Funde nachgewiesen. In der Folgezeit fehlen Zeugnisse seßhafter Bevölkerung bis zum Beginn des 13. Jh. Die Wiederbesiedlung des Landes dürfte zunächst vom Westen her erfolgt sein, wie die mit dem Kretischen verwandte Inschrift der balu'a- Stele vermuten läßt, die in einem südlichen Seitental des Arnon gefunden wurde (vgl. Alt, Kl. Schriften I, 203ff). 5Mose 2,10f nennt diese Vorgänger der M. die Emiter. 1Mose 19,30ff führt den Ursprung der M. und Ammoniter auf Lots Verhältnis zu seinen Töchtern zurück und zeigt damit Israels Verachtung seinen östlichen Stammesverwandten gegenüber, die sich auch in dem alten Spottlied 4Mose 21,29f widerspiegelt. Früher als die Israeliten gelangten die M. zu Städtegründung und Staatsbildung unter Kleinkönigen, vgl. 4Mose 22,10. Zeitweise verdrängte sie allerdings Sihon, der Stadtkönig Hesbons, aus dem Gebiet nördlich des Arnon 4Mose 21, 28f. *b)* Die Israeliten vermieden zunächst kriegerische Verwicklungen mit M. 5Mose 2,9, beteiligten sich aber zum Teil am Kult des Baal-Peor im nördlichen Grenzheiligtum der M. Hierbei blieben erste Auseinandersetzungen nicht aus, wie die Berufung Bileams durch Balak und die Ausstoßung abgöttischer Israeliten durch Mose zeigt 4Mose 22,1-25,5. Unter Hinweis darauf verbietet noch 5Mose 23,4-6, vgl. Neh 13,1, jede Aufnahme von M.n in die Jahwegemeinde. Unter ihrem König → Eglon gelang es den M.n, vorübergehend vom Ostjordanland auch auf das Westufer nach Jericho hinüberzugreifen und sich die Benjaminiten tributpflichtig zu machen. Erst die Ermordung Eglons durch Ehud und der Überraschungsangriff der Benjaminiten vertrieb die M. wieder Ri 3,12-30. Für die weitere Zurückdrängung M.s zum Arnon sorgte der Stamm Gad, der nach der isr. Eroberung von Hesbon und Medeba 4Mose 21,30 das Gebiet bis nach Dibon hin (heute diban, 5 km nördlich des Arnon) besiedelte, vgl. 4Mose 33,45. Wenn es auch in Einzelfällen freundliche Beziehungen zw. Israeliten und M.n gab, vgl. Rt 1,1ff; 1Sam 22, 3f; Jer 40,11, herrschte doch im allg. Feindschaft: Saul bekriegte M. 1Sam 14,47, und David machte sie sich durch blutige Strenge tributpflichtig 2Sam 8,2. *c)* Nachdem die Könige des Nordreichs Israel — besonders Omri — zunächst die Oberherrschaft über M. aufrechterhalten konnten, gelang es in der Mitte des 9. Jh. dem M.König → Mescha, sein Gebiet in erfolgreichen Kämpfen nördlich weit über Dibon und Ataroth hinaus bis nach Baal-Meon, Nebo und Medeba zu vergrößern, wobei er vielfach die dort lebenden Gaditen ausrottete. 2Kö 3 spricht von einem erfolglosen Zug Jorams von Israel gegen Mescha, den er in Kir-Hareseth belagerte; 2Chr 20 weiß von einer Bedrohung Josaphats von Juda durch die M. zu berichten. Jerobeam

II. sicherte die Grenze gegen moabitische Übergriffe, vgl. 2Kö 13,20; 14,25. Für die Folgezeit bezeugen Keilschrifttafeln die Unterwerfung der M.könige durch Assur: so war Salman von M. dem Tiglatpileser (um 732 vChr), Kamosnadab von M. dem Sanherib und Musuri von M. dem Asar-Haddon tributpflichtig. Während der Herrschaft Nebukadnezars gehörte M. zu den Kleinstaaten, die mit Zedekia zusammen den Abfall von Babel planten Jer 27,1ff. Daß die M., die Verehrer des Gottes →Kemosch, für Israel kultisch oder politisch mehrfach eine Gefahr bedeuteten, spiegelt sich auch in der Gerichtspredigt der Propheten wider: Am 2,1ff; Jes 11,14; 15f; 25,10; Zeph 2,8ff; Jer 9,25; 48; vgl. Esra 9,1. Gegen Ende des 5.Jh. ging M. in den Besitz der →Nabatäer aus dem petraischen Arabien über, mit denen später Alexander Jannai erfolgreich um Hesbon, Medeba und andere alte M.städte kämpfte. 106 nChr wurde das nabatäische Reich von den Römern in die Provinz Arabien eingegliedert. *Da*

Modëin, die Vaterstadt der Makkabäer 1Makk 2,1.15.23. Hier wurde der Stammvater des Geschlechtes, der Priester Mattathias begraben 2,70, ebenso zwei seiner Söhne: Judas 9,19 und Jonathan 13,25. Ihr Bruder Simon errichtete für sie ein weithin sichtbares Grabdenkmal mit sieben Pyramiden, Säulen usw 13,27-30. M. liegt am Abhang des Gebirges Juda, 15 km östl. von Lydda, heute el-arba'în bei el-midje. *Rü*

Mörser. Zu den Geräten des Haushalts gehörte der M., in dem Körner zerstoßen werden 4Mose 11,8; Spr 27,22. *Schl*

Mohrenland. *1)* M. ist Luthers Übersetzung für das hebr. *Kusch,* das Land südlich von Ägypten, von Syene (Hes 29,10) südwärts bis zum Sudan, keilschriftlich Kuschu, in der LXX „Äthiopien" (nur 1Mose 10,6.8 ließ Luther „Chus" stehen, jetzt Kusch). Nahe Verbindung mit Ägypten deutet die HS oft an: 1Mose 10,6 erscheint Kusch als erster Sohn Hams, vor Ägypten; mit dem Gihon, der das M. umfließt 1Mose 2,13, ist der Nil gemeint (vgl. LXX zu Jer 2,18). Die Alten glaubten auch an enge Verbindung von Kusch mit Arabien, über das Rote Meer hinweg; daher nennt 1Mose 10,7 als Söhne von Kusch u. a. Seba, Hewila, Ragma, als Enkel Saba und Dedan; so sind auch sonst Arabien und M. zusammengeordnet 2Chr 21,16; Jes 43,3; 45,14, wie in ägyptischen Inschriften der Name →Punt das Land östlich und westlich vom Roten Meer meint.

2) Das Land Kusch mit der Hauptstadt Nabata und einem Volk mit dunkler Haut (Jer 13,23) war im 2. Jt. vChr mehrfach zeitweise von Ägypten beherrscht, dann wieder unabhängig. Im 8. und 7.Jh. vChr gelang es den tatkräftigen äthiopischen Herrschern Schabaka und Taharka (Thirhaka), mit ihren kriegstüchtigen Heeren (Jer 46,9; Nah 3,9) Ägypten zu unterwerfen (25. Dynastie 712-663); ja, sie strebten nach der Weltherrschaft und traten Assyrien und Palästina entgegen. Gesandte des „schlankgewachsenen, glänzendblanken Volkes" (Jes 18,7) kamen auch nach Jerusalem, um → Hiskia zum Abfall von Assyrien zu bewegen; Jesaja widersprach dem Bündnis mit Äthiopien-Ägypten Jes 20. In der Tat konnte →Assurbanipal den Angriff der Ägypter abwehren. Dann drängte Psammetich I. (664-610) die Äthiopier wieder aus Ägypten hinaus. Die Hauptstadt von Kusch wurde Meroe; dort gab es eine Priesterherrschaft, die im 3.Jh. vChr gestürzt wurde. In der römischen Zeit führten Königinnen (die Königin-Mutter) mit dem Titel → Kandake die Herrschaft Apg 8,27.

3) Kusch galt den Alten als das fernste Land Esth 1,1. Doch auch dorthin reicht Jahwes Gewalt Am 9,7 und einst soll auch dieses ferne Volk lernen, Jahwe zu ehren Jes 18,7; Zeph 3,9f; Ps 68,32; 87,4. Fromme Vertreter dieses Volkes waren Ebed-Melech, der Jeremia rettete Jer 38,7-13, und der Kammerherr der Kandake, den Philippus als Erstling seines Volkes taufte Apg 8. *Schl*

Molada. Ort im Süden Judas Jos 15,26, bzw. Simeons Jos 19,2, vgl. 1Chr 4,28, nach dem Exil Wohnsitz von Leviten Neh 11,26; heute tell el-milḥ oder chirbet kusēfe östlich von Beerseba. *Rü*

Molch. Unter den unreinen Tieren sind 3Mose 11,30 verschiedene Arten der Eidechsen genannt; bei dem zweiten dieser Tiere, bei dem Luther an den M. dachte, könnte die *Dornechse* gemeint sein, das flinke, kräftige, gegen 30 cm lange Tier, das am Schwanz und am Rücken Stacheln hat. *Schl*

Moloch (so in LXX, hebr. Molech, immer mit Artikel). Im Phönizischen ist mlk ein Opferbegriff, der mit der Darbringung der Erstgeburt und ihrer Auslösung durch andere Opfer zu tun hat. Wohl unter tyrischem Einfluß wurde das Kindesopfer auch in Kanaan und später in Israel heimisch. Sowohl im Nordreich 2Kö 17,17 als im Südreich 2Kö 16,3 gehörten die Kindesopfer zeitweise zum Staatskult. Ahas und Manasse 2Kö 21,6 ließen ihre eigenen Söhne höchstwahrscheinlich im Zusammenhang mit ihrer Gestirnsverehrung dem Melech, d. h. dem (Himmels-)könig, darbringen. Besonders im Tal Benhinnom bestand eine Opferstätte (Topheth) für diesen auch im Volk weit verbreiteten Kult, vgl. Jer 7,31. Die Bezeichnung Topheth dürfte auf die ursprüngliche Bedeutung „Herd" zurückgehen und zeigt, daß die kleinen Kinder wie ein tierisches Ganzopfer geschlachtet und verbrannt wurden, wohl um den Eltern göttlichen Schutz und erhöhte Fruchtbarkeit zu verschaffen. Der dabei angerufene Gott konnte wie in Jer 2,23; 19,5 Baal oder auch Jahwe sein, so daß Jeremia ausdrücklich betonen muß 7,31, Jahwe habe kein solches Brandopfer angeordnet. Obwohl Josia das Topheth des M. unter dem Eindruck von 5Mose 18,10 gründlich zerstören läßt 2Kö 23,10, lebt der M.kult doch nach seinem Tode wieder auf, ja breitet sich während des Exils noch weiter aus, wie der fortdauernde Kampf der Propheten wider die Kindesopferung beweist Jer 32,35; Hes 23,37-39; Jes 57,5. Wahrscheinlich beendete erst die feierliche Verpflichtung des Volkes auf 1-5Mose durch Esra diese Unsitte in Israel, vgl. 3Mose 18,21; 20,2-5. Molech ist hier die das Wort melech verunglimpfende Form (ähnlich wie baal zu boschäth, Schande, wird) und gilt für jeden Gott, dem Kinder geopfert werden. Einen M. sahen die Israeliten auch in dem ammonitischen Gott Milkom 1Kö 11,5.7 Im Babylonischen ist ein Gott Malik, im Punischen ein M.kult bekannt. Für die Götter Adrammelech und Anammelech bezeugt 2Kö 17,31 ebenfalls die Darbringung von Kindesopfern. *Da*

Monate.
1) Die Entwicklung der Monatsberechnung. 2) Die hebr. Monatsnamen.

1) Die Hauptgrundlage der Zeitteilung bildet die Beobachtung von Sonne und Mond. Je nachdem, ob man Sonne oder Mond als Zeitmesser wählt, entsteht ein solarer Kalender wie in Ägypten und Rom oder eine lunare Zeitrechnung wie im vorderorientalischen Kulturkreis. *Israels Kalender* ist auf den *Mondumlauf* ausgerichtet. Die Einheit der Mondrechnung ist die Zeit von einem Neumond zum andern. Daß diese Einheit (= Monat, hebr. ḥōdesch, wie ḥōdesch = Neumond; oder jeraḥ, ähnlich wie jārēaḥ = Mond) 29 bis 30 Tage umfaßt, erschließt das Altertum zunächst ohne große Berechnung einfach durch Beobachtung. Setzt man die an sich unaufhörlich fortlaufende Reihe der Mond-M. zum Naturjahr = Sonnenjahr (→Jahr) in Beziehung und grenzt so den Lauf der M. entsprechend der Dauer des Naturjahres ab, dann ergeben sich für das damit entstehende Mondjahr 12 Mond-M. Die Differenz zw. Mond- und Sonnenjahr wird durch Einführung von Schalt-M.n ausgeglichen.

2) Aus dem *altisr. Kalender* werden im *AT* nur die Namen von vier M.n überliefert, die aus der phönizisch-kanaanäischen Umwelt stammen: *'ābīb* = Monat der reifen Ähren 2Mose 13,4, *zīw* (Siw) = Monat der Blütenpracht 1Kö 6,1.37, *'ētānīm* = Monat der immer fließenden Bäche 1Kö 8,2 und *būl* = Monat der herbstlichen Regengüsse 1Kö 6,38. Daß in Palästina neben diesen im AT erhaltenen Monatsnamen noch andere in Gebrauch waren, zeigt der in → Geser gefundene, in altsemitischen Schriftzeichen geschriebene Bauernkalender, der in das 9.Jh. vChr zurückgeht und — mit dem Oktober beginnend — folgende für den Landwirt wichtigen M. und deren Arbeitsplan aufzählt: Monat des Einheimsens, M. der Saat, M. der Spätsaat, M. der Flachsernte, M. der Gerstenernte, M. für die Ernte alles Übrigen, M. des Rebenschneidens, M. der Obsternte.

Die *Namen* der M. wechselten im Lauf der Zeit. Als die alten kanaanäischen Namen außer Gebrauch kamen, ging man zu der *bloßen Zählung* über, wie die Kalenderdatierungen bei Hes 1,1 u.ö., im Heiligkeitsgesetz 3Mose 23,5ff und der sonstigen priesterlichen Gesetzgebung 4Mose 28,16ff; 29,1.7.12 zeigen. Anmerkungen zu 1Kö 6,1.38; 8,2 lassen das Bemühen erkennen, die altisr. M. mit dem neuen Zahlensystem zur Deckung zu bringen, so daß Abib (März/April) mit dem 1., Siw (April/Mai) mit dem 2., Ethanim (September/Oktober) mit dem 7. und Bul (Oktober/November) mit dem 8. Monat gleichgesetzt wird. Bei Abib ist es nicht ausdrücklich gesagt, aber wegen der Verbindung mit dem → Passa 2Mose 13,4; 5Mose 16,1 wahrscheinlich. Spätestens im Exil, wenn nicht schon mit der assyrischen Besetzung Samariens um 722, fanden außerdem mit dem assyrischen Frühjahrskalender (→Jahr) auch die *assyrisch-babylonischen Kalendernamen* in Israel Eingang. Sie sind auf einer Tafel von Ninive überliefert. Ihr aramäisches Gegenstück, den babylonischen Formen sehr ähnlich, ist zT aus dem AT, zT aus den Targumim und aus Josephus bekannt:

1. babyl.:	Nisānu	=	hebr.:	Nisan Esth 3,7
2. „	Ajaru	=	„	Ijar —
3. „	Simānu	=	„	Siwan Esth 8,9
4. „	Du'ūzu	=	„	Tammuz —
5. „	Abu	=	„	Ab —
6. „	Ulūlu	=	„	Elul Neh 6,15
7. „	Tischrītu	=	„	Tischri —
8. „	Araḫsamna	=	„	Marcheschwan—
9. „	Kisilīmu	=	„	Kislew Neh 1,1
10. „	Tebētu	=	„	Tebeth Esth 2,16
11. „	Schabāṭu	=	„	Sebat Sach 1,7
12. „	Adāru	=	„	Adar Esth 3,7.

Schaltmonate: entweder 2. Elul oder 2. Adar. Nisan = März/April; Ijar = April/Mai usw. *Ste*

Mond. *1)* Die HS redet von den Himmelskörpern niemals aus einem naturwissenschaftlich-astronomischen, sondern immer aus einem theol. Interesse. In ihren Aussagen steht deshalb die Beziehung des M.s zum Schöpfer und zur Menschenwelt im Vordergrund. — *2)* Daß der M. zur Schöpfung und nicht wie in außerbibl. Vorstellungen zur Gottheit gehört, macht 1Mose 1, 16 und die Abwehr seiner abgöttischen Anbetung 2Kö 23,5 deutlich. Er ist von Gott als Licht der Nacht zugeordnet, in seinem Lauf als Zeitmaß gesetzt 1Mose 1,14 und zugleich begleitendes Zeichen menschlicher Geschichte Ps 89,38. Gegen seinen gesundheitsschädlichen Einfluß ist Gott der Schutz Ps 121,6. — *3)* Wie im Ablauf der Menschengeschichte, so spielt der M. auch an ihrem *Ende* eine Rolle. Auffallende Veränderungen an ihm weisen auf das Nahen der *endzeitlichen Gottesgerichte* hin Jes 13,10; Lk 21,25; Offb 6,12. In der Ewigkeit aber werden weder M. noch Sonne mehr existieren wegen der viel helleren Herrlichkeit Gottes Jes 60, 19f; Offb 21,23. — *4)* Im *bildlichen* Sinn ist der M. mit seinen Phasen ein Hinweis auf die Wandelbarkeit des Narren Sir 27,12, sein Glanz ein Bild für Frauenschönheit HL 6,10. Vgl. auch Jer 31,35f. Über Jos 10,12f → Josua. *Ste*

mondsüchtig → Krankheiten.

Monotheismus. *1)* Das volle Bekenntnis zu dem einen Gott findet sich nur im Judentum, Christentum und Islam. Dagegen gibt es monotheistische Tendenzen auch in anderen Religionen, bei den Babyloniern, Griechen, Ägyptern, Indern u. a.; sie haben aber nirgends zur Überwindung des Polytheismus geführt. So wird, um nur einige Beispiele zu nennen, Zeus oft schlechthin als theos (Gott) bezeichnet; in der Stoa wird er mit der Weltvernunft und der auf ihr beruhenden Ordnung des Kosmos gleichgesetzt. Im hellenistischen Synkretismus beansprucht Isis universale Geltung. Die ägyptischen Weisheitstexte reden von „Gott" oder „dem Gott" als Herrn des Menschenschicksals. Darin spricht sich die Ahnung aus, daß sich hinter den vielen Göttern die eine Gottheit verbirgt; aber zu einem konsequenten M. ist es auch hier nicht gekommen. Das gleiche gilt von dem Gotte El in dem an sich polytheistischen Religionssystem des alten Ugarit (Funde von Ras Šamra). In Indien kennt vor allem die Bhakti-Mystik des Hinduismus einen strengen M.; aber der eine Gott, der Schöpfer, Erlöser und Vollender ist, offenbart sich in unzähligen Gestalten. Die Lehre Zarathustras scheint reiner M. zu sein. Doch der ausgeprägte Dualismus (Licht — Finsternis) führt zu der Erkenntnis, daß sie nur bedingt als monotheistisch anzusprechen ist; darum ist sie wohl am besten als „monotheistisch ausgerichtete Geschichtstheologie" zu kennzeichnen. — Eine umstrittene Frage ist, ob es bei den primitiven Völkern einen „Urmonotheismus" gegeben hat. Bejaht man sie, dann würde am Anfang der Menschheitsgeschichte nicht der Polytheismus, sondern der Glaube an einen einzigen höchsten Gott („Hochgottglaube") stehen, der freilich bei den verschiedenen Völkern eine verschiedene Ausprägung gefunden hat. Diese Theorie scheint begründet zu sein, ist aber nicht von allen Religionsforschern angenommen.

2) In der *ATlichen Religion* ist Jahwe der einzige, zu seinem Volk gehörige Gott. Darum hat Israel nichts mit anderen Göttern zu schaffen. Der Gott Israels fordert: „Ich bin Jahwe, dein Gott, du sollst keine anderen Götter haben neben mir" 2Mose 20,2f. Das heißt: Für Israel kommt nur ein Gott in Betracht. Die Verehrung anderer Götter wäre ein Bruch des Bundes, den Jahwe mit dem von ihm erwählten Volk geschlossen hat. Israel ist verpflichtet, den Gott, der sich am Sinai offenbart hat und der identisch ist mit dem Gott der Väter, von ganzem Herzen, mit ganzer Seele und aller Kraft zu lieben 5Mose 6,4f. Als der einzig wahre Gott hat Jahwe an Israel in der Geschichte gehandelt; er hat sein Volk aus dem Haus der Knechtschaft erlöst und hat ihm die Treue gehalten 5Mose 4, 34f; 7,9. Der Gott Israels ist ein „eifersüchtiger" Gott 2Mose 20,5; 5Mose 5,9; 6,15. Er wendet sich mit dem Ernst seines Gerichts gegen alle, die sich von ihm abwenden und fremden Göttern dienen Jos 24,19. Dabei wird zunächst nicht in Abrede gestellt, daß es andere Götter gibt. Das wird erst anders bei den großen vorexilischen *Propheten,* die erklären, daß Jahwe der einzige Herr der Welt ist, der die Geschicke der Völker lenkt. Neben ihm gibt es überhaupt keine göttlichen Wesen. Die heidnischen Götter sind „Nichtse"; sie sind ohnmächtige Götzen Jer 2,11. Hinter den Bildern und Statuen der heidnischen Kulte steht überhaupt keine Wirklichkeit. Aber die Herrlichkeit Jahwes erfüllt die ganze Erde Jes 6,3. So schließt seine göttliche Einzigkeit und Einzigartigkeit jede andere Gottheit aus. Erst die Prophetie hat mit dem radikalen und universalen M. Ernst gemacht. Daß er sich wirklich, auch in Israel, das ständig in der Gefahr des Abfalls von dem lebendigen Gott stand, durchsetzte, dafür haben die Propheten ihre ganze Kraft eingesetzt. Auch das Spätjudentum hat den heidnischen Polytheismus aufs schärfste bekämpft und das uneingeschränkte Bekenntnis zu dem einen Gott gefordert.

3) Jesus hat sich ausdrücklich zu dem grundlegenden Satz des jüd. M.: „Der Herr, unser Gott, ist ein einiger Gott" bekannt Mk 12,29. Und der Schriftgelehrte, der ihn nach dem vornehmsten Gebot fragt, bekräftigt dies Bekenntnis zu dem Glauben der Väter mit den Worten: „Gott ist einer und es gibt keinen anderen außer ihm" Mk 12,32. Aber das *Urchristentum* weiß, daß der Glaube an den einen Gott noch nicht in der ganzen Welt bezeugt wird. So redet Paulus davon, daß es wohl sogenannte Götter gibt und daß dämonische Mächte am Werk sind, welche die Menschen bedrohen und sie ihrer Herrschaft unterwerfen 2Kor 4,4. Für die christl. Gemeinde jedoch gibt es nur den einen Gott 1Kor 8,5f. Der Gott, den sie verehrt und anbetet, ist derselbe, zu dem sich schon Abraham, Isaak und Jakob bekannt haben. Aber das *NT* geht in einem entscheidenden Punkt über den jüd. M. hinaus. Der eine, wahre und lebendige Gott ist nicht nur der Gott, der sich in der Geschichte seines Volkes kundgetan hat und der über die Völkerwelt gebietet; in seinem tiefsten Wesen hat er sich in Jesus Christus offenbart. So schließt der Glaube an Gott den Glauben an den Sohn Gottes ein. Denn Gott war in Christus und hat durch ihn die Welt mit sich versöhnt 2Kor 5,19. Darum genügt es nicht, zu sagen: Ich glaube an den einen Gott Jak 2,19; das volle christliche Bekenntnis muß vielmehr lauten: Ich glaube an den einen Gott, der sich in Jesus Christus der Welt kundgemacht hat. Der M., den das NT lehrt, ist in einem noch tieferen Sinn als der des Judentums ein auf Offenbarung gegründeter M. Das hat seinen Grund darin, daß Christus weit erhaben ist über den Mittler der Offenbarung im Alten Bunde, Mose, Hebr 3,1-6, und daß durch ihn der NTlichen Heilsgemeinde die ganze Wesensfülle Gottes erschlossen ist Kol 1, 19; 2,9.

Die Aussagen über den einen Gott stehen in feierlichen Bekenntnisformeln oder Doxologien Röm 16,27; Eph 4,5; 1Tim 1,17; 2,5; 6,15f; Jud 25, aber auch in lehrhaften Stücken Röm 3, 30; 1Kor 8,4; Gal 3,20; Jak 2,19. Der eine Gott wird an einzelnen Stellen des NT noch näher gekennzeichnet: er ist der allein weise Gott Röm 16,27; der König der Weltzeiten, der unvergänglich und unsichtbar ist 1Tim 1,17; der Gott, der durch Jesus Christus unser Retter ist Jud 25 und der zur Durchführung seines Heilswillens sich der Person und des Werkes Christi bedient hat Gal 3,20; 1Tim 2,5.

4) Die Botschaft von dem alleinigen und wahren Gott verbindet sich im NT notwendig mit der *Bekämpfung des Götzendienstes* Apg 14,15; 17,24f; 19,26. In Athen gibt die Altarinschrift „einem unbekannten Gott" Paulus die Gelegenheit, den Gott, den die Athener verehren, ohne ihn wirklich zu kennen, als den Schöpfer und den Herrn des Himmels und der Erde zu bezeugen Apg 17,24. Die Urschuld der Menschheit besteht nach Röm 1,23.25 darin, daß sie die Herrlichkeit des unvergänglichen Gottes, der seit der Erschaffung der Welt seine ewige Macht und göttliche Größe an den Werken der Schöpfung kundgetan hat, mit den vergänglichen Götzenbildern vertauscht und so statt dem Schöpfer dem Geschaffenen Anbetung und Verehrung erwiesen hat. Darum sind die Heiden, obwohl sie viele Götter haben, ohne Gott Eph 2,2; denn sie kennen den wahren Gott nicht 1Thess 4,5. Einst haben auch die Christen den Göttern gedient, die ihrem Wesen nach gar keine sind Gal 4,8; bei ihrer Bekehrung aber haben sie sich ganz und gar von ihnen abgewandt, um hinfort dem lebendigen und wahren Gott zu dienen 1Thess 1,9. *Schn*

Mord. Wer mordet, d. h. widerrechtlich in bösem Willen einem anderen das Leben nimmt, das Gott ihm gab und das unter Gottes Schutz steht, hat sein Leben verwirkt 1Mose 9,6. In den Strafreden der Propheten wird oft über M.-taten geklagt Jes 1,21; Jer 6,7; 7,9; Hes 33,26. Das NT nennt mehrfach den M. als schlimmste Untat Mt 15,19; Offb 9,21; Röm 1,29. Der M. erwächst aus Haß und Neid; so schon beim ersten M. 1Mose 4. Darum sieht Jesus in seiner Vertiefung des Gesetzes schon im Haß und Zorn, noch ehe ein böses Wort gesagt oder Gewalt geübt ist, eine Übertretung des 5. Gebots Mt 5,22. Solches Hassen lernt der Mensch vom Teufel, der darum der Mörder von Anfang an heißt Jo 8,44; vgl. 1Jo 3,12. In bildlicher Rede Ps 42,11: der höhnende Spott der Feinde raubt mir das Leben. → Totschläger. *Schl*

More. *1)* Auf seinem Zug durch Kanaan kommt Abraham zunächst „zur (hl.) Stätte von Sichem, zur Orakelterebinthe" (Luther: Hain M.) 1Mose 12,6. Dieser wohl im Mittelpunkt des kanaanitischen Heiligtums von Sichem stehende Baum, der 5Mose 11,30 bei der Beschreibung der Lage der Berge Garizim und Ebal wieder erwähnt wird („gegenüber von Gilgal neben der Orakelterebinthe"; so LXX, MT hat den Plural; Luther: Hain M.), hat, wie 1Mose 35,4; Jos 24,26 u. Ri 9,37 zeigen, auch in isr. Zeit nichts von seiner Bedeutung verloren. — *2)* Ein Hügel M. wird Ri 7,1 genannt. Bei ihm lagerte das Heer der Midianiter, während Gideon und seine Leute sich an der Quelle Harod aufhielten. Die genaue Lage dieses Hügels ist unbekannt; viele setzen ihn mit dem dschebel ed-daḥi gleich.

Lit. zu 1): A. Alt, Die Wallfahrt von Sichem nach Bethel, Kleine Schriften zur Geschichte des Volkes Israel I, München 1953, S. 79-88. *Rü*

Morescheth Mich 1,1; Jer 26,18 oder M.-Gath Mich 1,14, die Heimat des Propheten Micha; heute tell ed-dschudēde 3 km nördlich von bēt dschibrīn. *Rü*

Morgengabe → Brautpreis.

Morgenland setzte Luther gern für den Osten ein; so 1Mose 25,6, wo die syrisch-arabische Wüste gemeint ist. „Die aus dem M." Ri 6,3.33; 7,12 sind die Beduinenstämme aus dieser Steppe. Aus welchem Land im Osten die Weisen Mt 2, 1.2.9 kamen, bleibt unbestimmt. *Schl*

Morgenopfer → Opfer.

Morgenröte. Im eigentlichen Sinn das Zeichen für den Tagesanbruch. Gerne in dichterischer Verwendung: Die Wimpern der M. Hiob 3,9; 41,10 sind wohl ihre ersten Strahlen. Die M. bricht sieghaft hervor Jes 58,8; HL 6,10, breitet sich mit Macht aus Joel 2,2, erreicht fernste Ferne Ps 139,9. Der Erde bringt sie erquickenden Tau Ps 110,3. Ihr Licht nach dunkler Nacht macht froh Jes 8,20. *Schl*

Morgenstern. In der Rede Gottes, die Hiobs Klagen und Anklagen in anbetendes Staunen verwandelt, ist von den M.en die Rede, die mit den Engeln die Herrlichkeit des Schöpfers jauchzend preisen Hiob 38,7. An einen bestimmten Stern oder die Bilder des Tierkreises ist Hiob 38,32 gedacht. Spottend nennt Jes 14,12 den König von Babel, der so hoch hinauf wollte und ins Totenreich stürzte, einen M. Im NT nennt Christus sich selbst den M. Offb 22,16, weil mit ihm der Tag des Heils anbricht. So verweist 2Petr 1,19 aus dem Dunkel der Gegenwart auf den neuen Tag, da der M. in den Herzen der Gläubigen aufgeht. So dürfen die Überwinder das Aufgehen des M.s, den Anbruch des Tages des Heils erleben Offb 2,28. *Fro*

Morgenwache, die letzte der drei (später vier) → Nachtwachen 2Mose 14,24; 1Sam 11,11. Der Dichter von Ps 130,6 harrt auf den Herrn noch mehr, noch sehnlicher „als die Wächter auf den Morgen". *(Schl)*

Morija. 2Chr 3,1 ist mit dem Berg M. sicher der hl. Fels von Jerusalem einschließlich der Tenne des Arawna-Ornan gemeint. Nicht so eindeutig liegen die Dinge 1Mose 22,2. Hier hat möglicherweise einmal „Land der Amoriter" (so die syr. Übersetzung) statt „Land M." gestanden. Erst später hätte man dann unter Einfluß von 2Chr 3,1 den Namen M. eingetragen, um 1Mose 22 in Jerusalem zu lokalisieren. Daß dies in Auseinandersetzung mit anderen Traditionen geschah — die Samariter setzen die Opferung Isaaks auf dem Garizim an —, läßt sich nur vermuten. *Rü*

Mose.
1) Historizität. 2) M. in der pentateuchischen Tradition. 3) M. im übrigen AT. 4) M. in den Quellenschriften des Pentateuch. 5) M. in der vorliterarischen Überlieferung. 6) M. in spätjüd. und 7) NTlicher Schau.

1) Die Gestalt des M. ist zuweilen von der historischen Kritik für ungeschichtlich erklärt worden. Seit den letzten Vertretern dieser Anschauung (Eduard Meyer und Gustav Hölscher) ist die gegenwärtige Forschung einhellig dazu übergegangen, seine *Geschichtlichkeit* zu behaupten. In welchem Umfang diese angenommen werden kann, darüber sind die Meinungen sehr geteilt; sie bewegen sich zw. Anerkennung eines größeren Teils der Überlieferung und eines Minimums dieser. Man wird bei dem gegenwärtigen Forschungsstand kaum zu einer sicheren Entscheidung für die eine oder die andere Möglichkeit kommen können. Je nachdem, ob man von der einen geschichtlichen Kern enthaltenden Sagenüberlieferung (Auerbach, Buber) oder von einer Aufgliederung der schriftlichen Überlieferung in eine Reihe von Einzelthemen der vorliterarischen Tradition ausgeht, wird das Urteil verschieden ausfallen.

2) Es kann sich nicht darum handeln, das M.-bild der *gesamtpentateuchischen Überlieferung* darzulegen. Nur auf einzelne Punkte kann hingewiesen werden. Einmal daß diese Überlieferung M. als die menschliche Hauptgestalt Israels herausgearbeitet hat von der Not in Ägypten an bis zur Schwelle des gelobten Landes, die M. nicht mehr überschreiten darf. Er erscheint als der Führer des Gesamtvolkes. Gegen ihn richten sich die Angriffe des Volkes in mehrfacher Weise. Er ist politischer und religiöser Führer, er inspiriert Kämpfe bis zum Sieg. Er tritt als Gesetzgeber und Richter ebenso wie als Fürbitter hervor. Buber hat wohl recht, wenn er M. als den großen Charismatiker beschreibt, dessen auffälliges Verschwinden mit dem Erlöschen seines Charisma zusammenhängt. Als Charismatiker übt er eine auffällige Mittlung zw. Gott und Volk. Daß sagenhafte oder legendäre Züge sich an ihn gehängt haben, insbesondere um seine Geburt, muß von dem Eindruck seiner übergewaltigen Person auf die Nachfahren verstanden werden.

3) Demgegenüber ist es auffällig und schon oft beobachtet, daß M. in dem *übrigen AT* zurücktritt. Protojesaja, Deuterojesaja, Hesekiel erwähnen ihn gar nicht. Hos 12,14 wird auf ihn im Prophetentitel angespielt; doch ist fraglich, ob die Stelle von Hosea stammt; ebenso Mich 6,4; Mal 3,22. Jer 15,1 wird M. neben Samuel als Fürbitter genannt. Jes 63,11f spielt unter Namensnennung auf M. an (Meerwunder, Auszug). Auch die achtmalige Erwähnung im Psalter (Ps 77,21; 90,1; 99,6; 103,7; 105,26; 106,16.23.32) beruht auf dem Anschluß an die gesamtpentateuchische Tradition, während Geschichtspsalmen wie 68; 78; 135; 136 M. nicht nennen. An weiteren vom Pentateuch unabhängigen Stellen werden (Noth) noch Ri 1,16; 4,11; 18,30 (Manasse oder M.?); 2Kö 18,4; 5Mose 33,4; Jos 9,24 aufgezählt, ohne daß diesen Stellen allzu wesentliche Aussagen zu entnehmen wären. Freilich muß ein Beweis gegen M.s Geschichtlichkeit aus diesen Stellen mit Zurückhaltung aufgenommen werden, da das ATliche Schrifttum nur einen Ausschnitt des gesamtisr. Schrifttums darstellt, so daß wir nicht wissen können, ob die gezogenen Schlüsse standhalten könnten, wenn das gesamte Schrifttum bekannt wäre. Auch darf bei diesem Tatbestand nicht vergessen werden, daß im AT der Mensch hinter Gott und seine Sache zurücktritt. Die Nichterwähnung des M. in den prophetischen Schriften könnte dadurch bedingt sein.

4) Die Untersuchung der *einzelnen Quellenschriften* des Pentateuch JEPD hat ergeben, daß alle Schriften in der M.auffassung charakteristische Verschiedenheiten aufweisen. Sie seien nach G. von Rad kurz skizziert. Der Jahwist hat dank seiner streng theozentrischen Haltung Gottes Handeln im Auge, das M. nur vorher ankündigen kann, ohne selbst in Aktion zu treten. Der Elohist hebt wohl unter dem Einfluß nordisr. Prophetenkreise die Persönlichkeit des M. viel stärker heraus. M. ist aktiv an der Herausführung beteiligt, hat den Gottesstab, der ihn zum Wundertäter macht, er ist Elohim für Aaron 2Mose 4,16 und verfügt über einen überdimensionierten Geistbesitz 4Mose 11,25ff; 12,7f. Diesen prophetischen Zug übernimmt der Deuteronomiker 5Mose 18,15.18. M. ist der exemplarische Prophet, der Gottes Wort und Willen zu verkündigen hat. Damit prägt der Deuteronomiker einen anderen Zug seinem M.bild ein, nämlich das Leiden des Gottesknechtes 5Mose 1,37; 3,23-27; 4,2f; 9,9.18ff.25ff; 34,5. Dieser Leidenszug prägt sich schon in 4Mose 12,3, der Hervorhebung der Demut des M., auf. Vermutlich handelt es sich in diesem Gedanken um eine Schau von Späteren, die von den älteren Traditionen über den leidenschaftlichen Jähzorn des M. nichts mehr wußten. Die Priesterschrift faßt alle Nuancen zusammen, das theozentrische Element und das der übergewaltigen Persönlichkeit. M. ist nur noch der zum Verkehr mit

Gott Bestimmte. In allen anderen Angelegenheiten ist Aaron da, der sogar den Wunderstab besitzt, den Aaronsstab. Das glänzende Angesicht des M. 2Mose 34,29 ff ist ein Kennzeichen dieser ausschließlichen Bestimmtheit des M.

5) Die Untersuchung der *vorliterarischen mündlichen Überlieferungsstufe* der M.geschichte ist bes. von M. Noth angestellt worden mit dem Ergebnis: In den einzelnen Traditionen ist die Gestalt des M. nicht so fest verankert, als daß nicht der Verdacht entstehen könnte, sie sei erst nachträglich in die betreffende Überlieferung eingetragen worden. Dies erscheint um so glaubwürdiger, als die Forschung ergeben hat, daß keineswegs das ganze spätere Volk Israel aus Ägypten ausgewandert ist, sondern nur Stämmegruppen, wahrscheinlich die Josephsöhne Ephraim und Manasse oder Teile von ihnen, die sich dann in Mittelpalästina auf dem Gebirge Ephraim ansiedelten. Als sicherste M.-tradition erkannte Noth die Tradition über das Grab, die es nach 5Mose 34 im Nebogebiet lokalisiert. Danach könnte M. zu den mittelpalästinischen Stämmen gehört haben und mit diesen Stämmen durch Ereignisse und Erlebnisse gegangen sein, wie sie heute in den einzelnen M.geschichten widergespiegelt sind. Es darf wohl damit gerechnet werden, daß bei weiterer Forschung diese Traditionen noch manches ältere Material über M. hergeben werden, zumal gewisse persönliche Züge (Jähzorn, Leidenschaft, Widerstand gegen ihn), sowie der Aufenthalt in Kadesch, am Gottesberg und auch der Gottesbund nicht spätere Ausgestaltung, sondern alter Überlieferungsbestand sein dürften.

6) In der *spätjüd. Literatur* wird M. zu einer überragenden Gestalt. Die bibl. Traditionen über ihn werden im hellenistischen Bereich romanhaft-legendär ausgestaltet, wobei sein Menschentum heroisiert und in den Vordergrund gestellt wird. Das beste Beispiel hiefür bietet Philo in seinem Werk „Das Leben des M.". Dieser Verherrlichung der M.gestalt gegenüber betont das palästinische Judentum die Stellung des M. in der Offenbarung; er ist Mittler der Offenbarung zw. Gott und Volk und somit Prophet. Die bibl. Linie wird also stärker betont. Im Anschluß an 5Mose 33,21 bildet sich die Erwartung der Wiederkehr des M. heraus, die sich im NT Mk 9,4 f vielleicht abschattet (M. und Elia). In der messianischen Erwartung tritt der Messias als der zweite M. auf, der entsprechend dem ATlichen Typus Züge des Leidens trägt.

7) Im *NT* wird M. zwar sehr häufig erwähnt — J. Jeremias zählte 80 Erwähnungen —, aber in sehr geschichtlicher, an die ATliche Tradition anknüpfender Weise durch Hinweis auf das Gesetz, zB Lk 24,44; Hebr 10,28 u.ö., auf den Prophetencharakter, zB Lk 24,27; Apg 26, 22 u.ö., auf das Leiden Apg 7,17-44. Ganz wenig legendäre Züge hat das NT aus der M.-anschauung seiner Zeit übernommen Apg 7,22; Jud 9. M. tritt im Endgericht gegen die Juden auf Joh 5,45 ff, hat also eine eschatologische Funktion. Die typologische Entsprechung Mose—Christus ist nach Analogie des Spätjudentums ausgearbeitet worden, und zwar in Jo 3,14; 6,32 ff; 10,11.14 stark gegensätzlich, in Hebr 3,1-6; 9,15 ff; 11,24-26 in dem Überhöhtwerden des M. durch Christus. Es darf nicht übersehen werden, daß Christus selbst in seiner Gegensätzlichkeit zu M. sich bezeugt, so in der Auslegung der Gebote Mt 5,21 ff, in der Stiftung des Neuen Bundes Mk 14,24 sowie in der Ablehnung eines zweiten Mannawunders Mt 4,3 f entspr. 2Mose 16.

Lit.: M. Buber, Moses, ^{2}1952; ders., Königtum Gottes, ^{3}1956; E. Auerbach, Moses, 1953; M. Noth, Überlieferungsgeschichte des Pentateuch, 1948; ders., Das zweite Buch Mose, Exodus, übersetzt und erklärt (ATD 5), 1959; G. von Rad, Theologie d. AT I, 1957; ThW IV, 852 ff (J. Jeremias); K. Schubert, Die Religion des nachbiblischen Judentums, 1955; E. Osswald, Das Bild des Mose in der kritischen alttestamentlichen Wissenschaft seit Julius Wellhausen (Theol. Arbeiten XVIII), 1962. *Ba*

Mosebücher.

1) Name. 2) Inhalt. 3) Quellen. 4) Literargeschichtlicher Werdegang.

1) Der deutsche *Name* Mose-Bücher, sofern man ihn nicht als bloße Inhaltsangabe auffaßt, spiegelt die jüd. Auffassung wider, daß die fünf M. von Mose selbst mit Ausnahme der letzten acht Verse, die vom Tod des Mose handeln, 5Mose 34,5-12, verfaßt worden seien. Das Werk selbst enthält keine Stelle, die diesen Anspruch erhebt. Zwar wird an verschiedenen Stellen davon gesprochen, daß Mose einzelne Ereignisse, Gebote und Ortsnamen aufgezeichnet habe, zB 2Mose 17,14; 24,4; 34,27; 4Mose 33,2; aber diese Zeugnisse können nirgends auf das Fünfbuchwerk (Pentateuch) bezogen werden. Die Einteilung in fünf Bücher wird durch die griech. Übersetzung bezeugt, die fünf verschiedene Namen für die Bücher enthält, nämlich Genesis (Ursprung), Exodos (Auszug), Levitikon (Kultusgesetze), Arithmoi (lat. Numeri = Zahlen, Volkszählung), Deuteronomion (= zweites Gesetz, Gesetzeswiederholung). In der jüd. Tradition werden die Bücher nach dem Anfangswort bezeichnet, nämlich B^{e}rēschīth (Am Anfang), Schēmōth (für w^{e}ēllāh schēmōth = und dies sind die „Namen"), Wajjiqrā' (Und er rief), Wajj^{e}dabbēr (Und er sprach) und D^{e}bārīm (für 'ēllāh hadd^{e}bārīm = Dies sind die „Worte").

2) Der *Inhalt* läßt sich mit einer kühn gewölbten Brücke vergleichen, die auf zwei Pfeilern ruht. Der eine ist die Urgeschichte 1Mose 1-11 und der andere die Erzählung vom Tod des Mose 5Mose 34. In beiden Erzählungen ist Gott der alleinig Handelnde, nicht der Mensch. Der Tod des Mose ist das Ende einer Periode des göttlichen Handelns. Diese beiden Brückenpfeiler bestimmen den Skopus des gesamten großen Erzählwerkes als Zeugnis vom Wirken Gottes in der Geschichte der Welt, der Menschen und des Volkes Israel. Das erste Buch erzählt nach der Urgeschichte die Erzvätergeschichten bis hin zu dem schönen, Gott die Ehre gebenden Wort 1Mose 50,19 f. Das zweite Buch zeigt das Schicksal des Volkes in Ägypten, den Auszug, die Bundschließung, die Episode mit dem goldenen Kalb nebst eingestreuten gesetzlichen Partien des Bundesbuches sowie Vorschriften über den Bau der sog. Stiftshütte. Das dritte Buch enthält die Kultusgesetze K. 1-7, die Priesterweihe Aarons und seiner Söhne K. 8-10, die Vorschriften über die kultische Reinheit K. 11-15 und über den Versöhnungstag K. 16, ferner das Heiligkeitsgesetz K. 17-26. Das vierte Buch setzt die Gesetzgebung am Sinai in K. 1-9 fort; K. 10-20 erzählen den Aufbruch vom Sinai und die Wanderung bis Kadesch; K. 20-36 stellen den Zug durch das Ostjordanland dar mit Umgehung des Edomgebietes. Das fünfte Buch gibt den Rückblick auf die Taten Gottes in der bisherigen Volksgeschichte in zwei Mosereden K. 1-4 und K. 5-11; in 12, 1-26, 15 folgt das eigentliche Gesetz, das sog. Deuteronomium, das 26, 16 ff ausdrücklich auf die Autorität Gottes bezogen wird. K. 27-30 legen Segen oder Fluch auf Einhaltung oder Nichtbewahrung des Gesetzes. Diese Inhaltsübersicht vermittelt den Eindruck der großartigen Einheitlichkeit und Geschlossenheit der Fünf Bücher Mose. Es verdient hervorgehoben zu werden, daß alle Kritik diesen Eindruck nicht zu verwischen vermag.

3) Freilich wird man sich sagen müssen, daß Einheitlichkeit und Geschlossenheit nur das Ergebnis einer planvollen Arbeit sein können, keineswegs das zufallsbedingte Ergebnis einer ungelenkten Traditionsgeschichte. Es fragt sich nur, wer diese planvolle Arbeit leistete, ob eine Urheberpersönlichkeit, die das Werk aus einem Guß schuf, oder ob ein Redaktor oder eine ganze Redaktorenschule dieses Ergebnis erzielte.

Vor dem 1711 veröffentlichten Genesiskommentar des Pfarrers Witter in Hildesheim sind vereinzelte hist.-kritische Forschungen und Beobachtungen am Pentateuch gemacht worden. Rund 250 Jahre bewußter → historisch-kritischer Forschung sind seitdem an die fünf Bücher Mose gewendet worden. Die Ergebnisse sind folgende: Allgemein anerkannt sind die vier *Quellenschriften* des → Jahwisten, des → Elohisten, des Deuteronomikers (→ Deuteronomium) und des Priesters (→ Priesterkodex), J, E, D, P. Darüber hinaus hat man in diesen einzelnen Quellenschriften älteres literarisches oder aus mündlicher Überlieferung stammendes Material entdeckt, das sich in der Form von Liedern, Gesetzessammlungen und Sprüchen erhalten hat. Diese Tatsache läßt vermuten, daß neben den Quellenschriften bereits andere literarische Werke vorhanden gewesen sind. Zum Teil werden sie auch genannt. Es handelt sich um das Buch des Redlichen (sēpher hajjāschār Jos 10, 13), Buch der Kriege Jahwes (sēpher milchamōth jahwe 4Mose 21, 14), Buch der Lieder (sēpher haschschīr 1Kö 8, 13 LXX). Im deuteronomistischen und chronistischen Geschichtswerk werden eine große Anzahl von anderen literarischen Quellen genannt.

Die zweite große Etappe der historisch-kritischen Untersuchung der fünf Bücher Mose war die Feststellung der Formen und Gattungen, die von den Verfassern der Quellenschriften verwendet worden waren. Das führte zur Feststellung von → Sagen und Sagenkränzen, von → Legenden, Novellen und Anekdoten, die aus verschiedener Stammesüberlieferung kamen. Diese wiederum mußte aber in den Anfängen mündlich geschehen sein. Die fünf Bücher Mose enthalten selbst Hinweise auf die mündliche Tradition, zB 2Mose 10, 2; 12, 26 f; 17, 14; 5Mose 6, 7. 20 f; 11, 19; 32, 7. 45 f. Diese vorliterarische mündliche Traditionsstufe wurde mit Hilfe der form- und traditionsgeschichtlichen Arbeitsweisen auf ihre Themen bzw. Gegenstände untersucht. Als Überlieferungsorte sind die Heiligtümer und ihr Kult angenommen worden. Da das sog. kleine geschichtliche Credo in 5Mose 26 eine Reihe solcher Themen oder Gegenstände enthält, an denen die isr. Tradition zäh festhielt, gelang es hypothetisch, jüngere und ältere Traditionen voneinander zu scheiden. Diese Forschungsart hat den Blick für das Alter der Erzählstoffe geschärft. Sie hatten schon eine lange und wechselvolle Geschichte hinter sich, ehe sie von den einzelnen Pentateuchquellen zu einem größeren Erzählwerk vereinigt wurden. Während der langen vorliterarischen Geschichte muß sich eine wachsende Vergeistigung der einzelnen Erzählungen vollzogen haben. Diese Forschung hat es freilich auch erschwert, die Erzählungen des heutigen Pentateuch als Geschichtsquellen zu verwerten. Man spricht daher vom Geschichtsbild des Jahwisten und Elohisten usw, ohne damit sagen zu wollen, wieweit dieses als wirklicher Geschichtsbericht gelten kann. Freilich darf diese Forschung nicht zur Resignation führen gegenüber der Feststellung dessen, was historisch wahr sein kann. In den verwendeten Sagen- und Legendenstoffen kann sich selbstverständlich geschichtliches Material abzeichnen, mit dem vorsichtig gearbeitet werden kann.

4) Der *literarische Werdegang* der fünf Bücher Mose ist so zu denken, daß nach dem Untergang des Nordreichs die beiden Quellenschriften J und E zusammengearbeitet wurden, wobei J zugrundegelegt wurde und die in ihm nicht enthaltenen Stoffe aus E eingefügt wurden. Auf diese Weise erklärt es sich, daß die Quellenschrift E nur bruchstückhaft erhalten ist. Diese Vereinigung zu JE mag in Juda nach der Zerstörung des Nordreichs von 722 an geschehen sein. Die im 6. Jh. in Babel entstandene Priesterschrift bot dann mit ihren Namenlisten, mit ihren genauen Orts- und Zeitangaben und mit ihrem geringen Erzählungsbestand eine gute Gelegenheit, das alte vereinigte Geschichtswerk JE in sich aufzunehmen. Diese Zusammenarbeit zu JEP muß etwa um 500 vChr geschehen sein, während die letzte Quellenschrift D, bisher die Einleitung des deuteronomistischen Geschichtswerks, etwa um 460 vChr zu JEP hinzugefügt wurde. Um die Mitte des 5. Jh. — die gegebenen

Zahlen sind ganz relativ — lag der Pentateuch fertig vor. Kleinere redaktionelle Änderungen und Zufügungen können noch im 4. Jh. vorgenommen worden sein.

Lit.: M. Noth, Überlieferungsgeschichte des Pentateuch, 1948; G. von Rad, Deuteronomiumstudien, [2]1948; O. Eißfeldt, Einleitung in das AT, [3]1964; Sellin-Fohrer, Einleitung in das Alte Testament, [10]1965. *Ba*

Mosesegen, 5Mose 33, eine Sammlung von Sprüchen verschiedenen Alters, die sich auf die einzelnen Israelstämme in nachstehender Reihenfolge beziehen: Ruben V. 6, Juda V. 7, Levi V. 8-11, Benjamin V. 12, Joseph V. 13-17, Sebulon und Isaschar V. 18 f, Gad V. 20 f, Dan V. 22, Naphthali V. 23, Asser V. 24 f. Der zwölfte Stamm Simeon fehlt. Die nordisr. Stämme werden noch in ihren Gebieten lebend vorausgesetzt; von einer erfolgten Verbannung ist nichts zu spüren. Daher wird man die Sprüche und wohl auch ihre Sammlung vor 733 oder 722 anzusetzen haben. Im 8. Jh. wird der Elohist diese Sammlung in sein Erzählwerk aufgenommen haben. Einzelne Sprüche wie zB der → Levispruch können noch in vorstaatliche Zeit zurückgehen. Der die Sammlung umrahmende Hymnus V. 2-5 u. 26-29 klingt in verschiedenen Formulierungen an das → Deboralied Ri 5 an und kann auch wegen des erwähnten Königtums Gottes über → Jesurun V. 5 in sehr frühe Zeit zurückgehen, wenn auch dieser Gedanke durch Jes 6,5 erst für die Mitte des 8. Jh. belegt ist. *Ba*

Most → Wein.

Motte. Von der M., diesem kleinen Nachtschmetterling, dessen Larven so oft Stoffe zerstören, ist in der HS nicht selten die Rede, weil ein großer Teil des Reichtums in kostbaren Stoffen und Gewändern bestand; so Jes 50, 9; 51, 8; Hos 5, 12; Hiob 13, 28; Mt 6, 19; Lk 12, 33; Jak 5, 2. Andererseits erinnert Hiob 4, 19 (wohl auch Ps 39, 12) daran, wie leicht eine M. zerdrückt wird. *Schl*

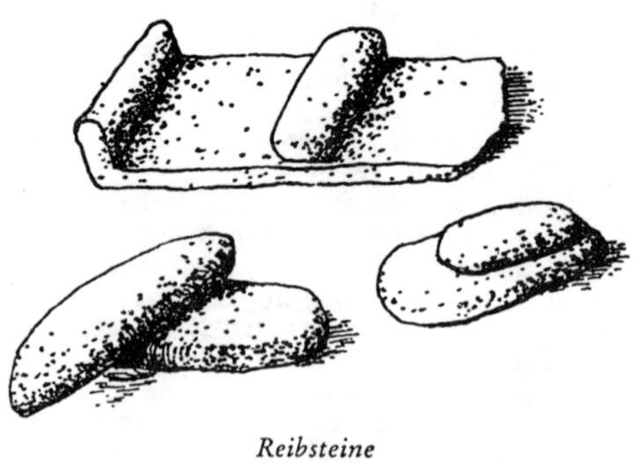

Reibsteine

Die älteste Form der Handmühle: flache Basaltplatten, etwa 50 cm lang, und Reibesteine aus Basalt oder hartem Kalkstein in ovaler Form mit glatter Reibfläche. Die Körner wurden zwischen den Steinen zerrieben.

Mücke → Fliegen und Mücken.

Mühle. In ältester Zeit wurde das Getreide mit dem Stößel im Mörser zerstampft und in Handmühlen zerrieben 4Mose 11, 8. Auf einem großen Unterstein, der Reibplatte, wurde zuerst ein kleinerer Oberstein Ri 9, 53 hin und her geschoben. Letzterer wurde zu einer Art Rahmen weiterentwickelt, innerhalb dessen das Getreide zusammengehalten und unter dessen Schenkeln es durch die Bewegung zermahlen wurde. Indem man später den zwei Steinen Kreisform gab und den oberen, der mittels einer Spindel im unteren befestigt war, drehte, war die eigentliche Handm. fertig. Für die isr. Haushaltung wurde mit ihr täglich der Bedarf gemahlen. Darum hört man täglich die Stimme der Mühle. Ist dies nicht mehr der Fall, so ist das Land verödet Jer 25, 10; Offb 18, 22. Darum ist es verboten, die M.steine

Handmühle

Der obere kleinere Stein wird an einem Holzgriff um den Zapfen des unteren größeren Steines gedreht. Die Körner werden in das trichterförmige Zapfenloch geschüttet und durch die drehende Bewegung des oberen Steines zerrieben. Oft waren es zwei Frauen, die miteinander die Handmühle drehten (Mt 24, 41).

zum Pfand zu nehmen 5Mose 24, 6. Das mühevolle Geschäft des Mahlens kam je nach den Verhältnissen der Frau, den Sklaven und Mägden 2Mose 11, 5; Jes 47, 2; Mt 24, 41 oder den Gefangenen Ri 16, 21; Klgl 5, 13 zu. Die M.steine der durch den Esel getriebenen großen M.n Mt 18, 6 stammen aus der hellenistischen Zeit. „Die M." nach Zeph 1, 11, jetzt „Mörser", meint einen Stadtteil von Jerusalem. *Kn*

Münzen. *1)* Geprägtes, in seinem Wert vom Staat garantiertes → Geld, gab es seit der Perserzeit. In der HS sind erwähnt die Darike (Luther: Gülden, 1892 in Goldgulden revidiert)

Tafel 31: Elfenbeinköpfchen aus Megiddo *Die feine Schnitzerei könnte der Griff eines Löffels aus dem 13. oder 12. Jh. vChr gewesen sein.*

1Chr 29,7; Esra 8,27 und die Golddrachme (Luther ebenfalls Gülden) Esra 2,69; Neh 7,70 ff, sowie — vielleicht als 20. Teil — der Silberschekel (Luther: Silberling) Neh 5,15; 10,33.

2) In der Folgezeit liefen in Palästina M. der Ptolemäer, der Seleukiden und der Römer um. Von griech. Silbermünzen sind im NT erwähnt die Drachme (Luther: Groschen) Lk 15,8 f im Wert von etwa 80 Pf, die Doppeldrachme (Luther: Tempelgroschen) Mt 17,24 und der Stater, ein Vierdrachmenstück (Luther: Zweigroschenstück) Mt 17,27. Von dem zahlreichen Kleingeld (die Drachme war in 6 Oboli, der Obolus in 8 Kupferstücke, Chalkūs, geteilt) wird Mt 12,42; Lk 12,59; 21,2 als kleines Kupfergeld das Lepton erwähnt (Luther: Scherflein und Heller). Bei den römischen M. entsprach der griech. Drachme der Denar Mt 18,28 (Luther: Silbergroschen); er war in damals 16 As geteilt Mt 10,29; Lk 12,6 (Luther: Pfennig), das As in 4 Quadranten Mt 5,26; Mk 12,42 (Luther: Heller). Der Quadrans hatte nach Mk 12,42 den Wert von 2 Lepta. Die Silbermünzen zeigten einen Kaiserkopf Mt 22,20 f, die Kupfermünzen nicht, sondern etwa eine Palme.

3) Nach 1Makk 15,6 verlieh Antiochus VII. Sidetes um 140 vChr dem Makkabäer Simon (→ Sp. 851) das Münzrecht. Doch stammen die ältesten erhaltenen jüd. M. von → Johannes Hyrkan. Seit Alexander → Jannai haben die M. eine hebr. und griech. Aufschrift, seit Herodes d. Gr. nur eine griech., wie sie auch griech. Art zeigen. Während des jüd. Aufstands 66-70 wurden Silber- und Kupfermünzen mit der Aufschrift „Schekel von Israel, Jahr 1 (-5)" geschlagen, ebenso während des 2. Aufstands 132 bis 135 mit der Aufschrift Jahr 1-4 „der Befreiung Israels". Münzbilder → Sp. 64. 384-386. 510. 512. 708. 758. *Schl*

Müßiggang, müßig, unbeschäftigt sein, auch die Zeit mit nichtigen Dingen ausfüllen. In der Spruchweisheit wird M. verurteilt, weil er Armut zur Folge hat Spr 28,19, vor allem aber zum Bösen verleitet Sir 33,29. Zum Ineinanderlegen der Hände als Zeichen des M.s vgl. Spr 6, 10; Pred 4,5. Untätiges Dasitzen, wenn entschiedenes Handeln erforderlich ist, wird Ri 5, 17 getadelt. Von arbeitslosen Tagelöhnern spricht Mt 20,3.6. Paulus mahnt die Müßiggänger in der christl. Gemeinde zur Arbeit 2Thess 3,11 f. → Faulheit, → Arbeit. *Oßw*

Mütze, die priesterliche Kopfbedeckung in Gestalt einer turbanartig gewickelten weißen Mütze 2Mose 28,40; 29,9; 39,28. → Kleidung. *Ste*

Murabba'at → Handschriftenfunde am Toten Meer.

murren, auch murmeln, eine Äußerung des Unwillens. Israel murrt häufig wegen Entbehrungen und Gefahren gegen Mose 2Mose 15,24; 16, 2 ff; 4Mose 14,2 ff. Korah und seine Anhänger m. wegen des priesterlichen Privilegs Aarons 4Mose 16,1 ff. Weil sich das M. im Grunde gegen Gott selbst richtet, werden die Christen als das neue Gottesvolk davor gewarnt 1Kor 10,10; Phil 2,14; vgl. aber Apg 6,1. Pharisäer und Schriftgelehrte m. gegen Jesus, weil er sich den Sündern zuwendet Lk 5,30; 15,2; 19,7 und den Anspruch erhebt, das Brot des Lebens zu sein Jo 6,41. Auch die zweifelnde Haltung der Jünger und das Schwanken des Volkes in der Stellung zu Jesus wird so bezeichnet Jo 6, 61; 7,12. *Oßw*

Musik und Musikinstrumente.
1) Gesang und Musik in der ATlichen Tradition. 2) Die Art der Musik. 3) Die einzelnen Instrumente.

1) Schon auf den ersten Blättern der Bibel begegnet uns die Erwähnung der M. Die alte Tradition 1Mose 4,21 kennt Jubal, den Sohn des Lamech, als den Stammvater aller derer, die mit kinnōr (Leier, Lyra,) und 'ūgāb (Flöte) umgehen. Das wird in einem Stammbaum berichtet, der an erster Stelle Zeltbewohner und Viehzüchter, an dritter Stelle die Erz- und Eisenbearbeiter nennt. Die M.pflege steht also an zweiter Stelle gleich nach den lebenswichtigen Tätigkeiten. Das erste Glied der Aufzählung führt zugleich in das Nomadenzeitalter hinein und belehrt, daß Israel nicht erst im Kulturland, sondern in seiner Nomadenzeit bereits die M. gekannt und gepflegt hat. Durch die Landnahme tritt keine Unterbrechung dieser M.pflege ein. Bei fröhlichen und traurigen Anlässen hat Israel gesungen und seinen Gesang mit Instrumenten

Assyrische Kapelle mit Saiteninstrumenten und Tellerzimbeln

Tafel 32: Elfenbeindose aus Megiddo *Den Schmuck der 7,5 cm hohen Dose, die bei den Ausgrabungen in → Megiddo (tell el-mutesellim) gefunden wurde, bilden auf einer Seite zwei Sphinxen mit Löwenleib und Flügeln, denen leider der Kopf fehlt, auf einer anderen Seite eine naturalistisch gestaltete Löwin.*

begleitet Jes 5,12; Am 6,5; Ps 69,13; 1Mose 31, 27; Jer 48,36; Ri 11,34; 1Sam 18,6; Jer 31,4. Einen besonderen Anlaß zur M.pflege bot der Kultus. An den einzelnen Opferstätten wird gesungen und Instrumentalmusik getrieben Am 5,23; Jes 30,29. Vor den Propheten, die eine Opferstätte verlassen, zieht eine Schar von Instrumentalmusikern her 1Sam 10,5. Mit dem Aufkommen des Königtums wird diese M.-pflege offenbar noch verstärkt. Von David ist aus der Überlieferung bekannt, daß er selbst musikausübend und -schöpferisch war. Saul braucht die M., um die Schwermut zu vertreiben 1Sam 16,16ff. Königliche Sänger und Sängerinnen werden mehrfach erwähnt 2Sam 19,36; Pred 2,8; Am 8,3 und auch in einem außerbiblischen Bericht genannt (sechsseitiges Tonprisma Sanheribs Kol III, Z. 38f betr. 701 vChr). Die Königspsalmen deuten gelegentlich darauf hin, daß diese zur Verherrlichung des Königs gedichteten und gesungenen Lieder mit Instrumenten begleitet wurden Ps 45,9. Bei Königskrönungen wird die M. selbstverständlich eine große Rolle gespielt haben 2Kö 11,14. Der Kampf erfordert ebenfalls die Verwendung von Blasinstrumenten zum Aufruf und zu Signalen, zB 2Sam 15,10; 18,16. Der Ton eines Horns warnt die Menschen vor einer nahenden Gefahr Am 3,6.

Ägyptischer Harfenspieler

Das Instrument hat den Klangkörper unten

Mit dem Bau des Tempels in Jerusalem wird dort auch eine Stätte der kultischen M. geschaffen worden sein. Zwar erfahren wir über diese kultische M. nur mehr Beiläufiges. Bei der Hinaufführung der Lade nach Jerusalem wird Gebrauch von Instrumenten bezeugt 2Sam 6,5; 1Chr 15,16.19.28. Im nachexilischen Geschichtswerk der → Chronik erfahren wir zahlreiche Einzelheiten über die Tempelmusik und die Sängerchöre 1Chr 25,1.3.6; 2Chr 5,13; 29, 30; 35,15; Esra 3,10; 2,65; Neh 7,67; 12,27ff; doch dürfen wir diese Quelle nicht einfach für die vorexilische Zeit heranziehen. Auch die Zurückführung bestimmter Instrumente auf Mose in der Priesterschrift 4Mose 10,1-8 muß als eine jüngere Überlieferung angesehen werden. Doch

Assyrischer Harfenspieler

Das Instrument hat den Klangkörper oben

kannte natürlich auch die Mosezeit den Gebrauch von Instrumenten; zB werden 2Mose 15,20 Gesang, Handpauke (tōph) und Reigentanz erwähnt.

M. hat das Volk auch in der Verbannung getrieben. Ps 137 ist ein Beleg dafür, auch Hes 33,32. Bei der Rückkehr aus dem Exil befinden sich unter den Heimwanderern auch über zweihundert Sänger und Sängerinnen Esra 2,65; Neh 7,67.

Die M. hat auch eine bestimmte Aufgabe etwa zur Herbeiführung eines prophetischen Erregungszustandes, so bei Elisa 2Kö 3,15 und 2Chr 20,14. An beiden Stellen ist wohl die Anschauung bezeugt, daß M. das Kommen der Hand Gottes über den Propheten einleiten kann, ohne daß dem souveränen Offenbarungswillen Gottes etwas abgebrochen wird.

Im nachbiblischen Schrifttum des Spätjudentums tauchen im wesentlichen die gleichen Instrumente und Bezeichnungen wie im AT auf, ebenso die verschiedenen Anlässe zur M.ausübung und zum Singen. Die Makkabäerbücher liefern hier einiges Material, insbesondere die Signalgebung durch M.instrumente 1Makk 5,33 und die M. bei Wiedereinweihung des Tempels 1Makk 4,54. Auch die Handschriften vom Toten Meer weisen in die gleiche Richtung, bes. in der Schrift „Krieg der Söhne des Lichts gegen die Söhne der Finsternis", in welcher Hörner und Trompeten zur Signalgebung während der Schlacht erwähnt werden (Kol. III; VII 9ff). Im NT dagegen wird verhältnismäßig wenig von M. und ihren Instrumenten gesprochen. Als ein Zeichen der Trauer erklingt die Flöte im Sterbehaus Mt 9,23; als Zeichen der Freude wird M. getrieben bei der Heimkehr des verlorenen Sohnes Lk 15,25. Vom Singen der Gemeinde berichten Eph 5,19 und Kol 3,16. Die

Asiate mit der Leier

Die fünf Saiten können mit dem Finger gezupft oder einem Stäbchen geschlagen werden *→ Sp. 21*

Ereignisse am Ende der Tage, die Totenauferstehung und das Kommen des Herrn, sollen durch Posaunenstöße eingeleitet werden Mt 24, 31; 1Thess 4, 16; 1Kor 15, 52; Offb 8, 2 ff.

Der ursprüngliche Zweck, der mit der M.-ausübung verfolgt wurde, wird vermutlich die Abwehr von bösen Geistern, Dämonen, gewesen sein. Das erklärt die M. im Trauerhaus ebenso wie im Hochzeitshaus und vielleicht sogar im Kult. So trägt der → Hohepriester am Gewand die Glöckchen (hebr. pa^{a}mōnīm) 2Mose 28, 33 f; 39, 25 f; Sir 45, 11; im heutigen Text sind sie Schutz vor dem Zorn Gottes. Auch die gellende und lärmende Totenklage stand im Dienst der Abwehr böser Geister. Das dürfte aber nur die ursprünglichste Wurzelschicht gewesen sein, aus der sich das Musizieren sehr bald zum Mittel des Ausdrucks für seelische Stimmungen entwickelt haben dürfte, begleitet von einer hohe geistige Gehalte ausdrückenden Dichtkunst.

2) Die Schlag- und Blasinstrumente sind so konstruiert zu denken, daß mit ihnen nur einige wenige verschiedene Töne hervorgebracht werden konnten; beim Blasen insbesondere konnte der gleiche Ton lang oder kurz oder stoßweise geblasen werden, so daß die Variation durch die Art des Blasens entstand. Die hebr. Termini sind etwa: tāqaʿ, hārīʿa, māšak. Diese verschiedenen Blasarten, nicht Tonarten, kommen trefflich in der Kriegsrolle vom Toten Meer zum Ausdruck. Wir merken schon an diesen Instrumenten, daß mit ihnen weniger eine Tonfolge, eine Melodie, als vielmehr ein Rhythmus erzeugt werden sollte. Das gleiche darf vielleicht auch in gewissem Grad von den Saiteninstrumenten gelten, die nur gezupft, nicht gestrichen wurden. Die Tonleiter von acht Tönen ist nicht nachweisbar. Rückschlüsse aus der heute im Orient geübten M. führen zum gleichen Resultat. Man liebt den Rhythmus, der mit Händeklatschen und Fußstampfen begleitet werden kann. Auch der Tanz (māchōl und mechōlāh) erscheint daher häufig in Verbindung mit den M.instrumenten Ps 149, 3; 150, 4; 2Mose 15, 20; Ri 11, 34; 2Sam 6, 5.

Ganz unsicher ist die Angabe von Melodien in den Psalmenüberschriften. Es handelt sich entweder um die Angabe von Liedanfängen, nach deren Rhythmus das betreffende Lied gesungen oder in einer Art von Sprechgesang rezitiert werden sollte, oder um wirkliche Melodien eines freilich anderen Tonsystems. Verzeichnisse von Liedanfängen sind in der ugaritischen Literatur aufgetaucht; vielleicht ist im AT Ps 68 ein solches Verzeichnis.

Im chronistischen Geschichtswerk 2Chr 5, 13 wird ein Zusammenwirken von Sängerchören mit vier verschiedenen Instrumentalgattungen erwähnt, darunter Trompeten. Wie dieses Zusammenwirken zu denken ist, dafür fehlt uns die Vorstellung. Ob bestimmte Instrumentengruppen nur von Zeit zu Zeit einfielen oder wechselweise den Gesang begleiteten, vermögen wir nicht zu sagen. Vielleicht ist ein Wechsel mit den Trompeten möglich gewesen, daß die Trompetenstöße die Signale gaben, wann diese oder jene Instrumentengruppe einfallen sollte. Der Chorgesang wird als ein einstimmiger aufzufassen sein. Wechselgesang zw. zwei Chören wird als üblich anzunehmen sein; zB das Wort ʿānāh heißt antworten und singen. Der Wechselgesang entspricht völlig der Grundart der ATlichen Poesie, nämlich dem Echovers, dessen zweite Hälfte den Gedanken der ersten Hälfte genau parallel oder weiterführend oder steigernd oder scharf antithetisch formuliert. Wer sich eine ungefähre Vorstellung von dieser M. zu machen wünscht, sei auf das folgende Zitat der deutschen Aksum-Expedition (Band I S. 8, Berlin 1913) aus dem Jahr 1910 hingewiesen: „Als die Posaunen schwiegen, begann der Priestergesang, zunächst einfach und getragen mit den eigentümlichen abessinischen Kadenzen. Sie sangen auf altäthiopisch: ‚Aksum ist eine hochgeehrte Stätte, und die Großen der Erde sind zu ihr gekommen. Die Leute von Jerusalem (= Europa) haben uns mit ihrem Besuch beehrt. Weit von Germania sind sie zu uns gekommen.‘ Wenn die Priester eine Pause machten, bliesen die Posaunen. Der Priestergesang wurde immer lebhafter, der Vorsänger ließ seine Stimme immer lauter erschallen, und der Chor fiel kräftiger ein. Dann begann der gottesdienstliche Tanz. Die Tänzerpaare bewegten sich im Rhythmus des Gesanges, ihre Sistren (schon im alten Ägypten gebrauchte Rasselinstrumente) schwingend, aufeinander zu, gingen zurück, tauschten ihre Plätze. Wie wir so da oben saßen, konnten wir uns nicht des Gedankens erwehren, als ob wir mit König Salomo vor seinem Tempel säßen, dem Tanz der isr. Priester zuschauten und den Schall der ATlichen Hörner und Posaunen hörten: es schien, als ob wir jetzt um 3000 Jahre in der Geschichte zurückversetzt wären."

3) An Schlaginstrumenten wird tōph, Plural tuppīm, die Handpauke, erwähnt, vermutlich ein mit Fell (Membran) überspannter kleiner Holzrahmen, der mit der Hand vorwiegend von Frauen geschlagen wurde. Eine Abbildung aus Karkemisch zeigt eine große Pauke, die von zwei Männern geschlagen und von einem dritten gehalten wird. Diese Handpauke diente bei weltlichen Anlässen 1Mose 31,27; Ri 11,34; Jes 5,12; 24,8; 30,32; Hiob 21,12, sowie nach 2Sam 6,5 und 1Chr 13,8 bei der Einholung der Bundeslade nach Jerusalem. Mit ihr werden genannt kinnōr, nēbel, schālischīm, n^{e}gīnā, ḥālīl und 'ūgāb. Andere Schlaginstrumente scheinen nicht neben ihr gespielt worden zu sein; lediglich die Stellen von der Überführung der Bundeslade nennen auch andere Schlaginstrumente.

Als Schlaginstrumente sind weiter die Tellerzimbeln zu nennen, den stillosen Tellerbecken moderner Kapellen vergleichbar, um 1000 vChr auf einem assyr. Relief abgebildet (Abb. 1). Die hebr. Bezeichnung ist m^{e}siltajim, eine Dualform, die für dieses Instrument bezeichnend ist. Es erscheint nur im chronistischen Geschichtswerk und ausschließlich in Verbindung mit anderen Instrumenten. Offenbar war dieses Instrument erst in der nachexilischen Zeit Bestandteil der Tempelmusik. Für die vorexilische Zeit fehlen alle Belege. Vielleicht ist aber das Wort m^{e}siltajim auch eine Synonymform zu sels^{e}līm, die 2Sam 6,5 und Ps 150,5 genannt werden. Die Tradition von 2Sam 6,5 dürfte erheblich älter sein als die des chronistischen Geschichtswerks. Danach scheinen die sels^{e}līm ursprünglich ein weltliches Instrument gewesen zu sein, das bei seiner Einführung in den Kult eine Namensänderung erfuhr.

Die Klapper oder Rassel, bekannt aus dem Isiskult in Ägypten, lateinisch sistrum genannt, hebr. m^{e}na'an'īm, kann entweder nach ägyptischer Art vorgestellt werden als ein Metallbügel, an dem Kupferplatten oder Drähte geschüttelt werden, oder als Tonklappern, in denen kleine Kieselsteine das Rasselgeräusch hervorbrachten. Die Grundbedeutung des hebr. Wortes ist Schütteln, was zu beiden Instrumentenarten gut passen würde.

Als Saiteninstrumente begegnen im AT wohl mit Sicherheit zwei: „nēbel" = die Harfe und „kinnōr" = die Leier oder Lyra (Abb. 2. 3. 4). Das Wort für Harfe bedeutet im Hebräischen auch den aus Fellen gefertigten Schlauch, so daß man einen Klangkörper annehmen muß, der einem solchen Schlauch ähnlich sah. Nach 1Kö 10,12; 2Chr 9,11 wurde das Instrument aus 'almuggīm, einem kostbaren Holz, hergestellt. Möglich ist auch die etymologische Ableitung von arabisch nabl = kleiner Pfeil oder Bogen, so daß die ägyptische Bogenharfe in Betracht kommen könnte. Hieronymus in seiner Erklärung zu Ps 33,2 erklärt den Unterschied zum kinnōr damit, daß letzteres den Klangkörper unten, nēbel den Klangkörper oben gehabt habe. Das würde zu dem Bild eines assyrischen Harfenspielers passen (Abb. 3). Der Unterschied zum kinnōr würde wohl vor allem in der Lautstärke liegen. Ps 144,9 und 33,2 erscheint der Zusatz 'āśōr = zehn, in Ps 92,4 allein 'āśōr. Entweder handelt es sich um eine kleinere Sonderart der Harfe oder um die Zither, die in Phönizien bekannt war (Abb. 5). Kinnōr ist neben dem Blasinstrument schōphār das am meisten genannte Instrument des AT. Seine Gestalt wird etwa so vorgestellt werden dürfen, daß vom Schallkörper zwei senkrechte oder nach außen geneigte Arme aufstiegen, die oben durch ein Joch verbunden waren. Beide Arten zeigen unsere Abbildungen 4 u. 6. Nach Josephus (Jüd. Altert. VII 12,3) war die Lyra (kinnōr, kinyra) mit zehn Saiten ausgestattet, die mit einem Plektron, einem Stab, angeschlagen wurden, wie auf der Abbildung aus beni-hasan. Das Wort n^{e}gīnāh, das in verschiedenen Psalmen auftaucht, kann allg. ein Saiteninstrument bedeuten; doch können nähere Angaben nicht gemacht werden.

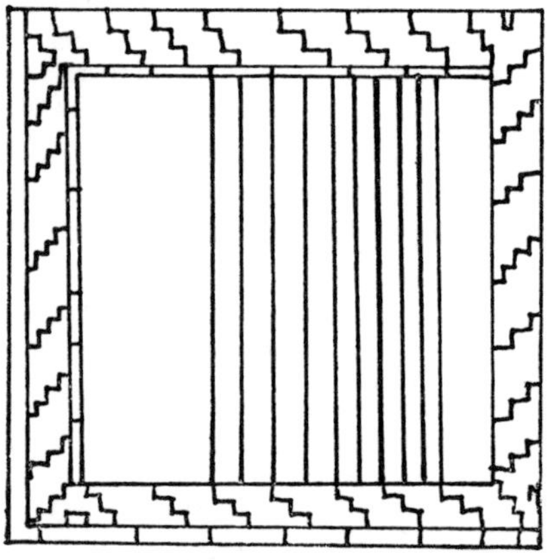

Phönizische Zither

Die Blasinstrumente sind vielfältig. Am häufigsten werden schōphār und ḥazōzerā genannt. Schōphār, gelegentlich mit jōbēl = Widder verbunden, ist aus dem Horn des wilden Ziegenbocks gefertigt. Es diente ursprünglich als kriegerisches Signal- oder ziviles Warninstrument. Mit ihm werden die Signale an der Lade gegeben worden sein. Diese kultische Verwendung wird in der Zeit nach dem Exil beibehalten, zB Ps 81,4. Nach Verlust des Tempels bleibt das Schōphār im synagogalen Gebrauch, um den Sabbat einzublasen. In der prophetischen Literatur ist das Blasen des schōphār mit der Schilderung des Tages Jahwes verbunden. Die Trompete (ḥazōzerā) dagegen ist eine Metallröhre, die unten in einen glockenförmigen Becher ausmündet. Ursprünglich zuerst in Ägypten nachweisbar, scheint sie vor dem Exil in Israel verwendet worden zu sein als Kriegsinstrument zur Befehlsgebung Hos 5,8. Nach der Tradition der Priesterschrift sind die Trompeten als Kultinstrumente verwendet worden

Gefangene Leierspieler

4Mo 10,1-10. In der Kriegsrolle von Qumrān sind die Trompeten in der Hand der Priester, die Hörner in der Hand der Leviten (Kol.VII, 13 f). „Keren" = das Horn scheint nur eine Parallelbezeichnung für schōphār zu sein.

Als Blasinstrumente sind ferner zu nennen „ḥālīl" = die Flöte und „'ūgāb", ebenfalls Flöte. Da die hebr. Wortwurzel „inbrünstig lieben" bedeutet, kann 'ūgāb die Liebesflöte gewesen sein, also ein weltliches Instrument. Man hält sie für eine einfache Rohrflöte, die drei Löcher zur Erzeugung der verschiedenen Töne hatte. Die andere Flöte ḥālīl wird von einigen für eine kürzere Rohrflöte gehalten, aber mit vier Grifflöchern, während andere sie für eine Doppelflöte erklären.

In der Tradition des Danielbuches werden ferner an M.instrumenten erwähnt und zwar im aramäischen Teil (Dan 3,5.7.10.15): maschrōqīthā, wahrscheinlich die Hirtenpfeife, śabbekhā', wohl ein dreieckiges Instrument mit vier Saiten, gebraucht als weltliches, freudiges Instrument, ähnlich wohl wie die Lyra-Leier; ferner qītherōs, wohl die griech. Zither, pesantērīn, ebenfalls ein dreisaitiges, hackbrettartiges Instrument, sūmpōnjāh (griech. Symphonia), entweder als Dudelsackpfeife oder aber nach Hieronymus gar als eine „konkordante Harmonie" erklärt.

Zweifelhaft zu bestimmen ist das 1Sam 18,6 genannte Instrument schālīsch, das für ein Triangel oder eine dreisaitige Laute gehalten wird.

Lit.: E. Kolari, Musikinstrumente und ihre Verwendung im Alten Testament, 1947; A. G. Barrois, Manuel d'Archéologie Biblique II, 1953, 193-205. *Ba*

Mutter ist eine Frau, die Kinder geboren hat 1Mose 3,16; Spr 23,25; 31,1 f. Auch ohne Kinder hatte die → Frau als Ehe- oder Hausfrau an der Seite ihres Mannes eine dem Hause und der Familie, ihrem ureigenen Lebensbereich, vorgeordnete Stellung 1Mose 18,1ff; Ri 13,1ff; 1Sam 1,4-8; 2Kö 4,8-24; (Spr 31,10ff). War sie jedoch M., bes. von Söhnen, geworden, so bekam sie als Mehrerin der Lebenskraft der Familie 1Mose 3,20 vermehrte Autorität 1Mose 16,1ff; 29,31ff; 30. Das äußert sich zunächst darin, daß wie dem Vater, so auch der M. das Gebot der Verehrung gilt 2Mose 20,12; Spr 1,8; 6,20; 10,1; vgl. 2Mose 21,17; 3Mose 18,7; 20,9; 5Mose 21,18 f; 27,16; Spr 15,20; 19,26; 20,20; 28,24; 29,15; 30,11; Mich 7,6 (→ Eltern). Die M. kann es wagen, einen Fluch auf sich zu nehmen 1Mose 27,13, genauso wie ihr eigener Fluch zu fürchten ist Ri 17,2 f. Das Haus untersteht weithin *mutterrechtlichen* Praktiken, so, wenn in den Wendungen „der Sohn deiner M." statt „Bruder" Ri 8,19; 9,1.3; Ps 50,20; 69,9; HL 1,6 oder „das Haus der M." 1Mose 24,28.53. 55 (aber 28,2); Rt 1,8; HL 3,4; 8,2 die Bindung an das Geschlecht der M. zum Ausdruck kommt oder wenn die M. für den Sohn ein Weib nimmt 1Mose 21,21. *Mütter von Königen* oder Königssöhnen hatten als solche den Titel „Herrin" 1Kö 15,13; vgl. 2Kö 10,13; Jer 13,18; 29,2 und damit verbundene Privilegien zu politischem und religiösem Handeln 1Kö 21,7 f; 2Kö 3,13; 9,22.30; 11,1ff; 24,12; vgl. auch 1Kö 14,21.31; 15,2.10; 22,42; 2Kö 8,26; 12,2; 14,2 u.a. — Von *M.liebe,* aber auch der Möglichkeit des Versagens der M. sprechen 1Kö 3, 16ff; Jes 49,15; 66,13; 1Thess 2,7; 1Mose 21, 16; Hes 16,44 f; Hos 2,4.7; Ps 27,10. Besonders bekannt sind als Mütter Sara, Rebekka, Hanna, Bathseba, Maria, vgl. 2Makk 7; Mt 20, 20ff; Mk 6,24; 2Tim 1,5. — Ist schon die Liebe des Mannes zu seiner Frau der zu seiner M. vorgeordnet 1Mose 2,24, so gilt dies erst recht angesichts der Nachfolge Jesu Mt 10,35.37; 12, 46 f; 19,29. Selbst die M. Jesu empfängt durch ihre Stellung in der „Familie Gottes" eine neue Zuordnung zu ihren Angehörigen, ihren Rechten und Aufgaben Lk 2,48ff; Jo 2,4; 19,25ff; → Maria. *Kn*

Mutwillen, mutwillig, bei Luther Übersetzung für verschiedene Wörter und Wendungen des Urtextes, so von dem eigenwilligen Tun der Gottlosen, das für den Frommen zur Anfechtung wird Ps 10,3, dem Belieben derer, die nicht nach dem Recht fragen Mich 7,3; 1Makk 1,36. 56, oder dem Übermut, der zu schändlichem Tun führt 1Mose 49,6. Häufig ist geschlechtliche Unzucht gemeint 1Mose 39,14.17; Ri 19,25; Hes 22,11; Sir 26,13, auch Verkehrtes, Sündiges, auf das man nicht vertrauen soll Jes 30,12, ein schwelgerisches Leben Sir 21,18; Offb 18,7, die Prahlerei der Lieblosigkeit 1Kor 13,4. Für die

Christen, die vorsätzlich sündigen, gibt es keine Sühne mehr Hebr 10,26; vgl. Jud 4. *Oßw*

Myra in Lykien, eine Hafenstadt, die für den Getreidehandel wichtig war; so fand der Offizier, der Paulus nach Rom bringen sollte, dort ein Schiff aus Alexandria, das nach Rom fuhr Apg 27,5 f. *Schl*

Myrrhe ist das würzig duftende Harz eines dem Balsamstrauch verwandten Baumes, das von selbst ausfloß und dann bes. hoch geschätzt war HL 5,13; 2Mose 30,23 oder durch Ritzen der Zweige gewonnen wurde. Von der Einfuhr von Gewürzpulver spricht HL 3,6; so ist es Mt 2,11 ein kostbares Geschenk. M. war ein Bestandteil des hl. Salböls 2Mose 30,23 und der Salbe für den Leichnam Jesu Jo 19,39. Mit Öl gab M. ein geschätztes Parfüm Esth 2,12; HL 5,5.13. Frauen trugen M. im Duftbeutel zw. den Brüsten HL 1,13 und gaben damit ihren Gewändern Ps 45,9 und Betten Spr 7,17 einen Wohlgeruch. Wenn nach Mk 15,23 Jesus vor der Kreuzigung mit M. gemischter Wein angeboten wurde (Mt 27,34 spricht nach Ps 69,22 von Wein mit Galle), so sollte eine gewisse Betäubung über die Qualen des Sterbens hinweghelfen. — Luther hat M. auch für eine andere Spezerei verwendet, die nach Ägypten ausgeführt und als Geschenk verwendet wurde 1Mose 37,25; 43,11. Doch haben wir dort an das *Ladanum* zu denken, das Harz, das die Blätter der Cistusrose, eines unserem Sonnenröschen verwandten Sträuchleins, ausschwitzen. *Schl*

Myrte. Da die M., dieser Strauch mit seinen immergrünen Blättern, weißen oder rötlichen, duftenden Blüten und blauschwarzen, eßbaren Früchten, Feuchtigkeit liebt, sollen in der Heilszeit M.n wachsen, wo Nesselgestrüpp wucherte Jes 41,19; 55,13. Zweige der M. wurden nach Neh 8,15 zur Herstellung der → Laubhütten verwendet. Uralt ist der Brauch des M.nkranzes als Brautschmuck; die M. war der Astarte und der Aphrodite, den Göttinnen der Fruchtbarkeit, geheiligt. Was mit den M.nbäumen im Talgrund Sach 1,8 gemeint ist, ist dunkel. *Schl*

Mysien, zunächst die von den keltischen Mysiern bewohnte Landschaft im Nordwesten von Kleinasien, später die römische Provinz M. zw. dem phrygischen Hochland und dem Marmara-Meer und Ägäischen Meer, zu der auch → Troas und im Süden → Pergamon gehörten. Paulus kam dorthin bei der zweiten und dritten Missionsreise Apg 16,7 f; 20,5 ff. *Schl*

Mysterienkulte.
1) Gemeinsame Wesensmerkmale. 2) Verbreitung. 3) Verhältnis zum NT.

1) M. sind kultische Begehungen, die einem strengen Schweigegebot unterlagen. Dies Schweigegebot wurde zu Anfang der Feiern öffentlich bekanntgegeben und war bindendes Gesetz, dessen Übertretung strengste Strafen nach sich zog. Die hl. Handlungen waren nur den Eingeweihten (Mysten) zugänglich, die nach einer Vorbereitungszeit — ausgefüllt mit Reinigungsbräuchen (Enthaltungen, Taufwaschungen) — durch einen geheimen Weiheakt in die Gemeinde aufgenommen wurden. Die Geweihten erkannten sich untereinander an Bekenntnisformeln und symbolischen Zeichen, deren Unkenntnis jeden Ungeweihten ausschloß. Die M. gründeten auf den Mythen von sterbenden und wiederauferstehenden Göttern (im Zusammenhang mit dem Wechsel der Vegetation). Dies Geschick der Götter wurde in der kultischen Feier den Geweihten durch verschiedene Riten (zB hl. Hochzeit, hl. Mahl) vergegenwärtigt (repräsentiert). In der Schau der Gottheit, bzw. ihres lebenden Symbols, dem Höhepunkt der Feier, erfuhr der Myste die Vereinigung mit der Gottheit und erhielt Anteil an ihrem → Los. Er wurde als „Wiedergeborener" ihr eigen und damit für das Jenseits bereitet. So vermittelten die M. dem Geweihten das Heil, das ihm in Form einer Seligpreisung zugesprochen wurde, zB: „Dreimal selig sind die, die nach der Schau dieser Weihen hinab in den Hades (Totenreich) steigen. Ihnen allein ist da unten Leben gegeben; alle anderen erfahren dort nur Übles" (Theol. Wörterbuch zum NT IV, S. 813).

2) M. waren vom 7. Jh. vChr bis zum 4. Jh. nChr weit *verbreitet* und an keinen festen Kultort gebunden. Die wichtigsten:

a) Im griech. Bereich: Eleusinischer M. der Kornmutter Demeter und ihrer Tochter Kore; M. des Weingottes Dionysos (Bakchos), ursprünglich in Thrakien (ekstatischer Kult); stark missionierenden Charakter hatte der orphisch-dionysische M.

b) Im orientalisch-hellenistischen Bereich: Der M. der Himmelskönigin (ursprünglich Liebesgöttin) Isis und des Reichsgottes Sarapis, stammte aus Ägypten und erlebte seine Blüte um 100 nChr in Rom; M. der „Großen Mutter" Kybele und des Attis in Phrygien (Kleinasien), in dem der Myste bei der Weihe mit Stierblut übergossen wurde; verwandt mit dem Kybelekult war der Artemiskult in Ephesus Apg 19, der durch starke Sinnlichkeit geprägt war.

c) Aus Persien stammte der ethisch ausgerichtete M. des Lichtgottes Mithras, seit dem 2. Jh. nChr die Religion der römischen Soldaten und Rivale des Christentums.

3) Von den M. lassen sich viele Analogien zum NT ziehen. Noch deutlicher aber ist die Verschiedenheit. Die Götter der M.e sind zeitlose Naturgottheiten, dem Wechsel der Vegetation unterworfen — das NT verkündigt die einmalig-geschichtliche Gestalt Jesus Christus, den von Gott auferweckten Herrn und Erlöser. In den M.en wird das neue Leben durch die Weihe naturhaft vermittelt — nach dem NT wird das neue Leben im ständigen Gehorsam des Glaubens und in der Liebe verwirklicht.

Lit.: G. Bornkamm, Theol. Wörterb. z. NT, Bd. IV, S. 810 ff; R. Bultmann, Das Urchristentum im Rahmen der antiken Religionen, [3]1963. *Bo*

Mythen. Die Umwelt des AT ist ungeheuer reich an M. gewesen. Von den Göttern weiß der Alte Orient in der Form des Mythus phantastisch zu berichten, indem die Welt der Götter und ihr Benehmen, ihr Denken und Handeln durchaus anthropomorph (in menschlicher Art) geschildert werden. Im Mythus wird die Erscheinungsart der Menschenwelt kühn auf die Götterwelt übertragen. Darin liegt das Wesen des Mythus. Je stärker die Einzelheiten ausgemalt werden, um so mehr drückt sich darin die Beliebtheit der betreffenden Göttergestalt aus. Die ugaritische Literatur hat uns in umfangreichen Epen den Reichtum und die Differenzierung ihres mythischen Denkens überliefert. Der Mythus ist geschichtslos. Er schließt sich dem Kreislaufdenken des Alten Orients an und erlebt im Wechsel von Sommer und Winter das Schicksal der Gottheiten mit. Je stärker die Phantasiebegabung eines Volkes, um so stärker wird der religiöse Sinn den Mythus pflegen und ausbilden.

Es mag deutlich sein, daß das AT notwendigerweise Umwelteinflüsse auch hinsichtlich des Mythus erfahren mußte. Sicher schon in seiner Nomadenzeit, lange vor der Landnahme mag Israel mit den M. der Kulturlandbewohner des großen Euphratbogens bekannt geworden sein. Im AT zeichnen sich nicht nur die übernommenen M. ab, sondern auch die Art, mit der Israel diesem mythischen Erbe seiner Vorfahren zu begegnen wußte. M. haben sich in 1Mose zahlreich erhalten. Der Mythos von der Erde als dem unbenannten Chaos 1Mose 1,2.5 u.ö., von dem Weltei, das von der Gottheit bebrütet wird 1Mose 1,2b, der Paradiesmythus 1Mose 2,4bff, der Mythus von der Ehe zw. den Göttersöhnen und den Menschentöchtern 1Mose 6,1-4, ferner der Mythus von dem Chaosdrachenkampf der Gottheit, der mannigfaltig im AT sichtbar wird Jes 27,1; 17,12ff; 30,7; 44,27; 50,2; 51,9f, der Mythus vom Frieden zw. Mensch und Tier in der Urzeit 1Mose 1,29f; 9,1ff, der in der Heilszeit wiederkehren wird Jes 11,1-9, der Mythus vom Gottesberg Zion, zu dem die Völker wallfahren werden Jes 2,2-4 —, das sind die Spuren mythischen Denkens im AT.

Aber die Denkart Israels war nicht für die Aufnahme mythischer Stoffe geeignet. Der Mythus setzt die bunte Götterwelt voraus, die Vielheit der Götter. Wer die Menschenwelt in die Götterwelt übertragen will, muß auch dort mit einer Vielzahl rechnen. Dem stand der von Anfang an auf Monotheismus angelegte Jahweglaube entgegen. Er war wesensmäßig mythenfeindlich. Dazu trat das Geschichtsdenken Israels, das dem geschichtslosen Mythus ebenfalls nichts abgewinnen konnte. Wenn trotzdem das AT Spuren der altorientalischen M. enthält, dann ist das nur möglich durch eine weitgehende Eingliederung des Mythus in das monotheistische und geschichtliche Denken. Der Mythus dient zum Erweis der Alleinmacht Jahwes im Himmel und auf Erden. Die göttlichen Wesen werden zu Jahwes Hofstaat erniedrigt und ihm dienstbar gemacht und somit unterworfen 1Kö 22,19 u.ö. Andererseits wird der Mythus in einen geschichtlichen Rahmen eingestellt, er wird historisiert. Die Schöpfungsmythen des Alten Orients werden zum Anfang der Geschichte durch Jahwes Handeln; denn die Schöpfungsberichte wollen Geschichte erzählen. Daher können auch die Endzeitschilderungen mythische Stoffe aufnehmen; denn auch die Endzeit gehört zur Geschichte. So wird der mythische Stoff allenthalben der Verkündigungsaufgabe des AT dienstbar gemacht, und nur der geschulte Blick des Forschers erkennt, wie hier und da in das Mauerwerk des AT fremde, alte Steine wesensmäßig anderer Bauten verbaut worden sind, so wie alte christl. Bauten Quader und Säulen heidn. Bauten in sich aufgenommen haben. *Ba*

N

Naama. *1)* Eine Stadt in Juda Jos 15,41. — *2)* Die Heimat von Hiobs Freund Zophar Hiob 2,11, wohl im Osten zu suchen (LXX nennt Zophar „König der Minäer"). *Schl*

Nabal. In dem anschaulichen Bericht 1Sam 25, 2-42 wird erzählt, wie N., ein reicher Herdenbesitzer in Maon im südlichen Juda, ein Kalebiter, in Geiz und Bosheit David töricht kränkt, wie seine kluge Frau → Abigail Davids Zorn durch ein reiches Geschenk für seine Mannschaft überwindet, wie N. an einem Schlag stirbt und Abigail Davids Frau wird. *Schl*

Nabatäer. Das AT nennt Nebajoth neben Kedar unter den Nachkommen Ismaels 1Mose 25, 13; 28,9. In Jes 60,7 erscheint Nebajoth als nordaramäischer Nomadenstamm, den auch Assurbanipal als nabajathi neben den kidru erwähnt. Vermutlich gingen aus diesem Stamm die N. hervor, die gegen Ende des 4.Jh. östlich und südlich des Toten Meeres im Gebiet des alten → Edom seßhaft wurden. Die Residenz ihrer Könige war Petra, von dem aus sie mit einem weitverzweigten Stützpunktsystem den Nord-Süd-Handel aus der arabischen Halbinsel zeitweise bis nach Palmyra und Damaskus beherrschten, vgl. 1Makk 5,25. Noch heute spiegeln die Ruinen und Felsgrabmale in Petra den Reichtum der N. wider, die Strabo als klug und erwerbstüchtig schildert. Von ihrem Kult sagt er: „Sie verehren die Sonne an einem Altar auf dem Dach, täglich opfern und räuchern sie darauf." Um 90 vChr suchten sie über das von ihnen kultivierte wadi el-'araba am Südrand Palästinas an das Mittelmeer vorzudringen. Ihr König Aretas stieß mit Erfolg gegen die Hasmonäer nach Juda vor, wo er Aristobulos in Jerusalem belagerte. Paulus berichtet 2Kor 11,32, daß es um das Jahr 30 in Damaskus einen Ethnarchen des N.-Königs Aretas (IV.) gab. 106 nChr unterwarf Trajan die N. und machte ihr Gebiet zur römischen Provinz Arabia Petraea. Am Sinai finden sich Inschriften nabatäischer Wallfahrer noch aus dem 2. und 3.Jh. nChr. *Da*

Naboth, ein Weingutsbesitzer in Israels zweiter Residenz Jesreel, der dem König Ahab den Verkauf oder Tausch seines zum königlichen Palast günstig gelegenen Weinbergs verweigerte, da er das Erbe seiner Väter nicht veräußern wollte. Mit Hilfe eines ohne Wissen Ahabs von der Königin Isebel veranstalteten Justizverbrechens — man warf N. Königs- und Gotteslästerung vor — wurde N. getötet, und sein Grundstück verfiel der Beschlagnahme 1Kö 21. Der Name „N." wurde zur Kampfparole der Gegner der Omriden in Israel 2Kö 9,21. *Peu*

nachfolgen, Nachfolge. Das Hauptwort N. fehlt bezeichnenderweise in der HS, da es sich nicht um eine Haltung, sondern um ein Mitgehen von Fall zu Fall mit dem handelt, dem man nachfolgt 1Jo 2,6. Die völlige personale Bindung ist entscheidend; ein bloßes Lehrer-Schüler-Verhältnis wie im Spätjudentum ist noch keine Nachfolge.

1) Im AT ist „dem Herrn" oder „den Göttern" n. je durch alles hindurch eine total verschiedene Existenz 5Mose 13,5 gegen 8,19; 1Sam 12,20f. Unter den Propheten hat das vor allem Hosea unter dem Bild der ehelichen Treue oder Untreue veranschaulicht 1,2; 2,7; 11,10, vgl. Jer 7,6ff. Selten wird das Wort von der N. eines Prophetenjüngers gebraucht 1Kö 19,19ff.

2) In den Evangelien kann zunächst das Zusammenströmen des Volks N. heißen Mt 4,25; 12,15; 21,9. Meist aber bedeutet es die bewußte Jüngerschaft, in Lebensgemeinschaft mit Jesus in freier Entscheidung Mk 1,17; 2,14; 10,21; Jo 1,43, vgl. Offb 14,4. Der direkte Ruf oder der aufgebrochene Entschluß Lk 9,57.59, die erfahrene Wunderhilfe Lk 5,1ff kann der Anlaß sein. Wie die Schafe auf die Stimme ihres vertrauten Hirten reagieren, ist ein Abbild der N. Jo 10, 4f. Die Tragweite der N. wird in allerlei Andeutungen sichtbar: im Bruch mit dem gewohnten Berufsleben Mk 1,18, alles verlassen Mt 19, 27f, so nüchtern überlegen wie der, der einen Turm bauen oder Krieg führen will Lk 14,27ff, sich selbst verleugnen und sein Kreuz auf sich nehmen Mt 16,24 — das alles kann Konsequenz der N. sein, ohne daß damit ein asketisches Gesetz aufgerichtet werden soll. Mitgehen, wohin die N. in der jeweiligen Situation auch führen mag, — so ist sie zu verstehen. Es ist verständlich, daß die Entscheidung nicht ohne heftigen Widerstreit gewonnen wird Mt 19,21f; Lk 9, 57ff. Aus Mk 9,38ff wird u.a. sichtbar, daß Jesus die N. nicht schematisch, an eine bestimmte Form gebunden versteht.

3) In den Briefen des NT, vor allem bei Paulus, ist N. zumeist Ausdruck der apostolischen Autorität, der für die Gemeinden vorbildlichen Amts- und Lebensführung 1Kor 4,16; 2Thess 3,9; 2Tim 3,10. Das bezieht sich zB 2Thess 3,7 auf die Selbstversorgung des Apostels durch seiner Hände Arbeit. „Nachahmung" — so die wörtliche Übersetzung des hier fast ausschließlich verwendeten Begriffs — meint keine Imitation, keine Kopie, sondern das „folgsame", gehorsame Einhalten eines Wegs, einer Verkündigung Phil 4,9 („gesehen" erst an letzter Stelle). Daß hier die N. Christi nicht in eine apostolische N. umgedeutet werden soll, zeigen Stellen wie Phil 2,5ff; 1Kor 11,1; 1Thess 1,6; Röm 15,3 (vgl. 1Petr 2,21 → Fußtapfen) unmißverständlich. Eph 5,1 ist nach 4,32 an Gottes Vergebung gedacht; darin soll die Gemeinde Gottes N.r sein. Hebr 6,12; 13,7 ist die Glaubenshaltung Abrahams, der Lehrer vorbildlich. Auch hier ist die durchaus nicht formalgesetzliche, sondern frei persönliche N. Christi unverkennbar Hebr 12,2.

Lit.: D. Bonhoeffer, Nachfolge, 1937. *He*

Nachkommen. *1)* Während Luther mit dem im AT üblichen Bild vom „Samen Abrahams" sprach, ist heute in diesen Fällen von N. oder Kindern Abrahams die Rede 1Mose 3,15; 9,9; 1Sam 20,42; Lk 1,55; Jo 8,33. In den Erzväter-Erzählungen spielt die Verheißung von Nachkommen und Landbesitz eine große Rolle 1Mose 12,7; 26,3f; 28,13; 35,12. Zu den Schicksalen des Geschlechts der Frommen vgl. Ps 25, 13; 37,25, der Gottlosen Hiob 21,8; Ps 37,28. — Der → Messias sollte nach Jo 7,42 ein Nachkomme Davids sein. Jesus Christus ist N. Davids nach dem Fleisch Röm 1,3; 2Tim 2,8. — Gal 3,16 wird Christus als *der* N. Abrahams bezeichnet. Auch die, die an ihn glauben, sind N. Abrahams Gal 3,29. Für die Zugehörigkeit zum Geschlecht Abrahams, d.h. zu den geistlichen Söhnen, ist nach Röm 9,8 allein die Verheißung maßgebend, nicht die leibliche Herkunft. — *2)* Zusammenfassend von Geschlecht, Stamm, Volk 1Mose 17,12; 46,6f; 1Kö 11,14; 2Kö 17, 20; Jer 23,8. — Nach Esra 9,2 gilt Israel als hl. Volk, das sich nicht mit den Heiden vermischen darf; vgl. Mal 2,15. → Geschlecht. *Oßw*

Nachlese. Nach altem Recht sollten die ungeernteten Reste vom Feld, Baum oder Weinberg nicht mehr vom Besitzer selbst nachgelesen werden, sondern den Armen (vor allem Waisen und Witwen) und Fremdlingen zur N. überlassen bleiben 3Mose 19,9f; 23,22; 5Mose 24,19-21. Eine schöne Schilderung dieser Verhältnisse bietet Rt 2,2ff, vgl. Sir 33,17. Von der N. ist im Vergleich („wie bei der N.") Mich 7,1; Jes 24, 13 und als Bild für eine Sache Ob 5; Jes 17,6; Jer 49,9 die Rede. *Kn*

Nachschon, Sohn Amminadabs, durch seine Schwester Elischeba Schwager Aarons 2Mose 6, 23, führt auf dem Wüstenzug seinen Stamm Juda 4Mose 1,7. Vorfahr Davids Rt 4,20 ff und Christi Mt 1,4; Lk 3,32. *(Schw)*

Nacht ist die lichtlose Zeit des Tages, die durch Sonnenuntergang und -aufgang begrenzt wird. Ihre Einteilung (→ Nachtwache) war bei den Kulturvölkern des Altertums verschieden. Bei den Babyloniern war sie in 6 Doppelstunden, bei den Ägyptern in 12 gleiche, bei den Griechen und Römern in 12 je nach Jahreszeit verschieden lange Stunden eingeteilt. Der regelmäßige Wechsel von Finsternis und Licht im Zeitmaß des Tages gehört nach der HS zur göttlichen Schöpfungsordnung Jer 33,20.25, die erst der Anbruch der neuen Schöpfung, in der es keine N. mehr gibt Offb 21,25, außer Kraft setzt. Die N. hat nicht nur schöpfungsmäßige, sondern auch sittlich-religiöse Bedeutung. Sie ist die Zeit besonderer Gottesoffenbarungen 1Mose 28,11 ff; 32,22 ff; 1Kö 3,5 ff; Lk 2,8 ff u.ö., mahnt den Menschen zu ernster Selbstprüfung Ps 16,7 und läßt zugleich den in der Treue Gottes Geborgenen die Größe seines Schöpfers rühmen Ps 92,3; Apg 16,25. So hat auch Jesus ganze Nächte in der Zwiesprache mit Gott verbracht Lk 6,12. — Um ihrer Finsternis willen ist sie Sinnbild des Todes Jo 9,4 und der Zeit der Sünde, die bei Anbruch des Tages Christi ihr Ende findet Röm 13,12; 1Thess 5,5-7. *Ste*

Nachteule → Eule.
Nachtgesicht → Vision.

Nachtwache. Die Einteilung der → Nacht ist erstmals bei den Babyloniern bezeugt, die 6 Doppelstunden unterschieden, deren Messung durch Wasseruhren erfolgte. Nach Ri 7,19, wo von der „mittleren" N. die Rede ist, haben die Israeliten drei N.n gezählt, vgl. Klgl 2,19 und 2Mose 14,24; 1Sam 11,11. Sie dienten vor allem der Zeitmessung, im Kriegsdienst der Zeitmarkierung für die Wachablösungen. — Im NT findet sich die bei den Römern neben der Zwölfstundenteilung bestehende Einteilung in vier N.n, deren volkstümliche Bezeichnungen Mk 13, 35 aufgeführt sind: „abends", „Mitternacht", „Hahnenschrei" (etwa 0-3 Uhr), „morgens". Lk 12,38 ist die zweite und dritte, Mt 14,25 par. die vierte N. genannt. *Ste*

Nacken. Bildlich von dem steifen N. des störrigen Esels oder Kamels auf den Menschen übertragen, der Gott nicht gehorchen will 2Kö 17, 14; Jes 48,4; bei Luther: halsstarrig 2Mose 32,9; 33,3.5; Neh 9,16; Jer 7,26; 17,23 u.a.m. *Pfei*

nackt. *1)* Die N.heit ist nach der HS das Kennzeichen des *paradiesischen* Menschen 1Mose 2,25. Ihr entspricht seine Unschuld, die er im Sündenfall verliert 3,7. Fortan gehört der Wille zur Verhüllung zum Wesen des gefallenen Menschen. Er schämt sich seiner N.heit und wird von Gott zur Deckung seiner Blöße bekleidet 3,21. — *2)* N.heit ist sowohl für das *religiöse* als auch *gesellschaftliche* Empfinden des Israeliten anstößig. Im Kultus vergeht sich der Priester, wenn er am Altar vor Jahwe seine Blöße enthüllt 2Mose 20,26. In der bürgerlichen Welt ist N.heit Ausdruck tiefster Schande Jes 20,4; 47,3 oder äußerster Armut Jes 58,7. Daher gehört das Bekleiden des N.en zur ethischen Pflicht Jes 58,7; Hes 18,7; Mt 25,36 ff. Als n. gilt allerdings nicht nur der Unbekleidete, sondern auch der schlecht Bekleidete Hiob 22,6; Jes 58,7; Mt 25,36 ff, der ohne Obergewand Jes 20,2; Jo 21,7. — *3)* Im *übertragenen* Sinn bedeutet n.: ohne Herrlichkeitsleib 2Kor 5,3, ganz offenbar Hebr 4,13, innerlich völlig leer sein Offb 3,17. *Ste*

Nadab. *1)* Sohn Aarons 2Mose 6,23; 24,1. — *2)* Ein Familienoberhaupt der später im Stamm Juda aufgegangenen Jerachmeeliter 1Chr 2,28.30. — *3)* Ein Bruder des Vaters Sauls 1Chr 8,30; 9,36. — *4)* König von Israel 907/06-906/05, Sohn Jerobeams I. Er setzte den Bruderkrieg mit Juda fort und wurde durch Baësa aus Isaschar ermordet, der die Herrschaft übernahm 1Kö 14,20; 15,25-31. *Peu*

Nadelöhr. In absichtlich übertreibender Zuspitzung nennt Jesus es eher möglich, daß ein Kamel durch das Löchlein einer Nadel schlüpfe, als daß ein Reicher in Gottes Reich gelangt Mt 19,24 par. *Schl*

Nächster. Das Wort „Nächster" bezeichnet im AT an vielen Stellen, bes. in den Weisheitsbüchern, Spr und Sir, einfach den Nebenmenschen, mit dem man es im täglichen Leben zu tun hat. Die Zugehörigkeit zum selben Volk mag häufig Voraussetzung sein, wird aber nicht ausdrücklich betont.

In den Gesetzbüchern des AT ist die Zugehörigkeit des N. zum Bundesvolk wohl noch mehr die stillschweigende Voraussetzung. In der zweiten Tafel des Dekalogs wird der N. im 8., 9. und 10. Gebot genannt, aber nicht gesagt, daß es sich um den Volksgenossen handelt. Doch gehörten der Dekalog und das Bundesbuch 2Mose 20,22 bis 23,19 zu den Geboten, die Gott am Sinai seinem Volk gegeben hat. Noch deutlicher wird in den anderen Gesetzbüchern, im 5. Buch Mose und im sog. Heiligkeitsgesetz 3Mose 19 gesagt, daß es sich beim N. um den Genossen im Bundesvolk, den Bruder, handelt. Im Heiligkeitsgesetz findet sich auch das Gebot der Nächstenliebe 3Mose 19,18. Gilt dies Gebot zunächst dem Volksgenossen, so wird es gleich nachher auf den Fremdling, der im Land wohnt, ausgedehnt 3Mose 19,34. Der Fremdling, der nicht im Land Wohnung hat, hat ein Anrecht auf Gastfreundschaft, solange er Gast ist.

Das spätere Judentum hat das Gebot der Nächstenliebe vielfach lieblos eingeengt Mt 5, 43. Im NT ist das Gebot der Nächstenliebe, mit und ohne die ausdrückliche Verbindung mit dem Gebot der Liebe zu Gott, die kurze Zusammenfassung aller Gebote Mt 19,19; 22,37-39; Lk 10,27; vgl. auch Röm 13,9 f. Jesus hat das Gebot von allen Verengungen befreit. Er fordert von seinen Jüngern sogar Liebe zum Feind Mt 5,44 ff. Und er überwindet die judaistische Enge und Lieblosigkeit im Gleichnis vom barmherzigen Samariter Lk 10,25 ff: der am Boden liegende Unglückliche ist Jude, der Helfer ist Samariter. Dem Gesetzeskundigen mit seiner Frage: Wer ist denn mein N.? Lk 10,29 zeigt Jesus, daß seine Frage falsch gestellt ist. Es gilt zu fragen: Wem bin ich der N.? Wer der N. ist, kann man nicht definieren; man soll als Jesu Jünger selbst der N. für alle sein, die äußerer oder innerer Hilfe bedürfen. *Fro*

Naëma. *1)* Eine Tochter Lamechs 1Mose 4,22. — *2)* Eine der Frauen Salomos, eine Ammoniterin, die Mutter des Rehabeam 1Kö 14,21.31. *Schl*

Naëman, Feldhauptmann des aramäischen Königs von Damaskus, den → Elisa vom Aussatz heilte. Er nahm zwei Maultierlasten isr. Erde mit sich in seine Heimat, um auch im fernen Land den Gott Israels auf isr. Erde verehren zu können; er durfte aber mit Erlaubnis des Propheten seinen königlichen Herrn in dessen heidnischen Tempel begleiten 2Kö 5; Lk 4,27. *Peu*

Naëmi → Ruth.

Nagel. Metallene Nägel wurden als Bindemittel oder — zT aus Gold — als Beschläge gebraucht Jes 41,7; Jer 10,4; Pred 12,11; 1Chr 22,3; 2Mose 26,32.37; 27,10 f. 17; 36,36.38 u. a. Waren sie größer, so dienten sie als — zumeist hölzerne — Zeltpflöcke Ri 4,21; Jes 33,20; 54,2 oder sonstige Stützen 2Mose 27,19; 35,18 (letztere aus Metall) oder als Aufhänger. An einer festen Stelle in die Hauswand geschlagen, wurden sie zum Aufhängen von allerhand Gebrauchsgegenständen benutzt Jes 22,23-25; Hes 15,3. In bildhafter Rede wurden Nägel als Stützen der Menschen und des Volkes bezeichnet Esra 9,8; Sach 10,4. *Kn*

Nahasch. *1)* König der Ammoniter, der sein Reich bis über den Jabbok nach Jabesch ausdehnen konnte, hier aber von Saul zurückgeschlagen wurde 1Sam 11. David gegenüber erwies sich N. freundlich 2Sam 10,2. *2)* Vater des Sobi zZ Davids. *3)* Stadtname 1Chr 4,12. *4)* 2Sam 17, 25 ist wohl Isai statt N. zu lesen, vgl. 1Chr 2, 13-17. *Da*

Nahath. *1)* Edomitischer Fürst, Sohn Reguels, 1Mose 36,13.17. — *2)* Nachkomme Levis 1Chr 6,11 (Toach V. 19 und Tohu 1Sam 1,1?). *(Da)*

Nah-Erwartung. Lebendige Hoffnung kann nicht mit langen Fristen rechnen; sie hofft auf eine nahe Offenbarung der rettenden Gnade Gottes. So sahen Israels → Propheten mit dem von ihnen angekündigten Gericht den Anbruch des Heils verknüpft. So hielt Jesu Verheißung die Erwartung seiner Jünger bei ihrer Generation fest Mk 9,1; Mt 16,28 und ist sie ganz auf die Lage der Gemeindlein in Judäa bezogen Mt 24,16 ff. So rechnete die Urchristenheit mit dem nahen Ende der Zeit, mit dem baldigen Anbruch des → Tages des Herrn 1Kor 10,11; Röm 13,11 f; 1Petr 4,7; 1Jo 2,18; Hebr 10,25; Jak 5,8 f; Offb 1,3; 22,10. Paulus erwartete in den früheren Jahren, daß er selbst das Kommen des Herrn noch erleben werde 1Thess 4,15.17; 1Kor 15,51. Aber zugleich wehrte Jesus aller Ungeduld im Hoffen, darum auch aller Berechnung der Stunde. Nur Gott kennt die Stunde, nicht einmal der Sohn Mk 13,32. Die Ungewißheit der Stunde macht Wachsamkeit zur Pflicht Mk 13,33; Mt 25,13; Lk 12,42 ff. Daß dann Gottes Regierung die Fristen dehnte, schuf verständlicherweise in den Gemeinden Schwierigkeiten, die ein beruhigendes und mahnendes Wort nötig machten 2Petr 3,8 ff; Hebr 10,25. 37 ff; Jo 21,23; dabei wird das Wort Ps 90,4 benützt, um zu zeigen, daß Gott ganz anders rechnet. Bis zur Gegenwart ist Gottes Walten über alle Berechnungen und kecken Voraussagen (zuletzt die Behauptung des neuapastolischen Stammapostels Bischoff) hinweggegangen. Es gilt, in unserem Hoffen beides zugleich festzuhalten: die geduldige Beugung unter Gottes Regierung, die ihm Zeit und Stunde nicht vorschreiben kann, und die lebendige Gewißheit, die nicht mit langen Fristen rechnet, sondern für das göttliche „bald" offen ist. *Schl*

Nahor. *1)* Abrahams Großvater 1Mose 11,22 ff, in Jesu Stammbaum Lk 3,34. *2)* Sohn Tharahs, Bruder Abrahams 1Mose 11,26; Jos 24,2. Bei seines Vaters Übersiedlung von Ur nach Haran 1Mose 11,31 ist N. selbst nicht erwähnt, gilt aber mit seiner Sippe später als dort seßhaft 1Mose 24,10; 27,43; 29,4 f, als Ahnherr eines aramäischen Zwölf-Stämme-Volkes durch die 8 Söhne seiner Frau Milka und die 4 Söhne seiner Nebenfrau Rehuma 1Mose 11,29; 22,20 ff. Die Wohnsitze der N.-Stämme nimmt man im Süden der arabisch-syr. Wüste an. N.s Sohn Bethuel ist Vater des Laban und der Rebekka 1Mose 24,15.24.47; 25,20. *Schw*

Nahum, Nahumbuch. Den Hintergrund der Prophetie des N., der nach 1,1 aus einem sonst nicht bekannten Elkosch oder Alkosch stammte und dessen drei Kapitel umfassende Schrift an siebenter Stelle der → Kleinen Propheten steht, bildet der mit dem Tod des Königs → Assurbanipal 626 einsetzende rapide Zerfall des assyrischen Weltreichs, der mit der Zerstörung der Reichshauptstadt → Ninive 612 und der Vernichtung des Restkönigtums von Harran 609 endete. Nachdem das Bruderreich von Israel 722/21 mit seinen letzten Resten in eine assyrische Provinz verwandelt war und

Juda selbst bei seinem Versuch, das Vasallenverhältnis abzuschütteln, 701 fast sein staatliches Eigenleben eingebüßt hätte, versteht es sich von selbst, daß man in Jerusalem lebhaften Anteil an diesen Vorgängen nahm und nach Gottes Wegen mit dem Zwingherrn fragte. Die Antwort auf diese Frage gab der Prophet N. („Jahwe tröstet"), dessen Buch den ersehnten Fall von Ninive zum großen Thema hat. Zeitlich läßt sich die Wirksamkeit des Propheten nicht sicher bestimmen. Wahrscheinlich ist er aber nach 2, 1.3 mit seiner Anspielung auf die Wiederherstellung des Israel und Juda umfassenden Großreiches durch Josia erst nach 626 und auf alle Fälle vor 612 aufgetreten.

Abgesehen von dem akrostichischen, je mit einem Buchstaben des hebr. Alphabets beginnenden, aber in seinem Aufbau gestörten Preislied 1, 2-9, das Gottes Macht, an seinen Feinden Rache zu nehmen, besingt, stellt das Buch von geringfügigen Zusätzen und einigen nachträglichen Umstellungen abgesehen, keine literarkritischen Probleme. Neben den Heilssprüchen für Juda in 1, 12; 1, 13 und 2, 1.3 bietet das Buch in 1, 14 ein Fragment eines Drohwortes gegen den Großkönig und in 1, 10 f; 2, 2.4-14 wie in 3, 1-7 und 3, 8-17 drei Drohworte gegen Ninive, die Stilelemente verschiedener Gattungen enthalten. Sachlich besitzt so das ganze Büchlein den Charakter einer Heilsweissagung für Juda, das von Gott selbst gedemütigt, vgl. 1, 12, mit dem Fall des verhaßten Feindes, den Gott wegen seines räuberischen und mörderischen Verhaltens gegenüber dem Bundesvolk und der Völkerwelt stürzen wird, vgl. 1, 12; 3, 1, besseren Tagen entgegengeht.

Lit.: Th. H. Robinson u. F. Horst, Die Zwölf Kleinen Propheten, Tübingen [2]1954; K. Elliger, Das Buch der zwölf Kleinen Propheten II, ATD 25[4], Göttingen 1963; E. Weißenstein, Nahum, Habakuk, Zephanja, Stuttgarter Bibelhefte, Stuttgart 1957; R. v. Ungern-Sternberg u. H. Lamparter, Der Tag des Gerichtes Gottes, Botschaft des A.T. 23/IV, Stuttgart 1960. *Kai*

Nain, heute nēn, der Ort, wo Jesus den Sohn einer Witwe auferweckte Lk 7, 11 ff, liegt am Nordfuß des dschebel ed-dahi, südöstlich von Nazareth, südwestlich des Tabor, nahe der Straße, die von Tiberias über den Tabor durch die Jesreel-Ebene führt. Am Südosthang des Stadthügels finden sich Felsengräber aus römischer Zeit. *Me*

Name Gottes.

1) Allgemeines. Der N. ist nach antiker Auffassung Kennzeichnung seines Trägers, die sein Wesen und zugleich die Weite seines Einflußbereiches kundtut. Der N. bedeutet Macht, die seinen Träger zwingt. Kennt man den N.n, so kann man auf die Person Einfluß ausüben. — Diese Vorstellungen sind für das Kultleben der alten Welt von Bedeutung. Darum genügt es dem antiken Menschen nicht, nur um die Existenz einer Gottheit zu wissen, er will auch ihren N.n kennen 1Mose 32, 30; Ri 13, 11-18. Nur so kann er sie anrufen, sie verehren, Gemeinschaft mit ihr haben oder sie auch mittels N.nsmagie seinen Wünschen dienstbar machen.

2) Im AT sind die magischen Vorstellungen überwunden. Die ATliche Religion hat ihren Grund in der Offenbarung Gottes. Gott selbst stiftet unter den Menschen seinem N.n ein „Gedächtnis" 2Mose 20, 24. Den Vätern Israels hat er sich unter mancherlei N.n kundgetan. Der eigentliche Gottesname des AT aber ist →Jahwe (LXX meist: kyrios; danach Luther: Herr) 2Mose 3, 13-15; 6, 3, der etwa 6700mal im AT bezeugt ist. Dieser N. verbürgt Israel die Gegenwart und Hilfsbereitschaft Jahwes. Seiner bedient man sich bei Gebet und Opfer, beim Schwur 5Mose 6, 13 und Fluch 2Kö 2, 24, auch beim hl. Krieg Ps 20, 8. Die Leviten segnen mit ihm 5Mose 10, 8, desgleichen der König 2Sam 6, 18, und die Priester „legen" ihn auf Israel 4Mose 6, 27. Alles Rühmen und Liturgieren in Israel gilt allein ihm Ps 96, 8; 140, 14 u. ö., in dem sich alles, was sich von Gott aussagen läßt, Ehre und Ruhm, Wirken und Wohltun, wie in einem Brennspiegel sammelt 2Mose 9, 16; 1Sam 12, 22; Ps 48, 11; Jes 63, 12; Hes 39, 25. So ist der N. gleichsam der Exponent des Wesens Jahwes. Man hat ihn daher schon früh als Wechselbegriff für Jahwe selbst verwendet Am 2, 7; Mich 5, 3 und ihn im → Deuteronomium gewissermaßen als irdische Repräsentation des im Himmel wohnenden Jahwe 5Mose 26, 15 so von diesem unterschieden gedacht, daß man dem N.n theol. die Stelle zuweist, in der sich in anderen Kulten das Kultbild befindet 5Mose 12, 5.11 u. ö. Der letzte Schritt auf diesem Weg ist die Hypostasierung des N.ns G., d. h. sein Gebrauch als einer Jahwe gegenüberstehenden, selbständigen transzendenten Größe Ps 54, 3.8; 89, 25; Spr 18, 10; Jer 10, 6; Mal 1, 11. — Die häufige Formel „im N.n G." bedeutet: im Vertrauen auf Gott Ps 20, 6, in seinem Auftrag 5Mose 18, 7.19, unter Berufung auf ihn Jer 23, 25.

3) Im NT bezeichnet der N. G. den sich den Menschen in Jesus Christus offenbarenden Gott. Auf die Kundmachung dieses N.ns ist das Wirken Jesu ausgerichtet Jo 17, 6.26, wie ja auch sein Kommen 5, 43 und seine Wiederkunft Mt 23, 39 in unlösbarer Beziehung zu Gottes N.n (d. h. seinem Auftrag) stehen.

Aber auch der N. Christi ist im NT von entscheidender Bedeutung. In seinem Namen Jesus, zu dem noch andere N.n für ihn kommen wie „Sohn" Hebr 1, 5, „Herr" Phil 2, 9 f, „König aller Könige und Herr aller Herren" Offb 19, 16, ist die ganze Fülle des Heilswerkes Christi enthalten und seiner Gemeinde gegenwärtig Mt 1, 21-23. Darum wird der Christ auf diesen N.n, in dem allein das Heil ist Apg 4, 12, getauft Apg 2, 38; 10, 48; Röm 6, 3 (→Taufe). Ihn gilt es, im Glauben zu ergreifen 1Jo 3, 23, das ganze Leben unter seinen Einfluß zu stellen Kol 3, 17 und ihn zu verkündigen Lk 24, 47; Apg 8, 12. Diesen N.n ruft der Glaubende an und bekennt ihn trotz Verbot und Verfolgung Apg 9, 14. Um seinetwillen geht er ins Martyrium Mt 13,

13; Apg 9,16. Das alles aber wird aufgewogen durch die göttlichen Gnadengaben, die im N.n Jesu (in seinem Auftrag) der Gemeinde erschlossen sind, und durch das, was man in der Kraft dieses N.ns vollbringen kann und darf Apg 3,6; 4,7, und daß man in ihm das Leben hat Jo 20,31. Zum Gebet im N.n Jesu → Gebet 3).

Lit.: O. Grether, Name und Wort Gottes im AT, 1934; G. v. Rad, Theologie des AT, Band 1, [4]1962. *Ste*

Namengebung. *1) Die Bedeutung der N.* Zur Person gehört der Name, durch den sie sich vorstellt und mit dem man sie ansprechen kann 1Mose 24,24; Rt 3,9; Ri 13,17; Mk 5,9. Der Name überdauert die Person Rt 4,14; Hiob 18, 17 (→ Geschlechtsregister). Daher findet sich im AT wie im NT die Vorstellung, daß der Name der Gerechten im → „Buch des Lebens" geschrieben stehe 2Mose 32,32; Ps 69,29; Lk 10,20; Offb 3,5; 13,8. Ja, den „Überwindern" in Offb 2,7; 3,12 wird ein neuer Name gegeben, der ihnen Anwartschaft auf die neue Welt Gottes verheißt. Mit dem Namen ist also auch die Person selbst verwahrt.

2) N. durch Menschen. In Israel war die N. mit der Beschneidung verbunden Lk 2,21. Sie hatte also, sooft ein Knabe geboren wurde, einen feierlichen Rahmen und eigene Bedeutung für Familie und Gemeinde. Anscheinend hat zumeist die Mutter den Namen ihres Kindes bestimmt, zB 1Mose 4,25; 29,32-35, nicht so oft der Vater, zB 1Mose 38,3; 2Sam 12,24; vgl. Lk 1,13.60.63. Noch ein anderes fällt auf: Viele Namen im AT haben jah oder el (= Gott) oder baal (= Herr) als Bestandteil. Dies darf man nicht überbewerten. Denn Ahab und Isebel folgen auch der isr. Sitte und nennen ihren Sohn Ahas-*jah*, also nach dem Gott, den sie verleugnen 1Kö 22,52ff. Immer wieder ist zu lesen, wie nicht die Sitte, sondern besondere Umstände bei der Geburt für die N. von Einfluß waren 1Mose 30,6; 1Sam 1,20.

3) N. auf Gottes Geheiß. Jesaja und Hosea mußten ihren Söhnen einen Namen geben, der sie zu einem sprechenden Zeichen Gottes machte Jes 7,3; 8,1.3; Hos 1,4.6.9. Auch der Sohn der „Jungfrau" hat von Gott den Namen „Immanuel" (= Gott mit uns) Jes 7,14; Mt 1,23; → Symbolische Namen. Die Urgemeinde hat allerdings nicht einen durch Propheten-, sondern den durch Engelmund verkündeten Namen, Jesus, zum Mittelpunkt ihrer Verkündigung und ihrer Gebete gemacht Lk 1,32; Apg 2,38; 7,58. Und weil Jesus gehorsam ward ..., hat Gott ihm einen Namen gegeben, der über alle Namen ist Phil 2,10. *Luck*

Napf, tägliches, aus gebranntem Ton gefertigtes Gebrauchsgeschirr, wohl in erster Linie zum Trinken bestimmt. Die Form ist tassenähnlich mit steiler oder schräger Wand, unten mit einem Standring, an der Seite gelegentlich mit einem kleinen Griff versehen. Nach Form, Brand und Verzierung sowie Beschaffenheit des Tons lassen sich verschiedene Typen innerhalb der archäologischen Perioden unterscheiden. Mit einem Standfuß versehen, gewinnt der N. becherähnliche Form. Das hebr. Wort kōs wird beide Typen, den mit Standring und den mit Standfuß, bezeichnen. *Ba*

Naphthali, Sohn von Jakob und Rahels Leibsklavin Bilha, vertritt den längs des Ostrandes des unter- und obergaliläischen Gebirges wohnenden gleichnamigen Stamm 1Mose 30,7f; Jos 19,32-39. N. breitete sich nach Westen und Süden aus, ohne die dortigen Kanaanäer völlig zu vertreiben 5Mose 33,23; Ri 1,33. Er beteiligte sich unter Führung seines Stammesgenossen Barak an der großen Schlacht in der Jesreel-Ebene gegen Sisera und folgte später dem Helden Gideon im Kampf gegen beduinische Midianiter Ri 4,6ff; 6,35; 7,23. Unter Salomo bildete N. einen der zwölf Regierungsbezirke 1Kö 4,15. Zur Zeit des isr. Königs Baësa wurde das ganze galiläische Gebiet von den Aramäern heimgesucht und i. J. 733 zur assyrischen Provinz Megiddo geschlagen 1Kö 15,20; 2Kö 15,29. In Mt 4,15 wird die vom Propheten Jes 8,23 verkündete Befreiung des Landes N. durch das Auftreten Jesu als erfüllt angesehen. *Peu*

Narde, ein hochgeschätztes, duftendes Öl, das aus den Wurzeln und unteren Stengelteilen eines indischen Baldriangewächses gewonnen wurde HL 1,12; 4,13f. Ein berühmtes Nardenöl wurde in Tarsus hergestellt und in Alabasterfläschchen in den Handel gebracht Mk 14,3; Jo 12,3. *(Schl)*

Narr. Der Gegensatz des Weisen und des Toren ist ein beliebtes Motiv der Weisheitsliteratur und kommt im AT am häufigsten in den Spr, dann im Pred und in den Ps vor. Unter Narr ist nicht ein Geisteskranker zu verstehen, sondern ein törichter Mensch, der in seinem praktischen Verhalten die nötige Lebensweisheit vermissen läßt, weil ihm der Anfang und Quell aller Weisheit, die Furcht und Erkenntnis Gottes, mangelt. Wie auf der Gegenseite Weisheit, Gottesfurcht und Gerechtigkeit eine unlösbare Einheit bilden, so hat auch die Narrheit sowohl eine intellektuelle als auch religiös-moralische Seite, und töricht, gottlos und frevelhaft gehören aufs engste zusammen. Luther hat sieben verschiedene hebr. Wörter mit diesem Begriff übersetzt. Kennzeichnend für N.en ist u. a. praktische Gottesverleugnung Ps 92,7; 94,8, Götzendienst Jer 10,8.14, Selbstsicherheit Spr 14, 16; 28,26, Unbelehrbarkeit Spr 10,13; 12,1; 15,5; 27,22, ungeduldiger Zorn Spr 12,16; 29, 11; Pred 7,9, Verschwendungssucht Spr 17,16; 21,20, Faulheit Pred 4,5; 10,15, wortreiches Pred 10,14, törichtes Spr 15,2, verderbliches Geschwätz Spr 18,7 und Ehebruch Spr 6,32. Ein N. verträgt nicht gute Tage Spr 19,10; 30,22; es gebührt ihm nicht Ehre Spr 26,1, sondern Schande Spr 3,35. Besonders schlimm steht es, wenn Fürsten Jes 19,11, Hirten Jer 10,21 oder Propheten Hos 9,7 sich als Toren erweisen. Im NT verbietet Jesus das zornige Scheltwort Mt 5,22, entlarvt aber die heuchlerischen Pharisäer Mt 23,17; Lk 11,40 oder den reichen Kornbauern Lk 12,20 als N.en (vgl. die Heiden Röm 1,22 u. 1Kor 15,36). Die Weisheit und Offenbarung Gottes wird in dieser Welt verkannt; das widerfährt auch den Trägern der Botschaft 1Kor 3,18; 4,10. Selbstruhm ist für den Apostel nur noch als Zugeständnis an die närrischen Gegner möglich 2Kor 11,19; 12,11. *La*

Narzissus, ein unter Sklaven und Freigelassenen gebräuchlicher Name. Paulus läßt Röm 16, 11 die Leute eines unbekannten N., soweit sie Christen sind, grüßen. *Kü*

Nase. Die N. ist ein wesentlicher Teil des menschlichen Gesichts, gerade auch bei dem Morgenländer HL 7,5; daher konnte jemand mit einer verstümmelten N. nicht Priester werden 3Mose 21,18 und ist das Abschneiden der N. und der Ohren eine Strafe Hes 23,25. Wie man wilde Tiere mit einem durch die Nase gezogenen Ring bändigt Hiob 40,24, so lenkt Gott Sanherib 2Kö 19,28; Jes 37,29. In der Schilderung der Erscheinung Gottes Ps 18,9. 16; 2Sam 22,9 ging Rauch auf von seiner N., ein Bild seines Zürnens. *Pfei*

Nasenring → Ring.

Nasiräer, Nasiräat. In 4Mose 6,1-21 steht das Gesetz über die N., d. h. die Gottgeweihten: Männer und Frauen, die sich dem Dienst Gottes in besonderer Weise auf Grund eines Gelübdes zur Verfügung stellen. Dabei verpflichten sie sich, sich vom Wein zu enthalten und von allem, was vom Weinstock kommt, ferner, die Haare frei wachsen zu lassen und sich an keinem Toten zu verunreinigen (nicht einmal bei nächsten Angehörigen). Ist die Zeit des Gelübdes abgelaufen, muß der N. verschiedene Opfer darbringen und sich das Haar scheren, das im Opferfeuer verbrannt wurde. Verunreinigung an einer Leiche während des Gelübdes zwang den N. zur Darbringung von Sünd- und Schuldopfern sowie zum Scheren des Haares, worauf das N. von neuem begann. Als N. auf Lebenszeit sind Simson Ri 13 und Samuel 1Sam 1,11 beschrieben, die von den Eltern zum N. bestimmt wurden. In Am 2,11 ff wird das N. zu den Gnadenerweisungen Gottes gerechnet wie die Prophetie. (In 1Mose 49,26; 5Mose 33,16; Klgl 4,7 ist nicht der N. in unserem Sinn gemeint, sondern der „Fürst" oder der Erste unter seinen Genossen.) In NTlicher Zeit wurde das N. unter pharisäischem Einfluß sehr beliebt, wobei als Mindestzeit 30 Tage festgelegt wurden. Es gehörte zu den verdienstlichen Werken, die Kosten der Opfer für einen armen N. zu übernehmen. Nach der Zerstörung des zweiten Tempels wurde der Brauch beibehalten. Eine besondere Lehrentscheidung über das Lösen des N.-Gelübdes wurde getroffen. — Die Verpflichtung, die nach Lk 1,15 auf Johannes den Täufer gelegt wird, ist kein N., da er sich nur des Weines enthalten muß. Auch in Apg 18,18 ist kein N. gemeint: es fehlt das Opfer und das Schneiden des Haares im Tempel. Nach Apg 21,23 f übernahm Paulus die Kosten für die Opfer für vier N. aus der christl. Gemeinde von Jerusalem, womit er bezeugte, daß er keinen Juden am Halten des Gesetzes hindere. *Bie*

Nathan. *1)* Der Prophet N. spielte am Hof Davids eine entscheidende Rolle, ohne daß über seine Herkunft und sein Verhältnis zu den Prophetenscharen, wie sie uns zZ Sauls begegnen, etwas gesagt würde. Die Tempelbaupläne Davids, denen er anfangs zustimmte, durchkreuzte er nach empfangenem Gotteswort; erst der Sohn des Königs, der zu Gott im Adoptivverhältnis stehen soll, darf das Werk durchführen. David empfängt durch N. die die Jahrhunderte befruchtende Weissagung vom ewigen Fortbestand seines Hauses 2Sam 7,1-16. Wegen Davids Ehebruch mit Bathseba und der Beseitigung ihres Ehemanns malte er dem König in der Parabel „vom Schaf des armen Mannes" unerbittlich das begangene Verbrechen vor Augen. Er sagte den Tod des ersten Sohnes von David und Bathseba voraus. N. wurde der Erzieher ihres späteren Sohnes Salomo, den er Jedidja nannte K. 12. Kurz vor dem Tode Davids setzte er auf recht verschlagene Weise, die sich von seinem sonst lichtvollen Handeln abhebt, die Nachfolge seines Schülers Salomo zum Herrscher durch 1Kö 1.

2) Sohn Davids 2Sam 5,14. Nach Lk 3,31 stammt Joseph durch N. von David ab. *Peu*

Nathanael. Der nur Jo 1,45-49; 21,2 so erwähnte Jünger aus Kana in Galiläa wurde von Jesus als „Israeliter ohne Falsch" (vgl. Ps 32,2) bezeichnet. Weil der Name N. in den synopt. Apostelverzeichnissen fehlt, hat man ihn mit verschiedenen Aposteln, am häufigsten mit → Bartholomäus, zu identifizieren gesucht. *Kü*

Natter → Schlange.

Natur, natürlich. Auch wenn das Wort N. — griech. physis — erst in den Apokryphen des AT erscheint Weish 13,1, so ist doch die N. als Schöpfung Gottes von Anfang an im Blickfeld der Bibel 1Mose 1,2; Hiob 38 ff; Spr 8,22 ff; Ps 104 u. a. m. Sie ist von 1Mose 1,28; Ps 8 her offen für den forschenden Menschen, der ihrer mächtig werden will.

Aber der Mensch ist selbst N. Jak 3,7, vom Fall her mit einem starken Hang zur Unnatur, mit der übrigen Kreatur vergänglich Ps 103, 14 ff; 2Petr 2,12 und in einem gefährlichen Wahn befangen, wenn er in irgendeiner Form in der N. das Göttliche zu finden meint oder ihre Gottbezogenheit ignorieren und sie als sein uneingeschränktes Herrschaftsgebiet sich unterwerfen will.

Im NT ist eine n.e Fähigkeit des von Christus noch unberührten Menschen nicht geleugnet Röm 2,14.27, → Gewissen. Das ist in der Gleichnisrede vom Ölbaum mit seinen ausgebrochenen und eingepfropften Zweigen Röm 11, 17 ff so gedeutet, daß „von N. wild" (der Heide) nicht heißt: vom wahren Leben für immer ausgeschlossen sein Eph 2,3 ff. Nur ist des Menschen N. nicht fähig, sich selbst zu veredeln (auch der Jude nicht Gal 2,15). Es ist auch Röm 1,26 in der vorchristl. Welt auf dem Gebiet des geschlechtlichen Lebens das Natürliche dem Unnatürlichen gegenübergestellt. Das bleibt so im neuen Leben des Christen. Die n.en Gaben bleiben unter dem Vorzeichen der Dankbarkeit „das Natürliche" 1Tim 4,4 f; Röm 14,6; 1Kor 10, 30; 11,14 (Bonhoeffer, Ethik S. 93 ff). 1Kor 2, 14; 15,44 ist der n.e (wörtlich: der seelische) Mensch, der n.e Leib dem geistlichen entgegengestellt. Hier ist N. das Irdische, Fleisch und Blut, an dem wir alle teilhaben; aber von daher haben wir keinen Teil an Gottes ewigem Reich. *He*

Nazarener, „der von Nazareth" (Nebenform Nazara), ist der Beiname Jesu in den Evangelien, vor allem bei Mk (1,24; 10,47; 14,67; 16,6) und bei Lk in übernommener Tradition (4,34; 24,19). Die anderen Evangelisten Mt (2,23; 26,71), Jo (18,5.7; 19,19) und Lk in eigener Redeweise (18,37; Apg 2,22; 3,6; 4,10; 6,14; 22,8; 26,9) bevorzugen (im griech. Text) „Nazoräer". Beide Formen des Titels haben die gleiche Bedeutung, wie der Wechsel bei Lk zeigt, und beziehen sich auf Nazareth als den Heimatort Jesu (vgl. Mt 26,69). Allerdings scheint der Unterschied der Vokale a und o eine Ableitung des Ausdrucks Nazoräer von Nazareth nicht zu erlauben. Aber die Schreibung hebr. Worte in der griech. Bibel erweist den Zusammenhang von Nazoräer mit Nazareth als durchaus möglich. Dieser Zusammenhang wird Mt 2,23 mit einem wörtlich nicht belegbaren Prophetenwort ausgesprochen. Dabei ist entweder an Jes 11,1 (Zweig = hebr. nezer) gedacht oder besser an Ri 13,5.7, wo „Nasiräer" (Gottgeweihter) an Nazoräer anklingt. In Apg 24,5 wird Paulus als Vorkämpfer der Sekte der Nazoräer bezeichnet. Offenbar war der Titel ursprünglich nicht Selbstbezeichnung Jesu und seiner Anhänger, sondern der Name, den ihnen die jüd. Umwelt gab, wahrscheinlich mit herabsetzendem Klang (vgl. Jo 1, 46). Er blieb auf die judenchristl. Überlieferung beschränkt (vgl. das sog. Nazaräer-Evangelium), nachdem sich im griech. Bereich der Name „Christen" (Apg 11,26) durchgesetzt hat. Nazoräer hießen die Christen in Syrien und dann auch bei Persern, Armeniern und Arabern. Epiphanius im 4. Jh. nChr spricht vereinzelt (Haer. 18; 29,6) von einer vorchristl., jüd. Sekte der „Nasaräer", wobei er wohl die Bezeichnung der Judenchristen in seiner Quelle mißverstanden hat. *La*

Nazareth liegt in einem Kessel des niedergaliläischen Berglandes, am Abhang eines westöstlichen Höhenzugs, an der tiefsten Stelle 343 m hoch, im Norden überragt vom nebi saʿīn, 488 m. Durch seine isolierte Lage fernab von den Hauptverkehrswegen und den politischen und religiösen Zentren war N. nur von geringer Bedeutung. Es wird weder im AT noch bei Josephus, der die benachbarten Orte Jafa und Iksal nennt, erwähnt. Hellenistische Felsengräber und eisenzeitliche Funde beweisen jedoch, daß N. bereits in jener Zeit besiedelt war. N. war die Heimat Jesu und seiner Eltern Mt 2,23; Mk 1,9, daher auch die Bezeichnung „Jesus von N." Mk 1,24 u. ö. Die Herkunft Jesu aus dem unbedeutenden N. war für → Nathanael zunächst Anlaß zum Zweifel Jo 1,46. In N. wohnten die nächsten Verwandten Jesu Mk 6,3. Die nahe Bekanntschaft mit Jesus und seiner Familie wurde den Bewohnern von N. zum Glaubenshindernis Mk 6,1 ff par. Jesu Strafwort über ihren Unglauben führte zum Mordversuch Lk 4,16 ff. Der von der Tradition gezeigte „Berg des Absturzes", 2,5 km südöstlich von N., paßt nicht zu den Angaben der Erzählung („Abhang des Berges, auf dem ihre Stadt erbaut war" Lk 4,29). Auch bei den übrigen „hl. Stätten" (Wohnung Josephs, Verkündigungskirche, die jetzt prächtig ausgebaut wird, Gabrielskirche, Synagoge) ist die Echtheit der Tradition zu bezweifeln. Die heutige Marienquelle hingegen ist wohl von jeher für die Wasserversorgung N.s von Bedeutung gewesen. — Vom 2. bis 7. Jh. war N. überwiegend jüdisch. Im 5. Jh. und in der Kreuzfahrerzeit war es Bischofssitz. Unter islamischer Herrschaft sank seine Bedeutung. Seit dem 18. Jh. ist es wieder weithin von Christen bewohnt. Heute gehört N. (en-nāsira) zum Staat Israel, ist Hauptstadt von Galiläa, hat 25 000 überwiegend arabische Einwohner, davon 55 % Christen und 45 % Moslems. Eine abseits liegende jüd. Neustadt (zZ 2500 Einwohner) ist im Wachsen. *Me*

Neapolis, die Hafenstadt von Philippi in Mazedonien, in der Paulus Apg 16,11 landete; heute Eski Kavala. *(Schl)*

Nebajoth → Nabatäer.

Nebenfrau. Je nach seinem Reichtum konnte nach dem Recht und Brauch der alten Semiten, den Israel übernommen hat, ein Mann neben seiner Hauptfrau eine oder mehrere N.en haben, die mit ihren Kindern der Hauptfrau rechtlich untergeordnet waren; vgl. zB Nahor 1Mose 22, 24, Abraham 1Mose 25,6, Jakob 1Mose 35,22, Elkana 1Sam 1,6, Saul 2Sam 3,7, David 2Sam 5,13, Salomo 1Kö 11,3. *Kn*

Nebo, babylonisch Nabu, Sohn des Gottes Marduk, gilt als Götterherold, Schreiber der Schicksalstafeln, die das Leben des Menschen bestimmen, als Gott der Sterndeuter, des Handels und Verkehrs; Jes 46,1 neben Bel (Marduk) genannt.

Sein Kultmittelpunkt war der Tempel in der Babel nahegelegenen Stadt Borsippa. Im Jahr 787 wurde N. ein Tempel in Kalah geweiht. Der Kult dieses Gottes wurde bes. von den Assyrern hervorgehoben, und sein Name erscheint häufig in spätassyrischen und neubabylonischen Eigennamen. Auf einer Statue dieses Gottes steht zu lesen: „Auf N. vertrau, auf einen andern Gott vertrau nicht!" Durch die Herrschaft der Perser über das Zweistromland und die damit verbundene allmähliche Entmachtung der babylonischen Götterwelt war auch dem Vordringen des N.kults über den Mardukkult eine Schranke gesetzt. *Peu*

Nebo. *1)* Berg in Moab, von dem aus Mose das Land Kanaan schauen durfte 5Mose 32,49; 34,1, identisch mit dem 802 m hohen dschebel en-nebā 8 km nordwestlich von Madeba. — *2)* Stadt in Moab am gleichnamigen Berg, die an Ruben fiel 4Mose 32,3.38; 33,47; 1Chr 5,8, später aber von Moab erobert wurde Jes 15,2; Jer 48,1.22, vgl. die 14.Zeile der Mescha-Inschrift; wahrscheinlich chirbet el-muchaijeṭ. — *3)* Stadt in Juda Esra 2,29 = Neh 7,33, vgl. Esra 10,43; vielleicht en-nūbā 13 km östlich von bēt dschibrīn. *Rü*

Nebukadnezar, Sohn des Nabopolassar, König des neubabylonischen Reiches 604-562. Entgegen assyrischem Brauch hat er sich vor der Nachwelt weniger als Feldherrn als vielmehr als Erneuerer alter Kulturdenkmäler gerühmt. Besonders erhielt die Stadt Babel mit dem erneuerten Marduktempel und Tempelturm, mit den Palastbauten und mächtigen Stadtmauern durch N. ihren letzten Glanz. Durch die „Medische Mauer", die nördlich der Hauptstadt zw. Euphrat und Tigris entstand, schützte er sich vor Angriffen aus dem Norden. Für seine medische Gemahlin errichtete er als Ersatz für die bergreiche Heimat die berühmten hängenden Gärten. N. weiß sich als Friedensfürsten, als König der Gerechtigkeit, als den treuen Hirten des Gottes Marduk und anderer Götter, der für das Gedeihen der Menschen zu sorgen habe. Er betont seine Ergebenheit gegenüber den großen Göttern.

N. hatte noch als Kronprinz i. J. 605 in der Schlacht bei Karkemisch am Euphrat den ägyptischen König Necho entscheidend geschlagen, der das assyrische Erbe in Syrien und Palästina für sich beanspruchte Jer 46,2. N. konnte zwar den Sieg über die Ägypter wegen des inzwischen eingetretenen Todes seines Vaters nicht voll ausnützen; aber Juda trat damit in babylonische Abhängigkeit, was mehrfach das Eingreifen des Königs erforderlich machte. Der babylonische König hat nach dem erst 1956 veröffentlichten Teil der „Babylonischen Chronik" i. J. 601/600 einen vergeblichen Einfall nach Ägypten versucht und Nordarabien im Winter 599/98 erobert. Jojakim von Juda nützte die Gelegenheit, um von N. abzufallen, der aber 598 gegen Jerusalem heranzog. Da Jojakim während der Belagerung hinwegstarb, kapitulierte sein Sohn Jojachin und mußte mit 10000 Judäern nach Babylonien ins Exil ziehen. N. versuchte noch einmal, dem Staat Juda als unterworfenem Königreich unter Führung eines Davididen eine gewisse Selbständigkeit zu lassen. Er setzte einen jüngeren Sohn Josias mit Namen Matthanja ein, den er als Zeichen seiner Oberherrschaft mit dem neuen Namen Zedekia benannte. Als dieser ebenfalls abfiel, hielt N. ein strenges Gericht über ihn; Jerusalem mit dem Tempel wurde i. J. 587 gründlich zerstört und weitere Bevölkerung deportiert. Das genügte einigen Judäern noch nicht. Sogar der vom neubabylonischen König als Statthalter zugunsten der Judäer eingesetzte Gedalja, selbst ein Judäer, wurde von fanatischen Judäern ermordet! Wenn das Vorgehen gegen Juda, wie es uns 2Kö 24 f geschildert wird, auch dem Selbstruhm N.s als Friedenskönig widerspricht, muß man doch daran denken, daß N. viel Geduld mit Juda gehabt hat, das dem Babylonien feindlichen Ägypten so nahe lag. Jeremia sieht die Herrschaft dieses Königs über Syrien und Palästina als von Gott gewollt und bezeichnet N. als den Knecht Jahwes 27,6ff; 43,10. Dem Propheten wurde auf Befehl des Königs die Freiheit geschenkt 39,11ff.

Nach Dan 2,36-38 gilt N. als Vertreter des ersten der einander folgenden vier Reiche als das „goldene Haupt", während er in Dan 4,26f als dem Größenwahn verfallen bezeichnet wird. *Peu*

Nebusaradan, Kommandeur der Leibwache Nebukadnezars, führte am eroberten Jerusalem die Strafaktion durch, ordnete die Deportation, ließ Jeremia frei, setzte den Statthalter Gedalja ein und nahm eine Neuverteilung des Landbesitzes vor 2Kö 25,8-12; Jer 39,9-14; 40,1; 41,10; 43,6; 52,12ff. *Peu*

Nebuschaschban, Rab-saris, d. h. Obereunuch, gehörte bei der Eroberung Jerusalems i.J.586 zum Generalstab des Königs von Babel Jer 39,13. *Peu*

Necho II., König von Ägypten 609-593, versuchte das Erbe des untergegangenen assyrischen Reiches in Syrien-Palästina anzutreten und unterstützte den noch in der Gegend von Haran militärisch operierenden assyrischen Prinzen Assuruballit, um mit dessen Hilfe in Syrien einen rest-assyrischen Pufferstaat zu schaffen. Der bei Megiddo N. zur Verhinderung dieses Vorhabens entgegentretende Josia von Juda fand den Tod 2Kö 23,29. N. deportierte Josias rechtmäßigen Nachfolger Joahas nach Ägypten und erhob Eljakim, einen weiteren Sohn Josias, den er Jojakim nannte, zum König 2Kö 23,31ff. Der Ägypter verlor 605 bei Karkemisch gegen den babylonischen Kronprinzen Nebukadnezar die Schlacht Jer 46,2, konnte aber i.J. 601 den Sieger vom Vordringen nach Ägypten abhalten. N. begann mit der

Anlegung eines Kanals vom Nil durch das Wadi Tumilat nach dem Roten Meer und soll eine Umsegelung Afrikas durch die Phönizier veranlaßt haben. *Peu*

Negeb. *1)* Südlich an das Gebirge Juda schließt sich ein weites Steppen- und Wüstengebiet an. Seine Grenzen, vor allem seine Südgrenze, sind nicht genau umrissen; alles, was südlich des fest besiedelten Kulturlandes liegt, heißt hebr. hannägäb „das Trockenland" (Luther: das Mittagsland). Außer Juda Jos 15,21 ff; 1Sam 27,10; 2Sam 24,7 haben die verschiedensten Bevölkerungselemente Besitzanteil am Negeb: die Jerachmeeliter 1Sam 27,10, Kaleb 1Sam 30,14, die Keniter 1Sam 27,10 und die Kret(h)er 1Sam 30, 14 (vgl. Jer 47,4; Am 9,7). — *2)* Entsprechend seiner Lage gab der N. die im AT häufigste Bezeichnung für die Himmelsrichtung Süden (Luther: Mittag) 1Mose 13,14 u. ö. ab. An ihre Stelle trat in den späteren Büchern des AT (Hes, Hiob, Pred; 5Mose 33, 23 ist unklar) hebr. däröm. → Himmelsrichtungen. *Rü*

Nehemia ist der tatkräftige Organisator der jüd. nachexilischen Gemeinde in Juda und Jerusalem während der zweiten Hälfte des 5. Jh. vChr gewesen. Anfangs in Susa als hochgestellter Hofbeamter tätig, wird er zum persischen Statthalter in Jerusalem ernannt. Dadurch wurde das verwaltungsmäßig von Samaria abhängige Juda staatsrechtlich selbständige persische Provinz. In Jerusalem läßt N. zuerst die zerstörte Stadtmauer aufbauen und gewinnt zu diesem Zweck den Großteil der jüd. Bevölkerung Neh 3; 4; 6,15 f. Er sorgt ferner für einen Schuldenerlaß gegenüber der wirtschaftlich bedrückten Bevölkerung 5,1-13, sorgt für eine ausreichende Bewohnung Jerusalems durch Zuzug vom Land 11,1 f, regelt die notwendigen Abgaben an den Tempel zum Unterhalt des Kultus und des dafür erforderlichen Personals 12, 44-47; 13,10-14; 13,30 f und tritt rückhaltlos für die Einhaltung des jüd. Gesetzes ein, bes. für die Beachtung des Sabbats 13,15-22 sowie für die blutmäßige Reinerhaltung der Juden, die schon zu sZ in den bestehenden Mischehen mit Nichtjuden Sprache, Sitte und Glauben nicht durchsetzen konnten 13,23-27. Auch gegen die Versippung mit den reichen Geschlechtern der Nachbarprovinzen ist er eingeschritten 13,28 f. Gegenüber politischen Anfechtungen wußte er sich erfolgreich zu behaupten. Verschiedentlich sollte er vom judäischen Territorium fortgelockt werden 6,1-9. Propheten und andere Personen versuchten Verdächtigungen und Anklagegründe gegen N. zu schaffen 6,7-14. N., an die intrigenreiche Atmosphäre eines Großkönigshofs gewöhnt, besteht alle Schwierigkeiten. Theologisch ist er ein radikaler Verfechter der individuellen Vergeltungslehre gewesen, zB in der Formel, daß Gott seiner gedenken möchte nach seinen Verdiensten, aber umgekehrt seinen Feinden vergelten möge, was sie an ihm taten 3,36 f; 5,19; 6,14; 13,14.22.31. Auch seine Uneigennützigkeit weiß er gebührend hervorzuheben 5,14-19. Desgleichen hat er die in der Diaspora gewonnenen Erfahrungen den Juden in Palästina vermittelt 5,8.

Nach 2,1 soll N. im 20. Jahr des Artaxerxes entsandt worden sein. Da es drei Könige dieses Namens gegeben hat, der letzte 358-338, wäre es möglich, N. auch in das 4. Jh. zu setzen. Dagegen spricht aber die Erwähnung seiner Gegner → Sanballat von Samaria, Tobija, des ammonitischen Sklaven, Statthalters von Ammon, und des Arabers Geschem. Diese Namen, von denen Sanballat durch die Elephantinepapyri und Geschem durch zwei Gefäßinschriften belegt sind, weisen auf die Zeit Artaxerxes I. 465-425 hin. Nach Neh 13,6.7 ist N. im 32. Jahr des Artaxerxes (433) nach Susa zurückgekehrt. Er scheint danach abermals nach Jerusalem zurückgekommen zu sein, um erneut den behördlichen Druck auf die Durchführung des Gesetzes zu legen. Seine Wirksamkeit während dieser zweiten Anwesenheit in Jerusalem erzählt K. 13,7 ff.

Die Nachrichten über N. verdanken wir einer von ihm selbst verfaßten Weiheschrift, die er an Gott richtete 3,36 f; 5,19; 6,14; 13,14.22. 31; sie ist durch Einarbeitung in das chronistische Geschichtswerk erhalten geblieben. Die sicher auf N. selbst zurückgehenden Kapitel sind 1-7; 10; 12,27-43; 13. In K. 7 ist eine Liste gegeben, die schon in Esra 2 enthalten ist. Vermutlich hat N. auf die Liste in Esra 2 zurückgegriffen, als es sich um die Feststellung der Einwohnerschaft von Jerusalem handelte. Dagegen scheinen die Listen in 11,3-19 (eine Bestandsaufnahme der Bewohner Jerusalems nach Auffüllung durch einen verordneten Zuzug) und 11,20-36 (Verzeichnis judäischer Siedlungen) später eingefügt zu sein, da sie nicht der Grundlinie der Weiheschrift N.s entsprechen. Die K. 8 u. 9 gehören ebenfalls nicht zu den ursprünglichen Bestandteilen der Weiheschrift, sondern zu den Esra-Memoiren. Sie werden die Fortsetzung von Esra 10 gebildet haben. Die Erwähnung N.s neben Esra in 8,9 ist anerkanntermaßen eine Glosse, die notwendig wurde, als die Kapitel dem N.buch eingegliedert wurden.

Der Quellenwert der Weiheschrift ist sehr hoch einzuschätzen. Gegenüber dem fast völligen Fehlen von Quellen zur jüd. Geschichte im 5. Jh. vChr bietet das Buch Neh Aussagen eines in leitender Stellung zu Jerusalem tätig gewesenen Zeitgenossen, die schlechterdings von keinem anderen so hätten gemacht werden können. Es muß als außerordentlich günstiger Umstand angesehen werden, daß das chronistische Geschichtswerk diese Quelle bewahrt und für seine Darstellung der nachexilischen Zeit verwendet hat. → Chronikbücher.

Lit.: M. Noth, Geschichte Israels [3]1956; W. Rudolph, Esra und Nehemia (Handbuch zum AT 20) 1949. *Ba*

Nehustan → Eherne Schlange.

Neid. Die nüchterne, vom Ursprung her urteilende Menschenbetrachtung der HS zieht die vergiftenden, zerstörenden Wirkungen des N.s ans Licht. Der N. ist „irdisch, menschlich, teuflisch" Jak 3,15 f. Er verdirbt das Zusammenleben auch der Nächsten 1Mose 4; 30,1; 37,11. Er zerrüttet die Verbundenheit von Volksgenossen 1Sam 18,8; Jes 11,13; Sir 40,4. Er hat in der Leidensgeschichte Jesu und der Apostel seine Hand im Spiel Mt 27,18; Apg 13,45; 17,5. Er zerfrißt auch den Zusammenhalt der jungen Kirche 2Kor 12,20; Phil 1,15; 1Tim 6,4. Nur die Toten neiden nicht mehr Pred 9,6. Die Weisheitsliteratur des AT und der Apokryphen nimmt den Kampf mit dem N. in rational-volkstümlichen Überlegungen auf Spr 14,30; 23,6; 27,4; 28,22; Sir 14,10; 31,14; 37,11 u. a. m. Auch dort ist die Gottesfurcht Voraussetzung der Überwindung.

Im NT gehört der N. zur wahren Natur des fleischlichen Menschen Gal 5,19 ff, vgl. Röm 1,29. Aber das neue Leben im Geist Gal 5,22. 24, die Weisheit von oben her Jak 3,17 f, gerüstet mit Waffen des Lichts Röm 13,12 ff, ist dem N. überlegen Tit 3,3 ff; 1Kor 13,4 ff. *He*

Nereus ist ein Name, der bei Freigelassenen und Sklaven, auch solchen im kaiserlichen Dienst, öfters vorkommt. Neben seiner Schwester empfängt N. Röm 16,15 einen Gruß von Paulus. *Kü*

Nergal, Stadtgott von Chut = Kutu, 30 km nordöstlich von Babel, den die von den Assyrern nach Samarien umgesiedelten Kolonisten mitbrachten 2Kö 17,30. N. verkörpert als Sonnengott die schädigenden Wirkungen der Sonnenglut und gilt als Gott des Krieges und der Seuchen. Als Gatte der Unterweltsgöttin herrscht er auch in der Unterwelt. *Peu*

Nergal-Sarezer (Nergal schütze den König), Rab-mag, d. h. Oberfeldherr des neubabylonischen Königs Nebukadnezar, bei der Eroberung Jerusalems beteiligt Jer 39,3.13. *Peu*

Nessel. Bei Luthers N. Hiob 30,4 ist nicht an ein stachliges Unkraut zu denken, sondern an die strauchartige Melde (Meerportulak), eine der Salzpflanzen, die auf salzhaltigem Boden wachsen und im Stengel Kali enthalten, so daß aus ihrer Asche die zur Seifefabrikation nötige Soda gewonnen werden kann. Wie die armen Leute Hiob 30,4, so kochen und essen die Beduinen noch heute die Blätter der Melde. Dagegen könnte das andere Wort, das Luther Jes 34,13; Hos 9,6; Spr 24,31 mit N. übersetzte, die Brennnessel meinen, die auch in Palästina wuchert, oder eines der vielen stachligen Unkräuter. Ein drittes hebr. Wort übersetzte Luther Zeph 2,9 ebenfalls mit N. (Hiob 30,7; Spr 24,31 dagegen mit Distel); dies ist wohl eine Erbse, die Platterbse. *Schl*

Nest. Das N. des Vogels wird zum Bild der Ruhe und Geborgenheit Ps 84,4; Hiob 29,18, während der Heimatlose einem aus dem Nest vertriebenen Vogel gleicht Jes 16,2; Spr 27,8; kein N. zu haben ist Not Sir 36,28; Mt 8,20. Mag der Mensch meinen, sicher zu sein wie in einem Adlerhorst Hiob 39,27, so weiß ihn Gottes Gericht zu finden 4Mose 24,21; Jer 49,16; Ob 4; Hab 2,9. In Jesu Wort Lk 13,34 meint N. die Schar der Küchlein. *Schl*

Netopha, Ort in Juda, in der Nähe von Bethlehem, wahrscheinlich chirbet bedd falūḥ bei ʿēn en-naṭūf 2Sam 23,28 f; 1Chr 11,30; 27,13.15; 2Kö 25,23 = Jer 40,8; 1Chr 2,54; 9,16; Esra 2,22 = Neh 7,26; Neh 12,28. *Rü*

Netz aus Flechtwerk ist als Fangn. für Fische und Wild sowie als Klappn. für Vögel ein wichtiges Fangmittel des Jägers Pred 9,12; 7,26; Hes 19,8; Jes 51,20; Hos 9,8. *Kn*

Neujahr. Das isr. → Jahr beginnt im Herbst. Die 2Mose 23,16; 34,22 mit dem Lesefest (→ Feste 4 c) verbundenen Angaben lassen darauf schließen, daß man im alten Israel das im Herbst gefeierte Lesefest zugleich als N.sfest verstand. Um 700 vChr etwa übernahm Israel im Zuge der Durchsetzung der assyrisch-babylonischen Oberhoheit den Frühjahrskalender, d. h. man verlegte N. auf den Frühling. Darauf verweist auch die in jener Zeit üblich gewordene Zählung der → Monate hin, die mit Abib (März/April) als erstem Monat einsetzt (vgl. 2Mose 12,2; 13,4; 5Mose 16,1). Doch unterschied man fortan das im Frühjahr beginnende bürgerliche und das weiterhin im Herbst anfangende „kirchliche" Jahr. Der nachexilisch-priesterliche Festkalender löste den N.stag des Herbstjahres vom → Laubhüttenfest und legte ihn als den eigentlichen jüd. N.stermin auf den → Neumond des 7. Monats (1. Tischri; September/Oktober) 3Mose 23,23 ff; 4Mose 29,1 ff, der als „Sabbat des Blasens" gekennzeichnet ist. An diesem Tag wird er noch heute im Judentum gefeiert. Wieweit dieses Datum schon vor dem Exil eine Rolle gespielt hat, ist ungewiß. — Für den weltlichen Jahresanfang (1. Abib = 1. Nisan) ist im AT kein Feiertag bezeugt. *Ste*

Neujahrsfest. Der 1. Tag des für Israel im Herbst beginnenden → Jahres wurde in älterer Zeit im Rahmen des → Laubhüttenfestes begangen. Das spätere Judentum (priesterliche Festgesetze, Josephus, Mischna) feierte ihn am 1. Tischri, am Eingang des noch durch Versöhnungs- und Laubhüttenfest bes. ausgezeichneten 7. Monats des bürgerlichen Kalenders (→ Neujahr). Er war ein Tag der Ruhe, wurde mit Posaunenblasen eingeleitet und durch Festversammlung und besondere Opfer geheiligt 3Mose 23,23 ff; 4Mose 29,1 ff. *Ste*

Neumond. Unter N. verstand man in Israel den → Tag, an dessen Vorabend die Sichel des zunehmenden Mondes erstmals wieder sichtbar wurde. Über seine Errechnung erfahren wir in der HS nichts. Wahrscheinlich verließ sich Israel wie seine Umwelt hier auf Beobachtung. Nach jüd. Überlieferung wurde zZ des NT das Erscheinen der Mondsichel durch Zeugenaussagen vom Synedrium festgestellt und mit Lichtsignalen auf den höchsten Bergen bekanntgegeben. Der Bedeutung des Tages als Monatsbeginn entsprach seine feierliche Begehung, deren Ursprung in vorkanaanäische Zeit zurückreicht. Wie der → Sabbat, mit dem er öfters zusammen genannt wird (→ Feste 2), war er ein Jahwe geweihter Ruhetag, an dem die werktägliche Arbeit aussetzte Am 8,5. Er bot Anlaß zu gottesdienstlicher Versammlung Jes 1,13, zum Jahresopfer der Sippe 1Sam 20,6.29, zum Festmahl beim König 20,18.24 u.a. Genauere kultische Anweisung gibt erst das priesterliche Opfergesetz 4 Mose 28,11-15, das die N.opfer vor den Sabbatopfern auszeichnet, vgl. 28,9f. *Ste*

Nibhas, nach 2Kö 17,31 ein uns unbekannter fremder Gott, der durch die von den Assyrern angesiedelten Neubürger mitgebracht wurde. Vielleicht handelt es sich um einen zum Gott gemachten Altar, indem der erste Konsonant des entsprechenden hebr. Wortes verändert, die drei weiteren ausgewechselt worden sind: msbh (misbeach) — nbhs (nibhas). *Peu*

Niederfahrt Christi. Der theol. umstrittene Satz im zweiten Glaubensartikel kann das missionarische Motiv der Errettung der mit Christus nicht bekannt gewordenen Abgeschiedenen aus Israel und aus den Heiden zum Anliegen haben. NTlicher Beleg, der diese Lehrmeinung voraussetzt, sind die im einzelnen schwer zu deutenden Verse 1Petr 3,19ff; 4,6. „Ein direkter Christus Victor wurde zum Fahnenträger der christl. Mission" (W. Bieder, Die Vorstellung von der Höllenfahrt Christi, 1949, S.201). Mit der N.C. kann aber auch der totale Sieg Jesu über den Tod gemeint sein, wofür sich Offb 1,18; Apg 2,24.27.31; Röm 10,7; Eph 4,8.9; Kol 2, 15 anführen lassen. Der Glaube an die N.C. hat im 2. und 3.Jh. weite Verbreitung gehabt; seine Aufnahme in ein geschriebenes christl. Bekenntnis erfolgte nachweisbar erst in der 2. Hälfte des 4.Jh. Da das, was der Satz von der N.C. ausdrücken will, im christl. Glauben an den Gekreuzigten und Auferstandenen mitenthalten ist, lassen manche (zB methodistische) Kirchengemeinschaften ihn im Apostolikum aus. *Kü*

Niedrigkeit → Demut, erniedrigen.

Nieren. *1)* Ein leicht verletzbares Körperorgan Hiob 16,13; Klgl 3,13. Die N. galten mit dem dazugehörenden Fett Jes 34,6; 5Mose 32,14 als wertvolles Opfer 2Mose 29,13.22; 3Mose 3,4.

2) Übertragen für das Innerste, oft mit Herz verbunden Jer 11,20; Offb 2,23 u.a.m. Die N. galten als Sitz der Gemütsbewegungen in Freude Spr 23,16 (jetzt Seele) und Leid Ps 73,21, auch des Willens und der Gewissensregungen Ps 16,7 (jetzt Herz); 26,2. Gott, der die N. erschaffen hat Ps 139,13, prüft als Richter N. und Herz Jer 11,20; 17,10; 20,12; Ps 7,10; Offb 2,23. *Pfei*

Niger war ein aus dem Lateinischen als Lehnwort ins Griechische übernommener Eigenname (der Schwarze). Ein sonst unbekannter Simon (Symeon), der Apg 13,1 unter den antiochenischen Propheten und Lehrern genannt ist, führte N. als Beinamen. *Kü*

Nikanor. *1)* Sohn des Patroklus 2Makk 8,9; Feldherr des → Antiochus Epiphanes unter dem Oberbefehl des → Lysias zusammen mit → Ptolemäus und → Gorgias 1Makk 3,38f. Es ist nicht sicher, ob er mit dem früheren Elefantenoberst 2Makk 14,12 gleichzusetzen ist. Als selbständiger Heerführer unter Demetrius I. suchte er mit List, Judas Makkabäus zu fangen, wurde aber bei Kepharsalama geschlagen. N. zog sich nach Jerusalem zurück, verspottete die Priester und den Tempel und fiel dann in der Schlacht bei Adasa 161 vChr. Seinen Kopf und die rechte Hand brachten die Juden nach Jerusalem. Sein Todestag wurde jahrelang festlich begangen 1Makk 7,26-50; 9,1; 2Makk 14,12-15,36.

2) Statthalter auf Zypern unter Antiochus V. 2Makk 12,2.

3) Einer der sieben Armenpfleger in Jerusalem Apg 6,5. *Pfei*

Nikodemus war ein angesehenes Mitglied des Hohen Rats in Jerusalem. Ob ein Zusammenhang mit N. ben Gorion besteht, einem reichen Bürger Jerusalems aus der Zeit vor 70 nChr, von dem in der rabbinischen Literatur berichtet wird, ist ungewiß. Im NT kommt N. nur bei Jo vor 3,1.4.9; 7,50; 19,39. Er war Pharisäer und ein einflußreicher Schriftgelehrter. Bei der Nacht kam er zu Jesus und erhielt von ihm Belehrung über das Leben aus Gott und dessen Empfang im Glauben an den Sohn. Später setzte sich N., im Protest gegen die Pharisäer, für Jesus ein 7,50. Nach Jesu Tod erwies er dem Leichnam des Herrn hohe Ehrung 19,39 und trat als Jünger Jesu hervor. *Kü*

Nikolaiten heißen Offb 2,6.15 die Anhänger einer gnostischen Bewegung, die in Ephesus nicht Fuß fassen konnte, in Pergamon Anhänger fand, aber vor allem in Thyatira einen Mittelpunkt hatte 2,20ff. Der Name ist nicht sicher ableitbar. Man dachte später an den Diakon → Nikolaus, der der Stifter dieser Sekte sein sollte (Irenäus), und suchte auch eine Verbindung zur Gruppe um Kerinth. Es scheint, daß in diesen Kreisen die Losung aufkam, das Fleisch sei vergänglich und könne mißbraucht werden (Herm. s. 5,7,2; Euseb hist. eccl. III 29). Man hat dann darauf aufmerksam gemacht, daß in der Volksetymologie Nikolaus und das hebr. Bileam (Volksvernichter) eng miteinander verbunden sein können (Sanh. 105a). Wie es Bileam gelang, die Israeliten zum Opferfleischessen und zur Unzucht zu verführen 4Mose 31,

16; 25,1-5, so gaben die Nikolaiten offenbar den gleichen Rat, die christl. Freiheit zu erproben. In Thyatira stand die Bewegung unter Führung einer Prophetin, die vom Seher gleichnishaft nach der Königin Isebel und deren Laster genannt wird 2,10; 1Kö 16,31; 18,4ff. Offenbar standen Propheten und Prophetinnen zZ der Sendschreiben in den kleinasiatischen Gemeinden in besonderem Ansehen. Merkwürdig ist, daß später in Thyatira sich der Montanismus ausbreiten konnte. Die gnostische Prophetin war gewarnt, hatte aber diese Warnung mißachtet; darum droht der Seher ihr statt des Wollustlagers das Siechbett an. Aber auch an den Kindern der Frau will Gott sich durch die Pest rächen, um ein Zeichen gegen den heidnischen Greuel aufzurichten. Zum gnostischen Unwesen dieser Sekte gehörte, daß man sich rühmte, die „Tiefen des Satans" erkennen zu können, ohne inneren Schaden zu erleiden 2,24. Die Vermutung, daß unser Text sich auf das Heiligtum der orientalischen Sibylle Sambethe (oder Sabbe) beziehe, das tatsächlich in Thyatira stand, entbehrt der Wahrscheinlichkeit. *Mi*

Nikolaus, ein Proselyt aus Antiochien, war einer der gewählten Siebenmänner der Gemeinde in Jerusalem Apg 6,5; → Nikolaiten. *Kü*

Nikopolis, die Stadt, in die Paulus den Titus beruft, weil er dort den Winter zubringen will Tit 3,12, ist wohl N. im Südwesten von Epirus, mit dessen Gründung Augustus seinen Sieg bei Actium (31 vChr) feierte. Schwerlich ist an N. in Mazedonien oder N. in Zilizien zu denken. *Schl*

Nil. Sein Name lautet im hebr. AT fast durchweg je'or Am 8,8; 2Mose 7,19. In Hes 32,2 wird der N. auf Grund seiner Wassermenge als Meer (jam) bezeichnet. Der Fluß hatte im geographischen Weltbild Israels seinen festen Platz. *Peu*

Nilpferd → Behemoth.

Nimrim. Mit den ‚Wassern von Nimrim' Jes 15,6; Jer 48,34 ist wohl das wadi en-numera gemeint, dessen Quellbach nach kurzem Lauf am Südostrand des Toten Meeres mündet. Das 4Mose 32,3.36 erwähnte Nimra, dessen Ruinen noch N. heißen, liegt weiter nördlich. *(Da)*

Nimrod, nach 1Mose 10,8-12 erster Weltherrscher, der die altbabylonischen und assyrischen Städte und Reiche gründete; später der Heros Assyriens Mich 5,5. Hinter der Figur des N. kann sich ein Großkönig der Vergangenheit wie Sargon d. Gr., Hammurabi oder auch der Pharao Amenophis III. u. a. verbergen. Andere sehen in N. den Helden und sagenhaften König Gilgamesch von Uruk oder den Gott Ninurta, der als Gott des Naturlebens, des Krieges und der Jagd bes. in Nippur und Kalah verehrt wurde. Sicherlich sind in der Person des N. mancherlei Traditionen zusammengewachsen. Sprichwörtlich war er in Palästina als „gewaltiger Jäger vor dem Herrn" bekannt. Die heutigen Namen Nimrud bzw. Birs Nimrud bezeichnen das alte Kalah bzw. Borsippa. *Peu*

Ninive, assyrische Stadt, gegenüber dem heutigen Mossul zw. dem linken Tigrisufer und dem Nebenfluß Chausar erbaut. Die bedeutendsten Ruinenhügel sind der nebi junus im Südwesten der Stadt und der nördlicher gelegene Hügel Kujundschik. Das Stadtgebiet von N. war schon in vor- und frühgeschichtlicher Zeit besiedelt; die Stadt selbst hatte in allen Zeiten der assyrischen Geschichte große Bedeutung, und assyrische Könige errichteten zu verschiedenen Zeiten dort Bauten. Selbst der Babylonier Hammurabi rühmt sich der Pflege der Stadt. Die Könige des alt- und mittelassyrischen Reiches residierten freilich meist im südlicher gelegenen Assur; erst seit Sanherib gilt N. als die Hauptstadt des Großreiches 2Kö 19,36; Jes 37,37. In ihr befand sich das Heiligtum der Mutter-, Liebes-, Kriegs- und Siegesgöttin Ischtar. Jener Sanherib umgab das umfangreiche, 664 ha große Stadtgebiet mit zT 25 m hohen Doppelmauern, die durch 15 Tore durchbrochen wurden. Er erweiterte Straßen und Plätze, legte eine königliche Prachtallee mit einer Steinbrücke über den Palastgraben und beiderseits der Stadt Parks mit exotischen Fruchtbäumen an. Auf dem Hügel Kujundschik erbaute er seinen Königspalast, dessen Zimmer und Thronsaal als Wandbekleidungen zahlreiche Alabasterreliefs mit Darstellung von Szenen aus dem Kriegs- und Lagerleben erhielten. Botanischer Garten, Tierpark und Zeughaus konnten nicht fehlen. Neu angelegte Kanalbauten versorgten Stadt und Gärten mit Wasser, vgl. Nah 2,9 „N. ist wie ein Wasserteich". Assurbanipal richtete in N. seine berühmte Bibliothek von 20000 Keilschrifttafeln ein, die schon 1854 zu Beginn der assyriologischen Forschungen entdeckt wurde. Die Sammlung enthält die Hauptwerke der akkadischen Literatur. Die Stadt fiel im Juli 612 in die Hände der verbündeten Meder und Neubabylonier, die sie dem Erdboden gleichmachten. Am vollständigsten wurde bis jetzt der Palast Sanheribs ausgegraben. Über den Untergang von N. reden die Propheten Nah 1,1; 3,7 und Zeph 2,13, während das sicherlich aus später Zeit stammende Prophetenbüchlein des Jona in N. die zwar sündhafte, aber zur Buße bereite „Großstadt" sieht 1,2; 3,3-7; 4,11. *Peu*

Nisan → Monate.

Nisroch, Name eines sonst nicht genannten assyrischen Gottes 2Kö 19,37; Jes 37,38. Es könnte sich um den Gott Ninurta handeln, in dessen Tempel in Kalah Sanherib wahrscheinlich erschlagen wurde, oder N. ist eine Verballhornung des Gottesnamens Marduk. *Peu*

No oder **No Amon,** die oberägyptische Metropole Theben, war Residenzstadt der Pharaonen der 11. (2052-1991) und 18. Dynastie (1570 bis 1345). N. A., d. h. Stadt des Gottes Amon, erhielt von den Griechen den Namen „Theben"; die Ägypter nannten sie Uese oder Wese. Unter Hintanstellung des Mont, des alten Stadtgottes von N., galt der aus Hermopolis stammende Gott „Amon", mit dem Reichsgott „Re" vereint Amon-Re, als der Gott von Theben. Die bedeutendsten Heiligtümer waren die nördlich bzw. südlich der Stadt gelegenen Tempel von Karnak bzw. Luxor, während auf der thebanischen Westseite am linken Nilufer die berühmten Gräberfelder mit den Totentempeln, u. a. das Ramesseum, zu finden sind. Auf die Zerstörung von Theben durch den assyrischen König Assurbanipal i. J. 660 weist Nah 3, 8 hin; doch hatten die Heiligtümer von N. damit noch nicht alle Bedeutung verloren Jer 46, 25; Hes 30, 14 ff. *Peu*

Noachische Gebote. Gemeint sind die bei der Bundschließung mit Noah nach der Sintflut für ihn und seine Nachkommen von Gott erlassenen Gebote 1Mose 9, 4-6: vom Blut der Tiere und vom Blut der Menschen. Beiden Geboten liegt wie dem Opferdienst die Anschauung von der Seele im Blut zugrunde 3Mose 17, 11 f. Vergossenes Blut ist gelöstes, geopfertes Leben; das Leben aber gehört Gott; darum ist das Blut heilig. Später galten die N.n G. für die „Proselyten des Tores". Man beachte auch Jo 6, 54; Apg 15, 20; Hebr 9, 12 ff. *Luck*

Noah (= Trost, Ruhe 1Mose 5, 29) ist der Letzte in der Reihe der zehn „Urväter", aber nach der Sintflut der Erste einer neuen Menschheitsfamilie und eines neuen Gottesglaubens. Die von Adam bis N. reichende Epoche ist trotz Abel und Henoch (Hebr 11,4-6) heilsgeschichtlich eine völlig andere als die mit N. beginnende und bis Abraham reichende. In 1Mose 4-6 wird nur angedeutet, daß bei unerhört langer Lebensdauer ein Geschlecht von Titanen heranwuchs, das Gott die Stirne bot 6, 3-5 und für das jenes „Lamechlied" Ausdruck des Lebensgefühls war, also Blutrache ohne Maß 4, 23 f. Mit N. erscheint der Mensch des gläubigen Gehorsams, der bei Gott Gnade findet 6, 8. Er wird nicht nur durch die Sintflut hindurch errettet 1Petr 3, 20, sondern Gott würdigt ihn und seine Nachkommen eines „Bundes" 9, 1-17. Wesentlich ist dabei nicht so sehr, daß Gott den Schöpfungssegen erneuert, den er Adam gegeben hat; vielmehr ist entscheidend: *1)* Gott selbst setzt seinem Willen zum Gericht eine Schranke; der Regenbogen wird zum Heilszeichen für eine verängstete Menschheit 9, 14-17. *2)* Gott fordert in den → „Noachischen Geboten" Achtung vor dem Blut 9, 4-6. Die Erzählung 9, 20 ff läßt erkennen, daß auch kulturell eine neue Zeit heraufzog; N. erscheint als Vater des Weinbaus. Nach Hes 14, 14. 20 ein Urbild, nach Hebr 11, 7 ein Erbe, nach 2Petr 2, 5 ein Prediger der „Gerechtigkeit", wurde N. nach 1Mose 9, 29 950 Jahre alt, so daß er nach dieser Rechnung noch weit in die Zeit Abrahams reichte. *Luck*

Nob, eine Priesterstadt 1Sam 22, 19, in der der Priester Ahimelech aus Elis Geschlecht den flüchtigen David mit Speise und Waffen versorgte 21, 1-10, wofür Saul eine schreckliche Rache nahm 22, 2-19. Nach Neh 11, 32 lag N. im Gebiet Benjamin, nach Jes 10, 32 als letzte Station auf dem Weg der Assyrer gegen Jerusalem, das nach dem Bericht des Hieronymus von dort aus zu sehen war, vielleicht auf dem Skopus, dem ras el-meschārif nördlich vom Ölberg zu suchen. Andere vermuten die Stadt der Davidsgeschichte in bet nūba südöstlich von Lydda. *Schl*

Noph Jes 19, 13; Jer 2, 16; 44, 1; 46, 19; Hes 30, 13. 16, die unterägyptische Metropole Memphis, südlich von Altkairo auf dem westlichen Nilufer gelegen, diente den Pharaonen des Alten Reiches als Hauptstadt; aber auch spätere Könige von Ägypten residierten dort oder in der Nähe. N. soll schon vom Reichsgründer Menes als „die Mauer der weißen Krone" um 2850 erbaut worden sein. Zu Memphis gehören die Pyramiden- und Gräberfelder von Abu Rosch, Gize, Abusir, Sakkara bis nach Dahschur. Als Hauptgott zählt „Ptah", der in der Gestalt des Apisstiers verehrt wurde. Die jeweiligen Apisstiere wurden im Serapeum beigesetzt. Ptah wird im sog. „Denkmal memphitischer Theologie" als Urheber aller Dinge, auch der Götter, gesehen. Der persische König Kambyses hat i. J. 525 Memphis eingenommen. *Peu*

Norden. Wenn die hebr. Bezeichnung für den N. (ṣafon) nicht den verborgenen Erdteil meint, ist sie von dem gleichlautenden Namen des nördlich von Ugarit lokalisierten Berges hergeleitet, wo die Versammlungsstätte des himmlischen Pantheons gedacht wurde Jes 14, 14; vgl. auch Ps 89, 13. Die mit diesem Gottesberg verbundenen Vorstellungen der paradiesischen Wonne und Schönheit, des heilspendenden Weltmittelpunktes und der Unüberwindbarkeit wurden auch auf den Zion übertragen, so daß dieser sogar als „Berg hoch im Norden" bezeichnet werden kann Ps 48, 3. *Land des N.s* meint bei den Propheten entweder die Weltgegend, woher die Strafe Gottes kommt Jer 1, 14 f u. ö., oder die Länder, wo sich die ins Exil gegangenen Israeliten befinden. *v. d. W.*

Nordwind bringt in Palästina im Frühling und Sommer Abkühlung, im Winter Kälte und Frost Hiob 37, 9, aber niemals Regen. Darum sind Spr 25, 23 (wenn nicht „Wind aus Verborgenem kommend" zu übersetzen ist) vielleicht ägyptische Verhältnisse vorausgesetzt. Ein Nordoststurm schuf bei der Fahrt des Paulus nach Rom die Seenot Apg 27, 14. *v. d. W.*

nüchtern (sein) bedeutet im eigentlichen Sinn: noch ohne Speise und Trank, vor allem, nicht betrunken sein. Im übertragenen Sprachgebrauch meint n. negativ das Freisein von seelisch-geistigen Berauschungen, von Überspanntheiten und Phantastereien, positiv die Geistesklarheit in der Erfassung und Beurteilung der Wirklichkeit bei Personen und Sachen. Die HS verwendet n. (sein) in der Regel im übertragenen Sinn. Ist n. (sein) im eigentlichen Wortverständnis gemeint, so ist dabei an etwas Geistiges und Geistliches gedacht: so in der für die Priester geltenden Vorschrift der Enthaltung von Rauschgetränken 3Mose 10,9f; ebenso in den Anweisungen für den Bischof, die Diakonenfrauen und die Alten 1Tim 3,2.11; Tit 2,2. Sonst bezeichnet n. im NT allgemein die gläubige Anerkennung der mit Gottes Offenbarung in Christus gegebenen Wirklichkeit und die Übernahme der sich daraus für den Christen ergebenden Verpflichtungen 1Thess 5,8; 1Petr 1,13; 2Tim 4,5. N. (sein) steht neben dem Wachen 1Thess 5,6; 1Petr 5,8 und dem Beten 1Petr 4,8. Verstärkte Mahnungen zur Nüchternheit ergehen an die in des Teufels Strick Gefangenen 2Tim 2,26 sowie an Christen wie die Korinther, die sich an ihren eigenen Lehrmeinungen berauschen und dabei an Gott versündigen 1Kor 15,34. *Kü*

Numenius, Sohn des Antiochus, von Jonathan zur Festigung der Freundschaft nach Rom und Sparta gesandt 1Makk 12,1-4.16, später von seinem Bruder Simon nochmals nach Rom gesandt 1Makk 14,24; 15,15. *(Pfei)*

Numeri → Mosebücher.

Nußbaum. Der N. (Walnußbaum), der aus Persien einwanderte und sich heute bes. im Libanon findet, wird nur HL 6,11 erwähnt. *(Schl)*

Nympha(s) kann nach dem textkritischen Befund von Kol 4,15 Männer- oder Frauenname sein. Die neueren Ausleger nehmen an, der Gruß des Paulus habe einer Frau und dem in ihrem Haus zusammenkommenden Teil der Gemeinde gegolten. *Kü*

O

O → A und O.

Obadja. *1)* Unter dem Namen des O. („Knecht Jahwes") ist an vierter Stelle der → Kleinen Propheten eine 21 Verse umfassende Schrift überliefert, die sich in V. 1-14. 15b mit dem Gericht über → Edom und in 15a. 16-21 mit dem kommenden → Tag Jahwes beschäftigt, der die Ausrottung der Heiden und die Wiederherstellung Israels bringen sollte. In der Frage nach der ursprünglichen Einheit und der zeitlichen Ansetzung des Büchleins gehen die Ansichten der Gelehrten weit auseinander. Die Schwierigkeiten ergeben sich u. a. daraus, daß über die Person des Propheten nichts Näheres bekannt ist, daß die Verse 2-9 in Jer 49,7-22 ihre oft wörtliche Entsprechung besitzen, ohne daß an Jeremia als an ihren Verfasser gedacht werden kann, und daß die Zeitspanne, während der die von ihren östlichen Nachbarn bedrängten Edomiter in Juda neue Wohnsitze suchten, nicht genau einzugrenzen ist. Im Hintergrund der gegen Edom gerichteten Worte stehen einerseits die bitteren Erfahrungen, die die Einwohner von Jerusalem und Juda in den Tagen ihrer Niederwerfung durch die Babylonier 587 und danach mit dem Brudervolk machten, und andererseits das Vertrauen darauf, daß Gott sein Volk nicht endgültig im Stiche lassen werde. Die Edomiter hatten sich an der Belagerung und Plünderung Jerusalems beteiligt und dann unter Ausnutzung der Schwäche der Unterworfenen im Süden des Landes ihr eigenes Gebiet auszudehnen gesucht. Vgl. Ob 10 mit 1Mose 25,23; 5Mose 23,8f; 2,4-8; Ob 11-14 mit Klgl 4,21; Ps 137,7; ferner Hes 35,5; 36,5. Es ist menschlich verständlich, daß die Überlebenden der judäischen Katastrophe auf den Tag der Vergeltung warteten und sehnsüchtig nach dem Gericht Jahwes Ausschau hielten, in dem er, getreu seinen alten Verheißungen, seinem Volk Freiheit und Land zurückgeben werde. Gott hat freilich diesen Erwartungen in dieser Form sein Ja versagt und statt dessen in Jesus Christus die Stimme eines anderen Propheten bestätigt, der daran glaubte, daß Israels Leiden zum Heil der Völkerwelt gereichen sollte, vgl. Jes 53.

Lit.: J. Fichtner, Obadja, Jona, Micha, Stuttgarter Bibelhefte, Stuttgart 1957; A. Weiser, Das Buch der zwölf Kleinen Propheten I, ATD 24⁴, Göttingen 1963. *Kai*

2) Im AT sind — neben dem Verfasser des Buches O. — noch 11 Träger dieses Namens („Knecht Jahwes") genannt. Herausgehoben sei der Hausminister Ahabs von Israel, der sich zu Jahwe hielt, hundert seiner Propheten vor Isebel rettete und Elia ehrte 1Kö 18,3-16. *Schl*

Obed-Edom, ein in Juda wohnender, die Lade Jahwes verwahrender Ausländer 2Sam 6,10ff. *Peu*

Obergemach → Haus. → Dach.
Oberhauptmann → Hauptmann.

Oberpriester (gelegentlich auch Hoherpriester 2Kö 23,4 u.ö.) wurde der Hauptpriester in Jerusalem genannt, ohne daß ihm eine besondere Funktion übertragen war wie in der → Priesterschrift dem → Hohenpriester. Luther übersetzte

„oberster" 2Kö 25, 18 u. ö. oder „vornehmster Priester" 2Chr 24, 11, in 1Chr 27, 5 einfach „der Priester". *Bo*

Oberster. Dieser Titel, mit dem Luther verschiedene hebr. und griech. Worte wiedergab, bezeichnet allg. einen Mann in herausgehobener Stellung, der autoritativen Einfluß auf andere ausübt. Im AT sind die O.n die Vornehmsten im Volk, die politischen und militärischen Führer im Stammes- oder Geschlechterverband 2Mose 22, 27; 4Mose 7, 2; Ri 11, 11; Esra 1, 5 oder die Häupter gewisser Berufsgruppen wie der Leviten 1Chr 15, 16. — Im NT werden so bezeichnet: bes. die Vorsteher der → Synagogen Mt 9, 18 u. ö., die Führer der Pharisäer Lk 14, 1, die Mitglieder des → Hohen Rates Jo 3, 1 u. ö., ein führender Zollbeamter Lk 19, 2, römische Magistratsbeamte Apg 28, 7. Nach Mt 9, 34 gibt es auch in der Hierarchie der Teufel einen O.n der Teufel. *Ste*

Obertor → Tore Jerusalems.

Obrigkeit. *1)* Das aus dem Mittelhochdeutschen „oberkeit" stammende, in Luthers Bibelübersetzung verwendete Wort O. bedeutet im Urtext „Gewalt", „Herrschaft". Es meint in der HS nirgends eine abstrakte Institution, sondern immer Personen, denen Hoheit und Machtausübung über andere in den verschiedensten politischen Bereichen übertragen sind. Darum ist es unmöglich, die O.svorstellungen der Bibel mit irgendeiner heutigen Staatsauffassung gleichzusetzen. Weder AT noch NT enthalten eine schlechthin verbindliche Lehre vom Staat; sie bezeugen aber die Tatsache, daß es in jeder faktisch vorfindlichen politischen Ordnung offizielle Organe (eben O.en) gibt, die dem Staatsbürger um seiner selbst willen mit dem Anspruch der Autorität entgegentreten.

2) Die HS *begründet* die O. im *Willen Gottes.* — *a)* Dem entspricht, daß im *AT* die isr. Könige als Gesalbte Jahwes angesehen 1Sam 24, 7; Ps 2 u. ö., sogar Fremdherrscher wie Nebukadnezar Jer 25, 9 oder Kyros Jes 45, 1 als Beauftragte Gottes, ja überhaupt die Regenten, Fürsten, Ratsherren und Richter als Amtleute verstanden werden Spr 8, 15 f; Weish 6, 2-5, die ihre obrigkeitliche Autorität und Würde von Gott haben, der als Quelle aller Gewalt und Lenker der Geschichte Dan 2, 21 ihnen ihre Macht verleiht Weish 6, 4 und sie auch zur Verantwortung zieht 6, 9. — *b)* Im *NT* wird diese Auffassung selbst gegenüber heidnischen Machthabern wie Nero, Pilatus und ihren Beamten festgehalten Jo 19, 11; Röm 13, 1. Wer sich der obrigkeitlichen Gewalt widersetzt, widersteht göttlicher Ordnung Röm 13, 2. Vor allem das Zinsgroschengespräch Mk 12, 13-17 bezeugt, daß die Zugehörigkeit zur Jüngerschaft Jesu die Anerkennung der weltlichen O. nicht aufhebt. Diese Grundhaltung trennt den Christen von allem Zelotismus, der die Religion in den Dienst obrigkeitsfeindlicher Umtriebe stellen will. Daß das NT auch um die dämonischen Züge im Erscheinungsbild der Macht weiß, zeigt die Offb.

3) Unter den NTlichen Aussagen nimmt *Röm 13, 1-7* eine besondere Stellung ein, weil hier u. a. etwas von der *Sinnbestimmung* der O. deutlich wird. Danach ist sie als Gottes Gabe an das sündig gewordene Menschengeschlecht wegen des Bösen und gegen das Böse gegeben. Ohne sie ist gesittetes Leben in der menschlichen Gemeinschaft nicht möglich (vgl. 1Tim 2, 2), es würde das Chaos herrschen. Um dieses zu verhüten, ist ihr das Schwert als Zeichen der Strafgewalt (jus gladii) verliehen. So verhilft sie dem Recht und dem Guten, das sie anerkennt, gegen das Böse zur Geltung (vgl. 1Petr 2, 14), schützt und erhält die Ordnung. Das alles heißt nicht, daß Gott seine Herrschaft an die O. abgetreten hat, vielmehr, daß er auf unerforschliche Weise mittels der Macht der Mächtigen diese Welt regiert, auch dort, wo diese sich in keiner Weise von ihm her verstehen.

4) Dementsprechend regelt sich der *Gehorsam* des *Christen* gegenüber der O. Er ist nicht billiger Opportunismus, sondern Gewissenspflicht der Menschen, die sich auch der Macht gegenüber in den Dienst der Liebe gerufen wissen Röm 13, 5.10. Dazu gehört: williges Steuer- und Zollzahlen Röm 13, 7, ernstliche Fürbitte 1Tim 2, 2, Ehrerbietung 1Petr 2, 17. Das ist zugleich die beste Waffe gegen die üblen Nachreden, die gerade die Stellung der Christen zur O. mit Vorliebe verdächtigen 1Petr 2, 15. Der Gehorsam gegenüber der O. gilt übrigens auch dort, wo diese ihren eigentlichen Aufgaben nur mangelhaft nachkommt. Auch eine schlechte, dem Willen Gottes in keiner Weise entsprechende O. ist immer noch besser als völlige Gesetzlosigkeit. Zum Konflikt mit der staatlichen Gewalt kommt es für den Christen erst dort, wo diese ihre Grenze überschreitet, die Gewissen vergewaltigt und verlangt, was wider den Glauben geht, so daß der Gehorsam ihr gegenüber zum Ungehorsam gegen Gott wird Apg 4, 19; 5, 29. — Letztlich aber weiß der Christ, daß jede weltliche Macht nur ein „Provisorium" (Thielicke) ist, das zwar eine die Welt in ihrer jetzigen Gestalt auf Christi Reich hin erhaltende Funktion ausübt, das aber aufgehoben wird, wenn Christus sich als der Herr aller Herren offenbart 1Kor 15, 24; Offb. 17, 14. Über O.en in Kol 1, 16; 2, 10 → Engel.

Lit.: A. Strobel, Zum Verständnis von Röm 13, in: Zeitschrift f. die NTliche Wissenschaft, 1956; E. Wolf, Königsherrschaft Christi, 1958; E. Käsemann, Röm 13, 1-7 in unserer Generation, in: Zeitschrift f. Theologie und Kirche, 1959. *Ste*

Obst. Als Arten von O. sind in Palästina in alter Zeit Apfel, Feige, Granatapfel, Dattel, Mandel, Maulbeerfeige, Nuß, Olive, Weintraube bekannt. Meist erst in nachbiblischer Zeit wurden an Bäumen eingeführt: Orange, Zitrone, Aprikose, Pfirsich, Zwetschge, Kaktusfeige, Banane, Maulbeere, Birne und der Johannisbrotbaum. Den Wert der O.kulturen zeigt das Verbot des Umschlagens von O.bäumen zu Belagerungszwecken 5Mose 20,19f (was allerdings trotzdem geschah 2Kö 3,25). Darum gehören Bäume mit eßbaren Früchten mit zum Bilde vom paradiesischen Zustand der Erde oder vom verheißenen Land 1Mose 1,11.29; 2,9.16; 4Mose 13,26f; 1Kö 5,5. Nach 3Mose 19,23ff sollen, weil das Land und all sein Ertrag Gottes Eigentum und gnädige Gabe ist, die Früchte von gepflanzten O.bäumen in den drei ersten Jahren weggeworfen, im vierten als Erstlingsgabe dem Herrn geweiht und erst vom fünften Jahr ab genutzt werden. Bestimmt seit der Makkabäerzeit — 1Makk 10,29 —, aber wohl schon bedeutend früher — 1Kö 4, 1-5, 8? — (und jedenfalls bis in unsere jüngste Vergangenheit) fiel auch das O. unter die Abgabepflicht. Daß in der Weltstadt der O.markt bes. üppig war, zeigt Offb 18,14. *Kn*

Ochse → Rind.

Oded. *1)* Vater des Propheten Asarja zZ des Asa 2Chr 15,1. — *2)* Ein Prophet in Samaria 2Chr 28,9. *Schl*

Odem → Geist.

Öl stellt als eines der edelsten Produkte des verheißenen Landes eine besondere Gottesgabe dar 5Mose 7,13; 8,8; 11,14; 32,13; Joel 2,19. Es wird aus der Olive, die man zerschneidet und auspreßt, gewonnen, im Ölkrug gelagert 1Kö 17,12.14.16; 2Kö 4,2, nach besonderer Zubereitung im Salbengefäß aufbewahrt Mt 26,7; Lk 7,37, im Ölhorn mitgeführt 1Sam 16,1.13 oder im ledernen Schlauch wie Wasser und Wein transportiert. — Gebraucht wurde es zunächst als Genußmittel zur Bereitung von Speisen Ri 9,9; Hes 16,13; Spr 21,17. Äußerlich angewendet war es Heilmittel (gegen Beulen Jes 1,6 und Krankheiten Mk 6,13f; Jak 5,14, zum Blutstillen Lk 10,34) und Mittel zur Hautpflege Ps 104,15; Mich 6,15 (gegen Sonnenbrand; zur Pflege von Kopf- und Barthaar Pred 9,8, eine bes. dem Gast gegenüber geübte Sitte Ps 23,5; Lk 7,46; nach dem Bad 2Sam 12,20; Rt 3,3). Diese Annehmlichkeit fällt jedoch bei Trauer weg 2Sam 14,2. Dazu wurde das Öl von Salbenmischern 2Mose 30,25.35; Mk 16,1 mit Wohlgerüchen versehen Mt 26,7. War es geweiht, so übertrug es den Charakter göttlicher Heiligkeit auf den damit Gesalbten, den König, Hohenpriester, die Priester insgesamt und auch auf Propheten 1Sam 9,16; 24,7.11; 2Mose 29,7.21; 1Kö 19,16, oder auch auf die gesalbten Geräte 2Mose 30,23ff. — Schließlich diente es als Brennmaterial für die Leuchter im Tempel und Haus sowie für Handlampen 2Mose 27,20; 35,8; 2Kö 4,10; Jer 25,10; Spr 31,18; Jes 42,3; Jo 18,3; Apg 20,8. Eine nicht unwichtige Rolle spielte es im Handel 1Kö 5,25; Esra 3,7; Hes 27,17; Mt 25,9, in der Wohltätigkeit 5Mose 24,20, bei staatlichen Abgaben 1Kö 5,25; 1Sam 8,14 und solchen für das Heiligtum und dessen Personal 3Mose 19,24.

Lit.: Dalman, Arbeit und Sitte IV, 201ff. *Kn*

Ölbaum, der am stärksten verbreitete Baum Palästinas, dem darum in Jothams Fabel Ri 9,8 zuerst die Herrschaft über die Bäume angetragen wird. Er ist fast bei jedem Dorf zu finden 5Mose 28,40, auch auf recht steinigem Boden 5Mose 32,13, oft in großen Hainen, bes. in der Schephela 1Chr 27,28. Mit dem knorrigen, rissigen Stamm und dem schmalen grau-grünen Laub gleicht er unserer Weide. Die weißen Blüten sind klein, die Früchte länglich, anfangs grün, später schwarz; sie werden geschüttelt oder heruntergeschlagen Jes 17,6; 24,13. Das Fleisch der Früchte gibt das Öl, das in Mühlen ausgepreßt wird. Jeweils im zweiten Jahr fallen die Früchte leicht unreif ab Hiob 15,33. Aus dem Wurzelstock sprossen immer wieder junge Triebe (daher das Bild für Kinderreichtum Ps 128,3). Die Veredlung wilder Triebe hat Paulus Röm 11,17-24 in umgekehrtem Sinn benützt, um die Eingliederung der gläubigen Heiden in das Gottesvolk darzustellen. Das Olivenholz mit seiner dunklen Maserung wird gern verarbeitet. Doch ist fraglich, ob die beiden → Keruben im Allerheiligsten, die Türe und Türpfosten 1Kö 6,23.31.33 aus dem Holz eines wilden Ö.s gefertigt waren oder vielleicht eher aus dem Holz der sog. falschen Olive oder Ölweide, an die dann auch Neh 8,15 (Luther: Balsamzweige) und Jes 41,19 (Luther: Kiefer) zu denken ist. → Tafel 2. *Schl*

Ölberg. Der Ö. ist der südlichste Teil eines Höhenzugs, der sich östlich von Jerusalem und vom Kidrontal in Nord-Süd-Richtung erstreckt und von 835 auf 740 m abfällt. Das Ö.massiv hat einen Nordgipfel, 812 m hoch, von einer Tradition des 6. Jh. nach Mt 28,16; Apg 1,11 zu Unrecht „Galiläer" genannt. Südlich davon liegt der eigentliche Ö., 812 m, heute dschebel et-tur, „der Berg", genannt, östlich davon die 815 m hohe Ostkuppe mit dem Russenbau, von wo aus die Berge des Ostjordanlands, ein Teil der Jordansenke und des Toten Meeres und die Hügel um Bethlehem sichtbar sind. Bis zum Ö. reicht das niederschlagsreiche Gebiet des judäischen Gebirges; unmittelbar östlich des Ö.s beginnt die Wüste Juda. Über den Südabfall des Ö.s führt der Weg nach Bethanien und Jericho. Vom Ö. aus hat man einen trefflichen Blick über Jerusalem, vor allem über den Tempelbezirk. Der Name Ö. begegnet schon 2Sam 15,30 (Davids Flucht vor Absalom). Nach Sach 14,4 spielt der Ö. eine Rolle im eschatologischen Geschehen. Über den Ö. zogen die Pilger von Jericho nach Jerusalem. Der Ö. ist der Schauplatz zahlreicher Begebenheiten der Evangelien (Palmsonntagsgeschehen, eschatologische Reden Jesu Mt 24 par., Verfluchung des Feigenbaums, Gefangen-

nahme und Himmelfahrt Jesu, → Gethsemane), deren genaue Lokalisierung natürlich nicht mehr möglich ist. Auf dem Gipfel des Ö.s, am Weg nach Bethanien, befinden sich im Bereich eines Karmeliterinnenklosters die Überreste der sog. Eleona-Kirche, einer dreischiffigen Basilika, die Konstantin als Himmelfahrtskirche errichten ließ. 70 m nördlich davon wurde im 4.Jh. eine oktogonale Kirche, in der man die Stätte der Verklärung Jesu ehrte, errichtet. Bald ging die Tradition von der Himmelfahrt auf diese Kirche über, die von den Kreuzfahrern wieder aufgebaut wurde und bis heute erhalten und als Himmelfahrtskirche bekannt ist. →Tafeln 18, 19.
Me

Ofen (Herd). Der O. diente zum Kochen, Backen, Braten und zum Schutz gegen Kälte. Eine an den Rändern auf Steinen und mit dem Rücken nach oben liegende Ton- oder Metallplatte, unter der das Feuer brannte, diente zum Backen 3Mose 2, 5; 7, 9; Hes 4, 3 (sadsch). Das in einer runden Vertiefung im Fußboden (medura) frei brennende Feuer bot Kälteschutz und Kochgelegenheit Hes 24, 9 f. Daneben gab es ein tragbares Kohlenbecken (ach) Jer 36, 22 und einen ebenso beweglichen Doppelkochherd 3Mose 11, 35 (kirajim) zum Aufsetzen von Kochtöpfen. Der eigentliche Backofen (tannur, 1Mose 15, 17) bestand aus einem tönernen, oben kaminartig geöffneten Trog, in dem nach Erhitzung der Wände und des Steinbelags gebakken werden konnte. — Ziegelöfen: Jer 43, 9. Schmelzöfen: Jer 11, 4; Dan 3; Spr 17, 3.

Lit.: Dalman, Arbeit und Sitte, IV und VII; Galling, Bibl. Reallexikon.
Kn

Ofenturm Neh 12, 38; 3, 11, ein Teil der Befestigung des nachexilischen Jerusalem. *(Schl)*

Offenbarung, offenbar.
1) Die Selbstoffenbarung Gottes. 2) O. als geschichtlicher Akt. 3) Die Vermittlung der O. 4) Die Vollendung der O.

Die Botschaft der HS beruht in ihrem Kern durchgängig auf O. Allgemein gesprochen bedeutet O.: was verborgen, verhüllt, geheim, unerkennbar war oder auch bleiben will, das tritt als O. ans Licht, enthüllt, erschließt sich, gibt sich zu erkennen. Die bibl. O. unterscheidet sich grundsätzlich von allem, was in der Welt der Religionen sich auf O. beruft.

1) Die Selbstoffenbarung Gottes. Verborgenheit ist in der HS Gottes Wesen Jes 45, 15; 1Kö 8, 12; 1Tim 6, 16; „niemand" in Mt 11, 27; Jo 14, 6 ist eine Absage an alle → Mystik und Gnosis, die sich eigenmächtig Wege in diese Verborgenheit Gottes meint bahnen zu können. Die → Heiligkeit Gottes zieht hier unverrückbare Grenzen Jes 6 u. a. m. Der Kultus Israels ist zu einem guten Teil von daher zu verstehen. „Unerforschlich, unbegreiflich" ist kein vorläufiges Durchgangsstadium Röm 11, 33. Hier hat die Vernunft mit ihren Methoden keinen Zugang Mt 11, 25; 16, 17; 1Kor 2, 14. Welterkenntnis kann nicht zugleich Gotteserkenntnis werden.

O. ist und bleibt Gottes Wille, über den niemand verfügt. Er offenbart seinen Namen 2Mose 6, 3, seine Gerechtigkeit Ps 98, 2; Jes 56, 1; Röm 1, 17, seine Herrlichkeit Jes 40, 5. Der „Reichtum der Weisheit und Erkenntnis Gottes" Röm 11, 33 wird nie ein Besitz; er schöpft auf allen Stufen seines Erkennens immer neu aus dem O.swillen Gottes, so wie er sich dem Glauben zu erkennen gibt.

2) O. als geschichtlicher Akt. O. ist in der HS Ereignis, Geschichte. In Gottes Handeln begreift seine Gemeinde sein Wesen 1Sam 2, 27; Jes 52, 10; 53, 1; Jo 9, 3 f. Auch sein Wort „geschieht" 1Sam 15, 10; Jer 1, 2 u. a. m. Als Wort der O. bleibt es im strengen Sinn Gottes Wort, das sich lebendig, wirksam nur im Ereignis, in immer neuer Begegnung preisgibt. Andererseits ist die O. Gottes sein wirkliches Eingehen in die Geschichte am bestimmten Ort 1Mose 35, 7; 2Mose 33, 7 u. a. m., zur bestimmten Zeit 1Sam 9, 15, von Person zu Person, von Mose bis hin zu Christus, ohne daß die bleibende Distanz aufgehoben würde, vgl. das Bilderverbot 2Mose 20, 4 ff und seine prophetische Erläuterung Jes 40, 18 ff u. a. m. Der geschichtliche Weg dieser O. geht über Israel an die Welt; daran hält auch das NT fest.

3) Die Vermittlung der O. Obwohl gelegentlich der Traum 1Mose 28, 10 ff, das Gesicht Am 9, 1 ff; Dan 2, 19; 2Kor 12, 1, das erbetene Zeichen 1Mose 24, 14; Ri 6, 36 ff, das Losorakel 1Sam 14, 41 ff oder die Befragung eines Sehers 1Sam 9, 6 beim Erkunden des Willens Gottes eine Rolle spielen, ist doch nirgends auch im AT eine religiöse O.stechnik daraus entwickelt. Die prophetische Kritik wendet sich ausdrücklich gegen eine falsche Einschätzung solcher Dinge, die von der umgebenden Welt her nahe genug lag Jes 29, 10 ff; 30, 9 ff; Jer 23, 28. Ebenso stehen den Erzählungsformen in 1Mose, in denen Gott in menschlicher Gestalt erscheint, oder dem betont einmaligen „von → Angesicht zu Angesicht" 2Mose 33, 11; 4Mose 12, 8; 5Mose 34, 10 Stellen wie Jo 1, 18; 6, 46; 1Jo 4, 12 gegenüber. Es ist deutlich in diesem Widereinander beides wichtig: die vollwirkliche Begegnung und der Widerspruch gegen fremde Gottesvorstellung.

Gott offenbart sich als der Lebendige *in seinem Wort* 1Sam 3, 7. 21; Jes 6, 8; Jer 1, 2; Jo 1, 1 ff. Empfänger seines Wortes, hörend Jes 22, 14 und auch sehend Jes 6, 1, sind die Propheten. So wertet auch das NT die O. des AT Hebr 1, 1; 1Petr 1, 12. Gottes Schweigen ist unerträgliche Not Am 8, 11 ff; Ps 74, 9. Es ist bezeichnend, daß die dauernde O. in der Schöpfung, von der zB Ps 19, 2 ff; 104; Hiob 38 f die Rede ist, dafür kein Ersatz ist; sie bleibt selbst nur im O.sreden Gottes tatsächlich O. Gottes. Wie schwer sich dieses „fremde Wort" der O. auf den damit Betrauten legen konnte, sagt Jer 20, 7 ff unvergeßlich (→ Eingebung).

Die endgültige O. *Gottes in Christus* ist auch dort, wo sie Jo 1; Hebr 1 als „das Wort" charakterisiert wird, umfassend gemeint Jo 1,14; Hebr 1,3, vgl. Mt 11,27; Jo 14,8 f; 1Tim 3,16. Erst in ihm, in der Gesamtheit seines Wirkens ist das immer noch „verschwiegene Geheimnis" des AT o. geworden Röm 16,25 ff; Kol 1,25 ff. Der Sohn ist auch dort, wo er sich selbst offenbart, die O. Gottes Jo 14,21; 2,11; Mk 16,12. 14; Jo 21,1.14, vgl. Jo 7,16; 8,26. 14,24.

In Fortführung der Sendung des Sohnes ist *der → Geist* O. Gottes 1Kor 2,10 ff; Eph 1, 17. Auch diese O. des hl. Geistes bleibt an das Wort gebunden Jo 14,26, so wenig sie ihre Unmittelbarkeit verliert, die in der Linie von Jer 31,33 f nie zur „Buchreligion" werden will. An Stellen wie Gal 2,2; 1,16; 1Kor 9,1; 2Kor 12,1 u. a. m. ist das deutlich, ohne daß darüber die Schrift ihre zentrale Zeugniskraft verliert.

Auf allen ihren Wegen ist die O. Gottes auf den → Glauben ausgerichtet Gal 3,23. Damit ist die Antwort gegeben auf die Frage, ob es nicht nach dem NT eine *natürliche* O. gibt, die auch ohne die konkrete bibl. O. den Glauben an Gott aus den Kräften der menschlichen Vernunft begründen kann. Hier erfahren Stellen wie Röm 1,19 ff; 2,14 f; Apg 14,15 ff; 17,27 f, die auf den ersten Blick so verstanden werden könnten, ihre deutliche Begrenzung durch Aussagen wie 1Kor 1,21; 2,14; 1Thess 4,5; Gal 4,8. Paulus unterscheidet die dauernde Selbstbezeugung Gottes in der Schöpfung, von der zB auch Jesus Mt 5,45; 6,26.30 spricht, von ihrer verzerrten Mißdeutung in einer verblendeten Abgötterei der Religionen.

Gibt es *Unterscheidungsmöglichkeiten* der wahren und der falschen O., mit der die HS überall rechnet? Das wird bejaht; 5Mose 18,21 f nennt zB das Merkmal der Erfüllung, vgl. Jer 23,21 f. Mt 7,15 ff redet vom Kennzeichen der Frucht, 1Kor 12,10 von der → Geistesgabe, Geister zu unterscheiden. Diese einzelnen Hinweise beziehen sich nicht auf unsere Urteilskraft; sie sagen auf ihre Weise, daß hier zuletzt alles im genauen Sinn Gottes O. ist, die nicht verfälscht werden kann.

4) Die Vollendung der O. Im Grunde ist alle O. in der HS zukunftsbezogen. Aber sie hat sich im NT, wie in der prophetischen Botschaft des AT und in der → Apokalyptik des Spätjudentums, unter vielfacher Verwendung ihrer Vorstellungen einer letzten Zukunft, einer → Endzeit bes. zugewandt. In ihr wird sich Christus in seiner Wiederkunft in Herrlichkeit abschließend offenbaren Mk 8,38; Lk 17,30; Apg 2,20; 2Thess 1,7; 1Kor 1,7; 1Petr 1,7. Dabei wird das Reich Gottes voll o. werden Lk 19,11; Mk 9,1, vgl. den eschatologischen Sinn vieler → Gleichnisse. Ja die Gemeinde selbst wird sich erst dann als das offenbaren, was sie verhüllt schon immer war Kol 3,4; 1Petr 1,5; 4,13; 5,1, vgl. Röm 8,19. Aber ebenso wird dann erst in einem letzten Zusammenstoß auch der Widersacher Gottes o. 2Thess 2,3.6.8 und zugleich das gerechte Gericht Gottes Röm 2,5; 1Kor 3, 13. Diese durchgreifende endgültige Enthüllung einer ihre wahre Wirklichkeit verbergenden, getarnten Welt bis hin zur Volloffenbarung Gottes entfaltet das letzte Buch der Bibel, die → O. des Johannes. *He*

Offenbarung des Johannes.

1) Allgemeine Charakterisierung. 2) Inhalt und Aufbau. 3) Polemik gegen das Kaisertum. 4) Verhältnis zum Judentum. 5) Kampf gegen schwärmerische Gnosis. 6) Der kultische Charakter. 7) Verheißung und Erfüllung. 8) Berufung in Patmos.

1) Am Eingang des Buches findet sich der entscheidende Hinweis auf die „Offenbarung Jesu Christi, die Gott ihm gab, seinen Knechten zu zeigen, was bald geschehen wird" 1,1. Es handelt sich um eine eschatologische „Enthüllung" dessen, was sich in naher Zukunft ereignen wird, um Worte, die Jesus Christus von Gott empfangen und seinen Knechten weitergegeben hat. Seine „Knechte", die „Propheten", die im Besitz des Zeugnisses Jesu sind 19,10; 22,6, sind offenbar die Glieder der johanneischen Gemeinschaft, die hinter diesem apokalyptischen Mahnwort an die kleinasiatischen Gemeinden stehen und diesem Buch schriftliche, d. h. letztlich betonte Autorität zuschreiben. Diese Träger des urchristl. Prophetentums geben palästinisches, altbibl. Gut weiter; es ist wahrscheinlich, daß es weithin in aramäischer oder hebr. Form vorlag und nun ins Griechische übertragen wurde. Auf jeden Fall trägt das Buch auch heute noch stark semitische Färbung in Sprache, Stil und Ausdrucksform. Als lebendiger Zeuge steht Johannes, der das ganze Schrifttum dieser urchristl. Gemeinschaft legitimiert, hinter diesem apokalyptischen Mahnwort 1,1.4. Damit ist die jüd. Sitte, in der Apokalyptik einen Urahnen als Offenbarungsträger zu bezeichnen, gebrochen. In der heutigen Form wendet sich die Johannesoffenbarung gegen die schweren Gefahren, die den kleinasiatischen Gemeinden von außen und innen drohen, so daß ihr geistliches, seelsorgerliches Gewicht ins Auge springt; spekulative Geheimnisse im kabbalistischen Sinn liegen ihr fern. Und doch sind ihre Traditionen und Bilder verwandt mit denen der Kriegs-Rolle von Qumran (Kampf der Söhne des Lichtes gegen die Finsternis, Dualismus göttlicher und widergöttlicher Mächte). Auffallend ist der altbibl. und den → Chasidäern nahestehende „Eifer", der alle Lässigkeit und Abgötterei geißelt, aber auch die scharfe Beobachtung im einzelnen, die jede Unnüchternheit und Schwärmerei ausschließt. Wo „Gesichte" berichtet werden, ist ihre Echtheit wahrscheinlich, auch wenn die Erzählungsform sich an Vorlagen und darstellerische Gesetzmäßigkeiten anschließt. Ein Teil der Stoffe ist hebr. vorgeformt.

2) Die Umklammerung des Buches (1,1-20; 22,6-21) gibt Aufschluß über die endgültige Redaktion. In ihr befindet sich die grundlegende

Schau Jesu Christi als des Menschensohns, der den Auftrag gibt, niederzuschreiben, was er zu sehen gab 1,9-20. Ihm entspricht im Abschluß die feierliche Autorisierung des geschriebenen Wortes, bei dem man weder etwas hinzufügen noch hinwegnehmen darf 22,6-21. Wir haben also eine hl., abgeschlossene Urkunde vor uns.

Ein erster Hauptteil besteht aus den sieben Sendschreiben an die kleinasiatischen Gemeinden Ephesus, Smyrna, Pergamon, Thyatira, Sardes, Philadelphia, Laodicea, die als ein abgeschlossener Kreis nach der Zerstörung Jerusalems 70 nChr eine besondere Bedeutung erlangt haben. Der Menschensohn wägt Lob und Tadel im Gerichtswort ab und gibt konkrete Anweisung, standzuhalten und den Sieg über die Anfechtung zu erlangen. Die „Engel“, an die diese Sendschreiben gerichtet sind, sind Repräsentanten der Gemeinden, sicherlich himmlische Wesen, nicht irdische Amtsträger (etwa Bischöfe). Anschließend folgt die Einleitung zu dem zweiten großen Hauptteil: die Schau Gottes und des himmlischen Thrones sowie des versiegelten Buches K. 4 f. Auch hier sind ATliche Stoffe (zB Hes 1; Jes 6) verarbeitet, aber neu geschaut, und das versiegelte Buch gleicht einem Testament Gottes, das nunmehr in Kraft treten und vollstreckt werden soll. Jesus Christus erscheint als das geschlachtete Lamm, das nun das Buch aus der Hand des „Thronenden“ empfängt. Diese Entgegennahme des Buches 5, 7 ist der entscheidende Akt des ganzen Abschnittes. Das Lamm beginnt nun, die sieben Siegel zu lösen, d. h. mit der Entsiegelung zugleich spielen sich die Ereignisse ab, die dem endgültigen Ziel der Geschichte, der Aufrichtung des Gottesreiches, vorhergehen 6, 1-8, 1. Die vier apokalyptischen Reiter stellen Plagen dar, die das römische Weltreich treffen werden: Kriege, Aufruhr, Teuerung und Volkstod (= Pest); die Nachtgesichte des Sacharja (1,7 ff; 6, 1 ff) sind hier im Bild vereinfacht und doch ins Ungeheure gesteigert. Das fünfte Siegel (die Seelen am Fuß des Altars) spielt auf die Bedrängnisse der Gemeinde und die Dringlichkeit der Vergeltung Gottes an. Das sechste Siegel weitet das Unheil auf die Schöpfung aus: ihre Ordnungen geraten ins Wanken und gewähren daher den geängsteten Menschen keinen Schutz mehr. Nun schiebt sich vor dem siebten Siegel ein Zwischenspiel ein: Schutz und Überwindung der Gottesgemeinde werden in zwei nebeneinanderstehenden Bildern deutlich gemacht K. 7. Die „Versiegelten“ stellen die hl. Vollzahl Israels dar, das in seiner Stammesgliederung wiederhergestellt wird. Trotz aller Gerichtsworte über das Judentum bekennt sich die O. zur Wiederherstellung des geschichtlichen Gottesvolkes. Ihm zur Seite steht die unzählige Schar aus allen Nationen, die aus der großen Drangsal kommt und überwunden hat. Das Schicksal Israels ist die Versiegelung, d. h. die Aufbewahrung bis zum Endziel Gottes, das der christl. Gemeinde die Reinigung und Errettung durch das Blut des Lammes. Beide Bilder gehören also zueinander. Das siebente Siegel, von einer Stille im Himmel eingeleitet 8,1, ist schwerwiegender als die vorangehenden; es besteht aus sieben Posaunenstößen der Engel, die neues Unheil über die ganze Schöpfung bringen 8,2-11,19. Im Anschluß an die ägyptischen Plagen und an die gefährlichen Reiterheere des Ostens wird die Not der ganzen Menschheit dargestellt. Nun schaltet sich ein neues Zwischenstück ein, das den Heilsplan Gottes darstellt: die Erscheinung des Engels mit dem Buch K. 10; die Messung des Tempels Gottes und die zwei Zeugen K. 11; der Kampf des Drachen mit dem Messiaskind K. 12; das Auftreten der beiden antichristl. „Tiere“ K. 13; das Erscheinen des Lammes auf Zion und die Ankündigung des Endgerichtes K. 14. In diesem Mittelstück der Johannesoffenbarung liegt eine besondere Kraft; hier werden uralte Traditionen verarbeitet. Das Antichristentum des römischen Kaisertums wird verhüllt angegriffen. Eine letzte Reihe von eschatologischen Plagen: die sieben Zornesschalen setzen das Zerstörungswerk fort K. 15 f. Damit ist der Höhepunkt des Gerichts erreicht: der Fall „Babylons“ K. 17 f; der Sieg Christi über den Antichristen 19, 11-21; das Tausendjährige Reich und das Endgericht K. 20. Krönung des ganzen Werkes ist die Schilderung der neuen Welt und des neuen Jerusalem 21, 1-22, 5.

3) Auch die Johannesoffenbarung will aus einer bestimmten Situation heraus verstanden werden; die zeitgeschichtliche Auslegung hat daher ein volles Recht. Nach alter Überlieferung (Irenäus adv. haer. 5,30,3) ist die Schrift am Ende der Regierungszeit Domitians verfaßt worden. War sie auch in Ephesus entstanden, so ist doch ihre Tradition palästinisch und keineswegs aus hellenistischer Frömmigkeit erwachsen. Die Auseinandersetzung mit dem Kaiserkult hat vor allem die scharfe Polemik dieses Buches hervorgerufen. Die neronische Verfolgung liegt zeitlich weiter zurück, und doch trägt der vom Wort bedrohte Antichrist noch die Züge Neros 13, 3. Zwar ist Rom schon lange vom geknechteten Osten gehaßt worden; doch trägt die Leidenschaft, mit der hier gegen Kaisertum und römische Weltmacht geredet wird, ausschließlich religiöse Züge: beide verführen die Völker zu Abgötterei. Auch die Stadt Rom selbst, die unter dem Bild Babels geschaut wird, wird nach alter chasidischer Frömmigkeit wegen ihrer Unzucht, Üppigkeit und Schwelgerei gehaßt; es wird ihr völlige Vernichtung angedroht. Es wäre eine Mißdeutung der Stoffe, wollte man das prophetische Wort aus dieser konkreten Situation herausnehmen. Revolutionär ist die Gesinnung der O. deshalb nicht zu nennen, weil sie weiß, daß jede antichristl. Macht hier auf Erden an eine von Gott gegebene zeitliche Grenze gebunden ist; sie hat auch die Möglichkeit, das Recht zu mißbrauchen, doch trifft jeder Mißbrauch auf das Gericht Gottes. Erst die Vollendung in der Endzeit hebt die Begrenzung der Zeit auf. Die politische Gerichtspredigt des AT lebt also hier wieder auf.

4) Das Judentum Kleinasiens wird als eine Gefahr für die christl. Gemeinden beschrieben; es hat offenbar an der Verfolgung aktiven Anteil 2,9; 3,9. Im eigentlichen Sinne verdient es den Ehrennamen „Judentum" nicht; denn es stellt sich unter die Herrschaft Satans, nicht Gottes. Damit erreicht die johanneische Polemik eine besondere Schärfe. Und doch hat die ganze O. ein ungebrochenes Verhältnis zu den lebendigen Quellen jüdischer Frömmigkeit. Sowohl die prophetischen Traditionen des AT wie auch die grundlegenden Vorstellungen der jüd. Apokalyptik werden, wenn auch in veränderter Form, aufs neue weitergegeben. Die Messianität Jesu, der Lobpreis des wahren und vollendeten Israel und die Hoffnung auf das neue, geheiligte Jerusalem sind selbstverständliches Glaubensgut. Altbiblisch ist auch der auf das Ziel ausgerichtete Realismus. Es wäre ungerecht, der O. diesen altbibl. Realismus oder ihre palästinische Vorstellungswelt zu verargen. Der Kampf zw. Gott und widergöttlicher Macht erscheint als Auseinandersetzung zw. Recht und Unrecht, zw. Heiligkeit und Unheiligkeit, hat also ebenfalls altbibl. Gepräge. Aus älterer apokalyptischer Tradition stammt auch der Begriff des „Zeugen" und des „Zeugnisses", der nunmehr in der johanneischen Literatur Bedeutung erlangt.

5) Innerhalb der Gemeinden spielt sich der Kampf zw. wahrer und falscher Prophetie aufs neue ab. Falsche Apostel (= Missionare mit schwärmerischem Selbstbewußtsein) versuchen in die Gemeinden einzudringen und werden vom johanneischen Kreise als Lügner entlarvt 2,2. Die → „Nikolaiten", deren typisches Urbild in der „Lehre Bileams" gesehen wird (4Mose 25,1f; 31,16), nehmen sich die Freiheit heraus, Unzucht zu treiben und Götzenopferfleisch zu essen 2,14f. Eine Prophetin, deren typisches Urbild in „Isebel" gefunden wird, hat einen Kreis gesammelt, der sich die gleichen Freiheiten herausnimmt 2,20ff. Man will die „Tiefen des Satans" erkennen 2,24, d. h. alles Satanische auf Grund der neuen Freiheit in Erfahrung bringen und sich der eigenen Überlegenheit rühmen. Diese gnostische Bewegung trägt den Gegensatz gegen das mosaische Gesetz in sich und verachtet alles, was auf das Leibliche bezogen ist, als nur äußerlich (Geschlechtsverkehr, Speisen). Man könnte daran denken, daß die „Last" 2,24, die der Seher den Gemeinden demgegenüber auferlegt, mit dem Aposteldekret identisch ist (Apg 15, 28; „Last" = Vorschrift, Gesetz). Man nimmt vielfach an, daß es sich hier in dieser schwärmerischen Bewegung letztlich um eine Assimilation an eine heidnische Kultur handelt; doch trifft man damit schwerlich das Entscheidende: auch hier haben wir es mit ekstatischer Geistfrömmigkeit zu tun, die allerdings alles Leibliche als unwichtig preisgibt. Das Neuerwachen des Prophetismus im Urchristentum hat seine verschiedenen Nebenformen auch auf kleinasiatischem Gebiet.

6) Man hat immer wieder mit Recht auf den gottesdienstlichen, kultischen Charakter der O. hingewiesen. Lobsprüche und Hymnen durchziehen das ganze Gefüge. In Anlehnung an die damals übliche Akklamation bei dem Regierungsantritt eines neuen Herrschers, von dem eine Wende der Zeit erwartet wurde, wird die Einsetzung des Christus in das Herrscheramt der Anlaß dafür, daß ein „neuer Gesang" angestimmt wird 5,8ff. Wenn ein Lobpreis zu Ehren des geschlachteten „Lammes" beschrieben wird, dann geht dieser vom innersten Kreis um den Thron Gottes her in immer neue und weitergehende Bereiche, bis auch alle Geschöpfe auf Erden einbezogen sind 5,13ff. Erst in diesem Lobpreis klingt die Darstellung einer Szene aus. Das Bild von der vollendeten Gemeinde vor dem Thron Gottes und vor dem Lamm wechselt zw. Akklamation, Lobpreis, feierlicher Deutung der Szene und der Verheißung, daß die Geheiligten Gott in seinem Tempel Tag und Nacht priesterlich dienen werden 7,15. Hier wird, vielleicht im Anschluß an die Passahliturgie, die Rettung der Gemeinde gefeiert. Selbstverständlich werden auch ursprünglich hebr. Worte, die in synagogalen Feiern gebräuchlich waren (zB „Halleluja" 19,1), in dem liturgischen Gut der O. übernommen. So ist die O. von Anfang an für gottesdienstliche Lesung bestimmt und aus deren Ordnung heraus verständlich; ihre Hymnen sind eschatologische und apokalyptische Vorbilder aus dem himmlischen Tempeldienst, die aber der irdischen Gemeinde dienen sollen.

7) Der Johannesoffenbarung kommt alles darauf an, daß Verheißung und Gerichtswort Gottes höchste Realität in sich schließen, so daß das im Wort geweissagte und zukünftig sich erfüllende Geschehen wichtiger ist als die ebenfalls reale, aber zeitlich begrenzte und von Gott selbst bedrohte gegenwärtige Situation der Weltgeschichte. Dies im Wort verkündigte und zukünftig sich erfüllende Geschehen wird im Bild, im Gesicht, in der altbibl. Tradition, im Mythos und im verschlüsselten Rätselwort angedeutet und weitergegeben; der Seher ist sich also bewußt, daß er nur andeuten und abbilden, nicht aber ohne Hülle und Gleichnis darstellen kann. Es kommt dem Seher auf die Verkündigung des Gottesrechtes, nicht nur historischer Abläufe an. Und doch ist das Konkrete, Historische im Bild des Typischen, Eschatologischen so beschrieben, daß es sich der Umklammerung durch das göttliche Gericht nicht entziehen kann. Aufbau und Gliederung sind kunstvoll durchdacht, so daß man das Ganze als prophetische „Poesie" betrachten kann, ohne den erschütternden Ernst seines Inhaltes anzutasten. Man wird sich aber hüten müssen, diese kunstvolle Gliederung als einen historischen Ablauf auszudeuten; das würde der Absicht des Verfassers nicht gerecht werden. Und doch findet jeder Hörer und Leser in der Johannesoffenbarung immer wieder einen Hinweis auf die eigene Zeit und ihre besonderen Gefahren, da ja die Geschichte das Vergangene in sich aufgenommen hat und in neuer Gestalt immer wieder lebendig werden läßt; so ist der Antichrist nicht nur einmal und in einer einzigen Gestalt erschienen, sondern er ist zum Typos geworden, der immer gefährlicher werden wird. Das Buch wird vom Ende her, von der Neuschöpfung von Himmel und Erde und vom himmlischen Jerusalem her zu verstehen sein.

8) Die Berufungsvision 1,9-20 fand auf der Insel Patmos statt; diese kleine Insel, die damals nur dünn besiedelt war und von Ephesus 14 Fahrtstunden entfernt lag, gehört zur Gruppe der Sporaden und wurde von den Römern als Verbannungsort benutzt (Plinius hist. nat. 4, 12.23). So ist es wahrscheinlich, daß unser Verfasser ebenfalls dorthin verbannt wurde, vielleicht auf Grund einer polizeilichen Maßnahme. Jedenfalls spricht Tertullian von relegatio, nicht von deportatio (de praescr. 36).

Lit.: A. Schlatter, Das Alte Testament in der joh. Apokalypse BFchrTh 16,6 1912; C. Schneider, Die Erlebnisechtheit der Apokalypse des Johannes, 1930; E. Lohmeyer, Die Offenbarung des Johannes, Handbuch zum NT^{2} 1953; R. H. Charles, The Revelation of St. John, 2 Bde. 1920; Th. Zahn, Die Offenbarung des Johannes 2 Bde. 1924 f; E. Lohse, Die Offenbarung des Johannes, im NTDeutsch, ^{8}1960; J. Bonsirven, L'Apocalypse de saint Jean, 1951; H. Lilje, Das letzte Buch der Bibel, ^{5}1958; K. Hartenstein, Der wiederkehrende Herr, ^{3}1954; J. Schneider, Die Offenbarung Jesu Christi, 1949; H. Echternach, Der Kommende! 1950; G. Bornkamm, Die Komposition der apokalyptischen Visionen in der Offenbarung Johannis, ZNW 36, 1937, S. 132-149; K. L. Schmidt, Die Bildersprache in der Johannesapokalypse, ThZ 3, 1947, S. 161-177; E. Schweizer, Die sieben Geister in der Apokalypse, EvTh. 11, 1951/52. S. 502-512; L. Goppelt, Heilsoffenbarung und Geschichte nach der Offenbarung des Johannes, ThLZ 77, 1952, Sp. 513-522; M. Rissi, Zeit und Geschichte in der Offenbarung des Johannes, AThANT 22, 1952; G. Delling, Zum gottesdienstlichen Stil der Johannesapokalypse, NovT 3, 1959, S. 107-137; E. Lohse: Die alttestamentliche Sprache des Sehers Johannes, ZNW 52, 1961, S. 122-126; T. Holtz, Die Christologie der Apokalypse des Johannes, TU 1962; G. Harder, Eschatologische Schemata in der Johannesapokalypse, Theologia viatorum 9 (1963), S. 70-87.

Mi

Og, König des Stadtstaatengebiets von → Basan und des nördlichen Teils von Gilead, gilt nach Jos 12,4 als Nachkomme der riesenhaften Rephaiter. Sein Hauptsitz war Aschtaroth (tell ʿaschtara). In Edrei (derʿā) am Jarmuk, das zu seinem Besitz zählte, verteidigte er sich vergeblich gegen die von Süden vordringenden Israeliten 4Mose 21,33 ff; 5Mose 3,1-12. In Rabbath-Ammon zeigte man später einen 1,9×4,3 m großen Basaltstein als „Bett" oder Sarkophag Ogs 5Mose 3,11. *Da*

Ohola und Oholiba sind die Namen der zwei Schwestern, deren unzüchtiges Treiben als Bild für die Untreue der Teilreiche Israel und Juda in Hes 23,1-35 mittels einer Allegorie (mit eingeschlossener Deutung) und in Hes 23,36-49 mittels eines Schelt- und Drohwortes geschildert wird. Da beide Staaten dem Propheten als von Anbeginn an sündig gelten, bezeichnen beide Namen die gottwidrigen → Höhen(heiligtümer): Ohola bedeutet „die Zelte hat", Oholiba „Zelte in ihr". *Fo*

Ohr. Das O. bedeutet für den Menschen der Bibel mehr als das Auge, weil er die Offenbarung Gottes hauptsächlich durch das O. empfängt Jes 22,14. *1)* O. bezeichnet den Körperteil, den Gott geschaffen hat Ps 94,9. Den Leibeigenen auf Lebenszeit wurde das O. durchbohrt 2Mose 21,6, der Priester durch Bestreichen des rechten O.läppchens mit Opferblut geweiht 2Mose 29,20. *2)* O. bezeichnet auch das Gehör. Es prüft die Rede Hiob 12,11, hört die heilsame Rüge Spr 15,31 und nimmt die Gebote Gottes auf. Gott will daher offene O.en Ps 40,7. Verstockte O.en zu haben, die nicht zu Herzen nehmen, was sie hören Jes 6,10; Sach 7,11; Mt 13, 14; Apg 28,27, bedeutet Gericht. In der messianischen Heilszeit werden die O.en der Tauben aufgetan Jes 35,5. Jetzt schon öffnet Gott seinem Knecht täglich das O. Jes 50,4 f. Auch vom O. Gottes ist im AT öfter die Rede 4Mose 14,28; 1Sam 8,21. In den Psalmen ist das Gebet häufig „Neige dein O. zu mir" Ps 17,6. Auch Jesu Botschaft zielt auf das O. Lk 4,21; darum schloß er gern sein Wort mit dem Weckruf: „Wer O.en hat zu hören, der höre" Mt 11, 15; 13,43; Mk 4,9 u.ö. und werden die O.en der Jünger selig gepriesen Mt 13,16. Die Forderung Jesu und der Apostel ist durchaus als ein Tun gedacht, das sich aus dem Hören ergibt. *Pfei*

Ohrring → Geschmeide, → Ring.
Olive → Ölbaum.

Olympas, ein sonst unbekannter Christ in der römischen Gemeinde, den Paulus Röm 16,15 grüßen läßt. *Kü*

Olympius, Beiname des im Olymp wohnenden griech. Göttervaters Zeus (oder Jupiter). Ihm wurde von Antiochus IV. der Tempel in Jerusalem geweiht 2Makk 6,2. *Pfei*

Omri, unbekannter Herkunft, König von Israel 878/77-871/70, war zunächst General unter König Ela. Als Ela durch Simri ermordet worden war, erhob das isr. Volksheer im Kriegslager vor dem philistäischen Gibbethon O. zum König, der daraufhin die Königsstadt Tirza belagerte. Obgleich Simri in den Flammen seines Palastes den Tod fand, wurde von einer nicht näher bezeichneten Seite Tibni zum Gegenkönig erhoben. Vielleicht war O. der Vertreter der galiläischen, Tibni der der mittelpalästinischen Stämme. Nach jahrelangem Bürgerkrieg und dem Tod Tibnis und seines Bruders fand O. endlich allg. Anerkennung 1Kö 16,8-22. Er kaufte den Berg Schomeron und erbaute darauf die Festung und Königsstadt Samaria, um dort auf eigenem Grund und Boden vom Einfluß der Stämme frei zu sein 1Kö 16,23 f. Gegen die Aramäer von Damaskus hatte er militärisch keine Erfolge, die für sich Handelsniederlassungen in Samaria erzwangen 20,34. Nach der moabitischen Mescha-Inschrift konnte O. das Gebiet nördlich des Arnon für Israel zurückerobern und das südliche Moab tributpflichtig machen 2Kö 3,4. Durch die Ehe seines Sohnes Ahab mit der tyrischen Königstochter Isebel verband er Israel wirtschaftlich mit dem aufblühenden reichen Tyrus. O. hat das Verdienst, den Dauerkriegszustand mit Juda beendet zu haben 1Kö 22,2 ff. 45. Er hat trotz seiner spärlichen und abschätzigen Erwähnung im AT 1Kö 16,25; Mich 6,16 eine bedeutende Rolle gespielt; denn der assyrische König Sargon II. bezeichnet eineinhalb Jh.e später Israel als O.-Land. *Peu*

On, von den Griechen Heliopolis = Sonnenstadt genannt, heute Materije nördlich von Kairo, war der Mittelpunkt der Sonnenreligion Ägyptens. Der in On beheimatete Schöpfergott Atum wurde verbunden mit dem jugendlichen Gott „Harachte" (Horus in den beiden Horizonten) und mit dem Gattungsnamen für alle Sonnengötter „Re" und hieß Atum-Re bzw. Atum-Re-Harachte. Er wurde verehrt im „Haus des Re" auf dem „Hohen Sand", einem offenen Altarhof mit dem großen „Benbenstein", einem Obelisken, der als Urhügel und Thronsitz des Sonnengottes galt. Die Priester von On haben eine Götterneuheit geschaffen, wobei sie Teile der bunten ägyptischen Götterwelt Atum genealogisch unterordneten, während der Pharao zum jeweilig lebenden Sohn des Re erhoben wurde. Nach 1Mose 41,45.50; 46,20 war Potiphera, Josephs Schwiegervater, Priester zu On. *Peu*

Onan 1Mose 38,4 ff geht auf den Wunsch des Vaters Juda mit der Witwe seines Bruders die Schwagerehe ein, weigert sich aber, ihm Nachkommen zu verschaffen, und büßt das mit frühem Tode. Daher „Onanie" als Unkeuschheitssünde. *Schw*

Onesimus, ein entlaufener Sklave, den Paulus seinem Herrn → Philemon zur Wiederaufnahme zurückschickt Phm 10-17. Kol 4,9 empfiehlt der Apostel den zum Glauben gekommenen O., „euren Landsmann", der Gemeinde als getreuen und geliebten Bruder. *Kü*

Onesiphorus, ein aus der Zeit seiner Wirksamkeit in Ephesus mit Paulus verbundener Christ, der ihm dort diente, den gefangenen Apostel in Rom eifrig suchte und fand und erquickte. Paulus gedenkt fürbittend dieses inzwischen verstorbenen Gefährten und seines Hauses 2Tim 1,16-18; 4,19. *Kü*

Onias. Vier Hohepriester: O. I., gest. 300 vChr, soll nach 1Makk 12,7 f. 20 einen Brief des Spartanerkönigs Areios erhalten haben. Sein Enkel O. II., gest. 227 vChr, nach Sir 50,1 Vater des Hohenpriesters Simon II. Dessen Sohn O. III., gest. 170 vChr, unter Seleukus IV. Haupt der Altgläubigen 2Makk 3,1 ff; 4,1 ff, mußte 175 vChr auf Betreiben des Königs sein Amt an seinen griechenfreundlichen Bruder Jason abgeben 2Makk 4,7 ff und wurde unter dessen Nachfolger Menelaos ermordet 4,33 f. Sein Sohn O. IV., gest. um 160, zog nach Ägypten und gründete in Leontopolis unter Berufung auf Jes 19,19 nach Jerusalemer Vorbild einen Tempel (Josephus, Altert. XI, 51, 9, 7; XIII, 3, 1-3). *Pfei*

Onyx → Edelsteine.

Opfer.
I. O. im AT. 1) Seine Form. 2) Sein Sinn. 3) Das Urteil der Propheten. 4) Das O. im Spätjudentum. — II. O. im NT. 1) Abkehr vom O. des AT. 2) Das einmalige O. Christi. 3) Der Christenstand als Opfer.

Das O. als heilschaffendes Geschehen zw. Gott und Mensch in Hingabe und Annahme ist über die ganze HS hin wesentlicher Bestandteil dessen, worauf sich der Glaube stützt und worin er sich ausprägt. Zugleich aber vollzieht sich vom AT zum NT eine grundlegende Wendung gerade darin, was O. für den Glauben bedeutet und von ihm fordert.

I. O. im AT.

1) Seine Form. Die Darbringung von O.n in einer verwirrenden Vielfalt der Bezeichnungen und Formen ist von 1Mose 4,3 f an überall im AT als Äußerung der Frömmigkeit vorhanden, ohne daß ihr Ursprung und ihre Bedeutung im Gesamtrahmen des von der Offenbarung Gottes bestimmten Lebens in Israel eigens berichtet und geklärt würde. Zweifellos handelt es sich, vom äußeren Bild her gesehen, um viel Überkommenes und Übernommenes aus der vorgefundenen Welt der Religionen, wenn auch in steter Auseinandersetzung mit dem andersartigen Glauben Israels. Was anderwärts naturhaft wirksam, magisch, zauberhaft als Machtinstrument des Menschen verstanden wurde, der im O. göttliche Kräfte sich zu eigen macht, das will in Israel als göttliche Ordnung von seiner Offenbarung her begriffen sein, über die Gott allein verfügt und die vom Menschen in Glauben und Gehorsam eingehalten sein will. Von daher durchzieht der Kampf mit eindringenden Überfremdungen auf diesem speziellen kultischen Gebiet das ganze AT. → schwingen, Schwingopfer.

a) Geopfert wurden wie in jener ersten O.-erzählung Tiere und Früchte des Feldes, oft beides nebeneinander. Das Beste, was als lebensnotwendiger, hochgeschätzter Besitz nicht leicht hingegeben wird, fehllos, jung, rein, soll Gott dargebracht werden 3Mose 22, 17 ff. Die → Erstlinge im Feld, in der Herde, aus der Backstube vor allem gehören Gott 2Mose 13,2; 23,19; 3Mose 23,20. Dazu gehört auch der erstgeborene Sohn 2Mose 22,28. Aber das ringsum geübte Menschen-O. ist in Israel ausdrücklich verboten 5Mose 12,31; 18,10. Isaaks O.gang 1Mose 22 bezeugt wohl Gottes Anrecht auch auf das schwerste O., setzt aber zugleich die Grenze, vgl. 1Sam 1,11. Deshalb war Auslösung der Söhne geboten 2Mose 34,20, vgl. 4Mose 3,12 f. Die Erzählung von Jephtas Tochter Ri 11,31.34 ist als einmaliges Geschehen aus der geschichtlichen Situation zu verstehen und ist kein Anzeichen von kultischer Übung. Wohl aber ist das Kindes-O. vor allem in der späteren Königszeit in Israel eingedrungen und rief die Propheten zum Kampf auf 2Kö 16,3; 21,6; 23,10; Jer 7,31; Hes 16, 20 f; 20,26, vgl. 3Mose 18,21; 5Mose 12,31; 18,10. → Moloch.

Beim Tier-O. war das → Blut als Lebensträger das Herzstück der Darbringung, vom O.-mahl wie das → Fett ausgeschlossen 1Sam 14, 32 f; 3Mose 7,25 ff und mit komplizierter ritueller Sorgfalt behandelt 3Mose 17,10 ff; vgl. die Sprengung des Bluts am großen → Versöhnungstag, das hochheilige Sakrament des Tages 3Mose 16.

Die → Priesterschrift hat in 3Mose 1-7 und sonst — wohl erst in und nach dem Exil — die Vielfalt der O. bes. nach der Seite ihrer korrekten Ausführung zu sammeln und zu ordnen versucht. Diese schematische Darstellung entspricht wohl kaum einer so durchweg eingehaltenen Übung. Hier war nach Zeit, Ort und besonderem Anlaß vieles im Fluß. Immerhin sind als Haupttypen auch sonst erkennbar:

1. *Brand*-O., ein Ganz-O.; nichts darf als O.-mahlzeit des Volks oder der Priester verwendet werden 3Mose 1,3 ff; 6,1 ff. Es ist, auch als Staats-O. der Könige 1Sam 13,9; 1Kö 3,4; 9,25 u. a. m., das offizielle Haupt-O., das tägliche O. auf dem großen → Altar im Vorhof am Morgen und Abend 4Mose 28,3 ff, aber auch von alters her das O. bei besonderem Anlaß 1Mose 8,20; 22,13; 2Mose 20,24; 1Kö 18,32 ff u. a. m. Dieses Tier-O. ist häufig verbunden mit

2. dem vegetabilen *Speis- und Trank*-O. (Mehl, Brot, Öl, Wein, Weihrauch) 3Mose 2,1 ff; 6,7 ff; 23,18 als Dank für die Segnungen der Natur. Ein übrigbleibender Rest gehört den Priestern.

3. Das mit einem fröhlichen Gemeinschaftsmahl, zum O. gehörig, verbundene *Heils- oder Dank- und Bitt-O.*, wohl mit dem *Schlacht*-O. identisch, ist das bes. volkstümliche O., weil in ihm der Gedanke der Kommunion lebendig hervortrat 1Sam 11,15; 3Mose 3, schon früh häufig mit dem Brand-O. verbunden 2Sam 6,17; 24,25. Hier wie auch sonst ist der Zusammenhang von → Gelübde und O. zu erkennen 5Mose 12,11 u. ö.

4. Es entspricht dem drohenden und eingetretenen Zusammenbruch der beiden Reiche, daß später — so vor allem in der Priesterschrift — das *Sünd*-O. in den Vordergrund trat, das von unwissentlich begangenen Sünden entlasten soll 3Mose 4 f; 4Mose 15,27 ff. Hier ist wesentlich das im O. zum Ausdruck kommende Schuldbekenntnis des Priesters, der Gemeinde, des Fürsten und des gemeinen Mannes 3Mose 4,3 ff. Es handelt sich um kultische und sittliche Verfehlungen, auch um Wiederweihung des Verunreinigten.

5. Nicht deutlich davon unterschieden ist das *Schuld*-O. 3 Mose 5,15 ff bei Veruntreuung von ausgesprochenem Eigentum Gottes, als Ersatz und Buße zur Versöhnung. Es ist hinzuzufügen, daß der *Zehnte* bis zum Exil als O. verstanden wurde 5Mose 14,22 ff. — Sicher ist das *Gebet* bei Darbringung der Erstlinge 5Mose 26,1 ff ein Hinweis, daß überhaupt Dank- und Bittgebet, Bekenntnis, Segenserteilung mit dem O. verbunden war; vgl. den Psalter.

b) Geopfert wurde aus besonderem Anlaß spontan und freiwillig oder in kultisch festliegenden Zeiten. Dies war ursprünglich an keinen Ort gebunden, wenn auch schon früh besondere Orte — Beerseba 1Mose 46,1, Bethel 1Mose 28, Silo 1Sam 1 u. a. m. — auch O.heiligtümer waren. Mit der Verbringung der Bundeslade nach Jerusalem wurde die Stadt der kultische Mittelpunkt für das Reich. Die im 5. Mosebuch eingeschärfte Vereinheitlichung an *einem* Ort 12,4 ff, vgl. 3Mose 17,8 f ist ziemlich sicher erst in der von diesem Buch ausgelösten Reform Josias 621 durchgeführt worden.

c) Auch die Zuziehung eines → Priesters und → Leviten und vollends das Monopol der O.-darbringung durch sie ist nicht ursprünglich 2Mose 20,24 ff; Ri 13,19; 1Sam 6,15; Hiob 1,5 u. a. m. Doch hat sich die spätere Regelung, die das O. überall mit dem priesterlichen Amt verband, durchgesetzt 3Mose 7,8 ff. 28 ff; Hes 42, 13 f. — Abschließend ist zu beachten, daß auch die formale Seite des O.dienstes im Zusammenhang mit göttlicher Offenbarung verstanden sein wollte.

2) Sein Sinn. Auch bei festgehaltenen altertümlichen Formen fremden Ursprungs hat sich der Glaube Israels sein O. in lebendig wechselnder Anschauung zurechtgelegt, die denn nie in einer umfassenden eindeutigen Theorie erscheint und begriffen werden kann. Der einzelne Anlaß vor allem erschließt den Sinn des O.s. Gewiß ist dem O. zumeist ein fröhlicher Grundzug eigen, so wie ihn das 5. Mosebuch zum Ausdruck bringt 12,11 f; 26,10 f; 28,47, vgl. Jes 30,29. In ihm ordnet der Wille des in der Geschichte offenbaren Gottes sein Bundesverhältnis mit dem Volk 1Mose 15,7 ff; 2Mose 24,4 ff. Das O. ist Zeichen der Gegenwart Gottes in Gnade und Gericht. In vertrauendem Gehorsam sucht das Volk im O. das Wohlgefallen seines Herrn 1Sam 15,22.

Denn der Opfernde hat zugleich die Kluft vor Augen, die den sündigen Menschen von dem hl. Gott trennt. Die Brücke, die über diese Kluft hinweg im O. geschlagen wird, schlägt nicht der Mensch aus einem religiösen Vermögen heraus, über das er verfügt und das einen Anspruch an Gott in sich schließt. Das O. ist vielmehr von einer Atmosphäre des göttlichen Geheimnisses umgeben, die in der Sorgfalt der gesetzlichen Regelung ihren Ausdruck findet.

Es lassen sich *drei Grundgedanken* unterscheiden, die im Vollzug ineinanderfließen:

1. Das O. ist *Gabe, Geschenk* an Gott als den Lehensherrn, dem das Volk alles verdankt, ob sich in ihm die Bitte vor verantwortlicher Unternehmung 1Mose 46,1; 1Sam 7,9; 13,12; 1Kö 3,4 ausspricht oder der Dank, oft von einem Gelübde her, oder ob es sich um ständigen, lebendigen Verkehr in einer bestimmten Ordnung, zB der Feste, handelt. Die Blutsprengung als der Höhepunkt erscheint dann als Hingabe des Wertvollsten.

2. Das O. vermittelt *Gemeinschaft* mit Gott und untereinander. Dabei ist der Gedanke des Mahls, der Speisung, an der auch Gott teilhat, ursprünglich: man opfert das Schmackhafte, und es ist „Speise Gottes“ 3Mose 21,6.8.17; Hes 44,7, „Tisch des Herrn“ Mal 1,7, wobei Ps 50,12 f; Jes 40,16 zurechtrückt, was falsche Vorstellungen erwecken konnte; vgl. 1Mose 18, 5 mit Ri 13,16. Aber so gewiß die Rede vom „Riechen des lieblichen Geruchs“ 1Mose 8,21; 3Mose 23,18; 4Mose 28,6; 1Sam 26,19 (!) zur derben Bildsprache des AT gehört, so real ist doch die Gegenwart Gottes beim O. gedacht, in die man im O. eintritt, so daß vom „Sakrament“ des O.s gesprochen werden kann. Das verbindet auch die Teilnehmer untereinander als Volk Gottes 1Mose 31,54; 2Mose 24,11; 1Sam 20,6.29.

3. Beherrschend wird je länger je mehr der *Sühnegedanke* des O.s. Versöhnung ist das Ziel; das O. ist Selbstdemütigung vor dem zürnenden Gott, der von sich aus diesen Weg des O.s auftut, wobei seine Gnade freibleibende Gabe bleibt 2Mose 33,19. Es handelt sich nicht um einen stellvertretenden O.tod der Tiere, aber die so eindrucksvolle Geste des Aufstemmens der Hände auf das O.tier 3Mose 1,4; 3,2; 4,4; 16,21 bedeutet eine enge Beziehung zw. dem Darbringer und dem O., eine Willenserklärung der gehorsamen Beugung unter die Schuld und die Bitte um gnädige Wiederaufnahme in die Gemeinschaft des versöhnten Gottes, in wiedergeschenkte Reinheit. So nahe bei den umständlichen Vorschriften über die Blutsprengung oder die Verwendung der → Asche zur Reinigung der Gedanke an magische Wirkungen zu liegen scheint, so beharrlich bleibt das Sühn-O. ein Handeln zw. Personen auf Grund des Glaubens, der über Gottes Willen niemals verfügt 1Sam 3,14. Welche Gefahren und Verirrungen der Veräußerlichung, der Versachlichung hier drohten, das hat Israel freilich dauernd erfahren, um ihnen schließlich weithin zu erliegen.

3) Das Urteil der Propheten. Der Kampf der Propheten gegen einen verwilderten, zur bloßen Maske für ein ganz anders ausgerichtetes Leben verzerrten Gottesdienst richtete sich vor allem auch gegen das O.wesen, von dessen pompösem Betrieb 1Kö 8,63; 2Chr 29,32; Jes 22,13 einen Begriff geben. Von 1Sam 15,22 an ist nicht das O. als solches — vgl. Jes 19,21; Jer 17,26; 31, 14 —, sondern sein heuchlerischer Mißbrauch Anlaß zu heftiger Kritik Am 4,4 f; 5,22; Hos 8, 11.13; Jes 1,11 f; Jer 6,20 f. Allerdings verlagert sich dabei auch schon das Werturteil vom O. weg auf das, was es ausdrücken wollte Hos 6,6; Mich 6,6 ff; Ps 51,18 f; 69,31 f; Pred 4,17. Es kann ein die Legitimität des kultischen O.s überhaupt angreifendes Wort fallen wie Jer 7, 21 ff; vgl. das Schweigen der Zehn Gebote vom O. Jedenfalls verbreitet sich die Erkenntnis, daß O. nicht die Form des kultischen O.s haben müßte, die so hohl werden konnte Ps 51,18 f; 107,21 f; 119,108; Spr 21,3; vgl. in dem das O. bejahenden Psalm 50 V. 13 ff. 23.

4) Das O. im Spätjudentum. Der Wiederaufbau nach dem Exil ist dann doch wieder den Weg der kultischen Erneuerung des O.s gegangen Hes 43-46 u. a. m. Und zwar gilt das O. immer mehr als verdienstliche Leistung, in peinlichem Gehorsam gegen den fernen Gott, geübt als ein wesentliches Stück eines gesetzlich geordneten Lebens. Andererseits regen sich in der hellenistischen Zeit Stimmen, die eine opferfeindliche Stimmung verraten und es nur als Symbol gelten lassen. Man sieht in Sir 34,21-35,15 in eine solche zwitterhafte Stellung zum O. hinein: einerseits ist alles Rechttun O., andererseits soll doch auch die kultische Form bleiben. Im Ganzen hat der tiefe Einschnitt des Exils, die Ausbreitung der Diaspora und die folgende Geschichte Israels bis zur Zerstörung des zweiten Tempels i. J. 70 nChr trotz aller Erneuerungsversuche das O. „auf ein Nebengeleise geschoben“ und seine alte Stellung untergraben.

II. O. im NT.

1) Abkehr vom O. des AT. Jesus hat nirgends das O.wesen seiner Zeit ausdrücklich verurteilt. Gelegentlich sieht man, daß im NT damit als mit einer Gegebenheit gerechnet wird, der gegenüber man sich loyal verhält Lk 2,24; Mk 1, 44; Mt 5,23 f; 8,4; 23,18 f; Apg 21,26. Die Bedeutung des Gedankens der Gemeinschaft im O. ist 1Kor 9,13; 10,18 vorausgesetzt. Die prophetische Kritik Hos 6,6 wird bejaht Mt 9,13; 12,7; Mk 12,33. Die Tempelreinigung richtet sich, auch nach dem zitierten Wort Jes 56,7, nicht gegen das O. Mk 11,17. Mt 6,1-18 ignoriert das O.; die Worte von der Zerstörung des Tempels Mt 23,36.38; 24,2 sehen das Ende des dort verankerten O.wesens voraus, ohne daß davon die Rede ist. Das hängt sicher damit zusammen, daß Worte wie Mt 22, 21 (Gebt Gott, was Gottes ist) oder 22, 37 die alte Form sprengen.

2) Das einmalige O. Christi. Dagegen hat das Wort O. in der christl. Verkündigung nach zwei Seiten entscheidendes Gewicht. Es deutet das Kreuz Christi für den Glauben und es klärt den Sinn eines Lebens, das sich ihm zu eigen gibt.

Die Hingabe Jesu in den Tod erfüllt endgültig und einmalig, was das O. in seinen alten Formen wollte und doch nicht leistete. Das „unschuldige, unbefleckte Osterlamm, für uns geopfert" — das rechte → Passah — 1Kor 5, 7 f; Jo 1, 29; 1Petr 1, 19, das „Sühn-O. in seinem Blut" Röm 3, 25; 1Jo 2, 2, „Gabe und O., Gott zu einem lieblichen Geruch" Eph 5, 2: die alte O.sprache veranschaulicht die nun vollbrachte Versöhnung und Erlösung. — Im Unterschied von Paulus geht der Hebräerbrief dem Gegensatz von Gesetz und Evangelium von der kultischen Seite ausführlich nach. Der Brief zeigt die Unzulänglichkeit des O.wesens und seine Überwindung durch Christus in einem neuen, besseren Bund 8, 6. Das täglich oder jährlich wiederholte O. verrät die immer aufs neue in Frage gestellte Heilsgewißheit 7, 27; 9, 7. Das Blut, die Asche verbürgten keinen wirklichen Frieden eines reinen Gewissens mit Gott 9, 9. 13 f. 18 ff. Mit einem ausreichenden besseren O. hat sich Christus, Priester und Opfer zugleich, selbst für uns gegeben im Gehorsam gegen Gottes Willen 5, 7 ff; 9, 14 f; 10, 14. Damit ist das kultische O. aufgehoben 10, 18, weil die Sünde aufgehoben ist 9, 26. Das ist ewige Erlösung 9, 12.

3) Der Christenstand als O. In der Nachfolge Christi hat O. auch für den Christen einen neuen, zentralen Sinn bekommen. Nicht mehr das fremde Blut, sondern sich selbst Gott hingeben, so daß das Leben selbst O. wird, — das verleiht dem O.gedanken eine einheitliche, umfassende Kraft Röm 12, 1; 14, 8; 15, 16. Das drückt sich dann wie in den Psalmen auch im einzelnen Tun aus Hebr 13, 15 f; Phil 4, 18 bis hin zur Hingabe des Lebens in Christi Dienst Phil 2, 17; 2Tim 4, 6. Damit ist der Christ Glied einer hl. Priesterschaft, die Gott Frucht des Geistes opfert 1Petr 2, 5. 9; Offb 1, 6; 5, 10; 2Kor 2, 15. Darauf ruht Gottes Wohlgefallen um Christi willen.

Die Kirche hat allen Anlaß, nicht wieder einen O.weg auszubauen, der in ein tägliches, menschliches, verdienstliches Werk verwandeln will, was Christus allein ein für allemal uns zugut getan hat.

Lit.: Eichrodt, Theologie des AT, 1939 I S. 64 ff; G. von Rad, Theologie des AT Bd. I, 1958, S. 249 ff; R. Bultmann, Theologie des NT, 1953, S. 147 ff; A. Schlatter / R. Frick, Opfer — ein Verzicht? 1958. *He*

Ophel, bei Josephus ophlas genannt, heißt das Zwischenstück, das den Südosthügel Jerusalems (die Davidsstadt) mit dem höher gelegenen Nordosthügel (Tempel-Palast-Bezirk) verbindet. Jotham und Manasse verstärkten die Befestigung des O. 2Chr 27, 3; 33, 14, auf dem die Tempelsklaven wohnten Neh 3, 26 f. Es ist ungenau, den ganzen Südosthügel als O. zu bezeichnen. *Me*

Ophir, das Goldland des AT, ist nach 1Mose 10, 28 f = 1Chr 1, 22 f ebenso wie → Saba und das unmittelbar nördlich davon gelegene → Hewila (= altsüdarabisch chaulān) im Südwesten Arabiens zu suchen. Dorthin schickten Salomo und Hiram von Tyrus von Ezjon-Geber aus ihre Flotten, um neben Sandelholz (?) und Edelsteinen vor allen Dingen Gold zu holen 1Kö 9, 28; 10, 11 = 2Chr 8, 18; 9, 10. Josaphat, der dies zu wiederholen versuchte, scheiterte mit seinen Schiffen bereits im Heimathafen 1Kö 22, 49. — Gold aus O. wird wiederholt im AT erwähnt 1Chr 29, 4; Hiob 22, 24; 28, 16; Ps 45, 10 (Luther: eitel köstlich Gold); Jes 13, 12; Jer 10, 9 (statt Uphas); Sir 7, 20 (Luther: bestes Gold), ebenso auf dem aus dem 8. Jh. vChr stammenden Ostrakon 2 von tell qasīle: „O.gold für Beth-Horon . . . 30 Sekel". *Rü*

Ophra. *1)* Ort in Benjamin Jos 18, 23; 1Sam 13, 17, heute eṭ-ṭaijibe 20 km nördlich von Jerusalem (→ Ephraim 3). — *2)* Ort in Manasse, Heimat Gideons Ri 6, 11. 24; 8, 27. 32; 9, 5; genaue Lage unbekannt. *Rü*

Orakel d. h. „Spruch", auch die Stätte, an der die Sprüche ergehen (von lat. oro „ich rede"). Immer handelt es sich darum, daß der Mensch in bestimmten Fällen den göttlichen Willen zu erfahren sucht und dabei sich eines Kundigen bedient, der ihm die göttliche Auskunft geben kann.

1) In der heidnischen Umgebung Israels stand das O. in hohem Ansehen. Es gab kanaanitische O. bereits vor dem Einzug, zB die Terebinthe zu Sichem 1Mose 12, 6; Ri 9, 37 oder Baal Sebub zu Ekron 2Kö 1, 2. Im babylonischen Kulturbereich finden sich die O.bilder, die Terafim, die offenbar aus ganz alter Zeit in den Hausbrauch der isr. Familie übernommen wurden 1Mose 31, 19; 1Sam 19, 13; Hes 21, 26. Auch die Befragung des Holzes ist sicher fremden Ursprungs Hos 4, 12. Wieweit diese Einflüsse wirklich gingen und den Jahweglauben zu lähmen vermochten, wissen wir nicht. Auffällig bleibt, daß die Befragung durch Urim und Tummim, also durch Stimmsteine, nicht nur am Heiligtum offizielle Geltung behielt, sondern auch erstaunlich lange in Übung war 1Sam 14, 41 f; Esra 2, 63. Selbst das Gesetz tastete dieses Stimm-

Tafel 33: Alte Festungsmauer in Mizpa *Auf dem tell en-nasbe, 12 km nördlich von Jerusalem, wohl dem alten → Mizpa, das → Asa von Juda als Grenzfestung ausbauen ließ, findet sich in einer Festungsmauer der Eisenzeit in der Südwestecke dieser vorspringende Turm. Auf den Steinfundamenten standen einst wohl Aufbauten aus luftgetrockneten Lehmziegeln.*

orakel in der Brusttasche des Priesters nicht an. Im übrigen aber sollte man die Parallelen zum Heidentum nicht überbewerten, etwa die Opferschau, von der wir 1Mose 4,4; Ps 20,4 hören, oder die Totenschau 1Sam 28,13 ff.

2) So bleibt im Vordergrund die Tatsache bestehen, daß in Israel schon erstaunlich früh an die Stelle des O.s die Rechtsprechung getreten ist. Gott ist ein Gott des Rechtes und der Gerechtigkeit 1Mose 16,5. Darum bedeutet die Befragung Gottes die Entgegennahme eines Rechtsspruches. Nicht Geschicklichkeit im Würfeln oder im Deuten sind für den Mann Gottes die entscheidende Gabe oder Eigenschaft, sondern die Fähigkeit, unparteiisch und klar zu urteilen. Und zwar nicht einfach nach eigenem Verstand: das Gottesurteil entsteht aus der Gottesschau 2Mose 33,7-10. Dem soll nicht widersprechen, daß, wie in 2Mose 18,15-19 zu lesen ist, neben dem Außerordentlichen auch das Alltägliche seine Forderung erhob. „Gott befragen" hieß auch: Urteil suchen im Rechtsstreit von Mensch zu Mensch. Der nächste Schritt war dann von selbst die schriftliche Fixierung der Rechtsentscheidungen und die Formulierung der Rechtsgrundsätze. Die bibl. Offenbarung ist eben im tiefsten und letzten die Religion des Gewissens. *Luck*

Ordnung, ordnen. In Gott ist alle O. begründet. Er hat das Chaos durch eine nach Werken, Zeiten und Zwecken geordnete Schöpfung ersetzt 1Mose 1,2. Die Psalmen preisen, daß „es bleibt immer und ewiglich" Ps 104,5; 111,3. Durch Gottes Wort und Willen bleibt die Ordnung von Sonne, Mond und Sternen Hiob 38, 33; Jer 31,36; Ps 148,6. — Gleicherweise gab Gott dem Menschen feste O.en, die durch Gebote geschützt wurden. Hierzu gehören die Familie und die Obrigkeit Sir 10,1; Weish 6,5; Röm 13,2; 1Petr 2,13. — Der Dienst am Heiligtum Israels war anfänglich nach der O. des Sonnenjahrs gegliedert. Die späteren O.en der Priester usw 1Chr 23-27 spiegeln die O. des bis zur letzten Familie durchorganisierten Volkes wider. Die Gemeinde Jesu ist nie ohne O. gewesen. Unordnung wird verworfen, weil Gott ein Gott der O. ist 1Kor 14,33. — Gott läßt seinen Bund so fest bestehen, wie die O. Himmels und der Erde steht Jer 31,36; 33,25; vgl. 1Mose 15,5. Gotteskindschaft, Errettung und Auferweckung sind an bestimmte O.en gebunden Röm 8,29; Eph 1,5; 1Kor 15,23. Die Zukunft des Menschensohnes wird dem Chaos der Trübsale für immer ein Ende bereiten. Der „neue Himmel", die „neue Erde", das „himmlische Jerusalem" bringen die endliche Durchsetzung der von Gott gewollten O. Mt 24,29f; Offb 21. *Nag*

Oreb („Rabe"), einer der beiden von den Ephraimiten besiegten Midianiterfürsten, deren Köpfe man Gideon überbrachte Ri 7,25; 8,3. Die Erinnerung daran lebt noch Ps 83,12 und Jes 10,26 fort, wohl als Lokaltradition eines „Rabenfelsens" im W-Jordanland. → Seeb. *Schw*

Orion → Sterne.
Orpa → Ruth.
Osnappar → Asar-Haddon.

Ossuar, Kasten aus Holz, Ton oder Kalkstein zur individuellen Aufbewahrung von Totengebeinen, etwa 75 cm lang und 50 cm breit sowie hoch. Die Seitenwände sind mit Ornamenten verziert und mit aramäischen oder griech. Namensinschriften ausgestattet. Derartige Gebeinkästen sind bes. in den jüd. Gräbern der Umgebung Jerusalems gefunden worden und stammen aus dem Zeitraum des 2.Jh. vChr bis zum 2.Jh. nChr. Sie bieten wichtiges Material zur jüd. Namengeschichte und zur jüd. Symbolik dar. — Die Hausurnen der chalkolithischen Nekropole bei Chedērah in der Ebene von Saron (2. Hälfte des 4.Jt. vChr) sind ebenfalls aus gebranntem Ton in Hausform gefertigt ohne Inschrift; die darin erhaltenen Gebeine waren in sehr schlechtem Zustand, so daß sie keine Rückschlüsse gestatteten. Offensichtlich gehören diese Hausurnen in einen anderen Anschauungskreis vom Tod. *Ba*

Osten, hebr. qedem = vorne, weil man sich gegen O. orientierte (Luther: Morgen). *Söhne des O.s* Hes 25,4.10 ist eine kollektiv-ethnographische Bezeichnung für die nomadischen und halbnomadischen Bewohner der syr.-arabischen Wüste, die bes. in der Richterzeit die isr. Stämme öfters überfielen Ri 6,33. → Morgenland. *v. d. W.*

Ostern → Passa.
Ostjordanland → Peräa.

Ostrakon (griech., Mehrzahl Ostraka), Scherbe, wird in der archäologischen Wissenschaft die als billiges Schreibmaterial auf der glatten Außenseite benutzte antike Gefäßscherbe genannt. Die Beschriftung mit Rußtinte konnte entsprechend der Größe der verwendeten Scherbe nur verhältnismäßig kurz sein. Anstelle von Tintenschrift konnten die Buchstaben auch eingeritzt werden, so zB auf den Ostraka vom tell ḳasīleh nördlich von Tell Aviv in Palästina (9.-6. Jh. vChr). Tintenschriften haben sich im Boden Palästinas nur bei sehr günstigen Lagerungsmöglichkeiten erhalten, zB bei den Ostraka von Samaria aus der Zeit Jerobeams II., die bei den Ausgrabungen des isr. Samaria gefunden wurden und Bestätigungen von Naturallieferungen der Krongüter an den Königshof enthalten. Umfangreicher und belangvoller sind die Ostraka von Lachisch, tell ed-duwēr, gefunden in einem Gelaß des Stadttores. Sie enthalten Militärbriefe

Tafel 34: Im Bergland Juda *Das Bild zeigt in Sonnenlicht und Wolkenschatten die Höhen und Täler nordwestlich von Jerusalem, in der Nähe von Ain Karim ('en kerem); am Horizont die Höhe en-nebi samwil (das moslemische Heiligtum zu Ehren des „Propheten → Samuel").*

aus den Kämpfen Nebukadnezars um Jerusalem, zu dessen Vorfeld im Westen Lachisch gehörte Jer 34,7. Sie sind auch wichtig als Urkunden der Jeremiazeit (588 vChr) infolge ihrer Sprache und der noch nicht geklärten Erwähnung eines Propheten. Das auf dem Ophel 1924 gefundene O. stammt nach der kürzlich geäußerten Vermutung von J. T. Milik (Revue Biblique LXVI, 1959, 550 ff) aus den letzten Jahren Jerusalems vor dem Exil ca. 588-586 vChr. Aus persischer Zeit stammt ein O. mit einer aramäischen Beschriftung, ackerbauliche Verrichtungen betreffend, entdeckt auf dem tell fār'a in Mittelpalästina. In Chirbet Qumrān fanden sich einzelne Ostraka mit ungelenken Buchstabenformen in alphabetischer Reihenfolge, offenbar Schreibübungen von Lernenden. Weitere Ostraka aus Megiddo, 'ēn schems, tell el-ḥēsi, 'ezjon-geber sind oft in Lesung und Interpretation noch unsicher.

Paläographisch sind die Ostraka sehr wichtig für die Geschichte der Schrift in Palästina. Sie bereichern unsere Kenntnis der isr.-jüd. Personennamen und geben uns reiche Aufschlüsse über besitzrechtliche und topographische Fragen (Samaria!) und über geschichtliche Ereignisse (Lachisch). *Ba*

Ostwind. Der in Palästina gefürchtete O. (Schirokko) Jes 27, 8 weht von der syr.-arabischen Wüste her vor allem im Herbst, weniger im Winter und Frühling und selten im Sommer. Er ist immer trocken, kann durch Auftreten von Wirbeln eine große zerstörende Kraft entfalten und so Häuser stürzen Hiob 1,19 und Schiffe im Meer zerbrechen Ps 48,8; Hes 27,26. In der warmen Jahreszeit ist der O. bes. schädlich. Er versengt die Ähren 1Mose 41, 6, führt Heuschreckenschwärme ins Land 2Mose 10,13, läßt die Bäume und Früchte verdorren Hes 17,10; 19,12 und die Quellen versiegen Hos 13,15. Ein solcher Schirokko bereitet in einem Tage der Blumenpracht ein Ende Ps 103,16; Jon 4,8; Hes 17,10. *v. d. W.*

Othniel, Bruder und Schwiegersohn des Kaleb, der ihm für die kühne Eroberung von Kirjath-Sepher seine Tochter Achsa und wichtige Quellgebiete gibt Jos 15,17 ff; Ri 1,13 ff. Nach Überwindung achtjähriger Zwingherrschaft → Kuschan-Rischathajims (Aram oder Edom?) Ri 3, 7 ff tritt er als erster isr. Richter die Herrschaft an. *Schw*

Otter → Schlange.

P

Palästina.

1) Der Name. 2) Die Grenzen. 3) Der geologische Aufbau. 4) Die Bodengestalt. 5) Das Klima. 6) Die Gewässer. 7) Die Pflanzenwelt. 8) Die Tierwelt. 9) Das jetzige Palästina.

1) Der Name P., der für uns das Land der Geschichte Israels bezeichnet, wurde von Luther nur Jer 25,20 („der Palästiner Land") gebraucht; dafür hat die revidierte Bibel „der Philister Land" gesetzt. P. bedeutet in der Tat ursprünglich Philisterland. Bereits Herodot nennt den ehedem von Philistern besiedelten Küstenstrich südlich des Karmel bis nach Gaza „das palästinische Syrien" I 105, II 106, III 91 u. ö. oder einfach P. VII 89, und in dieser Bedeutung haben andere griech. und römische Autoren den Namen von ihm übernommen. Erst nach dem jüd. Aufstand von 132-135 nChr (→ Barkochba) haben dann die Römer den Namen P. auf ihre bis dahin → Judäa genannte Provinz übertragen, obwohl diese außer jenem Küstenstrich auch das dahinter liegende Binnenland umfaßte. Der Grund dafür war wohl der, daß die Küstenstädte, von denen → Caesarea Palaestinae zur Provinzhauptstadt erhoben wurde, den Römern bes. wichtig waren. Als offizielle Bezeichnung der römischen und byzantinischen Verwaltung ihrer Zeit hat schließlich die alte Kirche P. als Namen des „heiligen" Sach 2,16 oder „gelobten (d. h. verheißenen) Landes" Hebr 11,9 verwendet.

2) P. als Land der Geschichte Israels hatte zu den verschiedenen Zeiten dieser Geschichte eine jeweils verschiedene *Größe*. Im allg. versteht man unter P. jedoch das Gebiet, das den → Patriarchen verheißen wurde 1Mose 12,7; 13,15; 17,8 u. ö., und innerhalb dessen die Israeliten nach dem sog. System der idealen Stammesgrenzen Jos 13-19 seßhaft wurden. In diesem Sinne ist P. das südliche Drittel → Syriens. Seine *Grenzen* sind das Mittelmeer im Westen und die syr.-arabische Wüste (→ Wüste 3 a) im Osten, das Südende des → Libanon und Antilibanon im Norden und die Breite der Südspitze des → Toten Meeres im Süden. — Das ehemals britische Mandatsgebiet Palestine (1922-1948), das zwar auf das Westjordanland beschränkt war, dafür aber in einem spitzen Ausläufer bis an den Golf von 'aqaba reichte, hatte eine Fläche von etwa 20 600 qkm, war also um ein Drittel kleiner als das Königreich Belgien mit 30 507 qkm. Das eigentliche Westjordanland abzüglich des südlichen Ausläufers besaß mit etwa 17 500 qkm ungefähr die Größe des heutigen Württemberg, war aber nach der Volkszählung von 1931 mit 1 035 821 Einwohnern weniger als halb so dicht besiedelt wie das Württemberg von 1925 mit etwa 2,6 Millionen Einwohnern.

3) Der geologische Aufbau. Das palästinische Festland besteht in der Hauptsache aus horizontal übereinanderliegenden Meeresablagerungen der Jura- und Kreideformation. Der *Jura* erscheint nur noch an wenigen Stellen zu beiden Seiten des Jordangrabens. Auch der zur *unteren Kreide* gehörige dunkle, meist braunrote nubische Sandstein tritt lediglich im Jordangraben und am Ostufer des Toten Meeres zutage. Dagegen bedecken die Schichten der *oberen Kreide,* Cenoman, Turon und Senon, den größten Teil der Oberfläche des palästinischen Gebirges. Das Cenoman, ein harter kristallinischer Kalkstein, in den das abfließende Regenwasser tiefe, cañonartige Täler eingefressen hat, besitzt eine durchgehende Mächtigkeit von etwa 600 m. Dem Cenoman verwandt ist das diesem folgende Turon. Über dem Turon liegt in einer etwa 200 m mächtigen Schicht das Senon, ein weicher, von Silexbänken durchsetzter Kalkstein von blendend weißer Farbe. — In einer neuen Phase der Meeresbedeckung setzte sich über diesen Kreideformationen das Eozän als unterste *tertiäre Schicht* ab. Es ist gelegentlich noch als weißer oder grauer Kalk auf dem palästinischen Gebirge zu finden. Als weitere tertiäre Schichten folgten Oligozän, Miozän und Pliozän. — Endlich brachte das *Quartär* diluviale und alluviale Ablagerungen in den Ebenen P.s einschließlich des Jordangrabens. — Diese horizontale Lagerung der Schichtgesteine blieb jedoch nicht ungestört. Zunächst kam es nach dem Ende der Kreidezeit auf der Westseite des judäischen und samarischen Gebirges und im Ostjordanland zu sog. *Flexuren,* Faltungen und Verbiegungen der horizontalen Ablagerungen. Sodann erfolgten zw. Miozän und Pliozän, also gegen Ende des Tertiärs, *Zerreißungen* in nordsüdlicher Richtung. Der Jordangraben brach ein und ein weiterer Einbruch ereignete sich am Westrand des westjordanischen Gebirges, das als Gebirgshorst stehen blieb. Nur wenig später geschahen dann die Einbrüche in Südost-Nordwest-Richtung, deren wichtigster die Entstehung der Ebene Jesreel zur Folge hatte. — *Vulkanische Erscheinungen* traten in der Hauptsache kurz nach der Bildung des Jordangrabens im mittleren Pliozän ein. Ihr Zentrum lag im nördlichen Ostjordanlande, vor allem im dschebel ed-drūz und im dschōlān. Von dort breiteten sich die Lavamassen über den Jordangraben hinweg nördlich und südlich des Sees von Tiberias aus. Daher ist heute der ganze Südostteil des galiläischen Gebirges mit einer Schicht Lava bedeckt.

4) Die Bodengestalt P.s wird bestimmt durch den Jordangraben und seine Fortsetzung nach Norden und Süden, die Senke zw. → Libanon und Antilibanon (el-beqāʻ) auf der einen, das Tote Meer und das wādi el-ʻaraba (→ Blachfeld) auf der anderen Seite. Durch seinen Einbruch entstanden das westjordanische und das ostjordanische Hochland. *1) Das westjordanische Hochland* besteht aus drei Teilen, dem judäischen, dem samarischen und dem galiläischen Gebirge. *a) Das judäische Gebirge* (→ Gebirge Juda) umfaßt das Bergland von Hebron (dschebel el-chalīl), das in der sīret el-bellāʻa etwa 5 km nördlich von Hebron eine Höhe von 1027 m erreicht, und das Bergland von Jerusalem (dschebel el-quds), dessen höchste Erhebungen der en-nebi samwīl (Prophet Samuel) 895 m, sowie der rās el-meschārif (Mons Scopus) 819 m und der dschebel eṭ-ṭōr (→Ölberg) 812 m nördlich und östlich von Jerusalem sind. Es wird im Westen begrenzt durch die sog. ʻartūf-Verwerfung, jenseits derer die abgesunkene Gebirgstafel ein 300-400 m hohes Hügelland (→ Schephela) bildet. Der Ostabfall des judäischen Gebirges liegt im Regenschatten und ist daher außerordentlich niederschlagsarm (→ Wüste 3c). — *b) Das samarische Gebirge* (→ Gebirge Ephraim), das nach → Sichem-Neapolis dschebel nāblus genannt wird, schließt sich im Norden an das Bergland von Jerusalem an. Es läuft im Nordwesten in den dschebel karmel (→ Karmel) 552 m und im Nordosten in den dschebel fuqūʻa (→ Gilboa) 518 m aus. Seine höchsten Erhebungen sind der vielleicht mit dem Baal-Hazor von 2Sam 13,23 gleichzusetzende el-ʻaṣūr 1016 m, sowie der dschebel islāmīje (→ Ebal) 940 m und der dschebel eṭ-ṭor (→ Garizim) 881 m. — *c)* Nördlich der Ebene → Jesreel (merdsch ibn ʻāmir) folgt dann *das galiläische Gebirge* (→ Galiläa), das seinerseits in Untergaliläa und Obergaliläa zerfällt. Untergaliläa besteht aus mehreren von Westen nach Osten streichenden mäßig hohen Bergzügen, in deren Mitte die etwa 15 km lange und 3 km breite Ebene sahl el-baṭṭōf liegt. Seine bedeutendste Erhebung ist der dschebel eṭ-ṭōr (→ Tabor) 562 m. Die Ebene von er-rāme bildet die Grenze gegen Obergaliläa. Im Südteil Obergaliläas, der nach der Stadt ṣafed dschebel ṣafed heißt, findet sich der höchste Berg des ganzen Westjordanlandes, der dschebel dschermaq 1199 m. Jenseits des dschebel ṣafed liegt ein 700-800 m hohes, sehr unebenes Tafelland, das nach Norden zu langsam abfällt und durch das tief eingeschnittene Tal das nahr el-līṭāni vom Libanon getrennt wird. — *2) Die Küstenebenen.* Dem westjordanischen Hochland ist eine Reihe von Ebenen vorgelagert. *a)* Nördlich des Karmel liegt die kleine *Ebene von → Akko* (ʻakka), die im Norden vom rās en-nāqūra, im Osten vom Aufstieg des galiläischen Gebirges begrenzt und gegen das Mittelmeer durch eine nur gelegentlich unterbrochene Kette von Dünen abgeschlossen ist. Sie nimmt von Norden nach Süden an Breite zu und erreicht auf der Höhe von ʻakka etwa 7 km. — *b)* Südlich des Karmel erstreckt sich die große Ebene, die man meist *die palästinische Küstenebene* schlechthin nennt. (Ihr Nordteil heißt im AT → Saron). Sie geht im Süden allmählich in die Sinai-Wüste (→ Wüste 3b) über, berührt im Osten das samarische und judäische Gebirge und wird an der Küste von einem fast ununterbrochenen Dünenstreifen begleitet. Wie die Ebene von Akko hat auch die palästinische Küstenebene ihre größte West-Ost-Ausdehnung im Süden. Diese liegt auf der Höhe von bīr es-sebaʻ (→ Beerseba) bei etwa 40 km, westlich des

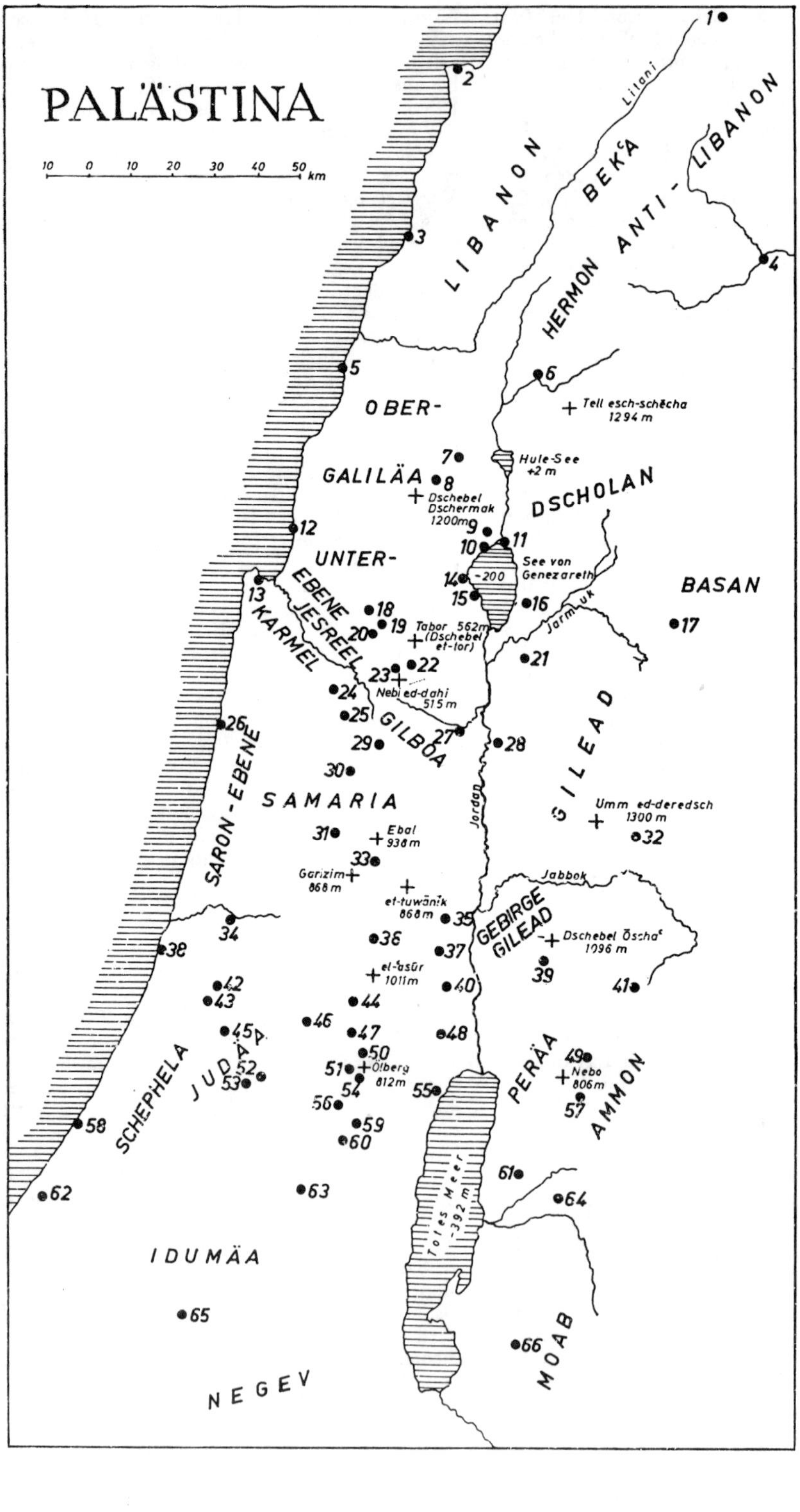

1 Baalbek
2 Beirut
3 Sidon
4 Damaskus
5 Tyrus
6 Cäsarea-Philippi
7 Hazor
8 Giskala
9 Chorazin
10 Kapernaum
11 Bethsaida
12 Akko
13 Haifa
14 Magdala
15 Tiberias
16 Hippos
17 Aschtaroth
18 Sepphoris
19 Kana
20 Nazareth
21 Gadara
22 Endor
23 Nain
24 Megiddo
25 Taanach
26 Cäsarea
27 Beth-schean
28 Pella
29 Dschenin
30 Dothan
31 Samaria
32 Gerasa
33 Sichem-Nablus
34 Antipatris
35 Alexandreion
36 Silo
37 Phasaëlis
38 Joppe
39 Gadora
40 Archelaïs
41 Amman-Philadelphia
42 Lydda
43 Ramle
44 Bethel
45 Geser
46 Beth-Horon
47 Rama
48 Jericho
49 Hesbon
50 Anathoth
51 Jerusalem
52 Artuf
53 Beth-schemesch
54 Bethanien
55 Qumran
56 Bethlehem
57 Medeba
58 Askalon
59 Herodeion
60 Thekoa
61 Machärus
62 Gaza
63 Hebron
64 Dibon
65 Beerseba
66 Kir-Moab

Karmel dagegen bei nur 2-3 km. — *3) Das ostjordanische Hochland* hat im Unterschied vom westjordanischen den Charakter eines Tafellandes weit mehr erhalten. Es stellt sich viel geschlossener dar und fällt steil aus größerer Höhe zum Jordangraben ab. Im einzelnen kann man folgende Teile des ostjordanischen Hochlands unterscheiden: *a)* Das Gebiet zw. dem wādi el-ḥesa (→ Sered) im Süden und dem sēl el-mōdschib (→ Arnon) im Norden führt nach seiner Hauptstadt den Namen el-kerak (→ Moab). — *b)* Die Landschaft zw. dem sēl-el-mōdschib und dem nahr ez-zerqa (→ Jabbok) heißt heute el-belqa (→ Ammon und Gilead). Ihre höchste Erhebung ist der nebi ōscha' (Prophet Hosea) mit 1096 m, der eine herrliche Aussicht auf das gegenüberliegende Westjordanland bietet. — *c)* Zwischen dem nahr ez-zerqa und der scherī'at el menāḍire (Jarmuk) liegt der 'adschlūn, eines der schönsten und waldreichsten Gebiete P.s. Der dschebel 'adschlūn erreicht in dem Berg umm ed-deredsch eine Höhe von 1247 m. — *d)* Nördlich und nordöstlich der scherī'at el-menāḍire erstreckt sich der dschebel ḥaurān (→ Hauran) oder (nach seiner Bevölkerung: Drusen) dschebel ed-drūz, ein Basaltgebirge, das im tell ed-dschēna bis zu 1839 m ansteigt. Nordwestlich davon liegt das zerrissene Lavaplateau el-ledscha (→ Trachonitis), westlich von beiden die fruchtbare, 500-600 m hohe Ebene en-nuqra (→ Basan). Im Westen dehnt sich das Hochland dschōlān (→ Golan) aus, das von einer Anzahl erloschener Vulkane überragt wird, deren höchster der tell esch-schēcha mit 1294 m ist. Einen gemeinsamen Namen besitzt dieser nördlichste Teil des ostjordanischen Hochlandes nicht.

5) Das Klima. P. liegt zw. 31° und 33° 15' nördlicher Breite und gehört demnach wie das ganze Mittelmeergebiet zum Bereich des subtropischen Klimas. Dieses ist charakterisiert durch den Wechsel zw. einer sommerlichen Trokkenzeit und einer winterlichen Regenzeit. *a) Die Niederschläge. Der Regenfall* ist wegen seiner Bedeutung für jegliche Art von Vegetation das wichtigste klimatische Element. Die Regenzeit dauert etwa von Oktober bis Mai. Sie beginnt Ende Oktober, gelegentlich auch schon im September oder erst im November mit dem Frühregen, hat ihre meisten Regenfälle im Januar und schließt mit dem Spätregen im Mai, wobei wiederum Schwankungen nach oben oder unten eintreten können. Früh- und Spätregen sind jedoch nicht etwa gesonderte Regenzeiten neben der eigentlichen winterlichen Regenzeit, sondern vielmehr die ersehnte Einleitung und der erwünschte Nachklang derselben. Trockene Tage zwischendurch fehlen nicht. Auf die Gesamtdauer der Regenzeit von etwa 6½ Monaten kommen zB in Jerusalem kaum 60 Regentage. Die Regenmenge nimmt von Norden nach Süden ab; sie war in den Jahren vor Ausbruch des zweiten Weltkriegs in der Küstenebene (Haifa 529,5 mm, deutsche Kolonie Wilhelma bei jāfa 498,3 mm) größer als auf dem Gebirge (Jerusalem 431,6 mm) und im Jordangraben. Für das Ostjordanland liegen keine genauen Messungen vor. Auch die Zahl der Regentage wird von Norden nach Süden geringer und ist an der Küste (Haifa 64,3, Wilhelma 53,9) höher als auf dem Gebirge (Jerusalem 58,4). — Von Wichtigkeit ist in P. auch der *Tau,* der während der sommerlichen Trockenzeit die einzige Art Niederschlag darstellt. — *Schnee* fällt in P. höchstens zwei- oder dreimal im Jahr. — *b) Die Temperaturen* in P. sind je nach Ort und Zeit großen Schwankungen unterworfen. Der kälteste Monat ist der Januar, der wärmste der August, manchmal auch der Juli. Vor dem zweiten Weltkrieg betrug die durchschnittliche Januar-Temperatur in Wilhelma 13,3°, in Jerusalem 7,9° (Berlin: 0,6°), die durchschnittliche Juli-Temperatur in Wilhelma 28,0°, in Jerusalem 23,7° (Berlin: 19,0°). Nur selten fällt das Thermometer unter 0°. — *c)* Die Temperaturen werden mitbestimmt von den *Winden.* Im allg. herrschen Westwinde vor. Sie setzen gegen Mittag oder am frühen Nachmittag ein und spenden vor allen Dingen auf dem westjordanischen Gebirge Abkühlung und Erfrischung. Demgegenüber macht sich der → Ostwind (esch-scherqīje, daher Schirokko) unangenehm bemerkbar, weil er eine drückende Schwüle mit sich bringt.

6) Die Bewässerung. P. ist arm an *Flüssen.* Der größte, der Jordan (scherī'at el-kebīre), ist für den Verkehr ohne Bedeutung und spielt auch für die Bewässerung bisher keine besondere Rolle. Von seinen und des Toten Meeres Zuflüssen führen nur der Jarmuk, der Jabbok und der Arnon das ganze Jahr über Wasser. Die meisten in das Mittelmeer mündenden Flüsse trocknen im Sommer aus. Nur der nahr el-muqaṭṭa' (→ Kison) in seinem Unterlauf und der nahr el-'ōdscha nördlich von jāfa perennieren. — An *Seen* ist außer den im Jordangraben gelegenen, dem ḥūle-See (baḥret el-ḥūle 2 m über dem Meeresspiegel), dem See von Tiberias (baḥret ṭaberīje etwa 200 m unter dem Meeresspiegel) und dem Toten Meer (baḥr lūṭ, d. h. Meer des Lot, 392 m unter dem Meeresspiegel) nur die kleine birket er-rām in der Nähe der Jordanquelle von bānjās zu nennen. — *Quellen* sind in manchen Teilen P.s nicht selten; daher die vielen mit → Ain oder En (d. h. Quelle) gebildeten Ortsnamen. Da die Quellen jedoch für die Deckung des Wasserbedarfs nicht ausreichen, sammelt man Regenwasser in Zisternen und größeren Teichen.

7) Die Pflanzenwelt P.s wird dadurch bestimmt, daß das Land in den Subtropen liegt. Unterschiede im einzelnen ergeben sich durch die Verschiedenheit von Höhenlage, Niederschlagsmenge und Temperatur in den jeweiligen Landesteilen. — Obwohl die palästinischen Gebirge von Natur aus Waldgebiete sind, wird P. auch in ATlicher Zeit nicht wesentlich waldreicher gewesen sein als heute. Denn der bis in die jüngste Vergangenheit hinein feststellbare Raubbau an den Waldbeständen wurde seit jeher betrieben. Das hat dazu geführt, daß wirk-

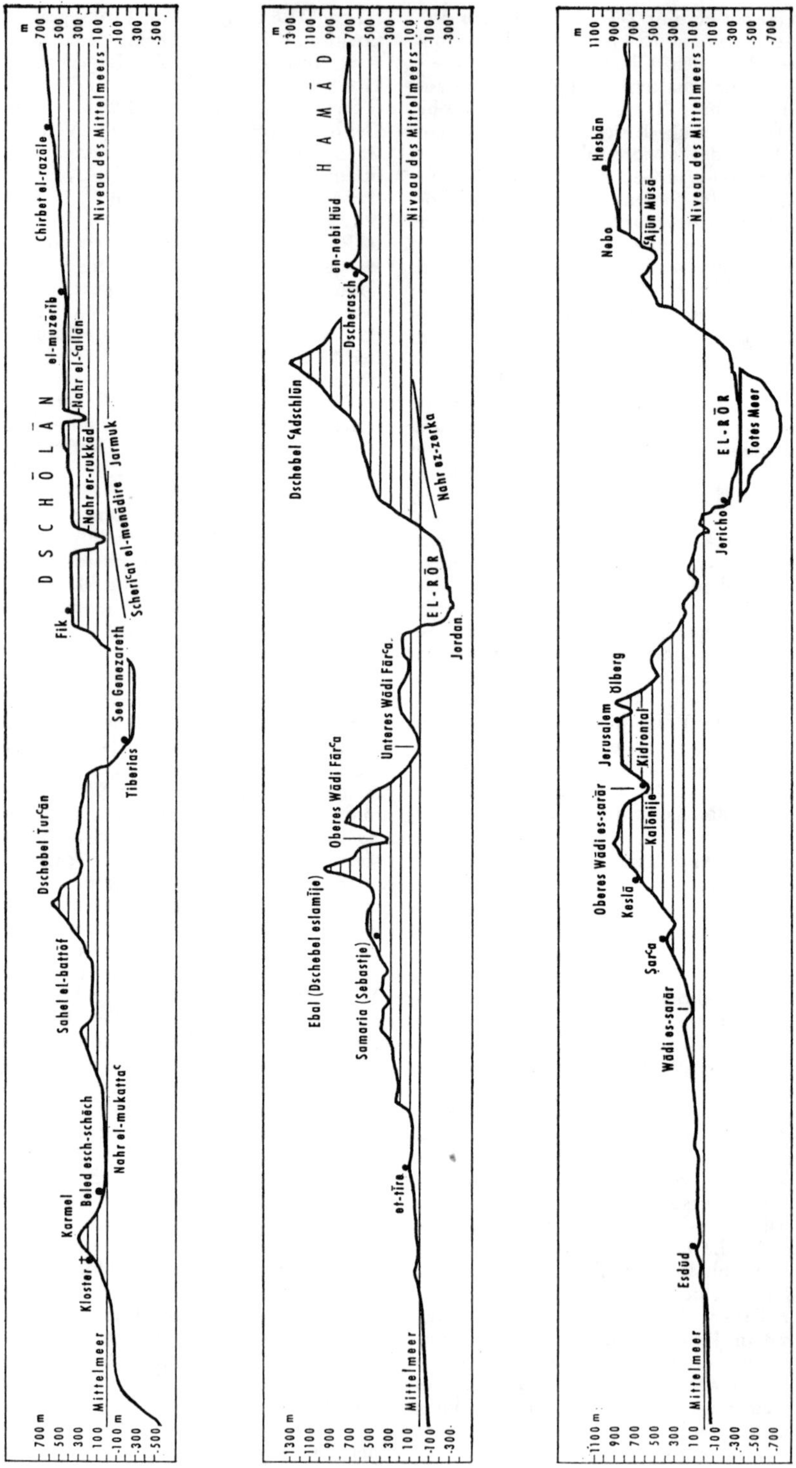

Drei Querschnitte durch den Aufbau Palästinas auf der Breite von Tiberias, von Samaria, von Jerusalem

liche Wälder jetzt nur noch auf dem Karmel und im ʿadschlūn zu finden sind. — *a)* Die wichtigsten *Waldbäume* sind Kermeseiche (quercus coccifera) und Knoppereiche (quercus aegilops), Terebinthe (pistacia terebinthus), Johannesbrotbaum (ceratonia silaqua) und Aleppokiefer (pinus halepensis). — *b)* Unter den *Steppen- und Wüstengewächsen* sind zu erwähnen die Tamariske (tamarix), der Besenginster (retama roetam) und der Christusdorn (zizyphus spina Christi). — *c)* Unter den *Kulturpflanzen* nehmen die verschiedenen *Getreidearten*, vor allem Weizen, Gerste und Durra (Mohrenhirse oder Kaffernkorn), die erste Stelle ein. Die verbreitetsten *Fruchtbäume* sind der Ölbaum, der Feigenbaum, der Maulbeerfeigenbaum, der Granatapfelbaum, die Dattelpalme und die Banane, sowie der oft mit dem Feigenbaum zusammen angepflanzte Weinstock. Die Orange, die neben anderen Zitrusfrüchten bes. in der Küstenebene angebaut wird und den wohl wichtigsten Exportartikel des Staates Israel darstellt, ist erst in der Neuzeit nach P. eingeführt worden.

8) Die Tierwelt P.s ist außerordentlich mannigfaltig. *a)* Unter den *wilden Tieren* verdienen Wolf, Schakal und Hyäne, Fuchs und Wildhund besonders hervorgehoben zu werden. Dagegen sind Bär und Löwe, die im AT noch erwähnt werden, heute ausgestorben. An jagdbarem Wild sind Gazelle und Hase, Steinbock und Klippschliefer oder Klippdachs zu nennen. Das Wildschwein begegnet noch am Jordan. Edelhirsche und Antilopen gibt es jedoch nicht mehr. Von den Raubvögeln sei hier der Aasgeier angeführt. Eidechsen und Schlangen gibt es in großer Zahl. Von den Insekten bildet die Wanderheuschrecke in manchem Jahr eine Landplage. Gefährlich ist der Skorpion wegen seines giftigen Stachels. — *b) Haustiere* sind Esel und Rind, Pferd und Kamel, daneben Hühner und Tauben. Schweine, deren Fleisch Juden und Mohammedanern zu genießen verboten ist, spielen nur eine geringe Rolle. Herdentiere sind Schaf und Ziege, das „Kleinvieh" des AT.

9) Das jetzige P. Bis zum ersten Weltkrieg war P., politisch betrachtet, ein Bestandteil der Türkei. Im ersten Weltkrieg wurde es von den Engländern erobert, denen die Alliierten im Juli 1920 das Mandat über P. übertrugen, das im Juli 1922 vom Völkerbund bestätigt wurde. Mittlerweile hatte Emir Abdullah im März 1921 den unabhängigen Staat (seit dem 22. 3. 1946 Königreich) Transjordanien mit der Hauptstadt ʿammān (→ Rabba 1) gegründet. Dieser Gründung stimmte die britische Regierung zu, um auf diese Weise wenigstens einen Teil der Versprechen zu erfüllen, die sie den Arabern während ihres Aufstands gegen die Türken gegeben hatte. Aber nicht nur den Arabern hatte man Dinge versprochen, die nun kaum oder gar nicht zu erfüllen waren. Auch den Juden hatte man in der sog. Balfour-Deklaration vom 2. 11. 1917, einem Brief des britischen Außenministers A. J. Balfour an den Präsidenten der englischen Zionisten-Vereinigung, Lord Rothschild, zugesagt: „Die Regierung Ihrer Majestät betrachtet die Schaffung einer nationalen Heimstätte in P. für das jüdische Volk mit Wohlwollen und wird die größten Anstrengungen machen, um die Erreichung dieses Zieles zu erleichtern, wobei Klarheit darüber herrschen soll, daß nichts getan werden darf, was die bürgerlichen und religiösen Rechte bestehender nichtjüdischer Gemeinschaften in P. oder die Rechte und die politische Stellung der Juden in irgendeinem anderen Lande beeinträchtigen könnte." Im Vertrauen auf diese Zusicherung begannen mit der Übernahme der Mandatsregierung durch die Engländer 1920 Juden in großer Zahl nach P. einzuwandern, was bei den P.-Arabern in Jerusalem, Hebron und anderen Orten des Landes begreiflicherweise Unruhen auslöste. Diese Unruhen wurden in den Jahren 1936-1939 zum offenen Aufruhr gegen die Engländer, der erst bei Ausbruch des zweiten Weltkriegs beigelegt werden konnte, als die britische Regierung die jüd. Einwanderung und die Ansiedlung und den Landerwerb von und durch Juden auf das stärkste beschränkte. Nach dem Ende des zweiten Weltkriegs, als wieder Juden in größerer Zahl nach P. kamen, brachen die Unruhen erneut aus und wurden bald zu einem Kampf aller gegen alle. Am 29. 11. 1947 beschlossen daher die Vereinten Nationen, P. in ein arabisches und ein jüd. Gebiet aufzuteilen, was schwere Kämpfe zw. Juden und P.-Arabern zur Folge hatte. Die Engländer, die sich nicht mehr in der Lage sahen, ohne unnötiges Blutvergießen ihrerseits für Ruhe und Ordnung zu sorgen und den Teilungsplan der Vereinten Nationen durchzuführen, verließen am 15. 5. 1948 das Land. Am selben Tag brachen arabische Truppen aus Ägypten, Transjordanien, dem Libanon und Syrien in P. ein. Einen Tag vorher war auf einer Sitzung des provisorischen Staatskonzils in Tel-Aviv „die Gründung des jüd. Staates in P., der Israel genannt zu werden hat", proklamiert worden. Der daraufhin einsetzende, durch einen von den Vereinten Nationen erzwungenen Waffenstillstand von 28 Tagen unterbrochene Krieg wurde in den Märztagen 1949 durch eine Anzahl von Waffenstillstandsverträgen beendet. Seitdem gibt es auf dem Boden P.s zwei unabhängige Staaten, Israel und Jordanien (die P.-Araber hatten am 1. 12. 1948 den Anschluß an Transjordanien beschlossen); die Grenze zw. beiden entspricht etwa dem Frontverlauf bei Abschluß der Waffenstillstandsverträge. 1. Israel ist eine parlamentarische Republik, die bei einer Fläche von 20 677 qkm etwa 2,4 Millionen Einwohner hat. Seine Hauptstadt ist Jerusalem (164 000 Einwohner), die Staatssprache ist → (neu-)hebräisch, die Staatsreligion jüd. Am 1. 1. 1958 waren von den damals 1 997 000 Einwohnern 1 760 000 Juden, 144 500 Mohammedaner, 20 000 Drusen, sowie 45 000 Christen verschiedener Konfessionen. — 2. Jordanien (offiziell: das haschemitische Königreich von Jordanien) ist eine konstitutionelle Monarchie mit einer Fläche von 96 500 qkm und etwa 1 550 000 Einwohnern. Seine beiden Hauptstädte sind 'ammān (210 000 Einwohner) und el-quds (die Altstadt von Jerusalem, 50 000 Einwohner). Die Staatssprache ist arabisch. Rund 90 % der Einwohner sind sunnitische Mohammedaner, der Rest von 10 % sind Christen verschiedener Konfessionen. *Rü*

Palast, ein durch Größe und Pracht sich auszeichnendes Haus, dessen Räume um einen Hof lagen, zB der königliche P. in Jerusalem 1Kö 7 (→ Sp. 784), in Jesreel 1Kö 21,1, die Wohnung des Hohenpriesters Mt 26,58, der P. des Herodes beim heutigen Jaffator (→ Sp. 615). Besonders bekannt waren das elfenbeingeschmückte Haus des P.es in Samaria 1Kö 22,39 (→ Sp. 257) und das → Libanonwaldhaus des salomonischen P.es in Jerusalem 1Kö 7,2 ff. In der prophetischen Predigt wird die Zerstörung der Paläste durch das göttliche Gericht angedroht, weil sie Zeichen eines gottvergessenen und stolzen Reichtums waren Hos 8,14; Am 6,8; Jer 9,20. *v. d. W.*

Palme. Daß die Dattelpalme einst in Palästina häufiger war als heute, zeigen Münzbilder (→ Sp. 386) und Ortsnamen (Hazezon-Thamar 1Mose 14,7; 2Chr 20,2 = Engedi; Baal-Thamar Ri 20,33; die „Palmenstadt" Jericho 5Mose 34, 3; Ri 1,16; 3,13; 2Chr 28,15), auch der Frauenname Thamar. Größere Palmenbestände gab es in den Oasen der Sinaihalbinsel 2Mose 15,27, in der Küstenebene, in der Jordansenke; in höheren Lagen trat die P. wohl vereinzelt auf Ri 4,5; Neh 8,15. Ob die Dattel als Nahrungsmittel Bedeutung hatte, ist trotz der Klage Joel 1,12 und dem Vergleich HL 7,8 (Luther: Weintraube statt Dattel) ungewiß; 1Mose 43,11 (Luther: Datteln; jetzt Nüsse) sind die Früchte der Pistazie gemeint. Verarbeitung der Blattstiele und Fasern zu Körben, Matten u. dgl. wird nicht erwähnt. Das Palmblatt war ein Zeichen der Freude: im Feststrauß des → Laubhüttenfestes 3Mose 23, 40, zur Huldigung vor einem Fürsten 1Makk 13,37; 2Makk 14,4; Jo 12,13, bei einer Siegesfeier 1Makk 13,51; 2Makk 10,7; Offb 7,9. Die sprichwörtliche Rede von Palmzweig und Binse Jes 9,13; 19,15 (Luther: Ast und Stumpf) oder der Vergleich Ps 92,13 zeigt die Wertschätzung der P. Daher wurde die P. und ihr Blatt gerne auch als künstlerisches Ornament verwendet 1Kö 6,29 ff; 7,36; 2Chr 3,5; Hes 40,6 ff; 41,18 ff. *Schl*

Palmenstadt → Jericho.
Palmzweige → Palme, → Laubhüttenfest.

Palti 1Sam 25,44, abgekürzt aus Paltiël 2Sam 3,15, Sohn des Lajisch, dem Saul seine Tochter Michal, Davids Frau, nach dessen Flucht zur Frau gab. P. mußte sie dem David bei Antritt seines Königtums über Gesamtisrael wieder ausliefern. *Schw*

Pamphylien, eine Landschaft im Süden Kleinasiens, erstreckt sich als schmaler Küstenstreifen zw. Zilizien und Lykien, mit dem es seit Kaiser Vespasian eine römische Provinz bildete. Vorwiegend wasserarme Kalkebene, wenig fruchtbar. Apg 2,10 ist P. neben Phrygien erwähnt als Heimat von Diasporajuden. Paulus zog hier auf der ersten Missionsreise durch, wobei er in Perge predigte, den Hafen Attalia wohl nur berührte Apg 13,13; 14,25. Auf der Romreise fuhr er an P. vorbei. *Ap*

Panther (Luther: Parder, nur HL 4,8 Leopard). Das Raubtier, das an den Flecken auf dem gelben Fell kenntlich ist Jer 13,23 und in den Bergen hauste HL 4,8, war einst nicht selten, wie die Ortsnamen Nimrin und Beth-Nimra zeigen, und kommt heute noch in Syrien und Palästina vor. Es konnte für Mensch und Tier gefährlich werden Jer 5,6; Hos 13,7; Sir 28,27 und wird darum zum Bild für das Perserreich Dan 7,6 und die römische Weltmacht Offb 13,2. Im Friedensreich soll auch der P. ein friedliches Tier sein Jes 11,6. Gerühmt wird seine Schnelligkeit Hab 1,8, wenn dort nicht der kleinere Gepard oder Jagdleopard gemeint ist. *Schl*

Panzer, ursprünglich ein Lederkoller, das später durch metallene Bänder Hiob 20,24 oder Schuppen 1Sam 17,5 verstärkt wurde; später kamen eiserne Kettenpanzer auf 1Makk 6,35; Offb 9,9. P. waren zunächst dem Adel vorbehalten 1Sam 17,38, gehörten aber seit Usia zur Rüstung der isr. Krieger 2Chr 26,14. Bildlich nennt Jes 59,17 die Gerechtigkeit Gottes einen P., der ihn gleichsam rings umgibt. Hienach mahnt Paulus die Christen Eph 6,14, sich zum Schutz gegen die satanischen Angriffe in den P. der Gerechtigkeit zu hüllen, vgl. 1Thess 5,8 (P. des Glaubens und der Liebe). *v. d. W.*

Paphos (Neu-Paphos, heute bafa), Stadt im Südwesten der Insel Zypern. Auf der ersten Missionsreise stieß Paulus hier mit dem Zauberer und Pseudopropheten Bar-Jesus (Elymas) zusammen, der am Hof des Prokonsuls Sergius Paulus sein Handwerk trieb Apg 13,6 ff. Daneben gab es ein Alt-Paphos (heute Kuklia) mit berühmtem Aphrodite-Kultus. *Ap*

Papier → schreiben.

Pappel. Der Hos 4,13 neben der Eiche und Terebinthe genannte Baum (Luther: Linde) ist vielleicht die Silberpappel. Bei dem gleichen hebr. Wort dachte LXX 1Mose 30,37 an den häufig vorkommenden Storax-Strauch, dessen Harz zum Räucherwerk verwendet wurde 2Mose 30,34. Eine P.art ist vermutlich auch gemeint, wo Luther von der Bachweide sprach 3Mose 23, 40; Hiob 40,22; Ps 137,2; Jes 44,4. *Schl*

Papyri werden beschriftete Reste von einzelnen Blättern, von Rollenbüchern oder Kodexbüchern genannt, die in großer Zahl im trockenen Sand Ägyptens erhalten geblieben sind. Der Schreibstoff wurde aus dem Mark der Papyrusstaude gewonnen, das in Streifen geschnitten und zu ebenmäßigen Blättern gelegt, gepreßt, geleimt und geglättet wurde. Hebräisches gōmā' = Schilfrohr wird in der griech. Übersetzung (Hiob 8,11 mit papyros wiedergegeben. Ägypten erzeugte im Nil diese Papyrusstauden in großer Menge und führte den kostbaren Schreibstoff in Form der Papyrusrollen in die damalige Welt aus. So brachte zB der Ägypter Un-Amun 500 Papyrusrollen nach Byblos als Austausch- und Handelsartikel (ca. 1100 vChr). Im AT ist Papyrus als Schreibstoff nicht sicher bezeugt. Jes 8,1 ff; Jer 32; 36; Hes 2,9 f; Sach 5,1 ff können Papyrusrollen gemeint sein, aber sicher ist es nicht. Papyri als Schrifturkunden sind in Palästina erst unter den Höhlenfunden von Qumrān, vom wādi murabba'āt und westlich von Engedi aufgetaucht. 1962/63 wurden in einer Höhle des wādi dalīje, ca. 14 km nördlich von Jericho, zahlreiche zT sehr beschädigte Papyri gefunden, deren genaue Datierungen in die Zeit zw. 375 und 335 vChr weisen. Sie stammen aus Samaria und haben juristischen Inhalt. Der biblische Name Sanballat wird in ihnen erwähnt. Die ägyptischen Papyri haben sich für die Bibelwissenschaft sehr fruchtbar ausgewirkt, weil sie vielfach neutestamentliche Texte oder Teile der griech. Übersetzung des AT (Chester-Beatty-Papyri) geben oder die Umwelt der HS beleuchten (Papyri von Elephantine). Durch den mannigfaltigen Inhalt sehr zahlreicher nichtbiblischer Papyri, zB Geschäftsurkunden, staatliche Urkunden, Privatbriefe, Vereinssatzungen, ist die Umwelt der HS deutlicher geworden. → Buchrolle, → Schreibkunst. *Ba*

Parabel → Gleichnis.

Paradies. Ein Lehnwort aus dem Altiranischen (pari-daiza oder -deza, „Umwallung", dann „ein von einem Wall umgebener Park"), das durch die LXX in den rel. Sprachgebrauch übergegangen ist. In 1Mose 2 ist das P. der „Garten Eden", in dem die von Gott geschaffenen Menschen noch ohne Sünde in seiner Gemeinschaft lebten. Schon Hesekiel vergleicht 36,35 die zukünftige Heilszeit mit dem P. der Urzeit. In der vorchristl. Apokalyptik ist dann die Vorstellung vertreten, daß das urspr. P. und das P. der Endzeit identisch sind; es hat in der Gegenwart eine verborgene Existenz entweder in der irdischen Sphäre oder im Himmel und ist der Aufenthaltsort der Seelen der verstorbenen Erzväter, Auserwählten und Gerechten. Das *NT* hat das Wort nur dreimal. Lk 23,43 verheißt der gekreuzigte Jesus dem bußfertigen Schächer, daß er „noch heute", d. h. sogleich im Anschluß an sein Abscheiden mit ihm im P., dem Ort der erlösten Seelen zw. Tod und Auferstehung, sein werde. Paulus macht 2Kor 12,2 ff Andeutungen über zwei Erlebnisse, die er gehabt hat, von einer Entrückung in den dritten Himmel — dabei ist wohl mit A. Schlatter an den „Ort der herrlichen himmlischen Geister" zu denken — und einer solchen in das P. Bei dem P., in dem Paulus mit unaussprechlichen Offenbarungen begnadet wurde, ist sicherlich an den im Himmel verborgenen Ort gedacht, an dem sich die abgeschiedenen Frommen beim Herrn befinden. Von dem endzeitlichen P. ist Offb 2,7 die Rede: Christus wird den Überwindern die Frucht vom Baum des Lebens geben. Auch da, wo in der Offb das Wort P. nicht steht, erscheint der „Garten Gottes" als Inbegriff der Vollendungsherrlichkeit 22,1 ff. 14; die Lebensbäume gehören zum neuen Jerusalem.

In der Bedeutung Park steht das Wort nur im AT (HL 4,13; Pred 2,5; Neh 2,8). *Schn*

Parallelismus → Dichtkunst.

Paran. 1) Wüste P. in der Israelgeschichte 1Mose 21,21, später bedeutsam als Lagerort der Israeliten nach dem Aufbruch aus Ägypten 4Mose 10,12; 12,16 und Aussendungsort der Kundschafter 4Mose 13,3.26. Bei Davids Flucht 1Sam 25,1 wird ein Schreibfehler für Maon vermutet. Von der Wüste Zin und Kadesch ausdrücklich unterschieden 4Mose 13,21; 20,1 ist P. wohl südlich von beiden, im Norden des Sinai, zu suchen. *2)* Ort einer Erscheinung Jahwes 5Mose 33,2; Hab 3,3, das Gebirge P. wohl zw. Edom und dem Sinai, nahe dem Dschebel el Makrah, südöstlich Kadesch gelegen. *3)* Die Stadt El-P. 1Mose 14,6 heißt später Elath. *Schw*

Parbar 1Chr 26,18 und **Parwarhaus** 2Kö 23,11 hieß wohl ein Anbau an der Westseite des salomonischen Tempels. *(Schl)*

Parmenas, einer der sieben Armenpfleger in Jerusalem Apg 6,5; sonst unbekannt. *Schl*

Parosch. Ein heimkehrendes Geschlechts- und Familienhaupt zZ Nehemias Esra 2,3; 8,3; 10,25; Neh 7,8, Vater eines Pedaja Neh 3,25. *Pfei*

Parpar, ein Fluß südl. von → Damaskus, wie der → Amana wegen seines frischen Wassers berühmt 2Kö 5,12, heute nahr el awasch. *Schl*

Parther. Zum Reich der Perser, Alexanders d. Gr. und der Seleukiden gehörte die Provinz Parthien südöstlich des Kaspischen Meeres. Bald nach 250 vChr fielen die nomadischen Parner unter Arsakes aus der turanischen Steppe in diese Landschaft ein und nannten sich P. Das von ihnen gegründete Reich erstreckte sich unter ihrem König Mithridates I. (163-137) bis nach dem Hindukusch und Nordwestindien. Die Römer verloren die Schlacht bei Karrhae i. J. 53 vChr gegen die P.; der Euphrat wurde die Westgrenze der Sieger. Parthische Streitkräfte kamen i. J. 40 sogar nach Jerusalem, lockten Phasael, den Bruder des Herodes, und Hyrkan II. in ihr

Hauptquartier und setzten Antigonos als König und Hohenpriester ein. Erst 37 vChr konnte Herodes nach der Eroberung Jerusalems durch die Römer die Herrschaft antreten. Unter Augustus wurde der Euphrat wieder die östliche Reichsgrenze, weil die P. durch Thronstreitigkeiten am Vordringen verhindert waren. Erst die persischen Sassaniden machten 226 nChr dem Reich der P. ein Ende. Nach Apg 2,9 sind beim Pfingstfest in Jerusalem Diasporajuden aus Parthien anwesend. *Peu*

Parusie → Endzeit.

Paschhur. *1)* Sohn des Immer, Priester-Prophet und Kommandant der Tempelpolizei in Jerusalem. Er ließ den Propheten Jeremia wegen eines Drohspruches schlagen und einen Tag in den Block schließen Jer 20,1-6, vgl. Esra 2,38; 10,22; Neh 7,41; 10,4. — *2)* Sohn des Malchia, ein Hofbeamter Zedekias, der im Auftrag des Königs Jeremia befragte, aber selbst zu den Gegnern des Propheten gehörte Jer 21,1 ff; 38, 1 ff; vgl. Neh 11,12; 1Chr 9,12. *Peu*

Passa.

1) Der Name. 2) Ursprung, Eigenart und Historisierung des Ritus. 3) Weiterentwicklungen im AT. 4) Das P. im NT.

1) Der *Name* P. geht auf das ATliche pas/cha, die aramäische Form des hebr. päsach, zurück. Die Etymologie des Wortes ist dunkel, die Ableitung von dem Verbum pāsach „lahm sein", kultisch „hinken" ungewiß, dessen Übersetzung mit „vorbeigehen" 2Mose 12,13.23 f fraglich. Luther hat im AT das Wort P. meist beibehalten, nur 4Mose 33,3 Ostern, 2Mose 34,25 Osterfest, 2Chr 30, 18 Osterlamm, im NT immer Ostern dafür gesetzt. P. ist eine der wichtigsten kultischen Begehungen, die neben den drei Wallfahrtsfesten (→ Feste) in Israel hervorragende Bedeutung gewonnen hat.

2) Beim P. handelt es sich *ursprünglich* um einen nächtlichen Opferbrauch, der dem Lebensbereich der nomadischen Kleinviehhirten entstammt. Deshalb bezeichnet das Wort P. nicht nur die Feier 2Mose 34,25 u. ö., sondern auch das Opfertier, das man aus ihrem Anlaß schlachtete 2Mose 12,48 u. ö. Die früheste Darstellung der Begehung ist uns im heilsgeschichtlichen Zeugnis des →Jahwisten 2Mose 12,21-23. 29-34.37-39; 34,18.25, die ausführlichste in der Festschilderung der → Priesterschrift 12,1-20. 28.40-51 erhalten. Aus diesen Festerzählungen läßt sich trotz ihrer nachträglichen Historisierung entnehmen, daß in dem *Mittelpunkt* der ältesten Gestalt des P.brauchs, der den hebr. Kleinviehnomaden schon vor dem Ägyptenaufenthalt bekannt gewesen sein muß 2Mose 12,21 (vgl. auch 3,18; 5,3), ein apotropäischer (Schaden abwendender) Blutritus stand. Bevor man im Frühjahr zu dem gefahrvollen Weidewechsel aus den Winterweiden in der Steppe zu den Sommerweiden an den Rändern des Kulturlandes aufbrach, brachte man der Gottheit ein Lamm-Opfer aus der Kleinviehherde dar (L. Rost). Das geschah am Abend des Vollmondtages im Frühlingsmonat (Abib = Nisan) jedes Jahres. Mit dem Opferblut bestrich man die Zelteingänge, um so den „Verderber", die dämonische Macht, abzuwehren, die dem jungen Menschen- und Tierleben, vor allem den bes. wertvollen Erstgeburten, Unheil bringen konnte. Die nächtliche Opferfeier fand familienweise statt. Zu ihr gehörten als weitere Elemente: die Mahlgemeinschaft, bei der das gebratene Opfertier zusammen mit ungesäuertem Brot und bitteren Kräutern verzehrt wurde, das Verbot der Aufbewahrung irgendwelcher Opferreste, die strenge Klausur und die Forderung der Aufbruchsbereitschaft. Dieser Opferbrauch erhielt noch vor der Landnahme der Israeliten eine *historisierende* Deutung durch Verbindung mit dem grundlegenden heilsgeschichtlichen Ereignis des Auszugs aus Ägypten 2Mose 12,21-23. Dabei war das verbindende Element zw. P.ritual und Auszug die „Situation des Aufbruchs". Im Zuge der geschichtlichen Motivierung der Begehung wurde zugleich die Erzählung von Israels Auszug — traditionsgeschichtlich gesehen — im Sinne des alten, eigenständigen P.rituals ausgestaltet (M. Noth). Die geschichtliche Begründung und die Beziehung zu Jahwe gaben fortan dem P. das Gepräge. Als Erinnerungsfeier an die Errettung durch Jahwe beim Auszug aus Ägypten 2Mose 12,14; 5Mose 16,1 hat es seine Bedeutung im Judentum bis heute bewahrt. Die Gedanken der Stellvertretung, des Sühnopfers und des Bundes zw. Jahwe und Israel sind dabei seine theol. Kennzeichen geworden.

3) Im Laufe der isr. Kultgeschichte hat das P. mannigfache *Veränderungen* erfahren.

a) Nach der Seßhaftwerdung in Kanaan setzte eine *Verschmelzung* mit dem → *Massotfest* ein, einem aus der Kulturlandtradition stammenden agrarischen Fest, das im Frühjahr zu Beginn der Gerstenernte begangen wurde und durch siebentägiges Essen ungesäuerten Brotes charakterisiert war 2Mose 23,15; 34,18. Termin, Brauchtum und historische Begründung des Festes begünstigten diese Verbindung, obwohl die Angliederung nur allmählich geschehen sein kann, da sie erstmals im deuteronomischen Festkalender 5Mose 16,1-8, etwa zZ → Josias, als vollzogen erscheint. Erst zu Beginn des Exils kam mit der Datierung des Massotfestes auf den 15.-21. I. (Abib/Nisan: März/April) die terminliche Verschmelzung mit dem in der Nacht vom 14. zum 15. I. gefeierten P. endgültig zum Abschluß Hes 45,21; 3Mose 23,5 ff, so daß man später allg. beide Begehungen unter dem Namen P.fest zusammenfaßte. — Die Nachricht von einer P.-feier unter Hiskia, die nicht nicht im 1., sondern im 2. Monat stattfand 2Chr 30, hat nicht kalendarische, sondern praktische Gründe, die mit der Anweisung 4Mose 9,9 ff zusammenhängen.

b) Eine weitere entscheidende Wandlung erfuhr das P. durch die *Kultreform Josias,* die den P.brauch aus dem Bereich familiärer Begehung herauslöste und zum Mittelpunkt eines *Wallfahrtsfestes* erhob, bei dem P.schlachtung und Gemeinschaftsmahl im Zentralheiligtum in Jerusalem stattfanden 5Mose 16,5-7; 2Kö 23, 21-23; 2Chr 30; 35,1.18. Dabei verloren die Opfer die spezifische Bestimmung der ursprünglichen Kultordnung und wurden in die allg. Opferdarbringung einbezogen (größere Opfertiere 5Mose 16,2; Blutsprengung an den Brandopferaltar statt altem Blutritus 2Chr 35,11).

c) Auch in *nachexilischer Zeit* wurde das P. am zentralen Kultort in Jerusalem begangen. Geschlechterweise betrat man mit den Leviten das Heiligtum und schlachtete vor dem Altar das P.tier 2Chr 35,5f; die Mahlfeier aber beging man wegen der großen Zahl der Teilnehmer nicht mehr in den Tempelvorhöfen, sondern in den Häusern Jerusalems. Von dieser Art zu feiern, war nur das Diasporajudentum ausgenommen, von deren opferloser P.begehung, die nach der Tempelzerstörung allg. üblich wurde, der Osterbrief Darius' II. (419 vChr) an die jüd. Militärkolonie zu Elephantine berichtet.

4) Das *NTliche* Judentum behielt den nachexilischen Typus der P.feier im wesentlichen bei. Nur wies das P.*mahl* jetzt reichere liturgische Elemente auf. Seine innere Mitte waren P.lesung und -exegese des Hausvaters. Dann stimmte die Mahlgemeinschaft die zwei vorderen → Hallelpsalmen 113; 114 an und trank den zweiten der vier Festbecher. Darauf folgte die eigentliche Mahlzeit. Beim Füllen des vierten Bechers rezitierte man die hinteren Hallelpsalmen 115-118, vgl. Mt 26,30; Mk 14,26. — Nach dem Zeugnis der Synoptiker war Jesu letztes Mahl ein P.mahl (→ Abendmahl). Jedenfalls hat es die erste Christenheit als solches verstanden. Von einer christl. P.tradition ist im übrigen auf dem Boden des NT noch nichts zu finden; doch scheint eine christl. Feier in terminlicher Anlehnung an das jüd. Fest schon bald begangen worden zu sein.

Lit.: H.-J. Kraus, Zur Geschichte des Passah-Massot-Festes im AT, in: Ev. Theologie, 1958; ders., Gottesdienst in Israel, München ²1962; E. Kutsch, Erwägungen zur Geschichte der Passahfeier und des Massotfestes, in: Zeitschrift für Theologie und Kirche, 1958; M. Noth, Das zweite Buch Mose, ATD, Band 5, ³1965. *Ste*

Passion → Jesus Christus Sp. 660 f.

Pastoralbriefe.

1) Die Frage des Verfassers. 2) Die geschichtliche Lage. 3) Die religiöse und theol. Eigenart. 4) Die Ämterlehre.

1) Die Gruppe der „P." (1Tim, 2Tim, Tit) wird seit der Mitte des 18.Jh. unter diesem Begriff zusammengefaßt, weil man in ihr Anweisungen für das kirchliche „Hirtenamt" sah (P. Anton 1753-1755). Tatsächlich gehört diese Gruppe aus vielen sachlichen Gründen zusammen: sie arbeitet mit demselben Wortschatz, denselben historischen, glaubensmäßigen und theol. Voraussetzungen und setzt offenbar eine gleiche Entstehungsgeschichte voraus, die aber schwer aufgehellt werden kann. Von den älteren Paulusbriefen sind die P. daher getrennt. Man sollte allerdings grundsätzlich darauf verzichten, ihre Verkündigung und Frömmigkeit wegen ihres Abstandes von der älteren Literatur abzuwerten, sondern sollte ihren kirchlich aufbauenden Dienst anerkennen, der in die nachapostolische Zeit gehört. Es geht dabei um Ordnung des Lebens und Einschärfung der Traditionen, die sich im Kampf gegen eine judaistische Gnosis bewährt haben. Offenbar hat die Schule des Paulus aus älterem Material neue Literatur geschaffen, die unter die Autorität des Apostels gestellt wurde. Als Abfassungszeit ist das Ende des 1.Jh. anzunehmen; wegen ihrer Nachwirkung bei Polykarp, Ignatius, Hegesipp und in den Paulusakten muß ihre Bezeugung als günstig gelten. Vor allem für 2Tim gilt, daß geschichtliche Traditionen, vielleicht sogar Fragmente verarbeitet wurden, die wertvolles Material weitergeben (1,15-18; 2,18; 4,9-21). Aber auch in den anderen Briefen sind geschichtliche Hinweise gegeben, die geprüft werden müssen, zB Tit 3,12-15. Allerdings stehen diese geschichtlichen Notizen nicht im Vordergrund des Interesses, sondern die Kirchenordnungen und polemischen Abschnitte gegen die Irrlehrer. Man könnte drei verschiedene Stellungnahmen voneinander unterscheiden: Eine radikale folgert aus Sprache und Frömmigkeit, vor allem auch aus der Abhängigkeit von der zeitgenössischen Popularphilosophie völlige Unechtheit. Eine vermittelnde unterscheidet zw. echtem und überarbeitetem Gut und baut vor allem die Fragmentenhypothese aus, die mit der Abfassung einzelner Abschnitte durch Paulus rechnet. In konservativen Kreisen weist man auf die Selbständigkeit der Sekretäre des Paulus hin, die im Namen des Apostels Briefe verfassen. In diesem Fall kann wenigstens indirekt von einer Verfasserschaft des Paulus gesprochen werden.

2) Mit diesen Einzelproblemen verbindet sich die historische Frage der zweiten römischen Gefangenschaft. Die P. rechnen mit einer Freilassung des Paulus aus der in Apg 28 berichteten römischen Gefangenschaft, mit einer weiteren Reise nach dem Osten und einer neuen Inhaftnahme in Rom, die wesentlich verschärft ist. Tatsächlich klingt die kirchliche Überlieferung, die sich auf 1.Clem. 5,5-7, die Petrusakten (Act. Verc. 1) und das Muratorische Fragment (Z. 35-39) stützen könnte, nicht ungünstig: Man will von einer Reise des Paulus nach Spanien wissen. Und doch ist damit das Geschichtsbild nicht ohne weiteres gedeckt, das die P. voraussetzen. Nach 1Tim hat Paulus seinen Gefährten gebeten, in Ephesus zu bleiben, als er selbst nach Mazedonien weiterreiste; Timotheus soll einer gnostisch-judenchristl. Irrlehre entgegentreten, die endlose Fabeln und Geschlechtsregister auslegt. Der Apostel schärft ein, daß das Gesetz nicht zur Spekulation mißbraucht werden darf, sondern daß es die Aufgabe hat, alle Gottlosigkeit und Sünde ans Licht zu stellen. Das Evangelium als Botschaft von der Gnade Gottes an eine verlorene Welt darf nicht mit diesem Dienst des Gesetzes verwechselt werden; der Weg des Apostels zeigt deutlich, was dies Evangelium auszurichten vermag. Paulus ist Urbild sowohl der Sünder wie auch der Glaubenden. Der 2. Timotheusbrief ist als eine Art Vermächtnis gedacht, das der in Rom gefangengesetzte Apostel seinem Gefährten nach Ephesus schickt. Paulus erscheint hier als Vorbild geduldigen Leidens und als Zeuge, der sich zurüstet, den Tod als Vollendung und Opfer auf sich zu nehmen. Die in den Brief eingestreuten Hinweise auf die persönliche Lage des Apostels zeigen, daß er unter seiner Verlassenheit durch Menschen leidet, daß er sich aber bewußt ist, auch im Prozeß Zeugnis vor einer breiten heidnischen Öffentlichkeit ablegen zu können. Gerade diese persönlichen Notizen scheinen unerfindbar zu sein und sprechen dafür, daß dies Paulusbild echt ist. Der Titusbrief setzt voraus, daß auch dieser Gefährte des Paulus in Kreta zurückgelassen wurde, um das Werk des Apostels in den dortigen Gemeinden zum Abschluß zu bringen: in jeder Stadt sollen Älteste eingesetzt werden, die sich im christl. Lebenswandel bewährt haben und sich vor aller Zuchtlosigkeit bewahren können. Die Nüchternheit in dieser Briefgruppe hängt nicht mit einer „Verbürgerlichung" der christl. Gemeinden zusammen, wie man annahm, sondern mit dem verschärften Kampf gegen die Auflösung aller Ordnung und Zucht durch gnostische Schwärmerei.

3) Überblickt man diese Zusammenhänge, dann erkennt man deutlich, daß wir es hier mit einer paulinisch gefärbten Verkündigung und Frömmigkeit zu tun haben, die Gesetz und Evangelium deutlich voneinander scheiden. Allerdings erscheint der Geist Gottes nun vor allem in der verantwortlichen Amts- und Lebensführung des apostolischen Beauftragten, der alle Furcht vor dem Gegner überwindet und den Kern des Evangeliums in seiner ganzen Haltung bewahrt 2Tim 1,7.14. Aber man weiß durchaus, daß sich in der Taufe das alte Menschentum von der Wiedergeburt und der Erneuerung durch den hl. Geist scheidet Tit 3,5: hier liegt die scharfe Trennung von aller Entleerung des Evangeliums durch Irrlehre und Schwärmerei. Das Evangelium ist weder zur Spekulation noch zur philosophischen Moral oder hellenistischen Mysterienreligion geworden, sondern bleibt Anbietung der Gnade Gottes und Verkündigung des Kreuzes Jesu Christi. Wenn das Evangelium als heilsame, gesunde Lehre, die Kirche als Stütze und Bollwerk der Wahrheit, der apostolische Beauftragte als Erbe des guten Bekenntnisses und des anvertrauten Gutes bezeichnet wird, dann liegt in dieser Entwicklung ein Appell an die nachapostolische Zeit, im Kampf gegen die Schwärmerei nicht nachzulassen, keineswegs aber eine Verkehrung der apostolischen Botschaft. Auch die Betonung der Nüchternheit, Besonnenheit, Ehrbarkeit, Gewissenhaftigkeit, der guten Werke dient keineswegs dazu, ein Ideal christl. Bürgerlichkeit aufzurichten, das sich von den Spannungen und Paradoxien der paulinischen Ethik unterscheidet (M. Dibelius), sondern ist ein Hinweis darauf, daß gnostische Askese und Zuchtlosigkeit Irrwege sind, die überwunden werden müssen. Der Christ hat sich in die Ordnungen des Staates, der Gemeinde und der Familie einzugliedern und seine Geschöpflichkeit ernst zu nehmen. Man wird in den einzelnen Ermahnungen und in den festgeformten Haustafeln nicht eine philosophisch bestimmte Moral oder die Grundlagen eines geruhsamen Christenstandes wiederfinden dürfen, sondern einen Mahnruf an Vernunft und Gewissen, die Selbstbeurteilung und Selbstkritik ernst zu nehmen. Liturgische, hymnische, bekenntnisartige Sätze finden sich in unseren Briefen in bes. reicher Auswahl; Zusammenhänge mit altem synagogalem Gut lassen sich dann aufdecken, wenn von Gottesdienst, Gebet und kultischer Handlung die Rede ist. Trotz einzelner Berührungen mit hellenistischem Sprach- und Gedankengut sind also die Verbindungen mit der jüd. Vergangenheit wesentlicher und reicher. Die P. bezeugen einen großen Reichtum von kirchlicher Form und Gestaltung. Auch in dieser Hinsicht hat also die apostolische Botschaft keineswegs an Kraft und Inhalt verloren, sondern sich immer neue Möglichkeiten verschafft.

4) Die Ämterlehre der P. ist häufig diskutiert, bleibt aber ein schwieriges Problem. Auch in unseren Briefen begegnen die → Ältesten, die eine bestimmte Führung in der Gemeinde behalten haben und in ihrer Autorität ausdrücklich gestärkt werden 1Tim 5,17.19; Tit 1,5. Offenbar ist das Amt aus der synagogalen Verfassung der jüd. Diaspora erwachsen; allerdings gibt es auch sonst im Altertum Seniorenbünde, Vereine der „Alten", die aber eine andere Bedeutung haben als das Ältestenamt in den christl. Gemeinden. Spuren des altchristl. Prophetenamtes sind erstaunlicherweise nicht ganz verschwunden 1Tim 4,14. Besonders wichtig ist aber das Bischofs- und Diakonenamt, das sicherlich die entscheidende kirchliche Verantwortung trägt. Es ist anzunehmen, daß das Bischofsamt innerhalb des Kreises der Ältesten steht und sich nicht aus ihm herauslöst. Kultische, seelsorgerliche, lehrmäßige Funktionen mögen gerade dies Amt ausgezeichnet haben Tit 1,9. Selbstverständlich bedarf es auch in diesem Fall bestimmter geistlicher Voraussetzungen; auffallend ist aber, daß man von jedem christl. Amtsträger zunächst das verlangt, was jeder getaufte Christ erfüllen soll: er muß sich innerhalb seiner Familie bewährt haben und nach außen unbescholten sein.

Lit.: W. Michaelis, Pastoralbriefe und Gefangenschaftsbriefe (Neutest. Forsch. 1, 6), 1930; A. Schlatter, Die Kirche der Griechen im Urteil des Paulus, [2]1956; C. Spicq, St. Paul, Les épîtres pastorales, 1947; J. Jeremias, Die Briefe an Timotheus und Titus (NT Deutsch), 7.-8. Aufl. 1958; O. Michel, Grundfragen der Pastoralbriefe (Festgabe für Bischof Wurm), 1948, 83-99; H. Schlier, Die Ordnung der Kirche nach den Pastoralbriefen (Festschrift für Fr. Gogarten), 1948, 38-60; M. Dibelius-H. Conzelmann, Die Pastoralbriefe (Lietzmanns Handbuch z. NT), [3]1955; G. Holtz, Die Pastoralbriefe, 1965; W. Nauck, Die Theologie der Pastoralbriefe, Diss. Göttingen 1950; J. Jeremias, Zur Datierung der Pastoralbriefe, ZNW 52, 1961, S. 101-104. *Mi*

Patara, zur Römerzeit ein Hafen in Lykien (Kleinasien), einst eine mächtige Stadt im lykischen Städtebund und Orakelort des lykischen Apollo. Heute Ruinenfeld bei Furnas. Hier stieg Paulus auf der Rückkehr von der dritten Missionsreise auf das Schiff um, das ihn nach Phönizien brachte Apg 21,1 ff. *Ap*

Pathros Jes 11,11; Jer 44,1.15; Hes 30,14, eigentlich „Land des Südens", Oberägypten, dessen Einwohner Pathrusiter genannt werden 1Mose 10,14; 1Chr 1,12. Die ägyptische Reichsbildung ging von Oberägypten aus, wie Hes 29, 14 richtig erwähnt (→ Ägypten 2). *Peu*

Patmos, heute Patino, eine kleine, unfruchtbare Felseninsel vor der Westküste Kleinasiens, unweit der Ruinen von Ephesus, südwestlich der Insel Samos. Nach Offb 1,9 erlebte der Seher Johannes hier die Visionen der Offenbarung — nach der Überlieferung in einer Grotte nahe dem alten Hafen. Die heutige Stadt auf P. liegt landeinwärts auf der Berghöhe um ein orthodoxes Kloster her. Die Bewohner der Insel leben von Schiffahrt und Schiffbau; daneben findet sich auch Acker- und Weinkultur. *Ap*

Patriarch, meist mit „Erzvater" übersetzt und auf Abraham Hebr 7,4, Isaak, Jakob bezogen. Das NT bezeichnet als P. auch David Apg 2,29 und die Jakobssöhne Apg 7,8, die LXX in weiterem Sinn isr. Familienhäupter 1Chr 8,28; 24, 31; 27,22 (Fürsten); 2Chr 19,8; 23,20 (Hauptleute über Hundertschaften). Für die drei Stammväter erstmals in der lat. Übersetzung des apokryphen Tob 6,20. *Schw*

Pauke → Musikinstrumente.
paulisch → Korintherbriefe.

Paulus.
1) Herkunft und jüd. Selbstbewußtsein. 2) Sein Kampf gegen die Jünger Jesu. 3) Die Bekehrung zu Jesus Christus und der apostolische Auftrag. 4) Sein Verhältnis zu den Uraposteln und zur Urgemeinde; seine Verteidigung der Freiheit vom Gesetz. 5) Sein Verhältnis zur antiochenischen Gemeinde und sein Weg in die Heidenmission. 6) Sein Hellenismus und seine Auseinandersetzung mit den gnostischen Strömungen. 7) Sein Evangelium und seine Theologie; Qumranisierung der Botschaft Jesu? 8) Sein missionarischer Weg und sein theol. Erbe.

1) Saul, der aramäisch sprechende Jude aus Tarsus, oder Paulus, der griech. schreibende Missionar mit römischem Bürgerrecht, gehört verschiedenen Lebenskreisen an: nach seinem eigenen Bekenntnis fühlt er sich als Glied Israels, Angehöriger des Stammes Benjamin, Hebräer, von Hebräern abstammend, nach der Art der Gesetzesauslegung als Pharisäer Röm 11,1; Phil 3,5. Er tut also so, als sei seine Herkunft aus der hellenistischen Diaspora nicht so wichtig wie die aus Palästina stammende Vätertradition. Dazu paßt die Nachricht des Hieronymus, daß die Eltern des Paulus in Gischala in Galiläa gewohnt hätten und infolge einer Eroberung der Stadt nach Tarsus überführt worden seien. War sein Vater Freigelassener, dann mochte er das römische Bürgerrecht erhalten haben, das Paulus nach Apg 22,28 bereits ererbt hat. Die Herkunft des Paulus aus Tarsus Apg 9,11; 21,39; 22,3 ist aber nicht unwichtig; die Stadt war ein verkehrsreicher Mittelpunkt der kilikischen Ebene, mit der hellenistischen Welt Kleinasiens ebenso wie mit der semitischen Syriens eng verbunden, in kultureller und religiöser Hinsicht sehr lebendig. Anpassung an fremde Sitten, aber auch Bewahrung und Abstoßung sind diesem Diasporajudentum keineswegs fremd gewesen. Man wird nicht annehmen dürfen, daß sich seine Familie irgendwelchen unjüd. Einflüssen assimiliert habe. Immerhin ist die griech. Sprache, die Berührung mit der philosophischen Rhetorik, die Kenntnis philosophischer Begriffe und wichtiger Zitate aus der Literatur diesem Diasporajudentum des Paulus etwas Selbstverständliches. Wichtiger ist aber, daß Paulus in Jerusalem, dem Mittelpunkt palästinischer Schriftgelehrsamkeit, erzogen und von dem Pharisäer Gamaliel im väterlichen Gesetz unterwiesen wurde Apg 22,3. Wir dürfen auch annehmen, daß Teile seiner Sippe in Jerusalem wohnhaft waren Apg 23,16. Diese Ausbildung in den Satzungen der Väter wurde von dem jungen Pharisäer mit besonderem Eifer betrieben, so daß er viele seiner Altersgenossen übertraf Gal 1,14; Phil 3,6. Das chasidische Erbe, der Eifer um Gott und sein Gesetz, war also der ihn vorwärtstreibende Stachel. Nach seinem eigenen Urteil war er weder als Frommer noch als Schriftgelehrter irgendeinem menschlichen Urteil oder Vorwurf ausgesetzt Phil 3,6. Man wird auch nicht den Versuch machen können, seine spätere Schriftgelehrsamkeit, die sich nach seinem Abfall vom Pharisäismus entscheidend wandelte, mit dem bleibenden hohen Stand pharisäischer Gelehrsamkeit zu vergleichen. Er war nicht wenig, sondern gründlich geschult. Es ist anzunehmen, daß er als ordinierter Rabbi mit entsprechender richterlicher Vollmacht an den späteren Prozessen gegen die Jünger Jesu teilnahm Apg 7,60; 22,20; 9,1. Allerdings ist auffallend, daß sein leidenschaftlicher Eifer gegen die Jünger Jesu sich keineswegs mit der begründeten Zurückhaltung seines Lehrers Gamaliel deckt Apg 5,34-40. Überblickt man diesen Werdegang des Saul, so führt er keineswegs vom Judentum hinweg in irgendeine Form des Synkretismus, sondern im Gegenteil aus dem Hellenismus heraus in eine Gesetzesfrömmigkeit leidenschaftlicher Observanz. Ordnet man die verschiedenen geistigen Einflüsse, dann gewinnt der aramäisch und palästinisch bestimmte einen Vorrang vor dem hellenistisch und kleinasiatisch gefärbten; d. h. der altbibl. Gottesglaube und nicht seine philosophisch oder synkretistisch geformte Interpretation bestimmt die eigentliche Vergangenheit des Paulus. Man hat die Vermutung geäußert, daß Saul vor seiner Bekehrung als jüd. Diasporamissionar in kleinasiatischen Gebieten tätig gewesen sei (Gal 5,11: „wenn ich noch Beschneidung verkündige ..."); doch entbehrt eine derartige Annahme einer tragfähigen Begründung. Die eigentlichen Entscheidungen im Leben des Paulus spielten sich auf anderen Straßen ab. Fraglich bleibt nur, ob die durchgängige Berührung mit dem kleinasiatischen Hellenismus schon in der Frühzeit oder erst nach der Bekehrung des Apostels anzusetzen ist. Dürfen wir den Quellen glauben, dann ist ein Zweifel nicht möglich: die hellenistische Ausgestaltung des paulinischen Denkens vollzog sich erst später. Damit stimmt eine Beobachtung an den Briefen überein: hier redet ein aramäisch denkender und fühlender Jude, der ins Griechische umdenkt und diktiert.

2) Nach Apg 7,58 ff; 22,20 legten die Zeugen im Prozeß des Stephanus ihre Kleider zu Füßen eines jungen Mannes namens Saul nieder, der seine Zustimmung zu diesem Verfahren gab; vielleicht ist er als Gesetzeslehrer in einer amtlichen Funktion an diesem Vorgang beteiligt, und die beiden Hinweise auf das Niederlegen der Kleider und das Einverstandensein haben dann rechtliche Bedeutung. Tatsächlich war ein Gesetzeslehrer bei einem derartigen Verfahren als Zeuge notwendig (Sanh. 6, 1 c). Man darf annehmen, daß Saul damals ein Mann in der Vollkraft war, so daß er in den Verfahren gegen die Jünger Jesu als Gesetzeslehrer eingesetzt werden konnte. Mit der Tötung des Stephanus setzte eine Verfolgung ein, die von Synagoge zu Synagoge ging und die Anhänger Jesu ins Gefängnis brachte Apg 8,1-3; 22,19. In dieser Verfolgung war Saul von Tarsus offenbar der rechtliche Ankläger im Namen des Synhedriums, der die entsprechenden Strafen verhängte. Er ist auch die treibende Kraft bei dem Versuch, die Verfolgung dieser neuen messianischen Bewegung über die Grenzen Palästinas hinaus auf syr. Gebiet auszudehnen Apg 9,1 ff. In diesem Sinn läßt er sich vom Hohenpriester Kaiphas Briefe an die Synagogen in Damaskus und eine entsprechende rechtliche Vollmacht ausstellen, um die dortigen Anhänger Jesu aufzuspüren und gefesselt nach Jerusalem zu bringen. Da Damaskus ständig ein gegebener Fluchtort für verfolgte jüd. Bewegungen war und auch verwandte essenische Gruppen sich im Hauranggebiet in der Nähe von Damaskus niedergelassen hatten, ist die Ausweitung der Verfolgung in Richtung auf Syrien durchaus verständlich. Daß der jüd. Hohepriester geistliches Recht auch außerhalb Palästinas vertreten und entflohene Juden zurückfordern konnte, sollte nicht bezweifelt werden 1Makk 15,15-21. Man hat in der Gegenwart den historischen Quellenwert der Apostelgeschichte an diesem Punkt oft unterschätzt. Nach Apg 26,11 stand der Versuch, die Verfolgung nach Syrien zu erweitern, nicht allein, sondern Saul verfolgte die Jünger „bis in die auswärtigen Städte" und zwang sie, ihr Bekenntnis zur Messianität Jesu zu widerrufen, seinen Namen zu lästern oder ein Rechtsverfahren auf sich zu nehmen. Aus allen diesen historischen Hinweisen wird man folgern dürfen, daß Saul von Tarsus ordinierter Rabbi mit eigener Strafgewalt war, daß er die treibende Kraft in der an die Tötung des Stephanus sich anschließenden Verfolgung war und daß er mit vollem Recht von seiner Schuld an der Gemeinde Gottes spricht 1Kor 15,9; Gal 1,13 ff. Die Frage erhebt sich, warum dieser junge Pharisäer die von seinen Lehrern empfohlene Zurückhaltung vergaß und den Eifer um die Überlieferungen der Väter zur Richtschnur seiner maßlosen Verfolgung machte Gal 1,13 f. Historische Tatsache ist, daß der Eifer um Gott bestes Erbe der chasidischen Bewegung, vor allem auch in galiläischen Familien, war und daß anzunehmen ist, daß auch Paulus von seinen Vätern her in diesem ererbten Eifer um Gott stand; die vielleicht erzwungene Diasporaexistenz seiner Familie wird diesen Eifer nicht zum Erlöschen gebracht, sondern im Gegenteil gesteigert haben. Dazu kommt, daß das Christentum in dem Anspruch auf die Messianität Jesu von Anfang an in Spannung zur Gesetzesfrömmigkeit stand und das Kreuz diese Spannung zum offenen Konflikt gebracht hatte. Daß Paulus selbst dazu erzogen war, theol. Fragestellungen bis zu einer gewissen Folgerichtigkeit durchzudenken und vor allem durchzuführen, erkennt man an seinem späteren Leben, mag aber im Ansatz schon frühzeitig mitgegeben sein. Doch sollte man sich hüten, von der späteren apostolischen Existenz psychologische Rückschlüsse zu wagen. Wichtig ist für uns, daß er im ungebrochenen und konsequenten Kampf gegen die Anhänger Jesu von Nazareth stand und auch von ihrem Martyrium nicht beeindruckt wurde.

3) Mitten in diesem Eifer um Gott traf ihn der Schlag Jesu Christi; nicht er war der Handelnde, sondern ein Mächtigerer zwang ihn in seinen Dienst. Wie es geschah, erzählt er selbst mehr beiläufig, wenn auch mit besonderer Betonung und nicht ohne Schärfe: Gott, der ihn von Mutterleib an ausgesondert und durch seine Gnade berufen hat, gefiel es, seinen Sohn an ihm zu offenbaren, damit er ihn unter den Heiden verkündigen sollte Gal 1,15 f. Diese Darstellung des Ereignisses betont den ewigen Willen Gottes, der sich sein auserwähltes Rüstzeug ähnlich wie einst die Propheten im folgenschweren Ereignis erschuf. Auf Gott selbst weist Paulus auch dann hin, wenn er auf das Schöpfungswort verweist: Hat Gott einst gesagt: Aus der Finsternis soll Licht aufstrahlen, so hat er Glanz in unsere Herzen gegeben, so daß wir erleuchtet wurden durch die Erkenntnis von der Herrlichkeit Gottes auf dem Angesicht Christi 2Kor 4,6. Diese zweite Darstellung erinnert an die Danksagung des jüd. Morgengebets und verbindet den Hinweis auf die Schöpfung mit dem auf das empfangene Heil. Auf die Konsequenz der Offenbarung weist das Bekenntnis hin, daß er alles, was ihm im Judentum einst Gewinn war, um des Messias willen als Verlust erachte, ja als Unrat Phil 3,7ff. Die Erkenntnis Jesu Christi hat einen schweren Preis gekostet, den er gewissenhaft und restlos bezahlt hat; es ist ihm unheimlich, daß seine Gegner aus dem judaistischen Lager diesen Preis offenbar nicht bezahlt haben, darum notwendig den Weg des Heils gar nicht kennen. Die Offenbarung verlangt den Preis der früheren Existenz. In dieser dritten Form der Darstellung ist Jesus Christus das eigentliche Gegenüber, der Apostel derjenige, der sich auf einen Handel eingelassen hat. Anscheinend hat er große Verluste buchen müssen, und doch ist es ihm darum nicht leid. Alle diese Formen der Darstellung sind Umschreibungen, nicht Schilderungen der Ereignisse. Das Letzte bleibt verhüllt. Im Kampf um sein Apostolat hat Paulus sich darauf berufen, den Herrn gesehen zu haben 1Kor 9,1; 15,8; dies Sehen war die Folge einer Erscheinung des Messias, die dem Apostel als einem unwürdigen Abschluß einer langen Reihe zuteil wurde. Dies abschließende Ereignis war nicht nur sein persönliches Geschenk, sondern ein grundlegendes, alle Gemeinden Jesu Christi angehendes Geschehen. Paulus hat den niederschmetternden, strafenden, richtenden Eindruck der Offenbarung in seinen Briefen nicht zum Ausdruck gebracht. Offenbar hat er es nicht wagen können, seinen heidenchristlichen Gemeinden diese letzte Bedrängnis anzuvertrauen, zumal seine Stellung sowieso umkämpft war. Und doch wußte man von ihr aus den entsprechenden Berichten der Urgemeinde.

Nach Apg 9,3ff umstrahlt plötzlich bei Damaskus Licht vom Himmel her den Gesandten des Synhedrions, und eine Stimme spricht zu ihm: „Saul, Saul, was verfolgst du mich?“ In einem Parallelbericht findet sich der Zusatz: „es ist schwer für dich, wider den Stachel auszuschlagen“. Der zu Boden Niedergestreckte erfährt auf seine Frage, daß der ihm feindlich gegenüberstehende Herr Jesus ist, den er verfolgte. Nach dieser Erscheinung konnte Saul zunächst nicht sehen, und er aß und trank nicht, bis ein Jünger Ananias aus Damaskus ihm die Hand auflegte und ihn wieder sehend machte. Die große Wendung ist durch das Eingreifen des himmlischen Herrn hervorgerufen: aus dem Verfolger der Gemeinde wird das auserwählte Rüstzeug Apg 9,15. Man hat in den verschiedenen Berichten der Apostelgeschichte 9,1-19; 22,6-16; 26,12-18 verschiedene Traditionen wiederfinden wollen, die in ihrer Färbung und Tendenz voneinander abweichen; man hat auch an die Erzählungskunst des Lukas erinnert, der entscheidende Ereignisse nach semitischer Sitte mehrfach weitergibt, um das Außerordentliche herauszustellen. Beide Erklärungsversuche haben bis zu einem gewissen Grad ihr Recht und schließen einander keineswegs aus. Wichtiger ist aber, daß wir es hier mit einer altbiblischen Form der Gotteserscheinung zu tun haben; die religionsgeschichtliche Parallele 2Makk 3 (Heliodorlegende) gehört zur gleichen Gattung, ist aber schwerlich der Ursprung unserer Erzählung. Die Niederwerfung des gegen Gott streitenden Kämpfers mag uns aus Quellen bekannt sein, das Entscheidende bei Paulus ist die Umwandlung des Gegners in das Werkzeug Jesu Christi. Die Erzählung trägt deutliche Spuren judenchristlichen Denkens und Empfindens und setzt sich ausdrücklich mit einem gewissen Widerstreben gegen Paulus auseinander Apg 9,10-19. Die Gestalt des Ananias wird mit großer Liebe beschrieben; fast erscheint er als der eigentliche Vermittler der Gnade Jesu Christi gegenüber dem niedergeworfenen Saul. Wir haben es hier vielleicht mit alter Gemeindeüberlieferung aus Damaskus zu tun, die sehr viel Ursprüngliches in sich erhalten hat. Der apokalyptische Rahmen des Berichts stimmt durchaus mit der Grundtendenz der paulinischen Theologie überein: der Apostel lebt von jetzt ab in einer apokalyptischen Geschichtstheologie.

Die Christuserscheinung bei Damaskus, die man offenbar in den Gemeinden als einen Bericht vom Erscheinen Gottes erzählt hat (himmlischer Lichtglanz, Stimme vom Himmel), ist die eigentliche Grundlage des paulinischen Glaubens und Denkens geworden; von jetzt ab ist er aus seinem apokalyptischen Geschichtsbewußtsein zu verstehen: die messianische Zeit ist vergangen, der Einbruch der „zukünftigen Welt“ hat schon begonnen. Damit ist die alte pharisäische Position des Saul endgültig überwunden. Aus der Zeit seiner Umkehr stammt auch der Auftrag seines neuen Herrn, den Heiden die Freudenbotschaft zu bringen und damit den bisherigen judenchristlichen Wirkungskreis der Zwölf an einem entscheidenden Punkt zu ergänzen Gal 1,16; 2,7. Durch den neuen Auftrag erhält das Apostolat des Paulus prophetische Züge; er ordnet sich damit dem urchristlichen Prophetismus ein, der von Palästina ausgeht und später die kleinasiatischen Gebiete erfaßte. Dieser Prophetismus erscheint als eschatologisch bestimmte Geistfrömmigkeit, die andere Formen annimmt als in Qumran. Ist sie auch durch hellenistisches Judenchristentum bes. befruchtet worden, so ist doch ihre Wurzel nicht hellenistisch Apg 2,17ff; 11,27-30; 13,1-3. Gesichte, Zeichen und Wunder, Prophetie, Zungenrede liegen durchaus innerhalb der charismatischen Begabung des nunmehr berufenen Apostels. Er hat um des Messias willen seine ganze bisherige Existenz geopfert; aber sein neuer Herr schenkt ihm das Aufgegebene, Verlorene vielfältig wieder.

4) Von Anfang an lag eine Spannung zw. dem bisherigen Apostolat des Zwölferkreises, das traditionsmäßige Züge hatte, und dem neuen, von der Geistbegabung bestimmten des Paulus

Gal 1,17. Paulus war sich bewußt, die Tradition des Zwölferkreises nicht fortsetzen zu sollen, sondern selbst einen Neuanfang neben den Zwölf wagen zu müssen Gal 1,1.12. Immerhin blieb er aber von der Zustimmung der Urapostel abhängig und erkannte die Notwendigkeit an, gemeinsame Wege und Lösungen in entstehenden Schwierigkeiten zu suchen Gal 1,18; 2,1 ff. Auf dem→Apostelkonzil kam es zur ausdrücklichen Anerkennung der gesetzesfreien Verkündigung unter den Heiden, aber auch zur Verpflichtung der Heidenmissionare, eine Sondersteuer an die Muttergemeinde in Jerusalem abzuführen. Paulus hat dies Abkommen, wenn auch in bestimmten Grenzen, eingehalten. Es handelt sich also in der *Kollektenangelegenheit*, die in den Paulusbriefen einen breiten Raum einnimmt, nicht um eine freie, ungeregelte Unterstützung der „Armen" der Muttergemeinde, sondern um eine verabredete Abgabe analog der Tempelsteuer des Judentums in den Diasporagemeinden. In ihr lag sowohl das Zugeständnis der Einheit wie der Eingliederung in das Ganze der Christenheit. Im Lauf der Jahre hat sich ohne Zweifel sowohl das Verhältnis des Apostels zum palästinischen Judentum wie auch zur Urgemeinde verschärft: vor seiner Reise nach Rom und Spanien will er selbst in Jerusalem die Kollekte abliefern, weiß aber, daß ein Aufenthalt in Judäa ihn in schwere Lebensgefahr unter den „Ungehorsamen" und in entsprechende Anfechtungen unter den „Heiligen" bringen wird Röm 15, 30f. In Jerusalem hat inzwischen der Kreis um Jakobus eine entscheidende Bedeutung gewonnen, der auf die „Gesetzeseiferer" in der Gemeinde Rücksicht nehmen will. Nach Nachrichten, die zu diesen „Eiferern" gedrungen sind, ist Paulus ein Abfallprediger in der Diaspora; der von diesen „Eiferern" unterschiedene Kreis des Jakobus legt dem Apostel die Übernahme eines Nasiräatsgelübdes nahe, um die Aufregung und den Verdacht zu beschwichtigen Apg 21,20-26. Paulus nimmt diese Aufforderung der Urgemeinde ernst und bestätigt dadurch seine persönliche Verbundenheit mit dem Gesetz, erregt aber im Tempelgebiet die Leidenschaften kleinasiatischer Juden, die ihn wiedererkennen und töten wollen. Die Stadt stellt sich gegen ihn, und nur dem Eingreifen der römischen Kohorte gelingt es, ihn aus den Händen der empörten Menge zu befreien. Man wird nach diesen bibl. Zeugnissen annehmen dürfen, daß weite Kreise des Judentums von Anfang an die Missionspredigt des Paulus als bes. anstößig empfanden; aber auch Teile des Judenchristentums standen ihm fremd gegenüber und lehnten seine Verkündigung und Gesetzesfreiheit als Abfall ab. Die Quellen sagen nichts von einem offenen Konflikt zw. Paulus und dem Zwölferkreis oder der Jakobusgruppe, wohl aber von Gefährdungen und Feindschaften anderer Art. Trotzdem hat man von allen Seiten immer wieder Opfer gebracht, um die gegenseitige Verbundenheit zu bewahren. Die Stellung des Apostels war aber immer umkämpft, und seine Verkündigung wurde zwar als Ganzes ertragen, aber schwerlich von allen anerkannt. Um das Verhältnis des Paulus zur Urgemeinde nicht mißzuverstehen, ist daran zu erinnern, daß das Urchristentum eine Wiederbelebung des jüd. *Prophetismus* und einer vom Geist Gottes bestimmten eschatologischen Frömmigkeit ist, daß also entscheidende Züge prophetischer und apokalyptischer Gewißheit zw. der Urgemeinde und Paulus gemeinsam sind. Einzelunterschiede theol. Art werden zwar durchaus gesehen und betont, aber angesichts der allein maßgebenden Entscheidungen des Geistes Gottes überwunden, vgl. Apg 9,15; 13,1-3. Dazu kommt, daß wir uns wohl ein deutliches Bild von der hellenistisch bestimmten Missionspredigt des Apostels machen können, daß wir aber über die Art, wie er mit palästinischen Juden und Judenchristen sprach, nur wenig aussagen können; vgl. Röm 1,3 f mit Phil 2,5-11. Er hatte aber noch mehr als seine Zeitgenossen die Gabe des dialogischen Sprechens, wie aus seinen Briefen deutlich hervorgeht, konnte also auf das Denken anderer gut eingehen. Unerbittlich war Paulus in der Betonung der *Gesetzesfreiheit* der heidenchristlichen Gemeinden. Es war möglich, daß in den „eifernden" Kreisen Palästinas immer wieder Anstöße und Beunruhigungen entstanden und die Gegenwehr des Apostels hervorriefen Apg 15,1 ff; Gal 1, 6-9; 2Kor 5,16 ff. Es geht in allen diesen Kämpfen letztlich um die entscheidende Frage, welche Bedeutung die Erwählung Israels und das mosaische Gesetz für das Heidenchristentum haben sollen. Da eine derartige Fragestellung eine halachische Zuspitzung erfahren muß, geht es konkret um die Verpflichtung zur Beschneidung. Paulus sieht den Weg des Heidentums und Heidenchristentums unabhängig von dem Gnaden- und Schuldweg Israels und läßt nicht zu, daß der Anspruch Israels auf das Heidentum übergreift: Israels Anrecht ist erloschen, beide Gruppen der Menschheit stehen gesondert vor dem Gericht Gottes, das beide schuldig spricht. Die letzte Zeit der Menschheit ist angebrochen. An diesem wichtigen Punkt kämpft Paulus seine heidenchristlichen Gemeinden frei, um sie ganz dem Christus zuzuordnen. Trotz alles Ernstnehmens der gegebenen Traditionen und Bindungen bewahrt sich der Apostel eine völlige *Unabhängigkeit* um der „Wahrheit des Evangeliums" willen. Er sucht nicht irgendeine Auseinandersetzung um ihrer selbst willen, ist aber bereit, sie im Notfall aufzunehmen und durchzufechten, wenn der Glaube der Gemeinde selbst auf dem Spiele steht Gal 2,3.14. Auch die „Säu-

Tafel 35: Die Pilatus-Inschrift *Der Stein, den italienische Archäologen 1961 in → Caesarea ausgruben, stammt von einem Bau, den → Pilatus als Prokurator von Judäa in Caesarea zu Ehren des Kaisers → Tiberius errichten ließ. Von der Inschrift ist gut lesbar in der ersten Zeile „Tiberieum", in der zweiten „. . . tius Pilatus". Der Stein ist der erste archäologische Fund, der den Namen des Pontius Pilatus gibt.*

len" der Gemeinde bedeuten ihm in einem derartigen kritischen Ernstfall nichts, mag er sonst auch durch die Liebe an sie gebunden sein. Die Wahrheit des Evangeliums ruht allein in ihr selbst. Daß der empfangene Geist Gottes letzter Maßstab theol. Erkenntnis ist, war auch den Uraposteln und der Urgemeinde nicht zweifelhaft; daß aber der empfangene Geist in den Konflikt mit der letzten Absicht des Gesetzes führt und daß die Erziehungsaufgabe des mosaischen Gesetzes vergangen sei, ist der eigentliche Streitpunkt zw. Paulus und seinen Gegnern. Vielleicht ist die Frage der *Beurteilung* des Apostels durch die Urgemeinde noch zu streifen: Mag er selbst sich als berufener Apostel auf die gleiche Stufe wie Petrus oder Jakobus gestellt haben, so wird man in jerusalemischen Kreisen in ihm einen Heidenmissionar der antiochenischen Gemeinde gesehen haben Apg 13,1-3. Ja, er hat um sein Apostolat zeit seines Lebens kämpfen müssen, blieb es doch niemals unangefochten. Trotz aller Verschuldung und aller Notsituationen war sich der Apostel einer besonderen Erwählung und Begnadigung gewiß, die ihn aus dem Kreis der übrigen Verkündiger herausnahmen.

5) Nach Apg 13,1-3 wird die antiochenische Gemeinde von einem bestimmten Kreis von „Propheten" und „Lehrern" geleitet, denen der Gottesspruch zuteil wird, daß Barnabas und Saul zu einem besonderen Werk ausgerüstet werden sollen. Nach Apg 15,1ff treten Paulus und Barnabas als offizielle Gesandte derselben antiochenischen Gemeinde auf und bringen die Streitfrage, die Antiochien bewegt, vor die Gemeinde in Jerusalem. Unser Wissen um diese antiochenische Gemeinde ist begrenzt. Sie besteht von Anfang an aus Juden und Griechen (= Heiden), und es ist anzunehmen, daß gerade von dieser Gemeinde der Wille zur Heidenmission getragen wird Apg 11,20ff. Ihre Leitung ist charismatisch und prophetisch, ihre Beziehung zur Urgemeinde in Jerusalem lebendig Apg 11,27; 15,1ff. Paulus, der vorher in Damaskus und Tarsus einen Rückhalt für seine Missionstätigkeit gefunden hatte, gewinnt nunmehr in Antiochien einen neuen Ausgangspunkt für seine Reisen. Er ist nicht erst durch Antiochien für die Heidenmission gewonnen worden, wohl aber gibt ihm gerade diese Gemeinde einen neuen Auftrag. Von jetzt ab fließen auch die Nachrichten über seine Wirksamkeit reichlicher, wenn auch nur streckenweise. Das eigentliche Werk des Paulus ist die Erfassung des Evangeliums als eine Botschaft für die Völker und die missionarische Durchsetzung dieser Botschaft auf verschiedenen Reisen im Mittelmeergebiet. Seine Botschaft ist theol. neu geformt und auf die Mission der ganzen Menschheit, d. h. auf den Menschen persönlich ausgerichtet. Er will die ganze antike Welt mit dieser Botschaft „erfüllen" und damit die eschatologische Voraussetzung für die Ankunft Christi verwirklichen. Die Leidenschaft, mit der einst der Rabbine die Erfüllung des Gesetzes betrieb, wandelt sich um in die Leidenschaft für Jesus Christus und die Ausbreitung des Evangeliums. Paulus reist von Provinz zu Provinz, von Land zu Land und benutzt dabei die damals üblichen Verkehrswege und Handelsstraßen des römischen Reiches, um bestimmte Mittelpunkte des Evangeliums zu schaffen, denen die weitere Verbreitung anvertraut werden kann (Korinth, Ephesus). Wo schon christl. Gemeinden existieren, will Paulus selbst nicht missionieren: er will neue Gebiete erschließen. Der Apostel hat das Vertrauen, daß die einmal gegründeten Gemeinden dank dem Evangelium wachsen und sich durchsetzen werden, weil sie Gottes eigenes Werk sind. Er selbst hat aber den Drang, über das Erreichte hinaus zu neuen Aufgaben aufzubrechen; allerdings werden seine Reisepläne immer wieder durch Ereignisse und Zwischenfälle von mancherlei Art durchkreuzt, so daß der Apostel sich immer wieder Gott selbst ausgeliefert sieht. Die paulinischen Gemeinden leben nicht mehr in qumranähnlichen Wirtschaftsformen und stehen nur in lockerer Abhängigkeit von der Urgemeinde; ihre charismatischen Ämter sind in großer Freiheit ausgebaut und nehmen offenbar auf die in den einzelnen Gemeinden gegebenen Verhältnisse weithin Rücksicht. Ausgerichtet sind diese Gemeinden auf Jesus Christus, der in Wort und Geist unter ihnen lebendig ist. Kultus und Liturgie bauen sich auf dem Material auf, das vom Judentum gegeben war, werden aber auf den Geist und den Herrn bezogen, die eschatologisch offenbar geworden sind. Sicherlich gab es neben Paulus auch andere Missionare, die den Weg zu den Heiden öffneten und Bahnbrecher des Evangeliums wurden. Vielleicht ist Barnabas der wichtigste, dem selbst Paulus mancherlei verdankte. Und doch war Paulus als Missionar und Theologe derjenige, auf dessen Wort ein besonderer Segen und Nachdruck von Gott lag. Seine Gemeindebriefe, die noch heute von seinem Wort und Werk zeugen, sind Zeugnisse dieses Geschehens und verraten eine theol. und menschliche Substanz, die sonst nicht erreicht wurde.

6) Der hellenistische Einfluß auf das Denken des P. darf nicht unterschätzt werden. Briefe des P. liegen im Gewand der damaligen Weltsprache, im verbreiteten → Koine-Griechisch, vor. Bilder und Begriffe entstammen der Umwelt, auch wenn der Einfluß der Bibel und der semitischen Wurzeln nicht abgeleugnet werden soll. Die Fähigkeit, auf Menschen aller Art einzugehen, setzt eine allg. Bildung und Erfahrung voraus. Die Argumentation seiner Briefe erinnert an die kynisch-stoische → Diatribe, die auf den damaligen Menschen bewußt Einfluß nehmen will. Die griech. Philosophie, vor allem

Tafel 36: Salomos Pferdeställe in Megiddo *Das Bild zeigt einen Teil der Pferdeställe in → Megiddo (tell el-mutesellim). Zwischen den Pfeilern, die das Dach trugen, waren die Krippen für die → Pferde; die Boxen hatten nur Kopfsteinpflaster, während der Mittelgang besser gepflastert war.*

die Stoa, dann aber auch die verbreitete Welt des orientalichen Synkretismus und der Mysterienfrömmigkeit ist weithin verarbeitet und hat Anteil an dem, was sich in seinem Denken niedergeschlagen hat. Und doch handelt es sich hier kaum um eine unbewußte oder bewußte Assimilation oder um einen Einbruch heidnischer Motive in das Christentum. Vor allem die Christologie des P. steht im Verdacht, auf einen unmittelbaren Einbruch heidnischer Denkformen zurückzugehen (H. J. Schoeps). Göttliche Menschen, vom Himmel kommende Göttersöhne, sind der antiken Welt nichts Ungewöhnliches gewesen, bleiben aber letztlich jedem jüd. Glauben ein schwerer Anstoß. Der Hellenismus des P. führt aber nicht zur Aufhebung seines Judentums und seiner Assimilation an das Heidentum, sondern ist ein Versuch des Evangeliumsboten, den Gesetzlosen so gegenüberzutreten, als sei er selbst ein Gesetzloser 1Kor 9,21. Sicherlich hat schon das Judentum des P. eine Fülle hellenistischer Denk- und Bildungsmotive übernommen; dazu kommt aber der bewußte Wille, das Evangelium in die hellenistische Umwelt zu übertragen und die heidenchristlichen Gemeinden auf dem Weg ihrer Selbständigkeit zu stärken. Man darf allerdings nie vergessen, daß ein Pharisäer weiß, daß jede heidnische Denkform letztlich der Offenbarung gegenüber begrenzt ist; da aber das Heidentum seinen eigenen Maßstab vor Gott hat, will es auch in den Denkformen und Vorstellungen seiner eigenen Existenz angesprochen werden. Auch die Christologie des P. ist ein Versuch, Jesus Christus aus dem vorgegebenen Heilsplan Gottes zu verstehen; sie meint, daß gerade in diesem Menschen Gott selbst redet und handelt. Und doch erscheint sie in den mythischen Denkformen des orientalischen Synkretismus und spricht so, wie Heidenchristen notwendig reden müssen. Zahlreiche Berührungen mit Philosophie und synkretistischer Frömmigkeit werden aus konkreten Auseinandersetzungen mit der Umwelt entstanden sein, werden aber im Gefüge paulinischer Theologie, die aus dialogischem Denken erwachsen ist, etwas Neues und Eigenes. Das Evangelium bleibt eschatologisches Gnadenangebot Gottes auch an den heidnischen Menschen; es spricht auch ihn schuldig und stellt ihn unter die Wahrheit des göttlichen Gerichts. Jede Angleichung an die heidnische Begrifflichkeit und Vorstellung hat letztlich diesen Sinn, die Wahrheit des Evangeliums mitten in den allg. Kreis der Menschheit zu tragen. P. erfüllt als Evangelist die Menschheitsaufgabe der HS. Auseinandersetzungen mit gnostischen Strömungen verschiedener Art haben ihre Spuren in den verschiedenen Briefen hinterlassen; offenbar stehen diese Gruppen innerhalb der Gemeinden und schließen sich kritisch und überbietend an die Predigt des P. an. Anthropologisch und kosmisch fundierte Weisheit stellt sich der Torheit seiner Verkündigung in den Weg; ekstatisch und schwärmerisch auftretendes Selbstbewußtsein verachtet die Schwäche und Gebundenheit des paulinischen Apostolats. Eine spekulative Geistfrömmigkeit setzt sich über die Ordnungen und Traditionen der christl. Gemeinden hinweg. Seltsamerweise bekämpft P. diese verschiedenen Strömungen zwar als eine gefährliche Irreführung, scheidet sie aber nicht einfach aus den Gemeinden aus, sondern bleibt mit ihnen im Gespräch. Kreuz und Auferweckung Jesu Christi sind die Ausgangspunkte seiner Argumentation; der Gegensatz von Fleisch und Geist wird zur Richtschnur im Urteil über das menschliche Handeln. Offenbar sieht P. hier eine Auseinandersetzung heranreifen, die nicht schnell abgebrochen werden darf. Auch auf diesem Gebiet bewährt sich der *dialogische* Charakter seiner Theologie. Auf keinen Fall darf man allerdings das Sendungsbewußtsein des P. analog den Selbstaussagen schwärmerischer Gnostiker verstehen; er weiß sich von ihren Voraussetzungen, aber auch ihrer Überheblichkeit und Bindungslosigkeit völlig geschieden. Es handelt sich hier nicht um Korrekturen, sondern um eine andere Sache, um den Gegensatz zw. Offenbarung und Irrtum. Es ist durchaus möglich, daß die in Korinth und Kolossä P. gegenübertretenden Gruppen auch aus jüd. Voraussetzungen erwachsen sind; auf jeden Fall fühlt sich eine derartige synkretistische Bewegung imstande, auch jüd. Traditionen und Sitten aufzunehmen und zu verarbeiten.

7) Das Evangelium als Freudenbotschaft für die Völkerwelt stellt das Christusgeschehen in den Mittelpunkt. P. weiß sich als Gesandter und Knecht dieses Herrn, der Juden und Heiden, Griechen und Nichtgriechen, Weisen und Unweisen verpflichtet ist. Diese Verpflichtung ist gelegentlich wie eine prophetische Last, die unausweichlich ist. Die Botschaft von Kreuz und Auferweckung Jesu Christi ist das eschatologische Gnadenangebot Gottes, das der verschuldeten Menschheit Rettung und Heil verheißt. Auch diese Begriffe sind nicht entleert: ihnen stehen Gericht, Zorn und Vernichtung, Verderben gegenüber; beide Entscheidungen Gottes greifen tief hinein in das Leben der Menschen und Völker. Durch das apostolische Wort wendet sich Gott an die ganze Welt, reißt er die bisher bestehenden Trennungen und Scheidungen nieder und schafft er eine neue Menschheit. Das Ende bringt die Zurechtbringung des Ganzen und aller Wege der Geschichte. Der bisherige Heilsweg, die Erfüllung des Gesetzes, hat sich als unfähig erwiesen, Leben im Vollsinn zu schaffen; als Erzieher und Zuchtmeister Israels hat es eine geschichtliche Periode zum Abschluß gebracht, ist aber durch Jesus Christus entmächtigt worden. In der Gegenwart vermag es die letzte Not des Menschen, den Gegensatz zw. Wollen und Vollbringen, zu enthüllen; im letzten Sinn ist der natürliche Mensch außerstande, den Willen Gottes zu erfüllen. Im Neuen Bund wird es zum Maßstab und zur Richtschnur für die Liebe, der sich die christl. Gemeinde verpflichtet weiß. Diese Relativierung des Gesetzes entsteht aus der geschichtlichen Entscheidung, daß Jesus Christus im Kampf mit den Vertretern des Gesetzes gestanden hat. Alle theol. Aussagen des P. stehen im Schatten der vollzogenen Geschichte, sind also keine theoretischen Reflexionen. Die Bindung an Mose tritt zurück gegenüber der an Abraham, das Ja zu Israel steht in Spannung zu dem Willen zur ganzen Menschheit. Alle diese Aussagen sind in die Auseinandersetzung und in die Diskussion gestellt, sind um des Menschen und um der Geschichte willen geformt und haben ihren Anteil am Wahrheitsverständnis der konkreten Offenbarung. Jede Aussage des P. ist theol. reflektiert und muß aus bestimmten Absichten und Intentionen abgeleitet werden. Es geht P. niemals um ein System oder eine Theorie, sondern um einen gedanklichen Dienst an der Offenbarung, um den Aufweis des Konkreten, des Gegenwärtigen, des Unscheinbaren in der göttlichen Kraft: mitten in den Aufgaben und Schwierigkeiten des menschlichen Daseins will Gott selbst bestätigt und bezeugt werden. Man hat in der Theologie des P. einen christl. geformten Pharisäismus, eine hellenistische Erlöserlehre, eine dialektische Religionsphilosophie, eine orientalische Mystik wiederfinden wollen. In Wirklichkeit steht P. in der durch seine Bekehrung ihm gestellten Aufgabe, das Kreuz und die Auferweckung Jesu Christi als das entscheidende geschichtliche Handeln Gottes für die Menschheit zu verstehen. Er erkannte in diesem Geschehen beides, Gottes Gericht und Gottes Gnade.

Die Rechtfertigungslehre ist innerhalb bestimmter P.briefe insonderheit gegen das pharisäische Judentum gerichtet, spielt also in der Antithese und Polemik eine bestimmte Rolle, offenbart aber zugleich den tiefsten Gehalt der paulinischen Verkündigung von Gott und wurde so zum eigentlichen Ansatz der reformatorischen Verkündigung. Daß Gott gerade den Gottlosen gerechtspricht, war für Paulus eine grundlegende Erkenntnis, und ihm wurde gewiß, daß an diesem Punkt eine entscheidende Intention des Spätjudentums bestritten wurde. Doch zeigt sich, daß auch diese Lehre von der Rechtfertigung des Sünders eine gewisse Vorformung durch essenische Gedanken erfahren hat. Auch für den Angehörigen von → Qumran steht fest, daß der Mensch Sünder und vor Gott nichtig ist: er ist Staub, Lehm, Hauch vor Gott und kann vor ihm nicht bestehen. Auch der Fromme, der sich zu Qumran bekehrt hat, weiß um dies sein Sündersein. Er befindet sich zwar jetzt im Zustand des Heils und der Rettung aus der Nichtigkeit, aber er kann gerade jetzt radikale Zeugnisse menschlicher Not aussprechen. Gott allein rechtfertigt den Sünder; der Mensch selbst hat keine Möglichkeit, von sich aus gerettet zu werden. Aber der Mensch bleibt auch in der Rechtfertigung Sünder: simul justus et peccator, Begnadigter und Sünder zugleich. Für den Frommen von Qumran entscheidet sich allerdings alles an seiner Stellung zu dem neu verstandenen Gesetz. Es ist durchaus möglich, daß der Bruch des P. mit dem pharisäischen Judentum einen Übergang zu einem essenisch gefärbten Christentum (Damaskus, Arabien) mit sich brachte. Jetzt übernahm er gewisse Prämissen aus dem Essenismus (Rechtfertigung des Sünders, Sündenlehre, Gegensatz: Fleisch-Geist), stellte aber diese ganz in das Licht des eschatologischen Christusgeschehens. Nur in dem Kreuz und in der Auferweckung Jesu Christi offenbarte Gott seine neue Gerechtigkeit, nicht in einer verschärften Gesetzeslehre. Man hat in der Gegenwart P. vorgeworfen, er habe das Evangelium an verschiedenen nicht unwesentlichen Punkten „qumranisiert", d. h. Einflüsse aus dem Essenismus in das Christentum geleitet (E. Stauffer). Tatsache ist aber, daß von Anfang an bestimmte qumranähnliche Züge in der Verkündigung Jesu und in der Bildung der Urgemeinde lagen, und es ist durchaus möglich, daß derartige Einwirkungen nach der Bekehrung des P. von Damaskus oder Arabien aus die Theologie des P. bestimmten.

8) Die Chronologie des P. läßt sich zunächst aus der Erwähnung profangeschichtlicher Ereignisse und Personen aus den verschiedenen NTlichen Schriften bestimmen. Dazu trat aber dann die von dem Franzosen Fr. Bourget in Delphi entdeckte Inschrift, die uns in den Stand setzt, den Zeitpunkt festzulegen, an dem der Apg 18, 12 ff erwähnte Prokonsul Gallio sein Amt in Achaja angetreten hat. Dieser Brief des Kaisers Claudius an die Stadtgemeinde in Delphi wurde zu einer Zeit geschrieben, als der Kaiser zum 26. Mal als Autokrator ausgerufen war; die 27. Akklamation des Claudius erfolgte aber nach anderen Inschriften schon am 1. August 52 nChr. Vielleicht dürfen wir den 1. Juni 51 nChr als den Termin für den Amtsantritt des Gallio ansehen. Von dem Aufenthalt des P. in Arabien, dem Herrschaftsbereich der → Nabatäer, Gal 1, 17 wissen wir nur wenig. Vielleicht gehörte diese erste Zeit nach der Bekehrung zur Vorbereitung seines späteren Wirkens; vielleicht ist sie aber auch schon missionarisch zu verstehen. Das Nabatäerreich, das durch Inschriften und andere archäologische Funde in jüngster Zeit in das Blickfeld der Forschung getreten ist, erstreckte sich damals weithin in ostjordanisches Gebiet (auch in den Hauran). Als P. die Arbeit in Damaskus unmöglich gemacht wurde, zog er sich in seine Heimatstadt Tarsus zurück Apg 9, 30; von hier holte ihn Barnabas und ermöglichte ein gemeinsames Wirken in Antiochien Apg 11, 25 f. Die geistliche Leitung Antiochiens durch Propheten und Lehrer gab dem Apostel in der Folgezeit einen starken Rückhalt Apg 13, 1 ff. Der Missionsweg des P. scheint sich in verschiedenen Abschnitten und Vorstößen abzuspielen. Teilweise ist eine bestimmte Planung zu erkennen; teilweise zeigt sich aber auch, daß die Geschehnisse selbst und sogar unmittelbare Ein-

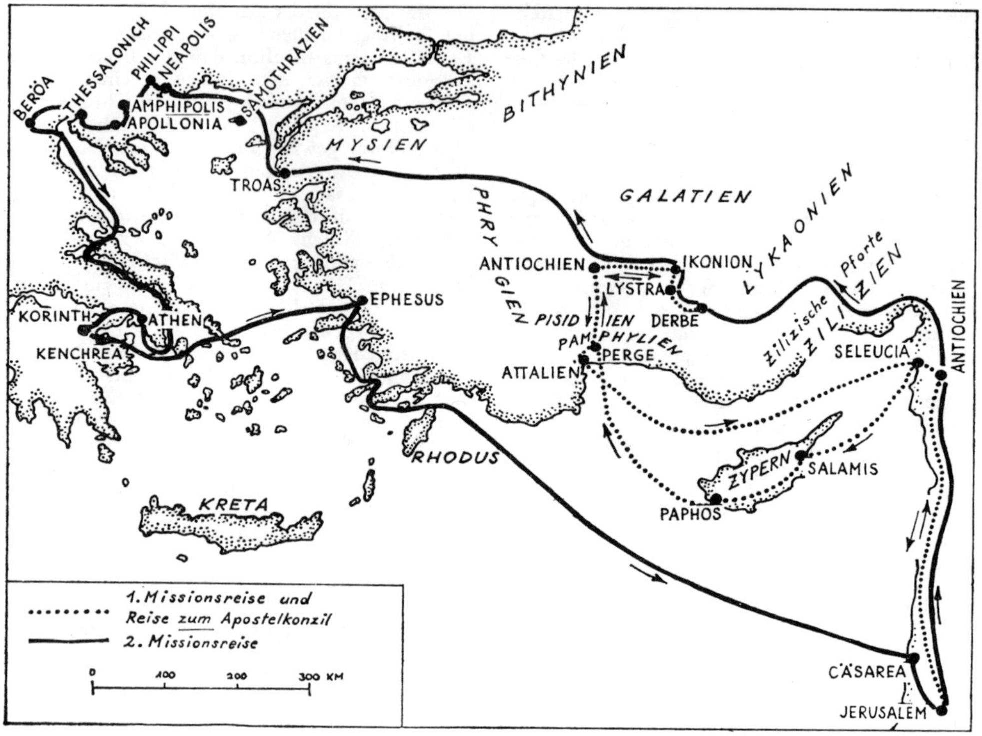

griffe des „Geistes" den Verlauf der Reisen mitbestimmen. Die menschliche Planung untersteht also noch anderen Entscheidungen, die schwereres Gewicht haben. Der Weg der ersten Missionsreise Apg 13 f führt in die südlichen Gebiete Kleinasiens, Zypern, Pamphylien, Pisidien und Lykaonien, und bringt klare Zeugnisse und Scheidungen vor Juden und Heiden mit sich; P. und Barnabas treten in enger Verbundenheit nebeneinander auf. Auf der zweiten Missionsreise gelangt das Missionswerk des P. zu seinem eigentlichen Höhepunkt. Er will zunächst die schon gegründeten Gemeinden Kleinasiens stärken, zieht aber dann in den Norden und Nordwesten weiter, nach Galatien und Mysien. Der Versuch, nach Bithynien zu gelangen, scheitert an dem unmittelbaren Eingriff des Geistes Jesu. Ein Gesicht weist den Apostel nach Mazedonien und damit nach Europa. Auf dieser zweiten Missionsreise Apg 15, 35-18, 22 begleitet Silas den Apostel; dazu tritt Timotheus, der um der Juden willen beschnitten wurde, ebenso der Verfasser des → Wir-Berichts. P. wählt sich jetzt die ihm geeignet erscheinenden Mitarbeiter aus, die ihm in der Folgezeit ständig zur Seite stehen. Daß Silas, ein Prophet und Vertrauter der Urgemeinde, nunmehr dicht neben ihn tritt, zeigt, daß er in Zukunft weiterhin die Beziehungen zu Jerusalem pflegen will Apg 15,32; 16,4. In den Berichten von dem Auftreten des Apostels in Philippi, Thessalonich, Beröa, Athen, Korinth erhalten wir das historische Material, das für einen Vergleich mit den P.briefen wichtig wird. Offenbar ist Korinth der eigentliche Höhepunkt und Abschluß der zweiten Missionsreise; hier bleibt er sogar eineinhalb Jahre ununterbrochen Apg 18,11. Auf einer dritten Missionsreise Apg 18,23-21,17 durchzieht P. aufs neue Kleinasien (Galatien und Phrygien) und gelangt dann nach Ephesus, das jetzt zum eigentlichen Zentrum der asiatischen Mission wird; hier verbringt er sogar drei Jahre Apg 20,31. Von jetzt ab steht der Bericht der Apostelgeschichte unter dem menschlichen Ziel, auch Rom kennenzulernen Apg 19,21; aber dies missionarische Vorhaben wird durch die göttliche Absicht durchkreuzt, dies sein erwähltes Rüstzeug zum Leiden und Sterben bereit zu machen Apg 21,10-14. Bei der Übergabe der Kollekte an die jerusalemische Urgemeinde kommt es zu einem Tumult auf dem Tempelplatz (58 nChr) und zur Verhaftung durch die Römer. Von jetzt ab wird die Darstellung der Apostelgeschichte bes. ausführlich; man nimmt an den großen Apologien des P. vor dem Hohen Rat, vor den Statthaltern Felix und Festus, auch vor König Herodes Agrippa II. Anteil. Die Appellation an den Kaiser als letzte rechtliche Instanz („provocatio ad Caesarem")

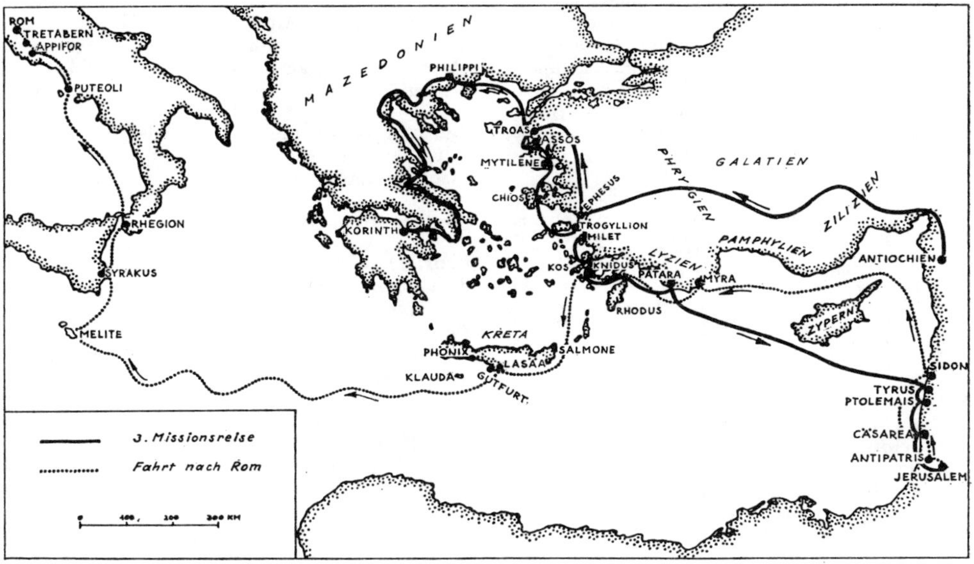

ist erfolgt; von ihrem Verlauf und Ergebnis wird aber nicht mehr erzählt. P. kommt als Gefangener nach Rom und bleibt dort zwei Jahre in leichter Haft Apg 28,30. Es besteht die Möglichkeit, daß der Prozeß wieder aufgenommen wurde und nun mit dem Tod des P. endete. Wahrscheinlicher ist aber, daß der Apostel zunächst seine Freiheit wieder erlangte und erst später in ein neues, gefährlicheres Verfahren verstrickt wurde. Der Rückblick des 1. Clemensbriefes auf das Ende des Paulus weiß sogar, daß der Apostel die ganze Welt Gerechtigkeit gelehrt hat und bis zur Grenze des Westens gelangt ist; vor Machthabern habe er sein Bekenntnis abgelegt und sei danach von der Welt befreit und aufgenommen worden an die hl. Stätte (5,5-7). Ob dieser gewaltsame Tod noch vor die neronische Verfolgung des Jahres 64 nChr zu legen ist, läßt sich schwerlich sagen. Das Ende des P. bleibt im Dunkel der Geschichte.

P. ist es zu verdanken, daß der Weg des Evangeliums in die hellenistisch-römische Welt, sowohl auf dem Gebiet der Religion und Philosophie wie der Politik und Auseinandersetzung mit den staatlichen Mächten, ohne schwerwiegende Zerstörungen oder theol. Verflachungen zu einem festen Ziel und Ergebnis führte. Er ist als Theologe der Missionar geblieben und hat der christl. Verkündigung ein starkes theol. Erbe mitgegeben. Er ist weder der Gründer des Christentums noch der christl. Theologie, wohl aber hat er das Christentum aus der Enge des palästinischen Raumes in die Weite der antiken Welt geführt und doch die letzten Tiefen des altbiblischen Glaubens und der verantwortlichen Selbstbesinnung zu bewahren gesucht. Es war seine Größe, daß er den Ernst des Gegensatzes zw. der Synagoge und der neu entstehenden christl. Gemeinde anerkannte und in seinem apostolischen Amt zu tragen versuchte; gleichzeitig wußte er aber, daß die eschatologische Sendung der christl. Gemeinde die bleibende Erwählung Israels und die Wahrheit der altbiblischen Offenbarung nicht aufhob. Aus der Wahrheit und Wirklichkeit des Christusgeschehens folgerte er den Gegensatz zw. Gesetz und Evangelium; aber letztlich wußte er auch, daß die tiefste Wahrheit des AT durch den Begriff des „Gesetzes" nicht gedeckt werden kann. Gottes Offenbarung war immer Gnade, Erbarmen und Weisung, Richtschnur zugleich. Der Begriff des „Gesetzes" führt also schon in Auseinandersetzung und Polemik hinein. Der *dialogische, geschichtliche Charakter* der paulinischen Theologie ist gleichzeitig ihre Stärke wie auch ihre Grenze. Die altkirchliche Entwicklung hat sich der Aufgabe unterziehen müssen, die in den P.briefen verarbeiteten theol. Thesen zu verstehen. Diese Aufgabe war keineswegs leicht, wie 2Petr 3, 16 ausdrücklich bezeugt. Die in eschatologischen und dialogischen Spannungen begründeten theol. Thesen konnten nur in vereinfachten und hellenisierten Umformungen weitergegeben werden. Vor allem der Geistbegriff, der bei P. ganz unhellenistisch als eschatologische Erleuchtung und Offenbarung verstanden wurde, schien der späteren Zeit der Schlüssel zu sein, von dem aus man den Gegensatz zw. Judentum und Christentum zu erfassen versuchte. Augustin und der Reformation gelang es, in der Rechtfertigungslehre und im Erwählungsgedanken auf ursprüngliche Tiefen paulinischer Erkenntnis zu stoßen; doch zeigte sich immer wieder, daß derartige Durchbrüche in Theologie und Kirche schwer zu bewahren sind. Gnosis und Spiritualismus tauchen in solchen Fällen immer wieder als neue Gefahren auf.

Lit.: E. v. Dobschütz, Der Apostel Paulus, I 1926, II 1928; A. D. Nock, Paulus (deutsch von H. H. Schaeder), 1940; R. Bultmann, Art. Paulus in RGG^2 IV 1019-1045; J. Klausner, From Jesus to Paul, 1943; H. Windisch, Paulus und das Judentum, 1935; P. Althaus, Paulus und Luther über den Menschen, 1938; A. Schweitzer, Die Geschichte der paulinischen Forschung, 1911 (^{2}1933); Die Mystik des Apostels Paulus 1930; H. Böhlig, Die Geisteskultur von Tarsus im augusteischen Zeitalter, 1913; W. D. Davies, Paul and rabbinic Judaism, ^{2}1955; D. J. Dupont, Gnosis, La connaissance religieuse dans les épîtres de S. Paul, 1949; M. Dibelius - W. G. Kümmel, Paulus, ^{2}1956; H. J. Schoeps, Paulus, Die Theologie des Apostels im Lichte der jüdischen Religionsgeschichte, 1959; B. Rigaux, St. Paul et ses lettres, Studia Neotestamentica, Subs. II, 1962. *Mi*

Pech, aus Baumharz gewonnen, dient bei der Arche 1Mose 6,14 und bei dem Körbchen für den kleinen Mose 2Mose 2,3 zum Verkleben und Abdichten. Als Brennmaterial ist es Jes 34,9 neben Schwefel genannt, im Geb As 22 neben Erdharz (Asphalt). Sir 13,1 gibt das Sprichwort: Wer P. angreift, besudelt sich. *Schl*

Pein → Strafen.

Peitsche. Ein Züchtigungsmittel Spr 26,3; Nah 3,2, jedoch leichter als die mit Widerhaken besetzte Stachelp. (Skorpion) 1Kö 12,11.14. *Kn*

Pekach, Sohn des Remalja, König von Israel 734/33-733/32, Adjutant, Mörder und Nachfolger des isr. Königs → Pekachja. Er kämpfte im syrisch-ephraimitischen Krieg gemeinsam mit Rezin von Damaskus gegen die Judäer, um diese in eine antiassyrische Koalition zu zwingen, erlebte aber den Einbruch des assyrischen Heeres in das nördliche und östliche Israel. Die angeblich 20jährige Regierungszeit P.s läßt sich zeitlich am Ende des Staates Israel überhaupt nicht unterbringen 2Kö 15,25.27-31; 16,1.5. *Peu*

Pekachja, Sohn des Menahem, König von Israel 736/35-735/34, wollte an der ihm von seinem Vater überkommenen assyrischen Abhängigkeit festhalten und wurde durch seinen Adjutanten → Pekach ermordet 2Kö 15,23-26. *Peu*

Peleg, Vorfahr Abrahams aus den semitischen Nachkommen Noahs 1Mose 10,25; 11,16 ff; 1 Chr 1,19; Lk 3,35. Die Anspielung auf die Völkerzerteilung 1Mose 11 sucht den Namen P. aus dem hebr. Zeitwort palag = teilen zu deuten. Eher zu vermuten ist der Zusammenhang mit dem Ortsnamen phaliga, einer Stadt am oberen Euphrat. *Schw*

Pelz, Pelzwerk. Nach Hebr 11,37 hüllten sich Fromme der alten Zeit in Schafpelze und Ziegenfelle. Ein Tierfell trugen auch Elia 2Kö 1,8 und andere Propheten Sach 13,4, die durch diesen Verzicht auf alle Weichlichkeit der Kleidung — wie Johannes der Täufer mit seinem Gewand aus Kamelhaaren Mt 3,4; 11,8 — den Eindruck ihres Zeugnisses erhöhten. — Bei dem P.werk 4Mose 31,20 ist an Decken aus Ziegenfellen zu denken. *Schl*

Peninna, Nebenfrau von Samuels Vater Elkana. Mit ihrem Kindersegen trumpft sie gegen dessen Lieblingsfrau Hanna lieblos auf 1Sam 1,2-6. *Schw*

Pentateuch → Mosebücher.

Peor. *1)* Name eines aussichtsreichen Gipfels in dem Bergmassiv, das vom Mündungsgebiet des Jordan stufenförmig ostwärts gegen Hesbon ansteigt. Hier am Heiligtum des *2)* Moabitergottes Baal-Peor sollte Bileam den Israeliten fluchen 4Mose 23,28, die sich zuweilen auch am Kult dieses Gottes beteiligten 4Mose 25,2 f, vgl. Jos 22,17. Nach Baal-Peor heißt *3)* eine Ortschaft Beth-Peor 5Mose 3,29. *4)* Name einer Ortschaft im Gebirge Juda nahe Bethlehem Jos 15,59 LXX. *Da*

Peräa war einer der Verwaltungsbezirke, in die Gabinius 57 vChr Palästina einteilte. Das wenig besiedelte Gebiet liegt östlich des Jordan, im Norden und Osten von der → Dekapolis umgeben, im Süden durch den Arnon und im Westen durch den Jordan begrenzt (→ Skizze Sp. 358). P. gehörte nach Herodes' Tod mit → Galiläa zur Tetrarchie des → Antipas, von Galiläa durch die Dekapolis getrennt. Die von Herodes erbaute Felsenfestung Machaerus im Süden und die von Antipas angelegte Festung Livias gegenüber Jericho waren wichtige Bollwerke gegen die Nabatäer. Johannes der Täufer wirkte in P. (und damit im Machtbereich des Antipas) Jo 1,28 (zu Bethabara → Skizze Sp. 358). Sonst spielt P. in den Evangelien keine Rolle. *Me*

Perez, Zwillingssohn der Thamar 1Mose 38, 29 f, trotz illegitimer Abkunft mit seinem Bruder Serach den legitimen Söhnen Judas zugezählt 1Mose 46,12; 4Mose 26,20, ja in der judäischen Königslinie Rt 4,12 als Ahnherr eines bes. gesegneten Geschlechts hervorgehoben. Als Vorfahr Christi Mt 1,3; Lk 3,33 erwähnt. *Schw*

Perez-Usa, Ort zw. Kirjath-Jearim und Jerusalem, nach dem Unfall 2Sam 6,6 ff benannt. *Schw*

Pergament, nach der Stadt Pergamon in Kleinasien benannt (Plinius Nat. hist. XIII 70), ist eine bes. feine Lederart, die durch Spaltung und Spezialbehandlung des Leders erzeugt wird, so daß das entstandene Blatt auf beiden Seiten glatt und sehr dünn, für Schreib- und Buchzwecke also hervorragend geeignet ist. Diese Erfindung aus den letzten Jahrhunderten vChr ermöglichte später (ca. 2. Jh. nChr) die Einrichtung des Buches als Codex (übereinandergelegte, geheftete Pergamentlagen) im Gegensatz zur Rolle, die aber auch noch im Gebrauch blieb (zB

Thorarollen der jüd. Synagoge). Die in 2Tim 4, 13 genannten Membrane können P.e in Rollenform gewesen sein. Eine P.handschrift des 4. Jh. nChr ist der von Tischendorf entdeckte Codex Sinaiticus, dessen P. bes. dünn, biegsam und sogar durchscheinend ist. → Buchrolle, → Schreibkunst. *Ba*

Pergamon, heute Bergama, Stadt in Mysien (Kleinasien), am Ufer des Kaikos-Flusses, im 3. und 2. Jh. vChr Hauptstadt eines Staates, der auch die Landschaften Lydien, Phrygien und Pamphylien umfaßte. Auch nach der Übernahme durch das Römerreich (133 vChr) blieb P. wissenschaftlicher und künstlerischer Mittelpunkt des westlichen Kleinasien neben Ephesus. Als Herstellungsort und Handelszentrum für das nach P. benannte Pergament (nach besonderem Verfahren geglättete Haut zarter junger Tiere, bes. Ziegen), als zeitweilige Residenz eines römischen Statthalters (Prokonsuln), als Stätte der Verehrung des heidnischen Gottes Asklepios (Gott der Heilkunst), des Zeus und des göttlich verehrten Kaisers (Augustustempel 29 vChr) war P. berühmt. Dem Christenglauben bot die Stadt harten Widerstand Offb 2, 12 ff. Ob der seit 1880 in Berlin aufgestellte und neuerdings wieder zugängliche große Zeusaltar als der „Thron des Satans" nach Offb 2, 13 zu deuten ist, muß offenbleiben. *Ap*

Perge, einst Stadt in Pamphylien, am Kestros-Fluß mit dem berühmten Artemistempel. Dort predigte Paulus auf der Rückkehr von der ersten Missionsreise Apg 14, 25. Schon auf der Hinreise kehrte von dort Johannes Markus nach Jerusalem heim 13, 13, vgl. 15, 37 ff. *Ap*

Perisiter, ein außerbiblisch nicht nachgewiesener vorisraelitischer Bevölkerungsteil Kanaans, den die Israeliten vertreiben sollten 2Mose 3, 8; Jos 3, 10. An einigen Stellen werden die P. von den sonstigen Kanaanäern unterschieden 1Mose 13, 7; 34, 30, was auf eine gewisse Eigenständigkeit der P. in Kanaan schließen läßt. *Da*

Perlen. Das hebr. Wort, das von der jüd. Überlieferung und von Luther auf P. gedeutet wurde (p^{e}ninim, davon der Name Peninna), meint eher die → Korallen, weil es sich nach Klgl 4, 7 um roten Schmuck handelt. Vielleicht sind Hiob 28, 18 und Hes 27, 16 P. gemeint (Luther hier: Korallen). Schon in alter Zeit waren P. vom Handel gesucht Hes 27, 16; Mt 13, 45 f, ein wertvoller Besitz Hiob 28, 18; Mt 7, 6, als Schmuck hochgeschätzt Offb 17, 4; 18, 12. 16, während Christinnen einen besseren Schmuck kennen 1Tim 2, 9. Daß der Seher die Tore des neuen Jerusalem als eine einzige, riesengroße Perle beschreibt, will die unvorstellbare Herrlichkeit der Gottesstadt ahnen lassen Offb 21, 21. *Schl*

Perser, Persien, persisch. Im 9. Jh. finden wir ein Land „Parsua" östlich des Urmiasees und „Parsumas" nordöstlich von Susa. In den beiden Namen spiegelt sich die Wanderung des indogermanischen Volkes der P. wider, die auf dem iranischen Gebirge vom Norden nach dem Süden zogen und sich damit elamitischen Gebietes bemächtigten. Teispes, Sohn des Achaimenes — darum nennt man das p.e Königshaus die Achämeniden — eroberte Anschan, das Land nordwestlich des Persischen Meerbusens, mußte seine Herrschaft aber dem den P.n verwandten Volk der Meder unterstellen. Weil das p.e Gebiet, anders als das medische, vom Skythensturm unberührt blieb, konnte Teispes auch das Land östlich des Persischen Meerbusens erobern, das nunmehr p.es Kernland werden sollte und den Namen „Parsa = Persis" trug. Des Teispes Sohn Cyrus I. erbte Parsumas mit Anschan, während Ariaramnes die Herrschaft über das neuerworbene Persis übernahm. Auf Cyrus I. folgte in direkter Erbfolge Kambyses I. und schließlich → Cyrus II., der das medische Reich 553, das lydische 547 und schließlich 539 das neubabylonische Reich eroberte und das berühmte Edikt über den Tempelbau in Jerusalem erließ Esra 1, 2-4; 6, 3-5. Politisch gesehen wechselte Juda nur den Oberherrn; aber die P. achteten das Eigenleben der unterworfenen Provinzen, indem sie bes. die einheimischen Kulte förderten. Für ihre südwestlichen Gebiete bedienten sie sich des Aramäischen als Amtssprache, das damit in Palästina allmählich die Verkehrssprache wurde. Kambyses II., Sohn des Cyrus, eroberte Ägypten. Nach seinem Tode brach der große Aufstand aus, der fast alle Provinzen erfaßte. In der Herrschaft konnte sich endlich Darius I., hebr. Darjawesch, 522-486, durchsetzen, der der Linie des Ariaramnes entstammt. Die Wirren beim Tod des Kambyses haben auf die isr. Prophetie gewirkt, indem man aufs neue auf die letzte entscheidende, durch Gott herbeigeführte Wende in der Geschichte wartete Sach 1, 7-6, 15. Unter Darius konnte nach mancherlei Störungen i. J. 515 der Jerusalemer Tempel eingeweiht werden. Auf Darius folgen Xerxes, hebr. Ahasveros, 486-465; Artaxerxes I., hebr. Arthahsastha, 464-425; Darius II. 424-404; Artaxerxes II. 404-359/58; Artaxerxes III. 359-338; Arses 338-336; Darius III. 336-330. Alexander d. Gr. bereitete dem p.en Reich in der Schlacht bei Gaugamela i. J. 331 das Ende. Die Juden haben 200 Jahre unter p.er Herrschaft gelebt; doch bietet das spärliche nachexilische Schrifttum wenig Einzelheiten über die P.zeit. Esra kam als Beauftragter Artaxerxes' I. nach Jerusalem, um die religiösen und kultischen Verhältnisse der Tempelgemeinde zu revidieren, und Nehemia, um die politische Neuordnung Jerusalems vorzunehmen.

In der von Zarathustra verkündeten Religion (er wirkte sicher vor 714 vChr) steht ein Gott, Ahura Mazda, „der weise Herr", im alles beherrschenden Mittelpunkt. Seine Macht ist eingeschränkt durch Ahriman, das Prinzip des Bösen. Ahura Mazda hat unter sich „heilwirkende Unsterbliche“, die Amesha Spentas. Am kommenden Gerichtstag wird Ahura Mazda der Sieger über Ahriman sein, so daß der bestehende Dualismus von Gut und Böse aufgehoben wird. Es kommt zu einer Neugestaltung des Weltalls und zur Auferstehung der Toten. Der Mensch aber soll sich in seinem Leben für Ahura Mazda entscheiden, indem er vor allen Dingen der Nomadenwirtschaft entsagt und dem Ideal eines Bauern oder seßhaften Hirten mit der Beschützung der nützlichen und Vernichtung der schädlichen Tiere nachstrebt. Dieser vom Menschen getroffenen Wahl entsprechen ewige Seligkeit und ewige Qual. Die Erd- und Weltgeschichte vollzieht sich in drei bzw. vier großen Zeitabschnitten von je 3000 Jahren. Sicherlich haben manche dieser Vorstellungen am Rande auch auf die Glaubensanschauungen des Judentums eingewirkt. *Peu*

Perseus, letzter König von Mazedonien, 168 vChr bei Pydna von den Römern besiegt 1Makk 8, 5. *(Pfei)*

Persis, eine Christin in Rom, die Paulus Röm 16, 12 als „geliebte, die viel gearbeitet hat im Herrn“, grüßen läßt. *Kü*

Peschitto (die gewöhnliche oder einfache Übersetzung) ist die syr. Bibelübersetzung des AT und NT, die von der syr. christl. Kirche mit dem Mittelpunkt in Edessa um die Mitte des 2. Jh. nChr geschaffen wurde. Dem aus dem Hebräischen übersetzten AT können ältere jüd. Übersetzungen zugrunde liegen. Die Übersetzung ist in den einzelnen Büchern sehr verschieden, teils wörtlich, teils frei, zuweilen auch vom Septuagintatext beeinflußt. Die Texte aus Qumrān haben gelegentlich Berührung mit Lesarten der P. Syrische Texte sind jedoch in Qumrān nicht gefunden worden. *Ba*

Pest → Krankheiten.

Pethor, akkadisch Pitru, südlich von Karkemisch am Euphrat gelegen, ist die mesopotamische Heimat des Sehers Bileam 4Mose 22, 5; 5Mose 23, 5. *Peu*

Petrus.

1) Die allgemeine und grundsätzliche Bedeutung seiner Person. 2) Sein Bild nach den Evangelien. 3) Seine Führerschaft in der Urgemeinde. 4) Seine Beteiligung am Missionswerk. 5) Seine Verbundenheit mit Rom und sein Martyrium.

1) Symeon (griech. Simon) mit dem Zunamen Kepha (oder griech. Petros) ist der führende Jünger Jesu, der von Anfang an Zeuge seiner Worte und Taten war und nach Jesu Tod durch sein grundlegendes Zeugnis von der Auferweckung die Bildung der palästinischen Urgemeinde ermöglichte. Er gehörte wohl zu den Galiläern, die von der Predigt des Täufers erfaßt waren, und stand neben seinem Bruder Andreas und den beiden Zebedäus-Söhnen Jakobus und Johannes in entscheidenden Stunden Jesus bes. nahe. Ohne ihn wäre die spätere Evangelienbildung kaum möglich gewesen; auf ihn baute die Gemeinde als den „Felsen“, der nach der Weissagung Jesu die Schlüssel der Himmelsherrschaft trug. Er war also der maßgebende Lehrer, der auch letzte rechtliche Entscheidungen zu fällen hatte, der im Auftrag Jesu die ganze Gemeinde als Hirte weidete. Er stand damit durchaus im Kreis der führenden Männer, wurde aber auch selbst als der führende Beauftragte Christi angesehen.

2) Symeon (Simon) stammt aus Bethsaida und verdankt seinen Zunamen „Kepha“ dem Willen Jesu Jo 1, 42. Offenbar ist dieser Zuname eine Auszeichnung, die mit der besonderen Beauftragung gerade dieses Mannes zusammenhängt. Von Beruf ist er Fischer und deshalb erhält er den Auftrag, Menschen zu „fangen“ Lk 5, 10. In allen Evangelien nimmt P. einerseits die Rolle des Vertrauten Jesu ein, der allerdings auch in einer kritischen Situation sich Jesus entgegenstellen kann; andererseits ist er geradezu der Repräsentant der Jünger schlechthin. Als solcher lernt er Schritt für Schritt, was Glaube ist, wie dieser Glaube trotz Schwäche und Ungehorsam immer neu geboren wird und wie Jesus allein die Treue des Jüngers stärken und neu schaffen kann. Besonders wichtig ist, daß P. als erster die Messianität Jesu aussprach Mk 8, 27-29. Sie sollte allerdings noch Geheimnis Gottes bleiben, dessen Verbreitung erst später erfolgen konnte. In der Abschiedsrede findet sich die neue Beauftragung, nach der Umkehr die Brüder zu stärken Lk 22,32. Das Bild des P. wird durch Schwankungen und Erschütterungen, aber auch durch wiederholte Begnadigungen und Berufungen gekennzeichnet.

3) Nach Ostern ist es P., der die Ausgießung des hl. Geistes dem Volk erklärt Apg 2, 14 ff und damit die Urform der apostolischen Verkündigung und Belehrung herstellt. Die Heilung des Gelähmten offenbart die Kraft, die dem Namen Jesu eigen ist, und bringt den Anlaß einer neuen Verkündigung mitten im Tempel Apg 3, 6 ff. 12 ff. P. und Johannes vertreten die Sache des Evangeliums auch vor den Behörden Apg 4, 8; 5, 29. P. zieht das schuldige Ehepaar Ananias und Sapphira wegen ihrer Untreue zur Rechenschaft Apg 5, 1 ff; so wacht der hl. Geist über die Heiligkeit der Gemeinde, daß sie nicht verletzt wird. Offenbar soll hier gezeigt werden, wie der Apostel seine Vollmacht, zu binden und zu lösen, in einem Einzelfall ausgeübt hat. Mit der Ausbreitung des Evangeliums durch Hellenisten nimmt die Geschichte der Urgemeinde eine besondere Wendung, und das Schicksal des Zwölferkreises wird ein anderes als das der Hellenisten. Allerdings ist es bezeichnend, daß P. sich nicht auf die Judenmission beschränkt, sondern über deren Grenzen hinauswächst Apg 10, 1 ff. Nach seiner Befreiung aus der Gefangenschaft des Herodes begibt sich P. „an einen anderen Ort“ Apg 12, 17. Daß damit Rom gemeint sein könnte, ist unwahrscheinlich. Später tritt P. in Antiochien auf; doch ist über die Zeit seiner Ankunft in dieser Stadt nichts auszumachen Gal 2, 11. Daß P. zunächst im orientalischen Raum geblieben ist, muß als sicher gelten. Die Darstellung der Apostelgeschichte zeichnet P. als den führenden Verkündiger und Charismatiker der Urgemeinde, der die Stoßkraft des Evangeliums erkannt und die verschiedenen Gruppen Palästinas zusammengehalten hat. Alle Abspaltung und Verengung eines theol. Gesichtspunktes ist ihm fremd.

4) Mit seiner Loslösung von Jerusalem beginnt eine neue Periode im Leben des P. Die Urgemeinde tritt von nun an unter die Führung des Jakobus; Kephas wird offenbar Leiter der judenchristlichen Mission, die von Jerusalem ausging. Damit wird von P. und Paulus anerkannt, daß der Weg des Evangeliums ein Missionsweg sein muß Gal 2, 7. Hier sollte eine geistliche Entscheidung über das Schicksal des Judentums, aber auch der Völker fallen. Es ist daher bezeichnend, daß P. auf dem Apostelkonzil ausdrücklich von seiner Erwählung zur Mission redet und damit in die Nähe des paulinischen Standpunktes rückt Apg 15, 7 ff. Schwerwiegend ist allerdings sein Konflikt mit Paulus in Antiochien Gal 2, 11 ff. Offenbar hat P. hier vermitteln wollen, ohne seine Autorität vor den judenchristlichen Kreisen Jerusalems (Jakobus) aufs Spiel zu setzen. Die Lage in der Urgemeinde hat sich fraglos verschärft. Sicherlich darf man nicht annehmen, daß P. und die ihm verbundene Gruppe sich polemisch gegen Paulus gewandt hätten; auch ist keineswegs nachzuweisen, daß der Konflikt in Antiochia zu einem Bruch oder zur Scheidung zw. den beiden Aposteln geführt hat (M. Goguel). Aber ebenso sicher ist, daß sich die verschiedenen Gruppen darin einig waren, daß nur P. der eigentliche Vertreter der apostolischen Tradition sein konnte, nicht aber ein anderer Missionar.

5) P. ist im Verlauf seiner Mission auch nach Rom gekommen. Wahrscheinlich ist „Babylon" als Abfassungsort des 1. Petrusbriefs weder die alte Stadt Mesopotamiens noch auch das Militärlager bei Kairo, sondern apokalyptischer Deckname für die Reichshauptstadt selbst. Der 1. Clemensbrief sieht auf das vollendete Martyrium des P. zurück: er hat, nachdem er wegen ungerechter Eifersucht viele Plagen ertragen hat, sein Zeugnis abgelegt und sich nach dem ihm gebührenden Ort der Herrlichkeit begeben (5, 4). Der Ort des Martyriums wird hier nicht ausdrücklich genannt; es liegt aber nahe, anzunehmen, daß sowohl 1. Clem. 5, 4 wie auch Jo 21, 18 noch ein deutliches Bild von diesem Ereignis gehabt haben. Auch der Hinweis auf die ungerechte Eifersucht hat sicherlich historische Bedeutung. Er könnte entweder auf Denunziation des Judentums oder Aussagen der sich befehdenden Gruppen der christl. Gemeinde bezogen sein. Es ist wahrscheinlich, daß P. in der Zeit der neronischen Verfolgung in Rom das Martyrium erlitt. Nach der Angabe des römischen Presbyters Gajus (Anfang des 3. Jh. nChr) hat man in Rom die Stätten gezeigt, die als der Hinrichtungsort oder vielleicht schon als die Gräber des P. und Paulus angesehen wurden. Zunächst gab es eine alte Tradition, nach der P. und Paulus zusammen an der Via Appia bestattet wurden; daneben taucht aber eine andere auf, die das Gedächtnis der beiden Apostel an den Vatikan und an die Straße nach Ostia festlegte. Seit 1939 sind archäologische Arbeiten unter der Peterskirche im Gang, die das Gelände der altchristlichen Zeit untersuchen und von dem Grab des P. neue Aussagen machen wollen. In einer päpstlichen Weihnachtsbotschaft vom 23.12.1950 wurde behauptet, man habe das Grab des Apostels entdeckt. → Petrusbriefe.

Lit.: O. Cullmann, Petrus, Jünger - Apostel - Märtyrer, [2]1960; P. Gaechter, Petrus und seine Zeit, 1958; Ph. Klauser, Die römische Petrustradition im Lichte der neuen Ausgrabungen unter der Peterskirche, 1956; H. Lietzmann, Petrus und Paulus in Rom — liturgische und archäologische Studien, 1927; A. v. Gerkan, Zu den Problemen des Petrusgrabes, JAC 1, 1958, S. 79-93; E. Dinkler, Die Petrus-Rom-Frage, ein Forschungsbericht, ThR NF 25, 1959, S. 189-230; 289-335. *Mi*

Petrusbriefe.

1) Der *1. Petrusbrief* ist ein apostolisches Sendschreiben, das an die kürzlich bekehrten heidenchristl. Gemeinden der asiatischen Provinzen gerichtet ist. Er besteht aus verschiedenen Gedankenkreisen, die darauf abgestimmt sind, daß die angesprochenen Gemeinden sich in der gegenwärtigen Leidenszeit bewähren. Die Sprache ist feierlich und liturgisch, verrät zudem ein feines hellenistisches Empfinden. Bezeichnend ist der Eingang des Lobpreises 1, 3: Ausgangspunkt ist die Osterverkündigung, die dem Menschen das große Geschenk der Wiedergeburt gebracht hat; ihm ist damit das zukünftige Erbe himmlischer Herrlichkeit zugesichert, das die gegenwärtige Prüfungszeit ablöst. Damit ist eine Erfüllung der Verheißungen gegeben, die früheren Zeiten verborgen war. Offenbar liegt hier eine ältere apokalyptische Anschauung vor, die jetzt hellenistische Färbung angenommen hat. Angesichts der antiken, auch kleinasiatischen Situation bedeutungsvoll erscheinen zwei selbständige Einschübe in der Mahnrede: 2, 13-17 das Verhältnis zur heidnischen Obrigkeit und 2, 21-25 der Christushymnus. Beide Stoffe verarbeiten älteres judenchristliches Material. Die Mahnung zum vorbehaltlosen Gehorsam durchzieht die hier aufgesammelten Stoffe. Die einzige Gegenwehr des Christenstandes gegenüber den verschiedenen Machtverhältnissen besteht im Gutestun und im Leiden. In der abschließenden Mahnung an die Ältesten 5, 1 ff ordnet sich Petrus als der Mitälteste und Zeuge der Leiden des Messias dem Kreis der Ermahnten willig ein. Hier fällt die Berührung mit der Sprache und Anschauung der Qumransekte auf, ein Zeichen, daß auch hier älteres Material verwendet wurde. Der Brief ist aus Rom geschrieben und gehört in den Abschluß der apostolischen Zeit. Man darf annehmen, daß → Silvanus (= Silas) im Namen und unter Berufung auf P. dies Mahnwort, den Gehorsam im Leiden zu bewähren, verfaßt hat 5,12. Der Brief ist ein lebendiges Zeugnis für das Zusammenwachsen der apostolischen Traditionen: die urchristl. Botschaft wird sich ihrer Einheit bewußt.

2) Der *2. Petrusbrief* ist von Anfang an auf eine Erkenntnis und Frömmigkeit ausgerichtet, die antihäretisch ist und auch die Kraft in sich trägt, konkrete ethische Notwendigkeiten wie Tugend, Zucht, Geduld, Brüderlichkeit und Liebe in sich aufzunehmen. Gerade an der Auflösung aller Ethik krankt ja die eingebrochene schwärmerische Gnosis. Aber auch im Offenbarungsverständnis ist der volle Gegensatz erkennbar. Die apostolische Botschaft beruft sich auf den konkreten Anruf Gottes in der Geschichte und das prophetische Wort der heiligen Schriften, die nicht eigenmächtig aufgelöst werden dürfen, während die Gnostiker zu ausgeklügelten Mythen ihre Zuflucht nehmen. Teilweise ist der → Judasbrief in dem neuen apostolischen Sendschreiben aufgenommen: die Irrlehrer werden als Verführer der Gemeinde geschildert; sie reihen sich den Beispielen der altbiblischen Gottlosigkeit würdig an und enden in demselben Verderben wie diese K. 2. Entscheidend ist aber, daß sie als Gegner der kirchlichen Eschatologie auftreten und über das Nichteintreffen der Verheißung spotten 3,4. Hier sitzt die besondere Not in der Auseinandersetzung. Die petrinische Gruppe, die hinter unserem Lehrschreiben steht, greift zu ganz bestimmten dogmatischen Thesen, um die kirchliche Eschatologie zu schützen. Man verweist darauf, daß Gott schon einmal eine Welt vernichtet hat, wie das Beispiel der Sintflut zeigt 3,5-7. Außerdem hat Gott ein anderes Zeitmaß als die Menschen: vor ihm ist ein Tag wie tausend Jahre und tausend Jahre wie ein Tag 3,8 f. Die urchristliche Eschatologie schützt sich, indem sie die altbiblische Gotteslehre erneuert. Der Hellenisierungsprozeß der kirchlichen Verkündigung hat im 2. Petrusbrief eine neue Gestalt angenommen; doch ist die apostolische Substanz weder an die Philosophie noch an die Mysterienfrömmigkeit ausgeliefert. Man sucht vielmehr einen neuen Rückhalt in den altbiblischen Grundlagen des göttlichen Heilsplans. Das Lehrschreiben gehört ins 2. Jh. nChr. → Petrus.

Lit.: H. Windisch, Die katholischen Briefe, [3]1951; E. G. Selwyn, The first Epistle of St. Peter, [2]1947; E. Schweizer, Der erste Petrusbrief, 1949; Fr. Hauck, Die Briefe des Jakobus, Petrus, Judas und Johannes, NT Deutch, [8]1957.

Mi

Pfahl im Fleisch. In der Aussage des Paulus 2Kor 12,7, in der er die Anfechtung durch einen Satansengel, der ihn mißhandelt, als einen P. für das Fleisch (nicht: „im Fleisch") beschreibt, ist schon das verwendete Bild umstritten. Meint P. den Kreuzespfahl, so daß Paulus sagt, sein → Fleisch mit seinem natürlichen Denken und Wollen hänge am P., unfähig, sich zu bewegen, darum auch unfähig, großzutun? Das Wort P. kann den Kreuzbalken meinen (zB bei Kelsus). Aber es kann auch einen Dorn oder Splitter meinen, einen Fremdkörper in der Hand oder im Auge, der stört und schmerzt, so daß Paulus auf ein ihn hemmendes Leiden hinwiese. Er weiß von einem Angriff dunkler Gewalten, dem er wehrlos ausgesetzt ist, sieht sich geschlagen und entehrt. Die beste Deutung wird sein, daß ihm schmerzhaft die Schuld vorgehalten wird, die er als der einstige Verfolger trägt; die Versuche, aus dem Wort auf Epilepsie oder ein schweres Augenleiden zu schließen, sind abwegig. Die Hilfe in der Not liegt im Gebet. Der Segen der demütigenden Erfahrung ist die Bewahrung vor Überhebung. — Zu dem Brauch des Pfählens → Todesstrafe. *Schl*

Pfand, pfänden. Der Schuldner hatte dem Gläubiger ein P. zu geben; vgl. 1Mose 38,17 ff. Harter Mißbrauch war nicht selten: nach Neh 5,3 ff waren Äcker und Weinberge, ja die Kinder verpfändet; vgl. Hiob 29,4 f. Die soziale Gesetzgebung des AT will den Schuldner vor Härte und Unrecht schützen: der als Decke nötige Mantel muß am Abend zurückgegeben werden 2Mose 22,25 f; der Mühlstein und das Kleid der Witwe dürfen nicht zum P. genommen werden 5Mose 24,6. 17. Rechtzeitige Rückgabe des P.s wird gefordert Hes 18,7 ff; 33,15. Dem Sieger im Krieg mußten Geiseln ein P. der Treue sein 2Kö 14,14. Im NT wird der Empfang des Geistes, der Erstlingsgabe Röm 8,23, als P. für das volle Heil verstanden 2Kor 1,22; 5,5; Eph 1,14, als Angeld, das die volle Erlösung verbürgt. *Schl*

Pfanne, hebr. masreth, ein metallenes, flaches, deckelloses Gefäß von verschiedener Größe zum Braten und Backen 2Sam 13,9; 2Makk 7,3. 5. Die „Machabath", ebenfalls eine metallene Platte, diente zum Rösten oder Backen der Speisopferkuchen 3Mose 2,5; 6,14; 7,9; 1Chr 23,29; Hes 4,3, und die „Machta", ein bronzenes Feuerbecken, zum Räuchern im Heiligtum 2Mose 27,3; 38,3; 4Mose 4,14; 16,6. 17; 1Kö 7,50; 2Kö 25,15. *Kn*

Pfau. Nach 1Kö 10,22; 2Chr 9,21 gehörten zu der kostbaren Fracht, die Salomo aus dem Wunderland bezog, auch Affen und Pfauen; doch ist für beide Tiere die Deutung nicht sicher. *Schl*

pfeifen wird im AT als Äußerung des Entsetzens an Trümmerstätten bezeugt 1Kö 9, 8; Jer 49,17; 50,13; Hes 27,36; Mich 6,16; Hiob 27,23 u. a. m. und darf wohl als Abwehr der an diesen Stätten wohnenden Dämonen verstanden werden. — In Ri 5,16 ist Flötenspiel als Hirtenmusik gemeint; in Mt 11,17; Lk 7,32; 1Kor 14,7 ist Musik allgemein oder als Begleitung kindlicher Reigentänze genannt. *Ba*

Pfeil. *1)* Außer den üblichen P.arten (aus Rohr

oder Holz, meistens mit bronzener Spitze, → Bogen) gab es Brandpfeile mit durchlöcherten Spitzen, die mit in Pech oder Öl getränktem, brennendem Hanf ins feindliche Lager geschossen wurden Ps 7,14; Jes 50,11, vgl. Eph 6,16; daher wird der Blitz als Brandpfeil Gottes bezeichnet Ps 7,14; 144,6. Auch wurden P.e vergiftet Hiob 6,4. — *2)* Öfters begegnet P. als Bild der Plage 5Mose 32,23; Hiob 6,4, vgl. Ps 91,5 oder der falschen Zeugnisse Spr 25,18; Ps 64,4; 120,4, aber auch der Wehrhaftigkeit Ps 127,4. — *3)* P.e als Orakelattribute waren bei den Arabern und Babyloniern gebräuchlich Hes 21,26 f; so begegnet auch in den Erzählungen um Elisa ein P.orakel 2Kö 13,15-19. *v. d. W.*

Pfeiler. *1)* Als Träger eines Gebäudes → Säule. Die Übersetzung von 1Kö 10,12 ist unsicher. — *2)* Nach antik-orientalischer Vorstellung ruht die Erde auf P.n Ps 75,4; Hiob 9,6. — *3)* Die Gemeinde Jesu Christi wird als P. und Fundament der Wahrheit bezeichnet 1Tim 3,15. → Grund. Offb 3,12 wird den Christen Philadelphias verheißen, daß sie P. im (himmlischen) Tempel Gottes sein werden, d. h. als tragende und wertgeschätzte Glieder zum Reich Gottes gehören sollen, wenn sie beim Glauben beharren. *v. d. W.*

Pfennig → Geld, → Münzen.

Pferd. Israel kannte das P. nicht, als die Nachbarvölker es — vor allem in ihren Heeren — schon verwendeten. Streitwagen werden genannt für das Heer der Ägypter 2Mose 14,9; 15,1, der Kanaaniter Jos 17,16; 11,4; Ri 4,3, der Philister 1Sam 13,5, der Syrer 2Sam 18,4; 10,18. Bezeichnend ist, daß Josua und noch David erbeutete P.e lähmten Jos 11,9; 2Sam 8,4. Erst vom Königtum Salomos an kam das P. auch nach Israel. Daß Absalom und wieder Adonia sich Wagen und P.e anschafften 2Sam 15,1; 1Kö 1,5, verriet ihren Anspruch auf den Thron. Salomo führte in großem Maß die P.ehaltung am Hof und im Heer ein 1Kö 5,6; 10,26.28 f, schuf darum auch Wagen- und Reiterstädte 9,19; in Megiddo wurden überraschend gute Stallanlagen aufgedeckt (→Tafel 36). Doch blieb die Verwendung des P.s im isr.Heer (zB 1Kö 16,9; 22,4; Am 4,10) bescheiden neben den Streitkräften der Großmächte, die von den Propheten farbig geschildert werden Jes 5,28; Jer 4,13; 6,23; der Spott des Assyrers Jes 36,8 war berechtigt. Die Propheten kämpften gegen das Vertrauen auf Wagen und Reiterei, zB Jes 31,1; Hos 14,4; Ps 33,17 und hofften auf die Zeit, in der all das Kriegsgerät abgetan wird Sach 9,10. Vom Dienst des P.s in der Landwirtschaft hören wir nur Jes 28,28. In den dichterischen Schilderungen des P.s wird seine Stärke, sein Mut und seine Schnelligkeit gerühmt, zB Hiob 39,19 ff; Jer 4,13; Hab 1,8. Aber es gilt auch als mutwillig Sir 30,8, störrisch Ps 32,9, geil Jer 5,8; Hes 23,20; es braucht Zaum und Gebiß Ps 32,9; Jak 3,3 und die Peitsche Spr 26,3. Steigbügel und Sattel kannte man nicht, auch nicht den Hufbeschlag, wohl aber Schmuck für das P. Sach 10,3; 14,20. P.e verschiedener Farbe erscheinen in den Gesichten Sach 1,8; 6,2 f und Offb 6,2-8; der triumphierende Christus und die Seinen reiten auf weißen P.en Offb 19,11.14. *Schl*

Pfingsten.

1) Die Terminerrechnung. 2) Sinn und Brauchtum im AT. 3) Die Historisierung. 4) Das christliche Pfingstfest.

1) P. ist der deutsche, aus dem griech. pentekoste (= 50 Tage) abgeleitete Name für das zweite der drei isr. Wallfahrtsfeste (→ Feste). Im AT heißt es gewöhnlich „*Wochenfest*", was 5Mose 16,9 f so erklärt wird, daß man es sieben *Wochen* nach dem ersten Anschnitt der Gerstenernte feiern sollte. Genauer bestimmt wird der Termin im nachexilischen Gesetz 3Mose 23, 15, wo als Fixpunkt der Wochenzählung bis zum Fest der „Tag nach dem Sabbat" genannt wird. Nach maßgeblicher spätjüd. Auslegung ist hier der erste Werktag der Passa-Massot-Festwoche (16. Nisan) gemeint, an dem man die Erstlingsgarbe der Gerste darbrachte 23,15. Von ihm aus rechnete man 7 volle Wochen, so daß das Wochenfest genau 50 Tage später zw. dem 5. und 7. Siwan gefeiert wurde, je nachdem die beiden in der Siebenwochenfrist zu Ende gehenden → Monate Nisan und Ijar je 29 oder 30 Tage umfaßten. Mit dieser Zählung hängt auch der griech. Name des Festes „pentekoste" (50. Tag, vom → Passa an gerechnet) zusammen, der im hellenistischen Judentum gebräuchlich war.

2) Das Wochenfest ist von seinem kanaanäischen Ursprung her ein *Erntefest* gewesen. Eröffnete das Passa die Getreideernte mit dem Gerstenschnitt, so beschloß das Wochenfest diese mit der Einbringung des Weizens 2Mose 34,22. Man nannte deshalb letzteres auch „Fest der Getreideernte" 2Mose 23,16. Ein Danktag für den Segen der Schnitternte sollte es sein. Die Arbeit ruhte für *einen* Tag. Das Volk kam zu froher Festgemeinschaft und besonderen Opfern an den Landheiligtümern, später allein im Tempel zu Jerusalem zusammen 5Mose 16,11; 3Mose 23,16-22; 4Mose 28,26-31. Das priesterliche Gesetz sah vor allem die Darbringung von zwei frisch gebackenen Broten vor, die als Erstlinge der neuen Weizenernte Jahwe geweiht wurden und als Deputat den Priestern zufielen 3Mose 23,20. — P. hat weder im alten Israel noch im späteren Judentum je die Bedeutung der anderen isr. Feste erlangt. Von seinem Termin her und als Erntedanktag ist es immer mehr zu einem „Anhängsel" des Passa-Massot-Festes geworden.

3) Da es nach der Zerstörung → Jerusalems dort in seinem ursprünglichen Sinn nicht mehr gefeiert werden konnte, setzte allmählich seine *Historisierung* ein. Anknüpfend an die Tendenz des Buches der Jubiläen, P. mit der Frühgeschichte Israels zu verbinden und in Anbetracht der Datierung der → Priesterschrift 2Mose 19, 1, wonach die Vorgänge am Sinai im 3. Monat (eben dem P.monat) stattgefunden haben sollen, wurde es im 2. Jh. nChr zum Fest der Offenbarung und der Gesetzgebung am Sinai.

4) Einen neuen und tieferen Sinn hat das isr. Wochenfest im *christlichen Pfingstfest* gefunden Apg 2, 1 ff. Es wird zum Erinnerungstag der Geistausgießung, die das Christuswerk und -geschehen vorläufig abschließt, die Jüngergemeinde erneuert und sammelt und sie ihrer weltmissionarischen Aufgabe gewiß macht. *Ste*

Pflanze, pflanzen. Gott ist der Geber alles Lebens: er pflanzt 1Mose 2, 8. Oft in übertragenem Sinn: Gott pflanzt sein Volk 2Mose 15,17; 2Sam 7,10; Ps 80,9.16. Er kann ausreuten, was er pflanzte Jer 45,4; 1,10 und in Gnade wieder p. Jer 24,6; 31,28; 32,41; 42,10; Am 9,15. Ebenso beschreibt dies Bild die Fürsorge Gottes für den Einzelnen: den Sproß aus Davids Geschlecht Hes 17,5 ff, den Frommen Ps 1,3; Jer 17,8; Ps 94,14. Es beschreibt Gottes Schaffen: er pflanzt das Ohr Ps 94,9, den Himmel Jes 51, 16. Jesus sprach in seinen Gleichnissen vom P.n eines Weinbergs Mt 21,33, eines Feigenbaums Lk 13,6 und sah in den Glaubenden P.n seines Vaters Mt 15, 13. So vergleicht Paulus seinen Dienst dem P.n 1Kor 3,6 ff; so wird das Wort in das Herz gepflanzt Jak 1,21; so ist der Getaufte in ein lebendiges Verbundensein mit Christus hineingepflanzt Röm 6,5. *Schl*

Pflaster. *1)* Ein Heilmittel Weish 16,12, etwa aus Feigen bereitet Jes 38,1. *2)* Ein mit Steinen ausgelegter Fußboden: im äußeren Hof des Tempels 2Chr 7,3, im inneren Hof 2Kö 16,17, im Tempel Hesekiels 40,17 f; 42,3; ein Marmorpflaster im Schloß von Susa Esth 1,6 und in den Gassen der Gottesstadt Tob 13,21. Sprichwörtlich Sir 21,11. → Hochpflaster. *Schl*

Pflug, pflügen. Der P. ist schon im ältesten Israel als wichtiges Gerät beim → Ackerbau üblich Ri 14,18; 1Sam 13,20; 1Kö 19,19; Jes 28,24. An dem durch den Pflugbaum gesteckten Lenkholz ist die zuerst wohl hölzerne, dann eiserne Pflugschar, die den Boden aufreißt, befestigt Jes 2,4; Mich 4,3; Joel 4,10. Der Pflugbaum ist mit der Deichsel und diese mit dem Joch verbunden, das zwei Tieren (Rinder oder Esel, vgl. Jes 30,24; aber 5Mose 22,10!) auferlegt ist. „Pflügen" in bildlicher Verwendung für böses Tun Hiob 4,8; Hos 10,13, für übermütiges Tun Am 6,12, für Gottes Gericht Mich 3,12; Jer 26,18, für Arbeit im Reich Gottes Lk 9,62; 1Kor 9,10. *Kn*

Pforte. *1)* Ein gewöhnliches Tor Neh 2,8. — *2)* Jerusalem mit seinem Weltverkehr wird Hes 26,2 die P. der Völker genannt. Die P. des Himmels, die Stätte der Gegenwart Gottes, fand Jakob in Beth-El 1Mose 28,7. Die P.n der Hölle meinen die Totenwelt Jes 38,10; Weish 16,13, auch Mt 16,18 (die an Jesus Glaubenden können vom Tod nicht festgehalten werden). Die enge P. Mt 7,13 f stellt dar, daß zur Nachfolge Jesu der Mut nötig ist, zur Minderheit zu gehören. *v. d. W.*

Pfosten. Wollte ein Sklave auf die Freilassung verzichten und für immer bei seinem Herrn bleiben, wurde ihm zum Zeichen dafür am Türpfosten, weil dort Gott gegenwärtig gedacht wurde, das Ohr mit einem Pfriemen durchbohrt 2Mose 21,6. Das buchstäblich verstandene Gebot 5Mose 6,19; 11,20 führte in spätjüd. Zeit zu der Gewohnheit, an den Türpfosten ein Kästchen mit Pergamentröllchen, auf denen die Worte 5Mose 6,4-9 u. 11,13-21 geschrieben standen, zu befestigen; dies Kästchen nannte man mezuza (d h. Türpfosten). → Passa. *v. d. W.*

Pfriem, eine starke Nadel aus Knochen oder Bronze zum Durchstechen des Leders und der Haut 2Mose 21,6; 5Mose 15,17. *Kn*

Pfuhl. Dies Wort wählte Luther für den mit Feuer und Schwefel brennenden See, den der Seher Offb 19-21 als Ort der Bestrafung für den Teufel und die Seinen zeigt. *Schl*

Pfund → Gewichte.

Pharao („Großes Haus"), seit der 18. Dynastie die Amtsbezeichnung des Königs von Ägypten, die im AT in den weitaus meisten Fällen ohne Nennung des Eigennamens und ohne erklärende Beifügung für die verschiedensten ägyptischen Könige angewandt wird. „König von Ägypten" wird gelegentlich beigefügt 1Mose 41,16 u. a.; 5Mose 7,8; 1Kö 9,16; 2Kö 18,21; Jes 36,6; Jer 25,19; 46,17. Nur bei den Königen Necho und Hophra folgt der Eigenname 2Kö 23,29.33.35; Jer 46,2 u. 44,30. *Peu*

Pharisäer. *1)* Aus der Bewegung des Chasidismus (→ Chasidäer), der Gesetzestreuen der Makkabäerzeit 1Makk 2,42; 7,12, entwickelten sich in der Folgezeit bestimmte Gruppen, die in ihrer Stellung zur Lehre und zur politischen Entwicklung des Volkes wesentlich auseinandergingen. Die „Pharisäer" waren die sich Absondernden (= peruschim), wie sie zuerst von Andersdenkenden genannt wurden, und schlossen sich zu einem festen Verband zusammen, dessen Glieder sich untereinander „Genossen" (chaberim) nannten. Sie wollten durchaus im Sinn der sich seit Esra entwickelnden Schriftgelehrsamkeit die Thora genau erfüllen (Josephus), und wir werden diese Genauigkeit als eine Art „innere Konsequenz" zu betrachten haben. Die gesetzlichen Abgrenzungen rein - unrein, erlaubt - verboten sollten gewissenhaft innegehalten werden. Wenn andere Gruppen des Volkes diese gesetzlichen Abgrenzungen nicht ernst nehmen wollten, dann waren die P. bereit, sich von ihnen zu scheiden; das „Volk des Landes“, das die pharisäische Praxis nicht anerkannte, war vom pharisäischen Standpunkt aus „unrein“ Jo 7,49. Die *„Absonderung“ vom ungesetzlichen Wesen* war gleichzeitig eine Scheidung von den unreinen Menschen; denn die Unreinheit haftete am Menschen. Damit war ein älteres Prinzip der Absonderung, das aus der Zeit Serubabels und Esras stammte, weitergeführt: damals schied man sich von Heiden und Halbjuden, jetzt dagegen auch von den eigenen Volksgenossen, die den neuen Ernst der Gesetzestreue nicht mitmachen wollten. Wie ernsthaft diese Absonderung weiterwirkt, zeigt auf dem Gebiet der Speisegebote das Verhalten des Petrus in Antiochien Gal 2,12. Es entspricht durchaus der pharisäischen Gesetzesverschärfung, daß nur derjenige „Genosse“ (chaber) genannt werden kann, der das Gesetz genau erfüllt; wer außerhalb dieser Genauigkeit steht, kann nicht „Genosse“ sein. Nur der eigene pharisäische Verband stellt also im strengen Sinn das wahre Israel dar. Es kommt auch nicht auf die Bildung an: der Verband besteht sowohl aus Schriftgelehrten wie aus Laien. Das Schriftgelehrtentum empfing allerdings durch den Pharisäismus eine starke Förderung: aus dem Pharisäismus stammen die wichtigsten Schriftgelehrten; auch im Synhedrium (→ Hoher Rat) und in der Durchführung von Recht und Kultus haben sie maßgebenden Einfluß gehabt. Allerdings soll eine derartige Feststellung nicht ausschließen, daß es auch sadduzäische Schriftgelehrte gab. Gelegentlich schätzt Josephus die Stärke des pharisäischen Verbands auf 6000 (ant. 17,42).

2) Im Unterschied von den → Sadduzäern, die die gegebene Lehre als abgeschlossen ansahen, waren die P. der Überzeugung, daß sie weiter entfaltet werden müsse. Deshalb erklärten sie nicht nur die schriftliche, sondern auch die mündliche *Tradition* als verbindlich. Der „Eifer um Gott“, der ursprünglich ein wesentliches Merkmal des Chasidismus war, wird im Pharisäismus zu einem leidenschaftlichen Eifer um die korrekte Auslegung und Weiterführung der Lehre. Die mündliche Tradition bestand aus Entscheidungen, Auslegungen und Verhaltungsregeln der Schriftgelehrten, die als verbindlich angesehen wurden; sie waren für den P. nicht ein menschlicher Zusatz, sondern die Herausarbeitung des eigentlichen Sinns der schriftlichen Lehre. Der Lehrer, der eine bestimmte Auslegung gab, sprach damit nur ein Wort aus, das unausgesprochen in der schriftlichen Lehre enthalten war (R. T. Herford). Darum ist es nur konsequent, wenn Sanh. 11,3 ausdrücklich erklärt: „Es ist strafbarer, gegen die Verordnungen der Schriftgelehrten zu lehren, als gegen die Thora selbst.“ Die *Halacha,* d. h. die bis ins kleinste ausgeführte Belehrung, wie das von Gott verlangte Verhalten des Menschen aussehen soll, ist das typische Merkmal des pharisäischen Schriftgelehrtentums. Da diese Halacha auch das Zivil- und Kriminalrecht umfaßte, war die Regelung bis ins kleinste durchaus von der Sache her verständlich. Da das ganze Leben des Frommen in den Dienst für Gott eingespannt war, wehrte sich der pharisäische Schriftgelehrte oft genug gegen den Versuch, große und kleine Gebote voneinander zu unterscheiden. Wurde die eigentliche Voraussetzung des Pharisäismus, die lebendige Hingabe an Gott, vergessen, mußte notwendig seine Frömmigkeit zum Schauspiel oder zur Heuchelei herabsinken. Seit dem Aufkommen der Apokalyptik (Dan 12,2) spielt schon in der chasidischen Frömmigkeit der Glaube an die zukünftige *Vergeltung* und an die leibliche *Auferweckung* eine besondere Rolle, und auch der Pharisäismus vertritt an diesen Punkten mit Leidenschaft gegen den sadduzäischen Widerspruch diese eschatologische Hoffnung Apg 23,6ff (Sanh. 10,1). Dies Bekenntnis ist deshalb bemerkenswert, weil an anderen Punkten sich der Pharisäismus offenbar den apokalyptischen Gruppen gegenüber kritisch und nüchtern verhalten hat. Vor allem nach der Katastrophe des Jahres 70 nChr scheidet der Pharisäismus bewußt das apokalyptische Material aus der Lehrbildung aus. In der Mischna setzt sich ausdrücklich der pharisäische Glaube an die Auferstehung der Toten durch: „Wer da sagt, die Auferstehung der Toten sei nicht vom Gesetz herzuleiten, der hat keinen Anteil an der zukünftigen Welt“ (Sanh. 10,1). In der Fassung dieses Satzes spiegelt sich der scharfe Widerspruch gegen eine gegenteilige Lehrmeinung wider. Daß der Pharisäismus auch sonst für die Weiterentwicklung im Sinn der Apokalyptik eintritt, geht aus seinem Engel- und Geisterglauben hervor; der Sadduzäismus widerspricht ihm Apg 23,8.

3) Nach Josephus gehört die Betonung der *Vorsehung Gottes* zur Eigenart des Pharisäismus (bell. 2,162); tatsächlich darf man annehmen, daß er auch an diesem Punkt versucht hat, das altbiblische Erbe vor der Auflösung zu schützen. Das Vertrauen auf die vorausschauende Güte ist auch in der späteren Entwicklung des Rabbinats nicht verlorengegangen (R. Akiba). Es kam dem Pharisäismus darauf an, die Nähe Gottes zu betonen, der als der himmlische Vater sich vor allem und zunächst Israels annahm. Gerade das Bild vom „himmlischen Vater“ war dem Pharisäismus keineswegs unbekannt (R. T. Herford). In der Auffassung vom Menschen bildete er die Lehre von den *zwei Trieben* aus: dem guten und dem bösen Trieb. Der Wille des Menschen war frei und konnte wählen, welchem er folgen will. Aber auch der böse Trieb war nach Auffassung der Schriftgelehrten in das Heilshandeln Gottes einbezogen. Trotz aller Absonderung von den „Sündern“ wußte sich der Pharisäismus durchaus als verantwortlicher Erzieher des ganzen Volkes: seine Frömmigkeit sollte durchaus Vorbild und Beispiel für andere sein. Tatsächlich spielen das Motiv des *Lohnes* und das des *Verdienstes* im pharisäischen Denken eine nicht geringe Rolle. Das altbiblische Motiv des „Lohnes" wird jetzt zur Erwartung eines Unterschiedes in der Lage des Gerechten gegenüber dem Ungerechten; das „Verdienst" wird zur Anerkennung des „Hinzugefügten", des Vorzugs des Gehorsamen gegenüber dem, der sich diesem Willen Gottes entzieht. Gerade an diesem Punkt hat der Pharisäismus mit besonderer Leidenschaft sich bemüht, darüber nachzudenken, was eine Erfüllung des Gebotes für Gott selbst bedeutet. Auch dies Nachdenken bezeugt letztlich eine innere Konsequenz.

Der Pharisäismus war von Haus aus keineswegs eine *politische Partei,* wohl aber war er durchaus bereit, jederzeit zu einer solchen zu werden. Grundsätzlich war der Pharisäismus durchaus bereit, einer Obrigkeit im Rahmen ihres Auftrags eine bestimmte Freiheit zuzugestehen; wurde aber die Möglichkeit, den Willen Gottes zu erfüllen, durch Maßnahmen der Obrigkeit verhindert, war der Pharisäismus bereit, bis zur letzten Konsequenz ihr zu widerstehen. Das erste geschichtliche Auftreten des Verbandes fällt in die Regierung des → Johannes Hyrkan (135 bis 104 vChr). Die pharisäischen Richtlinien waren allerdings schon vor dieser Zeit ausgebildet worden; grundsätzlich ist der Pharisäismus als ein veränderter und umgebildeter Chasidismus anzusehen. Es kam zZ des Johannes Hyrkan zu einem schweren Konflikt zw. dem König und dem Verband, der die Verwerfung des ganzen pharisäischen Systems und die Verfolgung seiner Vertreter nach sich zog (105 vChr). Zur Zeit der Königin Alexandra (Salome) gelang es dagegen den P.n, sich den vollen Einfluß auf das Volksleben zu sichern (78-69 vChr). Zur Zeit des Herodes gab es zwar Spannungen und Konflikte zw. dem König und den Pharisäern; aber diese hielten doch die Politik der Zurückhaltung und des Friedens für den allein möglichen Weg. Die eschatologisch und apokalyptisch ausgerichtete *Taufbewegung* (Essener, Johannes der Täufer) lehnte den Pharisäismus als ganzen ab und sah in ihm eine Erweichung, einen Kompromiß und einen Verstoß gegen den eigentlichen Willen Gottes. Umgekehrt lehnte auch der Pharisäismus die gesetzlich nicht begründeten Anschauungen der Taufbewegung mit Bewußtsein ab. Tatsächlich war der Rückzug in die Wüste, den die Taufbewegung vollzog, auch eine Trennung von den maßgebenden Parteien des herrschenden Judentums. *Jesus* setzt den Kampf mit dem Pharisäismus mit betonter Schärfe fort, allerdings mit neuer und eigener Begründung. In den Evangelien erscheint der P. als Gegner der Berufung der „Armen", als Vertreter der Selbstgerechtigkeit des Menschen und als Heuchler, der seine Schuld vor Gott verdeckt. Auch in den Jahren nach der Katastrophe (70 nChr) ist dieser Gegensatz zw. Christentum und Pharisäismus außerordentlich hart gewesen, was das damals abgefaßte Matthäusevangelium bezeugt. Offenbar haben diese Auseinandersetzungen zweier Glaubensrichtungen sehr verschiedene geschichtliche Stadien durchlaufen (vgl. Apg 5, 34 ff; 15, 5). Die möglichen Übergänge vom Pharisäismus zum Christentum zeigen deutlich, daß trotz aller Gegensätzlichkeiten auch Berührungen vorhanden gewesen sein müssen. Nach der Katastrophe des Jahres 70 nChr übernahm der Pharisäismus die geistige Führung des jüd. Volkes und schuf eine neue Haltung des Glaubens und Lebens, die aus der schweren geschichtlichen Krise herausführte. *Mi*

Phaselis, eine Handelsstadt in Lykien, 1Makk 15,23 genannt, heute Tekirova. *Schl*

Philadelphia, *1)* heute ʽammān (Hauptstadt von Jordanien, 170 000 Einwohner), gehörte zur → Dekapolis, von Ptolemäus II. Philadelphos (285-246 vChr) an der Stelle des alten → Rabba am Oberlauf des Jabbok erbaut. Aus römischer Zeit (2. Jh. nChr) sind auf der Akropolis Reste zweier Tempel und ein Stück der Umfassungsmauer, in der südlich davon gelegenen Unterstadt in sehr gutem Zustand ein großes Theater für 3000-4000 Zuschauer, ferner Reste einer Säulenstraße, einer Brücke, eines Nymphäons, der Ostmauer mit Tor und eines kleinen Theaters erhalten. *Me*

2) Stadt in Lydien (Kleinasien), südlich des Kogamus-Flusses an der Straße von Sardes nach Kolossä, genannt nach Attalus II. Philadelphus von Pergamon (159-138 vChr), heute Alaschehr. Das 6. Sendschreiben der Offb Jo 3,7 ff gilt der dortigen Christengemeinde, ebenso ein Brief des Bischofs Ignatius von Ephesus im 2. Jh. *Ap*

Philemon, Philemonbrief. P., ein angesehener Christ in Kolossä und Leiter einer Hausgemeinde, ist der Empfänger eines kleinen Schreibens, das Paulus in einer ganz persönlichen Angelegenheit an ihn richtete. Die besondere Herzlichkeit, die im Verkehr mit diesem „Bruder" und „Mitarbeiter" zu spüren ist, durchstrahlt auch diesen kleinen Privatbrief Kol 4, 9; Phm 2. Sein Sklave Onesimus, der aus seinem Hause geflohen war, wurde mit Paulus bekannt und von ihm bekehrt. Nun machte er sein Unrecht wieder gut und kehrte zu seinem Herrn zurück. Damit aber Onesimus freundliche Aufnahme finde, gibt Paulus ihm diesen Brief an seinen Herrn mit, der die Antwort zeigt, die das Christentum auf die Sklavenfrage gibt. Wird ein Sklave Christ, so gehört er auch jetzt noch seinem Herrn, ja gerade jetzt gehört er ihm erst recht und ist er ihm recht nütze V. 11; aber das neue Verhältnis zw. Herr und Knecht kündigt sich an: der Sklave ist mehr als ein Sklave, er ist ein geliebter Bruder V. 16. Paulus selbst hat es zuerst gelernt, in Onesimus nicht nur einen Sklaven, sondern einen geliebten Bruder zu sehen, und wird so selbst zum Beispiel eines rechten Verhaltens zu diesem flüchtigen Sklaven. Damit ist nicht nur die Verachtung des Sklaven aufgehoben, sondern auch das antike Recht, den flüchtigen Sklaven verfolgen und strafen zu lassen (vgl. den antiken Steckbrief), innerlich überwunden. Das Evangelium führt das soziale Problem bis zu der Grenze, die alle menschlichen Unterschiede und Scheidungen relativiert. Auch das Unrecht, das der flüchtige Sklave vielleicht begangen hat, soll jetzt vergeben sein; Paulus selbst setzt sich für die Wiedergutmachung ein V. 18-21. Aber auch an diesem Punkt ist das Evangelium die innere Überwindung alles menschlichen Rechts: eigentlich schuldet Ph. sich selbst dem Apostel, hat also keine menschlichen Rechte ihm gegenüber anzumelden. Auch das Recht zw. Mensch und Mensch hat also seine Grenze an dem Vorgang des Glaubens. Auffallend ist, wie Paulus selbst sich mit dem flüchtigen Sklaven identifiziert: er nennt ihn „sein eigenes Herz" und er bittet den P., den Sklaven aufzunehmen wie ihn selbst V. 12. 17. Dabei ist allerdings nicht vergessen, daß der Apostel Anspruch auf den „Gehorsam" auch eines P. hat: im Hinblick auf diesen „Gehorsam" wird dieser mehr tun, als der Apostel verlangt V. 21. Eine allgemeine Lösung der bedrängenden sozialen Frage ist nicht angedeutet. Auch sonst war in der Antike ein Vertrauensverhältnis zw. dem Herrn und Sklaven möglich; Paulus sichert keineswegs nur die „menschliche Würde" des Sklaven. Und ob er ihn zurückerbitten darf, überläßt er durchaus dem P., ohne hier einen apostolischen Anspruch geltend zu machen V. 13 f. Man darf also diesen Punkt nicht übermäßig in den Vordergrund stellen. Das Schreiben des Paulus zeugt von feinem Takt, von großer stilistischer Kunst (vgl. das Wortspiel mit dem Namen Onesimus in V. 11 u. 20) und von einer klaren, in großen Fragen und in kleinen Alltagsdingen vom Evangelium bestimmten Haltung. Die Vermutung, wegen der geringen Entfernung zw. Kolossä und Ephesus sei der Brief von Ephesus aus geschrieben, ist unwahrscheinlich. Eine lange Wartezeit im Gefängnis hat der Apostel erst in Palästina und in Rom durchmachen müssen. Kolosserbrief und P.brief gehören zeitlich und sachlich zusammen.

Lit.: M. Dibelius-H. Greeven, An die Kolosser, Epheser und an Philemon (in Lietzmanns Handbuch), [3]1953; E. Lohmeyer, Die Briefe an die Philipper, Kolosser und an Philemon, 1953; H. Rendtorff, Das Neue Testament Deutsch, 8. Bd.; C. F. D. Moule, The Epistles of Paul the apostle to the Colossians and to Philemon, 1957. *Mi*

Philetus → Hymenäus.

Philipperbrief. *1)* Nach alter kirchlicher Tradition, die man nicht leicht aufgeben sollte, stammt unser Philipperbrief aus einer Gefangenschaft des Apostels in Rom. Allerdings hat man auch andere Orte für die Abfassung in Betracht gezogen (Ephesus, Caesarea). Im letzteren Fall würde unser Brief zeitlich früher angesetzt werden müssen; wenn man an eine römische Gefangenschaft denkt, wird man wegen der veränderten Situation des Prozesses über das Ende der in Apg 28, 30 f erwähnten zwei Jahre hinausgeführt. Wir würden dann die Möglichkeit erwägen müssen, daß wir es hier mit dem Abschluß der eigentlichen Gefangenschaftsbriefe zu tun haben. Auf jeden Fall haben wir auf die spärlichen Bemerkungen über die Umstände und die Umgebung des Apostels zu achten. Entscheidend ist das Verständnis von 1, 12: Im Verlauf des Verhörs hat sich herausgestellt, daß die bisherigen Vermutungen falsch waren und ein falsches Bild des Angeklagten ergaben; Gegner werden ihn angezeigt haben, die Obrigkeit setzte ihn fest, die Verhöre gingen von der Voraussetzung aus, daß der Angeklagte im Gegensatz zu den römischen Gesetzen und zum römischen Staat stand. Die Situation des Angeklagten hat nun eine überraschende Wendung genommen: weite Kreise haben erkannt, daß es sich ausschließlich um die Sache des Evangeliums handelt. Das in 1, 13 erwähnte „praetorium" könnte in Rom die Kaserne der kaiserlichen Garde, sonst der Statthalterpalast sein. In 4, 22 lassen Angehörige des kaiserlichen Haushalts (Freigelassene, Sklaven) die angeredete Gemeinde grüßen. Es ist selbstverständlich, daß es solche Angehörige des kaiserlichen Haushalts auch außerhalb Roms gab; aber es ist naheliegend, an römische Verhältnisse zu denken. Angehörige des kaiserlichen Haushalts hatten an der römischen Veteranenkolonie in Philippi ein besonderes Interesse.

2) Die Gemeinde hat erfahren, daß Paulus in Gefangenschaft geraten ist, und sandte ihm durch Epaphroditus eine Liebesgabe 2, 25. Er hat aber nicht nur äußerlich die Lage des Apostels verbessern können, sondern sich auch persönlich für ihn und das Evangelium eingesetzt, so daß er selbst bis an den Rand des Todes kam 2, 30. Er wurde ernstlich krank und für Paulus daher zu einer schweren Belastung, zumal auch die Gemeinde von der Not ihres Abgesandten Kunde erhalten hatte. Paulus beschloß daher, Epaphroditus zurückzuschicken, vielleicht sogar ihn zum Überbringer unseres Briefes zu machen. Offenbar sind aber auch andere Schwierigkeiten in der Gemeinde aufgetreten, die das besondere Interesse des gefangenen Apostels in Anspruch nehmen. Jedenfalls hält er es für notwendig, seinen treuesten Gefährten, Timotheus, nach Philippi zu senden 2, 19 ff; ja, er hofft sogar, selbst dorthin zu kommen, wenn es seine nunmehr gebesserte Lage erlauben wird 1, 26; 2, 24. Beide Empfindungen kommen im Brief zum Ausdruck: die Bereitschaft zum Sterben und das Leben weiterhin als Möglichkeit, zu dienen und Frucht zu bringen, dankbar hinzunehmen.

3) Wichtig ist der eingesprengte Christuspsalm in 2, 5-11, der von der Präexistenz ausgeht, die menschliche Niedrigkeit und den Gehorsam betont und im Lobpreis der Erhöhung endet. Alle Mächte werden in diesen Lobpreis einstimmen, so daß Jesus im Vollsinn der „Herr" der ganzen Welt werden wird. Dieser aus älteren Wurzeln gespeiste Hymnus ist nun keineswegs spekulativ gemeint, sondern dient im Zusammenhang unseres Briefes dazu, die Mahnung zur Überwindung der Selbstsucht und zur

Demut eindrücklich zu machen. Mit 3, 1 setzt ein neuer Abschnitt ein, der stark polemisch ausgerichtet ist. Die erste Warnung 3, 2 ff richtet sich offenbar gegen Juden und Judaisten, die sich besonderer Vorzüge rühmen, die für Paulus ihre Gültigkeit verloren haben. Er weist auf seinen Weg hin, auf seinen Bruch mit dem Judentum, auf die entscheidende Wandlung, die alle Vorzüge um der Erkenntnis des Messias Jesus willen aufgegeben hat. Diese Erkenntnis schenkt Gemeinschaft mit ihm, seiner Auferstehung und seinen Leiden; damit wird der Weg zu einem Ziel beschritten, das noch nicht erreicht ist. Das Schlagwort von den „Vollkommenen" wird aufs neue in die Diskussion geworfen: auf das Ziel ausgerichtet sein ist das Zeichen wahrer „Vollkommenheit". Die zweite Warnung 3, 17 ff richtet sich offenbar gegen zuchtlose Christen, die durch ihr schandbares Treiben zum Ärgernis werden. Wenn Paulus oft vor ihnen gewarnt hat, dann stellen sie eine Gefahr für die Gemeinde dar. Fleisch und Geist, Irdisches und Himmlisches werden in ihrer Gegensätzlichkeit aufgewiesen. Christen sind Bürger der himmlischen Heimat und sollen diesem Rechtsstand gemäß leben.

4) Zum Abschluß des Briefes gehört die Bitte an zwei Christinnen, sich zu vertragen; da nicht damit gerechnet werden kann, daß sie sich selbst überwinden, bittet der Apostel ein weiteres Gemeindeglied, die beiden Frauen zur Einigung zu führen 4, 2 f. Der Ernst dieses Zwistes hat ihm also in seiner Gefangenschaft Not gemacht. Trotz aller großen und kleinen Bedrängnisse bleibt er aber bei seiner alten Mahnung, an der Freude als dem Grundton des Evangeliums jederzeit festzuhalten, zumal die Nähe der Ankunft Christi von aller unnötigen Sorge befreit 4, 4 ff. Auch in diesem Gefangenschaftsbrief bleibt die eschatologische Erwartung ungebrochen und bestimmt bis ins kleinste jede Situation.

Lit.: E. Lohmeyer, Der Philipperbrief, 1928; W. Michaelis, Der Brief des Paulus an die Philipper 1935; K. Barth, Erklärung des Philipperbriefes, [6]1959; M. Dibelius, An die Philipper, [2]1925. *Mi*

Philippi. Alte Siedlungen, Krenides und Daton, gehören in die Vorgeschichte von P., einer Gründung des Vaters Alexanders d. Gr. Thrakische Stämme haben hier ursprünglich gewohnt, thasisch-griechische, mazedonische und später auch römische Siedler die Geschichte der Stadt erneuert. Die plurale Namensform hängt vielleicht damit zusammen, daß mehrere Orte von P. zu einer geschlossenen Befestigung zusammengeschlossen wurden. Nach dem Sieg der Römer 168 vChr gehörte P. zum ersten Verwaltungsbezirk Mazedoniens und erhielt als Knotenpunkt wichtiger Handelsstraßen besondere Bedeutung. Nach der Doppelschlacht von P. 42 vChr im römischen Bürgerkrieg wurde die Stadt eine römische Kolonie, die später durch neue Ansiedler aus Italien verstärkt wurde; sie hieß nun Colonia Augusta Julia Philippi und unterstand italischem Recht. Daher betrachteten sich die Einwohner als „Römer" Apg 16,21. Paulus kam zunächst auf der zweiten Missionsreise nach P. und gründete dort eine christl. Gemeinde Apg 16, 8 ff. Er besuchte P. auch auf der dritten Missionsreise und vor der Fahrt nach Jerusalem Apg 20, 2 f. 6. Er hatte ein bes. herzliches Verhältnis gerade zu dieser Gemeinde. Die Erinnerung an den Aufenthalt im Gefängnis schlägt sich in archäologischen Traditionen nieder, die bis heute lebendig geblieben sind. Der Fluß, an dessen Ufer sich die Juden zu versammeln pflegten Apg 16,13, ist der Angites (heute Angista). *Mi*

Philippus. *1)* In den *Makkabäerbüchern* kommt der im Griechischen häufige Eigenname mehrmals vor: *a)* P. II., König von Mazedonien 360-336, Vater Alexanders d. Gr., I, 1, 1; 6, 2. — *b)* P. III., König von Mazedonien 200-197, der 197 in Thessalien von den Römern besiegt wurde I, 8, 5. — *c)* P., ein phrygischer Günstling des Antiochus Epiphanes und Statthalter in Judäa (169 vChr), von dessen judenfeindlichem Treiben II, 5, 22; 6, 11 und weiteren wechselvollen Schicksalen II, 8, 8; 9, 29; I, 6, 14 f. 55 ff berichtet wird.

2) Im *NT: a)* P. (4 v bis 33 nChr), Sohn Herodes d. Gr. und der Kleopatra. Ihm fiel der Nordosten Palästinas als Tetrarchie zu Lk 3, 1. Er baute das alte Paneas an den Jordanquellen als Cäsarea Philippi wieder auf, wo Jesus gelegentlich weilte Mt 16, 13. Auch in Verbindung mit dem Bericht über die Enthauptung des Täufers wird wahrscheinlich dieser P. erwähnt Mt 14, 3 par. — *b)* P., einer der Zwölf, wird in den Apostelverzeichnissen der Synoptiker und der Apg an 5. Stelle aufgeführt Mt 10, 3; Mk 3, 18; Lk 6, 14; Apg 1, 13. Jo berichtet seine Abstammung aus Bethsaida, dem Heimatort des Petrus und Andreas 1, 44, ferner, daß er Nathanael Jesus zuführte 1, 45, bei der Speisung der Fünftausend seine Zweifel frei kundtat 6, 5-7, von den Griechen, die Jesus sehen wollten, angesprochen 12, 20 ff und von Jesus über das Sehen Gottes des Vaters belehrt wurde 14, 8 f. — *c)* P. der Evangelist, einer der Siebenmänner von Jerusalem Apg 6, 5; 21, 8. Nach dem Tod des Stephanus entfaltete er in Samaria eine erfolgreiche Wirksamkeit Apg 8, 5-13, wurde der Evangelist für den äthiopischen Kämmerer, den er taufte Apg 8, 26-39, und verkündigte das Evangelium von Asdod bis Cäsarea Apg 8, 40. Hier wohnte er mit seinen vier prophetisch begabten Töchtern. Paulus und seine Begleiter kehrten am Ende der dritten Missionsreise im Haus des P. ein Apg 21, 8 f. *Kü*

Philister. *1) Das Land.* Obwohl Philistäa dem ganzen Land Palästina den Namen gegeben hat, erstreckt sich das eigentliche P.land nur vom nahr-el-'audscha bei Jaffa bis zum wadi ghazze bei Gaza im Küstengebiet westlich der judäischen Berge. Es ist die sog. Schephela, die mit ihren Obst-, Oliven- und Getreideanbauflächen zu den fruchtbarsten Gegenden Palästinas gehört. Während die sandige Küste sich für Seehandel weniger eignet, gibt die Nord-Süd-Durchgangsstraße vom Zweistromland nach Ägypten dem Land große wirtschaftliche und politische Bedeutung. Dementsprechend finden sich hier schon in der Bronzezeit mehrere Städte wie Gaza (heute ghazze), Askalon ('asḳalān), Asdod (esdūd) und Ekron (oder Akkaron, 'āḳir) mit einer ursprünglich kanaanäischen Bevölkerung.

2) Das Volk. In dieses Gebiet drangen im 12.Jh. die P. ein und bildeten für mehrere Jh.e die Herrenschicht. Ihre Herkunft ist noch nicht völlig geklärt. Im AT wird an mehreren Stellen eine Insel → Kaphtor dafür genannt, worunter wohl Kreta zu verstehen ist. 1Mose 10,13 f stellt die P. in Zusammenhang mit den Ägyptern, der jedoch mehr politisch als rassisch zu verstehen sein wird. Da die P. nicht Träger minoischer Kultur sind, dürfte auch Kreta nicht ihre Heimat, sondern nur Durchgangsland im Zug einer großen, vom Norden ausgehenden Wanderbewegung sein, in deren Verlauf die P. sowohl über die griech. Inseln wie über Kleinasien in den südöstlichen Mittelmeerraum vordrangen. Man sieht neuerdings in ihnen einen ursprünglich illyrischen, also indogermanischen Stamm, der mit den Danaern (Griechen) eine gewisse Verwandtschaft zeigt. In Kleinasien (Cilicia Tracheia) dürften sie religiös und kulturell von den Hethitern beeinflußt worden sein (heth. Gott Daganzipas = phil. Dagan, heth. Zaparwa, ein Hirschgott = Zebaba = phil. Baal-Zebub). Außerdem verehrten die P. eine Göttin Atargatis oder Derketo in Askalon. Von den Semiten unterschieden sie sich durch ihre Seefahrttechnik, ihre Bewaffnung und Eisenverarbeitung wie auch durch ihre körperliche Größe und ‚Unbeschnittenheit' (1Sam 18,25 ff).

3) Die Geschichte. Als die P. bei ihrem Eroberungszug um 1188 Ägypten anzugreifen suchten, wurden sie durch Ramses III. zur See und auf dem Land erfolgreich abgewehrt. Immerhin duldete Ägypten ihre Ansiedlung in der Schephela, die zum ägyptischen Einflußbereich zählte. Als ägyptische Vasallen übernahmen die P. in Gaza, Askalon, Asdod und Ekron die Herrschaft und bildeten so mit Gath einen Bund von fünf Stadtfürsten, deren einer jeweils bei außenpolitischen Aktionen die Leitung hatte. Mit dem Rückgang der ägyptischen Macht im 11.Jh. wurden die P. selbst Herren des Landes und breiteten sich über die kanaanäischen Stadtstaaten bis in die Jesreel-Ebene nach Beth-Schean aus, wie die dortigen Keramikfunde zeigen. — Die Israeliten fühlten sich ihnen zunächst waffentechnisch weit unterlegen, vgl. die Simsongeschichten Ri 14-16; 1Sam 13,19 ff; 17,5-7. 1Sam 4 ff berichtet von einer verlorenen Schlacht des isr. Heerbanns bei Aphek, wodurch sogar die Bundeslade für längere Zeit in die Hände der P. kam. Ein vorübergehender Sieg Samuels 1Sam 7,10-14 konnte nicht verhindern, daß auch das Bergland den P.n tributpflichtig wurde, vgl. 1Sam 10,5; 13,3 f. Saul gelang es mit Hilfe von Jonathan und David, die P. zeitweise in das Tiefland hinabzudrängen 1Sam 14; 17, doch verlor er beim Gegenschlag der P. am Gilboagebirge Land und Leben 1Sam 31. → David, der zeitweilig als Lehensträger bei Achis von Gath in Ziklag Zuflucht vor Saul gefunden hatte, übernahm nun, noch als Vasall der P., das Königtum von Hebron. Erst als König des isr. Gesamtreichs um das Jahr 1000 vermochte er, durch zwei siegreiche Schlachten im Tal Rephaim südwestlich von Jerusalem das P.joch abzuwerfen 2Sam 5,17 ff; 8,1. Damit war die Macht der P. über Israel gebrochen. Gath wurde später zu Juda geschlagen und von Rehabeam zur Festung ausgebaut 2Chr 11,8. In Geser hatte Salomo eine Grenzfeste gegenüber Ekron und Gibbethon (tell el melāt). Hier brachen nach seinem Tode die Kämpfe mit den P.n wieder los, wobei der gesamte isr. Heerbann gegen Gibbethon eingesetzt wurde 1Kö 15,27; 16,15 ff.

In der Folgezeit behaupteten die P. ihr Kerngebiet und konnten es mit Hilfe Hasaels von Damaskus zeitweise sogar gegenüber Israel erweitern, vgl. 2Kö 12,18; 13,22 LXX; 2Chr 26,6; Jes 9,11. Mehrere Prophetensprüche richten sich gegen sie: Am 1,6 ff; Jes 14,28 ff; Zeph 2,4 ff; Jer 25,20; Sach 9,5. Adadnirari III. und Tiglatpileser III. unterwarfen Philistäa der assyrischen Vorherrschaft, gegen die sich zw. 734 und 711 Gaza und Asdod vergeblich erhoben, so daß nun Philistäa zur assyrischen Provinz Asdod wurde. Einer weiteren Aufstandsbewegung unter Hiskia von Juda, dessen Einfluß weit nach Philistäa reichte, vgl. 2Kö 18,8, schlossen sich König Sidka von Askalon und die Einwohner von Ekron an, die ihren assyrertreuen König Padi in Ketten Hiskia übergaben. Die Könige Mitinti von Asdod und Silbel von Gaza blieben Assyrien treu und erhielten zusammen mit Padi von Ekron nach Sanheribs erfolgreichem Feldzug 701 zeitweise das Gebiet von Juda außer Jerusalem zugewiesen. — Auf die assyrische folgte bald die ägyptische Herrschaft, wobei Pharao Psammetich I. (nach Herodot) 29 Jahre lang Asdod belagerte und Necho Gaza eroberte Jer 46,2; 47,1. Noch im persischen Reich zZ Nehemias blieb der assyrische Provinzname Asdod für Philistäa erhalten, vgl. Neh. 13,23 f. Gegen Alexander d. Gr. leistete Gaza hartnäckigen Widerstand. 323 fiel Philistäa an Syrien, danach an die Ptolemäer und von 198 ab wieder an Syrien. In den Makkabäerkriegen flammte noch einmal die alte Feindschaft zw. Judäern und P.n auf: Jonathan zerstörte Asdod mit dem Dagontempel, unterwarf Askalon, erhielt von Alexander Balas Ekron und zwang Gaza zum Frieden 1Makk 10,48 ff; 11,61 f. Alexander Jannäus (→ Jannai) vollendete die Unterwerfung. Durch Pompejus der römischen Provinz Syrien unterstellt, erlebten die P.städte einen äußeren Aufschwung, verfielen aber geistig-politisch einer zunehmenden Hellenisierung. *Da*

Philometor, Beiname des Ptolemäus VI. (181 bis 146 vChr) 2Makk 4,21; 9,29; 10,13. *(Pfei)*

Philosophie, nur Kol 2,8. Nach dem Zusammenhang ist hier an eine mit christl. Formeln arbeitende heidnische oder jüd. Anschauung zu denken. P. gehört zu „der Menschen Lehre und den Elementen der Welt", steht damit gegen das Trauen einzig auf Jesus Christus und erfährt demzufolge entschiedene Ablehnung. Da P. nicht wie Apg 17,18 durch eine Bezeichnung näher erklärt ist, können die Themen dieser P. nur mittelbar als Visionen und Spekulationen erschlossen werden. — Anscheinend ist im NT an P. auch dort zu denken, wo das Wort selbst nicht begegnet. So wird unter der „Weisheit" dieser Welt 1Kor 3,19, der Paulus den gekreuzigten Christus gegenüberstellt, P. gemeint sein. Freilich will neuere Auslegung hier an die → Gnosis denken. Aber im Wortschatz und in den Fragestellungen der Briefe des Paulus ist die Kenntnis der griech. P. nachgewiesen (vgl. Lietzmanns Handbuch zum NT). Vielleicht ist manches jüd. Argument des Paulus schon vor ihm durch P. geprägt worden (Philo?). Er mochte gegenüber ehemaligen Heiden und philosophisch gebildeten Diasporajuden die Sprache der P. anwenden, um Sünde und Gnade verständlich zu predigen. — Jesus hat für seine Lehre die P. oder ihre Worte nicht verwendet, da er auf der Denk- und Lehrweise des Judentums aufbaut. Im AT ist wohl nur im Buch des Pred die Kenntnis der P. anzunehmen. Obwohl in der Bibel eine grundsätzliche Auseinandersetzung mit der P. nicht geführt wird, scheidet diese deutlich als Quelle des christl. Glaubens aus. Aber ihre Sprache und Methode können helfen, die Fülle des christl. Glaubens verständlich zu machen. *Nag*

Phöbe, eine Christin, die als weiblicher → Diakon in der Gemeinde Kenchreä bei Korinth wirkte. Da sie nach Rom reisen mußte, wurde sie von Paulus der Gemeinde in Rom herzlich empfohlen Röm 16,1 f. Vielleicht war P. Überbringerin des Römerbriefes. *Kü*

Phönix. *1)* Der Wundervogel P., der sich nach der alten Sage, wenn er 500 Jahre gelebt hat, auf einem Baum ein Nest baut, das von der Sonne in Flammen gesetzt wird, so daß der P. verbrennt, doch aus der Asche ersteht ein junger P., ist wohl Hiob 29,18 gemeint (Luther nach dem hebr. Text: Sand). — *2)* Ein guter Hafen an der Südküste von Kreta Apg 27,12, heute Porto Lutro. *Schl*

Phönizien. *1) Landschaft und Geschichte.* Während man den ganzen Kulturlandstreifen an der östlichen Mittelmeerküste bis zur syr.-arabischen Wüstengrenze als „Großsyrien" bezeichnet, entspricht der geographische, uns von den Griechen überkommene Begriff P., wie er Apg 11,19; 15,3; 21,2 erscheint, nur dem mittleren Drittel jener Küstenlinie, landeinwärts bis zum Kamm des Libanon reichend. Weil dieser Landstrich über brauchbare Seehäfen verfügte und der Holzreichtum des Libanon ein begehrter Rohstoff war, machte Ägypten im Neuen Reich dieses ganze Gebiet sich untertan. Bedeutende, zu verschiedenen Zeiten gegründete Hafenstädte waren Tyrus, Sidon, Beirut, Arwad und Byblos, mit dem schon die Pharaonen des frühen Alten Reiches Handel trieben. Für dieses mittlere wie auch für das südliche Syrien — Palästina — dürfen wir in vorisr. Zeit mit einer semitischen Bevölkerung rechnen, deren Sprache, Zivilisation und Religion als kanaanäisch gilt, während in Nordsyrien vielmehr hethitische Kultur vorherrschte. Eine Sondergeschichte gewannen jene kanaanäischen Städte von Tyrus bis Arwad erst von dem Zeitpunkt an, als die südliche Küstenebene bis zum Karmel von den Philistern, die Gebirge Palästinas von den Israeliten und Mittelsyrien von den Aramäern eingenommen und besiedelt wurden. Damals konnten sich jene kanaanäischen Städte, die wir nunmehr phönizische nennen, dank ihrer Seelage und Befestigung gegenüber den Neueinwanderern halten oder nach vorübergehender Niederlage wieder behaupten; sie gehörten aber nach wie vor völkisch und kulturell zum Kanaanäertum. Als sich die Macht Ägyptens im erfolgreichen Kampf gegenüber den eindringenden „Seevölkern", die das ganze östliche Mittelmeerbecken beunruhigten, erschöpft hatte und die ägyptische Flotte dabei aufgerieben wurde, traten die Phönizier als einzige Besitzer einer noch nennenswerten Flotte in die Lücke und wurden bald zum entscheidenden Handelsvolk im östlichen Mittelmeer. Wohl besaßen diese Phönizier nur einen schmalen Küstenstreifen; doch ersetzten sie den Verlust des Hinterlandes durch eine großzügige Kolonisation an verschiedenen Küstenplätzen des Mittelmeers: auf Sardinien, auf Zypern, in Spanien und Nordafrika; i. J. 814 wurde Karthago gegründet. Als wichtigste phönizische Staaten gelten Tyrus-Sidon, deren Herrscher sich „König der Sidonier" nennt; erst im 8. Jh. trennen sich die Stadtstaaten Tyrus und Sidon. Vor dem Ende des 8. Jh. beginnen die Griechen die Phönizier aus ihrem Handelsmonopol zu verdrängen, und die phönizischen Staaten gerieten bald in assyrische Abhängigkeit. Wirklich erobert aber wurde die Inselstadt Tyrus zum ersten Mal durch Alexander d. Gr. i. J. 332, der nach der Insel einen Damm von 800 Meter Länge als Basis für die Belagerungsmaschinen aufschütten ließ. Neben vielen materiellen und geistigen Gütern haben die Phönizier der griech. Welt das Alphabet übermittelt.

2) Israel und P. Mannigfach waren die politischen Beziehungen zwischen Israel und dem ihm nächstgelegenen phönizischen Staat Tyrus. Schon in vorstaatlicher Zeit hatten sich galiläische Stämme wirtschaftlich mit der Inselstadt verbunden: Angehörige der Stämme Dan, Sebulon, Asser und Naphthali verdingten sich als

Hafenarbeiter und Matrosen; es kam zu Zwischenheiraten; man hatte Vorteil am Reichtum von Tyrus 1Mose 49,13 ff. 20 f; 5Mose 33,18 f. 23.24 f; Ri 5,17 f; 1Kö 7,13 f. In der davidisch-salomonischen Zeit, als der Staat Israel direkt an das Festlandsgebiet von Tyrus grenzte, kam es zu einem Wirtschaftsbündnis zw. beiden Staaten. Der König Hiram von Tyrus stellte für das wirtschaftlich noch unentwickelte Israel die Bauhandwerker und lieferte Rohstoffe für die Staatsbauten, Israel zahlte mit Öl- und Weizenlieferungen. Schließlich trieb man unter Salomo von Ezjon-Geber aus eine gemeinsame Handelsschiffahrt, die Reichtum in beide Länder brachte 2Sam 24,7; 5,11; 1Kö 5,15 ff; 9,26 ff; 10,11. Salomo konnte allerdings seinen finanziellen Verpflichtungen nicht nachkommen und verpachtete galiläische Städte an Tyrus 9,10 ff. Salomo scheint auch mit anderen phönizischen Staaten wie Byblos Handelsverträge geschlossen zu haben 5,32. Die isr. Bauten einschließlich des Jerusalemer Tempels dürften nach phönizischen Vorbildern konstruiert worden sein.

Unter den Omriden kam es erneut zu einem isr.-phönizischen Bündnis. Ahab heiratete die tyrische Königstochter Isebel, deren bewußtes Eintreten als „Kanaanäerin" für die Religionsform des Baalismus in Israel die Opposition der strengen Jahweverehrer hervorrief 1Kö 16, 29 ff; 18,19; 19,2. Die Revolution des Jehu richtete sich auch gegen den Einfluß von Tyrus auf Israel, das nunmehr an dieser Stadt die entscheidende Hilfsmacht im Kampf gegen die sieghaften Aramäer verlor 2Kö 10,32 ff. Gegen das nur auf Handel und Gewinn bedachte P. richteten isr. Propheten zu verschiedenen Zeiten ihre Drohorakel Jes 23,1-14; Jer 25,15.22; Hes 27, 2 ff; Am 1,9. *Peu*

Phrat → Euphrat.

Phrygien, Landschaft in Kleinasien mit alter indogermanischer Bevölkerung, westlich des Halys-Flusses, vorwiegend Hochebene (900 bis 1000 m), im Südwesten fruchtbar, im Norden und Osten Weideland. Neben dem ursprünglichen Kernland P. (um Ankyra, heute Ankara), das nach der Einwanderung der Gallier (seit 278 vChr) Galatien heißt, rechnet man das südlich anschließende Gebiet zu P., das gleichfalls zur römischen Provinz Galatien gehört — die beiden Namen werden Apg 16,6; 18,23 nebeneinander gebraucht. Zu West-P. zählen Städte wie Hierapolis, Kolossä und Laodizea, in denen sich früh christl. Gemeinden bildeten Kol 4,13. 16; Offb 3,14 ff. Politisch zählen diese Orte zur Provinz Asia (= West-Kleinasien). Von Juden aus P. ist in der Pfingstgeschichte Apg 2,10, von Christen („Jüngern") dort — und in Galatien — Apg 18,23 die Rede. *Ap*

Pihachiroth, letzter Lagerort der Israeliten vor dem Roten Meer 2Mose 14,2.9; 4Mose 33,7 f an der Ostgrenze des Nildeltas, zw. Migdol und dem Meer, angesichts von Baal-Zephon, nahe el-kantara. Die genaue Lage ist nicht feststellbar. *Schw*

Pilatus. Nach der Absetzung des → Archelaus wurde Judäa unter direkte römische Verwaltung gestellt und ein Prokurator (→ „Landpfleger") mit der Führung der Geschäfte beauftragt. Dieses Amt versah von 26-36 nChr Pontius P. Zeitgenössische Quellen (Josephus, Philo) geben von ihm ein durchaus ungünstiges Bild, indem ihm „Bestechlichkeit, Gewalttaten, Räubereien, Mißhandlungen, Kränkungen, fortwährende Hinrichtungen ohne Urteilsspruch, endlose und unerträgliche Grausamkeiten" (so Agrippa I. bei Philo) vorgeworfen werden. Mutwillig und rücksichtslos verletzte er die religiösen Gefühle der Juden: er ließ seine Truppen in Jerusalem einziehen, ohne die Kaiserbilder auf den Feldzeichen zu entfernen, die im römischen Heere religiös verehrt wurden. Seine Vorgänger hatten immer Rücksicht auf die Empfindlichkeit der Juden genommen. Unter dem Druck des Volkes mußte er seinen Befehl zurücknehmen. Für den Bau einer Wasserleitung nach Jerusalem (an sich eine gute Maßnahme) griff er widerrechtlich den Tempelschatz an. Den Widerstand des Volkes brach er mit Gewalt, wobei viele Todesopfer zu beklagen waren. Später ließ er reich vergoldete Weiheschilde mit dem Namen des Kaisers im Herodespalast in Jerusalem aufstellen; aber das Volk erwirkte bei Tiberius, daß sie entfernt und im Augustustempel in Caesarea aufgestellt wurden. Lk 13,1 berichtet von einer Gewalttat des P. an Galiläern im Tempel. Mk 15,7 ist die Rede von einem Aufruhr, bei dem → Barabbas gefangen wurde. Wider besseres Wissen (Mt 27, 24; Lk 23,14-16; Jo 19,4) ließ P. Jesus kreuzigen, indem er dem Druck der Feinde Jesu nachgab: nach Jo 19,12 hatte P. den offiziellen Ehrentitel „Freund des Kaisers"; die „Juden" drohen ihm, er werde diesen Titel verlieren, wenn er nicht nachgebe, da sie wohl genug Material gegen ihn in der Hand hatten (vgl. Philos Vorwürfe!). P. wurde endlich von Vitellius, dem Statthalter Syriens, dem er unterstand, abberufen und zur Verantwortung nach Rom geschickt, weil er sich eine Gewalttat gegen die Samaritaner hatte zuschulden kommen lassen. Was weiter über P. erzählt wird, gehört ins Gebiet der Legende, ausgenommen vielleicht die Nachricht, er sei eines gewaltsamen Todes gestorben. Die Pilatus-Inschrift aus Caesarea zeigt Tafel 35. *Bie*

Pilger, Pilgrim. Im wörtlichen Sinn Mt 27,7, bildlich von den Erzvätern, die in dem ihnen verheißenen Land doch als → Fremdlinge, Gäste, Beisassen wohnen 1Mose 23,4; 3Mose 25,23; Hebr 11,13. Ein Fremder wohnt nur vorübergehend und ohne Bürgerrecht an einem Ort; so lebt das Volk Gottes Ps 39,13; 1Chr 29,15 und die Gemeinde Jesu in der Welt 1Petr 1,1; 2,11; ihr Leben ist Fremdlingschaft 1,17,

→ Wallfahrt, wallen 1Mose 47,9, ihre Heimat die Stadt, die Gott baut Hebr 11,10. *Pfi*

Pinehas. *1)* Enkel Aarons, Sohn Eleasars 2Mose 6,25; 1Chr 5,30 u.a., isr. Priester in der Midianiterschlacht 4Mose 31,6ff. Sein Eifer für Jahwe wird hier mit einer Zusicherung dauernden Priestertums für sein Geschlecht belohnt Ps 106, 30; Sir 45,28ff. Mit gleichem Eifer zieht er in Gilead zu Josuas Zeit die ostjordanischen Stämme zur Rechenschaft Jos 22,13ff; sein Grab Jos 24,33. *2)* Sohn Elis, Priester der Lade in Silo 1Sam 1,3, findet wegen kultischer Vergehen 1Sam 2,12ff; 3,12f beim Verlust der Lade den Tod im Kampf 1Sam 4,1-11. *Schw*

Pirathon, Stadt in Ephraim, heute far'āta 9 km südwestlich von nāblus. Von dort stammten Abdon, einer der kleinen → Richter Ri 12,13-15, und Benaja, einer der 30 Helden Davids 2Sam 23,30 = 1Chr 11,31, vgl. 27,14. — Kurz nach 160 vChr wurde *Pharaton* (= P.) von Bacchides befestigt 1Makk 9,50. *Rü*

Pischon, einer der Paradiesesflüsse 1Mose 2,11, auch Sir 24,34 als ein großer Fluß genannt, von Josephus auf den Indus gedeutet, vielleicht mit dem Land Hewila in Arabien zu suchen. →Eden, → Hewila. *Schl*

Pisga. Mit P. bezeichnet das AT anscheinend einen Teil des ostjordanischen Gebirges. *1)* Der Gipfel des P. 4Mose 21,20; 23,14; 5Mose 3,27; 34,1 entspricht wohl dem 700 m hohen rās es-sijāghe 2 km westlich des → Nebo. — *2)* Die Abhänge des P. 5Mose 3,17; 4,49; Jos 12,3; 13,20 meinen wahrscheinlich den Abfall des moabitischen Gebirges zum Toten Meer hin. *Rü*

Pisidien, Landschaft im südwestlichen Kleinasien, nördlich von Pamphylien und Lykien, rauh und schwer zugänglich. Die Bewohner blieben lange unabhängig und waren als Räuber gefürchtet. Seit 102 vChr ist P. römisch, zZ des Paulus Teil der Provinz Galatien. Das pisidische (eigentlich phrygische) Antiochien ist nach Apg 13,14ff Schauplatz der ersten Missionspredigt des Barnabas und Paulus auf dem Festland während der ersten Missionsreise. *Ap*

Pithom, d.h. Haus des Gottes Atum, die alte Ortsanlage tell er-retaba im wadi tumilat. Bei Bauten für P. und Ramses waren Angehörige des späteren Volkes Israel als Zwangsarbeiter beteiligt 2Mose 1,11. *Peu*

Plage, plagen. P. ist meist gleichbedeutend mit Leiden, Not, Übel, Unheil Ps 32,10; Hiob 19,2; Mt 6,34. P.n können von Gott, dem Satan und von Menschen ausgehen 1Mose 15,13; Ps 90,15; Jes 53,4; Mt 15,22. Oft ist über ihren Ursprung nichts gesagt Ps 112,7. Im AT erscheinen als P.n aus Gottes Hand bes. die zehn ägyptischen P.n, die den Trotz des Pharao brechen und die Herrlichkeit Gottes zeigen sollen 2Mose 7-12; Röm 9,14-18. Verwandlung von Wasser in Blut, Frösche, Mücken, Ungeziefer, Viehpest, Blattern, Hagel, Heuschrecken, Finsternis und Tod der Erstgeburt verstocken den Pharao. Diese P.n können zT als natürliche Vorgänge verstanden werden, sind aber in ihrer Häufung und Abzweckung nur als Tun des unbegreiflichen Gottes zu denken. Vgl. dazu die ägyptischen Zauberer 2Mose 7,11.22; Röm 9,17. — Der Seher Johannes schaut vor dem Fall Babylons sieben Engel mit den sieben P.n, die in den Schalen des Zorns Gottes enthalten sind Offb 15,6ff. Diese P.n wiederholen zT die ägyptischen P.n; zT sind sie neu wie die Hitze der Sonne und das Vertrocknen des Euphrat Offb 16,8f.12. Diese P.n reizen die Gottlosen zur Lästerung und zeigen zugleich, daß sie zur Endzeit hilflos dem Zorn Gottes ausgeliefert sind Offb 16,21. *Nag*

Platane, neben der Zeder und der Zypresse genannt Hes 31,8 (Luther: Kastanienbaum), neben Pappeln und Mandelbäumen 1Mose 30,37. Auch der „Ahorn" Sir 24,19 wird eine P. sein. *Schl*

Platte. Während Götzenpriester nach Bar 6,31 den Kopf kahl schoren und zum heidnischen →Trauerbrauch das Scheren der Haare, des Bartes und der Augenbrauen gehörte 3Mose 19,27; 5Mose 14,1; vgl. Jes 3,17; Jer 16,6 u.a.m., ist dies den Priestern in Israel verboten 3Mose 21,5. *Schl*

Plether → Krether und Plether.
plündern → Krieg.

Pniel oder **Pnuël** (Angesicht Gottes). *1)* Ort im Ostjordanland an einem Übergang über den Jabbok 1Mose 32,31f; Ri 8,8f.17; 1Kö 12,25, heute wahrscheinlich einer der tulūl ed-dahab. — *2)* Personenname 1Chr 4,4; 8,25. *Rü*

Poesie → Dichtkunst.
Pontius → Pilatus.

Pontus, Landschaft an der Nordküste Kleinasiens zum Schwarzen Meer (= Pontus Euxinus) hin, zw. den Flüssen Halys und Phasis. Seit dem 4.Jh. vChr war P. selbständiges Reich, das unter Mithridates VI. (121-63 vChr) Rom zu schaffen machte. Später wird es römische Provinz und mit Bithynien vereinigt. Juden aus P. sind Apg 2,9, Christen 1Petr 1,1 erwähnt. Aus P. stammt → Aquila, der Mitarbeiter des Paulus Apg 18,2. *Ap*

Porcius → Festus.
Posaune → Musikinstrumente.

Potiphar, hoher ägyptischer Beamter, Kommandeur der königlichen Leibwache, in dessen Haus der Hebräer Joseph als Sklave verkauft wurde. Weil P.s Frau Joseph fälschlicherweise des Versuches einer Vergewaltigung bezichtigte, ließ er Joseph in den Kerker werfen, ohne sich weiter um ihn zu kümmern 1Mose 37,36; 39,1ff. *Peu*

Potiphera, Priester in → On (Heliopolis), Vater der Asnath, der Frau des Joseph 1Mose 41, 45.50; 46,20. → Joseph und Aseneth. *Peu*

Prätor, Prätorium. Die zwei P.en waren im Rom der Republik ursprünglich die obersten Beamten, später folgten sie — als Inhaber richterlicher Gewalt — den Konsuln. Wie diesen konnte auch den P.en ein militärisches Kommando übertragen werden. Provinzen wurden von gewesenen Konsuln oder P.en verwaltet, deren Zahl auf 18 erhöht wurde. Von 70—132 nChr war Judäa eine kaiserliche (pro-)prätorische Provinz. — Das P. war ursprünglich das Zelt des Feldherrn in der Mitte des römischen Heerlagers. Später wurde das kaiserliche Hauptquartier mit der Garde P. genannt, dann auch der Amtssitz des Statthalters einer Provinz. Mit Vorliebe wurden dafür die Paläste der früheren Fürsten verwendet. So residierte der Prokurator von Judäa im Herodespalast von Cäsarea Apg 23,35; 25,23. Wenn der Prokurator Jerusalem besuchte, wohnte er im königlichen Schloß, der heutigen Zitadelle („Davidsturm") beim Jaffator. Dort wurde von Pilatus der Prozeß gegen Jesus durchgeführt Mt 27,27; Mk 15,16; Jo 18,28.33; 19,9. Die Ansicht, daß sich das P. von Jerusalem in der Burg Antonia befunden habe, an der Nordwestecke des Tempelhofes, dürfte sich nicht halten lassen. Die Erwähnung des P. in Phil 1,13 sagt für sich allein über den Ort der Abfassung des Briefes nichts aus. *Bie*

Prediger. *1)* Der *Name* P. (hebr. kohelet, griech. ekklesiastes) war zunächst Bezeichnung für das „Amt der Versammlungsleitung" oder „des Redens in der Versammlung" und wurde erst nachträglich auf den Inhaber des Amtes übertragen: Versammlungsleiter oder -redner. Der Ausdruck kommt im AT nur im Pred vor 1,1.2.12; 7,27; 12,8.9. Er bedeutet „Redner" und will dort Deckname für Salomo sein, der außer als „Weiser" auch als „Redner", als ein besonderer Meister des Wortes gesehen wurde.

2) Das *Buch* P., das in der Synagoge neben HL, Rt, Klgl und Esth zu den Megilloth (→ Festrollen, → Bibel 2) gehört, ist dem Laubhüttenfest (→ Feste 4c) als Festrolle zugeordnet. Es gibt sich als ein Königstestament und bietet — in 12 Kapitel geteilt — eine Anzahl Weisheitssentenzen, die ohne einen klar erkennbaren systematischen Aufbau in der Art von Aphorismen aneinandergereiht sind. Da sich die Sprucheinheiten nicht immer sicher abgrenzen lassen, schwankt bei den Auslegern die Zahl der Abschnitte — Hertzberg zählt 12, Galling 37. Der Ort der Entstehung ist nicht auszumachen; einige denken an Alexandrien, andere an Palästina, wieder andere an das östliche Diasporajudentum. Die Sprache (das Hebräisch des P. ist von vielen aramäischen Fremdwörtern durchsetzt), hellenistischer Einfluß sowie der Inhalt des P. lassen auf eine späte Abfassungszeit (etwa 3.Jh. vChr) schließen. Eine genauere Datierung ist nicht möglich; denn es fehlt jeder historische Anhaltspunkt. Ja, der P. ist in das alte orientalische Kreislaufdenken zurückgefallen, er „denkt vollkommen geschichtslos" (v. Rad).

3) Von daher ist der *Inhalt* des Buches gekennzeichnet. Der P. lebt in einer Welt, der das Walten Jahwes in der Geschichte verborgen ist 8,17; 11,5; 3,11. Der P. sucht Gott in dieser Welt, um eine Antwort auf die Frage nach dem „Teil", dem „Gewinn" (beim P. im Grund gleichbedeutend mit „Heil") des Menschen (→ Los 2) zu finden 3,22; 5,17f; 9,9. Der P. hat das Leben in allen Richtungen durchforscht, aber es ist alles „eitel", sinnlos 1,2 u.ö.; alle guten Gaben Gottes bedeuten für den Menschen nur „Mühsal" 3,13 u.ö., weil Gott ihm fremd bleibt und der Mensch Gottes Walten nicht finden kann. So schildert der P. „die Verzweiflung eines Weisen an einem Leben, das er von Gott ganz umgriffen weiß, das aber doch für ihn sinnlos geworden ist, weil das Wirken dieses Gottes in eine unerreichbare Verborgenheit hinabgesunken ist" (v. Rad). Neben dieser breiten Linie einer tiefen Verzweiflung, die dem ganzen Buch ein besonderes Gepräge gibt, taucht aber doch ein — wenn auch ganz schwacher — Schimmer von Hoffnung auf, die den P. nicht die letzte Konsequenz, die Selbstvernichtung, ziehen läßt, ihn vielmehr vor der Katastrophe bewahrt. Er sieht, daß das Werk des Menschen Gott „gefällt" 9,7, vgl. 3,13 u.ö., daß das „eitle Leben" 9,9 mit all seiner Mühsal des Menschen „Teil" ist, von Gott zugeteilt 9,7.10 u.ö. Von daher ist die mehrfache Aufforderung, das Leben zu leben 5,17; 9,7ff u.ö., zu verstehen als ein Sich-Ergeben in das unabänderlich von Gott Zugeteilte.

Lit.: G. v. Rad, Theologie des AT I, [4]1962. *Bo*

Predigt, predigen (Predigtamt).

1) Der Herold Gottes im AT. 2) Das fleischgewordene Wort. 3) Die P. von Jesus Christus. 4) Das Predigtamt.

Luther hat in seiner deutschen Bibel dem aus dem Lateinischen (praedicare) stammenden Wort p. einen viel breiteren Raum zugestanden, als der ursprüngliche Wortlaut und unsere heutige Vorstellung von einer gottesdienstlichen P. dies nahelegt. Eine ganze Reihe der zugrundeliegenden Worte, die nach unserem Sprachgebrauch eher mit „verkündigen, lehren, bezeugen, bekennen", auch „anrufen" wiederzugeben wären, faßt er in diesem Kennwort der P. zusammen. Das erschwert da und dort das präzise Verständnis der einzelnen Stelle, leitet aber andererseits dazu an, den eigentlichen Sinn auch einer P. in der Gegenwart biblisch richtiger zu erfassen.

1) Der Herold Gottes im AT. Das Vergleichsbild des Herolds, des Ausrufers, welches das vor allem im NT vielgebrauchte griech. Tätigkeitswort nahelegt, ist insofern zB für die P. der → Propheten des AT zutreffend, als es sich hier um öffentliche Weitergabe einer von Gott aufgegebenen Botschaft, um ihre Proklamation handelt; sie schließt ein eigenmächtiges Reden aus und weiß sich durch den Auftraggeber ermächtigt und gedeckt als Gottes Sprecher und Mund Jer 15,19; 2,2; 11,6; 19,2. Das wird im Kontrast an der falschen Prophetie bes. deutlich, mit der die echte P. im Kampf steht, weil jene dem Volk nach dem Maul redet Mich 3,5 und ihres Herzens Trügerei, ihre lügenhaften Gesichte und Träume für Gottes Wort ausgibt Jer 14,14; 20,6. Der Herold Gottes verkündigt Gottes Wort Jer 23,28; Jes 40,6 ff; Sach 1,14, ihm verantwortlich Jer 17,16, auch wo die P. vergeblich scheint Hos 11,7; Jer 35,14 und das P.-amt zur schweren Last werden will Jer 20,9, vgl. 1,6 f. Das hängt damit zusammen, daß diesen Predigern des AT oft das härteste Gerichtswort aufgetragen ist Hos 7,12 u. a. m., wenn auch das kommende Heil, der Durchbruch der Gnade Gottes ihr letztes Wort ist Jes 40,2; 61,1ff.

Die Revision des AT 1964 hat in der Vätergeschichte 1Mose 4,26 und sonst, auch im Psalter, das Wort „predigen" durch das zutreffendere Wort „anrufen" ersetzt.

Das Bild des Herolds darf übrigens nicht unpersönlich-passiv verstanden werden, als ob nicht auch diese P. im AT eigenste Gestaltung eines Auftrags unter vollem persönlichem Einsatz wäre, → Eingebung. Sodann ist das Wort immer als Tat verstanden Ps 33,9; die Verkündigung des Friedens zB Jes 52,7 bringt den Frieden.

2) Das fleischgewordene Wort. In der Linie der Herolde Gottes im AT steht der Prediger in der Wüste Mt 3,1.3 par., der Rufer zw. den Zeiten, von Jes 40,3 her verstanden. Er hält sich nach Form und Inhalt seiner P. abseits von der synagogalen P., vgl. Apg 15,21, und predigt mit betontem Hinweis auf das nahe Himmelreich Buße zur Vergebung der Sünden unter dem Zeichen der Taufe. Dagegen predigt Jesus neben der Ausnützung jeder sich bietenden Gelegenheit im Haus, auf dem Marktplatz, im Tempel, auf dem Berg, am Meer oder am Brunnen auch im gewohnten Gottesdienst in der Synagoge Mk 1,21.39 u. a. m. Die P. in der Synagoge in Nazareth Lk 4,14 ff schildert, wie die P. selbst, ausgehend von Jes 61, die hergebrachte Form sprengt, indem sie die eingetretene Erfüllung der Verheißung verkündigt, vgl. Mt 11,5; 7,28 f. Auch die Fortführung der P. des Täufers — nicht eine neue Lehre! — hat von da her einen neuen Sinn. In Jesus ist das Reich, das Heil angebrochen, die Bußpredigt geschieht von einem ganz neuen Fundament her Mt 4, 17.23. Die Verbindung der P. mit Heilungswundern ist bezeichnend für die Verwirklichung des Wortes, die Jesus selber ist Mt 9,35. In diesem Sinn kann er die P. als seine eigentliche Sendung bezeichnen Mk 1,38 (die synoptische Fassung von Jo 1), deren Inhalt das → Evangelium ist Lk 20,1 und deren Reichweite bis in die Totenwelt zw. Karfreitag und Ostern 1Petr 3,19 f andeutet.

3) Die P. von Jesus Christus. In einer nicht mehr abreißenden P.kette bleibt Christus als das lebendige Wort im Menschenwort seiner Boten, seiner Herolde gegenwärtig Lk 10,16. Diese P. ist ganz auf den Glauben angelegt in Wirkungszusammenhängen, die ihr die zentrale Stelle zuweisen Röm 10,14 f. 17 als das Wort vom Glauben V. 8; 1Kor 15,11; Gal 1,23; 1Tim 3,16. Ihre Mitte, die alles begründet und zusammenhält, ist der auferstandene Christus als göttliche Kraft und Weisheit 1Kor 15,14; 1,24, durch den das Evangelium von ihm das rettende Wort vom Kreuz geworden ist 1Kor 1,18.23, in radikalem Gegensatz zur jüd. Gesetzespredigt Gal 5,11; 3,1 ff in dem Amt, das die Gerechtigkeit predigt 2Kor 3,9. Durch diese P. wirkt der hl. Geist in der Gemeinde Gal 3,2. Sie rettet 1Kor 1,21 und ist als Christi Werk nie bloßes Wort, sondern wirksame Kraft 1Thess 1,5. So ist sie den Jüngern von Jesus aufgetragen als das öffentliche Zeugnis „auf den Dächern" Mt 10,7 f. 27.

4) Das Predigtamt. Paulus hat seinen Heroldsauftrag als ein wirkliches, ihm verliehenes → Amt verstanden, das sein ganzes Leben bestimmt Röm 1,1; 1Tim 2,7; 2Tim 1,11 und dem er sich unmöglich entziehen kann 1Kor 9,16. Diese Sendung setzt ihm genaue Grenzen 1Kor 1,17. Sein Sendungsbewußtsein ist sein Glaube an Christus Gal 2,20. Er predigt nicht sich selbst 2Kor 4,5, nicht Menschen zu Gefallen Gal 1,10 und unterscheidet sich darin völlig von den philosophischen oder gnostischen Wanderpredigern seiner Zeit, die den griech. Heroldsnamen von ganz anderen Voraussetzungen her und mit ganz anderen Zielen menschlicher Weisheit trugen 1Kor 1,21; 2,1.4; 1Thess 2,3 ff.

Um ein Amt im Sinn einer kirchlichen Institution handelt es sich im NT nirgends, wenn auch Stellen wie 1Tim 3,2; 5,17; Tit 1,9 die P.aufgabe den Bischöfen bzw. den Ältesten bes. zuweisen als den Wächtern über der reinen Lehre. Kol 1,25 hat die Revision des NT das Wort „Predigtamt" beseitigt; es handelt sich dort um die Funktion des leitenden Apostels im Haushalt (der Ökonomie) Gottes. *He*

Preis, preisen. Der vielstimmige Widerhall der geschauten, erkannten, erfahrenen → Herrlichkeit Gottes in oft gehäuften, sinnverwandten Worten — neben P. → Dank, → Ehre, → Lob, → Ruhm — ist charakteristisch für die Gottesgemeinde beider Testamente. In ihr „erweckt des großen Gottes großes Tun alle Sinnen".

Der Anlaß, Gott zu p., ist oft das Wunder der Errettung aus vielfacher Not 2Mose 15,2; Ps 50,15.23. Auch mitten in der Bedrängnis schöpft der Glaube daraus neue Zuversicht Ps 71,8.16 (täglich!); 22,26; 35,28. Der Ruf an alle Völker Ps 117 ist der Grundton des AT.

Den ewigen König 1Tim 1,17, den Schöpfer Ps 89,6, den Weltregierer Ps 147,12, den Erlöser und Heilbringer Jer 33,9 mit den Tieren der Wüste zusammen Jes 43,20 zu p., ist das Anliegen der ganzen HS. Schließlich wird Gott selbst „dein P. sein" Jes 60,19, vgl. Lk 2,32.

An Christus, seiner Geburt Lk 2,20, vgl. 1,48, seinem Wort Lk 4,15, seiner Wundertat Mt 9,8 und der frohen Botschaft von ihm Apg 10,46; 13,48 entzündet sich der Lobpreis Gottes neu, bis er in den großen → Hymnen der Offb voll aufklingt 4,11; 5,12; 7,12; 15,3f. An Christus ist der Gemeinde aufgegangen, daß das gute Werk in seinem Dienst Mt 5,16; 1Petr 2,12, vgl. Röm 11,13, in einem Leben der Zucht 1Kor 6,20, aber auch Leiden 2Kor 4,15 und Sterben um seinetwillen Jo 21,19 der Weg sein kann, Gott zu p.

Menschen unter sich p. die Klugheit 1Sam 18, 30, die Schönheit der Frau 1Mose 12,15, das Mutterglück 1Mose 30,13, das Glück, eine rechte Mutter zu haben Spr 31,28. Auf solchen Ruhm zu spekulieren heißt freilich, sich selbst um ein lohnendes Leben betrügen Mt 6,2. *He*

Presbyter → Älteste.

Priester.

1) Allgemeines.

a) P. gibt es in fast allen Religionen als Vermittler zw. Gott und den Menschen. Auch im AT werden *nichtisr. P.* erwähnt 1Mose 41,45; 1Sam 5,5; Jer 48,7 u.ö. Unter ihnen nimmt → Melchisedek 1Mose 14,17ff; Ps 110,4 eine besondere Stellung ein: Als P.könig von → Salem (→ Jerusalem II,1) wurde er der Vorläufer der Davididen und Urbild des → Messias.

b) Eine genauere Kenntnis der *P.kleidung* fehlt trotz 2Mose 28. Sie ist für das alte Israel schlichter zu denken als die Gewänder in 2Mose 28. Für Samuel wird ein leinener → Ephod (Luther: Leibrock, jetzt Priesterschurz) 1Sam 2,18 erwähnt, über dem er ein Obergewand trug. Ephod war ursprünglich ein schurzartiges Gotteskleid; daß der P. ihn trug, bedeutet, daß er im Kult Gott vertrat. In die gleiche Richtung weist der Teraphim (Luther: Hausgötzen) Ri 17,5 u.ö., der ursprünglich das Gottesbild meinte, dann bei der P.-kleidung als Maske vorzustellen ist; vgl. die Kultmasken im → Baal-Kult. Ein langes Gewand diente zum Schutz gegen Entblößung, die beim Kultschurz leicht entstehen konnte 2Sam 6,20. Der P. trug meist eine hohe, kegelförmige weiße Mütze; Schuhe wurden beim Kult nicht getragen. Vgl. auch Sp. 538, Abb. und Beschreibung.

2) Aufgaben der isr. P.

a) In der *Väterzeit* gab es noch kein besonderes P.amt. Das Familienoberhaupt übte die Funktionen eines P.s aus: Errichtung eines → Altars oder einer → Massebe 1Mose 12,8; 28,18ff u.ö.; vgl. auch 1Mose 21,33; Anrufen des Namens Jahwes (Luther: predigte) 1Mose 12,8 u.ö.; Opfern 1Mose 15,7ff u.ö.

b) Für die *Mosezeit* ist wohl das Bestehen eines P.tums vorauszusetzen, wahrscheinlich ausgeübt durch → Leviten (3a). Doch sind Einzelheiten der ATlichen Überlieferung nicht zu entnehmen. Zur P.schrift → e).

c) Auch nach der Landnahme in der sog. *Richterzeit* waren die Leviten Träger des P.amts Ri 17, wohl nicht an einem allen isr. Stämmen gemeinsamen Heiligtum, sondern an den von den Kanaanäern übernommenen Kultstätten (→ kanaanäische Religion 3). Jedenfalls gab es bis zur Zentralisation → Josias viele Kultorte mit eigener P.schaft, zB 1Sam 21,1ff. Die Aufgabe der P. bestand in der Darbringung verschiedener → Opfer an den Heiligtümern 1Sam 2, 12ff. 27ff; außerhalb der Kultstätten opferten auch Laien Ri 6,24ff; 13,19. Den P.n oblag die Handhabung des Losorakels (→ Los 1), wie überhaupt jede Befragung Jahwes 1Sam 10,22; 14,36f. Sie hatten auch die Entscheidung Gottes zu übermitteln und den Erlösungszuspruch (oft mit „Fürchte dich nicht!" eingeleitet) zu erteilen, zB 1Sam 1,12-18. Ihre wichtigste Aufgabe war die Thora-Erteilung 5Mose 33,10, eine Art Laienbelehrung über wichtige Fragen des Gottesrechtes, vgl. Hagg 2,11ff (V. 11 wörtlich: Frage die P. um eine Thora). Darüber hinaus waren sie oberste richterliche Instanz 5Mose 17,8ff. Von daher ist es verständlich, daß in ihrer Mitte auch die Reihen zusammengestellt wurden, die die Sätze des alten apodiktischen Gottesrechtes (→ Bundesbuch) enthielten; ein bes. gutes Beispiel, auch hinsichtlich der Rezitation im Kult, ist 5Mose 27,15-26. Diese vielseitigen Aufgaben erforderten ein priesterliches Wissen, dessen Weiterbildung am ehesten in der stetigen Überlieferung einzelner Familien gewährleistet war. Die Vernachlässigung dieses „Wissens um Gott" wurde den P.n von Hosea 4,1ff. 6 als ihre besondere Schuld vorgehalten.

d) Die isr. *Königszeit* läßt eine besondere Rechtslage der P., vor allem an den Staatsheiligtümern Jerusalem und Bethel, erkennen. Der P. war königlicher Beamter, der zB bei dem judäischen Krönungszeremoniell eine entscheidende Rolle spielte: er salbte den König und überreichte ihm Diadem und Königsprotokoll. Andererseits war der P. dem König verpflichtet, wie Am 7,10ff zeigt, konnte ihm allerdings auch den Eingriff in den Kult verwehren 2Chr 26,16ff. Durch die Kultzentralisation Josias wurden alle über das Land verteilten P. ihres Amtes enthoben und, soweit sie nach Jerusalem kamen, der dortigen P.schaft unterstellt. Der → Oberpriester von Jerusalem wurde zum geistlichen Haupt ganz Israels.

e) In der → *Priesterschrift* und ihren späteren Erweiterungen liegt ein großartiger Entwurf einer Hierarchie vor (Hoherpriester — P. — Leviten), deren Funktionen und Rechte bis in die Einzelheiten genau festgelegt wurden. Während die → Leviten (3c) mit den niederen P.diensten betraut waren und dem → Hohenpriester (1) allein das Betreten des Allerheiligsten vorbehalten blieb 3Mose 16, oblag den P.n neben den alten Aufgaben (→ c) eine Fülle von Funktionen: Sie hatten über Israel Segen 4Mose 6, 22 ff und Fluch auszusprechen und damit das Gottesurteil im Kult zu vollziehen. An ihren deklaratorischen Spruch (zB „es ist Aussatz" 3Mose 13, 8. 15 u. ö.; „er ist unrein" 3Mose 13, 15. 36 u. ö.; „er ist rein" 3Mose 13, 13. 17 u. ö.) band sich Jahwe: „Über wem der P. dies Wort gesprochen hatte, der war rein oder unrein" (R. Rendtorff). In gleicher Weise vollzog sich die kultische Ausscheidung von unreinen Tieren 3Mose 11 oder der Ausschluß von „unreinen" Menschen vom Kult 3Mose 15. Hierher gehört auch das Urteil des P.s über die privaten → Opfer. Er hatte darüber zu befinden, ob ein Opfer „Jahwes Wohlgefallen" hatte oder nicht, ob es demnach „angerechnet" wurde oder nicht 3Mose 1, 3 f; 19, 7; 22, 23. 25 u. ö. In diesem urteilenden Spruch bestand die eigentliche Aufgabe des P.s beim Opferdienst, nicht in der technischen Durchführung der einzelnen Handlungen: Blutbesprengungen, Verbrennen der Tiere, Ausgießen der Trankopfer usf. „Erst das hinzutretende göttliche Wort hat also den materiellen Vollzug zu dem werden lassen, was er sein wollte, nämlich zu einem wirklichen Heilsgeschehen zw. Jahwe und seinem Volk. Erst durch das deklarierende P.wort wurde das sakrale Geschehen zu einem gnädigen Handeln Gottes" (v. Rad, S. 260). Der Mittlerdienst des P.s erreichte seinen Höhepunkt in der Sühnung. Da stand der P. auf der Grenze zw. Toten und Lebenden 4Mose 17, 11 ff, und durch das Essen des Sündopferfleisches sollte der P. die Missetat der Gemeinde tragen und dadurch Sühne vor Jahwe erwirken 3Mose 10, 17. Auf das Sündopfertier war ja die Sünde des Volkes übertragen worden. „Durch das Verzehren dieses Fleisches — und zwar an hl. Stätte! — vollziehen die P. selbst die Austilgung des Bösen" (v. Rad, S. 247). Kein Wunder, daß die P.schrift für diese vielseitigen und schwierigen Aufgaben des P.dienstes die Bestallung 2Mose 28, 41 und damit die Bevollmächtigung auf den Befehl Jahwes selbst zurückführte und nur eine einzige Familie, die Aaroniden, damit betraut werden ließ.

f) In der *spätnachexilischen Zeit* gewann — vor allem infolge der Wertung der Schrift als der ein für allemal feststehenden Norm — neben dem P. der Schriftgelehrte als Überlieferer und Ausleger der Schrift mehr und mehr an Bedeutung. Der P. war schließlich nur noch Kultdiener, der zweimal im Jahr eine Woche lang im Tempel Dienst tat, in der übrigen Zeit aber seinen privaten Beruf ausübte, vgl. Lk 1. Die Belehrung der Gemeinde — nun nicht mehr auf Grund eines überlieferten P.wissens, sondern auf Grund der kanonisierten Schrift — ja auch die Belehrung des P.s übernahm der Schriftgelehrte. Und mit der Zerstörung des Tempels von Jerusalem (70 nChr) trat der Schriftgelehrte erst recht die religiöse Führung im Diasporajudentum an Stelle des P.s an.

3) Die Bedeutung des P.tums im NT

Wenn auch Mt 8, 4 u. ö. das Amt der P. vorausgesetzt wird, so hatte es doch für die Urchristenheit im Sinne des ATlichen P.tums keine Bedeutung. Dies starke Zurücktreten des P.tums im NT hat nicht nur seinen Grund in der oben *(2 f)* aufgezeigten Entwicklung, sondern vor allem darin, daß einmal im Hebräerbrief das ATliche P.tum durch das vollkommene priesterliche Handeln Christi als unvollkommen, veraltet und vergänglich deklariert und praktisch abgetan wurde (→ Hoherpriester *6)* und zum andern die Zusage an Israel 2Mose 19, 6 auf die Gemeinde Jesu Christi übertragen wurde 1Petr 2, 5. 9; Offb 1, 6 u. ö. Die durch das Blut des Christus Erkauften und Erlösten sind *alle* P. Gottes und des Christus und d. h. in gleicher Unmittelbarkeit zu Gott und Christus, wie das vom ATlichen P. galt.

Lit.: G. v. Rad, Theologie des AT I, [4]1962. *Bo*

Priesterkodex, Priesterschrift, eine Quellenschrift (P.) des Pentateuch, kenntlich an ihrem bestimmten hebr. Wortschatz und ihrem formelhaften Stil, der gern gleichbleibende Formulierungen verwendet. Inhaltlich hat P. eine Vorliebe für Genealogien (zB 1Mose 5, 1 ff; 6, 9; 10, 1; 11, 10) sowie für genaue chronologische Angaben. Ausgesprochene Erzählungen sind selten. Auch sie haben die mehrfach wiederholten festgeprägten Formulierungen, die schon in der Schöpfungsgeschichte 1Mose 1, 1-2, 4 a auffallen. Dank der theozentrischen Bestimmtheit herrscht die Gottesrede vor, der der Mensch schweigend gehorcht. Erst 1Mose 17, 18 nach der dritten Gottesrede spricht der Mensch zum ersten Mal. Ähnlich besteht die Erzählung in 1Mose 23 aus einem dreimaligen Redewechsel mit juristisch formulierter Beschreibung des Kaufvertrages. P. ist streng bemüht, so objektiv wie möglich zu erzählen.

Auch die theol. Gedanken sind charakteristisch. Die Schöpfung ist als das aus Gottes Wort und Schöpfermacht hervorgegangene Werk sehr gut. Sie hat ihre festen Ordnungen. Eine Sündenfallgeschichte fehlt. Nach der Sintflut wird die Ordnung im Noahbund erneuert mit der bezeichnenden Änderung, daß die Tiertötung den Menschen erlaubt wird. Der gesamte Geschichtsaufriß wird in vier große Perioden gegliedert, die konzentrischen Kreisen (G. v. Rad) vergleichbar sind. Der weiteste und äußerste Kreis ist der Weltschöpfungskreis, der für den Priester der Beginn der Geschichte ist; denn die Schöpfung ist Geschichte. Der zweite Kreis ist der Noahkreis, der ebenfalls die gesamte Menschheit betrifft. Der dritte Kreis, der Abraham und die durch ihn eingeleitete Periode umfaßt, leitet schon über zu dem eigentlichen Thema seiner Darstellung, dem Mosekreis mit der Erwählung Israels und der Stiftung des Kultus durch Mose. Vorher berichtet P. nichts von Opfern, Priestern, Kultzeiten usw. Dafür werden sie in der Opferthora des 2. und 3. Buches Mose ausführlich dargestellt. Ja, alle vorhergehenden Weltperioden haben nur auf diese eine entscheidende Offenbarungstat an Mose hingeführt. Der Geschichtsaufriß von P. reicht von der Weltschöpfung bis zum Tod des Mose. Deswegen, aber auch wegen ihrer Darstellungsart in Genealogien, Listen und chronologischen Bemerkungen war sie hervorragend geeignet, die Erzählstoffe der älteren Quellenschriften wie →Jahwist und →Elohist, beide wohl schon vereint in einem Redaktorenwerk JE, in sich aufzunehmen.

Da die Schöpfungsgeschichte auf eine notwendig gewordene Auseinandersetzung mit der babylonischen Religionswelt schließen läßt, dürfte P. unter Verwendung älterer Stoffe etwa in der Zeit des babylonischen Exils entstanden sein. Die gegenwärtige Forschung nimmt mehrere literarische Schichten in P. an, insbesondere in den gesetzlichen Bestandteilen des Werkes. Schon in der Schöpfungsgeschichte lassen sich zwei verschiedene Schichten, ein Tatbericht und ein Wortbericht, unterscheiden.

Lit.: G. v. Rad, Die Priesterschrift im Hexateuch, literarisch untersucht und theologisch gewertet, 1934; O. Eißfeldt, Einleitung in das AT, [3]1964; R. Rendtorff, Die Gesetze in der Priesterschrift, 1954; K. Koch, Die Priesterschrift von Exodus 25 bis Leviticus 16, 1959. *Ba*

Prisca (Verkleinerungsform: Priscilla) war die Frau des → Aquila. Das Ehepaar zählte zu den treuesten Mitarbeitern des Paulus Apg 18, 2. 18. 26; Röm 16, 3; 1Kor 16, 19; 2Tim 4, 19. *Kü*

Prochorus, einer der sieben Armenpfleger in Jerusalem Apg 6, 5; sonst unbekannt. *Schl*

Prokonsul, Prokurator → Statthalter.

Propheten.

1) Geschichte. 2) Wirksamkeit. 3) Botschaft.

1) Geschichte. a) Das Bild, das das AT von den P. zeichnet, ist durchaus nicht einheitlich und läßt darin etwas von der langen, verwickelten Geschichte und der Vielfalt der geschichtlichen Formen ahnen. Nicht einmal die *Bezeichnung* ist gleichmäßig: Neben mehreren Ausdrükken für den „Seher" steht als häufigster Begriff das Wort Nabi, das gewöhnlich mit „Prophet" übersetzt wird, ursprünglich aber entweder „Berufener" oder „Sprecher, Verkünder" bedeutet hat. Es hat aber auch Männer gegeben, die diese Bezeichnung für sich ablehnten (Am 7, 14) und doch echte P. waren. Daher lassen sich nur schwer alle Erscheinungen zusammenfassen und in einer Geschichte des P.tums überblicken, zumal die spätere Zeit nichtprophetischen Gestalten den Ehrentitel eines P. verliehen hat (zB Abraham, Mose, Aaron, Mirjam). Soviel läßt sich jedenfalls feststellen, daß es P. nicht erst und ausschließlich in Israel, sondern bereits lange vorher im *Alten Orient* gegeben hat. Nach den zeitlich jüngeren Belegen über babylonisch-assyrische Priester und Priesterinnen, die als eine Art ekstatische P. gewirkt haben, berichten nunmehr einige Briefe aus der Stadt Mari (18. Jh. vChr) von einem Mann und einer Frau, die wie Propheten auftreten. Aus Syrien-Palästina liegen Nachrichten über ekstatische P. und P.gruppen vor, u. a. in dem Bericht des Ägypters Wen-Amon (um 1100) aus der Stadt Byblos; im AT in der Schilderung Bileams 4Mose 22-24 und der Baals-P. 1Kö 18, 22 ff. Auf Grund von mancherlei arabischen Beispielen ist bei der auffälligen Beständigkeit der Lebensformen anzunehmen, daß es nicht nur im Kulturland, sondern auch bei den altorientalischen Nomaden und Halbnomaden eine Art von P.-tum gegeben hat. In allen Fällen können sie als einzelne oder in Gruppen, mit oder ohne → Ekstase auftreten, so daß sich keine klare Trennung zw. zwei Gruppen ergibt, obwohl die Notiz in 1Sam 9, 9 „Was man heute Nabi nennt, das nannte man früher Seher" auf zwei Wurzeln des P.tums schließen lassen kann.

b) Sicherlich haben die Israeliten von ihrer Frühzeit an ebenfalls Seher und P. gehabt; vielleicht zählen die sog. Patriarchen als inspirierte Führer, Offenbarungsempfänger und Kultstifter dazu. In Palästina haben sich unter der Einwirkung des Jahweglaubens — wie auf allen Gebieten, so auf dem des P.tums — die entscheidenden Formen gebildet. In den Geschichtsbüchern begegnen freilich noch die schwer zu fassenden *alten und Übergangsformen:* P.gruppen mit Ekstase (1Sam 10, 5 f. 10 ff; 19, 18 ff) oder ohne solche (2Kö 2, 3 ff; 4), die offenbar an den Heiligtümern umherzogen und dort auftraten, während andere im Dienst am Königshof standen (1Kö 22); daneben einzelne Gestalten, die solche Gruppen führten (→ Elisa), am Königshof tätig waren (Gad 2Sam 24, 11 und Nathan 2Sam 7; 12; 1Kö 1) oder unabhängig scheinen (Ahia, Semaja, Zedekia, Micha ben Jimla, → Elia).

c) In der Folgezeit bildete sich daraus als tragende Schicht des P.tums die wieder mannigfaltig und reich gegliederte *Berufsprophetie.* Zu ihr gehören vor allem die Kultp., die neben den Priestern an den Heiligtümern tätig waren, wenn auch nicht so fest wie jene in das Tempelpersonal eingegliedert und an ein bestimmtes Heiligtum gebunden. Worte solcher Kultp. liegen in einigen P.büchern (Joel, Nah, Hab), in Einzelabschnitten (Jes 24-27; 33; 63, 7-64, 11; Mich 7, 8-20) und in verschiedenen Psalmen oder Psalmversen vor (Ps 2; 21; 36; 60; 81; 85; 110; 132). In der Zeit Jeremias führt am Jerusalemer Tempel ein Priester die Aufsicht über „jeden Verrückten und Verzückten" Jer 29, 26. Wie in der früheren Zeit gab es auch an den Königshöfen solche Berufsp., die als Berater wirkten und wohl mit dem königlichen Heiligtum verbunden waren. Insgesamt handelt es sich um einen Berufsstand, der viele Jahrhunderte hindurch bestanden und eine bedeutsame Rolle gespielt hat. In nachexilischer Zeit ist er anscheinend allmählich in den Tempelsängern aufgegangen. Diese P. waren als Mittler zw. Gott und Mensch tätig, indem sie einerseits auf Anfragen hin oder ungefragt den göttlichen Willen zu verkünden und Orakel zu erteilen, andererseits als Vertreter des Volkes oder eines Menschen vor Gott Fürbitte zu üben hatten.

d) Eine zahlenmäßig kleine Gruppe, die sich von der Berufsprophetie deutlich abhebt, sind die *großen Einzelpropheten,* zu denen (in zeitlicher Reihenfolge) Am, Hos, Jes, Mich, Zeph, Jer und Hes gehören. Sie üben ihr P.tum nicht berufsmäßig aus, sondern auf Grund einer besonderen Berufung, die sie aus ihrem ursprünglichen Beruf herausgerissen hat. Sie reden nicht als Vertreter eines Standes oder einer Gruppe, nicht als Beamtete eines Heiligtums oder Königs, sondern wissen sich ausschließlich als Botschafter und Herolde ihres Gottes. Sie folgen allein ihm und stehen jenseits aller sozialen und verwandtschaftlichen Bindungen (Jer 16).

e) Von der spätexilischen Zeit an finden sich statt der großen Einzelp. die *eschatologischen P.*, die sowohl die Traditionen der großen Einzelp. als auch die der Berufsp. aufnehmen. Abgesehen vom Zweiten Jesaja und einigen Unbekannten, die noch tiefe und kühne Worte gefunden haben, sind sie meist nur Epigonen, denen die Klarheit und Strenge der alten Prophetie fehlt (Jes 24-27; 33; 34-35; 56-66; Joel, Hagg, Sach, Mal). Sie begegnen in den folgenden Jahrhunderten bis zum erneuten Untergang Jerusalems in der römischen Zeit, obwohl die rabbinische Theologie bemüht war, das Auftreten legitimer P. auf eine ideale Vorzeit zu beschränken. Nicht nur die Pharisäer, Essener und Zeloten weisen in ihren Reihen einzelne P. auf, auch sonst treten Heils- und Unheilsp. und ausgesprochen messianische P. auf. Schließlich ist die Apokalyptik aus der eschatologischen Prophetie als deren jüngere und sozusagen modernere Form hervorgegangen (→ Apokalypsen, → Daniel).

f) So ist es nicht verwunderlich, daß das *NT* Elisabeth, Zacharias und Simeon als P. schildert Lk 1, 41 f. 67; 2, 25 und Hanna ausdrücklich als Prophetin bezeichnet Lk 2, 36. Die Evangelien beschreiben bes. die Berufung, das Auftreten und die Verkündigung Johannes des Täufers ganz nach der Art eines P.; zumindest seine Anhänger scheinen ihn für den erwarteten eschatologischen P. am Beginn der Endzeit gehalten zu haben. Genau so wurde Jesus von vielen eingeschätzt; aber bezeichnenderweise nennt er sich selbst nirgendwo ausdrücklich Prophet, wenn man von der mehrdeutigen Stelle Lk 13, 33 absieht, und gebrauchen die Evangelisten den Titel nicht, wenn sie mit eigenen Worten von ihm sprechen. Die Prophetie lebt dann noch eine Zeitlang in der Urgemeinde als eine geschätzte Gabe weiter, der Paulus den Vorzug vor allen anderen Gnadengaben gibt 1Kor 14, 1. Die P. werden mehrfach sogleich nach den Aposteln erwähnt 1Kor 12, 28 f u. ö., mit denen zusammen sie das Fundament der Kirche bilden Eph 2, 20; erst danach folgen die Evangelisten, Hirten und Lehrer Röm 12, 6 ff u. ö. In Offb 11, 18; 16, 6; 18, 24 werden die P. von den gewöhnlichen Gemeindegliedern ausdrücklich als eine besondere Gruppe unter den „Heiligen" unterschieden. Ihre Botschaft richtet sich gewöhnlich an die Glaubenden in der Gemeindeversammlung 1Kor 14, 3 f. 29 ff (anders Apg 2, 17 ff), während das Evangelium mehr missionarische Verkündigung ist. Dabei reden die P. allein auf Grund von Offenbarungen, ohne an Schrift oder Überlieferung gebunden zu sein, indem sie von der ihnen geschenkten Schau aus den Weg der Gemeinde ordnen 1Kor 14, 26-30. Manchmal scheint es zu ekstatischen Begleiterscheinungen gekommen zu sein Apg 2, 4. 17; 4, 31 u. ö. (Erfülltsein mit dem Geist), während die P. bei Paulus das von Gott mitgeteilte Wort ohne Vision und Audition empfangen und ohne ekstatische Zustände verkündigen, vgl. 1Kor 14, 29 ff. Ferner berühren sich in Apg 19, 6 Prophetie und Zungenrede, während Paulus den Unterschied zwischen beiden und den Vorzug der P. betont 1Kor 14, 1. 5. 39, wie er gleichfalls den Unterschied zwischen Prophetie und „Erkenntnis" (Gnosis) 1Kor 13, 8-12 darin sieht, daß die „Erkenntnis" aufbläht 1Kor 8, 1, die Prophetie aber aufbaut 1Kor 14, 3 f. In Tit 1, 12 wird schließlich der kretische Dichter Epimenides P. genannt. Doch kennt das NT auch falsche P.: jüd. P. der Vergangenheit Lk 6, 26; 2Petr 2, 1 oder Gegenwart Apg 13, 6 und in der christl. Gemeinde 2Petr 2, 1; 1Jo 2, 18; 2Jo 7, wie man sie bes. für die Endzeit erwartet Mt 24, 11, vgl. Offb 13, 11 ff; 16, 13; 19, 20; 20, 10. Darum muß jede Prophetie geprüft werden 1Thess 5, 20 f; 1Jo 4, 1. Es erfolgt durch andere P. 1Kor 14, 29 oder durch Achten auf Lehre und Lebenswandel der P. 1Jo 4, 2 f und die Wirkungen ihrer Tätigkeit Mt 7, 15 ff.

2) Wirksamkeit. a) Für die Wirksamkeit der P. ist in erster Linie die *mündliche Verkündigung* ihrer kürzeren oder längeren Sprüche bezeichnend, so daß der Ausdruck „Schriftp." genau genommen irreführend ist und nur mit Vorbehalten für jene P. gebraucht werden kann, deren Sprüche im Unterschied von anderen P. in einem späteren Stadium schriftlich überliefert worden sind. Diese *Sprüche* sind meist in einem längeren Vorgang *entstanden,* bei dem vier Stufen zu unterscheiden sind. Die erste Stufe ist ein Augenblick persönlicher Gottergriffenheit, in dem der „Geist" oder das „Wort" Gottes über die P. kommt. In einem solchen Augenblick haben sie eine „geheime Erfahrung", manchmal im Zustand der „Ekstase" als einer möglichen Begleiterscheinung: die Vision (innere Schau, zB Jes 6), die Audition (inneres Hören, zB Jer 4, 5 ff), die plötzliche Eingebung (zB Jes 7, 13 ff) und das wunderbare Wissen (zB um den Feind aus dem Norden Jer 4-6). Diese Erfahrungen sind die Keimzelle der Verkündigung der P. Die zweite Stufe ist die Deutung und Auslegung der einzelnen Erfahrung durch die P. entsprechend dem Glauben, in dem sie leben. Die neue Erfahrung wird so gedeutet, daß das Einzelerleben sich dem schon bestehenden Gesamtbild vom Wesen und Willen Gottes eingliedert, es verstärkt und vergegenwärtigt. Die dritte Stufe ist die verstandesmäßige Bearbeitung. Da das Erfahrene verkündigt werden soll, darf es nicht im Lallen des Zungenredens bleiben, sondern muß in vernünftige und verständliche Worte übersetzt werden. Dies geschieht so selbstverständlich, daß die P. oft selber eine sachgemäße Begründung hinzufügen oder eine sich ergebende Folgerung in das Gotteswort einbeziehen. Daneben geht als vierte Stufe die künstlerische Bearbeitung einher, zu der zunächst die Einkleidung in bestimmte, zT seit alters festliegende → Formen der Rede gehört. Ferner muß nach damaligem Verständnis ein Orakel grundsätzlich in poetisch gebundener Rede erteilt werden. Daher gibt es keinen wirklichen P.spruch, der nicht in Versform gehalten ist, auch wo dies aus den Bibelübersetzungen nicht hervorgeht.

b) Die P. haben außerdem → *symbolische* oder Gleichnis*handlungen* ausgeführt, zB Jes 8,1-4; 20; Jer 16; 19; 27; Hes 4; 5; 12; 24,15ff; Hos 1; 3. Diese stehen neben dem P.spruch als zweite Art der Verkündigung und betonen stärker als das gesprochene Wort, daß die prophetische Verkündigung eine wirksame Verkündigung sein will. Die Handlung bewirkt nach damaliger Auffassung das Eintreffen des symbolisch dargestellten Geschehens, weil sie das göttliche Handeln vorabbildet und die P. durch ihr Tun das Geschehen mit herbeiführen.

c) Der P.spruch und in ähnlicher Weise die symbolische Handlung beruhen auf einem Ineinander von göttlicher Eingebung und prophetischer Deutung, Auslegung und Verarbeitung, dessen einzelne Stufen nur mehr theoretisch voneinander unterschieden werden können. Die göttliche Offenbarung geht immer über den prophetischen Mittler und wird durch ihn geformt. Beides tritt uns als eine Einheit entgegen, die vom Innewerden des göttlichen Willens in einer persönlichen Erfahrung ausgeht, eine glaubensmäßig bedingte Auslegung einschließt und in der damaligen Ausdrucksweise theol. geprägt ist. Daraus wird zugleich verständlich, warum es möglich ist, daß die großen Einzelp. andere, die mit dem gleichen Anspruch auftreten, als *falsche P.* ablehnen, zB Jer 23,9—32; Hes 13. Falsche Prophetie entsteht, wenn überhaupt keine geheime Erfahrung zugrunde liegt, so daß alles Gesagte keine Offenbarungsgrundlage besitzt, oder wenn die geheime Erfahrung oder auch die überkommene Erkenntnis von Gottes Walten in falscher Weise gedeutet, ausgelegt oder bearbeitet wird.

d) Das Wesentliche an der Wirksamkeit der P. ist nicht das wunderbare Vorhersagen von Einzelereignissen einer näheren oder ferneren *Zukunft*. Ohnehin greifen die P. fast niemals in die fernere Zukunft. Was sie ankündigen, erwarten sie gewöhnlich in allerkürzester Zeit, selbst noch die eschatologischen P. Soweit sich aber die Verkündigung auf Einzelheiten der näheren Zukunft bezieht, ist sie keineswegs irrtumslos, ohne daß dies ihrer Vollmacht Abbruch getan hätte oder sie zu falschen P. stempelte. Denn das Entscheidende liegt darin, daß alles schon im Begriff ist, sich zu ereignen, und die P. gerade noch Zeit genug haben, um darauf hinzuweisen und um dazu aufzufordern, die richtigen Folgerungen für die *Gegenwart* daraus zu ziehen. Sie sprechen von der Zukunft nur, um ihre Gegenwart zu bestimmen und zu formen, auf die sie einwirken wollen; ohne diese Einsicht mißversteht man sie völlig.

e) Zu einem Zeitpunkt, der im einzelnen verschieden anzusetzen ist, sind die P.sprüche schriftlich niedergelegt und über die symbolischen Handlungen Berichte verfaßt worden. Manchmal, wie bei Amos und Hosea, wird dem eine gewisse Zeit rein mündlicher *Überlieferung* vorangegangen sein. Jesaja hat wenigstens einen Teil seiner Sprüche bald nach ihrer Verkündigung selbst niedergeschrieben, um diese nachträglich zu rechtfertigen (Jes 6-8) oder angesichts des angedrohten Gerichts für die Zukunft beweiskräftig zu hinterlegen (Jes 30,8). Jeremia hat zweimal einen großen Teil seiner Sprüche dem Baruch diktiert, zunächst um einen entscheidenden Appell an seine Zeitgenossen zu richten, danach um zu bekräftigen, daß sich das Gotteswort nicht von Menschen vernichten und außer Kraft setzen läßt (Jer 36). Hesekiel schließlich dürfte die meisten Sprüche nach, einige aber auch schon vor ihrer Verkündigung niedergeschrieben haben. Im weiteren Verlauf sind die Einzelsprüche und -berichte zunächst zu kleineren *Sammlungen* zusammengefaßt worden; dies geschah vor allem bei gleichförmigen Sprüchen (Weherufe Jes 5,8ff), wegen des gleichen Themas (über die Könige Judas Jer 22,11 bis 23,8) oder Stichworts („Schwert" Hes 21) oder der Beziehung auf die gleiche Lage (Hos 5,8ff). Eine spätere Zeit hat auf Sammlungen mit scheltenden und drohenden Sprüchen öfters eine oder mehrere Verheißungen folgen lassen, um auf das endzeitliche Heil nach dem Gericht hinzuweisen, zB Jes 2,2-4; 4,2-6; 9,1-6; 11,1-16, und die Sammlungen in einigen Büchern nach einem eschatologisch-apokalyptischen Schema geordnet: Unheil für Israel — Unheil für andere Völker als Beginn der Zukunft — Heil für Israel und die Völker (Hesekiel, Zephanja, LXX-Fassung Jeremias, teilweise in Jes 1-35). Neben dieser Art der Überlieferung gibt es einige kleine Prophetenbücher, die in sich geschlossene Einheiten darstellen und auch als solche schriftlich niedergelegt worden sind (Joel, Nah, Hab, Sach 1-6). Wieder anders verhält es sich mit den Sprüchen, die im Rahmen von P.erzählungen erscheinen, bes. 1-2Kö, Jona; soweit sie sich überhaupt mit einiger Wahrscheinlichkeit auf die verschiedenen P. zurückführen lassen, denen sie zugeschrieben werden, sind sie im Verlauf der Überlieferung oft umgebildet worden, bevor die uns vorliegende schriftliche Fassung entstanden ist.

3) Botschaft. a) Die Botschaft der einzelnen frühen Seher und P. ist vielfach gar nicht oder nur bruchstückweise mit Sicherheit zu erkennen. Wo es sich beim Übergang zu den großen Einzelp. wie bei → Elia anders verhält, besteht schon eine solche Nähe zu der Botschaft jener Einzelp., daß eine gesonderte Darstellung unnötig ist. Dagegen ist ein Blick auf die große Gruppe der berufsmäßigen P. erforderlich. Sie vertreten durchweg die offizielle kultisch-nationale Ausprägung des Jahweglaubens, die grundlegend dadurch bestimmt ist, daß sie Israel um des von Gott gewährten Bundes willen in einem vorgegebenen Heilszustand erblickt. Das Volk kann diesen zwar durch einzelne Verfehlungen stören, durch entsprechende Sühnemaßnahmen aber jederzeit wiederherstellen. Demgemäß verkünden die Berufsp. mit lauten Tönen, daß dem Volke Jahwes nicht Schwert noch Hungersnot, sondern beständiges Heil zuteil wird (Jer 14,13).

b) Zweifellos stehen die großen Einzelp. mit allem, was sie sagen und tun, gleichfalls in einer langen und umfangreichen Tradition. Doch kann man sie deswegen nicht in eine angebliche altorientalische Einheitskultur eingliedern und mit den mesopotamischen und kanaanäischen Kultp. gleichsetzen. Ebensowenig lassen sie sich als bloße Hüter einer altisr. Überlieferung verstehen, zu der sie zurückgerufen, die sie reformiert oder in aktueller Weise verkündigt hätten. Sie sind keine Reformatoren oder Reformer, aber auch keine Revolutionäre, die alles Bestehende wegfegen und ganz neu anfangen möchten, oder das Ergebnis einer langen Entwicklung, die bei ihnen endlich zu einem ethischen Monotheismus geführt hätte. Sie stehen den Überlieferungen anders gegenüber. Sie sind zwar mit den Glaubenstraditionen Israels wie mit den allgemeinen kulturellen Traditionen ihres Volkes und durch sie mit den umfassenderen der altorientalischen Völker verbunden. Aber nicht dies ist für ihre Botschaft entscheidend geworden, sondern das eigene Erleben der schrecklichen und begnadigenden Gegenwart Gottes, ausgehend von den lebendigen Anstößen des ursprünglichen mosaischen Glaubens, die bei ihnen in geläuterter und weiterführender Form aufleben. Dadurch bilden die großen Einzelp. etwas Eigenes. Sie geben die vielfach aus dem Kompromiß mit anderen Vorstellungen und Bräuchen entstandenen Glaubensformen auf und handeln aus einer als existentiell erfahrenen Wahrheit. Sie haben dabei die Traditionen nicht ausgeschaltet, obwohl sie für ihren Glauben nicht grundlegend sind, sondern sich ihrer für die Verkündigung ihrer Botschaft bedient. Dazu haben sie die Überlieferung umgebildet, neu ausgelegt und gedeutet, um mit ihrer Hilfe ausdrücken zu können, was sie sagen mußten. Der Inhalt dessen ist in einer neuen Begegnung mit Gott begründet, der den Menschen vor die Entscheidung stellt, ob er zu diesem Gott und seinem Willen ja oder nein sagen, ob er ganz ein Neuer werden oder ganz der Alte bleiben will. Von da aus warnen die P. vor dem alten Dasein, weil es durch die Sünde des Menschen gekennzeichnet ist und weitere schuldhafte Gedanken, Worte und Taten bewirkt. Sie tun dies in der Weise, daß sie zunächst die einzelnen Sünden rügen, die ihnen auffallen, und dabei den verschiedenen Ständen und Schichten mit unerhörtem Freimut Worte entgegenschleudern, wie man sie nie zuvor zu hören bekommen hatte. Außerdem aber sehen sie, daß alle einzelnen Vergehen ihre Ursache in einer bestimmten Grund- und Gesamthaltung des Menschen haben, aus der sie erst folgen: in der Verweigerung des freudigen Vertrauens auf Gott und der restlosen Hingabe an ihn, in der Auflehnung gegen ihn und dem Abfall von ihm. Als Folge dessen sehen die P. den Menschen nicht in einer Heils-, sondern in einer Unheilssituation und erwarten nach allen vorangegangenen Warnungen und Schicksalsschlägen ein vernichtendes Strafgericht, das sie in verschiedener Form beschreiben. Es ist weder eine rechtlich festgelegte Strafe noch göttliche Willkür. Besteht die Schuld des Menschen darin, an Stelle von Vertrauen und Hingabe an den göttlichen Willen nach einem gesicherten Leben aus dem bloß Geschaffenen, Irdischen und Vergänglichen heraus zu streben, so führt dies mit innerer Notwendigkeit zum Untergang, da das Irdische als Geschaffenes vergänglich ist. Gelegentlich sind Sünde und Gericht so eng miteinander verbunden, daß die Schuld schon der Beginn des Gerichts ist; so in Jesajas Bild vom Riß in der Mauer, die auf diese Weise schließlich zusammenbricht Jes 30,8-14. Dennoch sind die P. der Ansicht, daß das Gericht nicht das ist, was Gott eigentlich will (Hes 18,23). Da es nicht unvermeidlich sein kann, sowenig die falsche Haltung des Menschen unüberwindlich ist, erwägen sie die Möglichkeit eines neuen Heils. Daher ist das Entweder-Oder des Untergangs oder der Rettung des sündigen und eigentlich dem Tode verfallenen Menschen das Kernthema der Verkündigung der großen Einzelp. Die erste Möglichkeit zur Rettung enthält der Ruf zur Umkehr, in dem Jeremia seine ganze Wirksamkeit zusammenfassen kann Jer 25,3-7 und mit dem auch Jesus seine Verkündigung begonnen hat. Da aber der Mensch zur Umkehr oft nicht willens oder nicht mehr fähig ist, tritt als zweite Möglichkeit bei einigen dieser P. das Angebot der Vergebung und Erlösung durch Gott hinzu, der den Sünder in ein neues Dasein hineinnehmen will Hes 36,25-27. Beide Male geht es um eine grundlegende innere und äußere Wandlung in einen neuen Menschen, der den Willen Gottes vollkommen erfüllt, so daß dieser Gott tatsächlich in der Welt herrscht.

c) In der eschatologischen Prophetie der späteren Zeit ist jenes Entweder-Oder in ein zeitliches Vorher-Nachher umgedeutet worden. Darauf hat die Heilsverkündigung der früheren Berufsp. eingewirkt, auf Grund deren man einseitig den göttlichen Heilswillen betonte. Zugleich verstand man den Untergang Judas und das Exil als das von den großen Einzelp. angedrohte Gericht. Da es nicht mehr als ständig drohende Möglichkeit, sondern als einmaliges geschichtliches Ereignis galt, konnte nach seinem Ablauf nur mehr eine endgültige und ewige Heilszeit erwartet werden. So unterscheiden die eschatologischen P. zw. zwei Zeitaltern, an deren Grenze sie zu stehen meinen, und malen den Übergang vom einen zum anderen und das Bild des künftigen Zeitalters in mannigfacher Weise und oft mit leuchtenden Farben aus: das neue Palästina als ein Wunderland, das eine nie geahnte Fruchtbarkeit aufweist und auf dessen reinem Boden Gott allein verehrt werden darf; das neue Jerusalem als eine Wunderstadt, vor der alle Welt in Bewunderung erstarrt, zu der alle Schätze fließen und der alle Völker ihre Ehrfurcht und Unterwerfung bezeigen; und dies alles unter der unmittelbaren Herrschaft Gottes selbst oder unter der seines irdischen Stellvertreters (→ Messias). Doch außer solchen Tönen nationaler Heilsverkündigung, die theol. anfechtbar sind, klingen auch andere an: die durch Mission und innere Überzeugung erfolgende Bekehrung aller Menschen zu dem einen Gott, die durch das stellvertretende Leiden und Sterben des → Gottesknechtes geschaffene Erlösung und der ewige Friede in einer Welt der Glaubenden unter der Gottesherrschaft. Auch das ist echt prophetische Botschaft.

Lit.: G. Fohrer, Die symbolischen Handlungen der alttestamentlichen Propheten, Zürich 1953; Umkehr und Erlösung beim Propheten Hosea, Theologische Zeitschrift 11 (1955), S. 161-185; C. Kuhl, Israels Propheten, München 1956; E. Balla, Die Botschaft der Propheten, Tübingen 1958; E. W. Heaton, Die Propheten des Alten Testaments, München 1959; E. Sellin - G. Fohrer, Einleitung in das AT[10], Heidelberg 1965, § 52-54. Ausführliche Lit.- u. Forschungsberichte: G. Fohrer in Theol. Rundschau N. F. 19 (1951), S. 277-346; 20 (1952), S. 192-271, 295-361; 28 (1962), S. 1-75, 235-297, 301-374. *Fo*

Proselyt → Judengenossen.

prüfen, Prüfung. *1) = untersuchen.* Dies ist *a)* Gottes Werk, der ins Herz sieht 1Chr 29, 17; Ps 7, 10; 11, 5; Jer 17, 10; 20, 12. Der Aufrichtige nimmt seine Zuflucht zu dem gerechten Gott vor sich selber Ps 17, 3; 139, 23 und vor den Menschen Ps 11, 4; Jer 11, 20; *b)* des Menschen Auftrag 1Mose 42, 15 f. Dazu gibt ihm Gott das Ohr Hiob 12, 11; 34, 3 und das Gesetz Röm 2, 18. Jesus erwartet, daß wir die Zeit p. Lk 12, 56. Durch den im Glauben an Jesus gegenwärtigen Geist hat der Christ Fähigkeit und Aufgabe, zu p., was Gottes Wille ist Röm 12, 2; Eph 5, 10; Phil 1, 10; 1Thess 5, 21, auch die Geister in der Gemeinde 1Jo 4, 1 und sich selbst 1Kor 11, 28.

2) = versuchen. Zur Bewährung im Gericht erprobt und läutert uns Gott Ps 26, 2; Spr 17, 3; Jer 9, 6; Sach 13, 9. Gott fordert uns auf, die Wahrheit seiner Verheißung zu p. Mal 3, 10; aber der Mensch darf Gott nicht versuchen Ps 95, 9; Hebr 3, 9. Glauben und Werk soll der Christ p. 2Kor 13, 5; Gal 6, 4. *Pfi*

Psalmen.

1) Psalmenbuch, Einteilung, ältere Sammlungen, Anordnung. 2) Überschriften. 3) Entstehungszeit. 4) Altorientalische Parallelen. 5) Psalmengattungen – Sitz im Leben. 6) Bußpsalmen.

1) Das hebr. Buch der Ps., hebr. tehillīm, enthält 150 einzelne Dichtungen, die in den Handschriften sorgfältig voneinander abgegrenzt und zT in Verszeilen (Qumran!) geschrieben sind. In der griech. Bibel heißt das Buch psalmoi. Bei gleicher Liedzahl hat jedoch LXX eine andere Einteilung, indem Ps 9. 10 u. 114. 115 als je ein Psalm gerechnet werden. Dadurch aber, daß in LXX Ps 116, 1-9 u. 116, 10-19 und Ps 147, 1-11 u. 147, 12-20 als je zwei Ps. gerechnet werden, sind die Ps. 148-150 im hebr. und griech. Text gleich. LXX hat darüber hinaus Ps 151 mit der Angabe versehen, daß er außerhalb der Zahl überliefert worden ist. Dieses späte Stück der Ps.-dichtung verwendet Traditionen aus 1Sam 16 f.

Durch Lobpreisungsformeln 41, 14; 72, 19; 89, 53; 106, 48 u. 150 (ganz oder nur V. 6) sind fünf Bücher abgegrenzt. Da das Vorbild der fünf Bücher Mose deutlich ist, wird diese Abgrenzung wohl das Ergebnis schriftgelehrter Arbeit am Buch und ohne geschichtlichen Wert für seinen Werdegang sein. Wichtiger ist die Tatsache, daß *kleinere Sammlungen,* die durch gleichmäßige Überschriften oder einheitliche Kennzeichen ausgewiesen sind, erkennbar werden. Das ist einmal der jahwistische Psalter 3-41, in dem ständig der Gottesname Jahwe gebraucht wird. Außerdem werden diese Ps. auf David zurückgeführt. In der Sammlung Ps 42 bis 84 wird dagegen einheitlich die Gottesbezeichnung Elohim verwendet. In dieser Gruppe sind wiederum kleinere Sammlungen vorhanden, nämlich 42-49 Korachpsalmen, 51-65; 68-70 Davidpsalmen. Obwohl sich Ps 72, 20 die kleine Notiz erhalten hat: „Ein Ende haben die Gebete Davids, des Sohnes Isais", folgen 86; 101; 103; 108-110; 122; 124; 131; 133; 138-145 weitere Davidpsalmen. Manche Ps. kommen im heutigen Psalter doppelt vor: Ps 14 und 53; Ps 31, 2-4 und Ps 71, 1-3; Ps 40, 14-18 und Ps 70. Ps 108 ist im ersten Teil mit Ps 57, 8-12 und im zweiten Teil mit Ps 60, 7-14 gleich. Diese Doppelungen sind aus dem Vorhandensein mehrerer Sammlungen verständlich. Die Endredaktion hat auf die Ausmerzung der Doppelstücke wohl verzichtet, weil sie in verschiedenen Zusammenhängen standen. Neben Sammlungen, die nach den Personennamen der Überschriften unterschieden werden können (Salomo 72, Asaph 50; 73-83, Söhne Korachs 84 f; 87 f, Etham 89, Mose 90), wobei nur einmal vorkommende Namen als Anhänge gewertet werden müssen, erscheinen kleinere Sachgruppen wie Jahwe-König-Psalmen 93-99, die Hallelujapsalmen 104-106; 111-117; 135; 146-150 sowie die Wallfahrtspsalmen 120 bis 134.

Für die gegenwärtige *Anordnung* des Psalters hat die Forschung verschiedene Lösungen vorgeschlagen. Man nimmt entweder an, daß die

Anordnung auf einen dreijährigen Lesezyklus der Thora, deren einzelne Leseabschnitte mit je einem Psalm verbunden waren, zurückgeht, oder daß die Ordnung sich nach ähnlichen Formen und Inhalten, nach ähnlichen Worten und Wendungen gerichtet hat. Die neueste Arbeit über dieses Problem sieht in der Anordnung nach Verfasser, Gottesnamen, Liedart, Entstehungszeit und Inhalt die wesentlich maßgebenden Prinzipien der Ordnung.

2) Man muß mehrere Arten von *Überschriften* unterscheiden. Einmal diejenigen, die verschiedene Worte für Lied bzw. Liedgruppen gebrauchen, ferner die musikalischen Spezialwendungen, die Angaben über Singweisen und kultische Verwendung. Dazu treten jene Arten von Überschriften, die eine besondere geschichtliche Situation für die Abfassung des Psalms angeben, zB Ps 3; 51; 52; 56; 57; 60. Diese Überschriften lassen sich am besten als Bemühung Späterer verstehen, das betreffende Lied aus einer geschichtlichen Situation begreiflich zu machen. Da diese Überschriften nicht über die Traditionen der historischen Bücher des AT hinausgehen, kommt ihnen kein geschichtlicher Wert zu.

3) Für die zeitliche *Entstehung* der Ps. und des Psalmenbuches muß man feststellen, daß die Verfassernamen von Mose an alle in die Zeit weisen, die nach jüd. Anschauung die Zeit der wirkenden Offenbarung Gottes war, nämlich die Periode von Mose bis Esra (Mitte des 5. Jh.). Jüngere Ps. könnten nur dann Aufnahme gefunden haben, wenn man sie für ältere Dichtungen gehalten hatte. Im Lobpreis der Väter Sir 44, 1-50, 24 wird der Psalter als Buch nicht ausdrücklich erwähnt; doch wird bei David 47, 8-10 gesagt, daß er Dankeshymnen Gott dargebracht habe (1Chr 29, 9-19; Am 6, 5). Also muß wenigstens der Davidpsalter zu Beginn des 2. Jh. vChr bekannt gewesen sein. Da in der griech. Übersetzung des Sir das Vorwort neben dem Gesetz und den Propheten auch die Schriften erwähnt und der Psalter zu diesen Schriften gehört, wird man wohl mit gutem Grund folgern dürfen, daß im letzten Drittel des 2. Jh. vChr der Psalter fertig vorgelegen haben muß. Dafür spricht auch die LXX, die den vollständigen Psalter hat. Frühestes Datum für die LXX ist die Mitte des 3. Jh. vChr. Unter den Handschriften von Qumrān hat man eine Auslegung des Ps 37 gefunden. Etwa um 100 vChr war also in dieser Sekte der Psalter so als Heilige Schrift anerkannt, daß man ihm eine besondere Auslegung widmen konnte. Bezüglich der zeitlichen Ansetzung der einzelnen Ps. ist die gegenwärtige Forschung darauf gerichtet, den einzelnen Ps. ein wesentlich höheres Alter zuzuerkennen, sie zT in die frühe Königszeit oder sogar in die vorstaatliche Zeit zu setzen. Die makkabäische Zeit 2. Jh. vChr, die einst so sehr von Bernhard Duhm bevorzugt wurde, wird heute als Entstehungszeit für Ps. nicht mehr herangezogen. Die Ps.dichtung in Qumrān hat gezeigt, wie nach Form und Inhalt klare Abweichungen von der bibl. Ps.dichtung vorherrschen. Bei allen Ps.forschungen darf nie vergessen werden, daß der gegenwärtige Psalter nur eine bescheidene Auslese der sicher sehr reichen, umfänglichen religiösen Dichtung Israels ist. Wie der Weg bis zur gegenwärtig bestehenden Auslese von 150 Ps. verlief, kann bei dem gegenwärtigen Stand der Forschung noch nicht geklärt werden.

4) Israels Ps.dichtung steht nicht vereinzelt im antiken Orient da. Die religiöse Dichtung des Zweistromlandes läßt sich in vieler Beziehung nach Formen und Inhalten vergleichen. Ähnliches gilt auch für die ägyptische Dichtung. Aus den Briefen von Amarna und aus den Textfunden von Ugarit lassen sich einzelne psalmenähnliche Stücke herausheben, die in verschiedenen Wendungen, im Echovers und in der Metrik *Parallelen* zum ATlichen Psalter darstellen. Für einige Ps. ist sogar erwogen worden, ob sie ursprünglich kanaanäische Dichtungen gewesen sind, zB Ps 29; 68; 94-99 u. 141; doch wird als ganzer kanaanäischer Psalm nur Ps 29 anzusprechen sein, obwohl man auch hier noch sehr geteilter Meinung sein kann. In den anderen Ps. sind höchstens einzelne Form-Elemente übernommen worden. Angesichts der altorientalischen Parallelen muß zugestanden werden, daß Israel trotz aller Entlehnungen eine höchst *eigenständige Ps.dichtung* von großer dichterischer und geistlicher Kraft geschaffen hat.

5) Da die einzelnen *Ps.gattungen* in besonderen Artikeln (→ Hymnus, alphabetisches Lied, Danklied, Siegeslieder, Wallfahrtslieder, Zionslieder, Königslieder, Klagelied) behandelt werden, ist hier nur allg. nach der Verwendung dieser Ps.dichtung im Leben Israels zu fragen. Daß sie im *Tempelkult* der vor- und nachexilischen Zeit verwendet wurde, geht schon aus der Nennung verschiedener Tempelsängergilden Korach und Asaph hervor. Sehr häufig sind die Bezugnahmen auf den Tempelkult und verschiedene Ritualien. Auch die babylonischen Ps. weisen auf eine Verwendung im Kultus hin. Insbesondere versucht man die Ps. mit bestimmten kultischen Situationen einzelner Feste in Verbindung zu bringen, also etwa mit einem Bundesfest oder mit einem Thronbesteigungsfest Jahwes, für das die Jahwe-König-Ps. verwendet worden seien. Ein anderes hypothetisch erschlossenes Fest ist das königliche Zionsfest mit 2Sam 6f als Kultlegende und etwa den Ps. 2; 24; 72; 78; 89; 110; 132 als Kultliedern. Es läßt sich nicht verkennen, daß die Herleitung der Ps. nur aus kultischen Situationen einseitig ist. Das *religiöse Leben* Israels hat sicher im Tempelkult einen starken Wirkungsbereich gehabt; aber es fragt sich, ob einzelne Lieder nicht aus anderen Bereichen erklärt werden können. Das religiöse Leben Israels hat sich doch auch außerhalb des Tempels vollzogen. Damit ist nicht zuerst die oft verhandelte Frage nach der individuellen geistlichen Dichtung in Israel gestellt. Vor allen Dingen muß gefragt werden, ob der Prophet nicht auch als Lieddichter in Frage kommt und zwar außerhalb des Kultus, da der Kultprophet noch immer in der Forschung eine umstrittene Größe ist. Da der Prophet (auch die Prophetengruppen des 11. u. 9. Jh. vChr) als eine Erweckergestalt angesehen werden muß, dessen Verkündigung ein gewaltiger Aufruf zur Umkehr zu Jahwe war, muß mit dem Vorhandensein von Liedern, die aus solchen Erweckungsbewegungen heraus entstanden und zum Ausdruck der neuen ungeahnten geistlichen Erfahrungen dienen sollten, auch im Psalter gerechnet werden. Hier liegen Möglichkeiten zur weiteren Forschung.

6) Aus dem Psalter kennt die christl. Kirche die sieben *Bußpsalmen* 6; 32; 38; 51; 102; 130; 143, die für das 6. Jh. nChr fest bezeugt sind. Sie gehören verschiedenen Gattungen an bzw. enthalten Bestandteile anderer Gattungen; doch dominiert das Klagelied des Einzelnen; in Ps 32 liegt ein Danklied eines Einzelnen vor, das nur im Rückblick die Gedanken der Buße, des Bekenntnisses und der Vergebung ausspricht. Die Höhe NTlicher Bußgesinnung ist in einzelnen Bezügen nahezu erreicht. Das Kreuz von Golgatha erscheint deutlich vor den Augen des Beters dieser Bußpsalmen, so daß es durchaus verständlich ist, daß die Kirche diese Ps. heraushob.

Lit.: H. Gunkel, Die Psalmen übersetzt und erklärt (Göttinger Handkommentar zum AT), 1926; H. Schmidt, Die Psalmen (Handbuch zum AT 15), 1934; A. Weiser, Die Psalmen übersetzt und erklärt (ATD 14/15), 1955; H. J. Kraus, Psalmen (Biblischer Kommentar XV), 1960; Helmut Lamparter, Das Buch der Psalmen I, Ps. 1-72, 1958; Das Buch der Psalmen II, Ps. 73-150, 1959 (Botschaft des AT, Bd. 14 u. 15). *Ba*

Pseudepigraphen. P. (griech.: „Bücher mit falscher Überschrift") sind ursprünglich Bücher, die die unbekannten Verfasser unter dem Namen berühmter Gottesmänner ausgehen ließen. Doch wird die Bezeichnung P. heute auch für Schriften gebraucht, die nicht den Anspruch erheben, von einem ATlichen Frommen zu stammen: zB Aristeasbrief, Buch der Jubiläen, Sibyllinen, 4Makk. Die P. sind Schriften sehr verschiedenen, vielfach apokalyptischen Inhalts, die nicht wie die → Apokryphen in die griech. und lat. Bibel Aufnahme gefunden haben, wohl aber von orientalischen Kirchengemeinschaften — syrische, koptische, äthiopische, armenische u. a. Kirchen — als Erbauungsliteratur geschätzt wurden. Außer den schon genannten und den unter → Apokalypsen gekennzeichneten zählt man gewöhnlich folgende Schriften zu den P.: Martyrium und Himmelfahrt Jesajas, Psalmen Salomos, Slavischer Henoch, Testamente der 12 Patriarchen, Leben Adams und Evas. Entstehungszeit und -ort sind nur selten auszumachen. Die Schriften liegen meist nur in der Sprache der Kirchen vor, in denen sie geschätzt werden; doch bestätigen eine Reihe von Handschriften, die in → Qumran gefunden wurden, die Annahme, daß die P. in ihrer jetzigen Fassung Übersetzungen aus dem Hebräischen, Aramäischen oder Griechischen darstellen.

Lit.: E. Kautzsch, Die Apokryphen und P. des AT, 2. Bd. 2. Neudruck 1962. *Bo*

Ptolemäer. Als sich nach dem Tod Alexanders d. Gr. die Diadochenstaaten bildeten, übernahm der Mazedonier Ptolemäus, Sohn des Lagos, die Herrschaft in Ägypten, in der Kyrenaika, in Zypern und schließlich in Nordsyrien und trug seit 305 als König die Krone des einstigen Pharaonenreiches. Das ihm entstammende Herrschergeschlecht nennt man P. oder nach seinem Vater „Lagiden". Sämtliche Nachfolger des Ptolemäus tragen neben einem weiteren Namen den des Ptolemäus (I-XIV). Die P. konnten sich den wiederholten Angriffen der Seleukiden, die große Teile des Vorderen Orients beherrschten, durch 150 Jahre hindurch widersetzen und waren zunächst die Vormacht unter den Diadochenstaaten. Im Jahr 201 eroberte der Seleukide Antiochus III. Südsyrien, und 168 stand dessen übernächster Nachfolger Antiochus IV. Epiphanes vor Alexandria, nachdem er sich vorher in Memphis die Krone Ägyptens auf das Haupt gesetzt hatte. Durch ein Ultimatum des römischen Senats wurde er zum Rückzug aus Ägypten gezwungen. Von da an stand das P.reich, das durch Thronstreitigkeiten öfters innenpolitische Krisen erlebte, im Schatten der Römer. Bekannt ist der tragische Ausgang dieses Staates unter der letzten Ptolemäerin Kleopatra VII., die zunächst Caesar und nach dessen Tod M. Antonius an sich fesselte und als „Königin der Könige" von einem Okzident und Orient umfassenden Großreich träumte. Nach der Schlacht bei Actium 31 vChr, als das P.reich sein Ende fand, suchte sie den Tod durch Schlangenbiß. Ägypten wurde unter Octavian-Augustus römische Provinz.

Über die Zeit der P.herrschaft in Palästina haben wir nur spärliche Nachrichten. Die Jerusalemer Tempelgemeinde hatte wieder einmal die weltliche Obrigkeit gewechselt, ohne daß ihre religiöse Eigenständigkeit angetastet wurde. Während der seleukidischen Herrschaft und der gleichzeitigen Religionsverfolgung blieb eine den P.n freundliche Strömung im Volk erhalten 1Makk 1, 17-20; 10, 57 ff; 11, 4-7. In Alexandria, der Königsstadt der P., hatte sich eine starke, schon längst in Ägypten ansässige Judenschaft gesammelt, deren Zahl durch Heiden — Proselyten — verstärkt wurde, die zur isr. Religion übertraten. Nach dem legendären →Aristeasbrief hat der König Ptolemäus II. für seine Bibliothek den Pentateuch ins Griechische übersetzen lassen. Jedenfalls wurde für die nicht mehr des Hebräischen und Aramäischen kundigen Juden und die Proselyten schon im 3. Jh. mit der Übersetzung des AT ins Griechische begonnen. *Peu*

Ptolemais → Akko.

Publius, der oberste (römische) Beamte der Insel Malta, wohin Paulus und seine Mitreisenden als Schiffbrüchige verschlagen wurden, nahm die Gestrandeten freundlich auf; bei dieser Gelegenheit heilte Paulus den kranken Vater des P. Apg 28, 7. 8. *Kü*

Pul. *1)* Nur Jes 66,19 als nicht deutbarer Völkername neben Lud genannt. LXX liest Put. — *2)* Babylonischer Thronname des assyrischen Königs Tiglat-Pileser III. 2Kö 15,19; 1Chr 5,26. *Peu*

Punon, isr. Lagerstätte östlich Seïr 4Mose 33, 42f, Sitz eines edomitischen Fürsten 1Mose 36, 41 (Pinon). Bei den Kirchenvätern als Verbannungsort zur Zwangsarbeit verurteilter Christen zw. Zoar und Petra erwähnt. *(Schw)*

Purim, ein erst nach dem Exil aufgekommenes Fest, das von den Juden am 14./15. Adar (Februar/März) gefeiert wurde. Es soll nach Esth 9,17ff zum Gedächtnis der Errettung der Israeliten aus der Hand ihrer persischen Feinde gestiftet worden sein. Der Name des Festes wird dort mit dem akkadischen Wort pūr = „Los" in Zusammenhang gebracht, weil die persischen Feinde den Tag der Judenausrottung durchs Los bestimmt haben sollen Esth 3,7; 9,24.26. Die Historizität dieser Angaben wird heute allg. bezweifelt. Neuerdings vermutet man eine Ableitung des P.festes von dem babylonischen oder persischen Neujahrsfest. Sicher ist nur, daß es in der jüd. Diaspora Persiens um die Mitte des 4. Jh. vChr entstanden ist. Das palästinische Judentum hat seiner Einführung als einer unbefugten Neuerung anfänglich starken Widerstand entgegengesetzt; doch war das zweitägige Fest schon im 1.Jh. vChr als weltliches Volksfest allg. beliebt. Später wurde mit ihm auch eine Synagogenfeier verbunden, bei der das Buch Esther als Festlesung diente; → Festrollen. *Ste*

Purpur. Die an der palästinisch-syrischen Küste lebende Purpurschnecke gab den anfänglich hellen, dann blauen und purpurroten, hochgeschätzten Farbstoff, mit dem Wolle gefärbt wurde. Herstellung und Handel lagen bes. in den Händen der Phönizier. Vom Handel mit P.stoffen berichten Hes 27,24; Apg 16,14; Offb 18,12. P.gefärbte Stoffe wurden gern im Heiligtum verwendet: bei den Decken 2Mose 26,1-4; 4Mose 4,6-11, bei den Vorhängen im Zelt 2Mose 26, 31.36 und im Tempel 2Chr 3,14, bei der Kleidung der Priester und des Hohenpriesters 2Mose 28, auch bei der Bekleidung der Götzenbilder Jer 10,9; Bar 16,13. P.kleider zu tragen war ein Zeichen fürstlicher Würde Ri 8,26; Esth 8, 15; HL 7,6; 1Makk 10,20.62; 11,58; Sir 6,31; 40,4 oder großen Reichtums Spr 31,22; Lk 16, 19. So wollte auch der rote Soldatenmantel Mt 27,28 königlichen P. darstellen. *Schl*

Purpurkrämerin → Lydia.

Put, nach 1Mose 10,6 Sohn Hams, neben Kusch, Mizraim und Kanaan erwähnt. Die früher übliche Gleichsetzung mit dem ägyptischen Punt ist nicht haltbar. Babylonisch pu-u-ta, altpersisch Putaja, ein Teil der Libyer. Die LXX bringt den Namen P. nur 1Mose 10,6; 1Chr 1,8. An einigen Stellen übersetzt sie Libyer Jer 26,9 (MT 46,9), Hes 27,10; 38,5. *Peu*

Puteoli, die Hafenstadt westlich von Neapel, in der Paulus Apg 28,13 auf der Fahrt nach Rom eine Christengemeinde traf; eine alte jonische Kolonie, damals wichtiger Stapelplatz für Getreide aus Ägypten für das mittlere Italien; heute Pozzuoli. *Schl*

Q

Quadrans → Geld, → Münzen.

Quasten waren nach der Vorschrift 4Mose 15, 38-41 an den vier Zipfeln des Obergewandes der Juden zur ständigen Erinnerung an „alle Gebote Jahwes" angebracht. Auch Jesus trug sie Mt 9,20 u.ö. (Luther: „Saum"). Wollte man das Gewand Jesu unbemerkt berühren, wie die blutflüssige Frau es tat, boten die Q. die beste Gelegenheit. Die Sitte der Pharisäer, die Q. bes. lang zu tragen, um als eifrige Beobachter des Gebots zu gelten, geißelt Jesus Mt 23,5. *Ste*

Quelle. Q. ist in der Bibel als sprudelndes Trinkwasser kaum gebraucht; vgl. Ps 74,15; Jak 3,11. Oft ist von Wasser, frischem Wasser oder lebendigem Wasser die Rede, wo an Q.n zu denken ist 2Mose 17,6; Ps 42,2; Jo 4,10. Weil das Trinkwasser infolge der klimatischen Bedingungen Palästinas, das an Q.n arm ist, meist aus → Brunnen (= Zisternen) geschöpft wurde 1Mose 37,24; Jer 38,6, gilt lebendiges Wasser als begehrte Ausnahme Jo 4,10ff. — Infolgedessen ist Q. häufig in übertragenem Sinne für den Ursprung geistlichen Lebens verwendet. Gott selbst ist die „lebendige Q.". Die Abkehr von Gott wird mit der Verwerfung einer lebendigen Q. und der Benutzung eines wertlosen Brunnens verglichen Ps 36,10; Spr 13,14; 14,27; Jer 2,13; 17,13. Jesus verwendet das Bild von dem lebendigen Wasser, um die Unerschöpflichkeit, Reinheit und Macht seiner Gnade und seines Geistes zu verdeutlichen Jo 4,10; 7,38f. Zu den Q.n der Endzeit vgl. Offb 22,1. *Nag*

Quelltor → Tore Jerusalems.
Quirinius → Cyrenius.

Qumran.
1) Topographie. 2) Gräberfelder. 3) Ausgrabungen auf der Mittelterrasse. 4) Baulichkeiten bei ʿēn feschcha. 5) Höhlenfunde

Die Handschriftenfunde, die 1947 in einer Höhle am Toten Meer gemacht wurden, lenkten bald die Aufmerksamkeit auf eine Ruinenstätte, die 1 km südlich davon liegt. Sie wurde in den Jahren 1951-1958 von Pater R. de Vaux von der École Biblique in Jerusalem und der Altertumsverwaltung Jordaniens unter der Leitung von L. Harding ausgegraben.

1) An der Nordwestecke des Toten Meeres bildet der Jordangraben (el-ghōr), in die tiefe Senke des Toten Meeres auslaufend, eine verhältnismäßig breite Küstenebene, die sich in ihrem Verlauf nach Süden verschmälert und am Vorgebirge rās feschcha ihr Ende findet. Wie der übrige Jordangraben ist auch die nordwestliche Küstenebene mit Mergelterrassen besetzt, die ca. 60 m hoch sind und aus den urzeitlichen Meeresablagerungen herrühren. Eine solche Terrasse dehnt sich vom östlichen Gebirgsabfall der Wüste Juda zum Toten Meer aus und wird von dem vom Gebirge kommenden wādi Q. zerschnitten. Die so gebildete nördliche Mergelterrasse wird durch unregelmäßige Einschnitte von Süden her in drei Terrassen zerlegt, die im Folgenden West-, Mittel- und Ostterrasse genannt werden.

Die *Mittelterrasse* ist von den Ruinen einer einstigen Gemeinschaftssiedlung besetzt. Der Geländeeinschnitt zur Westterrasse ist von altem Bauschutt ausgefüllt. Im Norden wird die Mittelterrasse von einem erneuten Geländeeinschnitt begrenzt, so daß sie etwa 250 m von Norden nach Süden mißt. Südlich des wādi Q. setzt sich die Terrassenbildung noch ein Stück weit nach Süden fort. Die Entfernung zw. der Ostterrasse und dem Strand des Toten Meeres beträgt etwa 1200 m. Das Klima auf der Mergelterrasse ist wesentlich günstiger als am Strand.

Etwa 3 km südlich der einst besiedelten Mittelterrasse liegt in der Küstenebene ein großes Süßwasserquellsystem, die sog. ʿēn feschcha-Quelle, deren leicht schwefelig schmeckendes Wasser in das Tote Meer strömt. Durch die Süßwasserquellen hat sich die Umgebung in eine Halboase verwandelt mit dichtem Gesträuch. Diese Halboase greift auch weiter nach Norden aus, so daß die Ebene zw. der Siedlungsterrasse von Q. und der ʿēn feschcha-Quelle den Anblick eines anbaufähigen, mit Pflanzenwuchs bedeckten Bodens bietet, obwohl die jährliche Regenhöhe nur 100 mm beträgt, so daß dieses Gebiet — auch hinsichtlich der winterlichen Temperaturen — wie der südliche Jordangraben zur Wüste gerechnet werden muß.

Zwei Wege ziehen durch diese Küstenebene, einmal der über den Paß von rās feschcha aus dem südlichen Judäa kommende Weg, der sich in der Höhe der Q.terrassen mit dem das wādi Q. herabführenden vereinigt und nach Norden führt. Er gabelt sich dann in einen nach Jericho und in einen über den Jordan führenden Wegtrakt.

Die wirtschaftliche und militärische Bedeutsamkeit dieser Wege darf keinesfalls unterschätzt werden. Trotz der Abgelegenheit und schweren Zugänglichkeit ist die Küstenebene von Q. wohl stets von Karawanen und Reisenden durchzogen worden.

Historisch dürfte Q. am ehesten mit der Jos 15,61 f genannten Salzmeerstadt ʿīr hammälach identifiziert werden können. Diese Stadt gehörte zum judäischen Stammesgebiet.

2) Auf der Ostterrasse befindet sich ein über tausend *Gräber* zählendes Feld, dessen Grabstätten gleichmäßig und sorgfältig angelegt sind. Auf den Hängen an der Ostflanke befinden sich ebenfalls Gräber, die durch Geländeabbruch im Lauf der Zeit teilweise zerstört worden sind. Da sich in diesem Teil auch Frauengräber befunden haben, wird man den östlichen Teil des großen Gräberfeldes lieber als ein zweites Gräberfeld zählen, während der große Westteil als Begräbnisplatz 1 mit ausschließlichen Männerbestattungen zu zählen ist. Ein dritter Begräbnisplatz liegt einige hundert Meter nördlich der Mittelterrasse, ein vierter südlich am wādi Q. auf einer Terrasse. Die beiden letzten waren nicht leicht zu entdecken, da die Grabhügel nur an länglich-rechteckigen Steinschichtungen zu erkennen sind, der übrige Boden aber mit kleinem, vom Gebirge abgewittertem Gestein bedeckt ist. Die Gräber bestehen aus einem senkrechten, durch die Mergelschicht führenden Grabschacht. Auf dem Boden ist links oder rechts in der Wand der Länge nach eine Höhle hergestellt, in der die Leiche auf Steinen liegt. Die Öffnung wurde mit großen Ziegelsteinen abgedeckt und verputzt, so daß die Leiche nicht mit der Füllerde in Berührung kam. Das entspricht einer antiken persischen Bestattungssitte. Die Leichen liegen auf dem Rücken, den Kopf im Süden, die Füße im Norden. Abweichungen von dieser Regel sind festgestellt worden. Leichenbeigaben, armseliger Schmuck aus Steinperlen in Frauengräbern, sind nur in wenigen Fällen bemerkt worden. Bestattungen nach Unglücksfällen lassen sich in einigen Fällen vermuten; desgleichen lassen sich auch Knochenbeisetzungen feststellen. Die Verwendung von Holzsärgen ist verschiedentlich beobachtet worden; vermutlich handelt es sich um Bestattung von Leichen, die von auswärts gebracht wurden. Die Gleichzeitigkeit der Benutzung von Siedlungsstätte und Friedhof ist bewiesen durch Keramikscherben, die in der Füllerde der Grabschächte gefunden wurden und mit denen der Mittelterrasse gleichzeitig sind. Die unerhörte Schlichtheit und Gleichförmigkeit der Gräber läßt darauf schließen, daß die Benutzer dieser Grabfelder die jüd. Sekte der Essener gewesen sind, die nach dem Zeugnis des Plinius (Historia naturalis V, 17) am Toten Meer gewohnt haben soll.

3) Die auf der Mittelterrasse vorgenommenen Ausgrabungen ergaben Siedlungsreste aus der späteren Königszeit 900 bis 600 vChr. Die Stadt scheint im Zusammenhang mit dem Ende des Südreiches zum Erliegen gekommen zu sein. Von 600 bis etwa 160 vChr ist die Mittelterrasse nicht besiedelt gewesen. Die Anfänge der neuen Siedlung können nur nach den zahlreichen Münzfunden bestimmt werden, deren älteste in die Zeit um 136/35 vChr hinaufreichen. Vermutlich werden aber die ersten Anfänge der Sektensiedlung um 162-160 liegen. Die sehr planvoll aufgebaute *Siedlung* umfaßt drei Quartiere, die im folgenden benannt werden: 1) die Zentralanlage, 2) das Speisesaalquartier, 3) das Wirtschaftsquartier. Die Zentralanlage besteht aus einem überwiegend rechteckigen Gebäude, das auf Mauern der isr. Zeit ruht. An der Nordwestecke steht der niedrige dickwandige Turm, der zu Wacht- und Verteidigungszwecken diente, südlich von ihm Sitzungsräume und der 11 m lange Saal der Schreiber, letzterer mit Tischen, Bänken, Handwaschbecken und Tintenfässern ausgestattet. An der nördlichen Wand lagen Magazine und Küchenräume mit Herden. Im Osten dieser Bauanlagen fand der Ausgräber Zisternen und verschiedene Werkstätten, im Süden eine Wäscherei, von der mehrere Wasserbecken erhalten sind. Das Speisesaalquartier umfaßte den 22 m langen Speisesaal, der auf Jerusalem ausgerichtet war. In seinem Westteil saß der Leiter, dessen erhöhter Sitz noch durch ein rundes Steinpflaster angedeutet ist. Die Versammelten blickten also nach Westen, nach Jerusalem. Nördlich vom Speisesaal lag eine 16 m lange Zisterne, die in römischer Zeit durch eine Trennmauer in zwei Behälter geteilt worden ist. Westlich und östlich des Saales lagen wiederum Zisternen, vermutlich als symbolische Darstellung der Reinheit und Exklusivität des Raumes und der darin Versammelten. Östlich vom Speisesaal befand sich die Töpferwerkstatt mit zwei Keramikbrennöfen. Das im Westen gelegene Wirtschaftsquartier besaß eine runde, noch aus isr. Zeit stammende Zisterne, mehrere andere rechteckige und tiefe Zisternen, eine Bäckerei, eine Metallschmelze, mehrere Mühlen und vermutlich eine Aufbereitungsstätte für Drogen. Auch ein Stall für Tragtiere ist nachgewiesen. Magazinräume bestanden hier ebenfalls. Alle Zisternen waren untereinander durch Kanäle verbunden und wurden im Winter durch die im Gebirge erfolgten und durch einen Kanal aus dem wādi Q. abgeleiteten Niederschläge gefüllt. Dieser Kanal, der vom Westen herführte, mündete in die Bauanlagen, die nördlich der Siedlung lagen. Dort befanden sich ein Bad und ein Klärbecken für das Wasser, bevor es auf die Siedlung geleitet wurde. In diesem Bezirk wurden zahlreiche große Tongefäße mit Knochen von Schafen und Ziegen, vermutlich Überreste sakraler Mahlzeiten, gefunden.

Der Ausgräber unterschied verschiedene *Bauperioden.* Die erste von 136/35 bis etwa 100 vChr, in der alles noch sehr einfach eingerichtet war, eine zweite Periode von 100 bis etwa 31 vChr. Nachdem 31 vChr ein Erdbeben die Siedlung zerstört hatte, wurde mit dem Wiederaufbau 4 vChr begonnen, doch in einfacherer Form, die zB den Schutt an einigen Stellen ummauerte, statt ihn fortzuschaffen. 68 nChr wurde die Siedlung durch Eroberung zerstört, als Vespasian am Toten Meer weilte. Danach war die Siedlung bis zur Eroberung Masadas i. J. 73 nChr römischer Militärposten. Von 132 bis etwa 135 war sie vorübergehend besetzt von den aufständischen Juden des Barkochba-Aufstandes. Seitdem ist keine ständige Besiedlung vorhanden gewesen. → Tafel 39.

4) Die Sekte der Essener hatte ihre *Landwirtschaft* in der südlichen Küstenebene eingerichtet und dabei die Bewässerungsmöglichkeiten durch die Feschcha-Quelle ausgenützt. Mit einer Mauer grenzten sie den ihnen überlassenen Bezirk der Küstenebene ab. Die Mauer, die am Westrand der Küstenebene stand, war Grenze und Schutz zugleich gegen die Tiere der Karawanen, der Reisenden und der Herden, deren Eindringen in die Kulturen verhindert werden sollte. Von Norden nach Süden standen östlich dieser Grenzmauern drei Gebäude, das nördliche vielleicht schon aus isr. Zeit, das mittlere deutlich für landwirtschaftliche Zwecke bestimmt mit hochgelegenen Böden, das dritte ein umfänglicheres Haus, das offenbar nach dem Erdbeben 31 vChr das Sektenzentrum bildete. Es hatte ein oberes Stockwerk, war ebenfalls auf Jerusalem ausgerichtet und lag etwa 50 m nördlich der Feschcha-Quelle, diese offenbar absichtlich aus allen Baulichkeiten herauslassend, da sie den Reisenden, die vom Feschcha-Paß kamen oder zu ihm hinstrebten, als Wasserstelle dienen mußte. Die Keramik- und die Münzfunde bestätigten durchaus die archäologischen Befunde von Q. und bewiesen, daß die gleiche Gemeinschaft hier wie dort gebaut und gewohnt hat.

Im Mittelalter haben die Mönche von chirbet mird, am Westrand der Ebene el-buḳēʿa gelegen, hier einen Garten eingerichtet; für den Gärtner wurde ein kleiner Teil des Gebäudes hergerichtet.

5) Die Auffindung von Handschriften in einer Höhle am Toten Meer 1947 gab den Anlaß, den östlichen Gebirgsabfall bei Q. in einer Ausdehnung von mehreren Kilometern auf natürliche Höhlen untersuchen zu lassen. Man hat ca. *40 Höhlen mit Besiedlungsspuren* gefunden, die meisten aus der Zeit, in der Q. von den Essenern bewohnt war. Man hat große Vorratskrüge, Zeltpflöcke, Krugdeckel, Schalen gefunden, auch vollständige Handschriften und zahlreiche Fragmente. In einer Höhle wurden die Bronzerollen entdeckt, die, wie die weitere Forschung ergeben hat, einen Text über versteckte Schätze enthielten, dessen historischer Wert gegenwärtig noch sehr stark umstritten ist. Literarische Zusammenhänge mit späteren jüd. Texten sind erwiesen. Für die Topographie des NT sind die zahlreichen Ortsangaben von großer Wichtigkeit, insbesondere die Erwähnung von Beth Eschdathajin, einer Dualform des aus Jo 5, 2 wohlbekannten Teiches Bethesda, der nördlich vom

Tempelplatz nebst den 5 Säulenhallen als Doppelteich ausgegraben worden ist. Der Zugang zum kleineren der beiden Teiche wird in der Rolle erwähnt. In einem Fall ergab die Durchsuchung der Höhle eine Besiedlung bis hinauf in das Chalkolithikum (4500-3000 vChr). Da durch die keramischen und handschriftlichen Funde — die auf der Mittelterrasse gefundenen Ostraka haben die gleichen Buchstabenformen wie die Höhlenhandschriften — der Zusammenhang mit der Essenersiedlung als bewiesen gelten muß, legt sich die Schlußfolgerung nahe, daß ein Teil der Sekte in den Höhlen gewohnt haben muß. Ob es sich dabei um Mitglieder, die einer besonders strengen Observanz unterworfen waren, handelte oder um Novizen, die noch keinen genügenden kultischen Reinheitsgrad erlangt hatten, um schon auf der Mittelterrasse wohnen zu können, muß weiterer Forschung überlassen bleiben. Mehrere Höhlen sind auch künstlich in den Abhängen der Mergelterrassen gegraben worden. Die Höhle 4 an der Südspitze der Westterrasse diente offenbar als Büchermagazin. Hier wurden über 25 000 Fragmente mit zT sehr wertvollen Texten geborgen. → Qumrantexte.

Lit.: H. Bardtke, Die Handschriftenfunde am Toten Meer. Die Sekte von Qumran ²1961; R. Mayer-J. Reuss, Die Qumranfunde und die Bibel 1959. *Ba*

Qumrantexte.

1) Bibeltexte. 2) Apokrypha und Pseudepigrapha. 3) Bisher unbekannte Texte. 4) Theologie der Sekte. 5) Lebensordnungen. 6) Religionsgeschichtliche Zusammenhänge. 7) Zum Verlauf der Geschichte der Qumransekte. 8) Einwirkungen auf das Christentum.

1) Der große Fund von vollständigen und fragmentarischen hebr. Handschriften, der seit 1947 am Toten Meer gemacht wurde, ist für die wissenschaftliche Textgeschichte des AT von unschätzbarem Wert. Von allen Büchern des AT sind entweder ganze Handschriften oder größere Fragmente aufgetaucht. Lediglich das Buch Esther hat sich bisher nicht nachweisen lassen. Das Fehlen könnte auf einem Zufall im Bibliotheksbestand in Qumran oder der Konservierung oder der bisherigen Entdeckungen beruhen. Zu diesen vorsichtigen Schlüssen geben Fragmente eines Textes aus Höhle 4Q Anlaß, der eine Geschichtserzählung wie Esther und Daniel im Rahmen der persischen Zeit enthält.

Der Kanonsbegriff ist in der Qumransekte noch nicht scharf umgrenzt gewesen. Man beruft sich auf das AT und legt die Bücher aus in Form einer Aktualisierung der bibl. Aussagen auf die Geschichte der Sekte, so bes. im Habakuk- und Nahumkommentar. Man gebraucht die Wendung „es steht geschrieben" usw. Aber man hat auch ein nichtbiblisches Werk so ausgelegt wie die bibl. Bücher des AT. Die Sekte hat auch Auszüge aus dem AT unter bestimmten Gesichtspunkten gemacht. Die Segenssprüche aus 1Mose 9; 27; 49 oder messianisch aufgefaßte Stellen wie 5Mose 5, 28; 18, 18 f; 4Mose 24, 15 ff; 5Mose 33, 8-11 werden zusammengestellt. Auch Umschreibungen bibl. Bücher, sog. Paraphrasen, haben sich gefunden (1. 2Mose; Sam-Bücher).

In den ATlichen Texten lassen sich mehrere *Rezensionen* unterscheiden, der masoretische Text, der jetzt als eine Textform mindestens aus dem 2. Jh. vChr erwiesen ist, die hebr. Textvorlage der griech. Übersetzung (LXX) für das Josuabuch und 1. 2Sam. Ferner läßt sich die Textform des samaritanischen Pentateuchs feststellen, dessen Alter damit eine wertvolle Bezeugung erfahren hat. Daneben stehen Mischtexte, die bald dieser, bald jener Rezension folgen. Ein standardisierter Bibeltext, wie ihn die Rabbinen von Jamnia geschaffen haben, bestand in Qumran noch nicht. Die Sekte hat offenbar für diese Frage noch kein Interesse gehabt, da ihr Inspirationsbegriff noch nicht so entwickelt war wie der rabbinische in Jamnia.

Die *Bibelhandschriften* sind überwiegend in hebr. Quadratschrift geschrieben, einige, insbesondere Thorahandschriften, in althebräischer Schrift. Das Alter der Handschriften ist verschieden. Eine Samuelhandschrift geht bis in das letzte Drittel des 3. Jh. vChr zurück. Nach dem Fund der aramäischen Papyri im wādi dalīje 1962/63 wird mit einer Rückdatierung der ältesten Qumranhandschriften in das letzte Viertel des 4. Jh. vChr gerechnet. Andere, so die vollständige Jesajahandschrift, dürften gegen Ende des 2. Jh. geschrieben sein. Für den Rest muß an Entstehung im 1. Jh. vChr und nChr gedacht werden.

2) Von den aus den deutschen Bibeln bekannten *Apokryphen* sind Sirach und Tobias in kleineren und größeren Fragmenten gefunden worden. Dagegen fehlen die Makkabäerbücher, Judith sowie die Zusätze zu Esther und Daniel, die Weisheit Salomos und Baruch. Aus der spätjüdischen Literatur fanden sich das etwa um 100 vChr entstandene Buch der Jubiläen in hebr. Sprache, das Henochbuch (K. 37-71 fehlen!) sowie die Testamente der zwölf Patriarchen (nur Levi, Naphthali und Benjamin) in aramäischer Sprache.

3) Unbekannt war bis 1947 ein „Regelbuch", das Vorschriften, Strafbestimmungen und Lebensordnungen der Sekte enthält. Dazu gehören zwei Kolumnen Anhänge, die Vorschriften über die Gemeindeversammlung, über die Erziehung des jungen Gemeindegliedes, über die Ehe und schließlich über das Festmahl mit dem Messias enthalten. Ferner wurde ein Meditationsbuch, verfaßt in Form bibl. Psalmen mit dem Anfang „Ich preise dich, Herr", bzw. „Gepriesen seist du, o Herr", entdeckt. Im wissenschaftlichen Sprachgebrauch hat sich für sie die Bezeichnung „Loblieder" (hebr. Hodajoth) eingebürgert. Die dritte größere Schrift ist *„Krieg der Söhne des Lichts gegen die Söhne der Finsternis"* genannt worden. Sie enthält die Schilderung eines Zukunftskrieges zw. den Söhnen des Lichts, d. h. der Sekte, und den Söhnen der Finsternis, d. h. der übrigen Menschheit. Bis in genaue Kampf-

und Angriffs- sowie Verfolgungsvorschriften ist die Ausführung detailliert. Der Endsieg liegt bei den Söhnen des Lichts auf Grund der Entscheidung Gottes. Die vierte, erst zT publizierte Schrift ist das sog. *Genesisapokryphon*, eine freie Erzählung von 1Mose. Besonders wichtig ist die Landdurchwanderung Abrahams in Palästina und im Vorderen Orient sowie das K. 14, das in einzelnen, wohl aus mündlicher Tradition stammenden geographischen Angaben sehr bedeutsam ist.

Von der seit den neunziger Jahren des vorigen Jh. bekannten *„Damaskusschrift"* sind ebenfalls Fragmente gefunden worden, die den Text aus der Kairo-Geniza in anderer Reihenfolge bieten und daher wichtig sind für die Erforschung des literarischen Werdegangs dieser Schrift.

Neben dieser soeben skizzierten Literatur hat die Sekte eine ausgedehnte Gebetsliteratur gehabt, zahlreiche Schriften apokalyptischen Inhalts, auch ein Buch der Geheimlehren sowie Schriften in einer Geheimschrift, die erst teilweise entziffert ist. Die Schriften sind teils hebr., teils aramäisch abgefaßt.

Sehr zahlreich sind *Kommentare*, d. h. Auslegungen bibl. Bücher (zu Jesaja, Micha, Nahum, Habakuk, Ps 37 u. a.), gefunden worden, und diese Literaturgattung dürfte für die Sekte bes. bezeichnend sein, da alle Schriftaussagen auf die Sekte bezogen werden. Das ist die Schriftauslegung, die wir oben als aktualisierende Auslegung bezeichneten.

4) Die Theologie der Sekte ist in ihren Grundlagen eine interessante Verschmelzung des bibl. Schöpferglaubens mit dem schroffen Dualismus iranischer Herkunft. Danach hat Gott zwei Geister geschaffen, den Fürsten des Lichts und der Finsternis. Dem Menschen ist von Gott bestimmt, zu dem einen oder dem anderen zu gehören. Nach anderer Anschauung kämpfen beide Geister, der des Lichts und der der Finsternis, im Menschen um die Herrschaft. Wenn die Erkenntnis der Zugehörigkeit zu den Kindern des Lichts in dem betreffenden Menschen durchgebrochen ist, ist er zugleich Mitglied der Gemeinde, die sich als das neue Israel empfindet, das Israel des neuen Bundes. Dieses steht in schroffer Exklusivität dem anderen Israel und der gesamten Welt gegenüber. Die Sekte lebt im Glauben an das nahe Ende der Welt, zeigt aber auch Spuren einer Ermüdung der Naherwartung. Sie erwartet nach ATlichem Vorbild das Kommen eines Propheten und eines priesterlichen und eines weltlichen Messias. Die Sekte ist ferner von strengster Thoraobservanz, nächtliches Thorastudium wird geübt, kultische Reinheit gilt als Ergebnis des Wandels nach der Thora. Sie übt rituelle Tauchbäder, denen die großen Zisternen, die mit Stufen versehen sind, dienen. Die Mahlzeiten, die sie gemeinsam einnimmt, haben den Charakter kultischer Veranstaltungen.

5) Diese Theologie hat zur Ausgestaltung strenger *Lebensordnung* geführt. Ein Teil der Sekte lebt ehelos-klosterähnlich in Gütergemeinschaft, in strenger Subordination gegenüber den Vorgesetzten, in Gehorsams- und Arbeitspflicht. Ein anderer Teil ist verheiratet und gibt wohl nur einen Teil des Arbeitsverdienstes in eine gemeinsame Kasse. Alljährlich im Zusammenhang des sog. Bundeserneuerungsfestes findet eine Überprüfung des Erkenntnisstandes der einzelnen Mitglieder statt. Die Prüfung bezieht sich auf Kenntnis und Wandel in der Thora, mag aber auch Kenntnis der Sektenlehre und eine Überprüfung des gedächtnismäßig angeeigneten Lehrstoffes (Hodajoth-Brevier!) eingeschlossen haben. Je nach Ausfall der Prüfung fand die Versetzung in eine höhere Stufe statt. Der Grad der kultisch-rituellen Reinheit mag die einzelnen Stufen voneinander unterschieden haben. Die Aufnahme erfolgte durch die Ableistung eines Noviziats von zweijähriger Dauer, nach dessen Verlauf die Mitgliedervollversammlung über die endgültige Aufnahme oder Ablehnung entschied. Bei der Aufnahme mußte ein Eid abgelegt werden.

Eine Reihe von Strafbestimmungen garantierte die Einhaltung der Lebensordnungen. Unter Strafe waren zB gestellt die Verletzung der Liebe zum Mitbruder, die achtlose Vergeudung des Sekteneigentums, schlechtes Benehmen bei Tisch und in Sitzungen, aber auch Vergehen gegen die Sektenlehre. Als Strafen dienten die Verkürzung der täglichen Lebensmittelration sowie der befristete oder endgültige Ausschluß aus der Gemeinschaft.

6) Religionsgeschichtlich zeigen die Q. einen deutlichen Einfluß der iranisch-persischen Religionswelt sowie eine Steigerung der apokalyptischen Gedankenwelt, wie sie im Buch Daniel vorliegt. Diese Steigerung kommt zum Ausdruck in der Vorstellung des Zusammenhangs zw. Himmelswelt und der Qumrangemeinde. Engel kämpfen im endzeitlichen Rachekrieg mit (1QM VII 3-6) und sind in der Gemeinde anwesend, so daß Menschen mit körperlichem Makel ausgeschlossen werden müssen (1QSa II 3-9). Der Gottesdienst der Gemeinde trägt daher den Charakter einer Vorwegnahme der Gemeinschaft zw. Himmlischen und Irdischen, dem die Liturgie mit Beziehungen auf die spätere jüd. Merkaba-Literatur Ausdruck gibt. Die Erwähnung der Herrlichkeit Adams (1QS IV 23) zeigt die Übernahme einer apokalyptischen Spekulation über Adam. Auch kosmologische Spekulationen hat die Qumrangruppe aufgestellt, so in der Erwartung der der Endzeit voraufgehenden Katastrophen, wie es aus den Lobliedern (1QH III 13-36) und aus der Kriegsrolle deutlich wird (1QM I 8 ff). Der Lehre von den Engeln hat die Gemeinde große Beachtung geschenkt. Das geht aus den verschiedenen Bezeichnungen als Krafthelden, Söhne des Himmels, Angesichtsengel etc. hervor. Eine besondere Stellung hat Michael inne (1QM XIII 9-10; XVII 6-8). Er verkörpert die Heldenkraft Gottes und scheint als messianische Gestalt dem Menschensohn aus Daniel (7, 13) und Henoch (46, 1 ff u. ö.) nahezustehen.

Aus diesen Gedanken der Qumrangemeinde lassen sich deutliche gnostische Elemente erkennen, die das Judentum zur späteren Gnosis beigetragen hat.

7) Die *Geschichte der Sekte* beginnt etwa im ersten Jahrzehnt des 2.Jh. vChr; um 174 übernimmt der „Lehrer der Gerechtigkeit" die Führung, gerät mit dem ruchlosen Priester in Jerusalem in Streit und muß während des Makkabäeraufstandes in die Verbannung gehen. Nach Beendigung der Kämpfe scheint er nach Jerusalem zurückgekehrt zu sein und hat dort unter dem Hochpriester Menelaus den Exodus seiner Sekte an das Tote Meer, in die Gegend des heutigen Qumran und der Feschcha-Quelle, vorbereitet. 162-160 mag dieser Exodus erfolgt sein. Um 140 scheint die Sekte mit dem Bau der Siedlung auf der Mittelterrasse begonnen zu haben. Um 130 kann der Tod des Lehrers der Gerechtigkeit erfolgt sein. Um 100 scheinen sich Pharisäer nach Qumran gerettet zu haben, die vielleicht eine Lockerung der strengen Gesetzesobservanz bewirkten. Die Gebäude werden prächtiger und umfangreicher gebaut. Möglicherweise haben nach dem Tod des Lehrers Lehrstreitigkeiten ein Schisma in der Sekte bewirkt. Hand in Hand mit dieser Umbildung geht auch ein Wandel in der Organisation vor sich. Die Bedeutung der Mitgliederversammlung tritt zurück gegenüber einer Vorherrschaft der Beamten, der sog. mebaqqerīm, die unter sich in verschiedene Funktionen und Bedeutungsabstufungen gegliedert gewesen sind. In der römischen Zeit pflegt die Sekte kriegerischen Geist; Gesamtisrael gewinnt an Bedeutung, die Sekte verliert ihre Exklusivität und nimmt stärker nationalistische Gedanken und Interessen auf. Von diesen bewogen, scheint sie am Aufstand gegen die Römer teilgenommen und ihr Zentrum in Qumran dabei eingebüßt zu haben. Die Reste der überlebenden Sektenmitglieder der Hauptsiedlung, soweit sie geflohen waren, und der einzelnen Ortsgruppen sind vielleicht in den Judenchristen aufgegangen, die der gesetzestreuen Haltung der Essener mehr entsprachen als andere Richtungen der werdenden christl. Kirche.

8) In der Gebundenheit an die Tradition des AT, in der Deutung ATlicher Texte als Erfüllung der gegebenen Verheißungen und in der Bindung an das dualistische Denken sind die *Sekte* und die *Urkirche* oftmals bis in die Ausdrucksweise hinein, insbesondere beim Johannesevangelium, miteinander verbunden. In der Mahlgemeinschaft, in der feierlichen Segnung von Brot und Wein, in der Bewertung der Tauchbäder liegen verblüffende Ähnlichkeiten zu den Sakramenten, aber auch zu Fragen der Gemeindezucht vor (Mt 18,15-17 und Sektenregel V,26 bis VI,1). Andererseits prägen sich in der Rechtsstellung und in der Organisation (die Qumrangemeinde als Parallele des antiken Kultvereins) tiefe Gegensätze aus, die ihren schärfsten Ausdruck finden in der Christologie und der Sündenvergebung wie auch in der Heilsbedeutung des Todes Jesu. Trotz zahlreicher geistesgeschichtlicher Verbindungslinien ist der Gegensatz zw. Qumran und der von Jesus ausgehenden Bewegung unüberwindbar. Der Gesetzesrigorismus der Qumransekte würde zur gleichen, im NT geschilderten Stellungnahme gegen Jesus geführt haben. Es kann aber nicht ausbleiben, daß man immer wieder überrascht ist, wie stark NTliche Gedankengänge in ihrer Tiefe und in ihrem Reichtum vorgebildet sind, etwa: „Fürwahr, meine eigene Rechtfertigung steht Gott zu, und in seiner Hand liegt mein untadeliger Wandel, auch meines Herzens Redlichkeit, und durch seine Gerechtigkeit wird meine Sünde ausgetilgt werden" (Sektenregel XI 2f) oder: „Komme ich zu Fall durch mein sündiges Fleisch, wird meine Rechtfertigung durch Gottes Gerechtigkeit ewig bestehen". Derartige Ähnlichkeiten dürfen aber nicht dazu verleiten, historische Verbindungen zu konstruieren, die sich nicht beweisen lassen, zB daß Qumran Johannes den Täufer erzogen habe und er in mehr oder minder starker Verbindung mit Qumran seine Täufertätigkeit am Jordan ausgeübt habe, oder daß man versucht, den Lehrer der Gerechtigkeit als Vorläufer Jesu auch in dem Kreuzestod zu erweisen, wobei Aussagen des Nahumkommentars falsch aufgefaßt und ebenso historisch falsch gedeutet werden.

Lit.: M. Burrows, The Dead Sea Scrolls of St. Mark Monastery, New Haven 1950 I, 1951 II, 2; E. L. Sukenik, Osar hammegilloth haggenuzoth, Jerusalem 1954; D. Barthélemy-J. Milik Qumran Cave I (Discoveries in the Judaean desert), Oxford 1955 III 1962; IV 1965; C. Burchard, Bibliographie zu den Handschriften vom Toten Meer BZAW 76, 1957; II BZAW 89, 1965; H. Bardtke, Die Handschriftenfunde vom Toten Meer I, Berlin [3]1961; II: Die Sekte von Qumran, [2]1961; M. Burrows, Die Schriftrollen vom Toten Meer, 1957; ders., Mehr Klarheit über die Schriftrollen, 1958; H. Bardtke, Hebräische Konsonantentexte (enthaltend vollständig die Sektenregel und Habakukkommentar, einige Loblieder, Stücke aus Jes u. Damaskusschrift), Leipzig 1954; J. Leipoldt u. W. Grundmann, Umwelt des Urchristentums I. Darstellung des neutestamentl. Zeitalters (besonders S. 143-291), Berlin 1965.

Ba

R

Rabba. *1)* R. Jos 13,25; 2Sam 11,1; 12,27.29 u. ö. oder Rabbath-Ammon 5Mose 3,11; 2Sam 12,26; 17,27 u.ö., heute ʿammān, ist die alte Hauptstadt des Ammoniterreiches. Sie spielt im AT vor allem in dem Bericht über den Ammoniterkrieg Davids 2Sam 10-12 — die 12,27 genannte „Wasserstadt" bezeichnet wahrscheinlich einen unterhalb der Akropolis von R. gelegenen Stadtteil am nahr ʿammān —, daneben auch in den Drohreden der Propheten Am 1,14; Jer 49,2f; Hes 21,25; 25,5 eine Rolle. Unter den Nachfolgern Alexanders d.Gr. erlebte R. eine neue

Zeit der Blüte. Im 3.Jh. vChr wurde die Stadt von Ptolemäus II. Philadelphus hellenisiert und erhielt nach ihm den Namen Philadelphia. 218 vChr wurde sie von dem Seleukiden Antiochus III. erobert und 63 vChr von Pompejus befreit. Seitdem gehörte sie zur → Dekapolis. Reste von Bauten im hellenistisch-römischen Stil, u. a. eine Säulenstraße, ein Nymphäum und zwei Theater, sind die Denkmäler dieser Epoche. Seit 1922 ist ʻammān die Hauptstadt des Königreichs Jordanien. — *2)* Harabba, R. mit dem Artikel, Jos 15,60 ist wohl nur scheinbar ein Ortsname. *Rü*

Rabbi, Rabbuni. Als rab wird im Judentum derjenige bezeichnet, der eine hohe und angesehene Stellung hat 2Kö 25,8; Jer 39,13. Mit rabbi wird daher höflich der Höhergestellte von dem angeredet, der ihn verehrt. Auch als Anrede des Propheten, des Messias, ja Gottes selbst ist rabbi im Spätjudentum bezeugt. Die Samariter haben zu Gott rabbi gesagt, und auch der Islam hat später diese Anrede auf Gott angewandt. Die Steigerung „rabban" wurde bes. ausgezeichneten Schriftgelehrten als Titel zuteil; vor allem war es eine alte Bezeichnung des von der römischen Regierung anerkannten Hauptes der Judenschaft. Die hohe Schätzung des → Schriftgelehrten kam dadurch zum Ausdruck, daß der Schüler einen Lehrer („rab") gewann und ihn nunmehr als seinen Herrn und seinen Lehrer mit „rabbi" anredete. Im NT hat diese Entwicklung große Bedeutung, vor allem in den Evangelien. In Mt 23,6 f wird vorausgesetzt, daß die Schriftgelehrten — sie sind hier ausschließlich gemeint — allg. mit dem Titel „rabbi" angeredet wurden und daß sie auf diese Anrede großen Wert legten. Nach Jo 3,26 wurde auch Johannes der Täufer mit „rabbi" angeredet und Jesus selbst ganz entsprechend vor allem von seinen eigenen Jüngern, dann aber auch vom Volk, wie zahlreiche Schriftstellen beweisen Mk 9,5; 11,21; 14,45. Jesus selbst bestätigt das Recht dieser Anrede; denn er ist ihr Lehrer und Herr, hat also auf eine derartige Anrede Anspruch Jo 13,13. Er will damit sagen, daß der Jünger ihm Gehorsam schuldig ist und auf sein Beispiel achten muß. Das entspricht genau der damaligen Beziehung des Schülers zum Lehrer. Die Anrede „rabbuni" Mk 10,51; Jo 20,16 bringt darüber hinaus keine sachliche Erweiterung. Wir haben also anzuerkennen, daß das Auftreten Jesu in äußerer Hinsicht durchaus dem der Schriftgelehrten entsprach. Er sprach wie sie im Synagogenvortrag, in Exegese und Jüngerbelehrung. Andererseits weiß das NT, daß die Vollmacht Jesu ihn von den Schriftgelehrten unterscheidet und daß er nicht mit ihnen verwechselt werden darf Mt 7,29. Er leitet seine Autorität nicht aus einer Ordination oder Tradition ab, sondern ist unmittelbar von Gott berufen. Darum macht er auch seine Jünger nicht zu Rabbinen, untersagt ihnen sogar die Anrede „rabbi" und verlangt, daß sie sich bewußt bleiben, daß er allein der wahre Lehrer bleibt. Sie selbst stehen in einer Gemeinschaft der „Brüder" ohne den Anspruch auf Sonderrechte Mt 23,8 f. Diese Tradition zeigt sowohl Berührung wie Abstand von der priesterlich gegliederten Bewegung in Qumran. In der Entwicklung der Evangelien erkennt man, daß später andere Anreden (vor allem die umfassendere „Herr") die ältere „rabbi" verdrängen. Das hängt glaubensmäßig damit zusammen, daß die Gemeinde sich bewußt ist, daß der Erhöhte einen neuen Anspruch auf Gemeinde und Welt macht. Gerade das judenchristliche Matthäusevangelium nimmt diese Tatsache bes. ernst. *Mi*

Rabe. Der R., der in den Geschichten von der Sintflut und von Elia als Bote dient 1Mose 8,7; 1Kö 17,4, galt mit dem ganzen Geschlecht der Krähen und Dohlen als unrein 3Mose 11,15; 5Mose 14,14. Diese schwarzen Vögel (HL 5,11) hausen auch in Ruinen Jes 34,11; Zeph 2,14; im Angriff gehen sie wohl auf das Auge los Spr 30,17. Ihr hungriges Krächzen deutet frommer Sinn als ein Rufen zu Gott, das erhört wird Hiob 38,41; Ps 147,9; Lk 12,24. *Schl*

Rabenstein Spr 26,8. Nach Luthers Deutung sagt das Wort: einem Narren Ehre zu erweisen ist so sinnlos, wie auf den Steinhaufen über der Leiche eines Hingerichteten einen Edelstein zu werfen; andere Übersetzung: wie einen Stein in der Schleuder festzubinden. *Schl*

Rabsaris 2Kö 18,17, bei Luther Erzkämmerer, Titel eines obersten Beamten (oder Offiziers?) am assyrischen Hof, schwerlich ein Eunuch, Glied des Kommandos, das Sanherib gegen Hiskia sandte. → Kämmerer. *Schl*

Rabschake, Obermundschenk, Titel eines hohen assyrischen Beamten, der als Glied des Generalstabs des assyrischen Königs Sanherib den judäischen König → Hiskia in hebr. Sprache vor Jerusalem erfolglos zur Übergabe der Hauptstadt aufforderte 2Kö 18,17ff; Jes 36,2ff. *Peu*

Racha Mt 5,22 ist Umschreibung des geläufigsten aramäischen Alltagsschimpfwortes reqa unter Einfluß des syr. raqa („Trottel"). Es wurde als harmlos empfunden und entspricht etwa unserem „Schafskopf, Esel", weniger hart als das folgende Narr (= „Idiot"). Jesus verschärft das fünfte Gebot, indem er nicht nur Mord, sondern schon den zornigen Gebrauch eines Schimpfwortes gegen den Bruder in dreifacher Wiederholung als ein der Todesstrafe würdiges Verbrechen bezeichnet. *La*

Rache, rächen → Vergeltung. Der triebhafte Anspruch des um seine Selbstbehauptung kämpfenden gehässigen Menschen auf R. kommt in dem maßlosen Wort 1Mose 4,24 („77mal", vgl. Mt 18,22!) und in Erzählungen wie dem Blutbad in Sichem 1Mose 34,25ff erschütternd zum Ausdruck. Dieser Anspruch und das im heutigen

Sprachgebrauch von dorther belastete Wort erfährt aber in der HS eine doppelte durchgreifende Korrektur. Einmal behält sich Gott selbst die R. vor 5Mose 32,35; Röm 12,19; Hebr 10,30, im Machtbereich seiner → Gerechtigkeit, die der Glaube nicht als gnadenlose Willkür versteht, auch wo er ihre Wege nicht durchschaut Röm 11,33. Zum andern zeigt sich in Christus bis hin zum Kreuz endgültig Gottes anderer Weg für uns zur Überwindung des Unrechts.

1) Gott ist der Rächer 1Thess 4,6 als der allein gerechte Richter Jer 11,20; Ps 7,9.12, ohne Ansehen der Person 5Mose 1,17; Sir 35,15. Wie die Völkerwelt erfährt Israel diese R. Gottes, wo es seinen Bund bricht 3Mose 26,25; Jer 5,9; Ps 50,4. Auch dort, wo Einzelne oder das Volk Vollstrecker dieser R. sind 4Mose 31,2; 2Kö 9,7; Hes 25,14, verfügt niemand aus sich selbst über sie. Der Rachgierige verfällt selbst dem Gericht Gottes Ps 8,3. — Von diesem Glauben an Gottes Recht schaffende R. her sind die →*„Rachepsalmen“* zu verstehen, auch wo sie angesichts des unerträglichen Unrechts eine harte Sprache sprechen Ps 58,11; 79,10ff; vgl. Jer 11,20; Ps 137. Hier „steht das Letzte auf dem Spiel“, hier ruft der Gequälte nach der letzten Instanz Ps 94,1f. Ihr muß und kann der Unterdrückte die R. überlassen 1Sam 24,13, vgl. 2Sam 4,8. Wie im ganzen Verlauf der Geschichte Jes 34,8; Jer 51,6 drängt sich an ihrem Ende die Entscheidung in „Tagen der R.“ zusammen Offb 6,10 u.a.m. → Endzeit.

2) Die in Israel wie in der Völkerwelt von alters her geübte → Blutrache wird im AT als göttliches Mandat an eine in Gewalttat versunkene Welt verstanden 1Mose 9,5f und damit in die Verantwortung vor Gott gestellt und der schrankenlosen Rachsucht entzogen vgl. 2Mose 21,12ff. Der Vollstrecker dieser R. ist der selbst unter Gottes Gericht stehende, zur Liebe verpflichtete Mensch 3Mose 19,18. Der Verzicht auf R. ist an Gestalten wie Joseph 1Mose 45,3ff, Saul 1Sam 11,12f, David 1Sam 26,7ff u.a.m. bewußt hervorgehoben.

Im NT hat Jesu Wort und Beispiel in der tiefsten Erniedrigung für seine Gemeinde vollends die Schranke beseitigt, die die wirkliche Überwindung der R.sucht aufhielt Mt 5,38ff; 18,33; Lk 9,55; 23,34, vgl. Apg 7,59. 1Petr 2,23 versteht diesen Weg Jesu zugleich vom AT her: Gott richtet recht. Dem Verzicht auf R. entspricht die Überwindung des Unrechts durch Güte Röm 12,19ff; 1Thess 5,15; 1Petr 2,21ff. Die → Obrigkeit hat ihr Schwert nur als Gerichtsvollstreckerin Gottes, an seinen Willen gebunden Röm 13,4. (In Apg 28,4 ist von der griech. R.göttin Dike die Rede, der Herrin der Erinnyen, mit der der christl. Glaube nichts zu tun hat.) *He*

Rachepsalmen sind keine besondere Gattung unter den Psalmen. Der Begriff wird auf solche Psalmen angewendet, in denen die Rache Gottes an seinen Feinden erbeten wird. Solche Psalmen sind zB 5; 7; 9; 10; 13; 52; 54; 70; 71; 94; 137 u.a. An ihnen hat christl. Empfinden oft Anstoß genommen, wenn sie im Bereich christl. Frömmigkeit gebetet wurden. Demgegenüber muß nachdrücklich betont werden, daß die Herbeirufung der Rache Gottes, also der Appell an seine Gerechtigkeit und an sein richtendes Einschreiten gemeint ist, nicht der Ausdruck persönlicher Rachegelüste. Die Psalmenbeter waren zutiefst von der Mächtigkeit Gottes, die Rache an seinen Feinden vollstrecken zu können, überzeugt. Das Gericht Gottes ist aber, wenn die gegenwärtige Gemeinde diese Psalmen betet, bereits vollstreckt am Leib Jesu Christi am Kreuz von Golgatha. So führen die Rachegedanken der Psalmen den Beter immer wieder vor das Kreuz Christi und stellen ihn in den Ernst und die Gnade des Kreuzes hinein. Darüber hinaus bleibt bestehen, daß dem Christushasser das Gericht Gottes in dieser Zeit oder nach dieser Zeit droht, also auch die R. ein unaufgebbares Element der Aktualität besitzen. *Ba*

Rad. Im natürlichen Sinn von den Rädern der Kriegswagen 2Mose 14,25; Ri 5,28; Jer 47,3; Nah 3,2, des Dreschwagens Spr 20,26, der Kesselwagen im Tempel 1Kö 7,30ff; darum auch in der Gottesschau des Propheten Hes 1,15ff und am Thron Gottes Dan 7,9. Im Vergleich: das Herz des Narren gleicht dem sich drehenden R. Sir 33,5; auch Pred 12,6 vergleicht wohl das Herz mit einem R. Das Werden in seinem Kreislauf wird Jak 3,6 mit einem rollenden R. verglichen. 2Makk 13,5 spricht von einem R. auf einem Turm, von dem ein Verurteilter in heiße Asche gestürzt wurde. *Schl*

Rätsel. Das R., hebr. chîdāh, gehört zu den volkstümlichen Gattungen im AT und scheint sich großer Beliebtheit erfreut zu haben. Verwandt ist das R. mit dem Weisheitsspruch Sir 8,8; 47,17; 1Kö 10,1.23f und mit dem Zahlenspruch Spr 6,16-19; 30,11-31; aber auch im Gleichnis (Jes 5,1-7), in der prophetischen Gleichnishandlung (Jes 8,1ff) und im Vergleich (Jer 23,28; 12,5; Hes 17,1-10) liegen Elemente des R.s. Eine göttliche Offenbarung kann schwer verständlich sein 4Mose 12,8, so daß sie mit einem Rätsel verglichen werden kann. Ein ausgeführtes Doppelrätsel ist Ri 14,12-18 erhalten. Josephus berichtet von einem R.wettkampf zw. Salomo und Hiram von Tyrus (Jüd. Altertümer VIII 5,3). 3Esra 3f wetteifern die Leibwächter Darius' I. in R.sprüchen. Ähnliches liegt auch im Aristeasbrief § 187-300 vor. *Ba*

Räucheraltar → Räucherwerk, → Altar.
Räucheropfer → Opfer.

Räucherwerk.
1) Zusammensetzung. 2) Räuchergeräte. 3) Bedeutung.

1) Das R. setzte sich nach 2Mose 30,34f zu gleichen Teilen aus Stakte (Harztropfen der Myrrhe), Räucherklaue (aus einer zerriebenen

Muschel gewonnen), Galbanum (Saft eines Arzneikrautes aus Syrien) und reinem Weihrauch (vom Boswelliastrauch stammend) zusammen. Zur Steigerung des Brennens wurde Salz zugesetzt. Dies R. war heilig und durfte nicht zu profanen Zwecken benutzt werden 2Mose 30, 37 f.

2) Zum Verbrennen des R.s dienten neben Tonhäuschen in älterer Zeit Tonröhren mit Fenstern, die mit Henkeln und Figuren verziert und in Palästina in vielen Formen seit dem 15. Jh. vChr bekannt waren. Im AT wird außer den Beigaben von R. zu anderen → Opfern 3Mose 2, 1 f; 6, 8 und dem Räucheropfer auf dem Räucher- → Altar vor allem das Verbrennen von R. auf pfannenartigen Räucherschalen berichtet, wie sie zB 4Mose 16 erwähnt werden und durch Ausgrabungen schon für das 8. Jh. vChr in Palästina bezeugt sind. Vielleicht ist auch 2Mose 30, 36 an die Benutzung solcher Pfannen zu denken, mit Hilfe deren das R. „vor das Zeugnis im Zelt der Begegnung" gebracht werden sollte; jedenfalls fällt auf, daß dort jede Erwähnung eines Räucheraltars unterbleibt. Auch Luthers „Räuchfaß" 2Chr 26, 19; Hebr 9, 4 u. ö. ist als pfannenartiges Gerät zum Verbrennen von R. vorzustellen. In jedem Fall wurde das R. auf glühende Holzkohle aufgelegt.

3) Das Räuchern hatte ursprünglich wohl die exorzistische Bedeutung, alle bösen Mächte aus dem Heiligtum zu vertreiben. Hinter dem Räuchern am großen Versöhnungstag 3Mose 16, 12 ff schimmert vielleicht noch diese Bedeutung durch. Viel stärker ist dort aber das Moment der Sühne, das dann in 4Mose 17, 11 ff deutlich hervortritt und ausdrücklich mit dem Räuchern in Verbindung gebracht wird; vgl. auch Jes 6, 6 f, wenngleich dort das R. nicht ausdrücklich genannt wird. Sonst galt das Verbrennen von R. in Israel als eine besondere Art von → Opfer 2Mose 30, 8, das täglich morgens und abends „vor Jahwe" vom → Priester 2Mose 30, 7 f, am großen Versöhnungstag vom → Hohenpriester 3Mose 16 dargebracht werden sollte. Im Vollzug einer späteren nachexilischen Spiritualisierung des alten isr. Kultes wurde dann auch das Räucheropfer vergeistigt und als Gebet gedeutet Ps 141, 2, das zu Gott aufsteigt Offb 5, 8; 8, 3. 4. *Bo*

Rages, eine medische Stadt Tob 1, 16; 4, 21; 5, 9. Judith 1, 6 Ragau genannt. Heute die Ruinen von Rai, 13 km südöstlich von Teheran. *Peu*

Ragma, nach der Völkertafel 1Mose 10, 7 = 1Chr 1, 9 Enkel des Ham, Sohn des Kusch und Vater von Saba und Dedan, vgl. Hes 27, 22; wahrscheinlich identisch mit der in drei altsüdarabischen Inschriften erwähnten Stadt rgmt, die südlich des wādi nedschrān in oder bei uchdūd an der Weihrauchstraße zu suchen ist. *Rü*

Rahab. *1)* In der Kundschaftergeschichte Jos 2, 1-21 eine heidnische Dirne in Jericho, die den isr. Spähern heimlich Obdach und Schutz gewährt und darum bei der Eroberung der Stadt mit ihrer Familie vor dem Bann verschont bleibt Jos 6, 17-25. Das NT weist auf das Beispiel ihres Glaubens Hebr 11, 31 und ihres frommen Werkes Jak 2, 25 hin und bezeichnet sie im Stammbaum Jesu Mt 1, 5 aus uns unbekannter Überlieferung als Mutter des Boas. — *2)* An poetischen Stellen des AT ein sagenhaftes Meerungeheuer, ähnlich der babylonischen Thiamat, als Symbol des Aufruhrs gegen Gott Hiob 9, 13; 26, 12; als Symbol für Ägypten (Seeungeheuer, Seedrache) Jes 30, 7; 51, 9. *Schw*

Rahel. *1)* = „Mutterschaf" (nach v. Rad ATD 4 S. 253 kulturgeschichtliche Erinnerung an die bei den R.-Stämmen in später Zeit noch übliche Schafzucht), Tochter des Aramäers Laban und Lieblingsfrau Jakobs 1Mose 29, 6 ff, Mutter des Joseph 30, 22 ff und Benjamin 35, 16 ff, bei dessen Geburt sie stirbt. Durch ihre Sklavin Bilha gilt R. auch als Mutter des Dan und Naphthali 30, 1-8. Als R.-Stämme bezeichnet die Forschung die beiden Josephsstämme Ephraim und Manasse. Jakobs Vermählung mit R., die ihm zunächst auf tückische Weise vorenthalten, aber dem bei der Hochzeit betrogenen Jakob sieben Tage später unter der Bedingung abermaligen siebenjährigen Dienstes zur Gattin gegeben wird, berichtet die schwankartige Erzählung 1Mose 29, 21-30. In ihr wird der listige Jakob durch den noch schlaueren Laban überspielt, aber Gott führt über menschlicher Leidenschaft und Schuld schließlich sein Werk ans Ziel. — *2)* Das heute noch am Weg nach Bethlehem gezeigte R.-Grab, mit einem quadratischen Kuppelgebäude des 12. Jh. überbaut, ist kaum der ursprüngliche Ort. Nach 1Sam 10, 2 ist das Grab der R. bei Zelzah, nach Jer 31, 15 bei Rama, jedenfalls auf benjaminitischem Gebiet zu suchen. Die Ortsangabe 1Mose 35, 19; 48, 7, die den Ort Ephratha mit Bethlehem gleichsetzt, gilt heute als irrtümliche Deutung aus späterer Zeit. *Schw*

Ram. *1)* Sohn des Hezron, Bruder des Jerachmeel, Vater des Amminadab Rt 4, 19; 1Chr 2, 9 f; Mt 1, 3. Nach 1Chr 2, 25 Enkel des Hezron. *2)* Ein Vorfahr des Elihu Hiob 32, 2. *Schw*

Rama („Höhe"). *1)* In Asser Jos 19, 29, vielleicht das heutige er-rāme an der Straße ʿakka-ṣafed. — *2)* In Benjamin Jos 18, 25; Ri 4, 5; 19, 13; Jes 10, 29; Jer 31, 15 (Luther: auf der Höhe); Hos 5, 8. Baësa von Israel wollte R. zur Grenzfestung gegen Asa von Juda ausbauen, mußte jedoch von diesem Unternehmen ablassen, als Asa sich mit Benhadad von Damaskus verbündete. Asa errichtete daraufhin aus dem in R. bereitgestellten Baumaterial die Festungen Geba und Mizpa 1Kö 15, 17-22. Nach der Zerstörung Jerusalems war R. der Sammelplatz der Exulanten; hier wurde Jeremia freigelassen Jer 40, 1. Nach dem Exil war R. wieder besiedelt Esra 2, 26 = Neh 7, 30; 11, 33. R. ist mit er-rām 9 km nördlich von Jerusalem gleichzusetzen. — *3)* In Ephraim = *Ramathaim* 1Sam 1,1, Geburts- und Wohnort Samuels, an dem dieser auch begraben wurde 1Sam 1,19; 2,11; 7,17; 8,4; 15,34; 16,13; 19,18 f. 22 f; 25,1; 28,3. R. ist wohl identisch mit Ramatha 1Makk 11,34 und →*Arimathia* Mt 27,57; Mk 15,43; Lk 23,51; Jo 19, 38; heute rentīs 25 km östlich von jāfa. — *4)* In Naphthali Jos 19,36; genaue Lage unbestimmt. — *5)* Zu 2Kö 8,29 = 2Chr 22,6 → Ramoth 2). *Rü*

Ramath. *1)* R.-Lehi → Lehi, 2) R.-Mizpe → Mizpa 4). *3)* R.-Negeb → Ramoth 1). *Rü*

Ramoth („Höhen"). *1)* R.-Negeb (Luther: R. im Mittagsland) 1Sam 30,27 = *Ramath*-Negeb (Luther: R. gegen Mittag) Jos 19,8; genaue Lage unbestimmt. — *2)* R. in Gilead = *Rama* 2Kö 8,29; 2Chr 22,6, Frei- und Levitenstadt in Gad 5Mose 4,43; Jos 20,8; 21,38; 1Chr 6,65, Hauptstadt des 6. salomonischen Gaues 1Kö 4,13. Unter Ahab und Josaphat 1Kö 22,3-29 = 2Chr 18,2-28, Joram und Ahasja 2Kö 8,28 f = 2Chr 22,5 f war der Besitz von R. zw. Israeliten und Aramäern heiß umstritten. In R. wurde Jehu zum König von Israel gesalbt 2Kö 9,1-14. R. ist wahrscheinlich mit tell rāmīt 7 km südlich von er-remte gleichzusetzen. — *3)* Zu R. 1Chr 6,58 → Jarmuth 2). *Rü*

Ramses, die alte Hyksoshauptstadt Awaris, die durch den Pharao Amasis I. (1570-1545) bei der Vertreibung jenes Fremdvolkes zerstört wurde. Ramses II. (1301-1234) hat diesen Ort wieder aufgebaut und unter dem Namen Ramsesstadt zur Hauptstadt gemacht. Später um das Jahr 1000 hieß R. Tanis, bibl. Zoan. Sie galt neben Theben als eine der größten Städte Ägyptens; am Bau dieser Stadt sind die in Ägypten weilenden Angehörigen des späteren Volkes Israel als Zwangsarbeiter beteiligt gewesen 2Mose 1,11. R. ist der Ausgangspunkt der Flucht der Israeliten aus Ägypten 12,37; 4Mose 33,3. Die Landschaft um die Stadt hieß R.-Land 1Mose 47,11. *Peu*

Raphael (= „Gott heilt") gehört zur höchsten Stufe der Engelhierarchie, d. h. zu den Erzengeln, die — Gabriel Lk 1,26 und Michael Dan 10,13.21; 12,1 Jud 9; Offb 12,7 ausgenommen — uns nicht aus biblischen, sondern aus spätjüd. Schriften bekannt sind. Auch R. kommt nur im apokryphen Buch Tobias vor. R. soll Tobias heilen 3,25 und begleitet den jungen Tobias unter dem Namen Asarja 5,19. Zuletzt gibt er sich als einen der sieben Engel zu erkennen, die „die Gebete der Heiligen hinaufbringen" und „Zugang zur Herrlichkeit Gottes haben" 12,15. *Luck*

Raphidim. Über die Lage von R., der letzten Station der Israeliten vor dem → Sinai 2Mose 17,1.8; 19,2; 4Mose 33,14 f, lassen sich keine genauen Angaben machen, weil auch die Lage des Sinai nicht sicher zu bestimmen ist. Sucht man den Sinai im Süden der sog. Sinai-Halbinsel, so kommen für R. vielleicht das Wadi und die Oase refājid am Fuß des gleichnamigen Berges in Frage. Identifiziert man den Sinai aber mit einem der noch heute tätigen Vulkane im Nordwesten Saudi-Arabiens in der Nähe der Oase tebūk an der Straße nach Mekka und Medina, dann ist R. möglicherweise mit er-rafīd auf der Ostseite des Golfs von ʿaqaba gleichzusetzen. *Rü*

rasen → Ekstase, → Propheten.
Ras Schamra → Ugarit.

Rat (Ratschlag, Ratschluß, Ratgeber). Das deutsche Wort mit seinen Abwandlungen umschreibt in der HS in wechselnder Bedeutung den ganzen Vorgang, wie ein Plan, ein Vorhaben und Entschluß zustande kommt von den inneren Überlegungen an bis zur Durchführung.

1) Der Ratschlag des Menschen. Es handelt sich zunächst um die menschliche Fähigkeit, eine undurchsichtige, verwickelte Lage für sich selbst und andere zu klären. In diesem Sinn ist der Einzelne und ein ganzes Volk auf guten R. seiner erfahrenen R.geber — der „Alten" — angewiesen Spr 11,14; Hes 7,26. Es soll auf sie hören Spr 12,15; Sir 32,22 und sich an ihren R. halten Sir 37,17. Verkehrter R. führt zu Katastrophen 1Kö 12,8. Deshalb Vorsicht bei der Wahl der Ratgeber Sir 6,6; 37,14; R. kann böser R. sein Sir 14,1, ein R. — eine R.sversammlung — der Gottlosen Ps 1,1, vgl. 1Mose 49,6!

Aber die Weisheitsliteratur Israels versteht diese Fähigkeit als Weisheit von Gott Spr 8, 14 ff, vgl. 9,10. So allein sind die Propheten R.geber ihres Volkes Jes 44,26. So wird der verheißene Messias den Geist des R.s haben Jes 11,2: 9,5, wobei bezeichnenderweise der R. mit Stärke, mit Kraft gepaart ist; es ist Wunder-Rat.

2) Der Ratschluß Gottes. Menschlicher R. und Wille hat seine Schranke an Gottes R. Spr 19,21; Neh 4,9; Ps 33,10. Dort zerschellen eigenmächtige Pläne Ps 81,13; Hiob 5,12 f; Apg 5,38. Auch wo es sich um Einzelentscheidungen Gottes handelt Jes 25,1; 46,10 f; Jer 49,20, ist es in großem Zusammenhang *sein* R.schluß Ps 73,24; 33,11; Hiob 38,2 über die ganze Erde hin Jes 14,26 f. Er bedarf keiner R.geber Jes 40,14; Röm 11,34; Hiob 15,8; Jer 23,18. Sein R. ist immer auch Tat Jer 32,19; Jes 28,29.

Im NT sieht Lukas den lösenden R.schluß Gottes schon vom AT her in der Sendung und im Kreuz Jesu Christi Apg 2,23; 4,28, vgl. 20, 27. Das wird Eph 1,11 vor allem als Ursache der Erwählung, als der alle Dinge ordnende und gestaltende R. Gottes erkannt. Dieser R.schluß ist als der unwandelbare der starke Trost in aller Anfechtung Hebr 6,17 f. *He*

Rathaus. Jede jüd. Ortschaft (in gemischten Gebieten die Synagogengemeinde) war gehalten, einen Gerichtshof zu bilden, der über Lehre, Recht und Sitte zu wachen hatte und Verstöße nach jüd. Recht beurteilte. Diese Gerichte sind in Mt 10,17; Mk 13,9 gemeint, wo Luther an das R. dachte. *Bie*

Ratsherr. Im AT haben Persönlichkeiten, die einem König oder Fürsten nahestehen, diesen Titel Esra 7,14; Dan 3,24. Der Herrscher zieht sie zu den Regierungsgeschäften als Sachkenner und Beauftragte bei. Im NT heißt Joseph von Arimathia R. Mk 15,43; Lk 23,50; er ist damit als Mitglied des → Hohen Rates von Jerusalem gekennzeichnet. *Bie*

Raub, Räuber. Von R. hat die HS in allen von ihr geschilderten Zeiten zu berichten. R. ist in Israel zu allen Zeiten getrieben worden. Mit den Kriegen war R. und Plünderung verbunden 1Sam 23,1; 30,16. Beduinen machten räuberische Einfälle 1Mose 16,12; Hiob 1,15.17. In unruhigen Zeiten gab es Räuberbanden Ri 11,3; Hos 6,9. Der einsame Weg von Jerusalem nach Jericho bot Schlupfwinkel Lk 10,30. Manche der als R. und Mord erscheinenden Untaten zZ des NT waren Kampfhandlungen des Untergrundkriegs gegen Römer und römerfreundliche Juden, so wohl auch die Tat des Barabbas Mk 15,7; vgl. Apg 5,36; 21,38. — Im Bild wird die Tapferkeit Benjamins und Israels mit einem Raubtier verglichen 1Mose 49,27; 4Mose 23,24. Gott selbst hat mit den ihm verfallenen Völkern das gleiche leichte Spiel wie ein Löwe mit seinem R. Jes 31,4. Auch Israel erfährt als Gericht, wie Gott es ausrauben läßt Ri 2,14; 2Kö 17,20; Esra 9,7. — Der Vorwurf des R.s trifft habgierige Könige, böse Priester und scheinheilige Fromme Jes 3,14; 10,2; Mich 2,8; Lk 11, 39; Röm 2,22. R. schließt vom Reich Gottes aus 1Kor 5,10f; 6,10. — Phil 2,6 will wohl sagen, daß Christus seine göttliche Hoheit nicht wie einen kostbaren R. festhielt. *Nag*

Raubebald, Eilebeute Jes 8,1-4 (wörtlich „eilends ist Beute, schnell ist Plündergut") bedeutet nach dem zugrunde liegenden ägyptischen Sprachgebrauch beidemal „baldige Beute", zusammen „sehr baldige Beute". In der Zeit des Juda bedrohenden syr.-ephraimitischen Kriegs (vgl. Jes 7,1ff) soll Jesaja zuerst diesen Namen mit einer für jedermann lesbaren Schrift („Menschengriffel") vor Zeugen auf eine Tafel schreiben (vgl. auch Hab 2,2), dann den ihm geborenen Sohn R.E. nennen. Im Zusammenhang damit erfolgt die Deutung: Die Juda bedrängenden Staaten Damaskus und Nordisrael („Samaria") werden in Jahresfrist (bevor Jesajas Sohn verständlich sprechen kann) eine Beute der Assyrer werden, weil nicht sie das Gericht über Juda als göttliches Werkzeug vollziehen sollen und weil sie sich gegen Gottes Weltmächtigkeit auflehnen. *Fo*

Rauchopfersäule. Das hebr. chammān Jes 17,8 u. ö., das wahrscheinlich einen zum Kult der Göttin → Astarte gehörigen kleinen Räucheraltar bezeichnet, der auf Opferaltäre aufgesetzt zu werden pflegte, übersetzte Luther mit Sonnensäule. Seine erst in der späteren Königszeit auch im isr. Kult aufkommende Verwendung 2Chr 14,4 wurde in den frommen Kreisen als unzulässige Neuerung, ja als Zeichen des fluchwürdigen Synkretismus empfunden Hes 6,4 und von der priesterlichen Gesetzgebung verfemt 3Mose 26,30. *Ste*

Raum. *1)* Im eigentlichen Sinn: Die Reichen, die alles Land an sich ziehen, lassen keinen R. mehr Jes 5,8. Das erlöste Volk soll weiten R. haben Jes 49,20; 54,2. In der Herberge in Bethlehem war kein R. Lk 2,7. Beim großen Gastmahl ist noch R. Lk 14,22. Paulus hat für die Missionsverkündigung in den östlichen Mittelmeer-Ländern keinen R. mehr Röm 15,23. — *2)* Freier R.: Isaaks Hirten fanden R. 1Mose 26,22. Der Stamm Gad erhielt weite Grenzen 5Mose 33,20. Den Beter führt Gott aus Enge in die Freiheit Ps 18,37; 31,9. Aber nicht darf das Fleisch R. bekommen Gal 5,13. — *3)* R. = Spielraum, neue Möglichkeit: Ein Geschenk schafft Eingang bei den Mächtigen Spr 18,16. Gott gibt R. zur Buße Weish 12,10.20; anders Hebr 12, 17. Das römische Recht gibt dem Angeklagten die Möglichkeit der Verteidigung Apg 25,16. Der Christ läßt in verzeihender und wartender Geduld dem Zorn Gottes R. Röm 12,19; sonst gewinnt Satan R. Eph 4,27. Das Aufhören des Alten Bundes gibt R. für einen neuen Hebr 8,7. *Schl*

Raupe → Heuschrecke.
Rauschtrank → Becher.

Raute, ein Gartengewächs, Lk 11,42 (statt des → Dill Mt 23,23) genannt, weil pharisäischer Eifer auch davon den Zehnten geben wollte; seine stark riechenden, bitteren Blätter dienten als Gewürz und als Arznei. *Schl*

Reba, ein König der Midianiter, Vasall des → Sihon, von den Israeliten geschlagen 4Mose 31,8; Jos 13,21; neben ihm werden Ewi, Rekem, Zur und Hur genannt. *(Schl)*

Rebe → Weinstock.

Rebekka, Tochter des Aramäers Bethuel 1Mose 22,23; 24,15 (oder des Nahor? 24,27; 29,5, wo Laban als Sohn Nahors erscheint), Schwester des Laban 24,29, Frau des Isaak, durch Abrahams Knecht Elieser als Braut geworben 24,12ff. R. stiftet ihren Lieblingssohn Jakob an zur Erschleichung des Erstgeburtssegens 27,5ff und zur Flucht vor seinem Bruder Esau 27,42ff. Ihr Grab in der Höhle Machpela bei Hebron 49,31. Im NT Röm 9,10. Die Bibel beschreibt R.s Charakter als energisch und heftig 25,22, leidenschaftlich in Mutterliebe 27,13 und Haß

27, 46. Der derbe Realismus der Jakobsgeschichten zeigt auch R. in all ihrer Menschlichkeit als Werkzeug der göttlichen Vorsehung und Führung. *Schw*

Rebhuhn. Das R. ist heute noch in Palästina stark verbreitet und wird gern gejagt, wie zu Davids Zeit 1Sam 26, 20. Nach Sir 11, 31 wurde ein gefangenes R. als Lockvogel benützt. Jer 17, 11 (Luther: ein Vogel) scheint auf die Volksmeinung zurückzugehen, daß das R. fremde Eier entwende, um sie auszubrüten. *Schl*

Rechab. *1)* Einer der Hauptleute, die → Isch-Boscheth ermordeten 2Sam 4, 2 ff, auf Davids Befehl hingerichtet 4, 12. *2)* Vater des Jonadab 2Kö 10, 15, Stammvater der Rechabiter (→ Jonadab 2). *(Schl)*

Rechabiter → Jonadab.

Rechenschaft. → Gericht. Da unser Leben mit all seinen Gaben und Aufgaben in der HS als → Haushalterschaft, als Lehensverhältnis erscheint, sind wir dafür dem Haus- und Lehensherrn verantwortlich und werden zur R. gezogen Mt 12, 36, jeder für sich selbst Röm 14, 12. Gott ist nicht uns R. schuldig Hiob 33, 13; Jes 45, 9, sondern wir ihm. Wie verzweifelt unsere Lage dabei aussehen müßte, wenn hier formale Rechtsmaßstäbe gälten, schildert Jesus im Gleichnis Mt 18, 23 f; Lk 16, 2. Insofern müßte diese kommende R. unsere lähmende Sorge sein Röm 2, 5 f; 1Petr 4, 5; Hebr 4, 13. Aber Jesus läßt im Gleichnis auch die unverdiente Güte Gottes für treues Haushalten in den uns gesetzten Grenzen sehen Mt 25, 19 ff und verkündigt gerade Mt 18; Lk 16 die Gnade Gottes, die dort niemand als „billige Gnade" mißverstehen kann. Wir sind für diejenigen mitverantwortlich, die besondere Last der R. für uns zu tragen haben Hebr 13, 17. — Menschliche gegenseitige R.sverhältnisse veranschaulichen vergleichsweise unsere Lage vor Gott Dan 6, 3; 2Kö 12, 16; Sir 41, 24. *He*

Recht. *1)* Das in Israel gültige R. ist im AT der offenbare und sich immer neu offenbarende Wille der göttlichen → Gerechtigkeit, von dem aus das Gesamtleben einheitlich aufgebaut erscheint 5Mose 4, 1. Der → Bund Gottes mit seinem Volk 2Mose 19, 5 f; Ps 105, 8 ff; 2Mose 34, 10 ff ist von dem Ordnungswillen dessen durchzogen, der aller Welt Richter ist 1Mose 18, 25; Ri 5, 11; Ps 9, 5. Gott setzt das R. und ist selbst die letzte entscheidende Instanz für den, der bei ihm sein R. sucht Ps 17, 2; 26, 1; 35, 23 f; Mich 7, 9; Klgl 3, 58 f. Der Bund begründet eine gegenseitige Solidarität, wenn auch von einer Partnerschaft gleichen R.s keine Rede sein kann. Das R. ist Israels hohes Glaubensgut; auf ihm ruht seine einzigartige Existenz 5Mose 4, 6 ff; Ps 147, 19 f.

2) Auch was nach heutigen Begriffen einer bürgerlich-staatlichen Rechtssphäre angehört — zB Haftpflicht, Pfandrecht, Schuldrecht, Schadenersatz — ist in diesen Bereich göttlichen R.s einbezogen, vgl. das Nebeneinander des Sakralen und des Andersartigen in der wohl ältesten Rechtssammlung des → Bundesbuchs 2Mose 23, 1 ff u. 10 ff. Aber alles steht unter demselben Vorzeichen des göttlichen Willens und damit des einfachen Gehorsams. So wird zB das Gastrecht bei Gott im Gottesdienst vom sonstigen Verhalten abhängig gemacht Ps 15; 24, 3 ff; Jes 33, 14 ff. So wird der humane soziale Zug des R.s gegenüber dem Fremdling, dem Sklaven, dem Armen u. a. m. 5Mose 15; 22, 1 ff u. ö. damit begründet, wie Gott am Volke handelt 5Mose 10, 17 ff; Ps 140, 13; 146, 7. Schließlich ist für dieses umfassende Rechtsdenken die Ausrichtung auf ein Grundgebot der Liebe zu Gott und zum Nächsten bezeichnend 3Mose 19, 18. 34; 5Mose 6, 5; 10, 12 u. a. m. In der harten Wirklichkeit bleibt es trotzdem bei einer Einschränkung der Rachsucht 2Mose 21, 23 ff, → Blutrache. An sich ist vor dem R. jeder gleich; die Zehn Gebote zB schützen das Leben, die Ehe, das Eigentum und die Ehre eines jeden. Doch hat der König 5Mose 17, 14 ff und der Priester 5Mose 18, 3 ff in bestimmten Grenzen eigenes R. Auch hier ist der Grundzug des gesamten R.s — die göttliche Ordnung — festgehalten.

3) Die Handhabung des R.s rechnet im AT mit dem feststehenden und mit dem erst zu findenden R. Für das letztere ist im Nachgang von Sonderaufträgen der Richtergestalten → Debora Ri 4, 4 f und → Samuel 1Sam 7, 16 f; 8, 1 ff die → Priesterschaft zuständig. Schwierige Fälle sollen Gott selbst an der erwählten Stätte beim nächsten Fest vorgelegt werden 5Mose 1, 17; 17, 8 ff, vgl. 2Mose 28, 30; → Los, → Licht und Recht. Die Priester sind auch sonst die verantwortlichen Verkündiger und Hüter des R.s. In der praktischen Durchführung standen der örtlichen Rechtsgemeinde, dem „Volk im Tor", und ihren Ältesten Rt 4, 1 ff; 1Kö 21, 8; Jer 32 auch → Richter zur Seite 5Mose 16, 18. Den Kampf des Volkes um sein R. gegenüber dem von ihm gewählten König, dessen richterliche Befugnis anerkannt ist 2Sam 15, 2, schildert zB 1Kö 12; 2Kö 11. Diesen Kampf im Namen aller Unterdrückten und Benachteiligten gegen alle Verantwortlichen haben die Propheten aufgenommen vom legitimen Grundsatz her, daß es sich um göttliches R. handelt Am 5, 7; 6, 12; Jes 1, 17. 23; 10, 1 ff; Mich 3, 9; Jer 5, 28 f; 8, 7 f; Hab 1, 3 f.

4) Das R. ist, auch wenn wir seine Weiterbildung nicht genau verfolgen können, von dem in der Geschichte verankerten Glauben Israels her lebendig, beweglich geblieben, ohne am Buchstaben zu kleben. Gewiß mischt sich seit der Landnahme altisraelitisches R. von Mose her mit Übernahme von Rechtsformen aus der Umwelt; → Bundesbuch, → Hammurabi. Aber auch bei solchen Parallelen ist die Kraft des umformenden Glaubens in der Ausgestaltung zu spüren, die dann im 5. Mosebuch vollends zum Durchbruch kam in seiner um die innere Zustimmung werbenden, sich an Herz und Gewissen wendenden Art seiner Rechtsdarstellung. Im Spätjudentum gefährdete der Gedanke der verdienstlichen Leistung Ps 18,21 ff; Neh 5,19; 13,14, die kasuistische Behandlung des R.s bis in Kleinlichkeiten hinein und eine Kunst der Auslegung, die Konflikte umging, die ursprüngliche Rechtsordnung des AT, deren Unzulänglichkeit freilich die Heilsbotschaft der Propheten erkannt hatte Jes 9,6; 11,3; 42,1; Jer 31,33.

5) Im NT hat die Gerechtigkeit Gottes in Jesus Christus den Weg zu einer „besseren Gerechtigkeit" Mt 5,20 aufgetan, die „ohn all unser Verdienst und Würdigkeit" aus seiner Gnade im Glauben die Kraft schöpft, in Gottes R. und Ordnung zu leben. → Gesetz. *He*

rechten. Den Rechtshändeln der Menschen untereinander Ri 11,25; 21,22; Mt 5,40; 1Kor 6,7 tritt unter diesem Wort die Auseinandersetzung Samuels beim Abschied mit dem Volk „vor dem Herrn" zur Seite 1Sam 12,7. Der Versuch des hart mitgenommenen Menschen, mit Gott um sein Recht zu streiten, ist ein Irrweg Hiob 13,3.19; 40,2; Röm 9,20. Dagegen ruft Gott sein Volk und die Völker wie in einem Weltgerichtssaal in die Schranken, mit ihnen zu r. Hos 12,3; Jes 1,18; 3,13; Jer 2,35; Jes 41; 43, Vorboten des letzten Gerichts. *He*

Rechtfertigung, rechtfertigen. *1)* Es kann sich bei diesem in der reformatorischen Neuentdeckung des Evangeliums in die Mitte gerückten Wort in der HS zunächst auch um den Versuch der Selbst-R. handeln, zB des Schriftgelehrten, der sein Recht, Jesus über seine Stellung zur Schrift zu verhören, durch seine weitere Frage zu erweisen sucht Lk 10, 29, wie es den Pharisäern Lk 16,15 um den Nachweis ihrer „Gerechtigkeit" vor Menschen geht. Und doch kommt für jeden die Stunde, in der er sich als wahrhaftiger Mensch nicht r. kann 1Mose 44,16. — *2)* Gott selbst sorgt dafür, daß seine verachtete Weisheit in ihren Auswirkungen — „aus ihren Werken" im rev. NT — ihre R. findet Mt 11, 19. So ist sein Sohn durch seine Auferstehung im Geist und durch die Geistausgießung als der Christus erwiesen 1Tim 3,16. Bei Gott liegt denn auch das allein gültige Urteil über uns 1Kor 4,4, dessen R. anders verläuft, als Menschen denken Lk 18,14. Wäre das Gericht über unser Werk und Wort ein unerbittliches Heimzahlen unserer Schuld, so wären wir verloren Mt 12,37. Nun aber hat Gott selbst alle rechtmäßig von der Sünde frei gemacht, die mit Christus gestorben und zu einem neuen Leben der Gerechtigkeit durch den Glauben erweckt sind Röm 6,7; 5,18. → Gerechtigkeit. *He*

rechtschaffen. Das deutsche Wort in Luthers Bibelübersetzung — in der Revision des NT öfters durch andere Worte ersetzt („recht" 1Tim 1,2; Tit 1,4, „bewährt" Phil 2,22; 2Kor 2,9; Jak 1,3, „wahrhaftig" Eph 4,15.21) — ist unter einem anderen Gesichtskreis und von anderen Maßstäben her zu verstehen als eine bürgerliche R.heit im heutigen Sprachgebrauch. R. ist Gottes gerechtes Regieren, so wie es sich für ihn gebührt, seiner würdig ist Ps 9,9. R. ist Gottes Gebot, absolut zuverlässig und gültig Ps 111,7. R. ist das im Halten von Gottes Geboten allein auf ihn gerichtete Menschenherz 1Kö 8,61; 9,4; 1Chr 29,19, das ihm treulich und r. dient Jos 24,14; 2Kö 20,3 und sich als echt erweisende, r.e Frucht der Buße bringt Mt 3,8; Apg 26,20. R. ist die Gemeinde, die in der Versuchung der Spaltung 1Kor 11,19 und in der Anfechtung des Leidens sich bewährt wie das Gold im Feuer 1Petr 1,7. R. ist der Knecht Jesu Christi, dessen Arbeit seinem Auftrag entspricht 2Tim 2,15. Immer ist die Norm dieser R.heit, was vor Gott recht ist und vor ihm bestehen kann und will in den konkreten Lebensproben eines an Christus orientierten Lebens, in der mit ihm angebrochenen „Examenszeit Gottes" (Kierkegaard). *He*

Rechtssatzungen. In der Lutherbibel des AT heißen „Satzungen" 3Mose 18,4 u.ö. die → Gesetze und Gebote der Thora, vgl. Lk 1,6, oder auch das Brauchtum der Heiden 3Mose 20,23. Im Munde Jesu Mk 7,3.5.13; Mt 15,2 f sind die R. „der Ältesten" im Gegensatz zu Gottes Wort und Gebot Menschengebote, „die ihr aufgestellt habt". Diese aus der spätjüd. Schriftgelehrsamkeit stammenden kasuistischen Ausführungsbestimmungen haben in der pharisäischen Frömmigkeit sich so in den Vordergrund geschoben, daß das Gebot in seiner ursprünglichen Klarheit und Einfalt wie von einem Schlinggewächs verdeckt ist und in Vergessenheit gerät. Das verneinende Urteil traf zugleich die ganze jüd. Gesetzlichkeit. So kann Paulus Kol 2,14; Eph 2,15 mit diesem Ausdruck das Gesetz als solches meinen, das am Kreuz seine trennende, verdammende Macht verloren hat. Darum kämpft er entschlossen gegen das Eindringen neuer Gesetzlichkeit. → Elemente im rev. NT Gal 4,3.9; Kol 2,8.20. *He*

reden → Wort.

Regel. Das griech. Wort *kanōn*, das Luther mit R. übersetzt, bedeutet in der Profangräzität eigentlich „Rohr", „Meßrute", erst in übertragenem Sinn „gültiger Maßstab". In dieser Bedeutung verwendet Paulus das Wort Gal 6,16; Phil 3,16: Norm für die Beurteilung christl. Existenz. Ähnlich ist der Begriff 2Kor 10,13-15 für die Norm gebraucht, die Paulus für sein missionarisches Wirken von Gott empfangen hat. *Ste*

Regen. Palästina gehört zum Bereich des subtropischen Klimas, dessen Kennzeichen der Wechsel zw. regenlosem Sommer und winterlicher R.zeit ist. Genügender, vor allem rechtzeitiger R.fall ist für das wirtschaftliche Leben des Landes entscheidend wichtig, da die Vegetation fast völlig von ihm abhängt Hes 34,26.

Die R.zeit beginnt normalerweise Mitte Oktober mit dem Frühregen 5Mose 11,14, der den harten Boden zur Bestellung der Wintersaat bereit macht. Im Dezember und Januar fällt der Hauptr. (Winterr.), aber nicht als dauernder Land-, sondern meist als wolkenbruchartiger Strichr., der nur zT der Befeuchtung des Bodens zugute kommt, zT den trockenen Bachtälern zugeführt wird und ihnen in kürzester Zeit reißende Fluten bringt. Überhaupt entfallen auf die Gesamtdauer der sechsmonatigen R.-zeit nur durchschnittlich etwa 60 ausgesprochene R.tage. Temperaturstürze sind dann keine Seltenheit Esra 10,9. Der Spätr. schließt den „Winter“ im April/Mai ab. Für die Ernte ist er ebenso wichtig wie die früheren R.fälle. Bliebe er aus, würde der heiße Frühjahrsschirokko die Winterfrucht vernichten und die Sommerbestellung des Landes verhindern. *Ste*

Regenbogen. Das hebr. Wort, das wir mit R. (Luther: Bogen) übersetzen, bedeutet im AT gewöhnlich den Bogen des Kriegers. Damit gewinnt 1Mose 9,13 eine einzigartige Symbolik. Wenn Gott nach der Sintflut seinen Bogen gleichsam in die Wolken setzt, so bezeugt er damit, daß er ihn beiseitegestellt hat. Der Bogen wird zum göttlichen Gnaden- und Bundeszeichen zw. Gott und der Menschheit. — Gleichzeitig ist der R. mit seiner Farbenpracht Sir 43,12 in der bibl. Welt ein Bild himmlischer Herrlichkeit Offb 4,3. *Ste*

Regierung, regieren. → Obrigkeit. *1)* Die Worte, die Luther im AT mit r. übersetzt, bedeuten „König sein“ 1Mose 36,31.36 u.ö., weil die älteste Form *menschlichen* Regiments das Königtum war, oder „richten“ 1Mose 19,9, weil Recht sprechen und ausüben eine der Grundfunktionen der Regierenden ist. Jedes politische Gemeinwesen bedarf einer R., einer mit Würde und Autorität ausgestatteten Leitung, um sich vor Unordnung und Auflösung zu schützen. Im NT ist das R. eine der besonderen geistlichen Gnadengaben 1Kor 12,28, die den Inhaber befähigt, an der Leitung der Gemeinde teilzunehmen Röm 12,8.

2) Menschen bekommen Recht und Vollmacht zum R. nur von *Gott* Röm 13,1; denn er ist der einzige unumschränkte Herr der Welt Ps 103,19. Ihm untersteht die Natur mit ihren Kräften und Gesetzen 1Mose 8,22; 1Kö 17,1; Ps 104. Er handelt in der Geschichte der Menschen und Völker Hiob 5; Ps 33. Ist die göttliche Weltregierung für den Verstand auch oft ein Rätsel, so beugt sich der Glaubende doch unter das verborgene Walten Gottes Jes 28,29; 45,15; Offb 15,3; denn er weiß, daß der Weltlauf weder dem Zufall preisgegeben noch eigengesetzlichem Zwang unterworfen, sondern durch Gottes Handeln in Gericht und Gnade bestimmt 5Mose 32,39; Ps 103,6ff und zuletzt auf seine großen heilsgeschichtlichen Ziele mit der Menschheit ausgerichtet ist Röm 9-11; Gal 3,22; 1Tim 2,4.

3) Die tragende Gestalt der R. Gottes in der Welt ist *Jesus Christus.* Im Licht dieser Erkenntnis sieht das NT Jesus Christus als den, dem das Reich Gottes „beschieden“ Lk 22,29, der der Herr der Gemeinde ist 1Kor 12,5 und der als der Erhöhte den Sieg Gottes über alle feindlichen Mächte erringen und Gottes Weltregiment vollenden wird 1Kor 15,24-28. Alle Dinge werden durch ihn ihrer ursprünglichen Bestimmung zugeführt, in erster Linie die Menschheit.

4) Die durch Christus *Erlösten* aber sind nicht nur schon jetzt unter die R. seines Geistes Röm 8,14 und damit unter die Herrschaft des Friedens Gottes gestellt Kol 3,15, sondern werden einst auch zu seiner Herrlichkeit erhoben werden und an seinem Sieg und Reich Anteil haben. Sein R. wird dann auch ihr R. sein Mt 19,28; 2Tim 1,12; Offb 20,4; 22,5. *Ste*

Regium, die Stadt in Süditalien, an der Meerenge von Messina, die Paulus auf der Fahrt von Malta nach Rom berührte Apg 28,13, heute Reggio di Calabria. *Schl*

Reguel. *1)* Sohn Esaus und der Basmath 1Mose 36,4ff. *2)* Moses Schwiegervater 2Mose 2,18 (→ Jethro). *3)* Vater des gaditischen Führers Eliasaph 4Mose 2,14, als Deguel 1,14 u. a. *4)* Verwandter des Tobias Tob 3,7 u.a. *Schw*

Reh. An allen Stellen, an denen Luther R. übersetzte, ist (außer Spr 5,19) eine *Gazelle* gemeint, das zierliche Tier, das heute noch im Lande verbreitet ist und oft gejagt wird. Das Fleisch der Gazelle galt als rein und war sehr geschätzt 5Mose 14,5; 1Kö 5,3, durfte aber nicht geopfert werden 5Mose 12,15.22. Die Jagd auf das scheue, flüchtige Tier Jes 13,14; Spr 6,5 erfolgte zT mit Netzen Sir 27,22. Die Gazelle wurde gepriesen wegen ihrer Schnellfüßigkeit 2Sam 2,18; 1Chr 12,8; HL 2,9.17 und wegen der Schönheit ihrer Augen und der Anmut der Bewegungen HL 2,7; 3,5 u.ö. Darum nannten sich nach ihr Männer 1Chr 8,9 und Frauen 2Kö 12,2; 2Chr 24,1; Apg 9,36 (Zibja, Tabea). — 5Mose 14,5 ist vielleicht neben der Gazelle auch das echte R. genannt (Luther: Steinbock). → Auerochs, → Büffel, → Gemse. *Schl*

Rehabeam, Sohn → Salomos und der Ammoniterin Naama, König von Juda 926/25-910/09 1Kö 14,21. R. erhielt nicht die Anerkennung der isr. Stämme, weil er in Verkennung des innenpolitischen Kräfteverhältnisses nach dem Tod seines Vaters auf der Stämmeversammlung in → Sichem den isr. Vertretern die geforderte Lastenerleichterung verweigerte, so daß die seit David bestehende Personalunion Israel-Juda zerbrach 12,1-19. Er annektierte während des Kleinkriegs um die Grenze zw. den beiden Staaten einen Teil des Wohngebietes des Stammes Benjamin, schob die Grenze nördlich von Jerusalem zum Schutz der Hauptstadt nach Norden hinaus, beschränkte sich aber andererseits auf die Defensive mit Hilfe eines klug angelegten Festungssystems 12,21 ff; 14,30; 2Chr 11,5-12. Er mußte wie auch Israel den Raubzug des Pharao Sisak (Scheschonk I.) über sich ergehen lassen 1Kö 14,25 f. *Peu*

Rehoboth („weiter Raum"). *1)* Name eines von Isaak gegrabenen Brunnens 1Mose 26,22; vielleicht er-ruḥēbe süd-westlich von Beerseba. — *2)* R. am Strom 1Mose 36,37; 1Chr 1,48, Heimat eines edomitischen Königs; vielleicht chirbet musrāb bei riḥāb südöstlich der Südspitze des Toten Meeres. *Rü*

Rehoboth-Ir, nach 1Mose 10,11 eine von Nimrod in Assur gebaute Stadt. Der erste Teil des Namens entspricht akkadisch rēbit in rēbit Nīna, der Bezeichnung eines Vororts von Ninive. *Rü*

Rehum. *1)* Ein Führer der aus dem Exil Heimkehrenden Esra 2,2; Neh 10,27 (Neh 7,7 irrig Nehum). — *2)* Ein mit Serubabel heimkehrender Priester Neh 12,3. — *3)* Ein Levit Neh 3,17. — *4)* Ein persischer Beamter in Samaria Esra 4,8 f. 17. 23. *(Schl)*

reich, Reichtum. Der reiche Israelit besaß große Viehherden, viele Knechte und Mägde, große Vorräte Lk 12,16 und viel Edelmetall 1Mose 13,2; 30,43; 2Sam 12,2. Dieser R. entsteht durch Kriegsbeute, Mitgift und erfolgreiche Viehzucht, in späteren Zeiten auch durch Handel und wird als Gottes Gabe 1Sam 2,7 und Zeichen seines → Segens angesehen 5Mose 28, 1-14; Spr 10,22, oft auch als von Gott geschenkter Lohn für Frömmigkeit 1Kö 3,11. 13; Ps 112,2 f; Spr 22,4. Der Weise in Israel weiß aus Lebenserfahrung: r. wird, wer gut haushält Spr 24,4 und wer tüchtig ist Spr 10,4; R. verleiht Lebenssicherheit Spr 10,15; 18,11 und erwirbt Freunde Spr 14,20. Andererseits kennt er auch die Gefahren des R.s wie Selbstüberhebung Spr 28,11, Hochmut Spr 18,11; 11,28 und falsches Vertrauen Ps 49,7; 52,9, obwohl sie R. nicht mit ins Grab nehmen können Pred 5,12-19 und er ihnen beständige Unruhe verursacht Spr 15,16; Pred 5,11. Durch das Streben nach R. können sie auf krumme Wege gelangen Spr 28,6. Ein guter Name ist besser als R. Spr 22,1. Wenn ein Gottloser r. wird, gilt es, trotz der Glaubensanfechtung an die Gerechtigkeit Gottes zu glauben, daß er bald die gerechte Ordnung der Dinge herstellt Ps 37; 49; 73; Hiob 20; 21,7 ff. Man muß auf das Ende sehen Ps 73,17. Sehr vertrauensvoll wird die Vorläufigkeit des R.s ausgedrückt Ps 49,17 f u. 34,11. Die Propheten finden in ihrer Zeit Vornehme und R. vor, die die Armen und Entrechteten, bes. Witwen und Waisen bedrückten Jes 5,8-24. Weil die Reichen viel Unrecht tun Mich 6,11 f, werden Jes 53,9 Reiche und Gottlose gleichgesetzt. Jer 9,22 warnt vor dem Rühmen des R.s. Als Regel kann im AT gelten: Gott gibt Reiche und Arme Spr 22,2 und man soll sich nicht ausdrücklich um R. bemühen Spr 23,4.

Im NT wird der R. weniger als sittliches, mehr als religiöses Problem gesehen. Mit dem Hereinbruch des Reiches Gottes ist dieses selbst der größte und wichtigste R. So redet Jesus vom „Betrug des R.s" Mt 13,22 par., der neben der Sorge das Wort erstickt. So wird ein Reicher schwer ins Himmelreich kommen Mt 19,23. Bei Lk wird noch deutlicher die hindernde Wirkung des R.s herausgestellt im Gleichnis vom törichten Reichen 12,16 ff und vom reichen Mann und armen Lazarus 16,19 ff, sowie im Weheruf über die Reichen 6,24; doch wird auch die Meinung vertreten, daß mit den Reichen bei Lk die jüd. Gegner Jesu gemeint seien. Allgemein ist festzuhalten: bei Jesus und im Evangelium wird der irdische Besitz allein in seiner behindernden Auswirkung auf das Reich Gottes beurteilt, → Mammon. Dem entspricht die Verheißung, daß die Lösung vom R. in der Nachfolge Jesu in dieser Zeit vielfältigen Gewinn und in der zukünftigen Welt das ewige Leben zur Folge hat Mt 19,16. 20 par., wobei man eben nicht Mt 19,21 par. aus dem Zusammenhang herausnehmen darf.

In den Briefen des Paulus wird vom R. Gottes, Christi und der Gemeinde geredet und damit das Wesen des R.s ganz neu bestimmt: Gott ist r. an Güte und Herrlichkeit, Gnade und Barmherzigkeit Röm 2,4; 9,23; Eph 1,7; 2,4, ebenso Christus 2Kor 8,9; Röm 10,12; Eph 3,8. Die Gemeinde ist durch Christi Armut r. 2Kor 8,9. Durch ihn sollen die Christen r. in Gott werden Lk 12,21, r. an Glauben, Liebe und Erkenntnis 2Kor 8,7; Jak 2,5; Phil 1,9 und an guten Werken 1Tim 6,18. In der Mahnung 1Tim 6,9. 17 ff wird die Begierde nach R. abgewiesen. Der Jakobusbrief warnt und bedroht die Reichen bes. ernst 1,10 f; 5,1 f. Die Offb 18,3. 15. 17. 19 schildert, wie die reichen Kaufleute des großen Babylon mit ihrem R. in den Untergang der Stadt hineingerissen werden. *Pfei*

Reich Arabien → Saba.

Reich Gottes (Himmelreich).
1) R.G. im AT. 2) R.G. und Christi im NT. 3) Erscheinungsform des R.es G. 4) Entscheidungscharakter des R.es G. 5) Gegenwärtiges und zukünftiges R.G.

R.G. ist in den drei ersten Evangelien und, wenn auch seltener, über das ganze NT hin der Inbegriff der Verkündigung Jesu, die deshalb auch einfach das „Evangelium vom Reich" heißen kann Mt 9,35; 24,14; Lk 8,1; Apg 20,25. Sie erwächst — als Erfüllung und Korrektur — aus der Botschaft des AT, daß Gott → König, Herrscher ist und sich als solcher zukünftig beweisen wird. Von daher steht im Vordergrund weniger das Reich als solches, als umgrenzter, umkämpfter und schließlich triumphierender Machtbereich im Sinn einer verbindenden und ausschließenden Zugehörigkeit. Das Königtum Gottes, seine Königsherrschaft, seine unumschränkte Würde und Macht, die Gehorsam fordert und Schutz gewährt, die persönliche Beziehung des Königs zu seinem Reich ist maßgebend.

1) R.G. im AT. Das AT ist zunächst dem Wort, nicht der Sache nach zurückhaltend in der Verwendung des Königsnamens für Gott, in Abwehr heidnischer, im Vorderen Orient verbreiteter Anschauungen vom Gottkönigtum irdischer Herrscher. Das ziemlich spät aufkommende Königtum in Israel läßt an anfänglichen Gegenströmungen erkennen, was hier für den Gottesglauben Israels auf dem Spiel stand 1Sam 8,7; 12,12. Wie kann ein Mensch König sein, wo Gott König ist! So sind denn auch die Könige Israels nirgends Gegenstand göttlicher Verehrung geworden, auch wenn sie wie in den Chronikbüchern im Anschluß an die Verheißung an David 2Sam 7,12f; Ps 132,11f als Inhaber von Gottes Königtum erscheinen 1Chr 17,14; 28,5; 2Chr 9,8, vgl. die Königspsalmen 45; 72; 101; 132. Die Reichsgewalt Gottes, die niemand neben sich duldet, ist ein Kernsatz des AT 2Mose 15,18; 4Mose 24,7; 5Mose 33,5; Jes 6,5; 1Kö 22,19; 1Chr 29,11, in den Psalmen 5,3; 84,4 u. a. m.

Israel hat Gottes gegenwärtige Herrschaft, in ihrer herkömmlichen engen Beziehung zum Heiligtum, im Gottesdienst bekannt und erfahren Ps 47; 93; 96; 97; 99. Das Volk Gottes lebt heute in Gottes Reich Ps 103,19; 145,11ff. Dieses Reich umschließt die Welt in Natur und Geschichte Ps 22,29; 47,3; 97,1 und hat doch Israel zum Mittelpunkt der Weltpolitik Gottes Mich 2,12f; Jer 8,19; 51,57. Doch ist der Blick vom Versagen der Könige und des Volks in Israel weg und im Festhalten an der Verheißung schon früh und immer zunehmend auf eine zukünftige, endgültige Verwirklichung der Königsherrschaft Gottes gerichtet. Das geschieht in einer dreifachen Linie: in der Heilsbotschaft vom kommenden Königtum Gottes Jes 41,21; 43,15; 52,7 oder in Erwartung eines → Messias, in dem die Verheißung an David ihre Erfüllung findet Jes 9; 11; Mich 5,1ff; Jer 23,5f; Hes 37,24f oder endlich im Hereinbruch des R.es G. in kosmischen Umwälzungen als dem endgültigen Sieg über alle Reiche und Mächte der Welt in einer neuen Weltzeit Dan 2,44f; 7,14.27. Diese → apokalyptische Linie ist im Spätjudentum in nationalistisch-jüd. Form und als Gegenstand sehnsüchtiger, diese Zukunft phantastisch ausmalender Erwartung ein wichtiges Stück der Umwelt, in die Jesus hineingeboren wird.

2) R.G. und Christi im NT. Im genauen Zusammenhang mit dem AT erscheint der Anbruch des R.es G. im NT als Erfüllung der Zeit Mk 1, 15, als entscheidende Wende nach der abgelaufenen Weltzeit des Gesetzes und der Propheten Lk 16,16. Wenn im Matthäus-Evangelium meist Himmelreich steht für R.G., so erklärt sich das vor allem aus dem Brauch des Spätjudentums, den Gottesnamen zu vermeiden; man sprach lieber vom Himmel Mt 5,34f. Die Rücksicht auf die Leserschaft aus dem Judentum wird diesem eigentümlichen Sprachgebrauch zugrunde liegen, nicht ein Bedeutungsunterschied.

Das Königtum Gottes wird anschaulich in den Gleichnissen Mt 18,23ff; 22,2ff. Er ist der König aller Könige 1Tim 1,17; 6,15; Offb 19,16. Sein ist das Reich Mt 6,10; 13,43; 26,29. Das wird durch das zeitweilige Reich des Satans, des Fürsten dieser Welt, nicht in Frage gestellt Jo 12,31; 14,30; 16,11; Offb 16,10, vgl. Mt 12, 25f; Lk 4,5f. Das NT kennt kein (dualistisches) Doppelregiment.

Dagegen drückt sich die verborgene Göttlichkeit Christi darin aus, daß ohne Übergang von der Königsherrschaft Christi und von seinem Reich gesprochen wird, vgl. das Nebeneinander Eph 5,5; Offb 12,10. Was die Gegner im Hohn Mk 15,32 par.; Lk 23,2 und das Volk im Unverstand von ihm aussagen Mt 21,9; Jo 12,13, das ist er in Wahrheit Lk 1,33; Jo 18,37; Mt 25,34.40. Es ist sein Reich Mt 13,41; er hat es aus seines Vaters Hand Lk 22,29f. Gott versetzt sein Volk in das Reich seines Sohnes Kol 1,13. Das manifestiert sich in der Austreibung der Dämonen Mt 12,28. Es wird in der Wiederkunft sein Reich sein Lk 22,30, vgl. Mt 20,21; Lk 23,42. Das Ineinander der Reichsgewalt des Vaters und des Sohnes erklärt die unausgeglichene Aussage: der Sohn gibt am Ende das Reich zurück 1Kor 15,24ff oder er regiert in Ewigkeit Offb 11,15; 2Petr 1,11.

3) Die Erscheinungsform des R.es G. Die jüd. Erwartung — das Reich für Israel Apg 1,6 — wird von der Verkündigung Jesu nicht bestätigt. „Der Acker ist die Welt“ Mt 13,38. „Nicht von dieser Welt“ Jo 18,36 meint nicht ein überweltliches Reich, sondern stellt es seiner Herkunft und seinen Zielen nach in Gegensatz zum Weltreich der Menschen. Diese Andersartigkeit entfalten die Gleichnisse vom → Schalksknecht und von den Arbeitern im Weinberg Mt 18 u. 20. Es handelt sich um Umgestaltung dieser sichtbaren Welt in der Gegenwart und Zukunft, um den Durchbruch der Freude Mt 13,44ff; 22,1ff, der Gerechtigkeit Mt 6,33, des Friedens Röm 14,17, nicht um gesetzliche, äußerliche Lebensformen. Es gibt im R.G. ein Drinnen und Draußen Mk 4,11, ein Aufschließen und Zuschließen Mt 16,19; 23,13. Es ist „mitten unter euch“, auch wenn es nicht gegenständlich, als in die Augen fallendes Gebilde neben anderen in Erscheinung tritt Lk 17,20. Es bleibt für die unbeteiligte Welt Geheimnis Mk 4,11; Mt 13,11. Wie es aus winzigen Anfängen seine Endgestalt erreicht und das Gemenge der Welt durchdringt, zunächst von ihm fast verschlungen, das geschieht ohne unser Zutun Mt 13,31f; Hes 31,6; Mt 13, 33; Mk 4,26ff. Es ist immer Wort und Tat zugleich Mt 4,23; 12,18ff; 1Kor 4,20. Im Ausmalen des vollendeten Reiches ist Jesus gegenüber der jüd. Apokalyptik zurückhaltend; er bejaht die kosmische Neuschöpfung und verwendet gern das Bild der Tischgenossen im R.G. Mt 8, 11; Lk 13,29; 22,30.

Es gibt im R. G. keine bevorrechteten „Kinder des Reichs", die rebellisch auf dieses Recht pochen könnten Mt 8,12; 21,43. Der Christus zieht sich die Kinder des Reichs heran, wo und wie er will Mt 13,38. Jetzt wächst auf seinem Acker noch Unkraut unter dem Weizen Mt 13,24 ff. 47 f. Die Seligpreisungen Mt 5, das Wort von den Zöllnern und Huren Mt 21,31, von der kleinen Herde Lk 12,32, von den Armen Jak 2,5 lassen erkennen, daß das Reich ohne Ansehen der Person denen offensteht, die Gottes Ruf folgen.

4) Der Entscheidungscharakter des R.es G. Nicht Menschen bauen das R. G. Mt 16,18 f. Gott gibt Lk 22,32, beruft 1Thess 2,12, versetzt in das Reich Kol 1,13; 2Tim 4,18, reicht den Eingang dar 2Petr 1,11. Doch bedeutet das für den Menschen die radikale Umkehr und Lebenswende Mk 1,15 par. Jesus selbst bezeichnet die damit eintretende Krise, den geforderten Einsatz mit einschneidenden Worten Mk 9,47; Mt 5,20; 13,44 ff; Lk 18,29; 9,58 ff; Mt 19,12. Hier liegt die vornehmste Sorge Mt 6,33. Der Reichtum Mk 10,23 par., die Werke des Fleisches versperren den Weg Gal 5,20 f; 1Kor 6, 9 f. Doch läßt sich das Reich nicht erzwingen Mt 11,12; Lk 16,16. Es liegt jenseits aller menschlichen Errungenschaften. Nur der von neuem Geborene Jo 3,3.5, der es empfängt wie ein Kind Mk 10,15; Mt 18,3, der warten und wachen kann Mt 25,1 ff; Lk 12,35 f und sein Kreuz trägt 2Thess 1,5; Offb 1,9, ist geschickt zum R. G. Die darin seine Untertanen geworden sind, zieht er in seinen Dienst Lk 9,60; Mt 13,52; Kol 4,11.

5) Das gegenwärtige und das zukünftige R. G. Die Gegenwart des Königs bedeutet den Anbruch seiner Herrschaft Mt 5,3.10; 12,28; Lk 17,20. Doch ist das R. G. in seiner Volloffenbarung erst im Kommen. Die Ernte steht noch vor der Tür Mk 4,29; Mt 13,30.39. In dieser Spannung zw. Anbruch und Vollendung durchzieht die Mahnung zur Geduld die Botschaft vom R. G. Mt 13 u. a. m. Die Bitte um sein Kommen schließt die Zuversicht mit ein, daß es kommt Mt 6,10; Mk 11,10. Es ist das gewisse Erbe Mt 25,34; 1Kor 6,9; 15,50; Jak 2,5. Das irdische Herrnmahl ist die Gewähr für das Mahl im vollendeten Reich Mt 26,29 in der Wiederkunft des Herrn 2Tim 4,1.18. Niemand weiß Tag und Stunde Mk 13,32. Doch ist die Erwartung der Nähe, der baldigen Vollendung die bestimmende Situation des Christenstandes geblieben, auch wenn die Früherwartung des NT sich so nicht erfüllt hat, → Naherwartung. Zum Ganzen → Sp. 643-650. *He*

Reif, gefrorener Tau, ist im Morgenland nicht unbekannt; er wird unter den erstaunlichen Naturvorgängen genannt Hiob 38,29; Gesg d Männer 48, mit Salz und Asche verglichen Sir 43,21; Ps 147,16, wird selbst zum Vergleich für das Manna 2Mose 16,14 und ist ein Bild der Vergänglichkeit Weish 5,15; 16,29. *Schl*

Reigen, Reigentanz → Tanz.

Reiher. Wo Luther an den R. dachte 3Mose 11, 19; 5Mose 14,18; Ps 104,17, ist gewiß der → Storch gemeint. Doch leben in Palästina auch mehrere R.arten. Luthers „Häher" 3Mose 11,19; 5Mose 14,18 könnte ein R. sein; allerdings dachte die LXX an den Regenpfeifer. In der →„Rohrdommel" in jener Liste der unreinen Vögel vermutet man den Pelikan, in dem „Schwan" den Kormoran. *Schl*

Reinheit, Reinigung.

1) Die kultische (oder levitische) Reinheit. Sie ergibt sich aus der Vorstellung der Heiligkeit Gottes. Das ATliche Gesetz enthält eine Reihe von Vorschriften, die darauf gerichtet sind, den Menschen in den heilig-reinen Zustand zu versetzen, der ihn zur Begegnung mit Gott befähigt, oder die durch sühnende Reinigungen die verlorene Reinheit wiederherstellen sollen. Die Verunreinigung kann verschiedene Ursachen haben: Vorgänge der Geburt 3Mose 12, des Todes 4Mose 19,11 ff; 5Mose 26,14; Jer 16,5 ff, des Geschlechtslebens 1Sam 20,26; 21,4 ff; 2Sam 11,4; 3Mose 15,18, Berührung von Leichnamen, auch von toten Tieren 3Mose 11,24 f, Aussatz und ähnliche Hautkrankheiten 3Mose 13 f. Unrein ist das ganze Gebiet des Heidentums, weil es fremden Göttern zugehörig ist Am 7,17; Hes 4,12 f. Die Reinigung geschieht durch Waschungen und Tauchbäder 3Mose 11,32; 15,7.16 ff, wobei fließendes Wasser besondere Kraft hat 3Mose 14,5; 15,13, und durch Opfer, für die (wie zur Speise) nur reine Tiere verwendet werden dürfen. Die Unreinheit kann auch auf ein Tier übertragen werden, das sie fortnimmt 3Mose 14,7; 15,13 ff; 16,21 ff. Eine besondere Bedeutung für die Entsündigung des Volkes hat das Sündopfer am großen → Versöhnungstage. — Die Reinigungsgesetze finden sich hauptsächlich 3Mose 11-15; 17,15; 20,25; 22,3-8; s. auch 4Mose 19 (Reinigungswasser), 5Mose 14,3-21; 23,11. Die Unterscheidung von reinen und unreinen Tieren kommt schon 1Mose 7 u. 8 vor. Die Vorstellungen kultischer Reinheit und Verunreinigung haben, wie sich aus der Religionsgeschichte ergibt, ihre letzten Wurzeln im Dämonenglauben.

Während im Kultus der Gedanke der rituellen Reinheit stark ausgebildet war, haben die Propheten die Notwendigkeit der sittlichen Reinheit betont Jes 1,16; Jer 33,8; Hes 36,25; Zeph 3,9, ja oft genug die ethische Reinheit der bloß kultisch-rituellen entgegengesetzt. Aber

Tafel 37: In den Ruinen des alten Samaria *Die Mauer im Vordergrund gehört zu dem Palast, den → Omri und → Ahab in → Samaria (heute sebastje) erbauen ließen, die Mauer im Hintergrund zu dem von → Herodes dem Großen erbauten Augustustempel.*

die Entwicklung hat einen anderen Verlauf genommen. Das rabbinische Judentum hat, auf den Reinigungsgesetzen des AT aufbauend, für das Leben des einzelnen Frommen im Alltag eine solche Fülle von Reinheitsverordnungen geschaffen, daß sie wie eine schwere Last auf ihm lagen. Doch hat das rabbinische Judentum nicht auf die Forderung der sittlichen Reinheit verzichtet. Gegen die Art, wie die Schriftgelehrten und Pharisäer in ihrer kasuistischen Auslegung des Gesetzes den Reinheitsbegriff verstanden, hat Jesus den schärfsten Kampf geführt.

2) Die innere Reinheit. Vollkommene sittliche Reinheit findet sich nicht bei den Menschen Hiob 4,17; 15,14.15; 25,4, sondern nur bei Gott Mt 5,48. Gewiß gibt es schon unter den Frommen des Alten Bundes solche, die — im Gegensatz zu den Gottlosen — auf ihre lautere Gesinnung, ihr reines Herz und ihre reinen Hände hinweisen können Ps 18,21.25; 24,4; 73,1; 2Sam 22,21; vgl. Hiob 8,6; Spr 15,26; Pred 9,2; aber auch sie bedürfen doch immer wieder der Reinigung durch Gott Ps 51,4.9-12; Jer 33,8; Hes 36,25.33; 37,23; Dan 12,10; Sach 13,1; Mal 3,3. Gott will, daß sein Volk rein von Sünden ist Jes 1,16; Jer 13,27; Hes 24,13. Vollends wird im *NT* mit dem Gedanken der sittlichen Reinheit Ernst gemacht. Er tritt so beherrschend in den Vordergrund, daß die Idee der kultisch-rituellen Reinheit jede Bedeutung verliert. Das zeigt sich vor allem bei Jesus in seiner Auseinandersetzung mit der pharisäischen Frömmigkeit Mt 7,15-20.23; 15,11. 17-20; 23,25f; Lk 11,39-41. Reinheit oder Unreinheit haften nicht an den Dingen, sondern an den Menschen; sie kommen nicht von außen, sondern von innen. Zur Teilnahme an dem Reich Gottes sind nur diejenigen berufen, die reinen Herzens sind Mt 5,8. Zu dem reinen Herzen, aus dem die rechte Liebe hervorgeht 1Petr 1,22; 1Tim 1,5, muß das reine Gewissen kommen 1Tim 3,9; 2Tim 1,3. Die Gemeinde ist verpflichtet, ein geheiligtes Leben zu führen, damit sie Christus als reine Braut dargestellt werden kann 2Kor 11,2. Die völlige Reinigung erfolgt durch das Blut Christi; denn Christus hat durch seinen Tod die Reinigung der Menschen von den Sünden vollbracht Hebr 1,3. Das Ziel seines Opfertodes war, sich ein reines Volk zum Eigentum zu erwerben Tit 2,14. Das Blut des Sohnes Gottes ist eine ständig wirkende Macht; es macht uns rein von aller Sünde 1Jo 1,7. Es reinigt die Gewissen von toten Werken zum Dienst für Gott Hebr 9,14. Ebenso kommt dem Bad der Taufe Eph 5,26; Tit 3,5, dem Wort Jesu Jo 15,3, dem Dienst seiner vergebenden Liebe (Fußwaschung) Jo 13,10 reinigende Kraft zu. Wer seine Sünden bekennt, darf gewiß sein, daß er von aller Ungerechtigkeit rein wird 1Jo 1,9. Aber die Gläubigen werden auch aufgefordert, sich selbst zu reinigen, um Christus ähnlich zu werden 2Kor 7,1; 2Tim 2,21; Jak 4,8; 1Jo 3,3.

Am stärksten hat der Hebräerbrief die neue sittlich-religiöse, durch den glaubenden Anschluß an Jesus geschaffene Reinheit der alten rituell-kultischen gegenübergestellt. *Schn*

Reinigungseid, ein → Eid, durch den ein Beklagter sich in Schadensfällen von dem Verdacht der Veruntreuung befreien und der Haftung entgehen konnte 2Mose 22,9f. Bei Bekenntnis eines falsch geschworenen R.es bestand Sühnemöglichkeit 3Mose 5,21ff. *Ste*

Reinigungsopfer → Opfer.

Reinigungswasser. Nach dem isr. Gesetz machte jede Berührung eines Toten unrein (→ rein). Um von diesem 7 Tage lang anhaftenden Makel frei zu werden, mußte man am 3. und 7. Tag durch Besprengung mit R., einer Lauge von der Asche einer roten Kuh, entsündigt werden 4Mose 19. Diese ATliche Kulttradition wird Hebr 9,13f zum Hinweis auf den Opfertod Jesu Christi, der allein vollgültig von aller Unreinheit befreit. *Ste*

Reis. Vom Wachsen junger R.er spricht Hiob 8,16, vom Fraß durch Tiere in verwüstetem Land Jes 27,10, von dürren R.ern als Brennmaterial Geb As 22 u. Apg 28,3. Mit dem R., das im Gleichnis Hes 17,4 aus der Zeder, dem davidischen Königshaus, gebrochen wird, ist → Jojachin gemeint, dann in V. 22 der Messias, während er wegen seiner Unscheinbarkeit Jes 53,2 mit einem kümmerlichen R. aus trockenem Boden verglichen wird; vgl. auch Jes 11,1. *Schl*

Reise, reisen. *1)* R.n unternahm man aus verschiedenen Gründen. Die zahlreichen Wanderungen der Vorväter Israels sind durch ihre nomadische Lebensweise bedingt 1Mose 12,5ff. Anlaß zu R.n gaben ferner u.a.: Handel 1Mose 42,1ff; 1Kö 10,28; Hes 27,17; Tob 1,14f, diplomatische Missionen 2Sam 10,2; Neh 2,6, Besuche 1Mose 24,1ff (Brautwerbung); Lk 1, 39f sowie die vorgeschriebenen Wallfahrten nach Jerusalem 2Mose 34,23; Lk 2,41. Die R.n Jesu Lk 8,1 u.ö. und der Apostel (s.u.) stehen im Dienst der Verkündigung. — *2)* Man reist meist zu Fuß oder benutzt Esel und Kamele als Reit- und Lasttier, Vornehme auch Wagen Apg 8,28. Schiffsreisen sind Jon 1,3ff; 1Kö 9,26f; Apg 16,11 u.ö. bezeugt. Unterwegs war man auf Gastfreundschaft angewiesen Ri 19,15ff; Hiob 31,32. — *3)* Von den mannigfaltigen Gefahren der R.n berichtet Paulus 2Kor 11,26.

Tafel 38: Der Hügel von Samaria *Auf der Höhe lag die von → Omri gegründete Stadt, ebenso die hellenistische, von → Herodes prächtig ausgebaute Stadt, die er dem Kaiser Augustus zu Ehren Sebaste nannte (= augusta). Rechts am Bildrand das heutige sebastje, in dem der alte Name weiterlebt. Im Vordergrund die moderne Straße nach nablus (Sichem), das die alte Königsstadt überflügelte.*
In den Ausgrabungen von Samaria *Das Bild zeigt in der Reihe der gut geschichteten, großen Steine einen Rest der israelitischen Stadtmauer des 9. Jh.*

Um sich vor räuberischen Überfällen (Lk 10, 30) zu schützen, schloß man sich möglichst zu R.gesellschaften zusammen 1Mose 37,25; Hiob 6,18 f; Lk 2,44. Zu den Gefahren der Seefahrt vgl. Ps 107,23 ff. — Die zahlreichen R.n der Apostel, bes. des Paulus, wurden durch die römischen → Straßen und den regen Seeverkehr begünstigt Apg 16,7 f; 17,1; 20,1.7; 27 f; Röm 15,24; 2Kor 11,26. — *4)* Vor Antritt der R. erbittet man Gottes Schutz 1Mose 28,20; Tob 5,17; vgl. 5Mose 2,7; 1Mose 24,40.56. — *5)* Während man in der älteren Zeit auch am → Sabbat R.n unternahm 2Kö 4,23, war in nachexilischer Zeit nur die Zurücklegung einer kurzen Wegstrecke erlaubt Jes 58,13; Apg 1,12. *Oßw*

reißen, Riß. Das mannigfach gebrauchte Wort kennzeichnet *1)* die reißenden Tiere 1Mose 37, 33; 49,27; Ps 22,14; Jes 35,9; Mt 7,15; *2)* durchbrechende, zerstörende Gewässer 2Sam 5,20; Lk 6,48; *3)* ein gewaltsames Zerstören und Unrechttun Ps 80,17; Pred 5,7; *4)* ein gewalttätiges Wegnehmen Mt 13,19; 11,12; als Bild für Gottes Richten 1Sam 15,28; 1Kö 11, 11; Jer 12,14; von daher die Wendung „in den Riß treten", durch fürbittendes Eintreten die Strafe aufhalten Ps 106,23; Hes 22,30; 13,5; *5)* eine Trennung Lk 22,41; Apg 23,10; Jo 10, 28 f; *6)* die gewaltsame Einwirkung schlimmer Geister Mk 1,26; 9,18 ff; *7)* im Sinn von ritzen das abergläubische Anbringen von Malen am Körper 3Mose 19,28. *Schl*

reiten → Pferd, → Krieg.
Reiterstadt → Wagenstädte.

Remalja, der Vater des isr. Königs Pekach, der den Thron gewaltsam nach Ermordung seines Vorgängers bestieg und zum Zeichen seiner nichtköniglichen Herkunft gelegentlich nur „Sohn des Remalja" genannt wird 2Kö 15,27 ff; Jes 7,4. *Peu*

Rentmeister bezeichnet den Vorsteher eines Rentamtes (Rentenkammer). Das Wort ist heute in der deutschen Sprache kaum mehr gebräuchlich. R. hieß im Luthertext der 1Kö 4,6 genannte Adoniram (vgl. 5,28), der der Aufseher über die Fronarbeiter war und wohl identisch ist mit dem 12,18 erwähnten Adoram (vgl. 2Sam 20,24). Ferner hat Luther mit R. das leitende Amt benannt, das der Christ → Erastus in der Stadt Korinth verwaltete, von dem Paulus Röm 16,23 Grüße ausrichtete. Das griech. Grundwort bezeichnet einen Verwalter. *Kü*

Rephaim. *1)* Hebräisch R., eigentlich „Geheilte", ist ursprünglich ebenso wie ugaritisch rp'um und phönizisch rp'm eine verhüllende Bezeichnung für Totengeister (Luther: Tote Jes 14,9; 26,19; Spr 2,18; 21,16; Verstorbene Ps 88,11; Schatten Jes 26,14; Hiob 26,5; Spr 9,18), die von LXX oft, von der Vulgata meist mit gigantes (Riesen) wiedergegeben wird. — *2)* Erst sekundär ist R. 1Mose 14,5; 15,20; 5Mose 3,13; Jos 17,15; 1Chr 20,4 und der zugehörige Singular *Rapha* 2Sam 21,16.18.20.22; 1Chr 20, 6.8 zum Namen einer sagenhaften Bevölkerung Palästinas geworden, der von LXX und Vulgata mit gigantes, von Luther mit Riesen übersetzt wird. Das läßt sich daraus entnehmen, daß die R. von den Moabitern Emiter (d.h. Schrecklinge) 5Mose 2,11, von den Ammonitern Samsummiter (Schwirrgeister?) 2,20 genannt werden. Und die Tatsache, daß der König Og von Basan, dessen 9 Ellen langes und 4 Ellen breites Bett aus Basalt (?) in → Rabba 1) gezeigt wurde, zum Rest der R. gehörte 5Mose 3,11; Jos 12,4; 13,12, ist wohl dahin zu deuten, daß man die R. als die Erbauer der bes. im Ostjordanland häufigen megalithischen Denkmäler ansah. — Eine ähnliche Bedeutungsentwicklung wie R. hat das altpersische artāvan „gerechter Toter" erfahren: Herodot VII 61 berichtet, die Perser hätten sich selbst in alter Zeit Artaier genannt, und Hesych erklärt diesen Namen als „Gerechte" oder „Riesen". — *3)* Ebene R. Jos 15,8; 18,16; 2Sam 5,18.22; 23,13; 1Chr 11,15; Jes 17,5 ist der alte Name der Ebene el-baq'a südwestlich von Jerusalem. *Rü*

Resen, ein noch nicht gefundener Ort zw. Ninive und Kelach, dem heutigen Nimrud 1Mose 10,12. *Peu*

Reson, ein aramäischer Freibeuter, der nach dem Tode Davids Damaskus einnahm und als König von Damaskus als Salomos Widersacher (hebr. Satan) galt 1Kö 11,23. *Peu*

Rest Israels. „Rest" bezeichnet ursprünglich dasjenige, was als weniger wichtiger Teil nach der Vernichtung übrigbleibt, vgl. 2Mose 10,12; 3Mose 5,9; Jos 11,22; prophetisch Jes 17,3; Jer 8,3; Hes 5,10, oder vor der drohenden völligen Vernichtung gewarnt werden soll, vgl. Jes 7,3; Am 5,3. Vom ausgehenden Exil an wird der Ausdruck in eschatologischer Umprägung zur demütig-stolzen Bezeichnung der vom Gottesgericht über Juda Verschonten, die damit aber nicht mehr als unwerte Übriggebliebene, sondern als ausersehene Träger der Heilszukunft gelten Jes 4,3; 11,11.16; 46,3 f; Mich 7,18; Hagg 2,2; Sach 8,6 usw. Daß es sich bald um einen neuen, festgeprägten Begriff handelt, zeigen die Gleichsetzung mit „zahlreichem Volk" Mich 4,7 und der Vergleich mit dem raubenden Löwen Mich 5,7, die der ursprünglichen Bedeutung widersprechen. Die Teilhabe am endzeitlichen Heil kann auf dem Weg über den Ausschluß vom Tempelbau auf die „Rest"-Gemeinde beschränkt Hagg 2,10-14, umgekehrt aber auch die Aufnahmewilligkeit für andere gefordert werden Jes 56,1-8; Sach 9,1-8. Gewöhnlich wird den Völkern als einem zweiten, weiteren Kreis um den R.I. die Teilhabe am Heil zugesprochen. *Fo*

Reue, gereuen. *1)* Bei Menschen: seinen Sinn ändern und Geschehenes rückgängig machen wollen 2Mose 13,17; Ri 21,6.15 oder abbitten Lk 17,4, vor allem es als Unrecht gegen Gott erkennen Hes 6,9; 36,31; Mt 21,30. Solcher R. sind nicht nur die Folgen leid Mt 27,3; denn sie ist durch göttliche Betrübnis bewirkt 2Kor 7,9f und führt zu gründlicher Änderung Mt 3,2.5f; Lk 18,13; 23,48. — *2)* Bei Gott ist im Blick auf sein Wollen und Tun von R. keine Rede 4Mose 23,19; 1Sam 15,29; Ps 110,4 (Hebr 7, 21); Jer 4,28; Hes 24,14. Menschen gegenüber wird mit R., g. gleichnishaft Gottes Beweglichkeit ausgedrückt: barmherzig und gütig nimmt er auf die Buße des Menschen hin die angedrohte oder begonnene Strafe zurück 2Mose 32,14; 2Sam 24,16; Ps 106,45; Jer 26,19; Am 7,3.6; Jon 3,9f; 4,2; darauf gründet sich die Fürbitte 2Mose 32,12 und Ermunterung zur Umkehr Jer 26,3.13; Joel 2,13f. Umgekehrt wendet sich Gott auf Abfall und Verstockung des Menschen von ihm und dem Guten, das er im Sinn hatte, ab 1Mose 6,6f; 1Sam 15, 11.35, vgl. Jer 18, 7ff; Hes 33,10ff. Beides, die Unerschütterlichkeit seines Heilswillens und die Beweglichkeit seines gnädigen und richterlichen Handelns ist für uns vereinigt in seiner gebenden und rufenden Liebe, die ihn nie gereut und der in R. sich zuzukehren uns nie gereut Röm 11,29; 2Kor 7,10. *Pfi*

Rezeph, eine von den Assyrern eroberte Stadt, heute er-resafah, nordöstlich von Palmyra, an der Straße von Palmyra zum Euphrat 2Kö 19, 12; Jes 37,12. *Peu*

Rezin, aramäischer König in Damaskus. Er war zunächst den Assyrern tributpflichtig, versuchte dann aber gemeinsam mit dem König → Pekach von Israel den judäischen König Ahas im syr.-ephraimitischen Krieg in eine antiassyrische Koalition zu zwingen. → Tiglat-Pileser III. machte i. J. 732 dem Reich von Damaskus und R. ein Ende 2Kö 16,5ff; Jes 7,1ff; 8,6ff. *Peu*

Rhode, die christl. Magd im Haus der Maria, der Mutter des Johannes Markus, in Jerusalem, die nachts das Klopfen des wunderbar aus dem Gefängnis befreiten Apostels Petrus an der Tür hörte, ihn an seiner Stimme erkannte und den im Haus Versammelten Bericht gab Apg 12, 13-15. *Kü*

Rhodos, die „Roseninsel" vor der Südwestküste Kleinasiens im Ägäischen Meer mit der Hauptstadt gleichen Namens, wird bereits 1Makk 15, 23 erwähnt. Die Insel war im Altertum berühmt durch die Kolossalstatue über der Hafeneinfahrt, den „Koloß von Rhodos", die als Leuchtturm diente (eins der „Sieben Weltwunder"). Paulus berührte R. auf der Rückfahrt von der dritten Missionsreise Apg 21,1. *Ap*

Ribla. *1)* Stadt „im Lande Hamath", heute rable im nördlichen Teil der beqā', 34 km südlich von ḥömṣ am Orontes. Hier setzte Pharao Necho 609 vChr Joahas von Juda ab 2Kö 23,33 und hielt Nebukadnezar 587 vChr Gericht über Zedekia und seine höchsten Beamten 2Kö 25,6. 20f; Jer 39,5f; 52,9f.26f. — Hes 6,14 scheint R. (so statt Dibla) anstelle des sonst üblichen „wo man nach Hamath geht" 4Mose 13,21 u. ö. zu stehen. — *2)* In der Grenzbeschreibung 4Mose 34,11 ist statt R. (hebr. ha-R.) möglicherweise Harbela zu lesen. Dieser Ort wäre dann vielleicht mit harmel an der Orontesquelle gleichzusetzen, → Ajin 1). *Rü*

Richtblei → Richtschnur.
richten → Recht, → Gerechtigkeit, → Gericht.

Richter. Die Liste der sog. Kleinen R. in Ri 10, 1-5; 12,8-15 nennt folgende Personennamen: Thola, Jair, Ibzan, Elon, Abdon. Folgende Angaben treten zu diesen Personennamen hinzu: genealogische Angaben (nur bei Thola u. Abdon), Stammeszugehörigkeit (bei allen), Wohnort bzw. Sterbeort, Wirkungsdauer und Richten als Tätigkeit. Wir erfahren von diesen Personen nicht, wie sie das richterliche Amt erlangten und ausübten. Da sie verschiedenen Stämmen angehörten, könnte es ein Amt gewesen sein, das zw. den Stämmen wechselte, so daß jeder Stamm einmal einen R. zu stellen gehabt hätte. Entweder wurden die Stämme durch das Los bestimmt, oder sie hatten einen turnusmäßigen Wechsel und losten etwa die R.persönlichkeit aus ihren Sippen und Familien aus. Möglich ist auch die Wahl von Stamm und Persönlichkeit. Da aber schon bei den genannten fünf Namen deutlich ist, daß möglichst alle Stammesgebiete berücksichtigt wurden, nämlich West- und Ostjordanland, und im ersteren wiederum Isaschar, Bethlehem, Sebulon, Ephraim, muß man wohl an einen turnusmäßigen Wechsel denken; das Amt selbst scheint nach den Angaben auf Lebenszeit verliehen worden zu sein.

Die Angabe „er richtete Israel" muß wohl von dem sakralen Zwölfstämmebund her verstanden werden. Dann ist also der R. ein Amtsträger des Zwölfstämmebundes gewesen. Freilich darf man nicht etwa an eine zentrale richterliche Funktion denken, da von einem solchen Zentralgericht keine Überlieferung etwas meldet. Da Ri 19-21 beweist, daß der Zwölfstämmebund seine eigene Lebensordnung hatte, nämlich die Rechtsforderungen Jahwes, wie sie etwa im Dekalog festgelegt waren und den Mitgliedern des Bundes immer wieder aufs neue ins Bewußtsein gehoben werden mußten, läßt das Amt des R.s daran denken, daß es die Funktion des Rechtslehrers oder Rechtssprechers gehabt hat. Da in die Rechtsforderung Jahwes nach der Landnahme auch das kasuistische Recht einbezogen worden war, scheint es möglich, daß der Rechtssprecher jeweils auf den Stammesversammlungen der Amphiktyonie (des Stämmebundes) einerseits, aber auch bei lokalen Versammlungen im Stammesrahmen auftrat und die Belehrung in den geltenden Rechtsforderungen

Jahwes durchführte. Eine Parallele hierzu bildet der Rechtssprecher in Island, der der Volksgemeinde das geltende Landrecht vorzutragen hatte. Dann würde der Begriff „richten" besagen, daß diese Männer durch ihre Tätigkeit zum Recht verhalfen, daß das Gottesrecht auch wirklich an allen Orten des Volkes zur Durchsetzung kommen konnte. Wir müssen uns also diese Tätigkeit als eine durchaus friedliche vorstellen, und wenn auch von Jephthah 12,7 in ähnlichen Formeln ein R.tum behauptet wird, von Simson 16,31, von Schamgar 3,31, Ehud 3,30, Othniël 3,10, so dürfte es sich vielleicht nur um Übertragung dieser Formeln aus der Liste der Kleinen R. handeln. Dieses Amt des Rechtssprechers kann auch noch in der israelitischen Königszeit bestanden haben. Mich 4,14 u. 5Mose 17,8-13 lassen sich besser auf dieses noch bestehende Amt als auf den König deuten, der gerade in der Micha-Stelle mit seinem Königstitel bezeichnet sein müßte.

Da die Rechtspflege in den Händen der hebr. Rechtsgemeinde, d. h. der Ortsgemeinde lag, werden wohl auch schwierige Rechtsfragen jenem R. Israels vorgetragen und seine Entscheidung eingeholt worden sein. Das Deuteronomium 5Mose 17,12 stellt das Nichtbefolgen seiner Entscheidung unter die Todesstrafe. Wieweit freilich dieses R.amt im 7. Jh. vChr noch aktiv und wirksam war, läßt sich nicht mehr geschichtlich feststellen. *Ba*

Richterbuch.

1) Name. 2) Inhalt. 3) Literarische Analyse. 4) Entstehungsgeschichte.

1) Der *Name* Richter (hebr. schōpheṭīm) ist aus dem Buch selbst genommen. 2,16 werden die von Jahwe erweckten Rettergestalten, die dem Volk aus Feindesnot halfen, Richter genannt. Sie werden auch mōschī'a = Retter genannt 3,9. Auch die Liste der → „Richter" 10,1-5; 12,7-15 hat den Namen des Buches bedingt, der griech. Kritai lautet.

2) In 1,1-2,5 wird eine Übersicht über die Eroberung Kanaans gegeben in der Sicht der einzelnen Stämme bzw. Stammesgruppen, deren Bemühungen keineswegs immer zu dem gewünschten Erfolg der Eroberung des gesamten Landes führten. Bei der Schilderung wird von Süden nach Norden vorgegangen. 2,6-3,6 wird ein geschichtlicher Rückblick gegeben, der begründen soll, daß Jahwe um Israels Sünde willen die fremden Völker aus dem Land nicht vertrieb, sondern sie inmitten Israels wohnen ließ. 3,7-11 berichtet vom Richter Othniël, 3,12-30 von der Errettung aus moabitischer Oberhoheit durch Ehud aus Benjamin. 3,31 wird ein Richter Schamgar erwähnt, der gegen die Philister hilft. K. 4 erwähnt die Deboraschlacht unter Hinweis auf die Prophetin Debora, die zw. Rama und Bethel wohnte. K. 5 bringt das Siegeslied über die Deboraschlacht. K. 6-8 erzählen die Gideongeschichte, die Abwehr der Midianiter durch Gideon, einen Angehörigen des Stammes Manasse. Der Bericht schließt mit dem Angebot des Königtums an Gideon Ri 8,22f und der Anfertigung eines Götterbildes durch Gideon 8,24-27. Ein Nachtrag 8,28-35 enthält wichtige Nachrichten über Gideon. Ri 9 ist die Erzählung über das Königtum Abimelechs, des Sohnes Gideons aus der Ehe mit einer sichemitischen Frau. In die Liste der Richter 10,1-5; 12,8-15 schiebt sich ein die umfangreiche Jephthahgeschichte 10,17 bis 12,7, die von einer Rettertat Jephthahs im Ostjordanland berichtet. Nach der Richterliste 12,8-15 folgt der große Komplex der Simsongeschichte, die in das Gebiet des Stammes Dan führt, der damals noch westlich von Jerusalem im wādi es-sarār seinen Sitz hatte. Auch Simson wird 16,31 als Richter bezeichnet. Ri 17; 18 berichten von der Abwanderung des Stammes Dan nach Lajisch an den Jordanquellen, heute tell el-ḳādī, das sie erobern und wo sie ihr Stammesgebiet ausbauen. Dieses Kapitel bildet also die folgerichtige Fortsetzung der Simsonkapitel, die von einem wachsenden Druck der Philister auf den Stamm Dan berichten. K. 19-21 berichten von einem Frevel, der im Stamm Benjamin verübt worden war und den der Zwölfstämmebund zu rächen sich entschloß. Die Rache gelingt. Um dem dezimierten Stamm Möglichkeit zur Weiterexistenz zu geben, werden Frauen von Jabesch in Gilead geholt bzw. wird dem Stamm Benjamin Gelegenheit zu einem Frauenraub bei einem Kultfest gegeben.

3) Die Inhaltsübersicht läßt schon erkennen, daß in diesem Buch verschiedene Gattungen vorhanden sind. Da sind die Listen der sog. „Kleinen Richter" in 10,1-5; 12,8-15. Die fast regelmäßig erfolgenden Angaben lassen festgeprägte alte Überlieferung vermuten. In Ri 1 ist neben anekdotischem Beiwerk ein sehr alter Bericht über die Einwanderung der Südstämme 1,16f. 18.20.21.36 sowie über die der Nordstämme 1,27.29.30-35 erhalten, der sicher in die Richterzeit hineingehört. Ein hervorragendes Beispiel isr. Geschichtsdarstellung ist das K. 9 über das Königtum Abimelechs. An poetischen Erzeugnissen ist zu nennen das Deboralied K. 5 und die Pflanzenfabel des Jotham 9,8-15. Außer diesen eben genannten Gattungen hebt sich der Komplex der Heldengeschichten heraus, der Ehud, Barak, Gideon, Jephthah und Simson umfaßt. In diesen Geschichten sind selbst wieder eine Reihe verschiedener Gattungen verarbeitet, außer der Heldensage die kultätiologische Sage zB Ri 6 und der volkstümliche Schwank (Simson!). Die K. 17-21 bieten Stammesgeschichten, die sehr alt und sehr wertvoll sind. Als besonderer Bestandteil hebt sich noch der deuteronomistische Rahmen heraus, der in dem geschichtlichen Überblick 2,6ff und in den theol. Bemerkungen zu den einzelnen Gestalten bemerkbar wird, indem Abfall von Jahwe und Feindesnot in ursächlichen Zusammenhang gebracht werden. Außerhalb dieses Rahmens muß noch der chronologischen Angaben gedacht werden, in denen verschiedene Zahlen über die

Dauer der Amtszeit des einzelnen Richters gegeben werden 3,11.14.30; 4,3; 6,1 u.ö.

4) Für den Werdegang des Buches ist die Annahme, auch hier lägen die Pentateuchquellen J, E, D, P vor, abzulehnen. Wenn auch in manchen Geschichten (Ehud, Gideon, Jephthah, in Ri 17 u. 21) verschiedene Überlieferungen, die das gleiche Ereignis zu betreffen scheinen, vorliegen, können sie keinesfalls das Vorhandensein dieser Quellen belegen. Man wird mit doppelter Überlieferung zu rechnen haben, wie ja auch über die Deboraschlacht eine Prosaüberlieferung, die offenbar aus dem Kreis der Anliegerstämme der Ebene Jesreel stammt K. 4, und eine poetische Überlieferung aus dem Kreis des gesamten Zwölfstämmebundes vorliegen K. 5. Da der Rahmen des deuteronomistischen Geschichtswerks durchaus vorhanden ist, stellt sich im Grund nur die Frage nach den von diesem verarbeiteten Quellen. Es ist wohl sicher anzunehmen, daß es die Heldengeschichten in dem Zusammenhang vorfand, in dem sie jetzt stehen. Wenn auch Simson außerhalb des deuteronomistischen Rahmens zu stehen scheint und 1Sam 12,11 in der Abschiedsrede Samuels der Name Simson fehlt, wird man das Vorhandensein der Simsongeschichten und der anschließenden Anhänge im deuteronomistischen Geschichtswerk annehmen dürfen. Der Deuteronomist bezog diese Geschichte als Rohmaterial in sein Werk ein, d.h. gliederte sie nicht theologisch ein, da ihm einerseits der Held der Philisternot Samuel war, andererseits er sicher nicht auf die gute alte Überlieferung aus der Geschichte Dans und Benjamins verzichten wollte. Hat der Deuteronomist während des Exils gearbeitet und hat das R. etwa in nachexilischer Zeit seine gegenwärtige Gestalt gefunden, so läßt sich kaum glaubhaft machen, daß in dieser späten Zeit noch so vorzügliche Überlieferungen wie die von Ri 13-21 vorhanden gewesen wären, ohne bereits in einem festen literarischen Zusammenhang verankert zu sein.

Lit.: K. Budde, Das Buch der Richter (Kurzer Handkommentar zum AT), 1897; W. Nowack, Das Buch der Richter (Göttinger Handkommentar zum AT), 1900; H. Greßmann, Die Anfänge Israels (Schriften des AT), ²1922; M. Noth, Überlieferungsgeschichtliche Studien I, 1943, S. 47ff; H. W. Hertzberg, Die Bücher Josua, Richter, Ruth (ATD 9), 1953; K. Gutbrod, Das Buch vom Lande Gottes, Josua und Richter, ²1957 (Botschaft des AT 10). *Ba*

Richterstuhl. Nach römischer Sitte wurde Gericht in der Öffentlichkeit gehalten. Auf dem dazu bestimmten Platz befand sich ein Aufbau, auf den der Sessel des Statthalters gestellt wurde, wenn dieser Gericht hielt. Die Verhandlung begann, wenn der Statthalter sich setzte Mt 27, 19; Apg 18,12; 25,6. Von da aus wird der R. Symbol der richterlichen Gewalt und Tätigkeit, so daß vom R. Gottes Röm 14,10 oder Christi 2Kor 5,10 geredet wird im Blick auf das endzeitlich-zukünftige Gericht über alle Welt. *Bie*

Richthaus → Prätorium.

Richtschnur. Ein Gerät zum Abmessen von Entfernungen (Luther manchmal „Schnur", „Richtblei", im revidierten Text auch „Meßschnur"). Zur Festlegung des Verlaufs der Mauern Sach 1,16; Jer 31,39; in bildlicher Rede von Gott bei der Gründung der Erde verwendet Hiob 38,5. Zur Abmessung des Werkstoffs für ein Schnitzbild Jes 44,13. Auch zur Feststellung des Abbruchreifen 2Kö 21,13; Klgl 2,8. — Übertragen: Gott will in Zion das Recht zur R. machen Jes 28,17, d.h. er will, daß dort das Recht herrscht. *Oßw*

Riegel. *1)* R. hatte man in bibl. Zeit meist nur bei größeren Gebäuden und Stadttoren. Oft gebrauchte man Querbalken, da ein Abschließen von innen her genügte; doch kannte man auch R., die man mit Schlüsseln öffnete Ri 3,25 (→ Schloß, Schlüssel). Die Stadttore hatten eherne und eiserne R. 1Kö 4,13; Jes 45,2. R. heißen auch die Querbalken, durch die die Wandbretter der Stiftshütte zusammengehalten wurden 2Mose 26,26ff; 36,31ff. — *2)* R. ist daher ein Bild für festen Verschluß Spr 18,19 und sichere Verwahrung Ps 147,13. Der Macht Gottes kann der stärkste R. nicht widerstehen Ps 107,16; Jes 45,2; Klgl 2,9. *(v. d. W.)*

Riesen. Sagenhafte Gestalten der Vorzeit 1Mose 6,4, aus Engelehen entsprossen (Luther unrichtig „Tyrannen"); 4Mose 13,33. → Enakiter, → Goliath. *Schw*

Rimmon. *1)* R. akkadisch Ramanu, sonst unter dem Namen Baal, Hadad oder Hadad-Rimmon bekannt, galt im nördlichen Mesopotamien als der Sturm- und Wettergott, der nach der Sommerdürre den alles neu belebenden Regen bringt; als solcher wurde er auch mit dem jugendlichen, sterbenden und auferstehenden Gott Tammuz, Esmun oder Adonis gleichgesetzt. Der Stier diente als Sinnbild und Postament für den unsichtbar gedachten Gott. Nach 2Kö 5,18 war R. der Gott des aramäischen Königs von Damaskus.

2) Ein Angehöriger des Stammes Benjamin, dessen beide Söhne als Offiziere Sauls den von Abner zum König von Israel erhobenen → Isch-Boscheth ermordeten 2Sam 4,2ff. *Peu*

Rimmon. *1)* Ort in Simeon Sach 14,10 = En-R. Jos 15,32; 19,7; 1Chr 4,32; Neh 11,29, heute chirbet umm er-ramāmīn 18 km nordnordöstlich von Beerseba, →Ajin 2). — *2)* Ort in Sebulon Jos 19,13; 1Chr 6,62 (Rimmono), rummāne 10 km nördlich von Nazareth. — *3)* Der Fels R. Ri 20, 45,47; 21,13, rammūn 5 km östlich von Bethel. — *4)* R.-Perez 4Mose 33,19f Station auf dem Auszug aus Ägypten. *Rü*

Rind, Ochse, Stier, Kuh. Das Hebräische kennt für das R.vieh neun Worte. Der Ochse ist der verschnittene Stier, wenn dies auch 3Mose 22,24 untersagt wurde; als → Kalb können Tiere bis zu drei Jahren bezeichnet werden, die schon beim

Pflügen Ri 14,18 und Dreschen Hos 10,11 gebraucht werden. Zucht von R.vieh war bes. in den Ebenen möglich; in wasserarmen Gegenden wurde es im trockenen Sommer schwierig, die Tiere durchzubringen, etwa mit Fütterung von Stroh Jes 11,7 oder einem gesalzenen Futtergemenge Jes 30,24. Als stattlich und fett galten die R.er von → Basan Mich 7,14; Jer 50,19. R.er wurden für die Feldarbeit gehalten 1Sam 11,5; Ps 144,14; Spr 14,4, zum Pflügen Ri 14, 18; Hiob 1,14; Am 6,12 (wobei die beiden Tiere unter einem → Joch zusammenpassen müssen Sir 26,9; daher das Verbot, Ochse und Esel zusammenzuspannen 5Mose 22,10), zum Eggen Hos 10,11, zum Dreschen 5Mose 25,4, zum Ziehen eines Wagens 1Sam 6,7; 2Sam 6,6, auch zum Tragen von Lasten 1Chr 12,40. Zum Antreiben der Tiere dient ein Stecken Ri 3,31; Jes 9,3, etwa mit einem Stachel an der Spitze 1Sam 13,21; Apg 26,14. R.er waren für den Opferdienst wichtig 1Kö 8,63, bes. junge Stiere 4Mose 23,1; Ps 51,21 (ein dreijähriger Stier 1Sam 1,24, neben einem jungen Stier ein siebenjähriger Ri 6,25). Neben der Milch war das Fleisch ein geschätztes Nahrungsmittel, zB 1Mose 18,7; dafür wurden Kälber, R.er und Ochsen gemästet 1Sam 28,24; 1Kö 5,3; Spr 15,17; Mal 3,20; Lk 15,23. Auf die Anhänglichkeit des Haustiers weist Jes 1,3 hin. Da die Tiere in der Regel im Freien weideten, konnten stößige Ochsen eine Gefahr werden 2Mose 21,28 f. Der Stier wird zum Bild für gefährliche Feinde Ps 22,13. Das Kalb konnte munter hüpfen Ps 29,6; Jer 50,11; der junge Stier muß sich bändigen lassen Jer 31,18. Die Kraft des Stiers war ein gern gebrauchtes Bild für Gottes Stärke, nicht nur in Ägypten und Assur (daher die göttliche Verehrung von Rindern in Ägypten, darum vielleicht auch der Vergleich Ägyptens mit einer schönen Kuh Jer 46,20), sondern auch in Israel, → das goldene Kalb Sp. 710). Darauf wies auch die Verwendung des Stierbilds im Schmuck des Tempels 1Kö 7,29; daher erscheint der Stier auch in den apokalyptischen Bildern Hes 1,7.10; Offb 4,7. *Schl*

Ring. Fünf hebr. Worte zeigen die Mannigfaltigkeit und die hohe Wertschätzung von schmückenden R.en, die nicht nur an Fingern und Armen, am Hals und an Ohren getragen wurden, sondern auch an der Nase, am Fuß, an der Stirn, nicht nur von Frauen, auch von Männern 2Mose 35,22; bes. wertvoll waren R.e aus Gold Spr 25,12. So empfing Rebekka einen goldenen Nasenring 1Mose 24,22.30.47. Ohrenringe sind für Männer 4Mose 31,50, für Frauen Hes 16,12 erwähnt, goldene Ohrgehänge für die Midianiter Ri 8,26, für die Frauen Jerusalems Jes 3,19, für Judith 10,4. Der Fingerring diente den Großen als Siegelring 1Mose 41,42; → Siegel. R.e wurden auch zur Fesselung benützt Jes 37,29; Hes 19,4.9. → Geschmeide, → Schmuck. *Schl*

Rizinus, die im Orient verbreitete Staude, über die sich Jona in Ninive freute und betrübte Jon 4,6-10, die mit ihren großen Blättern in einem Sommer rasch emporwächst, bis zu 12 m, aber auch — weil ohne Stamm aus Holz — im Welken rasch zusammenfällt; aus ihrem Samen wird das abführende Öl gewonnen, das im Morgenland als Brennstoff verwendet wird. *Schl*

Rizpa, eine Nebenfrau Sauls, die nach dessen Tod Abner zur Frau nahm, weshalb es zu heftigen Auseinandersetzungen zw. ihm und dem isr. König Isch-Boscheth kam. David übergab später die beiden Söhne R.s und die fünf Söhne der Saultochter Merab den kanaanäischen Gibeonitern wegen ungesühnter Bluttaten des ersten isr. Königs zum Vollzug der Blutrache. R. hielt bei den Getöteten in ergreifender Weise die Totenwache, um Raubvögel von den Leichen fernzuhalten, bis sich David zur Beisetzung der Opfer bereitfand 2Sam 3,7; 21,8 ff. *Peu*

Rock (hebr. kuttōnet, griech. chitōn) = Hemdkleid (→ Kleidung). Luther übersetzt öfter das hebr. meʿīl (= Oberkleid, Mantel, → Kleidung) mit R., vor allem, wenn das Wort in der Propheten- und Psalmenliteratur im übertragenen Sinn gebraucht ist: R. der Gerechtigkeit Hiob 29,14; Jes 61,10, R. des Eifers Jes 59,17, R. der Schande und Schmach Ps 109,29. *Ste*

Römerbrief.

1) Die historische Situation der Abfassung. 2) Thema und Gliederung. 3) Die historischen und theologischen Anliegen des Briefs.

1) Der Römerbrief ist ein ausgesprochener Lehrbrief, wie er als Werkzeug der paulinischen Mission zu einer besonderen Literaturform geworden ist. Dabei handelt es sich hier um Predigtstoff, der sich nun literarisch niederschlägt, und um einen apostolischen Versuch, zw. judenchristlichen Gruppen, die am Gesetz festhalten, und heidenchristlichen, die sich von ihm gelöst haben, zu vermitteln. Bezeichnend ist, daß man auf Heidenchristen trifft, die sich über das Judentum erhaben dünken 11,17 ff. Der Form nach spricht Paulus dialogisch und rhetorisch, d. h. er geht auf Einwände und Ansprüche des Gesprächspartners ein und führt damit das Gespräch weiter 2,1.17; 3,1.8; 6,1.15. Dazu kommt, daß er selbst diesen Brief mit einem persönlichen Anliegen verbindet: er wollte schon mehrmals nach Rom kommen, wurde aber immer wieder daran gehindert. Nun aber hat er den orientalischen Kreis seiner Mission endgültig abgeschlossen und möchte über Rom, das nicht zu seinem Missionsgebiet gehört, nach Spanien ziehen und Rom zum Stützpunkt machen 15,24. Die bisherige Richtung seines Wirkens, die vom Osten nach Westen weist, muß notwendig auf die Reichshauptstadt zuführen und dann nach dem äußersten Westen vorstoßen. Zwar steht die Reise nach Jerusalem mit allen Gefahren noch aus; aber die Leidenschaft des apostolischen Planens sieht ferne Ziele in naher Zukunft erreichbar. Spanien ist für ihn deshalb nicht utopisch, weil es im Süden eine rege Judenschaft hat. In der Auseinandersetzung mit der römischen Gemeinde geht Paulus vorsichtig vor, da es sich hier nicht um eigenes Missionsgebiet handelt; doch weist er von Anfang an auf den Anspruch seines Apostolats hin, das allen Heiden etwas zu sagen hat 1,5. Der Brief ist aus Korinth geschrieben, vielleicht in der Osterzeit des Jahres 58 nChr.

2) Das eigentliche Thema des R.s ist die theologische und missionarische Entfaltung der *Gerechtigkeit Gottes* 1,17f. Dieser Kernbegriff alles isr. Glaubens wird auch zum Zentrum des R.s; er wird aber nun nicht mehr aus dem Gesetz, sondern aus dem Evangelium entwickelt. Die Offenbarung Gottes im Kreuz und in der Auferweckung Jesu Christi ist für Paulus ein Umbruch in der Situation der ganzen Menschheit; sie trifft sowohl den Juden wie auch den Griechen und zeigt beiden die schwere Schuld, die sie auf sich geladen haben, aber auch das göttliche Angebot der Gnade, das ihnen beiden aufs neue gilt. „Gerechtigkeit" ist Ausdruck für ein Handeln Gottes, das sich durchsetzt; es genügt nicht, daß man von einer „Eigenschaft" oder „Gabe" redet (H. Lietzmann). Die Bundestreue, mit der sich Gott von Anfang an in der Geschichte Israels offenbart hat, ist jetzt im Evangelium hell ans Licht getreten. Das Evangelium stellt sich als die entscheidende Bekundung der Macht Gottes heraus, die der ganzen Menschheit das Heil anbietet. Gottes Gerechtigkeit offenbart sich auf Grund des Glaubens und hat das Ziel des Glaubens, wie schon Hab 2,4 bestätigt: „Der Gerechte wird auf Grund des Glaubens leben." Es geht also sowohl um das rechte Verständnis des Glaubens wie auch des Lebens. Damit ist das Thema des Briefs gegeben 1,16f. Für Paulus fällt im Kreuz Jesu Gottes Gericht und Gnade deshalb zusammen, weil hier die Schuld und die Not der ganzen Menschheit enthüllt wird. Die Einheit von Gericht und Gnade, die in dieser Form ganz unjüdisch ist, zeugt gerade für das lebendige Wirken Gottes. Der erste Hauptteil 1,18-4,25 zeigt auf, daß Gottes Zorn auf der ganzen Menschheit liegt und ihren Verfall aufdeckt. Dieser Zorn Gottes ist ein theol. Grundbegriff und steht nicht außerhalb der Gerechtigkeit, sondern in ihr. Die Verkehrung des Heidentums und der innere Selbstwiderspruch des Judentums lösen die Anklage Gottes aus 3,9. Vor ihr muß jeder Mensch verstummen, wie auch das AT bezeugt. Aber Gott will nicht nur richten, sondern hat eine neue Erlösung durch das Kreuz Jesu Christi geschenkt; es ist Sühnzeichen, das den alten Äon abschließt und einen neuen heraufführt. Gott will in diesem seinem Handeln ernst genommen werden und verlangt den Glauben, d. h. das Annehmen dieser seiner unanschaulichen und doch ganz Geschichte gewordenen Gnade 3,21-31. Abraham ist der erste gewesen, der das Ernstnehmen der Verheißung verstanden hat und darum das Geheimnis der Gerechtigkeit als Stammvater aller Glaubenden in sich trägt K. 4. Der zweite Hauptteil 5,1-8,39 setzt voraus, daß der Gerechte wirklich eschatologisch „lebt"; er schildert, wie sich dies „Leben" mit den Wirklichkeiten der vergangenen Weltzeit auseinandersetzt. Jesus Christus ist der Anfänger der neuen Menschheit, der das neue Leben bringt 5,12-21. Es gestaltet sich aus der Taufe und der Gemeinschaft mit dem Messias K. 6. Auf den Christus getauft zu werden heißt: an seinem Tod und an seiner Auferweckung teilzuhaben, sich und seine menschliche Existenz in den Dienst der Gerechtigkeit zu stellen. Der Anspruch des Gesetzes ist hinfällig, brachte das Gesetz doch die Verurteilung, nicht aber das Leben K. 7. Mit diesem Nein zum Gesetz, das allerdings ein andersartiges Ja nicht ausschließt, ist die Kampfansage gegen das Judentum und den Judaismus gegeben. Aber auch die Gnosis muß abgewehrt werden, die den Ernst des Gegensatzes zw. Fleisch und Geist nicht sieht K. 8. Jetzt steht dieser Kampf unter der Verheißung der Auferweckung, die auch das Gebiet des Leiblichen einschließt. In einem dritten Hauptteil K. 9-11 stellt sich der Apostel der geschichtlichen Tatsache der Erwählung Israels. Die Vorzüge Israels sind trotz des Versuches, die eigene Gerechtigkeit zu sichern, nicht hinfällig geworden. Gott geht trotz der Verstockung seines Volkes einen eigenen Weg, um seinen Heilsplan zu vollenden. In einem letzten Hauptteil K. 12-15 zeigt Paulus auf, wie die göttliche Gerechtigkeit unmittelbar in das konkrete Leben der römischen Gemeinde eingreift. Sie verlangt das ganze Opfer des Lebens, den dem Wort gemäßen Gottesdienst. Der Geistbegabte wird zur Nüchternheit und zum Maßhalten im geistlichen Anspruch ermahnt. Allen Christen wird die Liebe zum Nächsten dringlich gemacht; denn nur so wird der Anspruch Gottes im Gesetz erfüllt. Auch die Obrigkeit wird als Dienerin Gottes anerkannt und darf den Gehorsam der Gemeinde verlangen 13,1-7. Der Gegensatz von „Schwachen" und „Starken" darf nicht zur Zerreißung der Gemeinde führen, sondern muß ein Prüfstein werden, ob man die Opferbereitschaft Jesu Christi verstanden hat. Gott will von Judenchristen und Heidenchristen gemeinsam angebetet werden 14,1-15,13. Der Abschluß des Briefes 16,1-24 bringt eine Fülle von Grüßen und eine Schlußmahnung, die sich gegen Judaisten oder Gnostiker richten kann, aber gut nach Rom paßt (vgl. Phil 3,19). Trotz mancher kritischer Bedenken ist anzunehmen, daß dies Kapitel zum ursprünglichen Bestand des R.s gehört. Man kann kaum annehmen, daß wir es hier mit einem selbständigen „Empfehlungsschreiben" für Phoebe zu tun haben; wohl aber mag die allgemeine Lage der jungen Christenheit immer wieder zu Verschiebungen von einem Zentrum zum anderen geführt haben. Der angefügte liturgische Lobpreis 16,25-27 richtet sich auf Gott selbst und seinen Heilsplan, der jetzt allen Völkern kundgetan ist, und dürfte seine eigene Traditionsgeschichte haben. Auf keinen Fall darf man den starken Ton verkennen, der auf dem apokalyptischen „Geheimnis" des Evangeliums liegt. Es ist nicht ausgeschlossen, daß dieser Lobpreis von einem Bearbeiter des paulinischen Textes stammt.

3) Man wird dem R. nicht gerecht, wenn man in ihm eine Zusammenfassung der christl. Lehre sehen will; auch dann, wenn man annimmt, daß es sich hier um das grundsätzliche Verständnis der „Gerechtigkeit Gottes" handelt, darf man den historischen Charakter des Briefs nicht außer acht lassen. Bestimmte Fragen und Themen christl. Existenz werden nicht berührt, weil sie für den Apostel in diesem Gespräch mit der römischen Gemeinde nicht wichtig sind. Der Brief führt in eine Kernfrage ein, die Unterscheidung des Evangeliums vom Gesetz, die Auseinandersetzung zw. christl. und jüd. Existenz. Die Geschichte der Beziehungen zwischen Rom und der Synagoge verlief außerordentlich wechselvoll; dazu kamen neue Belastungen durch das Verhältnis von christl. Missionspredigt und jüd. Gemeinde, außerdem schwere innere Spannungen zw. den einzelnen christl. Gruppen untereinander. Alle diese Nöte stehen hinter dem historischen Gespräch zw. Paulus und der Gemeinde und geben dem Brief sein Gepräge. Das konkret entworfene Bild vom Heidentum und Judentum entwickelt sich zwar aus festgefügten Traditionen, rechnet aber mit bestimmten Geschehnissen und Zuständen in der römischen Weltstadt. Ganz bes. schwierig war offenbar das Verhältnis von „Schwachen" und „Starken" 14,1ff. Die „Schwachen" sind Judenchristen, die sich vom Genuß von Fleisch und Wein fernhielten, auch den Sabbat hielten 14,5.21, also die Reinheit unter den Heiden vom AT her verstanden; die „Starken" sind dagegen Heidenchristen, die sich gerade ihrer Freiheit vom Gesetz rühmen und eine fromme Scheu vor Verunreinigung nicht mehr kennen. Sicherlich sind nicht alle Judenchristen in Rom den „Schwachen" zuzurechnen, die offenbar seit kurzem von außen zuwandern; wohl aber zeigt diese eine Frage, wie schwierig die Verhältnisse zw. den beiden Gruppen waren. Auf keinen Fall wird man dem Brief gerecht, wenn man ihn konstruktiv aus der Idee oder dem Geist versteht, wie es die Exegese im Sinn der Philosophie versucht hat. Aber auch dann, wenn man die Offenbarung als Botschaft ernst nehmen will, wie es zB bei M. Luther auf Grund von 1,17 geschah, entsteht leicht die Gefahr, daß man die Botschaft ausschließlich aus der sachlichen Logik versteht und vom Boden der geschichtlichen Gegebenheiten und Bindungen löst. Allerdings ist es immer wieder notwendig, die Existenz des Christenstandes ausschließlich vom Kreuz und von der Auferstehung Jesu Christi her zu bestimmen; dies geschieht bes. gern an Hand des R.s.

Lit.: A. Schlatter, Gottes Gerechtigkeit, [3]1959; P. Althaus, Der Brief an die Römer, NT Deutsch[8], 1954; H. Lietzmann, An die Römer (Handbuch zum NT), [4]1933; E. Gaugler, Der Römerbrief (Prophezei), 1945 und 1952; A. Nygrén, Der Römerbrief, [2]1954; E. Brunner, Der Römerbrief, 1956; O. Michel, Der Brief an die Römer, 1955; O. Kuss, Der Römerbrief (ab 1957); O. Etzold, Gehorsam des Glaubens, [2]1951; H. Asmussen, Der Römerbrief, 1953; K. Barth, Der Römerbrief (seit 1922); K. Barth, Kurze Erklärung des Römerbriefs, 1956. *Mi*

rösten. Geröstete Körner der Erstlingsfrüchte wurden als Speisopfer dargebracht 3Mose 2,14 und beim Passa gegessen Jos 5,11. Vom „Rösten" eines Menschen als Erinnerung an grausame Bestrafung und als Fluchandrohung spricht Jer 29,22. *Kn*

Rogel, 'ēn rogel, heute bir 'ejjūb, Hiobsbrunnen, ein 38 m tiefer Brunnen im wadi en-nār, unmittelbar südlich der Mündung des Hinnomtals in das Kidrontal, vielleicht identisch mit dem Drachenbrunnen Neh 2,13. Der R.brunnen ist Grenzpunkt zw. Juda und Benjamin Jos 15,7; 18,16. Hier konnte sich die Magd Chusais unauffällig mit den Spionen Davids treffen 2Sam 17,17. → Adonia ließ sich hier zum König ausrufen 1Kö 1,9.25. *Me*

Rohr → Schilf.

Rohrdommel. In dem Vogel, bei dem Luther an die zu den Reihern gehörende, braune R. dachte 3Mose 11,18; 5Mose 14,17, vermutet man meist den *Pelikan,* diesen großen, gesellig fischenden Wasservogel mit 2½ m Spannweite der Flügel, der seine Jungen aus der Beute füttert, die er in dem dehnbaren Hautsack unter dem Schnabel aufspeicherte (daher wohl die Vorstellung, der Pelikan reiße sich die Brust auf und nähre die Jungen mit seinem Blut). Freilich will zum Pelikan nicht recht passen, daß dieser Vogel Jes 34,11; Zeph 2,14 neben dem Igel, Ps 102,7 neben der Ente als Bewohner von Ruinen und öden Gegenden genannt ist. *Schl*

Rom, Römer, römisch. *1)* Die älteste Ansiedlung von Juden in R. erfolgt durch alexandrinische Einwanderer im 2. vorchristl. Jh. Handel und Geschäfte mögen beide Städte miteinander verbunden haben. Politische Beziehungen zw. Palästina und R. entstehen durch die Gesandtschaft des Judas Makkabäus an den r.en Senat, die die Zusicherung der Freundschaft und Unterstützung gewinnen soll 1Makk 8,17-32. Tatsächlich erreicht der Makkabäer Simon durch eine neue Gesandtschaft den Abschluß eines Schutz- und Trutzbündnisses mit den R.n 1Makk 14,24; 15,15-24. Allerdings fällt in die gleiche Zeit (139 vChr) auch eine energische Maßnahme des Prätors Hispalus, die die r.en Juden zwingt, R. zu verlassen; der missionarische Versuch der Juden, für ihren Glauben einzutreten, wird von den R.n mit Empörung abgelehnt (Valerius Maximus I 3,2). Einen neuen Aufschwung erfährt das r.e Judentum durch die Ereignisse, die mit der Eroberung Jerusalems durch Pompejus 63 vChr zusammenhängen. Damals kamen zahlreiche jüd. Kriegsgefangene nach R., die als Sklaven verkauft wurden. Sie wurden aber wegen ihres Festhaltens an den jüd. Bräuchen ihren Herren lästig und deshalb freigelassen. Mit dem r.en Bürgerrecht ausgestattet, siedelten sie sich jenseits des Tiber an und verstärkten so die schon vorhandene jüd. Gemeinde (Philo leg. ad Gajum § 23). Von dieser Zeit an war die jüd. Kolonie in Trastevere ein beträchtlicher Faktor des r.en Lebens. Beim Tode Caesars klagen die Juden Nächte hindurch an seinem Scheiterhaufen (Sueton, Caesar 84). Aber auch an bezeichnenden Katastrophen fehlt es nicht: unter Tiberius werden die Juden aus der Stadt verwiesen; 4000 kriegsfähige Männer werden ausgehoben und nach Sardinien zur Bekämpfung der dortigen Partisanen eingesetzt (Josephus ant. 18, 83 f; Tacitus ann. 2, 85; Sueton, vita Tiberii 36). Allerdings wehren sich viele Ausgehobene energisch und lehnen den Kriegsdienst ab, müssen aber harte Strafen in Kauf nehmen. Offenbar hängt die harte Strafe damit zusammen, daß viele Juden als Freigelassene r.e Bürger waren. Als Ursache dieses schweren Konflikts zw. jüd. Kolonie und r.er Staatsgewalt erscheint bei Josephus eine Unterschlagung. Eine vornehme Proselytin, Fulvia, hatte eine reiche Tempelgabe Juden anvertraut, diese aber hatten Purpur und Gold unterschlagen und verpraßt. Diese Ereignisse des Jahres 19 nChr mit ihren schweren Folgen gehen zu Lasten des Sejanus, der damals noch die Gunst des Kaisers genoß. Nach dem Sturz des Sejanus 31 nChr wies der Kaiser die Behörden an, die Juden nicht zu belästigen und die Ausübung ihrer Bräuche nicht zu hindern (Philo leg. ad Gajum 24). Es ist daher anzunehmen, daß den Juden auch die Ansiedlung in R. wieder erlaubt wurde, und in der Folgezeit wird ganz selbstverständlich eine jüd. Gemeinde in R. vorausgesetzt. Die Regierung des Claudius begann mit einem ausdrücklichen Toleranz-Edikt für die Juden in Alexandrien und im ganzen r.en Reich; alle ihre früheren Rechte und die Freiheit, nach ihren Gesetzen zu leben, werden ihnen bestätigt. Sie werden aber gleichzeitig ermahnt, sich duldsam zu zeigen und auch die Bräuche anderer Völker nicht zu verachten (Jos. ant. 19, 280-285; 286-291). Aber auch unter Claudius kam es zu einer scharfen Gegenmaßnahme des Kaisers gegen das r.e Judentum. Wir haben darüber zwei verschiedene historische Traditionen: nach der einen kam es zu einer allg. Austreibung der Juden aus R. (Apg 18, 2; Sueton, Claud. 25); nach der anderen verbot der Kaiser die jüd. Versammlungen, ohne eine Austreibung anzuordnen (Dio Cass. 60, 6). Offenbar hatte es schwere Unruhen gegeben, die mit der christl. Verkündigung zusammenhängen. Diese Maßnahme des Kaisers hatte nur vorübergehenden Erfolg: man wanderte eben in die Nachbarstädte aus und wartete einen politischen Umschwung ab. Unter Nero entwickelten sich die Beziehungen zw. Judentum und R. reibungslos; vor allem die Kaiserin Poppäa Sabina war jüd. Anregungen und Bittgesuchen jederzeit offen. Die Ausbreitung im Stadtgebiet vollzog sich nach verschiedenen Richtungen, wie die verschiedenen Synagogen und Begräbnisplätze deutlich machen. Aber auch die r.en Schriftsteller, Historiker und Satiriker sind auf die wachsende jüd. Besiedlung R.s und den dadurch gesteigerten Einfluß des Judentums aufmerksam geworden.

2) In der Zeit des NT war Italien das Gebiet, das R. unmittelbar unterstand. Seine Bürger hatten, wenn auch in verschiedenem Umfang, das r.e Bürgerrecht. Die r.en „Bürger" konnten sich bei den Wahlen der Stadt R. beteiligen, waren von fast allen Steuern befreit und unterstanden ausschließlich r.en Gerichten. Sie durften nicht gefoltert oder gezüchtigt und nicht ohne Urteil gefesselt werden; sie durften auch nicht gekreuzigt oder den wilden Tieren vorgeworfen werden. Das r.e Bürgerrecht war erblich und wurde von den Kaisern auch an Provinziale verliehen. Außerhalb Italiens gab es r.e Kolonien wie Philippi, Ansiedlungen r.er Veteranen, die eine ähnliche Verfassung hatten wie die Stadt R. Daneben gab es verbündete Staaten wie das Reich des Herodes, die zwar von R. abhängig waren, aber über ein eigenes Heer verfügten. Zahlreiche Städte waren mit R. verbündet, hatten ein eigenes Zoll- und Münzrecht und waren von der r.en Besteuerung frei (wie viele Städte Griechenlands). Andere Städte hatten nur das Recht eigener Verwaltung. Ägypten war Privatbesitz des Kaisers. Die Provinzen galten allerdings als erobertes Gebiet, dessen Grund und Boden den R.n gehörte, und ihre Bewohner waren steuerpflichtig. Im einzelnen muß man zw. kaiserlichen und senatorischen Provinzen unterscheiden. Der Kaiser hatte den Oberbefehl über das Heer; darum unterstanden ihm die Provinzen, in denen Truppen lagen, und ihre Einkünfte flossen in die kaiserliche Kasse. Besonders wichtig war für den Kaiser außer Ägypten die Provinz Syrien (mit Cilicien und Tarsus). Unter den senatorischen Provinzen ist vor allem Asia, das vordere Kleinasien, zu nennen. Die Statthalter in den senatorischen Provinzen wechselten alle Jahre; in den kaiserlichen stand ihre Amtsdauer im Belieben des Kaisers selbst. Gebiete mit besonderer Eigenart wie Judäa wurden von Prokuratoren ritterlichen Standes verwaltet. In allen Gebieten hatte der Statthalter das Recht, Todesurteile zu fällen und vollziehen zu lassen. Für das Judentum wurde es zur Schicksalsfrage, wie das Verhältnis zur r.en Weltmacht geregelt werden sollte. An diesem Punkt lagen von Anfang an Möglichkeiten zu schweren Konflikten. Die R. verachteten die Juden wegen ihrer äußeren Machtlosigkeit, ihrer gesetzlichen Besonderheiten, ihrer barbarischen Absonderung von den Völkern und ihrem orientalischen Aberglauben. Die Juden ihrerseits wußten sich auch in Zeiten schwerster Unterdrückung doch als von Gott auserwählt und zu einer messianischen Sendung unter den Völkern berufen. Zeitweise konnte Gott zwar sein Volk um seiner Sünde willen preisgeben, aber jedes Gebet richtete sich doch auf die zukünftige Erlösung des Volkes und auf die Sammlung aus der Zerstreuung. Jede Willkür heidnischer Macht war in Wirklichkeit eine Überheblichkeit, die das Gericht Gottes heraufführen mußte. Zwar waren die R. bereit, auf die Sitten und Bräuche der unterworfenen Völker Rücksicht zu nehmen; doch stießen sie beim Judentum auf ein Volk, das entschlossen war, seinen Gehorsam gegen die Gebote Gottes bis zum äußersten Opfer durchzusetzen. Im Hintergrund der NTlichen Zeit spielen sich schwere Machtkämpfe innerhalb des Judentums ab, die nach dem rechten Verhältnis zur r.en Weltmacht suchen. Die radikale Lösung des → Zelotismus setzt sich zwar nur Schritt für Schritt durch, zeichnet sich aber schon gelegentlich auch in der NTlichen Situation ab. Auch im Urchristentum war das Verhältnis zur r.en Weltmacht keineswegs von Anfang an geklärt. Auf der einen Seite war man bereit, den Gehorsam gegen die Obrigkeit als notwendig anzuerkennen und einzuschärfen Mk 12,17; Röm 13,5 ff; auf der anderen Seite wurde man notwendig in einen schweren Abwehrkampf gegen die Übergriffe des r.en Herrschertums, Herrscherkultes und der r.en Weltstadt gedrängt, der zur Erneuerung der prophetischen Gerichtspredigt führte Offb 13,1-18; 17,1-18; 18,1-24. R. wird zum apokalyptischen „Babylon", dessen Sturz notwendig erfolgen muß. *Mi*

Romphan → Kiun.

Rose. Die R. ist erst in der Perserzeit aus ihrer Heimat in Medien und Persien in den Westen gekommen und wird daher erst in den Apokryphen erwähnt (im NT nur durch den Namen → Rhode Apg 12,13). Wo Luther an die R. dachte (Hos 14,6, an 8 Stellen des HL und in 4 Überschriften zu Psalmen), ist die → Lilie gemeint, freilich nicht unsere Lilie, sondern vielleicht die kleine rote Anemone. Nach Sir 24,18 gab es Rosenkulturen bei Jericho (die heute „R. von Jericho" genannte Blume ist ein in der Wüste wachsender Kreuzblütler, dessen Ästchen sich nach dem Verblühen kugelig zusammenlegen und im Wasser wieder öffnen). Nach Weish 2,8 wurden Kränze von R.n beim festlichen Mahl getragen. Bei der R., die an den Bächen wächst Sir 39,17; 50,8, denkt man gern an den Oleander, der im Frühling die Wasserläufe Palästinas schmückt. *Schl*

Rosinfarbe → Scharlach.
Roßtor → Tore Jerusalems.

Rost, der chemische Prozeß, durch den Gegenstände aus Metall verdorben werden, wie Stoffe durch die Motte, Bar 6,12; Mt 6,19 f. Im Unterschied von anderen Metallen, etwa Eisen Hes 24,6.12; Sir 11,10 f, rostet Gold nicht, so daß es ein ungenauer Ausdruck ist, wenn Bar 6,24 u. Jak 5,3 von R. auch beim Gold sprechen. Der R. an Gold und Silber Jak 5,3 zeugt davon, daß jene Reichen Schätze für sich häuften, ohne damit Gutes zu wirken. *Schl*

rot → Farben.
Rotes Meer → Schilfmeer.

Rotte. *1)* Ein Haufe von Menschen Apg 17,5, oft von Gottlosen, die sich gegen die Frommen zusammentun Ps 22,17; Sir 21,10. — *2)* Die Sippe des → Korah 4Mose 16,5 ff; Sir 45,22; Jud 11, vgl. Ps 106,17. — *3)* Eine militärische Abteilung 1Sam 14,15; 2Kö 6,23; Apg 12,4. *Schl*

Ruben. *1)* Erstgeborener Sohn Jakobs und der Lea 1Mose 29,32; doch bringt seine Sünde mit Bilha, der Nebenfrau seines Vaters, ihn um sein Erstgeburtsrecht 35,22; 49,4; 1Chr 5,1. Die Josephsgeschichten zeigen ihn als Führer der Brüder und mit edler Gesinnung 37,22.29; 42,37 (37,21 ist wohl statt R. Juda zu lesen, der auch im Fortgang der Erzählung stärker hervortritt). R.s Söhne 46,9. — *2)* Der Stamm R. zählt 4Mose 1,20 ff 46500 waffenfähige Männer, 26,7 nur 43730. Auf seine geringere Zahl deutet der Mose-Segen 5Mose 33,6: „Am Leben bleiben soll R., nicht aussterben, doch bleiben seine Mannen gezählt." Ursprünglich scheint der Hirtenstamm R. westlich des Jordan ansässig gewesen zu sein (Jos 15,6; 18,17 der Stein Bohans, des Sohnes R.s, auf benjaminitischem Gebiet). Später wird ihm neben Gad im Ostjordanland sein Gebiet nördlich des Arnon in unbestimmter Ausdehnung zugewiesen. Das → Deboralied Ri 5,15 ff verwünscht R., da er am gemeinsamen Freiheitskampf sich nicht beteiligte. Doch berichtet aus Sauls Zeit 1Chr 5,10 ein kriegerisches Unternehmen gegen die Hagariter. Die Deportation des Stammes R. nach Assyrien erfolgt durch Tiglatpileser 2Kö 15,29. *Schw*

Rubin → Edelsteine.
Ruder → Schiff.
Rügeopfer → Opfer.

Rüsttag. Im Judentum ist der R. auf den Sabbat identisch mit dem Freitag, an dem die Vorbereitungen zB der Mahlzeiten erfolgen müssen. Nach Mk 15,42; Lk 23,54 handelt es sich beim Todestag Jesu um den R. vor dem folgenden Sabbat. Gleichzeitig rechnet man aber hier damit, daß das Passa schon gegessen war und daß der Todestag Jesu mit dem ersten Feiertag des Mazzotfestes identisch ist. Wenn Jesus aber am R. vor dem Sabbat starb, dann liegt es nahe, hier eine ältere Überlieferung anzunehmen, die sich in den synoptischen Evangelien nicht durchsetzen konnte. Dazu paßt außerdem, daß nach Mk 15,21; Lk 23,26 Simon von Kyrene vom

Feld kam und daß nach Mk 15,46 Joseph von Arimathia Leinwand zur Bestattung eingekauft hat. Beide Bemerkungen passen nicht gut auf den ersten Feiertag des Mazzotfestes. Auf jeden Fall legt das vierte Evangelium die Kreuzigung Jesu auf Freitag, den 14. Nisan, und bezeichnet diesen Tag ausdrücklich als R. auf das Passafest 19,14 und auf den Sabbat 19,31. Für das vierte Evangelium fällt also der erste Tag des Mazzotfestes mit einem Sabbat zusammen. Jesus stirbt daher am R., an dem die Passalämmer geschlachtet werden. In Jo 18,28 wird ausdrücklich hervorgehoben, daß sich die Mitglieder des Synhedriums nicht in das Gerichtsgebäude begeben wollen, um sich nicht zu verunreinigen und um das Passalamm essen zu können. Das Passalamm wird also am Todestag Jesu gegessen werden, und man schafft vorher die Lämmer in den Tempel, wo die Schlachtung vollzogen wird. Auch Paulus setzt in 1Kor 5,7 diese johanneische Tradition voraus, wenn er Jesus als das wahre Passalamm bezeichnet, das für uns geopfert wurde. Wahrscheinlich war dann die Einsetzung des Herrenmahls ursprünglich mit einer Passafeier besonderer Art verbunden, und das letzte Mahl Jesu verlief dann sicherlich nicht nach der Ordnung des offiziellen Judentums. In der Auseinandersetzung zw. der synoptischen und johanneischen Datierung scheint grundsätzlich die letztere den Vorzug zu verdienen. Immerhin stehen noch Kalenderfragen zur Diskussion, da Jesus sich bei der Feier des Passamahls nach dem sakralen Kalender der Essener gerichtet haben könnte. Die Passanacht wäre dann vorverlegt worden. Oder aber die letzte Mahlzeit Jesu hatte überhaupt nicht den Charakter eines Passamahls. Aber der letzteren Möglichkeit steht die ganze Tradition gegenüber (J. Jeremias). *Mi*

Rüstung → Waffen.

Ruf, rufen. *1) Gott* ruft. Durch sein Wort erweist er sich als der Allmächtige. Der R. Gottes ist vor allem heilsgeschichtlich bedeutsam. So berief Gott im Alten Bunde Abraham, Mose, Israel, die Propheten, in besonderer Weise den „Knecht Jahwes“ Jes 43,1; 49,1, selbst den heidnischen König Cyrus Jes 45,4, um seinen Ratschluß mit seinem erwählten Volk und der Völkerwelt durchzuführen. Als der Gottgesandte rief Jesus seine Jünger zur Nachfolge und zum Dienst Mk 1,19, die Sünder zur Buße und zum Heil Mk 2,17. Die Gemeinde des Neuen Bundes hat Gott in Christus berufen Gal 5,8; 1Thess 5,24; 1Petr 1,15; Röm 9,24. Darum werden die Christen die berufenen Heiligen genannt 1Kor 1,2. Sie sind nicht nach ihren Werken, sondern nach dem Ratschluß Gottes berufen Röm 8,28; 2Tim 1,9. Das Mittel der Berufung ist die in Christus offenbar gewordene Gnade Gal 1,6, die durch die Predigt des Evangeliums wirksam wird 2Thess 2,14. Durch die Berufung bekommen die Christen teil an den Heilsgütern: der Freiheit vom Gesetz und der Sünde Gal 5,13, dem ewigen Leben 1Tim 6,12, dem himmlischen Erbe Hebr 9,15; 1Petr 5,10; 2Petr 1,3, dem Reiche Gottes 1Thess 2,12, dem Abendmahl des Lammes Offb 19,9. Gott ruft die Menschen aus der Finsternis zu seinem wunderbaren Licht 1Petr 2,9. Die Berufung ist also ein Heilsvorgang, der den Zugang zu der ganzen Heilsfülle erschließt. Das kommt besonders deutlich 2Thess 2,14 zum Ausdruck. Die Berufung verpflichtet die Christen aber auch zu einem Gott wohlgefälligen Wandel Eph 4,1. — Insbesondere weiß Paulus sich durch die Gnade Gottes zum Apostel und damit zur Verkündigung der Heilsbotschaft berufen Gal 1,15; Röm 1,1. — *2) Die Menschen* r. zu Gott in der Not Ps 120,1, aus der Tiefe ihres Herzens Ps 130,1, Tag und Nacht Lk 18,7. Durch den Geist der Kindschaft ruft der Beter mit freudiger Zuversicht Abba Röm 8,15. Die Christen r. den Namen des Herrn (Gottes oder Christi) an Apg 2,21; 7,58 f; 9,14.21; Röm 10,12; 1Kor 1,2; 2Tim 2,22. Gott erhört solches Rufen; aber manchmal bleibt es auch ohne Antwort Ps 22,3; Hab 1,2; Hiob 19,7; 2Kor 12,8 f. In der messianischen Heilszeit jedoch wird jeder Gebetsruf erhört werden Jes 65,24. *Schn*

Rufus. *1)* Mit seinem Bruder Alexander Sohn des Simon von Kyrene, der gezwungen wurde, Jesu Kreuz zu tragen Mk 15,21. — *2)* Röm 16, 13 wird ein R. von Paulus gegrüßt. Identität der beiden Namensträger ist möglich. *Kü*

Ruhe, ruhen. *1)* Die *äußere* R., die frei ist von Arbeit, Mühe und Anstrengung, von Sorgen und Nöten, vor allem von Feinden. Gott verheißt Israel R., wenn es das Gelobte Land in Besitz genommen hat 5Mose 3,20; 12,10; vgl. Jos 1, 13.15. In der späteren Geschichte des Volkes ist immer wieder davon die Rede, daß Gott ihm Zeiten des Friedens und der R. verschafft hat 2Sam 7,1.11; 2Chr 14,6; Neh 9,28; Esth 9,22. Auch aus der Mühsal, der Unruhe und dem harten Frondienst der babylonischen Gefangenschaft hat Gott sein Volk erlöst Jes 14,3. Aber Gott läßt Israel nicht im Zweifel darüber, daß es nur dann zur R. unter den Völkern kommen wird, wenn es die Forderungen des Gesetzes erfüllt 5Mose 28,65. Für die Heilszeit werden dem Volke Gottes sichere Behausungen und sorgenfreie R.sitze in Aussicht gestellt Jes 32,18.

2) Die *innere* R. Gott gibt R. den müden, verzagten und angefochtenen Herzen Jes 7,4; 28, 12; 30,15. Wer auf ihn vertraut und in seinen Wegen wandelt, kommt zur Stille und zum Frieden Ps 131,2. Jesus hat die Mühseligen und Beladenen zu sich gerufen. Bei ihm finden sie R. für ihre Seelen Mt 11,28 f (vgl. Jer 6,16). Denn er ist der Heiland, der ihnen Vergebung der Sünden schenkt und ihnen, anders als die Schriftgelehrten, nur eine leichte Last von Geboten auferlegt. Wie er selbst im Gebet R. fand, so hat er seine Jünger nach der Durchführung ihres Missionsauftrags gemahnt, sich an einem einsamen Ort ein wenig auszuruhen Mk 6,31.

3) An die ATliche Vorstellung von der Israel in Kanaan verheißenen R. knüpft *Hebr 4,1-10* an. Aber der Hebräerbrief meint nicht den Zustand des äußeren Friedens, der für Israel doch nie voll verwirklicht wurde Ps 95,11; Hebr 3, 11.18, sondern die Endvollendung, die dem neuen Gottesvolk zuteil werden wird. An den Christusgläubigen wird sich das Israel gegebene Gotteswort erfüllen; sie werden in die ewige Sabbatruhe eingehen, für die die R. Gottes nach dem Abschluß des Schöpfungswerkes beispielhaft ist Hebr 4,4. Aber das „Eingehen in die R. Gottes" verlangt von jedem Gläubigen den vollen Einsatz der Persönlichkeit, den ganzen Gehorsam.

4) Nach 1Mose 2,1ff ruhte *Gott* am siebenten Tage von allen seinen Werken. Das bedeutet nicht, daß Gott sich nach Vollendung des Schöpfungswerks von der Welt zurückgezogen und diese sich selbst überlassen hätte, sondern daß er eine R.pause einlegte, die ein Vorbild für die Feier des Sabbats sein sollte; denn Gott segnete den siebenten Tag und heiligte ihn. Danach setzte er sein allumfassendes Wirken in der Natur und in der Geschichte der Menschheit fort. Darum erklärt Jesus Jo 5,17: „Mein Vater wirkt (ununterbrochen)."

5) Im AT wird der Tempel die *„Ruhestätte"* Gottes genannt 2Chr 6,4; Ps 132,8.14, da Gott durch das Zeichen der Bundeslade Israel seine Gegenwart bezeugen läßt. Doch vermag das irdische Heiligtum nicht die ganze Majestät und Herrlichkeit Gottes zu fassen 1Kö 8,27; Jes 66,1; vgl. Apg 7,48f. *Schn*

Ruhm, rühmen. Unter diesem Wort stößt in der HS die demütige Erkenntnis der schenkenden Güte und Größe Gottes hart zusammen mit dem Geltungsdrang des nach eigener Größe hungernden Menschen. Kein Wunder, daß die Versuchung einer stolzen Frömmigkeit, sich Gottes zu r. der eigenen Größe zulieb, sich auch zum Wort meldet. Die paulinischen Briefe sehen dieser Gefahr besonders klar ins Auge.

1) Der R. Gottes im AT. Der Ruf, Gott zu r. als Ausdruck der bekennenden, anbetenden Fröhlichkeit des Glaubens, durchzieht von der Botschaft des AT her die Psalmen Ps 22,24; 66,2; 90,14; 98,4. Dieses Rühmen soll vor allem Volk geschehen Ps 22,23; 35,18; 51,17; 109,30. Gerühmt wird die → Gerechtigkeit Ps 51,16, die → Herrlichkeit 1Chr 29,13, die → Güte des Herrn Ps 59,17, sein hl. Name 1Chr 16,10; Ps 48,11; 105,3; 145,2, sein Wort Ps 56,5, sein Werk Ps 92,5.

Der immer neue Anlaß ist die Wunderhilfe Gottes, der die Armen und Elenden nicht verläßt Ps 5,12; 32,7; 74,21; 126,2. Ihretwegen vor allem darf dieser R. nicht verklingen Ps 34,3, zugleich als Gegenwehr gegen das andringende Heidentum Jer 33,9; Jes 42,8; Ps 97,7. Denn Gott, der alleinige Herr, ist der R. seines Volkes 5Mose 10,21; Jes 41,16; Ps 89,18. Seine kommende Erlösung rühmt die Gemeinde in großer Zuversicht Jes 52,8f; 54,1ff.

2) Der R. des Menschen im AT. Die R.sucht des überheblichen Menschen rühmt sich der gnädigen Führungen Gottes als eigener Errungenschaften Ri 7,2; 2Chr 25,19 und glaubt das Zukünftige schon sicher in der Hand zu haben 1Kö 20,11; Spr 27,1, vgl. Jak 4,14.16. Hier liegt eine wesentliche Wurzel einer heuchlerischen Frömmigkeit Sir 1,34ff; Mt 6,1ff und der Gottlosigkeit Ps 75,5; 94,3f; 1Sam 2,3; Jes 3,8f, vgl. Ps 49 u. 73. Davor schützt allein die Gottesfurcht, die in allem Gelingen Gottes Gnade sieht 5Mose 26,18f. Sonst ist der R. des Menschen fragwürdig genug 1Kö 5,11; 1Chr 5,24ff; Ps 73,17ff. Was ist des Menschen Weisheit, Stärke und Reichtum? „Wer sich r. will, der rühme sich dessen, daß er klug sei und mich kenne, daß ich der Herr bin" Jer 9,22f.

3) Echter und falscher R. im NT (Paulus). Im NT ist die Lage des Menschen vor Gott und sodann die Frage seiner persönlichen Autorität für Paulus häufiger Anlaß, vom R. zu reden. Zunächst mangeln alle des R.s, den sie bei Gott haben sollten Röm 3,23.27. Wessen sich der Jude rühmt, das ist kein R. vor Gott Röm 2, 17. Das gilt selbst von Abraham, wenn er fälschlich als der Heros der Werkgerechtigkeit gerühmt wird Röm 4,2, vgl. Gal 6,13; Eph 2,9. Kein Fleisch kann sich vor Gott r. 1Kor 1,29 (V. 31 zitiert Paulus Jer 9,22f, auf Christus bezogen). Niemand rühme sich eines Menschen 1Kor 3,21! Beharrlich rühmt Paulus an markanten Stellen seiner Briefe die → Ehre Gottes Röm 11,36; Phil 4,20; Gal 1,5 u.a.m. „Was hast du, das du nicht empfangen hast?" 1Kor 4,7. Deshalb hat die Gemeinde aus den Heiden keinen Grund, sich gegen das jüd. Volk zu r.; „die Wurzel trägt dich" Röm 11,17f.

Von daher hat Paulus nun aber die Freiheit, sich zu r. Geschähe das „nach dem Fleisch", weil er eben auch „ins Rühmen gekommen ist", so wäre das Torheit, Narrheit! Und er ist sich bewußt, daß man ihm das so auslegen wird 2Kor 11,16ff; 12,1.11. Aber es steht das ihm übertragene Werk und nicht seine Person als solche auf dem Spiel. In Wirklichkeit rühmt er sich seines Herrn Phil 3,3f, seines Kreuzes Gal 6, 14, der Versöhnung Röm 5,11 und rühmt er sich der apostolischen Vollmacht nur „in Christus Jesus vor Gott" Röm 15,17. Wie genau er hier die Linie einer Grundhaltung auf einem überaus schmalen Grat einhält, daran ist Entscheidendes zu lernen für den Christenstand (vgl. dazu die sorgfältige Darstellung von Bultmann in Kittels Theol. Wörterbuch zum NT Bd. III S. 648ff).

So kann er das Zeugnis seines Gewissens, mit dem Vorbehalt von 1Kor 4,4; Gal 6,4, seinen R. heißen 2Kor 1,12. So kann er sich mit allen Christen der Trübsale r., weil darin die Hoffnung ihre Kraft gewinnt Röm 5,2ff; Hebr 3,6. Von daher rühmt er sich seiner Schwachheit, weil in ihr sich sein Herr mächtig erweist 2Kor

11,30; 12,5. So will er auch seinen Verzicht auf Belastung seiner Gemeinden durch seinen Unterhalt verstanden wissen als seinen R. 1Kor 9, 15; 2Kor 11,10, vgl. 1Kor 15,31. Der Maßstab für seine Selbsteinschätzung ist ihm: „wie uns Gott hat zugemessen das Arbeitsfeld" 2Kor 10, 12f. Sich selbst loben — das kann und will er nicht 2Kor 10,18.

So liegt denn schließlich eine vom Berühmtwerdenwollen gänzlich freie Herzlichkeit über den Stellen, in denen Paulus sein Verhältnis zu seiner Gemeinde so beschreibt: „wir euer R., ihr unser R." 2Kor 1,14; Phil 1,26; 2,16; 2Kor 5, 12; 1Thess 2,19. Vor falscher Einschätzung dieses R.s schützt der Zusatz „am Tage Christi" — „wenn er kommt". In diesem Sinn vergißt er nicht, seine Mitarbeiter und die Gemeinden vor andern zu r. 2Kor 7,13ff; Röm 16,7; 2Kor 7,4; 8,24; 9,2f; 2Thess 1,3f. Es ist der R. Gottes und nicht der ruhmredigen Welt, der ihm dabei das Herz erfüllt. *He*

Ruhr. An R. (Dysenterie) mit Fieber litt der Vater des Publius auf Malta; Paulus konnte ihn heilen Apg 28,8. *(Schl)*

Ruth. *1)* Der *Name* R. begegnet nur im Buch R. (12mal) und in Mt 1,5. Er ist nicht erklärbar. Die früher übliche Ableitung von re'ūt = „Freundin" ist aus lautgesetzlichen Gründen nicht haltbar.

2) Das *Buch* R.

a) Die *Stellung im Kanon* (→ Bibel 2) ist nicht einheitlich: In der hebr. Bibel steht es unter den „Schriften", dem 3. Teil des Kanon, während es in der LXX wegen 1,1 hinter das Richterbuch gesetzt ist; dem folgen die anderen Übersetzungen. In der Synagoge gehört es neben HL, Klgl, Esth und Pred zu den Megilloth (Festrollen) und ist dem Wochenfest (→ Feste 4b) zugeordnet. Aufnahme in den Kanon hat es wohl wegen 4,17 und des späteren Anhangs 4,18-22 gefunden.

b) Seine *Entstehungszeit* läßt sich nur schwer angeben, da die Datierung aufs engste mit dem Verständnis des Inhalts verknüpft ist. Die neuere Forschung hat gezeigt, daß erstens das Buch R. keine Tendenzschrift etwa gegen die schroffe Stellung Esras und Nehemias in der Mischehenfrage ist, daß zweitens die Bestimmung 5Mose 25,5ff in Rt 4 nicht vorausgesetzt werden muß und daß drittens die Sprache nicht eindeutig auf späte Abfassung schließen läßt. Von da her ist die übliche Annahme einer nachexilischen Entstehung des Buches R. unnötig; vielmehr weisen Gattung und Inhalt auf die isr. Königszeit.

c) Das Buch R. gehört zur *Gattung* der Novellen. Es ist in seiner Art am ehesten zu vergleichen mit der Josephserzählung 1Mose 37ff, mit der Geschichte vom Aufstieg Davids 1Sam 16ff oder auch der Erzählung 1Mose 24. Alle diese Novellen erzählen von der guten Führung Gottes, die hinter und unter allem menschlichen Planen und Handeln, auch Irren und Scheitern offenbar wird. Diese Art der Darstellung von Jahwes Walten auch in den profanen Lebensbereichen ist eine Frucht der geistigen Wandlung, die in Israel zZ Salomos einsetzte.

d) Der *Inhalt* des Buches R. handelt von dem Schicksal zweier Frauen, die nach bitteren Zeiten des Leides und der Armut eine „Ruhestatt" finden. Dabei ist aber weder die Treue 1,16f und Ergebenheit der R. 3,5, noch der gute Rat 1,8f und der berechnende, ja, bedenkliche Plan der Naemi 3,1ff, noch auch die Freundlichkeit 2,8f. 15f, Freigebigkeit 2,14 und das taktvolle 3,10ff, aber doch auch berechnende Handeln des Boas 4,5ff das Ausschlaggebende und Entscheidende; dies liegt vielmehr einzig in Jahwes gutem Walten, von dem denn auch die handelnden Personen immer wieder reden 1,8f; 2,12.20; 4,13f, vgl. auch 4,11f. Jahwe ist es, der die Frauen eine Ruhestatt finden läßt 1,9, vgl. 3,1. Darüber hinaus macht der Schluß 4,17 deutlich, daß Jahwes Walten über dem Schicksal der einzelnen zugleich eingefügt ist in seinen großen Heilsplan, vgl. Mt 1,5, so daß die Moabiterin R. zum „Pfeiler im Tempel Gottes geworden ist" (v. Rad). *Bo*

Rute → Maße.

S

Saal, bei Luther oft das Obergemach eines → Hauses, so zB der S., in dem Jesus mit seinen Jüngern das letzte Abendmahl feierte Mk 14,15, vgl. Apg 1,13. Eine Art Söller ist wahrscheinlich auch Ri 3,23 gemeint. An den Speiseraum des Heiligtums haben wir 1Sam 9,22 zu denken, vgl. 1Sam 1,9, an den Speisesaal im königlichen Palast Dan 5,5.10; Esth 7,8. In Troas versammelten sich die ersten Christen in einem Obergemach, um Paulus zu hören und das Abendmahl zu feiern Apg 20,7f; vgl. 1,13. Im Unterschied vom morgenländischen Haus hatte das römische Haus seinen Versammlungsraum im Erdgeschoß. Aus der Grundform dieser häufig säulenumgebenen Häuser entwickelte sich der Grundriß der frühchristl. Kirchen, der mehrschiffigen Basilika mit halbrunder Apsis. *v. d. W.*

Saat → säen, → Ackerbau.

Saba (hebr. Scheba), bei Luther gelegentlich „Reicharabien" genannt, liegt im Südwesten der arabischen Halbinsel. Zahlreiche noch erhaltene

Tempel- und Burgruinen mit Skulpturen und Inschriften bezeugen die Sabäer als altes Kulturvolk, das bereits im Anfang des 1. Jt. vChr zur Staatsbildung kam. Das Reich von S. verdrängte dabei allmählich die Minäerherrschaft über Arabien und Jemen und dehnte sich bis über das Rote Meer nach Ägypten und Äthiopien aus. Sabäische Großkarawanen bildeten die Handelsbrücke zw. Indien, Ostafrika und — über → Dedan — nach Syrien-Palästina. Sie führten u. a. Gold, Gewürze und Weihrauch mit sich Hes 27, 22; Jer 6, 20; Hiob 6, 19; Jes 60, 6. Hauptsitz der Könige S.s war zunächst Sirwah, dann Marjab in Südwestarabien. Das AT trägt der Bedeutung und Verbreitung S.s dadurch Rechnung, daß in den Stammtafeln S. sowohl als Semit und Sohn Joktans 1Mose 10, 28, vgl. 25, 3, wie auch als Hamit und Sohn Kuschs 1Mose 10, 7 erscheint, — also vor allem östlich, aber auch westlich des Roten Meeres. 1Kö 10, 1-13 läßt in der Schilderung einer glanzvollen Begegnung zw. Salomo und der Königin von S. die starken Handelsinteressen deutlich werden, die beider Reiche verbanden. Im 8. Jh. wurde S. vorübergehend den Assyrern tributpflichtig und gelangte nach Assurs Fall zum Höhepunkt seiner Machtentfaltung mit der Vernichtung des minäischen Reichs (→ Mëuniter, Maon 2). So bestand S., das um 115 vChr noch das katabanische Reich hinzugewonnen hatte, bis zu seiner Vereinigung mit den Himjariten im 1. Jh. nChr, und Reste seiner Sprache leben bis heute im Südarabischen fort. *Da*

Sabbat.

1) Worterklärung und Vorkommen im AT. 2) Ursprung und älteste Begehung. 3) Der S. in exilisch-nachexilischer Zeit. 4) Seine Stellung im Judentum. 5) Jesus und der S.

1) Der S. ist der in Israel und dem Judentum bis heute gefeierte 7. Tag der Woche, der dem Sonnabend unserer Wocheneinteilung entspricht. Er ist der Jahwetag der isr. Religion schlechthin 2Mose 20, 10, ein *Tag der „Ruhe"*, dessen Name „schabbāt" mit dem hebr. Verbum „schābat" = „ruhen" in Zusammenhang gebracht wird 2Mose 16, 29 f (J) u. ö., eine Etymologie, die allerdings die wirkliche Herkunft des Wortes wahrscheinlich nicht trifft. Über hundertmal ist das Wort im AT bezeugt, ein Hinweis auf die große Bedeutung des S.s für die ATliche Gemeinde. — Wichtigste Gesetze: 2Mose 34, 21 (J); 23, 12 (E); 20, 8-11 und 5Mose 5, 12-15 (→ Dekalog); 3Mose 23, 3; 26, 2 (Priestergesetz), vgl. Hes 20, 12. 20; 2Mose 31, 13-17; 35, 2 f (P). Erzählstücke: 2Mose 16, 29 f (J); 16, 1 ff und 1Mose 2, 2 f (P).

2) Das Vorkommen des S.gebots in den ältesten isr. Gesetzeskorpora, dem sog. jahwistischen Dekalog 2Mose 34, 21 und dem → Bundesbuch 23, 12 (apodiktische Formulierung), läßt auf sein hohes Alter, d. h. auf seine Herkunft aus Israels vorkanaanäischer Zeit schließen (A. Alt). Sein eigentlicher religionsgeschichtl. *Ursprung* ist bis heute nicht völlig geklärt. Doch muß irgendein Zusammenhang zw. dem isr. S. und dem babylonischen schapattu, dem 15. Tag (Vollmondtag) des Monats und anderen Tabu-Tagen bestehen, in denen man wichtigere Tätigkeiten aus Furcht vor unheilvollen, dämonischen Einwirkungen unterließ. Dieser ursprüngliche dies nefastus (schwarzer Tag) hat dann aber im Raum des Jahweglaubens eine zu Babylon nahezu gegensätzliche Entwicklung durchlaufen. Das entscheidend *Neue* war, daß er im isr. Glaubensbereich nicht mehr durch Gestirne und Dämonen bestimmt, sondern ganz Jahwe unterstellt und geheiligt war und seine Begehung seit dem Sinai-Ereignis zu den grundlegenden Satzungen des Jahwebundes gehörte. Aus der Heiligung des Tages ergab sich mit Notwendigkeit die *Arbeitsruhe*, die auch im nomadischen Dasein der vorkanaanäischen Zeit Israels durchaus möglich war und für die vorexilische Ära auch außerhalb der ältesten Gesetze mehrfach belegt ist Am 8, 5; Hos 2, 13; Jes 1, 13; 2Kö 4, 23. Sie wird in den beiden überlieferten Formen des Dekalogs verschieden begründet: in der mehr „priesterlichen" Interpretation des S.gebots 2Mose 20, 11 ganz von Gott her, in der deuteronomischen Auslegung 5Mose 5, 14. 15 mehr vom sozialen und heilsgeschichtlichen Gesichtspunkt aus. Auf jeden Fall verstand man den S. im alten Israel als einen von Gott geschenkten Tag menschlicher Erholung und Erquickung, der Gottesdienst und Nächstendienst in idealer Weise verband.

3) Erhöhte Bedeutung gewann er im *Exil.* Inmitten einer heidnischen Umgebung wurde seine Beobachtung neben der Beschneidung zum Hauptkennzeichen der Zugehörigkeit zur isr. Bundesgemeinde, vgl. Hes 20, 12. Darum schärfte das nachexilische Gesetz seine Begehung der Gemeinde als heilig-ernste Pflicht ein 2Mose 16, 26. 29; 35, 3; Neh 10, 32; 13, 15-22 und stellte die Entweihung unter Todesstrafe 2Mose 31, 14 f; 35, 2; 4Mose 15, 32-36. Zugleich fand jetzt die gottesdienstliche Feier des Tages ihre strenge Ordnung mit Festversammlung 3Mose 23, 3, Erneuerung der Schaubrote 24, 8, Opferdarbringungen 4Mose 28, 9 f und reicher Liturgie Ps 92, 1.

4) Das spätere *Judentum,* für das das S.gebot das „Herzstück des ganzen Gesetzes" war, zeichnete sich durch eine übertriebene Kasuistik aus, die dem Feiertag mehr und mehr seinen karitativen Charakter nahm. So hielt man zB zu Beginn der Makkabäerkämpfe sogar die Abwehr feindlicher Angriffe am S. für unerlaubt, bis man zu der Einsicht kam, daß wenigstens die Notwehr an diesem Tage gestattet sein müsse 1Makk 2, 38. 41; 2Makk 6, 11. In der Mischna findet sich eine bis ins kleinste ausgeklügelte S.gesetzgebung, die 39 Tätigkeiten verbietet, zB auch nur eine Nadel oder Geld in der Tasche herumzutragen. Selbst die Pflege der Kranken und des Viehs wird auf die Fälle akuter Lebensgefahr beschränkt. Um die lebenswichtigen Verrichtungen vom S. fernzuhalten, führte man einen → Rüsttag ein Mk 15, 42. Am S. selbst besuchte man den Gottesdienst im Tempel oder in der Synagoge Lk 4, 16 f; Apg 13, 15. 27, traf sich zum Festmahl Lk 14, 1 und hielt im übrigen die S.ruhe nach dem Gesetz Lk 23, 56. Bei alledem ist zu beachten, daß sich das fromme Judentum mit der rigorosen S.heiligung gegen das Eindringen des säkularen Geistes des Hellenismus zu wehren versuchte. Hinter der Kasuistik verbarg sich also ein großes religiöses Anliegen: dem Gott der Väter ungeteilten Herzens zu dienen.

5) Dieses Bild des S.s zeigt sich auch in den *NTlichen* Schriften. *Jesus* will es nicht revolutionär verändern. Er besucht an diesem Tag wie die Frommen seines Volkes den Gottesdienst und lehrt nach jüd. Sitte in den Schulen Mk 1, 21; 6, 2. Mit Entschiedenheit wendet er sich allerdings gegen die besonderen Spitzfindigkeiten der S.satzungen, die das Gebot zu einer Last machen. So kommt es zu den zahlreichen S.-konflikten bei den Krankenheilungen Mk 3, 1 ff; Lk 13, 10 ff; Jo 5, 1 ff u. ö., dem Ährenausraufen der Jünger Mk 2, 23 ff und zu dem grundlegenden Wort Mk 2, 27, das beinahe beispiellos im Mund eines Rabbi ist (G. Bornkamm). Diese Freiheit gegenüber dem S.gebot ist nicht Willkür, sondern aus der Liebe zu dem leidenden Menschen zu verstehen Mt 12, 12. Sie wird in Übereinstimmung mit der Haltung Jesu auch von den Jüngern gewahrt Röm 14, 5; Gal 4, 10 f; Kol 2, 16. Der Grundgedanke des S.s jedoch wird beibehalten Hebr 4, 9 ff, ebenso der Gebrauch der Heiligung eines Wochentages zu gemeinsamem Gottesdienst. Nur trat entsprechend jener Freiheit in der christl. Gemeinde an die Stelle des 7. der 1. Wochentag als Tag der Auferstehung Jesu Apg 20, 7; 1Kor 16, 2; Offb 1, 10, ein Tag, der vom Evangelium aus ganz auf den Ton der Freude und Dankbarkeit gegen Gott gestimmt und damit ein immer wiederkehrender Eingang in den verheißenen Frieden Gottes war.

Lit.: Die jüngste zusammenfassende Darstellung: E. Jenni, Die theologische Begründung des Sabbatgebotes im AT, 1956.
Ste

Sabbatjahr, eine isr. Institution, durch die in periodischer Wiederkehr jedes Siebentjahr durch besondere Gesetzgebung ausgezeichnet ist.

1) So verbietet das → *Bundesbuch,* Israels ältestes Rechtsbuch, für dieses Jahr sowohl das Bestellen des Landes als auch das Einbringen des Bodenertrages. Was im Land von selbst wächst, soll den Armen, was diese übriglassen, den Tieren gegeben sein 2Mose 23, 10 ff. „Dem Land wird damit seine ursprüngliche, durch Menschenhand nicht gestörte Ruhe zurückgegeben“ (Noth). Alles deutet darauf hin, daß es sich hier nicht nur um eine bodenwirtschaftliche Maßnahme zur Steigerung der Ackererträge handelt, sondern vor allem um eine sakrale Einrichtung, die die Anerkennung Jahwes als des wahren Eigentümers des Ackers und des Herrn der Zeit sicherstellt.

2) Im → Deuteronomium wird dieses siebte Jahr zugleich als Erlaßjahr gekennzeichnet, in dem man dem isr. Schuldner seine Schulden völlig zu schenken hat 5Mose 15, 1-11, eine Anordnung, für die wir in der außerisr. Umwelt bis heute keine eindeutige Parallele kennen. Das Unterlassen der Feldarbeit und der Erlaß der Schulden soll Israel eine Sabbatruhe großen Stils bringen, die zurückverweist auf den paradiesischen Anfang der Schöpfung und zugleich an die erhaltende Gnade des Bundesgottes erinnert. In diesem Sinn findet zu Beginn des Erlaßjahres, am Laubhüttenfest, im Rahmen des Vortrags des altisr. Rechts eine periodisch wiederholte Erneuerung des Bundes zw. Jahwe und Israel statt 5Mose 31, 10 und damit eine „Rückführung der Volksgemeinschaft auf die ideale Grundlage ihres Daseins“, den Willen Jahwes (A. Alt).

3) Das *nachexilische priesterliche Gesetz* schärft für das S., das hier erstmals so genannt wird, nur die Durchführung der allg. Brache erneut ein 3Mose 25, 1-7; doch setzt Neh 10, 32 die Verbindung von sakraler Brache und Schulderlaß voraus. — Daß diese Ordnung im AT nicht immer durchgeführt worden ist, bezeugen 2Chr 36, 21; 3Mose 26, 34 f; Jer 34. Dagegen ist die Beachtung des Brachjahres für die Makkabäerzeit belegt 1Makk 6, 49. 53. Auch die Gemeinde von Qumran hat sie streng befolgt. — Um geschäftlichem Mißbrauch entgegenzuwirken, hat der jüd. Gelehrte Hillel die Lehre vom „Prosbol“ begründet, wonach ein Gläubiger auf Grund einer gerichtlichen Bescheinigung auch im S. seine Schuld eintreiben und sich so gegen Verlust sichern konnte. — Die Hungersnot Apg 11, 28 mag durch ein S. verschärft worden sein.

Lit.: F. Horst, Das Privilegrecht Jahwes, in: Gottes Recht, München 1961; A. Alt, Die Ursprünge des isr. Rechts, Kleine Schriften zur Geschichte des Volkes Israel I, München [3]1963; M. Noth, Das zweite Buch Mose, ATD 5, Göttingen [3]1965.
Ste

Sabbatweg, die Wegstrecke, die der Jude am Sabbat von seinem Wohnsitz aus gehen durfte, ohne das Gebot 2Mose 16, 29 zu übertreten Apg 1, 12. Sie betrug nach dem Mischnatraktat Erubin 2000 Ellen = 880 Meter (vgl. Jos 3, 4). Da diese Wegbegrenzung im praktischen Leben oft zu Schwierigkeiten führte, suchten und fanden die Gesetzesausleger Möglichkeiten, sie durch Ausweitung der Bestimmungen legal zu umgehen. *Ste*

Sacharja. *1)* Der Prophet S. ist der etwas jüngere Zeitgenosse Haggais und hat wie dieser in den Jahren 520-518 vChr viel zum Bau des Tempels und zur Bildung der Jerusalemer Gemeinde beigetragen. Seine Worte und sog. Nachtgesichte (Visionen zur Nachtzeit) sind in *Sach 1-8* überliefert. Die Sammlung der acht Nachtgesichte in K. 1-6, umrahmt von der Einleitung 1, 1-6 und dem Bericht über eine gleichnishafte Krönungshandlung 6, 9-15 (im jetzigen Text Krönung des Hohenpriesters Josua, ursprünglich aber des Kommissars Serubabel), ist planvoll aufgebaut und nur durch die spätere

Einschaltung einiger Sprüche erweitert worden (von S.: 1,16f; 2,10-16; 3,8-10). Sie behandelt das Thema der unmittelbar bevorstehenden, ja schon im Anbruch begriffenen eschatologischen Heilszeit: Gottes unwandelbaren Liebeseifer trotz des gegenteiligen Anscheins 1,7-15, der die Völkerwelt erschüttert und zur Rechenschaft zieht 2,1-4 und Jerusalem als Hauptstadt seines Reiches ohne hinderliche und überflüssige Stadtmauer seinem Schutz unterstellt 2,5-9. Trotz aller Angriffe wird Josua als Hoherpriester eingesetzt und der Tempelbezirk der weltlichen Macht entzogen 3,1-7, so daß die messianische Regierung mit einem politischen und einem kultischen Vertreter zweigeteilt ist 4,1-6a. 10b-14. Die Unehrlichkeiten in den Besitzverhältnissen in Juda werden zugunsten der alten Rechte der Heimkehrer entschieden 5,1-4, das neue Volk der Heilszeit entsündigt 5,5-11 und durch die vom Geist Gottes bewirkte Rückkehr der Diaspora in die Heimat verstärkt 6,1-8. Die darin eingeschalteten und die in K.7 u.8 überlieferten Sprüche S.s gelten ebenfalls der Endzeit. Die meisten sind durch eine Anfrage ausgelöst worden, ob man angesichts des Wiederaufbaus des Tempels den Fasttag zur Erinnerung an seine Zerstörung weiter feiern solle 7,1-3. Für S. aber kommt es nicht auf das Begehen von Fasttagen, sondern auf das Halten der sittlichen Gebote Gottes an, wegen deren Nichtbeachtung das Gericht über Juda gekommen war. Jetzt naht die neue Zeit des Heils, in der die bisherigen Fasttage zu Freudentagen werden; an dem Heil Jerusalems werden auch die anderen Völker Anteil haben. In alledem verkündigt S. weithin die gleiche Botschaft wie → Haggai, freilich mit gewissen Besonderheiten, die sich meist aus seiner priesterlichen Herkunft (Neh 12,16) erklären. So betont er die Überweltlichkeit und Jenseitigkeit Gottes, zu dem nur der Mittlerengel Zutritt hat, um das Geschehen und Beten in der Welt vor seinen Thron zu tragen und wiederum dem Propheten das zu verkündigende Offenbarungswort zu überbringen. S. vertritt ferner die Notwendigkeit einer Entsündigung des Volkes vor dem eigentlichen Anbruch der Heilszeit, verteilt die Messiaswürde unter Berücksichtigung des Hohenpriesters auf zwei Vertreter (von Kreisen des Spätjudentums übernommen, wie neuerdings bes. das Schrifttum von Qumran zeigt) und ist nach alledem nicht ausschließlich Prophet, sondern vereinigt prophetische und priesterliche Theologie.

2) An das ursprüngliche S.buch (K.1-8) sind später drei Sammlungen von Worten unbekannter Propheten mit den gleichlautenden Überschriften „Ausspruch, Wort Jahwes..." angehängt worden. Nach der Abtrennung der letzten Sammlung, die jetzt das Buch → Maleachi bildet, blieben die beiden ersten als sog. „Zweiter S." und „Dritter S." mit K.1-8 verbunden übrig. Ihr Thema ist wie bei S. das kommende Heil. Die erste Sammlung umfaßt K.9-11. Die darin zusammengefaßten Worte, die wohl nicht alle vom gleichen Verfasser stammen, lassen ihre Entstehung in einer bestimmten geschichtlichen Lage — zu Beginn der hellenistischen Zeit — noch erkennen. Dagegen fehlt den Worten der zweiten Sammlung K.12-14 ein geschichtlicher Anknüpfungspunkt; sie führen theol. Theorien über die Endzeit aus. Aus Sach 9-14 sind im NT verwendet worden: das Wort vom demütigen Friedensmessias 9,9 (Mt 21,5) sowie die messianisch gedeuteten Stellen vom Durchbohrten 12,10 (Jo 19,37; Offb 1,7) und von den 30 Silberlingen 11,12 (Mt 26,15; 27,9f).

3) Der Name S. war sehr häufig, wie bes. die vielen Erwähnungen in den Registern von 1.2Chr, Esra und Neh zeigen. Wichtige Träger des Namens (außer dem Propheten) waren: ein Bruder des Königs Joram von Juda 2Chr 21,2; der letzte König der Dynastie Jehu in Israel 2Kö 14,29; 15,8ff; der mütterliche Großvater des Königs Hiskia von Juda 2Kö 18,2; der unter dem König Joas von Juda als Prophet getötete Sohn des Priesters Jojada 2Chr 24,20ff (Mt 23,35 mit anderem Vaternamen; Lk 11,51); ein Mann von heilsamem Einfluß auf den König Usia von Juda 2Chr 26,5; im NT Zacharias Lk 1,5ff.

Lit.: K. Elliger, Das Buch der zwölf Kleinen Propheten II, ATD 25[5], Göttingen 1964; H. Frey, Das Buch der Kirche in der Weltwende, Die Botschaft des AT 24[4], Stuttgart 1957; E. Sellin - G. Fohrer, Einleitung in das AT[10], Heidelberg 1965, § 71-72.

Fo

Sack. *1)* Als *Trauergewand* trug man in Israel allg. den S., ein deckenartiges Stück grob gewobenen Tuchs, das man um die Lenden legte und mit einem Gürtel festband, wobei der Oberkörper entblößt wurde 1Mose 37,34; 1Kö 20,31; Am 8,10. Das 2Kö 6,30 erwähnte Tragen des S.s unter dem Obergewand ist durch Staatsraison bedingt und Ausnahme. Seine Benutzung war vor allem bei der Trauer um Tote üblich 1Mose 37,34 u.ö., aber auch in Zeiten besonderen Leidens und nationalen Unglücks 2 Kö 6,30; Esth 4,1ff; Hiob 16,15, weshalb die Propheten öfter das Tragen von Säcken als Zeichen kommenden Unheils ankündigen Jes 22,12; Jer 4,8 u.ö. Auch als *Bußgewand* diente der S. 1Kö 21,27; 2Kö 19,1.2; Mt 11,21 und als Zeichen des Fastens Jes 58,5. — *2)* In der *Symbolsprache* wird die Verdunkelung des Himmels in Unglückszeiten mit der Bedeckung durch einen S.

Tafel 39: Chirbet Qumran *Das Bild zeigt im Vordergrund die Terrasse von → Qumran, auf der die Siedlung des Ordens der → Essener stand, mit dem Blick auf das Ufergelände, das → Tote Meer und die Berge im Osten.*
Das Herodeion bei Bethlehem *4 km südöstlich von → Bethlehem ragt der Trümmerberg einer Festung des → Herodes empor. Der Berg, auf dem er auch beigesetzt wurde, heißt bei den Arabern dschebel elfuredis („Berg des Schloßgartens"), ist 759 m hoch und noch nicht ausgegraben. Im Vordergrund stehen schwarze Zelte von Beduinen.*

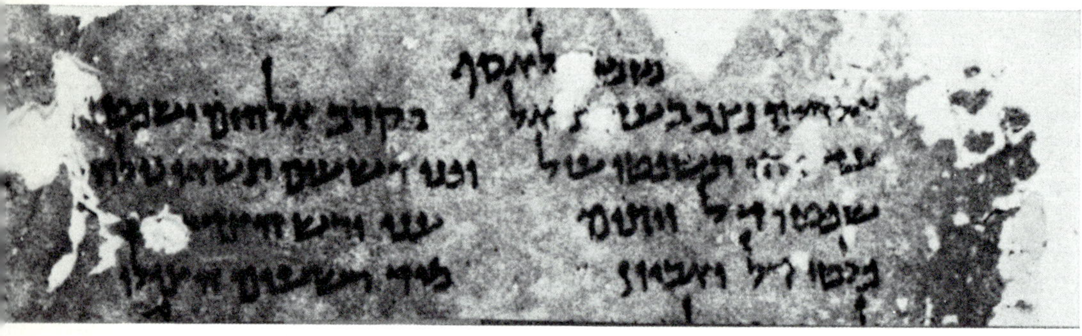

verglichen Jes 50,3; Offb 6,12. — *3)* Behälter für Getreide 1Mose 42-44, für Brot Jos 9,4. *Ste*

Sadduzäer. *1)* Die Gruppe der S. ist deshalb schwerer zu bestimmen als die anderen Gruppen, da von ihr keine unmittelbaren Zeugnisse vorliegen. Schon ihr *Name* gibt ein Rätsel auf. Vielleicht geht er auf den Eigennamen Sadduk oder Zadok zurück; dann würde die Gruppe sich von dem Priester Zadok ableiten, dessen Geschlecht seit der salomonischen Zeit den Dienst am Tempel in Jerusalem versah. Schwierig bleibt auch die Erwähnung einer Spaltung der Schriftgelehrten, die letzten Endes auf einen Ausspruch des Antigonos von Socho zurückgeht: „Da standen sie auf und sagten sich los von der Thora, und es zweigte sich von ihnen ausgehend eine zweifache Spaltung ab: Sadokäer und Boëthosäer, die Sadokäer nach dem Namen des Sadok, die Boëthosäer nach dem Namen des Boëthos" (Aboth de R. Nathan 5). In dieser wenig brauchbaren Legende scheint Sadok ein Schüler des Antigonos von Socho zu sein. Der Name ist aber auch sonst öfter bezeugt. Neben Judas dem Galiläer tritt als Führer jenes Aufstandes ein Pharisäer Sadduk auf; sie machen dem Volk klar, daß die Schätzung in offene Knechtschaft führen muß (Jos. ant. 18,4). Es kann durchaus sein, daß wir es hier mit Bewegungen zu tun haben, die geschichtliche Spuren auch in späterer Zeit hinterlassen haben; allerdings gibt weder die Tradition von Aboth de R. Nathan noch die des Josephus echtes Wissen über den Ursprung der priesterlich und aristokratisch orientierten Bewegung der S. Dagegen hat es offenbar in der Zeit der Makkabäer fromme Priester gegeben, die sich Söhne Zadoks nannten, um ihre priesterliche Herkunft im Sinn der Forderung Hesekiels (40,46; 43,19; 44,15; 48,11) und ihre Anhänglichkeit an den überlieferten Kult zu betonen. Aus ihren Kreisen ging dann die Bewegung von → Qumran hervor, die sich in starkem Gegensatz zu den S.n befand. Es ist also durchaus möglich, daß sowohl die S. wie auch die Sekte von Qumran sich auf den Priester der Urzeit beriefen, um die Legitimität ihrer Ansprüche zu beweisen.

2) Grundsätzlich haben wir es mit Angehörigen der *priesterlichen Familien,* mit den Aristokraten und ihrem Anhang aus den führenden Schichten zu tun (Apg 5,17; Jos. ant. 13,298). Die Priester sind es ja, die seit der persischen und hellenistischen Zeit die Last der politischen Verantwortung zu tragen hatten. Allerdings darf man nicht annehmen, daß die Pharisäer die Interessen des Priesterstandes weniger wahrgenommen hätten als etwa die S. Auch die → Pharisäer traten durchaus für die religiösen, standesgemäßen und wirtschaftlichen Sonderrechte der Priester ein; es gab eine Reihe von Priestern, die Schriftgelehrte und auch Pharisäer waren. Der Unterschied liegt zunächst in einer gewissen Abgeschlossenheit der vornehmen, führenden Kreise, dann aber vor allem in dem Grundsatz der S., daß nur die schriftliche *Thora* verpflichtend sei, nicht aber die mündliche Tradition der Schriftgelehrten. Die Angabe der Kirchenväter, die S. hätten auch die prophetischen Bücher verworfen (Origenes c. Celsum 1,49), ist so allerdings irreführend; beweiskräftig war für den S. aber offenbar allein die Thora selbst. Im einzelnen gibt es natürlich auch andere *Unterschiede* zw. den führenden Gruppen. In der Durchführung des Strafrechts sind nach Josephus die S. strenger als die Pharisäer (ant. 20, 199: „im Gericht härter und liebloser als alle anderen Juden"). Gemeint ist, daß die Pharisäer die Möglichkeit hatten, durch Eingehen auf den Einzelfall und Anwendung von Ausführungsbestimmungen die Härte des Gesetzes zu mildern. Außerdem hatten die Pharisäer die Gewohnheit, die eigene Entscheidung zurückzustellen, um Gott selbst nicht vorzugreifen Apg 5,38 f. Doch sind die Differenzen im einzelnen so, daß die Schärfe der Bestimmungen wechselt. Auf dem Gebiet der Reinheitsgesetzgebung kam es zu schweren Konflikten, da nach Auffassung der S. die Vorschriften der Pharisäer zu Seltsamkeiten und Inkonsequenzen führen mußten. Umgekehrt erklärten die Pharisäer die Töchter der S. für unrein, wenn sie in den Wegen ihrer Väter wandelten (Nidda 4,2). Allerdings hielten auch die S. die Vorstellung der levitischen Reinheit durchaus für verbindlich und betonten sie sogar nachdrücklich.

3) Es scheint zunächst so, als seien die S. auf einem älteren Standpunkt der isr.-jüd. Tradition stehengeblieben und lehnten eine bestimmte Weiterbildung ab. Vor allem die ausgesprochen eschatologischen Erwartungen der leiblichen *Auferweckung* und der zukünftigen *Vergeltung* werden von ihnen ausdrücklich bestritten Mk 12,18; Apg 23,8. Auch die apokalyptische Weiterbildung des Engel- und Geisterglaubens trifft auf ihren Widerstand Apg 23,8. Ihre Ethik ist bestrebt, die *freie Willensentscheidung* des Menschen rein zu erhalten und jede göttliche oder widergöttliche Beeinflussung auszuschalten. Das Gute und das Böse steht nach ihrer Überzeugung ausschließlich in der Macht des Menschen, folglich auch die entsprechende Auswirkung im Glück und Unglück (Jos. bell. 2,165). Man kann verstehen, daß ein Versuch, diesen Standpunkt durchzuhalten, zu einer freien Haltung der Welt und dem Leben gegenüber führen muß. Die Berührungen mit

Tafel 40: Der Bauernkalender von Geser *Das Täfelchen, 10,8 cm hoch, halb so breit, aus dem 10. Jh. vChr, in den Trümmern von → Geser gefunden, wohl eine Schreibübung, zeigt in Ton eingeritzt altsemitische Buchstaben und zählt die landwirtschaftlichen Arbeiten in den einzelnen Monaten auf. →Ackerbau (Sp.15), → schreiben.*

Ein Bibeltext aus Masada *Ein Stück aus der von Yigael Yadin 1963—1965 gefundenen Psalmen-Handschrift: der Anfang von Psalm 82 (durch Infrarot-Photographie sichtbar gemacht).*

dem → *Hellenismus* und der philosophischen Aufklärung werden deshalb willkommen gewesen sein, weil sie den Kampf gegen die andersartigen Gruppen kräftig unterstützen konnten. Die politischen Entscheidungen verlangten Nüchternheit, Verhandlungsbereitschaft und Eingehen auf das allgemeine Bildungsideal. Die schweren Kämpfe der Makkabäerzeit haben zwar den hellenistisch gesinnten Kreisen des Priesteradels schweren Abbruch getan, haben aber seine Geltung nicht ganz untergraben. Auch die Hasmonäer mußten sich mit ihm verständigen und ihm Sitze in der Gerusia, dem Kreis der Ältesten, einräumen. Seit → Johannes Hyrkan bis zZ Alexander → Jannais waren die S. sogar die führende Regierungspartei. Mochten sie auch zeitweilig den Pharisäern weichen, die die Mehrheit des Volkes hinter sich hatten, auf die Dauer konnte doch gerade die romfreundliche Regierung den Beistand des Priesteradels nicht entbehren. Allerdings brach dann vor dem großen Aufstand der Zelotismus in die Kreise des Tempels ein. Der Tempelhauptmann Eleazar stellt die Forderung auf, von einem Nichtjuden keine Weihegabe und kein Opfer mehr anzunehmen (bell. 2, 409).

4) In der Auseinandersetzung mit Jesus von Nazareth sind es die Jerusalemer Oberpriester, die zur Entscheidung drängen Mk 14, 1; Jo 11, 49-54. Dieses Priestertum war weltklug und aller eschatologischen Erwartung fremd geworden. Es wollte nur noch mit irdischen Verhältnissen rechnen. Aber gerade die weltklugen und nüchternen Menschen waren es, die in kritischen Augenblicken bedenkenlos die Verfolgung der Gemeinde Jesu betrieben und die Verletzung ihrer priesterlichen Ordnung ahndeten. Während des Aufstandes 66-70 ging die Macht der S. zugrunde; mit der Zerstörung Jerusalems verschwinden sie aus der Geschichte des Judentums. Während der Pharisäismus seine Macht aufs neue festigen konnte, wird die Erinnerung an die S. schwächer. Für das NT, für Josephus und die Mischna werden sie zu einer Größe der Vergangenheit.

Lit.: J. Jeremias, Jerusalem zur Zeit Jesu, II 1937, S. 88-100.

Mi

Sadrach. Diesen wahrscheinlich persischen Namen erhielt Daniels Gefährte am Hof Nebukadnezars Dan 1, 7; 2, 49; 3, 12. *Peu*

säen, Saat, Säemann. *1) Im eigentlichen Sinn:* Ist das Erdreich im November oder Dezember vom Frühregen durchfeuchtet und umgepflügt, so wird die Saat ausgestreut. In alter Zeit wirft der Säemann den Samen mit der Hand über das Feld oder steckt ihn in die Furchen. Bleibt nach der Saat die Ernte aus, so wird darin Gottes Fluch erkannt Jer 12, 13; Mich 6, 15, wie der Fromme in einer guten Ernte den Segen Gottes erblickt Jes 32, 20. Ist sechs Jahre lang das Feld bestellt, so soll im siebten Jahr, dem Sabbat- oder Erlaßjahr, nicht gesät werden; was von selbst wächst, soll den Bedürftigen zugut kommen 2Mose 23, 10 f; 3Mose 25, 4 f; ähnlich im Halljahr 3Mose 25, 11. So schön diese soziale Fürsorge war, wurde sie doch nicht immer durchgeführt.

2) Das Säen gilt *in übertragenem Sinn* für den ganzen Lebensbereich, im guten und im schlimmen Sinn. Wer Gerechtigkeit sät, wird Liebe ernten Hos 10, 12. Wer Wind sät, d. h. Eitles, Nichtiges, erntet Sturmwind, Gericht und Vernichtung Hos 8, 7. Der gesetzmäßige Zusammenhang von Saat und Ernte kann sich günstig und heilvoll auswirken Spr 11, 18, aber auch unheilvoll Hiob 4, 8; Spr 22, 8. Doch kann aus notvollem Säen eine Freudenernte erwachsen Ps 126, 5 f. Der Zaudernde wird gemahnt, den Tag zu nützen und das Tun des Guten nicht zu verschieben Pred 11, 4. 6.

Im NT ist Jesus selbst der Säemann Mt 13, 3 ff. 24. Er sät das Wort Mk 4, 14, das Evangelium, während der Feind das Unkraut, die Feindschaft gegen sein Wort, zw. den Weizen sät. Säemannsarbeit ist auch die Arbeit der Apostel. Hat Paulus in Korinth die geistliche Saat ausgestreut, darf er von der Gemeinde auch die irdische Versorgung erwarten. Saat sind auch die Gaben, die im Gehorsam gegen Gottes Gebot gegeben werden, um fremde Not zu lindern; aus der Aussaat entsteht eine Ernte auch für den Geber 2Kor 9, 6. Es gilt überhaupt: Was der Mensch sät, das wird er ernten Gal 6, 7 f. Der Same, der die Frucht der Gerechtigkeit hervorbringt, wird im Frieden von denen gesät, die Frieden zu schaffen wissen Jak 3, 18, vgl. Mt 5, 9.

Vom Säen ist die Rede auch im Zusammenhang mit der Auferstehung. Der bestattete Leib wird mit einem Samenkorn verglichen, das eine Auferstehung aus der Erde erlebt. Die Pflanze kann nicht aus der Erde erstehen, wenn nicht das Samenkorn in der Erde erstirbt Jo 12, 24. Der neue Leib wird einst in Herrlichkeit erstehen — Gottes Schöpferkraft hat keine Grenzen! —, aber erst muß der alte Leib sterben 1Kor 15, 22-44. *Fro*

Säge, ein Werkzeug Jes 10, 15 zur Bearbeitung von Holz oder von Stein 1Kö 7, 9. Der Bericht 2Sam 12, 31; 1Chr 20, 3 meint wohl nicht grausame Mißhandlung von Kriegsgefangenen, sondern Fronarbeit. *Schl*

Sänfte. Eine S., ein Tragstuhl, auf der Vornehme sich tragen ließen (wie etwa jene verwöhnte Dame, die nie „versuchte, ihre Fußsohlen auf die Erde zu setzen" 5Mose 28, 56), war als bequemes Mittel der Beförderung geschätzt Jes 66, 20; 2Makk 3, 28; 9, 8. Dem König Salomo wird eine bes. kostbare S. zugeschrieben HL 3, 9 f. *Schl*

Sänger → Musik.

Sängerin. Esra 2, 65; Neh 7, 67 werden S.nen für die → Musik im Gottesdienst, 2Chr 35, 25 bei der → Trauer erwähnt. Am Hof sangen S.nen zur Unterhaltung 2Sam 19,36; Pred 2,8. Die S. Sir 9,4 ist eine Dirne. *(Schl)*

Säugling. Da nach 2Makk 7,28 die Mutter ihre Kinder bis zum dritten Jahr an der Brust nährte (vgl. auch 1Sam 1,22-24), so hat man unter S.en nicht nur Neugeborene 4Mose 11,12, sondern auch Kleinkinder, die bereits laufen und sprechen können, zu verstehen. Wenn im Krieg nicht nur Soldaten umkommen, sondern auch alte Männer, Frauen und S.e ausgerottet werden, so ist dies ein Zeichen für die Radikalität menschlicher Racheübung 1Sam 22,19 und für die Härte göttlicher Strafgerichte 5Mose 32,25; Jer 44,7, oder aber eine Folge der Unbedingtheit alter sakraler Banngebote, nach denen alles feindliche Leben Gott und damit dem Tode verfallen war 1Sam 15,3. Wenn S.e verhungern oder verdursten Klgl 2,11; 4,4, so bedeutet dies äußerste Not und Verzweiflung, wogegen das Spielen des S.s am Loch der Otter ein Bild paradiesischer Lebensverhältnisse ist Jes 11,8. Der Bußgottesdienst erfaßt mit der Gesamtheit des Gottesvolkes auch dessen jüngste Glieder Joel 2,16. Im AT singulär ist die Aussage, daß Gott sich aus dem Mund der S.e eine Macht zurichte Ps 8,3; sie meint wohl, daß durch das Lob der Kinder sich bereits die endgültige Überwindung der Feinde Gottes anbahnt, vgl. Mt 21,16. Nach Lk 18,15 gehörten zu den Kindern, die Jesus segnete, auch S.e. Das Verlangen des S.s nach der Milch wird 1Petr 2,2 zum Bild. *Kn*

Säule. *1)* Als Stütze eines Gebäudes: In der Stiftshütte waren beim Eingang ins Heilige und ins Allerheiligste 5 und 4 S.n von Akazienholz, mit Gold überzogen und mit silbernen bzw. bronzenen Füßen. Ebenso um den Vorhof 60 S.n, an denen der Umhang mit silbernen Haken und Querstangen aufgehängt wurde 2Mose 26,32ff; 27,10ff. S.n als Bauglieder finden sich weiter in großen Gebäuden wie Tempeln Ri 16,26 und Palästen 1Kö 7,6; Esth 1,6. Über die zwei ehernen S.n vor dem Tempel → Jachin. — *2)* Als Kultinventar der isr. Höhenheiligtümer: → Massebe, → Aschera 2). Mit den 2Chr 14,4; 34,4 erwähnten Sonnensäulen Baals sind → Räucheraltäre gemeint. — *3)* Als Grabdenkmal: zB die S. des Absalom 2Sam 18,18, → Massebe. — *4)* Als Standort des Königs im Vorhof des Tempels 2Kö 11,14; 23,3, vgl. 2Chr 23,13. — *5)* Als Wolken- und Feuersäule: sie sind das Zeichen (des ständig im → Feuer sich offenbarenden) Gottes, der den Israeliten in der Wüste den Weg zeigt 2Mose 13,21 usw. — *6)* Bildlich von den Grundfesten der Erde Ps 75,4 (vgl. Hiob 9,6) und des Himmels Hiob 26,11. Das Haus der Weisheit ruht fest auf sieben S.n Spr 9,1. Gott verspricht Jeremia, ihn zur eisernen S. zu machen, d. h. mit eiserner Festigkeit auszurüsten Jer 1,18. Jakobus, Petrus und Johannes galten als die tragenden S.n Gal 2,9 im Bau der Kirche 1Kor 3,9. → Pfeiler. *v. d. W.*

Safran, HL 4,14 unter den Gewürzen aufgezählt; gewöhnlich denkt man an unseren Frühlings-S., den Krokus, dessen Narben den gelben Farbstoff und ein geschätztes Gewürz liefern. *Schl*

Sage. S.n sind poetische Erzählungen, die sich mit den Erscheinungen in der Natur, in der Tierwelt, in der Völkerwelt und im Bereich der Religion, zB mit Kultstätten, beschäftigen. Durch die Bezugnahme auf einen bestimmten Ort oder eine bestimmte Landschaft sowie auf eine bestimmte Zeit will die S. historisch erscheinen im Gegensatz zum Märchen und zur Fabel. Freilich ist der historische Kern einer solchen S. nur schwer zu fassen, bes. dann, wenn sie mit stark märchenhaften Zügen ausgestaltet ist. Israel hat in seiner Geschichte diese Gattung der S.n sehr gepflegt, und im AT haben sich zahlreiche Beispiele dieser Gattung erhalten. Je nach ihrem Beziehungspunkt lassen sich ethnologische, etymologische und Heldensagen unterscheiden. Zu ihnen treten noch die Orts- und Natursagen sowie die Kultsagen.

Orts- und Natursagen sowie die ethnologischen und etymologischen S.n wollen die Ursache (griech. aition) angeben, zB für die Entstehung eines Steinhaufens (Jos 7 Achans Diebstahl und seine Hinrichtung) oder eines einzelnen Namens wie den des Isaak (1Mose 17,17; 18,12; 21,6) oder den des Samuel (1Sam 1,20) oder den Stadtnamen Babel (von hebr. bālal verwirren 1Mose 11,9). Eine Ortssage liegt in der Geschichte von Sodom und Gomorrha vor 1Mose 19, die die Entstehung der öden und unfruchtbaren Landschaft im Süden des Toten Meeres zu beschreiben sucht. Die sonderbare Bergform am Südende des Toten Meeres wird erklärt mit dem Ungehorsam von Lots Frau, die sich auf der Flucht umwandte und zur Salzsäule erstarrte. Eine Tiersage ätiologischen Charakters liegt vor in der Erzählung von der Verfluchung der Schlange 1Mose 3,1-4. 14f. Das ganze dritte Kapitel des ersten Mosebuches kann als ätiologische S. aufgefaßt werden, die die Entstehung von Mühsal und Tod unter den Menschen begründen will. Ethnologische S.n liegen vor in 1Mose 19,31-38, der S. von der Entstehung der Völker Moab und Ammon aus der Blutschande der Töchter Lots mit ihrem Vater. Die Hagargeschichten 1Mose 16,4-6; 21,8-21 sind S.n, die von der Entstehung der Ismaeliter erzählen. Eine Kultsage ist in 1Mose 28,11-19, das Heiligtum von Bethel betreffend, gegeben. Sagenhafte Züge sind auch in den Geschichten von Abraham, Isaak und Jakob enthalten; doch bildet sich die eigentliche Heldensage erst in der Richterzeit aus, wofür das Richterbuch bei den sog. großen Richtern, aber auch in den Simsongeschichten Beispiele bietet. Für alle Sagenarten ließe sich das Material aus dem AT noch beliebig vermehren. Israel hat in seinem so stark geschichtsbezogenen Denken an der S. besonderes Interesse gehabt. Heute bildet in den Geschichtswerken des AT die S. einen Teil der geschichtlichen Darstellung und steht unter dem Skopus der göttlichen Geschichtslenkung, die Lohn oder

Strafe für den Menschen bereit hat. Aber auch von weiser göttlicher Führung und Hilfe weiß die S. zu berichten und dient daher an ihrem Teil dem Glaubenszeugnis des AT. Der Historiker wird diese Sagenstoffe mit Kritik behandeln müssen in Anbetracht der Möglichkeit eines historischen Kerns, der in dieser oder jener S. verborgen sein wird. *Ba*

Saiteninstrument → Musikinstrumente.

Salamis, Stadt auf Zypern, einst wichtiger Hafen an der Ostküste der Insel, von Barnabas und Paulus auf der ersten Missionsreise besucht Apg 13, 5. S. ist anläßlich des jüd. Aufstands unter Kaiser Trajan 116 nChr teilweise zerstört, unter Kaiser Konstantin als „Konstantia" neu erbaut, 648 von den Arabern erobert und endgültig vernichtet worden. Der Ort lag 9 km nördlich des heutigen Hafens Famagusta. *(Ap)*

Salbe, salben, Salbung. *1)* Auf das Waschen und Baden, das in dem heißen, staubigen Land sehr ein Bedürfnis war, folgte vielfach das bes. vor Festen übliche Salben. Es diente dazu, den Körper geschmeidig zu erhalten, sollte aber auch dem Wohlbehagen dienen Ps 45, 8 und Wohlgeruch verbreiten. Man verwendete das frische Olivenöl mit seinem feinen Aroma 5Mose 28, 40; Ps 92, 11, mischte es aber gern mit wohlriechender → Würze, Myrrhe, Aloe oder Narde HL 5, 5; 1, 12; Jo 12, 3; 19, 39. Salbenmischer, die eine eigene Zunft hatten Neh 3, 8, oder auch Sklavinnen 1Sam 8, 13 stellten kostbare Salben her 2Mose 30, 23-25. Als bes. kostbar galt das → Nardenöl HL 1, 12; Mk 14, 3. Man salbte das Haupt Pred 9, 8; Ps 23, 5; 133, 2; Mt 6, 17; Lk 7, 46, die Füße Jo 12, 3 (in der Salbung der Füße kam besondere Ehrerbietung zum Ausdruck Lk 7, 38), den ganzen Leib Hes 16, 9; Esth 2, 12. Die Salbe wurde in Flaschen 1Sam 10, 1 oder in einem Horn 1Kö 1, 39 aufbewahrt. Zum Ausgießen der Salbe verwendete man gern dünne Gefäße, zB Alabasterfläschchen Mt 26, 7, die man mit der Hand zerdrücken konnte, so daß das Salböl ausfloß Mk 14, 3.

2) Das Salben oder Bestreichen mit Öl diente der *Weihe*. Das Salben des hl. Steins, des Ortes Gottes, mit Öl 1Mose 28, 18 war eine Art Opfer. Nach dem priesterlichen Gesetz wurden die Stiftshütte, der Altar und sämtliche Geräte mit Öl bestrichen und dadurch heilig gemacht 2Mose 30, 22 ff; 40, 9-11; 3Mose 8, 10 ff. Gesalbte Personen waren die Könige 1Sam 10, 1; 16, 13; 1Kö 1, 39; 2Kö 9, 3, vgl. Ps 45, 8, und die Priester, bes. der Hohepriester. Der Priester, der in früheren Zeiten noch nicht gesalbt wurde, erhielt die Salbung nur an der Stirn; dem Hohenpriester wurde das hl. Öl aufs Haupt gegossen 2Mose 29, 7. Die kostbaren Salben für die Weihe hatten einige Priester zu mischen 1Chr 9, 30. Im NT sind die Christen, die Gott zum Glauben an Christus, d. h. den Gesalbten, geführt hat, die Gesalbten 2Kor 1, 21; 1Jo 2, 20. 27. Sie sind mit hl. Geist ausgerüstet, durch die Salbung zum königlichen Mitherrschen berufen, unantastbar und unüberwindlich.

3) Salben verwendete man auch bei der *Bestattung* der Toten. Die Leichen wurden gewaschen Apg 9, 37, gesalbt Mk 14, 8 und in Binden oder Tücher eingewickelt Mt 27, 59; Jo 11, 44; 20, 5. Bei Jesus wollten die Frauen die Salbung nachträglich noch vornehmen Mk 16, 1. *Fro*

Salcha (hebr. salkā), Ort im Ostjordanland 5Mose 3, 10; Jos 12, 5; 13, 11; 1Chr 5, 11. Die genaue Lage ist unbekannt; die übliche Gleichsetzung mit ṣalchad im dschebel ed-drūz 25 km östlich von boṣra ist aus lautlichen und sachlichen Gründen höchst unsicher. *Rü*

Salem heißt die Stadt des → Melchisedek 1Mose 14, 18. Durch die Parallele S. – Zion wird S. in Ps 76, 3 mit Jerusalem gleichgesetzt. 1Mose 14, 18 will deutlich machen, daß schon die Erzväter eine Beziehung zu Jerusalem hatten. Darum hat die seit Hieronymus bezeugte Auffassung, S. liege bei Skythopolis (Beth-Schean), kaum Wahrscheinlichkeit für sich und beruht wohl auf einer irrigen Gleichsetzung von S. und → Salim. *Me*

Salim, Jo 3, 23, der Ort in der Nähe von → Aenon, wo Johannes taufte, lag nach griech. Tradition (Euseb, Hieronymus, Mosaikkarte von Madeba) 8 Meilen südlich von Skythopolis (Beth-Schean) und ist danach wohl mit tell er-redra oder umm el-ʿamdan gleichzusetzen. Andere Vorschläge, S. bei nablus, im wadi fara (bei Jerusalem) oder bei Hebron anzusetzen, haben weniger Wahrscheinlichkeit für sich. *Me*

Salmanassar. *1)* S. III., König von Assyrien 858-824, in der Bibel nicht genannt, wurde in der Schlacht bei Karkar i. J. 853 durch eine syr. Koalition, an der u. a. Ahab von Israel und Benhadad II. (Hadadeser) von Damaskus führend teilnahmen, zunächst am weiteren Vordringen nach Syrien gehindert. Erst der Sturz der Omriden in Israel und die Ermordung Benhadads machte ihm den Weg nach Syrien frei, vgl. 2Kö 8, 7-15. Zwar gelang S. nicht die Eroberung von Damaskus; aber er hat Tribut von den meisten syr. Staaten und von Jehu von Israel erhalten. S.s brutale Waffentaten sind auf dem „Schwarzen Obelisken" verzeichnet. → Tafel 7.

2) S. V., König von Assyrien 726-722, Sohn Tiglat-Pilesers III., trägt als König von Babel den Namen Ululai. Er ist gegen den von Assyrien abgefallenen König Hosea von Israel nach Samaria gezogen und hat ihn abgesetzt. Die Festung Samaria wurde durch S.s General Sargon erobert, der alsbald selbst den assyrischen Thron bestieg 2Kö 18, 9 ff. *Peu*

Salmone, Vorgebirge im Nordosten von Kreta, an dem Paulus bei der Romreise vorbeifährt Apg 27, 7. *Ap*

Salome, eine der galiläischen Frauen, die Jesus bis Jerusalem nachfolgten, Zeugen seines

Sterbens am Kreuz wurden und am Auferstehungsmorgen zum Grab gingen Mk 15, 40; 16, 1. Aus Mt 27, 56, verglichen mit Jo 19, 25, kann geschlossen werden, daß S. die Schwester Marias, der Mutter Jesu, und die Mutter der beiden Zebedäussöhne war. — *2)* Nach Josephus hieß die Mk 6, 22 ff par. erwähnte, aber nicht mit Namen genannte Tochter der Herodias S. *Kü*

Salomo, in Jerusalem geborener Sohn Davids und der Bath-Seba, auch Jedidja (= Geliebter des Herrn) genannt 2Sam 12, 24 f, war König über das Gesamtreich Israel-Juda 965/64-926/25. Er bestieg mit Hilfe der am Hof hervortretenden Partei des Oberpriesters Zadok, des Propheten Nathan, seines Erziehers, des Söldnerführers Benaja und seiner Mutter Bath-Seba auf Grund eines dieser gegebenen oder wenigstens von ihr behaupteten persönlichen Versprechens des Königs noch vor dem Tode Davids den Thron. Er gewährte zunächst seinem älteren Bruder und Gegenkandidaten Adonia Verzeihung 1Kö 1. Im Vergleich mit der Überlieferung über David bieten uns die Berichte von der Tätigkeit S.s kein solch anschauliches Bild; es wird uns nur wenig über die Persönlichkeit des Königs (4), dafür aber um so mehr über seine Bauten (1), über Handel und Wirtschaft (2) und die Verwaltung (3) gesagt.

1) Bauten. Im Mittelpunkt der Berichte über S. steht der Tempelbau in Jerusalem, der nach kanaanäisch-phönizischem Vorbild mit Hilfe des Baumeisters Hiram von Tyrus und von tyrischen Facharbeitern errichtet wurde 1Kö 5, 15 bis 6, 38; 7, 13-51. In Jerusalem entstanden weiterhin das → Libanon-Waldhaus als Zeughaus, die Säulenhalle als Warteraum, der königliche Palast und das Palais für die Hauptfrau des Herrschers 7, 1-8; → Skizze Sp. 784. Im Lande verstreut wurden außerdem Magazinstädte für die Ablieferung der Naturalabgaben aus den Bezirken und befestigte Garnisonstädte für die Streitwagenabteilungen erbaut 9, 17-19. Stallanlagen für die Rosse sind in Megiddo ausgegraben worden (Abb. → Tafel 36).

2) Handel und Wirtschaft. Für seine Bauten war S. auf die Einfuhr von Hölzern und Edelmetallen angewiesen. Diesem Zweck diente ein Handelsvertrag mit Tyrus, das für die Lieferung jener Rohstoffe von Israel Weizen und Öl bezog. Weil S. mit der Bezahlung nicht nachkam, hat er an Tyrus 20 galiläische Städte abgetreten 1Kö 5, 24 f; 9, 10 f. Der Einfuhr von Edelmetallen nützte auch die von Ezjon-Geber am Golf von Akaba gemeinsam unternommene isr.-tyrische staatliche Schiffahrt nach → Ophir, in Südwestarabien oder Somaliland gelegen 9, 26-28; 10, 22. S. verdiente außerdem am Zwischenhandel mit Rossen und Streitwagen zw. Ägypten und Nordsyrien-Kilikien 10, 28 f. Auch die Rätsel aufgebende arabische Königin von Saba dürfte in erster Linie um der Handelsinteressen willen nach Jerusalem gekommen sein 10, 1 ff. Wie Ausgrabungen ergeben haben, betrieb der König in der Araba südlich des Toten Meeres und in Ezjon-Geber Kupferminen und Schmelzhütten.

3) Verwaltung. S. hat nach der ATlichen Überlieferung keine Kriege geführt. Seine innenpolitischen Gegner wie den alten General Joab, den älteren Prinzen Adonia und den Benjaminiten Simei aus Sauls Geschlecht hat er beseitigt. Der Oberpriester Abjathar mußte in „Pension" gehen 1Kö 2, 26 f. Der neue König hat seinen in Ressorts aufgegliederten höchsten Beamtenapparat gegenüber dem Davids vermehrt 4, 1-6. Das isr. Staatsgebilde teilte er in 12 Provinzen unter Leitung je eines Provinzialpräsidenten, wobei kanaanäische und isr. Gebiete teilweise verschmolzen wurden. Jede der Provinzen hatte jährlich einen Monat lang für die Versorgung des königlichen Haushalts aufzukommen. S. führte in Jerusalem eine echt orientalische Haremswirtschaft ein. Ob wir allerdings der phantastischen Zahl von 700 fürstlichen und 300 Nebenfrauen Glauben schenken dürfen, ist fraglich 11, 3, vgl. HL 6, 8! Als Königsfrau im eigentlichen Sinn galt eine Tochter des ägyptischen Herrschers 1Kö 3, 1. Inwieweit S. das militärische Aufgebot des Volkes überhaupt noch einberufen hat, entzieht sich unserer Kenntnis. Als neue Waffengattung führte er die mit Rossen bespannten Streitwagen ein. Damit trat in Israel der Wagenkämpfer hervor, der längerer Ausbildung und ständiger Übung bedarf, der sich gegenüber dem Kämpfer des Volksaufgebots nicht selbst ausrüsten und verpflegen konnte, sondern als Söldner im Dienst des Königs stand. Diese stehende Truppe erforderte für ihre Stationierung die schon erwähnten Garnisonstädte, die neben die Provinzialhauptstädte traten, welche politisch von den Stämmen und deren Vertretern völlig unabhängig waren 10, 26. Für die Beschaffung von Baumaterial auf dem Libanon hob S. drei Arbeitsbrigaden von je 10 000 Mann aus. Während eines Monats befand sich eine am Arbeitsort, eine auf Heimaturlaub und eine auf dem An- bzw. Abmarsch. Außerdem werden 70 000 Lastträger, 80 000 Steinhauer und 3300 Aufseher genannt 5, 27-30. Wir erfahren nichts über die Herkunft der königlichen Kaufleute. Sicherlich hat S. hiezu Kanaanäer verwendet. Eine ausgesprochene Sklavenwirtschaft hat es in Israel kaum gegeben. Dagegen dürften die Kupferminen und Schmelzhütten in der Araba durch Staatssklaven betrieben worden sein.

4) Persönlichkeit. Unter S. erreichte der königliche Absolutismus in Israel-Juda seinen einzigartigen Höhepunkt. Die Stämme und deren Vertreter scheinen aus der Politik ausgeschaltet gewesen zu sein. Als „Gesalbter Jahwes" wußte sich S. in die göttliche Sphäre erhoben. Sein Thronsessel stand auf einem Podium als siebenter Stufe, auf das sechs Stufen hinaufführten 1Kö 10, 18 f. Der Tempel war seine königliche Kapelle, deren Einweihung er als der eigentliche Oberpriester selbst vornahm. Durch die Aufstellung der Gotteslade machte er das Gotteshaus zu einem allisr. Heiligtum K. 8. Er wußte sich als Mann einer neuen Zeit. Er ist überzeugt von der Transzendenz Gottes, der nicht auf Erden wohnt 8,27. Bei schwierigen Rechtsentscheidungen erwartet er kein Gottesurteil, vgl. Ps 7; er läßt die Kläger für den Fall einer unwahren Aussage nicht sich selbst verfluchen, vgl. 4Mose 5,11 ff, sondern handelt auf Grund seiner königlichen Weisheit 1Kö 3,16 ff. Als „Aufklärer" beschäftigt er sich mit Erscheinungen der Natur 5,12 ff. Trotz seiner hervorragenden Begabung hat S. die Kräfte Israel-Judas übermäßig beansprucht, so daß es zu Aufständen unter den Angehörigen des Hauses Joseph (Ephraim-Manasse) unter Führung → Jerobeams kam, wobei der Prophet → Ahia von Silo beteiligt war 11,26 ff. Jerobeam fand ein politisches Asyl in Ägypten. Außer den galiläischen Städten, die S. an Hiram abtrat, verlor er das edomitische Gebiet östlich der Araba und das aramäische von Damaskus, so daß er abgesehen von dem durch die ägyptische Gemahlin eingebrachten, einst kanaanäischen Geser das Erbe Davids nicht voll wahren konnte.

Der Sammler der S.-Geschichte hat den König getadelt, weil er, von den vielen Frauen verführt, fremden Göttern gedient habe 11,1 ff. Aber die lange Friedenszeit, die sicher neben Lasten viel Wohlstand ins Land brachte, galt als die ideale Zeit Israel-Judas 4,20; 5,5. Nach 1Chr 29,23 saß S. sogar als Vertreter Gottes als König auf dem Thron Jahwes! Der Nachwelt galt S. als Liederdichter und Weisheitslehrer Ps 72,1; 127,1; HL 1,1; Spr 1,1; 10,1; 25,1, und noch in Jesu Tagen wußte man von seiner Herrlichkeit zu sagen Mt 6,29. *Peu*

Salz ist in Palästina reichlich vorhanden, worauf Namen wie → S.tal, S.stadt, S.meer hinweisen 1Mose 14,3; Jos 15,62; 2Sam 8,13; 2Kö 14,7; Ps 60,2. Es gilt als Zeichen der Unfruchtbarkeit und des Fluches 5Mose 29 22; Zeph 2,9; Ps 107, 34. Eine zerstörte Stadt wird mit S. bestreut, damit sie wüst bleibe Ri 9,45. Doch weiß man auch, daß S. zur Erhaltung des menschlichen Lebens nötig ist Hiob 6,6; Sir 39,31; Esra 4,14. Die Opfer Israels werden gesalzen 3Mose 2,13; Hes 43,24, vgl. Mk 9,49. Ob das mit dem Gedanken zu tun hat, die Gott gegebene Speise müsse auch genießbar sein, ist umstritten; jedenfalls ist es reine und gute, ja kostbare Gabe an Gott. Daher hat der Tempel viel S. nötig Esra 6,9; 7,22. Auch im prophetischen Wunder begegnet es uns: Elisa macht mit S. das Wasser zu Jericho genießbar 2Kö 2,20. Wie im alten Orient sonst ist auch in Israel S. beim Vertrags- und Bundesschluß das Symbol der Treue und des Friedens. So heißt 4Mose 18,19; 2Chr 13,5 der Gottesbund mit Israel und David „S.bund". Im NT heißt Kol 4,6 das Reden dessen „mit S. gewürzt", der sinnvoll und verantwortlich antwortet. Mk 9,49 f spricht vom „Salzen mit Feuer" (durch Anfechtung oder hl. Geist?). „S. bei sich haben" steht neben „Frieden halten" als Regel christl. Umgangs. — Die wichtigste Nennung des S.es im NT steht Mk 9,50; Mt 5,13; Lk 14,34: Die Jünger sind das S., das Gott in die Welt streut — zur Erhaltung und Würze dessen, was sonst fade bliebe und faulte. Wenn nun das S. fade wird? Von Natur ist's unmöglich (wenn auch das kalkhaltige S. vom Nordende des Toten Meeres auslaugen kann); aber die Gemeinde ist nicht davor sicher, unter Gottes Strafgericht zu fallen! *Ap*

Salzbund → Salz.
Salzmeer → Totes Meer.

Salztal. Das S., in dem David 2Sam 8,13 = 1Chr 18,12, vgl. Ps 60,2, und Amazja 2Kö 14, 7 = 2Chr 25,11 die Edomiter schlugen, wird meist mit dem östlich von Beerseba gelegenen wādi el-milḥ („Salztal") gleichgesetzt. Man könnte jedoch auch an ein Wadi östlich des wādi el-ʿaraba denken. *Rü*

Samaria. *1)* Die Stadt S. wurde von → Omri in strategisch und verkehrsgeographisch günstiger Lage auf dem Gebirge Ephraim gegründet und an Stelle von → Tirza zur Hauptstadt des Staates Israel erhoben. Um den Ausbau der Stadt machten sich außer Omri selbst, von dem die Akropolis stammt 1Kö 16,24, vor allem Ahab und Jerobeam II. verdient. Unter Ahab trat — sicher aus politischen Gründen — ein Heiligtum des tyrischen Baal mit einer Aschera 1Kö 16,32 f neben den vielleicht schon von Omri errichteten Jahwe-Tempel, vgl. Hos 8,5 f; Mich 1,5. Nach eineinhalb Jh.en der Blüte verlor S. schnell an Bedeutung. Als Tiglatpileser III. 733 vChr die Gebiete im Norden, Osten und Westen des Staates Israel annektierte und zu assyrischen Provinzen (Megiddo, Gilead und Dor) zusammenfaßte, blieb S. nur die Rolle einer Hauptstadt des Rumpfstaates Ephraim. Und als die Stadt 722/21 vChr nach dreijähriger Belagerung von den Assyrern eingenommen wurde 2Kö 17,6; 18,10, ließ Sargon nach eigenen Angaben 27 290 Angehörige der Oberschicht von S. deportieren und „Leute der Länder, Kriegsgefangene meiner Hände, in ihr wohnen", vgl. 2Kö 17,24 ff. Seitdem war S. nur noch Provinzhauptstadt. — Alexander d. Gr. siedelte in S. Mazedonier an. In den Makkabäerkriegen wurde S. 107 vChr von Johannes → Hyrkan erobert, unter Pompejus jedoch wieder selbständig. Herodes d. Gr., dem S. von Kaiser Augustus geschenkt worden war, schmückte die Stadt mit prächtigen Bauten, u. a. einem Augustus-Tempel, und nannte sie nach seinem Wohltäter Sebaste (lat. Augusta); daher heute noch sebasṭje. Nach und nach wurde S.-Sebaste durch das nahegelegene Sichem-Neapolis überflügelt, und so ist es nicht erstaunlich, daß S. im NT nicht erwähnt wird. — In den Jahren 1908-1910 haben D. G. Lyon, G. A. Reisner und Cl. S. Fisher für die Harvard-Universität in S. gegraben; diese Ausgrabungen wurden 1931-1933 und 1935 von der sog. „Joint Expedition" mehrerer wissenschaftlicher Institute unter Leitung von J. W. Crowfoot fortgesetzt. Die bedeutendsten Funde in der isr. Siedlungsschicht waren während der ersten Grabungsperiode Reste des von Ahab und Jerobeam II. erweiterten Omri-Palastes, des Teiches 1Kö 22,38 und der Stadtmauer, ferner eine Anzahl Ostraka, die außer für die Geschichte der hebr. Sprache und Schrift vor allem deshalb wichtig sind, weil sie einen Einblick gewähren in die Verwaltung der isr. Krongüter. In der zweiten Phase der Ausgrabungen hat bes. die Entdeckung von Elfenbeinarbeiten in ägyptisierendem Stil, vgl. 1Kö 22,39; Am 3,15, Aufsehen erregt (→ Sp. 257, → Tafel 37, 38).

2) Nach der Einnahme S.s durch Sargon 722/21 vChr wurde auch der noch verbliebene Rumpfstaat Ephraim in eine assyrische Provinz umgewandelt, die nach ihrer Hauptstadt den Namen S. erhielt. Erst von da an war es möglich, von den „Städten S.s" 2Kö 17,24; 23,19 (vorwegnehmend schon 1Kö 13,32), den „Kriegsleuten in S." (Luther: Mächtige zu S.) Neh 3,34 usw zu reden. Auch unter den Neubabyloniern und Persern blieb die Provinz S. bestehen, ja, nach der Eroberung Jerusalems 587 vChr wurde Juda S. unterstellt und erst unter Nehemia, um 450 vChr, selbständige Provinz. Im Zusammenhang damit kam es in S. zu einer Neuregelung des Kultus: um 300 vChr wurde das Heiligtum auf dem Garizim errichtet. Die an Jerusalem als kultischem Mittelpunkt festhaltenden Distrikte der Provinz lösten sich im 2.Jh. mit Genehmigung der Seleukiden von S. — 63 vChr wurde S. von Pompejus zu Syrien geschlagen. Nach der Absetzung des Archelaus 6 nChr waren Judäa, S. und Galiläa, abgesehen von einer kurzen Unterbrechung unter Agrippa I., unter römischer Herrschaft vereint, hatten aber getrennte Verwaltung und Gesetzgebung. — Im NT wird die Landschaft S. Lk 17,11; Jo 4,4.5.7, sowie Apg 1,8; 8,1.5.9.14; 9,31; 15,3 genannt. *Rü*

Samariter.

1) Der *Name* S. (so Luther im Anschluß an die griech. Bezeichnung samarites) ist gleichbedeutend mit Samaritaner (von lat. samaritanus) und bezeichnete ursprünglich die Bewohner des mittelpalästinischen Berglandes um die Stadt → Samaria 2Kö 17,29. Später bekam der Name S. einen besonderen religiös-politischen Klang (so zB im NT) und wird heute für eine kleine Kultgemeinschaft in Nablus (in der Nähe des alten Sichem) gebraucht (vgl. auch → Kutha).

2) Die *Geschichte* der S. hat ihre letzten Wurzeln in dem uralten Gegensatz zw. den mittel- und den südpalästinischen isr. Stämmegruppen, der nur vorübergehend unter David und Salomo ruhte, doch vgl. 2Sam 20,1; 1Kö 12,16 f. Dieser Gegensatz war nicht nur ein politischer, sondern ebenso ein kultischer, wie 1Kö 12,26 ff zeigt. Er betraf allerdings nicht den verehrten Gott; dieser war vielmehr im Norden wie im Süden Jahwe. Daran änderte sich auch nichts durch die gewaltsamen Völkerverschiebungen unter den Assyrerkönigen nach der Eroberung Samarias (721 v Chr) 2Kö 17,23 ff; Esra 4,2.10, durch die mit der fremden Oberschicht auch fremde Kulte nach Samarien kamen. Selbst 2Kö 17,24 ff läßt erkennen, daß die verschiedenen Kulte getrennt nebeneinander bestanden.

Eine gewisse Änderung der Verhältnisse trat durch die Zentralisation des Kultes durch → Josia ein, der nach 2Kö 23,15 ff auch die Kultstätten der Provinz Samaria beseitigte. Damit wurde Jerusalem aufs neue zentrales Heiligtum für Judäer und S., blieb es auch nach der Zerstörung des Tempels (587 vChr). Erst als auf Grund des Kyros-Erlasses, vgl. Esra 1 (→ Cyrus II.), der Tempel in Jerusalem erneut gebaut werden sollte, brach der uralte Gegensatz wieder auf, und zwar seitens der Judäer, die die S. als „Unreine" nicht an ihrem Heiligtum beteiligt wissen wollten Hagg 2,10 ff. Als dann unter Nehemia Judäa auch politisch von Samaria unabhängig wurde, war im Grunde die Separation der S. ausgelöst, wenn sie auch praktisch erst mit dem Bau eines eigenen Heiligtums auf dem Berg → Garizim vollzogen wurde (etwa um 300 vChr).

Bis dahin galt der Jerusalemer Tempel wohl auch für die S. als zentrale Kultstätte. Jedenfalls zeigt die Übernahme des → Pentateuch durch die S. als Grundlage für ihren Kult, daß sie eine geraume Zeit am Kult in Jerusalem beteiligt gewesen sein mußten; denn dort hatte sich im Lauf der Perserzeit der Pentateuch als hl. Schrift eingebürgert. Der Tempel auf dem Garizim wurde 128 vChr durch den Hasmonäer → Johannes Hyrkan zerstört; doch blieb der Kult, vor allem die Passafeier, erhalten Jo 4,20 f.

Das Verhältnis der Juden zu den S. blieb ein beiderseitig gespanntes. Für die Juden galten die S. als Heiden, das Wort S. wurde geradezu als Schimpfwort gebraucht Jo 8,48, wenn auch → Herodes d. Gr. einerseits und einige Rabbinen um 100 nChr andererseits (vor allem Rabbi Akiba) um eine Entspannung bemüht waren.

3) Die *Religion* der S. ist ein streng nach dem Gesetz ausgerichteter Monotheismus. Der erwählte Ort, an dem die Väter angebetet haben Jo 4,20, der Morija 1Mose 22,2, ist bis heute für sie der Garizim. Als hl. Schrift gilt bis heute eine alte Fassung des Pentateuch, die auch im Judentum weiterlebte, wie Textfunde von → Qumran gezeigt haben. Jüngere Lehren des jüd. Glaubens (Engel, Eschatologie, Totenauferstehung) fanden entweder gar nicht oder erst spät Aufnahme bei den S.n. Die Messiasvorstellung Jo 4,25 sieht von den Davididen ab. Als → Messias wird der in 5Mose 18,15 ff verheißene Prophet erwartet, Taēb, „Wiederhersteller" genannt, weil von ihm die Wiederherstellung des Kultus erhofft wird.

4) Die *Stellung der ersten Christen* zu den S. ist einerseits durch das Wort Mt 10,5 f gekennzeichnet: die S. galten auch in Jesu Augen als Heiden, vgl. die Bezeichnung „dieser Fremdling" für den S. in Lk 17,18. Wenn nach Apg 8,5 ff, vgl. 1,8, das Evangelium in Samarien verkündet wurde, so war damit der erste Schritt in der Heidenmission getan. Andererseits wurden die S. den Juden als beschämende Vorbilder der Nächstenliebe Lk 10,30 ff und der Dankbarkeit Lk 17,11 ff vorgehalten. Auch wies Jesus den vergeltenden Haß der Jünger zurück Lk 9,55. Wie mit allen Verstoßenen nahm Jesus auch mit den S.n — selbst auf die Gefahr der eigenen Verunreinigung Jo 4,9 — Gemeinschaft auf und verkündete ihnen das Evangelium Jo 4,1-42. Gerade in dieser Gemeinschaft kündete sich die Erfüllung der Heilszeit an, die mit Jesu Kommen schon angebrochen ist.

Lit.: M. Noth, Geschichte Israels, [5]1963; J. Jeremias, Theol. Wörterb. z. NT, Bd. VII, S. 88 ff. *Bo*

Same. *1)* S. von Pflanzen 1Mose 1,11 f. 29; Saatgut 1Mose 47,19; 5Mose 11,10. Zur Bestimmung über rein und unrein vgl. 3Mose 11,37 f. — *2)* S. von Menschen und Tieren 3Mose 15,16 ff. — *3)* Nachkommen von Menschen werden seit 1964 nicht mehr als S. Abrahams (u. dgl.) bezeichnet, → Nachkommen.

4) S. und Säen wurden gern im Gleichnis benützt Jes 61,11; Ps 126,5f. In den Gleichnissen Jesu ist der S. der Pflanzen ein Bild für die Geheimnisse des Reiches Gottes. Es wächst von selbst wie die Saat Mk 4,26 ff. Es breitet sich aus wie die Pflanze, die aus der kleinsten Samenart, dem Senfkorn, entsteht Mk 4,31 par. Die Saat Gottes und die des „Feindes" (→ Satan) wächst zusammen bis zur Ernte (→ Gericht) Mt 13,24. Nach der Deutung Mt 13,36 ff sind mit dem guten S.n die Söhne des Reiches gemeint. Das Wort Gottes wird dem S.n gleich ausgesät Lk 8,5 ff par. Die Christen sind aus unvergänglichem S.n, dem Wort Gottes, wiedergeboren 1Petr 1,23. Sie begehen keine Sünde, weil der S. Gottes (Lebenskeim; der hl. Geist, nach anderen das Wort) in ihnen ist 1Jo 3,9. — Wie jede Samenart von Gott eine besondere Gestalt bekommt, so wird auch der Mensch in der Auferstehung einen neuen Leib empfangen 1Kor 15,38. *Oßw*

Samgar, Sohn des Anath (die Namen sind churritisch und kanaanäisch), mutmaßlich noch Ri 5,6 als ein fremder Bedrücker erwähnt, ist in der späteren Notiz Ri 3,31 als Volksheld unter die isr. Rettergestalten eingereiht. *Schw*

Samgar-Nebo, nach Jer 39,3 einer der höchsten an der Eroberung Jerusalems beteiligten Beamten des neubabylonischen Königs Nebukadnezar. Vielleicht ist aber S. gar kein Eigenname, sondern Titel für den voranstehenden Nergal-Sarezer und als Sar-Simmager = „Statthalter der Stadt Sin-Magir" zu lesen. *Peu*

Samos, Insel an der Westküste Kleinasiens, westlich von Ephesus, seit 134 vChr römisch, mit einer jüd. Gemeinde 1Makk 15,23, von Paulus auf der letzten Fahrt nach Jerusalem berührt Apg 20,15. *Schl*

Samothrake, Insel im Nordteil des Ägäischen Meeres, im Altertum durch Mysterienkulte berühmt, von Paulus auf der Anfahrt nach Europa berührt Apg 16,11. *Ap*

Samuel. Die Quellen über S. sind im 1Sam-Buch enthalten und zeigen deutlich priesterliche, politische und prophetische Traditionsakzente, so daß man drei Traditionskreise annehmen muß, Priester (1Sam 1; 2,11. 18 b-21; 3; 7; 8; 10,17 ff; 12), Politiker (1Sam 9,1-10,16; 13,2. 3 ff. 7 b ff; 11; 14) und Propheten (1Sam 2,13-16. 27-31; 15). Dies läßt erkennen, daß S. eine überragende Bedeutung für seine Zeit gehabt haben muß und die Nachfahren diese Bedeutung auch recht zu ermessen wußten. Nach seiner Jugendgeschichte 1Sam 1-3 ist er dem Heiligtum in Silo, dem Zwölfstämmeheiligtum, zum → Nasiräat übergeben worden; im Heiligtum in Silo erfolgt seine Berufung durch Jahwe 1Sam 3, und das von ihm verkündete Gotteswort richtet sich gegen das Priestertum des Heiligtums in Silo. Daß die prophetischen Elemente in seiner Wirksamkeit bei weitem überwogen, geht aus seiner Stellung zur Heiligtumsstätte in Silo und zur hl. Lade hervor. Er hat sich um beide nach der Zerstörung des Heiligtums und nach dem Verlust der Lade nicht gekümmert, hat aber in der Zeit der philistäischen Besetzung offenbar den alten Jahweglauben, insbesondere die Erinnerung an die geschichtlichen Heilstaten Jahwes bei der Herausführung aus Ägypten und der Hineinführung in das Kulturland lebendig erhalten, sofern ein Zusammenhang anzunehmen ist zw. ihm und den Prophetenscharen, die seinerzeit mit Musikbegleitung und Liedern im Land herumzogen und damit als Erwecker und Wiederbeleber des alten Jahweglaubens sicher eine große Wirkung hatten 1Sam 10,5 f. Er weist Saul selbst auf eine Begegnung mit diesen Propheten hin, wobei die ekstatischen Erscheinungen keineswegs im Sinn einer künstlich herbeigeführten Ekstase zum Zweck der Bewußtseinsentleerung abfällig bewertet werden dürfen. Im Gegenteil dürfte es sich um einen gehobenen Zustand handeln, der eine neue, lebendige Jahweerkenntnis zum Inhalt hat.

Offenbar unter dem Druck der Ältesten Israels 1Sam 8,4 ff ist S. darauf eingegangen, Saul zum König zu designieren 1Sam 10,1 ff, wobei er wohl von vornherein die Absicht gehabt hat, dem König als Anwalt des Anspruchs Jahwes gegenüberzutreten. Daß in diesem Zusammenhang Saul nur nāgīd = „Gemeldeter, Fürst" genannt wird und nicht melek = „König", ist sehr bezeichnend, da der Königstitel offenbar Jahwe als dem wahren König Israels vorbehalten bleiben sollte.

Im Krieg gegen die Amalekiter 1Sam 15 kommt es durch S. zur Verwerfung Sauls, der das Recht Jahwes schmälerte, indem er wohl im Interesse einer Politik, die die Amalekiter gewinnen wollte, ihren König Agag am Leben ließ. S. vollstreckt selbst den Jahwebann an ihm 1Sam 15,31 ff. Die jahwistische Erweckungsbewegung hat in S. ihren markanten Vertreter gehabt. Sein Konflikt mit dem irdischen Königtum schien unter diesen Umständen unvermeidbar. Sein Heimatort ist → Rama, heute er-rām, einige Kilometer nördlich von Jerusalem östlich der Straße auf einem nach Süden abfallenden Hügel gelegen. Dort ist er nach 1Sam 25,1 begraben worden. Spätere Überlieferung suchte seinen Heimatort in rentīs, nordwestlich von er-rām gelegen. → Tafel 34. *Ba*

Samuelbücher.

1) Name. 2) Inhalt. 3) Traditionen.

1) In Talmud Baba batra 14 b heißt es: „Samuel schrieb sein Buch und Richter und Ruth." Demnach würde das Buch den Namen vom Verfasser haben. Da 1Sam 25,1 der Tod Samuels zu Rama berichtet wird, kann Samuel nicht der Verfasser sein. Der Buchname könnte sich nur auf den ersten Teil des ersten Buches beziehen, in dem Samuel eine wesentliche Rolle spielt. Theologische Motive, insbesondere das Interesse an seiner Prophetengestalt, könnten mitgewirkt haben. Auch die Tatsache, daß 1Chr 29,29 eine Geschichte des Sehers Samuel erwähnt wird, könnte die Benennung veranlaßt haben. Da die Schlußmasora hinter 2Sam 24 steht, läßt sich schließen, daß beide Bücher ursprünglich ein Buch bildeten. LXX und Vulgata fassen beide Bücher mit den Königsbüchern zusammen als „Buch der Königsherrschaften" und trennen 1Sam u. 2Sam sowie 1Kö, 2Kö als vier einzelne Bücher ab, die mit den Buchstaben des Alphabets gezählt werden.

2) 1Sam 1-3 enthalten die Jugendgeschichte Samuels bis zu seiner Berufung in Silo. 1Sam 4,1-7,1 erzählen die Schicksale der im Kampf bei Aphek von den Philistern erbeuteten hl. Lade bis zu ihrer Abstellung im Landstädtchen Kirjath Jearim. 7,2-17 berichten über einen Angriff der Philister auf die in Mizpa versammelten Israeliten. Durch Gebet und Opfer bewirkt Samuel die Errettung Israels aus dieser Philisternot. Samuel wird als „kleiner → Richter" geschildert 1Sam 7,15-17. 1Sam 8-11 enthalten verschiedene Berichte über die Entstehung des Königtums. 1Sam 12 bringt Samuels Abschiedsrede an Israel. K. 13 f enthalten eine Erzählung über Sauls Philisterkrieg. 1Sam 14,47-52 gibt Einzelnachrichten über Kriege Sauls, über seine Familie und die Gründung einer Söldnertruppe. 1Sam 15 Amalekiterkrieg Sauls und Verwerfung durch Samuel wegen Verletzung des Gottesrechtes (Bannrecht!). 1Sam 16-31 schildern die Rivalität zw. David und Saul: Salbung Davids durch Samuel 16,1-13; Davids Hofdienst bei Saul 16,14-23; David und Goliath K. 17; Saul und David, David und Jonathan, Davids Heirat mit Michal K. 18-20; David auf der Flucht vor Saul und sein Übertritt zu den Philistern K. 21-27; Philisterkämpfe und Sauls Ende K. 28-31. 2Sam 1-4 Davids Königtum in Hebron. K. 5 David König über Gesamtisrael, Philistersiege. K. 6 Überführung der Lade nach Jerusalem. K. 7 Nathans Weissagung über den Bestand der Daviddynastie, Tempelbauplan. K. 8 Davids Kriege gegen die ostjordanischen und aramäischen Staaten. K. 9 Fürsorge für den Sohn Sauls Meribaal. K. 10-12 Ammoniterkrieg und Bathseba-Affäre. K. 13-19 Absaloms Aufstand, seine Niederwerfung und Davids Rückkehr nach Jerusalem. K. 20 der Aufstand des Scheba. 21,1-14 Ausrottung der letzten Sauliden. 21,15-22 Helden Davids in den Philisterkriegen. K. 22 = Ps 18. 23,1-7 Davids letzte Worte. 23,8-39 listenmäßiges Verzeichnis der Helden Davids. 24,1-16 Volkszählung Davids und Jahwes Strafe. 24,17-25 Kauf der Tenne Arawnas als Bauplatz für den künftigen Tempel.

3) Die beiden S. als Teil des deuteronomistischen Geschichtswerks sind selbstverständlich aus verschiedenen alten Überlieferungsstücken zusammengesetzt, die oft zueinander in Spannung stehen. So sind zB zwei verschiedene Traditionen über die Besiegung Goliaths vorhanden 1Sam 17; 2Sam 21,19, ebenso über das Kommen Davids an den Hof Sauls 1Sam 16,14-23; 17,12-31. Doppelberichte sind vorhanden in 1Sam 24 u. 26; 1Sam 31 u. 2Sam 1. Diese literarischen Auffälligkeiten, die in den Berichten über die Einsetzung des Königs ebenfalls vorhanden sind 1Sam 8-12, führen zur Annahme von verschiedenen Traditionskomplexen, die vor ihrer Einarbeitung in die S. schon feste literarische Formen bzw. solche feste Form in der mündlichen Tradition angenommen hatten. Folgende Komplexe wird man unterscheiden dürfen: 1) Die Ladegeschichten, die unmittelbar an die Philisternot des Richterbuches anknüpfen 1Sam 4,1-7,1. Dazu fügte der Verfasser des deuteronomistischen Geschichtswerks die Jugendgeschichte Samuels 1Sam 1-3 sowie 1Sam 7, in dem er Samuel als einen „kleinen Richter" darstellte und zugleich den entscheidenden Philisterkrieg auf Jahwe und nicht auf den irdischen König zurückführte. 2) Ein weiterer Komplex war die Erzählung vom Königtum Sauls in den K. 8-15, dann 3) die Geschichte vom Aufstieg Davids 1Sam 16 bis 2Sam 5 und schließlich 4) die Geschichte der Thronfolge Davids 2Sam 9-20; 1Kö 1 f. Diese Traditionskomplexe sind offenbar in Kreisen entstanden, die selbst in der Umgebung der Herrscherpersönlichkeit und des Hofes bestanden und daher eindringende Kenntnis der Details erworben haben (so bes. in der Darstellung der Intrigen um die Thronfolge Davids 1Kö 1; 2 erkennbar). Von manchen Kapiteln ist sogar ein sehr spezieller Anlaß ihrer Entstehung und ihrer Verwendung behauptet worden. So soll 2Sam 6 die Kultlegende eines königlichen Zionsfestes sein, bei dem durch den Propheten Nathan 2Sam 7 verkündigt worden wäre. Der Komplex der Kapitel, die von der Einsetzung des Königs handeln 1Sam 8-12, ist nur durch genaue Einzelexegese in verschiedene, mindestens zwei Traditionen zu zerlegen, von denen die eine königsfeindlich, die andere weniger königsfeindlich zu sein scheint. Die zeitliche Ansetzung der Kapitel muß ebenfalls genauer historischer Untersuchung überlassen bleiben. 1Sam 11 wird in den neuesten Forschungen zB als eine Waffentat Sauls angesehen, die schon lange vor seiner Königskürung vollbracht worden ist, möglicherweise noch vor Beginn der Philisterinvasion.

Die Spur deuteronomistischer Bearbeitung liegt bes. 1Sam 7.8.12; 2Sam 7,12b.13a.22-24 und an anderen Stellen vor. Nach dieser Bearbeitung werden noch 1Sam 2,1-10; 2Sam 22; 23,1-7 eingefügt worden sein.

Lit.: W. Nowack, Die Bücher Samuel (Göttinger Handkommentar zum AT), 1902; H. Greßmann, Die älteste Geschichtsschreibung und Prophetie Israels (Schriften des AT), [2]1921; W. Caspari, Die Samuelbücher (Kommentar z. AT), 1925; M. Noth, Überlieferungsgeschichtliche Studien I, 1943; H. W. Hertzberg, Die Samuelbücher (ATD 10), 1956; K. Gutbrod, Das Buch vom König, Das erste Buch Samuel, [2]1959; Das Buch vom Reich, Das zweite Buch Samuel, 1958 (Botschaft des AT, 11 I u. II). *Ba*

Sanballat, der „Horoniter" — aus einem der Beth-Horon genannten Orte in Ephraim Jos 16, 3.5 oder aus Horonaim in Moab Jer 48,3 — war schon vor → Nehemias Ankunft in Jerusalem i. J. 445 persischer Statthalter und bekleidete nach einem Papyrus aus Elephantine noch i. J. 408 dieses Amt. S. versuchte vergeblich, Nehemia, den persischen Statthalter über das soeben aus dem Bezirk Samaria ausgegliederte Juda, beim Mauerbau Jerusalems und bei der Neuordnung der Tempelgemeinde zu hindern, indem er ihn verspottete, des Hochverrats bezichtigte, unzufriedene Elemente gegen ihn aufstachelte und ihm nach dem Leben trachtete Neh 2,10.19; 3,33f; 4,1f; 6,1ff. Eine Tochter S.s war mit dem Sohn oder Enkel des amtierenden Hohenpriesters verheiratet, den Nehemia wegen nichtjüd. Eheverbindung des Landes verwies 13,28. *Peu*

Sandelholz, ein edles Holz, das Salomo nach 1Kö 10,11f; 2Chr 9,10f aus Ophir bekam und für irgendwelches Zubehör im Tempel und Palast (Luther riet auf Pfeiler und Treppen) und für Musikinstrumente verwendete. Nach 2Chr 2,7 habe es S. auch auf dem Libanon gegeben. Heute ist S. ein wohlriechendes indisches Holz. *Schl*

sanft, Sanftmut, sanftmütig. *1)* Bildlich von Dingen und Zuständen 1Kö 19,12; Spr 22,18; 29,17; Jes 30,10; Jer 31,26; Hes. 34,14.

2) Im Unterschied von sanft als Eigenschaft 1Mose 25,27 ist S. eine aus Selbstüberwindung kommende Haltung ohne weichlichen Zug. *a)* Jesus nennt sich sanftmütig Mt 11,29, weil er mit Freundlichkeit den Menschen begegnet und ihre Last trägt, zusammen mit → demütig, weil er ohne Gewalt sein Reich des Friedens bringt Mt 21,5. Deshalb ist auch sein Joch sanft Mt 11,30. Die Sanftmütigen nennt er selig Mt 5,5, die ihre Armut (V.3; Lk 6,20) in Hoffnung auf Gott tragen und sich nicht mit Gewalt durchsetzen wollen. *b)* Bei Paulus und Jakobus ist die Sanftmut eine Kraft Christi 2Kor 10,1, eine Folge seiner Berufung und Erwählung Eph 4,1f; Kol 3,12, Zeichen der Weisheit Jak 3,13, Frucht des Geistes 1Kor 4,21; Gal 5,22, nach der Gottesmenschen trachten 1Tim 6,11. S. als Beherrschung alles dessen, was die Liebe verletzt, tut not zum Annehmen des Wortes Jak 1,21, zur Verantwortung über die Hoffnung 1Petr 3,15f, zum Zurechtweisen und -helfen Gal 6,1; 2Tim 2,25, allen gegenüber Tit 3,2 (vgl. 4Mose 12,3; Sir 45,4). Sanftmut ist ein Schmuck der christl. Frau 1Petr 3,4. *Pfi*

Sanherib, König von Assyrien 704-681, zeichnete sich als Bauherr, Wasseringenieur, technischer Erfinder und Begründer der Baumwollkultur aus, ließ es aber trotz seiner hohen Gaben am Sinn für die Wirklichkeit und die Grenzen des Möglichen fehlen. So bedeuten seine für uns berühmtesten politischen Taten für ihn letzten Endes eine Niederlage. 701 zog S. nach der „Prisma-Inschrift" nach Syrien-Palästina, zerschlug ein phönizisch-philistäisches Bündnis, dem sich auch Hiskia von Juda anschloß. Lediglich Tyrus konnte sich dank seiner Insellage halten. Ein ägyptisches Entsatzheer wurde bei Eltheke außer Gefecht gesetzt. S. ließ ganz Juda durch seine Truppen besetzen. Hiskia konnte sich in dem belagerten Juda noch halten — „ihn selbst machte ich zu einem Gefangenen in Jerusalem, seiner königlichen Residenz, wie einen Vogel in einem Käfig"; ebenso vermochte die westliche Grenzfestung Lachisch Widerstand zu leisten. In dieser für den Staat Juda höchst kritischen Lage kaufte sich der judäische König frei. S. nennt als Tribut 30 Talente Gold und 800 Talente Silber, Töchter und Nebenfrauen des Königs, Sänger und Sängerinnen u. a. Die judäische Sicht der Belagerung und Rettung Jerusalems lernen wir 2Kö 18,13-19,36 kennen. Der Prophet Jesaja hat den judäischen König Hiskia zum Durchhalten aufgefordert; S. werde abziehen. Man hat den Abmarsch der Assyrer als das große Wunder angesehen. Vielleicht waren es Seuchen im eigenen Heer oder Unruhen in der Heimat, die S. bewogen, nach Erhalt des Tributs abzuziehen, ohne die Früchte seines Feldzuges wirklich ernten zu können.

Weil S.s Sohn als König von Babel ermordet worden war, nahm er furchtbare Rache an dieser altheiligen Stadt, die er mit allen Heiligtümern völlig zerstörte. Er verschleppte die Mardukstatue und ließ die hl. Erde auf Schiffen fortfahren. Über die Trümmerstätte leitete der erzürnte König Wasser, um alle Spuren der einstigen Herrlichkeit jener Stadt auszulöschen. Er hat damit der assyrischen Sache nur geschadet. Schon sein Sohn Asar-Haddon hat Babel wieder aufgebaut. Nach dem Urteil der Zeitgenossen hatte sich Jahwe in Jerusalem und Marduk in Babel behauptet!

Um so prächtiger ließ S. die von ihm erwählte Residenz → Ninive ausbauen. Er ist in einem Tempel, wahrscheinlich dem Ninurta-Tempel in Kelach, durch einige seiner Söhne ermordet worden 2Kö 19,37. *Peu*

Sanoach. Zwei Orte in Juda. *1)* In der Schephela Jos 15,34; 1Chr 4,18; Neh 3,13; 11,30, heute chirbet zānū' 3 km nördlich von bēt nettīf. — *2)* Im Gebirge Jos 15,56, vielleicht chirbet jaqīn. *Rü*

Saphir → Edelsteine.
Saphira → Ananias.

Sara, Sarai (der Grund der Namensänderung 1Mose 17,15 ist nicht erkennbar; beide Namen = „Fürstin").

1) Abrahams Halbschwester 1Mose 20,12 und Gattin, die mit ihm auf Gottes Geheiß aus Ur in Chaldäa nach Haran aufbricht 11,31 und von dort mit ihm weiter nach Kanaan zieht 12,5. Auf all seinen Wanderungen bleibt sie ihm zur Seite, bis sie 127jährig in Hebron stirbt, wo Abraham für sie das Patriarchengrab in der Höhle von Machpela erwirbt 23,1 ff. Die beiden Berichte 1Mose 12 u. 20, in denen S.s Schönheit sie selbst und Abraham in Gefahr bringt, meinen wohl trotz der Verschiedenheit in der Angabe des Ortes und der handelnden Personen den gleichen Vorgang: Die Ahnfrau Israels wird durch Verrat preisgegeben; aber Gottes Allmacht und Weisheit greift ein; bewahrend hält er die Hand über S., die den Träger der Verheißung, Isaak, gebären soll 21,1 ff. Das Warten auf die Geburt dieses Sohnes, der S. erst im Alter von 90 Jahren geschenkt werden soll 17,17, stellt die Eltern auf eine Geduldsprobe, in der S. nicht die gleiche Glaubenskraft wie Abraham bewährt. Zuvor versuchte sie wegen ihrer Kinderlosigkeit, Gottes Wege eigenmächtig zu durchkreuzen, indem sie nach damaligem Rechtsbrauch ihre ägyptische Sklavin → Hagar ihrem Mann zur Nebenfrau gab, um auf diesem Weg Mutter seines Sohnes Ismael zu werden (vgl. dazu Rahel und Lea mit ihren Mägden) 16,1-6. Sie selbst verfolgt und verstößt dann Hagar und Ismael mit Eifersucht und liebloser Härte 16,6; 21,10. Als Gott dem greisen Paar die Verheißung des eigenen Leibeserben schenkt, begegnet ihr S. mit Zweifel und Spott 18,12 f. Gott aber beschämt ihren Kleinglauben, indem er S. zur Stammutter seines erwählten Volkes macht. Ihr spöttisches Lachen wandelt sich in dankbare Freude 21,6 f, ein Sieg der göttlichen Gnade 21,1: „Gott sucht S. gnädig heim." Trotz ihrer menschlichen Schwächen wird S. in der späteren isr. Überlieferung als Ahnfrau des Gottesvolkes gepriesen Jes 51,2. Das NT betont ihren Glauben, der sich auf Gottes Treue verläßt Hebr 11,11, und stellt sie ihren „Töchtern", den Christinnen, als Vorbild rechtschaffener Gattentreue vor Augen 1Petr 3,6. In allegorischer Schriftdeutung stellt Paulus Gal 4,21 ff S. der Hagar gegenüber als Urbild des neuen Gottesbundes der Freiheit, im Vergleich zu Hagar als dem Urbild des Gesetzesbundes vom Sinai.

2) S. die Tochter des Raguel in Ekbatana, die der junge Tobias freit Tob 7. *Schw*

Sarder → Edelsteine.

Sardes, Stadt in Lydien am Tmolus-Gebirge südlich des Hermos-Flusses, 75 km östlich von Smyrna, einst Sitz des sagenhaft reichen Königs Krösus, später unter persischer, griechischer, dann römischer Herrschaft. Von der Christengemeinde in S. spricht Offb 1,11; 3,1 ff. Das Drohwort von 3,3 ist erfüllt: neben dem ärmlichen Dorf Sart blieb nur die große Totenstadt nördlich des Hermos-Flusses. *Ap*

Sardonyx → Edelsteine.
Sarepta → Zarpath.

Sarezer (babylonisch „er schütze den König"). *1)* Sohn und Mörder des assyrischen Königs Sanherib 2Kö 19,37; Jes 37,38. — *2)* Zeitgenosse des Propheten Sacharja, der als Abgesandter der Gemeinde von Bethel in Jerusalem anfragte, ob das Trauerfasten um den zerstörten und nunmehr im Aufbau befindlichen Jerusalemer Tempel fortzusetzen sei Sach 7,2. Andere lesen den Eigennamen „Bethel-Sarezer" und sehen in diesem Mann einen Abgesandten der babylonischen Diaspora in gleicher Eigenschaft. (Der Name Bethel findet sich in den Papyri von Elephantine als Eigenname). *Peu*

Sarg. Der vor allem in Ägypten heimische S. mit Deckel („Lade") 1Mose 50,26 oder der Sarkophag aus Holz, Stein, Ton oder Metall (so wohl 5Mose 3,11) war in Israel nicht üblich und wurde nur ausnahmsweise von Reichen importiert. Der Verstorbene wurde auf einer offenen, transportablen Bahre 2Sam 3,31; Lk 7,14 aufgebahrt und mit ihr 2Chr 16,14, meist jedoch ohne sie 2Kö 13,21 am Begräbnisort niedergelegt. Diese Bahre wird nicht selten „sein Lager" oder irgendein Bett gewesen sein 2Kö 4,21.31, wie ja auch der Begriff für „Bahre" mit dem für „Lager" im Hebräischen identisch ist. *Kn*

Sargon II., König von Assyrien 721-705, eroberte nach seinen eigenen Angaben wohl noch als Feldherr Salmanassars V. Samaria und bereitete i.J. 722/21 dem Staat Israel das Ende. Er deportierte 27230 Israeliten und siedelte Fremdstämmige in Samarien an 2Kö 17,1-6; 18,9-12. S. hat gewaltsam den assyrischen Thron bestiegen. Des Aufstandes der erst kurz zuvor gebildeten assyrischen Provinzen in Syrien-Palästina konnte er i.J. 720 bald Herr werden; Hamath wurde assyrische Provinz. Der Philisterkönig Hanno von Gaza versuchte vergeblich mit ägyptischer Hilfe wieder in Palästina Fuß zu fassen. 717 fiel der letzte noch nicht völlig aramaisierte Hethiterstaat Karkemisch in die Hände S.s. Bei Thronwirren in Asdod kam es i. J. 713 erneut zu einem Abfall von Assyrien, der auf andere südpalästinische Staaten, auch Juda, übergriff. Damals erschienen äthiopische Gesandte des Pharao in Jerusalem Jes 18,1-6.

Doch hat sich Hiskia von Juda, auf die Warnungen des Jesaja hörend, noch rechtzeitig vor dem erfolgreichen Eingreifen S.s aus der Koalition lösen können 20, 1-6.

Seine militärischen Großtaten aber vollbrachte S. im Norden und Süden seines Reiches. Er hat im Norden in einem harten Gebirgskrieg die Macht des Staates Urartu i.J. 714 brechen können. Schließlich besiegte er i.J. 709 den Aramäerfürsten Marduk-Apalidinna (Merodach-Baladan) von Bit-Jakin, der die Herrschaft in Babel an sich gerissen hatte. S. hat sich von nun an selbst als Statthalter von Babel bezeichnet. Er erbaute sich als neue Residenz Dur-Scharukin, d. h. Sargonsburg, an der Stelle des heutigen Chorsabad. S. fand den Soldatentod wahrscheinlich im östlichen Kleinasien. *Peu*

Sarkophag → Sarg.

Saron Jos 12, 18 (Luther: Lasaron) heißt der nördliche Teil der palästinischen Küstenebene, der im Osten von der → Schephela, im Süden (wahrscheinlich) vom Gebiet von → Lydda Apg 9, 35 und im Norden von den Ausläufern des → Karmel Jes 35, 2 begrenzt wird. Die S.-Ebene wird von sechs perennierenden Flüssen durchströmt, deren wichtigste der nahr ez-zerqa (Krokodilfluß) im Norden und der nahr el-'ödscha im Süden sind. Sie ist nicht nur unmittelbar an der Küste, sondern auch in einem breiten, von Norden nach Süden verlaufenden Streifen im Landesinneren von roten Sanddünen bedeckt. Diese sind zwar heute weitgehend befestigt und mit Orangenhainen bepflanzt, waren aber im Altertum kaum kultivierbar. Dementsprechend liegen die meisten antiken Siedlungen östlich davon zu Füßen der Schephela. Das Gebiet dort war zZ des AT ebenso wie Libanon, Basan und Karmel wegen seiner Fruchtbarkeit HL 2, 1 und seines Viehreichtums 1Chr 27, 29, vgl. Jes 65, 10, berühmt. Heute gilt die ganze S.-Ebene als fruchtbar und ist mit etwa 500 Einwohnern je qkm die am dichtesten besiedelte Landschaft des Staates Israel; → Palästina 9). *Rü*

Satan, im Hebräischen „Widersacher", bezeichnet den Gegner Gottes, der beständig Gottes Werk zu stören sucht, oft in täuschender Verstellung 2Kor 11, 14, der darum Jesus verführen will Mt 4, 10 und seinen Apostel hindert 1Thess 2, 18; 2Kor 12, 7, der in den Menschen einen bösen Willen weckt Mt 16, 23; Lk 22, 3; Mk 4, 15; Apg 5, 3, Unglauben schafft 1Tim 5, 15, Verfolgung hervorruft Offb 2, 13 und hinter dem → Antichrist steht 2Thess 2, 9. Durch Jesu Wirken gestürzt Lk 10, 18; Offb 12, 9, wird er bei Jesu neuer Offenbarung gebunden Offb 20, 2 und — noch einmal frei geworden 20, 7 — endgültig dem Gericht übergeben. → Teufel, → Endzeit, → Tausendjähriges Reich. *Schl*

satt, sättigen. *1)* Häufig gebraucht von irdischen Gütern zum Lebensunterhalt 5Mose 26, 12; Rt 2, 14; Lk 16, 21, die Gott in seiner Güte gibt 2Mose 16, 12; Ps 104, 28; Mt 14, 20; Apg 27, 38. Allzu s. werden führt zu Übermut Hos 13, 6, zu Undankbarkeit und Verleugnung Gottes 5Mose 6, 11 f; 31, 20; Neh 9, 25 f; Spr 30, 9. Aber Gott läßt uns erfahren, daß Gier zu Unersättlichkeit führt Pred 1, 8; 5, 9; Jes 56, 11 und keine Sättigung findet 3Mose 26, 26; Jes 9, 19; Hes 7, 19; Hos 4, 10.

2) Im Sinn von füllen, zB mit Übeln Klgl 3, 15; Hiob 7, 4 oder mit langem Leben Ps 91, 16, dann auch: genug daran bekommen 1Mose 25, 8; 35, 29; 1Chr 23, 1; bei den Frommen kann daraus die Sehnsucht nach einem besseren Leben erwachen, vgl. Mt 10, 20; Hebr 11, 16. Gott kann der Opfer s. = überdrüssig werden Jes 1, 11 ff.

3) Gott verheißt uns, daß wir s. werden sollen Ps 107, 9; Jes 58, 10 f; Jer 31, 25, verheißt es dem Hunger nach Gerechtigkeit Mt 5, 6, dem Hunger auf Erden Lk 6, 21, dem Gerechten und Gottesfürchtigen Spr 13, 25; 19, 23. Den Hunger der Seele kann man nicht auf verkehrten Wegen s. Pred 6, 7; Hes 16, 28, vgl. auch Jo 4, 13 f. Eigenes, auch geistliches Sattsein ist gefährlich; denn es ist ein Hindernis für die Erfüllung der Verheißung, daß Gott uns s. macht 1Kor 4, 8; Offb 3, 17; das soll einst an Gottes Bild sich erfüllen Ps 17, 15; und an seiner Herrlichkeit wird man sich nicht s. sehen können Sir 43, 1. *Pfi*

Sattel. Einen S. in unserem Sinn kannte man im Altertum nicht. Man legte dem Reittier, meist dem Esel, eine Decke oder einen Mantel auf 4Mose 22, 21; 2Sam 17, 23; 1Kö 13, 13; 2Kö 4, 24. Auf Kamelen reisten Frauen und Kinder in Körben, die zu beiden Seiten hingen 1Mose 31, 34. Bei 3Mose 15, 9 ist wohl an den Wagensitz zu denken. *(Schl)*

Satzung. Im AT ist S. soviel wie „das Festgesetzte" und eine gesetzliche Bindung, die sich an eine Gemeinschaft wendet und sie verpflichtet, mag sie nun jüd. oder heidnisch sein. Im gleichen Sinn begegnet das Wort auch in Lk 1, 6, wo die Frömmigkeit der Eltern des Johannes des Täufers in ATlichen Farben geschildert wird. Das Gesetz mit seinen Einzelbestimmungen wird im Kolosserbrief zu einer Schuldschrift, die den Menschen haftbar macht. Es wird also als Rechtsurkunde verstanden, und 2, 14 betont, daß diese Schuldschrift durch den Tod Jesu Christi ausgelöscht und ungültig gemacht wird. Dagegen setzt in Gal 4, 3. 9 ein ganz anderer Sprachgebrauch ein; die Weltelemente oder die hinter ihnen stehenden Mächte, die von gnostisch-jüd. Gruppen verehrt wurden, sind für Paulus in Wirklichkeit Autoritäten einer vergangenen Weltzeit und erinnern an eine Knechtschaft, die in Jesus Christus überwunden ist. In Kol 2, 8. 20 taucht der gleiche Gegensatz auf. In diesen Fällen wendet sich Paulus scharf gegen eine bestimmte gnostische Front; Luther sah auch hier in diesen „Satzungen" einen Anspruch des Gesetzes oder der Weltweisheit (im revidierten Text:

Elemente). Wieder anders ist 2Thess 2,15; 3,6 zu verstehen; hier mahnt der Apostel, die konkreten Anweisungen des Evangeliums festzuhalten und einen entsprechenden Wandel zu führen (im revidierten Text: Lehre). *Mi*

Sau → Schwein.

Sauerteig. Da man auch im Altertum stets gesäuertes Brot aß, benötigte man zum Säuern des Brotteigs den S. Dieser wurde nur selten beim Bäcker gekauft. In der Regel ließ man ein kleines Quantum des Brotteigs sauer werden und bewahrte es — als S. — in einem Körbchen oder einer Tonschale bis zum nächsten Backen auf. So war im Hause immer S. vorrätig. Vor dem Backen wurde der Teig angesetzt, indem man den vorher in Wasser aufgelösten und zum Gären gebrachten S. unter Beifügung von Wasser und Salz intensiv in das Mehl hineinarbeitete. Schon ein wenig S. genügte, um eine große Menge Teig zu säuern. — Von Anfang an ungesäuert war in Israel das Passabrot, weil beim Auszug aus Ägypten die Zeit zum Säuern des Brotteigs fehlte und man somit nur Notbrot hatte bereiten können 2Mose 12,15.19.34; 13, 3.7. Auch die Speisopfer sollten ungesäuert bleiben 3Mose 2,11, wohl deshalb, weil Gesäuertes als Vorstufe der Fäulnis galt und deshalb vom Heiligtum ausgeschlossen war. — Im Blick auf die im Verhältnis zur eingesetzten Menge gewaltige Wirkung Mt 13,33 (drei Scheffel Mehl = 33 Liter) dient der S. im NT als Bild für die in Jesu Verkündigung angebrochene Gottesherrschaft, aber auch für die gefährliche Wirkung von Irrlehrern und Irrlehren Mt 16,6f; Gal 5,9 und schließlich — bei Paulus — eines Falles von Unzucht in der Gemeinde 1Kor 5,6-8. Da diese — dem Bild nach — das Passalamm (= Christus) in ihrer Mitte hat, hat daneben — wie im AT — der S. keinen Platz, sondern muß entfernt werden. *Kn*

Saul, Sohn des Kis aus Gibea in Benjamin, erster König von Israel. Die Dauer seiner Regierungszeit ist nicht überliefert; die in 1Sam 13,1 angeführten zwei Jahre können nicht wohl von der Regierungsdauer verstanden werden. In 1Sam 8-11 treten uns die verschiedenen Gesichtspunkte entgegen, die bei der folgenschweren Einführung des Königtums maßgebend waren. Die Philisternot, die über die isr. Stämme hereingebrochen war, forderte eine kraftvolle militärische Führung, weil der nur religiös fundierte israelitische Stämmeverband der philistäischen Herausforderung nicht gewachsen war. So ist denn S. von den Stämmen zum Heerkönig ernannt worden. Mitgewirkt hat dabei entscheidend der Priester-Prophet und Richter Samuel, der die Tradition von Silo verkörperte. Im Kampf um die Befreiung des ostjordanischen Jabesch trat S. wie einer der „großen Richter" der Vergangenheit als von Gott „begeisterter" Heerführer auf und hat dieses an und für sich zeitlich begrenzte Führungsamt auf die Dauer beibehalten. S. hat sich in Gibea eine bescheidene Residenz erbaut, die ausgegraben werden konnte. Eigentliche Hof- und Regierungsämter vergab er nicht. Er hatte lediglich seinen Feldhauptmann Abner und ein bescheidenes stehendes Heer zur Seite 1Sam 14,50.52. Es gelang S. und seinem Sohn → Jonathan zwar, die philistäischen Truppen aus dem Gebiet der isr. Stämme zu vertreiben; aber gegenüber dem gesamten militärischen Aufgebot der Philister am Gilboagebirge am Rand der Ebene Jesreel verlor er Schlacht und Leben 14,52; K. 31. S.s glänzender Aufstieg wurde bald beschattet durch Auseinandersetzungen mit Samuel, weil der König an den Amalekitern nicht den Bann vollstreckt hatte K. 15, und durch die Feindschaft gegen seinen Waffenträger und Schwiegersohn David, der vor ihm fliehen mußte. Die Hinrichtung der gesamten Priesterschaft von Nob zeigt uns einen Mann, der in maßlosem Haß seine Gewalt mißbraucht, mochten seine Verdächtigungen auch reale Hintergründe haben 22,6-19. Vor der Totenbeschwörerin von Endor steht der König als ein völlig zusammengebrochener Mann K. 28! Den inneren Zwistigkeiten, dem Fehlen jeder isr. Königstradition, dem Einbruch der Eisenzeit in Palästina, der sich gleichzeitig mit der Vorherrschaft der Philister vollzog, war S., der sich nur auf den kleinen Stamm Benjamin verlassen konnte, militärisch und politisch nicht gewachsen. Außerdem muß man beachten, daß die Überlieferung über S. zu uns nur durch Judäer kam, die zu David hielten. *Peu*

Saum. → Quasten. Über den bes. geschmückten S. des hohenpriesterlichen Oberkleides berichtet 2Mose 28,33ff. „Die Säume aufdecken", ist Ausdruck äußerster Beschimpfung Jer 13,22.26. *Ste*

Schaalbim oder **Schaalabbin,** von Dan beanspruchter Ort Jos 19,42, der noch lange in amoritischem Besitz blieb Ri 1,35, später zum 2. Gau Salomos gehörte 1Kö 4,9. Genaue Lage unbestimmt. *Rü*

Schaalim, wahrscheinlich ein Teil des Gebirges Ephraim, wohin Saul auf der Suche nach den Eselinnen seines Vaters Kis kam 1Sam 9,4. *Rü*

Schaddai. Sch. ist ein Gottesname, der sowohl in alten Texten 1Mose 49,25; 4Mose 24,4.16 wie auch in ausgesprochen jungen Texten des AT (bei Hiob 31mal) vorkommt. Die ausführlichere Form ēl schaddaj wurde in der → Priesterschrift der (eine) Name für Jahwe in der Väterzeit 1Mose 17,1, vgl. 2Mose 6,2. Ursprünglich war ēl schaddaj Bezeichnung eines an einem uns unbekannten Heiligtum verehrten Gottes, ähnlich wie zB ēl ōlām u. a. Luther übersetzt Sch. entsprechend der LXX (14mal für Sch. pantokrator = Allherrscher) und Vulgata (meist omnipotens = Allmächtiger) mit „Allmächtiger", ēl schaddaj mit „allmächtiger Gott". Diese Übersetzungen sind ebenso unbefriedigende Erklärungsversuche von Sch. wie die Ableitungen von akkadisch schadū = Berg oder von schad = Brust (gemeint ist dann eine mit vielen Brüsten versehene Muttergottheit) oder von schä und daj = der sich selbst genug ist (so die Rabbinen). *Bo*

Schadenersatz. Die Grundregel 2Mose 21,23-25 geht von gleicher Vergeltung aus: Auge um Auge, Zahn um Zahn. Für einzelne Fälle sind genaue Bestimmungen gegeben: Ein Sklave, der von seinem Herrn am Auge verletzt wurde, erhält die Freiheit 21,26. Wer bei einer Schlägerei verletzt wurde, hatte Anspruch auf Ersatz für die versäumte Zeit und die Kosten des Arztes 21,19. Die Fälle, daß ein stößiger Ochse Schaden anrichtet, sind 21,28-32.35 f geregelt. An den Sturz in eine Grube ist 21,33 f gedacht, an Sachschäden auf dem Feld und beim Vieh 22,4 f. 11 f. 13 f. *Schl*

Schädelstätte → Golgatha.

Schaf. Das Sch. wird unter dem Reichtum der Erzväter an erster Stelle genannt: bei Abraham 1Mose 12,16; 24,35, bei Lot 13,5, bei Jakob 32,8, ebenso bei Hiob 1,32; 42,12. So stellen große Schafherden auch den Hauptteil einer Kriegsbeute dar 4Mose 31,32; 1Chr 5,21; ähnlich im Tribut des Mescha 2Kö 3,4 und im Handel Arabiens mit Tyrus Hes 27,21. Die Könige Israels besaßen große Schafherden: David 1Chr 27,31, Salomo Pred 2,7, Usia 2Chr 26,10, Hiskia 32,28 f; erst recht war dem Armen sein Sch. lieb 2Sam 12,3. Gottes Segen über der Schafzucht wird gepriesen Ps 65,14; 144,13. Aber man weiß auch, daß es ein Zeichen der Verarmung ist, wenn Kulturland Schafweide wird Jes 7,25; Hes 25,5; Zeph 2,6.

Das Sch. Palästinas hatte und hat als Merkmal lange, schlaff herabhängende Ohren und den merkwürdigen Fettschwanz, der bis zu 20 Pfund schwer wird, wegen seines Fettes bei manchen Opfern ganz auf dem Altar verbrannt wurde 3Mose 3,9; 7,3; 8,25; 9,19, aber auch als Leckerbissen gilt. Alles am Sch. war für den Besitzer wertvoll: es gab Milch 5Mose 32,14; Jes 7,21 f, gab Fett 5Mose 32,14; Ps 65,13, gab mit dem Fleisch den ersehnten Braten 1Sam 25,18; 2Sam 12,4; 1Kö 5,3; Jes 22,13, gab seine Wolle für warme Stoffe 2Kö 3,4; Spr 27,26 und sein Fell als Umhang Hiob 31,20; Hebr 11,37. Die Schafschur war ein frohes Fest 1Mose 38,12; 1Sam 25,2; 2Sam 13,23 f. Die Wolle war in der Regel weiß Ps 147,16; HL 6,6; Jes 1,18; Dan 7,9; Offb 1,14. Gesprenkelte und dunkelfarbige Sch.e 1Mose 30,32 waren selten. Sch.e, Widder, Lämmer waren die wichtigsten Opfertiere, zu jeder Art des Opfers verwendbar 1Mose 32,8.13; 3Mose 12,6; 14,10; 4Mose 15,5 f; Hos 5,6. Wir hören von Opferfesten, bei denen Tausende von Tieren dargebracht wurden 1Chr 29,21; 1Kö 8,63; 2Chr 15,11; 30,24; 35,7. Auch zZ des NT wurden täglich im Tempel die Lämmer geopfert, für das Passa Tausende von Lämmern geschlachtet.

In seinem Charakter gilt das Sch. als ein gutmütiges, wehrloses Tier Mt 10,16, während der Widder, das ausgewachsene männliche Sch., zum Bild für selbstsüchtige Gewalttat der Großen der Erde wird Hes 34,17-22; 39,18; Dan 8,3 f. Ohne die Fürsorge des Hirten ist eine Sch.herde rasch zerstreut und Gefahren gegenüber hilflos 4Mose 27,17; 1Kö 22,17; Mt 9,36. Darum wird die Herde von Sch.en zum Bild für das Gottesvolk unter der Führung Gottes und des von Gott geschenkten Hirten Ps 23; Mt 10,6; 15,24; Jo 10,1-16; 21,15-17; 1Petr 2,25. Wie am Bild der Herde menschliche Untreue gezeigt werden kann Jes 53,6; Ps 119,176, so am Dienst des Hirten die suchende und rettende Treue Gottes und seines Christus Mt 18,12 f; Lk 15,4 ff; Jo 10. Aber der Hirte hält auch auf Ordnung bei der Herde Hes 34,17 ff und wählt die zum Schlachten bestimmten Tiere Jer 12,3, so daß das Tun des Hirten auch zum Bild für das Weltgericht werden kann Mt 25,32 f. Da das Sch. sich still und geduldig scheren und schlachten läßt Jes 53,7; Jer 11,19; Ps 44,23, wird darin ein Hinweis auf das Leiden Jesu gefunden und wird „Lamm Gottes“ zum Ehrennamen für den Gekreuzigten Jo 1,29; 1Petr 1,19; Offb 5,6 u. ö. Diesen Weg willigen Leidens hat auch die Christenheit zu gehen Röm 8,36. → Bock, → Hirte, → Lamm, → Schlachtschaf, → Widder. *Schl*

Schafskleid. Das kühne Bild von Wölfen in Sch.ern Mt 7,15 kennzeichnet den frommen Schein verführender Lehrer, die wie Wölfe in die Herde einbrechen Apg 20,29; Jo 10,12. So wird auch das Tier mit zwei Lammeshörnern zum Bild des falschen Propheten mit seinen täuschenden Künsten Offb 13,11. *Schl*

Schafstall → Hirte.
Schaftor → Tore Jerusalems.

Schakal. Ob das hebr. Wort 'ī Jes 13,22; 34,14; Jer 50,39 (Luther: wilde Hunde) den Sch. meint und als Bewohner der Öde kennzeichnet, ist fraglich; man denkt heute an Dämonen. Sicher meint das hebr. Wort tan den Sch.; er haust gern in Trümmerstätten und öden Gegenden Jes 13,22; 34,13; Jer 9,10; Ps 44,20 u. ö.; auf sein Geheul, das in den Nächten weithin zu hören ist, weist neben Jes 13,22 Mich 1,8 und Hiob 30,29 hin; der Vergleich Jer 14,6 (Luther: Drachen) denkt wohl an die Haltung des Kopfes bei diesem Heulen; die Stelle Klgl 4,3 sagt dem Sch. nach, er kümmere sich wenig um seine Jungen. An den Sch. haben wir aber mehrfach auch bei dem Wort schu'al zu denken, das herkömmlich mit Fuchs übersetzt wird; → Fuchs. *Schl*

Schale. Mit Sch. lassen sich verschiedene hebr. Bezeichnungen übersetzen. Das Trinkgerät, das

Jael dem Sisera reicht Ri 5,25, heißt sēphel und wird als prächtig geschildert. Die gleiche Bezeichnung wird für die Sch. gebraucht, in die Gideon das vom Tau nasse Fell ausdrückt Ri 6, 38. Sēphel scheint also Gebrauchsgeschirr gewesen zu sein. Die andere Bezeichnung 'aggān gehört nach Jes 22,24 zum kleineren Gebrauchsgeschirr; nach HL 7,3 ist es eine Sch. für Mischwein; 2Mose 24,6 dient es als Kultgerät zur Aufnahme von Opferblut. Saph ist in 2Mose 12,22 die zur Aufnahme des Blutes des Passalamms bestimmte Sch.; in 1Kö 7,50; 2Kö 12,14; Jer 52,19 ist es Kultgerät; dagegen in Sach 12,2 bezeichnet es in bildhafter Beziehung auf Jerusalem eine mit berauschendem Wein gefüllte Sch., wörtlich die „Taumelschale“. Weitere Bezeichnungen sind kaph und mizrāq, die öfter zusammen genannt werden und stets Kultgeräte bezeichnen, die für den Schaubrottisch und den Altar bestimmt und aus Edelmetall gefertigt sind, zB 2Mose 25,29; 27,3; 1Kö 7,40.45. 50; Jer 52,18 f; Sach 14,20. In Sach 9,15 erscheint die volle Sprengschale im bildl. Gebrauch. Am 6,6 ist es wohl ein ursprüngliches Kultgerät, das zur Schlemmermahlzeit mißbraucht wird. Über die Form können wir uns auf Grund der bibl. Aussagen keine Vorstellungen machen. Da es sich überwiegend um Metallschalen handelt, darf mit Ornamenten und Verzierungen gerechnet werden. Als Hausgerät kann die Sch. auch aus gebranntem Ton bestanden haben. Die Identifizierung archäologischer Funde mit den einzelnen hebr. Bezeichnungen muß unsicher bleiben. *Ba*

Schalischa, Landschaft nördlich vom Gebirge Ephraim, wo Saul die Eselinnen seines Vaters suchte 1Sam 9,4; wahrscheinlich das Gebiet von Baal-S. 2Kö 4,42, dem heutigen kafr tult, 27 km nördlich von Lydda. *Rü*

Schalksknecht. Das althochdeutsche Wort Schalk (= Knecht, Diener) bekam im Lauf der Sprachentwicklung einen negativen Sinn: es bezeichnet jetzt einen Menschen mit knechtischer Gesinnung, mit arglistigem, ungetreuem und bösem Charakter (J. u. W. Grimm, Deutsches Wörterbuch). Darum ist das von Luther gern gebrauchte Wort bei der Revision 1956/64 meist durch „Bosheit“ oder „List“ ersetzt worden; nur in Mt 18,32 ist der „S.“ geblieben, wohl weil gerade dies Wort in der Gemeindesprache geläufig ist. Er nimmt zwar die Barmherzigkeit Gottes dankbar an, macht sie aber im Verhältnis zu seinem eigenen Schuldner unwirklich und unwirksam. Er mißbraucht so die Güte Gottes und liefert sich selbst dadurch dem göttlichen Gericht aus. *Mi*

Schallum. *1)* Mörder des Königs Sacharja, regierte i. J. 746 einen Monat in Jerusalem, wurde durch Menahem getötet 2Kö 15,13-15.

2) Sohn und Nachfolger des Königs Josia von Juda, auch Joahas genannt, wurde nach dreimonatiger Regierungszeit i. J. 609 von Pharao Necho nach Ägypten deportiert Jer 22,11 ff; 1Chr 3,15.

3) Gatte der Prophetin Hulda und königlicher Kleiderkammerverwalter in Jerusalem-Neustadt 2Kö 22,14. *Peu*

Scham, sich schämen. Die HS erzählt 1Mose 2,25-3,21, wie den Menschen die Sch. überkommt, die nun zu seinem Wesen gehört und zugleich Schutz und Not seines Daseins ist. Er hat die unbefangene, ungebrochene Einheit mit Gott und damit auch mit dem Nächsten im Griff nach der rebellischen Selbstbestimmung seines Lebens verloren und erträgt das Nacktsein, das sich nicht sch. muß 1Mose 2,25, in jeder Beziehung nicht mehr 1Mose 3,7. Dieses Verlorene kann er sich nicht selbst wiedergeben; das verschämte Leben, die Sch. ist ihm nun eigen, er muß sie schamhaft hüten 1Tim 2,9, so sehr er sie nicht nur als eine Gabe, sondern auch als eine notvolle Schranke empfindet gegenüber Gott, gegenüber sich selbst und dem Nächsten, auch in der Begegnung der Geschlechter. Wenn er sie preisgibt, schamlos wird, sinkt er ins Grundlose Jer 3,3; 6,15; 8,12; Zeph 3,5; Sir 42,11.

Es ist des Menschen Weg zur Heilung geworden, sich vor Gott im Glauben seiner Sünde zu sch. Jer 3,25; 31,18 f; Esra 9,6; Dan 9,7, vgl. Röm 6,21. Vor allem Hesekiel spricht von dieser heilsamen Beschämung 16,54.61; 36,32; 43, 10 f, in der Zuversicht, daß Gott das Beschämende wegnimmt Jes 29,22; Hes 16,63. Anders weicht die Not des in sich zurückgezogenen Lebens der Sch. gegenüber Gott und dem Mitmenschen nicht.

Wir sch. uns freilich oft genug am falschen Ort; Sirach hat in seiner lehrhaften Art diese falsche Sch. der rechten im einzelnen gegenübergestellt 41,17 ff gegen 42,1 ff. Oft sch. wir uns der → Schande vor der Welt Mk 8,38 in einer Situation, die wir für beschämend halten. Dann ist unsere Aufgabe, diese falsche Sch. abzuschütteln Ps 119,46; Röm 1,16; 2Tim 1,8.12.16; 1Petr 4,16. Dazu hilft der Gemeinde Christi sein eigenes Beispiel in der Erniedrigung Hebr 12,2; 2,11; er hat damit den Weg Gottes eingehalten Hebr 11,16. — Inzwischen beschämt uns fort und fort die helfende Hand Gottes Ps 35,4; 71,13; 83,17 f; 86,17.

Lit.: Bonhoeffer, Ethik 131 ff. *He*

Schamasch, semitisches Wort für „Sonne“, dann Eigenname des Sonnengottes, der im südbabylonischen Larsa und im nordbabylonischen Sippar Kultzentren besaß. Dieser gilt als Richter, der Recht und Gerechtigkeit handhabt, Gesetze gibt und die Sünde straft. Von Sch. will Hammurabi sein berühmtes Gesetz empfangen haben. Der Sonnenkult war in Jerusalem in der späten Königszeit mit der assyrischen Vorherrschaft sogar in den Tempel eingedrungen 2Kö 23,5.11; Jer 8,2; Hes 8,16. Doch hat er auch schon früher in Palästina Eingang gefunden, vgl. Beth-Schemesch = Sonnenhausen. Um das heidnischkultisch gefärbte Wort Sch. nicht zu gebrauchen, wird in 1Mose 1,16 nur „vom großen Licht gesprochen, das den Tag regiere". *Peu*

Schamir. *1)* Stadt in Juda Jos 15,48, heute chirbet el-bīre bei es-sūmara 4 km westlich von ezzāhirīje. — *2)* Stadt im Gebirge Ephraim Ri 10, 1f, heute es-sūmara 11 km südlich von nāblus. — *3)* Name eines Leviten 1Chr 24,24. *Rü*

Schande, schänden. → Ehre, → Scham, → Schmach. „Durch Ehre und Sch." — damit scheint 2Kor 6,8 vom gewohnten Wechselspiel der Schicksale die Rede zu sein: man kommt zu Ehren oder man wird zu Schanden; man ehrt oder man schändet. Allein die Reihe der Gegenüberstellungen in jener Stelle läßt erkennen, daß der Maßstab, die Bewertung, nach denen hier und anderwärts in der HS geurteilt und gemessen wird, spezifisch bibl. sind von der Grundanschauung her, daß das Schicksal der Völker und Menschen, auch ihre Ehre oder Sch., von Gott zugeteilt wird.

1) Die Sch., die wir einander zufügen. Es ist bitter, wenn die Nächsten dies tun Ps 55,13ff oder wenn Armut, niederer Stand Sch. bedeutet Jak 2,6. Das Gesetz des AT sucht vor allem die Schändung der Frau durch strenge Strafen einzudämmen 5Mose 22,13ff. 22ff; 3Mose 20,12, wobei allerdings zB der Scheidungsgrund 5Mose 24,1 („weil er etwas Schändliches an ihr gefunden hat") keinen wirklichen Schutz bedeutete, vgl. Mt 19,8 → Ehe. Schließlich ist Gott selbst geschändet in dem Hohn, der den Seinen widerfährt 1Sam 17,26. 36, in der Übertretung seiner Gebote Röm 2,23. Das scheinbare Ausgeliefertsein an die Bosheit der Menschen stellt den Glauben auf harte Proben, zB Ps 109. Aber die Betroffenen sind nicht ohne Hilfe und Schutz Ps 109,26ff; Jak 2,13.

2) Die selbstverschuldete Sch. des Toren, der seine Mutter verachtet Sir 3,13, die Eltern von sich stößt Spr 19,26, den Knaben sich selber überläßt Spr 29,15, ein Geselle der Schlemmer ist Spr 28,7, in der Ernte schläft Spr 10,5, zuchtlos ist und die Ehe bricht Spr 13,18; 6,32f. All das ist Sch. vor Gott. Von daher warnen die Briefe des NT vor schandbaren Worten Eph 5,4; Kol 3,8, der schändlichen Lust Röm 1,26; Jud 13, dem Gemeindedienst um schändlichen Gewinns willen 1Tim 3,8; Tit 1,7. 11; 1Petr 5,2 und allen schandbaren Dingen 2Kor 4,2; Eph 5,12.

3) Die Sch. als Gottes heimliches Gericht. Wenn dieses Gericht den übermächtigen Feind trifft 2Chr 32,21; Jes 20,4; Nah 3,5f, die falschen Propheten Jer 23,40; Sach 13,4, die Götzenmacher Jes 45,16, so richtet sich der Glaube daran auf. Aber die Sch. von Gott traf ja vor allem Israel selbst Hos 4,7. 18f; 10,6; Mich 1,11; Jer 3,24ff; Hab 2,16. Darunter leidet auch das treugebliebene Volk Ps 44,15ff. Sich darunter zu beugen, darauf zu vertrauen, daß Zeiten der Sch. ihre Zeit haben Mich 7,9f und daß Gott „endlich mit Ehren annimmt" Ps 73, 24, bedeutet Gewinn bis dorthin, wo unter Christi Kreuz Hebr 12,2 die Sch. fröhlich getragen wird Apg 5,41; 2Kor 6,8. 10 „um deinetwillen", vgl. Ps 69,8; Jer 15,15. Es handelt sich ja nicht um die ewige Sch. Dan 12,2.

4) Zu Sch.n werden. In diesem Zusammenhang ist das überaus häufige „müssen" in Luthers Bibelübersetzung — im rev. AT meist „sollen" — zu beachten als Anzeichen einer ordnenden → Gerechtigkeit, an die zu glauben die HS anleitet Jes 30,5 u.a.m. Der Mensch mit seinen trügerischen Hoffnungen Hiob 6,20, mit seinen politischen Künsten Jer 2,36, mit seinen Verleumdungen 1Petr 3,16, mit seinen vermeintlichen religiösen Sicherungen Jer 48, 13, mit seiner Gottlosigkeit Jer 17, 13; Hiob 8,22: sie müssen zu Sch.n werden. Aber das trifft das abtrünnige Israel so gut wie seine Feinde Ps 35,26; Jer 2,26. Hier gilt kein Vorrecht, hier bleibt viele schmerzliche Führung dunkel Ps 44,10ff und treibt zur flehentlichen Bitte Ps 25,2. 20; 119,31; Jer 17,18. „Ich hoffe, ich traue auf dich, ich harre dein" — diese Lichter verlöschen auch in solcher Dunkelheit nicht. Denn „Hoffnung läßt nicht zu Sch.n werden" Röm 5,5. Den Enttäuschungen steht die erfahrene und die verheißene Treue Gottes gegenüber Ps 22,6; 34,6; 37,19; Jes 49,23; 54,4; 45,17. Man kann es an dem dreimaligen Zitat von Jes 28,16 (nach der LXX) im NT studieren, wie hier auf neuer Grundlage das AT seine Frucht trägt Röm 9,33; 10,11; 1Petr 2,6. Von daher die erstaunliche Zuversicht Phil 1,20 bis hin zu 1Jo 2,28. *He*

Schaphan, Schreiber, d.h. Vorsteher der Staatskanzlei unter Josia von Juda. Er las das im Tempel gefundene Gesetzbuch — sicherlich 5Mose 12-26 — dem König vor und befragte mit anderen die Prophetin Hulda über die Gültigkeit des Inhaltes jenes Buches. Auf das Urteil des Sch. dürfte sich der König gegenüber den von vornherein mit dem Vorgefundenen einverstandenen Jerusalemer Priestern verlassen haben, da er als Schreiber das Buch hinsichtlich des Alters und der Echtheit beurteilen konnte. Läge hier ein spätes Machwerk vor, dann hätte Sch. dies auf Grund reicher Erfahrung erkannt 2Kö 22. Seine Söhne Gemarja und Ahikam 22,12; Jer 36,10 und später sein Enkel Gedalja 2Kö 25,22 nahmen hohe Stellungen ein. *Peu*

Schar bezeichnet, wo es von einer militärischen Abteilung gebraucht wird Mt 27,27; Mk 15,16; Jo 18,3. 12; Apg 21,31, die römische Kohorte, die in den beiden Burgen Jerusalems, der Antonia und dem Herodespalast, lag; eine Kohorte war der 10. Teil einer → Legion. In Caesarea am Meer, dem Sitz des Statthalters, lag nach Apg 10,1 eine „italische Kohorte", die aus römischen, in Italien geborenen Bürgern bestand. Zu Apg 27,1 → kaiserliche Schar. → Heer, → Hauptmann. *Schl*

Scharlach, die starke rote Farbe Jes 1,18, wurde aus der Schildlaus gewonnen, die auf der Kermeseiche lebt (→ Eiche), und war hochgeschätzt, darum vielfach verwendet im Heiligtum 2Mose 25,4; 26,1; 31,1; 2Chr 3,14, bei der Priesterkleidung 2Mose 28,5 ff, bei vornehmen Gewändern 2Sam 1,24; Klgl 4,5 und in üppigem Luxus Offb 17,4; 18,12. S.farbene Wolle wurde beim → Reinigungsopfer benützt 3Mose 14,4; 4Mose 19,6; Hebr 9,19. Der s.rote Soldatenmantel Mt 27,28 sollte den → Purpur eines Königs darstellen. → Farben. *Schl*

Scharon 1Chr 5,16 ist wohl nicht mit dem in der 13. Zeile der Mescha-Inschrift genannten gleichnamigen Ort identisch. Eher ist → Sirjon zu lesen, vgl. 5Mose 3,9; Ps 29,6. *Rü*

Schatten. Sch. entsteht, wenn Licht auf einen undurchsichtigen Gegenstand fällt, zB auf Berge Ri 9,36, Felsen Jes 32,2, Bäume und Sträucher Mk 4,32, sarkastisch vom Dornstrauch Ri 9,15; vgl. Hos 4,13. Wer unter den Sch. eines Daches eingeht, steht unter dem Schutz des Gastrechtes 1Mose 19,8. — Das Zurückgehen des Sch.s an der Sonnenuhr ist ein Beglaubigungszeichen für Hiskia 2Kö 20,9. — Der Sch. des Petrus wirkt nach volkstümlicher Anschauung heilkräftig Apg 5,15. — Die verschiedenen Eigenschaften des Sch.s geben Anlaß zu zahlreichen Bildern und Vergleichen. Da der Sch. vor der sengenden Sonne des Morgenlandes schützt, wird er zum Bild für den bergenden Schutz Gottes Ps 17,8; 36,8; 57,2; 91,1; 121,5; Jes 49,2 und den oft freilich unsicheren Schutz des irdischen Königs Hes 31,6.17; Jes 30,2 f; Klgl 4,20. Andererseits ist die Flüchtigkeit des Sch.s Bild für die Vergänglichkeit des menschlichen Lebens Ps 144,4; Hiob 8,9; Pred 6,12 und das Dahinschwinden des Leibes Ps 109,23; Hiob 17,7; Pred 6,12. Das Nichtgreifbare des Sch.s gleicht der Bedeutungslosigkeit von Träumen Sir 34,2. Das Dunkel ist Bild für den Tod Mt 4,16; Lk 1,79 (Jes 9,1). — Wie der Sch. nicht die Sache selbst ist, so ist das irdische Heiligtum nur ein Sch. des himmlischen Hebr 8,5 und die ATliche Kultordnung ein Sch. der zukünftigen Güter Hebr 10,1, vgl. Kol 2,17. *Oßw*

Schatz. Sch. nennt die HS einen oder mehrere wertvolle Gegenstände, zunächst Gold, Silber, Edelsteine, Geräte, aber auch kostbare Waren wie Gewürze, → Weihrauch und Myrrhe, Mt 2,11.

1) Große Staatsschätze gab es in Ägypten Hebr 11,26, Ninive Nah 2,10 und Babel Jer 50,37; 51,13, aber auch im Königspalast in Jerusalem 2Kö 14,14. Im Tempel in Jerusalem wurde von den Leviten 1Chr 9,26 u. a. ein Sch. verwaltet Jos 6,19.24; 1Kö 7,51, der geplündert 1Kö 14,26; 2Kö 24,13 oder zur Zahlung von Tributen herangezogen wurde 1Kö 15,18; 2Kö 12,19; 16,8; 18,15. Aber auch Privatpersonen haben einen Sch. 1Mose 43,23; Jes 2,7; Spr 21,20, den sie vor fremdem Zugriff vergraben Mt 13,44. Da ein Sch. einen Menschen zu Habsucht, Geiz und falschem Vertrauen verführen kann, warnen Propheten Am 3,10; Jer 48,7; 49,4 und Weisheitslehrer Spr 15,16; 21,6; Pred 2,8 ff vor einem Sch.

2) Wie der Mensch einen Sch. haben kann, verfügt Gott über einen Sch. Sein Sch. auf Erden ist der Tempel von Jerusalem Hes 7,22. In 5Mose 28,12 ist es der Himmel, aus dem er seinem Lande Regen und alles Gute gibt, vgl. auch Hiob 38,22, aber ebenso Zorn Jer 50,25 und seinen Unheils- und Heilsratschluß 5Mose 32,34 sendet. Ja, der Herr selbst ist Jakobs Sch. Jer 10,16, vgl. Lk 12,21.

3) Das AT kennt im Gegensatz zu 1) auch ewige Schätze, die viel erstrebenswerter sind: die Weisheit Spr 2,4, vgl. Spr 3,14; Hiob 28,15, Gottes Gebote, d. h. die Freude an Gottes Gesetz Ps 119,56.98 und die Furcht des Herrn Jes 33,6.

4) Im NT kann Sch. Vorratshaus, Speicher heißen, aus dem der Himmelreichsgelehrte Altes und Neues hervorholt Mt 13,52. Übertragen wird Mt 12,35; Lk 6,45 mit Sch. das Herz als Schatzkammer nichtirdischer Güter bezeichnet, vgl. 5Mose 28,12. Jesus weiß, daß sich die Menschen vergängliche Schätze sammeln, an die sie ihr Herz hängen Mt 6,19 ff; Lk 12,33 f und weist sie auf den wirklichen Sch., das Himmelreich hin. Wer frei ist von der Sorge dieser Welt, hat „einen Sch. im Himmel", der dort gleichsam aufbewahrt liegt Mt 19,21 par. Gott vertraut das Evangelium und seine Herrlichkeit dem schwachen Menschen an; diesen Sch. tragen die Apostel in irdenen Gefäßen 2Kor 4,7. Endlich heißt es von Christus selbst: in ihm liegen alle Schätze der Weisheit und Erkenntnis verborgen Kol 2,3. *Pfei*

Schatzhaus, die königliche Schatzkammer 2Kö 20,13, das Staatsarchiv Esra 5,17; 6,1. Vgl. Apg 8,27. *(Pfei)*

Schatzmeister, der Verwalter der königlichen Wertgegenstände Esra 1,8 sowie der Vorratshäuser 7,21. Jes 22,15 ist ein höherer Hofbeamter, wohl der Palastvorsteher gemeint. *(Pfei)*

Schatzung → Cyrenius.

Schaubrote. Der Ausdruck Sch. ist Luthers nicht ganz treffende Übersetzung des hebr. lächäm panim = „Brot des Angesichts" 2Mose 25,30 u. ö. Gemeint sind Brotfladen, die vor dem „Angesicht" Gottes auf dem → Schaubrottisch niedergelegt wurden. Sie wurden ursprünglich als Speise für die Gottheit angesehen (vgl. Jer 7,18; auch noch die apokryphe Legende vom Bel zu Babel), waren aber in Israel eine Opfergabe, durch deren regelmäßige Darbringung Israel sich zu Gott als dem Geber aller Gaben bekannte. Die ältere Zeit machte noch keine Einzelangaben über Sch. 1Sam 21,1 ff; 1Kö 7,48, selbst nicht die → Priesterschrift, die nur bestimmte, daß die Sch. „beständig" (hebr. tamid) aufliegen mußten 2Mose 25, 30; von daher heißen die Sch. geradezu lächäm tamid „beständiges Brot" 4Mose 4, 7. Erst nach den jüngeren kultischen Anweisungen 3Mose 24, 5-9 sollten an jedem Sabbat 12 Sch., aus je 2/10 Epha (= 7,86 l) Mehl in Ringbrotform (hebr. challa = Ringbrot; Luther: Kuchen) hergestellt, in 2 Reihen zu je 6 auf dem Sch.tisch aufgelegt werden, und zwar mit Weihrauch und (nach rabbinischer Überlieferung) Salz. Die ausgedienten Sch. durften von den Priestern an hl. Stätte gegessen werden, in ältester Zeit offenbar von jedem, der „geheiligt" war 1Sam 21, 4-7, vgl. Mk 2, 25 f. Die jüd. Überlieferung kannte über 3Mose 24, 5-9 hinaus eine Fülle von Vorschriften über Herstellung und Auflegen, bzw. Aufschichten der Sch. mit Hilfe eines komplizierten Stangensystems. *Bo*

Schaubrottisch. Der Sch. hat seinen Namen von den auf ihm aufgelegten → Schaubroten, aber die Bezeichnung Sch. kommt nur 4Mose 4, 7 vor; sonst wurde er einfach „Tisch" genannt. Er war aus Holz mit Goldblech überzogen, nach 2Mose 25, 23 etwa 1 m mal 1/2 m, bei 0,75 m Höhe, und reich verziert, nach Hes 41, 22 bei 1,5 m Höhe mit quadratischer Platte 1 mal 1 m. Für den salomonischen Tempel sind keine Maße angegeben 1Kö 7, 48. Der Sch. des herodianischen Tempels ist auf dem Titusbogen in Rom dargestellt. Nach 2Mose 25, 29 diente er wohl als Opfertisch für alle nichttierischen → Opfer, auch für Libationen (Ausgußopfer). Der Sch. hatte seinen Platz im Heiligen, gegenüber dem → Leuchter. *Bo*

Schauer → Propheten.

Schaufel. Das eherne Gerät, das zum Abräumen der Asche usw vom Brandopferaltar diente 2Mose 27, 3; 38, 3; 2Kö 25, 14 u. a. m. *(Kn)*

Schaum. Der Sch. des Wassers wird in seiner Nichtigkeit zum Bild für den König von Samaria Hos 10, 7. Bei dem Silber meinte Sch. die Schlacken, die beseitigt werden müssen Spr 25, 4; Jes 1, 22. 25, ein Bild für die sittliche Verderbnis. *Schl*

Schauspiel. Gottes Gericht über Tyrus und Ninive soll mit freudigem Staunen geschaut werden Hes 28, 17; Nah 3, 6. Das Leiden des Paulus und der Christen wird von Engeln und Menschen beobachtet 1Kor 4, 9; Hebr 10, 33. *Schl*

Schear-jaschub, „Der Rest, der umkehrt", heißt Jes 7, 3 der Sohn Jesajas, den dieser in der Zeit des syrisch-ephraimitischen Kriegs zu seinem König Ahas mitnimmt, um ihn zu mahnen, daß Juda umkehren und auf Gott vertrauen soll, damit es als Rest bestehen bleibt. → Symbolische Namen. *Fo*

Scheba, ein Benjaminit, der nach Absaloms Aufruhr erneut die nördlichen Stämme zum Abfall von David aufrief, aber in Abel-Beth-Maacha eingeschlossen und auf Aufforderung Joabs dort getötet wurde 2Sam 20, 1-22. *Schl*

Schebna war zunächst erster Minister unter Hiskia und hat sich in Jerusalem ein Erbbegräbnis anlegen lassen Jes 22, 15 ff. Bei der Belagerung der Hauptstadt durch die Assyrer i. J. 701 trat er als Schreiber, d. h. als Kanzleivorsteher, des Königs Hiskia hervor 2Kö 18, 18; 19, 2. *Peu*

scheel → schielen.
Scheffel → Maße.
Scheidebrief → Ehe.

scheiden. *1)* Das Wort bedeutet zunächst trennen. Im Schöpfungsbericht scheidet Gott Licht und Finsternis und die Wasser über und unter der Himmelsdecke 1Mose 1, 4. 6 f. Abraham und Lot sch. sich 1Mose 13, 9. Saul und Jonathan sind auch im Tod nicht geschieden 2Sam 1, 23. Nur der Tod kann die Moabitin Ruth von Naemi sch. Rt 1, 17. Schon im Mutterschoß der Rebekka sch. sich zwei Völker 1Mose 25, 23 (vgl. Röm 9, 10 ff). Esra und Nehemia dringen auf Scheidung von den fremden Völkern und ihren Frauen Esra 10, 11; Neh 13, 3. Die Sünde des Volks als Heilshindernis geißeln die Propheten; die Sünde scheidet von Gott Jes 59, 2. Nach Hebr 4, 12 trennt das Wort Gottes die festesten Zusammenhänge und erweist sich als untrüglicher Richter über alle Vorgänge des inneren Lebens. Der Christ weiß, daß nichts ihn sch. darf von Gottes Liebe, die in Christus Jesus ist Röm 8, 35 ff.

2) Das Wort sch. hat auch eine rechtliche Bedeutung. Das Westjordanland soll nach 5Mose 19, 3 in drei Kreise geschieden werden, um den Schutzsuchenden den Weg in eine Freistadt zu erleichtern. Der Willkür des Mannes, der sich von seiner Frau ohne weiteres sch., sie entlassen kann, wird im Gesetz ein Riegel vorgeschoben. Nach 5Mose 24, 1 muß er seiner Frau einen Scheidebrief ausstellen, vgl. Jes 50, 1; Jer 3, 8; Mt 5, 31. Wenn zZ Jesu führende Schriftgelehrte geringfügige Kleinigkeiten als zureichenden Grund für die Entlassung der Frau gelten ließen, betont Jesus die Unlösbarkeit der Ehe. Wenn die Ehe nicht schon durch Ehebruch tatsächlich gelöst ist, brandmarkt er Scheidung als Ehebruch Mt 5, 32; 19, 4-9; vgl. 1Kor 7, 10 ff. Paulus gibt seiner Gemeinde neben diesem Grundgebot der Unauflöslichkeit der Ehe praktische Vorschriften für seine Zeit und für die Mischehe zw. Christen und Nichtchristen. *Fr*

Schein, scheinen. *1)* wörtlich: *a)* vom Lichtglanz von Gestirnen 1Mose 1, 15. 17; Baruch 6, 60, vom Blitz Hiob 37, 3, vgl. Mt 24, 27, vom Engel des Herrn Apg 12, 7, von den Lampen des Leuchters in der Stiftshütte 4Mose 8, 2 f. *b)* Zeichenhaft ist der Sch. der Gestirne mit der von Gott herbeigeführten Zukunft verbunden, ihr Leuchten als Zeichen für die Vollendung Jes

30,26; 60,20, ihr Verlöschen für das Gericht Jes 13,10; Hes 32,7; Joel 2,10; Mt 24,29; Offb 8, 12, vgl. beim Sterben Jesu Lk 23,45, bis sie gegenüber dem ewigen Licht ihren Sch. verlieren Jes 60,19; Offb 21,23.

2) bildlich: a) vom Aufgehen der Gnade Gottes über den Menschen Hiob 22,28; 29,3; Jes 9,1; Jo 1,5; 1Jo 2,8; 2Petr 1,19 oder ihrem Entzug Jes 5,30; 50,10; 59,9; Weish 5,6 (gegensätzlich von den Götzen Baruch 6,67); *b)* von der Erleuchtung der Menschen durch die Erkenntnis der Herrlichkeit Gottes 2Kor 4,6, wodurch dann diese selber zu leuchten vermögen Phil 2,15; Weish 3,7; Sir 50,6f; *c)* die äußere Erscheinung, hinter der sich das eigentliche Sein und Wesen verbirgt Mt 6,16.18; 23,27f; Kol 2,23; 2Tim 3,5. *Pfi*

Scheitel. Auf den Sch. des Hauptes kommt Gottes Segen 1Mose 49,26; 5Mose 33,16 wie auch die Strafe Ps 7,17. Daß der Sch. der Töchter Zions kahl wird, des Schmucks der Haare beraubt Jes 3,17, kann Zeichen der Mißhandlung oder der Trauer sein. Der Ausdruck „von der Fußsohle bis zum Sch." meint den ganzen Körper in seiner Schönheit 2Sam 14,25 oder Krankheit 5Mose 28,35; Hiob 2,7, wie „von der Fußsohle bis zum Haupt" Jes 1,6. Daß der Löwe Schenkel und Sch. raubt 5Mose 33,20, stellt völlige Vernichtung dar. *Schl*

Schekel → Münzen, → Geld.

Schelle. *1)* Eine kleine Glocke am Amtskleid des → Hohenpriesters 2Mose 28,33f; 39,25f; Sir 45,11. Auch den Pferden wurden Sch.n als Schmuck umgehängt Sach 14,10. *2)* Ein → Musikinstrument 2Sam 6,5. *3)* Eine Beredsamkeit ohne Liebe wird 1Kor 13,1 mit dem Geklingel einer „gellenden Cymbel" verglichen, des metallenen Beckens, das mit einem anderen zusammengeschlagen einen gellenden Ton gibt. *Schl*

schelten, Scheltwort. → schmähen. Das Walten und Gestalten Gottes in seiner Welt in Natur und Geschichte sieht das AT, vor allem in dichterischen Formen seiner Darstellung, als einen von seinem sieghaften Willen geführten Kampf mit widerstrebenden Mächten und Kräften. In diesen Zusammenhang gehört die Rede vom Sch. Gottes, vor dem die Urwasser flüchten Ps 104,7, vor dem die Pfeiler des Himmels erzittern Hiob 26,11, der das Tier im Schilf, Ägypten, bedroht Ps 68,31; Hes 29,3, das Schilfmeer scheltend trockenlegt Ps 106,9; Jes 50,2, Roß und Wagen kampfunfähig macht Ps 76,7, den Fresser, die Heuschrecke, davonjagt Mal 3,11 und seinem Gesalbten mit dem ganzen Aufgebot seiner schrekkenden Macht scheltend zu Hilfe kommt 2Sam 22,16ff, vgl. Ps 18. Die mythologischen Farben dienen dabei nur der lebenskräftigen Veranschaulichung. Diese zornige Sprache Gottes erfahren die Gottlosen Ps 9,6, die Stolzen Ps 119,21, der Satan Sach 3,2 und die ganze gottfeindliche Welt Jes 66,15, aber auch Israel selbst Hos 4, 1.4; Jes 51,20. Das ist immer im Rahmen einer alle Willkür ausschließenden → Gerechtigkeit verstanden. Die wörtliche Übersetzung von Jak 1,5 „der allen in Einfalt gibt und nicht schilt" schließt ein launisches Sch. Gottes, der „allen mit Güte begegnet" (rev. Text von Jak 1,5), ausdrücklich aus. Das Gleichnis Lk 11,5ff ist in dieser Hinsicht von V. 13 her das Gegenbild des schlecht gelaunten Menschen.

So ist auch das Sch. Jesu zu verstehen Mt 11, 20; Mk 16,14. Von ihm lernt seine Gemeinde, das Sch. nicht heimzuzahlen 1Petr 2,23; 3,9, sondern zu segnen 1Kor 4,12, weil sie von der Seligkeit dessen weiß, der um Jesu willen gescholten wird Lk 6,22; 1Petr 4,14. *He*

Schemaja. *1)* Prophet des judäischen Königs Rehabeam 1Kö 12,22; 2Chr 12,5ff. — *2)* Ein Heilsprophet, der unter den 598 vChr nach Babylonien deportierten Judäern wirkte und in Briefen nach Jerusalem die Bestrafung des Propheten Jeremia forderte Jer 29,24ff. — *3)* Ein Prophet, der Nehemia im Auftrag seiner Gegner einzuschüchtern versuchte Neh 6,10ff. *Peu*

Amenophis II. auf dem Schoß seiner Mutter, während besiegte Feinde der Schemel seiner Füße sind. — Psalm 110,1: „Setze dich zu meiner Rechten, bis daß ich deine Feinde zum Schemel deiner Füße mache."

Schemel, das Bänkchen vor einem Thron 2Chr 9,18 oder Sessel Jak 2,3, auf das die Füße gesetzt wurden. Wenn die Bundeslade 1Chr 28,2; der Tempel Ps 99,5, Jerusalem Klgl 2,1 und die ganze Erde Mt 5,35 ein Fußschemel für den thronenden Gott genannt werden, kommt darin beides zum Ausdruck: hohe Wertschätzung und völlige Abhängigkeit. Die Sitte orientalischer Könige, ihren Sieg dadurch darzustellen, daß sie ihre Füße auf die vor ihnen am Boden liegenden Feinde setzten, wird zum Bild für den Sieg des Christus Ps 110,1 (Mt 22,44; Apg 2, 35; Hebr 1,13; 10,13). → Fußschemel. *Schl*

Schephela, stets mit Artikel, „das Niederland" (Luther: Gründe 5Mose 1,7; Jos 9,1; 10,40; 11,2.16; 12,8; Ri 1,9; Jer 17,26; 32,44; 33,13; Ob 19; Sach 7,7 oder Auen 1Chr 27,28; 2Chr 26,10; 28,18), heißt das dem → Gebirge Juda vorgelagerte, sanft gewellte Hügelland mit Höhen von 300-400 m. Die Sch. wird im Osten durch die sog. ʿartūf-Verwerfung (nach der Bahnstation ʿartūf an der Strecke Jafa–Jerusalem) vom judäischen Gebirge, im Westen durch eine weitere von Nordnordost nach Südsüdwest verlaufende Verwerfung von der Küstenebene abgegrenzt. Sie nimmt von Norden nach Süden an Breite zu und erreicht bei bēt dschibrīn mit etwa 20 km ihre größte Ausdehnung. Auf Grund ihrer geographischen Lage ist die Sch. ein Gebiet mit einer verhältnismäßig hohen Niederschlagsmenge und daher mit einer vergleichsweise üppigen Vegetation, vgl. 1Kö 10,27; 2Chr 1,15; 9,27. — Die Sch. war zum größten Teil von Angehörigen des Stammes Juda besiedelt Jos 15,33ff. Der Stamm Dan, der sich nach Ri 1,34f; 13-16; 18,2 im Norden der Sch. bei → Zora und → Eschtaol niederzulassen versucht hatte, scheiterte am Widerstand der benachbarten kanaanitischen Stadtstaaten. *Rü*

Scherbe, aus gebrannter Tonerde (Ps 22,16 Bild der Trockenheit), gegebenenfalls mit silbrig glänzendem Überzug Spr 26,23, kann als Werkzeug benutzt werden, um glühende Kohlen aus der Glut des Ofens zu nehmen, Wasser aus der Zisterne zu schöpfen Jes 30,14 oder den Juckreiz der aussätzigen Haut zu lindern Hiob 2,8. Die Sch. ist oft scharfkantig und kann Verletzungen bewirken; sie wird daher als Bild gebraucht für die spitzen Panzerplatten des Krokodils Hiob 41,22. Trotz der vielseitigen Verwendungsmöglichkeit der Sch. — sie diente auch als Schreibmaterial, → Ostraka — wird sie zum Vergleich der Geringwertigkeit gebraucht (Jes 45,9 Bild des Geschöpfes gegenüber der Hoheit des Schöpfers). Die große Verschiedenheit der antiken Palästinascherben macht die Sch. zu einem sehr wichtigen Datierungsmittel bei archäologischen Ausgrabungen. → Ostraka. *Ba*

Scherbentor (Ziegeltor) → Tore Jerusalems.
scheren → Bart, → Haar, → Schaf.
Scherflein → Münzen.
Schermesser → Nasiräer, → Bart, → Haar.

Scherz, scherzen. Sch. ist eine Äußerung heiterer Lebensfreude und an und für sich nicht verwerflich; doch ist vor seinem Mißbrauch zu warnen, vgl. Sir 8,5; Spr 26,19. Eph 5,4 wird gefordert, daß sich die Christen, die Nachahmer Gottes sein sollen, des leichtfertigen Sch.es, d. h. der Witzelei und des Possenreißens enthalten. — Übertragen: Hab 1,10. — 1Mose 26,8 bedeutet sch. „liebkosen"; Ri 16,25 steht jetzt „Späße treiben" (Luther: spielen). *Oßw*

Scheschach, Name für Babylon Jer 25,26; 51,41, vielleicht Deckname, hergeleitet vom babylonischen Eigennamen Schischku, oder Versteckname, sog. Atbasch, indem der erste und letzte, zweite und vorletzte Buchstabe usw des hebr. Alphabets ausgetauscht wurde: ssk = bbl = Babel. Ein ähnlicher Versteckname liegt in 51,1 vor: lb kmj = kadjm (Kasdim) = Chaldäa, wie LXX liest (Luther: die sich wider mich gesetzt haben). *Peu*

Scheschbazar führte im Auftrag des persischen Königs Kyrus das kultische Inventar des Tempels nach Jerusalem zurück und sollte den Neuaufbau des zerstörten Heiligtums vornehmen, was sich aber bei den schwierigen wirtschaftlichen Verhältnissen in Juda nicht durchführen ließ Esra 1; 5,13-16; 6,3-5. S. wird im aramäischen Text als „Statthalter" bezeichnet. Wenn er mit Schenazzar identisch ist, wäre er Davidide; mindestens darf man judäische Herkunft vermuten 1Chr 3,18. *Peu*

Scheu, sich scheuen. Im Sinn von *1) Abscheu* vor dem im Gesetz Verbotenen 3Mose 11,10ff und Kranken Ps 31,12; 38,12;

2) Furcht: im allg. Mich 4,4, vor Menschen 5Mose 1,17, vgl. Lk 18,2.4; 5Mose 18,22; 1Sam 18,15; Spr 29,25; Dan 5,19; Phil 1,14, vor der Weisheit Sir 51,18, vor dem das Böse aufdeckenden Licht Hiob 24,16, vgl. Jo 3,20, vor Abgötterei Sir 15,13, vor Schwierigkeiten und Leiden Ps 119,39; Pred 12,5; Jes 7,25; 66,4; 1Makk 16,6, als Folge von Härte Kol 3,21, bei Tieren Sach 12,4. Solche Sch. kennt Gott nicht, auch wenn er sich um der Menschen willen zurückhält 5Mose 32,27; Weish 6,8; 12,11;

3) Ehrfurcht vor Gott selbst und seiner Heiligkeit als Grundhaltung des Frommen Esra 9,6; Ps 22,24; 33,8; Pred 8,12; Mal 2,5; Mt 21,37; wer ohne Ehrfurcht vor Gott ist, scheut sich auch vor Unrecht nicht Ps 36,5; 64,5; Jud 12. Als Ehrfurcht vor Menschen: vor Alten Hiob 32,6, vor den Vätern Hebr 12,9. *Pfi*

Scheune, Scheuer. Gottes Segen füllt die Sch. Spr 3,10, während Gottes Gericht sie leer stehen und zerfallen läßt Hagg 2,19; Joel 1,17. Die Unersättlichkeit des Sammelns wird bedroht Lk 12,18, die Sorglosigkeit der Vögel als Vorbild hingestellt Mt 6,26. Mit dem Sammeln des Getreides in die Sch. vergleichen der Täufer und Jesus die Aufnahme der Gerechten in das Gottesreich Mt 3,12; 13,30, während die Gottlosen als wertlose Spreu verworfen werden. *Schl*

Schibboleth = „Ähre" 1Mose 41,5; Jes 17,5, = „Strömung, Strom" Ps 69,3; Jes 27,12. Das Wort Sch. hat in der Jephthah-Geschichte Ri 12,6 seine besondere Bedeutung, da es im Kampf zw. Gilead und Ephraim als Parole gebraucht wurde, um beim Übergang über die Jordanfurt die flüchtigen Ephraimiten zu erkennen, die den Zischlaut nicht aussprechen können und dafür Sibboleth sagen. Hertzberg bemerkt dazu ATD Bd. 9 S. 217, daß es noch heute im Gebirge Ephraim eine Gegend gibt, in der man das Sch nicht aussprechen kann. *Schw*

Schiff. *1) Schiffahrt in Israel.* Die Israeliten waren im Unterschied etwa zu den Phöniziern nie ein seefahrendes Volk. Obwohl Stämme wie Sebulon, Asser und Dan am Ufer des Meeres wohnten Ri 5, 17, kam es doch zu keinen selbständigen Seeunternehmungen. Salomos Ophirexpeditionen, die vom Hafen → Ezjon-Geber ausgingen 1Kö 9, 26ff; 10, 11. 22, wurden auf phönizischen Sch.en und von phönizischen Seeleuten ausgeführt. Ein ähnlicher Versuch → Josaphats schlug ohne phönizische Hilfe sofort fehl 1Kö 22, 49f. — Zur Flußschiffahrt hatten die Israeliten keine Gelegenheit. Der → Jordan war dazu ungeeignet. Auf dem See Genezareth fuhren nur Fischerboote Mt 4, 21; 8, 23ff; 9, 1 u. ö.

2) Sch.swesen der alten Welt. Was uns sonst im AT an Mitteilungen über die Sch.fahrt vorliegt, betrifft in der Hauptsache das Seewesen der Phönizier. Ihre großen Kauffahrer hießen Tarsis-Schiffe (Luther öfter: Meer-Schiffe 1Kö 10, 22; Jes 2, 16). Sie werden im AT am meisten genannt Jes 23, 1. 14; Hes 27, 25; Jon 1, 3 u. ö. In dem Klagelied über Tyrus Hes 27, 1ff erfahren wir auch einiges über die Ausstattung der Sch.e, über Planken, Mast, Ruder, Verdeck, Segelbedachung. Die Sch.sbesatzungen sind offenbar international. Man kennt Ruderknechte, Steuerleute 27, 8, Sch.szimmerer, Matrosen 27, 9. 27, in Jon 1, 6 den Kapitän (Luther: Sch.sherr), Apg 27, 11 den Reeder (Luther: Sch.sherr). — Eine Ruderflotte wird Jes 33, 21 im Unterschied zu Seglern genannt. Gewöhnlich aber werden beide Sch.stypen vereinigt gewesen sein. Genauere technische Einzelheiten des Sch.sbaus können nur antiken Denkmälern entnommen werden. Ein Flachbild aus dem Palast Ramses' III. zeigt ägyptische Sch.e des 12. Jh. vChr, die als typische Ruder-Segler kenntlich, also mit Ruderbord, Mast, Auslug und Segeln versehen sind; die Segel sind gerefft, die Mastkörbe bemannt; die Vordersteven laufen in einen Löwenkopf, die Achtersteven in eine Art Rammsporn aus; Steuerruder halten die Richtung. Assyrische, sidonische u. a. Abb. geben weitere Einblicke in das antike Seewesen, bes. die Kriegsschiffahrt. — Ohne einen Kompaß las man die Richtung aus den Gestirnen, wenn man überhaupt in die hohe See fuhr. Soweit wie möglich folgte man den Küsten.

3) Die Seereise des Paulus nach Rom enthält aufschlußreiche Notizen über die Verhältnisse in späterer Zeit Apg 27f. Zunächst bestieg der Apostel in → Cäsarea ein griech. Sch., das ihn über Zypern nach Myra in Lykien brachte. Dort erfolgte die Einschiffung auf einem ägyptischen Frachter, der mit Getreideladung nach Italien bestimmt war, vielleicht einem Segler von 300

Ein römischer Segler
Nach einer Darstellung auf einem Sarkophag aus Sidon

bis 500 Tonnen, der bei primitiver Unterbringung gegen 300 Menschen Raum bot 27, 37 und bei Rückenwind eine Stundengeschwindigkeit von etwa 6 Seemeilen (ca. 11 km) entwickeln konnte. Eine technische Neuerung gegenüber früher war der schräg vornüber geneigte Fockmast mit dazugehörigem viereckigem Raasegel, das ein Einhalten geringerer Fahrt ermöglichte 27, 40. Vor Malta erfolgte der → Sch.bruch des Seglers. Von dort benutzte Paulus bis Puteoli einen alexandrinischen Frachter, der die Dioskuren (→ Zwillinge) als Wappenfiguren am Bug trug 28, 11.

4) Aus der bibl. Symbolsprache, die hier und dort das Sch. verwendet (vgl. auch Jak 3, 4), ergibt sich, daß die HS sowohl um Nutzen Spr 31, 14 als auch Gefahren der Sch.fahrt weiß Spr 30, 19; Weish 5, 10. Allgemein aber empfindet sie sie doch als eine der erregendsten Gestalten menschlichen Elends Ps 107, 23f. *Ste*

Schiffbruch. Die Gefahr des Sch.s war in der alten Zeit groß, im Mittelmeer bes. wegen der Mitte September aufkommenden schweren Stürme, die vom 11. IX. bis 5. III. die Seefahrt fast ganz lahmlegten und noch bis Mitte Mai nicht ohne Tücken waren. So hatte Paulus im Zeitpunkt von 2Kor 11, 25 schon dreimal Sch. erlitten. Als Hilfsmaßnahmen in einem Sch. werden Apg 27 folgende seemännischen Operationen beschrieben: das Reffen der Segel, das Untergürten des Schiffs, wobei wahrscheinlich vertikal um das Schiff gelegte Seile mittels Vorrichtungen straff gespannt wurden und so den Schiffskörper zusammenhielten 27, 16. 17; gleichzeitig wurde ein Treibanker (Luther: Segel) zum Bremsen der Fahrt heruntergelassen 27, 17; bei wachsender Gefahr wurden zur Erleichterung des Schiffs das Gerät (etwa Großrahe, Riemen und Takelwerk) und die Ladung über Bord geworfen 27,18f.38; zuletzt versuchte man, von Bug und Heck aus Anker zu werfen 27,29f, dann in der Nähe des Landes mit dem Beiboot zu entkommen 27,30. Doch führten bei diesem Sch. die Maßnahmen nicht zum Ziel. Der Getreidesegler lief schließlich ohne Anker, mit gelöstem Steuerruder und gesetztem Vorsegel vor Malta auf eine Sandbank auf, wobei das Vorderteil sich festrammte, das Heckteil durch die Gewalt der See zerbrach 27,41; Besatzung und Passagiere retteten sich durch Schwimmen und auf Planken an Land 27,43f. *Ste*

Schihor. *1)* „Teich des Horus" — so hieß *a)* der Nil Jes 23,3; Jer 2,18; *b)* das Wadi el-ʿarisch, sonst „Bach Ägyptens" genannt, der Grenzfluß zw. Ägypten und Palästina. — *2)* Libnath-S., das Sumpfgebiet des Nahr difle und Nahr ezzerka südlich des Karmel Jos 19,26. *Peu*

Schild. *1)* Als Waffe der Verteidigung → Waffen. *2)* Bildlich *a)* von Gott im Sinn des von ihm gewährten Schutzes 1Mose 15,1; 5Mose 33, 29; Ps 18,3; 84,12 oder auch *b)* von den Eigenschaften Gottes, die wie ein Sch. den Gläubigen decken, so von Gottes Wahrheit Ps 91,4 und Gottes Gnade Ps 5,13. *c)* Eph 6,16 nennt den von Gott verliehenen Glauben einen Sch., hinter dem sich der Mensch vor den Brandpfeilen des Satans schützen kann. *d)* Schließlich bedeutet Sch. auch die schutzgewährende Obrigkeit. *v. d. W.*

Schilf. Für die Sch.pflanzen gibt das AT eine Reihe von Bezeichnungen. Der Morgenländer empfindet sehr den Gegensatz zw. der Wüste und dem Röhricht am Wasser Jes 35,7; 19,6, das den Wassertieren eine sichere Zuflucht bietet Hiob 40,21; Ps 68,21. Daß unter dem Druck des Windes diese Rohrpflanzen schwanken, wird zum Bild der Heimsuchung, die über Israel kommt 1Kö 14,15, und eines schwankenden Charakters Mt 11,7. Die mächtigen Stengel des Sch.s lieferten mancherlei Stäbe, so den Ersatz für das Königszepter bei der Verspottung Jesu Mt 27,29, das Rohr, mit dem der Schwamm zu seinem Kreuz hinaufgereicht wurde 27,48, die Meßstange Offb 11,1, wohl auch das Schreibrohr 3Jo 13. Werden diese Stengel geknickt, so brechen sie zusammen und kann man sich an den Splittern verletzen, ein Bild für die Unzuverlässigkeit Ägyptens Jes 36,6; Hes 29,6f. Das geknickte Rohr wird ein Bild für den innerlich zerbrochenen Menschen Jes 42,3; Mt 12,20.

Ein zweites hebr. Wort, das Jes 19,6 (neben qānāh, Rohr) verwendet ist und nach dem auch das → Schilfmeer den Namen hat, suph, bezeichnet die Sch.gewächse am Nil 2Mose 2,3.5, während es Jon 2,6 Meertang bedeutet. Ein drittes Wort (gomä) bezeichnet ebenfalls eine Wasserpflanze Jes 35,7; Hiob 8,11; aus ihr waren das Körbchen für den kleinen Mose 2Mose 2,3 und die äthiopischen Rohrschiffe Jes 18,2 hergestellt. Für das Rohrschiff Hiob 9,26 ist das Wort ēbāh gebraucht; damit ist vielleicht der Papyrus gemeint, dessen 4-5 m hohen Schäfte das Flechtmaterial lieferten, aus dem leichte Kähne hergestellt werden konnten. Die Herstellung von Papier, dadurch, daß das Mark aus dem Inneren dieser Stengel in schmale, dünne Streifen zerspalten und diese dann in zwei Schichten längs und quer übereinandergelegt, befeuchtet, gepreßt und getrocknet wurden, ist in der HS nicht erwähnt. Ein Sumpfgewächs ist Jes 9,13; 19,15 die Binse (hebr. agmōn, Luther: Stumpf), neben der Palme, dem hohen, edlen Baum, als ein niedriges, gemeines Gewächs genannt, Jes 58,5 das Bild für einen Kopfhänger; Hiob 40,26 scheint das Wort einen aus Binsen geflochtenen Strick zu bezeichnen. Endlich meint das Wort achu das Ried, Gräser auf nassem Boden 1Mose 41,2.18; Sir 40,16 (Luther: Gras) und Hiob 8,11. *Schl*

Schilfmeer. *1)* Das Sch. (hebr. jam suph) heißt in der griech. Übersetzung des AT, in den Apokryphen (Weish 10,18; 19,7; 1Makk 4,9) und im NT (Apg 7,36; Hebr 11,29) das *Rote Meer,* vielleicht von den rötlichen Korallen oder den rotbraunen Bewohnern seiner Küsten. Der Name bezeichnete teils den Golf von Akaba, östlich von der Halbinsel Sinai, die Stätte von → Salomos Schiffahrt — so 1Kö 9,26; Jer 49, 21; 2Mose 33,21 —, teils den Golf von Suez, westlich von der Sinai-Halbinsel — so 4Mose 33,10f —, außerhalb der HS auch den Persischen Meerbusen oder sogar den Indischen Ozean. In der Frage, welches das Sch. sei, durch das die Israeliten zogen, dachte man auch an die Bitterseen oder den Timsasee 2Mose 3,18; 15,22, die in alter Zeit vielleicht mit dem Golf von Suez verbunden waren; → Auszug aus Ägypten, → Wüstenzug. — *2)* Heute heißt Rotes Meer der Meerarm von der Straße von Bab el-mandeb bis Suez, zw. den felsigen Küsten Afrikas und der Sinai-Halbinsel tief eingeschnitten, durchschnittlich 450 m, aber bis zu 1700 m tief, mit heißem Klima, mit Korallenriffen und gefährlichen Stürmen, die im Altertum die Schiffahrt schwer machten. *Schl*

Schilfmeerlied. Das Sch. 2Mose 15,1-18 ist ein in unregelmäßigem Metrum und im Ichstil abgefaßter Hymnus, der von der Errettung aus der Ägypternot am Schilfmeer berichtet. Neben dem Bericht vom Schilfmeer-Ereignis, der vom Bedecktwerden mit Wasser sowie vom Versinken in den Wassern spricht und somit zwei verschiedene Traditionen in sich vereinigt, steht die Erzählung von der Hineinführung in das verheißene Land, während die Völker von Philistäa, Edom, Moab und Kanaan in Bestürzung verfallen. In V.17 wird das Land als Erbbesitz Gottes bezeichnet sowie als das Heiligtum Jahwes, ohne daß man an eine bestimmte Heiligtumsstätte denken müßte. Das Königtum Jahwes, eine Vorstellung, die durch Jes 6,5 sicher für das 8.Jh. belegt ist, tritt in V.18 hervor. In

V. 11 liegt keine polytheistische Vorstellung vor, sondern „Götter" ist im Sinn von „Göttliche" zu fassen. Parallel dazu muß „Heiligtum" nach der griech. Übersetzung als „Heilige" wiedergegeben werden, so daß die im AT öfter bezeugte Vorstellung von dem himmlischen Hofstaat Gottes hier vorliegt. Das Lied wird sicher vorexilisch sein, aber jünger als das → Mirjamlied. *Ba*

Schischak, Scheschonk I., König von Ägypten 935-913, gehörte zur 22., der ersten libyschen Dynastie. Er versuchte Palästina zu erobern und spricht darüber in einem Siegesrelief am Tempel von Karnak. Unter den dort genannten eroberten Städten fehlen die Namen judäischer Orte, dagegen hat S. das Gebiet des Staates Israel geplündert; in Megiddo fand sich das Fragment eines Gedenksteins, den S. aufgerichtet hat. Der judäische König Rehabeam konnte durch hohe Tributzahlung sein Land von der Besetzung freikaufen 1Kö 14,25 f. Der Kriegszug des S. war ein Plünderungszug und schuf keine Abhängigkeit des Nordreichs von Ägypten. *Peu*

Schlacht → Krieg. Vor einer Sch. wurden die Truppen oft in drei Abteilungen geteilt Ri 7, 16; 1Sam 11,11. Möglichst wurde der Feind nachts Ri 7,19 oder beim Morgengrauen 1Sam 11,11 überfallen. Ein Hinterhalt wurde oft gelegt Jos 8,3-8; Ri 20,29-41 oder es wurde ein Angriff von hinten vorgenommen 2Sam 5,23. Seit dem Krieg mit Amalek 2Mose 17,8 ff hat Israel seine Existenz in manchen Sch.en behaupten müssen, vor allem in der vordavidischen und in der Makkabäerzeit. Am Ende der Zeiten schauten die Propheten die große Entscheidungsschlacht, in der die Feinde Gottes der Vernichtung anheimfallen Jes 30,25; vgl. → Gog und Offb 19. *v. d. W.*

schlachten. *1)* Das Wort sch. bezeichnet in der HS vornehmlich die Tötung von *Tieren.* Diese bezieht sich zunächst auf den *profanen* Bereich 1Mose 43,16; 1Sam 25,11; Mt 22,4 u. ö. Da aber im alten Israel das Blut jedes geschlachteten Tieres Gott geweiht wurde, war in Wirklichkeit jedes Sch. ein Opfern, also kultische Handlung. Erst als das → Deuteronomium alltägliches und gottesdienstliches Leben trennte, mußte das Gesetz einen Unterschied zw. überall zulässigem Sch. und nur im Heiligtum zu Jerusalem statthaftem Opfern einführen 5Mose 12, 13. 15. Näheres über das *kultische* Sch. bei → Opfer. Das NT hat keine der alten Opferriten übernommen, sondern kennt nur Christus als das eine geschlachtete Lamm 1Kor 5,7; Offb 5,6.9, das „der Welt Sünde trägt" Jo 1,29. — *2)* In mehr übertragenem Sinn wird das Wort sch. für das Vernichten von *Menschen* verwendet. Das kann in göttlichem Auftrag 1Kö 18,40; 2Kö 10,7.14 oder durch Gott selbst geschehen Jer 12,3; Klgl 2,21. So müssen die Völker Jes 34,2; Jer 48,15; 50,27 und ihre Könige Jer 25,34, zuletzt Gog und Magog Hes 39,17 zur Schlachtbank. Auf ein solches letztes Gericht weist auch Jak 5,5 hin. Gehorsam gegenüber Gott, dem alleinigen Herrn des Lebens, ist es, wenn Abraham seinen Sohn sch. will 1Mose 22, 10, dagegen ein Greuel, den Götzen Kinder zu sch. 2Kö 3,27; Jer 19,5; Hes 23,39. Menschliche Freveltat ist auch das Sichvergreifen an den Knechten Gottes Jer 11,19; Jes 53,7. *Ste*

Schlachtopfer → Opfer.

Schlachtschaf, ein in der HS öfter gebrauchtes Bildwort für das Ausgeliefertsein der unschuldig leidenden Gerechten an ihre Unterdrücker, vom ATlichen Gottesvolk Sach 11,5, von der NTlichen Gemeinde Röm 8,36. Die Motive für die Verfolgung der Frommen sind ihre Treue zu Jahwe Ps 44,23 und das Bekenntnis zu Christus Röm 8,36; ihre Bedränger sind die Weltmächte Jer 51,34, die Führer Israels Hes 34,3 f, die christusfeindliche Welt Mt 10,16 a. *Ste*

Schlacken → Schaum.

Schlaf, schlafen, schlummern. *1) Im AT* wird der Sch. als Erquickung im eigentlichen Sinn gewertet. Krankheit, nagende Schmerzen, Sorgen, Gewissensbisse verscheuchen den Sch. Hiob 30, 17; Dan 6,19; auch der Reichtum läßt den Reichen nicht sch. Pred 5,11; Sir 31,1, während Arbeit den Sch. süß macht. Gegen die Üppigkeit der Ruhebetten der Reichen eiferte Amos 6,4. Den Sch. des Armen schützt das Gesetz 2Mose 22,25 f: der Gläubiger darf das gepfändete Obergewand nicht über Sonnenuntergang behalten. Der Fromme und Weise darf sich getrost vor dem Schl. in Gottes Hand befehlen Spr 3,24; Ps 3,6; 4,9. Jona hätte zu solchem Sch. kein Recht Jon 1,5. Der Fromme gedenkt noch beim Einschlafen der Thora, des göttlichen Worts Ps 1,2; 5Mose 6,7; Jos 1,8; Spr 6,22. Ja, seinen Geliebten gibt's Gott im Sch. Ps 127,2, vgl. Spr 10,22; alles Gelingen ist Gottes Geschenk. Viel Sch. bedeutet Faulheit und führt zur Verarmung Spr 6,10; 10,5; 19,15. Der Sch. kann auch ein Gericht Gottes und eine Betäubung sein 1Sam 26,12; die schlechten Wächter sind Liebhaber trägen Schlummers Jes 56,10; Nah 3,18. Andererseits gibt Gott seine Offenbarungen auch im Sch. 1Mose 15,12 ff; 28,10 ff; 1Sam 3,1 ff. Träume und Traumgesichte werden vielfach als göttliche Offenbarung angesehen 1Mose 37,5.9; 40,5 ff; 41,1 ff; 1Kö 3,5 ff; Dan 2,1 ff; 4,1 ff; 7,1 ff. Im *übertragenen* Sinn ist Sch. soviel wie Todeszustand 5Mose 31,16; 2Sam 7,12; Hiob 3,13. Die im Erdenstaub sch., werden erwachen Dan 12,2. — Im Gegensatz zu den heidnischen Götzen, die u. U. sch. 1Kö 18,27, schläft der Gott Israels nicht Ps 121,4. In Ps 44,24 und 78,65 ist vom Sch. Gottes in dichterischer Sprache bildlich die Rede.

2) *Im NT* ist der Sch. zunächst eine biologische Tatsache Mt 13,25; Mk 4,27; Lk 9,32. Eutychus fällt bei der Predigt des Paulus in Troas in tiefen Sch. Apg 20,9. Auch Jesus schläft ohne Furcht beim Sturm Mt 8,24 par. Aber er bleibt auch die ganze Nacht im Gebet Lk 6,12 und steht des Morgens vor Tage auf, um zu beten Mk 1,35. In Gethsemane muß er die Jünger, die sich des Sch.s nicht erwehren können, wiederholt aufrütteln und zu Wachsamkeit und Gebet mahnen Mt 26,40ff par. Auch das NT weiß von Weisungen, die Gott im Sch. gibt Mt 1,20; 2,13.19.22; 27,19; Apg 16,9; 18,9. Im übertragenen Sinn dient das Wort Sch. zur Bezeichnung des Todesschlummers 1Thess 5,10. Jesus selbst gibt dem Tod den schönen Namen Sch. Jo 11,11. Wenn er von dem toten Kind des Jairus sagt, daß es schläft Mt 9,24 par., will er damit zum Ausdruck bringen, daß ihm der Vater das Leben dieses Kindes geschenkt hat, um es ins Leben zurückzurufen. Sch. gilt aber auch im Sinn von geistiger Trägheit, von Sicherheit und Sorglosigkeit, zumal angesichts der nahen Wiederkunft Christi 1Thess 5,6. Im Gleichnis von den zehn Jungfrauen Mt 25,1ff ist nicht das Sch.en das Bedenkliche (alle zehn sch.!), sondern daß die Törichten nicht Sorge dafür getragen haben, bereit zu sein. Geistige Trägheit und falsche Sicherheit meint wohl auch das Sch.en in dem Zitat aus einem uns unbekannten Hymnus Eph 5,14; Christus ist das Licht, das dem Schläfer den Weg Gottes zeigt. *Fr*

schlagen, Schlag. *1) Gott* schlägt in seinem Strafen, zB 1Mose 8,21; 3Mose 26,21; 5Mose 32,39; Hos 6,1; 2Sam 7,14; Jes 27,7.

2) Daß *Menschen* sch., ist notwendig in der Erziehung der Kinder Spr 13,24; 22,15; 23, 13f; Sir 30,1f, in der Abwehr des Bösen Spr 19,25.29; 20,30, zur Bestrafung der Übeltäter 5Mose 25,2f. Schon ein zurechtweisendes Wort ist hilfreich Ps 141,5; Spr 27,6, während böse, verleumderische Worte einem wehtuenden Sch. gleichen Spr 18,8; 26,22. Unrecht ist es, das Gewissen eines anderen zu sch., zu verletzen 1Kor 8,12. Oft ist von körperlicher Mißhandlung durch Schläge die Rede 2Mose 2,11.13; Mt 5,39; 24,49; Lk 10,30; Apg 18,17; 21,32; 1Kor 4,11; 2Kor 6,5; 11,23f, wie auch Jesus geschlagen wurde Mt 26,67f; 27,30; Jo 18,22f. Wie er, so können Gottesmenschen Schläge erleiden Jes 50,6; Klgl 3,30; Mt 5,39. Wer einen Menschen totschlägt, hat sein Leben verwirkt 1Mose 4,8; 9,6; 2Mose 21,12.15; 4Mose 35, 16-31. Daß Mose in das Wasser und in den Staub schlägt 2Mose 7,20; 8,12, ist eine symbolische Tat, die das Gericht Gottes ankündigt.

3) Sich selbst zu sch. ist Zeichen der Trauer Hes 21,17 und der Buße Jer 31,19; Lk 18,13; 23,48. Daß das Herz „schlägt", treibt zur Buße 2Sam 24,10; „in sich schlagen" meint die Einkehr bei sich selbst und die Umkehr 1Kö 8,47; Lk 15,17. *Schl*

Schlange. Daß es im AT etwa 10 Bezeichnungen für Schlangen, Nattern, Ottern und Vipern gibt, weist auf die Häufigkeit der Sch.n hin; im heutigen Palästina gibt es etwa 35 Arten, darunter mehrere sehr giftige. Daß die Sch.n alle gefürchtet sind 1Mose 3,15, ist begreiflich, da sie mit ihren gewandten Bewegungen, ihrem unvermuteten Angriff 1Mose 3,15; 49,17 und ihrem gefährlichen Gift unheimlich sind. Der Angriff der Sch.n erfolgt nicht durch ein Stechen, wie Luther regelmäßig übersetzte, zB 1Mose 3,15; Am 5,19; 9,31, sondern durch ein Beißen, nicht durch die Zunge, die Hiob 20,16; Ps 140,4 als ihre gefährliche Waffe genannt ist, sondern durch die Zähne Sir 21,3; durch die Zähne wird mit dem Biß das Gift in die Wunde gespritzt. Auch frißt die Sch. nicht Erde 1Mose 3,14; Mich 7,17; vielleicht wollen aber diese Stellen auf das Kriechen im Staube hinweisen, wird doch für die Heilszeit, in der auch die Sch. nicht mehr gefährlich ist Jes 11,8, angenommen, daß dann die Sch. Erde fresse Jes 65,25. Ein Irrtum ist es auch, wenn Sir 10,13 meint, Sch.n machten sich auch an Leichen; sie können ihre Beute nur ganz hinunterschlingen. Daß die Sch. Eier legt, wird Jes 34,15; 59,5 erwähnt. Von ihrem Schleichen spricht Jer 46,22, ihrem Gleiten über Felsen Spr 30,19, ihrem Schlupfwinkel in einem Gemäuer Pred 10,8, vgl. Am 5,19. Jene Natter auf Malta Apg 28,3 war wohl im Winterschlaf erstarrt.

Die Aussagen des AT auf einzelne Arten von Sch.n festzulegen gelingt nicht mit Sicherheit. Bei 1Mose 49,17 (hebr. schephiphon) denkt man an die gefährliche, 60-70 cm lange Hornviper, die sich an Lagerfeuer heranschleicht. Die in Hiob 20,16; Jes 30,6; 59,5 genannte Art (hebr. äph'äh) könnte die flinke und kampflustige Sandrasselotter sein. Die Sch., mit der die Sch.nbeschwörer vor allem arbeiten, ist die Brillensch. mit ihrem furchtbaren Gift, gegen 2½ m lang 5Mose 32,33; Ps 58,5; Hiob 20,14.16 (hebr. päthän). Mit zäpha' und ziph'ōni, für die die alten Übersetzer zT an den Basilisken der Fabel dachten, könnte die dicke, 1¾ m lange Kettenviper gemeint sein. Jes 34,15 (qippōs) mag es sich um die nichtgiftige Sandschlange, eine kleine, kaum 1 m lange Verwandte der Riesenschlangen, handeln. Die Sch.n 4Mose 21,6 führen im Hebräischen den Namen saraph, wörtlich wohl „brennende Sch., Brandschlange"; ebenso heißen die „fliegenden Sch.n" Jes 14,29; 30,6, während freilich die Wissenschaft fliegende Sch.n nicht kennt. Am 9,3 spricht von Sch.n im Meer, wie es in der Tat einige kleine, aber sehr giftige Arten gibt, die im Meer leben.

Von den merkwürdigen Künsten der Sch.nbeschwörer ist mehrfach die Rede; sie verstanden zB die Sch. durch Druck auf das Genick in Starrkrampf zu versetzen 2Mose 4,4; 7,12. Sch.n, an denen die Kunst der Beschwörung versagte, wurden „taube Ottern" genannt Ps 58,5f und galten als bes. bösartig Jer 8,17. Daß ein Sch.nbeschwörer selbst gebissen wurde, ist Sir 12,13; Pred 10,11 erwähnt.

Die Sch. galt als listig und klug 1Mose 3,1; Sir 25,21; Mt 10,16, vor allem wohl dank der körperlichen Gewandtheit, die sie unbemerkt an ihr Opfer herankommen läßt; bes. aber wurde sie zum Bild boshafter, tückischer, trügerischer Menschen Ps 58,5; 140,4; Jes 59,5; Röm 3,13. Die Sünde selbst wird mit einer Sch. verglichen Sir 21,2f. Darum war es ein bes. scharfer Angriff auf die Frommen, wenn gerade sie vom Täufer und von Jesus „Sch.nbrut" genannt wurden Mt 3,7; 12,34; 23,33. Im Anschluß an die Erzählung 1Mose 3, in der eine Sch. die Verführerin ist, wird die Sch. zum Bild Satans Weish 2,24; Jo 8,44; Röm 16,20; 2Kor 11,3, bis schließlich Satan einfach „die alte Sch." heißt Offb 12,9.14f; 20,2.

In ihrer Gefährlichkeit wird die Sch. das Werkzeug göttlicher Gerichte 4Mose 21,6; 5Mose 32,24; Jer 8,17; Sir 39,36. Ebenso kann Gott die Seinen vor Sch.n schützen Ps 91,13; Lk 10,19 und ihnen Macht über Sch.n geben Mk 16,18. *Schl*

Schlauch. Der in Palästina heute noch gebräuchliche Behälter für Flüssigkeiten ist eine Tierhaut, meist die Haut einer Ziege; dafür wird die Innenseite nach außen gekehrt, werden die Öffnungen, wo die Füße abgeschnitten wurden, zugenäht und dient die Halsöffnung, die mit einem Riemen zugebunden wird, zum Ein- und Ausgießen. Im Sch. wird Wasser aufbewahrt 1Mose 21,14, auch Milch Ri 4,19 (Luther: Milchtopf), meist Wein Jos 9,4.13; 1Sam 1,24; 10,3; 16,20; 25,18; 2Sam 16,1; Judith 10,6 (Luther mehrfach: Krug). Alte Schläuche werden rissig und müssen zusammengebunden werden; daher die Kriegslist Jos 9. Der im Rauch aufgehängte Sch Ps 119,83 schrumpft wohl zusammen. Junger, gärender Wein konnte einen Sch. zerreißen Hiob 32,19; daher setzt die Bildrede Jesu Mt 9,17 par. voraus, daß neuer Wein in neue Schläuche gefüllt werden muß. *Schl*

schlecht → recht.

Schleier. Im allg. ging die isr. Frau unverschleiert 1Mose 12,14f. Nur in der Brautzeit trug sie einen Sch. 1Mose 24,65, da ihr Mann sie erst am Hochzeitstag sehen durfte. Von daher sind HL 4,1.3; Jes 47,2 zu verstehen. HL 5,7; Jes 3,22 ist statt Sch. „Umschlagtuch", Jer 2,32 „Gürtel" zu übersetzen. Das Judentum hat von der Frau zwar nicht das Tragen eines Sch.s, aber außerhalb des Hauses das Bedecken des Hauptes durch ein Kopftuch verlangt. Zur Beibehaltung dieser Ordnung während Gebet und Weissagungsempfang in der Gemeinde mahnt Paulus die Frauen in Korinth 1Kor 11,5f. *Ste*

Schleuder → Waffen, → Hirte.

Schloß, Schlüssel. *1)* Schon in alter Zeit verstand man, Türen und Tore zu verschließen Jos 2,5; Ri 3,25; 16,3; 2Kö 4,21; Neh 3,3, so auch Mt 25,10; Lk 13,25; Jo 20,19. In einen hölzernen Riegel, der in ein Loch im Türpfosten geschoben wurde, griffen eine Anzahl herunterfallender eiserner Stifte ein; beim Öffnen hob der gleichfalls hölzerne Schlüssel, an dem die entsprechende Anzahl Stifte befestigt war, die Stifte des Schlosses wieder empor, so daß der Riegel zurückgezogen werden konnte. Der Schlüssel eines Palastes konnte so groß sein, daß der Inhaber des Schlüsselamtes ihn auf der Schulter trug Jes 22,22, zugleich als Zeichen seiner Würde und Vollmacht. Bronzene und eiserne Riegel galten als bes. fest 5Mose 33,25; 1Kö 4,13; Ps 107,16; Jes 45,2. Bildlich wünscht sich der Weise ein Schloß an den Mund Sir 22,33. → Riegel.

2) In übertragenem Sinn bedeutet der Besitz der Schlüssel die Vollmacht, aufzutun oder zu verschließen. So wirft Jesus den Schriftgelehrten vor, daß sie mit ihrer Art das Himmelreich verschließen, statt es aufzuschließen, den Zugang zum Reich Gottes versperren, statt ihn zu zeigen und zu öffnen Mt 23,13; Lk 11,52. So gibt Jesus dem Petrus Mt 16,19 und dem Kreis der Jünger Mt 18,18 die Vollmacht zu Entscheidungen in der Unterweisung und Führung der Gemeinde, die vor Gott gelten. So erscheint der Christus selbst dem Seher als der, der den Zugang zu Gottes Reich in Vollmacht öffnet oder verschließt Offb 3,7, dies darum, weil er die Schlüssel zur Totenwelt hat und Leben schenken kann 1,18. Ähnlich sieht der Seher den Schlüssel zum Abgrund in der Hand eines Engels Offb 9,1; 20,1. Ein äußerlich-richterliches Verständnis der „Schlüsselgewalt" und ihre Beschränkung auf den Priesterstand hat im Wortlaut und Sinn der HS keinen Grund. *Schl*

Schmach, schmähen. → Schande. Ein Leben in Schm. und Schande, das das Lebens- und Ehrgefühl jedes Menschen und Volkes hart trifft — in Israel zB auch die Kinderlosigkeit Lk 1,25, die Witwenschaft Jes 54,4 —, wird in der HS zur Anfechtung, mit der der Glaube zu ringen hat. Wohl haben die Propheten und die von ihrer Botschaft bestimmte Darstellung der Geschichte Israels klargestellt, daß es sich auch bei der tiefsten Entehrung um verdiente Sch. handelt und daß sie so getragen werden muß Mich 6,16; u. a. m. Aber die Frage kam nicht zur Ruhe, die das Buch Hiob am Einzelschicksal als schwere Krisis des Glaubens entfaltet 10, 15. 18; 19,5f: Wo ist nun dein Gott? Ps 42,11; 44,14ff; 73. Wird nicht auch der Glaube, ja Gott selbst in diese Schändung der Ehre hineingezogen Ps 74,18.22? Von daher wird neben den tröstenden Stimmen Klgl 3,27ff; Jes 25,8 die Bitte um Hilfe gerade in dieser Not dringlich Ps 57,3ff; 119,22. Zugleich aber entdeckt das AT vor allem in den Liedern des Gottesknechts Jes 50,6; 53,3ff, vgl. Ps 22 den Weg Gottes, der Hebr 11,26, auf Mose bezogen, in einer kurzen Formel „die Sch. Christi" heißt: die gewollte Selbstentehrung Gottes, an der wie der Sohn die Knechte Gottes teilhaben zur Rettung der Welt Lk 18,32; Mt 27,44; Mk 12,4ff; Hebr 10,33; Apg 14,5; Röm 15,3f. Dieser Weg der Sch. will ein seliger Weg werden Mt 5,11; 1Petr 4,14, der dazu hilft, diese Sch. „außerhalb des Lagers" — in einer unverzagten „Weltfremdheit" — zu tragen Hebr 13, 13 und dabei doch den freien Mut zum Dienst zu behalten 1Thess 2,2 und zu segnen, wo man Verfluchung zu tragen bekommt Lk 6,28, vgl. 9,55f. Diese Sch. ist nicht die ewige Sch., vor der Dan 12,2 warnt. *He*

schmecken. *1)* Die Empfindung beim Genuß von Speisen und Getränken 2Mose 16,31; Mt 27,34. Das Geschmacksvermögen geht im hohen Alter weithin verloren 2Sam 19,36. — *2)* Das Kosten der Speise dient zum Vergleich für die Urteilsfähigkeit über Gottes Walten, die Hiob für sich in Anspruch nimmt Hiob 12,11. — *3) Übertragen:* etwas zu fühlen bekommen. *a)* Von religiösen Erfahrungen zB der Güte Gottes, die dem zuteil wird, der ihn in der Not vertrauensvoll anruft Ps 34,9, und der Güte Christi, die die Seinen bei der Wiedergeburt erfahren 1Petr 2,3. Der mit reichen Heilserfahrungen Beschenkte, der dennoch vom Glauben abfällt, hat nach Hebr 6,4f keine Möglichkeit mehr zur Umkehr. Wer die Einladung zum großen Abendmahl, d. h. zum Reich Gottes, verschmäht, soll auch nicht daran teilnehmen Lk 14,24. — *b)* Im Sinne von erdulden; so häufig in der Verbindung „den Tod sch." Mt 16,28 par. Jesus, der selbst für alle den Tod erlitten hat Hebr 2,9, verheißt denen, die sein Wort halten, daß sie den Tod in Ewigkeit nicht sch. werden Jo 8,51f, d.h. daß ihnen das ewige Leben zuteil wird. *Oßw*

Schmelzofen. Durch Ausgrabungen wurden die Sach- und Bildaussagen der Bibel über Schmelzöfen ausgiebig bestätigt, vgl. Jes 48,10; Spr 27, 21; 1Mose 19,28; Hiob 28,2; Hes 22,17-22. Bei Gaza und südlich vom Toten Meer gab es kleinere und primitivere Öfen in der Nähe der Minen. In ihnen wurde das Erz zum ersten Mal von größeren Schlacken gereinigt. Die bisher größte und technisch vollkommenste im Vorderen Orient gefundene Schmelzhütte — eine Anlage Salomos — lag bei Ezeon-Geber am Nordende des Golfes von Akaba. Dort wurde das Erz erneut geschmolzen, zu Barren geformt und so transportfertig gemacht. Die Öfen waren aus Steinen gesetzt oder aus Lehmziegeln dickwandig gemauert. Durch Luftkanäle, die entweder unter Ausnützung der Windverhältnisse (Nordwind bei Ezeon-Geber) oder für den Blasebalg angelegt waren, wurde der notwendige Luftzug für die Feuerung gewonnen. *Kn*

Schmied. Die Bearbeitung von Metall zu Platten und Geräten Jes 44,12 oder das Anfertigen von Waffen 1Sam 13,19ff; Jes 54,16; Joel 4,10 erfordert den Beruf des geschulten Sch.es oder Feinschmiedes 1Kö 7,14; 2Kö 24,14. Seine Tätigkeit ist Jes 44,12; Sir 34,26; 38,28 schön beschrieben. Er wird einfach „Handwerker" genannt (der Begriff wird auch für Stein-, Holz-, Bauhandwerker gebraucht) oder aber „Hämmerer, Schärfer", was vom Arbeiten mit dem plattnasigen Hammer kommt Jes 41,7; Jer 23,29; 50,23. Nach 1Mose 4,22 ist der Keniter Thubalkajin der Begründer des Sch.ehandwerks. 2Tim 4,14f ist der Sch. Alexander namentlich genannt. *Kn*

Schminke. Der Gebrauch der Sch. ist im Orient weit verbreitet. Im AT wird nur die schwarze, aus gebranntem, zerstoßenem Antimonsulfid (Spießglanz) gewonnene Augenschminke erwähnt, die das Auge größer und ausdrucksvoller erscheinen läßt. → Isebel schminkte ihre Augen, ehe sie sich dem Jehu zeigte 2Kö 9,30. Bildlich von Jerusalem Jer 4,30; Hes 23,40. Der Name einer Tochter Hiobs Keren-Happuch Hiob 42,14 bedeutet „Schminkbüchschen", eigentlich „Schminkhorn". *Oßw*

Schmuck. *1)* Wie in allen Völkern, wurde auch in Israel Sch. gern getragen, von Frauen 2Sam 1,24; Jes 3,16-24; Jer 2,32; Hes 23,40; Hos 2,15, aber auch von Männern, bes. Königen Ps 45,4 und Priestern Sir 45,9f, und von Kindern Mich 2,9, vor allem an festlichen Tagen Ps 29,2; 110,3, darum bes. von Bräutigam und Braut Jes 61,10; 1Makk 9,39; Offb 21,2. Dagegen wird in Zeiten der Trauer aller Sch. abgelegt 2Mose 33,4ff; Klgl 1,6. Gegen ein Übermaß an Sch., an dem die Eitelkeit sich freut, wendet sich Jes 3,16ff. Der Orientale kannte Ringe nicht nur für die Arme, die Finger, den Hals und die Ohren, sondern auch für die Nase, die Wange und die Füße; → Armring, Fingerreif, Halsband, Halskette, Ring, Stirnband.

2) In übertragenem Sinn wird davon gesprochen, daß Gott herrlich geschmückt ist Ps 93,1; 104,1; Hiob 40,10; die ganze Schöpfung ist sein Sch. Jes 35,2. In der Weisheitsdichtung werden Gehorsam und Zucht, Fleiß und Weisheit als wahrer Sch. des Menschen gerühmt Spr 1,9; 31,25. Graues Haar gilt als ein Sch. der Alten Spr 20,29. Im NT werden die Frauen gemahnt, ihren Sch. nicht in Frisur, Kleidung und Geschmeide zu suchen, sondern in einem Wandel, der Gott gefällt 1Tim 2,9; 1Petr 3,4f.

3) Besondere Wendungen: Am Leib werden Glieder, denen Ehre mangelt, bes. sorgsam umkleidet 1Kor 12,23. Die Schmückung der Prophetengräber macht Jesus Mt 23,29 den Pharisäern zum Vorwurf, weil ihre innere Haltung dieser äußerlichen Ehrung der Frommen widerspricht. Einem gesäuberten und geschmückten Haus gleicht nach Mt 12,44 der Rückfällige, von dem böse Geister gern wieder Besitz ergreifen. *Schl*

Schnecke. Die Überlieferung dachte bei Ps 58,9 an eine Sch., die in ihrem Schleim zerfließe; aber vielleicht meint das Wort eine Fehlgeburt. *Schl*

Schnee. Von Sch. ist in der HS nicht selten die Rede, da fast in jedem Jahr im Bergland Sch. fällt. Eine hübsche Schilderung des „seltsamen Regens" gibt Sir 43,19f; ein Staunen kommt auch Hiob 37,6; 38,22 zum Ausdruck. Auch der Sch. ist Gottes Werk Ps 147,16; Jes 55,10. Während er in den Felsen des Libanon liegenbleibt Jer 18,14, wird sein Wasser sonst rasch verzehrt Hiob 24,19. Schön, wie der Sch. kühlt Spr 25,13 und Sch.wasser gut reinigt Hiob 9,30; gefährlich ist die Kälte Spr 31,21. Der Sch. ist Bild für die Reinheit Ps 51,9; Jes 1,18; Klgl 4,7 und eine lichte Helligkeit Mk 9,31; Mt 28,3; Dan 7,9; Offb 1,14. Mit dem weißen Sch. verglichen wird auch der → Aussatz 2Mose 4,6; 4Mose 12, 10; 2Kö 5,27. *Schl*

schneiden. *1)* Geschnitten wird das Getreide Rt 2,9; 1Sam 6,13; in Jesu Gleichnis Mt 25,24ff und Gleichnisrede Jo 4,36ff; ebenso der Weinstock Offb 14,18f. *2)* Geschnitten werden Edelsteine 2Mose 31,5; 35,33, Goldblech 39,3, gute Bausteine 1 Kö 7,9. *3)* Wie ein scharfes Messer kann die → Zunge mit ihren Lügen sch. Ps 52,4. *Schl*

Schnitter → Ernte.
Schnitzwerk → Tempel.

schön, Schöne, Schönheit. Im AT wird Gott als Schöpfer sch. genannt Ps 104,1, vgl. Weish 13,3ff; doch wird im allg. mehr die Zweckmäßigkeit als die Sch. der Schöpfung beschrieben; vgl. 1Mose 1,1ff. — Man schätzt die leibliche Sch. bei Frauen 1Mose 12,11; 24,16; 29, 17; Esth 1,11; HL 1,8.15 und bei Männern 1Mose 39,6; 2Mose 2,2, vgl. Hebr 11,23; 1Sam 9,2; 16,12; Dan 1,4.15. Der durch Sch. ausgezeichnete Mensch gilt wie Joseph, Mose, David, Daniel oft auch als Segensträger. — Zum stellvertretenden Leiden des Gottesknechtes gehört, daß er keine Sch. hat Jes 53,2. — Als sch. bezeichnet die HS auch Tiere und Pflanzen 1Mose 41,2; Hes 31,3.7.9; vgl. Mt 6,28f, Häuser 5Mose 8,12 und Kostbarkeiten Joel 4,5; zur schönen Pforte des Tempels vgl. Apg 3,2.10. — Von geistig-religiösen Gütern Hes 28,7; Sir 40, 28; Weish 6,13. — In der Weisheitsliteratur werden die religiös-ethischen Werte ausdrücklich dem ästhetisch Schönen übergeordnet Spr 11,22; 31,30; Sir 26,22. — Obwohl es im NT keine eigentliche Auseinandersetzung mit dem Problem des Schönen gibt, ist zu beachten, daß sich Jesus als Helfer gerade auch den durch Krankheit Entstellten zuwendet; vgl. zB Lk 17,11ff; Mt 9,2. — Zur Gestalt der Gemeinde vgl. Eph 5,27, zur Sch. des neuen Jerusalem Offb 21,1ff. *Oßw*

Schönhafen → Gutfurt.

Schöpfung, Schöpfungsgeschichte.
1) Geschichte und Schöpfung. 2) Schöpfungsglaube außerhalb Israels. 3) Schöpfungsmythen im AT außerhalb 1Mose 1.2 f. 4) Jahwe und die Natur. 5) Jahwistischer Schöpfungsbericht. 6) Priesterlicher Schöpfungsbericht.

1) Israel hat die Taten seines Gottes in seiner Geschichte sehr lebendig erfahren. Es ist darum wohl verständlich, wenn die Zeugnisse dieser geschichtlichen Erfahrungen Gottes im AT bei weitem überwiegen. Daneben stehen die Zeugnisse von der Schöpfertätigkeit Gottes; die eindrücklichen Glaubenszeugnisse von 1Mose 1.2 leiten das gesamte AT ein. Sie sind die Anfänge von Geschichtswerken, die die Geschichte Gottes mit der Menschheit und speziell die Geschichte des Heils, das er an seinem auserwählten Volk entfaltet hat, beschreiben wollen. Die Sch. ist der Anfang der Geschichte.

2) Die umgebenden Religionen haben ebenfalls Glaubenszeugnisse über die Sch. entfaltet. Am bekanntesten ist die Sch.sgeschichte in dem babylonischen Epos Enuma elisch („Als droben"), in dem sich auffallend viele parallele Züge zur bibl. Sch.sgeschichte vorfinden. Aber die Vorstellung von der Theogonie, d. h. der Entstehung der Götter, ist zugleich in diesem Epos gegeben und trennt es damit von der bibl. Sch.sgeschichte. Das gleiche ist der Fall in den ugaritischen Texten, in denen El nicht nur der Schöpfer des Alls, sondern auch der gesamten Götterwelt ist. Ähnliches gilt auch von Ägypten; hier darf auf den sog. Sonnengesang des Echnaton verwiesen werden. Gattungsmäßig gehören die die Sch. behandelnden Texte zum Mythus (→ Mythen). Die altorientalische Mythologie beherrscht diese Texte, die von einer Entstehung der Welt und der Götter handeln, entscheidend. Lediglich der genannte Sonnengesang bildet mit seiner monotheistischen Tendenz eine Ausnahme. Die Parallele zu Ps 104 ist schon oft bemerkt, die literarische Verwandtschaft ist noch nicht genügend geklärt.

3) Daß Israel auch außerhalb der beiden Erzählungen in 1Mose 1.2 Sch.smythen gekannt hat, wird durch mehrere Stellen im AT belegt. Es handelt sich um die mythische Vorstellung eines Götterkampfes, bei dem Gott ein Meerungeheuer Rahab besiegt Jes 51,9; 30,7; Ps 87,4; 89,11; Hiob 9,13. Auch in Hiob 38,4-11 ist der Mythus von der Besiegung des Meerungeheuers vorhanden, desgleichen Hiob 7,12; 26,12. In den ugaritischen Texten ist das Meerungeheuer ein ungeschaffen existierendes Wesen, das von dem Gott Baal erschlagen wird. Auch diese Mythen sind von Israel eingebaut in die Anschauung von der Schöpfermächtigkeit Jahwes.

4) In der rettenden Hilfe Jahwes, die in geschichtlichen Ereignissen erfahren wurde, tut sich kund, daß er souverän über die Natur gebieten kann. Bei der Errettung aus der Schilfmeernot gehorchen ihm die Elemente 2Mose 14f. In der Deboraschlacht kämpfen die Sterne aus ihren Bahnen für Israel, also auf Jahwes Geheiß Ri 5,20. Diese unbedingte Überzeugtheit von der geschichtlich erfahrenen Überlegenheit Jahwes über die Natur war zweifellos neben anderen Motiven der Anlaß, daß Israel das Problem Jahwe und die Natur anders durchdenken mußte. Die Ansässigkeit im Kulturland stellte vor die gleiche Problematik. Die Geschichtlichkeit der Gotteserfahrungen, von Anfang an mit monotheistischen Tendenzen verbunden, bewahrte Israel davor, in eine Naturalisierung der Gottesvorstellung abzugleiten und eine Baalisierung Jahwes einzuleiten. Dagegen haben die vorexilischen Propheten mit aller Energie gekämpft, bes. Hosea in dem viel stärker bäuerlich gewordenen Nordreich. Bei Amos könnten die sog. Doxologien 4,13; 5,8; 9,6 den Gedanken des Schöpfertums Jahwes aussprechen; doch ist ihre Ansetzung umstritten. Der sicher sehr alte Ps 24 spricht neben der Weltmächtigkeit Jahwes V.1 sein Schöpfertum deutlich aus V.2. Auch die sog. Thronbesteigungspsalmen, zB Ps 93; 96, und manche andere Psalmen, zB 8; 19; 104, enthalten zahlreiche Elemente isr. Sch.sglaubens, die in die sicher früh vorexilische Zeit, vielleicht schon in die sog. Richterzeit hineingehören. In die frühe Königszeit hinein gehört auch der sog. jahwistische Sch.sbericht aus 1Mose 2,4b ff. Insbesondere hat Deuterojesaja das Schöpfertum Jahwes mit seinem heilsgeschichtlichen Handeln verbunden 40,27ff; 42,5f; 43,1; 44,24ff; 54,5.

5) Obwohl die beiden K. 1Mose 2 u. 3 eng zusammengehören und eine Antwort bieten wollen auf die Frage, wie alles mit dem Menschen gekommen ist, also ätiologische Erzählungen sind, enthält K. 2 doch einen Sch.bericht. Jahwe als der Schöpfer ist die beherrschende, personhaft waltende Macht. Die zweite Gestalt, die die Erzählung heraushebt, ist der Mensch, den Jahwe als erstes Geschöpf schafft und um den herum er die gesamte weitere Sch. gruppiert. Alles geschieht zugunsten des Menschen, der an erster Stelle erschaffen wird und damit weit über alles in der geschaffenen Welt herausgehoben wird. Die Einblasung göttlichen Lebensodems wird ihm allein zuteil. Der Mensch erhält seinen besonderen Aufenthaltsort in dem von Jahwe selbst gepflanzten Garten 2,8f.15. Gegenüber aller anderen Sch., die nach ihm entsteht, wird er ausgezeichnet durch den Empfang des göttlichen Befehls und damit durch die Gabe der Hörfähigkeit auf Gottes Wort. Er wird von Gott angeredet, und die Erzählung ist deutlich der Ansicht, daß er den Befehl auch gehört hat 2,16f. Seine übergeordnete Stellung in der Sch. kommt zum Ausdruck in der Tatsache, daß Jahwe ihm die Tiere zur Benennung zuführt, er also die Namensgebung als einen Herrschaftsakt ausüben darf 2,19f. Die Hilfe, die für ihn gefunden werden soll, muß die Fähigkeit des echten Gegenübers für ihn haben, muß über die gleichen Eigenschaften verfügen wie er, muß also auch die Hörfähigkeit auf Gott besitzen und die Würde haben, von Gott angeredet zu werden. Die Erschaffung des Weibes gibt ihm diese Hilfe 2,23f. Die gesamte Sch. trägt also die Züge des Guten, des Zweckmäßigen und Richtigen um des Menschen willen. Der reine, ursprüngliche, sündlose Zustand kommt in der Bemerkung zum Ausdruck, daß beide Menschen ohne Kleider waren und sich dennoch nicht voreinander schämten 2,25. Nimmt man noch den Arbeitsauftrag an den Menschen hinzu, daß er eingesetzt wird, den Garten Eden zu bearbeiten und zu bewachen 2,15, dann ist in dieser Sch. alles vorhanden, was die menschliche Existenz bedingt. Alles ist aus der Schöpferkraft Jahwes hervorgegangen. Ein starkes Bekenntnis zur Welt, zur geordneten zweckhaften Diesseitigkeit liegt darin.

Auch der Tod ist in dieser Sch. vorhanden. In der Nichtbefolgung der Befehle 2,16f ist die Gefahr des Todes gegeben. Aber dieser Tod ist das Ende der im Befehl begründeten Gemeinschaft mit Jahwe, nicht nur ein kreatürliches, naturhaftes Sterben. Dieses mußte bekannt sein, das setzt der Erzähler voraus, da sonst etwas Unbekanntes dem Menschen angedroht würde. Der Tod als Ende der Gemeinschaft mit Jahwe hat aber eine andere Tiefe als jenes naturhafte Sterben. Diese konnte der Mensch erst im Sündenfall erfahren. Hier dokumentiert sich die altisr. Todesauffassung, daß der Tod Trennung von Jahwe bedeutet.

Auch in diesem starken Bekenntnis zu Jahwes Schöpfertum 1Mose 2,4b-25 sind fremde Elemente verarbeitet. Die Schilderung des Zustands der Erde nach der Sch. benutzt als Stilmittel 2,5 eine Aussagenreihe über das, was alles noch nicht da war, ähnlich dem Epos „Als droben".

Auch in der merkwürdigen Bewässerung der Erde durch eine von unten aufsteigende Feuchtigkeit 2,6 scheint ein fremdes Element zu liegen. In den beiden Bäumen 2,9 liegt ebenfalls ein mythologisches Element vor. Nicht geklärt ist bisher die merkwürdige Erschaffung des Weibes aus einer Rippe des Mannes. Das grönländische Märchen von der Erschaffung der Frau aus dem Daumen des Mannes bietet eine Analogie. Vielleicht soll eine Erklärung geboten werden für die Tatsache, daß die Bauchhöhle nicht von einem Knochenpanzer wie der Brustraum geschützt wird.

Es muß aber auch auf den tiefen Erfahrungsreichtum hingewiesen werden, der diese Sch.sgeschichte auszeichnet, nämlich die Erfahrung von der tiefen, verbindenden Anziehungskraft der Geschlechter, die tiefer und inniger verbindet als die Abstammung von Vater und Mutter. Dabei ist große Keuschheit gewahrt; das Anhangen an der Frau wird durch ein hebr. Verbum ausgedrückt, das tiefe und treue Liebe und Hingabe meint.

Gegenüber dem menschlichen Erfahrungsreichtum, der ein reiches psychologisches Wissen umschließt, ist die theol. Formulierung weniger durchdacht. Einfach werden die Schöpfertätigkeiten Jahwes geschildert als ein Machen, Formen, Einblasen und Pflanzen, lauter Anthropomorphismen, die aber unbefangen gebraucht werden, ohne daß über die äußere Erscheinung

Jahwes auch nur ein Wort gesagt wird. Jahwe bleibt trotz allem der „unsichtbare“ Gott.

6) Ganz anders ist der Sch.sbericht in 1Mose 1, 1-2, 4 a. Die Menschenerschaffung erfolgt am Ende, gewissermaßen als die Krone der Schöpfung. Das Schaffen Gottes wird mit einem besonderen Terminus bārā’ ausgedrückt, der nur von Gottes Tätigkeit im AT gebraucht wird. Die Sch. erfolgt durch das Wort in einer strengen Reihenfolge. Alles hat seine bestimmten Ordnungen. Der Mensch wird nach dem Bild Gottes in seiner Ähnlichkeit geschaffen 1, 26, eine Eigenschaft, die vererbbar ist 1Mose 5, 1-3. Die Menschen erhalten einen besonderen Segen, ihre Nahrung wird genau geordnet 1, 28 f. Das Urteil, das die Sch. empfängt, lautet: sehr gut 1, 31. Der vielfältigen, bewegten und belebten Schöpfung wird die Ruhe des siebten Tages gewährt 2, 3.

Auch in diesem Bericht sind mythologische Reste erkennbar. Die Urflut, hebr. tehōm, babylonisch tiāmat, die Wüste und Leere der Erde, das „Brüten des Gotteswindes“ 1, 2 sind mythologische Reste, die etwa an die mythologische Vorstellung vom Urmeer und vom Weltenei erinnern, das durch Bebrütung die Erde hervorbringt. Die Bezeichnung der Himmelslichter als „Lampen“, die absichtliche Unterlassung der Bezeichnungen von Sonne (schemesch) und Mond (jārēach) und der wie beiläufige Hinweis auf die Sterne 1, 16 lassen erkennen, daß hier eine sorgsame Abgrenzung gegen heidnische Mythologie und Astralreligion vorliegt. Im Gesamtaufbau des Schöpfungsberichtes werden die Traditionen des Schöpfungshymnus (Ps 8; 104) und der aus dem Zweistromland stammenden Listenwissenschaft verwendet worden sein.

Man führt diese Erzählung auf einen priesterlichen Verfasser zurück (→Priesterschrift), der vor allem die Ordnung und die Zweckhaftigkeit betont, allerdings ohne den warmen menschlichen Ton, der den jahwistischen Bericht auszeichnet. Vermutlich ist dieser priesterschriftliche Bericht während des babylonischen Exils der Juden in Babel entstanden, als die babylonische Mythologie und Götterwelt ihren imponierenden Einfluß auf die Juden ausüben konnten, so daß die Formulierungen dieses Kapitels einerseits eine Abgrenzung gegen diese Anschauungen sind, andererseits die isr. Sch.sauffassung von der isr. Gottesanschauung her entfalten wollen. Insbesondere soll die Sch. aus dem Nichts durch Gottes Schöpferkraft dargestellt werden. Die ausdrückliche Formulierung dieser Anschauung findet sich allerdings erst 2Makk 7, 28, wo die Wendung „aus dem nicht Seienden“ gebraucht wird.

In diesem priesterschriftlichen Bericht kommt das isr. Denken über die Sch. in einer vollgültigen Formulierung zum Abschluß. Aber beide Sch.serzählungen bieten — das muß ausdrücklich gesagt werden — Glaubenszeugnisse dar, die sicher mit den geistigen und naturwissenschaftlichen Mitteln ihrer Zeit und der damals vorhandenen Weltkenntnis ihre Aufgabe zu lösen versuchten und als Glaubenszeugnis wirklich Unaufgebbares geleistet haben. Das Bekenntnis zur Welt als einer einheitlichen Sch. Gottes ist unverlierbar bedeutsam.

Lit: H. W. Schmidt, Die Schöpfungsgeschichte der Priesterschrift (Wiss. Monographien zum Alten und Neuen Testament 17), 1964. *Ba*

schonen. → Gnade. → Macht. *1)* Das Wort trägt in der HS, wo sie *vom Sch. Gottes* spricht, in sich die Spannung des Glaubens, der sich durch alles hin im Schicksal des einzelnen und der Völker in Gottes Hand gegeben weiß und beides erfährt: er schont Joel 2, 17; Weish 11, 26 vgl. Hiob 2, 6 — er schont nicht Hiob 16, 13; Jer 13, 14; Jes 13, 18. Damit ist die Frage der bald überraschend gnädigen, bald erschreckend harten Geschehnisse zu einer Frage an Gott geworden. Von der Erkenntnis der → Schuld her fällt ein Licht auf schwere Führungen Esra 9,13; Klgl 3,42. Von daher ist die ganze Botschaft der Bibel schließlich doch eine Predigt vom Verschonen Gottes Jes 63,7ff; Ps 103,10 bis dorthin, wo das Nichtverschonen des eigenen Sohnes Röm 8, 32, vgl. 1Mose 22 diesem großen Verschonen vollends Bahn bricht. Das geschieht mit Willen des Sohnes, der sich nicht sch. will Mt 16, 22 f; Jo 15, 13. Dennoch bleibt es angesichts der drohenden Gerichte Gottes bei der Bitte der Christenheit: Verschon uns, lieber Herre Gott! gegeben ist, erzählt die HS schöne Beispiele der schonenden Güte auch gegenüber dem Schuldiggewordenen: Joseph 1Mose 45, David 1Sam 24, 11; 2Sam 21, 7, der Samariter gegenüber dem Juden Lk 10, 33 f, vgl. Lk 9, 55 f, Ananias gegenüber Paulus Apg 9, 17, Paulus gegenüber der Gemeinde, zB 2Kor 6, 11 ff. Aber die Wolfsnatur des gefallenen Menschen, der schonungslos seine Macht gebraucht, ist anders 5Mose 28, 50; Jes 9, 18; Spr 6, 34 f; Weish 2, 10; Apg 20, 29. Das Strafgesetz im 5. Mosebuch ist denn auch gegenüber schwerer Schuld keineswegs schonend. — Zum Versuch des Saul, → Agag und die Beute aus dem Krieg zu sch. 1Sam 15, 9. 15 ff → Bann. *He*

Schoß. Der Sch. wird beim Sitzen vom Unterleib und den Schenkeln gebildet; hebr. chek und birkaim „Kniee“; griech. kolpos „Brust“, „Sch“. Im Sch. hegt man ein Kind oder ein Tier 2Kö 4, 20; 2Sam 12, 3; vgl. Ri 16, 19. Das auf dem Sch. einer Frau oder eines Mannes geborene Kind gilt als Kind des Betreffenden 1Mose 30, 3; 50, 23; vgl. Rt 4, 16. — Hiob 19, 27 bezeichnet Sch. die Nierengegend. — Spr 16, 33; Lk 6, 38 ist der Gewandbausch oberhalb des Gürtels gemeint. — Sch. = Mutterleib Hiob 31, 15; Ps 22, 11. — Das Ruhen in Abrahams Sch. bedeutet Seligkeit Lk 16, 22 f. — Von dem Sohn Gottes wird Jo 1, 18 ausgesagt, daß er in des Vaters Sch. ist, d. h. daß er engste Gemeinschaft mit ihm hat. *Oßw*

Schote → Johannisbrotbaum.

Schranken. Mit dem Hinweis auf die Wettläufer „in den Sch." (genau: „im Stadion") 1Kor 9,24 verwendet Paulus ein für die Korinther sehr verständliches Bild, da Wettspiele in der griech.-hellenistischen Welt weit verbreitet waren; die großen Spiele in Olympia und Korinth waren Nationalfeste. Die Verpflichtung, den Körper durch Askese und Übung zu stählen, die Hingabe an das Ziel, die Ehrung durch den Siegerkranz konnte Paulus für sein Mahnwort benützen. Von den fünf Übungen (Laufen, Faustkampf, Ringkampf, Werfen, Sprung) nennt Paulus 9,26 die beiden ersten. → Abb. Sp. 758. *Schl*

Schrecken, erschrecken (Schrecknis, schrecklich) gehört zu der gefallenen Welt und kommt über Mensch, Tier und Natur 3Mose 26,16; 1Mose 9,2; Lk 21,11.

1) Wer erschreckt den Menschen? Gott selbst Hiob 23,16; über die Feinde seines Volkes läßt er Sch. kommen 2Mose 14,24; 23,27; Jos 10,10; Jes 23,11. Wenn er sich dem Menschen verbirgt, erschrickt er Ps 30,8; 104,29. Darum heißt Gott schrecklich 2Mose 15,11; 5Mose 7,21; Neh 1,5; 9,32; Ps 47,3; Dan 9,4; Hebr 12,21. Auch ein Traum kann erschrecken Dan 2,1.3, die Gedanken, die einem kommen 5,6.10, ein Gesicht 7,15.

2) Wovor erschrickt der Mensch? Vor dem Erscheinen Gottes und seiner Boten Dan 8,17; 2Mose 19,16; Jes 8,13; Mt 14,26; 17,6; 28,4; Lk 1,12; 5,9; 24,5.22.37; Apg 10,4, vor allen Schrecknissen Gottes Hiob 6,4; Ps 88,16, vor dem Tod, dem König der Sch. Hiob 18,14, dem vielfachen Verderben 2Sam 22,5, allem Dunklen Ps 91,5f, vor Menschen, die Böses im Sinn haben Ps 31,14 (Jer 20,10), vor der eigenen Sünde Jes 33,14; Lk 5,8f, vor dem kommenden Tag des Herrn Jes 2,19; Joel 2,11; 3,4; Apg 24,25; Hebr 10,27.31. Über den Abfall des Volkes Gottes und Gottes Gericht sollen Himmel und Erde erschrecken Jer 2,12; Jes 41,5.

3) Was soll das Erschrecken beim Menschen bewirken? Es soll ihn in die Beugung vor Gott treiben Offb 11,13, in das demütige Gebet, das sich ganz auf Gott angewiesen weiß Ps 6,3f; Hiob 13,21; Jer 17,17, während der Sch. Gottes über die Feinde kommen soll Ps 2,5; 6,11; Jer 17,18. Der vor Gott Erschrockene soll sich der Verheißung Gottes getrösten Jer 1,17; 30,10, im Glauben sich die Furcht nehmen lassen Mt 24,6; Jo 14,1; 1Petr 3,14 und ein unerschrockener Zeuge der Wahrheit werden Phil 1,27f; 2Thess 2,2. *Pfi*

schreiben, Schreibkunst, Schrift.

1) Schriftarten. 2) Schreibmaterial. 3) Schreiber. 4) Vorschriften für das Schreiben heiliger Texte.

Es ist nicht ein rein archäologisches Interesse, das zur Beschäftigung mit den Fragen nach Schrift und Buchform in Israel veranlaßt, sondern das sehr aktuelle Anliegen, die Überlieferung der HS durch rund zweieinhalb Jahrtausende hindurch bis zu den Druckausgaben verfolgen zu können. Alle textgeschichtliche und textkritische Arbeit an der Bibel ist darauf gewiesen, sich eine genaue Vorstellung von der äußeren Art zu machen, in der die Überlieferung der hl. Texte geschah.

1) Israel wanderte in Palästina ein, das in seiner Stadtstaatenkultur aufs stärkste von den großen Kulturen im Zweistromland und im Nilland bestimmt gewesen ist. Auch die einzelnen Nomadenstämme Israels sind sicher in ihren Streifgebieten an den Rändern der Kulturländer mit der überlegenen Kultur dieser Gebiete und wohl auch mit ihrer Schreibkultur in Berührung gekommen. Die Amarnatafeln zeigen, daß die babylonische *Keilschrift* (→ Tafel 7 u. 13) in Kanaan gelesen und verstanden wurde. Selbstverständlich mag in dieser Zeit der Schreibkundige sich in den Stadtstaaten aufgehalten haben, wo man seine Kunst dringend gebrauchte. Syllabische Keilschrift ist auch in Rās-Schamra, dem alten Ugarit in Nordsyrien, gefunden worden. Aus der Zeit der assyrischen Besetzung Israels haben sich in Geser zwei keilschriftliche Kontrakte und ein Brief gefunden. Der Name eines Vertragspartners ist jüd. Art: „Natanjahu". Schrift und Sprache müssen also noch im 7. Jh. von den Israeliten verstanden worden sein. Schon von Mose darf angenommen werden, wenn er in aller Weisheit der Ägypter erzogen worden ist, daß er die ägyptische *Hieroglyphenschrift* beherrschte Apg 7,22. Beide, die assyrische Keilschrift und die ägyptische Hieroglyphe, waren schwer zu erlernen und zu handhaben, mußten daher im wesentlichen von berufsmäßigen Schreibern geschrieben werden. Solche berufsmäßigen Schreiber mögen in besonderen Schulen ausgebildet worden sein. Texte, denen noch deutlich der Übungscharakter anhaftet, sind zur Genüge gefunden worden. → Abb. Sp. 30 u. Tafel 47.

Diesen schwierigen Schriften tritt um die Mitte des 2 Jt. vChr eine *Buchstabenschrift* zur Seite, die in Rās-Schamra, aber auch in Palästina gefunden worden ist. Sie besteht aus verschiedenen Gruppen von Keilen, die nicht mehr Silben, sondern Buchstaben bedeuten. Für die Buchstaben dienen 29 Zeichen, die in einzelnen Fällen sogar die Vokalbestimmtheit eines Konsonanten geben.

Eine *vierte Schriftart* ist ebenfalls eine *Buchstabenschrift*, die aus piktographischen (im Bild darstellenden) Zeichen hervorgegangen ist. Inschriften in dieser Schriftart sind in Byblos gefunden worden. Sie umfaßt 22 Zeichen, alles Konsonanten. Im 9. Jh. vChr haben die Griechen dieses Alphabet übernommen; die Anordnung und die Namen der Buchstaben müssen also damals bereits festgestanden haben. Diese Buchstabenschrift läßt sich für Israel nachweisen. Die wesentlichen Beispiele sind: der Bauernkalender von Geser etwa 11. Jh. vChr (Abb. → Tafel 40), die Siloahinschrift in Jerusalem Ende des 8. Jh vChr, im moabitischen Gebiet die Inschrift des Königs Mescha von Moab (→ Mescha) Mitte des 9. Jh. vChr, die → Ostraka aus Samarien Mitte 8. Jh. vChr, die Ostraka von Lachisch Beginn des 6. Jh. vChr; ferner zahlreiche beschriftete und bestempelte Krughenkel, Siegel und kleinere Ostraka. Diese Schrift hat sich durch die Geschichte des Judentums bis zu den Briefmarken des modernen Staates Israel erhalten. Bis in die Qumrānzeit diente sie für die hl. Texte, insbesondere die Thora; sie erscheint auf den jüd. Münzen bis zum Aufstand des Bar Kochba (132-135 nChr). Die Juden nannten diese Schrift kethāb ‘ibrī, *„hebräische Schrift“*. → Tafel 40.

Neben dieser Schrift entwickelte sich die heute noch übliche *Quadratschrift*. Der Name erklärt sich von der Form der einzelnen Buchstaben, die alle in ein Quadrat eingepaßt werden können. Diese Schrift wird in der jüd. Tradition kethāb merubba‘ oder kethāb ’aschschūrī genannt. Der Tradition zufolge soll Esra diese Schrift eingeführt haben. Dieser Tradition ist vielleicht nicht jeglicher geschichtliche Wert abzusprechen, da im Jh. des Esra die aramäischen Urkunden der jüd. Militärkolonie in → Elephantine in der aramäischen Schrift abgefaßt worden sind, die schon eine Vorform der späteren Quadratschrift darstellt. Da die Briefe an die persische Staatskanzlei gerichtet waren, muß die Schrift in der östlichen Reichshälfte bekannt gewesen sein. Esra kam aber aus dieser Gegend. Das von ihm mitgebrachte Gesetzbuch könnte also diese Schriftart gehabt haben. Daß um etwa 400 vChr die Samaritaner in ihr Schisma den Pentateuch, in einem althebr. Duktus geschrieben, übernommen haben, spricht nicht dagegen, da die Anwendung dieser Schriftart noch im 2. Jh. vChr in Qumrān bezeugt ist.

2) Welche *Schreibstoffe* sind verwendet worden? Die Keilschrift ist auf der ungebrannten *Tontafel* mit einem unten breiten Holzstab eingedrückt worden, desgleichen die ugaritische Keilbuchstabenschrift. Die althebräische Schrift hat in ihren Buchstabenformen deutlich einen linearen Typus, d. h. die Buchstaben haben im wesentlichen gerade Linien und selten Krümmungen und Schwünge. Der lineare Typus läßt aber an ein hartes Schreibmaterial denken. Ein solches ist der Stein, die überkalkte Holztafel, die glatte Holztafel, die mit Wachs überzogene Kleintafel, die Tonscherbe, die auch im gebrannten Zustand Einritzungen gestattete (Ostraka vom tell Qasileh!). Der harte Schreibstoff einer Tafel wird Jes 8, 1 bezeugt. O. Procksch hat die These aufgestellt, daß zum Schreiben große Holztafeln benutzt worden seien, und glaubte, dies damit beweisen zu können, daß in Jer 36 die Aufrollung einer Buchrolle bis zu drei oder vier Kolumnen bezeugt wird. An sich hätte die Aufrollung einer Kolumnenbreite für das Lesen genügt. Wurden mehr Kolumnen aufgerollt, entsprach dies nach seiner Meinung wohl einer früher üblich gewesenen größeren Kolumnenbreite, die sich wiederum von der Breite der verwendeten Holztafeln her ergab. Man kann sich aber schwer vorstellen, daß solche großen unhandlichen Holztafeln, außer bei besonderen Umständen (Jes 8, 1), verwendet worden sind. Für Notizen und kürzere Briefe mag die Verwendung einer mit Wachs überzogenen kleineren Holztafel angenommen werden, etwa verwendet für den Uriabrief Davids 2Sam 11, 14 oder für den Brief Isebels nach Jesreel 1Kö 21, 8 oder den Brief Jehus an Samaria 2Kö 10, 1 ff. 6 ff.

Ein weiterer Schreibstoff ist in Qumrān aufgetaucht, das tierische, gegerbte und auf einer Seite zum Schreiben geglättete *Leder*. Auf solche lederne Schreibfläche konnten auch die Lettern des althebr. Alphabets geschrieben werden mit einer Rußtinte und einer Rohrfeder. Dieses Schreibmaterial wurde im Lande selbst erzeugt und hatte daher den Vorzug der Billigkeit gegenüber dem teureren Importprodukt, der Papyrusrolle. Aus dem Reisebericht des Ägypters Un-Amon wissen wir, daß um 1100 vChr Papyrus in Rollenform aus Ägypten nach Byblos exportiert worden ist. Dieser Schreibstoff wurde in Ägypten aus dem in Streifen geschnittenen, in Längs- und Querrichtung gelegten, verleimten und geglätteten Mark der Papyrusstaude hergestellt und bot eine weiche, glatte Schreibfläche, wie die erhaltenen Papyri noch bezeugen.

Die nach Jer 36 verbrannte Urrolle des Propheten Jeremia kann eine Papyrusrolle gewesen sein, da ihre leichte Brennbarkeit eher an Papyrus als an Leder denken läßt. Aber auch Leder konnte zu einem sehr dünnen Material zubereitet werden, so daß die Jeremiarolle auch aus Leder gewesen sein kann. Die Qumrānschriften haben genügend Beispiele für die Dünnpräparierung des Leders geliefert.

Mit den weichen Schreibstoffen des Leders und des Papyrus hält aber nun eine Buchform ihren Einzug in Palästina, die bis in den synagogalen Gottesdienst der Gegenwart in Gebrauch geblieben ist, das *Rollenbuch*. Es entstand dadurch, daß größere, regelmäßig gearbeitete, präparierte und geschnittene Lederflächen aneinandergenäht und um einen Stab gewickelt wurden. Je feiner das Leder war, um so geringer war die Stärke der gewickelten Rolle und um so leichter ihre Handlichkeit und ihre Aufbewahrungsmöglichkeit. Solche Buchrollen werden im AT mehrfach erwähnt: Jer 36; 2Kö 19, 14; Jes 37, 14 (wenn es sich in diesem Text um einen Brief auf weichem Schreibstoff handelte, wofür das verwendete Verbum pāraś sprechen könnte). Buchrollen werden weiter erwähnt in Hes 2, 9 f (Buchrolle mit Innen- und Außenbeschriftung), Sach 5, 1 ff (die fliegende Buchrolle); vgl. Jes 34, 4. Ein Rollenbuch wird das 2Kö 22 aufgefundene Deuteronomium gewesen sein, ebenso das Jesajabuch Lk 4, 17 ff. Auch kleinere Urkunden und Schriftstücke werden auf diesem weichen Material geschrieben worden sein, zB der Kaufkontrakt des Jeremia Jer 32, 1 ff, der Fluch über die Ehebrecherin 4Mose 5, 23. Daß Leder für Urkunden verwendet wurde, zeigen die kürzlich veröffentlichten Briefe des Satrapen Arsames aus der 2. Hälfte des 5. Jh. vChr.

Handelte es sich um Bücher oder längere Ausführungen in Briefen und Verordnungen, wurde der Text in Kolumnen von bestimmter Breite angeordnet, so daß für den Lesenden der Text übersichtlich war. Wie die Schriften von Qumrān zeigen, wurde der Text in einzelne kleinere Abschnitte gegliedert, die durch Freilassen einer ganzen Zeile oder eines Teils der Zeile, zB durch Einrücken des Textes, markiert waren. Die Handschriften konnten auch bes. fein ausgestattet werden. Der Aristeasbrief bezeugt eine mit goldenen Buchstaben geschriebene Thora (§ 176). Die Verwendung figürlicher bildlicher Darstellungen ist erst in christl. Zeit bezeugt, desgleichen die Herausbildung der Kodexform, die durch Lagen geknifften Pergaments oder Papyrus entsteht und mit Heftfäden zusammengehalten wird. Pergament ist erst eine Erfindung des 2.Jh. nChr.

3) Die Herstellung von Büchern und Urkunden erforderte den ausgebildeten hauptberuflichen *Schreiber,* dessen Schrift gleichmäßig lesbar gestaltet war. Dieser berufsmäßige Schreiber wird im AT bezeugt. Der junge Mann, der Gideon die Namen der vornehmsten Bürger von Sukkoth niederschreibt Ri 8, 14, wird ein solcher gewesen sein. Auch Baruch, der Freund des Jeremia, wird als solcher angesehen werden können. Hes 9, 2 wird der Schreiber kenntlich an dem Schreibgerät, das er an der Seite trägt. Nach ägyptischem Vorbild wird es ein Kästchen mit Federn und einem Schälchen zum Mischen der Tinte gewesen sein. Die Aufgabe des Schreibers, Urkunden abzufassen, erforderte Vertrautheit mit den Rechtsgepflogenheiten und dem Stil solcher Urkunden. In späterer Zeit, schon in der Qumrānzeit, wird der Beruf des Schreibers sich spezialisiert haben auf das Abschreiben der hl. Texte. Da es sich um stets gleiche Texte handelte, bildete sich bald eine *Schreibertradition* heraus, die das Handwerkliche ihrer Tätigkeit schuf, nämlich die Feststellung der Kolumnenbreite und -zahl, je nach dem Format des gewünschten Buches. Die Buchstaben wurden gezählt und die Seitenzahl festgestellt, um danach den Lohn für die Schreibarbeit zu bestimmen. Daß schon in Qumrān eine solche Schreibertradition bestand, zeigt die Jesajarolle I von Qumrān aus Höhle 1, die bereits deutlich die Mitte des Buches kennt. Da das Schreibmaterial teuer war — Bücher sind zu allen Zeiten keine billigen Artikel gewesen —, sparten die Schreiber an Material durch Anwendung möglichst kleiner Schrift, die zwar die scharfen Augen des Orientalen lesen konnten, aber schon Hieronymus Schwierigkeiten bereiteten (Comment. in Ez. VII 239/40, Migne XXV S. 199). Kleine Buchrollen waren beliebt, um sie als Amulett bei sich zu tragen. Miniaturexemplare sind auch in Qumrān aufgetaucht.

4) In rabbinischer Zeit sind feste *Schreibregeln* für das Abschreiben der hl. Texte aufgestellt worden, einmal aus dem starren Inspirationsdogma heraus, dann aber auch, um willkürlichen Textverderbnissen vorzubeugen. Derartige Schreibregeln beginnen schon in der Mischna und finden sich sehr zahlreich im Talmud. Der nachtalmudische Traktat Sopherim d. h. „Schreiber" stellt diese Regeln zusammen.

Lit.: G. R. Driver, Semitic Writing from Pictograph to Alphabet, 1954; M. Noth, Die Welt des Alten Testaments, [4]1962; H. Bardtke, Der Traktat der Schreiber (Sopherim) in Auswahl übersetzt (Wiss. Zeitschrift d. Karl-Marx-Universität Leipzig 3, 1953/54, S. 31-49). *Ba*

schreien. *1)* Ausdruck der Erregung, zB im Streit 1Sam 17, 20; Ps 55, 4, aus Enttäuschung und Zorn 1Mose 27, 34; 4Mose 14, 1; Apg 19, 28, vor Angst Jes 26, 17; Mt 14, 26, in Not Ps 9, 13; 69, 4; Mk 5, 5; Offb 12, 2, aus Prahlerei Pred 9, 17, in Wahn und Haß Mt 27, 23; Apg 7, 56; 19, 32 ff, am Ende der Geduld Jes 42, 14, im Gericht Jer 25, 34 ff, im Leid 2Sam 19, 5; Jer 31, 15 f, im Sterben Mt 27, 50, als Zuruf 1Kö 13, 32; Spr 8, 3; Mt 21, 9 (anders Jes 42, 1 ff).

2) Jemand laut anrufen Mk 5, 6; Apg 16, 17, meist um Hilfe 2Mose 8, 8; 1Sam 7, 8 f; Mt 9, 27; 14, 30 u. ö.

3) Ein aus der Tiefe kommendes Beten 1Sam 15, 11; Ps 88, 2; Mt 27, 46; Mk 9, 24; Apg 7, 59; die Bitte um Erhörung Ps 5, 3 in der Gewißheit der Erhörung 2Mose 22, 22 ff; Ps 9, 13 u. ö. (anders bei den Götzen Jes 46, 7), aber auch, wo Gott nicht hört Hiob 27, 8 f; Jer 8, 19. Im NT das Sch. des Geistes Gal 4, 6, vgl. Röm 8, 15. 26.

4) Bildlich — was zu Gott dringt: Sünde, Frevel, Unrecht 1Mose 4, 10; 19, 13; Hiob 31, 38; Jer 6, 7; Jak 5, 4 und das Zeugnis der Steine Hab 2, 11; Lk 19, 40. *Pfi*

Schrift, Heilige → Bibel.

Schriftgelehrte.
1) Die Entwicklung zum neuen Gelehrtenstand. 2) Der neue Gelehrtenstand. 3) Die Lehrtradition. 4) Evangelium und Gelehrtenstand.

1) Mit der Neufassung der Lehre durch Esra ergab sich die Notwendigkeit, sie zu erläutern und ihre Anwendung im Leben des Volkes zu sichern; so entstand das berufsmäßige Studium und gleichzeitig der Stand des Sch.n. Zunächst fiel diese Verpflichtung den Priestern zu, war ja auch Esra selbst beides, sowohl Priester wie auch Gelehrter. Tatsächlich gab es immer eine Anzahl Priester mit der Bildung des Sch.n, sowohl aus alten aristokratischen Familien wie

Tafel 41: Das Ost-Tor von Sichem *Vier Paare von Orthostaten, von aufrecht stehenden Steinblöcken, umgrenzen eine große Torkammer (8 × 6,55 m), an die sich zu beiden Seiten je eine kleinere Kammer anschließt, → Tor. Zwischen je zwei Paaren der Orthostaten lagen die Tor-Durchlässe mit je 3,40 m Weite. Das Tor war von zwei Türmen flankiert. Die Treppe im Vordergrund führte auf den Platz „vor dem Tor", der stadteinwärts dem Tor vorgelagert war. Diese Tor-Anlage in tell balata, eine der besterhaltenen in Palästina, stammt vom Ende der Mittleren Bronzezeit (16. Jh. vChr) und war noch in der Spätbronze- und Eisenzeit in Gebrauch.*

auch aus dem niederen Klerus. Aber ein großer Teil der Sch.n setzte sich aus Laien zusammen, die den verschiedensten Schichten des Volkes angehörten; sie waren zB Kaufleute, Handwerker und hatten gelegentlich auch heidnisches Blut in ihren Adern. Wenn diese Männer eine hervorragende Rolle spielten, dann nicht auf Grund ihrer Abstammung, sondern trotz niedriger Abkunft, trotz Armut, trotz kleinbürgerlicher Berufe (J. Jeremias). Welch große Bedeutung der Weisheitslehrer im Volk errungen hat, lehrt der Vergleich mit anderen Berufen: er ist der Berater in der Volksversammlung, sitzt auf dem Stuhl des Richters und bringt Gerechtigkeit und Recht an den Tag Sir 38,25-39,15. Diese Entwicklung, die dem Laientum eine besondere Führung zuweist und eine Umschichtung der sozialen Verhältnisse nach sich zieht, steht natürlich im Zusammenhang mit der Tatsache, daß weite Kreise der bisherigen Aristokratie, vor allem auch im Priesterstand, in der Makkabäerzeit versagt hatten und nicht mehr als zuverlässig erschienen.

2) Der Sch. hatte ein jahrelanges ordnungsmäßiges Studium abzulegen, ehe er ordiniert werden konnte. Er begann als Schüler (talmid) diese Laufbahn damit, daß er sich einem bekannten Lehrer anschloß und im persönlichen Umgang mit ihm sowohl die Überlieferung wie auch die praktische Verwirklichung des Gehorsams erlernte. Konnte er selbständig Entscheidungen und Urteile fällen, die sowohl die Lehre wie auch das Strafrecht angingen, wurde der Schüler zum „nichtordinierten Gelehrten" (talmid chacham). Aber erst wenn das Alter der Ordination erreicht war (40 Jahre), wurde er vollberechtigtes Glied in der Zunft der Sch. (chacham). Nun hatte er Anspruch auf die Anrede → „Rabbi" (eigentlich „mein Herr", „mein Lehrer"), die ursprünglich eine Höflichkeitsbezeugung war, jetzt aber im 1.Jh. nChr zu einem Titel und einer Würdebezeichnung des Sch.n wurde. Der Abstand von dem Nichtgelehrten, der die hl. Schriften nicht studiert hatte, wurde nunmehr groß Jo 7,15. Der ordinierte Gelehrte hatte das Recht, die aus der Thora des Mose abgeleitete Überlieferung weiterzugeben und zu entfalten; er konnte daher „binden" und „lösen", d. h. verbindliche Entscheidungen darüber treffen, was verboten und erlaubt war. Der Lehrer konnte von seinen Schülern eine Ehrerbietung verlangen, die über die Ehrfurcht, die man den Eltern schuldete, noch hinausging. Er konnte auf den Vorsitz und den Ehrenplatz Anspruch machen, vertrat er doch in seiner Person die Würde der Thora. Sowohl die lehrende wie auch die richterliche Tätigkeit des Sch.n sollte grundsätzlich unentgeltlich erfolgen; man mußte ja die Unbestechlichkeit des Richters auf jeden Fall aufrechterhalten. So war der Sch. genötigt, um seinen Lebensunterhalt zu verdienen, ein Gewerbe oder eine Handarbeit auszuüben; vgl. Paulus Apg 18,3; 20,34. Dabei ergab sich allerdings leicht der Mißstand, daß die andersartige berufliche Bindung den Menschen allzusehr in Anspruch nahm. Man mußte daher warnen, diese bürgerliche Beschäftigung allzuhoch zu bewerten: das eigentliche Amt und das Studium galten doch als die wertvollere Aufgabe im Volksleben. Gelegentlich wird allerdings erzählt, daß sich einzelne Lehrer für einen Unterricht auch bezahlen ließen; auch die dringlichen Mahnungen der Mischna, den Gesetzesunterricht nicht zu egoistischen Interessen zu mißbrauchen, lassen darauf schließen, daß man Mittel und Wege fand, sich entschädigen zu lassen. Im Synhedrium saßen zwar auch die Vertreter des Priesterstandes und der vornehmen Familien, aber meistens doch Sch.; denn das Synhedrium vollzog sowohl Regierungsgeschäfte wie auch als Justizbehörde wichtige richterliche Funktionen. Im allg. gehören die Sch.n den pharisäischen Verbänden an; doch gab es durchaus auch sadduzäische Sch. Selbstverständlich findet man diese Schulen und Gruppen vor allem in Judäa und Jerusalem; doch waren sie auch in Galiläa und in der Diaspora zu finden. Auf jüd. Grabinschriften der späteren Kaiserzeit findet man häufig die Erwähnung der Sch.n (Garrucci), und die späteren Gelehrtenschulen der Diaspora (zB Babylons) haben bleibende Bedeutung erlangt.

3) Da die Ausbildung des Rechts und die Belehrung der Schüler notwendig den mündlichen Austausch, das Lehrgespräch, die Fixierung einer Meinung, die Diskussion hervorrufen mußten, sind diese Formen der Überlieferung für die Folgezeit von entscheidender Bedeutung geworden (Mischna, Talmud). Auch der Synagogenvortrag, der selbstverständlich nicht an bestimmte Voraussetzungen gebunden war, wurde natürlich bes. gern dem Gelehrtenstand anvertraut und von ihm gepflegt. Wir wissen auch, daß sich bestimmte hermeneutische Regeln und Gewohnheiten herausgebildet haben, um das Verständnis eines Textes zu sichern. Auch in der NTlichen Zeit hat man einen bibl. Text unter bestimmten Voraussetzungen gelesen, wie die Schulen in Palästina und in der Diaspora verdeutlichen. Jeder exegetische Versuch arbeitet mit einer bestimmten inneren Logik und Tendenz, geht aber im Dialog auch auf die Argumentation des Gegners oder Partners ein. Auch die NTliche Diskussion nimmt weithin Denkvoraussetzungen auf, die von beiden Partnern selbstverständlich anerkannt sind. Wieweit der Schriftgelehrtenstand bewußt Geheimnisse apokalyptischer Art für sich behielt, bedarf noch weiterer Klärung (J. Jeremias). Tatsache ist, daß bestimmte Stoffe der allg. Mitteilung ent-

Tafel 42: Eine alte Mauer in Sichem *Ein Stück der Zyklopenmauer an der Westseite von → Sichem (tell balata), aus der Mittleren → Bronzezeit (17. Jh. vChr, jüngere Hyksos-Zeit). Die leicht geböschte Mauer war aus mächtigen, nur grob bearbeiteten Bruchsteinen von 2–2,20 m Länge erbaut und ist bis zu einer Höhe von 10 m erhalten.*

zogen wurden und der mündlichen Zwiesprache vorbehalten blieben (himmlischer Thronwagen, Geheimnisse der Schöpfung, des Gottesnamens). Daß andererseits viele apokalyptische Stoffe nicht allg. im Gelehrtenstand verbreitet und anerkannt waren, sollte man heute ebenfalls zugeben. Auch der → Essenismus (→ Qumrān) ist eine bestimmte Form spätjüd. Schriftgelehrsamkeit. Hier haben wir einen priesterlich gegliederten Verband vor uns, der auf bestimmten Rechtssatzungen aufgebaut ist und offenbar unter Leitung eines Sch.n steht. Im Anfang war es der „Lehrer der Gerechtigkeit", der Gründer der Sekte, dessen Schriftauslegung charismatische Züge trug. Seit seinem Tode steht ein Sch.r, ein mebaqqer, an der Spitze der Gemeinde, der Lehrer, Prediger und Seelsorger ist. Er ist der Schlichter von Rechtsstreitigkeiten, die ihm zunächst vorgelegt werden müssen, und ihm allein steht das Recht der Aufnahme in die Gemeinde zu. Grundsätzlich setzt man hier voraus, daß die Thoraforschung neu aufgerichtet werden mußte. Einst wurde sie von Mose und Esra gegründet, sie verfiel aber in Unreinheit und Selbstherrlichkeit; jetzt bringt der „Lehrer der Gerechtigkeit" eine neue Deutung der Thora, die zur Aufrichtung der Wahrheit führt. Das Problem der Kontinuität des Gelehrtenstandes mit Mose und dem altbibl. Prophetentum, das über allem Schriftstudium lag, wird hier im Essenismus neu gestellt.

4) Mit Jesus von Nazareth beginnt eine neue Stufe dieser ganzen Entwicklung, die von Esra an zum Pharisäismus und Essenismus führte. Zunächst sieht es so aus, als bringe das Evangelium ein radikales Nein zu diesem Lehrbetrieb mit seinen Gruppen und Bestrebungen und eine endgültige Auflösung von Gott her. Jesus beruft bewußt Laien, die außerhalb des Gelehrtenstandes stehen, und auch die Geistesausgießung wird zu Pfingsten gerade einer Laienbewegung geschenkt. Durch Paulus, den Verfasser des Hebräerbriefes und den des ersten Evangeliums wird aber die Frage nach dem Verhältnis zw. rabbinischer Schriftgelehrsamkeit und Evangelium theol. neu gestellt: was zunächst wie Krise und Abbruch, wie Scheidung und Absonderung aussah, wird jetzt zu einer Umformung und Umbildung im Dienst des Evangeliums. *Mi*

schriftgemäß. Die katholische Kirche stellt neben die HS als zweite Quelle für die kirchliche Lehre die Tradition und schreibt die Vollmacht, auf Grund von Schrift und kirchlicher Überlieferung ein Dogma festzustellen, dem Lehramt der Kirche zu, wie es in der unfehlbaren Entscheidung des Papstes zum Ausdruck kommt (daher die Dogmen über Maria 1854 und 1950, die keinen Grund in der HS haben). Dagegen sieht evang. Frömmigkeit in der HS den Grund aller kirchlichen Verkündigung und die Norm alles christl. Handelns. Im Gegensatz zur mittelalterlichen Kirche pries Luther die HS (sola scriptura, „die Schrift allein") als die Quelle aller Offenbarung und die Norm für alle kirchliche Lehre und Ordnung. Dabei wußte er, daß die einzelnen Aussagen der HS nicht schematisch gleich gewertet werden können, sondern die HS eine lebendige Mitte hat: sie „treibet Christum"; von dieser Mitte her will sie verstanden und verwertet sein. Eine mechanistische Berufung auf irgendeine Bibelstelle, bei der die Geschichte nicht beachtet wird, durch die die Bibel im Lauf vieler Jahrhunderte ihre so mannigfaltige, auch Gegensätze einschließende Gestalt empfangen hat, wird stets fehlgreifen. Jesus selbst hat die Berufung des Versuchers auf Ps 91 mit seinem „Wiederum steht auch geschrieben" als falsch abgewiesen Mt 4,6f und hat die Berufung seiner Jünger auf die Tat Elias als für ihn unmöglich abgewehrt Lk 9,54f. Die Bibel kann und will nicht das Gesetzbuch sein, aus dem ein einzelnes Wort in sehr anders gewordene Verhältnisse hinein als bindende Autorität geltend gemacht werden könnte; die Weisungen der Aussendungsrede Mt 10 zB können, so gewiß sie damals wichtig waren, nicht in ihren Einzelheiten die Richtschnur für unsere Missionsarbeit sein. Zu rechtem Hören auf die HS tut uns die → historisch-kritische Bibelforschung (→ auch Bibel, 9) einen guten Dienst; sie zeigt das geschichtliche Werden der Bibel und den Zusammenhang ihrer einzelnen Vorstellungen und Aussagen mit der jeweiligen Lage der Gemeinde und bewahrt damit vor der Gefahr, alles auf der gleichen Ebene zu sehen. Zugleich will die HS als das Zeugnis von einem in sich einheitlichen Handeln Gottes verstanden sein; eine Verwendung einzelner Bibelworte, die aus dem Zusammenhang herausgerissen werden, wie es etwa bei Sekten gern geschieht, führt irre. Der reformatorische Grundsatz, daß die Schrift sich selbst auslegt und Schrift durch Schrift erläutert wird, entbindet die Kirche nicht von der Verpflichtung, sich in theol. Arbeit um ein Gesamtverständnis der HS zu bemühen und dabei auch zu bewahren, was die Väter erarbeitet und als Erbe hinterlassen haben. Dankbare Wertung der Bekenntnisse, in denen die Kirche in bestimmten Augenblicken ihren Glauben bezeugte, darf nicht vergessen lassen, daß auch diese Bekenntnisse immer neu von der Schrift her zu verstehen und zu ergänzen sind (als ein Beispiel für eine nicht sch.e Aussage der Bekenntnisse sei etwa das „niedergefahren zur Hölle" im sog. apostolischen Glaubensbekenntnis genannt, → Niederfahrt Christi). Grundsätzlich folgt aus der Anerkennung der HS als des alleinigen Zeugnisses von Gottes Offenbarung die Verpflichtung, alle Verkündigung und allen Dienst der Kirche an dem Gesamtzeugnis der HS in immer neuer Besinnung auszurichten. Ein Denken und Handeln, das im Widerspruch zu Jesu Willen und Werk steht, hat in der Kirche kein Recht. Im Glauben an den Herrn der Kirche, der seiner Gemeinde die Verheißung Jo 16,13 gab, steht sie in einer Bindung, die zugleich Freiheit ist 2Kor 3,17, und ehrt sie die HS als die über allem stehende

Autorität, ohne aus ihr — im Widerspruch gegen die Schrift selbst — ein Gesetz zu machen. → Wort Gottes. *Schl*

Schua. *1)* Ein Kanaanäer, dessen Tochter Juda zur Frau nahm 1Mose 38,2.12. — *2)* Eine Völkerschaft — akkadisch Sutu — am Djala, einem Nebenfluß des → Tigris Jes 22,5; Hes 23,23 (nur im hebr. Text). *Peu*

Schuach, arabischer Stamm aus der Nachkommenschaft von Abrahams Ehe mit Ketura 1Mose 25,2. Ihm entstammt Hiobs Freund Bildad Hiob 2,11; 8,1; 25,1; 42,9. *Schw*

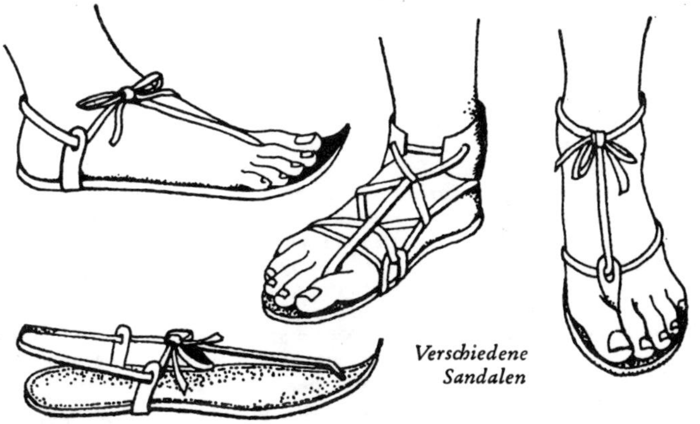

Verschiedene Sandalen

Schüssel. Verschiedene hebr. Begriffe lassen sich mit Sch. übersetzen. Qeʿārāh ist eindeutig ein Kultgerät, in der Anordnung über den Schaubrottisch genannt 2Mose 25,29; 37,16. Ebenso wird es 4Mose 4,7; 7,13ff unter den Kultgeräten, die aus edlem Metall gefertigt sind, genannt. Es diente als Behältnis für die Opfergaben in Gestalt von Öl und Milch und dürfte ein größeres Gefäß gewesen sein. Zwei weitere Bezeichnungen für Sch. sind selōchīth und sallachath. Das erste Wort wird 2Kö 2,20 gebraucht für die Sch., die mit Salz gefüllt und Elisa gereicht wird, um eine Wasserquelle brauchbar zu machen. Läßt die hier angegebene Verwendung auf ein größeres Gebrauchsgeschirr aus Ton schließen, so ist das gleiche der Fall bei dem Wort sallachath. Spr 19,24; 26,15 ist es das Koch- oder Eßgeschirr, in das der Esser langt. 2Kö 21,13 ist es — im bildhaften Gebrauch von Jerusalem — eine offenbar für Eßzwecke benutzte Schüssel, die nach Gebrauch abgewischt und zum Austrocknen umgekehrt wird. Nach 2Chr 35,13 wird sallachath neben zwei anderen Geräten zum Kochen von Weihegaben beim Passafest des Josia benutzt. Auch hier würde es Gebrauchsgerät und kein ausschließlich kultisches Gerät gewesen sein. → Keramik. *Ba*

Schütze. Bogenschützen gab es schon früh bei der Jagd 1Mose 21,20 (Ismael); 27,3 (Esau). Im Krieg kommen isr. Bogenschützen als besondere Gruppe erst in der späteren Königszeit vor. Der Bogen war früher allein dem Adel vorbehalten 1Sam 20,20; 2Sam 1,22; 2Kö 13,15. Doch kannten die Philister zur Zeit Sauls schon Bogenschützen 1Sam 31,3, später auch in großem Maß die Aramäer 1Kö 22,34. Zur Besatzung eines Kriegswagens gehörte auch ein Sch. → Bogen, Bogenschütze, → Waffen. *v. d. W.*

Schuh. Die gewöhnliche Fußbekleidung des isr. Mannes waren die Sandalen, einfache Holz- oder Ledersohlen, die mit Kappen- oder Riemenhacke versehen und mit Lederstreifen am Fuß befestigt waren 1Mose 14,23; Apg 12,8. Der hohe Schnürstiefel der assyrischen Soldaten Jes 9,4 (Grundtext) war in Israel nicht üblich. Da größere Fußreisen in Palästina ohne Sch.e kaum ausführbar waren, war der Gebrauch der Sandalen für den Israeliten ganz allg. 2Mose 12,11. Zu Amos' Zeiten trug sie auch der Ärmste 2,6. Der Gefangene allerdings mußte ohne Sch.e gehen Jes 20,2. Ebenso ging man in Trauer barfuß 2Sam 15,30; Hes 24,17. Im Haus, namentlich bei Gastmählern, legte man die Sch.e ab Lk 7,38, bes. aber beim Betreten hl. Orte 2Mose 3,5. — Uralt war die Rechtssitte des Sch.ausziehens als rechtskräftige Bestätigung eines Lösungs- oder Tauschgeschäfts Rt 4,7 oder als öffentliche Beschimpfung dessen, der die Schwagerehe verweigerte 5Mose 25,9f. Das Werfen des Sch.s galt als symbolisches Zeichen der Besitzergreifung Ps 60,10. *Ste*

Schuld, schuldig. Aus allgemeinmenschlichen Rechtsvorstellungen von dem irgendwie in Sch. Geratenen, die im AT auch sofort und primär das Verhältnis zu Gott berühren, erwächst in der HS eine unsere ganze Situation vor Gott in Frage stellende Sch.erkenntnis. Was es mit dieser Sch. auf sich hat, ist der zentrale Inhalt des Evangeliums.

1) Die Sch. unter dem Gesetz Gottes und ihre Bereinigung. Zunächst handelt es sich wie im gewohnten Sprachgebrauch etwa auch um Sch.en, um unbeglichene Geldschulden, wie sie Jesus im Gleichnis schildert Mt 18,23ff; Lk 7,41f; 16,1ff. Das AT unterstellt auch diese Dinge dem göttlichen Gebot, um zB entstehende Not zu lindern und rücksichtsloser Selbsthilfe zu wehren 5Mose 24,10ff; Hes 18,7ff, so wie der Prophet der bedrängten Witwe Hilfe bringt 2Kö 4,1ff und wie Jes 24,2 den Sch.herrn im kommenden Gericht dem Sch.ner warnend gleichstellt. Dann aber spricht Gottes Gebot durch alle Lebensgebiete, die profanen und die sakralen, hin den schuldig, der das Gebot nicht einhält: Veruntreuung 4Mose 5,6, versäumte Reinigungs- oder Anzeigepflicht 3Mose 17,16; 5,1, Lästerung, Sabbatschändung und vor allem Götzendienst

4Mose 15,30ff; 2Chr 24,18. Überall ist diese Sch. → auch Sünde, wie denn auch meist dasselbe Wort im Hebräischen beides bezeichnet. Psalmen lassen erkennen, wie stark dies als persönliche Sch. zu verstehen ist und ihre Folgen nicht nur als ein unentrinnbares Verhängnis dessen zu nehmen sind, der vielleicht auch unbewußt wie in der antiken Tragödie sich verschuldet 1Mose 12,17f; 20,7ff; 26,9ff, vgl. 2Sam 24,17. Die konkrete Einzelschuld wird auch in der prophetischen Predigt ans Licht gezogen. Aber sie erscheint als Anteil an einer Gesamtschuld Jes 6,5, die in einer schweren Solidarität das ganze Volk belastet Hos 4,15; Jes 24,6; Esra 9,6f, vgl. Jer 51,5; Hes 25,12, die denn auch einer Gesamtlösung bedarf.

Israel demütigte sich im Kultus unter seine Sch. im Sch.opfer (→ Opfer) 3Mose 5,15; 7,1; 4Mose 15,27 und zusammengefaßt im jährlichen Versöhnungstag 3Mose 16 u. 23 als stellvertretende Sühne für seine Sch., die nicht einer bestimmten irdischen Strafe verfallen war. Die Psalmen lassen erkennen, wie stark dies als persönliches Sch.bekenntnis, als Ruf zur Umkehr begangen und verstanden wurde Ps 69,6 u.a.m.; Hiob 42,6. Allein die Orientierung am Gesetz und am Kultus, auch der schematische Zug in der Geschichtsschreibung des AT, was die Sch. angeht, wird im Spätjudentum weithin zu einer berechnenden Frömmigkeit, die die allg. Verschuldung vor Gott als Gegebenheit hinnimmt Sir 8,6 und ihr Sch.konto auf diesem Ausgleichsweg durch verdienstliche Leistung meint in Ordnung bringen zu können, wobei der peinliche Eifer eine bleibende Unsicherheit nicht verbergen kann.

2) Die Sch. und die Gerechtigkeit aus dem Glauben. Jesus sieht im Vaterunser und sonst den Menschen in einer Sch., von der er nur durch Erlaß frei werden kann Mt 6,12. „Er hat es nicht, zu bezahlen" Mt 18,25. Der Heimkehrer zu Gott kann ehrlicherweise nur seine Sch. bekennen Lk 15,18.21; 18,13. Sie ist eine Gesamtschuld Mt 18,24; 11,20ff und sie besteht aus bestimmten einzelnen Sch.en Mt 6,12. Man kann sie nicht aus dem Schicksal ablesen; sie ist nicht nur hier und dort, sondern überall Lk 13,2ff; Jo 9,2ff. Jesus sieht unsere Lage, vom Gebot her gesehen, schärfer und aussichtsloser, als man es auslegte Mt 5,21ff. Unter dem Gesetz ist uns nicht zu helfen; seine Forderung umfaßt alles Röm 3,19; Gal 5,4; Jak 2,10. Nur so ist zu verstehen, was in der Linie von Jes 53,10 am Kreuz und in der Auferstehung geschieht. Hier hilft kein Flickwerk, hier geschieht das Ganze. Der Streit um die Sch. Jesu in der Passionsgeschichte hat verborgen einen tiefen Sinn Mt 26,65f; Lk 23,14; Jo 18,38; 19,4.6. Jesus tritt tatsächlich in die Sch. des Menschen ein, um ihm durch Übernahme der Sch. aus der Sch. zu helfen → Lösegeld (Bonhoeffer, Ethik S. 186f). Darauf gründet sich das durch ihn von der Sch. freigewordene Leben in einer → Gerechtigkeit, die nichts Verdientes an sich hat und daher des Heils gewiß macht Röm 8,33 (in Erfüllung von Jes 50,7f). Das bedeutet eine neue unbegrenzte Schuldigkeit in der Liebe Röm 13,7f; von dorther ist der Christ in einem besonderen Sinn Schuldner geworden Röm 1,14; 15,27; Phm 19. Gott will ihn ganz zu eigen haben Lk 17,10. Damit entfällt der Zwang, Schuldner des → Fleisches zu sein Röm 8,12.

Gottes Vergebung verpflichtet uns zum Vergeben, ohne daß wir dadurch einen Anspruch auf sein Vergeben hätten Mt 6,14f; 18,28ff. Aber die geschenkte Freiheit und Gerechtigkeit ist nur als eine verpflichtende wirksam. Darin behält das Gebot unverkürzt sein Amt. *He*

Schuldner. Über die Lage der Sch. in Israel → die Art. leihen, Pfand, Gesinde. Zur 5. Bitte des Vaterunsers → Schuld. Paulus nennt sich Röm 1,14 einen Sch. aller, weil er sich verpflichtet weiß, allen die rettende Botschaft von Christus zu sagen. Röm 8,12 will er sagen, daß das Fleisch keinerlei Ansprüche an uns hat. *Schl*

Schuldopfer → Opfer.
Schule → Synagoge.

Schulter. Mit der Sch. trägt man Lasten 1Mose 21,14; Ri 16,3; Ps 81,7. In übertragenem Sinn von der Aufgabe der Regierung, von der Verantwortung eines Amts Jes 9,5; 22,22. Die Sch. ist ein wertvolles Opferstück 3Mose 7,32; 9,21; → Opfer. An die Sch., den Abhang eines Berges denkt 5Mose 33,12 und meint die Hügel von Jerusalem. *Pfei*

Schulterkleid → Ephod.

Schuppen. Nur Wassertiere mit Sch. und Flossen galten als rein 3Mose 11,9-12; 5Mose 14,9f. Eindruck machte der Sch.panzer des Krokodils Hiob 41,7; Hes 29,4. So gehörte dann auch zu Goliaths Rüstung ein Sch.panzer 1Sam 17,5. In übertragener Rede: es schien Paulus, als fielen Sch. von seinen Augen Apg 9,18. *Schl*

Schur, die große, von den Ägyptern befestigte, das Ostdelta gegenüber Syrien-Palästina schützende Grenzsperre. Sie erstreckte sich von Pelusium über Sile nach Süden und wird in ägyptischen Nachrichten als Horusweg, Osttor oder Herrschermauer bezeichnet 1Mose 16,7; 20,1; 25,18; 1Sam 15,7; 27,8. Die Wüste S. liegt östlich dieser Grenzsperre 2Mose 15,22. *Peu*

Schurz. → Kleidung. Das Jo 13,4f erwähnte „lention" (aus dem lat. „linteum", Luther: Sch.) bezeichnet ein Leintuch, wie es die Sklaven zu ihrer Arbeit trugen. *Ste*

schwach, Schwachheit. *1)* Schwäche des Leibes, wie sie durch Krankheit Dan 8,27; Ps 71,9; 1Kor 11,30, im Alter Sir 41,4, durch Fasten Ps 109,24 entsteht, gehört zur natürlichen Art des Menschen Ps 6,3; Mt 26,41; 1Kor 15,43; Hebr 7,28 und wird darum auch von Jesus getragen Mt 8,17; Hebr 5,2 bis zu seinem Sterben 2Kor 13,4; so kann er, der nun in der Kraft

Gottes lebt, mit unserer Sch. mitleiden Hebr 4,15.

2) Gerade der Schwache ist Gott nahe. Gott erwählt Schwache 1Kor 1,27; die Kraft Christi wird in Schwachen mächtig 2Kor 12,9; der Geist Gottes hilft unserer Sch. auf Röm 8,26. Darum will sich Paulus gerade seiner Sch. rühmen 1Kor 11,29 f; 2Kor 12,5.9 f; 13,9, weil er als der Schwache in Christus stark ist 2Kor 12,10; 13,4.

3) In den christl. Gemeinden standen „Starke“ und „Schwache“ nebeneinander, weil das Maß der Erkenntnis und der Freiheit in Lebensfragen (Essen von Fleisch, Feier des Sabbats) verschieden war Röm 14; 1Kor 8,7 ff. Paulus mahnt die Starken und Freien dringlich, das Gewissen der Schwachen nicht zu vergewaltigen, zu „überfahren“ und sie so in Sünde hineinzustoßen; so auch Röm 15,1; 1Thess 5,14. In dieser zarten Rücksicht auf Schwache war Paulus selbst ein Vorbild 1Kor 9,22.

4) Das Gesetz wird sch. genannt, weil es nur fordern kann, aber nicht die Kraft zur Erfüllung gibt, nur zur Erkenntnis der Sünde führt, aber nicht zum Leben hilft Röm 8,3; 7,7 ff (auch Gal 4,9 in Luthers Übersetzung); Hebr 7,18 f. *Schl*

Schwagerehe (Leviratsehe, von lat. levir, Schwager). Die Ordnung 5Mose 25,5-10 fordert, daß die Witwe eines kinderlos gestorbenen Mannes von dessen Bruder, ihrem Schwager, geheiratet wird und der erste Sohn dieser Ehe als Sohn des Verstorbenen gilt, damit dessen Familie erhalten bleibt. Die Witwe hatte ein Recht an die Sch.; weigerte sich der Schwager, durfte sie ihm vor den Ältesten den Schuh ausziehen und ins Gesicht spucken. Nach Rt 4 bezeugte der die Verpflichtung Verweigernde dies durch Ausziehen des Schuhs. Die Erzählung von Thamar 1Mose 38,6-26 zeigt, daß in Israel der Schwiegervater nicht zur Sch. verpflichtet war (anders bei den Assyrern und Hethitern). Das Verbot, mit der Schwägerin zu verkehren 3Mose 18,16; 20,21, scheint vorauszusetzen, daß der Bruder lebt. Nach der Frage der Sadduzäer Mt 22,24 ff gab es den Brauch der Sch., um dem Verstorbenen einen Sohn zu geben, noch zZ Jesu. → Ehe. *Schl*

Schwalbe. Aus dem Geschlecht der Sch.n nennt die HS zwei Vögel, wohl die Sch. und den Mauersegler. Der eine Vogel ist ein Zugvogel Jer 8,7 und läßt im Flug einen charakteristischen Ruf ertönen Jes 38,14; der andere hat einen schnellen, gewandten Flug Spr 26,2 und nistet gern an der Hauswand Tob 2,11, auch im Heiligtum Ps 84,4, wie heute noch in Moscheen. Luther dachte an die Sch. auch 3Mose 11,19; 5Mose 14,18; Bar 6,22; doch ist da die → Fledermaus gemeint. *Schl*

Schwan. Mit dem unter den unreinen Vögeln 3Mose 11,17; 5Mose 14,17 genannten „Sch.“ ist der Kormoran gemeint, der geschickte Taucher an der Küste Palästinas, am See Genezareth und am Jordan, der auf die Fische im Wasser stößt. *Schl*

schwanger. *1)* Der Zustand der Frau, die ein Kind erwartet 1Mose 4,17; 2Mose 2,2 u.ö. Oft sehnlichst gewünscht, da in Israel Kinderlosigkeit als Schmach galt 1Mose 30,23; Lk 1,25. Es steht bei Gott, Leibesfrucht zu geben 1Sam 2,21; Rt 4,13; vgl. Hebr 11,11; Lk 1,58 oder zu versagen 1Mose 30,2, manchmal auch zur Strafe Hos 9,11; vgl. 1Mose 20,17 f. Er läßt die Geburt derer ankündigen, die er zu besonderem Auftrag ausersehen hat Lk 1,31; vgl. Lk 1,13 ff; Ri 13,3 ff. — Nach 1Mose 3,16 sind die Beschwerden der Schwangerschaft Strafe für den Ungehorsam der Stammutter. — Zur Verletzung einer sch.en Frau vgl. 2Mose 21,22. — Aufschlitzen der Schwangeren war grausamer Kriegsbrauch 2Kö 8,12; Am 1,13; vgl. Mk 13,17. — *2) Übertragen:* mit etwas erfüllt sein, zB mit Unheil Ps 7,15; Hiob 15,35; vgl. Jes 33,11. Der Schmerz der Schwangeren dient als Vergleich für die Züchtigung Gottes Jes 26,17, für das Leiden der Jünger Jo 16,21 f und für den plötzlich hereinbrechenden Tag des Herrn 1Thess 5,3. *Oßw*

Schwanz. In der bildlichen Rede 5Mose 28,13.44 steht Sch. dem → Haupt gegenüber: Israel wird durch Gehorsam gegen Gottes Gebote zum Haupt, durch Ungehorsam zum Sch., d. h. es wird verachtet an letzter Stelle stehen. Ähnlich Jes 9,13 f: das Abhauen von Kopf und Sch. meint Vernichtung des ganzen Volks; dabei stehen die verführenden Propheten an letzter Stelle. *Schl*

schwarz → Farben.

Schwefel. Sch.haltige Quellen und Ablagerungen von Sch. waren im Jordantal, bes. um das Tote Meer, seit alter Zeit bekannt. Sie werden auf das Gericht über Sodom und Gomorra zurückgeführt, das als ein Regen von Feuer und Sch. beschrieben wird 1Mose 19,24; 5Mose 29,22; Lk 17,29. So gehört ein Sch.regen zur Schilderung göttlicher Gerichte Jes 34,9 (gegen Edom); Ps 11,6; Hiob 18,15. Vom Zukunftsbild der Propheten Jes 30,33; Hes 38,22 geht dieser Zug in die Gerichtsbilder der Offb über 14,10; 9,17 f, wie denn die Stätte des bleibenden Gerichts für die Verworfenen als ein von Sch. brennender See gedacht ist Offb 19,20; 20,10; 21,8. *Schl*

schweigen. *1)* Das Sch. der Natur Mk 4,39.

2) Das Sch. des Menschen: a) anderen gegenüber still sein Hiob 6,24, ein Zeichen von Weisheit Hiob 13,5; Amos 5,13, von Selbstbescheidung Sir 26,17; 32,12, von Beschämung Neh 5,8; Mk 9,34, im rechten Wechsel mit dem Reden Pred 3,1.7; *b)* Gott gegenüber in Ergebung Ps 39,10; Apg 21,14, in Ehrfurcht Jes 41,1, zu einem Gelübde 4Mose 30,5.12.15, zur Strafe

Ps 31, 18; es kann auch Versäumnis sein Mt 20, 31; Lk 19, 40; Apg 18, 9; *c)* in der gottesdienstlichen Versammlung 1Kor 14, 28. 30. 34 ff.

3) Das Sch. Gottes: *a)* als Zurückhaltung des Gerichts Ps 50, 21; 83, 2; Jes 42, 14, bis er sein Sch. bricht Ps 50, 3; Jes 57, 11; 65, 6; *b)* die Bitte, Gott möge auf das Gebet nicht sch. Ps 28, 1; 39, 13, und seine Zusage, nicht zu sch. Jes 62, 1. 6 f. *Pfi*

Schwein, Sau. Bei dem Sch. ist im AT wohl meist an das Wildschwein zu denken. Es galt als unrein 3Mose 11, 7; 5Mose 14, 8, sein Fleisch zu essen als Greuel Jes 65, 4; 66, 17 wie das Opfer seines Bluts 66, 3. Die Frommen der Makkabäerzeit, die durch Essen von Sch.efleisch ihr Judentum verleugnen sollten, nahmen lieber das Martyrium auf sich 2Makk 6, 18-7, 42. Die Wildschweine richten mit ihrem Wühlen und ihrer Gefräßigkeit viel Schaden an Ps 80, 14 und können auch für den Menschen gefährlich werden Mt 7, 6. Die Verachtung des Sch.s spiegelt sich Spr 11, 22; Mt 7, 6; 2Petr 2, 22. Für die griech.-römische Zeit und das heidnische Gebiet der Dekapolis ist eine große Sch.eherde erwähnt Mt 8, 30 ff par. Sch.e zu hüten (außerhalb Palästinas Lk 15, 13) bedeutete für einen Juden tiefste Erniedrigung Lk 15, 15. *Schl*

Schweiß tritt bei schwerer Arbeit hervor 1Mose 3, 19; Sir 14, 15, leicht an bestimmten Körperteilen, weswegen die Priester den Gürtel um die Brust tragen sollen Hes 44, 18, vgl. Offb 15, 6. Sch. kann auch Zeichen starker innerer Bewegung sein wie bei Jesu Ringen in Gethsemane Lk 22, 44. *Schl*

Schweißtuch. Ähnlich der heute von den Beduinen getragenen kefīje diente das Sch. zum Schutz des Kopfes gegen die Hitze. Den Schweißtüchern des Paulus wurde in Ephesus heilende Kraft zugeschrieben Apg 19, 12. Ihr Gebrauch zur Verhüllung des Gesichts der Toten ist Jo 11, 44; 20, 7, ihre sonstige Verwendung Lk 19, 20 bezeugt. *Ste*

Schwelle. Gewöhnlich ist die untere, manchmal auch die obere Sch. gemeint 2Mose 12, 7. Dagegen ist 1Sam 5, 5 wohl nicht an die Sch. des Dagon-Tempels, sondern an das Postament des Götterbildes zu denken; so auch Zeph 1, 9; der Brauch, eine Sch. wegen böser Geister nicht zu betreten, ist nirgends im Raum der semitischen Völker nachgewiesen. *v. d. W.*

Schwert. *1)* Im eigentlichen Sinn → Waffen. Wenn es heißt, Esau werde sich von seinem Sch. nähren 1Mose 27, 40, so ist an die Jagd- und Kriegsbeute gedacht. „Die das Sch. führen" Ri 8, 10; 20, 2 u. ö., sind die kriegsfähigen Männer. — *2)* So bezeichnet Sch. oft den Krieg oder Kriegsfolgen 2Mose 5, 3, zB „durchs Sch. fallen" = im Krieg sterben 4Mose 14, 3. Deshalb heißt es auch, das Sch. habe einen Mund, mit dem es fressen kann 2Mose 17, 13; Ri 3, 16. An Leiden durch Verfolgung ist Röm 8, 35 gedacht. — *3)* Weil Gott als Kriegsmann das Sch. führt Jes 27, 1; Jer 12, 12; Hes 21, 9. 14-22, bezeichnet es auch das göttliche Strafgericht 3Mose 26, 25; 1Chr 21, 12; Jer 21, 9; Hes.14, 21. — *4)* Der Obrigkeit ist das Sch. übertragen Röm 13, 4, d. h. sie hat von Gott die Vollmacht, den Missetäter zu strafen. — *5)* Hebr 4, 12 wird das Wort Gottes einem zweischneidigen Sch. verglichen, weil es die tiefsten Geheimnisse des Menschenherzens bloßlegt. Das scharfe, zweischneidige Sch., das Johannes aus dem Mund des Menschensohns gehen sah Offb 1, 16; 2, 12 usw, beschreibt Christus als den Richter, der töten kann. — 6) Den Christen ist zum Kampf mit dem Bösen das Sch. des Geistes, das Wort Gottes, gegeben Eph 6, 17. — *7)* Sch. schildert oft die Verwundung durch einen tiefen Schmerz, wie ihn Maria leiden mußte Lk 2, 35, wie er die Folge böser Worte oder Taten ist Ps 55, 22; Spr 12, 18; 25, 18; Sir 21, 4. — *8)* Wenn Jesus Mt 10, 34 sagt, er sei nicht gekommen Frieden zu bringen, sondern das Sch., so ist daran gedacht, daß es an Jesus zu bitterer Scheidung und Feindschaft kommen wird. *v. d. W.*

Schwester. Bei seiner Verheiratung durch den Vater bedurfte ein Mädchen, der rechtlichen Stellung der Frau entsprechend, auch des Einverständnisses der Vollbrüder, bes. des Erstgeborenen. Diese waren für die Sch. mitverantwortlich. Vgl. 1Mose 24, 50; 34, 11 ff; 2Sam 13, 1 ff. 20 ff; 1Kö 11, 19. Verwandtenehen, vornehmlich solche von Stiefgeschwistern 1Mose 20, 12; 2Sam 13, 12 f oder solche entfernteren Grades 1Mose 26, 7 (vgl. 24, 47), kamen in älterer Zeit, wie bei den benachbarten Völkern, vor. Sie waren jedoch später durch das Gesetz bei Todesstrafe verboten 3Mose 18, 9 ff; 20, 17; 5Mose 27, 22. — In erweitertem und zT bildhaftem Wortgebrauch kann als „Sch." bezeichnet werden die Verwandte weiblichen Geschlechts Hiob 42, 11; 1Mose 24, 60 (von Mutter und Brüdern), die Volksgenossin 4Mose 25, 18, das Sch.volk Jer 3, 7 ff, Hes 16, 45 ff. 61; 23, 4. 31 ff, die Geliebte HL 4, 9; 5, 1 f, nach Spr 7, 4 die Weisheit und nach Hiob 17, 14 der Wurm. — In der Verkündigung Jesu und dem Glauben der Urgemeinde erhält das Wort (wie → Bruder) eine neue Bedeutung: Sch. ist die, die den Willen Gottes tut Mt 12, 50; 19, 29 par., die Glaubensgenossin Röm 16, 1; 1Kor 7, 15; 9, 5; 1Tim 5, 2; Jak 2, 15. *Kn*

schwingen, Schwingopfer. Mit Sch. bezeichnet die isr. Opferthora die Zeremonie der Schwingung eines Opfers vor Jahwe 2Mose 29, 24, wobei der Priester den ihm zufallenden Anteil in die Hände nahm und zum Heiligtum hin- und herbewegte, ein Hinweis darauf, daß die Gabe eigentlich Jahwe gehörte, von ihm aber dem Priester abgetreten wurde. Geschwungen wurden u. a. folgende Opferteile: beim Gemeinschaftsopfer die Brust des Opfertiers 3Mose 7, 30, die Erstlingsgarbe am → Massotfest 23,11, Erstlingsbrote und Schlachtopfer an → Pfingsten 23,20, das aus Gerstenmehl bestehende Eiferopfer 4Mose 5,25, sowie Lamm und Öl beim Reinigungsopfer 3Mose 14,12 f. *Ste*

schwören → Eid.

Seba. Ein Sohn des Kusch 1Mose 10,7; 1Chr 1,9, Ahnherr eines hochgewachsenen Volks Jes 45,14, das hier und 43,3 neben den Ägyptern und Mohren genannt wird, wohl mit den Sabäern verwandt, wenn nicht überhaupt die Unterscheidung von S. und → Saba (hebr. s^ebā' und sch^{e}bā') künstlich ist; wahrscheinlich saßen die Sabäer östlich und westlich vom Roten Meer; vgl. Ps 72,10 u. Hes 27,22 f. *Schl*

Sebaste → Samaria.
Sebat → Monate.

Sebulon. *1)* Sohn Jakobs und der Lea 1Mose 30,19 f, seine Söhne 46,14. *2)* Der Stamm S. zählt beim Wüstenzug 57400 waffenfähige Männer 4Mose 1,31, nach 26,27 60300. Sein Gebiet nordwestlich von Isaschar erreicht nicht ganz die beiden Ufer des Galiläischen Meeres im Osten und des Mittelmeers im Karmelgebiet im Westen 1Mose 49,13; 5Mose 33,18; Jos 19,10 ff. Sein Handel mit den Phöniziern bringt S. Reichtum; doch wird der Stamm den dort noch fest ansässigen Kanaanitern fronpflichtig. Rühmend erwähnt das Richterbuch, daß S. unter Debora Ri 4,6.10; 5,14 und Gideon 6,35 heldenmütig mitgekämpft habe. Als Richter aus dem Stamm S. wird Elon erwähnt Ri 12,11 ff. Bei Davids Königswahl in Hebron stellt S. 50000 Mann zum Heeresdienst 1Chr 12,33 und erhebliche Abgaben zur Kriegshilfe 12,40. Der Stamm hat später stark unter heidnischer Bedrängnis zu leiden. Jes 8,23 wird ihm eine neue Heilszeit verheißen. Sein Gebiet wird zum Schauplatz der Taten Jesu Mt 4,13 ff. *Schw*

Sechshundertsechsundsechzig. Der apokalyptische Stil hat die Eigentümlichkeit, Gestalten und Ereignisse der Geschichte und der Endzeit mit Decknamen und Symbolen anzudeuten. Dazu gehört auch der Gebrauch von geheimnisvollen Zahlen. In Offb 13,18 nennt der Seher die Zahl des Tieres, 666, und fordert die geistbegabten Leser auf, sie zu berechnen. Der Name des Tieres und die Zahl seines Namens müssen gleichbedeutend sein, und zugleich ist es die Zahl eines Menschen. Eine sichere Deutung dieses Zahlenrätsels ist nicht mehr möglich; schon Irenäus im 2. Jh. nChr kannte das Geheimnis nicht mehr. Die zahlreichen Lösungsversuche benützen vor allem zwei Systeme. Das eine arbeitet mit der von den Pythagoräern entwickelten und in der → Gnosis beliebten Dreieckszahl. So ist zB 36 die Dreieckszahl von 8, d. h. alle Zahlen von 1 bis 8 ergeben zusammengerechnet 36, und 666 ist die Dreieckszahl von 36, die Summe aller Zahlen von 1 bis 36. Die Schlußzahlen einer solchen Reihe, 8, 36 und 666, haben den gleichen Sinn. Nun erscheint 8 in Offb 17,11 als Symbol des Tieres aus dem Abgrund. Also ist auch 666 symbolischer Hinweis auf den Antichrist der Endzeit, der mit der mythischen Vorstellung vom Drachen der Urzeit verbunden wurde. Hierbei wird der Bezug auf eine zeitgeschichtliche Gestalt bewußt vermieden. Aber 666 soll zugleich die Zahl eines Menschen sein. Darum hat wohl das andere System den Vorzug, die aus dem Orient stammende Kunst der Gematrie, d. h. die Gleichsetzung der Buchstaben mit Zahlen. Jeder Buchstabe hat einen bestimmten Zahlenwert. Zählt man die Werte der einzelnen Buchstaben zusammen, dann erhält man die Zahl des Wortes. Für 666 sind alle römischen Kaiser des 1. Jh. nChr und die Institution des Kaisertums herangezogen worden. Die größte Wahrscheinlichkeit hat immer noch die Deutung auf Nero. Mit hebr. Buchstaben gerechnet ergibt Neron Qesar die Summe 666 (n = 50, r = 200, w = 6, n = 50; q = 100, s = 60, r = 200; im Hebräischen werden nur die Konsonanten gezählt). Außerdem hat das griech. Wort für Tier (therion) mit hebr. Buchstaben den Zahlenwert 666. Der erste Christenverfolger und Muttermörder Nero (54-68 nChr) wird in seiner Wiederkehr (vgl. die geheilte Todeswunde Offb 13,3; 17,8) als Antichrist erwartet. → Apokalyptische Zahl. *La*

See. Luther brauchte das Wort S. gelegentlich für den Nilstrom Jes 19,5. Bei Lk ist der S. von Genezareth ein S. 5,1 f; 8,22 f, während er bei Mt, Mk u. Jo das Galiläische Meer heißt. *Schl*

Seeb = „Wolf", ein Midianiterfürst, der unter Gideon von den Ephraimiten bei der nach ihm benannten Wolfskelter gefangen und erschlagen wird Ri 7,25; 8,3. → Oreb. Auch Ps 83,12 hält diese Erinnerung fest. *Schw*

Seele.
1) Der Mensch als S. 2) Das psychische Leben im engeren Sinn. 3) Gott und die S. 4) Seelsorge im NT.

Das bibl. Menschenbild unterscheidet sich von der vom griech. Denken her gewohnten Aufteilung des leiblichen und des seelisch-geistigen Menschen in getrennte Lebensbezirke dadurch, daß es unter den verschiedenen Stichworten des → Leibes, der S., des → Herzens, des → Geistes immer den Menschen als lebendige Einheit, wenn auch unter bestimmten Gesichtspunkten, ins Auge faßt. Das hängt u. a. damit zusammen, daß in der Regel der einzelne konkrete Lebensvorgang die Darstellung bestimmt, in dem dann Leib und S. Ps 84,3 oder S. und Geist Lk 1,46 f oder S. und Herz 5Mose 6,5, im NT auch Geist, S. und Leib 1Thess 5,23 parallel beteiligt sein können.

1) Der Mensch als S. Das zugrunde liegende hebr. Wort nephesch bedeutet zunächst ganz allg. das Lebendige in seiner Gesamtheit, von seiner von Gott geschaffenen Naturseite her gesehen. Schon Luther und in vermehrtem Umfang der rev. Text von 1964 übersetzt deshalb dieses Wort oft mit „Leben". Der leiblich gestaltete und mit dem Geisthauch ins Leben gerufene Mensch heißt denn in seiner Gesamtheit 1Mose 2,7 „ein lebendiges Wesen". Gewiß wird Leib und S. unterschieden Ps 73,26; 31,10, aber Leib und S. freuen sich und leiden als Einheit ineinander Ps 84,3; 35,9 f. Von daher haben alle lebendigen Geschöpfe auch S. Hiob 12,10.

Auch als S. ist der Mensch dem Tode verfallen 4Mose 23,10; Hiob 36,14, → Auferstehung. Der am Leben Verzagte wünscht sich, daß seine S. stürbe 1Kö 19,4; Jona 4,3.8. Der zeitweilige Einfluß griech. Denkweise, die die S. im Kontrast zum Leibe für unsterblich hält, im Spätjudentum — vor allem Weish 3,1 f u. a. m. — hat sich im NT nicht durchgesetzt. Mt 10,28 „die S. nicht können töten" will doch wohl sagen: „Über die Trägerin des Lebens, die S., verfügt Gott allein. Daß hier plötzlich ein griech. Einfluß eindringe, der der Seelensubstanz Unsterblichkeit zuschreibt, hat keine Wahrscheinlichkeit" (A. Schlatter, Der Evangelist Matthäus 5. Aufl. 1959, S. 345). Auch in 1Kor 15,44 ff ist der „seelische" — in Luthers Übersetzung der „natürliche" — Leib der sterbliche Mensch, der erst in der Auferstehung das neue ewige Gesamtdasein empfängt, vgl. Hebr 4,12. Der neue geistliche Mensch ist schon jetzt im Glauben nicht mehr unerlöste S.

2) Das psychische Leben im engeren Sinn. Das Leben der S. wird zunächst weithin vom Triebhaften her verstanden Offb 18,14; sie verschmachtet vor Hunger und Durst Ps 107,5.9. Die S. ist aber vor allem von all den Empfindungen bewegt, die Anzeichen des inwendigen Lebens sind: von der Liebe zu den Geliebten 1Mose 44,30; HL 1,7; 3,1 ff, von der Freude in all ihren Tonarten. Es erfüllt sie die Angst 1Mose 42,21, der Lebensüberdruß Hiob 10,1, es bedrängt sie die Einsamkeit Ps 102,8. Sie muß unter den Friedenshassern wohnen Ps 120,6, erschrocken Ps 6,4, verzagt Ps 107,26, betrübt Ps 42,6; Jo 12, 27; Mt 26,38. Sie wird verwirrt Apg 15,24, erregt, entrüstet Apg 14,2, es überkommt sie die Furcht Apg 2,43. Sie müht sich ab im stellvertretenden Sterben des Gottesknechts bis aufs äußerste Jes 53,11. Diese vielbewegte S. ist von außen und von innen gefährdet. Wie ein Vogel dem Netz des Vogelfängers ist sie den ihr gelegten Schlingen entronnen Ps 124,7. Sie betrügt sich selbst durch eitle Hoffnungen Lk 12,19. Sie muß das Böse meiden 1Mose 49,6.

3 Gott und die S. Dieses vielgestaltige Leben der S. ist nun vor allem als Leben des Menschen vor Gott und mit Gott beschrieben. Sie freut sich in ihm Ps 35,9; Jes 61,10. Sie lobt ihn Ps 103, 1 f; 104,1 u. a. m. Sie rühmt sich seiner Ps 34,3. Sie hängt an ihm Ps 63,9. Sie vertraut ihm Ps 57,2.

Gott erquickt die S. Ps 23,3; 94,19. Er erfreut sie und bleibt ihr freundlich, auch wenn er sie betrübt Klgl 3,24.31 f. Deshalb verlangt, schreit, dürstet sie nach ihm Ps 42,2 f; 63,2; 143,6. Gott ist ihre Hilfe, seiner harrt sie Ps 33,20; 130,5 f. In ihm allein kann sie sich stillen Ps 62,2 wie das an seiner Mutter Brust geborgene Kind Ps 131,2. Von ganzer S. Gott zu lieben 5Mose 6,5; Mt 22,37 und ihm zu dienen mit williger S. 2Kö 23,3; 1Chr 28,9 ist die grundlegende Lebensordnung.

In dieser Zuwendung Gottes zum Menschen kann denn auch von Gottes S. die Rede sein. Sie hat Wohlgefallen an seinem Knecht Jes 42,1; Mt 12,18. Sie ist feind aller heuchlerischen Frömmigkeit Jes 1,14, aller Treulosigkeit Hebr 10,38.

4) Seelsorge im NT. Im NT ist oft von der S. des zum ewigen Leben berufenen Menschen die Rede Mt 16,26; 1Petr 1,9; 4,19. In diesem Sinn ist Christus der Hirte und Bischof der S.n 1Petr 2,25. Sie finden bei ihm ihre Ruhe Mt 11, 29. Er rettet sie durch sein Wort Jak 1,21, vgl. 5,20, durch den Glauben Hebr 10,39. Sie sind in der Hoffnung verankert Hebr 6,18 f. Für diese S.n will Paulus gerne hingegeben werden 2Kor 12,15. Über diese S. zu wachen, die durch die fleischlichen Lüste angefochten ist (Fleisch auch hier ganzheitlich verstanden) 1Petr 2,11, ist die Aufgabe der berufenen Seelsorger in der Gemeinde Hebr 13,17. Dabei ist die Anschauung des AT nicht aufgegeben, wonach S. immer noch den ganzen Menschen und nicht nur seine Innerlichkeit meint.

Lit.: W. Eichrodt, Theol. d. AT, II. S. 67 ff. 73 ff; H. Lamparter, Das bibl. Menschenbild, Calwer Hefte 2; E. Brunner, Gott und sein Rebell, Rowohlts Deutsche Enzyklopädie Heft 62, S. 91 ff. *He*

Segel → Schiff.

Segen, segnen.

1) Die Fülle des S.s. 2) Die Quelle des S.s. 3) Die Vermittlung des S.s. 4) Bedingungen des S.s. 5) Der volle S. Christi.

Die HS ist durchzogen von dem Bewußtsein, durch das gesamte Lebensgebiet hin im einzelnen und in großen Zusammenhängen unter Auswirkungen des S.s und des → Fluchs, beglückender und belastender, fördernder und durchkreuzender Bestimmungen des Gelingens und des Mißlingens, des Heils und des Unheils zu stehen. Es gibt Gesegnete und Verfluchte, → Erwählung. Aber dieses Bewußtsein ist fast durchweg magischen Vorstellungen anonymer Kräfte und Mächte, über die Menschen verfügen oder die gewissen Dingen innewohnen, entzogen und dem Glauben an das gerechte, barmherzige und gnädige Walten Gottes zugeordnet.

1) Die Fülle des S.s. Es ist ein ungemein farbiges Bild, das im AT den Überfluß an S.sgaben vor Augen malt. In der Fruchtbarkeit der Mütter 1Mose 24,60, in allem, was dem Menschen im Stall, auf dem Acker, in der Saat und Ernte, am Backtrog, am Schlachttag, in der Kelter zuwächst, weiß er sich gesegnet 3Mose 26, 1ff; 5Mose 7,13f; 12,15; 28,1ff. Wenn der Regen auf dürstendes Land strömt Hes 34,26f, wenn der Friede dem Krieg ein Ende macht Ps 29,11, wenn ihm die Werke seiner Hände gedeihen 5Mose 2,7; 16,15; 28,12, dann geht der Mensch im S. aus und ein 5Mose 28,6. Dazu müssen schließlich alle Kräfte der Schöpfung zusammenwirken 1Mose 49,25, daß sein Land im S. liegt 5Mose 33,13ff.

2) Die Quelle des S.s. Man empfindet, wie dieses überschwengliche Lob des Fruchtbaren heidnischer Überfremdung hätte Vorschub leisten müssen, wenn nicht die durchgreifende Verankerung im bibl. Gottesglauben Israel davor immer wieder bewahrt hätte. Gott ist die alleinige Quelle des S.s, er gebietet dem S. 1Mose 49,25; 3Mose 25,21; 5Mose 28,8. An ihn klammert sich denn das Verlangen, nicht ungesegnet zu bleiben 1Mose 32,27. Gott segnet durch sein schöpferisches Wort 1Mose 1,22.28; Ps 33,9. Er segnet die einzelnen: Adam und Eva 1Mose 5,2, Noah 1Mose 9,1, Abraham 1Mose 12,2f u.a.m. Aber er segnet aus einem göttlichen Willen heraus, der allen Völkern zugute kommen soll 1Mose 12,2f; 18,18; 26,4; 28,14. Diesem S. ist keine zeitliche Grenze gezogen 1Chr 17,27.

3) Die Vermittlung des S.s. Auch wo durch die ganze Bibel hin Menschen s., bleibt ihr S. im strengen Sinn S. des Herrn 4Mose 6,23ff. Er setzt Menschen zum S. Ps 21,7; Sach 8,13; so werden alle Völker in Abraham gesegnet. Er segnet um eines erwählten Segenserben willen 1Mose 30,27; 39,5. Der Herr beruft Segensträger: der Vater segnet seine Nachkommen 1Mose 27,4ff; 48,14ff; 49,1ff, vgl. Sir 3,10f, Melchisedek segnet Abraham 1Mose 14,19; Hebr 7,1.7, Jakob den Pharao 1Mose 47,7, Mose und David s. das Volk 3Mose 9,23; 5Mose 33,1; 2Sam 6,18.

Die Segnung wird fester Bestandteil des Gottesdienstes im AT 4Mose 6,23ff; Ps 3,9; 118, 26; 129,8, Priester und Leviten werden damit beauftragt 5Mose 10,8; 21,5; 1Chr 23,13; 2Chr 30,27. Dazu ist der Sabbat der bes. gesegnete Tag 1Mose 2,3; 2Mose 20,11. Von einem Sonderauftrag in dieser Richtung, der S. und Fluch in sich schloß, erzählt 5Mose 27,11ff. Daß der Mensch dabei nie über S. und Fluch verfügt, macht in eigentümlicher Weise die → Bileamsgeschichte anschaulich 4Mose 22-24, vgl. bes. 23, 8.12.20, in anderer Weise auch der erschlichene S. Jakobs 1Mose 27,4ff und die Segnung der Söhne Josephs 1Mose 48,13ff. Die Segnung geschieht mit dem Wort, das als vermitteltes Wort Gottes Segenskraft in sich trägt, manchmal begleitet von einer Geste der aufgehobenen oder aufgelegten Hand 3Mose 9,22; Sir 50,22; 1Mose 48,14, die sinnbildlich und nicht magisch zu verstehen ist. Schließlich wird der Segenswunsch zum Gruß 1Mose 24,60; 32,1; Rt 2,4; 3,10; 1Sam 15,13; 1Chr 18,10, der aber nie nur als menschlicher Wunsch gemeint ist.

4) Bedingungen des S.s. Der Mensch hat die Wahl zw. S. und Fluch 5Mose 11,26f. Er ist angesichts der beiden Möglichkeiten zur Entscheidung gerufen, ob er Gott oder Menschen sein Vertrauen schenken will Jer 17,5ff. Vor allem das 5. Buch Mose unterstreicht den Zusammenhang zw. der dienstwilligen Gesetzestreue und dem göttlichen S. 7,12f; 11,26f; 30,16. Das Gedächtnis des → Gerechten bleibt im S. Ps 5,13; Spr 10,7. Im S. ist, der reines Herzens ist Ps 24,4f, der einträchtig bei den Brüdern wohnt Ps 133,3, der den Herrn fürchtet Ps 128,4; Spr 28,20. Wohltat bringt S. 1Sam 23,21; Sir 7,36. Dem S. Gottes entspricht eine das ganze Leben bestimmende Verantwortung. Daß das Spätjudentum meinte, auf die Erfüllung des Gesetzes einen Anspruch auf den S. Gottes gründen zu können, verdarb die Botschaft des AT, daß der S. Gottes freies, unverdientes Geschenk sei, in ihrem Kern. Allerdings blieb es dort eine ungelöste Frage, wie denn der Sünder des S.s gewiß sein kann, der doch den Fluch der Sünde nicht aufheben kann.

5) Der volle S. Christi. Mit dieser vielsagenden Formel Röm 15,29; Apg 3,26, vgl. 1Kor 10,16 umschreibt das NT das ganze Erlösungswerk Christi als die erfüllende Segenstat Gottes. Unter diesem neuen Horizont wird die Segensfülle in gewaltiger Ausweitung „allerlei geistlicher Segen in himmlischen Gütern“ Eph 1,3, wobei der Aspekt des AT nicht vergessen bleibt Hebr 6,7. Im Durchbruch des Evangeliums in die Heidenwelt sieht Paulus die Verheißung an Abraham erfüllt Gal 3,8, vgl. Hebr 6,13f. Die Geburt Jesu steht unter dem Zeichen der einzigartig gesegneten Mutter Maria Lk 1, 42 (gebenedeit = gesegnet); 2,34. Seine Segnung der Kinder Mk 10,16 und der Jünger Lk 24,50f zusammen zB mit den Seligpreisungen der Bergpredigt ist zeichenhaft für alles, was er bringt und tut.

Von ihm her ist s. und nicht fluchen sein Gebot an die Seinen Mt 5,44; Lk 6,28. Das Echo in den Briefen des NT zeigt, daß das nicht vergessen blieb Röm 12,14; 1Kor 4,12; 1Petr 3,9, vgl. Jak 3,9f. Doch bleibt es im Blick auf das Endgericht dabei, daß den Gesegneten des Vaters Verfluchte gegenüberstehen und daß noch einmal entscheidet, was „ihr getan habt einem unter meinen geringsten Brüdern“, vgl. 2Kor 9,5. Ein Leben im S. streckt sich aus nach den Segenskräften Gottes, die die Segnung im christl. Gottesdienst denen mitteilt, die sie im Glauben empfangen. *He*

Segen des Mose → Mosesegen.

sehen, schauen. Die Worte werden zunächst von der sinnlichen und geistigen Wahrnehmung gebraucht, erhalten aber sowohl im AT als auch im NT eine tiefere religiöse Bedeutung. Charakteristisch für das AT ist die Wendung „die

Herrlichkeit Gottes sehen" Ps 97,6; Jes 26,10; 35,2; 66,18 f. Die Propheten haben visionär-ekstatische „Gesichte", in denen ihnen göttliche Offenbarungen zuteil werden. Jesaja hat in seiner Berufungsvision den Herrn selbst gesehen Jes 6,1. Das gleiche wird 2Mose 24,10 von Mose und einem Kreis auserwählter Männer berichtet. Aber 2Mose 33,20 ff heißt es, daß es dem Menschen verwehrt ist, das Angesicht Gottes zu schauen. Jo 1,18 wird ausdrücklich festgestellt, daß außer dem eingeborenen Sohn niemand jemals Gott gesehen hat. Erkenntnis Gottes gibt es für die Menschen nur in der Begegnung mit Jesus Jo 12,45; 14,9. Die Augenzeugen des Lebens Jesu haben mit den Augen des Glaubens seine Machtherrlichkeit gesehen Jo 1, 14; 1Jo 1,1 ff. Für die späteren Generationen hat der Christusglaube seinen Grund in dem Hören der apostolischen Verkündigung Röm 10,16 ff; 1Petr 1,8. Die Erscheinungen des Auferstandenen beruhen darauf, daß der Auferstandene selbst sich den Jüngern offenbarte. *Er* zeigte sich ihnen; darum sahen sie ihn. Das heißt: *er* schenkte ihnen seine Gegenwart in verklärter Leiblichkeit. Wer an ihn glaubt, der „sieht" ihn auch jetzt, während er in der himmlischen Herrlichkeit weilt Jo 14,19; 16,16 f. 19. Eine Gottesschau wird es für die Christusgläubigen erst in der Zukunft geben, in der Zeit der eschatologischen Vollendung Mt 5,8; 1Jo 3,2. *Schn*

Seher → Propheten.

Sehne. *1)* Von den S.n im menschlichen Körper (Luther hatte dafür Adern gesagt, womit wir heute die Blutgefäße bezeichnen) ist Hiob 10,11; Jes 48,4; Hes 37,6.8 die Rede. Luthers „Spannader" 1Mose 32,33 wurde in der Revision 1964 durch den Muskel am Gelenk der Hüfte ersetzt. — *2)* Für die S. am → Bogen wurden Därme oder Leinenschnüre benützt. *Schl*

Seide, gewonnen aus den Gespinsten, in denen sich die Raupen des Seidenspinners verpuppen, ist in der Bibel mit Sicherheit nur Offb 18,12 bezeugt. Nach rabbinischer Überlieferung soll aber auch das hebr. „meschi" Hes 16,10.13 ein feines S.ngewebe bezeichnen. Das Ursprungsland der S.nherstellung ist China. Von dort wurde die S. wahrscheinlich in hellenistischer Zeit in Palästina eingeführt. *Ste*

Seife war im bibl. Altertum in Palästina unbekannt, da sie dort erst im 2.Jh. nChr eingeführt wurde. Zum Waschen von Stoffen und als Reinigungsmittel verwendete man alkalihaltige Erde Jer 2,22 oder pflanzliches Alkali Mal 3,2; Hiob 9,30. Die lösende Kraft des Alkali war demnach seit alters bekannt; nur die Verbindung mit Öl fehlte zunächst. In späterer Zeit wurde die feste Asche von verbrannten Salzpflanzen vom S.nsieder zermahlen, gesiebt, mit gelöschtem Kalk und Wasser vermischt. Nach mehrtägigem Sieden der mit Öl vermengten Kalilauge schüttete man die Masse zum Trocknen aus und formte sie schließlich zu S.nstücken. *Kn*

Seïr. *1)* Ein in alter Zeit von den Horitern, in isr. Zeit zum großen Teil von den Edomitern bewohntes Gebirge auf der Ostseite des wadi el-ʿaraba — südlich des Toten Meeres —, das sich wegen seiner Zerklüftung eher zur Jagd als zur Herdenzucht und zum Ackerbau eignete 1Mose 14,6; 32,4; 36,8. Die Bewohner der schwer zugänglichen, befestigten Städte dürften von der Kontrolle des Handels bzw. vom Raub auf der großen Araberstraße gelebt haben Hes 35,1 ff, bes. V. 6. David war Herr dieses Gebiets 4Mose 24,18; 2Sam 8,14. An den Westrändern von S. zum wadi el-ʿaraba hin fanden sich zahlreiche Kupfer- und Eisenerzvorkommen, die sicherlich schon Salomo ausbeutete. Nach einer alten Tradition umgingen isr. Stämme vor ihrer Landnahme das Gebirge S. 5Mose 2,1.8. Das Deboralied läßt Jahwe vom Gebirge S. kommend in die große Schlacht in der Jesreel-Ebene eingreifen Ri 5,4. Gelegentlich werden auch Landstriche westlich des wadi el-ʿaraba als S. bezeichnet Jos 11,17; 12,7.

2) Ein gleichnamiger Gebirgszug in der Gegend von Kirjath Jearim in Juda Jos 15,10. *Peu*

Sekte heißt eine sich absondernde religiöse oder philosophische Gruppe und die von ihr vertretene Lehrmeinung. Apg 5,17 werden die Sadduzäer, Apg 15,5 die Pharisäer S. genannt, Apg 26,5 diese die strengste S. des Judentums. Bei den Juden hießen die Christen eine S. Apg 24, 5.14; 28,22. Nach 2Petr 2,1 werden unter dem NTlichen Gottesvolk verderbliche S.n sein. *Kü*

Sekundus, einer der sieben Begleiter des Paulus auf seiner letzten Reise nach Jerusalem Apg 20,4. Der aus Thessalonich stammende S. wird sonst nicht mehr erwähnt, während wir über seinen dort mitgenannten Landsmann → Aristarch weitere Kunde haben. *Kü*

Sela, ein bisher noch nicht ausreichend erklärtes Wort, das 71mal in den Psalmen und im Psalm des Habakuk (Hab 3,3.9.13) vorkommt. Die griech. Übersetzung hat S. sogar 92mal. In den Lobliedern von Qumrān wird S. nicht angewendet; in den bisher veröffentlichten Psalmenfragmenten ist es noch nicht festgestellt. S. gehört zweifellos der bibl. Psalmenüberlieferung an. Die Deutungsversuche gehen entweder vom Sinngehalt der hebr. bzw. aramäischen Wurzel aus oder vermuten in den drei Konsonanten s-l-h eine Abkürzung. Beide Wege führen zu folgenden Lösungen: S. ist Wiederholungszeichen oder Zeichen für höhere Tonlage oder Pausenzeichen oder Zeichen für die Gemeinde, mit Huldigungsrufen einzufallen bzw. kultische Verneigungen auszuführen. S. kann auch Abschnittsbezeichnung sein, derzufolge der Psalm in verschiedenen Absätzen vorgetragen wurde. Leider ist die Deutung auch dadurch erschwert, daß die

Überlieferung von S. oft ganz zufällig und willkürlich zu sein scheint. *Ba*

Seleukia hießen mehrere von den Seleukiden gegründete Städte des Vorderen Orients. In der HS ist nur die Hafenstadt des syr. Antiochien genannt, die von Seleukus I. Nikator 301 vChr an der Mündung des Orontes gegründet, dann von Ptolemäus Philometor besetzt 1Makk 11,8, später von Pompejus 64 vChr befreit und noch von Konstantin vergrößert wurde; heute süedije. Von dort aus fuhren Paulus und Barnabas bei der ersten Missionsreise nach Zypern hinüber Apg 13,4. *Schl*

Seleukiden. Die Herrscher aus dem Haus der S. waren die Erben der Macht → Alexanders d. Gr. in Vorderasien. Sie sind benannt nach dem Gründer der Dynastie Seleukus I. Nikator 312 (306) bis 282. In der langen Friedenszeit unter den ersten S. → Antiochus I. und II., sowie Seleukus II. Callinicus 246-226 und Seleukus III. Ceraunus 226-223 gründeten die S. die hellenistischen Weltstädte → Antiochia und Seleukia in Babylonien. Die S. wurden aber bald in den Kampf um Syrien und Kleinasien mit ihren Rivalen, den → Ptolemäern, verstrickt. Als neue Waffe verwendeten die S. → Elefanten. → Antiochus III. d. Gr., „ein bes. typischer Vertreter einer ebenso kurzsichtigen wie kaltherzigen Machtpolitik", entriß 198 vChr Jerusalem den Ptolemäern, erneuerte aber die Privilegien über die kostenlose Bereitstellung der Tempelopfer und der für die Instandhaltung des Tempels nötigen Baumaterialien. Mit der verlorenen Schlacht von Magnesia in Kleinasien 190 vChr, vgl. Dan 11,18, brach die Großmachtpolitik jammervoll zusammen und zogen sich die S. die offene Gegnerschaft der Römer zu. Als Antiochus III. 188 vChr starb, begann eine für die Juden ereignisreiche Zeit (→ Makkabäer und Makkabäerbücher). Sein Sohn und Nachfolger Seleukus IV. Philopator 187-175 stellte weiter die Tempelopfer bereit 2Makk 3,3 ff, suchte aber später den Tempel durch seinen Minister → Heliodorus zu berauben. Heliodorus ermordete ihn Dan 11,20. Darauf bestieg sein Bruder Antiochus IV. Epiphanes 175-164 den Thron Dan 11,21 ff, der in den Fehler seines Vaters verfiel: „Er verkaufte das Hohepriesteramt in Jerusalem an den meistbietenden Kandidaten" (Ehrlich). Nach seinem Tod brechen die Thronwirren aus. → Lysias führte die Regentschaft für Antiochus V. 164-162. Nach beider Ermordung bestieg → Demetrius I. Soter 162-150 den Thron; ihm folgte → Alexander Balas, ihm wiederum → Demetrius II. Nikator. → Antiochus VI. und VII. beenden die Dynastie der S. *Pfei*

Seligkeit, selig. → Glück. Das Urteil darüber, wer glücklich zu preisen sei, wer Ursache habe, seines erfüllten Loses gewiß und froh zu sein, hängt in der HS nicht an der landläufigen Einschätzung von Wohlsein und Lebensglück. S. ist Gottes Gabe, der dem Menschen Anteil gibt an seiner überströmenden → Herrlichkeit und S. auch dort, wo die zeitlichen Lebensbedingungen drückend und dürftig sind. Einen spürbaren Einschnitt bildete die endgültige Vergewisserung der versöhnten Liebe Gottes durch Christus und damit die Eröffnung der ewigen S. im Himmelreich.

1) Seligpreisungen des AT. a) Luther übersetzt im AT den Heilruf dieser Seligpreisungen meist mit *„Wohl dem ..."*. Gott selbst ist der Quell aller S. für die ganze Welt. Deshalb „wohl dem Volk, dessen Gott der Herr ist" Ps 33,12; 144,15, das ihn fürchtet 112,1; 128,1; Spr 28,14, ihm vertraut Ps 34,9; 84,13; Spr 16,20 und in der Not auf ihn hofft Ps 40,5. Das ist Israels S. 5Mose 33,29, das in seinem Hause wohnen Ps 84,5 f, bei ihm Hilfe suchen Ps 146,5 und auf ihn harren darf Jes 30,18.

b) Diese S. spiegelt sich in der Fruchtbarkeit des Landes Ps 65,5 ff; Jes 32,20, im guten Regiment eines edlen Königs Pred 10,17. So wird das kinderreiche Haus Ps 127,5; 1Mose 30,13, vgl. 1Tim 2,15 s. gepriesen. Aber ebenso ist die → Weisheit beseligende Gabe Gottes Spr 3,13; 8,32 ff. Das will immer auf dem Hintergrund der erkannten Güte Gottes verstanden sein, deren man sich jauchzend freut Ps 89,16.

c) Diese S. durchdringt das Leben mit Lust zum → Gesetz des Herrn Ps 1,1; 106,3; 119,1 f; Jes 56,2 und mit ausharrender Güte bei den Dürftigen und Elenden Ps 41,2; Spr 14,21. Daß das Verlangen nach Rache keine S. sein kann, läßt der jäh abreißende Ps 137,8 f erkennen. Denn ihm steht gegenüber die Erkenntnis, daß Strafe, Züchtigung Gottes, S. sein kann Hiob 5, 17; Ps 94,12, vgl. Ps 73,23 ff, der die Übertretungen vergibt und der Drangsal einen schützenden Damm entgegensetzt Ps 32,1 f.

d) Im *Spätjudentum* gewinnt die Seligpreisung den Horizont der Endzeit über Tod und Gericht hinüber Dan 12,12 f; Weish 3,13; 5,2; 2Makk 12,45.

2) Seligpreisungen des NT. a) Im NT hat Luther oft die beiden griech. Wortkreise der *Rettung* und der *Seligkeit* zugunsten des letzteren zusammengezogen, wohl in der Überlegung, daß beseligendes → Heil das Ziel des Retters und Seligmachers Jesus Christus sei. Mit Recht hat die letzte Revision des NT an vielen Stellen S. durch Rettung oder Heil ersetzt, wo der Sinn dadurch klarer wird (Rettung: zB Mt 1, 21; Jo 3,17; Apg 2,21.47; Röm 8,24; 1Kor 1,21; 2Kor 2,15; Eph 2,5; 2Tim 1,9; Hebr 6,9; Jak 4,12. Heil: Apg 16,17; Phil 1,19; Hebr 1, 14; 9,28).

b) In den *synoptischen Evangelien* ist die Seligpreisung fast ausnahmslos das Wort Jesu, dem sie als ihm eigentümliche Sprechweise von besonderer Werbekraft in seiner Verkündigung des → Reiches Gottes zugehört. Im Vordergrund stehen die beiden Reihen der Bergpredigt Mt 5, 3 ff; Lk 6,20 ff, die die Armen, die Betrübten, Hungernden, Verhaßten, Verfolgten seligpreisen. Das geschieht zunächst in einer Umkehrung unserer Begriffe eines glückhaften Daseins, aber mit Verheißungen, die vom endlichen Ausgang her schon für die Gegenwart die Seligpreisung begründen durch die Teilhabe an Gott und seinem Reich. Bei Mt erweitert sich der Gesichtskreis auf die, die sich nach Gottes Gabe ausstrecken und in ihrem Tun die Zugehörigkeit zu Gottes Reich dienend verwirklichen. Hier wird der Zusammenhang mit dem AT deutlich. Ebenso wird die Linie der beseligenden Vergebung im AT nun durchgezogen Mt 5,6; 18,11; Lk 19,10. Glaube und Taufe Mk 16,16; Lk 8,12, vgl. Apg 15,11; 16,31, Gottes Wort hören und bewahren Lk 11,28, kein Ärgernis nehmen Mt 11,6, nicht sehen und doch glauben Jo 20,29 ist Jesu Weg zur S. Dazu gehört notwendig der wachsame, treue Dienst Mt 24,46; Lk 12,37.43; Jo 13,17, die Lust, zu geben und barmherzig zu sein Apg 20,35; Lk 14,13 f und bis ans Ende zu beharren Mt 10,22; 24,13. Petrus wird ausdrücklich nicht seiner Fähigkeit wegen s. gepriesen, sondern weil ihn Gott erleuchtet hat Mt 16, 17, vgl. Maria Lk 1,45.48. Der Blick auf die Endzeit Mt 5,3 ff; 24,22; Lk 23,29 vertröstet nicht, wie wenn die S. nicht schon gegenwartsmächtig wäre.

c) In den *Briefen des NT* ist des Menschen S. Anteil an Gottes S. 1Tim 1,11; 6,15, vermittelt durch den Herzog der S. Hebr 2,10; 7,25; Röm 5,10. Die frohe Botschaft von ihm 1Kor 15,2; Gal 4,15; Eph 1,13; Jak 1,21, das Wort vom Kreuz als Gotteskraft 1Kor 1,18; Röm 1,16 macht durch den Glauben s. alle die, denen die Gerechtigkeit Gottes zugerechnet wird Röm 4, 6 ff (Zitat Ps 32) durch den, der die Sünder s. macht 1Tim 1,15, vgl. 2Kor 7,10. Darin kommt Gottes → Erwählung zur Auswirkung 2Thess 2,13. Das bedeutet zugleich eine Aufgabe ersten Ranges Phil 2,12; Jak 1,25; 2,14. Wie in den Seligpreisungen Jesu bilden Leiden und Verfolgung als Hoffnungszeichen kein Hindernis der S. 1Petr 1,5 ff; 4,14; Jak 1,12.

d) Die sieben Seligpreisungen der *Offenbarung* fassen wesentliche Stücke der S. unter der Spannung der hereinbrechenden Endzeit kraftvoll zusammen. Sich an das Wort der Weissagung halten 1,3; 22,7, in dem Herrn sterben 14,13, teilhaben an der ersten Auferstehung 20,6, zum Abendmahl des Lammes berufen sein 19,9 und deshalb auf das reingewaschene Gewand achten 16,15; 22,14: das ist Weg und Inhalt der S. *He*

Sem, hebr. „Name", soviel wie Mann von Namen, angesehen, Herrenvolk. *1)* Unter den drei Söhnen Noahs 1Mose 5,32; 6,10; 7,13; 9,18; 10,1 stets zuerst genannt, wohl der älteste (nach genauer Übersetzung von 1Mose 10,21). Stellt die Völkertafel 1Mose 10 S. und seine Nachkommen betont an den Schluß, um seine heilsgeschichtliche Bedeutung hervorzuheben, so hebt die Erzählung von Hams Frevel 1Mose 9,20 ff S.s pietätvolle Haltung und den ihm vom Ahnherrn zugesprochenen Segen heraus; ähnlich Sir 49,19. S. im Stammbaum Jesu Lk 3,36. — *2) Semiten,* seit 1781 Sammelbegriff für eine *Sprach*familie der von Osten her nacheinander ins vorderasiatische Kulturland eingedrungenen Völker; mit der Völkertafel nicht in Dekkung zu bringen, da zu ihr auch die dort auf Ham zurückgeführten Kanaanäer und Phönizier gehören. Als völkisch-rassische Einheit ist ein semitisches Urvolk nicht feststellbar. Zur semitischen Sprachgruppe gehören: Ost-Semitisch: Babylonisch und Assyrisch (fast nur in Keilschrift erhalten); West-Semitisch: Kanaanäisch, seit Beginn des 2 Jt. im syr.-palästinischen Kulturland: Ugaritisch, das Südkanaanäische der Amarna-Korrespondenz, Phönizisch, Hebräisch, Moabitisch, Punisch (überwiegend in alphabetischen Schriften) und Aramäisch, seit Beginn des 1 Jt. im gleichen Gebiet, in persischer Zeit Reichssprache; Süd-Semitisch: Arabisch, als Literatursprache erst in jüngerer, islamischer Zeit verbreitet, Abessinisch. → Abb. Sp. 21 f, Sp. 26, Tafel 44.

Lit.: M. Noth, Die Welt des AT, [3]1957, § 30. *Schw*

Semmelmehl → Mehl.

Senfkorn. Die Senfstaude ist in Palästina oft zu finden, als Unkraut und im Anbau. Wie schon das jüd. Sprichwort im Samenkorn des Senfs das Beispiel für etwas ganz Kleines sah, so diente das S. auch Jesus als Gleichnis für ein Wachstum aus unscheinbarem Anfang zu überraschender Größe Mt 13,31 f par. (tatsächlich erreicht der Senf in der Ebene von Genezareth eine Höhe von 3-4 m) und als Bild für ganz Kleines, das große Wirkungen schafft Mt 17,20; Lk 17,6. *Schl*

Senir → Hermon.

Senkblei (Luther: Bleiwurf), das Lot, mit dem Seeleute die Wassertiefe messen Apg 27,28. *Schl*

Sepharad, wahrscheinlich Sardes, Hauptstadt Lydiens (die Vulgata liest Bosphorus); dorthin wurden gefangene Judäer als Sklaven verkauft Ob 20. *Peu*

Sepharwajim, unbekannte, zw. Hamath und Damaskus gelegene Stadt, die der assyrische König Salmanassar V. i. J. 725 zerstörte 2Kö 18, 34; 19,13. Später siedelten die Assyrer Bewohner von S. in Samaria an, die ihre Götter nunmehr auf isr. Boden verehrten 17,24.31. *Peu*

Sephela → Schephela.

Septuaginta (aus dem Griechischen „die Siebzig", darum abgekürzt LXX) nennen wir die griech. Bibelübersetzung des AT (→ griechisch, → Koine), die nach der legendären Überlieferung des → Aristeasbriefs von siebzig Übersetzern gleichlautend übersetzt wurde. Die eigentliche Frage ist, ob es vor der S. eine Mehrzahl griech. Bibelübersetzungen gegeben habe, wie Paul Kahle betont, oder ob am Anfang der Entwicklung ein ursprünglich einheitlicher Text der S. stand, den es heute nach bestem Vermögen wiederzugewinnen gilt, wie Paul de Lagarde, Alfred Rahlfs, dem wir die gebräuchliche Handausgabe der S. verdanken, und Peter Walters (Katz) meinen.

Lit.: Ernst Würthwein, Der Text des AT, 1952, S. 40-61. *Pfei*

Seraphim. „Saraf" — die sprachliche Herleitung dieses Wortes ist unsicher — ist zunächst die Giftschlange, die „feurig" ist, weil ihr Biß die brennende, tödliche Wunde bringt 4Mose 21,6; 5Mose 8,15; Jes 14,29; 30,6. So ist zB die im Sand verborgene, plötzlich herausschnellende Hornviper dem Wanderer in Wüste und Steppe ein Schrecken, vgl. Lk 10,19. Von 1Mose 3,1 bis Offb 20,2 ist darum die Schlange ein Inbegriff des Listigen, Bösen, Dämonischen, vgl. 2Kor 11,3. Merkwürdigerweise begegnen wir dem Saraf auch im Sinn des Heilenden, ja Heiligen: 4Mose 21,8 verschafft der Anblick eines Saraf plötzliche Heilung den von Schlangen Gebissenen (vgl. 2Kö 18,4; Jo 3,14), und Jes 6,2 schaut der Prophet oberhalb des Thrones der himmlischen Majestät fliegende S., die ihr Gesicht und ihren Leib mit Flügeln bedecken. Demnach sind sie übernatürliche Wesen, deren Bezeichnung als S. sie vielleicht als lodernd-feurige Gestalten beschreibt. Sind sie unrein? Doch ihr Gesang durchhallt das Heiligtum Gottes, und sie dienen am Altar vor Gott. *Luck*

Sered. Der Bach S., an dem die Israeliten als der Südgrenze Moabs lagerten 4Mose 21,12; 5Mose 2,13 f, entspricht dem in das → Tote Meer mündenden wādi el-ḥesa. *Rü*

Sergius Paulus, römischer Prokonsul auf Zypern, der sich der Botschaft des Paulus öffnete Apg 13,7.12. → Bar-Jesus. *Schl*

Serubabel, ein in Babylonien geborener Enkel des Königs Jojachin, der an der Spitze einer Gruppe Deportierter in die Heimat zurückkehrte 1Chr 3,17 ff; Esra 2,2; Neh 7,7. Dem Davididen hatte die persische Regierung die Statthalterschaft über das Gebiet von Juda übertragen Hagg 1,14; 2,21. Der Prophet → Haggai forderte ihn i. J. 520 mit Erfolg zur Wiederaufnahme des in den Anfängen steckengebliebenen Tempelneubaus auf Esra 5,13-16; Hagg 1. An die Person des S. haben Kreise in Judäa messianische Erwartungen geknüpft Hagg 2,20-23; Sach 4,6-14. Auch die „Krone" dürfte ursprünglich für ihn bestimmt gewesen sein. S. hat den Tempelneubau nicht selbst vollenden können. Sicherlich hat ihn die persische Regierung abberufen, weil man judäische Selbständigkeitsbestrebungen befürchtete. Der Priester Josua wurde nunmehr zum Oberhaupt der Kultusgemeinde Jerusalem Sach 6,9 ff. *Peu*

Serug, der siebte der zehn Stammväter von Sem bis Abram. Der Name kommt von der Stadt Sarugi westlich von Haran 1Mose 11,20 ff; 1Chr 1,26; Lk 3,35. *Peu*

Seth. *1)* Sohn Adams, der an ihn Gottes Ebenbild weitergibt 1Mose 5,3 (so die Priesterschrift, die weder Sündenfall noch Brudermord berichtet). Nach 1Mose 4,25 (jahwistische Quelle) Adams dritter Sohn, daher dort sein Name gedeutet als „Ersatz" für den gemordeten Abel. — *2)* S.s *Stammbaum* 1Mose 5 will wohl im Vergleich mit dem Kains 1Mose 4,17 ff eine gottesfürchtige von einer gottentfremdeten und demgemäß degenerierenden Linie unterscheiden, bringt jedoch überraschend ähnliche Namen. Sollte beiden Stammbäumen die gleiche Urform zugrunde liegen? Die zehn Geschlechter von Adam bis Noah haben überdies eine auffallende Parallele in der Liste der zehn babylonischen Ur-Könige vor der Sintflut (Greßmann, Altorient. Texte). Vielleicht liegt dem Stammbaum S.s vorisr. Sagengut zugrunde, das das Menschengeschlecht von göttlichen oder halbgöttlichen Vorfahren ableitet. Darauf könnte das ungewöhnlich hohe Lebensalter der vorsintflutlichen Ahnen hinweisen. Das allmählich absinkende Lebensalter der Späteren (von Noah bis Abraham 600-200, Patriarchen 200-100, Gegenwart 80-70 Jahre) wäre dann als Zeichen der Erschöpfung der ursprünglichen Lebenskräfte, als Verfall der Menschheit zu deuten. Der Stammbaum S.s berichtet nach einheitlichem Schema nur (mit Ausnahme von Henoch 1Mose 5,22 ff) Namen und Zahlen: bei jedem der zehn das auffallend hohe Zeugungsalter, die übrige Lebenszeit, das Gesamtalter. Das System der Zeitrechnung, das diesen hohen Zahlen zugrunde liegt, ist bisher nicht entschlüsselt worden. Beachtliche Abweichungen nach unten und oben finden sich im samaritanischen Pentateuch und in der LXX. Beim Jahr der Flut schwankt die Gesamtzahl zw. 1656, 1307 und 2262 Jahren!

Lit.: u. a. v. Rad, Theologie des AT, Bd. 1, 1957, S. 53-58. *Schw*

Seuche → Krankheiten.

seufzen. Ausdruck tiefer Empfindung von Kampf, Leiden, Ausweglosigkeit (auch beim Tier Joel 1,18).

1) Wir s. über eigene oder fremde Not 2Mose 2,23; Hiob 3,24; Jes 24,7; Klgl 1,4 ff; Hes 21,11 f oder Sünde Hiob 24,12; Spr 5,11; Jer 51,52; Mal 2,13; Hebr 13,17; auch Jesus ringt seufzend mit äußerer und innerer Not Mk 7,34; 8,12.

2) Das S. kann zum Gebet werden Ps 79,11; Klgl 3,56; 2Makk 11,6; Röm 8,26; es ist ihm verheißen, daß es vor Gott kommt und er es hört Ps 12,6; 38,10 und er ihm in der Vollendung ein Ende macht Jes 35,10. Es darf aber nicht zu einem S. widereinander statt füreinander werden Jak 5,9; glaubens- und gebetsloses S. verzehrt Hiob 23,2; Ps 31,11; Jer 45,3. *Pfi*

Sibma 4Mose 32,3. 38; Jos 13,19; Jes 16,8 f; Jer 48,32, rubenitischer Ort in der Nähe von Hesbon, der später von Moab erobert wurde; genaue Lage unbestimmt. *Rü*

Sichem, heute tell balāṭa, 2,5 km östlich von nāblus in der Kerbe zw. → Ebal und → Garizim (daher der Name S. = Nacken), die das Gebirge Ephraim in Ost-West-Richtung durchschneidet. S. beherrscht die östlich davon gelegene fruchtbare Ebene und den wichtigen Kreuzungspunkt zw. der Straße von Jerusalem nach Beth-Schean und der vom Jordan zur Küste. Nach den Briefen von → Amarna war S. im 14. Jh. unter König Labaja Mittelpunkt eines Territorialstaates. S. ist ältester Haftpunkt der Jakobsüberlieferung 1Mose 33,18 ff; 34,2; 35, 4, was noch in Jo 4,5 f weiterlebt, → Jakobsbrunnen, → Sichar. S. gehörte zu Manasse, war Leviten- und Freistadt. Auf dem Landtag zu S. verpflichtete → Josua alle Stämme auf Jahwe und legte damit den Grund für die Institution des sakralen Zwölfstämmeverbands Jos 24. Das Heiligtum zu S., das wohl außerhalb des Stadtgebiets lag, war längere Zeit Mittelpunkt des Zwölfstämmeverbands. Die Stadt selbst war noch von Kanaanäern bewohnt und behielt bis zum 10. Jh. eine gewisse Selbständigkeit. Auf diesem Hintergrund ist der gescheiterte Versuch → Abimelechs, mit Hilfe der Bevölkerung S.s ein Königtum aufzurichten, zu verstehen Ri 9. Jerobeam I., in S. zum König über das Nordreich ausgerufen, machte die Stadt vorerst zu seiner Residenz 1Kö 12,1 ff. 25. Als → Samaria Hauptstadt des Nordreichs wurde, verlor S. an Bedeutung. Durch die Gründung des samaritanischen Heiligtums auf dem Garizim stieg die Bedeutung S.s wieder. 128 vChr zerstörte Johann Hyrkan S. Die nach Vespasian benannte Neugründung Flavia Neapolis erfolgte 72 nChr westlich der alten Ortslage, heute nāblus. — *Ausgrabungen* auf dem 230×150 m großen tell balāṭa (1913 und 1926 durch Sellin und Welter, 1934 durch Steckeweh, neuerdings durch G. E. Wright) ergaben, daß S. um 2000 vChr gegründet wurde. Aus dem 17./16. Jh. stammt das Nordtor in der Oberstadt mit drei Torkammern und das gut erhaltene Osttor in der Unterstadt, von dem aus eine Treppe zur tiefer gelegenen Straße führte. Nach Osten zu schließt sich ein Palast an, nach Westen eine leicht geböschte Zyklopenmauer aus riesigen Bruchsteinen, die bis zu 10 m Höhe erhalten ist. Später wurde sie zugeschüttet und durch eine dahinterliegende Kasemattenmauer ersetzt. Südöstlich vom Nordtor liegt ein großer Tempel aus dem 14. Jh., der 25×21 m mißt und eine Mauerbreite von 5 m aufweist. Er hat einen Vor- und einen Hauptraum, in dem Reste von zwei Säulenreihen, des Postaments für die Kultstatue und die Opfergrube nachweisbar waren. — An Jos 24,32 erinnert die Tradition vom Josephsgrab, das man östlich von balāṭa zeigt. → Tafel 41. 42.

Lit.: G. E. Wright, Shechem, 1965. *Me*

sichten. Wie Getreide im Sieb geschüttelt und von Spreu geschieden wird, so bedeuten — übertragen — Gericht und Anfechtung eine Läuterung, für Israel, das durch die Weltvölker Am 9,9, für die Jünger, die durch den Satan gesichtet werden Lk 22,31. *Schl*

Siddim. Das Tal S., das nach der Meinung des Verfassers oder des gelehrten Bearbeiters von 1Mose 14 an der Stelle des Salzmeeres (→ Totes Meer) gelegen hat V. 3, war voll von Erdharz-, d. h. Asphaltgruben V. 10. Es bildete den Schauplatz der Vernichtungsschlacht der vier Könige des Ostens gegen die fünf kanaanitischen Stadtkönige. *Rü*

Sidon, in Keilschrift sidunu, heute Saida, liegt 35 km nördlich von → Tyrus auf einer Landzunge der libanesischen Mittelmeerküste, an der seit dem 3. Jt. vChr die Phönikier siedelten. S. galt seit der Mitte des 2. Jt. als die führende Handelsstadt der Phönikier, die darum von Griechen wie Israeliten auch einfach „Sidonier" genannt wurden 1Mose 10,15; Jos 13,6; Ri 18,7. Die Sidonier kolonisierten in teilweiser Abhängigkeit von Ägypten das fruchtbare Hinterland, vgl. Jos 11,8, und gründeten Tyrus, das seit dem 10. Jh. S. an Bedeutung übertraf. Die Israeliten konnten S. und Tyrus zwar nicht erobern, vgl. Ri 1,31; doch richteten die Propheten ihre Drohungen wider beide Staaten Jes 23,4; Jer 25,22; Hes 28,20 ff, die in ihrem Fernhandel isr. Sklaven bis nach Griechenland lieferten Joel 4,4 ff. Im Jahr 877 wurde S. den Assyrern tributpflichtig, 677 nach einem Aufstand von Asar-Haddon unterworfen und zerstört. In persischer Zeit regierte, wie seine Sarkophaginschrift ausweist, Eschmunazar als König von S. über das Küstengebiet vom Karmel bis nach Dor und Jafa. 351 wurde S. von Artaxerxes Oxus erneut zerstört. Im Zeitalter des Hellenismus war S. wieder eine ansehnliche Stadt, von der Mk 7,31 spricht. Schon früh muß hier eine Christengemeinde bestanden haben, die Paulus auf seiner Romfahrt aufsucht Apg 27,3. *Da*

sieben, siebzig → Zahlen.

Siegel.

1) Biblische Aussagen. 2) Archäologischer Befund.

1) Im AT werden S. und siegeln häufig erwähnt, sowohl in den älteren Stücken 1Mose 38,18; 41,42 wie auch in der jüngsten Schrift, dem Danielbuch 9,24 a; 12,4. Die hebr. Ausdrücke lauten chātam (siegeln), chōtām, das S. oder chōtemeth sowie tabba'at. Jedoch erfahren wir nicht, wie ein solches S. ausgesehen hat, ob es ein Rollsiegel oder ein Stempelsiegel in Form eines Petschafts war. Das Fehlen der Beschreibung ist typisch für das hebr. Denken. Wir erfahren aber, daß es an der Hand (als Ring Jer

22,24; Hagg 2,23), am Hals an einer Schnur 1Mose 38,18 und am Arm HL 8,6 getragen wurde. Die Masse, die zur Abformung des S.s diente, war Ton Hiob 38,14. Die Arbeit des S.-schneiders wird mehrfach bezeugt 2Mose 28; 39. Häufig ist der bildliche Gebrauch des S.s und des S.ns. Das S. wird zum Ausdruck des Sicheren, Zuverlässigen, Gewissen.

Siegel des Ja'azanjahu, in tell en-nasbe (Mizpa?), 13 km nördlich von Jerusalem, gefunden.

2) Im archäologischen Befund werden die reinen Namensiegel und die S. mit bildlicher Darstellung unterschieden. Letztere können auch einen Namen bei sich tragen. Die Namensiegel sind für die Namengeschichte Israels von Wichtigkeit, aber auch für die Kulturgeschichte zur Stellung des Betreffenden. Vom S. des Ja'azanjahu, des Dieners des Königs, (Abb. 1) können wir sicher sagen, daß er um 600 vChr im Amt gewesen sein muß, da er 2Kö 25,23 u. Jer 40,8 erwähnt wird. Woher künstlerisch und motivgeschichtlich das Bild des kämpfenden Hahns stammt, ist unsicher. Als Bilder tauchen mythologische Mischwesen, Löwen (Abb. 2 mit der Umschrift „[Siegel] des Schᵉmaʿ, Dieners des Jarobʿam"), Stiere, Rehe, Ziegen, Kamele auf. Dazu treten weitere mythologische Darstellungen ägyptischer oder assyrischer Herkunft. Ein 1955 auf dem tell es-sulṭān (Jericho) gefundener Abdruck eines S.s ist ein Frauensiegel und gehörte der „Hagar, (Tochter des) Uriah"; es hat keine bildliche Darstellung und gehört der Schrifttype nach in das 5.-4. Jh. vChr. 1963 wurde ein S. mit der in althebräischen Buchstaben ausgeführten Inschrift „[Siegel] des Manasse, Sohn des Königs" bekannt. Als Bild hat es Stern und Halbmond. Es gehört wahrscheinlich in das 8. Jh. vChr und hat nichts mit dem judäischen König Manasse zu tun, sondern dürfte einem israelitischen Prinzen gehört haben. Das 1964 veröffentlichte S. der „Isebel" enthält außer dem aus dem AT bekannten Namen die aus der ägyptisch-phönizischen Kunst bekannten Figuren der Sphinx, die geflügelte Sonnenscheibe, den Falken und zweimal die Uräusschlange sowie eine nicht völlig zu deutende raumfüllende Zeichnung. Die Schrift weist auf eine Ansetzung im 9. bzw. 8. Jh. Der Beschaffenheit nach könnte es wohl ein S. einer Königin sein.

Für das Material zur Anfertigung von S.rollen oder -steinen wurde ein Halbedelstein gewählt, nach Sir 35,5f Rubine und Smaragde, nach 2Mose 28,9 Karneole.

Die Form der S. war vierfach. Aus sehr alter Zeit ist uns das Rollsiegel bezeugt, ein kleiner Zylinder, auf dessen Mantel Bild und Text oder nur das Bild eingraviert waren. Der Zylinder war der Länge nach mit einer Durchbohrung versehen, durch die eine Schnur gezogen werden konnte. Dieses S. wurde im feuchten Ton abgerollt und konnte daher auf Tontafeln und Krugwänden verwendet werden. Die zweite Form ist das Kegelsiegel bzw. Konoid, etwa einem stumpfen Kegel vergleichbar, oben durchbohrt zur Anbringung einer Befestigung (Ring, Schnur u. dgl.); auf der unteren Standfläche befand sich die Eingravierung. Es war handlicher als das Rollsiegel und beanspruchte weniger Platz im Abdruck. Die dritte Form ist der ägyptische Skarabäus, ein ovales S. mit glatter Unterseite, auf der sich die Gravur befand; die Oberseite war dem Sonnenkäfer nachgebildet. Die vierte und für das AT wichtigste Form ist das ovale Stempelsiegel, unten glatt mit Gravur, oben flach gewölbt und gelegentlich auch mit Gravierung versehen. Zu dieser vierten Form gehören die beiden hier abgebildeten S.

Kunstgeschichtlich, kulturgeschichtlich, namengeschichtlich und motivgeschichtlich sind die S. hoch bedeutsam, ebenso für die Geschichte der Schrift und für die Datierung archäologischer Schichten bei Ausgrabungen. Die bildlichen Darstellungen mythologischer Art entnehmen ihre Motive den Dichtungen aus Mesopotamien (Gilgamesch-Epos) und vielleicht auch ugaritischen Epen.

Lit.: A.-G. Barrois, Manuel d'Archéologie Biblique II, 1953.

Ba

Siegel des Schᵉmaʿ, 1904 in Megiddo gefunden. Über dem brüllenden Löwen steht „Dem Schᵉmaʿ", darunter „Diener (Minister) des Jorobʿam"; gemeint ist Jerobeam II. (787-747 vChr).

siegen, Sieg. *1)* Im gewöhnlichen Sinn in den Kriegen der Völker 2Mose 17,11; 2Sam 19,3 wie im Einzelstreit Hos 12,5. Beim S. spielt wohl menschliche Klugheit und Tapferkeit eine Rolle Spr 20,18; 24,6, aber es ist für die bibl. Anschauung bezeichnend, daß der S. nicht als menschliche Leistung, sondern völlig als Gottes Gnadentat angesehen wird, dem daher allein der Ruhm gebührt 1Chr 29,11; Spr 21,31; Hab 3,8. Der S. wird darum von Gott erbeten 2Mose 17,11; 1Mose 32,27, der in besonderer Weise für sein Volk gegen die Fremdvölker kämpft 2Mose 15,3 f; 5Mose 33,29 und auch ohne Aufbietung menschlicher Machtmittel den S. verleihen kann Ri 7; 1Sam 7; Jes 31,1.3; 1Makk 3,19; 2Makk 15,21; Judith 9,13. Dem entspricht es, daß prahlende Siegesinschriften, wie sie die Umwelt in großem Ausmaß kannte, in Israel fehlen. — *2)* Jesus Christus ist der Sieger über Satan Mt 4,1-11; 12,28, Welt Jo 16,33, Fleisch Mt 26, 39.41; Hebr 4,15, Todes- und Höllenmächte 1Kor 15,55; Kol 2,15. Wenn auch für den in und mit Christus lebenden Menschen die Überwindung des letzten Feindes 1Kor 15,26 sichtbar noch aussteht, ist im Glauben dieser S. schon Gegenwart Jo 16,11; 1Jo 5,4 f. Davon bricht ein vorübergehender S. dämonischer Mächte Offb 13,7 nichts ab 15,2. *v. d. W.*

Siegeslieder. Die hebr. Sprache kennt kein Wort für Sieg. An die Stelle des fehlenden Begriffs tritt der Begriff der Hilfe Gottes, deren sich die Kämpfer Israels in der Schlacht erfreuten. Trotz dieses sich aus dem Wesen isr. Gottesanschauung ergebenden Tatbestandes hat das AT einige wenige Beispiele von S.n erhalten, dank ihrer festen Einbettung in einen Traditionszusammenhang, so in der Jephthahgeschichte, im Zyklus der Simsonerzählungen und im Traditionskomplex der Geschichte vom Aufstieg Davids Ri 11,34; 16, 23-25; 1Sam 18,7. Den aus siegreicher Schlacht heimkehrenden Jephthah begrüßt seine Tochter mit Reigentanz und Handpauke. Aus 1Sam 18,7 erfahren wir, daß nur eine einzige Verszeile zu Ehren des Siegers im Wechselgesang wiederholt wurde; das Lob des Siegers bestand in diesem Fall in der rühmend erwähnten großen Zahl der erschlagenen Feinde, die die Sauls übertraf. Ri 16,23-25 rühmt den philistäischen Gott, der den Simson, den Feind des Volkes, in ihre Hand gegeben hat. Das sog. Deboralied (→ Dichtkunst) wird bald nach der Schlacht gedichtet und vorgetragen worden sein. Es enthält den Gedanken der Hilfe Jahwes ganz klar und verwendet verschiedene Gattungen. 2Mose 15,21 ist der Gattung nach ein Hymnus, dem Wesen nach ein Siegeslied auf den Sieger Jahwe, der seine Erhabenheit gegenüber seinen Feinden bekundet hat. *Ba*

Sihon, der König der → „Amoriter" in dem Land zw. Arnon und Jabbok mit der Hauptstadt Hesbon, verwehrte den vom Süden heranrückenden Israeliten den Durchzug durch sein Land und wurde von ihnen geschlagen 4Mose 21,21 ff; Jos 12,2 f; Ri 11,19 ff. Die Erinnerung an diesen Sieg blieb in Israel dankbar lebendig Neh 9,22; Ps 135,11. *Schl*

Sikkuth → Kijjun.

Silas, ein prophetisch begabter führender Mann der Gemeinde von Jerusalem Apg 15,22.32, war einer der Überbringer des Apostelbeschlusses nach Antiochien, wo er zunächst blieb Apg 15,27.34. Später begleitete er Paulus auf der zweiten Missionsreise; sein Name ist Apg 15,40 bis 18,5 achtmal genannt. Wenn es sich, was wahrscheinlich ist, bei S. um eben den Mann handelt, der in anderen NTlichen Schriften Silvanus heißt, so hatte er entweder zugleich einen semitischen und einen lateinischen Namen, oder Silas ist die griech. und Silvanus die lateinische Schreibform desselben semitischen Namens. Neben Paulus erscheint S. in der Aufschrift der beiden Thessalonicherbriefe; 2Kor 1,19 erinnert Paulus die Gemeinde an die Predigtarbeit des S. Im ersten Petrusbrief finden wir S. in der Nähe des Petrus und im Verkehr mit den Gemeinden Kleinasiens 5,12. *Kü*

Silber. → Geld, → Münzen. Das S., das nach Palästina eingeführt werden mußte, etwa aus Spanien Jer 10,9; Hes 27,12 oder Ophir 1Kö 10,22, war den Israeliten früh bekannt. Schon in den Erzväter-Geschichten bilden S.barren das übliche Zahlungsmittel 1Mose 23,16; 37,28. Später war offenbar viel S. im Land 2Kö 15, 19 f; 23,33.35; Jes 2,7. Es wurde vielfach zu → Schmuck verarbeitet 1Mose 24,53 und in reichem Maß im Heiligtum verwendet, bei der Stiftshütte 2Mose 38,25-28 und im Tempel 1Chr 29,2 ff; Jer 52,19, wie schon immer zur Herstellung von Götterbildern 2Mose 20,23; Jes 2,20; 46,6; Apg 17,29; 19,24. Da das S. mit anderen Metallen vermischt gefunden wurde, mußte es durch Schmelzen ausgeschieden werden Mal 3,3; Hes 22,20; Ps 12,7; Spr 25,4. Die S.schmiede (Weish 15,9) verstanden es, S. zu dünnem Blech zu verarbeiten Jer 10,9 und ein Bildwerk herzustellen Ri 17,4. Der „S.-schaum" Spr 26,23 ist wohl die „S.glätte", das Bleioxyd, mit dem Tongeschirr glasiert wird. Im Vergleich galt S. teils als etwas Kostbares,

Tafel 43: Felsenhöhen auf der Sinai-Halbinsel *Das Bild zeigt, vom wadi rummane aufgenommen, die kahlen Höhen des dschebel serbal. → Sinai.*
Der dschebel serbal auf der Sinai-Halbinsel *Ob der dschebel serbal, an dem schon in älterer Zeit heilige Überlieferungen hafteten, die Stätte der Gottesoffenbarung war oder — etwas weiter östlich — der nach → Mose benannte dschebel musa oder der dschebel katerin mit dem Katharinen-Kloster, ist eine Frage, die offenbleibt.*

Lauteres Ps 12,7, teils als geringer als Gold 1Kö 10,21; Dan 2,32. Der silberne Strick Pred 12,6 ist der Lebensfaden. *Schl*

Silberling → Münze.

Silo. Stadt in Ephraim „nördlich von → Bethel und östlich der Straße, die von Bethel nach → Sichem führt, und südlich von Lebona (heute lubān)" Ri 21,19; heute chirbet sēlūn. Hier befand sich in einem Heiligtum die Lade, die unter der Obhut der Eliden (→ Eli 1) stand 1Sam 1-3. Nach der Schlacht von → Eben-Ezer, in der die Lade an die Philister verlorenging 1Sam 4,12, scheinen die Stadt und das Heiligtum von S. von den Philistern zerstört worden zu sein Jer 7,12.14; 26,6.9. — Aus S. stammte der Prophet → Ahia 2) 1Kö 11,29; 12,15 u. ö.; von hier kamen nach dem Tod des → Gedalja Männer, die in Jerusalem opfern wollten Jer 41,5. — In den jüngeren Schichten des Buches → Josua gilt S. als Standort der Stiftshütte; hier wurde das noch nicht besetzte Land an die einzelnen Stämme verlost 18,1.8-10; 19,51, vgl. Ps 78,60, wurden die Frei- und Levitenstädte bestimmt Jos 20f und das Eingreifen gegen die ostjordanischen Stämme beschlossen 22,9-12. — Die von H. Kjaer und A. Schmidt 1926ff durchgeführten Ausgrabungen haben gezeigt, daß S. seit der mittleren Bronzezeit besiedelt war und um die Mitte des 12.Jh. vChr gewaltsam zerstört wurde. *Rü*

Siloah. Bei den „sanft rinnenden Wassern des S.", Jes 8,6 als Bild für das verborgene Walten Gottes gebraucht, handelt es sich wohl um den überirdischen Kanal mit nur geringem Gefälle (4-5 mm pro 1 m), der, zZ Salomos angelegt, das Wasser der Gihonquelle durch das Kidrontal in den (älteren) S.teich (birket el-hamra, heute ein Garten) am Südende der Davidstadt leitete, um das Wasser sammeln und den Gärten des Kidrontals zuleiten zu können. Um die Wasserversorgung auch für den Belagerungsfall zu sichern, ließ → Hiskia die außerhalb der Befestigung liegende Gihonquelle zumauern und leitete deren Wasser durch einen unterirdischen Kanal zum Südwestende der Davidstadt in den neuen S.teich, etwas nordwestlich des alten Teiches 2Kö 20,20; 2Chr 32,2ff.30. Dieser Hiskiakanal, 1838 von Robinson entdeckt, 1867 von Warren, 1909 von Parker untersucht, verläuft S-förmig, ist 533 m lang, zw. 40 u. 60 cm breit und im Durchschnitt 1,80 m hoch. 6 m vor dem Südausgang fand man 1880 die S.inschrift in altkanaanäischer Schrift, die die Länge des Kanals mit 1200 Ellen angibt und berichtet, daß die Arbeiter den Durchstich von beiden Seiten begannen und in der Mitte zusammentrafen. — Der (neue) S.teich ist Schauplatz der Blindenheilung Jo 9, wo der Name S. = „gesandt" in Beziehung gesetzt wird zu Jesus, dem Gesandten Gottes. — Der S.turm Lk 13,4 muß am Südende der Davidstadt gestanden haben. — Der Name S. lebt weiter im Dorf silwān am Westhang des Bergs des Ärgernisses gegenüber der Davidstadt. → Tafel 19. *Me*

Silpa → Lea.
Silvanus → Silas.

Simei. *1)* Ein Levit 2Mose 6,17; 4Mose 3,18-21. *2)* Ein Benjaminit, der nach dem Tod des mit ihm verwandten Saul die Thronansprüche der Sauliden unterstützte. Bei der Revolution → Absaloms trat er offen als Gegner Davids hervor, den er der Blutschuld am Hause Sauls bezichtigte 2Sam 16,5ff. Obgleich ihn David nach Niederschlagung des Aufstands begnadigte, empfahl der König seinem Nachfolger wegen des ausgesprochenen, bisher nicht wirksam gewordenen, aber, solange S. lebte, durchaus noch wirkungsfähigen Fluches, den Fluchsprecher gewaltsam zu beseitigen 1Kö 2,8f. Salomo beschränkte die Bewegungsfreiheit des S. auf das Stadtgebiet von Jerusalem und ließ ihn, als er diese Bestimmung übertrat, töten 2,36ff. *Peu*

Simeon. *1)* Jakobs zweiter Sohn von der Lea 1Mose 29,33. Der → Jakobssegen 1Mose 49, 5-7 verurteilt ihn hart wegen des gemeinsam mit Levi grausam durchgeführten Rachezugs gegen Sichem aus Anlaß der Schändung ihrer Schwester Dina 1Mose 34, während der → Mosesegen 5Mose 33 S. übergeht. Seine Nachkommen 1Mose 46,10; 2Mose 6,15; 1Chr 4,24. — *2)* Im Dunkel liegen für uns noch die Geschicke des *Stammes* S., für den 4Mose 1,22f 59300, 4Mose 26,12-14 nur noch 22200 waffenfähige Männer angegeben werden. Der im Jakobssegen angedrohte Ausschluß aus der Gemeinschaft der Stämme läßt eine Katastrophe des Stammes vermuten, die seine spätere völlige Bedeutungslosigkeit zur Folge hatte. Ursprünglich in der Gegend um Sichem seßhaft, finden wir S. später, vermutlich durch kriegerische Verwicklungen, in den äußersten Süden verschlagen Ri 1,3.17. Dort geht er wohl ganz in Juda auf, wie die Aufzählung der Städte Jos 15,21-32 u. 19,1-9 zeigt, auch die Bemerkung 1Chr 4,27, die S.s Unterlegenheit andeutet. Nur 1Chr 4,42f erwähnt noch in Hiskias Zeit ein eigenes Unternehmen des Stammes. — *3)* Ein Vorfahr Jesu Lk 3,30. — *4)* Der Greis S. (griech. Symeon) mit seinem Hymnus auf den eben geborenen Messias und seinem Segen über Maria Lk 2,25-35.

Tafel 44: Ein Palästiner des 14. Jh. vChr *Eine Holzschnitzerei an einem Stab aus dem Grab Tut-anch-amuns (um 1360 vChr). Der lebendige Ausdruck des Gesichts, die Haartracht (das lange Haar wird durch ein Stirnband gehalten) und der starke Bartwuchs, auch das kostbare Wickelkleid mit eingewebten Mustern und Borten und einem Gürtel (über einem langärmeligen Hemdkleid) kennzeichnen den Bewohner Palästinas. → Kleidung, → Ägypten.*

Lit.: AT Deutsch, Bd. 4 S. 370; M. Noth, Geschichte Israels, 1950, § 5 und 6. *Schw*

Simon. *1)* Der Hohepriester, der Sir 50, 1-23 gepriesen wird, wohl S. II., der Sohn des Onias II., der 198 vChr starb. — *2)* Ein Vorsteher des Tempels, ein Benjaminit, der den Syrern den Tempelschatz verriet 2Makk 3, 4 ff; 4, 1. — *3)* S. der Makkabäer 1Makk 14, 4 ff, → Sp. 851 f. — *4)* Ein Bruder des Herrn Mt 13, 55; Mk 6, 3, → Brüder des Herrn. — *5)* S., Sohn des Jona, → Petrus. — *6)* S. Kananäus Mt 10, 4; Mk 3, 18, einer der Zwölf, der Lk 6, 15 u. Apg 1, 13 S. der Zelot genannt wird, also wohl vor der Berufung durch Jesus der Partei der → Zeloten angehörte; wahrscheinlich bezeichnet ihn dann auch die semitische Kennzeichnung bei Mt und Mk nicht als einen Mann aus Kana, sondern als „Eiferer“. — *7)* S. der Aussätzige, in dessen Haus in Bethanien Jesus gesalbt wurde Mt 26, 6; Mk 14, 3, vielleicht durch Jesus vom Aussatz geheilt. — *8)* Der pharisäische Gastgeber Jesu Lk 7, 36. 40, in dessen Haus Jesus von der Sünderin gesalbt wurde, schwerlich derselbe wie Mt 26, 6. — *9)* Der Vater des Verräters Judas, → Sp. 694. — *10)* S. von Kyrene, der Jesus das Kreuz tragen mußte Mt 27, 32 par. — *11)* Der Gerber S. in Joppe, bei dem Petrus zu Gast war Apg 9, 43. — *12)* Der „Magier“ S. in Samaria Apg 8, 9 ff, Vertreter einer gnostischen Frömmigkeit, der von Philippus gewonnen 8, 13 um Geld die Gabe erkaufen wollte, die Kräfte des Geistes zu verleihen 8, 18 ff (daher nannte man im Mittelalter den Kauf geistlicher Ämter „Simonie“). — *13)* S. (Symeon) mit dem Beinamen Niger, Prophet und Lehrer in der Gemeinde von Antiochien Apg 13, 1. *Schl*

Simri. *1)* Ein Angehöriger des Stammes Simeon 4Mose 25, 14. — *2)* Ein Enkel des Juda 1Chr 2, 6. — *3)* Nachkomme Sauls 1Chr 8, 36; 9, 42. — *4)* Kommandeur einer der beiden isr. Streitwagenabteilungen, der nach dem Tod des Königs Baësa i. J. 882/81 den Thronfolger Ela in Tirza während eines Gelages ermordete. Gegen S. erhob der im Feld stehende Volksheerbann den General Omri zum König. S. warf sich nach siebentägiger Regierungsdauer in die Flammen seines Palastes. Noch nach 37 Jahren nennt ihn die Königinmutter Isebel „Mörder seines Herrn“ 1Kö 16, 8-20; 2Kö 9, 31. — *5)* Sonst unbekannter, vielleicht verderbter Landschaftsname, neben Medien und Elam genannt Jer 25, 25. *Peu*

Simson, letzter der zwölf Richter des Richterbuchs 13-16, aus dem Stamm Dan. Die chronologischen Notizen Ri 13, 1; 15, 20; 16, 31 stellen sein Wirken in den Zusammenhang der isr. Volksgeschichte unter der Vorherrschaft der Philister. Mancherlei Lokalerinnerungen halten bis in späte Zeit sein Gedächtnis fest. Ein charismatischer Volksführer wie die anderen Richtergestalten ist S. nicht. Er führt vielmehr seinen persönlichen Kampf gegen den Erbfeind Israels auf eigene Faust. Die Bibel berichtet daraus einzelne Episoden, denen Rembrandt allein fünf seiner großen Bilder gewidmet hat. Sie führt die Taten des Kraftmenschen S. auf das Nasiräergelübde seiner Mutter zurück 13, 4. 13, von dem er selbst freilich nur den Verzicht auf das Abscheren des Haupthaares, die Mutter jedoch auch die üblichen Reinigungsvorschriften erfüllt 16, 17. Das Religiöse tritt bei S. auffällig zurück hinter den tollen Streichen des leidenschaftlichen Recken, die die dichtende Volkssage humorvoll wie Eulenspiegeleien erzählt. Die fromme Vorgeschichte Ri 13, die die Geburt des Gottgeweihten der zunächst kinderlosen Mutter ähnlich ankündigt wie die Geschichte der Sara, der Hanna, im NT der Elisabeth, steht in erstaunlichem Kontrast zu dem sehr weltlichen Charakter des Helden, über dessen unbeherrschte Leidenschaften, bes. seine Abenteuer mit heidnischen Frauen, ganz unbefangen berichtet wird. Einzelzüge der Erzählung (der Eselskinnbacken als Waffe, die Säulen des Dagontempels u. a.) rücken durch neuere archäologische Funde wieder in den Bereich des Möglichen. Die einstige Abwertung von Ri 13-16 als bloße Produkte der Volksphantasie, womöglich in Anlehnung an griech., babylonische oder ägyptische Sagenkreise, überzeugt nicht mehr.

Lit.: AT Deutsch Bd. 9 S. 223 ff; Täubler, Simson, in: Bibl. Studien — die Epoche der Richter, hrsg. v. H.-J. Zobel, Tübingen 1958, S. 85-89. *Schw*

Sin. *1)* Wüstengebiet, vielleicht östlich der Mitte des Golfes von Suez, in der Nähe der ägyptischen Kupfer- und Türkisminen Serabit el-chadem gelegen 2Mose 16, 1; 17, 1; 4Mose 33, 11 f. — *2)* Pelusium, ägyptische Grenzfestung gegen Palästina am Ostrand des Nildeltas. Dort besiegte der Perserkönig Kambyses II. i. J. 525 die Ägypter und konnte bald darauf in Memphis einziehen Hes 30, 15 f. — *3)* Name des in Haran und Ur verehrten Mondgottes. *Peu*

Sinai. *1) Der Name.* „Der Berg der großen Gotteserscheinung, des Gottesbundes und der Gesetzesverkündigung“ (Noth) wird in einem Teil der ATlichen Quellen, bes. beim → Jahwisten und in der → Priesterschrift S. genannt, während er im → deuteronomistischen Geschichtswerk (außerdem 2Mose 3, 1; 17, 6; 2Chr 5, 10; Ps 106, 19; Mal 3, 22) *Horeb* (H.) heißt. — Gal 4, 24 f stellt Paulus den Bund vom Berg S. mit → Hagar zusammen und begründet das damit, daß „das Wort Hagar den Berg S. in Arabien“ bezeichnet. Ein zuverlässiges Zeugnis für eine solche Benennung in alter Zeit liegt nicht vor; doch gibt es ein ähnlich klingendes arabisches Wort (ḥadschar), das „Stein“ bedeutet, und es ist nicht unmöglich, daß der S. einmal so genannt wurde. Zwar sind die Wörter Hagar und ḥadschar nicht miteinander verwandt, aber dem Apostel genügt für seinen Zweck der Anklang des einen an das andere.

2) *Die Lage.* Die ATlichen Nachrichten über den S.-H. sind zu unbestimmt, als daß sie eine genaue Fixierung der Lage dieses Berges zuließen. Die im Stationenverzeichnis der Priesterschrift 2Mose 15,22.27; 16,1; 17,1; 19,2; 4Mose 10,12 usw. genannten Orte sind letztlich unbekannt und werden einmal hier, einmal dort angesetzt (→ Raphidim).

Seit der byzantinischen Zeit sucht man den S. im Süden der nach ihm benannten S.-Halbinsel zw. dem Golf von es-suwēs und dem Golf von el-ʿaqaba. Hier kommen vor allem der dschebel mūsa (Mose-Berg, 2244 m), der dschebel kāterin (Katharinen-Berg, 2062 m, mit dem Katharinenkloster) und der dschebel serbāl (2052 m) für eine Identifikation mit dem S. in Frage. Aus nabatäischen Pilgerinschriften des 2. und 3. Jh. nCh, die an den Zugängen zum dschebel serbāl gefunden wurden, geht hervor, daß das Gebirgsmassiv im Süden der S.-Halbinsel bereits in heidnischer Zeit das Ziel von Wallfahrten war. Nach dem Gesetz von der Konstanz des hl. Ortes besteht daher durchaus die Möglichkeit, daß die Gleichsetzung des S. mit einem der hohen Berge auf der S.-Halbinsel auf eine alte, ursprünglich isr.-jüd. Tradition zurückgeht. Aber auch die andere Möglichkeit, daß die S.-Überlieferung des AT erst sekundär an dem bekannten hl. Berg lokalisiert worden ist, läßt sich nicht ausschließen. Für diese zweite Möglichkeit spricht vor allen Dingen die Tatsache, daß sich für die einzige konkrete Angabe des AT über den Charakter des S., nämlich daß an ihm vulkanische Erscheinungen zu beobachten waren (2Mose 19,18.20, vgl. 13,21 f Wolken- und Feuersäule), in den natürlichen Gegebenheiten der S.-Halbinsel keinerlei Anhaltspunkte finden. Auf ihr gibt es keine Vulkane, die in geschichtlicher Zeit noch tätig gewesen wären. Heute noch tätige Vulkane findet man dagegen auf der Ostseite des Golfs von el-ʿaqaba im nordwestlichen Teil des heutigen Saudi-Arabien. Hier, weitab von den normalen Wegen zw. Ägypten und Palästina, in der Nähe von tebūk an der Straße nach Medina und Mekka, liegen Vulkane, von denen einer mit dem S. identisch sein könnte, wenn — und auch das ist nicht unmöglich — die Beschreibung der vulkanischen Phänomene in 2Mose 19 nicht bloß ein traditionelles Element in der Schilderung einer Gotteserscheinung darstellt. Über das Aufzeigen dieser beiden Möglichkeiten für die Lokalisierung des S. kommt man daher zZ nicht hinaus. → Tafel 43. *Rü*

Lit.: M. Noth, Das zweite Buch Mose (ATD), Göttingen 1959, S. 124 ff. *Rü*

Sinear, eine aus dem sumerischen Doppelwort Schingi-Uri = Sumer und Akkad herzuleitende geographische Bezeichnung, die in der Bibel für ganz Mesopotamien 1Mose 10,10, aber auch nur für Babylonien 1Mose 14,1.9; Jes 11,11; Sach 5,11; Dan 1,2 gebraucht wird. In Jos 7,21 übersetzt die Lutherbibel „babylonisch". *Peu*

Singen → Musik, → Kultus, → Gottesdienst.

Sinim, der unbekannte Name eines fernen Landes, aus dem Deportierte heimkehren sollen Jes 49,12. LXX liest Persien, Vulgata terra australis; China kann kaum damit gemeint sein. *Peu*

Siniter, Name eines Volkes, nach der in Nordphönizien gelegenen, aber nicht näher bestimmbaren, bei Hieronymus Sinna — akkadisch Schiana — geheißenen Stadt 1Mose 10,17; 1Chr 1,15. *Peu*

Sinn, das Innere des *Menschen*, seine Gemütsbewegungen und seine Gedanken, alle Vorgänge des inneren Lebens, das Wollen und Fühlen wie auch sein Erkennen, oft soviel wie Verstand oder Gedanken Spr 22,18; Jer 31,33 (vgl. Hebr 8, 10); 2Thess 2,2 par. Der S. kann verstockt und verhärtet werden 2Kor 3,14; 4,4; 11,3; 1Tim 6,5; Gott kann die Menschen dahingeben in verkehrten, verworfenen S. Röm 1,28. Es gibt einen stolzen, hoffärtigen S. Jes 9,8; Lk 1,51; Kol 2, 18. S. und Gewissen können unrein sein Tit 1,15, aber auch lauter 2Petr 3,1. Gottes Wort ist ein untrüglicher Beurteiler und Kritiker der menschlichen Gedanken und S.e Hebr 4,12. Über dem menschlichen Leben, Einzelleben und Völkerleben, steht *Gottes S.*, sein Ratschluß, seine Gerechtigkeit ebenso wie seine unbegreifliche Langmut und Geduld Röm 11,34; 1Kor 2,16. Er vergilt nicht nach Menschenweise Hiob 34,33. Sein Herz ist anderen S.es Hos 11,8: der nach menschlicher Logik unausweichlichen Folgerung aus Israels Schuld setzt Gott seine unbegreifliche erbarmende Liebe entgegen. Der menschliche, harte S. bedarf völliger Umwandlung Röm 12,2. Dann erst kommt Christi S. im Menschen zur Herrschaft 1Kor 2,16. Dann erst gibt es einen zum Leiden bereiten S. 1Petr 4,1, durch Erfahrung geübte S.e zur Unterscheidung von Gut und Böse Hebr 5,14 und die nur dem Gläubigen gegebene Kraft des Verstehens der Wahrheit 1Jo 5,20. Aber auch dann (im Gottesdienst) besser fünf Worte mit verständlichem S., die zur Erbauung dienen, als zehntausend unverständliche Worte mit Zungen 1Kor 14,19. Um die Zeichen der Zeit und den S. der Geschichte zu verstehen, bedarf es eines durch die göttliche Weisheit erleuchteten S.es Offb 17,9. *Fro*

Sintfluterzählung.

1) Außerbiblische Überlieferung. 2) Jahwistische Erzählung. 3) Priesterschriftliche Erzählung.

1) Das Gilgamesch-Epos, das in den Ruinen des alten Ninive gefunden wurde, enthält u. a. die Erzählung des unter die Halbgötter versetzten einstigen Stadtkönigs von Schurippak, einer am persischen Meerbusen gelegenen Stadt, von einer großen Flut, die diese Stadt traf und ihre Menschen vernichtete. Dadurch, daß ein Gott dem Utnapischtim von dem Vorhaben der Götter Kenntnis gab und ihm die Rettung durch den

Bau eines großen Schiffes wies, konnte Utnapischtim sich retten. In dem Schiff werden neben persönlichem Besitz auch Menschen, Tiere sowie Vertreter der Kultur und Technik gerettet. Die Flut wird durch einen vom Meer wehenden Wind bewirkt, der die Überschwemmung ins Land bringt. Im Götterhimmel herrscht Mitleid mit den der Vernichtung preisgegebenen Menschen. Am Ende der Flut bringt Utnapischtim ein Opfer dar und verharrt in Ungewißheit über sein Schicksal, bis ihn die Götterentscheidung an das Ende der Ströme versetzt. Die aus der Flut Geretteten. nicht Utnapischtim, setzen das Leben auf der Erde fort.

Diese wahrscheinlich auf ältere sumerische Traditionen zurückgehende Geschichte ist in der heute vorliegenden Form babylonisches Glaubenszeugnis, das jene Flut als Geschehen zw. Göttern und Menschen auffaßt. Die Flut entsteht aus einem nicht klar dargestellten Götterzorn, die Rettung Utnapischtims kommt durch die Uneinigkeit der Götter zustande. Über das weitere Schicksal des geretteten Helden entsteht eine Diskussion unter den Göttern. Die Grundtendenz der Erzählung ist deutlich polytheistisch. Gegenseitiger Neid, Rivalität und Launen der Götter spielen eine bestimmende Rolle. Der Erfolg der Rettung ist, daß Utnapischtim die Unsterblichkeit gewinnt, Menschen und Tieren das Leben erhalten bleibt und Wissenschaft und Technik weiter bestehen (gerettete Handwerker!).

An Zügen, die in der bibl. Erzählung wiederkehren, sind zu nennen der Bau der Arche, wenn auch in den angegebenen Maßen beträchtliche Unterschiede bestehen, die Tendenz zur Erhaltung des menschlichen und tierischen Lebens, die Aussendung von Vögeln zum Feststellen des Flut-Endes, das Opfer, das nach dem Verlassen des Schiffes dargebracht wird, sowie die Reaktion der Götter auf diese Opfer. Diese besteht nicht nur in der Verleihung der Unsterblichkeit an Utnapischtim, sondern auch in der bleibenden Erinnerung an diese Flut. Derartige Sagen von großen vernichtenden Fluten haben sich im Sagenschatz vieler, miteinander nicht zusammenhängender Völker in Afrika, Australien, Indien, Amerika (Indianer) erhalten.

Naturgeschichtlich kann das nur erklärt werden durch eine einmal geschehene kosmische Katastrophe (nach Edgar Dacqué Einbruch kosmischer Eisstaubmassen in die Erdatmosphäre), deren Erinnerung durch örtliche Überschwemmungsereignisse gelegentlich aufgefrischt worden sein mag. Die bibl. Erzählungen sind zwar nicht direkt literarisch abhängig von der oben skizzierten babylonischen Erzählung, wohl aber im Stoff verwandt, vielleicht durch die Übernahme einer älteren Tradition, auf die auch die babylonische Erzählung zurückgehen wird. Beide bibl. Erzählungen haben aber unter verschiedenen theol. Anschauungen etwas gänzlich Neues aus dem überlieferten Stoff gemacht.

2) In der Aussonderung des Quellenbestands ist sich die Forschung im wesentlichen einig. Zur jahwistischen S. gehören 1Mose 6, 5-8; 7, 1-4 (5). 8. 9 (evtl. Glosse). 10a (b?). 12. 16b. 17b. 22. 23; 8, 2b. 3a. 6. 8-12. 13b. 20-22. Die Versreihen sind in der Reihenfolge der Kapitel aufgezählt. Der Leser wird merken, daß sinngemäß einige Umstellungen erforderlich werden, um eine glatte fortlaufende Erzählung zu bekommen. Dann beginnt also die jahwistische Sintflutgeschichte mit der Erkenntnis Jahwes von der Bosheit der Menschen und dem darauf folgenden Vernichtungsratschluß, von dem Noah ausgenommen wird. Diese Verse 6, 5-8 sind eigene Erzählung des Jahwisten, für die er wohl keine Vorlage in der Tradition hatte. Großartig tritt die Reue Jahwes heraus, die er wegen der Erschaffung der Menschen empfindet; aber er bekennt sich zu seinem Werk, indem er Noah Gnade finden läßt in seinen Augen. Die Reue und die Treue Gottes, die scheinbare Wandelbarkeit seiner Beschlüsse und die Unwandelbarkeit seines Willens stehen hier nebeneinander. Von 6, 8 springt die Erzählung über zum Befehl, in die Arche zu gehen 7, 1 ff. Es muß in der jahwistischen Quelle etwas ausgefallen sein, z.B der Befehl zum Bau der Arche sowie ein Wort über die Ausführung des Befehls. Vermutlich wird der Befehl zum Bau unvermittelt und unbegründet erfolgt sein, so daß Noah eine Gehorsamsbewährung übte, indem er dem Befehl widerspruchslos gehorchte und ein Schiff auf dem Lande baute. Daß dem Jahwisten derartiges nahegelegen haben mochte, geht auch aus der Tatsache hervor, daß er sich als Palästiner aus seinem Landesmilieu heraus die Sintflut als einen vierzig Tage und vierzig Nächte währenden Regen gedacht hat. Wer die Heftigkeit des stundenweisen palästinischen Winterregens kennt, kann die Echtheit der jahwistischen Vorstellung durchaus nachfühlen. Die Vorstellung ist jedenfalls, daß das Wasser nicht mehr ablaufen kann und die Arche auf dem über der Erde stehenden Gewässer schwimmt 7, 17b. Die Unterscheidung von reinem und unreinem Getier 7, 2. 3. 8. 9 ist uralt und auf das Konto des Jahwisten zu setzen, da er nach Beendigung der Flut Noah ein Opfer darbringen läßt, wozu nur reine Tiere verwendet werden konnten. Für die Fürsorge Gottes gegenüber Noah ist bezeichnend, daß Jahwe die Tür hinter ihm schließt. Im Gilgamesch-Epos tut Utnapischtim das selbst. An die Stelle des eigenständigen menschlichen Handelns tritt die göttliche Fürsorge und Behütung. Die Flut ist nach jahwistischer Anschauung eine Katastrophe der Erde, nicht des gesamten Kosmos. Alles, was den Lebensodem hat, muß in der Flut sterben; nur Noah und die bei ihm befindlichen Menschen und Tiere bleiben am Leben. Die Flutdauer muß berechnet werden aus dem vierzigtägigen Regenfall und den dreimal sieben Tagen, die die Wasser zum Fallen und die Erde zum Trocknen gebrauchten 8, 6. 8-12. Das Opfer, das Noah nach dem Verlassen der Arche darbringt, ist ein Rufen nach Gott, der Art nach ein Ganzopfer, das dargebracht wird, wenn es sich um göttlichen Zorn handelt. Über die Antwort Gottes an Noah wird nichts gesagt. 8,21.22 spricht Jahwe zu seinem Herzen. Die Erkenntnis der Bosheit des Menschenherzens von Jugend auf wird ausgesprochen. Jahwe bekennt, daß er nicht noch einmal alles Leben schlagen will, wie er getan hat. Gott bekundet also seine Bereitschaft, den sündigen Menschen in Gnade und Geduld zu tragen und ihm an dem Wechsel der Jahreszeiten und an Saat und Ernte deutlich zu machen, daß er sein verwirktes Leben erhalten will.

Freilich darf nicht übersehen werden, daß sich gerade an diesem Ende der jahwistischen Sintflutgeschichte auffällige Parallelen zum Gilgamesch-Epos finden. Nicht nur in dem Riechen des angenehmen Opferduftes findet sich eine deutliche Parallele, sondern auch in der ausdrücklichen Absage an eine nochmalige kollektive Vernichtung der Menschen. Wenn im Gilgamesch-Epos der Gott Ea zu Enlil nach der Flut sagt: „Den Sünder laß seine Sünde tragen, den Frevler laß seinen Frevel tragen“, dann klingen diese Formulierungen an die individuelle Vergeltungslehre des Hesekiel an, und mit 1Mose 8,21 ist die Strafgerichtsbarkeit Gottes nicht aufgehoben. Man beachte, daß das Erdreich, die ’adāmāh, nicht mehr um des Menschen willen verflucht werden soll „und nicht mehr alles Leben, wie ich getan habe, vernichtet werden soll“. Dem Menschen ist nicht individuelle Straffreiheit zugesichert. Es sind auch nicht die richtenden Taten Gottes an ganzen Völkern, Ländern und Erdteilen ausgeschlossen. Ausgeschlossen ist nur das Totalgericht, das nicht nur den Menschen, sondern Tiere, Pflanze und Erdreich mitbetrifft. Damit in Verbindung wird der Bestand von Saat und Ernte zugesagt. Gnade und Geduld vereinen sich hier.

3) Der priesterlichen Sintflutgeschichte 6,9-22; 7, 6. 11. 13-16a. 17a. 18-21. 24; 8, 1. 2a. 3b. 4.5.7.13a.15-19 eignet ein ganz anderer Charakter. Die Flut ist ein kosmisches Ereignis. Die Wasser unter der Erde ebenso wie die Wasser oberhalb des Himmelsgewölbes brechen hervor und bedrohen die geschaffene Ordnung und scheinen ein neues Chaos heraufführen zu wollen. Dieser Zusammenbruch der göttlichen Schöpfungsordnung geht auf Gott allein zurück 6,13. 17, desgleichen auch die Erwählung Noahs, der genaue Vorschriften für den Bau einer Arche bekommt. Menschen und alle Tierarten sollen in der Arche gesammelt werden. Der Gedanke der Erhaltung wird ausgedrückt in dem paarweisen Vorhandensein der Arten. Die Flut wird genau datiert nach den Lebensjahren des Noah. Die Flut währt ein Jahr und elf Tage einschließlich der Wartezeiten, bis die Erde trocken ist 7,11; 8,4f. 13f. Auch das Ende der Flut geht auf den Willen Gottes zurück, der des Noah gedenkt 8,1. Das Ausmaß der kosmischen Katastrophe wird eindrucksvoll gezeigt an dem Verschwinden der Berge und ihrer Spitzen, obwohl die Berge im AT als die Sinnbilder des Unwandelbaren gelten Ps 36,7; Jes 54,10. In der priesterschriftlichen Erzählung ist die Parallelität zum Bericht des Gilgamesch-Epos teilweise eingehender, so bes. in der Genauigkeit der Archebeschreibung, in der Abdichtungstechnik und in der Angabe des Landeortes, des nördlichen Grenzgebirges Mesopotamiens. Das Verlassen der Arche erfolgt auf den Befehl Gottes. Nicht nur die Menschen, sondern auch die Tiere sollen die Arche verlassen. Dabei wird die Aufgabe umrissen, die die Tiere auf der Erde haben sollen. Unter Anlehnung an das Segenswort von 1Mose 1,22 wird von ihrer Fruchtbarkeit gesprochen. Die besonderen Ordnungen, die von Gott den Menschen in der Weltzeit nach der Flut erteilt werden, werden in 1Mose 9 mitgeteilt.

Die Sintflutgeschichte bezeugt heute den Ernst des Zornes Gottes gegenüber der Sünde und den Ernst des vollzogenen Gerichts. Das totale Gericht über die Sünde und zugleich die Offenbarung der Gnade, die da erträgt und erhält, ist am Kreuz von Golgatha vollzogen worden. Von der Sintflutgeschichte aus wird jenes Kreuz von Golgatha sichtbar im Ernst des Gerichts und in der Wirklichkeit der Gnade, die im AT den Noah errettet und im NT allen Menschen gilt.

Lit.: W. Zimmerli, 1. Mose 1-11: Die Urgeschichte Teil 1 und 2 (Die Prophezei. Schweizerisches Bibelwerk für die Gemeinde), 1943; G. v. Rad, Das erste Buch Mose Kap. 1-12,9 übersetzt und erklärt (ATD 2), ²1950; K. Rabast, Die Genesis I, 1951.

Ba

Sirach. *1)* Das von Jesus, S.s Sohn von Jerusalem, verfaßte Spruchbuch ist eine Übersetzung eines ursprünglich hebr. Textes, den der Großvater einst entworfen hat, den der Enkel dann für die griech. sprechenden Juden Ägyptens übersetzt und mit einem Vorwort, einem Schlußwort 50,29-31 und einem Nachtrag 51,1-30 versehen hat. Im 38. Jahr des Königs Ptolemäus Euergetes II. (= 132 vChr) ist der Enkel nach Ägypten gekommen und hat die Übersetzung nach 117 vChr angefertigt, wobei er ausdrücklich auf die Schwierigkeiten einer derartigen Übertragung in eine andere Sprache hinweist. Der Großvater hat wohl in Palästina (Jerusalem) gelebt und hat in dem Lobpreis des Hohenpriesters Simon (K. 50) den um 190 vChr im Amt befindlichen Simon II., den Vater Onias' III., im Auge gehabt (Jos. ant. 12,223-225). Dementsprechend wird der makkabäische Freiheitskampf im Buch noch nicht erwähnt; auch fehlen die charakteristischen Züge der späteren pharisäischen Frömmigkeit. Um so wichtiger ist die Schilderung der Zustände und Frömmigkeit, die dem Glaubenskampf vorhergehen.

2) Das S.buch gehört in den Umkreis der für die Spätzeit so charakteristischen → Weisheitsliteratur: es enthält in Sprüchen und Spruchgruppen Mahnungen, Verheißungen, Erfahrungen, Lebensregeln. Daneben finden sich Dichtungen anderer Art: Hymnen auf Gott und die Herrlichkeit seiner Werke, Gebete und Danklieder, vor allem aber der „Preis der Väter“ 44,1-49,15; 50,1-23. Für die Entwicklung des

Spätjudentums ist die Darstellung des Schriftgelehrten und Weisen in 38,25-39,15 bes. bezeichnend: sein Unterschied von allen weltlichen Berufen, die sich auf die Hände verlassen, seine Ehre und Würde bei der Beratung des Volks, in der Gemeindeversammlung und auf dem Richterstuhl werden mit Nachdruck hervorgehoben. Das Ideal des Weisen verbindet sich zunächst mit dem Verständnis der „Bildung“ und scheint hellenistischen Einfluß zu verraten. Der Weise hat seine Bildung auf Reisen erworben und hat im Kreis der Großen verkehrt 39,4. Man erinnert sich des reisenden Philosophen der hellenistischen Kulturwelt, dessen Rat an Königshöfen und in der Stadtgemeinde sehr angesehen war. Allerdings ist wichtiger, daß nur der Gesetzeskundige der wahre Weise ist und ausschließlich das Gesetz der Weg zur Weisheit ist. Damit ist die eigentliche Tendenz des Buches getroffen. Mit der Weisheit ist die Gottesfurcht verbunden, die das Herz erfreut und langes Leben schenkt. Die Frömmigkeit wird lehrbar, und die Weisheit muß im Gehorsam ausgeübt werden. Typisch für diese Frühzeit des hellenistischen Zeitalters ist die lebendige Kultfrömmigkeit. Das Gebot und die Weisheit stehen also in keiner wahrnehmbaren Spannung zu dieser „Herrlichkeit“ des Kultus, die unmittelbar auf Gott selbst bezogen ist. Wie man Gott selbst fürchtet, so muß man den Priester ehren und die schuldigen Abgaben an ihn entrichten 7,31-35. Neben Mose sind Aaron und Pinehas priesterliche Vorbilder der Urzeit, die auf ewig erhöht wurden 45,7 ff. 28 ff. Vor allem aber die Schilderung des Auftretens des Hohenpriesters Simon am großen Versöhnungstag 50,1-23 zeugt von der Bewunderung und Verehrung des Tempeldienstes. Letztlich ist auch im Kultus die ewige Weisheit Gottes erkennbar, und die Gemeinde erkennt dankbar an, was sich an ewiger Ordnung hier niederschlägt. Äußerlich mögen manche Einzelsprüche des Buches flach oder fragwürdig erscheinen; aber das Ganze verrät doch eine dem Leben und der Offenbarung Gottes aufgeschlossene Frömmigkeit. Diese angebotene Weisheit hat durchaus ein eigenes Sendungsbewußtsein, das den Unverständigen Belehrung und Befriedigung zu geben versucht; eine missionarische Tendenz ist unverkennbar.

3) Das S.buch war in der palästinischen Synagoge hoch angesehen, obwohl es nicht in den Kanon aufgenommen wurde. Der griech. Text hat viele Tochterübersetzungen beeinflußt; daneben ist eine syr. Übersetzung aus dem hebr. Text zu beachten. Vor allem aber stehen Einzelfragmente von fünf hebr. Handschriften aus dem 9., 10. oder 11. Jh. zur Verfügung, die seit 1896 in der Geniza der Esra-Synagoge in Kairo aufgefunden wurden. Der Wert dieser Geniza-Fragmente ist wissenschaftlich umstritten; man rechnet damit, daß sie lediglich eine Rückübersetzung aus der syr. Version darstellen. Inzwischen hat man aber in Qumran (Höhle 2) zwei Stücke des hebr. S.textes gefunden, von denen das eine Sir 6,20-31 umfaßt. So bedarf das Problem des hebr. S.textes weiterer Klärung. *Mi*

Sirjon → Hermon.

Sisera, nach Ri 4 Oberbefehlshaber des Heeres des Kanaanäerkönigs Jabin von Hazor, nach Ri 5 selbst König und Haupt der kanaanäischen Koalition, die gegen die dort erwähnten isr. Stämme kämpfte, von Debora und Barak in der Jesreel-Ebene geschlagen und auf der Flucht von der Keniterin Jael umgebracht Ri 4,17-22; 1Sam 12,9; Ps 83,10. *Schw*

Sitte. *1)* Die durch das Gesetz bestimmte Lebensordnung, oft neben „Geboten und Rechten“ 5Mose 4,8; 1Kö 2,3; Neh 9,13, fast gleichbedeutend mit Gesetz Apg 6,14; 28,17. — *2)* Volksbrauch 1Mose 29,26; 1Sam 30,25. — *3)* Heidnischer Brauch 3Mose 18,30; 2Makk 4,10. — 4) Wandel und Lebenshaltung eines Menschen 1Kö 3,3; 1Kor 15,33. *Schl*

Sittim → Abel-Sittim.
Sitz → Stuhl.
Siv, Sivan → Monate.

Skevas, der vornehmste der zur jüd. Gemeinde von Ephesus gehörenden Priester, vielleicht aus hohepriesterlicher Familie Apg 19,14, Vater von sieben Söhnen, die den Versuch wagten, den Namen Jesu als Zaubermittel zu mißbrauchen, und damit zuschanden wurden. *Schl*

Sklave, Sklaverei → Gesinde.

Skorpion. Das den Spinnen verwandte Insekt mit langem, stachelbewehrtem Schwanz, ist in Palästina häufig und gab der Steige → Akrabbim den Namen „Skorpionenpaß“. Der S., der sich unter Steinen 5Mose 8,15, auch in Häusern verbirgt, wird gefürchtet Hes 2,6; Sir 26,10; 39, 36; Lk 10,19; 11,12, wegen des Stichs mit dem Schwanz Offb 9,3.5.10, der schmerzhaft, doch selten gefährlich ist. Darum heißt 1Kö 12,11 eine mit Stacheln, mit Widerhaken versehene Geißel S. *Schl*

Skorpionensteig. Name eines Passes an der Südgrenze Judas gegen Edom 4Mose 34,4; Jos 15,3; Ri 1,36, heute wohl naqb eṣ-ṣafā. — Das in 1Makk 5,3 erwähnte Akrabattine hat mit dem S. wahrscheinlich nicht mehr als den Namen gemeinsam; es handelt sich um den Bezirk von Akraba (heute ʿaqrabe) 12 km südlich von Sichem. *Rü*

Skythen, ein Reitervolk indogermanischer Herkunft, das sich bes. in Südrußland niederließ; es gehört zu der großen Völkerschaft der Saken, deren westlichen Flügel die S. und deren östlichen Flügel die Massageten und Sarmaten bildeten. Von Vorderasien zunächst durch das

Reich von Urartu ferngehalten, tauchten die S., nachdem die Assyrer 714 vChr Urartu geschlagen hatten, an den Rändern des Zweistromlands auf, berannten und beherrschten Medien eine Zeitlang und verbündeten sich schließlich mit dem um seine Existenz ringenden Assyrien. Der Mederkönig Kyaxares konnte die S. i.J. 616 schlagen und daraufhin gemeinsam mit den Neubabyloniern dem assyrischen Reich den Todesstoß versetzen. Nach Herodot I. 103-106 sollen die S. zw. 630-620 bis zur ägyptischen Grenze vorgedrungen sein. Viele Forscher lehnen diese Nachricht als unrichtig ab, so daß man nicht mehr von sog. S.liedern in Jer 6-9 sprechen kann. Darius von Persien hat vergeblich versucht, die S. in Südrußland zu unterwerfen. In der Bibel werden die S. „Aschkenas" genannt 1Mose 10,3; Jer 51,27; 1Chr 1,6. Im NT Kol 3,11. *Peu*

Skythopolis → Beth-Schean.
Smaragd → Edelsteine.

Smyrna, Stadt an der Westküste Kleinasiens (heute Izmir), im NT erwähnt Off 1,11; 2,8. Nachdem die Stadt im 6.Jh. vChr zerstört worden war, wurde sie am Anfang des 3.Jh. vChr neu gegründet und blühte zu einer der wichtigsten Städte Kleinasiens auf; diese Stellung behielt sie bis heute. S. lag im Altertum am Ende einer großen Handelsstraße, die aus dem Osten (Phrygien und Lydien) durch das Hermustal führte. Schon 195 vChr baute S. der Göttin Roma einen Tempel. S. war Sitz eines Gerichtshofs und führte den Titel „Metropole". Mit →Ephesus und → Pergamon wetteiferte sie um den Titel „erste Stadt der Asia". 26 nChr errichtete S. einen Tempel des Kaisers Tiberius, der Livia (Frau des Augustus) und des römischen Senats und erhielt den Titel „kaiserliche Tempelhüterin". Die Judenschaft von S. war stark und noch im 2. Jh. nChr den Christen feindlich gesinnt. Die Anfänge der christl. Gemeinde von S. liegen im Dunkeln. Nach der Vita Polycarpi 9 hätte Paulus die Stadt auf seiner Reise nach Ephesus besucht. *Bie*

So, nach 2Kö 17,4 König von Ägypten, den Hosea von Israel um Hilfe gegen die Assyrer anging. Nach assyrischen Zeugnissen kann es sich nur um Sib'u, den Oberfeldherrn von Ägypten, handeln, der i. J. 720 erfolglos bei Raphia gegen die Assyrer kämpfte. *Peu*

Socho. *1)* Ort in der → Schephela Judas in der Nähe von →Aseka Jos 15,35; 1Sam 17,1, von Rehabeam befestigt 2Chr 11,7, unter Ahas von den Philistern erobert 2Chr 28,18; heute chirbet ʻabbād bei schuwēke am wādi es-sanṭ. — *2)* Ort auf dem Gebirge Juda Jos 15,48; heute chirbet schuwēke östlich von ez-zaherīje. — *3)* Ort im 3. Gau Salomos 1Kö 4,10; heute esch-schuwēke etwa 25 km nordwestlich von nāblus. — Bei dem 1Chr 4,18 genannten S. ist ungewiß, ob 1) oder 2) gemeint ist. *Rü*

Sodom und Gomorra. Wenn im AT und NT von zerstörten Städten gesprochen wird, ist dabei in erster Linie an S. u. G. 1Mose 13,10; 14,10f; 18,20; 19,24.28; 5Mose 32,32; Jes 1,9f; 13,19; Jer 23,14; 49,18; 50,40; Am 4,11; Zeph 2,9; Mt 10,15; Röm 9,29; 2Petr 2,6, daneben auch an Adma und → Zeboïm 1) 1Mose 10,19; 5Mose 29,22; Hos 11,8 gedacht. Entsprechend 1Mose 14,2.8 rechnet Weish 10,6 auch Bela, d.i. → Zoar mit hinzu und redet daher von einer Pentapolis (Luther: fünf Städte) als einer größeren Einheit. Diese Einheit zeigt sich darin, daß S. u. G., Adma, Zeboïm und Zoar offenbar am Südende (anders 1Mose 13,10) des → Toten Meers lagen, daß sie gemeinsam gegen die Koalition der vier Könige des Ostens kämpften 1Mose 14 und — mit Ausnahme von Zoar — bei der 1Mose 19 geschilderten Katastrophe zugrunde gingen. Welcher Art diese Katastrophe war, ist heftig umstritten. Daß es sich um die Eruption eines Vulkans gehandelt hat, ist wenig wahrscheinlich. Eher ist damit zu rechnen, daß ein Absinken der Erdkruste südlich der Halbinsel el-lisān im Toten Meer den Untergang von S. u. G. zur Folge hatte. Allerdings ist festzustellen, daß bisher unterhalb des Seespiegels keine archäologischen Funde gemacht worden sind. — Der Name S. hat sich am dschebel usdum südwestlich des Toten Meers erhalten. *Rü*

Söller → Haus, → Dach.

Sohn, Söhne. *1)* Der S., der das Geschlecht fortsetzt, war hochgeschätzt; die Freude über seine Geburt war groß 1Mose 4,1; Jer 20,15; S.e galten als Geschenk Gottes 1Mose 17,16; 30,22-24; Ri 13,2ff; Ps 127,3ff. Auch ein S. der Sklavin der Frau setzte das Geschlecht fort 1Mose 16,1f; 30,3.6. Darum auch der Brauch der → Schwagerehe. S. bezeichnet auch die Abstammung in weiterer Folge: Jesus ist S. Davids, des S.s Abrahams Mt 1,1; die Juden sind Abrahams Kinder Jo 8,37.39; Hebr 2,16. Oft bezeichnet S.e allg. die Zugehörigkeit zu einem Volk: S.e Israels, S.e Moabs, S.e Zions Ps 149,2, Babels Hes 23,15, oder zu einer Gruppe: S.e der Propheten 1Kö 20,35; Am 7,14, S.e des Brautgemachs, Hochzeitsgäste Mt 9,15; auch übertragen: S.e der Bosheit Ri 20,13; 2Sam 7,10, des Ungehorsams Eph 2,2; ähnlich S. des Todes 1Sam 20,31; 26,16, der Hölle Mt 23,15, des Friedens Lk 10,6. Die Weisen nannten ihre Schüler „mein Sohn" Spr 2,1 u.ö.; ähnlich sahen Paulus in Timotheus, dem er zum Glauben und damit zum Leben half 1Tim 1,2, und Petrus in Markus 1Petr 5,13 S.e. → Sohn Gottes.

2) Der S. hat in der Familie die Pflicht, die Eltern zu ehren 2Mose 20,12; 5Mose 27,16 und zu gehorchen Spr 30,17. Wichtig ist auch, daß die S.e untereinander Frieden halten Ps 133,1; Spr 18,19. Ein Vorrecht stand dem ältesten S. zu, → Erstgeburt. Der heidnische Brauch, den erstgeborenen S. zu opfern, war verboten 5Mose 18,10, kam aber immer wieder vor 2Kö 3,27; 16,3; 23,10; Mich 6,7, → Opfer. *Schl*

Sohn Abrahams → Abraham.

Sohn Gottes. Im AT wird Israel, dem die Liebe Gottes galt, S.G. genannt 2Mose 4,22; Jer 31,9; Hos 11,1; Weish 18,3 und die Israeliten Söhne Gottes 5Mose 14,1; Jes 1,2; Hos 2,1; Weish 9,7. In besonderer Weise galt der König als S.G. 2Sam 7,14; 1Chr 22,10; Ps 2,7; 89,27 f, nicht wie in Ägypten im Sinn einer Zeugung, sondern durch Gottes Handeln im Sinn etwa einer Adoption; Ps 45,7 wird der König geradezu als Gott angeredet. Für den späteren Glauben, daß der einzelne Fromme sich als S.G. wissen darf, findet sich im AT kein deutlicher Beleg (vgl. Mal 2,10). Doch tut sich in den Eigennamen, die Gott oder einen heidnischen Gott als den Vater nennen (Abia, Abiel, Abibaal, Ben-Hadad, Bar-Rekub) ein Vertrauen auf den väterlichen Schutz der Gottheit kund. Im Streit mit Jesus nennen die Juden Jo 8,41 Gott ihren Vater. In unvergleichlicher Weise hat Jesus Gott als seinen Vater gekannt und sich als S.G. gewußt, → Sp. 659 f. Durch ihn wird es auch uns möglich, Gottes Kinder zu werden Gal 3,26; Röm 8,15 ff; Jo 1,12 f; 11,52; → Kindschaft. *Schl*

Solam → Heuschrecke.

Sold als Löhnung für geleistete Dienste, bes. von Soldaten, → Krieg. Paulus nennt die Gaben zum Unterhalt, die er von verschiedenen Gemeinden annahm 2Kor 11,8 S., wohl weil er darauf einen Anspruch erheben konnte. Röm 6,23 nennt den Tod den S., mit dem die Sünde ihre Diener belohnt. *v. d. W.*

Sommer → Jahreszeiten.
Sommerfrucht → Ackerbau.
Sommerlaube → Laube.
Sommerregen → Regen.

Sonne. Die S. (hebr. schämäsch) ist im AT das den Tag regierende Gestirn 1Mose 1,16. Sie geht am Morgen im Osten auf Ri 11,18, umkreist in strahlendem Glanz die Erde von einem Himmelsende zum andern Ps 19,5 ff und geht am Abend im Westen unter 5Mose 11,30. Ihr Stechen Ps 121,6 u. ö. fürchtete jeder; aber auch ihr Einfluß auf das Wachstum war bekannt 5Mose 33,14. S. konnte sogar bildhaft für Gott gebraucht werden Ps 84,12 u. ö. Als Zeichen besonderen göttlichen Eingreifens galten Stehenbleiben Jos 10,12 f und Zurücklaufen der S. Jes 38,8, ebenso Sonnenfinsternis als Zeichen göttlichen Gerichts Jes 13,10 u. ö. und Vorzeichen der messianischen Zeit (so in spätjüd. Schriften) oder der Endzeit Mt 24,29, vgl. Offb 6,12; 8,12, während ein helleres Scheinen der S. Zeichen der Heilszeit war Jes 30,26. Kultische Verehrung genoß die S. in Israel nicht, im Gegensatz zu fast allen anderen altorientalischen Völkern, in denen die S. vielfach die oberste Gottheit repräsentierte, so in → Ägypten (Sp. 26 f) Re und Aton, in Babylonien und Assyrien Schamasch (vgl. → Hammurabi vor dem S.ngott). Schamasch wurde mit großartigen Hymnen geehrt: „... der Hirt der unteren Welt, der Hüter der Oberwelt, der das Licht der ganzen Welt wahrt, Schamasch, bist du! ... es gibt keinen unter den Göttern der ganzen Welt, der so überragend wäre wie du ... es jauchzen dir zu die Lebenden allesamt; Schamasch, nach deinem Licht sehnt sich das Universum ...“ Eine Reihe der Aussagen über die außerisr. S.ngötter sind auf Jahwe übertragen worden, aber in Israel war die S. lediglich „Lampe“, Zwischenträger eines Lichtes, das auch ohne sie und vor ihr da war (v. Rad zu 1Mose 1,16; → Sp. 98 f). *Bo*

Sonnensäule → Rauchopfersäule.

Sonnenuhr. Die S. ist seit alters als Zeitmesser bekannt. Nach Herodot haben die Griechen sie von den Babyloniern übernommen. Eine ägyptische Reise-S. (6 cm breit) ist bei den Ausgrabungen in → Geser gefunden worden; sie zeigt auf der Rückseite eine Anbetungsszene vor dem Sonnengott und trägt den Königsnamen Mernephta (1225-1215 vChr; AOB, Abb. 110). Für Jerusalem ist eine S. — wohl von → Ahas angelegt — Jes 38,8 erwähnt, vgl. 2Kö 20,9 ff. Der Schatten eines aufrechtstehenden Stiftes wurde auf eine senkrechte, waagrechte, schräge oder gestufte Fläche geworfen, auf der mit Hilfe einer Skala und der Länge des Schattens die Zeit gemessen wurde. *Bo*

Sonntag. Der „erste Tag der Woche“, als „Kyriostag“ Gedenktag der Auferstehung Jesu, tritt in der Christenheit früh als Tag des Gottesdienstes und des Gedenkens der Christen aneinander hervor Apg 20,7; 1Kor 16,2; Offb 1,10. Paulus sieht in ihm noch keine bindende Ordnung Röm 14,5; Kol 2,16 f. Weil aber der Auferstehungstag Jesu der Beginn der neuen Welt ist, verdrängt er den Sabbat in der Kirche zuletzt gänzlich. Kaiser Konstantin hat dem S. nur noch den staatlichen Schutz gegeben. Die von den „Adventisten vom Siebenten Tage“ vertretene Meinung, die Christenheit müsse den Sabbat halten, führt ins AT zurück. *Ap*

Sopater, ein Christ aus Beröa, der Paulus auf seiner letzten Reise nach Jerusalem begleitete Apg 20,4. *Kü*

Sorek, alter Name des wādi eṣ-ṣarār oder eines seiner Seitenarme, in der Simson-Delila-Geschichte Ri 16,4 erwähnt. *Rü*

Sorge, sorgen. *1)* Für sich oder andere s., sich kümmern, nach etwas trachten liegt in der menschlichen Veranlagung (im Unterschied von Tieren und Pflanzen Mt 6,26.28). Nun fragt sich, wonach wir trachten. Durch die Berufung in Gottes Reich bekommt das Trachten einen neuen Inhalt: Der heidnische Mensch trachtet nach dem, was die Natur bietet und ihm dient, der von Jesus Berufene nach Gottes Reich Mt 6,31 ff; 1Kor 7,32 ff.

2) Wenn der Mensch nur die natürlichen Anliegen kennt, gewinnt die S. Macht über ihn: Sie beschwert ihn Lk 21,34, nimmt ihn über Gebühr in Anspruch Ps 127,2; Lk 10,41, erstickt die Wirkung des Wortes Gottes Mt 13,22, verzehrt Spr 12,25, raubt ihm den Schlaf und verfolgt ihn in die Träume Sir 31,1 f; Pred 5,2, macht ihn vor der Zeit alt Sir 30,26, begleitet ihn vom Anfang bis zum Ende des Lebens Weish 7,4; Sir 40,1 f.

3) So bekommt die S. den Zug des Kummers und steht in Verbindung mit Furcht Jes 57,11 (vgl. sich s. Jer 38,19; Sir 9,18), Angst Ps 13,3, Zittern Hes 12,18 f, Trauer Hos 10,5. Ursache solch kummervollen S.s kann sein: gegenwärtige Bedrängnis 1Sam 9,5, schlimme Zukunftsahnungen Jos 22,24; Hiob 3,25, der Blick auf begangene Sünde Ps 38,19, Armut und Mangel Jer 42,16; die S. wird selbst Leid und Not Sir 41,4. Der tiefste Grund für den S.ngeist ist Kleinglaube Mt 6,25 ff.

4) Wo der glaubensvolle Blick auf Gott da ist, verschwindet zwar das S.n nicht, aber es verliert seine bekümmernde und bedrückende Macht 1Kö 17,4; Ps 40,18; Lk 12,22 ff; 1Kor 9,9. So entsteht die echte Sorglosigkeit und Befreiung vom begehrlichen und ängstlichen S.n Mt 10,19; 1Kor 7,21.32; Phil 4,6; Weish 5,16; 6,8. Diese Sorglosigkeit, die ihre Anliegen betend auf Gott wirft Ps 55,23; 1Petr 5,7, macht nicht Gott zum Erfüller der eigenen Wünsche und will sich nicht durch ihn sichern, sondern stellt alles Gott anheim, beugt sich unter seine Leitung und ordnet die tägliche S. um die Lebensmittel in das Trachten nach dem Reich Gottes ein, wozu Gottes Zusage, daß er weiß, was wir bedürfen, uns frei macht 1Petr 5,6; Mt 6,32 ff.

5) Weil diese Sorglosigkeit im Glauben begründet ist, hat sie nichts mit Leichtsinn zu tun, sondern verpflichtet zu gläubigem und gehorsamem, treuem S.n im Sinn der Fürsorge in Beruf, Familie, Gemeinde, Volk 1Mose 45,11; Rt 4,15; 2Sam 19,33 f; 1Kö 4,7; 5,7; Neh 9,21; Hiob 5,24; Sach 11,16; Phil 2,20; 1Tim 3,5; 5,8.16. Solche Fürsorge nimmt auch um der andern willen eine Last auf sich 2Kor 11,28; Phil 4,10 und gilt letzten Endes der Rettung der Seelen der Menschen (das Wort Seelsorge kommt im NT nicht vor) im Sinn von Hebr 13,17. *Pfi*

Sosipater, ein Stammesgenosse des Paulus, der Röm 16,21 die Gemeinde grüßt. *Kü*

Sosthenes war Vorsteher der jüd. Synagoge in Korinth. Als der Landpfleger Gallio die Klage der Juden gegen Paulus abwies, ließ der heidnische Pöbel vor dem Richtstuhl des Landpflegers seine Wut an S. aus, ohne daß Gallio sich darum kümmerte Apg 18,17. Als Mitabsender nennt 1Kor 1,1 „Bruder" S., wohl die gleiche Persönlichkeit, inzwischen Christ und Mitarbeiter des Paulus geworden. *Kü*

Spätfeige → Feige.
Spätregen → Regen.

Spange. Eine goldene S. am Gewand zu tragen, war eine Auszeichnung 1Makk 10,89; 11,58; 14,44. Mannigfach gehörten S.n zum → Geschmeide: für die Ohren 1Mose 35,4, die Nase 1Mose 24,47, die Wange HL 1,10 f, die Arme 1Mose 24,47; 4Mose 31,50; Jes 3,18, die Füße Jes 3,18. *Schl*

Spanien, 1Makk 8,3 wegen der von den Römern eroberten Gold- und Silber-Bergwerke erwähnt, für Paulus das Ziel seiner westwärts strebenden Missionspläne Röm 15,24.28. Ob Paulus seinen Plan verwirklichen konnte, wofür eine Aussage im 1. Clemensbrief (96 nChr) spricht, ist ungewiß. *Schl*

Spannader → Ader.
Spanne → Maße.

Sparta. Nach 1Makk 12,2.5 ff; 14,16.20 ff; 15,23; 2Makk 5,9 (hier Lazedämon genannt) hätten die Makkabäer Jonathan und Simon mit S., der bekannten Stadt in Griechenland, diplomatische Beziehungen angeknüpft, wie schon zZ des Hohenpriesters Onias um 300 vChr eine Verbindung mit S. bestanden habe. → Makkabäer 2). *Schl*

Speer, Spieß. *1)* Im eigentlichen Sinn → Waffen.
2) Gott selbst wird als Kriegsmann geschildert und aufgefordert, den Spieß zum Schutz gegen die Verfolger der Frommen zu ergreifen Ps 35,3; auch der Blitz bei seiner Theophanie kann als leuchtender Speer dargestellt werden Hab 3,11. Die tief in die Seele dringenden Verleumdungen machen die Zähne der Feinde Speeren vergleichbar Ps 57,5. Spr 25,18 liest man statt Spieß besser Hammer. *v. d. W.*

Speichel, speien. Vor jemand auszuspucken Hiob 30,10 oder gar ihn anzuspucken 5Mose 25,9; Jes 50,6; Mt 27,30 galt als schwere Kränkung. Ausspeien meint völlige Ablehnung 3Mose 18,28; Offb 3,16. Andererseits galt der S. als Heilmittel; daher auch Mk 7,33; 8,23; Jo 9,6. Zu einzelnen Wendungen: Hiob 7,19 meint den Augenblick, der zum Verschlucken des S.s nötig ist. Daß ein Hund Gefressenes speit und wieder frißt, wird Bild für wiederholte Sünde Spr 26,11; 2Petr 2,22. Speien kann Zeichen der Trunkenheit sein Jer 25,27; 48,26. *Schl*

Speise, speisen. → essen, → Mahl, Mahlzeit, → Speisegebote.

1) Die S., pflanzliche und tierische Nahrung 1Mose 1,29; 9,3, will in fleißiger Arbeit erworben sein 3,19; Spr 6,6 ff; 2Thess 3,10 und ist doch Gottes Geschenk Ps 104,27; 136,25; 145,15 f; Apg 14,17; 2Kor 9,10, der von Gott beschiedene Anteil Spr 30,8 (nicht: mein bescheidenes Teil!). Darum ist dem Glaubenden alles Sorgen um das tägliche Brot verboten Mt 6,25 f. Andere zu s. ist Aufgabe Spr 25,21; Röm 12,20 und wird belohnt Mt 25,35. Beispiele wunderbarer Speisung: 2Mose 16,11 ff; 1Kö 17,6; 2Kö 4,42 ff; Mt 14,15 ff; 15,34 ff. S. will mit Danksagung empfangen sein 1Tim 4,3 ff; Apg 2,47, in Genügsamkeit 1Tim 6,8 und Mäßigkeit Sir 37,32 ff. Esau ist ein Beispiel schuldhafter Gier 1Mose 25,33 f; Hebr 12,16. Gegenüber verkehrten gesetzlichen Speiseordnungen Kol 2,16; 1Tim 4,3 vertritt Paulus die Freiheit, die aus Liebe verzichten kann Röm 14,14 ff; 1Kor 8, 8 ff, → Freiheit, → schwach. Entscheidend sind nicht die Fragen der Nahrung Mt 4,4; Röm 14, 17; Hebr 13,9.

2) In übertragener Rede nannte Jeremia das Wort Gottes seine S. 15,16, war es Jesu S., den Willen Gottes zu tun Jo 4,34, und bot er unvergängliche S. an Jo 6,27.55, → Abendmahl. Die christl. Unterweisung gleicht der Milch für die Anfänger 1Kor 3,2, fester S. für die Geförderten Hebr 5,12.14. Gott kann mit Segen s. und erfreuen Jes 58,14 oder Gerichte erfahren lassen Jer 9,14. Ein Leidender kann Tränen seine S. nennen Ps 42,4. So ist S. für das Feuer, was die Flamme nährt 3Mose 3,16; Jes 9,18. *Schl*

Speisegebote gab es in vielen Völkern. *I. 1)* Die Unterscheidung von → reinen und unreinen, zum Essen freigegebenen und dem Genuß verbotenen Tieren, die schon in der Sintflutgeschichte vorausgesetzt wird 1Mose 7,2, hat ihren Grund nicht in dualistischen Gedanken von guten und bösen Kreaturen 1Mose 1,31; 1Tim 4,4, auch nicht wesentlich in der Fürsorge für die Gesundheit, sondern entscheidend im Blick auf den hl. Gott, den der Mensch dadurch zu ehren hat, daß er alles meidet, was Gott verbietet. Gottes Wille ordnet auch das äußere Leben; vor ihm macht nicht nur unsittliches Handeln schuldig, sondern auch die Verletzung kultischer Ordnung und der Verlust leiblicher Reinheit. — *2)* In den Listen 3Mose 11 u. 5Mose 14 gelten als unrein bei den Vierfüßlern alle Tiere, die nicht gespaltene Klauen haben und nicht widerkäuen, bei den Wassertieren alle, die nicht Flossen und Schuppen haben, bei den Vögeln bes. Raub- und Sumpfvögel, bei den Kriechtieren bes. Schlangen und Würmer sowie alle Insekten außer den Heuschrecken. — *3)* Wohl das älteste der S. ist das Verbot des Genusses von → Blut 1Mose 9,4; 3Mose 19,26, weil das Blut als der Sitz des Lebens oder der Seele 3Mose 17,11.14; 5Mose 12,23.27 Gott gehört und als Sühnemittel dient. Darum durfte auch das Fleisch reiner Tiere, die verendet, zerrissen, erdrosselt waren, weil das Blut noch in ihm ist, nicht gegessen werden 3Mose 11,39 f; 17,15; 5Mose 14,21. — *4)* Verboten war auch der Genuß des → Fetts um die Eingeweide her und des Fettschwanzes der Schafe 3Mose 7,3 f, weil es Opfer für den Herrn sein sollte; das Fett verendeter Tiere durfte verwendet, aber nicht gegessen werden 7,24. — *5)* Besondere S. betrafen das Fleisch eines stößigen Stiers 2Mose 21,28, die Früchte junger Obstbäume 3Mose 19,23-25, das Kochen eines Böckleins 2Mose 23,19 par., den Muskelstrang über der Hüfte der Schlachttiere 1Mose 32,33. — *6)* Unrein war alle Speise, die mit einem toten Körper in Berührung kam 3Mose 11,33 f; Hos 9,4. Ebenso galten Speisen in heidnischem Land als unrein Am 7,17; Hos 9,3, jedenfalls die Speisen der Nichtjuden Dan 1,8.

II. Gesetzlicher Eifer nahm es mit der Beobachtung der S. peinlich genau. In den Makkabäerkämpfen opferten fromme Juden das Leben, um nicht Unreines essen zu müssen 2Makk 6,18 ff; 7. Den Abscheu des Frommen vor Verunreinigung zeigt auch Apg 10,14. Die Pharisäer mühten sich um die Reinheit der Hand und der Schüsseln Mk 7,3 f. Jesus war auch hier von aller Gesetzlichkeit frei und machte von den S.n frei Mk 7,17 ff; vgl. Apg 10,10 ff; 1Tim 4,4 f; Tit 1,15. Doch ist verständlich, daß sich die jüd. Christenheit an die S. gebunden wußte Apg 11,3; Gal 2,12 f, schon um ihre Missionsarbeit unter den Volksgenossen nicht unmöglich zu machen. Die Frage, wie es zu einer Lebens- und Tischgemeinschaft zw. Judenchristen und gesetzesfrei lebenden Heidenchristen kommen könne, war schwer und wurde durch das → Apostelkonzil in einem Kompromiß dahin entschieden, daß die S. die Heidenchristen nicht binden, wohl aber die Rücksicht auf die jüd. Brüder auf den Genuß von Blut und des Fleisches erdrosselter Tiere verzichten läßt Apg 15,20.29; 21,25. Die Briefe des Paulus zeigen deutlich, daß in seinen Gemeinden die S. nicht mehr beachtet wurden, soweit nicht die brüderliche Rücksicht auf ängstliche Gewissen den Verzicht auf die Freiheit nahelegte Gal 2,12; Röm 14,14 ff; 1Kor 8,4 ff; Kol 2,21 f. *Schl*

Speisopfer → Opfer.

Spelt. Anbau des S., des dem Weizen ähnlichen Getreides mit gestutzten Grannen, wird Jes 28, 25 auch für Palästina erwähnt, wie 2Mose 9,32 für Ägypten. Im Brot der Notzeit Hes 4,9 ist auch S. verwendet. *Schl*

Sperber → Habicht.

Sperling. Der S., der in Palästina in mehreren Arten vertreten ist, war und ist noch heute ein geschätzter Leckerbissen Mt 10,29.31. Im AT scheint es einen besonderen Namen für ihn nicht zu geben; vielleicht ist er Ps 84,4; Spr 26,2 gemeint. *Schl*

Spezereien → Begräbnis, → Räucherwerk, → Salbe.

Spiegel, im bibl. Altertum als Handspiegel geformt und aus Bronze gegossen. Wie ein S. aus Metall flimmert das Firmament Hiob 37,18. Unter den vielen Toilettegegenständen der üppigen jerusalemischen Frauen sind auch die S. Jes 3,23 genannt. Weish 7,26 heißt die Weisheit der S. oder Abglanz der göttlichen Kraft. Im göttlichen Wort wird dem Menschen wie in einem S. sein Bild gezeigt, auch was Gott ist und was er fordert; aber er vergißt alles wieder, wenn er zu handeln hat Jak 1,23 f. Im Unterschied von Mose, dem einzigen, mit dem Gott von Angesicht zu Angesicht sprach 4Mose 12,7 f, ist der Gemeinde Jesu noch kein letztes endgültiges Wissen gegeben, keine Wahrnehmung Gottes, die ihn uns unmittelbar sichtbar machte 1Kor 13,12. Durch die Befreiung von der Decke, die für die jüd. Leser des AT auf der Schrift liegt, ist der Gemeinde Jesu gewährt, daß sie die Herrlichkeit Christi spiegelt; er macht aus seiner Gemeinde einen S., in dem er seine Herrlichkeit zeigt 2Kor 3,18. *Fro*

Spiel, spielen, Spielleute. Die deutschen Worte Spiel und spielen werden im Hebräischen mit ṣāchaq, zāmar, nāgan wiedergegeben. Davon hat die erste Wurzel die umfassendste Bedeutung. Sie kann Possen reißen bedeuten Ri 16,27, dann lachen im Sinn des Überlegenseins, aber auch das unbekümmerte Lachen und das Zulächeln. Von spielenden Kindern wird das Wort Sach 8,5 gebraucht. Gott treibt sein Spiel mit dem Leviathan Ps 104,26. Das Wort wird auch vom Tanz der Frauen beim Siegeslied 1Sam 18,7 gebraucht und vom kultischen Tanz Davids bei der Einholung der Bundeslade 2Sam 6,5.21; 1Chr 15, 29; 13,8. Auch von der Aufführung eines Kampfspiels kann es verwendet werden 2Sam 2,14. Spezieller ist die Verwendung der beiden Begriffe zāmar und nāgan, die das Spielen eines Instruments bezeichnen, wobei die Gesangsbegleitung mit eingeschlossen ist. Das ist häufig bei den Psalmen der Fall. Nāgan betrifft die Handhabung des Saiteninstruments, so in der Davidgeschichte 1Sam 16,16.18.23; 18,10; 19,9 u.ö. Auch Saitenspieler werden Ps 68,26 erwähnt. In Sir 9,4 wird eine Saitenspielerin genannt.

Kinderspiele werden im NT erwähnt Mt 11, 16. Bei Ausgrabungen sind Brett- und Würfelspiele aufgetaucht, Klappern und Tonfiguren, die für Kinderspiele bestimmt gewesen sein können. *Ba*

Spieß → Speer.

Spinne. Die in Palästina zahlreichen S.n sind Hiob 8,14 u. Jes 59,5 f genannt, vielleicht auch Hiob 27,18; ihr Netz, das „Haus der S.“, ist das Bild des Nichtigen, leicht Zerstörten. Spr 30,28 ist eine Eidechse gemeint. *Schl*

spinnen. Vom S. der Frauen, d.h. von dem Zusammendrehen eines Fadens aus Pflanzenfasern (Flachs oder Baumwolle) oder Tierhaaren (Ziegen- oder Kamelhaar, vor allem Schafwolle) ist 2Mose 35,25; Tob 2,19 u. Mt 6,28 = Lk 12,27 die Rede. Spr 31,19 ist die als Gerät dabei gebrauchte Spindel genannt. *Schl*

Spott, spotten, Spötter. *1)* Der S., mit dem eine menschliche Schwäche angeprangert wird, hat gewisse Berechtigung, so der S. über den Narren und Faulen Spr 26,3-16, Elias S. 1Kö 18,27, der S. über den König von Babel Jes 14, 4 ff. So wird von Gott selbst gesagt, daß er der rebellischen Menschen spottet Ps 2,4; 59,9; Spr 1,26; 3,34; ähnlich 2Kö 19,21. Aber der S. wird leicht ein liebloses Höhnen Ps 22,8, wie unter dem Kreuz Jesu Mt 27,39 ff. Besonders häßlich ist S. über Leidende Spr 17,5; Sir 7,12, über den Vater Spr 30,17; Sir 3,12, über Alte 2Kö 2,23. Gefährlich ist es, Heiliges im S. abzuweisen Jer 6,10; Apg 2,13; 17,32; Hebr 6,6; 2Petr 3,3. Darum wird oft vor dem S. gewarnt Jes 28,14.22; Jer 15,17; Ps 1,1; Spr 1,22; Weish 1,10; Sir 27,31. — *2)* S. zu erdulden ist schwer und wird gefürchtet Jer 20,7 f; 38,19; Klgl 3, 14; Ps 22,7 f; 79,4; 80,7. Der Sünder macht sich selbst zum S. Sir 18,31; 23,3; Jer 17,11. Christen lernen es, in Jesu Nachfolge Lk 16,14; Mt 27,29 S. zu tragen. *Schl*

Spottlieder → Lieder.

Sprache. *1)* Die Verschiedenheit der S.n, die 1Mose 10,5.20.31 auf die Teilung der Menschheit in verschiedene Stämme zurückgeführt wird, ist 1Mose 11,6 ff als Gericht Gottes verstanden. Immer wieder erscheint die fremde S. als seltsam unverständlich 5Mose 28,49; Jes 33,19; Jer 5, 15; Hes 3,6, als „barbarisch“. Wie die Pfingstpredigt Menschen sehr verschiedener Herkunft in verständlicher Weise ansprechen konnte Apg 2,3 ff (→ Zungenrede), so wird die vollendete Gemeinde alle S.n im Lob Gottes zur Einheit zusammenschließen Offb 7,9 f. — *2)* Die S. des AT ist das → Hebräisch, ein Zweig der nordwestsemitischen S.ngruppe. Sie wird Jes 19,18 „die S. Kanaans“ genannt, 2Kö 18,26.28 „die jüd. S.“. Gewiß gab es manche dialektischen Eigentümlichkeiten; erwähnt wird nur die verschiedene Aussprache des Worts → Schibboleth Ri 12,6; ob Petrus bei der Verleugnung an seinem Dialekt als Galiläer zu erkennen war Mt 26,73 par., ist nicht gewiß. An die Stelle des Hebräischen trat das → Aramäisch — so schon 2Kö 18,26 (Luther: syrisch); in der persischen Zeit war es die offizielle Reichssprache für ganz Vorderasien. Daher sind auch Teile des AT in aramäischer S. geschrieben (→ Sp. 80). Aramäisch war die Muttersprache Jesu und seiner Jünger; daher die Worte Raka Mt 5,22, Mamon 6,24, Satan 16,23, Pascha 26,17, Golgatha 27,33, eli eli lema sabachthani 27,46 (ähnlich Mk 15, 34), talitha kum Mk 5,41, ephphatha 7,34, abba 14,36, Messias Jo 1,42, Bethesda 5,2, Gabbatha 19,13, Hakeldama Apg 1,19, → marana tha 1Kor 16,22, Harmagedon Offb 16,16.

Dieses Aramäisch (früher oft nach Dan 2,4 fälschlich Chaldäisch genannt) heißt im NT auch Hebräisch Jo 5,2; 19,13.17.20; Apg 21,40; Offb 16,16. Das Judentum der hellenistischen Diaspora übernahm die griech. S. in der Form der → Koine. In Ägypten entstand die → Septuaginta, die Übertragung des AT ins Griechische (→ Sp. 158). Auch in Palästina, das stark in den Bereich → hellenistischer Kultur hineingezogen war, wurde nicht wenig Griechisch gesprochen; nach Jerusalem kamen viele Festpilger, die griech. sprachen; dort gab es mehrere Synagogen von → „Hellenisten" mit griech. S., vgl. Apg 6,1-9. Dann wurde die griech. S. das Werkzeug für die Mission des Paulus und wurde in ihr das NT geschrieben, wenn auch zT in stark semitisch gefärbtem Griechisch, das erkennen läßt, daß das Evangelium zunächst semitisch geprägt war und das NT von Semiten geschrieben ist. Das beste Griechisch des NT gibt der Hebräerbrief; am stärksten semitisch geprägt ist die Offb Jo. *Schl*

sprengen → Besprengung, → Opfer.

Sprengwasser. Mit S., einer Lauge aus der Asche einer roten Kuh, die ganz, unter Beifügung von Zedernholz, Isop und scharlachroter Wolle, verbrannt worden war, mußte nach 4Mose 19 ein durch Berührung mit Toten kultisch disqualifizierter Israelit am dritten und siebten Tag nach seiner Verunreinigung besprengt werden, wenn er Entsündigung und damit seine Kultfähigkeit wiedererlangen wollte, andernfalls er aus der isr. Kultgemeinde ausgestoßen wurde 19,13. Nach späterer Tradition mußten Schlachtung der Kuh und Besprengung durch den amtierenden Hohenpriester vollzogen werden. Hebr 9,13 f wird dieser ATliche Brauch zum Hinweis auf den Opfertod Christi, der als der ewige Hohepriester durch Besprengung mit seinem Blut vollgültig von aller Unreinheit befreit. *Ste*

Spreu. Die S., die vom Getreide geschieden und vom Wind zerstreut wird, ein Bild der Vergänglichkeit Zeph 2,2, wird zum Bild für die Gottlosen Ps 1,4; Hiob 21,18; Jes 29,5; Hos 13,3; Mt 3,12. *Schl*

Sprichwort, Spruch. Das S. als Vorform des Weisheitsspruchs stellt Erkenntnisse und Erfahrungen fest und überläßt es dem Menschen, daraus die Folgerungen für sein Verhalten zu ziehen 1Sam 24,14; Spr 16,18; 18,12; Jo 4,37. Zum S. machen Jer 24,9; Hiob 17,6 oder werden 5Mose 28,37; Ps 69,12 f heißt in eine Lage bringen oder geraten, in der man zum Gegenstand eines Spottworts, zum Gespött wird. Der S. ist eine entwickeltere Redeform und findet sich vornehmlich 1) als Rechtsspruch, → Dekalog, 2) als Kultspruch Gottes 1Sam 23,11 f, des Priesters 4Mose 6,24-26 und des Laien als Segens- und Fluchwort, 3) als Prophetenspruch bes. mit der Einleitung „so spricht Jahwe" und dem Schluß „... ist der S. Jahwes" und 4) als Weisheitsspruch, Buch der → Sprüche und → Weisheitsdichtung. In Jo 10,6; 16,25 bezeichnet S. das Gleichnis, in Apg 16,4 den Beschluß. *Fo*

Sprüche, Buch der. Das Buch wird von der Überlieferung dem König Salomo zugeschrieben, an dessen Hof die → Weisheitsdichtung gepflegt wurde 1Kö 5,9 ff. Doch bildet es keine Einheit, sondern besteht aus acht Sammlungen, die fast alle eigene, zT gleichlautende Überschriften tragen und aus verschiedener Zeit und Umgebung stammen: *1)* K. 1-9 *„Sprüche Salomos"* sind die jüngste Sammlung und nicht vor dem 4. Jh. vChr entstanden. Sie enthalten vornehmlich längere Gedichte, in denen ältere S. neu verwendet worden sind. Hauptthemen sind die Empfehlung von Weisheit und Gottesfurcht und die Warnung vor der fremden Frau. Beide ergehen vor allem von seiten der bildhaft personifizierten Weisheit. — *2)* K. 10,1 bis 22,16 *„Sprüche Salomos"* bestehen aus 375 Einzelsprüchen, die gelegentlich sachlich geordnet, meist aber ohne Zusammenhang aneinandergereiht sind. Wie die Erwähnung des Königs in 16,12-15 zeigt, stammen manche aus früher Zeit. Sie behandeln als praktische Lebensweisheit das Verhalten und Ergehen der Weisen und Frommen, der Toren und Gottlosen. — *3)* K. 22,17 bis 24,22 *„Worte von Weisen"* enthalten Einzelsprüche, kürzere und längere Gedichte, die in vorexilischer Zeit zusammengestellt worden sind. Die kürzeren Gedichte bieten oft an erster Stelle eine Mahnung oder Warnung, nach der die Folgen der guten oder bösen Handlung geschildert werden 22,22 f. 24 f; 23,10 f. 19-21. K. 22,17-23,12 sind teilweise wörtlich aus dem ägyptischen Weisheitsbuch des Amenemope (um 1000 vChr) und 23,13 f aus der Lehre des → Achikar übernommen. — *4)* K. 24,23-34 *„Auch dies sind Worte von Weisen"* enthält fünf S. gegen Parteilichkeit und Faulheit. — *5)* K. 25 bis 29 *„Auch dies sind Sprüche Salomos, die die Männer des Königs Hiskia von Juda gesammelt haben"*, umfassen 128 meist einversige S., überwiegend Aussagen, selten Mahnungen. Die Überschrift gibt die Entstehungszeit der Sammlung richtig an. — *6)* K. 30 *„Worte Agurs, des Massaïten"* (verbesserter Text; gemeint ist der arabische Stamm Massa 1Mose 25,14). Davon sind V. 1-6 offenbar von Hiob 40-42 abhängig, während die Zahlensprüche V. 11-31 einen älteren Eindruck machen. — *7)* K. 31,1-9 *„Worte Lemuels, des Königs von Massa, die ihn seine Mutter lehrte"*, warnen vor dem Umgang mit fremden Frauen und vor Weingenuß und ermahnen zur Hilfe für die Bedürftigen. — *8)* K. 31,10-31 enthält als Gegenstück zur vorhergehenden Warnung in einem → alphabetischen Lied das „Lob der tüchtigen Hausfrau", in dem das Idealbild der Frau gezeichnet wird.

Die Lehren des Buches der S. umspannen den

ganzen Bereich des Lebens mit seinen wechselnden Lagen und betreffen alle Schichten des Volkes. Sie sind praktisch, nüchtern und verstandesmäßig. Doch die praktische Lebensklugheit und der gesunde Menschenverstand beziehen nicht nur das dem göttlichen Willen entsprechende sittliche Verhalten, sondern auch die Frömmigkeit ein, so daß die „Gottesfurcht" den Ausgangspunkt oder Anfang der Weisheit bildet 1,7; 9,10 und der Weise zugleich der Gottesfürchtige ist 14,16. Wie diese stärkere religiöse Grundlegung der Weisheit gehen die Hochschätzung der menschlichen Beziehungen in Ehe und Familie sowie die Verantwortung gegenüber dem Hilfsbedürftigen in erster Linie auf prophetischen Einfluß zurück. Darin liegt das Bleibende der ursprünglich internationalen Weisheitslehre ungeachtet ihrer praktischen Nützlichkeit und Nüchternheit.

Lit.: E. Sellin - G. Fohrer, Einleitung in das AT[10], Heidelberg 1965, § 49. *Fo*

Staat. Je nachdem Träger der S.sgewalt ein Einzelner ist oder eine bevorzugte Volksklasse oder die Gesamtheit des Volkes (repräsentiert durch seine Vertreter) oder die Gottheit, vertreten durch ihre Priester, unterscheiden wir als S.sformen die Monarchie, die Aristokratie, die Demokratie und die Theokratie.

Zweck des S.s ist die Wahrnehmung und Förderung der Gesamtinteressen des Volks, bes. die Erhaltung von Friede und Ordnung im Innern durch Rechtsetzung, Rechtsprechung und gesetzmäßige Verwaltung (Rechtsstaat) und die Sicherung nach außen (Wehrwesen), dazu in mehr oder weniger weitem Umfang die Förderung der Wirtschaft und Wohlfahrt und der Kulturinteressen der S.sbürger (Wohlfahrts- und Kulturstaat). Eine zu weite Ausdehnung der S.szwecke kann zu einer Bevormundung und Einengung des Volkes führen (Polizeistaat, Diktatur).

Über die *Entstehung* und innere Rechtfertigung des S.s gibt es verschiedene Meinungen. Die einen leiten die S.sgewalt her von der väterlichen Gewalt (wobei der S. als Erweiterung der Familie und Sippe gedacht ist), die anderen aus dem Recht des Stärkeren oder aber aus einer vertragsmäßigen Unterwerfung der Untertanen (Vertragstheorie); wieder andere begnügen sich damit, den S. als eine gegebene, keiner Rechtfertigung bedürfende Tatsache hinzunehmen, während die sog. religiöse Theorie den S. als eine göttliche Ordnung und die S.sgewalt als von Gott gesetzt ansieht; so auch Paulus Röm 13,1f.

Wenn der S. innerhalb seiner natürlichen Zweckbestimmung bleibt, dem Wohl des Volkes zu dienen, und von einer Vergewaltigung der Gewissen absieht, ist er eine segensreiche Einrichtung. Wenn er aber diese Grenzen überschreitet und seine Macht ohne Rücksicht auf das göttliche und menschliche Recht durchsetzt, ist er auf dem Weg, eine unheilvolle und dämonische Institution zu werden, wie dies zB bei den Christen- und Judenverfolgungen in früherer und neuerer Zeit sichtbar wurde; vgl. auch die für die Weltmächte gebrauchte Bezeichnung „Tier" in Dan 7 und in Offb 13 ff.

In der HS kommt das Wort S. nicht vor; vielmehr werden dafür Ausdrücke wie Obrigkeit, Reich, Königreich, Kaiser (Mk 12,14 ff) gebraucht. Die S.en im AT, mit denen Israel in Berührung kam, waren regelmäßig autokratische Monarchien. Israel selbst stellte zunächst einen theokratischen S. dar, bei dem Jahwe als der Herr des Volkes und des Landes galt, der durch seine Knechte — Mose, die Priester, Propheten und Richter — seine Gesetze und Rechte verkündigen, Gericht und Regiment ausüben und seine Kriege führen ließ. Auch als später unter Samuel das Königtum, also die Monarchie, eingeführt wurde, klingt dieser Gedanke der Theokratie noch an, indem der König, der das Heer zu führen und Gericht zu halten hatte, im Namen Gottes eingesetzt und gesalbt wurde 1Sam 9ff. Im NT tritt uns als S. (abgesehen von dem zeitweiligen Königreich der Herodianer) das römische Weltreich entgegen; es hatte sich bereits aus der S.sform der Demokratie in eine Monarchie verwandelt. Während der römische S. den Juden manche Freiheiten und Privilegien, auch in bezug auf ihren Gottesdienst, gewährte, trat er den Christen bei ihrer Weigerung, dem Kaiser göttliche Verehrung zu erweisen, und angesichts ihrer starken Ausbreitung mehr und mehr feindlich gegenüber, bis es dann zu den Christenverfolgungen unter Nero und späteren Kaisern kam.

Über die Stellung der HS zur Staatsgewalt → Obrigkeit; zur Stellung → Jesu zum S. → Sp. 652 f. *Wai*

Stab, Stecken. Einen Stab hatte der Wanderer 1Mose 32,11; 2Mose 12,11; 1Sam 14,27; 17,40; Mk 6,8 (gegen Mt 10,10; Lk 9,3). In der Hand Moses und Aarons wurde der Stab zum Werkzeug göttlicher Hilfe 2Mose 4,2 ff; 7,9 ff; 8,1. 12; 14,16; 17,6, während die Erfahrung Gehasis 2Kö 4,29.31 zeigt, daß nicht im Stab die Wunderkraft liegt. Der Stab des Hirten, mit dem er die Herde führt und schützt, wird zum Bild von Gottes Fürsorge Ps 23,4. Da mit dem Stab geschlagen werden kann 2Mose 21,20; 4Mose 22,27; Jes 9,3, wird er zum Bild für das Gericht Jes 10,24; 11,4 (durch das bloße Wort); der eiserne Stab von Ps 2,9; Offb 2,27; 12,5; 19,15 malt die Unwiderstehlichkeit des Gerichts. *Schl*

Stachel. Einst und heute werden in Palästina Tiere mit einem Stecken vorwärtsgetrieben, an dessen Spitze ein metallener S. (vgl. 1Sam 13,21) befestigt ist; sträubt sich das Tier, bereitet es sich nur größeren Schmerz; Widerstand ist unmöglich; daher das Wort an Paulus Apg 26,14. So erscheint 1Kor 15,55 f der Tod im Besitz einer Waffe, die ihm Macht über den schuldigen Menschen gibt (vgl. Röm 5,12; 6,23), die er aber verliert. Hiob 40,26 spricht von dem Brauch der Nilfischer, das Maul gefangener Fische mit einem Haken zu durchbohren und sie dann an Schnüren ins Wasser zu setzen. *Spr*

22,5 denkt wohl an eine Fußangel. Mit einem S. in der Seite, einem Dorn im Auge wird die Gefährdung durch die im Land bleibenden Heiden verglichen 4Mose 33,55; Jos 23,13; Hes 28,24; ähnlich ist das Bild des Paulus von dem → Pfahl für das Fleisch 2Kor 12,7. Übertragen werden Pred 12,11 die Worte der Weisen mit S.n verglichen, die vorwärts treiben. → Skorpion. *Schl*

Stadt. Städte bestanden, wie die Ausgrabungen zeigten, in Palästina in größerer Zahl schon zu Beginn des 2. Jt. vChr. Während der → *Bronzezeit* waren sie meist auf Bergkuppen an den Rändern der großen Ebenen in günstiger Verkehrslage angelegt, sehr eng gebaut und mit einer starken Mauer umgeben; die Außenmauer der Schicht B von → Jericho zB war 5,60 m breit, aus Lehmziegeln auf einem Bruchsteinsockel errichtet. Die S. hatte in der Regel ein, höchstens zwei Tore. Feste Straßen gab es nicht, nur schmale Zwischenräume zwischen den Häusern (→ Haus). Der einzige größere freie Platz war der unmittelbar am Tor, innerhalb der Mauer. Dort fanden Versammlungen, Rechtsprechung („im Tor") und notarielle Regelungen Rt 4,1 ff statt. In der Mitte der bronzezeitlichen S. befand sich die Burg („Haus Millo", so Luther Ri 9,6.20, ist als eine solche Burg vorzustellen), die zugleich Sitz des S.königs war. Eine besondere Bedeutung bei der Wahl des Ortes zur Errichtung einer S. spielte die → Wasserversorgung. Die Größe der bronzezeitlichen Städte war meist sehr bescheiden, zw. 2 und 10 ha; Jerusalem zZ Davids etwa 400 m mal 100 m, erst in römischer Zeit über 50 ha. Gegen Ende der Bronzezeit mit dem Umschwung vom S.staat zum Territorialstaat erfolgte eine Auflockerung der Siedlungsweise, die in der *Eisenzeit* (→ Eisen) noch weiter fortschritt. Dabei entstanden neben Einzelhöfen auch kleine Dörfer ohne Mauern 3Mose 25,29 ff; 5Mose 3,5, die dann rechtlich „Töchter" (Luther: Ortschaften) der S. waren Jos 17,11; Ri 11,26. Die eisenzeitliche S. war meist auf der Stelle der bronzezeitlichen Siedlung angelegt, jedoch mit weniger starken Mauern, wenn man von den Festungen 2Chr 11,5 ff absieht. Diese Auflockerung hing mit der Staatenbildung zusammen, insofern ein stehendes Söldnerheer die Bewachung der Staatsgebiete und also auch den Schutz der Ortschaften übernahm. Die S.-mauern fehlten fast ganz in der *hellenistischen Zeit* (→ Hellenismus), in der einige Städte, meist unter ausländischen Einflüssen, zu Großstädten erweitert wurden. Neben ihnen waren die Dörfer eigenständig. Die *Besiedlungsgeschichte*, die zT durch → Ausgrabungen, zT auf Grund des Befundes der → Keramikscherben an der Oberfläche mit einiger Sicherheit rekonstruiert werden kann, ist bei den einzelnen Ortschaften sehr verschieden (vgl. die Artikel zu den Städten). Handwerkliche Geräte und Einrichtungen, die in einigen Städten in größerer Anzahl gefunden wurden, lassen auf besondere handwerkliche und industrielle Zentren schließen, wie andererseits die Errichtung eines Heiligtums in einzelnen Städten kultische Zentren entstehen ließ. *Bo*

Stahl → Eisen.

Stakte. So übersetzte Luther 2Mose 30,34 nach der griech. Übersetzung des AT einen der Bestandteile des hl. → Räucherwerks; vielleicht ist das Harz des Storax-Strauchs gemeint. *Schl*

Stall. Schafställe gab es in bibl. Zeit nur als Hürden, durch eine Mauer von lose aufgehäuften Steinen umfriedete Räume, wo sich die Schafe im Sommer nachts aufhielten Ps 50,9; 78,70; Jo 10,16. Eigentliche Ställe gab es für Pferde, ausnahmsweise für Rinder Hab 3,17; 2Chr 32,28. Besonders bekannt sind die Pferdeställe Salomos, → Wagenstädte. *v. d. W.*

Stamm. *1)* Bei Kulturvölkern der alten Welt die höchste soziale Einheit, die sich von unten her aus Familien, Großfamilien und Sippen aufbaut. Dabei ist bis hinauf zur Sippe der Blutzusammenhang noch erkennbar, während die Zusammensetzung des S.es aus meist recht verschiedenen Gruppen gewöhnlich ein komplizierter Vorgang unter bestimmten geschichtlichen Voraussetzungen ist. Die Ableitung von einem gemeinsamen S.vater ist somit nicht die Regel; wohl aber ist in Krisenzeiten die Sammlung unter einem S.haupt das Normale. Solange der S. noch wandert, können sich seine verschiedenen Elemente wieder voneinander lösen, um neue Verbindungen einzugehen. Erst mit dem Übergang zur Seßhaftigkeit bekommt der S. seine klaren Konturen, so bei der Landnahme Israels auf palästinischem Boden. — *2)* In der Prophetie ist S. ein häufiges Bild zur Veranschaulichung heilsgeschichtlicher Vorgänge: der das Gericht überdauernde „heilige → Rest", aus dem Gott das Volk seines kommenden Reiches schafft, gleicht dem aus dem Wurzelstock eines gefällten S.es sprossenden Reis Jes 6,13; ähnlich Jes 11,1 die Geburt des Messias aus dem zu politischer Bedeutungslosigkeit gesunkenen davidischen Königsgeschlecht.

Lit.: M. Noth, Die Welt des AT, [3]1957, § 10. *Schw*

Stammbaum Jesu. Der Mt 1,2-16 gegebene S. beginnt bei Abraham und gliedert die Reihe der Vorfahren Jesu in drei gleichmäßige Gruppen von je 2×7 Geschlechtern, um daran die göttliche Lenkung dieser Geschichte zu zeigen; er erreicht dies freilich nur dadurch, daß zw. Joram und Usia aus der Liste 1Chr 3,11f die drei Glieder Ahasja, Joas und Amazja übersprungen sind (vielleicht hatte schon der benützte Chroniktext diese Lücke, die durch die Ähnlichkeit der Namen Ahasja [griech. Ochozias] und Usia [griech. Ozias] entstanden sein könnte). Während der S. bei Mt Jesus als Sohn Abrahams und Davids in das ATliche Gottesvolk eingliedert, will Lk, der den S. J. 3,23-38 in aufsteigender Linie bis zu

Adam, dem von Gott Geschaffenen, zurückführt, andeuten, wie in Jesus Gottes Geschichte mit der Menschheit zum Ziel kommt. In dieser Liste, die ursprünglich statt 76 vielleicht 72 Namen gab, fällt auf, daß die Geschlechterfolge von David bis Serubabel nicht über die Reihe der judäischen Könige läuft, nicht auf Salomo zurückgeführt ist, sondern auf einen Davidssohn Nathan. Ebenso merkwürdig ist, daß die beiden Listen nach dem Zusammentreffen bei Serubabel und seinem Vater sofort wieder auseinandergehen und Lk für die Vorfahren Josephs in längerer Liste andere Namen gibt, bis hin zum Vater Josephs. Diese Verschiedenheit wird nicht daraus zu erklären sein, daß eine Liste die Vorfahren der Maria nenne. *Schl*

Stämme Israels. Nach genealogischem System vom gemeinsamen Stammvater Jakob, seinen Frauen und deren Mägden abgeleitet, sind sie ein fest geprägtes Überlieferungselement der AT-lichen Heilsgeschichte bis hinüber ins NT Apg 26,7; Jak 1,1 und in die endzeitliche Hoffnung der christl. Gemeinde Mt 19,28; Offb 7,4; 12,1; 21,12. — *1)* Die *Entstehung* des Zwölf-Stämme-Verbandes ist wohl in der Zeit der Landnahmebewegung des 13.-12. Jh. anzusetzen. Die genealogische Ableitung von den Söhnen Jakobs gilt heute allgemein als spätere Konstruktion. Erst bei der Ansiedlung in Palästina werden die St. I. festumrissene Größen. Bei ihrer Aufzählung wechseln noch Reihenfolge und Namen, ein Spiegelbild der wechselnden geschichtlichen Besitzverhältnisse. Levi scheidet als Volksstamm aus und übernimmt rein kultische Funktionen; dafür gliedert sich das bisherige „Haus Joseph" in die Stämme Ephraim und Manasse bzw. Machir. Ein nachweisbar bedeutender Stamm wie Kaleb im Süden wird nie mitgezählt. Auffallend ist, wie man beim Übergang aus der älteren in die jüngere Zeit an der Zwölfzahl streng festhält. — *2)* Das *Wesen* des Zwölf-Stämme-Verbandes ist offenbar kultisch bestimmt. Man kennt ihn auch außerhalb Israels: im AT je zwölf Stämme bei Aramäern 1Mose 22,20-24, Ismaelitern 25,13-16, Edomitern 36,10-14; die mittelmeerländische Welt kennt solche „Amphiktyonien" in Italien und Griechenland. Der Verband ist sakraler Natur, hat ein zentrales Heiligtum, für Israel wohl ursprünglich Sichem, später Bethel, offenbar auch Gilgal, dann Silo, wo vor der Lade Jahwes das gemeinsame Bekenntnis und die Verkündigung von Rechtssätzen den Bund zw. Gott und Volk besiegelt. Vielleicht steht die Zwölfzahl im Zusammenhang mit den monatlich wechselnden kultischen Funktionen der einzelnen Stämme.

Lit.: M. Noth, Geschichte Israels, 1950, § 7 u. 8. *Schw*

Star. An diese Augenkrankheit dachte Luther Tob 6,10; 11,14, ohne daß wir über die Erkrankung, die in dem Auge des alten Tobias durch den eingedrungenen Kot einer Schwalbe entstand, Genaueres sagen könnten. Wie im Altertum Fischgalle als Heilmittel gegen Augenkrankheiten geschätzt war Tob 6,10, so bei uns durch lange Zeit die Galle des Ochsen. *Schl*

stark, Stärke, stärken. *1)* Zum Wesen *Gottes* gehört seine Macht und S. Jos 22,22; Hiob 12, 16; Jes 40,26. Er ist so s. und groß Ps 24,8; Jer 32,18, daß ihm nichts unmöglich ist und niemand ihm widerstehen kann Jer 20,7. Mit seinem s.en Arm zerstreut er seine Feinde Ps 89,11. Er ist für sein Volk ein s.er Held, der Rettung schafft Zeph 3,17. Er gibt den Unvermögenden S. Jes 40,29, hilft ihnen in der Not Ps 37,39 und stärkt ihre müden Hände Jes 35,3. Darum preisen ihn die Frommen als ihre S. und rühmen seinen Namen 2Mose 15,2; Ps 18,2; vgl. Offb 7,12.

2) Jesus ist der mit göttlicher Kraft und hl. Geist erfüllte → Messias. Darum ist er stärker als Johannes der Täufer Mt 3,11; aber auch stärker als der Satan, in dessen Machtbereich er eindringt, um den Sieg über ihn davonzutragen Lk 11,22. Als der erhöhte Herr gibt er den Gläubigen Kraft, im Kampf mit den satanischen Gewalten zu bestehen. So gilt ihnen die Mahnung, s. zu sein in dem Herrn und in der Macht seiner S. Eph 6,10-12.

3) Unter den *Menschen* gelten die Gesunden und Kräftigen 4Mose 13,28, die Mächtigen und Gewaltigen Jes 28,2; 53,12, vor allem die kriegstüchtigen Männer und Heerführer als s. 1Sam 14,52; Jes 3,2; Hes 39,20. Aber niemand kann sich auf seine S. verlassen; Gott kann sie, wenn es ihm gefällt, zunichte machen 1Sam 2,4, vgl. dazu 1Chr 29,12.

4) Die *Gemeinde* des Christus ist s., wenn sie reich ist an geistlichen Gütern, am Glauben Röm 4,20; 1Thess 3,2, an Erkenntnis Röm 15,1, an Kraft zur Heiligung und Weltüberwindung 1Jo 2,14. Ihr inneres Leben ist nur dann gesichert, wenn die mächtige S. Gottes in ihr wirksam ist Eph 1,19. Darum bittet Paulus Gott, daß die Gemeinde gestärkt werde mit aller Kraft seiner herrlichen Macht Kol 1,11 und jeder Christ s. werde durch den Geist Gottes am inwendigen Menschen Eph 3,16. In seinem seelsorgerlichen Wirken war der Apostel darauf bedacht, die Herzen der Gläubigen durch das Evangelium zu s. Apg 14,22; 15,32; Röm 1,11; 1Thess 3, 13; vgl. 2Thess 2,17; 3,3. *Schn*

Stater → Münzen.

Statthalter (Luther: Landpfleger). Die Provinzen des römischen Reiches zerfielen in senatorische und kaiserliche. Die größeren unter ihnen wurden durch gewesene Konsuln, die kleineren von gewesenen Prätoren verwaltet, also von Männern senatorischen Standes. Bei den kaiserlichen Provinzen gab es eine dritte Klasse, die von S.n aus dem Ritterstande verwaltet wurden. (Es war ein aufsehenerregender Ausnahmefall, daß der Freigelassene Felix S. von Judäa wurde Apg 23,26). Zu dieser dritten Klasse gehörten zB Ägypten und vor allem Gebiete mit halbbarbarischer oder sonstwie schwieriger Bevölkerung wie Judäa (von 6-41 u. 44-66 nChr). Die S. der kaiserlichen Provinzen führten auch das Kommando über die dort stationierten Truppen: Legionen (aus römischen Bürgern bestehend) in den beiden ersten Klassen, Auxiliar (= Hilfs)-truppen (aus Angehörigen der Provinz bestehend) in der dritten Klasse der Provinzen. Der S. Judäas war in normalen Zeiten selbständig, unterstand aber in Zeiten von Unruhen oder ernstlichen Schwierigkeiten dem S. von Syrien, der nach eigenem Ermessen eingreifen konnte. Der Titel des S.s von Judäa war Prokurator, sein Amtssitz Caesarea am Meer; der S. von Syrien (Lk 2, 2) war dagegen der „legatus Augusti pro praetore“ der kaiserlichen konsularischen Provinz Syrien. — In 2Kor 11, 32 wird der S. des nabatäischen Königs in Damaskus erwähnt; zu jener Zeit war Damaskus wahrscheinlich vom römischen Kaiser den Nabatäern übergeben worden. — Als S. werden im AT Beamte bezeichnet, die im Namen und Auftrag des Königs für bestimmte Gebiete des Landes verantwortlich waren 1Kö 10, 15; 20, 24. Zur Zeit der persischen Herrschaft werden die Satrapen der Provinzen im AT S. genannt Esra 2, 63; Neh 2, 7. → Landpfleger. *Bie*

Staub, überall vorhanden und nichts wert, darum Bild der Menge 1Mose 13, 16, aber auch der Wertlosigkeit und Nichtigkeit Ps 18, 43; Jes 5, 24; 40, 15. Der Mensch, der aus Erde geschaffen ist 1Mose 2, 7; Hiob 4, 19 und zur Erde zurückkehrt 1Mose 3, 19; Ps 104, 29; Pred 3, 20, kann selbst S. genannt werden Ps 103, 14. „S. lecken“ Ps 72, 9; Jes 49, 23; Mich 7, 17 malt die Unterwerfung der Feinde. S. auf den Kopf werfen Jos 7, 6; Klgl 2, 10; Hes 27, 30; Offb 18, 19 und sich im S. wälzen Mich 1, 10 sind Zeichen der Trauer. S. in die Luft werfen Apg 22, 23 ist Ausdruck der Wut. Den S. von den Füßen schütteln Jes 52, 2; Mt 10, 14; Apg 13, 51 bezeichnet völliges Geschiedensein. *Schl*

Stechmücke → Fliegen.

stehlen. → Diebstahl. Absalom „stahl“ die Herzen, gewann sie durch unredliche Mittel für sich 2Sam 15, 6. Die falschen Propheten s. einander ein Gotteswort, weil sie echte Offenbarung nicht empfangen Jer 23, 30. *Schl*

Stein. *1)* Die uns bekannte Kulturgeschichte beginnt überall mit der *S.zeit* (Paläo-, Meso-, Neolithikum = ältere, mittlere, jüngere S.zeit), einer Menschheitsperiode, in der man das Metall noch nicht zu verwerten wußte und alle Werkzeuge neben Holz und Knochen aus S., bes. aus dem leicht zu verarbeitenden Feuerstein, herstellte, indem man sie, wie etwa die Faustkeile, aus einem S.kern herausretuschierte oder wie andere Urgeräte als Abschläge verwendete oder aus diesen durch besondere Zuformung fertigte. Das Schleifen von Gegenständen und die Töpferei begegnen erst im Neolithikum. Auch in Palästina sind solche *S.werkzeuge* aus den verschiedenen Stadien der S.zeit (zT 150 000 Jahre alt) bezeugt, die sich meist in Höhlen gefunden haben, in denen die Menschen aus klimatischen Gründen damals wohnten, ehe sie dazu übergingen, sich besondere Siedlungsstätten zu erbauen und dann auch Ackerbau und Viehzucht zu treiben, wovon das Neolithikum von → Jericho (ca. 6. Jt. vChr) Kunde gibt. Dem Ende der S.zeit gehören zum größten Teil auch die palästinischen Zeugen der sog. megalithischen Kultur an, jene mächtigen Dolmen, die aus riesigen, unbehauenen S.blöcken und -platten errichtet sind und fast ausschließlich stubenartige Grabmäler darstellen. — *2)* Streng kultischen Zwecken dienten seit ältester Zeit die → Masseben; mehr politischen Charakter trugen die → Stelen. — *3)* Vor allem aber war der S. von jeher wichtigstes Mittel zum Bau von Häusern, Heiligtümern, → Tor- und → Festungsanlagen. Dazu bediente man sich schon früh künstlicher S.e wie der luftgetrockneten Lehmziegel 1Mose 11, 3; 2Mose 1, 14, später bes. für Repräsentativbauten unbehauener S.blöcke oder Bruchsteine, die man aus verschiedenen zur Kreideperiode gehörigen Kalkschichten des Landes oder aus vulkanischem Gestein (Basalt) gewann; zZ Salomos benutzte man, wenigstens für die königlichen Bauten, glatt behauene S.e, bes. Marmor 1Chr 29, 2, in der herodianischen und römischen Bauepoche große, gut bearbeitete (Marmor)quader Mk 13, 1. — *4)* S.e verschiedenster Größenordnung und Bearbeitung wurden ferner gebraucht zum Mahlen des Getreides 2Mose 11, 5 (→ Mühle), als Geschoß zum Schleudern 1Sam 17, 40. 49, bei der → Beschneidung 2Mose 4, 25, beim Vollzug der → Todesstrafe durch → Steinigung 5Mose 13, 11, zum Verschließen von Brunnen, Höhlen, Gräbern 1Mose 29, 2; Jos 10, 18; Mt 27, 60. 66; Jo 11, 38 ff. S.haufen wurden errichtet als Denkmäler der Schande über den Gräbern von Verfemten Jos 7, 26; 2Sam 18, 17. — *5)* In der bibl. Symbolsprache findet der S. mannigfache Verwendung: als Zeichen unerschütterlicher Treue Jahwes 1Mose 49, 24, als Bild des Leblosen Mt 3, 9, des Ungenießbaren 7, 9, des Oberflächlichen 13, 5. 20, der Herzenshärtigkeit Hes 11, 19; 36, 26.

Lit.: W. F. Albright, Von der Steinzeit zum Christentum, 1949. *Ste*

Steinbock. Der S. ist dort gemeint, wo Luther von Gemsen oder auch vom Reh sprach. Das starke und in seiner Schönheit Spr 5, 19 bewunderte Tier mit seinem Gehörn ist noch heute in den gebirgigen Gegenden zu finden wie zZ von Ps 104, 18; Hiob 39, 1, gerade auch in den „S.-felsen“ 1Sam 24, 3 bei Engedi. Nach 5Mose 14, 5 zählte der S. zu den reinen Tieren („S.“ meint hier vielleicht unser Reh). *Schl*

Steinigung. Die meist angewendete Form der Hinrichtung eines Schuldigen war in Israel die St. Durch sie sollte aus der Gottesgemeinde ausgeschieden werden, wer schwer gegen Gottes heiliges Recht gesündigt hatte. St. ist ausdrücklich angeordnet für Geisterbeschwörung (3Mose 20,27), Gotteslästerung (24,14-16), Götzendienst (5Mose 17,2-7) und den ungeratenen Sohn, der in der Auflehnung gegen die Eltern die Gottesordnung zerbricht (5Mose 21,21), und wird berichtet von einem Sabbatschänder (4Mose 15,35. 36), von Achan wegen Verletzung des hl. Banns (Jos 7,25.26), von Naboth wegen angeblicher Lästerung Gottes und des Königs (1Kön 21,13) und Stephanus wegen vermeintlicher Gotteslästerung (Apg 7,56.58); sie sollte (im Sinn von 3Mose 20,10) an der Ehebrecherin Joh 8,7 vollstreckt werden. Die Hinrichtung wurde außerhalb des Lagers oder Ortes (3Mose 24,14; 5Mose 17,5; Jos 7,24; 1Kö 21,13) mit besonderer Beteiligung der Zeugen (3Mose 24,14; 5Mose 17, 7; Apg 7,57) durch die Gemeinde vollzogen, die sich von dem Schuldigen trennt (3Mose 24,16; 4Mose 15,35.36). *Schl*

Steinmetz, Steinschneider → Handwerk.

Steinsäule, ein aufgerichteter, meist unbehauener Stein, ohne Inschrift und Bild — Grenzstein, Grabstein, Denkstein, ein wichtiges Stück des kanaanäischen Kults, darum für Israel versuchlich, → Massebe. *Schl*

Stele, ein aufgestellter Stein, der im Unterschied zur → Massebe nicht kultischen Zwecken, sondern durch Bild oder (und) Inschrift der Erinnerung an fürstliche oder private Personen und geschichtliche Ereignisse diente. So wird von Saul berichtet, daß er sich nach der Schlacht gegen die Amalekiter in dem südjudäischen Ort Karmel eine Sieges-S. errichtet habe 1Sam 15,12. In der Hauptsache bezeugt das AT das Vorkommen von Masseben. Dagegen ist der Ausgrabungsbefund an S.n auf dem Boden Palästinas bedeutend. Die bekannteste S. ist der → Mescha-Stein (um 840 vChr), dessen Text u. a. die Nachricht von der Bedrückung Moabs durch die isr. Könige → Omri und → Ahab und deren Zurückdrängung mit Hilfe des Gottes → Kemosch enthält. In 'Afīs bei Aleppo ist eine S. des Königs Zakir von → Hamath (um 800 vChr) gefunden worden, die seine Errettung aus Kriegsnot durch → Baal-Schamem (→ Sp. 113) bekundet und einem Gott ilu-wēr geweiht ist, während der 1860 entdeckte Stein des Jehaw-melek von → Byblos (um 450 vChr) eine Anrufung der Herrin von Gebal (= Byblos) enthält, der er in ihrem Heiligtum gewidmet ist. Gerade die letzten Beispiele zeigen, daß die S.n nicht nur politischen, sondern auch religiösen Absichten dienen konnten. *Ste*

Stempel → Krugstempel.

Stephanas, Glied der korinthischen Gemeinde, mit seinen Hausgenossen von Paulus persönlich getauft 1Kor 1,16, heißt 1Kor 16,15 „Erstling von Achaja" und war mit Fortunatus und Achaikus beim Apostel in Ephesus 1Kor 16,17. Paulus ermahnt die Korinther, den christl. Dienst des S. in williger Unterordnung anzuerkennen 1Kor 16,15.16.18 *Kü*

Stephanus. Unter den sieben zur Versorgung der hellenistisch-jüd. Gemeinde in Jerusalem von den Aposteln berufenen Amtsträgern befindet sich S., den Apg 6,5 an erster Stelle nennt. Er war „voll Glauben und hl. Geist", nach 6,8 „voll Gnade und Wunderkraft", so daß er große Zeichen im Volk tun konnte. Der Bericht der Apg hebt also seine geistliche Vollmacht in Wort und Tat hervor, zeigt auch, daß diese sieben Amtsträger der hellenistisch-jüd. Gemeinde keineswegs auf die Armenversorgung beschränkt waren. Im Gegenteil ist anzunehmen, daß der hellenistisch-jüd. Gemeindeteil eine gewisse Selbständigkeit unter eigener Führung besaß. Das Amt der Sieben hängt ursprünglich damit zusammen, daß in jüd. Ortsgemeinden sieben Vorsteher die Verantwortung für die Gesamtgemeinde trugen, dürfte dann aber die Armenpflege und den Dienst beim Mahl der Gemeinde einbezogen haben. Die Zahl der hellenistischen Witwen war deshalb so groß, weil fromme Juden an ihrem Lebensabend nach Jerusalem übersiedelten, um dort begraben zu werden. Es ist anzunehmen, daß S. unter den hellenistischen Diasporajuden das Evangelium verkündigt hat und in diesen Kreisen der Widerstand gegen ihn bes. lebhaft war. Man machte ihm zum Vorwurf, er habe Lästerreden gegen den Tempel und gegen das Gesetz geführt. Es handelt sich vor allem um die Behauptung, Jesus wolle den Tempel zerstören und die mosaischen Satzungen verändern Apg 6,14. Offenbar hat S. die prophetisch-apokalyptische Gerichtspredigt und die messianische Vollmacht Jesu mit besonderer Kraft hervorgehoben. Bei einer Gerichtssitzung vor dem Hohen Rat verteidigte sich S. durch einen Angriff. Die Apg 7,1-53 überlieferte Rede hat die Form einer summarischen Schriftauslegung. Die Fremdlingschaft der Erzväter auf Erden, Gottes Bindung an die Stiftshütte, seine Überlegenheit über den Tempel und der stets lebendige Widerstand Israels gegen den Willen Gottes sind die charakteristischen Merkmale dieser polemischen Schriftauslegung. Den Abschluß bildet die Wiederholung der alten, in der Apokalyptik und Jesusverkündigung wurzelnden leidenschaftlichen Anklage, daß Israel stets die Boten Gottes verfolgt und getötet habe. Diese in Apg 7,1-53 bezeugte Tradition setzt sich später im Hebräerbrief fort und stellt einen bestimmten Typus hellenistisch-urchristl. Verkündigung dar. Fraglos sind einzelne Motive mit Qumran verbunden; doch wird man den Kreis des S. nicht von dort her zu verstehen haben. Mit einer Schilderung des Martyriums schließt die Erzählung Apg 7,54-8,3. Der Zeuge Jesu Christi sieht den Himmel geöffnet und den Menschensohn stehend zur Rechten Gottes; er wird von den Gegnern aus der Stadt getrieben und in einem legalen Gerichtsverfahren gesteinigt. Seine letzten Gebetsrufe erinnern an das Vorbild der Passion Jesu. Auffallend ist, daß man den Gesteinigten mit großer Totenklage bestattet; offenbar waren fromme Juden durchaus in der Lage, den toten Christen zu ehren. Saulus nahm als Zeuge an der Hinrichtung des S. teil und setzte die Verfolgung der Gemeinde mit allen Kräften fort. Damit steht das Schicksal der christl. Gemeinde und des Evangeliums bei Gott allein. *Mi*

sterben → Tod.
Sterne, Sterndienst → Astrologie.
Stern aus Jakob → Messiaserwartung.

Steuer. Das Wort findet sich im AT nur 2Chr 24,6 (auf Weisung des judäischen Königs Joas, der den Tempel ausbessern will, bringen die Bewohner Judas eine S. auf, wohl die gesetzliche Abgabe an das Heiligtum, vgl. 2Mose 30,11 ff) und 2Makk 12,43 (Judas Makkabäus läßt für die in Sünde Erschlagenen eine S. zu Sündopfern zusammenlegen).

Wo Luther im NT von einer Steuer sprach, sind im revidierten Text 1956 andere Ausdrücke eingesetzt. Röm 15,26 ist von der gemeinsamen Gabe für die Armen unter den Heiligen in Jerusalem die Rede, 1Kor 16,1 von der Sammlung für die Heiligen, 2Kor 9,1.12 von dem Liebeswerk für die Heiligen und 2Kor 8,20 von der reichen Gabe, die, um falschen Nachreden zu begegnen, nicht von Paulus allein, sondern von verschiedenen zuverlässigen Begleitern des Apostels nach Jerusalem gebracht werden soll. 2Kor 9,13 wird der Gehorsam im Bekenntnis zum Evangelium Christi und die Lauterkeit der Gabe rühmend erwähnt. *Fro*

Stiefel → Schuh.
Stier → Rind.

Stierbilder, als Stierkälber geformte Kultfiguren, die, auf Veranlassung → Jerobeams I. an den nordisr. Staatsheiligtümern in Bethel und Dan aufgestellt 1Kö 12,28 f, nicht Abbilder, sondern Thronsitze des unsichtbaren Jahwe darstellen und damit die Stätte seiner Offenbarung und segenbringenden Gegenwart bezeichnen sollten. Da man jedoch für eine solche Vergegenwärtigung Jahwes das Kultsymbol einer Fremdgottheit verwendete, das die Gefahr des Mißverständnisses Jahwes als Fruchtbarkeitsgott einschloß, hat das fromme Israel diese kultische Neuerung als Abfall von Jahwe gebrandmarkt 1Kö 12,30; Hos 8,4-6; 13,2. *Ste*

Stiftshütte.
1) Begriff. 2) Das heilige Zelt bei den Israeliten. 3) Religionsgeschichtliche Parallelen. 4) Die Stiftshütte in der priesterlichen Tradition des AT.

1) S. ist Luthers Übersetzung des hebr. Terminus 'ōhel mō'ēd = Zelt der Zusammenkunft, des Sichtreffens. Die Übersetzung Luthers gibt Zelt mit Hütte wieder; in mō'ēd sieht er richtig den Willen Gottes bezeugt, der sich in diesem Zelt finden lassen will, so daß diese Stätte seine göttliche Stiftung ist.

2) Die elohistische Tradition in 2Mose 33,7-11 berichtet von einem solchen Zelt der Begegnung zw. Gott und Mose. Das Zelt befindet sich außerhalb des Lagers, Mose begibt sich zum Zelt hinaus, und dann senkt sich die Wolkensäule auf den Eingang herab. Für jeden steht es frei, das Wort an Gott zu richten; Mose ist dabei der Vermittler; ebenso 4Mose 12,4 ff. Dann wird ein Zelt erwähnt, in dem David die Lade in Jerusalem aufstellt, bevor der Tempel erbaut ist 2Sam 6,17; 7,2. Dieses Zelt ist einfach der Bergungsort der Lade, so wie im freien Feld während eines Krieges die Lade unter einer Laubhütte (hebr. sukkāh) stand 2Sam 11,11, obwohl es in 1Kö 8,4 als 'ōhel mō'ēd bezeichnet wird; doch wird das nur ein Irrtum eines späteren Glossators sein. Auf alle Fälle ist es wichtig, festzuhalten, daß für die Zeit der Wüstenwanderung Israels ein Zelt das Heiligtum gebildet hat und ein so ausgesprochenes Wanderheiligtum wie die Lade in einem Zelt abgestellt wurde.

Jos 18,1 u. 19,51 wird das 'ōhel mō'ēd in Silo erwähnt. Tatsächlich hat das Heiligtum des Zwölfstämmebundes sich auch eine Zeitlang in Silo befunden. Nach 1Sam 1,7.9; 3,15 hat es sich aber um einen Tempel (hebr. beth Jahwe) gehandelt, nicht um ein Zelt. In Ps 78,60, wo von Wohnung und Zelt in Silo gesprochen wird, handelt es sich wohl um einen jungen Psalm, für den Wohnung und Zelt poetische Begriffe sind.

3) Ein Zeltheiligtum begegnet entsprechend bei den vorislamischen Arabern. Bei Diodor XX 65,1 hat sich die Notiz über ein hl. Zelt in einem Lager der Karthager erhalten. Ein Flachrelief aus Palmyra zeigt in der Darstellung einer Prozession ein Kamel, das ein kleines rotbemaltes Zelt auf dem Rücken trägt. Dieses ist von den Ausgräbern als ein tragbares Kultheiligtum gedeutet worden. Das Relief dürfte aus dem 1.Jh. nChr stammen. Ein weiteres Beispiel ist das Heiligtum moderner Beduinenstämme in Gestalt eines kleinen Zelts, das als letztes vom Lagerplatz fortgenommen und auf ein Kamel geladen wird. Es wird ebenso in den Kampf mitgenommen und bekommt Opfer dargebracht. An solchen hl. Zelten wurden auch → Orakel eingeholt, d. h. Auskünfte über die göttlichen Entscheidungen und Bestimmungen.

4) In der priesterlichen Tradition des AT spielt nun das 'ōhel mō'ēd eine besondere Rolle. Es ist das tragbare, versetzbare Heiligtum während der Wüstenwanderung Israels. Seine Anfertigung wird in den verschiedenen Details ausführlich befohlen 2Mose 25 f. Von der Ausführung des Befehls wird dann ebenso detailliert 2Mose 35-37 berichtet. Ohne auf Textinterpretationen im einzelnen einzugehen, soll das Aussehen des hl. Zeltes hier nur kurz dargestellt werden. Ein Gerüst aus Akazienbrettern bildet den Kern der hl. Anlage, die im Grundriß ein langgestrecktes Rechteck bildet mit den Kanten

15 zu 5 m. Der Bau ist 5 m hoch. Im Innern des Baues erscheint ein Vorhang, der den Langraum in 2 Gemächer, 10 m und 5 m, zerteilt. Der längere Raum trägt den Namen Heiliges, der andere Allerheiligstes 2Mose 26,33. Wenn dann noch die Innenausstattung erwähnt wird, daß nämlich im Allerheiligsten die Bundeslade mit den Gesetzestafeln stand, im Heiligen sich Schaubrottisch, Leuchter und Räucheraltar befanden, so ist die Analogie zum Jerusalemer Tempel gegeben. Das heißt, wir haben die Verhältnisse des Jerusalemer Tempels in Grundriß, Größe und Ausstattung verkleinert und versetzbar in das Wüstenheiligtum zurückprojiziert. Das Jerusalemer Heiligtum mit all seinem Kultus geht also nach Meinung der Priesterschrift auf die Mosezeit und die direkten Befehle Gottes zurück. Entsprechend der Wanderzeit des Volkes kann das Gerüst, das den Kern des 'ōhel mō'ēd bildet, nur mit Stoffen und Fellen umkleidet sein, wie es bei einem Nomadenzelt der Fall ist. Die Verkleidung des Gerüstes erfolgt mit verschieden gefärbten Stoffbahnen, die mit Haken und Spangen zusammengehalten wurden und in die Keruben eingewebt waren 26,1. Auf der Außenseite haben Ziegen- und rotgefärbte Widderfelle sowie Tachaschhaut die Verkleidung gebildet, auch für das Zeltdach. Die Einfriedigung maß 50 zu 25 m im Rechteck. Sie wurde chāsēr = Vorhof genannt. Die Höhe der Einfriedigung betrug 2,50 m. Sie wurde aus Bronzesäulen gebildet, die mit silbernen Querstangen und mit silbernen Nägeln versehen waren 27,9-19. Zwischen den Säulen auf den verbindenden silbernen Riegeln hingen zur Verkleidung Stoffe. Auf der schmalen, nach Osten gewendeten Eingangsseite lag ein Toreingang von 10 m Breite. Nach 2Mose 40,29 stand der Brandopferaltar vor dem Zelt in dessen Eingangsnähe. Dazwischen befand sich noch ein Waschbecken für Reinigungszwecke.

So sehr diese Beschreibung bei aller Anlehnung an das Vorbild des Tempels in Jerusalem phantastisch anmutet, darf man doch nicht vergessen, daß sie entstanden sein wird zu einer Zeit, in der der Tempel nicht mehr und noch nicht wieder bestand, also in exilischer, vielleicht spätexilischer Zeit zw. 570 und 538 vChr. In dieser Zeit aber bedeutete eine solche Schilderung das stolze und gläubige Bekenntnis zu der Unzerstörbarkeit des Tempels, der ebenso in ein abbrechbares, tragbares Heiligtum umgewandelt werden konnte, wenn, wie es geschehen war, Israel wieder in die Wüste hinaus mußte. Das würde sich berühren mit der Wiederbelebung mancher nomadischen Gepflogenheiten in der Exilszeit, etwa dem Wiederaufleben der alten Stammes- und Sippenverfassung in Babel.

Freilich läßt sich nicht übersehen, daß eine theol. Veränderung gegenüber den elohistischen Traditionen eingetreten ist. Nach 2Mose 29,42 f; 30,36 hat die Priesterschrift die gleiche Vokabel 'ōhel mō'ēd verwendet wie die elohistische Tradition auch. Aber die Art, wie die Offenbarung Jahwes im Zelt dort geschieht, ist verschieden gedacht. 2Mose 33,9 rechnet mit einer intermittierenden Anwesenheit Gottes. Die Wolke senkt sich jedesmal erst herab, wenn Mose sich zu dem Zelt begibt. In 2Mose 40,34-38 aber ist die Vorstellung, daß die die Anwesenheit Jahwes repräsentierende Wolke stets über dem Zelt lagert und nur durch ihr Weichen das Signal zum Aufbruch und zum Abbruch des Lagers gibt. Es handelt sich also um eine ununterbrochene Gegenwart Gottes inmitten seines Volkes. Dazu paßt auch, daß gegen die ältere Tradition das hl. Zelt sich nicht außerhalb des Lagers befindet 2Mose 33,7-11; 4Mose 11,24-30, sondern inmitten des Lagers des Volkes 2Mose 25,8; 4Mose 2,2.17. Daher müssen die Anforderungen an die kultische Reinheit bes. hoch sein. 4Mose 5,1 ff geben dafür Vorschriften, die noch in der Kriegsrolle von Qumrān nachwirken (1QM VII 3-7). Dazu tritt noch eine sprachliche Beobachtung. Die priesterschriftliche Tradition benützt für 'ōhel mō'ēd viel stärker die hebr. Vokabel mischkān 2Mose 25,9; 26,1.6; 27,9 u.ö. Mischkān bezeichnet die Behausung des Nomaden und bildet das Synonym zu 'ōhel; vgl. 4Mose 24,5; Ri 8,11; 2Sam 7,6. Offenbar liegt eine theol. Absicht in dieser Wortwahl, daß die Behausung Gottes auf Erden nicht mit dem Wort für feste Wohnung angegeben werden soll. Die spätere jüd. Lehre von der Schekinah Gottes ist hier schon vorbereitet. Dann muß noch darauf hingewiesen werden, daß in der priesterlichen Tradition zwei verschiedene Traditionsströme zusammengeflossen sind: 1) die Tradition vom Offenbarungszelt, in dem sich Jahwe finden läßt und zu dem er immer erst aus der Ferne kommen muß, 2) die Tradition von der Lade, die das Unterpfand der Gnadengegenwart Jahwes ist als der Thronsitz seiner Herrlichkeit. Indem die priesterliche Tradition die Lade mit dem Zelt zusammenstellt, zeigt sie gleichzeitig, daß die Tradition vom hl. Zelt so stark war, daß sie nicht verdrängt werden konnte und daher zu jenem Phantasiegebilde vom versetzbaren Wüstenheiligtum der S. führte, in dessen Mitte sich die Lade befand.

Lit.: M. Noth, Das zweite Buch Mose Exodus übersetzt und erklärt (ATD 5), 1959. *Ba*

still, Stille → Ruhe.

Stirn. Manches kann an der S. eines Menschen abgelesen werden, etwa ein harter Trotz Hes 3,7 f; Jes 48,4, eine schamlose Zuchtlosigkeit Jer 3,3. Darum wird in prophetischer Schau durch ein Zeichen oder einen Namenszug an der S. die Zugehörigkeit zum Reich Gottes oder des Satans kenntlich gemacht Hes 9,4; Offb 9,4; 13,16; 14,1.9; 22,4. *Schl*

Stirnband. Mit dem S. Ri 8,24 ff; Hiob 42,11; Spr 25,12 und der Stirnspange Hos 2,15 ist wahrscheinlich ein Ring gemeint, ein Ohrring oder Nasenring. → Ring, → Schmuck, → Spange. *Schl*

Stirnblatt → Hoherpriester.

Stock. *1)* Stecken Sir 33,27; → Stab. — *2)* Der Holzblock, in den die Füße Gefangener, oft auch Hand und Hals, eingespannt wurden, um die Flucht zu verhindern oder die Strafe zu verschärfen Jer 20,2; 29,26; Ps 105,18; Apg 16, 24, bildlich Hiob 13,27. → Gefängnis. — *3)* Der Wurzelstock eines abgehauenen Baumes Dan 4, 12.20.23. *Schl*

Stoiker werden Apg 17,18 erwähnt. „Stoa" (= „Halle") war das Lokal einer 320 vChr gegründeten Philosophenschule in Athen, die sich auch das Geistige als feine Materie dachte: Gottheit und Seele sind Feuer. Wie die Seele den Leib, so durchdringt der feurige Geist den Kosmos. Und Seele ist Gesetz! Will der Mensch frei sein, muß er naturgemäß leben, d. h. dem Geist sich unterwerfen und den Trieben sich entziehen. Darum ist Tugend im Sinne der Enthaltsamkeit vom Niedrigen das Höchste. Auch die Güter dieser Erde fechten den Stoiker nicht an. Es ist deutlich, daß die Bewältigung des Lebens vom Geist her der Lehre des Paulus verwandt war, daß aber die Deutung des Göttlichen als einer feurigen Materie dem Glauben des Apostels an den Christus Gottes diametral entgegen war (vgl. Phil 4,11-13). Vor allem wurde schnell sichtbar, wie wenig der „Weise", stolz auf seine stoischen Tugenden, die Botschaft vom Kreuz verstand 1Kor 1,20. *Luck*

Stolz, stolz. S. ist im AT soviel wie Hochmut, ungebrochenes Selbstvertrauen, die Haltung des Menschen, der nicht unter Gott bleiben will 1Mose 3,5, und damit die eigentliche Ursünde. S. ist die Quelle der Torheit, die Wurzel alles Bösen Neh 9,10.16; Ps 10,4; Spr 13,10 u. a. Die S.en sind Spötter Ps 31,19; 123,4; Spr 21,24 und Lügner Ps 119,69. Sie sind gewalttätig und eine ständige Gefahr für die Frommen Ps 19,14; 119,85.122. Der S. prägt sich in der ganzen Haltung des Menschen aus: in seinen Gebärden Ps 101,5, besonders in seinen Augen Hiob 15,12; Spr 21,4. Gott ist aller falsche S. zuwider Ps 101,5; Spr 16,5. Er läßt die S.en nicht ungestraft 3Mose 26,18 f; Hiob 34,24; Hochmut kommt vor dem Fall Spr 16,18; Jes 9,8 ff; 51,9. Das Gericht trifft den S. der Vornehmen Am 6, 1 ff; Jes 3,16 ff; 32,9 ff. Beispiele für den Sturz der S.en sind der Turmbau zu Babel, Pharao, Sanherib, Jojakim, Nebukadnezar, Herodes.

Im NT werden die Heidenchristen Röm 11, 20.25 davor gewarnt, auf die Juden herabzusehen. Die Reichen dürfen sich nicht auf ihren Reichtum stützen statt auf Gott 1Tim 6,17. 2Petr 2,18 spricht von Irrlehrern, die maßlose Worte reden, hinter denen nichts ist, und zur fleischlichen Lust reizen. *Fro*

Stoppeln → Spreu.
Storax → Räucherwerk.

Storch. Der S. zieht im Frühjahr auf seinem Rückflug in den Norden in großen Scharen über Palästina hin Jer 8,7. Sein hebr. Name kennzeichnet ihn als den frommen, liebevollen Vogel, der für seine Jungen sorgt, im Gegensatz zu dem Strauß, der seine Eier sich selbst überlasse Hiob 39,13 ff. In Ps 104,17, wo von dem Nisten des S.s auf hohen Bäumen die Rede ist, und 3Mose 11,19; 5Mose 14,18, wo der S. zu den unreinen Vögeln gerechnet wird, übersetzte Luther irrig Reiher (Luthers „S." an dieser Stelle ist ein → Geier). *Schl*

Strafe, strafen.
1) Das menschliche Strafrecht im AT. 2) Gottes Strafgewalt im AT. 3) Das Gesetz Christi und die Strafgewalt des Menschen im NT.

1) Das menschliche Strafrecht im AT ist hl. Rechtsordnung Gottes, über die der Mensch nicht nach eigener Einsicht frei verfügt. Bei aller Anpassung an anderswo gültiges → Recht und bei aller Härte (→ Todesstrafe) ist von daher im Vergleich mit entsprechenden assyrischen oder babylonischen S.gesetzen ein humaner Zug unverkennbar (gegenüber Sklaven 2Mose 21,20.26, Verstümmelung nur in einem extremen Fall 5Mose 25,11 f, Einschränkung der Prügelstrafe 5Mose 25,2 f, vgl. 2Kor 11,24, Gefängnis als S. erst Esra 7,26, Fahrlässigkeit wird berücksichtigt 5Mose 4,42; 19,4.6 u. a. m.). So ist auch „Auge um Auge" 2Mose 21,23 ff; 3Mose 24,19 f als Damm gegen maßlose subjektive Willkür positiv zu bewerten; das Vergehen und die S. sollen einander entsprechen. Sowohl der Gottesglaube als das Menschenbild des AT, das zB keine Klassenjustiz zuließ 3Mose 4, erweisen sich wirksam.

Die S. hat von dieser Grundanschauung her in erster Linie den Sinn der Sühne, ist aber zugleich wie anderwärts Schutzmaßnahme des im → Bund mit Gott solidarisch verpflichteten Volkes, das sich vom Bösen, von der → Schuld reinhalten soll. Der Gesichtspunkt der Besserung durch die S. der Zurechtweisung (rev. AT) ist nicht außer acht gelassen Spr 1,23.25; 15,31, vgl. Joseph und seine Brüder 1Mose 42-44 und im mitmenschlich-familiären Bereich Spr 13,18. 24; Sir 10,6; 11,7; 18,21. Die Wendung in den gesetzlichen Heilsweg im Spätjudentum mit ihrer Überbetonung des Formal-Juristischen und Kasuistischen im Strafrecht hat die schwere Verantwortung des Strafenden vor Gott untergraben, vgl. die Passionsgeschichte.

2) Gottes Strafgewalt im AT beherrscht das Geschichtsverständnis des AT. Die Schicksalsschläge im Leben der Völker 5Mose 32,41; Jer 2, 19; 51,9 und der Einzelnen 1Mose 4,11 f → Fluch; Ps 39,11; 73,14 werden von daher gedeutet. Gott hat dazu seine Werkzeuge allenthalben Jes 10,5; Jer 25,9; 27,6. → Vergelten ist Gottes Sache 2Sam 3,39, → Rache. So sehr deswegen das Unglück das Gewissen weckt Klgl 1,14 und die Furcht vor Gottes S. allen Anlaß hat Hiob 31,23, so ist der kurzschlüssigen Gleichung „Leiden ist S." im Urteil des Menschen entschlossen widersprochen Hiob 8,3; 11,13 f;

22,1ff; 32,3; 42,7; Ps 73,21ff; Jes 53,4; Jo 9,2. Gottes vergebende Geduld und Barmherzigkeit ist im AT nicht als Laune verstanden, die mit anderer Laune wechselt Sir 16,12. Die Linie von der Liebe zur S. ist klar gezogen Hiob 5,17ff; Klgl 3,31ff; Spr 3,11f, vgl. 5,12, und das NT greift gerade hier auf das AT zurück Hebr 12,6; Offb 3,19. In der S. Gottes regiert nicht starres Gesetz, sondern väterlicher Wille 1Mose 18,22ff; 2Sam 12,13f; Am 7,1ff. So kann der Bitte Ps 6,2 die andere Hab 1,12 zur Seite gehen. Es war Israels Untergang, als es sich nicht s.lassen wollte Am 5,10; Jes 29,21. Auf seiner letzten Höhe weist das AT auf den Gottesknecht, der die S. in umfassender Stellvertretung auf sich genommen hat Jes 53,5.

3) Das Gesetz Christi und die Strafgewalt des Menschen im NT. Der Vergeltungsordnung des AT stellt Jesus Mt 5,38ff seinen Weg entgegen, das Böse zu überwinden. Der vermeintliche Ausgleich der Vergeltungsstrafe erreicht nicht, was er will, auch wenn er zum Wesen dieser Welt gehört und in ihr nicht durch eine Reform im Sinne Tolstoi's beseitigt werden kann. Wohl aber ist dem gehorsamen Glauben an Christus und sein auf der Versöhnung durch ihn ruhendes Reich, dem die Zukunft gehört, schon jetzt der andere Weg gewiesen, als Sauerteig auch im Raum der heutigen Öffentlichkeit wirksam, die auf ihr S.recht nicht verzichten kann. Die Gemeinde Christi unterstellt sich Röm 13,3f der S.gewalt der Obrigkeit; Paulus wehrt sich Apg 16,37 gegen Übergriffe. Aber das hat einmal seine Grenze an der S.gewalt Gottes und der in ihr verbürgten Freiheit; zum andern ist die Gemeinde für sich selbst nicht mehr „unter dem Zuchtmeister des Gesetzes", nachdem sie durch Christus der Kindschaft teilhaft geworden ist Gal 3,24ff. Das praktiziert sie zB 1Kor 6,1ff.

Die Aufgabe, das Böse in ihrer Mitte zu s. Eph 5,11ff, bleibt nun erst recht Aufgabe der Gemeinde, auf die sie oft hingewiesen wird. Das rev. NT hat für s. meist andere Übersetzungen: vorhalten Mt 18,15; Lk 17,3, überführen 1Kor 14,24; Tit 1,9, ans Licht stellen Tit 2,15, zurechtweisen 1Tim 5,20; 2Tim 2,25; 4,2; Tit 1,13 u.a.m. Denn der Urwille Gottes, das Böse zu tilgen, bleibt bestehen; aber er ist für die Gemeinde Christi von seinem Kreuz her ein Gnadenwille.

Lit.: Eichrodt, Theologie des AT, Teil 3, 1939, S. 106ff; v. Rad, Theologie des AT Bd. I, 1958, S. 39ff. *He*

Straße. Palästina war schon in alter Zeit Durchgangsland vom Zweistromland und Syrien nach Ägypten und Arabien. Ein alter Heer- und Handelsweg führte an der Küste des Mittelmeers südwärts 2Mose 13,17; er wurde vom Osten, von Damaskus her in Tyrus oder am See Genezareth vorbei durch die Ebene Jesreel auf dem „Weg zum Meer" Jes 8,23; Mt 4,15 in Megiddo erreicht, → Karte IV. Im Ostjordanland führten zwei Wege von Süden nach Norden: die „Königsstraße" 4Mose 20,17; 21,22 vom Golf von Akaba über Petra, Dibon, Hesbon nach Damaskus und weiter östlich eine Piste am Rand der Wüste entlang. Mehr lokale Bedeutung hatte der Weg auf dem Kamm des westjordanischen Berglands von Jerusalem über Sichem nordwärts. Eigentlichen Straßenbau kannten erst die Perser, dann bes. die Römer. Vor dem Kommen eines Fürsten mußten die S.n ausgebessert werden Jes 40,3; 57,14; 62,10. Die Städte, in alter Zeit ein enges Gewirr, erhielten erst in hellenistischer Zeit gerade, breite S.n, oft mit Säulenreihen. Wie noch heute wohnten die Kaufleute und Handwerker im Basar beieinander 1Kö 20,34; daher die „Bäckergasse" Jer, 37 21, die „Walkerfeldstraße" Jes 7,3; 36,2. Luther braucht oft das Wort *„Gasse"*, zB Mt 6,2.5, wie denn die S.n in den Ortschaften eng waren. Die „breite Gasse" 2Chr 29,4; 32,6 ist der freie Platz am Tor. Sich auf den Gassen hören lassen Mt 12,19; Lk 13,26 meint „in der Öffentlichkeit". *Schl*

Strauß. Der S. wird in der HS mehrfach als ein Bewohner der Steppe genannt Jes 13,21; 34,13; 43,20; Jer 50,39, wie er heute noch in der Steppe östlich von Palästina lebt. Charakteristisch ist die Schnelligkeit seines Laufs Hiob 39, 18 und ein lautes, klagendes Kreischen Hiob 30,29; Mich 1,8. Der Vorwurf, er kümmere sich — im Gegensatz zum → Storch — nicht um seine Jungen Hiob 39,13-17; Klgl 4,3 trifft so nicht zu. Das Fleisch des S. zu essen, war nicht erlaubt 3Mose 11,16; 5Mose 14,15. *Schl*

Strick. Vom S. spricht die HS bes. bei der Schlinge für Wild und Vögel Spr 7,23; Ps 91,3; 124,7; Pred 9,12; Am 3,5, darum im Bild von all den Gefahren, die den Menschen bedrohen: vom Tod Ps 18,6; 116,3, von Gottes Gerichten Ps 18,8ff; Spr 5,22; Jes 24,7, von bösen Anschlägen von Feinden Ps 119,110; 140,6, von der Versuchung zur Sünde 5Mose 7,16; Jos 23, 13; 1Tim 6,9, vom Teufel 1Tim 3,7; 2Tim 2, 26. Auch voreiliges Geloben kann ein S. werden Spr 20,25, während die Weisheit lehrt, S.e zu meiden 13,14. Paulus will mit seinen Weisungen nicht einen S. um den Hals legen, nicht vergewaltigen, sondern helfen 1Kor 7,35. *Schl*

Stroh. Die Halme des Getreides, die vom Dreschschlitten zerkleinert waren, dienten als Futter 1Mose 24,25.32; Ri 19,19; 1Kö 5,8; Jes 11,7; in die Lehmziegel wurde S. hineingeknetet 2Mose 5,7ff. S. ist ein Bild des Wertlosen Hiob 41, 19; Jes 33,11; Jer 23,28; 1Kor 3,12, in seinem Brennen Joel 2,5 ein Bild des Gerichts Jes 5,24; Ob 18; Mal 3,19. *Schl*

Strom. Als S. kennt die HS vor allem den → Nil (→ Schihor) und den → Euphrat, die beide „der Strom" heißen. In seinem raschen Lauf wird der S. zum Bild ungestümer Macht Jes 59,19, aber auch der Vergänglichkeit Ps 90,5, vgl. Hiob 14, 11, in seiner Fülle ein Bild des Segens Ps 36,9;

Sir 39,27, einer Fülle von Weisheit Spr 18,4, Frieden Jes 48,18; 66,12, Gerechtigkeit Am 5, 24, aber auch großer Not Ps 124,4. Von einem Leben spendenden S. weiß die Prophetie Hes 47,1 ff; Offb 22,1 f, wie denn von dem Glaubenden ein S. des Lebens ausgeht Jo 7,38. *Schl*

Stückwerk. Nach 1Kor 13,9-12 bleibt unsere geistgeschenkte Erkenntnis, bleiben auch prophetische Aussagen nach Inhalt und Art unvollkommen, können der Wirklichkeit Gottes nicht entsprechen und werden darum auch vergehen, wie alles in dieser Welt nur vorläufig und vergänglich ist; aber Gott wird Besseres schenken, wird zu voller Erkenntnis Jo 14,20 und zum Schauen 2Kor 5,7 führen. *Schl*

Stufe. *1)* Im natürlichen Sinn von S.n am Thron Salomos 1Kö 10,19, an der Treppe von der Burg → Antonia zur nördlichen Tempelhalle Apg 21,35.40. In alter Zeit durfte ein Altar keine S.n haben 2Mose 20,26; anders wohl Am 9,1 und jedenfalls bei dem Altar Hes 43,17 (→ Sp. 45 f). Von S.n an der → Sonnenuhr 2Kö 20,9 ff. — *2)* Übertragen von Diakonen, die sich durch treuen Dienst eine edle S. erwerben 1Tim 3,13, Vertrauen und Autorität in der Gemeinde und zugleich für das innere Leben erhöhte Gewißheit und Freudigkeit des Glaubens; schwerlich ist hier an Auszeichnung im jenseitigen Leben zu denken. *Schl*

Stufenturm → Turm zu Babel.

Stuhl (so übersetzt Luther zumeist im AT „kisse" und im NT „thronos"). Gemeint ist der Herrscherthron, ein reich verzierter Armsessel (→ Sp. 785), ein Sinnbild königlicher Macht 1Mose 41, 40, dem im Orient der Untertan nur aufs Angesicht fallend, d. h. in „Proskynese" (Luther: „Anbetung" zB Mk 15,19) naht Hes 1,28; Hebr 1,6; Offb 4,10; 7,11. In Ägypten teilt der Erstgeborene den Thron des Vaters und hat somit Anteil an der Macht 2Mose 11,5. Der Glanz aber des Ersten, der die Dynastie, den Thron gegründet hat, haftet am Herrschersitz der Nachfahren 2Sam 7,12 ff. Daher „Thron Davids" Jer 13,13, der als solcher auch Thron des Messias ist Jes 9,6. Dem prophetischen Auge erscheint Gott auf dem Thron im Licht himmlischer Herrlichkeit Jes 6,1; Hes 1,26 oder später Christus zur Rechten des Thrones Gottes Mt 19,28; Apg 7,55; Hebr 8,1; 12,2. Ja, in Offb 4 u. 7 werden uns die gewaltige Szenerie und das hl. Drama um den Thron Gottes und um das „Lamm mitten auf dem Thron" geschildert. Hebr 4,16 aber gibt die Mahnung, schon jetzt dem „Thron der Gnade" zu nahen, damit wir bei Jesus, dem barmherzigen Hohenpriester, zur rechten Zeit Hilfe erfahren. *Luck*

stumm. Nicht sprechen können 2Mose 4,11 oder schweigen Ps 39,3; von Tieren Jes 53,7; 2Petr 2,16; von den heidnischen Göttern Hab 2,18 f; 1Kor 12,2. Der Weise soll für die Stummen und Unterdrückten eintreten Spr 31,8. Die Weisheit öffnet den Stummen den Mund zum Lobpreis Weish 10,21. Nach Mt 9,32 ff ist Stummheit durch Dämonen verursacht; wenn das Gottesreich anbricht, müssen sie weichen, und die Stummen werden geheilt, vgl. Mt 15,30; Jes 35,5 f. Jesus gebietet den unreinen Geistern zu verstummen Mk 1,25 par., desgleichen Wind und Meer Mk 4,39. → taub. *Oßw*

Süden → Himmelsrichtungen.

Südwind. Wie der Ostwind, ist der S. in Palästina heiß und trocken Hiob 37,17; Lk 12,55 und führt, wenn er heftig weht, Staub aus der Wüste mit. Er weht jedoch nicht oft und wird in der HS nur selten erwähnt. Der Südwestwind bringt am meisten Regen. *v. d. W.*

Sühne, Sühnemittel → Opfer, → versöhnen.

Sünde, sündig.
I. S. im AT. 1) Begriff der S. 2) Vorgang und Wesen der S. 3) Ursprung und Allgemeinheit der S. 4) Folgen und Aufhebung der S. — II. S. im NT. 1) Der Heiland der Sünder. 2) Die Rechtfertigung des Sünders. 3) Ohne S.?

Mit dem Wort S. umschreibt die HS das ganze Dasein des seinem selbstherrlichen, widergöttlichen Leben schuldhaft verfallenen Menschen. Seiner Verlorenheit gilt die Frohbotschaft der Bibel. Man kann das oft mißdeutete Wort S. nicht durch ein unverkennbareres ersetzen. Aber es wird eine bleibende Aufgabe sein, es in seinem bibl. Sinn freizuhalten von Versuchen, den überall erkannten Zwiespalt im Menschen anders zu deuten und zu lösen, als dies in der Offenbarung der Bibel geschieht.

I. S. im AT. 1) Begriff der S. Das hebr. AT hat für den Vorgang der S. eine Vielfalt von Worten, die in der griech. Übersetzung der Septuaginta und ihr nach im NT zumeist in *ein* Wort zusammengefaßt sind, das Luther mit S. wiedergibt. (Der ursprüngliche Sinn des deutschen Wortes ist ziemlich sicher nicht „Absonderung", vgl. das geographische Wort „Sund", so anschaulich diese Ableitung an sich wäre, vgl. Friso Melzer, Der christl. Wortschatz der deutschen Sprache, 1951, S. 449; danach handelt es sich um ein Verhalten, dessen man sich schämen muß.) Das Ringen um den sachgemäßen Ausdruck dessen, was in der S. zwischen Mensch und Gott geschieht, spiegelt sich in hebr. Worten, die *„sich verfehlen"* — oft unwissentlich 3Mose 4 — oder *„sich vergehen"* — mit böser Absicht, als Schandtat 1Mose 34,7 — oder *„sich auflehnen"* in Rebellion gegen Gott Jes 1,2 bis hin zum Haß 2Mose 20,5; 5Mose 5,9 bedeuten. Während das erste Wort den objektiven Tatbestand und seine Folgen meint, ist vor allem das letzte Wort in der Botschaft der Propheten aufschlußreich für den eigentlichen Sinn.

Im alten Israel steht die im Kultus verankerte

hl. Ordnung, gegen die man sich versündigt, im Vordergrund; doch sind auch die sittlichen und sozialen Lebensbereiche mit eingeschlossen, die dann bei den Propheten angesichts einer kultisch getarnten S. hervortreten. Immer steht dabei auf dem Spiel die verbindliche Ordnung Gottes, in die hinein das Volk und der Einzelne durch alle Lebensbereiche hin als in ihre Lebensgrundlage verpflichtet sind. Wegzeichen wie die Zehn Gebote orientieren den auf Irrwegen in die Verlorenheit Geratenen. Das Ausbrechen aus dieser Ordnung, die S., ist Bruch eines Treueverhältnisses und berührt die Existenz als solche Jer 2,11; 8,7. Die einzelnen Versündigungen, wie sie 5Mose 27,11 ff; Ps 15; Hiob 31 aufgezählt werden, sind Variationen einer in sich zusammenhängenden Verwirrung, die niemand ganz überschaut Ps 19,13; 51,8; 90,8.

2) Vorgang und Wesen der S. Wie es zur S. kommt und was S. ist, erzählt abseits von theoretischen Erwägungen 1Mose 2 u. 3 in einzigartig durchleuchtender Weise. Die Erzählform schildert in einer Reihe knapp und scharf gezeichneter Vorgänge, was im Sündigen geschieht und geschehen ist, als es seinen Anfang nahm. An der Grenze, die dem in Gottes gute Ordnung verpflanzten Menschen gezogen ist, entzündet sich das Verlangen nach einem über diesen begrenzten Lebensraum hinausgreifenden Dasein. Das gehorsame Sicheinfügen in ein reich ausgestattetes Lehensverhältnis zu Gott erscheint als Enge, die dem Menschen vorenthält, was ihm zusteht. Klug werden, wissen, was gut und böse ist, und von daher sein Leben aufbauen nach eigenem Gutdünken, sein wie Gott: das sind Verzauberungen, denen der Mensch erliegt. Sie werden an ihn herangetragen; die Schlange verkörpert die verführerischen Stimmen, die ihn Gott zu entfremden suchen und sein Selbstgefühl durch alles hin in den Konflikt mit Gott hineintreiben, in angeblich unermeßliche Möglichkeiten. Damit aber ist die zwiespältige Haltung gegen Gott und gegen sich selbst, den Menschen Gottes, charakteristisch geworden für das Lebensgefühl und den Lebenswillen des Menschen. Das nimmt dann bis 1Mose 11 und durch die ganze Bibel hin alle möglichen Formen der S. an. S. ist kein Allgemeinbegriff, sie hat immer ganz konkrete Kennzeichen. Aber nicht die einzelne S., sondern was in ihr sich auswirkt, macht ihr Wesen aus. Ps 51,6 unterscheidet bis in die verschwiegensten Regungen und die flagrantesten Bosheiten hinein das Urteil der Bibel von aller andersartigen Beurteilung des Menschen und seines Tuns.

3) Ursprung und Allgemeinheit der S. Das Geheimnis des Bösen in der guten Welt Gottes bleibt in der HS als Geheimnis stehen. Sie sieht in der S. eine Frage an den Menschen und nicht an den Schöpfer, an dessen → Güte, → Gerechtigkeit und → Heiligkeit zu glauben er alle Ursache hat, auch wo Gottes Wege unerforschlich sind. Man muß im Auge behalten, daß der Anlaß der HS, von der S. zu reden, die Gnade Gottes ist. Daß der Mensch in seiner Zerspaltenheit nicht hängenbleiben und zugrunde gehen muß, ist bibl. Botschaft an ihn.

Ursprünglich ist die S. nicht; sie ist geschehen und ihr Schuldcharakter ist offenbar. Damit aber, daß sie in Gang gekommen ist, ist sie Wesensbestand des Menschen geworden. Soweit die Menschheit zurückdenken kann, ist sie in dieses Zerwürfnis mit Gott mitverwickelt Jes 43,27; 1Mose 6,5; 8,21; Jer 13,23; Ps 14,3; 143,2; Hiob 14,4; 15,14; 25,4. Das erkennt Jesaja in seiner Berufung 6,5; er kann sich nicht ausnehmen, wenn er sein Volk Schuld auf Schuld häufen sieht 5,18. Wir sind in S.n geboren Ps 51,7, nicht in einem Erbgang, mit dem wir uns als mit einer tragischen Anlage rechtfertigen könnten. Wohl ist ein kollektives S.ndenken dem AT weithin eigentümlich; ein ganzes Volk leidet unter der gemeinsamen S. 3Mose 4,13 f; 5Mose 21,1 ff; Am 9,8; Jer 4,22 u. ö. Die Geschichtsschreibung des AT sieht darin einen Grundzug des geschichtlichen Verlaufs. Andererseits richtet sich zB Hes 18 ganz an den Einzelnen, der für sich Gott verantwortlich ist.

Hiob 1,1 oder Ps 1,1 ff sind übrigens nicht einzelne helle Stellen in einem dunklen Gemälde. Das Menschenbild des AT ist realistisch, aber nicht pessimistisch. Oft rühmen die → Psalmen das reine, untadelige Leben. Das meint nicht Sündlosigkeit; auch seine hervorragenden Gestalten — Abraham, Mose, David u. a. m. — schildert das AT in ihrer zwiespältigen Menschlichkeit. Die Unterscheidung von Sündern und Gerechten schließt noch nicht den selbstgerechten Sinn ein, → Gerechtigkeit.

4) Folgen und Aufhebung der S. 1Mose 3,7 ff ist die Auswirkung der S. ein wesentlicher Teil der Erzählung. Den Zusammenhängen von S. und → Strafe — oft ist es dasselbe Wort —, ihrer das ganze Leben zersetzenden Kettenreaktion geht das AT mit besonderer Aufmerksamkeit nach Spr 8,36; 14,34; 28,17 f. Auch der unwissentliche Verstoß hat seine unerbittlichen Folgen 1Mose 20; 3Mose 5,2 f. 17; 5Mose 21,1 ff. Doch ist in 1Mose 3 wie in der Gerichtspredigt der Propheten der offenkundig schuldhafte Zusammenhang wesentlich Jes 5,13; 30,16 (darum!). Die innere Zerrüttung — Scham, Furcht, Entfremdung gegen Gott und untereinander — und das belastende Verhängnis über dem ganzen Lebensstand bis hin zum Vermodern in der Erde folgt auf den Sündenfall. Daß das kausale Erklärenwollen des Menschenloses aus der S. den Glauben auf schwerste Proben stellen kann, sagt das Buch Hiob und Ps 73.

Die Güte, Treue und Barmherzigkeit Gottes gibt den sündigen Menschen nicht verloren 2Mose 34,7; 4Mose 14,18; Jer 32,18; Ps 32,1 f; 103,3; 130,4. 1Mose 3 endet nicht im Fluch. „Aus der Tiefe rufe ich, Herr, zu dir" Ps 130,1; 51,3 ff. Aber der Weg in die Heilsgewißheit des sündigen Menschen blieb im AT zuletzt doch eine offene Frage. Daß Wiedergutmachung durch irgendeine Leistung nicht zum Ziel führt, haben die Propheten klar erkannt. Ohne eine radikale Erneuerung ist nichts zu hoffen. So richtet sich der Blick auf das Eingreifen Gottes Jer 31, 33f; Ps 130,7f oder dann schließlich, auf das NT hinüberweisend, Jes 53,5f. 12.

Israel hat dann doch in seiner Spätzeit vor Christus noch einmal mit einem fanatischen Eifer den Bann der S. selbst zu brechen versucht. Die hl. Gemeinde, die das Gesetz hält und sich von den Sündern streng scheidet, alle Verunreinigung von sich fernhält, muß die Wendung herbeizwingen, mag die S. auf jeden lauern wie die Schlange, wie der Löwe Sir 21,2f; 27,11. Die Allgemeinheit der S. wird festgehalten, aber sie ist ein Zustand, mit dem man fertig werden kann. Der Nachdruck fällt auf die Beurteilung der einzelnen S. und ihre kasuistische Einschätzung. Ein selbstgerechter Hochmut hindert eine wirksame Sündenerkenntnis. Das ist die Situation, in die Jesus eingetreten ist.

II. S. im NT. 1) Der Heiland der Sünder. Jesus bejaht mit dem Bußruf an alle beim Beginn seiner Wirksamkeit die Allgemeinheit der S. Der Mensch ist seinem Wesen nach Sünder Mt 15,19; 17,17; Lk 11,13. Gut ist nur einer Mt 19,17, vgl. Jo 3,19f; 8,7. Daß Jesus gelegentlich die jüd. Aufgliederung in Gerechte und Sünder beibehält Mt 9,13, ändert daran nichts; Mt 5,20; 23; Lk 18,14 sagt, wie er über die Gerechtigkeit der „Gerechten“ urteilt. Er stellt sich betont zu den Sündern Mt 9,11; 11,19; Lk 7,34; 15,7, ohne sich irgend jemand zu versagen Jo 3; Lk 19,1ff. S. ist Verachtung Gottes Mt 22,5, schuldhafter Aufruhr gegen die Sendung des Sohnes Mt 21,39. Man kann die Schwere der S. nicht am Schicksal ablesen Lk 13, 2ff; Jo 9,2f. Es gibt kollektive S. Mt 11,20ff; Lk 13,34, die in der nun angebrochenen Entscheidungszeit erst recht schwer wiegt — so bes. im JoEv 8,24; 9,41; 15,22. 24; 16,8f, vgl. Lk 5,8; 12,47f; Apg 17,30.

Gottes Vergebungsbereitschaft bezeugt Jesus im Gleichnis unvergeßlich Lk 15,11ff; Mt 18, 23ff. Er spricht die Vergebung selbst in Vollmacht zu Mt 9,2; Lk 7,48. Doch kann niemand auf diese vergebende Gnade pochen und sie doch bewußt in den Wind schlagen Mt 12,31; Lk 12,10. Jesus ist selbst von S.n frei Jo 8,46; 9,16, vgl. 2Kor 5,21; 1Jo 3,5; 1Petr 2,22; Hebr 4,15 und macht als Gottes Lamm Jo 1,29 durch sein Wort und Werk von S.n frei Mt 1, 21; Mk 10,45; Jo 3,16; 8,34ff.

2) Die Rechtfertigung des Sünders. Paulus hat nun die durch Christus entstandene neue Lage für die sündige Welt theologisch durchgedacht. Alle Welt ist vor Gott schuldig Röm 3,9. 19. 23; 5,12. Der zu allen durchgedrungene → Tod wie die beschämende Frucht der S. als ihre Folge zeigen das an Röm 6,21. 23; 1Kor 15,56; Röm 1,29ff. Paulus, der einstige Pharisäer, stellt sich ausdrücklich in die Reihe der Sünder 1Tim 1,15; 1Kor 15,9; Gal 1,13; Phil 3,6. Die S., von der Paulus meist als von einer einheitlichen, despotischen Macht spricht, ist nicht ursprünglich; sie ist durch den Menschen in die Welt gekommen Röm 5,12. Ihr Herrschaftsgebiet ist der → fleischliche Mensch Röm 7,5, der der S. dienen muß Röm 6,16ff. Das ist zugleich in der durch Christus entschleierten Sicht Empörung gegen Gott Röm 8,7; 1,21, die auf das Ende zu in dem „Menschen der S., der sich über alles, was Gott heißt, überhebt“, sich vollends aufbäumen wird 2Thess 2,3f; 2Tim 3,2ff. Konsequent ist der Blick dabei auf Gott gerichtet: was nicht aus dem Glauben, aus der gehorsamen Bindung an Gott geht, das ist S. Röm 14,23.

Das → Gesetz — „heilig, recht und gut“ Röm 7,12f —, einst des Apostels eigener Weg zum untadeligen Leben Phil 3,6, ist im sündigen Menschen zur eigentlichen Kraft der S. geworden 1Kor 15,56. Was im Menschen schlummert, erwacht wie in 1Mose 3 an Gottes Gebot Röm 7,7ff. Der Mensch, auch wenn er voll guten Willens ist, kann sich nicht selbst erlösen. Er betreibt sein gesetzliches Leben im Wahn, er überwinde sich selbst. Diesen Wahn zerschlägt ihm die durch Christus sehend gewordene Selbstkritik Röm 7,14ff.

Nun ist aber durch das gehorsame Sterben Christi die Gnade „viel mächtiger geworden“ Röm 5,15ff. Christus ist der S. gestorben ein für allemal und hat den ihm im Glauben Verbundenen durch die Taufe in seinen Tod und in sein neues Leben mit hineingenommen Röm 6, 1ff. In ihm haben wir die Vergebung der S.n; wir können sie nicht eigenmächtig schaffen, fordern und holen wie unser gutes Recht Eph 1,7. Damit ist der bibl. Grundgedanke dessen, was S. heißt, klargestellt. So sehr unser gesamtes Dasein in uns und untereinander davon berührt ist, so bleibt doch alles, was uns darin bedrängt und verführt und was uns befreit, eine Sache zw. Gott und uns, die wir sein Geschöpf sind.

3) Ohne S.? Vor allem der 1. Johannesbrief geht der Frage nach, wie es nun um die S. der Gemeinde steht. „Wer aus Gott geboren ist, sündigt nicht, kann nicht sündigen“ 5,18; 3,9. Zugleich aber „ist die Wahrheit nicht in uns, wenn wir sagen, wir haben keine S.“ 1,8. Der Brief hält wie Paulus Röm 6,2. 7; 8,10, vgl. 1Petr 2,24 fest, daß für den, der im Glauben im neuen Leben der Gerechtigkeit lebt, die Herrschaft der S. gebrochen ist; er gehört seinem Herrn. In ihm weiß er sich als neue Kreatur, das Alte ist vergangen 2Kor 5,17. Aber das hat er auch jetzt nicht aus sich selbst als seinen unangefochtenen Besitz. Er lebt in der Vergebung und bedarf auch jetzt um seiner S. willen des Fürsprechers bei dem Vater 1Jo 2,1; 5,16. Wie das ganze NT warnt und mahnt der Brief 2,15ff u.ö., vgl. Jak 1,14f; Hebr 12,1, in der Gewißheit, daß der Sieg am Kreuz sich auswirken wird, wenn wir bei Christus bleiben 1Jo 1,7; 2,2; 3,5; 4,10, vgl. 1Petr 3,18; Hebr 7, 27; Offb 1,5. Mitten in der Welt, die im Argen liegt, hat der → Teufel sein Recht an die verloren, die Gottes Kinder sind 1Jo 3,1. 8; 5,18.

Lit.: Eichrodt, Theol. des AT, 1939, Teil 3, § 23; v. Rad, Theol. des AT, I, 1957, S. 157 ff. 262 ff; Bultmann, Theologie des NT, 1953, § 22-24; Kittel, Theol. Wörterbuch zum NT I, 1933, S. 267 ff; Brunner, Gott und sein Rebell, Rowohlts deutsche Enzyklopädie, 1958. *He*

Sündenbock → Versöhnungstag.
Sündenfall → Sünde.

Sünder, Sünderin. → Sünde. Zur harten Gerechtigkeit der Pharisäer gehörte es, die Übertreter der Gebote, die sich dem Anspruch ihrer Moral nicht beugten, als „Sünder" zu ächten, so die „Zöllner und Sünder" Mt 9, 11, die „Sünderin" Lk 7, 37. 39 u. ö. *Schl*

Sündopfer → Opfer.

Sukkoth, „Hütten" 1Mose 33, 17. *1)* Stadt in Gad Jos 13, 27, in der Gideon-Geschichte Ri 8, 5 ff genannt. In der Jordanaue, in der Gießerei von Adama (heute ed-dāmje) zw. S. und Zarethan ließ Salomo die Bronzegeräte für den Tempel gießen 1Kö 7, 46; 2Chr 4, 17. S., das tar'ela des Talmud, ist wahrscheinlich mit dēr 'alla nahe der Einmündung des Jabbok in das Jordantal, vgl. Ps 60, 8 = 108, 8, identisch. — *2)* S., der Name der zweiten Station der Israeliten auf dem Auszug aus Ägypten 2Mose 12, 37; 13, 20; 4Mose 33, 5 f, stellt wohl nur eine Hebraisierung des ägyptischen Ortsnamens tkw dar. Tkw-Sukkoth ist auf dem tell el-maschūṭa im Ostteil des wādi ṭumēlāt zu lokalisieren. *Rü*

Sukkoth-Benoth dürfte der verdorbene Name des babylonischen Götterkönigs Marduk und seiner Gemahlin Sarpanit sein, deren Kult durch die von den Assyrern nach Samarien verpflanzten Kolonisten mitgebracht wurde 2Kö 17, 30. *Peu*

Sulamith. Als Sunamitin, d. h. Einwohnerin des Ortes Sunem (heute sōlem) in der Ebene von Megiddo, werden die schöne Abisag 1Kö 1, 3 und die angesehene Frau 2Kö 4, 8 ff bezeichnet. Genauso deutet man vielfach die S. genannte Braut HL 7, 1; doch wird der Name auch als weibliche Form von Salomo verstanden; unwahrscheinlich ist die Erklärung als Name einer Göttin. *Fo*

Sumer, Sumerer, sumerisch. In der 2. Hälfte des 4. Jt. finden wir in Mesopotamien durchweg Dorfkulturen. Noch vor 3000 erscheint dort ein neues Volk, das wir S. nennen, deren Herkunft noch ungeklärt ist, die aber nicht aus der nahen arabischen Wüste gekommen sind. Sie siedelten im Mündungsgebiet der damals das Meer noch getrennt erreichenden Ströme Euphrat und Tigris. Es entstanden Stadtstaaten, deren Mitte der Tempel mit dem Tempelgut bildete. Alles Land mit seinen Menschen, Tieren und Pflanzen galt als Eigentum des jeweiligen Ortsgottes, dessen menschlicher Vertreter der „Lugal" = der große Mensch oder der Statthalter mit dem Titel „Ensi" war. Für die Tempelverwaltung schuf man die Keilschrift, die auf Tontafeln eingeritzt sich aus einer Bilderschrift immer mehr zur Silben- und Wortschrift entwickelte. Aus der frühsumerischen Zeit treten uns die Bauten der Stadt Uruk, in der Bibel Erech 1Mose 10, 10, entgegen. Der „Weiße Tempel" des Himmelsgottes Anu ist auf einer Hochterrasse errichtet, während sich das Heiligtum der Muttergöttin Inanna-Ischtar zur ebenen Erde erstreckt. Mit dieser Göttin verbindet sich der sagenhafte König Dumuzi, in der Bibel Tammuz, der mit ihr als Oberpriester und königlicher Hirte Hochzeit feiert. Zur Zeit der dort alles pflanzliche Leben vernichtenden Sommerdürre stirbt Dumuzi, um von der Göttin wieder aus dem Totenreich heraufgeführt zu werden, wenn der Beginn des Winterregens die Natur aufleben läßt. Der jeweilige Priesterkönig hatte alljährlich zu Neujahr dieses Mysterium des Stirb und Werde in symbolischen Handlungen zu vollziehen.

Die s.e Frühgeschichte wird nach der Ausgrabungsschicht Uruk IV, nach einem früher bedeutsamen Fundort Djemdet Nasr und nach einem Weihgeschenk des Königs Mesilim von Kisch in eine Uruk IV-, Djemdet Nasr- und Mesilimzeit geteilt. Unter Mesilim hat sich der Schwerpunkt der Kultur vom Süden in die nördlichere Gegend um Bagdad verlagert. Um 2500, in schon geschichtlicher Zeit, lernen wir die s.e Kultur bes. in der kleinen Provinzstadt Lagasch (Tello) kennen. Vom Ensi Eannatum stammt die berühmte Geierstele mit der Beschreibung eines Kriegszugs. Alles Leben in Lagasch stand im Dienst des Götterpaares Ningirsu und Baba. Doch zeigt sich gerade in Lagasch bald der Verfall des Ideals des reinen Gottesstaates. Es kommt zur folgenschweren Trennung zw. Tempel und Palast, Königtum und Priestertum und zu sozialer Differenzierung. Noch einmal versucht der Statthalter Urukagina die alte Ordnung durch eine Sozialreform wiederherzustellen ... „die Kinder von Lagasch befreite er von Dürre, von Diebstahl, von Mord und setzte ein die Freiheit. Der Waise und Witwe tat der Mächtige kein Unrecht". Aus dieser Zeit dürften auch die Schachtgräber des Königsfriedhofs von Ur stammen. Dort müssen nach den Funden eine Anzahl lebender Menschen mit dem königlichen Toten begraben worden sein, dem sie freiwillig in den Tod folgten, um mit dem Verstorbenen als Tammuz zu neuem Leben zu gelangen. Am Ende der s.en Zeit gründete der König Lugalzaggisi von Umma ein großsumerisches Reich, indem er alle Länder vom Persischen Golf bis zur Mittelmeerküste eroberte. Dieser dem S.tum wesensfremde Rettungsversuch mußte auf die Dauer ohne Erfolg bleiben. Das semitische Akkadertum, das allmählich aus der Wüste in das Kulturland übergetreten war, machte um 2350 unter Sargon I. dieser Reichsbildung ein Ende. Lugalzaggisi aber endete in einem Käfig vor dem Tor des Elliltempels in Nippur.

Nach dem Ende des Reiches von Akkad und während der Fremdherrschaft der Gutäer über das mittlere Mesopotamien blieb der s.e Raum weithin frei, so daß es dort in der Zeit zw. 2050 bis 1950 zu einer Renaissance des S.tums kam. In dem verschont gebliebenen Lagasch konnte der Ensi Gudea die altsumerischen Ideale des Gottesstaates verwirklichen. Wieder diente alles Schaffen des Menschen dem Gott Ningirsu. Mit der Hauptstadt Ur entstand noch einmal ein großsumerisches Reich unter den Königen Urnammu und Schulgi; dieser nennt sich „König der vier Weltgegenden"; sein Einfluß reichte bis Nordsyrien und Kappadozien. Dieser Reichsbildung machten die Elamiten und Westsemiten ein Ende. Aber s.e Religion und Kultur wirkten im Zweistromland nach; selbst die s.e Sprache blieb altheilige Kultussprache. Noch der Großkönig und Bibliothekar Assurbanipal (686-626) rühmt sich, das Sumerische lesen und übersetzen zu können. *Peu*

Sunamitin → Elisa, → Sunem.

Sunem, Stadt in Isaschar Jos 19,18, nördlich von → Gilboa 1Sam 28,4; heute sōlem etwa 5 km nordnordöstlich von Jesreel. Aus S. stammte →Abisag 1Kö 1,3. 15; 2,17. 21 f; sie wird letztlich mit der Sulamith(in) von HL 7,1 gemeint sein. Bei einer anderen Einwohnerin von S. pflegte Elisa einzukehren; er verhieß ihr einen Sohn und erweckte diesen schließlich vom Tode 2Kö 4,8. 12. 25. 36. *Rü*

Susa, die einstige Hauptstadt des Staates Elam am Fluß Ulai, heute Disful-Karun, vermittelte den Verkehr zw. dem Persischen Golf und dem Iranischen Hochland. Schon in frühsumerischer Zeit findet sich dort eine zT von dem benachbarten → Sumer beeinflußte Hochkultur. Großkönige wie Sargon d. Gr. und Hammurabi beherrschten S. Der Staat Elam erlebte nach 1200 den Höhepunkt seiner Macht; damals hat man viele Denkmäler des Zweistromlandes nach S. verschleppt. So fand sich dort bei den seit 1897 vorgenommenen Ausgrabungen die berühmte Gesetzesstele Hammurabis. 639 vChr zerstörte der assyrische König Assurbanipal S. Später nahmen die zuerst von den Mederkönigen abhängigen Perser dieses Gebiet in Besitz. Persische Großkönige errichteten um den Burgbezirk von S. ihre Residenz, in der wir Nehemia finden Neh 1,1; Esth 1,2. 5; 3,15. *Peu*

Susanna. *1)* Von S., der frommen Frau des Jojakim, die schmählich verleumdet, aber durch die Weisheit Daniels gerettet wurde, erzählt der griech. geschriebene apokryphe Zusatz zu Daniels „Geschichte von S. und Daniel". — *2)* Eine sonst unbekannte Nachfolgerin Jesu Lk 8,3. *Schl*

Sychar, Ort der Begegnung Jesu mit der Samariterin Jo 4. Zur Lokalisierung des → Jakobsbrunnens nennt Johannes S. und nicht das näher gelegene und größere → Sichem, das damals zerstört und noch nicht wieder aufgebaut war. Nach byzantinischer Tradition (Euseb, Pilger von Bordeaux, Epiphanius, Madebakarte) lag S. 1000 Schritte von Sichem entfernt, gegenüber dem Garizim. Das paßt zum heutigen, 1 km nordöstlich von Sichem gelegenen Dorf ʿaskar, dessen Name vielleicht an das alte S. anklingt. *Me*

Syene, hebr. Sewene, heute Assuan, die südlichste Grenzstadt Altägyptens, am 1. Nilkatarakt gelegen. Als Brückenkopf am Ostufer des Nils galt sie als Kontrollstelle für den afrikanisch-ägyptischen Handel. In der Nähe von S. hat man in Steinbrüchen Rosengranit, Diorit und Basalt geschlagen und auf dem Nil nach Norden verschifft. Gegenüber S. liegt die Insel Elephantine Hes 29,10; 30,6. *Peu*

Sykomore → Maulbeerbaum.

Symbolische Handlungen. Außer der Verkündigung ihrer Sprüche haben die Propheten öfters sog. s. H. ausgeführt. In ihnen stellen sie bildhaft-symbolisch etwas dar, das sich in Zukunft — meist als Folge des göttlichen Handelns — wirklich ereignen soll. Hosea und Jesaja haben ihren Kindern → symbolische Namen gegeben. Jesaja ist in der Tracht von Kriegsgefangenen umhergegangen Jes 20, Hesekiel mit dem Gepäck von Deportierten aus seinem Hause gezogen Hes 12,1-11, um künftige Gefangennahme und Deportation anzukündigen. Jeremia hat öffentlich einen Krug als Symbol des Untergangs Jerusalems zerbrochen Jer 19 und ein Joch als Mahnung zur Unterwerfung unter Nebukadnezar getragen Jer 27. Vgl. ferner die Berichte 1Kö 11,29-39; 19,19-21; 22,11; 2Kö 13,14-19; Hos 1; 3; Jes 7,3; 8,1-4; Jer 13,1-11; 16,1-9; 28,10 f; 32,1-15; 43,8-13; 51,59-64; Hes 4 f; 12,17-20; 21,11 f. 23-29; 24,1-14. 15-24; 3,22-27 u. 24,25-27 u. 33,21 f; 37,15-28; Sach 6,9-15. All diese s. H. sind tatsächlich ausgeführt worden, wie die gelegentlichen Bemerkungen darüber, die erstaunten Fragen der Leute und die Antworten der Propheten zeigen. Sie sind bewußt und mit klarem Wissen, absichtlich und zu bestimmten Zwecken ausgeführt worden und nicht einem unbewußten Trieb, einer Laune oder Stimmung entsprungen.

Die s. H. sind eine prophetische Verkündigung durch die Tat neben derjenigen durch das Wort. In stärkerem Maße als dieses betonen sie, daß die prophetische Verkündigung eine Wirkung ausüben soll. Denn ursprünglich liegen ihnen magische s. H. zugrunde, durch deren Ausführung man das in ihnen Dargestellte erreichen zu können glaubte. Obwohl sich unter diesen zahlreiche Beispiele finden, die den prophetischen s. H. sehr ähnlich sind, besteht doch ein grundlegender Unterschied. Denn für die Propheten liegt die Gewißheit dafür, daß das angekündigte Geschehen sich verwirklichen wird, nicht in einer Zauberkraft, die der Handlung innewohnt, sondern in der Macht und im Willen Gottes, das durch die s. H. Verkündete wahr und wirklich werden zu lassen. Deshalb finden sich in den Berichten oft der Befehl Gottes zur Ausführung der s.H. und seine Zusage zur Verwirklichung des darin angekündigten Geschehens. So spricht aus den s.H. die Gewißheit der Verwirklichung des von Gott geplanten Heils oder Unheils und der Herbeiführung des künftigen Geschehens durch die Vornahme der Handlung.

Lit.: G. Fohrer, Die s. H. der Propheten, 1953. *Fo*

Symbolische Namen. Nach alter Auffassung ist der Name ein wesentlicher Bestandteil der Persönlichkeit und entspricht dem Wesen, der Eigenart oder dem Geschick seines Trägers. Daher sind s.N. Zeichennamen, an denen man dergleichen erkennt oder aus denen man es erschließt. Als s.N. im weiteren Sinn gelten in Jes 10,27-32; Mich 1,10-15 die Namen von Ortschaften, aus denen mittels → Wortspielen das Schicksal abgelesen wird, das den Orten vom Feind droht. Vielfach bietet die Bibel auch volkstümliche Erklärungen bekannter Namen, die dadurch nachträglich symbolischen Charakter erhalten: Babel 1Mose 11,9, Abraham 17,5, Zoar 19,22 und Gilgal Jos 5,9. Die s.N. im engeren Sinn finden sich in den prophetischen Büchern des AT. Hosea nennt seine Kinder „Jesreel“ (vgl. 2Kö 9,24 ff), „Nicht-Erbarmte“ und „Nicht-mein-Volk“ 1,2-9 als Ankündigung des Gerichts über Israel. Jesaja nennt einen Sohn „Eilebeute-Plünderschnell“, um den Untergang von Damaskus und Samaria anzukündigen 8,1-4, einen anderen Sohn „Der Rest, der umkehrt“ als Ausdruck der möglichen Rettung Judas 7,3. Dem Oberaufseher über die Propheten Paschchur droht Jer 20,3 f durch die Änderung seines Namens das „Grauen“ an. Wie das Volk seiner Heilserwartung durch den Namen „Immanuel“ Ausdruck verleiht Jes 7,14, so legen jüngere Prophetenworte dem messianischen König Jes 9,5; Jer 23,6; Sach 6,12 oder dem endzeitlichen Jerusalem Jes 62,4 s.N. bei. Entsprechend erhält Jesus seinen Namen als derjenige, der sein Volk selig macht und „Gott mit uns“ ist Mt 1,21.23. In seinem Namen ist die Fülle der göttlichen Gnadengaben für die Welt beschlossen Mt 12, 21; Apg 4,12; 1Kor 6,11, so daß der Christusname der gute Name ist Jak 2,7, nach dem die Glaubenden Christen heißen Apg 11,26. *Fo*

Synagoge. *1)* Bis in die exilische Zeit reicht die Unterweisung im Gesetz zurück, die im Sabbatgottesdienst durch Gemeindeglieder im freien Wechsel weitergegeben wird. Hauptstücke dieses Gottesdienstes sind das Rezitieren des schᵉmaʿ, das Gebet, die Verlesung des Abschnittes aus der Thora und den Propheten und der priesterliche Segen. Dazu kommt noch die Übersetzung des Gelesenen und der Lehrvortrag, der eine besondere Bedeutung gewinnen kann Lk 4, 16-30. Mose hat seit alter Zeit in allen Städten seine Verkündiger, weil er ja in den Synagogen an jedem Sabbat vorgelesen wird Apg 15,21. Mit dem Niedergang der priesterlichen Autorität und der Zerstörung des Tempels gewinnt das Lehrhaus (= Gebetsstätte) immer größere Bedeutung. Um dies Lehrhaus, das sich in jeder Stadt befinden soll, gruppiert sich eine bestimmte Ortsgemeinde, die weithin mit der bürgerlichen Lebensform identisch ist; in gemischter Bevölkerung kann sie allerdings als glaubensmäßiger Zusammenschluß erscheinen. Jede Synagoge hatte eine feste Organisation (Vorsteher, Almosenpfleger, Diener); in großen Städten gab es mehrere oder viele Synagogen, die untereinander selbständig blieben (Jerusalem, Alexandria, Rom). Die Verwaltung und Rechtspflege lagen in den Händen der Ältesten, so daß sie auch Bann und Ausschluß aus der Gemeinde aussprechen konnten Lk 6,22; Jo 9,22; 12,42.

Die Synagoge von Kapernaum, wohl aus dem 2.Jh. nChr, im griech. Stil, vermutlich auf der Stelle einer älteren Synagoge.

a) Eine Rekonstruktion des Äußeren mit drei Eingängen in die dreischiffige Halle und einer Hofanlage.

2) Das Lehrhaus befand sich in der Diaspora häufig außerhalb der Stadt, oft in der Nähe von Flüssen oder am Meer, um die notwendige Reinigung zu ermöglichen Apg 16,13. Größe und Bauart waren verschieden; berühmt war die große Synagoge von Alexandria. Lehrreich sind die Reste der Synagogen in Galiläa, die bis ins 2. christl. Jh. zurückreichen und den Einfluß hellenistischen Baustils und entsprechender Ornamentik verraten. Die Bedeutung einer Synagoge zZ Jesu wird am besten durch die Theodotus-Inschrift erhellt, die während der Ausgrabungen in Jerusalem entdeckt wurde. Die synagogale Kunst wird durch die Ablehnung des Götzendienstes und der Götterbilder bestimmt. Das zweite Gebot konnte entweder als Verbot jeder plastischen und figürlichen Kunst verstanden werden, wie es in der Orthodoxie geschah, oder aber als Ausdruck des Kampfes gegen den Götzendienst, so daß ungefährliche Darstellungen erlaubt waren. Während die ältere Zeit sehr vorsichtig war, finden wir seit Anfang des 3.Jh. in größerem Maß Darstellungen von Tier und Mensch sowie heidnische Motive. Erst im 7.Jh. kam es zu einem Gegenschlag und zur Zurückdrängung der Bilder und Motive. Das eigentliche Symbol des Judentums ist der siebenarmige Leuchter. Zum Gemeinde-

b) Ein Versuch, das Innere der Synagoge anschaulich zu machen: Der Blick geht zur Eingangsseite; vor der mittleren Türe zwei Nischen für die Thora-Rollen, davor zwei siebenarmige Leuchter; an den Wänden der Seitenschiffe Bänke; über den Seitenschiffen die Emporen für Frauen. An der Seite der Hof mit einem Säulengang und einem Wasserbecken. Abb. der Ruinen der Synagoge → Tafel 25, 26.

gottesdienst wird die Mindestzahl von 10 Männern (über 13 Jahren) erforderlich.

3) Wichtig ist die Frage nach dem Einfluß von Gottesdienst und Verfassung der S. auf das

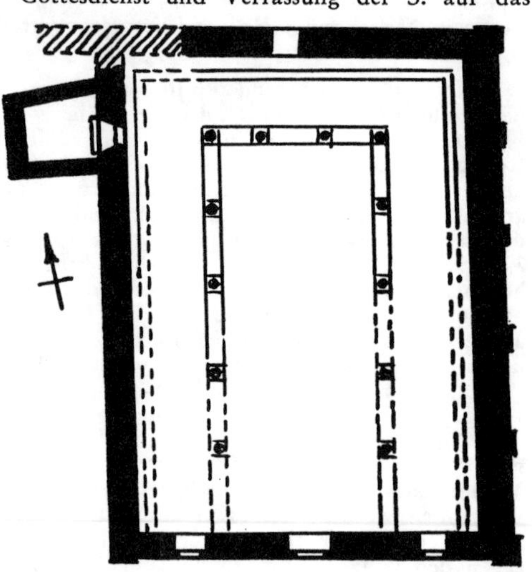

Grundriß der Synagoge von Chorazin
Der Langraum ist durch Säulen in drei Schiffe geteilt; ihnen entsprechen eine breite mittlere und zwei seitliche Türen. Von außen führte ein Treppenaufgang auf die Empore über den Seitenschiffen, die für die Frauen bestimmt war.

werdende Christentum. Teilweise ist die Übernahme älterer Formen, teilweise ihre Umbildung und Abstoßung festzustellen. Für die Kirchenväter ist weithin „Synagoge" der charakteristische Ausdruck für die jüd. Gemeinde im Unterschied von der christl.; doch behielten ebionitische Kreise (→ Ebioniten) mit besonderem Nachdruck den Begriff auch für die eigene Versammlung bei (Epiphan. haer. 30, 18). Synagogales Gebetsgut ist weithin von der christl. Gemeinde übernommen worden; doch ist die zwölfte Bitte im Achtzehngebet bewußt eingeschoben worden, um die Scheidung von den „Verfolgern" und „Abgefallenen" zu vollziehen. Kirche und S. waren zuerst keineswegs voneinander geschieden; sie haben sich erst im Ablauf verschiedener geschichtlicher Stadien endgültig voneinander getrennt. Zunächst erschien die christl. Gemeinde wie eine messianische Sondersynagoge oder Genossenschaft innerhalb des Judentums; dann aber kam es zu Zusammenstößen grundsätzlicher Art, die den Gegensatz und die Scheidung klar herausstellten. Geistliche Provokationen auf der einen Seite, Gegenschläge auf der anderen haben den Weg dieser Geschichte bestimmt; die Auseinandersetzung über das Gesetz und die Herausstellung der Christologie sind seine theol. Kennzeichen. *Mi*

Synchronismus → Zeitrechnung.
Synedrium → Hoher Rat.
Synoptiker → Evangelien.

Syntyche, Christin in Philippi, samt → Evodia zur Bewahrung der Eintracht ermahnt Phil 4,2. *Kü*

Syrakus. Im Südosten Siziliens gründete Korinth 734 vChr an der Stelle einer älteren phönizischen Siedlung eine Kolonie, die eine der glänzendsten und größten griech. Städte wurde, nach zweijähriger Belagerung 212 vChr durch die Römer ihrem Reich eingefügt, heute Siracusa. Paulus weilte bei der Fahrt nach Rom drei Tage in S. Apg 28,12. *Schl*

Syrien. *1)* Geographisch betrachtet ist S. ein Landstrich an der Ostküste des Mittelmeers, der durch einen tiefen, von Nordosten nach Südwesten verlaufenden Einbruchsgraben (→Jordan) in zwei Teile geteilt wird. Den kleineren Südteil dieses Grabens nimmt der nach Süden fließende nahr el-līṭāni ein, der als nahr el-qāsimīje in westlicher Richtung durch das Gebirge bricht und nördlich von Tyrus in das Mittelmeer mündet. Den Nordteil beherrscht der nach Norden strömende Orontes (nahr el-ʻāṣi), der in Nordsyrien das Mittelmeer erreicht. Im Westen des syr. Grabens erhebt sich eine Kette bedeutender Gebirgszüge: von Süden nach Norden der → Libanon, das Nosairier-Gebirge (dschebel el-anṣārīje) und das Amanus-Gebirge. Jenseits dieser Gebirgskette liegt ein schmaler Küstensaum, der nördlich des → Karmel reich ist an natürlichen Häfen (→ Tyrus, Sidon, Byblos und Arwad). Die Erhebungen im Osten des syr. Grabens sind weniger ausgeprägt; am markantesten ist der Antilibanon (→Libanon) ganz im Süden. Östlich davon erstreckt sich die syr.-arabische → Wüste (3a).

2) In der Lutherbibel steht S. meist für Aram, Syrer für Aramäer. Aram bezeichnet ursprünglich eine Gemeinschaft von Stämmen, die im Laufe der Jahrhunderte in verschiedenen Gegenden seßhaft geworden sind. Um 1100 vChr, unter Tiglat-Pileser I., treten die Aramäer erstmals in das volle Licht der Geschichte. In der Folgezeit erlaubt ihnen die Schwäche des → Assyrerreiches die Bildung einer Reihe von Kleinstaaten, zunächst in → Mesopotamien (hierher gehört vielleicht das Beth-Eden [Luther: aus dem Lusthause] von Am 1,5), später auch in Babylonien (→ Chaldäer) und S. Hier, am Nordostrand Palästinas, nennt das AT die Aramäerstaaten von *Aram-Zoba* (Luther: die Syrer zu Zoba) 2Sam 8,3ff; 10,6ff zw. Antilibanon und syrisch-arabischer Wüste, *Aram-Beth-Rehob* (Luther: die Syrer des Hauses Rehob) 2Sam 10,6 am Ostrand des ʻadschlūn, *Geschur* 2Sam 15,8 am Nordende des dschōlān (→ Golan), *Maacha* 2Sam 10,6.8 zw. den Südenden von Libanon und Antilibanon und schließlich *Aram-Damaskus* (Luther: S. von Damaskus) 2Sam 8,5f. David gelang es, alle oder wenigstens den größten Teil dieser Kleinstaaten zu unterwerfen und als Provinz mit der Hauptstadt → Damaskus seinem Reich einzuverleiben 2Sam 8,3-8; 10,6-9. Schon unter Salomo setzte jedoch eine rückläufige Bewegung ein 1Kö 11,23-25, im Verlauf derer die unter Führung von Damaskus vereinigten Aramäer im 9. und auch noch im 8.Jh. vChr zu einer ernsten Gefahr für Israel (und Juda) wurden. Diese Gefahr wurde erst endgültig gebannt, als Tiglat-Pileser III. von Assyrien nach 745 vChr S. angriff. Zwar schloß Rezin von Damaskus ein Bündnis mit Pekach von Israel und versuchte, auch Ahas von Juda zum Anschluß an dieses Bündnis zu zwingen, um auf diese Weise der Macht der Assyrer eine Koalition der syr.-palästinischen Staaten entgegenzustellen (sog. syr.-ephraimitischer Krieg 735 bis 732 vChr). Aber der Versuch schlug fehl: Damaskus wurde 732 vChr von Tiglat-Pileser III. erobert und ebenso wie die anderen aramäischen Kleinstaaten zu einer Provinz des Assyrerreiches gemacht.

3) Das heutige S. ist eine Region innerhalb der Vereinigten Arabischen Republik (→ Ägypten) mit Damaskus (esch-schām) als Regionshauptstadt. Es hat bei einer Gesamtfläche von 184920 qkm eine Einwohnerzahl von 4770000. Mehr als 80% der Einwohner sind Mohammedaner; eine Minderheit von mehr als 500000 sind Christen der verschiedenen Konfessionen und Denominationen. *Rü*

Syrophönizien → Phönizien, → Syrien.

Syrte. Die „kleine S." (jetzt Golf von Gabes) und die „große S." (Golf von Sidra) sind Meerbusen an der Küste der Kyrenaika, die wegen ihrer Sandbänke und der seeräuberischen Anwohner gefürchtet wurden. Die Mannschaft auf dem Schiff des Paulus fürchtete, in die große, östliche S. zu geraten Apg 27,17. *Schl*

T

Taanach, kanaanitische Königsstadt Jos 12,21 am Wasser → Megiddos Ri 5,19, die vom 15. bis 12.Jh. vChr unter ägyptischer Oberherrschaft stand. Manasse beanspruchte T. für sich Jos 17, 11; 1Chr 7,29, konnte die Stadt aber nicht einnehmen Ri 1,27. Erst unter David kam T. in isr. Besitz, gehörte zum 5. Gau Salomos 1Kö 4, 12 und war später Levitenstadt in Manasse Jos 21,25; 1Chr 6,55 (lies T. statt Aner). — Von 1902-1904 führte E. Sellin in T., heute tell taʻannek 11 km nordwestlich von dschenīn, die ersten deutschen Ausgrabungen in Palästina durch. Sie zeigten, daß T. mindestens seit der mittleren Bronzezeit besiedelt war. Von den Einzelfunden sind bes. wichtig 12 Keilschrifttafeln in babylonischer Schrift und Sprache und das Siegel des Atanach-ili in babylonisch-ägyptischem Mischstil. *Rü*

Tabea (Tabitha), eine Christin in Joppe und große Wohltäterin, deren Name man „Gazelle" deutete Apg 9,36, wurde, als sie gestorben war, von Petrus zum Leben erweckt V. 40. *Kü*

Tabeera → Lustgräber, → Wüstenzug.

Tabor, weithin sichtbarer, schön geformter Kalksteinkegel im Süden des galiläischen Berglands, im Nordosten der Jesreel-Ebene, mit reicher Vegetation, absolute Höhe 562 m, relative Höhe 400 m. Das Plateau, von dem man einen herrlichen Ausblick genießt, mißt 1200×400 m. Gegen den kanaanäischen Kult auf dem T. wendet sich Hos 5,1. Auf die Erhabenheit des T. beziehen sich Ps 89,13; Jer 46,18. Auf dem T. sammelte → Barak seine Scharen Ri 4,6. Die auf dem Berg gelegene Stadt T. war Grenzpunkt zw. Sebulon und Isaschar Jos 19,22. Die seit dem 3. Jh. befestigte Stadt wurde 128 von Antiochus III., 100 vChr von Alexander Jannäus eingenommen und im jüd. Krieg von Josephus befestigt. Seit Origenes gilt der T., sicher zu Unrecht, als Berg der Verklärung, deren Andenken eine griech. und eine lat. Kirche ehren, letztere anstelle der byzantinischen Kirche aus dem 6. Jh. — Unbekannt ist, wo die Eiche T. 1Sam 10,3 stand. *Me*

Tachpanches wird oft für die ägyptische Stadt Daphne südwestlich von Pelusium gehalten; doch ist wohl der Raum zw. Tanis und Kantir in Ägypten darunter zu verstehen Hes 30,18; Jer 46,14. Dorthin flohen Judäer nach der Ermordung Gedaljas Jer 43,7. *Peu*

Täufer → Johannes der Täufer.

Tadmor = Palmyra, eine Oasenstadt, lag an der die syr. Wüste durchquerenden Piste zw. Mari am Euphrat und Qatna am Orontes. Diese schon um 1700 vChr bekannte Siedlung ist 2Chr 8,4 nicht gemeint. Nach der parallelen Stelle 1Kö 9,18 ist für T. → Thamar zu lesen, eine an der Südgrenze von Juda gelegene Stadt, die Salomo befestigte, um den Weg in die Araba, nach Ezjon-Geber, zu beherrschen. *Peu*

Tag. Gott hat Licht und Finsternis voneinander geschieden 1Mose 1,3-5 und hat dies im Noahsegen bestätigt und erweitert 1Mose 8,22. Im Vergleich mit Gottes Ewigkeit erscheint der T. als menschliches Zeitmaß. Darum sind 1000 Jahre vor Gott „wie ein T." Ps 90,1-4; 2Petr 3,8. Die Zeit als Summe aller irdischen T.e ist in Gottes Hand Ps 31,16; aber einzelne T.e sind vor ihm zu heiligen. Das gilt vom → Sabbat und den → Festen Israels 2Mose 20,9-11; 3Mose 23; Neh 8,9; 2Makk 10,1-8; Jo 10,22. Im NT tritt des „Herrn T." als T. des → Gottesdienstes in den Vordergrund 1Kor 16,2; Offb 1,10. Mehr als alle Vergangenheit und Gegenwart bewegt die Propheten für die Zukunft der → „T. des Herrn", an dem er erfüllt, was er ausrief Klgl 1,21. Dieser T. ist am ausführlichsten Am 5,18 ff beschrieben, weil hier politische Ereignisse mit der Drohung gegen Israel und Veränderungen an Himmel und Erde zusammenfallen, Vorzeichen, die bleiben, soweit die Offenbarung Gottes vorausschauen läßt Am 8,9; Jes 24,21; Sach 14,7; Mt 24,29; Offb 21,1; nur als Drohung gegen Israel sieht den T. des Herrn Joel 2,1 ff; Zeph 1.

Im NT wird der T. des Herrn als T. der Wiederkunft Christi in Herrlichkeit, zugleich seines Gerichtes erwartet, seines Gerichtes an der Gemeinde, am Apostel, natürlich auch an den Nichtchristen Jo 5,28 f; Röm 13,12; 1Kor 1,8; 2Kor 1,14; Phil 1,6.10. Oft heißt es T. des Gerichts, des Zorns, oder einfach „jener Tag" Mt 7,22; Röm 2,16; 2Petr 2,9; Offb 6,17. Im Vergleich ist mit T. die Erdenzeit Jesu gemeint Jo 9,4. *Nag*

Tag des Herrn, Tag Jahwes. *1)* Im *AT* bezeichnet der Ausdruck den großen kommenden Gerichtstag, an dem Gott sich sichtbar offenbart und Israel oder die Völker zur Rechenschaft zieht. Derselbe Tag wird auch Tag der Rache Jes 34,8, des Unheils Jer 17,16 f, des Verderbens 46,21 und der Heimsuchung 50,27; Mich 7,4 oder einfach der Tag Hes 7,5; 22,4; Ps 137,7 genannt und ist manchmal mit der mehrdeutigen Formel „an jenem Tage" gemeint. Davon unabhängig, aber wohl nicht unbeeinflußt ist der Ausdruck „sein Tag" als der Tag des Menschen (bes. des Frevlers), an dem sich sein Geschick vollendet 1Sam 26,10 (Luther: Zeit); Hes 21,30; Ps 37,13; Hiob 18,20.

a) Die Erwartung des T.s d. H. hat eine lange Geschichte. Ihre Wurzel liegt im Glauben der alten Zeit, daß Jahwe am Tag der Schlacht zugunsten Israels eingreift und ihm hilft Ri 5. Doch ist dieser Glaube schon vor der ältesten ausdrücklichen Erwähnung des T.s d. H. bei Amos zu einer umfassenderen Hoffnung erweitert worden, die gleichfalls eine Heilserwartung für Israel einschließt: Man glaubte, daß an einem solchen T. d. H. ein großes Licht aufstrahle, weil Gott in seinem wunderbaren Glanz sichtbar werde. Dazu zählte man die herkömmlichen Begleiterscheinungen der → Theophanie und erwartete diesen Tag als ein herrliches und glückseliges Ereignis, da die Katastrophe die Feinde Israels treffen, ihm selbst aber die heilvollen Wirkungen der Gotteserscheinung zugute kommen würden.

b) Die Propheten haben diese Erwartung umgewandelt. Amos verkündet, daß der T. d. H. für das sündige Israel nicht Licht (Heil), sondern Finsternis (Unheil) bedeutet 5,18-20 und das unentrinnbare Strafgericht bringt 2,16. Jesaja sieht als Folge der glanzvollen Theophanie am T. d. H. gleichfalls Verderben für Juda, wenn der Gewittersturm von den Bergen und Wäldern an der Nordgrenze Palästinas bis zum Roten

Meer im Süden dahintobt und gleichzeitig das Erdbeben wütet, so daß der auf Grund seiner Leistungen stolze und hochmütige Mensch mit seinen Werken vergeht 2, 12-17. Nach Zephanja werden die Sünder in Jerusalem das Gott bei der Theophanie am T. d. H. gebührende Opfer sein 1, 7-9; in immer neuen Wendungen beschreibt er das furchtbare Gericht 1, 14-16, das auch Hes 7, 5 ff. 10 ff für Juda und 30, 1-9 für Ägypten und seine Hilfsvölker androht.

c) An diese Drohungen knüpfen die späteren Propheten an, die die Vorstellung vom T. d. H. eschatologisch neu deuten. Nachdem sie das angedrohte Gericht im Untergang Israels und im Exil vollzogen sehen, erwarten sie für die bevorstehende Endzeit neues Heil für den → „Rest Israels" und Unheil für die gottfeindliche Weltmacht oder ein umfassendes Endgericht über die Völker. Zur Beschreibung dessen dient u. a. die Erwartung des T.s d. H. in Jes 13; 24; 34; Joel; Ob 15 ff; Sach 14. Danach wird sich ein grundlegender Umbruch der Zeiten ereignen, der zwar nicht das Ende der Welt überhaupt, wohl aber das Ende der durch eine gottfeindliche Macht bestimmten Weltzeit bedeutet. Dieser Umbruch bildet mit dem eschatologischen Endgericht die Voraussetzung für den Anbruch einer neuen, endzeitlichen Welt.

2) Die Verkündigung des bevorstehenden Weltgerichts durchzieht ebenso fast alle Schriften des *NT*. Von der gleichartigen Erwartung der jüd. Apokalyptik unterscheidet sie sich dadurch, daß sie das Gericht als nahe bevorstehend erwartet und seinen Vollzug wie die Rettung aus ihm an die Person Jesu Christi bindet. Die Ausdrucksweise ist mannigfaltig: Tag des Zorns Röm 2, 5; Offb 6, 17, des Gerichts 2Petr 2, 9 (vgl. Röm 2, 16), Gottes 2Petr 3, 12 (vgl. Apg 2, 20); der große Tag (Gottes) Jud 6; Offb 16, 14, jener Tag 2Thess 1, 10, der Tag 1Kor 3, 13. Abwandlungen oder Verkürzungen dessen sind die Redewendungen von der Stunde des Gerichts 1Jo 2, 18; Offb 14, 15. 17 oder vom Zorn Röm 5, 9; Kol 3, 6; 1Thess 1, 10 und Gericht Lk 11, 31.

a) Meist erscheint das Weltgericht ähnlich dem T. d. H. in der eschatologischen Prophetie des AT als ein gewaltiges endzeitliches Drama, in eindrücklichen Bildern ausgestaltet in Offb und gegen Zweifel verteidigt in 2Petr, verbunden mit der Mahnung zur Bereitschaft und der Warnung vor dem Lässigwerden, da die Frist bis zum Ende nur kurz ist und der Tag unvermutet kommen wird, und erweitert um die Erwartung der Auferstehung der Toten, da auch sie für ihre einstigen Taten zur Rechenschaft gezogen werden. Oft wird Christus als Weltenrichter genannt, gemeinsam mit Gott Eph 5, 5, als sein Stellvertreter Apg 17, 31, abwechselnd mit ihm 1Thess 2, 19 vgl. mit 1Kor 4, 5 und Röm 14, 10 vgl. mit 2Kor 5, 10 oder als der eigentliche Richter 2Tim 4, 1; 1Petr 4, 5. Zugleich damit erscheint er als der Retter und Heiland derjenigen, die zur Gemeinde der Glaubenden gehören Phil 3, 20; 1Thess 1, 9 f; 4, 15-18.

b) In anderer Weise versteht das Johannesevangelium das endzeitliche Geschehen dahin, daß es sich schon in der Gegenwart ereignet. Das Kommen und Gehen Jesu sind das eschatologische Ereignis und das Gericht über die Welt Jo 3, 1-21. 31-36; 4, 43-6, 59; 7, 15-24; 8, 13-20; 9, 39. Das Gericht spielt sich nicht als endzeitliches Drama ab, sondern vollzieht sich im Verhalten der Menschen zum Worte Jesu, so daß eigentlich nicht er der Richter ist, sondern das Wort, das er verkündet Jo 12, 47 f. So wird der Zwiespalt zw. der eschatologischen Naherwartung und dem immer wieder vergeblichen Harren auf den T. d. H. überbrückt.

c) Ganz abweichend davon bezeichnet Offb 1, 10 als T. d. H. den Sonntag, der als Auferstehungstag Christi schon früh zu gottesdienstlichen Versammlungen diente Apg 20, 7; 1Kor 16, 2. *Fo*

Tagereise → Maße.

Tagewähler. Das hier zugrunde liegende hebr. Wort meint eigentlich die „auf den Wolkenzug Achtenden" oder „Wolkenbeschwörer", also → Wahrsager, die nach altorientalischem Brauch für ihre Auftraggeber aus der Art der Wolkenbildung die Zukunft zu erschließen versuchten 3Mose 19, 26; 5Mose 18, 10. 14; 2Chr 33, 6; Jes 2, 6; Jer 27, 9. In Israel war diese Kunst wie alle Wahrsagerei streng verboten 5Mose 18, 10. 14. Im übertragenen Sinn ist das Wort Jes 57, 3 gebraucht. *Ste*

Taglöhner. Neben den Sklaven (→ Gesinde, → Knecht) und den Fronarbeitern gab es, jedenfalls in späterer Zeit, auch Lohnarbeiter, die in der Landwirtschaft Lk 15, 17, als Hirten Jo 10, 12, im Weinberg Mt 20, 2, beim Fischfang Mk 1, 20 um Lohn arbeiteten. Nach Mt 20, 2 war ein Taglohn ein Denar (etwa 70 Pf), nach 5Mose 15, 18 etwa das Doppelte der Verpflegungskosten eines Sklaven. Ob dreijährige Arbeitskontrakte üblich waren Jes 16, 14; 21, 16? Der T. sehnte sich nach dem Feierabend Hiob 7, 2; 14, 6; Mt 20, 12 und war nicht immer arbeitswillig Sir 37, 14. Ausbeutung der T. war nicht selten Jer 22, 13; Mal 3, 5; Sir 34, 27; Jak 5, 4. Da der T. von seinem Lohn lebte, schrieb das Gesetz Lohnzahlung noch am Abend vor 3Mose 19, 13; 5Mose 24, 14 f; vgl. Mt 20, 8. *Schl*

Tal. Das so stark zerfurchte Palästina hat eine große Zahl von Tälern, wie auch die hebr. Sprache verschiedene Ausdrücke kennt. Doch fließt in vielen Tälern Wasser nur zZ des Winterregens. Luther übersetzte zT auch „Grund" oder „Ebene", zB 5Mose 34, 3 für das Jordantal bei Jericho. *Schl*

Talent → Gewichte, → Maße.

Talmai. *1)* Ein Mann vom Geschlecht der Enakiter in Hebron 4Mose 13, 22; Jos 15, 14;

Ri 1, 10. — *2)* Der König von Gessur, Schwiegervater von König David 2Sam 3, 3; 1Chr 3, 2, bei dem sich Absalom während seiner Verbannung aufhielt 2Sam 13, 37. — *3)* Einer der Jünger Jesu hieß Bartholomäus; das ist die gräzisierte Form des Namens Bar T. = Sohn des T. *Bie*

Talmud. Der T. (= „die Lehre") ist das Sammelbecken, das das gesamte geistige Leben des Judentums am Ende der Antike aufnimmt. Schon im AT läßt sich aus gewissen Andeutungen schließen, daß bestimmte Bräuche bestanden, an die man sich hielt, ohne daß darüber schriftlich fixierte Normen bestanden hätten, und die mündlich von Geschlecht zu Geschlecht überliefert wurden. Mit der Zeit schwoll die Masse des überlieferten Gedankenguts beträchtlich an. Besonders die Zeit nach dem babylonischen Exil verwies die Juden auf das im AT offenbarte Gotteswort und die überlieferten Normen des Glaubens und Lebens. Vor allem unter dem Einfluß des Griechentums entwickelte sich das eigentliche jüd. Traditionsdogma, nach dem jeder rechtsgültige Satz dem Mose schon am Sinai offenbart worden ist, er mag in der Schrift stehen oder nicht, und daß jeder Satz der mündlichen Überlieferung, die in ununterbrochener Kette auf Mose zurückgeht, im Thorabuch angedeutet ist. Damit rückt die mündliche Überlieferung an die Seite der schriftlichen Thora, ja sie wird oft wichtiger als diese. Träger der Überlieferung war der Schriftgelehrte (Rabbi), der zu seinem Amt durch Handauflegung ordiniert wurde, und man pflegte sie in Lehrhäusern. Der Gegensatz zw. Sadduzäern und Pharisäern in NTlicher Zeit beruhte grundsätzlich darauf, daß diese die mündliche Überlieferung als verpflichtend ansahen, jene sie aber ablehnten. Aufgabe des Rabbi war, das Überlieferungsgut zu bewahren, zu sammeln, zu ordnen, es aus der Schrift zu begründen, es auf das ganze Leben anzuwenden und es an seine Schüler weiterzugeben. Geschickte Auslegung des Gesetzes erlaubte es, das sich stets wandelnde Leben in den Rahmen der Thora zu spannen. Der überlieferte Lehrstoff zerfiel in zwei Hauptteile: die Halacha und die Haggada. Die Halacha besteht aus dem lehrgesetzlichen Teil der Überlieferung, die Haggada aus dem erbaulich-erzählerischen. Wie nicht anders möglich, unterschieden sich mit der Zeit die einzelnen Rabbinen und ihre Schulen in manchem voneinander: im 1. Jh. nChr standen nebeneinander die strengere Schule Schammais und die mildere Richtung Hillels (eines älteren Zeitgenossen Jesu). Am Ende dieses Jh. wurde durch Diskussionen und Mehrheitsbeschlüsse im ganzen die Überlieferung der Schule Hillels zur Norm erhoben. Der Anfang des 2. Jh. brachte in Akiba und Jischmael zwei Schriftausleger und Traditionalisten großen Formats. Die Frucht ihrer Arbeit und derjenigen ihrer Schüler bestand einmal in einer Reihe von Auslegungswerken zum AT und in Sammlungen des überlieferten Lehrstoffs (zT schon in schriftlicher Form). Am Ende des 2. und zu Beginn des 3. Jh. sammelte und ordnete Rabbi Jehuda mit seinen Kollegen den Stoff, und diese „Mischna" (= überliefertes Gesetz) wurde zur Norm erhoben und schriftlich fixiert. Die Mischna zerfällt in 63 Traktate, die in 6 Ordnungen zusammengefaßt sind. Was nicht in der Mischna Platz fand, wurde zT in der sog. „Tosefta" (= Ergänzung) gesammelt. Aufgabe der folgenden Generationen von Schriftgelehrten war es, diese Mischna zu kommentieren und auch sie wieder auf das Leben anzuwenden. Dieser Aufgabe unterzogen sich einmal die Schulen in Palästina, aus deren Arbeit im 4. Jh. der sog. palästinische T. hervorging (oft, aber fälschlich „jerusalemischer T." genannt). Er enthält die Diskussionen der auf Jehuda folgenden fünf Generationen von Rabbinen über die Mischna, dazu viele Lehrsätze, die nicht in die Mischna Aufnahme fanden, und viel haggadischen Stoff. Nur 38 Traktate sind erhalten (zT unvollständig; es fehlt die straffe Systematik). In Babylonien begünstigten — im Unterschied von Palästina — die politischen Verhältnisse die Studien, und so wurde hier am Ende des 5. Jh. der ganze riesige Überlieferungsstoff gesammelt und zusammengestellt, und es entstand das gewaltige Werk des babylonischen T. In ihm sind 36 Traktate der Mischna erläutert. Der babylonische T. wurde für die Folgezeit im Judentum grundlegend für alle weiteren Studien. Wie der palästinische enthält auch der babylonische T. nicht nur lehrgesetzlichen Stoff, da die Lehrmethode vielfache Abschweifungen gestattete und Haggadisches einbezogen wurde. Neben den beiden T.en entstanden viele besondere Haggadawerke. *Bie*

Taltor → Tore Jerusalems.

Tamariske. Eine einzeln stehende T. wird erwähnt bei Beerseba 1Mose 21, 33, bei Gibea 1Sam 22, 6 und bei Jabesch 1Sam 31, 13 (Luther: Baum). Der strauchartige Baum ist heute noch in Palästina in mehreren Arten zu finden. → Manna 2). *Schl*

Tammus, sumerisch Dumuzi, ein sagenhafter altsumerischer König von Uruk, der jugendliche Geliebte der Göttin Inanna. Sein Tod läßt alles Tier- und Pflanzenleben ersterben; doch holt ihn die Göttin wieder aus der Unterwelt hervor und seine Auferstehung bewirkt eine Neuentfaltung alles Lebens in der Natur. Alljährlich zu Neujahr feierte man Tod, Auferstehung und Heilige Hochzeit des T. mit Inanna. Er gilt als Schutz-

Tafel 45: Die Klagemauer am Tempel in Jerusalem *An der Westseite des mächtigen Mauer-Vierecks, das den Tempelplatz trägt, stammen die etwa 9 Schichten gut behauener und sorgfältig verlegter Quadern (bis zu 5 m lang und 3,90 m breit) vom Bau des → Herodes. Vor diesem Rest alter Herrlichkeit klagten die Juden hier um den Verlust des → Tempels.*

herr der Herden, die er gegen die Löwen verteidigt, und wird als Held gepriesen. Die altsumerischen Vorstellungen von Tod und Auferstehung und Heiliger Hochzeit sind in die verschiedensten vorderasiatischen Kulte eingedrungen. Die Göttin erscheint unter dem Namen Isis, Ischtar, Kybele, Aschtart, Aschera, Anat und der jugendliche Gott als Osiris, Attis, Eschmun, Adonis = Herr. T. hat wohl erst verhältnismäßig spät Einfluß in Palästina gewonnen. Hes 8, 14 beweinen Frauen im Jerusalemer Tempel den Tod des T. Frauen säen schnell wachsende und verblühende Pflanzen zu Ehren des T. Jes 17, 10 f. Vielleicht gab es in Jerusalem Kreise, die den König als Adonis-T. betrachteten Jer 22, 18; 34, 5. *Peu*

Tanne → Zypresse.

Tanz ist ursprünglich umfassendes Mittel, den Einzelnen Gemeinschaft erfahren zu lassen. Innerhalb der religiösen Welt ist er Macht erzeugender Gottesdienst und gestaltende Weltauslegung, vgl. 1Kö 18, 26. Im kanaanäischen Kult besaß er eine stark erotische Komponente, vgl. 2Mose 32, 6. 19. Innerhalb des isr. Kultes tanzten die Geschlechter getrennt, beim Herbstfest die Jungfrauen sogar ohne männliche Zuschauer in den Weinbergen Ri 21, 21. David tanzte bei der Überführung der Lade 2Sam 6, 14. Bei den Festprozessionen fehlte der T. nicht Ps 68, 25 ff. Den heimkehrenden Siegern zogen die Frauen tanzend entgegen Ri 11, 34; 1Sam 18, 6; unter Anführung einer Prophetin wirkten sie auch bei der kultischen Siegesfeier mit 2Mose 15, 20; Jer 31, 13. Selbstverständlich galt der T. auch in Israel als Ausdruck der Freude Ps 30, 12. Daß die Kinder die Erwachsenen nachahmten, zeigt Mt 11, 17. Der Einzeltanz einer Frau vor männlichen Zuschauern Mk 6, 22 par. geht auf hellenistische Einflüsse zurück. *Kai*

Tappuach. *1)* Ehemals kanaanitische Königsstadt Jos 12, 17 in Ephraim an der Grenze gegen Manasse 16, 8; 17, 7 f, von Menahem von Israel zerstört 2Kö 15, 16 (lies T. statt Tiphsach); möglicherweise tell schēch abu zarad etwa 15 km südwestlich von nāblus. — *2)* Stadt in der Schephela Jos 15, 34; genaue Lage unbestimmt. — *3)* Personenname 1Chr 2, 43. *Rü*

Targum → Bibel 6).

Tarsis (Tharschisch), in äußerster Ferne im Westen gelegen Jes 66, 19; Ps 72, 10, eine phönizische Kolonie Jes 23, 1. 6. 10. 14, die Silber, Eisen, Zinn und Blei nach Tyrus lieferte Hes 27, 12; Jer 10, 9, wegen ihres Reichtums berühmt Hes 38, 13, in der Völkertafel 1Mose 10, 4 zu Jawan gerechnet, vielleicht wegen griech. geprägter Kultur, das Ziel der Flucht Jonas Jon 1, 3; 4, 2, ist wahrscheinlich mit dem Tartessus der Griechen und Römer im südwestlichen Spanien gleichzusetzen. Die großen Handelsschiffe wurden allg. T.schiffe genannt (Luther: Schiffe im Meer), auch wenn sie nicht nach T. fuhren 1Kö 10, 22; Ps 48, 8; Jes 2, 16; 60, 9. *Schl*

Tarsus, die Heimat des Paulus Apg 9, 11; 21, 39; 22, 3, später eine Stätte seiner Missionsarbeit 11, 25; Gal 1, 21, „eine namhafte Stadt in Zilizien", war von Phöniziern am Kydnos gegründet, von Salmanassar III. 835/34 unterworfen, durch die Seleukiden hellenisiert (vgl. 2Makk 4, 30), durch ihre Schulen berühmt, seit 64 vChr Hauptstadt der röm. Provinz → Zilizien. *Schl*

Tartak, eine von Deportierten nach Samarien mitgebrachte Gottheit 2Kö 17, 31, vielleicht die Muttergottheit Atargatis, griech. Derketo. *Peu*

Tartan = der Zweite, Dienstgrad des obersten assyrischen Feldherrn 2Kö 18, 17; Jes 20, 1. *Peu*

Tartsche → Waffen.

Tatnai, der persische Statthalter in Transeuphrat = Syrien (vom Osten aus gesehen), der wegen der Zulässigkeit des von den Judäern wieder aufgenommenen Tempelneubaus bei Darius anfragte Esra 5, 3-6, 13. *Peu*

Tau. In den regenlosen Sommermonaten bringt der T. die nötige Erquickung Sir 18, 16; 43, 24. Er wird als Gabe Gottes gepriesen 1Mose 27, 28; 5Mose 33, 13; Hiob 38, 28; Sach 8, 12, ist freilich auch ein Bild der Vergänglichkeit Hos 6, 4. Sein Ausbleiben ist Gottes Strafe Hagg 1, 10. Darum wird der T. zum Bild für den Segen, der von Israel ausgeht Mich 5, 6, für die Gemeinde der Heilszeit Ps 110, 3, für die Kraft neuen Lebens Jes 26, 19. *Fro*

taub. Unfähigkeit zu hören 2Mose 4, 11. Einem Tauben darf man nicht fluchen 3Mose 19, 14. Vergleichend: stille Ergebung Ps 38, 14. Ps 58, 5 werden die unverbesserlichen Frevler mit einer t.en Otter verglichen, bei der die Künste des Schlangenbeschwörers vergeblich sind. Übertragen: vom Volk, das sich der Botschaft Gottes verschließt Jes 42, 18; 43, 8. Nach spätjüd. Vorstellung kann Taubheit Folge dämonischer Besessenheit sein. Jesus treibt als Bringer des → Reiches Gottes die Dämonen aus und heilt die Tauben Mk 9, 25; 7, 32 ff; Mt 11, 5; vgl. Jes 35, 5. → stumm. *Oßw*

Taube. Die T., die in Palästina auch wild in Felsenritzen lebte Jer 48, 28; HL 2, 14, war der älteste Hausvogel, darum auch der einzige Vogel, der geopfert werden durfte 1Mose 15, 9, das Opfer der Armen 3Mose 5, 7; 12, 8; Lk 2, 24;

Tafel 46: Tiberias *Das Bild zeigt vom Süden her gesehen das heutige Tiberias am See → Genezareth.*
Wald an der Straße nach Dscherasch *In dem waldarmen Palästina war die Landschaft → Gilead für ihre Wälder berühmt.*

daher der T.nmarkt im Tempelhof Mt 21,12; Jo 2,14. Dichter und Propheten sprechen von ihrem schimmernden Gefieder Ps 68,14, dem schnellen, sicheren Flug zum T.nschlag Ps 55,7; Jes 60,8; Hos 11,11, vgl. 1Mose 8,8 ff, ihrem klagenden Gurren Jes 38,14; 59,11; Nah 2,8; Hes 7,16, den schönen Augen HL 1,15; 4,1. Einmal gilt die T. als unverständig Hos 7,11, sonst als unschuldig und friedfertig Mt 10,16; Ps 74,19, so daß sie zum Sinnbild des hl. Geistes werden kann Mt 3,16 par. Aus welcher Zeit die im Land zahlreichen Kolumbarien mit den vielen Nischen stammen, die doch wohl T.nschläge waren, ist ungewiß. T.nmist war Nahrung natürlich nur in äußerster Not 2Kö 6,25. *Schl*

Taucher übersetzte Luther 5Mose 14,13 das hebr. raah, das aber ein Schreibfehler für daah sein wird und einen Raubvogel bezeichnet, → Weih. *Schl*

Taufe, taufen.
1) Kultische Waschungen der Religionsgeschichte und in Israel. 2) Taufe und Taufpredigt beim Täufer Johannes. 3) Jesu Taufe. 4) Die Taufe auf den Namen Jesu Christi im NT. 5) Die Taufe in der Kirche heute.

1) Religiöse Waschungen und sakrale Bäder der verschiedensten Formen werden in der wissenschaftlichen Erforschung der Religionen in aller Welt und zu allen Zeiten beobachtet und beschrieben. Die Übung solcher Riten ist von der Überzeugung und Erwartung getragen, daß sie dem Menschen *Reinigung* von allem, was im kultischen oder sittlichen Lebensbereich von der Gottheit scheidet, oder *Lebenserneuerung* und *Wiedergeburt* verschaffen. Dabei ist für den Bereich der Antike eine interessante Feststellung zu machen: das griech. Wort, das im NT den Vorgang der T. bezeichnet, findet sich in der Umwelt des NT gelegentlich in religiösen Zusammenhängen, wird aber nirgends als spezifischer Ausdruck für die Vornahme all dieser reinigenden Bäder und Waschungen verwendet; schon dies ein Hinweis, daß die T. der Christenheit trotz paralleler Züge im Äußerlichen etwas ganz Eigenständiges darstellt und weder mit den sonst üblichen Reinigungsriten verwandt ist noch aus ihnen hergeleitet oder gar sachlich erklärt werden kann.

Kultische Waschungen spielen in den Ordnungen für das gottesdienstliche Leben Israels eine große Rolle. Die dort tragende Gewißheit des von Jahwe eingegangenen → Bundes schließt die Gewißheit seiner → Heiligkeit und ein tiefes Wissen um die stets gegenwärtige und andringende Macht des Unreinen, d.h. des Jahwe Mißfälligen, ein. Israel erlebt und fürchtet sie vor allem im Gebiet des Geschlechtlichen 3Mose 15, der Geburt 3Mose 12, der Krankheiten, bes. des Aussatzes 3Mose 13 (vgl. 2Kö 5,10 ff; V. 14 gebraucht Luther das einzige Mal im AT das Wort t.) und des Todes 4Mose 19, sowie unerkannter Blutschuld 5Mose 21,1-9. Die gesetzlichen Vorschriften für die Waschungen (vgl. Jo 2,6), die dem Israeliten den Zugang zum Bereich des „Heiligen in Israel" verschaffen — angesichts der im ganzen AT bezeugten Gewißheit, daß Jahwe die Geschlechtlichkeit schenkt, wie er auch Krankheit, Leiden und Tod schickt, zunächst eine verwunderliche Beobachtung —, ebenso für die Waschungen, die für den Priesterdienst vor Gott notwendig sind 2Mose 29,4; 3Mose 16,4, zeigen, wie Israel den jahrhundertelangen schweren Kampf gegen die ihm stets nahen und versuchlichen Fruchtbarkeits- und Totenkulte geführt hat, → Baal. Daher dann bei den auf reinen Gottesdienst oder völlige Gesetzeserfüllung bedachten religiösen Gruppen der Zeit nach dem Exil und zZ des NT die vielen Waschungen, — für die → Pharisäer vgl. Mk 7,3 f, für die Sekte vom Toten Meer → Qumran; aus ihnen erklärt sich auch die vielleicht im 1. Jh. vChr aufkommende Proselyten-T. der aus der Unreinheit des Heidentums in den Bereich des hl. Gottes Übertretenden.

2) In diesem so eifrig der Reinigung hingegebenen Israel tritt → *Johannes der Täufer* auf. Das schlechthin Neue dieser Erscheinung in der religiösen Geschichte Israels markiert der Wortlaut Mt 3,1; Lk 3,3, bes. unnachahmlich Mk 1,4 („er verkündigte die Umkehrtaufe zur Sündenvergebung"). Das Einmalige, daß ein Mensch im T.n seinen Beruf hat und davon seinen ihn auszeichnenden Beinamen erhält, daß die T. empfangen wird Mt 3,6; Mk 1,5, nur ein einziges Mal gegeben und gerade auch denen angeboten und zugemutet wird, die sich pünktlichster Gesetzeserfüllung befleißigen oder dem hl. Dienst des Priesters obliegen Mt 3,7 ff, zeigt sich auch äußerlich in der sprachlichen Neubildung des griech. Ausdrucks für T. (baptisma), wie übrigens auch im Deutschen das Wort T. (in der Reformationszeit „der Tauff" genannt) das für die Christen Kennzeichnende von allem sonstigen Tauchen und Untertauchen unterscheidet.

Das Neue der Erweckungsbewegung um den Täufer bringen die Evangelien darin bes. kraftvoll zum Ausdruck, daß sie in engster Bezogenheit auf Jesu Weg und Werk geschildert wird; Mk nennt sie geradezu den „Anfang des Evangeliums von Jesus Christus" 1,1; in diesem Werk Gottes, in das Johannes gesandt ist Mk 11,30 par., sehen sie die Verkündigung der nahen Gottesherrschaft, die Ankündigung des zum Gericht und zum Heil kommenden Größeren, des Geistträgers und -bringers, und die Ausrufung der Umkehr zu Gott in voller Einheit mit der Gewährung der T. im Jordan für alle, die ihre Sünde zugeben Mt 3,6; Mk 1,5, von Gott die Vergebung erlangen Mk 1,4; Lk 3,3 und als die von ihrer Sünde befreite Schar für Gottes Herrschaft bereit sind, vgl. Lk 3,10 ff. Diese durch Johannes Getauften und auf Gottes Zukunft Wartenden gab es nach Apg 19,1 ff noch lange neben den christl. Gemeinden und weit über Palästina hinaus; vielleicht ist im Blick auf solche Gruppen die Täuferdarstellung im Evangelium Johannes so einseitig auf die Zeugenschaft des Johannes für Jesus Christus geformt Jo 1,6-8. 19-34; 3,22ff.

Über die Form der von Johannes gewährten wie der hernach unter den Christen geübten T. — völliges Untertauchen oder Besprengung der ins Wasser tretenden Täuflinge? — ist nichts Deutliches zu erkennen und läßt sich auch aus dem NTlichen Sprachgebrauch nichts Sicheres ableiten.

3) Die Überlieferung des NT legt größten Wert darauf, daß *Jesus* durch Johannes *getauft* wurde (→ Sp. 640). Mt 3,14f wehrt dem Mißverständnis, als wäre sein Begehren nach der T. und sein Kommen zum Täufer von gleicher Art wie bei den anderen Getauften. Vielmehr bejaht Jesus in diesem Tun mit seiner ganzen Person das Werk Gottes und die allen gewährte und nötige Umkehr zu Gott, und stellt sich zu den Sündern, die Gottes gnädiges Werk jetzt erfahren. Durch Gottes Stimme und das wahrnehmbare Herzukommen des Geistes Gottes zu Jesus (vgl. die prophetische Ankündigung Jes 4,4; 44,3; Hes 36,25-27; Sach 13,1) wird öffentlich kund, daß Gottes rettendes Werk eben an Jesus, der diesen Weg geht, hängt und daß Gott in seiner rettenden Tat ausschließlich mit diesem Jesus ist. Die Erzählung von der T. Jesu Mt 3, 13ff; Mk 1,9ff; Lk 3,21f ist — dem Wort und Wollen der Evangelien zuwider — völlig verkannt, will man in ihr die Begabung eines Menschen mit dem Geist oder Jesu Erhebung in die Würde des Propheten oder von Gott gesandten Messias suchen.

4) Abgesehen von Mk 10,38f. par. ist in den Evangelien von der T. nicht mehr die Rede (zu Mt 28,19 → am Schluß des Abschnitts). Dabei ist die Frage nicht sicher zu entscheiden, ob Jesus in verhüllendem Rätselwort auf sein Sterben deutet, das erst vom vollendeten Weg durch Tod und Auferstehen her sein Licht erhielt, oder ob die im hellenistischen Sprachgebrauch nachgewiesene Verwendung von t. = zugrundegehen das Bildwort für jedermann ohne weiteres verständlich machte.

Um so reichlicher ist dann in anderen Schriften des NT von der *T. bei den Christen* die Rede und ist wohl für alle, die an Jesus gläubig werden, die T. vorausgesetzt. So vor allem in Apg, die als Erzählung vom Wirken des himmlischen Herrn begreiflicherweise immer neu zu berichten hat, wie Juden und Heiden zur T. eingeladen werden und sie empfangen 2,38ff; 8,12ff; 10,47f; 16,15; 18,8; 19,5; so aber auch in den NT-Briefen, wenn etwa Röm 6,3 die Gemeindeglieder an die T. als ein jedermann bekanntes Geschehen erinnert werden oder wenn — wie die neuere Auslegung vermutet — ganze Schriften des NT (Kol; 1Petr) oder Stücke in Eph urchristl. Taufbelehrung, Taufpredigt und -bekenntnis wiedergeben.

Was jedoch das Taufgeschehen sachlich in sich schließt, läßt sich diesen Zeugnissen des NT nur schwer entnehmen, da sie die T. nie beschreiben, sondern nur in erzählenden oder mahnenden Zusammenhängen erwähnen. Entscheidenden Aufschluß gibt neben der Tatsache, daß auch die Christen getauft *werden* und damit, wenn auch durch Menschen vermittelt, ein *Handeln Gottes* erfahren und empfangen, die Beobachtung, daß bei den T.n der Name Jesu Christi genannt wurde Apg 8,35.37; 22,16 und daß die Täuflinge *„auf den Namen Jesu“* Apg 8,16; 19,5, „gestützt auf den Namen Jesu Christi“ Apg 2,38 (Urtext), „auf Christus“ Röm 6,3; Gal 3,27, vgl. 1Kor 1,13ff getauft wurden. Aus diesen dem antiken Giroverkehr nachgebildeten Formulierungen ergibt sich, daß sich die Getauften in die Verfügung, rettende Macht und Führung der lebendigen Person Jesus Christus übergeben und überführt wußten, vgl. Röm 6,17. Wer aber Jesus Christus zu eigen gehört, erfährt seine Herrschaft und sein tätig-lebendiges Handeln in seinem ganzen Leben und die Hineinfügung in den Leib Christi, seine Gemeinde 1Kor 12,13. Dies wird in der urchristl. Gemeindeunterweisung mit den verschiedenartigsten Hinweisen bildkräftig zum Ausdruck gebracht. Als Eigentum dessen, der als in den Tod Gegangener lebt, geschieht den Getauften das Begrabenwerden Röm 6,4; Kol 2,12, so daß sie von der Sünde geschieden und zeitlebens in den Kampf mit ihr gestellt sind Röm 6,1-23. Der im Geist Gottes lebt und wirkt, gibt den Getauften seinen Geist — in seinem Taufhandeln Apg 2,38; 19,5f; 1Kor 12,13; Tit 3,5, vor diesem Apg 10,44-48 oder hernach Apg 8,16. Der im Leiden als der Retter Erwiesene gibt den Getauften die Rettung in dem Angebot eines guten Gewissens vor Gott 1Petr 3,21 (so richtig gegen Luther: „Bund eines guten Gewissens“), gibt im Reinigungsbad Wiedergeburt und Erneuerung durch den hl. Geist Tit 3,5. Der alle Gewalt und Vollmacht in sich trägt, gewährt eine göttliche Beschneidung, die an die Stelle des alten, verurteilten einen neuen Menschen setzt Kol 2,11f.

In knappster Form faßt diesen Tatbestand der sog. Taufbefehl Mt 28,19 zusammen: Jesus Christus, durch seinen Tod bevollmächtigter lebendiger Herr, will und schafft Jünger dadurch, daß sie „auf den Namen des Vaters und des Sohnes und des hl. Geistes“ — dies nur die sachgemäße Erläuterung des einfachen „auf den Namen Jesu“ — getauft und in seinem Tun und Wort unterwiesen werden.

Was es mit der von Paulus in der korinthischen Gemeinde beobachteten T. für Tote auf sich hat 1Kor 15,29, läßt sich nicht mehr erkennen. Ist es ein unterchristl. Brauch, den Paulus erwähnt, ohne ihn gutzuheißen, — oder redet der Apostel bildlich, vgl. Mk 10,38, vom Martyrium, aus dem Gott auch Toten Frucht schafft?

5) Bis zum heutigen Tage wird in der Kirche „auf den Namen des Vaters und des Sohnes und des hl. Geistes getauft“ — korrekt und dem Zeugnis des NT voll entsprechend, leider aber vielen Getauften nicht mehr durch- und einsichtig. Soll der heftige und unfruchtbare Streit zw. den Kirchen und innerhalb der Kirchen überwunden werden — ob nämlich die Taufe die Wiedergeburt verleiht oder nur eine Aufnahme in Gottes Gnade darstellt, während von Wiedergeburt nur im Fall bewußter und entschiedener Bekehrung geredet werden darf; ob Getaufte, etwa auch unmündige Kinder, den hl. Geist empfangen oder nur ein bereits vorhandener Glaubensstand mit der T. besiegelt werden kann; ob die T. auch Kindern zu gewähren sei und ihr auch da rettende Kraft und Wirkung zugeschrieben werden darf u. ä. —, so muß (vgl. 4) der Ausgangspunkt für alles Nachdenken und alles verkündigende und lehrende Reden zur T. die Tatsache sein, daß in der Kirche *auf den Namen Jesu* getauft wird. An Stelle der Fixierung des Interesses auf die T. als solche, häufig erkennbar an Sätzen wie „Die T. ist...", „Die T. verleiht, hat die Kraft...", „Die T. kann nicht sein...", „Die T. gibt erst dann, wenn...", gilt es, entsprechend Mt 28, 19 zu erwägen, wer *Jesus* ist, was sein *Name,* d. h. seine *Person* als des lebendigen Herrn in sich schließt und was *Christus* tut, kann, will und gibt. Es gilt, von dem gekreuzigten und so zum Leben erweckten Herrn zu reden, auch da, wo die Getauften als Unmündige seinen Ruf weder vernehmen noch mit Glauben beantworten können.

Jesus Christus markiert durch die T. auf seinen Namen den grundsätzlichen *Herrschaftswechsel* vom Leben wider Gott zum Leben mit und unter Gott — gleicherweise bei dem, der von ihm berufen und zum Glauben geführt zur T. kommt, wie bei denen, die als Unmündige herzugebracht werden. Er allein mit seiner lebendigen Person gibt den diesen Herrschaftswechsel kennzeichnenden Worten „Reinigung von der Sünde", „Erneuerung des hl. Geistes", „Geburt zum neuen Leben" oder „Wiedergeburt" Inhalt, Kraft und Gültigkeit in beiderlei Fällen, der Erwachsenen- und der → Kinder-T. Als der lebendige Herr, der an und unter den Getauften fortgehend tätig ist und sein will, macht er aber zugleich sowohl für den glaubend zur T. Gekommenen, als auch für die als Unmündige zur T. Herzugebrachten den *Wahn* völlig unmöglich, im *fertigen Besitz* des neuen Lebens, der Wiedergeburt, des hl. Geistes zu stehen. Vielmehr unterzieht er alle auf ihn Getauften und unterstehen sie alle seinem ständigen Rufen, Lehren, Wirken, Gehorsamverlangen, damit die seinem Leibe Eingegliederten *lebendige* Glieder seiner Gemeinde werden und seien, damit sie zum persönlichen Glauben an ihn gelangen und diesen Glauben lebendig bewähren, damit sie den Kampf führen gegen das ständig drohende Leben wider Gott, damit sie im neuen Leben zu stehen lernen bzw. das neue Leben, getrieben durch seinen hl. Geist, führen und damit sie in den Gehorsam gegen ihn kommen und in ihm bleiben.

Allein von hier aus läßt sich das Ja zu der im NT nicht nachzuweisenden, aber, wie die heutige Missionsgeschichte verstehen lehrt, unter glaubenden Christen in bedrängender heidnischer Umwelt schon in der zweiten und dritten Generation notwendig gewordenen Kinder-T. finden und das Nein zu ihrer Gewährung dort, wo der Herrschaftsanspruch und das Herrsein Jesu Christi faktisch abgelehnt ist oder die Getauften ihrem Herrn und seinem Geistwirken bewußt entzogen werden. *Gu*

Taumelkelch → Becher.
tausend → Zahlen.

Tausendjähriges Reich. → Endzeit, → Chiliasmus.

1) In der Bilderreihe, mit der der Seher der Offb den Abschluß der Menschheitsgeschichte beschreibt, findet die Erwartung, daß Christus der Sieger ist und den Seinen an seinem Sieg und seinem Regieren teilgibt, darin einen anschaulichen Ausdruck, daß nach dem Sieg des Christus über den Antichristen 19, 19 f der Teufel für 1000 Jahre gebunden wird, so daß er nicht mehr verführen kann 20, 3 f, und in einer ersten Auferstehung die Märtyrer und die Getreuen auferweckt werden, um mit ihrem Herrn zu leben und zu regieren 20, 4; nach diesen 1000 Jahren wird der Teufel befreit und kann er die Völker der Welt zu einem letzten Kampf gegen Christus und sein Reich zusammenbringen, wird er aber endgültig geschlagen und dem Verderben überliefert 20, 7 ff. Darauf folgen in der zweiten Auferstehung die Erweckung aller Toten und das Weltgericht 20, 12. Deutlich ist die vorchristl. Anschauung einer Weltwoche übernommen, deren „Tage" je ein Jahrtausend währen Ps 90, 4; 2Petr 3, 8 und deren Abschluß ein großer Sabbat, ein Jahrtausend des Friedens und des Heils ist. Eine Sachparallele zu dieser Erwartung vom T. R. ist die Aussage des Paulus 1Kor 15, 20-28, wenn dort für die Auferstehung drei Stufen unterschieden werden: die grundlegende Auferstehung des Christus 15, 20, dann bei seinem neuen Kommen die Auferwekkung der Seinen 15, 23, dann nach einer Zeit des Kampfes gegen die Feinde Christi die Auferweckung aller und das Ende 15, 24-26. Dagegen findet sich in den Zukunftsworten Jesu kein Hinweis auf einen zeitlichen Abstand zw. seinem Erscheinen und dem Weltende mit der allgemeinen Erweckung der Toten.

2) In den ersten Jh.en war die Hoffnung auf das T. R. lebendig, wurde dann aber mehr und mehr als Ketzerei verworfen, da man die Herrschaft des Christus in der irdischen Kirche verwirklicht sah. Erst der Pietismus öffnete sich den bibl. Aussagen vom T. R. neu; heute sind sie bei manchen schwärmerischen Gruppen in sektenhafter Übertreibung ein Hauptstück ihrer Spekulation und ihrer Verkündigung.

3) Jeder Versuch, die Andeutungen der urchristlichen Hoffnung begrifflich durchzudenken und zu einem geschlossenen System zusammenzufügen, führt vor unlösbare Fragen. So richtig es ist, daß die Erde als die Stätte von Christi Sieg und Herrschaft erscheint, und so gewiß der

Herr in großer Treue den Seinen an seiner Herrlichkeit teilgibt, so schwierig ist es, das Nebeneinander dieses Stücks Vollendung und eines weitergehenden irdischen Lebens, wenn auch die Welt die Gemeinde Jesu nicht mehr angreift, auszudenken. Auch bleibt ungeklärt, wie sich diese Vorausverwirklichung von Christi Herrschaft zur endgültigen Aufrichtung seines Reiches verhält. Die urchristl. Hoffnung, die eine Kraft zum Leben und Leiden war, stellt uns auch an dieser Stelle vor Fragen, in denen wir uns bescheiden müssen. *Schl*

Tebach. *1)* Sohn Nahors und seiner Nebenfrau Rehuma 1Mose 22,24. — *2)* Ein Ort in Aram 2Sam 8,8, verschrieben in Betach; in 1Chr 18,8 Tibhath, akkadisch Tibichi genannt. Von dort bezog David Kupfer. *Peu*

Tebeth → Monate.

Tebez. Bei dem Versuch, T., heute ṭūbās 15 km nordöstlich von Sichem, zu erobern, fand Abimelech, der Sohn Jerubbaals (Jerubboscheths), den Tod Ri 9,50; 2Sam 11,21. *Rü*

Teiche, künstliche Wasserbehälter, um das Regenwasser oder auch Quellwasser zu sammeln, werden mehrfach erwähnt: bei Jerusalem der alte T. Jes 22,11, der untere T. 22,9, der obere T. 7,3; 36,2, der T. des Hiskia 2Kö 20,20 (vielleicht der T. des Königs Neh 2,14 und der T. Siloah Neh 3,15f; Jo 9,7) und der T. Bethesda Jo 5,2, ferner bei Hebron 2Sam 4,12, bei Gibeon 2,13; Jer 41,12, bei Samaria 1Kö 22, 38, bei Hesbon HL 7,5. → Siloah, Quelle, Brunnen, Zisterne, Wasserversorgung. *Schl*

Teig → Sauerteig, → Massoth.

Tel-Abib, Tel-Harscha, Tel-Melach, drei Ortschaften in Babylonien, in denen deportierte Judäer der Jahre 598 und 586 geschlossen siedelten. Der jeweils erste Teil der Namen „Tel", akkadisch til = Ruinenhügel, weist auf vorerst wüst liegende Orte hin. Tel-Abib, akkadisch til abubi = Hügel der Sturmflut — die Israeliten deuteten tel-abib = Ährenhügel —, lag in der Nähe von Nippur Hes 3,15. Die beiden anderen in Esra 2,59; Neh 7,61 erwähnten Siedlungen sind uns nicht näher bekannt. *Peu*

Telassar → Tel-Harscha.

Tell, arabisch Ruinenhügel, Mehrzahl tulūl, bezeichnet in Verbindung mit einem Ortsnamen die Lage einer antiken Siedlung (zum Aussehen → Ausgrabungen). In den Ortsnamen hat sich die Erinnerung an bibl. Stätten zuweilen erhalten, zB tell ta'annek, bibl. Thaanach Jos 12,21; 17,11; Ri 5,19 u.ö., tell dschezer, bibl. Geser Jos 10,33; 12,12; 1Kö 9,15-17 u.ö., tell ghazze, bibl. Gaza 1Mose 10,19; Ri 1,18 u.ö. Die Erinnerung an die isr. Stadt Dan hat sich im Namen der Ruinenstätte tell el-ḳāḍi = Hügel des Richters erhalten 1Mose 14,14; 5Mose 34,1 u.ö. Derartige tulūl finden sich auch in Syrien und im gesamten Vorderen Orient. Heute nur noch selten besiedelt, dienen die tulūl oft landwirtschaftlichen Zwecken in Gestalt von Weinbergen und Ölbaumgärten. *Ba*

Tema, eine Stadt in Nordarabien, im Stammbaum von Ismael hergeleitet 1Mose 25,15, neben → Dedan genannt Jer 25,23, eine berühmte Oase Jes 21,14, Ausgangspunkt von Karawanen Hiob 6,19, auch in Keilschrifttexten genannt, durch Inschriftenfunde als Sitz hoher Kultur erwiesen, ist die heutige Oase Taima mit der wasserreichsten Quelle Arabiens östlich vom Nordende des Roten Meers. *Schl*

Teman, ein Sohn des Eliphas und Enkel Esaus 1Mose 36,11.15.42, gilt als Ahnherr eines Stammes oder einer Stadt in Edom Jer 49,20; Am 1,12; Hes 25,13, nach Ob 9 auf dem Gebirge Esaus, nach Hab 3,3 bei dem Gebirge Pharan. Die Temaniter galten als weise Jer 49,7; Bar 3, 22f; so war T. die Heimat des Eliphas Hiob 2, 11; 4,1; 42,7. Vielleicht das heutige ṭawīlān östlich von Petra. *Schl*

Tempel.

1) Quellen. 2) Tempelanlage. 3) Herkunft des Tempeltyps. 4) Inventar des Tempels. 5) Der Tempel des Hesekiel. 6) Der Tempel des Serubabel. 7) Der Tempel des Herodes.

1) Unter dem Stichwort T. wird nur der T., der einst in Jerusalem stand, behandelt. Archäologisch ist von dem herodianischen T. nur der große, von Herodes auf unterirdischen Substruktionen angelegte T.platz erhalten, der heutige Haram esch-scherīf, in dessen Mitte der mohammedanische Felsendom steht. Dieser Platz gehört zu den „eindrucksvollsten Plätzen der Welt" (Watzinger); er mißt 281 m südliche Breite, im Osten 466 m, im Westen 488 m, entsprechend etwa einem Verhältnis 3 zu 5 von Breite zu Länge. Dazu kommen T.anlagen von syr. Ausgrabungsstätten, die zum Vergleich mit den literarischen Schilderungen des Jerusalemer T.s herangezogen werden können. Bei dem Versagen der archäologischen Quellen sind wir auf die literarischen Quellen der Bibel 1Kö 5-7, einen alten Baubericht, 2Chr 2-4 und auf die Vision des Hesekiel vom T. der Zukunft Hes 40,1-42,20; 43,10-27 angewiesen.

2) An der Baubeschreibung 1Kö 5-7 ist vieles nur schwer zu erklären; Unklarheiten lassen sich zT nicht beheben. Auch über die genaue Lage des T.s besteht Ungewißheit. Nach 1Kö 7,39 u. Hes 47,1 war der T. nach Osten orientiert; man betrat ihn von der Ostseite her. Er lag nördlich des Ophelhügels auf dem heutigen Haram esch-scherīf; aber die Frage ist, an welcher Stelle des heutigen T.platzes er lag: entweder mit dem Allerheiligsten, dem westlichen Teil, über dem hl. Felsen, den heute der Felsen-

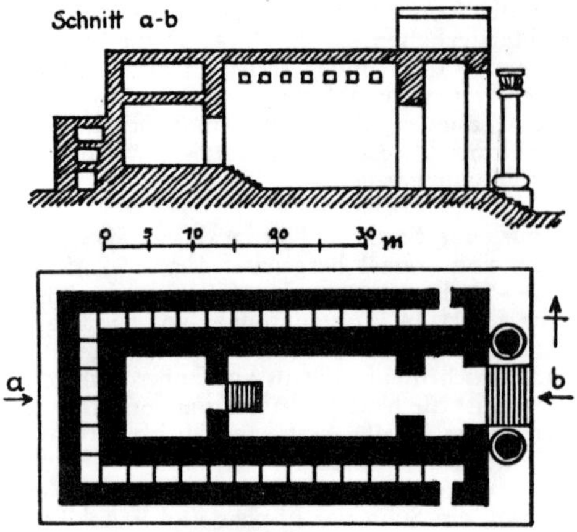

Der Tempel Salomos
Grundriß und Aufriß (Schnitt in der Linie a-b) nach der Rekonstruktion von Watzinger
Im Tempelhaus liegen hintereinander die Vorhalle, das Heilige und (erhöht und in der Raumhöhe niedriger) das fensterlose Allerheiligste. Eingang über Stufen von Osten her. Im Süden, Westen und Norden ein Anbau mit übereinanderliegenden, an Breite zunehmenden Magazinräumen.

dom überwölbt, oder aber westlich von diesem Felsen. Da jedoch dort zZ Salomos das Gelände stark abfiel, wären im zweiten Fall starke unterirdische Substruktionen notwendig gewesen, um für den T. die Baufläche zu schaffen. Darum nimmt man meistens die erste Möglichkeit an, obwohl auch sie nicht alle Schwierigkeiten behebt; insbesondere läßt sich nicht erklären, warum in dem hl. Felsen ein Abflußkanal und eine Höhle sind, die am besten von einem darüber befindlichen Opferaltar her verstanden werden können.

Der salomonische T. (Abb. 1) ist ein 35 m langes rechteckiges Gebäude gewesen. Zu den 35 m muß noch die Stärke der Mauern hinzugerechnet werden. Die Länge von 35 m war aufgeteilt in drei hintereinanderliegende Räume. Am Eingang lag die Vorhalle, hebr. 'ūlām; sie war 5 m lang und entsprechend der gesamten Gebäudebreite 10 m breit. Vor dem Eingang des 'ūlām standen die beiden Säulen → Jāchīn und Bōaz, deren Bedeutung noch nicht geklärt ist. An den 'ūlām schloß sich der Hauptraum des T.s an, der sog. hēkāl, von 20 m Länge. Beide Räume wurden durch eine Mauer mit einer Tür voneinander getrennt. Eine solche Trennwand hat vielleicht auch den nächsten Raum, das Allerheiligste, hebr. debīr genannt, abgeschlossen. Er war 10 m lang und hatte einen um etwa $2^1/_2$ m erhöhten Fußboden, so daß Stufen vom hēkāl zum debīr hinaufführten. Der ganze T. war 15 m hoch. Für die Höhe des debīr müssen 10 m angenommen werden.

Neben den eben genannten Räumen befand sich noch an drei Seiten des T.s ein Anbau, in dem wir Magazine für den Opferdienst, für Kultgeräte usw annehmen müssen. Die Anbauten haben drei Stockwerke, von denen das unterste 1 m und das mittlere $^1/_2$ m schmäler ist als das oberste. Dieser Breitenunterschied kommt dadurch zustande, daß die T.mauer Absätze enthält, auf denen die Tragbalken der Stockwerke ruhen. Diese Magazinräume waren nur schmal (Abb.). Ein solcher Mauerbau mit Absätzen von $^1/_2$ m Breite gab der Mauer erhöhte Stabilität. Das war auch notwendig, wenn wir an das verwendete Material denken, da wir uns den Bau ähnlich vorzustellen haben wie den königlichen Palast auf dem tell von Alalach; dort erhoben sich auf einem Sockel aus schwarzem Basaltgestein starke Lehmziegelmauern; in diese Mauern waren, um ihnen eine noch größere Stabilität zu geben, nach je drei Steinlagen Zedernbalken eingefügt, die in der Mauer, in ihrer Längsrichtung, lagen und nicht etwa als Tragbalken für Stockwerke dienten, die in die Mauern an den Schmalseiten der Balken eingelassen wurden. Diese Bauweise wird 1Kö 6,36; 7,12 u. Esra 6,4 bezeugt.

Der T. war von einem inneren Hof umgeben 1Kö 6,36, während ein großer Hof den T.- und den Palastbezirk gemeinsam umschloß. 2Kö 21,5 werden zwei Höfe erwähnt, Jer 36,10 ein oberer Hof, dem ein unterer T.hof entsprochen haben muß. Das herodianische T.heiligtum unterschied drei Höfe, einen für die jüd. Männer, einen für die jüd. Frauen und einen für die Heiden. Warntafeln, die den Heiden den Zutritt zum herodianischen T. untersagten, blieben erhalten.

3) Die Herkunft des T.bautyps ist in den letzten Jahrzehnten durch archäologische Funde in Alalach und in Hazor aus dem 13. Jh. geklärt worden. Bei dem Alalach benachbarten T. auf tell tējināt konnte ein nahezu gleichförmiger Bautyp nachgewiesen werden. Die Dreiteilung der Räume ist allerdings noch öfter nachgewiesen worden, insbesondere auf dem tell ed-dūwēr (Lachis) und dem tell el-hösn (Beth-Schean). Jedoch liegen diese drei Räume nicht in einer Flucht angeordnet hintereinander wie im Jerusalemer T., in dem von Hazor und dem vom tell tējināt. Mit diesen Feststellungen der syr. Herkunft dieses Bautyps entfallen alle Bezugnahmen auf ägyptische T.bautypen, die im Ganzen von anderer Struktur sind als der Jerusalemer T. Auch der assyrische T.typ mit dem breit vorgelagerten 'ūlām entspricht nicht diesem syr. Typ. Die Verbindung Salomos mit Hiram von Tyrus legt es nahe, an eine nordsyr. Herkunft des Jerusalemer Typs zu denken.

4) Die Ausstattung des salomonischen T.s mit Kultgerät war verhältnismäßig sparsam. Anstatt eines Gottesbildes, das nach altorientalischer Sitte in der Cella, d. h. dem Allerheiligsten sich hätte befinden müssen, war dort die Bundeslade, die David sZ von Kirjath Jearim nach Jerusalem hatte überführen lassen. Über ihr befanden sich die großen Skulpturen der Keruben mit ausgebreiteten Flügeln, Mischwesen mit einem männlichen Kopf, gestaltmäßig aus der

Ikonographie des syrisch-phönizischen Raums bekannt, im mesopotamischen Raum Begleitwesen der großen Gottheiten, hier im T. als Thron Jahwes gedacht. Im hēkāl befanden sich der → Rauchopferaltar, der → Schaubrottisch und zehn Leuchter 1Kö 6, 20 f; 7, 48 f. Der Opferaltar für die blutigen Opfer befand sich vor dem T. unter freiem Himmel im inneren Hof. Außerhalb des T.s an der Südostecke befand sich das → eherne Meer, ein aus Erz gegossenes Becken, das von zwölf ehernen Stieren getragen wurde 1Kö 7, 23-26. Rechts und links vom Eingang befanden sich je fünf → Kesselwagen 1Kö 7, 27-39. Das große Becken war nach 2Chr 4, 6 für die Priester, die Wagen für die Opfer 2Mose 30, 18-21 zur Reinigung bestimmt. Die Verkleidung der inneren T.wände mit Holztafeln diente jedenfalls zur gefälligen Abdeckung der rohen Lehmziegelmauern.

5) Der Hesekieltempel beruht auf einer Vision, die wahrscheinlich noch von der Kenntnis des salomonischen T.s in Jerusalem bestimmt ist, nur mit dem großen Unterschied, daß dieses Heiligtum weit geschieden ist von der Wohnung des Königs und des Volkes überhaupt. Die baumäßige Isolierung des T.s entspringt dem Empfinden für die Heiligkeit dieser Stätte. Zum eigentlichen T. führen Tore, die auf die erhöhte T.terrasse ausmünden. Auf der Terrasse erhebt sich der T. in den herkömmlichen Formen des Salomo-T.s mit den charakteristischen Anbauten. Hinter dem T., baulich von ihm getrennt und durch keine Mauer verbunden, liegen Sakristeien, Familienhallen und der sog. binjān. Im Allerheiligsten steht natürlich nicht mehr die Bundeslade; statt dessen erfüllt die Herrlichkeit des Herrn das Heiligtum Hes 44, 4.

6) Der T. des Serubabel wird durch das aramäische Dekret in Esra 6, 3-5 kurz beschrieben. Drei Reihen Steine und eine hölzerne Balkenschicht als Bauweise werden angegeben; die Bauweise des salomonischen T.s wurde also beibehalten. Somit kann auch damit gerechnet werden, daß die Abmessungen des Baues die gleichen gewesen sind; Rudolph hat den Text von Esra 6, 3 derart rekonstruiert, daß die Höhe 15 m, die Länge 30 m, die Breite 10 m beträgt. Das wären etwa die Abmessungen des salomonischen T.s. Nebengebäude waren auch bei diesem T. vorhanden Esra 8, 29; Neh 13, 4-9. Der T. ist mit dem 586 geraubten Kultgerät, das dem persischen Repatriierungskommissar Scheschbazzar (→ Sesbazar) übergeben wurde Esra 1, 7-11, ausgestattet gewesen.

Dieser Serubabeltempel hat bis zu seinem Umbau durch Herodes d. Gr. bestanden. Doch müssen für die Geschichte dieses T.s noch einige Notizen aus den Quellen beigetragen werden. Um etwa 300 vChr schildert Hekataios von Abdera den Jerusalemer T. Er habe innerhalb einer steinernen Einfriedung von 50 zu 150 m gelegen. Außerhalb des T.s, aber innerhalb der Einfriedung habe der Altar gestanden, 10 m im Quadrat und 5 m hoch. Der T. selbst wird beschrieben als ein großes Gebäude mit einem Altar und einem Leuchter, beide von Gold. Über ihnen hätte sich ein Licht befunden, das Tag und Nacht brannte. Bildwerke, Votivgaben, einen hl. Hain habe man dort nicht gesehen. Die Priester halten sich Tag und Nacht im Heiligtum auf und nehmen Weihungen vor und dürfen keinen Wein trinken. Josephus erwähnt in Jüd. Ant. XII 3, 4 einen Erlaß des Seleukidenkönigs Antiochus III., in dem dieser Bauarbeiten für den T. aufzählt, dabei auch Säulenhallen, und daß den T.bezirk kein Nichtjude betreten dürfe. Der Aristeasbrief (zw. 130-100 vChr geschrieben) erwähnt ausführlich den T. (§ 83-99) mit drei Ringmauern, die parallel zu den T.mauern standen. Der T. war mit der Eingangsseite nach Osten gerichtet. Geschildert wird ferner der große Brandopferaltar, die Geschicklichkeit der Priester in der Bedienung desselben sowie die Wasseranlagen des T.bezirks. Aus 1Makk 1, 20-24 hören wir anläßlich der Beraubung des T.s durch Antiochus IV. Epiphanes wiederum von dem goldenen

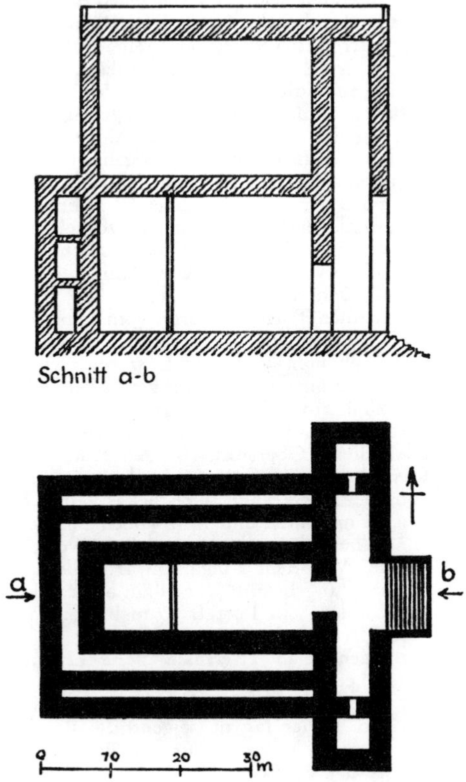

Der Tempel des Herodes
nach dem Wiederherstellungsversuch von Watzinger

Aufriß (in der Linie a-b) und Grundriß. Neu waren die breite Vorhalle außerhalb des Tempelhauses, die Erhöhung des Anbaus mit den Lagerräumen, der Aufbau über dem Tempelhaus sowie die Korridore im Norden und im Süden.

Räucheraltar, dem Leuchter, dem Schaubrottisch, von allerlei Schalen und goldenen Räuchergefäßen, vom Vorhang, den auch Aristeas erwähnt, von goldenen Weihgeschenken in Form von Kränzen und Goldverzierungen an der Vorderseite des T.s. Alles wurde Beute des Antiochus IV. Nach 1Makk 4,49 wurden diese Geräte durch Judas Makkabäus und seine Anhänger wiederhergestellt (164 vChr).

7) Der T. des Herodes (Abb. 2): In den Jahren 19-9 vChr hat Herodes den Jerusalemer T. neu gebaut. Diesen hat Josephus (Jüd. Krieg V5,1-6), zT phantastisch, geschildert. Er ist der T. des NT. An ihm ist noch kurz vor Ausbruch des ersten jüd. Aufstands gegen die Römer gebaut worden. Er bildete das Wahrzeichen Jerusalems in jener Zeit. Nach Josephus erschien er von weitem wie ein schneebedeckter Hügel, weil die Mauern aus blendend weißen Steinen erbaut und mit Goldplatten verziert waren. Die herodianischen Architekten haben an dem alten salomonischen Grundriß festgehalten und durften sich offenbar nicht von ihm entfernen. Sie behalten also die alte Form des Gebäudes bei, das langgestreckte Rechteck und seine Aufgliederung in die drei bekannten Teile ʾūlām, hēkāl und debīr; auch die Maße, nämlich 5, 20 u. 10 m, bestehen noch. Auch daß das eigentliche T.haus den auf drei Seiten liegenden Anbau überragen muß, wird im Grundsatz festgehalten. An drei Punkten setzt nun die neue Bauweise ein. Einmal wird der ʾūlām, zu einer 50 m breiten Eingangshalle erweitert, dem T. vorgelagert. Im Norden und Süden wird den Anbauten je ein Korridor vorgelagert. Die Anbauten werden von 7,50 m auf 20 m erhöht; die Höhe des eigentlichen T.hauses wurde vom salomonischen Maß 15 m auf 20 m gesteigert, und da nun T. und Anbauten gleich hoch waren, wurde ein Oberstock über dem T.haus geschaffen, abermals von 20 m Höhe. Dadurch wurde zwar ein imposanter Eindruck von außen her erweckt, jedoch blieb dieser Oberstock für den Kult zwecklos. Das Allerheiligste wurde durch zwei Vorhänge vom hēkāl getrennt. Der hēkāl selbst bekam einen 5 m breiten und 10 m hohen Eingang vom ʾūlām her, der mit Doppeltüren verschlossen wurde. Vor dem Eingang war außerdem ein Vorhang angebracht. Der ʾūlām hatte keine Türen, sondern ein Portal, 10 m breit und 20 m hoch. Der Vorhof der Heiden lag außerhalb der eigentlichen T.terrasse. Beim Eintritt von Osten her erreichte man zuerst den Frauenvorhof, dann über Stufen den Männervorhof, und um den T. her lag der eigentliche Priesterhof, der ebenso wie der T. nur von Priestern betreten werden durfte.

Dieser T., Stolz des einheimischen und des Diasporajudentums, wurde 70 nChr zerstört, in seinen letzten Resten vermutlich nach dem Barkochba-Aufstand 135 nChr. Im Mischnatraktat Middoth hat sich eine genaue zeitgenössische Baubeschreibung erhalten. → Tafel 19.

Lit.: Carl Watzinger, Denkmäler Palästinas I, II, 1933, 1935; W. Rudolph, Esra und Nehemia (Handb. z. AT 20), 1949; Georg Fohrer, Ezechiel, mit einem Beitrag von Kurt Galling (Handb. z. AT 13) 1955; J. Simons, Jerusalem in the Old Testament. Researches and Theories, 1952; L. H. Vincent, Jerusalem de l'Ancien Testament. Recherches d'Archéologie et d'Histoire, 1954; G. E. Wright, Biblische Archäologie, 1958; A. Parrot, Der Tempel von Jerusalem, 1956. *Ba*

Tempelchronik → Chronik.
Tempeldirne → Hierodule.

Tempelknechte waren nichtisr. Dienstleute, die den Klerikern im Tempel zur Verrichtung niederer Arbeiten zugeteilt waren. Genaueres über sie hören wir erst aus nachexilischer Zeit; doch reicht ihre Tradition bis in die Zeit Davids Esra 8,20 und Salomos 2,55 zurück; vgl. die Geschichte über die List der Gibeoniten und ihre Bestimmung zu „Holzhauern und Wasserträgern für das Haus Gottes" Jos 9,21.23. Nach der Rückkehr aus der babylonischen Gefangenschaft bildeten sie einen nicht unwichtigen Teil der neuen Gemeinde und wohnten unter zwei Vorstehern aus ihrem Geschlecht Neh 11,21 in Levitenstädten Esra 2,70 oder in Jerusalem Neh 3,26. Mit der ganzen Gemeinde unterstellten sie sich dem Gesetz Esras Neh 10,29 f und waren wie Priester und Leviten von jeder Steuer befreit Esra 7,24. *Ste*

Tempelsteuer. Fiel in ältester Zeit die Sorge für das Zentralheiligtum (Sichem, Bethel, Silo) der Gesamtheit des isr. Stämmeverbands anheim, so war der Unterhalt der Staatsheiligtümer in königlicher Zeit (Jerusalem, Bethel, Dan) Sache der Könige 2Chr 31,3, die nur bei größeren Renovationen durch Kollekten und Umlagen das Volk zur finanziellen Mithilfe heranzogen 2Kö 12,5. Die Kosten für den nachexilischen Jerusalemer Tempelneubau trug die persische Staatskasse Esra 6,3 ff; doch hatte später die jüd. Gemeinde für ihr Heiligtum selbst aufzukommen, so daß eine jährliche T. nötig wurde, um die kostspieligen Aufwendungen für den offiziellen Kult bestreiten zu können. Nach priesterlichem Gesetz betrug die T., die ohne Rücksicht auf soziale Unterschiede als Kopfsteuer für jeden 20 Jahre alten Juden eingezogen wurde, 1/2 Schekel 2Mose 30,11 ff. Neh 10, 33 gibt als Steuersatz 1/3 Schekel an, was wohl auf Änderung des Währungsfußes beruht; in NTlicher Zeit erhob man eine Doppeldrachme (= 1/2 Schekel) Mt 17,24, die in hl. Münze abgeliefert werden mußte, so daß Wechsler nötig waren, die die gängigen Münzen in hl. Tempelgeld umtauschten Mt 21,12; Jo 2,15. Neben der Geldsteuer hatten die jüd. Familien abwechselnd eine Brennholzabgabe für den Brandopferaltar aufzubringen Neh 10,35. *Ste*

Tempelweihfest, eine achttägige jüd. Begehung zur Erinerung an die Einweihung des vom syr. Baal-Schamem-Kult durch → Judas Makkabäus am 25. Kislev 165 vChr gereinigten Tempels 1Makk 4,36 ff; Jo 10,22, für deren Feier das

→ Laubhüttenfest Vorbild wurde 2Makk 10, 5 ff. Häusliche Festsitte war das Anzünden von einem Licht bis zu acht Lichtern während der Festwoche, die man in Fenster oder Türen stellte, so daß die Häuser illuminiert erschienen und schon Josephus dieses Fest Lichterfest nannte. Wahrscheinlich ist der Lichterbrauch, der in ältester Tradition nicht bezeugt ist 1Makk 4, 52 ff, als Übernahme einer mit der Wintersonnenwende zusammenhängenden Sitte zu erklären. Festtermin: 25. Kislev (Dezember) — 3. Tebeth. *Ste*

Tenne. Die T., der Platz für das Dreschen des Getreides, war eine Felsplatte auf einer Höhe 1Sam 19, 22; 2Sam 24, 16 oder eine festgestampfte Fläche Jer 51, 33. Wie das Worfeln, bei dem der Wind die leichten Teile fortträgt, wird auch die T. zum Bild für Gottes Gericht Jes 21,10; Jer 51,33; Mt 3,12.→Ackerbau. *Schl*

Tephillim → Gebetsriemen.

Teppich. Damit sind die Zelttücher und Decken eines Zelts gemeint Jes 54, 2; so wurden auch für die Wände und Decke der → Stiftshütte kostbare Decken gefertigt 2Mose 26, 1 ff; 36, 8 ff; 2Sam 7, 2. Übertragen vom Himmelszelt Ps 104, 2. Paulus arbeitete in dem Handwerk, das diese festen Stoffe herstellte oder zu Zelten verarbeitete Apg 18, 3, vgl. 2Thess 3,8; 1Kor 4,12. *Schl*

Teppichmacher → Zelt, → Teppich.

Teraphim (eine Pluralform; aber auch in der Einzahl 1Sam 19, 13. 16) bezeichnet kleine Götterfiguren, die anscheinend ein menschliches Gesicht hatten. Denn die Häscher Sauls meinen, das im Bett zugedeckt liegende T. sei David. Irgendwie müssen sie mit einem Haus- und Familienbrauch zusammenhängen 1Mose 31, 34 ff, sei es, daß sie Schutz gewähren sollen, sei es, daß man sie beim Wahrsagen verwendet Sach 10, 2. Es handelt sich wohl um einen schon vorisr. Brauch. Die seltsame Geschichte vom Privatheiligtum des Ephraimiten Micha in Ri 17, 1 ff gibt wahrscheinlich ein Bild der Übergangszeit. Recht früh hat freilich der Protest der prophetischen Kreise eingesetzt 1Sam 15, 23, vgl. Jes 2, 20; 30, 22. Bei der Reform des Königs Josia erging ein deutliches Verbot. Allerdings darf man nicht übersehen, daß T. und Ephod, also Hausgötzen und priesterliches Orakel am Heiligtum auch in prophetischer Zeit anstandslos zusammengenannt werden Hos 3, 4. In 5Mose 27, 15 finden wir dann — dies ist wohl die letzte Phase — den Fluch über die geheim aufgestellten Schnitzbilder und ihre Besitzer. *Luck*

Terebinthe → Eiche.

Tertius, der Christ in Korinth, der dem Paulus den Römerbrief schrieb und selbst Röm 16, 22 die Leser grüßt. *Kü*

Tertullus, ein Redner und Anwalt, der die Klage des Hohen Rats gegen Paulus vor dem Landpfleger Felix in Cäsarea vorbrachte Apg 24, 1 f. *Kü*

Testament. Das aus dem Lateinischen stammende Wort T. bedeutet ebenso wie die griech. Entsprechung diatheke einseitige Anordnung, letztwillige Verfügung. Die Regelung der Eigentumsverhältnisse durch ein schriftlich niedergelegtes T. des Erblassers kommt *im AT* nicht vor. Die Rabbinen haben für diese aus dem Hellenismus übernommene Einrichtung das Fremdwort diatheke benützt. Der hebr. Begriff für → Bund (berit) bezeichnet einen Vertrag und stellt ein Rechtsverhältnis zw. zwei Partnern dar. Die griech. Übersetzung des AT (LXX) verwendet für Bündnisse im profanen Bereich das griech. Wort syntheke, zB Jes 30, 1; Dan 11, 6; dagegen gibt sie berit im Verhältnis zw. Gott und Menschen fast durchgängig mit diatheke wieder, vor allem den Bundesschluß am Sinai 2Mose 19, 5 und oft. Darin kommt zum Ausdruck, daß Gott und Mensch nicht als ebenbürtige Partner betrachtet werden können. Diatheke betont die göttliche Initiative und Verfügungsgewalt im Bundesverhältnis. Der Sprachgebrauch der LXX, den auch Philo kennt, ist vom Christentum übernommen worden, während die jüd. Übersetzer des AT im 2. u. 3. Jh. nChr (Aquila, Theodotion, Symmachus) berit wieder häufiger mit Vertrag (syntheke) wiedergeben. *Im NT* ist der Gebrauch des Wortes T. durch den ATlichen Bundesgedanken bestimmt, wobei aber auch der griech. Testamentsbegriff anklingt. Der von Gott verheißene neue Bund Jer 31, 31-34 ist erfüllt in Christus. Indem Jesus die liebende Zuwendung Gottes zu den Sündern durch die Hingabe seines Lebens zur Grundlage des neuen Bundes gemacht hat, ist der Glaube an das Evangelium als neuer Heilsweg an die Stelle der Leistungsgerechtigkeit auf Grund von Gesetzeswerken getreten. Die Evangelien verwenden T. nur selten; Jo hat es gar nicht. In Lk 1, 72 bezieht es sich auf den Sinaibund. Nach den Abendmahlsworten Mt 26, 28; Mk 14, 24; Lk 22, 20; 1Kor 11, 25 ist der neue Bund durch das am Kreuz vergossene Blut Jesu Christi gestiftet, wie der alte mit Blut geschlossen war 2Mose 24, 6-8. Paulus gebraucht das Wort häufiger und beschreibt damit sowohl den Zusammenhang als auch den Unterschied des Handelns Gottes an Israel und an der Kirche. Er wendet diatheke auf das Verhältnis Gottes zu Israel an Röm 9, 4; 11, 27; vgl. Eph 2, 12, stellt aber Mose und Christus, alten und neuen Bund einander gegenüber als Buchstabe und Geist 2Kor 3, 6, Knechtschaft und Freiheit Gal 4, 24. Außerdem wertet er den Begriff im griech. Sinn von T. aus für die Unabänderlichkeit der Abrahamsverheißung Gal 3, 15. 17. Neben Paulus betont vor allem Hebr die Vorstellung des neuen (8, 13; 9, 15; 12, 24), „besseren“ (7, 22; 8, 6) und „ewigen“ Bundes (13, 20),

dessen Bürge und Mittler Christus ist. Hebr 9, 15-18 benützt den im Bild des T.s enthaltenen Zug, daß es erst nach dem Tod des Testators in Kraft tritt, zur Bezeugung der Heilsnotwendigkeit des Sterbens Jesu. Die Bezeichnung der bibl. Schriften als AT und NT knüpft an 2Kor 3, 14 f an, wo Paulus das Gesetz Moses die alte diatheke (lat.: vetus testamentum) nennt, vgl. 2Mose 24, 7. Diese Bezeichnung wurde später auf alle 39 Bücher des AT ausgedehnt und entsprechend auf die 27 Schriften angewendet, die vom neuen Christusbund zeugen. Zur Sammlung der Schriften und Ausbildung des Kanons → Bibel.
La

Tetradrachme → Münzen.

Tetragramm, aus griech. tetra = vier und gramma = Buchstabe zusammengesetzt, ist die wissenschaftliche Bezeichnung des aus vier hebr. Buchstaben zusammengesetzten ATlichen Gottesnamens Jahwe, hebr. geschrieben JHWH. Dieses T. ist außerbiblisch bereits in der aus dem 9. Jh. vChr stammenden → Mescha-Inschrift bezeugt.
Ba

Tetrarch → Vierfürst.

Teuerung. Die dem Wort T. zugrunde liegenden Vokabeln kommen im AT und NT über hundertmal vor, oft mit „teure Zeit“, „Hunger“, „Hungersnot“ übersetzt Mt 24,7; Apg 11,28; Röm 8,35. Trockenheit, Mißernten, Dürre und Krieg sind häufig als Ursachen genannt Ri 6, 4 ff; Rt 1, 1; 1Kö 18,2; Jer 14, 4 ff; sie bringen für Menschen und Tiere Not und Sterben 1Kö 17,12; Joel 1, 18 ff. Der Glaubende erkennt in der T. Gottes Heimsuchung oder Strafe 2Sam 21,1; 24,13; 1Kö 17,1; Jer 24,10; 27,8; Hes 14,21. Auch sind solche Zeiten besondere Gelegenheiten für Gottes Wirken 1Mose 41,54 ff; Rt; Lk 15,14 ff. Gott läßt T. ansagen durch Joseph in Ägypten 1Mose 41,14 ff und Agabus in Antiochia Apg 11,28. T. und Hunger sind ein Teil der Schrecken der Endzeit, aber Gottes Reich wird keine Not mehr kennen Mt 6,11; 24,7; Offb 7,16; 22,2.
Nag

Teufel.
1) Die verschiedenen Bezeichnungen. 2) Das Wesen des Teufels. 3) Sein Wirken. 4) Sein Geschick.

1) Im AT wird der → Satan erst in einigen späten Stellen erwähnt. Das Wort Satan bezeichnet zunächst einen Widersacher, ist daher 4Mose 22, 22.32 sogar von dem Engel Jahwes gebraucht, der Bileam in den Weg tritt, und meint erst Hiob 1,6-2,7 einen Engel, der als Verkläger der Frommen vor Gott tritt; ähnlich Sach 3,1 f, wo Satan den Hohenpriester Josua verklagt, und 1Chr 21,1, wo Satan (hier zum ersten Mal als Eigenname!) David zur Volkszählung reizt, während der ältere Parallelbericht 2Sam 24,1 die Versuchung dem Zorn Jahwes zuschreibt. Die griech. Übersetzung des AT gibt Satan mit „diabolos“, „Verleumder“ wieder, woraus das deutsche Wort „Teufel“ entstand. Im NT wird er als „der Böse“ gekennzeichnet Mt 13,19; Eph 6,16; 1Jo 2,13 f; 3,12; 5,18 (Luther: „der Arge“ oder „der Bösewicht“). Wahrscheinlich ist auch an einigen weiteren Stellen „der Böse“ gemeint, nicht „das Böse“ oder das „Übel“; so Mt 5,37; 6,13; 13,38; Jo 17,15; 2Thess 3,3; 1Jo 3,12; 5,19. Ähnlich ist die Bezeichnung „der Feind“ Mt 13,25.28; Lk 10,19. Von seinem Tun her heißt er „der Versucher“ Mt 4,3; 1Thess 3,5, von seiner Macht her „der Starke“ Mt 12,29 par. und in den Abschiedsreden des 4. Evangeliums „der Fürst dieser Welt“ 12,31; 14,30; 16,11. Paulus nennt ihn sogar „den Gott dieser Welt“ 2Kor 4,4. Eine Verknüpfung des Wissens um einen T. mit den alten Erzählungen am Anfang der Bibel findet sich zuerst Weish 2,24, wo der Brudermord auf den T. zurückgeführt wird; das nachdrückliche Wort Offb 12,9 vom „großen Drachen, der alten Schlange, die da heißt T. und Satan“, sieht in der Schlange 1Mose 3 eine Verkörperung des T.s. Als Eigenname erscheinen aus jüdischer Überlieferung → Belial und → Beelzebul.

2) Im Gegensatz zu dem iranischen Glauben an die zwei einander bekämpfenden Mächte des Guten und des Bösen, verkörpert in Ormuzd und Ahriman, ist für bibl. Denken wesentlich, daß der T. in strenger Unterordnung unter Gott steht. Er hat nicht eigene Vollmacht, sondern kann nur so weit wirken, als Gott ihm Spielraum läßt; mit Gottes Erlaubnis versucht er Hiob; auch 1Kor 5,5 und 1Tim 1,20 ist angedeutet, daß Satan das Werkzeug für Gottes Richten wird. Wie es in Gottes guter Schöpfung zu einem T. kommen kann, bleibt — wie die Frage nach dem Ursprung der → Sünde, des Bösen überhaupt — ein unergründliches Geheimnis. Die Bibel erzählt davon nicht. Auf Grund von 2Petr 2,4 = Jud 6, wo von sündigenden und zum Gericht aufbewahrten Engeln gesprochen wird, vermutet man, der T. sei ein Engel, der sich gegen Gott auflehnte und mit dem Haß des Rebellen den Kampf gegen Gott führt. Solch ein Abfall wäre vor der Geschichte des Menschengeschlechts anzusetzen, da nach Jo 8,44 der T. „ein Mörder von Anfang an“ und „der Vater der Lüge“ ist und nach 1Jo 3,8 „von Anfang an sündigt“. Daß dem guten und gnädigen Willen Gottes nicht nur der Mensch widerspricht, sondern hier ein in jenseitige Tiefen reichender Gegensatz offenbar wird, mag einleuchten; daß Jesus in so großem Ernst in so manchem Wort bis hin zu Jo 8,44 das Dasein und Wirken des T.s bejaht hat, ist der stärkste Grund gegen das oberflächliche Urteil, mit dem T. zu rechnen sei veraltet und mit dem heutigen Denken nicht mehr vereinbar — während doch die erschreckenden Dämonien unserer Zeit uns Anlaß genug geben, mit unheimlichen Mächten der Bosheit zu rechnen.

3) Der T. erscheint als der Feind Gottes, der überall Gottes Werk zu hindern und zu stören sucht; dies wird anschaulich dargestellt in dem

Gleichnis vom Unkraut unter dem Weizen Mt 13,24ff. Der T. nimmt das Wort aus dem Herzen Mt 13,19, macht die Sinne für die Botschaft von Christus blind 2Kor 4,4, stößt in Unglauben und Sünde hinein Eph 2,2 und sucht auch die Glaubenden zum Abfall zu drängen Lk 22, 31 und zur Sünde zu verlocken 1Kor 7,5; 2Kor 2,11; Eph 6,11. So hat er sogar Jesus aus der Bahn Gottes zu drängen versucht Mt 4,1-11, und Jesus hat die → Versuchung geduldig und gehorsam erlitten Hebr 4,15; 2,18, auch darin uns gleich. Die Verführung Davids 1Chr 21,1, des Judas Jo 13,2, des Ananias Apg 5,3 sind Beispiele dafür, wie er in ein Menschenherz einen verkehrten Gedanken und boshaften Willen hineinlegt. Dabei gelingt ihm die Verführung durch die beständig angewandte Täuschung; er, „der Vater der Lüge“ Jo 8,44, der sich in einen Engel des Lichts verstellen kann 2Kor 11,14, betrügt durch listige Künste und falsche Versprechungen Eph 6,11; 2Kor 2,11; 11,3. Er versteht es, Menschen zu knechten und sich willfährig zu machen 2Tim 2,26, ja sie so zu prägen, daß sie als seine „Kinder“ von ihm die Art empfangen Jo 8,44; 1Jo 3,8.10; Apg 13,10. Die Macht, mit der der T. sein verderbendes Werk treibt, läßt Jesus auch dadurch ahnen, daß er von einem Reich des Satans spricht Mt 12,26 und von Engeln, die ihm dienen 25,41; so auch 2Kor 12,7 u. Offb 12,7. So ist schon im AT von → Dämonen, von unheimlichen Geistern die Rede. Paulus wußte im heidnischen Kultus Dämonen wirksam 1Kor 10,20f; 2Kor 6,15f; ähnlich Offb 9,20, vielleicht auch 2,13. Wie sehr falscher Kultus und satanische Verführung zusammenhängen können, zeigt Offb 13,11ff, wenn dort in Satans Macht neben den Antichristen der falsche Prophet mit seinen verführenden Zeichen tritt.

4) So groß Satans Macht ist, ist sie doch begrenzt und nimmt sie ein Ende. Jesus, über den der Fürst dieser Welt keine Macht hatte Mt 4, 10f; Jo 14,30, ist dazu erschienen, daß er die Werke des T.s zerstöre 1Jo 3,8 und ihm die Macht nehme Hebr 2,14. Darum hat Jesu Gemeinde Macht auch über Dämonen Lk 9,1; Mk 16,17; Apg 16,18. Durch Gottes Wort und Geist ist dem Christen die Waffenrüstung gegeben, mit der er den Kampf gegen dunkle Gewalten bestehen kann Eph 6,10ff; ähnlich 1Petr 5,8f; Jak 4,7. Gegen das Ende der Zeiten rechnet die HS mit steigender Not, bis Christus, der Herr durch seine → Wiederkunft der Macht Satans das Ende bereitet 2Thess 2,8; Offb 19,11ff und den Satan für 1000 Jahre bindet Offb 20,1-3 (→ Tausendjähriges Reich). Danach wird Satan freigelassen und ruft er die Völker zu einem letzten großen Kampf zusammen, doch vergeblich; nun verfällt er dem endgültigen Gericht Offb 20,7-10. Davon, daß es auch für den T. die Möglichkeit der Umkehr und Rettung gebe, sagt die HS nichts. *Schl*

Teufelsbeschwörer → Beschwörer.
Text → Bibel.

Thaddäus → Judas 5).

Thamar. *1)* Die Schwiegertochter des Juda, durch ihn Mutter des Perez und Serach 1Mose 38, 6ff; Rt 4,12, Ahnfrau Jesu Mt 1,3. — *2)* Eine Tochter Davids 2Sam 13,1ff, → Amnon. — *3)* Eine Tochter Absaloms 2Sam 14,27. — *4)* Eine Stadt im Südosten des Landes 1Kö 9, 18; Hes 47,19; 48,28, vielleicht = Hazezon-T. 1Mose 14,7, wohl ʿēn el-ʿarūs (neuhebr. ʿēn tamar) südwestlich vom Südende des Toten Meers. → Tadmor. *Schl*

Tharah, Vater des Abraham, Nahor und Haran; er wanderte mit ihnen von Ur nach Haran aus 1Mose 11,24-26.31f, stand noch im Dienst fremder Götter Jos 24,2. *Schw*

Theater. Von einem T., wie sie in den griech. und hellenistischen Städten vielfach als große, schöne Bauten zu finden waren, ist nur Apg 19, 29.31 als der Stätte einer Volksversammlung die Rede. Die Redewendung „ein Schauspiel aus einem machen“ Hes 28,17; Nah 3,6 und „zu einem Schauspiel werden“ 1Kor 4,9; Hebr 10,33 weist auf ein eindrucksvolles, bewegendes und erregendes Geschehen hin. *Schl*

Theben → Ägypten.

Thekoa, eine kalebitisch-judäische Stadt auf dem Gebirge Juda 1Chr 2,24; 4,5; Jos 15,59 (LXX), von Rehabeam befestigt 2Chr 11,6, nach dem Exil besiedelt Neh 3,5.27; heute chirbet teqūʿ südlich von Bethlehem. Aus T. kam die weise Frau, die David wieder mit Absalom aussöhnte 2Sam 14,2.4.9; von dort stammten Ira, einer der 30 Helden Davids 2Sam 23,26; 1Chr 11,28; 27,9, und vor allem der Prophet Amos 1,1. — Jer 6,1 ist ein Wortspiel mit T. und tāqaʿ „ins Horn stoßen“. *Rü*

Theophanie bedeutet „Gotteserscheinung“ und bezeichnet in den Religionen sowohl Begebenheiten, bei denen die Gottheit selbst dem Menschen sichtbar wird, als auch Naturerscheinungen, in denen die elementaren Naturgewalten oder die völlige Stille den Menschen die göttliche Macht erahnen lassen und ihm die Majestät der Gottheit enthüllen. Stets handelt es sich um eine Begegnung, in der der Mensch sich der Gottesmacht zum Heil oder Unheil ausgeliefert sieht. Auch das AT kennt die T. als eine der Arten, durch die Gott sich offenbart oder in das Geschick der Völker- und Menschenwelt eingreift und es lenkt. Damit beantwortet es die Frage, wie der ferne und unnahbare Gott, der erhaben über aller Welt thront, sich seinem Volk und dem Einzelnen in ihm kundgibt und ihre Geschicke leitet. Dabei wird die T. in der älteren Zeit als wirkliche Erscheinung, später eher bildhaft-symbolisch verstanden. Zwischen T. und Epiphanie wird im folgenden nicht unterschieden.

Nur bedingt kann es als T. bezeichnet werden, wenn Gott in Menschengestalt dem Abraham 1Mose 18, Isaak 26, 2 und Jakob 32, 25 ff; 35, 9 erscheint, vgl. auch 3, 8 ff; 6, 13; 7, 16. Denn es liegt eher eine altertümliche Erzählweise vor, die mit sinnenfälligen, leibhaftigen Gottesbegegnungen rechnet, obwohl nach der überwiegenden ATlichen Auffassung der Mensch Gott nicht sehen kann, ohne zu sterben 2Mose 33, 20 u. ö. Gleiches gilt für die Erscheinungen des Jahwe-Engels als einer sinnenhaft wahrnehmbaren Offenbarung Gottes selbst Ri 6, 1 ff; 13, 3 ff, der in den Erzählungen oft mit Gott gleichgesetzt erscheint 1Mose 16, 7 ff; 21, 17 ff; 31, 11 ff; 2Mose 3, 1 ff; 4Mose 22, 31 ff; Ri 2, 1 ff, so daß an die Stelle der persönlichen Erscheinung oder Offenbarung Gottes diejenige durch den Engel tritt.

Eine wirkliche T. meinen die Sinai-Erzählungen, obwohl die Überlieferungen im einzelnen nicht einmütig sind. In 2Mose 24, 9-11; 33, 11; 5Mose 5, 4 wird die Möglichkeit einer unmittelbaren Wahrnehmung der Gegenwart und des Wortes Gottes im Gegensatz zu 2Mose 19, 12 f; 20, 19; 33, 20-23; 34, 3 nachdrücklich hervorgehoben. Allerdings beziehen sich manche Ausdrücke (von Auge zu Auge, von Angesicht zu Angesicht) weniger auf ein körperliches Schauen als vielmehr auf die unmittelbare Gegenwart des sich Offenbarenden, zumal keine einzige Erzählung die Gestalt Gottes zu beschreiben unternimmt. Allen Überlieferungen gemeinsam sind die Hinweise auf die wunderbaren, schreckenerregenden Naturerscheinungen, unter denen sich die T. vollzieht. Es sind Züge des Gewitters (Donner, Blitz, Wolkendunkel) und des Erdbebens (Erbeben des Berges unter Feuer und Rauch), die von da an überwiegend die T. begleiten, mit Ausnahme der T. vor Elia 1Kö 19, 9 ff, dem sich Gott gerade in der absoluten Stille offenbart. Zur T. gehört in der Erzählung des →Jahwisten auch die Wolken- und Feuersäule, in der sich die Gegenwart Gottes sichtbar kundgibt 2Mose 13, 21 f; 14, 19. 24; 4Mose 14, 14. So schaut denn Israel den zu heilschaffender oder richtender Tat erscheinenden Herrn im Gewittersturm Ri 5, 4 ff, wie er auf Wolken gleich Pferden oder Wagen einherfährt Jes 19, 1; 66, 15; Hab 3, 8; Ps 18, 11, die Blitze wie Pfeile schießt Hab 3, 9; Ps 18, 15; 77, 18, seine Stimme im Donner ergrollen läßt Am 1, 2; Ps 29, 3 ff, während aus seinem Munde Feuer lodert Jes 30, 27; Ps 18, 9, sein Atem den die Bachtäler plötzlich füllenden Regenguß sendet Jes 30, 28 und der Hagel oder das Erdbeben alles verwüsten Jes 2, 19; 28, 2; 30, 30. Wesentlich ist, daß unter derartigen Erscheinungen der ferne Gott auf den Gottesberg herabfährt und sich dort oder anderswo Israel naht. Deutlich ist dies noch der priesterschriftlichen Überlieferung zu entnehmen, die die Überweltlichkeit und Jenseitigkeit Gottes am stärksten betont: Der jenseitige Gott naht, indem die Wolke bzw. die Herrlichkeit Jahwes auf die Stiftshütte herabfährt 2Mose 40, 34 f; 4Mose 9, 15 ff; 16, 19; 20, 6. Entsprechend glaubt Israel in Palästina, daß Gott zur T. den Weg über den Gottesberg nimmt und von dorther heraneilt Ri 5, 4 ff; Hab 3, 3 ff oder daß man umgekehrt den Gottesberg zur T. aufsuchen muß 1Kö 19, 8 ff.

In Palästina ist Gott ebenso an den vielen Heiligtümern (nicht nur im Jerusalemer Tempel) im Augenblick seiner Kundgabe durch die T. als der sich Offenbarende gegenwärtig. Die T. beschreibt demnach weiterhin eine Möglichkeit der Offenbarungsgegenwart Gottes an einer von ihm ausgewählten oder einer dafür bestimmten und vom Menschen aufgesuchten Stätte. So kann sich die T. im Gottesdienst ereignen, jedoch nicht nur in ihm, da sie auch mit dem →Tag des Herrn verbunden wird, und keinesfalls in einer dramatischen Versichtbarung durch eine szenische Darstellung, da dies der Bildlosigkeit des ATlichen Glaubens und der Unsichtbarkeit Gottes widerspräche. Außerdem hat die hl. Lade, mit der man sich die gottesdienstliche T. verbunden denkt, nach ihrer Überführung in den salomonischen Tempel praktisch jede Bedeutung verloren, und dieser Tempel kann erst nach der Reform des Königs → Josia als Zentralheiligtum gelten, an dem ganz Israel ein Fest hätte begehen können. Bei den T.-Schilderungen der Psalmen, die ja vielfach Kultlieder sind, bleibt daher jeweils im einzelnen zu erwägen, was gemeint ist. Zweifellos sind die Schilderungen, obwohl sie in Psalmen verschiedener Gattung begegnen Ps 18, 8-16; 50, 2 f; 68, 8 f; 77, 17-19; 97, 3-5; 104, 3, untereinander weithin gleichartig und der Beschreibung der Sinai-T. verwandt. Das braucht weder auf der bloßen geschichtlichen Erinnerung an sie noch auf ihrem Lebendigbleiben als Gegenstand gottesdienstlichen Geschehens noch auf ihrer Aktualisierung durch im Kultus tätige Propheten zu beruhen, sondern erklärt sich am einfachsten daraus, daß es sich um ein herkömmliches Darstellungsmotiv handelt, dessen Wurzeln in der Mose- und Richterzeit liegen und das oft nur mehr bildhaft-symbolisch verwendet wird. Es ist zudem durch andere Züge erweitert worden, die den Vorstellungen vom kanaanäischen Gewittergott entnommen worden sind.

Bildhaft-symbolische Verwendung liegt eindeutig in den prophetischen T.-Schilderungen vor. Entweder beschreiben sie das angedrohte Kommen Gottes zum Gericht am → Tag des Herrn, vgl. auch Jes 30, 17 f; Hab 3, 3 ff, oder finden sie sich in prophetischen Berufungsgeschichten für lediglich visionär geschaute Erscheinungen mit mancherlei Unterschieden und mit andeutender Beschreibung der Gestalt Gottes 1Kö 22, 19; Jes 6, 1; Hes 1, 26-28 unter Nachwirkung bis ins NT Apg 9, 3 ff; 22, 6 ff; 26, 12 ff. Später bedient sich die eschatologische Prophetie der T.-Vorstellung, um Gottes endzeitliche Offenbarung zur Wiederherstellung Israels und zum Gericht über die Völker zu beschreiben Jes 4, 5 f; 24, 21-23; 40, 5; 52, 8. 12. In dichterischer

Darstellung wird die T. für die Auseinandersetzung Gottes mit Hiob verwendet Hiob 38, 1ff; 40,6ff, vgl. 37,21f. Dagegen stehen die Redewendungen vom → Angesicht und → Namen Gottes nicht mit der T. in Verbindung.

Während das AT keinen besonderen Ausdruck für die T. hat, findet sich im NT der Begriff Epiphanie „Erscheinen, Erscheinung". Er wird in bezug auf Christus verwendet und meint zunächst sein Erscheinen als Kommen in die Welt, das als Erscheinen Gottes selbst, also als T., oder als Erscheinen seiner Gnade verstanden wird Lk 1,79; Tit 2,11; 3,4. Ferner bezeichnet der Begriff das zweite Erscheinen Christi bei seinem endzeitlichen Kommen als Weltenrichter (→Tag des Herrn) 2Thess 2,8; 1Tim 6,14; 2Tim 1,10; 4,1; 4,8; Tit 2,13.

Lit.: F. Schnutenhaus, Das Kommen und Erscheinen Gottes im AT, Zeitschr. f. d. alttest. Wiss. 76 (1964), S. 1-21; J. Jeremias, Theophanie, Neukirchen-Vluyn 1965. *Fo*

Theophilus, den das seinem Namen beigefügte Prädikat in die Reihe der Mächtigen stellt, war, ob Christ oder noch kein Gemeindeglied, mit Lukas verbunden, der ihm seinen Bericht über Jesus und über die Apostel widmete Lk 1,3; Apg 1,1. *Kü*

Thessalonich, eine blühende Handelsstadt in Mazedonien, günstig an der Via Egnatia gelegen, durch die Römer 146 vChr zur Hauptstadt des 2. Bezirks der Provinz Mazedonien erhoben, seit der Schlacht bei Philippi 42 vChr eine Freistadt mit zwei „Politarchen" Apg 17, 6.8, mit einer großen, aber auch sittenlosen Bevölkerung, auch mit einer jüd. Gemeinde, das heutige Saloniki. Paulus kam auf der sog. 2. Missionsreise mit Silas und Timotheus nach T., etwa zu Beginn des Jahres 50, und konnte aus einzelnen Juden und manchen aufgeschlossenen Heiden eine Gemeinde sammeln Apg 17,1ff. Doch wurde er bald durch Umtriebe der Judenschaft, die mit politischer Anklage die Behörde zum Eingreifen brachte, genötigt, die Stadt zu verlassen und zunächst nach Beröa, dann nach Athen weiterzuziehen. In den nächsten Monaten schrieb er in rascher Folge die beiden → Thessalonicherbriefe. Wahrscheinlich kam Paulus bei der 3. Missionsreise Apg 20,3 wieder nach T. Zwei seiner Mitarbeiter, Aristarchus und Sekundus, stammen aus T. Apg 20,4; 27,2. *Schl*

Thessalonicherbriefe.
1) Die Vorgeschichte des 1. Briefs. 2) Der 1. Brief. 3) Der 2. Brief. 4) Die Zeit der Briefe.

1) Als Silas und Timotheus von Mazedonien her in Athen wieder zu Paulus stießen Apg 17, 15, konnten sie ihm von der andauernden Bedrängnis der jungen Gemeinde in Thessalonich und ihrer im ganzen erfreulichen inneren Entwicklung berichten; Paulus schickte den Timotheus sofort wieder nach Mazedonien 1Thess 3,1f; der Bericht, den Timotheus dann dem Apostel, der inzwischen von Athen nach Korinth gegangen war Apg 18,5, von der Gemeinde erstattete, wurde der Anlaß für den 1. Brief, an dessen Abfassung Silvanus und Timotheus beteiligt sind 1,1.

2) Paulus spricht im 1. Brief in K. 1-3 von seiner herzlichen Verbundenheit mit der Gemeinde. Er dankt Gott für die Aufnahme seiner Verkündigung durch die Thessalonicher und den weithin bekannt gewordenen Anfang ihres Christenstands 1,2-10. Dann weist er — wohl im Blick auf Verdächtigungen — auf die Lauterkeit seines Dienstes und die Echtheit seiner Liebe hin 2,1-12, freut sich, daß die Gemeinde trotz Verfolgung am Wort festhält 2,13-16, und läßt sie in die Innigkeit seiner Verbundenheit mit ihnen hineinschauen 2,17-3,13. Im 2. Teil des Briefs K. 4 u. 5 will Paulus der Gemeinde zur Überwindung von Schwierigkeiten helfen. Er warnt vor geschlechtlicher Zuchtlosigkeit, wie sie Griechen nahelag 4,1-8, und mahnt zu brüderlicher Liebe 4,9f und fleißiger Arbeit 4,11f. Dann beruhigt er die Gemeinde, die sich wegen einiger Todesfälle Sorge machte: die Verstorbenen sind nicht verkürzt, sondern werden bei der Wiederkunft Christi erweckt werden und mit den dann Lebenden den Herrn empfangen dürfen 4,13-18. Daran schließt sich ein Wort zum Kommen des Herrn: weil es nahe und doch unberechenbar ist, verpflichtet es zur Wachsamkeit 5,1-11. Den Schluß des Briefs bilden Einzelmahnungen zum Gemeindeleben 5,12-22 und der Gruß und Segenswunsch 5,23-28.

3) Der 2. Brief steht dem 1. nicht nur inhaltlich, sondern auch zeitlich nahe und wird wenige Monate nach ihm entstanden sein. Wieder sind in der Briefzuschrift 1,1 Silvanus und Timotheus neben Paulus genannt. Paulus stärkt die Gemeinde in der noch anhaltenden Verfolgung 1,3-12. Weil sich in der Gemeinde — unter Berufung auch auf einen angeblichen Paulusbrief — mit der Erwartung, der Tag des Herrn sei ganz nahe 2,2, unnüchterne Schwärmerei verband, weist Paulus darauf hin, daß dem Kommen des Herrn noch die Steigerung menschlicher Sünde, die Offenbarung des → Antichrist vorangehen muß 2,1-12. Wieder spricht Paulus im Blick auf die Gemeinde herzliche Dankbarkeit und Zuversicht aus 2,13-3,5. Den Schluß bildet die nochmals notwendige, nun ausführlichere Mahnung zu fleißigem Arbeiten 3,6-16.

4) Die beiden Briefe zeigen anschaulich, wie der Apostel einer jungen Gemeinde half, den Weg des Glaubens zu gehen. Er ergänzt die grundlegende Verkündigung auf Grund aufgetretener Schwierigkeiten durch Aussagen über das Kommen des Antichristen und des Christus; gegenüber Verirrungen leitet er zur Bewährung des Christenstandes in Bruderliebe, in heiliger Zucht, in treuer Arbeitsamkeit an. Die Briefe — auch der zweite — dürfen als echt gelten. Sie werden in den ersten Monaten der Arbeit des Paulus in Korinth, wohl i.J. 50, entstanden sein. Wenn der → Galaterbrief nach der nordgalatischen These während der 3. Missionsreise geschrieben ist, sind die T. die ältesten Briefe des Paulus, die erhalten blieben.

Lit.: Das NT Deutsch, Bd. 8, Die kleineren Briefe des Apostels Paulus, [7]1955; Adolf Schlatter, Erläuterungen zum NT, 8. Teil. *Schl*

Theudas wird in der Rede Gamaliels Apg 5,36 erwähnt als Beispiel eines Mannes, der ohne göttliche Legitimation eine Volksbewegung entfachte und bei diesem Unternehmen umkam. Der jüd. Geschichtsschreiber Josephus erwähnt (Jüd. Altert. XX 5,1) diesen T. als „Propheten", der in den Vierzigerjahren des 1Jh. nChr unter dem Prokurator Cuspius Fadus aufgetreten sei; er habe verheißen, durch seinen Befehl den Jordan zu spalten und seine Anhänger hindurchzuführen. Die Apg gibt die Anhängerzahl des T. mit 400 an, während Josephus von einer „ungeheuren Menschenmenge" spricht. Beide stimmen darin überein, daß T. hingerichtet und seine Anhängerschaft aufgerieben, gefangen und zerstreut wurde. Da Lukas den T. vor die Zeit des Judas (7 nChr) ansetzt und Gamaliel seine Rede wahrscheinlich vor 44 nChr gehalten hat, ist damit zu rechnen, daß Lukas in der zeitlichen Anordnung der Ereignisse irrte. *Bie*

Thisbe, der in Gilead gelegene Heimatort des Propheten Elia, nach dem dieser 1Kö 17,1; 21, 17.28; 2Kö 1,3.8; 9,36 der Thisbiter genannt wird; heute vielleicht chirbet listib (= el-istib) 5 km nordwestlich von ʻadschlūn. *Rü*

Thomas, vom Aramäischen her gedeutet „Zwilling", war Name eines in allen Listen der Apostel genannten Jüngers Jesu Mt 10,3; Mk 3,18; Lk 6,15; Apg 1,13. Das vierte Evangelium zeigt das Ringen des T. um den Glauben an Jesus Jo 11,16; 14,5; 20,24.25, bis die Begegnung mit dem Auferstandenen ihm die Gewißheit des Glaubens gewährt Jo 20,26-28. Die späteren Lebensschicksale sind legendär überliefert; die „Thomaschristen" führen den Ursprung ihrer Kirche auf eine Missionstätigkeit des T. in Indien zurück. *Kü*

Thomas-Evangelium, bei Nag Hammadi östlich vom Nil 1946/47 gefunden (→ Sp. 438 f), in koptischer Sprache, eine ursprünglich wohl griech. Sammlung angeblicher Jesus-Worte, die von dem Jünger → Thomas stammen will, wohl im 2.Jh. entstanden, vom Geist der → Gnosis geformt. Eine erste Orientierung gibt Wilhelm Michaelis, Das Thomas-Evangelium, 1960. *Schl*

Thopheth → Hinnomtal.
Thora → Mosebücher.
Thron → Stuhl.

Thronbesteigungsfest. Nach neueren Forschungen (P. Volz, S. Mowinckel, H. Schmidt, A. Alt, H.-J. Kraus) kann kaum daran gezweifelt werden, daß Israel im Rahmen des → Laubhüttenfestes (vielleicht am 15. VII.) ein Fest beging, das zwar im AT nicht erwähnt wird, aber mit Hilfe der kultgeschichtlichen Methode und unter Auswertung der → Thronbesteigungslieder erschlossen worden ist. Umstritten sind Charakter und Einzelheiten dieses Festes. In Analogie zu dem Fest der Thronbesteigung Marduks in Babylon hat Mowinckel eine am Neujahrstag gefeierte frühisr. Begehung nachzuweisen versucht. In ihrem Mittelpunkt steht — nach dem Vorbild des babylonischen Kultmythos — die alljährliche Feier des Sieges Jahwes über die Chaosmächte und Feinde Israels und die damit verbundene Ausrufung seines Herrschaftsantritts über Volk und Welt. Diese mythische Idee der immer erneuten Inthronisation Jahwes als König und Allherrscher findet nach Mowinckel ihre Veranschaulichung und Vergegenwärtigung in einem kultischen Drama, dessen Höhepunkt eine Prozession der Lade zum Tempel und der damit im Zusammenhang stehende gottesdienstliche Ruf: „Jahwe ist König geworden" (Thronbesteigung) war Ps 47,6.9; 93,1; 96,10; 97,1; 99,1; 132; vgl. auch 2Sam 6; 1Kö 8. Gegen Mowinckel ist freilich zu sagen, daß ein so verstandenes Th. nur auf dem Hintergrund einer vegetativ- oder astralmythologischen Vorstellungswelt zu begreifen ist, für deren Vorhandensein innerhalb des offiziellen Jahwekults allerdings jeder Hinweis fehlt. Zudem läßt sich die theol. Formel vom Königsein Jahwes in vorexilischer Zeit nur vereinzelt nachweisen, was seine Gründe in der mythischen Belastung, die dem Königstitel im alten Orient anhaftete, und in der Verzerrung des menschlichen Königtums in Israel gehabt haben mag. Die These eines frühisr. Th. im Sinne Mowinckels läßt sich somit kaum aufrechterhalten. — Neuerdings hat H.-J. Kraus gemeint, aus den Geschichtsberichten 2Sam 6; 7; 1Kö 8 und aus Ps 132 ein vorexilisches „königliches Zionsfest" ermitteln zu können. Dieses Fest feierte jährlich die Erwählung des Zion und der davidischen Dynastie. Durch die Zerstörung Jerusalems (587 vChr) wurde es freilich seiner Bedeutung beraubt, aber von → Deuterojesaja dadurch mit neuem Inhalt gefüllt, daß man den Gedanken von der Erwählung des Davidhauses durch seine Botschaft vom Anbruch des weltweiten Gottkönigtums Jahwes in Jerusalem 52,7-10 ersetzte. Die → Thronbesteigungslieder wären dann in der Hauptsache Kultgesänge des so gewandelten Festes gewesen. Ist hier im einzelnen noch vieles ungeklärt, so ist doch wahrscheinlich, daß diese Begehung ein Fest „höchstgesteigerter Freude" (v. Rad) war, in dem der Beginn der universalen Königsherrschaft Jahwes gottesdienstlich gefeiert wurde.

Lit.: S. Mowinckel, Psalmenstudien II. Das Thronbesteigungsfest Jahwäs und der Ursprung der Eschatologie, 1922; H.-J. Kraus, Die Königsherrschaft Gottes im AT, 1951; G. v. Rad, Theologie des AT I, [4]1962; M. Noth, Ges. Studien zum AT, München [2]1960. *Ste*

Thronbesteigungslieder. Die T. Ps 47; 93; 96 bis 99 gehören zu der Gattung des → Hymnus und enthalten dessen charakteristische Stilelemente: Aufforderung zum Gotteslob und dessen Begründung, die hier mit dem Gedanken des Gottkönigtums Jahwes verbunden ist. Ihren „Sitz im Leben" haben diese Lieder im sog. → Thronbesteigungsfest. Nach S. Mowinckels kult-mythischem Verständnis spiegeln sie die kultische Aufführung der Inthronisation Jahwes als Chaosbezwinger und Weltherrscher an dem von ihm vermuteten altisraelitischen Fest wider, worauf Ps 47 hinzuweisen scheint, wo von der Auffahrt Gottes unter Jubel und dem Klang der Posaune 47, 6, von seinem Niedersitzen auf dem heiligen Thron, vom lauten Anstimmen des Inthronisationsrufes 47,9 und über dem allen von der Aufforderung an die Völker zum Händeklatschen und zum Singen eines neuen Liedes 47,2.7 die Rede ist. Dagegen nimmt man neuerdings an (H.-J. Kraus, C.Westermann), daß es sich bei den T.n um eine rein hymnische Huldigung vor dem im Rahmen eines nachexilischen Festes als König geehrten Gott Israels handle, bei der zT vorisr. Kultvorstellungen Ps 47 oder altisr. Traditionen Ps 93, zT Anklänge an die Jahwe-Königs-Botschaft → Deuterojesajas 52,7-10 vorliegen Ps 96 bis 98. Inhaltlich zeichnen sich diese Dichtungen durch die universale Weite ihrer Aussagen aus. Sie feiern das Herrentum Jahwes über die Völker, Götter und den ganzen Kosmos, also eine „Welttheophanie Jahwes" (v. Rad), die bereits Ereignis ist und ihre Vollendung in der schon nahenden Endzeit erfährt.

Lit.: S. Mowinckel, Psalmenstudien II. Das Thronbesteigungsfest Jahwäs und der Ursprung der Eschatologie, 1922; C. Westermann, Das Loben Gottes in den Psalmen, [3]1963; H.-J. Kraus, Die Psalmen, Bibl. Kommentar XV, [2]1964. *Ste*

Thyatira, Stadt im westlichen Kleinasien, etwa 60 km südöstlich von Pergamon, in Lydien an der Grenze Mysiens gelegen, gegründet von den Seleukiden als Kolonie makedonischer Soldaten. Um 190 vChr kam die Stadt unter römische Herrschaft. T. war seines Handels und Gewerbes wegen bekannt. Im 1. Jh. nChr zählte T. zu den wenig bedeutenden Städten der Asia. Eine wichtige Straße führte von → Pergamon nach T. und weiter über → Sardes und → Philadelphia nach → Laodizea. Eine christl. Gemeinde, deren Anfänge im Dunkeln liegen, wird in Offb 2,18 ff erwähnt; vgl. Apg 16,14. *Bie*

Tiberias, die in der Mitte des Westufers des nach ihr benannten Sees Jo 6,1; 21,1 gelegene Stadt wurde um 20 nChr von → Herodes Antipas auf dem Gräberfeld der 2 km südlich gelegenen Stadt Ammathus gegründet, nach hellenistisch-römischem Vorbild prächtig ausgebaut und Tiberius zu Ehren benannt. Da den frommen Juden T. zunächst als unrein galt, ließ Antipas zT mit Gewalt ein zwielichtiges Volk hier ansiedeln. T. war unter Antipas Residenz und blühte zur wichtigsten Stadt am See T. auf. Im NT ist es nur Jo 6,23 genannt. Jesus war wohl nie dort. Im Jüd. Krieg ergab es sich schnell und kam glimpflich davon. Im 2. Jh. nChr für rein erklärt, wird T. Hauptort rabbinischer Schriftgelehrsamkeit und Sitz des Synhedriums. Hier entstehen die Mischna, der Jerusalemer → Talmud und die tiberiensische Vokalpunktation des ATlichen Konsonantentextes. Auch nach Konstantin blieb T. vorübergehend jüd. Das Christentum faßte hier nur langsam Fuß. → Tafel 46. *Me*

Tiberius Julius Caesar Augustus wurde 42 vChr geboren und nach dem Tod seines Vaters mit seinem Bruder Drusus im Haus seines Stiefvaters Augustus erzogen. Als Glied vornehmer Adelsfamilien erhielt er eine ausgezeichnete Bildung. Noch in jungen Jahren errang er zahlreiche Erfolge in verschiedenen Feldzügen. Schwer trug er daran, daß er auf Befehl des Kaisers seine Ehe mit Vipsania Agrippina lösen und dessen Tochter Julia heiraten mußte; dazu kam, daß er sich den Enkeln des Kaisers gegenüber benachteiligt fühlte. So nahm er den Befehl, Armenien von parthischem Einfluß zu befreien, nicht an und ging freiwillig in die Verbannung nach Rhodos. Im Jahr 4 nChr wurde er vom Kaiser adoptiert und mit der tribunizischen Gewalt auf zehn Jahre ausgestattet. In den folgenden Jahren gelangen ihm neue Erfolge gegen Aufständische und die Sicherung der Rheingrenze. Nach dem Tod des Kaisers 14 nChr übernahm T. die Herrschaft. Er achtete die Rechte des Senats und sorgte für Ordnung der staatlichen Finanzen. Allerdings mußte er sich zahlreicher Gegner erwehren, die er verklagen ließ. 26 nChr verließ der menschenscheue Kaiser Rom und zog sich nach Capri zurück, während der ehrgeizige Präfekt Aelius Sejanus nun der mächtigste Mann des Reiches wurde. Da er unverhüllt auf den Sturz des Kaisers hinarbeitete, griff dieser zu und ließ ihn hinrichten (31 nChr). In den folgenden Jahren wurde er noch mißtrauischer und schwerfälliger, wagte auch nicht, die Hauptstadt selbst zu betreten. Die Überlieferung über die letzten Jahre des Kaisers ist weithin entstellt; doch kam es zu zahlreichen Anklagen, die vorwiegend vom Senat abgeurteilt wurden. Die Feinde erzählten sich von unerhörten geschlechtlichen Ausschweifungen des T. auf Capri; doch sind derartige Gerüchte nicht historisch gesichert (Suet. 43-45). In seiner Villa auf dem Kap Misenum starb T. 37 nChr. Eine Tradition will wissen, der Kaiser sei von Macro oder Gajus Caligula mit Kissen erstickt worden. → Tafel 35. *Mi*

Tibni. Nach dem Sturz des Usurpators Simri erhob ein Teil des isr. Volkes T. zum Gegenkönig gegen Omri; vielleicht als den Vertreter der Stämme Mittelpalästinas. Der darauf folgende Bürgerkrieg 882/81-878/77 fand sein Ende durch den natürlichen Tod des T. und seines Bruders Joram 1Kö 16,21 f. *Peu*

Tidal, König der Gojim = Völker; es könnte einer der den Namen Tuthalija tragenden hethitischen Könige, vielleicht Tuthalija I. um 1730, gemeint sein (T. II. um 1450, T. III. um 1400, → Arioch) 1Mose 14, 1. 9. *Peu*

Tier. *1) Mensch und T.* Nach dem priesterlichen Schöpfungsbericht ist das T. durch das einheitlich-zielstrebige Handeln Gottes dem Menschen verbunden 1Mose 1, 24-31, wie denn Pred 3, 18-21 Mensch und T. einander nahe sieht; andererseits ist der Mensch als der Empfänger göttlichen Geistes 1Mose 1, 26 f; 2, 7 vom T. deutlich unterschieden und zur Herrschaft über die T.welt berufen 1, 26; 2, 19; Ps 8, 7-9 und kann der Mensch nicht bei dem T. die ergänzende Gemeinschaft finden 1Mose 2, 20. Gottes Fürsorge gilt, wie dem Menschen, so auch dem T. Ps 36, 7; 50, 10 f; 104, 10-30; 147, 9; Jes 43, 20; Jon 4, 11; Mt 6, 26; 10, 29, vgl. Hiob 39-41. Nicht selten wird das T. zum Vorbild für den Menschen Jes 1, 3; Spr 6, 6-8; Mt 10, 16. Der Mensch, der seine Menschenwürde vergißt, sinkt auf die Stufe des T.s Ps 73, 22; 49, 13. 21; Dan 4, 22 ff; Tit 1, 12 und kann zum Raubtier werden Ps 74, 19. Gott kann T.e als Werkzeuge des Gerichts benützen 5Mose 32, 24; 2Kö 2, 24; 17, 25; Jes 56, 9; Jer 15, 3. An der Vollendung des Heils werden auch die T.e teilhaben Jes 11, 6-9; 65, 25; Hos 2, 20. Wie die Bestie zum Bild widergöttlicher Mächte wird Dan 7; Offb 13 und die Schlange als Verkörperung des Bösen erscheint 1Mose 3, 1; Offb 12, 9; 20, 2, so haben auch himmlische Mächte ihr Bild im T. Hes 1; Offb 4, 6 ff.

2) Das Verhalten zum T. Frömmigkeit führt zur Fürsorge auch für das T. Spr 12, 10: Die Haustiere sollen an der Sabbatruhe teilhaben 2Mose 20, 10; 5Mose 5, 14, das Wild am Ertrag des Sabbatjahrs 2Mose 23, 11; 3Mose 25, 7. Dem dreschenden Ochsen darf nicht verwehrt werden, von der Frucht zu fressen 5Mose 25, 4; 1Kor 9, 9; 1Tim 5, 18. Das Vieh darf sein Junges sieben Tage behalten 3Mose 22, 27. Auch dem T. des Feindes soll geholfen werden 2Mose 23, 4 f. Wer ein Vogelnest ausnimmt, soll die Mutter fliegen lassen 5Mose 22, 6 f. Willkürliche Eingriffe wie das Verschneiden 3Mose 22, 24 und das Kreuzen verschiedener Gattungen 19, 19 wurden verboten, sogar das Zusammenspannen verschiedener Zugtiere 5Mose 22, 10. Im Lauf der Zeit wurden auch fremde T.e gehalten wie Affen und Pfauen 1Kö 10, 22.

3) Die Einteilung der T.e Die HS teilt die Fülle der T.e in größere Landtiere (Vieh), Flugtiere, Kriechtiere und Schwimmtiere 1Mose 1, 21. 25; 3Mose 11, 46; 5Mose 4, 17 f; 1Kö 5, 13; Ps 148, 10; Apg 10, 12; 1Kor 15, 39. Eine für die Praxis wichtige Unterscheidung trennte die reinen und die unreinen T.e 3Mose 11, 2-31; 5Mose 14, 4-20 und verbot, von unreinen T.en zu essen. → Speisegebote, → Fisch, Gewürm, Vogel, Wüstentiere und die Artikel zu den einzelnen T.en. *Schl*

Tiglat-Pileser III., König von Assyrien 745 bis 727. Er teilte das Reich durch Verkleinerung der Statthalterbezirke neu ein und verpflanzte Bevölkerungsteile unterworfener Staaten in die verschiedensten Provinzen, um im ganzen Reichsgebiet eine nicht bodenständige großassyrische Untertanenbevölkerung zu schaffen. Es gelang T., die Großmacht Urartu in Armenien zu schlagen. In Babylonien unterwarf und deportierte er seßhaft gewordene Aramäerstämme, während er die altheiligen Städte vorerst nicht angriff. Später jedoch übernahm er im Vollzug einer Personalunion unter dem Thronnamen Pulu — in der Bibel Phul 2Kö 15, 19 — die Krone von Babel, indem er „die Hände Marduks ergriff". Als T. nach hartem Widerstand Syrien unterwarf, wurden die Staaten Israel und Juda in die weltpolitischen Ereignisse hineingezogen. 738 fiel das Staatengebilde von Hamath; nach assyrischen Nachrichten zahlten Menahem von Israel, Rezin von Damaskus und vielleicht auch Asarja von Juda Tribut 2Kö 15, 19 f. Rezin und Pekach von Israel versuchten schließlich in einem günstigen Augenblick, Ahas von Juda in eine große antiassyrische Koalition zu zwingen. Weil sich dieser weigerte, überfielen sie Juda im sog. syrisch-ephraimitischen Krieg Jes 7, 1-9; Hos 5, 8-6, 6; 2Kö 16, 5 f. Entgegen der Warnung des Jesaja rief Ahas T. gegen Tributzahlung herbei, der Israel 733 überfiel, Galiläa und Gilead nach Deportation eines großen Bevölkerungsteils zur assyrischen Provinz machte und 732 Damaskus eroberte. Ahas erschien zur Huldigung vor T. in Damaskus und führte neben dem weiter ausgeübten Jahwedienst den assyrischen Staatskult im Jerusalemer Heiligtum ein 2Kö 15, 29; 16, 7 ff. Mit der Thronbesteigung Hoseas 15,30 in Israel war er einverstanden. *Peu*

Tigris, nach dem → Euphrat der bedeutendste Fluß Vorderasiens, der im armenischen Hochland nur wenige Stunden vom Oberlauf des Euphrat entfernt entspringt. Die beiden Flüsse entfernen sich zweimal voneinander, um die steppenartige mesopotamische Ebene und das babylonische Tiefland zu umfließen, während sie sich auf der mittleren Strecke bei Bagdad ganz nahe kommen. Im Altertum mündeten die Flüsse getrennt; heute streben sie im gemeinsamen Unterlauf des schatt el-ʻarab dem Persischen Meerbusen zu. Der T. nimmt von Osten eine Anzahl Nebenflüsse auf: Großer und Kleiner Zab, Adhem und Dijala. Südlich von Bagdad war der Flußlauf im Altertum ein anderer als heute. An den Ufern des T. lagen die wichtigen Städte Ninive, Nimrud, Assur, Opis, Ktesiphon. In der Bibel heißt der T. „Hiddekel" 1Mose 2,14; Dan 10,4. *Peu*

Tafel 47: Kriegswagen *Diese Darstellung des leichten Kriegswagens, der nur mit einem Pferd bespannt war, stammt von der Wand eines Tempels in dem alten Theben bei dem heutigen Karnak, aus der Zeit der 18. Dynastie. Leider sind bei dem langen Zug der Gefangenen die Köpfe vielfach zerstört. → Krieg, → Wagen.*

Timäus → Bartimäus.

Timna. *1)* Die Nebenfrau des Eliphas, Mutter von Amalek 1Mose 36, 12, eine Horiterin 36, 22 (1Chr 1, 36 wohl irrtümlich Tochter des Eliphas und Schwester des Amalek). — *2)* Ein Edomiter-Stamm 1Mose 36, 40. *(Schl)*

Timna. *1)* Stadt in der Schephela, ursprünglich zu Dan Jos 19, 43; Ri 14, 1. 2. 5, später zu Juda gehörig Jos 15, 10, unter Ahas von den Philistern erobert 2Chr 28, 18; heute chirbet tibne an der Südseite des wādi eṣ-ṣarār. — *2)* Stadt auf dem Gebirge Juda 1Mose 38, 12-14; Jos 15, 57; genaue Lage unbestimmt. *Rü*

Timnath-Serach Jos 19, 50; 24, 30 oder *T.-Heres* Ri 2, 9, auf dem Gebirge Ephraim gelegener Erbbesitz des Josua; heute chirbet tibne östlich von ʿabūd. Hier wurde Josua begraben. Sein Grab zeigte man noch zZ des Eusebius. *Rü*

Timon, einer der Siebenmänner in Jerusalem Apg 6, 5. *Kü*

Timotheus war der Sohn einer Jüdin, die den christl. Glauben angenommen hatte, und eines „Griechen", also eines heidnischen Vaters. Er lebte in Lystra und hatte bei den kleinasiatischen Gemeinden einen guten Namen. Paulus wünschte ihn als Begleiter auf der Missionsreise mitzunehmen und beschnitt ihn mit Rücksicht auf die Juden Apg 16, 1-3. Von nun an wird er im Bericht der Apg wie auch in den paulinischen Briefen als treuer Mitarbeiter des Apostels erwähnt. Er tritt als Absender der Gemeindebriefe neben Paulus auf, um dessen Wort zu bekräftigen, und verhandelt in seinem Auftrag in den Gemeinden, oft unter schwierigen Verhältnissen. An ihn sind zwei der → Pastoralbriefe gerichtet, wobei vorausgesetzt wird, daß er in Ephesus zurückgelassen wurde, um der Gnosis zu widerstehen 1Tim 1, 3; offenbar gilt er als ein Erbe und Bürge der echten apostolischen Tradition. 2Tim 1, 5 spricht von dem ungeheuchelten Glauben, der in der Großmutter Lois und seiner Mutter Eunike gewohnt habe; vorausgesetzt wird hier, daß nach jüd. Recht das Kind der Mutter nachschlägt; das Christentum ist damit als Weiterbildung jüd. Glaubens aufgefaßt. T. wird Vorbild eines jugendlichen Gemeindeleiters, den man nicht verachten soll 1Tim 4, 12. Von einer Freilassung des T. (offenbar aus Gefangenschaft) berichtet Hebr 13, 23. *Mi*

Timotheusbriefe → Pastoralbriefe.
Tinte → schreiben.

Tiphsach. *1)* Ein Ort an der Mündung des Belich in den Euphrat, nordöstlichster Grenzpunkt der Herrschaft Salomos 1Kö 5, 4. — *2)* In 2Kö 15, 16 ist der Ort Thappuah, heute Schech Abu Zarad, 52 km nördlich Jerusalems, gemeint Jos 12, 17; 16, 8; 17, 8. *Peu*

Tirhaka, König von Ägypten 690-664, dritter Herrscher der äthiopischen Dynastie. Er hat — entgegen 2Kö 19, 9; Jes 37, 9 i. J. 701 nicht als König von Kusch, sondern als ägyptischer Feldherr — versucht, zugunsten einer gemeinsamen antiassyrischen Koalition, die zw. Phönizien, Philistäa und Hiskia von Juda bestand, einzugreifen, mußte sich aber nach der verlorenen Schlacht bei Eltheke vor Sanherib von Assyrien zurückziehen. *Peu*

Tirza. *1)* Ehemals kanaanitische Königsstadt Jos 12, 24, die von Jerobeam I. zur Residenz des Staates Israel erhoben wurde 1Kö 14, 17. In T., heute wahrscheinlich tell fārʿa 10 km nordöstlich von nāblus, bestiegen nacheinander Baësa, Ela und Simri den isr. Thron 1Kö 15, 21. 33; 16, 6. 8. 9. 15. Doch unter Omri, der sich noch in T. zum König gemacht hatte, wurde die Hauptstadt alsbald nach → Samaria verlegt 1Kö 16, 17. 23 f. — *2)* Name einer Tochter des Zelophhad 4Mose 26, 33; 27, 1; 36, 11; Jos 17, 3. *Rü*

Tisch → Mahlzeit.
Tischri → Monate.

Titus, der Eroberer Jerusalems 70 nChr, römischer Kaiser 79-81. *Schl*

Titus Justus, dessen erster Name auch in der Schreibung Titius bezeugt ist und in einigen Handschriften ganz fehlt, war ein gottesfürchtiger Heide, dessen Haus in Korinth der Gemeinde als Versammlungsort diente Apg 18, 7. *Kü*

Titus, Titusbrief → Pastoralbriefe.

Tob, ein bereits in den Listen Thutmosis III. und den Amarnabriefen erwähnter aramäischer Stadtstaat im Norden des Ostjordanlands Ri 11, 3. 5; 2Sam 10, 6. 8; 1Makk 5, 13; 2Makk 12, 17. *Rü*

Tobias, Tobiasbuch. Das ursprünglich aramäisch oder hebr. geschriebene Buch, das zu den ATlichen → Apokryphen zählt, liegt in vielerlei Textüberlieferungen vor, die voneinander ziemlich stark abweichen. Es geht in seinen 14 Kapiteln davon aus, daß der fromme Israelit Tobit in Ninive erblindet und verarmt ist, während in Ekbatana der Dämon Asmodäus immer wieder die Männer der Sara in der Brautnacht getötet hat, und Gott beiden durch den Engel Raphael helfen will. Dieser begleitet unerkannt den T., den Sohn Tobits, auf einer Reise, hilft ihm, nach der Heirat mit der für ihn bestimm-

Tafel 48: In der Wüste Juda *Beide Aufnahmen geben das Bild einer wilden, öden, menschenfeindlichen Landschaft. Die obere stammt aus der → Wüste Juda zwischen Beerseba und dem Toten Meer, die untere vom Absturz der Wüste zum Toten Meer im Gebiet von Engedi.*

ten Sara den Dämon zu vertreiben, indem er ihn Herz und Leber eines im Tigris gefangenen großen Fisches in der Brautnacht verbrennen heißt, und nach der Rückkehr den Vater durch Aufstreichen der Fischgalle auf die Augen zu heilen, und gibt sich schließlich zu erkennen. Nach dem Dankgebet Tobits schließt das Buch mit Bemerkungen über das weitere Schicksal der Eltern und des Sohnes. In alledem erzählt das Buch in märchenhaft-novellistischer Art über die Lebensverhältnisse der jüd. Diaspora im Osten um 200 vChr. Es verwendet dazu die Geschichten vom dankbaren Toten und vom weisen → Achikar und hat der persischen Religion Vorstellungen über Engel und Dämonen entlehnt. Doch ist dies ganz mit dem Geist der jüd. Gesetzesfrömmigkeit im besten Sinn durchdrungen, als deren Vorbilder die Personen des Buches geschildert werden: gottergeben, rechtlich, barmherzig, pietätvoll, sittsam, keusch und familiengebunden. Für diejenigen, die von Herzen Gottes eingedenk sind 1,12, gilt: Seht, was Barmherzigkeit vermag und wie Gerechtigkeit rettet 14,11. *Fo*

Tochter. *1)* T. kann neben der leiblichen T. 1Mose 30,21 auch die Enkelin 1Mose 24,48, die Schwiegertochter Rt 1,11 ff, die Adoptivtochter Esth 2,15 bezeichnen, überhaupt irgendeine Verwandtschaft und Abstammung Lk 1,5; 13,16, darum auch, ähnlich wie → Sohn, die weiblichen Glieder eines Volkes, einer Stadt, zB Töchter Moabs 4Mose 25,1, der Philister 2Sam 1,20, Israels 2Sam 1,24, Zions und Jerusalems Jes 3,17; Lk 23,28, aber auch die Gesamtheit der Einwohner einer Stadt, zB „T. Tyrus" Ps 45, 13, „T. Babel" Ps 137,8, „T. Zion" Jes 1,8. Wie Sohn kann auch T. als freundliche Anrede dienen Mt 9,22. — *2)* Die Töchter standen noch mehr als die Söhne unter der Gewalt des Vaters, konnten von ihm sogar verkauft werden 2Mose 21,7, waren auch im Erbrecht beschränkt 4Mose 27,11 ff, → Zelophhad; ein Gelübde einer T. war nur gültig, wenn der Vater zustimmte 4Mose 30,4 ff. Doch wird Ps 144,12 auch Freude an den Töchtern sichtbar und rühmt Spr 31,29 ff die fromme und fleißige Frau. — *3)* Die Töchter des Gesangs Pred 12,4 sind wohl Lieder. *Schl*

Tod.

1) Das natürliche Sterben. 2) Das Gericht über die Sünde. 3) Die Überwindung des Todes.

1) Die HS spricht oft von dem natürlichen Ende des Lebens bei Mensch und Tier, bei dem alle Bewegung aufhört, das Bewußtsein verloren ist, das Atmen endet, der Leib erkaltet 2Kö 4, 34 f und in Verwesung übergeht Ps 16,10; Jo 11,39, „zu Staub wird" 1Mose 3,19; Ps 104,29; Pred 3,19. Sterben ist das Los aller Menschen Jes 40,6; Sir 40,1 ff; Hebr 9,27. Die Ursache des Todes kann mannigfaltig sein: gewaltsames Vergießen des Bluts 1Mose 9,6, Krankheit 2Kö 20,1; Jer 16,4; Lk 7,2, Altersschwäche 1Mose 25,8, Unmäßigkeit Sir 31,30, Hunger Offb 6,8, auch ein tiefes Erschrecken 1Sam 4,18. Immer aber sieht die HS dahinter die Hand Gottes, der in den T. gibt 1Mose 38,7.10; 1Sam 25,38; 2Sam 6,7; Gott ist der Herr, der töten und lebendig machen kann 5Mose 32,39; 1Sam 2,6; Ps 90,3. Das Sterben ist bitter und schwer Sir 28,25; 41,4, war es auch für Jesus Lk 22,44. Der T. wird zum „König des Schreckens" Hiob 18,14 und wird gefürchtet Hebr 2,15, trotz aller Versuche, die Bitterkeit des Todes zu vertreiben 1Sam 15,32, mag auch Lebensüberdruß den T. herbeisehnen Hiob 3,21; 7,15; Jon 4,8; Sir 41,3 f. Das Dasein nach dem Sterben stellt sich der ATliche Fromme schattenhaft und freudlos vor, → Totenwelt. Zu beachten ist, daß nach dem Wort Jesu Mt 10,28 wohl der Leib stirbt, aber die Seele nicht getötet werden kann.

2) Im Sterben des Menschen sieht die HS nicht ein natürliches Schicksal, wie bei den Tieren, sondern das Gericht Gottes über den schuldig gewordenen Sünder. Während dem Menschen Leben zugedacht war, kommt über ihn nach der tiefsinnigen Erzählung 1Mose 3 durch sein Mißtrauen und seinen Ungehorsam gegen Gott mit der Scheidung von Gott das Sterben. Darum macht auch die Berührung des Toten unrein 4Mose 19,11 (→ Reinheit). Diesen Zusammenhang von Sünde und T. arbeitet Paulus nachdrücklich heraus Röm 5,12; 6,23; 1Kor 15, 21, vgl. Jak 1,15. In personhafter Darstellung erscheint der T. nun als der Herrscher der Menschen Röm 5,14, als der Treiber, der über alle Gewalt hat 1Kor 15,55 f (→ Stachel), als der König im Totenreich Offb 20,13.

3) Weil Gott nicht den T. des Sünders will Hes 18,23, vgl. Hos 13,14, trat der Sohn Gottes, der selbst das → Leben ist Jo 11,25; 14,6, in die Welt des Todes. Wohl versuchte der T., auch ihn zu überwältigen Lk 22,44; Hebr 2,14; 5,7; doch ist er der Überwinder des Todes, der ihm eben durch sein Sterben die Macht nahm 2Tim 1,10 und durch sein Auferstehen ein Leben offenbarte, dem der T. nichts mehr anhaben kann Röm 6,9. Es ist die Freude des Lebendigen, Sterbenden ein unvergängliches Leben zu schenken Lk 23,43; Jo 11,25 f; 6,50-58; 8,51. Über Jesu Gemeinde hat die Totenwelt keine Macht Mt 16,18; Offb 1,18. In der Verbundenheit mit dem Christus, darum durch die Taufe empfangen die Glaubenden durch ein Sterben hindurch ein neues Leben Röm 6,2-11; Gal 2,19 f. Darum ist es die Zuversicht der an Christus Glaubenden, daß der T. sie von ihm nicht scheiden kann, sondern zu neuer, herrlicherer Verbundenheit mit ihm führt Apg 7,58; Röm 8,38 f; 2Kor 5, 1-8; Phil 1,21-23; Hebr 4,9 f; Offb 7,14 ff; 14,13. Wohl aber steht der nicht an Christus Glaubende und in der Sünde Lebende unter der Macht des Todes, schon in diesem Leben Lk 9, 60; 15,24; Röm 7,10; Eph 2,1; 1Tim 5,6; 1Jo 3,14; Offb 3,1, darum auch endgültig Mt 10,28; 25,41.46; 2Kor 2,16, im „zweiten Tod" Offb 2,11; 20,6.14; 21,8. So steht der Mensch in der Entscheidung zw. Leben und T. 5Mose 30,15. 19; Spr 8,35 f; 11,19; zum Leben berufen kann er den T. wählen. Die neue Schöpfung Gottes wird, weil keine Sünde, auch keinen T. mehr kennen Jes 25,8; 1Kor 15,26; Offb 21,4. *Schl*

Todesstrafe. Die isr. Strafjustiz war durch den Gedanken der Vergeltung bestimmt: der Rechtsbrecher sollte das erleiden, was er selbst dem andern zugedacht oder zugefügt, bzw. sühnen, wo er sich gegen die göttliche Ordnung vergangen hatte. In diesem Sinn ist die Vollstreckung der T. zu verstehen.

1) Todeswürdiges Vergehen war im altisr. Blutrecht vor allem die Tötung eines Menschen 2Mose 21,12. Anders als im hethitischen Recht, wo die Abgeltung eines Mordes durch Sklaven oder Geld möglich war, galt hier die Grundregel: Leben um Leben, hinter der die Erkenntnis stand, daß der Mörder deshalb sein Leben verwirkt habe, weil er im Mord am Menschen das Ebenbild Gottes getroffen und das alleinige Herrenrecht Gottes über ein Menschenleben angetastet hat 1Mose 9,5 f. Neben dem Totschlag standen folgende Delikte unter T.: Menschendiebstahl 2Mose 21,16, Mißhandlung und Verfluchung der Eltern 21,15.17, Tierschande 22, 18, Ehebruch 3Mose 20,10, Geschlechtsverkehr mit Verwandten 20,11 ff, Arbeit am Sabbat 2Mose 31,15, Kult fremder Gottheiten 22,19, Gotteslästerung 5Mose 24,16, Kinderopfer für Moloch 20,2 und Totenbeschwörung 20,27. Der eigentliche Zweck dieser Strafjustiz war religiös bestimmt: die Ausmerzung des Rechtsbrechers aus der Gemeinde und Wiederherstellung der gestörten Bundesordnung. Die NTlichen Aussagen bestätigen im wesentlichen die ATlichen Anschauungen Mt 5,21; 26,52; Röm 13,4; 1Petr 2,13 f. Das gilt auch dann, wenn Röm 13,4 mit der „machaira" das Kurzschwert als Rechtssymbol für die Strafgewalt überhaupt und nicht das Richtschwert (A. Strobel) gemeint ist. Lediglich die Erzählung von der Ehebrecherin Jo 8,2 ff bezeugt die Freiheit Jesu gegenüber dem jüd. Blutrecht, indem sie den in seinem Vergeben begründeten Verzicht Jesu auf die Vollstreckung der hier nach dem Gesetz fälligen T. dokumentiert.

2) Der Gerichtsvollzug bei Totschlag lag bei dem Bluträcher 4Mose 35,19 (→ Blutrache); doch zeigen die Bestimmungen des → Asylrechts, daß sowohl den Ortsältesten 5Mose 19,12 als auch der ganzen Gemeinde 4Mose 35,24 offizielle Aufgaben bei der Rechtsdurchsetzung zukamen. Nach deuteronomischer Ordnung unterstanden schwere Rechtsfälle priesterlicher und richterlicher Kontrolle 5Mose 17,8 ff; in der Königszeit wird auch der König im Blutgericht mitzureden gehabt haben, vgl. 2Sam 14,7 f. Bei allen sonstigen todeswürdigen Verbrechen war nach späterem Gesetz das isr. Gemeinwesen selbst der Vollstrecker der T. 3Mose 20,2 u. ö.

3) Strafarten. Die häufigste Form der Hinrichtung war die → Steinigung. Daneben waren üblich: die Tötung durch das Schwert 2Sam 1,15; Mt 14,10; Apg 12,2, das Erhängen 5Mose 21,22 f, die Verbrennung 3Mose 21,9 und in der Römerzeit die → Kreuzigung. Eine bes. grausame Form der T. wird 2Makk 13,4 ff erwähnt. *Ste*

Töpfer → Ton.

Töpfersacker, ein Feld, aus dem der Töpfer Ton gewinnt. Im Erwerb eines T.s mit dem Blutgeld des Judas sieht Mt 27,7.10 eine Erfüllung von Sach 11,13; Jer 18,2 f; 32,6-15, → Blutacker. Seit Euseb zeigt die Tradition den T. an der Südseite des Hinnomtals, kurz vor der Mündung ins Kidrontal, wo noch Reste einer Begräbnisstätte für Pilger aus der Kreuzfahrerzeit vorhanden sind. *Me*

Togarma, hethitisch Tegarama, akkadisch Tilgarimmu, nach 1Mose 10,3; Hes 38,6 in Kleinasien oder im Norden des Zweistromlands, wahrscheinlich zw. Antitaurus und Euphrat, zu suchen. T. exportierte nach Tyrus Pferde, Maultiere und Wagen Hes 27,14. *Peu*

Toï, Thou, der König des damals noch hethitischen Hamath am Orontes, der nach Davids Sieg über die Aramäer seinen Sohn als Sondergesandten zu ihm schickte 2Sam 8,9 f; 1Chr 18,9 f. *Peu*

Tola. *1)* Sohn Isaschars 1Mose 46,13; 4Mose 26,23; 1Chr 7,1. — *2)* Einer von den „kleinen" Richtern aus dem Stamm Isaschar Ri 10,1. *Schw*

Ton, tönen, tönend, Getön. Vom langgezogenen T. des Widderhorns Jos 6,5, dem Schall der Posaune Neh 4,14, bei der Offenbarung Gottes 2Mose 19,16.19. Das → Zungenreden gleicht ungeordneten oder undeutlichen Tönen von Musikinstrumenten 1Kor 14,7 ff; ohne → Liebe ist es lediglich Schall 1Kor 13,1. Vom Lärm einer Menschenmenge Mich 2,12; Jes 22,2; vom Kriegsgeschrei Jes 42,13. *Oßw*

Ton, Töpfer. Die Arbeit des Tö.s, die in Kanaan schon vor der Einwanderung der Israeliten hoch entwickelt war, wird mehrfach beschrieben: er tritt mit den Füßen den T. Jes 41,25; Nah 3,14, formt mit der Hand das Gefäß, wobei die mit dem Fuß getretene Tö.scheibe Jer 18,3; Sir 38, 32 die ebenmäßige Rundung gibt, und brennt es im Ofen Sir 27,6; 38,34; mit zunehmender Kunst werden die Gefäße bemalt und glasiert Spr 26,23; Sir 38,34. Verfertigt wurde mancherlei Geschirr 2Sam 17,28; Klgl 4,2; Weish 15,7, Krüge Jer 19,1, Lampen, aber auch Götterbilder Weish 15,8. Eine ausgedehnte Tö.anlage wurde zB in → Qumran gefunden. Als Vergleich wird gern benützt, wie der Tö. frei über den T. verfügt Jes 29,16; 45,9; 64,7; Jer 18,6; Sir 33, 13; Röm 9,21 und wie die Tö.ware zerbrechlich ist Jer 19,11; Ps 2,9; Offb 2,27. Gegenüber den Metallen gilt der T. als geringwertig Dan 2,33, vgl. 2Kor 4,7. *Schl*

Tonne → Maße.

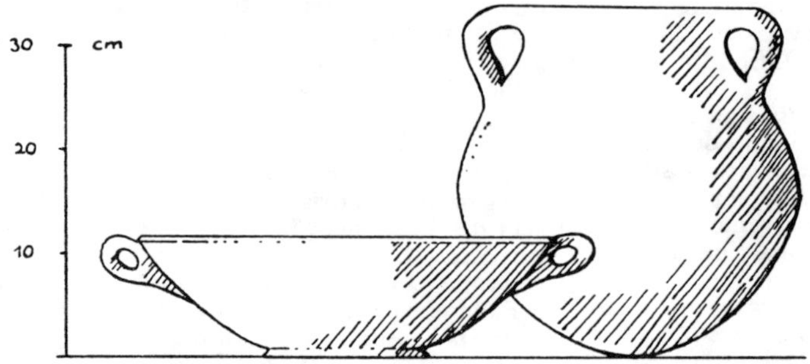

Schüssel und Kochtopf
Die Schüssel mit ihren zwei Griffen stammt aus der mittleren Bronzezeit; der zweihenkelige Kochtopf mit dem gerundeten Boden ist hellenistisch.

Tontafel → Assyrien, → Babylonien.
Topas → Edelsteine.

Topf, hebr. sîr 2Mose 16,3; 2Kö 4,38-41; Hes 11,3.7.11; 24,3.6; Mich 3,3; Hiob 41,23; Pred 7,6; 2Chr 35,13 bezeichnet den Kochtopf, in dem Fleisch gekocht wird. Das Feuer unter ihm wird mit Dornengestrüpp unterhalten; Jer 1,13 nennt einen kochenden Topf ohne nähere Angabe. Ebenso bezeichnet dûd 1Sam 2,14; 2Chr 35,13 den Kochtopf für Fleisch. Beim Gebrauch von pārûr 4Mose 11,8 wird der T. zum Kochen des Manna benutzt, in Ri 6,19 zum Anrichten von Brühe. Nach Sir 13,3 ist er zerbrechlich, also aus Ton. Auch ḳallachat erscheint 1Sam 2,14; Mich 3,3 als Kochtopf für Fleisch. Archäologisch ist der T. aus Ton nachweisbar ohne Henkel, mit einem oder mit zwei Henkeln, von tiefer runder Form, mit geradem oder bauchigem Boden. Möglicherweise besaß der T. am Boden auch einen tönernen Standring. *Ba*

Tor, töricht, Torheit. Für das AT ist der T. unfähig, die praktischen Fragen des Lebens klug und kundig zu lösen und geschickt zu handeln. Die hebr. Ausdrücke beziehen sich weniger auf das Denken und Erkennen, so daß der T. dumm wäre, sondern mehr auf das unweise Tun des Menschen. Die T.heit ist Unordnung in seiner Lebensmitte, die sich zunächst in seinem Verhalten, dann allerdings auch in Unbesonnenheit und Überheblichkeit auswirkt, so daß der Begriff zur Bezeichnung schlimmer Sünde gebraucht werden kann 1Mose 34,7; 5Mose 22,21; Jer 29,23. Entsprechend begegnet im NT die Bezeichnung T. als Gegensatz zum gesunden Menschenverstand Mt 7,26f; 25,1ff und als Schimpfwort Mt 5,22; 23,17, wie auch leere Wortstreitereien als t. bezeichnet werden Eph 5,4; 2Tim 2,23; Tit 3,9. Dagegen ist nach Paulus die Botschaft von der Erlösung durch das Kreuz Christi für die Welt eine T.heit, da sie aller menschlichen Logik und Auffassung der göttlichen Macht widerspricht, die Weisheit der Welt jedoch T.heit bei Gott 1Kor 1,18ff, vgl. Röm 1,22; 1Kor 2,14; 3,18f; 4,10. *Fo*

Tor. Die Stadttore waren befestigte, mit zinnenbewehrten Dächern oder Türmen versehene Gebäude 2Sam 18,24; 19,1, → Festung. Der sich innerhalb der Stadt an dieses T. anschließende Raum ist der Mittelpunkt des öffentlichen Lebens und somit Marktplatz 2Kö 7,1 und Gerichtsstätte 5Mose 16,18; Hiob 29,7ff; Spr 22,22; Am 5,12.15; hier redeten die Propheten Am 5,10, wurden Verträge abgeschlossen 1Mose 23,18; Rt 4,1ff, Streitigkeiten ausgetragen Ps 127,5 und Volksversammlungen gehalten Neh 8,1; hier erwartete man Freunde und Botschafter 1Sam 4,13.18; 2Sam 18,24 oder saß man zum Zeitvertreib 1Mose 19,1. In übertragenem Sinn ist T. öfters Bezeichnung für die Stadt selbst Ps 87,2; 5Mose 5,14; 12,12. Mit den T.en des Landes sind seine Eingänge gemeint Nah 3,13. Zu den T.en Jerusalems → Jerusalem, zu den T.en des Tempels → Tempel. → Pforte. → Tafel 41. *v. d. W.*

Tore Jerusalems. → Skizze Sp. 615/616. *1)* Grabungen auf dem Südosthügel von Jerusalem ergaben, daß sich an der Südspitze des jebusitischen und davidischen Jerusalem ein Tor befand (wohl identisch mit dem Quelltor Neh 3,15; 12,37), das von einer Treppe durchquert und von Türmen flankiert war. Im Osten ist ein Tor oberhalb der Gihonquelle nachweisbar, das wohl dem Zugang zur Quelle diente. Im Nordwesten fand man ein Tor von 3,5 m Weite in einer 8 m breiten, bis zu 19 m Höhe erhaltenen Mauer, wohl das Taltor von Neh 3,13. Ein Tor im Norden ist anzunehmen, aber nicht nachweisbar. → Jerusalem II, 4. — 2) Zu den T.n J. in der Zeit von Salomo bis Nehemia → Jerusalem II, 6. Hierzu ist zu ergänzen: Durch Einbeziehung des Nordosthügels in das Stadtgebiet wurde das zu vermutende jebusitische Nordtor zum Innentor. Anstelle des jebusitischen Osttores, das nach Ableitung des Gihonwassers (→ Gihon, → Siloah) überflüssig geworden war, legte man wahrscheinlich nördlich davon an der Ophelmauer ein Tor an, wohl das Wassertor gen Osten Neh 12,37. — Das Ephraimtor 2Kö 14,13; Neh 12,39 wird man entweder mit Galling mit dem Fischtor und dem mittleren Tor identifizieren, oder man muß es für ein weiteres Tor halten, das südlich des Ecktores (= Jeschanatores) an der Westseite der Stadt lag. Dann hätte das Jerusalem Nehemias 8 Außentore gehabt (Schaftor, Fischtor, Ecktor,

Ephraimtor, Taltor, Misttor, Quelltor, Wassertor). — *3)* In hellenistisch-römischer Zeit wird Jerusalem um den Südwesthügel und um einen Teil des Nordosthügels erweitert. Jetzt kommen hinzu das Essenertor an der Südwestecke der Stadt und das Genathtor (Gartentor) in der Nähe der Herodesburg. Auf den Tempelplatz führten ein Tor im Osten, zwei im Süden, vier im Westen und eins im Norden. — *4)* Zu den noch heute erhaltenen Toren der 1537 errichteten Türkenmauer (→ Jerusalem V, 4) ist zu ergänzen: Zionstor, Jaffator und Neues Tor liegen jetzt an der Demarkationslinie und sind daher vermauert. Das Damaskustor ist auf Fundamenten spätrömischer Zeit errichtet. Das Goldene Tor, irrtümlich für die Schöne Pforte von Apg 3,2 gehalten, steht auf den Fundamenten des herodianischen Susatores, das von Osten auf den Tempelplatz führte. Das Moghrebinertor ist das einzige für Kraftfahrzeuge zugängliche Tor der Altstadt. *Me*

Totenbeschwörung (bei Luther mehrfach: Wahrsager, Wahrsagergeist) war im Gesetz als heidnischer Brauch verboten 5Mose 18,9 ff; 3Mose 19,31 und mit dem Tod bedroht 3Mose 20, 6.27, wurde aber immer wieder geübt. Saul bekämpfte den Brauch 1Sam 28,3.9 und suchte in seiner Verzweiflung selbst bei ihm Hilfe 1Chr 10,13, wie auch Manasse die T. förderte 2Kö 21,6. Nach 1Sam 28,7.15 suchte man durch Medien mit geheimnisvollen Kräften in Verbindung mit der → Totenwelt zu kommen, um Auskunft und Weisung zu empfangen. Gewöhnlich suchte man wohl die Gräber von Toten auf Jes 65,4, murmelte Beschwörungsformeln und hörte geflüsterte Worte Jes 8,19; 29,4; Saul sah irgendwie auch eine Erscheinung, in der er Samuel ehrte 1Sam 28,13 f, vielleicht durch ein Handeln Gottes ihm zum Gericht. *Schl*

Totenklage → Leichenklage.

Totenwelt. Im AT ist „scheʾōl" die unterirdische T., die ohne Unterschied alle, Gute und Böse, aufnimmt Jes 5,14; Spr 1,12; 27,20. Die Toten fristen als wesenlose Schatten im Land der Finsternis hinter verschlossenen Pforten ein freudeloses Dasein Jes 14,9; Hiob 26,5. Sie denken nicht einmal mehr an Gott Ps 6,6; 30,10. Allerdings zeigen 1Sam 28,7 ff (→ Totenbeschwörung) und 2Kö 4,32 ff (Totenerweckung), daß auch für die Frömmigkeit der Israeliten die Kluft zw. T. und Lebenden keine absolute war. Hiob 19,25-27 „Ich aber weiß, daß mein Erlöser lebt..." ragt wie ein einsamer Gipfel des → Hoffens über den Tod hinaus aus einer Umgebung, in der nichts Ähnliches sich findet. — In der LXX und auch im NT wird „scheʾōl" mit „hādēs" wiedergegeben, wobei zu beachten ist, daß um die Zeitwende die Vorstellung von der T. durch den immer stärker aufkommenden Glauben an eine einstige Auferstehung sich wandelte. Die T. ist nicht mehr ewige Behausung ohne Hoffnung, sondern Zwischenzustand, Verwahrung auf den Tag des Herrn, an dem die Toten aus den Gräbern aufstehen. Die T. ist auch nicht mehr für alle der gleichgeartete Ort. Die Gerechten haben eine Stätte paradiesischer Ruhe, vgl. Lk 23,43. Die Gottlosen hingegen erfahren den Anfang der Vergeltung, vgl. Lk 16,20 ff. Diese Vorstellungen vom Ort der Strafe hat das Rabbinat immer mehr verdichtet: aus der T. wurde die Hölle, ein Abgrund voller Feuer, und zwar vor *und* nach dem Endgericht, vgl. Offb 20,13. Ihr Name war „gehinnom" und kommt wohl von dem Tal der Kinderopfer und unreinen Greuel südl. von Jerusalem, vom „Tal der Söhne Hinnoms" Jos 15,8 (vgl. Mt 5,22; Lk 12,5; Jak 3,6, wo im Griechischen „geenna" steht) → Hinnomtal. — In der NTlichen Gemeinde ist dann die Umgestaltung des Bildes von der T. noch tiefgreifender. Das Heil ist allumfassend: Christus ist gestorben und zum Leben erweckt, damit er über Tote und Lebende der Herr sei Röm 14,9. Das Neue und Große ist nicht, daß Jesus Tote auferweckt hat — denn diese kehrten in ihren früheren Zustand zurück —, sondern daß der Gekreuzigte in ein „unauflösbares Leben" gerufen wurde Hebr 7,16. Der Sohn Gottes hat Fleisch und Blut angenommen, damit er dem, der des Todes Gewalt hatte, dem Teufel, die Macht nehme Hebr 2,14. — Das apostolische Wort sagt wenig über den Zustand nach dem Tode. Die schwer zu deutende Aussage 1Petr 3,19 über die Predigt bei den Geistern im Gefängnis hat keine Parallele im NT. Während Paulus Phil 1,23 für die Zeit nach dem Sterben eine frohmachende Verbundenheit mit dem Herrn erwartet, äußert er 2Kor 5,2 f eine gewisse Sorge im Blick auf ein Nacktsein zw. seinem Sterben und der Wiederkunft des Herrn. Freilich, ein Zweifaches steht für den Apostel fest: Zunächst, Gott wird den sterblichen Leib verwandeln, so daß er dem Herrlichkeitsleib des Christus gleichgestaltet ist. So verheißt der Geist des Auferstandenen den Kindern Gottes Röm 8,11.16. So will es auch die Allmacht Gottes Phil 3,21 b. Sodann, Gott wird alle Toten in Christus lebendig machen. So verheißt der Sieg des Auferstandenen der adamitischen Menschheit 1Kor 15,22. So will es auch der Herrschaftsanspruch Gottes 1Kor 15,28. Und beide Aussagen heben die Ansagen des Gerichts in Jo 5,29 und 2Kor 5,10 nicht auf. Am Grabe bleibt uns Offb 14,13. *Luck*

Totes Meer. Das T.M. ist ein 945 qkm großer, bis zu 85 km langer und 17,5 km breiter abflußloser Salzsee in Palästina, der sich gegen Ende des Tertiärs, zw. Miozän und Pliozän, beim Einbruch des → Jordangrabens (→ Palästina 3) bildete. Der Spiegel des T.M.es, das durch die vom Ostufer her vorspringende Halbinsel el-lisān („die [Land] zunge") in zwei ungleiche Teile geteilt wird, liegt im Durchschnitt 392 m *unter* Meereshöhe. Das T.M. ist in seinem kleineren südlichen Teil ganz seicht, im Norden dagegen erreicht es eine Tiefe von 401 m. Damit stellt es die tiefste Festlandsenke auf der ganzen Erdoberfläche dar.

Obwohl dem T. M. vom Jordan und von den zahlreichen westlichen und östlichen Zuflüssen (→ Arnon und Sered) 200 cbm Wasser in der Sekunde zugeführt werden, wird sein Spiegel durch die bei der trockenen Hitze außerordentlich starke Verdunstung (zw. 11 und 25 mm in 24 Stunden) verhältnismäßig unverändert gehalten. Die starke Verdunstung ist auch die Ursache dafür, daß das Wasser des T. M.es einen ungewöhnlich hohen Gehalt an Mineralien (Koch- und anderen Salzen) aufweist, der mit 20-26 % etwa sechsmal größer ist als der des Ozeanwassers. Diese Mineralien werden seit einer Reihe von Jahren von der Palestine Potash Ltd. ausgebeutet.

Der starke Salzgehalt macht im T. M. und in seiner unmittelbaren Umgebung jegliches Leben unmöglich: Fische, die aus dem Jordan oder Arnon ins T. M. geraten, sterben unverzüglich. Daher der Name „T. M.", der seit Hieronymus allgemein üblich geworden ist.

Die ATlichen Bezeichnungen für das T. M. sind *Meer der Steppe* (Luther: Meer im → Blachfeld oder am → Gefilde) 5Mose 3,17; 4,49; Jos 3,16; 2Kö 14,25, *Salzmeer* 1Mose 14,3; Jos 3, 16; 18,19, *östliches Meer* (Luther: Meer gegen Morgen, → dagegen Meer 3 a) Hes 47,18; Joel 2,20; Sach 14,8 und schließlich einfach → *Meer* (3 c) 2Chr 20,2; Jes 16,8; Jer 48,32; Hes 39,11; 47,8. → Tafel 48. *Rü*

Totschläger war nach dem Gesetz des AT grundsätzlich jeder, der ein Menschenleben vernichtete: sei es durch vorsätzlichen → Mord 4Mose 35,16 ff, durch grobfahrlässige Tötung 35,22 ff oder durch völlig unverschuldeten Totschlag. Den Schuldigen bestrafte das Gesetz mit dem Tod (→ Blutrache, → Todesstrafe); dem Unschuldigen verschaffte es durch das → Asylrecht die Möglichkeit, sein Leben vor dem Bluträcher in Sicherheit zu bringen 35,25. Jesus radikalisiert in der → Bergpredigt das ATliche Gesetz und beurteilt bereits unbrüderliche Gesinnung als todeswürdiges Vergehen Mt 5,21 ff; vgl. 1Jo 3,15. Nach 1Tim 1,9; Offb 21,8; 22,15 wird der T. vom Reich Gottes ausgeschlossen. *Ste*

Trachonitis, die Landschaft zw. Damaskus und der Auranitis (→ Hauran), die von der Batanäa (→ Basan) und der Gaulanitis (→ Golan) im Westen, der syrisch-arabischen Wüste im Osten begrenzt wird; heute das Lava-Gebiet von elledscha. Die T. kam 23 vChr als Geschenk des Kaisers Augustus in den Besitz → Herodes' d. Gr. (37-4 vChr), der sie mit Genehmigung der Römer seinem Sohn, dem → Vierfürsten Philippus (4 vChr bis 34 nChr) vererbte Lk 3,1. Nach dem Tod des Philippus unterstand die T. für kurze Zeit unmittelbar der römischen Verwaltung, fiel aber bereits 37 nChr unter Caligula an Herodes Agrippa I. *Rü*

Tränen, weinen. Leibliche Auswirkung seelischer Bewegung Pred 3,4, auch bei Jesus Jo 11, 35; Lk 19,41; Hebr 5,7.

1) Die Ursache: Freude 1Mose 29,11, meist Schmerz *a)* bei eigenem Leid: schwerem Verlust 1Sam 30,4, Krankheit 2Kö 20,3, Abschied Apg 20,37 f, Sorge und Not 2Sam 15,23.30, erlittenem Unrecht 1Sam 1,7; Pred 4,1, Sünde Jer 3,21; Mt 26,75; das Weinen nennt der in langes Entbehren Geführte sein tägliches Brot Ps 42,4; 80,6; b) im Mitgefühl mit anderen: beim Gericht Gottes Jer 8,23, beim Tod 5Mose 34,8; 2Sam 1,12; Jo 11,31 ff, und im Weinen mit anderen 1Sam 20,41; Röm 12,15.

2) Die Frucht: *a)* Beugung unter Gottes Gericht Ri 2,4; Buße, Gebet 2Kö 22,19; Neh 8,9; Ps 39,13; 126,5 f, im Ringen um die Menschen Apg 20,31. Solchem Weinen verheißt Gott Erhörung 2Kö 20,5; das Weinen kann Gericht sein Lk 6,25; Offb 18,11 ff, auch das Fehlen des Weinens Ps 78,64. *b)* Gott wird einst alle T. wegnehmen Jes 25,8; Offb 7,17; 21,4. *c)* Unser Weinen hat eine Grenze Jer 31,16; Lk 7,13; 1Kor 7,29. *d)* Es gibt trotziges, unaufrichtiges, gemachtes Weinen 4Mose 11,4 ff; Ri 14,16; Sir 22,23. *Pfi*

Trank → Getränke.
Trankopfer → Opfer.
Traube → Weinstock.
trauen → Vertrauen.

trauern, Trauerbrauch. *1)* Wie alle Regungen des Gefühls, so werden auch Schmerz und Trauer im Morgenland leidenschaftlich und laut geäußert. So zeigt die HS vielerlei T. An Stelle der gewohnten Kleider zieht man den rauhen Sack an 1Mose 37,34 u. ö.; Mt 11,21; Offb 11,3 oder trägt schmutzige Kleider 2Sam 19,25; man legt den Kopfbund und die Schuhe ab Hes 24, 17; 2Sam 15,30; das Haupt wird nicht gesalbt und der Körper nicht gewaschen 2Sam 12,20, der Bart nicht gepflegt 2Sam 19,25; vielmehr streut man Staub und Asche auf das Haupt Jos 7,6 u. ö., wirft sich auf den Boden 2Sam 12,16, setzt sich in Staub und Asche Hiob 2,8; Jer 6, 26, rauft sich Haar und Bart aus Esra 9,3, schert Haar und Bart Am 8,10; Mich 1,16 oder verhüllt sie 2Sam 15,39; Hes 24,17. Ein Zeichen der Trauer war auch, zu fasten 1Sam 31,13; Ps 35,13, sich auf die Hüfte Hes 21,17 oder die Brust Lk 23,48 zu schlagen, ja sich blutig zu ritzen Jer 16,6; 48,37. Manche dieser Bräuche wurzelten wohl in heidnischen Vorstellungen und wollten Totengeister abwehren; so waren einzelne den Israeliten verboten 3Mose 19,28; 21,5; 5Mose 14,1.

2) Nach einem Todesfall setzte leidenschaftliche Totenklage ein 1Mose 23,2; Jer 31,15 (Mt 2,18); Am 5,16 (→ Klage), bes. laut um den einzigen Sohn Jer 6,26; Am 8,10 oder die Mutter Ps 35,14, oft wohl in immer wiederholten Klagerufen „Ach, mein Sohn!" „Ach, mein Bruder!" 2Sam 19,5; 1Kö 13,30; Jer 22,18 oder in

Klageliedern wie um Saul und Jonathan 2Sam 1,17-27 und Abner 3,33f, oft gewiß im Wechselgesang Sach 12,12-14; Mt 11,17 und mit Flöten Jer 48,36; Mt 9,23. Diese Klagelieder hatten ihren bestimmten Rhythmus Am 5,1f; zur Verstärkung hatte man berufsmäßige Klagemänner und Klageweiber Jer 9,16; Am 5,16; Mk 5,38. Bei den Trauernden erschienen die Freunde, um ihr Beileid zu bezeugen Jer 16,5; Jo 11,19; man brachte ihnen, da sie selbst nicht kochen konnten, Speise und Trank Jer 16,7. Solches Trauern währte tagelang 1Mose 50,4; Jo 11,31.39, oft wohl sieben Tage 1Sam 31,13; Judith 16,29, bei Mose und Aaron dreißig Tage 5Mose 34,8; 4Mose 20,29. *Schl*

Traum. *1)* Für die *religiöse Umwelt* Israels hatten die Träume wesentliche Bedeutung als Mittel göttlicher Offenbarung. Sie zu deuten, gab es berufene Fachleute, deren Erkenntnisse in umfangreichen T.büchern niedergelegt wurden. — *2)* Auch im *AT* spielt der T. in verschiedenen Formen eine Rolle: als T.offenbarung bei Schlaf an hl. Stätte 1Mose 28,12ff; 1Sam 3,1ff; 1Kö 3,5ff, als allegorischer T., der dem Betroffenen einen Blick in die Zukunft gewähren soll, aber zu diesem Zweck erst der Deutung eines charismatischen Auslegers bedarf 1Mose 37; 40f; Ri 7,13f; Dan 2,1ff, als T.befehl, der dem Menschen unmittelbar den göttlichen Willen kundtut 1Mose 20,6; 31,11.24. Solche Träume werden als göttlich legitimierte Offenbarungsmittel verstanden 4Mose 12,6; 1Sam 28,6.15; Dan 7,1 und von dem Propheten → Joel für die → Endzeit der ganzen Israelgemeinde verheißen 3,1. Dennoch haben sie für die ATliche Offenbarung keine beherrschende Bedeutung. Keiner der großen Propheten beruft sich auf sie, und der → Priesterschrift gilt der direkte, personale Verkehr Gottes mit seinen Boten mehr als Träume 4Mose 12,6, weshalb sich der echte Prophet auch nicht durch sie, sondern nur durch sein an Jahwe gebundenes Wort ausweisen kann 5Mose 13,1-5. Noch kritischer setzt sich → Jeremia mit der Berufung der falschen Propheten auf Träume auseinander und kommt in seiner Kampfsituation zu radikaler Ablehnung 23,16-32; 27,9f; 29,8f; vgl. Sach 10,2. Von anderen Voraussetzungen aus beurteilt die Weisheitsliteratur die Träume: als Spiegelbilder menschlicher Wünsche, Zeichen mangelnder Gottesfurcht Pred 5,1-6, Täuschung und Trug Hiob 20,8; Ps 73, 20. — *3)* Das *NT* ist in noch stärkerem Maß als das AT „traumkritisch" (Oepke). Nicht auf Träume, sondern auf Jesus Christus gründen die apostolischen Zeugen die Offenbarung des Evangeliums, ein Hinweis für die Christen, daß sie Mitteilungen neuer göttlicher Wahrheiten durch Träume nicht erwarten dürfen. Doch kann Gott in seiner Souveränität und Freiheit, wo und wann er will, auch durch sie seinen Beauftragten direkte Wegleitung und -stärkung geben Mt 1,20; 2,12.13; Apg 16,9; 23,11 u.ö.

Lit.: E. L. Ehrlich, Der T. im AT, 1953; A. Oepke, ThWBNT V, 1954, 228ff; J. A. Sanford, Gottes vergessene Sprache, Studien aus dem C. G. Jung-Institut, Bd. 18, 1965. *Ste*

Traurigkeit, traurig sein. Vielerlei kann der Anlaß einer T. sein, bei der der Fromme sein Leid vor Gott bringt: ein Leiden wie die Kinderlosigkeit 1Sam 1,5ff, die quälende Not der scheinbar von Gott Verlassenen Ps 42,10, das Leid um die Zerstörung Jerusalems Jes 66,10; Hes 3,15; Neh 2,1-3 oder die Beugung unter Schuld Ps 6; 38,5ff. Für die Jünger wurde Jesu Leiden Anlaß zur T. Jo 16,6; Lk 22,45, wie über Jesus selbst eine in letzte Tiefen hinunterreichende T. kam Mt 26,38. T. erwächst aus der Erfahrung der Wirklichkeit der Sünde Mt 26, 22.75; Jo 21,17. So erlebt der Christ immer neu T. in mancherlei Anfechtung und Leiden 1Petr 1,6; Hebr 12,11; doch steht über dieser T. die Verheißung Jo 16,20, daß sie in Freude verwandelt wird. Eine T., die in die Buße führt, wird zur beseligenden Freude 2Kor 7,10. Aber es gibt auch eine T., bei der der Mensch wohl Gottes Gericht erlebt, aber nicht zur Buße geführt wird Am 8,10; Hos 10,5, bei der er wohl die Gebundenheit durch die Sünde erkennt wie Herodes Mk 6,26, aber die Freiheit nicht gewinnt, bei der er wohl einen Eindruck von Jesus und seinem Heil empfing wie der Reiche Lk 18, 23, aber nicht durchbricht. Diese T. hält im Tode fest 2Kor 7,10. *Schl*

Treber Lk 15,16 sind wohl die ausgepreßten Schoten des Johannisbrotbaums, die zur Mästung des Viehs, bes. der Schweine, verwendet wurden; das süße Fruchtmark gibt einen Fruchthonig. *Schl*

Tres Tabernä („Drei Wirtshäuser", Luther: Tretabern), eine Poststation an der Via Appia, etwa 48 km südöstlich von Rom, wo Paulus von Christen aus Rom begrüßt wurde Apg 28,15. *Schl*

Treue, treu. *1)* Der → Glaube in der HS vertraut auf die unwandelbare *Treue Gottes.* Daß das Wort im AT häufig mit → Güte verknüpft erscheint, läßt seinen durch und durch persönlichen Sinn erkennen Ps 40,11f; 86,15 u. ö. Israel weiß sich im → Bund mit Gott in eine auf gegenseitige T. gegründete Bindung hineingenommen 5Mose 7,9; Mich 7,20; Jes 49,7. Gott steht zu seinen Verheißungen Ps 89,3f (von daher übersetzt Luther das hebr. Wort manchmal mit → „Wahrheit", zB Ps 36,6). Diese T. beweist sich in seiner unverdient barmherzigen Führung 1Mose 32,11; Tob 3,2: er behütet Ps 40,12; 61,8; Jer 5,24, erhört die Bitte um Hilfe Ps 69,14. erlöst Ps 31,6, auch den hart Bedrängten Ps 54,7. Das behält sein volles Gewicht mitten im Unglück Klgl 3,23, in der Demütigung Ps 119,75; diese T. läßt nie im Stich Spr 3,3; Jes 25,1.

2) Gott bleibt sich t. in einer *Welt voll Untreue* 5Mose 32,4f; Hos 4,1; Sir 11,30. An dem Bruch des Bundes durch Menschen bricht seine T. nicht Hos 11, vgl. Ps 78, 8. 37. Wo in diesem treulosen Land die T. dennoch wächst Ps 85, 11 f; 2Kö 20, 19; Jes 39, 8, da ist sie von ihm Ps 57, 4. So wird in der HS das natürliche Angewiesensein des einen auf den andern und die Grundforderung der T. in allen menschlichen Gemeinschaftsverhältnissen die Ordnung, in die der treue Gott seine Welt stellt. In der Familie 1Mose 47, 29; Sir 36, 26, in der Freundschaft Spr 18, 24; Sir 6, 14 ff, vor Gericht 2Chr 19, 9; Spr 14, 5. 25 und im Staat Ps 78, 72; 101, 2; Spr 29, 14: überall ist des Menschen T. fragwürdig, wenn sie nicht Antwort ist auf Gottes T. Jos 24, 14. Gestalten wie Mose 4Mose 12, 7; Sir 45, 4 oder Samuel 1Sam 2, 35; 3, 20 sind so gezeichnet.

3) In der bis in den Tod bewiesenen *Treue Jesu Christi* spiegelt sich die T. Gottes; Jesus ist der treue Zeuge des treuen Schöpfers Offb 1, 5; 3, 14; 19, 11; Hebr 2, 17; 3, 2; 1Petr 4, 19. Denn in ihm erfüllt sich die Verheißung des AT Hebr 10, 23; Apg 13, 34. Auch seine T. ist unwandelbar 2Tim 2, 13, vgl. Röm 3, 3. Gottes T. beruft in die Gemeinschaft seines Sohnes 1Kor 1, 9; 1Thess 5, 24 zur Vergebung der Sünden 1Jo 1, 9, zum Schutz vor übermächtiger Versuchung 1Kor 10, 13 und zur Bewahrung vor dem Argen 2Thess 3, 3.

4) T. ist denn auch das besondere *Merkmal des Christenstandes*, in dem es sich nach allen Seiten um Haushalterschaft über anvertraute Güter handelt Mt 24, 45; 25, 21. 23; Lk 12, 42; 19, 17; 1Kor 4, 2. Diese T. beweist sich im Geringsten, im Wenigen wie im Großen Lk 16, 10. Um den Apostel Paulus, der sein Amt ausgesprochenermaßen so versteht 1Kor 7, 25; 1Tim 1, 12, bildet sich ein Kreis von Mitarbeitern, denen er ihre T. bezeugt 1Kor 4, 17; Eph 6, 21; Kol 1, 7; 4, 7. 9; Phil 4, 3 und von denen er T. fordert 2Tim 2, 2.

Eine gewisse Übersetzungsschwierigkeit liegt darin, das das griech. Wort pistis sowohl Glaube als T. bedeutet. Man hat den Versuch gemacht, zB im Römerbrief weithin pistis mit T. wiederzugeben. Das bewährt sich nicht; wohl aber ist zB Gal 5, 22 wahrscheinlich T. gemeint und nicht Glaube. *He*

trinitarische Formeln. Die Lehre von der Dreieinigkeit oder Trinität Gottes wird durch die altkirchlichen dreigliedrigen Bekenntnisse — Vater, Sohn und hl. Geist — sachgemäß aus den triadischen Formeln des NT entfaltet. Diese finden sich deutlich Mt 28, 19; 1Kor 12, 4-6; 2Kor 13, 13. Sie sind noch nicht geprägte Lehre; denn die Reihenfolge von Vater, Sohn und Geist, ihre Bezeichnung und auch die von ihnen vermittelte göttliche Gabe wechseln, vgl. die Gabe Christi 1Kor 12, 5; 2Kor 13, 13 u. 1Petr 1, 2. Ein Beispiel für die Notwendigkeit, das schwierig zu erklärende Verhältnis der drei göttlichen Personen zu erhellen, ist Jo 15, 26. Andere, weniger ausgeprägte Formeln sind Röm 11, 36; Eph 4, 4-6; 2Thess 2, 13; vgl. auch Apg 2, 33; 5, 31. Das → Komma Johanneum 1Jo 5, 7 ff gehört als spätere Einfügung nicht in die Reihe der t.n F. des NT. Als ATliches Zeugnis für das Geheimnis der Dreieinigkeit wird gern der „innertrinitarische Ratschluß" 1Mose 1, 26, der aaronitische Segen 4Mose 6, 24-26 und das Dreimalheilig Jes 6, 3 angeführt. Bei der Erörterung der Lehre von der Trinität wurden später ATliche Stellen verwendet, die die Engel, das Wort und den Geist Gottes nennen, so 1Mose 22, 11; 2Mose 3, 2. 4. 6; Ps 33, 6; Jes 55, 11; Hes 36, 26. *Nag*

trinken. *1)* Im eigentlichen Sinn → Getränke, → trunken, → essen. Das T. von Wein ist, wie im AT, auch im NT erlaubt Jo 2, 1 ff; 1Tim 4, 4; 5, 23. Gegenüber der Neigung, in gesetzlicher Weise den Verzicht auf starke Getränke als verdienstlich zu werten Kol 2, 16. 20 ff; Röm 14, 14 ff, tritt Paulus für den Verzicht aus Liebe ein 14, 21, → Freiheit 3 dd), → schwach 3). Übermäßiges T. (Luther gern: saufen), wie es heidnischer Brauch ist 1Petr 4, 3, wird oft verurteilt Jes 5, 11; Spr 23, 20 f. 29 ff; Gal 5, 21; Röm 13, 13; 1Kor 6, 10; Eph 5, 18. — *2)* Bildlich: Die Weisheit bietet ihren guten Trank an Spr 9, 2. 5, der immer wieder begehrt wird Sir 24, 29. So gibt Jesus das Lebenswasser, das den Durst stillt Jo 4, 13 f; Offb 22, 17 und sieht er in seinem Blut den Trank des Lebens Jo 6, 53 ff, → Abendmahl. Gott gibt den Kelch des Leidens zu t. Mt 20, 22; 26, 42, aber auch den Becher des Zorns Ps 75, 9; Jer 25, 15 ff; 49, 12; Hes 23, 33; Ob 16 und den Trank der Verführung Jer 51, 7, → Becher. — *3)* Übertragen: t. = in sich aufnehmen, so vom Unrecht Hiob 15, 16, von Spötterei 34, 7, vom Frevel Spr 4, 17. Wasser aus seinem Brunnen t. Spr 5, 15 meint die Liebe der eigenen Frau bewahren. *Schl*

Tripolis, eine Hafenstadt an der syr. Küste, in der Demetrius I. Soter von Rom her landete 2Makk 14, 1, eine phönizische Gründung, die unter den Seleukiden und Römern blühte; heute tarabulus. *Schl*

Tritojesaja → Jesaja 4).

Triumph (ein deutsches Lehnwort aus dem Lateinischen) kommt nur als Tätigkeitswort (ein griech. Lehnwort aus dem Lateinischen) im NT vor. Gott „führt uns allezeit im T.zug mit sich" 2Kor 2, 14, und durch das Kreuz hat Gott über die feindlichen Mächte „triumphiert" oder „sie im T. mit sich geführt" Kol 2, 15. Man bedenke: T.zug und Kreuzigung waren damals römisches Privileg. Welch ein Gegensatz! *Luck*

Troas, eine Landschaft im Nordwesten von Kleinasien, später auch eine Stadt, die als Hafen zw. Kleinasien und Mazedonien diente, heute Eski Stambul. Paulus kam nach T. bei der 2. Missionsreise Apg 16, 8. 11; 2Kor 2, 12, wieder bei der 3. Reise Apg 20, 5-12, auch später nach 2Tim 4, 13 noch einmal. *Schl*

Trogyllion. Nach einem Teil der Handschriften zu Apg 20,15 übernachtete Paulus bei der Rückkehr von der dritten Missionsreise in T., das an der Küste von Kleinasien zw. Ephesus und Milet gegenüber Samos lag. *Schl*

Trommel → Musikinstrumente.

Trophimus, ein aus Ephesus stammender Begleiter des Paulus auf seiner letzten Reise nach Jerusalem Apg 20,4; 21,29; später nach 2Tim 4,20 in Milet krank zurückgelassen. *Kü*

Trost, trösten, getrost. Das „urwüchsig deutsche Wort", mit „trauen" und „treu" sprachlich verwandt, spricht von der Aufrichtung, von der Ermutigung und Befreiung eines niedergeschlagenen, gedrückten, von Trübsal umfangenen Menschen.

1) Die ganze HS bezeugt, daß im Grunde Gott allein wirklich t. kann. Er ist der Gott alles T.es Jes 51,12; 52,9; Ps 73,1.26; 2Kor 1,3; Röm 15,5, als der Hirte im finstern Tal Ps 23,4, als der Beistand in Angst und Not Ps 4,2; 86,17; 118,5; Jes 38,17, als die Hoffnung im nichtigen, flüchtigen Leben Ps 39,8. Er ist Israels T. Jer 14,8; Jes 49,13; Joel 2,21, auch wo das Volk im selbstverschuldeten Gericht darniederlag Jer 30-33; Jes 40-66. Gott tröstet mit seinem Wort Jos 1,6f; Jer 15,16; 31,13; Ps 119, 50.92. Das ist denn auch das Amt dessen, in dem das Wort Fleisch geworden ist Mt 9,2f.22; 14,27; Jo 16,33; 2Kor 1,5, vgl. Jes 61,2. Durch ihn ist das Getröstetwerden ewige Hoffnung geworden Mt 5,4; Lk 16,25; 1Thess 4,16ff; 2Thess 2,16. Er sendet als „den anderen Tröster" den Geist Jo 14,16f, wenn auch „Paraklet" wohl besser mit Fürsprecher, Beistand, Helfer zu übersetzen ist Jo 14,26; 15,26; 16,7ff; 1Jo 2,1.

2) Als Gleichnis für Gottes T. „wie einen seine Mutter tröstet" Jes 66,13 ist auch die menschliche Fähigkeit und Aufgabe, zu t., beachtet: der Ehegatten 1Mose 24,67; 2Sam 12,24, des Vaters 1Kö 2,2, der Angehörigen und Freunde Hiob 42,11; Sir 6,16; Jo 11,19.31, vgl. Hiob 29,25; 31,18. Aber darauf kann sich niemand verlassen Ps 69,21. Wie oft ist der T. der Menschen falscher T. Hiob 16,2; 21,34; Jer 6,14; Sach 10,2. Wie vergeblich ist der Versuch, sich selbst zu t. Hiob 4,6; 6,10; 31,24; Lk 6,24. Dagegen hat der, den Gott getröstet hat, den Auftrag, andere im Glauben aufzurichten und damit zu t. Jes 66,11; 1Thess 5,14; 2Kor 2,7; Phil 2,1; Eph 6,22. Dafür ist der 2. Korintherbrief ein einzigartiges Zeugnis des Apostels, der selber ein feines Gefühl für allen T. hat, der ihm von andern zuteil wird 2Kor 1,3 ff; 7,4ff; Phm 7. Aber dieser T. ist immer T. des Glaubens Röm 1,12; 1Thess 3,7, der sich auf die Verheißung Gottes stützt Hebr 6,18; 12,4ff und das Leben danach einrichtet Hebr 13,18. Getrost ist der in Gott gegründete Mensch Ps 27,14; Jes 35,4; Dan 10,19, der bei ihm T. sucht Ps 51,14; 60,3; 80,4.8.20; 85,5. *He*

Trotz, trotzig, trotzen. T. meint Anmaßung, freches Auftreten, Vermessenheit Ps 10,5; Jer 48,2; 49,16; bes. auch in den Makkabäerbüchern. Bei Gott ist Zuflucht vor dem T. der Menschen Ps 31,21. T. kann aber auch Vertrauen bedeuten: ein falsches, törichtes Vertrauen 2Kö 18,19 oder auch echtes Vertrauen Spr 3,26; 10,29, weil das Walten des Herrn eine Schutzwehr für die Frommen ist.

Häufiger das Zeitwort: trotzen soviel wie hoffärtig rühmen, prahlen 1Sam 2,3; Ps 52,3; Jer 13,15; Sir 13,4; 48,20; Hoffart ist das Geschmeide der Gottlosen Ps 73,6. Dann soviel wie sein Vertrauen setzen: auf Reichtum Ps 49,7, auf Gewalttat, Frevel Jes 30,12, auf die Macht Judith 1,5; 6,14, auf seine Auen und Täler Jer 49,4, auf eitle Hoffnungen 2Makk 7,34, auf die Götzen Jer 50,38; auch von falschem Vertrauen auf Gott Jes 48,2. Es kann auch soviel wie sich auflehnen sein Jes 10,15; Hes 20,27; Joel 4,4.

Im NT t. soviel wie drohen 1Petr 3,14, selbstbewußt, anmaßend auftreten 2Kor 11,20, zum Zorn reizen 1Kor 10,22. *Fro*

Trübsal. *1)* Ihr Wesen ist Not und Angst: Im AT Gottes Strafe Jes 8,22 und Schickung Tob 2,12; Hab 3,2. Im NT gehört die T. geradezu zum Leben der Gemeinde in dieser Welt, in der sie ständig Verfolgungen ausgesetzt ist Mt 13, 21; 24,9; Apg 14,22; 1Thess 3,3f; Offb 2,10. Es sind die Leiden Christi Kol 1,24, die endzeitliche Bedeutung haben Mt 24,21; Röm 2,9; 2Thess 1,6f; Offb 7,14.

2) Die Frucht der T.: Sie weckt Verlangen nach Gott Jes 26,16, läßt auf sein Wort achten Hiob 36,15, bewirkt Geduld und Bewährung Röm 5,3f; 12,12; Sir 2,5, schafft Gemeinschaft Hebr 10,33; Offb 1,9. In der Gemeinschaft der Leiden Christi erfährt man seinen Trost 2Kor 1,4; das macht die T. leicht 2Kor 4,17f, gibt Gewißheit Röm 8,35, ja Freude 2Kor 7,4; Jak 1,2; so wird die T. zum Anlaß des Rühmens Röm 5,3. *Pfi*

Trügerei → Betrug.

trunken, Trunkenheit. Die HS gibt manche Schilderung der T., zB Jes 28,7ff; Spr 23,29ff, und warnt vor ihr mannigfach, → trinken. Nach 5Mose 21,20 konnte ein Trunkenbold sogar gesteinigt werden. In der Gemeinde Jesu darf T. nicht sein 1Kor 5,11; 6,10; 1Tim 3,3.8. An einzelnen Stellen bezeichnet T. überströmende Fröhlichkeit Ps 36,9, wie Eph 5,18ff der T. die geistgewirkte Freude gegenübergestellt wird. Doch spricht die HS auch von einem t.en Taumeln unter Gottes Gericht Jes 29,9; 51,21ff; 63,6; 19,14, von einem Trunkensein vom Blut Jes 49, 26; 34,5.7; Offb 17,6. *Schl*

Tryphäna, mit → Tryphosa zusammen genannt, eine in ihrem Dienst eifrige Christin, wird Röm 16,12 von Paulus gegrüßt. *Kü*

Tryphon, Feldherr des syr. Königs Alexander

Balas (→ Sp. 39) und Vormund von dessen Sohn Antiochus VI., den er nach Alexanders Ermordung 145 vChr als Gegenkönig gegen Demetrius II. Nikator aufstellte 1Makk 11,39 f. 54 ff. Doch ließ der ehrgeizige T. Antiochus VI. hinrichten und machte sich selbst zum Gegenkönig gegen Demetrius 1Makk 12,39; 13,31 f und seit 138 gegen dessen Bruder und Nachfolger Antiochus VII. Sidetes 2Makk 15,10-37. T. wurde besiegt und 137 vChr zum Selbstmord gezwungen. Während der Wirren, die den Makkabäern zugute kamen, hatte T. den Makkabäer → Jonathan heimtückisch gefangengenommen 1Makk 12,39 ff und 143 vChr getötet 13,23 (→ Sp. 851). *Schl*

Tryphosa, Röm 16,12 mit → Tryphäna gegrüßt, wird von manchen Auslegern für deren Schwester gehalten. *Kü*

Tubal-Kain → Lamech.

tünchen, Tünche. Es war üblich, Wände zu t. Dan 5,5; Sir 22,20; 3Mose 14,41; von schlechtem Bewurf spricht Hes 13,10 ff. Die Denksteine 5Mose 27,2.4 sollten mit → Kalk getüncht werden, um eine Inschrift anbringen zu können. Gräber wurden durch T. kenntlich gemacht, damit Vorübergehende nicht versehentlich durch Berührung unrein wurden Mt 23,27; daher der Vorwurf gegen eine äußerliche Frömmigkeit, die täuscht und ein häßliches Inneres verdeckt Hes 22,28; Mt 23,27; Apg 23,3. *Schl*

Tür. *1)* Die Haustür war außer bei großen Gebäuden, wie Tempeln und Palästen, niedrig Spr 17,19, gewöhnlich aus Holz hergestellt und mit einem Riegel oder (seltener) mit einem Schlüssel verschließbar. Sie drehte sich im Loch eines Angelsteins Spr 26,14. Zweiflügelige T.en gab es nur bei Tempeln, Palästen und Stadttoren Ri 16,3. — *2)* In uneigentlichem Sinn steht T. für die Öffnung des Mutterleibes Hiob 3,10, das Meeresufer, das das Festland vom Meer abschließt Hiob 38,8, die Himmelsöffnungen Ps 78,23, den Eingang des Herzens, vor dem die Sünde als Versucherin lauert 1Mose 4,7, zu dem aber auch Jesus Einlaß erbittet Offb 3,20. Wenn Jesus sich die T. zum Schafstall heißt Jo 10,7 ff, ist damit gesagt, daß er der Heilsmittler für alle Menschen ist. → Haus, Schlüssel. *v. d. W.*

Türhüter, Torhüter. Der Verkehr durch Tür und Tor wurde überwacht am Stadttor 2Kö 7,11; Neh 7,1.3; Jer 37,13 f, am Palast des Königs 1Kö 14,27; 2Kö 11,5, des Hohenpriesters Jo 18,16 f, eines Vornehmen Mk 13,34, vor allem am Tempel 1Chr 9,19 ff; 23,5; 26,13 ff. Die Tempelwächter führte der Tempelhauptmann Apg 4,1. → Schlüssel, → Tempelknechte. *Schl*

Türkis → Edelsteine.

Türpfosten wurden in bibl. Zeit gewöhnlich aus Stein hergestellt, aber am Tempel Salomos aus dem Holz des Ölbaums 1Kö 6,31.33. Die T. spielen eine wichtige Rolle beim → Passafest, weil daran (ursprünglich wohl zur Abwehr von Dämonen) das Blut des Osterlamms gestrichen wurde 2Mose 12,7. Als Reinigungsakt ist Hes 45,19 f die Besprengung der Pfosten des Tempelhauses mit dem Blut des Sündopfers gemeint, → Pfosten. *v. d. W.*

Tugend, Tugendkatalog. *1)* Das *Wort* T. hängt im Deutschen mit dem Wort „taugen" zusammen. Ähnlich bedeutet das lat. virtus und seine griech. Entsprechung ursprünglich die Tauglichkeit eines Mannes zur Erfüllung seiner Aufgaben. In der antiken T.lehre ist der Begriff über Plato mit seiner Herausstellung der vier Kardinaltugenden der Weisheit, Tapferkeit, Besonnenheit und Gerechtigkeit, über Aristoteles mit seiner Unterscheidung von theoretischer und ethischer T. und über die Stoa zu seiner jetzt geläufigen Bedeutung einer vollkommenen sittlichen Haltung entwickelt worden. — *2)* Diese findet sich im bibl. Bereich nur in den bereits vom griech. Geist beeinflußten ATlichen → Apokryphen Weish 5,14; 8,7; 2Makk 6,31; 15,12. Im übrigen verwendet die LXX das Wort T. für hebr. Begriffe, die „Pracht, Herrlichkeit" Hab 3,3; Sach 6,13 und „Ruhm" Jes 42,8.12 bedeuten, also nicht rein ethisch bestimmt sind. — *3)* Auch das *NT* ist gegenüber dem T.begriff zurückhaltend. Es will letztlich nicht menschliche Vorzüge, sondern göttliche Heilserweisungen bezeugen. Redet es darum von T.en Gottes, so liegt im Anschluß an den Sprachgebrauch der LXX die Bedeutung „Ruhm" 1Petr 2,9 oder „Machterweisung, Gotteskraft" 2Petr 1,3 vor. Aber auch wo menschliche T.en erwähnt werden Phil 4,8; 2Petr 1,5, geht es nicht um sittliche Leistungen im griech. Sinn, sondern um Verdeutlichung christl. Lebensstils, der nicht gesetzlich, sondern aus der inneren Verbindung mit Werk und Geist Christi zu gewinnen ist. — *4)* So sind auch die NTlichen *Tugendkataloge* zu sehen, die in formaler Angleichung an die Aufzählungsreihen von T.begriffen in der stoischen Moralphilosophie gebildet, aber mit ihren aufgezählten T.en wie → Liebe, → Demut, → Geduld u. a. nicht als Aufstellung eines Leistungs-Solls, sondern als Hinweise auf die neues Leben schaffende Kraft des Geistes zu verstehen sind Gal 5,22 f; Kol 3,12-14; Jak 3,17; vgl. 1Kor 13,4-7; 1Tim 6,11. *Ste*

Turm. Türme wurden in der Mauer einer Stadt, einer Festung errichtet, um die Mauer zu verstärken 2Chr 14,6; 32,5; 1Makk 13,33. Für die Mauern von Jerusalem werden Neh 3 sechs Türme genannt. Auf dem Turm stand der Wächter 2Kö 9,17, standen Geschütze für Pfeile und Steine 2Chr 26,15, lagen Waffen bereit HL 4,4. Der T. war letzte Zuflucht Ri 8,17; 9,51. Für den Wächter im Weinberg Jes 5,2; Mt 21,33 und die Hirten der Herden 1Mose 35,21; 2Chr 26,10 waren kleine Türme gebaut. Hölzerne

Türme mit Soldaten trugen die Kriegselefanten der Syrer 1Makk 6,37. *Schl*

Turm zu Babel. Die Baugeschichte und die Bedeutung der einst im Zweistromland verbreiteten Tempeltürme — akkadisch Ziqquratu = Bergspitze — ist nicht restlos geklärt. Die älteste Form des Tempels in Vorderasien aus dem 4. Jt. zeigt sich in der Ruine Hadschi Mohammed in einem kleinen viereckigen Raum, der nach den vorhandenen Ziegeln den Kern für die spätere Zikkurat des Gottes Ea bildet. Ähnlich wurde der Tempelturm der Göttin Inanna in Uruk über immer erneuerten Heiligtümern errichtet. Man hat also ein älteres Gebäude als Plattform für ein größeres, sich vom Erdboden abhebendes genommen, bis man schließlich Plattform auf Plattform, nach oben sich verjüngend, reihte. Auf der obersten Stufe stand der eigentliche Tempel oder Altar. Vielleicht sollte der Stufenturm den im Tiefland fehlenden Berg mit Heiligtum ersetzen. Die Zikkurat gehört keineswegs zu dem auf ebener Erde sich befindenden Tempel wie etwa der Kirchturm zur Kirche, sondern gilt als besonderes Heiligtum. Gegenüber der Vielzahl der Flachtempel gab es in den Städten meist nur einen Tempelturm. Während die Götterbilder in den Flachtempeln aufbewahrt und regelmäßig kultisch verehrt wurden, brachte man sie nur zur Prozession auf den Tempelturm, wo zu Neujahr die Götterversammlung, die Götterhochzeit und die Beschriftung der Schicksalstafeln stattfand. Weil die babylonischen Götter oft in ein und derselben Person die Aspekte eines Gestirn-, Erden- und Unterweltgottes vereinten, eignet dem Tempelturm der Charakter einer Himmelsleiter, auf der die Götter auf- und niedersteigen. Die Zikkurat des Gottes Marduk in Babel trug den Namen Etemenanki = Grundlage des Himmels und der Erde; sie wurde von Hammurabi erbaut, ist aber wiederholt zerstört worden. Der neubabylonische König Nebukadnezar hat sie aufs großartigste erneuert: 7 Stockwerke; untere Plattform 100 qm; Gesamthöhe etwa 90 m. Man bestieg die oberste Plattform auf einer sich bald in zwei Bahnen gabelnden Treppe. Der Tempelturm hat bis in die Zeit des persischen Königs Xerxes bestanden; dann verfiel er. Die am besten erhaltene Ruine einer Zikkurat ist die des Mondgottes Nanna in Ur.

In Israel hat man den T. z. B. als ein Zeichen menschlicher Überheblichkeit und Herrschbegier angesehen; seine sakrale Bedeutung wurde bewußt ignoriert 1Mose 11. *Peu*

Turteltaube → Taube.

Tychikus aus der Provinz Asien war Begleiter des Paulus auf der Kollektenreise Apg 20,4. Unterwegs mit Aufträgen des Apostels an die Gemeinden zeigen ihn Eph 6,21; Kol 4,7f; 2Tim 4,12. Tit 3,12 wird er oder Artemas als Nachfolger des Titus auf Kreta in Aussicht genommen. *Kü*

Typus, Typologie. Das Wissen um die innere, in Gottes Walten begründete Einheit von AT und NT erkennt in einzelnen Gestalten und Ereignissen der ATlichen Geschichte bedeutungsvolle Hinweise auf Entsprechungen und Erfüllungen im Neuen Bund (das griech. typos = Form, Modell). So verstand Jesus den Bericht von der ehernen Schlange als einen Hinweis auf sein Sterben am Kreuz Jo 3,14; so sah Paulus — in Weiterführung rabbinischer Schriftauslegung — in Adam ein typisches Bild des Christus Röm 5, 14, deutete er den Wasser spendenden Felsen auf Christus 1Kor 10,4 (vgl. 10,11) und fand er in dem Nebeneinander von Sara und Hagar, Isaak und Ismael eine Voraussage für die christl. und jüd. Gemeinde Gal 4,25ff. Vor allem ruht im Hebräerbrief der Vergleich zw. Melchisedek und Christus, dem isr. Opferdienst und dem Werk Jesu, dem irdischen und dem himmlischen Heiligtum auf dieser Entsprechung von Typus und Antitypus, von Vorausdarstellung und Erfüllung. In der Kirche wurde die typologische Auslegung schon frühe und durch lange Zeiten sehr geschätzt; doch wurde sie nicht selten eine gewaltsame Spielerei. *Schl*

Tyrann als Titel eines Fürsten braucht nicht die schlechte Bedeutung eines grausamen Zwingherrn zu haben Ps 82,7. Aber gewöhnlich kennzeichnet er doch den hochmütigen Herrscher, der seine Macht etwa im Zorn Jes 25,4 mißbraucht, um seine Untertanen zu unterdrücken Hiob 15, 20; 27,13; Ps 52,3; 71,4; Jes 29,20; 49,7; Jer 15,21. Nach 1Mose 6,4 gehen aus der frevlerischen Ehe der Gottessöhne mit den Menschentöchtern Tyrannen, d. h. → Riesen hervor (→ auch Rephaim). *Pfei*

Tyrannus, ein Epheser, in dessen Lehrsaal Paulus täglich — von 11-4 Uhr, wie eine alte Handschrift berichtet — redete Apg 19,9. *Kü*

Tyrus, die lat. Form des phönikischen ṣor = Fels, ist der Name einer Inselstadt, die 55 km nördlich des Karmel der Mittelmeerküste vorgelagert war. T. wird schon im 14. Jh. vChr in den Amarnabriefen erwähnt. Als Phönikiersiedlung vermochte es sich zZ des Philisterzugs gegen Ramses III. aus ägyptischer Vorherrschaft zu lösen und hielt sich auch gegenüber David selbständig, der die Reichsgrenze Israels weit über T. nach Norden vorschob, vgl. 2Sam 24,6f. Salomo verlor diese Nordgebiete an Hiram von T., was von Hirams handelspolitischer Macht zeugt, vgl. 1Kö 9,10-14. Auch das Stadtgebiet von T. selbst erweiterte Hiram durch Aufschüttungen, das damit zwei einander verbundene Inselhäfen hatte. In der Folgezeit legte T. in Zypern und Nordafrika Kolonialstädte an, bes. Karthago und Utika. Das Haus Omris machte sich durch Verheiratung Ahabs mit Isebel, der Tochter des Tyrerkönigs Ittobaal, diesen Handelsreichtum zunutze 1Kö 16,31, vgl. Ps 45, 11ff. Die Propheten kündigten der üppig stolzen

Stadt mehrfach das Gericht an Am 1,9; Jes 23; Hes 26-29; Sach 9,3 ff; Joel 4,4 ff. Trotz der Nachrichten über gelegentliche Tributleistungen an Assyrien fiel wohl nur das auf dem Festland gelegene Alttyrus in assyrische Hand, während die Inselstadt Sanherib wie Asar-Haddon erfolgreich widerstand. Nachdem sie sich auch Nebukadnezars mehrjähriger Belagerung erwehrt hatte, öffnete sich die Stadt der persischen Herrschaft, die für T. Frieden und Wohlstand bedeutete. Der dadurch bedingte Gegensatz zu Griechenland führte 332 zur Eroberung von T. durch Alexander d. Gr., der von der Küste zur Insel einen Damm hatte aufwerfen lassen. Durch Schwemmsand verbreiterte sich diese Landverbindung, so daß T. nun zur Halbinsel wurde. In hellenistischer und römischer Zeit trat T. hinter Alexandria zurück, hatte aber noch lokale Bedeutung durch Handel, Handwerk und seinen Landbesitz, der das nördliche Galiläa bis zum Karmel umfaßte. Dieses Gebiet berührte auch Jesus nach Mk 7,24. Die Stadt, der Pompejus ihre Autonomie bestätigt hatte, wurde später römische Provinzhauptstadt und erlangte letztmals unter den Kreuzfahrern von 1124 bis 1291 nChr größere Bedeutung. → Sidon. *Da*

U

Übel, Übeltat, Übeltäter. Ü. als Leiden, Not und Trübsal gehört zum Wesen dieser Welt und wird vom Frommen in der Hoffnung auf gnädige Durchhilfe hingenommen Ps 23,4. Gott behütet, bewahrt und erlöst zur rechten Zeit 1Mose 48,16; Hiob 5,19; Ps 91,10; 121,7; Jo 17, 15; 2Tim 4,18. Vielfach tun die Menschen einander allerlei Ü., lassen sich schlimme Taten zuschulden kommen 1Mose 39,9; 5Mose 9,18; 1Chr 21,17; Spr 4,16; Lk 3,19; 23,32; Apg 9, 13 oder verhalten sich „übel" 1Chr 7,23; Klgl 1,3; 2Kor 8,20; schlimmes Tun von Jüngern Jesu Mt 7,23 fällt unter sein strenges Gericht. Wenngleich die Menschen als Ü.täter die Ü.tat vollbringen, gilt doch: ich (der Herr) schaffe das Ü. Jes 45,7; das Ü. kommt von dem Herrn 2Kö 6,33. Das Ü. ist Strafe für Sünde, seit dafür der Tod angedroht wurde 1Mose 2,17; Röm 5,12. Gott schickt manches Ü. zur Zucht, Läuterung und Bewährung, ja sogar zu seiner Verherrlichung; vgl. Hiob. Es kann Gott des Ü.s gereuen 2Mose 32,14; Jer 26,19; Jon 4,2. Freilich ist das Auge auch des Frommen oft „gehalten" über den Grund des Ü.s, so daß kein anderer Ausweg als der Schrei des Gebets bleibt Ps 22,2. Da das griech. Wort für Ü. auch „der Üble" (= der Satan) heißt, wird vielfach die siebte Bitte des → Vaterunsers als Bitte um Rettung vor dem Satan in der Endzeit ausgelegt, vgl. Jo 17,15, und wird Mt 5,37 an den Vater der Lüge gedacht. *Nag*

überkleiden 2Kor 5,2.4. Obwohl Paulus gewiß ist, daß auf ihn nach der Auflösung des Zelts, in dem er jetzt lebt, d. h. nach dem Sterben seines Leibes schon bei Gott ein so viel besserer, unvergänglicher Bau wartet, wünscht er sich, daß er die irdische Leiblichkeit nicht ausziehen muß (→ Tod), sondern Jesu neue Offenbarung erleben darf und dann, ohne durch ein Sterben hindurchzugehen, verwandelt wird 1Kor 15,51-54; damit wäre die irdische Leiblichkeit von der neuen Herrlichkeit überkleidet. Doch überläßt er die Entscheidung über sein Lebensende ganz dem Herrn 2Kor 5,9. *Schl*

mündliche Überlieferung. Die gegenwärtige ATliche Wissenschaft rechnet in der sog. traditionsgeschichtlichen Forschung mit einer m.n Ü. in Israel, bevor die schriftliche Aufzeichnung der m.n Ü. begann. Moderne Nomadenstämme in der syr.-arabischen Wüste zB geben noch heute mündliche Traditionen über Entstehung und Schicksale ihres Stammes an die junge Generation insbesondere bei dem abendlichen Lagerfeuer weiter. Im Islam spielt das Auswendiglernen des hl. Korantextes eine große Rolle; man zitiert ihn aus dem Gedächtnis, ohne in einem Koran-Exemplar nachzuschlagen. Das AT spricht selbst von einer mündlichen Tradition 2 Mose12, 26f; 13,14; 5Mose 6,7.20f; 11,19. An diesen Stellen wird vorausgesetzt, daß die Kinder die Eltern nach der Bedeutung eines Brauches fragen oder die Eltern den Kindern bestimmte Gebote einprägen. Das wird sicher alten Gepflogenheiten entsprechen. Für die Propheten können wir nicht bestimmt sagen, ob ihre Worte nur mündlich oder auch schriftlich überliefert worden sind. Das erste Zeugnis einer schriftlichen Aufzeichnung von Prophetenworten ist Jes 8,1 ff, dann Jer 36, 1 ff. Man wird bei den Propheten annehmen müssen, daß von ihren erweckten Anhängerkreisen manche ihrer Worte mündlich tradiert worden sind, wie etwa das Beispiel von Mich 3,12, wiederholt in Jer 26,18, zeigt. Die mündliche Tradition kann sich zu ganzen Traditionsgruppen erweitert haben. Das schließt nicht aus, daß der Prophet seine oft in künstlerischer Form erfolgende Verkündigung vorher oder nachher selbst schriftlich niedergelegt hat.

Für die ältere vorstaatliche Zeit, von der Landnahme bis zur Entstehung des Königtums wird man m. Ü. der Stammessagen in Ansatz bringen müssen. Der konsequenteste Vertreter einer m.n Ü. der verschiedenen Pentateuchstoffe ist Prof. Martin Noth, der das Zusammenwachsen des gegenwärtigen Pentateuchs aus verschiedenen Erzählungsthemen in m.r Ü. wahrscheinlich gemacht hat. Freilich wird man immer wieder beachten müssen, daß Israel während der über Jahrhunderte sich erstreckenden Landnahme ständig von Ländern mit hochentwickelter Schreibkultur umgeben gewesen ist (Mesopotamien, Syrien → Ugarit, Kleinasien → Hethiterreich, Ägypten → Amarnatafeln). Bei dem Mangel an schriftlichen außerbiblischen Zeugnissen auf dem Boden Israels wird man für die ältere Zeit mit m.r Ü. rechnen müssen, bis neue archäologische Funde diese Anschauung vielleicht ein wenig begrenzen werden.

Lit.: Sellin-Fohrer, Einleitung in das AT[10], 1965, S. 36 ff, mit reichen Literaturangaben zum Problem. *Ba*

Überschwelle → Schwelle.
Übersetzungen → Bibel 6).

übertreten, Übertretung meint die Überschreitung der durch ein Gesetz und eine Ordnung gezogenen, dem Übertreter bekannten Grenze. *1)* Von menschlichen Gesetzen Esth 1,19; 3,3 und Vorschriften Mt 15,2; Lk 15,29. Liebe kann solche Ü. vergeben Spr 10,12; 1Sam 25,28. *2)* Oft vom Ungehorsam gegen Gottes Gebot, von → Sünde, die gestraft werden muß 5Mose 17,2; Jos 7,11; Jes 24,5; Mt 15,3; Röm 4,15; Eph 2,1; Jak 2,11. Statt zu strafen, ist Gott bereit, Ü. zu vergeben 2Mose 34,7; 1Kö 8,50; Ps 32,1.5; 103,12; Hes 18,30 f. Die Erlösung von Ü. schuf Christus Hebr 9,15. *Schl*

Überwinden. Luther übersetzt im NT das griech. Wort für „siegen" oder „Sieger" stets mit „überwinden" oder „wer überwindet". Nur das Wort „Sieg", das Mt 12,20; 1Kor 15,55.57 in Anlehnung ans AT vorkommt, wird genau wiedergegeben. Vielleicht empfand er richtig, daß im Leben des Christen nicht der augenblickliche, schlagartige Sieg das Bezeichnende ist, sondern das Niederringen und Abwehren unsichtbarer Gewalten, die wir nicht endgültig erledigen können. Nur Christus hat einen, alle kosmischen und menschlichen Sphären umfassenden Sieg errungen, an dem wir Anteil haben sollen Röm 8,37; Jo 16,33. Die hier gemeinte Wortgruppe ist bes. stark bei Jo vertreten. → siegen. *Luck*

Ugarit.

1) Auffindung und Ausgrabung. 2) Geschichte der Stadt. 3) Die entdeckten Texte. 4) Religionsgeschichtliche und geschichtliche Bedeutung der Funde.

1) Die schon aus den Amarnatafeln und aus den Texten von Mari und Boghazköj bekannte Stadt Ugarit war der Lage nach unbekannt, bis im März 1928 ein ackernder Bauer beim weißen Hafen mīnet el bēḍa im nördlichen Syrien etwa 10 km nördlich von Ladaqīje ein Grab entdeckte und die 1929 unter der Leitung von Claude Schaeffer, Paris, einsetzenden Grabungen auf dem östlich vom Hafen gelegenen Fenchel-Hügel Rās esch-schamra jene durch Textfunde belegte Stadt fanden. Die bis 1939 und seit 1950 alljährlich durchgeführten Grabungen deckten an verschiedenen Teilen den über 25 Hektar großen Siedlungshügel in seinen mittel- und spätbronzezeitlichen Schichten auf. Tiefgrabungen ergaben Siedlungsschichten des Neolithikums (6. bis 5. Jt. vChr) als 5. Stratum, der 1. Hälfte des 4. Jt. als 4. Stratum, der 2. Hälfte des 4. Jt. als 3. Stratum bis zum Ende der Frühbronzezeit. Als 2. Stratum wurde die Mittelbronzezeit von 2100 bis 1600 vChr freigelegt und als 1. Stratum die Spätbronzezeit von 1600 bis 1200 vChr. Spätere Siedlungen sind wesentlich kleiner und fallen geschichtlich weniger ins Gewicht. Von besonderem Wert waren die zahlreichen Funde von Texten in der bisher bekannten und in einer bis dahin noch unbekannt gewesenen Keilschrift, die sich als eine Alphabetschrift syr. Ursprungs erwies. Neben den Textfunden stehen bedeutende archäologische Funde an Palastbauten, Tempeln, Götterbildern, Elfenbeinarbeiten, Reliefs, Siegeln, goldenen Vasen u. ä. 1949 wurde ein kleines Tontäfelchen aus dem 14. Jh. mit dem ugaritischen Alphabet entdeckt.

2) In den tiefsten Schichten zeigen Steinwerkzeuge und Knochenfunde, daß die Herkunft der Ureinwohner von U. nicht bestimmt werden kann. Die älteste Keramik weist verwandte Züge mit dem innersyrischen Befund sowie mit den Funden des oberen Euphrattals auf. Im 4. u. 3. Jt. wird ein mesopotamischer Einfluß deutlicher, insbesondere in der Keramik und der Totenbestattung. Die Stadt gewinnt allmählich eine Mittlerstellung zw. Asien und der Welt am Mittelmeer. Um 2500 scheint eine neue Bevölkerung in U. eingewandert zu sein. Brandschichten zw. 2400 und 2300 deuten auf eine Zerstörung hin. Eine andersartige Keramik taucht danach auf. Die Stadt entwickelt sich zu einem bedeutenden Handelshafen, der zw. der Ägäis und dem asiatischen Festland den Handel vermittelt. In der Außenpolitik orientiert sich U. an Ägypten, dazu genötigt durch mancherlei politische Wirren in Asien und durch die in Kleinasien sich festigende Macht des → Hethiterstaats. Diese sich auch kulturell auswirkende Verbindung behindert indessen nicht die ägäischen Verbindungen U.s. In der sog. → Hyksosperiode kommt U. unter den Einfluß der Hurriter (→ Horiter), der sich archäologisch anzeigt durch die Namen und die Gräberausstattung. Nach der Hyksoszeit erstarkt wieder der ägyptische Einfluß in U., so daß sogar eine ägyptische Garnison in U. vorhanden war. Handelspolitisch wirkte sich das in einer steigenden Sicherheit aus und damit verbunden in einer Hebung von Handel und Wohlstand. Die Bevölkerung setzt sich in diesen glücklichen Jahrhunderten aus Hurritern, Zypriern, Ägäern, Kretern und Ägyptern zusammen, dem für eine Hafen- und Handelsstadt typischen Völkergemisch. Trotz der Verbindung mit Ägypten vergißt U. nicht den nördlichen Nachbarn, die Hethiter, und orientiert sich in seiner Politik etwa ab 1360 stärker nach Norden und hat sogar möglicherweise in einem Abhängigkeitsverhältnis zu dem Reich der Hethiter gestanden. Gegen Ende des 13. Jh. erlag U. dem Ansturm der in ägyptischen Texten erwähnten Seevölker und wurde zerstört. Die Verfassungsform U.s war die des Stadtstaats mit einem allerdings ausgedehnten Territorium, dessen Grenzen nicht genau feststehen. Der Stadtstaat wurde von einem König regiert. Etwa zwölf Königsnamen einer „Dynastie" lassen sich feststellen.

3) Dem Charakter einer Handelsstadt entsprechend haben sich in den Texten verschiedene Schriften und Sprachen gefunden. Sumerische und babylonische Keilschrifttexte in der bekannten Silbenschrift, ägyptische Hieroglyphentexte, minoische Texte, die sich aus der Verbindung mit Zypern ergaben, und schließlich die eigentlichen „ugaritischen" Texte in der neuentdeckten Buchstabenschrift in Keilform. Das Ugaritische ist ein kanaanäischer Dialekt, der zur Gruppe der nordwestsemitischen Sprachen gehört. Er repräsentiert eine ältere Entwicklungsstufe dieses kanaanäischen Dialekts, da die Stadt um 1200 untergegangen ist und die Sprache sich nicht weiterentwickeln konnte. Neben den Texten, die Verträge, Adoptionsurkunden, die diplomatische Korrespondenz, Handelsverträge, Militärtexte, Listen von Personen, Städten und Dörfern, Opferverzeichnisse, Schreibübungen enthalten, sind die wichtigsten Texte die religiösen, die Gegenstände des Mythus und der Legende behandeln. Zu dieser Gruppe gehören die Dichtungen, die dem Gott Baal gewidmet sind, die Nikkalhymne, die der Eheschließung der Göttin Nikkal mit dem Mondgott Jirach gewidmet ist, die Legende vom König Keret, dem Sohn des El und der Ascherah, die Legende vom König Dan'el sowie die Dichtung von der Geburt der lieblichen und schönen Götter. Zu den religiösen Texten müssen auch Opferlieder, speziell Sühnopferlieder gerechnet werden.

4) Die geschichtliche und religionsgeschichtliche Bedeutung der Ugaritfunde kann sich wohl mit der Bedeutung der Funde am Toten Meer messen. Beleuchten diese die Situation in Palästina kurz vor der Entstehung des Christentums, so zeigen jene die religiöse und kulturelle Umwelt, in die Israel einwanderte. Obwohl im AT viel von Kanaan und seiner für Israel so verhängnisvollen Religionswelt die Rede ist, hatten wir bis zu den Entdeckungen von U. kein direktes Zeugnis der religiösen Kultur Kanaans. Jetzt sind solche Zeugnisse in den genannten episch-mythologisch-legendären Dichtungen vorhanden. Wir hören aus ihnen von dem Götterhimmel und seinen einzelnen Gestalten. An der Spitze steht der auch aus dem AT bekannte El als der Herr der Götter. Neben ihm steht als die beherrschende Gestalt des Pantheons der Gott Baal, der Gott des Sturmes und des Regens und damit aller Fruchtbarkeit. Ihm gegenüber stehen Mot, der Gott des Todes, und Jam, der Gott des Meeres, ferner der Gott Dagon. An weiblichen Gestalten tauchen auf Ascherah und Anat. Diese Namen sind nur Beispiele aus einer großen Zahl. Es ist also ein vielgestaltiges Götterpantheon gewesen, das sich die Kanaanäer gebildet hatten und dem sie ihren Kult widmeten. Die Gedankenwelt, die sich in den religiösen Dichtungen ausprägt, ist verhältnismäßig arm. Die Gedanken kreisen um die Fruchtbarkeit des Ackers, der Herden und der Menschen. Sexuelle Derbheiten und Obszönitäten sind in diesen Dichtungen nicht selten.

Diese ausgedehnte und durchdachte Götterwelt (Polytheismus), die ausgebildete Mythologie, der geordnete und sehr reich ausgestattete Kult mußten aber für das eingewanderte Israel sehr gefährlich werden. Das naturhafte Denken konnte in die religiöse Gedankenwelt Israels eindringen und den übergeschlechtlichen, in der Geschichte sich offenbarenden Jahwe, der keine weibliche Gottheit neben sich hatte, im theol. Denken Israels entscheidend verändern. Wir verstehen den Kampf der Propheten gegen den Baalismus besser nach Kenntnis der ugaritischen Dichtungen. In U. findet sich keine Spur eines Prophetentums wie in Israel. Die Stoffe der isr. Schöpfungsgeschichte sind nicht von U. entlehnt. Auch die isr. Feste haben ihren Ursprung nicht im ugaritischen Denken und im ugaritischen Festkalender. Die kultische Prostitution, die in U. bestand, hat Israel abgelehnt.

Andererseits läßt sich nicht leugnen, daß einige Stellen der Bibel besser beleuchtet und erklärbar werden von U. her. Der erwähnte Dan'el scheint in Hes 14, 14. 20; 28, 3 widergespiegelt zu sein. El als oberster Gott wirft ein Licht auf den auch im AT erwähnten El. Der → Leviathan Ps 104, 26 erscheint in U. gleichfalls. Trauer- und Opfergebräuche lassen sich hie und da als Parallele erweisen. Dazu kommen zahllose sprachliche Parallelen, die für das bibl. Hebräisch von Wichtigkeit sind. Zur kultischen Stellung des Königs liefern die Texte ebenfalls Hinweise. Aufs Ganze gesehen, wird man urteilen müssen, daß die Eigenständigkeit der Religion Israels durch U. erst recht ins helle Licht tritt. Dort ein massiver Polytheismus, hier ein von Anfang an betonter praktischer Monotheismus. In Israel ist die menschliche Zeugungskraft Gabe Jahwes, in U. dagegen die Urkraft schlechthin.

Lit.: A. Jirku, Die Welt der Bibel. Fünf Jahrtausende in Palästina-Syrien, [2]1957 (mit Übersetzung der wichtigsten Texte); J. Aistleitner, Die mythologischen und kultischen Texte aus Ras Schamra (Bibliotheca Orientalis Hungarica VIII), 1959; W. F. Albright, Die Bibel im Licht der Altertumsforschung, 1957; A. S. Kapelrud, The Ras Shamra Discoveries and the Old Testament, 1965. *Ba*

Uhu → Eule.

Ulai, ein Fluß, heute Disful-Karun, an dessen Westufer die einst elamitische, später persische Hauptstadt Susa lag Dan 8, 2. 16. *Peu*

unbefleckt. Während alles Irdische durch Sünde befleckt ist und darum auch nur begrenzt gilt, was die Weisheitsdichtung zum Ruhm der Ehelosigkeit und eines reinen Lebens sagt Weish 3, 13; 4, 9, eignet Reinheit ohne Flecken und Makel dem Christus Gottes, dem fehllosen Gotteslamm 1Petr 1, 19 und dem rechten Hohenpriester Hebr 7,26, darum auch dem himmlischen Erbe, das die Glaubenden erwartet 1Petr 1,4. Deshalb ergeht die Mahnung, sich von der Sünde u. zu erhalten Jak 1,27, in einem reinen Dienst Gottes 1,27, bes. auch in reiner Ehe Hebr 13,4, damit wir einst als die Reinen vor dem Herrn stehen können 2Petr 3,14. → rein, → Unschuld. *Schl*

unbeschnitten → Beschneidung.

Ungehorsam. *1) U. gegen Gott:* Da der U. den Empfang eines Befehls und das Wissen um die Verpflichtung zum Gehorchen voraussetzt 2Mose 5,2, ist U. vor allem die Schuld des Gottesvolkes; darüber wird oft Klage geführt 5Mose 9,7; Jes 30,9; Jer 2,19; Hos 7,14, am schärfsten von Hesekiel, der sein Volk das „Haus des Ungehorsams" nennt 2,5; 3,9; 12,2 u.ö.; Israels Geschichte ist eine Geschichte des U.s Hes 20, wie es selbst bekennen muß Jer 3,25; 14,7. Dabei ist die tiefste Wurzel des U.s ein Nichtglauben 4Mose 20,12; 5Mose 1,32; 2Kö 17,14. Am Beispiel von Gottesmännern wird gezeigt, wie Gott U. straft: Mose und Aaron 4Mose 20, 24, Saul 1Sam 15, Jona. Wenn im NT der Unglaube als die eigentliche Sünde erscheint, so ist doch Unglaube immer wieder auch U. Röm 10, 16; 2Thess 1,8. — *2) U. gegen Menschen:* U. gegen die Eltern Spr 30,17; Röm 1,30; 2Tim 3,2, gegen die Obrigkeit Röm 13,2, gegen die Lehrer Spr 5,13 ist Schuld; beharrlicher U. gegen die Eltern wird sogar mit dem Tode bedroht 5Mose 21,18 ff. → Gehorsam, → Unglaube. *Schl*

Ungerechtigkeit → Gerechtigkeit.
ungesäuert → Sauerteig.
Ungeziefer → Fliegen, → Plage.

Unglaube, ungläubig. U. als Verweigerung des Glaubens ist → Ungehorsam und Sünde 4Mose 14,11; Ps 78,21 f. 32; 106,24; Jer 7,24-28; 2Kö 17,14, um so mehr, je mehr Gott das Wort seiner Boten durch Zeichen und Taten bekräftigt. Seine Boten suchen nach der Ursache des U.ns 2Mose 4,1; Jes 53,1. Sie liegt zumeist an den Hörern der Botschaft, die oft unaufmerksam und gedankenlos dahinleben Jer 4,22; Ps 92,7 oder aber aus Verzagtheit wie → Ahas Jes 7,4.12 oder aus Übermut wie Pharao 2Mose 5,2 nicht glauben wollen. Es gibt aber auch innere Gründe des U.ns, wie die Verzögerung von Gottes Verheißung 1Mose 15,2 oder der Gebetserhörung Hab 1,2-4 und das Mißverhältnis von Lebensgeschick und Frömmigkeit Ps 73; Hiob. Willentlicher U. kann durch Gottes Gericht zur → Verstockung, zum Nichtglaubenkönnen werden Jes 6,10. Angesichts der Christusoffenbarung tritt im NT die schwerwiegende Bedeutung des U.ns bes. bei Johannes und Paulus hervor. Die Juden verdeutlichen uns den U. in allen Formen des Anstoßes am Verhalten Jesu Mk 6,2 ff; Jo 6,42; 7,27.41 f bis zur Verstockung Mt 13, 13 ff; Jo 12,37-40; Röm 9-11. Die Gründe des U.ns gipfeln im Ärgernis des Kreuzes Christi 1Kor 1,18.23; dazu kommen Spott Apg 17,32, Überheblichkeit Apg 17,18; 26,24 und Ablehnung der sittlichen Forderungen Apg 24,25; Tit 1,15. Unwissenheit entschuldigt U.n Röm 10, 2f; 1Tim 1,13, belastet aber die dafür Verantwortlichen Mt 23,13; Gal 1,7; 2Tim 3,8; 1Jo 4,1 ff. Wer trotz allen Anerbietens u. bleibt, dem gilt als letztes verurteilendes Wort „Ihr habt nicht gewollt!" Mt 23,37. U. führt ins Gericht Jo 3,18; 8,24; Hebr 11,6, bleibt dem Zorn Gottes verfallen Jo 3,36; Eph 5,6 und endet im zweiten, ewigen Tod Offb 21,8. Daher darf der U. nicht der Maßstab unseres Handelns werden 2Kor 6,14. *Pfei*

Unglück → Glück.

Unkraut ist in Palästina in Menge zu finden; das AT gibt dafür 19 Namen, → Dornen und Disteln. Luther sprach von U. nur in dem Gleichnis Jesu Mt 13,24-30.36-43. Dort ist an den Taumellolch zu denken, eine Grasart, die vom Weizen erst in reifem Zustand leicht unterschieden werden kann, da die Ähren des Lolchs dünner und die Körner kleiner und schwärzlich sind; diese Körner sind oft von Pilzen befallen und dann giftig (daher Taumellolch). Jesus warnte mit diesem Gleichnis vor der Neigung, aus seiner Gemeinde durch Zuchtmaßnahmen eine reine Gemeinde von Heiligen zu machen; echte und unechte Glieder wird erst sein Gericht scheiden. *Schl*

Unordnung, unordentlich. Gott hat jedes Ding „nach seiner Art" geschaffen und „weislich geordnet" 1Mose 1,2.12; Ps 104,24. Darum ist es ein Anliegen des Glaubens, U. zu meiden, vollends im Gottesdienst und im Verhalten des Christen 1Kor 11,17 ff; 14,33; 1Petr 4,4. U. ist die Folge von Vorwitz, Nachlässigkeit, Neid und Zank 2Thess 3,11; Jak 3,16. Das griech. Wort für „u. Wesen" heißt „Heillosigkeit" und weist damit auf die Verbindung von U. und Unglauben hin Eph 5,18. *Nag*

Unrecht. *1)* Das Recht, gegen das das U. verstößt, scheint in der einzelnen Aussage der HS zunächst auch die herkömmliche, religiös neutrale Moral zu sein, die keiner Begründung und Beurteilung vom Glauben her bedarf. So ist vom unrechten Gut die Rede, das man wiedergeben soll 3Mose 5,23, das nicht gedeiht Spr 10,2; es ist besser, wenig mit Gerechtigkeit Spr 16,8. So ist es mit dem vorenthaltenen Lohn Jer 22,13; Mich 3,10; Jak 5,4, vgl. 3Mose 19, 13; Mt 20,13. So machen sich die Propheten zum Anwalt der Unterdrückten und Machtlosen Am 4,1; Sach 7,10; Mal 3,5; Pred 5,7 wie Mose Apg 7,24 ff. So geißelt die Schrift das falsche Zeugnis Ps 27,12; 52,5; Hiob 27,4.

2) Allein tatsächlich handelt es sich immer um U., das → Sünde ist, auch wenn wie beim einzelnen Gebot im Dekalog nicht ausdrücklich darauf Bezug genommen ist. Es ist U. vor Gott und der Welt Sir 10,7. Gott schweigt nicht zum U.; er schafft Gericht denen, die U. leiden Ps 103,6. Man muß den Weg des U.s zu Ende sehen Spr 22,8; Weish 14,31; Sir 21,5, wie das kleine U. zum großen wird Lk 16,10.

3) Nur Gott allein hat kein U., sein Gericht ist recht 5Mose 32,4; 2Chr 19,7; Hiob 8,3; 34,12. Er allein vergißt nicht Hebr 6,10. Darin ist ihm der Sohn gleich Jo 7,18, vgl. Jes 53,9. Durch ihn lernt Gottes Volk, das U. hassen Jes 33, 15, das Rechte tun 1Sam 12,4; Hes 18,5 ff; 2Kor 7,2 und das U. geduldig leiden 1Kor 6,7 f; 1Petr 2,19. *He*

unrein → rein.

Unsauberkeit, unsauber. Das Wort U. findet sich bei Luther nur im NT, meint aber sprachlich und sachlich dasselbe wie → Unreinheit, das in der ganzen Bibel verwendet wird und in einem uns unvorstellbaren Umfang den Menschen in Israel beanspruchte 3Mose 11-15; Jo 2,6; vgl. die Waschungen von Qumran, → Taufe 1). Es bezeichnet die Menschen, Tiere, Geister, Geräte, Speisen usw, die nicht mit Gott in Berührung kommen dürfen 3Mose 10,10; Hes 36,25; Jo 18,28; Apg 10,14; es gilt vornehmlich vom Götzendienst Am 7,17; Apg 15,20, bezeichnet auch Laster und Sünde Gal 5,19; Jak 1,21; Offb 17,4, insbesondere u.e Geister Mt 10,1; Mk 1,23; 5,8. *Nag*

Unschuld, unschuldig gibt verschiedene hebr. und griech. Worte wieder, die anderwärts mit → Reinheit, → Gerechtigkeit, → Vollkommenheit, unsträflich, tadel- und makellos übersetzt sind.

Im Volke Gottes, dessen ganzes Leben durch den → Bund Gottes bestimmt ist, liegt alles an der U. der Gemeinschaft 4Mose 32,22; 5Mose 19,10. 13; 21,8 wie der Einzelnen 2Sam 3,28; Ps 19,14; 24,4. Daher die Weisung für das Rechtsverfahren, ja keinen Unschuldigen zu vergewaltigen 2Mose 23,7; vgl. Ps 15,5; daher wird es auch als schlimmer Mißbrauch von Recht und Macht verurteilt, wenn „u. Blut" vergossen wird 2Kö 21,16; 24,4; Ps 10,8; 106,38. Nach dem Wort des Propheten fordert dies Gottes Gerichte heraus Jer 19,4. Daher in der Weisheitsdichtung das Locken zu einem Leben in U. Hiob 27,17; Spr 10,9; 13,6; Sir 24,31.

Die starken Beteuerungen der U., die auf Gottes Anerkennung rechnen Ps 26,6; 73,13, scheinbar Ausdruck furchtbarer Selbsttäuschung und unerträglichen Selbstruhms und des Ansprüche-Erhebens vor Gott, lehrt die neuere Psalmenforschung und der tiefere Einblick in Israels gottesdienstliches Leben als dankendes Bekenntnis verstehen, in dem sich der Mensch von Gott wertgehalten weiß, weil er in dem Bund Gottes lebt und in dessen heiligen und heilsamen Ordnungen bleiben durfte und bleiben will. Überdies hält das Bekenntnis der unermeßlichen Erbarmungstreue 2Mose 34,6 f in Israel das Wissen darum wach, daß Gott „nicht lospricht um des Lossprechens willen" (V. 7 wörtlich!); auch deckt es der Prophet als Lüge und Selbstbetrug auf, wenn das Volk seine handgreiflichen Verschuldungen gegen Gott mit seiner U., der Geborgenheit in Gottes Bundesgnade, zudecken will Jer 2,34 f, und weiß die HS auch um die rätselvolle Leidenstiefe des Unschuldigen, der vergeblich auf Gottes Zuwendung wartet Hiob 9,21. 23. 28 und doch mit ihrem endlichen Hervortreten rechnet.

Die für das Opfertier notwendige Makellosigkeit, vgl. zB 2Mose 29,1, wird im NT auf Jesus angewendet, wenn es ihn als das Opfer 1Petr 1,19 und den Priester Hebr 7,26 von vollkommener Tadellosigkeit schildert, vgl. Mt 27,24. Seine Person schützt die Jünger vor dem Vorwurf und Schein der schuldhaften Übertretung der Ordnungen Gottes Mt 12,7. (Die Opfer der von Paulus Röm 16,18 angegriffenen Verführer werden im rev. Text die Arglosen genannt, statt wie bisher „u. Herzen".) *Gu*

Unsterblichkeit → Tod.
Unterricht → Schule.

untertan. Wie der Mensch sich die Erde u. machen und sie beherrschen darf 1Mose 1,28, so soll er selbst Gott dem Herrn u. sein Jak 4,7; Hebr 12,9. Wie es im politischen und bürgerlichen Leben mancherlei Über- und Unterordnung gibt 2Kö 25,24; Jer 25,9 ff; Mt 8,9, so anerkennt der Christ alle menschliche Ordnung 1Petr 2,13 und ehrt er den Dienst der Obrigkeit Röm 13,1. 5; Tit 3,1. Die Frauen ordnen sich unter ihre Männer 1Kor 14,34; Eph 5,22; Tit 2,5; 1Petr 3,1, die Sklaven unter ihre Herren Tit 2,9; 1Petr 2,18, wobei der Zusatz „in dem Herrn" die Mahnung nicht nur begründet, sondern auch begrenzt. In der Gemeinde Jesu, die ihrem Herrn u. ist Eph 5,24, lernen die Christen, sich willig unterzuordnen 5,21; 1Petr 5,5, bes. die Jüngeren den Älteren, und die verdienten Männer zu ehren 1Kor 16,16. 18; 1Thess 5, 12 f. Rücksichtsvolle Unterordnung ist auch im Gottesdienst nötig 1Kor 14,32 f. So war Jesus u. Lk 2, 51; Gal 4,4, war sein Leben völliger Gehorsam Phil 2,8 und hat auch sein Herrschen in der Herrlichkeit Phil 2,9 ff; 3,21; 1Petr 3, 22; Hebr 2,5 ff darin das Ziel, alles in die Unterordnung unter Gott zu führen und selbst dem Vater u. zu sein 1Kor 15,24-28. *Schl*

Unterwelt → Totenwelt.

Untugend, womit Luther die Begriffe „Sündenschuld" Jes 30,13; 57,17; 59,2 und „Ungerechtigkeit" 1Jo 1,9; Hebr 8,12 wiedergab, ist weniger moralisch als religiös zu verstehen, da es dabei um ein schuldhaftes, gottwidriges Verhalten des Menschen geht. *Ste*

Unzucht → Hurerei.

Uphas wird Jer 10,9, im hebr. Text auch Dan 10,5 als Goldland genannt; doch ist dafür wohl → Ophir zu lesen. *Schl*

Ur in Babylonien, einst die Hauptstadt des Großreichs Sumer und Akkad (→ Sp. 117 f; Kartenskizze Sp. 95), die Heimat → Abrahams 1Mose 11,28.31; 15,7; Neh 9,7. *Schl*

Urbanus, ein Christ, den Paulus Röm 16,9 als „unseren Mitarbeiter in Christus" grüßen läßt. *Kü*

Urflut. In dem babylonischen Weltschöpfungslied, nach den zwei Anfangsworten „enûma eliš = Als droben" genannt, wird das Salzwassermeer Tiâmat als das weibliche Chaosprinzip genannt. Aus ihr und Apsû, dem Süßwasserozean als dem männlichen Chaosprinzip, gehen die verschiedenen Götter hervor. Tiâmat wird später von Marduk besiegt. Im Hebräischen wird der Name als t^{e}hōm übernommen und bezeichnet das Urwasser, das über der Erde steht und von Finsternis bedeckt ist 1Mose 1,2. Durch das Werk des zweiten und dritten Schöpfungstags wird diese Flut geteilt in einen unter der Erde und rings um die Erde befindlichen Ozean sowie in einen über dem massiven Himmelsgewölbe befindlichen Himmlischen Ozean. Was das babylonische Epos in den Mythus vom Götterkampf zw. Tiâmat und Marduk kleidet, wird im bibl. Zeugnis zum Befehlswort Gottes, der dem Meer die Grenze zieht und so das Leben der Schöpfung ermöglicht. Wird diese gnädige Grenzziehung Gottes aufgehoben (Sintflut!), ist die Rückkehr zum anfänglichen Chaos gegeben. *Ba*

Urgeschichte → Schöpfungsgeschichte, → Mosebücher.

Uria. *1)* Der Gatte der Bath-Seba, ein Berufsoffizier Davids hethitischer Herkunft, der vor der belagerten ammonitischen Hauptstadt Rabba in den Tod geschickt wurde, um David die Ehe mit Bath-Seba zu ermöglichen 2Sam 11; 23,39.

2) Ein dem König Ahas von Juda allzu willfähriger Oberpriester, der nach dem Vorbild eines in Damaskus vorhandenen Altars einen solchen im Jerusalemer Heiligtum für den assyrischen Staatskult aufstellte und deswegen den Jahwealtar beiseiterückte 2Kö 16,10-16. Jesaja nahm U. zum Zeugen für Inhalt und Aussage eines Prophetenspruchs Jes 8,2.

3) Ein Prophet zZ Jeremias, der wie dieser die Zerstörung Jerusalems und das Ende des Staates Juda ankündigte, als Flüchtling von den Ägyptern ausgeliefert (oder von dort entführt?) und auf Befehl des Königs Jojakim hingerichtet wurde Jer 26,20-23. *Peu*

Urim und Tummim → Licht und Recht.
Uruk → Erech.
Urväter → Patriarchen.

Usa. *1)* Sohn Abinadabs aus Kirjath-Jearim. Beim Abtransport der Bundeslade aus dem Haus seines Vaters berührte er, ohne die besondere dazu erforderliche Weihung zu besitzen, die Bundeslade und fiel tot um 1Sam 7,1; 2Sam 6, 3 ff; 1Chr 13,7 ff. — *2)* Name eines königlichen Gartens in Jerusalem, wo sich Königsgräber befanden 2Kö 21,18.26. *Peu*

Usia 2Chr 26, dagegen 2 Kö 14,21 f; 15,1-7 Asarja genannt, König von Juda 785/84-747/46. Nach der Ermordung seines Vaters Amazja wurde er, erst 16jährig, durch das judäische Volk zum König erhoben. Als Herr über die Araba konnte er die wichtige Hafenstadt Elath am Roten Meer für Juda zurückgewinnen, eroberte philistäisches Gebiet, sicherte militärisch die Pisten südlich des Negeb, ließ dort Zisternen ausheben, hielt die Beduinen der Wüste in Schach, erweiterte die Festungswerke Jerusalems und nahm eine Neuausrüstung des judäischen Heeres vor. Er stärkte die Hausmacht der Davididen durch Erweiterung des Grundbesitzes und Intensivierung der Landwirtschaft, des Weinbaus und der Herdenzucht. Er wurde später aussätzig und bewohnte ein besonderes Haus, während sein Sohn Jotham die Regierungsgeschäfte führte. Er geriet bei der Ausübung sicher alter königlicher Priesterrechte mit der Jerusalemer Priesterschaft in Konflikt, die den Versuch machte, dem Königtum die priesterlichen Funktionen zu entziehen. *Peu*

Uz. *1)* In genealogischen Bemerkungen findet sich U. als Stammes- oder Volksname: im aramäischen Bereich 1Mose 10,23; 1Chr 1,17 als Sohn des Aram und 1Mose 22,21 als Sohn des Nahor, im edomitischen Bereich 1Mose 36,28; 2Chr 1,42 als Nachkomme des Seïr. — *2)* Das Land U. ist nach Klgl 4,21 und der davon abhängigen Bemerkung Jer 25,20 in Edom zu suchen; dorthin weist auch die Lokalisierung Hiobs durch LXX Hiob 42,17 b ff, die jedoch auf der falschen Gleichsetzung Hiobs mit Jobab 1Mose 10,29 beruht. Zutreffender wird in Hiob 1,1.3 das Land U. mit den „Ostleuten" in Verbindung gebracht und liegt dann im nordöstlichen Ostjordanland in der Safā-Gegend östlich des → Hauran, der mit → Basan zT hinzugerechnet wird. *Fo*

V

Vasthi, Name der Königin, Gemahlin des persischen Königs im Estherbuch 1,9.11.15-17.19; 2,1.4.17. Sie weigert sich, vor dem König während eines Gastmahls zu erscheinen, und wird daher von ihm verstoßen. Ihre Verstoßung gibt den Anlaß zum Aufstieg der Jüdin Esther (→ Estherbuch). *Ba*

Vater bezeichnet in der Bibel neben der leiblichen V.schaft auch die geistige Abhängigkeit 2Kö 2,12 und geistliche V.schaft 1Kor 4,14ff; Tit 1,4; Phm 10. Jo 8,38ff nennt Jesus den Teufel in diesem Sinn „V." der Juden, die sich auf Abraham als V. berufen. Paulus nennt Abraham „V." als Vorbild aller, die an Gott glauben Röm 4,11ff; Gal 3,7. Gott selbst heißt im AT V. als der das Volk liebende und schützende, auch als der, dessen „Sohn" der König ist 2Sam 7,14; Ps 2,7. So hat auch Jesu Verhältnis zu Gott seine Prägung von seiner Bezeichnung als Sohn des V.s, bes. in den Abschiedsreden Jo 14-17. Daß alle irdische V.schaft in Gott ihr Urbild hat Eph 3,15, ist überhöht durch die Erlaubnis Jesu für seine Jünger, Gott im Gebet als V. anzurufen Lk 11,2. Als beste Gabe des V.s im Himmel nennt Jesus den hl. Geist Lk 11,13. Vgl. auch das Zeugnis des Paulus Röm 8,14ff. *Ap*

Vaterland. Das V. eines Menschen ist dort, wo sich das „Haus seines Vaters" und seine „Geburtsstätte" befindet 1Mose 12,1; Mt 13,57. Israels V. ist das von Gott den Vätern verheißene 1Mose 12,7; 15,18; 17,8, dem Bundesvolk verliehene Jos 21,43-45 und den Stämmen durch das Los Jos 13-19 zugeteilte Land Kanaan. Es bedeutet einerseits für Israel — bis heute — die Heimat schlechthin. Der Besitzanteil daran war unveräußerlich 1Kö 21,3. Andererseits gehört es Israel nur zu Lehen. Der Besitzer seines V.es ist Gott, bei dem es Gast ist 3Mose 25,23. Die Verbindung beider Elemente führt zu dem Wissen, daß die Menschen des Gottesvolkes in ihrer jeweiligen Traditionsverbundenheit und geschichtlich bestimmten Lage als Gäste Gottes daheim sein dürfen Ps 39,13; 119,19, daß sie jedoch nicht an eine bestimmte, unveränderliche Gestalt des V.es gebunden sind, sondern stets unterwegs zu dem Land und der Wirklichkeit, die Gott gibt und selber ist Mt 19,29; Kol 3,1-4; 1Petr 2,11; Hebr 11,8-10.13-16; 13,14. Daraus entspringt für den Christen die Spannung zw. der Treue zum gegebenen und dem Offensein für das neue, kommende V. *Kn*

Vaterunser Mt 6,9-13 u. Lk 11,1-4. Bei Mt ist es in den Zusammenhang der Bergpredigt eingefügt: am Almosengeben, Beten und Fasten zeigt Jesus seinen Jüngern, wie man Gott in der rechten Weise dient Mt 6,1-18; allem heuchlerischen Beten und überflüssigem Wortschwall gegenüber ist das V. in seiner Sachlichkeit und Kürze ein Vorbild für das Beten. Bei Lk gibt Jesus auf die Bitte eines Jüngers hin das V. Auch die Form des V.s ist bei Lk, bes. in manchen alten Handschriften, anders, ein Zeichen dafür, wie wenig ängstlich die Gemeinde in der Verwaltung des ihr mit dem V. anvertrauten Schatzes war. Es fehlt die 3. und die 7. Bitte. Auch in der Fassung der Anrede, der 4. und 5. Bitte liegen Unterschiede vor. Der Preis Gottes am Schluß des V.s fehlte ursprünglich wohl auch bei Mt. In diesen Dingen handelte die Gemeinde mit Freiheit. Hauptsache ist, daß es dem echten Gebet um die Verherrlichung Gottes geht. Darum ist das V., das tiefste „Glaubensbekenntnis" der Christenheit, die einzigartige Anleitung zum rechten Gebet, „die die Christenheit nie auszulernen vermag" (A. Schlatter). *Fro*

verbannen → Bann.
Verbot → Gesetz.

verdammen, Verdammnis. *1)* Die Verurteilung des Schuldigen durch Menschen: Sie ist Aufgabe der Rechtsprechung 5Mose 25,1, vgl. Jo 8,10, kann ein Fehlurteil sein Mt 12,7; 20, 18; Lk 24,20, gilt nicht gegen Gottes Urteil Jes 50,9; Ps 37,33, ist den Jüngern untersagt Lk 6, 37; Röm 2,1; Jak 4,12, kann durch den Wandel erfolgen Mt 12,41f; Hebr 11,7. — *2)* Die Verurteilung durch Gott: Sie ist immer gerecht Hiob 34,12; Jak 4,12, wird durch den Dienst des Gesetzes verkündigt 2Kor 3,9, vgl. Röm 7, 8-11, trifft alle Schuld Röm 5,16; Phil 1,28; 3,19; 1Tim 6,9; 2Petr 2,6, trifft die Sünde selbst Röm 8,3, ist aber durch das Sterben Jesu für alle im Glauben ihm Verbundenen aufgehoben Röm 8,1.34. — *3)* Die endgültige Verurteilung zur Geschiedenheit von Gott Mt 7,13; 23,33; Mk 9,43f; 16,16; Röm 2,5ff; 1Kor 11, 32. → Gericht, Hölle, Wiederbringung. *Schl*

verderben, Verderber. *1)* Das Wort v. kann vielerlei bedeuten: leibliches Verderben Mt 5, 29; 1Kor 5,5 und geistiges Mt 10,28; Lk 9,56, natürliches Verderben Jes 65,8; Jer 25,37 und sittliches Röm 14,15; 1Kor 15,33, zeitliches Verderben Ps 52,6 und ewiges 2Thess 1,9. Es kann schuldhaftes Handeln bezeichnen und zugleich die daraus erwachsende Not 1Mose 6,11; Jer 8, 21, aber auch das Strafgericht Gottes 1Mose 6, 13.17; 18,28ff; 1Thess 5,3. Nicht selten steht V. für Grab und → Totenwelt Hiob 33,24; Ps 88,12; 103,4. In der Heilszeit wird es kein V. mehr geben Jes 11,9; 65,25. — *2)* Der *Verderber* ist ein das Strafgericht Gottes vollstreckender

Engel 2Mose 12,23; 2Sam 24,16; Hiob 15,21; 1Kor 10,10; doch können auch Mächte dieser Welt Gottes Werkzeug zum V. sein Jes 49,19; Jer 6,26; 22,7. *Schl*

verdienen, Verdienst. *1)* Allgemein: Gott vergilt nach unserem Tun Hiob 34,11; Ps 62, 13; daran wird zur Warnung erinnert Jes 3,11; Jer 6,19; Hebr 10,29. Verfolgte Fromme mögen darauf hoffen und darum bitten Ps 28,4; 94,2; Jer 50,29; Ob 15, müssen aber auch selbst sich unter das Gericht beugen Jer 14,7; Dan 9, 5ff. — *2)* Daß wir vor Gott nie V.e geltend machen können, sondern aus Gnade gerechtfertigt werden, hat Luther in der Wiedergabe von Röm 3,24; 9,12; 11,6 stark hervorgehoben. — *3)* Von einem „V. Christi" spricht das NT nicht, sondern statt dessen von der Gnade und dem Gehorsam Christi Röm 5,15.19. → Gerechtigkeit, Lohn, Werk. *Schl*

verfinstern → Finsternis.
verfluchen → Fluch.

verfolgen, Verfolgung. *1) Von Menschen: a)* im Krieg 1Mose 49,23; *b)* die V. des Frommen und des Volkes Gottes und die Bitte um Hilfe 1Sam 25,29; Neh 9,11; Ps 31,16; Jer 15,15; *c)* die V. der Boten Gottes Apg 7,52; *d)* die V. Jesu Christi und der Gemeinde Mt 5,10ff; 10,23; Jo 5,16; 15,20; 1Thess 2,15; Offb 12,13; *e)* es gehört zum Christenstand, V. zu erleiden 2Tim 3, 11f, sich ihr nicht zu entziehen Gal 6,12, ihr mit der Fürbitte zu begegnen Mt 5,44; Röm 12,14, durch die Verheißung Jesu getrost und freudig gemacht Mk 10,30; 2Kor 12,10.

2) Von Gott: a) er verfolgt den Abfall 5Mose 28,22 und den, der sein Volk verfolgt 5Mose 30,7; *b)* im Unglück naht dem Frommen die Anfechtung, ob er von Gott verfolgt sei Hiob 19,22. *Pfi*

verführen, Verführung. V. heißt jemanden mit Lügen, süßen Worten oder prächtigen Reden zum Unglauben, falscher Lehre, Götzendienst und Sünde verleiten Am 2,4; Jer 10,15; Hos 4, 12; Lk 21,8; Röm 16,18; Eph 5,6; 2Jo 7; auch sich selber v. 1Jo 1,8; Jak 1,26. Durch V. ist die Sünde in die Welt gekommen, durch V. breitet sie sich aus, der Satan verführt die ganze Welt 1Mose 3; 2Kor 11,3; Offb 12,9. Hirten und Leiter Israels können Werkzeuge der V. sein Jes 3,12; 9,15, stehen aber unter Gottes Macht Hiob 12,16. Verführt wird der „Fromme" Spr 28,10. Der Haß der verführten Welt sieht in Jesus einen Verführer, ebenso in seinen Jüngern Mt 27,63; Jo 7,12; 2Kor 6,8. *Nag*

vergeben, Vergebung. Das Wort, das Luther mit v. übersetzt, hat die Grundbedeutung „aufheben", „wegnehmen". Besonders das AT ist reich an Ausdrücken: „bedecken", „verhüllen" Ps 32,1; Neh 3,37, „nicht gedenken" Hes 33,16; Jer 31, 34, „nicht anrechnen" Ps 32,2, „tilgen" Ps 51,3; Jes 43,25 u.a. Paulus betont vor allem, daß die V. ein Geschenk der göttlichen Gnade ist Kol 2,13.

V. meint zunächst ein Handeln Gottes, durch das er dem sündigen Menschen Schuld und Strafe der Sünde erläßt. Die V., die auf dem freien Entschluß des göttlichen Willens beruht, stellt das rechte Verhältnis zw. Gott und Mensch wieder her und gibt dem Menschen eine neue Lebensmöglichkeit. Sie setzt → Buße und → Bekenntnis der Schuld voraus. Jesus hat die Gnade Gottes verkündigt, die dem bußfertigen Sünder vergibt Lk 15,11-22 und eine ungeheure Schuldsumme erläßt Mt 18,24-27. Vor allem aber hat er selbst die Vollmacht gehabt, Sünden zu v. Mk 2,5.10; Lk 7,48. Schon die Propheten haben die Sündenvergebung als ein wesentliches Merkmal der Heilszeit verkündigt Jes 33,24; 44,22; Jer 31,34; Hes 16,63 u.a. Die Grundlage der allumfassenden V. Gottes im Neuen Bunde bildet das Heils- und Versöhnungswerk Christi. Sein am Kreuz vergossenes Blut dient der V. der Sünden „für viele" Mt 26,28. Darum bezeugt Paulus im Blick auf die Gemeinde, daß wir in Christus die Erlösung durch sein Blut, die V. der Sünden nach dem Reichtum seiner Gnade empfangen haben Eph 1,7, und Johannes bekennt, daß den Gläubigen die Sünden v. sind durch den Namen Christi 1Jo 2,12. War schon im Alten Bund die V. an die durch die Priester vollzogene Versöhnung gebunden 3Mose 5,10; 16,18, so hat das Opfer, das der Hohepriester Christus mit seinem eigenen Blut dargebracht hat, ewig gültige Wirkung Hebr 9,14.28.

Die im Glauben erfahrene V. verlangt nun aber das Bleiben in der Gemeinschaft mit Gott. Sonst wird die Gabe der V. hinfällig. So warnt der Hebräerbrief vor dem Abfall von Christus; dafür gibt es keine neue Buße mehr Hebr 6,4-6; vgl. 10,26f; 12,15-17. Schon Jesus hat von einer Sünde gesprochen, für die es keine V. gibt: die Lästerung des hl.Geistes Mk 3,28-30 (→Geist 3c).

Jesus hat seine Jünger gelehrt, Gott ständig um V. ihrer Schulden und Übertretungen zu bitten, hat ihnen aber auch zur Pflicht gemacht, ihren Mitmenschen gegenüber jederzeit zur V. bereit zu sein Mt 6,15; Mk 11,26; Lk 17,3.4. Gott wird erst dann v., wenn wir den Menschen ihre Fehler v. haben. Jesus selbst hat am Kreuz ein Vorbild dafür gegeben Lk 23,34. Auch Paulus hat seinen Gemeinden diese Pflicht eingeschärft 2Kor 2,7.10; Kol 3,13; Eph 4,32. *Schn*

vergelten, Vergeltung. *1) Gott* ist als der Richter ein Vergelter Jer 51,6; Hebr 11,6, der jedem nach → Verdienst vergilt 1Sam 26,23; Spr 12,14; 24,12; Jer 25,14. In seiner Hoheit will er selbst die → Rache üben 5Mose 32,35; Röm 12,19; Hebr 10,30. — *a)* Gott vergilt mit → *Strafen* denen, die ihn hassen 5Mose 7,10; 32,41, den Hochmütigen Ps 31,24, allen Übeltätern Ps 91,8; 94,23; 2Thess 1,6 u.ö. Dabei trifft Gottes Strafen auch Kinder und Kindeskinder 2Mose 34,7; Jer 32,18, so gewiß die Gnade weiter reicht und länger währt 2Mose

34,7 und in der Heilszeit ein solches Übergreifen der Strafe auf Nachkommen aufgehoben sein soll Jer 31,29 f. Der Fromme darf sich der V. Gottes getrösten, die Böses straft Jes 35,4 und Schuld vergibt Ps 103,10. Auch im → Jüngsten Gericht wird jedem vergolten Mt 16,27; Jo 5,29; Röm 2,6; 2Kor 5,10. — *b)* Gott vergilt in Güte, die *belohnt*, den → Unschuldigen 2Sam 22,21.25, denen, die das Gebot halten Spr 13,13, den Barmherzigen und Gütigen Spr 19,17; 25,22; Mt 6,21; 25,40; Lk 14,14, allen, die dem Herrn dienen Kol 3,23 f. Gottes V. wünscht dem anderen, wer selbst eine Wohltat nicht v. kann Rt 2,12; 1Sam 24,20. Gelegentlich meint v.: Ersatz leisten Sach 9,12; vgl. Jes 61,7.

2) Für das Handeln des Menschen wird in der Rechtspflege der Grundsatz einer V. im gleichen Maß aufgestellt 2Mose 21,23-25; 3Mose 24,19 f; 5Mose 19,21; Mt 5,38. Im Privatleben wird schon im AT der Verzicht auf V. von Bösem gefordert Spr 20,22; 24,29, darum auch Röm 12,17; 1Thess 5, 15; 1Petr 3,9. Gutes mit Bösem zu v. ist Schuld 1Mose 44,4; Ps 7,5; 35,12; 109,5; Spr 17,13; Jer 18,20. Gutes will mit Dankbarkeit vergolten werden 1Tim 5,4. → Lohn, Rache, richten, strafen, verdienen. *Schl*

verhärten → Verstockung.

verheißen, Verheißung. *1)* versprechen Mt 14,7; 2Kor 9,5.

2) Gottes V. *a)* Im AT an die Väter 2Mose 32,13; 5Mose 6,3; Ps 111,9; Eph 6,2 f, an David 1Kö 8,25; der Beter beruft sich auf die V. Ps 42,9; 77,9; 106,4. *b)* Im NT die in Jesus erfüllte V. Apg 13,32 ff; Röm 1,2; 2Kor 1,20; Hebr 8,6. Die von Jesus Berufenen sind die Kinder der V. Röm 9,8; Gal 4,23.28; der Empfang des hl. → Geistes ist die Erfüllung der durch Propheten und den Täufer ausgesprochenen V. Lk 24,49; Apg 2,33. Die V. ist von Gott ohne Vorbedingungen gegeben Gal 3,15 ff; ihr entspricht der Glaube Röm 4,13 ff. Nach vorne sieht das NT auf die von Jesus gegebene V. 2Petr 1,4; Hebr 10,23, die das ewige Leben einschließt 1Tim 4,8; 1Jo 2,25. Das Warten auf die V. erfordert Geduld und Glauben Hebr 6,12 ff, Eifer Hebr 4,1, Heiligung 2Kor 7,1. *Pfi*

verherrlichen → verklären.

verklären, Verklärung. Als V. Jesu wird der Vorgang bezeichnet, der uns am Anfang des Passionswegs Jesu Mt 17,1-9; Mk 9,2 ff; Lk 9,28 ff berichtet wird: die Verwandlung der menschlichen Gestalt Jesu in eine Lichtgestalt. Er spricht mit Mose und Elia, die wir uns wohl in gleicher Weise vorzustellen haben. Zum Lichtglanz kommt die Gottesstimme, die Jesu Sendung bestätigt. Das Erlebnis ist als Vorschau auf die Auferstehung Jesu den drei Jüngern zuteil geworden, die auch das Dunkel von Gethsemane mit Jesus teilen sollten. — Das JoEv beschreibt mit „verklären“ (rev. Text „verherrlichen“) das Werk Jesu: durch ihn, den Sohn, wird der Vater v., doch zugleich v. der Vater den Sohn Jo 8,54 (vgl. auch Apg 3,13). Diese Verherrlichung vollzieht sich im Leiden, das aber schon auf die Erhöhung Jesu vorausweist Jo 12,23 ff; 13,31 f; 17,1 ff; Hebr 2,10. Jesu Jünger sind in diesen Vorgang einbezogen Jo 17,10. Auch für sie vollendet sich der Dienst für Gott im Leiden und Sterben Jo 21,19: Petrus verherrlicht, „preist“ Gott in seinem Martyrium. Auch Paulus spricht von der V. der Christen im gegenwärtigen Leben 2Kor 3,18 wie in der künftigen Welt Phil 3,21. Darin vollendet sich die Arbeit Jesu an den Seinen. *Ap*

verklagen → Klage, → Teufel.
verkündigen → Predigt.
verlästern → Lästerung.

verleugnen, Verleugnung. Im AT im Sinn von abfallen von Gott, treulos gegen ihn handeln, ihn gar nicht ernst nehmen Jos 24,27; Spr 30,9; Jer 5,12; Tit 1,16; Hiobs Trost war, daß er auch im tiefsten Unglück Gott die Treue nicht gebrochen hat Hiob 6,10; 31,28. Die Versuchung zur V. besteht vor allem Christus gegenüber. Man kann sich ohne Furcht vor den Menschen zu ihm bekennen, kann ihn aber auch aus Menschenfurcht v. Mt 10,33; Apg 3,13 f. So wollte Petrus ihn in der Stunde der Gefahr nicht kennen, ja nie gekannt haben Mt 26,70 ff par. Christus selbst verleugnet, die ihn v., vor seinem himmlischen Vater Mt 10,33, vgl. auch 2Tim 2,12. So kann man auch den Glauben v. Offb 2,13, Christi Namen v. Offb 3,8.

In übertragenem Sinn: sich in Jesu Nachfolge selbst v., d. h. selbstlos sein und selbstlos handeln Mt 16,24 par. Jesus selbst kann sich nicht v., seiner göttlichen Liebe nicht untreu werden 2Tim 2,13. Irrlehrer v. die Kraft der Frömmigkeit durch ihr unfrommes Tun, von dem keine Kraft ausgeht 2Tim 3,5. Dagegen erzieht uns die rettende Gnade Gottes dazu, daß wir uns von der Gottlosigkeit und weltlichen Gelüsten lossagen Tit 2,12. *Fro*

verlieren, Verlust. Abhandenkommen von Eigentum 5Mose 22,3; 1Sam 9,3; einbüßen: ein Heer 1Kö 20,25; das Vertrauen Sir 27,17; dem Untergang preisgegeben sein 4Mose 21,29; vergeblich sein: von der Hoffnung Hiob 8,13; 14,19; Ps 9,19; von der Mühe 3Mose 26,20; Jer 51,58; unnütz vergeuden Spr 23,8. — Im NT: Mk 8,35 *a)* sein Leben verwirken, *b)* sein Leben hingeben. Von Gott durch Sünde getrennt in der Gefahr des (ewigen) Zugrundegehens sein Lk 15,4 ff; vgl. 1Kor 1,18; Gal 5,4. Jesus ist zu den verlorenen Schafen Israels gesandt Mt 10,6; 15,24; vgl. Hes 34,16, rettet die Verlorenen Lk 19,10; Jo 3,16, verliert die ihm Anvertrauten nicht Jo 6,39. Die → Wiederkunft Christi wird verzögert, damit die Verlorenen Zeit zur Umkehr haben 2Petr 3,9. *Oßw*

Verlobung → Ehe.

Vermessenheit ist das Reden und Handeln des Menschen, das über das von Gott gesetzte Maß seiner Kräfte und Aufgaben hinausgeht. Sie äußert sich darin, daß man von sich selbst überzeugt ist Lk 18,9; Röm 2,19 (ein typisches Beispiel gibt Petrus Mt 26,33.35.51), sowie im trotzigen Übermut gegen Gott und seine Ordnungen 5Mose 1,43; 17,12; 18,22; Spr 21,24. Als schwere Sünde unterliegt sie Gottes Gericht, → Turmbau zu Babel. *Pfei*

Vernunft, vernünftig. → Erkenntnis, → Verstand, → Weisheit. Der von den Griechen her die abendländische Philosophie und schon früh auch die theol. Auseinandersetzung der christl. Kirche beherrschende V.begriff eines rein auf sich selbst gestellten, allgemeinmenschlichen Vermögens, die gesamte Wirklichkeit denkend zu „vernehmen", ist der HS fremd. In der Weisheitsliteratur des AT hat der v.e Mensch im Gegensatz zum Toren, zum Narren ein sein Handeln auf Grund richtiger Erfahrung bestimmendes Wissen von der verborgenen Ordnung des Lebens und der Welt Spr 13,16; 18,15; 19,2; 20,18. Dabei handelt es sich um den ganzen Menschen und um göttliche Gabe an die mit Gott Verbundenen Pred 2,26; Spr 19,14. Diese V. ist wesentlich praktische V. Im NT vermeidet das rev. NT anders als Luther das mißverständliche Wort fast durchweg. Wo es stehenblieb, meint es Phil 4,7 den Frieden Gottes, der nicht auszudenken ist, Röm 12,1 den Gottesdienst, der der erkannten Wahrheit entspricht, vgl. V. 2, 1Petr 2,2 die geistige Speise, die die Glaubenserkenntnis fördert. *He*

Verrat → Judas 6).

versammeln, Versammlung. *1)* In großen V.en kamen die Israeliten an den Sabbaten und Festtagen am Heiligtum zusammen, bes. am 1. und 7. Tag der großen → Feste 3Mose 23,2-4. 7f; 4Mose 28,18.25. Zu den großen Wallfahrtsfesten, → Passa, → Pfingsten und → Laubhütten, sollten alle Männer am Heiligtum erscheinen 2Mose 34,23; 5Mose 16,16. Die „V. für Jahwe" wurde Fachausdruck für den 7. Tag des Passa 5Mose 16,8 und den an das Laubhüttenfest angefügten 8. Tag 3Mose 23,36; 4Mose 29, 35. Im Psalter ist von V.en die Rede, in denen Gott gepriesen wird Ps 26,12; 68,27. An die Sitte der → Synagoge schloß sich die junge Christenheit an Jak 2,2; Hebr 10,25. — *2)* Gott wird sein Volk v., d.h. die Zerstreuten in der Heilszeit zurückführen Hes 36,24; 39,27f. Die häufige Wendung für sterben „zu seinem Volk, zu den Vätern versammelt werden" 1Mose 25,8; 1Kö 2,10 knüpft an die Sitte an, daß die → Grabanlagen Familiengräber für alle Glieder einer Sippe waren. Auch in der Totenwelt glaubte man alte Verbundenheit fortgesetzt Hes 32, 22.24. *Schl*

Verschnittener → Kämmerer.
verschulden → Schuld.
versiegeln → Siegel.

versöhnen, Versöhnung.

1) In allen *Religionen* hat das Bedürfnis nach V. einen bedeutsamen Ort. Es wurzelt in der menschlichen Grunderfahrung der Schuld und der daraus erwachsenden Furcht vor der Gottheit, der man durch vorgeschriebene Kultpraktiken wie → Gebet, → Reinigung und → Opfer Sühne zu leisten sucht.

2) Im AT, dem für den Begriff der Sühne sprachlich und sachlich der Vorgang des „Bedeckens" (hebr. kippär) einer Verschuldung zugrunde liegt 2Mose 32,30; 5Mose 21,8; Jer 18, 23 u.a., ist entscheidend, — *a)* daß Gott selber bei der Sühnung der eigentlich Handelnde ist. Er schafft sie dadurch, daß er sie in der Freiheit seiner Liebe Ps 65,4; 78,38; 79,9 und als Zeichen bleibender Bundestreue zu Israel 106,45 gewährt. Der Mensch besitzt von sich aus nichts, um seine Schuld vor Gott zu beseitigen 49,8f; sein Teil ist nur die Bitte um Gottes vergebende Güte 2Chr 30,18. — *b)* Dem entspricht, daß Jahwe selber im Bereich des von ihm geordneten Kultus das Mittel gestiftet hat, das Sühnung schenkt: das Blut des Opfertiers 3Mose 17,11, wobei nicht das Blut an sich sühnend wirkt, sondern das Blut, sofern es Träger des von Gott geschenkten Lebens ist. Darum kann es die Stellvertretung für ein verlorenes Menschenleben übernehmen. Auch hier, wo beim Opfer der Priester als Gottes Beauftragter handelt 2Mose 29,36; 30,10 u.a., ist letztlich Jahwe das Subjekt der V. — *c)* Ihr Ziel ist die Aufhebung des Unheilsbannes bösen Tuns 5Mose 21,8 und damit die Reinigung und Entsündigung der Gemeinde Gottes 3Mose 16, die ein hl. Volk sein 2Mose 19,6 und in dem Sühne gewährenden Gott Leben und Heil haben soll Ps 78,38. — *d)* Gottes vergebende Liebe findet indessen dort, wo die Bedeutung des blutigen Opferkults teilweise oder ganz zurücktritt, nicht ihre Grenze. Diese Gewißheit steht hinter der prophetischen Botschaft mit ihrem Ruf zur Umkehr Jes 30,15; Jer 29,12-14; Hes 33,11, dem Vertrauen auf Jahwes gnädiges → Erlösen Hos 6,1; Jes 63,16, der Verheißung des Neuen → Bundes Jer 31, 31ff; 32,39; Hes 11,19f; 36,26f und eines Quells wider Sünde und Unreinheit, den Gott in der → Endzeit seinem Volk eröffnen wird Sach 13,1. — *e)* Letzte Tiefe bekommt der ATliche V.sglaube in der Weissagung vom → Gottesknecht Jes 53. Er trägt in seinem als Schuldopfer bezeichneten Sterben 53,10 stellvertretend die Sünden der vielen 53,12 und eröffnet ihnen damit eine neue Zukunft des Heils.

3) Im NT steht das göttliche Handeln zur V. in unauflöslichem Zusammenhang mit Jesu Tod und Auferstehung. — *a)* Hier sah man erfüllt, was Jes 53 geweissagt Lk 22,37; Apg 8,26ff und Jesus selbst im Wort vom Lösegeld Mk 10,45 par. angedeutet hatte. Mannigfache Vorstellungen zT kultischer, zT personal-ethischer Art deuten das Wesen des NTlichen V.swerkes: Christus erleidet stellvertretend die Todesstrafe der Sünder Gal 3,13; 2Kor 5,21; 1Petr 2,24; 3,18, wirkt durch sein Blut → Rechtfertigung und →Vergebung Röm 5,8ff, ist die Opfersühne für die Sünden 1Jo 2,2; sein Blut ist das Blut des großen → Versöhnungstages Röm 3,25; Hebr 9, das Blut der Bundschließung Mk 14, 24, er selbst das wahre Passalamm Jo 1,29; 1Kor 5,7. Auch die in den Bereich des Privatrechts gehörende Vorstellung vom „Schuldbrief", den Jesus zerreißt, so daß damit die Schuld getilgt ist Kol 2,14, und der Gedanke vom „Loskauf" 1Petr 1,18f gehören hierher. Zugleich ist Christus durch seinen Tod der Erretter von der zerstörenden Gewalt der Finsternismächte, die von Gott und dem ewigen Leben trennen Kol 1,13f; Hebr 2,14f. — *b)* So verschieden diese Vorstellungen sind, bilden sie doch ein sachliches Ganzes. Je an ihrem Ort weisen sie darauf hin, daß allein Gott es ist, der uns in Christus mit sich versöhnt Röm 5,10; 2Kor 5,18, d.h. uns aus der Getrenntheit in die Gemeinschaft mit sich geführt, uns den Frieden gebracht und damit auch die Entzweiung der Menschheit untereinander überwunden hat Eph 2,13f. Bleibend eingeschlossen ist dieses Handeln in das Geheimnis der göttlichen Liebe 1Jo 4,10, das unbegreiflich ist, weil Gott sein Werk an uns tat, als wir noch seine Feinde waren Röm 5,10. — *c)* Dieser Liebeswille zielt auf die ganze Welt 2Kor 5,19; 1Tim 2,6; 1Jo 2,2. Darum vollzieht Gott nicht nur die V., sondern setzt auch den „Dienst der V.", d.h. ihrer Verkündigung unter den Menschen ein, um jeden mit dem Ruf zu erreichen: „Lasset euch v. mit Gott!" 2Kor 5,18. 20. Denn das Kreuz fordert und wirkt das Ja des Menschen dazu, daß hier die Sünde gerichtet und vergeben ist, zugleich einen Glauben, der sich seinerseits in Vergebungs- und Versöhnlichkeitsbereitschaft beweisen und bewähren soll Mt 5,23f; 18,21f; 1Petr 4,8. — *d)* Daß Gott uns mit sich versöhnt hat, ist die Mitte des uns in Christus verkündigten Evangeliums. Daneben bezeugt Kol 1,20, daß das V.sgeschehen auch das All umfaßt: die ganze Schöpfung im Himmel und auf Erden ist nach Gottes Plan in das Frieden stiftende Werk Christi hineingezogen. *Ste*

Versöhnungstag, hebr. „Tag der Sühnungen", heißt der große Bußtag in Israel, der nach priesterlichem Gesetz am 10. des 7. Monats, 5 Tage vor dem mit dem → Laubhüttenfest verbundenen altisr. Jahresanfang begangen wurde. Sein Festritual, das sich durch Verschmelzung verschiedener alter Priesterbräuche entwickelt hat, ist 3Mose 16 beschrieben und zeigt an der Häufung von Sühnehandlungen, wie ernst es Israel mit seiner Schuld vor Gott nahm und welch große Bedeutung der Sühnegedanke in der nachexilischen Gemeinde gewann. Viermal vollzog der Hohepriester für sich und die Priesterschaft 16,6.11. 17.24, dreimal für die Gemeinde 16,10.17.24 und einmal für das Heiligtum 16,20 einen Sühnakt. Dabei spielte der Blutritus mit dem Brandopferblut 16,24, bes. aber mit dem Sündopferblut 16,5f.11.17 eine wichtige Rolle. Dieses brachte der Hohepriester am V. in das Allerheiligste und sprengte es auf die Kapporet (→ Gnadenthron) und siebenmal vor dieselbe 16,14f; ähnlich verfuhr er anschließend am Altar 16,18f. Diese den Gedanken der Stellvertretung ausdrückenden Blutmanipulationen waren der von Gott geordnete Weg 16,1; 17,11, auf dem das verunreinigte Volk (und Heiligtum) entsühnt, d. h. den Unheilswirkungen der Sünde entnommen werden und erneut an Gottes Segen und Heilshandeln Anteil bekommen sollte. Nachdem die Sühne in der Bluthandlung bereits vollzogen war 16,16.20, wurde symbolisch das Ganze im Ritus mit dem Asaselbock zusammengefaßt, dem alle Sünde des Volkes auferlegt und der dann in die Wüste gejagt wurde, um aller Verschuldungen wegzutragen 16,21ff. In lebendiger Entsprechung zu den reichen priesterlichen Funktionen am V. stand die aktive Teilnahme der Gemeinde durch Fasten und völlige Arbeitsruhe 16,29ff. Bildete so dieser Tag den Höhepunkt des nachexilischen Opferdienstes, so ist auffällig, daß er im AT außerhalb der späten Priestergesetze 3Mose 16; 23, 26ff; 4Mose 29,7ff nirgends deutlich erwähnt wird, wahrscheinlich ein Zeichen dafür, daß er in frühisr. Zeit mehr ein exklusives Priesterfest gewesen ist. Durch seine entscheidende Bedeutung in dem isr. Festkult hat er in besonderer Weise Hinweischarakter auf das NTliche Versöhnungsgeschehen in Jesus Christus bekommen, der nach Hebr 9,12ff.24ff als der ewige Hohepriester in das Allerheiligste einging, um mit seinem eigenen Blut die Sühne für alle Zeiten zu schaffen.

Lit.: H.-J. Kraus, Gottesdienst in Israel, München [2]1962. *Ste*

Verstand, Verständnis. Als das natürliche Urteils- und Erkenntnisvermögen, das die Entschlüsse des Menschen leitet, ist der V. eine gute Gabe Gottes 1Kö 5,9; Spr 3,13; 16,16 und kein Hindernis für den Glauben. Gewöhnlich wird aber der V. zur Sünde 2Sam 16,23 und im Dienst der Verführung mißbraucht, wie Bileams Rat 4Mose 31,16 zeigt. Man soll sich nicht auf den V. verlassen Spr 3,5, der oft verfinstert Eph 4,18 oder verblendet Jes 29,14 ist. Ein solcher V. führt zu gefährlichen Irrtümern Röm 1,21f und wird gerichtet 1Kor 1,19ff. Wie Gott V. hat Jes 40,28; Jer 10,12, ebenso Jesus Lk 2,47, so ziert V. den Herrscher Jes 11,2; Spr 28,16; Apg 13,7 und Weisen Spr 2,6, durch den er zur Erkenntnis und Furcht Gottes geführt wird Spr 1,2ff; 9,10. Der innerlich von Christus erleuchtete Mensch wird verständig, den wahren Willen Gottes zu erkennen Eph 5, 17; 1,18; Kol 1,9; 2Tim 2,7; Offb 13,18. *Pfei*

Verstockung. *1)* In der HS wird der Vorgang der V. durch bildhafte Ausdrücke bezeichnet, denen die Bedeutung „hart, schwer, fest sein und machen, verfetten, verhärten, verblenden" zugrunde liegt und die gern in Beziehung zu Körperorganen wie Herz, Augen, Ohren u. a. gesetzt werden, etwa: das Herz fett machen (Luther: verstocken), die Augen verkleben (Luther: verblenden) Jes 6,10, wodurch der jeweilige Bildausdruck noch anschaulicher wird Jes 48,4; 63,17; Jer 5,3; Hes 2,4; Sach 7,11 f u. ö. Die V. ist gegenüber der gewöhnlichen Sünde durch das Moment der Beharrung gekennzeichnet, das zwangsläufig dort zutage tritt, wo ein Mensch auf den Anruf Gottes fortgesetzt nicht hört, ja, ihm widerstrebt, so daß er für diesen völlig unempfänglich wird und aus dem ursprünglichen Nichtwollen schließlich ein Nichtmehrkönnen erwächst.

2) Eine solche V. wird *im AT* ausgesagt: von Nichtisraeliten wie dem Pharao des → Auszugs 2Mose 4,21 u. ö., Sihon, dem König von → Hesbon 5Mose 2,30, den Kanaanäern Jos 11,20, den Philistern 1Sam 6,6, von Israel als Volksganzem vor allem bei den Propheten 5Mose 9, 6.13; Jes 6,10; 43,8; 44,18; 48,4; Jer 3; Hes 2,4; 3,7 und von isr. Einzelpersonen wie den Söhnen Elis 1Sam 2,25, den Königen Rehabeam und Zedekia 1Kö 12,15; 2Chr 36,13 und den Führern des Volks Jes 29,9 f. Angesichts der rätselhaften Tatsache der V. ringt der isr. Fromme mit der Frage nach ihrem eigentlichen Urheber. Sein Glaube weist ihn auf Jahwe, der hinter allem Geschehen in Weltgeschichte und Einzelleben als der nicht nur zulassende, sondern aktiv wirkende Herr steht. Darum wird Jahwe selber als Urheber der V. bezeichnet. Zugleich aber bezeugt das AT, daß es sich hier nicht um ein göttliches Verwerfungsurteil handelt, das über den Menschen unabhängig von seinem Verhalten gefällt würde, sondern es wird vorausgesetzt, daß einem Menschen der Wille Gottes kundgetan wurde, der Mensch ihm aber beharrlich widerstrebte. So stehen neben den Aussagen über die V. Pharaos durch Gott andere über seine Eigenverantwortlichkeit und Selbstverstokkung 2Mose 8,15.28; 9,34 u. ö. Gericht Gottes und menschliche Schuld liegen hier geheimnisvoll und für unser logisches Denken nicht erklärbar ineinander. Dies vorausgesetzt, reden bes. die Propheten häufig davon, daß Gott Sünde mit Hingabe an die Sünde straft, den beharrlich Sündigenden also vollends verstockt, um ihn gerichtsreif zu machen, was in Jesajas Berufungsvision klassischen Ausdruck findet Jes 6,9 f; vgl. Hes 20,25 f.

3) Die *NT*lichen Zeugen denken in diesen Linien des AT weiter Mt 13,13-15 par.; Mk 3,5; Jo 12,37 ff. Paulus bezeugt an der Entartung des Heidentums, wie Gott den sündigen Menschen nicht nur von außen straft, sondern ihn auch von innen her an seine Sünde bindet, indem er ihn in die Folgen seines Handelns dahingibt Röm 1,24; und hinter dem Unglauben Israels sieht er nicht bloß schuldhaftes menschliches Versagen, sondern göttliches Gerichtsverhängnis 11,8, freilich nicht eine ewige Verwerfung.

4) Nach dem bibl. Gesamtbefund hat die V., von Gott her gesehen, nie den bloß negativen Sinn einer ewigen Vergeltung, sondern neben ihrem Gerichtssinn, vor allem im Blick auf Israel, zugleich den Sinn der Heimsuchung. Besonders der ATliche Gedanke des → „Restes" Jes 4,3; 6,13; Röm 9,27; 11,11 ff macht deutlich, daß Gott auch durch das V.sgericht an Israel hindurch seine heilsgeschichtlichen Ziele im Auge behält Jes 30,18 und zu seiner Zeit die Verstocktheit seines Volkes durch Vergebung und Neuschaffung überwinden kann und wird Jer 31,31-34; 32,39 f; Hes 36,26 ff; Röm 11, 23-26. Diese Wahrheit gilt in Christus für alle, die unter dem Zorn Gottes stehen Eph 2,2-6; dagegen: Hebr 6,4 ff, wo eine Erneuerung der Umkehr für einen aus dem Christenstand Gefallenen abgelehnt wird, was indessen wohl nicht im Sinn einer Begrenzung göttlicher Vergebungsbereitschaft, sondern eher als seelsorgerliche Warnung vor dem Abfall zu verstehen ist (O. Michel). Verliert das V.shandeln Gottes durch diese Erkenntnis etwas von seiner rigorosen Schärfe, so ist es für uns letztlich doch ein Geheimnis, das uns ständig daran erinnert, daß der uns in Christus offenbar gewordene Gott jenseits unserer menschlichen Verfügbarkeit und Verstehbarkeit bleibt.

Lit.: H. Thielicke, Gericht und Heimsuchung, 1948; F. Hesse, Das Verstockungsproblem im AT, 1955. *Ste*

versuchen, Versuchung. *1) probieren* Ri 6,39; 1Sam 17,39; Hiob 4,2; Dan 1,12.14; Hebr 11,29.

2) prüfen. a) Gott versucht den Menschen: Abraham 1Mose 22,1; Hiob 7,18; 23,10; 34,36, das Volk Israel 2Mose 15,25; Ps 81,8; auch Jesus wird versucht Mt 4,1 ff; Hebr 2,18; 4,15. *aa)* Die Mittel der V.: erwählende Liebe 5Mose 4,32 ff, Demütigung 5Mose 8,2, heidnische Umgebung Ri 2,22, falsche Propheten 5Mose 13,4, der Satan Hiob 1,12; 2,7; Lk 4,2; 1Kor 7,5; Offb 2,10. *bb)* Der Zweck der V.: Offenbarung, was im Menschen ist: Glaube Jo 6,6; Hebr 11, 17, Liebe 5Mose 13,4, Gottesfurcht 1Mose 22, 12; 2Mose 20,20, Gehorsam 2Mose 16,4; 5Mose 8,2. Weiter Läuterung Ps 26,2; 66,10; Weish 11,9; Sir 4,19, Bewährung Weish 3,5, Furcht vor dem Fall Mt 6,13; 26,41. Es ist Liebe, wenn Gott das alles uns ihm in der V. zeigen läßt. Er will unsere Bewährung; darum versucht er auch nicht über unser Vermögen 1Kor 10,13; 2Petr 2,9; Offb 3,10, oder die V. ist schon Gericht 2Chr 32,31. — *b) Der Mensch kann v. aa)* Gott und Jesus durch gottloses Sündenleben Mal 3,15, Murren und Unzufriedenheit 2Mose 17,2 ff; 4Mose 14,22 f; Ps 78,41, Unglauben und Zeichenforderung Jes 7,12; Mt 16,1, angebliches Gottvertrauen Mt 4,5 ff, Mißtrauen und Böswilligkeit Mt 19,3; 22,18.35; Mk 10,2; Jo 8,6, Hintergehung des hl. Geistes Apg 5,3.9; 8,18 ff; hingegen läßt sich Gott finden von denen, die ihn nicht v. Weish 1,2; *bb)* andere Menschen

1Kö 10,1; *cc)* der Mensch soll sich selbst prüfen 2Kor 13,5.

3) verführen: das tut Gott niemals Jak 1,13. Der Satan hat bei der V. die Absicht der Verführung Mt 4,3; Lk 22,31; Apg 5,3; 1Thess 3,5. Menschen können zur Verführung werden Mt 16,22f; Apg 15,10, vgl. 1Kor 15,33, der Reichtum 1Tim 6,9, das Fleisch Jak 1,14. Die Waffen im Kampf mit der V. sind Gebet, Wachsamkeit, Glaube, das Wort Gottes Mt 4,4ff; Mk 14,38; Gal 6,1; Eph 6,16ff. *Pfi*

Vertrauen. V. kann man nur dem, auf den man sich unbedingt verlassen kann. Das V. setzt den Glauben voraus und die Treue dessen, dem man sein Vertrauen schenkt. Der Fromme kann Gott v., weil er unwandelbar ist und sein Wort hält Ps 33,4. Das V. zu Gott bewährt sich vor allem in der Not; denn Gott ist Helfer Sir 2,6, Heiland Ps 17,7 und Schild Ps 18,31. Es bringt Segen und Schutz Ps 5,12; 84,13; 91,1f. Wie auf Gott, so dürfen die Gläubigen Christus v., da er treu und wahrhaftig ist Offb 19,11. Als der himmlische Hohepriester nimmt er sich unser an, hat Mitleid mit unseren Schwachheiten Hebr 4,15 und tritt für uns vor Gott ein Röm 8,34. Der rechte Christ ist dadurch gekennzeichnet, daß er sein V. nicht auf sich selbst setzt 2Kor 1,9, auch nicht auf Menschen oder Reichtum Mk 10,24, sondern auf den Herrn. Er darf aber sein V. nicht wegwerfen Hebr 3,6; 10,35; sonst kommt er in Anfechtung und Gefahr.

Die Bibel spricht von v. auch im Sinne von „anvertrauen“: Ein Gut wird anvertraut Lk 16, 11; Röm 3,2, ein Amt Gal 2,7; 1Thess 2,4. Den Gläubigen ist das Evangelium anvertraut, damit sie es bewahren 1Tim 1,11; 6,20. Auch: sich jemandem zum Ehebund anvertrauen 5Mose 28, 30; Mt 1,18; Lk 1,27; 2,5 u. a.; in übertragenem Sinn (geistlicher Ehebund zw. Gott und seinem Volk) Jer 3,14; Hos 2,21; 2Kor 11,2. *Schn*

verwerfen, verwerflich. *1)* v., auch Verwerfung, bezeichnet zumeist den erwarteten, gerechten, endgültigen und harten Ratschluß des hl. Gottes gegen das ungehorsame, götzendienerische Israel 2Kö 17,20; Ps 78,59; Jer 7,29; 52,3, den hochfahrenden Saul 1Sam 15,23, den eigenmächtigen Verstand der Verständigen 1Kor 1,19, den Teufel und die große Stadt Babylon Offb 12,10; 18,21. Sorge und Gebet des Frommen sind es, nicht verworfen zu werden Ps 51,13; 66,20, im Alter nicht verlassen zu werden Ps 71,9, nicht selbst verwerflich zu sein 1Kor 9,27. Gott verspricht es, sein gehorsames Volk und seinen berufenen Knecht nicht zu v. 3Mose 26, 11; Jes 41,9. — *2)* Die Menschen ihrerseits v. den Herrn 4Mose 11,20, seine Zucht Spr 3,11, sein Wort, Jes 30,12, sein Gesetz Jer 6,19, den Eckstein Mt 21,42, des Menschen Sohn Mk 8,31, den Christennamen Lk 6,22, die Kreatur Gottes 1Tim 4,4. Hier ist gleichfalls eine endgültige, harte, wiewohl unbegründete und leichtfertige Stellungnahme gemeint. Sie fordert Gottes Verwerfung durch Preisgabe an irdisches Unglück und ewigen Zorn heraus. *Nag*

Verwüstung → Greuel.
verzehnten → Zehnte, → Münze.
Verzückung → Ekstase.

Vieh, Viehwirtschaft. *1)* Bei Luther ist V. oft ein Sammelwort, für Tiere überhaupt Ps 36,7; Jer 27,5 oder neben den Vögeln Jer 9,9, neben Vögeln und Fischen Zeph 1,3; 1Kor 15,39, neben Vögeln, Fischen und Gewürm 5Mose 4,17f.

2) Viehherden waren der Reichtum der Erzväter 1Mose 12,16; 30,43, wie denn das Wort V. ursprünglich Besitz überhaupt bezeichnet. Das Bundesbuch, diese alte Rechtsordnung 2Mose 21 bis 23, setzt vor allem V. als Besitz voraus. Auch nach der Landnahme und dem Übergang zum → Ackerbau lebte ein beträchtlicher Teil des Volks von der V., bes. im Ostjordanland 4Mose 32,1; Jer 50,19 (→ Basan), in der Ebene Saron 1Chr 27,29; Jes 33,9; 65,10 und im Negeb 1Sam 25,2. Zum Reichtum der Könige gehörten große Herden 1Chr 27,29ff; 2Chr 26,10. Von der Wertschätzung der V. zeugt Spr 27,23-27. Die Rechabiter (→ Jonadab 2) wollten an ihr festhalten. Allerdings erlaubte die für eigentliche V. wenig günstige Natur des Landes nur ein nomadisierendes Abweiden der Steppen, bis sie in der Trockenzeit verödet dalagen Joel 1,19; Jer 23,10, und bei ansässigen Bauern eine bescheidene Zucht von Haustieren.

3) Die Herden blieben unter freiem Himmel Dan 4,22; 5,21, nachts in Hürden, hinter Mäuerlein zum Schutz gegen wilde Tiere und Räuber 4Mose 32,24; Jes 13,20; Hes 34,14; Lk 2,8; Jo 10,1. Für die → Hirten wurden Wachttürme (Herdentürme) errichtet 1Mose 35,21; 2Chr 26, 10; Hunde halfen den Hirten Hiob 30,1; Jes 56, 10. Bauern brachten ihr V. gern in Ställen unter 2Chr 32,28; Ps 50,9; Hab 3,17, oft gewiß in Höhlen; doch haben Tiere gewiß häufig, wie noch heute, den Wohnraum mit der Familie geteilt 2Sam 12,3.

4) Zum → Kleinvieh gehörten das → Schaf und die noch genügsamere → Ziege, zum Großvieh vor allem das → Rind und bei den Wüstenstämmen das → Kamel, daneben der → Esel und in späterer Zeit das → Pferd und das → Maultier. Verboten war das Schwein; die Herden Mt 8,30; Lk 15,15 gehörten Fremden. Die → Taube war wohl schon früh ein Haustier, das → Huhn erst sehr viel später. Gans und Ente sind nirgends erwähnt. Das Fleisch wurde verwendet von Rind, Schaf, Ziege und Geflügel, bes. von jungen und gemästeten Tieren. Milch hatte man im Frühjahr im Überfluß, vom Schaf, der Ziege, dem Kamel und der Kuh, während sie in der Trockenzeit sehr knapp wurde. Von diesen vier Tieren wurde auch das Fell verwendet, vom Schaf, der Ziege und dem Kamel auch die Behaarung. Rinder und Esel dienten als Zugtiere, Esel, Kamel, Pferd und Maultier als Trag- und Reittiere. Für den Geist des AT ist bezeichnend die Forderung einer freundlichen Behandlung des V.s 2Mose 20,10; 5Mose 22,10; 25,4; Spr 12,10; Sir 7,24. *Schl*

Vierfürst, griech. Tetrarch, bezeichnete ursprünglich den Herrscher eines in vier Teile zerschlagenen Landes, dann in der Diadochenzeit den Fürsten kleinerer Gebiete, wie es in Syrien manche gab. Auch die Römer verliehen diesen Titel kleinen Fürsten, für die der Königstitel zu hoch schien. Im NT heißen V.en die beiden Söhne des Herodes d. Gr., die je ein Viertel seines Reiches bekamen, → Herodes Antipas, der Herr von Galiläa und Peräa Lk 3,1.19; 9,7; Apg 13,1, und → Philippus, der Herr der östlichen Landschaften Trachonitis, Batanäa und Auranitis Lk 3,1, außerdem Lysanias von Abilene Lk 3,1. Daß Antipas Mt 14,9; Mk 6,14ff König genannt wird, entspricht dem volkstümlichen Sprachgebrauch. *Schl*

Vision. *1)* Die → Propheten beriefen sich zum Erweis dafür, daß ihre Botschaft nicht eigene Erfindung, sondern von Gott ihnen aufgetragen sei, oft auf Gesichte, in denen bedeutsame, auf das Handeln Gottes hinweisende Bilder vor ihre Augen traten. So sah Amos Heuschrecken, die die Mahd abfraßen, ein großes Feuer, den Herrn mit einem Bleilot, einen Korb mit reifem Obst 7,1-9; 8,1-3. So sah Jeremia einen blühenden Mandelzweig, einen siedenden Kochkessel 1,11-14. Deutlich visionärer Art ist das Erleben, durch das Jesaja 6,1-7, Jeremia 1,9f und Hesekiel 2,8-3,3 zu Propheten berufen wurden. An diesen Erlebnissen sind die Propheten mit einem Sehen und Hören, einem Schmecken und Fühlen beteiligt. Immer betonen sie, daß Gott der Urheber ist, zB Am 7,1.4.7; Jer 1,11ff; freilich gibt es auch „Propheten", die Schauungen des eigenen Herzens verkünden und nicht, was sie „aus Gottes Mund" hören Jer 23,16. Doch kann das Wort „schauen" überhaupt von dem Empfang prophetischer Erkenntnisse gebraucht werden Jes 2,1; 13,1; Am 1,1; Mich 1,1, so daß keine scharfe Grenze gezogen werden kann zw. einer V. und einer Erleuchtung, die dem Propheten den Willen Gottes kundtut. Ganz allgemein waren die Propheten gewiß, Gottes Wort zu sehen und zu hören Jer 23,18, seine Geheimnisse zu erfahren Am 3,7. Auch bei Abraham und Jakob wird von einem Gesicht gesprochen 1Mose 15,1; 46,2.

2) Im NT werden V.en im eigentlichen Sinn von dem sterbenden Stephanus und von Petrus berichtet Apg 7,55; 10,11-16. Ähnliche Erlebnisse hatte auch Paulus Apg 16,9; 18,9f; 22,17ff; vgl. 2Kor 12,2ff. Vor allem ruht auf einer Reihe von V.en die Offb des Johannes, 1,10; 4,1f u. ö. Dagegen wollen die Erscheinungen des Auferstandenen nach den Berichten der Evangelien und der Aussage des Paulus nicht als visionäre Erlebnisse verstanden sein. → Ekstase, → Traum. *Schl*

Vögel. *1)* Von den beiden hebr. Worten, die Luther mit V. wiedergab, bezeichnet das eine ('ōph) alle geflügelten Tiere, so auch die → Fledermaus 3Mose 11,18, die → Heuschrecke 3Mose 11,20ff und die → Biene Sir 11,3, das andere (zippōr) meist nur die kleineren V.' Palästina hat eine reiche Vogelwelt, zumal da große Schwärme von Zugvögeln auf dem Weg zum Winterquartier in Afrika über das Land ziehen.

2) Auch bei den V.n werden reine und unreine unterschieden. Unrein sind die Fleisch- und Aasfresser, bes. die Raub- und Sumpfvögel, andere vielleicht im Zusammenhang mit heidnischem Aberglauben (→ Speisegebote). Rein waren die → Tauben, die allein unter den V.n geopfert werden durften 1Mose 15,9; 3Mose 5,7, die → Wachteln 2Mose 16,12, die Rebhuhnarten, die Sperlinge Mt 10,29. Häufig werden die aasfressenden V. erwähnt, denen ein Verfluchter und Nichtbestatteter verfällt 1Mose 40,19; 1Sam 17,44; Jer 15,3; Hes 39,17; Offb 19,17f, die unreinen und verhaßten V. Offb 18,2.

3) Aus manchem Wort der HS spricht die Freude am Treiben der V., am Bau des Nestes, in dem sie Junge hecken Ps 84,4; Hes 17,23; Mt 13,32, an ihrer Fürsorge für die Jungen 5Mose 32,11; Mt 23,37, an ihrem Singen Ps 104,12; Weish 17,19, an ihrem gewandten Flug Spr 26,2. Es wird geschildert, wie V. verscheucht werden Jes 16,2; Sir 22,25, wie ein Vogelnest geplündert wird Jes 10,14 — dabei sollte man den alten Vogel fliegen lassen 5Mose 22,6f. Vom Fang der V. wird oft gesprochen: mit Schlingen Ps 124,7; Spr 27,23; Pred 9,12; Am 3,5 und Netzen Spr 1,17; Hos 5,1; 7,12, auch mit Körben, deren Deckel herunterfiel Jer 5,26f, durch Hetzen Klgl 3,52 und mit Lockvögeln Sir 11,31. Man hatte gefangene V. im Haus Hiob 40,29; Jak 3,7, auch fremde V. 1Kö 10,22; Bar 3,17. Natürlich war alle kultische Verwendung eines Vogelbildes 5Mose 4,17 und aller Aberglaube, der aus dem Vogelruf Orakel entnehmen will 3Mose 19,26; 2Kö 21,6, verboten.

4) Im Vergleich wird der Vogel zum Bild für den gefährdeten Menschen Ps 11,1; 124,7; Spr 6,5, für den Einsamen Ps 102,8, für die Verjagten Jes 16,2. Jesus hat in seiner Unterweisung gern auf die V. hingewiesen Mt 6,26; 8,20; 10,29; 13,32; 23,27. Gottes Geist wird mit einem Vogel 1Mose 1,2 u. Mt 3,16 verglichen. *Schl*

Völkertafel. Das Verständnis der V. in 1Mose 10 ist schon dadurch erschwert, daß zwei aus verschiedenen Zeiten stammende Traditionen ineinandergeschoben wurden, die man herkömmlich der → Priesterschrift (a) und dem → Jahwisten (b) zuteilt.

a) V. 1 Überschrift. V. 2-4 Söhne Japhets, V. 5 Zusammenfassung. V. 6f Söhne Hams, V. 20 Zusammenfassung. V. 22f Söhne Sems, V. 31 Zusammenfassung. V. 32 Schlußsatz.

Unter Japhet ist die bunte Völkerwelt nördlich von Palästina, die kleinasiatische, die Inselwelt des Mittelmeers, ja selbst Spanien — → Tarsis genannt — zu verstehen, während die Söhne Hams die Völker Nordafrikas und die einst von Ägypten abhängigen, in Palästina wohnenden Kanaanäer umfassen. Bei den Söhnen Sems handelt es sich um die Bewohner des Euphrat-Tigris-Landes.

b) Diese mehr erzählende Darstellung beschreibt die Söhne Hams: Kusch = obere Nilländer, Mizraim = Ägypten und Kanaan V. 9 bis 19. Auffallenderweise gelten jetzt die Bewohner des Zweistromlands als Abkömmlinge von Kusch V. 8-12, zu Mizraim gehören die Kaphtoriter = Kreta und die in Palästina wohnenden Philister V. 13 f, während die weitere nicht-isr. Völkerwelt Syriens zu Kanaan gerechnet wird V. 15-19. Bei den Nachkommen Sems handelt es sich um die Bewohner der arabischen Halbinsel V. 21. 24-30. Die Tradition über Japhet ist beim Jahwisten verlorengegangen.

Die Liste (b) ist zweifellos die ältere. Man beschäftigt sich eindringlich mit der Syrien bewohnenden kanaanäischen Bevölkerung, die zT in das Reich Davids eingegliedert wurde. Aus der Zeit dieses Königs dürfte auch diese Überlieferung stammen. Das geographische Weltbild der späteren Liste (a) dagegen ist weiträumiger. Man hat erstaunliche Kenntnis über die vielschichtige Völkerwelt des Mittelmeergebiets. Israel, das zu Sem gehört 11,10ff, weiß sich verwandt mit den Assyrern und Aramäern, während die Kanaanäer Palästinas nur noch mit einem Namen als schon mehr der Vergangenheit angehörend genannt werden. Die Liste (a) dürfte noch aus vorexilischer Zeit stammen, da auf die Neuordnung der vorderasiatischen Welt durch die Perser nicht hingewiesen ist.

Diese beiden für jene Zeit erstaunlichen geographischen Weltbilder, die natürlich nicht mehr unseren Kenntnissen über die geographischen, ethnologischen und historischen Gegebenheiten entsprechen, lassen die Völker in jeweils einer sie vertretenden Person an uns vorüberziehen. Diese Personen wiederum stammen von dem durch Gott geschaffenen Menschen ab. Damit soll die Einheit des Menschengeschlechts betont und auf die Erfüllung jenes „füllet die Erde" hingewiesen werden 1Mose 1,28. Die damit aufbrechende Frage nach dem Glauben dieser Völker an den einen Schöpfergott, der der Gott Israels war, hat in der Bibel immer wieder eine Antwort gefunden 1Mose 12,3; Jes 2,3; Mt 28,19; Apg 2,9 ff. *Peu*

Vogelgeschrei → Wahrsager.

Vogt. So heißen bei Luther die Fronvögte in Ägypten 2Mose 5,6 ff, in Israel die Verwalter bestimmter Landesteile 1Kö 16,9; 20,14; 1Makk 10,30; 11,57, Beamte feindlicher Besatzung Jes 33,18 und in Babylonien Dan 2,15; 3,2 f. → Amtmann. In der Apg heißen Sergius Paulus 13,7 ff und Gallio 18,12 Landvögte, → Statthalter, → Landpfleger. *Schl*

Volk. Die Bevölkerung eines gemeinsamen Lebensraumes, sei es der gesamten Erde 1Mose 11,6, von Reichen Jes 43,9; Ps 2,1, eines Stammes Ri 5,18; 2Sam 19,41, einer Stadt Rt 4,9, kann als V. bezeichnet werden. Neben der blutsmäßigen Zusammengehörigkeit der Menschen sind für den Begriff „V." die Umstände des oft besonderen geschichtlichen Zusammenlebens konstitutiv: Arme Jer 39,10, Festungsbesatzung Jes 36,11, die Vollbürger 2Kö 11,14, Fremdbevölkerung Esra 10,2. Davon hebt sich in eigenartiger Weise Israel ab, das zum V. Gottes durch die Erwählung 1Mose 12,2 und den Bund mit Gott wurde 2Mose 19,6; 5Mose 27,9. Zu dem NTlichen Gottesvolk gehören ohne Rücksicht auf Herkunft und Lebensraum alle Menschen, die in Christus Gottes Eigentum geworden sind Apg 10,35; Tit 2,14; 1Petr 2,9 f; Offb 7,9; 21,3. *Kn*

Volkspoesie → Dichtkunst.

Volkszählung. Im AT wird eine V. beschrieben, die zum Zweck der militärischen Aushebung und Steuerveranlagung vorgenommen wurde 2Sam 24, 1-9. Davids Oberbefehlshaber des Volksheerbanns → Joab bereiste in fast zehn Monaten mit einem Stab von Offizieren das Ostjordanland vom Süden nach dem Norden und das Westjordanland vom Norden nach dem Süden. Als Ergebnis werden nur die Zahlen der kriegsfähigen Männer, die sich selbst ausrüsten, angegeben. Solche V.en waren, wie 24,10ff deutlich macht, in Israel unbeliebt; selbst Joab hatte Bedenken. Man sah darin ein Mittel zur Machtentfaltung des Königs, der den Stämmen vorgriff. Salomo dürfte das Ergebnis der V. später für die Neuordnung Israels ausgewertet haben, wobei nur noch einige Stämme als Einheit erhalten blieben 1Kö 4,7 ff.

Man hat natürlich auch zu anderen Zeiten V.en vorgenommen, die von den unteren Einheiten des Volkskörpers ausgingen. Wo noch nomadische Verhältnisse vorhanden waren, ging man von der Besatzung eines Zeltes aus 2Mose 16,16. Anders wieder verlief der Zählungsvorgang nach den Listen 4Mose 1; 2; 26: Man registrierte die Namen der Männer von 20 Jahren an nach Vaterhäusern = Familien, Sippen = Familienverbänden und Stämmen. Doch hat die Ausweitung der Stadtkultur in Palästina noch einen anderen Zählungsvorgang erforderlich gemacht, der uns in den späten, aber doch vorexilische Verhältnisse widerspiegelnden Listen Esra 2; Neh 7 entgegentritt: Dort erscheinen neben den Familienverbänden „... die Söhne des N...." auch Ortsverbände „... die Männer von X...." Jedenfalls waren bei diesen Zählungsvorgängen die Familien-, Sippen- und Stadthäupter die Zähler und nicht der König, der auf Grund der ihm gebotenen Zahlen bei der militärischen Aushebung und Steuererfassung von den unteren Einheiten abhängig war. Auf Bürgerlisten von Jerusalem und Gesamtregister über Israel weisen Prophetensprüche hin Jes 4,3; Hes 13,9, während in Neh 7,5 von Familien- und Sippenregistern die Rede ist. *Peu*

vollkommen, Vollkommenheit. *1)* Gott ist in sich selbst v. Mt 5,48, v. in seinem Erkennen Hiob 37,16, in seinem Wollen Röm 12,2, in seinem Handeln Sir 18,3; Röm 11,33. In der innigen Verbundenheit mit dem Vater Jo 1,14 hat auch der Sohn an dieser V. teil, von Ewigkeit her Phil 2,6, darum auch jetzt Kol 2,9; Hebr 7,28. Als Mensch durch ein Wachstum hindurchgegangen Lk 2,52, ist er gerade im Leiden v. geworden Hebr 2,10; 4,15 und hat er in dem v.en Heiligtum 9,11 den vollendeten Priesterdienst getan 7,11; 9,14. — *2)* Was von Gott herkommt, ist alles v. Jak 1,17: so sein Gesetz Ps 19,8 ff; Röm 7,12, die Freude, die Jesus schenkt Jo 15,11; 16,24, der in der Tat bewährte Glaube Jak 2,22, die im Gehorsam betätigte Liebe zu Gott 1Jo 2,5, die Liebe untereinander Kol 3,14; so hatte schon die Bildrede Hes 16,14 Gottes Gabe an die alte Bundesgemeinde als v. gerühmt. — *3)* Darum ist V. Norm und Ziel auch für die Gotteskinder, die Christus in des Vaters Art hineinführt Mt 5,48. Unter Menschen kann von V. nur vergleichsweise und nur annäherungsweise gesprochen werden; so bei Israel gegenüber den Heiden Jes 42,19, bei geförderten Christen gegenüber Anfängern 1Kor 2,6; Phil 3,15; Hebr 5,14. Bei uns allen findet sich ein Zurückbleiben und Schuld Jak 2,10; 3,2; 1Jo 1,8. Wohl aber schafft Gottes Geist in denen, die sich seinem Wort, seiner Liebe öffnen und in ihm ihr Leben haben, ein neues Leben nach Gottes Art 1Jo 2,5. Sie sind noch nicht am Ziel, aber, weil von Christus ergriffen, im Lauf auf das Ziel hin Phil 3,12, lassen sich von Gottes Wort erziehen 2Tim 3,17, leben in rechter Verbundenheit mit Gott und den Brüdern Jo 17,23; 2Kor 13,9.11, wachsen darum im Verständnis 1Kor 14,20 und in opferwilliger, echter Liebe Mt 19,21; Kol 3,14 und wachsen in die Fülle des Christus hinein Eph 4,13, das alles nicht aus eigener Kraft, sondern aus der schenkenden, in uns wirksamen Gnade heraus Eph 2,8-10; Phil 1,10 f; 2,13, bis einmal alles Stückwerk vergeht und am Ziel das Vollkommensein geschenkt wird 1Kor 13,10. *Schl*

Vollmacht → Macht.

Vorbild. *1)* Grundriß, Modell: das Bild von der Stiftshütte 2Mose 25,9 (Apg 7,44), Davids Modell des Tempels für Salomo 1Chr 28,11 f, der Priesterdienst des AT als Schattenbild für den vollkommenen Dienst Jesu Hebr 8,5. — *2)* Im geistlichen Sinn: *a)* das persönliche V., das uns von Jesus in seinem Leiden gegeben ist 1Petr 2,21; zum V. für die Rettung wird der von Jesus begnadigte Sünder 1Tim 1,16, zum V. für die Nachfolge die in ihr Stehenden Phil 3,17; 1Thess 1,7; 2Thess 3,9, was von den Dienern in der Gemeinde bes. gilt 1Tim 4,12; Tit 2,7; 1Petr 5,3; *b)* das Muster der Lehre und des Lebens Röm 6,17; 2Tim 1,13; 1Kor 10,6.11. *Pfi*

Vorboten des Messias. Auf Grund von Mal 3,1.23 f glaubte das Judentum zur Zeit Jesu, daß der Prophet Elia wiederkommen werde als Wegbereiter Gottes. Elia sammelt und erlöst Israel und stellt es wieder her. Man nahm auch an, Elia werde der Wegbereiter des Messias sein; er werde die Reinheit der isr. Familien und die Einheit und Reinheit der Lehre in Israel wiederherstellen. Er werde das Volk zur Buße leiten und so seine innere Verfassung und den Frieden im Volke wiederherstellen. Er werde auch einige der hl. Geräte aus dem zerstörten Tempel Salomos wieder beibringen. Auf diese Erwartung wird in Mt 17,10 u. Jo 1,21 Bezug genommen. — Aus Mt 16,14 ergibt sich, daß bei den Juden auch die Erwartung lebendig war, daß vor dem Kommen des Messias Jeremia wiederkommen werde. Dieselbe Stelle spricht allgemein von „einem der Propheten", dessen Kommen man erwartete. Belegt ist auch die Erwartung von Henoch, Baruch und Esra als V.d.M. — In den Schriften der Gemeinde von Qumran ist allg. die Erwartung ausgesprochen, daß vor der Endzeit und vor dem Auftreten der zwei Messiasse ein „Prophet" kommen werde, vgl. Jo 1,21. *Bie*

Vorhang. Mt 27,51 u. Mk 15,38 wird berichtet, daß in dem Augenblick, in dem Jesus seinen Geist aufgab, „der V. des Tempels zerriß". Welcher V. gemeint ist, ob der an der Eingangstür zum Heiligen 2Mose 26,36 oder der zw. Heiligem und Allerheiligstem 26,31-35, ist nach Mt und Mk nicht zu entscheiden. Hebr 9,3 ist vom „zweiten V." die Rede, so daß wohl der Teppich vor dem innersten Raum gemeint ist. Der V. vor dem Allerheiligsten (parochet) bestand aus blauem und rotem Purpur, karmesinfarbenem Garn und gezwirntem Byssus, mit eingewirkten Cheruben 2Mose 26,31 ff. Im salomonischen Tempel hatte man statt des Teppichs eine Wand aus Zedernholz angebracht; im herodianischen jedoch war es wieder ein Teppich, und zwar ein Doppelvorhang 1Makk 1,23; 4,51. Zu dem Bericht des Mt und Mk gibt Hebr 6,19; 10,20 die Anwendung: Jesus, der Hohepriester, ist als der „Vorläufer" ins „Inwendige des V.s" gegangen und hat Bahn gebrochen, indem er auf Golgatha durch sein Fleisch hindurch einen neuen und lebendigen Weg schuf, der uns den „Eingang ins Heiligtum" ermöglicht, und zwar mit seinem Blut. Der V. ist also Bild für die Kluft zw. Gott und Gottes Volk. Indem der Blut und Fleisch Gewordene (Hebr 2,14) am Kreuz Blut und Fleisch ablegte, haben wir im Christus den Zugang „bis zu" Gott. *Luck*

Vorhaut → Beschneidung.
Vorhof → Tempel, → Stiftshütte.
Vorsabbat → Rüsttag.

Vorsehung. Es gehört zur Freude des Glaubenden, daß der Grund seines Heils nicht irgendein eigener Entschluß ist, sondern die ewige Liebe Gottes in Christus Jesus, mit der er uns berufen hat Röm 8,28; Eph 1,11; 3,11; 2Tim 1,9; 1Petr 1,2. Dieser Wille Gottes geht in die Ewigkeit zurück Eph 3,11, ist in seiner Entschließung frei Röm 9,11 und gestaltet das geschichtliche Geschehen Apg 2,23; 17,26. → Gott, → Erwählung. *Schl*

Vulgata → Bibel 6).

W

Waage. Da die alte Zeit kein geprägtes, mit anerkanntem Wert umlaufendes → Geld kannte, mußten bei einem Kauf die Zahlungsmittel, etwa Silberbarren, gewogen werden 1Mose 23,16; Jes 46,6; Jer 32,10; der Kaufmann brachte die W. mit, deren Gewichtsteine er im Gürtel verwahrte 5Mose 25,13; Spr 16,11; Mich 6,11; es waren Handwaagen mit zwei Waagschalen. Eine W. wurde bes. auch für Gewürze und Wohlgerüche gebraucht 2Mose 30,24; Jo 12,3; 19,39. In übertragenem Sinn wird das Leiden gewogen Hiob 6,2; 2Kor 4,17, während die Berge niemand wägen kann Jes 40,12. Gott fordert Ehrlichkeit im Wägen 3Mose 19,36; Hes 45,10; Spr 16,11; Sir 42,4 und haßt die offenbar häufige Unredlichkeit Hos 12,8; Am 8,5; Mich 6,11; Spr 11,1; 20,23. → Gewichte, → Maße. *Schl*

Wache → Nachtwache.

Wacholder. Das Wort, das Luther zweimal mit W. und Hiob 30,4 richtig mit Ginster übersetzte, bezeichnet den ginsterartigen Retem-Strauch, der mit seinen 2-3 m hohen, grünen, fast blattlosen Zweigen ein wenig Schatten gibt 1Kö 19,4, im Frühling mit seinen weißen, purpurgestreiften Blüten alle Steppen schmückt und aus seinen Wurzeln eine Holzkohle liefert, die die Glut lange hält Ps 120,4 (vielleicht ist daran auch Hiob 30,4 gedacht). *Schl*

wachsen. *1)* Im natürlichen Sinn von Pflanzen 1Mose 2,5; Jes 5,6; 44,4; Lk 12,18; 13,19, von steigenden Fluten 1Mose 7,17, von Menschen Lk 1,80; 2,40 (vgl. Hes 37,6.8; Dan 4,30), vom Volk 1Mose 24,60; 48,4; 49,22; Apg 7,17, darum auch von der Gemeinde Eph 2,21; 4,16; Kol 2,19. — *2)* Übertragen gebraucht vom Wort Gottes Apg 12,24, von der Gerechtigkeit Jes 45,8, von der Besserung 58,8, vom Glauben 2Thess. 1,3, von der Erkenntnis Gottes Kol 1, 11; 2Petr 3,18, in allen Stücken Eph 4,15, aber auch vom Unrecht Esra 9,6. Mit Jo 3,30 bekannte sich der Täufer dazu, daß Jesus anerkannt wird und er selbst zurücktritt. *Schl*

Wachtel. Der etwas schwerfällige Zugvogel kommt im März vom Flug über das Rote Meer oft so erschöpft auf der Sinai-Halbinsel an, daß er leicht, sogar mit der bloßen Hand, gefangen werden kann. So wurde er für Israel begehrte Speise 2Mose 16,3; 4Mose 11,31f; Ps 105,40; 78,27; Weish. 16,2; 19,12. *Schl*

Wachtor → Jerusalem II, 6).

Waffen. Das ursprünglich allein aus Fußvolk bestehende Heer zerfiel in Leicht- und Schwerbewaffnete: jene waren mit Schleuder oder Bogen und einem kleinen Schild, diese mit Schwert, Lanze und einem größeren Schild ausgerüstet. Helm und Panzer wurden wie Kriegswagen im isr. Heer erst in der Zeit nach David verwendet.

Schutzwaffen. Beim *Schild* sind zwei Arten zu unterscheiden, der altkanaanäische normale Rundschild (magen) und der große Schild (ṣinna), der wie bei den Assyrern gewölbt, oben abgerundet und unten gerade abgeschnitten war. Der Schild war gewöhnlich aus Holz Hes 39,9 und mit Leder überzogen, seltener aus Erz 1Kö 14,27 und nur beim Prunkschild vergoldet 1Kö 10,16f; 2Sam 8,7. Man rieb ihn mit Öl ein, um ihn vor Nässe zu schützen und glänzend zu machen 2Sam 1,21; Jes 21,5. Beim Marsch ließ man ihn an der Schulter hängen; vor der Schlacht band man ihn mit einem Riemen an den linken Arm. Vornehme Krieger hatten jedoch in der Schlacht einen W.träger, der ihnen den schweren Schild zu tragen und seinen Herrn im Kampf damit zu decken hatte Ri 9,54; 1Sam 14,1ff; 16,21; 31, 4ff. — Der *Helm* war ursprünglich eine Lederkappe, später jedoch auch aus Erz hergestellt. Im AT begegnet der Helm zunächst als Rüstungsstück fremder Krieger 1Sam 17,5; Jer 46, 4; Hes 23,24. König Usia führte ihn in großem Maß in das judäische Heer ein 2Chr 26,14. Wir haben ihn uns als Spitzhelm mit Ohrenbedeckung zu denken. — Der → *Panzer* war ursprünglich ein Lederkoller, das später durch metallene Bänder oder Schuppen verstärkt wurde. Der Metallpanzer dürfte selten gewesen sein 1Sam 17,5; 1Kö 22,34. Ursprünglich nur durch vornehme Krieger verwendet, führte wiederum Usia Panzer als Rüstung seines Heeres ein. — *Beinschienen* besaßen von den altorientalischen Heeren nur die Philister, die sie aus dem griech. Raum mitgenommen haben 1Sam 17,6. Soldatenstiefel kennen wir bei den Assyrern Jes 9,4 (Luther: Rüstung). Die isr. Krieger scheinen wie die anderen gewöhnlich Sandalen getragen zu haben 1Kö 2,5; Jes 5,27.

Angriffswaffen. Das *Schwert,* das gewöhnlich im Stoß verwendet wurde, war aus Erz, später aus Eisen, flach 1Sam 31,4f oder krumm und öfters zweischneidig Ri 3,16; Spr 5,4; Hebr 4, 12. Es wurde in einer Scheide 1Sam 17,51; 2Sam 20,8; Jer 47,6 an der linken Seite getragen, falls man nicht linkshändig war wie Ehud Ri 3, 16.21. — Die längere *Stoßlanze* besteht aus einem hölzernen Schaft 1Sam 17,7; 2Sam 21,19 und einer 20-30 cm langen Spitze aus Stein, Bronze oder Eisen 1Sam 13,19; 17,7; Jes 2,4 und wurde von vornehmen 1Sam 21,9; 1Chr 12,8.24 wie von gemeinen Kriegern gleichmäßig benutzt 1Sam 13,19.22. Kürzer und leichter ist der *Wurfspeer* 1Sam 18,10f; Hiob 39,23 (Luther übersetzt öfters mit Schild 1Sam 17,6), → Lanze. — Der → *Bogen* war aus Holz angefertigt und mit einer Hornschicht und Sehnen verstärkt. Ob es Bogen aus Erz gegeben hat Ps 18,35; Hiob 20,24; 2Sam 22,35, ist immer noch zweifelhaft. Der Pfeilschaft war aus leichtem Holz oder Rohr, die Spitze aus Knochen, Feuerstein, Bronze oder Eisen. Die Spitzen hatten bisweilen gezähnte Schneiden und scharfe Widerhaken und waren mitunter vergiftet Ps 120,4; Hiob 6,4, → Pfeil. Der Köcher wurde um den Hals auf dem Rücken getragen 1Mose 27,3; Hiob 39,23; Ps 127,5; Jes 49,2. Man spannte den Bogen entweder in der Hand 2Kö 13,16 oder stemmte ihn mit dem Fuß auf den Boden; deswegen heißt das Wort für „spannen" eigentlich „treten". Im Belagerungskrieg wurden die Spitzen mit Pech und Werg umwickelt und brennend in die feindliche Stadt geschossen Ps 7,14; Spr 26,18; Eph 6,16, → Pfeil. Später gab es Kriegsmaschinen („kunstvolle Geschütze"), die von den Türmen und Ecken der Mauern aus mit Pfeilen und Steinen schossen 2Chr 26,15 oder auch gegen die Mauern gerichtet wurden 1Makk 6,51.52, → Festung. — Die *Schleuder,* wie sie der Hirte führte 1Sam 17,40, fand auch als Waffe des leichten Fußvolks Verwendung. Sie bestand aus einem Geflecht von Wolle oder einem Lederstreifen, in der Mitte eine hohle Kappe (Schleuderpfanne) 1Sam 25,29. Der Schleuderer nahm die beiden Enden in die Hand und legte auf die Pfanne das Geschoß, etwa einen glatten Stein, schwang die Schleuder ein paarmal um den Kopf, ließ das eine Ende los, und haarscharf traf der Wurf 1Sam 17,49. Die linkshändigen Benjaminiter waren als Schleuderer berühmt Ri 20,16. — Die älteste Waffe, die *Keule,* ist Hiob 41,21 erwähnt. Der Kopf kann eisern, aus Bronze oder Blei und (primitiver) steinern sein. Als Zepter ist sie Symbol des Gebieters Ri 5,14; Ps 2,9; 110,2; Am 1,5. 8. — Die *Streitaxt* begegnet Jer 46,22; Ps 74,5, der *Streithammer* Jer 50,23; 51,20 und Spr 25, 18 (Luther: Spieß).

Die W. der römischen Besatzungsmacht in NTlicher Zeit waren: als Schutzw.: Helm Eph 6,17; 1Thess 5,8, Panzer Offb 9,9.17; Eph 6, 14; 1Thess 5,8, Beinschienen, der Langschild Eph 6,16; als Angriffsw.: Lanze Jo 19,34 (Luther: Speer), Schwert Mt 26,47 u.ö. Eph 6,11-17 beschreibt Paulus die geistliche W.rüstung des Christen. Um den Kampf mit den satanischen Mächten bestehen zu können, ist es nötig, den Panzer der Gerechtigkeit anzuziehen und die Lenden mit Wahrheit zu gürten: die ihm durch Gott verliehene Gerechtigkeit macht den Christen unverletzbar und das durch den Gürtel aufgeschürzte Kleid zur Arbeit und zum Kampf fähig. Der Schild des Glaubens ist nötig, um die Brandpfeile des Bösewichts auszulöschen und unschädlich zu machen: der Herz und Sinnen erfüllende Glaube ist die beste Abwehr der bösen Regungen. Der Helm des Heils (vgl. Jes 59, 17) ist die Gewißheit, Christus als Retter zu haben; das Schwert des Geistes befähigt zur Überwindung der schlimmsten Feinde des göttlichen Wortes. *v. d. W.*

Wagen, Wagenrad. Die ältesten W. waren primitive, auf einem als Achse dienenden Querholz ruhende Kasten mit nichtdurchbrochenen Scheiben als Rädern. Später wurden Speichen üblich; die Räder waren öfters wegen der größeren Bequemlichkeit beim Fahren möglichst weit hinten angebracht. Das Joch der Zugtiere wurde an einen Querbalken vorn an der Deichsel angelegt. Zum Reisen wurde der W. wenig verwendet, da gepflegte Fahrstraßen fehlten; die alten Bildwerke zeigen fast nur Personen, die auf dem W. stehen. Ausnahmsweise fanden sich zum Sitzen eingerichtete W. 1Mose 45,19. 27; Apg 8,28. Zwei Arten von W. sind zu unterscheiden: der schwerer gebaute Lastwagen (hebr. 'agalah) und der leichter und schöner konstruierte Luxus- oder Kriegswagen (hebr. rekeb). Auf einem Lastwagen wurde die Bundeslade aus dem Philisterland nach Beth-Schemesch zurückbefördert 1Sam 6,7ff und durch David vom Hause Abinadabs nach Jerusalem gebracht 2Sam 6,3. Solche W. wurden von Rindern gezogen 1Sam 6,10 und konnten zum Transport von Frauen und Kindern benutzt werden 1Mose 45, 19. Häufiger waren im alten Orient die Luxus- und bes. die Kriegswagen, → Krieg. Auf solch einem W. ließ der Pharao Joseph durch Ägypten fahren 1Mose 41,43 und fuhr dieser seinem Vater Jakob entgegen 1Mose 46,29. Mit Pferden bespannte Kriegswagen setzten dem ausgezogenen Israel nach 2Mose 14,6; 15,4. 19. In der vorköniglichen Zeit benutzten die Israeliten im Kampf diese Kriegswagen nicht; erst Salomo führte sie in größerer Menge ein. → Krieg. Die Mannschaft solcher W. bestand in der Regel aus dem Kämpfer und einem W.-lenker (1Kö 22,34), denen ein dritter als Adjutant, zB als Schildhalter zugefügt werden konnte. Solche W. wurden auch bei der Jagd benutzt. → Tafel 47. *v. d. W.*

Wagenstädte. Bei der Neugestaltung der Landesverteidigung führte Salomo als erster Kriegswagen und Pferde in großer Zahl in Israel ein 1Kö 10,28.29. Er lagerte sie in Garnisonstädte 1Kö 9,19; 10,26; 2Chron 8,6; 9,25, über deren Pferdeställe wir durch Ausgrabungen in Megiddo gut unterrichtet sind. Die in diesen W.n gelagerten Wagen werden 1Kö 10,26 insgesamt auf 1400 beziffert. Es bleibt sehr unsicher, ob Beth-Markaboth (Wagenhaus) und Hazar Susim (Roßhof) Jos 19,5; 1Chr 4,31 als solche W. zu betrachten sind. → Krieg, → Stall. *v. d. W.*

Wahrheit, wahr, wahrhaftig (wg.).
I. W. im AT. 1) Die W. Gottes. 2) Das Leben in der W. — II. W. im NT. 1) Jesus Christus die W. 2) Aus der W. sein.

Die HS verkündigt nicht allerlei W.en, die sich dem urteilsfähigen Menschen in der Art seines sonstigen Wissens als richtig erweisen. Ihr liegt überall an der *einen* W., die sich uns als die allein tragfähige, gültige, verbindliche Grundlage unseres ganzen Seins anbietet und deren Annahme über unser Leben entscheidet. Sie stützt sich dabei nicht auf andere Autoritäten als auf diese W. selbst, die ihre Überzeugungskraft in sich trägt und an dem ihr aufgeschlossenen Menschen erweist. Nicht ihre, auch in der HS wechselnde, lehrhafte Form und Ausdrucksweise, sondern sie selbst als übermächtige Wirklichkeit ist *die* W.

I. W. im AT. 1) Die W. Gottes. Luther schwankt bei der Übersetzung des zugrunde liegenden hebr. Wortes *'emet* zw. W. und → Treue; die Zürcher Bibel zB, auch der rev. Text 1964 bevorzugt „Treue" weithin. Andererseits urteilt G. Quell (in Kittels Theol. WB zum NT, Bd. I, S. 223, Anm. 3): „Die Übersetzung ‚Treue' empfiehlt sich nirgends." Man wird jedenfalls W. überall mithören müssen, weil das Objektive, das unumstößlich Feststehende darin ausgesprochen ist. Daß die W. Gottes ganz persönlich gemeint ist, zeigt die häufige Verknüpfung von W. und → Gnade Ps 100,5; 117,2 oder → Güte Ps 36,6; 57,11. Auf der anderen Seite gehört W. mit → Gerechtigkeit zusammen, wo von Gottes unanfechtbarem, richterlichem Tun die Rede ist Ps 96,13. In allem ist die W. als taghelle Wirklichkeit wie das einbrechende Licht Anzeichen der Gegenwart Gottes, die das Unklare verzehrt Ps 43,3. Denn Gott ist W.

2) Das Leben in der W. Deshalb ist Gottes Wort dem, der sich ihm aufschließt, W. 2Sam 7,28; Ps 33,4; 119,89f, auch im Mund seiner Boten 1Kö 17,24. Sein Gebot Ps 19,10; 119,86. 160; Röm 2,20 und sein Tun Ps 111,7 enthüllt sich als das Rechte dem, der seinen Weg einhält im Gehorsam Ps 119,30.

Die W. Gottes teilt sich als *Wahrhaftigkeit* dem mit, der in ihr als in seinem Lebensgrund sich bewegt Ps 26,3; 86,11; 1Kö 3,6; 2Chr 31, 20; Spr 12,17.19. Das bedeutet eine innere Umkehr des Menschen, der auf die Lüge verzichten lernt, die das Leben vergiftet Jer 9,1ff, und in der W. allein frei atmen kann, die auch das Verborgene ins Licht zieht Ps 51,8. Von daher ist dem AT die W. im Rechtsverfahren ein großes Anliegen, → Zeuge.

II. W. im NT. 1) Jesus Christus die W. „Ich bin die W." Jo 14,6 — mit diesem seine ganze Sendung umgreifenden Wort sagt Jesus, daß die W. Gottes in ihm sich als Wirklichkeit voll erschließt Jo 1,9; 18,37; 1Jo 2,8; Kol 2,9; Eph 4,21. „Voller Gnade und W." verbindet wohl ausdrücklich die → Offenbarung Gottes in beiden Testamenten Jo 1,14, in V. 17 in ausgesprochenem Gegensatz zu dem formal verstandenen Gesetz, vgl. Kol 1,6. Diese W. erscheint in trinitarischer Aussage: es ist der allein wahre Gott, der sich in seinem Sohn in W. — das griech. Wort aletheia bedeutet, was nicht verheimlicht, in seiner unverkürzten Wirklichkeit erscheint — zu erkennen gibt Jo 7,28; 8,26; 17,3; 1Thess 1,9; Offb 6,10; 15,3; 16,7. Das wird mit denselben Worten von Jesus gesagt 1Jo 5,20; Offb 3,7.14; 19,11, und wieder heißt der → Geist der Geist der W. Jo 15,26. Auch der Geist ist *die* W. 1 Jo 5,6.

Diese W. des dreieinigen Gottes erschließt sich in Gottes Wort Jo 17,17, in Jesu Selbstzeugnis Jo 8,13f.40.45; 16,7, das zur W. des Evangeliums wird Gal 2,5; 2Kor 6,7; Eph 1, 13; Kol 1,5; 2Tim 2,15, als Baugrund der Gemeinde, die sich darauf als Grundfeste der W. aufbaut 1Tim 3,15. Es ist dann wohl immer eine Gefahr, daß sich die W. in eine Lehre verwandelt, die sich als falsch verstandene Rechtgläubigkeit übernehmen, bejahen läßt, ohne daß die W. das Leben durchdringt und beherrscht.

2) Aus der W. sein. Dieser Ausdruck für Menschen, die durch Christus in der W. Gottes heimisch geworden sind, stammt aus der Antwort Jesu an Pilatus Jo 18,37; 1Jo 3,19 gegenüber 1,8; 2,4. So kann Paulus sagen: „Die W. ist in mir" — „wir können nichts wider sie" — „durch sie weisen wir uns aus vor aller Menschen Gewissen" 2Kor 11,10; 13,8; 4,2, vgl. 2Petr 1,12. Das ist der durch das Wort der W. neu geschaffene Mensch Jak 1,18, der durch die W. frei geworden ist Jo 8,32. Das setzt voraus, daß die W. als solche erkannt und verstanden ist in ihrer objektiven Wirklichkeit 1Jo 2,21; 2Jo 1; 1Tim 4,3; 2Tim 2,25; Tit 1,1, gewiß nicht als Ergebnis eines bloßen Memorierens 2Tim 3,7.

Niemand hat die W. als unverlierbaren Besitz; man kann an ihr irre werden Jak 5,19, sich von ihr abwenden 2Tim 4,4; Tit 1,14, ihr widerstehen 2Tim 3,8 und sie verlieren Eph 4, 18; 1Tim 6,5; Hebr 10,26. Denn wie die W. Gottes kann des Teufels Lüge über uns Macht gewinnen Jo 8,44f. Hier sind klare Machtbereiche, die doch die Alleinherrschaft Gottes nie in Frage stellen (kein Dualismus). Der in der W. geheiligte Mensch Jo 17,17.19 kann Gott im Geist und in der W. anbeten, in der lebendigen Begegnung mit dem, der allenthalben zu finden ist Jo 4,23f, so wie der Geist in alle W. leitet Jo 16,13.

Die W. will getan sein Jo 3,21. Sie gehört mit der → Gerechtigkeit zusammen zur Waffenrüstung des Christen Eph 6,14; 5,9, und sie hat der Lust zur Ungerechtigkeit abgesagt 2Thess 2,12. Sie ist eine gehorsame Liebe zur W. Gal 5,7; Röm 2,8; 2Thess 2,10, und durch sie wird die Liebe wahr 1Kor 13,6; Eph 4,15; 1Petr 1, 22; 1Jo 2,8; 3,18; 2Jo 1.3.

So allein hat die wegwerfende Frage: Was ist W.? Jo 18,38 ihre wirkliche Antwort gefunden in einem Leben, in dem auch der verantwortliche Mann des Staates in einer, wie er meint, reinen

Rechtsfrage sich nicht neutral verhalten kann, weil diese W. ihn nirgends aus ihrer entscheidenden Wirklichkeit entläßt Gal 2,14; 3Jo 3.4. Nur in einem von Gottes W. dauernd gereinigten Lebensraum wächst die Wahrhaftigkeit, die der Gemeinde Christi so notwendig ist, vgl. in den paulinischen Briefen Röm 9,1; 2Kor 7,14; 12,6; Phil 1,18; 4,8; 1Tim 2,7; Eph 4,25. *He*

Wahrsager.

1) Wesensbestimmung. 2) Erscheinungsformen der Wahrsagerei in der HS. 3) Israels Kampf gegen die W. 4) Die Wahrsagerei im Urteil des NT.

1) W. nennt die Religionsgeschichte Menschen, die das Zukünftige und überhaupt Verborgene, das mit natürlicher Erkenntnis nicht zu erfassen ist, auf übernatürlichem Weg zu erhellen versuchen, sei es durch Deutung gewisser von der Gottheit gegebener Zeichen, sei es durch Mitteilung numinoser Mächte, denen man sich hingibt oder die man mittels → Magie sich dienstbar zu machen weiß. Ihre Praxis, meist gewerbsmäßig betrieben, ist durch Befriedigung menschlicher Neugier und egoistischer Gewinnsucht gekennzeichnet. Von der HS werden sie aufs schärfste abgelehnt; jedoch nicht darum, weil die Bibel bestritte, daß Menschen mit zwielichtigen Künsten ihr natürliches Erkenntnisvermögen erweitern können, obwohl hier die Möglichkeit grober Selbsttäuschung und bewußten Betrugs ständig mitgegeben ist, sondern weil die W. Gottes Herrentum und alleinige Offenbarungsvollmacht mißachten. Unter frevelhafter Durchbrechung der dem Menschen von Gott gesetzten Grenze versuchen sie, in den ihnen verwehrten Raum des Zukünftigen und Verborgenen einzudringen und das, was nur freie göttliche Mitteilung an den Menschen sein kann, selbst zu erzeugen und zu erzwingen. Damit unterscheidet sich die Wahrsagerei deutlich von der → Weissagung, die nur Weitergabe empfangenen göttlichen Wortes sein will.

2) In der HS finden sich folgende Erscheinungsformen der Wahrsagerei: *a)* Die Deutung vorgegebener Zeichen in Gestalt von Traumdeutung 1Mose 41,8; Dan 2,2ff, Sterndeutung (→ Astrologie) Dan 2,27, Opfer- und Leberschau 4Mose 23,4; Hes 21,26, Achten auf den Wolkenzug (Luther: Tagewähler) 3Mose 19,26; 5Mose 18,10; Jer 27,9, Befragung der → Teraphim, der hölzernen Hausgötzen Hes 21,26, ohne daß wir wissen, wie dies geschah. Das hebr. menachēsch (Luther: die auf Vogelschrei achten) meint die Schlangenbeschwörer und hat mit den W.n direkt nichts zu tun 3Mose 19,26; 5Mose 18,10. Die 3Mose 19,31; 20,6.27; 5Mose 18, 11 genannten jiddeʿōnî (Luther: Zeichendeuter; wörtlich: Wissende) gehören zu den Totenbeschwörern. *b)* Verborgene Hinweise auf die Zukunft enthielten außerdem künstlich hervorgebrachte Zeichen: das Spiel der Flüssigkeit in einem Becher, wenn man kleine Gegenstände in denselben warf (Becherweissagung) 1Mose 44,5, das Fallen zweier zu mantischen (wahrsagerischen) Zwecken verwendeter Stäbe Hos 4,12, das Schütteln von Pfeilen (Pfeilorakel), wobei man Pfeile mit Zeichen für die herbeizuführenden Entscheidungen versah, diese im Köcher schüttelte, herauswarf und die Sache des zuerst herausgefallenen Pfeils wählte Hes 21,26. *c)* In den magischen Bereich gehören Wahrsagungsformen, die als Toten- und Geisterorakel häufig gewesen sind. Darauf weist das oft benutzte Wort 'ôb hin, das teils den W.geist, teils den W., in dem er wohnt, bezeichnet und vorwiegend von der Totenbeschwörung gebraucht wird 2Kö 21,6; 23,24; Jes 8,19 u.ö. Die geistige Sphäre dieser Welt veranschaulicht am besten die Geschichte der W.in von Endor 1Sam 28,3ff; die betrügerische Praxis, die meist damit verbunden war, indem man die Stimme der Toten nachahmte, zeigen Jes 8,19; 29,4. Eine besondere Form der Kontaktnahme mit den Geistern der Toten war die Sitte, sich auf oder in Grabstätten schlafen zu legen, um im Traum von den Geistern der Abgeschiedenen Zukunftsweisungen zu erlangen 5Mose 18,11 (Totenbefrager); Jes 65,4. *d)* In die magische Welt gehören auch die Bestrebungen, sich zum Organ einer heidnischen Gottheit zu machen, in deren Kraft man weissagt. So sind die in → Ekstase prophezeienden Baalspropheten zu verstehen 1Kö 18,19-40; 19,1.

3) Für den Jahweglauben war Wahrsagerei charakteristische Ausdrucksform des Heidentums und der → Abgötterei, darum jedem Israeliten verboten 2Mose 22,17; 5Mose 18,9ff und im Heiligkeitsgesetz Umgang mit ihr mit dem Tode bedroht 3Mose 20,6.27. Die strenge Gesetzgebung hielt jedoch weite Kreise des isr. Volkes nicht ab, sich mantischen Künsten hinzugeben oder für sie offen zu sein. Die Verbreitung dieses Unwesens in der Richter- und beginnenden Königszeit erhellt aus 1Sam 28,3.9. Im Nordreich finden wir verschiedentlich zahlreiche Baalspropheten bezeugt 1Kö 18,19ff; 19,1; 2Kö 10, 19; Jer 23,13; der dort um sich greifende Synkretismus begünstigte zeitweilig sogar öffentliche Umtriebe der W. 2Kö 17,17; Hos 4,12. Im Südreich setzte sich der Prophet → Jesaja wiederholt mit ihnen auseinander 2,6; 3,2; 8,19; 19,3; ihre größten Triumphe feierten sie hier unter → Manasse, der sie nicht nur anerkannte, sondern sich selbst der Mantik bediente 2Kö 21,6. Die Reform → Josias suchte zwar das Land von W.n zu säubern 2Kö 23,24; doch erwähnt bereits → Jeremia wieder ihr Auftauchen unter den Verbannten in Babylon 29,8 und Sach 10,2 ihre Tätigkeit in der Zeit nach der Gefangenschaft.

4) Daß auch im NTlichen Zeitalter zahlreiche jüd. W. vielerorts ein einträgliches Geschäft betrieben, erwähnen Apg 8,9ff; 13,6; 19,14. Von ihren Künsten drohte selbst den jungen Christengemeinden bisweilen Gefahr Gal 5,19ff; Offb 22,15. Diesen Einflüssen gegenüber ist der Christ auf das Urteil des AT über die Wahrsagerei gewiesen, vgl. Lk 16,29.31. Der im lebendigen Glauben Stehende wird außerdem auf ein Vorauswissen der Zukunft freudig Verzicht leisten, weil er sein ganzes Leben in der Hand seines himmlischen Vaters geborgen weiß Mt 6, 25-33. Das schließt nicht aus, daß Gott den Seinen besondere Absichten auch auf besondere Weise kundtun kann, wann und wie er es will Apg 16, 6 f. 9 f. Wer sich dagegen mit Wahrsagerei einläßt, begibt sich in den Bannkreis unkontrollierbarer, gottwidriger Mächte und stellt sich außerhalb des Kraftfeldes göttlichen Segens.

Lit.: C. H. Ratschow, Magie und Religion, Gütersloh 1955. *Ste*

Waise. W.n standen neben den → Witwen und → Fremdlingen unter dem besonderen Schutz des isr. Gottesrechtes 2Mose 22, 21; 5Mose 16, 11. 14; 24, 17 ff; 26, 12 f; Jes 1, 17; Jer 7, 6. Sich ihrer hilfreich anzunehmen, erhält den Segen des Gottesbundes 5Mose 14, 29; Hiob 29, 12; Jer 22, 3-5; Jak 1, 27, während ihre Unterdrückung Bundesbruch bedeutet und Gottes Gericht nach sich zieht 5Mose 27, 19; Jes 10, 2; Mal 3, 5. So wird dort, wo die Verantwortlichen sich ihrer Pflicht entziehen Jes 1, 23, Gott selbst zum Sachwalter Ps 10, 14. 18; 146, 9 und zum „Vater" der W.n Ps 68, 6. Den Kindern der Rechtsbrüchigen jedoch wird das Schicksal der W.n angekündigt 2Mose 22, 23; Ps 109, 9. *Kn*

Wald. Palästina hatte in alter Zeit mehr W. als später; dafür sprechen der Name von Kirjath-Jearim („Wälderstadt") westlich von Jerusalem und Nachrichten wie Jos 17, 15. 18 von der Rodung von W. oder 2Kö 2, 24, wo bei Bethel Bären aus einem W. kommen. Doch war das Land schon in bibl. Zeit nicht reich an W. und wurden darum die Wälder von → Basan, am → Libanon und → Karmel gerühmt 2Kö 19, 23; Jes 10, 34; 29, 17; Mich 7, 14; Sach 11, 2. Durch Raubbau ging der W. immer mehr zurück, so daß heute auch der Libanon und der Karmel nur noch kümmerliche Reste haben und das einzige größere W.gebiet der ʿAdschlūn, das alte → Gilead nördlich des Jabbok, ist; als W.bäume finden sich bes. Eichen, Kiefern, Terebinthen und Johannisbrotbäume (→ Sp. 1002, 1005), oft nur als buschiges Gestrüpp. So ist auch der W., in dem der Löwe hauste Jer 5, 6; 12, 8; Am 3, 4; Mich 5, 7, als Buschwerk in der Steppe zu denken. Vom Schatten des W.es ist nur Bar 5, 8 die Rede. Öfters wird vom Holzhauen im W. gesprochen 5Mose 19, 5; Ps 74, 5; Jes 44, 14; Hes 39, 10, vom Sturm im W. Jes 7, 2; Ps 29, 9, vom Wild des W.es Ps 50, 10; Jes 56, 9, vom W.brand Jes 9, 17; 10, 18; Jer 21, 14; Jak 3, 5. Die Entwaldung des Landes schädigte seine Fruchtbarkeit; heute mühen sich die Israeli um die Anlage von Wäldern. → Tafel 2-4, 46. *Schl*

Walfisch. Von W.en sprach Luther in dem Schöpfungsbericht 1Mose 1, 21, wo allgemein an große Wassertiere zu denken ist, in den Psalmstellen 74, 14; 104, 26; 148, 7 (vgl. Sir 43, 27; Gesg d Männer 55), wo alte Vorstellungen von Meeresungeheuern und einem Kampf Jahwes mit ihnen anklingen, → Leviathan, und Mt 12, 40 in dem Hinweis auf die Geschichte des → Jona, während Jon 2, 1 nur von einem „großen Fisch" gesprochen wird. An keiner dieser Stellen ist an den W. zu denken, auch Mt 12, 40 nicht, da die W.e von kleinen Tieren leben und einen Menschen nicht verschlingen können. Man wollte an einen gefährlichen Haifisch denken, den Blauhai, der Menschen tötet; doch kennt die Naturforschung keinen Fisch, der Menschen verschlingen kann. *Schl*

Walkerfeld, Walkmüller. Der Walker (Walkmühlen gab es noch nicht) hatte in einem Wasser, dem eine Lauge beigegeben war Jer 2, 22; Mal 3, 2, die Stoffe durch Stampfen mit den Füßen und Schlagen zu bearbeiten, bis sich die Härchen der Stoffe verfilzten; er hatte wohl auch Kleider und Stoffe zu reinigen und zu färben (Luther Mal 3, 2: Wäscher, Mk 9, 3: Färber). Gruben, wie sie der Walker brauchte, lagen bei Jerusalem im Hinnomtal 2Kö 18, 17; Jes 7, 3; 36, 2. *Schl*

Wall → Festung.

Wallfahrt. In W.en wurden bes. beliebte Heiligtümer aufgesucht, an denen sich Wunder, Krankenheilungen usw ereigneten. So berichtet das AT von der W. des Jakob von Sichem nach Bethel 1Mose 35 und der jährlichen W. des Elkana mit seinen beiden Frauen Hanna und Peninna nach Silo 1Sam 1. Bundesbuch und Deuteronomium sprechen von einer dreimaligen W. der Männer zum Heiligtum. Bevorzugt wurden die Heiligtümer von Gilgal und Beerseba Am 4, 4; 5, 5, ferner Dan 1Kö 12, 26 ff, Karmel 1Kö 19. Schon lange vor dem Exil ist Jerusalem eine beliebte W.stätte, deren Bedeutung nach dem Exil noch zunimmt. Mit der W. sind konkrete Anliegen der Wallfahrer verbunden. Jakob dankt Gott für die glückliche Heimkehr; Hanna bringt die Bitte um Gewährung eines Sohnes am W.ort vor Gott. Über den Ablauf eines W.festes hören wir aus Am 4, 4 f; 1Sam 1 sowie aus dem Deuteronomium, das in seinem Aufbau vielleicht noch den gottesdienstlichen Ablauf eines solchen W.festes erkennen läßt (v. Rad).

Im NT werden W.en nach Jerusalem aus Anlaß bestimmter Feste genannt: Passah Lk 2, 41, Tempelweihfest Jo 10, 22, Laubhüttenfest Jo 7, 2 ff. Die Zahl der in Jerusalem zusammenströmenden Wallfahrer war nach den Berichten des jüd. Historikers Flavius Josephus außerordentlich groß. Die Römer verstärkten in solchen Zeiten die Besatzung, und der Statthalter kam selbst nach Jerusalem. *Ba*

Wallfahrtslieder sind die Psalmen 120-134, die durch die einheitliche Überschrift schīr lammaʿalōth oder schīr hammaʿalōth gekennzeichnet sind. Da das hebr. Verbum ʿālāh gewöhnlicher Ausdruck für Wallfahren ist (im AT Ps 24, 3; 122, 4, im NT vermutlich Mk 10, 33 und vor allem Lk 2,42) wird man wohl richtig die Überschrift übersetzen mit „Lieder für die Wallfahrt" bzw. „Wallfahrtslieder". Da zur → Wallfahrt auch die Prozession, d. h. der feierliche Aufzug zum Heiligtum, gehört, könnten die Lieder Wallfahrts- und Prozessionslieder gewesen sein. Das trifft im wesentlichen für Ps 122 (Wallfahrt) und Ps 132 (Prozession) zu. Die anderen Lieder lassen neben dem Lob der Gottesstadt als dem Ziel der Wallfahrt auch anderen Gedanken Raum, so daß man annehmen muß, daß eine solche W.-Sammlung auch andere Lieder enthielt, die nicht nur auf die kasuelle Situation eines Wallfahrers inhaltlich bezogen waren.

Von den weiteren Erklärungsmöglichkeiten der Überschrift ist wohl nur die Deutung auf die geschichtliche Rückkehr aus dem Exil nach Jerusalem oder auf die Hoffnung auf eine solche erwägenswert. Dann würden es Lieder sein, in denen sich die Sehnsucht der Verbannten in der 2. Hälfte des Exils zu Babel aussprach. *Ba*

Wandel, wandeln. *1)* Im eigentlichen Sinn: (umher)gehen, wandern von Menschen 5Mose 1, 19; 1Sam 25,15; Am 3,3; Mt 9,5; Mk 5,42; von den Wanderungen Jesu Mk 2,23; 9,30; Lk 9, 51, der Apostel Apg 8,40; von Tieren Nah 2, 12. Selten von Gott Hiob 9,11; 3Mose 26,12, vgl. 1Mose 3,8; von Christus Offb 2,1. — *2)* Bildlich: die Haltung des Glaubens oder Unglaubens Jo 8,12; 12,35; 1Jo 1,7; 2,11. — *3)* Übertragen: sittlich-religiöse Lebensführung. Von der Gemeinschaft des Frommen mit Gott 1Mose 17,1, der Erfüllung seiner Gebote 3Mose 18,4; 5Mose 8,6; Hes 36,27; Lk 1,6. Böser W. Jer 26,3; 1Kö 15,3; Hiob 34,8. Von der Lebensführung der Christen, oft mit näherer Bestimmung, bes. in den Ermahnungen der NTlichen Briefe: dem einstigen W. Eph 2,2; 4,22; 1Petr 4,3 muß nach der → Taufe gegenüberstehen der W. in einem neuen Leben Röm 6,4, in Christus Kol 2,6, gemäß der Berufung Eph 4,1, nach dem → Geist Röm 8,1, in der → Liebe Eph 5,2; Röm 14,15, in der → Wahrheit 3Jo 3, in guten → Werken Eph 2,10. Vgl. Röm 13,13; Eph 5,9; 1Petr 2,12; 3,2; 2Petr 3,11; Hebr 13, 18; Jak 3,13. — *4)* Verwandeln, verändern 5Mose 23,6; 2Kö 24,17; Gal 4,20; Hebr 1,12; paradoxe Verwandlung Am 6,12; Jer 13,23. *Oßw*

Warte, der erhöhte Ort, von dem der Wächter Ausschau hält, zB 2Sam 13,34. So weiß sich der Prophet als Wächter Jes 21,8, vgl. Hab 2,1. *Schl*

waschen, Waschung. W.en sind im AT und NT für den profanen wie für den kultischen Bereich bekannt. Uralt ist die Sitte der *Fußwaschung.* Sie war erforderlich, weil man im Alten Orient barfuß ging. Als Zeichen der Gastfreundschaft wie der Höflichkeit galt es, dem Gast Wasser für die Füße zu bringen 1Mose 18, 4; Lk 7,44 u. ö. Anderen die Füße zu w., war nicht üblich und galt als Sklavenarbeit (Luthers Übersetzung „man soll ... eure Füße w." 1Mose 18,4 u. ö. ist nicht richtig; wörtlich: „wascht eure Füße"). Wenn Jesus es Jo 13 tut, so zum Zeichen seiner Dienstbereitschaft, vgl. Mt 20,28; Lk 12,37. Auch das Fußwaschen der Priester 2Mose 30,19 hat zunächst körperlich reinigende Bedeutung, da der Priester seinen Dienst barfuß ausübte. Es sollte darüber hinaus aber auch Zeichen der kultischen Reinheit sein, mit der die körperliche Reinheit geheimnisvoll verbunden vorgestellt wurde und ohne die ein Betreten des Heiligtums den Tod verursachte. Eine ähnliche Bedeutung hatte für die Priester das *W. der Hände* 2Mose 30,19, das zugleich Zeichen der Unschuld sein konnte 5Mose 21,6; Ps 26,6; Mt 27,24 u. ö. und auch für den Laien Voraussetzung für das Betreten des hl. Bezirks war Ps 24,4. Die Mt 15,2 erwähnte Sitte des rituellen Händewaschens vor und nach den Mahlzeiten, die gelegentlich bei mehreren Gängen auch während der Mahlzeiten, desgleichen nach dem Aufstehen am Morgen, beim Genuß von Früchten und vor dem Gebet geübt wurde, bestand nach spätjüd. Vorschrift in einem zweimaligen Abspülen der Hände, wobei das sog. erste Wasser die unreinen Hände, das zweite das unrein gewordene erste Wasser abspülte. Auch die *W. des ganzen Körpers* ist bekannt, zunächst zur körperlichen Reinigung 2Sam 11,2; Rt 3,3, dann aber vor allem zur Abwaschung von kultischer Unreinheit 3Mose 14,9; 15,5.22; 16,4 u. ö., die im täglichen Leben leicht eintreten konnte. Auch die Opfertiere, bzw. Opferteile wurden durch W. kultfähig gemacht 2Mose 29, 17; 3Mose 1,9 u. ö. In bes. schweren Fällen von Verunreinigung, etwa beim Berühren eines Toten 4Mose 19,11, reichte die Reinigungskraft des Wassers nicht aus. Durch Zusätze (Asche einer Kuh) wurde eine Art Lauge hergestellt, die erhöhte Reinigungskraft hatte 4Mose 19. Daß nach Jer 2,22 selbst solche Lauge Israel nicht mehr reinigen konnte, zeigt die Schwere der Unreinheit und Schuld Israels, vgl. Hiob 9,30. Das Moment der Reinigung von Sünde durch W. ist auch dem NT bekannt, durch Wasser Hebr 10, 22; Eph 5,26, vor allem durch das Blut Christi Offb 1,5; → Taufe. Sich nicht zu w. war im Zusammenhang mit einigen Sitten üblich, zB bei Trauer und Leid 2Sam 12,20, beim Fasten Mt 6,17; die W. konnte also Zeichen der Freude sein. *Bo*

Wasser. W. dient zur Versorgung von Mensch und Tier und ist für die Fruchtbarkeit des Landes unerläßlich (→ Wasserversorgung). Daher werden noch heute in Palästina die Regenzeiten sehnlich erwartet. Das Ausbleiben des Regens bedeutete — wie das Ausbleiben der Nilüberschwemmung in Ägypten — Trockenheit, schlechte Ernte und Hungersnot und galt als Gericht Gottes 1Kö 17f. Von daher sind die Vertrauensaussagen Ps 23,2; 65,10, aber auch die Vorstellungen von den W.strömen des Gartens Eden 1Mose 2,10ff und des wiederkehrenden Paradieses Hes 47,1; Offb 22,1 u.ö. zu verstehen. Wie Gott Quelle des lebendigen W.s genannt wurde Jer 17,13, so war der Gerechte nur lebensfähig in unmittelbarer Nähe des W.s, d.h. Gottes Ps 1,3; Jer 17,8. Wer an Jesus glaubt, wird zu einer Quelle lebendigen W.s werden Jo 7,38. Doch kennt die Bibel auch die Unheil bringenden W., die in übertragener Rede für „Gefahr" und „große Not" gebraucht wurden Ps 32,6; 69,2ff. In ähnlicher Weise sind die „großen W." oder „W.fluten" Ps 93,3f u.ö. Bilder der tosenden Chaosmächte. Zwar schimmern darin — wie in 1Mose 1,2 — Vorstellungen des Chaosdrachenkampfes durch; doch hat das W. im AT jede Eigenmächtigkeit und mythologische Bedeutung verloren. Es ist Bild der Israel und Gott widerstrebenden, aber doch auch von Gott besiegten Mächte, die schließlich in das Lob Gottes einstimmen Offb 19,6. Über den kultischen Gebrauch von W. → waschen, Waschung, Taufe. *Bo*

Wasserstadt → Rabba.
Wassertor → Tore Jerusalems.
Wasserträger → Tempelknechte.

Wasserversorgung. Für das Leben in Palästina spielt die W. eine entscheidende Rolle. Da der Jordan wegen der tiefen Lage seines Bettes für die W. unbrauchbar ist und viele kleinere Bäche im Sommer austrocknen (Wadi), war nur wenigen Orten eine W. von dieser Seite her möglich. Häufig wurden, schon in früherer Zeit, Städte in unmittelbarer Nähe von Quellen errichtet (vgl. Ortsnamen mit 'ēn oder 'ain = Quelle). Auch das Bohren von Grundwasserbrunnen ist schon früh bekannt 1Mose 26; 4Mose 21,18, wie viele Ortsnamen mit beʾēr (= Brunnen) erkennen lassen. Die Ägypter hatten an ihrer Heerstraße nach Syrien regelrechte Brunnenstationen eingerichtet. In Gegenden, in denen nur wenig Quellen sind, hat man seit der Spät-→ Bronzezeit birnenförmige Zisternen in Felsen gehauen und auszementiert und in der Regenzeit das Regenwasser darin gesammelt. Eine ähnliche Aufgabe erfüllten die offenen Teiche 2Sam 2,13 u.ö., die gelegentlich auch zur Bewässerung der Äcker benutzt wurden. Ein Teil des Negeb (Luther: Südland) wurde durch ein reich entwickeltes Bewässerungssystem für die Feldwirtschaft nutzbar gemacht (römisch-byzantinische Zeit). Spuren von Vorstufen dieser Anlagen, die die während der Regenzeit ins Tal gehenden Wassermassen auffingen, reichen bis in die Eisenzeit zurück, vgl. 2Chr 26,10. Um die W. der Städte auch in Belagerungszeiten sicherzustellen, wurden — und zwar schon in der Frühbronzezeit — Einsteigeschächte in den Felsen getrieben, um dadurch ohne Gefahr an die Quelle zu gelangen, die meist außerhalb der Stadtmauer lag. In der Eisenzeit (→ Eisen) hat man durch unterirdische Kanäle (Siloahtunnel u.a.) die W. sichergestellt: Von der Quelle aus wurde ein Stollen mit leichter Neigung unter die Stadt getrieben, so daß das Wasser leicht an die Schöpfstelle gelangen konnte. Zu dieser stieg man durch einen Schacht ab (→ Geser, → Megiddo, → Jerusalem, → Siloah). *Bo*

Webopfer → schwingen, Schwingopfer.

Weber, weben. Die Kunst des Webens, zunächst wohl Arbeit der Hausfrau Spr 31,13.19, dann aber handwerklich geübt 1Chr 4,21, vielleicht auch von Paulus Apg 18,3 (→ Teppich, Zelt), war hochentwickelt. Man verarbeitete Wolle, Leinwand, Byssus, wob nahtlose Röcke Jo 19,23 und konnte bunte Muster gestalten 2Mose 26,36. Verschiedenartige Fäden miteinander zu verweben war verboten 3Mose 19,19; 5Mos 22,11. Bei dem Webstuhl waren die Fäden der Kette, durch die das Schußgarn mit einem W.schiffchen (Hiob 7,6 W.spule) durchgezogen wird, ursprünglich wohl horizontal zw. zwei Stäben gespannt; später wurde der aufrecht stehende Webstuhl üblich, bei dem die Fäden der Kette von dem W.baum 1Sam 17,7 herabhingen und unten mit Gewichten beschwert waren; das fertig gewobene Tuch wird dann oben abgeschnitten Jes 38,12. → Handwerk. *Schl*

Wechselgesang zw. zwei verschiedenen Chören ist im AT mehrfach bezeugt. Schon der sog. Echovers, in dem die zweite Halbzeile den Gedanken der ersten in verschiedener Weise wieder aufnimmt oder wiederholt, legt nahe, an ein Vorhandensein zweier Chöre oder eines Vorsängers und eines Chores zu denken. Eins der bekanntesten Beispiele aus dem AT ist der Lobgesang der Saraphen in Jes 6,3, wobei das hebr. zäh 'äl-zäh mit „untereinander" oder „wechselseitig", „gegenseitig" zu übersetzen ist (Luther: „Und einer rief zum anderen"). Der Ps 24 zeigt deutlich die Spuren des W.s in den Fragen und Antworten V.7-10; ähnliche Beispiele sind Ps 106,48; 118,1-4; 136; Jer 33,11; 1Chr 16,36; Esra 3,11. Neh 12,31ff werden zwei Chöre zur Mauereinweihung verwendet, die offenbar in Wechselbeziehung zueinander stehen. In den alten Siegesliedern dürfte ein W. geübt worden sein 2Mose 15,21; 1Sam 18,7. Im NT dürfte W. in Offb 4,8ff; 5,9ff; 7,10ff; 19,1ff vorausgesetzt sein. *Ba*

Wechsler, Wechselbank. Weil nach der Vorschrift 2Mose 30,11-16 die Tempelsteuer, ein halber Schekel oder nach Neh 10,33 ein Drittel-Schekel, in alter Münze entrichtet werden mußte, hielten sich W. im äußeren Tempelhof bereit, die griech. und römischen Münzen gegen ein Aufgeld umzutauschen Mt 21,12 par.; Jo 2,14. Zugleich tätigten sie die üblichen Bankgeschäfte Mt 25,27; Lk 19,23. Jesus treibt die W. hinaus, weil auch der Vorhof der Heiden Stätte des Gebets sein soll. *Schl*

Weg. Neben Verwendungen im eigentlichen Sinn als einer gebahnten Strecke, auf der man von einem Ort zum andern kommt 1Mose 38,

14; Lk 19,36, oder als Ausdruck für das Gehen darauf Mk 9,33; Lk 24,32.35, ist W. in der HS häufig übertragen gebraucht. Gott, der wunderbar Wege bahnen kann Jes 43,16; 35,8, geht in der Geschichte seinen hl. W. Ps 103,7; Röm 11, 33. Der Mensch soll in seinem Verhalten den von Gott gezeigten W. wandeln 5Mose 5,30; 8,6; Jes 7,23, den W. des Friedens Lk 1,79, den W. der Seligkeit Apg 16,17. Jesus ruft Mt 7,13.14 seine Nachfolger vom breiten W., d. h. aus der von jedermann eingeschlagenen Lebensführung, auf den schmalen W., d. h. zur Entscheidung für ihn. Christus ist „der Weg" (zu Gott) Jo 14,6, der neue und lebendige W. ins Heiligtum Hebr 9,8; 10,20. Gelegentlich wird die ganze christliche Lehre als W. bezeichnet Apg 9,2; 19,9.23; 22,4; 24,14. *Kü*

Wehe! Der in der HS häufige Weheruf ist das Gegenteil zur Seligpreisung „wohl dem . . ." Pred 10,16f; Jes 3,9-11, ein Klageruf über sich selbst 1Sam 4,7f; Klgl 5,16; Jes 6,5 oder über andere Pred 4,10. Die Propheten haben oft Gottes Gerichte im Weheruf verkündet: über fremde Völker Jes 10,5; Jer 48,46; Zeph 2,5; Hab 2,6.9.15.19, über Jerusalem und Israel Jes 1,4; Jer 13,27; Hos 7,13; 9,12, über einzelne Gruppen im Volk Jes 5,8.11.18.20.21.22, über die führenden Schichten, die Hirten Jer 23,1; Hes 34,2, Propheten Hes 13,3 und Schriftgelehrten Jes 10,1. Ähnlich hat Jesus das Gericht angedroht: den unbußfertigen Städten Galiläas Mt 11,21, der verführenden Welt 18,17, dem Verräter 26,24. In der Bergpredigt des Lk stehen neben den 4 Seligpreisungen 4 Weherufe 6,24-26; das Ringen Jesu mit dem Pharisäismus findet seinen mächtigen Abschluß in den Weherufen Mt 23,13ff. So wird auch in der Offb der Vollzug von Gottes Gericht durch Weherufe angekündigt 8,13; 9,12; 11,14; 12,12 und beklagt 18,10.16.19. *Schl*

Weib → Frau, → Ehe.

Weide. An eine W. haben wir wohl Hes 17,5 zu denken. Dagegen ist Ps 137,2 mit einem anderen hebr. Namen schwerlich die Trauerweide gemeint, sondern wohl eine Pappel, wie wir auch 3Mose 23,40; Hiob 40,22 (Luther: Bachweide) und Jes 44,4 an eine Pappel zu denken haben. Andere möchten hier die Oleanderbüsche finden, die an den Wasserläufen im Frühling so prächtig blühen. *Schl*

Weih. Das AT kennt drei Namen für kleinere, einander nahestehende Raubvögel: ajah 3Mose 11,14; 5Mose 14,13 (Luther: W.); Hiob 28,7, ein Vogel mit scharfem Auge (Luther: Geier), dajah 5Mose 14,13 (Luther: Geier) Jes 34,15, ein Bewohner von Ruinen (Luther: W.), daah 3Mose 11,14 (Luther: Geier); 5Mose 14,13 (im Hebräischen Schreibfehler raah für daah, Luther: Taucher). Der erste Name bezeichnet vielleicht einen der in Palästina nicht seltenen Milane, die als aufdringliche Bettler das Fleisch aus dem Korb stehlen 1Mose 40,17. Die beiden anderen Namen könnten einen Bussard meinen oder auch einen W.; eine genaue Bestimmung ist nicht möglich. Ein vierter Name (nes, Luther: Sperber) bezeichnet wohl einen kleinen Raubvogel wie den → Habicht, Sperber oder Falken. *Schl*

Weihrauch, das helle Harz eines indischen strauchartigen Baums (Boswellia), das ohne Rauch mit starkem Duft verbrennt, war ein wichtiger Teil des hl. → Räucherwerks 2Mose 30,34, wurde auch auf die Speisopfer und Schaubrote gestreut 3Mose 2,1; 24,7. W. wurde aus Südarabien (Saba) eingeführt Jes 60,6; Jer 6, 20, vielleicht von Indien her, war stets ein begehrter Handelsartikel Offb 18,13, als Parfüm geschätzt HL 3,6 und war auch unter den Geschenken der Magier Mt 2,11. *Schl*

Wein, Weinberg, Weinstock. *1)* Der natürliche Wortgebrauch: *a)* W.bau (Noah 1Mose 9, 20), in Kanaan schon vor den Israeliten heimisch 5Mose 6,11, ist Zeichen göttlichen Segens 1Mose 27,28, Bild des Aufbaus und Friedens Jer 31,5; Sach 3,10, seine Vernichtung Zeichen des Gerichts Jes 7,23; Am 5,11. *b)* Die Arbeit des W.gärtners: er entsteint den Boden und gräbt ihn um Jes 5,2; 7,25, errichtet Zaun und Turm Mt 21,33, an Bergen oder in Ebenen 1Kö 5,5; Jer 31,5, pflanzt edle Reben, die an Bäumen aufranken oder am Boden liegen Ps 80,11; Hes 17,6, und schneidet sie, vgl. Jo 15,2. Der W.berg darf nicht gemischt bepflanzt werden 5Mose 22,9, ist durchs Gesetz geschützt 2Mose 22,4; 5Mose 20,6, manchmal Pächtern übergeben Mt 21,33. Die W.ernte ist ein Fest Jes 16,10. Der neue W. wird in Krüge gefüllt und wieder umgegossen Jer 48,11; ein W.keller ist 1Chr 27,27 erwähnt. *c)* Das Gewächs des W.stocks: ein Bild der Fruchtbarkeit Ps 128,3, aus unansehnlichem Holz Hes 15,2ff, aber mit edler Frucht, Blut vergleichbar, 5Mose 32,14, die zum festlichen Mahl gehört 2Sam 6,19 und im täglichen Opfer dargebracht wird 2Mose 29,40 (Vorrat im Tempel 1Chr 9,29). Jesus benützt den W. im Abendmahl zur Deutung seines Sterbens Mt 26,28. Den Gebrauch von getrockneten W.beeren zeigt 1Chr 12,40. *d)* Die Wirkung des W.s: seine Kraft ist herzerfreuend Ps 104,15, hat heilende Wirkung Lk 10,34; 1Tim 5,23, kann aber auch gefährlich werden Spr 20,1; vor Mißbrauch wird gewarnt Jes 5,11; Eph 5,18. *e)* Enthaltung von W.: dem Priester während des Dienstes geboten 3Mose 10,9, Sitte bei den Rechabiten Jer 35,6, von Gottgeweihten (→ Nasiräer) freiwillig übernommen 4Mose 6,3f; Am 2,11f, vgl. Lk 1,15; 7,33; Röm 14,21.

2) Die bildliche Verwendung kommt oft vor. *a)* Israel ist Gottes W.berg und -stock Ps 80,9ff; Jes 5,1ff, der verderbt wurde Jes 3,14; Jer 12, 10. Jesus beschreibt mit diesem Bild seine und der Propheten Sendung Mt 21,34ff und sein Verhältnis zum Jünger Jo 15,1ff. *b)* Heilszeit und -gut sind damit beschrieben 1Mose 49,11 f; Jes 25,6; 55,1; Joel 4,18; Mt 26,29 (Jes 2,4 Winzermesser [Sicheln] statt Waffen); der neue W. gehört in neue Schläuche Mt 9,17; d.h. Jesu Gabe kann nicht in alte Ordnungen und Formen gefaßt werden. *c)* Der Becher des Zorns ein Bild für das Gericht Gottes Ps 60,5; Jer 13,12 f; 25, 15 ff; Offb 14,10; 16,19 (W.lese Jer 6,9; Offb 14,18 f, W.treter Jes 63,1 ff). *d)* Die antichristliche Verführung Offb 14,8; 17,2 (vgl. dagegen Dan 1,5.8). *Pfi*

weinen → Tränen.

Weisheit, weise.

I. W. im AT. 1) W. ist Gottes W. 2) In der Schule der Lebensweisheit. 3) Die W. als Botin Gottes. — II. W. im NT. 1) Die törichte W. Gottes. 2) Die W. von oben.

Die verstehende Einsicht in die verborgenen Zusammenhänge der Welt und des Geschehens in ihr und das richtige Sichverhalten und Handeln auf Grund solcher Einsicht ist in der HS nicht menschliche Fähigkeit, Errungenschaft, Forschungsergebnis, sondern Anteilnahme an Gottes W., Einblick in seine Planungen, Wege und Ziele, so wie er sie dem Glaubenden eröffnet. Im AT wurde der → Hellenismus, im NT die → Gnosis Anlaß zur Auseinandersetzung mit einer W., die aus anderen Quellen schöpfte und in der Gemeinde Verwirrung anrichtete

I. W. im AT. 1) W. ist Gottes W. „Dein ist beides, W. und Stärke" ist die Grundlage aller wirklichen W. Dan 2,20; Hiob 9,4; 12,13; Jes 31,2. Es ist sinnvoll, nach W. zu trachten, weil in Gottes Welt nirgends das Planlose, der bloße Zufall und Einfall regiert. Weil sie Gottes W. ist, ist der aus sich selbst kluge Mensch nicht auch schon w. Jer 9,22 f; Jes 29,14; 40,13 f. Nur im gehorsamen Eingehen auf Gottes erleuchtendes Wort verstehen wir wirklich 5Mose 4,6; Ps 19,8; 119,99.

W. ist Gottes Gabe Spr 2,6. Das Vermögen, ein Volk zu führen 5Mose 1,13; 34,9; 2Sam 14, 20; 1Kö 5,9 ff oder künstlerische Fähigkeit 2Mose 28,3; 31,3 ff ist Gottes Geschenk. Es ist nicht menschliche Überlegenheit, wenn Joseph 1Mose 41,39; Ps 105,22 oder Mose Apg 7,22 oder Salomo 1Kö 5,9 ff oder Daniel 2,48 die W. der Ägypter oder Babylonier in den Schatten stellen. Die erlernbare, auf Einblicke in das Hintergründige eingestellte zunftmäßige W. an den Höfen des Vorderen Orients ist ohnehin fragwürdig genug Jes 10,13; 19,11 f; Jer 18,18; Jes 47,10.

2) In der Schule der Lebensweisheit. Die W. ist im Buch der → Sprüche 10-31 oder bei → Sirach weithin ein auf Erfahrung gegründetes Wissen von der rechten Lebensgestaltung des Einzelnen. Hier ist eine Fülle von kluger Beobachtung in Sinnsprüchen aufgespeichert, die sich auf den ersten Blick kaum von der Lebensweisheit anderer Völker unterscheidet, vgl. die fast wörtliche Übereinstimmung von Spr 22,7-23,11 mit einem ägyptischen W.sbuch. Es kann so scheinen, als ob man sich auch im Umkreis des AT getraue, das Leben mit einem ordentlichen Vorrat geprägten gesunden Menschenverstandes zu bewältigen. Allein so wenig direkt Bezug genommen wird auf die Offenbarung Gottes im Gesetz und in den Propheten, so ist doch die gemeinsame Heimat unverkennbar. Die Gottesfurcht ist nicht letzter metaphysischer Endpunkt dieser W., sondern ihr Anfang, von dem sie überall ausgeht Spr 1,7; 9,10; 15,33; Ps 111,10; Sir 1, 1.14 ff, vgl. die Einreihung der W. Jes 33,6. Von daher sucht die W. die verborgene Ordnung in allen Dingen, die ihr im Glauben gewiß ist. Es ist eine W., die den ganzen Menschen formt und erleuchtet Spr 1,5; Pred 2,13; 8,1. Von daher ist ein ungemein zuversichtlicher, mannhafter Ton in diesem Lob der W. Daß sie bloßer Wahn sein kann, ist nicht vergessen Spr 26, 12; 28,26; Jes 5,21, vgl. Spr 11,2, auch nicht, daß man mit all seiner W. vor Gott scheitern kann Spr 21,30; Jes 29,14.

3) Die W. als Botin Gottes. In einer Spätform der → W.sliteratur des AT — vor allem Spr 1-9; Hiob 28; Sir 24; Weish 7,22 ff — ist die W. als Person, als Gestalt die Beauftragte Gottes, an deren Botschaft sich das Leben, das Heil entscheidet Spr 3,18; 8,35 f; 13,14. Sie ist Erstling und Grundgedanke der Schöpfung, Gottes Liebling (so Spr 8,30 besser als „Werkmeister"), Mitwisserin, ihm zur Seite entzückt spielend auf dem Erdboden in der Lust an den Menschenkindern Spr 8,22 ff; Weish 8,3 ff; 9,4, vgl. Spr 3,19 f; Sir 1,1-10. Als solche ist sie nun Gottes Herold in aller Öffentlichkeit Spr 1, 20 ff, enttäuscht klagend, daß man sie nicht hört. In dieser dichterischen Spätgestalt ist die W. als Einblick in das Schöpfungs- und Weltgeheimnis, in dem sich Israel in das Ganze damaliger Welterkenntnis einreiht Spr 8,22 ff; Hiob 38.39, nun erst recht Anlaß, zur wahren W. einzuladen, die Israels eigenster Auftrag ist Spr 8,1 ff. 32 ff; 9,1 ff. Dabei verbindet sich die Erinnerung an Gottes Gebot im Gesetz mit dem Ruf der W. Sir 1,32; 45,6. Übrigens blieb die Grenze zu einer aufklärerischen W. — als ob wir wüßten, „was die Welt im Innersten zusammenhält" — deutlich Hiob 28; Weish 9,13 ff. W. ist und bleibt zuletzt Furcht des Herrn Hiob 28,28. Das sagen im Prediger die skeptischen Gedanken über das Trachten nach W. 1,13.17; 2,15 f neben 9,13 ff; 12,13. Schließlich ist auch die spätjüd. → Apokalyptik W. Dan 2,20 ff; Weish 8,8. Es bleibt in alledem der Eindruck des Ungelösten, Unerfüllten, ein Warten auf den, auf dem der Geist der W. ruhen wird, so wie sie die Welt nötig hat Jes 11,2.

II. W. im NT. 1) Die törichte W. Gottes. Das NT rühmt wie das AT die W. Gottes Röm 11,33; 16,27; Offb 7,12. Aber diese W. hat nun ihren ganz konkreten neuen Sinn: Jesus Christus ist uns gemacht zur W. 1Kor 1,30. Diese W. rechtfertigt sich in dem, was Gott in Christus der Welt tut zu ihrem Heil Mt 11,19;

Eph 3,9f. Hier offenbart sich die göttliche Kraft und W. so, wie sie endgültig Glauben weckt 1Kor 1,24. Hier ist — im Rückblick auf verflossenen Ruhm — mehr als Salomo Mt 12,42.

Diese W. Gottes bezeugt sich entscheidend in dem, was am Kreuz geschieht. Dort aber stößt sie hart zusammen mit einem ganz anders gerichteten Denken, das nach einer die „Weisen und Klugen" überzeugenden W. fragt. Das ganze Ärgernis an Jesus, das die hochgeistigen Wissensstolzen von ihm fernhielt Mt 11,25, ärgert sich zutiefst am „Wort vom Kreuz" 1Kor 1,18: Das ist Torheit! Dieses Ärgernis ist im Zusammenhang mit gnostischen Einbrüchen in die jungen Gemeinden akut geworden. Paulus läßt in 1Kor 1-3 den Gegensatz in seiner ganzen Schärfe stehen. Diese göttliche Torheit ist nun einmal weiser als die Menschen sind 1Kor 1,25. Die wirklich lebensgefährliche Torheit ist dort, wo man den Ruhm einer Klugheit nicht preisgeben mag, die der letzten Klarheit ausweicht. Es handelt sich um heimliche, verborgene W. 1Kor 2,7; die Schätze der W. und der Erkenntnis liegen in Christus verborgen Kol 2,3. Aber dazu gibt es Haushalter über Gottes Geheimnisse, die das Verborgene ans Licht ziehen, soweit wir dessen bedürfen 1Kor 4,1; Röm 11, 25.33; 1Kor 15,51.

2) Die W. von oben. Diese W. des Glaubens ist Gabe des hl. Geistes 1Kor 2,13; Eph 1,8.17; Kol 1,9. Darum ist die Gemeinde in allem auf solche W. angewiesen Lk 21,15; Apg 6,3.10; 1Kor 6,5; 12,8. Sie erfordert ein Reifgewordensein im Glauben („die Vollkommenen") 1Kor 2,6; Kol 1,28. Sie will erbeten sein Jak 1,5 und bedeutet eine Absage an eine fleischliche W., die „irdisch, menschlich, teuflisch" ist 2Kor 1,12; Jak 3,15. Der rechte Wandel — hier bleibt unter einem neuen Horizont die W.sliteratur des AT wirksam Eph 5,15; Kol 3,16; Röm 16, 19; Jak 3,13 — ist das Zeugnis der W. der Gemeinde des Lammes, das würdig ist, zu nehmen W. und Stärke Offb 5,12.

Lit.: W. Eichrodt, Theol. des AT, II 1935, S. 38ff; G. v. Rad, Theol. des AT, I 1958, S. 415ff; Bultmann, Theol. des NT, 1953, S. 474ff; K. Barth, Kirchl. Dogmatik II, 1, 1948, S. 480ff. *He*

Weisheit, Buch der. Das zu den ATlichen → Apokryphen gehörige Buch gliedert sich in drei Teile: K. 1-5 handeln vom Lohn der W. für die Frommen, 6-8 preisen sie in einem Lied, 10-19 zeigen ihr wunderbares Walten in der Geschichte Israels von Adam bis Mose mit einer Abhandlung über die → Torheit des Götzendienstes (K. 13-15). Der jüd. Verfasser, der wohl im 1. Jh. vChr in Alexandrien lebte, hat das Buch gemäß einem Brauch seiner Zeit unter einem angesehenen Namen, dem des weisen Königs Salomo, hinausgehen lassen. Wie er es in griech. Sprache und in der Form von Gedichten und Abhandlungen geschrieben hat, so war er mit dem ägyptisch-orientalisch beeinflußten → Hellenismus gut vertraut. Aus ihm übernahm er den Glauben an die Existenz der Seele vor ihrer Verbindung mit dem Leibe und den pessimistischen Gedanken, daß der Leib eine Belastung für sie bilde; zugleich ist seine Frömmigkeit ganz jenseitig bestimmt, so daß er sich vom ATlichen Glauben stark unterscheidet. Mit seinem Buch wollte der Verfasser seinen jüd. Glauben mit den Mitteln der hellenistischen Bildung gegen abtrünnige Juden und gegen die Heiden verteidigen. Neben den Werken Philos von Alexandrien ist es das bedeutendste Werk des hellenistischen Judentums und vielleicht dem Paulus bekannt gewesen (Röm 9,19ff). *Fo*

Weisheitsdichtung. *1)* Die W. ist in Israel von der älteren Königszeit bis in die hellenistische Epoche zunächst vom königlichen Beamtentum, danach vom Stand der Weisheitslehrer und von einem größeren Teil des Volkes gepflegt worden. Schon Salomo gilt als Träger der Lebens- und Bildungsweisheit 1Kö 5,9-14, und sicher ist während seiner Regierung die W. am Königshof heimisch geworden. Im Zusammenhang damit tragen Spruchsammlungen Spr 10,1; 25,1 und Weisheitsbücher (Spr, Pred, Weish) Salomos Namen. Eine Blütezeit der W. scheint ferner die Regierung des Königs Hiskia gebracht zu haben Spr 25,1. Weitere Erzeugnisse der W. finden sich verstreut im AT, zB Ps 1; 32,8-11; 119; Hiob, und im späteren jüd. Schrifttum außerhalb des Kanons, zB Sirach, 4Makkabäer, Weisheit und einzelne Abschnitte in Tobias, 3Esra und Baruch. Ursprünglich ist die W. aber nicht etwa Israels besonderes Eigentum; sie war international verbreitet, wie zahlreiche Textfunde von Mesopotamien bis Ägypten beweisen und wie das AT selbst bezeugt 1Kö 5,10f; 10; Jes 47,10; Jer 10, 7; 49,7; Hes 28,3f; Spr 30f. Daher zeigt die ATliche W. große Gemeinsamkeiten mit derjenigen der Umwelt und hat sie zT sogar übernommen Spr 22,17ff. Jedoch ist sie unter dem Einfluß des prophetischen Glaubens wesentlich vertieft und bereichert worden, bes. durch die Verbindung von Gottesfurcht, Weisheit und Gerechtigkeit (→ Sprüche, Buch der).

2) a) Die Form der *Lebensweisheit,* die als eine Art praktische Philosophie zweckmäßige und nützliche Lebensregeln lehrt, ist der aus dem → Sprichwort entwickelte Spruch. Er besteht zunächst aus zwei Halbzeilen, die eine Sinneinheit bilden, und wird zu mehrzeiligen Sprüchen oder kleineren Gedichten ausgeweitet, zu denen später größere Gedichte hinzutreten. Sie alle sind in kleineren und größeren Sammlungen vereinigt worden, gelegentlich nach gleichen Anfangsbuchstaben oder -worten Spr 11,9; 15,13ff oder Themen geordnet Spr 16,12ff. Daneben stehen schon in Mesopotamien größere Dichtungen in Dialogform, deren Krönung das Buch Hiob bildet. — *b)* Die Form der *Bildungsweisheit,* die als eine Art umfassender Geistes- und Naturwissenschaft über alle Erscheinungen in der Welt belehren will, ist ursprünglich die listenmäßige Aufzählung, die lexikalisches und enzyklopädisches Wissen vermittelt. Vielleicht meint 1Kö

5, 12f zwei solcher Listen mit 3000 bzw. 1005 Bezeichnungen von Bäumen, Tieren usw; jedoch ist von alledem nichts erhalten geblieben, und nur mancherlei Zusammenstellungen lassen die Benutzung solcher Listen vermuten Ps 104; 148; Hiob 28; 38-41. Eine Abart bilden die Zahlensprüche Spr 6, 16-19; 30, 11-31, die wieder mit dem Rätsel Ri 14, 14; 1Kö 10, 10 zusammenhängen, das einen Prüfstein für Bildung und Scharfsinn darstellt.

Lit.: E. Sellin - G. Fohrer, Einleitung in das AT[10], Heidelberg 1965, § 46-48. *Fo*

weiß → Farben.

Weissagung ist ein mehr volkstümlicher als theol. zutreffender und ein ungenauer, wenn nicht irreführender Ausdruck für die prophetische Verkündigung. Er läßt sich von der Wahrsagung, die in vielen Religionen in mancherlei Art die Zukunft vorhersagen will, nur auf gekünstelte Weise abgrenzen. Vor allem wird beim Gebrauch der Ausdrucksweise nicht berücksichtigt, daß die Propheten sich in ihrer Botschaft weniger auf die Zukunft als auf ihre Gegenwart beziehen und von der Zukunft nur sprechen, um auf die Gegenwart einzuwirken. Damit stimmt überein, daß Luther das Wort Weissager hauptsächlich für die falschen isr. und die heidnischen Propheten gebraucht, nach den hebr. Ausdrücken für den Orakelbefrager 5Mose 18,10; 1Sam 6, 2; Jes 44, 25; Jer 27, 9 und den Schwätzer Jer 50, 36 (richtiger: Wahrsager). Die bibl. Ausdrücke für die prophetische Verkündigung sind der hebr. Stamm nb' (nibba' und hitnabbe') und griech. propheteuein. Ursprünglich bezeichnen sie ein Auftreten in prophetischer Ekstase, vgl. 1Sam 10, 5 f. 10 f; 19, 20 ff; 1Kö 22, 10 ff, dann allg. das Sichäußern und Sprechen als Prophet. Daher ist statt von W. richtiger von prophetischem Auftreten und prophetischer Verkündigung zu sprechen. Für das Zustandekommen der Verkündigung → Propheten 2). *Fo*

Weizen, in Kanaan schon in der Bronzezeit bekannt, wird als die wichtigste Getreideart stets an erster Stelle genannt 5Mose 8, 8, im NT fast allein erwähnt (nur Jo 6, 9. 13 nennt Gerstenbrote). In alter Zeit war Ausfuhr von W. möglich 1Kö 5, 25; Hes 27, 17; vgl. Apg 12, 20. Der W. wurde nach dem Frühregen, etwa im November, gesät und reifte 14 Tage nach der Gerste; von der W.ernte hat der erste Monat seinen Namen Abib. Die Körner konnten aus abgerissenen Ähren roh gegessen werden 5Mose 23, 26; Mt 12, 1 oder wurden sie als Proviant geröstet 1Sam 17, 17; 2Sam 17, 28, meist aber zu Mehl, zu feinerem oder gewöhnlichem Mehl 1Kö 5, 2 vermahlen. Mit dem „Mark des W.s" Ps 81, 17; 147, 14; 5Mose 32, 14 war bester W. gemeint. *Schl*

Welt, Weltbild. *1) Im AT. 2) Im NT.*

1) Das AT ist an naturphilosophischen Gedankengängen und Spekulationen nicht interessiert. Die Geschichtsgebundenheit des theol. Denkens Israels führte in eine andere Richtung als die durch eine Naturphilosophie gewiesene. Trotzdem machte sich das Bedürfnis eines Weltverständnisses in den praktischen Fragen, zB nach der Herkunft von Regen, Grundwasser und Meer bemerkbar. Diese Fragen werden durch das W.bild des Alten Orients, das Israel weithin übernahm, beantwortet. Von daher ist verständlich, daß Israel entweder von Himmel und Erde spricht oder auch die Bezeichnung „Das Ganze, das Gesamte" Ps 8, 7; Jes 44, 24; Pred 3, 1 verwendet. Dieses Ganze ist in drei Teile geteilt, Himmel, Erde und Unterwelt. Wie im altorientalischen W.bild wird die Erde als Scheibe auf dem Ozean schwimmend gedacht, so bes. im priesterschriftlichen Schöpfungsbericht 1Mose 1, 9 ff. Abweichend davon sagt Ps 24, 2 aus, daß „der Erdboden an die Meere gegründet und an den Wassern bereitet" sei. Wieder eine andere Anschauung äußert Hiob 26, 7 ff, „der die Erde aufhängt über dem Nichts". Unter der Erde befindet sich der Aufenthaltsort der Toten. Nach 4Mose 16, 31 ff kann sich die Erde spalten und die Verdammten verschlingen. Diese Vorstellung von der das Maul aufsperrenden Erde findet sich auch Jes 5, 14. Ein Ausgleich mit der Anschauung von dem unter der Erde befindlichen Ozean hat nicht stattgefunden. Das Himmelsgewölbe spannt sich massiv wie eine Schale über die Erde aus. Oberhalb dieses Gewölbes befindet sich der Himmelsozean (hebr. mabbūl) 1Mose 1, 6-8; 7, 7 u. ö.

Es ist wichtig, festzustellen, daß im Gegensatz zur altorientalischen Anschauung Israel sich nie auf Spekulationen über das, was oberhalb des Himmelsgewölbes gelegen war, eingelassen hat. Die Vorstellung von verschiedenen Himmelsräumen oder Himmelsstockwerken findet sich im AT nicht. Der verschiedentlich gebrauchte Ausdruck „Himmel der Himmel" 5Mose 10, 14; 1Kö 8, 27; Ps 148, 4; Neh 9, 6; 2Chr 2, 5; 6, 18 ist eine superlative Wendung, die den Inbegriff des Himmels, aber nicht verschiedene Räume des Himmels bezeichnen will. Noch stärker betont Hesekiel die Außerweltlichkeit dessen, was sich über dem Himmelsgewölbe befindet. Das ist menschlicher Gedankenbildung entzogen. Israel hat hier nicht die reiche Mythenbildung des Alten Orients übernommen. Das gleiche gilt von den Gestirnen, die der priesterschriftliche Schöpfungsbericht deutlich zu Werkzeugen, zu Himmelslampen degradiert. Der Zusammenhang zw. Gestirnen und irdischem Schicksal wird konsequent im Gegensatz zur altorientalischen → Astrologie bestritten.

Daher gilt im AT das wesentliche Interesse der Erde, hebr. hā'āres. Sie wird durch die göttlichen Ordnungen bestimmt. Die eigentümliche Diesseitigkeit ATlichen Denkens prägt sich auch hier aus. Die auf der Erde herrschende Zeit liegt in den Händen Gottes Ps 31, 16. Auf dieser Erde hat der Mensch bei aller schöpfungsmäßigen Verbundenheit mit Tier und Pflanze die Mittelpunkts- und Herrscherstellung. Dieser Mensch hat die Gabe und Gnade, von Gott angerufen und in seinen Dienst gestellt zu werden; er hat aber auch die Möglichkeit, Gott zu trotzen und sich gegen ihn aufzulehnen. Die prophetische Botschaft spricht vom Gericht über den Menschen wie auch von der Hoffnung auf eine neue Begegnung Gottes mit dem Menschen. Die gleiche Spannung zeigt sich auch in der Beurteilung der Völkerwelt, die nach der Priesterschrift (Völkerstammtafel 1Mose 10. 11 P) die Auswirkung des Schöpfungsreichtums Gottes, nach dem Jahwisten Folge der Sünde (1Mose 11, 1 ff) ist. Durch die konsequente Konzentrierung des ATlichen Weltbilddenkens auf die Erde wird die Würdigung der W. als Gottes Schöpfung in ihrer Schönheit und Zweckmäßigkeit möglich Ps 8; 104.

2) Hat das AT von der Geschichtsoffenbarung Gottes und seiner dadurch bestimmten Gottesanschauung her sich bei aller Anlehnung an das altorientalische W.bild doch von diesem charakteristisch in eigener Gedankenprägung geschieden, ist das beim NT noch deutlicher zu spüren durch den entscheidenden Einfluß der Christusoffenbarung und des Bekenntnisses zu dem Herrn Jesus 1Kor 12, 3. Dabei ist zu einzelnen W.bildaussagen des NT zu bemerken, daß das NT nicht nur dem altorientalischen W.bild gegenübersteht wie das AT, sondern es auch mit dem griech. und gnostischen, dem ATlichen und spätjüd. W.bilddenken zu tun hat. Diese verschiedenen Anschauungen stehen unbefangen und unausgeglichen im NT nebeneinander. Es spricht von der Zweiteilung in Himmel und Erde, zB Lk 16, 17 u. ö., ebenso wie von der Dreiteilung in Phil 2, 10 („die im Himmel und auf Erden und unter der Erde sind"), vom Himmel als dem Thron Gottes Mt 5, 34, ebenso wie vom Fürsten dieser Welt Jo 12, 31; 14, 30; 16, 11 und dem entmachteten Satan Lk 10, 18. Selbst der aus dem griech. Denken entlehnte Begriff Kosmos wird im theol. und nicht im kosmologischen Sinn verwendet. Ebenso wie im AT hat der Mensch die überragende Sonderstellung, die ihn zu Gehorsam gegenüber Gott verpflichtet, bei Auflehnung und Sünde in Schuld verstrickt; aber im Gegensatz zum AT beläßt ihn das NT nicht nur in der Hoffnung auf die Erlösung, sondern gewährt ihm die Erlösung als geschichtliches Widerfahrnis in Christus. Freilich ist die Konzentrierung auf die Christustatsache die Ursache dafür, daß im NT die Aussagen über die Herrlichkeit und Zweckmäßigkeit der Schöpfung im Gegensatz zum AT zurücktreten. Die eschatologische Ausrichtung des NT hat zu diesem Zurücktreten stark mitgewirkt. Bezeichnend dafür ist die Aussage 2Petr 3, 13: „Wir warten aber eines neuen Himmels und einer neuen Erde, in welchen Gerechtigkeit wohnt". Das W.bilddenken hat gegenüber der Christustatsache keine irgendwie maßgebende Bedeutung. *Ba*

Welt — die widergöttliche Welt. Ein eigentümlicher, theol. bedeutsamer Sprachgebrauch von W. findet sich bes. bei Johannes und Paulus; dabei ist wesentlich an die Menschenwelt gedacht.

1) Die von Gott geschaffene W., „diese W." — so zB Jo 8, 23; 18, 36; 1Kor 1, 20; 7, 31 — mißbraucht die ihr gegebene Freiheit zur Auflehnung gegen Gott Jak 4, 4, zur Ablehnung seines Lichts Jo 3, 19 und wird eine W., die mit ihrem bösen Wollen Jo 7, 7 vor Gott schuldig ist Röm 3, 19, vom Gericht bedroht 1Kor 11, 32, vom Bösen beherrscht 1Jo 5, 19, unter dem „Fürsten dieser W." Jo 12, 31; 14, 30; 16, 11, dem „Gott dieser W." verfallen 2Kor 4, 4, vgl. Eph 6, 12. Die W. verführt zu sinnlicher Lust und ichbetonter Großtuerei 1Jo 2, 15 f; 2Petr 1, 4, reißt aber damit ins Verderben 1Jo 2, 17; 2Petr. 2, 20.

2) Gott aber liebt diese W. und will sie retten Jo 3, 16 f; er gibt seinen Sohn in die W. und für die W. Jo 12, 47; 2Kor 5, 19; 1Tim 1, 15; 1Jo 4, 14. Durch ihn ist die Sünde der W. versöhnt Jo 1, 29; 1Jo 2, 2; er bringt der W. das Licht Jo 1, 4 f; 8, 12; 9, 5; 12, 46, das Leben Jo 6, 33. 51; 1Jo 4, 9 und den Frieden Jo 14, 27.

3) Dieser suchenden Liebe Gottes gegenüber bleibt die W. weithin eine Gott ablehnende W. Jo 1, 10 f; 16, 8 f; 17, 25; 1Kor 1, 21 ff; 1Jo 4, 5 f, darum auch im Kampf gegen die Gemeinde Jesu Jo 15, 18 ff; 1Jo 3, 13. Damit steht sie unter Gottes Gericht Jo 3, 18 f; 9, 39; 12, 31; 1Kor 1, 19 ff, von Gottes Gabe ausgeschlossen Jo 14, 17.

4) Darum gehört zur Aufgabe der Christenheit, so gewiß sie zum Dienst an der W. berufen und in die W. gesandt ist Jo 17, 18; 1Jo 4, 17, doch auch ein Wissen um ihre Scheidung von der W. Jo 15, 19; Gal 6, 14; Jak 1, 27, um ihr Anderssein Jo 17, 16; Kol 2, 20 ff, in der Gewißheit, daß dem Glaubenden der Sieg über die W. geschenkt ist 1Jo 4, 4; 5, 4. *Schl*

Weltbrand. Nach den Aussagen der HS ist die → Welt vergänglich; wie sie geschaffen ist, so wird sie vergehen und wird ein neuer Himmel und eine neue Erde geschaffen Jes 65, 17; 66, 22; 2Petr 3, 13; Offb 21, 1. Für die → Endzeit wird ein machtvolles Eingreifen Gottes erwartet, das den ganzen Weltbestand umgestaltet; als das Mittel wird mehrfach das → Feuer genannt Jes 66, 15 f; Zeph 1, 18; 3, 8. Wie daraus in der Apokalyptik und bei den Rabbinen die Erwartung eines W.s entwickelt und dem einstigen Gericht durch die Sintflut gegenübergestellt wurde, so hat auch 2Petr 3, 7. 10. 12 gegenüber einem Vertrauen auf die unwandelbare Festigkeit der Natur die Vorstellung von einem W. aufgenommen. Dabei ist zu beachten, daß es sich nicht um völlige Vernichtung der alten Welt handelt, sondern um ihre Erneuerung durch das Gericht hindurch. Über den wechselnden Vorstellungen, wie das Ende der bestehenden Welt zu denken sei, steht der Kernsatz der christl. Hoffnung auf die Wiederkunft Christi. *Schl*

Weltgericht → Gericht.
Weltweise → Philosophie.

Werk, wirken.

I. Gottes Wirken. II. 1) Das Werk des Menschen. 2) Gerecht ohne Werke. 3) Das Werk des Glaubenden.

I. 1) Die HS rühmt Gottes W. mannigfach, das W. der Schöpfung 1Mose 1,31; Ps 19,2; 92,5 f; 104; 139,14 und sein Wirken in der Führung seines Volkes 5Mose 3,24; Ps 46, 9 ff; 66,3 ff; 77,12 ff; 111,2 ff; 145,3 ff; Jer 51,10. Gott ist der Wirkende, der auch heute am Wirken ist Jo 5,17, der alles wirkt 1Kor 12,6, dessen ewige Kraft und Gottheit an den W.en ersehen werden kann Röm 1,20. — *2)* Darum ist auch Christus der Wirkende Jo 5,17, dazu gesandt, um des Vaters W.e zu vollenden Jo 4,34; 5,36; 9,4; 17,4, so daß seine W.e für ihn zeugen 10,25.37 f; 14,10 f. Zu seinem W. gehören neben dem Wort, das er verkündet, die Taten helfender Macht. — *3)* Als der Erhöhte wirkt Christus in den Seinen durch den hl. Geist Mk 16,20; Apg 13,2, wie er ihnen als Frucht ihres Glaubens und Bittens ein Wirken verheißen hatte, das über sein eigenes hinausgreift Jo 14,12 f. Es war die Freude des Paulus, daß Christus in seinem Wirken so wirksam wurde Röm 15,18 f; 1Kor 9,1; 2Kor 12,9 f; Phil 4,13; Kol 1,29, so daß er nur die schenkende Gnade rühmen kann 1Kor 15,10; 1Tim 1,12 ff.

II. 1) Gottes Gesetz fordert von dem Menschen einen Gehorsam, der den Willen Gottes tut 3Mose 18,4 f; 5Mose 6,17 f. Das ganze Gesetz will getan sein Gal 5,6; Jak 2,10 f. In der Tat haben viele Fromme in Israel mit Eifer Gott gedient Röm 10,2, so daß uns nicht selten ein Wissen um → Gerechtigkeit (Sp. 393 f) und → Unschuld begegnet, wie auch Paulus überzeugt war, vor dem Gesetz gerecht gewesen zu sein Phil 3,6. Es bleibt der unverrückbare Wille Gottes, daß sein guter Wille im guten W. getan wird Röm 2,7.10. Fromm zu denken und fromm zu reden kann nicht genügen. Darum prüft Gott im → Gericht das W. des Menschen und vergilt nach dem W. Jer 17,10; Mt 16,27; 2Kor 5,10; 11,15; 1Petr 1,17; Offb 20,12; 22, 12. Auch der Christ kann die Echtheit seines Christenstands nur im Tun, nur in Gott gefallenden W.en erweisen Eph 2,10, als ein Gottesmensch, der zu allem guten W. geschickt ist 2Tim 3,17. Christ sein heißt, sich von den toten W.en, die im Tode festhalten, abwenden und dem lebendigen Gott dienen Hebr 9,14.

2) Der Christ weiß, daß durch das W., durch tätige Erfüllung des göttlichen Willens kein Mensch vor Gott gerecht wird Gal 2,16. Das → Gesetz spricht die hl. Forderung Gottes aus Röm 7,12, gibt aber nicht die Kraft zum guten W., weckt vielmehr gerade mit seiner Forderung den Widerspruch und den gegen das Gesetz aufstehenden Willen des Menschen Röm 7,7 ff und führt damit zur Erkenntnis der Sündhaftigkeit 3,20; 7,18 ff. Es gibt kein Rechtsein vor Gott aus dem eigenen W. 3,19.23. Darum ist es die rettende Botschaft, daß es ein Rechtwerden vor Gott gibt, bei dem wir von unseren W.en ganz absehen dürfen und allein, was Christus getan hat, der Grund unserer Zuversicht ist 3,24.28; 4,5; Gal 2,16; Eph 2,8 f; 2Tim 1,9. Was wir getan haben, macht uns vor Gott schuldig; was Christus für uns getan hat und tut, in seinem Sterben und Auferstehen und gnädigen Eintreten für uns, das läßt uns vor Gott gerecht sein, macht uns der Vergebung gewiß, bedeutet für uns Leben und Freude; wir können dies nur im Glauben annehmen und als auch für uns gültig anerkennen. Darum gilt: nicht aus W.en, die wir zu tun hätten, sondern allein aus Glauben, aus dem Glauben an die Gnade Gottes in Christus.

3) Nun aber wirkt Christus, weil wir als Glaubende am Sterben des Christus Teil empfangen und der Sünde sterben Röm 6,2 ff und am Leben des Christus Teil empfangen und zu einem neuen Leben erweckt sind 6,4 ff, in seinen Gläubigen ein neues Wollen und Tun Röm 8,9; Phil 2,13. Echter Glaube wird in der Liebe tätig Gal 5,6, während ein Glaube ohne Liebe völlig wertlos ist 1Kor 13,2. Als Glaubende, die sich nicht auf ihr W. verlassen, wandeln wir in guten W.en, die für uns bereitet sind Eph 2,9 f; 4,12. Daß zum Christenleben das gute W. gehört, wird mannigfach ausgesprochen Mt 5,16; Kol 1,10; 1Tim 2,10; 6,18; 1Petr 2,12; Hebr 13,21. Darum vertritt der Jakobusbrief eine gesamtkirchliche Überzeugung, wenn er nachdrücklich fordert, daß der Glaube sich im W. lebendig erweise 2,17.26 und einen Glauben ohne W.e mit einer Liebe vergleicht, die nur Worte macht 2,15 f. Was in der Formulierung wie ein Widerspruch gegen Paulus aussieht 2,21 ff, trifft doch in der Sache mit ihm zusammen: Paulus preist die Liebe Gottes, die alles für uns getan hat, so daß die Frage, worauf unser Heil ruht, nur die Antwort bekommen kann: auf Glauben allein und gar nicht auf unserem W.; ebenso gewiß aber kann, wenn Jakobus fragt, wie wir als die Erlösten und mit Leben Beschenkten Gott dienen wollen, die Antwort nur lauten: nicht mit einem Glauben, der nur ein Wissen ist, wie es auch die Teufel haben 2,19, oder vielleicht fromme Worte macht, sondern mit dem Glauben, der uns von ganzem Herzen und mit allen unseren Kräften (Mk 12,30) Gott dienen läßt. Der Grund unserer Heilsgewißheit kann nur ein Glaube sein, der im W. Jesu Christi den alleinigen Grund unserer Zuversicht sieht; aber dieser Glaube wird in uns die Kraft eines tapferen Gehorsams und frohen Dienstes. Nach Jo 3,20 f ist es schon für das Entstehen des Glaubens bedeutsam, ob unser W. böse ist und dem Licht ausweicht oder gut und für das Licht offen. Wenn Jo 6,29 im Unterschied von allen gesetzlichen Leistungen der Glaube an Jesus als das W. erscheint, mit dem Gottes Wille getan wird, so ist diese Aussage möglich, weil ein gläubiges Verhalten den ganzen Menschen bewegt und tätig werden läßt. Nie aber darf der Glaube in dem Sinn ein W. werden, daß wir uns unseres Glaubens rühmen und uns auf ihn stützen, also an unseren Glauben glauben statt an Christus. *Schl*

Wermut, die zu den Gewürzkräutern gehörende Heilpflanze, kommt in mehreren Arten vor; die stark riechenden, gelben Blütenköpfchen galten als giftig. Um seiner Bitterkeit willen ist der W. ein oft gebrauchtes Bild für Unrecht, Leiden und Gericht 5Mose 29,17; Klgl 3,15; Am 5,7; 6,12; Jer 9,14; Offb 8,11. *Schl*

Westen → Himmelsrichtungen.

Wetter meint bei Luther stets Unwetter. Es begegnet in der HS öfters als schreckenerregende Begleiterscheinung der → Theophanie 2Mose 19, 16ff; Ps 50,3; Nah 1,3 und ist Mittel der Heimsuchung und Vergeltung Gottes Ps 11,6; 83,16; Jes 29,6; Zeph 1,15. Das W. ist Bild für Unheil, das der Gemeinde von der Weltmacht zugefügt wird Jes 28,2; 54,11, und für die Unbeständigkeit des Gottlosen, der wie ein W. vorübergeht Spr 10,25. *v. d. W.*

Wicke. Die Gewürzpflanze Jes 28,25.27 (Luther: W.) ist der Schwarzkümmel, mit dessen Samenkörnern noch heute das Brot gewürzt wird. *Schl*

Widder. Das erwachsene männliche → Schaf war ein wichtiges Opfertier (→ Opfer), bes. als Schuldopfer 3Mose 5,15.18 und Brandopfer 1Sam 15,22. Der W. wird zum Bild für Machthaber Hes 34,17; 39,18. In Daniels Gesicht 8,3ff stellt er das medisch-persische Reich dar. Das W.horn wurde als Blasinstrument (schophār, → Sp. 936) und als Ölbehälter verwendet. *Schl*

Widerchrist → Antichrist.

Wiedehopf. Zu den unreinen Vögeln 3Mose 11,19; 5Mose 14,18 gehört auch der W. mit seiner schönen Federhaube auf dem rostgelben Kopf, der seine Nahrung von Insekten und Würmern oft im Kot sucht. *Schl*

Wiederbringung. *1)* Das Wort von der W. von Verlorenen 1Mose 14,16; Hes 34,16 meint dann bes. die Zurückführung des versprengten Israel in die Heimat 1Kö 8,34; Jer 16,15; Hes 37,21; Ps 126,4. Die Gefangenen erleben darin die Gnade Gottes Jer 23,3 und den Dienst des Gottesknechtes Jes 49,6. — *2)* Nach Mt 17,11 erwartete man zZ Jesu, daß Elia wiederkomme und alles „zurechtbringe", vgl. Mal 3,23 f. Ähnlich erwarten Jesu Jünger in ihrer Frage Apg 1,6, daß ihr Herr in Bälde sichtbar sein Reich aufrichten werde, während Petrus Apg 3,21 ausspricht, daß das neue Kommen des Herrn aller Prophetie die Erfüllung bringt, alle Verheißungen „herstellt". So ist auch in dem Wort Mt 19, 28 die Erwartung bezeugt, daß am Ende der Zeit für die Welt ein „Neuwerden", eine „zweite Geburt" kommt. Durch Christus wird Gottes Schöpfung zu ihrem Ziel kommen, → Endzeit. — *3)* In den Paulusbriefen leuchtet die starke Hoffnung auf, daß einst auch die Nichtglaubenden, die nur Kreatur Gottes, nur Geschöpfe, nicht Kinder sind, an der herrlichen Freiheit der Kinder Gottes teilbekommen Röm 8,19-22 und Christus das Haupt des Alls sein wird Eph 1,10 und alle im Himmel, auf Erden und unter der Erde vor ihm sich beugen Phil 2,10f und nach der Überwindung aller feindlichen Gewalten Gott alles in allen sein wird 1Kor 15,24-28. Auf diese Aussagen und auf den Willen Gottes, der allen helfen, alle zur Erkenntnis der Wahrheit bringen will 1Tim 2,4, gründet sich die Hoffnung mancher Kreise, es werde der Weisheit und der Gnade Gottes gelingen, schließlich doch durch Gerichte hindurch in einer gnadenvollen W. aller Verirrten alle Geschaffenen zum Heil, zur Seligkeit zu führen — alle, sogar den Satan. Doch ist zu bedenken, wie ernst in vielen Worten mit einem zwiespältigen Ausgang der Geschichte der Menschheit gerechnet wird, → Sp. 267. *Schl*

Wiedergeburt. Das Wort findet sich im NT nur Mt 19,28 als Bezeichnung der neuen Welt Gottes und Tit 3,5 als Beschreibung der mit der Taufe gesetzten neuen Wirklichkeit für den einzelnen Christen. Als wiedergeborene, neugeschaffene Menschen werden die Christen 1Petr 1,3.23; Jak 1,18 bezeichnet. Die Sache ist auch da gemeint, wo, wie bes. in Jo 3, von einer Geburt „von oben" oder, wie bei Paulus, von „neuer Kreatur" die Rede ist 2Kor 5,17; Gal 6,15. Das Bild unterstreicht den entscheidenden Anteil Gottes an dem neuen Leben, mit dem er den Menschen beschenkt, wobei der Mensch nur empfängt. Die Konsequenzen aus solcher neuen Geburt im gegenwärtigen, leiblichen Leben beschreibt bes. 1Jo 2,29; 3,9; 4,7; 5,1ff; 5,18: mit der Liebe umfängt der Glaubende Gott und den Bruder, weil er sich von Gott in Christus geliebt weiß. Die W. ist ebenso an den Glauben wie an die → Taufe gebunden, in beiden mitgegeben. Ihre Gabe ist die „lebendige Hoffnung" 1Petr 1,3; so bildet sie den Anfang einer neuen Schöpfung Jak 1,18. *Ap*

wiederkauen war neben den gespaltenen Klauen das Merkmal der reinen Tiere 3Mose 11,3; 5Mose 14,6. Die Pflanzennahrung wird nach einer Vorverdauung in einem ersten Teil des Magens noch einmal ins Maul gebracht, dort zerkaut und dann dem Labmagen zugeführt. Daß der → Klippdachs (Luther: Kaninchen) und der → Hase 3Mose 11,5f; 5Mose 14,7 zu den Wiederkäuern gezählt werden, ist ein Irrtum, der wohl daraus erwuchs, daß sie ähnliche Bewegungen mit den Kiefern machen, ohne einen solchen Magen zu haben. *Schl*

Wiederkunft Christi. *1)* Die Gewißheit Jesu,

der Christus, der König in Gottes Reich, zu sein, findet ihren Ausdruck in der Ankündigung seines neuen Kommens Mt 10, 23; 16, 27 f; 24, 30; 25, 31; 26, 64; dieses sein Kommen ist auch in den Gleichnissen 24, 45-51; 25, 1-13. 14-30 par. gemeint. Wenn er in der Herrlichkeit Gottes offenbar wird — darum auf Wolken und von Engeln begleitet und unter Erscheinungen, die den Bestand der Welt erschüttern (→ Tag des Herrn) —, wird er das große → Gericht halten und das → Reich Gottes aufrichten. Eine Angabe über den Termin seiner „Parusie" (dies ist das am meisten gebrauchte griech. Wort) konnte und wollte Jesus nicht machen, da er nur dem Vater bekannt ist Mt 24, 36; sein Kommen gleicht dem Einbrechen eines Diebs 24, 43, dem Aufleuchten des Blitzes 24, 27. Einzelne Züge in der Verkündigung Jesu setzen eine längere Zwischenzeit voraus, etwa die Erwartung der Völkermission 24, 14; 26, 13 oder die Gleichnisse, die die Jünger zur Wachsamkeit mahnen 24, 48; 25, 5. 19. Doch zeigen Worte wie Mt 10, 23; 16, 28; 24, 34, daß auch Jesu Verheißung nicht über seine Generation hinausschaut, wie denn alle echte Hoffnung → Naherwartung ist; → Endzeit 2).

2) Der Glaube an Christus schloß die Erwartung ein, daß der jetzt verborgene und durch den Geist wirkende Herr am Ende der Zeit zu seiner Gemeinde kommen (→ Tausendjähriges Reich) und sich zugleich aller Welt als der Richter zeigen wird. Diese Erwartung wird oft bezeugt, in der Apg 1, 11; 3, 20 f, in den Briefen des Paulus 1Kor 4, 5; 11, 26; 15, 23; 16, 22; 1Thess 2, 19; 4, 15 ff; 5, 1 ff; 2Thess 2, 1 ff; Tit 2, 13 und in den übrigen Briefen 2Petr 3, 12 ff; Jak 5, 7. In dieser Hoffnung verstand die Urgemeinde ihre Zeit als die letzte Zeit 1Kor 10, 11; 1Petr 4, 7; 1Jo 2, 18, unmittelbar vor den letzten Tagen 2Tim 3, 1; 2Petr 3, 3 und glaubte sie das Heil nahegekommen Röm 13, 11 und das Kommen des Herrn nahe Phil 4, 5; Hebr 10, 37; Jak 5, 9; manche glaubten sogar, der Tag des Herrn sei schon angebrochen 2Thess 2, 2; Paulus selbst spricht 1Thess 4, 15. 17 deutlich die Erwartung aus, er werde selbst die W. Ch. noch erleben. So rechnen auch die Gesichte der Offb mit einem raschen Ablauf der zum Ende drängenden Ereignisse 1, 1; 10, 6; 13, 18; 17, 10 f. Daß dann Gottes Regierung die Zeiten dehnte, schuf begreiflicherweise Fragen und Nöte, die bes. deutlich 1Thess 5, 2 ff; 2Thess 2, 1 ff; 2Petr 3, 8 ff sichtbar werden. Es wird durch den Vergleich mit dem Dieb 1Thess 5, 2. 4; 2Petr 3, 10 oder auch mit der Plötzlichkeit des Eintritts von Wehen 1Thess 5, 3 die Unberechenbarkeit der W. betont und zugleich mit einem Hinweis auf Ps 90, 4 ausgesprochen, daß Gottes Zeitrechnung sehr anders ist 2Petr 3, 8.

3) In der Dehnung der Zeiten doch die Spannung einer lebendigen Hoffnung festzuhalten und unermüdet mit einem „bald" zu rechnen, war und ist die schwere Aufgabe, deren Lösung vielfach nicht gelang. Während uns jede Berechnung des Termins versagt ist, darf es die Freude der Gemeinde Jesu bleiben, zu wissen, daß am Ende aller Zeiten sein Tag steht, an dem er durch eine Auferweckung der Toten hindurch im Gericht und in neuer Gnade die Geschichte der Menschheit zum Abschluß bringt und die vollendete Gestalt des Gottesreiches heraufführt. *Schl*

Wiesel. Luthers W. unter den unreinen Kriechtieren 3Mose 11, 29 ist vielleicht der Blindmoll, ein dem → Maulwurf ähnliches Tier. *Schl*

Wild meint mehrfach den Wildesel, der in großen Rudeln in den Steppen schweift und Hiob 24, 5; 39, 5-8 ausdrücklich genannt ist, so Hiob 6, 5; Ps 104, 11; Jer 2, 24. Öfters meint W. irgendwelche Raubtiere 3Mose 7, 24; 17, 15; 1Sam 17, 46; auch das „stolze W." Hiob 28, 8; 41, 26, wörtlich „Kinder des Stolzes", sind Raubtiere, während das W. Sir 13, 23 die Beute des Löwen wird. Das Wildbret 1Mose 27, 3 ff war vielleicht eine Gazelle. An anderen Stellen hat W. allg. Sinn 2Mose 23, 11; 2Kö 14, 9. *Schl*

Wille, wollen. *1) Beim Menschen. a)* Die natürliche Veranlagung, w. zu können, ist das unerforschliche Geheimnis des Menschen, die Krone seiner geistigen Natur, ein Stück der Gottebenbildlichkeit, das ihm der Natur gegenüber einen gewissen Anteil an der Freiheit Gottes gibt 1Mose 1, 26; Ps 8, 6 ff. Die Grenze der Geschöpflichkeit zeigt sich darin, daß Anfang und Ursprung menschlichen Wollens im Wählen zw. Gegebenem liegt 5Mose 30, 15 ff. Innerhalb des von ihm Gewählten hat der Mensch einen gewissen Spielraum, den er zur Willkür mißbrauchen kann Neh 9, 24; 1Kor 7, 37. Mit der Vernunft steht der W. in Wechselwirkung: wir w. nach unseren Gedanken und denken nach unserem Willen; beides ist im Herzen zusammengefaßt Ps 37, 4. *b)* Der W. des Menschen ist auch auf Gott bezogen; daß Gott ihm Gebote gibt, zeigt, daß er mit dem W.n des Menschen rechnet und von ihm die Antwort erwartet: Ja, Herr, ich will 2Mose 19, 8. Er darf Gott auch etwas freiwillig tun 3Mose 22, 18; 2Kor 9, 2 und ihn suchen 2Chr 15, 15. Die Gnade des Bußrufs wendet sich an den Willen des Menschen Jer 26, 3. Gott achtet den W.n des Menschen, auch wenn er das Böse wählt Lk 13, 34. Das Gesetz erweist sich als Wahrheit am Menschen auch dadurch, daß er seine Übertretung nicht will Röm 7, 16. *c)* Der verdorbene W. und seine Erlösung: Durch die Entscheidung von 1Mose 3 ist der W. des Menschen unter die Herrschaft des Gesetzes der Sünde geraten Röm 7, 18 ff; 8, 20; Eph 2, 3. In dieser Not sucht ihn der von Gott gesandte Christus auf Röm 7, 24 f; 8, 3, der seinen W.n Gott gibt und Gottes W.n tut Mt 26, 42; Hebr 10, 5 ff, zur Rettung der Menschen Jo 6, 38 f; Eph 1, 11. Das tut allein Gottes Erbarmen Röm 9, 16. *d)* Der neugeschenkte W.: Weil Gottes Gnade ihr Werk nicht naturhaft an uns tut, vernichtet sie das Wollen in uns nicht, sondern wirkt in uns ein neues Wollen, das Gottes guten, hl. W.n will; so ist Gottes Wirken und unser Bitten zusammengefügt; gerade weil Gott in uns das Wollen und das Vollbringen wirkt, haben wir unsere Seligkeit zu schaffen Eph 2, 10; Phil 2, 12 f; Hebr 13, 21. Weil aber das neue Wollen nicht naturhaft wird, sondern im Glauben liegt, müssen wir uns fürchten, es durch unseren bösen W.n zu hindern und zu zerstören Mt 5, 13; Jo 15, 2 ff; Röm 6, 11 ff; Kol 3, 5 ff; 1Petr 1, 17 ff; Hebr 10, 36. Wer in Christus bleibt und kämpft, darf aber auch Befestigung des neuen W.ns erfahren Mt 13, 12; 1Tim 4, 15; in der Vollendung steht dann unser W. nicht mehr im ringenden Wählen, sondern im seligen Gewählthaben Offb 3, 12.

2) Bei Gott. a) Über allem menschlichen Wollen steht Gottes W. als das vollkommene Urbild unseres W.ns. Sein gnädiger W. will unsere Erschaffung Offb 4, 11, unsere Neugeburt Eph 1, 5; Jak 1, 18, unsere Rettung in der Sendung Jesu Gal 1, 4, die Verkündigung dieser Rettung durch die Apostel 1Kor 1, 1; Hebr 2, 3 f. *b)* Der königliche W. Gottes ist von uns allezeit anzuerkennen und unser W. ihm einzuordnen Mt 6, 10; Apg 21, 14; Eph 6, 6; 1Petr 4, 2 f; 1Jo 2, 17; Jak 4, 15. Da dies Erkenntnis des W.ns Gottes voraussetzt, ist es vornehmste Christenaufgabe, sich um diese zu bemühen Eph 5, 17; Kol 1, 9; Phil 1, 9 ff. Nach seinen umfassenden Grundzügen ist uns der W. Gottes in seinem Wort geoffenbart 2Mose 20; Mt 5-7; Mt 22, 36 ff; Röm 13, 8 ff; 1Thess 4, 3; 1Petr 2, 15; 3, 17; Jak 2, 8 ff. Da aber jeder von Gott her seinen besonderen Beruf hat, muß er sich befleißigen, jeweils den W.n Gottes für sich selbst zu erkennen, was nicht durch Los und Zeichen geschieht, sondern durch Erneuerung unseres Sinns Röm 12, 2; Kol 1, 9; 4, 12, wodurch wir Weisheit erbitten und empfangen können Jak 1, 5; 3, 17. *Pfi*

Wind. *1)* Für Palästina ist wichtig, daß in den regenlosen Sommermonaten Westwinde täglich Kühlung und Feuchtigkeit bringen, während sich im Winter oft der gefürchtete → Ostwind, auch ein Südwind durchsetzt, → Sp. 1002. In dem tiefen Jordangraben können plötzlich gefährliche Stürme entstehen Mt 8, 24; 14, 30. Über dem geheimnisvollen Wehen der W.e Pred 11, 5; Jo 3, 8 weiß der Fromme Gottes Regieren Ps 135, 7; Spr 30, 4. Auch die W.e dienen dem Schöpfer Ps 18, 11; 104, 4; 1Kö 9, 11; Hes 8, 3. Darum hatte auch Jesus Vollmacht über den W. Mk 4, 41.

2) In übertragener Verwendung wird der W., der dahinreißen kann, zum Bild für Gottes Gericht Jes 41, 16; 64, 5, wie der W. Spreu verweht Ps 1, 4; 83, 14; Jes 17, 13. Zugleich ist der W. ein Bild der Vergänglichkeit Hiob 7, 7; Ps 78, 39 und Nichtigkeit Spr 11, 29; Jes 41, 29; Hos 8, 7; 12, 2. Auf den W. achten Pred 11, 4 ist Zeichen der Entschlußunfähigen. Verkehrte Lehre und Zweifel können wie ein W. hin und her treiben Eph 4, 14; Jak 1, 6.

3) Die vier W.e bezeichnen die vier → Himmelsrichtungen 1Chr 9, 24; Jer 49, 36; Dan 7, 2; Mk 13, 27. → Nordwind, Ostw., Südw. *Schl*

Winter → Jahreszeiten.

Wir-Bericht. Wenn in der → Apg in den Berichten von den Reisen des Paulus — 16, 10-17; 20, 5-15; 21, 1-18; 27, 1-28, 16, außerdem in einer alten Handschrift auch in der Notiz aus der antiochenischen Gemeinde 11, 28 — ein „Wir" auftaucht, ohne daß es erklärt ist, so sind hier offenbar Aufzeichnungen eines Teilnehmers an diesen Fahrten benützt. Die nächstliegende Deutung ist, daß Lukas selbst, nach altkirchlichen Nachrichten ein Antiochener (→ Sp. 838), bei der 2. Missionsreise in Troas zu Paulus stieß und in Mazedonien zurückblieb, dann von Philippi aus an der letzten Fahrt nach Jerusalem teilnahm und wieder bei dem Transport nach Rom bei Paulus war. *Schl*

Witwe. War eine Frau kinderlos W. geworden, so sollte sie nach dem Gesetz der → Leviratsehe einem Bruder ihres Mannes zur Frau gegeben werden 5Mose 25, 5 ff; 1Mose 38, 8 ff. Auch ein entfernterer Verwandter konnte als „Löser" in Frage kommen Rt 3, 9; 4, 1 ff. Fehlte indessen ein Bruder, so konnte sie in ihr Elternhaus zurückkehren 1Mose 38, 11; Rt 1, 8 und eine neue Ehe eingehen Rt 1, 9 oder aber unverheiratet bleiben Judith 8, 4 f; Lk 2, 36 f. War der Schwager noch nicht ehefähig, so unterstand sie einstweilen der Autorität des Schwiegervaters 1Mose 38, 11. 14. Nach 1Mose 38, 14; 2Sam 14, 2; Judith 8, 6; 10, 3 trug die W. Trauerkleidung. Da die W. als alleinstehende und nicht rechtsfähige Frau hinsichtlich des Unterhalts und des Rechtsschutzes in besonderem Maße gefährdet und oft auch sehr arm 1Kö 17, 8 ff; 2Kö 4, 1 und unterdrückt war Lk 18, 3, unterstand sie dem bevorzugten Schutz des Gottesrechtes 2Mose 22, 21-23; 5Mose 10, 18; 14, 29; 24, 19. 21. Ihre offene oder versteckte Ausbeutung wird von Gott geahndet 5Mose 27, 19; Jes 1, 17; Jer 22, 3; Mk 12, 40. Ihr zu helfen ist Aufgabe des Frommen Jak 1, 27; Hiob 29, 13; 31, 16. Auch in der christl. Gemeinde bildeten die W.n einen besonderen Stand. Waren sie arm, so sorgte man für sie Apg 6, 1. Von den Aufgaben und Gefahren des W.nstandes entwirft 1Tim 5, 3-15 ein Bild, vgl. auch Lk 2, 37; Mk 12, 42 ff; 1Kor 7, 8 f. 39 f. W.nschaft als Bild vom Strafzustand Jerusalems Klgl 1, 1; Jes 54, 4 und Babels Jes 47, 8 f; Offb 18, 7. *Kn*

Woche → Sabbat, → Feste, → Pfingsten.

Wochenfest. Das W., sieben Wochen nach dem Massotfest, dem Beginn der Ernte, gefeiert, ist mit der Darbringung der Erstlinge des Weizens der Abschluß der Getreideernte, der Erntedanktag, → Sp. 322. *Schl*

Wohlgefallen. *1)* Von *Gott:* Er hat W. an seiner Schöpfung Ps 104,31, am Volk Israel 149,4 (das Gegenteil 1Kor 10,5), am Gottesknecht Jes 42,1, an seinem Sohn Jesus Christus Mt 3,17, am Opfer Mal 3,4, am vernünftigen Gottesdienst Röm 12,1 ff, am Gebet Ps 19,15; 1Kö 3,10, am Wandel der Frommen Spr 11,20; 12, 22. Der Christ strebt nach Gottes W. 2Kor 5,9. W. im Sinn von Gnade, Huld Ps 30,8; Spr 8,35, von Wohltaten Ps 145,16, von Gottes Willen Ps 143,10; Esra 10,11, von Gottes gnädigem Ratschluß Lk 12,32; Gal 1,15; Eph 1,5. Lk 2, 14 wird das Heil den Menschen des W.s verkündigt, d. h. denen, denen Gott seine Gnade zuwendet. — *2)* Von *Menschen:* Angenehm sein, gefallen Jos 22,30; Ri 18,20; Spr 14,35; Mt 14, 6; Apg 6,5. *Oßw*

Wohltat, wohltun. *1)* Wie stark die erfahrene Güte Gottes die Saiten des dafür wachgewordenen Menschen zum Klingen bringt, sagt dieses bibl. Wort, das das Tun Gottes und seinen Widerhall zugleich zum Ausdruck bringt Ps 13,6. Gott ist „der rechte Wohltäter" 2Makk 1, 24; Jes 64,3. Eine unermeßliche Dankesschuld von alters her und in jedem Leben wieder neu liegt auf uns Ps 116,12; 1Sam 12,7; 5Mose 8,16. Davon zeugen die Erlösungen aus schwerster Gefahr Ps 107,43, davon zeugt das lebendige Leben selbst Hiob 10,12; Ps 119,17. Gottes W. ist nie verdient, sondern auch in einem gerechten Leben 2Sam 22,21 zutiefst nur Gnade.

2) Als der rechte Wohltäter — wohl mit einem Seitenblick auf diesen Ruhmestitel der römischen Cäsaren so berichtet — offenbart Jesus seine Sendung Mk 5,19; Apg 10,38, vgl. Apg 4,9. In seiner Nachfolge übt seine Gemeinde die W. gegen jedermann Mt 5,44, auch gegenüber den Sklaven 1Tim 6,2, ohne auf Lohn zu spekulieren Lk 6,33.35, nicht in der Art der „gnädigen Herren" (wörtlich: Wohltäter) Lk 22,25. Das ist ihre Waffe gegenüber aller üblen Nachrede 1Petr 2,15; 3,17. So tut sie ihr Liebeswerk (so im rev. NT) für die Urgemeinde in Jerusalem 1Kor 16,3; 2Kor 8,4.6.7.19. Das ist, den Reichen bes. ins Gewissen geschoben 1Tim 6, 17 f, das Opfer, das nie vergessen werden darf Hebr 13,16. Daß die vermeintliche Verdienstlichkeit solchen Tuns Sir 16,14, seine sündentilgende Kraft Dan 4,24 seinen reinen Sinn zu entstellen droht, sagt Mt 6,1 ff für alle Zeiten. *He*

wohnen, Wohnung. Gott wohnt zwar nicht in Tempeln mit Händen gemacht Apg 7,48; 17,24 und aller Himmel Himmel können ihn nicht fassen 1Kö 8,27, aber dies hindert nicht, daß er seine Offenbarungsgegenwart, sein Angesicht, seinen Namen 5Mose 12,5; Ps 74,7, seine Herrlichkeit 2Mose 24,16, seine Ehre Ps 26,8 und seine Weisheit Sir 24,11 f an einen bestimmten Ort (Himmel, Stiftshütte, Tempel) bindet. Die Herrlichkeit und Seligkeit des Gottesvolkes ist, daß Gott unter ihm wohnt 2Mose 29,45; 3Mose 26,11; Hes 37,27. Diese „Schechina" hat sich sichtbar in der Stiftshütte niedergelassen 2Mose 40,34, die daher W. heißt 2Mose 26,1; 2Sam 7,6. Nach der Wüstenwanderung und vorübergehendem Aufenthalt in Silo wurde der Zion die Stätte von Gottes Gegenwart 1Kö 8,13; Ps 132,13 f. Doch ist dies nur bedingt gemeint. Wenn das Volk unbußfertig des Herrn Tempel Jer 7,4 als Garantie der eigenen Existenz betrachtet, kommt es Gott nicht darauf an, Tempel und Bundeslade preiszugeben. Mehr als der Tempel in Jerusalem ist der Mensch Jesus von Nazareth die Stätte von Gottes Gegenwart Jo 1,14; 14,10; Kol 1,19; 2,9. Schon jetzt wohnt Christus Eph 3,17 mit dem Vater Jo 14,23 und Geist Röm 8,9 in den Herzen derer, die an ihn glauben und ihn lieben, nicht nur Gottes Wort Jo 5,38 und Kraft 2Kor 12,9, sondern er selbst 1Kor 3,16; 2Kor 6,16. *v. d. W.*

Wolf. Die Wildheit des räuberischen W.s wird 1Mose 49,27 zu einem Lob für Benjamin, wird aber sonst gefürchtet. Aus der Steppe Jer 5,6 zieht der W. abends auf Raub aus Hab 1,8; Zeph 3,3 und überfällt die Schafherde Mt 10,16; Jo 10,12. Daher wird der W. zum Bild für gewalttätige Machthaber Hes 22,27 und verführerische Fromme Mt 7,15; Apg 20,29. Erst die Heilszeit bringt Frieden zwischen W. und Schaf Jes 11,6; 65,25. *Schl*

Wolke. *1)* Die HS weiß auch die W.n unter Gottes Regieren 1Mose 9,14; 1Kö 18,44 f; Gott erweist durch sie Gnade oder Gericht Hiob 37,3, läßt den Regen triefen Ri 5,4; Hiob 36,27 ff oder versagt ihn Jes 5,6. Aus den W.n kommt der Tau Spr 3,20, kommen Regen, Blitz und Donner Ps 77,18. Sie ziehen in die Ferne Ps 36,6, fliegen dahin Jes 60,8; Jer 4,13, spenden Schatten Jes 25,5, sind in großer Zahl da Hiob 38,37 und vergehen Hiob 7,9; 30,15; Jes 44,22. Gern beschreiben die Dichter die W.n als Gottes Gezelt Ps 18,12, als seinen Wagen 104,3; Jes 19,1, als den Boden unter seinen Füßen Nah 1,3, als die Hülle vor seinem Thron Hiob 26,9. Die Frage wird erörtert, ob Gott durch die W.n schaut Hiob 22,14, ob die Gebete durch die W.n dringen Sir 35,20 f oder nicht Klgl 3,44. Mannigfach gehört die W. zur Beschreibung einer → Theophanie; sie ist das Zeichen von Gottes Gegenwart 1Kö 8,10; Hes 10,3 f, daher auch das Zeichen des Menschensohnes Dan 7,13. Der → Tag des Herrn ist ein Tag der W.n Zeph 1,15; Joel 2,2. Daher erscheint im NT die W. bei der Verklärung Mt 17,5, bei der Himmelfahrt Apg 1,9, bei der Wiederkunft Jesu Mt 24, 30 par.; Offb 1,7, vgl. 14,14; so auch bei der → Entrückung dem kommenden Herrn entgegen 1Thess 4,17.

2) Nach dem Bericht des → Jahwisten tat sich in der Wüstenzeit die Gegenwart Gottes durch eine *Wolken- und Feuersäule* kund 2Mose 13, 21f; 14,19.24; 4Mose 14,14. Sie bestimmte die Zeit des Aufbruchs und des Lagerns 2Mose 40, 36; 4Mose 9,17. Dies gnädige Nahesein und Führen Gottes blieb Israel eindrücklich Neh 9, 12.19; Ps 78,14; 99,7; 105,39; 1Kor 10,1, so daß Jes 4,5 ähnliches für die Heilszeit erwartet. Vielleicht liegt der Aussage die Vorstellung eines Vulkanausbruchs zugrunde, dessen Rauchwolke des Nachts durch die Glut des Kraters erleuchtet ist. *Schl*

Wolle. Die W. vom Fell des Schafs Ri 6,37; Hiob 31,20 wurde gern zu Gewändern verarbeitet Hos 2,7.11; Spr 31,13; Hes 34,3. Die Kleidung der → Priester mußte leinen sein 2Mose 29,39ff; Hes 44,7. Mischung von Leinwand und W. war verboten 3Mose 19,19; 5Mose 22,11. Die erste Schur der Schafe gehörte dem Heiligtum 5Mose 18,4. Die Farbe der W. war weiß Jes 1,18; Dan 7,9; Offb 1,14. Doch verstand man, W. zu färben 2Mose 26,1; Spr 31, 22; Hebr 9,19. Moab lieferte hohen Tribut an W. 2Kö 3,4; Damaskus war ein großer Markt für W. Hes 27,18. *Schl*

worfeln → Ackerbau, → Tenne.

Wort. *1) Das Reden Gottes. 2) Gottes Wort im AT. 3) Gottes Wort im NT. 4) Unser Reden.*

1) Weil Gott Geist ist, seiner selbst mächtig und bewußt, spricht er auch und läßt er kund werden, was in ihm lebt. Nie ist Gott ohne sein W. Jo 1,1ff; alle Gottesherrlichkeit ist Merkmal auch seines W.es, das selbst Geist und Leben ist in personhafter Art. Darum kann „W." der Name des Sohnes werden, der Gott von Ewigkeit her innig verbunden ist Jo 1,14.18; Offb 19,13. Gottes Reden ist nicht nur Gedanke, sondern Wille und schaffende Kraft; darum ruft es die Welt ins Dasein 1Mose 1,3ff; Jo 1,3. Immer neu schenkt Gott seiner Welt sein W. als die Kraft, die sie erhält, regiert und segnet Jes 55,11. Wie alles göttliche Schaffen, so wird bes. auch Gottes erlösendes Werk dadurch Wirklichkeit, daß Gott redet: Das W. wird Fleisch, gewinnt Gestalt in der Wirklichkeit eines Menschenlebens Jo 1,14, das in all seinem Reden und in all seinem Tun Offenbarung Gottes ist Hebr 1,3. Dabei hat die Deutung der Person und des Werkes Jesu als des „W.es" ihre Vorstufe nicht nur auf dem Boden jüd.-hellenistischer Religionsphilosophie, in der man über den „Logos" nachdachte (Philo), sondern auch in der rabbinischen Wertschätzung des W.es (mēmra), durch das Gott in der Welt wirkt.

2) Die Geschichte Israels hat daran das sie kennzeichnende, von aller anderen Geschichte abhebende Merkmal, daß immer neu Gott durch seinen Geist zu Menschen sprach Röm 3,2. Er schenkte Erkenntnisse, die als Erleuchtung empfunden wurden (→ Eingebung), weckte im Herzen ein Lied, das nicht eigene Dichtung war, und erteilte Aufträge, welche die in Gottes Dienst Gerufenen mit einem „So spricht der Herr" weitergeben mußten Jes 1,10; Jer 7,2 u.oft. Daß solch ein W. sich erfüllte, war der sinnenfällige Erweis für die Echtheit der prophetischen Verkündigung 2Kö 9,36f; Jer 28; Hes 33,33. War solch ein W. Gottes oft sehr konkret in eine geschichtliche Lage hineingesprochen (→ Propheten), so wurde doch der Wunsch wirksam, es für spätere Zeiten aufzuzeichnen (→ Schrift), gerade auch damit es als Offenbarung Gottes erkannt werde. Die Freude am Gesetz Gottes war in Israel lebendig Ps 19,8ff; 119. Man wußte, daß das W. zu ehren der Weg zum Leben ist Spr 13,13.

3) Das Reden Gottes im Alten Bund kommt zur Vollendung in der Sendung Jesu Christi, der im Vollmaß das W. Gottes ist Kol 1,25ff; Hebr 1,1ff. Auch sein Arbeitsmittel war zunächst das W. Mt 13,18ff; Jo 8,47. Nach der Vollendung seines Dienstes ist es sein Auftrag an die Seinen, als seine Zeugen Apg 1,8 sein W. in die Welt zu tragen Mt 28,20. Obwohl durch Menschen gesagt, ist ihr W. dennoch Gottes W. 1Thess 2,13; 1Kor 2,12ff, weil Gottes Geist es schenkt Eph 6,17ff. Es wird oft nur „das W." genannt Apg 11,9; 16,6; 2Tim 4,2, ist aber immer das W. von Christus, das W. von seinem Sterben am Kreuz 1Kor 1,18, das W. von der Versöhnung in Christus 2Kor 5,19, das W. des Lebens Phil 2,16, das W. des Heils, der Gnade Apg 13,26; 14,3; 20,32, das W. der Wahrheit 2Kor 6,7; Jak 1,18. In diesem W. wird Gottes rettende Kraft wirksam Röm 1,16; 1Kor 1, 18; dies W. erweist sich als Geist und Leben Jo 6,63.68, schenkt Reinheit Jo 15,3, schafft in uns ein neues Leben 1Petr 1,23; Jak 1,18.21, weil es Glauben schafft Röm 10,8.17. Freilich kann das W. auch vergeblich gehört werden Mt 13, 19ff, ja zum Verderben 1Kor 1,18, wenn zwar hohe W.e gesucht werden 1Kor 1,17; 2,1, aber die Bewährung in der Tat fehlt Jak 1,22, während doch das Reich Gottes nicht in W.en steht, sondern in Kraft 1Kor 4,20. Dann wird gerade das W. Gottes zum scharfen Richter Hebr 4,12.

4) Daß uns Menschen das Reden geschenkt ist, das Reden miteinander und ein Reden mit Gott, ist ein unschätzbares Geschenk Gottes, ein Stück seines Ebenbilds; es gehört zum Reichtum unseres Lebens, kann aber auch zu tiefer Verschuldung führen. Was im Herzen lebt, drängt zum W. Mt 12,34f; darum fallen auch unsere W.e, weil sie unsere Art zeigen, unter Gottes Gericht 12,36f. Die Mahnung, über unseren W.en zu wachen, zielt nach drei Seiten: unser Reden soll Wahrheit sein Mt 5,37; Eph 4,25, der Güte dienen Eph 4,31f und sauber bleiben Eph 4,29; 5,3f. Die Zunge zu zähmen Jak 3,8 ist eine wesentliche Aufgabe der Heiligung Jak 3,2. Je mehr das W. Christi in uns wohnen kann Kol 3,16f, um so mehr wird auch unser W. ein W. Gottes werden können 1Petr 4,11. *Schl*

Worte Jesu am Kreuz → Kreuzesworte.

Wortspiele finden sich vor allem *1)* als Erklärungen für Personen- und Ortsnamen in den Erzählungen für die Zeit vor der Landnahme Israels 1Mose 4,25; 9,27; 11,9; 17,5; 19,20. 22; 49,8; 2Mose 2,22; 12,11.17 u.ö. Mit ihrer Hilfe gliedert bes. der → Jahwist die Personen und Orte in den Ablauf der Geschichte Israels und seiner Ahnen mit Gott ein. Daß die Erklärungen als W. geformt sind, weist darauf hin, daß sie alten Überlieferungen einen neuen Sinn verleihen sollen, der als im Namen versteckt betrachtet wird.

2) In ähnlicher Art enthüllen die Propheten mittels W.s aus den Namen von Ortschaften und Personen oder aus Bezeichnungen das Geschick, das ihnen droht Jes 10,27-32; 57,6; Jer 29,22; Am 5,5; Mich 1,10-15; Zeph 2,4, erklären die Sünde Hos 12,8f und weisen auf ihre Ungeheuerlichkeit hin Jes 5,7, zeigen den engen Zusammenhang zw. ihr und dem Gericht Jes 7,9; 65,11f; Jer 19,7; 20,3; Hes 25,16; Hos 8,7 oder betonen umgekehrt den Gegensatz zw. der Strafe und dem neuen Heil Jes 61,3. Auch aus einem visionär geschauten Gegenstand entnehmen sie mittels W.s ihre Botschaft Jer 1,11f. 13f; Am 8,2. *Fo*

Wucher meint in Luthers Sprache die Berechnung von Zinsen für ein Darlehen. Dem armen Volksgenossen Geld oder Lebensmittel zu leihen ist 5Mose 15,7ff geboten, dafür Zinsen zu fordern 2Mose 22,24; 3Mose 25,35ff; 5Mose 23, 20 verboten, während einem Volksfremden gegenüber die Forderung von Zinsen erlaubt ist 5Mose 23,21. Ein Helfen, bei dem nichts dafür gefordert wird, ist das Zeichen echter Güte Lk 6,34f. Doch ist begreiflich, daß Zins oft gefordert wurde, zumal da eine Strafe dafür nicht angedroht war, Ps 15,5; 109,11; Spr 28,8; Jer 15,10; Hes 18,8.13; 22,12; Neh 5,7.10f. Jesus setzt für seine Zeit die Verzinsung von Darlehen als üblich voraus Mt 25,27. → Zins, → Wechsler. *Schl*

würzen, Würze. Die wichtigste W. der Speisen war das → Salz; aber auch → Dill, Minze, Kümmel, Raute, Koriander, Senf waren einheimische Gewürzpflanzen, während → Kalmus, Kassia, Zimt eingeführt wurden. Die Würzgärtlein HL 5,13; 6,2 und Würzberge 8,14 sind wohl Anlagen für Gewürzpflanzen. Die W. 1Mose 37,25 ist vermutlich eine bestimmte Spezerei, das Gummiharz des Traganth, aus der großen Gruppe der schmetterlingsblütigen, meist dornigen Sträuchlein, deren Gummi zB zum Einbalsamieren der Mumien verwendet wurde. Dagegen sind 1Mose 24,53 Kleinodien gemeint. → räuchern und Weihrauch. *Schl*

Wüste. *1)* Die W.n im Bereich Palästinas sind fast nie Sandwüsten. Auch Feuerstein- oder Salztonwüsten sind selten. Die Regel bilden vielmehr Zwergbuschwüsten mit einer dünnen Humusschicht auf Kalkboden, denen zu einer reicheren Vegetation hauptsächlich regelmäßige Niederschläge fehlen. — *2)* Dem entspricht es, daß W., hebr. midbār, ursprünglich ein steppen- oder wüstenartiges Gebiet meint, das noch als Kleinvieh*trift* nutzbar gemacht werden kann. W. in Verbindung mit einem Ortsnamen, zB W. Thekoa 2Chr 20,20, bezeichnet daher denjenigen Teil einer Steppe oder W., in welchem der jeweilige Ort Weiderechte besitzt. — *3)* Palästina ist auf zwei Seiten von W. umgeben, im Osten von der syrisch-arabischen W. (a) und im Süden von der Sinaiwüste (b). Diese hat im Jordangraben einen weit nach Norden reichenden Ausläufer, die W. Juda (c). — *a) Die syrisch-arabische Wüste* ist eine von Gebirgsketten durchzogene Hochfläche mit einer durchschnittlichen Erhebung von 700 m über dem Meeresspiegel. Sie wird im Osten begrenzt vom mesopotamischen Kulturland, vgl. 1Chr 5,9, im Westen von einer Linie, die in etwa dem Lauf der ḥedschāz-Bahn folgt. Die syrisch-arabische W. heißt im AT gelegentlich W. schlechthin 4Mose 21,11.13; Ri 11,22; 2Chr 8,4 u.ö. Ihre einzelnen Teile werden nach den angrenzenden Gebieten des Ostjordanlands W. → Moab 5Mose 2,8, vgl. 4Mose 21,11, und W. → Edom 2Kö 3,8 genannt. Mit W. → Kedemoth ist wahrscheinlich ein Bezirk innerhalb Moabs gemeint. — *b)* Auch *die Sinaiwüste,* deren Nordgrenze etwa auf der Breite von bīr es-sebaʿ liegt und die sich im Süden über Ägypten nach Nordafrika hinein fortsetzt, wird im AT manchmal einfach als W. bezeichnet 1Mose 14,6; 1Kö 19,4 u.ö. Ihre im AT erwähnten Teile sind die W.en → Beerseba 1Mose 21,14, → Kadesch Ps 29,8 oder Zin 4Mose 13,21; 20,1; 27,14, → Paran 1Mose 21,21; 4Mose 10,12 u.ö., → Sin 2Mose 16,1; 17,1; 4Mose 33,11f, → Sinai 2Mose 19,1f; 3Mose 7,38 u.ö. und → Schur 2Mose 15,22, letztere in der Nähe Ägyptens, vgl. 1Mose 25,18; 1Sam 15,7. Hes 20,35f wird der W. von Ägypten die W. der Völker, je als Ort des Gerichts, gegenübergestellt. — *c) Die Wüste Juda* Ri 1,16; Ps 63,1, die W. von Jos 15,61; 1Sam 23,14; 25,4.14 u.ö. wird im Westen vom → Gebirge Juda, im Osten vom → Toten Meer und vom → Jordan begrenzt. Nach den ihr benachbarten Siedlungen heißen ihre Teile W. → En-Gedi 1Sam 24,2, W. Jeruël 2Chr 20,16, W. → Maon 1) 1Sam 23,24f, W. → Siph 1Sam 23,14f; 26,2 und W. → Thekoa 2Chr 20,20. Mit der W. → Beth-Awen Jos 18,12 ist wohl die um diese Stadt gelegene Trift (→ 2) gemeint. → Tafel 48. *Rü*

Wüstentiere. Das Wort zijjim, das in der prophetischen Schilderung völliger Verödung begegnet Jes 13,21; 34,14; Jer 50,39, meint vielleicht nicht W., sondern Wüstendämonen. → Feldgeister, → Kobold. *Schl*

Wüstenzug. *1)* Ungelöste *Fragen* der bibl. Darstellung: Die örtliche Festlegung der Marschroute des wandernden Volkes Israel hat sich trotz gründlichster Durchforschung der in Frage kommenden Gebiete und trotz der vereinzelt durch die archäologischen Funde möglich gewordenen Identifizierung bibl. Örtlichkeiten als eine wissenschaftlich kaum lösbare Aufgabe erwiesen. So wird auf den bibl. Landkarten aus neuerer Zeit die Marschroute des W.s verschieden eingezeichnet. Der Grund dafür liegt in der Eigenart der nur spärlich fließenden bibl. Quellen. Sie sind von derart verschiedenem Alter und stehen demzufolge in so verschiedenem zeitlichen Abstand von den Geschehnissen des W.s, daß man den Eindruck gewinnt, die ATlichen Berichterstatter hätten von den Vorgängen selbst nur noch verschwommene, unzureichende Vorstellungen gehabt. Wir können daher heute über den W. geographisch ebensowenig Sicheres sagen wie etwa über den Weg der Burgunder der Nibelungensage vom Rhein in König Etzels Land. Wohl steht als Ausgangspunkt Ramses, eine der Vorratsstädte des ägyptischen Pharao, fest 2Mose 12,37, als Endstation das Gefilde von Moab gegenüber Jericho 4Mose 22,1. Aber schon die 4Mose 33 überlieferte Liste der 40 → Lagerstätten, deren Zahl vermutlich künstlich durch die 40 Jahre des W.s bestimmt ist (fragmentarisch auch 4Mose 21, 10-20 und 5Mose 10, 6 f), stammt aus späterer Zeit. Sie verwendet zunächst einfach die Namen der im Zusammenhang mit bestimmten Vorgängen in 2Mose und 4Mose erwähnten Örtlichkeiten; zum anderen Teil entnimmt sie offenbar die dort nicht vorkommenden Namen einem sehr späten Pilger-Itinerar von Palästina zum Sinai (M. Noth, Überlieferungsgeschichte des Pentateuch 1948 § 14). Eine Hauptschwierigkeit liegt darin, daß die Lage des in den bibl. Berichten gemeinten Sinaigebirges nicht eindeutig zu entscheiden ist. Deutet man den Bericht 2Mose 19,16 auf vulkanische Vorgänge, was freilich nicht unbedingt zwingend ist, so könnte der heutige Dschebel musa auf der traditionellen Sinai-Halbinsel nicht gemeint sein; die Lage des Gottesberges wäre dann in dem vormals vulkanischen Kratergebiet im nordwestlichen Arabien anzunehmen. Für den Zug von Ägypten hin zum Sinai wiederum ist die Stelle des Durchzugs durch das Schilfmeer nicht mehr sicher zu bestimmen, → Auszug. Der fraglos bedeutendste Rastort auf dem W., die große Oase von Kadesch (-Barnea), im äußersten Süden von Juda 80 km von Beerseba gelegen, ist zwar geographisch bestimmbar; doch ist für die Festlegung der Marschroute entscheidend die bisher ungelöste Frage, ob nur ein einmaliger (38jähriger) oder ein zweimaliger Aufenthalt Israels in Kadesch anzunehmen ist.

2) Die *Bedeutung* der bibl. Aussagen über den W. liegt im Rahmen der isr. *Heilsgeschichte:* Jahwes Weg mit seinem Volk, die immer wieder betonte Tatsache der göttlichen Führung 2Mose 13,21; 5Mose 8,2. 15; Ps 77,21, die bewahrende Hilfe Gottes in Krisenzeiten schwerster Gefährdung durch Durst, Hunger, Müdigkeit, Kampf mit Menschen und Tieren, das ist für Israel das bleibende Thema der Verkündigung aus den lebendig erhaltenen Erinnerungen des W.s. Zugleich ergreift uns in der bibl. Darstellung das Selbstzeugnis Israels als des murrenden, ungehorsamen Volkes, das mit fortwährenden Klagen und Anklagen — wahrlich keine Heldengeschichte, die die Vergangenheit Israels idealisierte! — kleingläubig die Großtaten des Herrn vergißt und den von Gott ihm geschenkten Führern Vertrauen und Gehorsam versagt 2Mose 15,24; 16,2; 17,3 u.ö. Die Bibel verschweigt uns nicht, daß auch Mose sich zuzeiten von verzagendem Kleinmut überwinden läßt 4Mose 20,12f. Der höhere Lebensstandard 4Mose 21,5, das allzumenschliche, aber mit der göttlichen Forderung des Glaubens unvereinbare Verlangen nach Wohlstand und äußerer irdischer Sicherheit, das alles gibt trotz vielfacher legendärer Übermalung der alten Überlieferung dem bibl. Bericht seine Lebensnähe, Echtheit und bleibende Aktualität. Daneben steht eindrucksvoll das Zeugnis von Gottes Handeln an seinem Volk: eine nicht abreißende Kette wunderbarer Rettungen (Durchzug durchs Meer, Wasser aus dem Felsen, Sieg über Amalek, Wachteln und Manna, eherne Schlange), die Verkehrung von Bileams Fluchzauber in Segen, aber auch läuternde Heimsuchung und Züchtigung, mit der Gott auch vor den großen Führergestalten nicht haltmacht. Dieses eigentlich theol. Thema der ATlichen Erzählungen vom W. nimmt Paulus 1Kor 10 auf als Beispiel für seine seelsorgerlichen Mahnungen an die christl. Gemeinde, das Gottesvolk des Neuen Bundes. Hier liegt auch für uns die bleibende Bedeutung der bibl. Aussagen über Gottes Weg mit seiner Gemeinde.

Lit.: R. Kittel, Geschichte des Volkes Israel, [5]1923, 1. Bd., § 35; M. Noth, Geschichte Israels, 1950, § 9 u. 11; Cl. Westermann, Tausend Jahre und ein Tag, 1957, S. 82 ff; E. Wright, Bibl. Archäologie, deutsch, 1958, S. 53; W. Keller, Und die Bibel hat doch recht, 1955, III. Karten bei Wright, Keller und Grollenberg, Bildatlas zur Bibel, [2]1958, S. 45. *Schw*

Wunde. *1)* Körperliche W. *a)* Ihr Entstehen durch Krankheit Ps 38,6, Streit Sach 13,6, Trunksucht Spr 23,29f, vergeltende Strafgerechtigkeit 2Mose 21,25, persönliche Rache 1Mose 4,23, Krieg 1Kö 22,35; 2Chr 22,6 mit oft grausamen Verstümmelungen Ri 1,6f. *b)* Ihre Behandlung: aus 2Kö 8,29, wo der verwundete König Joram sich in Jesreel heilen lassen will, kann entnommen werden, daß es damals schon Wundärzte gab (um 850 vChr), → Arzt; aus Jes 1,6; Hes 30,21 geht die Heilmethode für W.n hervor, nach der Stiche, Striemen, frische W.n ausgedrückt, geheftet, verbunden und mit Öl gelindert wurden. Der Samariter verbindet die W.n und gießt Öl und Wein darein Lk 10, 34, die besten damals bekannten antiseptischen und schmerzlindernden Mittel. — *2)* Bild für inneren Schaden. *a)* Seine Art: Die Not des Leidens Hiob 9,17; 16,14; Jer 15,18, die Folge des Abfalls von Gott Jes 1,5f. *b)* Die Heilung kann nur von Gott geschenkt werden Jer 30,12; Hos 5,13; er verheißt sie Jes 30,26; Jer 30,17 und hat sie durch das unschuldige Leiden seines Sohnes vollbracht Jes 53,5; 1Petr 2,24 (durch seine „Strieme"). Im Gegensatz dazu steht das Wunder der Heilung des Tiers, des Antichrists, durch satanische Macht Offb 13,2ff. *Pfi*

Wunder. *1)* Wir haben geschichtliche Machttaten Gottes, die heilschaffenden, erlösenden, sich allen Menschen bezeugenden Charakter haben, auffallende Gleichnis- und Zeichenhandlungen erwählter Männer, Krafttaten, die im Kampf den Sieg Gottes herausstellen, und Staunen erregende Ereignisse, die das Eingreifen Gottes plötzlich sichtbar werden lassen, voneinander zu unterscheiden. In den bibl. Sprachen werden diese Unterschiede besser erkennbar als im deutschen Sprachgebrauch. Die W. und Machttaten Gottes aller Art sind ein unerschöpfliches Thema der HS; sie verbergen und offenbaren sich zugleich in der Geschichte Gottes mit seinem Volk und seiner Gemeinde. Immer wieder blicken die Menschen in ihrer Not zu Gott, der große und unerforschliche Dinge tut Hiob 5,9; 9,10. Selbstverständlich sind diese Berichte und Aussagen verschiedenartig in Inhalt und Qualität; doch ist keine W.erzählung unwichtig und im gegenwärtigen Kampf um die Bibel einfach preiszugeben. Der lebendige Gott hat viele Möglichkeiten, seinen Willen durchzusetzen und das Unmögliche möglich zu machen Mk 10,27; 14,35f; Röm 4, 21; Hebr 11,19. Das Bekenntnis zu ihm durchzieht die ganze HS. Selbstverständlich wird dabei die innere Einheit der ganzen Schöpfung und aller Kräfte des Himmels und der Erde vorausgesetzt; eine psychologisierende Erklärung des bibl. W.s ist daher unzureichend. Von der Welt des Mirakels und des Mirakulösen ist das bibl. W. streng zu trennen: Gott kann das W. schenken und versagen, knüpft also nicht an die menschlichen Wünsche nach wunderbaren Dingen an Mt 12,38f; 1Kor 1,22. Auf keinen Fall ist die Wurzel des bibl. W.glaubens in der antiken Weltanschauung zu suchen; es geht ihm ja nicht um eine Theorie, sondern um eine in der Geschichte und im Leben verborgene Möglichkeit, das Dasein Gottes ernst zu nehmen und zu erfahren. Dabei kann es durchaus um kleine Dinge im Leben eines einzelnen Menschen wie auch um das Schicksal eines ganzen Volkes, ja der ganzen Menschheit gehen. Der bibl. Erzähler verzichtet gewöhnlich auf den Versuch, das wunderbare Geschehnis zu erklären. Vielleicht war ihm das Eingreifen Gottes selbstverständlicher und problemloser als vielen unter uns, die wir durch das naturwissenschaftliche, historische und psychologische Denken hindurchgegangen sind, an einem wissenschaftlichen Weltbild interessiert sind und die → historisch-kritische Schriftforschung auch für uns als verbindlich betrachten. So entsteht immer wieder, vor allem im Gefolge der Aufklärung, der Versuch, die Möglichkeit des W.s überhaupt abzuschneiden und eine moderne Frömmigkeit mit ausdrücklicher Bestreitung des bibl. Zeugnisses auszubauen. Jedes Ernstnehmen des tatsächlichen Lebens, der Rätsel der Geschichte und der Welt der Religion warnt aber vor dem Versuch, die bibl. Aussage über das W. zu entwerten und die menschliche Vernunft falsch anzuwenden. In der Wurzel des altbibl. W.glaubens handelt es sich um eine besondere Bezeugung der Macht Gottes vor der Welt und dem Menschen, die ganz in der Hand Gottes liegt: Der Prophet bietet dem Ahas ein Zeichen von Gott selbst an, mag es aus der Unterwelt oder oben aus der Höhe gefordert werden Jes 7,10. Es handelt sich also nicht um eine besondere Fähigkeit (oder eine entsprechende Ausstattung eines frommen Menschen) und eine auf den Glauben eingeschränkte Bedeutsamkeit eines auch sonst erkennbaren Tatbestands. Das bibl. Zeichen und W. hat seine Sendung gerade auch für die nichtgläubige Welt und verrät eine harte, über die Person des Zeugenden hinausweisende Objektivität. Es ist durchaus möglich, daß unter dem Einfluß des orientalischen Hellenismus die Vorstellung von der „Kraft" des W.-täters und seiner Kleider oder Tücher eindringt Mk 5,27f; 6,56; Apg 19,12. Allerdings wird diese Überlieferung nicht so sehr von der bibl. Botschaft, sondern von der Volksfrömmigkeit getragen; aber ganz offenbar sind die Berichterstatter keineswegs gewillt, sie abzustoßen. Das Christentum wird vielfach als Empfang göttlicher Kräfte verstanden, ohne daß man deshalb annehmen müßte, der Christus oder sein Apostel seien aus dem Raum der menschlichen Schwachheit herausgehoben. Es handelt sich hier nicht um eine Behauptung der „Glorie", sondern um die Überzeugung, daß Gottes Kraft auch in die letzte Niedrigkeit und Schwäche des Menschen mitgeht.

2) Das bibl. Zeichen und W. ist nicht vom Wort und von der Verkündigung ablösbar; das Wort soll vielmehr durch das Zeichen verstärkt und bekräftigt werden Hebr 2,3f. Entscheidend ist nicht, daß das W. geplant oder erklärt wird, sondern daß es sich als notwendig herausstellt und daher geschieht. Über das Verhältnis des Außerordentlichen zum gewöhnlichen Ablauf des geschichtlichen Vollzugs findet sich nirgends eine Theorie oder Reflexion; allerdings wird auch nicht angenommen, daß man den Zugang zum Außerordentlichen nur durch Ausschaltung der Vernunft und der nüchternen Beobachtung der irdischen Verhältnisse gewinnen könne. Im konkreten Vollzug der Handlung liegt sowohl die äußerste Konzentration der Vernunft wie ihre Überwindung. Nur ein letzter Gehorsam Gott gegenüber, also ein Glaubensakt kann das W. tun, und nur ein Akt des Gehorsams, also ein Akt des Glaubens kann das W. annehmen. Das bedeutet allerdings auch, daß mit der Ablehnung des W.s Ungehorsam und Schuld gegeben sind. Das einmalige Beispiel für die „Logik" Gottes und seines Heilsplans ist die Auferweckung Jesu Christi nach 1Kor 15. Diese Heilstat Gottes hat für Paulus historisch einmalige, allg. menschliche und eschatologisch abschließende Bedeutung, sprengt also alles gewöhnliche Maß. Eine besondere Schwierigkeit der NTlichen Botschaft für den modernen Menschen besteht darin, daß der ursprüngliche Satz der Verkündigung, daß Jesus Christus das eigentliche eschatologische Zeichen für die Menschen ist, sich in verschiedene Aussagen zerteilt hat, nach denen wunderbare Ereignisse seiner Herkunft, seiner Geschichte und seiner Vollendung seine Sendung bezeugen. Gemeint ist jedoch in allen diesen Aussagen, daß jede Einzelheit seines Weges auf das Ganze seiner Sendung bezogen werden muß und nur vom Ganzen her ihren Sinn bekommen kann. Aber auch er selbst soll von der zukünftigen Volloffenbarung her gedeutet werden. Eine zergliedernde Betrachtung wird dem wunderbaren Gehalt der Christologie nicht gerecht werden. Offenbar will die NTliche Botschaft betont sagen, daß an diesem einmaligen Punkt der Geschichte Gott selbst sich endgültig offenbart hat (Schniewind). Auffallend ist, daß sich auch der „Gesetzlose", der „Antichrist" durch Machttaten, Zeichen und W. der Lüge ausweisen und die Menschen verführen wird 2Thess 2, 9; Offb 13, 13 f. Die göttliche Vollmacht wird hier verkehrt in das Spiel satanischer Verführung, der Aufruf zum Glauben in die Verlockung zum Abfall und Verderben. Diese Warnung vor der zukünftigen satanischen Macht wird aber nicht weitergegeben ohne die Verheißung des messianischen Sieges Jesu Christi. Offenbar liegt in der Ankündigung von Machttaten, Zeichen und W.n das Wissen darum, daß immer wieder das menschliche Maß der Geschichte dann gesprengt werden kann, wenn es sich um die Entscheidung für oder gegen Gott handelt.

3) Für die gegenwärtige Generation, für die der Abstand vom bibl. Denken eine ernst zu nehmende Tatsache ist, kann gerade das bibl. W. zu einem schweren Anstoß werden. Die dogmatische Tradition fragt nach einer Einordnung des göttlichen Eingriffs in das dem Menschen sich aufschließende Weltbild, muß aber immer wieder erleben, daß die Eigenart des bibl. Berichts sich diesem Versuch entzieht. Die Exegese, die durchaus weiß, wie weit eine theol. Aussage über das Zeichen und W. notwendig vorstoßen muß, kommt immer wieder in Verlegenheit, weil historische Fragen nur schwer geklärt werden können. Die Abhängigkeit der Theologie von einmaligen Geschehnissen wird dann als Last empfunden. Vielfach führt das Bekenntnis zum bibl. W. notwendig zu einer supranaturalen Denkweise; daneben steht seit der Aufklärung das entschiedene Nein zum W. und gibt der gegenwärtigen Forderung der Entmythologisierung (→ Mythen) der Schrift ihr Gewicht (R. Bultmann). Der Glaube bedarf keiner weltanschaulichen und metaphysischen Sicherungen und weiß, daß er das Wagnis des lebendigen und die Zukunft stets neu setzenden Gottes immer aufs neue gegen alle Vernunft und Sicherung auf sich nehmen muß. *Mi*

Wundererzählungen. *1)* Außerordentliche Begebenheiten, die Verwunderung, Staunen — auf bibl. Gebiet Glauben, Anerkennung — verlangen, gibt es in der Religionsgeschichte vielfach. Göttergeschichten, Heiligenlegenden, W., die von einem Heiligtum berichtet werden, sind hier vor allem zu nennen; dazu treten die vorbedeutenden Zeichen, die den Willen Gottes kundtun. Ausgesprochene Strafwunder stehen den Heilungswundern gegenüber. Bestimmte Handlungen, Vorstellungen und Einzelzüge in der Erzählung kehren wieder (= Topik). Mirakulöse Züge müssen vom eigentlichen bibl. „Zeichen" getrennt werden. — *2)* Die jüd. Wundergeschichten der tannaitischen Zeit (bis 200 nChr) erzählen von einzelnen Rabbinen, die Außerordentliches vermögen: Regen herabkommen zu lassen, durch Gebet zu heilen, Brot zu vermehren, Lebende zu töten und Tote zu beleben, den Sturm auf dem Meer zu stillen. Die große Wundertätigkeit des Mose, des Elia und des Elisa wirkt hier wie im NT nach. Vorausgesetzt ist, daß Gott „Lieblinge" hat in dieser Welt und daß vor allem das Gebet zur charismatischen Gnade werden kann. — *3)* Daß ein Gott wie Asklepios leibhaftig auf Erden an den Kranken herantritt und ihm seine heilende Hand entgegenhält, daß er von Hellenen und Barbaren vielfach gesehen wird, ist hellenistische Überzeugung. Apollonius von Tyana erweckt ein totes Mädchen, indem er an die Bahre herantritt, es berührt und leise anspricht. Die Wunderberichte von Epidaurus schreiben die Heilung der meisten Kranken einer im Traum vollzogenen Handlung zu; in der römischen Kaiserzeit werden statt dieser Traumheilungen göttliche Weisungen zum Gebrauch wirksamer Mittel (auch ritueller oder magischer Art) im Traum weitergegeben. Der Glaube hat sich gewandelt, ist rationaler und mystischer geworden. Der Gott Asklepios fordert auf, zu Apollonius von Tyana zu gehen; auf Geheiß des Gottes Serapis gehen Blinde und Lahme zu Vespasian nach Alexandria, um sich heilen zu lassen. Demgegenüber stehen die bibl. Erzählungen im Dienst eines umfassenden Evangeliums, das auch das Leibliche einbezieht. *Mi*

Wurfschaufel → Ackerbau.

Wurm. In der HS sind zum Gewürm neben den eigentlichen Würmern auch Raupen, Maden, Larven von Käfern gerechnet, alle die kleinen Lebewesen, die Krankheit und Zerstörung schaffen: an Pflanzen wie den Reben 5Mose 28, 39 und dem Rizinus Jon 4, 7, an Speisen wie dem Manna 2Mose 16, 20, an Stoffen Jes 51, 8, im Holz Bar 6, 20, im Leib des Menschen Hiob 7, 5; Sir 19, 3; 2Makk 9, 9; Apg 12, 23, im toten Körper Hiob 4, 19; 17, 14; 21, 26; Jes 14, 11; 66, 24; Mk 9, 46. 48. Bei der Anbetung des Gewürms Hes 8, 10; Weish 11, 15 haben wir wohl an Schlangen zu denken. Der W. wurde zum Bild für die Nichtigkeit des Menschen Hiob 25, 6; Ps 22, 7; Jes 41, 14. Daß der W., der die Leiche zerstört, nicht sterbe Jes 66, 24; Mk 9, 46. 48, meint ein Versinken im Tode, dem kein Leben folgt. *Schl*

Wurzel, wurzeln. *1)* Die W. einer Pflanze wird zum Bild für den Ursprung: Gott kennen und fürchten ist die Wurzel des Lebens Weish 15,3; Sir 1,25. Gottes Handeln mit den Vätern Israels ist die W. des Gnadenbundes, in den die gläubigen Heiden eingefügt sind Röm 11,17ff. Eine böse W. ist der Geiz 1Tim 6,10, ist Verführung zum Abfall 5Mose 29,17; Hebr 12,15. Zu Jes 14,29 → Basilisk. — *2)* Die W. wird zum Bild für ein Festgegründetsein Jes 37,31; 27,6; Jer 12,2; 17,8; Spr 12,3. Christen haben ihre W. in Christus Kol 2,7, in der Liebe Eph 3,17. Oberflächlich und zeitweilig Bekehrten fehlt es an der Tiefe Mt 13,6.21. Gottes Gerichte reichen bis an die W. Jes 5,24; 40,24; Am 2,9; Hes 17,9; Mt 3,10. — *3)* Aus der W. kann neues Leben erwachsen Hiob 14,8f; Dan 4,12. 23. Aus dem abgehauenen Stumpf des Davidshauses wächst ein neuer Sproß hervor Jes 11, 1.10; Röm 15,12; Jes 53,2; Sir 47,25; Offb 5,5; 22,16. *Schl*

X Y

Xerxes, König von Persien 486-465, altpersisch Chschajarscha, in der Bibel Ahasveros, stellte die persische Herrschaft in Ägypten wieder her und verwandelte es in eine Satrapie. Schließlich eroberte er das aufsässig gewordene Babel, zerstörte dessen Festungswerke und den Marduktempel Esagila, ließ die Mardukstatue einschmelzen und beendete damit die kultische und weltanschauliche Vorherrschaft Babyloniens über Vorderasien. Er „ergriff" nicht mehr „die Hände des Marduk" und schlug Babylonien zur Satrapie Assyrien. Damit siegte die Religion Zarathustras über die Götterwelt des Zweistromlands. Gegen die Griechen verlor X. die Schlachten von Salamis, Platää und Kybele und büßte fast alle europäischen Besitzungen ein; die Athener faßten festen Fuß in Kleinasien. X., der Persepolis prächtig ausbaute, fiel in Haremsgeschichten verstrickt in seinem Schlafzimmer einer Verschwörung zum Opfer. X. wird in der Bibel Esra 4,6 und im Buch Esther erwähnt. Doch könnte ein Hinweis auf die durch ihn vorgenommene Zerstörung Babels in Jes 24,10-12; 25,2; 27,10f zu finden sein. *Peu*

Ysop. Bei der Pflanze, die zum Bestreichen der Türpfosten vor dem Passa 2Mose 12,22 und zu Reinigungsriten 3Mose 14,4ff; 4Mose 19,6. 18; Ps 51,9; Hebr 9,19 benützt wurde, wird es sich nicht um den echten Y. handeln, der in Palästina nicht vorkommt, wohl auch nicht um den Kaperstrauch, an den wegen 1Kö 5,13 gedacht wurde, weil er an den Mauern Jerusalems häufig zu sehen ist, sondern wohl an den Majoran, eine Dosten-Art (Origanum Maru, unserem Thymian verwandt), die die Samaritaner noch heute bei ihrer Passafeier als „Y." verwenden. Die Angabe Jo 19,29 überrascht, da der Y. keinen langen Stengel hat; vielleicht dachte sich Johannes das Kreuz Jesu nicht hoch. *Schl*

Z

Zachäus war ein Oberzöllner aus Jericho, jüd. Abkunft. Sein Begehren, Jesus beim Durchzug durch Jericho zu sehen, wird von den Leuten mißachtet. „Obwohl ihm, dem Geächteten, das Volk den Anblick Jesu versperrt, hält er an seinem Verlangen fest und bekommt nun ungleich mehr, als er erwarten konnte" (A. Schlatter, Das Evang. Lukas, S. 403). Jesu Vergeben bewirkt den gründlichen Bruch mit seinem seitherigen Leben im Widerspruch gegen Gott und befreit ihn zu überreicher Wiedergutmachung. Jesu Einkehr in seinem Haus wird sein Heilstag Lk 19,1-10. *Kü*

Zacharias, die griech. Form für → Sacharja. *1)* Der Sohn Berechjas, ein Priester, der zw. dem Tempel und Altar erschlagen wurde 2Chr 24, 20f; Mt 23,35. — *2)* Ein Priester aus der Abteilung Abia, Gatte der Elisabeth, Vater des Johannes des Täufers Lk 1,5ff, dem durch eine Erscheinung im Tempel die Geburt des Vorläufers des Messias angekündigt wurde und der nach der Befreiung von der Stummheit in einem Lobgesang das Heil für Israel und den prophetischen Dienst des Johannes pries. *Schl*

Zadok, neben Abjathar Oberpriester Davids 2Sam 8,17; 20,25. Sein Vater Ahitob kann kaum der gleichnamige Großvater Abjathars sein 1Chr 5,34; 1Sam 14,3; 22,11.20. Wir wissen nicht, wie Z. zu David kam; vielleicht ging er aus dem Heiligtum von Gibeon oder aus dem jebusitischen Heiligtum in Jerusalem hervor 1Chr 16,39. Bei den Auseinandersetzungen um die Thronfolge Davids stand er auf der Seite Salomos, der ihn zum alleinigen Hauptpriester machte 1Kö 1,8.34.38 f; 2,35. Von Z. leitet man später die Priesterklasse der Sadduzäer ab Hes 40,46; 44,15; 48,11. *Peu*

Zahlen, Zahlensymbolik.
1) Allgemeines. 2) Z.symbolik. 3) Die Z. 153 und 666.

1) Schon die antiken Kulturen hatten ein Empfinden dafür, daß die Bedeutung der Zahl nicht in ihrem ursprünglich rein praktischen Gebrauchswert als Hilfsmittel beim Zählen von Gegenständen aufgehe, sondern sich in ihr die innere Ordnung, Maß, Verhältnis und Zusammenhang der Welt, ihrer Zeit und Ereignisse, mithin ein Geheimnis verberge, auf das man schon deswegen immer wieder stieß, weil bestimmte Z. sowohl im Ablauf des Natur- und Kalenderjahrs als auch bei der allg. Betrachtung des Kosmos (4 Himmelsrichtungen) regelmäßig wiederkehrten. So hat Pythagoras die Zahl das „Zweitweiseste nach dem Namen" genannt und sie als das „Prinzip der Dinge" verstanden. Über dem Bemühen, ihren Grundsinn zu erkennen, entstand die Z.symbolik, die den meistgebrauchten Z. sinnbildliche, oft auch magische Bedeutung beilegte. In der HS hat das antike Z.wissen früh Eingang gefunden, wobei allerdings die Z. ihres magischen Charakters entkleidet wurden. Dies darf jedoch nicht dazu verleiten, hinter jeder bibl. Z.verwendung eine bestimmte Symbolik aufspüren zu wollen, zumal diese im Lauf der Traditionsbildung oft rein formal geworden ist.

2) Mit der Zahl *eins* verbindet sich der Begriff der Ungeteiltheit und Absolutheit Jahwes 5Mose 6,4; vgl. Mt 23,8. — *Zwei* ist die Zahl des kosmischen Dualismus (Himmel und Erde u. ä. 1Mose 1,1), der Paarung 2,25, der kleinsten Gruppe Mt 18,19. — Hinter der *Drei*zahl steht die Idee des in sich Geschlossenen, Überschaubaren, des unbedingt Gültigen Jes 6,3; Jer 7,4, der Summe Jos 18,4. Dreimal jährlich sollen alle isr. Männer am Heiligtum erscheinen 2Mose 23,14, dreiteilig ist der aaronitische Segen 4Mose 6,24 ff, mit 3 zusammengesetzte Zeiten sind göttliche Fristen 2Mose 10,22; 2Sam 24,13; 1Kor 15,4. — *Vier* als Zahl der Himmelsrichtungen und Winde bezeichnet die Vollständigkeit der räumlichen Ausbreitung Jes 11, 12; Jer 49,36; Mt 24,31. Unter den Vielfachen von 4 spielt 40 als sog. runde Zahl zur Angabe der Dauer einer Generation oder Amtszeit eine Rolle 4Mose 32,13; 1Sam 4,18; 2Sam 5,4. — *Sieben* ist in der HS eine bes. hl. Zahl, die Fülle und Ganzheit versinnbildlicht (7 Geister = alle Geister; „schwören", hebr. nischba' = „sich versiebnen" = bei den 7, d. h. bei allen Göttern schwören). Sie ist vor allem für das kultische Leben bedeutsam: der 7. Tag ist Jahwetag, das 7. Jahr → Sabbatjahr, 7 Tage dauern die großen → Feste in Israel. Siebenmaliger Vollzug einer Handlung gilt als ihre erschöpfende Ausführung 1Mose 4,15; Mt 18,21. Auch literarisch spielt die 7 als Strukturelement bibl. Schriften eine Rolle, bes. in der Offb. Die Zahl 70 als das Vielfache von 7 findet sich oft: 70 Älteste 2Mose 24,1, 70 Apostel Lk 10,1; 70 Jahre dauert das babylonische Exil Jer 25,11. — Die Zahl *zehn* als grundlegende Einheit des gesamten Z.-systems bezeichnet die Vollständigkeit: 10 Gebote 2Mose 34,28, der → Zehnte 3Mose 27,30 u. ä. Gleiches gilt von den Potenzen von 10: den runden Z. 1000 Ps 90,4 und 10 000 Ps 91,7. — Die Bedeutsamkeit der Zahl *zwölf* als Zahl der Vollendung fußt wahrscheinlich auf der Teilung des → Jahres in 12 → Monate, erweist sich in der HS aber bes. in der Zwölfzahl der → Stämme → Israels und der → Apostel.

3) Hinter den Z. *153* Jo 21,11 und *666* Offb 13,18 steht das im → Judentum beliebte Verfahren der Gematrie, wonach man Namen und Begriffe, die geheim bleiben sollten, durch die Z.-werte ihrer Buchstaben ersetzte und diese zusammenzählte, so daß die Summe dieser Werte die Zahl des betreffenden Wortes ergab. Bei den vielen Deutungsmöglichkeiten, die die Z. 153 (künftiger Äon, Simon Petrus) und 666 (Titus, Trajan, Nero, Tier) zulassen, ist mit einer endgültigen Lösung dieser Z.rätsel kaum zu rechnen (→ apokalyptische Zahl; → sechshundertsechsundsechzig). *Ste*

Zahlenspruch. Stilistisch und sachlich der Gattung der Weisheitssprüche zugehörig, ist der Z. dadurch gekennzeichnet, daß bei ihm ursprünglich selbständig umlaufende Einzelsprüche zu einer größeren Einheit komponiert sind, die ihre Geschlossenheit durch eine ihr vorausgestellte Zahl (2,3,4,7) erhält, die auf Dinge, Tiere, Personen hinweist, denen ein und dasselbe Prädikat zukommt. Meist werden rätselhafte natürliche Erscheinungen zusammengeordnet, um sie auf diese Weise begrifflich zu bewältigen und ihre innere Ordnung zu erhellen. Denn, „wenn das Gleiche zum Gleichen gelegt werden kann, dann verlieren die Erscheinungen die absolute Rätselhaftigkeit", die sie in ihrer Vereinzelung hatten (v. Rad) Spr 6,16-19; 30,15 f. 18 f. 21-23. 24-28. 29-31; Sir 26,5-8. Ihren „Sitz im Leben" haben die Z.e in der feierabendlichen, freien Zusammenkunft der isr. Männer (im sōd), bei der sie im Rahmen von kurzen, versartigen Wechselreden entstanden sind.

Lit.: L. Köhler, Der hebr. Mensch, 1953, 90 ff. *Ste*

Zahn. *1)* Der Vergleich HL 4,2 will die weiße Farbe der Zähne rühmen. Das Wort Am 4,6 von müßigen Zähnen kündigt eine Hungersnot an. Zu dem Sprichwort Jer 31,29; Hes 18,2 → Herlinge. „Z. um Z." 2Mose 21,24; Mt 5,38 war die Regel für → Vergeltung und → Strafe. — *2) „Mit den Zähnen klappen"* Mt 8,12; 13, 42; 22,13; 24,51; 25,30; Lk 13,28 malt mit dem Aufeinanderschlagen der Zähne in schauriger Kälte die Qual der Verdammten. „Mit den Zähnen knirschen" Hiob 16,9; Ps 112,10; Apg 7,54 ist ein Zeichen der Wut. *Schl*

Zalmon. *1)* Ri 9,48 Name eines sonst unbekannten Berges in der Nähe von → Sichem. — *2)* Ps 68, 15 b ist wohl der Asalmanos des Ptolemäus, das → ḥaurān-Gebirge gemeint. — *3)* 2Sam 23, 28 Name eines der 30 Helden Davids. *Rü*

Zank. Von den verschiedenen Voraussetzungen der Spruchweisheit des AT und der Briefe des NT aus — dort des isr. Volkslebens, hier der im Aufbau begriffenen christl. Gemeinde — kämpft die HS um die Überwindung der die Gemeinschaft zersetzenden Zwietracht. Dazu stellt das Buch der Sprüche treffsicher die unverträglichen Figuren der zänkischen Ehegatten 19, 13; 21, 9. 19; 26, 21, der Spötter 22, 10, der Habgierigen 28, 25, der Narren, die beim Wein liegen 18, 6; 23, 29 f an den Pranger und deckt die Ursache der Streitlust auf: die Entzweiung mit Gott 17, 19, vgl. die Gegenbilder 1Mose 13, 7 f; 45, 24. Im NT regt sich schon unter den Zwölfen Lk 22, 24 und dann in den jungen Gemeinden die Eifersucht Phil 1, 16; 2, 3 und der Streit um Sondermeinungen, der die Einigkeit im Geist zerstört 1Kor 1, 11; 11, 16; 2Tim 2, 14. 23 f; Tit 3, 9. Wie tief hier der die Kirche zu allen Zeiten gefährdende Schaden sitzt, sagt Gal 5, 19 ff; Jak 3, 16. *He*

Zarpath, phönizische Stadt zw. Tyrus und Sidon, beim heutigen Sarfand gelegen. Dort verweilte der Prophet Elia während der großen Trockenheit und Hungersnot zZ des isr. Königs Ahab 1Kö 17, 9 ff. Das Prophetenwort Ob 20 nennt Z. als einen der Wohnsitze der kommenden Heimkehrer aus dem Exil Israels. *Peu*

Zarethan oder Zereda. *1)* Name einer in der Nähe der Jordanfurt von Adama gelegenen Stadt Jos 3, 16; 1Kö 7, 46; 2 Chr 4, 17, die zum 5. Gau Salomos gehörte 1Kö 4, 12, vgl. Ri 7, 22; heute vielleicht tell el-mezār im untersten Teil des wādi fār'a etwa 5 km nordwestlich von Adama (heute ed-dāmje). — *2)* Davon zu trennen ist *Zereda* in Ephraim, der Geburtsort Jerobeams I. 1Kö 11, 26, heute dēr ghassāne. *Rü*

Zauberei ist im Unterschied zur → Magie der Gebrauch des magischen Wissens zu rein egoistischen und gemeinschaftsschädlichen Zwecken, so, wenn → Bileam seine Künste gegen Israel aufbietet 4Mose 22-24 oder ein mit besonderer Macht Begabter diese zur Bedrohung seines Feindes, zu persönlicher Einflußsteigerung Apg 8, 18 f, zur Verfluchung bestimmter Tage, die sie zu Unglückstagen macht Hiob 3, 8, u. ä. einsetzt. In solchen Fällen ist die Anwendung magischer Praxis zur „schwarzen Magie" = Z. geworden. Zu den Machtmitteln des Zauberers gehörten in alter Zeit der Zauberstab 2Mose 7, 12 und -mantel, der Zauberspruch Ps 58, 6 in Form von bösen Wünschen, Flüchen, Beschwörungen Pred 10, 11, der „böse Blick" und als beliebtes Schutz-, Nutz- oder Vorbeugungsmittel gegen Schädigungen aller Art das → Amulett. Der Umgang mit diesen Kräften und Mächten war in der israelitischen Gesetzgebung verboten 5Mose 18, 10 f, sogar unter → Todesstrafe gestellt 2Mose 22, 17 und wurde auch in anderen Völkern streng geahndet, wie die Inschriften des Königs Gudea von Lagasch in Babylonien zeigen. Für den exklusiven Jahweglauben fielen indessen nicht nur die magischen Künste der Fremdvölker, sondern auch ihre Religion und ihr Kultus unter das Urteil zauberischen Frevels 2Kö 9, 22; Jes 47, 9. 12-15 und deren Übernahme durch Israel unter das Verdikt der → Abgötterei 5Mose 18, 9-14. Deshalb wird in der HS die Z. häufig im Zusammenhang mit anderen Ausdrucksformen der Gottlosigkeit wie Wahrsagerei, Zeichendeuterei, Ehebruch, Diebstahl, Eifersucht u. a. genannt und verfemt Jer 27, 9; Mal 3, 5; Gal 5, 19 ff. Rechnet die Bibel einerseits mit der realen Macht der Zauberer 2Mose 7, 22; 4Mose 22, 6; Apg 8, 9 ff und brandmarkt sie im NT ihr Tun als Teufelswerk Apg 13, 10, so läßt sie andererseits keinen Zweifel darüber, daß der allmächtige Gott größer ist als alle seine Gegenspieler mit ihren magischen Praktiken Apg 8, 9 ff; 13, 6 ff und diese, falls sie nicht von ihrem Weg umkehren 19, 19, zuletzt Gottes Gericht anheimfallen Mich 5, 11; Offb 21, 8; 22, 15.

Lit.: S. Mowinckel, Religion und Kultus, Göttingen 1953; C. H. Ratschow, Magie und Religion, Gütersloh 1955. *Ste*

Zaun. Wo die HS von dem Z. eines Weinbergs spricht Ps 80, 13; Jes 5, 5; Mt 21, 33 oder einem Z. an Landstraßen Lk 14, 23, haben wir an Mäuerlein aus Steinen zu denken. Solch eine Mauer war ein Schutz Esra 9, 9; Sir 36, 27, aber auch ein Versteck für Schlangen Pred 10, 8 und der Sammelplatz für kleines Getier Nah 3, 17. Paulus sah in dem Gesetz eine trennende Wand zw. Juden und Heiden, die durch Jesu Sterben beseitigt wurde Eph 2, 14, → Gesetz. *Schl*

Zebaoth, hebr. Heerscharen, kann als Beifügung zum Gottesnamen Jahwe mit der Apposition 'elōhē bedeuten: 1) Jahwe der Gott der Heerscharen (Israels), 2) Jahwe der Gott der Heerscharen (des Himmels), 3) Jahwe der Gott der Sternenmächte (die als himmlische Heerscharen gedacht sind), oder 4) kann Z. die zahlreichen Götter Kanaans bedeuten, die von Israel nicht anerkannt wurden und theol. und glaubensmäßig zu dienenden Größen Jahwes depotenziert wurden und entweder Glieder des Hofstaates Jahwes wurden 1Kö 22, 19 f; Hiob 1, 6 ff u. ö. oder die Heerscharen Jahwes bildeten. Für die Möglichkeiten 2)-4) spricht die Tatsache, daß die Bezeichnung Jahwe der Gott Z. sich erst in 1Sam findet, also in einer Zeit, in der die Zeit der Kriege Jahwes längst vorbei war. Nur 4) setzt eine längere Zeit theol. Denkarbeit voraus und würde damit auch etwa auf das Ende der Richterzeit (Samuel) führen. Die so entstandene Gottesbezeichnung würde von einem starken Überlegenheitsbewußtsein des Jahweglaubens gegenüber der kanaanäischen Religiosität zeugen. Vermutlich muß die Formel Jahwe der Gott der Heerscharen als der Kultname des in Jerusalem verehrten Gottes Jahwe angesehen werden. *Ba*

Zebedäus, Fischer am See Genezareth, Vater der Apostel Johannes und Jakobus, wird in allen vier Evangelien erwähnt Mt 4,21; Mk 1,19; Lk 5,10; Jo 21,2 u. ö. Z. war Gatte der Salome Mk 15,40; 16,1; vgl. mit Mt 27,56. *Kü*

Zeboïm. *1)* Stadt in der Gegend des → Toten Meers 1Mose 10,19; 14,2.8, die von Gott vernichtet wurde und daher als Beispiel göttlichen Strafgerichts dient 5Mose 29,22; Hos 11,8; genaue Lage unbestimmt. — *2)* hebr. ṣeboʿīm *a)* Tal in der Wüste Juda 1Sam 13,18; der Name scheint im wādi abu ḍabaʿ, einem Seitenarm des wādi el-qelṭ fortzuleben. — *b)* Stadt in Benjamin Neh 11,34; genaue Lage unbestimmt. *Rü*

Zedad. Der nur in den Grenzbeschreibungen 4Mose 34,8; Hes 47,15 genannte Ort ist mit dem etwa 100 km nördlich von Damaskus gelegenen ṣadād gleichzusetzen. *Rü*

Zedekia, Sohn des → Josia und Onkel des deportierten Königs Jojachin, wurde durch Nebukadnezar unter Änderung des Namens Matthanja in Z. als Regent für den in Babel gefangengehaltenen Jojachin über den um den Negeb verkleinerten Staat Juda eingesetzt 597/96-587 2Kö 24,17f; 1Chr 3,15; Jer 1,3. Obgleich Z. für Warnungen Jeremias nicht unzugänglich war, unterlag er den Forderungen der auf Ägypten hoffenden nationalistischen Partei in Jerusalem und empörte sich gegen die Neubabylonier Jer 37,17-21; 38,14-27. Als Jerusalem nach eineinhalbjähriger Belagerung fiel, ergriff er die Flucht, wurde aber von einer babylonischen Streife bei Jericho gestellt. Im babylonischen Hauptquartier in Ribla tötete man vor seinen Augen seine Söhne, blendete ihn und führte ihn nach Babel, wo er wohl bald im Kerker starb 2Kö 25,1-7. *Peu*

Zeder. Die Z., dieser der Lärche verwandte Baum, der im AT hoch gerühmt wird Ps 80,11; 104,16; 2Kö 14,9, war mit ihren breit ausladenden Ästen, den immergrünen Nadeln und aufrechtstehenden Zapfen der Schmuck des Libanon Ri 9,15; Ps 29,5, auf dem sich kümmerliche Reste auch heute noch finden. Das gelbliche, rötlich gemaserte Holz, sehr fest, wohlriechend und vor Wurmfraß sicher, war begehrtes Baumaterial; so für Davids Palast 2Sam 5,11; 7,2, für Salomos Tempelbau 2Kö 5,20; 6,9.18.36; 7,12 und sein → „Libanonwaldhaus“ 7,2, für Jojakims Palast Jer 22,14f und den zweiten → Tempel Esra 3,7. Das von Phöniziern im Libanon gefällte Holz wurde in Flößen nach Jaffa gebracht 1Kö 5,23; 2Chr 2,15; Esra 3,7. Zedernstämme gaben die Masten und die starken Kisten der Phönizier Hes 27,5.24, auch etwa Götzenbilder Jes 44,14f. Kein Wunder, daß Assyrer und Babylonier Raubbau an Z.n trieben Jes 14,8; 37,24; Hab 2,17. Wohl des Geruchs wegen spielte Z.nholz auch bei dem Reinigungsopfer eine Rolle 3Mose 14,4ff; 4Mose 19,6. In dichterischer Sprache ist die Z. ein Bild für den Gerechten Ps 92,13, für stolze Größe Jes 2,13, für Assurs Macht Hes 31,3.8, für das Davidshaus Hes 17,3.22. *Schl*

zehn → Zahlen.
Zehnstädte → Dekapolis.

Zehnte. Unter dem Z.n verstand man in der alten Welt eine in Höhe von einem Zehntel des Bodenertrags, des Viehs und des Handelsgewinns regelmäßig zu entrichtende weltliche oder religiöse Abgabe. Auch einmalige, auf Grund besonderer Umstände dargebrachte Zehntleistungen, wie sie von Abraham (Beute-Z.) 1Mose 14,20 und Jakob (Zehntgelübde) 28,22 bezeugt sind, waren üblich. Im AT wird der Z. als weltliche Steuer (königliches Zehntrecht) nur 1Sam 8,15.17 erwähnt, während er überall sonst als regelmäßige Abgabe von Korn, Wein und Öl an das Heiligtum gemeint und schon für die frühisr. Zeit mehrfach belegt ist 2Mose 22,28; 5Mose 14,22ff; 26,12ff; Am 4,4. Ablieferungstermin war vermutlich das → Laubhüttenfest. Fiel ein Anteil der Ortspriesterschaft zu (vgl. 5Mose 14,27), so wurde der andere Teil des Dargebrachten in fröhlichem Opfermahl am jeweiligen Lokalheiligtum verzehrt, wodurch beidemal der eigentliche Opfercharakter des Z.n zum Ausdruck kam. Die mit der deuteronomischen Reform verbundene Kultzentralisation machte dem Israeliten die Ablieferung des Z.n in Jerusalem zur Pflicht 5Mose 14,23. War die Darbringung in Naturalien wegen zu weiter Entfernung des Wohnorts vom Zentralheiligtum zu schwierig, so war die Umsetzung des Z.n in Geld und die Bestreitung des Priesterdeputats und der Opfermahlzeit von diesem Geld möglich 14,24ff. In jedem dritten Jahr („Zehntjahr“) sollte der gesamte Z. den Armen, d. h. den Leviten, Fremden, Witwen und Waisen zugute kommen 14,28f; 26,12ff. Das spätere priesterliche Gesetz entkleidete den Z.n seines Opfercharakters und verwandelte ihn in eine einfache Steuer an das Kultpersonal 4Mose 18,12ff; Neh 10,38ff; 13,5.12, wobei der Levit seinerseits von dem Empfangenen wieder den Z.n an den Hohenpriester abzuführen hatte 4Mose 18,26ff. Ablösung in Geld bedingte nun eine Erhöhung des Steuersatzes um ein Fünftel des Betrages 3Mose 27,31. Außerdem wurde der Z. jetzt auch auf das Vieh ausgedehnt 27,32; 2Chr 31,6. Häufige Unredlichkeit bei der Z.abgabe kritisiert Maleachi 3,8, während Jesus den Pharisäern übertriebene Ausweitung des Z.gesetzes vorhält Mt 23,23 par.

Lit.: W. Eichrodt. Theologie des AT, [5]1958. *Ste*

Zeichen → Wunder.
Zeichendeuter → Wahrsager.

Zeitrechnung.

1) Grundelemente der Z. 2) Verschiedene Einteilungsmethoden. 3) Die relative isr. Königschronologie. 4) Die absolute Chronologie. 5) Nachexilisch-jüd. Ären. 6) Z. im NT.

1) Über die Einzelelemente der Ordnung und Messung des Zeitablaufs in der HS unterrichten die Artikel → Jahr, → Monate, → Sabbat, → Tag, → Nacht.

2) Der Versuch, Ereignisse der isr. Geschichte zeitlich zu berechnen, stellt vor schwierige Probleme. Denn eine fortlaufende, von einem einheitlichen Festpunkt ausgehende Z. hat Israel nicht gehabt. Wichtige Vorgänge wurden, methodisch verschieden, nach markanten Ereignissen wie Erdbeben Am 1,1, den Regierungsjahren Jer 1,2 oder dem Tod eines Regenten Jes 6,1 u. dgl. zeitlich bestimmt, Angaben, die für uns meist nicht ohne weiteres mehr auswertbar sind. Größere Zeiträume suchte man durch Einteilung in Perioden zu ordnen, wobei die runde Zahl 40 als Dauer einer Generation bzw. Amtszeit eine Rolle spielte 4Mose 32,13; 1Kö 2,11; 6,1 (480 Jahre = 12 × 40 Jahre). Für die priesterliche Chronologie ist die Bemühung, den Geschichtsablauf in Einklang mit einem System hl. oder symbolischer → Zahlen zu bringen, charakteristisch. Ein Beispiel bieten die genealogischen Listen 1Mose 5 u. 11,10ff, deren Zahlensummierung zusammen mit den Daten von 21,5; 25,26; 47,9 und 2Mose 12,40 für den → Auszug aus Ägypten das Jahr 2666 nach der Schöpfung ergibt. Das sind zwei Drittel eines Weltzeitalters von 4000 Jahren, das den Berechnungen offenbar zugrunde liegt. Von urkundlich begründeten, historischen Zahlen kann hier nicht geredet werden. Sie haben Zeichencharakter. Die Zeit gilt von vornherein als befristet, auf eine letzte göttliche Erfüllung zugehend, von der alle Tage dieser Weltära Sinn und Inhalt bekommen.

3) So fehlt es im AT an genauen Zeitangaben für die isr. Vorgeschichte. Auch für die Zeit zw. Landnahme und erster Königszeit haben wir trotz der Zahlen des Richterbuches keine Möglichkeit sicherer Datierung. Den festen Kern der ATlichen Z. bilden die Angaben der Königsbücher über die Regierungsdauer der Könige Israels und Judas von Salomo bis zum babylonischen Exil und die Synchronismen zw. der isr. und judäischen Königsliste bis zum Untergang Israels, bei denen jeweils der Regierungsantritt eines Königs mit dem entsprechenden Regierungsjahr des Regenten im Nachbarstaat verbunden ist 1Kö 15,1 u. a. Aus den genannten Zahlen gewinnt man eine relative Chronologie, die durch Querverbindungen zu feststehenden Daten der altorientalischen Geschichte gestützt werden kann. Schwierigkeiten ergeben sich hier dadurch, daß bisweilen sowohl die Synchronismen (vgl. 2Kö 1,17 mit 3,1; 15,30 mit 17,1) als auch die Zahlen über die Regierungsdauer in den verschiedenen Textüberlieferungen sowie die Jahressummen der Könige in beiden Tabellen voneinander abweichen. Hier liegen offenbar mehrere voneinander unabhängige amtliche Berechnungssysteme zugrunde. Hinzu kommt die für das Verständnis der Königslisten wesentliche Frage, nach welcher Methode die Regenten ihre Regierungsjahre gezählt haben, ob „vordatierend" oder „nachdatierend". Bei der aus Ägypten stammenden Vordatierung wird das Jahr eines Thronwechsels zweimal gezählt, als letztes des alten und als erstes des neuen Königs. Bei der Summierung der Herrscherjahre ist das doppelt gezählte Jahr nur dem Nachfolger anzurechnen, dem Vorgänger abzuziehen. Man vermutet heute mit Recht, daß diese Zählweise zusammen mit dem altisr. Herbstjahr bis etwa in die Zeit des → Ahas / → Menahem üblich gewesen ist. Dann übernahm Israel mit dem Frühlingskalender die in Babylonien und Assyrien gebräuchliche Nachdatierung, bei der man das Todesjahr eines Königs diesem voll anrechnete und das erste Regierungsjahr des Nachfolgers erst von dem auf den Thronwechsel folgenden → Neujahr ab zählte.

4) Eine absolute Chronologie gewinnt man durch Übertragung der isr.-judäischen Angaben auf unsere Z. Die dafür erforderlichen Festpunkte liefern vor allem astronomische Feststellungen aus assyrisch-babylonischen Quellen. Die assyrische Eponymenliste, eine fortlaufende Jahrestabelle assyrischer Würdenträger von 893 bis 666, erwähnt für die Zeit des Königs Assurdan III. eine Sonnenfinsternis, die sich astronomisch auf den 15.6.763 festlegen läßt, wodurch zusammen mit dem babylonischen Kanon des Ptolemäus, der für astronomische Zwecke die neubabylonischen, persischen, griech.-mazedonischen und römischen Herrscher nach ihren Regierungsjahren aufzählt, die Festlegung einiger sicherer Daten der isr. Königszeit möglich ist: Schlacht bei Karkar (→ Ahab) 853/52, Tribut Jehus 841, Tribut Menahems 738, Sturz Pekachs 733/32, Fall Samarias 721, Sanheribs Feldzug gegen Juda 701, Eroberung Jerusalems 587/86. Unter Berücksichtigung der Einzeluntersuchungen J. Begrichs ergeben sich danach folgende Regierungszeiten der isr.-judäischen Könige:

David (40 Jahre) um 1000
Salomo (40 Jahre) um 950
Trennung der Staaten Israel und Juda 926

Rehabeam	926/5-910/9	Jerobeam I.	926/5-907/6
Abia	910/9-908/7		
Asa	908/7-872/1	Nadab	907/6-906/5
		Baësa	906/5-883/2
		Ela	883/2-882/1
		Simri	882/1
		Zwischenreich	-879/8
Josaphat	872/1-852/1	Omri	878/7-871/0
		Ahab	871/0-852/1
Joram	852/1-845/4	Ahasja	852/1-851/0
Ahasja	845 -844	Joram	851/0-845/4
Athalja	845/4-839/8	Jehu	845/4-818/7
Joas	839/8-800/799	Joahas	818/7-802/1
Amazja	800/799-785/4	Joas	802/1-787/6
Usia	785/4-747/6	Jerobeam II.	787/6-747/6
Jotham	758/7-743/2	Sacharja	747 -746
		Schallum	747 -746
Ahas	742/1-725	Menahem	746/5-737/6

		Pekachja	736/5-735/4
		Pekach	734/3-733/2
Hiskia	725/4-697/6	Hosea	732/1-724/3
		Belagerung Samarias	724/3-721
Manasse	696/5-642/1		
Amon	641/0-640/39		
Josia	639/8-609		
Joahas	609		
Jojakim	608/7-598/7		
Jojachin	598/7		
Zedekia	597/6-587		

5) Für die nachexilische Zeit ist in der HS Datierung nach persischen Königsjahren Hagg 1,1; Sach 1,1 u. ö., unter der syr. Herrschaft Übernahme der seleuzidischen Ära (von 312 vChr ab) 1Makk 1,11 bezeugt; die jüd. Ären von 142 vChr, 66 und 132 nChr blieben etwas Vorübergehendes 1Makk 13,42. Die heutige jüd. Z., die seit dem 10. Jh. nChr in Geltung ist, geht von 3761 vChr als Jahr der Weltschöpfung aus (1967 unserer Z. = 5728 jüd. Z.) und beruht auf einer Verbindung der Mondzyklen des Atheners Meton und der seleuzidischen Ära mit bibl. und talmudischen Zahlenangaben.

6) Für eine relative Chronologie des NT sind seine Angaben über Herrscher (Augustus 31 vChr bis 14 nChr, Herodes Antipas 4 vChr bis 39 nChr), römische Beamte (Pontius Pilatus 26-36 nChr), Hohepriester wie Kaiphas 18-37 nChr, auch Erwähnungen von Daten Jo 2,13.23; 6,4; 12,1 oder Zeitspannen Apg 18,11 und archäologische Funde wie die in Delphi entdeckte Inschrift mit der Nachricht über den Amtsantritt des Prokonsuls → Gallio in Achaja (51 nChr) wichtig. Daraus lassen sich als Zeit der öffentlichen Wirksamkeit Jesu die Jahre 28-30 gewinnen und als Anhaltspunkt für die Datierung des Lebens des Paulus sein Aufenthalt in Korinth für die Jahre (Herbst) 50 bis (Frühjahr) 52 festlegen.

Lit.: J. Begrich, Die Chronologie der Könige von Israel und Juda, 1929; M. Noth, Die Welt des AT, 1953; W. Michaelis, Einleitung in das NT, ^{8}1961. *Ste*

Zelophhad, Sohn des Hepher, aus dem Stamm Manasse; er hinterließ nur Töchter, denen Mose auf Jahwes Weisung den Grundbesitz ihres Vaters als Erbteil zuspricht. Dies wurde Grundsatz für eine allg. Regel des isr. Erbrechts 4Mose 26, 33; 27,1-10. *Schw*

Zeloten, Zelotismus. Die Z., die „Eifernden“, wollten im 1. Jh. nChr als entschlossen nationalistische Partei, die ihren Ursprung auf den Aufstand des Judas des Galiläers Apg 5,37 (→ Sp. 693 f) zurückführte, die Freiheit Israels von der Herrschaft der Römer erringen. Dabei schien ihnen ein brauchbares Mittel auch der Untergrundkrieg zu sein, obwohl die Männer, die den Kampf mit dem Dolch wagten, aus den Dörfern in die Höhlen weichen mußten, und bedrohten sie auch die Volksgenossen, die mit den Fremdherren zusammenarbeiteten. Vielleicht war → Barrabas einer dieser Freiheitskämpfer, in denen die Römer natürlich Banditen („Räuber“) sahen. Sehr wahrscheinlich war → Simon Zelotes Lk 6,15; Apg 1,13 oder (aram.) Kananäus Mt 10,4; Mk 3,18 ein Anhänger dieser Partei, ehe ihn Jesus in seine Nachfolge rief. Der jüd. Aufstand gegen Rom i. J. 66 mit seinen verhängnisvollen Folgen brach los, weil die Z. die Führung an sich reißen konnten. *Schl*

Zelt (Luther: Gezelt oder meist Hütte). *1)* Im Z. lebten Nomaden 1Mose 4,20; Ri 8,11; Ps 120,5, so auch die Erzväter 1Mose 12,8; 13,5 u. ö.; Hebr 11,9, Hirten Jes 38,12 und Krieger 2Sam 11,11; 2Kö 7,7 f; Jer 37,10. Die Z.tücher, meist aus schwarzem Ziegenhaar gewoben HL 1 5, wurden mit Stricken und Pflöcken am Boden befestigt Jes 33,20; 54,2; die festen Stoffe boten gegen Sonnenhitze und Regengüsse Schutz Jes 4,6. Solche Stoffe zu weben war wohl auch das Handwerk des Paulus Apg 18,3. Ein Vorhang im Innern des Z.s teilte den Frauenraum ab 1Mose 18,9, wenn die Frauen nicht ein eigenes Z. hatten 1Mose 24,67; 31,33; Ri 4,17; nach 2Chr 14,14 gab es Z.e auch für das Vieh. Am Wohnen im Z. wollten die Rechabiter festhalten Jer 35,7 (→ Jonadab 2). — *2)* Das Z. blieb Bezeichnung für die Wohnung überhaupt 1Sam 4,10; 2Sam 20,1; 1Kö 8,66; 2Kö 13,5, darum auch für die Wohnung Gottes Ps 15,1; 76,3 u. ö.; Hebr 9,11; Offb 13,6; 21,3, darum auch für Gottes Offenbarung in Jesus Jo 1,14 („zeltete“), ähnlich in übertragenem Sinn Ps 27,5; Jes 4,6. Die ewigen Z.e Lk 16,9 meinen den Himmel. Aber auch der menschliche Leib wird in seiner Hinfälligkeit mit einem Z. verglichen 2Kor 5, 1.4; 2Petr 1,13 f, vgl. Jes 38,12. → Stiftshütte. → Tafel 39. *Schl*

Zelt, heiliges → Stiftshütte.

Zemach (Sproß). „Der gerechte Sproß“ Jer 23,5 und „der Sproß der Gerechtigkeit“ 33,15 (Luther: gerechtes Gewächs) ist Name des aus Davids Geschlecht erwarteten Messias. Ähnlich spricht Sach 3,8 von dem Knecht Gottes Z. und 6,12 von dem Mann, der Z. heißt, weil es unter ihm sprossen soll, und meint damit auch den messianischen König der Zukunft, nachdem er zunächst wohl hoffte, → Serubabel sei der König, der mit dem Tempelbau das Heil bringe. *Schl*

Zenas, ein des jüd. oder des römischen Rechts Kundiger, Tit 3,13 zusammen mit → Apollos genannt, soll von Titus mit dem zur Weiterreise Nötigen versorgt werden. *Kü*

Zentner → Maße, → Gewichte.

Zephanja. *1)* Der *Prophet* Z. hat nach der Überschrift 1,1 während der Regierungszeit des Königs → Josia von Juda gewirkt. Nach dem Inhalt seiner Worte muß dies vor der Kultusreform Josias geschehen sein, so daß die Zeit um 630 vChr anzunehmen ist. Die ausführliche Ahnenreihe, die bis in die vierte Generation zurückreicht, soll Z. wohl weniger als Nachkommen des Königs Hiskia kennzeichnen, als vielmehr dem Mißverständnis wehren, als sei er wegen seines Vaters Kuschi ein Äthiopier (Kuschit) und kein Judäer.

2) Das *Buch* Z. ist nach dem bekannten Schema: Drohungen gegen das eigene Volk 1,2-2,3, Drohungen gegen andere Völker 2,4-3,8 und Verheißungen 3,9-20 aufgebaut. Im ersten Teil bilden 1,4f.7-9.12f.14-16; 2,1-3 die später um 1,2f.6.10f.17f erweiterten Worte Z.s. In ihnen wendet er sich gegen Götzendienst, Nachahmung fremder, religiös bestimmter Sitten und selbstsichere Zweifler, droht das Gericht am → Tag des Herrn so eindrücklich an, daß es in der lat. Nachdichtung von 1,14-16 „dies irae, dies illa" weiterklingt, und sieht Rettung nur in der Umkehr zu Demut und Gerechtigkeit. Vom zweiten Teil sind ihm wohl nur 2,4 gegen die Philisterstädte, 2,13f gegen Assur und die zusammenfassende Drohung 3,6-8 zuzuschreiben; später sind dem die Sprüche 2,5f.7.8f. 10f.12.15; 3,1-5 hinzugefügt worden. Aus dem dritten Teil stammt 3,11-13 mit Sicherheit von Z., vielleicht auch die Heilsworte 3,9f.14f. 16-18a, während 3,18b-20 ein abschließender Zusatz ist.

3) In seiner *Botschaft* hat Z. sich bes. an Jesaja, Amos und Micha angeschlossen, dabei aber das Gericht am Tag des Herrn, die mögliche Rettung durch Demut und Gerechtigkeit und neben dem universalen Gericht die universale Erlösung betont. Obschon ein furchtbares Strafgericht herannaht, ist es noch möglich, sich des göttlichen Willens zu erinnern und ihn zu tun. Geschieht dies, so wird der übrigbleibende Rest des Volkes wie in den Tagen der Väter demütig, gering, aber glaubend sein und Gott einmütig und mit reinen Lippen anrufen, wie auch die Völker dann einhellig dem wahren Gott dienen.

Lit.: K. Elliger, Das Buch der zwölf Kleinen Propheten II, ATD 25[5], Göttingen 1964; E. Balla, Die Botschaft der Propheten, Tübingen 1958; R. von Ungern-Sternberg u. H. Lamparter, Der Tag des Gerichtes Gottes, Die Botschaft des AT 23 IV, Stuttgart 1960; E. Sellin - G. Fohrer, Einleitung in das AT[10], Heidelberg 1965, § 69. *Fo*

Zepter. Das Z., ursprünglich ein Stab (vgl. Ps 23,4), wurde zum Zeichen der Herrschaft 1Mose 49,10; 4Mose 24,17; Ri 5,14; Am 1,5.8; Ps 110,2; 125,3. Das eiserne Z. Ps 2,9; Offb 2,27; 12,5; 19,15 stellt die unüberwindliche Macht, das gerade Zepter Ps 45,7; Hebr 1,8 die Gerechtigkeit des Regierens dar. Der messianische Herrscher wird durch sein machtvolles Wort Gericht vollstrecken Jes 11,4, vgl. 2Thess 2,8. Das Entgegenstrecken des Z.s Esth 4,11, hier eines goldenen, ist Zeichen der Gnade. *Schl*

Zerstreuung → Diaspora.

Zeruja, die Schwester Davids, die Mutter ihrer mit David eng verbündeten Söhne Abisai, Joab und Asahel 2Sam 2,18; 1Chr 2,16. *Peu*

Zeuge, zeugen, Zeugnis (Zs.), **bezeugen.** *1) Der Z. für Wahrheit und Recht. 2) Die Bezeugung Gottes im AT. 3) Christus der treue Z. und das Zs. von ihm. 4) Die Zeugen Christi. 5) Zeugung = Vaterschaft.*

Die Bezeugung der → Wahrheit, der Wirklichkeit, des Glaubhaften, Zuverlässigen, Unumstößlichen im ganzen Umkreis der Welt Gottes und des Menschen, im Gegensatz zum Irrtum, zur Illusion, zur Lüge ist das Anliegen der HS. Dabei handelt es sich sowohl um das objektive *Tatsachenzeugnis* auf Grund nachweisbarer Wahrnehmung und Kenntnis von Vorgängen und Tatbeständen wie um das *Wahrheitszeugnis,* das geglaubte Erkenntnisse, Überzeugungen und Offenbarungen mit dem Einsatz der Person bis aufs letzte vertritt (von daher haben sich die griech. Worte martys und martyria für Z. und Zs. in den deutschen Wörtern Märtyrer und Martyrium erhalten). Die beiden Bedeutungen gehen ineinander über, weil jegliche Wahrheit in der HS im Grunde in Gott allein verankert ist.

1) Der Z. für Wahrheit und Recht. Die Aussage des Z.n vor Gericht hatte in Israel besonderes Gewicht, weil sich Untersuchung und Urteil fast ausschließlich an die Z.n hielt und zB die Einrichtung der Anwälte nicht kannte. Deshalb die wiederholte Vorschrift, in allen wichtigen Fällen, vor allem, wenn die Todesstrafe in Betracht kam, mindestens zwei oder drei Z.n zu hören 5Mose 17,6; 19,15; 4Mose 35,30, vgl. Spr 24,11, was auch noch im NT beachtet wird Hebr 10,28; 2Kor 13,1 (übertragen Jo 8,17; Mt 18,16; 1Tim 5,19). Daher die Warnung vor falschem Zs. 2Mose 20,16; 23,1; 5Mose 5,20; Mt 19,18; Spr 6,16.19; 19,5; 21,28; 25,18, die harte Strafe für falsches Zs. 5Mose 19,16ff und daß der Z. den ersten Steinwurf tun mußte 5Mose 17,7, aber auch die Klage und Bitte Ps 27,12; 35,10f — vgl. den Justizmord an Naboth 1Kö 21, an Jesus Mk 14,57ff, an Stephanus Apg 6,13.

In allerlei Abmachungen und Festsetzungen legen die Partner Wert auf Z.n anderer Art: ein Pfand 1Mose 21,30; Rt 4,7 oder ein Steinmal, „das alles gehört hat" 1Mose 31,48; Jos 24,27, der Altar am Jordan Jos 22,27, das Gesetzbuch bei der Lade 5Mose 31,26, das Moselied 5Mose 31,19, das öffentliche Gelöbnis Jos 24,22, das warnende Wort Neh 13,21 soll Z. sein. Zuletzt weiß das AT, daß Gott allein für das, was nicht in Vergessenheit geraten darf, Z. sein und als Z. aufgerufen werden kann 1Mose 31,50; 1Sam 12,5; Jer 42,5; Mal 2,14; 3,5; Hiob 16,19 („Himmel und Erde" hat denselben Sinn 5Mose 4,26; 30,19). Denn er allein durchschaut alles Ps 139; Weish 1,6, vgl. Jo 2,25.

2) Die Bezeugung Gottes im AT. Gott bezeugt sich dem Menschen durch sein Wort Ps 50,7, durch seine Zeugnisse, Gebote und Rechte 5Mose 4,45; 6,17; Ps 19,8; 119 (22mal!), vgl. die Tafeln des Zeugnisses 2Mose 25,16.22, durch seine Boten Hebr 3,5, durch das Geschehen in

Natur und Geschichte Jes 19,19f; 55,3ff. Wie in einer Art Weltkonferenz der Völker schildert Jes 43,9-13 u. 44,7-11 die Zeugenschaft Israels 43,10.12; 44,8 für Gottes alleinige reale Gottheit 43,11; 44,6, der die Völker mit ihren Götzen, die doch Menschengebilde sind, nichts entgegenzusetzen haben. Daß diese Bezeugung Gottes durch seine Z.n vergeblich sein Jer 6,10; 11,7f und das Leben kosten kann Neh 9,26, ist nicht verschwiegen.

3) Christus der treue Z. und das Zs. von ihm. In einem abschließenden Sinn heißt Jesus Christus der treue Z. Gottes Offb 1,5; 3,14, wobei das Zs. seines Todes und seiner Auferstehung dem Wort seine besondere Tönung verleiht. Er ist selber von Gott bezeugt als der Sohn Jo 5, 31ff; 1Jo 5,9 und ist weder auf das Zs. der Welt Jo 5,34; 8,18f, vgl. Lk 4,22.28, noch auf sein bloßes Selbstzeugnis angewiesen, das doch immer das Zs. Gottes in sich schließt in einer vollkommenen Selbstgewißheit Jo 8,18; 18,37. Insofern ist Jo 5,31 u. 8,14 kein Widerspruch. Die Schrift Jo 5,39; Apg 10,43, die Werke Jo 5,36; 10,25, der Geist Jo 15,26; Apg 5,32; 1Jo 5,6f z. für ihn. Allerdings handelt es sich dabei immer um ein Wahrheitszeugnis, das sich nur dem Glauben überzeugend erschließt Jo 1,7; 19,35; 1Jo 5,10; 2Thess 1,10. Daher wird es abgelehnt Jo 3,11f.32ff u.a.m. und ist für die ablehnende Welt das Zs. des Richters Mk 6,11; 13,9; Mt 8,4 (zum Zs. ihres Unglaubens); 23, 31; 24,14; Jo 7,7, vgl. Jak 5,3.

Inhaltlich kann es zB in der Offb einfach das Zs. Jesu heißen 1,2; 12,17; 19,10 oder das Zs. von ihm 1,9; Apg 18,5; 2Tim 1,8 oder des Glaubens an ihn Apg 20,21. Als solches ist es das Zs. vom Reich Gottes Apg 28,23, von der Gnade Gottes Apg 20,24; 1Petr 5,12. Es ist wirksam durch den hl. Geist Apg 15,8; Röm 8, 16; 1Jo 5,6, dem die mächtigen Taten Gottes den Weg bereiten Hebr 2,4.

4) Die Zeugen Christi. Zunächst sind die Urapostel, die von Anfang an bei ihm gewesen sind, seine Z.n Lk 24,48; Jo 15,27; 1Jo 1,1f; 4,14. Das sind sie in einem einmaligen Sinn als Z.n der Auferstehung Christi als ihrer eigentlichen Legitimation Apg 1,22; 2,32; 3,15; 4,33 u.ö., weil hier vor allem ihr Wort Zs. ist. Darauf ruht ihr Missionsauftrag für die Welt Apg 1,8. Allein der Zeugenkreis erweitert sich schließlich auf alle, die als Jünger Jesu seine Z.n sind und sein sollen Apg 22,15; 26,22; 1Kor 15,15. Paulus ist sich bewußt, daß seine Beglaubigung dafür in jedem Fall Gottes Sache bleibt 1Thess 2,5.10; 2Kor 1,23; Röm 1,9; Phil 1,8; so allein kann er sich auf das Zs. seines Gewissens berufen 2Kor 1,12; Röm 9,1, vgl. 2,15. So allein hat das Zs. des einen über den anderen in der Gemeinde Gewicht Gal 4,15; 2Kor 8,3; Röm 10,2; Kol 4,13 und ist auch der gute Leumund bei der Welt wichtig 1Tim 3,7; 3Jo 12. So wird das warnende Wort zum Zs. Gal 5,3; Eph 4,17; 2Tim 2,14.

Wenn auch der in der alten Kirche schon früh fest geprägte Begriff des Märtyrers, des Blutzeugen als des Z.n im Vollmaß im NT so noch nicht vorliegt, so ist doch schon vom AT her und vollends in der Nachfolge Christi im NT überall deutlich, daß der Z. Gottes und seines Herrn mit Leiden und Tod rechnen muß. So ist Jesus der treue Z. 1Tim 6,13. Und er selbst verschweigt seinen Jüngern nicht, was ihr Dienst in sich schließen wird Mt 5,11f; 10,16ff; Lk 21,12f; Jo 16,2 u.a.m. Die Apg weiß es nicht anders 20,23; 22,18.20; 23,11, vgl. 2Kor 4.6. 11; 1Petr 5,1. Vollends in der Offb ist der Z., wohl zunächst immer noch als Z. und Bekenner Jesu Christi in seinem ganzen Sein und Dienst („durch das Wort ihres Zeugnisses“ 12,11), der im Martyrium treu erfundene Z. 1,9; 2,13; 6,9; 17,6.

5) Zeugung = Vaterschaft. Davon ist in übertragenem Sinn die Rede, auf Israels Erwählung bezogen 5Mose 32,18; Jes 45,10 oder auf den Gesalbten Gottes Ps 2,7. So kann Paulus 1Kor 4,15; Phm 10 von denen reden, die durch ihn zum Glauben gekommen sind, → Vater, vgl. Jak 1,18. *He*

Zeus, der griech. Göttervater (→ Jupiter), den die Bewohner von Lystra, vor dessen Toren ein Z.tempel stand, in Barnabas finden wollten Apg 14,12f. → Olympius. *Pfei*

Ziege. Zum → Kleinvieh gehörten neben den Schafen große Herden von Z.n 5Mose 32,14; Spr 27,26f. Sie sind etwas größer als unsere Z.n, haben gewundene Hörner, lange, herabhängende Ohren Am 3,2, langes, schwarzbraunes Haar HL 4,1; 6,5 (gefleckte Z.n waren eine Ausnahme 1Mose 30,32) und sind mit noch bescheidenerer Weide zufrieden. Berühmt waren die Herden der arabischen Nomaden Jes 60,7; 2Chr 17,11. Das Fleisch gab den festlichen Schmaus 1Mose 27,9; Ri 6,19; 15,1; 1Sam 16,20; Lk 15, 29; doch darf das Fett nicht gegessen werden 3Mose 7,23. Die Milch wurde gern getrunken Spr 27,27. Die Haut diente als → Schlauch zur Aufbewahrung von Wein und Wasser oder als Umhang Hebr 11,37. Aus den dunklen Haaren spannen geschickte Frauen 2Mose 35,26 feste Stoffe zu Decken und Zelttüchern 2Mose 26,7, so daß ein Zeltlager aus der Ferne einer lagernden Z.nherde glich 1Kö 20,27. Die Z. war ein wichtiges Opfertier, bes. als Sündopfer 3Mose 4,28; Hes 43,22 und als Passalamm 2Mose 12,5; meist wurden Böcke geopfert, doch auch weibliche Tiere 3Mose 5,6. Die klugen Z.n gaben gute Leitböcke Jer 50,8; Sach 10,3; doch wird der → Bock auch zum Bild für gewalttätige Herrschsucht Hes 34,17, so daß das griech. Weltreich Dan 8,5ff durch einen Z.nbock dargestellt ist. *Schl*

Ziegel, aus Lehm geformte, entweder an der Sonne getrocknete oder gebrannte Steine 1Mose 11,3, die zu Bauten verwendet wurden 2Mose 1,14; 5,7ff. Der beigemischte Häcksel 2Mose

5,7 oder (ausnahmsweise) Sand diente zur Verstärkung. Wenn auch der Z.bau aus Gebieten stammt, wo Lehm vorhanden ist, also aus den Nil- und Euphratländern, waren Z. doch auch in Palästina übliches Baumaterial, weil die Bearbeitung des Natursteins viel schwieriger ist. Vor allem wurden Sklaven 2Mose 1,14 und Kriegsgefangene zur Anfertigung von Z.n gezwungen (so ist 2Sam 12,31 zu verstehen). *v. d. W.*

Ziegeltor → Tore Jerusalems.
Zikkurat → Turm zu Babel.

Ziklag, eine Stadt im Negev Jos 15,31, dem Stamm Simeon zugeteilt Jos 19,5, durch Achis von Gath an seinen Vasallen David gegeben 1Sam 27,6; 2Sam 1,1 und von da an im Besitz der judäischen Könige, nach dem Exil wieder besiedelt Neh 11,28; vielleicht tell el-chuwelife nördlich von Beerseba. *Schl*

Zilizien (Kilikien), die Landschaft an der Südostküste Kleinasiens, zw. dem Taurus- und dem Amanus-Gebirge gelegen, im Westen gebirgig, im Osten eine fruchtbare Ebene mit → Tarsus; unter dem Namen Kue schon in ägyptischen Inschriften erwähnt und durch → Salmanassar III. der assyrischen Herrschaft unterworfen (das Land Chilakku), vielleicht als Koa auch 1Kö 10,28 für Lieferung von Pferden genannt; in der Diadochenzeit seleukidisch 1Makk 11,14; 2Makk 4,36, durch die Römer zunächst mit Syrien verbunden (darum „Syrien und Z." auch Apg 15,23.41; Gal 1,21) und erst 57 nChr eine eigene Provinz. Es gab in Z. eine jüd. Diaspora; christl. Gemeinden sind Apg 15,23.41; Gal 1,21 vorausgesetzt. Auf dem Weg nach Derbe und Lystra überschritt Paulus bei der 2. Missionsreise die „Zilizische Pforte", den berühmten Paß über den Taurus Apg 15,41 u. 16,1. *Schl*

Zimbel → Musikinstrumente.
Zimmermann → Handwerk.

Zimt, ein Bestandteil des hl. Salböls 2Mose 30, 23 und als Parfüm geschätzt Spr 7,17, so daß die Geliebte HL 4,14 und die Weisheit Sir 24, 20 mit Z. verglichen werden, Offb 18,13 als Einfuhrartikel genannt, ist wahrscheinlich der Ceylon-Z., die getrocknete Rinde des mit dem Lorbeer verwandten Z.baums. Mit → Kassia ist vielleicht die Z.blüte gemeint. Zu Jer 6,20 (Luther: Z.rinde) → Kalmus. *Schl*

Zinn wird bei der Midianiterbeute 4Mose 31,22 und als Import von Spanien her Hes 27,12 erwähnt, während es Hes 22,18.20 unter den Metallen erscheint, die beim Läutern des Silbers ausgeschieden werden. Jes 1,25 meint das gleiche Wort wohl das → Blei, von dem das Z. vermutlich nicht deutlich unterschieden wurde. Z. war ein Bestandteil der Bronze, → Erz. *Schl*

Zinne des Tempels Mt 4,5; Lk 4,9. Vielleicht ist bei diesem „Flügelchen" des Tempels, von dem sich Jesus hinabwerfen soll, um sein Gottvertrauen zu erweisen, ein Balkon an der mächtigen Mauer über dem Kidrontal gemeint; andere denken an die Südost-Ecke des herodeischen Mauervierecks, auf dem der Tempel stand. *Schl*

Zins, zinsbar. *1)* Für ein dargeliehenes Kapital oder sonst eine Hilfe Z. zu nehmen, wird 2Mose 22,24; 3Mose 25,36f untersagt; das Verbot wird 5Mose 23,20f nur noch dem Volksgenossen gegenüber festgehalten. Verzicht auf Z. erscheint darum auch Hes 18,17 als verdienstlich, die Forderung von Z. als Frevel, während das Urteil Spr 28,8 zurückhaltender ist und Mt 25,27 unbefangen die Praxis von Darlehen gegen Z. voraussetzt. → Wucher. — *2)* Luther brauchte Z. auch im Sinn der → Steuer, so Mt 22,17.19 von der Steuer für die Römer, 17,24 („Zinsgroschen") von der Tempelsteuer, so Esth 10,1. Öfters auch allgemeiner von Abgaben und Tributen, die oft wohl Naturalleistungen waren, und von Frondienst, so 5Mose 20,11; Jos 16,10; Ri 1,28; 2Kö 3,4; Esra 4,13; Jes 14,4; 31,8; 1Makk 10,29. Noch allgemeiner von Dienstbarkeit überhaupt Spr 12,24. *Schl*

Zion ist *1)* ursprünglich die Bezeichnung der auf dem Sporn des Südosthügels von Jerusalem zw. Kidron- und Tyropoiontal gelegenen Jebusiterfestung, die von David erobert und in Davidstadt umbenannt wurde 2Sam 5,7; 1Kö 8,1. → Jerusalem I. II, 2. — *2)* Später geht die Bezeichnung Z. über auf den nördlich davon gelegenen, höheren Tempelberg, den Nordosthügel von Jerusalem. Die Psalmen preisen die Schönheit des Z. Ps 48,3; 50,2. Der Z. ist eine Gründung Gottes Jes 14,32, der hl. Berg Ps 2,6, die Wohnung Gottes Ps 9,12. Vom Z. her offenbart sich Gott Am 1,2 und sendet Hilfe Ps 14,7; 53,7 und Segen Ps 128,5; 134,3. Gott hat den Z. erwählt Ps 78,68 und liebt ihn Ps 87,2. Der Z., auf dem sich auch der Königspalast befand, ist der Sitz des von Gott eingesetzten davidischen Königs Ps 2,6; 74,2; 46,3. So sind die Erwählung des Z. zum Wohnsitz Gottes und die Erwählung der Dynastie David eng miteinander verknüpft Ps 110,2; 132,11.13. — *3)* Z. wird schließlich zur Bezeichnung für Gesamtjerusalem bzw. für dessen Bewohner Ps 48,13; 147,12; Jes 1,27; Jer 14,19; Am 6,1. In dem poetischen Ausdruck „Tochter Z." oder „Jungfrau Tochter Z." erscheinen die Stadt als Mutter und ihre Bewohner als → Tochter Jer 6,2; Mich 4,8; Jes 1,8; Sach 9,9. Die Propheten wenden sich gegen die Sünde Z.s Jes 3,16ff; 33,14; Am 6,1; Mich 3,10 und künden Z. Gericht Jes 10,12; Jer 26,18. Im Exil dient Z. häufig zur Bezeichnung der Deportierten, deren sich Gott in Erbarmen wieder annimmt Jes 49,14; 51,3; 52,1-8 u. ö. Der Z. ist ferner Ausgangspunkt eschatologischer Verheißungen Jes 1,27; 2,3; 4,5; 28,16; 46,13; 59,20; 62,11; Jer 31,6; Sach 9,9. — *4)* Im NT ist Z. Bild für die himmlische Wohnstätte Gottes Hebr 12,22; Offb 14,1. — Die Tradition, der Z. sei mit dem Südwesthügel gleichzusetzen, hat sich aus archäologischen, topographischen und historischen Gründen mit Sicherheit als irrig erwiesen. *Me*

Zionslieder. Der Begriff „Zionslied" wird Ps 137,3 in Parallele zu „Jahwe-Lied" gebraucht. Letzteres ist ein Lied zu Jahwes Ruhm, das Bestandteil des isr. Kultus war. Die Parallele zum Jahwe-Lied erweist das Z. ebenfalls als ein Preislied zu Ehren Jahwes und der von ihm erwählten Stadt, die zugleich sein Kultort ist. Derartige Lieder sind Ps 46; 48; 76; 84; 87. Da die Lieder den Zion und die Gottesstadt besingen, haben sie viele Züge mit den → Wallfahrtsliedern gemeinsam; Ps 122 kann auch ein Z. sein. Mannigfache Gattungen sind in diesen Z.n vereinigt. Elemente des Hymnus, des kollektiven Vertrauensliedes, des Segensspruches und des Erhörungsorakels lassen sich neben anderen nachweisen. Der Grundgedanke der Z. ist der Lobpreis der Herrlichkeit des Gottes, der sich vom Zion her offenbart. Dieser Gott wehrt sich gegen den Ansturm der Feinde, die die Gottesstadt vernichten wollen; er zerschmettert seine Feinde Ps 46. Andererseits sagt Ps 76,4-10, daß Jahwe alle Kriegswerkzeuge zerstöre und von Schalem (= Jerusalem) aus Schalom (= Friede) schaffen wolle. Der Zion wird gelegentlich in diesen Liedern in einer Weise geschildert, daß diese Schilderung nicht mit der Topographie und den landeskundlichen Verhältnissen Jerusalems zusammenzubringen ist, vgl. zB die Vorstellung von dem wasserumflossenen Zionsberg Ps 46, der der höchste der ganzen Welt ist. Diese Bilder werden sich am besten erklären lassen aus mythologischen Vorstellungen vom Götterberg im Norden, die wahrscheinlich auf dem Weg kultischer Tradition über das vorisr. Heiligtum in Jerusalem in den isr. Tempelkult hineingekommen sind. Die Mittelpunktstellung der Gottesstadt, die Einzigartigkeit und schlechthinnige Überlegenheit des Gottes zu Zion über alle Welt und ihre Herrscher sind wirkungsvolle Bezeugungen ATlicher Glaubensgewißheit und Glaubensgröße in diesen Z.n. *Ba*

Zippora → Mose.

Zisterne (Luther: Brunnen oder Grube). Die Wasserarmut des Landes machte die Anlage von Z.n nötig, aus dem Felsen gehauen 5Mose 6,11; Neh 9,25 oder im Boden angelegt und abgedichtet 2Chr 26,10; Jer 2,13, um das Regenwasser der Wintermonate für die trockene Zeit zu speichern. Natürlich war Z.nwasser weniger geschätzt als Quellwasser Jer 2,13; doch galt als Idealzustand, daß jeder bei seinem Haus seine Z. habe 2Kö 18,31 (vgl. die Mescha-Inschrift). Die Z. sollte verschlossen sein, um Unfälle zu verhüten 2Mose 21,33 f; Lk 14,5. Eine leere Z. konnte als Versteck dienen 2Sam 17,18 ff, auch von Leichen Jer 41,7, oder zum Gefängnis werden 1Mose 37,22; Jes 24,22; Jer 38,6 ff; Klgl 3,53; Sach 9,11. → Brunnen, → Wasserversorgung. *Schl*

Zitate. Die ATlichen Bücher bringen öfters Z. aus anderen, nicht mehr erhaltenen Schriften. Gilt dies für ganze Abschnitte in den → Königs- und → Chronikbüchern, so werden kleinere Z. aus dem Buch der Kriege Jahwes 4Mose 21,14, dem Buch des Wackeren Jos 10,12 f; 2Sam 1,18 und dem Buch der Lieder 1Kö 8,12 f (LXX) überliefert. Gelegentlich zitiert ein ATliches Buch ein anderes (Jer 25,11 f in Dan 9,2). Häufig zitieren die Propheten wirkliche oder angebliche sündhafte Aussprüche Jes 5,19; 28,15; Jer 7,4 oder Einwände der Leute Jes 28,9 f; 40,27; Hes 12,27. Im NT lassen sich etwa 250 Z. aus dem AT, zT größeren Umfangs, und mehr als 900 Anspielungen auf es in Ausdrücken und Redewendungen erkennen. *Fo*

Zither → Musikinstrumente.

Zoan, die ägyptische Stadt am zweiten östlichen Nilarm des Deltas, heute San el-Hagar, in LXX Tanis, war unter dem Namen Avaris Hauptstadt der Hyksoskönige. Unter Ramses II. erhielt Z. den Namen Ramsesstadt und wurde als Residenz neu aufgebaut. Die Ramessiden und die Pharaonen der 21. und 22. Dynastie herrschten teilweise auch in Z., das sich wegen seiner günstigen Lage zu Palästina und Syrien zur Regierungsstadt eignete. Der Hauptgott war Seth, dessen Kultus um das Jahr 1000 dem des Amun weichen mußte. 4Mose 13,22; Jes 19,11. 13; 30,4; Hes 30,14. *Peu*

Zoar, „die Kleine", Stadt in der Gegend des → Toten Meers 1Mose 13,10; 5Mose 34,3, die mit Bela gleichgesetzt wird 1Mose 14,2. 8; Zufluchtsort des Lot und seiner beiden Töchter bei der Zerstörung von → Sodom und Gomorra 1Mose 19,22 f. 30; nach Jes 15,5; Jer 48,4 (lies „sie bis Z." statt „ihre Kleinen"). 34 an der Grenze Moabs gelegen. Das Z. der hellenistisch-römischen Zeit, heute chirbet schēch ʿīsa südöstlich des Toten Meers, kommt wegen des Fehlens von isr. Überresten für eine Gleichsetzung mit Z. nicht in Frage. *Rü*

Zoba → Syrien.
Zölesyrien → Cölesyrien.

Zoll, Zöllner. Der Zoll bildet ein Hoheitsrecht des Inhabers der landesherrlichen Gewalt und ist eine Abgabe, die auf ein- und ausgeführte Waren erhoben werden kann, vgl. Esra 4,13. 20; 7,24; Mt 17,25; Röm 13,7. — Im römischen Reich bildete wohl jede Provinz ein Z.gebiet; daneben hatten die von Rom als autonom anerkannten Staaten und Gemeinwesen das Recht, Z. zu erheben, ebenfalls die Klientelfürstentümer am Rande des Imperiums. Römische Bürger waren von der Z.pflicht befreit. Demgemäß war Kapernaum ein Z.posten in der Tetrarchie des Herodes Antipas Mt 9,9, Jericho dagegen

Lk 19,1 f ein solcher der Prokuratur Judäa (von 6-41 nChr), dessen Z.einnahmen in die kaiserliche Kasse (fiscus) flossen. — Der römische Staat erhob den Z. nicht selbst durch Beamte, sondern verpachtete die Z.einnahmen eines Gebiets gegen eine feste Summe an einen Z.pächter (publicanus). Dieser machte seinen Gewinn aus einem etwaigen Mehrertrag, mußte aber andererseits auch Verluste selbst tragen. Der Generalpächter eines Gebiets hatte wieder seine Unterbeamten in verschiedenen Rangstufen (vgl. den „Oberzöllner" Zachäus in Jericho!). Die Z.tarife waren im allg. vorgeschrieben, blieben aber oft sehr unbestimmt, so daß der Willkür großer Spielraum gegeben war. Nicht nur im NT („Zöllner und Sünder" Mt 9,10 u.a.), sondern im Altertum allg. standen die Zöllner in schlechtem Ruf. Andererseits suchte das Volk vielerlei Mittel und Wege, den Z. zu hintergehen. *Bie*

Zora, ursprünglich von Dan Jos 19,41; Ri 13, 2.25; 16,31; 18,2.8.11, später von Juda Jos 15,33; Neh 11,29 besiedelter Ort in der Schephela, der von Rehabeam zur Festung ausgebaut wurde 2Chr 11,10; heute ṣar'a 23 km nördlich von Jerusalem. *Rü*

Zorn, zürnen. Die plötzliche Erregung (Affekt), die sich gegen den entzündet, der unser Glück beeinträchtigt, uns schädigt oder verletzt, nennen wir Z. Dauert der Z. an, so reden wir von → Haß. Wegen des engen Beziehungszusammenhangs von Z. und Liebe beschäftigt sich die HS eingehend mit dem Z. — *1)* Es gehört zum ursprünglichen Wissen des Menschen, daß Gott nicht alles an uns schätzt und liebt, sondern vielem seinen Widerwillen und Widerstand entgegensetzt Röm 1,18 ff. In seinem eigenen Leben erfährt er das an zahlreichen und offenkundigen Wirkungen Gottes, die ihn hindern und beugen und oft aufs schwerste treffen Ps 90. Doch leugnet er gewöhnlich Gottes Z. und verlangt blinde Güte („lieber Gott") oder er hält Gottes Z. für willkürlich und grausam, vor dessen unheimlicher Macht er schutzlos ist. — *2)* Der Z. Gottes ist die Gegenwirkung gegen das Böse. Er ist weniger eine Z.aufwallung als ein ständiges Strafgericht. Im AT wirkt sich Gottes Z. in der Geschichte in einzelnen Strafgerichten aus; im NT erscheint er mehr als zukünftiges → Gericht am Ende der Tage. Wichtig ist die Erkenntnis, wie und weshalb Gott zürnt. Der Ungehorsam des ersten Menschenpaares bewirkte Gottes Zorneswort, den → Fluch 1Mose 3. Segen und Fluch gehen nun mit dem Menschen. Die Sintflut, die Zerstörung Sodoms und Gomorras, der Untergang des Heeres des Pharao am Roten Meer, aber auch die Plagen, die die Israeliten in der Wüste treffen, erkennt die HS als Gerichte des Z.es Gottes. Die → Propheten als Gottes Boten sagen in ihren Gerichtsankündigungen und deren Begründungen, wie und weshalb der Z. Gottes die Israeliten, die Heiden, aber auch Einzelpersonen treffen wird. Israel sollte den Untergang des Nordreichs und des Südreichs durch die Assyrer und Babylonier als Tat des Z.es Gottes verstehen, die in den Verfehlungen und Sünden des Volkes wohl begründet ist. Mit ihren Gerichtsankündigungen, die von Gottes Z. künden, wenden sich die Propheten gegen eine unbegründete Sicherheit im Volk, das die Erwählung Gottes falsch auslegt. Erst durch das Z.gericht hindurch gibt es auch ein Heil für das wahre Israel. Durch Opfer und Gebete versuchte Israel den Z. Gottes abzuwenden. — *3)* Im NT ist der Ernst des Z.es Gottes im Hinblick auf die Ewigkeit noch dringender. Auf diesen kommenden Z. weist Johannes der Täufer hin Mt 3,7. Vor diesem Z. rettet nur der Glaubensgehorsam Jesus gegenüber Jo 3,36. Paulus begründet die Offenbarung der Gnade Gottes, die uns die Gerechtigkeit durch Glauben schenkt, damit, daß der Z. Gottes über jede Ungerechtigkeit offenbar wird Röm 1,18. In den Strafgerichten der irdischen Obrigkeiten zeigt sich Gottes Z. gegen die Übeltäter Röm 13,4 f. In dem zukünftigen göttlichen Gericht wirkt sich Gottes Z. aus Röm 2,5; 3,5; 9,22. Die Majestät des Gesetzes, das die Menschen schuldig spricht und die Folgen ihrer Bosheit ihnen zumißt, bringt Paulus dadurch zum Ausdruck, daß er sagt: das Gesetz wirkt (nur) Z. Röm 4,15. Ihre Verknechtung an die Sünde stellt er dadurch ins helle Licht, daß er sie von Natur „Kinder des Z.es" nennt Eph 2,3, weil die natürlichen Menschen um ihrer Sünde willen unweigerlich dem göttlichen Z.gericht verfallen. In der Offb wird die Erde für Christi Sieg und Reich dadurch gereinigt und bereit gemacht, daß die Schalen des Z.es auf die Erde ausgegossen werden Offb 16,1 ff. — *4)* Der Z. des Menschen ist völlig selbstsüchtig. Darum sagt Jesus, daß nicht erst der Brudermörder, sondern schon der, der dem Bruder zürnt, des Gerichtes schuldig ist Mt 5,22. Damit ist keineswegs eine gleichgültige Gefühllosigkeit gefordert, vielmehr auf die Gefahr des Z.es hingewiesen, nur das eigene Recht zu suchen; dadurch wird der Z. maß- und endlos und das völlige Gegenteil von Güte und Gerechtigkeit. Des Menschen Z. tut nicht, was vor Gott recht ist Jak 1,20. Hier setzen die Warnungen vor dem Z., wie Eph 4,26 u. Jak 1,19, ein. In demselben Sinn verwirft Paulus Röm 12, 19 die eigene Rache und empfiehlt statt dessen, auf Gottes Z. über die Ungerechten zu vertrauen.

Lit.: W. Eichrodt, Theol. d. AT, I^5, 1957, 168-176.
Pfei

Zucht, züchtigen, züchtig, Züchtiger, Zuchtmeister. *1) a)* Von der Erziehung der Kinder durch die Eltern, bes. durch den Vater (vgl. Hebr 12,9), spricht vor allem die ATliche Spruchweisheit. Zucht bestand in Unterweisung und Mahnung Spr 1,8; 4,1; 8,10 (von der Belehrung der Weisheit), war aber auch strafende Erziehung und schloß Schläge ein Spr 13,24; 29, 15. — Züchtigen = geißeln Lk 23,16.22; vgl. 1Kö 12,11. — Zucht = sittliches Verhalten als Ziel der Erziehung Spr 1,2; 23,23. — Zur christl.

Erziehung vgl. Eph 6,4. — *b)* Von der Z., die Gott an Israel, der christl. Gemeinde oder dem einzelnen Frommen übt: Er züchtigt durch verschiedene Strafen 3Mose 26,23, durch Zurechtweisung und Warnung Hiob 36,10; Ps 2,10. Der Fromme bittet, daß dies nicht im Zorn, sondern mit Maßen geschehen möge Ps 6,2; Jer 10, 24. Er weiß, daß Gott wohl straft, aber nicht dem Tode preisgibt Ps 118,18; 2Kor 6,9. Wenn er züchtigt, geschieht es aus → Gnade Tit 2,11 f, aus → Liebe Hebr 12,6; Offb 3,19, um die Christen zu retten 1Kor 11,32. Zur Erziehung in der rechten Lebensführung dient alle von Gott eingegebene Schrift 2Tim 3,16. Zucht, die zur Besserung dienen soll, kann auch dem → Satan übertragen werden 1Tim 1,20. Die Menschen können Gottes Z. annehmen oder ablehnen Hiob 5,17; Zeph 3,2; Hebr 12,5 ff; vgl. Spr 3, 11 f. — *2)* Züchtig = wohlerzogen, sittsam, besonnen: von einem Bischof Tit 1,8; von Männern und Frauen Tit 2,2 ff; vgl. 1Tim 2,15; 2Tim 1,7. — *3)* Zuchtmeister (Pädagog): Wie der Erwachsene nicht mehr der Autorität des Z.s untersteht, so der Christ nicht mehr der des → Gesetzes Gal 3,24 f. *Oßw*

Zukunft, zukünftig. Wie die Gemeinde Jesu an ihn glaubt und ihm ihre Liebe gibt, so gilt auch all ihr Hoffen ihrem Herrn; ihn kennt sie als den Herrn aller Z. Hebr 13,8. Luther brauchte das Wort Z. (= Ankunft) von dem neuen Kommen des Herrn zu seiner Gemeinde in der Herrlichkeit Gottes Mt 24,27 ff; 1Thess 3,13; 5,23; 1Jo 2,28; Jak 5,7 f. Wie im AT Gott es ist, der das Zukünftige kennt und ordnet Jes 44,7; 45, 11; 48,3; Sir 42,20, so ist nach dem Hebräerbrief Christus der Hohepriester der z.en Güter 9,11, der Herr der z.en Welt 2,5, der uns schon jetzt ihre Kräfte erfahren läßt 6,5; vgl. Eph 1, 21 f. Durch ihn darf sich der Glaubende der künftigen Herrlichkeit freuen Röm 5,2, in der Gewißheit, daß Gottes Gnade in Christus unsere Gegenwart und unsere Z. ordnet 1Kor 3,22 und weder gegenwärtiges noch z.es Geschehen uns von dieser Liebe scheiden kann Röm 8,38. *Schl*

Zunge. Von der Bedeutung und zugleich der Gefährlichkeit der Z. für das Leben des Menschen spricht schon das AT; insbesondere wird die Gefahr zu leichtfertigem Reden, Lästerung und Lüge gesehen Hiob 5,21; 6,30; Ps 5,10; 15,3; Spr 10,31. Im NT sprechen die Briefe der Apostel an vielen Stellen von Sünden der Z., von Zank, parteiischen Lobreden, Prozeßsucht 1Kor 3,3 f; 6,6, Zweizüngigkeit 1Tim 3,8, Geschwätzigkeit 1Tim 5,13, feindseligem Schelten 1Petr 3,9. Eine bes. eindrückliche Ermahnung über die von der Z. her drohende Gefahr findet sich Jak 3,1-12. Jesus selbst warnt vor dem Scheltwort Mt 5,22 und bezeugt, daß die Menschen am Jüngsten Gericht Rechenschaft ablegen müssen „von einem jeglichen nichtsnutzigen Wort, das sie geredet haben" Mt 12,36. — Wer die Z. recht braucht, der betet, lobt Gott und spricht dem Nächsten mahnend und freundlich zu Spr 12,18; 15,2; Jes 35,6; Kol 3,16; 1Tim 2,1; 4,13; 1Petr 2,9. *Ap*

Zungenrede. In der Gemeinde in → Korinth, in der sich schwärmerische Frömmigkeit regte, wurde unter den → Geistesgaben die „Rede in Zungen" (Glossolalie) bes. geschätzt und bewundert 1Kor 12-14. Es war wohl ein Reden, Beten und Singen, bei dem der Sprechende innerlich so stark bewegt war, daß der Verstand ausgeschaltet war 14,14.19 und die Artikulation der Sprache und damit die Verständlichkeit verlorenging, so daß der Fernstehende keinen Sinn erkennen konnte 14,23. Paulus, der selbst dieses Gott preisende Reden in Zungen übte 14,18, dringt darauf, daß die Z., wenn sie in der Gemeindeversammlung auftritt, auch gedeutet werde 14,5.13.27 f. Ähnliche als ein Wirken des Geistes verstandene Vorgänge werden aus dem Haus des Kornelius in Cäsarea Apg 10,45 f und aus Ephesus 19,6 berichtet und werden Mk 16, 17 zu den Zeichen gerechnet, die den Dienst der Jünger begleiten. Eine Frage ist, ob so auch das Sprachenwunder des Pfingsttags zu verstehen ist, das nach der Darstellung Apg 2,3 ff eine Verkündigung in fremden Sprachen war, die den verschiedensten Hörern verständlich wurde; Lukas will an diesem grundlegenden Anfang der christl. Mission zeigen, daß das vom Geist Gottes geschenkte Wort die ganze Welt erreicht. *Schl*

Zuph oder Zuphai, Name einer Familie von Leviten 1Chr 6,11 (lies Zuphai statt Elkana von Zoph) und Tempelsängern 6,20. Zu ihr gehörte der Zuphite Elkana, der aus Ramathaim (lies ein Zuphite statt Zophim) auf dem Gebirge Ephraim stammte 1Sam 1,1. In diesem Gebiet wird auch das Land Z. 1Sam 9,5 zu suchen sein. Daß noch in neuerer Zeit in der Nähe von rentīs (→ Rama 3) eine arabische Sippe namens ridschāl ṣūfa bekannt war, bestätigt diese Vermutung. *Rü*

Zusätze, spätere. Die Bücher des *AT* haben sowohl während ihres allmählichen Werdens und Entstehens als auch während der weiteren Überlieferung bis zur Festlegung des kanonischen Wortlauts zahlreiche Z. erhalten. Die Z. aus der Entstehungszeit der Bücher bilden häufig eigene, selbständige Abschnitte. In den erzählenden Büchern wurden sie hauptsächlich zur Ergänzung und Vervollständigung hinzugefügt wie 1Mose 14; 2Mose 15, 1-18. In die Prophetenbücher wie in Jes 1-39 wurden zahlreiche Sprüche Unbekannter aufgenommen (→ Jesaja 2), um sie durch die Einreihung in die Sammlungen bekannter Propheten zu beglaubigen oder um mit ihrer Hilfe das eschatologisch-apokalyptische Schema herzustellen (→ Propheten 2 e). Außerdem haben Abschreiber und Leser der Bücher während deren Entstehung und bes. während der weiteren Überlieferung zahlreiche kleinere Z. gemacht (Glossen). Meistens sollten sie dem Verständnis und der Erklärung des Textes Jes 1,23 b; 3,18-23 und seiner Anwendung auf die Leser dienen Jes 1,27 f; 2,22 oder sich zu seinem Inhalt bekennen Jes 2,5. Freilich treffen diese Z. nicht immer das Richtige Jes 3,1 d; 4,5 b-6 a, wenn sie nicht sogar den Text absichtlich umdeuten wollen Jes 7,22 a. Doch sind sie stets Zeichen des lebendigen Gebrauchs der bibl. Bücher und ihrer Wirkung auf die Nachwelt. *Fo*

Auch im *NT* finden sich Z. zum ursprünglichen Text: Nachdem vom Markus-Evangelium irgendwie der Schluß des Buches verlorengegangen war (→ Sp. 870), wurde die Lücke durch den zusammenfassenden Bericht 16,9 ff geschlossen. Im 4. Evangelium gehört der Abschnitt von der Ehebrecherin 7,53-8,11, so gewiß er alte und glaubwürdige Überlieferung darstellt, ohne Frage nicht zum ursprünglichen Text (→ Sp. 676). Ein Beispiel für eine kleine Einfügung mag die Ortsangabe „in Ephesus" Eph 1,1 sein, die sich in einer Anzahl der besten Handschriften nicht findet (→ Sp. 274). *Schl*

Zweifel, zweifeln. Das Schwanken zw. gegensätzlichen Annahmen, im NT zw. dem Glauben und seinem Gegenteil, wird in der HS oft erwähnt. Diese Grundbedeutung liegt der Frage an den sinkenden Petrus Mt 14,31 zugrunde, ebenso dem Bericht von der Erscheinung des Auferstandenen vor den Jüngern Mt 28,17; vgl. Lk 24,38. Z. heißt auch mit sich im Streite sein, Bedenken tragen, so Mt 21,21; Mk 11,23; Röm 4, 20; 14,23; Jak 1,6ff, wo das geteilte Herz näher beschrieben wird, sowie Apg 10,20, wo mehr das Zaudern voller Bedenken betont ist. Phil 2, 14 u. 1Tim 2,8 mahnen zum Christenleben ohne Bedenken. Luthers „Nichtzweifeln" Hebr 11,1 meint eigentlich eine Überzeugung von Dingen, die man nicht sehen kann. *Pfei*

Zwiebel. Die Z. war, wie heute noch, roh genossen oder auch gebraten und gekocht eine sehr geschätzte Speise, darum während der Wüstenwanderung 4Mose 11,5 sehr vermißt. *Schl*

Zwillinge. Bei der Geburt der Z. der Rebekka 1Mose 25,20 ff und der Thamar 1Mose 38,27 ff spielt die Frage nach dem Recht der Erstgeburt eine bes. Rolle. Unter den Jüngern Jesu wird Thomas als Zwilling gekennzeichnet Jo 11,16; 20,24; 21,2. Das „Zeichen der Z." Apg 28,11 an dem Schiff, das Paulus benützte, war ein Bild der Dioskuren Kastor und Pollux, eines Z.paars von römischen Halbgöttern, die als Beschützer der Schiffahrt galten. *Schl*

zwölf → Zahlen, → Stämme, → Apostel.

Zwölfprophetenbuch → Kleine Propheten.

Zyperblume HL 1,14; 4,13, heute noch bei Engedi zu finden, ein dem Liguster ähnlicher Strauch, der Henna-Strauch der Araber, mit aufrecht stehenden gelblichen Blütentrauben; aus seinen Blättern und Wurzeln wird der orangefarbene Farbstoff gewonnen, mit dem die Frauen der ganzen arabischen Welt — wie schon im alten Ägypten — ihre Nägel, auch die Handflächen und Haare färben. *Schl*

Zypern, die große Insel im östlichen Mittelmeer, hieß einst Elischa 1Mose 10,4 (dort ist der Ahnherr zur griech. Welt gerechnet). Ihre Bewohner sind wohl mit den Kittim oder Chittitern gemeint 1Mose 10,4; Jes 23,1.12; Hes 27,6. Der Name Z. begegnet zuerst 1Makk 15,23; 2Makk 4,29; 10,13. Die Insel hatte eine bewegte Geschichte: sie hatte hohe Kultur schon in mykenischer Zeit 14.-12. Jh. vChr, stand in regem Verkehr mit Ägypten, wurde von phönizischen und griech. Kolonisten besiedelt, von den Assyrern etwa 715 erobert, war von Ägyptern, Persern, Alexander, den Ptolemäern beherrscht, wurde 168 vChr durch Antiochus Epiphanes besetzt 2Makk 4,29; 10,13; 12,2 und gehörte seit 58 vChr zum römischen Reich, seit 22 vChr als senatorische Provinz unter einem Prokonsul Apg 13,7. Z. war die Heimat des → Barnabas Apg 4,36 und des Mnason 21,16. Flüchtende Christen brachten die Botschaft von Jesus zunächst der Judenschaft von Z. Apg 11,19; Männer von Z. waren an dem Durchbruch ins Heidentum beteiligt 11,20. Von der Missionsarbeit des Barnabas und Paulus auf Z. wird Apg 13, 4-13 erzählt, von einem Besuch des Barnabas mit Markus 15,39. *Schl*

Zypresse, der Thuja verwandt, bei Luther nur Hes 27,5; HL 1,17; Sir 24,17; 50,11, da er die beiden Namen von Bäumen, die die Z. meinen können, meist mit Tanne übersetzt. Der schlanke, hochwachsende, immergrüne Baum Hos 14,9, neben der Zeder der Schmuck des Libanon Jes 37,24; 60,13 und des Hermon Hes 27,5; Sir 24,17, gibt ein festes, duftendes Holz, das als Baumaterial sehr geschätzt war. Salomo bezog es durch Hiram 1Kö 9,11; 2Chr 2,7 für seinen Tempelbau 1Kö 6,15.34. Nach Hes 27,5 waren die Planken der phönizischen Schiffe aus Z.nholz, vielleicht nach 2Sam 6,5 auch Musikinstrumente. Das „wohlriechende Holz" Offb 18,12 könnte das Holz der Z. sein. Neuerdings möchte man einen der beiden Namen für Z. auf den Wacholder deuten. *Schl*

Zu den farbigen Karten

KARTE I zeigt mit ihrer Relief-Darstellung die Gebirge und Täler Palästinas. Deutlich ist der Einbruch des Jordan-Grabens erkennbar, der sich (von dem jetzt zu Land gemachten Hule-See) über das Tote Meer hinaus südwärts in der Araba fortsetzt. Vom Westen und vom Osten fällt das Gebirge zu diesem Graben in einem mannigfach gefurchten Steilabfall ab. Es ist beachtlich, wie nahe der nordwärts streichende Grat des westjordanischen Gebirges dem Jordantal ist. Nach Westen senkt sich das Gebirge von Juda und Samaria in mehreren Stufen zum Hügelland der Schephela und zu den Ebenen am Mittelmeer. Ein nordwestlicher Ausläufer des Gebirges von Samaria erreicht im Karmel das Mittelmeer. Die Ebene Jesreel, durch die der Kison (heute nahr el-muqaṭṭa) fließt, ist wie das Jordantal durch Einsturz entstanden. Im Norden steigt das Bergland von Galiläa, ohne für eine breitere Küstenebene Raum zu lassen, zu größerer Höhe an. Während im eigentlichen Palästina die einstige Hochfläche des Kalkgebirges stark gegliedert wurde, finden sich im Negeb im Süden größere Hochflächen; auch im Ostjordanland blieb das Tafelland als Hochebene erhalten.

Die Welt der Erzväter, das heißt der ersten Jahrhunderte des zweiten vorchristlichen Jahrtausends, zeigt KARTE II. Sie nennt — mit dem alten oder mit einem jüngeren Namen — die Ortslagen, deren Besiedlung für jene Zeit nachgewiesen ist. Zugleich gibt sie für die Länder rund um das Mittelmeer an, welche frühgeschichtlichen Kulturen damals bestanden. Die kleine Nebenkarte macht den Versuch, das Schema der Völkertafel aus 1. Mose 10 mit der Gliederung in semitische, hamitische und japhetitische Völker geographisch darzustellen.

Für den Auszug aus Ägypten — KARTE III — kann der Weg der Scharen Israels nur vermutet werden; er ist auf dem Kartenbild als gestrichelte Linie eingezeichnet. Die Karte läßt erkennen, wie das Reich Ägypten zur Sinai-Halbinsel mit ihren Kupferminen und nach Palästina hinübergriff und wie im Ostjordanland schon kleine Königreiche entstanden waren.

In KARTE IV soll die Aufteilung Palästinas auf die einzelnen Stämme während der Richterzeit dargestellt werden; an mancher Stelle kann der Verlauf der Grenzen nur auf Grund von Vermutungen gezeichnet werden. Bedeutsam ist, wie im westjordanischen Gebiet Juda und die beiden Joseph-Stämme Ephraim und Manasse herausragen. Der Stamm Dan ist sowohl in seinem ursprünglichen Gebiet im Süden wie bei den späteren Wohnsitzen an den Jordanquellen eingetragen.

KARTE V zeigt das Reich Davids und Salomos. Grün umrandet sind die Eroberungen, die gegen Osten und Norden zeitweilig gelangen. Unabhängig blieben die Stadtstaaten der Philister und Phönizier, so daß das Reich Davids wesentlich ein Binnenreich war, ohne den Anschluß an das Meer zu gewinnen. Zugleich zeigt die Karte die zwölf Verwaltungsbezirke Salomos in ihren vermutlichen Grenzen.

In KARTE VI sind für die Zeit Elias die Reiche Juda und Israel mit ihren Nachbarländern, den Reichen der Syrer und der Ammoniter und den Stadtstaaten der Philister und Phönizier, dargestellt; das alte Reich Moab stand noch unter der Oberhoheit Israels, wie Edom von Juda beherrscht war.

Dann zeigt mit dem gleichen Kartenbild KARTE VII das Vorrücken der assyrischen Großmacht zur Zeit Jesajas. Das Reich der Syrer von Damaskus, die Stadtstaaten der Phönizier und Philister, das Reich Israel bestehen nicht mehr; die kleinen Reiche Juda, Ammon, Moab, Edom sind bedroht. Die Karte nennt auch die Namen der assyrischen Provinzen.

KARTE VIII zeigt für die gleiche Zeit das assyrische Reich im größeren Raum; selbständig sind noch Elam und Ägypten, während Juda, Moab und Edom, auch Tyrus zu den tributpflichtigen Völkern gehören.

Ein starkes Jahrhundert später, zu Jeremias Zeit (KARTE IX), war an die Stelle der assyrischen Weltmacht die babylonische getreten. Elam war erobert; Juda verlor seine Freiheit; Tyrus konnte sich behaupten. Unabhängige Reiche waren das Reich der Meder, das lydische Reich und Ägypten. Anschaulich zeigt die Karte, wie griechische Kolonisation und griechische Kultur über Mazedonien zur West- und Südküste des Schwarzen Meeres vordrangen und die Inselwelt des Mittelmeers mit Kreta und Zypern sowie alle Küstengebiete (Syrien, Palästina, Ägypten und Kyrene) unter ihren Einfluß brachten.

KARTE X zeigt das persische Reich auf der Höhe seiner Macht etwa um 500 vChr. Es griff weit nach Osten und Nordosten hinaus, bis nach Indien, hatte über Kleinasien hinaus Thrazien erobert und über Syrien und Palästina hinweg Ägypten und Libyen unterworfen.

Als einen Ausschnitt aus diesem Machtbereich zeigt für die Zeit Nehemias KARTE XI die 5. persische Satrapie mit ihren Provinzen von Arwad und Hamath bis Asdod, Idumäa und Moab, dazwischen auch die kleine Provinz Juda.

Die KARTE XII läßt erkennen, in welch erstaunlichem Maß es dem Makkabäer Alexander Jannai gelang, die Grenzen des jüdischen Reiches hinauszuschieben, sowohl im Ostjordanland wie zur Küste des Mittelmeers hin, wo von den alten Philisterstädten nur Askalon eine freie Stadt blieb.

Den wesentlichen Teil dieser Länder — mit einem Zuwachs im Nordosten — umfaßte auch das Reich Herodes des Großen (KARTE XIII). Daneben war die Dekapolis ein Bund unabhängiger, griechisch geprägter Städte, der mit einem seiner Bundesglieder, der Stadt Skythopolis, dem alten Beth-schean, in das Westjordanland hinübergriff.

Die politischen Verhältnisse Palästinas während der Wirksamkeit Jesu stellt Karte XIV dar: Judäa und Samaria unter der Verwaltung des Pilatus, Galiläa und Peräa als zwei getrennte Gebiete unter Herodes Antipas, die Gebiete im Nordosten unter Philippus; dazu das Gebiet der Dekapolis, dieses Städtebundes, der an Umfang und Bedeutung gewonnen hatte und im Norden noch Damaskus umfaßte.

KARTE XV zeigt die östliche Hälfte der Mittelmeerwelt mit der Einteilung in römische Provinzen; so läßt sie zur Frage des Galaterbriefs erkennen, wie die römische Provinz Galatien aus den Landschaften Pisidien, Lykaonien, Teilen von Phrygien und dem Land der keltischen Galater gebildet ist. In die Karte sind mit fünf verschiedenen Linien die Reisen des Apostels Paulus von der Reise nach Damaskus bis zur Fahrt nach Rom eingezeichnet.

KARTE XVI gibt in einem Bild, das die Gestaltung der Höhen und Täler um Jerusalem erkennen läßt (des Kidrontals, des Hinnomtals und des Tyropöon-Tals = Käsemachertal innerhalb der Stadt), eine Skizze zur geschichtlichen Entwicklung Jerusalems: schwarz eingezeichnet sind die ältesten Teile auf dem Hügelrücken im Südosten, Mauern aus der Zeit Salomos, die Mauer Hiskias; rot eingezeichnet ist das Jerusalem zur Zeit des Neuen Testaments mit dem Tempel des Herodes, der Burg Antonia, dem Palast des Herodes und der Ummauerung, wobei der Verlauf der zweiten Nordmauer nicht gesichert ist; gelb gezeichnet sind die dritte Nordmauer, die 42 nChr begonnen wurde, und die Mauer Hadrians; braun ist die Linie der mittelalterlichen Mauer, die die älteste Stadtlage im Süden nicht mehr umfaßte, aber im Norden neu entstandene Teile der Stadt einschloß. Der Raum der Grabeskirche kann dann als Stätte von Jesu Kreuzigung und Auferstehung in Frage kommen, wenn die zweite Mauer in gebrochener Führung südlich und östlich von dem Gelände der Grabeskirche verlief. *Schl*

Namenverzeichnis

zu den 16 farbigen Karten

Die römischen Ziffern (I, II . . .) bezeichnen die Nummern der Karte, die Ortungszahlen (A 1, C 3 . . .) weisen auf die Planquadrate hin und erleichtern das Finden einzelner Orte

A

B

C

D

E

F

G

H

I

J

K

Cartography By G. A. Barrois and Hal & Jean Arbo

Edited By G. Ernest Wright and Floyd V. Filson

Karte II

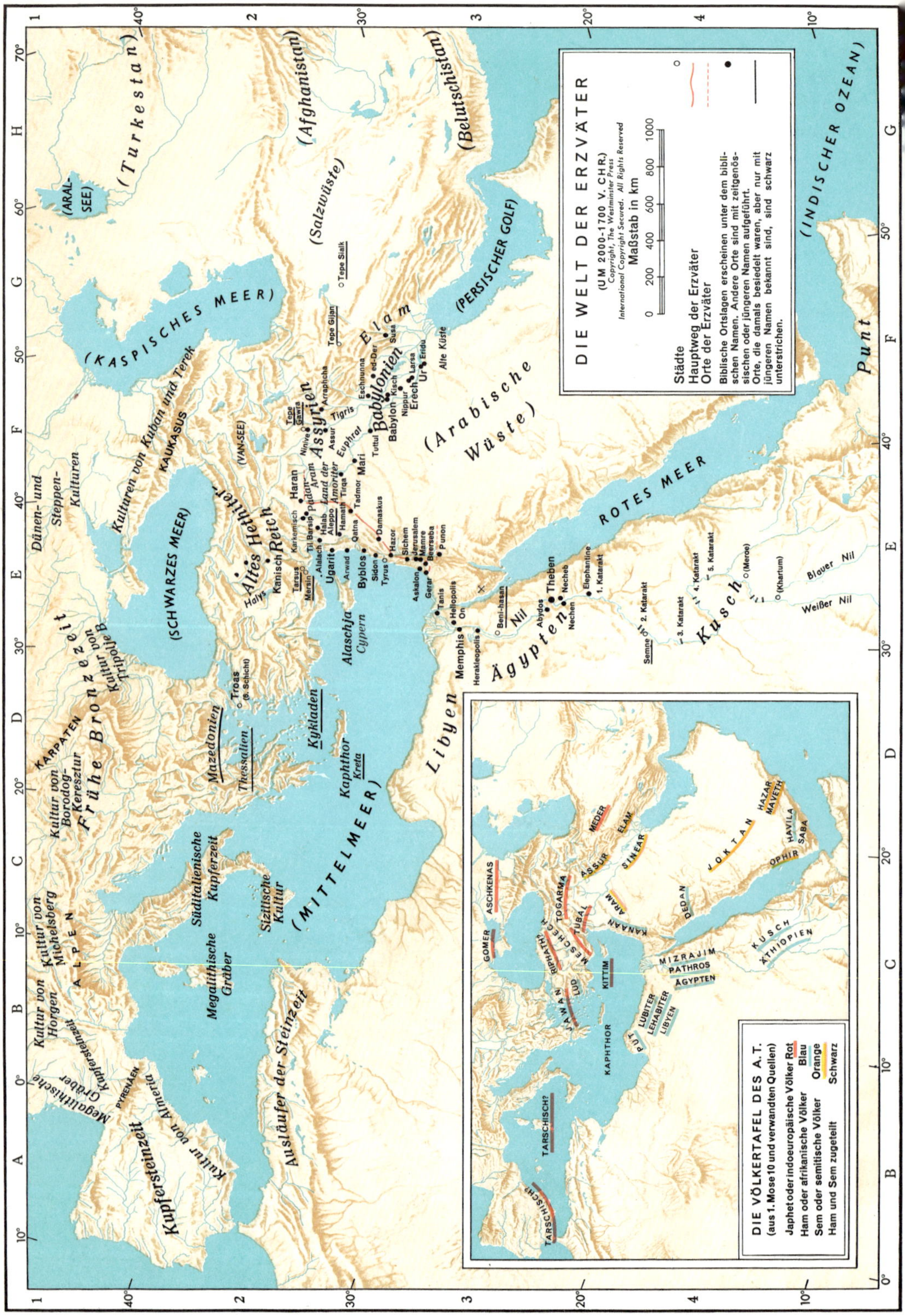

Cartography By Hal & Jean Arbo

Edited By C. Ernest Wright and Floyd V. Filson

Cartography By Hal & Jean Arbo

Karte IV

Cartography By G. A. Barrois and Hal & Jean Arbo

Edited By G. Ernest Wright and Floyd V. Filson

Cartography By Hal & Jean Arbo

Edited By G. Ernest Wright and Floyd V. Filson

Karte VI

Cartography By Hal & Jean Arbo

Edited By G. Ernest Wright and Floyd V. Filson

Cartography By Hal & Jean Arbo *Edited By G. Ernest Wright and Floyd V. Filson*

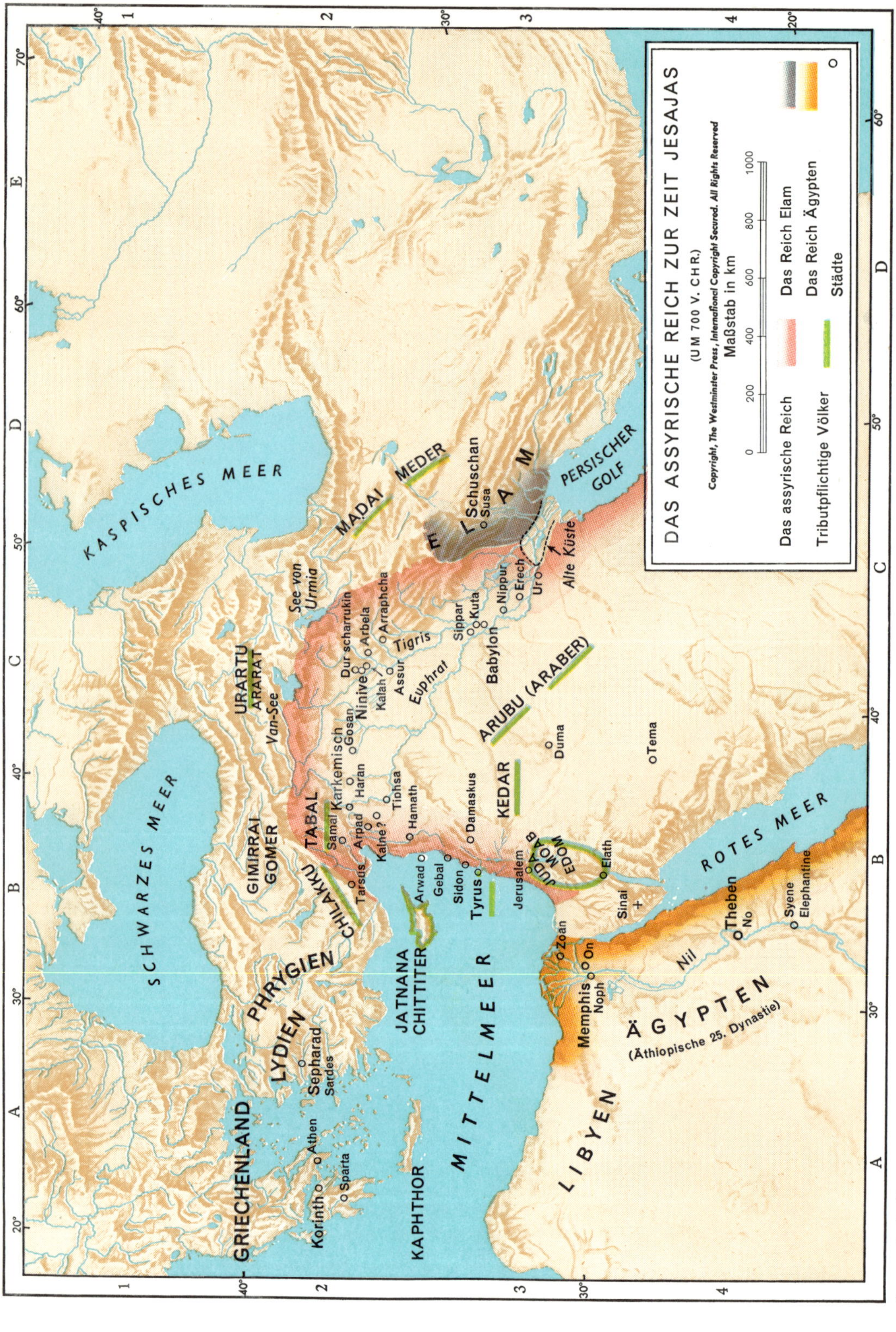

Cartography By Hal & Jean Arbo

Cartography By Hal & Jean Arbo

Edited By G. Ernest Wright and Floyd V. Filson

Karte X

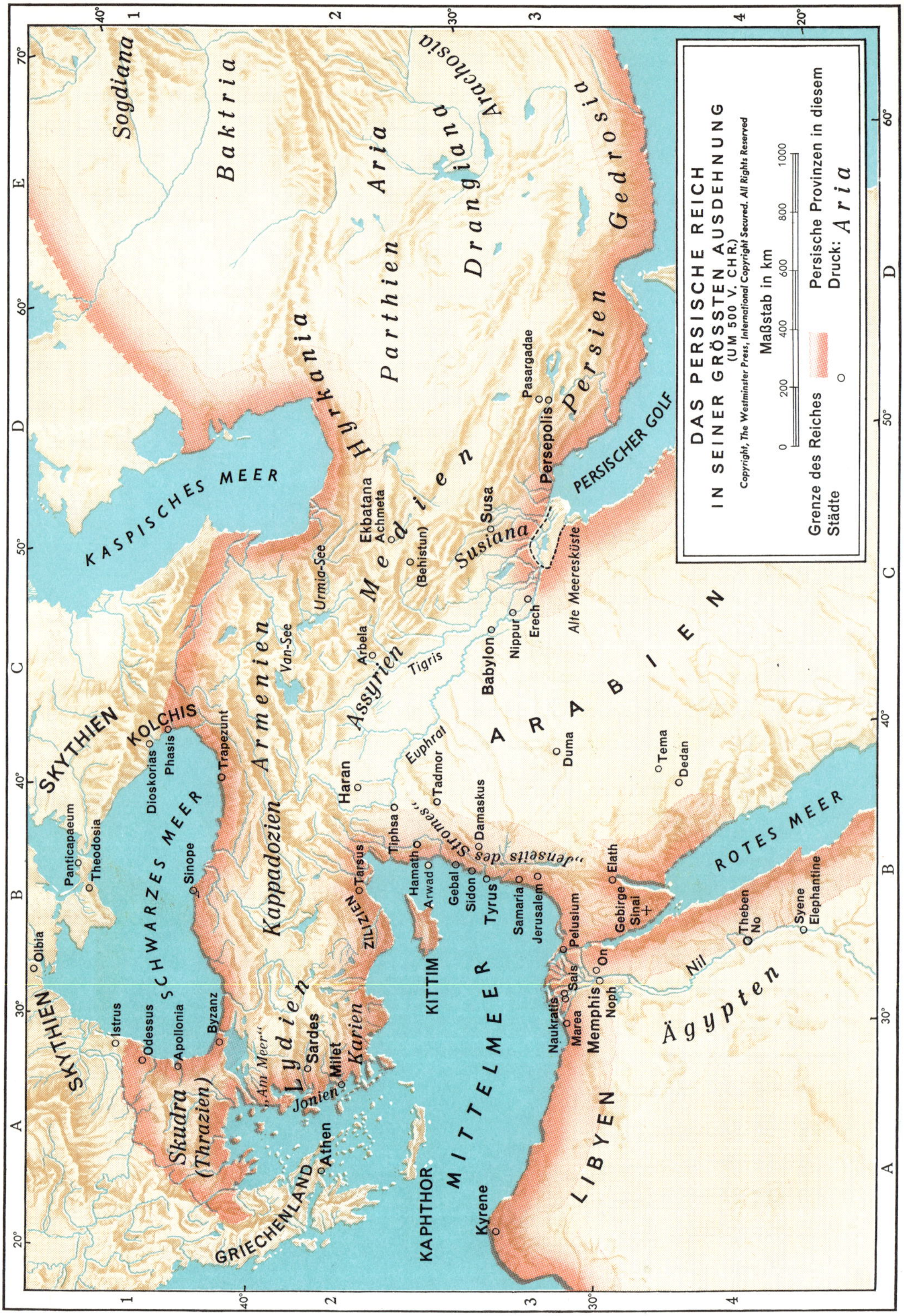

Cartography By Hal & Jean Arbo

Cartography By Hal & Jean Arbo

Edited By G. Ernest Wright and Floyd V. Filson

Karte XII

Cartography By G. A. Barrois and Hal & Jean Arbo

Edited By G. Ernest Wright and Floyd V. Filson

Cartography By G. A. Barrois and Hal & Jean Arbo

Edited By G. Ernest Wright and Floyd V. Filson

Karte XIV

Cartography By G. A. Barrois and Hal & Jean Arbo

Edited By G. Ernest Wright and Floyd V. Filson

Edited By G. Ernest Wright and Floyd V. Filson

Cartography By Hal & Jean Arbo

Karte XVI

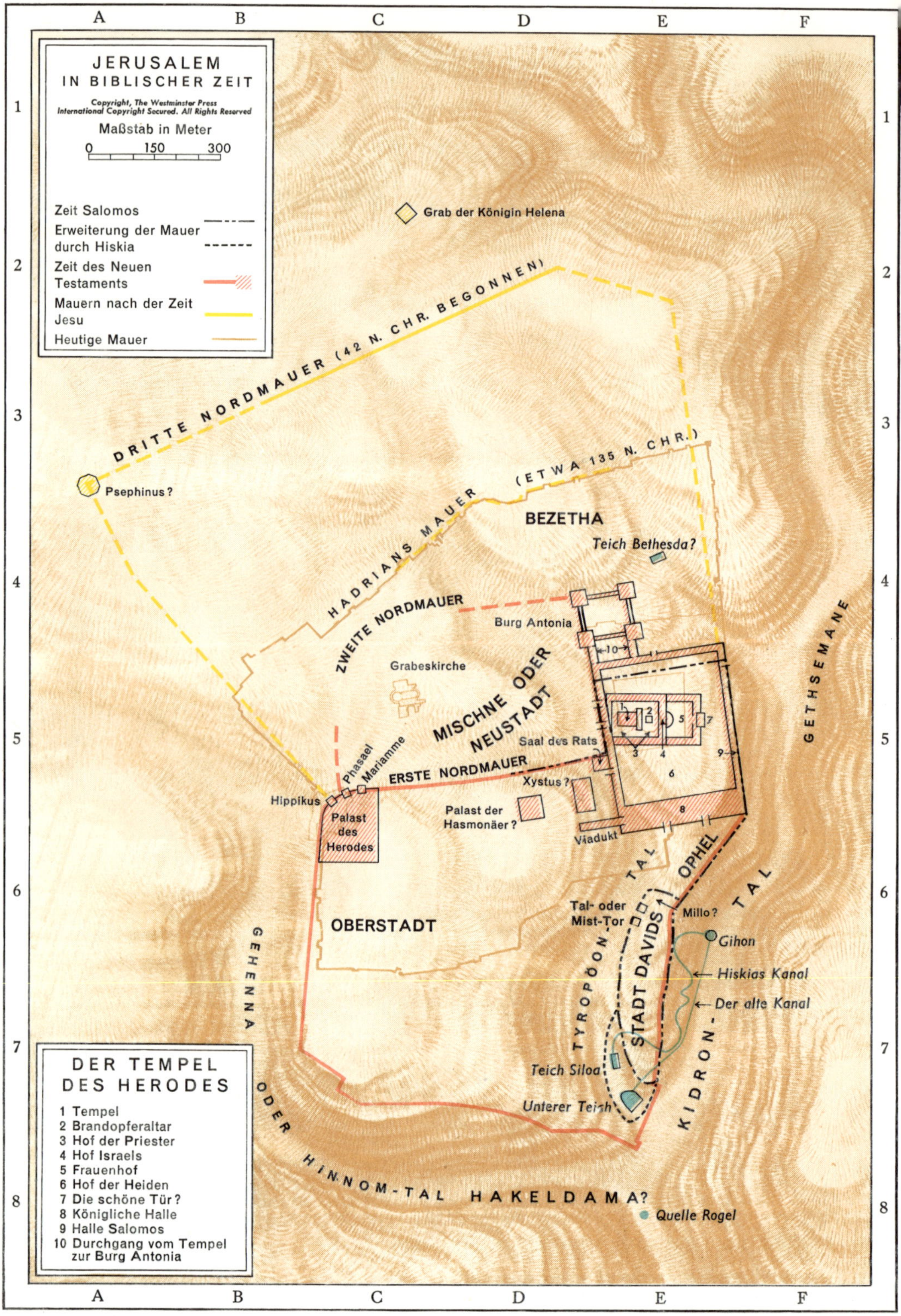

Cartography By Hal & Jean Arbo

Edited By G. Ernest Wright and Floyd V. Filson